中国大百科全书

（第二版简明版）

9

中国大百科全书出版社

英国 United Kingdom; Britain 欧洲西部岛国。位于欧洲大陆西北海岸以西的不列颠群岛上，国土由大不列颠岛、爱尔兰岛东北部及周围的5 500多个小岛组成。西临大西洋，东隔北海，南以多佛尔海峡和英吉利海峡同欧洲大陆相望，陆地上仅与爱尔兰为邻。面积24.41万平方千米（包括内陆水域）。人口6 179.2万（2009）。**英格兰人**（又称英吉利人）居多数（5 180.97万），约占全国人口的83.85%。**苏格兰人**、**威尔士人**和北爱尔兰人分别占全国人口的8.41%、4.85%和2.90%（2009年），余为外来移民。英语是英国的主要语言，也是世界上应用最广泛的语言之一。威尔士和苏格兰地区的人们不同程度地使用盖尔语。基督教是英国的传统宗教，约60%的居民信奉基督教新教，其余居民主要信奉天主教、伊斯兰教、印度教、犹太教、锡克教，还有极少数居民信奉佛教。全国划分为英格兰、威尔士、苏格兰和北爱尔兰部分。首都伦敦。

地理 地势总体特征是西北高、东南低。大体可划为西北高地区和东南低地区。

西北高地区包括苏格兰、威尔士、北爱尔兰全部和英格兰西部地区，是加里东和海西褶皱山地的残余。多为海拔500米以下的低山和低高原。多冰川地貌。

格兰扁山脉的主峰本内维斯山海拔1 344米，为英国最高峰。奔宁山脉有“英格兰脊骨”之称，纵贯南北。东南低地区。位于英格兰中、东部，是丘陵、断崖、谷地和平原相间分布的地区，海拔均在200米以下，大部地表起伏和缓。

主要河流有**塞文河**（全长290千米）、**泰晤士河**（全长336千米）、默西河等。英国海岸为海浸型海岸，多海湾、岬角、半岛和岛屿，多天然良港。

主要矿产资源有煤、铁、石油和天然气。

国土绝大部分处于北纬50°～60°之间，属冬暖夏凉、全年温和、湿润的温带海洋性气候。

历史 约公元前700年以后，欧洲西部的凯尔特人移入不列颠群岛。公元1世纪罗马人占领了英格兰东南部，在伦敦筑起了城堡。5世纪起，北欧部族纷纷入侵，有盎格鲁人、撒克逊人、朱特人，并在此定居。7世纪开始形成封建制度，许多小国合并成7个王国，彼此角逐达200年之久；其间北欧海盗屡屡入侵。827年威塞克斯国王爱格伯特统一了英格兰。8世纪末遭丹麦人侵袭，并于1016～1042年沦为丹麦海盗帝国的一部分。后经英王短期统治，1066年法国诺曼底公爵渡海征服英格兰，称威廉一世。1215年约翰王被迫签署《自由大宪章》，王权遭到抑制。1337～1453年英法进行百年战争，英国先胜后败。伊丽莎白一世时期（1558～1603）于1588年击溃西班牙无敌舰队，树立海上霸权，进行了一系列殖民扩张。1640年爆发资产阶级革命，1642年发生保王党和议会党人之间的内战，1649年5月19日宣布为共和国。1660年斯图亚特王朝复辟，1688年发生了“光荣革命”，奠定了君主立宪制的基础。1284年威尔士成为英国封邑，1535年并入英国；苏格兰原为独立国，1707年并入英格兰；北爱尔兰原是爱尔兰一部分，1921年爱尔兰南部26郡成立“自由邦”时被划归英国。自此形成今日的“联合王国”。18世纪后半叶至19世纪前半叶成为世界上第一个完成工业革命的国家，一度成为“世界工厂”。1914年占有的殖民地比本土大111倍，为世界第一殖民帝国，自称“日不落帝国”。第一次世界大战后开始衰落。1931年被迫颁布威斯敏斯特条例，承认其自治领在内政、外交上

图1 伦敦城市一角

独立自主，殖民体系开始动摇。第二次世界大战中损失惨重。战后经济实力削弱，政治地位随之下降。现维持着松散的英联邦体系。目前，英国在海外仍有13块领地。1973年加入欧共体。1998年4月10日，英国、爱尔兰和北爱尔兰有关各方达成北爱尔兰和平协议。

政治 英国迄今无成文宪法，它以历来涉及国家根本问题的惯例、传统、宣言、法案等作为行宪准则。政体为君主立宪制。国王（女王）是国家元首、武装部队总司令、英国国教和世俗领袖，形式上有权任免首相、大臣、高级法官和各属地的总督，召集、停止和解散议会等，但事实上实权在内阁。议会为英国的立法机构，由国王（女王）、上院和下院组成。上院又称贵族院，成员由王室后裔、世袭贵族、新封贵族、上诉法院法官和教会大主教、主教组成。下院又称平民院，成员由选举产生，任期5年。公共立法须经上下两院通过。政府实行**内阁制**。由女王任命在议会选举中获得最多票数的政党领袖出任首相并组阁，向议会负责，任期4年。在下议院中占少数议席的最大政党则成为正式的反对党，拥有自己的领袖和"影子内阁"。英国的主要政党有：①工党。1900年成立，原名劳工代表委员会，1906年改用现名。②保守党。前身为1679年成立的托利党，1833年改用现名。③自由民主党。1988年3月由原自由党和社会民主党内支持同自由党合并的多数派组成。其他政党还有苏格兰民族党、威尔士民族党、绿党。第二次世界大战后，一直由保守党和工党轮流执政。

经济 世界经济强国之一。2009年国内生产总值22 608亿美元，为世界最大的海外投资国之一。经济私有化程度较高，私营部门的产值占国内生产总值的60%以上。

英国是个发达的资本主义国家，具有资本高度垄断、第三产业比重高、基础设施雄厚、科技力量强、经营管理经验丰富等特点。但其原料来源、产品市场、食物供应等严重依赖国际市场，基础工业和传统工业尚有一定地位。20世纪末，服务业已成为国民经济的主导部门。金融和商业领域处于世界领先地位。制造业仍在经济中占据一定的地位，特别是医药、生物工程、精细化工以及电子等高科技产业取得了突出的成就。

农用土地占国土面积77%多的草场和牧场，仅1/4用于耕种。农业生产水平较高，约占国内生产总值的比重不到1%。主要部门有畜牧业、种植业、园艺和渔业。主要农产品有小麦、大麦、燕麦、马铃薯、甜菜等。1/3农场从事养殖业，主要牲畜有牛、羊、猪和家禽等。渔业发达，渔业产量约能满足本国需求量的一半。森林覆盖率约为12%。木材及木制品主要依靠进口。畜牧业占农业产值的60%以上。种植业从属于畜牧业。

图2 英格兰千年古堡格安德拉堡

工业可以分为传统部门和新兴部门。纺织、采矿、冶金、机械等传统工业部门规模效益和产品市场竞争力不强，亟待更新改造。有航空、电子、海上石油开采与石油化工、信息工程、卫星通信、微电子技术等新兴部门，规模较大，发展较快。主要工业品有石油、天然气、煤、钢铁、电力、汽车、合成橡胶、新闻纸、水泥等。

英国服务业创造的国内生产总值呈快速增长之势。2009年服务业产值在国内生产总值中的比重达75%。其中金融服务业产值占国内生产总值的9.4%。2009年服务贸易总额4 820亿美元，居世界第二位。

英国是世界上继美国、西班牙、法国、意大利之后的第五大旅游国，旅游业产值约占国内生产总值的5%，为210多万人提供了就业机会。伦敦、爱丁堡、加的夫、布赖顿、格林尼治、斯特拉福、牛津、剑桥等是英国主要的旅游地区。

英国公路、铁路、水路、航空运输发达，交通网稠密。铁路始建于1825年。1994年**英吉利海峡隧道**通车。全国铁路长度1.66万千米，公路总长达39.4万千米。

内河航线总长3 200千米，有大小港口300多个，其中100个为重要商业港口，海运担负着95%的外贸运输量。吞吐量超过1 000万吨的港口有伦敦、蒂斯－哈特尔浦、格里姆斯比－因明翰、福斯、南安普敦、萨仑沃、利物浦、多佛尔等。

英国航空运输主要经营国际航线。英国航空公司是世界最大的航空公司之一。伦敦希思罗机场是英国最大的国际机场，也是世界上最繁忙的机场之一。其他著名的尚有伦敦的盖特威克、曼彻斯特、格拉斯哥、伯明翰、爱丁堡等机场。

北海油田的石油大多通过水下输油管运回陆地。输油管道总长1 686千米，输气管道约5 330千米。

英国是世界上第五大贸易国，其商品和服务业约占世界贸易量的6%，商品和劳务出口约占国内生产总值的1/3。与80多个国家和地区有贸易关系。2009年贸易总额8 312亿美元，长期顺差。主要出口石油及相关产品、机械、汽车、航空设备、电器和电子产品、化工产品等，进口原材料和食品等。最大贸易伙伴为欧盟成员国和美国，与欧盟成员国的贸易约占英国外贸额的一半以上。英国的对外投资大多在发达国家，外国在英国的投资大多来自发达国家，美国几乎占一半。

文化 英格兰、苏格兰和威尔士凡年龄在5～16岁间，北爱尔兰4～16岁间的儿童和青少年，均需接受义务教育。公立学校学生免交学费，约占学生总数的93%；私立学校师资条件与教学设备都较好，但收费高。英国高等教育享有盛誉，有综合性大学110所。**牛津大学**、**剑桥大学**是世界上顶尖级大学。其他著名高校还有**伦敦大学**、伦敦政治经济学院、爱丁堡大学等。

主要报刊有《泰晤士报》、《金融时报》、《每日电讯报》等。主要通讯社有路透社、新闻联合社、AFX新闻有限公司。英国广播公司创办于1922年，业务发达，有6个电台，用43种语言向全世界各国播放节目；1936年播放电视节目。

至2011年英国拥有28处世界文化和自然遗产，包括坎特伯雷大教堂、哈德良长城，位于威尔特郡的斯通亨奇（巨石阵）和埃夫伯里的史前巨石阵遗址，以及位于北爱尔兰的巨人堤等。英国皇家植物园是植物种类和标本藏量最丰富的植物园之一。

对外关系 英国与美国有传统的合作关系。英国视美国为主要盟国，是美国在重大国际问题上的坚定盟友。重视发展同其他大国的关系，努力改善与中、俄、日等国家关系。主张加强同西欧的关系，支持欧共体，赞成建立共同体统一大市场，但反对建立超国家的“欧洲联邦或邦联”。英国同第三世界国家特别是英联邦国家有着传统密切的经济合作和贸易关系。已与185个国家建立了外交关系。

英国与中国于1954年6月17日达成互派代办的协议，1972年3月13日两国签订了升格为大使级外交关系的联合公报。1984年12月19日，中英两国政府签署《中英关于香港问题的联合声明》，确认中国于1997年7月1日恢复对香港行使主权，并设立香港特别行政区。

图3　威尔特郡巨石阵遗址

英国保守党 British Conservative Party 英国资产阶级政党。其前身是托利党。1834年R.皮尔在其《塔姆沃思宣言》中公开使用保守党名称。一般认为，1834～1835年皮尔内阁是保守党第1届内阁。

1912年自由党统一派正式与保守党合并，保守党遂称保守统一党。此后20年中，R.A.T.索尔兹伯里侯爵3次组阁。第一次世界大战期间，保守党参加战时联合内阁。联合内阁维持到1922年。从1922～1945年，除了极短的两次工党内阁外，其他年代均是保守党执政。1945年大选中，保守党败于工党。40年代末进行改组。1951年W.丘吉尔再任首相。此后，基本上是保守党和工党轮流执政。1975年2月，撒切尔夫人当选为保守党领袖，她从1979年5月组阁任首相至1990年。保守党在1997年及2001年两次大选中连遭失败，成为在野党。2003年11月，M.霍华德继J.梅杰、W.黑格和I.D.史密斯之后当选党的领袖。2005年12月，D.W.D.卡梅伦当选。2010年5月英国大选，保守党重获执政地位，与自民党组成联合政府。

《英国病人》 *The English Patient* 美国故事片。1996年米兰马克斯影片公司摄制。安东尼·明赫拉编导，拉尔夫·法因斯、克里斯廷·斯科特·托马斯、朱丽叶·比诺什主演。1943年在北非，一架英国飞机被德军击落，驾驶员严重烧伤，在盟军战地医院，这个伤员被称作“英国病人”。护士汉娜决定独自留在修道院照顾这位“英国病人”。“英国病人”被一本旧书勾起回忆：匈牙利的历史学家阿尔马西爱上了飞机师克利夫顿的妻子凯瑟琳。克利夫顿驾机向阿尔马西撞去。克利夫顿当场死去，凯瑟琳受重伤，而阿尔马西完好无恙。为救凯瑟琳，阿尔马西用探险家马铎绘制的非洲地图换取了德国人的帮助。但当他来到凯瑟琳藏身的洞穴时，凯瑟琳早已死去。由于阿尔马西将地图交给德国人，使得德军长驱直入开罗城。马铎觉得罪在自己，遂饮弹自尽。一位为盟军效力的间谍欲杀死阿尔马西，却难以下手。阿尔马西决定自己结束生命，汉娜帮助他走向死亡。该片获1997年第69届奥斯卡金像奖最佳影片等9项奖。

英国东印度公司 British East India Company 17世纪至19世纪中期英国对东方（主要是对印度和中国）进行商业垄断贸易和殖民扩张的组织。全称对东印度群岛贸易的英国商人联合公司。总部设在伦敦。

设在伦敦的英国东印度公司总部

英国东印度公司成立于1600年。它得到英国伊丽莎白一世女王的特许状，有垄断好望角以东各国的贸易权。1609年，公司在印度西海岸的苏拉特建立第一个商业事务所。莫卧儿皇帝为对抗葡萄牙势力，1613年颁发敕令，允许公司在苏拉特设立商站，给它种种贸易特权。1689年，东印度公司董事会决定在印度增加税收、扩大贸易、保持武力、建立国家。从此，东印度公司不再是一个单纯的贸易公司，而是一个拥有武装的政权机构。

18世纪中期，英国东印度公司在印度建立150处商站和15家大代理站，并通过战争排挤法国势力，由一个商业强权变成了一个军事的和拥有领土的强权。它向印度发动一系列殖民侵略战争，在19世纪中期，侵占整个印度。此外，东印度公司的商业活动还扩大到波斯湾、东南亚和东亚；它还进行罪恶的鸦片贸易，毒害中国人民，攫取巨额利润。这些财富源源不断流入英国，为工业革命准备了重要的前提。英国政府先后于1813年和1833年取消公司对印度和中国的贸易垄断权。1858年，撤销东印度公司。除股本外，公司的全部财产归英国国家所有；英国内阁设印度事务大臣；印度总督改称副王，为英王驻印度直接代表。

英国工党 British Labour Party 现代英国政党。1900年1月建立于伦敦，称劳工代表委员会。1906年改称工党。初期是工会组织与费边社、独立工党和社会民主同盟之间的联盟。

第一次世界大战以后，工党与保守党轮流执政。1945～1951年，C.R.艾德礼组成第3届工党政府，在国内推行“民主社会主义”，用对资产阶级提供补偿的办法将英格兰银行和一系列企业部门国有化，改革社会保险、卫生保健等项制度，建立福利国家。在1979年大选中失败后，连续18年在野。1994年，T.布莱尔任工党领袖，对工党进行改革，修改党章第4条的公有制条款，改变工会与企业主的关系，修改工党传统的经济和社会政策，赢得广大中产阶级的支持。1997年、2001年、2005年大选中连续获胜，蝉联执政。2007年5月10日布莱尔宣布辞去工党领袖职务。同年6月G.布朗继任工党领袖和首相。2010年5月英国大选中工党失利，布朗辞职。

工党同工会之间始终保持着特殊关系。经费主要来自工会的捐助，绝大部分党员是工会会员。现有个人党员20万人。

英国公共档案馆 British Public Record Office 英国最高层次的官方档案机构，全国唯一的国家级综合性档案馆。1838年成立，隶属于大法官。由老馆和新馆两部分组成。负责收集、保管英格兰、威尔士和联合王国中央政府及法院的档案并提供利用，其馆藏档案的源头可上溯至11世纪，最古老的公务档案是1086年形成的《末日审判书》。馆藏档案的封闭期为30年，年满14岁的国内外利用者均可前来查阅。内设建制与财务、档案管理、档案业务与出版三个部。

英国管 English horn 双簧气鸣乐器。是一种中音双簧管，而音高比普通双簧管低5度。管嘴成弧形插入管身；喇叭口为梨形，中部隆起。作为一件木管乐器，它的指键的数量和指法与双簧管相同，任何一位双簧管演奏家都可演奏。它是一件移调乐器，记谱比实际音响高一个5度，记谱音域为e～a^2。英国管是从古式狩猎双簧管发展而成，是在18世纪出现的，最初制成弯形。1839年法国制造家H.布罗德将其造成直形的、大约101.6厘米长、球形喇叭口形状的乐器。英国管的音质柔和、圆润，比双簧管更幽暗并带有鼻音，常用于表现自然风光。

英国国会大厦 British Houses of Parliament 英国浪漫主义建筑的代表作。坐落于伦敦，又称新威斯敏斯特宫，以区别于1834年焚毁的旧宫。1836年，古典主义建筑师C.巴雷爵士受命设计，1840年动工，60年代在其子E.M.巴雷主持下完成。浪漫主义建筑师A.W.N.普金担任巴雷爵士的助手，负责把这幢建筑物装饰为哥特式风格。国会大厦的平面基本是古典主义的格栅式。在纵横两个轴线的交点上设八角形的中央大厅。其南侧是上院，北侧是下院。两院都有大量的附属房间，包括办公楼、餐厅、图书室、休息室等。大厦的正面朝西，因照顾一些旧建筑物而不对称。东面濒临泰晤士河，长267米，是古典主义式构图，对称而整齐，细节表现了垂直式哥特建筑风格的特点。北端的大钟塔高96米，南端的维多利亚塔高102米，两者的形式差别很大，强烈的对比造成了浪漫主义所追求的变化丰富的轮廓线。大厦全用灰色石块建造，采取传统的拱券结构方法。国会大厦是泰晤士河上风景线的重点建筑物之一。

英国国会大厦外景

英国国教会 Church of England 即英格兰圣公会，圣公会在英格兰被定为国教。见安立甘宗。

英国皇家芭蕾舞团 Royal Ballet 英国舞蹈演出团体，世界著名古典芭蕾舞团。前身为1931年由N.de瓦卢娃创办于伦敦的维克·威尔斯芭蕾舞团和萨德勒的威尔斯芭蕾舞团。1946年迁入考文特花园的皇家歌剧院，1956年由女王授名“皇家芭蕾舞团”。第二次世界大战期间，演员们冒着炮火演出，受到广泛赞誉。60年代后，新编《交响变奏曲》、《玲珑剔透》、《茶花女》、《关不住的女儿》等各式经典剧目，奠定了叙事与抒情并举的英国芭蕾学派。舞团曾先后聘请过许多世界一流的编导和演员，如F.阿什顿、D.M.芳婷、R.努里耶夫等。创作了《曼侬》、《梅雅林》、《三位一体》、《协奏曲》等大型芭蕾舞剧和交响芭蕾，赢得了较高的国际声誉。附属舞校建于1926年。在校生每年均在皇家歌剧院公演，并参加舞团演出，优秀毕业生则大多进入皇家芭蕾舞团。

英国皇家芭蕾舞团演出芭蕾舞《舞姬》剧照

英国皇家学会 Royal Society of United Kingdom 英国最高学术研究机构，世界科学研究重要中心。又称伦敦皇家学会，全称伦敦自然知识皇家学会。1660年创立，1662年领到皇家特许状。宗旨是促进英国科学的发展和国际学术交流。它是一个自治的学术团体，世界上最古老而又从未中断过的科学学会，拥有最先进的科学仪器和设备，处于科学探索和科学发现的最前沿。作为政府的咨询机构，又起着英国科学院的作用。通过项目资助，每年聚集数百位著名学者和博士后进行研究工作；通过每年批准3 000名访问学者和合作项目，促进国际科学技术交流；设有20多种奖项，每年向对全世界作出杰出贡献的科学家授予奖章和奖金。学会分两大学科领域：A类为物质学科领域（包括数学），B类为生物学科领域。学会会员分为3类：①皇家会员，只产生于皇族，不定期选举；②英籍会员，每年至多选40名；③外籍会员，每年至多选4名。会员享有很高的社会荣誉，被视同他国科学院院士。有约1 500名会员（含外籍会员）。每年11月召开学会年会，每年3月召开选举年会。出版《英国皇家学会年鉴》等。

英国皇家音乐学院 Royal College of Music 英国培养音乐人才的高等学府。由威尔士亲王于1883年创立。院长常由皇室成员担任。该院为从事音乐表演或教学以及一切力图在音乐领域谋求职业的学生提供教育，为乐器演奏者、歌唱者、指挥及作曲者提供实践教学及学院授课。课程设有亚历山大工艺学、听力研究与音乐史、作曲、指挥、早期音乐、电子音乐、音乐史、歌剧等。乐器教授有铜管乐器、管风琴、打击乐器、钢琴、弦乐器、木管乐器等。

英国开放大学 Open University; UK 英国20世纪60年代初出现的以广播、电视、函授与暑期学校相结合的成人高等教育机构。1969年英国政府颁发皇家特许状并准予颁发学位。1971年正式成立，大学总部设在白金汉郡。办学宗旨是向所有愿意学习的成年人提供受大学教育的机会。

对学生的年龄、学历、背景等均无严格限制，只要年满18岁，居住在英国或欧洲其他国家的成人都可申请入学。学生不需参加入学考试，一般不需按时到校上课，无严格的学习年限。2006年共有本科生15万人、研究生3万多人，其中1万学生是残疾人。学生中在职教师所占比例最大，其次为文、法、医、技术人员和家庭主妇。

开放大学提供的教育有3种：①第一学位教育（普通文学士、荣誉学士）。②非学位教育。为有职业经验者再教育而开设，颁发高级职业证书。③研究生教育。

开放大学不限于进行高等教育，已发展成为一所终身教育机构。教学以网络为基础，结合函授、电视、广播等。

英国邱园 Kew Gardens 英国皇家植物园的别称。位于英国伦敦西南萨利郡的瑞其门镇附近，北临泰晤士河。它的前身是由几块叫作“邱”的皇室产业合并而成，于1759年成为皇室私有的植物园。1841年该园归国家所有，迅速发展成为闻名世界的一流植物园，面积达120公顷。

邱园是典型的英国自然山水园，拥有引自全球各地的5万多种植物，使邱园的园景远胜一般园林。不适于露地生长的植物则被栽培于多座不同的温室中，这些大温室都出自建筑大师手笔。19世纪建成的棕榈温室和“中国塔”是邱园的标志。邱园

棕榈温室（建于1844～1848年。分为非洲、美洲和大洋洲植物展区，是棕榈科植物多样性展示中心）

的威克赫斯特分园以引种栽培露地木本植物为主，附设大规模的冷藏种子库，保存并研究多种濒危珍稀种类的种子。

园内有3个博物馆，展出经济植物和植物绘画等。邱园大型的植物标本馆始建于1852年，藏有蜡叶标本650多万份、液浸标本3.5万多瓶。这些标本加上丰富的活植物，是进行植物学研究的宝贵资料。邱园有多个图书馆，其中的总图书馆藏书近75万种、期刊2 000种、手稿和信函档案25万份，是世界一流的专业图书馆。邱园的“焦卓尔实验室”是进行细胞遗传学、植物解剖学和植物化学研究和学术讲座的一座综合性实验楼。作为植物分类学重要文献的“邱园公报”和“邱园索引”自林奈时代至今定期出版，记载了世界上已发现的所有高等植物。邱园每年平均为其他国家鉴定5万份植物标本，附设的园艺学校专门培养植物园或园艺人才。

英国石油公司　BP PLC　世界最大的石油和石化集团公司之一。国际总部设在英国伦敦，北美总部设在美国芝加哥。业务范围遍及全球100多个国家。2006年拥有雇员9.7万人。

公司由英国石油公司（BP）和阿莫科石油公司（Amoco）合并而成。BP公司的前身是英国人W.K.迪亚斯创立于1909年的英波（斯）石油公司，1954年更名为BP。阿莫科石油公司成立于1910年，1998年8月与英国石油公司合并。2000年，英国石油公司又兼并美国阿科公司和嘉实多公司，成立新的BP集团。

公司业务范围包括石油天然气的勘探开发、石油化工产品的生产和营销、发电、运输及炼油和成品油的销售。

英国“挑战者”号考察　British Challenger Expedition　英国海军部与英国皇家学会联合组织的，由英国“挑战者”号船于1872年12月7日至1876年5月26日进行的世界上第一次环球海洋考察。这次考察是近代海洋科学的开端。

“挑战者”号船是一艘由木质轻巡航舰改装的调查船，长68米，排水量2 306吨，依靠风帆和蒸汽机的动力推进。船上配备有当时最先进的调查仪器、设备和实验室。英国爱丁堡大学博物学家C.W.汤姆孙任科学调查队队长，调查队员是6名科学家，G.S.内厄斯任船长。航程达68 890海里，对除北冰洋以外的世界各大洋都进行了调查。调查内容包括海洋生物学、海洋地质学和地理学、海洋化学、海洋物理学等。在362个站位上进行了水文观测，在492个站位上作了深度测量，在133个站位进行了深水拖网与采样。采集到大量的海洋底栖生物、海洋浮游生物和深海鱼类标本以及水样和沉积物样品。在太平洋马里亚纳海沟测量到8 180米的深度，采集了锰结核，发现了海底软泥和红黏土，掌握了航海罗盘的偏差，绘制了等深线图，总结出海水各主要化学成分间含量的恒比关系，否定了重物不能沉入海底的论点。所有调查研究成果都收入《H.M.S.挑战者号航行科学成果报告》（50卷）中。

英国文学　British literature　不列颠群岛居民从7世纪至今用英文所写的文学作品的总称。

早期至中世纪文学　英国在10世纪以前属于古英语时期，早期的凯尔特等部族及5世纪入侵的盎格鲁、撒克逊和朱特人，都没有留下书面文学。6世纪末，基督教传入英国，但僧侣们基本都用拉丁文写作。9世纪末，韦塞克斯国王为振兴文化，邀请一批学者将拉丁文著作译成英语，并倡导以英语撰写《盎格鲁-撒克逊编年史》，其中包括英雄史诗《贝奥武甫》和《朱迪斯》，以及一些抒情诗、方言诗、谜语和宗教诗、宗教记述文、布道词。1066年，诺曼人入侵，古英语从12世纪起发展为中古英语，文学上出现韵文形式的骑士传奇，如《高文爵士与绿衣骑士》。14世纪后半叶是中古英语发展的高峰。G.乔叟以其诗体短篇小说集《坎特伯雷故事集》和其他长短诗集成为英国文学的重要奠基人。同时代最优秀的作品还有《农夫皮尔斯》等。

图1《坎特伯雷故事集》插图

文艺复兴时期文学　16世纪中叶至17世纪初，英国开始文艺复兴运动。学者纷纷翻译意大利和法国学术、文学名著并自行著述，以T.莫尔的《乌托邦》最有价值。英国文艺复兴文学最突出的是诗歌和戏剧。P.锡德尼的十四行诗、E.斯宾塞的《仙后》都是诗歌方面的代表作。在剧本中运用无韵体诗，促使诗歌和戏剧两方面都达到空前的成就。W.莎士比亚将这种诗剧发展到巅峰。稍晚的B.琼森擅写社会讽刺诗剧。16世纪末至17世纪初，文艺复兴渐趋尾声，出现了以J.多恩为代表的玄学派诗人，以善于表达活跃躁动的思绪和蕴涵哲理而独树一帜。

17世纪文学　17世纪40～80年代，英国发生资产阶级革命，建立起君主立宪政权。大诗人J.弥尔顿先以书写政论文参加斗争，晚年所作长诗《失乐园》（1667）、《复乐园》（1671）和诗剧《力士参孙》（1671），以炽烈的感情、壮丽的想象、优美的语言使17世纪英国无韵体诗歌达到一个新的美学高度。之后，J.德莱顿的讽刺诗和文论都卓有成就。代表下层社会的J.班扬及其讽喻性梦幻寓言小说《天路历程》（1678），被视为英国近代小说的发端。

18世纪文学　18世纪社会的相对稳定和启蒙主义思想的传播，使英国文学出现新的盛况，写实小说兴起，相继涌现一批作家：D.笛福、J.斯威夫特、S.理查逊、H.菲尔丁、L.斯特恩、T.G.斯摩莱特、O.哥尔德斯密斯等，其中菲尔丁以他的《汤姆·琼斯》把英国现实主义小说推进到一个新的水平。这个世纪的末期，出现以神秘、恐怖、暴力为特征的哥特小说。期刊文学是此时期文学的又一重要成就。出现大批期刊，许多知名作家及诗人、剧作家都曾主编期刊或为期刊撰稿，形成独具英国特色的期刊随笔。其他形式的散文作品，也出现不少佳作。

19世纪文学　19世纪初，继18世纪以来A.蒲柏、T.格雷和R.彭斯等诗人优雅含蓄的抒情诗作之后，出现了以W.布莱克为先导的浪漫主义诗歌运动。前期代表诗人是W.华兹华斯和S.T.柯尔律治的湖畔派。二人的诗歌合集《抒情歌谣集》或寄情山水，或神游异域、远古和梦境，开一代诗歌之新风，并以理论著述奠定了英国浪漫主义诗歌的理论基础。19世纪20年代以后，相继出现G.G.拜伦、P.B.雪莱、J.济慈三大浪漫派诗人。这个世纪中后期，先后出现了A.丁尼生、R.布朗宁、M.阿诺德、罗塞蒂姐妹、A.C.斯温伯恩等重要诗人，他们的作品各自以独特的风格成为19世纪英国诗歌的重要组成部分。

从19世纪初开始，散文创作更上一层楼。W.哈兹里特的文论《时代的精神》

(1825)、C.兰姆的散文集《伊利亚随笔集》(1823)、T.德·昆西的长篇自述《一个英国鸦片吸食者的自白》、T.卡莱尔的《法国大革命史》(1825)、J.罗斯金的美学著作《威尼斯之石》(1851～1853)等，都是名作。散文小说在整个19世纪更是盛况空前。首先，苏格兰作家W.司各特以他的27部作品开创了历史小说这一新领域；同时，女作家J.奥斯丁以6部作品开创了风俗小说的天地。40～60年代，正值维多利亚女王时代的前期，以C.狄更斯为首，相继出现了W.M.萨克雷、盖斯凯尔夫人、A.特罗洛普、勃朗特姐妹、G.艾略特等一系列具有世界影响的小说家。70年代至20世纪初，又相继出现了以T.哈代为首的重要小说家，包括G.梅瑞狄斯、W.莫里斯、S.勃特勒、R.L.斯蒂文森、J.康拉德、A.柯南道尔、R.吉卜林等，都具有自己的独特艺术个性和探索精神。

20世纪文学　20世纪以后，英国文学出现了小说、诗歌、戏剧多元化发展的走向。20世纪初，爱尔兰人萧伯纳在伦敦对戏剧理论和实践所作的贡献，以及爱尔兰本土文艺复兴运动在戏剧方面所取得的成就，使英国戏剧大为振兴。原小说家哈代转事诗歌创作，完成诗剧《列王》(1903，1906，1908)，成为第一次世界大战前英国诗歌的代表作。第一次世界大战对人们的生活和思想感情产生巨大冲击，充分体现危机感的现代主义思潮蔓延到英国。T.S.艾略特的长诗《荒原》(1922)的发表，成为现代派诗歌的起点。J.乔伊斯的《尤利西斯》和V.吴尔夫的《海浪》等，是意识流小说的重要代表作；D.H.劳伦斯则以一系列富有时代色彩的作品表达出自己独特的生活见解和艺术独创性。与此同时，一些战前和甚至19世纪即已崭露头角的小说家如H.G.威尔

图2　弥尔顿的作品《失乐园》插图

斯、A.本涅特、J.高尔斯华绥、W.S.毛姆、E.M.福斯特等，仍旧沿循现实主义的航道行进。至第二次世界大战结束以后，小说家A.赫胥黎、G.奥威尔、E.沃、C.伊舍伍德、G.格林、W.戈尔丁、J.R.福尔斯等，大都在传统与现代的合流上继续前进。两次世界大战使妇女生活思想发生巨大变化，英国文坛也随之出现一批优秀女小说家，如M.斯帕克、I.默多克、D.莱辛、M.德拉布尔等。50年代集中出现的“愤怒的青年”，也是一个颇有影响的文学潮流。A.S.拜厄特把70～80年代相当流行的文人小说推到了极致。移民文学的代表印度裔S.拉什迪、日裔石黑一雄和印度裔V.S.奈保尔的作品体现了他们在文化身份归属上的两难窘境。除小说作品外，还有优秀剧作。爱尔兰人S.贝克特和伦敦人H.品特则是英国荒诞派戏剧的代表。在诗歌领域，艾略特的组诗《四个四重奏》是40年代的杰作；50～70年代，最优秀的诗人是P.拉金和T.休斯；爱尔兰人S.希尼是继这二人之后最有影响的诗人。

英国–伊朗战争　Anglo-Iranian War　19世纪中叶英国侵略伊朗的战争。伊朗卡扎尔王朝时期，伊朗国王企图恢复其统治，于1837年在俄国支持下出兵包围赫拉特。英国立即派军舰前往波斯湾，占领哈尔克岛，以战争相威胁，伊朗被迫撤军。1856年5月，伊朗乘英、俄克里木战争之机，再次出兵攻占赫拉特。11月，英国向伊朗宣战，进军波斯湾，攻克哈尔克岛和布什尔港等地。1857年3月，英军在霍拉姆沙赫尔附近登陆，占领阿瓦士城。伊朗在布什尔失陷后即派代表前往欧洲试图与英国缔结协定。1857年1～2月间，印度民族大起义已迫在眉睫，英国也急于媾和，以便回师印度。同年3月4日，双方签订《巴黎条约》。伊朗在英伊战争中的失败，是伊朗沦为半殖民地的开端。

英国议会君主制　British Constitutional Monarchy　英国1688～1689年光荣革命后建立起来的国家政体，属资产阶级民主制政体类型。又称议会制君主立宪制或立宪君主制。

一般认为1265年召开的“孟福尔议会”(见金雀花王朝)是英国议会的开端。1295年，爱德华一世(1272～1307年在位)为筹集战费又召集议会。从14世纪以后，议会逐渐区分为上、下两院。以后，下院权力不断扩大，到15世纪末，已有提出财政议案权和法律议案权。在英国资产阶级革命中，议会成为资产阶级同国王斗争的政治中心。1688年“光荣革命”推翻斯图亚

唐宁街10号首相官邸

特王朝，迎立荷兰执政威廉和玛丽同时登位。1689年议会通过《权利法案》，1701年又通过《嗣位法》，从法律上确认“议会主权”原则，给王权以很大限制。专制君主为受宪法约束的立宪君主所取代。英国议会制君主立宪政体初步确立。

立宪君主是名义上的世袭国家元首。就法律地位而论，英王拥有许多重要权力，如任免首相、政府大臣、法官，召集和解散议会，批准和公布法律，统率军队、宣战和媾和等。英王还是英联邦的元首。英联邦国家的公民都是英王的臣民。现在位女王的头衔全称“天佑大不列颠及北爱尔兰联合王国和她的其他领土及领地的女王、英联邦元首、基督教护教者伊丽莎白二世”就表明英王的权力。但实际上，立宪君主只是统而不治的虚君。英王仍是国家政权中不可或缺的组成部分，是人们崇拜的偶像，也是维护国家团结、统一的象征。

议会是议会君主制政体的权力重心，国家最高立法机关。英国议会实行两院制，上院议员不经选举，由各类贵族组成，故上院又称贵族院。上院议员有731人(2005)。下院议员由选举产生，贵族不得竞选下院议员。下院议员任期5年，届满全部改选。下院有646个席位(2005)。在1832年改革以前，议会选举制度十分混乱。从中世纪延续下来的一套旧选举制度没有改造，议会为一小撮贵族寡头操纵。1832年议会改革后，工业资产阶级的代表得以进入议会。通过这一系列的改革，资产阶级争得政治统治权，打击并排挤王权和贵族对议会的控制，使议会下院成为表达资产阶级意志的最高权力机构，促进了议会民主。

议会的主要职权有立法权、财政权和对行政的监督权，主要由下院行使。立法的程序一般是提出议案、议会辩论、经三读通过、送交另一院通过，最后呈英王批准颁布。英王批准只是一种形式，从18世纪初叶以来，英王从未行使过否决权。

议会君主制所确定的议会至上原则，在19世纪中期确曾一度成为政治生活的现实。从19世纪末叶以来，随着英国政治制度渐趋保守，议会在国家机构中的实际地位和作用下降，国家权力的重心逐渐转移

到内阁和首相手中。

中央政府及其核心——内阁是最高国家行政机关。内阁由占议会多数席位的政党组成。议会大选后，国王任命议会多数党领袖为首相并授权由他组阁，批准他提出的内阁成员名单。内阁大臣必须由议员充任。

英国的内阁最早是由中世纪后期的枢密院外交委员会演化而来。该委员会性质是封建君主的咨询机构。1721年，下院多数党辉格党领袖、内阁首席大臣兼财政大臣R.沃波尔取代国王而成为内阁首脑。沃波尔内阁是英国第一届正规内阁。但“内阁”一词，直到1900年才见于官方正式文件，而首相直到1905年才开始接受国王的委任状。1937年的《国王大臣法》才使内阁的名称和首相的职位有了成文的法律根据。到19世纪中期，议会、内阁的职能和制度进一步完善，责任内阁制最后形成。

内阁是政府的领导核心，其中心人物是内阁首相。按惯例，首相兼任内阁首席财政大臣。在内阁出现早期，首相多由贵族议员出任，后来是下院议员任首相者居多。近百年来，首相只来自下院已成惯例。首相既是行政首脑，又是议会多数党领袖，他集行政和立法大权于一身，控制着国家的统治大权。

英国征服印度的战争 British Wars of the Conquest of India 1757～1849年英国政府通过东印度公司进行的一系列侵略印度的战争。结局是印度最终沦为英国的殖民地。

普拉西之战 1757年6月23日的普拉西之战，是英国殖民军与孟加拉王公军队进行的决战，是**英国东印度公司**征服印度的第1次重要战役。普拉西战役后，殖民军队虽遭到孟加拉各地王公和莫卧儿帝国军队的抵抗，但仍向前推进。1764年，英国殖民者侵占了恒河下游的广大地区。

征服迈索尔 18世纪下半叶，英国对迈索尔土邦发动4次侵略战争。1799年，英军第4次大举入侵迈索尔。蒂普苏丹阵亡。战争结束后，英国殖民者把迈索尔中部地区交给迈索尔前印度王公，其余地区被英国以及马拉提、海得拉巴两土邦瓜分。

征服马拉提 18世纪70年代至19世纪20年代，英国向西印度的马拉提联邦发动3次侵略战争。1779年，英军进攻浦那，被马拉提联邦军队击败。1780年，马拉提联邦与迈索尔联合抗英。1782年马拉提被英军打败，签订《萨尔拜条约》。1803年爆发第2次英马战争，英军2.4万人从南北两路侵入马拉提联邦。1805年，英印总督G.巴洛同辛地亚、霍尔卡尔分别签订条约。1817年，英军12万人入侵马拉提联邦。1818年6月，英军获胜，马拉提联邦大部分土地被并入英属孟买管区。

征服旁遮普 19世纪40年代，英国为了完成对印度的全面占领，将侵略矛头指向印度西北部。1843年，吞并信德，随后向旁遮普发动两次侵略战争。1848年4月，在舍尔·辛格领导下，木尔坦的锡克教军民举行抗英起义。接着，哈扎特的锡克教军队在查特·辛格领导下也举行起义。1849年2月，两支起义军在古吉拉特会师并同英军决战，英军用炮战打败起义军。3月，英军又打败阿富汗军队。3月29日，旁遮普省被并入英属印度领地，由印度总督直接统治。旁遮普的被吞并，标志着英国基本完成了对印度的征服过程，统一的“英属印度”的出现，使整个印度沦为英国的殖民地。

英国殖民扩张 British colonial expansion 16世纪至20世纪初叶英国殖民主义者对外进行的侵略扩张。英国是近代最大的殖民国家，其殖民地曾遍布全球。英国的殖民扩张对其资本主义的兴衰、对世界近代历史和地理政治的演变均有极大影响。

英国殖民扩张的进程与资本原始积累、工业资本和金融资本3个发展阶段密切联系着。

英国原始积累时期的殖民扩张，源于16世纪，迄于18世纪后期工业革命兴起。它促进了资本主义的产生和发展。在这一时期，商业资本家是殖民扩张的主要推动者。殖民掠夺通常由政府授予特权的贸易公司进行。

16世纪末受伊丽莎白女王纵容的海盗

当葡萄牙、西班牙这两个老牌殖民国家称霸海上时，人迹罕见的北美东岸成为英国最早的殖民活动地区。到1733年，英国在北美东岸共建立13个殖民地。17世纪20～30年代，英国相继占领西印度群岛的圣基茨、巴巴多斯、尼纳斯、托尔图加、蒙特塞拉特、安提瓜、普罗维登斯、巴哈马、特克斯瓜德罗普和马提尼克，把这些岛屿变成种植园、贩奴基地和海盗出没之所。

在西班牙的**无敌舰队**被英国消灭及荷兰3次对英商业战争均遭败北后，海外扩张的优势已为英国取代，英国开始同法国争夺殖民霸权。1689～1763年间，两国有过4次战争，每次都以英国的胜利告终。英国的殖民地大为增加。

1783年北美13个殖民地的独立给英国以沉重打击。此后，英国殖民的重点转向东方，特别是印度。1600年成立的**英国东印度公司**是英国在东方的殖民机构。1757年普拉西一役，奠定了英国在印度斯坦的统治地位。英国还从荷兰手中夺得苏门答腊（1781）和马六甲，从吉打苏丹手中割走槟榔屿（1786）。

1768年英人J.库克考察了澳大利亚东岸和新西兰，英国随即向那里移民。在反拿破仑战争中，英国抢占了法国、荷兰、西班牙的许多海外属地。

英国工业革命兴起后，代表工业资产阶级利益的政府奉行自由贸易政策，开始了工业资本掠夺殖民地的时期。

1813年，东印度公司的贸易垄断权被撤销，英国大量机制纺织品涌入印度，摧毁了当地传统的棉织手工业。1843～1849年英国先后兼并信德、克什米尔和旁遮普，完成了对印度的征服，进而向印度外围扩张。至1847年，英国先后把新加坡、马来亚、北婆罗洲等东南亚地区并入自己的势力范围。

在非洲，1843年英国兼并纳塔尔（今属南非）。1808、1861和1874年，塞拉利昂、尼日利亚和黄金海岸（今加纳）相继沦为英国殖民地。1833年南美东岸的马尔维纳斯群岛，改称福克兰群岛。

英国不满足于对中国的经济侵略，在两次鸦片战争后，不仅要中国赔款、开辟通商口岸，还割去了香港（1842）和九龙半岛界限街以南的土地（1860）。

1857年**印度民族大起义**后，英国于1858年撤销东印度公司的行政大权，将印度改为直辖领地。对加拿大、澳大利亚和新西兰，英国采取移民拓殖政策，使其成为自己工业的附庸。

19世纪70年代以后，英国逐步丧失其工业世界的垄断地位，但资本输出和殖民扩张仍然领先。

1876年，英国将印度命名为印度帝国，继续向其周围扩张。1878～1879年阿富汗沦为英国附属国。1886年占曼德勒，完成将缅甸并入印度的计划。1887年宣布哲孟雄（今印度锡金）受其保护。在马来半岛，英国先后建立英属**马来联邦**和**马来属邦**。到1914年马来半岛南部均落入英国之手。1907年英、俄两国在伊朗划分了势力范围。

在大洋洲，1874年英国占斐济，1884年宣布巴布亚为保护地。1893～1904年又先后占所罗门、汤加、吉尔伯特、库克、埃利斯和菲尼克斯群岛。1906年，与法国共管新赫布里底群岛。在地中海，1878年从土耳其手中夺得塞浦路斯岛。

非洲是帝国主义瓜分的最后一块大陆，英国夺得其中最有价值的部分。在19世纪末，东非的索科特拉岛、索马里、乌干达、肯尼亚、桑给巴尔岛等地先后沦为英国的保护地。

1882年，埃及实际上变成英国的殖民地。1899年，苏丹实际上沦为英国殖民地。经过**英布战争**，英国占领了布尔人的两个共和国——德兰士瓦和奥伦治。

到20世纪初，世界领土被瓜分完毕，其中英国所占份额最大。到1914年增加到3 350万平方千米的领地和39 350万人口，相当于英本土的137倍和人口的8倍多。V.I.**列宁**称英国为“殖民帝国主义”。

在帝国主义为重新瓜分世界而进行的**第一次世界大战**中，英国夺取了德国绝大部分的海外殖民地，并在战后以委任统治的名义将其纳入帝国领域。第一次世界大战也是英国由盛而衰的转折点。**第二次世界大战**后，在民族解放的革命浪潮冲击下，帝国主义殖民体系土崩瓦解。今天，英国绝大多数的殖民地、附属国已取得独立，剩下的已屈指可数。

英国资产阶级革命 English Bourgeois Revolution 导致资本主义制度在英国确立的一次早期资产阶级革命。又称英国内战、清教徒革命。这次革命对英国和整个欧洲都起了重大影响。一般把革命开始的1640年作为世界近代史的开端。

17世纪30年代末发生了苏格兰人起义。**查理一世**为了筹措军费，不得不于1640年4月13日召集议会。但因议员拒绝国王的要求，**查理一世**于5月5日又解散了议会。史称这届存在仅3周的议会为短期议会。查理一世的横暴引起群情愤激，同时苏格兰起义军又大举进攻，查理一世被迫于1640年11月3日重开议会，结束了11年的独裁统治，议会一直存在到1653年4月20日，史称长期议会。长期议会成为反对以查理一世为首的王党的领导中心；它的召开是革命开始的标志。

在群众运动的支持和推动下，长期议会从召开到1641年夏季之间取得了一连串胜利。1642年8月间，查理一世挑起了内战。内战分为第一次内战（1642～1646）和第二次内战（1648～1649）。

内战开始后，全国分成两个敌对阵营。王党所依靠的主要是经济落后的北部和西北部地区的封建贵族。议会的社会支柱是资本主义较发达的东南部的资产阶级、新贵族、自耕农和城市平民。1645年议会建立了主要由自耕农和手工业者组成的新模范军。在T.费尔法克斯和O.**克伦威尔**指挥下，新模范军于1646年6月攻克王党的大本营牛津。第一次内战以议会的胜利而结束，国王也成了议会的阶下囚。

第一次内战结束后，议会实际上成为全国最高政权机关。但议会里掌权的长老派反对革命进一步发展，并与国王谈判保留君主制，他们所实行的政策只有利于上层新贵族和大资产阶级。1647年8月6日军队开进伦敦，清洗了长期议会中的长老会派首要分子。随后，军队内部独立派高级军官与平等派之间的分歧迅速扩大。克伦威尔于1647年镇压了平等派士兵的反抗。

1648年春，南威尔士、肯特、埃赛克斯等地的王党暴动，并与苏格兰军队勾结，挑起了第二次内战。7月，克伦威尔等高级军官与平等派士兵重新联合，协力平定王党叛乱。8月在普雷斯顿战役中，克伦威尔击溃苏格兰军队，第二次内战胜利结束。根据最高法庭判决，1649年1月30日将查理一世斩首。随后，议会又先后通过取消上院和废除君主制的决议。5月19日正式宣布英国为共和国和自由邦。

共和国的领导权落入克伦威尔等高级军官手中。他们没有实现中、下层人民关于扩大选举权和社会经济改革的要求。1649年春，平等派领导人李尔本发动平等派士兵起义，但被镇压。同时，在许多郡还发生了掘土派运动。结果被政府派军队驱散。

1649年8月，克伦威尔率军征讨爱尔兰，残酷屠杀当地人民，并将爱尔兰2/3左右的土地没收。克伦威尔从1650年开始又征讨苏格兰。1652年将苏格兰合并于英国。英国同荷兰争夺海上霸权，击败荷兰。1655年发动对西班牙的战争，占领牙买加岛。1658年又在欧洲西海岸摧毁西班牙军队。克伦威尔于1653年12月16日被宣布为护国公，集立法行政及军事大权于一身。护国公制实质上是半君主制的军事专政，共和国名存实亡。

1658年9月克伦威尔去世后，国内政局动荡，阶级矛盾尖锐。大资产阶级、新贵族欲迎接查理·斯图亚特复辟。查理·斯图亚特于1660年5月回到伦敦登位，即查理二世（1649～1651、1660～1685年在位），**斯图亚特王朝**复辟。1685年查理二世死后，其弟詹姆斯继位，即詹姆斯二世（1685～1688年在位）。1688年辉格党和托利党联合发动政变，并迎接詹姆斯二世的女儿玛丽和女婿荷兰执政威廉到英国来，尊为英国女王及国王，即玛丽二世和威廉三世，并确立了立宪君主制（见**光荣革命**）。

英国资产阶级革命（1640～1649）

英国自然历史博物馆 British Natural History Museum 世界上最古老的博物馆。位于伦敦南肯辛顿区。原为1753年创建的**不列颠博物馆**的一部分，1881年由总馆分出后开放，1963年正式独立。为维多利亚式建筑，形似中世纪大教堂，总建筑面积为4

英国自然历史博物馆外观

万多平方米，是欧洲最大的自然历史博物馆。拥有世界各地动植物和岩石矿物等标本约4 000万件，其中古生物化石标本700多万件，图书馆有书刊50万种，并保存着大量早期的自然科学研究手稿和图画等珍贵品。

全馆有20间大陈列厅，内容包括古生物、矿物、植物、动物、生态和人类6个方面。现代生命科学陈列厅用立体景观、展柜介绍进化论和人类学知识。展出的古生物化石标本中有高5米的霸王龙、展翼后高17米的翼龙以及始祖鸟的完整骨骼。现代动物标本以鸟类的最为出色。哺乳动物标本中较精彩的是非洲热带草原动物和澳大利亚有袋类动物。矿物标本有35万件，其中不乏珍品，并有专室陈列陨石。

该馆有动物学、昆虫学、古生物学、矿物学和植物学5个研究部，是植物、动物和矿物的国际分类学研究中心之一。博物馆实验室、工作室、标本室的面积几乎和陈列厅的面积相等，实验室配备各种现代科学仪器。

英荷皇家壳牌石油集团 Royal Dutch Shell Group 世界石油跨国公司。荷兰皇家石油公司成立于1890年，和1897年成立的英国壳牌运输与贸易公司原是竞争对手。1907年，两家联合组织了英荷皇家壳牌石油集团，总部设在荷兰海牙和英国伦敦。1913年，两家母公司又收购罗马尼亚、俄国、伊拉克、埃及、委内瑞拉、墨西哥、美国加利福尼亚和俄克拉何马等地的产油公司，并扩大了在欧洲、亚洲、美洲、非洲和澳大利亚的销售机构，成为世界著名的石油公司，经营的石油和天然气约占世界产量的8%。这两家母公司是行政管理机构，不经营实际业务，是公众性公司。在公司之下设有两个持股公司，即壳牌石油公司和壳牌石油有限公司。这两个持股公司拥有并管理经营具体业务的子公司。各子公司从事石油、石化和有关工业业务，从研究、勘探到生产、销售，无所不包。有几家子公司还经营五金、原子能、煤和非金属原料等。

英荷战争 Anglo-Dutch Wars 17世纪英国和荷兰为争夺殖民地和海上霸权进行的三次战争。英国资产阶级革命取得胜利后，更积极地向外扩张，与荷兰发生尖锐矛盾。1651年英国颁布针对荷兰的航海条例，给荷兰的航运业和贸易造成沉重打击。不久，双方开始军事行动。

第一次战争（1652～1654） 荷兰为回击英国，于1652年发动战争。战事在两国海域、地中海、印度洋和松德海峡同时进行。初期英国失利，但凭借其装备精良的战船很快反败为胜。1654年双方签订《威斯敏斯特和约》，荷兰被迫接受航海条例。

第二次战争（1665～1667） 战事在欧洲和殖民地同时展开。英国于1660年颁布新的航海条例，进一步排挤荷兰在国际贸易中的地位。1664年，英占荷兰在大西洋上的戈雷岛、北美的新阿姆斯特丹等殖民地。1665年，荷收回戈雷岛，战事爆发，双方互有胜负。1667年，荷军封锁泰晤士河口，直接威胁伦敦。英被迫接受和平，双方签订《布雷达条约》。荷将包括新阿姆斯特丹在内的北美殖民地让给英国；英稍稍放宽航海条例的限制，并把东印度群岛的几块领地和圭亚那给予荷兰。

第三次战争（1672～1674） 1670年英、法签订《多佛尔秘密协定》，英王查理二世承诺与法王共同对荷作战。1672年英对荷宣战。荷兰在对英海战中取胜。英国怕更危险的竞争者法国实力增强，遂退出战争，于1674年2月同荷兰签订《多佛尔和约》，双方承认《布雷达条约》继续有效。

战后，荷兰失去海上强国地位，英国海上实力大大增强。

英吉利海峡隧道 Channel Tunnel 穿越英吉利海峡用于连接英国和法国的海底铁路隧道。又称欧洲隧道。是世界海底部分最长的隧道，被誉为20世纪建筑奇迹。由法英两国共同建造，于1987年12月动工兴建，1990年底贯通，1994年5月6日正式通车。整个隧道是由埋设在海底25～45米深处并排的3条隧道构成：两边的隧道铺设轨道供火车运行，中间的隧道又称为服务通道，是在隧道全长范围内提供正常维护和紧急撤离的通道。工程是在英吉利海峡最窄的地方多佛尔（法语称加来）海峡建造，单线隧道长约50千米，其中37.5千米位于海底。隧道最大埋深为海平面以下约100米。两条上下行铁路隧道内径7.6米，中距30米，沿纵向每250米设一条内径2.0米的横向联通减压风道，每375米设一条内径3.3米连接铁路隧道和服务隧道的横向安全通道，每750米设一座变电所或配电房。服务隧道内径4.8米。海底有两个转轨厅，使电气列车可在上、下行隧道间分道运行。隧道采用横向送风、行车时活塞作用纵向排风方式。施工中融入了最新盾构法技术，隧道掘进机分别在法国和英国侧掘进。隧道投入运营后2年，1996年11月18日发生严重火灾事故，车辆、线路、设备、隧道结构损失严重。1997年6月恢复通车。

英里 mile 英制长度单位。旧译哩。用于机动车行车时速时直译迈。美国使用符号为mi，英国使用符号为mile。按国际单位制，1英里=5 280英尺=1.609 344千米。英里源自罗马的千步（mile passus，相当于5 000罗马英尺或4 840英尺）。

英美法系 Anglo-American law system 广义指英国从11世纪起主要以普通法为基础，逐渐形成的一种独特的法律制度以及仿效英国的其他一些国家和地区的法律制度。是西方国家中与大陆法系并列的一种历史悠久和影响较大的法系。又称普通法法系、英国法系或判例法系。1066年诺曼底公爵威廉征服英国以前，英国大部分地区施行的是盎格鲁-撒克逊的习惯法；东北部则施行入侵的丹麦人传入的北欧条顿人习惯法。诺曼人在英国以其判例作为普通法适用于全国，并由国王派出的巡回法官在各地宣传和施行这些法律。狭义的普通法即指这类判例法。

英国判例法中还包括一种它所特有的衡平法。这是从14世纪开始发展的一种与普通法并行的主要适用于民事纠纷的法律原则和诉讼程序。

英美法系也有制定法。但英国的制定法有其特点：不论民事、刑事的实体法和程序法，都没有统一的法典；对某些特定问题，例如证据、货物销售、性犯罪、盗窃罪以及青少年犯罪等，虽然制定了单行法，但是往往民刑不分，实体规定与程序规定兼及，而且修改频繁，同名法令很多，在援用时必须注明法令颁布的年代；有的法令内容重复，甚至前后规定不一；而且法令绝大部分是归纳判例而成，不论概念或原则，多来自司法习惯，因而解释和适用时往往需要借助判例。

17世纪起，随着英国的对外扩张，英国法也传播和移植到各殖民地附属国。这些国家在独立后大都根据英国法原则，按照其各自的特点和习惯，适应其政治、经济和文化发展的需要，或多或少地作了修改，以建立自己的法律制度。属于英美法系的国家，除美国外，还包括大部分英联邦国家以及一些原属英国殖民地或附属国的亚洲、非洲、大洋洲和加勒比海地区的国家。不过，英国的苏格兰和加拿大的魁北克省保留了法国法的特点，斯里兰卡则具有罗马-荷兰法的特点，亚洲、非洲和大洋洲的国家则具有更多的宗教或习惯法的特点。美国法对英美法系的改动更大，其原属法国的路易斯安那州仍保持大陆法系的某些特点。

英美烟公司 British American Tobacco 英美资本垄断烟草业的国际托拉斯组织。1902年，美国烟草公司、英国帝国烟草公司等六大烟草公司共同出资组成英美烟公司。总公司设于伦敦，分支机构遍布欧、美、澳、非、亚等洲60余国。公司成立当年即进入中国，收购原属花旗烟公司的上海浦东烟厂。1919年设驻华总部于上海（1936年迁香港）。随后在上海、天津、汉口、郑州、青岛、哈尔滨、沈阳、营口、香港等地设卷烟厂11个。1930年设启东烟公司，1934年设颐中烟草公司，经营卷烟制造业务。

英美烟公司在中国设厂的同时，还建立原料供给基地。1913年起先后在山东、河南、安徽等省推广种植美烟，并设6个大型烤烟厂。它又通过买办合组永泰和烟草公司及其专设的颐中烟草运销公司，形成了一个买办经销网，以上海为中心，从城市到乡村，从沿海到边疆，遍布全中国。此外，还设立6个印刷厂、1个包装材料厂和1个机械厂等，形成庞大的“烟草王国”。

英美烟公司在中国的生产和经销，从一开始就凭借不平等条约，先后从清政府、北洋政府及国民政府取得捐税的优惠待遇，以极大的优势逐步巩固和扩大了它在中国卷烟业产销上的统治地位，从而获得巨额利润。

抗日战争前夕，英美烟公司在中国及香港地区的工厂和销售机构及其附属企业共33个，资本已达21 554万元，职工总数2.5万人。1937年的销售量已达110万箱，占全中国销售量的2/3，致使中国民族卷烟工业受到严重摧残。抗战初期，英美烟公司在各地的工厂托庇于租界，并与敌伪合作，其年产量仍能保持在较高水平。太平洋战争爆发后为日军接管。抗日战争胜利后，英美烟公司伦敦总公司决定，紧缩在华企业，继续外移资金，南迁设备。中华人民共和国建立后，英美烟公司在中国的生产、经销宣告结束。

英缅战争 Anglo-Burmese Wars 英国为把缅甸变为其殖民地而在1824～1885年间发动的3次侵缅战争。

第一次侵缅战争（1824～1826） 1759年，缅王雍籍牙收复尼格莱斯岛。英国借口缅甸威胁英属印度的安全，在1824年3月5日对缅发动第一次侵略战争。1826年

第一次侵缅战争——仰光之役（1824）

2月，英军进占蒲甘和杨达波。2月24日，缅甸政府被迫签订杨达波条约。这是缅甸历史上第一个丧权辱国的条约。

第二次侵缅战争（1852） 1851年，仰光市长处罚了两名违法的英国船长。英国借口缅甸虐待英商，发动了第二次侵缅战争。1852年4月1日，H.T.戈德温率领的英印殖民军队向缅甸发动进攻，抢占缅甸南部沿海城市和三角洲地区，10月进占卑谬，12月推进到美获。12月20日，达贺胥侯爵宣布下缅甸为英国殖民地。

第三次侵缅战争（1885） 19世纪70年代后，为了通过缅甸侵略中国云南，英国也加紧对缅甸的侵略。1885年10月22日，印督向缅政府发出最后通牒，要缅政府允许英国外交代表带卫队进驻曼德勒并可自由觐见缅王，柚木公司案件交印督仲裁，缅甸要协助英国人从八莫到中国云南进行贸易，缅甸外交要受英监督，缅政府没有完全答应这些要求。英国又借口缅甸迫害英商，在11月14日向缅发动了进攻。1886年元旦，印度总督达弗林宣布整个缅甸为英国殖民地。

英诺森三世 Innocent Ⅲ（1160/1161～1216-06-16） 罗马教皇（1198～1216年在位）。生于罗马附近阿纳尼，卒于佩鲁贾。在巴黎大学攻读神学，并曾闭门研修神学理论，1198年当选为教皇。在位期间教廷权势达到历史上的顶峰，积极参与欧洲各国的政治斗争，曾迫使英国、丹麦、葡萄牙、瑞典等国国王称臣。又曾发动第四次十字军东征，镇压异端阿尔比派，批准天主教多明我会与方济各会成立，1215年主持召开第四次拉特兰公会议，颁布了圣餐变体说教义。

英日同盟 Anglo-Japanese Alliance 1902年英国和日本为对抗俄国在远东的扩张而结成的军事同盟。20世纪初，英国为加强在远东的地位，力图假日本之手遏制俄国在远东的扩张；而日本为侵占朝鲜和中国东北，急于寻求反俄同盟军。1902年1月30日，双方签订《英日同盟条约》。主要内容是：缔约国双方相互承认有权保护自己在中国和朝鲜的利益，如英国在中国的、日本在中国和朝鲜的“特殊利益”遭到他国威胁，或因中朝内部发生“骚乱”而受到侵害，两国有权进行干预；缔约国一方为保护上述利益而与第三国作战时，另一方应严守中立；如缔约国一方遭到两个或两个以上国家进攻时，另一方应予以军事援助，共同作战。条约有效期5年。英、日同盟是针对俄国的军事攻守同盟，也是侵略中国和朝鲜的战争工具。1921年12月13日条约失效。

英若诚 Ying Ruocheng（1929-06-21～2003-12-27） 中国话剧演员、戏剧翻译家。满族。生于北平（今北京），卒于北京。1946年入清华大学学习，并开始业余演剧活动。毕业后考入北京人民艺术剧院。20世纪80年代起历任中国戏剧家协会常务理事、文化部副部长。

英若诚先后参加过20余个剧目的演出，扮演的主要角色有：《龙须沟》中的茶馆掌柜、《茶馆》中的老刘麻子和小刘麻子、《推销员之死》中的威利·洛曼等。他还在电影《白求恩》、电视系列片《马可·波罗》中扮演了角色。他的表演鲜明、深刻、含蓄，融粗犷与细腻为一体。50年代曾翻译出版K.S.斯坦尼斯拉夫斯基的《奥赛罗导演计划》，后又翻译剧本《咖啡店的政客》、《推销员之死》等，还将中国剧作《茶馆》、《王昭君》、《家》等译成英文。

英属北美殖民地 British colonies in North America 1607～1775年英国在北美东起大西洋沿岸西迄阿巴拉契亚山脉的狭长地带建立的13个殖民地。1606年，伦敦的弗吉尼亚公司组织首批移民迁往北美；1607年5月在詹姆斯河河口处建立定居点，定名“詹姆斯敦”。史称此次行动为英国建立北美殖民地的开端。殖民地最初建立时分4种类型：公司特许殖民地、业主殖民地、英王直辖殖民地与自治殖民地。为加强控制，1752年后，13个殖民地中的8个成为英王直辖殖民地。殖民地最高行政首脑称总督，代表英王进行统治；下设参事会协助总督管理。殖民地的民族成分十分复杂，除印第安人、黑人外，还有法国人、荷兰人、德意志人和英国人等，其中英国移民最多。殖民地的阶级结

构也很复杂，顶端是大商人和大种植园主，中间是小土地所有者、小工厂主等，再下面是佃农、雇农、渔民、工匠等，最底层的是契约奴、黑人。印第安人则是屠杀与剿灭的对象。殖民地人民反抗英国殖民统治和压迫的斗争与反对殖民地的剥削者的斗争交织在一起，贯穿于这一时期的始终。1681～1691年的J.莱斯勒起义与1676年的培根起义是早期两次最大的反叛运动。殖民地经济以农业为主，工商业也有一定的发展，总体来说是处于商业资本主义阶段。七年战争后，英国变本加厉地压迫殖民地，殖民地人民反抗宗主国的斗争日益激烈。1765年反对《印花税条例》的斗争、1770年波士顿人民反抗英国殖民当局制造波士顿惨案的斗争、1773年波士顿的"倾茶事件"等，把反抗英国殖民统治的斗争推向高潮，终于导致1775年北美独立战争的爆发。

英属维尔京群岛 British Virgin Islands 加勒比海的英国属地。位于小安的列斯群岛中背风群岛的北端，距波多黎各东海岸100千米，与美属维尔京群岛毗邻。由托尔托拉、维尔京戈尔达、阿内加达、约斯特范代克4个大岛和附近多个小岛、岩礁组成。面积153平方千米。人口2.8万（2008年估计）。居民中黑人占83%。多数人信奉基督教。通用英语。最高点为托尔托拉岛上海拔521米的塞奇山。为热带海洋性气候，年平均气温21～32℃，平均年降水量1 000毫米。首府罗德城。

1666年被英国占领。1762年成为英国殖民地。1872～1956年为英属背风群岛联邦的一部分。1960年后由英王任命的总督管辖。实行内部自治。总督任行政委员会主席，任命立法委员会中多数党领袖为首席部长。立法委员会中的13名代表由普选产生。主要政党有维尔京群岛党、关心市民运动、民族民主党、统一党。

经济以旅游业和金融服务业为主。2007年国内生产总值11.02亿美元。流通货币为美元。20世纪70年代以来旅游业发展迅速，约占涉外收入的一半。为加勒比地区金融中心之一，离岸金融业收入占政府收入的一半。农业主要种植水果、蔬菜和甘蔗。有畜牧养殖业。渔业产品主要供出口。工业规模较小，主要生产朗姆酒、旅游用品和建材等。主要出口食品、生禽、酒类和运输器械；进口机器、食品、燃料。主要贸易伙伴是美国、波多黎各、英国、美属维尔京群岛。外援主要来自英国和加勒比开发银行。无铁路，岛内交通运输以公路为主。有直达英国、美国和荷兰的海运航线，主要港口为罗德城。主要机场为牛肉岛机场。有通往迈阿密以及美属维尔京群岛等附近岛国的空中航线。

中、小学实行免费义务教育。维尔京群岛大学为唯一一所高等学校。报刊有《英属维尔京灯塔》、《维岛太阳》和《欢迎》。维尔京群岛广播有线公司创立于1965年。有英属维尔京有线电视台。

英仙座星系团 Perseus cluster 英仙座方向距离约70兆秒差距的一个富星系团。又称Abell 426。它是X射线波段观测到的最亮的星系团，也含有若干强射电源。其中三个已被证认为星系IC 310、NGC 1265和NGC 1275。最强的射电源（3C48A或英仙A）同超巨椭圆星系NGC 1 275成协。该星系核区有强的连续辐射，周围有半径达40千秒差距的发射线亮条星云。

英语 English language 世界上通用的语言。属印欧语系日耳曼语族西支。美、英等60多个国家和地区都以英语为官方语言和半官方语言，它也是联合国的工作语言之一。全世界有7亿多人使用英语。分布区域和使用范围最广。英语科技词汇基本上已成为国际通用的术语。英语的演变经历了三个时期。从5世纪中叶至今，历时1 500多年。英国语言学家H.斯维特把古英语时期称为"词形变化完备时期"，把中古英语时期称为"词形变化减少时期"，把近代英语时期称为"词形变化消失时期"。

古英语时期（450～1150） 从不列颠岛被异族入侵开始。5世纪初，日耳曼民族的三个部落朱特人、盎格鲁人和撒克逊人相继入侵，占领了岛上的平原地区，把当地的凯尔特人赶到西部和北部山区。朱特人、盎格鲁人和撒克逊人均操日耳曼语族西支的方言，虽然各不相同，但彼此相通。语言学家统称这些方言为古英语。古英语的词形变化很多。

中古英语时期（1150～1450） 以1066年诺曼人征服英国这一重大历史事件为起点。中古英语有几种方言，但以中东部方言占优势。从古英语到中古英语最重要的变化是词尾变化的减少。

近代英语时期（1450～ ） 分为早期（约1450～1700）和晚期（约1700年至现在）。晚期近代英语即现代英语。约从1400年起，英语发生了巨大的语音变化，称作"元音大移位"，延续了几个世纪，直到约1750年才稳定下来。早期近代英语时期正是英国文艺复兴时期。当时英国学者中有很多人精通古典语言，他们从希腊语、拉丁语借来许多词语。W.莎士比亚把外来语和本族语巧妙地结合在一起，收到了生动的艺术效果。诗人弥尔顿的诗篇运用了大量拉丁语词，也丰富了英语的表达能力。1611年出版的英王詹姆斯一世钦定的英译本《圣经》长期被认为是近代英语的句子结构和文体的楷模。莎士比亚作品的出现和钦定本《圣经》的诞生说明英语越来越成熟。英语发展到17世纪，已成为能够和古代希腊语、拉丁语、近代法语、意大利语相媲美的文学语言。1662年正式成立的皇家学院提倡用质朴的英语探讨哲学和自然科学。从此，英语逐渐代替拉丁语，成为科学和哲学著作的语言。1755年出版的S.约翰逊编纂的《英语词典》第一次把英语作为全民语言记录了下来，它对英语的规范化起了积极的作用。17世纪，英语扩展到北美。18世纪，又逐渐扩大到印度、澳大利亚、新西兰各地，导致英语词汇的扩大。几个世纪以来世界各民族文化互相接触，给英语带来了数以千计的新词。据估计，古英语词汇有5万～6万个，现代英语大辞典收入的词条多达65万～75万。一方面词汇在扩大，另一方面词的用法则力求符合规范，这两种倾向同时在起作用。

英语是当今世界上通行极广的语言。由于使用范围极为广泛，不可避免地出现了各种地区性变体。除英国英语外，最值得注意的是美国英语。除美国英语外，还有加拿大英语，澳大利亚、新西兰英语，南非英语等，它们亦各有自己的地区性的语词和语法。其他像印度英语、东南亚英语、加勒比地区英语和非洲某些新兴国家的英语，也都各自具有语音和词汇上的特点。美国英语和英国英语在语音上有相当明显的差别，但拼写的差异则不是很大。在词汇方面，美国英语曾长期以英国英语为规范。第二次世界大战以后，由于美国的大众传播媒介迅速发展，美国英语已反过来对英国英语产生影响，并且正在日益扩大这种影响。在文学作品上，这两种英语的区别比较明显，但在学术、科技文章方面，两国作者使用的是一种中性的共同文体。

英制 British system of units 以长度单位码（yd）、质量单位磅（lb）、容量单位加仑（gal）为基本单位的计量单位制。英制长度单位有码、英寸（in）、英尺（ft）、英里（mile）等，1码＝0.914 4米，1英寸＝1/36码＝0.025 4米，1英尺＝1/3码＝0.304 8米，1英里＝1 760码＝1 609.344米。英制质量单位有磅、格令（gr）、盎司（oz）、英担等。英制有常衡磅和金衡磅，1常衡磅＝7 000格令＝0.453 592 37千克，1金衡磅＝5 760格令＝0.373 242千克。格令是最小的质量单位，1格令＝0.647 989 1克。盎司（英两）也有常衡盎司和金衡盎司，1常衡盎司＝1/6常衡磅＝28.349 5克，1金衡盎司＝1/2金衡磅＝31.103 5克。英担有长英担和短英担，1长英担＝112磅＝50.802 3千克，1短英担＝100磅＝45.359 2千克。英制容量单位有加仑、品脱（pint）、夸脱（quart）、蒲式耳（bushel）等。1品脱＝1/8加仑＝0.568 261分米^3，1夸脱＝1/4加仑＝1.136 52分米^3，1蒲式耳＝8加仑＝36.368 7分米^3。1英制加仑＝1.200 95美国加仑。

莺 Sylviidae; old world warbler 雀形目莺科鸟类的统称。共48属281种。中国有19属83种。旧大陆著名的鸣禽。仅少数种类（如戴菊、北极莺）越过白令海峡，到达阿拉斯加，但冬季仍返回菲律宾和马鲁古群

长尾缝叶莺

岛越冬。体型短小或中等；嘴形尖细，有时微具缺刻；体羽大都呈纯色，仅少数非洲种彩色较多。代表种为长尾缝叶莺。

《莺莺传》 *Biography of Yingying* 中国唐代传奇。又名《会真记》。元稹撰。此篇是作者的自寓之作，借张生的经历自叙艳遇，一般认为创作于唐德宗贞元二十年（804）。关于莺莺的生活原型，宋代王铚《传奇辨正》认为是唐代永年县尉崔鹏之女，陈寅恪《元白诗笺证稿》推测是名为曹九九的“酒家胡”。故事讲述贞元中，张生寓居于蒲州普救寺，他的远房姨母崔氏母女也投宿在这座寺中。时值军人作乱，大掠蒲人，崔氏得到张生救护，因而无事。崔母设宴相待，让女儿以兄妹之礼拜见张生。张生被莺莺美貌所动，托崔氏婢女红娘赋诗通意，得与莺莺幽会。后来张生赴长安参加科举考试，与莺莺书信往来。一年后，莺莺已嫁给别人，张生也另有所娶。《莺莺传》文笔优美，描述生动，刻画出莺莺介于感情与礼教之间复杂而矛盾的心理。《莺莺传》对后世文学创作影响很大，金代董解元《西厢记诸宫调》、元代王实甫《西厢记》、明代李日华《南西厢记》等皆受此影响。

罂粟 *Papaver somniferum*; opium poppy 罂粟科罂粟属的一种。一二年生草本植物。中国宋朝《开宝本草》中称罂子粟，又称御米、米囊子。原产欧洲南部及亚洲伊朗、土耳其等地。果中渗出的乳汁阴干后称鸦片。7世纪时由波斯（今伊朗）输入中国。中国药用罂粟由国家控制栽种，鸦片仅作麻醉药品。

全株光滑无毛，茎直立，有白粉。叶互生，长椭圆形或长卵形，基部抱茎，边缘有缺刻。夏季开花，花大，单生于枝顶，白色、红色或紫色。蒴果球形或椭圆形。种子多数。鸦片中生物碱含量约为20%，其主要成分为吗啡，还有可待因、那可汀、

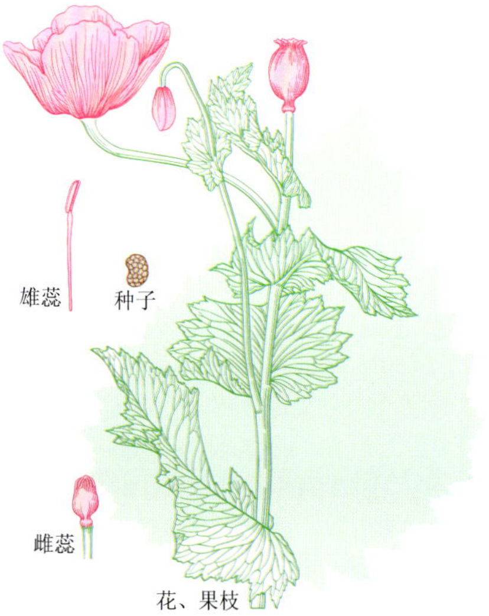

罂粟形态

蒂巴因、罂粟碱、那碎因等20多种生物碱。有镇痛、镇咳和止泻作用，但常用会成瘾。种子入药可治反胃、腹痛、泻痢、脱肛等症，并可榨油供食用及作绘图用油。果壳入药称罂粟壳或米壳，可治久咳、久泻、脘腹疼痛等症。花色艳丽，可作庭园观赏植物。

罂粟碱 papaverine 异喹啉型生物碱，分

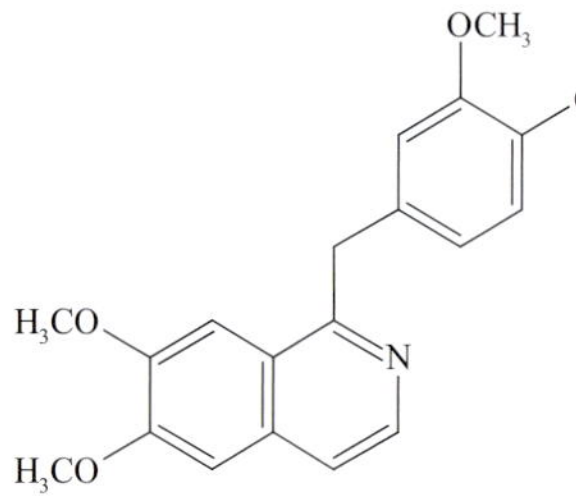

子式$C_{20}H_{21}NO_4$。为罂粟的主要生物碱。无色棱柱状或针状晶体；熔点147～148℃；易溶于苯、丙酮、热乙醇、冰醋酸，稍溶于乙醚、氯仿、四氯化碳，不溶于水，溶于浓硫酸；加热到110℃变为玫瑰红色，至200℃则变为紫色。它与多种无机酸和有机酸生成结晶盐。罂粟碱的药理作用介于吗啡和可待因之间，主要解除平滑肌，特别是血管平滑肌的痉挛，并可抑制心肌的兴奋性。其盐酸盐可治疗心绞痛和动脉栓塞等症。

罂粟科 Papaveraceae; poppy family 双子叶植物纲木兰亚纲的一科。共43属700余种。主要产于北温带。中国有19属300多种，南北均产，以西南为多；其中血水草属和疆堇属为中国特有属。常为有乳状或有色液汁的草本。基生叶通常莲座状；茎生叶大多互生，全缘或分裂，有时具卷须；无托叶。花单生或排列成总状、聚伞、圆锥花序。萼片2或3，多分离，早落；花瓣4～8（～12），稀无，有时外面的2或1枚呈囊状或距状，大多颜色鲜艳；雄蕊多数，或4枚或6枚成2体，离生；子房上位，由2至多数合生心皮组成，1室，侧膜胎座。蒴果，瓣裂或顶孔开裂。罂粟科植物富含异喹啉类生物碱，如原阿片碱、异紫堇碱、罂粟碱、吗啡、可待因、血根碱、白屈菜碱、博落回碱等。

罂粟科有不少著名的庭园观赏植物，如花菱草（金英花）、虞美人、荷包牡丹等。多种植物供药用，如罂粟、虞美人、绿绒蒿、血水草、金罂粟、荷青花、白屈菜、博落回、延胡索、紫金龙等。

缨翅目 Thysanoptera; trips 昆虫纲的一目。小型有翅昆虫。见蓟马。

樱花 *Prunus serrulata*; oriental cherry 蔷薇科李属的一种。落叶乔木。又称山樱花、福岛樱。著名的春季观赏花木，有300多个樱花品种。中国长江流域各地和东北、华北及朝鲜半岛、日本均有分布。树皮暗褐色，光滑，小枝无毛。叶卵形至卵状椭圆形。花白色或淡粉红色，伞房状或总状花序，萼筒钟状。花期4月，与叶同放。7

樱花盛开

月果熟。通常泛称的樱花除该种外还包括其他很多种和变种，主要变种有山樱花、毛樱花等，主要品种有重瓣白樱花、重瓣红樱花、垂枝樱花等，其他种有日本晚樱、日本樱花、早樱等。樱花为温带树种，性喜光，喜深厚肥沃而排水良好的土壤，有一定耐寒能力。用扦插或嫁接方法繁殖。扦插在春季用硬枝、夏季用嫩枝；嫁接砧木可用适应性强的单瓣樱花或樱桃实生苗，于3月下旬切接或8月下旬芽接。

樱桃 *Prunus spp*; cherry 蔷薇科李属植物的统称。落叶乔木或灌木。此属植物共有120种以上，自然分布于北半球温带。世界上主要作为果树栽培的樱桃有：欧洲甜樱桃、欧洲酸樱桃、中国樱桃和毛樱桃。此外，还有很多观赏种。中国北自山东、南至广东均有分布。著名品种有安徽太和的大鹰

嘴、全红桃，浙江诸暨的短柄樱桃，山东的大乌芦叶等。叶片卵圆形至椭圆状卵圆形，有重锯齿。花成伞形或总状花序或单生，花瓣白色或粉色。核果小，近球形，红色至黑色或黄色，果肉多汁，稍甜带酸。树性抗寒耐旱，对土壤要求不严，但不耐涝。多用分株、扦插和压条等方法繁殖。欧洲甜樱桃用嫁接繁殖。果实虽小，而所含蛋白质、维生素C和胡萝卜素等营养成分较高。除供鲜食外，可制作果酱、果酒、果汁、蜜饯及罐头等。叶、根、花均可入药。树姿优美，花、果色彩绚丽，为观赏植物。

樱桃番茄 *Lycopersicon esculentum* var. *cerasiforme*; cherry tomato　茄科番茄属的一个变种。半蔓生一年生草本植物。又称迷你番茄。原产南美洲。美国、欧洲多有栽培。中国20世纪80年代后流行，南北各地均有种植。

根系发达，茎半蔓生。羽状复叶，互生。总状或复总状花序，花黄色，浆果，圆球形、枣形或梨形，红、橙或黄色（见图）。喜温暖，

较耐热，喜充足光照。适于土层深厚、疏松肥沃的壤土或砂壤土种植。常见的红色枣形品种有圣女、串珠，红色圆球形品种有美味、樱桃红，以及梨形品种洋黄梨、洋红梨等。樱桃番茄富含番茄红素，果皮中还含有芦丁，对心血管有保健功效，多用于生食、作色拉或当作水果食用。

《樱桃园》 *The Cherry Orchard*　俄国剧作家A.P.契诃夫的最后一部剧本。写于1902年。剧本描写女地主朗涅夫斯卡娅年轻时嫁给一个有一身债务的男人，丈夫死后，她爱上一个不成器的男人，不久7岁的儿子不幸落水身亡。痛不欲生的她带着女儿安尼雅离开了故乡去了法国。5年后饱经挫折的朗涅夫斯卡娅回到家乡，见到那满园白色的樱桃园、见到久别重逢的哥哥加耶夫等亲朋好友，不由热泪盈眶。但由于朗涅夫斯卡娅兄妹不能按期缴付抵押借款利息，樱桃园被拍卖，工于心计的商人罗巴辛将其买到手，并宣布这个从前他家祖祖辈辈为奴的地方如今完全属于他了。他要用斧子将这些樱桃树砍去，并在这片土地上盖别墅，要在这里过崭新的生活。朗涅夫斯卡娅决定再次出国，回到巴黎情夫的身边。临走之时，她对樱桃园依依不舍，加耶夫也和妹妹一样心情沉重，俩人都在啜泣着。唯有安尼雅欢呼不已，对未来充满信心。

这是一部有着浓厚抒情意味和悲喜剧因素的剧作，表现了新旧社会的交替过程。它一方面揭示了樱桃园繁花似锦的日子一去不复返，贵族地主的旧生活即将毁灭；另一方面则强烈地表达了与过去告别、奔向幸福未来的美好憧憬。契诃夫赋予了剧本鲜明的浪漫主义色彩和乐观主义情绪。在风格上，《樱桃园》更是契诃夫戏剧特征的集大成者，无论是结构、人物还是对话方式都与前几部剧作一脉相承，可以被视为契诃夫的一部重要代表作。

鹦鹉 Psittacidae; parrot　鹦形目鹦鹉科鸟类的统称。世界有78属，分布于亚洲南部、

不同种类的鹦鹉

a 红眼镜亚马孙鹦鹉　b 红色吸蜜鹦鹉　c 东玫瑰鹦鹉　d 葵花凤头鹦鹉　e 黄耳鹦鹉　f 红额鹦鹉　g 花头鹦鹉　h 黄额鹦鹉　i 凤头鹦鹉　j 金色鹦鹉　k 黑翅情侣鹦鹉　l 帝王亚马孙鹦鹉

大洋洲、非洲、中美洲和南美洲，主要产于大洋洲。中国有7种，见于西藏南部、四川南部、云南、广东、广西。此科鸟类大小差别悬殊，全长80～990毫米。嘴甚短强；上嘴钩曲而具蜡膜，犹如猛禽；上嘴能向上活动，其与头骨如具铰链一般：嘴钩内有锉状构造；舌多肉质而柔软。翅形稍尖。尾长短不一。跗跖短健，被以细鳞。前后皆两趾，适于攀树。体羽常为绿色，或绿蓝和红色等，非常艳丽。雌雄相差不多，幼鸟与雄鸟相似。

鹦鹉螺类 nautiloid 头足纲一大类动物。全海生。鹦鹉螺类已知最早出现于寒武纪，在奥陶纪和志留纪达到全盛，种类繁多，分布极广。至今共有75科300属3 500种，现仅存1科1属3种，其他类型和属种均已绝灭。现生1属3种是海洋中的活化石，主要分布于菲律宾群岛南部、新喀里多尼亚岛、新不列颠岛附近的海域。鹦鹉螺类壳

体主要分为胎壳、气壳和住室三大部分。表面光滑，或具细密的横向、生长线纹，也有具粗的横肋、纵棱或瘤、刺等。壳表具各色花纹，但化石中多不能保存。壳形成螺旋形、直椎形、弯椎形。主要营底栖生活，主要以蟹类、底栖虾类和海胆等为食。

鹦鹉螺类的特异结构是研究生物进化的重要材料。鹦鹉螺类化石是一类重要的标准化石。

鹦鹉热 psittacosis 由鹦鹉热衣原体引起的急性传染病。又称鸟热。鸟类和家禽如鸡、鸭等的传染病，也可传染给人，引起肺部感染。潜伏期7～15日或更长。临床表现以发热及肺炎为主。诊断根据有鸟类或家禽接触史及临床表现。确诊可作血清补体结合试验及分离衣原体。四环素、土霉素治疗有特效。

鹦形目 Psittaciformes; parrots/parakeet 鸟纲的一目。有鹦鹉科、凤头鹦鹉科和吸蜜鹦鹉科3科330余种。大都分布于热带和南半球。中国南部和西南部产鹦鹉7种。著名的笼鸟。中型攀禽。头骨的腭型为索腭。嘴强大而曲，先端具钩，基部具蜡膜。翅的外形略呈尖形，第5枚次级飞羽缺。尾长短不一。足呈对趾型，第2、3趾向前，第1、4趾向后，有利于在树上攀缘。尾脂腺被翎。廓羽具副羽。雌雄鸟无大差别。羽色艳丽，鸣声单调，但舌多肉质而柔软，大多能模拟人语。以谷物、果实等为食。在树洞中营巢。雏鸟为晚成性。

鹰 *Accipiter*; hawk 鹰属种类（真鹰）的统称。分布于6个主要的大陆地区。亦包括苍鹰和雀鹰。广义的“鹰”，指小型至中型的白昼活动的猛禽，包括鹰科的他种鸟类（如鸢、鵟和鹞）。大多数种类营巢于树上，但有些种类（如沼泽鹰）营巢于多草的地面，其余种类营巢于悬崖上。每窝产3～6枚卵，卵具褐色斑点。绝大多数鹰对人类利多害少，偶然捕食家禽和小型鸟类，通常以小型哺乳类、爬行类和昆虫为食。有多种觅食技能，最典型的捕食技巧是搜索或穷追猎物以防逃逸。一旦用强有力的爪抓住猎物，便使用尖而强壮的喙将其撕碎。鹰属的代表种类是：条纹鹰体长约30厘米，背部灰色，腹部具细窄的锈色横斑，分布于美洲大部分地区。库珀氏鹰（鸡鹰），产于北美，貌似条纹鹰而较大，体长50厘米，尾长，翅圆形，飞行低而迅速，十分灵活，以鸟类和小型哺乳动物为食。鵟（鵟鹰）翅宽，尾宽，善高飞，见于美洲、欧亚大陆和非洲。红尾鹰（牙买加鵟）是最普通的北美种类，体长约60厘米，羽色各异，但通常背部淡褐色，腹部稍淡，尾赤褐色；主要食啮齿类，但亦捕食其他小型哺乳动物、鸟类、爬行动物、两栖类，甚至昆虫。赤肩鹰（条纹鵟）常见于北美东部和太平洋沿岸一带，体长约50厘米，体羽呈红褐色，腹部具密集的横斑。黑鹰（黑鸡鵟）尾短，翅特宽，黑色，以蛙、鱼、蟹及其他水生动物为食。大黑鹰（大黑鸡鵟、巴西雕）体长约60厘米，分布于墨西哥到阿根廷一带；体型较小的普通黑鹰（煤黑鸡鵟、墨西哥黑鹰）有白色斑纹，分布于南美北部到美国西南部。栗翅鵟（哈里斯氏鹰）形大，黑色，肩部为不明显的褐色，腰为亮白色，见于南美向北到美国西南部。宽翅鹰（宽翅鵟）大小如乌鸦，体呈灰褐色，尾具黑白带斑，见于北美西部，成大群地迁徙。斯温森氏鹰（斯温森氏鵟）产于北美西部，迁徙到阿根廷。毛脚鹰（毛脚鵟）类包括最大型的北美鵟——王鵟（赤褐色鹰）和新、旧大陆的毛脚鵟。非洲鹞鹰和美洲热带的鹤鹰似鹞，中等大小，灰色，但翅短而宽。

鹰潭市 Yingtan City 中国江西省辖地级市。位于省境东北部，信江中下游。东南与福建省相连。辖月湖区、余江县，代管贵溪市。面积3 554平方千米。人口112万（2010），汉族占99%以上，少数民族有畲、回、蒙古、满、侗、壮、苗等族。唐称鹰潭坊，明万历在鹰潭设巡检司。清乾隆定名鹰潭司，同治四年（1865）改名鹰潭镇。1979年撤镇设市。属中亚热带温暖湿润季风气候。矿产有金、银、铜、铅、锌、瓷土、硅石、耐火黏土、花岗岩、红石等。盛产稻谷、油菜子、大豆、花生、芝麻、黄红麻、柑橘、甘蔗等。工业有冶炼、电力、化工、食品加工、建材、机械、林业、制药、仪器仪表、工艺美术等。为中国最大的银矿和铜业生产基地，有“铜都”的美称。名胜有龙虎山（原名云锦山），为国家级风景名胜，拥有99峰、24岩、108个自然景观和近百处人文景观，是中国道教正一派发祥地。

鹰嘴豆 *Cicer arietinum*; gram chickpea 豆科鹰嘴豆属的一种。又称鸡豆。原产地不详。中国甘肃、青海、陕西、山西、河北等省有栽培。一年生草本。茎直立，有黏性的腺体短柔毛，高25～50厘米。奇数羽状复叶，互生，小叶9～15，卵形、倒卵形或椭圆形，长10～15毫米，边缘有密锯齿，两面有白色腺毛；托叶大，具长齿。花两性，两侧对称，单生叶腋；萼钟状，萼齿5，披针形；花冠蝶形，白色或淡紫色；雄蕊10，结合成9个花丝合生，1个花丝离生的二体雄蕊；心皮1，子房上位。荚果卵球形；种子1～2粒。种子可食用。

迎春 *Jasminum nudiflorum*; winter jasmine 木犀科素馨属的一种。落叶灌木。又称迎春花、金腰带。原产中国，园林中普遍栽培。枝直立，顶端弯曲下垂成拱形，小枝绿色，四棱形。叶对生，三小叶掌状复叶。花单生，先花后叶，花冠黄色，五裂。萼片绿色。浆果紫黑色。耐寒、耐旱、忌涝，喜肥沃土壤。繁殖多用扦插，亦可分株、压条。同属植物近300种，常见栽培观赏的还有：探春、素馨、茉莉。迎春枝黄绿色，开花早，

为园林中重要观赏花木。植成花篱，建筑物基础栽植，用于山坡、坡地地被，或配植山石，庭院栽培无不相宜。还可盆栽装饰居室。

荧光 fluorescence 激发态分子辐射衰变的一种类型。通常观察到的荧光是从第一激发单重态S_1经过辐射跃迁回到基态单重态S_0时产生的光。荧光的寿命很短，通常在10^{-8}～10^{-4}秒的量级。此外，处于第一激发三重态T_1的分子也有可能通过吸收能量提升为第一激发单重态S_1，发射荧光。这

种类型的荧光寿命较长，称为延迟荧光。

荧光可以在许多物质，如矿物、植物、染料、玻璃、天然与人工晶体及许多有机、无机化合物中观察到。各种发光的化合物具有不同的荧光光谱，此种性质可用来鉴定各种物质，称为荧光分析。荧光还用于防伪技术、信息技术、照明及作为生物分子标记等方面。

荧光灯 fluorescent lamp 利用荧光粉把低气压汞蒸气放电过程中产生的紫外线转变成可见光的电光源。一般制成管形。发光效率高，光线柔和，使用寿命长，可制成日光色、冷白色、暖白色或其他各种光色，是一种良好的室内照明光源。缩小荧光灯灯管直径可提高发光效率。玻璃管直径已逐渐从38、32、25毫米缩小到15毫米。将荧光灯管缩小和弯曲后制成紧凑型荧光灯，外形尺寸与普通照明白炽灯泡近似，可替换普通照明白炽灯泡。为实现照明节能的需要，已研制出U形、2D形、螺旋形、球形等多种形式的紧凑型荧光灯。

荧光分析 fluorescence analysis 广义而言，有原子荧光光谱法、X射线荧光分析和分子荧光光谱分析。习惯上仅指后者，即利用一定波长的光照射下物质所发射的分子荧光（光谱、强度、寿命、偏振及各向异性等）性质进行定性分析或定量分析的方法。分子荧光的发射和分子磷光的发射在本质上均属于分子的光致发光现象。在一定光源照射下，若保持激发光波长不变，记录到的荧（磷）光强度对发射波长的关系曲线，称荧（磷）光的发射光谱；反之，若保持发射波长不变，记录到的荧（磷）光强度对激发波长的关系曲线，称荧（磷）光的激发光谱。两者统称荧（磷）光光谱（见图）。

不是所有物质的分子都能发射荧光，只有那些具有适宜化学结构（如大的共轭π键和刚性平面结构）的物质，才能在光源的照射下发射荧光。对于那些本身不能发射荧光的物质，可以借助一定的化学反应，将其衍生、转变为荧光性物质，或是利用它们对其他荧光性物质发射荧光的影响（增强、猝灭、催化等）进行测定。

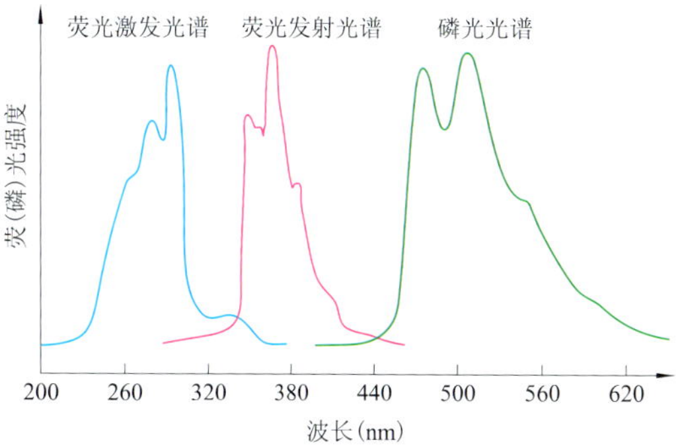

室温下菲的乙醇溶液的荧光激发光谱、发射光谱和在滤纸基质上的磷光光谱

荧光分析法具有灵敏度高、选择性好、工作曲线线性范围宽、可测量和利用的参数多等优点。可以利用其荧光激发光谱和发射光谱、荧光寿命、荧光量子产率等的差异，区分不同的荧光物质；利用一定条件下荧光强度与荧光物质浓度呈线性关系，定量地测定某种荧光物质；利用荧光寿命的差异，采用时间分辨技术，选择性地测量某种荧光物质；利用荧光探针试剂标记抗原或抗体，建立灵敏度可与放射免疫分析法相媲美的荧光免疫分析法；利用在偏振光激发下，荧光体发射的荧光在空间有不同取向、有不同强度的偏振光，以及其偏振度、各向异性与荧光体转动速度、所处环境黏度等相关的特性，用于蛋白质、核酸的变性，抗原和抗体的反应，细胞膜微黏度等的研究；利用同时显示激发、发射波长和荧光强度关系的三维光谱，作为石油气显示和矿源判定以及法庭和环境类似物鉴别等的指纹技术。

荧光光谱 fluorescence spectrum 荧光发射强度按波长的分布。物质受到激发后，在很短的时间内所发出的波长由物质特性决定的辐射称为荧光。有时将波长处于可见或近可见范围的荧光称为光学荧光，以区别于波长甚短的X射线荧光。激发物质产生荧光的方式有多种，而激发源为光的过程称为光致发光。

最简单的光致发光是共振荧光，又称为共振散射。即发光体吸收某一波长的激发光后又发射同一波长的单色光。此时激发光光子的能量恰好等于物质原子基态或最接近基态与激发态间的能量差，相应于光吸收与发射的跃迁正是在这两能级间发生。但多数情况下发射带与吸收带间发生频移，且通常是发射波长长于吸收波长，频移典型值在0.01～100纳米范围。

荧光光谱为物质成分的检测提供了很好的手段，特别是激光诱导荧光技术在环境监测、疾病诊断、食品卫生等领域得到广泛的应用。

盈富基金 Tracker Fund of Hong Kong 由中国香港特别行政区政府发行并在香港交易所上市的一种投资信托基金。可让投资者通过一次简单交易，购入代表恒生指数的证券组合。盈富基金单位在交易所买卖，并像普通股票一样派发股息。其目标是提供紧贴或跟随恒生指数表现的回报。于1999年11月12日在香港交易所上市，由外汇基金投资公司负责处理。按照港府“还富于民”的构想，投资者若在首次公开发售时成功购入盈富基金，便可获得折扣优惠和特别红股奖励。盈富基金虽然是一个低成本的投资工具，却与香港整体股票市场息息相关。它的优点是为投资者提供了机会，让投资者在香港股市可作多元化投资并以较低的成本参与。

盈亏平衡点 breakeven point 企业在一定销售量情况下，销售收入等于产品总成本而不盈不亏的点。又称盈亏临界点、保本点。是企业实行量本利分析法的一个主要内容，即以盈亏平衡点为基础，对成本、销售量、利润三者之间所进行的盈亏平衡分析。它可以用图解法或代数法确定。在假定可变成本与销售量呈线性关系、销售价格与销售量无关的情况下，图解法反映出的盈亏平衡点，为销售收入总额线和产品销售总成本线相交之点。以盈亏平衡点为界，销售收入高于此点，则企业赢利；反之，则企业亏损。代数法的计算公式为：盈亏平衡点（销售量）= 固定成本 /（单位销售价格 − 单位可变成本）；或盈亏平衡点（销售量）= 单位销售价格 × 固定成本 /（单位销售价格 − 单位可变成本）。盈亏平衡点分析法在世界各个国家已广泛应用于企业的经营决策。

盈余公积 surplus reserve 企业按有关规律、行政法规、企业章程等的规定，从税后利润提取的盈余积累。企业在生产经营过程中，为了将来扩大生产规模、应对可能的风险、保障债权人的利益以及职工的福利，需要从企业赢利中提取一定金额的留存利润作为公积准备。

在中国，盈余公积主要包括法定盈余公积、任意盈余公积和法定公益金。法定盈余公积是企业按照规定的比例从净利润中提取的盈余公积。任意盈余公积是企业经股东大会或类似机构批准按照规定的比例从净利润中提取的盈余公积。法定公益金是企业按照规定的比例从净利润中提取的用于职工集体福利设施的公益金。

盈余公积可用于：①弥补亏损。②转增资本（或股本）。③在特殊情况下可发放现金股利或利润。④公益金可购置职工福利设施。

萤火虫 Lampyridea; firefly 鞘翅目萤科昆虫的统称。全世界已知约2 000种，分布于热带、亚热带和温带地区。中国记载74种。小至中型，长而扁平，体壁与鞘翅柔软。前胸背板平坦，常盖住头部。头狭小。眼半圆球形，雄性的眼常大于雌性。在额的前方，两眼之间具触角

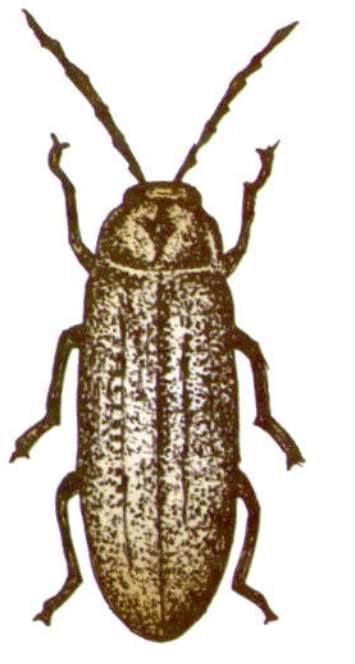

十字纹萤

1对，各11节，丝状、锯齿状或栉齿状，2触角基部相接近。上颚弯曲，贯穿有沟。雄性一般鞘翅发达，盖住腹部和后翅，雌性常无翅，但黄萤属雌、雄均有翅。鞘翅表面密布细短毛，鞘翅缘折基部宽。腹部7～8节，末端下方有发光器，能发黄绿色光。足细长，无特殊膨大的部分，跗节5节。幼虫褐色，长形，前后两端尖细，体节明显，头小，足发达；发光器1对，一般位于第8腹板。

萤火虫夜间活动，卵、幼虫和蛹也往往能发光，成虫的发光有引诱异性的作用。幼虫和成虫均捕蜗牛和小昆虫为食，喜栖于潮湿温暖、草木繁盛的地方。

萤石 fluorite 化学成分为CaF_2，晶体属等轴晶系的卤化物矿物。因能发荧光而得名。含氟量达48.9％，是氟工业的主要矿物原料，故又称为氟石。萤石中的钙常被铈、钇等稀土元素所替代，替代数量较多时，形成铈萤石、钇萤石等变种。晶体呈立方体、八面体、菱形十二面体及其聚形（见图），集合体常呈粒状、块状、土状。萤石是天然矿物中色泽变化最多的矿物，一般常呈绿色或紫红色，较少为无色，另有白、黄、蓝、玫瑰红、黑色等。其颜色变化与形成温度、晶体缺陷、色心或钇等稀土元素的存在有关。一般萤石颜色随这些元素含量的增高而加深。加热颜色变浅甚至消失；用X射线照射，可恢复原色。玻璃光泽。莫氏硬度4。密度3.18克/厘米^3。解理完全。熔点1 360℃。在长波紫外光下发荧光。含稀土的萤石还会发磷光。具有热发光性，发光强度随钇等稀土元素含量的增多而增大。萤石是自然界常见的一种多成因矿物。普遍见于中酸性岩浆岩、沉积岩、变质岩及交代岩中，还作为表生矿物见于某些金属矿床氧化带中。但大多数萤石是热液作用的产物，与石英、方解石、重晶石及铜、铅、锌等金属硫化物共生；沉积作用形成的萤石，与石膏、硬石膏、方解石、白云石等矿物共生。中国萤石资源丰富，主要分布在闽、浙沿海火山岩地区；在湖南、内蒙古、山西、辽东、黑龙江、广西、云南等地，也有大量产出。世界著名产地有墨西哥圣路易斯波托西州拉奎瓦矿山、美国伊利诺伊州和肯塔基州、意大利瓦拉尔萨、英国德比郡和达勒姆、西班牙奥索尔等。

萤石晶体

营口市 Yingkou City 中国辽宁省辖地级市。位于省境南部，辽东半岛东北部，辽河入海口北岸。辖站前、西市、鲅鱼圈、老边4区，代管大石桥市、盖州市。面积4 970平方千米。人口243万（2010），有汉、回、朝鲜、满、蒙古等23个民族。清道光十年（1830）后称营口，同治五年（1866）设营口海防厅。1913年改设营口县，1938年设营口市。属暖温带大陆性季风气候。矿产有铁、金、银、铜、铅、菱镁石、钾长石、石灰岩、硅石、硫石、云母、萤石、石墨等。农产品以水稻、苹果著称，水产品有鱼、虾、海蜇等。工业以机电、冶金、石化、纺织、印染、家用电器、乐器、建材、食品加工等为主。营口港为东北地区第二大港，有班轮通往大连、天津、上海。名胜古迹有西炮台、楞严禅寺、金牛山猿人遗址、金龙山、仙人岛烽火台、盖州上帝庙等。

营气 nutrient qi 中医学理论称运行于脉中的气。因富于营养，故又称“荣气”。营与血关系极为密切，营气不但是血液的组成部分，而且在血液化生过程中起着重要作用，故常以“营血”并称。营气与卫气相对而言，属于阴，故又称“营阴”。营气生于水谷，源于脾胃，出于中焦，行于脉中，性质轻柔，富于营养，具有化生血液和营养全身的作用。营气不足或营气运行障碍都会导致疾病的发生。

营气的运行，出于中焦，注手太阴肺经，循十四经之道，营运于周身上下、内外各个部分，于平旦会于手太阴肺经，昼夜不息，周而复始。

临床上由于营气不足，可导致营血虚滞，证见惊惕头晕、目眩耳鸣、唇爪无华、妇女月经量少或经闭不行、脐腹作痛、舌质淡、脉弦细或细涩，治宜养血和营；若营气运行阻碍、痈肿外发，可用活血解毒散结的药物治疗。营卫不和所致病证见卫气。

营养 nutrition 生物体为满足自身生长发育和维持生命活动，从食物中摄入、消化、吸收、代谢和利用机体所需物质的过程总称。生物体对营养物质需求的生物学过程也简称营养。包括各种营养需求要素。

供给 机体所需营养素是通过摄取食物获得的。

消化吸收 食物在胃、小肠被消化酶所分解消化，所含营养素与食物中其他非营养成分分离；以单体营养素或营养素与载体结合的形式，通过主动运转或扩散等形式，在胃、小肠、空肠被黏膜细胞吸收。

利用 食物中的营养素以不同的形式被机体利用，如食物蛋白质在胃中被蛋白酶分解成氨基酸，食物中的必需氨基酸与食物中含有的或体内合成的非必需氨基酸在肝脏合成人体组织蛋白质，矿物质与微量元素多以构成机体组织的重要组成成分或调解机体生理功能的形式被机体利用，维生素则多以作为辅酶的形式被机体利用。

排泄 营养素被机体利用构成机体组织成分后，经过一定的周期，再被分解，通过消化道或泌尿道排出体外，未被机体利用的营养成分随粪便直接排出体外（排遗）。

调节 营养素在体内消化、吸收、利用和排泄，受体内多种机制和途径的调控。调控机制包括神经系统、酶系统和营养素水平变动产生的反馈机制调控等。

干预 营养过程干预首先是对机体进食选择食物的干预。通过营养教育，使消费者明了和掌握自身对食物的选择和进食数量以及饮食习惯，达到充分摄入营养素满足机体对营养素的需求。

营养不良 malnutrition 因营养素缺乏或过剩所致机体健康异常（或疾病）的状态。又称营养失调。营养不良包括营养缺乏和营养过剩。

①营养缺乏。指机体缺少一种或多种营养素导致营养不足状态。主要原因是膳食营养供给不足、机体对营养素的消化吸收障碍和机体由于生理状态变化（或疾病）对营养素需求增加或营养素加速分解。

②营养过剩。指一种或多种营养素摄入过多，超过机体需要所致的疾病状态。

营业收入 operating revenue 企业在日常经营活动中因销售商品、提供劳务以及让渡资产使用权所形成的经济利益的总流入。

销售商品的收入，在下列条件均能满足时应予以确认：①企业已将商品所有权的主要风险和报酬转移给了购货方。②企业既没有保留通常与所有权相联系的继续管理权，也没有对已售出的商品实施控制。③与交易相关的经济利益能够流入企业。④相关的收入和成本能够可靠地计量。

提供劳务的收入，若在同一会计年度开始并完成的，应当在完成劳务时确认收入。如果劳务的开始和完成分属不同的会计年度，应当在资产负债表中按完工百分比法确认相关的劳务收入。

让渡资产使用权而发生的收入包括利息收入和使用费收入，应在同时满足以下条件时予以确认：①与交易相关的经济利益能够流入企业。②收入的金额能够可靠地计量。

营业税 business tax 中国对营利事业和经营行为征收的一种税。1993年12月13日，国务院发布《中华人民共和国营业税暂行条例》，自1994年1月1日起施行。其纳税人包括在中国境内提供应税劳务、转让无形资产和销售不动产的各类企业、单位、个体经营者和其他个人，设有交通运输业、建筑业、金融保险业、邮电通信业、文化体育业、娱乐业、服务业、转让无形资产和销售不动产9个税目，以营业额为计税依据，实行3%、5%和20%三档差别比例税率。

营业外收入 non-operating income 企业发生的与其生产经营活动无直接关系的各项收入。营业外支出的对称。主要包括固定资产盘盈、处置固定资产净收益、处置无形资产净收益、没收逾期未退包装物的押金、罚金净收入、以前年度坏账损失的收回等。

营业外收入应当直接计入当期损益，并在利润表中单独列示。

《营造法式》 *Treatise on Architectural Methods* 中国现存时代最早、内容最丰富的建筑学著作。北宋绍圣四年（1097）将作少监李诫奉令编修，元符三年（1100）成书，崇宁二年（1103）刊印颁行。此书内容除行

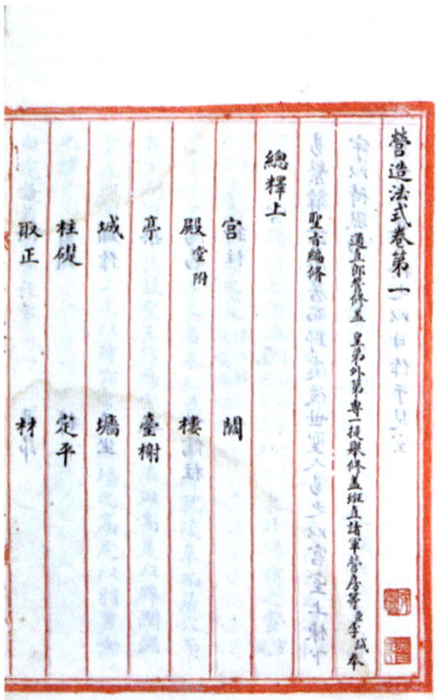
營造法式卷第一
聖旨編修
總釋上
宮 闕
殿 堂附 樓
亭 臺榭
城 墻
柱礎 定平
取正 材

《营造法式》书影（宋朱丝栏抄本）

政管理上“关防工料”的要求外，侧重于建筑设计、施工规范，并有图样，是了解中国古代建筑学，研究古代建筑的重要典籍。

全书34卷。书前另有看详、目录各相当一卷。《营造法式》关于建筑的设计、施工、计算工料等各方面的记叙相当完善。最可贵的首先是较详细地说明了“材份制”，使人们知道古代建筑设计的根本法则，它是古代一种完善的模数制。其次是大木作图样提供了殿堂、厅堂两类断面图，使后人认识到两种屋架的结构形式的不同之处。

楹联 antithetical couplet 对应悬挂或张贴的两条长幅。又称楹贴、对联、对子。主

浙江上虞曹娥庙内的楹联，为曹娥庙四绝之一

要流行于中国汉族地区，满、蒙古等少数民族也使用。用汉字或其他少数民族文字竖排书写。挂在右边的为上联，左边的为下联。楹联原特指挂在楹柱上的对联，后成为对联的雅称，以强调文学性；对联是楹联的俗称，多数情况两者通用。一般认为起源于五代（一说产生于晚唐以前），脱胎于民间春节时悬挂桃符以驱鬼避邪的习俗，后作为节庆和装饰方式被广泛应用。相传，五代后蜀主孟昶在寝门桃符板上的题词“新年纳余庆，嘉节号长春”是最早的楹联。明代始用红纸代替桃木板，同今之春联。明太祖朱元璋除夕时曾颁圣旨，要求家家户户门上贴一副春联，为他微服出行助兴。这一命令极大地推动了春节时贴春联风俗的形成。清代，楹联曾盛极一时，出现不少脍炙人口的名联佳对。孙髯的昆明大观楼长联和梁章钜的《楹联丛话》（1840）是清代楹联发展的重要里程碑，标志着楹联已进入成熟期。

楹联的撰写规则主要借自骈文和律诗的对偶句，基本要求平仄合律，对仗工整，文意切题。楹联长短不一，短的仅一两字，长的达几百字。形式多样，有正对、反对、流水对、联球对、集句对等。特点为：①字数相等，断句一致。字对字，词对词，句对句。②平仄结合，音调和谐。传统习惯是“仄起平落”，即上联末句尾字用仄声，下联末句尾字用平声。③词性相对，位置相同。称为“虚对虚，实对实”。④上下联内容大多相关，上下衔接，但不能重复用相同的字词。

楹联因所用时间、场合不同，又可分为春联、喜联、挽联等多种。春节时贴挂的对联称春联，喜庆婚嫁时贴挂的对联称喜联，哀悼纪念逝者时贴挂的对联称挽联。楹联文化已成为现代中国社会生活的重要组成部分。楹联还传入越南、朝鲜、韩国、新加坡等国，贴对联的风俗保留至今。

楹树 *Albizia chinensis*; China siris 豆科合欢属的一种。分布于中国福建、湖南、广东、广西、云南各省区。越南、缅甸、马来西亚、泰国、印度、斯里兰卡也有分布。落叶乔木。二回偶数羽状复叶，互生，羽片6～18对，小叶20～40对，狭矩圆形，长6～8毫米，宽约2毫米；托叶膜质，半心形，早落。头状花序3～6个，呈圆锥状排列；花两性，辐射对称；萼5齿裂；花瓣5，黄绿色；雄蕊多数，绿白色，具长花丝，基部合生，连雄蕊长12～25毫米；心皮1，子房上位，1室。荚果条形，扁平，长7～15厘米，不开裂。树皮含单宁，木材可制家具及作为箱板用材，也可植为行道树。

蝇 Muscidae; fly 双翅目蝇科昆虫的统称。全世界已知4 200余种，广布于各大动物地理区。常见种为家蝇。成虫体长2～12毫米，灰色、灰黑或具金属光泽，腹部有时具可变色斑，体表被鬃和毛。下颚须棒状，或侧扁而端部呈匙状。触角3节，芒羽状。口器一般为舐吸式。胸部的后小盾片不发达。雌性后腹部各节大多无气门。幼虫蛆状，共有3个龄期；口钩腹面无齿，适于粪食、腐食、植食和肉食。蛹为围蛹，在第2腹节上有1个呼吸角。

成虫的栖息场所多在人类居住区、家畜家禽和特殊生产行业及其附近地区。一般在幼虫发育场所的腐败物质的表面或浅皮层产卵，有些种类在粪旁的地上、粪的上层或表面产卵。成虫食性极复杂，绝大部分为腐食性和粪食性，有的可叮咬人畜，吸食血液和汗液，有的舐食粪便、污物、水果、蔬菜和各种食品，因此它们是多种细菌、病毒、线虫、原虫、立克次氏体的重要传播媒介。

蝇蛆 maggot 双翅目的蝇类幼虫。一般为白色、淡黄色、黄白色或黄色，体分11节，头部大部分缩入胸内，无足，两端气门型。蝇蛆需经3个龄期发育至成熟。

食性多样，主要有腐食性、粪食性、尸食性、植食性等，有些则寄生于节肢动物体内，取食活体组织。蛆是蝇类生活史中的虫态之一，与人类的关系密切。一方面，有害蝇类的幼虫直接造成农作物的减产或影响人畜的卫生与健康。另一方面，蝇蛆资源的开发和利用具有广阔的前景：可用来生产饲料或饲料添加剂，还可用于抗菌、抗毒方面的治疗，并可以作为法医鉴定的参考指标。另外，蝇蛆同微生物一起，在清理和净化环境方面也具有一定的作用。

《瀛奎律髓》 中国唐宋五、七言律诗总集。元代方回编选。方回，字万里，号虚谷。徽州歙县（今属安徽）人。宋理宗景定三年（1262）别省登第，官至知严州（今属浙江）。宋亡降元，为建德路（今属浙江）总管。著有《桐江集》8卷、《桐江续集》36卷。“瀛

奎”自谓取十八学士登瀛洲、五星照奎之义。《瀛奎律髓》专选唐宋两代的五、七言律诗，故名“律髓”。共选唐代作家180余家，宋代作家190余家。全书分49类，每类有题解，说明这类诗的性质和特点。每诗之后，多附以评语。这是一部体现**江西诗派**诗论主张的选本，提倡一祖三宗之说，以**杜甫**为一祖，以**黄庭坚**、**陈师道**、**陈与义**为三宗。但方回也注意到不同流派，所选宋诗，除江西诗派外，西昆派、**四灵体**、**江湖派**也皆入选。此书有明成化三年刻本、清康熙刊本。清代中叶，**纪昀**撰《瀛奎律髓刊误》，有清光绪重刊本。1986年上海古籍出版社出版有李庆甲的《瀛奎律髓汇评》。

郢 Capital Ying of Chu State 指纪郢和寿春。中国春秋、战国时期楚国都城。楚在商、周之间其先祖熊鬻居丹阳（其地说法不一，有说在今湖北秭归县东南七里），西周初年熊绎受封于楚，后自称为楚王，国力逐渐强大。其后多次迁都，春秋初年自丹阳迁至郢即纪郢，昭王时曾一度迁都鄀（今湖北钟祥西北、汉水东）。战国时楚为七雄之一，但相邻的秦国在商鞅变法后迅速发展，楚顷襄王时，秦攻占纪郢，楚迁都陈城，又称郢陈（今河南淮阳），楚从此削弱。不久，考烈王迁都钜阳（今安徽阜阳北），后又迁都寿春，复名郢。楚王负刍五年（前223），秦军攻入寿春，俘虏楚王，楚亡。

①纪郢。《史记·楚世家》楚文王元年（前689）：“始都郢。”而《世本·居篇》谓：“武王徙郢。”（《左传》桓公二年，孔颖达《正义》引）可能武王时已决定都郢，并开始规划经营，而在文王元年正式徙都郢。至楚昭王十年（前506），吴师入郢，昭王出奔，第二年返回郢，但终畏吴国势力，在昭王十二年徙都鄀，昭王晚年又徙回郢。战国后期，秦国势力日盛，楚顷襄王二十一年（前278），秦军攻占楚都郢。至此，楚国以郢城为国都，除春秋时昭王短期徙都外，前后达四百余年。

郢都所在，史无异议。当时称纪郢，后名纪南城，在今湖北荆州北。其城规模颇大，据考古发掘勘察，整个纪南城平面呈长方形，东墙长3 706米，南墙长4 502米，西墙长3 751米，北墙长3 547米。南墙中部偏东有凸出部分作长方形。城内面积约16平方千米，城墙周围全长15 506米。城外四周有城壕，只有东墙南门、北墙西门和南墙凸出部分无城壕。城内有4条古河道。共有7座城门。其中陆路城门5座，即西墙的南、北二门，南墙的东门，东墙的南门及北墙的西门；水路城门二座，即南墙西门和北墙东门。另在东墙北部龙桥河出城的缺口处发现有古河道，推测此处也可能设有水门。城内有密集的居住区，主要分布在东半城。东南部松柏地区为主要的宫殿区，东北部纪成地区也是宫殿建筑所在。介于东北、东南二区之间，是制陶、制瓦手工业遗址。西南部主要是冶铸作坊。西北部发现有春秋时墓葬。城外四周也发现不少遗址，城南有许多台基，可能用于祭祀或防卫。城东有制陶作坊，城西有密集居民区。城郊还有许多春秋晚期至战国中期大小贵族的墓葬，离城稍远的城西八岭山、望山及城北纪山地区，大型的冢墓林立，可能是王陵区。据纪南城的考古资料，推断自文王徙郢，至秦将白起拔郢，一直为楚都郢城所在。

春秋战国时期的郢城交通方便，商业发达，是当时十分著名的城市。

②寿春。《史记·六国年表》楚考烈王二十二年（前241）：楚“王东徙寿春，命曰郢”。其地春秋时蔡国都城下蔡，楚惠王灭之为邑，即今安徽寿县。按《六国年表》，当是楚从钜阳徙都于此。在今寿县西起寿西湖，东至东津渡，长约4千米，北自肥水，南及九里沟，长约5千米，广泛分布有战国秦汉时期遗迹遗物。在西门内还发现了蔡昭侯墓。城外柏家台南有建筑遗址，东西残长32米，宽约10米。寿县东南30多里长丰县杨庙、朱家集一带有战国晚期大型墓葬区，李三孤堆为楚幽王墓所在。有人推测，楚郢城之西北角大致在今寿县城内十字街口一带，由此向东至肥水西岸，向南至九里沟、八里塘一线，其东西长约4 000米，南北或略短，与江陵郢城的规模与形制相近。楚虽在此为都时间只18年，但其城也十分繁华，故《史记·货殖列传》谓：“郢之后徙寿春，亦一都会也。”秦于此置九江郡，其城改名寿春。

郢爰 Yingcheng gold coin 中国战国时期楚国的黄金货币。是一种长方形或不规则的方形曲版状金版，上面打有十几或几十个“郢爰”、“爰”字样的方形戳印。使用时按需要随意切割，故出土实物大小不一。郢爰在安徽、江苏、湖北等地发现较多。含金量一般都在90%以上，最多者达99%。戳记上的“郢”，即制造地郢都。类似的黄金货币还有“陈爰”，“陈”为楚末迁都之地。

54枚整印郢爰金版（南京博物院藏）

影壁 screen wall 建在院落的大门内或大门外，与大门相对作屏障用的墙壁。又称照壁、照墙。影壁能在大门内或大门外形成一个与街巷既连通又有限隔的过渡空间。

砖砌影壁主要可分壁座、壁身、壁顶三部分。考究的壁座用磨砖砌成须弥座，壁身用磨砖做出枋柱形，中心和四角加砖雕花饰称“中心四岔”。有的壁身中间以吉祥语牌代替花饰。壁顶有庑殿式、歇山式、悬山式、硬山式等，前二者用于宫殿、寺庙。有的影壁不占地面，仅在厢房山墙上作出檐和花饰，称跨山影壁。农村住宅影壁还有用夯土或土坯砌筑的，上加瓦顶。宫殿、寺庙的影壁多用琉璃镶砌。明清宫殿、寺庙、衙署和第宅均有影壁，著名的山西大同九龙壁就是明太祖朱元璋之子朱桂的代王府前的琉璃影壁。北京北海和紫禁城中的九龙壁也很有名。

北京北海九龙壁

影窗 screen of shadow play 中国皮影戏演出时映现影偶的白色幕屏。一般用白布绷成，有的地方用白纸糊成。根据各地影人的大小不同，影窗大小有变化，一般宽约2米，高约1.2米。有的地方称亮子、影台、纸绷子。

影偶脸谱 puppet facial makeup 中国影戏人物独特的面部造型。一般为五分面，少数为六分面、八分面，个别为十分面（正面），如用于摆设的神佛就是正面像。五分面就是正侧面的平视，只用一侧的额、鬓、眉、眼、鼻、嘴，耳屏在头的中部，通过透视效果，显示人物。生旦脚色一般为空脸，即镂空脸部，仅靠眉、眼、鼻、口、耳的轮廓线条的变化夸张表现人物情态；净丑脚色为满脸，除用线条图案表现外，一般通过不同色彩，表现人物性格。普遍用红、绿、黄、白、黑、金、银等色，勾勒烘染出一定谱式的造型。如民间传说包拯“日断阳，夜断阴”，陕西皮影中的包公脸谱即以红眉表示其赤胆忠心，下腹白色表示襟怀坦白；额头为日月图案，表示能断阴阳；脸色纯黑，表示铁面无私。传统影戏有很多戏曲剧目，戏曲中的各类人物的脸谱在影戏脸谱中都能找到，而且更为丰富，且有独特的表现力。如戏曲中金钱豹脸谱用额头上绣金钱图案表示，影偶就直接雕一个豹子头插在人身戳了上，比用象征手法更直观，龙王、虾兵蟹将、鲤鱼精等都用此法解决。有些特殊人物，如《封神演义》中被纣王挖去双眼的杨任，为仙人所救后，眼窝长出双手，手掌长出双眼，助周武王伐纣。戏曲中杨任脸谱为额上绘两只手，手掌中画双眼。影偶杨任脸谱造型则为从眼中刻出两只手，伸出额头，手掌中再刻双目，形象独特，更为动人。

影视表演 film and television acting 演员、节目主持人、演播员根据文字作者提供的剧本或导演的命意，以自身为创作工具，在摄影机或摄像机前用形体、表情、语言、声音等手段，在导演或编导的指导下进行艺术创作、创造人物形象的过程。

影视表演的特点 影视表演与舞台表演同属表演艺术，从根本上看，二者并无实质性的区别，它们在创作原则、创作方法和创作技巧上都有相同的规律。通常情况下，无论是舞台作品还是影视作品，创作角色的目的、任务和方向都来源于剧作家提供的剧本。然而影视艺术与舞台艺术是两种不同的艺术，二者在表演上的区别也是显而易见的。比如，舞台演员是在舞台上表演并直接跟观众交流，演员的表演是艺术创造的最后环节。影视演员的表演是通过银幕或银屏上的放映间接与观众交流，演员在摄影（像）机前的表演并不是观众接受的最后形象。影视演员的表演还要经过摄影（像）机的艺术处理和后期制作的剪辑加工两个阶段的再创造（在胶片电影中还要经过洗印），才能跟观众见面。

表演的非连续性。影视是在空间中展开的时间艺术，是建立在时间与空间交叉中的综合艺术。影视拥有时空的自由性，即影视剪辑只要合乎生活逻辑和艺术规律，就可以将任何画面和其他画面并列，将任何音响和其他音响并列。这种时空的自由造成影视表演的非连续性。蒙太奇手法和摄影（像）机的分段拍摄也造成演员的创作出现断续性。演员在处理瞬间、断续的表演时要注意瞬间片段本身在整场戏乃至整个作品中的分量，使人物生活的该瞬间体现人物的性格，反映人物人生历程的阶段性特征；同时注意瞬间与瞬间的衔接，不能把单场戏演得过足，破坏表演的总体效果。

表演的镜头感。与戏剧演员要有“舞台感”相似，影视演员从事创作时要有“镜头感”。镜头感是影视演员在实拍时与摄影（像）机镜头的关系和对它的感受。演员的镜头感具体体现为下面几种情况：①“到位”意识。在推、拉、摇、移、跟等移动镜头中，有时镜头起先对准的是其他物体或空间，并没有把演员照在画面内，只有当镜头运动到自己身上时，演员才算“到位”，表演才算有效。②分寸感。不同的景别对影视演员的表演有不同的要求。在大全景或远景镜头中，演员的外部动作就应该相应加大幅度，才能够收到效果。当面对特写或近景时，演员必须依靠丰富具体、真挚热情的内心体验，运用面部细微的表情揭示人物多样的内在世界。③借视线。指实拍中由于构图的需要，演员的视线偏离实际交流对象，借助另一个视点进行表演，以达到更逼真、理想的艺术效果。

表演的生活化。不同的艺术形式有不同的欣赏方式。一般来说，戏剧中假定性占优势，影视则纪实性占优势，因此，人们可以接受戏剧中风格化的布景和程式化的夸张表演，但对影视表演则要求真切、自然、生活化。现代影视技术的发展，大大增强了影视复制现实的能力，人在现实中的一切视听感受，几乎都能在影视中再现。影视的这个美学特点要求创作摒弃人为造作的倾向和过分戏剧化的设计痕迹，追求生活自然的表现；要求布景、化妆、服装以生活的本来面目反映生活，寓艺术加工于生活的形式之中。它要求演员有很高的艺术造诣和技巧，塑造出典型、鲜明的人物性格。要求演员表演时将艺术与技巧隐藏到生活的背后，融入生活之流。

影视表演的流派 在表演艺术领域，历来就有体验派和表现派两种表演学派的争论。体验派的代表人物是18世纪美国悲剧演员欧文，意大利悲剧演员T.萨尔维尼和苏联戏剧家K.S.斯坦尼斯拉夫斯基。体验派的基本创作原则是通过演员的有意识的心理技术达到天性的下意识的创作，即要求演员在创作时有意识地体验角色，正确地生活于角色之中，从而产生我就是角色的真实感和信念，间接地用意识去影响下意识，唤起并诱导本能和下意识的创作活动，以便打开下意识的隐秘角落，自然而然地流露出角色所需要的感情。体验派认为表演的目的是通过艺术表达人的精神生活。

表现派的代表人物是法国思想家D.狄德罗和演员别努阿－康斯坦·科格兰。表现派也要求演员在准备角色时进行内心体验。但体验过程不是艺术创作的主要步骤，而只是创作工作的准备阶段，其目的是为了找到情感表露时最完美的外部形式。表现派注重艺术的完美性，讲究形式，往往形式比内容更让人感兴趣。

体验派与表现派理论是基于舞台表演的，后来，给影视剧表演以极大影响。事实上，在表演实际中，体验与表现并非泾渭分明，许多人主张体验派与表现派的结合，纯粹的表现派或体验派是不存在的。

影视表演的风格 影视艺术和观众的发展、演变影响着影视表演风格的演变和发展。无声片时期，电影表演受哑剧表演的影响，主要依靠外部的形体动作。有声电影初期，电影表演艺术借鉴话剧舞台艺术表演的风格。随着电影艺术逐步走向成熟，电影艺术的表演也日趋独立，产生了一种生活化的表演风格。电影美学的多元化、风格样式的多样化促使电影表演风格的多样化。不同的片种，喜剧、悲剧、传奇剧、闹剧、歌舞片等，对表演提出不同的要求，使之产生不同的风格。表演风格还有一个群体因素，不同民族、不同国家中，由于文化背景与受众审美习惯的差异，也呈现不同的风格与特点。另外，影片导演的不同风格和追求也会带来不同的表演风格与特点。在电视中表演风格的种类更多，独特性更加明显。

影印书 photolithographic book 采用现代照相制版技术按原本复制印成的书。影印书可以按原本大小影印，也可以按原本尺寸缩小影印，即缩印。多用于珍贵或罕见的古籍。

中国影印的古籍包括：①卷帙浩繁的资料书、工具书，如《全唐文》、《清实录》、《佩文韵府》等，主要供查考或进行学术研究参考之用。②古籍中的善本、孤本。这一类古籍的影印主要在于保存版本，使一些不可多得的宋、元本古籍和明、清刊善本，得以保存流传。③一些常用书、必备书，如《十三经注疏》、二十五史、四书五经、《康熙字典》、《经籍撰诂》等，影印以满足读者和研究者的需要。

影子价格 shadow price 有广义和狭义之分。广义影子价格泛指一切与现行价格不同的计算价格；狭义影子价格专指用线性规划方法计算出来的反映资源最优使用效果的价格。又称最优计划价格。

计算价格被广泛地用于评价投资项目和进出口活动的经济效果。为进行这类评价，必须使用项目投入和产出物品的价格，而现行价格往往由于受各类因素的干扰而偏离其质的规定性，用它评价经济效果可能使结果失真，因而需要借助于排除现行价格不合理成分的计算价格——影子价格来进行。这类影子价格视计算的不同需要而有不同的计算方法和不同的经济内容。常见的有：把边际成本视为影子价格；扣除进出口关税影响的国际市场价格；考虑税收和补贴的市场价格等。

狭义影子价格的计算方法是在20世纪中期由荷兰经济学家J.丁伯根和苏联经济学

家L.V.坎托罗维奇分别提出的。前者称之为影子价格，后者称之为最优计划价格。它通过解线性规划的对偶规划的最优解或解拉格朗日乘子得到。对一个企业或对整个国民经济来说，劳动产品、自然资源、劳动力都不是无限的，因而最优的计划应该是充分利用这些有限资源以取得最大社会经济效益的计划。解最优计划的线性规划模型的对偶模型可以得到一组影子价格。它反映劳动产品、自然资源、劳动力的最优使用效果。自然资源的影子价格反映自然资源的稀缺程度。资源越是稀缺，其影子价格越高；可以充分满足需要的资源，其影子价格为零。

影子内阁 shadow cabinet 实行内阁制国家的主要议会反对党按照内阁的结构组成的准备上台执政的班子。又称在野内阁、预备内阁。1907年英国保守党领袖A.张伯伦首次在反对党内建立影子内阁，并使用了这个名词。后为实行内阁制资本主义国家的政党所采用，成为争夺执政权的一种重要的组织形式。在英国，影子内阁由在议会下院获得次多数席位的政党（英国称法定反对党）组成。在德国，按照基本法的惯例，影子内阁由议会反对党在其议会党团基础上组成，议会反对党的主席兼任反对党的议会党团主席和影子内阁的“总理”。通常影子内阁的成员由反对党的领袖指定有影响的该党议员担任，或由该党全体议员选举产生。其任务是负责领导本党在议会下院内的一切活动。当议会进行议案辩论时，影子内阁的各部“大臣（部长）”各自就有关的问题发言。一旦该党在议会竞选中取得多数席位变为执政党时，影子内阁就随之转为正式内阁。

瘿蜂 Cynipoidea; gall wasp 膜翅目瘿蜂总科昆虫的统称。许多种类幼虫取食植物并形成虫瘿，故得名。全世界分布，已知近3 000种。可分为瘿蜂科、枝跗瘿蜂科、环腹瘿蜂科、匙胸瘿蜂科、长背瘿蜂科和光翅瘿蜂科。

成虫体小型，一般1～4毫米，但枝跗瘿蜂可达16毫米，光滑，少数呈天鹅绒状，粗壮，褐色或黑色。触角丝状，16节以上。前胸背板侧后方伸达翅基片，侧观中胸小盾片与并胸腹节常同样大小。前翅径室呈明显的三角形，无真正的翅痣。跗节5节，转节缩小。腹部常侧扁。产卵器自腹末前方腹面伸出，可以伸缩、卷曲，长可超过体长。从植食性到寄生性均有，完全植食性的如瘿蜂科，完全寄生性的如匙胸瘿蜂科。寄主范围也很广泛。

瘿绵蚜 Pemphigidae; woolly aphid 同翅目瘿绵蚜科昆虫的统称。主要分布于全北界及东洋区。中国主要分布于东北、华北、西南、华东。

体长1.5～4.0毫米。蜡腺常发达，分泌蜡粉、蜡丝覆盖虫体。触角5或6节，有时4节，末节端部甚短。腹部常大于头部与胸部之和。腹管环状、截圆状或缺。前翅4斜脉，后翅2斜脉；静止时翅呈屋脊状。性蚜无翅，缺有功能的喙，不能取食，雌性蚜只产1粒卵。产卵器退化为被毛的隆起。孤雌蚜卵胎生。

营异寄主全周期或不全周期生活，少数种营同寄主全周期生活。原生寄主大都是阔叶灌木或乔木，多在虫瘿内或变形的叶内生活；次生寄主大都是草本植物，仅少数为木本植物，多在根部寄生。

其中麦拟根蚜、菜豆根蚜、苹果绵蚜、秋四脉绵蚜是粮食、棉花、果树和蔬菜的害虫。角倍蚜则是益虫，其虫瘿称五倍子或角倍，是著名中药，又是重要化工原料、重工业钻尖原料和防锈剂、稀有金属沉淀剂和分析剂，以及航天燃料的稳定剂。

瘿蚊 Cecidomyiidae; gall midge 双翅目瘿蚊科昆虫的统称。世界性分布，已知约5 000种。中国已知100种。

微小至中小型，身体十分纤弱。身体淡黄色、橙黄色、红色、红褐色至黑褐色而带有某些红色色泽。头部复眼发达。口器退化，只有下颚须比较发达，1～4节。触角细长，念珠状；包括柄节、梗节和鞭节。翅宽短，轮廓较圆，淡色，具毛，极少有花斑，翅缘常有缘毛。个别种类无翅而腹部膨大。足细长，基节短，跗节5节，胫节无距，爪的形状各异，弯曲、直、具齿或锯齿不等。

幼虫圆筒形，两端略尖，黄、橙红、粉红或红色。前胸腹面中央有一Y形骨片，为瘿蚊幼虫的特点，有帮助幼虫弹跳的功能。

成虫脆弱，飞翔能力不强，多在幼虫生活场所附近栖息，只少数种类夜间向光。卵产于寄主植物表面、花蕾或嫩芽的隙间、树皮缝内，以及幼虫生活的其他场所。幼虫或在植物体上或在植物体内部取食，或形成虫瘿，或腐生成食菌，或捕食蚜虫、介壳虫等。

植食性瘿蚊中，许多种类危害林木、农作物和经济作物，如小麦红吸浆虫和小麦黄吸浆虫吸食灌浆的小麦。捕食性种类常为害虫的天敌，有益于人类。

应变 strain 外力和非均匀温度场等因素作用下物体局部的相对变形。主要有正应变和切应变两类。正应变是某一方向上微小线段因变形产生的长度改变量（伸长为正）与原长度的比值。切应变是两个互相垂直的微小线段在变形后夹角的改变量，用弧度表示，角度减小时为正。应变与所考虑的点的位置和所选取的方位有关。物体内一点在各个不同方位的应变状况，称为该点处的应变状态。它可由一点在3个正交坐标轴（x_1, x_2, x_3）方向的应变分量ε_{ij}（$i, j=1,2,3$）来确定。当下标$i=j$时，ε_{ij}为三个坐标轴方向的正应变；$i\neq j$时，ε_{ij}为切应变，等于x_i和x_j方向微小线段间夹角改变量的一半。过一点的所有截面中，切应变为零的截面称为应变主平面，法向称为应变主方向，该方向上的应变称为主应变。应变是一个二阶对称张量，在9个应变分量中$\varepsilon_{ij}=\varepsilon_{ji}$，即只有6个独立分量。

应城市 Yingcheng City 中国湖北省辖县级市。位于省境东南部，江汉平原东北部。面积1 103平方千米。人口59万（2010），有汉、蒙古、回、苗、满等民族。宋孝武帝建元年间置应城县。1986年撤县，成立县级应城市。由孝感市代管。已探明石膏储量5.1亿吨、岩盐280亿吨，素有“膏都盐海”之称。农业以水稻、小麦、大豆、棉花、油菜、芝麻、蔬菜生产和生猪、家禽、水产养殖等为主，建有商品粮、优质棉、畜禽、甲鱼养殖等商品生产基地，素有“鱼米之乡”美称。工业以盐化工、石膏建材、机械电子、食品饮料、纺织服装、塑料包装6大支柱产业为主，是一座以盐业化工、石膏建材为主的新兴工矿城市。名胜古迹有蒲阳八景、汤池温泉、凌云塔等。

应激 stress 个体面对实际上的或认识上的至关重要的环境要求时，产生的通过各种生理和心理反应表现出来的身心紧张状态。

能够引起应激反应的事物称为应激源，它是个体必须适应和应对的环境要求，是充满紧张性或压力意味的刺激物。应激源从性质上可以分为两类：躯体性应激源指作用于人的肉体、直接产生刺激作用的刺激物，包括各种理化刺激物（如高温或低温、强烈的噪声、辐射）和生物学刺激物（如微生物和身体疾病）；心理社会性应激源指那些通常需要通过个体认知评价过程或认知中介作用而间接产生刺激作用的事物，包括各种紧张性生活事件（如亲人死亡、离婚、退休、升学或结婚等）、日常生活琐事（如为儿女学习操心和频繁接待客人等）、社会变革（如社会动乱、战争）、文化冲击（如移民）和工作中的应激事件（如角色混乱、限期性工作任务、上下级关系不协调）等。

个体针对由应激源引起的失调而作出的补偿反应称为应激反应，包括生理反应和心理反应。应激一旦发生，不论是由哪类应激源引起的，一般既会发生生理反应、又会发生心理反应。应激条件下的生理反应和心理反应是作为一个整体出现的。适当的应激反应对于人的健康和工作有益，过于强烈和持久的应激反应则不仅会损害人的工作效能，还会造成对许多疾病或障碍的易感状态，在其他致病因素的共同作用下使人患病。

应激的生理反应可以涉及全身各个系统和器官，出现“全身适应综合征”(GAS)，研究表明，严重的应激可降低人体的免疫调节能力。

应激的心理反应包括：①认知反应。可分为积极认知反应（如敏锐地感知和观察、激活记忆中存储的经验和周密地思考等）和情绪失控时出现的消极认知反应（主要表现为认知障碍，如错觉、记忆困难、逻辑思维混乱、难以作出符合理性的决定等）。②情绪反应。包括**焦虑**、恐惧、愤怒和**抑郁**（如悲观、悲哀、无望和无助、绝望或冷漠）等。③自我防御反应。指借助于自我防御机制对环境挑战、对自己或自己的处境作出新的解释，以减轻由应激引起的紧张、压力和痛苦。

应激引起的不适感使人产生的努力处理应激源及其产生的影响称为应对。R.S.拉扎勒斯区分出两种应对：①注重情绪的应对，指将应对的重点放到应激的情绪反应而不是应激源上。这类应对较常采用的策略有认知改变策略（如重新评价应激源或有意采用防御机制）和行为策略（如饮酒或服用镇静药物，寻求亲友的安慰与保证，倾听音乐或进行体育活动等）。②注重问题的应对，指当事人将精力集中到所面临的问题或应激源上，考察分析应激情境并设法改变或解决问题，包括在不具备**问题解决**条件时采取逃避或回避策略。应对策略或应对方式是心理调适和心理保健的核心问题。

应力 stress 由载荷、温度、湿度等因素引起物体内部任意点截面（单位面积上的）内力。其大小和方向决定于所考虑点的位置和截面方向。若过某点任一截面微元ΔS上的内力合力为ΔF，则该点在此截面上的应力$\sigma=\lim\limits_{\Delta S\to 0}\Delta F/\Delta S$。此应力在截面法线方向的分量称法向应力，在截面内的分量称剪应力。物体内某点不同方向截面上的应力情况称该点的应力状态。物体内任一点的应力状态可由过该点3个相互垂直平面上的9个应力分量σ_{11}、σ_{12}、σ_{13},σ_{22}、σ_{21}、σ_{23},σ_{33}、σ_{31}、σ_{32}表示（见图）。其中$\sigma_{12}=\sigma_{21}$，

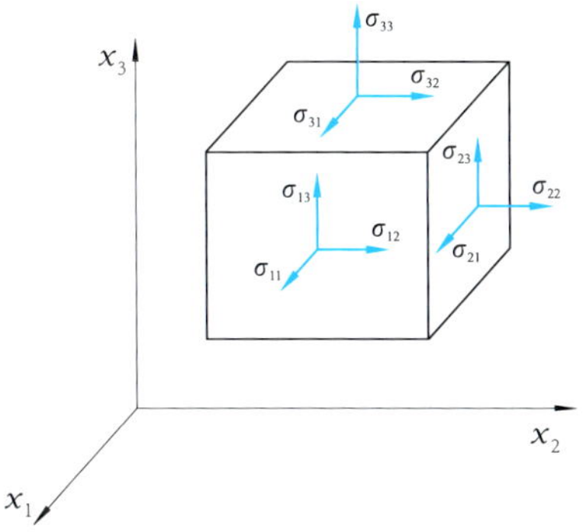

应力分量

$\sigma_{23}=\sigma_{32}$，$\sigma_{31}=\sigma_{13}$，故只有6个应力分量是独立的。过该点任一平面上的应力在x_1、x_2、x_3轴上的分量为：$X_1=l\sigma_{11}+m\sigma_{12}+n\sigma_{13}$，$X_2=l\sigma_{21}+m\sigma_{22}+n\sigma_{23}$，$X_3=l\sigma_{31}+m\sigma_{32}+n\sigma_{33}$，式中$l$、$m$、$n$为所考虑平面的法线同$x_1$、$x_2$、$x_3$轴夹角的方向余弦。应力是确定材料或构件是否会破坏的一个重要力学参量。

应力集中 stress concentration 应力在固体局部区域内显著增高的现象。多出现于尖角、孔洞、缺口、沟槽以及有刚性约束处及其邻域。会引起脆性材料断裂；使物体产生疲劳裂纹。在应力集中区域，应力的最大值（峰值应力）与物体的几何形状和加载方式等因素有关。局部增高的应力值随与峰值应力点的间距的增加而迅速衰减。由于峰值应力往往超过屈服极限（见**材料力学性能**）而造成应力的重新分配，实际的峰值应力常低于按弹性力学计算出的理论峰值应力。反映局部应力增高程度的参数称为应力集中系数k，它是峰值应力与不考虑应力集中时的应力的比值，恒大于1且与载荷大小无关。在无限大平板的单向拉伸情况下，其中圆孔边缘的k=3；在弯曲情况下，对于不同的圆孔半径与板厚比值，k=1.8～3.0；在扭转情况下，k=1.6～4.0。

研究应力集中的实验手段包括电测法、光弹性法、散斑干涉法、云纹法等。计算机和有限元法以及边界元法的迅速发展，为寻找应力集中的数值解开辟了新途径。为避免应力集中造成构件破坏，可采取消除尖角、改善构件外形、局部加强孔边以及提高材料表面光洁度等措施；另外还可对材料表面作喷丸、辊压、氧化等处理，以提高材料表面的疲劳强度。

应天府书院 Yingtianfu College 中国古代书院。又名睢阳书院。在河南商丘（商丘古称睢阳），原为北宋名儒戚同文的旧居。宋真宗大中祥符二年（1009），应天府民曹诚就戚同文旧居，建学舍一百五十间，聚书一千五百余卷，并以自己修建的学舍捐给政府，朝廷赐额“应天府书院”。又称睢阳书院（戚同文人称睢阳先生）。在这里任职的地方长官如李及、**晏殊**、蔡襄等人，对书院都大力扶持。祥符七年（1014），诏改应天府为南京，故一度有“南都学舍”之称。天圣三年（1025），应府尹李及之请，朝廷特为书院添增解额。明道二年（1033），设讲授官一员。景祐二年（1035），以书院为应天府官学，给田十顷。著名学者韦不伐、**范仲淹**、石曼卿、王洙等曾先后主持书院教席。靖康元年（1126）书院毁于兵火。明嘉靖十年（1531）御史蔡瑷就社学改建，仍沿用旧名。万历七年（1579）废。清乾隆十六年（1751）知府陈锡辂重修，历时不久，又屡经兵火，遗物荡然无存。

应县木塔 Sakyamuni Pagoda in Yingxian County 在中国山西省应县城佛宫寺内，全称佛宫寺释迦塔，又称释迦塔。是现存世界上最高的木结构建筑。佛宫寺原名宝宫寺，约于明代改为现名。释迦塔建成于辽清宁二年（1056），主体为木结构，金明昌二年至六年（1191～1195）作过一次大修，至今保存完好。释迦塔同山西五台**佛光寺**大殿、天津蓟县**独乐寺**观音阁是现存中国古代建筑中的三大奇迹。1961年定为全国重点文物保护单位。

塔为平面八角形五层六檐楼阁式。塔身矗立在一个大型砖石基座之上，基座分两层，下层方形，上层八角形。该塔每层之间平座内设一级暗层，暗层内只有楼梯间，致使塔身实为九层。塔底层直径30米。二层以上皆设**斗栱**挑出平座勾栏。每层柱间装槅子门。各层柱头上施斗栱悬挑塔檐，檐上覆盖布筒板瓦，顶层为八角攒尖屋面。铁质塔刹雄伟壮观，瑰丽精巧。全塔自地面至刹尖总高67.31米。自东汉末叶开始有建造木塔的记载以来，这是保存至今的唯一木塔。

据16世纪时的记载，塔建成后500余年中，即已历经大风暴和大地震多次，至今仍完整无损，证明塔身结构坚固稳定，是有效的防震构造。释迦塔在建筑结构、技术、艺术方面的成就，使它成为研究中国古代建筑史的重要对象。

应用地理学 applied geography 运用地理学的理论、原则和方法，研究并提出解决问题的方法和途径的学科。现代地理学的基本学科之一。应用地理学作为一门学科，始于20世纪30～40年代。标志性事件是美国田纳西河流域治理获得成功，流域状况得到根本性改善；英国L.D.斯坦普领导和组织的第一次全英土地利用调查获得硕果。此后，西方地理学者在城乡规划、土地利用、土壤侵蚀、环境保护、人口与经济合理配

置、流域规划，以及应用地貌学、应用水文学、应用气候学等方面都做了大量工作，并参与有关决策。同时，苏联在自然资源调查利用、开发东部地区和发展国民经济等方面大量应用地理学的成果。中国地理学者自50年代起开展了资源调查、区域治理、土地利用研究、城乡建设规划、防治地方病研究、自然灾害的预报研究等工作。1981年由D.J.布里格斯主编的《应用地理学》杂志在英国创刊，M.桑特的《应用地理学》专著于1982年出版，标志应用地理学的成熟。当今世界面临着人口、资源、环境和发展的全球性和地区性的一系列问题，要求应用地理学在解决实际问题方面发挥更大的作用。

应用科学 applied science 直接服务于生产和其他社会实践的科学。又称工程科学。由应用理论和应用技术（包括生产技术、工程技术等）组成。现代科学是由基础科学、技术科学和应用科学三部分组成的，这三个部分各有其不同的研究对象、目的和方法，又密切联系、彼此影响、相互促进。基础科学由基础理论和实验技术组成，技术科学由技术理论和专业技术组成，应用科学由应用理论和应用技术组成。从科学角度看，科学理论应包括基础理论、技术理论、应用理论；从技术方面看，技术则包括实验技术、专业技术、生产技术。应用科学对社会生产力的发展起着直接的推动作用，直接关系到国家建设的质量和速度。它包括机械工程、化学工程、民用工程、军事工程、电力工程、工业工程、航天工程、采矿工程等。工业革命以前，世界上只有军事工程和民用工程两类。19世纪早期，英国出现机械工程。以后在工业化国家出现采矿工程、电力工程、化学工程等。航天工程、工业工程（管理工程）、基因工程等则很晚在发达国家首先发展起来。

映射 mapping 数学基本概念之一。又称映照。通常函数概念的推广。它给出两个非空集合的元素间的对应关系。例如f: $A\to B$表示将集合A中的元素按照法则f映射到集合B，其中A称定义域，记作dom(f)，A中任意元素a在B中都有唯一一个对应的元素，称作a在映射f下的像，记作$f(a)$。A中所有元素的像组成的B的子集称为f的值域，记作ran(f)。定义域中的元素及其所对应的像可以形成一个二元关系，映射可由这个二元关系完全确定。

对于映射f: $A\to B$，如果B=ran(f)，则称f是A到B的满射；如果对于B中的任意元素b，至多只有A中的一个元素与之对应，则称f是A到B的单射；若f既是单射又是满射，则称f是A到B的双射。

若f是A到B的双射，则对B中的任意元素b，存在A中唯一的a，使得$f(a)=b$。a称为b的原像，记作$f^{-1}(y)$。这样，就确立了B到A的一个映射，称为f的逆映射，记作f^{-1}。显然，f和f^{-1}互为逆映射。

若f: $A\to B$，g: $B\to C$是两个映射，则当$a\in A$时，$a\to g(f(a))$是一个A到C的映射，称为f与g的复合，记作$g\circ f$。映射的复合满足结合律，即$(h\circ g)\circ f=h\circ(g\circ f)$。

硬边艺术 hard-edge painting 抽象主义绘画的一个派系。产生于20世纪50年代中期。当50年代抽象表现主义在美国成为流行的画风时，一些从事几何抽象主义的画家试

艾伯斯作《正方形礼赞系列——黄色出发》（伦敦泰德画廊藏）

图用几何图形或有清晰边缘的造型，推出一种新的风格与之抗衡。他们抛弃了抽象表现主义通常采用的色彩明暗对比和有立体空间的画面效果，代之以重视色相对比和平面感的大块色面。首先于1959年使用这个名称的是美国评论家J.兰纳。1960年，评论家L.阿洛维指出，硬边艺术不同于几何抽象主义，它采用的几何形体比较少，画的表面光滑而纯净，整个画面自成一个单元，形体似乎要扩展到画面之外，色彩也限制在两三个色调内，前景与背景之间没有区别。硬边艺术的代表人物是J.艾伯斯、B.纽曼、A.莱因哈特等。艾伯斯是这一风格的先驱者。纽曼与莱因哈特在50年代中期推出与抽象表现主义相异的风格，用平涂的大块色面构成画面。由于这种风格有明确的边线和轮廓，所以被称为硬边绘画。

硬度 hardness 固体材料表面抵抗弹性变形、塑性变形或破坏的能力。抵抗能力越高，硬度值越高。与材料的化学成分、组织状态、加工处理、工作环境等有关。不同方法测定的硬度值，其物理意义不同。常用的硬度试验方法有划痕法、压入法和动力法三种。用划痕法测得的硬度值称为莫氏硬度，表示材料表面抵抗断裂的能力；用压入法测得的硬度值，分为布氏硬度HB、洛氏硬度HR和维氏硬度HV三种，表示材料表面抵抗塑性变形的能力；用动力法（回跳）测得的硬度值称为肖氏硬度HS，表示材料变形功的大小。因此，金属材料的硬度与强度之间有近似的对应关系。一般硬度越高，强度越大。与延展性、韧性和耐磨性也有一定关系。硬度越高，延展性和韧性越差，耐磨性越好。

硬骨鱼纲 Osteichthyes 脊椎动物亚门的一纲。有肺鱼亚纲、总鳍鱼亚纲、臂鳍鱼亚纲及辐鳍鱼亚纲4纲。体内至少有一部分真正的骨；头骨有骨缝。牙齿常与骨骼愈合。鳍条常有源于皮层的节。每侧常有2鼻孔。上颌咬缘常由膜骨类的前颌骨与上颌骨形成。常有鳔或功能似肺的鳔。仅少数较低等的种类肠有螺旋瓣膜。体内受精的种类相当少。胚胎均不包在硬卵壳内，借助于渗透平衡和能的转变来维持血中尿素和氧化三甲胺的低浓度（肺鱼类与矛尾鱼属除外）。

硬骨鱼类的化石记录得自早泥盆世地层，各类之间的关系及分类等级，各家的意见也不一致。一般多认为肺鱼类与总鳍鱼类有较密切的亲缘关系，并认为它与辐鳍鱼是平行发展的类群。总鳍鱼类和肺鱼类的鳍通常具有肉质鳍叶，鳍的内骨骼也非常集中，而合称肉鳍鱼类。辐鳍类的鳍以内骨骼不是集中的和通常没有肉质鳍叶，而明显区别于前者。

由于辐鳍鱼类、总鳍鱼类和肺鱼类在地质时代的出现几乎同样早，在形态上初起就很有差别，一般认为三者居于同等的分类位置，来自一共同祖先。

由于澳大利亚晚泥盆世地层中的早期古鳕类脑颅在一般结构上与棘鱼类的脑颅很相似，从棘鱼类尾鳍缺少尾上叶看，也与辐鳍鱼类相似，认为硬骨鱼类可能是从棘鱼类中分化出来的。故此棘鱼类既可列为硬骨鱼类的一亚纲；也可将它与硬骨鱼类并列为纲，且把二者合称为真口鱼类；也有人主张棘鱼类介于真口鱼类与板鳃形类包括盾皮鱼纲和软骨鱼纲之间。

辐鳍鱼类、总鳍鱼类、肺鱼类以及棘鱼类是比较相近的鱼类，广布于全球各种水域中，地质历程很长（志留纪至现代）。其中以辐鳍鱼类最为成功，大致从早期的软骨硬鳞鱼类进化到全骨鱼类，再到真骨鱼类；真骨鱼类现在仍十分繁盛，遍布各种水域中。棘鱼类在二叠纪末即已绝灭。另两类（总鳍鱼类、肺鱼类）只有少数种类在局部地区残存下来。

硬货币 hard currency 在国际金融市场上信用较好的国家的货币。见硬通货。

硬件 hardware 构成计算机系统的物质元器件、部件、设备及其工程实现技术（包括设计、制造和检测等）。见计算机硬件。

硬锰矿 psilomelane 有两种含义：它是独立的矿物种，称钡硬锰矿，在自然界分布量

葡萄状硬锰矿

少；作为一般性术语，指呈黑色，块状、葡萄状或钟乳状，质硬，以天然锰的氧化物、氢氧化物为主，成分复杂的天然混合物，其颜色、形态、物性都与钡硬锰矿类同，含水、一般呈土状而硬度较低的则称为锰土。

硬皮病 scleroderma 以皮肤及内脏器官的结缔组织纤维化、硬化、萎缩为特点的一种自身免疫性疾病。分为局限性和系统性两大类。局限性者仅有皮肤局限性硬化；系统性者除皮肤外，内脏器官及小血管也有硬化，病程慢性，但后者预后较差，预后取决于内脏受染的情况。局限性者可以自行停止发展；系统性硬化尚无特效疗法，可用中药活血化瘀之剂。

硬石膏 anhydrite 化学组成为$Ca[SO_4]$，晶体属正交（斜方）晶系的硫酸盐矿物。晶体呈厚板状，集合体呈致密块状、粒状、纤维状。无色或白色，常被杂质染成灰白色或带浅红、浅蓝等色调。玻璃光泽，解理面显珍珠光泽。莫氏硬度3～3.5。密度2.8～3.0克/厘米^3。解理完全至中等，三组解理相互垂直。难溶于水。在自然界分布广，是盐矿床中重要的矿物。主要通过化学沉积作用，由含盐卤水蒸发形成巨型矿床；也可呈脉状充填于石灰岩或盐类矿层的裂隙中；还可作为次生矿物，由石膏脱水而成。在热液矿床和硫化物矿床氧化带也有少量硬石膏产出。中国主要产地有江苏南京、湖北大冶、安徽马鞍山和庐江、吉林

通化等。主要用于制造隔墙板等轻质建筑材料、人造大理石、硬石膏水泥等，也用于生产硫酸、化肥。

硬水 hard water 含有较多可溶性钙盐和镁盐的天然水。在硬水中，钙、镁可以以碳酸盐、碳酸氢盐、硫酸盐、氯化物和硝酸盐等形式存在。当硬水中钙和镁主要以碳酸氢盐形式存在时，称为暂时硬水，这种硬水加热煮沸时，碳酸氢盐会分解成碳酸盐沉淀而析出。如果硬水中钙和镁主要以硫酸盐、硝酸盐和氯化物等形式存在，则称为永久硬水，它们不能用煮沸的方法除去。

硬水中的钙盐和镁盐能与肥皂中的硬脂酸钠作用，生成不溶性的硬脂酸钙（镁），降低肥皂的去污能力。如果锅炉内使用硬水，当加热时钙盐和镁盐会在锅炉内壁沉积成水垢，降低锅炉的热导率，增加能耗，甚至缩短锅炉的使用寿命，有时还会堵塞管道。因此，锅炉用水必须经过软化处理（见软水）。

硬水中含盐量通常以硬度来表示。硬度单位常用“度”表示，1度相当于每升水中含氧化钙和氧化镁的总量为10毫克。

硬通货 hard currency 在国际金融市场上信用较好的国家的货币。又称硬货币。历史上金属货币、能自由兑换贵金属的货币都是硬通货。在当代国际金融市场上，汇率相对稳定并有上浮趋势的货币，也即所谓坚挺的货币称硬通货。它是与软通货相对而言的，并且随着国际金融市场的变化、各国间经济实力的消长，货币的软硬也会相互转化。在国际贸易中以硬通货结算一般有利于出口商。在国际信贷中以硬通货贷款则有利于债权人。在国际储备中保有外国硬通货，有利于储备资产价值的稳定。

硬玉 jadeite 辉石族矿物，是组成翡翠的主要矿物成分。见辉石。

硬质合金 cemented carbide 由难熔金属的硬质化合物和黏结金属通过粉末冶金工艺制成的一种合金材料。硬质化合物主要有碳化钨、碳化钛和碳化钽；黏结金属有钴、镍等，常用的是钴。硬质合金具有高硬度，常温下A标尺洛氏硬度（HRA）可达93～94，并且在500℃以下基本保持不变；高温红硬性好，使用温度可达1 000℃；抗弯强度为1 000～4 000兆帕，抗压强度达6 000兆帕；常温刚性好，无明显的塑性变形，耐磨能力为高速钢的15～20倍。此外，硬质合金还具有耐腐蚀、线膨胀系数小等特点。广泛用于制造切削刀具，矿山工具、模具及耐磨、耐腐蚀部件。常用的有碳化钨基、碳化钛基和钢结硬质合金。碳化钨基硬质合金以钴为黏结金属，有钨钴合金、钨钛钴合金、钨钽钴合金、通用合金、耐蚀合金和超细晶粒合金等。超细晶粒合金的碳化钨最大粒度不超过1微米，制成的刀具适于低速切削。碳化钛基硬质合金以镍和钼为黏结金属。碳化钨基和碳化钛基硬质合金主要用于制作各种切削刀具。钢结硬质合金以钢作为黏结金属，具有可加工性，如切削、锻造、热处理等。主要用于制造模具和耐磨、耐腐蚀部件。

痈 carbuncle 由多个相邻毛囊深部感染，或由数个疖肿融合深层感染所致皮肤病变。多见于抵抗力低下者，如糖尿病患者和糖皮质激素长期应用者，好发于颈项、背部、腰部及大腿等处。初起为弥漫炎性硬块，紧张发亮，境界不清，局部灼痛。皮损迅速向四周及深部发展，继而化脓坏死，表面出现多个脓点，呈蜂窝状。常伴局部淋巴结炎，还可有高热、寒战等全身症状，并发毒血症和败血症。治疗应积极，常需住院治疗。患者应及时使用抗生素。若已化脓，则需进行十字切开引流。

雍和宫 Yonghe Temple 中国藏传佛教名寺。位于北京东城区北新桥。始建于清康

雍和宫万福阁

熙三十三年（1694），初为清世宗即位前的王府。雍正三年（1725）改名雍和宫。乾隆九年（1744）改为藏传佛教寺庙。院落分五进，殿宇辉煌。寺中有金属制作的五百罗汉、金丝楠木雕成的佛龛和地面以上高18米的旃檀木弥勒像等珍贵文物。寺中乾隆帝御撰的《喇嘛说》碑，以汉满蒙藏4种文字刻成，为研究清代藏传佛教的重要资料。

雍松 Johnson, Eyvind Olof Verner（1900-07-29～1976-08-25） 瑞典作家。生于诺尔堡登，卒于斯德哥尔摩。干过各种苦力，当过冶金工人、报社记者，办过杂志。曾到柏林和巴黎学习。1974年与H.马丁松共获诺贝尔文学奖。雍松对各种写作方法进

行过试验，他在小说中通过人物心理描写，即所谓“内心独白”阐述自己对社会、道德和哲学问题的看法。早期作品表现他的苦闷和正义感。20世纪30年代的作品充满强烈的反纳粹主义感情。晚年还写过一些有一定现实意义的历史小说。主要作品有《黑暗中的城市》(1927)、《告别了哈姆雷特》(1930)和四部曲《乌洛夫的故事》(1934～1937)。

雍正帝 Emperor Yongzheng of Qing Dynasty (1678-12-13～1735-10-08) 中国清朝入关后第三代皇帝。见清世宗胤禛。

鳙 *Aristichthys nobilis*; bighead carp 鲤形目鲤科鳙属的一种。又称花鲢、胖头鱼、大头鲢，古称鳙。体侧扁；头大；眼小，

鳙外形

侧下位；口大，下颌向上倾斜；无须；腹部仅在腹鳍基至肛门间有皮质腹棱；胸鳍长；背部及两侧上半部微黑，腹鳙外形部白色，体侧有许多黑色小斑点；各鳍灰白，亦有许多黑色小斑点。分布于亚洲东部，中国黄河下游，长江中、下游和珠江等流域。生活于流水或较大的静水湖塘中，为暖温带平原区中上层大型鱼类，不善跳跃。以浮游动物为食。鳙是中国主要养殖鱼类四大家鱼之一，在中国东部的池塘、水库、湖泊中被广泛放养。

永安公司 Yong' an Company 中国近代最大的百货公司，商业老字号之一。由大洋洲华侨郭乐等人创办。初设于澳大利亚悉尼，称永安果栏。1907年在香港设永安公司。1918年上海永安公司开业，确立以经营环球百货为主的经营方针，并附设旅馆、酒楼、茶室、游乐场及银业部。后陆续在英、美、日等国设办庄采办百货，组织土特产出口。至30年代，永安公司跃居上海四大公司（先施、永安、新新、大新）之首，在中国和世界享有良好声誉。永安公司在管理上重视进货和资本积累，讲究经营和服务，以“顾客永远是对的”为信条，并重视销售国货。永安百货公司与永安纺织印染公司等共同构成永安资本集团。1956年永安百货公司公私合营，1966年实行国营，1969年改名上海第十百货商店。1988年在改革中，引进先进技术和设备，对商场进行全面改建和装修，同时更名为上海华联商厦。

永安市 Yong' an City 中国福建省辖县级市。位于闽中偏西，闽中大谷地南端，沙溪河中游，武夷山脉与戴云山脉的过渡地带。面积2 941平方千米。人口34万（2010）。明景泰三年（1452）置永安县。1984年撤县设市。由三明市代管。属典型的亚热带季风山地气候，有“一山有四季，十里不同天”的立体气候特点。森林覆盖率83.2%，林木蓄积量居全省第一位。有国家、省珍稀树种银杏、铁杉、油杉、含笑等，和萼树、香果树、百日青、穗花杉等国家重点保护植物。有金钱豹、蟒蛇等多种珍稀动物。矿产资源有锰、铁、铜、硫磺、无烟煤、石灰岩、重晶石等。工业有化纤、水泥、电力、建材、煤炭、机械、林产品加工等。是闽中重要物资中转、集散地。名胜有桃源洞、鳞隐石林、安贞堡等。

永城汉墓 Han Dynasty Tombs at Yongcheng 中国西汉梁国王陵及其陪葬墓。位于河南省永城市的芒砀山上。王陵分三个区，有的陵区有陵园建筑。王陵区周围有数以千计的陪葬墓。1986～1998年清理了王、王后、嫔妃级别的墓葬8座。1996年国务院公布汉梁王墓群为全国重点文物保护单位。

墓均位于山顶。一般王墓在南，王后墓在北，南北并列。有崖墓和竖穴石坑墓两类，均有高大的坟丘、狭长的墓道，近墓门处多有放置车马的耳室，甬道呈斜坡状向下进入主室。一般有前堂和后室，围绕主室四周常有侧室或回廊。墓顶之上原有汉代建筑，墓前的二层平台上有寝园建

柿园汉墓主室顶部壁画

筑。墓中出土金缕玉衣（见玉衣）残片、陶俑、铜车马器、铜兵器、铜礼器、玉器、货币、陶瓷器和装饰品等，在墓道塞石和墓壁上分别发现刻写和朱书的文字。柿园汉墓出土大型彩色壁画，由青龙、白虎、朱雀、荷花、灵芝草和云气纹等组成的主题图案，代表了西汉早期绘画的艺术水平。永城汉墓的发现和清理对中国早期大型崖墓和汉代诸侯王陵的研究有重要价值。

永城市 Yongcheng City 中国河南省辖县级市。位于省境东部。东、西、南3面与安徽省交界。面积2 068平方千米。人口124万（2010）。有汉、回等民族。秦置芒县。东汉改临睢县。隋大业六年（610）析置永城县，因城垣在多次水患中安然无恙，取永久安宁之意，故名。1945年为纪念抗日战争殉国的新四军师长彭雪枫，曾更名雪枫县。1949年复称永城县。1996年撤县设市。由商丘市代管。属暖温带大陆性季风气候。矿藏以煤、铁最为丰富。农作物有小麦、玉米、棉花、油菜、芝麻、花生、甘薯等。工业有煤炭、冶金、电力、化学、机械、纺织、建材、酿酒等。名胜古迹有永城汉墓、陈胜墓、崇法寺塔等，纪念地有淮海战役陈官庄烈士陵园等。

永川区 Yongchuan District 中国重庆市辖区。位于长江上游北岸，地处成渝经济带和渝西经济走廊腹心。面积1 576平方千米，人口102万（2010）。唐大历十一年（776）置永川县，后几经更迭变化。1992年撤销永川县，设立永川市。2006年撤销永川市，设立重庆市永川区。矿产资源有天然气、煤、水泥灰岩等。稀有锶矿品位高、分布集中、开发价值大，是中国储量最丰富的三大矿床之一。农业较发达，是中国商品粮、瘦肉型猪、永川梨、蚕丝、茶叶等的生产基地。永川豆豉和松花皮蛋为著名特产。工业以机械、化工、建材、丝绸、食品加工等为支柱。名胜古迹有石龙山摩崖石刻、佛岩寺、陆羽祠、松既古镇等，以及卫星湖、茶山竹海、阴山、黄瓜山等旅游区。

永春县 Yongchun County 中国福建省泉州市辖县。位于省境东南部，晋江东溪上游。面积1 452平方千米。人口56万（2008）。五代后唐长兴四年（933）析南安县地置桃源县，后晋天福三年（938）改为永春县。属亚热带季风气候，多台风和暴雨。农作物有小麦、木薯等。特产荔枝、龙眼、茶叶，为著名的柑橘之乡。矿产有铁、铅、锌、钴、锰、铜、铋、钼、钨、锡、铀，以及无烟煤、高岭土、石灰岩、泥炭土等。工业有电力、采矿、农机、化肥、水泥等。名胜古迹有环翠亭、惠明寺、普济寺、魁星岩、百丈岩寺庙、留安塔、白马寺、乌髻岩等。

永磁材料 permanent magnetic material 具有高矫顽力H_c（大于10千安/米）和高剩余磁感应强度B_r的强磁性材料。又称硬磁材料。永磁材料的磁滞回线面积很大，在反复磁化过程中显示出很强的磁滞特性。在去掉磁化场后能“永久”地保持磁性，可用于对其周围空间产生稳定的磁场。永磁材料按组成可分为金属类和氧化物陶瓷类（指永磁铁氧体）。常用的永磁材料分为铝镍钴系永磁合金、铁铬钴系永磁合金、永

磁铁氧体、稀土永磁材料和复合永磁材料。标志永磁性强弱的参数为磁能积 $(BH)_{max}$。

永磁材料的应用广泛，主要用于：①制作机电设备。包括各类永磁电机、发电机、机电制动器（如计算机软盘驱动器、打印机字头驱动器、录音机磁头定位器等）和动圈式电表等。②制作声波换能器。包括各类发声器、声音接收器和频率转换器等。③制作微波装置。包括各类微波功率管、波导装置和粒子加速器。④制作磁力机械。如夹持、提升、牵引、耦合机械，磁轴承和磁悬浮装置等。⑤制作各类物理量的测量传感器、电信号转换器等。⑥制作医用电子仪器和磁疗器械。如核磁共振成像仪、微型助听器等。

永定河 Yongding River 海河五大支流之一，海河水系的西北支。上源一为桑干河，一为洋河，分别源出中国山西省宁武县管涔山区和内蒙古高原南缘。全长681千米，流域面积约5.08万平方千米。流经山西、河北2省和北京、天津2市入海河，注入渤海。主要支流有壶流河、洋河、妫水、清水河等。永定河名称多变，清康熙三十七年（1698）大规模整修平原地区河道后，赐名“永定河”。今永定河乃指官厅水库以下河段，以上仍称桑干河。历史上永定河以含泥沙多、下游易淤易徙而著名。多年平均年输沙量0.81亿吨，仅次于黄河，故有“小黄河”之称。河水流出北京西山进入平原地区后，坡度陡降，流速骤减，大量泥沙淤积，河床增高，溃决频仍，迁徙异常，故又有“无定河”之名。辽金以来，上游地区森林植被亦遭破坏，下游泛滥改道亦日趋严重。

中华人民共和国建立后，重视对永定河的治理。1954年修建的官厅水库，为当时中国第一座大型山谷水库。竣工后减轻洪患，且有灌溉发电和城市供水之利。但水库淤积严重，水质亦遭污染。现已加高堤体和进行治理，重新成为北京主要供水源地之一。

永动机 perpetual motion machine 不可能实现的、违反热力学第一或第二定律的动力机械。不消耗任何燃料或动力，却能不断地对外做功的机械叫做第一类永动机。能从单一热源（例如大地、海水或空气）不断地吸取热量，把它完全变为有用的功，而不带来其他影响的机械叫做第二类永动机。它们分别违背热力学第一、第二定律，都是不可能实现的幻想。见热力学第一定律、热力学第二定律。

永济渠 Yongji Canal 中国隋炀帝大业四年（608）为便利河北地区军事运输开凿的运河。《隋书·炀帝纪》载，大业“四年春正月乙巳，诏发河北诸郡男女百余万开永济渠，引沁水南达于河，北通涿郡”。全长二千余里。“南达于河”，即疏浚沁河下游入于黄河；“北通涿郡”，是指自沁河东岸今开渠引沁水，大致走清代长明沟水，一名小丹河，约当今博爱、武陟、修武境内运粮河（一说走今孟姜女河），东入清水（今河南卫辉市以上卫河，上游为辉县市境内石门河、王村河），下接淇水（今河南淇县淇河，下游即白沟）、西汉屯氏河故道、清河，大致循今卫河河道（自内黄至山东武城段在卫河之西，自武城至德州市在卫河之东，德州以下同今卫河道）至今天津市，自天津以北利用沽水（今天津市武清区以下的北运河）、桑干水（今北京市西南郊的永定河和南苑镇以下的凤河）直抵涿郡（今北京城区西南）。永济渠成后，成为河北平原上主要水运航道。大业七年（611）炀帝坐龙舟自江都（今扬州市）北上，经由邗沟（今扬州、淮安间江北运河）入淮，溯淮入通济渠，渡黄河入永济渠；从二月乙亥起程，四月庚午到达涿郡行宫，全航程共55天。自七年至十年，屡征天下兵集涿郡，百万大军的粮秣军需均由水道运至涿郡，“舳舻相次千余里”。这是河北水运史上的空前壮举，也是永济渠通航的极盛时期。

唐宋以后，永济渠上源已与沁水断绝，专以清、淇二水为源。因主要用于朝廷向北部边境运输军需物资，故又名御河。唐代永济渠作为河北平原上水运干道，功能依旧。魏州（治今河北大名东）城西濒永济渠，为河北与江淮间水运交通枢纽，船舶辏辐，物资荟萃，为河北平原南部著名都会。贝州清河县（今河北清河县旧城西北）西濒永济渠，为河北水运中继站，结集江、淮、河南大量布、帛、钱、粮，史称“天下北库”。宋代“御河源出卫州共城县（今河南辉县市）百门泉，自通利（今浚县）、乾宁（今河北青县）入界河，达于海”（《宋史·河渠志五·御河》）。自卫州（今卫辉市）以下可胜三四百斛之船，四时运行，未尝阻滞。然自庆历八年（1048）黄河自商胡埽北决以来，曾三次北决夺御河入海，御河下游为黄河所经前后达69年之久。由此御河河床淤高，时有泛决，漕运大受影响。金代又称漕渠，天津以北改走今北运河至通州入中都（今北京）。

元代定都大都（今北京城），为缩短漕运东南粮食至大都的距离，先后开凿沟通黄河和御河的济州河、会通河，会通河与御河在今山东临清交汇。自后临清以下御河为主要漕运航道。沿运城市由此兴起。直沽（今天津市）、德州、临清均由此成为商业重镇。明代称永济渠为卫河，又称卫漕。因上游水源短缺，有明一代常引沁、漳济卫，然漳、沁水沙变迁无定，引起卫河经常决溃。故明清两代在卫河东岸开一系列减河，如马颊河、鬲津河、四女寺减河、捷地减河、哨马营减河等，以杀水势，效果并不理想。清末漕粮改折，漕运停止，运道淤废。

永济市 Yongji City 中国山西省辖县级市。位于省境西南部，邻接陕西省，处黄河中游。面积1 221平方千米。人口44万（2010）。古为虞舜都，秦为蒲反县，东汉改名蒲坂县，隋为河东县。清雍正六年（1728）置永济县，属蒲州府。1994年撤县设永济市。由运城市代管。农业以棉、麦为主，约占播种面积的3/4，余为玉米、豆类、水稻、黄麻、花生、蔬菜等。电力、纺织、农药等工业具一定规模。名胜古迹有普救寺、柳宗元故里、万固寺、栖岩寺塔、五老峰等。

永嘉学派 Yongjia school 中国南宋时提倡事功之学的学派。因其代表人物多为浙江永嘉人，故名。北宋神宗元丰年间，太学有周行己、许景衡等人，号称“永嘉九先生”。南宋薛季宣反对空谈天命性理，开始与正统道家发生分歧。叶適是此学派集大成者，他重视学术史研究，对先秦以来各派思想评述甚多。在哲学上，他认为充盈宇宙者是“物”，而“道”存在于事物本身（物之所在，道则在焉）；提倡功利之学，反对虚谈性命。永嘉学派曾与理学派、心学派鼎足而立。永嘉学派与永康学派观点比较一致。

永嘉之乱 中国西晋时期的政治动乱。晋惠帝在位期间，政治腐败，八王战乱相继。永兴元年（304），匈奴贵族刘渊乘机在左国城（今山西离石）起兵，逐步控制并州大部分土地，称汉王。光熙元年（306），晋惠帝死，皇太弟司马炽嗣位，改元永嘉。刘渊遣石勒等大举南侵，屡破晋军，招纳人马，势力强大。永嘉二年，刘渊正式称帝。四年刘渊死，子刘聪继位。次年，刘聪遣石勒、刘曜、王弥等率军攻晋，在苦县宁平城（今河南鹿邑西南）歼灭晋军10余万人，杀太尉王衍及诸王公。旋攻入京师洛阳，俘获怀帝，纵兵烧掠，杀王公士民3万余人。

永康市 Yongkang City 中国浙江省辖县级市。在省境中部。面积1 049平方千米。人口72万（2010）。三国东吴赤乌八年（245）置永康县。1985年属金华市。1992年撤县设市。由金华市代管。主要矿产有萤石、珍珠岩等。手工业历史悠久，素称“百工之乡”。工业有机械、五金、纺织、丝绸、建材、化工、电器等门类，为小型手扶拖拉机、电动工具、内燃机、包装桶等产品出口基地之一，其中电动工具产量占全国的1/4，出口量占全国的1/3。设有中国科技五金城。农作物以水稻、小麦、油菜、甘蔗为主。特产柑橘、生姜、香菇、药材、灰鹅、火腿。有方岩风景名胜区，其中有五峰、灵山湖等景点。此外，还有五指岩、西津桥、龙窟、石龟潭庄、九泄滩等游览地和老胡爷山嘴新石器时代遗址。

永康学派 Yongkang school 中国南宋时以陈亮为代表的学派。因陈亮为婺州永康（今属浙江）人，所以称永康学派。陈亮学术思想无一定师承关系，言论亦多与传统观点不同。此学派在哲学上承认客观规律“实在”，强调“道”存在于实事实物之中，反对道学家空谈义理，以为道义不能脱离功利。除陈亮外，此学派还有倪朴、王自中、喻偘、喻南强等。倪朴喜“谈兵说剑，耻为无用之学”，痛恨朝廷侮无策，曾著《舆地会元志》，记录全国山川险夷形势和户口虚实情况，为积极抗金筹策。他反对道德性命之说，而“独与同甫（陈亮）讲明其学，凡所著述，但以示同甫”。王自中主张兵农结合以备边防，“其所学大略类同甫”。喻偘、喻南强为陈亮弟子，二人均严守师说。永康学派与永嘉学派观点比较一致。

《永乐大典》 *Yongle Dadian; The Great Canon of the Yongle Era* 中国古代最大的一部类书。始纂于明成祖朱棣永乐元年（1403），姚广孝、解缙主编，永乐六年完成。全书22 937卷，11 095册，约3.7亿字。采辑宋元前经史子集及天文、地志、阴阳、医卜、释道、技艺等古籍七八千种，元以前佚文秘籍多赖以保存，对辑佚或校勘古籍有重要价值。《永乐大典》只抄正本一部，藏于南京文渊阁，毁于明亡之际。嘉靖、隆庆年间摹写的副本在清乾隆、咸丰时也渐散失。1900年八国联军入侵北京时，所余卷帙大部被焚毁，未毁的几乎全被掠走。中华人民共和国建立后，经北京图书馆（今中国国家图书馆）等单位多方搜集约800卷，1985年由中华书局影印出版。

永乐大钟 Yongle Great Bell 中国已知形体最大的青铜钟，世界著名大钟之一。明

朝永乐年间由北京德胜门铸钟厂铸成，后移入城内宫廷汉经厂。万历年间移置西郊万寿寺，后又移入清雍正十一年（1733）敕建的觉生寺，该寺因而俗称大钟寺。清朝遇久旱不雨时，皇帝曾到此鸣钟祈雨，故有“大钟非祈雨不鸣”的传说。钟通高6.75米，口沿外径3.3米，重约46.5吨。钟壁最薄处在钟腰，厚94毫米；最厚处在钟唇部，厚185毫米。钟以泥范铸造，合金成分为：铜80.54%，锡16.40%，铅1.12%。钟体内外遍铸汉、梵文佛教经咒100多种，共23万多字。大钟音质和谐洪亮。

永乐宫 Yongle Taoist Temple 中国道教宫观，全真道三大祖庭之一。原址在中国山西芮城县永乐镇。最初为吕公祠，或因吕仙传说而建。金代末年，改祠为观，后毁

永乐宫三清殿（山西）

于火灾。元世祖中统三年（1262），马真皇后敕令升观为宫，名大纯阳万寿宫，后又更名为永乐宫。当时由全真道士宋德方住持，永乐宫渐成为全真道的大丛林。明清两代几经修建，至今存有四殿。1959年，永乐宫得以保存的全部建筑并壁画，依原样迁于芮城县龙泉村。现存永乐宫壁画系元代作品，在道教壁画中艺术成就最高。在构图、着色、传神等方面，皆为不可多得的艺术珍品，亦有很高的史料价值。永乐宫为中国全国重点文物保护单位。

永乐群岛 Yongle Islands 见西沙群岛。

永明体 Yongming style 中国南朝齐武帝永明年间（483～493）出现的诗风。又称新体诗。当时的音韵学家周颙发现并创立以平上去入制韵的四声说，沈约等人根据四声和双声叠韵来研究诗的声、韵、调的配合，提出了八病（平头、上尾、蜂腰、鹤膝、大韵、小韵、正纽、旁纽）必须避免之说。永明体，即以讲究四声、避免八病、强调声韵格律为其主要特征。南朝齐竟陵王萧子良门下的八位文学家：萧衍、沈约、谢朓、王融、萧琛、范云、任昉、陆倕（合称竟陵八友），都是永明体诗歌的作家。其代表人物历来认为是谢朓、沈约和王融。从齐永明至梁陈100余年间，吴均、何逊、阴铿、徐陵、庾信等先后有90余人对新体诗进行过有益的尝试，从而为唐代格律诗的产生和发展奠定了基础。

永宁寺碑 Monuments of Yongning Temple 中国明永乐十一年（1413）《永宁寺记》和宣德八年（1433）《重建永宁寺记》二碑的合称。《永宁寺记》碑正面刻汉文30行，每行64字。背额刻蒙古文“奴儿干永宁寺”，下刻蒙古、女真文各15行，内容为汉字碑文的节译。碑两侧上下分书汉、藏、蒙古、女真4种文字的六字真言。碑文内容记太监亦失哈于永乐九年赴奴儿干（今黑龙江下游特林地方）设奴儿干都指挥使司和永乐十一年建永宁寺等事，是研究明史的珍贵资料。碑阴的女真文，语法已接近清初满文，对研究女真文的演变有重要价值，国内外学者都著有研究论文。《重建永宁寺记》碑共刻文30行，每行44字，皆汉文，记宣德八年亦失哈委官重建永宁寺事。二碑是明初继承前代版图管辖黑龙江、精奇里江、乌苏里江、松花江流域和库页岛的重要证据。碑文在清光绪十一年（1885）由东北历史地理学家曹廷杰（1850～1916）拓回。沙俄侵占此地后，1904年将二碑移至符拉迪沃斯托克（海参崴）博物馆，后又移至哈巴罗夫斯克（伯力）博物馆。

永泰公主墓 Princess Yongtai, Tomb of 中国唐中宗第7女李仙蕙墓。位于陕西乾县。1960～1962年发掘。永泰公主与其夫武延基（武则天侄，武承嗣子）于武周大足元年（701）被武则天杖杀。中宗复位后，神龙二年（706）将二人合葬，陪葬乾陵。墓上有覆斗形坟丘，原有围墙。南面有土阙、石狮、石人、华表。地下部分全长87.5米、深16.7米，由墓道、5个过洞、6个天井、8个小龛、前后甬道和前后墓室构成。后室有庑殿顶石椁，椁内外以阴线

《侍女图》壁画

雕刻门、窗、鸟兽、花草等纹饰，以及各式供侍人物，展示了盛唐时期皇室贵族的生活情景。墓道、过洞、甬道和前后墓室有彩色壁画。墓道东、西壁绘青龙白虎、阙楼城墙、山水树木、仪仗队和戟架。前、后室顶部为《天象图》，墓壁绘男女侍从人物。该墓壁画以《侍女图》最为精妙，人物布置高低错落、疏密相间，画像几与真人等身，生动传神，线描气脉连贯，色彩鲜丽而润泽，已接近盛唐绘画风貌。墓早年被盗，出土石墓志一合，残存各类随葬品1 300多件。

永兴岛 Yongxing Island 见西沙群岛。

永续盘存制 perpetual inventory system 通过设置详细的存货（库存商品、原材料等）明细账，逐笔或逐日地记录存货收入、发货的数量和金额，以随时结出结余存货的数量和金额的一种存货盘存方法。又称账面盘存制。实地盘存制的对称。

在此法下，要求对企业的存货分别品名、规格等设置详细的明细账，逐笔或逐日地登记收入、发出存货的数量和金额，并结出期末存货的数量和金额。存货单价可以采用多种方法确定。在中国，按《企业会计准则》的规定，可以采用先进先出法、加权平均法、移动平均法、个别计价法和后进先出法等确定。为了查明存货账面结存数与实存数是否相符，应视具体情况对存货进行不定期的实地盘存，但每年至少应盘存一次。

永贞革新 中国唐代顺宗时官僚士大夫以打击宦官势力为主要目的的改革。因发生于永贞年间，故名。唐代从玄宗时的高力士开始，出现宦官擅权现象；到肃宗时的李辅国，宦官又掌握了军权。到中后期他们的专恣骄横，引起皇帝和某些官僚士大夫的不满。永贞元年（805），唐顺宗李诵即位，他的东宫旧臣王叔文、王伾居翰林用事，引用韦执谊为宰相。他们与柳宗元、刘禹锡等人结成政治上的革新派，共谋打击宦官势力。朝廷宣布罢宫市和五坊小儿，停19名宦官的俸钱，任朝臣范希朝为左右神策京西诸城镇节度使，韩泰为行军司马，以图逐步收夺宦官的兵权。此外，顺宗和革新派还罢免贪官京兆尹李实，蠲免苛杂，停止财政上的“进奉”。这些改革都具有进步性，但引起以俱文珍为首的宦官集团及与之相勾结的节度使的强烈反对。最后，俱文珍等人发动政变，幽禁顺宗，拥立太子李纯。王叔文被贬后赐死，王伾外贬后不久病死，柳宗元、刘禹锡、韩泰、陈谏、韩晔、凌准、程异及韦执谊8人均被贬为外州司马，史称二王八司马。改革历时100余日，以失败而告终。

永州市 Yongzhou City 中国湖南省辖地级市。位于省境南部，五岭山脉北麓，邻接广东省、广西壮族自治区。辖冷水滩、零陵2区和东安、道县、宁远、江永、蓝山、新田、双牌、祁阳8县和江华瑶族自治县。面积22 255平方千米。人口518万（2010），有汉、瑶、壮等民族。秦属长沙郡。隋开皇九年（589）废郡，置永州。1982年置永州市。地形以中山、丘陵为主。属中亚热带湿润季风气候。矿藏有50多种，其中锰矿储量占中国的1/9，稀土储量为中南各省（区）之首。农作物有水稻、蔬菜、豆类、烟叶等。特色产品有江永县的香柚、东安县的白果、零陵区的异蛇系列产品。薄荷、猕猴桃等远销日、美和东南亚各国。工业有食品、机械、建材、化工、轻纺、煤炭、冶金等。主产汽车、发电设备和锰制品等。名胜古迹有朝阳岩石刻、柳子庙、回龙塔、文庙等。

永字八法 eight principles of yong 中国楷书点画用笔技巧术语。最早见于唐代张怀瓘撰《玉堂禁经·用笔法》，以“永”字为例，规定楷书常用八种点画的书写要求与标准原则。八法依次为侧（点）、勒（横）、弩（竖）、趯（钩）、策（提）、掠（长撇）、啄（短撇）、磔（捺），张怀瓘对这八种点画的书写要领和审美要求都作了具体说明。其中“弩”后世多作“努”。

关于永字八法的来源，有的现代学者认为，因唐太宗李世民推崇王羲之书法风格，并将《兰亭序》推为王羲之书迹之首，

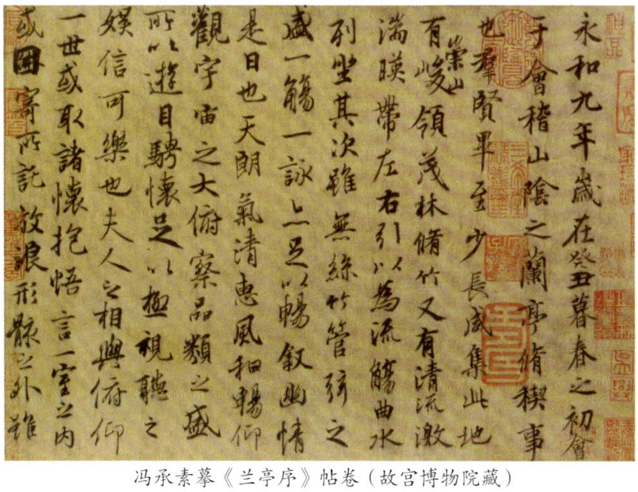
冯承素摹《兰亭序》帖卷（故宫博物院藏）

遂使王氏在唐初被尊为“书圣”。当时论书者为证明自己观点的权威和可信，故取《兰亭序》第一字“永”字作为例证。唐宋以后，永字八法传播甚广，古籍中常用“八法”一词指代书法。

咏怀诗 以咏怀抱、抒情怀为题材的诗歌作品。南朝梁钟嵘《诗品》称：晋步兵阮籍诗，“其源出于《小雅》……而咏怀之作，可以陶性灵，发幽思，言在耳目之内，情寄八荒之表”。阮籍生活于魏晋易代之际，司马氏当权，政治极其昏暗。阮籍本有“济世”之志，但无由施展，亦不敢直言，心中忧愤万分，遂以委婉含蓄的语言写成组诗82首，标题为“咏怀诗”。后代诗人沿用此组诗题作诗，遂有咏怀体。陶渊明、庾信、陈子昂、李白等优秀诗人都从阮籍的诗歌作品汲取养料，丰富了他们各自的诗歌风格。

咏叹调 aria 歌剧中的声乐独唱曲。大约18世纪A.斯卡拉蒂开始确立这一形式，采用A-B-A曲式结构。19世纪更为精致复杂。可分为以下几类：①如歌咏叹调，音调舒缓而流畅。②连绵咏叹调，风格庄重，常用长音符或连音风格演唱。③性格咏叹调，感情热烈，常有精致的乐队伴奏效果。④说白咏叹调，音调带吟诵性。⑤炫技咏叹调，演唱中经常插入许多高难度的“花腔”及较高、较低的音乐，要求较高驾驭声音的技巧。⑥同度咏叹调，独唱与伴奏保持同度或八度平行关系。⑦模仿式咏叹调，对鸟鸣、猎号等进行模仿。⑧配乐咏叹调，有十分精致的乐队伴奏等。咏叹调往往安排在剧情发展的重要时刻，着重表现剧中人在特定情景中的思想感情。因其旋律优美，富有艺术魅力，且演唱技巧高，故也常单独在音乐会上演唱。

泳装 swimsuit 在水中或海滩活动时所穿的服装。有一件式和两截式等变化。最初的泳装紧贴身体，遮裹着身体的大部分。20世纪初男子泳装才开始穿不连上衣的短裤。第一次世界大战结束后，妇女穿的紧身连裤泳装流行法国，其他泳装逐渐被淘汰。1935年开始，女子开始穿由乳罩和短裤配成的两件一套的游泳衣。1947年，比基尼装（三点式泳装）流行开来。现代泳装无论从色彩、式样、质料等方面都超越以往，形成了多色彩、多式样、高质量的泳装新潮流。一般多采用遇水不松垂、不鼓胀的纺织品制成。

俑 figurine 中国古代墓葬中陪葬用的偶人。可能是殉葬奴隶的模拟品。初见于东周时期，盛行于秦汉至隋唐时期，宋以后逐渐衰落。质料以木、陶制品为多，也有瓷、石、金属或纸制品。种类有奴仆俑、舞乐百戏俑、士兵俑、官吏俑、仪仗俑等。往往附有鞍马、牛车、兵器、工具、庖厨

裸体陶俑（西汉景帝阳陵出土）

用具和家畜等模型。已知最早的俑见于山西长子县牛家坡7号墓，属春秋晚期，所出4件木俑制作粗略，仅具人体轮廓。战国时齐、韩、秦墓多用形体较小、造型粗拙的陶俑，南方楚墓多用木俑，有的穿披丝织衣物，十分华美。秦汉时期陶俑、木俑盛行。秦始皇陵兵马俑坑随葬数千件与真人等高、象征军队的陶俑。汉景帝阳陵俑坑、咸阳杨家湾汉墓、徐州兵马俑坑也都有成千陶俑随葬，塑工精细。东汉墓中常见各种庖厨俑、奴仆俑、舞乐百戏俑和武装部曲俑。魏晋南北朝时期，北方流行人马都披铠甲的甲骑具装俑，南方开始出现青瓷俑，一般做成步兵、属吏或侍仆的形象。唐俑以施三彩的牵马俑、女仆俑和甲胄武士装的镇墓俑为多（见唐三彩）。北宋以后，民间流行焚烧纸人祭奠，原有的陶木俑随葬习俗渐趋衰落。但元明时期的一些王公官员墓，仍用大批陶木质的仪仗俑群随葬。

涌潮 tidal bore 海洋潮汐暴涨现象。又称暴涨潮或怒潮。在潮差较大的喇叭形河口或海湾处可见。世界上的著名涌潮至少有15处以上。如南美洲的亚马孙河口，涌潮可高达5米，流速约6米/秒；法国塞纳河口，涌潮高达4～6米；中国钱塘江涌潮，高达9米。涌潮发生的条件有二：①潮差大。②有平缓的河床和宽漏斗形状的河口。钱塘江河口不仅具备这两个条件，河口湾还存在着宏大的水下沙坝，使阻力增大，所以呈现出潮峰旋滚、气势磅礴的景象。

涌浪 swell 风浪离开风吹的区域后所形成的波浪。另外，风速、风向等风要素的突变，也可能使风区内原来的风浪转变为涌浪。涌浪与风浪相比，具有较规则的外形，排列比较整齐，波峰线较长，波面较平滑，比较接近于正弦波的形状。涌浪在传播过程中，由于空气阻力和海水的内摩擦作用，加上涌浪传播时波动能量被散布在越来越大的区域内，所以随着传播距离的增加，在单位表面积的水柱内，涌浪的能量和波高都不断减小。涌浪可以看作是由许多振幅不等、频率不等、传播方向不同并具有随机初相位的正弦波的分量叠加而成。在涌浪的传播过程中，这些波分量的波动能量，都要随着传播距离的增加而减小。但是，这些波分量的衰减是有选择性的，频率高的组成波衰减得快，频率低的衰减得慢，随着传播距离的增加，高频分量所占有的能量的比例越来越小，而低频分量则相对越来越起着支配作用，因而在传播过程中，涌浪的外观周期会不断增大。随着周期增大，波长和波速也相应增大，而波面的陡度则变得越来越小。另外，因为高频分量具有使波面变得粗糙的作用，所以在涌浪传播过程中，高频分量的能量按比例降低，也导致波面更加规则和光滑。

涌吐剂 emetic formula 中药中以涌吐药为主组成的方剂的统称。有涌吐痰涎、宿食、毒物等作用，用治痰厥、食积、误食毒物。

涌吐剂可使停蓄在咽喉、胸膈、胃脘的痰涎、宿食、毒物从口中吐出。适用于中风、癫狂、喉痹之痰涎壅盛，宿食停留胃脘，毒物尚留胃中，以及干霍乱吐泻不得等病情危急又急需吐出的病证。

涌吐剂作用猛烈，易伤胃气，服用时应中病即止，年老体弱、幼儿、孕妇、产后及心脏病，高血压病，喘促，吐血、衄血、咳血的患者，均应慎用。服用后呕吐不止，可服姜汁少许，或服用冷粥、冷开水以止之。倘呕吐仍不止，则应针对所服吐剂进行解救。如服瓜蒂散而吐不止者，可服麝香0.03～0.06克或丁香末0.3～0.6克解之；服稀涎散而吐不止者，可以甘草、贯众煎汤解之；若吐后气逆不止者，宜予和胃降逆剂以止之。服药得吐后，须令病人避风，以防吐后体虚而患外感。饮食以调养脾胃的稀粥为宜，忌食油腻腥荤及不易消化的食物，以防重伤胃气。

蛹 pupa 完全变态昆虫在生长过程中一个阶段的形态，即由幼虫过渡为成虫的中间阶段的形态。生长经历4个阶段：卵、幼虫、蛹、成虫。幼虫是无翅阶段，此阶段的昆虫摄食并成长，多次蜕皮，最后一次蜕皮时变为蛹。在此阶段，昆虫不食不动，但身体出现一系列的变异，原有幼虫的组织器官被破坏，同时形成新的成虫的组织器官，包括翅、足、触角等。蛹分三类：①离蛹，又称裸蛹、自由蛹，指附肢、翅不贴附在身体上的蛹，有时可自由活动，如蜂蛹、甲虫蛹等。②被蛹，指附肢、翅都紧贴在身体上，不能活动，如蝶蛹、蛾蛹等。③围蛹，身体如离蛹，但外包裹一层由幼虫末龄皮所形成的蛹壳，如蝇蛹等。在转变完成之时，新的成虫可捅破蛹皮，振翅飞走。

用材林 timber production forest 以生产木材为主要目的的森林和林木。包括以生产竹材为主要目的的竹林。可分为一般用材林和专用用材林两种。前者指培育大径通用材种（主要是锯材）为主的森林；后者指专门培育某一材种的用材林，包括坑木林、纤维造纸林、胶合板材林等。培育用材林总的目标是速生、丰产和优质。速生是为缩短培育规定材种的年限；丰产指提高单位面积上的木材蓄积量和生长量；优质主要包括对干形（通直度、尖削度）、节疤（数量、大小）及材性（木材物理-力学特性、纤维素含量和特性等）等方面的要求，依材种不同而异。集约经营用材林有可能缩短培育年限的一半，但仅在部分条件较好、生产潜力较大的林地上采用。对这部分集约经营的森林（以人工林为主）称为速生丰产用材林。经营速生丰产林的业务称为高产林业或种植园式林业。

用工制度 employed system 一般指企业、政府机关或非营利组织等用人单位任用职工的各项制度。又称用人制度。如实行固定工、合同工、临时工、季节工等制度。用工制度一般包括招收录用、工作期限、岗位配置分配、劳动组织等。

固定工制度是中国在改革开放以前国有企业推行的一种统包统配的用工制度。它体现为政府用行政的办法，把劳动者统一分配到企事业单位，以固定工形式使劳动者与企业保持终生固定的劳动关系。其工资、奖金、津贴、住房、退休金、医疗等与就业相挂钩。国家对职工实行终生职业保障。这种用工制度严重妨碍了劳动力的合理流动。随着中国经济体制改革的深入和社会主义市场经济的建立已逐步趋于消失。

劳动合同制是中国1980年以来通过试点在原有劳动制度基础上逐步形成的一种劳动用工制度。通过签订合同，确定企业与职工双方的权利和义务，形成法律意义上的规范的劳动关系，使职工和企业可以在一定条件下相互选择，促进劳动力的合理流动和合理使用，使劳动者与生产资料能够实现合理的、有效的结合。

实践表明，合同工制也可能产生以下弊端：①工人的“合同期利益”对企业构成压力，迫使企业在多方面迎合工人的短期要求。②工人“合同之外的事与己无关”的心理上升，“各行其是，各负其责”被绝对化为最高准则。③工人与企业的关系变成了纯粹的契约关系，对企业的感情日趋疏远。④劳资纠纷较多。⑤工人对企业的生产经营状况不够关心。⑥把个人利益从企业利益中游离出来，认为维护企业利益只是经营者的事情。但总体而言，劳动合同制由于容易通过法律来调解纠纷和管理，劳动者和企业双方选择的余地较大，使用方式灵活等，因此为各国企业和非营利组织所普遍采用。

劳务租赁制是用人单位和职工劳动关系所属单位之间通过契约建立的一种新型劳动用工和劳动关系模式。其特点是用人企业只管劳动力的现场工作管理，有关员工的招聘、用工手续、暂住证办理、发放工资、缴纳社会保险以及员工退休和出具相关证明等事务均由办理劳务租赁的单位负责。根据有关规定，劳务租赁业务只有政府劳动部门的中介机构方可办理或委托办理。这种用工制度有利于调节企业之间的劳动供求，促使企业依法用工，保障员工的合法权益不受侵害，使企业尤其是三资、私营、外驻等企业单位的劳动人事管理规范化。

用益物权 usufruct 对他人之物在一定范围内，可以使用收益的定限物权。属于他物权的一种。

特征 ①用益物权人所支配的是标的物的使用价值，与担保物权人所支配的是标的物的交换价值不同。②用益物权原则上系就他人之物而成立的物权，但例外情况下，于自己之物上，亦可成立此种物权。③用益物权之享有和行使以对物之占有为前提。④用益物权主要以不动产为标的物，但也存在着由不动产和动产构成的综合财产为标的物的用益物权。⑤用益物权为独立物权，用益物权人对权利之享有不以享有其他财产权为其前提。

用益物权的传统类型 物权性用益权指对他人土地等直接享有占有、使用、收益的物权性权利，例如地上权、地役权等；债权性用益权例如基于租赁契约而产生的对他人土地的占有、使用、收益权。《法国民法典》规定了4种用益物权制度：用益权、使用权、居住权及地役权制度。在德国，民法典规定了地上权、先买权、土地负担及役权（含地役权、用益权及人的限制役权）等用益物权制度。日本规定了地上权、永小作权（永佃权）、地役权及入会权等用益物权制度。

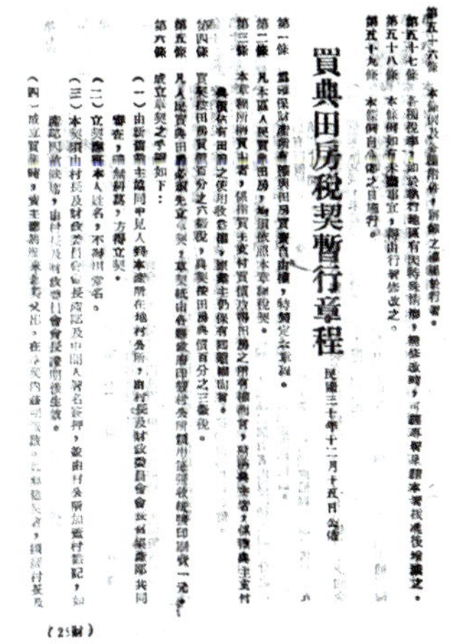
買典田房税契暫行章程

民國三十年十二月十五日公佈

1941年抗日根据地的《买典田房税契暂行章程》(载于晋西北行政公署所编《法令辑要》)

在中国，《民法通则》、《土地管理法》、《城市房地产管理法》及《水法》等规定了以下用益物权类型：城镇国有土地使用权，国有耕地、林地、草原使用权，农村土地承包经营权，宅基地使用权及水资源使用权（取水权）等。《矿产资源法》、《渔业法》及《野生动物保护法》还规定了渔业权、采矿权及狩猎权等各种准用益物权。

用益物权的类型主要有以下几种：①地上权。即在他人的土地上建筑、植树而长期使用该他人土地的权利。②地役权。即为了自己土地的便宜而使用他人土地的权利。③人役权。指不是为土地的便宜，而是为特定人的用益而设定的物权。④典权。指支付典价、占有他人不动产而为使用收益的限制物权。⑤永佃权。即农民支付佃租，在地主土地上永久耕种或放牧的权利。

佣金 commission 代理人或经纪人代委托人进行交易所取得的报酬。可以分为明佣和暗佣。凡在价格术语后注明佣金的缩写字母“C”和佣金率的为明佣。凡在价格术语后不表明佣金，但实际上双方又另有约定必须付给佣金的为暗佣。佣金的计算公式（明佣）：

$$C = \text{FOBC} \times \text{佣金率}$$

如果发票金额为CFR（成本加运费）或CIF（成本加保险费、运费），其佣金可根据上述公式类推（国际上一般按FOB即装运港船上交货价格作为计佣的基数）。

从含佣价计算净价就是从含佣价中减去佣金，其计算公式是：

$$\text{净价} = \text{含佣价} - C = \text{含佣价}\ (1 - \text{佣金率})$$

$$\text{含佣价} = \frac{\text{净价}}{1 - \text{佣金率}}$$

㶲 exergy 在热力学中用以评价能量品位的参数。又称可用能、有效能。当热力系统的状态与给定的环境状态不平衡时，系统所具有的理论上能够转换为机械能的那部分能量称为㶲。单位质量的㶲称为比㶲，以符号ex表示，单位为焦/千克（J/kg）。能量中含有的㶲值越多，表明其转换为机械能的能力越大，即能的“品位”越高。在孤立系统能量的实际转换过程中，㶲不可避免地将逐渐退化为那部分无法转换的能量。称为㶲损失。㶲损失越小，能量转换过程的热力学完善程度越高。

优孟 Youmeng 中国战国楚庄王时乐人，善于讽谏。据《史记·滑稽列传》记载，宰相孙叔敖对他甚为器重。病危时嘱其子，若日后穷困可去找优孟帮助。后来其子果然穷得以打柴为生，便把孙叔敖临终之言相告。优孟穿戴起孙叔敖的衣冠，模仿其言谈动作。一次庄王宴会，他上前敬酒，庄王猛吃一惊，以为孙叔敖复活，立刻请他当宰相。他表示需和妻子商量。三天后，答复庄王说：我妻子认为楚国的宰相不值得去做，像孙叔敖那样忠心廉洁地治理国家，使楚国称霸天下，死后其子却穷得没有立锥之地。然后唱了一支歌，意思是做贪官要犯罪，做清官又要受穷，还是不为官的好。庄王听了，承认自己处事失当。后人常以优孟作为古优的一个代表，并将他的故事概括为一句成语“优孟衣冠”，意即装扮古人以为表演，或引申为演戏，或比喻演员表演得逼真。

优生学 eugenics 研究使用遗传学的原理和方法，以改善人类的遗传素质，防止出生缺陷，提高人口质量的科学。20世纪50年代以来，遗传学的进步使优生目标不仅可以通过社会措施在社会群体水平上实现，且可通过医疗措施在个体生育水平上实现。主要内容包括：①基础优生学。从生物学和基础医学方面研究导致出生缺陷的因素及其作用原理，以及如何防止其作用而达到优生的目的。有关遗传性、先天性疾病的种类、分布和发生率的流行学调查。②社会优生学。从社会科学方面研究优生。③临床优生学。对与优生有关的医疗措施的研究，分预防性优生和演进性优生两大分支。

预防性优生 研究如何避免出生不良的后代，防止患病，淘汰劣生。又称负优生或消极优生。主要内容有：①婚前咨询及婚前检查。②孕前咨询。③孕期指导。④产前诊断。⑤围产期保健。

演进性优生 研究如何出生优秀的后代，从促进新生儿先天素质更为优秀的角度研究优生。又称正优生或积极优生。主要内容有：①精液冻存。②人工授精。③体外受精和胚胎移植。④代理母亲。⑤受精卵转移。⑥配子输卵管移植。

优先股 preferred stock 在分取股息和公司剩余资产方面拥有优先权的股票。又称特别权股票。是特殊股票中最重要、发行量最大的一种股票，包括累积优先股和非累积优先股、参与优先股和非参与优先股、可赎回优先股和不可赎回优先股、可转换优先股和不可转换优先股、调息优先股、担保优先股等。优先股股票须明确注有“优先股”字样。

优先股具有3个特点：①股息率固定，一般高于银行的长期存款利率。②优先股股东比普通股股东在股息和剩余财产分配上具有优先分配权。③优先股股东权利受到一定限制，如一般不出席股东会议，不拥有普通股股东所拥有的议决权和选举权，但在特殊条件下，可以出席股东会议，行使股东权利。

优先权 priority, right of 特定债权人基于法律的直接规定而享有的就债务人的总财产或特定动产、不动产的价值优先受偿的权利。担保物权的一种。分为一般优先权和特别优先权。特别优先权又分为动产优先权和不动产优先权。中国法律规定的优先权，主要有船舶优先权和民用航空器优先权。前者指海事法中，对于船舶在航行营运中所产生的诸多债务，出于社会、经济、人道的理由或基于共益、公益理由与衡平原则，给予某些债权人以优先受偿权，予以特殊保护的法律制度。后者指救助民用航空器的报酬请求权人、保管维护民用航空器的费用请求权人，向民用航空器所享有的优先受偿权。

优先权除具有其他担保物权的优先受偿效力外，在效力上更优先其他担保物权，即当同一物上同时存在优先权和其他担保物权，如留置权、质权、抵押权等，优先权有更高的效力。优先权人对标的物的变价款，较留置权人、质权人、抵押权人等优先受偿。优先权人在其债权全部受偿以前，可就其标的物的全部行使其权利；对于因标的物被变卖、出租、灭失或毁损，而债务人应受的金钱或者其他替代物上，优先权仍然存在。

优选法 optimization 研究如何迅速地、合理地寻找最优化方案的科学理论、模型与方法。在科学试验、工程设计、生产工艺工作中，常常应用优选法。

为了推广优选法，中国数学家华罗庚在1971年编写了《优选法平话》和《优选法平话及其补充》等通俗小册子。他带领优选法推广小分队到国内大部分省、市、自治区，向生产单位介绍方法和应用案例，组织推广和应用。人们应用这些方法，取得了大量的优选法成果，在不增加投资、设备和人力的条件下，为实现优质、高产、低消耗，取得了明显的经济效益和社会效益。1985年，优选法被国家经济委员会评为在国内应用范围广泛、效果明显的方法之一。

优选的数学模型与方法 优选模型可分为下述两大类，分别有不同的方法求出模型的最优解（或近似最优解）。

①直接法。包括0.618法（黄金分割法）、对分法、分数法、抛物线法、因素轮换法、从好点出发法、各类爬山法、陡坡法、平行线法、切块法、抛物体法及一批作多个试验的方法等。

②数学模型法。包括线性规划、二项式规划、最小二乘法、牛顿法、变分法、动态规划等方法。

优选过程 对于实际问题的优选过程可用如下框图表示：

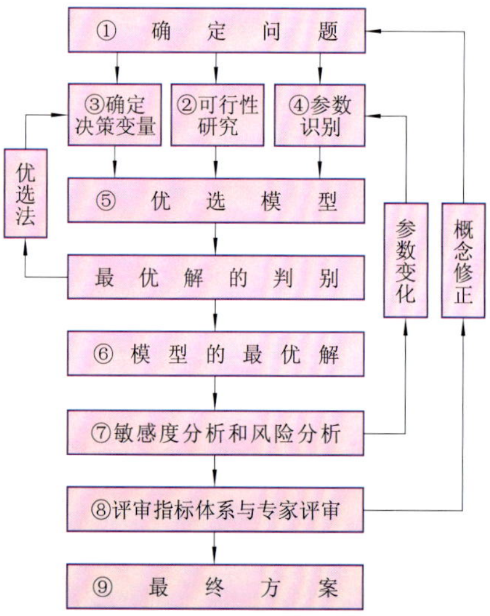

从优选过程可以看出，在寻求管理或技术等领域中的最优方案时，用数学方法求出优选数学模型的最优解只是此过程的一个重要组成部分，而不是全部。优选过程还包括了在此以前的对实际问题的研究和目标分析、建立优选数学模型、模型和参数的识别、在求出数学模型最优解后的敏感度分析、对最优的（或近似最优的）决策方案的评审以及信息的反馈等。

幽蓟十六州 Sixteen Prefectures 中国后晋时石敬瑭割与契丹的十六个州。五代后唐清泰三年（936）五月，河东节度使石敬瑭反于晋阳（今山西太原市西南古城营），后唐发兵讨伐，敬瑭求救于契丹，向契丹主耶律德光称臣，并以父礼事之，约定解围称帝事成后，割让卢龙一道及雁门关以北诸州。九月，耶律德光率骑兵击破包围晋阳的后唐军队。十一月，耶律德光立石敬瑭为“大晋皇帝”。石敬瑭依前约，将卢龙道的幽（治今北京市城区西南部）、蓟（治今天津蓟县）、瀛（治今河北河间市）、莫（治今河北任丘市北鄚州镇）、涿（治今河北涿州市）、檀（治今北京市密云县）、顺（治今北京顺义区）、新（治今河北涿鹿县）、妫（治今河北怀来东南）、儒（治今北京延庆县）、武（治今河北宣化县）和雁门关以北的云（治今山西大同市）、应（治今山西应县）、寰（治今山西朔州市东北）、朔（治今山西朔州市）、蔚（治今河北蔚县西南）共十六州割付契丹。其范围相当于以今北京市和山西大同市为中心，西界山西神池县，东至河北遵化市，北抵长城，南至天津市、河北河间市和保定市，以及山西繁峙县、宁武县一线以北地。十六州为契丹占有后，中原王朝失去了北面防守的天然屏障，给北方游牧民族的南犯提供了方便条件。北宋后习称“燕云十六州”。燕指契丹在幽州所建燕京，云指云州。

幽门梗阻 pyloric obstruction 胃出口受阻，胃液和食物不能排入十二指肠所致的胃幽门部位阻塞现象。常见病因为十二指肠溃疡或幽门前区溃疡，引起幽门局部水肿、痉挛或瘢痕狭窄。幽门附近的肿瘤也可引起堵塞。根据消化性溃疡或肿瘤病史，上腹胀满不适及傍晚呕吐隔日食物、消瘦、脱水、上腹部振水音等临床表现，上消化道造影或胃镜检查，可明确诊断。治疗：①放置鼻胃管。吸出胃内潴留物，缓解胃扩张。②静脉输液。纠正脱水和低氯低钾性碱中毒。③根据病因、病情作进一步处理。

幽门螺杆菌感染 *Helicobacter pylori* infection 幽门螺杆菌引起的感染。幽门螺杆菌（Hp）是慢性活动性胃炎和消化性溃疡的主要病原菌，十二指肠球部溃疡的患者Hp感染率可高达90%～100%。已发现Hp感染与黏膜相关淋巴样组织（MALT）淋巴瘤和胃腺癌的发生有一定关系。

相关性疾病 幽门螺杆菌感染与下列疾病的发生有关：①慢性胃炎。已证明慢性胃炎患者Hp的检出率显著高于正常人，Hp是慢性活动性胃炎的病原菌。②消化性溃疡。消化性溃疡多发生在慢性胃炎和十二指肠炎的基础上，且发现在溃疡病患者中，Hp的感染率显著高于无溃疡病者。③胃MALT淋巴瘤和胃腺癌。已证实胃MALT淋巴瘤的发生与Hp感染的慢性胃炎有关，并可在Hp根除治疗后痊愈。且发现长期Hp感染者胃腺癌发病率增高。

诊断 1999年10月中国消化系病学术会议制定幽门螺杆菌感染的临床诊断标准是：①幽门螺杆菌形态学检测，涂片或组织学染色阳性。②尿素酶依赖性试验阳性。

治疗 治疗方法和方案很多。中国推荐的治疗方案是：

①质子泵抑制剂（PPI）+两种抗生素。两种抗生素为克拉霉素、阿莫西林、甲硝唑（或替硝唑）中任何两种。

②含铋剂低剂量三联疗法。ⓐ铋剂标准剂量+四环素+甲硝唑。ⓑ铋剂标准剂量+阿莫西林+甲硝唑。ⓒ铋剂标准剂量+克拉霉素+甲硝唑或替硝唑。

③组胺H_2受体阻断剂+两种抗生素。

④四联疗法。PPI标准剂量+含铋三联。

《幽明录》 中国志怪小说集。南朝宋刘义庆（403～444）撰。《隋书·经籍志》杂传类著录，20卷（新旧唐书艺文志作30卷），是南北朝志怪小说中篇幅较大的一种。原书久已失传。鲁迅《古小说钩沉》辑集佚文260多条。所记都是神鬼怪异故事，与《搜神记》同为志怪小说的代表作。书中如刘晨阮肇入天台山遇仙女的故事曾广为流传，庞阿与石氏女魂相遇故事和唐人《离魂记》的情节相似，广平太守徐玄方女复活故事即《牡丹亭》本事的雏形。《幽明录》与作者所编《世说新语》相似，也是根据前人旧说纂辑而成，不是个人创作，所以有不少与《列异传》、《搜神记》、《搜神后记》相同的故事。唐人编纂《晋书》时亦曾采取其中的资料。

幽州 Youzhou Prefecture 中国古代地区、政区名。①先秦时代人们地域概念中的“十二州”、“九州”之一。《尚书·尧典》：“肇十有二州。”伪孔传：“禹治水之后，舜分冀州为幽州。”《尚书·禹贡》九州中无幽州。《周礼·职方》：“东北曰幽州。其山镇曰医无闾，其泽薮曰貕养，其川河、泲，其浸菑、时。”医无闾即今辽宁境内医巫闾山，貕养泽故址在今山东莱阳东。河、泲指今河北、山东境内的黄河和济水。菑、时两水皆在今山东淄博市东临淄附近。可知《周礼》所谓幽州包有今辽宁、河北（含北京、天津市）、山东北部地。

②西汉武帝元封五年（公元前106）所置十三刺史部之一。察广阳、涿、勃海、代、上谷、渔阳、右北平、辽东、辽西、玄菟、乐浪十一郡国，南起今山东马颊河以北，包有今河北平原中部、冀北洋河流域以东，坝上高原以南，辽河流域及朝鲜北部地。成帝绥和元年（前8）、哀帝元寿二年（前1）曾改称州牧。东汉勃海郡改属冀州，建武六年（公元30）弃单单大岭（今朝鲜东北剑山岭、阿虎飞岭等）以东地。于是南境缩至海河、大清河以北。十一年初断州牧不再自诣京师，开始有固定任所，驻蓟城（今北京城西南隅）。十八年仍称刺史。灵帝中平元年（184）黄巾起义，局势混乱，地方势力割据州郡，五年以列卿出领州牧，以本秩任州，内亲民事，外掌兵马，于是职权加重，遂由监察区演变为郡以上一级行政区。建安十八年（213）曹操为附合《禹贡》古典九州，并幽州入冀州，三国魏复置幽州。幽州位于华北平原北部，地处太行山东麓北端的交通要道，驻地蓟城原为燕都，是重要交通中心和商业都会，“南通齐、赵，勃、碣之间一都会也”。州境上谷至辽东，“有鱼盐枣栗之饶”，“东有真番（今朝鲜北部）之利”（《汉书·地理志》）。东汉时由于塞外鲜卑族兴起，逐渐南迁塞内，北界内缩，约相当今明长城稍北一线。末年，公孙度据辽东自号平州牧，魏分辽东、昌黎、玄菟、带方、乐浪五郡为平州，后复合为幽州。晋咸宁五年（279）再分五郡置平州，今辽宁六股河、大凌河以东地最终自幽州分出，辖境大为缩小。东晋十六国时，北中国陷于大分裂，幽州是北方的象征，各割据政权为显示正统，纷纷设置幽州。除据有原幽州（蓟城）的后赵、前燕、前秦、后燕等各政权外，东晋侨置幽州于三阿（今江苏金湖县东南），成汉刘渊置幽州于离石（今属山西），前赵刘曜置幽州于北地（今陕西耀县），后燕慕容熙又曾建幽州于令支（今河北迁安西），北燕高云建幽、冀二州于肥如（今河北迁安东），夏赫连勃勃置幽州于大城（今内蒙古自治区杭锦旗东南），南燕置幽州于发干（今山东临沂市）。北魏统一北方以后的幽州，辖境仅有今北京市、天津市及周围河北部分地。

③隋唐时幽州是北方的军事重镇。隋大业初改为涿郡。唐武德元年（618）复为幽州，天宝元年（742）改为范阳郡，乾元元年（758）又为幽州。州治蓟县，故址在今北京市城区西南部的广安门附近。据《太平寰宇记》引《郡国志》记载，蓟城南北九里，东西七里，开十门。隋大业四年（608）凿永济渠，引沁水南通黄河，北达涿郡。由于永济渠的通航，运河终点涿郡又成为北方水陆交通的中心。

当时幽州（涿郡）的军事地位十分突出。隋炀帝在涿郡筑临朔宫作为行宫，大业七年后三次用兵高丽，都以涿郡为基地，集结兵马、军器、粮储。唐贞观十八年（644）出兵高丽，分水陆两路，陆路也以幽州为后方大本营。唐代中期，东北诸族势力强盛，先天二年（713）置幽州节度使于此，以控制奚、契丹等族。天宝元年（742）改为范阳节度使，兵力九万余人，约占全国十节度使兵力的五分之一。天宝末，安禄山身兼范阳、平卢（驻柳城郡，今辽宁朝阳）、河东（驻太原府，今山西太原西南晋源镇一带）三节度使和河北道采访处置使，即以范阳为根据地，发兵反唐，掀起“安史之乱”。乾元二年（759）史思明自立为燕帝，以范阳为燕京。广德元年（763）改范阳节度使为幽州节度使，史朝义部下李怀仙降，朝廷即授为幽州节度使；其时平卢已没于北族，唯存平州（今河北卢龙），平州城内驻有卢龙军，幽州节度使遂兼领卢龙节度使。此后或称幽州，或称幽州卢龙，或只称卢龙。幽州为安史之乱后长期不奉朝命割据一方的河北三镇之一。直至五代后梁乾化三年（913）十二月为晋王李存勖所灭，割据达150年之久。天福元年（936），后晋石敬瑭以幽蓟十六州割让给契丹，次年契丹以幽州为南京。

尤伯杯赛 Uber Cup Badminton Tournament 以英国女子羽毛球运动员B.尤伯夫人命名的国际羽毛球大赛。全称世界女子羽毛球团体锦标赛。从1930～1949年，尤伯曾多次夺得全英羽毛球锦标赛的女子单打、女子双打和混合双打冠军。1956年，国际羽毛球联合会正式创办了以尤伯夫人命名的第1届国际女子羽毛球团体锦标赛，即尤伯杯赛。奖杯形状是一个高18英寸的地球仪，顶部是一名女子羽毛球运动员手握球拍站在一个倒立的羽毛球上，由尤伯夫人捐赠。

尤伯杯赛的赛制同汤姆斯杯赛一样，在1984年以前是每三年举行一次，比赛采用7场4胜制（3单4双）。自1984年开始，改为每两年举行一次，采用5场3胜制（3单2双）。1981年国际羽联和世界羽联合并为现在的国际羽联时，决定将尤伯杯赛与汤姆斯杯赛在同时同地举行，并相应改为每两年举行一届。到2010年尤伯杯赛共举办了23届（历届成绩见附表）。1984年，中国女子羽毛球队首次参加尤伯杯赛，以5:0的相同比分，分别击败印尼、日本、丹麦、韩国和英格兰等强手，一举夺得第10届尤伯杯赛冠军，第一次登上了世界女子羽毛球团体冠军的宝座。之后，从1984～1992年的9年间，中国女子羽毛球队又连续夺得第

历届尤伯杯赛成绩

届别	年份	地点	决赛成绩	冠军
1	1956～1957	兰开夏（英国）	美国6:1丹麦	美国
2	1959～1960	费城（美国）	美国5:2丹麦	美国
3	1962～1963	威尔明顿（美国）	美国4:3英国	美国
4	1965～1966	惠灵顿（新西兰）	日本5:2美国	日本
5	1968～1969	东京（日本）	日本6:1印尼	日本
6	1971～1972	东京（日本）	日本6:1印尼	日本
7	1974～1975	雅加达（印尼）	印尼5:2日本	印尼
8	1977～1978	惠灵顿（新西兰）	日本5:2印尼	日本
9	1980～1981	东京（日本）	日本4:3印尼	日本
10	1984	吉隆坡（马来西亚）	中国5:0英格兰	中国
11	1986	雅加达（印尼）	中国3:2印尼	中国
12	1988	吉隆坡（马来西亚）	中国5:0韩国	中国
13	1990	东京（日本）	中国3:2韩国	中国
14	1992	吉隆坡（马来西亚）	中国3:2韩国	中国
15	1994	雅加达（印尼）	印尼3:2中国	印尼
16	1996	香港（中国）	印尼4:1中国	印尼
17	1998	香港（中国）	中国4:1印尼	中国
18	2000	吉隆坡（马来西亚）	中国3:0丹麦	中国
19	2002	广州（中国）	中国3:1韩国	中国
20	2004	雅加达（印尼）	中国3:1韩国	中国
21	2006	东京（日本）	中国3:0荷兰	中国
22	2008	雅加达（印尼）	中国3:0印尼	中国
23	2010	吉隆坡（马来西亚）	韩国3:1中国	韩国

11～14届的冠军，创造了尤伯杯赛历史上“五连冠”的优异成绩。1998年至2008年第17～22届尤伯杯赛，中国女队再一次连续夺得冠军，创造了“六连冠”的佳绩。

尤侗 You Dong (1618～1704) 中国清代文学家。字同人，一字展成，号悔庵，又号艮斋，晚自号西堂老人。江南长洲（今江苏苏州）人。明诸生，入清后中顺治三年(1646)副榜贡生。康熙十八年(1679)举博学鸿儒，官至侍讲。尤侗论诗将唐宋置于平等地位，作诗则以“性情自在”为尚。其诗笔调酣畅，格调多样。但数量既多，不免有信手敷衍、浮浅油滑的弊病。从内容上看，其早、中年所作的长篇古风，颇关注于现实社会，对人民疾苦也很表同情，多有可取。《拟明史乐府》100首、《外国竹枝词》100首及《土谣》10首，歌咏明代史事，描述清初交往各国和边疆各少数民族的生活习俗，同时吸收了乐府民歌的表现手法，清新风趣，别具一格。尤侗亦能词曲，著有《百末词》6卷，又有《钧天乐》、《读离骚》、《吊琵琶》、《桃花源》、《黑白卫》、《清平调》等杂曲传奇6种，汇入《西堂曲腋》，在当时流传颇广。尤侗著作浩繁，大都收入《西堂全集》和《余集》(共135卷)中；另有《鹤栖堂集》诗、文各3卷，是晚年作品。

尤金 Yudin, Pavel Fiodorovich (1899-08-26～1968-04-10) 苏联哲学家、社会活动家。生于下诺夫哥罗德附近的阿普拉克辛诺，卒于莫斯科。1918年加入俄国共产党

(布尔什维克)。1931年毕业于红色教授学院，1932～1938年任该学院院长。1938～1944年任苏联科学院哲学研究所所长。1937～1947年任国家出版总局局长。1946～1953年任《苏联书籍》杂志主编。1953年当选为苏联科学院院士。曾长期在苏联共产党中央机关工作。1953～1959年任苏联驻中华人民共和国特命全权大使。主要著作有《唯物主义世界观和宗教世界观》(1930)、《马克思列宁主义论文化和文化革命》(1933)、《何谓“民族社会主义者”》(1942)、《普列汉诺夫》(1943)、《从社会主义到共产主义》，曾与M.M.罗森塔尔共同主编《简明哲学辞典》。20年代末30年代初他积极参加反对A.M.德波林学派的斗争。

尤卡坦半岛 Yucatan Peninsula; Península de Yucatán 墨西哥东南部半岛。位于墨西哥湾和加勒比海之间。大部分属墨西哥，东南部分属危地马拉和伯利兹。平均宽约320千米，面积197 600平方千米。地势南高北低，平均海拔不足200米。河流稀少。北部和西部海岸地势低洼，多沙滩。东部海岸陡峭，海湾众多，岛屿散布其间。以热带草原气候为主，年平均气温20～29℃。年降水量500～2 000毫米。北部多热带草原，南部多热带森林。以盛产剑麻闻名，并出产桃花心木、雪松、洋苏木等珍贵树木。有美洲豹、鹿、猴子、蟒蛇、响尾蛇等多种珍稀动物。主要农作物有玉米、甘蔗、烟草、咖啡。沿海渔业资源丰富。有众多古玛雅文化遗迹，乌斯马尔、奇琴伊察及危地马拉的蒂卡尔等玛雅古城邦遗址均为著名的国际旅游景点。半岛东北端的坎昆是新兴旅游胜地。

尤里 Urey, Harold Clayton (1893-04-29～1981-01-05) 美国化学家和天体化学家。生于印第安纳州沃克顿，卒于加利福尼亚州拉霍亚。1917年毕业于蒙大拿大学。

1923年获加利福尼亚大学博士学位。曾在蒙大拿大学、约翰斯·霍普金斯大学、哥伦比亚大学、芝加哥大学任教或指导研究工作。1958年任加利福尼亚大学教授。他是英国皇家学会和瑞典皇家学会等各国学会的荣誉会员。1931年12月与助手们发现了重氢——氘。1933年首先用光谱数据计算同位素的热力学性质，研究了同位素交换反应，为同位素化学的发展奠定了理论基础。并用化学方法分离了氧及其他元素的同位素。1947年提出用氧-18方法测定古海洋的温度。1952年在《行星的起源和演化》一书中提出从化学过程考虑的太阳系起源学说。1953年S.L.米勒根据尤里的理论，在芝加哥大学实验室里模拟原始地球大气的成分和条件，在CH_4、NH_3、H_2和H_2O的混合物中连续火花放电一周，合成11种氨基酸。这就是米勒-尤里实验。尤里因发现重氢而获1934年诺贝尔化学奖。还曾获戴维奖章、吉布斯奖章、富兰克林奖章等学术奖励30多种，1973年获普里斯特利奖。

《尤利西斯》 *Ulysses* 爱尔兰作家J.乔伊斯所著长篇小说。1922年在巴黎出版。曾在英国被禁止连载，在美国被焚毁。小说叙述了广告推销员利奥波德·布卢姆，他的妻子玛莉恩，青年艺术家斯蒂芬·迪达勒斯在都柏林这个世界上最平庸琐屑的都市中一天的漫游经历：参加了朋友的葬礼，去医院探望一位难产妇女，逛街购物，造访了报馆、图书馆、酒店、妓院等公共场所，与三教九流、形形色色的人物相遇。充满现代悲剧感的一个个事件、一个个画面反映了现代都市人的失望和落寞，合成一个象征人类普遍经验的神话或寓言。小说采用从极端写实到狂想梦呓的各种艺术手段，细致而准确地再现人物的内心活动。尤其是玛莉恩长达40页的一段内心独白，成为现代派小说叙述手法的典范。

“尤利西斯”号探测器 Ulysses probe 美国与欧洲空间局联合研制的用于探测太阳的探测器。在它之前发射的太阳探测器只限于探测太阳赤道平面附近区域，“尤利西斯”号探测器依靠其巨大的能量能够飞越太阳南北两极进行探测。探测器质量385千克，携带1台以钚-238作能源的核发电机，装有2台科学仪器，用于探测太阳两极及其巨大的磁场、宇宙线、γ射线、X射线、太阳风。1990年10月6日由“发现”号航天飞机施放入轨，1992年2月8日在距木星42.2万千米处掠过。借助木星的引力场，速度值从每秒45.2千米加速到每秒126千米，并于1994年8月飞抵太阳南极区域上空开始绕太阳飞行，1995年2月横跨太阳赤道面，6月到达太阳北极区域上空，9月30日飞出太阳引力球进入太阳系外空间。探测器绕太阳飞行的轨道是椭圆形，离太阳最远8亿千米，最近1.93亿千米。从太阳南极上空横跨太阳赤道面飞向太阳北极上空时，能够全方位地观测太阳，取得的成果有重大价值。

尤袤 You Mao (1127～1194) 中国南宋诗人。字延之，自号遂初居士。无锡（今属江苏）人。绍兴十八年(1148)进士。初为泰兴令。孝宗朝，为大宗正丞，累迁至太常少卿，权充礼部侍郎兼修国史，又曾权中书舍人兼直学士。光宗朝为焕章阁侍制、给事中，后授礼部尚书兼侍读。卒谥文简。尤袤博极群书，记忆力尤强，时人呼为“尤书橱”。与陆游、范成大、杨万里并称为“中兴四大家”。其诗平淡，“绝似晚唐人”(《诚斋诗话》)。方回谓其诗“冠冕佩玉，度《骚》媲《雅》，盖皆胸中贮万卷书，今古流动，是惟无出，出则自然”(《跋遂初尤先生尚书诗》)。惜其诗大都散佚，“篇什寥寥，未足定其优劣”(《四库全书总目》卷一六〇)。清人尤侗辑尤袤古今体诗47首，杂文26篇，汇为《梁溪遗稿》2卷。有清康熙刻本。尤袤藏书甚多，编有《遂初堂书目》1卷，有《说郛》本、《丛书集成初编》本。

尤内斯库 Ionesco, Eugène (1912-11-26～1994-03-28) 法国剧作家。生于罗马尼亚斯拉蒂纳，卒于巴黎。1940年后定居法国。

反戏剧的《秃头歌女》(1952)以木偶式的人物、不合逻辑的情节、枯燥无味的语言乃至与剧情毫不相干的剧名，彻底打破了传统的戏剧模式。上演后轰动巴黎。此后连续写了约30个剧本，其中《椅子》(1952)是一出反映老人孤独的悲剧，表明人已经消失在物之中，异化为物的奴隶，失去了存在的意义。从1957年开始多创作多幕剧，《犀牛》剧中的人物普遍变成了犀牛，影射在罗马尼亚到处蔓延和猖獗一时的法西斯势力。

其他主要作品还有剧本《国王正在死去》(1962)、《带行李的人》(1975)，理论性的文集《笔记和反笔记》(1966)、《解毒剂》(1977)等。

尤瑟纳 Yourcenar, Marguerite (1903-06-08～1987-12-18) 法国作家。生于比利时布鲁塞尔，卒于美国缅因州。原姓德·克莱央古，尤瑟纳是笔名。年轻时受过比较严格的古典主义文化教育，精通古希腊罗马语言文学。1932年发表研究古代希腊诗人品达罗斯的专著。小说《哈德良回忆录》(1951)获得世界性声誉。

作品有小说《阿来克西或徒劳的搏斗》(1929)、《苦炼》(1968)，还有三部曲《世界的迷宫》的前两部《虔诚的回忆》(1974)和《北国档案》(1977)，以及短篇小说集《东方奇观》(1963)和诗歌、剧本等。其作品具有纯粹古典主义风格，结构严谨，文字简洁精练。

尤因 Ewing, William Maurice (1906-05-12～1974-05-04) 美国地球物理学家、海洋地质学家。生于得克萨斯洛克尼，卒于得克萨斯加尔维斯顿。就学于休斯敦的里斯学院（现为里斯大学），1931年获博士学位。1944年任哥伦比亚大学教授，1949年协助该校建立拉蒙特地质

研究所，兼任该所所长（1949～1971）；1972年到得克萨斯大学任教。他将地球物理（特别是地震勘探）技术应用到洋底研究中，在研究大洋地壳、**大洋中脊**、深海平原、海底沉积物和浊流等方面都有重要贡献。1935年，在美国东部陆架首次进行海洋地震测量，以后在地中海、挪威海以及大西洋进行地震折射测量，研究地壳与地幔结构。40年代早期，在美国伍兹霍尔海洋研究所研究声在水下的长距离传播，为海军建立起一套供水下长距离监听、侦测用的声学定位与测距系统。他使拉蒙特地质所成为研究海底的一流研究所；发展、改进了海洋仪器和地球物理观测系统，组织了大西洋、太平洋南部和印度洋的海洋地质与地球物理调查，建立了全球性地震监测系统；与B.C.**希曾**一起发现洋底存在全球性的大洋中脊；提出地震活动与中脊裂谷有关，以及洋底扩张具全球规模和幂次性等论点。撰有280多篇论著，主要有《大洋中声的传播》、《层状介质中的弹性波》和《洋底》(与B.C.希曾、M.撒普合著)。曾从4个国家的大学获得10个名誉称号，从8个国家的研究机构和学会得到26枚奖章及奖状。

邮购商店 mail-order store 以邮寄方式进行购销活动的零售商店。销售商利用报纸、杂志、电视、网络和商品分类目录等方式刊载商品信息和价格的详细邮购目录，消费者通过电话、网络或信件向销售商订货。销售商接到货款后，按订货要求通过邮局或其他供发运机构将商品寄送给消费者，有些则采取货到付款的方式进行交易。其特点是：零售设施简单，中间环节少，经营成本低；顾客遍及全国甚至海外；购物不受时间、地区的限制，手续简化方便；根据顾客订货单进货，不易造成积压。缺点是顾客在购买前不能对商品进行检验，调换或退货时在邮寄和手续上较麻烦，从而影响消费者的购买决策。

邮票 stamp 国家（地区）邮政主管部门发行，供寄递邮件贴用的邮资凭证。邮票的基本属性是有价票证，把邮票贴在邮件上，即表明已交纳邮资。同时，它的画面具有广泛的宣传和传播知识的功能。邮票进入**集邮**领域后，不但是具有收藏价值的艺术品，也成为一种商品。

简史 1837年1月，英国教师R.希尔出版《邮局改革——其重要性与现实性》一书，提出了一系列邮政改革的建议。他提出在大不列颠和北爱尔兰范围内，信函每半盎司（重量）一律收取1便士邮资，并且必须预付；主张由各邮局出售一种表示邮资已付的信封，供寄件人使用；邮局另外出售一种表示邮资已付的"印花"纸片，即现在的邮票。英国下院于1839年8月采纳了希尔的建议，通过了《1便士邮资法》。1840年1月，英国维多利亚女王批准并公布了这一法案。同年5月，英国发行世界上第一枚邮票——**黑便士邮票**，均一邮资制也同时诞生，这给邮政服务带来了极大方便，促进了邮政事业的发展。21世纪初，全世界发行邮票的国家和地区达250多个。中国的第一枚邮票——**大龙邮票**诞生于1878年7月。

图1 "孔子诞生二千五百四十周年"纪念邮票小型张（1989年发行）

特征 邮票的票面通常必须具备三个要素：①国名（地区名）或发行机构的铭记。②邮票面值及相应的文字。③图案。绝大部分邮票有齿孔。有些国家的邮票用纸具有水印，以防伪造，并可区分版别。许多国家的邮票印有发行时间，或有印刷厂家标记。中国从1949年10月起在纪念邮票和特种邮票上均印有志号，即在邮票下方编号，表明邮票种类、发行时间和顺序。

种类 世界各国发行的邮票种类很多，按其用途和性质分，主要有普通邮票、纪念邮票、专题邮票（特种邮票）、航空邮票、欠资邮票、包裹邮票、公事邮票、附捐邮票、快信邮票、挂号邮票、保价邮件邮票、汇兑印纸邮票、军用邮票、回执邮票、印刷品邮票、流动邮局邮票等；按品种形式分，主要有单枚邮票、整版邮票、卷筒邮票、小本票、不干胶邮票等；还可按使用区域、发行机构或发行方式分类。在许多邮票发行时，还同时发行小型张或小全张。随着科学技术的进步，出现了电子邮票、网络

图2 "北京申办2008年奥运会成功纪念"邮票（2001年发行）

图3 马年生肖邮票（2002年发行）

邮票等。

印刷 印刷方法一般有雕刻凹版、凸版、平版、浮雕和照相版。中国邮票的印刷方法有多色影写版、雕刻版、影写和雕刻版套印、胶印及多色雕刻等。为了便于将整张邮票撕开出售，在每枚邮票的四周打有齿孔。邮票背面涂有背胶，以便贴在邮件上。邮票印制用纸多为专用纸张。有的国家还曾使用金箔、银箔、铜箔、丝织品、木材印刷邮票。

为了防止伪造邮票，不少国家在印制邮票时采用暗记方法，大多是在邮票版面不明显处刻上白点、细线、微小字母或数码等，暗记是鉴别邮票真伪的主要依据。

邮政 postal service 国家开办并直接管理的以传递实物载体信息为主的通信服务业。邮政业是国家重要的社会公用事业，在社会发展中发挥重要的作用。

邮政是历史最悠久、使用最广泛的一种通信方式，具有承担普遍服务的公共通信特性，全程全网联合作业的实物网络特性和信息实物载体及物品位移的特性。

简史 邮政源于古代，一般可分为古代邮驿和近代邮政两大阶段。

古代邮驿 邮政起源于古代各国的邮驿制度。中国、埃及、巴比伦、亚述、印度、波斯、希腊、罗马都曾为古代邮驿的建立和发展作出过重要贡献。

中国在殷商时期（前17世纪）就有了关于传报边境军情的通信记载。周代已建立了为政治、军事服务的邮驿组织，建成以首都为中心的邮驿网。秦统一中国后促进了邮驿的发展，并颁布了中国历史上第一部有关邮驿的律法——《行书律》。汉承秦制，十里一亭，三十里一驿，并开辟了通往缅甸、印度等地的国际驿路。唐代邮驿有较大发展，驿站遍布全国，规模宏大，并发展了利用海上和内河交通工具传递邮件。到清代，全国有驿站近2 000处，驿夫7万多名，递铺14 000余处。

埃及在公元前20世纪前后有关于通信活动的记载。前11世纪，古希腊在每个城市设立“送信者”和“驿站”；前10世纪，亚述帝国以本部为中心建筑石砌驿道；前5世纪前后，波斯帝国修建了四通八达的驿道，沿途设有驿馆，由骑兵担任传递。前1世纪前后的罗马帝国，疆域广大，经济繁荣，交通发达，邮驿已成为军事和行政机构的一部分。

近代邮政 11世纪以后，欧洲出现以教会、大学、商业行会名义组织的区域性民间邮递系统。1477年，法国建立了皇家邮政；英国于1516年组建邮递网，任命了邮政局长。但这些官办邮政起初并不为公众服务，到1600年前后才开始为私人传递邮件。英、法两国先后于1635年和1672年宣告邮政由国家专营。1840年，英国政府采纳了R.希尔的建议，对邮政进行改革：①实行均一邮资制。②采用预付邮费制并发行邮票。③重申邮政由国家专营，业务向所有用户开放。这一改革的内容被认为是近代邮政的基本特征，并逐渐为世界各国所采用。

中国近代邮政始于清代，经历了大清邮政、中华邮政和中国人民邮政3个阶段。清代在建立大清邮政之前，曾有过一段客邮和海关兼办邮政。客邮是帝国主义国家在中国领土上强行设立的邮局。始于1834年（道光十四年）英国在广州设立第一个英国邮局。此后美国、法国、俄国、日本、德国都先后在中国设立各自的邮局。直至1922年12月，除日本外，其他国家客邮才撤销。日本客邮一直延至抗日战争胜利。印度接替英国在西藏设立的邮局于1955年4月1日交还中国。海关兼办邮政始于1866年（同治五年）。当时中国已丧失关税自主权，由英国人R.赫德任海关总税务司。海关兼办邮政实则是帝国主义攫取了中国邮政大权。大清邮政成立于1896年（光绪二十二年），但仍由赫德任总邮政司，邮政实际还是由海关兼办。直至1911年，邮传部才接管大清邮政。辛亥革命后，大清邮政改组为中华邮政。1914年，中国加入万国邮政联盟。1921年公布了《邮政条例》，1935年颁布了《邮政法》。中华人民共和国建立后，建立了中国人民邮政。它是以解放区人民邮政为基础并接管中华邮政进行改造组建而成。1949年11月1日中华人民共和国邮电部成立，统一管理全国邮政和电信工作。从此中国人民邮政事业得到迅速的发展。

邮政服务 邮政业务以通信服务为主，也提供物品运送和货币流通等非通信服务。由于邮政具有公共通信服务的性质，邮政向社会提供两类不同的服务产品：普遍服务和商业性服务。

普遍服务 各国政府为保障人民的通信权利，均赋予本国邮政部门以普遍服务的职能，要求在全国范围内向所有公民提供普遍、公平的邮政基本服务。1999年在北京召开的第22届万国邮联大会将普遍服务列入《万国邮政公约》。

普遍服务是公共邮政部门受政府委托承担的政府服务职能，不属于企业行为。各国政府均对邮政普遍服务建立了成本补偿机制，包括财政补贴、减免税费、赋予营利业务经营权、成立基金等方式，同时绝大多数国家都赋予邮政部分业务的专营权。邮政普遍服务的业务范围，一般均以具有通信性质的函件寄递业务为基础。

商业性服务 邮政在承担普遍服务的基础上，利用邮政网的优势，开发多种多样的非通信服务产品，如金融类（储蓄业务、简易人寿保险业务、信用卡业务等）、速递物流类、代办类（代收公用事业服务费、代理电信业务、代发养老金等）等业务。这些业务按市场规律运作，参与市场竞争，实行与普遍服务不同的管理体制和经营方针，不承担普遍服务的职能。

各国邮政对商业性服务的专业，一般采取在邮政集团公司下设立子公司的体制，实行专业化经营，自负盈亏。

邮政管理体制 传统的邮政体制模式是政府机构。在市场经济不断发展及经济全球化的冲击下，传统的邮政管理体制已不能适应新的变化。20世纪80年代，欧洲一些国家开始进行邮政体制改革。英国于1981年组建国家邮政公司，随后荷兰、德国、法国等也先后成立邮政公司，实现政企分开。

世界邮政管理体制呈现不同的模式：政府机构——如韩国、美国等邮政，主要承担传统业务，要求达到收支平衡；国有企业——如法国、澳大利亚、加拿大等邮政虽成立邮政公司，但政府为唯一所有者，实行企业化管理和商业化经营，参与市场竞争，要求营利；股份制——如英国、瑞典、新西兰等邮政成立股份制公司，由国家独股或控股。

中国邮政管理体制经历了几次重大变革。1949年中央人民政府成立邮电部，内设邮政总局和电信总局。1950年7月，进行邮政同电信企业合一的调整；1954年，撤销了大行政区邮电管理局；1955年，确定县市邮电局为一级企业。至此，全国形成邮电部-省邮电管理局-县市邮电局三级管理体制。1970年撤销邮电部，邮政归交通部领导。1973年恢复邮电部，邮政部门和电信部门再一次合并。1998年撤销邮电部，邮政与电信分营。设置国家邮政局，主管全国邮政行业及管理全国邮政企业，是兼有政府职能和企业职能的政企合一部门。在各省、自治区、直辖市设置地方邮政局，实行国家邮政局和地方人民政府双重领导、以国家邮政局为主的管理体制。2006年底，中国邮政进行政企分开的改革，国家邮政局成为国家邮政监管的机构，另组建中国邮政集团公司，经营各类邮政业务和邮政储蓄业务。

邮政技术装备 邮政初始阶段使用人力畜力传递，信件处理多为手工操作。随着近代交通工具的出现，邮政广泛地利用火车、汽车、轮船、飞机运输邮件。此后，又在邮局内部处理方面使用传送、升降设备和其他一些简单的机械设备，代替部分手工操作。20世纪60年代前后，邮政广泛应用电子、自动识别、自动控制、计算机、射流和液压等新技术，开始实现邮政作业机械化和自动化，并开办了电子信函业务。进入80年代，邮件运输和传送搬运技术、包裹分拣的条码化和机械化处理技术、信函名址图像识别和自动分拣技术，都取得实质性进展并在许多国家邮政得到推广应用。邮政储蓄业务应用信息网络技术，实现了异地存取。20世纪末陆续建成邮政信息网。

邮政编码 postcode 用阿拉伯数字或其他字母，按一定结构组成的邮局专用代号。用以表明投递局的投递范围及其所属邮区和经转关系。用于人工分拣时可提高效率。为机器自动分拣邮件提供了必要条件。

邮政编码于1959年首先在英国诺威治邮区试行，1961年在联邦德国全国使用，到20世纪80年代有40多个国家和地区使用。1980年7月1日中国正式在全国推行邮政编码。

邮政编码有三种形式：①摘录编码。从地名中摘录几个字母作为邮局代号。②数字编码。用阿拉伯数字编定邮局代号。③混合编码。用地名缩写字加阿拉伯数字混合编定邮局代号。中国和大多数国家均使用数字编码，英国使用混合编码。中国现行的邮政编码采用6位阿拉伯数字，分4级。第1、2位表示省、自治区或直辖市，第3位表示省内邮区，第4位表示邮区内的县(市)，第5、6位表示邮局及其投递局。对于业务量较大的单位可给予专码。

犹大 Judas 基督教《圣经》人物。《新约圣经》中同此名者有六人，其中最著名的是：①雅各的儿子犹大，十二使徒之一。②耶稣之弟。③加略人犹大，又译“如答斯”。原为耶稣十二使徒之一，为耶稣及使徒掌管钱囊。后以三十块银子将耶稣出卖给犹太教当局，又亲自带兵到耶路撒冷附近的客西马尼园逮捕耶稣。当耶稣被钉十字架后，后悔莫及，到圣殿中把银子还给祭司，出外自缢而死。后来人们把“犹大”作为“叛徒”的同义词。

犹太复国主义 Zionism 散居世界各地的犹太人要求回到古代故乡巴勒斯坦，重建犹太国的政治主张与运动。又称犹太复国运动。

上古时代，巴勒斯坦曾存在着以色列国和犹太国两个犹太人国家，分别于公元前8世纪和前6世纪被亚述帝国和新巴比伦王国所灭。公元135年犹太人起义失败后，犹太人即被逐出耶路撒冷以至整个巴勒斯坦，流落到世界各地。

19世纪80～90年代在俄国、法国、德国出现反犹太主义浪潮后，形成了犹太复国主义的思潮和运动。在T.赫茨尔领导下，1897年在瑞士巴塞尔举行了第一次犹太人代表大会。大会通过的《世界犹太复国主义纲领》规定：犹太复国主义的目标是在巴勒斯坦为犹太民族建立一个为公法所保障的犹太人之家。会上成立了以赫茨尔为主席的世界犹太复国主义组织。

犹太复国主义首先被英国所利用。1917年11月英国外交大臣A.J.贝尔福代表政府发表《贝尔福宣言》。在帝国主义的支持下，犹太复国主义者不顾阿拉伯人的强烈反对，采用政治、外交、财政以及军事手段，强行组织犹太人向阿拉伯人聚居的巴勒斯坦西部地区移民。在1882～1948年间的6次移民浪潮中，有46万多人移居巴勒斯坦。希特勒德国奉行的灭犹政策加快了犹太复国主义的发展。

1947年11月29日，**联合国**通过决议，决定在巴勒斯坦分别建立阿拉伯国家和犹太国家，并使耶路撒冷国际化。此后，犹太复国主义者立即用武力抢占了拟议中所谓犹太国的领土，同时强占了分治计划中属于阿拉伯国家的部分地区，在4个月内迫使30多万阿拉伯人离乡背井，成为难民。1948年5月14日，犹太复国主义者宣布建立以色列国。

犹太人向巴勒斯坦地区大量移民和建立以色列国，大大激化了同整个阿拉伯民族的矛盾，成为以后中东局势长期动荡不宁的重要根源。

犹太教 Judaism 世界各地犹太人信奉的宗教。犹太教在古代是民族宗教，由于经受多次亡国和流散的凄惨遭遇，犹太人发展了对民族神的排他性崇拜，进而自称为

犹太教徒

唯一真神（谢雅赫）的特选子民。在其一神观念基础上形成的民族文化，既有复杂的信仰礼仪，又有独特的生活方式；不仅表现为宗教文献和观念，而且也是社会制度和文化习俗。

历史 约公元前20～前18世纪，阿拉伯半岛东北部的一些游牧部落跨越幼发拉底河进入迦南（今巴勒斯坦南部）定居，称希伯来人。后发展为以色列的12个部落，因逃荒而迁居埃及。据传约公元前11世纪，以色列人在摩西率领下逃离埃及，在西奈山与上帝立约，将希伯来人的传统宗教发展为具有统一信条和礼仪的民族宗教。而后以色列人进入迦南，约公元前993年建立以色列王国，在京城耶路撒冷建造圣殿。公元前933年，王国分裂为南部犹太王国和北部以色列王国。公元前722年，以色列国亡于亚述帝国，10个部落被放逐后在历史上销声匿迹。犹太国臣服外邦。在这一时期，一批先知起自民间，在严重的民族危机和社会矛盾面前，极力强调对唯一真神的崇拜，抨击注重外在仪式的祭司宗教，提出内在信仰和道德戒律，形成犹太教的先知传统。公元前586年，新巴比伦王国攻陷耶路撒冷，焚毁圣殿，犹太人成为巴比伦之囚。在数十年流放生活中，他们的信仰集中于追忆和缅怀历史，反省上帝的诫命和律法。公元前539年，波斯帝国征服巴比伦，犹太人获释，返回耶路撒冷重建圣殿。至公元70年，罗马帝国攻占耶路撒冷，圣殿再度焚毁，犹太人流散各地，处于罗马帝国和波斯帝国统治之下。为适应各地不同的现实生活，犹太教内部需要对自古流传的律法经典重新解释。原来集中于圣殿的祭司献祭仪式已无法举行。各地出现的会堂逐渐成为犹太人宗教生活的重心。精通律法的文士成为会堂的宗教导师，称拉比(师傅)。犹太教也因此称为拉比犹太教。拉比犹太教强调社会伦理、宗教礼仪和研习律法，尤为注重口传律法。至2世纪末，犹太·哈纳西执掌巴勒斯坦犹太公会时期，将历来的口传律法条文汇编成《口传律法典》(密西拿)，于3世纪初流传，5世纪扩充为口传律法汇编《**塔木德**》。由此演绎的一整套敬神做人的准则，成为犹太教社团一切行为的依据，不仅限于宗教，也包括法律和社会生活。

伊斯兰教兴起后，各地犹太教社团有所复兴，巴比伦取代巴勒斯坦成为犹太教中心。8世纪初，巴比伦学派的律法诠释被犹太人公认为强制性律法。巴比伦拉比学院不仅培训拉比，并成为立法机构，实际控制各地的犹太教社团。推行共同的律法传统及生活方式。10世纪末，犹太社团中形成变革潮流，部分人诉诸理性，发展了中世纪犹太教神学和哲学。代表人物摩西·迈蒙尼德编写了一部条理分明的律法

概要，以使信徒摆脱繁琐条文的束缚，适应新的社会生活。他将犹太教信仰归纳为13条，后被普遍接受，具有信条性质。另一些人则通过神秘信仰直接寻求宗教体验。形成中世纪犹太教神秘主义思潮，总称喀巴拉（传统）。

至18世纪，东欧犹太下层民众中敬虔派兴起，称哈西德（虔诚者）运动。哈西德派反对过分专注忏悔，他们置律法于次要地位，仅承认拉比为信徒灵性指导。在信仰上依据喀巴拉著述，强调内心神秘体验，主张在不断地祈祷中泯灭自我，使灵魂与神直接相通；要求完全信赖神的纯善旨意，期待**弥赛亚**即将降临解救犹太人脱离苦难。与此同时，理性主义思潮在欧洲犹太人中兴起，称哈斯卡拉（启蒙），即犹太人的思想启蒙运动。该运动并不反对犹太教，但否认传统生活方式及拉比权威，主张改革专重讲授口传律法的传统教育，提倡尊崇科学，吸收世俗文化，使社团生活现代化。该运动得到欧洲犹太商人支持并获得发展，嗣后演变为资产阶级民族主义的**犹太复国主义**。19世纪后，犹太教大体形成三派。正统派主张容纳现代科学文化，但坚守传统信仰和礼仪，认为教义、诫命和口传律法不能更改，要求谨守安息日和宗教节日、饮食戒律、个人及家庭的道德准则，遵从拉比法庭依据律法作出的裁决。19世纪末兴起的新正统派主张变通，而极端的恰西迪派则不与其他犹太人交往。改革派主张消除民族和宗教排外观念，认为犹太人在谨守传统礼仪的同时，应放弃文化孤立传统，吸收其他民族文化，适应时代发展。第一次世界大战后，重建派从保守派及改革派中分裂出来，鼓吹犹太教是一种不断演进的宗教文化，是犹太民族的传统要素，主张在此基础上重建现代生活。在其影响下，保守派逐渐向改革派靠拢，人数也有所发展。

经典和教规 犹太教的经典是《**希伯来圣经**》及口传律法汇编《塔木德》。基本教义以摩西·迈蒙尼德于12世纪归纳的13条为核心：①创造主创造并主宰宇宙及一切受造之物。②创造主为独一无二真神。③创造主无形无体无相。④创造主是最先的，也是最后的。⑤创造主为唯一应受敬拜之主，此外别无可敬拜之物。⑥先知一切传述皆真实无妄。⑦摩西是先知中最伟大的一位。⑧律法为神向摩西所传，并无更改。⑨律法不可更易。⑩创造主洞察世人一切思想行为。⑪创造主予遵守律法者奖赏，对践踏律法者惩罚。⑫复国救主弥赛亚必将降临，应每日盼望，永不懈怠。⑬人死后将复活。

犹太教律法规定的节期较多，以**逾越节**、**住棚节**和**五旬节**为三大节日，此外还有除酵节、修殿节、普林节、读经节、元旦、**赎罪日**、哀悼日、安息日等。

除十诫外，犹太教律法还有种种戒规，从社会伦理到饮食起居，涉及犹太人的全部生活。凡母亲为犹太人，其子女即为犹太人。男孩出生后第八天，一律要受割礼，作为与上帝立约的标志。教徒死后，尸体以水洗净，白布包裹入葬。犹太教在饮食方面亦有诸多禁忌。古代犹太教以七连烛台为唯一标志，中世纪后期改用**大卫之盾**（六角星），沿用至今。

犹太人 Jews 古称希伯来人和以色列人。属欧罗巴人种地中海类型。约1 400万人（2001）。主要分布在美国、以色列、俄罗斯，以及欧洲和其他地区。以色列犹太人以希伯来语为国语，属非亚语系闪语族；美国犹太人通用英语，不少人懂希伯来语或依地语；其余使用所在地语言。19世纪以前，流散于世界各地的犹太人由于彼此隔绝，在社会文化、宗教礼仪和生活习俗上产生一定差别，形成三大支系：阿什肯纳齐人、赛法尔迪人和东方犹太人。信仰犹太教，历史上曾有一部分人改信基督教。正统派教徒行割礼，禁与未受割礼的外族人通婚。定星期六为不务俗事的安息日。改良派遵守教规不严。

犹太人妇女儿童

希伯来人的祖先哈俾路人于前14世纪来到巴勒斯坦，与当地居民迦南人逐渐发生混合。后在巴勒斯坦南方形成犹太部落联盟；在北方形成以色列部落联盟。前11世纪末，犹太王大卫征服周围民族，定都**耶路撒冷**，建立统一王国。前10世纪王国分裂为以色列王国和犹太王国。前722年和前586年，以色列国和犹太国分别被亚述帝国和新巴比伦王国灭亡。前539年巴比伦为**波斯人**所陷，先后约有5万犹太人回到耶路撒冷，重建圣殿。前332年遭希腊人入侵。前166年爆发马卡比父子领导的起义，于前141年解放耶路撒冷，建立祭司王朝。前63年又被罗马人征服。公元66年和132年犹太人先后爆发反罗马起义，均遭残酷镇压，几十万犹太人被杀，幸存者流徙异域，散居世界各地。

整个中世纪，在基督教世界，犹太人始终背着出卖耶稣的罪名，到处受到仇视和迫害。常被限定在特定的“隔都区”，禁止拥有土地，多以放债和小商业为生，少数从事实业和自由职业。1881年俄国沙皇被暗杀，犹太人被怀疑为凶手而遭到大规模屠杀。这次大屠杀一直延续到1917年，幸存者约有200万人逃往美国和其他国家，为犹太史上最大的一次迁徙浪潮。第二次世界大战期间，600万欧洲犹太人惨遭纳粹德国无辜杀害。1948年5月，在英、美支持下部分犹太人在巴勒斯坦建立以色列国。当时仅有60多万犹太人，此后又有不少犹太人从世界各地陆续迁往以色列。

犹太王国 Judah, Kingdom of 巴勒斯坦南部希伯来人古国。始建于公元前第1千纪初，亡于前586年。都城在耶路撒冷。希伯来人于前13世纪末由游牧转向定居，并逐步征服了原居于此地的迦南人。北方十部拥戴的以色列王扫罗在与腓力斯丁人的战斗中战死后，南方二部推举的犹太王大卫（前1000～前960年在位）继续这一事业。大卫统一巴勒斯坦，彻底击败腓力斯丁人，并进而征服其余的迦南人居住区，定都耶路撒冷，建立起统一的以色列-犹太王国。大卫之子所罗门王死后，前10世纪王国分裂，北部为**以色列王国**；南部为犹太王国，罗波安为王，仍都耶路撒冷。罗波安至亚玛谢时期（约前934～约前783），国势衰微，并一度臣服于以色列。乌西亚统治时期（约前791～前739）国势强盛，一度成为西方反亚述联盟首领。前722年，以色列为亚述帝国灭亡后，犹太王国交纳大量赎金方得以留存，成为仅存的希伯来人国家。前598年，新巴比伦王国**尼布甲尼撒二世**攻下耶路撒冷，掳走国王约雅斤及众多王公贵族、手工业者，立约西亚次子西底家（前597～前587年在位）为傀儡。前586年，尼布甲尼撒二世再下耶路撒冷，灭犹太王国，并将大批犹太臣民迁往巴比伦，史称“巴比伦之囚”。此后，犹太地区先后处于波斯帝国、古代马其顿等统治之下。

油菜 oil rape 十字花科芸薹属中用以采子榨油的植物统称。一年生或越年生草本。油脂供食用或工业用，茎叶和油粕可作肥料或饲料，世界重要油料作物之一。中国是芥菜型油菜和白菜型油菜的起源地之一。青海、甘肃、新疆、内蒙古等地，可能是中国最早的油菜栽培地区。

生物学特性 白菜型油菜植株矮小，分枝部位较低。花淡黄至深黄色，自交不亲和性强，异交结实率达80%～90%。种子无辛辣味，含油率30%～40%。芥菜型油菜株型高大松散，分枝部位高，主根发达，耐旱性强。花淡黄或乳白色，自交亲和性强，自交结实率70%～80%以上。角果细短，种子有辛辣味，含油率30%～50%。甘蓝型油菜株型中等或高大，枝叶繁茂。花瓣大，开花时重叠，自交亲和性强，自交结实率70%～80%以上。种子无辛辣味，含油率35%～45%。

栽培管理　冬油菜在中国长江流域和以南各省以水田移栽为主。苗龄30～45天后移栽大田，每亩1万～3万株。旱地多直播，1～2真叶时间苗，4～5叶时定苗，结合中耕除草、追肥，培育壮苗。春油菜区4月下旬播种，苗期短，适时早播能增产。油菜需肥较多，氮、磷、钾肥配合比例以1:0.35:0.95。现蕾抽薹期吸氮量占总量的1/3～1/2。钾肥能促早熟，提高抗逆性和抗倒力，增加含油量。对硼肥敏感，需硼量较多，缺硼（土壤水溶性硼量<0.3ppm）时，生长发育畸形或导致死苗而减产。于蕾薹期或花期喷施硼肥效果好。

主要病害有病毒病、菌核病、霜霉病、黑胫病，采用三年以上轮作，合理灌溉，种子检疫，施用药剂等综合措施防治。常见的害虫有蚜虫、黄条跳甲、菜蛾、菜螟、菜潜叶蝇，可在产卵期喷洒药剂及毒饵诱杀成虫或培土壅根抑制虫蛹羽化。

用途　菜子油是良好的食用油。无芥酸或低芥酸油菜品种，种子含亚油酸量较多，可制造不含胆固醇的人造奶油、色拉油、起酥油和调味油。芥酸含量50%～55%的菜子油可作铸钢工业的润滑油。菜子油用于机械、橡胶、化工、油漆、纺织、制皂和医药工业。油粕可作有机肥和畜禽饲料。油菜茎、叶、壳可作肥料。油菜还是良好的蜜源作物。

油茶　*Camellia oleifera*; oiltea camellia　茶科茶属的一种。常绿小乔木。因其种子可榨油（茶油）供食用，故名。油茶在中国主要分布于黄河以南各省、区，以江西、湖南、广西为主要栽培区。茶属约80种，除该种外，尚有小叶油茶、越南油茶、广宁油茶、浙江红花油茶、博白大果油茶、腾冲红花油茶、攸县油茶等，也可榨油。

树高2～6米，树皮淡褐色、光滑。单叶互生，革质。花两性，白色。蒴果球形、扁圆形、橄榄形等。种子茶褐色或黑色，有光泽，三角状。喜温暖，怕严寒，要求年平均气温16～18℃，年雨量一般在1 000毫米以上。宜选择有较充足阳光的阳坡种植，对土壤要求不甚严格，土层深厚的酸性土生长好。以种子、插条或嫁接繁殖。为保持亲本的优良性状，多采用插条或嫁接育苗，然后进行栽植造林。

茶油色清味香，营养丰富，且耐储藏，是优质食用油。茶油在工业上可作机器润滑油、防锈油。茶饼既是农药，又是肥料，可提高农田蓄水能力和防治稻田害虫。果皮含有单宁，可作橡胶原料。建筑工程方面用茶果作为提高混凝土的凝结性的黏合剂。茶壳是提取茶碱、碳酸钾、活性炭的好原料。叶含花黄素、茶碱、可可碱、咖啡碱、茶苷等，可作医药工业原料。油茶花具有观赏价值，可作庭园绿化树种。木材纹理细密，可制小型农具。

油船　oil tanker　载运散装石油及成品油的货船。1886年英国建造的“好运”号机

帆船，是第一艘具有油船特征的散装油船。世界油船吨位到1914年占世界商船总吨位的3%，1930年达1/10，1960年上升为近1/3，1980年再上升为1/2，2000年为38.5%。

油船按载重量、航线等特征分为30万吨级以上的超大型、20万～30万吨级的巨型、15万吨级的苏伊士型、接近8万吨级的阿富拉型、7万吨级的巴拿马（最大）型、4万吨级左右的巴拿马浅吃水型及成品油船。

油船为尾机型、单甲板船。船上设有油泵和管系，以及降温、探火、防火、灭火设施和系统，货油舱底设有散热盘管。还设有遥测装置及阀门自动启闭、烟气防爆和自动扫舱等自动化设备。成品油船因受货物批量以及港口、炼油厂设备条件的限制，载重量一般为2万～4万吨，最大为7万吨。由于成品油品种较多，不宜混装，船上有较多独立的装卸油泵和管系。

油丹　*Alseodaphne hainanensis*; Hainan alseodaphne　樟科油丹属的一种。分布于中国海南省。越南也有分布。常绿乔木，高达25米。单叶，互生，多聚生枝顶，革质，长椭圆形，边缘反卷；叶柄粗壮。圆锥花序生于上部枝条叶腋；花两性，辐射对称；花被裂片6，稍肉质，长圆形；能育雄蕊9，排成3轮，花药瓣裂，第三轮的花丝基部有一对具柄腺体；退化雄蕊3，位于最内轮，箭头形；雌蕊心皮1，子房上位，卵球形；花期7个月。浆果球形；果期10月至翌年2月。油丹木纹理通直、结构细致、硬度中等、耐腐性强，是优良用材树种。已被列为中国珍稀濒危保护植物。

油橄榄　*Olea europaea*; common olive　木犀科木犀榄属的一种。常绿乔木。又称齐墩果。以其果实能产油而形状又似橄榄得名。世界著名的木本油料树种。此属约40种，原产地中海沿岸，以葡萄牙、西班牙、意大利、希腊及阿尔巴尼亚等国最多。现世界各国多引种栽培。中国有13种，分布南部至西南部，为引种栽培种。

树高可达20米，胸径达2米。单叶对生，总状花序，核果成熟时呈紫黑色，种子1枚。喜光性强，适宜温暖干燥气候。对土壤的适应能力强，pH5.8～8.5均可生长。但要求土壤排水良好。多用嫁接或扦插法繁殖。嫁接繁殖时，用种子培育的实生苗作砧木。

橄榄油除直接作食用油外，在食品工业、制药工业、轻工业方面均有特殊用途。用以医治烧伤、烫伤有特殊功效。油橄榄果制品是名贵、畅销餐用果品之一。木材细致，可制作工艺品。油渣可作牲畜的饲料或肥料。

油画　oil painting　用透明的植物油调和颜料在制作过底子的布、纸、木板等材料上塑造艺术形象的绘画。起源并发展于欧洲，近代成为世界性的重要画种。

产生　15世纪以前欧洲绘画中的蛋彩画是油画的前身。一般认为，15世纪初期的尼德兰画家凡·爱克兄弟是油画技法的奠基人。他们运用新的油画材料创作，在当时画坛很有影响。油画技术很快在西欧其他国家传开。

材料和工具　油画的主要材料和工具有颜料、画笔、画刀、画布、上光油、外框等。①颜料，分矿物质和化学合成两大类。②画笔，用弹性适中的动物毛制成。③画刀，又称调色刀。用富有弹性的薄钢片制成，有尖状、圆状之分，用于在调色板上调匀颜料。④画布，标准的画布是将亚麻布或帆布紧绷在木质内框上，用胶或油与白粉掺和并涂刷在布的表面制作而成。⑤上光油，通常在油画完成并干透后罩涂上光油，保持画面的光泽度，防止空气侵蚀和积垢。⑥外框，完整的油画作品包括外框，外框形成观者对作品视域的界限，使画面显得完整、集中。

技法　油画工具材料的限定导致油画绘制技法的复杂性。油画主要技法有：

①透明覆色法，即用不加白色而只是被调色油稀释的颜料进行多层次描绘。必须在每一层干透后进行下一层上色，由于每层的颜色都较稀薄，底下的颜色能隐约透露出来，与上层的颜色形成变化微妙的色调。

②不透明覆色法，又称多层次着色法。作画时先用单色画出形体大貌，然后用颜色多层次塑造，暗部往往画得较薄，中间调子和亮部则层层厚涂，或盖或留，形成色块对比。

③不透明一次着色法，又称直接着色法。即在画布上作出物象形体轮廓后，凭借对物象的色彩感觉或对画面色彩的构思铺设颜色，基本上一次画完，不正确的部位用画刀刮去后继续上色调整。这种画法

中每笔所蘸的颜料比较浓厚，色彩饱和度高，笔触也较清晰，易于表达作画时的生动感受。19世纪中叶后的许多画家较多采用这种画法。

发展　油画的发展过程经历了古典、近代、现代几个时期，不同时期的油画受时代艺术思想的支配和技法的制约，呈现出不同的面貌。

油画发展初期的历史条件奠定了古典油画的写实倾向。文艺复兴时代的画家继承了希腊、罗马的艺术观念，形成了注重构思典型情节和塑造典型形象的艺术手法。与此同时，画家还分别探索解剖学、透视学在绘画中的运用，画面明暗分布的作用等，形成了造型的科学原理。人体解剖学的运用使绘画中的人物造型有了如同真实般准确的比例、形体、结构关系；焦点透视法的建立使绘画通过构图形成幻觉的深度空间，画中的景物与现实中定向的瞬间视觉感受相同；明暗法使画中的物象统一在一个主要光源发出的光线下，形成由近及远的清晰层次。

17世纪是欧洲古典油画迅速发展的时期，不同地区、国家的画家依据自己生活的社会背景、民族气质，在油画语言上进行了不同的深层探索，油画的种类按题材划分为历史画、宗教故事画、团体肖像、个人肖像、风景画、静物画、风俗画等。油画技法也日臻丰富，并形成了各国、各地区的学派。

油画的发展在19世纪有了新的趋向，主要是油画色彩的变革。英国画家J.康斯特布尔最早直接用油画在室外写生，他凭借对自然的观察感性地获得了补色原理，并在实践中部分地运用。他的作品启发了法国画家E.德拉克洛瓦。德拉克洛瓦以浪漫主义思想支配创作，根据当时的历史事件创作大幅主题画。他将补色关系更多地运用于创作的色彩表现，运用活跃的笔触，在画面的许多部位形成色彩的对比，增强了色彩的明亮度和华丽感，形成了震动当时画坛的风格。

在此基础上，法国印象主义画家在色彩运用方面作出了具有创新意义的贡献。他们吸收光学和染色化学的成果，以色光混合原理解决油画的色彩问题。C.莫奈、A.西斯莱等画家捕捉外光景物表面光线变化给人的色彩瞬间印象，用细碎笔触的厚涂法将对比色并置，他们认识到暗部或阴影并非黑色的浓淡变化，改变了用调和过的单一色彩画暗部的传统作法，在暗部和阴影部位也用色点并置。由于视觉生理的作用，并置的色点在一定距离外看去是透明的、有冷暖倾向的色块，并形成微妙的过渡。印象主义淡化了景物的体积感，强化了色彩因素，不再依靠明暗和线条形成空间距离感，而依据色光反射原理，用色彩的冷暖形成空间。

19世纪的欧洲油画出现了有明确艺术主张的流派，技法也相应各具面貌。如新古典主义美术注重油画中物象造型的严谨与坚实感，符合古典传统的造型法则；浪漫主义围绕悲剧的主题，力求以色彩、笔触因素和构图中运动式线条创造画中情节的紧张感；拉斐尔前派注重对画中人物心理情绪的表达，较多画面以青、紫、绿色调构成感伤的、静寂的意境。近代油画具有写实的整体特征，它们共同表现为：一幅油画是艺术形式的统一体，色彩的主调统一着画面各局部的颜色，笔触基本上是为塑造形象而运用，显露的程度有限，被描绘的物象统一在中心焦点的构图中形成与真实视域同构的效果。

19世纪末叶西方油画发生了根本性变化。传统油画比较狭窄的艺术功能和一体化的写实手法已经达到自身体系的高度饱和，因而在哲学观念、艺术观念的变革中趋于解体。油画不再以模仿自然、再现自然为艺术创造原则，艺术家自由构造的油画艺术形象被视为新的真实。艺术家不再通过油画形式如实描绘自然，而将油画形式作为表现自己精神与情感世界的媒介，以想象、幻想等方法构造作品。

在20世纪油画中，因不同的艺术观念形成不同的流派，并制约艺术形式呈现多种倾向，传统油画技法中的某方面因素往往作为艺术观念的形式体现被强化，甚至被推向极端，油画形式语言受到高度重视。例如：忽视色彩而主要作形体自由构造的立体主义；注重色彩强烈状态中均衡效果的野兽主义；通过色彩和笔触的无序使用表现扭曲心理的表现主义；纯粹以色彩的点、线、面构成画面的抽象主义；以及将颜料随意甩、泼、垂滴于画布上的抽象表现主义等。近百年来西方现代油画流派纷繁、相继更替，只要以油画工具材料为造型媒介，艺术家可以创造任意的油画面貌。

随着艺术观念的不断扩大，导致油画材料与其他材料相结合，产生了不归属某一具体画种的综合性艺术，油画因此也渐渐失去在西方作为主要画种地位的趋势。

中国油画　在欧洲油画技法传入的基础上发展起来。1902年成立的南京两江优级师范学堂最早设立西画专科，聘任外国教员讲授油画。同期，清朝政府还派遣留学生到外国学习油画。

出国留学生在不同的美术院校就学或师从不同风格的画家，使得早期中国油画面貌不一。由于画家回国后缺乏油画艺术的社会氛围以及材料的限制，早期中国油画作品不及西方油画醇郁，表现力也不够丰富。

20～40年代，国立北平艺术专科学校、中央大学艺术系、杭州艺术专科学校、上海美术专科学校、苏州美术专科学校、武昌艺术专科学校等院校培养了一批油画人才。刘海粟、林风眠、徐悲鸿是影响较大的油画艺术家，他们的作品代表着当时较高的水平。

以徐悲鸿为代表的许多画家坚持以现实生活内容为主题，描绘具体的有情节的题材，侧重严谨的形体塑造和写实的色彩，作品主题与当时的社会历史背景有较密切关系，形成很强的社会教育意义。以林风眠、刘海粟为代表的一些画家侧重吸收欧洲印象主义以后的诸种流派风格，主要通过丰富的色彩和自由的笔触表现对景物的主观感受，画面的艺术形式感较强，多呈流畅、轻松的意趣。40年代留学回国的油画家中有的深入敦煌石窟等地研究中国古代艺术，画出了吸收民族绘画造型和色彩特点的作品。

中华人民共和国建立后，中国油画得到普及性的发展。50年代后期，油画教学和创作受到新的外来影响，主要采用的是俄罗斯-苏联油画模式。

中国油画创作主要遵循反映现实社会生活的艺术原则，在观察生活的基础上，以写生方法收集创作素材，形成主题明确的艺术构思，通过创造生活情景的某一瞬时状态体现艺术主题，强调内容的情节性和文学性。画面一般有焦点透视的写实感，运用明暗和造型突出主体，色调的倾向性形成画面的意境并烘托主题。众多以现实生活和近代历史事实为素材的作品在50年代和60年代上半叶反映了普遍的社会意识，油画技法也日趋丰富，成为中国画坛富有生机的绘画形式。

1979年以后，中国油画逐渐得到正常发展，改变了过去吸收单一的油画模式的状况，较全面地吸收西方从古典到现代的各种风格与流派。艺术家更多地注重油画艺术的审美功能，注重油画形式语言的多样化、个性化，形成了中国油画的初步繁荣。其中突出的油画风格是吸收法国古典油画的技法，讲究严谨而富有艺术概括的造型，细腻的色彩变化和多层次色彩构成和谐的色调，作品气氛典雅、意境清新。有的借鉴美国照相写实主义的手法，运用极为精细的笔触描绘理性构造的物象，作品取材于现实生活实况，往往显出冷峻的情调。更多的画家追求艺术的情感表现，灵活地运用油画材料，创造富有个性的艺术作品。

油画的丰富表现力在它的发展中愈益显著，是世界上沟通人类情感的一种重要的艺术语言。

油梨　*Persea americana*; avocado　樟科鳄梨属的一种。常绿乔木。又称鳄梨、牛油果。

油墨 printing ink 着色材料中的一大类。主要用于通过印刷的方式，在纸张、织物、塑料、金属等承印材料上呈现彩色或黑色的文字和图像。

分 类 按油墨自身状态和加工方法可分为膏状油墨、液态油墨（溶剂基、水基等）和固态油墨等；按所采用的印刷方法可分为胶印油墨、凹印油墨、柔印油墨、丝网印（滤过版）油墨、凸印油墨、喷印油墨、移印和转印油墨等；按承印材料可分为纸张油墨、塑料油墨、印铁油墨、玻璃油墨、陶瓷油墨和印花色浆（织物印刷）油墨等；按用途可分为出版物印刷油墨、包装印刷油墨、印钞油墨和商业票据油墨等；按其特殊功能可分为紫外光和能量光束固化油墨，金、银墨，防伪油墨，导电油墨，电子油墨，珠光及荧光油墨，液晶显示油墨等。以按印刷方法分类最为常用。

组 成 由四大部分组成。①着色剂。使用最多的是有机颜料和炭黑。②连接料。以聚合物为主体，和植物油、矿物油或溶剂组成的、有一定黏度的溶液或分散体。不同油墨中连接料的主体不同，如膏状胶印油墨常用松香改性酚醛树脂、醇酸树脂，溶剂基油墨常用氯化聚烯烃、硝化棉、聚酰胺、聚氨酯、丙烯酸酯等，水基油墨常用碱溶性的马来酸酐改性树脂、丙烯酸酯共聚树脂和较高分子量的共聚丙烯酸乳液，紫外光和能量光束固化油墨采用含可被激发的不饱和双键的低聚物。③稀释剂和溶剂。胶印油墨常用一定沸程（如230～300℃）的石油馏分和亚麻油、大豆油、桐油等植物油作为稀释剂；溶剂基油墨常用醋酸乙酯、醋酸丁酯、乙醇、异丙醇、甲苯等为溶剂；水基油墨以水为主要稀释剂，但也常含有一些低级醇；紫外光固化油墨的稀释剂是一些带可激发聚合官能团的低分子量反应型化合物。④助剂和其他添加剂。助剂可分为工艺需要和墨膜性能需要两大类。前者有减黏剂、冲淡剂、消泡剂、流变剂、引发剂等，后者有增黏剂、消光剂、耐磨损或滑爽剂等。其他添加剂有填料等。

生 产 常用的油墨生产工艺见图。连接

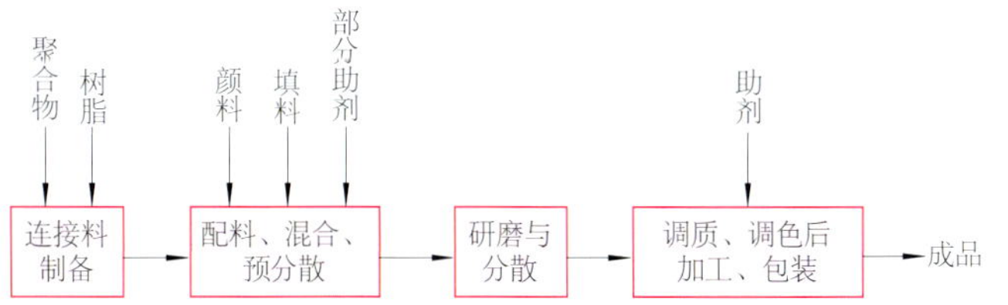

油墨生产工艺流程示意图

料生产常用釜式反应器。混合和预分散，对高黏度料用双速双轴搅拌器，低黏度料用齿盘式搅拌器。研磨过程对高黏度料用三辊机和珠磨机，低黏度料用砂磨机。

油泥塑 greasy filth sculpture 以油泥为原料，运用浮雕等技法进行加工的技艺或雕塑工艺品。因产于浙江温州（旧称东瓯），又称瓯塑。始于宋代。将矿物颜料与白泥混合，调入油料，捣捶均匀，即成为各种色彩的油泥，可雕塑成佛像、门神等，有的作为家具、嫁妆上的装饰。既有传统雕塑的艺术特色，又有浓厚的装饰趣味。在构图上，借鉴传统绘画中多层次重叠置景的手法，疏密得当，远近有致。在雕塑技法上，运用浮雕以及堆、刮、压、挑、线刻等传统技法，将彩色油泥堆塑成各种画面，形象突出，层次丰富，立体感强，意境深远。品种以挂屏、壁塑为主。

油气藏 oil and gas accumulation 在单一遮挡条件控制的独立圈闭中，形成具有统一压力系统和统一的油水（或气水）界面的油气聚集。油气在地壳中最基本的聚集单位。若油气聚集的数量足够大，具有开采价值，则称为工业性油气藏，否则称为非工业性油气藏。

油气藏与圈闭分类具有一一对应的关系。根据圈闭的成因，对应地把油气藏分为五类：构造油气藏（见图），形成于因地

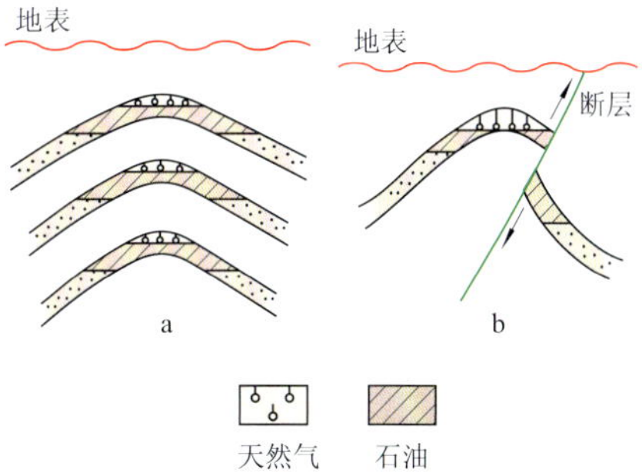

油气藏示意图

a 背斜圈闭中的三个油气藏

b 背斜–断层复合圈闭中的一个油气藏

壳运动使储集层变形变位而产生的圈闭之中，包括背斜油气藏、断层油气藏、裂缝性背斜油气藏和刺穿油气藏四个亚类；地层油气藏，是与地层不整合或由于岩性变化而形成圈闭条件的油气藏，包括地层不整合油气藏、地层超覆油气藏和生物礁块油气藏三个亚类；岩性油气藏，包括岩性尖灭油气藏和透镜油气藏两个亚类；水动力油气藏，是借水动力因素使油气得以聚集，包括构造型水动力油气藏和单斜型水动力油气藏两个亚类；复合油气藏，是上述两类或三类圈闭间的过渡类型。也有学者把油气藏按圈闭成因分为构造油气藏、地层油气藏和岩性油气藏三类，甚至也有简单地分为构造油气藏和地层油气藏两类。

油气藏除按圈闭成因分类外，还有曾在中国流传甚广的苏联I.O.布罗德分类（1951）。他根据储集层的形态把油气藏分为层状、块状和不规则状三类。此外，还有非常规油气藏，与常规油气藏的最大区别在于其圈闭（包括封闭和储集部位）主要是由成岩作用形成，而不是由构造、地层或岩性等因素直接构成，其成藏过程也主要受成岩作用控制。因此，这类非常规油气藏在地下具有隐蔽性，又称隐蔽油气藏。隐蔽油气藏是应用目前勘探技术手段尚不易认识的、不明显和不易发现的非背斜的油气藏，多形成于岩石沉积的同时，主要是由于岩层孔隙度变化而形成的油气藏。隐蔽油气藏可分为：①隐蔽岩性油气藏（砂岩透镜体、砂岩上倾尖灭、浊积砂岩、成岩）。②隐蔽地层油气藏（地层超覆、古潜山、不整合面上）。③隐蔽水动力或稠油油气藏。④隐蔽泥岩裂隙油气藏。⑤隐蔽混合油气藏（构造–岩性、断层–岩性、构造–地层）。在含油气盆地勘探开发的早期阶段，以找构造油气藏为主，进入中后期阶段则以勘探开发隐蔽油气藏为重点。

油气田 oil and gas field 在一定地质构造或地层因素控制下，同一产油气面积内的油气藏总和。一个油气田可能有一个或在平面上彼此毗邻或互相重叠并为局部地质特征所联系的多个油气藏。在同一面积内主要为油藏的称油田，若主要为气藏的则称气田。

根据控制产油面积内的地质因素，可将油气田分为五类：①构造型油气田，产油气面积受单一的构造因素控制（如褶皱和断层）的油气田。包括背斜油气田和断层油气田两个亚类。②地层型油气田，在区域背斜或单斜构造背景上由地层因素控制（如地层的不整合、地层超覆、生物礁）的油气田。③岩性型油气田，包括岩性尖灭油气田、透镜状和不规则状岩性油气田两个亚类。④水动力油气田，包括单斜型和构造鼻或阶地型水动力油气田两个亚类。⑤复合型油气田，产油气面积不受单一的构造或地层因素控制，而是受多种因素控制的油气田。包括盐（泥）丘型复合油气田、生物礁型复合油气田、潜山型复合油气田及侧向叠合型复合油气田四个亚类。侧向叠合型复合油气田，是指在油气田的不同层位中以构造型为主的油气藏和以地层型为主的油气藏侧向上结合构成统一的油气田。

国际上通常将储量大于1亿～5亿桶（1 400万～7 000万吨）的油田称巨型油田，将大于5亿～50亿桶（大于0.7亿～7亿吨）的油田称世界级大油田，将超过50亿～500亿桶（大于7亿～70亿吨）的油田称超级大油田（4A级），将大于500亿桶（70亿吨以上）的油田称超级大油田（5A级）。在中国将石油地质储量超过1亿吨以上的油田定为大油田，把天然气地

质储量超过300亿立方米以上的气田定为大气田。

油气显示 oil and gas shows 石油、天然气以及石油的衍生物在地表的露头。又称油气苗。在钻井、掘进过程中遇到的各种含油气迹象，也是一种油气显示。当油气藏破坏后，油气随地下水或沿地层孔隙和各种裂缝流到地表也可形成。不少油气藏是根据油气显示发现的。它可作为寻找地下油气资源的一个线索，但有油气显示的地方，不一定就能发现油气藏。因为显示可能是由于油气藏离这里太远，也可能是初次运移所留下的痕迹，或当时油气藏已破坏完毕。油气显示可以是油苗、气苗、泥火山、焦油砂、地蜡和沥青等。由地下渗出到地面的液态石油称油苗。油苗可以是石油从储层中直接渗出，也可能沿断层或裂缝随水一起运移至地表低洼处形成油湖或沥青湖。地蜡、地沥青、石沥青等的地表露头，与地下油气有直接关系。天然气在地表的显示称气苗。气苗若从河底、湖底等水中冒出，则有气泡出现，当气体流量很大时，水面会形成沸腾状；从土壤或岩石产出的气苗，则可能嗅到特殊气味，或有时见到附近植被异常，如草木枯黄矮小等，这是由于天然气含有毒气体硫化氢的缘故。有的气苗伴随有嗤嗤响声。地下高压天然气体连同地下水，有时还会有少量石油沿断层或裂隙喷发，并带出地层中的泥沙、黏土，在喷口附近形成火山口的形态，称泥火山。当含油砂岩出露地表时，天然气和轻质组分大量挥发，重质油残留在储集层中，形成焦油砂（又称重油砂）。

油气运移 oil and gas, migration of 石油和天然气受到某种动力驱使时在地壳内的移动。石油和天然气都是流体，其聚集规律与固体矿产不同，它们通常不是原地聚集，而是异地聚集。即油气生成地区不是油气聚集地区。油气运移是油气生成以后向圈闭聚集或散失的全过程。

出露地表的各种油气显示（如油苗、气苗、地蜡、地沥青等）是人类最早认识油气运移的直接证据。它们大多沿着可以作为流体运移的通道分布。也有从地层孔隙中渗出或是随地下水一同流出。埋藏在地下的油气大多聚集在储集层的局部有利地区，如构造高部位或地层上倾段的各种圈闭之中。在圈闭中油气一般按密度分异，气在上部、油在中间、水在下部。在开采中观察到油气从地层中流到油气井中，或看到同一油气藏内相距一定距离的井，在生产中产量互相有干扰的现象。这些都证明油气在储集岩层中必定有一个运移和聚集的过程。此外，油气主要生成于富含有机质的细粒岩石中，而大部分储集在孔隙性、渗透性比较好的粗粒岩石中。这样油气从细粒生油岩的分散状态到储集岩圈闭中的聚集状态，其间有一个运移的过程。特别是那些储集在具有裂隙或次生孔隙的岩浆岩和变质岩中的油气，更是油气运移的有力证据。

通常把运移分成两个阶段，即初次运移和二次运移。初次运移是油气在烃源层中的运移以及向储集层或运载层中的运移，是整个油气运移的源头。二次运移是油气进入储集层或运载层以后的一切运移，包括沿储集层、断层、不整合面等通道的运移，以及运聚成藏后的油气由于地质条件变化遭到破坏而发生的再运移，直到渗漏地表散失为止（见图）。

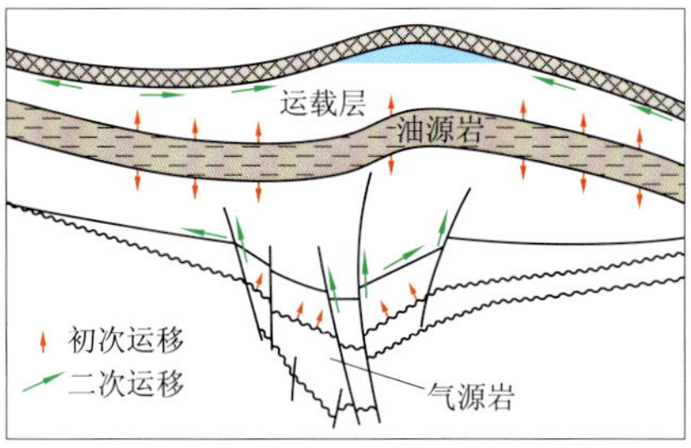

油气初次运移和二次运移示意图

油气只有通过运移才能聚集成油气藏。从油气的生成、聚集到最终的散失破坏这一自然过程来看，运移是贯穿全过程的纽带。然而生成的石油约有90%以上在运移过程中遭到耗散和破坏，只有不到10%的石油可能聚集成藏。可见油气的聚集相对于运移过程，在时间上是短暂的、空间上是局部的、数量上是不大的，也就是这一小部分油气构成了人类最重要的能源。研究表明，有80%以上的油气田均位于油气运移的主通道上。因此油气运移不仅是石油地质学中的基本理论问题，也是实际勘探中需要解决的重大问题。

油杉 *Keteleeria fortunei*; fortune keteleeria 裸子植物门松科油杉属的一种。常绿乔木。分布于中国福建、广东、广西南部沿海丘陵地带。高达30米。一年生的枝红褐色，2～3年枝淡黄灰色或淡黄褐色。叶条形，螺旋排列，长1.2～3厘米，宽2～4毫米，在侧枝上排成两列。雌雄同株，雄球花簇生枝顶或叶腋，雌球花单生侧枝顶端，苞鳞上部三裂。球果圆柱形，直立，种鳞边缘内曲宿存。种子具膜质阔翅，几与种鳞等长。油杉为中国特产，是古老的残遗种，对研究中国南方植物区系有一定价值。油杉木材纹理直、有光泽、耐水湿，为造船和家具等的良材。也可作为亚热带地区海拔500米以下沿海低山丘陵地的造林树种。

油酸 oleic acid 含一个双键的不饱和脂

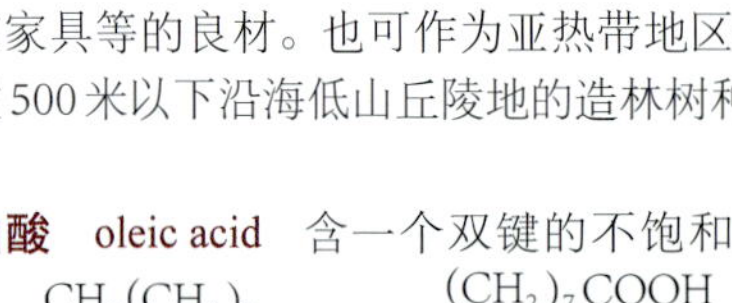

肪酸，系统命名为顺式-9-十八（碳）烯酸。油酸与其他脂肪酸一起，以甘油酯的形式存在于动植物油脂中。在动物脂肪中，油酸在脂肪酸中占40%～50%。在植物油中的含量变化较大，茶油中可高达83%，花生油中达54%，而椰子油中则只有5%～6%。无色的油状液体；熔点16.3℃，沸点228～229℃（15毫米汞柱），相对密度0.893 5（20/4℃）；不溶于水，易溶于醇、乙醚、氯仿等有机溶剂中。油酸与硝酸作用，则异构化为其反式异构体，即反油酸。氢化则得硬脂酸。油酸由于含有双键，在空气中长期放置时能发生自氧化作用，局部转变成含羰基的物质，而具腐败的哈喇味，这也是油脂变质的根源。油酸的钠盐和钾盐是肥皂的成分之一。纯的油酸钠具有良好的去污能力，可用作乳化剂等表面活性剂，并可用于治疗胆石症。油酸的其他金属盐也用于防水织物、润滑剂、抛光剂等方面，其钡盐可作杀鼠剂。

油莎草 *Cyperus esculentus*; chufa 莎草科莎草属的一种。多年生草本植物。又称油莎豆。原产西亚和非洲。20世纪60年代引入中国。株高约100厘米。茎圆筒形，由叶片包裹而成。少数植株开花，花长于主茎顶端，黄白色，为多出聚伞花序。地下茎呈匍匐状斜向伸长，顶端膨大成块茎，每个块茎均具数排环状叶节，并有芽眼一至三个。阳性植物，喜光。耐旱、耐温、耐瘠、耐盐碱，适应性广。要求年平均气温20℃以上，年降水量不少于600～650毫米，高温多雨的夏季生长尤旺。用块茎繁殖，播前浸种催芽，待块茎吸水膨大时起畦播种，株距15～18厘米。生长期短，种后80～120天收获块茎。用机械收获以避免块茎脱落土中。

块茎可制饼干、糖果等。油粕可酿酒或作精饲料。茎叶含有较多的脂肪和糖分，是家畜的优良饲料。

油田水 oil field water 油田范围内直接与油层连通的地下水。又称油层水。广义的油田水泛指油气田区域内的地下水，包括油层水和非油层水。油田水也与油（气）共存于储集层的孔隙中，具有统一的压力系统，是石油开采的主要动力之一。在地层中，按重力分异通常是气在上，油居中，水在下。按油气水的相对位置将油田水分为底水和边水。底水为在较厚的储层内，油（气）与水整体接触时位于油气藏下面的含油气外边界以内的油田水，是厚层块状油气藏的固有特征。边水为含油气外边界以外的油田水，若只出现在储集层的边部也称边水。在有多个油层存在的含油气层段中存在含水层，则称层间水（见图）。

油田水可以看作是沉积水、渗入水、转化水和深成水以不同比例的混合水，经

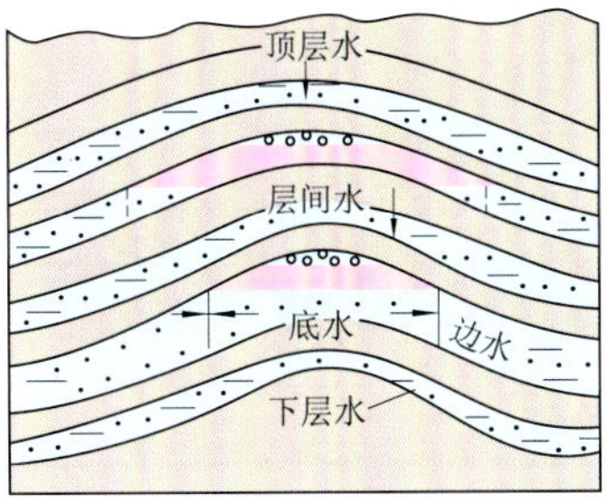

油田水与油气藏在分布上的相互关系图
（背斜型油气藏）

过一系列复杂的物理化学作用，并与油气相伴生的油层水。其中，沉积水是沉积物沉积过程中保存于颗粒间的孔隙水，其化学组成与沉积物的沉积环境（古海、古湖）有密切关系；渗入水是大气降水、地表水渗入地下空隙、渗透性岩层中的水；转化水是沉积物成岩作用和烃类生成过程中，黏土矿物转化脱出的层间水，有机质向烃类转化分解出的水；深成水包括岩浆游离出来的初生水和变质作用生成的变质水。

油田水的溶质的化学组成包括无机组成、有机组成、溶解气和微量元素等。通常以水中阳离子Na^+、K^+、Ca^{2+}、Mg^{2+}和阴离子Cl^-、SO_4^{2-}、HCO_3^-等的含量代表无机组成，并作为油田水分类的基础；微量元素有几十种，常见的有碘、溴、硼、锶、钡等；油田水的烃类、酚和有机酸代表有机组成，其中烃类以气态和液态烃为主，部分含硫化氢，酚在油田水中含量相对较高，有机酸包括环烷酸、脂肪酸和氨基酸等。环烷酸是石油中环烷烃的衍生物，常被作为找油的重要水化学标志。油田水的化学类型以氯化钙型为主，其次是重碳酸钠型，硫酸钠型和氯化镁型较为罕见。油田水类型、气态重烃和环烷酸的存在是寻找油气藏的水化学标志，反映油气藏的形成和保存条件。从油田水中提取的微量元素碘、锶等是国防、医药、化工的重要原料。

油桐 *Vernicia fordii*; tung-oil tree 大戟科油桐属的一种。落叶小乔木。又称三年桐、罂子桐。油桐属有3种。原产亚洲。中国油桐栽培区域包括16个省（自治区）的700余县。中国除产油桐外，还产木油桐（又称千年桐）。油桐有时是这两个种的泛指。

树高4～12米，有乳汁。单叶互生，圆形或心脏形。单性花，雌雄同株，间有异株。核果球形或扁球形。油桐喜光，喜温暖。油桐生长快，在生长期内消耗水分多，主要分布地区的年降水量为900～1300毫米。在富含腐殖质、土层深厚、排水良好的中性至微酸性砂质壤土中生长良好。用种子播种育苗或嫁接繁殖，栽培方式有桐农间作、营造纯林、零星种植和林桐间作等。

种子所榨的桐油为工业生产的重要原料，是塑料、电器、印刷及医药等制品不可替代的用料。油桐木材可制家具，油桐树皮含鞣质，可提取栲胶，其果壳可以制造活性炭和提取桐碱。

油页岩 oil shale 干馏后可获得页岩油的高灰分致密薄层状可燃有机岩。又称油母页岩。呈淡褐色到暗褐色，暗淡无光泽。能按层分裂成薄片。可直接点燃，燃烧时发出沥青臭味。油页岩是低等生物残体在较深并且闭塞的水体中，在厌氧细菌的参与下，有机质经过腐烂分解，与粉沙、淤泥等无机质掺合在一起，形成富含无机质的腐泥物质，经埋藏压实成岩后，在温度和压力升高的条件下又经煤化作用，形成致密层状可燃的油页岩层。页岩油经炼制可获汽油、煤油、柴油、润滑油和石蜡等。含油率和发热量是油页岩工业用途的重要工艺指标。含油率是指油页岩干馏后获得的页岩油含量百分比。工业要求最低含油率在4%～5%以上。发热量一般在8.4兆焦/千克左右，为煤的25%～50%。因此，油页岩的工业用途主要是炼油和用作化工原料。中国油页岩储量丰富，约100亿吨，主要产于辽宁抚顺、广东茂名等地。

油渣果 *Hodgsonia macrocarpa*; largefruit Oilresiduefruit 葫芦科油瓜属的一种。常绿木质藤本植物。又称油瓜、猪油果。野生种分布于东南亚国家和中国云南、两广、四川等地。栽培种于1958年引入中国。株高可达30米。单叶互生，革质，掌状三至五裂，卵圆至近圆形。花单性，雌雄异株，雄花十至数十朵组成总状花序，雌花单生于叶腋；花萼管状，五裂；花冠外黄色，里白色。每年开花两次。春花果于9～10月成熟，秋花果于翌年二三月成熟。果实似西瓜，有10～12条槽沟，单果重约1千克，内有6枚复合种子，每个复合种子有种仁两个。要求年平均气温在17℃以上，最冷月平均气温10℃以上，能耐短期低温和轻霜。用种子或压条、插条均可繁殖。植株需支架，雌雄株要搭配种植。种仁约含油70%、蛋白质20%。油明亮清香，无毒，可供食用。

油脂 fat and oil 脂肪族羧酸与甘油所形

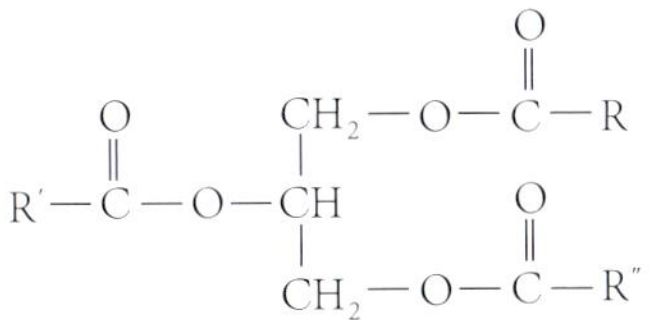

成的酯，在室温下呈液态者称为油，呈固态者称为脂肪。是一类用弱极性的脂肪性溶剂（如乙醚、石油醚、苯、氯仿等）从动植物组织中萃取出的、不溶于水的脂肪类物质，其他较最重要的脂肪类物质还有类脂和蜡两类。从植物种子中得到的油脂大多为油，而来自动物的大多为脂肪。油脂中的脂肪酸大多是正构含偶数碳原子的、饱和的或不饱和的，常见的有肉豆蔻酸（C_{14}）、软脂酸（C_{16}）、硬脂酸（C_{18}）等饱和酸和棕榈油酸（C_{16}，单烯）、油酸（C_{18}，单烯）、亚油酸（C_{18}，二烯）、亚麻酸（C_{18}，三烯）等不饱和酸。某些油脂中含有若干特殊的脂肪酸，如桐油中的桐油酸，菜油中的油菜酸，蓖麻油中的蓖麻酸，椰子油中的橘酸等。油脂的主要生理功能是储存和供应热能，在代谢中可提供的能量比糖类和蛋白质约高一倍。1克油脂在体内完全氧化时，大约可产生9.54千卡的热能。油脂除食用外，还用于肥皂和油漆等工业中。

油棕 *Elaeis guineensis*; African oil palm 棕榈科油棕属的一种。多年生乔木。热带油料作物。原产于热带非洲。中国分布在海南省南部、西北部和云南省西双版纳。油棕茎直立不分枝，高10多米。叶螺旋状，生于茎顶，长4～6米，羽状全裂，有100～160对裂片。花单性，肉穗花序，雌雄同株异序，着生于叶腋。有厚壳种、薄壳种和无壳种3个品种。常用优良厚壳种（母本）与优良无壳种（父本）杂交获得产油量高的薄壳种种植。喜高温、多雨、强光照和土壤肥沃环境。以年平均温度25～27℃、年降水量2 000～2 500毫米、日照5小时以上的地区最适宜。主要病虫害有萎蔫病、苗疫病、果腐病和果穗螟、刺蛾等。油棕定植后3～4年开始结果，经济寿命20～30年。授粉6个月后，果实变橙红色时即成熟。果肉榨粗棕油，果仁榨棕仁油，精炼后可食用。还可制肥皂、防锈油和润滑油。棕仁粕和果渣作饲料。

柚木 *Tectona grandis*; teak 马鞭草科柚木属的一种。落叶大乔木。世界名贵用材树种。柚木属共三种，主要分布于印度、缅甸、泰国、老挝和菲律宾。

树高可达50米，胸径2.5米左右，树干通直。单叶，交互对生，叶片大。大型圆锥花序顶生或腋生，果球形。喜光，年平均气温以20～27℃为宜。在年降水量1 250～2 540毫米，并有3～5个月旱季的地区，以土层深厚、疏松、肥沃、湿润、排水良好的土壤为宜；土壤黏重、板结和积水的地区生长不良。根系浅，树冠大，易遭风害。

柚木材致密，纹理通直，坚韧而有弹性，为优良的船舰、建筑、家具、车厢、桥梁、码头以及镶贴板面等用材。

疣 verruca; wart 由人乳头瘤病毒感染所致一种皮肤病变。俗称瘊子。

寻常疣初起为丘疹，渐增大呈黄豆大或更大，表面角化粗糙，呈灰黄、污黄或污褐色。好发于手背、手指、甲周等易受外伤部位。有时疣体呈细长丝状突起称丝状疣；发生在足跖部的称跖疣，由于压迫形成淡黄或黄褐色胼胝样斑块，表面粗糙不平，好发于足跟、跖骨头或趾间受压处，自觉有明显触压痛。

扁平疣好发于青少年，皮损为扁平丘疹，呈圆形、椭圆形或多角形，正常肤色或淡褐色，散在或密集分布，可沿抓痕呈串珠状排列。好发于面、手背或前臂。一般疣体消退前疣基底部常出现瘙痒和发红。

疣的病程缓慢，经2～3年可自行消退。寻常疣可采用刮除术、冷冻、激光、手术等治疗。扁平疣一般使用具有角质剥脱的药物或冷冻、激光等治疗。

莜麦 *Avena nuda*; sweet oat 禾本科燕麦属的一种。一年生草本植物。又称裸燕麦、油麦。见燕麦。

铀 uranium 天然放射性元素，元素符号U，原子序数92，原子量238.028 91，属周期系ⅢB族，锕系元素。半衰期最长的同位素是^{238}U。为纪念1781年发现的新行星Uranus（天王星）而命名。

1789年M.H.克拉普罗特从沥青铀矿中发现铀（铀的一种氧化物）。1841年E.-M.佩利若用钾还原四氯化铀制得金属铀。

已发现质量数为217～242之间的全部铀同位素，^{238}U、^{235}U、^{234}U天然存在，其同位素的相对丰度（原子百分数）分别为99.274 5、0.720和0.005 5。铀在自然界分布很广，在地壳中铀的平均含量为$(3\sim4)\times10^{-4}\%$，比汞、银、金、铋和镉的含量都高。在海水中铀的含量约为3.34微克/升；大部分的温泉和某些湖水、河水也含少量铀。自然界中重要的铀矿物和含铀矿物有沥青铀矿、钒钾铀矿、钙铀云母、晶质铀矿和铀石等。

铀为银白色金属；熔点1 135℃，沸点4 131℃，密度约19.1克/厘米^3。在温度低于0.68K时具有超导性。热导率随温度升高而逐渐增加。金属铀具有延展性，但加工时又有硬化倾向。

铀有+3、+4、+5、+6四种氧化态，以+6氧化态最稳定。化学性质活泼，能形成多种铀化合物。金属铀暴露在空气中，表面失去银白色光泽而生成致密的氧化膜，防止进一步氧化。铀极易自燃，在空气或水中即自燃。铀能与铜、锌、汞、铝、钛、钨、钼、锰、铁、锆、铌等形成合金。铀也易与大多数非金属反应，在不同温度下，与氢、氟、氮反应，分别生成UH_3、UF_6和氮化物的混合物。铀与水蒸气反应生成氢化铀，部分氢化铀又进一步被水氧化生成UO_2。在水溶液中，四价和六价是铀常见的化合价。

以^{238}U和^{235}U为始祖核素分别组成两个天然放射性衰变系。^{238}U即铀Ⅰ（UⅠ），是铀系的始祖核素。^{235}U即锕铀（AcU），是锕系的始祖核素。^{235}U是原始核燃料，它受到慢中子轰击发生核裂变（裂变截面为583.54靶恩），并放出大量的能量；它还能自发裂变，其自发裂变半衰期为1.0×10^{19}年。^{238}U在慢中子作用下不裂变，但发生核反应，所产生的^{239}U半衰期为23.5分，经两次β衰变而生成的钚-239也是一种重要核燃料。^{238}U也能自发裂变，其自发裂变半衰期为9.86×10^{15}年。^{234}U是^{238}U（铀Ⅰ）的衰变后代，故又称铀Ⅱ（UⅡ）。

铀的提取是用硫酸或碳酸钠分解铀矿，然后用溶剂萃取法分离提纯，最后转化为四氟化铀，用金属镁或钙在高温下将四氟化铀还原为金属铀。

早期铀主要用于玻璃着色或作陶瓷的釉料，1938年O.哈恩等发现铀核裂变后，铀才成为最重要的核燃料。在轻水反应堆中，1吨天然铀相当于$(15\sim17)\times10^3$吨煤，而在快中子增殖堆中，1吨天然铀约等于100万吨煤，可发电30亿千瓦·时。核燃料还可用于交通运输工具的推进动力。核动力堆可装于舰艇。铀作为核炸药，能用作核武器的装料。铀核裂变时产生300多种核素，为核能的和平利用开辟了另一个广阔的领域。

铀属高毒性元素，铀（Ⅵ）主要蓄积在肾脏、骨骼中，铀（Ⅳ）主要蓄积在肝脏中。铀急性中毒会引起肾脏病变、中毒性肝炎和神经系统病变等；慢性中毒主要表现为肾脏病变。

铀黑 uranium blacks 化学组成为$UO_{2.70\sim2.92}$，呈黑色土状的晶质铀矿变种。晶质或非晶质。晶质铀黑的晶体结构与晶质铀矿相同，化学组成也与晶质铀矿基本相同，但富含U^{6+}，并含较多的杂质混入物。通常呈粉末状、土状块体。黑色、灰黑色，光泽暗淡。莫氏硬度1～4。密度2.8～4.8克/厘米^3。硬度和密度值都随成分中U^{6+}含量的增大而减小。铀黑形成于表生条件，根据成因和产状，有残余铀黑与再生铀黑之分。残余铀黑是由晶质铀矿、沥青铀矿在氧化条件下形成的残留产物，部分U^{4+}被氧化为U^{6+}，并可保持原来的矿物形态，产于原生铀矿床的氧化带和胶结带中。再生铀黑在还原条件下形成，是氧化带下渗溶液中的部分U^{6+}在胶结带内还原为U^{4+}，再沉淀而成；一般为非晶质，在电子显微镜下呈球粒状。铀黑是提取铀的重要原料之一。

铀同位素富集 uranium isotopes, enrichment of 使天然铀中的铀-235（^{235}U）转变为浓缩铀的物理过程。利用原子量为235的铀同位素在中子作用下裂变放出的能量是核能利用的主要途径。在天然铀中，99%以上为铀-238（^{238}U），^{235}U的丰度仅为0.71%。在原子弹的核装料中，^{235}U的丰度应在90%以上；即使在轻水堆型核电站的核燃料中，^{235}U的丰度也要在3%以上。因此，利用核能的前提是要把^{235}U在天然铀中富集成浓缩铀。由于铀同位素的化学性质相同，原子质量数大，而同位素质量数差别小，所以^{235}U的富集是一个昂贵而又复杂的物理过程，而浓缩工厂就成为核工业中的一个重要组成部分。

工业规模铀同位素富集的方法主要有两种：①气体扩散法。两种同位素分子气体在相同的热平衡态下，通过孔径远小于分子平均自由程的多孔膜时，较轻同位素分子在膜后的丰度会稍有增加。②气体离心法。利用在高速转筒中产生的离心力场，造成不同质量的同位素分子气体在转筒中径向分布的差异，然后利用气体在轴向环流逆流中的倍增效应，使同位素分离效率增大。从能耗来说，后一种方法较前者少一个量级，但前者技术成熟早，投产在先，至今这两种方法仍为生产浓缩铀的主流方法。另一种正在研究并取得重大进展的方法，是利用激光有选择地激发^{235}U原子，再加以收集。

铀钍-铅法定年 uranium-thorium-lead dating 铀-铅法和钍-铅法定年的统称。根据放射成因铅同位素与放射性铀或钍的比值测定地质和天体物质形成年代的方法。适用于铀钍-铅法定年的样品，矿物主要是锆石、独居石、榍石、晶质铀矿和沥青铀矿等，岩石主要有花岗岩、花岗片麻岩和黑色页岩等。岩石全岩样品适合采用等时线法定年，尤其是铅-铅等时线有广泛的应用，包括确定陨石和地球的年龄。定年范围通常为8 000万年至46亿年。

铀系不平衡法定年 uranium series disequilibrium dating 利用天然放射系（主要是铀系）的某些中间子体的放射性衰减或累积而建立的定年方法。又称铀系法定年。

铀-238和铀-235衰变系列包括了多种元素的放射性同位素，由于它们在地球化学性质上的差异及受环境条件的影响，导致在地质过程中铀的衰变链被断开，使母体与子体之间的放射性长期平衡状态遭受破坏，某个中间子体与原先的衰变链分离，进入新的岩石或矿物系统。这时，有两种情况：①铀衰变系列中某个中间子体如镤（钍-230）分离出来后进入深海沉积物，它相对于上一代母体铀-234是“过剩”的，按照衰变定律，利用钍-230随时间的衰减方程就可以定年。②铀衰变系列中某个中间子体如铀-234脱离衰变链后进入碳酸盐矿物，它的下一代子体钍-230开始时“不足”或“缺乏”，但随时间不断累积，按照有关的子体增长方程同样能进行定年。铀系法正是以铀衰变系列处于放射性不平衡的条件为前提，利用某个中间子体核素的过剩或不足来对年轻地质样品进行定年的。

铀系法包括多种定年方法，可归为过剩子体衰减法和不足子体累积法两类。过剩子体衰减法主要有：①不平衡铀法（^{234}U－^{238}U），测定水体和碳酸盐的地质年龄，定年范围一般为1万～125万年。②锾－钍法（^{230}Th－^{232}Th）和锾－镤法（^{230}Th－^{231}Pa），测定深海沉积物（软泥、锰结核）和火山岩形成年龄，测定深海沉积速率和锰结核生成速率，定年范围一般为5 000～40万年和4 000～30万年。③铅－210法，测定冰雪年龄和降水量，测定湖泊、港湾和近海沉积物的年龄和沉积速率，定年范围百年以内。不足子体累积法主要有锾－铀法（^{230}Th－^{234}U）、镤－铀法（^{231}Pa－^{235}U）和锾－镤法（^{230}Th－^{231}Pa），适合于碳酸盐（珊瑚、贝壳、钙质生物软泥、洞穴堆积、钙华、钟乳石等）、磷块岩、骨化石和牙齿等的定年，定年范围通常为几年至35万年。

铀系不平衡法定年范围依具体方法而异。钍－230（锾）、镤－231这两个核素是铀系法定年最常使用的，在许多情况下，对于同一种样品，可以同时采用2种或3种方法定年，相互比较以获得可靠的年龄值。锾－镤法又称镤－锾法，联合考虑钍－230和镤－231，这两种核素在深海沉积物中随时间衰减，在碳酸盐中随时间累增，两类样品的定年方程不同。铀系不平衡法在第四纪地质学、海洋学、水文学、古气候学、环境科学、考古学和铀矿床勘查领域应用广泛。

《游春图》 *Painting of Spring Outing* 中国隋代山水画作品。见**展子虔**。

游国恩 You Guo' en (1899-04-17～1978-06-23) 中国古典文学研究家、文学史家。字泽承。江西临川人。1920年入北京大学预科。1922年升入国文系本科，由**梁启超**指导研究《楚辞》。1925年加入**文学研究会**。1926年毕业后回江西任省立第一中学、临川中学教员。1929年起任武汉大学讲师。1936年后任华中大学、北京大学教授。1938年起任西南联合大学中文系教授。1952年起执教于北京大学中文系，任中国古典文学教研室主任。毕生从事学术研究和教育工作，对中国古典文学特别是《楚辞》有精深的造诣，早在读大学时就出版了《楚辞概论》，尔后几十年精心撰写《楚辞纂义》，整理出版了《离骚纂义》、《天问纂义》两册。还出版了《先秦文学》、《屈原》、《游国恩学术论文集》等学术著作，并参加主编高校文科教材《中国文学史》。

游离基 free radical 带有未配对电子的化学物种（原子、基团或分子），即**自由基**。

游戏（儿童） children's play 儿童运用一定的知识和语言，借助各种物品，通过身体运动和心智活动，反映并探索周围世界的娱乐活动。俗称玩耍。它是儿童娱乐活动的主要形式，又是人类社会中一种普遍现象。关于游戏产生的根源，国内外学者有不同的解释，有认为是儿童潜在的本能表现、下意识的欲望和情感的暴露、对未来生活的无意识准备、儿童发泄过剩精力的方法、复演祖先的动作和活动等。也有学者否定上述观点。

搭积木

种类　儿童游戏多种多样，主要形式有：①主题角色游戏。如扮演汽车司机、警察、售货员等，使儿童体验成人的社会生活。②建筑游戏。利用积木、沙子、小石子等建筑材料来建造高楼、搭建动物园等。③教学游戏。如学习棋类等。④活动性游戏，或称体育游戏，包括走、跑、跳、攀登、投掷等。此外，还有其他一些游戏形式，如为了娱乐目的而进行的娱乐游戏，为了表演故事或童话内容而进行的表演游戏等。中国民间的儿童游戏丰富多彩、流传广泛，仅在中原各地盛行的就多达几百项。主要有：①体能游戏，包括丢手帕、捉迷藏、老鹰叼小鸡、弹球、抓石子、抽陀螺、踢毽子、骑竹马等。②智能游戏，包括猜手指或掌中物、寻觅藏物，念急口令或绕口令，诵识数歌谣，编织竹草物，猜谜语等。③助兴游戏，如击鼓传花等。

特征　①规则性。游戏有内容、情节、角色、动作、语言、活动、玩具和游戏材料等的具体规定，在游戏过程中有特定的规则。②虚构性。游戏是在假想条件下完成的一种反映现实的活动，游戏的情节和角色的扮演、活动的方式、代替物的使用是象征性的，所遵循的原则不同于现实生活的原则。③趣味性。游戏形式生动活泼，富有趣味性，适合儿童心理和年龄特征，能使儿童主动参与。④自由自愿性。儿童可以自愿参加或随时退出游戏，自愿选择游戏内容、安排游戏进程，按自己的体力、智力和能力进行各种活动。⑤社会性。游戏是社会生活的反映，周围的现实生活是儿童游戏的基本源泉。借助游戏，儿童学习成人的社会生活经验，从中看到未来生活的前景。

作用　游戏是一种社会性活动。儿童在游戏中反映周围的现实生活，并通过游戏体验周围人的劳动、生活和道德面貌，同时也理解和体验着人们之间的相互关系，学习和遵循游戏规则。因此游戏的主题和内容都是由社会生活条件决定的，游戏很大程度上已被整合为人类文化体系的一个组成部分。儿童游戏的内容、种类和玩法受社会历史、地理、习俗、文化、道德等因素的影响。游戏是儿童的主导活动，能培养儿童高尚的情操，引导儿童认识客观世界，促进儿童身心的发展，是对儿童进行全面教育的有力手段。

游戏是促使儿童身心发展的最好的活动形式。游戏中，儿童的运动器官能得到很好的发展，他们学习如何使用肌肉，发展视觉和动作协调的能力。通过游戏，儿童的各种心理过程能够更快、更好地发展。在集体游戏中，担任不同的角色，可促使儿童更好地认识世界、认识自己，培养和锻炼个性品质。正是在这一意义上，**M.高尔基**认为"游戏是儿童认识世界的途径"。

本质　游戏是一种娱乐，但游戏不等同于娱乐。游戏的快乐产生于竞争过程中，在紧张与松弛、兴奋与沮丧的节律变化中获得心理愉悦，没有任何物质利益，但不影响游戏的快乐。绝大多数游戏活动也不涉及物品的输赢。游戏所带来的快乐是一种人人共享的快乐。游戏规则保证所有参加者都可以通过公平竞争得到愉悦。游戏与其他娱乐的差异还在于，参加者是否有自由参加和退出的权利。

随着现代层出不穷的娱乐方式和器具的出现，儿童玩传统游戏的时间越来越少，民间儿童游戏出现衰落趋势。

游泳 swimming 人凭借自身肢体的动作和水的作用力在水中活动或前进的体育运动。从地球上出现最早的人类开始，人们就逐渐学会了游泳，并使游泳运动得以发展。游泳运动基本上可以分为两大类：一类是竞技游泳，一类为大众游泳。

竞技游泳　按照一定的规则和要求，以竞速为目的的游泳。1896年第1届**奥林匹克运动会**把游泳列为了竞赛项目。1952年第15届奥运会又正式将**蝶泳**从**蛙泳**项目中划出，单独作为一个正式的比赛项目，从此竞技游泳发展成为四种泳式，即蝶泳、**仰泳**、蛙泳和**自由泳**。现竞技游泳国际比赛约设有40个竞赛项目（男、女），包括：①50米、100米、200米、400米、800米、1 500米自由泳；②50米、100米、200米仰泳；③50米、100米、200米蛙泳；④50米、100米、200米蝶泳；⑤200米、400米混合泳；⑥4×100米、4×200米自由泳接力；⑦4×100米混合泳接力。世界游泳竞赛的组织者是国际游泳联合会（FINA）。世界重大的游泳比赛有奥运会游泳比赛、世界游泳锦标赛。游泳比赛分为长池（50米）和短池（25米）两种。短池代表性的比赛是世界短池游泳锦标赛和世界杯短池系列赛。这些比赛代表着世界游泳的最高水平，在比赛中创造出大量的世界纪录。游泳竞赛在世界各国开展广泛，参加游泳竞赛的运动员人数多、年龄分布范围广。随着游泳运动的普及和开展，又出现了许多特殊的竞技游泳比赛项目，如残疾人游泳比赛、冬泳比赛，等等。在游泳发展史上，匈牙利、日本、澳大利亚、美国、苏联、民主德国曾是游泳强国。中国的游泳运动开展得也十分广泛，成绩骄人，穆祥雄、戚烈云等均有打破世界纪录的记载。进入20世纪90年代以来，中国开始走入世界游泳强国之列，在奥运会上取得冠军的中国运动员有杨文意、庄泳等选手。2000年以后，世界泳坛呈多元化发展，没有一个国家、一个运动员能够长时间保持领先地位。在2008年第29届奥运会上，中国选手刘子歌获女子200米蝶泳金牌。

大众游泳　以健身和娱乐为主要目的的游泳活动。其形式简便、多样，不以竞速为唯一目的，受到了广泛欢迎。健身游泳、娱乐游泳、康复游泳、冬泳、实用游泳等都属于大众游泳范畴。中国全民健身计划推行以来，国家体育总局游泳运动管理中心制定了《全国业余游泳锻炼标准》，它分为定距达时和定时达距两种，规定了不同年龄的达标标准，为大众更科学地进行游泳健身锻炼提供了客观而科学的参考意见。直接为人们的生产、国防建设、军事和生活服务的游泳活动，称实用游泳。主要包括一些在泅渡、水上救护、运输物品等方面常用的踩水、侧泳、反蛙泳、潜水、着装泅渡等非竞技性的游泳技术活动。现代游泳运动，特别是竞技游泳的发展，已经广泛运用了运动解剖学、运动生理学和运动生物化学等方面的理论知识，成为体育科学中的一门专业理论学科，同时也被纳入体育院校的课程。

游资　hot money　为追求投机利润或保值而在国际间频繁移动的短期资本。又称热钱、投机性短期资本。分为公开游资和秘密游资。公开游资是为了牟利而转移的资本，其所有者是公开的；秘密游资是指为逃避本国外汇管制和税收而在国际资本市场上转移的资本，多通过若干中间人进行交易。动荡的国际政局，瞬息变化的金融市场及起伏波动的货币汇率，为游资移动提供了机会。由于游资的流动性极强，对国际金融市场冲击极大，各国货币当局都对其予以高度关注。

鲉形目　Scorpaeniformes; scorpaeniform-fishes　硬骨鱼纲的一目。因眶下骨突后延，在颊部形成骨甲，又称甲颊类。有7亚目21科273属约1 164种。中国有7亚目15科110余种。大部分种类分布于北太平洋和印度－西太平洋，大西洋种类较少，少数种类产于北冰洋或南极海域。中小型鱼类。多数体形粗钝，笨重，体平扁，或圆形，有些体呈纺锤形，头部多凹凸，具棘突和皮瓣；有的头部或头体均具骨板；许多种类的鳍棘或头部棘突具毒腺，刺伤后引起中毒。尾鳍呈圆截形或凹形；胸鳍下部鳍条较粗而不分枝，有些种类更发展为指状游离鳍条；有些种类腹鳍连合成一吸盘，吸附于石上；有的胸鳍长大如翼。具假鳃，辅助呼吸；胸鳍宽大呈圆形；鳞片趋向于从栉鳞转化为圆鳞，最后退化至光滑无鳞，或代以绒毛状突起，或鳞片转化为骨板或骨瘤状突起。无鳞的种类，皮肤常具呼吸功能。牙齿较细小，鳃耙粗短。某些活泼善泳或深水种的头部棘突和眶下骨突减弱或几乎完全退化。

鲉形目鱼类一般生活于沿岸底层岩礁石砾或沙泥环境中，有些潜入深水，有些常浮于上层。游泳大都比较缓慢，常潜伏。极大部分种类生活于海洋，不作远距离洄游；少数进入或定居于淡水水域。以底栖无脊椎动物和小型游泳生物为食。多数种类为卵生，卵径0.7～4.5毫米。许多种类产沉性卵，常由雄鱼护卵。经济价值较大的有鲉科、鲂鮄科、鲬科、六线鱼科、光盖鱼科、圆鳍鱼科和杜父鱼科等。

友谊峰　Youyi Peak　阿尔泰山脉塔蓬博格多山汇中的主峰。海拔4 374米。耸立于中、蒙国界上。山汇地区有4 000米以上的高峰数座，山势高峻巍峨，拦截西风环流水汽和北冰洋的部分水汽，年降水量达800～900毫米。现代冰川面积达47平方千米，占阿尔泰山冰川面积15%，形成了阿尔泰山现代冰川作用的中心。阿尔泰山最大的山谷冰川——喀纳斯冰川即发育于此，长10.8千米，面积30.13平方千米，末端海拔2 416米，雪线为3 000～3 100米，是中国末端最低的冰川。这一地区的冰雪融水是额尔齐斯河最大支流——布尔津河的主要水源之一。

友谊关　Youyi Pass　中国南疆重要关口。位于广西壮族自治区西南端中越边界处，东北距凭祥市18千米。友谊关始建于汉代，初名雍鸡关，后更名鸡陵关、界首关、大南关等。与西北的平而关、水口关合称南天三关。明永乐年间改为镇夷关，清初改

友谊关关楼

称镇南关。雍正时，建关楼一层，两旁增筑城墙并设关门两重。1886年广西提督苏元春在金鸡山上建镇南、镇中、镇北3炮台。抗日战争时期被日军烧毁。中华人民共和国建立后重建，1953年改名睦南关，1957年改建成拱式城门和三层关楼，1965年称友谊关。城楼正面“友谊关”三字系陈毅所书。友谊关东北连陡峭的青山，西北接高耸的金鸡山，关城附近山峦重叠、谷深林密、地势险要，素有“南疆要塞”之称。友谊关又是湘桂铁路的终点，有公路、铁路直通越南的同登、谅山等地，为中国通往越南重要通道之一。1885年，法国侵略军2 000余人自越南进犯广西边境，爱国将领冯子材率军民据关抗击，利用有利地形大败法军，史称镇南关大捷。友谊关北5千米处的关前隘即为镇南关大捷古战场。1907年孙中山、黄兴等在此发动了著名的镇南关起义。

“友谊”输油管道　“Friendship” Oil Pipeline　世界上最大的原油管道之一。起自俄罗斯的阿尔梅季耶夫斯克，经萨马拉（曾称古比雪夫）到白俄罗斯莫济里附近分为北部和南部两条支线：北部支线经波兰到达德国；南部支线经乌克兰乌日哥罗德进入斯洛伐克和匈牙利。俄罗斯向欧洲出口原油的主要管道。管道由直径426、529、720、820、1 020、1 220毫米的管段组成，全长5 327千米，年输油能力1亿吨。苏联、波兰、捷克斯洛伐克、匈牙利和民主德国在20世纪60年代共同修建。管道全线采用密闭输油流程，离心泵串联运行，泵站采用程序控制，利用沿线5国电话网进行生产调度。

有鞭目　Uropygi　蛛形纲中的一个小目。统称有鞭蝎。全球约85种，分布于美洲和亚洲的温、热带。中国已知6种和1亚种。体从小型到大型。体躯分前体和后体两部

分。前体有背甲覆盖，背甲上有8～12个眼，在近前端的中部为2个中眼；两侧各由3～4个眼组成。后体（腹部）原由12节组成。第1节形成腹柄；第2～9节宽而分明，有背板、腹板和侧膜；第10～12节非常小，其各节的背板和腹板愈合；第12腹节之后为尾鞭。在后体的后半部有1对肛门腺，开口于肛门的两旁。肛门腺的分泌液能灼伤人的皮肤。以昆虫为食。卵生。有鞭蝎夜间出来活动，少数生活在沙漠中，大多数喜欢潮湿的生境。

有巢氏 Youchaoshi 中国神话传说中的人物，原始巢居的发明者。相传远古昊英之世，人少而禽兽多，为防御野兽侵害，他教人构木为巢，白天采摘橡栗，夜晚栖宿树上。后又发明穴居。有巢氏这一名字最早见于战国诸子著述之中。

有翅昆虫 Pterygota; pterygote 昆虫纲有翅亚纲动物的统称。末龄期具翅的一大类昆虫。约占所有已知动物种类的72%。成虫中、后胸具有带脉纹和基部具关节的翅。具翅胸节的侧板高度骨化；幕骨前、后臂愈合；腹节无可外翻的泡囊，但蜉蝣目第1腹节腹板具泡囊；头部侧血管消失。有翅昆虫的成员末龄期都具有翅，尽管不少类群的种类在发育过程中会出现无翅的阶段。有翅昆虫被分为两类：外翅类和内翅类。外翅类是不完全变态昆虫，无真正的蛹期，在幼虫期即有翅芽发生于体外，到成虫期翅发育完成。内翅类是完全变态昆虫，具幼虫期和蛹期，翅芽发生于幼虫体内，蛹期有翅而未发育完成。

有袋目 Marsupialia 哺乳纲后兽次亚纲的一目。现生有袋类共有19科81属271种。其幼仔出生时发育不全，雌兽有袋囊供幼仔继续发育。在大洋洲，有袋类与有胎盘类平行进化，适应辐射，产生许多不同的种类。有袋类与有胎盘类在一些重要方面比较接近，如身体被毛，单一的下颌骨，具乳腺，胎生等；但有些方面还停留在比较原始的水平，如有泄殖腔，没有真正的胎盘，肩带上有乌喙骨的残余，腰带上有上耻骨（袋骨）等。

根据化石资料，有袋类在第三纪曾生存于欧洲、非洲、亚洲的许多地区。现生有袋类是由晚白垩世从南美通过南极来到大洋洲的负鼠状祖先的后裔。到中新世时已有许多现代科的代表，但大辐射则发生于晚第三纪和更新世。

在现生的有袋类中，负鼠科和新袋鼠科分布在南、北美洲，其余的科分布在大洋洲。有袋类中的袋狼、袋鼯、袋鼹、袋貂、袋熊、袋狸等都可在有胎盘类中找到适应上十分相似的种类。

有害生物 pest 任何对人类或其利益有威胁的生物。物种之所以成为有害生物，大部分是由于环境的变迁所造成，有些是自然发生的，但通常是肇因于人类的活动。整个动物界皆可发现有害生物，虽然真菌、细菌、病毒等微生物一般认为是病原，但此处仍可视为有害生物。多数有害动物是无脊椎动物，如原生动物、扁虫、线虫、螺、缓步虫、昆虫及螨。脊椎动物中如兔、鹿及多种啮齿目动物有时也会对农作物造成伤害。有些昆虫因会传染疾病而成为重要的有害生物。如蚊传播疟疾和黄热病，蚤传播鼠疫，虱传播斑疹伤寒，舌蝇传播昏睡病等。有害生物的防治现在以综合防治为主，即化学防治和生物防治与物理（或机械）方法合理配合来进行防治。

有颌类 gnathostomes 有颌脊椎动物。约4.4亿年前从无颌类演化而来。颌的出现是生命史中的一次革命性的事件，深远地影响了脊椎动物后来的演化方向。由鳃弓演变过来的上下颌（颌弓）使得鱼类在取食、咀嚼方面获得更大的方便，增强了它们的生存竞争能力，开辟了演化的新的可能性。现生脊椎动物的绝大多数属种都属于有颌类，从出现上下颌的鱼类到两栖类、爬行类，再到鸟类和哺乳类。人类也属于有颌类。鱼形有颌类包括四个大的类群或四个纲：盾皮鱼纲、棘鱼纲、软骨鱼纲和硬骨鱼纲。前两个类群在地质历史时期已经灭绝，后两个类群则获得了成功。软骨鱼纲包括鲨类、银鲛和它们的近亲，中国4.3亿年前的志留纪地层中曾发现最早的软骨鱼类化石。按照分支系统学的分类体系，硬骨鱼纲除包括所有生活在水中的硬骨鱼类（辐鳍鱼类和肉鳍鱼类）外，还应该包括它们登上陆地的后裔——四足动物。

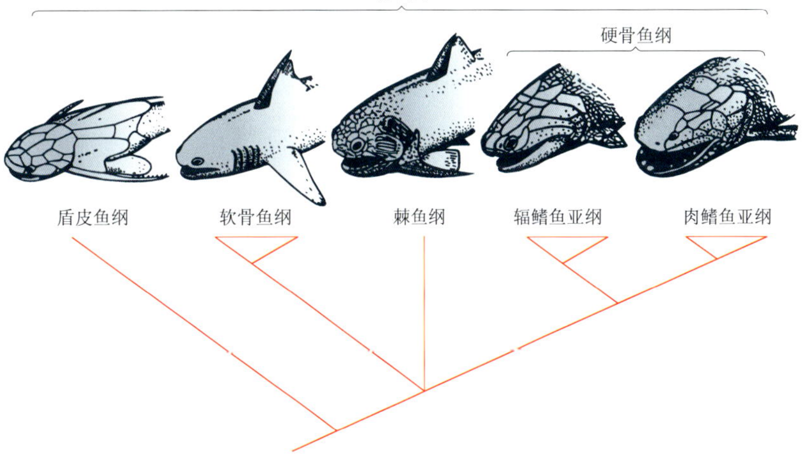

鱼形有颌类的系统演化关系

有机半导体 organic semiconductors 电导率为10^{-10}～10^{2}西/厘米的有机化合物。它的导电性来源于共轭链中的π电子，因此有机半导体的研究是研究具有π键共轭体系的有机固体。这类有机固体包括分子晶体、电荷转移络合物和聚合物材料，按其结构特点可分为两类：①通过分子间的π电子云交叠形成导带，其特点是由平面共轭结构的电子给体-受体复合物，以离子自由基形式存在。②具有共轭的高分子，其特点是通过分子内的π电子云交叠形成导带，共轭分子键的方向即为导电方向。

最早应用的是有机小分子半导体材料——酞菁，在静电复印机和激光打印机上获得应用。由于有机感光体的资源丰富、无公害、成膜工艺简单和成本低等特点，目前生产的复印机中，这类材料占70%以上。

有机半导体主要用来制作半导体电子器件，包括发光二极管、场效应管、发光电池、激光器。

有机导体 organic conductor 具有金属导电特性（电导率随温度降低而增加）的有机电荷转移复合物。人工合成的第一个有机导体是由四硫富瓦烯（TTF）和四腈基对醌二甲烷（TCNQ）形成的电荷转移复合盐。大多数有机导体是由四硫富瓦烯及其衍生物，以及一些络合物阴离子形成的电荷转移复合盐；也有一些是单组分的有机导体。

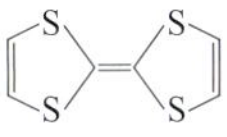

四硫富瓦烯

使电荷转移复合盐具有金属导电特性，必须满足结构条件（分列成柱，分子紧密而有序堆砌，分子以最合理的形式交叠）和能量条件（分子间库仑排斥能量大大减小）。有机导体具有强烈的导电各向异性和金属态的失稳性。与有机导体相关的有机导电材料是导电高分子。

有机肥料 manure 来源于植物和动物，以提供作物养分为主要功效的含碳有机物料。大多数有机肥料同时具有改良土壤的作用。在中国又称农家肥料。其特点是：原料来源广，数量大；养分全，含量低；肥效迟而长；须经微生物分解转化后才能为植物吸收；改土培肥效果好。常用的有机肥料品种有绿肥、人粪尿、厩肥、堆肥、沤肥、沼气肥、废弃物肥料等。

绿肥 见绿肥作物。

人粪尿 人体排泄的粪和尿的混合物。因其常混有病菌和寄生虫卵，施用前应进行无害化处理，以防止蚊蝇孳生繁殖，避免水源、土壤等的环境污染。人粪尿的碳氮比（C/N）较低，极易分解；含氮素较多，腐熟后常作速效性氮肥施用，作基肥或追肥均可。以与磷、钾肥配合施用为宜。但不能与草木灰、石灰等碱性肥料混合施用，否则易使氨挥发损失。每次用量不宜过多，以免造成养分流失和作物徒长。忌氯作物不宜施用，以免影响作物品质。

厩肥 家畜粪尿与垫圈材料（或称褥草）、饲料残渣混合堆积并经微生物作用而成的一类有机肥料。富含有机质和各种营养元素，具有提供作物养分和培肥改土等功能；还有利于养畜积肥与用地养地结合，促进农牧业生产的全面发展和农业生态系统的良性循环。

堆肥 作物茎秆、绿肥、杂草等植物性物质与泥土、人畜粪尿、垃圾等混合堆置，经好气微生物分解而成的一类有机肥料。多作基肥用，施用量较大。除提供营养元素外，并可改良土壤性质，尤其对改良砂土、黏土和盐渍土有较好效果。

沤肥 作物茎秆、绿肥、杂草等植物性物质与河、塘泥及人畜粪尿同置于积水坑中，经微生物嫌气发酵而成的一类有机肥料。一般用作基肥，多施于稻田。

沼气肥 作物秸秆、青草和人畜粪尿等在沼气池中经微生物发酵制取沼气后的残留物。富含有机质和植物必需的营养元素。沼气发酵慢，有机物质的消耗量较低，氮、磷、钾的损失也较少，其氮素回收率可高达95%，钾也在90%以上。沼气水肥宜作旱田追肥。沼气渣肥则宜作水田的基肥，在作旱地基肥施后应复土。刚出池的沼气渣肥含有一定数量还原性毒物质，须堆放数日再用。

废弃物肥料 以各种废弃物和生物有机残体为主的一类肥料。有生活垃圾、屠宰场废弃物、生活污水、海肥（沿海地区动物性、植物性或矿物性物质构成的地方性肥料）等。

其他种类 包括传统的泥肥、熏土、炕土、糟渣肥和饼肥等，在中国部分地区仍有使用。

有机化合物 organic compound 含碳元素的化合物，但一些简单的含碳化合物，如一氧化碳、二氧化碳、碳酸盐、碳化物、氰化物等除外。除含碳元素外，绝大多数有机化合物分子中含有氢元素，有些还含氧、氮、卤素、硫和磷等元素。高分子化合物是一类分子量达几千甚至几百万的有机化合物。有机化合物对人类具有重要意义，地球上所有的生命形式主要是由有机物如脂肪、蛋白质、糖（碳水化合物）、血红素、叶绿素、酶、激素等组成的。生物体内的新陈代谢和生物的遗传现象，都涉及有机化合物的转变。此外，许多与人类生活有密切关系的物质，例如石油、天然气、棉花、染料、天然和合成药物等，均属有机化合物。有机化合物按结构分类，可分为开链化合物（脂链化合物）、碳环化合物（芳香族化合物和脂环化合物）和杂环化合物。按所含官能团分类，可分为烯烃和炔烃、醇、醚、醛、酮、胺等类。有机化合物的系统命名非常重要。1979年国际纯粹与应用化学联合会（IUPAC）公布了《有机化学命名法》，2001年又公布了相应的修订版，已普遍为各国采用。1980年中国化学会根据该命名法制定了《有机化学命名规则》(中文)。

有机化学 organic chemistry 研究有机化合物的来源、制备、结构、性质、应用以及有关理论的化学分支学科。又称碳化合物化学。一些简单的碳化合物，如一氧化碳、二氧化碳、碳酸盐、碳化物和氰化物，习惯上仍归无机化学领域。

词源 1806年J.J.贝采利乌斯首次提出“有机化学”一词。当时是作为“无机化学”的对立物而命名的。19世纪初，许多化学家相信，在生物体内由于存在所谓“生命力”，才能产生有机化合物，它们不能由无机化合物在实验室里合成。1824年，德国化学家F.维勒从无机化合物氰经水解制得草酸。此后尿素、乙酸等相继由氰酸铵、碳、氢等合成，生命力学说才逐渐被抛弃，但“有机化学”这一名词却沿用至今。

简史 大致可以划分为三个时期。

有机化学的萌芽时期 从19世纪初到1858年提出价键概念之前，已经分离出许多有机化合物，制备了一些衍生物，并对它们作了定性描述。当时的主要问题是如何表现有机化合物分子中各原子间的关系和建立有机化学体系。A.-L.拉瓦锡发现，有机化合物燃烧产物有二氧化碳和水。他的研究工作为有机化合物元素定量分析奠定了基础。此后相继发展了碳、氢和氮的分析法，使化学家能求出有机化合物的实验式。

最初，有机化学用二元说来解决有机化合物的结构问题。二元说认为，一个化合物的分子可分为带正电荷的部分和带负电荷的部分，二者靠静电力结合在一起。因而认为有机化合物分子是由在反应中保持不变的基团和在反应中起变化的基团按异性电荷的静电力结合而成的。

类型说1839年由J.-B.-A.杜马创立。1853年C.-F.热拉尔和A.洛朗进一步发展，认为有机化合物是由一些可以发生取代的母体化合物衍生的，因而可以按这些母体化合物来分类。类型说可以解释化合物的一些性质，而且能够预言一些新化合物。

经典有机化学时期 1858年F.A.凯库勒和A.S.库珀等提出价键概念，并首次用短划“—”表示“键”。他们认为有机化合物分子是由其组成的原子通过键结合而成的。由于在所有已知的化合物中，一个氢原子只能与一个别的元素的原子结合，氢就被选作价的单位。一种元素的价数就是它的一个原子所能结合的氢原子数目。例如，1个氧原子能够与2个氢原子结合，因此氧是2价的。凯库勒还提出在一个分子中碳原子之间可以互相结合这一重要的概念。按照价键学说，甲烷和乙烷的结构式如下：

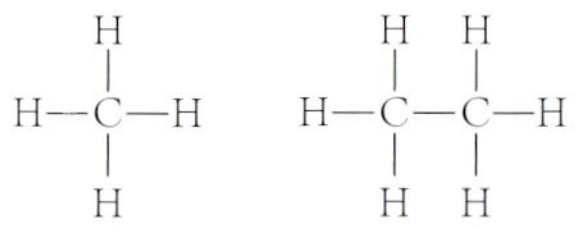

甲烷　　乙烷

为解释乙烯C_2H_4和乙炔C_2H_2的结构，还提出碳原子之间不仅以单键，还可以通过双键、三键互相结合：

乙烯　　乙炔

通过单键结合的称为饱和化合物，通过双键、三键结合的则称为不饱和化合物。凯库勒还提出苯的结构为。

由于碳原子之间的结合可以采取多种形式，因此同一个实验式所代表的有机化合物可以不止一种，这种现象称为异构现象。化学组成相同但结构不同的化合物互为异构体。含碳原子越多的分子，其异构体数目也越多。例如符合实验式C_5H_{12}的有三种化合物，它们分别为正戊烷、异戊烷和新戊烷。

1848年L.巴斯德分离到两种酒石酸结晶，一种半面晶向左，一种半面晶向右。前者能使平面偏振光向左旋转，后者则使之向右旋转，角度则相同。在对乳酸的研究中也遇到类似现象。为此，1874年J.-A.勒贝尔和J.H.范托夫分别提出一个新的概念，他们认为分子是个三维实体，碳的四个价键在空间是对称的，分别指向一个正四面体的四个顶点，碳原子则位于正四面体的中心。当碳原子与四个不同的原子或基团（R_1、R_2、R_3、R_4）连接时，就产生一对异构体，它们互为实物和镜像，或左手和右手的手性关系（见图）。这个碳原子称为不对称碳原子（或称手性碳原子），这

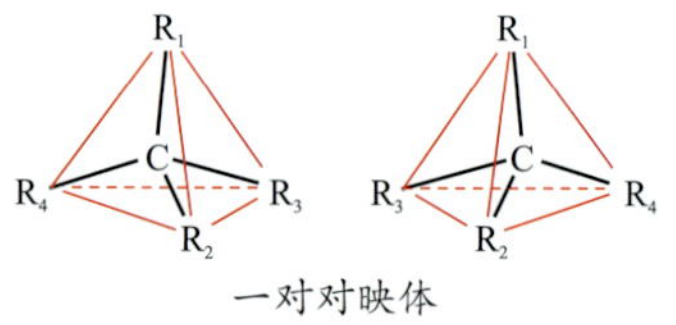

一对对映体

一对化合物互为对映体。

1900年发现了第一个自由基（三苯甲基自由基），这是个长寿命的自由基。不稳定自由基$H_3C\cdot$的存在也于1929年得到证实。

在这个时期，有机化合物在结构测定以及反应和分类方面都取得很大进展。

现代有机化学时期 在物理学家发现电子并阐明原子结构的基础上，G.N.路易斯等人于1916年提出价键电子理论。他们认为，原子外层电子的相互作用是原子能够结合在一起的原因。如果原子的外层电子转移到另一个原子，则形成离子键；如果两个原子依靠共用外层电子而结合，则形成共价键。转移或共用的电子数以相互作用的原子外层都获得惰性气体的电子组态为限。

1927年以后，W.H.海特勒和F.伦敦等用量子力学处理分子结构问题，建立了价键理论，为化学键提出一个数学模型。后来R.S.马利肯用分子轨道理论处理分子结构，其结果与价键电子理论所得的大体一致，但计算更为简便，例如E.休克尔关于共轭体系中π电子体系可以单独处理的近似方法；60年代R.B.伍德沃德和R.霍夫曼在研究电环化反应、σ键迁移重排和环加成反应等一系列反应的基础上，提出分子轨道对称守恒原理；还有福井谦一提出前线轨道理论。

特点 有机化合物和无机化合物之间没有绝对的分界。有机化学之所以成为化学中的一个独立学科，是因为有机化合物确有其内在的联系和特性。碳元素一般是通过与别的元素的原子共用外层电子而达到惰性气体的电子组态的。例如甲烷分子CH_4是由1个碳原子和4个氢原子共用其外层电子而形成的。这种共价键的结合方式决定了有机化合物的特性。碳原子互相结合形成分子的骨架，别的元素的原子就连接在该骨架上。由碳原子形成的分子骨架有直链、支链、环状等多种形式，其构成的碳原子数可从2（乙烷）到几十万（橡胶）。以含5个碳原子的化合物为例，其分子骨架可有以下几种形式：

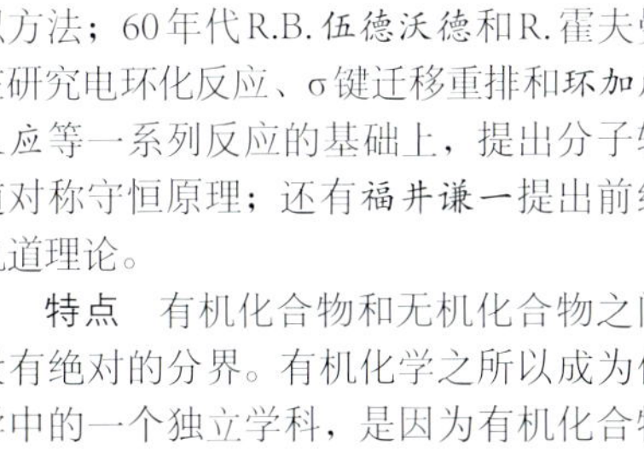

分子中含碳原子数越多，结合方式的变化也越大。因此，为数不多的几种元素，却构成了数目惊人的有机化合物。

研究对象和有机化工原料 在有机化学发展的初期，有机化学工业的主要原料是动植物，有机化学主要研究从动植物体中分离出的有机化合物。19世纪中叶到20世纪初，煤焦油逐渐成为主要原料。合成染料的发现，使染料、制药工业蓬勃发展，推动了对芳香族化合物和杂环化合物的研究。30年代以后，以乙炔为原料的有机合成兴起。40年代前后，石油和天然气成为主要原料，形成了合成橡胶、塑料和合成纤维工业；乙烯已成为聚合物工业和有机合成工业的最重要的原料。但是天然的动植物和微生物仍是有机化学重要的研究对象。

主要分支学科 **有机合成** 主要研究从较简单的化合物或元素合成有机化合物的化学方法。其合成对象包括在自然界已经存在的和人工制造的有机化合物。19世纪30年代合成尿素，40年代合成乙酸，随后陆续合成了葡萄糖酸、柠檬酸、琥珀酸、苹果酸等一系列有机酸，19世纪后半叶合成多种染料。20世纪初合成606药剂，30～40年代合成一千多种磺胺类化合物，其中有些可用作药物；40年代合成滴滴涕和有机磷杀虫剂、有机硫杀菌剂、2,4-滴除草剂等农药。至今，人类已掌握了两千多万种化合物，其中的大多数是人工合成的有机化合物（包括自然界存在的和不存在的化合物）。80年代以来，有机合成的方法学有很大进步，先后创立了固相合成、组合化学、手性不对称合成等方法，使得有机合成更快速、更有选择性和更加对环境有益。

物理有机化学 定量地研究有机化合物的结构、反应性和反应机理的学科。它以价键电子理论为基础，不断从现代物理学、物理化学所提供的新概念、新技术和新方法获得新的进展。20世纪20～30年代，通过反应机理的研究，建立了有机化学的新体系；50年代的构象分析和哈米特方程开始半定量估算反应性与结构的关系；60年代出现了分子轨道对称守恒原理和前线轨道理论；此后，又产生了分子识别和超分子化学等新分支。20世纪末计算机技术的飞跃发展，通过分子力学、半经验量子力学乃至从头计算的方法，处理复杂有机分子的能力不断增长，对于一般有机分子的结构、构型和构象，分子间的相互作用、分子识别和反应的过程的认识已趋于精确。

有机分离分析化学 即有机化合物的分离和定性、定量分析。20世纪40年代前，大多采用传统的蒸馏、结晶、升华等方法来分离纯化产品，用化学降解和衍生物制备的方法测定结构。后来，各种色谱法、电泳技术的应用，特别是高压液相色谱和毛细管电泳的应用改变了分离技术的面貌，可以实现复杂体系中微量、超微量组分的分离、检出。

有机化合物中各种元素的常量分析法在19世纪末基本上已经齐全。20世纪20年代建立了有机微量定量分析法；从50年代开始，谱学技术迅速发展，逐步接替了传统的化学手段而成为有机分析中的主要方法；20世纪后期紫外光谱、红外光谱、核磁共振谱和质谱已成为有机分析和结构测定的常规手段。由于傅里叶变换技术和高性能计算机在上述谱仪中的普遍应用，再加上X射线结构分析仪等其他分析技术的应用推广，有机样品的化学结构测定已达到微克量级的水平。

天然有机化学和生物有机化学 主要研究天然（生物体内）有机化合物的组成、结构、合成和性能。20世纪初至30年代，先后确定了单糖、氨基酸、核苷酸、牛胆酸、胆固醇和某些萜类的结构，肽和蛋白质的组成；30～40年代，确定了一些维生素、甾族激素、多聚糖的结构，完成了一些甾族激素和维生素的结构和合成的研究；40～50年代前后，发现青霉素等一些抗生素，完成了结构测定和合成；50年代完成了某些甾族化合物和吗啡等生物碱的全合成，催产素等生物活性小肽的合成，确定了胰岛素的化学结构，发现了蛋白质的α-螺旋结构、脱氧核糖核酸（DNA）的双螺旋结构；60年代完成了胰岛素人工合成和低聚核苷酸的合成；70年代至80年代初，进行了前列腺素、维生素B_{12}、昆虫信息素激素的全合成，确定了核酸和美登素、喜树碱的结构并完成了它们的全合成等。这个时期又先后从不同的植物中发现了青蒿素、紫杉醇等结构独特且具有强烈生物活性的化合物并合成了它们。

金属有机化学和元素有机化学 主要研究金属、半金属和非金属的有机化合物。20世纪40年代前，主要是对有机碱金属、碱土金属化合物和有机砷、汞、铅、锡化合物的研究。40年代后，发展到有机硼、磷、氟、硅和稀土金属化合物。50年代以来，发现了零价过渡金属与芳烃、烯烃和炔烃的π键配位化合物。由于对固氮过程的研究，60年代以来又开辟了有机铁钼硫和铁硫簇状有机化合物的研究，还发现了一些烃基过渡金属化合物，它们在有机合成中表现出选择性、定向性等特点。一些金属有机化合物是不对称合成和聚合反应的优良催化剂。有机合成导向的金属有机化学是20世纪80～90年代以来有机化学研究的热点。

有机污染物 organic pollutant 造成环境污染和对生态系统产生有害影响的有机化合物。有机污染物污染是全球关注的重点环境问题，有些有机物即使在环境中含量极其低微，也会由于其强烈的毒害作用（如致癌、致畸和致突变）而造成巨大的环境危害。

有机污染物可分为天然有机污染物和人为有机污染物两类。前者主要由生物体的代谢活动及其生物化学过程产生，如萜烯类、黄曲霉素、氨基甲酸乙酯、麦角、细辛脑、黄樟素等；后者随着现代合成化学工业的兴起而产生，如塑料、合成纤维、合成橡胶、洗涤剂、染料、溶剂、涂料、农药、食品添加剂、药品等工业排放的污染物，而且人们生活中也会产生有机污染物的排放，如烹饪过程中的油烟等。

有价证券 valuable security 具有一定票面金额、能给其持有人带来一定收益并可自由转让或买卖的物权凭证、债权凭证或股权凭证。虚拟资本的一种形式。

有价证券的法律特征是：①一种权益证书。有价证券直接代表并证明某种所有权、债权或股权。有价证券权利的发生、转移和行使，都必须以证券的存在和持有为必要条件。②一种投资证书。购买有价证券是一种投资行为，有价证券则是证券发行人发给投资者的一次投资证明。③一种可流通转让的凭证。④具有法定性。其发行必须经有关政府主管机关审核批准且按照法定的内容、条件、程序、格式在法定期限内向社会公开发行。转让和行使有价证券上的权利也须符合法律规定的程序和方式。

有价证券按不同的标准进行分类可分为：物权证券、债权证券和股权证券，商品证券、货币证券和资本证券，记名证券、指示证券和无记名证券，完全有价证券和不完全有价证券，要式证券和不要式证券。

有孔虫 Foraminiferida; foraminiferan 原生动物门根足虫纲有孔虫目动物的统称。为具壳的单细胞动物。主要特征：①具外壳。外壳包裹整个虫体，由虫体自身分泌物质或胶结外界物质形成。②壳体由房室构成。房室间开口相通，并通向外界，此口称为口孔，有孔虫由此得名。③具伪足。伪足是通过口孔伸延壳外的原生质，呈细线状或粒网状。营运动、摄食、消化、呼吸、排泄、造壳等功能。④生殖方式有无性生殖和有性生殖两种。⑤体小量大。壳体微小，直径多在1毫米以下。种类多，约36 000种，占已知原生动物种数的半数以上。数量丰富，其沉降海底的空壳占海洋海底沉积物的30%，形成有孔虫软泥，是海洋沉积生物中最多的一类。

有孔虫分布甚广，由潮间带至深海渊，从北极到南极海域都有，且不同深度、纬度的海域有不同的种类，因此成为海深、海温的指示生物。

有孔虫自5亿多年前的寒武纪开始出现，一直生存至今。化石种已发现3万种左右。其化石常作为确定地质年代的标准化石，成为恢复古气候、古海洋环境的指相化石，亦有助于石油勘探。

有理数 rational number 整数和分数的统称。正整数和正分数合称为正有理数，负整数和负分数合称为负有理数。因而有理数集的数可分为正有理数、负有理数和零3种数。由于任何一个整数或分数都可以化为十进循环小数，反之，每一个十进循环小数也能化为整数或分数，因此，有理数也可以定义为十进循环小数。有理数集是整数集的扩张。在有理数集内，加法、减法、乘法、除法（除数不为零）4种运算通行无阻。有理数的大小顺序的规定：如果$a-b$是正有理数，就称a大于b或b小于a，记作$a>b$或$b<a$。任何两个不相等的有理数都可以比较大小。有理数集与整数集的一个重要区别是，有理数集是稠密的，而整数集不是稠密的。将有理数依大小顺序排定后，任何两个有理数之间必定还存在其他的有理数，这就是稠密性。整数集没有这一特性，因为两个相邻的整数之间就没有其他的整数了。

有期徒刑 penal servitude for a fixed term 剥夺犯罪人一定期限的人身自由，实行强制劳动和教育改造的刑罚。

在中国刑罚体系中，有期徒刑居于中心地位。由于有期徒刑的刑期幅度大，适用面较宽，在司法实践中，有期徒刑是适用率最高的一种刑罚。

有期徒刑具有以下特征：①剥夺犯罪人的人身自由。②具有一定期限。根据《中华人民共和国刑法》的规定，有期徒刑的刑期为6个月以上15年以下；数罪并罚时，最高不能超过20年。有期徒刑的刑期，从判决执行之日起计算；判决执行以前先行羁押的，羁押1日折抵刑期1日。③在监狱、少年犯管教所等专门的执行场所执行。④实行强制劳动和教育改造。

有色金属 nonferrous metal 铁、锰、铬以外的所有金属的统称。又称非铁金属。广义的有色金属还包括有色合金。有色合金是以一种有色金属为基体（通常大于50%），加入一种或几种其他元素而构成的合金。有色金属元素只有80余种，但有色合金种类繁多，性能各异。有色合金的强度和硬度一般比纯金属高，电阻比纯金属大，电阻温度系数小，具有良好的综合机械性能。常用的有色合金有铝合金、铜合金、镁合金、镍合金、锡合金、钽合金、钛合金、锌合金、钼合金、锆合金等。

有色金属中的铜是人类最早使用的金属材料之一。现代，有色金属及其合金已成为机械制造业、建筑业、电子工业、航空航天、核能利用等领域不可缺少的结构材料和功能材料。实际应用中，通常将有色金属分为5类：①轻金属。密度小于4 500千克/米^3，如铝、镁、钾、钠、钙、锶、钡等。②重金属。密度大于4 500千克/米^3，如铜、镍、钴、铅、锌、锡、锑、铋、镉、汞等。③贵金属。价格比一般常用金属昂贵，地壳丰度低，提纯困难，如金、银及铂族金属。④半金属。性质介于金属和非金属之间，如硅、硒、碲、砷、硼等。⑤稀有金属。包括稀有轻金属，如锂、铷、铯等；稀有难熔金属，如钛、锆、钼、钨等；稀有分散金属，如镓、铟、锗、铊等；稀土金属，如钪、钇、镧系金属；放射性金属，如镭、钫、钋及锕系元素中的铀、钍等。

有丝分裂 mitosis 真核细胞分裂的基本形式。曾称间接分裂或核分裂。在这种分裂过程中出现由许多纺锤丝构成的纺锤体，染色质集缩成棒状的染色体。

细胞在进行有丝分裂时，核和胞质都发生形态上的变化，称有丝分裂期。两次有丝分裂之间称为分裂间期。有丝分裂期和间期统称细胞周期。有丝分裂的准备工作，例如DNA复制、组蛋白合成、微管蛋白合成、能量准备等都是在间期进行的。

过程 前期 自分裂期开始到核膜解体为止的时期。核的体积增大，染色质构成的细染色线逐渐缩短变粗，形成染色体，每条染色体由两条染色单体组成。核仁在前期的后半渐渐消失。在前期末核膜破裂，于是染色体散于细胞质中。动物细胞由中心体放射出星体丝，即放射状微管。带有星体丝的两个中心体逐渐分开，移向相对的两极。

前中期 自核膜破裂起到染色体排列在赤道面上为止。核膜的断片残留于细胞质中，与内质网不易区别，在纺锤体的周围有时可以看到它们。

前中期的主要过程是纺锤体的最终形成和染色体向赤道面的运动。纺锤体分为有星纺锤体和无星纺锤体两种类型。有星纺锤体含有三种纺锤丝，即三种微管：星体微管、极微管和动粒微管。无星纺锤体只有极微管与动粒微管。

核膜破裂后染色体分散于细胞质中。每条染色体的两条染色单体的动粒分别通过动粒微管与两极相连。由于极微管和动粒微管之间的相互作用，染色体向赤道面运动。最后各种力达到平衡，染色体排列到赤道面上。

中期 从染色体排列到赤道面上，到染色单体开始分向两极之间，这段时间称为中期。有时把前中期也包括在中期之内。中期染色体在赤道面形成所谓赤道板。染色体在赤道面的定位必须两个动粒及与两极相连的两侧动粒微管都正常地发挥作用。中期染色体浓缩变粗，显示出该物种所特有的数目和形态。因此中期适于做染色体的形态、结构和数目的研究，适于核型分析。

后期 每条染色体的两条姊妹染色单体分开并移向两极的时期。分开的染色体

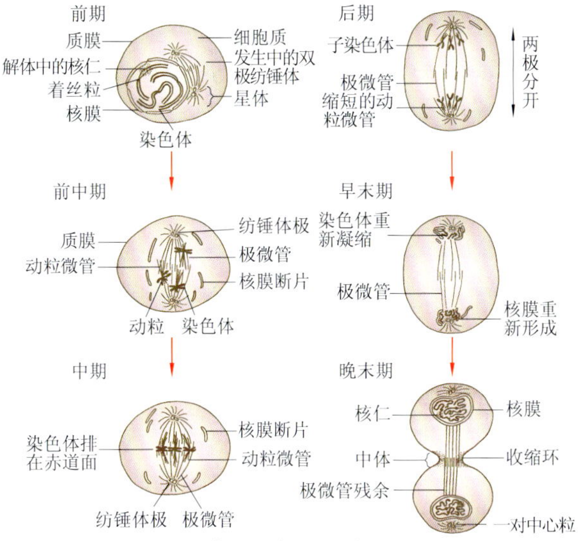

有丝分裂过程图解

称为子染色体。子染色体到达两极时后期结束。染色单体的分开常从动粒处开始，然后两个染色单体的臂逐渐分开。后期动粒微管在向极的末端不断解聚，因而逐渐变短。这可能是使子染色体被拉向两极的重要原因。

末期　从子染色体到达两极开始至形成两个子细胞为止称为末期。主要过程是子核的形成和细胞体的分裂。子核的形成大体上是经历一个与前期相反的过程。

细胞体的分裂称胞质分裂。动物和某些低等植物细胞的胞质分裂是以缢缩或起沟的方式完成的。高等植物细胞的胞质分裂是靠细胞板的形成。

持续时间　有丝分裂期所用时间，因生物和细胞的种类不同而有很大差别。一般要1～3小时，但快者有10多分钟就可完成，慢者需5～6个小时，甚至更长时间。通常，胚胎发生早期细胞分裂快，而成体组织细胞分裂慢。

在有丝分裂期中通常是前期和末期时间较长，而中期和后期时间较短，尤其是后期一般需要时间最少。

控制　许多理化因素都影响有丝分裂过程。对于植物和低等动物的细胞，在一定范围内（8～25℃）温度越低，细胞周期越长，有丝分裂过程也越慢。接近零度的低温可抑制纺锤体的形成，使细胞受阻在有丝分裂中期。电离辐射，如X射线和γ射线能抑制细胞进入有丝分裂。许多化学药物都有抑制有丝分裂的作用，如秋水仙素、对二氯苯、巯基乙醇、咖啡碱等。促进有丝分裂的化学物质有植物血球凝集素（PHA）、鲱精胺、激动素、赤霉素等。

在机体内环腺苷酸（cAMP）增加时抑制有丝分裂，而环鸟苷酸（cGMP）增加时促进细胞有丝分裂。

有尾目　Caudata; Urodela　两栖纲的一目。终生有尾，幼体及成体体形近似，最不特化。有8～9科60余属350余种。主要分布于全北界。非洲热带和大洋洲无有尾类。中国已知有3科15属约35种。小鲵科和蝾螈科的特有属较多。

颈部较明显，四肢匀称（两栖鲵类体长而四肢细弱，鳗螈类只有前肢）。皮肤光滑湿润，紧贴皮下肌肉，全无小鳞。一般不能发声。舌不能从后端翻出摄食。上下颌均有小齿，仅鳗螈类覆以角质片。椎体双凹型或后凹型，有肋骨。肢带软骨质成分多，肩带仅肩臼周围的部分骨化，适于在水中迅速游动，在陆上活动时，躯干很少抬离地面，以交替的迈步动作和躯干与尾的波状弯曲前进。能疾走或树栖的种类四肢较长，或尾有攀援能力。

大多生活于淡水水域。生活在池塘、江河、湖泊、山溪、沼泽中的多为半水栖，其他以终生水栖或陆栖为主。无交接器；多为卵生，个别种类卵胎生或胎生。某些种类的成体保留多种幼态性状。幼体状态在繁殖方面即已达性成熟阶段者称为童体型或幼态持续型。

有尾目可能直接起源于总鳍鱼类的孔鳞鱼类或起源于壳椎类，特别是石炭纪的弛顶螈，甚至有人把它从细螈目中分出，作为有尾类最原始的祖先类型而建立弛顶螈目。有尾目最早的化石见于早侏罗世。该目动物摄取动物性食物。再生能力强。鳗螈属原始类群或属高级类群尚无定论。

有限与无限　finitude and infinitude　反映物质运动在时间和空间上辩证性质的一对哲学范畴。有限指有条件的、在空间和时间上都有一定限度、有始有终。无限指无条件的、在空间和时间上都没有限制、无始无终。

古希腊毕达哥拉斯学派把有限和无限作为他们的10对对立范畴之一而提出来。亚里士多德认识到时间的本性是无限的，量是无限可分的，生灭是无穷尽的，人的思想史是不能设想任何穷尽的。I.康德从二律背反的关系中得出世界在时间和空间上是无限的思想。G.W.F.黑格尔系统区分了恶无限性和真无限性两种概念，他认为恶无限性在质上与有限对立，与有限没有联系，有限是此岸，无限在彼岸，无限在有限之上、在有限之外，同时有限物自身质的规定中的否定本性决定了有限物必然发展为无限物。辩证唯物主义认为，有限和无限是物质世界中存在的客观矛盾，是物质的运动在时间和空间上表现出的辩证联系。因此，有限和无限的关系是辩证的，是对立的统一。①无限由有限构成，无限不能脱离有限而独立存在。有限并不存在于无限之外，它是构成无限的环节、部分和因素。②有限包含着无限，有限体现着无限。③有限与无限的辩证统一，表现在任何一个物质客体中。④有限与无限既是相对的又是绝对的，在认识上它表现为人类思维的非至上性和至上性的辩证统一。

有限责任公司　limited company　由法律规定的有一定人数限制的股东组成，股东以其出资额为限对公司承担责任，公司以其全部资产对公司债务承担责任的企业法人。作为社会化大生产和市场经济发展的产物，是现代企业中最重要、最典型的组织形式之一。起源于19世纪下半叶的德国，也有人认为英国封闭式公司是其最初的形式。有限公司兼具人合公司与资合公司两种性质，各国的有限公司多有侧重，如德国偏重于资合性质，日本则人合的色彩较重。

有限责任公司的法律特征有：①股东人数有法定限制。股东包括法人、自然人，一般有最高人数的限制。②设立程序简化，股东会召集和决议表决方法简便易行，董事的人数及任期、监察机构设置与否均由公司自行决定。③不能公开募集公司资本，不得发行股票。只有发起设立，没有募集设立方式，不承认授权资本制，公司的资本总额应由各股东在设立公司时全部缴足，不得分期缴纳或向外招募。证明股东出资的权利证书——股单不得上市交易。④股东出资转让有严格限制。⑤股东就其出资额为限对公司负责。有限公司资本不分成均等的股份，股东就其出资额负有限责任。

有限战争　limited war　交战双方的战争目的、手段、规模均有所限制的战争。美国官方用语。见局部战争。

有限战争理论　limited war, theory of　主张交战双方在战争目标、手段和区域等方面加以限制的军事理论。始创于20世纪50年代，代表人物有美国的R.E.奥斯古德、H.A.基辛格等。他们认为，核战争会造成灾难性后果，因此，核时代的战争必须对战争目标、战争手段、战争持续时间和战争区域加以限制。60年代以来，该理论成为美国制定军事战略的重要依据，直接为美国对外扩张的全球战略服务。从美国的有限战争实践看，这种理论着眼于在美国本土以外地区作战，是以实力政策、技术装备优势和联盟战略为基础、以打地区战争为主的实战理论。

有限政府　limited government　在职能、规模、权力和行为方式都受到宪法和法律明确规定并公开接受社会有效监督与制约，逾越法定界域能得到及时有效纠正的政府。自由主义在国家问题上的基本主张。在广义和狭义政府上通用。与小政府相近，与无限政府、全能政府相对。有限性、合法性、有效性是有限政府的重要特征。政府职能的范围取决于市场需求，政府权力限定在公共领域，政府规模及其运作以宪政为制度屏障。有限政府并非无能政府，它强调政府的宏观调控和社会的自我管理，尊重市场发展的客观规律，有所为有所不为。有限政府意味着政府职能、规模和权力适度，成为有能力有权威的政府。

有效需求 effective demand　在经济学中指社会总供给与社会总需求相等，从而经济总量处于均衡状态时的总需求。此概念在19世纪20年代即已出现。1820年，英国经济学家T.R.马尔萨斯在《政治经济学原理》一书中首先提出，由于有效需求不足，社会存在发生经济危机的可能性。1936年，英国经济学家J.M.凯恩斯出版了《就业、利息和货币通论》一书，正式建立起以有效需求不足为核心的一整套宏观经济理论体系，奠定了这一概念在当代宏观经济学分析中的重要地位。凯恩斯认为，有效需求由消费需求和投资需求组成，它是社会总就业和总收入的决定力量。由于存在边际消费倾向递减、资本边际效率递减和人们对货币需求具有“灵活偏好”3条基本心理规律，有效需求不足成为经济运行中的常见状态。因此，凯恩斯建议，应该由国家通过增加公共开支等方式对经济进行干预，以增加有效需求，实现充分就业。

有行为能力人 capable person　在法律上能为完全有效的法律行为的人。通常以精神健全的成年人为有行为能力人。罗马法认为人达到一定的年龄其知识和经验就能够权衡利害得失，可以独立实施法律行为，从而规定25岁为成年。其后，各国根据本国的具体情况作出不同的规定，如奥地利、意大利为21岁，日本、瑞士为20岁，法国为18岁。对于未达法定成年年龄而实际上已具备行为能力的人，有的国家制定了补救办法。例如，罗马法规定25岁为成年，但男满20岁、女满18岁，可申请皇帝的“成年特许”而免除其年龄限制，之后，除关于不动产的转让外，其行为能力与成年人同。1896年《德国民法典》规定21岁为成年，满18岁的未成年人，可依法定程序，由监护法庭宣告为成年，是为宣告成年制。还有的国家采用结婚成年制，法律规定已婚的未成年人具有行为能力。《中华人民共和国民法通则》规定，18周岁以上的公民是成年人，具有完全民事行为能力。16周岁以上不满18周岁的公民，以自己的劳动收入为主要生活来源的，视为完全民事行为能力人。《中华人民共和国婚姻法》规定，男满22周岁、女满20周岁具有结婚行为能力（见自然人、民事行为能力）。

有性生殖 sexual reproduction　经由生殖细胞的生殖。通常生物的生活周期中包括二倍体时期与单倍体时期的交替。二倍体细胞借减数分裂产生单倍体细胞（雌雄配子或卵和精子）；单倍体细胞通过受精（核融合）形成新的二倍体细胞。这种有配子融合过程的有性生殖称为融合生殖。某些生物的配子可不经融合而单独发育为新个体，称单性生殖。

单细胞生物有性生殖由个体直接进行，称接合生殖；多细胞生物及单细胞生物的群体则由特化的单倍体细胞即配子进行融合生殖或单性生殖。

接合生殖　分为两种类型。

细菌的接合生殖　两个菌体通过暂时形成的原生质桥单向转移遗传信息。供体（雄体的部分染色体）可以转移到受体（雌体）的细胞中并导致基因重组。这是最原始的接合生殖（图1）。

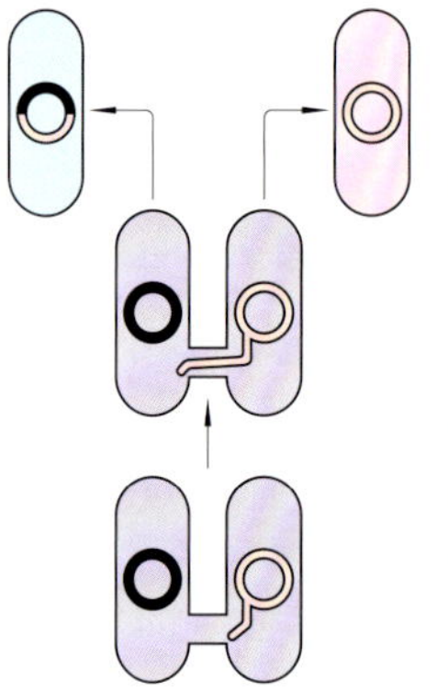

图1　大肠杆菌的接合生殖

原生动物的接合生殖　多见于纤毛虫类，按接合的双方即接合子的形态又可分为两类：①同配接合。接合子的形态相同。接合时双方暂时融合，小核在减数分裂后进行交换，相互受精后分开，如尾草履虫的生殖。②异配接合。见于缘毛目类纤毛虫。在进行接合生殖前，虫体先经一次不均等分裂。

配子生殖　配子是由营养个体所产生的生殖细胞，需两两配合后才能继续其生活史，如在一定时间内找不到适当的配子便死亡。按配子的大小、形状和性表现可分为三种类型。

同配生殖　配子的形态和机能完全相同，没有性的区分，例如衣藻属中的大多数种类（图2）。

异配生殖　有两种类型：①生理的异配生殖，参加结合的配子形态上并无区别，但交配型不同，只有不同交配型的配子才能结合。②形态的异配生殖，参加结合的配子形状相同，但大小和性表现不同。

卵配生殖　相结合的雌雄配子高度特化，其大小、形态和性表现都明显不同，成为卵子和精子。卵子和精子经过受精，融合为受精卵。卵配生殖是分化显著的异配生殖，普遍分布在生物界。

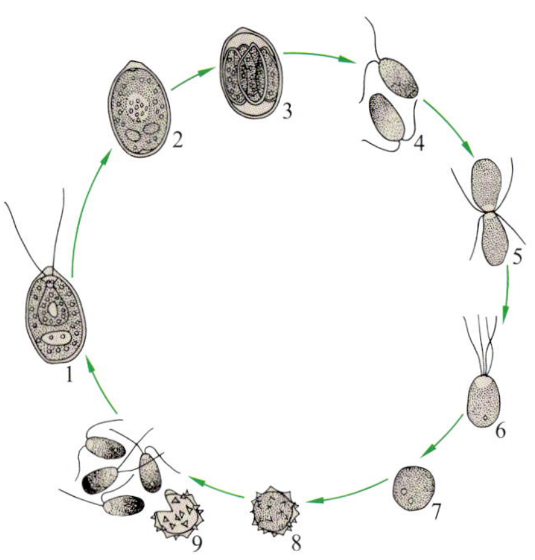

图2　衣藻的同配生殖

营养细胞（1）失去鞭毛，原生质体分裂成4～32个具有两条鞭毛的配子（2～4）。配子两两融合，为一个具有4条鞭毛的合子（5、6）。合子变圆并分泌有刺突的厚壁（7、8）。合子休眠后经减数分裂生成4个游动孢子（9），每个孢子发育为一个新个体

配子生殖的进化趋势是由同配到异配，最后发展为卵配生殖。在原生动物和单细胞植物中，所有个体或营养细胞都可能直接转变为配子或产生配子，而在高等动物中，生殖细胞是由特殊的性腺生产的。

有性生殖中基因组合的广泛变异能增加子代适应自然选择的能力。有性生殖还能够促进有利突变在种群中的传播。如果一个物种有两个个体在不同的位点上发生了有利突变，在无性生殖的种群内，这两个突变体必将竞争，直到一个消灭为止。但在有性生殖的种群内，通过交配与重组，可以使这两个有利的突变同时进入同一个体的基因组中，并且同时在种群中传播。

此外进行有性生殖的物种其生活周期中都有二倍体的阶段。二倍体的物种每一基因都有两份，有一份在机能上处于备用状态。如果这个备用的基因发生突变，通过自发的重复和有性生殖中的遗传重组，这个新基因可与原有基因先后排列，这样便产生一个新的基因。二倍体物种可以用这样的方法使其基因组不断丰富。

由于上述原因，有性生殖加速了进化的进程。现存150余万种生物中，从细菌到高等动植物，能进行有性生殖的种类占98%以上，就说明了这一点。

有序与无序 order and disorder　一切事物作为系统在结构和功能上的组织程度及其变化趋势。有序即系统的组织性，无序即系统的无组织性，它们可加以统计地量度。如信息是有序的量度，熵是无序的量度。两者是对立的统一。

对有序和无序的认识，在自然科学和哲学中经历了一个发展过程。按照牛顿力学，宇宙是一个动力学系统，其结构和运动是高度有序的，无序原则上是不存在的。这种观点最终将导致初始有序性。19世纪

的热力学统计理论揭示出，一个孤立系统由于大量分子的无规则运动，总是不断地从有序趋于无序，系统的熵总是自发地趋于极大值。R.克劳修斯进一步把这个结论推广到全宇宙，导致宇宙必然以最大的无序状态告终的“热寂说”。这是一种把无序性绝对化的退化论。差不多同时，在天文学特别是生物学中，提出了科学的进化论，认为天体从原始混沌状态演化到现在的有序状态，生物则从有序性极低的原始生物发展到愈来愈高级的生物。H.斯宾塞则把有序性绝对化，由生物进化论得出“物质普遍进化定律”，即物质由于某种“上升的力”连续作用于平衡系统，引起变异的增加，导致宇宙物质不断地从不确定的无序状态过渡到确定的有序状态。

现代科学以新的成果更深刻地揭示了有序和无序的统一。用信息和熵所表征的有序和无序是同一发展过程中相反相成的两种趋势，只有概率统计的意义，原则上任何时候都会出现统计涨落，不可能达到绝对的有序和无序。有序同无序是互相依存而又互相转化的。

有氧运动 aerobic exercise 运动生理学的名词之一。运动员在需氧量等于吸氧量的稳定状态下进行的一种中等强度运动。氧气是人体劳动或运动时供给能量的主要物质，只有在有充足的氧气和能源供给的情况下，才能持久地进行运动或劳动，并对心肺功能有良好的作用。在生活中的体力活动，只要不是在气喘吁吁（意味着氧气供给不足）、心率在120次左右/每分钟（指中老年人）的情形下进行，都是有氧运动，如走路、散步、慢跑、打太极拳、健身操等。有氧运动能增强心肺系统的功能；对预防肥胖或减肥有显效；能促进食欲和消化，增加营养的吸收；保证睡眠良好等。此外，有规律地进行有氧运动还能降低血压；疏通心脏冠状动脉的阻塞；增加血液中好的胆固醇含量，避免动脉硬化；增强腿力，预防骨质疏松；改善大脑与植物性神经功能，预防老年痴呆症。

有爪动物门 Onychophora 动物界的一门。原为节肢动物门的一个纲。俗称栉蚕。营自由生活的原口体腔动物。有100余种。所有现生种类都是陆生的，大部分生活在潮湿的热带生境和南温带（新西兰）。体长可达15厘米。体呈蠕虫形，不分节，但体表角质层薄而无脂质，且密布环纹。无明显的头部，有1对触角、1对颚和1对口乳突，后面为14～43对（多数约为20对）不分节的步足。步足短而扁，可伸缩，末端有爪。肌肉为平滑肌，仍作层状排列而形成皮肤肌肉囊。左右两条神经干无明显的神经节，同时相互离开。有多对按节排列的后管肾。体表共有1 500个气孔，气孔不能关闭，与气囊连接，由气囊基部发出多数细小的气管；全身气管无分枝，相互不连接。夜行性。肉食性（捕食小型节肢动物）、植食性或杂食性。

《酉阳杂俎》 中国唐代小说集。作者段成式，字柯古。临淄邹平（今山东邹平）人，后迁居荆州（今属湖北）。宰相段文昌之子。文宗开成初以父荫入官，任秘书省校书郎，懿宗咸通初任江州刺史，后入朝为太常少卿。成式博学多闻，善作骈文，与李商隐、温庭筠齐名。诗多华艳。后人辑有《段成式诗》。

《酉阳杂俎》所记有仙佛鬼怪、人事以至动物、植物、酒食、寺庙等，分类编录，一部分内容属志怪传奇类，另一些记载各地与异域珍异之物。其所记述，或采辑旧闻，或出己撰。续集中有《寺塔记》2卷，详述长安诸佛寺的建筑、壁画等情况，保存了很多珍贵史料，常为后世编长安史志者所取资。

《酉阳杂俎》前集20卷，续集10卷，有《津逮秘书》、《学津讨原》、《湖北先正遗书》、《四部丛刊》影印明刊本、中华书局1981年点校本等。

黝铜矿 tetrahedrite 等轴晶系硫盐矿物，化学成分为$Cu_{12}Sb_4S_{13}$。单晶体常呈典型的四面体状。与砷黝铜矿（$Cu_{12}As_4S_{13}$）呈类质同象系列。成分中的铜可被铁、银、锌、汞、铅、镍等元素置换。当某种元素达到一定含量时，则构成相应的变种，如银黝铜矿（含Ag达18%）、黑黝铜矿（含Hg达17%）、铁砷黝铜矿（含Fe达10.9%）等。黝铜矿和砷黝铜矿呈钢灰色，富含铁的变种呈铁黑色。金属至半金属光泽。无解理。莫氏硬度3～4.5。密度4.6～5.1克/厘米^3。砷黝铜矿的硬度大于黝铜矿，密度比黝铜矿低。黝铜矿和砷黝铜矿是分布最广的铜的硫盐矿物。通常呈粒状或致密块状，产于铜、铅、锌、银等金属硫化物热液矿床中，与黄铜矿、斑铜矿、方铅矿等硫化物共生。由于在矿床中的数量一般不多，只能与其他伴生的铜矿物一起作为铜矿石利用。银黝铜矿也是银的矿物原料之一。世界著名产地有美国爱达荷州的桑夏恩、玻利维亚的波托西等。中国一些多金属硫化物矿床中，有不同数量的黝铜矿和砷黝铜矿产出。

黝铜矿四面体与立方体之聚形

右手定则 right-hand rule 确定在外磁场中运动的导线内感应电流方向的定则。又称发电机定则。右手平展，大拇指与其余四指垂直，若磁力线垂直进入手心，大拇指指向导线运动方向，则四指所指方向为导线中感应电流的方向。

右手螺旋定则 right-handed screw rule 表示右手螺旋柄的旋转方向与螺旋前进方向之间相互关系的法则。由两个矢量的矢积（亦称叉乘或叉积）得出的第三个矢量的方向可由此定则确定。若$\boldsymbol{C}=\boldsymbol{A}\times\boldsymbol{B}$，把由$\boldsymbol{A}$经小于180°的角度转向$\boldsymbol{B}$的方向取为右手螺旋柄的旋转方向，则螺旋前进的方向即为$\boldsymbol{C}$的方向。显然$\boldsymbol{C}$垂直于由$\boldsymbol{A}$、$\boldsymbol{B}$构成的平面。在初等物理学中，常以弯曲的四指代表线圈或螺线管的电流方向，直伸的拇指代表磁场方向；以直伸的拇指代表电流方向，弯曲的四指代表磁力线即磁场方向。

右文 right part of pictophonetic characters 汉字字形右边的声符。汉字中形声字占大多数，在形声字中意符在左，声符在右的最多。声符本来是表音的，但是在文字的发展过程中，同从一个声符的字在意义上有时又有联系，这就是声符兼义了。宋代就有人专从声符来说解字义。沈括说王圣美解说字义以右边声符来定，“右文”的名称由是而起。根据右边的声符说字义的这种学说就称为“右文说”。

右文说创自北宋时期，到宋元初时也有人敷衍其义，关键是声符与字义之间是否绝对相关。事实上，有的相关，有的毫不相关。同从一个声符的谐声字，可能具有不同的意义。不过，右文说在训诂学上并非毫无价值。这种学说对探讨语词意义的本源还是很有用的。

幼虫 larva 从广义角度来说，幼虫是动物个体发育中颇具形态和生理特点并有胚胎性质的发育阶段。可分为4个生态类型：寄生幼虫、陆生幼虫、淡水幼虫和海洋幼虫。幼虫一般具有暂时性专有器官或构造以适应其独自生活方式的需要，但在直接发育形式下的幼体则无此情形。经幼虫发育为成体的经历称为变态。

幼虫移行症 larva migrans 一些原来寄生于动物体内的蠕虫，侵入人体后在皮肤或其他组织中移行而引起的疾病。又称蠕蚴移行症。有些原本寄生于动物体的蠕虫，其幼虫侵入人体后不能成熟，而在宿主体内游走，从而引起一系列组织损伤和全身性过敏反应。幼虫仅在皮肤组织游走的称为皮肤幼虫移行症，常表现为匐行疹，常见的虫种有寄生于猫或犬的钩虫如巴西钩口线虫、犬钩口线虫以及颚口线虫等。在体内游走的称为内脏幼虫移行症，表现为皮下包块、胸腔积液、心包积液、蛛网膜下腔出血、酸性粒细胞性脑膜炎等，患者末梢血液中酸性粒细胞数明显增多，常见的虫种有犬弓首线虫、猫弓首线虫、四川并殖吸虫、棘颚口线虫、广州管圆线虫等。应根据病因进行病原学治疗；无法确定时，可应用广谱驱虫药如阿苯哒唑、吡喹酮等。

幼儿急疹 exanthema subitum　人疱疹病毒6型（HHV-6）引起的急性出疹性**传染病**。又称幼儿玫瑰疹或第六种病。95%患者为2岁以下婴幼儿，多数发生在6个月至1岁的婴儿。预后良好，均能自愈。患病后可获得持久免疫，第二次发病者罕见。

潜伏期为1～2周，起病急骤，体温迅速上升至39～40℃以上，伴有烦躁、咳嗽、呕吐、腹泻及轻度咽红，有的患儿在高热时可出现抽风。发热持续3～4天，在降温时及退热后出现皮疹，为本病的特征。颈部及枕后淋巴结轻度肿大。末梢血白细胞减少，淋巴细胞显著增高，可达70%～90%。根据典型的临床表现即可确诊。确诊依据血清抗HHV-6IgM和IgG抗体及病原学检测。但必须与**麻疹**、**风疹**、**药疹**鉴别。治疗以对症治疗为主，高热时可用物理降温及退热药，烦躁及惊厥时可用镇静药。

幼儿教育 infant education　一般是指教养机构根据一定的培养目标和幼儿的身心特点，对入小学前的幼儿所进行的有计划的教育。又称学前教育。

幼儿教育的主要任务是使儿童身心获得正常的发展，为入小学学习做好准备。有些国家认为幼儿教育负有教育以及对幼儿身心缺陷进行诊断、补偿和治疗等任务。幼儿教育的内容，多数国家没有统一的教育大纲。许多国家的幼儿教育强调发展幼儿的智力和体力，注意实际操作。各国幼儿教育多数是按年龄分班，考虑幼儿的年龄特点，将教育贯穿于幼儿的游戏与活动之中。

各国幼儿教育机构的类型很多，有幼儿园、幼儿学校、保育学校、托儿所，还有游戏小组（班）、游戏场、巡回幼儿园、假期中心或休息中心、露天幼儿园、蹦蹦跳跳室等。幼儿教育机构的设立者有国家、地方当局、群众团体和私人等。幼儿在园时间有寄宿制、整日制、半日制等。中国以整日制幼儿园为主。

1958年宋庆龄和上海中国福利会托儿所的孩子们在一起

幼发拉底河 Euphrates River　西南亚最长河流。发源于土耳其东部亚美尼亚高原。一为卡拉苏河（正源）；一为穆拉特河。两源在凯班以北汇合后，称幼发拉底河。曲折南流，进入叙利亚，转而向东南流，从左岸接纳哈布尔河等支流后进入伊拉克。继续向东南流，最后在古尔奈与**底格里斯河**汇合，以下更名阿拉伯河，注入波斯湾。自源头至古尔奈，全长2 750千米，流域面积67.3万平方千米。在伊拉克的希特附近进入平原地带，坡降渐缓，流速渐慢。希特以下可通汽船。与底格里斯河中下游一带，共同构成人类社会文明发祥地之一，自古发挥着极为重要的灌溉作用。沿岸古城遗址甚多，如举世闻名的巴比伦；其他有埃雷克、拉尔萨、西珀尔和乌尔等。

幼发拉底河片段河面景观

幼稚产业 infant industry　处于发展的初级阶段、竞争力在自由贸易条件下低于外国同类企业的产业。又称幼稚工业、幼小工业。德国经济学家G.F.**李斯特**19世纪20～30年代系统发展了**幼稚产业保护论**。他主张：①对有前途的幼稚产业应予以保护。②在手段上，以**关税**作为主要方式。③根据不同的情况作出不同程度的保护。这一理论后经P.R.克鲁格曼、A.布兰德、M.斯宾塞等人的发展，形成了新幼稚产业论。此理论认为主要应当保护战略性产业，而对其判断的标准主要是：①工人人均附加值高；②**资本**或**劳动力**的回报率高；③高技术产业。

但是对本国幼稚产业进行保护在实践中也有一定的局限性，如容易遭受其他国家的贸易报复；容易使国内厂商产生对保护的依赖性，从而失去参与国际竞争的动力等。

幼稚产业保护论 infant industry protection, theory of　主张对本国具有潜在比较优势和发展前途的**幼稚产业**实行保护，以逐步扶植其国际竞争能力的理论。18世纪后半叶由美国政治家A.**汉密尔顿**提出，后经德国经济学家G.F.**李斯特**加以系统化。

幼稚产业保护论认为，一国可能在某一产品上具有潜在的比较优势，但因为缺乏技术和初始产出规模小，该工业将难以建立，或者即便已经进步，但无法与外国已成熟的企业相抗衡。因而在该工业尚处于幼稚期时，暂时的保护是必要的，待它能够应付国外的竞争，取得规模经济效应和长期的比较优势时，保护可以取消。但是，成长起来的工业应能提供足够高的回报，以补偿抵消国内消费者在保护期内支付的高价格。

现实中，鉴别何种产业具有潜在比较优势是较为困难的。同时，保护幼稚产业的论点是以尚未得以实现的内部经济和外部经济的存在为依据的。而且经验表明，保护措施一旦给予，将很难被取消，被保护的工业也失去了发展的动力。一般保护幼稚产业多采取**关税**的形式，但因为保护幼稚产业论是以国内市场扭曲的存在为根据的，应采用生产补贴这一类的纯国内政策。而采用贸易政策，如进口关税，还会扭曲相对价格和消费。总之，保护幼稚产业论不过是为了排除新兴工业成长过程中的障碍而已。

幼子继承权 ultimogeniture　由最小的儿子继承父亲的财产及社会地位。原始社会父系氏族制早期的一种继承制度。中国史籍记载，春秋、战国时期，楚国重幼子继承；秦国多将王位传次子或幼子。中华人民共和国建立前，彝、苗、布依、仡佬、佤、傈僳、景颇、普米、怒、珞巴、鄂温克、哈萨克、柯尔克孜等民族的部分地区，都不同程度地保留着幼子继承权。在近代，印度和缅甸的一些部落，白令海峡的阿拉斯加人，非洲的干达人和英国人，仍行此俗。一般研究者认为，幼子继承权的产生，多是由于诸子年长后先后分居另立家庭，父母通常由幼子赡养，故幼子享有较多的财产继承权；在有的地区则是因受群婚残余的影响，男女婚前性生活较为自由，为确保父系的直系血亲的继承关系，从而确立了以幼子为主的继承权。

柚 *Citrus grandis*; shaddock/pummelo 芸香科柑橘属的一种。常绿乔木。又称抛、文旦。原产中国南部及马来西亚、东印度

沙田柚

群岛一带。中国福建、广西、四川、台湾、湖南等地栽培较多。树冠近圆形。枝条粗壮，有刺。叶片较大，卵形或椭圆形，叶柄长。花大，白色，呈总状花序，偶有单生。果在柑橘属中最大，近圆球形或扁圆形、梨形，果皮表面稍粗糙，黄色，厚而韧，与瓤囊不易剥离。油胞突起，果肉白色微黄或粉红色，汁胞较粗长，汁少，味甜或酸。种子数多，单胚。重要品种有沙田柚、金兰柚、文旦柚、晚白柚、麻豆柚、梁平柚等。实生树变异极大，生产上多用压条繁殖，或用本砧嫁接。多施肥和疏果有利于结优质大果。果实营养丰富，贮运性能好，除鲜食外，可加工制果汁等。果皮为蜜饯原料。

囿 hunting park 中国古代供帝王贵族进行狩猎、游乐的一种园林形式。通常在选定地域后划出范围，或筑界垣。囿中草木鸟兽自然滋生繁育。狩猎既是游乐活动，也是一种军事训练方式；囿中有自然景象，天然植被和鸟兽的活动。

有文字记载的最早的囿是周文王的灵囿（约公元前11世纪）。《诗经·大雅》灵台篇记有灵囿的经营，以及对囿的描述。灵囿除了筑台掘沼为人工设施外，全为自然景物。秦汉以来，绝少单独建囿，大都在规模较大的宫苑中辟有供狩猎游乐的部分，或在宫苑中建有驯养兽类以供赏玩的建筑和场地，称兽圈或囿。

诱导效应 inductive effect 在分子中各相邻的共价键上以静电诱导方式引起的各价电子对的偏移（σ键电子的偏移）。有机化学中的重要概念，在研究有机化合物的结构、有机反应机理和有机合成中起很重要的作用。诱导效应是由于一个共价键的价电子对在两原子间的不对称状态（键的极性状态），或由于一个成键原子带有电荷所引起。当分子处于外界极化电场中，如发生化学反应的瞬间，外来的极性中心接近分子时，或分子处于静电场中时，分子中的共价电子对的正常分布也可能发生改变。这种由于外来因素引起的电子分布状态的改变，称为诱导极化作用，或称动态诱导效应。这种作用决定于分子中价键的极化率和外界极化电场的强度。以氢为基准，根据原子或基团是吸电子的或给电子的，诱导效应可分为吸电子诱导效应和给电子诱导效应两类。诱导效应是一种静电诱导作用，其作用随所经距离的增大而迅速减弱。诱导效应在一个σ键体系中传递时，一般认为每经过一个链上原子，即降低为原来的约1/3，经过三个原子后诱导作用可忽略。

诱发地震 induced earthquake 由于人类活动而诱发的地震，特别是水库诱发的地震（简称水库地震）、地下核爆炸诱发的地震等。

水库地震 最早发现于20世纪30年代。在特殊的地质条件下，由于蓄水改变自然环境而引起。至今世界上已有近百次明显的水库地震。水库地震震源浅，震级同坝高和库容有关。高坝大型水库蓄水后出现的水库地震活动，在诱发地震中是极危险的。全世界已有的4次6级以上水库地震，均发生在坝高超过100米、库容超过27亿立方米的水库，最大的一次震级6.5级，震中烈度为Ⅷ度。

水库地震不同于一般的构造地震，大多数地震活动同水库水位有对应关系。一般在蓄水后不久便出现地震活动，且随水位上升其频度与强度也增高。较大地震往往在最高水位附近发生。一般认为仅地震频度同水位相关，也有人认为地震活动主要同水位的增减速率有关。极少数震例表明，蓄水起抑制作用。

震中大多数密集分布在库坝区和库区边缘，而且沿隐伏构造带走向或破裂带断裂面延伸。震中烈度高于相同震级的构造地震，烈度衰减也较缓慢。地震序列多为微震群型，多数地震活动持续时间很长，甚至几十年仍在活动。

深井地震 20世纪60年代中期，美国丹佛一口处理废液的3 671米深井，在停止注液后发生了3次震级5级以上的地震，从而引起人们对深井注水和抽水诱发地震的注意。

采矿诱发地震 在矿山开采过程中，由局部应力场变化造成的岩石破裂直接引起。包括塌陷（即岩石靠自重崩落）、岩爆（岩石猛烈破裂并涌出坑道）、喷爆（岩石中的气体夹杂岩块猛烈喷出）、岩炮（岩石猛烈破裂和错动，但一般不危及坑道）4类。采矿诱发地震的强度取决于开采的几何条件和速率。震级一般很小，最大3～5级。

地下核爆炸诱发地震 20世纪60年代美国内华达州地下核爆炸试验之后，陆续发现诱发地震。这种地震活动很像大震后的余震，分布范围最远可达百千米，震源最深约几千米，最大震级不超过5级。一般只在高构造应力区域发生。

其他 如地下核废料储藏处的热破裂效应、河流和灌溉的水位变化等也能诱发地震。

诱因 incentive 驱使有机体产生一定行为的外部因素。与它相对应的是内驱力。例如，饥饿是驱动求食行为的内驱力，而食物就是驱动求食行为的诱因。内驱力和诱因都是形成动机的因素。存在于机体内部的动机因素是内驱力，存在于机体外部的动机因素是诱因，内驱力和诱因相互作用而形成动机。有些动机形成时内驱力作用强，有些动机形成时诱因作用强。

在I.P.巴甫洛夫的条件反射实验中，无条件刺激就是诱因，在这里诱因是用来产生强化作用的强化物。当内驱力为饥饿时，内驱力的强度将随着进食而逐渐减弱，而诱因的强度则取决于内驱力满足的程度及食物的质和量。

诱因按其性质可分为两类：个体因趋向或得到某一刺激而感到满足时称为正诱因；个体因逃离或躲避某一刺激而获得满足时称为负诱因。

釉里红 underglaze red 中国传统彩绘瓷品种。做法以氧化铜为呈色剂，在坯上绘以纹饰，再罩以透明釉，高温烧成，图案呈白地红花或红地白花效果。与同为釉下彩绘瓷器的青花相比，釉里红图案较简单。元明清烧造于景德镇窑，已知最早的作品

青花釉里红缠枝莲纹赏瓶（清，西藏博物馆藏）

为元顺帝至元四年（1338）铭文的谷仓。元末明初，釉里红瓷器数量稍多，其器形、纹饰与同期青花大体相同，以后很少烧制。明清釉里红多为御器厂产品。宣德釉里红釉质莹润，图案呈色鲜艳，声誉很高。至康熙年间（1662～1722），烧成青花釉里红，雍正（1723～1735）年间釉里红呈色纯正鲜艳，水平很高，但常常模仿宣德制品。

釉陶 glazed pottery 一种施低温釉的陶器。烧成温度一般为700～900℃。挂釉可保护器胎，且起装饰作用。古代的西亚、埃及、欧洲有铅釉或锡釉陶器，欧洲有的

釉陶鼎（陕西宝鸡斗鸡台汉墓出土）

锡釉陶器上还有彩绘。中国的釉陶大约出现于公元前4世纪的战国中期。至西汉武帝时有了铅釉陶，它以陶土作胎，以铅的化合物为基本助熔剂，铜和铁为主要呈色剂，在氧化气氛中胎、釉一次烧成，铜使釉呈现翠绿色，铁则呈现黄褐和棕红色。铅釉陶在东汉极为盛行，但基本上都是**明器**。种类有壶、樽、罐、洗、博山炉、瓶等，还有坞堡建筑模型和俑人、猴、鸭、狗、鸡等陶塑。此外，新出现了黑色釉。其后北朝时流行釉陶俑。唐代盛行**唐三彩**，用白色黏土作坯胎，先入窑素烧，再上釉二次彩烧而成。辽代仿唐三彩工艺烧制辽三彩，釉色有黄、绿、白等，装饰手法以印花为主，器形则以海棠花式长盘、鸡冠壶、长颈瓶等为主。宋时金统治下的北方地区烧制彩色釉陶，亦称宋三彩，新创烧了翡翠色釉，用刻划方法装饰，器形以枕、灯盒等实用器为主。元代出现以牙硝作为助熔剂的法华釉陶，以陶胎为主，器形有花瓶、香炉、动物等，主要产于今山西地区。明代中叶，景德镇也仿制法华器，但用瓷胎，多烧制大型的瓶、罐、钵。

釉下五彩 underglaze decoration 用釉下颜料或由它制成的贴花纸在未烘或低温素烘的泥坯或釉坯上进行彩饰，再覆盖一层透明釉，然后高温烘制的陶瓷装饰方法。中唐时期，湖南长沙铜官窑首创高温釉下彩绘的装饰艺术，宋代著名的磁州窑和其他北方民窑中的黑褐彩绘，以及元、明、清的**青花**、**釉里红**等均是著名的釉下彩瓷器。釉下五彩就是在上述基础上再创造成多色的釉下彩绘，创始于清末的湖南省醴陵地区。1909～1915年先后在意大利、巴拿马举办的世界博览会和国内评奖中获得最优奖和金牌奖。

釉下五彩瓷因覆盖在纹饰上的一层釉经高温烧成后成为玻璃质薄层，使纹饰色彩绚丽，晶莹亮泽，耐酸碱与耐磨损，并无铅、镉溶出。此外，还具有色料品种繁多、线条装饰独特、填色技法丰富、制作工艺多样的特点。

釉中彩 in-glaze decoration 20世纪70年代发展起来的一种陶瓷装饰方法。用不含铅或少含铅的颜料或由它所制成的贴花纸，在制品釉面或釉坯上进行彩饰，经1 060～1 250℃高温快烧，使彩釉渗透到釉层内部。制品外观滋润，耐磨损，耐酸碱腐蚀，并解决了铅、镉溶出问题。

鼬 *Mustela*; weasel 食肉目鼬科鼬属动物的统称。食肉目中最小的种类。全世界共有鼬类17种。分布于除大洋洲外的各大洲。颈长，体长而四肢短，能钻入鼠洞内捕杀老鼠。其中最小的是伶鼬，体长13～20厘米，尾长3～4厘米，体重30～70克。体型较大的黄鼬和艾鼬，体长30～50厘米，体重0.5～1千克。比较重要的种类有北美水貂，经人工驯化后，已为世界各地饲养。白鼬和伶鼬分布在北半球寒带地区，其冬毛和夏毛完全不同。夏毛棕黄色，冬季换成纯白色，是适于雪地景观的保护色。中国有鼬类8种：黄鼬、香鼬、纹鼬、黄腹鼬、艾鼬、小艾鼬、伶鼬和白鼬。其中黄鼬遍布全国，数量最多，经济价值最大。黄鼬俗称黄鼠狼，生活力强，栖息于寒带针叶林、草原以至热带丛林，无论山区、平原或沼泽地以至村落居民点和城市，均能见其踪迹。黄鼬具有肛腺，可放臭气以自卫。穴居在岩石下、树洞或柴堆下。夜晚活动，行动迅速、诡秘，凭借灵敏的嗅觉和听觉搜寻食物。主要以鼠类为食，能追寻鼠迹出入鼠洞，捕杀整窝老鼠。亦吃小鸟和鸟卵，或沿河堤、小溪活动捕食蛙类、昆虫和鱼，有时亦盗食家禽。繁殖快，每年冬末春初发情交配，怀孕两个月后，夏初产下1～4只幼仔。哺乳期1个月，10个月后即性成熟。每年换毛两次。黄鼬毛色鲜艳，呈棕黄、杏黄或金黄色，针毛细密，底绒丰厚，是上等裘皮原料，在国际毛皮市场上被誉为东方水貂。

黄鼬

瘀血 static blood 中医学理论中血液因运行不畅而阻滞于脉中或溢出脉外、积存于体内脏腑组织之间的病理状态。

于斌 Yu Bin（1901～1978） 天主教中国籍枢机主教。号冠五、希岳，后改号野声。生于黑龙江兰西。14岁受洗为天主教徒。1919年就读于吉林神罗修道院，后转读于上海震旦大学预科法文组。1924年赴罗马传信大学研读哲学、神学，先后获传信大学宗教学博士、罗马圣多玛学院哲学博士、意大利国立伯鲁日大学政治学博士学位，精通拉丁、英、德、法等数国语言。1928年升神父。1933年回国。1936年后被教皇庇护十二世任命为南京教区主教。抗日战争时期，在重庆主持难民救济工作，并多次赴国外宣传中国抗战。1946年升任南京教区总主教，又两度获选为国民大会代表。1960年辅仁大学在台湾复校，任校长。1969年被教皇保罗六世任命为枢机主教。1978年赴梵蒂冈参加教皇保罗六世葬礼时，因心脏病猝发去世。

于光远 Yu Guangyuan（1915-07-05～ ） 中国经济学家。上海人。1936年毕业于清华大学物理系。1941年起从事陕甘宁边区经济的研究工作，后在延安大学财经系任教。1948～1975年在中共中央宣传部工作，是中国科学院哲学社会科学部学部委员（院士）。1964年任国家科学委员会副主任。1975年以后任国家计划委员会经济研究所所长、中国社会科学院副院长兼马列主义毛泽东思想研究所所长、国家科委副主任、中共中央顾问委员会委员、中国社会科学院顾问、《中国大百科全书》第一版和第二版总编委会副主任等职。于光远长期从事经济研究工作，50年代末，参与组织了有关商品经济、价值规律、社会主义再生产、经济效果、经济发展速度与比例等重要经济理论讨论会。70年代，他参加组织了全国按劳分配理论讨论会。他积极支持新学科的创立，如生产力经济学、国土经济学、经济社会发展战略学、技术经济学等学科，并对经济效益学、教育经济学、消费经济学、

环境经济学、旅游经济学等学科提出了指导性见解，还先后发起组织了与上述学科有关的学术研究会、学术团体和学术活动，创办了有关刊物。著有《关于规律客观性质的几个问题》、《经济、社会发展战略——一个应该研究的重要问题》、《论社会科学研究》、《我的教育思想》等。

于蓝 Yu Lan (1921-06-03～) 中国电影演员。原名于佩文。辽宁岫岩人。1938年入抗日军政大学学习。1940年入鲁迅艺术学院艺术工作团任演员。抗日战争胜利后，在东北演出《东北大翻身》、《血泪仇》、《日出》等舞台剧。1949年在影片《白衣战士》中担任主角，从此进入影坛，演出了《翠岗红旗》、《龙须沟》等影片。1956年，到中央戏剧学院实验话剧院担任演员，参加《同甘共苦》、《小市民》等剧的演出。1958年后，在影片《革命家庭》和《烈火中永生》中任主角。在《革命家庭》中，她细致地刻画了一个由家庭妇女成长为革命母亲的人物形象。该片使她获得1961年第2届莫斯科国际电影节最佳女演员奖。

于伶 Yu Ling (1907-02-23～1997-06-07) 中国剧作家、戏剧活动家。原名任锡圭，字禹成。生于江苏宜兴，卒于上海。1930年入北平大学法学院，开始写作剧本。1932年与宋之的等组建中国左翼戏剧家联盟北平分盟，并组织上演他的独幕剧《瓦刀》。1933年至抗日战争爆发，以尤兢笔名写作独幕剧21种、多幕剧5种，其中《回声》(1936)、《夜光杯》(1937)等较有影响。七七事变后，主持上海戏剧界救亡协会组建了13个救亡演剧队，并先后组建青鸟剧社、上海剧艺社，坚持进步戏剧阵地。此时他更笔名为于伶，剧作风格焕然一新。主要作品有《花溅泪》(1938)、《夜上海》(1939)、《大明英烈传》(1940)等。1945年任中共上海市文化工作委员会的负责人。有《长夜行》(1942)问世，体现了于伶剧作的风格特色。

于伶（中）在给演员们说戏

1949年后历任中国戏剧家协会和中国电影工作者协会副主席、中国作家协会上海分会主席。1959年他与孟波、郑君里合写了电影文学剧本《聂耳》，1962年创作大型话剧《七月流火》，成功地塑造了主人公华素英的形象。

于伶共写有剧作60多部。作品时代气息浓郁，文笔犀利泼辣，人物塑造手法多样，受到观众好评。

于敏 Yu Min (1926-08-16～) 中国核物理学家、核武器科学和技术专家。生于河北宁河（今属天津）。1944年入北京大学工学院电机系就读，1946年转入北京大学理学院物理系。1949年毕业后，师从张宗燧、胡宁攻读研究生并兼任助教。历任中国科学院近代物理研究所（1956年改为原子能研究所）助理研究员、副研究员，第二机械工业部九院（核武器研究院）理论部副主任、副院长、高级科学顾问，能源部核工业总公司科技委副主任，中国工程物理研究院科技委副主任。1980年当选为中国科学院学部委员（院士）。曾提出相干结构的核模型。他和杨立铭合编的《原子核理论讲义》为中国第一部原子核理论专著。1961年起，从理论上先行探索氢弹原理，研究氢弹设计和爆炸过程，提出氢弹试验核装置的理论设计方案，在核武器的突破性研究中起了关键作用。曾获1982年中国自然科学一等奖，1985年、1987年和1989年国家科学技术进步奖特等奖。1999年获“两弹一星功勋奖章”。1996年，中国工程物理研究院设立“于敏数理科学奖”。

于谦 Yu Qian (1398～1457) 中国明朝大臣、军事家。字廷益。钱塘（今杭州）人。永乐十九年（1421）进士。宣德元年（1426）任御史。宣德五年升兵部右侍郎，巡抚山西、河南，整顿军备。正统十三年（1448），升兵部左侍郎。次年秋，明京军主力在土木之变中溃败，英宗被俘，蒙古瓦剌军乘胜进攻京师（今北京）。在此关头，于谦反对迁都，力主抗战，升任兵部尚书，率军击败瓦剌军，取得京师保卫战的胜利。战后，他首创团营军制，加强边戍，委任名将镇守。主张以战求和，多次击败瓦剌军的进攻，迫使其首领也先释放英宗回朝。景泰八年(1457)正月中旬，英宗借夺门之变重登帝位。二十二日，于谦遭诬陷被害。后沉冤昭雪，赠太傅，谥肃愍，又改谥忠肃。遗有《于忠肃集》。

于是之 Yu Shizhi (1927-07-09～) 中国话剧演员。生于北京。1945年考入北京大学，失学后加入进步话剧团体祖国剧团，参与《蜕变》等剧的演出。1947年进入北平艺术馆，并在《上海屋檐下》等剧中扮演角色。1949年加入华北人民文工团（1952年改建为北京人民艺术剧院）。20世纪80年代起历任北京人民艺术剧院副院长、院长，中国戏剧家协会副主席等职。塑造了《龙须沟》(1951)中程疯子、《雷雨》中的周萍、《名优之死》中的左宝奎等舞台形象，尤其是1958年在《茶馆》中塑造的王利发形象，标志着他独特艺术风格的形成。他还参加电影拍摄，在影片《青春之歌》中扮演的余永泽给观众留下深刻的印象。曾合作编写了历史剧《胆剑篇》。

《茶馆》中扮演的王利发

于田县 Yutian County 中国新疆维吾尔自治区和田地区辖县。位于塔里木盆地南缘，南依昆仑山与西藏自治区接界，为古丝绸之路南道重镇。面积39 095平方千米。人口24万(2008)，其中维吾尔族占95%以上。唐属毗沙都督府。清初为准噶尔所统治，光绪八年（1882）在喀拉喀什建于阗县（和田县境），十一年移置克里雅（今于田）。1959年经国务院批准简化于阗为于田。盛产安息茴香、甘草和红花等中草药。工业以电力、丝绸、印刷、水泥、地毯、玉石、农机修造、食品加工为主。农业以种植棉花、粮食作物和发展园艺、蚕桑业为主。杏干、果脯为当地特产。畜牧业主要养牛、羊。旅游景点有加买清真寺、达里雅布依绿洲和塔克拉玛干沙漠。沙漠深处有喀拉墩遗址、乌依勒克遗址、玛佳勒克遗址。

于阗 Yutian 中国古代西域城郭王国，唐安西四镇之一。又称于寘。元代又称五端、兀丹、斡端等。清朝在伊里齐新城设和阗直隶州，在克里雅设于阗县，使旧名易地。古代居民属塞种，操印欧语系东伊朗语族的于阗语（一称于阗塞克语）。11世纪为黑汗王朝所灭后，人种和语言逐渐回鹘化。

于阗地处塔里木盆地南沿，中心地区在发源于昆仑山的喀拉喀什河（墨玉河）和玉龙喀什河（白玉河）之间，东通且末、鄯善，西通莎车、疏勒，盛时领地包括今和田、皮山、墨玉、洛浦、策勒、于阗、民丰等县市，都西城（今和田约特干遗址）。

西汉时，有户三千余，人口一万九千余，士兵两千四百人。东汉初，被莎车王贤攻破，另立国王位侍，后又杀之，不立国王，而由莎车将君得镇守于阗。汉明帝永平三年（公元60），于阗贵族都末兄弟杀君得，旋即为贵族休莫霸和汉人韩融所杀。休莫霸自立为王，两败莎车，但未捷先死；四年，兄子广德继位灭莎车，从精绝西北到疏勒十三国皆服从于阗。匈奴得知，遣五将率焉耆、龟兹等十五国兵围于阗。广德降，以太子入质匈奴，每年纳罽、絮，匈奴派使者监护其国。十六年，汉军司马班超至于阗，广德杀匈奴使者降汉，班超以此为根据地，北攻姑墨，西破莎车、疏勒，于阗都出兵相助。汉章帝元和三年（公元86），于阗杀匈奴所立莎车王，另立新主。汉安帝永初元年（107）以后，西域复乱，相互攻伐，莎车叛归疏勒。汉顺帝永建二年（127），班勇攻降焉耆，于阗服属于汉。四年，于阗王放前杀拘弥王兴，立己子为王。六年，遣侍子赴汉贡献。汉朝使放前重立拘弥国，放前不应。阳嘉元年（132），敦煌太守徐由派疏勒王臣磐率兵二万击破于阗，重立拘弥王成国而还。汉桓帝元嘉元年（151），西域长史赵评在于阗病死。翌年，王敬继长史任，拘弥王成国因与于阗有仇，诬称赵评为于阗王建害死。王敬至于阗，杀建。于阗侯将输僰率众斩敬，欲自立为王。国人不服，杀之而立建子安国。汉灵帝熹平四年（175），安国攻杀拘弥王，汉戊己校尉、西域长史发兵立拘弥在汉的侍子定兴为王，时仅辖人口千余。于阗在东汉时势力强盛，户增至三万二千，人口八万三千，有兵三万人。公元2世纪末，在贵霜和汉朝的影响下，于阗王曾打制一种钱币，铭文一面是汉文重量单位，一面用佉卢文记王名，名“汉佉二体钱”。

汉末魏初，仍向中原王朝进贡，国王山习曾向魏文帝曹丕献名马。又兼并戎卢、扜弥、渠勒、皮山等国。西晋时，与鄯善、焉耆、龟兹、疏勒并为西域大国，晋朝封国王为“晋守侍中大都尉奉晋大侯亲晋于阗王”。前凉建兴二十三年（335），张骏遣杨宣伐西域，于阗遣使入贡。前秦灭前凉后，于阗向前秦朝贡。北魏太平真君六年（445），魏太武帝拓跋焘击败吐谷浑，吐谷浑王慕利延率众西逃，攻入于阗国，杀死国王及百姓数万人。吐谷浑走后，于阗复国，但势力已衰。北魏文成帝太安三年（457），遣使入贡，并纳女于文成帝为夫人，号仙姬。北魏献文帝末年（468～470），柔然攻袭于阗，于阗向北魏求援，北魏以道远未出兵。柔然退后，又隶属于西方强国嚈哒，纳贡物。太和末（495）、景明中（502）及其后，又与北魏往来。梁天监九年（510）以后，还不断遣使南朝，曾向佞佛的梁武帝萧衍献外国刻玉佛。北周建德三年（574），进贡名马。不久被新兴的突厥汗国所控制。

唐太宗李世民贞观十三年（639）且遣子入侍唐廷，有的侍子如尉迟乐（智严）留居长安不返。十八年，玄奘从印度取经回国，在于阗逗留很长时间，受到款待和护送。二十二年，唐军攻占龟兹。明年，副将薛万备率兵至于阗，于阗王伏阇（尉迟的异译）信随万备入朝，唐高宗封为右骁卫大将军后还国。高宗显庆三年（658），于阗编为唐安西四镇之一，成为丝绸之路南道最重要的军政中心。四年，西突厥思结部曾攻于阗，被唐将苏定方击破。吐蕃势力进入塔里木盆地后，联合西突厥弓月等部，于龙朔三年（663）和麟德二年（665）两次进攻于阗。由于唐廷救援，暂得保全，终在咸亨元年（670）被吐蕃攻占。吐蕃率于阗攻陷龟兹拨换城，唐被迫罢四镇，撤回安西都护府。上元元年（674），于阗王伏阇雄击走吐蕃，亲自入唐，唐在于阗设毗沙都督府，下辖六城等十羁縻州，任命伏阇雄兼都督。此后，唐蕃争夺西域的斗争主要在碎叶、疏勒一带展开，于阗稍得安定。武则天垂拱二年（686），吐蕃再次占领于阗等四镇。至天授三年（691）初，于阗又归属唐。伏阇雄死，唐册封其子璥（一作瑕）为于阗王。长寿元年（692）十月，唐复置四镇，并派兵驻守，高仙芝、杨和等先后任于阗镇守使。开元十三年（725），于阗王尉迟眺曾引突厥谋叛唐，很快被安西副大都护杜暹派兵擒杀，更立新王。此后，尉迟伏师战、伏阇达、尉迟珪、尉迟胜相继为王。天宝中（749年前后），尉迟胜入唐献名玉良马，唐玄宗李隆基嫁以宗室之女，并授予右威卫将军、毗沙府都督。归国后，与安西节度使高仙芝合力击破播仙、萨毗界内的吐蕃势力。安禄山起兵叛乱，尉迟胜闻讯后，以其弟曜摄国事，自率兵五千赴中原之难，乱平后，终老长安。唐肃宗乾元三年（760），唐授尉迟曜兼四镇节度副使，并管理本国事。他率领当地民众与唐镇守军一起戍守于阗，坚持到唐德宗贞元六年（790），为吐蕃攻占。吐蕃并未断绝于阗尉迟氏王统，而是以羁縻形式统治，其军政中心设在于阗都城北的神山堡（今新疆麻札塔格）。9世纪中叶，吐蕃内乱势衰，于阗获得了独立，仍由尉迟氏执政。9世纪末叶，开始和敦煌的沙州归义军政权交往。912年，Viśa' Saṃbhava继位为王，汉名李圣天，年号同庆。后娶沙州归义军节度使曹议金女为妻，双方往来频繁，且通过敦煌，遣使中原王朝。天福三年（938），后晋高祖遣张匡邺、高居海等出使于阗，册封李圣天为大宝于阗国王。此后，于阗与中原特别是敦煌地方政权关系更为密切，常有大批于阗人留居敦煌，并在莫高窟留下了他们的供养像。

北宋初，于阗使臣、僧人数次向宋进贡。宋太祖赵匡胤乾德四年（966），李圣天之子从德亲自入朝宋廷。明年归国，继位为王，即Viśa' Śūra。自970年左右，信奉伊斯兰教的疏勒黑汗王朝，开始进攻信奉佛教的于阗，战争持续了三十余年，黑汗王朝终于在11世纪初攻占于阗，部分民众东迁沙州，甚至远到青海。于阗在黑汗王朝的统治下，有相对的独立性，仍单独向宋朝进贡，有大批商人来贸易。但语言和人种逐渐回鹘化，并陆续皈依了伊斯兰教。后经西辽、蒙古、元朝、察合台后王及准噶尔部的统治，到清高宗弘历乾隆二十四年（1759）入清版图，光绪九年（1883）置和田直隶州。

于阗以农业、种植业为主，是西域诸国中最早获得中原养蚕技术的国家，故手工纺织发达。特产以玉石最有名，曾远销东西各国。于阗自2世纪末传入佛教后，逐渐成为大乘佛教的中心。近代以来在和田、敦煌发现了许多于阗文、梵文佛典。于阗人民喜爱音乐、戏剧，在绘画方面具有印度、伊朗的混合风格，著名画家尉迟乙僧于唐初至长安，绘有许多壁画，与唐人吴道子、阎立本齐名。

于阗文 Yutian script; Khotan script 5～11世纪中国于阗地区塞克族使用的拼音文字。又称于阗塞克文。于阗地处古代西域，中心地区在今新疆维吾尔自治区和田。塞克族古称塞种。其语言属印欧语系东伊朗语族。于阗文的字母源出于印度婆罗米字笈多王朝正体，有楷书、草书、行书之别，字多合体连写，19世纪末20世纪初被发现。现存于阗文献多为佛经，如《金光明经》和《妙法莲华经》等。非佛教文献则以欧洲梵文学家钢和泰（A.von斯泰尔-霍尔斯泰因）在北京所得《于阗沙州纪行》最为著名。此外，还有《甘州突厥记事》、《于阗王致曹元忠书》、《七王子书简》、《于阗迦湿弥罗纪行》、《致于阗王奏报和书信》、《罗摩传》等。于阗文文献现在大多藏于英、法、俄、德、美、印度、瑞典等国。

《于无声处》 *In the Silence* 中国话剧作品。作者宗福先。上海市工人文化宫业余话剧队首演于上海。全剧4幕。以1976年震惊中外的“天安门事件”为背景，描写革命干部梅林之子欧阳平出于对“四人帮”倒行逆施的愤慨，参加天安门广场革命群众悼念周恩来总理的活动，因编印和散发了诗集《扬眉剑出鞘》而被追捕的故事。剧本结构严谨、冲突强烈，通过两个家庭中6个性格各异的人物之间的纠葛与冲突，从一个侧面反映了革命群众与“四人帮”之间斗争的实质和气势，揭示出“人民永远不会沉默”这一历史真理。剧本重视人物内心的刻画。语言具有时代气息和个性色彩。

于省吾 Yu Xingwu (1896-12-23～1984-07-17) 中国古文字学家、训诂学家。字思泊，号双剑誃主人、泽螺居士、夙兴叟。辽宁海城人。卒于长春。1919年毕业于沈阳国立高等师范。

20世纪30～40年代曾在辅仁、燕京、北京等大学讲授古文字学。1955年起任东北人民大学（1958年改名吉林大学）历史系教授。于省吾在古文字学上的成就主要在甲骨文和金文的考释上。他编有《甲骨文字释林》，由中华书局1979年出版。他强调研究古文字要注意“每一个字和同时代其他字的横的关系”以及它们本身在不同历史阶段的字形之间的“纵的关系”，反对没有充分根据地任意考释古文字（《甲骨文字释林》序）。于省吾在诠释先秦古籍方面也有不少成绩，常常根据甲骨、金文等订正诠释先秦古籍的文字。1996年中华书局出版了于省吾主编的《甲骨文字诂林》。

于右任 Yu Youren (1879-04-11～1964-11-10) 中国国民党元老、南京国民政府监察院院长，书法家、诗人。原名伯循，后以字行。祖籍泾阳。生于陕西三原，卒于台北。早年被陕西学政目为“西北奇才”。1904年，

因刊行《半哭半笑楼诗草》，遭清廷通缉，亡命上海。次年，参与创办复旦公学。1906年赴日考察新闻事业，加入同盟会。回国后在沪创办《神州日报》、《民呼日报》、《民吁日报》、《民立报》等，宣传反清革命。1912年出任孙中山南京临时政府交通部次长。1918年5月，返陕任靖国军总司令，与豫、陕等省北洋军阀势力苦斗四年。1924年当选为国民党一届中央执行委员。1926年7月，受李大钊之托，赴苏联动员冯玉祥回国重建国民军，以解西安之围。9月，与冯誓师绥远五原，成立国民联军，被任为联军驻陕总司令。南京国民政府成立后，长期任监察院院长。1948年4月，参与副总统竞选，未果。次年经广州转赴台北。生前表示百年后愿葬树多山高之处，以“时时望大陆”。有《标准草书》、《右任诗存》存世。

余冠英 Yu Guanying (1906-05-16～1995-09-02) 中国古典文学研究家、文学史家。生于江苏扬州，卒于北京。1926年考入清华大学，先学历史，后入中国文学系，1931年毕业后留校任教。抗日战争爆发后任西南联合大学讲师、副教授、教授。1940年起主编在学术界有影响的《国文周刊》达5年。抗战胜利后任清华大学教授。中华人民共和国建立后任中国科学院文学研究所研究员、古代文学组组长。1979年后历任中国社会科学院文学研究所副所长、《文学遗产》杂志主编，兼任全国政协委员、中国作家协会理事、中国文学艺术界联合会委员等职。对中国古典文学有深入的研究，其中对中国古典诗歌研究尤有深博的功力，在编注古典诗歌中提出了不少新颖独到的见解，出版有《乐府诗选》、《诗经选译》、《三曹诗选》、《汉魏六朝诗选》等。他曾主持3卷本《中国文学史》的编写（1962年出版），以及《唐诗选》的编注工作。

余光中 Yu Guangzhong (1928-09-09～) 中国台湾诗人、散文家。祖籍福建永春。生于南京。1947年就读于金陵大学外文系。1948年转入厦门大学外文系，不久转香港，次年迁居台湾。

1952年在台湾大学外文系毕业后，入军界任翻译官。1954年与诗友共创蓝星诗社。1956年退役，1958年赴美国进修，获艺术硕士学位。返台后任师范大学讲师，主编《现代文学》及《文星》诗的部分。1972年任台湾政治大学西语系主任。1974年任香港中文大学中文系教授、联合书院中文系主任。1985年返台定居。1948年起发表新诗。1952年出版第一本诗集《舟子的悲歌》。几十年来，他出版诗、散文、评论、翻译作品等著作有几十种，其中诗集有《莲的联想》、《敲打乐》、《天狼星》等，散文集有《左手的缪思》、《青青边愁》等。其诗题材广泛，构思奇巧，字句凝练，主题隐伏，受西方现代诗影响很深。在台湾和海内外都有影响。

余杭区 Yuhang District 中国浙江省杭州市辖区。新石器时代良渚文化的发祥地。从东、北、西三面成弧形围绕杭州，是杭州通往全国各地的必经之地，沪杭、宣杭铁路和沪杭、杭宁高速公路穿境而过，素有“杭州门户”之称。面积1 222平方千米。人口117万（2010）。秦王政二十五年（前222）置余杭县。西汉末王莽始建国元年（公元9）改名进睦县。东汉建武元年（公元25）复原名。1994年撤县设市。2001年撤市设余杭区。农业以水稻、油菜、蔬菜、水果、茶叶等种植为主，传统的桑蚕养殖和家禽、水产养殖发展迅速。工业主要有机电、纺织、化工、制药等。名胜古迹有良渚文化遗址，超山风景区，唐代古刹径山寺，广济桥，以及陆羽泉、沈括墓。还有章太炎故居、吴昌硕纪念馆等。

余洪元 Yu Hongyuan (1875～1937) 中国汉剧演员。工末。字丹圃。湖北咸宁人。拜胡双喜为师，兼取任天全等名家之长。光绪末年，名驰荆州沙市一带，后至汉口演唱，享40年盛誉不衰。

余洪元在汉剧《兴汉图》中饰刘备

民国初年，京剧、汉剧一度合班，与汪笑侬同台演出，相得益彰。能戏颇多，尤长袍带戏，如《兴汉图》中的刘备，《乔府求计》中的乔玄，《六部审》中的闵爵等。刻画《盗宗卷》中张苍的憨直，《四进士》中宋士杰的老谋善断，受到余叔岩、周信芳的赞赏。其嗓音宽洪圆亮，运腔醇冽多姿。特别是以腔带情，感人尤深。1923年曾组班到北京演出，在《群英会》中扮诸葛亮，深受观众欢迎。

余嘉锡 Yu Jiaxi (1884-02-09～1955-01-23) 中国目录学家、古典文献学家。字季豫，别署狷翁。湖南常德人。1927年移居北京，先后任多所大学教授、辅仁大学中

文系主任。讲授目录学、古籍校读法、经学通论、《世说新语》研究等课程。1950年起，任中国科学院语言研究所专门委员。《四库提要辨证》是他积多年钻研、考订《四库全书总目》所取得的成果，对其提要的谬误和阙略作了大量补正。该书是研究《四库全书》及《四库全书总目提要》的主要参考书之一。《目录学发微》是余嘉锡的主要目录学著作，是他1932～1948年讲授目录学的讲义。书中广泛利用中国历代学者在目录和目录学方面的论著，对目录学的意义、功用和源流，对目录的体例和类例的沿革，都作了精辟论述，并发展了章学诚的

观点，认为在目录体例中，篇目、小序、叙录等都是不可缺少的组成部分，目录必须具备这些内容，才能发挥出“辨章学术，考镜源流”的作用。还著有《古籍校读法》、《〈世说新语〉疏笺》等。

余玠 Yu Jie (?～1253) 中国南宋末抗蒙大臣。字义夫。蕲州（今湖北蕲春南）人。嘉熙年间任知招信军，于汴城、河阴战败蒙古军。淳祐元年（1241），赴援安丰，败蒙古军，任四川宣谕使，后又兼四川总领兼夔路转运使。自蒙古军攻入四川，宋朝将吏各专号令，犹如一盘散沙。余玠到任后，大改弊政，遴选守臣，惩杀悍将、溃将，整顿军政；轻徭薄征，设置屯田；修学养士，延纳贤才。同时加强战备，修筑钓鱼城（今四川合川东）等10余城，皆因山为垒，或为诸州治所，或用屯兵积粮；驻重兵于大获城以控扼自陕入蜀孔道，驻重兵于青居、钓鱼、云顶以保障嘉陵江、长江，形成一个防御网。从淳祐三年到四年，余玠与蒙古军大小36战，战果显著。后又率军北攻兴元（今陕西汉中），还击退进扰成都、嘉定（今四川乐山）的蒙古军。宝祐元年（1253），宋廷听信谗言，召余玠回朝。余玠闻召不安，七月，突然死去。

余青松 Yu Qingsong (1897-09-04～1978-10-30) 中国天文学家。福建厦门人。卒于美国马里兰州。青年时期在清华学堂求学。1918年赴美国留学。获加利福尼亚大学博士学位。曾在美国利克天文台工作，研究恒星光谱，因在巴耳末系线和光谱二维分类法方面的研究而获得世界声誉。在美国《天体物理学杂志》等刊物上发表过《天鹅座CG星的光变曲线和轨道》、《恒星光谱的光度研究》以及《Be型星的紫外发射》等论文。1927年回国，任厦门大学教授。1929年任中央研究院天文研究所第二任所长，主持勘测设计并创建紫金山天文台、昆明凤凰山天文台。曾任中国天文学会会长。1941年离开天文研究所，在桂林、重庆负责光学仪器和教学仪器的研制工作。1947年再度出国，先后在加拿大多伦多大学、美国哈佛大学天文台等处工作。1955年任美国马里兰州胡德学院教授兼该院威廉斯天文台台长。1967年退休为名誉教授。他是英国皇家天文学会会员。

余秋里 Yu Qiuli (1914-11-15～1999-02-03) 中国无产阶级革命家，中国石油工业的创建者，经济工作的领导人，中国人民解放军卓越的政治工作者，国务院副总理。生于江西吉安，卒于北京。1929年参加家乡农民暴动，同年加入共青团，1931年转入中国共产党。历任赤卫大队中队长，红军连指导员、团政委，参加了湘赣苏区反“围剿”、湘鄂川黔苏区反“围剿”斗争和长征。抗日战争时期，历任八路军总政治部科长，120师团政委、旅政委。解放战争时期任晋绥野战军政委，参加了保卫延安、进军西北等战役。中华人民共和国建立后，1955年被授予中将军衔。历任青海军区副政委、西南军区后勤部长，中央军委总财务部部长、总后勤部政委，国务院石油工业部部长、国家计委第一副主任，参加领导开发大庆、胜利、大港等油田的工作。“文化大革命”中协助周恩来做了大量维持经济建设工作。1975年任国务院副总理兼国家计委主任。1978年后领导引进宝山钢铁厂大型设备的工作。1980年后任中共中央书记处书记、国务院副总理兼国家能源委员会主任。1982年任国务委员、中央军委副秘书长、解放军总政治部主任。是中共第九、十届中央委员，第十一、十二届中央政治局委员。1987年当选为中央顾问委员会常委。著有《余秋里回忆录》。

余瑞璜 Yu Ruihuang (1906-03-10～1997-05-19) 中国物理学家、教育家。生于江西宜黄，卒于吉林。1928年毕业于中央大学物理系，1937年获英国曼彻斯特大学博士学位。随后又到北威尔士大学物理系和伯明翰大学冶金系学习和研究。1938年起先后任清华大学金属研究所教授、物理系教授，北京大学地质系和北京师范大学教授，中国科学院应用物理研究所研究员，东北人民大学（今吉林大学）物理系教授、系主任，暨南大学教授。1955年当选中国科学院学部委员（院士）。主要从事X射线晶体学、金属物理和固体物理理论等方面的研究与教学。1930年，成功制造盖革计数器，并对氩的X射线吸收和散射做了研究。40年代初创立X光晶体结构分析新综合法，改进了原有的傅里叶分析效率低等缺点，获得了晶体结构中原子坐标的更多信息资料。50年代初研制成功医疗用X光管，填补了中国在这方面的空白。60年代初指导研制成功中国第一台细聚焦X光机，并对固体与分子的经验电子论进行了深入研究，提出了新的固体电子结构模型，开创固体理论新的研究领域。

余三胜 Yu Sansheng (1802～1866) 中国京剧形成初期演员。工老生。谱名开龙。湖北罗田人（一说安徽怀宁人）。原为汉调末脚演员，清道光时进京，为四大徽班之一的春台班台柱。同治二年（1863）入广和成班。通文墨、善口才，演剧常创新腔，出新意。在徽、汉班合流形成京剧的过程中，对老生唱腔有不少创造。他嗓音宽亮，唱腔以汉调为基础，融合徽调，又吸收昆曲和梆子唱腔，吐字仍以湖北音为主。他善于把青衣小腔巧妙地融于老生唱腔之中，使行腔圆润流利，婉转缠绵。其唱以“花腔”著称，为许多演员所仿效。他戏路宽广，以唱〔西皮〕和〔反二黄〕最为擅长，《四郎探母》、《捉放曹》、《战樊城》、《黄鹤楼》、《碰碑》、《乌盆记》等为其代表剧目。道光、咸丰年间与程长庚、张二奎并称“老生三杰”、“三鼎甲”。子余紫云为京剧青衣演员，孙余叔岩为京剧老生演员。

余叔岩 Yu Shuyan (1890-11-28～1943-05-19) 中国京剧演员。工老生。名第祺。湖北罗田人。生于北京，卒于北京。祖父余三胜，为清道光年间老生演员。父余紫云，擅长青衣、花旦。幼承家学，习文武老生，又从老生艺人吴联奎学习。少年时期以“小小余三胜”艺名，在天津演出。后得其岳父陈德霖资助，向前辈名家钱金福、王长林学把子、练身段，向姚增禄学昆曲戏，从陈彦衡、溥侗（红豆馆主）、王君直等学谭（鑫培）派唱腔。后加入“春阳友会”票房，与樊棣生、世哲生、铁林甫等切磋技艺。拜谭鑫培为师以后，深得谭派艺术精髓，并以此为基础发

余叔岩在京剧《定军山》中饰黄忠

展自己的艺术风格，形成余派。曾加入梅兰芳班社与自己挑班演出。余叔岩的嗓音虽欠洪亮，略带沙音，但清醇甜润别有韵味，被喻为“云遮月”。唱腔刚健苍劲而又婉转细腻。念白字字清晰，抑扬有致。做功细腻准确，身段款式、功架优美。他文武兼擅，昆乱不挡，戏路宽广。代表剧目有《桑园寄子》、《打棍出箱》、《四郎探母》、《捉放曹》、《空城计》、《定军山》、《打渔杀家》、《战太平》等。弟子有杨宝忠、谭富英、王少楼、杨宝森，晚年又收孟小冬、李少春、陈大濩等。曾灌制唱片18张半，是京剧声腔的珍贵资料。

余姚腔 Yuyao tune 中国戏曲声腔。因形成于浙江余姚而得名。嘉靖年间，流传到常州、润州（今江苏镇江）、池州、太平（今安徽当涂）、扬州、徐州6府，主要活跃于民间。其形式为曲牌联套体结构的传奇体制，演唱时不被管弦，只用鼓板。明末《想当然》传奇卷首有茧室主人《成书杂记》，说余姚腔“俚词肤曲，因场上杂白混唱，犹谓以曲代言”，所指即“滚白”、“滚唱”，可知余姚腔也是运用“滚调”唱法的。今人钱南扬《戏文概论》认为青阳腔及其“滚调”出自传入池州的余姚腔的影响（青阳旧属池州府）。明末以后，余姚腔衰落，其演变和影响尚待研究。今人有认为浙江调腔（指新昌高腔和宁海平调）仍保留有余姚腔的遗响。

余姚市 Yuyao City 中国浙江省辖县级市。在省境东部。面积1 346平方千米。人口101万（2010）。秦置余姚县。1985年撤县设市。由宁波市代管。矿产有沸石、花岗石及高岭土等。工业有机械、纺织、化工、电子仪表、建材、陶瓷等行业。农作物以水稻、棉花、油菜为主。特产杨梅、茶叶、榨菜。萧甬铁路、杭甬高速公路横穿市境，公路以329国道与甬余公路、甬梁公路、浒溪公路为主。水运以余姚江（浙东运河）为主。有全国重点文物保护单位河姆渡遗址，省级文物保护单位中共浙东区党委旧址、五桂楼、黄宗义墓等。

盂鼎 Bronze Ding of Yu 中国西周早期青铜器。习称大盂鼎。是周康王二十三年（前

997）王朝重臣盂为其祖父南公所作的祭器。相传清道光初年出土于陕西岐山礼村。现藏中国国家博物馆。鼎铸造精良，通高102.1厘米、腹径83厘米，重153.5千克。圆腹而略显下垂，圜底，双立耳微外斜，三足上部粗壮，并饰有扉棱。口下、足上饰兽面纹。造型古朴厚重，为商末周初大型鼎流行的式样。器内壁铸铭文19行291字，内容为康王对盂的训诰和册命。所记有关殷商官制和康王赏赐盂各类属民的情况，是研究殷商政治和西周早期历史的重要资料。铭文字体端庄茂朴，行款整齐，是金文书法艺术的典范。同出还有一鼎，亦为盂所作（康王二十五年作器），习称小盂鼎。原器已佚，铭文有粗纸拓本和摹本传世。有铭文390余字，记述盂两次受命征伐强族鬼方，获胜后献俘于庙，受到周王赏赐，亦具重要史料价值。

盂兰盆会 Ullambana Assemblage 汉地佛教于每年夏历七月十五日举行的施斋供僧超度先灵的法会。盂兰盆为梵文音译，意译为“救倒悬”，源于目连救母的传说。《盂兰盆经》载，释迦弟子目连见其母死后极苦，如处倒悬，求佛超度。佛令其在僧众夏季安居终了之日（七月十五日）斋百味饮食，供养十方僧众，可使母解脱。佛教徒据此兴办盂兰盆会。南朝梁大同四年（538），梁武帝于同泰寺始设盂兰盆斋，盛行于唐代，以后流传于民间，逐渐形成了以放焰口施饿鬼食为主的传统，民间亦有在盂兰盆节放灯的习俗。

鱼道 fishway 水利枢纽中供鱼类洄游通行的人工水道。其设计主要考虑鱼类的上溯习性。在闸坝的下游，鱼类常依靠水流的吸引进入鱼道。鱼类在鱼道中需要依靠自身的力量克服流速溯游至上游。下行鱼可通过鱼道顺流而下。按结构形式分为两类：①池式鱼道。由一串连接上下游的水池组成，一般都是利用天然地形绕岸修建，但只适用水头小、占地大的水利枢纽，所以适用性受限制。②槽式鱼道。又分简单槽式、丹尼尔式和横隔板式。简单槽式鱼道（图a）为一连接上下游的水槽，水道坡度很缓，适用于水头很小的水利枢纽，实际很少采用。比利时的G.丹尼尔1909年首先在槽式鱼道的槽壁槽底设置相距很密的阻板和底坎以消能减速，称为丹尼尔式鱼道（图b）。这种鱼道适用于通过较强壮的鱼类和水头不大的枢纽。横隔板式鱼道（图c）是利用隔板将水槽上下游的总水位差分成许多梯级池室，又称梯级式鱼道或鱼梯。这种鱼道是利用水垫、沿程摩阻及水流对冲、扩散来消能，改善流态，降低过鱼孔的流速，并能以调整过鱼孔的形式、位置、尺寸来适应不同习性鱼类的需要。其结构简单，维修方便，近代鱼道大都采用这种形式。横隔板式鱼道主要由进口、池室和出口组成。

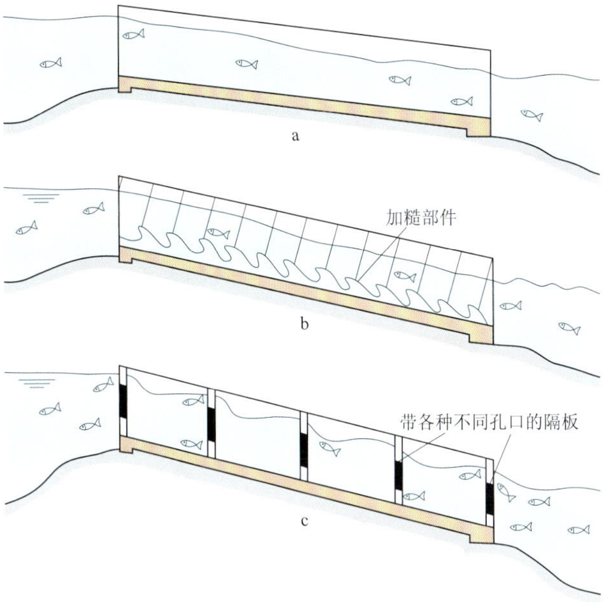

槽式鱼道

a 简单槽式　b 丹尼尔式　c 横隔板式

鱼粉 fish meal 将鱼经压力蒸煮、去油和水、烘干、粉碎等工序制成的产品。多作饲料。鱼粉原料鱼可以使用各种鱼，大小等无严格要求，也可利用鱼类加工的部分下脚料。原料先进行压力蒸煮，蒸汽压力保持在0.2兆帕，蒸煮时间20分钟左右；然后压榨约1小时，压干油和水为止；再轧碎、烘干，使饲料鱼粉含水在9%以下；最后进行粉碎，用1分目筛孔筛分，包装后入库储藏。鱼粉成品率为20%～23%。饲料鱼粉质量标准要求鱼粉含蛋白质在60%以上、水分9%以下、脂肪9%以下、盐分2%以下、灰分2%以上、总氮10%以上、泥沙1%以下，色泽为黄褐色，气味正常，无沙门氏菌及志贺氏菌。

鱼肝油 cod liver oil 由鱼类肝脏炼制的油脂。广义的鱼肝油还包括鲸、海豹等海兽的肝油。常温下呈黄色透明的液体状，稍有鱼腥味。常用于防治夜盲症、角膜软化、佝偻病和骨软化症等，对呼吸道上层黏膜等表皮组织也有保护作用。它主要由不饱和度较高的脂肪酸甘油酯组成，此外还有少量的磷脂和不皂化物。鳕、大菱鲆等是国际上鱼肝油生产的传统原料。中国主要

用鲨、鳐、大黄鱼、鲐及马鲀。制造方法主要有：①蒸煮法。以蒸汽直接蒸煮切碎的鱼肝，经静置或离心分离后得澄清的油。此法用于含油较多的鱼肝和渔船上的肝油生产。②淡碱消化法。将切碎的鱼肝加水和氢氧化钠蒸煮，经离心分离出肝油后再行精制。③萃取法。把切碎的鱼肝以有机溶剂进行萃取，再从萃取液中回收溶剂即得；或将鱼肝先经淡碱消化，再用效价低的鱼肝油或植物油萃取。此法适用于含油少而维生素效价高的鱼肝原料。经上述几种方法制得的鱼肝油还须在低温下使部分硬脂析出，经过滤而得清鱼肝油。

鱼胶 fish glue and gelatin 动物胶的一种。由鱼体组织的胶原制成。原是构成结缔组织的主要纤维状蛋白质。其特点是热变性温度低于陆产哺乳动物胶原，因而容易胶化。其制品的融点、冻点和冻力等也相应较低。鱼胶的种类有：①明胶。由生产鱼片时剩下的不带内脏、血、肉等的皮和鳞制成。原料经洗净、石灰水浸泡处理、浸酸脱去鱼鳞中的磷酸钙，再经漂洗、中和、胶化、过滤、凝冻、切片和干燥即成。明胶纯度高、透明度和黏度大、冻力强，主要用于制造培养基、珂璎版、感光胶片等，也可用于食品工业。②粗胶。将与血、肉、内脏混杂在一起的头、尾、骨等粗胶原料清洗后，在加压釜中以蒸汽加热，再经压滤或高速离心分离，除去杂质和鱼油后，蒸发浓缩到50%浓度，再加入防腐剂和香料即成。在常温下不凝冻，使用方便。是木材、皮革等的胶黏剂，也是火柴、砂轮制造中的粉末黏合剂。③鱼鳔胶。鱼鳔水洗除去黏液、血污后，剥去内、外层薄膜，较大而厚的单独干燥成片胶；较小而薄的则数片叠在一起碾压成圆形或带形，干燥后称为圆胶或带胶。色微黄、半透明、质强韧，稍有鱼腥味，用作啤酒等饮料的澄清剂和果汁果酱的增稠剂。此外优质大黄鱼片胶又称鱼肚，是传统的海珍品。黄唇鱼胶是名贵滋补品。

鱼雷 torpedo 由携载平台发射入水，能在水中自航、自控和自导，攻击水面或水下目标的水中武器。它和鱼雷发（投）射装置、鱼雷射击控制系统、探测设备、导航设备等构成鱼雷武器系统。现代鱼雷使用范围广，能自动搜索攻击目标，具有隐蔽性好、抗干扰能力强、命中率高和破坏威力大等特点，是海军的主要攻击武器之一。

鱼雷有许多种类。①按雷体直径分为轻型鱼雷、重型鱼雷、超大型鱼雷和微型鱼雷。②按携载平台分为舰用鱼雷、潜用鱼雷和航空鱼雷（又称空投鱼雷）。③按攻击对象分为反舰鱼雷、反潜鱼雷、多用途鱼雷和反鱼雷鱼雷。④按制导方式分为自控鱼雷、自导鱼雷和线导鱼雷。自导鱼雷又分为声制导鱼雷和尾流自导鱼雷。⑤按动力分为热动力鱼雷和电动力鱼雷。⑥按发射方式分为管装鱼雷、空投鱼雷和火箭助飞鱼雷。⑦按装药分为常规装药鱼雷和核装药鱼雷。

鱼雷由前段（雷头）、中段（雷身）和后段（雷尾）组成，分别装有装药引爆系统、导引控制系统和动力推进系统等。现代鱼雷主要用于攻击潜艇，也用于攻击大、中型水面舰船。除由舰艇、飞机携载外，还可配置在要塞、港口和狭水道两侧的岸基发射台，用于攻击入侵的敌方舰艇。

鱼雷艇 torpedo boat 以鱼雷为主要武器的小型高速水面战斗舰艇。又称鱼雷快艇。主要用于在近岸海区与其他舰艇协同作战，以编队对敌大、中型水面舰船实施攻击；

中国水翼鱼雷艇

也可执行反潜、布雷等任务。鱼雷艇有滑行、半滑行、水翼和翼滑等艇型。满载排水量40～350吨，航速38～50节，续航力400～1 000海里。艇体采用铝合金、合金钢、木质结构，或采用木壳板与铝合金作骨架的混合结构等。动力装置多数采用高速柴油机，少数采用燃气轮机或燃气轮机－柴油机联合动力装置。艇上装有鱼雷发射管2～6具、25～76毫米舰炮1～2座，有的还装有深水炸弹和水雷武器。艇上装备有通信、导航、雷达、红外探测、夜视仪等设备以及射击指挥系统。鱼雷艇体积小，航速高，机动灵活，隐蔽性好，攻击威力大；但耐波性差，活动半径小，自卫能力弱。因鱼雷艇造价较低，建造周期短，至今仍受到一些国家海军的重视。

鱼类 fishes 一类终生在水中生活，用鳃呼吸，用鳍辅助运动与维持身体平衡，大多种类体被鳞片的变温脊椎动物。脊椎动物中较原始和低级的一大类群动物。全世界共有鱼类24 600余种，分隶于51目482科。中国有鱼类4 000余种。世界现存鱼类的分布极其广泛，40%的种类（约9 900种）生活在淡水湖泊及河流中，60%的种类（14 600余种）生活在海洋中。栖息场所随种类不同而多变，从溪流、大江、湖泊、地下河、江口、滩涂、砂岸、岩岸、浅海、外洋至珊瑚礁区均有，在海拔4 100余米的高山流水湖泊中和深达10 000米的深海中都能发现鱼类的分布。

鱼类一般可分为无颌类和有颌类。无颌类脊索圆柱状，终生存在；无上、下颌。起源于内胚层的鳃呈囊状。包含盲鳗纲、鳍甲鱼纲和头甲鱼纲。现生无颌类全世界有80余种。有颌类具上、下颌，多数有胸鳍和腹鳍，内骨骼发达，具脊椎。由盾皮鱼纲、软骨鱼纲、棘鱼纲及硬骨鱼纲组成，其中盾皮鱼纲、棘鱼纲为化石鱼类。

大部分鱼类可食用，但有些种类可对人体健康造成伤害，其后果轻者被蜇伤、咬伤或中毒患病，重者残废甚至死亡。不少鱼类的鳍棘含有毒腺，毒性很强，毒棘刺入人体后，毒液会随纵沟注入，伤者会感到刀割样剧痛，难以忍受且伴有烧灼感，严重者可致命。

鱼肉是营养丰富的食品，含有丰富的蛋白质、脂肪、糖类和矿物质，维生素的含量也很高。鱼肉蛋白质中含有人体必需的各种重要氨基酸，易于被人体消化和吸收。除鲜食外，还可加工成各种美味的腌鱼、熏鱼、鱼干等。也有利用鱼体的某些部位制成特种名贵食品。有些鱼类是医药的重要原料。

鱼鳞图册 中国古代为征派赋役而编制的土地登记簿册。以所绘田亩状如鱼鳞而得名，简称鱼鳞册。南宋绍熙元年（1190）漳州等地即开始编制这种图册，在全国范围内普遍推行始于明洪武二年（1369），进入清代后渐废。

洪武元年春，明太祖朱元璋针对两浙富民诡寄田产、逃避赋税之弊，派遣周铸等164人往浙西核实田亩，并在松江编制鱼鳞图册。二年，又派国子生武淳等分别巡行州县，全面清丈土地，编造土地清册，即鱼鳞图册。具体办法是：根据各县税粮多少，将一县分为若干区，每区又按土地的自然形态分为若干地段，由粮长率里长、甲首进行丈量，以田地为主，编排字号，详列土地面积地形、四至、土质优劣及上中下等税则。各州、县、都、里将所辖境

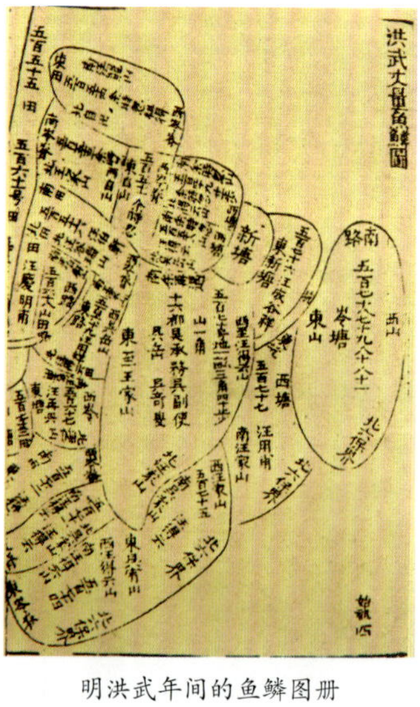

明洪武年间的鱼鳞图册

内的田地编制成鱼鳞总图册，年终解府汇编成一府总册。图册一式四份，分存于县、府、布政使司、户部。

明代鱼鳞图册使赋役征收有所依据，税收有了保证，耕地及税额也有所增长。明中叶后，鱼鳞图册与实际渐不相符。清朝建立后，已名存实亡。

鱼龙 ichthyosaur 中生代海洋中生存过的已绝灭的鱼形爬行动物。鱼龙的祖先应出现在三叠纪以前。可能起源于杯龙类。现在鱼龙类被看作一个独立的目。鱼龙的分类，较一致的意见是根据肢骨鳍脚构造的连接关系分为两大类——宽足类和窄足类，它们共分为5个科：①混鱼龙科。②短头鱼龙科。③萨斯特鱼龙科。④鱼龙科。⑤块鳍鱼龙科。

侏罗纪的鱼龙属是典型的鱼龙。它们的外形酷似一些大型快速游泳的鱼类，纺锤形的身体，皮肤裸露，三角形的头向前伸出似剑的长吻，嘴内长满锥状的牙齿，牙齿有迷路构造。鱼龙类完全失去了上陆的能力。生殖方式多认为属卵胎生。

鱼龙作为海洋性的动物，其分布是世界性的。从早三叠世晚期出现到白垩纪末绝灭，一直是一类海洋中生活得非常成功的动物。在中生代末它们与恐龙、翼龙等一起绝灭。

《鱼美人》 *The Beautiful Fish Woman* 中国民族舞剧。全剧3幕5场。P.A.古谢夫总编导，李承祥、栗承廉等编剧，北京舞蹈学校第二届编导训练班编导，吴祖强、杜鸣心作曲，主要演员有陈爱莲等。1959年首演于北京。这是借鉴古典芭蕾的结构形式表现中国神话故事的一次尝试。舞剧表现了青年猎人对爱情忠贞不渝，冲破山妖的魔法，与鱼美人共获幸福的故事。舞剧广泛吸收了中国民族民间舞蹈素材，在表现方法和刻画人物性格方面有所创新，对中国舞剧的发展有一定贡献。剧中舞段《蛇舞》曾获世界青年与学生和平友谊联欢节金奖，1979年由中央芭蕾舞团改编为芭蕾舞剧。1994年被定为“中华民族20世纪舞蹈经典作品”。

鱼群探测仪 fish finder 利用超声波回声原理探测水中鱼群的仪器。简称探鱼仪、鱼探仪。原理与主动声呐相同。超声波发射器发射出的超声波在水中受鱼群等阻碍可产生回声，根据声波发射与收到鱼群等回声的间隔时间，可测得鱼群所处的深度或距离。对回声波结构加以分析，可估算鱼群数量及其分布状况等。

鱼虱 Caligoida; fish louse 桡足纲鱼虱目动物的统称。寄生动物。形态变异很大。

鱼虱的雌雄形状相似。头胸部宽而背腹平扁，通常呈卵圆形，由头部与第1～3胸节愈合而成。头胸部的前端有一块额板，额板上多数有2个吸附器官，称作前月面。头胸甲上有肋脊。肋脊向两侧伸出2个侧肋。头胸甲的边缘有一圈透明的缘膜。第4胸节很小，为自由胸节。在第3、4胸节之间有一活动关节。生殖节分1～4节。尾叉形状不同，末端通常有尾刚毛。头胸部的附肢有第1触角、第2触角、大颚、第1小颚、第2小颚、第1颚足、第2颚足、第1～3对胸足。第4胸节上有第4胸足。第5、6胸足仅为一个小突起上的1或数根刚毛，位于生殖节的后侧角上。另外，在头胸部腹面中央第1胸足的前方有一个倒“U”形的胸叉，是鉴别种类的标志之一。第一触角一般分2节。大颚窄长，与上、下唇组成口管，可以吸食寄主血液。卵囊呈带状，卵1列。

鱼虱科由类似剑水蚤目的类群演化而来，几乎全为海水种类。淡水种类仅在云南发现过一种——弧额鱼虱。鱼虱目的另一个科是花瓣鱼虱科。此科全系鱼鳃上的寄生虫，在黄海、渤海和南海均有分布。

鱼石螈 *Ichthyostega* 鱼石螈属动物的统称。已知最早的两栖动物。化石发现于格陵兰泥盆纪晚期地层中。身长约1米，适应于水边生活。鱼石螈的骨骼构造，既有总鳍鱼类的特征，又有原始两栖类的特征，是脊椎动物从水到陆过渡阶段的代表。它的头盖构造虽已与早期迷齿类的相近，但其吻部结构还不及大多两栖类那样完善。如外鼻孔位于头骨前端的边缘上，且只有一块纤薄的骨片与内鼻孔隔开；而后期两栖类动物的外鼻孔位于头骨背面，内鼻孔位于腭的前部，两者之间以宽大的骨头完全隔开。它的鳃盖骨已退化，但仍有前鳃盖骨的残留。腭部构造也较原始，只有一个小小的翼间孔。尤其是鱼石螈还有一个小的背尾鳍，且还保留着鱼类的尾鳍条。脊椎构造虽比总鳍鱼类的有所进步，但未能很好地适应陆地生活的要求。肢带和四肢已是早期两栖类的模式，虽还较弱、较短，却已能初步支撑身体在陆地上活动。鱼石螈的结构特征还未完全适应陆地生活的要求，但基本上已解决了脊椎动物从水到陆所面临的主要问题。

鱼玄机 Yu Xuanji（约844～868） 中国唐代诗人。字幼微，一字蕙兰。长安（今陕西西安）人。初为补阙李亿妾。曾游鄂州、石城、江陵等地。咸通中，因李亿妻不能容，出家于长安咸宜观为女道士。咸通九年（868），因私刑笞死侍婢绿翘，为京兆尹温璋处死。

玄机性聪慧，好读书，尤工韵调，情致繁缛。其观进士题名，赋诗云“自恨罗衣掩诗句，举头空羡榜中名”，可见其志向。与诗人李郢、温庭筠等往来，有诗篇酬寄。其《春情寄子安》：“如松匪石盟长在，比翼连襟会肯迟？虽恨独行冬尽日，终期相见月圆时。”《江陵愁望寄子安》：“忆君心似西江水，日夜东流无歇时。”感情真挚，表达了炽热的相思之忱。因婚姻不幸，自伤身世而发的“易求无价宝，难得有心郎”（《寄李亿员外》）句颇为广传。其他如《卖残牡丹》、《江行》等，或寄托深远，或写景工丽。其诗清浅婉丽，属对工稳，富有细腻的情致。

有《鱼玄机集》1卷。今上海古籍出版社《唐女诗人集三种》收有其诗。

鱼蚤科 Ergasilidae 剑水蚤目的一科。寄生动物。统称鱼蚤。以活动关节为界，把身体分成前体和后体两部分。头部与第1胸节分开或合并成头胸部。第2～5胸节向后趋窄，第4、5胸节之间有一活动关节。第6胸节为生殖节，与第5胸节固定。雌、雄性生殖节的形状不同。腹部3或4节，尾叉长柱形或短柱形，末端有2～4根刚毛，其中以内侧者为最长。

第1触角圆柱形，分6节左右，基节不扁平。第2触角由3～5节组成，末端钩状或为条状而有多列细刺。口器通常由上唇、下唇、1对大颚、2对小颚和1对颚足构成。雌、雄性颚足的构造可能有别。胸足多数5对，少数种类只有4对。原肢2节，每节上的刺或刚毛的数目和形状是鉴别种类的特征之一。鱼蚤的雌、雄性外形相似。卵1列或多列，卵数个至数百个不等。

鱼蚤科是介乎自由生活的剑水蚤和完全营寄生生活的桡足纲之间的一科，它直接从自由生活的剑水蚤演化而来。鱼蚤科常见的种有鲢中华鱼蚤、鲤中华鱼蚤和大中华鱼蚤，其中大中华鱼蚤为害较大。

俞大猷 Yu Dayou（1503～1579） 中国明朝抗倭名将、民族英雄。字志辅，号虚江。福建晋江人。嘉靖三十一年（1552），任浙江宁波、台州诸府参将，督师出海抗倭。三十四年，任苏淞副总兵，从总督张经率水陆军在王江泾（今浙江嘉兴北）大败倭寇，乘胜追至陆泾坝（在今江苏苏州境），击败逃倭，焚舟30余艘。三十五年，任浙江总兵，严格操练军队。先平定入侵浙西的倭寇，又捣舟山诸岛倭巢，至三十七年，先后斩倭4 000余。不久，遭诬陷发配山西大同，受巡抚李文进赏识，参与筹划军事，造独轮兵车，拒敌骑甚有效。李文进上奏朝廷，遂置兵车营（京营用兵车自此始）。四十一年，调任福建总兵。次年，率军会同浙江副总兵戚继光、广东总兵刘显攻克倭寇据为巢穴的平海卫（今福建莆田东南），斩倭2 200余，复兴化府城莆田。四十三年，改任广东总兵，扩建水师，率军经4个月激战，大败侵扰潮州和惠州的倭寇2万余。至四十五年，与福建总兵戚继光等部协同作战，基本消除东南沿海倭患。

俞大猷严于治军，强调先练而后战；用兵注重谋略，先计后战，不贪近功；抗倭中多次遭诬陷，仍不馁。著有《正气堂集》等。

俞建章 Yu Jianzhang (1898-04-11～1980-10-03) 中国地质学家。字端甫。生于安徽和县，卒于吉林长春。1924年毕业于北京大学地质学系，1935年获英国布里斯托尔大学哲学博士学位。历任重庆大学、国立

中央大学地质系主任，中央研究院地质研究所研究员，中国科学院南京古生物研究所所长，长春地质学院系主任、副院长。1955年当选中国科学院学部委员（院士）。曾任中国地质学会理事长、中国古生物学会理事、全国地层委员会委员、国际石炭纪地层分会委员。30年代他建立的中国下石炭统的4个珊瑚化石带，即泡沫内沟珊瑚带、假乌拉珊瑚带、泡沫柱珊瑚带和袁氏珊瑚带，一直沿用至今。60年代根据皱纹珊瑚后生隔壁发生规律的研究，创建了中珊瑚目。70年代他发现了异珊瑚新类型，填补了中国这个门类的空白。主要论著有《中国下石炭纪珊瑚》、《中国南部丰宁系珊瑚》、《辽东震旦纪地层》、《论述泡沫内沟珊瑚与六射珊瑚的关系并建立中珊瑚目与泡沫内沟珊瑚科》、《新疆东部早石炭世地层及珊瑚》、《中国下石炭统的异珊瑚类》(合著)、《石炭纪、二叠纪珊瑚》(合著）等。

俞菊笙 Yu Jusheng (1839～1914) 中国京剧演员。工武生。名光耀、玉笙，字润仙，绰号“俞毛包”。原籍苏州。生于北京。幼

俞菊笙在京剧《青石山》中饰关平

年投张二奎门下，从杨二喜习武旦，后改武生。清同治末年，与名旦胡喜禄接组春台班，经常以武打戏演大轴，与三庆、四喜两班媲美。俞菊笙不善唱功，着重运用精湛的武功技巧刻画人物。曾从武净戏中吸收雄浑的表演风格，融于武生的表演艺术，首创勾脸武生戏。《艳阳楼》、《铁笼山》、《状元印》等流传至今。对京剧武打戏，特别是长靠武生戏的表演，有重要的丰富和发展。晚年家居，除演义务戏外，不常露演。尚和玉、杨小楼为其弟子，能传其艺。子俞振庭亦工武生，慓悍勇猛，自成一格。

俞平伯 Yu Pingbo (1900-01-08～1990-10-15) 中国诗人、散文家、学者。原名铭衡，字平伯。原籍浙江德清。生于苏州，卒于北京。1915年考入北京大学文科。

1919年毕业后，先在江浙一带教书，1924年起定居北京，执教于燕京大学、清华大学、北京大学等。50年代后，长期在中国社会科学院文学研究所任研究员。他在五四时期积极参加新文学运动，是新潮社、文学研究会、语丝社成员。最初以写诗为主，有诗集《冬夜》、《西还》、《忆》等，大多是写景抒情之作，以清新婉曲见长。后来致力于散文创作，著有散文集《剑鞘》(与叶圣陶合著)、《杂拌儿》、《燕知草》、《杂拌儿之二》和《燕郊集》等。抒情写景作品，情思飘忽，文笔委婉。有些虽是考据、序跋之作，也能夹叙夹议，情理交融，饶有风致。他有意追随明代人小品文，与周作人的文风较为接近。他长期从事古典文学研究。其《红楼梦辨》初版于1923年，是新红学派的代表作之一；1952年修订，改题为《红楼梦研究》再版后，曾引起学术界广泛的批评和讨论。他关于古典文学的其他论著，大多收入《论诗词曲杂著》。

俞万春 Yu Wanchun (1794～1849) 中国小说家。《荡寇志》作者。

俞振飞 Yu Zhenfei (1902-07-15～1993-07-17) 中国昆曲、京剧演员，戏曲教育家。名远威，号箴非、涤盦。江苏松江人。生于苏州，卒于上海。6岁从父粟庐习曲，14岁起向昆曲前辈沈锡卿、沈月泉学习表演。后在上海，从蒋砚香学习京剧小生。29岁赴京拜京剧小生前辈程继先为师，成为专业演员，长期与梅兰芳、程砚秋、周信芳、马连良、张君秋等人合作演出。工冠生、

俞振飞在昆曲《太白醉写》中饰李白

巾生、穷生、雉尾生，尤以表演巾生儒雅清新的风格最为突出。擅演剧目，昆曲有《牡丹亭》、《长生殿》、《太白醉写》、《千忠戮》、《雷峰塔》等；京剧有《群英会》、《奇双会》、《临江会》、《状元谱》、《鸿鸾禧》等。与梅兰芳、言慧珠等合作演出的《惊梦》、《断桥》、《墙头马上》三剧，已摄制成影片。1957年起任上海市戏曲学校校长，为京、昆、淮等剧种培养了大批演员。著有《振飞曲谱》、《习曲要解》、《念白要领》等。

俞正声 Yu Zhengsheng (1945-04～) 中国共产党中央政治局委员，中国共产党上海市委员会书记。浙江绍兴人。高级工程师。1963年参加工作。1964年11月加入中国共产党。1967年自

哈尔滨军事工程学院自动控制系毕业。历任张家口市无线电六厂技术员、无线电七厂负责人，电子工业部第六研究所副总工程师、副所长，电子工业部计算机工业管理局系统处处长、副总工程师，电子工业部计划司副司长。1984年任中国残疾人福利基金会副理事长。1985年起任中共烟台市委副书记，烟台市副市长、市长，中共青岛市委副书记、书记，青岛市市长。1993年3月当选为中共山东省委常委。1997年9月任国家建设部副部长、党组书记。1998年3月任建设部部长。2001年12月任中共湖北省委书记。2002年2月当选为湖北省人大常委会主任。2007年10月任中共上海市委委员、常委、书记。是中共第十四届中央候补委员、十五届至十七届中央委员。中共十六届、十七届中央政治局委员。

俞子夷 Yu Ziyi (1886-01-03～1970-07-24) 中国教育家。江苏吴县（今苏州）人。南洋公学肄业。早年参加辛亥革命。曾先后在江苏第一师范、南京高等师范（后改称东南大学)、杭州女子中学、浙江大学任教。中华人民共和国建立后，除担任浙江大学

教授外，还历任浙江省教育厅副厅长、厅长，浙江省人民委员会委员、省政协委员，民进第四届中央委员等职。

在普及教育思想上，他认为不但要普及城市小学教育，而且要重视普及农村小学教育；还应使智力不同的学生各得他们适宜的教育。他指出在教材教法与其他研究中的一个重要的指导思想便是国化与乡化。“取洋之长以补国之短，移植必服水土，乃能生根。全盘洋化或洋化过度，不合国情”。他重视教育测验，并联系小学教育实际开展教育研究。著有《一个乡村小学教员的日记》、《小学教学漫谈》等。

渔场 fishing ground 天然水体中作为捕捞对象的某些鱼、虾、蟹类或其他水产经济动物密集，且可使用适当工具进行捕捞从而获得一定经济效益的特定区域。进行鱼、虾、蟹类等水产生产捕捞作业的主要场所。掌握渔场，对于提高生产效率、实现捕捞高产，具有重要意义。

形成 渔场的形成是捕捞对象为满足其生理、生态习性的要求，在环境条件适宜的水域大量聚集的结果。有下列情况出现的区域都有可能形成可供捕捞的渔场：①河口、上升流附近和对流旺盛的区域；②温跃层明显的区域；③水流平缓或水文状态稳定的区域；④两种水团或两种性质不同的水流交汇处（混合水区）；⑤水下浅滩；⑥岛屿附近以及海底有斜坡或礁石堆集的区域；⑦生物障碍线的边缘地带；⑧水底有植物从生或动物聚集的区域。

类别 根据形成机制、地理位置、捕捞对象、作业类型的不同，渔场的类别有多种多样的区分：按形成机制，并侧重生物学角度区分，有产卵渔场、索饵渔场和越冬渔场；按侧重环境角度区分，有大陆架渔场、潮隔渔场、上升流渔场、涡流渔场、海礁渔场等；按渔场地理位置，可分为沿岸渔场、近海渔场、外海渔场和远洋渔场；按捕捞对象所在水层，可分为底层鱼渔场和中、上层鱼渔场；还可直接根据捕捞对象的种类加以区分，如黄花鱼渔场、带鱼渔场、鲐鲹鱼渔场、鳕鱼渔场、鱿鱼渔场、金枪鱼渔场等；按作业类型区分，有拖网渔场、围网渔场、流刺网渔场、延绳钓渔场、定置网渔场等。此外，有些国家还根据渔业法规将渔场区分为许可渔场和特许渔场等。

中国渔场 中国有渤海、黄海、东海、南海，海域辽阔，河口、港湾、岛屿众多，有适合多种鱼、虾、蟹类等水产经济动物繁殖生长、索饵育肥和越冬的良好渔场。比较重要的渔场有渤海的对虾渔场、真鲷渔场，黄海的鲐鲹鱼渔场、小黄鱼渔场，东海的大黄鱼渔场、带鱼渔场、乌贼渔场、马面鱼渔场等，南海的北部大陆架渔场、北部湾拖网渔场，以及西沙、东沙、南沙礁盘鱼类渔场等。

世界渔场 在占地球总面积71%的海洋中，有多种类别的渔场分布。比较重要的有北太平洋的狭鳕渔场、鲑鳟鱼渔场、鱿鱼渔场、秋刀鱼渔场，东南太平洋的鳀鱼渔场、竹筴鱼渔场、鱿鱼渔场、金枪鱼渔场，中西部太平洋的金枪鱼、鲣鱼渔场，西印度洋的金枪鱼渔场，中东部大西洋的章鱼等头足类渔场、石首鱼科等底层鱼类渔场、金枪鱼类渔场等，西南大西洋的鱿鱼渔场、无须鳕鱼渔场，东北大西洋的大西洋鲱鱼、鳕鱼、毛鳞鱼、玉筋鱼等渔场，西北大西洋的大西洋鲱、油鲱、鳕、鲽类、鲈鲉等渔场。

渔船 fishing vessel 捕捞渔船和为渔业服务的各类渔业辅助船舶的总称。捕捞渔船指捕捉和采收水中鱼虾、鲸、海豹、海象或其他水生动植物的船舶。渔业辅助船舶包括水产品加工、运输、养殖、资源调查、渔业指导和训练以及执行渔政任务等船舶。

类别 渔船有不同的分类方法。按作业水域可分为海洋渔船和淡水渔船，前者又有沿岸、近海和远洋渔船之分。此外还可按船体材料分为木质、钢质、玻璃钢、铝合金、钢丝网水泥渔船以及各种混合结构渔船。按推进方式分为机动、风帆、手动渔船等。但主要的分类是按渔船所担负的任务划分为捕捞渔船和渔业辅助船两大类。

特点 ①多数捕捞船只的船型相对较小，但为适应在风浪中连续航行、作业，要求有较好的稳性、耐波性和适航性，结构须特别牢固。②出海期间船上的燃油和用水逐渐消耗，而渔获物逐渐增加，故作业期间载重变化较大。③常受盐雾、污水浸泡，船体和设备极易腐蚀，加之渔业生产季节性强，船用设备要求结构性能可靠、坚固耐用和维修方便。④配置的主机功率较大，相对速度较高。⑤除配置一般船用设备外，还需配备捕捞和保鲜设备，鱼舱要求隔热设施好，有的还配有加工设备，用以在船上直接加工渔获物。

渔港 fishing port 专供渔船使用的港口。包括水域和陆域两部分，由码头、岸线、港池、锚地及陆地相关设施组成。供渔船锚泊、避风、卸鱼、补给的基础设施。

世界上一般将渔港分为大、中、小型三类：①大型渔港。多为大型渔船使用，是外海、远洋渔业的基础设施。规模较大，配套设施齐全。②中型渔港。主要供近海生产的渔船使用，进出港渔船的吨位、马力较小，辅助船只少。③小型渔港。年卸鱼量一般在5 000吨以下。渔船多在沿岸及邻近海区作业，需要频繁回港卸鱼和取得补给。大、中型渔港大多建在沿海或河口的大、中城市附近。中国将渔港分为四类。其中，一、二类是大型渔港，基本设施相近，只是一类港的规模较大，设施较为完善，主要供外海生产渔船使用，也可供远洋渔船使用；二类渔港主要供经常回港的近海生产渔船使用，也可供外海作业的渔船使用；三、四类渔港为小型渔船使用。

《渔光曲》 *Song of the Fisherman* 中国故事片。联华影业公司1934年摄制。编导蔡楚生，摄影周克，演员王人美、汤天绣、韩兰根等。贫苦渔民徐福葬身海上，留下一双孪生兄妹。母亲徐妈不得不到船老板家当奶妈。何家少爷子英和孪生兄妹成了好友。成年后，子英出国留学。徐妈因打碎古董被赶出何家。孪生兄妹带着已经双目失明的母亲流落街头，卖唱为生。一天，他们偶然碰到回国的子英，子英资助他们100元钱。后来他们竟因此而被警察当作抢劫犯逮捕。徐妈在慌乱中碰翻油灯，被活活烧死。孪生兄妹出狱后，与破产的子英一起回到渔村……影片以现实生活为题材，反映了20世纪20～30年代中国底层民众的生存状况。全片在艺术上质朴清新，情节生动感人，特别是贯穿全片的主题歌《渔光曲》，婉转动人，风靡一时。影片创造了当时的最高上座纪录。1935年，在莫斯科国际电影节上获荣誉奖，成为中国第一部在国际上获奖的影片。

渔具 fishing gear 渔业上用于捕捞的工具。在海洋或淡水水域中捕捉鱼、虾、蟹类等水生经济动物的各种工具的统称。

类别 中国于1985年颁布了《渔具分类、命名及代号》的国家标准，将渔具分为刺网、围网、拖网、张网、地拉网、敷网、抄网、掩网、陷阱、钓具、耙刺、笼壶等12大类。其中，刺网、围网、拖网、张网、地拉网、敷网、抄网、掩网、陷阱等9类渔具，都以网衣为其重要组成部分，习惯上统称为网渔具。用网渔具捕获的水产品约占世界总捕获量的80%以上。此外，张网以及部分刺网类渔具等，因用于静置状态下实现捕捞目的，常被统称为定置渔具。

应用 各类渔具的结构特点、捕鱼原理和操作方法有显著差异。不同种类的渔具往往适应不同的渔场条件和捕捞对象。刺网通常设置于有鱼类经常活动或过往的水域，根据设置的水层，可捕获底层或中上层的捕捞对象。围网适合在水流相对平缓的渔场，捕捞易于集群的中、上层鱼类。

拖网多适合在底质相对平坦的渔场，主要捕捞栖息于底层或近底层的鱼类；也有专门用于捕捞中上层鱼类的变水层拖网。张网适合在水流湍急的水域，主要用于沿岸捕捞。地拉网适用于沿岸浅滩或内陆水域冰下捕鱼。敷网、抄网、掩网、陷阱等主要用于沿岸浅海或江河湖泊。其中，抄网也被用作其他渔具的辅助工具。钓渔具广泛应用于海洋和内陆水域捕捞相对分散的鱼群。耙刺、笼壶类渔具多用于沿岸浅滩和内陆水域，有的可用于捕捞深潜于水底泥沙之中或具有穴居习性的水产经济动物。

渔汛 fishing season 鱼类或其他水产经济动物在渔场集中涌现，捕捞生产形成高潮的时期。渔业生产上的用语。根据形成季节，可将渔汛分为春汛、秋汛和冬汛。而同一渔汛的不同阶段又可分为初汛、旺汛和末汛。

渔汛的形成是捕捞对象的生态习性和生理状况与水域环境条件相适应的结果。一般在春初或秋初，捕捞对象的性腺逐渐发育，开始生殖洄游，并在适宜产卵繁殖的水域大量密集，形成捕捞高产的最佳时期；而冬季随着温度等外界环境条件的急剧变化，捕捞对象会集群游向环境条件相对适宜的水域越冬，也会形成捕捞生产的最佳时期。准确把握渔汛信息，对实现捕捞高产、夺取渔业丰收，具有重要意义。

渔业 fishery 利用水域以取得具有经济价值的鱼类或其他水生动植物的生产部门。又称水产业。

逾越节 Pesaḥ 犹太民族和犹太教的三大朝圣节期之一。每年从犹太教历尼散月（公历3～4月间）15日开始，在以色列持续7天，在流散地则为8天。被犹太教视为获取自由的节日。在15日的逾越节家宴上，全家要回顾祖先出埃及的传说。据《出埃及记》载，摩西率以色列人出埃及时，上帝命令宰杀羔羊，涂血于门楣，以便死亡天使击杀埃及人长子时，见有血记之家即越门而过，称为“逾越”。在圣殿时代，在该节前夕常以满周岁且无残疾的羔羊一只，献祭后烤熟，匆忙吃光羔羊的头、腿、五脏，同时吃无酵饼和苦菜。在逾越节家宴上，要留一根羊胫骨在盘内，象征古代献祭后食用的逾越节羔羊。逾越节与除酵节合并后，节日期间家中不许留有酵母，只能吃无酵食品。

渝中区 Yuzhong District 中国重庆市辖区。全市政治、经济、文化、商贸中心。位于长江、嘉陵江汇合处，居市区腹地，三面环水，以“山城”、“江城”、“灯城”为城市特色。面积22平方千米。人口63万（2010）。1950年为重庆市第一区，1955年改为市中区，1994年改为渝中区。工业以电子信息、食品、服装和生物工程等为主，建有西南信息产业园和重庆科技信息一条街。解放碑一带是重庆市现代城市发祥地，商贸、金融、信息、交通等都很发达。游览地有枇杷山都市览胜观光区、朝天门两江汇流观光区、红岩革命文化观光区和鹅岭公园、人民大会堂、曾家岩、邹容墓、罗汉寺、清真寺、若瑟堂等。

瑜伽 Yoga 佛教修行方法之一。梵文本义为“连接、接合”等。中国旧译相应。是一种集中精神，调动内在生理和心理潜能的修行方法。《瑜伽经》（属婆罗门教瑜伽派体系）提出瑜伽有八支，即禁戒、持戒、坐势、制感、调息、持摄、静虑、三摩地（三昧）等。佛教中各种以三昧为名的经典均属于瑜伽修法。隋唐后各宗提倡观法。如天台宗的一心三观，华严宗的法界观，法相宗的唯识观，净土宗的十六观和禅宗的各种参禅方法等，其有关著述也属于瑜伽。佛教认为瑜伽行者可证得三乘之果，在证最后果位之前，因瑜伽的修炼，也可先得超人威力，即六种神通，即天眼通、天耳通、神足通、他心通、宿命通、漏尽通。其中前五种与婆罗门教瑜伽派相似，漏尽通为佛教所独有。神足通又分能变通、能化通两种，能变通有十八变，能化通有化为身、化为境、化为语三化。龙树在《方便心论》中还列举“瑜伽外道”有能小、能大、轻举、远到、分身等八自在，在《大智度论》中又列举有能轻、能自在等八神变。

瑜伽派 Yoga sect 印度古代哲学派别，婆罗门教六派哲学之一。一般认为此派名称的含义为连接、联系或统一，后主要指心之作用与外部真实存在冥合为一或对心之作用的抑制。

瑜伽在印度河文明时期就存在。在奥义书、《利论》、史诗《摩诃婆罗多》等都提到或论述过它。但瑜伽的宗教实践形成一个具有系统理论的独立宗教哲学流派的时间则要晚一些。

相传瑜伽派的创立者是钵颠阇利。最早的根本经典是钵颠阇利的《瑜伽经》。其原有部分可能在前2世纪产生。这一时期亦即是独立的瑜伽派的形成时期。《瑜伽经》之后，瑜伽派的主要典籍是对《瑜伽经》的注与复注。

此派认为瑜伽是对心作用的抑制。心作用被分为五种：正知、不正知、分别知、睡眠、记忆。它们都要通过长期的修习和离欲来灭除，以达到三昧状态。三昧状态有不同阶段：“有想三昧”还带有一定思虑情感；“无想三昧”则摆脱了各种杂念，仅保留作为潜在能力的心作用。二者属于“有种三昧”，即虽然在一定程度上排除了杂念或印象，但还没有彻底消除过去行为（业）所产生的残存潜势力（种子），只有根除这种潜势力，才能达到“无种三昧”。

瑜伽派认为造成痛苦的原因是“能观”和“所观”的结合。要使能观与所观分离，消除无明须借助一种“辨别智”，而获得它则需依靠具体的瑜伽实践，即“八支行法”。八支行法是禁制、劝制、坐法、调息、制感、执持、静虑、等持。

在近现代，瑜伽派的理论与实践仍有很大影响。印度近代的许多哲学家都在不同程度上倡导瑜伽。瑜伽在世界上许多国家和地区也有重要影响。

瑜伽行派 Yogācāra 大乘佛教两大基本流派之一。又称有宗。约晚出于中观派创始人龙树之后200年，时值贵霜王朝向笈多王朝变迁之际的4世纪。该派创立人传说为弥勒，现代学者认为无著和世亲兄弟为实际奠基人。无著、世亲均原为小乘说一切有部学者。为此，二人在创立瑜伽行派教理时，对有部等小乘学说进行了整理和发挥。“瑜伽行”一名来自无著的（亦说是弥勒的）《瑜伽师地论》，意谓从事瑜伽禅定修习者。瑜伽行派的出现是对龙树为代表的中观学派的批判和发展。从教理上，它认为中观派在揭示世界空性方面极为彻底，但却忽视了对世俗界迷妄之现状的说明。因而瑜伽行派在接过空论之后，又致力于说明世间的假有。在宗教实践方面，相应地它也注重传统的戒定修持手段。无著所著《摄大乘论》、世亲所著的《唯识三十颂》、《唯识二十论》，为瑜伽行派的代表作。《摄论》立足于瑜伽行立场，分十项纲目将大乘佛教教义系统组织起来。《二十论》则从唯识无境之立场，批判说一切有部、经量部学说，显示瑜伽行派的观念论哲学背景。

世亲之后著名的瑜伽行派学者，有陈那（5世纪末）和法称（7世纪中）一系。陈那力图从认识论逻辑的立场去阐述大乘佛学。他的《观所缘缘论》和《集量论》都说明了大乘宗教解脱理论同瑜伽行派的世界观和认识论的密切联系。陈那的学说具有浓厚的经量部色彩，因而他这一系被近代学者归入“瑜伽行经量部”。法称是陈那的再传弟子。他的哲学立场更朝着经量部肯定外境的认识前提转化。法称的《量评释论》等著作对瑜伽行体系中的逻辑理论进行了批判性整理。

与中观学派一样，瑜伽行者也承认世间诸法为空，但瑜伽行者在承认世界本质空性的同时，也肯定其有呈现纷繁差别相的一面。认为差别相的来源便是主观的构造分别，外部世界其实是心识分别所构造的。心识构造活动依据固有的因果原则，若无业习气，心识活动不会生起。同样，摆脱虚幻分别也有必然因果原则要遵循的。这就是宗教修持的目的。该派认为既然世界上一切诸法只能是主观之识的转变，瑜伽行者修持的立足点便回到自身内部来了。诸心识中最根本的是阿赖耶识，它包含了一切诸法显现的种子并制约着从感觉到意识的所有活动。心识本质上具有染污的性质，所以它才会持续不断地活动，产生虚幻的世间相。瑜伽修习实践的目的是完成转染成净，转识为智的过程。该派还提出三性三无性的理论，构筑了世界的空性和虚妄假相之间的联系，并在清净、圆满、觉悟的胜义境界（涅槃、实相、真如）与修行者力图超越的无常、染污、迷妄的现实存在之间架上桥梁，从而宗教本体论与宗教实践论得以融通。三性是遍计所执性、依他起性、圆成实性，而三无性指正相反对的相无自性、生无自性和胜义无自性。三性意在说明世俗经验中之事物是因为凡夫执著分别而生，是依缘而生，只要认识到这二者的虚妄性，便可显现圆成实性；三无性意在从反面显示世间诸法没有自性本质，也不是因自体所生，否定前二者，也就借空现出了究竟的无自性境界。

榆科 Ulmaceae; elm family 双子叶植物纲金缕梅亚纲的一科。约16属230余种，主要产于北半球，分布于热带至寒温带。中国有8属约50种，分布几遍全国，其中榆属占将近一半，青檀属为特有属。乔木或灌木。单叶互生，稀对生，常2列，羽状脉或基部3出脉，稀基部5出脉或掌状3出脉，有柄；托叶常呈膜质，侧生或柄内生，早落。单被花两性、单性或杂性，雌雄异株或同株，少数或多数排成聚伞花序，或因序轴短缩而呈簇生状，或单生，生叶腋或近新枝下部或近基部的苞腋；花被裂片4～8，雄蕊常与花被裂片同数而对生，雌蕊由2心皮连合而成，子房上位，通常1室。果为核果或小坚果，有时小坚果具翅。

榆科多数种类的木材坚硬、细致，耐磨损，韧性强，材质优良，可供家具、器具、建筑、车辆、桥梁、造船、农具等用；枝皮、树皮纤维强韧，可代麻制绳、织袋，或作造纸及人造棉原料。有些属（如白颜树属、朴属、糙叶树属、榆属等）的种子油可供工业用，榆属种子油还可用作医药及化工原料。某些生长较快、材质优良的乔木树种可作造林树种，尤其是榆属的某些种类（如白榆等）已在树种贫乏的温带地区广为种植。

榆林窟 Yulin Caves 中国佛教石窟。位于甘肃瓜州县城南约70千米处榆林河东西两岸峭壁上。始凿于北魏，唐、五代、宋、西夏、元均有建造。现存洞窟41个，其地俗称万佛峡。因与莫高窟相邻，有时也列入泛称的敦煌石窟范围。虽与莫高窟同属敦煌佛教艺术系统，但其西夏、元代窟中内容别致的壁画可补莫高窟之不足。1961年国务院公布榆林窟为全国重点文物保护单位。

榆林窟第3窟西壁南侧西夏普贤变

洞窟形制有中心柱窟、方形或长方形覆斗顶窟和椭圆形穹窿顶大佛窟。现存壁画的题材和艺术风格大多与莫高窟同时期洞窟相同，但也有别具特色的作品。年代为中唐的第25窟，主室内绘弥勒变和西方净土变，构图完整，场面宏伟，所绘佛像生动传神，线描纯熟流畅，色彩艳丽如新，当为唐代绘画高手杰作。西夏时开凿的第29窟，男女供养人行列均着西夏衣冠服饰，榜题用西夏文。元代壁画受密教影响，出现多铺密宗曼荼罗。此外，有金碧辉煌的水月观音像和唐僧取经图，题材均别具情趣。

1996年，国务院将该县东千佛洞石窟作为已有全国重点文物保护单位合并项目归入榆林窟。

榆林市 Yulin City 中国陕西省辖地级市。位于省境北部，与山西、内蒙古、宁夏相邻。辖榆阳区和神木、府谷、横山、靖边、定边、绥德、米脂、佳县、吴堡、清涧、子洲11县。面积43 578平方千米。人口335万（2010）。明成化七年（1471）设榆林卫，后称榆林镇，自此而为九边重镇之一。清始设榆林县。1946在县境南部设镇川县，1949年北部地区设榆林市，1950年镇川县、榆林市合并为榆林县，1988年改设为县级榆林市，1999年撤县级榆林市和榆林地区设地级榆林市。地处内蒙古高原毛乌素沙地和黄土高原交接地带。属中温带半干旱大陆性季风气候。气候干燥，冬长夏短。年平均气温8.1℃。平均年降水量406.9毫米。是中国著名的能源矿产富集区，特别是煤、天然气、岩盐、高岭土、矿泉水，储量大、品质优、配置十分合理。工业以煤炭、纺织、建材、食品、医药为主。农产品有糜子、谷子、稻谷、玉米等。地毯、毛毯、皮货、绒毛、皮革制品等远销欧、美、亚等洲40多个国家和地区。名胜古迹有统万城、白云山道观、李自成行宫、扶苏墓、蒙恬墓、镇北台、红石峡摩崖石刻、钟楼及红碱淖海子等。

红石峡摩崖石刻

榆树 *Ulmus*; elm 榆科榆属植物的统称。全世界有40余种，主产北温带，在美洲南至墨西哥，在亚洲南至喜马拉雅地区。中国有24种，分布几遍全国。如北方有白榆、黑榆、大果榆、脱皮榆、裂叶榆、旱榆等；南方有台湾榆、多脉榆、长穗榆、杭州榆等；西南有昆明榆、小果榆等。

白榆为落叶乔木，高可达25米，胸径1米左右。叶椭圆状卵形或椭圆状披针形，长2～8厘米。花簇生。果近圆形或倒卵状圆形。对气候适应性强，在寒温带、温带及亚热带地区均能生长。对土壤要求不严，但以深厚肥沃、湿润、排水良好的砂壤土、轻壤土生长最好。深根性。生长迅速。可用种子育苗造林。榆树抗盐碱，用于营造防护林带和道路绿化。木材耐磨损，较耐腐，是建筑、造船、室内装修、地板、家具等优良用材。树皮纤维强韧，可作人造棉及造纸原料。树叶含淀粉及蛋白质，可作饲料。皮、叶、果可入药。种子可榨油，是医药及化工原料。

榆树市 Yushu City 中国吉林省辖县级市。位于省境北部，邻黑龙江省。面积4 691平方千米。人口129万（2008），有汉、满、回、蒙古、朝鲜等民族。夏、商、周时代属肃慎。宋、辽、金时，先为辽之东宁江州属境，后为金之上京路肇州路。清光绪三十二年（1906）设榆树厅。1913年改为县，1990年撤县设市。由长春市代管。农作物主要有大豆、玉米、高粱、小麦等，为中国重点商品粮基地之一。松花江、拉林河沿岸盛产中砂、细砂、河卵石等。工业主要有酿造、食品、化工、医药、机械、造纸、建材等。名胜古迹有辽金古城遗址等。

《榆树下的欲望》 *Desire Under the Elms* 美国剧作家E.奥尼尔的剧作。写于1924年。剧本写76岁的农场主卡伯特取消了三个儿子对农场的继承权，并娶爱碧为第三任妻子，表示只要她生下一子，就可得到农场。爱碧为了占有农场，与卡伯特的第三个儿子埃本私通生下一子，但爱碧却对埃本产生了真挚的爱情。为了消除埃本对她的目的的疑虑、表白自己的爱，她忍痛杀死了婴儿。剧本结束时，两人自愿随警长去接受法律的惩罚。剧本深刻揭示了在金钱占统治地位的社会里，人的物质欲念与真正感情的冲突。

虞美人 *Papaver rhoeas*; corn poppy 罂粟科罂粟属的一种。一年生草本植物。又称丽春花。原产欧洲和亚洲。同属植物100种，主产欧、亚、美洲温带。中国有6～7种。虞美人高30～80厘米，全株具毛，有乳汁。叶互生，不整齐羽裂。花单生长梗上，苞常下垂，花瓣4，大型，朱红、紫红、深紫或白色。蒴果成熟时孔裂。喜温暖、阳光充足和通风良好的环境，宜疏松肥沃、排水良好的砂质壤土，忌炎热、高湿。播种繁殖。常见栽培的有冰岛罂粟、东方罂粟、孔雀罂粟、罂粟。虞美人适宜花坛、花境、篱边、路边条植或片植，亦可盆栽。花与果实可入药，种子含油量40%，具香味。

虞洽卿 Yu Qiaqing (1867-06-19～1945-04-26) 中国清末、民国时期航运实业家。名和德，以字行。浙江镇海龙山镇（今属慈溪）人。卒于重庆。15岁至沪入颜料行当学徒。1895年起，先后任德商鲁麟洋行、华俄道胜银行、荷兰银行买办。1908年在沪集资设立四明银行与宁绍商轮公司。1914年独资创办三北轮船公司，继而又创办宁兴、鸿安轮船公司，并投资于上海中法大药房、大华无线电公司、江南造纸公司等企业。至抗日战争全面爆发前夕，其三大轮船公司已拥有轮船30余艘，总吨位超过9.1万吨，居民营之首。历任上海总商会会长、公共租界工部局华董等职，为江浙财团“台柱”之一。1926年11月，曾亲往南昌拜谒蒋介石，代表江浙财团允予金钱资助。1927年蒋介石四一二政变后，任上海警备司令部顾问、国民政府全国经济委员会委员、上海租界纳税华人会主席、上海市轮船公会主席等职。1937年八一三上海抗战后，乘任上海难民救济协会理事长之便，利用海轮运输洋米牟利。1940年离沪前往重庆，先后与人合组三民运输公司、三北贸易公司。

虞世南 Yu Shinan (558～638) 中国唐代书法家、诗人。字伯施。越州余姚（今浙江余姚）人。隋大业初授秘书郎，唐时历任弘文馆学士、秘书监等。卒赠礼部尚书，谥文懿。编著有《北堂书钞》160卷。精书法，为“初唐四家”之一。其笔致圆融遒劲，外柔内刚，沉厚安详，不外露锋芒。传世书法作品有碑刻《孔子庙堂碑》，还有传为他的行草墨迹《汝南公主墓志铭》等。其诗作多为应制诗和乐府，《从军行》、《饮马长城窟》为传诵名作。

虞允文 Yu Yunwen (1110～1174) 中国南宋抗金名臣。字彬甫。仁寿（今属四川）人。绍兴三十一年（1161），金海陵王完颜亮统率金军主力越过淮河，进迫长江。两淮前线宋军溃败，金军如入无人之境。虞允文时任督视江淮军马府参谋军事，被派往采石（今属安徽马鞍山市）犒师，正值金海陵王大军谋由采石渡江。虞允文见形势危急，毅然把散处沿江无所统辖的军队，迅速组织起来，挫败金军渡江南侵的计划，赢得了采石大捷。金海陵王移兵扬州，虞允文又赶赴镇江府（今江苏镇江）阻截。金军北撤，虞允文在南宋朝野上下获得极高声誉。乾道三年（1167），召为知枢密院事兼参知政事。四川名将吴璘死，虞允文接替他出任四川宣抚使兼知枢密院事，积极整顿正规军和民兵，减缩军费开支。五年拜右仆射同中书门下平章事兼枢密使。八年秋，再度赴四川综理军政事务，后病死。

愚人节 April Fool's Day 西方一些国家的节日。又称万愚节。节期为每年4月1日。节日期间人们可以互相说谎、欺骗、戏耍而不受谴责。起源于法国。采用新的纪年法——格里历（即公历）以1月1日为一年之始后，守旧者依然以4月1日为新年。为嘲弄守旧者，一些主张改革的人在4月1日邀请他们参加假招待会，把上当受骗的保守分子称为“四月傻瓜”或“上钩的鱼”。此后4月1日相互愚弄的风俗在法国流行开来，后经英国传到美国。愚人节时，典型的传统做法是布置假环境，把房间布置得像过圣诞节或新年一样，待客人来时祝贺他们“圣诞快乐”或“新年快乐”。最典型的活动是互相开玩笑，用假话捉弄对方。报纸、电台、电视台则会制造假新闻或荒诞不经的事情来愚弄公众。如今，愚人节已主要是淘气的男孩子们的节日，近年也逐渐被中国青年人所接受。

舆论 public opinion 通常指在一定范围内的多数人的意见；有时也特指大众传播媒体发表的意见，人们常把媒体视为舆论的承载者。

舆论是公众关于现实社会以及社会中各种现象与问题所表达的信念、态度、意见和情绪的总和。它具有相对的一致性、强烈程度和持续性，能够对社会发展及有关事态的进程产生一定的影响。舆论是一种自在的意见形态。能够被称为“舆论”的自在意见，不可或缺地应具备7个要素：①舆论主体。公众是舆论的主体，这些公众应该具有自主意识，能够自主表达自己的意见。②舆论客体。公众议论的对象，即舆论客体。③舆论自身。除公开发表意见外，还有自然流露的情绪，以及深层次的信念等。④舆论需要有一定量的边界。在一定的空间内，持某种意见的人数达到三分之一左右，开始对整体产生影响，因而这是判断舆论形成的数量起点。⑤舆论总要有一定的强烈程度。⑥舆论一经形成，总要持续一段时间，少到数小时，多至数年。⑦任何被称为舆论的意见，总要对舆论客体产生各种形式或大或小的影响。

舆论的形成有多种途径和诱因。舆论的形成多是在社会变动、较大事件的发生刺激意见的出现以后。社会流言是舆论的一种畸变形态，消除流言的有效方法是及时公开情况和对流言进行批评或解释。

舆论导向 public opinion, guide of 运用舆论引导人们的意向，影响公众的意识和行为的传播行为。中国共产党对党的新闻工作的指导性要求之一。中国共产党非常重视舆论导向的功能，1994年1月江泽民在全国宣传思想工作会议上用“以正确的舆论引导人”的表述，概括了“舆论导向”的基本内涵。

在中国，舆论导向的根本目的，在于贯彻党和政府的路线、方针、政策和任务，倡导健康向上的社会风尚，营造丰富多彩的文化生活，传播科学知识，纠正错误思想，揭露腐败和丑恶现象，促进社会安定和稳定，动员和鼓舞广大人民群众为实现崇高目的而共同奋斗。现代社会，各种媒体特别是信息网络化迅速发展，舆论的作用和影响越来越大，越来越需要加强引导。

舆论监督 public opinion, supervision of 公众通过舆论这种意见的形式，对腐败和丑恶现象以及社会公众人物自由表达看法的客观效果。表达的内容主要是批评和建议。“监督”是对监督对象进行察看，通过议论形成一种督促，使之在法治和德治的轨道里活动，有益于社会和人民。因而，舆论监督达到的客观效果应当是：保证公共权力和社会权力的正确行使、促成并维护依法和以德治国的社会机制、遏制腐败的滋生与蔓延。

舆论监督是一种软性的监督，它的力量在于舆论的影响力，在于舆论造成的一种精神方面的道德压力，而不是一种有形的权力。

“舆论监督”作为一个正式的概念，最早出现在1987年中国共产党第十三次全国代表大会的报告中。舆论监督主要通过大众传播媒介的渠道来实现，因而媒介监督通常被理解为舆论监督。

鉴于中国的大众传播媒介均是国有资产，因而舆论监督一定程度上是作为党和政府领导、管理职能的一种延伸和补充发挥作用。

宇称 parity 描述粒子在空间反演下变换性质的相乘性量子数。记为P。它只有两个值+1和-1。如果描述某一粒子的波函数在空间反演变换（$r\rightarrow -r$）下改变符号，该粒子具有奇宇称（$P=-1$），如果波函数在空间反演下保持不变，该粒子具有偶宇称（$P=+1$）；n个粒子组成的系统的宇称等于这n个粒子宇称之积再乘以这n个粒子之间的$n-1$个轨道宇称之积；轨道角动量量子数为l时，其轨道宇称为$(-1)^l$。玻色子及其反粒子宇称之积为+1；费米子及其反粒子宇称之积为-1。在强作用和电磁作用过程中宇称守恒，在弱作用过程中宇称不守恒。1956年李政道、杨振宁从理论分析预言了弱作用宇称不守恒，随后被吴健雄等人实验证实。

宇航服 space suit 保障航天员的生命活动和工作能力的个人防护装备。见航天服。

宇航员 astronaut 在载人航天器和其他天体上生活和工作的人员。见航天员。

宇田道隆 Uda Michitaka (1905-01-13～1982-05-10) 日本海洋学家、海洋气象学家。生于高知县。1927年东京大学毕业，1939年获博士学位。曾任神户气象台台长、长崎海洋气象台台长、东海区水产研究所所长、东京水产大学教授和东海大学教授，1978年后任海洋公园中心研究所所长。还曾任日本水产海洋研究会会长、日本海洋学会会长。他开创了近代日本渔业海洋学的研究，发现了亚热带逆流、黑潮蛇形，系统研究了海洋科学发展史。主要著作有《海洋气象学》、《海洋渔场学》、《海况的综合研究》、《北太平洋的脉动的海况变动与宏观海洋学》、《海洋研究发展史》等。

宇陀·宁玛元丹贡布 gYu-thog rNying-ma Yon-tan mGon-po (708～833?) 中国唐代藏医学家，藏医学奠基人。又称老宇陀。西藏堆龙给那（今堆龙德庆）人。对藏医诊断学造诣极深，注重以脉诊及尿诊判断疾病之寒热属性，于尿诊亦有深刻研究。临床上强调综合疗法，包括精神治疗、针刺、放血、内服汤丸剂、按摩、饮食疗法等。还擅长心理疗法，曾为藏王赤松德赞治疗眼疾，以转移患者对病变部位之注意力而治愈。他十分强调医者必须具有高尚之道德修养，治病不分富贵贫贱，要对患者抱有同情心，技术上要精益求精，对病人要慈悲为怀，不把患者之排泄物视为肮脏，治病时要有菩萨心肠等。宇陀在藏族人民心中具有崇高的威望，被尊称为“医圣”。在8世纪末著成《四部医典》一书，奠定了藏医学的基础。还著有《脉学师承论》、《原药十八种》等。

宇文护 Yuwen Hu (515?～572) 中国北周权臣。小字萨保。武川（今内蒙古武川西）人。宇文泰之侄。鲜卑族。早年跟随宇文泰征战，在与东魏的交战中屡建战功，又与于谨南征梁朝江陵。西魏恭帝三年（556）宇文泰死，诸子幼小，遗命宇文护掌管朝政。他在于谨的支持下统理军国大事，迫使西魏恭帝禅位于周。次年，宇文觉称周天王，建立北周政权。护为大司马，封晋国公。大将赵贵、独孤信对宇文护不服，宇文觉也不满他专权，密谋诛护，不果，反被护先发制人，杀赵贵，令独孤信自杀。宇文觉亦被废黜而死。宇文护迁大冢宰（当时的宰相），并拥立宇文泰另一个儿子宇文毓为帝（周明帝）。明帝好学有识，为宇文护所畏。武成二年（560）宇文护将他毒死，立宇文泰四子宇文邕（周武帝），实权仍由宇文护掌握。护委任非人而久专权柄，又素无戎略，两次伐齐均大败而归。诸子贪残，僚属恣纵，蠹政害民。宇文邕与弟卫王宇文直策划，于建德元年（572）诛杀宇文护。

宇文化及 Yuwen Huaji (?～619) 中国隋代末年叛军首领。代郡武川（今内蒙古武川西）人。隋大将宇文述之子。杨广为太子时，他领禁军，很受宠信。隋炀帝即位，授他为太仆少卿，又以其弟士及娶南阳公主。大业年间，义军、叛军蜂起，炀帝的随从禁卫多关中人，不愿从炀帝久驻扬州，打算自行回本土。统领骁果的武贲郎将司马德戡等得知此状，便集兵数万，于大业十四年（618）发动叛乱，推化及为主，缢杀炀帝，立秦王杨浩为帝。化及自称大丞相，引兵10余万西归。时东都群臣奉越王侗继帝位于洛阳，招瓦岗军领袖李密为太尉，使讨伐化及。双方战于黎阳（今河南浚县北），化及屡败，北走魏县（今河北大名西南），将士屡叛归李密。化及自知必败，于是毒杀杨浩，即帝位于魏县，国号许，改元天寿。武德二年（619），唐遣李神通攻化及，化及东走聊城。时窦建德已立夏国，遂以讨逆为名，往攻聊城，神通退兵。同年建德擒化及，槛送襄国（今河北邢台），与其两子同时处斩，其所建政权许灭亡。

宇文虚中 Yuwen Xuzhong (1079～1146) 中国金代诗人。字叔通，别号龙溪。成都华阳（今成都市）人。北宋徽宗大观三年（1109）进士，官至资政殿大学士。南渡后任黄门侍郎。高宗建炎二年（1128）使金，被软禁。获释后仕金为礼部尚书、翰林学士承旨，封河内郡开国公，并被尊为“国师”。皇统六年（1146），上京会宁府的一部分宋朝俘虏密谋奉虚中为帅，夺兵仗南奔，事觉，诏系狱，鞫治无状，仍被杀。宇文虚中的诗歌创作可以分为前后两期。写于两宋时的作品存留不多，诗较平淡，主要抒发个人的羁旅闲愁。入金被囚期间诗风一变，每多感愤之辞，如《在金日作三首》其一：“满腹诗书漫古今，频年流落易伤心。南冠终日囚军府，北雁何时到上林？开口摧颓空抱朴，胁肩奔走尚腰金。莫邪利剑今安在，不斩奸邪恨最深！”虚中不以词名家，今存〔迎春乐〕《立春》、〔念奴娇〕2首，均写故国之思。其集不传，《中州集》和《全金诗》存诗50余首。词入唐圭璋《全金元词》。

宇宙 universe 空间、时间和其中存在的各种形态物质和能量的总称。宇宙是处于不断运动和发展中的物质世界。宇宙是多样而又统一的。它的多样性在于物质的表现形态；统一性在于其物质性。借助各种功能越来越强大的地面和空间望远镜，观测的范围已达到100多亿光年的宇宙深处。一般把观测到的宇宙称为“我们的宇宙”。所有天体，乃至我们的宇宙都有它的起源、发展和衰亡的历史，但宇宙总体的发展以及人类对宇宙的认识则是无穷无尽的。见宇宙学。

《宇宙》 *Kosmos* 近代地理学标志性著作之一，也是近代自然科学奠基性著述之一。见A.von洪堡。

宇宙尘 cosmic dust 行星际空间各种细小颗粒物质的总称。又称行星际尘埃、地球外尘埃。尘粒粒度为几微米到几百微米，组成一般有石质和铁质之分。宇宙尘主要来源于行星际空间，如太阳星云的残留物、短周期彗星的瓦解产物等。宇宙尘在宇宙空间的停留时间较短，约为1万～10万年。宇宙尘可以穿透地球大气不被烧蚀，估计每年沉降到地表的宇宙尘约为1万～10万吨。宇宙尘保存其原有宇宙信息，是研究太阳系化学组成和推测太阳系起源的理想样品。因此，尘粒的收集一直为人们所重视，可以用飞船在行星际空间收集，可以在平流层中用火箭、气球和高空飞机收集，也可在地表从各地质时代的不同类型沉积物中收集，如深海沉积物、锰结核、陆地的未固结沉积物、固结岩石、极地和冰川的冰雪样品等。习惯上也把陨星进入地球大气层时烧蚀生成的细小颗粒称为宇宙尘。

“宇宙”号卫星 Kosmos satellite 俄罗斯混编有各种应用卫星、科学卫星和技术试验卫星的人造地球卫星系列。世界上卫星数量最多的一个系列，1962～2001年共发射了2 300多颗。其中的国际“宇宙”号卫星分系列，是根据国际宇宙计划用苏联运载火箭发射的科学卫星，卫星的探测仪器由东欧各国研制，用于研究太阳、地球大气和行星际空间发生的物理现象，1969～1981年共发射22颗。“宇宙”号卫星系列中多数为军用卫星，如照相侦察卫星，每颗质量约5吨，是胶片回收型卫星；军用通信卫星为一次发射8颗的小型通信卫星，运行高度约1 500千米，近圆形轨道；还有电子侦察卫星、海洋监视卫星、预警卫星、导航卫星和试验卫星式武器等。在

“宇宙”116号卫星

这一卫星系列中还有气象卫星、试验通信卫星、生物卫星、空间物理探测卫星、天文卫星、地球资源卫星等，以及一些没能进入预定轨道的空间探测器和试验型无人飞船。

“宇宙”号运载火箭 Kosmos launch vehicle 苏联小到中等运载能力的运载火箭系列。由M.K.扬格利领导的设计局研制，有B型和C型，分别利用退役的中、远程弹道导弹SS-4和SS-5改装作为第一级，加上新研制的第二级组成。B型全长30米，起飞质量约42吨，箭体直径1.65米，地面推力

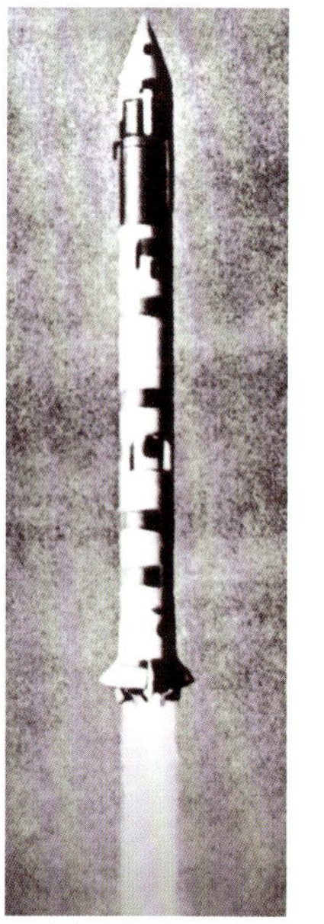

“宇宙”号C型运载火箭

635千牛（约65吨力），可将300千克重的有效载荷送上低地球轨道。B型火箭于1962年3月16日首次用来发射“宇宙”1号卫星。到1977年6月18日共发射144颗“宇宙”号系列的卫星（见“宇宙”号卫星）。1964年，苏联开始用C型火箭发射“宇宙”号系列的卫星。火箭全长31.4米，起飞质量约75吨，箭体直径2.44米，真空推力1 760千牛(180吨力)，可将1吨重的有效载荷送上低地球轨道。

宇宙化学 cosmochemistry 研究宇宙中的化学反应及其产物的交叉学科。形成大多数化学元素的原子是在恒星内部合成的，其中一部分通过星风或超新星爆发返回星际空间。与此不同的情形主要是氢和氦-4，以及少量的氘、氦-3和锂-7产生于大爆炸后若干秒。氢和氦大约构成星际介质中全部物质质量的98%，而其余主要是碳、氮、氧、氖、镁、硅、硫、氩、铁。许多其他元素都已探测到，并可望在地球上发现。但现在能在太空观测到的分子主要是氢、碳、氮和（或）氧的化合物。一个显著的理由是只有气体形式的分子才能由其射电谱得以可靠证认。固体物质如星际尘粒的成分只能得到粗略表征。

星际空间的原子一旦形成就能参与化学反应，但由于条件与地球上的实验室大不相同，以至于这些反应及其产物按“正常”化学标准往往很不寻常。

宇宙年龄 age of the universe; cosmic age 宇宙自大爆炸以来所经历的时间。观测表明，星系在彼此远离，由此可推测它们过去相距较近，以至在某个有限时刻曾经挤在一个很小的体积内。这个时刻称为大爆炸。如果宇宙从大爆炸以来一直以恒定速率膨胀，则按照哈勃定律$v=H_0r$，它的年龄就应该等于星系的距离r除以速度v，即哈勃常数的倒数H_0^{-1}。这个年龄称为哈勃年龄。实际上，由于物质之间的引力和真空能（宇宙学常数Λ）的斥力作用，宇宙膨胀可能减速或者加速而不能保持恒定，因此宇宙的实际年龄t_0与哈勃年龄会有一定的差距。

宇宙年龄的下限可通过测定各种天体的年龄来估计。测定地球上古老岩石、月岩、陨石中某些同位素含量之比，可估计太阳系的年龄。如^{238}U会蜕变为^{206}Pb，半衰期为65亿年。假定岩石中的^{206}Pb全部由^{238}U蜕变而成，通过测定这两种同位素之比可估计太阳系的年龄为46亿年。银河系的年龄可由其中的星族，特别是球状星团的年龄来约束。每个球状星团中的恒星可认为是同时诞生的，具有相同的化学组成，只是质量不同。根据恒星演化理论，它们在颜色-光度图上形成一条清晰的轨迹。这条轨迹的形状，特别是其转向点与星团年龄相关。通过将理论轨迹同观测数据拟合，可定出最老球状星团的年龄约150亿年（误差20%）。考虑到银河系形成的时间约10亿年，这样得到宇宙年龄应不小于130亿年。较可能的值在140亿～150亿年。

宇宙速度 cosmic velocity 在地球表面入轨的航天器环绕地球运行、飞离地球引力场和飞出太阳系所需的最小入轨速度，分别称为第一宇宙速度、第二宇宙速度和第三宇宙速度。在假设地球为密度均匀的正球体和不考虑大气阻力、地球之外天体引力的理想情况下，第一宇宙速度为7.9千米/秒，方向与地球表面相切，航天器获得这个速度可沿半径等于地球半径的圆轨道环绕地球运行。第二宇宙速度为11.2千米/秒，是第一宇宙速度的$\sqrt{2}$倍，航天器获得这个速度将沿抛物线轨道飞离地球引力场，因此又称逃逸速度。假定航天器在地球引力场的运动中只受到正球形地球引力的作用，在地球引力场之外的运动只受到正球形太阳引力的作用时，第三宇宙速度为16.6千米/秒，航天器获得这个速度将先沿双曲线轨道飞离地球引力场，再沿相对于太阳的抛物线轨道飞出太阳系。

宇宙线 cosmic ray 来自宇宙空间的各种高能微观粒子以及它们进入大气层过程中产生的其他微观粒子构成的射线流。提供宇宙信息以及高能粒子反应信息的重要渠道。

宇宙线是在20世纪初研究大气的电导率时偶然发现的。人们发现来自宇宙空间的宇宙线与地球上大气层以下探测到的这种射线在组成上是不同的。在地球大气层外尚未与大气发生相互作用的宇宙线称为初级宇宙线。初级宇宙线主要利用气球、火箭、卫星或宇宙飞船运载小型探测设备进行观测，其主要成分是质子，占87%；其次是α粒子，占12%；其他几乎占据元素周期表中直到锕的所有元素的裸核，合起来约占1%；此外还有一

些电子、中微子、X射线、γ射线和反粒子。初级宇宙线粒子的能量分布很广，从1×10^{3}电子伏特（eV）到1×10^{20}eV。能量在1×10^{14}eV以下的宇宙线是各向同性的；能量大于1×10^{14}eV，显示有些各向异性；能量大于1×10^{19}eV几乎所有的宇宙线都来自高银纬。

初级宇宙线进入大气层逐渐被吸收，它们与大气中的原子核作用产生各种射线，称为次级宇宙线。其中大部分是核子，少部分是介子，有p、n和π^{0}、η、π^{+}、K^{+}等介子。π^{0}或η介子衰变为高能γ光子，γ光子又在大气中电磁级联簇射，构成次级宇宙线中的电子、光子成分，它们容易被铅吸收，常称为宇宙线的软成分；π^{+}、K^{+}介子衰变产生次级宇宙线中的μ子成分，μ子寿命较长，它在物质中运动损失能量较小，因而有很强的穿透力，故称为宇宙线的硬成分，此外还产生中微子成分，主要是ν_{μ}。

宇宙线的起源和宇宙线在空间的运动（传播）彼此密切相关，相当一部分初级宇宙线的原子核产生于传播过程中。由于宇宙线带电粒子在运动过程中受到星际磁场的偏转和太阳风磁场的散射，而人们对于其中的过程的认识还不足，宇宙线的起源和传播的研究还有很多困难，尚属未解决的问题。宇宙线高能粒子应起源于各种高能天体或天体高能过程，太阳和其他恒星表面的高能活动、超新星爆发、脉冲星、类星体和活动星系等都可能是宇宙射线源。人们普遍认为大多数宇宙线粒子起源于银河系内；太阳耀斑爆发等高能过程伴随粒子发射，这种太阳活动只能产生宇宙线粒子中的一小部分，大部分宇宙线来自太阳系之外。银河系内普通恒星的粒子发射只能是宇宙线粒子的一个微不足道的部分，大部分宇宙线应产生于比普通恒星活动更剧烈的过程。超新星爆发是银河系内最猛烈的高能现象。这可能是宇宙线的一个重要来源。此外脉冲星也可能是高能宇宙线粒子的重要来源，而极高能宇宙线粒子可能起源于银河系外。

宇宙线物理学研究主要集中在天体物理、高能物理和日地空间物理三方面。

宇宙学 cosmology 天文学中把宇宙作为整体的结构，研究其成分、演化和起源的分支学科。观测上，它需要收集最遥远、最古老的天体的数据。理论上，它要求将基本物理规律作最大可能的外推。尽管有这些严格约束，宇宙学自20世纪以来终于成长为能够作出预言并进行检验的重要科学分支。

I.牛顿在17世纪末同R.本特尼的通信中，曾试图建立一个均匀各向同性的静态宇宙模型，而且认识到这种模型是不稳定的。1915年，A.爱因斯坦提出用广义相对论来解决牛顿引力理论和动力学与他的狭义相对论之间的冲突。广义相对论将引力同时空的几何性质联系起来，为现代宇宙学奠定了理论基础。两年后，爱因斯坦就大胆尝试应用它来建立整个宇宙的模型。为使宇宙保持静态，他在场方程中引入了一个相当于斥力的常数项，这个常数记作Λ，因为它只在宇宙学涉及的大尺度上才有明显影响，故称为宇宙学常数。A.弗里德曼和G.勒梅特分别在1922～1924年和1927年各自独立地建立了含物质但不带宇宙学常数的膨胀宇宙模型，这个模型称为弗里德曼宇宙模型和勒梅特宇宙模型，成为宇宙学标准模型的基础。1924年，E.P.哈勃通过造父变星的周期-光度关系测定了到仙女座大星云的距离，确认了它处于银河系之外，从而解决了旋涡星云本质的争论，宣告了河外天文学（又称星系天文学）的诞生。1929年，哈勃又发现大多数星系谱线的红移（若用多普勒效应解释即星系退行速度）同距离大致成正比，现称哈勃定律。它意味着宇宙在膨胀，从而动摇了宇宙整体静止的传统观念。

大爆炸模型被多数宇宙学家认可：过去某个时刻，通常称为大爆炸时刻，宇宙的空时曲率和物质密度都为无限大，又称奇点。至于宇宙未来的命运，则依赖于宇宙的密度是小于、等于还是大于临界密度。前两种情况下，宇宙将继续膨胀下去。对最后一种情形，宇宙将在某个时刻到达极大，然后收缩返回奇点。

宇宙学理论的命运取决于它如何应对观测的挑战。如果说在20世纪开始的时候还没有多少观测事实来约束宇宙学理论的话，那么21世纪开始的时候，新的越来越精确的观测数据正在源源不断地涌来，只有与这些观测数据拟合最佳者才能立于不败之地。

羽蛾 Pterophoridae; plume moth 鳞翅目羽蛾科昆虫的统称。小型蛾类。世界已知约1 000种，中国已记载150多种。体细瘦，常呈白、灰、褐等单一颜色，花斑多不明显。下唇须较长，向上斜伸；触角长，线状。前翅狭长，翅端分裂为2～4片，分裂达翅中部；后翅分裂为3片，常达翅基部，每片均密生

甘薯羽蛾

缘毛如羽毛状。静止时前、后翅纵折重叠成一窄条向前方斜伸，与瘦长的身体组成“Y”或“T”形。足极细长，后足显著长过身体，有长距，距基部有粗鳞片。成虫飞翔力强，白天活动，也有在傍晚或夜间活动的。有趋光性。

幼虫长圆筒形，头常缩入前胸；腹足细长，趾钩成单序环或中带，有次生刚毛或毛丛，常集聚在小瘤上。幼虫习性不一，有蛀茎、蛀花、蛀果、卷叶等，或者在叶片上取食咬成洞孔。中国常见的种类有甘薯羽蛾等。

羽毛 feather 鸟类表皮细胞衍生的角质化产物。被覆在体表，质轻而韧，略有弹性，具防水性，有护体、保温、帮助飞翔等功能，在个体识别以及求偶中有重要作用，也是一种保护色。成鸟的羽毛通常分为正羽、绒羽和纤羽等三种。

正羽包括被覆体外的大型羽片（廓羽）以及在翅和尾部着生的飞羽和尾羽。飞羽和尾羽的数目在同种鸟类中是恒定的。羽轴端部为羽根，深植于皮肤中。羽轴两侧斜生许多并行的羽支，各羽支两侧更分出排列整齐的羽小支。羽支远侧的羽小支的端部有成排的细钩，与羽支近侧的羽小支相钩结，组成扁平而有弹性的羽片，以保护身体。

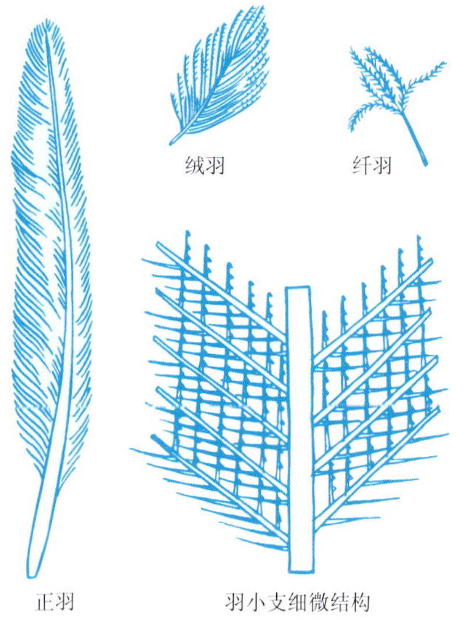

鸟羽

绒羽密生在正羽下面，羽支细长成丝状，着生于羽根的顶端。羽小支短，不具羽纤支或细钩，因此羽支蓬松成绒形。水禽绒羽比较发达，鸭绒就是这种羽毛。鹭类、鹦鹉类、鹰类往往具有一种特殊绒羽，稍一触动即碎成粉状，所以称冉羽，可用以除去体外寄生虫和污物。

纤羽羽轴细长且夹杂在正羽和绒羽之中，羽支和羽小支数目很少或者没有，是一种退化了的正羽。

平时鸟类对羽毛常加洗浴并用嘴梳整，啄尾脂腺分泌的油脂涂抹全身羽毛。鸟羽

每年定期更换，称为换羽；繁殖后所换成的羽饰称冬羽，冬季及早春所换的称婚羽或夏羽。

羽毛球 badminton 一项在室内外均可进行的小型球类运动。比赛时，一人或两人为一方，中隔一网，用球拍经网上往返击球，使球落在对方场地上或使对方击球失误而得分。这项运动器材设备简单，趣味性强，具有良好的健身效果。

据考证，在18世纪或更早些时候就已有类似现在流行的羽毛球运动。一般认为，现代羽毛球运动源于1860年在英格兰的伯明顿庄园内举行的一场游戏活动。故而，羽毛球的名字即以这个庄园的名称命名。1877年，第一部成文的羽毛球比赛规则在英国出版。1893年英国羽毛球协会创立。1899年英国羽毛球协会举办“全英羽毛球锦标赛”，之后每年举办一次，一直沿袭至今。20世纪初，羽毛球运动相继传到美洲、亚洲、大洋洲各国，最后传到非洲。1934年国际羽毛球联合会成立，首任主席是G.A.汤姆斯。国际羽联于1948～1949年度举办了第1届汤姆斯杯赛，于1956～1957年度举办了第1届尤伯杯赛，于1989年5月在印尼的雅加达举办了第1届苏迪曼杯赛。1977年，国际羽联决定在瑞典马尔默举办第1届世界羽毛球锦标赛。1978年2月，亚、非地区的发展中国家发起成立世界羽毛球联合会与国际羽联并存。1981年5月26日国际羽联和世界羽联合并，统称为国际羽毛球联合会。20世纪上半叶，欧美国家称雄世界羽坛。在1947年的全英羽毛球锦标赛上，丹麦取得了5个单项中的4项冠军，第二年又囊括了5个单项的全部冠军。美国于1949年首次夺得男单冠军后，女子又创造了第1、2、3届尤伯杯赛“三连冠”的辉煌成绩。与此同时，亚洲羽毛球运动日渐发展起来。40年代末至50年代初，马来西亚队连续夺得第1、2、3届汤姆斯杯赛冠军。从此，国际羽坛上亚洲运动员雄起。50年代后期，印度尼西亚在第4届汤姆斯杯赛中击败马来西亚队获得冠军。此后又连续获得第5、6届汤姆斯杯赛冠军。60年代中期，中国羽毛球运动开始走向世界。曾在双边比赛中两度击败世界冠军印度尼西亚队并

女子双打比赛场面

连续战胜北欧劲旅丹麦队和瑞典队等强队，一度被誉为“无冕之王”。1981年中国成为国际羽毛球联合会的正式会员之后，亚洲选手占据了世界羽毛球运动的优势地位。1992年，羽毛球运动经过一百多年的发展被正式列为奥林匹克运动会的比赛项目。世界羽坛正出现一个欧亚对抗、群雄纷争的局面。现代羽毛球运动于20世纪初传入中国。1956年5月，在天津举行了第1次全国羽毛球赛，之后每年举行1次。1982年，中国男队首次参加汤姆斯杯赛，即捧杯凯旋，至2008年已7次夺杯。1984年，中国女队勇夺尤伯杯后又10次捧杯，到2008年创造了两个“六连冠”的纪录。1995年夺得苏迪曼杯，至2007年6月已连续6次获得该杯赛冠军。2000年第27届奥运会勇夺4枚金牌。2004年第28届奥运会和2008年第29届奥运会均获得3枚金牌。

羽毛球竞赛分男子、女子团体，男子、女子单打，男子、女子双打及混合双打共7项。团体赛比赛形式有3场制和5场制；单打和双打每场比赛采用3局2胜制，不受时间限制。男子单打和双打都以15分为1局。女子单打、双打和混合双打是11分为1局。2005年底，国际羽联推出21分赛制改革，试行3个月后，于2006年5月6日在东京举行的年度代表大会通过决定，废除使用数十年的15分制，至此，21分赛制正式在所有羽毛球比赛中实行。21分制规定，单打与双打均无争发球权说，而是每球得分，20平后，以先得2分者为胜。每场比赛3局2胜制不变，每赛完一局，或在决胜局（第3局）中有一方先得10分时，双方交换场地。

羽毛球比赛场地呈长方形，长为13.4米，单打场地宽5.8米，双打6.1米。球重4.74～5.5克，用16根羽毛插在半球形的软木托上，木托的直径为2.5～2.8厘米，托外包一层薄羊皮。羽毛球拍重95～120克，用合金或木料制成。球拍框为椭圆形，长不超过28厘米，宽不超过22厘米，拍面用化学线或羊肠线穿织而成。拍柄长39.5～40厘米，总长不超过68厘米。一场正规比赛需要裁判员1人，发球裁判员1人，司线员2～4人，计分员1人。重大比赛司线员要10人。

羽绒 feather and down 广义指生长在水禽体表的羽毛绒。通常指鸭、鹅身体表面生长的绒朵及羽毛。按来源可分为鸭绒和鹅绒。按颜色可分为灰鸭绒、白鸭绒、灰鹅绒、白鹅绒。中国东北产的白鹅绒是羽绒中的上品。

羽绒是纯天然的动物纤维。它具有鳞片状叠夹的特殊结构，包容大量饱和的不流动空气，形成阻断冷热气体的天然屏障，有着良好的保暖性能，是世界上保暖性能最好的天然填充料。

羽绒由绒朵和羽毛组成。含绒率指绒朵在羽绒中所占的比重。含绒率30%以下为中低绒，含绒率30%以上为高绒。羽绒在制成合格的填充料之前，必须经过预分、除灰、水洗、脱水、烘干、高温消毒杀菌、除臭、分毛、拼堆等工序，最后制成符合制品标准的成品绒。

羽螅总科 Plumularioidea 刺胞动物门水螅虫纲水螅虫目一总科。约500种，统称羽螅。分为海羽螅科、克羽螅科、羽螅科和美羽螅科4科。分布于世界各海区，从潮间带到7 000米的深海底，在中国海域约有50多种。羽螅群体为羽毛状、茅草状、灌木丛状或树状，易与海藻混淆。螅鞘无柄，但有明显的鞘底，无口盖，两侧对称，着生在水螅分枝上，有时也着生在螅茎上，但总是生在一侧，排成一列。芽体有一圈丝状触手和一圆锥状垂唇。有刺丝体，外有刺丝鞘保护。生殖体为固着的孢子囊，外有生殖鞘保护。

营底栖生活，其中有些是底栖生物中的优势种，数量很大，常常是构成某些底栖生物群落的特征种。这类刺胞动物中许多种的刺细胞毒性都较强，对水下作业人员有危害，触及人体时常引起红肿皮炎，是一类著名的有毒海洋动物。

雨 rain 从云中降落下来的液态水滴。雨滴的直径一般为0.5～6毫米。小雨滴呈球状，直径在1毫米以上的雨滴呈扁球形。雨滴越大，形状越扁平。单位体积内的雨滴个数一般随其直径的增大按指数规律递减。

雨按雨量大小可分为：小雨（24小时内雨量不到10毫米）、中雨（10.0～24.9毫米）、大雨（25.0～49.9毫米）、暴雨（50～99.9毫米）、大暴雨（100～199.9毫米）、特大暴雨（200毫米以上）。按降水过程可分为连续性雨和间歇性雨。持续时间长、强度变化小的雨称连续性雨，时降时停或强度时大时小、雨滴大小不匀的称间歇性雨。细小而十分均匀的稠密液态降水称为毛毛雨。毛毛雨飘浮在空中，难以用眼睛分辨其下落情况。过冷的雨滴与空中或地面物体碰撞而冻结则称为冻雨。冻雨能造成飞机表面严重积冰，威胁飞行安全。

雨果 Hugo, Victor（1802-02-26～1885-05-22） 法国作家、政论家和文艺理论家。生于贝桑松，卒于巴黎。1819年创办刊物《文学保守者》。1822年发表《颂歌和杂咏》，翌年再版时改名为《颂歌集》，因歌颂王室和天主教获路易十八赏赐的年俸。以后他连续发表了情节恐怖的小说《冰岛的汉》（1923）、描写18世纪末法国殖民地黑人暴动事件的小说《布格·雅加尔》（1826）等。

1827年，雨果发表剧本《克伦威尔》，在《〈克伦威尔〉序》中抨击了古典主义戏剧只写“崇高文雅”等清规戒律，力图扩大艺术表现的范围，提出了将滑稽丑怪与崇高优美进行对照的原则，成为**浪漫主义**文学的宣言，雨果也因此被公认为浪漫主义运动的领袖。他1830年上演的剧作《**艾那尼**》具有强烈的反封建倾向，打破了古典主义在悲喜剧之间设立的界限，在上演时曾引起观众之间的争斗，被视为浪漫主义战胜伪古典主义的标志。

早期小说《一个死囚的末日》(1829)呼吁废除死刑，流露出人道主义思想。长篇历史小说《**巴黎圣母院**》(1830)猛烈抨击教会的虚伪和黑暗、司法制度的不公和残酷，在艺术上集中体现了雨果的“美丑对照”原则。

雨果在19世纪40年代以前发表的诗作有《东方集》(1829)、《秋叶集》(1831)、《黄昏歌集》(1835)、《心声集》(1837)以及《光与影集》(1840)，注重对诗句形式和语言的革新，带有浪漫主义色彩。

与此同时，雨果还发表了一系列浪漫主义的戏剧，如《玛丽蓉·德·洛尔墨》(1831)、《国王取乐》(1832)、《玛丽·都铎》(1833)、《吕伊·布拉斯》(1838)等，表明雨果具有民主主义思想。但1843年发表的剧本《城堡里的伯爵》由于情节离奇和人物怪诞而上演失败，宣告了浪漫主义戏剧的结束。

1841年雨果当选为法兰西学院院士，1845年被国王授予“法兰西世卿”的称号。1851年因反对路易·波拿巴恢复帝制，被迫流亡国外达19年之久。在流亡期间写出了《小拿破仑》(1852)等揭露和嘲骂拿破仑三世的小册子，同时发表了辛辣讽刺拿破仑三世背信弃义的《惩罚集》(1853)、题材多样的《静观集》(1856)和大型史诗《历代传说》(1859)等诗篇。

雨果以诗人的目光去观察世界，他的小说具有浪漫主义的特色。但又着力揭露不公正社会现实。长篇小说《**悲惨世界**》(1862)就是通过许多现实主义的场面和细节，描写了主人公冉阿让等穷苦人民的悲惨遭遇，对社会的黑暗和司法的不公提出了强烈抗议，宣扬了人道主义思想，堪称现实主义和浪漫主义相结合的典范。其他小说如《海上劳工》(1866)和《笑面人》(1869)，内容丰富、情节感人，蕴涵着向非正义宣战的浪漫主义激情，因而具有震撼人心的艺术力量。

1874年发表的长篇小说《九三年》，宣扬了“在绝对正确的革命之上，有一个绝对的人道主义”、“在人世的一切问题之上，还有人心的无限仁慈”的观点，具有进步的意义。

雨果晚年完成了诗集《做祖父的艺术》(1877)和《历代传说》的二、三集(1877、1883)等作品。

雨花石 Yuhua stone 一种**观赏石**。因产于南京的雨花台而得名。其形成的地质年代，约在距今1 200万年前至300万年前的第三纪晚期至第四纪早期。先期形成的各种硅质岩石和矿物，经风化、破碎、流水搬运，沉积而成雨花台砾石层，雨花石即为产于其中的砾石。砾石被磨蚀成浑圆状，其主要组成矿物为**玛瑙**、**玉髓**、**蛋白石**、碧玉、**燧石**、**水晶**等。石质坚硬，温润细腻，色彩缤纷，纹理奇妙，意蕴无穷。为欣赏和收藏的奇石名品。

雨花台烈士陵园 Cemetery of Revolutionary Martyrs at Yuhuatai 中国革命纪念建筑物。位于江苏南京雨花台区。传说六朝梁武帝时云光法师在此地讲经，感动天神，

北殉难处9位烈士雕像

落花如雨，故称此地为雨花台。1927～1949年，约有10万革命志士殉难于此。中华人民共和国建立后，为缅怀革命先烈，建立了烈士陵园。1988年国务院公布为全国重点文物保护单位。陵园包括雨花台主峰等5个山冈，面积113公顷，以主峰为中心形成南北中轴线。纪念馆坐落在主峰南面任家山上，馆内陈列烈士的遗物、遗像和文物史料。纪念碑坐落在主峰峰顶，方形碑体，高42.3米，正面镌刻邓小平手书“雨花台烈士纪念碑”金字，碑前立“宁死不屈”烈士铜像。北殉难处烈士雕像包括9位烈士形象，表现了烈士视死如归的浩然正气。园内还有“四一烈士墓”、“望江矶烈士墓”和安葬**项英**、袁国平、周子昆的“三烈士墓”等。

雨量器 rain gauge 测定降水量、降水时数和降水强度的仪器。降水量是指从天空降落到地面的液态或固态(经融化后)的水在水平面上积累的深度，以毫米为单位。降水时数是指降水实际持续时间。降水强度是指单位时间的降水量。降水测量的主要仪器如下。

雨量筒 观测降水量的仪器。它由雨量筒(图1)和雨量杯组成。雨量筒用来承接降水，它包括承水器、储水瓶和外筒。雨量杯为一特制的有刻度的量杯，其口径和刻度与雨量筒口径成一定比例关系。

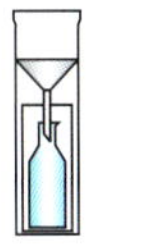

图1 雨量筒

虹吸式雨量计 用来连续记录液体降水的仪器。它由承水器、浮子室、自记钟和外壳组成(图2)。有降水时，降水

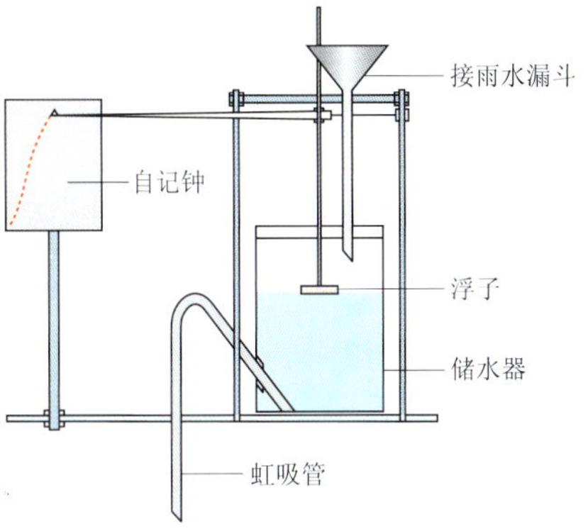

图2 虹吸式雨量计

从承水器经漏斗、进水管引入浮子室，降水使浮子上升，带动自记笔在钟筒自记纸上画出记录曲线。当自记笔尖升到自记纸刻度的上端时，浮子室内的水恰好上升到虹吸管顶端，虹吸管开始迅速排水，使自记笔尖回落到刻度“0”线，又重新开始记录。

翻斗式雨量计 用来遥测并连续记录液体降水量的仪器。雨量计的核心是一对三角形的承雨翻斗(图3)，其中的一个翻

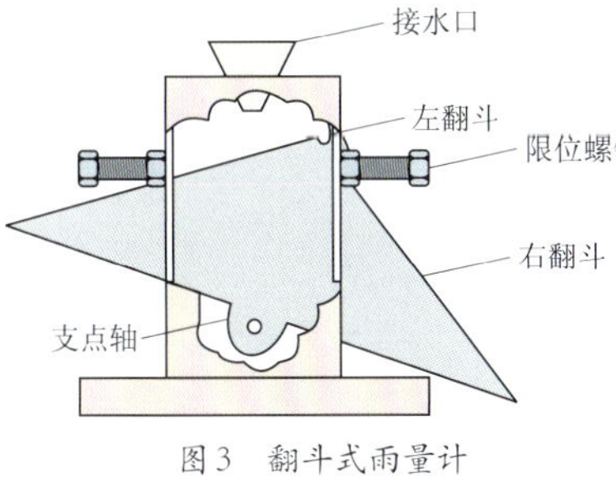

图3 翻斗式雨量计

斗先对准接水漏斗口，当翻斗盛满雨水后，重心的失衡使翻斗倾覆，将雨水倒出；与此同时，另一个翻斗对准接水漏斗口承接雨水。由翻斗交替次数和时间的记录可得降水资料。

雪量计 测量降雪水当量的仪器。降雪水当量指降雪中所含的液体水的深度，以毫米为单位。冬季降雪时，将雨量筒上的承雨器与储水瓶取下，换上承雪器。降雪直接降落在雨量筒内。每次观测时直接称其扣除筒重的降水重量，然后换成毫米降水量，或将其融化后用雨量杯量取。

雨蛙 *Hyla*; tree frogs/tree toad 雨蛙科雨蛙属动物的统称。因常在下雨前后大声鸣叫得名。有300余种。分布几乎遍布全球，以北美、中美、大安的列斯群岛、撒哈拉以北的非洲较多，欧洲和亚洲的物种少，东南亚热带区阙如。中国有8种和5个亚

白斑雨蛙

种，主要分布于东部地区，除山东、山西、宁夏、青海、新疆、西藏外，各省区均有分布。中国的雨蛙体形较小，雄蛙体长35毫米，雌蛙40毫米左右。其背面皮肤光滑，呈鲜绿色；吻部圆而高，瞳孔横椭圆形；指、趾末端多膨大成吸盘，其边缘有沟；趾间有蹼。体腹面多为黄白色；具颗粒状疣粒。

多生活在林缘灌丛、芦苇、高秆农作物上，或在塘边、稻田及其附近的杂草丛中。白天常匍匐在叶片上，黄昏或黎明时活动频繁，以蜂象、金龟子、叶甲虫、象鼻虫、蚁类或其他小动物为食。蝌蚪全长30毫米左右，两口角及下唇具乳突，尾鳍高而薄，上尾鳍多起于体背中部；在静水中生活3个月左右即变态成幼蛙，并登陆营陆栖生活。

雨燕 *Apus apus*; common swift 雨燕目雨燕科雨燕属的一种。又称楼燕。夏季分布于古北界和新北界。在中国，分布于新疆、青海、内蒙古、东北以至华北等地区。冬季迁往印度和非洲东部。体型似家燕。全长约180毫米。两翅狭长，飞时向后弯曲如镰刀一样。通体几乎呈纯黑褐色，在头顶、上背和腹部颜色更深，前额稍淡；颏和喉呈白色；喉周和翼缘的羽毛也具有白色狭缘。结群繁殖。以口涎混着羽毛、干草、杂屑等于寺塔、庙宇、城楼等墙壁的窟窿里营巢，巢呈杯状。捕食蚊、蝇、蚋等昆虫。

雨燕目 Apodiformes; swifts 鸟纲的一目。小型攀禽。分为两个亚目。蜂鸟亚目，仅有蜂鸟科，中国不产。雨燕亚目，下有2科：雨燕科，中国有4属8种，如雨燕；凤头雨燕科，仅有1属1种，即凤头雨燕。嘴形短阔而平扁，或细长成管状；翅尖长；尾大都呈叉状；跗跖短，大都被羽，足大多呈前趾型。雌雄相似。雨燕飞时张口捕食空中飞行的蚊、蝇等虫类。

禹 Yu; Legendary Emperor Yu 中国古史传说时代的古帝，史前先民抗御洪水的代表人物。古史相传禹是夏后氏的先祖，姒姓，鲧之子、夏后启之父，继舜为部落联盟首领，后东巡狩至会稽而卒，后世称之为夏禹。《竹书纪年》等传统编年史往往把禹作为夏王朝的开端，但是在古文献中，对禹除尊称为大禹，或因其族源与西方九州之戎有关而被称为戎禹外，仅称“伯”，而不称“后”。夏王朝是以启从益手中夺取了首领的职位并确立传子制而开始的，禹不是夏王朝的君后。

古代文献中多见禹治水的故事。相传帝尧时洪水滔天，用鲧治水九年不成。舜摄政后，殛鲧举禹，禹在益、稷协助下，一边根据地形用堙塞或疏导的方法治水，一边开发利用山林沼泽、发展农业生产，终于使得民有所食、万国为治、四海会同，他兴利除害，形劳天下的功绩得到了天帝的嘉奖，在人世间更被久久传颂。

大禹治水的故事见于《尚书》、《诗经》、《国语》、《左传》和不少周秦诸子，20世纪初发现了西周中期偏后的豳公盨，铭文中已记述了大禹治水的故事，为《吕氏春秋》说禹之“功绩铭乎金石，著于盘盂”提供实证，所述基本要点也与传世文献相合。说明文献记载虽然加上了后人的理解和诠释，却来源于口耳相传，而不是春秋以后人的编造。尤其是考古发现和研究成果表明，在夏文化之前的龙山文化时代，中华大地的各个历史文化区确实加强了联系，出现了文明因素的聚合，而且在一些地方也发现有洪水和灾变的迹象。

相传禹受舜禅位成为部落联合体的首领人物，或谓称为诸小邦的共主，这时已不再有平等的联合了，共主的权力已经凌驾于诸小邦首领之上。传说禹同样依禅让的原则选择了继任者，禅位于益，但禹子启僭取了首领职位，建立了夏王朝。

（宋）马麟作夏禹王像

总之，大禹治水的故事反映了真实历史的影子，禹首先是一支古族的杰出的代表人物，这支古族后来建立了夏王朝。禹因有功于民，死后被神化，配飨于帝。禹不仅是夏人的宗神，随着各古族以及部族集团的融合，这位抗御洪水的代表人物在历史上世代受到敬重。直到近代，不少地方都立有禹庙，在浙江绍兴还有传说的大禹陵。

禹城市 Yucheng City 中国山东省辖县级市。位于省境西北部。面积990平方千米。人口49万（2010），有汉、回等民族。唐天宝元年（742）设禹城县，意在纪念大禹曾在此率众治水。1958年并入高唐县，1961年复设禹城县。1993年撤县设市。由德州市代管。矿产以石油、天然气为主。盛产粮油、禽畜、棉花、花生、大豆、果品、桑蚕、蔬菜、肉类等。工业以纺织、机械、工艺品、建材、食品为主。历史悠久，是大禹治水之域、龙山文化发源地之一。名胜古迹有禹王亭遗址、邢寨汪遗址、八棱经幢、金代铁钟、汉槐冢等。

《禹迹图》 *Stone Map of Water Systems of Song Dynasty* 中国现存最早的石刻地图。齐刘豫阜昌七年四月（南宋绍兴六年，公元1136年5月）上石，现藏于西安碑林博物馆。图纵79厘米，横77厘米。石的背面倒刻《华夷图》。根据图上无宋元丰三年（1080）以后建置的行政区名以及在绍兴十二年（1142）镇江府府学教授俞篪立石的《禹迹图》（此图现存镇江博物馆，与现藏于西安碑林博物馆的《禹迹图》几乎完全一致）图上有“元符三年正月依长安本刊”等字，说明《禹迹图》的绘制时间不会早于元丰三年、晚于元符三年（1100），当在1081～1100年间。它是目前所见中国古代地图上最早出现计里画方的图。纵73方，横70方，共计5 110方，并注记“每方折地百里”。图上无山脉符号，而海岸线、山东半岛、雷州半岛、长江三角洲以及黄河、长江等轮廓都比较准确。所绘黄河出自积石，长江源为岷江，是受《尚书·禹贡》“导河积石”、“岷山导江”之说的影响。值得称道的是，图上所绘长江水系的上游金沙江大体正确。《禹迹图》和《华夷图》可能是当时供教学用的地图。

禹州市 Yuzhou City 中国河南省辖县级市。位于省境中部，颍河中上游。面积1 472平方千米。人口113万（2010），有汉、回、藏、苗、蒙古等民族。史称夏邑，相传是大禹的封地。秦置阳翟县。明万历三年（1575）改为禹州，据传大禹子夏启在此建立夏朝，故名。1913年改设禹县，1988年设禹州市。由许昌市代管。属暖温带大陆性季风气候。矿产资源有煤、铝矾土、耐火石、陶瓷土、石灰岩等。其中铝矾土储量2亿吨，含铝量70%以上，出口日、美、德等国。农作物有小麦、玉米、甘薯、油菜、花生、芝麻、烟草等。中药材有鹿茸、全虫、白夫

子等。泡桐、山羊板皮为出口产品。工业有煤炭、电力、机械、陶瓷、建材、化工、皮革、纺织、食品、制药、酿造等。始于唐、盛于宋的钧瓷远销国外。九天阿胶、全鹿丸等名贵中成药，畅销全国。名胜古迹有钧窑遗址、禹王锁蛟井、周定王墓、伯灵翁庙、怀邦会馆、张良洞、逍遥观、汉墓群，以及风景优美的水上公园——白沙橡胶坝水库等。

语法学 grammar 研究联词成句规则等制约语言行为规则的学科。一种语言的语法是该语言的语法规则的总和。语法研究的对象是制约语言行为的规则，但各研究者的出发点可以各不相同。大体上有下列各类：从研究方法看，有实证主义的语法和唯理主义的语法；从研究对象的时限看，有贯穿不同时期的历时语法和属于同一段时间的共时语法；从研究者的社会目的看，有规定性的语法和描写性的语法；从研究者的教育目的看，有供语言学研究的语法和教学用的语法；从所研究的语言范围看，有普遍语法和语别语法。

语法学要研究语法范畴，即语法意义的一些种类，包括词类、性、数、格、人称、式、时、体、态等，它们各有不同的语法形式。语法学还要研究语法单位和语法结构。语法分析通常分层次进行，不同的层次有不同的单位。最低层是词素，高一层是由一个或一个以上词素组成的词，再高一层是词组、分句、句子，后三项都由前一个层次的一个或一个以上单位组成。句子之上还可以立语段，由一个或一个以上句子组成，但语段一般作为语用学的单位考虑。每个单位和层次都处于一定的结构中。

当代语法理论提高到用一定的语言观解释语言的内部关系。主要有法位学语法、系统功能语法、格语法、层次语法、转换生成语法、依存语法、孟德鸠语法、广义词组结构语法、词汇-功能语法、关系语法等。

语录体 quotation style 直接记录讲学、论政，以及宣教者的言谈口语的一种文体。又称记言体。在中国散文发展中，记言体是出现得最早的。如古老的历史文献总集《尚书》，主要是记言散文。至春秋战国时期，诸子之学兴起，哲人学者或聚徒讲学，或与时人辩论，由其弟子们加以记录，汇集成编，遂成语录体著作。如《论语》、《孟子》就是孔子、孟子讲学和与时人对答的记录。先秦史书，除《尚书》外，《国语》、《战国策》虽叙史实，但也以记言为主。汉以后，语录体著作逐渐稀少。语录体文虽出现颇早，但“语录”这一名称却至唐代方有。唐代孔思尚有《宋齐语录》10卷，是为“语录”称谓之始。宋代理学家讲学授业，弟子往往直录其语，如程颐、程颢有《二程语录》，朱熹有《朱子语录》等。另外，摘编某人的著作、文章的片段，汇集成册，又称“语录”，但这已不是语录体的原意了。

语丝社 Threads Society 中国现代文学社团。因编辑出版《语丝》周刊得名。他们没有明确的组织机构，一般指刊物的编辑者及主要撰稿人而言。该刊于1924年11月17日在北京创刊。由孙伏园、周作人先后主编。主要撰稿人有鲁迅、周作人、林语堂、钱玄同、刘半农、章衣萍、冯文炳、俞平伯、江绍原等。1927年10月，《语丝》被奉系军阀张作霖查封。同年12月在上海复刊。先后由鲁迅、柔石、李小峰主编。主要撰稿人为鲁迅、周作人、章衣萍、韩侍桁、杨骚、陈学昭等。1929年9月自第5卷第27期起，改由北新书局编辑。1930年3月10日出至第5卷第52期停刊，共出260期。《语丝》以发表短小犀利、针砭时弊的杂感、短评、随笔为主。其特色是“任意而谈，无所顾忌，要催促新的产生，对于有害于新的旧物，则竭力加以排击——但应该产生怎样的‘新’，却并无明白的表示，而一到觉得有些危急之际，也还是故意隐约其词”(鲁迅《三闲集·我和〈语丝〉的始终》)。这种注重社会批评和文化批评的随笔文体，又称“语丝体”，在现代散文发展中影响甚大。语丝社成员创作风格也各有不同，除了议论性的杂感以外，也有林语堂所倡导的幽默小品文创作和像孙伏园的《伏园游记》、川岛的《月夜》等抒情小品佳作。

语体诗 poem written in the vernacular “五四”新文化运动以后，用接近口语的白话体所创作的诗歌。见新诗。

语言 language 人类特有的一种符号系统。作用于人与人的关系时，是表达相互反应的中介；作用于人和客观世界的关系时，是认识事物的工具；作用于文化时，是文化信息的载体。

人的语言有4个特点，即可分节性、可组织性、理智性和可继承性。在语言这个符号系统中，符号与符号之间的关系受规则制约，这可以用两条轴线来说明：横线代表组合关系，竖线代表聚合关系。横线组合体现语言的规则性。竖线聚合体现语言成分的可代替性和可选择性。语言作为一个符号系统是相当稳定的，其构成要素也是有限的；但通过运转机制表现出来的言语形式是活动的，数量是无限的。

现代人类学家认为：生物的心智要在漫长的历史时期里才能发展起来，大体上有4个阶段：①简单反射阶段，②条件反射阶段，③工具阶段，④符号阶段。使用语言符号对外部世界实行控制，只有人才能做到。考古学家据出土化石推测，在30万～10万年前，人开始有了语言。语言学家研究语言，曾提出了不同的语言结构模式。这些模式有中国古典词汇学的模式、希腊古典语法学模式、F.de索绪尔的组合与聚合模式、N.乔姆斯基的转换生成模式、韩礼德的社会语言学模式和美国W.布赖特的文化模式等。

语言学 linguistics 以人类语言为研究对象的学科。探索范围包括语言的结构、语言的运用、语言的社会功能和历史发展，以及其他与语言有关的问题。

传统的语言学称为语文学，以研究古代文献和书面语为主。现代语言学则以研究当代语言和口语为主，兼顾其他方面，研究的范围大大拓宽。现代语言学是一门独立的学科。广义的语言学包括语文学。研究语言在某一时期的情况，称为共时语言学。研究语言在不同时期所经历的变化，称为历时语言学或历史语言学。对多种语言作综合研究，试图找出其中的共同规律，称为普通语言学。把语言学知识运用于实际工作，称为应用语言学。通过语音和词形的比较追溯某些语言的亲属关系，称为历史比较语言学。用比较方法发现人类各种语言的某些共同现象，称为类型语言学。为了解决教学或翻译问题而对比两种语言的异同，称为对比语言学。语音、语法、词汇及文字这些学科都注目于语言的结构本身，是语言学的中心，有人称为微观语言学。研究语音的物理属性、人类的发音方法、语音感知的生理过程等的是语音学；研究一种语言有多少个不同的音，彼此之间有何区别和关系的是音系学或音位学。研究词的构成方式和屈折方式的是形态学，亦称词法；研究如何把词组成短语或句子的是造句学，亦称句法。按传统说法，形态学和造句学合起来就是语法学。研究词汇项目、词汇意义、词语演变的是词汇学；追溯词的来源和历史的是词源学；搜集许多词项，把它们分类、比较、注释的是词典学。研究词项与概念及指称对象的关系，揣摩各种词义的异同、正反、上下、交叉等关系，剖析整个句子或其中某些成分的意义，这是语义学。研究文字的形状、体系、起源、演变和发展的学科是文字学。

语言教学是语言研究的动力，又是语言理论发挥作用的场所。语言教学分为第一语言教学，第二语言教学和外语教学。第一语言教学，所教的是母语。第二语言教学在双语社团中进行，既教母语，又教另一种语言。在外语教学中，学生所学的是外国语。翻译要求把原以某种语言写成的作品用另一种语言表达出来。使用同一民族语言，语音、词汇、语法格式也会因地区而异，因使用者的社会地位而异，还会因交际场合和使用目的而异。研究这些问题的是社会语言学。与社会语言学关系密切的是方言学。研究区域方言的学科称为方言地理学。语体学近似社会语言学，研究在不同条件下语言使用的语体差异。文体学研究如何造成不同的文章风格。与此近似的传统学科是修辞学，包括雄辩术和作文法。文体学可以说是现代的修辞学。心理语言学从语言出发研究心理，摸索语言与感知、注意、记忆、学习等心理作用的关系。神经语言学探索人们学习语言、运用语言的神经学基础，试图做出人脑控制言语和听觉的模拟。研究伴随着语言交际而发生的种种现象的学科，称为副语言学，亦称伴随语言学。人类语言学研究社会制度、宗教信仰、职业、亲属关系等对语言习惯的影响以及语言对这些东西的或多或少的影响。民族语言学只研究民族类型、民族行为为程式与人们的语言之间的关系。数理语言学是研究语言中的数学性质的学科。使用数学方法研究语言，最初是统计音素、语素、词汇等项目，后来人们运用数量计算学并使用各种模式来处理语言材料。数理语言学目前包括代数语言学、统计语言学和应用数理语言学。计算语言学阐明如何利用电子计算机来进行语言研究，其项目有统计资料，检索情报，研究词法、句法，识别文字，合成语音，编制机助教学程序，进行机助翻译等。

语义学 semantics 研究自然语言中词语意义的学科。也可以指对逻辑形式系统中符号解释的研究。发展趋势是两者汇流，相得益彰。语义学有以下5个分支。①哲学语义学。这是哲学家对自然语言的语义的研究，围绕着什么是意义这一难题展开。古希腊时代柏拉图提出，词语的意义就是其所指对象。这种观点称为指称论。有些哲学家如D.戴维森提出，语句的意义与命题的真假有关。这种观点称为真值论。L.维特根斯坦反对真值论，认为词的意义是它在语言中的用法。他的理论叫做用法论。到目前为止，关于什么是意义的争论，还在进行。②历史语义学。语文学家早就关注语义问题，尤其是词义演变问题。中国和西方学者都作过大量而细致的词源和训诂研究。③结构语义学。在结构主义理论影响下，一些语义学者由历时性的研究转向共时性的研究，由研究一个词的语义变化转向研究词与词的语义关系。④生成语法学派语义学。目标是描写和解释人们的语义知识，同时，也描写一切词组和一切句子的意义。⑤孟德鸠语义学。认为了解一个句子的语义就是了解该句子是否符合真值条件，是否真实反映世界上的情况。

语音信号处理 speech signal processing 以语音学和数字信号处理为基础的综合性学科。包括语音的识别、合成、编码、增强等。对语音信号处理的研究起源于对发音过程的模拟，即建立能够描述语音产生过程和语音特征的数字模型，利用这些模型对语音信号进行分析和合成。在对语音信号分析合成的基础上，研究具有听觉功能的装置。语音合成是将以其他方式表示或存储的信息转化为语音，能够通过听觉方便地获得。语音编码是在充分利用人耳听觉特性的基础上，采用信源编码技术消除语音信号的冗余度，高效地对模拟语音信号进行数字表达。语音增强是从带有噪声的语音信号中提取尽可能纯净的原始语音，提高语音可懂度。语音信号处理的研究成果已应用于各个领域，如工业生产中的语控技术，移动通信中的语音编码、保密通信，刑事侦查中的声纹鉴定，聋哑病情诊断以及智能人机交互接口等。

语音学 phonetics 研究人类语言声音的语言学分支学科。主要研究语言的发音机制，语音特性和在言谈中的变化规律。现代语音学的研究需以自然科学和社会科学知识为基础。早期的语音学研究在多数情况下只是为了语言教学的需要以及出于语言研究的兴趣。后来由于医疗器械的完善，人们能观测发音器官的动作和功能，从而发展了生理语音学。由于声学仪器的发展，从前许多只能耳听的语言现象现在不但可以目测，而且可以用人工来合成，于是有了声学语音学。由于心理测验方法的改善，思维和听觉神经生理研究的日趋进步，言语控制、听觉反馈中的语音规律被分析得越来越深入，又产生了感知语音学（或心理语音学），并发展为神经语音学。这是从研究手段来看的现代语音学的三大分支。近些年来，由于进入信息时代和人机对话的需要，孤立研究语音已不能满足要求，又提出了语言学的语音学。语音学的研究对象，传统上一般只限于元音、辅音、声调、重音以及节奏、音变等，这些都属于定性研究。近来又加强了语音韵律特征的综合研究和定量研究。语音学的应用除教学和语言学研究外，已遍及与人类语言有关的各个学科。

庾肩吾 Yu Jianwu（487～551） 中国南朝梁代作家。字子慎。祖籍新野（今属河南）。初为晋安王萧纲常侍，此后，萧纲每有徙镇，庾肩吾常随府升迁。历任中郎，云麾参军，并兼记室参军。中大通三年（531），萧纲为皇太子，命庾肩吾兼东宫通事舍人，是宫体诗的重要作者。次年，至荆州任湘东王萧绎录事参军，领荆州大中正，预修《法宝联璧》。太清二年（548），侯景寇陷京都，立萧纲为傀儡皇帝，任命庾肩吾为度支尚书。后逃入建昌界，赴江陵，不久病卒。《隋书·经籍志》著录原集10卷，《采璧》3卷，均已亡佚。明人张溥辑有《庾度支集》。今存诗80多首，多应酬侍宴之作，《先秦汉魏晋南北朝诗》辑录。其中在侯景之乱中所作部分诗歌，不乏苍凉之感。存文40篇，《全上古三代秦汉三国六朝文》辑录。庾肩吾又是书法家，著有《书品》，今存于世。历述书法源流，评论张芝、钟繇、王羲之以来书法家128人，分列九品。

庾亮 Yu Liang（289～340） 中国东晋政治家、文学家。字元规。颍川鄢陵（今河南鄢陵）人。晋明帝妻庾后之兄。永嘉五年（311）被镇东将军司马睿征召任命为西曹掾，后转任丞相参军，封为都亭侯。参与讨伐王敦的叛乱。太宁三年（325），与王导辅立成帝。咸和九年，庾亮都督江、荆等六州诸军事，领江、荆、豫三州刺史，进号征西将军，镇武昌。他谋求收复中原，未成身死。庾亮美姿容，善谈论，性好庄老，风格峻整。能诗。其诗受玄风浸染颇深。但均不存。今只存几篇散文，《文选》收录其《让中书令表》。以国事为重的诚意在表中灼然可见，文章写得明白晓畅，有异于一般典重的表奏之文。《隋书·经籍志》载有"晋太尉《庾亮集》21卷"，今不存。其文收入严可均《全上古三代秦汉三国六朝文》。

庾信 Yu Xin（513～581） 中国南北朝后期文学家。字子山。南阳新野（今河南新野）人。梁代宫体诗人庾肩吾之子。梁武帝时任尚书度支郎中、通直散骑常侍等职，曾奉命出使东魏。武帝末，遇侯景叛乱，庾信时为建康令，战败逃至江陵，投奔梁元帝。承圣三年（554），奉命出使西魏，被西魏扣留在长安。此后，历仕西魏、北周，官至骠骑大将军，开府仪同三司。世称庾开府。庾信的创作，以42岁为界分为前后两期。前期仕梁，常随其父庾肩吾及徐摛、徐陵父子出入宫禁，以写绮丽淫靡的宫体诗闻名，时称徐庾体。作品多奉和之作，内容贫乏。但他的咏物和抒情小赋，如《春赋》、《对烛赋》、《荡子赋》等，自然清丽，在赋的发展史上占有一定的地位。后期羁留北方，位虽显达，但因国破家亡，屈仕异国他乡，生活环境和思想感情发生了很大变化，其创作也一扫前期的绮罗香泽之态，表现出孤独寂寞的羁旅漂泊之感和对故国的深情怀恋。这个时期的诗歌代表作是《拟咏怀》27首，虽属模拟阮籍，实则全是感叹自己的身世。除此之外，《乌夜啼》、《和张侍中述怀》及一些赠别小诗，如《寄徐陵》、《寄王琳》、《重别周尚书》等，也表达了同样的感情。庾信是南北朝文学的集大成者。后期诗歌融和了南朝的秀丽、细腻和北朝的雄浑、高远，形成了独特的风格，取得突出成就。正如杜甫所说："庾信平生最萧瑟，暮年诗赋动江关”（《咏怀古迹》），“庾信文章老更成，凌云健笔意纵横”（《戏为六绝句》）。庾信也是继往开来的诗人。他的诗辞藻秾丽，音韵和谐，用典灵活准确。其五言与七言诗，在章法、句法、对仗等方面都已接近于唐的五、七言律绝，为唐代诗歌的发展铺平了道路。庾信在辞赋方面的成就并不亚于诗歌。历来论者推崇他为六朝首屈一指的骈文家。《哀江南赋》是他的代表作，《小园赋》、《伤心赋》等也颇有名。《哀江南赋》辞情凄恻，可以说是梁代的兴亡史，也是作者的自叙传。今存《庾子山集》，见于《四部丛刊》。另有明代张溥所辑《庾开府集》，收入《汉魏六朝百三家集》。

玉蟾岩遗址 Yuchanyan 中国新石器时代早期洞穴遗址。位于湖南道县寿雁镇。1993年起发掘。年代约为公元前1.2万～前1万年。洞穴中有多处灰堆遗迹，是原始先民

复原后的绳纹圜底釜形陶器

烧火所留下。出土的打制石器以锄形器比较重要。还发现骨铲、角铲和骨锥，以及很少量火候低、胎厚夹粗砂的陶片，用泥片贴筑法制成。当时的经济生活以发达的渔猎采集为主，洞穴中有大量食剩下的陆生、水生动物遗骸和植物果核。发现有水稻植硅石和4枚稻壳，其中2枚兼有野、籼、粳稻特征，属最原始的古栽培稻类型，为迄今所知世界上最早的栽培稻实物。遗址的发掘对了解稻作农业和陶器的起源有重要价值。2001年国务院公布为全国重点文物保护单位。

玉牒 中国皇帝的宗谱。清代《玉牒》记载了自显宗皇帝塔克世以下子孙名谱，其中有婚嫁、生育、继嗣、封爵、授职、升迁、降革及死亡，大体以帝系为统，长幼为序，男女各按宗支、房次等进行排列，规定10年修造一次。

玉皇大帝 Jade Emperor 中国道教天神。四御之首位，全称“昊天金阙无上至尊自然妙有弥罗至真玉皇上帝”。“玉皇”的神格，在唐以前并不显赫，而到了宋代，却有了不同。宋皇室的多次造神与显灵多依托于玉皇，真宗于大中祥符八年（1015）上玉皇

封号为“太上开天执符御历含真体道玉皇大天帝”，而徽宗又于政和六年（1116）加封为“昊天玉皇上帝”，将中国古代历朝帝王的“昊天上帝”崇拜与“玉皇大帝”合为一体，从此道教神仙谱系形成了以玉皇大帝为首的昊天三界尊神、四御、六御等体系，并称之为“元始为三教之首，玉帝为万法之宗”。这表明玉帝在天统率天神圣尊，为总执天道之神。

玉兰 *Magnolia*; yulan magnolia 木兰科玉兰属植物的统称。落叶或常绿乔木或灌木。全属植物约90种，分布于中国、日本、马来半岛及北美、中美洲。中国产30余种。

玉兰叶互生，大而全缘。花两性，单生枝顶，早春先叶开放，花大，纯白色，芳香。雌雄蕊多数，螺旋状着生于伸长的花托上。蓇葖果聚合成球果状，各具1～2粒种子。性喜温暖湿润气候和肥沃、深厚、偏湿而排水良好的酸性至中性土壤。多喜光，有的种类可耐半阴。耐寒性因种类不同而异，一般常绿种类耐寒性较差，落叶种类则较强。在中国，山玉兰多在华南露地栽培，广玉兰主要栽培于长江流域以南，而落叶玉兰类如玉兰则可在北京露地栽培。紫玉兰耐寒性略强于玉兰，二乔玉兰的耐寒性又远较二者为强。

园林栽培孤植或丛栽均可。玉兰等的花瓣可供佐餐食用。玉兰、紫玉兰等的花蕾可入药。玉兰树木材质优良，可供制家具及细木工等用。

玉林市 Yulin City 中国广西壮族自治区辖地级市。位于自治区东南部，东南邻接广东省。辖玉州区、容县、陆川县、博白县、兴业县，代管北流市。面积12 839平方千米。人口671万（2010），有海外侨胞、港澳台同胞近100万。秦置桂林郡，西汉元鼎六年（前111）改为郁林郡，唐改郁林州。清雍正三年（1725）改为郁林直隶厅。1913年改为郁江道。1949年设郁林专区。1971年改玉林地区。1983年设县级玉林市。1997年设立地级玉林市。矿产有高岭土、石灰岩、萤石、铁、钛铁、硫磺、金、银等，高岭土蓄量占广西第一。农作物有水稻、荔枝、龙眼、沙田柚、香蕉、菠萝、金橘、木瓜等。特产有参茸鸡、荔枝酒、大头蒜、毛尖茶等。工业有机械、建材、陶瓷、食品、制药、化工、卷烟等。以工业品、服装市场、中药材市场闻名全国。名胜古迹有水月岩、万花楼、寒山寺、石嶷山、龙泉洞、天门关等。

玉龙纳西族自治县 Yulong Naxi Autonomous County 中国云南丽江市辖自治县。位于省境西北部，东临金沙江，北隔金沙江与四川省相望。面积6 521平方千米。人口21万（2010），有纳西、汉、白、傈僳、彝等民族。元至元十三年（1276）为丽江军民总管府，二十二年改为丽江宣抚司。明洪武十五年（1382）设丽江府，三十年升为丽江军民总管府。清乾隆三十五年（1770）增置丽江县。1912年废府留县。1961年成立丽江纳西族自治县，2002年改置玉龙纳西族自治县。矿产有铜、铁、铅、砂金、大理石、煤等。农业主产玉米、大麦、油菜子、烤烟、苹果、梅等。畜牧业以生猪、马骡等为主。“丽江马”为全国优良马种之一。产核桃、板栗、花生等。工业有酿造、皮革、造纸、木材加工、机械、制药、民族用品等。交通以公路为主。名胜古迹有玉龙雪山风景名胜区、万里长江第一弯、虎跳峡、宝山古石城等。

玉龙雪山 Yulong Snow Mountain 中国西南地区云岭中段的断块山地。位于云南省丽江纳西族自治县境西部。共有高耸峻陡的雪峰13座，主峰扇子陡海拔5 596米。西侧金沙江沿断裂带深切，形成著名的虎跳

玉龙雪山景观

峡大峡谷。山顶常年积雪，具有古代及现代冰川发育的地貌形态，角峰、冰斗、冰川槽谷和各种冰碛物均较典型，直达丽江盆地边缘；而西坡现代冰川正在退缩中。山麓有由冰水汇集成的玉龙湖。植被保存较好，垂直分布较明显。山麓至山顶大致分布有阔叶杂木林、阔叶针叶混交林、冷杉林、云杉林、杜鹃箭竹灌丛和高山草地，海拔4 500米左右为雪线。玉龙雪山多特有植物，如丽江云杉、丽江榆树等。山中针叶林植被已辟为保护区。药用植物极其丰富，有400多种，并多珍贵中药材，如冬虫夏草、贝母等。高山花卉除杜鹃、报春外，尚有龙胆花、百合花、兰花等。

玉门关 Yumen Pass 中国古代关隘。西汉武帝时置，位于河西走廊西端，因地处西域玉石东输中原的要道而得名。故址在今甘肃敦煌市西北小方盘城，遗迹尚完好，版筑，四方形，北、西两面有门，每面长30米，高约10米。20世纪初以来，多次在遗址或附近发现汉代简牍，其中不少记有“玉门关”字样，为遗址是古玉门关的有力佐证。一说原在甘肃玉门市西北赤金堡附近，武帝太初二年（前103）李广利远征大宛（今乌兹别克斯坦费尔干纳盆地一带）后始西迁今址。关是当时中原与西域的分界，关以东即为内地。它与西南的阳关（故址在今敦煌市西南古董滩）同为通往西域的门户，出玉门关的为北道，出阳关的为南道。

汉、晋以后，由于自河西走廊通往西域的伊吾（今新疆哈密）道日益重要，关址在隋代时已东移至常乐县（今甘肃瓜州县东南锁阳城）境，约今甘肃瓜州县东的双塔堡附近，而旧关渐废。唐代著名高僧玄奘经过的玉门关就是东迁后的关。

宋以后，与西方的陆路交通逐渐衰落，玉门关随之失去其重要的地位。明代嘉峪关代替玉门关成为通往西域的门户。清代全国空前统一，河西走廊已无设关的必要了。

玉门市 Yumen City 中国甘肃省辖县级市。位于省境西北部，河西走廊西段。面积13 500平方千米。人口16万（2010），有汉、回、蒙古、藏等民族。汉元狩二年（前121）置玉门县。后几经变更，1961年改为县级市。由酒泉市代管。矿藏有石油、煤、铁、锰、铬、金、铜、硫磺、芒硝、石膏等。工业以石油、机械加工、化工、煤炭为主。农业主产小麦、玉米、甜菜、胡麻。古迹有砂锡梁火烧沟文化遗址、昌马岩画、晋泉子墓群、汉长城及烽燧等。

玉米 *Zea mays*; maize/corn 禾本科玉米属的一种。又称玉蜀黍，俗称苞谷、棒子、玉茭、珍珠米等。一年生草本植物，重要的粮食和饲料作物。栽培历史估计已有4 500～5 000年，但其起源和进化过程仍无定论。

分布 分布于北纬58°至南纬40°之间的温带、亚热带和热带地区，既能在低于海平面的里海平原生长，又能在海拔3 500米左右的安第斯山一带种植。在全世界范围内，玉米的种植面积仅次于小麦和水稻，居栽培作物第三位，而子粒总产量则仅次于小麦，居第二位，单位面积产量居谷类作物之首。

中国是一年四季都有玉米生长的国家。北起黑龙江省的讷河，南到海南省，都有玉米种植。栽培玉米的主要产区是从东北到华北再斜向西南的狭长地带。

形态和特性 根为须根系，分胚根和节根。植株高大，叶片宽长，雌雄花同株异位，为异花授粉作物。子粒为颖果，由果皮、种皮、胚和胚乳组成。根据子粒形状、胚乳淀粉性质及稃壳大小，可分为马齿型、硬粒型、甜质型、糯质型、爆裂型、粉质型、有稃型7个类型。玉米喜温，种子发芽的最适温度为25～30℃，拔节期要求日平均温度18℃以上。从抽雄到开花期要求日平均温度为26～27℃。子粒灌浆和成熟阶段要求保持在20～24℃。玉米品种可分为早熟、中熟和晚熟3类，其积温要求分别为2 000～2 300℃、2 300～2 500℃和2 500～2 800℃。

玉米为短日照的四碳植物。在砂壤、壤土、黏土上均可生长。适宜的土壤pH为5～8，以6.5～7.0为最适。耐盐碱能力差，特别是氯离子对玉米为害较大。

栽培管理 适时早播可延长生长期，充分利用光热资源，避免秋霜冷害，对玉米增产十分重要。在春玉米地区，土壤表层5～10厘米的地温稳定在10～12℃时即可播种，过早则易导致种子霉烂。一般土壤肥沃、水分充足，采用株形紧凑的杂交种时，种植密度可稍大；土壤瘠薄、水肥条件较差，采用株型疏散的杂交种时，则宜适当稀植。

玉米生长需氮、钾较多，需磷较少，但土壤中磷含量低于10ppm（1ppm等于百万分之一）时，施磷有显著增产效果。缺锌时生长受到抑制，施锌后即可恢复。重施有机肥，配合磷肥和少量氮素化肥作底肥有利于增产。追肥应根据土壤肥力和玉米不同发育时期的需肥特点进行。全生育期需水量5 600～6 100毫米/公顷。苗期需水较少，拔节孕穗期增多，抽穗开花期最多，灌浆成熟期较多。但玉米并不耐涝，田间持水量大于80%时，应及时排水。抽雄时隔行去掉雄穗，有利于雌穗发育。当果穗苞叶变黄、子粒变硬、基部黑色层形成时，即可收获。

玉米病害有30多种，危害性较大的有大斑病、小斑病、丝黑穗病、青枯病、病毒病和茎腐病等。可以抗病育种、加强田间管理等措施预防。主要害虫有玉米螟、地老虎、蝼蛄、红蜘蛛、高粱条螟和黏虫等，一般用杀虫剂防治。

用途 玉米子粒中含有70%～75%的淀粉，10%左右的蛋白质，4%～5%的脂肪，2%左右的多种维生素。子粒主要供食用和饲用，可烧煮、磨粉或制膨化食；工业上用制酒精、啤酒、乙醛、醋酸、丙酮、丁醇等。玉米淀粉制成的糖浆无色透明，果糖含量高，可制糖果、糕点、面包、果酱及饮料。穗轴可制糠醛；茎秆可造纸和隔音板；果穗苞叶可编制手工艺品。子粒可作精饲料。蜡熟期收获的茎叶、果穗，是牲畜特别是奶牛的良好青贮饲料。

玉屏侗族自治县 Yuping Dong Autonomous County 中国贵州铜仁地区辖自治县。位于省境东部边缘，东和南面与湖南相邻。面积516平方千米。人口15万（2008），有侗、汉、苗、土家等民族。明置平溪卫。清雍正五年（1727）设县，以城北玉屏山得名。1988年设立玉屏侗族自治县。属中亚热带湿润性季风型气候。气候温和，降水充沛。矿产资源有锰、汞、重晶石、铅、锌、硫铁矿等。农业主产水稻、玉米、小麦和油菜子、花生、烤烟、茶叶、水果等。山丘区多松、杉、油茶、油桐等，素有“油茶之乡”之称。工业有电力、冶金、机械、建材、木材加工、酿造、食品、饲料加工等。传统乐器玉屏箫笛名扬海内外。风景名胜有万卷书崖、白水洞、天星桥等。

玉器 jadeware 用玉石琢治而成的器具或艺术品。

沿革 玉器在中国有着悠久的历史。其发展可分为七个时期。

①原始社会美石时期（公元前5000～前2000）。这一时期玉器所用的玉石都是就地取材，属于蛇纹石、透闪石、阳起石等美石。新石器时代，红山文化玉器以不同深浅的绿色和草黄色的蛇纹石琢治成龙、云、马蹄、龟、鸟等形状的器具。良渚文化玉器大多以透闪石、阳起石等为原料，做成大型的琮、璧，另有冠饰、带勾，以及鱼、龟、鸟等形状的器具。玉琮已有微凹的弧面，并在上面浅刻细如发丝的云纹、鸟纹和兽面纹。这些玉器标志着美石玉器已经脱离石器，成

图1 玉勾云形佩（新石器时代）

为独立的手工艺品。

②夏、商、西周时期（前2000～前771）。河南安阳殷墟妇好墓出土的用新疆和田玉琢治成的玉器，揭开以和田玉为主要原料的中国玉器史的第一章。商代玉器以象征性、装饰性的艺术手法琢治大量的玉琮、玉璧等祭祀礼器，帝王和贵族们所执的玉圭、玉璋以及玉龙、玉象、玉虎、玉鱼、玉蚕、玉蝉和玉人等佩饰品。玉人在造型上突出表现头部的眼、口、齿，并施用圆润婉转的阳线或双沟阴线加以刻画。玉鱼则施以简洁的阴线勾勒。这些艺术手法对后世的玉器有着深远的影响。西周时期的玉器以片状为主，造型夸张，装饰简练，线条遒劲流畅，风格独特。

③春秋战国时期（前771～前221）。玉器在各诸侯国的都邑纷纷兴起。河南洛阳金村东周墓出土的玉器非常精美，代表当时的艺术水平。河南淅川下寺楚墓、安徽寿县蔡侯墓、湖北随县曾侯乙墓、河南辉县固围村魏国墓、河北平山中山国王墓等出土的玉器，反映这一时期的玉器由繁缛趋向华丽。湖北随县曾侯乙墓出土的玉佩以五块大小不同的玉分别琢治为夔龙、夔凤等镂空的13块玉片和24个玉环，相互勾连成套环玉佩，设计精心周密，制作巧妙，是战国初期的瑰宝。

④秦、汉、魏晋南北朝时期（前221～589）。秦汉玉器发展迅速，并以西汉河北满城刘胜墓、西汉昭帝平陵（陕西咸阳）、元帝渭陵（陕西咸阳）、东汉中山简王刘焉墓（河北定州）、中山穆王刘畅墓（河北定州）和南越王墓（广州）等出土的玉器为代表，有镂空白玉仙人奔马、玉熊、玉鹰、玉辟邪、龙螭乳丁纹玉璧、鸡心玉佩、玉人、角形玉环及玉具剑等。这些玉器玉质莹润，琢制精巧，气韵生动，姿态自如。汉代崇尚厚葬，陪葬的玉器还有玉枕、玉衣、玉璜等。西汉玉器富有动势，立体感强。东汉时玉器的艺术手法逐渐转变为平面、线刻与绘画相结合。魏晋南北朝时期的玉器基本上继承东汉玉器的风格，制作较为简单，有的没有纹饰。

⑤隋唐、五代和宋、辽、金时期（589～1279）。隋代玉器遗存甚少。西安李静训墓出土的金扣白玉盏，质地温润，金与玉互为衬托，显得富丽、典雅。唐代玉器大多生活情趣浓厚，如出土的青玉人物椭圆杯、青玉云形杯及玉双鹿寿带、玉双凤等。动物题材的玉器，肌肉丰满，起伏自然，与当时的石刻一脉相通。五代玉器遗存很少，主要是成都王建墓出土的玉带板（体现官职的腰带玉饰）。北京房山石椁墓出土的玉双鹤衔草、玉缕竹节等饰件以及江西上饶南宋墓出土的人物玉带板，反映宋代玉器具有形神兼备的风格。辽金玉器多由汉族工匠制作，并以狩猎为主要题材，具有塞

图2　青白玉折枝花卉纹佩（金代，北京房山长沟峪金代石椁墓出土）

北风格。

⑥元、明、清时期（1279～1911）。这一时期新疆的玉器大量销往内地。元代的代表性作品“渎山大玉海”玉瓮，周身为浮雕的海浪和海龙、海马、海猪、海鹿、海犀牛等怪兽，整个作品气势磅礴，是中国现存最早的特大型传世玉器。各种镂空、多层次的玉帽顶（元代流行大沿瓜顶帽，以玉器饰于帽顶）、玉押（玉制的签押符号）是元代玉器的新品种。明代初期的玉器风格同元代厚重古朴的风格相似。至永乐年间迁都北京后，形成工整细致、一丝不苟

图3　青白玉佛手（清代）

的风格，尤以御用监制作的玉器为典型。嘉靖、万历年间，玉器制作渐趋烦琐，帝王使用的玉器大多镶嵌金银、宝石，以示豪华富贵；在造型上画蛇添足，甚不可取。清代初期的玉器趋于严谨、精巧。自乾隆二十五年（1760）后，玉器制作进入繁荣时期，持续约半个世纪，成为中国玉器史上的鼎盛时期。清代玉器华丽典雅。最典型的清代玉器是陈列在故宫博物院珍宝馆内的“大禹治水玉山”。宫廷陈设的玉器，如玉尊、玉鼎、玉瓶、玉屏及各种玉山、玉兽等艺术品也比前期更为繁多。收藏古玉之风盛行，使仿古玉器的生产有所发展。具有阿拉伯艺术风格的痕都斯坦玉器，风格独特，一是薄胎，二是镶嵌金银丝和宝石，乾隆年间进入宫廷后，得到清高宗的赞赏，并令工匠仿制。随之北京民间作坊也仿制痕都斯坦玉器，并广为流传，俗称番作。道光年间，玉器工艺开始走向衰落。

⑦现代（1950年至今）。20世纪50年代以后，中国的玉器生产迅速恢复和发展。产地以北京、上海、广州为主，并各具特色。北京玉器，风格浑厚、雅丽、端庄，著名的匠师有潘秉衡、何荣、刘德盈、王树森，被称为“北京玉器四杰”。潘秉衡首创有故事情节的人物作品，以风景或套环的链条作陪衬，并擅长制作薄胎玉器和镶嵌金银丝、宝石的玉器。何荣擅长神佛、仕女。刘德盈擅长花卉，尤以珊瑚琢治的花卉为独特。王树森技艺全面，如人物、花卉、鸟兽、神佛等作品都能巧用原料，使之小中见大，薄中见厚，平中见凸，充分发挥玉器技艺的特长。上海玉器以仿青铜器为特色，造型端庄，风格古雅。广州玉器在传统的手镯、戒指、玉坠、耳环等品种基础上，借鉴象牙球的技艺，于1978年琢治成功18层的“吊链双狮子母玉球”，各层都能转动自如。江苏扬州玉器以玉山见长，而苏州玉器擅长运用镂空技法。此外，辽宁锦州、抚顺、岫岩等地除岫岩玉器外，也以当地的玛瑙、琥珀琢治为玉器。甘肃酒泉夜光杯、黑龙江玛瑙工艺品也都是著名的品种。

除中国外，美国、新西兰、墨西哥等国也产玉器。美国1940年在怀俄明州发现浅绿色的玉石后，用以制作首饰。新西兰毛利族人有琢治玉器的悠久传统。他们将绿玉制成斧、刀、剑，用于执行死刑。小型的玉人是妇女们佩戴的装饰，作为生育、繁殖后代的象征。直到20世纪，小件的首饰和玉人仍然是新西兰的旅游纪念品。在墨西哥，5世纪的玛雅文化和14世纪的阿兹特克帝国时期的遗址中出土了一些翡翠、绿玉制成的玉珠、面具、饰板和服饰件等。

原料和产地　中国玉器所用原料种类繁多，有新疆的和田玉，湖北的绿松石，云南的翡翠，东北的玛瑙、岫岩玉，海南的水晶，台湾和南海诸岛的珊瑚等，以新疆的和田玉为上品。和田玉产于新疆和田（旧称于阗），有白、碧、青白、黄、绿、墨等色，也有杂色和掺色玉，一般以白色（尤其是羊脂白玉）为最佳。

除中国外，玉石产地还有印度、缅甸、俄罗斯、美国、新西兰、德国等国。翡翠

图4　翡翠玉器“含香聚瑞熏”

主要产于缅甸。美国加利福尼亚州的蒙特雷、阿拉斯加产有软玉，怀俄明州中部发现浅绿色玉石。日本也产有绿玉。新西兰的绿玉质地优良。德国和俄罗斯贝加尔湖附近也产玉石。

工艺 玉器的工艺过程主要有相玉设计、画活、琢碾、光亮等。相玉设计就是断定玉石的内部质地、外形的优劣，然后因材施艺，进行构思。画活就是根据构思，在玉石上用墨线画出初步的造型，并且在琢碾过程中不断加以完善、修改。琢碾就是以铁制的圆盘或钉头制成的碾砣为工具，以水和金刚砂为介质，用双脚踩踏，带动碾砣转动，运用铡、錾、冲、压、勾、镂空等技法，缓慢而谨慎地琢碾。琢碾的工具设备称为水凳，现已多为电动设备所取代。光亮，俗称抛光，是以紫胶（洋干漆）、木材、葫芦瓢、牛皮、铜等制成碾砣，并以粉剂为介质，将琢碾后的玉器碾磨平整，使玉器显露出温润、晶莹的质地。

玉山 Yushan Mountain 中国东部最高峰。位于台湾岛中部，地当东经121°偏西，北回归线偏北。海拔3 952米。近邻有玉山东、北、南、西诸峰，高度皆在3 500米以上。玉山一带为台湾至今犹有较多冰蚀地形遗迹可见的地区之一，更新世冰期时的雪线曾在3 540～3 680米。玉山高处植物稀少，仅有少数种属，较著名的如玉山圆柏、玉山杜鹃、玉山当归、玉山籁箫、高山荠等。下层谷中则以台湾冷杉为主（最低限约2 900米）。玉山主峰南、北、东三面皆陡峭，唯西坡较平缓。

玉石 jade 自然界产出的具有美观、耐久、稀少性和工艺价值的矿物集合体（岩石）。也有人把其中的传统名玉种软玉（如和田玉）和后起之秀、被誉为玉石之王的翡翠（硬玉）专称为“玉”。玉石的其他常见品种还有绿松石、青金石、蛇纹石玉（岫玉）、石英质玉石（玛瑙、玉髓、碧玉）、欧泊、独山玉、孔雀石、鸡血石、寿山石、雨花石等。中国玉石的应用历史悠久，涉及社会生活的方方面面，形成中国独特的玉文化。

玉树县 Yushu County 中国青海玉树藏族自治州辖县。位于省境南部，东与四川省和西藏自治区毗邻。面积13 462平方千米。人口12万（2010），藏族占93%。1929年青海建省时设玉树县。地处青南高原，纵跨长江、澜沧江流域。矿产有铁、铜、钼、铅、锌、镉、银等。野生动物主要有野驴、白唇鹿、藏羚羊、雪豹、黑颈鹤、天鹅、雪鸡等。野生药用植物主要有冬虫夏草、青贝母、大黄、羌活、藏茵陈、雪莲等。以牧为主，兼有少量农业。畜种有藏系绵羊、牦牛、马等。农业以种植青稞、油菜为主。名胜古迹有勒巴沟岩画、帮琼寺、唐陇寺、文成公主庙等。玉树县在2010年4月14日玉树地震中受灾严重。

玉树藏族自治州 Yushu Zang Autonomous Prefecture 中国青海省辖自治州。位于省境西南部，与四川、西藏、新疆接壤。辖玉树、杂多、称多、治多、囊谦、曲麻莱6县。面积188 794平方千米。人口38万（2010），藏族占96%以上。自治州人民政府驻玉树县。古为羌地。魏晋南北朝时属苏毗地，唐宋时为吐蕃地，明末清初隶蒙古和硕特政权，后隶钦差总理青海蒙古番子事务大臣衙门。民国六年（1917）设玉树理事，1929年改为玉树县，辖今自治州全境。1951年成立玉树藏族自治区（地级），1955年改为自治州。地处青藏高原，海拔多在5 000米以上，多湖泊、沼泽，是长江、黄河、澜沧江的发源地。州境东南部沟谷地海拔4 000米以下的地方宜牧宜农。年平均气温－1.8～3.8℃。年降水量402～500毫米。矿产有煤、铁、铜、铅、锌、锡、盐、硫磺和石膏等。野生动物有白唇鹿、羚羊、雪豹、猕猴、黑颈鹤等。中药材有冬虫夏草、青贝母、大黄、羌活等。经济以牧业为主，畜种有藏系绵羊、牦牛、马等，是青海省畜牧业基地之一。工业主要有水电、煤炭、农机、建材、制盐等。名胜古迹有文成公主庙、勒巴沟岩画、结古寺、竹节寺、岭国寺、玛尼石墙、老爷山、虎台、北禅寺、清真大寺、日月山、鸟岛、万丈盐桥以及孟达自然保护区等。

玉髓 chalcedony 石英的隐晶质变种。又称石髓。化学成分为SiO_2，可含有Fe、Al、Ti、Mn、V等元素。半透明。呈致密块状，也可呈球粒状、放射状或微细纤维状集合体产出。莫氏硬度6.5～7，密度约2.6克/厘米^3。呈蜡状光泽，细参差状断口。无解理。有各种颜色，因颜色不同还可细分为光石髓、绿石髓、血石髓等。常被琢磨和抛光后作为装饰宝石。

《玉台新咏》 中国南朝梁以前诗歌总集。南朝梁徐陵编。收诗769篇，计有五言诗8卷，歌行1卷，五言四句诗1卷，共为10卷。除第九卷中的《越人歌》相传作于春秋战国之间外，其余都是自汉迄梁的作品。

据徐陵《玉台新咏序》说，编纂的宗旨是“选录艳歌”，即主要收男女闺情之作。此书比较重视民间文学，如中国古代长篇叙事诗《孔雀东南飞》就首见此书。此书兼收在世人之作，故选录了梁中叶以后不少诗人的作品。这些诗作比“永明体”更讲究声律和对仗，可以较清楚地看出“近体诗”的成熟过程。从书中所录沈约《八咏》一类杂言诗，可以了解南朝末年诗和赋的融合以及隋唐歌行体的形成。《玉台新咏》所收曹植的《弃妇诗》，庾信的《七夕诗》，为他们的集子所阙。

《玉台新咏》虽有一些情调不太健康的作品，但也有不少是表现真挚爱情和妇女痛苦的作品。如《上山采蘼芜》、《陌上桑》、《羽林郎》、《孔雀东南飞》等，都反映了一定的社会现实。

《玉堂春》 *Yu Tangchun* 中国戏曲作品。事见《情史》及《警世通言·玉堂春落难逢夫》。描写王金龙进京赶考，热恋妓女苏三（玉堂春），金尽被逐，乞讨为生。苏三关王庙赠金，劝其回乡攻读。苏三被卖与山西商人沈燕林作妾。沈妻伙同奸夫害死

京剧《玉堂春》剧照（荀慧生饰苏三）

了沈燕林，反诬苏三，酿成冤狱。王金龙高中后巡按山西，为苏三昭雪。明清时曾多次编为传奇。清传奇《玉堂春》曾演出于昆曲舞台，剧本已佚。《破镜圆》有傅惜华藏抄本。清人《众香国》、《汉口丛谈》等书中，记有徽班、汉调艺人嘉庆、道光时在北京、汉口演出此剧的情况，可见当时在花部的演出已很普遍。《玉堂春》是京剧舞台的保留剧目，全剧包括《嫖院》、《庙会》、《起解》、《会审》、《探监》、《团圆》等折。作为折子戏，《苏三起解》（又名《女起解》）和《三堂会审》常见于舞台。

玉溪市 Yuxi City 中国云南省辖地级市。位于省境中部。辖红塔区和江川、澄江、通海、华宁、易门5县及峨山彝族自治县、新平彝族傣族自治县、元江哈尼族彝族傣族自治县。面积15 285平方千米。人口230万（2010），有汉、彝、哈尼、傣、回、白、蒙古、苗、拉祜等民族。汉属益州郡地。元、明改为新兴州，清为澄江府地。1913年设新兴县，1916年改称玉溪县。1983年设市。位于滇中高原陷落盆地内。属中亚热带高原季风气候。矿产资源有铁、铜、铅、煤、大理石、硅石和矿泉水等。工业以卷烟、建材、制糖、机械、水泥、机电、化工、冶金、造纸、皮革、制药、纺织、食品、塑料等为主，尤以卷烟工业最为突出，居全省第一位。农业主产水稻、小麦、烤烟、

油菜子、蔬菜、水果等，是云南省优质烤烟和油菜的集中产区之一。素有“云烟之乡”之称。畜牧养殖以生猪、牛、羊和家禽等为主。风景名胜有玉溪红塔和九龙池、锦屏山、秀山、抚仙湖、星云湖、象鼻温泉等。

玉衣 jade burial suit 中国汉代皇帝及高级贵族死后穿用的用玉片编制的殓服。又称玉匣、玉柙。出现于西汉中期或稍早，渊源于先秦时期死者的“缀玉面罩”和“缀玉衣服”。其外观与人体形状相似，包括头部、上身、裤筒、手套及鞋五部分，玉片之间用金、银、铜丝编缀。汉代玉衣按等级不同而区分为金缕、银缕和铜缕。皇帝死后用金缕玉衣，为金丝编缀而成；诸侯王、列侯始封、贵人、公主用银缕玉衣；大贵人、长公主用铜缕玉衣。1968年，在河北满城汉墓中，第一次发现完整的金缕玉衣。曹魏黄初三年(222)，玉衣之制废除。

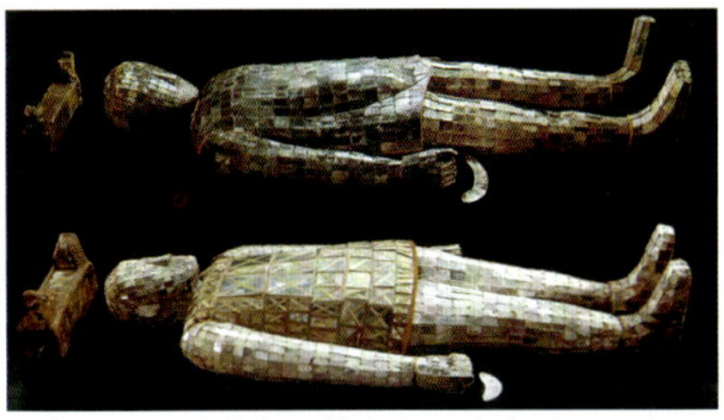
金缕玉衣（满城汉墓出土，上为刘胜玉衣，下为窦绾玉衣）

《玉簪记》 *Story of Jade Hairpin* 中国明代传奇作品。作者高濂，字深甫，钱塘（今杭州）人。生卒年不详。主要活动在嘉靖、隆庆、万历时期。除本剧外，尚作有《节孝记》传奇。演书生潘必正和道姑陈妙常的爱情故事，穿插南宋名臣、词人张孝祥事迹。这三个人的故事在《古今女史》中早有记载，后来演变为话本小说《张于湖误宿女真观》和同名的无名氏杂剧。杂剧中的《杨柳枝词》和另外几首诗词被移用在传奇里。在传奇中，陈妙常的小市民出身被改为府丞之女。以官绅之女的身份在道观中演出自由恋爱故事，思想比杂剧更为激进。第16出《琴挑》(《寄弄》)和第23出《秋江》(《追别》)足以代表它的成就。其中《琴挑》一出一向是昆腔入门教材。《秋江》则是多个剧种的保留剧目。

芋 *Colocasia esculenta*; taro/dasheen 天南星科芋属的一种。多年生草本植物。又称芋艿、芋头。在温带作一年生作物栽培。以球茎供食用。起源于印度和马来西亚、中国南部等亚洲热带地区。现在世界上的栽培面积以中国最大，主要分布于珠江流域及台湾省。根为白色肉质纤维根，茎为地下球茎，叶互生，柄长而肥大，呈红绿或紫色，叶片大，多为盾状长心脏形，绿色。花为肉穗花序，栽培种很少开花。浆果。中国栽培的芋属于叶柄用变种、球茎用变种。两个变种性喜高温多湿环境，不耐强烈日照及干旱。水芋多栽于水田、低洼地或水沟，旱芋多栽于土层深厚、湿润的土壤。生长期长。需肥量大，尤需施足钾肥，以利球茎形成和淀粉积累。球茎含淀粉、蛋白质。可作蔬菜，也可代粮，或晒成芋干食用。还可提取淀粉，作芋泥罐头。芋花柄和叶用芋的叶柄也可作蔬菜或饲料。

芋螺 Conidae; cone shell 腹足纲芋螺科动物的统称。又称鸡心螺。世界上约有300种，中国有70余种。壳形变化少，一般为圆锥形，或纺锤形；螺旋部低，也有较高者，体螺层高大。贝壳中等到大，多不超过100毫米，但也有个别种壳高可达200毫米。壳皮通常较薄，淡黄色，有时厚，呈褐色；壳面光滑，也有细的螺旋纹，有美丽色彩的斑纹。壳口长（约等于体螺层的长度）而狭，内外唇近平行；外唇平而薄，无齿，壳轴短（约占内唇长度的1/3）而平，没有褶襞。厣小，角质，卵圆形到长的爪形，不能完全掩盖壳口，核位于顶端。眼位于触角顶部外侧。齿舌与毒腺和导管相连；缘齿特别狭长，鱼矛形，末端尖的钩状能够射出。多数种类雌雄异体，卵子产于鞘内。此科大多数种类是热带性种类，其分布与珊瑚礁密切相关。芋螺都是食肉动物，能够把带有毒液的齿舌的齿射中其他动物使其中毒而取食之，这种毒液毒性很强，甚至可危及人的生命。

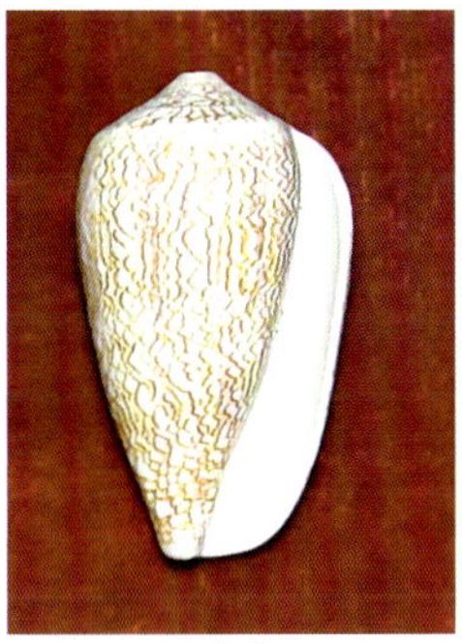
织锦芋螺

芋参目 Molpadida 海参纲的一目。统称芋参。包括常见的海地瓜和海老鼠等。有芋参科和尻海参科2科8～10属共80多种。中国约有10种。体形短钝，后端有一细长的尾部，尾部末端有肛门。体表光滑，没有管足和疣足，但肛门周围常有5组或5个细疣。身体前端有口。口周围有15个指状触手，触手具游离的坛囊。有呼吸树和收缩肌。骨片带塔部或锚状体。体壁内有葡萄酒色或黄色小体，系由磷酸盐构成。

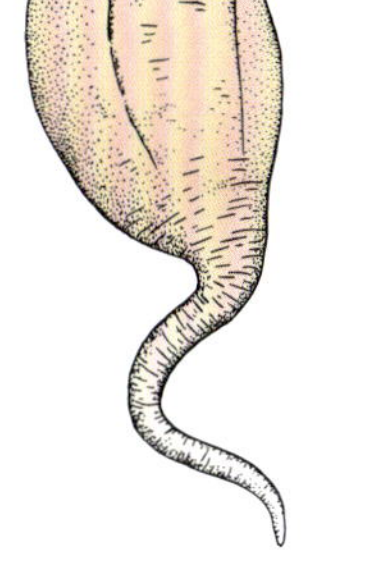
海老鼠

芋参栖息在泥底或沙底，行底内生活。身体在洞内弯曲，呈“U”字形，尾部朝上，移动能力很弱，大风暴后常大量被冲刷到海滩上。垂直分布从潮间带到水深4 000米。芋参是吞食性动物，消化道充满沉积物。

中国北方渔民常吃海老鼠。但绝大多数芋参不能食用。

郁达夫 Yu Dafu (1896-12-07～1945-09-17) 中国作家。原名郁文。浙江富阳人。卒于苏门答腊。1913年赴日本留学，1919年入东京帝国大学经济学部。1921年6月，与郭沫若、成仿吾等发起成立创造社。同年创作了新文学最早的白话短篇小说集《沉沦》，以其“惊人的取材、大胆的描写”震惊国内文坛。1922年毕业回国，参加编辑《创造》季刊、《创造周报》等。1923～1926年先后在北京大学、武昌师范大学、中山大学任教。1926年底回上海编辑《创造月刊》、《洪水》半月刊，并主持创造社出版部事务。这一时期郁达夫的思想比较激进。1927年8月脱离创造社。1928年与鲁迅合编《奔流》月刊，并主编《大众文艺》。1930年参加中国左翼作家联盟。在白色恐怖下，1933年4月由上海移居杭州，过着流连山水的隐居生活，写了不少文笔优美的山水游记和诗词，政治上一度表现消沉。随着抗日救亡运动的高涨，郁达夫又振作起来，重新投入时代洪流。1936年就任福建省参议。1937年奔赴武汉，参加国民政府军事委员会政治部第三厅的抗日宣传工作。1938年底因国内政治气氛的逆转以及家庭变故，客居南洋。在新加坡编辑《星洲日报》副刊期间，写了大量政论、短评和诗词。1941年12月，太平洋战争爆发后，参加华侨文化界抗日工作。1942年日军进逼新加坡。他辗转流亡至苏门答腊，化名赵廉隐居下来。不久，当地日本宪兵部强迫他去当翻译，他暗中帮助和营救了不少当地民众和华侨。1945年日本投降后被日本宪兵秘密杀害。1952年，被中央人民政府追认为“为民族解放殉难的烈士”。

郁达夫主要写作小说、散文和诗歌。1928年起，自编《达夫全集》出版。《全集》包括《寒灰集》、《鸡肋集》、《过去集》、《奇零集》、《敝帚集》、《薇蕨集》、《断线集》、《忏余集》共8卷，还编了《日记九种》、《迷羊》、《她是一个弱女子》、《达夫自选集》、《达夫所译短篇集》、《徒然草》、《屐痕处处》、《达夫日记》、《达夫游记》及《闲书》等多种。

郁达夫一生为新文学的发展作出了杰出贡献。他的早期小说创作成为前期创造社浪漫主义倾向的突出代表，并且为一些后起的作家所仿效，在20年代形成以抒情笔调写小说的艺术流派。他的散文表现出直抒胸臆的率真，行文跌宕多姿，宛如行云流水，很有艺术魅力。晚年则主要写旧体诗，抒发爱国情感。他的充满感伤色彩的小说、散文和诗歌，既反映了他本人坎坷的生活道路和曲折的创作历程，又表现出五四以后一个复杂而不平常的现代作家鲜明的创作个性和独特的艺术风格。

郁江 Yujiang River 中国珠江水系西江最大支流。位于广西壮族自治区南部。北源右江为正源，发源于云南省广南县境内的杨梅山；南源左江源于越南境内。左、右江在邕宁县宋村汇合后始称郁江。自宋村经南宁至邕宁蒲庙段，习惯上又称邕江。东流至桂平汇黔江后称浔江。从杨梅山分水岭至桂平市，郁江流域面积8.987万平方千米，干流全长1 145千米，总落差1 655米。郁江流域降水丰沛，径流丰富。南宁站多年平均年径流量为502亿立方米。干流两岸植被良好，河流含沙量小。郁江水力资源较丰富，全流域理论蕴藏量297.64万千瓦，其中可开发容量192.43万千瓦，年发电量可达89.63亿千瓦·时。西津水电站装机容量23.44万千瓦，是郁江干流上最大水电站。郁江沿岸有煤、磷、铁、锰、铝、锌、铜、石油等矿产，其中平果铝矿被列为中国九大有色金属基地之一。郁江两岸平原开阔，是广西重要的稻米、甘蔗、玉米、花生、香蕉、烤烟、黄麻等生产基地。沿江的百色、田东、平果、南宁等地是广西重要的工业中心。郁江是西江水系中最繁忙的航运干线。

郁金 *Curcuma aromatica*; aromatic turmeric 姜科姜黄属的一种。分布于中国东南部至西南部。东南亚也有分布。多年生草本，株高约1米，根状茎肥大肉质，黄色有芳香，根端膨大呈纺锤状。叶基生，长圆形，长30～60厘米，宽10～20厘米。花莛由根状茎生出，穗状花序圆柱形，长约15厘米，径约8厘米。花萼长1.5厘米，3裂，花冠管漏斗形，长2.5厘米，裂片长圆形，白色带粉红，后方一片较大，顶有小尖头，被毛，侧生退化雄蕊淡黄色，倒卵状长圆形，长1.5厘米，唇瓣黄色，倒卵形，微2裂，子房有长柔毛。花期4～6月。野生或栽培。块根入药，有行气解郁、凉血破瘀的功用。

郁金香 *Tulipa gesneriana*; commontulip 百合科郁金香属的一种。一种庭园中广为栽培的美丽花卉。原产小亚细亚，中国庭园也有引种栽培。通常用鳞茎繁殖，鳞茎外面覆以薄的、皮纸质的鳞茎皮，皮内近基部与上端有少数伏毛。叶3～5枚，披针形至近卵形，先端略有少数毛。花葶从叶丛中抽出，高20～35厘米，通常顶生单朵花；花大，艳丽，钟形，仰立，有红、黄、白等色，或间有彩条或中心略带黑紫色；花被片6，离生，长5～7厘米，内轮3片比外轮3片略宽而短；雄蕊6，通常深紫色；子房上位，柱头鸡冠状，直接生于子房顶端。郁金香宜土层深厚、疏松肥沃的土壤，忌连作。夏季休眠，早春出叶。矮壮品种是春季花坛的重要品种，高茎品种是上等的切花材料。

郁证 depression, syndrome of 中医以心情抑郁，胸脘痞闷，胁肋胀痛，或易怒欲哭，或咽中有异物感为主要表现的病症。多由情志不舒，气机郁滞而致。

郁证的证治以宣通郁结为大法，但应辨别受病的脏腑及气、血、火、湿、食、痰郁的不同，并注意六郁相兼的情况，辨证用药。久病证虚，则当益其虚衰，以调阴阳；虚实夹杂，则虚实并调。常见证型有：①肝气郁结。证见情怀抑郁，胸闷嗳气，胁肋胀痛、痛无定处，舌苔薄腻，脉弦。治宜疏肝解郁、理气畅中，常用柴胡疏肝散加减。②气郁化火。证见急躁易怒，胸胁胀痛，口干而苦，溲黄便干，嘈杂吞酸，舌质红、苔黄，脉弦数。治宜理气解郁、清肝泻火，常用丹栀逍遥散为主方。③血行郁滞。证见头痛，失眠，胸胁疼痛如针刺，舌质紫黯或有瘀点，脉弦涩。治宜活血化瘀、理气解郁，常用血府逐瘀汤。④气痰互阻。证见胸部闷塞，有痰不爽，咽中如有异物，吐之不出、咽之不下，舌苔薄腻，脉弦滑。治宜疏肝解郁、理气化痰，常用半夏厚朴汤。⑤郁损心脾。郁证日久伤及心脾，证见头晕神疲，心悸失眠，纳谷不馨，面色不华，舌质淡、苔薄白，脉细。治当心脾两调，常用归脾汤为主方。⑥脏躁证。证见忧郁过度、心肝血虚，以致精神恍惚，多疑善惊，哭笑无常。当以甘缓润燥为治则，用甘麦大枣汤加味。

清末赴国外考察宪政大臣端方（前排左起第7人）与随员在意大利罗马合影

育空河 Yukon River 北美洲第三长河。源出加拿大不列颠哥伦比亚省西北部，流经加拿大育空地区中南部和美国阿拉斯加州中部，注入白令海的诺顿湾。全长3 185千米，流域面积85.4万平方千米，其中1 149千米河段在加拿大境内，约占总流域面积1/3；2 036千米河段在美国境内，约占总流域面积2/3。育空河水量充沛，河网密布，支流众多，有佩利河、斯图尔特河、克朗代克河、波丘派恩河、塔纳诺河、科尤库克河等。河口形成面积达2.3万平方千米的三角洲。上游道森处年平均流量为2 094米^3/秒，河口处为6 800米^3/秒。10月至翌年6月河流封冻，上游解冻早于下游，春末夏初浮冰拥塞，易发生“凌汛”。富水力资源和渔产，但航利不大。流域内自然资源丰富，以森林、金矿、银矿著名，主要经济活动是采矿业。

浴佛节 Buddha's Birthday Festival 纪念佛教创始人释迦牟尼诞生的佛教仪式节日。又称佛诞节。从求福灭罪的一种宗教要求传衍而来。中国东汉时仅限于寺院举行，到两晋南北朝时流传至民间。浴佛时间在史籍中有不同记载。蒙藏地区以四月十五日为佛诞日，即佛成道日、佛涅槃日。汉地佛教在北朝时多在四月八日举行，后不断变更、发展，北方改在十二月八日（腊八）举行，南方则仍为四月八日举行，自元代起南北统一在四月八日举行。傣族的泼水节在傣历六月（夏历四月）举行，清晨，男女老幼沐浴更衣，到佛寺赕佛，就带有浴佛的性质。

预备立宪 preliminary constitutionality 中国清政府在辛亥革命前夕宣布为预备实行君主立宪所采取的一系列措置。又称“筹备立宪”。

光绪三十一年九月（1905年10月），清政府派载泽、端方、戴鸿慈、李盛铎、尚其亨五大臣出洋考察宪政。同年十月，又命政务处王大臣等筹定立宪大纲，设立“考察宪政馆”。1906年8月，出洋考察的五大臣经由欧、美各国及日本考查后归国，拟出立宪方案。慈禧太后于9月1日颁布“预备仿行宪政”的谕旨。谕旨中宣布立宪的原则是“大权统于朝廷，庶政公诸舆论”，并强调先从“厘定官制”入手。

“预备立宪”谕旨颁布后，立宪运动也由宣传推动阶段进入了发展阶段，各地纷纷建立立宪团体，海外的立宪派也积极响应。清政府于1908年8月为拉拢立宪派，采取欺骗手法，宣布预备立宪以9年为限，同时颁布《钦定宪法大纲》23条，其中关于“君上大权”的14条，规定皇帝有权颁行法律，黜涉百司、设官制禄、宣战议和、解散议院、统帅海陆军、总揽司法权等，事实上仍同封建专制没有什么区别。11月，慈禧太后、光绪帝死去，溥仪继位。1909年改元宣统，3月下诏重申“预备立宪”，命各省当年内成立咨议局。立宪派在各省咨议局中占据了领导地位。12月，十六省咨议局代表组成国会请愿同志会，在1910年又三次请愿要求速开国会。10月，资政院在北京成立，亦要求1911年召开国会。清政府不得已将预备立宪期9年改为5年，定于1913年召开国会，1911年先成立内阁。同时下令驱散各地请愿代表。

1911年5月，清政府裁撤军机处等机构，公布所订内阁官制，组成新内阁。由庆亲王奕劻任总理大臣，在13名国务大臣中，汉族官僚4名，蒙古旗人1名，满族8名，其中皇族又占5人，被讥为“皇族内阁”。至此，清政府借“预备立宪”欺骗国人，达到贵族集权、镇压民主革命的目的完全暴露，立宪派的幻想随之破灭，民主革命更加高涨。

预备役 reserve duty 公民在军队外所服的兵役。国家储备后备兵员的重要制度。包括军官预备役和士兵预备役。公民在服预备役期间，定期参加军事训练，执行军事任务，并随时准备应征服现役。中华人民共和国于1955年开始建立预备役制度。1984年颁布、1998年修改的《中华人民共和国兵役法》规定民兵与预备役相结合。士兵预备役分两类：第一类，经过预备役登记的35岁以下的退伍士兵与地方及军事专业对口的技术人员、其他编入预备役部队和预编到现役部队的28岁以下的预备役士兵；第二类，包括民兵和经过预备役登记的35岁以下的男性公民。军官预备役包括退出现役转入预备役的军官，授予预备役军官军衔的退伍士兵、专职人民武装干部、民兵干部和经过军事训练考试合格的高等院校毕业学生，以及确定服军官预备役的非军事部门的干部和专业技术人员。各类预备役军官，按照规定服预备役已满最高年龄者，即退出预备役。世界上许多国家，为了平时少养兵，战时多出兵，都很重视健全预备役制度。有些国家平时还采取编组预备役（后备役）部队的办法，以加强后备力量建设。

预后 prognosis 医生根据现有伤病情况，参考循证医学或临床统计资料后，对疾病或其治疗后果作出的预测。提供的资料包括疾病各种概率，如治愈率、后遗症发生率、致残率、复发率和病死率等。治愈率高的往往预后良好。但若治愈后留下功能障碍或身体外形残缺者，则认为预后有缺陷。复发率高者，则应告知有再发可能。长期迁延不愈者为预后欠佳。病死率高者则预后不良。预后与疾病的性质和病情轻重有密切关系，后者对预后的影响更大。不论疾病性质如何，病情重者，预后堪忧；病情轻者，常可能在短期内获得缓解或痊愈。

预警机 early warning aircraft 用于搜索、监视空中或海上目标，并可指挥引导己方兵力遂行作战任务的飞机。又称空中预警指挥机。通常由大型运输机改装而成。战时可迅速到达战区，遂行警戒和指挥引导任务，远距离协调航空兵作战或支援海、陆军作战。平时可在边界或公海上空巡逻，侦察敌方动态，防备突然袭击。有的国家还利用预警机进行缉毒、反走私。按所装雷达的抗杂波性能，分为海上、陆上和海陆兼用三种；按驻扎基地，分为舰载和陆基两种。

第二次世界大战后期，美国海军首先将预警雷达装在飞机上，用于发现利用雷达盲区、沿海面低空飞行接近舰队的敌机。早期的预警机采用普通脉冲雷达，下视能力差，只能用于杂波强度比较弱的海上，担负有限的警戒任务，而无指挥功能。20世纪60～70年代，随着电子技术，特别是微电子技术、计算机技术的发展，预警机的核心设备——机载预警雷达得以采用机载动目标显示、脉冲多普勒、相控阵脉冲多普勒体制，可在很强的陆、海杂波背景下发现目标，具有良好的下视能力，从而使预警机也能在陆地上空使用。由于雷达测定目标精度、情报处理能力的提高，以及通信、导航能力的加强，使预警机具有了对多目标实施指挥引导的能力。

预警机机身上大多装有圆盘状雷达天线罩，机舱内装有预警雷达、敌我识别、情报处理、指挥控制、通信、导航、电子侦察、电子对抗等设备。预警雷达具有多种工作方式，可同时测出目标的方位、距离、高度及速度。一般可同时跟踪数百个目标，同时引导数十架飞机作战。机上的电子侦察设备（或称无源探测系统）通过侦收目标发出无线电信号，识别目标的类型，测定目标的方位，或用交叉定位法测得目标的大致位置。

美国E-3A预警机

预警卫星 early warning satellite 以预警为目的，监视、发现和跟踪敌方弹道导弹发射和飞行的侦察卫星。又称导弹预警卫星。预警卫星通常运行在地球静止轨道或周期约12小时的大椭圆轨道上，一般由几颗卫星组成预警网，覆盖范围大，能提供较长的预警时间，以利己方捕捉战机，及时组织防御反击。装有红外探测器和电视摄像机，红外探测器以一定速率扫描观测区，探测导弹主动段发动机尾焰的红外辐射并发出警报，进行跟踪和预测弹着点的预警卫星一般又称为早期预警卫星。卫星上的电视摄像机作为红外探测器的辅助观测手段，跟踪导弹飞行并将图像发回地面，提高发现概率，降低虚警概率。美国的预警卫星有20世纪60年初发射的“发现者”19号和21号、“米达斯”号导弹预警卫星、647预警卫星和国防支援计划（DSP）卫星。DSP卫星采用3星星座，对洲际导弹的预警能力为20～30分钟，对潜射导弹的预警能力为10～15分钟。截至2001年年底，美国发射了45颗；俄罗斯发射了81颗，其中有大椭圆轨道的“眼睛”号和地球静止轨道的“预报”号，它们都混编在“宇宙”号卫星系列中。美国正在研制下一代预警卫星天基红外导弹预警星座系统（SBIRS），由地球静止轨道卫星和低轨道卫星星座组成，采用全新设计的红外敏感器，具有对主动段和射程短的小型战术导弹的发现和跟踪能力。

预算 budget 国家行政机关根据其施政方针所编制的每一预算年度的财政收支和平衡的计划。又称财政预算。预算经立法机关通过，成为该财政年度内政府工作经费的来源和支配的依据。

世界各国行政机关均作预算，其内容包括：①年度收支的种类和数量及其属性和作用。②国家机关在处理收支问题上的关系及其地位和作用。③实现收支必须经过的财政过程。④为实现收支计划所制定的规章制度。

一般有一级政权就有一级预算，包括中央预算和各级地方预算。按预算编制的形式不同；分为总纲预算、详细预算。各国大多先列总纲预算，然后附各详细预算。按预算项目不同，分为普通预算与特别预算。按预算技术组织形式，分为单式预算与复式预算。

英国国家预算编制机关为

财政部。预算案必须经内阁会议讨论通过后才能送请议会审议。美国由预算局秉承总统旨意拟定预算政策，但岁入预算实际由财政部负责。各政府机关预算按照预算局核定的限额自行拟编后，送预算局查核汇编。总预算案由总统咨请国会审议。国会对预算案有增减权，但总统保留对全部预算案的否决权。中国国家预算经过全国人民代表大会审查批准后，即具有法律效力。在预算的执行过程中，财政部的预算司、地方预算司以及各财政厅（局）的预算处起着主要的组织、领导作用。

预算收入的执行，包括各项收入的征收、各项收入解缴入库、库款的划分和报解、库款的退库。预算支出的执行包括按预算拨款和预算支出两个阶段，坚持按预算计划、事业进度、支出用途、预算级次等原则，把预算资金拨付给用款单位。预算的调整，包括动用预备费，预算的追加追减，预算科目之间的经费流用，预算的划转等。

国家预算的监控旨在保证正确、及时地完成国家预算内各项收支任务和各项事业计划，不断提高编制、执行、管理国家预算的水平。预算的监控过程是一个动态控制过程。监督控制国家预算执行的机构主要有国家各级相关行政机关，各级财政部门和税务、海关机关，行政机关指定的专门机构如各专业银行、金库等。

域 field 代数学中的基本概念。设F是至少含有两个元素的集合，在F上定义了两个（二元）运算，一个称为加法，一个称为乘法，它们都满足交换律、结合律，而且乘法对于加法有分配律；对于加法F有零元素，每个元素有负元素；对于乘法F有单位元素，除去零元素外，每个元素有逆元素，这样的代数结构就称为域。例如全体有理数、全体实数、全体复数在通常的运算下，都是域。又如全体$a+b\sqrt{2}$的数，其中a、b是有理数，也构成一个域。

域的概念是在19世纪代数学的发展过程中逐步形成和明确起来的。在E.伽罗瓦研究方程的著作中就用到了域的概念。在J.W.R.戴德金与L.克罗内克关于代数数的著作里从不同的背景也提出了域的概念。但他们还都未能给出域的抽象定义。域的抽象理论是由H.韦伯开始的，稍后戴德金和E.V.亨廷顿独立地给出了域的公理系统，E.施泰尼茨对抽象域进行了系统的研究。

域名 domain name 互联网上识别和定位计算机或计算机组的层次结构式的字符标识。与计算机或计算机组的互联网协议（IP）地址相对应。这些字符一般为字母、数字或是它们的组合，在中国还可以为汉字，层次之间以点分隔，与字母大小写无关。域名相对于IP地址而言，便于使用者理解和记忆。当用户要与互联网上某台计算机或计算机组交换信息时，只需使用域名，网络便会通过域名服务器（DNS）自动转换

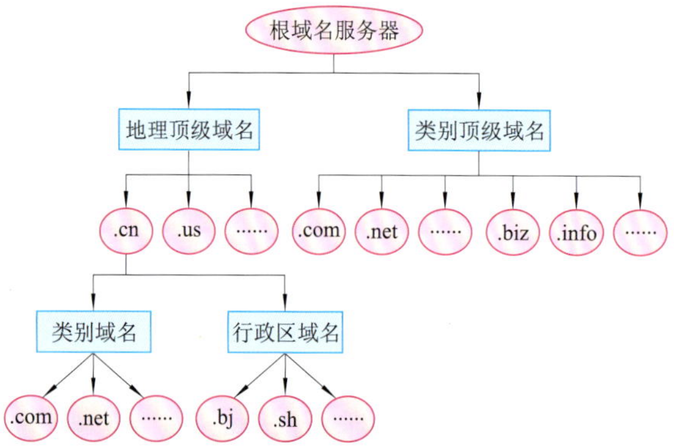

域名体系示意图

成IP地址，找到目标计算机或计算机组。域名体系中共有地理顶级域名（标识国家和地区的代码）和类别顶级域名（标识机构、行业等的代码）两类顶级域名。随着互联网的不断发展，新的类别顶级域名也根据实际需要不断被扩充到现有的域名体系中来。

尉迟乙僧 Yuchi Yiseng 中国唐代画家。于阗国（今新疆和田）人（《唐朝名画录》作吐火罗国人）。主要活动于唐代初期。其父尉迟跋质那，为于阗国著名画家，于隋代进入中原地区，因画艺超众而闻名于时，人称大尉迟。有《外国宝树图》、《六番图》、《婆罗门图并千钵文殊像》等壁画传于世。尉迟乙僧在绘画艺术上受其父影响，20岁左右以其画艺被推荐到唐朝都城长安（今陕西西安），颇受重视，人称小尉迟。贞观初年被授为宿卫官，后袭封郡公。仪凤二年（677）在长安宝光寺东菩提院画《降魔变》等壁画。长安二年（702）前后，在长安慈恩寺塔下南门画《千钵文殊》、《功德人物》和《湿耳狮子》等壁画，被誉为“精妙之状，不可名焉”。神龙元年（705）后，又在长安罔极寺（又名兴唐寺）绘制过壁画。翌年，其在长安的住宅被敕建为奉恩寺，尉迟乙僧将于阗王族的供养像画在寺内。另外，他还于景云元年（710）前后在长安安国寺画过壁画。尉迟乙僧善画宗教故事、人物肖像、神话风俗、花鸟走兽等，大都取材西域各民族人物及鸟兽形象。善于处理复杂多变的画面，构图布置宏伟奇异。所画人物，生动传神。画《降魔变》，人物姿态，千怪万状，被称为奇踪。在表现手法上，他将西域和中亚艺术的表现形式，与中原地区传统的绘画技法相结合，使唐代的绘画艺术得到丰富和发展。其人物画“小则用笔紧劲，如屈铁盘丝；大则洒落有气概”。又长于色彩晕染，沉着浓重，而具有立体感，被称为凹凸画法。其作品无真迹流传，见于记载的除以上所及外，还有《仰摹蟠龙》、《花子钵曼殊》、《千手眼大悲》、《本国王及诸亲族》、《弥勒佛像》等。

喻浩 Yu Hao（?～989） 中国五代末、北宋初建筑工匠。又称预浩、俞皓、喻皓。五代时吴越国西府（杭州）人。擅长造塔。

五代末年，修筑杭州梵天寺木塔时，塔身木构架颤动，众工束手。经喻浩指出，把楼板钉在梁架上，以加强构架的整体性后，塔即稳定。说明他对木构架受力情况和加强整体刚度的概念有深刻理解。宋初，他主持修建汴梁（今开封）开宝寺木塔，塔高36丈，八角，11级，先做模型，然后动工，历时8年于989年竣工。相传喻浩曾考虑到汴梁地处平原，多西北风，建造时使塔身略向西北倾斜，以抵抗主要风力。这虽是传说，却证明那时建高建筑已考虑风力问题。

喻浩著有《木经》三卷，是中国古代重要的建筑学专著，在《营造法式》成书前曾被木工奉为圭臬。惜已失传，仅在沈括《梦溪笔谈》中略见梗概。

《喻世明言》 *Instruction Stories to Enlighten the World* 拟话本小说集。中国明末冯梦龙纂辑。见《古今小说》。

喻宜萱 Yu Yixuan（1909-09-06～2008-01-08） 中国女高音歌唱家、声乐教育家。曾用名管喻宜萱。江西萍乡人。卒于北京。1928年春，入上海美术专门学校（上海美

术专科学校前身）学习音乐。1929年秋，入上海国立音乐专科学校，主修声乐。1933年7月毕业后在南京中央大学音乐系任教。1935年赴美国入康奈尔大学研究生院音乐系攻读音乐及教育。留学期间，曾在纽约、费城、旧金山、佛罗里达等地举行过多次独唱会和广播演唱，颇有影响。1939年回国，先后在成都金陵女子文理学院音乐系、湖北省立教育学院和国立湖北师范学院任教。中华人民共和国建立后，一直在中央音乐学院声乐系任教授兼系主任；1961年起，兼任副院长。1957年，在莫斯科第六届世界青年学生和平与友谊联欢节上担任声乐比赛评委。1960年，曾应邀赴柏林，担任舒曼国际声乐比赛评委。曾任中国文学艺术界联合会全国委员会委员、中国音乐家协会常务理

事。1985年被推选为中国音乐家协会顾问。

喻宜萱早在20世纪30年代即成为中国乐坛上享有盛名的抒情戏剧女高音歌唱家。她的演唱具有热情奔放而又朴素严谨的风格，声音圆润洪亮，色彩浓郁。长期从事声乐教学，重视学生的声乐基本功的训练和审美能力的提高，注意培育学生正确而丰富的音乐志趣，培养了一批高水平的声乐人才。在声乐教材建设和声乐理论研究方面作了大量工作，主持编订并出版《中国歌曲》(共4集)、《西洋歌剧咏叹调选集》(共5册) 和《法国艺术歌曲》(与蒋英、沈湘合编) 等10多种声乐教材，主编《声乐表演艺术文选》；发表《几年来音乐院校声乐教学中的几个问题》、《有关声乐艺术的几个问题》、《声音训练在歌唱中的重要性》、《法国艺术歌曲及其演唱风格》等论文。著有《我与音乐》(1986，1989)。

御史大夫 censor-in-chief 中国秦代最高的监察官。始皇时此官位次于左、右丞相，后逐渐成为御史台长官。凡军国大计，皇帝常和丞相、御史共同议决。丞相位缺，也可由御史大夫升任。御史大夫之秩为中二千石。由于御史和皇帝亲近，故群臣奏事须由他向上转达，皇帝下诏书，则先下御史，再达丞相、诸侯王或守、相，因而皇帝可利用御史大夫督察和牵制丞相。

汉“御史大夫”印章封泥

先秦的御史本为殿中执法官。西汉时御史大夫虽居副丞相之位以协助丞相综理大政，但仍偏重于执法或纠察，不仅可劾奏不法的大臣，而且还可奉诏收缚或审讯有罪的官吏。御史大夫属官有御史中丞、侍御史、绣衣御史等。成帝绥和元年（前8），更名为大司空，与丞相、大司马合称三公。汉末，恢复御史大夫之称。

魏晋南北朝有时也恢复御史大夫，或替代司空，或替代御史中丞，为执法和监察机构的首脑人物。隋、唐以后所设御史大夫，除宋代为虚衔外，均为御史台长官，不再具有汉、魏三公的性质。明改御史大夫为都御史，自此其官遂废。

御史台 censorate 中国东汉至明初设置的中央监察机构。秦及西汉御史属御史大夫府。御史大夫佐丞相理国政，兼管监察。下有两丞，其一为御史中丞，又称中执法，具体掌握监察权力。西汉末改御史大夫为大司空，不再兼管监察，御史中丞出为台主。东汉因袭，称御史台，直至唐代。御史台的职责最重要的为两项：一是弹劾百官；二是推鞫刑狱。唐御史台有三院：台院、殿院、察院。三院御史为清要之官，虽秩品不高，但威权甚重。唐玄宗时常用御史充任各种重要使职。玄宗以后，凡节度使、观察使无不兼大夫、中丞衔，度支、盐铁、户部三使的巡院官也多兼“宪衔”。这些由外官兼摄的御史被称为外台。唐代后期，皇权削弱，御史的威权也随之下降。御史监军的权力早在唐玄宗时已被宦官取代。宋沿唐制设御史台，为最高监察机构，兼理重难案件。太平兴国三年 (978) 任命监察御史，是为正名举职之始。元丰三年 (1080)，御史台设吏、户、礼、兵、刑、工六案，分察中央政府各行政机构，宋代御史许风闻言事，以广言路。金、元基本上沿唐宋之制，略有变化。明初将御史台改称都察院，一直行用至清末。

裕固族 Yugur 中国少数民族。主要分布在甘肃省肃南裕固族自治县和酒泉市黄泥堡裕固族乡。人口13 719(2000)。有2种语言：一种是西部裕固语（尧呼尔语），主要分布在肃南裕固族自治县西部，属阿尔泰语系突厥语族；一种是东部裕固语（恩格尔语），主要分布在肃南裕固族自治县东部，属阿尔泰语系蒙古语族。无文字，一般通用汉语文。自称“尧呼尔”。与历史上的“黄头回鹘”、“撒里畏兀儿”等有密切关系。经济以畜牧业为主。男子一般穿高领左大襟的长袍，戴圆顶卷檐白毡帽或礼帽；妇女穿高领长袍，戴尖顶毛毡帽或圆顶礼帽。饮食以面食、小米、大米和乳制品为主。住房以帐篷为主。婚姻行一夫一妻制。丧葬行火葬、土葬或天葬。信仰藏传佛教。1954年成立了肃南裕固族自治县，1980年成立了酒泉黄泥堡裕固族乡。

裕固族女子

愈创醇 guaiol 双环倍半萜，分子式$C_{15}H_{26}O$。为愈创木油的组分，存在于*Callitris glauca*油和*Gonystylus miguelianus*油中。柱状结晶；熔点91℃，沸点165℃（17毫米汞柱），相对密度0.907 4(100/4℃)，比旋光度$[\alpha]_D$ −29.8（乙醇）。愈创醇的酯如乙酸酯用于香料工业中。

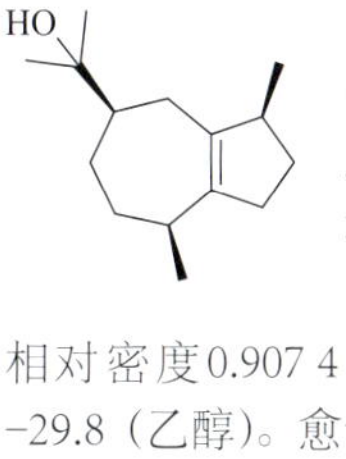

豫剧 Yuju opera 中国戏曲剧种。又称河南梆子。据清李绿园乾隆四十二年 (1777) 成书的《歧路灯》和乾隆五十三年 (1788) 的《杞县志》记载，当时本地梆子戏已在开封、杞县一带盛行，并曾与罗戏、卷戏合班演出，称为“梆罗卷”。后在开封一带形成祥符调；传至商丘一带的，形成豫东调；流入洛阳的一支，发展为豫西调；流入漯河的一支，被称为沙河调。以祥符调力量最为雄厚，其与沙河调、豫东调比较接近，一般统称为豫东调。1927年后，樊粹庭、王镇南等为陈素真、常香玉等女演员编写了一批新戏，使豫剧的舞台艺术发生了显著变化。豫剧一向以唱功见长，唱腔流畅，节奏鲜明，加之表演细腻，文辞通俗易解，一跃而成为梆子腔系中最吸引观众的剧种。豫剧唱腔结构为板式变化体。伴奏乐器，过去有“一鼓二锣三弦手，梆子手钹共八口”组成场面之说，现在主要伴奏乐器有板胡、二胡、三弦、月琴、皮嗡、笛子、唢呐、琵琶及鼓板、梆子、大锣、二锣、手钹等。脚色行当分四生、四旦、四花脸。《花木兰》、《穆桂英挂帅》、《唐知县审诰命》(《七品芝麻官》)、《秦香莲》(《包青天》)、《朝阳沟》、《人欢马叫》等摄制成影片。

豫剧《唐知县审诰命》剧照（牛得草饰唐成）

豫湘桂战役 Yu-Xiang-Gui Campaign 1944年4～12月日本侵略军为打通中国华北到华南以至印度支那的大陆交通线而发动的一次大规模战略进攻。1943年，美军在太平洋战场上展开反攻，逐渐迫近日本本土。日军节节失利，日本与南洋的海上交通线已被切断，它在中国的长江补给线在美国空军的监视下也受到严重威胁。日本侵略者决定发动豫湘桂战役，企图打通平汉、粤汉、湘桂铁路，掌握一条陆上交通线，以摧毁美国在中国的空军基地，阻止美军对日本本土的轰炸。日军从本土及中国东北调集了各兵种部队总计约51万，是中日战争以来规模最大的一次进攻战。

战役的第一阶段河南会战，日军出动

了约15万兵力，中国政府军队集中了35万至40万兵力。日军在4～5月间先后攻陷郑州、洛阳等地。

日军攻占洛阳后，日本中国派遣军总司令官畑俊六将南京的前进指挥所推进到汉口，开始了战役的主要阶段的湘桂作战。日军以13个师团为基干，总共投入36万余兵力；中国方面投入30多万兵力。6月18日，日军攻陷长沙。6月26日，日军占领衡阳机场，并包围衡阳。中国政府调集各路援军增援，但未有一支部队突入包围圈。4万守军在孤立无援的情况下，反复同敌人展开了激烈的争夺战，使日军受到重大伤亡，终因敌我力量悬殊和守军兵疲粮缺，阵地被日军突破，8月8日放弃衡阳。随后，日军从湖南、广东及越南三个方面向广西进攻，开始了桂柳作战。11月上旬，日军逼近桂林，同时由桂林以西迂回柳州。10日，日军陷桂林、柳州。12月2日占领独山。国民政府因之震动，被迫集中一切可用之兵力投入贵州作战，8日收复独山，迫使日军后退到河池。12月日军打通了从华北到华南以至印支的通道。

在短短的8个月中，中国政府军队在豫湘桂战场上损兵六七十万人，丧失国土20余万平方千米，丢掉城市146座，失去空军基地7个、飞机场36个，人民生命财产损失更是不计其数。日军在付出重大代价之后，虽然打通了大陆交通线，但始终也没能加以利用，更未能挽救日本军国主义败亡的命运。

豫园 Yuyuan Garden 中国明代江南名园。上海市老城隍庙闹市区内幽雅宁静的旅游佳处。园名取“豫悦老亲”之意。明嘉靖三十八年（1559）始建，万历五年（1577）后陆续拓地70余亩而成。园景设计和假山堆叠出于园林名匠张南阳之手。明末荒废，清乾隆二十五年（1760）重建，归入城隍庙，一度改名西园。鸦片战争后屡遭破坏，1956年后修复园景30余亩，1961年开放。1982年国务院公布为全国重点文物保护单位。园中以大假山为中心，周围有三穗堂、点春堂、萃秀堂、鱼乐榭、万花楼、玉华堂、得月楼等景点。大假山高约12米，重峦叠嶂，具涧壑幽谷之胜，以浙江武康产黄石堆成。从鱼乐榭至万花楼一带，有游廊、溪流、山石，且多庭院小景。园东部玉华堂前隔水有玉玲珑石，具漏、透、瘦、皱之美，相传为宋代花石纲遗物。园东南角另有内园，园内诸景古朴典雅，具有江南园林特色。园门南的荷花池、九曲桥、湖心亭等，原为豫园中胜景，今已在园外。

豫园大假山

豫州 Yuzhou Prefecture 中国古代地区、政区名。①先秦时期人们地域概念中所谓九州之一。《尚书·禹贡》：“荆河惟豫州，伊洛瀍涧既入于河，荥波既豬（潴），导菏泽，被孟豬。”《周礼·职方》：“河南曰豫州，其山镇曰华山，其泽薮曰圃田，其川荧（荥）雒（洛），其浸波溠。”《尔雅·释地》：“河南曰豫州。”荆，指荆山，在今湖北南漳西；河指黄河，伊、洛、瀍、涧即今洛阳附近四水，荥波指荥泽，在今河南荥阳西北。菏泽，在今山东菏泽、定陶间，孟豬，今河南商丘东。圃田，湖泽名，在今河南郑州、中牟间。其地域大致相当今河南省及湖北北部一小部分。

②西汉武帝元封五年（前106）所置十三刺史部之一。据《汉书·地理志》记载，豫州省察颍川、汝南、沛三郡和梁、鲁二国，辖境相当今淮河以北、南北汝河流域以东的豫东、皖北和江苏丰、沛二县地。据《续汉书·郡国志》记载，东汉治谯县（今安徽亳州市）。辖颍川、汝南二郡和梁、陈、沛、鲁四国，辖境地与西汉大致相同。三国治安成（今河南汝南县东南），西晋治陈县（今河南淮阳县），东晋南朝因地处南北交界，战事频繁，故治所屡有迁徙，最北治悬瓠城（今汝南县），最南治邾城（今湖北黄冈市西北）。辖境伸缩不常。最大时相当今江苏、安徽长江以西，安徽望江以北的淮河南北地区。十六国时期豫州沦没，设置更为混乱，后赵、前燕置豫州，治许昌（今河南许昌市东）；前秦置豫州，初治许昌，后移治陕城（今河南陕县西），又移镇洛阳；后燕置豫州，治洛阳，后又曾与兖州并治滑台（今河南滑县东）；夏置豫州，治李润堡（今陕西大荔北）。北魏治悬瓠城。北周大象二年（580）改为舒州，旋复为豫州。隋大业元年（605）改洛州为豫州。唐初复为洛州。开元元年（713）改为河南府，所辖皆仅今河南洛阳地区。唐武德四年（621）改隋汝南郡为豫州（治今汝南县），宝应元年（762）改为蔡州，所辖为河南省西南部地区。二者皆为二级地方行政区划，与西汉以来豫州不同。

鹬 Scolopacidae; snipe 鸻形目鹬科鸟类的统称。属小、中型涉禽。世界有24属87种，分布几遍全球。在北极和亚北极繁殖，到热带一些地区越冬。中国有15属45种，分布于中国新疆、青海、内蒙古、台湾、东北、华北和长江以南。

青脚鹬

全长约600毫米。嘴形直，有时微向上或向下弯曲；鼻沟长度远超过上嘴的1/2；雌雄羽色及大小相同，跗跖后侧大多具盾状鳞，前缘亦具盾状鳞；趾不具瓣蹼。

栖息于海岸、沼泽、河川等地。以小动物（如甲壳动物、昆虫）和植物为食。在沼泽、河川附近的草丛中筑巢。每窝产卵4枚，卵呈橄榄黄色且有黑和褐色斑点。雏鸟为早成性。常见的有白腰杓鹬和矶鹬。

鸢 *Milvus korschun*; black kite 隼形目鹰科鸢属的一种。又称老鹰、老刁、黑耳鹰、黑鸢、老鸢、鸡屎鹰。广泛分布于欧亚大陆、非洲、东南亚和大洋洲北部。在中国各地繁殖。除极北地区冬季南迁外，均为终年居留鸟类。

全长500～600毫米，体重700～900克。全身羽毛暗褐色；两翅的初级飞羽黑褐色，飞羽基部内呈白色，在高空展翅翱翔时，双翅下方各有一明显大白斑；尾稍长，尾端呈深叉状。雌雄成鸟羽色类似；幼鸟体羽贯以棕白色宽阔纵纹，飞羽端斑近白色。嘴黑色，下嘴基部和蜡膜浅黄绿色；脚铅灰黄色。

栖息于旷野。大量捕食田间野鼠、昆虫等，偶尔兼食小鸟、蛙、蛇、小鱼等；还从垃圾堆中寻找腐肉等。繁殖期结群或单独营巢，通常是在野外高大的树冠顶端或山谷顶上以枯枝堆筑，内铺碎布、废纸、兽毛等。每窝产卵2枚。雌雄均孵卵，孵化期约38天。幼雏留巢哺育约42天后飞出。

鸢尾科 Iridaceae; iris family 单子叶植物纲的一科。约60属800种，分布于全世界热带、亚热带及温带地区，分布中心在非洲南部及美洲热带。中国产4属58种，主要分布于西南、西北及东北各省区，其中以鸢尾属占绝大多数。另外，引进栽培的约有8属20余种。多年生或一年生草本植物，有根状茎、球茎或鳞茎，皆为须根。叶条形、剑形或丝状，叶脉平行。花单生或为总状花序、穗状花序、聚伞花序、圆锥花序；花两性，色泽鲜艳，辐射对称或两侧对称；花被片6，两轮排列，基部联合成花被管；雄蕊3，花药常外向开裂；花柱1，上部多分为3枝，圆柱状或扁平成花瓣状，子房绝大多数为下位，3室。蒴果。

此科植物以花大、鲜艳及花型奇异而著称。常见的观赏植物有唐菖蒲属、虎皮花属、观音兰属、香雪兰属、雄黄兰属、鸢尾属、肖鸢尾属等；供药用的有射干属、番红花属；唐菖蒲属及鸢尾属的某些种对氟化物较敏感，可作为监测环境污染的指示植物。

鸳鸯 *Aix galericulata*; mandarin duck 雁形目鸭科鸳鸯属的一种。分布于中国东部、印度、斯里兰卡、马来半岛和印度尼西亚。中型游禽，全长约500毫米。雄性羽色华丽，头顶呈金属翠绿色；枕部丛生赤铜色特长的羽毛，与后颈的金属暗绿色和暗紫色长羽形成鲜丽的羽冠，两侧各衬有宽阔白纹一道；背部大部呈浅褐色；最内侧两枚三级飞羽扩大成扇状竖立在背部两侧，犹如船帆，被称为“相思羽”；胸腹部呈纯白色。雌性背部呈苍褐色；眼周和眼后各具一条白色纵纹；头和颈的两侧呈浅灰褐色；上体余部呈橄榄褐色；两翅羽色与雄鸟相似，仅缺一对帆状的相思羽且没有雄性羽色那样闪亮；下体大部呈白色。

鸳鸯戏水

杂食性。以种子、茎、芽、果实、小鱼、螺类、昆虫等为食。善游泳，在溪边树洞中营巢。每窝产卵7～12枚。雏孵出后，能从树洞口跃入下面的溪水，自行游泳觅食。在中国文学中常以鸳鸯比喻夫妻关系。其实，鸳鸯只在繁殖期间雌雄偶居，并非终生如此。

鸳鸯蝴蝶派 mandarin ducks and butterflies, school of 从清末民初到中华人民共和国建立之前的中国都市通俗文学的泛称。某些带有轻松嬉戏风格的软性文学，有时也被戏称为“鸳鸯蝴蝶派”。早期作品以缠绵悱恻的言情小说为主，故得此名，简称“鸳蝴派”。又因其代表性刊物之一《礼拜六》而名“礼拜六派”。现在一般通称“民国旧派通俗文学”或“现代通俗文学”。其文学理念是以改良思想为主的“健康娱乐主义”，注重文学的消闲玩赏功能和市场效应。创作内容和种类包罗万象，有社会言情、武侠会党、公案侦探、历史掌故、滑稽志怪等类型。前期主要作家作品有包天笑《上海春秋》、徐枕亚《玉梨魂》、李涵秋《广陵潮》、周瘦鹃《此恨绵绵无绝期》、严独鹤《月夜箫声》、平江不肖生（向恺然）《江湖奇侠传》、程小青《霍桑探案》等，以南方城市为主要阵地。后期崛起张恨水、刘云若、秦瘦鸥、还珠楼主（李寿民）、宫白羽等作家，其重要作品有《啼笑因缘》、《红杏出墙记》、《秋海棠》、《蜀山剑侠传》、《偷拳》等，影响遍及全国。“五四”文学革命后，“鸳蝴派”与新文学处于既竞争又互补的状态，逐渐摆脱旧词章气息和章回体结构，加强时代精神和艺术探索，与新文学共同完成了中国文学的现代性转型。

冤狱赔偿 compensation for wrong detentions and conviction 由于司法机关错误的判决或裁定而被剥夺自由或处以刑罚的无罪公民，可依法取得经济赔偿的制度。源于1679年英国的《人身保护法》。第二次世界大战后，一些国家在宪法中规定了冤狱赔偿制度。中国1982年宪法规定，由于国家机关和国家机关工作人员侵犯公民权利而受到损失的人，有依照法律规定取得赔偿的权利。1994年通过的《中华人民共和国国家赔偿法》规定，行使侦查、检察、审判、监狱管理职权的机关及其工作人员在行使职权时有下列侵犯人身权情形之一的，受害人有取得赔偿的权利：①对没有犯罪事实或者没有事实证明有犯罪重大嫌疑的人错误拘留的。②对没有犯罪事实的人错误逮捕的。③依照审判监督程序再审改判无罪，原判刑罚已经执行的。④刑讯逼供或者以殴打等暴力行为或者唆使他人以殴打等暴力行为造成公民身体伤害或者死亡的。⑤违法使用武器、警械造成公民身体伤害或者死亡的。

元朝 Yuan Dynasty 中国历史上蒙古族统治者建立的统一王朝。1206年，成吉思汗建国于漠北，号大蒙古国。1235年，窝阔台建哈拉和林城（即和林）为国都。大蒙古国统治亚洲和欧洲广大地区。按台山（今

元朝世系表

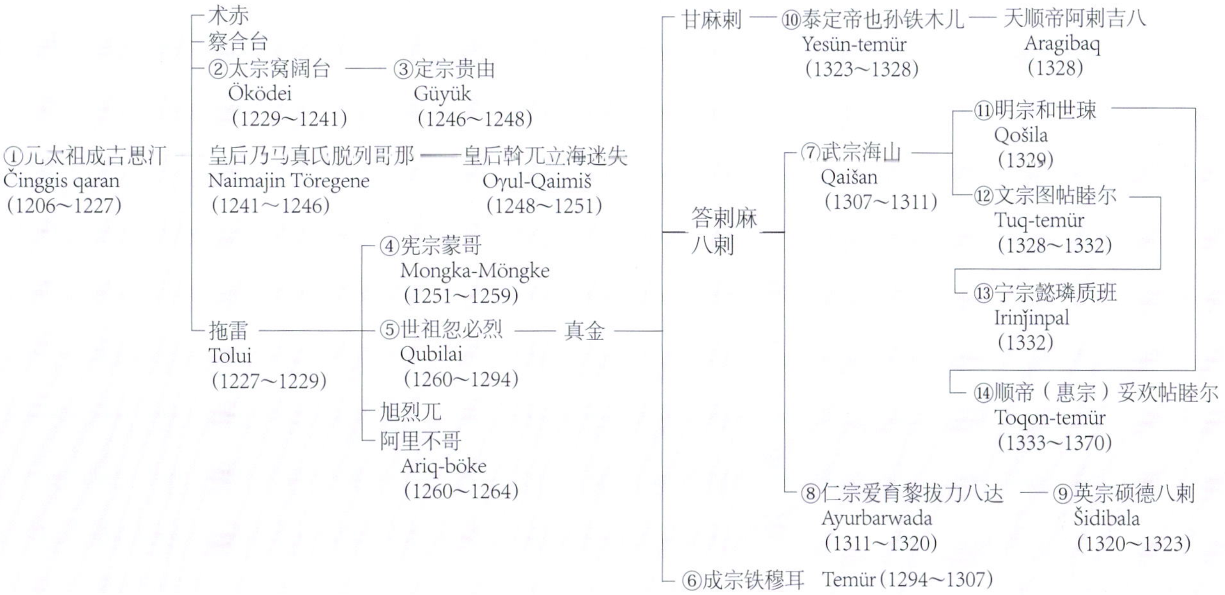

阿尔泰山）以西术赤、察合台、窝阔台封地以及旭烈兀西征后据有的波斯之地（见伊利汗国），先后成为名义上是大汗藩属实际上拥有独立地位的汗国。1260年，元世祖忽必烈即位，以开平为上都，燕京（今北京）为中都，将政治中心南移。1271年，改国号为大元，次年升中都为大都。1276年灭宋。至1368年，明军攻入大都，元顺帝妥欢帖睦尔退出中原。其继承者据有漠北，仍用元国号，史称北元。明初官修《元史》，自成吉思汗建国迄元顺帝出亡（1206～1368），通称元朝。

蒙古的兴起 大蒙古国的建立 蒙古族名称始见于唐代。当时，分布在大兴安岭北段的室韦诸部中有一蒙兀室韦部，居望建河（今额尔古纳河）之东。蒙兀即蒙古的唐代汉文译名。大约在唐代末叶，蒙古一部逐渐迁到斡难河（今蒙古鄂嫩河）上游不儿罕山（今蒙古肯特山）地区。约11世纪上半叶，蒙古部首领海都（成吉思汗六世祖）攻灭了斡难河南的强部——札剌亦儿部，从此形势寖大。金初，全蒙古各氏族和部落组成大联盟，推举海都长子之孙葛不律（又译合不勒，成吉思汗的曾祖父）为汗（意为君主），蒙古部首领自此始用汗号。

在诸部争战中，蒙古乞颜氏贵族铁木真的势力逐渐壮大，完成了蒙古高原的统一。1206年，蒙古贵族奉铁木真为大汗，尊号成吉思汗。蒙古灭乃蛮后，即借用其畏兀儿字母书写蒙古语，从此有了蒙古文。1219年，成吉思汗召集大会，重新确定了札撒（法令）、约孙（意

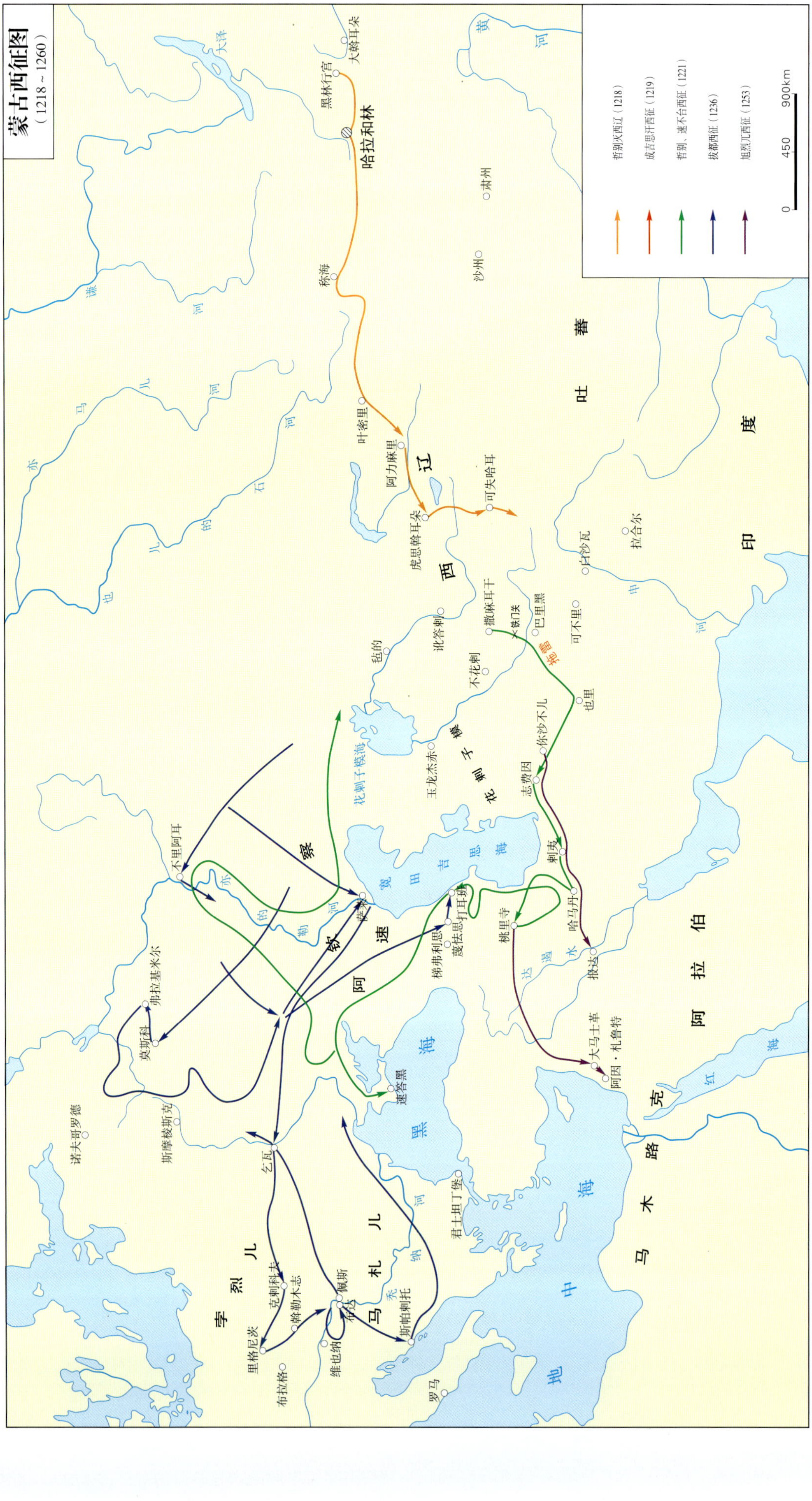

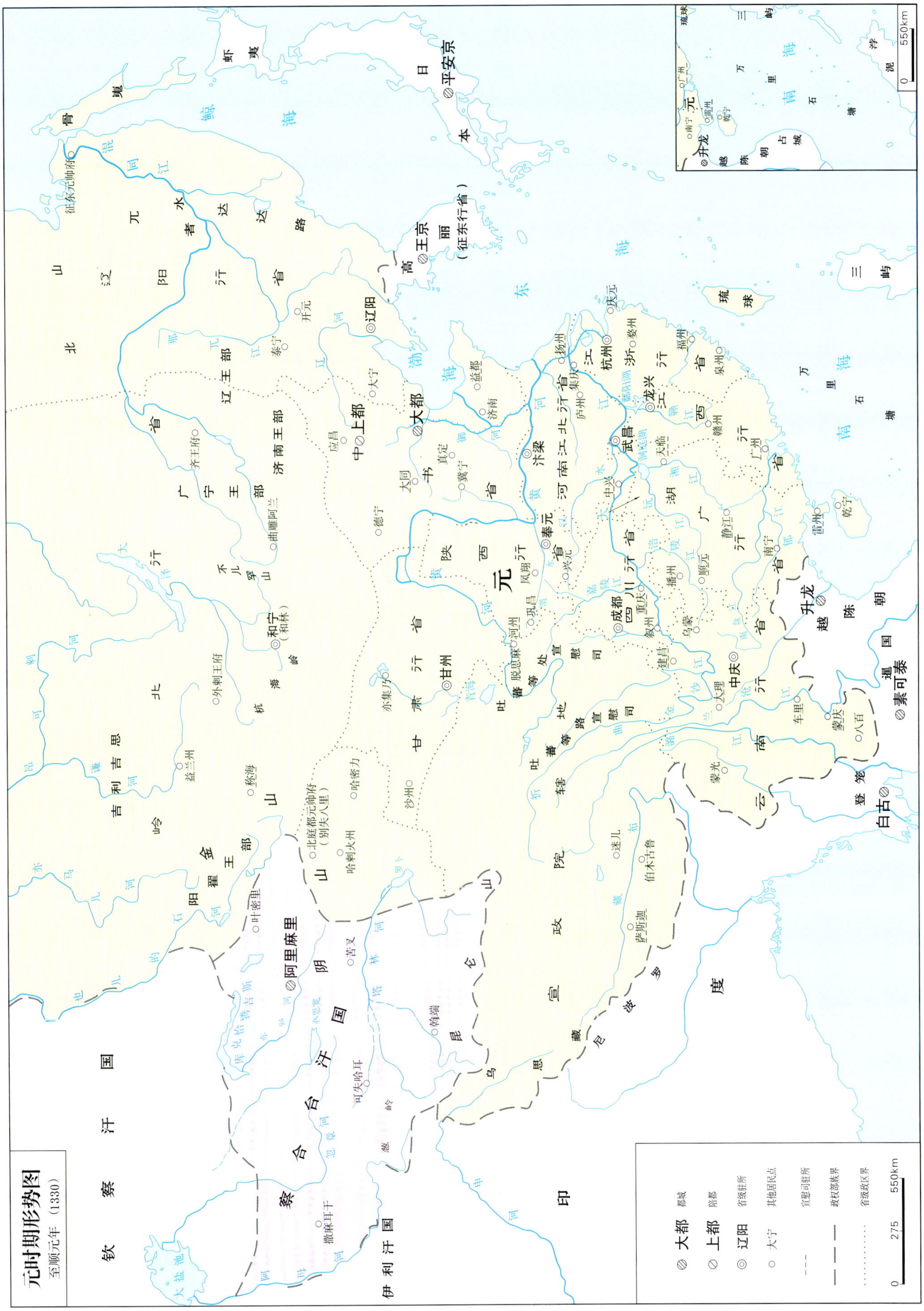

元时期形势图
至顺元年（1330）

为道理、条例）和他历年的训言，并记录成卷，名为《大札撒》。其后每代大汗即位或处理重大问题，都必须依例诵读《大札撒》条文，以表示遵行祖制。成吉思汗建国以后，就开始向邻境发动掠夺战争。1205、1207和1209年3次攻入西夏，迫使夏国称臣纳贡。接着全力攻金。1215年攻占金中都。自1217～1229年，金两河、山东大部分地区为蒙古所占。1219年，成吉思汗进围花拉子模新都撒麻耳干（今乌兹别克斯坦撒马尔罕），1221年攻克花拉子模旧都玉龙杰赤（今土库曼斯坦乌尔根奇），并与幼子拖雷分兵攻取呼罗珊（今阿姆河以南兴都库什山脉以北地区）诸城。1223年，成吉思汗率军回蒙古。哲别、速不台军越过太和岭（今高加索山）攻入钦察，1223年于阿里吉河（在今乌克兰日丹诺夫市北）战役中击溃斡罗思诸国王公与钦察汗的联军，进掠斡罗思南境，又转攻也的里河（伏尔加河的突厥名）上的不里阿耳国，然后东返蒙古。1226年，成吉思汗又出兵攻西夏。次年，西夏国主李晛投降。同年7月，成吉思汗病逝军中，幼子托雷监国。

窝阔台统治时期　1229年蒙古贵族大聚会，遵照成吉思汗遗命推举窝阔台为大汗。窝阔台即位后，决定亲征金王朝。1232年初，拖雷于钧州（今河南禹州市）南三峰山击溃金军，北上与窝阔台会合，攻汴京。同年底，汴京城中粮尽援绝，金哀宗出奔。蒙古约请南宋出兵共同灭金，1234年初，城破，金哀宗自杀，金亡。1235年，窝阔台遣其子阔出攻宋荆襄地区，阔端攻四川，对南宋的战争从此开始。1237年，蒙古军灭不里阿耳、钦察，攻入斡罗思。1241年，拔都侵入孛烈儿（波兰）、马札儿（匈牙利）。蒙古军在里格尼茨（今波兰西部）一役，大败孛烈儿、捏迷思（德意志）联军，欧洲震动。1242年，拔都闻窝阔台死讯，率军留驻也的里河下游，统治所征服的钦察、斡罗思等地区。窝阔台在位期间，大蒙古国的政治、经济制度逐步完备。1229年，制定了蒙古民户的羊马抽分及其他差发制度，进一步健全驿站制度。1235年，签调汉族工匠，于斡耳寒河（今蒙古鄂尔浑河）旁建立哈拉和林城郭，作为都城。窝阔台即位后，在中原汉地实行征税办法，以耶律楚材主管其事。1241年窝阔台去世，皇后乃马真氏称制，政事愈坏，对人民的剥削更加深重。

从贵由到蒙哥　1246年，窝阔台长子贵由立为大汗。拔都与贵由不和，蒙古皇室的内讧开始激化。1248年，贵由死于横相乙儿之地（今新疆青河东南），拔都推举拖雷长子蒙哥为大汗。察合台、窝阔台两系再次抵制。蒙哥即位后，极力恢复大汗的权威和政令的统一。他下令整饬民政，加强汉地、中亚和波斯三大行政区的统治机构。又命弟忽必烈总领漠南汉地军国庶事，统兵南征大理、南宋；命弟旭烈兀总领波斯之地，统兵西征未服诸国。忽必烈于1253年克大理城。1256年，命刘秉忠于滦河上游选地建城，营造宫室，名为开平。旭烈兀军于1256年消灭盘踞波斯北部诸山寨的“木剌夷国”（意为异端者），1258年攻陷报达（今伊拉克巴格达）。次年，旭烈兀分兵三路侵入叙利亚。蒙哥于1257年亲统大军征宋。1259年，蒙哥病逝。忽必烈得知蒙哥死讯，仍继续渡淮南下，进围鄂州。这时，留镇漠北的阿里不哥力图乘机控制漠南。忽必烈与南宋贾似道密订和约，立即回师北归。1260年春，旭烈兀得到蒙哥死讯，也引军退回波斯，留先锋怯的不花继续征进。九月，怯的不花军在阿音扎鲁特（今耶路撒冷北）被密昔儿（埃及）军击溃，蒙古西征之役至此告一段落。

元朝的统治和灭亡　元王朝的建立　1260年三月，元世祖忽必烈在开平即大汗位，建元中统，任用汉地士人，建立起中书省、10路宣抚司以及负责中原汉地政务的燕京行中书省等行政机构，巩固了在中原地区的统治地位。阿里不哥也在漠北称汗，据有漠北地区。忽必烈亲自率师北征。至元元年（1264）阿里不哥投降。至此，忽必烈控制了岭北局势。忽必烈在与阿里不哥争位战争之初，即已承认旭烈兀对阿母河以西土地的统治权，原来由大汗直接领有的波斯诸地遂变为大汗的宗藩伊利汗国。伊利汗国与立国于钦察草原的术赤后王之间又为领土争端爆发了长期战争，大蒙古国分裂了。中原汉地成为忽必烈政权的重心。中统、至元之初，元廷博采汉族士大夫建议，遵循中原传统制度，同时也采取了充分保障蒙古统治者特殊权益的各种措施，大体奠定了元代政制的规模。中统四年（1263）以开平为上都，至元元年升燕京为中都。四年，始于中都旧城东北建造新城。至元八年十一月，诏告天下，正式建国号大元。九年，升中都为大都。

统一全国　至元五年（1268）元军围困隔汉水相望的襄、樊重镇，襄樊军民拒守孤城达6年。至元十年初，元军攻下樊城。次年六月，忽必烈命伯颜督诸军，分两路大举南进，宋诸帅皆不战而降。十二年二月，贾似道被迫督诸路精兵抵御元军。这时，他仍企图奉币称臣议和，被伯颜拒绝。十三年正月，宋幼帝赵㬎上表降元，宋亡。十六年，完全占领四川，又追灭南宋卫王于崖山，完成了全国的统一。元王朝的统一，结束了自唐末藩镇割据以来国内的南北对峙、五六个民族政权长期并存的分裂和战乱局面，推动了多民族统一国家的巩固和发展。

远征海外　灭宋后，忽必烈对邻近诸国发动了一系列战争。十八年，分两路进攻日本。由于元军在日本鹰岛遇飓风，战船多坏，将卒溺死者众，几乎全军覆没。十九年，从广州渡海攻占城，连战逾年。二十一年至二十二年，镇南王脱欢（忽必烈子）发兵侵安南（今越南北部），因暑雨不止、瘟疫流行被迫退师。二十年、二十三年，元兵两次从云南出侵缅国（今缅甸）。二十九年，从泉州起航出侵爪哇（今印尼爪哇岛），爪哇统治者降元。

与北方诸王之战　至元初年，忽必烈巩固对中原汉地的统治后，立即着手恢复大汗对西道诸王的政治控制。他诏令窝阔台后王海都入觐。六年，海都、八剌和术赤后王忙哥帖木儿联合反对大汗和伊利汗阿八哈。至元八年，忽必烈命皇子北平王那木罕出镇阿力麻里。十三年，那木罕所部宗王昔里吉（蒙哥子）等叛。八月，伯颜率元军破昔里吉于鄂尔浑河。二十四年，东道诸王以乃颜为首，又在辽东叛乱。忽必烈擒乃颜。二十六年，海都、察合台兀鲁思汗笃哇举兵击败镇边宗王那木罕以及甘麻剌（忽必烈孙），进据和林。忽必烈最后一次率军亲征，复和林，留伯颜镇守。至元三十一年正月，忽必烈在大都去世，庙号世祖。其孙铁穆耳即位，是为成宗。从大德元年（1297）至四年，元军与海都、笃哇在北边屡次交锋。海都先胜后败，受伤后与笃哇退出岭北，在这年秋冬之间病死。

成宗“守成”　元成宗委政于世祖旧臣，罢征日本、安南之役，内政以奉行忽必烈成规为务，国家相对安定，因而被称为守成之君。大德五年，元廷派刘深侵西南八百媳妇国（今泰国北部等地）。元军沿途骚扰。土官宋隆济和女土官蛇节举兵围刘深于穷谷，云南行省东部人民皆起而响应。十一月，诏刘国杰往镇。七年春，蛇节、宋隆济先后被俘杀，南征之师亦罢。大德八年，元廷与笃哇、窝阔台兀鲁思汗察八儿（海都之子）约和。大汗虽完整地保有岭北行省，但被迫承认了察合台兀鲁思控制哈密力（哈密）以西地区的事实。

“武仁授受”与南坡之变　成宗晚年连年患病，皇后卜鲁罕掌权。大德十一年初成宗卒，卜鲁罕与左丞相阿忽台等人谋立镇守河西的安西王阿难答为帝。右丞相哈剌哈孙则秘密遣使北迎出镇朔漠的怀宁王海山，南迎被卜鲁罕排挤出京的爱育黎拔力八达。三月二日，爱育黎拔力八达诱执阿难答，诛阿忽台等，奉御玺北迎海山。海山即帝位，是为元武宗。海山任用亲信，政令失当，朝政紊乱。至大四年正月，武宗卒。皇太子爱育黎拔力八达即位于大都，是为元仁宗。他受汉文化影响较深，积极采取措施，改革朝政和吏治。皇庆二年（1313）恢复科举取士制度；延祐初，元廷还派人检括河南、江西、江浙等地漏隐田土，核实税入。仁宗对宗戚勋旧过于软弱，在诸王压力下不断让步。他还背毁传位给武宗子嗣的誓约，立己子硕德八剌为皇太子。延祐七年，仁宗卒，硕德八剌继帝位，即元英宗。英宗刚毅而思有作为，锐意于改革。朝廷召集有治国经验的退职老臣，优其禄秩；行助役法，以岁入助役；颁行《大元通制》，改变政令不一、罪同罚异的混乱现象；裁罢冗职，节省浮费，减免赋役，以舒农力。至治三年（1323）八月，英宗自上都南归驻跸南坡（内蒙古正蓝旗东北），为御史大夫铁失所杀。九月，也孙铁木儿（甘麻剌子）即位，次年改元泰定，史称泰定帝。

两都之战和燕铁木儿专权　泰定帝统治时期，元廷对贵族赐予益奢，兴役造作益多，国家财源已呈枯竭，吏治更加腐败。致和元年（1328）七月，他病死于上都。八月，留守大都的武宗亲信燕铁木儿（床兀儿子）迎武宗次子图帖睦尔入京。同月，梁王王禅（泰定帝侄）奉泰定帝年幼的皇太子阿剌吉八即位于上都，改元天顺，分诸道进攻大都。九月，图帖睦尔即位于大都，改元天历，并宣布待长兄和世㻋自北边将立即让位。而辽东、关陕、川蜀等地先后起兵响应上都。两都之战发展成为大规模内战。天历二年（1329）正月，和世㻋在和林北即帝位，是为元明宗，随即启程南返。明宗擢拔不少亲信入省、院、台供职。八月，明宗中毒暴死。八月中，图帖睦尔再次即皇帝位于上都，是为元文宗。元文宗图帖睦尔复位后，以燕铁木儿独任丞相，总裁天下事。文宗初即位，就建立奎章阁，集儒臣于阁中备顾问，又置艺文监，以蒙古语翻译儒书，刊刻经籍。至顺二年（1331），敕编《经世大典》书成。至顺三年八月，文宗卒。临危遗诏立明宗之子为帝。燕铁木儿奉遗诏拥明宗次子懿璘质班为帝，是为元宁宗。宁宗逾月而卒。燕铁木儿在文宗后坚持下，被迫将放逐于静江（治今广西桂林）的明宗长子妥欢帖睦尔迎入京都。至顺四年六月，妥欢帖睦尔即位于上都，史称元顺帝。

社会诸矛盾的激化　燕铁木儿死后，伯颜独秉国政，中书省、枢密院官员大都出其门下。大批蒙古贵族、官僚通过受赐、占夺等方式转化为大土地所有者。汉族地主也大肆兼并土地。这时，伯颜继废止科举之后进一步下令禁止汉人、南人学蒙古、色目文字，以阻塞他们的仕途；还企图废顺帝另立。他的所作所为使当时的社会危机更加深刻。至元六年，伯颜侄脱脱将他贬黜。顺帝起用脱脱当政，次年，改元至正，宣布“更化”，恢复科举取士，开马禁，减盐额，修辽、金、宋三史，政治一度较为清明。

元王朝的灭亡　至正四年（1344）五月，黄河决堤。十一年四月，顺帝命工部尚书贾鲁发汴梁（今河南开封）、大名等民工开凿新河道，时紧工迫，官吏乘机舞弊，人民痛苦更深。十年底，顺帝又滥发纸币，造成物价飞腾。贾鲁开河后，北方白莲教首领韩山童及其教友**刘福通**等决定抓住这一时机，发动武装起义。起义军头裹红巾为标志，故称红巾军。至正十一年十月，**徐寿辉**称帝。以蕲水为都，建立政权，国号天完，改元治平。其他非红巾军系统的起义军，以**方国珍**、**张士诚**两支最强大，活动范围最广。十四年正月，张士诚自称诚王，国号大周，改元天祐。至正十五年（1355）二月，刘福通将韩林儿迎至亳州，建立北方红巾军的政权——宋，建元龙凤。韩林儿为帝，又号小明王。至正十八年五月，刘福通攻占汴梁，定为宋政权都城。元军于十九年八月，攻破汴梁城，刘福通保护韩林儿逃奔安丰。至正二十三年二月，张士诚进攻安丰。小明王遣人向朱元璋求救，二十六年十二月，朱元璋部将廖永忠迎归小明王至应天，途经瓜步，将其沉死，宋亡。二十年五月，**陈友谅**攻占太平，杀害徐寿辉，自称皇帝，国号大汉，改元大义。天完陇蜀省右丞明玉珍于至正二十二年三月建国大夏，改元天统，自称皇帝，占据全蜀。至正十七年，张士诚投降元廷，被封为太尉。二十三年九月自称吴王。二十四年正月，朱元璋称吴王。二月，陈友谅子陈理降朱元璋，汉亡。八月，朱元璋令**徐达**、**常遇春**率军攻张士诚。吴元年（1367）九月，张士诚被俘，自缢死。吴元年十一月，方国珍投降。次年正月，朱元璋即皇帝位，建国号为明，年号洪武。同月，福建平定，接着，两广也为明所有。吴元年十月，朱元璋命徐达、常遇春率军北伐。洪武元年七月，元顺帝率后妃、太子逃到上都。八月初二，徐达率北伐明军进入大都，元政权被推翻。元顺帝再往北逃，洪武三年四月病死于应昌。

元代的制度　元代制度多沿袭金制，同时又有不少前代所不具备的特点。

官制　中央政府的军、政统治机构，主要由**中书省**、**枢密院**和**御史台**构成。中书省领六部，掌全国政务，枢密院掌兵，御史台掌督察。宣政院主持全国释教及吐蕃地区军、民之政，设大宗正府治理诸王、驸马、投下蒙古、色目人的刑名等公事，时而兼管汉人刑狱。地方最高行政机构是行省。在距离省治较偏远的地区，分道设宣慰司，就便处理军民事务。元政府在许多机构中都设立达鲁花赤一职，一般由蒙古人或色目人担任，以此保障蒙古贵族对全国行政、军事系统实行严密监控和最后裁决的权力。

军事制度　蒙古、探马赤军和汉军军户，都是通过奥鲁进行管理的。奥鲁的主要职责一是从军户中起发丁男当军应役，二是负责按时为本奥鲁起发的当役军人置备军需。元代军事防卫分为两大系统，即戍卫京师（大都和上都）的宿卫系统和镇守全国各地的镇戍系统。

法律　元代始终没有颁布完备的法典。元代的法制体系，主要是由因时立制、临事制宜而陆续颁发的各种单行法构成的。元代法律大体上遵循前代同类自相犯者，各从本俗法的原则。

官员铨选制度　高级官僚阶层基本上为世袭的蒙古、色目贵族和极少数汉族官僚所垄断。从怯薛（成吉思汗时设置的护卫军）中不断选拔人员提任军、政要职是保持这种垄断的重要途径之一。常选之外，还有所谓别里哥选。别里哥选指皇帝以特旨委任官员。延祐年间，元政府正式设科取士，其规模远不足与唐宋两代相比拟，南人想要入仕尤其困难。

户籍制度　元代户籍制度将全国居民按照不同职业及其他某些条件（如民族）划分成若干种户计，统称诸色户计。他们所承担的封建义务、隶属和管理系统有所不同，而且一经入籍，就不许随意更动。诸色户计主要分为：军户（出军当役的人户）、站户（在站赤系统服役的人户）、匠户（为封建国家从事各种工艺造作的人户）、灶户（又称盐户，以煎盐为生的人户）、民户（一般的种田户）等。僧、道、也里可温、答失蛮等宗教职业者，也各有专门户籍。

赋役制度　元代的赋税制度南北相异，北方主要是税粮、科差，南方征夏、秋两税。盐税收入，占全国钞币岁入的一半以上。盐的生产由国家垄断。商税也是国库收入的重要来源之一。杂泛差役主要包括政府为兴役造作、治河、运输等需要而征发的车牛人夫，以及里正等基层行政设施的职事人员。

社会经济　由于地域辽阔，民族间交往增多，对外开放，使农业、手工业、商业和交通运输业的发展具有相应特点。

元世祖忽必烈即位后，建立管理农业的机构——劝农司，指导、督促各地的农业生产，编辑《农桑辑要》，推广先进生产技术，保护劳动力和耕地，兴修水利等，

图1　中统元宝交钞

使元代前期农业生产得以恢复和发展。元代农业生产的技术也有所提高。元代中期以后，农业生产的发展呈现停滞、衰敝现象。元代手工业的主要行业有：毡罽业、丝织业、棉织业、麻织业、兵器业、制盐业和制瓷业。其规模和产品质量都超过宋、金时代。

元代在全国范围内使用了纸币——钞。全国货币实现统一，促进了经济交流和商业的发展。政府对国内许多商品采取专利垄断政策，贵族、官吏和寺院依靠他们的特权也从事经商活动。元代海外贸易的规模超过前代，由政府设立市舶司直接控制。与中国有贸易关系的国家和地区很多，中国商人到过的东南亚、南亚、西亚、东非各沿海国家和地区达97个之多。与高丽、日本的航线畅通，贸易规模很大。陆上与国外贸易主要通过钦察汗国与克里米亚和欧洲各国建立联系，通过伊利汗国与阿拉伯国家建立联系。国内外贸易的发展，促进了城市经济的繁荣。京师大都号称人烟百万，是全国的政治、经济、文化中心。

元灭南宋后，全国实现统一，南北经济交流进一步扩大。北方（主要是大都）所需之粮食及其他物资，多由江南供应。江南物资主要依靠运河北运，故忽必烈时有重开运河，另辟海运之议。运河的开凿和海运的开辟，对商业的发展、大都的供给和繁荣、南北交通的畅通、官民造船业的扩大、航海技术的提高，都起了重大作用。陆路交通也很发达，全国各地设有驿站和急递铺，有利于国内交通的发展和国内各民族、各地区之间的经济、文化联系。

元代文化 元代的文化艺术和科学技术有很高的成就。

文学艺术 戏曲艺术在元代有很大的发展。元曲包括杂剧和散曲。杂剧是这个时代文学的突出成就。13世纪50年代到14世纪初，是元杂剧鼎盛时期。著名剧作家有关汉卿、王实甫、白朴、马致远、康进之、高文秀等，著名作品有《窦娥冤》、《拜月亭》、《西厢记》、《墙头马上》、《汉宫秋》、《李逵负荆》等。14世纪初至60年代，主要作家有郑光祖、乔吉、宫天挺、秦简夫等，主要作品有《倩女离魂》等。其中关、马、郑、白被誉为元曲四大家。到元代后期，杂剧由盛转衰，南戏则得到了发展，以高则诚的《琵琶记》成就最高。元代诗词总的说来较平庸，但虞集、杨载、范梈、揭傒斯被称为元诗四大家。长篇小说兴起于元末。施耐庵和罗贯中分别于元末明初创作了《水浒传》和《三国演义》，这两部长篇章回小说的问世，标志着中国古典小说已发展成熟。绘画、书法的成就较为突出，前期书画家以赵孟頫为最著名，后期画家有黄公望、王蒙、倪瓒、吴镇，称元四家。元代壁画艺术也很出色，现存山西芮城县永乐宫壁画是极其珍贵的实物。

史学 胡三省以毕生精力撰成《资治通鉴注》。马端临的《文献通考》是杜佑所著《通典》的进一步丰富和扩大。元代修成《辽史》、《金史》和《宋史》。《元朝秘史》是蒙古族最早的历史和文学著作。《吐蕃佛教源流》和《红册》是元代藏族最重要的两部历史名著。

哲学 元代统治者以理学作为维护封建统治的思想工具。1235年蒙古军俘理学家赵复至燕，理学始在北方广为传布。及统一江南，南方又出现诸多理学名家。许衡、刘因、吴澄称为元代三大理学家。

科学技术 郭守敬、王恂等为编订《授时历》，创制了简仪、仰仪、圭表、景符等10余种天文观测仪器。至元十八年（1281）正式颁布了《授时历》，在人类历法史上取得了重大成就。元代地理学的主要成绩是《大元大一统志》的编纂、黄河源的探索、《舆地图》的问世。在农学方面，《农桑辑要》总结了中国13世纪以前的农业生产经验，保存了大量古农书资料。王祯著的《农书》是一部对全国农业作全面系统研究的农书。《农桑衣食撮要》补充了《农桑辑要》岁月杂事之不足。元代医学、印刷也颇多成就。

对外关系 元代是中国历史上对外关系发展的极盛时代。由于元代统治地域扩大，从前的此疆彼界尽被扫除。元政府容许和鼓励各国商人在境内经商或经营国际贸易，因而各国商人来华者极多。元代统治者对各种宗教、文化采取兼容并蓄政策，也有利于东西文化的交流。

与西北藩国的关系 钦察汗国、伊利汗国，名义上是元廷的宗藩之国，承认大汗为其宗主，朝聘使节往来频繁。元代，伊利汗国境内波斯、阿拉伯各族人入元做官、经商、行医和从事手工业者甚多，汉族官员、文人、工匠留居伊利汗国者亦为数不少，经济、文化交流达到空前规模。

与亚洲各国的关系 元于高丽设立征东行省，以高丽国王为丞相，仍保留其原有政权机构和制度。中国商船经常来往高丽，或经高丽往日本贸易。棉花种植、火药武器等技术皆于元时传入高丽。元代赴日寓居的中国名僧对日本佛教思想、制度、文学诸方面有很大影响。来元学习的日本僧人也很多。元灭宋后，即遣使诏谕东南亚各国来朝，许其往来互市，各从所欲。但忽必烈企图用武力征服各国，遭到各国的顽强抵抗。元成宗即位后，中国与东南亚各国传统的经济、文化联系渐次恢复。元与印度的交往主要通过海路，印度半岛南部马八儿、俱兰两国是波斯湾通往中国的必经之地，商船往来较他国尤多。元代，中印间互派使者达数十次。元与阿拉伯半岛的交往也较前代频繁。当时入居元廷的西域伊斯兰教徒前往麦加朝圣者当不在少数。

图2 元延祐三年（1316）款铜壶滴漏（铜壶滴漏是中国古代计时仪器，此为现存最早且完整的一套）

与非洲各国的关系 大德五年（1301），元成宗遣使赴马合答束（今索马里摩加迪沙）征取狮豹等物。还遣使前往刁吉儿（可能是摩洛哥丹吉尔）。元人汪大渊随商船出海游历，也到达了非洲的层拔罗（坦桑尼亚桑给巴尔）等国。

与欧洲各国的关系 随着东西交通的通畅和欧洲人对东方的了解，欧洲商人、使臣、教士东来者渐多。1275年，马可·波罗到达上都。从此，马可·波罗居中国17年，游历了很多地方，所著旅行记对后代欧洲人了解中国影响极大。1287年，伊利汗遣列班·扫马出使欧洲各国，这是有史以来第一次中国人历访欧洲诸国。扫马出使后，教皇遂于1289年遣教士孟特戈维诺往东方传教，1294年到达大都后即留居，直到1328年去世。教皇还多次派教士来元廷。

经济和文化交流 元代中西交通发达，促进了中国与各国的经济文化交流。中国印刷术、火药武器制造技术等重大科学发明，都在这一时期西传。波斯、阿拉伯素称发达的天文、医学等成就也大量被介绍到中国。元代时入居中国的西域各国人极多。叙利亚人爱薛精通星历、医药之学，忽必烈即位后，命掌西域星历、医药二司事。各种西域药物、医法输入中国。早在成吉思汗时，波斯、阿拉伯历法就被介绍到中国，忽必烈居藩时，波斯人札马鲁丁应召东来，后主西域星历司，至元四年（1267）撰进《万年历》，并制造了一套西域仪象。波斯、阿拉伯天文历法、数学、医学、史地等各类书籍于元时大量传入中国，仅秘书监所存者即达百余部，其中包括兀忽里底（欧几里得）几何学著作。

历史地位 元代是中国历史上统治时间较短的朝代，但却占有特殊重要的地位。它是中国多民族统一国家空前发展、壮大的时期。元代不仅结束了长期的南北分裂，且实现了包括辽东、漠北、西域、吐蕃、云南等地区的大统一，幅员之广超过汉、唐，尤其是吐蕃地区从此并入版图，意义更大。元代除西域地区为宗藩封国外，基本上都实行了统一的行政建制，地方官出自朝命，人民承当赋役，中央政府的管辖程度远高于前代。各民族之间的接触和交往更加密切，促进了经济、文化的交流，形成元代文化多样性的显著特色，涌现了大批精通汉文化的非汉族文人学者。元代编纂和颁行农书以推广生产技术，使棉花生产普及于南北，在边疆地区还大规模开辟屯田，这都是农业发展的标志。由于全国的统一，驿传（站赤）制度的完善和海运的开通，国内外交通也空前发达，商业比唐、宋时代有更大的发展，城市十分繁荣。手工业方面，新兴的棉纺业、毡罽业都达到相当高水平，瓷器、印刷等业也有较大进步。科学、文化方面，天文学的成就居于当时世界最先进地位，数学、医学都在世界先进之列；戏曲、小说创作繁荣，元曲成为与唐诗、宋词并称的优秀文学遗产。另外，元代是古代中外交通和经济、文化交流的鼎盛时代，陆路、海路都通畅、繁盛，交往范围扩大，人员来往多而频繁。大量科学技术成就和制度文化的互相传播，对各自经济、文化的丰富和发展起了很大作用，如中国印刷术、火药武器西传对欧洲社会的进步，以及回回天文、医药在中国的应用，都有深远影响。此外，元代在政治、军事制度方面也有发展，如建立行省制度，使地方行政管辖体制更趋完善，一直为后代所沿用。元代的统治也给中国社会的发展带来了许多消极、落后的影响。

《元朝秘史》 *Secret History of the Mongols* 13世纪蒙古国官修的史书。原文是畏兀儿体蒙古文，作者佚名。现存的文本是明四夷馆的汉文本。明初翰林译员出于教学蒙古语的需要，用汉字音写蒙古语原文，逐词傍注汉译，并分段作了节译，题名《元朝秘史》。此书从成吉思汗22代祖先写起，记载了许多蒙古氏族和部落的起源。书中突出描述成吉思汗早年的艰难经历和他在战乱中壮大自己势力，建立蒙古汗国的过程，记载蒙古国南征金、夏，收服畏兀儿，进兵中亚，远征欧洲的情况。书中包含关于12、13世纪蒙古社会状况的丰富资料，是一部重要的蒙古史典籍。

《元朝秘史》是13世纪古蒙古语的典范文献，保存了大量的古词和古蒙古语特有的语法现象。明翰林译员在对每个单词加注的傍译中保存了蒙古语古词义，标示了数、格、时制、人称变位等语法形式。依靠这种傍译，许多古蒙古词语今天才有可能得到正确解释。音写蒙古语的汉字准确地反映了原文的语音形成了一套周密的音标体系。因此，这部书在历史语文学上的研究价值很高。书中收入了一些传说故事，有许多韵文和使用文学手法的描写，语言和形象富有草原民族特色。学界公认《元朝秘史》是蒙古民族第一部文学经典作品。《元朝秘史》的研究，已经发展成为一个国际性的学术领域。

元成宗铁穆耳 Emperor Chengzong of Yuan Dynasty (1265～1307) 中国元朝皇帝。忽必烈次子真金第三子。至元三十年（1293），统军镇守漠北，受皇太子宝。次年，忽必烈去世，由于其母阔阔真可敦与权臣伯颜、玉昔帖木儿等的支持而继帝位，建元元贞，后改大德。遂罢侵日本、侵安南之役，减免江南地区的一部分赋税，又令编辑整理律令。在位前期基本上保持了守成的局面。但为了酬谢拥立他的诸王贵戚而滥增赏赐，很快造成国库"向之所储，散之殆尽"，"岁入之数，不支半岁"的枯竭局面，只能依靠挪用钞本来维持，导致钞币迅速贬值。在用人上倾心任用的仍是伯颜（赛典赤孙）、阿里等一批色目官僚。在位后期，因连年患病，这些色目官僚与皇后卜鲁罕内外勾结，淆乱朝政，官场中贪污因循的风气大盛。为了能建功后世，提高威望，铁穆耳又发兵征讨八百媳妇国（今泰国北部等地），使西南大扰，酿成云南、贵州各族人民起义。这些举措都导致国力空虚，政治日趋黑暗。但他在位时，元军成功地击败了海都、笃哇的侵扰，迫使窝阔台和察合台两兀鲁思的统治者息兵请和，重振大汗在西方诸汗国中的宗主地位，基本上结束了西面延续40多年的皇室内争。

元大都 Khanbaliq; Great Capital 中国元代都城。故址即今北京市旧城内城及其以北地区。见大都。

元旦 New Year's Day 一年开始的第一天。现在专指公历新年的第一天。时间是每年公历的1月1日。见新年。

元反应 elementary reaction 由反应物种（分子、原子或离子等）经过单一反应步骤就生成产物的化学反应。又称基元反应。大多数化学反应都是由一系列的元反应构成的。例如氯化氢的气相合成反应$H_2+Cl_2 \longrightarrow 2HCl$就是经历下述元反应步骤进行的：

$$Cl_2 \longrightarrow 2Cl$$
$$Cl+H_2 \longrightarrow HCl+H$$
$$H+Cl_2 \longrightarrow HCl+Cl$$
$$\cdots\cdots$$
$$2Cl \longrightarrow Cl_2$$

由两个或两个以上的元反应构成的反应称为复合反应（或称总包反应），所谓反应机理就是指构成一个总包反应的元反应的集合。在一个元反应中，反应物种的分子（或原子、离子等）数目称为该元反应的分子数。根据反应分子数的不同，元反应可区分为单分子反应、双分子反应和三分子反应。元反应的速率方程式遵从质量作用定律。

元丰改制 Yuanfeng Reform 中国宋神宗赵顼元丰年间（1078～1085）对职官制度的一次重要改革。宋初以来的职官制度存在许多问题，一是机构重叠，既无定员、无专职，又有许多徒有其名而无所事事的冗闲机构和官员；二是莅其官而不任其职，官职名实之间悖离、混乱。元丰三年（1080），在蔡确等的协助下，对职官制度作了改革。宰辅制度恢复了唐三省制规模，以尚书左、右仆射为宰相，左仆射兼门下侍郎，行侍中之职，右仆射兼中书侍郎，行中书令之职，借以发挥中书拟议、门下审覆、尚书承行的职能，实际上权归中书。同时，参知政事改称中书侍郎、门下侍郎和尚书左、右丞。同年八月下令，凡省、台、寺、监领空名者一切罢去，使各机构有定编、定员和固定的职责；许多机构便或省或并，一律"以阶易官"，自开府仪同三司至将仕郎共为25阶，此后升迁、俸禄等都按新定的《元丰寄禄格》办理。神宗改革职官制度时，没有征询王安石的意见，改制后，行政效率没有提高，比过去还显得拖沓。但由于冗员和冗散机构的裁撤，节省了国家的开支。

元古宇 Proterozoic Eonothem 元古宙时期形成的地（岩）层。

元古宙 Proterozoic Eon 介于太古宙与显生宙之间的一级地质年代单元，属前寒武纪两个分期的后期。始于25亿年前，结束于约5.43亿年前，时间跨度近20亿年。这一时期形成的地层称元古宇。元古宙原称元古代，由S.F.埃蒙斯丁1887年命名。Proterozoic源于希腊文，意为早期原始生命，所以也译为原生代。元古代因其时限较长，近年来已改称元古宙。国际和中国地质年表上也均采用元古宙之名。

元古宙可分为古元古代、中元古代和新元古代三个二级地质年代单元，年代界限分别是16亿年和10亿年。中国采用的年代界限略有不同，分别为18亿年和10亿年，并将新元古代从新至老划分为震旦纪、南华纪和青白口纪，中元古代划分为蓟县纪和长城纪。

元古宙介于全构造活动状态的太古宙和生物繁衍极盛的显生宙之间，它的地层系统地反映了它们之间过渡期的众多特点和变化过程。全球古元古代地层继承了太古宙的一些特点，主要以活动类型为主，所含的绿岩系和浊流沉积与新太古代并无大的差异。但古元古代已出现一些相对稳定盆地的沉积地层，呈现出活动型与稳定型两类盆地沉积类型的分野。有冰碛特征的地层的存在，是气候演变的重要地质记录。同时在这一时期的地层中还保存有红层、纹层状硅铁建造等反映当时气圈、水圈和岩石圈演变的地质记录。中元古代全球曾有过一段相对稳定的时期，其特征是沉积厚度大、火山活动不发育、浅水碳酸盐岩层在地层柱中比例较大，且富含*叠层石*和微古植物。新元古代地层与前期地层比较，具有很大特色。一是地层类型更加丰富多彩；二是生物演化出现突变，动物开始出现；三是寒冷性气候笼罩了全球，出现多期*冰期*和间冰期交替的沉积地层。

元古宙生物演化过程经历了从无性分裂的原核细胞生物到有性生殖的真核细胞生物、从单细胞原生动物到多细胞后生动物的两次飞跃。后生动物化石以软躯后生动物为主，出现于冰期以后时代相当于元古宙最晚期的地层中，最著名的为澳大利亚*伊迪卡拉动物群*。在中国震旦系灯影组已发现典型伊迪卡拉动物群分子海鳃类似恰尼虫，同时在下伏陡山沱组出现早期后生动物单轴和三射海绵骨针，以及呈有机印膜保存于层面的蠕形动物和海绵动物。

元古宙是一个重要成矿时期，重要矿产有铁、金、铀、镍、铜、锰、硼、磷、菱镁矿、盐类、稀土等。中国有许多重要的铁矿，其中白云鄂博式铁矿伴生有大型稀土元素矿。中国西南部产有丰富的磷矿，辽宁东部有著名的菱镁矿。

元好问 Yuan Haowen (1190～1257) 中国金代文学家、史学家。字裕之，号遗山。太原秀容（今山西忻州）人。兴定五年（1221）进士，曾任国史院编修、南阳令、尚书省左司员外郎等职。金亡后绝意仕进，潜心著述。

元好问才雄学赡，为金元之际的文学大家，在诗、词、文、曲、小说和文学批评方面均有造诣，诗歌成就尤高。今存诗1 361首，内容丰富。一些诗篇生动反映了当时的社会动乱和百姓苦难，如《岐阳》、《壬辰十二月车驾东狩后即事》，似写意丹青，把战争的残酷描绘得淋漓尽致。他善于用典型的场景、简洁的语言勾勒出国破家亡的惨状和时代的劫难，这类诗歌沉郁悲凉，追踪老杜，堪称一代史诗。其写景诗，表现山川之美，意境清新，脍炙人口。诗体裁多样，七言是其所长。《金史·元好问传》称：“其诗奇崛而绝雕刿，巧缛而谢绮丽。五言高古沉郁，七言乐府不用古题，特出新意，歌谣慷慨挟幽并之气。”好问之词今传377首，感慨兴亡，言情咏物，登临怀古，送别赠答，题材广泛。艺术上以苏、辛为典范，博采众长，兼有豪放、婉约诸种风格，当为金代词坛第一人。好问之文继承唐宋大家传统，清新雄健，长短随意，众体悉备。散曲今仅存9首，用俗为雅，变故作新，具有开创性。《续夷坚志》为其笔记小说集，为金代现存的优秀短篇小说。元好问为金代文学批评之巨子，仿*杜甫*《戏为六绝句》体例所写《论诗绝句三十首》，在文学批评史上影响颇大。

所编金诗总集《*中州集*》（附金词总集《中州乐府》），为金代保存了可贵的文化资料。该集借诗存史，选录精审，价值极高。还著有《遗山集》40卷。其中诗14卷，文26卷。现有清光绪读书山房重刊本《元遗山先生全集》。

《元和郡县图志》 *Maps and Gazetter of the Provinces and Countries in the Yuanhe Period* 中国唐代地理名著。中国现存最早又比较完整的地理总志。李吉甫撰。原本40卷，

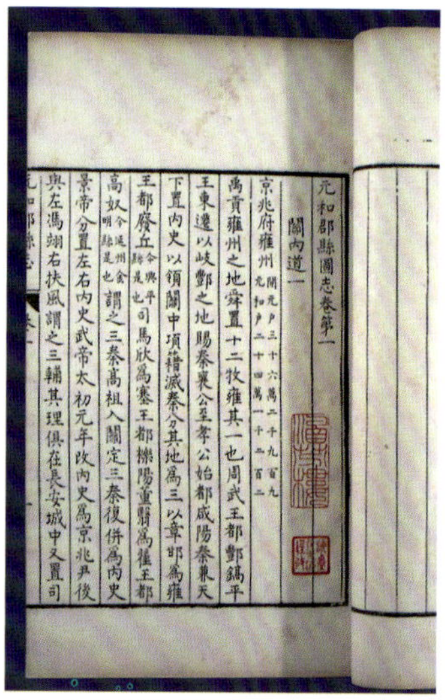
元和郡縣圖志卷第一
關内道一
京兆府雍州 開元戶三十六萬二千九百九 元和戶二十四萬一千二百二
禹貢雍州之地舜置十二牧雍其一也周武王都酆鎬平
王東遷以岐酆之地賜秦襄公至孝公始都咸陽秦兼天
下置内史以領關中項籍滅秦分其地爲三以章邯爲雍
王都廢丘今興平縣是也司馬欣爲塞王都櫟陽董翳爲翟王都
高奴今延州金明縣是也謂之三秦高祖入關定三秦復併爲内史
景帝分置左右内史武帝太初元年改内史爲京兆尹後
與左馮翊右扶風謂之三輔其理倶在長安城中又置司

《元和郡县图志》书影（清初抄本）

另有目录2卷，共42卷。成书于元和八年（813），成书后又有增补。以贞观（627～649）时划分的十道为纲，配以宪宗时的47镇（节度、观察、经略使），每镇有图，冠于叙事之前。然后分别记述各镇所属州县的等级、地理沿革、四至八到、贡赋、古迹、山川形势、盐铁、垦田和军事设置。作者从政治、军事的角度着眼，尤其留意于山川形势，攻守利害。

宋代以后，该书的图和目录均已亡佚，所以宋陈振孙《直斋书录解题》改称之为《元和郡县志》。今本全书仅存34卷。卷十八、二十五也不完整。该书现存最早的刻本是乾隆三十八年武英殿聚珍本，在此之前仅有抄本流传下来。现在通行的比较好的本子是1983年中华书局校点本。

元和体 Yuanhe style 中国唐宪宗元和年间（806～820）所流行的诗体总称。广义指唐宪宗元和以来各种新体诗文。李肇《唐国史补》卷下：“元和以后，为文笔则学奇诡于韩愈，学苦涩于樊宗师；歌行则学流荡于张籍；诗章则学矫激于孟郊，学浅切于白居易，学淫靡于元稹，俱名为元和体。”狭义上指*元稹*、*白居易*诗中的次韵相酬的长篇排律和包括艳体在内的流连光景的中短篇杂体诗。此外，当时模仿元、白这一类作品的诗歌也被称为元和体。

元、白的“元和体”诗歌大多没有强烈的政治色彩，但能以情感人，诗体和声韵富有新的变化。除次韵相酬和长篇排律外，还有以俗事俗语入诗和句式的散文化的特色。这些特点，体现了中唐以后诗歌的新变。

《元和姓纂》 *Genealogical Compilation of Family Names in Yuanhe Period* 中国唐代谱牒姓氏之学的专著。原本10卷，今有10卷本、18卷本两种。唐宪宗命修《姓纂》，宰相李吉甫组织林宝修撰，元和七年（812）成书。作者林宝，其先济南人，自高祖起居三原，约经历了唐德宗至穆宗四朝，当时即以擅长姓氏之学知名。曾与崔郾等共同审定《格后敕》，并参与修撰《德宗实录》和《皇唐玉牒》。该书详载唐代族姓世系和人物，于古姓氏书颇多征引，因而也保存了一些佚书的片段。原书体例以皇族李氏为首，然后按四声韵部分系姓氏。唐代崇尚门第，家谱往往攀附望族以自重。《姓纂》取材包括私家谱牒，故所述族姓来源未必都翔实准确。原书久已失传，清乾隆间纂修《四库全书》时从《永乐大典》辑出，再用宋邓名世《古今姓氏书辨证》等补缺，重新分为18卷，此为《四库全书》辑本。《永乐大典》采录的《姓纂》已不完整，而且割裂原文，《四库全书》辑本也有遗漏。清孙星衍、洪莹及近人罗振玉都做过校补。孙、洪校本又分为10卷，以从其旧，于嘉庆七年（1802）刊版。现在流传的金陵书局本即翻刻此本。此后岑仲勉又重行校勘，写成《元和姓纂四校记》。所谓“四校”，指第四次校勘，以《四库全书》辑本为一校，孙、洪为二校，罗振玉为三校，岑氏所作为第四校。该书晚出，后来居上，功力最深，收获也最大。中华书局新刊《元和姓纂（附四校记）》，将《元和姓纂》及《元和姓纂四校记》合刊，便于阅读使用。

元嘉体 Yuanjia style 中国南朝一种诗风。此名始见于宋代*严羽*《*沧浪诗话*》，用以概括*谢灵运*、*颜延之*和*鲍照*的诗风。这3位诗人在注重描绘山川景物、讲究辞藻的华丽和对仗的工整方面有类似之处。《文心雕龙·明诗》中“宋初文咏，体有因革，庄老告退，而山水方滋，俪采百字之偶，争价一句之奇。情必极貌以写物，辞必穷力而追新，此近世之所竞也”，主要是指这3人之作。但是元嘉体诗人的风格也各有特点。谢灵运擅长写山水诗，以辞藻富赡，善于

描写自然景物著称；颜延之以侍宴、应制之作居多，特点是典雅、凝练，往往雕琢过甚，用典过多；鲍照作品以乐府诗为最有名，反映社会现实的深度远胜颜、谢，乐府以外的一些诗则以奇险取胜。3人对齐梁诗人都有一定的影响。

元江 Yuanjiang River 中国云南省境内大河。因汛期江水呈红色，故又称红河。有两源：东源来自大理白族自治州的祥云县西部山地；西源源于巍山彝族回族自治县北部山地——茅草哨。流经大理白族自治州南部、楚雄彝族自治州西南部、玉溪市西部、红河哈尼族彝族自治州中部，至红河哈尼族彝族自治州南部的河口瑶族自治县出国境进入越南，出境后称红河。中国境内干流长677千米，流域面积7.487万平方千米。元江干流多年平均年径流量162亿立方米，单独出境支流年径流量310亿立方米，总计出境年径流量为472亿立方米。受季风气候影响，水位洪枯变化较大。洪水位约出现在8月，最小流量约在5月。水能蕴藏量为980万千瓦。元江大部分河段切割较深，河谷内气候干热，宜于种植甘蔗、剑麻等喜温耐旱的热带和南亚热带经济作物。河口附近气候湿热，是省内重要产胶区之一，也是香蕉、荔枝等热带水果产地。

元结 Yuan Jie (719～772) 中国唐代文学家。字次山，号漫叟、聱叟。河南鲁山人。天宝六载（747）应举落第后，归隐商余山。天宝十二载进士及第。安禄山反，曾率族人避难猗玗洞（今湖北大冶境内），因号猗玗子。乾元二年（759），任山南东道节度使史翙幕参谋，招募义兵，抗击史思明叛军，保全十五城。代宗时，任道州刺史，调容州，加封容州都督充本管经略守捉使，政绩颇丰。大历七年（772）入朝，同年病逝于长安。

元结主张诗歌为政治教化服务，要“极帝王理乱之道，系古人规讽之流”，反对当时诗坛“拘限声病，喜尚形似”（《箧中集序》）的不良风气。他的诗歌有强烈的现实性，触及天宝中期日益尖锐的社会矛盾。如《舂陵行》、《贼退示官吏》，揭示了人民的饥寒交迫和皇家的征敛无度，变本加厉。《闵荒诗》、《系乐府十二首》等也是或规讽时政，或揭露时弊。除少数四言、骚体与七古、七绝外，主要是五言古风，质朴淳厚，笔力遒劲，颇具特色。但因过分否定声律词采，诗作有时不免过于质直，也导致他创作上的局限性。

元结的散文，不同流俗，特别是其杂文体散文，值得重视。如《寱论》、《丐论》、《处规》、《出规》、《恶圆》、《恶曲》、《时化》、《世化》、《自述》、《订古》、《七不如》等篇，或直举胸臆，或托物刺讥，都出于愤世嫉俗，忧道悯人，具有揭露人间伪诈，鞭挞黑暗现实的功能。其文章大抵短小精悍，笔锋犀利，绘形图像，逼真生动，发人深省。其他散文如书、论、序、表、状之类，均刻意求古，意气超拔，和当时文风不同。后人对元结评价很高，唐代裴敬把他与**陈子昂**、**韩愈**等并提。又有人把他看作韩柳古文运动的先驱。

现存的集子常见者有明郭勋刻本《唐元次山文集》、明陈继儒鉴定本《唐元次山文集》、淮南黄氏刊本《元次山集》。今人孙望校点有《元次山集》。元结所编诗选《箧中集》尚存。

元老院 areopogos 欧洲历史上某些国家权力机关、咨询机关或监察机关的名称。

古希腊城邦国家的元老院起源于公元前11～前9世纪。最初称议事会，是常设的权力机关。城邦建立后，议事会变成元老院。各城邦元老院的名称、组成和职能不尽相同。

古罗马的元老院称氏族长老会议和老人会议，起源于公元前8～前6世纪的“王政时代”。元老院由氏族长老组成，一切重大事项均须经它首先讨论。罗马共和国时期，元老院由卸职的执政官和其他有权势的贵族组成。前5世纪末，平民可担任国家高级长官，亦得进入元老院。元老院享有无上权威，事实上是共和国的最高行政机构和监督机关。罗马帝国时期，皇帝专制统治加强，元老院实权日益削弱。508年，罗马元老院被取消。

古罗马时期铸有投票情景的古钱币

欧洲一些国家于中世纪或近代也曾设立元老院。法国资产阶级革命后设立的元老院具有立法、批准法案或修改宪法等项权力。1870年9月4日法兰西第二帝国被推翻后，元老院不复存在。

元伦理学 meta-ethics 20世纪发展起来的伦理学分支。运用逻辑和语言学方法分析道德价值词、道德判断的性质和意义的一种道德哲学理论。最初由新实证主义者提出，并为后来各派沿用，形成了直觉主义、感情主义、语言分析学派、伦理自然主义等派别。在新实证主义看来，只有元伦理学才是真正科学的伦理学。其侧重于分析道德语言中的逻辑，解释道德术语及判断的意义，将道德语言与道德语言所表达的内容分开，主张对任何道德信念和原则体系都要保持“中立”，并在此基础上研究问题。在具体的研究中，有时机械地搬用自然科学的机械符号和公式，具有形式化和脱离实际的倾向，此后曾受到许多伦理学家的批评。

元谋县 Yuanmou County 中国云南楚雄彝族自治州辖县。位于省境北部，隔金沙江与四川省相望。面积1 803平方千米。人口22万（2010），有汉、彝、傈僳、回、苗等民族。汉武帝元鼎六年（前111）置三绛县。东汉改为三缝县。元至元十六年（1279）置元谋县。海拔低而处于背风地带，属南

云南元谋土林

亚热带气候类型。年平均气温22℃。平均年降水量仅611.3毫米，蒸发量却达3 944.9毫米，是云南省蒸发量最强的地区。矿产有金、铂钯、锇铱、镍、铜、铅、石膏等。农业产水稻、玉米、小麦、蚕豆、甘蔗、花生、油菜子、剑麻、冬春早蔬菜及喜热瓜果等。工业有采矿、建材、化肥、制糖、造纸、化工、农机修造、食品等。建有绿色食品加工区。成昆铁路和108国道穿过县境，有金沙江航运。元谋是人类发祥地之一。1965年发现的元谋猿人距今约170万年，遗址已被列为全国重点文物保护单位。名胜古迹有元谋人遗址、元谋人陈列馆、元谋土林等。

元谋猿人 *Homo erectus* from Yuanmou 直立人化石。1965年在中国云南元谋县上那蚌村西北发现。以两枚牙齿为代表。为左、

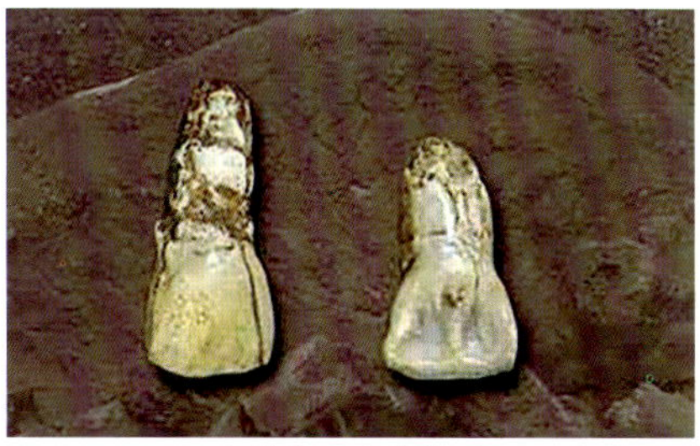
元谋猿人牙齿化石

右上内侧门牙，门齿舌面两侧有棱脊，中间凹陷，呈铲形，齿冠基部结节显著突起，形态特征与北京猿人门齿接近。此后，在当地同一层位找到三块石器。哺乳动物化石有云南马、爪兽、山西轴鹿、小麂、元谋狼、桑氏缟鬣狗等。据对动物群的分析，元谋猿人应属更新世早期。古地磁年代测定有两种结果：一是约170万年前，一是60万～50万年前。据古植物分析，当时该地的自然环境是森林和草原，气候比现在凉爽。

元气 primordial qi 古代哲学范畴，指构成万物的东西。《鹖冠子》的《泰录篇》开始出现"元气"这一范畴，视其为天地的本原。汉代著作中，"元气"一词屡见不鲜。《太平御览》卷一引《淮南子·天文训》，有"宇宙生元气"之说。汉代纬书中多次讲元气，刘歆《三统历谱》也有"太极元气，函三为一"的说法，认为元气在未分化之前，即包含有天地人生成的要素而成为一个统一体。扬雄《核灵赋》说："自今推古，至于元气始化。"并在《太玄》一书中确立了"元气论"的理论形态。此后，元气论成为汉唐哲学的一大思潮。

元曲 Yuan drama 中国元代杂剧、南戏、散曲的通称。元代是戏剧艺术走向成熟的时期，元曲的成就，代表了当时文学的最高水平，与唐诗、宋词并称。由于宋、金对峙，南北阻隔，杂剧和南戏分别在北方和南方臻于成熟。北方戏剧圈以大都为中心，包括长江以北的大部分地区，流行杂剧；南方戏剧圈以杭州为中心，包括温州、扬州乃至江西、福建等地区，流行南戏。当时呈现着杂剧、南戏两个剧种相互辉映的局面。杂剧和南戏都包括曲词、宾白、科介三个部分，但体制有所不同：杂剧一般一本四折，一折一般采用一个宫调，不相重复，角色分末、旦、净三类，全剧只能由正末或正旦一人主唱；南戏由若干"出"组成，出数不定，曲词宫调亦没有规定，角色分为生、旦、净、末、丑等各类，均可歌唱，还可对唱、合唱等。二者在唱腔上亦有明显区别。杂剧与南戏都可归入叙事文学的范畴。散曲是作家纯以曲体抒情而与科白情节毫无联系的独立文体，属于古代诗歌的艺术范畴。散曲作为诗歌的特性主要表现在语言方面，既注重格律，又具有口语自由灵活的特点，往往呈现出口语化的状态。散曲今存小令3 800多首，套数450多套。作家留下名姓的有200多人。许多杂剧作家在散曲创作上也有成就。散曲作家前期有关汉卿、马致远、白朴、卢挚、贯云石等，作品朴实，多本色语。后期有乔吉、张可久、睢景臣、张养浩及刘时中等人，文字稍露才华而辞藻清丽。因散曲多用于宴会歌伎唱词，艳曲较多。但也有一些写景、抒情和怀古、叹世的小令，以及少量讽世喻俗、指摘时弊、揶揄乱世英雄的套数，如马致远的《借马》、刘时中的《上高监司》、睢景臣的《高祖还乡》等，都有时代特色和较高艺术成就。

元曲四大家 Four Great Masters of Yuan Drama 中国元代四位杂剧作家关汉卿、白朴、马致远、郑光祖的合称。关于这几位元曲作家的排列和评价，因人因时而各有不同。他们代表了元代不同时期不同流派杂剧创作的成就。

《元曲选》 *Anthology of Yuan Drama* 中国元杂剧作品选集。一名《元人百种曲》，但所收实不尽为元代作品。明臧懋循编。初刊于明代万历年间。臧懋循（1550～1620），字晋叔，浙江长兴人。明万历八年（1580）以三甲第88名赐同进士出身。历任夷陵（今湖北宜昌）知县、南京国子监博士，后被弹劾罢官。四十一年（1613），臧懋循从前兵部尚书刘天和之子麻城刘承禧家借到内府本元代杂剧二三百种，加上他家所藏"秘本"和当时"坊间诸刻"，从中选出100种，编为《元曲选》。所收杂剧100种，约占现存元代杂剧的三分之二。《元曲选》科白完整，比较忠实于原作。它和现存元杂剧主要刊本《元刊杂剧三十种》、《古名家杂剧》、息机子《古今杂剧选》、顾曲斋《元人杂剧选》、孟称舜《柳枝集》和《酹江集》，以及脉望馆抄校本《古今杂剧》，可资互相参照。300多年来，几乎被读者当作唯一的选本和全集本而广泛接受。

元山 Wŏnsan 朝鲜东南海岸最大港口城市，江原道（北）首府。东临日本海永兴湾。面积900平方千米（包括郡），人口约35万（2005）。市区背山临水。湾内水深（入口处14～16米），潮差小，为天然良港。气候较为湿润。平均年降水量1 328毫米，是朝鲜的多雨之地。原名元山津，1880年开港。1914年后，京元、咸镜、平元各线铁路先后通车，逐渐发展为东部地区农、渔产品集散中心。1953年停战后建有造船、机车车辆、农机具、化学、水泥等工业以及以水产加工为主的食品工业，多分布于沿海一带。沿海还是主要渔业基地之一。港口可停泊万吨巨轮。设有农业大学、师范大学等8所高校，图书馆、剧场、体育馆等文化教育设施。东北沿海的松涛园是良好的海水浴场。葛麻半岛沙岸上松林茂密，有"明砂十里"之称。元山南66千米处，有著名的三防峡瀑布。

《元诗别裁集》 *A Classified Collection of Yuan Poems* 中国元代诗选本。清代张景星、姚培谦和王永祺编选。主要编选者为张景星。张景星，字行之，奉新（今属江西）人，乾隆十年（1745）进士。曾任河南鲁山知县，后主讲南阳衍畴书院，为清代理学家。此书共8卷，附补遗1卷，共收录古、近体诗600多首，入选作家以由金入元的元好问起到由元入明的杨维桢为止，共100多人，选录面较广。沈钧德序文说此书选诗"略以三唐为准"（"三唐"即盛唐、中唐和晚唐），这实际上是宗当时文坛名流沈德潜选诗的"三唐之格"标准，不同的是沈德潜批评元诗"近纤"，沈钧德序中却驳"元诗纤弱"说。此书原名《元诗百一钞》，有乾隆二十九年然藜阁刊本，当时不甚著名，后被收入《五朝诗别裁集》得以流行。

《元诗纪事》 *Chronicle of Poetry in Yuan Dynasty* 有关中国元代诗歌的史料性著作。编者为近人陈衍。《元诗纪事》前有陈衍《自叙》说："纪事之体，当搜罗一代传作，散见于笔记小说各书者，不宜复收寻常无事之诗。"并另立凡例4则，说明选辑体例和去取标准。全帙45卷，资料丰富，所收有事可记的诗近千首。《元诗纪事》于每一诗人名下注明生平和著作，元代一些重要诗人的事迹大都收罗在这部书中。对有些诗的真伪还加以考证，如指出元文宗图帖睦尔《自建康之京都途中作》被人窜改十数字，改题明太祖朱元璋诗，又指出诗中"两三条电欲为雨，四五个星犹在天"，是抄取五代卢延逊《山寺》诗。末一卷是元代歌谣，编者所能见到的尽皆收入。它是一部对研究元诗很有参考价值的著作。

《元诗选》 *Anthology of Yuan Dynasty's Poems* 中国元代诗歌总集。清代顾嗣立编选。顾嗣立，字侠君，江苏长洲（今江苏苏州）人。《元诗选》分初、二、三编，每编再分为甲集至壬集，另以癸集收录零篇断章、不成卷帙之作。顾氏生前编好并刊刻一部分，另一部分未编完的残稿，由其再传弟子席世臣与顾氏曾孙顾果庭共同整理补订，历10年书成，于嘉庆三年（1798）付刻。此书每编包括100位诗人的诗集，三编合附见者共选录元代诗人340家。另有癸集收2 300多家，其中籍贯、时代不明的420家，共收作家2 600多人。《元诗选》搜罗甚完备，有的采用全集，有的根据选本，为今天保存元诗最丰富的总集。书中所收录各家都有小传，并附评语。乾隆时顾奎光取其书复加汰选并参考诸家定为《元诗选》7卷，但所择不精。

《元史》 *History of Yuan Dynasty* 记录中国元代史事的纪传体史书。宋濂、王祎主编。全书210卷，包括本纪47卷、志58卷、表8卷、列传97卷，记述了从蒙古族兴起到元朝建立和灭亡的历史。

明洪武元年（1368），即元亡的当年，朱元璋下令编修《元史》。第二年，以左丞相李善长为监修，宋濂、王祎为总裁，赵埙等16人为纂修，于南京天界寺开局编写，全部编撰工作历时只331天。由于成书仓促，而且出于众手，出现了不少谬误，历来就遭到学者们的非难。所指出的问题主要是：随得随抄，前后重复，失于剪裁；又不彼此互对，考定异同，时见牴牾。但是，作为研究元代历史的史料来看，《元史》比其他某些正史的史料价值更高。元代的13朝实录和《经世大典》已经失传，其部分内容赖《元史》得以保存下来。《元史》的本纪和志占去全书一半，而本纪占全书近1/4，《文宗纪》竟多达一年一卷。有人批评它不合定例，不知芟削。然而这种作法却起到保存上述失传史料的作用。就见于列传的蒙古、色目人而言，其中有一小半人已没有别的史料可供参考，后世对这些当时有很大影响的历史人物的事迹只能通过《元史》才能了解。书成不久，就有朱右作《元史拾遗》，解缙作《元史正误》。解缙还奉旨改修。清朝以来，不断有人重修《元史》。留传到现在的，有邵远平的《元史类编》，魏源的《元史新编》，曾廉的《元书》，柯劭忞的《新元史》，屠寄的《蒙兀儿史记》等。但它们都不能取代《元史》原书。

元世祖忽必烈 Emperor Shizu of Yuan Dynasty (1215～1294) 中国元朝的创建者。庙号世祖。拖雷正妻唆鲁禾帖尼的第二子。忽必烈为藩王时，便热心于学习汉文化。1251年，长兄蒙哥即大汗位，忽必烈以皇弟之亲，受任总理漠南汉地军国庶事，南驻爪忽都之地。他先后任汉人儒士整饬邢州吏治，立经略司于汴梁，整顿河南军政，并屯田唐、邓，收到积极效果。1253年，受京兆（今陕西西安）封地，忽必烈又在这里任诸儒臣兴立屯田，兴复吏治，恢复农业，建立学校，进一步取得北方汉族地主阶级对他的拥护，为元王朝的建立提供了社会基础。同年，忽必烈受命与大将兀良合台远征云南，灭大理国。1258年蒙哥兴师伐南宋，授命忽必烈代总东路军。1259年9月，忽必烈率师抵淮河，蒙哥在合州前线病逝的消息传来，忽必烈仍挥军自阳逻堡渡长江，围鄂州（今湖北武汉），并以军接应从云南北上的兀良合台军。这时，得悉留守漠北的幼弟阿里不哥擅自征兵图谋汗位，忽必烈立即采纳汉人郝经的献计，与宋约和，轻骑北返燕京。

1260年3月，忽必烈在部分诸王的推戴下，即汗位于开平，建元中统。在中央设中书省，以王文统任平章政事，在各地分设10路宣抚司，任汉人儒士为使。同年五月，阿里不哥也在部分留居漠北的诸王拥戴下，称大汗于和林。忽必烈以汉地丰富的人力、物力为依托，出兵击败阿里不哥。在与阿里不哥鏖战的同时，中统三年（1262）春，益都行省李璮乘机叛乱，被忽必烈迅速镇压。中统五年八月，忽必烈又改元为至元。经过从中统元年到至元初年的增改损益，新王朝的各种制度大体上确立下来。至元八年（1271），建国号为大元。次年，确定以大都为首都。至元十一年，命伯颜大举伐宋。十三年，下临安，十六年最后消灭了流亡在崖山的南宋残余势力，完成了全国的大统一。元朝是中国历史上第一个少数民族统治全国的王朝，它初步奠定了中国疆域的规模。

全国统一后，忽必烈的保守、嗜利和黩武等消极因素都有了膨胀。他重用回回人阿合马。阿合马从中统初便主管中央财政，多方搜刮，权势日重。后阿合马独擅朝政。十九年，大都发生了王著、高和尚刺杀阿合马事件。此后，忽必烈又先后任卢世荣、桑哥专理财政，都以失败而告终。同期，忽必烈接连派遣军队远征日本、安南、占城、缅甸与爪哇，都遭到失败。但抗击海都、笃哇等西北诸王的侵扰和平服东北诸王乃颜叛乱，具有一定的积极作用。至元三十一年，忽必烈卒。

元顺帝妥欢帖睦尔 Emperor Shundi of Yuan Dynasty (1320～1370) 中国元代末代皇帝。元明宗和世㻋长子。至顺四年（1333）六月，妥欢帖睦尔即位于上都。任命有拥戴之功的伯颜为中书右丞相。伯颜独秉国政，专权自恣，排斥儒生，废除科举制。为了加强统治，他下令严禁汉人、南人私造私藏兵器和喂养马匹，阶级矛盾和民族矛盾进一步加剧。后至元六年（1340），元顺帝支持脱脱逐走伯颜，起用脱脱为中书右丞相，复科举取士，开马禁，减盐额，修辽、金、宋三史，颁《至正条格》，史称脱脱更化。至正四年（1344）黄河泛滥，国库空虚。他被迫于十年改变钞法，十一年用贾鲁修治黄河。钞法变更，导致物价上涨；修河时紧工迫，官吏乘机对百姓敲诈勒索，社会矛盾更加激化，终于爆发了元末农民大起义。二十三年后，朱元璋势力壮大，渐次统一南方，元王朝已无力对抗。顺帝听信谗言，贬脱脱，于是国家大权尽归哈麻、雪雪兄弟。十六年，哈麻、雪雪谋废顺帝，事败被杀。其后，宫廷内分为两派，一派拥护皇帝，一派支持太子。两派矛盾尖锐化，顺帝的号令已失去作用。洪武元年（1368）七月，明兵逼近大都。七月二十八日，顺帝率后妃太子奔上都。八月初二，明兵入大都，元亡。洪武二年六月，顺帝奔应昌（今内蒙古克什克腾旗西北），次年四月，因痢疾死于应昌。庙号惠宗，朱元璋加号顺帝。

元四家 Four Masters of Yuan Dynasty 中国元代四位山水画代表画家的合称。史籍有两种不同记述：其一为赵孟頫、吴镇、黄公望和王蒙，见于明王世贞《艺苑卮言》；其二为黄公望、王蒙、倪瓒和吴镇，见于董其昌《容台别集》。也有将赵孟頫、高克恭、黄公望、吴镇、倪瓒、王蒙合称为“元六家”者。现大都以黄公望、王蒙、倪瓒、吴镇为元四家。均以擅长山水画闻名，画风虽然并不相同，但都追求疏淡的意趣，讲究笔墨的表现力，注重水墨的运用，对明、清两代的文人山水画有深远影响。

元素有机化合物 elemento-organic compound 除氢、氧、氮、硫和氯、溴、碘以外的元素与碳直接结合成键的有机化合物。它们包括金属与碳成键的化合物，类金属如硼、硅、砷等与碳成键的有机硼化合物、有机硅化合物、有机砷化合物，以及有机磷化合物、有机氟化合物。前二者又统称为金属有机化合物。许多元素有机化合物在研究实验和工农业应用方面有重要的意义。

元素周期表 elements, periodic table of 表达化学元素的性质随原子序数递增而呈现周期性变化的表。在周期表中元素按核外电子数的多少依次排列，每种元素占一格，标明了该元素的名称、符号、原子序数及价电子组态、原子量、晶形、原子半径等。横向共7个周期，竖向共18纵列（族）。

周期　按原子核外电子能量，元素可划分为7个能级组：1s、2s2p、3s3p、4s3d4p、5s4d5p、6s4f5d6p、7s5f6d7p。各能级组间能量差别较大，组内不同亚层能量差别较小。同一个能级组的元素构成一个周期。前3个周期是短周期，相应元素数是2、8、8；其余为长周期，相应元素数为18、18、32，第7周期应该有32种元素，其中自95号镅Am起的元素，都是人工合成的元素，在自然界不存在。57号元素镧La到71号元素镥Lu共15种挤在第6周期第3纵列的一个空格里，总称为镧系元素，放在周期表下方一一排开；第89～103号锕系元素也排在表的下方。

在同周期的元素中短周期从左到右原子半径显著减小；长周期中从左到右总的趋势是半径减小，但改变缓慢；镧系、锕系元素原子半径改变更小。

族　与化学反应密切相关的是那些核外电子中能量较高的外层（最外层或最外2层）电子，称为价电子或外围电子。价电子组态类同的元素，在周期表里位于同一纵列，如碱金属族元素原子的最外层电子排布都是ns^1。同族元素性质相似，从上到下原子半径增大。

18个纵列中第8～10三纵列为第Ⅷ族，

元素周期表

原子序数 26；元素符号(1) Fe；元素名称(2) 铁；原子量(3) 55.847；价电子组态(4) $3d^{6}4s^{2}$

金 属　非 金 属　半 金 属　稀有气体　过渡元素

周期 \ 族	I A 1	II A 2	III B 3	IV B 4	V B 5	VI B 6	VII B 7	VIII 8	VIII 9	VIII 10	I B 11	II B 12	III A 13	IV A 14	V A 15	VI A 16	VII A 17	0 18
1	1 H 氢 1.00794(7) $1s^{1}$																	2 He 氦 4.002602(2) $1s^{2}$
2	3 Li 锂 6.941(2) $1s^{2}2s^{1}$	4 Be 铍 9.012182(3) $1s^{2}2s^{2}$											5 B 硼 10.811(7) $1s^{2}2s^{2}2p^{1}$	6 C 碳 12.0107(8) $1s^{2}2s^{2}2p^{2}$	7 N 氮 14.0067(2) $1s^{2}2s^{2}2p^{3}$	8 O 氧 15.9994(3) $1s^{2}2s^{2}2p^{4}$	9 F 氟 18.9984032(5) $1s^{2}2s^{2}2p^{5}$	10 Ne 氖 20.1797(6) $1s^{2}2s^{2}2p^{6}$
3	11 Na 钠 22.98976928(2) $3s^{1}$	12 Mg 镁 24.3050(6) $3s^{2}$											13 Al 铝 26.9815386(8) $3s^{2}3p^{1}$	14 Si 硅 28.0855(3) $3s^{2}3p^{2}$	15 P 磷 30.973762(2) $3s^{2}3p^{3}$	16 S 硫 32.065(5) $3s^{2}3p^{4}$	17 Cl 氯 35.453(2) $3s^{2}3p^{5}$	18 Ar 氩 39.948(1) $3s^{2}3p^{6}$
4	19 K 钾 39.0983(1) $4s^{1}$	20 Ca 钙 40.078(4) $4s^{2}$	21 Sc 钪 44.955912(6) $3d^{1}4s^{2}$	22 Ti 钛 47.867(1) $3d^{2}4s^{2}$	23 V 钒 50.9415(1) $3d^{3}4s^{2}$	24 Cr 铬 51.9961(6) $3d^{5}4s^{1}$	25 Mn 锰 54.938045(5) $3d^{5}4s^{2}$	26 Fe 铁 55.845(2) $3d^{6}4s^{2}$	27 Co 钴 58.933195(5) $3d^{7}4s^{2}$	28 Ni 镍 58.6934(2) $3d^{8}4s^{2}$	29 Cu 铜 63.546(3) $3d^{10}4s^{1}$	30 Zn 锌 65.409(4) $3d^{10}4s^{2}$	31 Ga 镓 69.723(1) $3d^{10}4s^{2}4p^{1}$	32 Ge 锗 72.64(1) $3d^{10}4s^{2}4p^{2}$	33 As 砷 74.92160(2) $3d^{10}4s^{2}4p^{3}$	34 Se 硒 78.96(3) $3d^{10}4s^{2}4p^{4}$	35 Br 溴 79.904(1) $3d^{10}4s^{2}4p^{5}$	36 Kr 氪 83.798(2) $3d^{10}4s^{2}4p^{6}$
5	37 Rb 铷 85.4678(3) $5s^{1}$	38 Sr 锶 87.62(1) $5s^{2}$	39 Y 钇 88.90585(2) $4d^{1}5s^{2}$	40 Zr 锆 91.224(2) $4d^{2}5s^{2}$	41 Nb 铌 92.90638(2) $4d^{4}5s^{1}$	42 Mo 钼 95.94(2) $4d^{5}5s^{1}$	43 Tc 锝* [98] $4d^{5}5s^{2}$	44 Ru 钌 101.07(2) $4d^{7}5s^{1}$	45 Rh 铑 102.90550(2) $4d^{8}5s^{1}$	46 Pd 钯 106.42(1) $4d^{10}4s^{0}$	47 Ag 银 107.8682(2) $4d^{10}5s^{1}$	48 Cd 镉 112.411(8) $4d^{10}5s^{2}$	49 In 铟 114.818(3) $4d^{10}5s^{2}5p^{1}$	50 Sn 锡 118.710(7) $4d^{10}5s^{2}5p^{2}$	51 Sb 锑 121.760(1) $4d^{10}5s^{2}5p^{3}$	52 Te 碲 127.60(3) $4d^{10}5s^{2}5p^{4}$	53 I 碘 126.90447(3) $4d^{10}5s^{2}5p^{5}$	54 Xe 氙 131.293(6) $4d^{10}5s^{2}5p^{6}$
6	55 Cs 铯 132.9054519(2) $6s^{1}$	56 Ba 钡 137.327(7) $6s^{2}$	57～71 La～Lu 镧系	72 Hf 铪 178.49(2) $4f^{14}5d^{2}6s^{2}$	73 Ta 钽 180.94788(2) $4f^{14}5d^{3}6s^{2}$	74 W 钨 183.84(1) $4f^{14}5d^{4}6s^{2}$	75 Re 铼 186.207(1) $4f^{14}5d^{5}6s^{2}$	76 Os 锇 190.23(3) $4f^{14}5d^{6}6s^{2}$	77 Ir 铱 192.217(3) $4f^{14}5d^{7}6s^{2}$	78 Pt 铂 195.084(9) $4f^{14}5d^{9}6s^{1}$	79 Au 金 196.966569(4) $4f^{14}5d^{10}6s^{1}$	80 Hg 汞 200.59(2) $4f^{14}5d^{10}6s^{2}$	81 Tl 铊 204.3833(2) $4f^{14}5d^{10}6s^{2}6p^{1}$	82 Pb 铅 207.2(1) $4f^{14}5d^{10}6s^{2}6p^{2}$	83 Bi 铋 208.98040(1) $4f^{14}5d^{10}6s^{2}6p^{3}$	84 Po 钋* [209] $4f^{14}5d^{10}6s^{2}6p^{4}$	85 At 砹* [210] $4f^{14}5d^{10}6s^{2}6p^{5}$	86 Rn 氡* [222] $4f^{14}5d^{10}6s^{2}6p^{6}$
7	87 Fr 钫* [223] $7s^{1}$	88 Ra 镭* [226] $7s^{2}$	89～103 Ac～Lr 锕系	104 Rf 𬬻* [263] $(5f^{14}6d^{2}7s^{2})$	105 Db 𬭊* [262] $(5f^{14}6d^{3}7s^{2})$	106 Sg 𬭳* [266] –	107 Bh 𬭛* [267] –	108 Hs 𬭶* [277] –	109 Mt 鿏* [268] –	110 Ds 𫟼* [281] –	111 Rg 𬬭* [272] –	112 Cn * [285] –		114 Uuq * [289] –				

	57	58	59	60	61	62	63	64	65	66	67	68	69	70	71
镧系	La 镧 138.90547(7) $4f^{0}5d^{1}6s^{2}$	Ce 铈 140.116(1) $4f^{1}5d^{1}6s^{2}$	Pr 镨 140.90765(2) $4f^{3}5d^{0}6s^{2}$	Nd 钕 144.242(3) $4f^{4}5d^{0}6s^{2}$	Pm 钷* [145] $4f^{5}5d^{0}6s^{2}$	Sm 钐 150.36(2) $4f^{6}5d^{0}6s^{2}$	Eu 铕 151.964(1) $4f^{7}5d^{0}6s^{2}$	Gd 钆 157.25(3) $4f^{7}5d^{1}6s^{2}$	Tb 铽 158.92535(2) $4f^{9}5d^{0}6s^{2}$	Dy 镝 162.500(1) $4f^{10}5d^{0}6s^{2}$	Ho 钬 164.93032(2) $4f^{11}5d^{0}6s^{2}$	Er 铒 167.259(3) $4f^{12}5d^{0}6s^{2}$	Tm 铥 168.93421(2) $4f^{13}5d^{0}6s^{2}$	Yb 镱 173.04(3) $4f^{14}5d^{0}6s^{2}$	Lu 镥 174.967(1) $4f^{14}5d^{1}6s^{2}$

	89	90	91	92	93	94	95	96	97	98	99	100	101	102	103
锕系	Ac 锕* [227] $6d^{1}7s^{2}$	Th 钍* 232.03806(2) $5f^{0}6d^{2}7s^{2}$	Pa 镤* 231.03588(2) $5f^{2}6d^{1}7s^{2}$	U 铀* 238.02891(3) $5f^{3}6d^{1}7s^{2}$	Np 镎* [237] $5f^{4}6d^{1}7s^{2}$	Pu 钚* [244] $5f^{6}6d^{0}7s^{2}$	Am 镅* [243] $5f^{7}6d^{0}7s^{2}$	Cm 锔* [247] $5f^{7}6d^{1}7s^{2}$	Bk 锫* [247] $5f^{9}6d^{0}7s^{2}$	Cf 锎* [251] $5f^{10}6d^{0}7s^{2}$	Es 锿* [252] $5f^{11}6d^{0}7s^{2}$	Fm 镄* [257] $5f^{12}6d^{0}7s^{2}$	Md 钔* [258] $(5f^{13}6d^{0}7s^{2})$	No 锘* [259] $(5f^{14}6d^{0}7s^{2})$	Lr 铹* [262] $(5f^{14}6d^{1}7s^{1})$

注：(1) 黑—固体，红—气体，绿—液体，空心字—人造元素。
(2) 注*的是放射性元素。
(3) ^{12}C为基准，[ ]表示半衰期最长的同位素。
(4) ( )表示可能的价电子组态。

其他15个纵列各标为一个族。凡价电子组态为s、p的为主族，标为A，位于周期表左右两侧；凡价电子含d、f的为副族，标为B，占周期表中间部位。如氟、氯是第17列的典型元素，与溴、碘、砹称为第7主族（ⅦA）元素，它们的最外层电子排布为ns^2np^5，共7个电子；而把外层电子排布为$ns^2(n-1)d^5$，即次外层d亚层上电子数和最外层s亚层电子数总和是7的第7列元素锰、锝、铼称为第7副族（ⅦB）。0族元素为稀有气体，其sp外层已充满。

元素分类　元素中绝大多数是金属，它们集中在长表的左边，金属性最强的是钫，位于周期表的左下角；少数非金属元素集中在周期表的右上部分，非金属性最强的氟位于周期表的右上角。根据充填最后1个电子能级（价电子组态）的不同可将元素分为s（ⅠA和ⅡA）、p（ⅢA～ⅦA和0族）、d（除镧系、锕系外的所有B族和Ⅷ族）、f（镧系和锕系）四个区。参照元素周期表纵列横行中元素间的关系，分区了解各类元素的通性和个性是掌握化学知识的有效途径。

元素周期律　periodic law of elements　化学元素的性质随着元素的原子序数的增加呈周期性变化的规律。见周期律。

元太祖成吉思汗　Emperor Taizu of Yuan Dynasty (1162～1227)　蒙古开国君主，军事统帅。名铁木真，姓孛儿只斤，乞颜氏。蒙古人。元代追上庙号元太祖。生于蒙古贵族世家。约在1170年，其父也速该被塔塔儿人毒死，也速该的遗孀月伦领着铁木真和他的几个弟弟度过数年艰难生活。少年时期的艰险经历，培养了铁木真坚毅勇敢的素质。蒙古部主忽都剌汗死后，蒙古部众大都在札木合控制之下，铁木真投靠札木合，随他游牧。铁木真笼络人心，招徕人马，最后脱离札木合，建立自己的斡鲁朵。

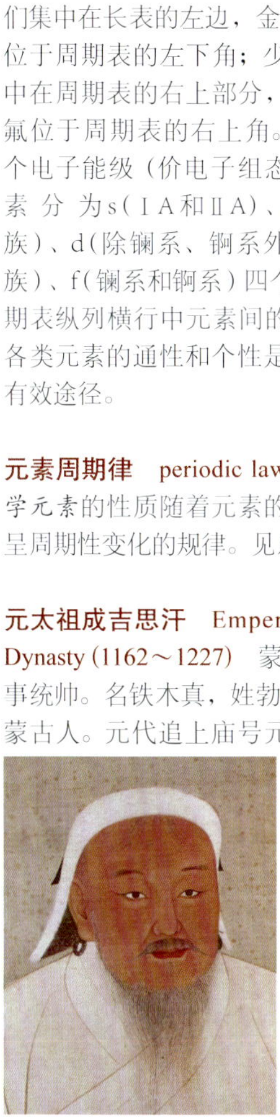

约在12世纪80年代，铁木真称汗。札木合率领札答阑、泰赤乌等十三部来攻，铁木真兵分十三翼迎战，因实力不敌而败退，史称十三翼之战。1196年，铁木真和克烈部脱里汗出兵助金，于斡里札河（今蒙古东方省乌勒吉河）打败塔塔儿人。金授铁木真以察兀忽鲁（部长）官职，封脱里汗为王（脱里从此称王汗，语讹为汪罕）。铁木真与王汗联兵攻打古出古·乃蛮部，回师途中又与乃蛮本部相遇。王汗见敌势盛，不告而退，把铁木真留在乃蛮兵锋之下。铁木真发觉后迅速撤兵，回到自己牧地撒里川（今蒙古克鲁伦河上游之西），反而把王汗暴露在敌前，王汗大败。因为有许多蒙古部众在王汗处，铁木真怕他们被乃蛮吞并，对自己不利，便派称为四杰的博尔术、木华黎、博尔忽、赤老温领兵援救王汗，击退乃蛮。1201～1202年，铁木真和王汗联兵，与札木合联盟（塔塔儿、乃蛮等部落联盟）大战获胜，札木合投降王汗。1202年，铁木真消灭了四部塔塔儿，占领了呼伦贝尔高原，实力猛增。1203年王汗对铁木真发起突然袭击，铁木真败退到哈勒哈河以北。不久，铁木真乘王汗不备，奇袭王汗牙帐，克烈部亡。同年，汪古部也归附铁木真。1204年，铁木真消灭了乃蛮太阳汗的斡鲁朵，成为蒙古高原最大的统治者。

1206年，铁木真在斡难河（今蒙古鄂嫩河）源召开忽里台大会，即蒙古国大汗位，号成吉思汗。蒙古国建立后，大批原来的部落人口被分编在不同千户中，许多部落的界限从而泯灭，开始形成共同的蒙古民族，成吉思汗对此起了积极的历史作用。邻近的吉利吉思、畏兀儿、哈剌鲁等部分别在1207年、1209年、1211年归附成吉思汗。

勃兴的蒙古贵族渴望占有大量财富。1205年、1207年和1209年成吉思汗三次大举入侵西夏。西夏不得已，纳女请和。1211年，又率领大军南下攻金。1215年，蒙古军占领中都，在辽西消灭金守军，攻占北京（在今内蒙古宁城西）。1218年，灭西辽。1219年，成吉思汗率20万大军西征，向花剌子模发动了侵略战争。他几路进兵，分割包围了各战略重镇，各个击破，采用大规模屠杀、夷平城市、签发被俘人众打头阵等残酷手段震慑敌人，解除自己后顾之忧，战场上的主动权全在蒙古一方。1219年，蒙古军围攻讹答剌城，次年攻克。1220年，成吉思汗攻下不花拉、花剌子模新都城撒马尔罕（今属乌兹别克斯坦）等城，术赤、窝阔台、察合台率兵攻克花剌子模都城玉龙杰赤（今土库曼斯坦乌尔根奇），拖雷一军进入呼罗珊地区。哲别、速不台奉成吉思汗之命穷追花剌子模统治者摩诃末算端，后者逃至里海孤岛病死。哲别、速不台率军继续西侵，远抵克里木半岛。1221年，拖雷占领呼罗珊全境。成吉思汗追击新算端札阑丁至印度河，不获而还。1222年，在占领区置达鲁花赤监治。1223年，还撒马尔罕驻冬，次年起程还国。1226年，成吉思汗出征西夏，次年西夏亡。1227年夏历七月十二日，成吉思汗卒，临终提出联宋灭金的战略。

成吉思汗统一蒙古各部，在历史上起了进步作用。攻金灭夏，为元朝的建立奠定了基础。他军事才能卓越，战略上重视联远攻近，力避树敌过多。用兵注重详探敌情、分割包围、远程奇袭、佯退诱敌、运动中歼敌等战法，史称“深沉有大略，用兵如神”。另一方面，作战具有野蛮残酷的特点，大规模屠杀居民，毁灭城镇田舍，破坏性很大。13世纪主要封建国家社会危机深重，为成吉思汗实行大规模军事扩张提供了有利条件。

《元文类》　*Anthology of Literature Works of Yuan Dynasty*　中国元代诗文选集。原名《国朝文类》。编者苏天爵。共70卷，其中诗8卷、文62卷。录元初至延祐间诗文，共收诗300多首、文530多篇，作者162人。陈旅认为苏天爵编这部书的动机是“以为秦汉魏晋之文，则收于《文选》。唐宋之文则载于《文粹》、《文鉴》，国家文章之盛不采而汇之，将遂散轶沉泯……”苏天爵编纂此书耗费了20年时间和精力。《四库全书总目》说：“是编去取精严，具有体要，自元兴以逮中叶，英华采撷，略备于斯。”把《国朝文类》和《唐文粹》、《宋文鉴》作为分别代表3个朝代最好的选本。但此书“所取者必其有系于政治，有补于世教，或取其雅制之足以范俗，或取其论述之足以辅翼史氏，凡非此者，虽好弗取也”。这样就有许多抒情写景的好文章不能入选。不过总的来说，由于元朝诗文集刻印较少，许多作家的作品都已散佚，有些作品靠这部选集才得以保存。其中有的具有史料价值，有的富于文学意味。

元文宗图帖睦尔　Emperor Wenzong of Yuan Dynasty (1304～1332)　中国元代第十二代皇帝。武宗海山次子。致和元年(1328)七月，泰定帝死，知枢密院事燕铁木儿在大都发动政变，谋立武宗子为帝，遣使至江陵迎接入都。八月，梁王王禅、丞相倒剌沙等拥立泰定帝子阿剌吉八于上都，发兵攻大都。九月，图帖睦尔接帝位于大都，改元天历，在燕铁木儿及其所属钦察军团和一部分武宗旧部的支持下，击败王禅、倒剌沙等，取上都；接着又调兵平定了四川、云南的反对集团。天历二年(1329)，武宗长子和世球在和林北即帝位，是为明宗。当明宗南行至上都附近的旺忽察都（在今河北张北县北）时，名义上已逊位的图帖睦尔与燕铁木儿前往迎接，伺机毒死明宗。于是图帖睦尔复于八月即位于上都。次年，改元天历。他在位期间，创建奎章阁，编修《经世大典》，颇有意于兴文治。当时色目人在朝廷上的政治势力被削弱，而钦察官僚集团则权势大增。燕铁木儿擅权恣纵，政事一决于他，故吏治继续败坏，财政愈趋竭蹶，贵族统治集团内部的矛盾也一直很尖锐。

元宵 yuanxiao 中国节令传统食品。圆团形，用糯米粉做成。又称汤圆、水圆。主要流行于汉族地区。关于元宵的记载最早见于宋代。自宋以来相沿有元宵节吃元宵的习俗。北宋以前的元宵是不带馅的糯米实心丸子，在烧开的水中煮熟，配以白糖、蜜枣、桂花等食用。南宋有了中间包糖的“乳

糖圆子”。其后元宵馅又有甜咸之分。甜馅一般用糖、豆沙、枣泥、桂花、果仁等制作；咸馅多为荤馅，以肉或肉蔬做成。南方制作元宵主要是包，北方主要用摇。因做法不同，以前一般称南汤圆，北元宵；今日称法几乎贯通。元宵大多以水煮食，也可蒸、炸。因其为圆形，故被作为团圆、圆满的象征。许多地方有在亲人从远方归来（或将远行）时食元宵的习俗。现今元宵在市场上已常年可见。浙江的宁波汤团，上海的鲜肉汤团，潮州的四式汤团，成都的赖汤圆，重庆的山城小汤圆，是知名度较大的佳品。

元宵节 Lantern Festival 中国民间传统节日。又称上元节、元夕节、灯节。主要流行于汉族和部分少数民族地区。时在农历正月十五日。是日古称上元夜谓之宵，故称元宵或元夜。此俗成于东汉，至唐演变为元宵节。上元原为道教上元天官诞辰，举行庆典并出现观灯习俗。唐玄宗时规定观灯为三夜，北宋延至五夜，明规定正月初八张灯，正月十五落灯。唐元宵夜出现杂要技艺，宋时有猜灯谜，明代又增加了戏曲表演，元宵节逐渐演变成内容丰富的节日习俗。观灯习俗一直延续至今。元宵节在饮食上的特征是吃元宵，又称汤团，含有团团圆圆之意。在许多地区，春节活动一般延续到元宵节为止。

元晓 Wen-Hyo (617～686) 朝鲜华严宗僧人。俗姓薛，幼名誓幢。新罗湘州人。29岁于皇龙寺出家学佛法。慕唐朝玄奘、窥基之名，与义湘结伴入唐，半路遇雨宿于墓地之中，悟“心生故种种法生，心灭故龛坟不二”，“三界唯心，万法唯识，心外无法，胡用别求”，决定携行李回国。此后言行狂悖，或入酒肆娼家，或持金刀铁锡，或为《华严经》制疏以宣讲，或游山水坐禅。著有《大乘起信论疏》、《华严经疏》、《涅槃经宗要》、《十门和诤论》、《金刚三昧经论》、《无量寿经宗要》等。元晓的华严宗又称海东宗、法性宗、芬皇宗，以主张融会、“和诤”为基本宗旨。

元英宗硕德八剌 Emperor Yingzong of Yuan Dynasty (1303～1323) 中国元代皇帝。元仁宗长子。自幼受儒家教育，通汉族封建文化。延祐三年(1316)立为皇太子，七年即帝位。时仁宗母答己太后任过去被仁宗罢黜的权臣铁木迭儿为右丞相，相互勾结，排除异己，权倾朝野。元英宗为巩固自己的地位，立太祖功臣木华黎后裔拜住为左丞相，极力抑制答己、铁木迭儿一党的势力。至治二年(1322)八、九月，铁木迭儿、答己相继去世。十月，立拜住为右丞相，表示要“励精求治”、“一新机务”。此后数月，曾采取了一些改革性的措施：广泛起用汉族地主官员和儒士，如张珪、吴元珪、王约、吴澄等；发布《振举台纲制》，要求推举贤能，选拔人才；罢徽政院及冗官冗职，精简机构，节制财用，行助役法并减轻徭役；颁行《大元通制》，以加强法制，推行汉法；清除铁木迭儿余党，查处他们的贪赃枉法事件。这些措施遭到一部分保守的蒙古贵族反对。三年八月初，尚存的铁木迭儿余党、御史大夫铁失阴谋发动政变，密遣心腹去漠北，当月五日，元英宗、拜住由上都启程返京，途中宿营于上都西南20里南坡店，被铁失等刺杀，史称南坡之变。也孙铁木儿闻讯后称帝，是为泰定帝。

元祐更化 Yuanyou Revision 中国宋代以司马光为首的反变法派在元祐年间推翻王安石变法的事件。元丰八年(1085)春，宋哲宗即位，其祖母宣仁太后执政。宣仁太后是宫廷中反对变法的后台，掌权后遂援引司马光、文彦博等保守派到政府中，各种反变法的力量聚集在一起。司马光打着以母改子的旗号，反对新法。他把变法的责任都推给王安石，把新法大部废除，许多旧法一一恢复。通过变法而积聚起来的钱财，也在反变法派执政的几年当中耗散殆尽。与此同时，还不遗余力地打击变法派。章惇曾对司马光恢复差役法的主张一一进行批驳，反变法派动员全部台谏力量，对章惇屡加击逐，直至被迫赋闲。列为王安石等人亲党的变法派官员，全被贬黜。对西夏，则继承了熙宁以前的妥协政策，把已收复的安疆、葭芦、浮图、米脂四寨割让给西夏，以偷安一时。司马光及其后继者无视小皇帝，因而愈益激起宋哲宗的不满。宣仁太后一死，复辟旧制的反变法派随之垮台，并受到倍加沉重的打击。

元祐诗风 Yuanyou poetry style 中国北宋元祐年间以苏轼、黄庭坚为代表的诗风或诗体。又称元祐体。严羽《沧浪诗话·诗体》从各个角度概括了历代的各种诗体，关于宋代，他说：“以时而论，则有……本朝体、元祐体、江西宗派体。”宋诗特征在很大程度上就是以苏轼、黄庭坚、陈师道诗为代表的“元祐体”的特征。陈师道诗学黄庭坚，元祐体主要指苏、黄二体。刘克庄《后村诗话》前集说：“元祐后，诗人迭起，一种则波澜富而句律疏，一种则锻炼精而情性远，要之，不出苏、黄二体而已。”严羽批评本朝人“以文字为诗，以才学为诗，以议论为诗”(《沧浪诗话·诗辨》)。严羽所说宋诗的这三条“缺点”并非始于苏、黄、陈，甚至也非始于宋人；但宋人，特别是“苏、黄、陈诸公”却把这三大特点发挥到登峰造极的地步，成了元祐诗风乃至整个宋代诗风的显著特色。

元杂剧 poetic drama of Yuan Dynasty 13世纪前半叶，即蒙古灭金(1234)前后，以宋杂剧和金院本为基础，融合宋金以来的音乐、说唱、舞蹈等艺术而形成的戏曲艺术。它是以中国北方流行的曲调演唱的，因此也称北曲或北杂剧。

元杂剧的形成和兴起 12世纪上半叶到13世纪下半叶，河北的真定（今正定）、河南的汴梁（今开封）、山西的平阳（今临汾）、山东的东平等城市，虽在战争中遭到破坏，但由于经济恢复较快，杂剧演出较盛。在北宋的汴京（今开封），杂剧之外，瓦舍勾栏及相国寺等处演出的还有傀儡、影戏、舞队、清唱、说话、说唱等各种民间文艺，为杂剧综合各种伎艺，表演人物故事，形成比较完整的舞台艺术创造了有利的条件。此时已有一些知识分子参加各种游艺活动，如霍四究演说三国故事，孔三传说唱诸宫调等。金灭北宋后，著名的董解元又在汴京说唱《西厢记》。蒙古灭金以后，废除科举，在将近80年间断绝了知识分子科举仕进的道路。许多知识分子转向为勾栏艺人写杂剧。这一时期出现了一些专为艺人写作的组织，称为书会。如拥有关汉卿、杨显之等作家的玉京书会，拥有马致远、李时中等作家的元贞书会。

以表演人物故事为主的金院本，经过长期酝酿，融合了各种伎艺，形成新的表演艺术；从契丹、女真、蒙古等少数民族传来的歌曲，与北方民间流行的曲调结合，形成新的乐曲体系，使元杂剧从内容到形式达到成熟的阶段。

元杂剧的表演艺术和演员 元杂剧的戏班组织有三种情况：①在大都或其他城市里演出的大班子。②各地流动演出的小班子，称作路歧。③农民在业余时间临时组织起来的社火。演出场地也有三种情况：

在都市的勾栏；在村镇的庙台；在可以聚众观看的空场上演出，称作“打野呵”。

元杂剧每本四折演唱四套宫调不同的曲子。由一个演员主唱。主要男脚称正末，主要女脚称正旦。一些次要的男女脚色被称为外末、冲末、外旦等。至于孤、孛老、卜儿、倈儿等本是市语中对官员、老翁、老妇、儿童等的通称，后来也成为脚色的名目。

元末夏庭芝《青楼集》专条记录当时著名的女艺人74人，附见各条的女艺人42人。当时著名的男演员，除附见于《青楼集》的侯要俏、黄子醋外，还有教坊色长魏、武、刘三人。《辍耕录》载：“魏长于念诵，武长于筋斗，刘长于科泛，至今乐人皆宗之。”刘即刘耍和，他的女婿花李郎、红字李二，也都擅长杂剧。

元杂剧的剧本和作家　现传的元杂剧作品150多种，散见于《元刊杂剧三十种》及《脉望馆钞校本元明杂剧》、《古名家杂剧》、《柳枝集》、《酹江集》、《元曲选》等明刻本。《录鬼簿》记载元杂剧前期作家大都活动于金末前后至元成宗元贞、大德前后的100余年间。活动的中心主要是大都，有著名杂剧作家关汉卿、杨显之、王实甫、白朴、马致远、高文秀、石君宝、纪君祥、康进之、尚仲贤、郑廷玉等十余人，传世的优秀作品有数十种。如反映被压迫人民的愿望，深刻揭露封建黑暗统治对人民的迫害的有关汉卿的《窦娥冤》、《蝴蝶梦》，武汉臣的《生金阁》，石君宝的《曲江池》、《秋胡戏妻》，杨显之的《潇湘雨》等。揭露统治集团的腐朽无能，投降卖国，歌颂人民和爱国将领反抗民族压迫的斗争的有关汉卿的《单刀会》，孔文卿的《东窗事犯》，马致远的《汉宫秋》，高文秀的《渑池会》等。歌颂男女爱情的作品有关汉卿的《拜月亭》、白朴的《墙头马上》、李好古的《张生煮海》等，其中成就最高、影响最为深远的要推王实甫的《西厢记》。

山西洪洞广胜寺明应王殿元杂剧壁画

元代中叶以后，南方经济的恢复和发展比北方快，杂剧演出的中心逐渐由大都（今北京）转移到临安（今杭州）。据《录鬼簿》及其续编记载，这个时期不仅作家、作品的数量不能与前期相比，从现传作品看，思想、艺术也都较前期逊色。郑光祖的《倩女离魂》与《王粲登楼》，乔吉的《两世姻缘》，秦简夫的《东堂老》，萧德祥的《杀狗劝夫》，宫大用的《范张鸡黍》与《七里滩》等较具代表性。

元杂剧的衰微　戏曲中心的南移，用北方的语言、乐曲演出的杂剧愈来愈难以适应南方的观众的要求。原在南方流行的戏曲则吸收了杂剧的长处，以一人一事为中心，展开故事情节，又突破了杂剧一本四折、一人主唱的局限。南方的戏曲作家还改编了一些优秀的北剧如《拜月亭》、《虎头牌》、《西厢记》等为南戏，用南方的语言、曲调演出，使原在北方流行的杂剧无法同它竞争。加之元末明初的杂剧作品从内容到演出，越来越和人民群众相疏远，元杂剧的衰微成为必然的趋势。但元杂剧的历史作用并没有随着它的衰微而消失。元杂剧是中国戏曲艺术发展到成熟阶段的重要标志。它的部分优秀剧目700多年来被改编为各种新的戏曲形式，延续不断地演出。有的剧本如《西厢记》、《赵氏孤儿》、《看钱奴》等还流传到国外，影响至为深远。

元稹　Yuan Zhen (779～831)　中国唐代文学家。字微之，别字威明。洛阳（今属河南）人。8岁丧父，少经贫贱。15岁以明经擢第。21岁初仕河中府，25岁登书判拔萃科，授秘书省校书郎。28岁列才识兼茂明于体用科第一名，授左拾遗。元和四年（809）为监察御史。因触犯宦官权贵，次年贬江陵府士曹参军。后历通州司马、虢州长史。元和十四年任膳部员外郎。次年靠宦官崔潭峻援引，擢祠部郎中、知制诰。长庆元年（821）迁中书舍人，充翰林院承旨。次年，居相位三月，出为同州刺史、浙东观察使。大和三年（829）为尚书左丞，五年，逝于武昌军节度使任上。

元稹的创作，以诗成就最大。与白居易齐名，并称元白，同为新乐府运动倡导者。他非常推崇杜诗，其诗学杜而能变杜，并于平浅明快中呈现丽绝华美，色彩浓烈，铺叙曲折，细节刻画真切动人，比兴手法富于情趣。乐府诗在元诗中占有重要地位，且具有一定的现实意义。缺点是主题不够集中，形象不够鲜明。长篇叙事诗《连昌宫词》，在元集中也列为乐府类，旨含讽喻，和《长恨歌》齐名。其铺叙详密，优美自然。元诗中最具特色的是艳诗和悼亡诗。他擅写男女爱情，描述细致生动，不同一般艳诗的泛描。悼亡诗为纪念其妻韦丛而作，《遣悲怀三首》流传最广。在诗歌形式上，元稹是“次韵相酬”的创始者。《酬翰林白学士〈代书一百韵〉》、《酬乐天〈东南行诗一百韵〉》，均依次重用白诗原韵，韵同而意殊。这种次韵相酬的做法，在当时影响很大，也很容易产生流弊。元稹在散文和传奇方面也有一定成就。他首创以古文制诰，格高词美，为人效仿。其传奇《莺莺传》（又名《会真记》）叙述张生与崔莺莺的爱情悲剧故事，文笔优美，刻画细致，为唐人传奇中之名篇。后世戏曲作者以其故事人物创作出许多戏曲，如金代董解元《西厢记诸宫调》和元代王实甫《西厢记》等。元稹曾自编其诗集、文集、与友人合集多种。其本集《元氏长庆集》收录诗赋、诏册、铭谏、论议等共100卷。

芫菁　Meloidae; blister beetle　鞘翅目芫菁科昆虫的统称。世界已知约7 500种，广布于世界各地。中国已记录130余种，包括古北界和东洋界的种类。

体中型，长圆筒形，黑色或黑褐色，也有一些种类色泽鲜艳。头下口式，与身体几成垂直，具有很细的颈。触角11节，丝状或锯齿状。前胸一般狭于鞘翅基部，鞘翅长达腹端，或短缩露出大部分腹节，质地柔软，两翅在尾端分离，不合拢。足细长；跗节5－5－4；爪纵裂为2片。

复变态。幼虫为捕食性或寄生性。捕食性的幼虫取食蝗卵，对于抑制蝗虫的发生起着有益的作用。寄生性的幼虫寄生于花蜂或蜜蜂的蜂巢内，对养蜂业有害，对植物的授粉亦不利。

成虫为植食性，很多种类是农牧业的重要害虫，主要危害豆类、黄麻、马铃薯、花生、甜菜等作物以及牧草、苜蓿等，有的种类还危害药用植物如黄芪、甘草等。由于此科昆虫能产生芫菁素（又称斑蝥素），能致人皮肤起泡，并有利尿等作用，很早就在医学中应用。近年来经临床试验证明，芫菁素在治疗癌症方面也有一定的疗效。

园丁鸟科　Ptilonorhynchidae; bowerbird　雀形目一科。世界有7属20种。主要分布于澳大利亚、新西兰及其附近岛屿。体型与鸫相似。体羽呈红褐色，雄鸟在繁殖期

缎蓝园丁鸟

通常有色彩艳丽的羽毛或饰羽，有的有颈冠，有的有披肩样的长羽。繁殖季节从9月开始到翌年1月。雄鸟交尾前在地上造庭园或小亭作为求偶炫耀场地，以吸引雌鸟。炫耀场地结构和形式常各不相同，大多数比较简单。构筑好场地之后，雄鸟就在场内不时用嘴叼着找来的各种色彩鲜艳的装饰品，展开饰羽，不停摇晃舞蹈，以诱引雌鸟。当雌鸟接受这个雄鸟时，就进入场地交尾。交尾后，雌鸟单独飞向几十或百余米远的适宜地点的树上营巢、产卵和育雏。

园林 landscape 运用工程技术手段和艺术理论塑造地形或筑山理水，种植树木花草，营造路径及建筑物等所形成的优美环境和游憩境域。

在历史上，游憩境域因内容和形式不同用过不同的名称。中国殷周时期和古代西亚的亚述，在林野中畜养禽兽供狩猎游乐的境域称为囿和猎园。中国秦汉时期供帝王游憩的境域称为苑或宫苑；属官署或私人的称为园、园池、宅园、别业等。“园林”一词最早见于西晋人的诗文中，唐宋以后，“园林”则泛指上述各种游憩境域。现代常见的园林有庭园、宅园、公园、街头花园、植物园、动物园等。广义的园林还包括在保护自然景观基础上开辟游览路径，设置必要休息设施的国家公园、风景名胜区、森林公园，以及供游乐消闲的主题公园、度假区等。

园林学 landscape architecture 研究如何保护和合理利用自然环境资源和人文资源，创造生态健全、景观优美、反映时代文化和可持续发展的人类生活环境的学科。园林学融生物科学、工程技术和美学理论于一体，为协调人与自然的关系，发挥着其他学科不能代替的作用，产生巨大的环境效益、社会效益和经济效益。

园林是人类社会发展到一定阶段的产物。世界园林三大系统发源地——中国、西亚和希腊，都有灿烂的古代文化。几千年来，人们一直在利用自然环境作为游憩活动的场所，运用水、土、石、植物、动物、建筑物等素材来创造人工的自然——园林。东方园林以中国园林为例，从崇尚自然的思想出发，发展出山水园；西方古典园林以意大利台地园和法国园林为例，把园林看作建筑的附属和延伸，强调轴线、对称，发展出具有几何图案美的园林。到了近代，东西方文化交流增多，园林风格互相融合渗透。园林的作用主要是供人们游乐休息、美化环境和改善生态，此外还有防灾避难、身心保健、文化艺术熏陶、科普教育、开展旅游和促进经济等作用。

园林学的性质和范围　建造园林和一般的建设活动的不同之处，主要在于园林通常都包含有生物（主要是植物）的因素。在园林营建中，改造地形、筑山叠石、引泉挖湖、建造亭台、栽花植树、修筑园路等，都要运用美学理论把各种造园素材组织起来，建成外观优美、生态良好的生活境域。因此，园林学具有科学和艺术的双重属性。

园林学的基础理论主要由生物学和地学（植物学、动物学、生态学、地貌学等）、工程技术（建筑学、土木工程、水工、电工等）和美学理论（尤其是绘画和文学创作理论）三方面所组成。在规划各种类型的园林绿地时，需要考虑它们在地域中的地位和作用，使用要求，以及与相关项目的相互关系，这就涉及城市规划、历史文物保护、社会学、心理学等方面的知识。园林建设和管理要耗费大量物质财富和劳动力，在宏观布局和具体项目的规划设计中，必须充分考虑社会效益、环境效益和经济效益，又和经济学、法学、管理科学、环境科学等有关。

园林学的内涵和外延，随着时代、社会和生活的发展，随着相关学科的发展而不断丰富和扩大。对园林的研究，是从记叙园林景物开始的，以后发展到或从艺术方面探讨造园理论和手法，或从工程技术方面总结叠山理水、园林建筑、花木布置的经验，逐步形成传统园林学科。资产阶级革命以后，出现了公园。先是开放王公贵族的宫苑供公众使用；后来研究和建设为公众服务的各种类型的公园、绿地等。20世纪初，英国E.霍华德提出“田园城市”理论；十月革命后，苏联将城市园林绿地系统列为城市规划的内容，逐渐形成城市绿化学科。随着人对自然依存关系的再认识和环境科学、城市生态研究的发展，人们逐步理解到人类不仅需要维护居住环境、城市的良好景观和生态平衡，而且一切活动都应该避免破坏人类赖以生存的大自然。园林学的研究范围随之扩大到探讨区域的以至国土的景物规划问题。

园林学的研究内容　园林学的研究范围是随着社会生活和科学技术的发展而不断扩大的，包括三个层次。①传统园林学。主要包括园林历史、园林艺术、园林植物、园林工程、园林建筑等分支学科。园林设计是根据园林的功能要求、景观要求和经济条件运用上述分支学科的研究成果来创造各种园林的艺术形象。②城市绿化。研究园林绿化在城市建设中的作用，调查研究居民游憩、健身对园林绿地的需求和文化心理，测定园林绿地改善和净化环境的计量化数据，合理地确定城市所需绿量，规划设计城市园林绿地系统，主持或参与城市总体规划、城市设计，研究城市中各种类型园林绿地的建设、管理技术，分析评估城市园林绿化在宏观经济方面的投资和效益，研究制定推进城市园林绿化的政策、措施等。③大地景物规划。把大地的自然景观和人文景观当作资源来看待，在开发时最大限度地保存典型的生态系统和珍贵濒危生物物种的繁衍栖息地，保护生物多样性，保存自然景观和珍贵文化、自然遗产，最合理地使用土地。规划项目有风景名胜区规划、国家公园的规划、休养胜地的规划、自然保护区游览部分的规划、湿地景观规划、采矿及其他迹地景观恢复等；并参与区域规划、高速公路和铁路的选线及路景规划，大型基本建设项目的景观规划等。三个层次并不是截然割裂，城市绿化和大地景物规划工作中也要应用传统园林学的基础知识。

园艺 horticulture 果树、蔬菜和观赏植物的栽培、繁育技术和生产经营方法。相应地分为果树园艺、蔬菜园艺和观赏园艺。园艺一词，原指在围篱保护的园圃内进行的植物栽培。现代园艺虽早已打破了这种局限，但仍是比其他作物种植更为集约的栽培经营方式。园艺业是农业中种植业的组成部分。园艺生产对于丰富人类营养和美化、改造人类生存环境有重要意义。园艺作物一般指以较小规模集约栽培的具有较高经济价值的作物。主要分为果树、蔬菜和观赏植物三大类。园艺起源于石器时代，文艺复兴时期，园艺在意大利再次兴起并传至欧洲各地。中国周代园圃开始作为独立经营部门出现。历代在温室培养、果树繁殖和栽培技术、名贵花卉品种的培育以及在园艺事业上与各国进行广泛交流等方面卓有成就。20世纪以后，园艺生产日益向企业经营发展。包括果树、蔬菜和观赏植物在内的园艺产品愈来愈成为人们完善食物营养，美化、净化环境的必需品。现代园艺已成综合应用各种科学技术成果以促进生产的重要领域。园艺产品已成为完善人类食物营养及美化、净化生活环境的必需品。

园蛛 Araneidae; orb-weaver/garden spider 蜘蛛目园蛛科动物的统称。分布广泛，全球约2 600种，中国已知286种。体长2～

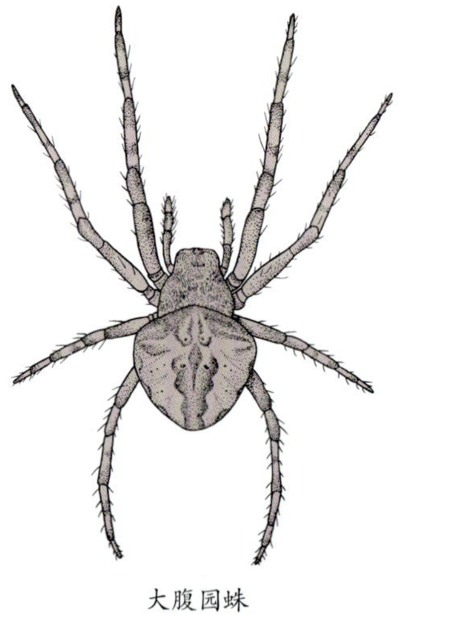

大腹园蛛

60毫米。8眼，排成两列（4-4）。前、后侧眼接近，生在眼丘上。4个中眼排成方形或梯形。结圆网捕食昆虫，视力弱，依靠网上丝的震动和张力确定食物在网上的位置。许多种在秋季产卵袋，内含卵数百个。产卵后雌蛛死亡。有的种类卵产出后立即孵化，有的到第二年春天孵化。

此科中也有许多种类腹部背面有艳丽的斑纹。有许多种在消灭农田害虫方面起重要作用。

身毒 Sindhu; Hindhu 印度河流域古国名。始见于《史记》。“身毒”是中国对“印度”的最早译名，原文为梵语Sindhu，古波斯语讹为Hindhu，古希腊语更转为Indus。此后中国古文献中亦作申毒、辛头、信度、身度、天竺、贤豆、印度等，皆同音异译。其领域有时亦包括印度河以东的南亚次大陆地区。

汉武帝时张骞出使大月氏，听说其东南数千里有身毒国，张骞认为大夏在汉西南，而身毒在大夏东南，则身毒应去蜀郡不远。汉武帝听信此言，从蜀郡四道出使，试图从中国的西南地区经身毒通往大夏，但因当地少数族的阻拦没有成功。据《后汉书》可知，中国在2世纪时对身毒的地理、物产、宗教、政治情况已有初步了解；且知当时身毒许多地区皆属“月氏”即早期贵霜帝国。这是由于东汉时佛教已传入中国的缘故。

沅江 Yuanjiang River 中国长江洞庭湖水系支流。又称沅水。源出贵州省云雾山鸡冠岭，流经黔东、湘西，至黔城以下始称沅江，入洞庭湖。全长1 022千米，流贯21县市。流域面积8.91万平方千米，大部分为崎岖山地。年径流总量（桃源）667亿立方米，汛期4～8月平均流量占年径流量的60%左右。河道平均比降0.594‰，水能蕴藏量793.83万千瓦。从河源到黔阳的清水江为上游。从黔阳到沅陵比降和缓，为中游丘陵地区。沅陵至德山为下游，多丘陵、河谷、平原，桃源以下可通80～150吨级驳轮，汛期水量大，常与长江中游洪水相遇，导致洪渍灾害。支流西水凤滩水电站装机容量40万千瓦；干流五强溪水电站装机容量120万千瓦。流域内除粮食作物外，盛产油桐、茶油、中药材等。干支流上游山岭重叠，森林茂密，林业发达。主要矿产有煤、磷、铁、锌、铜、锰等。

沅江市 Yuanjiang City 中国湖南省辖县级市。位于省境北部，洞庭湖畔。面积2 136平方千米。人口67万（2010）。因沅水得名。汉代属益阳县。隋改置安乐县，隋开皇十八年（598）改为沅江县。1988年县改市。由益阳市代管。农作物有水稻、苎麻、棉花、油菜等。丘陵区盛产柑橘、茶叶等。湖沼芦苇地2.33万公顷，为中国造纸原料基地。盛产渔产及湘莲。传统名产有银鱼和中华鲟。工业有纺织、机械、化工等。湘莲、蜜橘原汁、蘑菇罐头畅销境内外。因地处洞庭湖中心，是洞庭湖区水陆交通枢纽，也是全省水运最发达的地区之一。莲花塘港口是湖南运量较大的装卸港口之一。名胜古迹有巴围子、石君山等新石器时代遗址，杨么屯兵的子母城遗址，凌云塔、镇江塔、魁星楼、琼湖等。

袁崇焕 Yuan Chonghuan（1584～1630） 中国明末军事统帅。字元素。广西藤县人，祖籍广东东莞。万历四十七年（1619）进士，初为福建邵武知县。天启二年（1622），以通兵略、晓边事被荐为兵部职方主事。他单骑出山海关考察形势，返京后自请戍守边防，任宁前兵备佥事。五年，辽东经略高第下令尽撤关外守军入关，袁崇焕主张坚守宁远，不撤。六年，在宁远之战中采取坚壁清野的策略，指挥军民用大炮和火具击败努尔哈赤所率后金军，升任右佥都御史，旋升辽东巡抚。于次年击败皇太极的进攻，获宁锦大捷。崇祯元年（1628）升任兵部尚书兼右副都御史，督师蓟辽，兼督登、莱、天津军务。次年，皇太极率军进逼京师（今北京），袁崇焕闻讯星夜驰援，统率诸路援军重创后金军于广渠门外。但崇祯帝听信谤言，中皇太极的反间计，以袁崇焕“私通”后金军罪，将其逮捕入狱，三年八月十六被冤杀于北京。

袁翰青 Yuan Hanqing（1905-09-07～1994-03-02） 中国化学家和化学史学家。生于江苏通州，卒于北京。1929年于清华大学化学系毕业后去美国伊利诺伊大学做研究生，1932年获哲学博士学位。回国后历任中央大学、北京大学教授，甘肃科学教育馆馆长，文化部科学普及局局长，商务印书馆总编辑，中国科学技术情报研究所研究员、所长等职。1955年当选中国科学院学部委员（院士）。早年从事联苯化合物立体化学的研究，最先发现联苯化合物的变旋作用。发表英文论文12篇。1949年后从事化学史的研究和教学工作。发表关于化学史的论文30余篇及其他方面的文章20余篇。著有《中国化学史论文集》（1956）和《化学重要史实》（1989，合著）。

袁宏道 Yuan Hongdao（1568～1610） 中国明代文学家。字中郎，又字无学，号石公。湖广公安（今属湖北）人。万历二十年（1592）中进士，二十三年选为吴县令。三十七年，迁稽勋郎中，赴秦中典试。事毕请假归里，定居沙市。

袁宏道在明代文坛上占有重要地位。与兄宗道、弟中道时号三袁，宏道实为公安派领袖。他的一套系统理论，成为公安派文学纲领。他反对盲目拟古，主张文随时变，其目标是去伪存真，抒写性灵。他认为，性灵由“无心”或“童子之心”得来，有性灵的文章可致“趣”、“韵”。他推崇民间的通俗文学是“无闻无识”的“真声”。袁宏道的散文极富特色，清新明畅。今存其尺牍280余封，各类随笔200余篇。作品真切感人，语言浅显，无斧凿之迹。作有各体诗歌1 700余首，成就不如散文。著有《敝箧集》、《锦帆集》、《解脱集》、《广陵集》、《瓶花斋集》、《潇碧堂集》、《破砚斋集》、《华嵩游草》等。今人钱伯城整理有《袁宏道集笺校》。

袁隆平 Yuan Longping（1930-09-07～ ） 中国农学家、杂交水稻育种专家。祖籍江西德安。1953年毕业于西南农学院农学系。历任湖南省安江农业学校教师、湖南省农业科学院研究员、湖南省杂交水稻研究中心主任、国家杂交水稻工程技术研究中心主任、菲律宾国际水稻研究所（IRRI）特约研究员。1995年当选为中国工程院院士。

袁隆平自20世纪60年代初，开始致力于杂交水稻育种研究和制种技术实践。他首先提出培育不育系、保持系、恢复系“三系法”利用水稻杂交优势的设想，并进行了卓有成效的科学实验。1970年，他将其助手在海南岛发现的一株花粉败育的雄性不育野生稻（简称“败野”）作为“三系”配套的突破口，经过恢复系筛选的全国性协作攻关，于1973年实现了“三系”配套，并选配出一批强优势组合，研究出一套较为完整的制种和栽培技术，使杂交水稻得以大面积推广，产量比常规良种提高20%以上，带来了水稻育种史上继高秆变矮秆后的又一次革命。在中国创造出巨大的经济效益，并惠及世界一些国家和地区。继培育成功杂交水稻之后，他与人合作又展开了改良杂交稻品质、改进水稻形态、增强抗病能力的研究，初步培育出了技术更先进、产量更高的超级杂交稻。由于籼型杂交水稻研究成功，使他与合作者共同获得了1981年中国第一个国家特等发明奖。其后，他又获得1985年联合国知识产权金质奖章，1987年联合国教科文组织科学奖，2000年中国国家最高科技奖和世界粮食基金会授予的2004年度世界粮食奖。2006年5月被聘为美国国家科学院外籍院士。在国内外享有盛誉，被称为杂交水稻之父。著有《杂交水稻》、《杂交水稻简明教程》等，发表了“水稻雄性不育性”、“杂交水稻培养理论和实践”、“中国的杂交水稻培育”、“杂交水稻超高产育种”等多篇学术论文。

袁枚 Yuan Mei (1716～1797) 中国清代诗人、诗论家。字子才，号简斋，晚号随园老人，又号小仓山居士。钱塘（今浙江杭州）人。乾隆四年（1739）进士，授翰林院庶吉士。乾隆七年改放外任，在溧水、江浦、沭阳、江宁等地任知县，有政声。乾隆十三年辞官，定居江宁（今江苏南京市），筑室小仓山隋氏废园，改名随园，世称随园先生。从此不再出仕。

袁枚与赵翼、蒋士铨并称乾隆三大家。他活跃诗坛60余年，存诗4 000余首，基本上体现了他所主张的“性灵说”，有独特风格和一定成就。袁枚诗思想内容的主要特点是抒写性灵，表现个人生活遭际中真实的感受、情趣和识见，往往不受束缚，时有唐突传统。在艺术上不拟古，不拘一格，以熟练的技巧和流畅的语言表现所感受到的思想体会和所捕捉到的艺术形象，追求真率自然、清新灵巧的艺术风格。即景抒情的旅游诗和叹古讽今的咏史诗两类作品成就较突出。袁枚亦工文章，散文如《祭妹文》、《峡江寺飞泉亭记》等，骈文如《与蒋苕生书》、《重修于忠肃庙碑》等，传为名篇。

袁枚又是乾嘉时期主要诗论家之一。继明代公安派、竟陵派而持性灵说。《随园诗话》及其补遗、《续诗品》为诗论主要著作。《随园诗话》除阐述性灵说的理论外，对历代诗人作品、流派演变及清代诗坛多有所评述。《续诗品》则是仿司空图《二十四诗品》之作，立36目，用四言韵文简括诗歌创作过程、方法、修养、技巧等具体经验体会，即所谓创作“苦心”。与公安派相比较，袁枚的性灵说更有针对性，更有反道学、反传统的特点。袁枚论诗主张把“性灵”和“学识”结合起来，以性情、天分和学力为创作基本，以真、新、活为创作追求。

袁枚文学思想的进步意义不仅表现于诗论中的性灵说，也表现于他的文论及他关于文学发展、文体作用等多方面的观点中。他的文学思想具有发展观点，并有区别地注意各种文学样式的具体功能，在当时是进步的。

著有《小仓山房集》80卷，《随园诗话》16卷及其补遗10卷，《子不语》24卷及续编10卷。另有尺牍、说部等30余种。

袁牧之 Yuan Muzhi (1909-03-03～1978-01-30) 中国电影、戏剧演员和编导，电

影事业家。浙江宁波人。卒于北京。原名袁家莱。读中学时就参加戏剧活动，成为上海戏剧协社的唯一小演员。20世纪30年代初，主演《五奎桥》、《回春之曲》等剧，获舞台“千面人”的美誉；出版《戏剧化装术》、《演剧漫谈》等著作。1934年，编写电影剧本《桃李劫》并担纲男主角。1935年自编自导自演的《都市风光》是中国第一部音乐喜剧故事片。1936年主演《生死同心》，编导《马路天使》。后者受到法国电影史学家G.萨杜尔的盛赞。1938年，主演《八百壮士》。同年赴延安创建延安电影团，编导《延安与八路军》。1940年到苏联考察、学习，与S.M.爱森斯坦共事。1946年回国，参与组建东北电影制片厂。有遗著《袁牧之文集》。

袁绍 Yuan Shao (?～202) 中国东汉末军阀。字本初。汝南汝阳（今河南周口西南）人。出身大族，自曾祖父起四代五人位居三公。少折节下士，知名当世。灵帝死，大将军何进以袁绍为司隶校尉合谋诛宦官，事泄，何进被杀，绍率军尽诛宦官。董卓专权，袁绍政见不同，逃奔冀州。董卓拜其为勃海太守。初平元年（190）关东州郡牧守联合起兵讨董卓，袁绍被推为盟主，自号车骑将军，声势颇大。董卓不久被杀。关东军内部开始互相兼并，袁绍夺取冀州、青州、并州。初平四年进攻黑山起义军，屠杀数万人。建安四年（199）又消灭幽州公孙瓒。至此，袁绍已跨据黄河下游的四州之地，领众数十万，成为当时最大割据势力。同年，袁绍准备向曹操发起进攻，监军沮授、谋士田丰劝其进屯黎阳，据守黄河，以逸待劳，另遣精骑以骚扰曹军，不出三年即可击败曹操。而以郭图、审配为代表的一部分将领主张迅速决战。袁绍采纳后者意见。五年，与曹操决战于官渡（见官渡之战）。主力七万多人被消灭。两年后惭愤病死。诸子亦败灭，所据之地尽并于曹操。

袁世海 Yuan Shihai (1916～2002-12-11) 中国京剧演员。工净。北京人。卒于北京。幼家贫。8岁拜许德义学戏。11岁入富连成科班，始习老生，后依总教习萧长华主张，改从裘桂仙及师兄孙盛文、王连平习花脸。1934年出科，曾先后在尚小云、李盛藻、马连良、梅兰芳、程砚秋、高庆奎、周信芳、盖叫天等所组班社演出。1940年，拜郝寿臣为师。1949年后，与李少春、叶盛章等组织中国实验京剧团，合作演出了《野猪林》、

袁世海在京剧《野猪林》中饰鲁智深

《将相和》等剧。1951年集体加入中国京剧院，与李少春、叶盛兰等排演了《响马传》、《九江口》、《李逵探母》、《西门豹》、《桃花村》以及现代题材的《白毛女》、《红灯记》等新剧目。他遵循老师郝寿臣“架子花脸铜锤唱”的要求，创造了花脸〔高拨子〕、〔反二黄〕、〔二黄三眼〕等唱腔，表演以刻画人物见长。参与拍摄影片《群英会》（饰曹操）、《红灯记》（饰鸠山）、《平原作战》（饰松井）等。有自传《袁世海》行世。

袁世凯 Yuan Shikai (1859-09-16～1916-06-06) 中国北洋军阀首领，中华民国大总统。字慰庭，号容庵。河南项城人。年轻时两次乡试未中，遂决计弃文就武，依靠淮军统领吴长庆。1882年（光绪八年）8月，朝鲜发生壬午兵变。当时朝鲜和中国有宗藩关系，吴长庆受命前往镇压，袁世凯由李鸿章奏举，任驻汉城

清军总理营务处，会办朝鲜防务。至1894年7月中日甲午战争爆发前夕，化装逃出汉城，回到天津。

1895年12月，袁世凯由荣禄、李鸿藻等奏派扩练驻天津小站的定武军，更名为新建陆军，并引用和培植一批私人亲信，以加强对全军的控制。这些人以后大都成为清末民初的军政要人，如徐世昌、段祺瑞、冯国璋、王士珍、曹锟、张勋等。小站练兵是清末新式军队发展的转折点，也奠定了袁世凯一生事业的基础。时维新变法运动蓬勃开展，袁世凯捐资参加强学会，以示赞同维新。1898年戊戌变法期间，袁世凯当面应允维新派除旧党，助行新政，但随即告密。21日，慈禧太后囚禁光绪帝，宣布重新临朝训政。次年6月，袁世凯升任

工部右侍郎，署理山东巡抚，率领全部新军（时称武卫右军），残酷镇压义和团运动，一跃而成为中外瞩目的实力人物。1901年后，任直隶总督兼北洋大臣。1902年，在保定编练北洋常备军（简称北洋军），至1905年北洋六镇编练成军，除第一镇系满族贵族铁良统率的旗兵外，其余五镇都在他的控制之下，重要将领几乎都是小站练兵时期的亲信军官。在此期间，他在发展北洋工矿企业、修筑铁路、创办巡警、整顿地方政权及开办新式学堂等方面，都颇有成效。通过办理新政，很快形成了一个以他为首的庞大北洋军事政治集团。北洋集团势力的扩张，对满族亲贵集团的世袭地位构成严重威胁，双方权力之争日趋激化。1906年，袁被迫辞去各项兼差，并将北洋军一、三、五、六各镇交陆军部直接管辖。次年，又被调离北洋，到北京任军机大臣兼外务部尚书。1909年初，袁世凯被摄政王载沣罢去一切职务，令回籍"养疴"。但他的许多部属依然位居要津，实权在握，时刻准备东山再起。

1911年10月（宣统三年八月）武昌起义爆发。袁世凯于10月27日任钦差大臣，节制湖北前线陆海军。接着，又被任命为内阁总理大臣，指挥北洋军攻占汉口后，即进京组阁，接管了清政府的军政大权。12月，派唐绍仪南下与革命党人谈判。以孙中山为首的革命党人坚持以清帝退位和袁世凯宣誓效忠共和作为选他当大总统的先决条件。袁世凯借革命党人的声势，逼迫宣统帝退位。1912年2月，中华民国临时大总统孙中山辞职，参议院一致选举袁世凯继任，他以北京发生"兵变"为借口，使参议院不得不允许他在北京就职。袁世凯从就职伊始便极力图谋专制独裁统治。袁把国民党视为实行集权的最大障碍，策动北洋军警干涉政治，逼迫国民党人退出内阁，裁减南方各省的革命军队，派人刺杀国民党的领导人宋教仁。同时，拉拢以梁启超为首的清末立宪派，资助他们组成进步党，以此来与国民党人对抗。在外交方面，他得到英国的有力支持，从五国银行团获得2 500万英镑借款。袁世凯于1913年7月镇压了二次革命，把北洋势力伸向长江流域各省。同年10月，袁世凯派军警胁迫国会选举他为正式大总统，并取得列强的正式承认。接着，解散国民党和国会，另行召集政治会议和约法会议，作为独裁统治的工具。1914年5月，宣布废除具有民主主义精神的《临时约法》，撤销国务院，成立政事堂和陆海军大元帅统率办事处。通过这次改组，迫使支持过他的进步党人退出政府，剥夺了段祺瑞等人的军权，集军政大权于一身。1914年底，开始进行复辟帝制的活动，并于1915年5月接受了日本提出的二十一条要求中的大部分条款，以取得日本政府对帝制的支持。不久，又唆使一些北洋官僚政客出面组织筹安会和请愿团，加紧了复辟帝制的活动。至12月11日，御用的参政院推戴他为"中华帝国大皇帝"。袁于次日发布接受帝位申令，改民国五年（1916）为洪宪元年，改总统府为新华宫，准备于1916年元旦加冕登极。但是，袁世凯的倒行逆施，激起全国各阶层的义愤。12月25日，蔡锷、唐继尧等在云南宣布起义，发动护国战争，讨伐袁世凯。贵州、广西相继响应。北洋派内部危机四伏。袁世凯被迫于1916年3月22日宣布取消帝制，恢复中华民国年号，起用段祺瑞为国务卿兼陆军总长，企图依靠段团结北洋势力，支持他继续担任大总统。但起义各省不承认他有再做总统的资格。段祺瑞也逼他交出军政实权。广东、浙江、陕西、湖南、四川纷纷通电宣告独立或与袁世凯个人断绝关系，袁世凯陷于众叛亲离的境地。终至忧惧成疾，在举国声讨声中死去。

袁枢 Yuan Shu（1131～1205） 中国南宋史学家。字机仲。建州建安（今福建建瓯）人。初任温州判官、兴化军教授。乾道七年（1171），为礼部试官，出为严州教授。其后历任太府丞、兼国史院编修官、权工部郎官兼吏部郎官、吏部员外郎、大理寺少卿，出知常德府、江陵府等职。喜读《资治通鉴》，苦其浩博，乃著《通鉴纪事本末》42卷，因其文总括为239事，独立成篇，起讫了然，为中国第一部纪事本末体史学著作。创造纪事本末这一新的写史体例，兼有纪传、编年二者优点，使"数千年事迹经纬明析"，对后世影响极大。

袁术 Yuan Shu（?～199） 中国东汉末军阀。字公路。汝南汝阳（今河南周口西南）人，袁绍从弟。自曾祖父起4世中有5人位居三公。举孝廉，除郎中，累迁至虎贲中郎将、后将军。避董卓之祸，由京师洛阳出奔南阳，割据其地。他对袁绍充当关东牧守的盟主很不服气，远交幽州公孙瓒，而袁绍也联络荆州牧刘表以牵制袁术。初平四年（193），袁术进军陈留，与曹操交战正酣，刘表从襄阳进逼其根据地南阳，袁术被曹操击败，向襄邑（今河南睢县西）、宁陵（今河南宁陵东南）一带退却。退至扬州九江郡，赶走刺史陈瑀，自领其州，以寿春为根据地，称帝。称帝后先为吕布所破，后为曹操所败。在其统治下，士卒冻馁，江淮间空尽，人民相食。四年，袁术资实耗尽，众叛亲离，想前往青州投靠袁绍长子袁谭，又怕曹操邀击，愤惭呕血而死。

袁同礼 Yuan Tongli（1895～1965） 美籍华裔图书馆学家、目录学家。河北徐水人。生于北京，卒于华盛顿。1916年毕业于北京

大学。1917年任清华学校图书馆主任。1918年当选为北京图书馆协会会长。1920年赴美，在哥伦比亚大学、纽约州立图书馆专科学校学习。1924年回国，在北京大学讲授目录学，兼图书馆主任。同年，去广州任广东大学图书馆馆长，并担任中华图书馆协会书记。1929年任北平图书馆副馆长，1942年升任馆长。1949年赴美，先后在美国国会图书馆和斯坦福大学研究所工作。袁同礼在北平图书馆任馆长时，聘请一些专家，为该馆藏书、编目、书目等项业务打下基础。著有《永乐大典考》、《宋代私家藏书概略》、《明代私家藏书概略》、《清代私家藏书概略》、《中国音乐书举要》、《西文汉学书目》等。

袁伟民 Yuan Weimin（1939-07～ ） 中国国家级排球教练员。生于江苏苏州。南京体育学院毕业。1962年入选国家排球队，任主力二传手和队长。1976年起任中国女子排球队教练、主教练，率队获1981年第3届世界杯女排赛冠军、1982年第9届世界女排锦标赛冠军和1984年第23届奥林匹克运动会女排冠军，为中国女排实现了三连冠。4次获体育运动荣誉奖章。先后任国家体委副主任，国家体育总局副局长、局长，中华全国体育总会副主席，中国奥林匹克委员会副主席、主席等职。在抓群众体育和竞技体育等方面作出了贡献。为第五、第六届全国人大代表。曾获亚洲排球联合会颁发的优秀教练员奖和国际排球联合会颁发的荣誉奖章。2007年被美国排球名人堂授予优秀教练员奖。著有《我的执教之道》。

袁雪芬 Yuan Xuefen（1922-03-26～2011-02-19） 中国越剧演员。浙江嵊县（今嵊州）人。1933年入四季春科班学正旦。先后在杭州、上海演出。她的唱腔旋律淳朴，节奏多变，感情真挚深沉。她创立的"袁派"艺术深受观众喜爱。

袁雪芬主张戏曲应该对社会起有益的作用。在日本帝国主义者侵占时期，曾演出《香妃》、《红粉金戈》、《木兰从军》、《黑暗家庭》、《王昭君》等表现爱国思想、歌

袁雪芬在越剧《西厢记》中饰莺莺

颂民族气节、反对封建礼教的剧目。1945年建立雪声剧团。1946年，在上海将根据鲁迅《祝福》改编的《祥林嫂》首次搬上越剧舞台。1953年，演出了根据王实甫原著改编的《西厢记》。同年，与范瑞娟合作主演了1949年以来中国第一部大型彩色戏曲影片《梁山伯与祝英台》。1978年其主演的《祥林嫂》摄制成彩色影片。

袁于令 Yuan Yuling 中国明代戏曲作家。见《西楼记》。

袁运甫 Yuan Yunfu (1933-06-09～) 中国画家。生于江苏南通。1949年就学于杭州艺术专科学校，1953年就学于中央美术学院，1956年始任教于中央工艺美术学院。曾任全国政协委员。

《巴山蜀水》(1979，北京人民大会堂壁画)

袁运甫擅长水粉画、彩墨画、工笔及综合材料的艺术创作。1979年为首都国际机场设计大型壁画，1986年为北京地铁站台设计大型壁画。并先后为北京人民大会堂、北京饭店、全国政协大厦及尼泊尔国家议会大厦创作公共艺术作品。1981年在美国纽约举行个人彩墨画展。2001年主持中华世纪坛室内壁画和环境的总体设计与制作。主要作品有中国画《秋色秋香》、《清奇古怪》(四联画)、《大荷塘》；公共艺术作品有《巴山蜀水》、《文明的飞跃》、《智慧之光》等大型壁画、雕塑、综合材料和环境艺术设计。出版有专著《装饰画论》和画册《袁运甫画集》等。

袁中道 Yuan Zhongdao (1575～1630) 中国明代文学家。字小修，一作少修。湖广公安（今属湖北）人。万历四十四年（1616）中进士，授徽州府教授，止于吏部郎中。与其兄宗道、宏道并称“三袁”，为公安派中坚。其成就次于宏道。其文学主张与宏道基本相同，强调性灵。他较两兄晚殁，目睹模仿公安派的文人的流弊，晚年又形成以性灵为中心兼重格调的思想。他的作品以散文为优。游记文能直抒胸臆，文笔明畅；日记多有精粹文笔，对后世日记体散文有一定影响。著有《珂雪斋集》20卷、《袁小修日记》20卷。

袁宗道 Yuan Zongdao (1560～1600) 中国明代文学家。字伯修，号石浦。湖广公安（今属湖北）人。27岁时会试第一，官翰林院庶吉士、编修。万历十七年（1589）归里，钻研学术，以禅宗思想研究儒学，著《海蠡篇》(今佚)。9年后复入京，官右庶子，任东宫讲席。万历年间，以王世贞、李攀龙为代表的拟古文风仍有较大影响，袁宗道与其弟宏道、中道志同道合，极力反对，人称公安派。他认为文章要旨在于辞达，而文章欲辞达，须先有“理”(思想学问)，“从学生理，从理生文”；其次要有真情实感。从这种观点出发，他的诗文创作不事模拟，率真自然。游记散文情运笔端，真切感人；论说文如《读大学》、《读论语》中某些章节浅显通达，警辟有味。但他的多数散文以士大夫的闲情逸兴、说理谈禅为主要内容，社会意义不大。其诗风平稳畅达，和易清秀。其成就不如其弟宏道和中道。著有《白苏斋类集》22卷。另著有杂剧2种及词若干，已佚。

原虫病 protozoiasis 原虫侵入人体引起的寄生虫病。进入人体的原虫可寄生在腔道、体液或内脏组织内，有的是细胞内寄生。此病可经口或媒介生物传播，也可经宫内（垂直）传播。其症状和对人体的危害也因虫种、寄生部位及宿主免疫状态等而异，通常寄生于组织内者较寄生于腔道者危害性要大。此病呈世界性分布，热带和亚热带地区尤为多见。

分类 根据虫体寄生部位，将原虫病分为：①肠道原虫病，如肠阿米巴病。②肝胆系统原虫病，如阿米巴肝脓肿（见阿米巴病）。③血液淋巴系统原虫病，如疟疾。④神经系统原虫病，如非洲锥虫病。⑤皮肤肌肉原虫病，如皮肤利什曼病（见利什曼原虫病）。⑥肺部原虫病，如卡氏肺孢子虫病。⑦眼部原虫病，如眼弓形虫病。⑧泌尿生殖系原虫病，如滴虫性阴道炎（见滴虫病）。值得注意的是，有些原虫所致病变常不局限于一个脏器，而是多脏器同时受累。

诊断 主要依据在患者体液或排泄物中找到原虫。免疫学检查方法对原虫病具有诊断价值，可用已知抗体检测患者血清或排泄物中虫体抗原，也可用已知抗原检测抗体。聚合酶链式反应对早期诊断有重要价值。

治疗 根据不同虫种应用不同药物。

原电池 primary battery 放电后不可充电再用的化学电池。又称一次电池。活性物质被装配在电池内部，不论连续或间断放电，只要一种活性物质耗尽，电池即不能再用。在原电池中发生的电化学反应是电解的逆过程，即利用自发的化学反应来产生电，将化学能转换成电能。金属与电解质溶液作用所发生的电化学腐蚀，即由于在金属表面形成原电池而引起的。原电池可以是单体电池，也可以组装成电池组，且一般做成全密封式，可按任意方位放置，使用方便，广泛应用于小型便携式电子设备上。

水溶液原电池 原电池中的电解质是水溶液。在此类电池中，锌是可使用的电负性最高的金属阳极材料。水溶液中锌系列原电池主要有锌|二氧化锰、锌|氧化汞、锌|氧化银、锌|空气电池等。

非水溶液电解质电池 以溶有盐类的非水溶剂为电解质。常用的有机溶剂为碳酸丙烯酯、乙腈、二甲基甲酰胺等；无机溶剂有液体二氧化硫、磷酰氯、亚硫酰氯等，它们不仅作为溶剂而且本身也是正极活性物质。研究较成熟并已商品化的锂电池已有多种，已被广泛用作携带式电子设备的电源，是具有发展潜力的新型高能电池之一。

固体电解质电池 以固态离子导体为电解质。常用的固体电解质为Li^+、H^+、Ag^+、Na^+、Cu^+、F^-等离子导体。常用的负极材料有锂、银等，正极材料为碘或碘化物。这类电池适用温度范围宽，不存在漏液和排气问题。电解质本身兼作隔膜，结构简单，组合方便，耐振动、冲击、旋转，易微型化，是可能做到的体积最小的电池品种。缺点是放电电流小，价格昂贵。

原发性阿米巴脑膜脑炎 primary amoebic meningoencephalitis; PAM 由阿米巴原虫引起的中枢神经系统感染性疾病。急性阿米巴脑膜脑炎多见于近期在污染的池塘或游泳池游泳的儿童及青少年。虫体侵入鼻黏膜后，经筛板沿嗅神经入脑，引起嗅球和脑组织的发炎和破坏。起病急骤，早期症状类似上呼吸道感染，但前额部头痛较剧烈，继之出现脑膜刺激征如颈强直等，并有味觉、嗅觉甚至视觉障碍，病情迅速发展至昏迷而死亡。诊断依据脑脊液中找到阿米巴滋养体。两性霉素B治疗有效。

原告 demandant 民事诉讼和行政诉讼中请求法院保护其权益而提起诉讼的人、附带民事诉讼的原告人和刑事案件中的自诉人。被告的对称。原告享有起诉的权利，起诉后有放弃、变更或增加诉讼请求的权利。原告经传票传唤，无正当理由拒不到庭的，或者未经法庭许可中途退庭的，可按撤诉处理或缺席判决。刑事诉讼中，公诉人居于原告地位。

原核生物 procaryotic organism 一类有DNA构成核群的染色体、但无核膜的单细胞生物。自身存活和繁殖所需的全部功能依靠单个细胞完成。包括蓝细菌、细菌、古菌、放线菌、立克次氏体、螺旋体、支原体和衣原体等。

特点是：①没有核膜、核仁和类似核小体的染色体结构。②遗传物质是不与组蛋白结合的裸露的共价闭合环状双螺旋脱氧核糖核酸（DNA）分子，或与少量特殊蛋白质结合，一般只有一条染色体（有的原核生物细胞还有染色体外遗传因子——质粒）。③细胞以简单二分裂方式繁殖，无有丝分裂或减数分裂。④没有性行为，有的种类有时通过接合、转化或转导的准性行为，实现单向遗传物质的交换和重组。⑤DNA分子中一般无内含子，mRNA的转录与翻译几乎同时进行。⑥没有由肌球、肌动蛋白构成的微纤维系统，故细胞质不能流动，也没有形成伪足、吞噬作用等现象。⑦细胞质内仅有核糖体而无线粒体、高尔基体、内质网、溶酶体、液泡和质体（植物）、中心粒（低等植物和动物）等复杂内膜细胞器。⑧细胞内的单位膜系统，除蓝细菌另有类囊体外，一般都由细胞膜内褶而成。⑨鞭毛是一条单一的结构，并非由微管构成，更无“9+2”的结构。⑩大部分有成分和结构独特的细胞壁。

原核细胞 prokaryotic cell 组成原核生物的细胞。这类细胞的主要特征是没有明显可见的细胞核，同时也没有核膜和核仁，只有拟核，进化地位较低。见细胞。

原鸡 *Gallus gallus*; red jungle fowl 鸡形目雉科原鸡属的一种。又称茶花鸡。为家鸡的原祖。产于中国的云南、广西壮族自治区及海南省。东南亚、印度、马来半岛及

印度尼西亚的苏门答腊岛等也有分布。

体型近似家鸡。头具肉冠，喉侧有一对肉垂，是本属独具的特征。雌雄异色。雄性羽色很像家养的公鸡，最显著的差别是头和颈的羽毛狭长而尖，前面呈深红色，向后渐变为金黄色。这些狭羽从颈向后延伸覆于背的前部，比家鸡更为华丽。尾羽和尾上覆羽呈黑色且具金属绿色，羽基呈白色，飞时特别明显。雌性与家养的母鸡相似，体型较雄性小，尾亦较短。头和颈项黑褐缀红；颈羽亦特长，轴部呈黑褐色且具金黄色羽缘。

栖于热带和亚热带山区的密林中，常至林缘的田野间觅食植物种子、嫩芽、谷物等，兼吃虫类及其他小型动物。巢营于地面稍凹隐处，铺以落叶和杂草等。在云南南部2月开始产卵，3～5月为高潮期，有的持续到10月。

原绿藻 *Prochloron didemni* 原绿藻门的唯一种。属原核生物。单细胞、草绿色，聚生在珊瑚礁潮下带上部某些胶质的壳状动物体上，特别是死珊瑚体上的海鞘类；也有个别生长在活藻类（如与海绵动物共生的角网藻）藻体的胶质动物体上。在光学显微镜下，原绿藻细胞球形，直径8～12微米，明显地分为无色的中央区和翠绿色的周围区，没有细胞核和叶绿体。细胞分裂与蓝藻门一样，为二分裂。光合色素有β-胡萝卜素及叶绿素a和叶绿素b。此外，还有玉米黄素、β-隐藻黄素、异隐藻黄素、海胆烯酮等叶黄素。

一般认为原绿藻是由蓝藻类进化而来。大约1亿年前，与海鞘类共生的某种蓝藻类取得了制造叶绿素b和叶绿素a及叶绿素b蛋白质体的能力，同时藻胆素退化，成为原绿藻。有的则认为原绿藻可能发生于20多亿年前在海鞘类出现之前，是介于蓝藻和绿藻的中间生物，既继承了蓝藻类的叶绿素a，又产生了叶绿素b，为绿藻类的产生打了前锋。

原平市 Yuanping City 中国山西省辖县级市。位于省境北中部。面积2 571平方千米。人口49万（2010）。西汉置原平县，北魏置石城县，隋以后改为崞县。1958年复改原平县。1993年撤县设市。由忻州市代管。粮食作物以高粱、谷子、玉米、豆类为主，经济作物以葵花、皮麻、甜菜种植较多。矿产主要有煤、铁、铜、云母、水晶等。煤质优良，可露天开采，县境有轩岗煤矿。有化肥、钢铁、机械、电力等工业。名胜古迹有朱氏牌楼、林泉寺、惠济寺、普济桥等。

原生动物门 Protozoa 动物界一门。最原始、最简单、最低等的单细胞动物。原生动物有特化的各种胞器，具有维持生命和延续后代所必需的一切功能，如行动、营养、呼吸、排泄和生殖等。每个原生动物都是一个完整的有机体。

原生动物广泛分布于海洋、陆地和空气中。原生动物的寄生种类，几乎可以寄生在所有的多细胞动物和植物上。此外，原生动物还有附生、共生、重寄生类型。已描述的原生动物约6.8万种，其中一半是化石种类，在现生种类中，营自由生活的占2/3，寄生生活的占1/3。

原生动物的形状变化很大。有原生质随意流动、形状不定的变形虫，有结构精巧的放射虫和有孔虫。个体大小一般在10微米至1毫米。一般包括细胞膜、细胞质、细胞核、色素体及其附属胞器、运动胞器、纤维构造、支持和保护胞器、伸缩泡和其他各种液泡。原生动物的生命周期包括生殖期和孢囊。有些种类已失去形成孢囊的能力。生殖期可分为无性生殖和有性生殖。大多数原生动物无性生殖为二分裂法。有性生殖有融合、接合、自体受精和假配。寄生原生动物的大多数孢子生活史包括3个时期：裂体生殖期、配子生殖期和孢子生殖期。有明显的无性世代与有性世代的交替。一般认为原生动物的祖先是一些古老的“植物-动物”性的类群，称为古代的植鞭毛虫。经典的分类把原生动物门分为4个纲，即鞭毛虫纲、肉足虫纲、孢子虫纲和纤毛虫纲。

已知有30种原生动物直接侵袭人体。土壤中的原生动物能促进土壤中有机物质的循环，帮助植物碎片分解成有用的腐殖质，改变微生物的群落结构等。有孔虫和放射虫都有完整的化石保存，可用以鉴定地层年龄和划带。在海洋方面，它们也是很好的海流水团动力学的指示生物。等辐骨放射虫利用硫酸锶来制造骨骼，可作为监测海洋放射物质污染的指示生物。在生物学的细胞、遗传、生理、生物化学、行为学等领域中，原生动物还常被用作实验材料。在医学领域也常用原生动物追踪抗癌药物在机体中的作用。

原始佛教 original Buddhism 自释迦牟尼创立佛教至部派佛教形成之前的佛教。见印度佛教。

原始林 primary forest 自然发生未经人为干扰而保持自然状态的森林。原始林在国外没有统一的名称，有处女林、原始林、老龄林及天然林等多种称谓。原始林是森林演化的顶级群落，有丰富的物种，群落结构稳定，有较强的自我恢复能力。原始林常可反映自然景观的地带特征，如热带雨林、亚热带常绿阔叶林、温带落叶阔叶林及寒温带针叶林等。在原始林内各种植物、动物和微生物之间以及它们和环境之

间相互联系、相互作用，协同进化。生态系统中能量流动、物质循环和信息传递达到一种相对稳定状态。各类原始林是丰富的基因库，对保护生物多样性起着十分重要的作用。由于人类的活动，全球原始林面积日益减少，现存的原始林主要在人烟稀少的高纬度寒温带和热带地区，如南美洲的亚马孙河和非洲的刚果河流域及东南亚的苏门答腊、加里曼丹和新几内亚的热带雨林，亚欧大陆北部、北美洲北部的寒温带针叶林。中国现有的原始林很少，仅分布在自然保护区及人为活动尚未到达的深山区，如西藏东南峡谷林区，东北大、小兴安岭林区等。保护好现存的原始森林，是保护自然资源和保护环境的重要方面。

原始派艺术 naive art 特指20世纪初以法国巴黎为中心，以H.卢梭为代表的美术家群（又称稚拙派）创造的艺术流派。原始派画家很少或基本上没有接受传统的美术训练，在画面处理、造型特征、描绘方法上显得笨拙稚气，故在发轫之初，受世人嘲讽鄙夷。约从1908年起，原始派的作品引起现代前卫美术家的重视。1911年，美术批评家W.伍德发表了关于卢梭艺术的论文。与此同时，巴黎独立者沙龙举办了大型卢梭作品回顾展，原始派艺术重新得到评价。尔后，原始美术备受推崇，直到40年代，这一思潮仍余音不绝。原始派并不是正式的画家组织，属于这一派的画家也常是远离现代派艺术主张的单个画家。“原始派”这一称谓，主要是根据他们绘画作品中共同表露出来的天真朴拙、自然天成的风格特征而言。在卢梭之后，活跃在画坛上的原始派画家影响较大的有L.维万、L.塞拉菲娜、A.博尚、C.邦布瓦、R.兰贝特、J.夏娃和D.佩罗内。原始派是现代美术中出现的一种特殊现象，主要有新原始派、现代原始派、通俗写实派、稚拙派等，这些名称意在表明原始派与史前原始艺术的区别。后来美术史家为避免名称的混乱，根据原始派艺术的创作特点，从艺术发生学的角度提出naive art（稚拙艺术）一词，用以概括原始派艺术。

卢梭作《沉睡的吉普赛人》(1897，纽约现代艺术博物馆藏)

原始社会 primitive society 人类历史发展的第一个阶段。始于人类的出现，终于国家的产生。根据已发现的人类化石材料，人类的出现至少可以追溯到二三百万年之前，而原始社会结束的时间则各地参差不一，有的地方甚至至今还停留在原始社会阶段。

人类最初使用的工具主要是石器。考古学者把石器时代分为旧石器时代、中石器时代和新石器时代。

旧石器时代 旧石器时代，生产工具以打制石器为标志。到旧石器时代晚期，采集和狩猎都有较大发展，人类转入了相对的定居生活。

旧石器时代到新石器时代之间的过渡阶段是中石器时代。此时人们仍以采集狩猎为主，但已是采集经济向食物生产过渡的重要阶段。

新石器时代 最早约出现在公元前第8千纪。新石器文化的要素有：农业和畜牧业的产生，磨光石器的流行，陶器的发明等。农业和畜牧业是新石器时代最重要的特征。在西南亚，主要的驯化作物是小麦和大麦。在东亚则为小米和稻。小米源于中国黄河流域，稻可能源于长江下游的杭州湾一带。在中美洲和秘鲁，主要种植玉米、马铃薯和倭瓜。驯养的家畜除狗之外，较早的有绵羊、山羊、猪、牛等。农业和畜牧业的产生标志着人类从食物的采集者转化为食物的生产者，有的学者称之为“新石器时代的农业革命”。

新石器时代末，人类已使用天然金属，后来开始学会制作纯铜器。纯铜质地柔软，不能取代石器，因而纯铜时代也称金石并用时代。公元前第3千纪，人类进入了青铜时代。

这一时期，生产有较大发展。犁的使用不但提高了劳动效率，也扩大了耕地面积，使农业生产日益专门化，出现了以农业生产为主要经济活动的部落。另一方面，在适宜于经营畜牧业的地区，出现了专门从事畜牧业的游牧部落。

农业和畜牧业的发展使手工业日趋复杂。金属的冶炼和制造、制陶、制革、纺织、酿酒、榨油等手工业的产生与发展，导致手工业和农业分离。

农业、畜牧业、手工业的发展促进了交换的发展，出现了商品生产，原始的货币也随之流通起来。

生产力的发展使产品除维持劳动力的需要之外还有剩余，这就为私有制的产生创造了条件。社会出现等级划分和阶级划分，在世界几个主要文明区——两河流域、埃及、印度、中国等，通过不同途径，进入早期国家的发展阶段。

原始文化 primitive culture 原始社会的文化，即人类在文明产生之前的那个漫长时段中的文化。又称文字前文化、史前文化。在早期人类学家的著作中，原始文化曾指现存的无文字、相对孤立、人口较少、社会组织和技术等文化因素较简单以及文化变迁速度极其缓慢的民族文化，以暗示这些民族在智力和道德等方面都处于一种低级状态，使这一术语不可避免地带有某种歧视的隐喻，故现代人类学已极少用，而用“简单社会文化”或“无文字文化”来称呼这些处于低级状态的民族文化。

《原始文化》 *Primitive Culture* 英国文化学著作。英国人类学家、文化史家E.B.泰勒的代表作。1871年出版。它的问世标志着欧洲文化学的诞生。此书勾勒出文化学的基本轮廓，明确指出文化学的对象、范围、原则和研究方法等。对人类的精神文化现象，特别是宗教信仰等问题进行详密深入的研究，提出了关于文化发展阶段的见解；详尽论述和考察了作为“宗教最低限度”的“万物有灵观”；提出“文化遗留物”的基本概念，期望以此作为揭开文化演进之谜的一把钥匙；重点研究了神话，认为神话是认识人类思想历史的一种手段。此书规模宏阔、内容广泛、极富独创性，是民俗学诞生的一个重要标志。

原始宗教 primitive religion 人类宗教发展的最初形态，原始氏族社会的宗教。原始宗教在学术界一般被理解为近存原始社会的宗教，其研究即根据对近存原始民族之宗教崇拜的考察分析；而通过考古发掘所证实的、在成文历史出现之前就已存在的远古原始宗教则被称为史前宗教。但二者实质相同，其基本特点都包括对食物、繁殖、祖先、死亡、自然万物以及社会群体的神秘观念和祈求敬拜，并由此发展出对超自然体之神灵的信仰及崇拜。

根据考古所发现的原始宗教可追溯到石器时代，其信仰之表现形态多为植物崇拜、动物崇拜、天体崇拜等自然崇拜，以及与原始氏族社会存在结构密切相关的生殖崇拜、图腾崇拜和祖先崇拜等。它们的发展一般都经历了参与具体崇拜活动和形成抽象神灵观念的演变过程。史前宗教的存在通过发掘、研究石器时代以来各种原始文化遗址如原始村落、洞穴岩画、墓葬遗物、祭坛雕像等而依稀可辨，其范围为这些遗址上发现的各种宗教现象，包括中国、印度、阿拉伯、非洲、美洲和大洋洲及南太平洋诸岛屿的史前宗教，以及欧洲的芬兰-乌戈尔人宗教、斯堪的纳维亚宗教、波罗的宗教、斯拉夫宗教、爱琴宗教、伊特鲁里亚宗教、克尔特宗教等。

经过实地考察而得以证实的近存原始宗教则包括非洲、亚洲等地土著部族的宗教、美洲爱斯基摩人和印第安人的土著宗教、澳大利亚及太平洋地区土著居民的原有宗教等。对其原始社会之宗教状况的考察始于近代西方各国掀起的海外殖民扩张运动，但在殖民过程中许多近存原始民族亦被全部或大部消灭，今仅有少量土著部族得以残存。此外，中国一些少数民族中也保存着某些原始宗教现象。尚存的这些原始宗教群体及其崇拜活动已经成为人们实际考察原始宗教的唯一对象，以及确证原始宗教真实形态的重要依据。

原尾目 Protura 昆虫纲一目。小型无翅昆虫。有些学者主张将该类群作为纲即原尾纲对待。统称原尾虫，学名蚖。世界各大陆均有发现，已知有约700种。中国已报道164种。体微细，长0.5～2毫米。头卵圆形，口器内颚式，无触角，具假眼1对和形状各异的下颚腺1对。前胸足长大，常向前

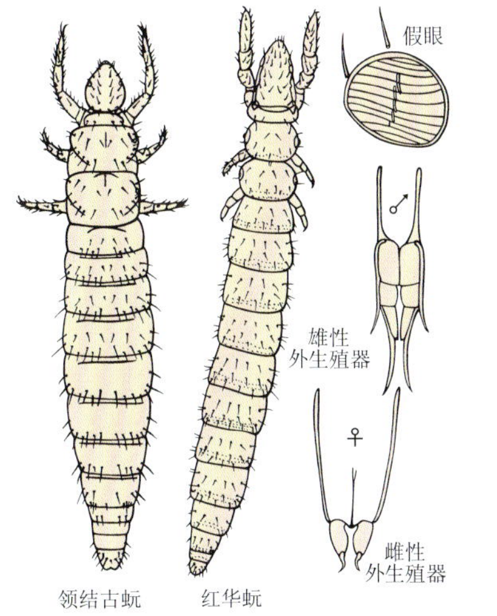

原尾虫形态

伸举，跗节上生有形状不一的感觉刚毛数根至数10根不等。成虫腹部分12节；前3节各生腹足1对，第1对腹足2节，第2～3对腹足2节或1节，上生1～5根刚毛。近腹部后端分别有雌性或雄性外生殖器。胎后发育属增节变态。1907年由意大利昆虫学家F.西尔韦斯特里发现。生活在腐殖质较多的湿润土壤中、砖石下或树皮里，以植物根系上的附生真菌为食。在未开发的森林土壤中，其密度可达每立方米数百至数千只。每年出现一个或者春秋两季各一个高峰期。

原穴 yuan-primary points 中医学中十二经脉在腕、踝关节附近的重要腧穴。脏腑原气经过和留止的部位。十二经脉各有一个原穴，故又名“十二原”。属特定穴。

原气来源于肾间动气，是人体生命活动的原动力，原气通过三焦运行于五脏六腑、头身四肢，是十二经脉维持正常生理功能的根本。原穴是脏腑原气所留止之处，因此脏、腑发生病变时，就会在相应的原穴出现异常反应。根据原穴部位出现的各种异常变化，可推知五脏功能的盛衰情况。在临床上，取用原穴可调整脏腑经络虚实，使原气通达，发挥其维护正气、抗御病邪的治疗作用。另外，在腧穴配伍上，原穴与络穴往往同用，称原络配穴，可用来治疗表、里经之间的病证。

原油 crude oil 未经加工的石油。

原子 atom 构成化学元素的基本单元和化学变化中的最小微粒，即不能用化学变化再分的微粒。原子由带正电的原子核和带负电的核外电子组成，原子核非常小，它的体积约为整个原子体积的10^{-15}，但原子质量的99.95%以上都集中在原子核内。质量很小的电子在原子核外的空间绕核作有规律的高速运动，原子核和核外电子相互吸引，组成中性的原子。在20世纪，

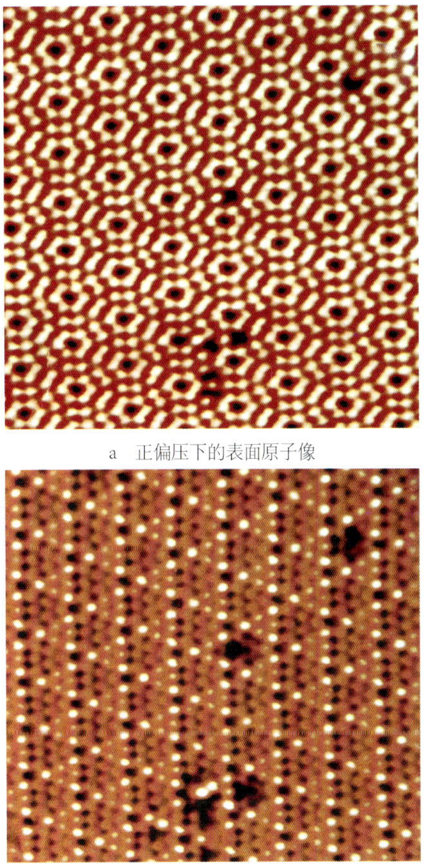
a 正偏压下的表面原子像

b 负偏压下的表面原子像

Si(111)7×7表面扫描隧道显微镜(STM)像

科学家已经能够利用场发射显微镜直接观察到原子图像，这是证明原子存在的最有力的证据。

原子磁矩 atomic magnetic moment 原子内部各种磁矩总和的有效部分。原子核具有磁矩，但核磁矩很小，通常可忽略。原子磁矩则为电子轨道磁矩与自旋磁矩的总和的有效部分。一般原子磁矩μ_J与原子的总角动量P_J有简单的关系，大小为$\mu_J=g(e/2m)P_J$，方向相反，式中e/m是电子的荷质比，g称为朗德g因子，它可以根据原子中的耦合类型计算出来，是表征原子磁性质的量。原子磁矩在塞曼效应中起重要作用。

原子弹 atomic bomb 利用铀-235或钚-239等重原子核裂变反应，瞬时释放出巨大能量的核武器。又称裂变弹。分为枪法原子弹和内爆法原子弹两种。原子弹的威力通常为几百至几万吨级梯恩梯当量，有巨大的杀伤破坏力。它可由不同的运载工具携载而成为核导弹、核航空炸弹、核地雷或核炮弹等，或用作氢弹中的起爆装置（或称扳机），为点燃轻核引起热核聚变反应提供必需的能量。

原子弹主要由引爆控制系统、高能炸药、反射层、由核装料组成的核部件、中子源和弹壳等部件组成。引爆控制系统用来起爆高能炸药；高能炸药是推动、压缩反射层和核部件的能源；反射层由铍或铀-238构成。铀-238不仅能反射中子，而且密度较大，可以减缓核装料在释放能量过程中的膨胀，使链式反应维持较长的时间，从而提高原子弹的爆炸威力。核装料主要是铀-235或钚-239。

为了触发链式反应，必须有中子源提供“点火”中子。核爆炸装置的中子源可采用：氘氚反应中子源、钋-210-铍源、钚-238-铍源和锎-252自发裂变源等。原子弹爆炸产生的高温高压以及各种核反应产生的中子、γ射线和裂变碎片，最终形成冲击波、光辐射、早期核辐射、放射性沾染和电磁脉冲等杀伤破坏因素。1939年10月，美国政府决定研制原子弹，1945年造出了3颗，一颗用于试验，两颗投在日本。

自1945年原子弹问世以来，原子弹技术不断发展，体积、重量显著减小，战术技术性能日益提高。原子弹小型化对于提高核武器的战术技术性能和用作氢弹的起爆装置具有重要意义。为适应战场使用的需要，发展了多种低当量和威力可调的核武器。为改进原子弹的性能，发展了加强型原子弹，即在原子弹中添加氘或氚等热核装料，利用核裂变释放的能量点燃氘或氚，发生热核反应，而反应中所放出的高能中子，又使更多的核装料裂变，从而使威力增大。这种原子弹与氢弹不同，其热核装料释放的能量只占总当量的一小部分。高能炸药的起爆方式和核爆炸装置结构也在不断改进，提高了炸药的利用效率和核装料的压缩度，从而增大威力，节省核装料。此外，提高原子弹的突防和生存能力以及安全性能也日益受到重视。

原子的亚稳态 atom, metastable state of 平均寿命较长的原子激发态。其寿命可达10^{-3}秒或更长，比通常能级寿命10^{-8}～10^{-9}秒要大好几个量级。氦原子的$1s2s^3S_1$和$1s2s^1S_0$态就是亚稳态。由于跃迁受到选择定则的限制，不能通过电偶极辐射跃迁到较低能态，但可通过磁偶极辐射或电四极辐射跃迁到较低能态，辐射强度很弱，因而亚稳态的寿命很长。亚稳态原子比处于基态的原子更易于电离，也易于发生碰撞能量转移，从而影响放电性能；在激光器中，则形成粒子数反转。

原子发射光谱法 atomic emission spectrometry 利用原子或离子发射的特征光谱对物质进行定性和定量分析的方法。被热能、电能或其他能量激发的原子从激发态跃迁至较低激发态或基态时，以光子的形式释放出能量，辐射出特征波长的谱线。根据激发机理不同，原子发射光谱有3种类型：①原子的核外电子受热能和电能激发而发射的光谱。②原子核外电子受到光能激发而发射的*原子荧光光谱法*。③原子受到X射线或其他微观粒子激发而发射的*X射线荧光分析*。通常所称的原子发射光谱法是指以电弧、电火花和电火焰为激发光源来得到原子光谱的分析方法。以化学火焰为激发光源来得到原子发射光谱的，则专称为火焰光度法。

不同原子发射的光谱具有不同的特征波长（频率），分析试样中某种原子数目越多，相应发射的特征光谱线也越强，利用特征光谱的波长与强度，可检测元素的存在和它们的含量。常用的光谱定性分析方法有铁光谱比较法和标准试样光谱比较法；常用的定量分析方法是标准曲线法和标准加入法。

原子发射光谱分析程序为：①将试样转变成气体状态并激发使之发射光子。②把光辐射用棱镜、光栅等分光仪器分解成光谱并进行测量。测量的方法有目视法、照相法、光电法等。③检定光谱中元素的特征谱线存在与否或测量其谱线强度，就可以进行定性或定量分析。

原子发射光谱分析的优点为：①灵敏度高。许多元素绝对灵敏度为10^{-11}～10^{-13}克。②选择性好。许多化学性质相近而用化学方法难以分别测定的元素如铌和钽、锆和铪、稀土元素，其光谱性质有较大差异，用该法容易进行各元素的单独测定。③分析速度快。可进行多元素同时测定。④试样消耗少（毫克级）。适用于微量样品和痕量无机物组分分析，广泛用于金属、矿石、合金和各种材料的分析检验。

原子光谱 atomic spectrum 原子的电子运动状态发生变化时发射或吸收的有特定频率的电磁频谱。原子光谱是一些线状光谱，发射谱是一些明亮的细线，吸收谱是一些暗线。原子的发射谱线与吸收谱线位置精确重合。不同原子的光谱各不相同，氢原子光谱最为简单，其他原子光谱较为复杂，最复杂的是铁原子光谱。用色散率和分辨率较大的摄谱仪拍摄的原子光谱还显示光谱线有精细结构和超精细结构，所有这些原子光谱的特征，反映了原子内部电子运动的规律性。

阐明原子光谱的基本理论是量子力学。原子按其内部运动状态的不同，可以处于不同的定态。每一定态具有一定的能量，它主要包括原子体系内部运动的动能、核与电子间的相互作用能以及电子间的相互作用能。能量最低的态称为基态，能量高于基态的称为激发态，它们构成原子的各能级。高能量激发态可以跃迁到较低能态而发射光子，反之，较低能态可以吸收光子跃迁到较高激发态，发射或吸收光子的各频率构成发射谱或吸收谱。量子力学理论可以计算出原子能级跃迁时发射或吸收的光谱线位置和光谱线的强度。原子中的价电子有自旋轨道相互作用。对于LS耦合的能级，其结果是使每个能级分裂为$2S+1$个子能级。相应的谱线也分裂为几个相距很近的分量。这就是原子光谱的精细结构。部分*原子核*有磁偶极矩，有的还有电四极矩。它们与价电子相互作用，前者使能级发生微小分裂，后者使能级有微小位移。相应的谱线就有微小的分裂。这就是原子光谱的超精细结构。

原子光谱提供了原子内部结构的丰富信息。事实上研究原子结构的原子物理学和量子力学就是在研究分析阐明原子光谱的过程中建立和发展起来的。原子是组成物质的基本单元。原子光谱的研究对于分子结构、固体结构也有重要意义。原子光谱的研究对激光器的诞生和发展起着重要作用，激光技术也为光谱学研究提供了极为有效的手段。原子光谱技术还广泛地用于化学、天体物理、等离子体物理等和一些应用技术学科之中。

原子核 atomic nucleus 原子的核心部分。简称核。其半径只有10^{-15}米量级，不足原子半径的万分之一。原子核带正电，核电荷数为该核原子的原子序数Z，核的质量用原子质量单位u量度都很接近整数A，称为核的质量数。在中子发现以前，人们曾将核看成是由质子和电子组成的，认为核中含有A个质子，$A-Z$个电子，但很快发现与其他实验事实矛盾。1932年发现中子，W.K.海森伯和D.D.伊万年科分别独立提出原子核由质子和中子组成。质子和中子统称为核子，核电荷数即为核内质子数，核内的中子数则为$N=A-Z$。同一种核构成一种核素，记为^A_ZX，例如^1_1H、^4_2He、$^{16}_8O$、$^{17}_8O$、$^{235}_{92}U$、$^{238}_{92}U$等。A为偶数的核称为偶A核，其中质子数Z和中子数N均为偶数的核称为偶偶核，质子数Z和中子数N均为奇数的核称为奇奇核；A为奇数的核称为奇A核。具有相同Z不同A的核素称为同位素，具有相同A不同Z的核素称为同量异位素。

根据原子核的质量和半径，可计算不同核素的密度，约为10^{17}千克/米^{3}量级。此值非常大，约为水的密度的10^{14}倍，这说明核是非常致密的，核子彼此紧靠在一起，与液体中分子紧靠在一起有些类似。

核子结合成核靠很强的核力。原子核具有复杂的结构，是一个非常复杂的量子系统。它有一系列表征其特征区别于其他核的性质，如*核结合能*、*核自旋*、核磁矩、核电四极矩、*宇称*、统计性质等，它们会在原子核的行为以及对原子行为的影响中表现出来，原子核内部具有能级，核可以处于能量最低的基态或其他不同的能量较高而不稳定的激发态。从激发态跃迁到较低激发态或基态发射γ光子；不稳定的核素可以通过放射α粒子或β粒子衰变或自发裂变为其他核素；原子核还可以通过其他粒子的撞击而产生*核反应*变为其他核。2001年底，核素的数目已超过3 000种。其中，除了279个稳定核素和68个天然放射性核素外，其余的都是在实验室内人工产生的。核素的总数还在逐年增加，理论预言总共可能有6 000～8 000种核素。

随着高能物理实验的进展，发现核中不仅有中子和质子，还会有Λ超子和Σ超子，以及可能存在真实的π介子和核子共振态，这些属于核物质的异常形态，对于研究核的结构和性质是有意义的。

原子核物理学 nuclear physics 物理学分支。研究原子核的结构和变化规律，获得射线束并将其用于探测、分析的技术，以及同核能、核技术应用有关的物理问题。简称核物理。

初创时期 1896年，H.贝可勒尔发现天然*放射性*，人类首次观测到核变化，通常将它作为核物理学的开端。此后的40多年，主要从事放射性衰变规律和射线性质的研究，并用射线对原子核作初步探讨；还创建了一系列探测方法和测量仪器，一些基本设备如各种计数器、电离室等沿用至今。探测、记录射线并测定其性质，一直是核物理研究和核技术应用的一个中心环节。

放射性衰变的研究证明了一种元素可以通过*α衰变*或*β衰变*而变成另一种元素，推翻了元素不可改变的观点；还确立了衰变规律的统计性。统计性是微观世界物质运动的一个根本性质，同经典力学和电磁学所研究的宏观世界物质运动有原则上的区别。衰变中发射的能量很大的射线，特别是α射线，为探索原子结构提供了前所未有的武器。1911年，E.卢瑟福等用α射线轰击各种原子，从射线偏折的分析确立了原子的核式结构，并提出原子结构的行星模型，为原子物理学奠定基础；还首次提出原子核这个词，不久便初步弄清了原子的壳层结构和其电子的运动规律，建立和发展了阐明微观世界物质运动规律的量子力学。

1919年，卢瑟福等人发现用α射线轰击氮核时释放出质子，首次实现人工核反应。此后用射线引起核反应的方法逐渐成为研究原子核的主要手段。初期取得的重大成果是1932年中子的发现和1934年人工放射性核素的制备。原子核是由中子和质子组成的。中子的发现不仅为核结构的研究提供必要的前提，还因为它不带电荷，不受核电荷的排斥，容易进入原子核而引起中子核反应，成为研究原子核的重要手段。30年代中，人们还从对宇宙线的观测发现正电子和“介子”（后称μ子），这些发现是粒子物理学的先河。

20年代后期，开始探讨加速带电粒子的原理。30年代初，静电、直线和回旋等类型的粒子加速器已具雏形，在高压倍加器上实现初步核反应。利用加速器可以获得束流更强、能量更高和种类更多的射线束，大大扩展了核反应的研究，使加速器逐渐成为研究原子核，应用核技术的必要设备。

在核物理的最初阶段，已注意它的应用，特别是核射线治疗疾病例如肿瘤的作用。这是它当时受社会重视的重要原因。

大发展时期　1939年，O.哈恩和F.斯特拉斯曼发现核裂变；1942年，E.费米建立了第一个裂变反应堆；开创了人类掌握核能源的新世纪，核能几乎是取用不竭的能源，为了有效利用核能源、发展核武器，需要解决一系列很复杂的科学技术问题，而核物理和核技术是其中心环节。因此，核物理飞跃发展，成为竞争十分剧烈的科技领域。这一阶段持续30年左右，是核物理的大发展时期。在此期间，粒子的加速和探测技术有很大发展，30年代，最多只能把质子加速到兆电子伏特的数量级；21世纪，已达500吉电子伏特，可产生能散度特小、准直度特高或流强特大的各种束流。在探测技术方面，半导体计数器的应用大大提高了测定射线能量的分辨率。核电子学和计算技术的飞速发展，从根本上改善了获取和处理实验数据的能力，也大大扩展了理论计算的范围。这一切，有力地促进了核物理研究和核技术应用。对原子核的基本结构和变化规律也有更深入的认识；基本弄清了核子之间的相互作用的各种性质；对稳定核素和寿命较长的放射性核素的基态和低激发态（具核能级）的性质积累了较系统的实验数据；并通过理论分析，建立了各种适用的原子核模型，成功地解释了各种核现象和核反应。此外，还开展了高能核反应和重离子核反应的研究。

通过核反应，人工合成20多种原子序数大于92的超铀元素和上千种新的放射性核素，表明元素仅仅是在一定条件下相对稳定的物质结构单位，并不是永恒不变的。天体物理的研究证明：核反应是天体演化中起关键作用的过程；核能是天体能量的主要来源。还初步了解到天体演化过程就是各种原子核的形成和演变的过程，诞生了新的边缘学科如宇宙化学。通过高能和超高能射线束和原子核的相互作用，发现了上百种短寿命的粒子，包括各种重子、介子、轻子和共振态粒子。庞大的粒子家族的出现，使物质世界的研究进入新阶段，建立了粒子物理学。这是物质结构研究的新前沿，再次证明了物质的不可穷尽性。各种高能射线束还提供了用其他方法不能获得的核结构知识。

通过对原子核的深入研究，发现在核范围内除了宏观物体之间的长程的电磁相互作用、引力相互作用以外，还有短程的强相互作用和弱相互作用。在弱作用下宇称不守恒的发现，是对传统的物理学时空观的一次重大突破。研究这4种基本相互作用的规律和可能的联系，已成为粒子物理学和量子力学的重要课题。核物理还为核能装置的设计提供日益精确的数据，提高了核能利用的效率和经济指标，为更大规模的核能开发准备了条件。人工制备的各种同位素的应用，已遍及理工农医各部门。核技术如核磁共振、穆斯堡尔谱学等，都迅速得到应用。

核物理的新进展　随着粒子物理和高能物理所取得的进展，人们对强相互作用有了深入认识，发展了揭示包括核力在内的强相互作用本质的量子色动力学（QCD）。实验上随着采用高能探针（高能电子、光子或强子）研究原子核方法的发展，已有明显的证据表明原子核中存在核子（质子、中子）以外的“自由度”（超子、介子、组成核子的夸克等），从而开辟了原子核物理研究的新领域。从人类已知的最基本单元，即夸克、胶子组成核子的角度研究原子核，形成了核物理研究的一个新的方向——中高能核物理。人们在实验上不断改进和开发高新技术（重离子加速器、放射性核束和先进的探测器），在理论的指导下努力发现比铀元素包含更多质子数的新元素，并期望在超铀元素方向上发现相对稳定的由众多新元素形成的“岛”，称为“超重岛”。另外，利用放射性核束，力图发现和研究新的远离β稳定线的多中子和缺中子同位素的结构特性及其各种反应机制是原子核物理的另一个主攻方向。实验已经观察到了中子晕核（中子偏多、半径异常大的原子核），并有质子晕核（质子偏多、半径异常大的原子核）存在的迹象。理论上对这些晕核尚无满意的解释。在相同或类似的技术条件下，研究和测量不稳定的核或激发态间的转化截面，对于开发利用核能和了解天体内部核反应过程极其重要。这是核物理的又一重要发展方向。由于技术手段的进步，原子核的大角动量、高激发态实验研究取得了长足的发展，推动了高自旋、大变形原子核理论的研究。

核物理应用　电核物理发展出来的技术应用有：①为核能源的开发服务，为大型核电站到微型核电池提供更精确的数据和更有效的利用途径。②同位素的应用，这是应用最广泛的核技术，包括同位素示踪、同位素仪表和同位素药剂等。③射线辐照的应用，利用加速器及同位素辐射源，进行辐照加工、食品消毒保鲜、辐照育种、探伤以及放射医疗。④中子束的应用，除利用中子衍射分析物质结构外，还用于辐照、掺杂、测井、探矿及生物效应，如治癌。⑤离子束的应用，大量的小加速器是为了提供离子束而设计的，离子注入技术是研究半导体物理和制备半导体器件的重要手段，离子束则是无损、快速、痕量分析的主要手段，特别是质子微米束对表面进行扫描分析，其精度是其他方法难以比拟的。⑥同位素分析方法。已应用于考古、测定岩石、地层、地球年龄等领域。

核物理和核技术是高新科学技术中极为重要的方面，在核武器研制和国民经济、日常生活中有极大发展潜力。核物理研究不仅是学科自身理论发展需要，而且还受上述应用的推动而快速发展，成为国际竞争十分剧烈的科技领域。

原子结构　atomic structure　物质结构的一个层次。构成元素的最小单元。人类对物质结构的认识有一个演变和逐步深入的过程。古希腊的思想家提出，物质是由一些不可分割的基础单元构成的，这是原子概念的萌芽。1808年，J.道尔顿提出了原子是元素最小单元的概念，不同元素的原子互不相同。后来逐步认识到原子有一定的结构，并不是不可分割的。1897年J.J.汤姆孙发现电子，这是原子具有内部结构的有力证据，而1911年E.卢瑟福提出的原子的核模型，给出了关于原子内部结构的正确模型。卢瑟福指出，在原子中心直径约10^{-14}米的范围内有一个原子核，它的质量占原子质量的绝大部分，并带有正电荷，核外约10^{-10}米的范围内分布着若干个带有负电荷的电子（见α粒子散射实验）。

玻尔氢原子理论　卢瑟福模型中，原子中的电子以库仑力与原子核结合并绕核转动。按经典理论，这时电子将不断辐射**电磁波**而迅速失去能量，轨道半径将迅速变小。据估算约10^{-9}秒的时间内，电子就会落入核中，致使原子崩溃。这与原子的稳定性质完全矛盾。1913年，N.**玻尔**突破了经典理论的束缚，把定态观念、量子论和能级跃迁概念引进卢瑟福模型，取得了极大的成功。玻尔的理论要点有三：①氢原子中的电子绕核作稳定的圆周运动，并不辐射电磁波，这一系列不连续的稳定状态称定态。②电子运动的角动量的大小p不连续且必须满足量子化条件：

$$p_n=nh/2\pi$$

$n=1,2,3,\cdots$称主量子数。由理论计算得知处在第n个轨道上的电子具有能量：

$$E_n=-R_H hc/n^2$$

式中R_H为氢的里德伯常数。由此可作出氢的能级图（见**能级**）。③当电子从能量较高的E_m能态跃迁到能量较低的E_n能态时，将发射出频率为ν的**光子**：

$$\nu=(E_m-E_n)/h$$

将上文中的电子能量式代入上式，即得到：

$$\nu=R_H c(1/n^2-1/m^2)$$

此式为从理论上解释了氢光谱线频率分布的经验公式。

玻尔理论虽有重大成就，但也有很大的局限性，如它仅能解决氢原子的结构问题，对其他原子就无能为力。

量子力学的描述　20世纪20年代**量子力学**发展起来。1926年，E.**薛定谔**提出了波动方程（被称为**薛定谔方程**），并正确解决了氢原子的结构问题。按量子力学，原子中的电子状态由四个量子数表征。①主量子数n。②电子具有轨道角动量$\boldsymbol{p}_l$，表征$\boldsymbol{p}_l$的量子数是l，$l=0,1,2,\cdots,n-1$。③轨道磁量子数m_l表征轨道角动量在特定方向（一般指z方向）上的投影p_{lz}的量子化，$m_l=l,l-1,\cdots,-l$。④电子的自旋量子数为$s=1/2$（此数一般不用写出），表征电子自旋角动量$\boldsymbol{p}_s$在特定方向上投影的自旋磁量子数是$m_s=\pm1/2$。

电子的自旋与轨道运动间有微弱的自旋轨道相互作用，它使自旋角动量$\boldsymbol{p}_s$与轨道角动量$\boldsymbol{p}_l$矢量相加，形成总角动量$\boldsymbol{p}_j$，表征$\boldsymbol{p}_j$的量子数是j，$j=l+s,l+s-1,\cdots,|l-s|$。m_j则是表征$\boldsymbol{p}_j$在特定方向投影的量子数，$m_j=j,j-1,\cdots,-j$。这样，也可用n、l、j和m_j这四个量子数来表征电子的状态。

轨道量子数$l=0,1,2,3,\cdots$的电子分别以s,p,d,f,…表之。如$n=1$、$l=0$和$n=2$、$l=1$的电子分别称为1s电子和2p电子。n相同而l不同的电子构成的能级一般具有不同的能量。

单个价电子的某一n、l态，因为$s=1/2$，故$j=l\pm1/2$，其值共有$2s+1=2$个。考虑到自旋轨道相互作用，能级将有微小的2重分裂（$l=0$除外），称为精细结构分裂。凡是$l=0,1,2,\cdots$的能级，用大写字母S,P,D,…表之，再把$2s+1$之值写在字母的左上角，j值写在右下角，即成为能级的符号。如$n=2$、$l=1$的能级有2重分裂，$j=3/2$和$1/2$，能级符号为$2^2P_{3/2}$和$2^2P_{1/2}$，氢原子基态$n=1$、$l=0$、$j=1/2$，能级符号为$1^2S_{1/2}$。

原子能级的壳层结构　当原子序数大的时候，原子中电子状态的分布遵循一定的规律：①遵循**泡利不相容原理**。②按体系的总能量由小到大依次填充。

主量子数n和轨道量子数l相同的电子称等效电子。按泡利不相容原理，它们的其他两个量子数就不能再相同。因此，原子中等效电子数是有限制的，如2s电子的$l=0$，$m_l=0$；$s=1/2$，$m_s=\pm1/2$，其数目只能有两个。类此，2p电子只能有六个。这八个电子组成$n=2$的壳层，两个2s电子和六个2p电子分别组成次壳层（见简表）。

填满电子的壳层称封闭壳层，这类原子具有很稳定的性质，一般不参与化学反应。原子的许多物理、化学性质基本上是由未填满壳层的特点决定的。正因为如此，元素才有了周期的性质。原子中各电子n、l值的集合称作原子的电子组态，如Na原子的电子组态是$1s^2 2s^2 2p^6 3s^1$。电子组态给出了电子按壳层分布的情况。

原子中的电子壳层

n	1	2		3			4				5				
l	0	0	1	0	1	2	0	1	2	3	0	1	2	3	4
电子态	1s	2s	2p	3s	3p	3d	4s	4p	4d	4f	5s	5p	5d	5f	5g
最多电子数	2	2	6	2	6	10	2	6	10	14	2	6	10	14	18
	2	8		18			32				50				

复杂原子的能级结构　多电子原子有比氢原子复杂得多的能级结构和光谱结构。由于原子中存在多个电子，电子除了受核的库仑作用、每个电子的自旋与轨道之间的相互作用之外，还存在电子与电子之间的电作用、轨道与轨道之间的磁作用、自旋与自旋的磁作用以及一个电子的自旋与另一个电子的轨道之间的相互作用。在多电子原子理论中，忽略上述后面三种较弱的相互作用，可分成两种极端情形，一种是电子之间的剩余库仑作用较强，自旋-轨道相互作用较弱，先考虑电子之间的耦合作用，再考虑自旋-轨道耦合，称为*LS*耦合。另一种是电子自旋-轨道之间的相互作用较强，而各电子之间的相互作用较弱，先考虑自旋-轨道的耦合，然后再考虑电子之间的耦合作用，称为*jj*耦合。不同的耦合有不同类型的能级结构和不同的辐射跃迁选择定则，得出的结果可与实际很好地符合。

原子力显微镜　atomic force microscope; AFM

一种用来研究包括绝缘体在内的固体材料表面结构的分析仪器。通过检测待测样品表面和一个微型力敏感元件之间的极微弱的原子间相互作用力来研究物质的表面结构及性质。将一对微弱力极端敏感的微悬臂一端固定，另一端的微小针尖接近样品，它们之间的相互作用力使微悬臂发生形变或运动状态发生变化。利用传感器检测这些变化，可获得作用力分布信息，从而以纳米级分辨率获得表面结构信息。它主要由带针尖的微悬臂、微悬臂运动检测装置、监控其运动的反馈回路、使样品进行扫描的压电陶瓷扫描器件、计算机控制的图像采集、显示及处理系统组成。微悬臂运动可用如隧道电流检测等电学方法或光束偏转法、干涉法等光学方法检测，当针尖与样品充分接近相互之间存在短程相互斥力时，检测该斥力可获得表面原子级分辨图像，一般情况下分辨率也在纳米级水平。

原子量　atomic weight

以^{12}C的原子质量的1/12为基准的各种元素的相对平均质量。无单位，在数值上等于元素的以克/摩表示的摩尔质量。又称相对原子质量。所谓“平均质量”是对一种元素的不同**同位素**而言。元素E的原子量用符号$A_r(E)$表示。地壳中共存在94种元素，其中84种元素有原子量，包括3种寿命很长的**放射性元素**钍、镤、铀。而10种无稳定同位素的放射性元素以及经人工核反应生成的放射性元素均无原子量可言，一般录用该元素最长寿命同位素的质量数。

原子量标度　原子量并非原子的真实质量。原子的真实质量很小。例如一个^{12}C原子的真实质量只有1.99×10^{-23}克。即使自然界最重的元素铀，它的一个原子也只有3.95×10^{-22}克。这样的数值实际上无法测量，也不便使用。一般是先确定某一元素或同位素作为基准，其他元素的原子量则是相对于基准的比值。1803年，J.**道尔顿**发表第一张原子量表时以$A_r(H)=1$为基准。1860年J.-S.斯塔建议改用$A_r(O)=16$为基准，此为原子量的化学标度。1929年W.F.吉奥克和H.L.约翰斯顿发现天然氧中有^{16}O、^{17}O、^{18}O 3种同位素，其丰度在自然界的不同样品中有差异，因此用元素氧作基准显然不够合理。物理学界即改用$A_r(^{16}O)=16$为基准，称为原子量的物理标度，而化学界仍使用化学标度。在1961年以前，两种标度同时存在。由于化学与物理密切相关，基准不同必将造成混乱，为了统一标度，J.H.马陶赫等提议以$A_r(^{12}C)=12$为基准。1960年国际纯粹与应用物理学联合会正式批准了这个建议。次年化学界也在有关原子量会议上通过采用新的原子量基准。至此，化学和物理有了统一的原子量标度，并一直沿用至今。

原子量准确度　元素周期表中原子量数值后括弧内的数字表示原子量末位上的不确定度。它一方面来源于测定的实验误差，另一方面则来源于天然样品中的同位素丰度差异。在测定原子量时，应搜集自然界存在的不同来源的多种样品进行测定，被测定的样品可以是天然存在的样品（如矿物、空气、水等），也可以是化学工业的产品。

原子量测定　早期用化学法测定原子量，以哈佛大学T.W.理查兹等创立的“哈佛法”为最佳，该方法是先制备出待测元素的高纯的氯（溴）化物，溶解后用银离子沉淀其中的Cl^-（Br^-），测定等物质的量的氯（溴）化物与氯（溴）化银或银的重量比，副标准银、氯、溴等的原子量已准确测定，因此可算出待测元素的原子量。中国的梁树权和他的导师O.赫尼希施密德曾于1939年用“哈佛法”精确测定了铁的原子量，根据他们的数据，国际原子量委员会于1940年将铁的原子量从55.84变更为55.85，而现今值（校准质谱法）为55.845(2)。

进入20世纪后，随着质谱技术的兴起和质谱仪器的不断改进，从40年代开始用质谱法测定原子量，该法是以同位素为基础的。如元素E有i种同位素，则其原子量：$A_r(E)=\sum f_i m_i$。式中f_i为相应同位素的原子分数；m_i为相应同位素的质量。如元素氧有3种稳定同位素^{16}O、^{17}O、^{18}O，它们在自然界的丰度分别为99.762%、0.038%、0.200%。因此氧的原子量为：

$$A_r(O)=f_{16}m_{16}+f_{17}m_{17}+f_{18}m_{18}$$
$$=0.997\,62m_{16}+0.000\,38m_{17}+0.002m_{18}$$

f_i可由质谱上测定的同位素比求得，m_i可在质谱上用质量双线法等测定。由于m_i测定的准确度很高，对多同位素的元素，主要是要精确测定f_i。

美国国家标准局（NBS）做了大量原子量的测量工作，处于世界领先地位；另外欧共体核测量中央局（CBNM）、澳大利亚、加拿大、日本等也做了许多工作。中国张青莲主持的研究组用质谱法和校准质谱法测定的锑、铱、铈、铒、锗、锌、镝、钐、铟、铱的原子量被国际纯粹与应用化学联合会下属的国际原子量与同位素丰度委员会（CAWIA）采纳为国际原子量的新标准。所测锑、铱、铈的原子量数据相对准确度优于十万分之一，代表了国际当代最佳水平。所测的锗原子量对原有的锗原子变更达0.03，解决了几十年来悬而未决的化学值与质谱值分歧较大的难题。

原子论　atomism　关于物质结构的微粒学说。认为世界上的各种物质都由不可再分割的原子组成，物质的千变万化不过都是原子间分离或重新组合的过程。这一学说的创始人是古希腊的哲学家留基波和他的学生德谟克利特。他们认为：原子有多种多样，但各种原子的原质都是相同的，只是形状与大小不同，有些原子能互相结合，形成各种物体；物质转变的过程不过是原子的重新组合，但各原子本身保持不变，既不能创造，也不能毁灭；原子的产生既无前因，又是永恒存在着；无限多的原子在无限的虚空中运动着，原子的存在和运动形成了宇宙和各种自然现象。这一切都是必然产生的，并不决定于什么意志。

16～17世纪，伽利略认为原子的运动也决定原子的特性，其重要性不亚于原子的大小和形状。

英国科学家R.玻意耳认为物体都是由数目众多的微粒所构成。这些粒子结合成各种粒子团，粒子团集聚而生成各种物体。粒子团的大小和形状以及运动决定着物体的各种物理的和化学的特性，粒子团则作为基本单位参加各种化学反应。I.牛顿在所著《光学》一书中便发挥了玻意耳的微粒学说，并以物质间相互吸引和发生碰撞的假说对当时他观察到的各类化学反应作了统一的解释。

英国化学家J.道尔顿在对A.-L.拉瓦锡的元素学说和元素物质化合时遵循定比、倍比的规律作了认真思考后，于1803年提出了近代科学的原子论，把原子论与元素学说结合成为一个整体，从而使化学成为一门真正的独立学科。其原子论可归纳为如下要点：①元素物质（单质）的最终粒子称为简单原子，它们极其微小，是看不见的；是既不能创造，也不能毁灭和不可再分割的。它们在一切化学变化中保持不变。②同一种元素的原子，其形状、质量及各种性质都是相同的；不同元素的原子则各不相同。每一种元素以其原子的质量为最基本的特征。③不同元素的原子以简单数目的比例相结合，形成了化学中的化学现象。化合物的原子称为复杂原子（分子学说确立以后改称分子）。复杂原子的质量为所含各种元素原子量之总和。同一化合物的复杂原子，其组成、形状、质量和性质也必然相同。此后不久，道尔顿又为各种元素的原子设计了符号，并根据别人分析数据尝试着为一些原子计算了相对原子量。他的原子学说很快得到化学界的普遍接受。

原子能　atomic energy　原子核（简称核）中隐藏的能量。见核能。

原子时　atomic time　以铯－133（^{133}Cs）的基态超精细结构的跃迁频率9 192 631 770周为1秒。以它计量的均匀时间即为原子时。见时间测量。

原子唯物论　atomic materialism　古希腊罗马哲学家关于世界本原的学说。创始人留基波和德谟克利特。他们受阿那克萨戈拉“种子说”的影响，提出世界万物由原子构成，原子是不可再分的物质微粒，以虚空为运动的场所。他们还以原子论解释灵魂和人的认识过程。古希腊晚期哲学家伊壁鸠鲁发展了这一学说，提出原子有重量并产生偏斜运动的观点，以此解释事物的偶然性。

原子物理学　atomic physics　研究原子的结构、运动规律及相互作用的物理学分支学科。主要研究：①原子的电子结构。②原子的能级结构和光谱规律。③原子之间或原子与其他物质的碰撞和相互作用。

原子结构模型的建立，量子力学理论的发展，引领20世纪初的物理学大繁荣。20世纪50年代末期，由于空间技术、空间物理和核试验的发展，不仅要求精确测定原子光谱的波长、研究原子的能级，而且对于谱线强度、跃迁几率、碰撞截面等也要求提供准确的数据，因此要求对原子物理进行新的实验和理论探索。原子物理学的发展曾对激光的产生和激光技术的发展作出重大贡献。激光问世之后，应用激光技术研究原子物理学问题，实验精度有了很大提高，从而发现很多新现象和新问题。微波波谱学新的实验方法也成为研究原子能级结构的有力工具。因此原子物理学的研究又重新成为很活跃的领域。原子碰撞研究已成为原子物理学的一个主要发展方向，研究课题非常广泛，涉及光子、电子、离子、中性原子等与原子和分子碰撞的物理过程，应用和发展了电子束、离子束、粒子加速器、同步辐射加速器、激光光源和各种能谱仪等测谱设备，以及电子、离子探测器、光电探测器和微弱信号检测方法，电子计算机的应用，加速了理论计算和实验数据的处理。原子光谱与激光技术的结合，达到了前所未有的高分辨率，利用激光高功率密度发展了非线性光学，饱和吸收、双光子吸收和多光子吸收等成为原子物理学中另一个十分活跃的研究方向。极端物理条件（高温、低温、高压、强场）下和特殊条件（高激发态、高离化态）下原子的结构和物性的研究也已成为原子物理研究中的重要课题。60年代开始发展起来的将低能离子长时间约束在一个很小的空间范围内运动的离子存储技术，使人们可以从实验上近似得到孤立的、静止不动的单个带电粒子。比较新近的研究集中于离子和原子囚禁、冷原子、超冷原子以及量子信息库等方面。利用激光技术将中性原子降温减速并约束于空间很小范围内的原子囚禁技术取得重要的成果。这种存储技术正被应用于多种原子物理测量工作，测量精度进一步提高，已成为量子电动力学理论最精确的检验手段之一，并可望建立新的精度更高的光频标准。

原子物理学是其他基础科学和技术科学如化学、生物学、空间物理、天体物理、物理力学等的基础，激光技术、核技术和空间技术的研究也都要求原子物理学提供重要数据，因此研究和发展原子物理学至今仍有十分重要的理论和实际意义。

原子吸收光谱法 atomic absorption spectrometry; AAS 基于被测元素的基态原子对特征辐射的吸收程度进行定量分析的仪器分析方法。一定条件下，当光源发射某一元素的特征辐射通过试样原子蒸气时，该元素的基态原子选择性地吸收同种元素原子发射的特征谱线。其特征谱线减弱的程度（吸光度）与被测元素含量成正比。根据已知浓度标准溶液的吸光度值即可由未知溶液吸光度求出其浓度。1955年A.沃尔什设计制造简单的仪器，利用原子吸收原理成功分析了金属元素。

原子吸收光谱仪由光源、原子化器、单色仪和检测器组成。光源通常是空心阴极灯，可以发射所用阴极材料的特征的原子光谱线，如由铜材料制成的阴极会发射铜的特征谱线。原子化器是使试样转化为原子蒸气的装置，常采用火焰或电热原子化器两种。前者将试样溶液随载气喷入高温化学火焰燃烧器，利用火焰的高温使之原子化；后者是利用电加热由不同材料（如石墨、钽、石英等）制成的炉、管状原子化器，使直接加入炉体的试样受热蒸发原子化。光源和透过试样原子蒸气的特征辐射经单色仪（通常是光栅）分辨出待测波长的谱线，由光电倍增管进行光电转换、放大，经检测并显示结果。

原子吸收光谱法广泛应用于冶金、地质、医药化工等部门中各类试样的痕量元素分析。与原子发射光谱法相比，此法具有较高的准确度，较好的选择性，并对部分元素有较高的灵敏度。

原子序数 atomic number 化学元素在元素周期表中的序号，等于原子核内的质子数或中性原子的核外电子数。

1913年H.G.J.莫塞莱用不同的金属做X射线管的对阴极（靶极），研究它们产生的特征X射线，发现各元素特征X射线的波长排列的顺序与它们在周期表中的秩序是一致的；并确定了特征X射线波数ν（波长的倒数）的平方根与该元素的原子序数Z呈直线关系：

$$\sqrt{\nu}=a(Z-b)$$

式中a和b为常数。莫塞莱的发现和E.卢瑟福等人的α粒子散射实验结果相符，据此得出结论：原子序数正好等于核的正电荷数（核电荷数），即核内的质子数。

原子荧光光谱法 atomic fluorescence spectrometry; AFS 利用原子荧光谱线的波长和强度进行物质的定性分析和定量分析的方法。待分析物质的原子蒸气吸收特征波长的光辐射后被激发至高能态，激发态原子以光辐射方式去活化。此过程所发射的光称为原子荧光。由于不同原子的核外电子的能态不同，吸收光辐射后，其电子在不同能态间的跃迁过程不同，所发射的荧光波长亦不同，从而可进行定性分析。在一定实验条件下，光源强度一定，试样溶液中被测元素的浓度与蒸气中该元素原子浓度成正比，与该元素原子所产生的特定波长的原子荧光强度也成正比，据此可进行定量分析。

原子荧光可分为三类：共振荧光（荧光波长和吸收的辐射波长相同）、非共振荧光（荧光波长和吸收的辐射波长不相同）和敏化荧光（激发态原子通过碰撞将能量转移给另一种原子使其激发，后者再以辐射方式去活化而发射的荧光），其中以共振原子荧光最强，在分析中应用最广。

原子荧光光谱仪由激发源、单色器、原子化器和检测器四部分组成。通常由光电倍增管将输出的荧光信号转变为电信号，再经放大、检测、显示和记录。与原子吸收光谱仪的结构相似，区别在于前者测量原子化器的二次荧光发射，而后者是测量光源经原子蒸气后的透射光强度。该法具有设备简单，灵敏度高、元素间干扰少，多元素可同时测定等优点，适用于冶金、地质、医药和环境等部门中试样的元素痕量分析。

原子钟 atomic clock 用原子能级跃迁吸收或发射频率异常稳定的电磁波作为频率标准制成的计时仪器。通常由原子频标、晶体振荡器伺服电路和石英钟构成，用前两部分产生的高稳定频率控制石英钟并指示准确的时间。1949年，原美国国家标准局（NBS）利用氨的吸收谱线制成氨分子钟，这是最早出现的原子钟。1955年，英国L.埃森等制成铯原子钟，使时间频率计量的准确度大为提高。此后氢原子钟、铷原子钟等相继出现，准确度又有提高。原子钟具有准确度和稳定度高、复制性强的优点，每天的误差仅为千亿分之几，由原子钟提供的原子时已作为现代时间和频率的计量基准。原子钟是重要的天文计时仪器，在物理学、航天、通信、测绘、军事等方面广泛应用。

原罪 Original Sin 基督教重要教义之一。人生而即有、无法逃避且不能独自解决的有罪状态及其根源。《旧约·创世记》记载，人类始祖亚当和夏娃受造之后被置于伊甸园中，在蛇的引诱下违背上帝命令，吃了禁果。违约而背离上帝的状态遂成为整个人类的原始罪过，且代代相传，以致世人自出生起就都带有罪性，故名。基督教认为，人类无法凭靠自己的力量摆脱原罪，必须信靠救主基督施恩救赎。

圆 circle 平面上的一种简单几何图形。在平面上到一个定点O的距离为常数r的点的轨迹，定点O称为圆心，常数r称为圆的半径。有时也称轨迹所围的部分为圆，称轨迹为圆周。

圆的特征是它的匀称性，过圆心的任意一条直线都是它的对称轴。一个圆在平面上无论怎样放置，它的形状都是一样的。在平面直角坐标系下，圆心在原点O，半径为r的圆的方程是$x^2+y^2=r^2$。

中国古代很早就对圆有所认识。古代不少器皿是圆形的。有的出土的圆形陶罐，据考古学家推测，距今已有1.2万年的历史。汉朝武梁祠石室中有“伏羲氏手执矩，女娲氏手执规”的造像。在长沙出土的楚器中有一柄两足形的古代圆规，距今已有2 000多年的历史了。

人类很早就认识到平面上圆的周长与它的直径之比是一个常数，称为圆周率，通常用π来记。

圆的周长公式是$l=2\pi r$，面积公式是$A=\pi r^2$，其中r是圆的半径。

圆柏 *Sabina chinensis*; China savin 裸子植物门柏科圆柏属的一种。中国各地均有分布。朝鲜半岛和日本也有分布。常绿乔木，高达20米，胸径可达3.5米，树冠尖塔形。幼树通常为刺形叶，壮龄树通常具二型叶，一为刺叶，另一为鳞形叶，交叉对生，雌雄异株。球花单生，雄球花圆柱形或长圆形，黄褐色，花粉无气囊。雌球花由4对交叉对生的珠鳞组成。球果近球形浆果状，不开裂，表面常有白粉，成熟时褐色，内有1～4（多为2～3）粒种子，无翅。由于树形美观而常绿，用作园林树种。其木材可供建筑用；枝叶可入药，有祛风散寒、活血消肿和利尿之效；根、干和枝叶可提取挥发油；种子可提制润滑油。

圆号 horn 唇振动气鸣乐器。广泛用于交响乐队、军乐队的中音铜管乐器。又名法国号。细长的圆锥形管身卷曲成圆形，号嘴为漏斗形。喇叭口较大（见图）。圆号一般装有3个阀键（有直立式和旋转式两种）。按下阀键可与一定长度附管接通，增加号管长度。现代最常用的是F调圆号，军乐队常用$^{\flat}$E调，较流行的还有F和$^{\flat}$B双调圆号。圆号属移调乐器，记谱多用高音谱表，F调记谱比实音高纯五度；低音区则用低音谱表，实际音域为B_1～f^2。圆号声音柔和、丰满，和铜管、木管、弦乐器的声音都能融合。为了变换音色及音量，在演奏中常用阻塞音和弱音器。阻塞音是吹奏时将右

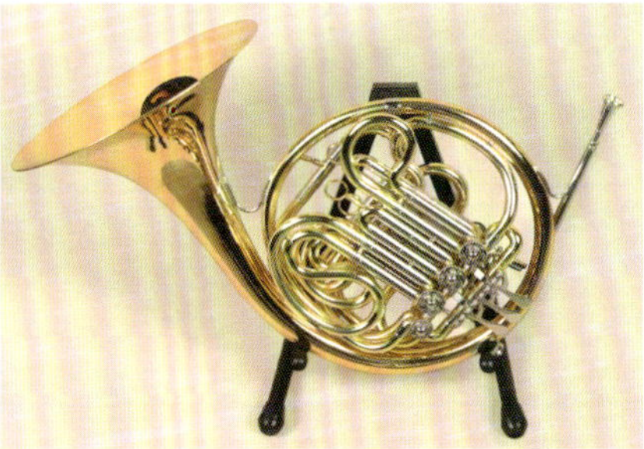

手插入喇叭口内而产生，弱音器一般用硬纸制作，呈空心杯状，置于喇叭口内；用阻塞音或弱音器后音量减小，弱奏时音色温柔、暗淡，有远距离效果，强奏时则发出粗犷破裂般音质。

圆号源于欧洲的猎号，可吹出自然谐音列的2～16谐音，称“自然圆号”。17世纪下半叶起用于合奏中的圆号为改进后的“接管圆号”。1815年后采用新发明的阀键装置，使原来只能吹奏自然泛音的猎号发生了根本性的变化，逐步形成现代圆号。

圆寂 Parinivana 佛教名词。旧译作灭度、入灭等。梵语音译为般涅槃。意思是圆满诸德，寂灭诸恶。又作归寂、示寂、入寂。与涅槃、迁化、顺世、归真等同义。指离生死之苦，全静妙之乐，穷至极之果德。原指称佛陀之死，因佛陀之死是收迷界之化用而入悟界，乃圆满寂灭，后世转而用于称僧徒之死。

圆口纲 Cyclostomata 脊椎动物亚门中现存最原始的一纲。有2目2科12属73种。身体裸露无鳞，呈鳗形。全为软骨。无偶鳍。无肩带和腰带。无上、下颌，所以又称无颌纲。具1鼻孔。鳃呈囊状，又称囊鳃类。舌肌发达，上附角质齿。舌以活塞式运动舐刮鱼肉。脊索终生存在。内耳半规管1～2个。在古生代奥陶纪和志留纪、泥盆纪地层中发现的甲胄鱼类化石和现存圆口纲有许多共同之处，如无上、下颌，无偶鳍，有鳃笼和单个鼻孔，内耳有2个半规管等，圆口纲可能是甲胄鱼类的后裔，也有人认为它们来自共同的无颌类祖先。

圆明园 Yuanmingyuan Garden 中国清代皇家园林。遗址在北京西北郊。一般所说的圆明园，还包括它的两个附园长春园和绮春园（万春园）在内，因此又称“圆明三园”。它是清代北京西北郊五座离宫别苑即“三山五园”（香山静宜园、玉泉山静明园、万寿山清漪园、圆明园、畅春园）中规模最大的一座。

始建于清康熙四十八年（1709），乾隆九年（1744）竣工。附园长春和绮春两园分别建成于乾隆十六年和乾隆三十七年。圆明园不仅是清朝皇帝休憩游览的地方，也是他们朝会大臣、接见外国使节、处理日常政务的场所。全园占地350公顷，凿湖堆山，种植奇花异树，建有中外名胜四十景，有建筑150余处，长春园还有海晏堂、远瀛观等西洋风格的建筑群。是一座艺术价值极高的人工山水园。又是一座大型的皇家博物馆，收藏着许多珍宝、图书和艺术杰作，被誉为万园之园。咸丰十年（1860），英法联军劫掠园中珍物，并纵火焚毁，1900年八国联军攻占北京时，圆明园再遭洗劫。现仅存长春园西洋楼的部分石雕残迹。1983年后经整修，定名为圆明园遗址公园。1988年国务院公布为全国重点文物保护单位。

圆明园长春园谐奇趣遗址

圆明园不仅在当时的中国是一座最出色的行宫别苑，乾隆皇帝誉之为“天宝地灵之区，帝王游豫之地无以逾此”，并且还通过传教士的介绍而蜚声欧洲，对18世纪欧洲自然风景园的发展曾产生一定的影响。

圆仁 Ennin (793/794～864) 日本天台宗僧人。延历寺第三世座主。俗姓壬生氏。下野（今栃木县）人。15岁时入比睿山师事最澄。十余年间笃修苦行。838年入唐求法，值唐武宗灭佛，携佛教典籍559卷归国。于比睿山弘密教及天台教法，倡净土法门。圆寂后，追谥为慈觉大师。其撰述《入唐求法巡礼记》具有重要史料价值，另著有《金刚顶经疏》、《苏悉地经略疏》、《显扬大戒论》等。

圆形动物门 Aschelminthes 原动物界一门，为具假体腔的后生动物。又称袋形动物门。包括构造不同、现已独立成门的一些类群，如腹毛动物门、轮虫动物门等。此名称现已弃用。

圆周率 circumference of a circle to its diameter, ratio of 在平面上圆周与直径的长度之比。古希腊欧几里得的《几何原本》中已提到圆周率是常数。在中国古代的《周髀算经》中已有“径一周三”的记载，也认识到圆周率是常数了。自1737年L.欧拉用π表示圆周率之后，π就成为一个通用的符号。古希腊阿基米德约在公元前240年从计算圆内接和外切正多边形周长来确定圆周率的上、下界。魏末晋初的刘徽在注《九章算术》时提出与阿基米德古典方法类似的割圆术，获得同样的结果，取π=3.14。后来皮延宗在445年前后取$\pi=\frac{22}{7}$。南北朝时的祖冲之提出圆周率精确到8位数字的上下界：3.141 592 6<π<3.141 592 7，还提出“约率”（$\frac{22}{7}$）和“密率”（$\frac{355}{113}$）。直到1427年阿拉伯的卡西才取得超过祖冲之的成果（前后差800多年），计算正3×2^{28}边形周长得到精确到17位数字的π近似值3.141 592 653 589 873 2；在西方第一个得到祖冲之密率355/113的是德国人V.奥托（1573）。

J.H.朗伯在1767年证明圆周率π是无理数，因而不会是有限小数或无限循环小数。F.von林德曼在1882年证明π是超越数，即不是任何一元有理系数多项式的根。欧拉在1748年出版的《无穷小分析引论》中引入角的弧度制，把圆半径作为单位，圆心角用它所对的弧长来表示。这时，180°角的弧度是π。

π与许多无穷乘积和无穷级数有联系，比如，F.韦达在1593年得到：

$$\frac{2}{\pi}=\prod_{n=1}^{\infty}\cos\frac{\pi}{2^n}$$

$$=\sqrt{\frac{1}{2}}\cdot\sqrt{\frac{1}{2}+\frac{1}{2}\sqrt{\frac{1}{2}}}\cdot\sqrt{\frac{1}{2}+\frac{1}{2}\sqrt{\frac{1}{2}+\frac{1}{2}\sqrt{\frac{1}{2}}}}\cdots$$

英国的J.沃利斯在1655年给出：

$$\frac{4}{\pi}=\frac{3\cdot3\cdot5\cdot5\cdot7\cdot7\cdot9\cdot9\cdot11\cdot11\cdots}{2\cdot4\cdot4\cdot6\cdot6\cdot8\cdot8\cdot10\cdot10\cdot12\cdots}$$

1658年由W.布龙克把它变成连分数：

$$\frac{4}{\pi}=1+\cfrac{1^2}{2+\cfrac{3^2}{2+\cfrac{5^2}{2+\cdots}}}$$

朗伯就是利用这表达式证明π是无理数的。苏格兰J.格雷果里在1671年得到无穷级数：

$$\arctan x=x-\frac{x^3}{3}+\frac{x^5}{5}-\frac{x^7}{7}+\cdots\ (-1\leqslant x\leqslant1)$$

G.W.莱布尼茨在1673年由此得到：

$$\frac{\pi}{4}=1-\frac{1}{3}+\frac{1}{5}-\frac{1}{7}+\frac{1}{9}-\cdots$$

J.梅钦利用格雷果里级数的公式：

$$\frac{\pi}{4}=4\arctan\frac{1}{5}-\arctan\frac{1}{239}$$

计算π的值到100位小数（1706）。W.香克斯在1873年利用梅钦公式计算π值到707位小数，以后长期保持这个纪录，但在1946年D.F.弗格森发现香克斯的第528位错了。

后来，他和美国J.W.小雷恩在1948年联合发表808位准确的π值。

电子计算机发明之后，π值的计算得到飞速发展。在1949年算到2 037位，1959年算到16 167位，1967年算到50万位，1974年算到100万位，1981年算到200万位，1983年算到2^{23}(800多万)位。

圆桌故事 Les romans de la table ronde 12世纪法国若干骑士故事诗的总称。包括亚瑟王传奇、圣亚瑟传、神话、籁歌和克雷蒂安·德·特鲁瓦编写的一些故事。

亚瑟是大不列颠的一个氏族首领，因为他领导凯尔特人与撒克逊人作战并获得胜利，传说中称他为国王。他麾下的骑士们坐在一张圆桌周围讲述各自的勇武事迹，这些故事流传到民间，称为“圆桌故事”。

以亚瑟的战功为中心的圆桌故事，在流传的过程中逐渐增加其他传说比如圣格拉尔传说而丰富起来。这个传说叙述骑士们历尽艰险寻找“圣杯”的事迹。神话主要以魔法师梅兰为题材。籁歌是一种诗歌形式的短篇传说和故事，被译成法文后也列入圆桌故事的总名之下。12世纪法国诗人克雷蒂安·德·特鲁瓦的小说《特利斯当和伊瑟》、《伊万，或带狮子的骑士》、《朗斯罗》也被归入圆桌故事。

圆桌故事内容庞杂，共同特点是以传说为内容。一般都歌颂封建骑士作战勇武、信教虔诚、待人有礼，对于心爱的贵妇人尽忠竭力，赴汤蹈火在所不辞，表现了“骑士精神”或“骑士式的爱情”。

缘起 Pratitya-samutpada 佛教教义。意为因缘而生。缘是关系或条件的意思。佛教认为世间一切事物现象，无不处在一定的相对待关系中，无不受着其他事物现象的直接或间接条件的限定制约。没有无因而出现的事物现象。缘起论是正观世间诸法的准绳，是佛教世界观及宗教实践的基础理论。在佛教思想发展史上，缘起论的内容不是一成不变的，至少它包含以下3个发展阶段或认识水平。

①业感缘起。原始佛教用以说明人生痛苦现状及社会不平等的十二因缘。它描述了从无明到老死的生命过程：无明、行、识、名色、六入、触、受、爱、取、有、生、老死12个环节，包含了众生在过去、现在和未来三世中因烦恼惑业而流转于生死的全部过程。业感缘起鲜明地体现出宗教解脱论特征，描绘了人生的困境，寻出根源并指出打破痛苦桎梏的方法，是伦理、人生价值的评定和救世论。

②受用缘起。大乘佛教中观宗发展起来的缘起论。它以业感缘起为基础，更侧重于从认识论角度考察主体和客体两方面，寻出人生过程中种种妄念执著的来由。“受用”即是认识的摄取活动。从能知所知的对待关系上追寻出缘起和缘起性空。

③分别自性缘起。大乘佛教在受用缘起基础上，进一步说明：受污染业用（习气）影响的识何以会转变发展出森罗万象的世界，并呈现于我们的感观。以阿赖耶识为根本，可以称“阿赖耶识缘起”；从识在无始时便为界藏言，可以称“真如缘起”、“如来藏缘起”等。

猿 ape 现生的类人猿。包括长臂猿科长臂猿属的14种长臂猿，属于小型类人猿；人科猩猩亚科猩猩属的婆罗洲猩猩和苏门答腊猩猩，黑猩猩属的黑猩猩和倭黑猩猩，大猩猩属的西非大猩猩和东非大猩猩，计6种，属于大型类人猿。长臂猿和猩猩分布于亚洲东南部和南部，黑猩猩和大猩猩分布在非洲中南部，都是极为濒危的物种。

与猴类相比，猿类体型较大，无尾巴和颊囊；除长臂猿外，也没有臀疣。猿类的下臼齿上有许多齿尖，为“Y”字形沟纹所分隔，肩胛骨位于背侧。猿与人类在亲缘上最接近，例如，骨骼、肌肉和内脏器官的排列方式，大脑、胎盘和阑尾的特点两者都很相似。猿类有与人类相似的血型，这也是其他动物（包括猴类在内）所没有的。猿类具臂行行动特点，即用双臂吊荡，摆秋千似的在树丛间移动。所有猿类机体上都具有臂行的适应性特点，如表现在颈部以下至腰部以上的部分躯体、双臂和手的结构等。

猿人 ape man 人类演化早期阶段的通俗名称。包括早期猿人和晚期猿人两个阶段。时代从距今六百万年前至二三十万年前。见人类起源与演化。

源空 Genkū (1133～1212) 日本佛教净土宗创始人。谥号法然上人、黑谷上人、圆光大师、东渐大师、慈教大师等。俗姓漆间，幼名势至丸。美作国（今冈山县）人。9岁奉父遗命出家，13岁登比睿山师事源光，后从皇圆诸师，习天台教义，读善导《观无量寿经疏》有感，读源信《往生要集》决意自立新宗。在东山吉水树净土法门，专修念佛，与睿山座主显真辩论净土法义，后记录成《大原谈义》。在奈良东大寺讲净土三部经，并为天皇、皇后授戒。曾受流放，仍弘布净土宗。著《选择本愿念佛集》等。

《源氏物语》 *The Tale of Genji*; *Genji Monogatari* 11世纪初的日本古典文学名著。世界上最早的长篇小说。作者紫式部。成书时间至今无考，一般认为于1007～1008年完成。

全书共54回，近100万字。故事涉及3代，历经70余年，出场人物有名者400余人，主要角色也有二三十人，其中多为上层贵族，也有中下层贵族，乃至宫廷侍女、平民百姓。以平安王朝盛极而衰这段历史为背景，通过主人公源氏及其父桐壶天皇和继承人薰君3代人与众多女性的爱情和乱伦生活的故事，隐晦地描写了当时贵族社会政治联姻、腐败政治与淫逸生活，以典型的艺术形象真实地反映了这个时代的面貌和特征。

小说的结构很有特色。前半部44回以源氏和藤壶、紫姬等为主人公，其中后3回描写源氏妃子三公主与源氏外甥孙柏木私通所生薰君的成长，具有过渡的性质；后半部10回以薰君和浮舟为主人公，铺陈复杂的纠葛和纷繁的事件。它既是一部统一的完整的长篇，也可以成相对独立的故事。全书以几个重大事件作为故事发展的关键和转折，通过各种小事件，使故事的发展和高潮的涌现彼此融汇。对人物的描写细致入微，各具鲜明个性，探索了不同人物丰富多彩的性格特色和曲折复杂的内心世界，人物形象栩栩如生，富有艺术感染力。

创作方法上，摒弃了先行物语只重神话传说或史实、缺乏心理描写的缺陷，认为物语不同于历史文学，其真实价值和任务在于描写人物的内心世界。在审美观念上，继承和发展了古代日本文学“真实”、“哀”的审美传统，对物语文学的创作进行了探索和创新，以“物哀”为审美主体。采用散文、韵文结合的形式，插入800首和歌，散文叙事，和歌抒情和状物，歌与文融为一体。被认为代表了日本古典现实主义文学的最高峰，给后世作家的创作提供了典范。

《源氏物语》中译本插图——空蝉

远程教育 remote education 以师生准分离为基本特征，利用多种媒体系统地开展教育教学的一种教育形式。又称远距离教育。远程教育系统不仅提供学历教育，而且提供非学历教育，是扩大教育规模、普及国民教育的一种重要手段，已成为终身教育体系中的重要组成部分。远程教育所使用的信息传播方式有：通过印刷教材、录音教材、电视录像教材与其他教材邮递的函授方式，有线广播和无线广播方式，卫星电视方式，以及网络传送方式。在多数情况下，一个系统往往同时采取多种方式进行远程教育活动。

远程教育源自19世纪中叶的英国。远程教育经历了曲折的发展过程后，20世纪60年代进入现代阶段。迄今为止，远程教育经历三代：第一代是函授教育；第二代是广播电视教育；第三代是计算机网络教育，它利用计算机网络和多媒体技术，在数字信号环境下进行教学活动。90年代以来，迅速发展的新的现代远程教育，借助多媒体，不仅传递知识，而且可以在屏幕上进行师生对话、集体讨论、情感交流、仿真实验。其主要模式是网络课程和虚拟学校。

远东共和国 Dalnevostochny Republic 1920～1922年在苏俄贝加尔湖以东地区建立的民主共和国。又称赤塔共和国。1920年初，红军打败了西伯利亚高尔察克军队（见苏俄国内战争），控制了贝加尔湖以西地区，而太平洋沿岸大部分地区仍被日军占领。苏维埃政府决定在西伯利亚东部建立一个缓冲国，以暂时避免同日本干涉军直接发生冲突。1920年4月6日，贝加尔地区劳动人民立宪代表大会正式宣告远东共和国成立。首都在上乌金斯克，后迁至赤塔。1921年2月12日至4月27日，召开立宪会议，通过宪法。远东共和国受俄共（布）中央远东局领导。它形式上是一个议会制民主共和国，最高权力机关是人民会议。政府首脑是俄国共产党员A.M.克拉斯诺晓科夫。年底，由N.M.马特维耶夫接任。1922年2月，军事部长V.K.布柳赫尔（化名加仑）率领人民革命军攻入哈巴罗夫斯克（伯力），10月开进符拉迪沃斯托克（海参崴）。日本干涉军被迫撤离滨海地区。1922年11月15日，远东共和国并入苏俄。

远东慕尼黑阴谋 Munich Scheme in the Far East 日本侵华期间英、美等国在东方策划对日绥靖，牺牲中国，造成反苏、反共局面的国际阴谋。因袭用牺牲捷克斯洛伐克的慕尼黑会议方式，史称远东慕尼黑。促成远东慕尼黑危机的主要因素是：英、美的东方绥靖政策，德国、意大利一度进行的劝和调停，日本的诱降和国民党当局的妥协。在这种历史条件下，远东慕尼黑危机持续了3年之久。抗日战争进入相持阶段后，1938年12月在日本政治诱降下，亲日派汪精卫集团公开投敌，国民党当局的妥协分裂倾向日益加剧。英、美、法诱使国民党政府同日本“议和”。1939年7月24日，英国与日本签订《有田克莱奇协定》，承认日本侵华为“合法”。第二次世界大战全面爆发后，远东慕尼黑危机进一步加深。英国充当了策划的主角。1940年法国溃败，英国告急，在华日军南进趋势加强。英国开始转向诱引中国参加英、美集团以利用中国战场拖住日本的策略。1940年底，德外长通过劝和，力图拉国民党当局结束战争，参加法西斯阵营。1941年3～12月美、日秘密谈判是远东慕尼黑的新阴谋。美国成为策划远东慕尼黑新阴谋的主角。谈判中，美国承认伪满，同意日本延缓从中国撤军，出卖中国，以维护美国在中国和太平洋地区的既得利益。

远东慕尼黑阴谋几经策划，终归破产。主要原因是：英、美和日本的矛盾无法调和，最终导致日本偷袭珍珠港，发动太平洋战争。中国共产党坚持抗战，坚持正确政策和策略，从而扭转了危局。

远期票据贴现 forward bill discounting 银行对未到期无息票据的票面金额，或有息票据的到期本息总额，按照市场利息率扣除自贴现日起至到期日止的利息，以余额付给票据受款人（贴现人）的一种信贷方式。商业银行的放款形式之一。银行扣取的利息，称为贴现息。计算贴现息的利息率称为贴现率。贴现票据到期时，银行直接向票据付款人收款。如付款人拒付或者无力偿付，贴现人负有代偿责任。所以，票据贴现形成贴现人一项可能发生的债务，称为或有负债。

远洋渔业 deep-sea fishing 海洋渔业的一类。由机械化、自动化程度较高，助渔、导航仪器设备完善，具有冷冻、冷藏、鱼品加工等设备的大型加工母船和若干捕捞子船及运输船只组成捕捞队，远离本国基地到别国专属经济区域或公海从事海洋捕捞生产及为其产前、产中、产后配套服务的经济活动。

按照作业渔场与基地港的不同，有过洋性远洋渔业和大洋性远洋渔业之分。过洋性远洋渔业是生产者通过签订渔业协定、购买捕捞许可证或与当地法人合资、合作，进入这个国家专属经济区，利用就近国家的渔港为基地进行捕捞，生产活动类似国内的近海渔业；大洋性远洋渔业又称深海渔业，一般以本国的渔港为基地，依照有关国际渔业协定进入公海从事捕捞作业，作业渔场离基地较远，有时一个航次长达半年之久。

远志 *Polygala tenuifolia*; thinleaf milkwort 远志科远志属的一种。分布于中国东北、华北至西北地区。多年生草本，高15～40厘米，茎细，丛生。叶互生，几无柄，叶片条形或条状披针形，长1～4厘米，宽1～

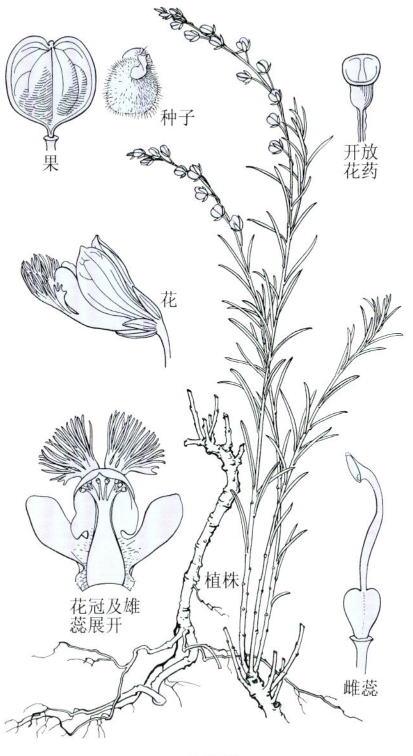

远志植株

3毫米，全缘。总状花序生枝端。花两性，有细花梗，萼片5，外轮3片小，内轮2片花瓣状，长圆倒卵形，花瓣3，中央1片呈龙骨瓣状，长5～6毫米，下面顶部有鸡冠状附属物，侧瓣长4毫米，基部与雄蕊管贴生，雄蕊8，合生。蒴果近圆形，顶端凹陷。种子2。花期5～7月，果期6～9月。生于山地、路边、林缘及灌丛中。远志根入药，有益智安神、散郁化痰的功效，用于神经衰弱、失眠、支气管炎等症。

苑 imperial park 中国秦汉以来在囿的基础上发展起来的、建有宫室的一种园林。又称宫苑。大的苑广袤百里，拥有囿的传统内容，有天然植被，有野生或畜养的飞禽走兽，供帝王射猎行乐。此外，还建有供帝王居住、游乐、宴饮用的宫室建筑群。小的苑筑在宫中，只供居住、游乐，如汉建章宫的太液池、三神山，可称为内苑。历代帝王不仅在都城内建有宫苑，在郊外和其他地方也建有离宫别苑。有的有朝贺和处理政事的宫殿，也称为行宫。著名的宫苑，汉有上林苑、建章宫，南北朝有华林苑、龙腾苑，隋有西苑，唐有兴庆宫、大明宫和九成宫，北宋有艮岳，明有西苑——发展为现今的三海（北海、中海、南海），清有圆明园、清漪园（后扩建为颐和园）和承德避暑山庄等。

苑文炳 Yuan Wenbing (1925-03-08～1986-05-03) 中国计时学家。河北徐水人。卒于天津。1948年毕业于天津北洋大学机械工程系。历任天津大学计时仪器教研室主任、全国高等工业学校仪器仪表类专业教材编审委员会主任委员、天津市计时学会理事长等职。

苑文炳是天津大学计时仪器专业的创建人之一。该专业为中国成立最早的计时仪器专业，培养了大批专业人才，为中国钟表工业的成长壮大作出较大贡献。他从事钟表等时性理论、钟表长期走时稳定性、手表设计、钟表齿形、无固有振动擒纵调速器等方面的研究，参与和领导音叉手表、航天用音叉谐振器和时间程序机构、钟表齿形优化设计、定时器技术等方面的研究工作，其中钟表齿形研究获国家科技进步奖二等奖。主要专著有《仪器零件及机构》和《机械计时仪器》等。

院士 academician 学术界给予科学家的最高荣誉称号。院士制度起源于欧洲，现已通行于全世界。英文academician源自古希腊神话中名叫阿卡德莫斯的英雄。他

1955年6月中国科学院学部成立大会会场

曾在一场大灾难中拯救了雅典城，死后厚葬在雅典城郊，其陵园称之为阿卡德米。古希腊哲学家**柏拉图**曾在此讲学，建立的学园就称为“阿卡德米”。15世纪欧洲文艺复兴时，新柏拉图主义在意大利复活，建立起许多称阿卡德米的学术团体；16世纪，欧洲各地受意大利影响建立起阿卡德米学术团体。1666年，法国在众多阿卡德米学术研究团体的基础上创建法国皇家科学院（即**法国科学院**），并以国王路易十四的名义招聘著名学者到科学院从事专职的研究工作，有力地推动法国科学的迅速发展，这批学者就称之为院士。于是不少国家相继成立科学院和聘请院士。如1724年成立的**俄罗斯科学院**、1863年成立的**美国国家科学院**等都建有院士制度。中国于1928年成立**中央研究院**，1948年选出中国第一批院士。1949年11月成立**中国科学院**，1955年6月产生院士（见图），当时称学部委员；1993年改称院士。1994年成立**中国工程院**，该院已产生多批院士。

院外集团 Lobby 西方国家中为了某种特定利益而组成的、企图影响议会立法和政府决策的游说性组织。由于其活动常在议会的走廊或接待处进行，故有走廊议员之称。

院外集团是不同利益集团或个人的代言人，一些外国政府和实业界为了自身利益也会雇用院外集团进行游说活动，以影响该国的外交、外贸、外援等政策。院外集团的构成比较复杂，既有职业的，也有兼任的。其成员以律师居多，也有前国会议员、卸任的政府高官，甚至还有著名学者等。他们通过种种不同的方式，力图将利益集团的影响渗透在立法与政策制定的全过程。

约阿希姆 Joachim Joseph（1831-06-28～1907-08-15） 匈牙利小提琴家、作曲家。生于普雷斯堡附近，卒于柏林。童年学琴，7岁公开演奏。1841年去维也纳，先后从师于M.**豪泽尔**和K.**伯姆**。1843年到莱比锡演出，并从F.达维德深造。1844年访问英国，举行多次音乐会。1849年任魏玛交响乐团首席小提琴。1853年任汉诺威宫廷乐长。1868年起，被任命为柏林音乐高等学校校长。翌年组成约阿希姆弦乐四重奏团，演出活动持续30余年，成为19世纪末期欧洲最著名的四重奏团之一。剑桥大学和牛津大学均授以他博士学位。他的演奏风格严谨宏伟。作品有：5首序曲，3首小提琴协奏曲（其中以《匈牙利协奏曲》最著名）。此外，还编订了大量古典作品，为贝多芬、勃拉姆斯的小提琴协奏曲作了华彩段，并与他的学生A.莫泽尔合编了一本《小提琴教程》。他的演奏和教学，对德国小提琴学派的发展颇有影响。

约旦 Jordan; Al Urdunn 亚洲西部国家。以约旦河得名。位于西亚西部，西与巴勒斯坦、以色列为邻，北与叙利亚接壤，东北与伊拉克搭界，南和东南与沙特阿拉伯相连。西南一角临红海亚喀巴湾。面积8.934万平方千米，人口598万（2009）。城市人口约

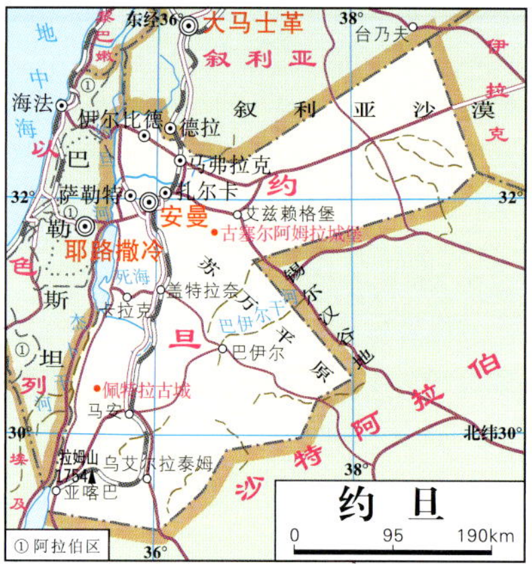

占74%。居民98%为阿拉伯人，余为土库曼人、亚美尼亚人、切尔克斯人等。92%的居民信奉伊斯兰教，属逊尼派，余信奉基督教。阿拉伯语为官方语言，中上层人士广泛使用英语。首都**安曼**。

地理 国土大部分为高原，属于阿拉伯高原的一部分，海拔650～1 000米，西部高，东北较低。最西部为裂谷带，是东非大裂谷带的北延，大部分低于海平面，死海湖面低于海平面415米。裂谷带以东陡升为高地，海拔1 000～1 400米。国境西南部的拉姆山，海拔1 754米，是全国最高点。东和东南为沙漠，面积占全国4/5。全境大部分属热带沙漠气候，干旱炎热，只有西部约旦河流域属地中海型气候。平均气温1月为7～14℃，7月为26～33℃。年降水量西部为500～700毫米，东部约100毫米，东南部仅50毫米。约旦河自北而南，流入死海，构成约旦与巴勒斯坦的天然国界线。水流湍急，不适航行，但对水力发电和农业灌溉极有利。**亚喀巴**是唯一的出海港口。矿产资源以磷酸盐和钾盐最重要，磷酸盐储量约20亿吨，居世界前列，分布于安曼西北。油页岩储量400亿吨，但商业开采价值低。氧化铀矿储量8 000吨。死海可采钾盐储量40亿吨。另有铁、锰、铀、重晶石、石英、石膏、大理石、石油和少量天然气。

历史 原是巴勒斯坦的一部分。7世纪属阿拉伯帝国，1516年被土耳其占领，属奥斯曼帝国大马士革省。1920年沦为英国“委任统治地”。1921年，英国以约旦河为界，将巴勒斯坦分为东西两部分：西部仍称巴勒斯坦；东部称外约旦，建立了受英国控制的“埃米尔国”。1946年，外约旦正式脱离英国独立，改国名为外约旦哈希姆王国。1948年5月，第一次中东战争爆发，约旦占领约旦河西岸4 800平方千米的土地。1950年4月，将西岸地区和东岸合并，改国名为约旦哈希姆王国。1988年，为支持巴勒斯坦建国，宣布与“西岸地区”脱离法律、政治关系，但国名保持不变。

政治 君主立宪制国家，权力掌握在以国王为首的哈希姆家族王室手中。1999年新国王阿卜杜拉二世继位后，提出“政

图1 安曼城市风光

治稳定、经济改革、法治立国”的发展策略。宪法于1952年1月1日颁布、生效。国民议会采取两院制。参议院议员全部由国王从年龄40岁以上的知名人士中任命；众议院议员由普选产生，任期4年。国王为武装部队最高统帅。1952年允许建立政党，后均被解散。1991年解除长达33年的党禁，实行多党制，正式批准成立的政党现共20个。

经济 1999年加入世界贸易组织。政府把发展经济和提高人民生活水平作为施政重点，实行经济改革。积极改善投资环境，大量吸收外资，鼓励私人投资，加速经济特区、工业园区建设，努力拓展信息产业，积极寻求外援与减免债务，促进旅游业发展等。2009年国内生产总值229.75亿美元，货币名约旦第纳尔。采矿业的两大项磷酸盐和钾盐的产量分别为450万吨和183万吨，绝大部分出口。年产天然气3.9亿立方米。另有氯化钾、石膏、高岭土、盐、石灰石、大理石和石英砂等。制造业产品主要有石油制品、水泥、钾碱等。其他多属轻工业和小型加工工业，如食品加工、玻璃、纺织、塑料制品、卷烟、医药、陶瓷器、皮革、制鞋、造纸等。生产用电全部来自热电厂。农牧业人口约占劳动力总数的12%。已耕地面积50万公顷，多集中在约旦河谷，其中7%为水浇地，全部为私人经营。主要农作物有小麦、大麦、果木和烟草等。所需粮食3/4依赖进口。果园（葡萄、橄榄、柑橘等）多分布在北部，约旦河谷出产的水果和蔬菜占全国80%以上。畜养山羊、绵羊、牛、骆驼等。所需肉类主要依靠进口。旅游业是约旦的三大经济支柱之一，又是主要外汇来源之一。海湾危机后，旅游业一度受到沉重打击。约以媾和(1994)后，旅游业收入大幅度增长。游客主要来自海湾、欧洲国家和美国等。旅游景点众多，主要有安曼、亚喀巴、杰拉什、佩特拉、死海、阿杰隆古堡、拉巴德古堡、哈拉纳堡、穆萨塔堡和图巴堡等。西南部的佩特拉古城和东部的古赛尔阿姆拉城堡，1985年作为文化遗产列入《世界遗产名录》。

全国有铁路730千米，一条干线纵贯南北，可通连叙利亚和沙特阿拉伯。交通运输主要依靠公路。公路总长8 000千米，全沥青路面。沟通全国城乡，还可通达伊拉克、叙利亚、沙特阿拉伯、以色列等邻国。有两条输油管，分别从沙特阿拉伯波斯湾岸的宰赫兰和伊拉克的基尔库克，过境抵达以色列的海法港和黎巴嫩的赛达港，但受政治因素影响，已不能全线贯通。亚喀巴湾的亚喀巴港有固定航线29条，通达世界各国200多个港口，年货物吞吐量2 200万吨。2001年设立了亚喀巴经济特区。安曼和亚喀巴有国际机场和50条国际航线通达世界主要城市。

经济受地区形势的影响波动较大。与100多个国家和地区有贸易往来。主要进口粮食、肉类、纺织品、交通和工业器材，主要出口磷酸盐、钾盐、化肥、蔬菜、水果。主要贸易伙伴为沙特阿拉伯、叙利亚、伊拉克、美国、意大利、日本、德国、英国、印度、中国等。

文化 国家重视教育事业，公民从小学到高中享受免费教育。高等教育发达，有约旦大学、雅尔穆克大学、约旦科技大学、哈希姆大学、穆塔大学、艾勒·贝塔大学、侯赛因大学、拜勒加应用大学8所公立大学，12所私立大学。主要报刊，阿拉伯文日报有《宪章报》、《言论报》、《市场报》、《今日阿拉伯人》；英文日报有《约旦时报》。佩特拉通讯社为官方通讯社，用阿拉伯文、英文发稿。还有官方的约旦广播电台和约旦电视台。

对外关系 1955年加入联合国，是阿拉伯国家联盟的成员国。与巴勒斯坦素有特殊关系，迄今境内仍有大量巴勒斯坦人居留。1994年，与以色列签订了和平条约；1995年2月9日，收回被以色列占领的340平方千米的国土。外援是约旦经济主要来源之一。2006年共获外援4.29亿美元。美国是约旦最大援助国，另从日本、欧盟、世界银行等方面获得援助。阿拉伯经济与社会发展基金会也给予援助。已与131个国家建立了外交关系。1977年4月7日和中国建交。

图2 杰拉什——古罗马城市遗址

约飞 Ioffe, Abram Fiodorovich (1880-10-29～1960-10-14) 苏联物理学家。生于俄国波尔塔瓦省，卒于列宁格勒（今圣彼得堡）。1902年毕业于彼得堡工业大学，1905年获德国慕尼黑大学博士学位。回俄后历任彼得堡工业大学物理实验室高级实验人员、教授。他建议并参与筹建了苏联的16所物理研究机构，包括他任所长多年的苏联科学院物理技术研究所、苏联农业物理研究所以及苏联科学院半导体研究所。1920年被选为苏联科学院前身的俄罗斯科学院院士，并两度当选为苏联科学院副院长。毕生致力于固体物理的研究。20世纪30年代初，他指出半导体材料是电子技术的新材料，与Ya.I.弗仑克尔在半导体的导电性的研究中提出阻挡层的概念，他有关半导体中两种载流子和它们的迁移率的研究开辟了对N型和P型半导体的研究方向。他从开发新能源着眼，研究半导体的光电转换以及半导体制冷，都是开创性的。他培养了不少知名物理学家，如诺贝尔奖获得者P.L.卡皮察和L.D.朗道。还写过不少很受欢迎的科普文章。

约甘松 Ioganson, Boris Vladimirovich (1893-07-13～1973) 苏联画家，苏联美术研究院院士、院长（1958～1962），民主德国美术院荣誉院士。生于莫斯科，卒于莫斯科。1912年毕业于莫斯科绘画雕刻建筑学校。20年代，加入现实主义画家社团——俄罗斯革命美术家协会。早年风俗题材作品居多，名作有《同破坏现象作斗争》

《在老乌拉尔工厂里》

(1922)、《泽莫-阿夫恰拉列宁水力发电站的建设》(1925)、《工农速成大学生》(1928)、《苏维埃法庭》(1928)、《1919年的铁路枢纽站》(1928)等。30年代，约甘松的创作进入高潮，以革命历史题材为创作的重心。《审讯共产党员》(1933)、《在老乌拉尔工厂里》(1937)是在苏联美术史上占有重要地位的作品。前者描绘国内战争时期，共产党员面对白匪军官大义凛然的英雄气概；后者描绘十月革命前，工人与工厂主间的一场斗争。30年代的苏联画坛，深受约甘松创作的影响。

《约翰·克利斯朵夫》 *Jean Christophe* 法国作家罗曼·罗兰的长篇小说。共10卷。从1904年起在《半月手册》上连载，每年汇成一卷出版，至1912年出齐。

小说描绘了音乐家约翰·克利斯朵夫历经坎坷终于成名的一生。前三卷《黎明》、《清晨》和《少年》叙述了他的童年和少年时代。第四卷《反抗》和第五卷《节场》写克利斯朵夫成年的生活遭遇。第六至八卷是《安多纳德》、《户内》和《女朋友们》，描写了克利斯朵夫的友谊和爱情。第九卷《燃烧的荆棘》写克利斯朵夫的激情生活及10年的隐居。第十卷《复旦》写他在10年之后功成名就，获得了自由。在病榻上回顾自己的一生，对一切都表示忏悔和宽恕，认识到只有人道主义的博爱精神才是人类欢乐和幸福的源泉。

《约翰·克利斯朵夫》是20世纪初重要的现实主义巨著，同时又富于浪漫主义色彩。它对情感重在表达而不是分析，要打动的是读者的心灵而不是理智，充满了诗情画意。作者把克利斯朵夫塑造成一个依靠个人的顽强奋斗来主宰生活的英雄，鞭挞了欧洲文化界的堕落风气，提出一种超越国界的人道主义理想，呼吁用博爱的精神来团结各个民族，从而使这部作品在世界上产生了广泛而深远的影响。

约翰内斯堡 Johannesburg 南非最大城市，非洲最大城市之一。豪滕省首府。位于南非东北部威特沃特斯兰德高地中段南坡，海拔1 754米。包括郊区在内的大约翰内斯堡面积1 644平方千米，人口388.8万(2007)。为国际性城市，居民讲多种语言。其中白人约占25%，多讲英语和阿非利坎语，非洲黑人占70%，其余为讲不同语言的有色人和亚洲人。气候凉爽，最热月(1月)和最冷月(7月)平均气温分别为20℃和13℃，平均年降水量约700毫米。

地处世界最大采金地带。1886年发现金矿后，各国采金者接踵而来。随黄金等矿扩大开采，迅速发展为世界著名矿业城市，非洲最大的加工工业中心。1928年正式设市，市区范围向东、西伸达240余平方千米。第二次世界大战后，继续向北和西北扩展。市区被铁路分为南北两部分：南部为重工业区，多采矿场；北部为市中心区，分布有主要商业区、居住区和高等学校，多欧美式建筑和摩天大楼。市西南16千米的索韦托面积约67平方千米，人口100多万，是南非境内最大黑人聚居城。非洲最大工矿区和世界重要采金中心。连同周围众多工业城镇、矿山构成南非经济中枢。素称“黄金城”。周围有几十处金矿，还开采煤、金刚石、铂、铬、钒等矿。早期建有炸药、机修、日用品等采矿从属工业。矿山机械、汽车装配、电机、纺织、化学等部门相应兴起后，成为综合性工业基地。金融业、商业发达。南部非洲金融中心。重要交通枢纽，稠密的铁路和公路网联结威特沃特斯兰德地区其他城镇，通南非和邻国各大城市和港口。市东北23千米的斯穆次有南半球重要国际机场。

约翰内斯堡城市风光

南非重要的文化教育中心。有威特沃特斯兰德大学、威特沃特斯兰德高等技术学院、南非医学研究院和多所高等教育学院，还有国家天文台、图书馆、博物馆、艺术馆和歌剧院等。

约翰斯顿岛 Johnston Island 太平洋中北部美国属地。又称约翰斯顿环礁。属波利尼西亚岛群，地处北纬16°45′、西经169°31′，东北距火奴鲁鲁(檀香山)约1 330千米。由约翰斯顿岛、桑德岛、阿考岛(北岛)和希基纳岛(东岛)组成。面积2.8平方千米。地势平坦，陆地最高点仅海拔5米。属热带气候，终年为东北信风，气温年较差小。干燥少雨。无淡水资源。地表有鸟粪堆积形成的磷酸盐。岛上无常住居民，但有驻岛美国空军官兵、国防部文职人员和为他们服务的民间雇员。

1807年由英国海军舰长查尔斯·詹姆斯·约翰斯顿发现。1898年美国吞并夏威夷后归属美国。1934年受美国海军部管辖，修建了海军基地。1941年建立海军航空站。1948年改由美国空军管辖，作为核试验基地和飞机加油站。现归设在火奴鲁鲁的美国太平洋空军司令部希卡姆空军基地管辖，内政部的鱼类和野生动物服务署协助管理，不对公众开放。

约翰斯顿岛的对外交通主要通过岛上的军用机场经火奴鲁鲁中转。经济活动仅限于为驻岛美军官兵和其他人员提供服务。

约翰斯·霍普金斯大学 Johns Hopkins University 美国的一所私立研究型大学。创建于1876年，位于马里兰州的巴尔的摩市，是以约翰斯·霍普金斯的遗产捐赠建立起来的。第一任校长D.C.吉尔曼借鉴了德国大学将教学与研究紧密结合的做法，以高薪、学术自由和重视基础研究为优越条件，吸纳了一批世界著名的研究人才到学校从事教学和科研。同时，实行了研究生奖学金制，有力地提高了学生的研究能力。设有文理学院、工程学院、医学院、公共健康和卫生学院、护士学院、皮博迪音乐学院、耐兹高级国际研究学院和职业教育学院。1893年成立的医学院最为著名。霍普金斯大学的校友、教师和研究人员中先后有30多位获得诺贝尔奖。

在巴尔的摩市有三个校园，华盛顿有一个校园，在中国南京大学和意大利还有两处设施。

约翰逊 Johnson, Clarence Leonard (1910-02-27～1990-12-21) 美国飞机设计师。生于密歇根州伊什珀明，卒于加利福尼亚州伯班克。1932年毕业于密歇根大学，获硕士学位。1933年在洛克希德公司从事飞机组装和材料设计工作。1952年任总工程师。1956年任公司副经理，主管技术研究。1964年被选为董事会成员。1975年退休后担任高级顾问。约翰逊在大学时期就提出一种双垂直尾翼方案，先后在几种飞机上采用。他因纠正伊列克特拉运输机设计上

的某些错误而引起人们的注意。他设计的双尾撑驱逐机P-38是第二次世界大战中的优秀飞机之一。20世纪40年代中期，约翰逊设计出美国第一种实用的喷气式战斗机F-80，以后又研制出两倍声速的F-104“星”式战斗机，以及U-2侦察机和3倍声速的SR-71远程战略侦察机。

约翰逊 Johnson, Phillip (1906-07-08～2005-01-15) 美国建筑师。生于克里夫兰，卒于康涅狄格州新迦南。早年在哈佛大学攻古典哲学时，对建筑发生浓厚兴趣。1930年毕业后，同建筑史家H.R.希契科克游历欧洲。归国后任纽约现代艺术博物馆建筑和设计部主任。1939年进哈佛大学建筑研究生院，1943年获得建筑学位。1945年开设设计事务所。20世纪70年代同J.伯杰合作开设事务所。1978年获得美国建筑师协会的金质奖章。

约翰逊于1932年主办展览，首次向美国介绍欧洲现代主义建筑。1947年，他在纽约现代艺术博物馆举办L.密斯·范·德·罗的第一次个人建筑作品展览。1954年协助密斯·范·德·罗设计纽约西格拉姆大厦——现代派建筑的代表作。但到50年代末和60年代初，他到处宣传要冲破现代主义建筑某些准则，强调建筑形式要力求摆脱功能主义和理性主义。其主张引起了年轻学生和一部分建筑师的共鸣，被奉为后现代主义派的精神领袖。

1949年在新坎南为自己设计一幢“玻璃住宅”，使他声誉鹊起。50年代后期的作品，逐步从密斯风格转向新古典主义，有明显的折衷主义建筑色彩。同J.伯杰合作设计的加利福尼亚州加登格罗夫的一座教堂，顶部和四周全是用镜面玻璃覆盖起来的空间钢骨架。光线透过结晶状的结构骨架射入，影影绰绰，恍若在水中荡漾。因此，这座建筑又称“水晶教堂”。1978年，约翰逊和伯杰事务所设计了纽约曼哈顿区的美国电话电报公司大楼，高201米。

约克夏猪 Yorkshire 世界分布最广的猪种。原产英国的约克郡及其周围地区。由当地猪与含有中国猪血统的白色莱塞斯特猪杂交育成。分为大、中、小3型。中、小型已减少或近绝迹，大型因繁殖力强、背膘薄、瘦肉多、肉质好而遍布世界各国。头较长，面微凹，耳中等大而前倾，体长肩宽，背略呈弓形，被毛全白。每胎产仔11头左右，泌乳力高，母性强。中国于20世纪多次引进，与地方猪杂交，效果很好。

约鲁巴人 Yoruba 西非尼日利亚联邦共和国的主要民族之一。约2 730万人(2002)。主要分布在尼日利亚西部和西南部，为国内第二大族。另有少数分布在贝宁、多哥和加纳等国。属尼格罗人种苏丹类型。使用约鲁巴语，属尼日尔－科尔多凡语系尼日尔－刚果语族。有用拉丁字母拼写的文字。多信基督教和原始宗教，少数信伊斯兰教。最早居住地为伊费，后散居于贝宁湾热带森林地带。各支系建立的王国统称“森林王国”。各约鲁巴王国曾有相当严密的政治军事组织。国王任命酋长管辖下属各区。1977年尼日利亚实行地方政府改革后，取消了土王和酋长的行政权。但至今土王和酋长仍拥有极高的社会地位，被尊称为“传统领袖”，保留各种传统礼仪，并参加各级政府的咨询机构。多数人从事农业，种植木薯、芋类、香蕉、豆类、可可和油棕。妇女以善于经商闻名西非。市镇发展较早，伊费、奥约、伊巴丹、阿贝奥库塔等城镇均有百年以上历史。20世纪50年代以后，尼日利亚石油工业兴起，约鲁巴地区经济迅速发展。

约鲁巴语 Yoruba language 西非一种古老的语言。尼日利亚最重要的民族语言。也使用于贝宁东南部。属尼日尔－科尔多凡语系尼日尔－刚果语族库阿语支。方言多达20种。标准语是两种十分相似的奥约方言和拉各斯方言的混合。学校教学和文学创作均使用标准语。1900年已有基督教《圣经》的约鲁巴语译本。20世纪20年代，开始有最早用约鲁巴语写的散文，以后陆续有小说、戏剧和诗歌等。采用拉丁化的文字，并使用部分变音符号。约鲁巴语为声调语言，重音落在第一个音节上。语序为主－动－宾型。

约瑟 Joseph 《旧约·创世记》中的人物。雅各与拉结所生之子。因聪颖得其父偏爱而遭众弟兄嫉恨，众兄将其卖掉，后被带到埃及。因给埃及法老释梦得到重用，被任为宰相。任职期间埃及仓满粮足。后因其故乡迦南遇饥荒，与前来埃及买粮的弟兄相认和解，并接其父前往埃及。与其兄弟一起被视为以色列十二列祖之一。

约瑟夫森 Josephson, Brian David (1940-01-04～) 英国理论物理学家。生于威尔士的加迪夫。1964年获剑桥大学三一学院哲学博士学位，1962～1965年被选为剑桥大学三一学院研究员。历任美国伊利诺伊大学研究教授，剑桥大学研究部副主任、高级讲师、物理学教授，剑桥大学卡文迪什实验室的凝聚态理论组智力-物质统一研究计划部主任。1970年当选皇家学会会员。

1962年，约瑟夫森计算了超导结的隧道效应并得出结论：如果两个超导体距离足够近，电子对可以通过超导体之间的极薄绝缘层（超导结）形成超导电流，而超导结上并不出现电压；如果超导结上加有电压，可产生高频超导电流。这就是约瑟夫森效应。约瑟夫森由于预言隧道超导电流获1973年诺贝尔物理学奖。

约束 constraint 对质点系各质点的位置和速度预先施加的几何学或运动学的限制。只限制系统位置的约束称几何约束；若还限制运动速度且这个限制不能化为位置的有限形式，则称为运动约束或微分约束。约束的数学表达式称为约束方程。

约束还可分成单面约束和双面约束。受单面完整约束的质点可从约束面的一侧脱离；受双面完整约束的质点不能从约束面的任一侧脱离。常见的约束有柔性绳索或链条约束、光滑接触面约束、圆柱形铰链和球形铰链约束、铰链支座约束等。约束对被约束物的作用力称约束反力，简称约束力。

只包含有限约束的动力系统称完整系统。拉格朗日方程就是用于完整系统的最著名的动力学方程。至少包含一个不可积微分约束的动力系统称非完整系统，要用更复杂的微分方程来描述。带有滚动轮子的系统（如自行车、汽车、飞机起落架等）大都是非完整系统。

月 month 以月球绕地球公转运动为基础的时间单位。根据起讫点不同，有各种各样的月。朔望月是月相变化的周期，是根据月球相对于太阳的位置确定的，长度为29.530 59平太阳日。伊斯兰国家和地区采用的阴历，中国传统的农历，都以朔望月为月的单位。分点月（又称回归月）是月球黄经连续两次等于春分点黄经所需要的时间，长度为27.321 58平太阳日。恒星月是月球在天球上连续两次通过某一恒星所需要的时间，长度为27.321 66平太阳日。这是月球绕地球的平均公转周期。近点月是月球连续两次经过近地点所需要的时间，长度为27.554 55平太阳日。交点月是月球在天球上连续两次向北通过黄道所需要的时间，长度为27.212 22平太阳日。公历中每一个历年分成12个月，按照传统习惯，月的长度有28、29、30和31平太阳日4种。

月饼 mooncake 中式糕点的代表产品。中秋时节应市的焙烤食品。宋代周密在《武林旧事》中首次提到"月饼"之称。中秋吃月饼始于明代。清代，月饼的制作工艺有了较大提高，品种也不断增加。

按加工工艺分为焙烤类月饼、熟粉成形类月饼和其他月饼。焙烤类月饼是以焙烤为最后熟制工序的一类月饼，包括糖浆皮月饼、浆酥皮月饼、油酥皮月饼、水油酥皮月饼、奶油皮月饼、熟粉皮月饼、水调皮月饼、蛋调皮月饼和油糖皮月饼。熟粉成形类月饼是将米粉或面粉预先熟制，然后制皮、包馅、成形的一类月饼。其他月饼指上述类月饼以外的月饼。

按地方风味特色分为京式月饼、苏式月饼、广式月饼和其他月饼。京式月饼指以北京地区制作工艺和风味特色为代表的，配料上重油、轻糖，采用提浆工艺制成糖浆皮面团，或糖、水、油、面粉制成松酥皮面团，馅料多用白糖馅、山楂馅、枣泥馅、豆沙馅、豆蓉馅等，口味纯甜、纯咸，口感酥松或绵软，具有桂花香味的一类月饼。代表品种有提浆、自来红、自来白等。苏式月饼指以苏州地区制作工艺和风味特色为代表，选料考究，制作精细，在工艺上采用水油面团包油制成酥皮，馅料多用果仁、猪板油丁，用桂花、玫瑰调香，饼皮层次分明，口感酥松绵软，入口即化，口味重甜的一类月饼。代表品种有玫瑰、百果、椒盐、豆沙、薄荷、黑麻、甘菜、金腿、鲜肉、葱猪油、猪油火腿等。广式月饼指以广州地区制作工艺和风味特色为代表，采用转化糖浆、花生油、枧水等制成糖浆皮面团，馅料多用莲蓉、椰蓉、椰丝、豆蓉、蛋黄、果仁、糖腌肥猪肉等，重油、重糖，形态边角分明，花纹清晰，表面油润、柔软，有光泽，皮薄馅多，口味甜中含咸的一类月饼。代表品种有纯正莲蓉、五仁、蛋黄莲蓉、玫瑰豆沙、腊肠叉烧、火腿等。其他月饼指以其他地区制作工艺和风味特色为代表的月饼。

月份牌年画 calendar poster 20世纪初兴起于中国上海的一种绘画。因早期画面上附有年月历表，故名。最初是外国商人为在中国推销、宣传其商品而印制的石版彩印年画。由于宣传效果很好，各商家竞相采用，使这种年画发行量骤增，在城镇广泛流传。

杭穉英绘制月份牌年画（上海人民美术出版社藏）

现存最早的月份牌年画是1906年英美烟草股份有限公司印刷发行的。为了符合人们的习俗和欣赏爱好，月份牌年画的内容参照和吸取了许多中国传统木版年画的特点。题材上主要分仕女、娃娃画，历史故事、戏曲人物画，有名胜古迹的风景画。仕女、娃娃类大多是画城市时装妇女，形象多画成种种娇媚的姿态，受到有识之士的批评。历史故事、戏曲人物画大多是借鉴于戏曲舞台的形象，采用舞台的革新化装式样。

月份牌年画的表现手法多样，水彩擦笔画法最受人们欢迎。它色彩柔和、笔法细腻、立体感强，较之木版年画的单线平涂手法显得丰满，使得整个画面淡雅谐调，加上注重描绘人物的神态更显生动。最早采用这种画法的画家是郑曼陀。他于1914年到上海画了一些时装仕女。后来又有杭穉英组织的穉英画室的成员金梅生、金雪尘、李慕白等人采用水彩擦笔画法，在实践中不断改进和提高，他们曾以上海八一三抗日战争为题材画过月份牌年画，以表达爱国情愫。

中华人民共和国建立后，月份牌年画获得进一步发展，在题材内容、艺术形式等方面均产生了极大的变化，出现了一些富有时代特征和生活气息的作品。

月光石 moonstone 由钾长石和钠长石定向交生形成的宝石级的长石矿物。又称月长石。单斜或三斜晶系。无色至白色，转动样品可见白色或浅蓝色晕彩，如朦胧月光。莫氏硬度6～6.5，密度2.58（±0.03）克/厘米^3，折射率1.518～1.526（±0.010）。主要产地为斯里兰卡的达姆巴拉地区，产于砾石层中以及酸性麻粒岩和伟晶岩中。

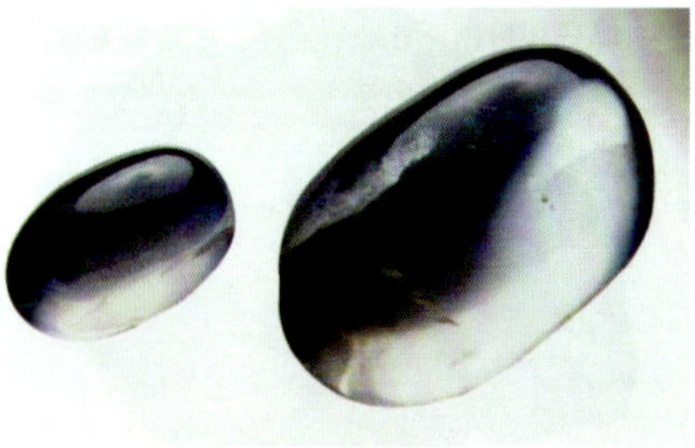

月光石砾石

月桂 *Laurus nobilis*; bay laurel 樟科月桂属的一种。原产地中海一带。中国浙江、江苏、福建、台湾、四川及云南等省引种栽培。常绿小乔木或灌木。小枝绿色，略被毛或近无毛。叶互生，革质，长圆形或长圆状披针形。花为雌雄异株；伞形花序腋生，1～3成簇状或短总状排列，开花前由4枚交互对生的总苞片所包裹；雄花的每1伞形花序有5朵，小，黄绿色，被柔毛，花被筒短，花被片4，雄蕊通常12，排成3轮；雌花的退化雄蕊4，与花被片互生，花丝顶部成对无柄腺体，其间延伸有一披针形舌状体，子房1室。果卵球形，熟时暗紫色。早春开花，树形美观，为观赏植物。叶和果均含芳香油，主要成分是芳樟醇、丁香酚、香叶醇及桉叶油素，用于食品及皂用香精。早春开化，树形美观，为观赏植物。叶与果均可入药，叶为矫臭剂，果治缕麻质疥癣。

月季 *Rosa chinesis*; Chinese rose 蔷薇科蔷薇属的一种。落叶灌木或藤本。又称月季花、现代月季。通过蔷薇属内种间杂交和长期选育而成的杂交品种群。茎有皮刺。叶为奇数羽状复叶，花大小不一，单生或伞房花序，单瓣或重瓣。花色多样，四季开花不绝，具香气。中国是香水月季、巨花蔷薇、野蔷薇、玫瑰、光叶蔷薇及其变种等品种的故乡，并有悠久的栽培历史。月季性喜阳光、喜肥、较耐旱、最忌积水，宜栽于背风向阳且空气流通的环境。较耐寒，喜富含有机质、通气良好、pH为6.5～6.8的微酸性土壤。修剪方法随地区、气候及品种、类型不同而异。另外由于其较耐寒，除北方对耐寒性较差的品种外，一般不需采取防寒措施。繁殖方法为扦插或嫁接。月季可种植于花坛、花境或草坪边缘，或作常绿树的前月季景，也可分类型、品种布置成月季园。月季花可入药。有些品种的花可提取香精。

月经 menstruation 育龄妇女周期性阴道出血的现象。周期接近一个月，故称月经。妇女一般于十多岁时首次来月经（月经初潮）。初潮的来临表示性功能的初步成熟，初潮后数月以至年余，在月经中期开始排卵，从此妇女进入育龄期。至四五十岁，妇女先是停止排卵，月经变得不规则，最后月经停止（绝经）。月经周期（自月经的第一天至下次月经的第一天）平均为28天（20～36天），经期出血3～7天；健康妇女每次经血量50～60毫升。规则的月经常表示生殖功能基本正常。妇女在月经周期中全身都有变化，变化最大的有三个部分：子宫内膜、卵巢和下丘脑－垂体。它们相互调节、相互制约。

子宫内膜的变化　子宫内膜的周期性变化明显而规律。在此周期中雌激素使内膜产生增生期变化，增生期持续约14日。随即发生排卵，黄体形成，主要分泌孕激素，使子宫内膜发生分泌期变化。若未发生受精和着床，14天后子宫内膜组织缺血、坏死、剥脱，此即行经。在不同时间取子宫内膜作病理检查，观察雌孕激素水平的变化，可间接判断卵巢功能。

激素的变化　调节月经周期的内分泌器官分属3个层次：下丘脑、垂体和卵巢。它们之间有着特殊的血管系统联系，是一个总的复合体。它们之间的关系是，上层次腺体分泌的激素刺激下层次腺体，使之分泌出对应的激素，而下层次腺体的分泌产物又反作用于上层次的腺体而影响其分泌，这整个系统称为下丘脑－垂体－卵巢轴。

生殖道、乳房和全身的变化　女性激素主要作用于生殖系统，亦影响于全身。随着血中雌激素浓度的升高，宫颈腺增大，所分泌的黏液增多而稀薄，这有利于精子穿过宫颈黏液。阴道上皮也随雌激素浓度的升高而增生加厚，而且表层细胞中出现大量糖原，糖原由阴道乳酸杆菌分解产生乳酸使阴道内呈弱酸性。在这种条件下，阴道内繁殖的主要是一些嗜酸性的乳酸杆菌。增厚的上皮、酸性的环境和嗜酸性乳酸杆菌的作用，增强了阴道防御致病微生物的能力。此现象也称为阴道的自净作用，是一种天然保护机制。随着雌激素浓度的降低，阴道酸度逐渐下降，至排卵期便转为弱碱性，这却有利于精子存活。排卵后孕激素会使子宫颈黏液变黏稠，阴道上皮的角化细胞出现卷边。此外，雌激素能促进乳腺管道系统的生长。孕激素能加速腺小泡上皮的生长。不过经前的乳房胀痛主要是由于局部充血、水肿和腺腔内分泌加多引起的。这种水肿是全身水潴留的一部分。最后，孕激素还直接作用于下丘脑体温中枢，使基础体温升高0.3～0.5℃；这种现象常在排卵后一两天内发生，持续14天左右，至下次来潮前体温又下降。

临床表现和经期卫生　月经是正常的生理现象，经期可有轻微不适，如腰酸、下坠、乳房胀、小腹痛等，但不影响正常的生活和工作。经期身体抵抗力下降，子宫颈口开放，细菌易侵入，因此要注意卫生，月经垫要清洁、柔软，清洗外阴，不坐浴，禁性交，避免劳累过度和剧烈运动。

月经失调　menstrual disorders　表现为月经周期、出血时间及出血量异常的一组常见妇科病变。病因可能是器质性病变或是功能性调节机制失常。许多全身性疾病、内分泌病、异常妊娠、妊娠滋养细胞疾病、生殖道感染、生殖系统肿瘤及精神因素与身体内外环境的变化等，均可引起月经失调。必须注意鉴别诊断。常见有以下几种情况：不规则子宫出血、功能性子宫出血、绝经后阴道出血、闭经。除月经异常外，有时还可能并发其他症状，如痛经、经前期紧张综合征、多囊卵巢综合征、更年期综合征。

月老　matchmaker in Chinese myth　中国汉族民间传说中主管天下婚姻的神。信仰者认为，对之礼拜可求得美满姻缘。全称月下老人，又称月下老。最早见于唐代李复言的《续幽怪录·定婚店》，说是唐人韦固于月夜看到一位老人倚坐布袋翻检书册。书册是天下男女的婚书，布袋中装着用来拴系夫妻双脚的红绳。这位神仙被称为“月老”，俗语“千里姻缘一线牵”本于此。后世又用来指媒人，现在也被用来指称婚姻介绍人、婚姻介绍所等。

月琴　yueqin　中国拨奏弦鸣乐器。流传于汉、彝、布依、哈尼等民族中，用于独奏、合奏及歌舞、戏曲、说唱表演的伴奏。

月琴由古代阮咸琵琶演变而来。音箱为扁平正圆形或八角形，琴颈比阮短。琴颈和面板上装有竹制的品，有7品、9品、10品、12品多种。张4根丝弦，每两弦音高相同，定弦为d^1、a^1，音域两个八度左右。以牛角、骨头或拨子弹奏，声音清脆。改革后的月琴品位增至24个，按十二平均律排列，用金属弦或尼龙缠弦，张弦2～4根不等，4弦者定音为g、d^1、g^1、d^2，音域g～c^4。20世纪80年代又出现长杆月琴，音品增至30个，音域达4个八度。

月琴是汉族戏曲、曲艺中常用的伴奏乐器。在京剧文场乐队中，月琴与京胡、京二胡合称三大件。说唱曲种四川清音因用琵琶或月琴伴奏，又称唱琵琶或唱月琴。

彝族称月琴为巴布、班匹或和巴等，在年节喜庆活动中常边弹月琴边围着圆圈跳舞。青年男女常用月琴弹奏情歌表达感情。

月球　Moon　地球唯一的天然卫星。也是离地球最近的天体。又称“月亮”，古称“太阴”。

月球半径1 740千米，约为地球的27%。体积为地球的1/49。表面积相当于地球的1/14，略小于亚洲面积。质量为地球的1/81。平均密度3.34克/厘米^3，相当于地球的3/5。赤道表面重力加速度1.62米/秒^2，只及地球的1/6。表面逃逸速度2.4千米/秒，约为地球的21%。地月之间平均距离为384 400千米，约为地球直径的30倍，与地球构成太阳系中独特的地月系。从地球上看月球，视圆面直径的平均值为31角分，和太阳的视圆面大小相当。为既能形成日全食，也能实现日环食提供了必要的条件。虽然月球的反照率只有0.12，比地球的0.37小了许多，只因离地球近，使之成为地球夜空中最亮的天体。满月时的视亮度为－12.7星等，比金星最亮时还亮2 000倍。月球轨道偏心率e为0.055，比地球轨道偏心率0.017大许多，从而形成地月之间距离的变化幅度是：近日距356 400千米，远日距406 700千米，二者之比约为88/100。月球在近日点附近时出现的日食可以是日全食，而在远地点附近时则多为日环食。

月球轨道和地球轨道的倾角平均为5.15°，这就是被称为“白道”的月球在天球上的运行轨迹与太阳在天球上的运行轨迹“黄道”的交角。月球赤道和它公转轨道的倾角为6.67°。月球的轨道运行速度平均是10.1千米/秒，只及地球轨道速度的1/3。月球以逆时针方向自转。自转周期是27.321 66日，长度与公转周期相同，形成了月球总是以同一个半球朝向地球的天象。月球自转和公转的同步周期现象在太阳系天然卫星中是唯一的。月球赤道和地球轨道的倾角很小，只有1.52°，所以月球上几乎没有季节现象。由于自转速度和轨道速度的不均匀性，以及月球赤道和公转轨道倾角的存在等因素，致使地球上的观测者能看出月面边缘的前后摆动，因而能看到的月球表面达59%。这一天象称为“天平动”。

月球没有大气，也没有液态水。月面上白天温度可达120℃，夜间则降至－180℃。月球没有可探测的磁场。

月球是人类首先实现就近考察和就地勘测的天体，也是人类第一个登临的天体。

在20世纪70年代之前，关于月球的起源主要有三种理论，即“俘获说”、“同源说”和“分裂说”。俘获说认为月球原为一个小行星，后因运行到地球附近被俘获。同源说认为地球和月球成双地同时和同地诞生于原始太阳星云。分裂说则认为月球是在太阳系形成之初，从地球中分离出去的。“阿波罗”探月计划执行后，有关月球的知识骤增，揭示出三种假说都有与月球和地月系的现实不相容之处。80年代初，关于月球起源的迷惘出现了重大突破。首先，新兴的混沌动力学指出，太阳系诞生的早期，

人类第一次登临月球的足迹

行星的轨道仅能稳定几百万年，随即因受木星和土星的摄动而快速演变，继而出现频繁的大碰撞事件。其次，运用超大型计算机实现的三维流体力学模拟显示，曾有一个大小和火星近似的天体与形成不久的地球遭遇，发生偏心碰撞。该天体和幼年地球的一部分地幔被反弹到太空，其富铁的内核则融入地核，弹出的碎片又快速地重新聚集成为今日的月球。这一名为“大碰撞”的月球起源假说不仅兼有俘获说、同源说和分裂说的有据而合理之处，还能很好地、更多地阐明诸如月球和地月系的轨道、角动量和运动，成分和结构等的特征。“大碰撞说”成为当前很有前景的月球起源新说。

月球地质 Moon, geology of 研究月球的物质组成、结构、构造、形成和演化历史的学科。又称月质学。20世纪50年代以前，人们通过望远镜观测月球，编制出各种月面图。1959年苏联发射的第一枚月球火箭，揭示了月球背面的秘密。1969年美国“阿波罗”11号登月以来，共采集了数百千克的各种月球样品，开始了对月球的土壤和岩石的类型、矿物、化学成分、同位素组成、物理性质、月球的形成和演化过程的综合研究，编制出各种比例尺的全月月质图和构造图，从而揭开了全面研究月球地质的序幕。

月球表面的地形 月陆和月海是月表基本的地形单元（图1）。月陆又称月球高地，是月面上隆起的古老基底，是平常看到的月亮上明亮的部分，也是月球背面的主要地形形态。那里峰峦起伏，山脉纵横，主要分布在月海的边缘。最大的亚平宁山脉长6 400千米，有许多高达4 000多米的山峰。月球上最高的山是南极附近的莱布尼茨山，高达6 100米。月陆也是月球上最古老的地质单元，年龄为42亿～43亿年。月陆上的岩石都是结晶岩——斜长岩与富含镁的结晶岩套，以及月球上特有的克里普岩。月海是月球上下沉的、叠加在基底构造上的洼陷。肉眼所见是一片阴暗区。已知的22个月海绝大多数分布在月球正面，只有面积很小的几个月海在月球的背面。风暴洋是最大的月海，位于月球正面，宽达1 700千米，面积500万平方千米。月海占据了月面25%左右的面积。月海的主要岩石类似于地球上的*玄武岩*。大多数月海呈封闭的圆形，周围被高大的山脉所围绕。

除了“海”与“陆”，月面上还星罗棋布地分布着许多环形山。环形山实际上是月坑周围的“坑唇”，很像地球上的火山口。月坑的大小差异很大，从厘米级到几百千米。最大的月坑贝利坑直径达295千米，深3 960千米。月面上直径1米以上的月坑达3万亿个，直径1 000米以上的月坑占月面面积的7%～10%。月坑形成的年龄不一，甚至在早形成的月坑上“套”有许多小的后期月坑。

月溪和月谷是一些黑色的大裂缝，弯弯曲曲绵延数百千米，宽几千米甚至上千千米，看起来很像地球上的河流溪谷。它们的成因比较复杂，有可能是月球演化早期水流所致，也有的实际为熔岩流，还有的是环形山“辐射线”的残余，甚至可能是众多小月坑连续排列的结果。

月球的表面覆盖着一层3～6米厚的月壤。月壤由月岩碎裂而成，碎裂的原因主要是月表温差的变化和陨星的撞击。月壤中还含有太阳风的粒子和陨石碎块。

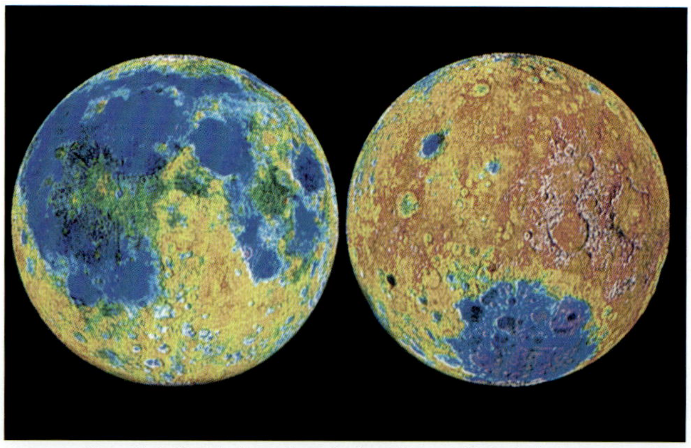
图1 “克莱门汀”飞船用激光测高仪测得的月球地形图（左为月球正面，右为月球背面）

月球内部结构与物质组成 月球是一个主要由硅酸盐成分组成的刚性球体。它与地球一样，也具有层圈构造。从月面到核部，可分为月壳、月幔与月核。层圈的划分主要是根据月震波波速的变化得到的（图2）。月壳是月球岩浆源区分馏的结果，轻的斜长石上浮，形成辉长质斜长岩上月壳；较重的橄榄石、辉石下沉到岩浆海底部，形成下月壳。月幔是月球内部的主要单元。月幔是不均匀的，可以分为上月幔与下月幔。上月幔主要由辉石组成，橄榄石次之；下月幔中橄榄石占主要地位，辉石次之。大约在1 000千米处岩石发生部分熔融，这里是深月震的发源地。月核厚约700千米，温度达700℃，可能由部分熔融和热的硅酸盐与铁－镍－硫成分的榴辉岩物质组成，具一定可塑性。

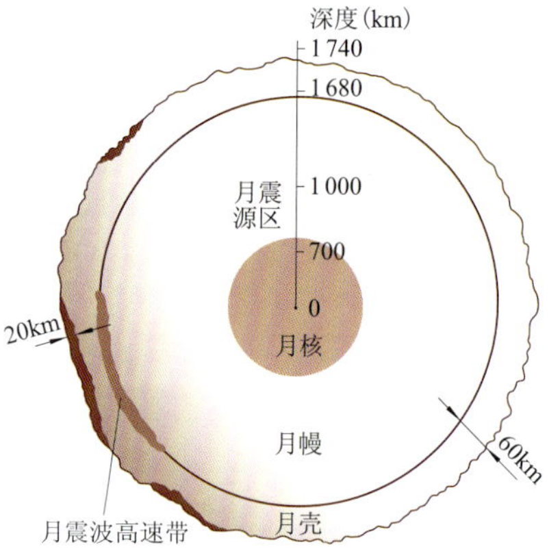

图2 月球内部构造示意图

月岩 月球上岩石的统称。月面主要有三种类型的岩石：①主要组成月陆的富铝斜长岩（含Al_2O_3 15%～20%），为距今42亿～40亿年前月球内部的岩浆分离结晶作用所形成。②富铁的（有时是富钛的）月海玄武岩，是距今39.5亿～31.5亿年前月球内部的局部熔融而喷发的火山熔岩。③由含丰富的放射性元素和难熔微量元素组成的苏长岩。这些岩石与地球上的岩石有类似之处。只在月球高地上有一种地球上没有的岩石——克里普岩（KREEP）。它在月球上分布很广泛，是岩浆分异或残余熔浆结晶形成的富含挥发组成元素的岩石，有人称之为“月球上的花岗岩”。它的成分就是它的名字所标明的那样：K为元素钾，REE为稀土元素，P为元素磷。

已发现月岩含有近60种矿物，其中有6种是地球上尚未发现的矿物，如三斜铁辉石〔$CaFe_6(SiO_3)_7$〕、低铁假板钛矿〔$(Mg,Fe)Ti_2O_5$〕、钛铬铁矿〔$(Fe,Ti,Al,Cr)_3O_4$〕、静海石〔$Fe_8^{2+}(Zr+Y)_2Ti_3Si_3O_{24}$〕和类似静海石的富锆矿物（X及Y相）。月岩中的矿物几乎不含高价铁，也不含水。在月岩和月壤中发现有地球上的全部化学元素。月岩中发现有机化合物和生命物质的迹象。

月球的演化 月球与其他天体一样，也有它的发生、发展、演化与衰亡的过程。现代的月球已经是一个“死亡”了的天体。这个过程经历了六个阶段。①形成前阶段（距今58亿～46亿年）。在太阳的不同距离、不同空间的温度区域，形成了化学成分不同的星云盘。②月球的形成及其初始阶段（距今46亿～44亿年）。即在太阳系各天体

基本形成时也同时形成了月球。③区域熔融与月球高地形成阶段（距今44亿～40亿年）。这个时期称为前雨海纪。④月海的形成和月海泛滥阶段（距今40亿～31亿年）。这个时期形成了月海，因而称为雨海纪和风暴洋纪。⑤晚期演化阶段（距今31.5亿～8亿年）。又称艾拉托逊纪。这个时期仍频繁有小天体撞击月球，但月球的地质作用已经基本结束，月面的形态没有多大的变化，局部仍有小型岩浆活动和火山活动。⑥哥白尼纪（8亿年前至今）。8亿年以来，月球内部的化学演化几乎完全处于停滞状态。但近500万年来，太阳系的小天体还是经常光顾月球，形成与此前不同的、具辐射纹的撞击坑。

经过45亿年的演化，月球已成为一个内部能源近于枯竭、内部活动处于停滞的僵死的天体，仅有极其微弱的月震，表明它“僵而未死”。当今月球表面的偶尔的小天体撞击与巨大的温差是主要地质营力。它使岩石机械碎裂、月壤层增厚、地形缓慢夷平。现今月球表面是一个无大气、无水、干燥、无声、无生命活动的死寂的世界。

月球资源　月球上有丰富的铁、钛、稀土元素、钍、铀和氦-3资源。铁与钛资源主要赋存于月海玄武岩中。克里普岩蕴藏着丰富的铀、钍和稀土元素资源。月壤中有氦-3(^{3}He)100万～500万吨。这些(^{3}He)来自微陨石的冲击和太阳风粒子的注入。

“月球”号探测器　Luna probe　苏联不载人月球探测器系列。任务是以逼近飞行、绕月飞行、硬着陆、软着陆、取回样品等方式，通过拍照、自动测量、采样分析、月球车实地考察，对月球和近月空间进行探测。从1959年1月至1976年8月共发射成功了24个探测器。“月球”1～3号是以直接到达月球的方式发射的探测器。1959年9月12日发射的“月球”2号于莫斯科时间14日0点02分24秒击中月球，在将要撞击月球表面的瞬间发回了关于月球附近不存在强磁场和辐射带的信息。它是世界上第一个击中月球的人造物体，也是世界上第一个到达地球以外其他天体的航天器。“月球”4～14号是按先进入绕地球飞行轨道，然后再从这个轨道飞向月球的方式发射的。1966年3月31日，“月球”10号探测器发射入轨，4月3日飞抵月球附近，进入环绕月球运行的轨道，成为月球的第一颗人造卫星。“月球”15～24号发展成为月球自动科学站。“月球”24号于1976年8月18日在月球危海东南部软着陆，用挖掘机从2米深处挖取了约1千克的月球岩样，22日回收舱携带月球岩样品返回，在西伯利亚地区着陆。

“月球”9号探测器

月球探测　lunar exploration　借助航天器对月球进行探测研究的航天活动。1959～1976年，苏联和美国开展了规模浩大的月球探测活动，先后发射了76个月球探测器，成功的有45个。1969年7月16日美国发射“阿波罗”11号飞船，20日登上月球（见图）。这一时期在探测方式上从飞越月球、逼近月球、环绕月球、撞击月球发展到在月面上软着陆、月面巡视探测、载人登月采样并返回地球。在探测目标上，从探测地-月空间环境、月球空间环境、月球大气、月球表面环境，发展到在月球表面上直接进行岩石、土壤的就位分析和采集样品并返回地球进行科学研究。1976～1994年是月球探测的低潮期，除日本于1990年发射的“飞天”号探测器曾飞越过月球并获取了一些相关的数据外，人类没有发射任何月球探测器。20世纪90年代后，美国、俄罗斯、欧洲空间局、日本、中国和印度等国都相继提出并开始实施了新的一轮月球探测计划。美国于1994年发射“克莱门汀”号和1998年发射“月球勘探者”号环月探测器，2003年欧洲空间局发射了Smart-1月球探测器。

“阿波罗”11号的美国宇航员之一B.奥尔德林登上月球

中国月球探测工程一期（绕月）工程于2004年1月批准立项。2007年10月24日，第一颗月球探测卫星“嫦娥”1号发射成功。2010年10月1日，“嫦娥”2号探测卫星发射升空。

月球探测器　lunar probe　对月球进行探测的无人航天器。1959年1月，苏联发射了第一个月球探测器“月球”1号（见“月球”号探测器），此后美国发射了“徘徊者”号探测器、“月球轨道环行器”、“勘测者”号探测器。1990年1月，日本发射“飞天”号探测器，同年3月，“飞天”号探测器开始向月球接近，并释放出一颗绕月球运行的小型月球轨道器，质量11千克。1994年1月，美国发射的“克莱门汀”号探测器，发回180万幅月球图片，发现月球极区有水冰迹象。1998年1月，美国发射的“月球勘探者”月球探测器，发现月球两极有大量水冰的迹象，但1999年7月该探测器撞击月球南极溅起的土壤碎粒中并未发现水的踪迹。2007年10月，中国发射了首颗月球探测卫星“嫦娥”1号（见中国月球探测工程），获得大量数据。月球探测器进行探测的主要方式有：①在月球近旁飞过或在其表面硬着陆，探测月球周围环境和拍摄月球照片。②以月球卫星的方式获取信息，特点是探测时间长并能获取较全面的资料。③在月球表面软着陆，可拍摄局部地区的高分辨率照片和进行月面土壤分析。

月食　lunar eclipse　地球上看到月球进入地球的影子后月面变暗的现象。如果地球绕太阳的轨道与月球绕地球的轨道是在同一平面上，则每逢农历十五或十六，日地月三者将处在一直线上，使月球处在地球的影子里面而显得暗淡无光，就是月食。但实际上地轨和月轨并非在同一平面上，而是相互倾斜5°9′的交角。因此一般情况下，在望日并不会发生月球进入地球影子的月食。只有当月球运行到月轨和地轨平面的交界线附近又逢望日时，日地月三者才会正好或近于一条直线，使射向月球的太阳光被地球遮挡，出现月食现象。这就是月食总是发生在望日（农历十五或十六），但并非每逢望日都有月食的原因。

当月球的一部分进入地球本影时，进入地影的月面部分将变暗，就是月偏食；当月亮整个进入地球本影时，整个月轮将显得暗淡，就是月全食。若月亮仅仅是进

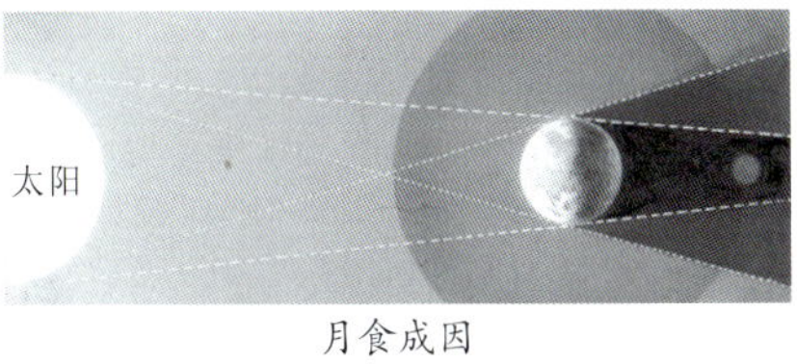

月食成因

入地球的半影，天文学上称为半影月食，这时月球的亮度减弱很少，肉眼是觉察不到的，一般不称为月食。实际上即使是处在地球本影中的月偏食和月全食，被食的部分月轮或整个月轮也并非完全暗黑，而是呈暗弱的古铜色，这是地球大气对太阳光散射和折射造成的。

月球在地影中由西向东运动，因此与日食相反，月食总是从月轮的东边缘开始，在西边缘结束。月全食的整个过程包含初亏、食既、食甚、生光、复圆五个阶段。

天文学家的计算表明，发生月食的机会比日食少，但每次月食时，地球上夜间半球的居民都可看到，因此对任一地区来说，看到月食的机会反而比日食多。

月相 Moon, phases of 月球圆缺（盈亏）的各种形状。月球本身不发光，只是反射太阳光。月球绕地球运转，地球绕太阳运转，月球、地球和太阳三者的相对位置不断变化，因此，地球上的观测者所见到的月球被照亮部分也在不断变化，从而产生不同的月相。月相与月球、太阳之间的黄经差有对应关系，当黄经差为0°、90°、180°和270°时，月相依次称为新月（朔）、上弦、满月（望）和下弦。月相更替的平均周期即朔望月的平均长度等于29.530 59平太阳日。月相可从月龄大体上推算出来。中国夏历（农历）日

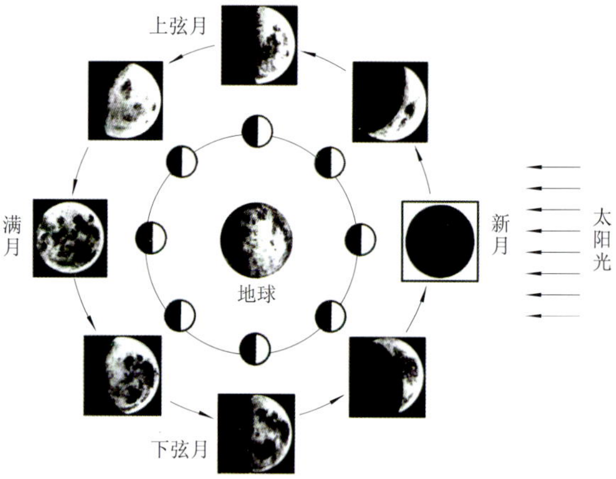

月相成因

期基本符合月相变化。每月初一必定是朔；至于望，则可能发生在十五、十六、十七这三天中的某一天，以十五、十六居多。

月牙泉 Yueya Spring 中国塞外名胜。位于甘肃省敦煌市鸣沙山北麓。古称沙井，俗名药泉。两个相对高度80～90米的沙丘间低地中的湖泊。呈东西走向，形如一弯新月，弧形向北突出，长360米，宽30～40米，最深处40米。地势南北高、东西低，水流多从西山口入，东山口出。风则随山转，从东南口入，急旋上升，于是月牙泉周围山上塌下的沙子又被送到四面的沙山脊上，从西北口吹出，而月牙泉永久碧水粼粼。湖水极清且味甚甜美。传说泉中产铁背鱼、七星草，

月牙泉鸟瞰

吃了可长寿，故又名“药泉”。湖岸四周有小片平坦台地，北岸杂草丛生，南岸多树木，有龙王庙、菩萨殿、玉皇楼、雷公台、药王庙和接官厅等建筑。

月鱼 Lampriformes; opah 硬骨鱼纲月鱼

目动物的统称。共有11科20属约39种。中国2科2属2种。广泛分布于各海域。体延长呈带状，卵圆形或椭圆形，侧扁；头部无棘及锯齿；有些有眶蝶骨；无中喙骨；腰骨与喙骨相连接；箭耳石与星耳石很特化，星耳石甚大；口小，两颌一般能伸缩，无后耳骨；牙细小或无；有假鳃；体通常具圆鳞或无鳞，或呈瘤状凸起；各鳍无真正鳍棘；腹鳍如存在时位于胸鳍下方或稍后，有1～17鳍条；臀鳍有或无；鳔无鳔管。

《月月小说》 *All-Story Monthly* 中国近代小说期刊。月刊。清光绪三十二年（1906）九月在上海创刊，三十四年十二月停刊，共出24期。总撰述吴趼人（吴沃尧），总译述周桂笙。《月月小说》以“辅助教育改良群治”为宗旨，希望借小说改良社会，开通民智。重视历史小说，注重道德教育。在当时小说期刊中容量最大，形式也较活泼。所载小说，撰著以吴趼人居多，译著以周桂笙较多。译著中以侦探小说、虚无党小说为多。重视和提倡短篇小说是《月月小说》的重要特色。

月氏 Yüeh-chin; Indo Scyths 古代中亚游牧部族名。先秦古籍记作“禺知”、“禺氏”、“牛氏”等。公元前2世纪以前大致游牧于今祁连山以西直至天山、阿尔泰山东麓一带，一度势力强盛，匈奴曾送质子于月氏。约前177～前176年，月氏为匈奴所败，放弃上述故地，迁至伊犁河、楚河流域，原居此处的塞种部落被迫西走。史称西迁的月氏人为“大月氏”，而称不克迁徙、求庇于祁连山和阿尔金山等处羌人部落的老弱为“小月氏”。小月氏后来逐步与羌人融合。

前130年左右，伊犁河、楚河流域的大月氏又被新兴的游牧部族乌孙所逐，经由今费尔干那地区，西迁至妫水即阿姆河流域。原居此处的大夏被击败，臣服于大月氏。大月氏先设王庭于妫水北岸，后移至水南原大夏国都监氏城（今阿富汗巴尔赫），以统治原大夏国核心地区，而扶植原大夏国人为五翕侯，控制东部山区。这一地区土地肥沃，游牧的大月氏人，遂逐步走向农耕。

前138年，西汉派张骞出使西域，旨在联合大月氏共同打击匈奴。武帝元封间（前110～前105）大月氏曾再次使汉。哀帝时，西汉与大月氏尚有往来。元寿元年（前2年），博士弟子景卢曾从大月氏使者伊存口受《浮屠经》。

约前1世纪中，原大夏五翕侯之一的贵霜翕侯丘就却兼并其余四翕侯，自号贵霜王。不久取大月氏而代之。

《乐府诗集》 *Collection of Yuefu Poetry* 上古至五代乐章与歌谣总集。全书共100卷。中国南宋初人郭茂倩编。郭茂倩，祖籍郓州须城（今山东东平），生卒年及经历不详。《乐府诗集》把历代乐章歌谣按性质分为“郊庙歌辞”、“燕射歌辞”、“鼓吹曲辞”、“横吹曲辞”、“相和歌辞”、“清商曲辞”、“舞曲歌辞”、“琴曲歌辞”、“杂曲歌辞”、“近代曲辞”、“杂歌谣辞”和“新乐府辞”12大类。每类之中又按曲调分为若干小类，并在题下对该曲调的性质和演变作了说明。尤其是一些民歌、谣谚，往往散见各类典籍，前人大都忽视，而此书收集则颇完备，后来一些研究著述，多以此书为依据。

收录各种曲调往往先录无名氏所作“古辞”，再录后来文人拟作，依时代先后顺序，使读者能够清晰地看出每一曲调的发展演变过程及历代作家相互影响的轨迹。尤其是关于一些曲调的说明，征引南朝宋张永的《元嘉正声伎录》、齐王僧虔的《伎录》及陈释智匠的《古今乐录》诸书。这些典籍今已亡佚，不少佚文均赖该书得以保存。

通行本均以明汲古阁刊本为底本。文学古籍刊行社有影印宋刻残本，所缺部分以元刻及旧抄本配补。1980年中华书局排印余冠英先生等点校本。

乐府诗体 yuefu poetry style 中国古代诗歌体裁。有广、狭二义：狭义指由汉代乐府官署创制的乐章和搜集的民歌俗曲和歌辞；广义指包括两汉特别是魏晋以后历代文人作家仿制而不入乐的讽诵吟咏的诗歌作品，泛称乐府诗。“乐府”本是汉代专门掌管音乐的官署名称，汉代人把当时由乐府机关所编录和演奏的诗篇称为“歌诗”，魏晋六朝时人开始称这些歌诗为“乐府”或“乐府诗”，并把它们单独成类（刘勰《文心雕龙》、萧统《文选》）。

在文学史上，所谓乐府体诗，既指由乐府机关收录的作品，也指魏晋以后历代作家仿制的乐府作品。这种仿制作品有几种不同情况：①按照乐府旧的曲谱，重新创作新辞入乐的诗。②沿用乐府旧题，继承和仿效旧乐府诗的精神和艺术特色，实际已不入乐的诗。③不袭用旧题，完全自立新题、新意，又称“新乐府”，也是不入乐的。这3类中，以第二类为最多和最常见。

汉乐府诗打破了自《诗经》以来，以四言为诗歌正宗的传统，创造了杂言诗，并首先创制了完整的五言诗。汉乐府诗中有较多的叙事诗，标志着中国古代叙事体诗歌的新发展。南北朝乐府在形式上则以五言、四句的短章为主，间或也有一些四言、七言和杂言体。它对后世“绝句”诗的兴起有直接影响。此外，宋以后亦有从乐的角度称词、曲为乐府的。

《乐府雅词》 中国今存最早的一部宋人选编的宋词总集。南宋曾慥编。书分上、中、下3卷，《拾遗》上、下2卷，共选录50家词。编定于绍兴十六年（1146）。卷上分《转踏》、《大曲》、《雅词》3类，都是研究唐宋歌舞曲的重要资料。南宋以后主张典雅的词人，反对柳永、周邦彦词的“软媚”，故未选柳永、晏殊、晏幾道、秦观等人词。对欧阳修的某些艳词也悉删去。此书选词颇精，朱彝尊《乐府雅词跋》对其评价甚高：“作长短句必曰‘雅词’，盖词以雅为尚。得是编，《草堂诗余》可废矣。”《四库全书总目》卷一九九《乐府雅词》提要也称其“具有风旨，非靡靡之音可比”。此书有明赵辑宁星凤阁校抄本，《词学丛书》本和《粤雅堂丛书》本。

乐清市 Yueqing City 中国浙江省辖县级市。在省境东南沿海，瓯江北岸，东临乐清湾。面积1 174平方千米。人口139万（2010），有汉、畲等民族。东晋宁康二年（374）析永宁县地置乐成县。五代梁开平二年（908）改为乐清。1981年属温州市。1993年撤县设市。由温州市代管。西北为雁荡山地，东南为海积平原。夏秋多台风。农作物以水稻、甘薯、小麦、油菜为主，并产柑橘、梨、茶叶、席草。沿海产带鱼、黄鱼、墨鱼、梭子蟹等。乐清湾为中国重要浅海养殖基地，主养蛏、蚶、牡蛎、海带、对虾等。工业有机械、电器、电子、建材、化工、食品、罐头等。传统工艺品有黄杨木雕、十字花台布、花边、草编等。名胜古迹有雁荡山国家级风景名胜区、乐清东塔、王十朋墓、高友玑墓、雁荡山龙鼻洞摩崖石刻等。

乐史 Yue Shi（930～1007） 中国北宋传奇作家、地理学家。字子正。抚州宜黄（今属江西）人。初仕南唐，入宋后为著作郎、直史馆等。著述甚丰，撰述传奇小说亦多。今存《广卓异记》20卷，《绿珠传》1卷，《杨太真外传》2卷。其中《绿珠传》、《杨太真外传》流传较广。宋以后据《杨太真外传》而衍为诸宫调、杂剧、传奇等。地理书《太平寰宇记》193卷，虽间杂小说家的虚妄之言，但辑述地志，采摭繁富，征引群书至百余种，考据精审，为后代方志之始。

乐毅 Yue Yi 中国战国后期名将。生卒年不详。灵寿（今河北灵寿西）人。魏将乐羊后裔。初仕于赵国，又奔魏国。后赴燕国为亚卿。周赧王三十一年（前284）率秦、韩、赵、魏、燕五国联军，大败齐军主力于济水西。尔后率燕军乘胜深入，破齐都临淄（今山东淄博东北），被封为昌国君。继又兵分五路，半年内攻下70余城。后围攻莒（今山东莒县）、即墨（今山东平度东南）3年未下，被新即位的燕惠王疏远，失去兵权。被迫单骑奔赵，被赵王封于观津（今河北武邑东），号望诸君。以客卿身份往来燕、赵间。后卒于赵国。

岳飞 Yue Fei（1103～1142） 中国南宋名将，军事家。字鹏举。相州汤阴（今属河南）人。靖康元年（1126）投军抗金，因作战勇敢升秉义郎。建炎三年（1129），金将完颜宗弼渡江南进，岳飞时任江淮宣抚使司右军统制，率部转战广德（今属安徽）、宜兴（今属江苏）地区，袭扰金军，多次获胜并收复建康，升任通泰镇抚使。绍兴三年（1133），金扶植的刘豫政权派军攻占襄阳（今属湖北）等郡。次年四月，岳飞自江州（今江西九江）挥师北上，大败刘豫军，收复六郡，因功授清远军节度使。五年夏，奉宋廷之命镇压洞庭湖地区的杨幺农民起义军。六年，任湖北京西路宣抚副使，举兵奇袭刘豫军，以部分兵力东向蔡州（今河南汝南）诱其来攻，主力自襄阳出击伊阳（今河南嵩县），收复今豫西、陕南大片失地。七年，岳飞乘金朝废除刘豫之机，提出举兵收复中原的主张，后多次上书反对与金议和，均遭高宗和宰相秦桧拒绝。十年，完颜宗弼毁约南进。岳飞按照其连结河朔进军中原的方略，遣将联络北方义军，袭扰金军后方，自率主力北上，在郾城颍昌之战中击败金军主力。正当岳飞行将渡河时，高宗、秦桧却向金乞和，诏令各路宋军回师，致使岳飞恢复中原的计划功败垂成。次年回临安，被解除兵权，改授枢密副使。十二月二十九日，被高宗、秦桧以“莫须有”的罪名杀害。其子岳云和部将张宪也被杀。宋孝宗继位后为岳飞平反昭雪。淳熙五年（1178），谥武穆。宋宁宗嘉泰四年（1204）追封鄂王。宋理宗宝庆元年（1225），改谥忠武。

岳飞精韬略，善运筹，博采众谋，用兵善谋机变，不拘常法，强调运用之妙；严于治军，重视选将，信赏明罚，体恤部属，故常能以少胜众。

岳麓书院 Yuelu College 中国古代书院。位于湖南省长沙市岳麓山艳黄洞下。始建于北宋开宝九年（976），由潭州太守朱洞创建。宋室南渡时被毁，南宋乾道元年（1165）重建，著名理学家张栻、朱熹主持讲学，学生多至千余人。以后屡次废建，现存多为清代建筑。主要有文昌阁、御书楼、湘水校经堂、半学斋等。清光绪二十九年（1903）改湖南高等学堂，后又改为高等师范学校。1918年湖南省立高等工业专门学校迁此。1925年湖南工业专门学校、商业专门学校与法政专门学校合并，改为湖南大学。

岳石文化 Yueshi Culture 中国夏商时期的青铜文化。主要分布在山东省，向西、向南可达豫东、皖西北和苏北。分为若干个地方类型。年代上限为公元前1900年左右。在鲁西南，于商前期逐渐被商文化所取代；在胶东地区延续较久，后发展为珍珠门文化。岳石文化可能是东夷的文化遗存。20世纪前半期已发现，当时被归入龙山文化范围。80年代初从龙山文化中分出，独立命名。已发现的城址有山东章丘城子崖、桓台史家、临淄田旺、五莲丹土等。一些遗址出土长方形和方形的地面式房址。发现小件青铜器。山东龙口市出土1件青铜甗，与岳石文化的陶甗相似，可能属于此文化。石器有刀、镢、锄，以及铲、斧、锛、凿、镰、钺、矛、镞等。陶器主要有罐、盆、器盖、豆、尊、甗、盒、鼎、盂、碗、盘等。分手制和轮制两种，有些地区有彩绘陶器。陶器造型流行子母口和凸棱，器物大多卷沿。此文化与夏家店下层文化、二里头文化、二里岗文化、湖熟文化、马桥文化等有某种程度的交流。

岳阳楼 Yueyang Pavilion 中国湖南岳阳西门城楼。与湖北黄鹤楼、江西滕王阁并

称为江南三大名楼。始为三国时吴国都督鲁肃训练水师时构筑的阅兵台。唐开元四年（716）在阅兵台旧址建楼，因位于大岳山之阳，故名。此楼因北宋范仲淹作《岳阳楼记》而名扬天下。唐宋以来此楼重修达30余次，现存建筑为清同治六年（1867）建。1988年国务院公布为全国重点文物保护单位。

楼造型庄重，为三檐三层盔顶纯木结构。主楼平面呈长方形，宽17.24米，深14.54米，通高19.72米。四面环明廊，中间以4根楠木柱承荷全楼大部分重力，再用12根柱为内周，支撑二楼。外围绕以20根檐柱，彼此牵制，结为整体。飞檐与屋顶用伞形架传载荷重，屋檐下斗栱的形式似北方建筑中的“如意斗栱”，层垒相对，是罕见的建筑结构。全楼榫卯交接，未用一钉，工艺精巧，结构严整。楼内悬挂清乾隆年间书法家张照书写的《岳阳楼记》大型雕屏。

岳阳市 Yueyang City 中国湖南省辖地级市。国家历史文化名城。位于省境东北部，扼洞庭湖与长江汇口。东与江西省交界，北与湖北省毗邻。辖岳阳楼、君山、云溪3区和岳阳、华容、湘阴、平江4县，代管汨罗、临湘2市。面积14 898平方千米。人口548万（2010），有汉、回、壮、苗等民族。春秋、战国属楚。隋为岳州治。元以后为岳州路、府治。1913年改岳阳县。1975年置岳阳市。属亚热带湿润季风气候。农作物有水稻、甘薯、油菜和蔬菜等。银鱼、金龟、鳖、虾等名贵水产和君山银针茶、湘莲等产品在国内外享有盛誉。南湖有国家一、二级保护动物白鳍豚和中华鲟。工业以石油、化工、机械、造纸、建材、电力、饲料为支柱产业。水运以洞庭湖为中心，南通湘、资、沅、澧四水，北出长江。有岳阳港和城陵矶港。名胜古迹有岳阳楼、洞庭湖、君山、慈氏塔、鲁肃墓、岳州文庙等。

岳钟琪 Yue Zhongqi（1686～1754） 中国清代雍正、乾隆朝名将。字东美，号容斋。四川成都人。北宋名将岳飞后裔。康熙五十年（1711），由捐纳同知改武职，授游击。五十七年擢副将。五十八年，准噶尔大策零敦多布袭击西藏。次年，奉命率军随定西将军噶尔弼入藏，直抵拉萨，击败准噶尔兵。六十年升四川提督。雍正元年（1723），参赞抚远大将军年羹尧军务。次年，授奋威将军，率军平定罗卜藏丹津叛乱。以功封三等公，三年授川陕总督。六年，湖南靖州生员曾静使学生张熙投书岳钟琪，称他是岳飞的后裔，劝他起兵反清。岳钟琪向朝廷告发，曾静等被捕解京，构成雍正朝最严重的文字狱，杀戮惨重。七年，授宁远大将军，主持西路军务。后因坐失战机，致使准噶尔入犯哈密，劫掠牲畜、抢夺粮饷。削爵夺职，拘兵部，后获释家居。乾隆十二年（1747）金川之役（见大小金川之战），清军师久无功，清廷以其久官四川，以总兵衔启用。不久，授四川提督。十四年正月，轻骑入勒乌围，说降大金川土司沙罗奔，金川遂平定。加太子少保，授兵部尚书衔，还四川提督任，赐号威信。乾隆十九年病死。谥襄勤。著有《姜园集》、《蛩吟集》等。

阅兵 military review 对武装力量进行检阅的仪式。为世界各国的一项重要军事礼仪制度。目的是展示国防实力，显示国威军威，振奋民心，震慑敌人，激励部队士气，保持良好的战备状态，提高部队的战斗力。阅兵通常在重大节日、国家迎送宾客或军队出征、凯旋、校阅、授旗、授奖、军事演习、院校学员毕业典礼等场合进行。有陆上、海上、空中阅兵等方式。分为阅兵式和分列式。阅兵式是阅兵者徒步、骑马或乘车从受阅部队的队列前通过，进行检阅的仪式；分列式是受阅部队从检阅台前通过，接受阅兵者检阅的仪式。中华人民共和国建立后至2009年，举行过14次国庆大阅兵。

邓小平检阅中国人民解放军、中国人民武装警察部队及民兵（1984-10-01）

阅读 reading 从书面材料中获取信息的过程。书面材料主要是文字，也包括符号、公式、图表等。首先是把文字符号变成声音，后达到对书面材料的理解。阅读是一种主动的过程，是由阅读者根据不同的目的加以调节控制的。

朗读是指出声诵读，默读则指没有明显发声的诵读。在某些情况下，如诗词欣赏，朗读有特殊功用，但就从书面材料中获取知识而言，默读更为重要，理解文字材料主要靠默读。阅读时的眼动是一系列的跳动，跳动本身历时很短，而且不能产生对文字的清晰视觉。对文字的清晰视觉都是在注视时得到的。

影响阅读理解的外部因素包括文字材料和情境的物理特点，如：照明条件，文字的字体、型号等；文字材料的易读度，如字词的常用程度，句子的长短与结构的繁简，命题密度（即在一定长度的材料中出现的概念数）等；材料的概括与抽象的程度；由外部确定的阅读目的，等等。影响阅读理解的内部因素主要是阅读者的知识基础。此外，阅读者的注意、记忆和思维也都是重要的内部因素。

跃层 cline; leaping layer; strong gradient layer of sea water characteristic 海水的温度、盐度、密度和声速等状态参数随深度变化显著的水层。

在温度、盐度、密度和声速四类跃层中，只有温度跃层和盐度跃层可以“独立”出现，密度跃层和声速跃层则依附前两者而伴生。在温度和盐度两类跃层中，对某一海区或某一时段而言，其中之一又往往起主导作用。

按要素随深度的变化是递减还是递增，可将跃层分为正常跃层、逆跃层。正常跃层若按跃层所在深度的深浅划分，可分为浅跃层和深跃层，深水区会出现双跃层。按跃层成因和跃层变化的时间尺度划分，可将跃层分为主跃层、季节性跃层和短时性跃层。

主跃层（或主温跃层）又称永久跃层（或永久温跃层），是大洋热力结构的重要组成。其强度在经向和纬向都有变化。在纬向上，赤道附近的主跃层较强、较薄，其上界深度也较浅；随着纬度增高，主跃层在中纬度逐渐变弱，上界深度变深，厚度也稍微增加；在较高的纬度，主跃层重新变浅，厚度减小，强度加大；最后，在极锋区出现于海洋表层。大洋主跃层的存在，对于海洋深层中的声传播有重大影响。

季节性跃层（或季节性温跃层）主要是中纬度海区的一种特征，在春季和夏季形成并发展，深度一般在50～100米，其深度和强度具有明显的季节性变化。在秋季和冬季，由于海洋表层受冷却和强风的搅拌混合作用，上层混合得相当均匀，原先在春夏两季发展起来的季节性跃层的位置下降，温度梯度也较弱，几乎变成等温水层，直到深度为200～300米的主温跃层的上界为止。

短时性跃层　具有代表性的是周日温跃层，这是海洋上混合层中温度周日变化所导致的一种跃层。除周日温跃层外，还存在与天气过程有关的短时性跃层。

越　Yue Tribe　中国古代南部民族名。狭义指先秦时建都会稽（今浙江绍兴），战国初一度强大争霸中原的越国及其部族。广义是对战国、秦、汉时期自交趾至于会稽七八千里的沿海地区（略当今苏、浙、闽、台、粤、桂六省区及越南北部）及其土著居民的泛称。这一地区为《禹贡》扬州之域，故又称“扬越”；因其居民“非一种”，“各有种姓”，故又称“百越”。据其语言、习俗和地域的差异，秦汉时的越人依当时的称谓又可分为东瓯、闽越、南越、西瓯和雒越。

越式铜鼎（西汉，1983年广州市象岗山南越王墓出土）

东瓯和闽越（略当今浙、台、闽一带）源出先秦之越。越国在战国后期为楚所灭，其部族首领仍称越君。秦王政二十五年（前222）继灭楚之后，降服了越君，以其地置会稽郡（治今江苏苏州）。秦统一六国后，随即派兵大举进攻百越，废闽越王无诸和东海王摇，以其地置闽中郡（治今福建福州）；开新道、凿灵渠以行军运粮，于秦始皇帝三十三年平定南越、西瓯（今两广地区），设置南海、桂林和象郡（分别治今广东广州、广西桂平西南古城和广西崇左境），大徙中原之民与百越杂处。但西瓯余众退据丛林继续抵抗，并曾挫败秦军，秦军统帅屠睢死于此役。

随着历史的发展和变化，汉初越之族称、住地和活动史迹、区别更加明显，东瓯（东海）、闽越、南越、西瓯等逐渐形成几个较强的部分。东瓯在今浙江省南部的温州一带；闽越在今福建省福州一带；南越在今广东省境，继发展到广西及以南地区；西瓯大概分布在今广东西部、广西南部及以南地区；雒越主要分布在越南北部。这些部分都形成了政治中心，都与汉王朝有密切关系，如闽越第一代君主无诸和东海第一代君主摇，都受汉朝封号。南越王赵佗原是河北真定人，秦时为南海郡龙川令，后为南海郡尉，乘秦末之乱，以武力平定了桂林、象郡，占有整个岭南3郡，建南越国，与汉朝关系有时臣服，有时背叛。西瓯似未有统一的政治组织，处于部落分散状态，被秦征服后属桂林、象郡，后又被赵佗征服，成为南越的一部分。越族建立的这些政治中心，后来都被汉武帝征服，改为汉朝的郡县。此后，百越这个名称不见于史载，越族之名也罕见。

三国时期，在吴国统治区有山越，分布于今安徽、江苏、浙江、江西、福建、湖南、广东、广西等地，与汉族进行密切的政治、经济、文化交流，逐渐同化于汉族。隋唐时，山越还偶见于文献记载，宋以后，即不复出现。

此外，三国时在今福建北部有“安家之民”，在今台湾有“山夷”；隋时在台湾有“流求土人”。这些都是一部分越族的后裔。

越、百越这些族称在文献上消失，并不是这些古老民族的消失，而是发生了变化或被其他族称所代替。现在中国南方壮侗语族、苗瑶语族各民族以及东南亚一些民族，都与古代越族有一定的渊源关系。

百越具有自己的民族语言和生活、文化特点。越语为黏着型，不同于汉语的单音成义，故越语译成汉语时一字常译为两字，如爱为“怜职”，热为“煦蝦”。有人认为越语与今壮侗语族的语言相似。百越的生活、风习也有特点，主要是断发文身，契臂为盟，多食海产，巢居，善使舟及水战，以及善铸铜器，如青铜剑、铜铎（大铃）等。

越城岭　Yuecheng Ridge　中国南岭山地之一。湘江、漓江、资水、浔江的分水岭。位于广西壮族自治区东北部和湖南省边境。山体由古老花岗岩和变质岩组成，呈东北—西南走向，是典型的断块山地。越城岭有广义和狭义之别。广义指湘桂谷地以西、浔江谷地以东，大平山以北的山地，最高峰为猫儿山，海拔2 142米，亦为广西第一高峰。狭义仅指资水以东、湘桂谷地以西的山地，最高峰为真宝顶，海拔2 123米，为广西第二高峰。越城岭一般海拔1 500米左右，为南岭山地“五岭”之首。是广西重要林业区。

越飞　Ioffe, Adolf Abramovich (1883-10-10～1927-11-16)　1922年7月苏俄派至中国的特命全权大使。生于俄国克里木，卒于莫斯科。1900年开始参加社会主义运动。1908年在维也纳与L.D.托洛茨基编辑《真理报》。1912年被沙皇政府逮捕，流放西伯利亚五年。1917年8月当选为俄共（布）六届后补中央委员。11月7日在彼得格勒参加推翻临时政府的武装起义，任军事委员会委员。次年3月，参与苏俄与德国及其盟国的外交谈判和《布列斯特-立陶夫斯克和约》的签订。1922年8月，以苏俄特命全权大使身份抵达中国北京谈判两国建交问题，因双方在中东铁路、外蒙古问题上意见严重分歧，未能达成协议。次年1月南下上海会见孙中山，并签署《孙文越飞宣言》。随后与孙中山代表廖仲恺同赴日本养病及会谈落实宣言具体措施。7月被召回国。1924年后相继任苏联驻奥地利、加拿大大使。1925年加入联共（布）以季诺维也夫、加米涅夫为首的“新反对派”。后因不堪忍受党内政治打击自杀身亡。1987年恢复名誉。

越轨行为　deviance　违反社会所接受的或社会正常规范的行为。又称离轨行为或偏离行为。对于越轨行为的理解有两个完全不同的社会学视角。功能主义认为，越轨是一种病态的、不正常的行为，是一种社会问题；而从冲突论的观点看，“越轨行为”是居于统治地位的群体将符合自己利益的行为视为“正常”，将不符合自己利益的行为视为越轨。

越轨行为的特点主要表现在：①具有相对性。总是在特定的时间、地点和条件下才成为越轨行为。②必须是违反了重要的社会规范的行为。③是多数人不赞成的行为。④不完全等同于社会问题。只有当某种越轨行为频繁地发生且对社会造成危害，使相当数量的人受到威胁时，才会转化为社会问题。⑤行为越轨的程度以及受到惩罚的程度取决于该种行为所触犯的规范的重要性。

越轨行为的类型主要有：①不适当行为。违反特定场合的特定管理规则，但对社会并无重要损害的行为。②异常行为。多指因精神疾病、心理变态导致的违反社会规范的行为。③自毁行为。违反社会规范的自我毁坏或自我毁灭的行为，如吸毒、酗酒、自杀等。④不道德行为。违反人们共同生活及行为准则的行为。通常会受到舆论的谴责。⑤反社会行为。对他人与社会造成损害以至严重破坏的行为。⑥犯罪行为。违反刑事法规而应受刑事处罚的行为，与反社会行为同属最严重的越轨行为。

越轨行为产生的原因主要有3个方面：①社会原因。越轨行为的发生与其所处的社会环境是不可分的。②个人心理原因。任何个人行为都是个人需求与自我控制力相互作用的结果。当个人需求的力量过于强大，而自我控制的力量过于弱小时，就容易出现越轨行为。③个人生理原因。意大利犯罪学家C.龙勃罗梭提出了天生犯罪类型说，企图从罪犯身上找到一些异常特征来说明犯罪与生理的联系。他的天生犯罪说曾盛极一时，但后来受到来自各方面的抨击。20世纪60年代以来，出现了生物染色体的研究。一些学者发现，监狱的男性犯人中染色体为XYY结构的比例较高，并断言找到了越轨行为的生理原因。但后来的研究推翻了这一说法。

越剧 Yueju opera 中国戏曲剧种。清光绪三十二年（1906）春节期间，浙江嵊县（今嵊州市）农村6名说唱艺人首次化装登台，只用笃鼓、檀板按拍击节，的笃之声不断，故被称为“的笃班”，又名“小歌班”。1916年后，数度进入上海，为区别于“绍兴大班”，以“绍兴文戏”之名演出。在伴奏、唱腔、表演等方面，也借鉴**绍剧**、**京剧**等剧种。1923年，在嵊县办起第一个女子科班，短期训练后即以“绍兴文戏”、“文武女班”之名进入上海演出。1936年后，女

越剧《孔雀东南飞》剧照（陈佩卿饰焦仲卿，张茵饰刘兰芝）

班终因扮相俊美，曲调流畅，而取代了男班，盛行于浙江和上海，时称“女子文戏”。1938年秋，已用“越剧”名称代替“女子文戏”。中华人民共和国建立后，越剧事业得到迅速发展。经过长期实践，逐步形成了一种优美抒情、诗情画意的独特风格，而且出现了一批代表性剧目，如《梁山伯与祝英台》、《西厢记》、《红楼梦》、《祥林嫂》、《追鱼》、《碧玉簪》等，其中绝大部分已摄制成影片。

越南 Vietnam; Viet Nam 亚洲东南部国家。位于中南半岛东侧，背靠大陆，东临南海。陆邻中国、老挝、柬埔寨。领土狭长，南北长约1 650千米，东西最窄处宽仅50千米。面积329 556平方千米。人口8 579万（2009）。多民族的国家，有54个民族，以**越人**（又称京人）为主，约占总人口的89%。居民大多信佛教、天主教。通用**越南语**。首都**河内**。

地理 国土的3/4为山地、丘陵和高地。除红河三角洲和湄公河三角洲外，平原十分狭小。地势由北往南逐渐降低，北和西北部地势高峻，有许多2 000米以上的高峰，其中黄连山的主峰番西邦峰海拔3 142米，是越南的最高峰，也是中南半岛的最高点。

图1 越南典型的喀斯特山地景观

长山山脉绵延于越、老、柬边境，长1 000多千米，构成越南地形的骨架，除个别山峰海拔高达1500～2 000米外，大部分山地比较低矮。从大江到武嘉河段的长山山脉东坡，地势陡峻，紧逼海岸；西坡地势平缓，在越、老边界上有2 000米以上的花岗岩山峰。局部地区因风化作用形成一些低矮的隘口，成为东西向的交通要道。

平原占全国面积的1/4。除红河三角洲和湄公河三角洲外，中部为狭长的海岸平原。主要河流为北部的红河和南部的湄公河，其他河流大多源自长山山脉，流程短促。

大部分地区属热带季风气候。年平均气温24℃左右，1月13～18℃，7月29℃左右。11月至翌年4月为干季，5～10月为雨季。平均年降水量1 500毫米以上，山地迎风坡可达3 000毫米以上。7～11月中部地区多台风，带来大量雨水。全国除个别地区外，水热条件对水稻和热带作物的生产非常有利。矿产资源主要有煤、铁、铬、锡和磷灰石。高平－太原地区以铁矿闻名，下龙－太原有越南最大的煤矿，锡矿在世界上占有重要地位，清化省的古定铬铁矿约占世界总储量的15%。森林资源丰富，森林面积约占土地面积的30%，主要为热带森林。树种繁多，常见的有龙脑香科、樟科、榕属和东京柚楠等。有1 000多种鸟类和400多种兽类，主要有虎、豹、鹿、象、犀牛、猴子、野牛、孔雀和鹧鸪等。

历史 约在公元前250年已有了冶金术。968年成立独立的封建国家。15世纪，在沿海筑海堤，并在各地开挖河渠，在清化省至今仍有15世纪称为“黎朝河”的运河。农业的发展，促进了手工业和商业的发展。平原地区的纺织、陶器、炼铁、铸铜业和手工艺等都较发达，形成了一些集市；山区开发铜、铁、金、银等矿。18世纪上半叶，阮氏封建集团控制了越南南部，版图扩大到湄公河三角洲，并进行大规模垦荒，南方经济有了显著进步。1858年法国入侵，1884年越南沦为法国“保护国”。1940年被日本帝国主义侵占。1945年进行**越南八月革命**，9月成立越南民主共和国。接着法国殖民者卷土重来，越南人民经过9年的**越南抗法战争**，于1954年取得奠边府战役的胜利，法国被迫签订《日内瓦协议》，以北纬17°为界，将越南分为南、北两方。不久，美国在越南南方扶植傀儡政权。1961年，越南人民开展抗美救国斗争，于1975年5月取得胜利，统一了全国（见**印度支那战争**）。1976年改名为越南社会主义共和国。1977年9月2日加入联合国。

政治 国家设主席，为国家元首。**越南共产党**为唯一政党，以马克思列宁主义和胡志明思想为指导思想。国会是国家的最高权力机关。

经济 越南系发展中国家。经济以农业为主。1986年越共六大确定实行革新开放路线。1996年在八大上制定2020年基本实现国家工业化的发展目标。近年来经济保持较快增长速度。2009年以来国内生产总值年均增长约7.7%，2009年国内生产总值约898亿美元，人均1 100美元。

2009年，越南工业产值增长7.6%。主要工业产品有煤炭、原油、天然气、液化气、水产品等。重工业主要分布于北部地区，如鸿基煤炭基地、太原钢铁基地，以及河内的机械制造和越池的化工等。南部地区工业以食品、制糖、纺织、木材加工等农林产品加工工业为主，胡志明市是主要工业中心。

农业耕地面积830多万公顷。其中稻

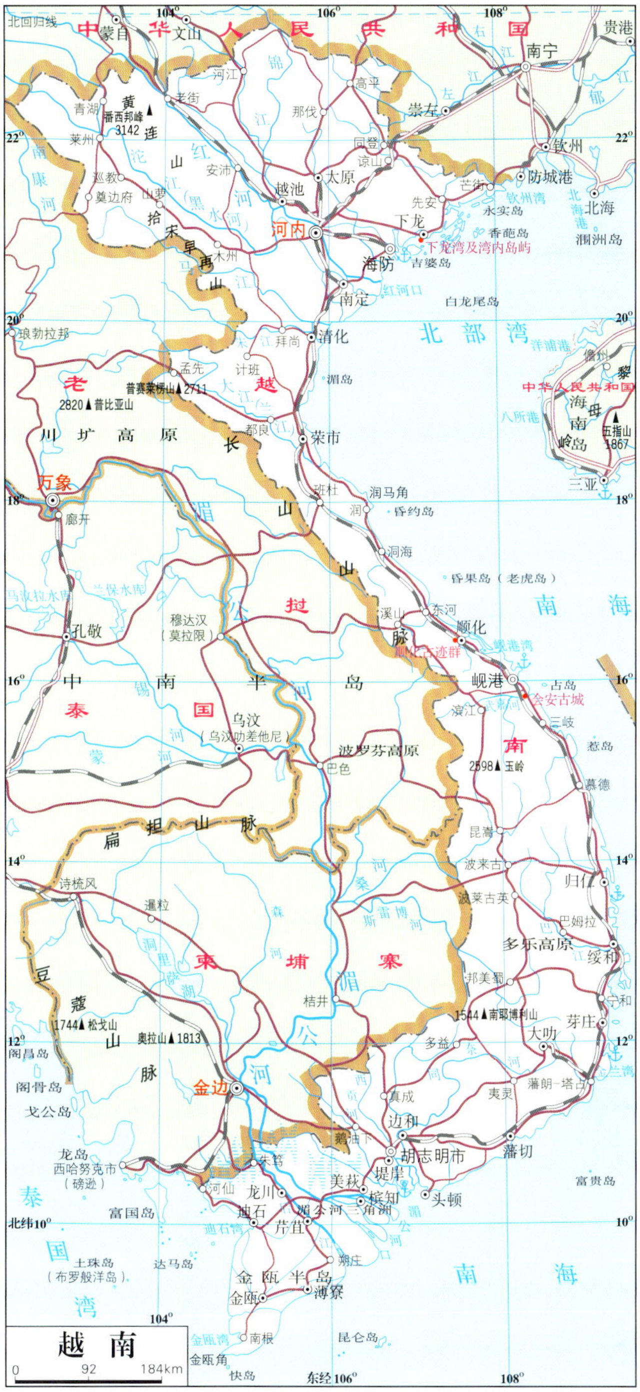

田约占一半以上。2009年农林渔业总产值219.9万亿越盾。农田主要集中在三角洲、河谷低地和沿海平原，红河三角洲和九龙江三角洲是越南的两个农业基地。其中红河三角洲的稻田占三角洲面积的90%。水稻种植历史悠久，品种繁多，根据播种季节大致分为夏稻和秋稻两种。2008年稻谷产量3873万吨。中部高地区以游耕农业为主，多种旱稻和玉米。经济作物主要有天然橡胶、黄麻、甘蔗、棉花、茶叶、花生、咖啡、烟草和水果等。

渔业资源丰富，沿海有1 000多种鱼类，渔场主要分布在北部湾沿岸海域和泰国湾及东南沿海一带。每年2月前后，是北方的主要捕鱼季节。湖沼水面面积约12万公顷，红河是主要的淡水鱼捕捞基地。同塔梅平原又是著名的天然“鱼库”，前江、后江之间的河间平原有大规模的养殖场。湄公河还产鳄鱼。

交通运输便捷。2006年全国有铁路3 220千米，其中连接河内和胡志明市的干线铁路长2 700余千米。公路总长13万多千米。三角洲地区河网密集，水运方便。水运线总长1.1万千米，沿海主要航线4 200千米。主要海港有海防、下龙、头顿、胡志明市、归仁、芽庄、金兰湾、岘港等。全国共有大小机场90个，其中15个为民用机场，3个国际机场。

2009年全国外贸进出口总额1 254亿美元，其中进口688亿美元，出口566亿美元。进口商品主要为原料、燃料、机械零件、成品油、钢铁、纺织、皮革原料、电子产品及零件、微机、摩托车及化肥等。出口额超过10亿美元的商品有原油、大米、电子产品、橡胶、咖啡、服装纺织品、鞋类、木材及水产品。越南同150多个国家和地区建立了贸易关系。主要贸易伙伴为美国、欧盟、东盟、日本及中国。

越南旅游资源较丰富，但旅游业发展历史较短。2009年共接待国外游客220万人次。主要客源国为中国、韩国、美国、日本、中国台湾等。主要景点有河内的还剑湖、胡志明陵墓、巴亭广场，胡志明市的统一宫、莲潭公园等，以及广宁省的下龙湾。

文化 越南已形成较为完整的教育体系，普通教育学制为12年，5年小学，4年初中和3年高中。著名高校有河内国家大学、顺化大学、太原大学、胡志明市国家大学等。主要报刊有：《人民报》、《人民军队报》、《大团结报》和《共产主义》月刊等。国家通讯社为越南通讯社。

对外关系 奉行全方位、多样化的独立自主外交路线，对外工作重点是“融入国际社会、搞好周边关系、妥善处理大国关系”。积极开展对外交往，地区和国际地位日益提高。已与173个国家建立外交关系，并同20个国际组织及480多个非政府组织建立合作关系。1995年7月加入东盟。同东盟其他国家关系日益密切。1950年1月18日与中国建交。

图2 河内巴亭广场（中为胡志明陵墓）

越南八月革命 August Revolution in Vietnam 1945年8月越南人民在印度支那共产党领导下进行的民族民主革命。1945年3月9日，日本策动“三九政变”，推翻法国殖民政权，独占印度支那。8月13日，印度支那共产党在越南北部解放区宣光省新潮乡召开全国会议，决定在盟军进入越南解除日军武装之前举行总起义，从日本法西斯及其傀儡手中夺取政权。当晚组成全国起义委员会，并立即发出总起义动员令。从14日起，各地群众开始攻占日军据点。15日，日本宣布无条件投降。16日，胡志明主持召开国民大会，通过越南独立同盟（即越盟）总部提出的十大政策，确定新越南的国旗和国歌，选出以胡志明为主席的越南民族解放委员会（即临时政府）。25日，西贡（今胡志明市）人民起义胜利。同日，阮朝保大皇帝被迫宣布退位。12天内，总起义在全国各地从北到南迅速获得胜利。9月2日，胡志明在河内巴亭广场宣布《独立宣言》，宣告越南民主共和国成立。八月革命推翻了殖民者在越南80多年的殖民统治和延续上千年的封建君主制度，揭开了越南历史新的一页。

越南菜 Vietnam cuisine 融合了中国、泰国、马来西亚、法国等国的饮食文化，尤其是受中国和法国餐饮文化影响的越南菜肴。其特点为以清淡为主，讲究阴阳调和，甜中带酸，酸中有辣，色、香、味俱佳。烹调时注重清爽原味，多用鱼露、葱油、炸干葱和花生碎粒来调香，而以柠檬草、罗勒、薄荷等来提味。以蒸、煮、烧烤、凉拌为多。油炸或烧烤的菜，会配以新鲜生菜等生吃菜类。生牛肉河粉、越式春卷、鸭仔蛋、酸皮肉丝等均为名菜。

越南共产党 Vietnamese Communist Party 越南工人阶级政党。曾称印度支那共产党、越南劳动党。1925年，阮爱国（胡志明）在中国广州创建越南青年革命同志会，为建立革命政党作准备。1930年2月3日，阮爱国代表共产国际在中国香港主持召开印度支那共产党、印度支那共产联盟和安南共产党3个共产主义组织的统一会议，成立越南共产党，并组成临时中央执行委员会。同年10月，在党中央第一次会议上，选举出以陈富为首的中央常务委员会，并改名为印度支那共产党。建党后立即掀起1930～1931年越南民族解放斗争的高潮和义静苏维埃运动。1931年，中央委员全部在西贡（今胡志明市）被捕，全国各级组织亦遭破坏。1934年初，在中国澳门建立海外领导委员会，担负临时党中央的任务。1941年5月19日，印度支那共产党领导越南各阶层人民建立越南独立同盟（简称“越盟”），阮爱国任主席。1945年8月发动越南八月革命，9月2日成立越南民主共和国。1946年开始领导越南抗法战争。1951年2月在抗战根据地河宣省召开第二次全国代表大会，决定于同年3月3日公开活动，并改名越南劳动党。胡志明当选为中央委员会主席，长征任总书记。1960年9月，在河内举行第三次全国代表大会，胡志明继续当选中央委员会主席，黎笋任总书记。1969年胡志明逝世，越南劳动党继续领导全国抗美战争。南北统一后，1976年12月在河内举行第四次全国代表大会，决定更名为越南共产党。黎笋任中央第一书记。1982年3月在河内举行第五次全国代表大会，中央机构作了较大调整，黎笋仍担任第一书记直至1986年去世。1986年12月在河内举行第六次全国代表大会，对党的领导班子和内外政策作了重大调整，选举阮文灵任总书记，开始走上革新道路。1996年6月在河内举行第八次全国代表大会，提出越南进入工业化、现代化的新时期。杜梅连任总书记。1997年12月举行八届四中全会，选举黎可漂任总书记。杜梅、黎德英、武文杰任顾问。2001年4月在河内举行第九次全国代表大会，确立了建设社会主义定向的市场经济体制并提出走向21世纪的发展战略与路线，选举农德孟任总书记。2006年4月，召开第十次全国代表大会，农德孟再次当选总书记。2011年1月，召开第十一次全国代表大会，阮富仲当选总书记。党中央机关报为《人民报》，中央政治理论刊物为《共产主义》月刊（原名《学习》月刊）。

越南抗法战争 Vietnamese War of Resistance against France 1946～1954年越南人民反抗法国侵略者的民族解放战争。又称第一次印度支那战争。1945年8月，日本战

胡志明（中立者）在抗法战争中主持司令部会议

败投降，越南人民发动八月革命，宣布独立，建立越南民主共和国。根据《波茨坦协定》，英国和中国军队分别进驻北纬16°线南、北接受日军投降。为恢复殖民统治，法国在英国支持下重返越南。9月23日，法军在西贡（今胡志明市）登陆，强占越南民主共和国政权机关。越南人民奋起反抗，南部抗战爆发。法军不断扩大侵略范围，侵入柬埔寨、老挝，并把战火扩大到越南的整个南部和南中部。1946年3月，根据中法协定，中国军队撤出越南北方。法军进驻越南北部的河内、海防等城市。12月19日河内发生大规模武装冲突，战争全面爆发。翌日，胡志明发表《告越南人民书》，号召全国抗战。

战争初期（1946-12～1947-12），法军凭借优势兵力采取速战速决方针，发动全面进攻，首先侵占河内、海防，控制红河三角洲，并在岘港登陆，占领广治、顺化，控制交通干线，对越军实施南北分割。越军在河内等地进行顽强抗击后，撤到农村和山区，建立根据地，开展游击战，采取持久战战略。1947年10月7日，法军发动秋冬攻势，进犯越北抗战根据地，企图消灭越军主力，摧毁其领导机关。越军诱敌深入，分割包围，于12月22日粉碎法军进攻，歼敌5 000余人，取得越北战役的胜利。法国速战速决战略失败，战争进入相持阶段。

第二阶段（1947-12～1950-12），法军改变战略，实行“以越制越、以战养战”方针，对占领区进行“绥靖”，对解放区加紧蚕食和“扫荡”，并扶植西贡政权，扩充其军队。越南为巩固抗战政权，在解放区开展经济建设，促进粮食和武器生产，建立正规军、地方军和民兵游击队三结合的武装力量，采取以游击战为主、以运动战为辅的方针。同年7～8月，陈赓将军和中国军事顾问团应邀赴越。9月16日，越军发动北部“边界战役”，扫清了越中边界地区的法军重要据点，收复高平、谅山等市镇，巩固和扩大了越北根据地，打通了中越交通线，开始掌握北部战场的军事主动权。

第三阶段（1950-12～1954-07）为越军反攻阶段。1951～1952年，越军大力开展运动战，在北部先后发动红河中游、和平、西北等局部反攻战役，在中部和南部战场广泛开展游击战。1953年11月，法军占领越西北重镇奠边府，并将其建成强大的集团据点。1953～1954年，越南在解放区开展减租减息、土地改革以及整军运动，并在越南和老、柬各战场发起进攻，奠边府的法军日益孤立。在以韦国清为首的中国军事顾问团的帮助下，越军于1954年3月13日至5月7日对奠边府发起进攻，经过55天激战，歼灭法军1.6万余名，俘虏法军司令卡斯特里准将及其指挥部全部人员。越军在奠边府战役的胜利，迫使法国于同年7月在日内瓦会议上签订恢复印度支那和平的协议。

在中国等社会主义国家和各国人民的同情和支援下，越南人民与老挝、柬埔寨人民并肩战斗，共歼灭法军和伪军56.19万人，结束了法国在越、老、柬三国的殖民统治，越南北纬17°线以北地区完全解放。

越南语 Vietnamese language 越南的官方语言。属南亚语系孟-高棉语族。主要分布于越南沿海平原越人（又称京人）聚居地区。现代越南语言学者多认为越南语属南亚语系。

越南语主要有北部方言、北中部方言、南部及南中部方言。以北部河内方言为标准语。其余两种方言有部分语音的变异，但语法结构相同，词汇差异不大，可以互通。

越南语语音包括单元音11个，辅音25个。各音节之间界限分明。声调起区别词义的作用。标准语有6个声调。但在北中部和南部及南中部两种方言中各有5个声调。越南语是一种孤立语，以不变的根词的词序和虚词来表示语法关系。基本语序为主-动-宾型。越南语构词的主要特点是每一个音节常常是一个有意义的单位，可以独立

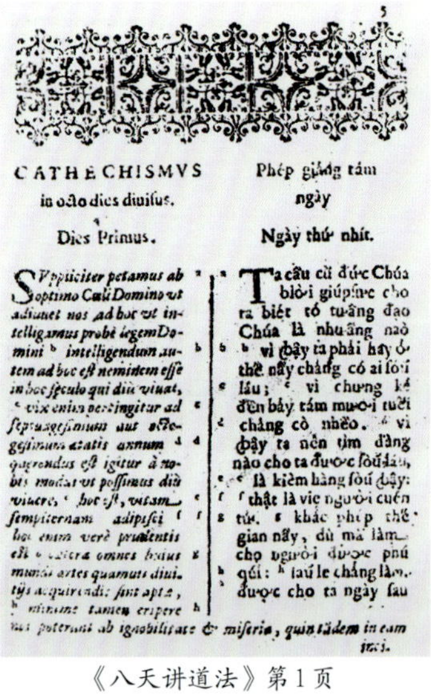

5

CATHECHISMVS in octo dies diuisus.

Dies Primus.

Phép giảng tám ngày

Ngày thứ nhít.

SVpplíciter petamus ab optimo Cæli Domino ut adiuuet nos ad hoc ut intelligamus probè legem Domini b intelligendum autem ad hoc est nemine̋m esse in hoc ſeculo qui diu viuat, c vix enim pertingitur ad ſeptuageſimum aut octogeſimum ætatis annum d quærendus eſt igitur à nobis modus ut poſſimus diu viuere, e hoc eſt, vitam ſempiternam adipiſci f hoc enim verè prudentis eſt g cætera omnes huius mundi artes quamuis diuitijs acquirendis ſint aptæ, h minime tamen eripere nos poterunt ab ignobilitate & miseria, quin tādem in eam incidamus.

Ta cầu cũ đức Chúa blời giúp ſức cho ta biết tỏ tường đạo Chúa là nhưāng nào b vì bậy ta phải hay ó thế nầy chẳng có ai ſốı lâu; c vì chưng kẻ đến bảy tám mươi tuổi chẳng có nhẽo. d vì bậy ta nên tìm đàng nào cho ta được ſống lâu, e là kiếm hằng ſống bậy: f thật là việc người cuẻn tử. g khác phép thế gian nầy, dù mà làm cho người được phú qúi: h ſau le chẳng làm được cho ta ngày ſau

《八天讲道法》第1页

使用；这些单位又可作为构成多音节词的基础。绝大部分多音节词是双音节。越南语中的汉语借词占相当大的比重。10世纪以后，出现了越南古代文字——喃字。它是一种方块字，部分借用汉字，部分使用汉字中会意、形声、假借的方法构成。17世纪，欧洲传教士制订了拉丁化的越南语拼音方案，用于布道。1649～1651年间A.de罗德在罗马出版的《越葡拉丁词典》和用拉丁化越南文写的《八天讲道法》(见图)被认为是越南语拉丁化拼音的开端。拉丁化的越南文已成为越南人民获取文化知识的工具。

越南战争 Vietnam War 1961～1975年，美国为争夺世界霸权，以遏制共产主义为由对越南、老挝、柬埔寨三国进行的侵略战争。因主战场在越南，故名。又称第二次印度支那战争或越南抗美救国战争。见印度支那战争。

越人 Viets 亚洲中南半岛越南社会主义共和国人口占多数的民族。又称越南人、京人。有7 500多万人(2006)，约占全国人口的90%。另有部分人分布在柬埔寨、泰国和老挝。属蒙古人种南亚类型。使用越语，系属未定。越语中的汉语借词约占其词汇的一半以上。历史上曾用汉字、喃字，现使用拉丁字母文字。大乘佛教自古在越人中影响较大，并在南方派生出和好教和高台教。天主教随殖民者传入后，也有一定影响。越人系古代骆越人的后裔，先住越南北部，后逐渐南移，至19世纪中叶始达南端。在南迁途中不断混入其他民族成分。自公元初进入封建社会，先后建立了吴朝、丁朝、黎朝、李朝、陈朝等封建王朝。19世纪中叶以后受法国殖民统治。1945年，在北方建立越南民主共和国。1975年实现南北统一，1976年改称越南社会主义共和国。主要从事农业，部分从事工业、手工业、林业、渔业和商业。村庄多按职业和宗教信仰不同组成。过去，父母包办婚姻、指腹为婚和小夫大妻现象比较普遍。现已有所改变。

《越人歌》 *The Yue People's Song* 中国使用壮侗语族语言民族的古老民歌。最早见于西汉刘向所著的《说苑·奉使篇》。公元前528年，楚国令尹鄂君子皙举行舟游盛会，百官缙绅，冠盖如云。在盛会上，越人歌手对鄂君拥楫而歌。一位懂得楚语的越人给子皙翻译道："今夕何夕兮，搴洲中流。今日何日兮，得与王子同舟。蒙羞被好兮，不訾诟耻。心几烦而不绝兮，得知王子。山中有木兮，木有枝，心悦君兮，君不知。"子皙被这真诚的歌声所感动，按照楚人的礼节，双手扶了扶越人歌手的双肩，又庄重地把一幅绣满美丽花纹的绸缎被面披在他身上。据语言学家研究，《越人歌》的语言可能与壮语有系族上的关联，因而也可以说是一首古老的壮语歌。《越人歌》清楚表达出越人对鄂君的感戴，说明了楚越人民的亲密关系。这首歌在民族历史、民族语言及文学史的研究中，具有一定价值。

越窑 Yue Kiln 中国古代瓷窑。窑址分布在浙江绍兴、宁波一带，因绍兴古属越州而得名。产品以青瓷为主。创烧不晚于东汉，入唐愈益繁盛，形成以余姚上林湖一带为中心的庞大青瓷窑系。越窑是已知最早的瓷窑，长期代表中国青瓷的最高水平，并对当时和稍晚的南北青瓷窑场有巨大影响。三国两晋，生产迅速发展，中唐到宋初是越窑艺术的鼎盛期，北宋中期以后逐渐衰落。三国两晋的产品已经胎体坚细，釉层均匀，透明度较高，胎釉结合紧密。中唐到宋初的精品胎质细腻，轻薄坚硬，釉色莹润，造型规整，器物以茶酒具为主。晚唐以前的产品多素面，以后，则时时带有刻划、模印的花卉、禽鸟等装饰。晚唐到宋中期，特别在五代，越窑大量烧造用于供奉宫廷的秘色瓷，不仅釉色莹润如玉，造型规整周正，且往往以贵金属包镶口沿，甚至做出装饰。秘色瓷声誉极高，故宋代

越窑青釉刻划花粮罂瓶（北宋，上海博物馆藏）

的一些其他窑场青瓷也愿以秘色名之。唐五代，越窑青瓷大量销往海外，在东北亚、东南亚、南亚、西亚及北非很受欢迎。

越野滑雪 cross country skiing 体育运动之一。运动员脚登雪板，手持雪杖，运用登坡、滑降、转弯、滑行等基本技术，在丘陵起伏的山地沿着规定的线路滑行。它源于北欧，故又称北欧滑雪。1924年第1届冬季奥林匹克运动会上，越野滑雪被列为比赛项目，只设有男子18公里和50公里两项。1952年第6届冬奥会上，女子越野

越野滑雪运动员比赛场面

滑雪被列入正式比赛项目。20世纪80年代，芬兰运动员和美国运动员创造了蹬冰步的滑行方法。1988年国际滑联将这种滑行方法称为自由技术，将原来的前后蹬动技术称为传统技术，并规定赛会所设项目自由技术和传统技术各占一半。现在越野滑雪项目一般包括：男子传统技术10公里，自由技术15公里（追逐），传统技术30公里，自由技术50公里，4×10公里接力（两棒传统、两棒自由）；女子传统技术5公里，自由技术10公里（追逐），传统技术15公里，自由技术30公里，4×5公里接力（两棒传统、两棒自由）。

越野跑 cross country race 在野外自然环境中进行的一种中长跑。在上古时期人类与大自然的斗争中就有在自然环境中的奔跑。20世纪中叶以后，越野跑逐步成为世界各国盛行的独立的竞赛项目。国际田径联合会设立的越野跑委员会，负责组办自1973年以来每年一届的世界越野跑锦标赛和审定越野跑比赛的方法与规则。在赛程方面，男子组约12公里，女子组8公里；青年男子组约8公里，女子组6公里。比赛主办者应提前介绍比赛路线，比赛时必须在比赛路线上设置明显的标志。由于世界各地举行此项竞赛时的季节、气候条件以及路程等方面的情况差异较大，所以越野跑不设世界纪录。它既是独立的竞赛项目，也是大众健身和各种运动项目发展耐力素质的一种手段。

粤菜 Yue cuisine 中国广东菜的简称。

粤方言 Yue dialects 汉语重要方言之一。又称粤语，俗称广东话、广府话，当地人称白话。通行于广东、广西的88个县市，以及香港、澳门两个特别行政区和海外华人社区。主要特点是：①多无浊塞音声母，只有少数地方有〔b〕、〔d〕、〔g〕声母；古精、知、照3组多合流；古非敷奉母字和古晓母合口一二等韵字声母读〔f〕，部分古溪母合口韵字也读〔f〕；牙喉音不变舌面音，仍读舌根音〔k〕、〔k'〕或喉音〔h〕；古微母字、明母字同读〔m〕声母；大多有长短元音之别；多数地点有〔-m〕、〔-n〕、〔-ŋ〕、〔-p〕、〔-t〕、〔-k〕韵尾；声调一

般在8个左右，普遍有入声字，广州话有9个声调。②保存较多古语词，英语借词较多，创新词及自造的方言字也多于其他方言。③造词法较有特色，如词头“老”除可加在姓前作称呼外，还可加在表亲属、性别的名词前。“第”除表序数外，与“二”结合时，可表“别的”、“另外的”。此外，可通过变调来表达词性或词义的差异，如“糖”读阳平指“食糖”，读阴上则是“糖果”的意思。④语法方面有些地方与共同语差别较大。语气词丰富。除单音语气词外，还有双音和三音节的语气词。表示各种“体”的助词较独特；双宾语的位置，一般指物宾语在前，指人宾语在后，有状语后置现象。

粤海铁路通道 Guangdong-Hainan Railway Corridor 中国第一条跨海轮渡铁路。北起湛江，穿雷州半岛，跨琼州海峡，至海南岛西部叉河。包含湛江至海安的湛海线海口至叉河的西环线和琼州海峡轮渡，线路全长345千米。该线北接黎湛铁路，南连海南岛西环线，把中国大陆与海南省连接起来。1998年开工建设。其中湛海线2002年1月28日开通货运，琼州海峡轮渡2002年1月7日开通运营（见图），海南省境内尚吉至叉河段2003年底建成。琼州海峡轮渡是中国首次集火车、汽车、散客、混装于一体的跨海运输。粤海铁一号是中国第一艘海上火车渡轮，船长165.4米、宽22.6米，排水量12 400吨，载重量5 600吨。它的主甲板为火车甲板，配有4股145米长的轨道，能够装载18节客车或40节货车。上甲板为汽车甲板，设计装载重20吨的汽车50辆。还设置了3个旅客舱，可容纳630名旅客。

2002年1月7日首列火车开进粤海铁一号渡轮，登上海南岛

粤剧 Yueju opera 中国戏曲剧种。流行于广东全省、广西壮族自治区南部和香港、澳门等地。东南亚以及大洋洲、美洲的广东籍华侨聚居地区，也有粤剧演出。明末清初，弋阳腔、昆山腔由“外江班”传入广东，继而出现了广东“本地班”，所唱声腔是一唱众和，称为“广腔”。清嘉庆、道光年间，弋腔、昆腔逐渐衰落，“本地班”遂以梆子为主要唱腔。后徽班影响日益扩大，又以“梆簧”，即西皮、二黄作为基本唱调。同时保留了部分昆、弋、广腔，并吸收广东民间乐曲和时调，逐渐形成粤剧。脚色行当原为末、生、旦、净、丑、外、小、夫、贴、杂十大行，后精简为“六柱制”，即文武生、小生、正印花旦、二帮花旦、丑生、武生。表演艺术则保持了早期“过山班”粗犷、质朴的特点。20世纪30～40年代，文武生薛觉先和丑生马师曾对粤剧的革新颇有贡献。实行男女合班后，以红线女影响最大。

粤曲 中国曲艺曲种。流行于广东及广西的粤语方言区，并流传到中国香港、澳门地区，以及东南亚和美洲的粤籍华侨聚居地，用广州方言表演。约形成于清代中叶。道光年间有“八音班”的乐工以清唱为业，同治年间出现了盲女艺人（又称“瞽姬”、“师娘”），辛亥革命后又出现明目女艺人（又称“女伶”），且趋于繁盛。抗日战争时期趋于衰落，中华人民共和国建立后开始复苏并得到较大发展。表演形式为一至二人站唱，另有多人分持高胡、扬琴、琵琶、横箫、长喉管、二弦、提琴（一种广东当地的民间乐器）、短喉管、月琴等专司伴奏。后来还出现过“说唱”、“弹唱”和“表演唱”等形式。唱腔音乐极为丰富，大约可分为自成系统的梆子、二黄、牌子曲等七个类别。演唱早期均依行当划分，有小生、花旦、武生等十大行当的唱法；辛亥革命后改假嗓为真嗓，改舞台官话（又称桂林官话）为广州方言演唱，分为大喉（又称霸腔或左撇，属男角唱腔，腔调多用高音区）、平喉（男角唱腔，腔调多用中音区）、子喉（女角专用腔）三种唱法。早期节目大多来自粤剧脚本。20世纪后半期新编演的代表性节目有所谓的“羊城新八景”和《牛皋扯旨》、《周瑜写表》、《秦琼卖马》等。

粤绣 Guangdong embroidery 以中国广东省广州市为生产中心的刺绣品种。又称广绣。近现代中国四大名绣之一。《杜阳杂编》记载，唐永贞元年（805），南海（今广州）贡奇女卢眉娘，能在一尺绢上绣《法华经》七卷。明正德年间，粤绣已出口到葡萄牙、英、法诸国，并受到宫廷和皇室的青睐。清乾隆五十八年（1793），广州成立刺绣行会“锦绣行”，专营刺绣出口。潮州艺人林新泉、王炳南、李和彬等24人绣制的“郭子仪拜寿”、“苏武牧羊”曾在1910年南京南洋劝业会上获奖，令粤绣名声愈著。粤绣以富有喜庆吉祥色彩的花卉、禽鸟、龙凤等为主要题材。构图丰满，繁而不乱；造型工整，善作夸张处理；色彩富丽，效果强烈。针法多样，常用的有续针、捆咬针、铺针、钉针、勒针、网绣针、打子针等40余种。粤绣中最富特色的为钉金绣（即唐人所谓蹙金），用金箔缠绕丝线制成包梗线，以此盘排成纹样，然后用丝线钉牢。作品金光闪烁，富丽辉煌。

晕厥 syncope 一过性意识丧失现象。多因一时脑（脑干或双侧皮质）供血不足引起。患者摔倒后，片刻即自行苏醒。血管性晕厥最为常见，如受精神刺激时的反射性晕厥，又称血管迷走性晕厥，此时血压下降以至于脑供血不足。患者面色苍白，出冷汗，但心率无代偿性升高反而下降。用力、剧咳、排尿有时也可引起晕厥。另一种血管性晕厥是体位性低血压，患者自卧位或坐位起立时，血压下降而致晕厥。常见于久病卧床、脱水，甚或服药（如降压药）等情况。心源性晕厥可源于心律失常，如心率低于40次/分或高于180次/分都可引起晕厥发作，患者可在发作前有心悸感。若患者因活动而诱发晕厥，应想到阻塞性心脏疾病，如主动脉瓣狭窄、肥厚性心肌病等。此外，过度换气、低血糖等均可导致晕厥。同时应同癔病、癫痫小发作等鉴别。诊断时可做一些诱发试验，如卧位起立、过度换气、瓦尔萨尔瓦氏操作（吞咽法和捏鼻鼓气法）、颈动脉按压等试验帮助鉴别。必要时，可考虑神经系统和心血管的检查。紧急处理时，应保持平卧头低位，保持呼吸道畅通，根据病情予以对症处理，如纠正异常心律等，苏醒后应继续平卧片刻再起立。

云 cloud 悬浮在大气中由大量细微水滴或冰晶组成的可见聚合体。通常不接触地面，接地时则称为雾。云是湿空气在上升运动中膨胀冷却生成的，膨胀冷却使空气中的水汽达到饱和，即在凝结核上凝结出水滴，称为云滴。温度低于0℃的云，通常由过冷水滴和冰晶组成。

根据形态，云可粗略分成积状云和层状云两类。积状云是因空气对流而形成的铅直发展的云；层状云是大范围空气辐合而缓慢抬升，形成水平延伸且均匀成层的云。根据温度特征，云可分为暖云和冷云。云体温度高于0℃的云，称为暖云；云体温度低于0℃的云，称为冷云。根据微结构，云还可分为水云、冰云或混合云。完全由水滴组成的云，称为水云；完全由冰晶组成的云，称为冰云；由水滴和冰晶共同组成的云，称为混合云。气象台站的实际观测工作中一般均采用国际云分类法。国际云分类法根据云的形成高度并结合云的形态，将云分成高云、中云、低云、直展云四族和卷云、卷积云、卷层云、高积云、高层云、层积云、层云、雨层云、积云、积雨云十属。

卷云为孤立的、白色纤细丝缕状云，或

白色碎片云，或窄细的云带。这类云有纤维状的外形，或者有丝绸样的光泽，或二者兼而有之。卷积云为薄的、无阴影的白色碎云块、云片或云层，带有纹理或波浪形结构。卷层云为透明的、白色的、纤维状或外形光滑，覆盖整个天空或部分天空的云。高积云为白色、灰色或灰白色的碎云块、云片或云层，一般带有阴影，由薄片云和圆云块组成，有时部分带有纤维状。高层云为成层的、纤维状的或均匀的灰色或暗蓝色的云片或云层，覆盖整个天空或部分天空，云中有些部分很薄，至少能模糊地显现出太阳的轮廓，就好像透过毛玻璃似的。雨层云为灰色或暗灰色的云层，云层厚而浓密，完全遮住太阳，雨层云下常常有低的碎云飘浮，多数情况下有降雨或降雪发生。层积云为灰色或灰白色的碎块云、云片或云层，其中总有一些部分是暗的。层云一般是灰色的云，云底相当均匀，会产生毛毛雨或冰雪粒子。如果透过云层见到太阳，其外形轮廓清晰可辨，有时层云外形有些像碎云块。积云为孤立的云块，一般结构紧密，轮廓分明，垂直外形像圆丘或宝塔，上部隆起部分常常像花椰菜形。积云云底比较暗并接近水平，有时积云是支离破碎的。积雨云为浓密深厚的云，外形像山峰或巨塔，积雨云的上部至少有部分是光滑的、有纤维状结构或层状的，并且几乎总是扁平地向外延展。这类云的底部一般很暗，常常有低碎云和降水。

除上述各主要云型外，还有贝母云和夜光云两类特殊的云，它们都常见于高纬度地区。贝母云又称珠母云，距地面高度20～30千米，云层有珍珠般的色泽。夜光云距地面高度75～90千米，出现在黄昏后的夜空，云薄而有银色光泽。

云浮市 Yunfu City 中国广东省辖地级市。位于省境中西部，西江中游。西与广西壮族自治区接壤。辖云城区、云安县、新兴县、郁南县，代管罗定市。面积7 779平方千米。人口236万(2010)，有汉、壮、侗、瑶、苗、土家、畲、回等民族。唐天宝元年(742)设云浮郡，明万历五年(1577)置东安县，1914年改为云浮县，1992年撤县设县级市，1994年升地级市。地形以低山、丘陵为主，喀斯特地貌广布，多红壤。属亚热带季风气候。盛产粮食、木材、松脂、玉桂、水果、木薯、蚕茧、竹笋、南药和禽畜等。矿产有金、银、铜、铁、锰、锡、铋、铅、锌等，尤以优质云石和硫铁矿、花岗岩、大理石、石英、高岭土等储量大、品质好，有“石料之乡”美称。工业有冶金、化工、建材、机械、采矿、电子、纺织、食品等。名胜古迹有蟠龙洞、星岩古洞、西江金鱼沙、国恩寺、龙山温泉等。

云冈石窟 Yungang Caves 中国佛教*石窟*。位于山西大同城西16千米处的武州山(又称武州塞)南麓。与*敦煌石窟*、*龙门石窟*并称中国三大石窟。石窟依山开凿，东西绵延约1千米，现存主要洞窟53个，小龛1 100多个，造像5.1万余躯。此处曾是北魏皇室和高僧经营的国家石窟大寺，始凿于北魏文成帝和平初年，延续至孝明帝正光末年，唐、辽二代有个别雕凿和修理。1961年国务院公布云冈石窟为全国重点文物保护单位。2001年作为文化遗产被列入《世界遗产名录》。

云冈石窟的开凿大约经历了三个阶段。第一阶段共开凿洞窟5个，即第16～20窟，俗称“昙曜五窟”，规模宏大，均为大像窟，马蹄形平面，穹窿顶，模拟古代印度的草庐形式，洞窟前壁凿有高大的明窗。第20窟前壁早年坍塌，窟内造像成为露天大佛。各窟主尊均为过去、现在和未来三世佛，用以表现佛法的源远流长。正壁主像形体高大雄伟，高度为14～17米，占据窟内大部分空间，5尊主像被认为分别象征道武帝至文成帝5位皇帝。造像服饰既有衣纹厚重凸起、线条简洁的样式，也有衣纹单薄贴体的样式，表明同时受到犍陀罗造像和秣菟罗造像的影响。造像以外来佛像服饰的外观模拟本土帝王的容颜风貌，是一种新型的佛教造像。

第二阶段洞窟约开凿于北魏迁都洛阳前的孝文帝时期(471～494)。洞窟数量急剧增多，形制多样，最显著的是成组的双窟和模拟汉式传统建筑的样式。其中的第9、10窟是云冈雕刻最为富丽的一组双窟，是研究北魏佛寺建筑的重要实物资料。这一阶段洞窟雕刻日趋富丽，窟内雕像琳琅满目，雕刻手法精湛，技艺高超。洞窟壁面流行分层分段附榜题的汉式做法，上部一般雕天宫伎乐，下部有成排的世俗供养人礼佛行列，中部雕各种形式的龛像，还雕刻连环画式的本生和佛传故事。窟顶中心大都雕莲花，周围环绕伎乐飞天。第5窟释迦坐佛高达17米，气势非凡，是云冈最大

层积云

卷层云

积云

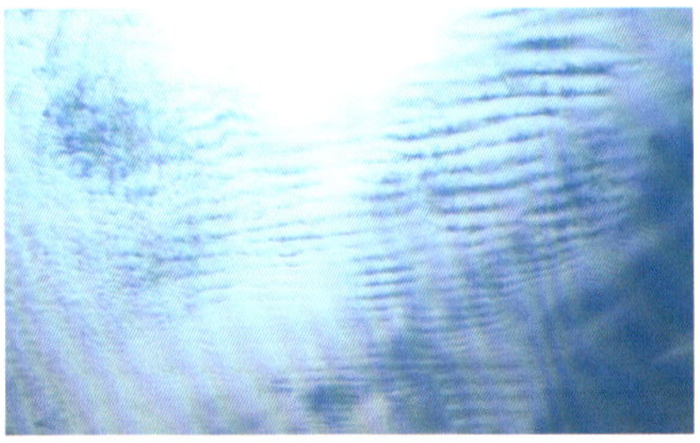
卷积云

高积云

雨层云

毛卷云

积雨云

第20窟露天大佛（主尊释迦佛高13.7米，是云冈石窟的象征）

的佛像。主像背后有隧道式礼拜道，可供信徒绕佛礼拜。这一阶段的后期出现新样式的褒衣博带式袈裟，是北魏孝文帝推行汉化政策，进行服制改革的反映。

第三阶段洞窟开凿于北魏孝文帝迁都洛阳前后至北魏正光末年。主要为中小窟龛。造像题材流行三世佛、释迦、弥勒、释迦多宝和维摩文殊，本生、因缘和佛传故事也较常见。人物造像均面相清瘦，身体修长，为秀骨清像样式。现存铭记反映出迁都洛阳前后，崇佛风气在平城中下层民众中蔓延。

云冈石窟开创了中原地区开窟造像的先例。洞窟规模宏伟、雕刻精丽，成为各地竞相效仿的楷模，被誉为“云冈模式”，在中国石窟雕塑艺术史上占有无可替代的地位。它明显受到中亚、南亚、波斯和希腊艺术的影响，是古代中外文化交流的见证。

云贵高原 Yungui Plateau 中国四大高原之一。由云南高原和贵州高原组成。位于中国西南部。海拔1 000～2 000米，西北高、东南低。气候暖湿，除滇中、滇东和黔西北尚保存着起伏较为和缓的高原面以外，大部地区为**长江**、**珠江**及**元江**等的支流分割成崎岖不平的地表。石灰岩分布地区，

云贵高原风貌

喀斯特地貌齐全，发育完好。

《云笈七签》 *Seven Slips from the Bookbag of the Clouds* 中国道教丛书。北宋张君房编纂。120卷。《自序》称：大中祥符五年(1012)奉命主持编修《道藏》，天禧三年(1019)编成《大宋天宫宝藏》，君房又撮其精要，分类编纂成《云笈七签》一书。

全书分五十二部类，内容包括道教经文、道派经史、神仙传记、内外丹法、斋醮仪轨、戒律科格、符箓咒诀、炼养方术、赞颂诗文等，大多摘录或全录道书原文，分类编纂而成，所引道书达七百余种。《四库提要》称该书“类例既明，指归略备，纲条科格无不兼赅，《道藏》菁华，亦大略具于是矣”。正因《道藏》精华尽收于内，故历来称此书为“小道藏”，是研究道教的重要典籍。

云计算 cloud computing 一种基于**互联网**技术的新型计算模式。云计算包括两个基本要素：通过互联网以服务方式对外提供的各种信息技术应用，支撑对外提供这些服务的数据中心的软硬件系统。云计算针对单点计算能力难以持续提升、系统管理复杂度和成本持续增加、能耗日益加重等问题，采用软件即服务（SaaS，软件服务化）这种新应用模式，通过动态伸缩和虚拟化等技术整合计算、存储、平台、应用等各种信息技术与系统，以服务的形式提供用户对信息技术资源的按需访问。按照云计算提供者和使用者的所属关系，公有云是由若干企业和用户共享使用的云环境；私有云是某个企业独立构建和使用的云环境；混合云则是公有云和私有云被混合使用于某公司或组织。

从技术脉络看，云计算是效用计算、网格计算、服务计算、普适计算等计算理念的延伸和融合，其关键技术问题包括隐私性、符合性、合法性、安全性、可用性、性能、能效、标准化等。

云锦 Nanjing brocade 中国织锦品种。产于南京。一般质地紧密厚重，图案布局庄重严谨，纹样形象程式化，色彩浓艳，讲究对比，常大量使用金银线。南京自元代以来，丝绸织造盛行，其明代的内织染局、清代的江宁织造局更是织造皇家丝绸的官府作坊。因南京丝绸富丽豪华，花纹绚烂如云，晚清以来常以云锦指代。

云锦并不皆属锦类，包括库缎、库金、库锦和妆花等类。库缎通常是本色提花缎，也有纹地两色库缎和妆金库缎，用作袍料。库金即织金锦，图案全以金线织出。类近的还有库银。库金、库银主要用作衣物缘饰。库锦通梭织彩，花纹有大、小两种，除彩色丝线外，也常使用金线和银线，或用金

现代缠枝牡丹纹云锦

银线织花，或用金线织地，或用金线织花纹轮廓。大花纹库锦常用缎地。妆花是以挖花妆彩技术织成的锦，为云锦的代表性品种。妆花作品可使用十几色甚至二三十色织出，色彩富丽，效果华美，其中的金宝地在满金地上织出金线轮廓的彩色图案，尤其富丽华贵。

云居寺 Yunju Temple 中国佛教古寺。位于北京房山西南云居山。以保藏碑版石经千余部而闻名。始建于隋代大业年间。初幽州沙门静琬（?～639）继承其师慧思发愿刻石经之志，在从隋到唐的数十年间建寺、刻经，密藏于石窟。其后代代相承，历千余年而至清康熙三十年(1691)共完成刻经1 100余部，经版14 000余块。分贮于九石室及寺西南的地穴。为研究古代佛教文化和社会经济等提供了至为珍贵的实物材料。寺的第五藏经石洞保存有静琬得自隋文帝的佛舍利3粒。明万历二十年(1592)此舍利曾奉敕被迎入皇太后慈宁宫供养3日。1981年修缮藏经雷音洞时，重新发现舍利2粒，并在云居寺修复后置原处供养。

云林县 Yunlin County 中国台湾省辖县。位于台湾岛西中部，西临台湾海峡。辖斗六市及斗南、虎尾、西螺、土库、北港5镇和14乡。面积1 290平方千米。人口约75万。县府驻斗六市。清光绪十三年(1887)始设县，因县治林杞埔土名云林坪而得名，后废。1950年由**台南县**析置。是岛内农业人口较多的地区。糙米产量居全岛第三，花生产量占全岛一半，还盛产薄荷、竹笋、芦笋。鸡鸭饲养数为全岛之首。制糖业发达，虎尾、北港同为台湾制糖业的重要中心。交通方便，横跨浊水溪的西螺大桥和中沙大桥的环岛铁路、南北高速公路经此。主要风景名胜有草岭、古坑大尖山、虎尾同心公园，位于北港的朝天宫是全岛规模最大、香火最盛的庙宇，台西有安西府等古庙宇。

云门山石窟 Yunmenshan Caves 中国隋唐时期佛教**石窟**。位于山东青州东南约4千米处的王家庄东北。造像在山南崖壁上。有大型窟龛5个及若干小龛，共有大小造像约270尊。第1、2龛为摩崖尖拱龛，是隋代作品，两龛内有隋开皇十年(590)、

仁寿二年（602）等题记。第1龛雕一佛二菩萨，第2龛雕一佛二菩萨二力士，刻工精美。菩萨面相圆润，戴宝冠，颔首挺立，长裙宽博，自腰居中下垂宽带，自上至下分成方格，内刻各种姿态的力士图像等，带缘饰联珠纹，显示出隋代造像的特征。第3～5龛唐刻，为一佛二菩萨二力士或二天王。第3龛左右壁还有供养比丘像。第5龛佛座下有益都县令唐明照及夫人韦氏施彩供养像。此龛内还有唐开元十九年（731）唐明照云门山功德录刻石。

云梦秦简 wooden and bamboo slips of the Warring States Period and Qin Dynasty unearthed from Yunmeng 中国湖北云梦战国时期秦国和秦代的墓葬出土的简牍。共两批：一批为1975年发掘睡虎地11号和4号墓时出土，共1 100余枚；一批为1989年发掘龙岗6号墓时出土，300枚左右，又被称作龙岗秦简。简上文字皆为墨书秦隶。经缀合整理，睡虎地秦简内容包括：《编年记》、《语书》、《秦律十八种》、《效律》、《秦律杂抄》、《法律答问》、《封诊式》、《为吏之道》和《日书》甲、乙种以及两封家信等。龙岗秦简的内容主要是一些与禁苑有关的法律摘抄。这两批简牍中，最重要的是有关秦法律的文书。从内容来看，它们已大大超出李悝的《法经》，具备了刑法、诉讼法、民法、军法、行政法、经济法等方面的内容，其中以刑法最为成熟。云梦秦简的发现，为研究战国晚期至秦代的政治、经济、文化、法律、军事等提供了宝贵资料。

云梦县 Yunmeng County 中国湖北省孝感市辖县。位于省境中部，汉北河北岸，居澴水与涢水之间。面积604平方千米。人口61万（2008）。有汉、回、苗、满、蒙古、土家等民族。西魏大统十六年（550）置云梦县，因地处古云梦泽而得名。1960年并入安陆县，1961年恢复云梦县。矿产以盐和硝、石膏的储量较大、品质优良、易开采，素有“盐都膏海”之称。工业以塑料、盐化、机电、建材、轻纺、食品、工艺美术等为主。云梦素有“鱼米之乡”美称，农业以水稻、小麦、棉花、油菜、大豆、蔬菜和畜禽、水产养殖等为主。名胜古迹有泗洲寺、楚王城遗址、睡虎地古墓群、大坟头古墓群等。

云母 mica 化学组成为$XY_{2\sim3}[Z_4O_{10}](OH,F)_2$，晶体属单斜晶系的层状结构硅酸盐矿物族的总称。化学式中，X主要是钾，其次是钠、钙等离子，它们位于2∶1型结构单元层的层间。Y代表结构单元层内八面体片中的阳离子，主要是铝、镁、铁或锂，锰、铬、钛等次之。按Y阳离子是三价还是二价，划分出二八面体型和三八面体型云母。Z代表硅氧四面体中的阳离子，基本是硅和铝，硅铝比值为3∶1左右。常由氟替代羟基。随结构单元层堆垛方式的变化，可形成各种云母多型，最常见的是单斜晶系的1M和$2M_1$多型，其次为三方晶系的3T多型，正交（斜方）和六方晶系的多型少见。云母族矿物中，最常见的矿物种有白云母、黑云母、金云母、羟铁云母、锂云母（又称鳞云母）、铁锂云母、珍珠云母等。

黑云母

云母通常呈假六方片状、板状、柱状。晶体尺寸变化很大，从微米级隐晶质至数米级巨晶。一些白色云母（通常是白云母或钠云母）则呈微细片状或隐晶块状，又称绢云母。云母的颜色随铁含量的增多而变深。白云母呈浅色或无色透明；金云母含铁量低，多呈黄色、浅棕、浅绿色；黑云母和羟铁云母含铁量较高，为红棕、深褐、暗绿至黑色；锂云母常呈淡紫色、玫瑰红色；含铁量高的铁锂云母则呈灰褐至深褐色。玻璃光泽，解理面上呈珍珠光泽，绢云母呈丝绢光泽。莫氏硬度2～3。密度2.7～3.5克/厘米^3。底面解理极完全，解理片具有弹性。

云母族矿物分布广，是火成岩、沉积岩和变质岩的主要造岩矿物之一。许多有工业价值的云母主要来源于伟晶岩和变质岩。其中，片状白云母、黑云母、锂云母、铁锂云母的工业矿床主要产于花岗伟晶岩中；片状金云母主要产于镁质碳酸盐夕卡岩和超基性-碱性杂岩体中。细粒绢云母一般与热液蚀变作用有关。变质形成的云母种类与原岩成分及变质程度有关，富镁碳酸盐岩石变质易成金云母；富铝岩石变质易成白云母和黑云母。印度、美国、俄罗斯、法国、巴西等是世界云母生产大国。中国云母资源丰富，著名产地有内蒙古察哈尔右翼前旗的土贵乌拉、四川丹巴、新疆阿尔泰阿尤布拉克等。云母是重要的工业矿物。白云母和金云母被广泛用作电子、电机和电气工业的绝缘材料。云母碎片和粉末用作填料等。锂云母、铁锂云母还是提取锂的主要矿物原料。

云南白药 Yunnan Baiyao Powder 具有活血止血、消肿止痛功用的散剂中成药。方剂来源于云南曲焕章创制的百宝丹。为白色粉末，云南地区创制，故名。

主治跌打损伤、筋骨折伤、皮肤青紫、瘀血肿痛；咳血、衄血、吐血、便血、崩漏下血，血色紫黑、夹有血块，舌质紫暗或有瘀斑，脉弦涩者；高空坠下或外力挤压，瘀血内攻脏腑而致肚腹膨胀、昏睡不醒、二便秘结、舌质色淡、脉细如丝者。西医诊断为枪伤、切割伤、软组织挫伤、挤压伤等创伤性外科疾病；肺结核、支气管扩张、胃及十二指肠溃疡、子宫功能性出血等引起的多种内出血症等均可使用。

服药一日内，忌食蚕豆、鱼虾、酸冷等物。孕妇忌服。

云南大学 Yunnan University 中国综合性大学。校址在昆明。1923年创办，为私立东陆大学。1930年改公立，名云南省立东陆大学。1934年改省立云南大学。1938年改为国立云南大学。熊庆来、华罗庚、严济慈、陈省身、冯友兰等著名学者曾在校任教。至1949年设有文法、理、工、农、医5个学院18系。全国院系调整以后，成为文理综合大学。设有十几个学院，有培养学士、硕士和博士的教学体系；有民族学、生态学、专门史、微生物学等国家级重点学科。

云南回民起义 Yunnan Hui People Uprising 19世纪50～70年代，中国云南地区回族人民在太平天国起义影响下掀起的大规模反清起义。1856年（咸丰六年），在清朝地方官挑拨下，回、汉人民为争夺南安（今双柏）石羊银矿而发生冲突，遂转化为起义。之后，云南各地回民相继揭起义旗，很快形成两支势力强大的起义军。一支活动于云南东部、南部的起义军，兵马众多，声势很大，但起义军领导者马复初、马如龙皆为回族上层分子，没有反清到底的决心。1857～1861年间，3次围攻省城昆明，时战时和，一直未能攻克，最后投降。另一支杜文秀领导的西部起义军，自蒙化起义后一直坚持抗清，起义军攻克大理后，杜文秀被推为总统兵马大元帅，宣布遥奉太平天国号令，蓄发易服，联合汉、彝、白等民族建立政权。大理政权在军事上不断打击清军，直至控制云南大半省份，深受滇西各族人民拥护与支持。1867年（同治六年），起义军20余万兵分4路，东下围攻昆明，义军长期列兵城下，围而不攻，使清军得以利用时机重新调整力量。1869年，在清军猛烈反攻下，围城战役失败，此后局势急速逆转，义军步步失利。1873年，清军兵临大理城下，杜文秀服毒后出城与清军议和，被清军杀害。清军统帅岑毓英背弃议和诺言，纵兵血洗大理城。至此，坚持18年的云南回民起义宣告失败。

云南陆军讲武堂 Yunnan Military Academy 中国清末云南陆军在昆明创办的轮训补习在职中下级军官的学校。于1909年夏创办，胡文澜、李根源先后任总办。初设甲、乙、丙3班，甲、乙班学员由新军、防营在职军官调充，丙班学员在有文化的社会青年中招考。分步、骑、炮、工4科，学制甲、乙班为1年，丙班为3年，从丙班分出之特别班为两年半。教官多为留日士官生，教学内容借鉴日本陆军士官学校的规程，分学科（军事理论）、术科（军事技能），开设

云南陆军讲武学校校门

了战术学、兵器学、军制学、筑城学、地形学、交通学、测绘学及图上作业等课程。学堂教员中多为革命党人，他们在讲武堂建立同盟会组织，介绍、传播革命书刊，宣传民主革命和爱国主义思想，为云南辛亥革命起义和护国战争培养了大批骨干。1912年后改称云南陆军讲武学校。1928年停办。共招生19期，毕业生约3 000人。朱德、叶剑英、王家增以及朝鲜的崔庸健等都是该学堂的毕业生。

云南省 Yunnan Province 简称滇、云。位于中国西南边陲。北连川、藏，东接黔、桂，南西分别与越南、老挝、缅甸为邻。辖8个地级市，8个自治州，9个县级市，79个县，29个自治县，12个市辖区（见表）。面积约39万平方千米。人口4 597万（2010）。有汉、彝、白、哈尼、壮、傣、苗、傈僳、回、拉祜、佤、纳西、瑶、藏、景颇等46个民族。少数民族以彝族最多，占云南总人口的10.5%。省会昆明市。

建制沿革 云南禄丰古猿、元谋猿人及开远古猿等化石的发现，说明云南是人类起源的重要区域之一。元谋县大墩子新石器文化遗址则说明约公元前1200多年已形成较大的村落多座，生产上以农业为主，手工业亦开始发展。公元前3世纪的战国时期，楚将庄蹻率众入滇，征服了滇池地区的"靡莫之属"各部落，建立滇王国。郡县设置始于秦。前109年，西汉建益州郡，治所设于滇池县（今晋宁县），领27县，连同稍早建立的牂牁郡、犍为郡和越嶲郡的一部分，即为今云南省的大部分地区。东汉末年（220），于今大理白族自治州和保山市建立益州西部属国，又合并哀牢夷地区建永昌郡。三国时，云南隶属于蜀国，设庲降都督，统七郡，在今云南省有建宁、云南、永昌、兴古（称南中四郡）、朱提等五郡。西晋因之，设宁州刺史以统七郡。唐宋时期，云南地方政权"南诏"和"大理"兴起，政治中心在洱海地区，建都太和城，即今大理市。势力扩至滇池地区，建拓东城，宋大理时称鄯阐城。元设云南行中书省，治所又迁到今昆明，此后"云南"正式成为省级区划的名称，辖区远大于今云南省。

自然条件 云南自然条件独特多样，垂直差异显著，自然资源丰富，自然灾害种类多。

地质构造复杂，以元江河谷为界，东部属扬子准地台的康滇地轴和上扬子台褶带，大部分地区成陆早，比较稳定。滇西一带是由三江（金沙江、澜沧江和怒江）褶皱系和冈底斯及念青唐古拉褶皱系组成的横断山脉区。复杂的构造体系为云南矿产资源的生成提供了优良的地质条件，金属矿和非金属矿均甚丰富。非金属矿以煤分布最广。金属矿以有色金属矿为主，种类多，储量大，尤以个旧锡矿、东川铜矿以及钛矿著名于世，有"有色金属王国"之称。

云南省地貌以山地高原为主，坝子星罗棋布，垂直高差悬殊。全省94%的面积为山地高原。地势北高南低，呈阶梯状下降。东部的云南高原由次一级的滇东、滇东南喀斯特高原，滇东高原及滇中红色高原组成。从地貌成因看，具有流水、喀斯特、冰川等地貌，尤其在东部石灰岩地区发育了较典型的喀斯特地貌。路南石林是闻名中外的以喀斯特地貌为主的风景旅游区。

云南地处南亚热带季风、东亚季风及青藏高寒气候的结合部位，但大部分地区属亚热带高原季风气候，"四季如春，一雨成冬（或秋）"。最热月平均气温19～22℃，最冷月平均气温5～7℃，年温差10～14℃，日较差较大，冬半年可达12～20℃。由于纬度和海拔增高相一致，省内8个纬距内呈现寒、温、热3带，且气候带交错分布；高纬度高海拔地区长冬无夏，低热河谷长夏无冬。5～10月为雨季，11月至翌年4月为干季。

境内河流具季风性山区河流特点，水位季节变化大，水流湍急，水力资源丰富。受山脉走向控制，滇西北地区怒江、澜沧江、金沙江顺地势自北向南平行流动，其间最近处相隔76千米，向南渐疏展。境内河流分属伊洛瓦底江、怒江、澜沧江、金沙江、元江和南盘江6大水系，分别注入印度洋和太平洋。受巨大断裂影响，省境呈南北向条状分布的断层湖多达40余个，如滇池、洱海、抚仙湖、程海、泸沽湖等。

云南处于泛北极植物区系和古热带植物区系交汇地带。植物组成从南到北依次有热带雨林、季雨林、热带稀树草原旱生植被，亚热带常绿阔叶林、混交林和针叶林，温带、寒温带针叶林等。云南省为全国植物种类最丰富省份，素有"植物王国"之称。云南拥有1.7万多种高等植物，占全国的62.9%。树种以针叶林为主，有云南松、思茅松、云杉、冷杉等。滇南一带还有众多被称为"活化石"的第三纪古老树种，如木兰科的木莲、拟含笑、黄缅桂，龙脑香科的东京龙脑香、毛坡垒，以及裸子植物的苏铁、倪藤及树蕨等。花卉资源亦具特色，报春、杜鹃、兰花、山茶、玉兰等均为名花，尤以山茶花为最，有"云南山茶甲天下"之誉。

动物种类之多为全国之冠，有"动物王国"之称。动物基本属中国西南区系和华南区系，大部分地区与中国东南部季风区耐温动物群种相同，滇西北则与青藏高原耐寒动物相似，南部边缘则多栖息中南半岛的动物群种。全省有兽类300种，占全国兽类的51.1%；两栖爬行类263种，占全国的40%；鸟类793种，占全国的63.5%；淡水鱼类410种，占全国的近一半。云南省动物不仅种类多，且多珍贵稀有种，列为国家保护的动物种类中，几乎占半数。如横断山地中所产的滇金丝猴，在世界灵长类中仅见于云南省。此外，亚洲象、野牛、白掌长臂猿、白颊长臂猿、白眉长臂猿、平顶猴、扭角羚、灰头鹦鹉、大绯胸鹦鹉及高黎贡山的黑麝和斑羚，在中国均仅见于云南。

在中国综合自然区划中，云南省境分属3个自然地理区：①藏东川西切割山地针

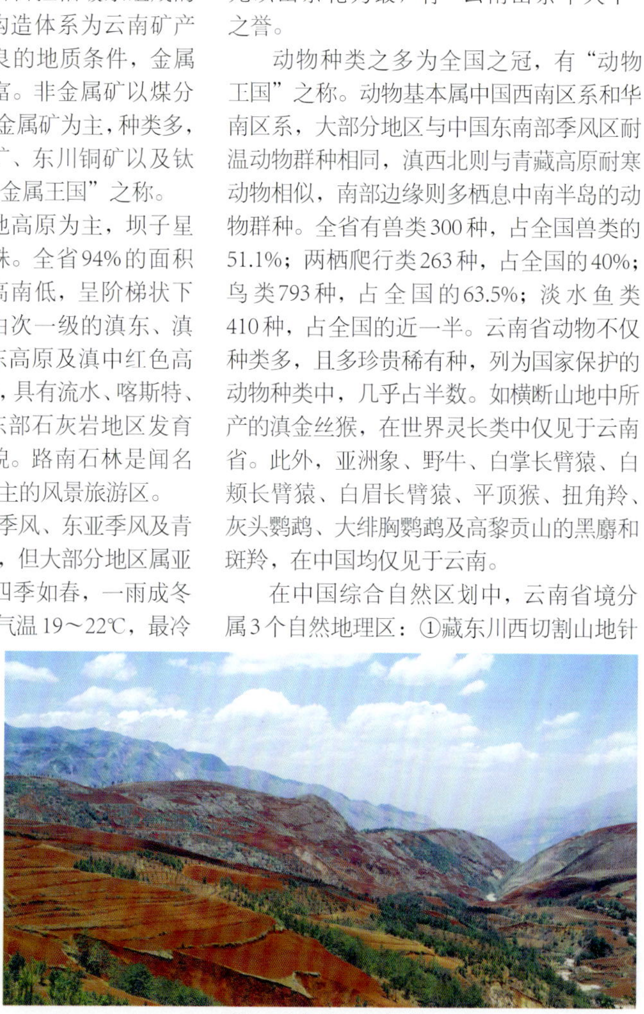

图1 云南的红土高原

云南省行政区划表（2010）

昆明市	峨山彝族自治县	景洪市　勐海县	**红河哈尼族彝族自治州**
盘龙区　五华区	新平彝族傣族自治县	勐腊县	蒙自市　个旧市
官渡区　西山区	元江哈尼族彝族傣族自治县	**保山市**	开远市　绿春县
东川区　安宁市	**曲靖市**	隆阳区　施甸县	建水县　石屏县
呈贡县　晋宁县	麒麟区　宣威市	腾冲县　龙陵县	弥勒县　泸西县
富民县　宜良县	马龙县　沾益县	昌宁县	元阳县　红河县
嵩明县	富源县　罗平县	**大理白族自治州**	金平苗族瑶族傣族自治县
石林彝族自治县	师宗县　陆良县	大理市　祥云县	河口瑶族自治县
禄劝彝族苗族自治县	会泽县	宾川县　弥渡县	屏边苗族自治县
寻甸回族彝族自治县	**昭通市**	永平县　云龙县	**文山壮族苗族自治州**
普洱市	昭阳区　鲁甸县	洱源县　剑川县	文山县　砚山县
思茅区	巧家县　盐津县	鹤庆县	西畴县　麻栗坡县
宁洱哈尼族彝族自治县	大关县　永善县	漾濞彝族自治县	马关县　丘北县
墨江哈尼族自治县	绥江县　镇雄县	南涧彝族自治县	广南县　富宁县
景东彝族自治县	彝良县　威信县	巍山彝族回族自治县	**怒江傈僳族自治州**
景谷傣族彝族自治县	水富县	**德宏傣族景颇族自治州**	泸水县　福贡县
镇沅彝族哈尼族拉祜族自治县	**丽江市**	芒市　瑞丽市	贡山独龙族怒族自治县
江城哈尼族彝族自治县	古城区　永胜县	梁河县　盈江县	兰坪白族普米族自治县
孟连傣族拉祜族佤族自治县	华坪县	陇川县	**临沧市**
澜沧拉祜族自治县	玉龙纳西族自治县	**楚雄彝族自治州**	临翔区　凤庆县
西盟佤族自治县	宁蒗彝族自治县	楚雄市　双柏县	云县　永德县
玉溪市	**迪庆藏族自治州**	牟定县　南华县	镇康县
红塔区　江川县	香格里拉县　德钦县	姚安县　大姚县	双江拉祜族佤族布朗族傣族自治县
澄江县　通海县	维西傈僳族自治县	永仁县　元谋县	耿马傣族佤族自治县
华宁县　易门县	**西双版纳傣族自治州**	武定县　禄丰县	沧源佤族自治县

叶林、高山草甸区。②中亚热带云南高原常绿阔叶林区。③滇南热带季雨林区。

经济概况　经过数十年的建设，云南农业、工业发展迅速，同省内外的联系日益密切。

云南全境为“九分山和原，一分坝和水”。农业生产深受自然条件的制约和影响，水热条件随海拔不同而异，具有突出的“立体农业”特点，地区差异显著。农业中以种植业占主要地位，兼有农区和林牧区畜牧业特色。种植业以种植水稻、玉米、小麦、豆类、薯类等为主。经济作物主要有烤烟、甘蔗、茶叶等，是云南省种植业中除粮食以外的三大重要支柱。此外，还有橡胶、紫胶。烤烟种植面积和产量居全国首位，是中国“云烟”重要产区。大叶茶为云南特有品种。“滇红”、“普洱茶”、“沱茶”等名茶远销东南亚、中东、欧美等地，是中国出口茶叶重要基地。橡胶种植面积和产量仅次于海南省，为全国第二大天然

图2　云南彝族羊皮鼓舞

橡胶生产基地。紫胶产量居全国首位，大部分出口。云南省是全中国中草药宝库，全省有中草药用植物2 000余种，其中常用中草药1 250种。盛产三七、天麻、当归、虫草、杜仲、砂仁、萝芙木、美登木等多种名贵药材。水果以宝珠梨、雪梨、“象牙杧果”、石榴等著名。

畜牧业在全省农业和农村经济中占有重要地位。农区畜牧业以生猪饲养为大宗，其次为黄牛、水牛、绵羊、山羊以及鸡、鸭、鹅等。水牛出口量逐渐增加，肉质优良的活牛出口到泰国，市场发展潜力很大。

林业为云南一大优势，但产值仍较低。据第六次全国森林资源清查资料，全省森林面积1 560.03万公顷，居全国第3位；森林覆盖率40.77%，远高于全国平均水平；活立木总蓄积量15.5亿立方米，居全国第3位。

在全省工业生产发展中，轻工业以农产品原料加工为主，重工业以采掘和原料工业为主。全省工业已初步形成了烟草、机电、冶金、化工、医药、建材、制糖、食品等8大传统产业和采矿、电力、非金属制品、造纸、纺织、印刷等工业门类较为齐全的工业体系，基本发挥了烟草、食品、有色金属、磷矿石、水能等的资源优势。

在中国已发现的150余种有用矿产资源中，云南有134种，其中54种矿产保有储量居全国前10位。铁、锰矿中的富矿在全国位居第一。全省拥有个旧锡矿区、兰坪铅锌矿，以及东川、易门、大姚铜矿等著名矿区。云南水力资源丰富，其中有可开发水能资源达7 116万千瓦，居全国第2位。

手工业是具有悠久历史的传统工业部门，主要有大理石制品、建水陶器、永胜瓷器、腾冲玉雕等。

铁路运输已成为省内交通运输的骨干，并与全国铁路网相通。公路运输是云南重要的运输方式，形成以昆明为中心，以7条国道干线为骨架，以省道、经济干线为经络的公路运输网络。民用航空运输方面有昆明、保山、昭通、普洱、大理、芒市、丽江、香格里拉、景洪等机场。内河航运开辟了金沙江航道，建有水富港、绥江港等。澜沧江—湄公河是云南省连接东南亚的国际航道，有景洪港和普洱港等。大理港为洱海的湖港。

文教科技　云南地处中国西南边疆，少数民族众多，各民族、各地域文化相互交流、交融，形成具有多元化和兼容性的特点，独具区域特色的民族文化，文化资源相当丰富。有保存完好，被世界公认为唯一活着的象形文字——纳西族**东巴文**；有音乐“活化石”之称的纳西古乐等。民族教育是全省教育的重点，已形成具有云南地方特色的民族教育体系。有云南大学、云南师范大学、昆明理工大学、昆明医学院等高等院校。

名胜古迹　云南省自然风光秀美，人文胜迹丰富多彩，既拥有滇池、石林、大理、玉龙雪山、三江并流、腾冲地热火山、瑞丽江-大盈江、西双版纳、九乡、建水等国家级风景名胜区，又有以礼河、昙华山、阿庐古洞、抚仙湖-星云湖、元谋土林和元谋人遗址、陆良彩色沙林、珠江源、香格里拉、丽江泸沽湖、虎跳峡、鸡足山、永仁方山、石宝山、巍宝山、**丽江古城**、曼飞龙塔，以及大理崇圣寺三塔、蛇骨塔、昆明地藏寺经幢、剑川石钟山石窟、世界园艺博览园、云南民族村等名胜古迹。全省拥有昆明、大理、丽江、建水、巍山等

国家历史文化名城。

云雀 *Alauda*; skylark 雀形目百灵科云雀属鸟类的统称。共有4种，中国有2种。全长150～180毫米。翅短；外侧2对尾羽呈白色。上体呈纵纹状，受惊扰时，头上羽冠竖立。栖息于高山草原、荒坡、近水草滩。主要以作物和草子为食，也吃小蜗牛和昆虫等。巢以草茎、草根、枯叶等缀集而成，置于地面凹陷处。每窝产卵3～5枚，卵呈白或灰色且杂以褐或灰色斑。

云杉 *Picea*; spruce 松科云杉属植物的统称。常绿乔木。树干端直。中国是云杉属植物最多的国家，共16种9变种，分布于东北、华北、西北、西南地区及台湾的山地及亚高山地带，尤以横断山地区种类最多，木材蓄积量丰富。

树高30～50米，胸径可达1米以上。枝条轮生，小枝上有明显的叶枕。叶螺旋状着生，四棱状条形或条形，无柄。雌雄同株，球果下垂。种子具翅，成熟后飞落。

云杉耐阴性较强，喜寒冷与冷湿的气候，在高纬度的寒带、寒温带至低纬度的暖温带与亚热带的亚高山与高山的阴坡、半阴坡和谷地形成纯林，或与冷杉、落叶松、铁杉和某些喜冷凉气候的松树及阔叶树组成针叶混交林或针阔混交林。云杉树干高大通直，节少，材质略轻柔，纹理直、均匀，结构细致，易加工，具有良好的共鸣性能。可供建筑、飞机、乐器（钢琴、提琴）、舟车、家具、器具、箱盒、刨制胶合板与薄木以及木纤维工业原料等用材。

云室 cloud chamber 早期的核辐射探测器，也是最早的带电粒子径迹探测器。1896年由C.T.R.威耳孙发明，又称威耳孙云室。利用纯净的蒸气绝热膨胀，温度降低达到过饱和状态，这时带电粒子射入，在经过的路径产生离子，过饱和气以离子为核心凝结成小液滴，从而显示出粒子的径迹，可通过照相拍摄下来。云室中的气体大多是空气或氩气，蒸气大多是乙醇或甲醇。根据径迹上小液滴的密度或径迹的长度可测定粒子的速度；将云室和磁场联用，根据径迹的曲率和弯曲方向可测量粒子的动量和电性，从而可确定粒子的性质。在历史上，云室对粒子物理起过重大作用，曾用它发现了e^+、μ^-、K^0和Λ、Ξ^-等粒子。

云台山 Yuntai Mountain 中国锦屏山、前云台山、中云台山、后云台山和鹰游山等互不连续、略具单面山构造的一系列断块山总称。又称郁林山。古称郁洲山或苍梧山。江苏省著名风景旅游地。位于连云港市南郊。前云台山主峰玉女峰，海拔625.4米，是江苏省最高点。第四纪最后一次海侵时，除锦屏山外，其余均为海中岛屿。1128年黄河夺淮入海后，滨海平原淤涨，至1711年前云台山首先与大陆相连成为陆岛，1855年黄河北徙前后，中云台山和后云台山亦相继并入大陆，现仅存鹰游山仍孤悬海中，形成东西连岛。后云台山与东西连岛间的鹰游门海面，即为连云港所在地。云台山已辟为自然保护区。前、后云台山多奇峰异石，如玉女峰、文笔峰、猴嘴、虎口岭等，尤以花果山、水帘洞著名。有“东海胜景”之誉。建有三元宫、法起寺等。

云台山 Yuntai Mountain 位于中国河南省北部辉县市、修武县边界上，北与山西省相邻。属太行山。古称覆釜山，后因山顶常有云雾缭绕，改名云台山。海拔约500

云台山风景区

米，最高峰茱萸峰，海拔1 304米。山多洞窟、泉、深涧、幽谷、瀑布，以老龙潭瀑布、天门瀑布有名。植物主要有翠柏、山榆、红枫、杜鹃等。云台山为河南省省级风景区和国家级森林公园。2004年，被联合国教科文组织评为世界地质公园。

《云谣集杂曲子》 中国敦煌所出唐代曲子词选集。现存两个写本，分藏于伦敦不列颠图书馆和巴黎法国国家图书馆，首题均作“云谣集杂曲子共三十首”，英藏本存18首，法藏本存14首，除去重复的《凤归云》2首，正合30首之数。王重民《敦煌曲子词集》据法藏本推测其写本时代应在唐末，较五代后蜀赵崇祚编《花间集》时代更早，被称为中国最早的词总集。所收作品均未署作者，所用曲调共13个，除《内家娇》外，均见于唐崔令钦《教坊记》，因此部分作品被认为作于盛唐。作品以妇女题材为主，多写男女恋情、闺怨相思，语言质朴，感情真挚，代表了初期民间曲子词的典型风貌。《云谣集》自20世纪20年代回传中国，先后有《敦煌零拾》、《彊村丛书》、《彊村遗书》、《敦煌掇琐》等校录本行世，完整的整理本见于王重民的《敦煌曲子词集》、任半塘的《敦煌曲校录》和《敦煌歌辞总编》及潘重规的《敦煌云谣集新书》。

云英岩 greisen 由酸性的火成岩、沉积岩和变质岩经过气成热液的交代蚀变而石英化的岩石。矿物成分除石英外主要是白云母（含氟）或锂云母，还有金红石、电气石、黄玉、萤石，偶见绿柱石、绿泥石等及一些与钨、锡、钼和铜金属矿物－石英脉相伴生的矿物，如黑钨矿、锡石、白钨矿、辉钼矿、黄铜矿、黄铁矿、自然铋、毒砂和闪锌矿等。

云英岩多见于酸性、中酸性火成岩（SiO_2含量69%～75%）侵入体的周围或见于其顶部的沉积岩或变质岩的围岩中，但其成分也必为中酸性或酸性的。它们是含氟、硼、锂的流体沿着花岗岩的裂隙上升，交代蚀变两侧的岩石而生成的。

云英岩按产状可分两类：①脉型。多为充填裂隙的气成热液脉体两侧的围岩蚀变带，厚度不大，较少含矿，但分布面广。②密集型。多成厚大的网脉状或岩株状，产于岩体及周围的裂隙或张裂带内，向两侧方向渐变成围岩。含矿性强，但分布面不广。

云英岩是重要的找矿标志：电气石黄玉型云英岩是锡矿的找矿标志；电气石云英岩，特别是电气石绿泥石云英岩对于锡硫化物矿脉有指示意义；萤石云英岩是钨矿的标志，而萤石白云母云英岩则对于钼矿脉有指示意义。中国南岭钨锡成矿区也是云英岩发育区。

芸薹属 *Brassica*; mustard 十字花科中经济价值最大的属。约40种，主要分布在地中海区域。中国有13个栽培种、11变种、1变型，南北各地均有栽培。一二年生或多年生草本，植株无毛或具疏毛，光滑或有白粉。基生叶及茎下部叶常大头羽裂，常有柄；茎上部叶抱茎或不抱茎。花黄色，稀为白色；萼片直立或开展，略呈囊状或扁平状；花瓣具长爪；雄蕊6，具蜜腺。长角果圆柱形，顶端具长喙。种子每室1列，近球形，子叶纵折。芸薹属有些种类作蔬菜用，中国特产有芥菜、榨菜、大头菜、雪里蕻；有些种类是油料植物，如油菜；有些种类供药用，如芸薹、芥菜、芜菁、甘蓝等；芥菜的种子并可作辛香调味品；这些栽培种也是早春的蜜源植物。

芸香科 Rutaceae; rue family 双子叶植物纲蔷薇亚纲的一科。约150属1 000余种。全世界分布，主要产于热带及亚热带。中国共28属约150种（包括引进栽培种），南北各地均有，主要产于西南及南部。山麻黄属和枳属为中国特有属。植物体内通常有储油细胞或有分泌腔。习性多样。花很少单性，5～4基数，很少无花瓣。雄蕊与花萼同数或倍数，花丝很少合生成多束，花盘明显，心皮离生或合生，子房上位。蓇葖果、蒴果、翅果、小核果、柑果或浆果。

芸香科植物多具经济价值。毛果芸香所含毛果芸香碱是治疗青光眼的有效药物。吴茱萸属某些种是速生树种，也可入药。柑橘属和金橘属的多数种类的果是优良水果。该科植物普遍含挥发油和300多种生物碱，常可用于医药。

郧县猿人 *Homo erectus* from Yunxian 直立人化石。包括中国湖北郧县梅铺1974年出土的4颗牙齿、曲远河口1989和1990年出土的两具头骨。两具头骨都属于中年男性。前额扁塌，眼眶后很缩狭，有粗壮的眉脊，颅骨最宽处接近颅底，牙齿粗大，但是头骨整体尺寸较大，没有明显的矢状脊，乳突较大，2号头骨颞骨鳞部较高、上缘呈凸弧形等特征，表现出早期智人的形态。2号头骨的鼻梁上翘，与中国其他化石头骨很不相同，有人认为是变形的结果。梅铺出土的牙齿形态与北京猿人牙齿相近，但要大些；其上内侧门齿也呈铲形。伴存石制品200余件。伴存动物群反映出以森林为主兼有草原和水域的生态环境。据古地磁测定为距今87万～83万年，电子自旋共振测年为距今56.5万年。

陨石 meteorite 来自行星际空间的、穿过地球大气层烧蚀后而残留下来并降落到地面的固体物质。每天降落到地球的地外物质100～1 000吨，但大约只有1%可降落到地面成为陨石，绝大部分在穿过大气层时已经燃烧殆尽。截至1999年12月，全世界经国际陨石学会编录在册的各类陨石有22 507个。至2003年年底，地球上找到陨石最多的是南极洲，已超过3万块。

陨石通常以降落地（或发现地）命名。但南极与撒哈拉沙漠等荒漠地区，以回收的地区、年代与回收顺序依次排列命名。

陨落过程 陨星体高速冲入地球大气层时（相对于地球的速度为15～75千米/秒），其前端使空气受到强烈压缩，形成极强的冲击波，陨星表面和周围空气温度陡升到几千度甚至上万度，使陨星表面的物质熔化和气

新疆大陨铁（陨落于准噶尔盆地，重约30吨）

化。陨星以很高速度往前冲，与地球大气的分子激烈碰撞而发光，形成耀眼的火球，称为火流星。火球一般在135千米以下的高度开始发亮，在距地面10千米时消失。在火球消失后的一至数分钟内，地面上即可听见霹雳般的爆炸声和雷鸣声。陨星在高速降落过程中常常发生爆裂。爆裂后的碎块落向地面形成陨石雨。世界上最大的陨石雨是1976年3月8日陨落在中国的吉林陨石雨。当巨大陨星降落时，强大的冲击波撞击地面，挖掘地面形成陨石坑。大多数陨星质量不大，不能形成陨石坑。

特征 陨石的大小不等，既有重达几吨、十几吨或数十吨的，也有豌豆粒大小的，重量只有1～2克，甚至更小。形状各种各样，有钝圆锥状、多面体状、椭球体状、扁球形，以及各种不规则的形状。一般来说，铁陨石质地坚硬，陨落时不易破裂，因而比石陨石的体积要大，最大的铁陨石是非洲纳米比亚的霍巴陨铁，重约60吨；其次是格陵兰的约克角1号陨铁，重约33吨；中国新疆大陨铁，重约30吨（见图）。世界上最大的石陨石是中国吉林1号陨石，重1 770千克。

陨石的外观常常有一层很薄的（不及1毫米）的黑色或深褐色熔壳，是陨星在陨落过程中由于高温使表面熔化，在速度降低时冷却凝固而成。陨石表面还有许多像河蚌壳、指印状的小凹坑，这是陨星与高温气流相互作用烧蚀留下的痕迹，称作气印。可以根据气印的排列状况和熔壳上熔凝物质流动的痕迹来判定陨星降落时在大气层中飞行的方位。

陨石的密度一般要比地球上常见的岩石大。在新鲜断面上，有时能见到闪闪发光的金属颗粒和金黄色的硫化物细粒，大多数石陨石中还能看到许多小球粒。铁陨石有如人工冶炼的铁块，常有灰色的熔壳；铁陨石新鲜断面上可见黄色的硫化物包体，将其磨平抛光能见到非常漂亮的金属结构。

分类 按矿物组成、化学成分和结构构造可将陨石分为三类。

石陨石 主要由硅酸盐矿物组成，含有少量铁－镍金属和铁的硫化物。石陨石是最常见的陨石，按目睹降落的陨石次数统计，占全部陨石的92%。根据结构，石陨石又可分为球粒陨石与无球粒陨石，其中球粒陨石占84%。球粒陨石含有许多球状颗粒。颗粒直径从零点几毫米至几毫米。球粒主要由橄榄石和辉石颗粒组成，球粒之外的基质是不同结晶程度的橄榄石、辉石、长石、铁－镍金属和陨硫铁。无球粒陨石是一种不含球粒的粗粒晶质陨石，酷似地球上的玄武岩和纯橄榄岩类岩石。它所含的橄榄石比球粒陨石少，长石一般含有丰富的钙。

铁陨石 主要由金属铁与镍组成，含少量铁的硫化物、磷化物和碳化物。常见的矿物是铁纹石、镍纹石与陨硫铁等。铁陨石中铁纹石含镍4%～7%，镍纹石含镍20%以上。将铁陨石切割抛光并用稀硝酸蚀刻，大多会出现一种特殊的花纹——维斯台登像（这种花纹仅见于八面体铁陨石）：铁纹石的发亮细条带与镍纹石条带交叉组成网格状花纹。

石铁陨石 介于石陨石和铁陨石之间的过渡型陨石，由大致等量的硅酸盐矿物和铁－镍金属组成。它又分成几种，其中较常见的为橄榄镍铁陨石（又称巴拉斯陨铁）和中铁陨石（又称中陨铁）。

化学成分、矿物成分和有机物 化学成分 组成陨石的近百种化学元素与组成太阳、地球、月球等太阳系天体的化学元素是一致的，但各元素的比值不同。无球粒陨石的化学成分与地球上的超基性岩、基性岩和基性火山岩的化学成分相近，而其他类型陨石的化学成分与地球岩石差异较大。陨石的矿物、化学、同位素组成及成因的研究表明，CI型碳质球粒陨石的元素丰度可能代表太阳系的平均元素的丰度（氢、氦除外）。

矿物成分 陨石中总共发现有100多种原生矿物。各类陨石的主要组成矿物，除镍纹石等30多种矿物在地球上未发现过，铁纹石比较少见外，其他矿物都能在地球上找得到。但陨石矿物比地球上已发现的矿物（约3 000多种）少得多。陨石处于与地球不同的环境，矿物形成的条件一般是在比较缺水和偏于还原的条件，因此陨石矿物中很少见到氢氧化物和Fe^{3+}的化合物。有些陨石矿物在特殊条件下会改变矿物的结构相。有些矿物虽然在陨石与地球上都有产出，成分也一样，但由于温度与压力条件的不同而成为两种矿物，如陨石中常见的陨硫铁，在地球条件下则生成磁黄铁矿。

有机物 迄今在陨石（主要是碳质球粒陨石）中已发现60多种有机化合物。这些有机化合物是在原始太阳星云凝聚的晚期，于低温和富含挥发成分的环境中合成的。多数人认为这些有机化合物属于非生物合成的“前生物物质”。研究表明，地球形成时也有大量的有机化合物加入，但后期复杂的地质过程使这些有机物难于辨认，而陨石母体却保存了“襁褓时期”的有机化合物。对陨石中地外有机物的研究，将有可能揭示自然界有机物的形成及演化发展过程，为探索生命起源提供重要线索。

陨石年龄 根据不同的演化阶段，陨石年龄可分为：①形成年龄。陨石母体的凝固年龄。又称晶化年龄。陨石中铀－铅、钍－铅、钾－氩、钐－钕和铷－锶的同位素组成所测得的陨石凝结年龄（45.7亿±0.3亿年，约略为45亿～46亿年），被视为太阳系各行星形成的年龄。②暴露年龄。陨石

脱落母体后在宇宙空间暴露于宇宙射线辐照下的年龄。又称辐照年龄。即陨石在行星际空间运行的时间，又称宇宙暴露年龄。各类陨石暴露年龄各不相同：石陨石一般为2万～8 000万年；铁陨石一般为2亿年，暴露年龄差异很大，从400万年到23亿年。从陨石的暴露年龄可以了解陨星在太阳系空间运行的某些轨道要素。③居地年龄。陨星陨落到地面成为陨石到被发现的时间。又称落地年龄或陨落年龄。很多降落在荒无人烟地区的陨石都不知道落地年龄，特别是南极冰层中的陨石，不同降落年龄的陨石常常混杂在一起。查明其降落年龄既可鉴别出“成对”或“成群”陨石，又有助于探讨冰层的移动方向与速度。

陨石坑 meteorite crater 陨星同行星等天体高速撞击所形成的低洼地。又称陨星坑、陨击坑或撞击坑。撞击坑是行星表面的共同特征，其大小从微米级的微陨石坑至直径大于2 000千米的盆地。陨星体以高速穿过大气层时产生的强大冲击波撞击地球或其他天体表面时产生剧烈冲击和爆炸，或陨星体高速撞击没有大气层的天体表面时，使撞击体自身与被撞击部位的岩石熔融和气化，抛射出基岩物质后形成凹坑。

一般撞击坑的直径约为冲击体直径的50倍，而被抛出坑外的岩石体积约为冲击体体积的几百倍，抛射物沉降区的直径约为坑直径的两倍。陨星特别是大的陨星撞击地球时，不仅形成撞击坑，还在地球表层产生一些特殊的地质作用。

已发现的地球上的陨石坑达100多个，它们都是地球历史上受地外物质撞击的记录，表明地球早期曾有过大量的陨星撞击过程。陨石坑大小不一，小的如沙特阿拉伯的瓦巴陨石坑，直径约100米；大的如澳大利亚的阿克拉曼（湖）坑、加拿大的萨德伯里坑和南非的弗里德堡构造，它们的直径都在100千米以上。地球上最大的陨石坑是墨西哥尤卡坦半岛附近海底的奇科苏卢布坑，直径达280千米。最著名的美国亚利桑那陨石坑（见图），直径达1 240米，深170多米，坑的四周比附近地面高出40米左右。

美国亚利桑那陨石坑

运城市 Yuncheng City 中国山西省辖地级市。位于省境西南部，邻接陕西省、河南省。辖盐湖区和芮城、临猗、万荣、新绛、稷山、闻喜、夏县、绛县、平陆、垣曲10县，代管永济市、河津市。面积14 106平方千米。人口513万（2010）。春秋时属晋国，战国时属魏国。秦置河东郡，隋废郡置蒲州，后多有变动。1913年废府、州改属河东道。1949年属陕甘宁边区晋南区，1950年设运城专区。1958年由安邑、解虞两县合并设运城县。1970年设运城地区。1983年运城县改运城市（县级）。2000年撤销运城地区和县级运城市，设立地级运城市。农作物主要有小麦、玉米、棉花、谷子等。特产有相枣、板枣。矿产主要有盐、煤、铁、铝矾土、铜、金、石膏、磷等。工业主要有冶金、采盐、化工、电力、煤炭、机械、纺织等。名胜古迹有池神庙、解州关帝庙、飞云楼、普救寺、西侯度遗址、永乐宫、风陵渡和五老峰等。

解州关帝庙外观

运城盐池 Yuncheng Salt Lake 中国山西省最大咸水湖，盛产盐、芒硝。又称解池，古称河东盐池。属构造残留湖。位于运城市南。盐池长25～30千米，宽3～5千米，面积约130平方千米。湖面海拔324.5米，池水深4～5米，水色银白，故又有“银湖”之称。产盐已有4 000余年历史，所产盐称“解盐”、“潞盐”或“河东盐”。还出产无水芒硝、硫化碱、纯碱等30余种产品。

运筹学 operations research 用定量化方法了解和解释运行系统、为管理决策提供科学依据的学科。它把有关的运行系统首先归结成数学模型，然后用数学方法进行定量分析和比较，求得合理运用人力、物力和财力的系统运行最优方案。

产生和发展 运筹学的朴素思想，可以追溯到公元前400年前。中国著名军事学家孙武的《孙子兵法》一书中有关思想的描述。西方军事运筹学中的兰彻斯特战斗方程是1914年提出的，丹麦工程师A.K.埃尔朗于1917年提出排队论的一些著名公式，列温逊于1920年研究了商业运筹学中零售问题。运筹学作为一门学科是在二次世界大战期间由研究武器的配置、兵力的部署和军需品的调运问题而产生的。运筹学这个名词最早出现于1938年，当时英国波德赛雷达站负责人A.P.罗为了研究整个防空作战系统的合理运行，以便有效地防备德国飞机入侵，成立了由各方面科学家组成的研究小组，并以“OR”命名这种研究活动。第二次世界大战期间，运筹学有了很大的发展，战后研究的重点转向民用部门，也获得成功。1947年，美国数学家G.B.丹齐克提出了求解线性规划的有效方法——单纯形法。并于20世纪50年代初应用电子计算机求解线性规划获得成功。到50年代末期，发达国家已对企业中的一些普遍性问题，如库存、资源分配、设备更新、任务分派等问题进行研究，并成功地应用到建筑、纺织、钢铁、煤炭、石油、电力、农业诸行业。60年代，又应用到服务性行业和社会公用事业。作为运筹学的理论依据，关于运筹学的数学理论得到迅速发展，并形成众多分支学科。

内容和方法 运筹学是一门多分支的应用学科。其主要分支有：**线性规划**、**整数规划**、**非线性规划**、动态规划、图论和网络理论、决策论、**排队论**、**对策论**、**库存论**、**搜索论**和可靠性理论等。近年来又出现一些新的专业分支和内容，比如几何规划、计划协调技术，以及教育运筹、司法运筹、商业运筹等。应用运筹学处理问题时，首先要求从系统观点来作分析，不仅要求提出需要解决的问题和希望达到的目标，而且还要弄清问题所处的环境和约束条件，探讨问题的处理方法，并建立相应的运筹学模型，以求得问题的最优解答。应用运筹学处理问题的步骤可以概括如下：①提出和形成问题。提出需要解决的问题，确定目标，分析问题所处的环境和约束条件。②建立模型。把问题中的决策变量、参数与目标函数和约束条件之间的关系用一定的模型表示出来。模型是研究者经过研究后用文字、图表、符号、关系式以及实体模样描述所认识到的客观对象，成功的模型对问题的解决有关键作用。③最优化。确定与模型有关的各种参数，选择求解方法，求出最优解。④解的评价。通过灵敏度分析等方法，对所求解进行分析和评价，并据此提出修正方案。⑤决策。向决策者提出决策所需的数据、信息和方案，帮助决策者决定处理问题的方案。

发展趋势 运筹学正朝着三个领域发展：运筹学应用、运筹科学和运筹数学。现代运筹学面临的新对象是经济、技术、社会、生态和政治等因素交叉在一起的复杂系统，因此必须注意大系统、注意与系统分析相结合，与未来学相结合，引入一些非数学的方法和理论，采用软系统的思考方法。总之，运筹学还在不断发展中，新的思想、观点和方法不断出现。

运动病 motion sickness 因不能适应加速度、视觉和深部感觉的刺激而发生头晕、眩晕、恶心、呕吐、面色苍白等一系列前庭和植物神经反应的疾病。又称晕动病、动晕病。按诱发的环境和运载工具分为晕车、晕船、空晕（晕机）和航天病。

症状及诊断 早期症状为头晕、胃不适、唾液多和不愿活动。继而全身热、恶心、倦怠思睡、冷汗、面色苍白、表情淡漠、手指颤动，最后呕吐、眩晕和有旋转感。呕吐前常有血压降低、脉搏减缓，呕吐后症状暂缓，不久再吐，直至脱水。重者出现心理异常，甚至想自杀以解脱痛苦。离开车船飞机后，症状逐渐消失，有的持续数日。用冷热试验和转椅检查，患者半规管功能过敏；用四柱秋千和二柱秋千检查，患者耳石器过敏，或半规管和耳石器均过敏。

预防和治疗 凡有前庭功能过敏或异常者，不适合从事司机、海员、飞行员的工作。经常锻炼身体可以加强前庭功能的稳定性，减少运动病的发生。治疗运动病的药物有氢溴酸东莨菪碱、乘晕宁、对氯胺、异丙嗪等。

运动定律 motion, law of 牛顿运动定律中的第二定律。定量地表述了力与物体的运动状态变化的关系。牛顿在《自然哲学的数学原理》中提出的可用于变质量情况的表述：物体的运动量（后称动量）的改变与外力成正比，$\boldsymbol{F}=k\frac{\mathrm{d}m\boldsymbol{v}}{\mathrm{d}t}$。式中$\boldsymbol{F}$表示物体所受的力或合外力，$m$和$\boldsymbol{v}$表示物体的质量和速度；$\frac{\mathrm{d}m\boldsymbol{v}}{\mathrm{d}t}$表示动量$m\boldsymbol{v}$的变化率，$k$为比例常量。另一种表述由L.欧拉概括为仅适用于质量不变的情况：物体的加速度跟物体所受的作用力成正比，跟物体的质量成反比，加速度的方向和力的方向一致，$\boldsymbol{F}=m\boldsymbol{a}$，$\boldsymbol{a}$为物体的加速度。在国际单位制中$k$=1。上述两种表述虽然在牛顿力学的范畴内等价，但在物理学中牛顿的表述应视为第二定律的普遍形式。这不但因为动量的概念比加速度更为普遍和重要，而且因为当物体的速度接近光速时，只有牛顿的表述才仍然成立。牛顿第二定律只适用于惯性参考系，对非惯性参考系中物体的运动需使用相对运动微分方程。牛顿第二定律是动力学的核心定律，也是自然科学中建立的第一个微分方程，在推动数学的发展上也起了重要作用。

运动人体科学 sport and exercise, human science in 主要采用自然科学手段研究人体运动的一门新兴学科。包括技术动作的产生和发展规律，运动引起机体变化的规律，运动所致机体伤害的发生机理、病生理变化及防治措施等问题。20世纪60年代，一些国家体育院系开设了有关运动人体科学的课程。90年代后期，中国在体育院校系内相继设立了运动人体科学的机构与专业。2002年北京体育大学的运动人体科学学科被教育部定为重点学科。

国际上将运动人体科学作为一个学科的国家尚不普遍。在中国，运动人体科学的研究内容涉及运动医学、运动解剖学和运动心理学等学科内容。在国外，运动人体科学的研究范围广泛，不仅涉及生物医学领域，还囊括了人文社会学诸方面的内容。

运动稳定性 motion, stability of 物体或系统在外干扰的作用下偏离其运动后返回该运动的性质。若逐渐返回原运动则称此运动是稳定的，否则就是不稳定的。对任何运动，外干扰都是经常存在的，因此，只有稳定的运动才能存在。在工程技术上，要使设计对象的某些运动能够实现，那些运动必须是稳定的。运动是一切事物的变化过程，所以研究运动的稳定性，涉及所有科学技术领域，包括社会科学。1892年俄国数学家A.M.李雅普诺夫开创了运动稳定性研究的新纪元。他提出解决运动稳定性问题的两个方法：第一，是通过求解系统的微分方程分析运动的稳定性；第二，（直接法）是定性的方法，它不需求解微分方程，而是寻求具有某些性质的函数（称李雅普诺夫函数），使这些函数与微分方程相联系，就可控制积分轨线的动向。这种直接的方法是解决运动稳定性问题的基本方法，已在应用数学、陀螺力学、自动控制、航空航天等领域广泛应用。如不作说明，运动稳定性常被理解为李雅普诺夫稳定性。李雅普诺夫稳定性定义有稳定、渐近稳定、不稳定3种类别。他建立了关于渐近稳定、稳定和不稳定的定理，奠定了稳定性理论的基础。李雅普诺夫稳定性定理已成为解决非线性系统稳定性的重要理论和方法并被普遍地应用，通称李雅普诺夫方法或v函数法。除了考虑初始干扰的稳定性的李雅普诺夫稳定性外，还有其他稳定性定义，如轨道稳定性、持续摄动下的稳定性、结构稳定性等；但李雅普诺夫意义下的稳定性理论仍是研究其他稳定性的基础。

运动学 kinematics 从几何的角度（指不涉及物体本身的物理性质和加在物体上的力）描述和研究物体位置随时间的变化规律的力学分支。以研究质点和刚体模型的运动为基础，并进一步研究变形体（弹性体、流体等）的运动。对后者的研究，须把变形体中微团的刚性位移和应变分开。质点运动学研究质点的运动方程、轨迹、位移、速度、加速度等，刚体运动学还要研究刚体的转动过程、角速度、角加速度等运动学为动力学、机械学提供理论基础，也是自然科学和工程技术必需的基础知识。

运动员 athlete; sportsman 以参加体育运动训练和比赛为业的人。又称专业运动员。中国运动员自进入专业队起成为国家正式职工，领取工资。目前，足球、篮球、排球等项目在职业俱乐部注册并签订工作合同、收取报酬的运动员，称俱乐部职业运动员。非运动员向运动员跨越，首先要经过选材，就是把先天条件优越，适合从事某项运动的人才从小选拔出来，系统地、有目的地培养，以便取得优异的运动成绩。1956年中国由国家体委（今国家体育总局）制订公布并实施《运动员技术等级制度》，规定了运动员的技术等级称号，称号分为：国际级运动健将、运动健将、一级运动员、二级运动员、三级运动员、少年级运动员6个级别。国际级运动健将称号必须是在奥运会、世界锦标赛、世界杯赛中获得冠军至第八名成绩的运动员。此为最高技术等级。中国运动员在1996年开始实行注册制度，也就是运动员只能代表一个单位参加比赛，只能在一个单位（省、自治区、直辖市、解放军、行业体协）进行注册。1998年，国家体育总局制订了《全国运动员交流管理办法》，该办法允许运动员在与原注册单位协议期满或终止协议后跨省、自治区、直辖市、行业体协进行交流。2003年制订《全国运动员注册与交流管理办法》(《全国运动员交流管理办法》同时废止)，对运动员的注册与交流作了一些新规定。国家体育总局每年一次向在奥运会、世界锦标赛、世界杯赛三大赛夺得冠军和创造新世界纪录的运动员授予体育运动荣誉奖章，这是运动员的最高奖章。容国团和陈镜开最先获此殊荣。

运动员转会制 athletes transferring system 职业运动员由一个签约俱乐部转至另一俱乐部签约的制度。运动员转会制可以使运动员在各俱乐部之间规范、合理、自由流动，使运动员资源能够得到最佳配置，并发挥最大效益，避免人才浪费，同时也有利于职业体育的不断发展。在运动员转会过程中，运动员的身价都是以货币单位来进行评估的，即转出的俱乐部要向转入的俱乐部收取一定数量的转会费，它体现了社会对运动员劳动成果与劳动能力的承认。运动员转会，在欧美国家发达的体育市场十分普遍。中国的运动员转会是在20世纪90年代以后才逐渐兴起。

运河 canal 人工开凿的航运渠道，用以沟通不同的江河、湖泊、海洋，缩短通航里程，改善通航条件。中国古时把它称为沟、渠、漕渠、运渠等，宋朝以后才称运河。

简史 传说春秋中期淮河上游已有人工运河。有明确记载最早开通的人工运河是于公元前486年春秋时吴国开凿的沟通长江和淮河的邗沟。影响较大的还有战国时魏国于前360年沟通黄河和淮河的鸿沟。前219年秦始皇时开凿了沟通长江和珠江的灵渠。以后历代都有运河建设工程，其中经过许多朝代逐步开凿、连接、改建而成的京杭运河，是世界上最长的运河。

埃及、巴比伦、希腊和罗马帝国在公元前都开挖过一些运河。埃及曾挖过连接尼罗河和红海的运河。欧洲古代修过不少可以通航的灌溉水渠，也有一些通航运河。18世纪下半叶开始，是欧洲、美洲运河建设的兴盛时期。19世纪下半叶至20世纪上半叶建成的基尔运河、苏伊士运河和巴拿马运河是世界上最著名的深水运河。

类型 运河可分为有闸运河和无闸运河两类。在运河中有闸运河居多，它是将运河分为若干级水面高程不同的水平河段（可有微小的纵坡），在相邻两级河段衔接处设置船闸或升船机，供船舶从一个水级进入另一水级。无闸运河又称开敞式运河，全线与所连接的水域处在同一个连续的水面上。

运河按连接的水域可分为通海运河和内陆运河。通海运河直接沟通海洋。通海的无闸运河又称海平面运河，如苏伊士运河、科林斯运河等。巴拿马运河为通海有闸运河。内陆运河连接内河水系，一般都为有闸运河，如京杭运河、伏尔加河–顿河运河等。为避开滩险、恶流或风浪而在原有水路旁侧开凿的运河称为旁侧运河，如莱茵河旁的阿尔萨斯运河、俄罗斯奥涅加运河等。美国东海岸和南海岸的岸内运河亦属此类运河。旁侧运河多是无闸运河。

1893年完工的科林斯运河

工程设计 兴建运河工程通常要考虑综合利用。进行规划时，水源是一个重要问题，对翻越分水岭的运河，尤其如此。为满足运河用水，有时须建造水库，甚至从低处抽水。选线时应合理利用原有河流、湖泊，以节省工程量，少占土地。堤坝、船闸、升船机、渡槽、隧道等应根据地形、地质等条件合理布置。

运河横断面尺度取决于设计船舶的大小和航行速度。运河断面一般为梯形，边坡为1∶1.5至1∶3或更缓些，根据两岸岸坡土质而定。在岩石中开凿的运河，边坡可接近于垂直。在建成区（城市、工矿区）扩建运河，为了节约用地和拆迁费用，有时用垂直板桩或挡土墙作为岸壁。为了防止边坡被船行波冲蚀，现代运河常用块石、混凝土预制块、沥青、化纤织品等修筑护岸。

运输 transportation 人和物的运送。与邮政、电信共同构成交通。运输分生产过程中的运输和流通过程中的运输。前者是生产企业内部如矿山、工厂、油田、林区、农场等内部物质生产过程的组成部分，是企业内部进行的运输；后者是生产过程在流通领域里的继续，即把生产企业的产品运到消费地的专业化运输。

从事专业化运输业务的行业为运输业。一定时期内运送旅客和货物的数量，即运输量，是运输生产的产量指标。运输业的发展是经济发展的基础，经济发达又促进运输业的进步。

现代运输包括铁路运输、水路运输、公路运输、航空运输和管道运输5种方式。它们有不同的基础设施、运输工具和技术装备，以及运输组织和经营形式，具有各自的特点，从不同角度如运载量、运输速度、运输价格等角度，满足了旅客运输和货物运输的不同要求。各种运输方式的合理布局，协同发展，构成了完整的运输体系。

中华人民共和国建立后，运输业快速发展，建成四通八达的运输网。各省、自治区内均有铁路；除西藏墨脱县，全国县县通公路，并正在推进村村通公路；内河航道进行了大量整治工作，航道等级有了很大提高；海上航线通达五大洲160多个国家和地区；航空线以北京为中心，辐射至全国各大中城市，并越过世界屋脊直抵拉萨，国际航线达297条（2008）；管道运输建成多条长距离油、气管道。

运输成本 transport cost 运输服务的提供者完成运输活动所发生的所有费用支出。将这些费用支出分摊到单位运输量上，就是单位运输成本。

范围与构成 运输成本所包括的支出范围一般有：①办理旅客和货物运输的费用。②运输准备工作和车、船运行中的费用。③运输企业固定资产折旧费和维护保养费用。④运输企业的间接生产费、服务费和管理费。这些费用按支出要素构成分为：工资、材料、燃料、电力、折旧和其他。

运输业的产品是人和货物的位移，因而采用运输量与运输距离的复合指标，如人公里（人海里）、吨公里（吨海里）和换算吨公里（吨海里）等作为运输成本的计算单位。

客运人公里成本＝客运支出总额/客运人公里总数

货运吨公里成本＝货运支出总额/货运吨公里总数

换算吨公里成本＝客货运输支出总额/换算吨公里总数

分析运输成本时，按照运输支出与运输量的关系，分为运输可变成本和运输固定成本。运输可变成本指随运输量的变化而变动的成本，如燃油费用、材料费、运输工具损耗费、路桥通行费等；运输固定成本指短期内不随运输量变化而变动的成本，如线路维护费、航道整治费等。

降低运输成本的途径主要有：提高运输效率，扩大运输工作量，降低单位运输工作量的活劳动消耗；采用新技术，提高生产技术水平；降低燃料、材料、电力消耗；充分发挥运输设备的效能，改善车船运用等。

运输船舶 transport ship 用于载运旅客和货物的船舶。又称商船。

发展简况 运输船舶的发展大致经历了舟筏、帆船和蒸汽机船3个阶段。21世纪初处于以柴油机为基本动力的钢船时代。19世纪70年代，英国在大西洋上开辟专门从事客运的定期航线。此后，航运发达国家竞相建造设备齐全、豪华舒适的大型客船。20世纪60年代起，海上长途客船逐渐为远程喷气飞机取代。但在陆岛、岛屿、海峡间及内河、湖泊中的某些航线，客船运输始终没有间断，并随着贸易往来、旅游业兴起和船舶技术的不断进步，形成了多种客船运输。

早期的蒸汽机货船都是杂货船。20世纪初开始出现油船。40年代，散货船又从杂货船中分离出来。从60年代起，运输船舶进一步专业化，出现了一系列新的船种，如集装箱船、液化气船、滚装船、载驳船、风帆助推船等。集装箱船发展最为迅速，油船组成世界商船队中最庞大的船队，传统的杂货船在艘数上仍居首位。

种类 运输船舶按用途可分为客船和货船，以及客货兼载的客货船。

客船按船型特征可分为6类：①客船。

包括远洋客船、沿海客船和内河客船，其中，远洋客船又称为邮船。20世纪70年代以后已被各种大型豪华旅游船代替。②客货船。以客为主，客货兼载。③旅游船。供旅游者旅行游览用的船。船上设备齐全，能为各类旅客提供疗养、娱乐和智力开发等综合性服务。④客滚船、客箱船。可兼运一定数量的车辆、大件货物及集装箱。⑤客/车渡船。除载客外能同时载运一定数量的旅客自备汽车及其他货物。⑥高速客船。主要有高速双体船、水翼船、气垫船，多用于陆岛、岛屿、海峡、沿海和内河短途航行。

货船按载运的货物种类和装卸方式可分为：①干货船。分杂货船和散货船两类。杂货船以装载各种件杂货为主。散货船专用于载运各种散装货物，又可分为运煤船、矿砂船、散粮船、运木船和散装水泥船等。带有自卸装置的散货船又称自卸船。②液货船。装载各种液态货物的船，主要有油船、液体化学品船、液化气船。此外，还有能兼装液货和干散货的兼用船。③集装箱船。以标准集装箱为货运单元的货船。利用港口专用设备进行快速装卸。④滚装船。又称开上开下船。适合于装运各种车辆、集装箱和大件货物。⑤载驳船。又称子母船。是以载货驳船作为货运单元的货船。⑥冷藏船。专门装运易腐鲜货的船。⑦驳船以及与之配套使用的拖船、推船。它们分别组成拖带船队或顶推船队，多用于江河。⑧内河机动驳及机动驳顶推船组。内河机动驳是由驳船加动力装置演化而成。为扩大载重量，其首部再顶推1艘或多艘驳船而构成内河机动驳顶推船组。

运输价格 freightage 交通运输企业提供货物运输或旅客运输服务向用户或旅客收取的费用。简称运价。它由运输成本、税金、利润构成。

特点 ①在价格构成中包括了距离、重量等因素，其计算单位上是吨公里运价或人公里运价（吨海里运价或人海里运价）。②随所运货物种类、选择的运输方式和运输距离不同而制定不同的运价。③运输价格受运输市场供求关系的影响比较明显。

定价原则与计价方法 运输成本是确定运输价格的基础。服务成本定价法是确定运价的主要原则，即以提供运输服务所发生的成本为基础进行定价，其有两种方式，即以平均成本为基础定价和以边际成本为基础定价，这对旅客运输和货物运输服务都适用。一种特殊的情况是在某种运输资源被独占或市场上缺少替代运输服务的情况下，出现垄断运输价格。在中国，对不同运输方式的货物运价采取国家确定指导价格和浮动比例，然后根据不同货物类型实行基价加成方法确定市场参考价格。

在市场机制起主导作用的经济环境中，运输供求关系是决定运输价格高低的主要因素，运输价格可能会背离运输成本，特别是在短期这种情况比较明显，但在中长期，运输价格水平仍以社会平均运输成本为基础来确定。

运输量 traffic volume 运输单位在一定时期内运送旅客和货物的数量。运输生产的产量指标。通常以运量和周转量表示。

运量分两种：①客运量。一定时期内运输单位运送旅客的人数。②货运量。一定时期内运输单位运送货物的吨数。

周转量是反映运输单位一定时期内承运的运量与运输距离的运输生产产量指标。分为3种：①旅客周转量。一定时期内运输单位运送的旅客人数与其运输距离的乘积，计算单位是人公里。②货物周转量。一定时期内运输单位运送的货物吨数与其运输距离的乘积，计算单位是吨公里。③换算周转量。将旅客周转量和货物周转量折合成同一计算单位的周转量，计算单位是换算吨公里。它是全面反映运输单位完成产品总量的综合性指标。在中国，铁路运输部门和交通部直属水运单位，通常将1人公里换算为1吨公里；地方水运单位以座席3人公里换算为1吨公里；公路汽车运输单位以10人公里换算为1吨公里；民用航空运输的国际航线以13.33人公里换算为1吨公里，国内航线以13.89人公里换算为1吨公里。

运输市场 transport market 体现运输服务供求交易状况的场所，构成旅客与货物运输经济活动中市场体系的组成部分。运输服务供求交易是由运输服务供给与运输服务需求之间的关系表现出来的。其中运输服务供给指由提供运输服务的企业，包括运输经营人、运输代理人、承运人等所能提供的运输能力；运输服务需求则指接受运输服务的旅客、货物所有人或代理人等所产生的运输要求。

运输市场的构成要素应包括：①运输服务的基本形态，即运输商品的供求表现为一种服务过程。②运输服务需求与供给的数量，反映为旅客或货物所要求的运输服务量与运输能力供给量。③实现运输服务的各种方式与方法。④运输服务的供求交易程序，包括相关的制度、规则等。

运载火箭 launch vehicle 由多级火箭组成的航天运载工具。运载火箭的用途是把人造地球卫星、载人飞船、空间站或空间探测器等有效载荷送入预定轨道。运载火箭是第二次世界大战后在导弹和探空火箭的基础上开始发展的。首次成功发射卫星的运载火箭是苏联用洲际导弹改装的“卫星”号运载火箭。到21世纪初，俄罗斯、美国、法国、日本、中国、英国、印度、以色列等国和欧洲空间局研制成功30多种具有不同运载能力的运载火箭系列。最大的运载火箭质量2 900多吨，能将120多吨的载荷送入近地轨道。主要的运载火箭系列有“大力神”号运载火箭、“德尔塔”号运载火箭、“土星”号运载火箭、“东方”号运载火箭、“宇宙”号运载火箭、“质子”号运载火箭、“阿丽亚娜”号运载火箭、H号运载火箭、“长征”号运载火箭等。

组成 运载火箭一般由2～4级组成（图1）。每一级都包括箭体结构、推进系统

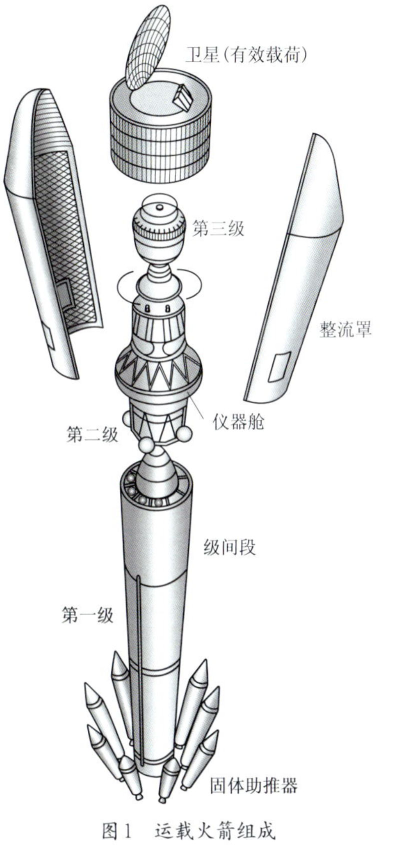

图1 运载火箭组成

和飞行控制系统。末级有仪器舱，内装制导与控制系统、遥测系统和发射场安全系统。级与级之间靠级间段连接。有效载荷装在仪器舱的上面，外面套有整流罩，用于稠密大气层飞行段保护有效载荷。

许多运载火箭的第一级外围捆绑有助推火箭，又称零级火箭。助推火箭可以是固体或液体火箭。

运载火箭大都采用液体双组元推进剂。第一、二级多用液氧和煤油或四氧化二氮和混肼为推进剂。末级火箭现多采用高能的液氧和液氢推进剂。单组元推进剂（如无水肼），常用于末级火箭的辅助推进系统。

运载火箭大都用自主式全惯性制导系统。进行星际航行的火箭还要用天文导航和无线电导航系统。制导系统的仪器大部分装在仪器舱内。

指标 技术指标包括运载能力、入轨精度、火箭对不同质量的有效载荷的适应能力和可靠性。运载能力指火箭能送入预

图2　运载火箭连续上升过程

定轨道的有效载荷质量。有效载荷的轨道种类较多，所需的能量也不同。因此，在标明运载能力时要区别低轨道、**太阳同步轨道**、地球静止卫星转移轨道（地球同步转移轨道）、行星探测器轨道等情况。表示运载能力的另一种方法是给出运载火箭达到某一特定轨道速度时可运载的有效载荷质量。

飞行程序　运载火箭在专门的航天器发射场发射。火箭从地面起飞直到进入最终轨道要经过以下几个阶段：①稠密大气层内飞行段。火箭从发射台垂直起飞，在离开地面以后的十几秒钟内一直保持垂直飞行（图2），火箭在稠密大气层内跨过声速达到几倍声速。②等角速度程序飞行段。第二级火箭的飞行已经在稠密大气层以外，整流罩在第二级火箭飞行段后期被抛掉。达到停泊轨道高度和相应的轨道速度时，火箭即进入停泊轨道滑行。对于低轨道的航天器，这时火箭已完成运送任务，航天器与火箭分离。③过渡轨道。对于高轨道或行星际任务，末级火箭在进入停泊轨道以后还要再次工作，使航天器加速到过渡轨道速度或逃逸速度，然后航天器与火箭分离。

恽代英　Yun Daiying（1895-08-12～1931-04-29）　中国共产党政治活动家、教育家，中国早期青年运动领导人。江苏武进（今常州武进区）人。生于湖北武昌。1918年武昌中华大学毕业。五四运动后，创办利群书社和共存社等进步团体，指导创办武汉学生联合会《学生》周刊。曾在中华大学附属中学、安徽宣城第四师范学校、四川川南师范学校和成都高等师范学校任职。1921年加入中国共产党。1923年任中国社会主义青年团中央执行委员、宣传部长，主编团中央机关刊物《中国青年》，同时兼任上海大学教授。在中国共产党第五次、第六次全国代表大会上均当选为中央委员。1927年参与领导南昌起义和广州起义，任中共广东省委常委、宣传部长。1928年任中央宣传部秘书长，主编中央机关刊物《红旗》。1930年任沪东行动委员会书记。同年5月被上海国民党当局逮捕，1931年4月29日在南京遭杀害。遗著有《恽代英文集》、《恽代英日记》、《来鸿去燕录》等。

恽寿平　Yun Shouping（1633～1690）　中国清代画家。原名格，字寿平，号南田、白云外史、瓯香散人等。毗陵（今江苏常州）人。少年时参加过抗清斗争，入清后，不

《摹古册》

应科试，以卖画维持生计，终于穷困病死。工诗文书画，尤擅画花卉、山水。

创造出没骨花卉画法，抛开院体画先勾勒轮廓后填彩敷色的方法，而以潇洒秀逸的用笔直接点蘸颜色敷染成画。在造型上注重对客观对象的观察体验，提倡“对花临写”，因而讲究形似，但又不以形似为满足，有**文人画**的情调、韵味。恽寿平这种画法，在康熙中叶以来，曾经风靡一时，尤以常州一带学他的为最多，并形成了以他为首的常州派，主要画家有马元驭、恽冰等。

恽寿平在绘画理论上亦颇有建树，后人收集他的题画跋语编成《南田画跋》。还著有《瓯香馆集》。

晕　halo　悬浮在大气中的冰晶（卷云、冰雾等）对日光或月光的折射和反射作用而形成的一组光学现象。又称大气晕族。晕呈环状、弧状、柱状或亮点状。大气晕族主要包括22度晕（见图）、46度晕、近幻日、

22度晕

远幻日、近幻日环、环天顶弧、环地平弧、内晕珥、日柱、反假日等。其中最常见的22度晕，是在太阳（或月亮）外围出现的光轮，因其晕环对观测者的张角半径为22°而得名，又称内晕。它色彩鲜明，色序内红外紫，与**虹**相反。通常红色最清晰，橙、黄次之，绿、蓝甚浅淡，紫色不显。出现在22度晕上、下的两个切弧称外切晕。和22度晕相类似但出现机会少得多的是46度晕，它对观测者的张角半径为46°，又称外晕。外晕的色序与内晕相同，但色彩不鲜明，亮度也弱，往往只能看到白色的光环。晕象常是坏天气的征兆。

晕针　fainting during acupuncture　中医在对患者进行**针灸**治疗时，患者出现的头晕、目眩、出冷汗、恶心甚至晕厥的现象。原因多为患者体虚、精神紧张、体位不适、医生手法过重等。属于**针刺意外**。

《韵光》　*Dhvanyāloka*　印度古代梵语文学理论著作。作者欢增，约9世纪人。全书分4章。提出诗的主体是“韵”的理论。认为词有表示义（本义）、指示义（引申义）和暗示义（暗含义）。后两者是“韵”的依据。诗的灵魂是韵，词和义不过是诗的“形体”。以“韵”为主的是上品诗；以“韵”为辅的是中品诗；缺乏“韵”的是下品诗。**新护**的《韵光注》对《韵光》作了详尽的注释，强调味韵的重要性。

韵类　rhymes, category of　**汉语音韵学**术语。韵母的类别。把一些汉字按照韵母相同与否分成若干组，韵母相同的组是一个韵类。韵类之说最早始于陈澧，他在《切韵考·序》中说：“又取切语下字系联之，每韵或一类，或二类，或三类四类。”**《广韵》**有206韵，每韵中可能有一个韵母，也可能有两个以上韵母，有一个韵母就是一个韵类，有两个以上韵母就是两个以上韵类。

Z

扎判 zapan 中国戏曲演出中的特型扎扮。多用于扮演判官、钟馗等角色。判官形象最早出现于民间舞蹈中，宋代即有《舞判》、《瞎判官》等名目。装判官者需形体魁伟肥硕。《东京梦华录·除夕》载：“教坊南河炭丑恶魁肥，装判官。”戏曲舞台则用特殊的塑形扎扮来改变演员的形体。如扮《九莲灯》的火判、《牡丹亭》的花判，都需把演员的肩部、胸部、臀部垫高，然后穿上戏衣，造成耸肩、凸胸、撅起臀部的特异外形。扎扮所用材料，旧时多以竹板上扎稻草装肩胛，以旧衣、椅垫之类装胸、臀；以后有各种改进，以减轻演员的负担。除判官外，《嫁妹》的钟馗、《单刀会》的周仓、《闹天宫》的巨灵神等，也须做特型扎扮，通称扎判。

扎染 tie dyeing 运用扎结成绺（或缝纫）浸染技艺制成的染花手工艺品。古称绞缬。在中国约有1 500年历史。现存最早的实物是新疆吐鲁番阿斯塔那墓出土的东晋年代的扎染印花绢。唐代，扎染已发展到鼎盛时期，贵族穿着扎染服饰成为风尚。有的扎染制作复杂，耗费大量人工，北宋朝廷曾一度明令禁止。随后，扎染工艺逐渐消失，但在西南边陲的白族、苗族、土家族、壮族等服饰中仍然保留。海南岛的东方市、昌江黎族自治县等黎族地区还有扎染和织造相结合的黎锦。

扎染工艺是先用线在织物上扎结成绺（称线勒扎结），或在织物上缝纫（称线缝扎结），用以防染，然后入染缸浸染，浸染后抽去所扎或缝的线。由于染液在织物上因扎结而有不同程度的浸染，因而形成由深至浅的晕染花纹。在同一织物上，运用多次扎结、多次染色的工艺，可使传统的扎染工艺由单色发展为多色。

扎染主要产地有江苏南通、海安和云南，以及广东、四川、河北、山东等。主要品种有台布、窗帘、领带、围巾、提包、服装等。

云南扎染

杂 za 中国戏曲表演术语。有两种含义：①泛指各种群众角色的扮演者。②脚色行当名。元、明、清戏曲中常见“杂”扮群众角色。传奇和花部乱弹中“杂”扮的群众角色包括院子、小厮、侍女、太监、中军、校尉、军士、差役、报子、马夫、更夫、艄公、掌礼人等；有时也扮不重要的配角。此类群众角色大都由各个行当兼扮，如元杂剧《崔府君断冤家债主》的第1折有“净扮杂当”，“杂当”指剧中的要债人。《鸣凤记》由末和小生扮严嵩的侍从，净、丑扮刽子手。“杂”的名目，大抵是从这种“杂扮”的体制衍化而来。近代戏曲中，随着演出班社演员人数的增加和生、旦、净、丑各个行当专业分工的日趋严格，出现了龙套、武行等扮演群众角色的专职演员，不再称“杂”。今汉剧、粤剧、湘剧等剧种都有“杂”行，为净行的一支，艺术特点与京剧的二花脸相近，着重做功、工架或以武打为主，常扮张飞、李逵、孟良、薛刚、呼延赞等一类人物。

杂草 weed 目的作物以外、使人类生产和生活环境受到妨碍和干扰的各种植物类群。主要为草本植物，也包括部分小灌木、蕨类及藻类。全世界约有杂草8 000种，与农业生产有关的约有250种。中国约有杂草119科1 200种。除可采用植物学分类方法外，还可按其对水分的适应性不同分为水生、沼生、湿生和旱生；按化学防除的需要分为禾草、莎草和阔叶草；此外还可根据杂草的营养类型、生长习性和繁殖方式等进行分类。其生物学特性表现为：①传播方式多。②繁殖与再生力强。③生活周期一般都比作物短，在作物收获前就先后结实，成熟的种子随熟随落。④抗逆性强。⑤光合作用效率高。农田杂草的主要为害为：农田杂草与作物争夺养料、水分、阳光和空间；妨碍田间通风透光，增加局部气候湿度；有些则是病虫中间寄主，促进病虫害发生；寄生性杂草直接从作物体内吸取养分，从而降低作物的产量和品质。此外，有的杂草的种子或花粉含有毒素，能使人畜中毒。

防除杂草前必须查明草害发生的种类、为害的程度和面积，进行生物学和生态学特性研究，而后因地制宜地采取人工除草、机械除草、化学除草、生物除草、植物检疫、综合防除等方法。

杂醇油 fusel oil 发酵法制乙醇时副产的以戊醇为主的高级醇混合物。黄色或带褐色的油状液体，有特殊的窒息性气味，有毒性。大致组成（%）：戊醇80、丁醇15、其他醇5。主要用作脲醛树脂、聚苯乙烯、紫胶、虫胶和纤维酯的溶剂以及用于制取增塑剂、浮选剂等，也可用来提取戊醇，或作为燃料。

杂泛差役 中国元、明时期与正役相区别的徭役制度。杂泛主要是征发人夫从事造作官舍、治理河渠、修建城池、递运官物等项力役。差役源于宋代的职役制度，有里正、主首、隅正、坊正、仓官、库子以及弓手等项职役。元代前期，杂泛差役的承担者是汉人和南人中的民户，还有一部分色目人民户。由于不少民户亦设法避役，元政府于大德七年，(1303)发布诏令：原来不当役的军户、站户、匠户、打捕鹰房户和投下户，也要一律当役。

杂泛差役的差充是根据资产、丁力进行的。应役对象主要是地主和一部分富裕的自耕农。元朝，对于可以借机把持地方、鱼肉乡里的里正、主首等役，地主豪强则千方百计营求；若无利可图的差役，则用投充或诡名析户的方法避役，使差役负担转嫁于中下等人户。至于库子、仓官等，因其既无利可图，又极易出现亏空，所以上至富家大户，下至自耕农，皆设法躲避。赋役不均的情况成为元代社会矛盾加深的一个侧面。

明代杂泛差役，名目繁多，按服役对象，分为京役、府役、县役及王府役；按服役性质，可分为官厅差遣之役，征解税粮之役，仓库之役，驿递之役，刑狱之役，土木之役。随着统治机构的庞大，杂泛差役的征发日趋频繁，正统年间出现了均徭法。定期编审，在赋役黄册外另编均徭册，以税粮人丁多寡为基准均摊杂役。除部分杂役编入均徭者外，其他一切非经常性的使役科派，诸如砍薪、抬柴、修河、修仓、运料等，多属临时编签，名曰杂泛。一条鞭法实行后，杂役折银，按丁地编派，随秋粮带征。

杂化轨道 hybrid orbital 一个原子中的几个原子轨道经过再分配组成的互相等同的轨道。为了阐明共价分子的空间结构，1931年，L.鲍林在电子配对假说的基础上，提出了杂化轨道理论。该理论认为：原子在结合成分子的过程中，根据原子的成键要求，在周围原子的影响下，在同一个原子中能量相近的不同类型的几个原子轨道（即波函数）可以相互叠加，而重新组成同等数量的能量完全相同的杂化原子轨道。杂化时轨道的数目不变，但轨道在空间的分布方向和分布情况发

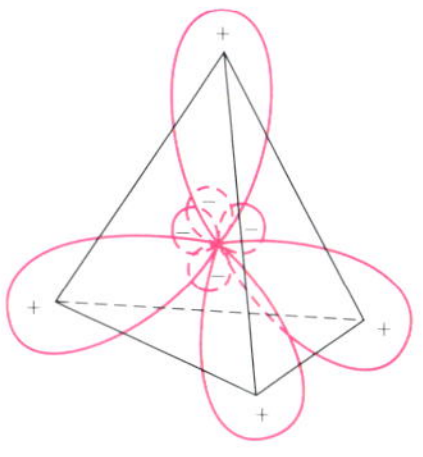

CH_4分子的空间结构

生改变。例如，当一个碳原子和四个氢原子结合生成甲烷CH_4分子时，碳原子的1个s轨道和3个p轨道重新组合成4个能量相等的sp^3杂化轨道，指向四面体的4个顶点，并与4个氢原子结合，形成空间结构为正四面体的甲烷分子（见图）。几种重要的杂化轨道类型见表。

重要的杂化类型

杂化轨道数	杂化类型	形状
2	sp	直线形
	dp	直线形
	sd	曲线形
3	sp^2	平面三角形
	dp^2	平面三角形
	d^2s	平面三角形
	d^2p	三角锥
4	sp^3	四面体
	d^3s	四面体
	dsp^2	平面四边形
5	dsp^3	三角双锥
	d^3sp	三角双锥
	d^4s	四方锥
6	d^2sp^3	八面体
	d^4sp	三棱柱

杂环化合物 heterocyclic compound 具有环状结构的一类化合物。构成环的原子除碳原子外，还至少含有一个杂原子。杂原子包括氧、硫、氮等。杂环化合物可分为芳香杂环化合物和非芳香化合物。杂环化合物中，最小的杂环为三元环，最常见的是五、六元环及苯并杂环化合物等，其次是七元环。五元杂环化合物有呋喃、噻吩、吡咯、噻唑、咪唑等。六元杂环化合物有吡啶、吡嗪、嘧啶等。两个杂环化合物并联形成二杂环化合物（如嘌呤、蝶啶），杂环化合物与苯环并联成稠环杂环化合物（如吲哚、喹啉、吖啶）。杂环化合物常以俗名命名，较少用系统命名。杂环化合物的中文名称是以口字旁标明其为杂环，另半部分表明杂原子的种类。例如，以噁、噻分别表示为含氧、硫的杂环（噁唑、噻吩、噻唑）；以咯、唑、嗪、啶、啉表示为含氮的杂环，其中咯、唑表示为五元含氮杂环，其余的指六元含氮杂环。这些字是根据英文字的尾音创造的。杂原子超过一个者分别以二、三等字表示相同杂原子的数目，在环中不同的原子可有不同的排列方式，命名时各原子的位置编号遵循下列原则：①只含一个杂原子或一个以上相同杂原子的杂环，杂原子编最小号。②含两个不同杂原子时，不同杂原子的编号顺序为氧、硫、氮。例如左式的五元杂环化合物命名为1,2,3-噁二唑。

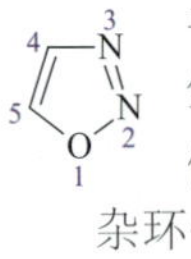

杂环化合物广泛存在于自然界，在众多的已知有机物中，大约有一半至少含有一个杂环。与生物学有关的重要化合物多数为杂环化合物，例如核酸、某些维生素、抗生素、激素、色素和生物碱等。此外，还合成了多种多样具有各种性能的杂环化合物，其中有些可作药物、杀虫剂、除草剂、染料、塑料等。

杂货船 general cargo ship 载运各种包装、桶装、箱装和成捆等件杂货的运输船舶。又称普通货船。应用广泛，艘数在世界商船队中居首位。一般没有固定的航线和船期，而是根据货源情况和货运需要航行于各港口之间。除载运件货外，也可载运散装货或大件货（如集装箱和木材）等，又称多用途船。杂货船的营运不追求高速，而注重经济性和安全性。

杂货船有2～3层全通甲板，设有3～6个货舱。甲板上有带舱口围壁的货舱口，上面有水密舱口盖。货舱口两端设有简易吊货杆装置或旋塔形吊车，用于装卸货物，大多杂货船还备有1～2副重吊杆，可装卸大件重货。

由于专用船和造船技术的发展，在货物品种多、变化大、货源不稳定的不定期航线上，多用途船有发展前途。多用途船可适于载运各种货物，如散货、干杂货、集装箱和木材等。船型多采用尾机型，以便于增大货舱容积。采用变吃水措施，可提高舱容利用率。最大船舶载重量达35 000吨，一般多在22 000吨以下。设备的标准化和通用化，对降低造价、提高维修保养质量有重要作用。

杂技 acrobatics 综合性表演艺术。人类以创造和揭示人体特异超常技能为特色，以对自身和客观事物的特殊驾驭能力为标志，运用多种艺术手段展现人的潜在智慧、勇力、奇巧、美质和想象力的表演艺术形式。广义杂技包含狭义杂技（亦称人体技艺）、马戏（含驯动物）、魔术、乔装戏、滑稽等多个艺术门类。

在近代西方，与中国杂技相对应的是马戏艺术。它原本仅指马术表演、马上特技和驯马，后扩展至驯其他大型动物，以及高空杂技、地面杂技、魔术、哑剧、滑稽等，在圆场马圈中演出。19世纪以来，圆场马戏已包含了广义杂技的大部分内容。

中国“杂技”一词，始出《汉书·武帝纪》，后散见于历代史籍。但自秦至宋，杂技与乐舞多统称为“乐”、“伎（技）”、“角抵”、“百戏”、“散乐”（见图）等。宋以后，艺术分类愈趋细密，乐舞、说唱、戏曲，部分偶戏、影戏、谐戏、武术，逐步从百戏中分离出去。元、明、清、民国各代所称的“把戏”，含义更趋于单纯的杂技。到了近现代，杂技艺术的特性更加鲜明和规范。中华人民共和国建立后，正式采用“杂技”的称谓。

狭义杂技门类 包括形体杂技、器械杂技、高空杂技、水上杂技四大类。形体杂技以表现人体的膂力、柔韧、灵巧、敏捷、造型为主，技艺项目有“腰、腿、筋斗、顶”四项基本功与角力、承重、倒立、柔术、攀缘、腾跃、摔跤、叠置等；器械杂技以显示驾驭物件的能力与表现机巧、协调、平衡为主，技艺项目有抛掷、长竿、走索、耍弄、踢弄、蹬技、弹弓、钻圈、绳技、车技、顶技、口扦子等；高空杂技以表现勇敢、准确、轻捷、矫健为主，项目有绷床、高空秋千、高空走索、空中飞人、空中舞狮、老杆、皮条、吊子、大跳板等；水上杂技以表现水上形体技巧和泅水、潜泳和水上器械技能为主，项目有水秋千、踏滚木、展旗子、水中舞蹈、鱼潜等。

马戏门类 西方马戏源于古罗马的角斗场和圆形剧场。但在18世纪之前并没有马戏的记录，只有零散的杂技、魔术艺人在各地流动做艺。1768年，英国退伍军官阿斯特莱创办第一个表演马术、驯马的圆形跑马场，为近代马戏之始。1772年，阿斯特莱到法国演出时，开始引入杂技和小丑表演。1782年，阿斯特莱的骑师修斯建立第一家皇家马戏团，自此马戏传至欧洲各地。18世纪末至19世纪，欧美大陆相继出现多个马戏团体，进行大规模野生动物

宴乐百戏图拓本（四川成都扬子山汉墓出土）

的巡回展览和驯教狮、虎、豹、熊等猛兽的表演。西方马戏有欧洲风格和美洲风格之别。欧洲式注重节目的锤炼、技艺的精到、表演的细腻优美；美洲式则追求场面宏大，处理新颖、惊险。

中国马戏至迟出现在两千多年前的汉代。传统马戏只具有其本身的含义，不包括其他动物戏和杂技，近代接受西方马戏概念逐步发展成为综合性演出。中国传统动物戏除驯猛兽等大动物外，尚有驯小型动物和禽鸟、鱼虫等。1870年后，美、俄、英、德诸国的马戏团相继登陆上海演出。与此同时，中国杂技艺人也纷纷越洋谋生，进入欧美剧场、马戏团，表演传统杂技、魔术。河北吴桥艺人**孙福有**巡演东南亚地区，得当地商人资助，率先经营起西方式大马戏团，并于20世纪30年代回国演出。受其影响，一批本土马戏团体相继建立。

魔术门类　中国古代称奇戏、幻术、戏法。它源自上古的宗教巫觋活动，在约公元前16世纪时演变为表演艺术。西方魔术传说起于埃及第4王朝时期，历来自成一家，在民间与杂技、马戏并行不悖。只是到了近代，才被吸收到综合性马戏演出中来。中国则不然，它自古就是主流文化“乐”和“百戏”的一部分，但也单独在民间流行。见于记载的中西方魔术的交流，自汉武帝通西域时即已开始。《汉书·张骞传》载，公元前108年，西域大宛诸国曾以犛靬（古罗马帝国所属）的眩人（魔术师）献于汉。中国传统魔术大约在8世纪已传到东邻国家，于19世纪至20世纪初传至欧美地区。

乔装戏门类　极具文化特色的门类。包含偶戏、影戏、乔装动物戏、假面戏、幻景戏、抬阁、**口技**等。①偶戏。为操纵用木、泥、布等制作的偶人或动物做戏。②影戏。为利用皮、纸刻制的偶人或真人投影做戏。在西方被归入偶戏中，中国、阿拉伯国家则自成一家。③乔装动物戏。如朝廷礼仪中的“凤凰衔书”，民间的舞龙、舞狮子、跑驴，都是典型项目。④假面戏。系由古代的图腾舞、驱傩演变而来。宫廷中的“象人”，技舞“兰陵王”，民间的傩戏、鲍老、打加官、唱土地，川剧、魔术中的变脸，均是杂技中的重要项目。⑤幻景戏。如汉宫廷中的彩扎布景戏“华岳峩峩、云起雪飞”（《西京赋》），南齐“天台山伎”的仙境，唐《云韶乐》更衣舞、字舞等。⑥抬阁。又称飘色、芯子，是在人扛车载的彩扎仙山、云霓、楼阁或器物之上，用暗藏的芯子高擎起真人的造型、表演。⑦口技。或学飞禽走兽的鸣叫，或作各色人物的个性化语言、乡音、市井叫卖，天籁尘嚣，演出形式分明春、暗春和腹言术三种。

滑稽门类　自古以来，作为杂技喜剧形式之一，对宫廷、社会生活发生过重要影响。滑稽演员运用信手拈来的话语，包括时政语言、文学语言和愚笨夸张、甚至是荒唐可笑的行为方式，放大生活中的喜剧性因素，以针砭或隐喻其对现实生活的评价。唐代的参军戏，宋杂剧、俳戏、舞鲍老，到金元以后的戏曲诸杂砌，角色小面、丑等，一脉相承。近代西方马戏和受西方影响的中国马戏中的丑角，以哑剧和形体杂技见长，他们介乎滑稽与杂技角色之间，或说兼而任之。圆场马戏中的滑稽，分为单场、串场、帮场三种形式。单场滑稽多为单独演出的哑剧或滑稽杂技、魔术节目；串场和帮场滑稽，在对马戏演出起“串”和“帮”的作用的同时，总能显示其极具个人魅力的高超技艺。

见**中国杂技**。

杂交　hybridization; cross; crossing　通过不同基因型的个体之间的交配而取得某些双亲基因重新组合的个体的方法。遗传学中经典的也是常用的实验方法。一般情况下把通过生殖细胞相互融合而达到这一目的的过程称为杂交，而把由不同类型的体细胞相互融合达到这一结果的过程称为体细胞杂交。杂交产生的后代称为杂种。同一个体或同一无性繁殖系的个体间交配称为自交。除自交之外的一切交配，不论亲体双方的基因型有无差异都属于异交。

子一代个体与其亲代个体之一的杂交称为回交。杂种个体与纯合隐性品系个体之间的杂交称为测交。统计测交后代表型的比例即可知道该杂种个体配子的基因型和各类基因型配子的比例。测交对于论证孟德尔定律具有重要作用。

亲体双方只有一对等位基因差异的杂交方式称为单因子杂交，所得杂种称为单因子杂种。研究单因子杂种后代便可以确定性状的显隐性关系并可以由此发现致死突变和减数分裂驱动等异常遗传现象。亲体双方有两对等位基因差异的杂交方式称为双因子杂交，所得杂种称双因子杂种。研究双因子杂种后代的分离比，在分析基因的相互作用、连锁交换和确定基因连锁群等方面具有重要意义。

两个品系或两种基因型的个体交替作为母本和父本所进行的两次杂交称为正反交。正反杂交法一般可用于检测染色体外遗传。

杂交稻　hybrid rice　选用两个亲本杂交所产生的第一代杂种稻。具有较强的杂种优势和增产潜力。

1926年，美国人T.W.琼斯发现了水稻的杂种优势现象。20世纪60～70年代，由于受玉米和高粱杂种优势利用成功的影响，在水稻育种领域出现了研究杂种优势利用的热潮。1968年，日本人新城长有首先育成粳型台中65号三系，但杂种优势不明显，未能应用于生产。以后其他国家又做了大量研究，也均未取得突破性进展。

1964年，**袁隆平**在洞庭早籼等品种中发现一批自然雄性不育材料，提出实现水稻杂交优势利用的设想，并开始杂交稻的研究。1970年冬袁隆平的助手李必湖在海南省崖县（今三亚）的普通野生稻群落中，发现一株花粉败育的野生稻（简称野败），为育成籼型水稻不育系提供了宝贵的种质资源。于是，袁隆平等众多科研工作者以利用野败不育系作主要途径，进行了恢复系筛选的课题研究和实验。1973年，野败型杂交籼稻三系配套，并选配出一批强优势组合，杂交稻终于育成。1974年和1975年，经湖南、广西、江西等地进行杂交组合优势鉴定，一般比当地栽培品种增产20%以上。1976年开始大面积推广。中国成为世界稻作生产上首先利用杂种优势的国家。

除“三系”法外，还可用化学药剂杀雄、“两系法”（利用光温敏核不育材料于不育期制种、可育期繁种）等方法生产杂交稻。此外，利用水稻广亲和性与特异亲和性材料开展籼粳亚种间杂种优势的研究，也取得了重要成果，一种被称为超级杂交稻的稻品种已问世。

杂交育种　cross breeding　通过两个或多个遗传性不同的个体之间进行有性杂交获得杂种，继而选择培育以创造新品种的方法。根据进行杂交的亲本间亲缘关系远近，又区分为品种间杂交及远缘杂交两类，前者指在同一物种内的不同品种间进行的杂交，后者指在不同种或属甚至科之间进行的杂交。

作物杂交育种主要包括组合配置、杂交后代处理和定型品系（种）评比三个环节。①配置杂交组合要求亲本优点多而突出、缺点少而易克服，亲本之间应生态类型不同、亲缘关系稍远、原产地地理距离较大，优先使用配合力高、加性效应大的亲本。②杂交组合的后代是一个边分离边纯化的异质群体，所谓杂交后代处理，就是如何尽快从中选出符合要求的个体。③品种评比，包括品种比较试验，区域试验和生产试验，主要是对育成的品系进行产量鉴定，也包括对抗病性、抗逆性、品质等重要性状和在不同地区适应性的评价，从而确定其生产应用价值。最后经品种审定委员会审定通过后即可在生产上推广。

家畜杂交育种方法有育成杂交和经济杂交两种。育成杂交一般用两个或更多个品种相互杂交，在获得理想型个体后，通过横交固定，再经选择、培育等措施获得新的品种。经济杂交通常分为终端杂交、轮回杂交、终端轮回杂交三种方式。为了提高杂交效果，必须注意亲本品种的选择与提高、配合力测定、采用适当的杂交方式、提供适宜的饲养条件以及建立纯繁与杂交的配套体系等。

杂剧 poetic drama 中国古代戏剧样式。它是在前代戏曲艺术、说唱艺术尤其是在宋官本杂剧和金院本的基础上发展起来的，大约在金末元初之际逐渐完备而趋于成熟，到元朝统一全国之后进入繁荣时期。

杂剧的体裁多为一本四折的形式。一般一本为一剧，一"折"相当于一场戏，但一折中场景可有所变换。四折之外可以加一二个"楔子"。"楔子"的篇幅较短，通常放在第一折前，起类似序幕的作用；也有放在两折之间作为剧情的过渡，是四折一本形式的重要补充部分。个别杂剧亦有突破一本四折的形式的，如《西厢记》即为五本，《赵氏孤儿》则为五折。

杂剧由宾白、唱词、科介三个部分构成。宾白即说白，是唱词之外由剧中人物以说话的腔调所说的语句，包括对白（人物对话）、独白（人物自叙）、旁白（角色背着台上其他剧中人对观众说的话）、带白（唱词中的插话）等名目，有韵体散体之分，起串联唱词、交代内心活动、人物间交流等作用。唱词是用于演唱的曲词，在音乐上采用联套方式，由同一宫调的数支曲子组成，一折一套。至元代后期又出现南北曲联套的形式。曲的排列有一定格式，但又有多样的变化，要求每一支曲子的音乐前后必须衔接。曲文要协律，符合曲牌规定的格律，平仄要和谐。押韵以当时北方话为准则，方式为全套通押一韵，但可四声通协，韵字亦可复用。此外，曲文中可加衬字，并可利用丰富的对仗形式——偶句对、鼎足对、连璧对、隔句对、连珠对等，增加曲文的修辞色彩。科介则是对人物动作、表情、武打、歌舞以及音响效果等内容的提示。三者交相配合，推动剧情发展，刻画人物性格。

杂剧角色分为三大类：末、旦、净。每类中又可根据人物身份分为正末、外末、小末，正旦、外旦、搽旦等等。杂剧采用一人主唱方式，由正旦或正末任主角，全部唱词都由主角一人一唱到底，其他角色一般没有唱词。根据主唱人是正旦还是正末，杂剧又分为"旦本"和"末本"。但一人主唱并不等于一个角色主唱，正旦或正末根据剧情需要，在某一折中，可以改扮另一角色，担任主唱。

元代杂剧已经有比较成熟、完备的戏剧形式，为中国戏曲的发展奠定了艺术基础。

杂史 unofficial history 中国古代史书分类名目之一。创始于《隋书·经籍志》，其特点是"属辞比事，皆不与《春秋》、《史记》、《汉书》相似，盖率尔而作，非史策之正也"，起源于"灵、献之世，天下大乱，史官失其常守。博达之士，愍其废绝，各记闻见，以备遗亡"，反映了一种强烈的史学自觉意识。《四库全书总目提要》叙述杂史的著录标准为"大抵取其事系庙堂，语关军国。或但具一事之始末，非一代之全编；或但述一时之见闻，只一家之私记。要期遗文旧事，足以存掌故、资考证，备读史者之参稽云尔"。杂史在记事方法及体裁体例上都与正史不同，随意性较强，为私人所撰，但所记事件一般却有补于正史。杂史与别史十分相近，关于二者的区分方法，张之洞《书目答问》说："别史、杂史，颇难分析，今以官撰及原本正史重为整齐，关系一朝大政者入别史，私家记录中多碎事，入杂史"。

杂耍 sideshow 对集市、广场中小型杂技，如魔术、滑稽、说唱、游艺等综合表演的俗称。杂技名词，古称杂戏、杂手艺。又称十样杂耍、杂拌子。最初是指由多种耍弄类技艺组成的杂技节目，包括飞剑、跳丸、五把刀、百丈旗、飞机板、顶技、口扦子、耍盘子等。20世纪50年代以来，随着杂技技艺的发展，杂耍逐渐分化为手技、飞机板、口签子、饹弄盘子、顶技等多个单项节目。20世纪以来，杂耍中的手技发展为中国杂技中的一大门类，日常生活中的锅、碗、勺、盘、酒瓶、菜刀都可以成为手技道具。

飞机板是杂耍中一个有趣的小品种。飞机板原是古代蒙古族的一种形状像镰刀的猎具——布鲁。中原则称之为霄霄或消息。布鲁分掷远和打准两种，掷出后能在空中飞快地旋转，因而也称飞旋标。布鲁在宋代已用于杂技表演，后经不断革新而发展成为飞机板，有人字形（两翅）、十字形（四翅）、水字形（六翅）三种形状。

杂体诗 中国古代诗歌类别名。主要有内容风格的杂体诗和体裁形式的杂体诗两大类。后一类的杂体诗又称"杂题诗"或"杂诗"。在皮日休《杂体诗序》和宋人严羽《沧浪诗话》中，杂体诗仅包括回文、离合、盘中、柏梁、字谜、建除、双声、叠韵等20来种。但到元朝至清及近代的诗歌选集、诗歌论著中，被认定的杂体诗达200余种。主要包括：①四言、五言、七言和自由句式古体之外的各种句式的杂言诗。②律诗、排律、绝句和句数自由的古体诗之外的各种句数的杂句诗。③在近体诗平仄黏对格律之外，另建平仄韵律规范的杂律诗，如五平、五仄、双声、双韵、叠韵、短柱体等。④新奇诗体，如缩脚、换位、神智体、打油诗、离合体、回文诗、璇玑图、盘中诗等。杂体诗大多偏重形式技巧而不注重社会内容，以致纤巧轻佻，近于戏谑，实为严重缺陷。但六朝时期也有不少为探索诗歌体式而形成的态度认真的杂体诗。在游戏娱乐性的杂体诗中，间或也有以特殊形式反映社会生活之作。杂体诗对汉语言文字的审美特点和表意功能的研究，对诗歌体制形式发展和士大夫情趣心态的研究，有特定的参考价值。

杂文 satirical essay 类别不清的总杂文字。"杂文"一名始于刘勰《文心雕龙》。此书设"杂文"篇，专指韵、散混用的细小文体。在五四文学革命以后，杂文则泛指直接迅速反映社会事变的文艺性短论。内容广泛，形式多样，包括随感、杂谈、随笔、杂记等。鲁迅以"杂文"为针砭社会痼疾和时事的武器，"论时事不留面子，砭锢弊常取类型"，短小精悍，笔锋犀利，成为不朽的典范。

杂言诗 中国古代诗歌体裁。篇幅长短不限、句式长短不一的古体诗。其特点是形式比较自由，便于无所拘束地表达思想感情。杂言诗最初出于中国两汉乐府歌辞，诗中句子字数长短间杂，最短有1字、2字，长句有达9字、10字以上者，而以三言、四言、五言、七言相间杂者为多。句式变换和用韵都很自由，有时还夹用少数散文句式。如汉乐府"铙歌十八曲"和"相和歌辞"中的《东门行》、《妇病行》、《孤儿行》等，后世文人写作古题乐府，以及由古乐府体变化而来的长篇歌行体，一般都采用杂言体形式，如唐代李白的《襄阳歌》、《江夏行》，杜甫的《兵车行》等。

杂徭 miscellaneous corvee 中国唐代正役以外的一种劳役。杂徭一名始见于北魏，唐代与租庸调并列为赋役正项。服正役的称丁，服杂徭的称夫；正役只由丁男（21～59岁）承担，杂徭则除丁男外还征发中男（16～20岁）。这种劳役由地方官（或中央指令）在有事时临时征发，由府、州的户曹或司户参军事、县的司户佐实际主管。由于杂徭具有地方性和临时性，不仅各州各县的服役项目不尽相同，一州一县每年也不尽相同，均由地方随事支配。大致如修筑城池，维修河道、堤堰、驿路、庙舍等应是较普遍的杂徭征发。杂徭也没有固定的期限，但一般不超过39天，超过的便折免其他赋役。

建中元年（780）颁布两税法，明令"租庸、杂徭悉省"，但事实上征发徭役从未停止。宪宗时（806～820）徭役作为百姓的普遍义务而重新肯定下来。由于两税法以资产为宗，不以人丁为本，徭役一般由地方官按户征发，宣宗时（847～858）杂徭已是泛称，色役、差科均可称为杂徭。

杂种优势 heterosis or hybrid vigor 遗传基础不同的两个亲本杂交产生的杂种在某些性状上优于其亲本的现象。生物界普遍存在。

杂种优势强弱是针对所观察的性状而言，通常以杂种一代某一性状超过双亲相应性状平均值的百分率即平均优势，或超过较好亲本值的百分率即超亲优势，或超过对照品种值的百分率即超标优势来表示。杂种优势以杂种一代最大，杂种二代大为减退，以后逐代下降至一定程度。因此农业上主要是利用动植物杂种第一代的增产效果。

杂种优势一般主要表现在比其亲本生长旺盛、富有活力、抗病虫害和不良环境条件的能力强、适应性好，因而产量高。但优势表现的程度，常因不同物种、不同杂交组合和不同性状而异。利用杂种优势须特别注意两点：①选配强优势的优良组合。要求两亲的亲缘关系较远、性状差异较大、优缺点互相弥补、配合力好、纯度高。②杂交简便、制种成本低。要求两亲的开花期尽可能相近，并以丰产性较好的为母本，花粉量大的作父本，以利制种。

利用杂种优势的方法因作物的传粉方式、繁殖方法和遗传特点不同而有区别。①异花授粉作物。如玉米，因群体遗传基础复杂，同一个体在遗传上也是杂合的，因此先要通过多代的人工株选自交，同时测定其配合力，选育出高度纯合的优良自交系，再组配成强优势的杂交种。②常异花授粉作物。如高粱、棉花，其花器构造、繁殖方式和遗传特点基本与自花授粉作物相似，但天然异交率略高，而人工自交时后代并无不良影响。其杂种优势利用方式，基本与自花授粉作物相同。③自花授粉作物。如水稻、小麦，品种群体内个体间的基因型基本一致，其个体一般也是纯合的。杂种优势的利用是通过品种间杂交，特别注意选配优势强的组合。④无性繁殖作物。如甘薯、马铃薯，这类作物进行有性杂交后，杂种一代可通过无性繁殖方法，使其优势继续保持下去，免除年年制种的麻烦。

灾害经济 disasters economy 灾害预测、灾害防治和灾害善后过程中所发生的一系列社会经济关系的总称。

灾害与经济 灾害与经济呈逆向关系，经济常常受到灾害的威胁与破坏。经济越发展，灾害造成的损失就越大。据联合国统计，世界各国因灾害造成的损失每年约为200亿～300亿美元。中国是个多灾重灾的国家，每年因自然灾害造成的直接经济损失相当惊人。进入21世纪的8年中，每年约为2 000亿元。此外，每年还有环境污染灾害，经济损失在5 000亿元以上；荒漠化灾害，每年经济损失约642亿元。

因由 造成经济越发展，灾害导致的经济损失越大的主要原因有：①受灾地区的财产密度提高，使得同样的灾害程度，甚至灾害强度下降，灾害带来的经济损失仍会增加。②经济发展地区常常集中在内河流域地带。③经济发展中因急功近利人为地破坏环境和生态，也导致灾害的加深加剧。

研究重点 由于灾害必然会给经济带来负面效应，所以对灾害经济的研究侧重于灾害预测、防治、控制和善后过程的规律性现象，处理灾害经济问题的基本原理，全面评价治理灾害和变害为利措施的经济效益的指标体系，提高防灾、治灾和救灾经济效益的评价方法，以及研究灾害处于不同发展时期、不同区域的最优决策体系。研究灾害经济的评价方法，主要有价值评价法、效益评价法和机会成本评价法三种。

灾害准备金 disasters reserve 政府为应付巨灾的重大经济损失而提留的灾害基金。

在中国，救灾投资被列入政府财政预算。这种由政府财政预算提留的灾害准备金是行政性的，它是从国民收入中提出一部分作为国家的后备基金，并通过国家财政预算作出相应安排，以便在特大自然灾害发生时用于救济、重建和恢复。

保险业应是灾害经济补偿的主体，但由于保险基金要靠保险费的积累，而中国保险业起步较晚，已有的保险基金与所承担的职能很不匹配，这意味着各种巨大灾害来临时，保险基金不足以弥补灾害所造成的损失。此外，鉴于保险业自身发展阶段的限制，在21世纪初，中国政府仍将地震及其次生灾害和部分洪水灾害列为责任免除部分，也即当发生巨灾时，救灾体制仍以国家财政拨款的无偿援助为主。

灾情指标 disasters index 反映灾害数量方面的名称及其数值的参数。任何一个自然环境和生态系统，都有在一定限度内实现自我调节的能力。限值的高低，取决于环境或生态系统的质量。一旦超出灾情指标这个限度，则将会产生灾变现象，通常称作受灾。但受灾不等于成灾，成灾又有轻、中、重的区别。基于灾害有很大的伸缩弹性，通常需要用一组指标来量度一个灾害。这一组组指标便构成了量度灾情的指标体系。一般用实物量指标反映受灾程度，用价值量指标反映成灾程度。还可以用实际灾情指标和相应反映灾情程度的标准量指标计算灾害的相对强度指标。

2004年12月26日，印度尼西亚苏门答腊岛附近海域发生里氏8.9级地震，引发巨大海啸，造成印度洋沿岸国家20多万人死亡，150多万人流离失所

甾族化合物 steroid 环戊烷并全氢菲类化合物的总称。又称类固醇、类甾醇。广泛存在于自然界中，可见于所有真核生物和少数的细菌。很多甾族化合物具有特殊的生理效能，例如激素、维生素、毒素和药物等，是重要的生物调节剂。甾族化合物具有如下所示的环戊烷并氢化菲（称为甾核或甾体）的环系结构：

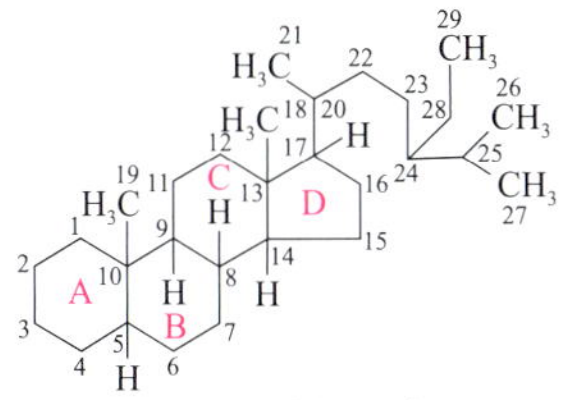

环戊烷并氢化菲

在C_{10}和C_{13}上各有一角甲基，C_{17}上有一个侧链或含氧基团。这类化合物，由于含有4个环和3个侧链，故用一象形字，定其中文名为“甾”，总称甾族化合物。

甾族分子的4个环大体处于同一平面。甾族环系可以是完全饱和的，或在不同位置含有不同数目的双键。某些甾族的A环和B环含有1、2或3个双键（芳环）。

甾族化合物失去角甲基或环缩小时，称为降甲基或降甾族化合物；角甲基换为乙基或环扩大时，称为高甲基或高甾族化合物；甾环裂开时，称为开环甾族化合物。构成甾族骨架的原子除碳原子外，还有其他原子时，称为杂环甾族化合物，如氮杂、氧杂、硫杂、硅杂、磷杂、硒杂和碲杂甾族化合物。

甾族化合物按其基本碳架结构，可分为表中所列的几类。也可依据其生理性质并结合考虑化学结构分为甾醇类、胆酸类、甾族皂苷、强心苷类、蟾蜍素、甾族性激素、甾族皮质激素和甾族生物碱等。

甾族化合物的生物合成途径与萜类化合物等有密切关系。同位素示踪研究表明，含^{14}C的乙酸可以通过生物转化而形成胆甾醇等甾族物质。在生物体内，乙酸在酶作用下经过法尼醇焦磷酸酯的头－头相接可形成角鲨烯，再经角鲨烯的2,3－环氧化物的环化，可生成羊毛甾醇。羊毛甾醇在体内再经过一系列转化即形成胆甾醇和性激素等甾族物质。

甾族化合物可从天然资源分离、提取和纯化，也可通过甾族的部分合成和全合成制取。甾族性激素、黄体激素、甾体计划生育药物和甾族皮质激素类抗炎药物等是重要的药物品种，主要从天然资源所得的胆酸、甾体皂素等作为原料部分合成而得；人工合成的甾族化合物药物有抗炎剂

甾族化合物分类

名称	C_{10}—	C_{13}—	C_{17}—
甾烷	H	H	H
雌甾烷	H	CH_3	H
雄甾烷	CH_3	CH_3	H
孕甾烷	CH_3	CH_3	CH_2CH_3
胆烷*	CH_3	CH_3	$CH(CH_3)CH_2CH_2CH_3$
胆甾烷*	CH_3	CH_3	$CH(CH_3)CH_2CH_2CH_2CH(CH_3)_2$
麦角甾烷**	CH_3	CH_3	$CH(CH_3)CH_2CH_2CH(CH_3)CH(CH_3)_2$
豆甾烷***	CH_3	CH_3	$CH(CH_3)CH_2CH_2CH(CH_2CH_3)CH(CH_3)_2$

*20*R*；**20*R*，24*S*；***20*R*，24*R*（*R*、*S*表示碳原子的构型）。
C_{10}—、C_{13}—、C_{17}—表示甾体母核10、13、17位上的取代基。

氢化可的松和地塞米松、促进**蛋白质**合成的苯丙酸诺龙、口服避孕药等。

宰牲节 Sacrifice Feast; ʻĪd al-Aḍḥā 伊斯兰教重要节日。见**古尔邦节**。

再保险 reinsurance 保险人接受保险业务以后，通过契约规定，将所保业务的一部分或全部转由其他保险人承保的一种方法。又称分保。它是保险人之间关于风险的交易，所以被看作是对“保险人的保险”。在再保险活动中，原始保单签发以后，将业务转让出去的保险人称原保险人；接受原保险人业务转让的称再保险人。后者仅对原保险人负责，与原来的被保险人无直接关系。再保险的种类有：临时再保险、固定再保险以及介于两者之间的预约再保险。

再贷款 reloan 中央银行向**商业银行**或其他金融机构提供的贷款。一般是为满足商业银行或金融机构的流动性需求而提供的短期贷款。它是中国特有的一种货币政策工具，也是中国人民银行投放**基础货币**的主要渠道之一。由于它是中央银行贷款给商业银行，再由商业银行贷给普通客户的资金，故称“再贷款”。再贷款利率由中央银行确定，是中央银行的**基准利率**。根据中国现行的信贷资金管理办法，再贷款有4种：年度性贷款、季节性贷款、日拆性贷款和再贴现。

再审 retrial 司法机关对已经发生法律效力的判决和裁定发现确有错误时，依法对案件重新审判。目的是纠正已经发生法律效力但确有错误的判决和裁定，维护法律的尊严，保护当事人的合法权益。见**审判监督程序**。

再生产 reproduction 不间断地连续地进行的生产过程。物质资料的生产是人类生存和发展的基础，一个社会不能停止消费，因而也不能停止生产。任何时候的生产都是再生产。

再生产是物质资料的再生产，又是**劳动力**的再生产，也是**生产关系**的再生产。劳动者在生产中消耗了劳动力，又通过消费各种消费资料恢复和更新自己的劳动力。通过再生产，人们不断重复结成既定的生产关系。

分类 从属性来看，再生产有个别再生产和社会再生产的区别。个别再生产指个别生产者或生产单位的再生产；社会再生产由全社会互相联系，互相补充，互为条件的生产者和生产单位再生产的总和构成，包括生产（狭义的生产，即直接生产出产品的过程）、分配、交换、消费4个环节，其中生产起决定作用。

从规模来看，再生产分为简单再生产和扩大再生产。简单再生产是在原有规模上进行的再生产。扩大再生产是生产规模比原有规模扩大的再生产。剩余产品是扩大再生产的源泉。生产出的**生产资料**和消费资料除了用于维持原来规模的生产以外还有剩余，才能进行扩大再生产。

实现的条件 社会在一定时期（例如一年）所消耗的物质资料，必须在实物形态上为同量的新产品所替换，社会生产才能在原有规模上继续进行。要扩大再生产，还需要有更多的新产品投入生产和消费。在**商品经济**条件下，这种替换和增加投入要通过生产单位间等价交换来实现。

K.马克思按照产品的用途把社会生产分成两大部类，即生产资料生产部类（第Ⅰ部类）和消费资料生产部类（第Ⅱ部类）。他指出，为实现简单和扩大再生产，两部类之内和之间相交换的商品，不仅实物形态的品种和数量要符合需要，而且要价值量相等。这是再生产能够继续进行的必要条件。为此，社会生产的各部门和各种产品的生产之间必须保持一定的比例关系。

性质和特征 在不同的社会生产方式下，再生产具有不同的性质和特点。例如，封建主义以简单再生产为特征，资本主义以扩大再生产为特征。就物质资料的再生产来说，封建主义再生产，在长时间里发展缓慢，技术停滞，物质资料的规模和构成很少变化。而资本主义再生产，在技术不断更新的基础上迅速发展，规模不断扩大，物质资料的构成日新月异，总量迅速增长。虽有周期性的起伏，但总起来看，速度远远超过封建主义再生产。马克思指出，孤立地从一次生产过程看，似乎是资本家自己掏腰包，预付给工人工资；从再生产过程看，资本家用来付工资和购买生产资料的全部资本都是以前的生产过程中工人劳动创造的**剩余价值**所形成的。社会主义公有制下社会再生产的本质特点是生产在技术进步的基础上不断扩大、完善，使劳动者的物质文化需要得到越来越大的满足，劳动者之间的互助合作关系不断巩固、发展和完善。

再生胶 reclaimed rubber 以**橡胶制品**生产中产生的已硫化的边角料或使用后的废料为原料，加工成有一定可塑性，能重新使用的橡胶。随所用废料的不同，再生胶可分为外胎类、内胎类、胶鞋类等。再生过程是把废胶在增塑剂（软化剂和活化剂）、氧、热和机械剪切的综合作用下使硫化橡胶的部分分子链和交联点断裂。再生胶能部分地代替生胶，用于橡胶制品，以节约生胶及炭黑用量，也有利于改善加工和橡胶制品的某些性能。

再生障碍性贫血 aplastic anemia 由多种病因引起的骨髓造血功能低下或衰竭、全血细胞减少的一组综合征。简称再障。常见的临床表现有贫血、出血倾向及各种感染。此病多数原因不明，部分则由于接触化学或物理等有害因素造成骨髓抑制所致。

病因 大量病例的确切病因尚未查明。药物在继发性再障的发病中起重要作用，药物中所含的苯环或硝基苯环易引起骨髓抑制。

临床表现 发病缓慢，起病隐袭，仅少数呈急性发病。根据贫血、白细胞和血小板减少的程度及发生的速度不同，症状的轻重也不同。贫血时有苍白、疲乏、无力、倦怠、心慌、气短等症状。血小板减少可引起皮肤黏膜出血，严重的可因脑出血而导致死亡。中性粒细胞减少时易出现各种感染，甚至发生败血症而危及生命。肝、脾、淋巴结一般不肿大。

实验室检查 全血细胞减少，为正细胞（或稍偏大）正色素性贫血；白细胞分类计数时中性粒细胞比例减低，淋巴细胞比例增高；血小板减低，网织红细胞低。骨髓造血细胞减少，脂肪细胞增加。涂片中性粒、红、巨核系细胞均减少，淋巴细胞相对增多，常见到网状细胞、浆细胞等非造血细胞。由于周身骨髓的低下程度不同步，不同部位的穿刺结果可不同。但即使增生正常，巨核细胞也是减少的。同时应作骨髓活检。骨髓细胞在体外作粒-单核细胞集落生成单位（CFU-GM）培养时，集落生成明显减少。

诊断和鉴别诊断　根据典型的血象，骨髓增生低下，必要时辅以放射性核素骨髓扫描和骨髓细胞GFU-GM测定，不难作出诊断。再障应与其他全血细胞减少的疾病，如巨幼细胞贫血、阵发性睡眠性血红蛋白尿症、骨髓异常增生综合征、脾功能亢进以及骨髓浸润性病变相鉴别。

预防　避免滥用药物，对有过敏体质的患者，尤应谨慎；用药过程中注意与骨髓抑制有关症状和体征的出现，定期检查血象，以早期发现毒性作用及时调整药物。接触放射线、苯、砷等有害物质的工作人员，应定期体格检查。

治疗　首先应仔细寻找去除可能与发病有关的有害因素。支持治疗包括防治感染和出血以及输血。①雄激素。治疗慢性或轻型再障疗较较好，剂量要大、疗程长（超过6个月）。但雄激素可引起肝细胞毒性反应。②免疫抑制剂。主要药物为抗胸腺细胞球蛋白（ATG）、抗淋巴球球蛋白（ALG）。治疗期间应加强支持疗法和无菌措施。③骨髓移植。如果有人类白细胞抗原（HLA）相合的供髓者，骨髓移植是严重型再障的首选治疗方法，适用于年龄小于40岁者，输血次数较少者，宜早期移植。

再贴现　rediscount　商业银行在需要融通资金时，把已贴现的未到期票据再次向中央银行贴现的票据转让行为。中央银行对商业银行放款的形式之一。

在货币政策操作中，再贴现机制是中央银行变动再贴现率，从而影响商业银行通过再贴现申请贷款的意愿，进而影响商业银行的准备金和基础货币。再贴现率是中央银行对商业银行进行再贴现时收取的利率，又称再贴现利率。当中央银行提高再贴现率时，就提高了商业银行向中央银行再贴现借款的成本，商业银行会减少向中央银行再贴现的数量，从而减少基础货币。反之，当中央银行降低再贴现率时，再贴现会增加，从而增加基础货币和货币供应量。

再贴现分为：①调整性再贴现信贷。为了帮助商业银行解决暂时性的流动性和头寸不足的问题，期限相当短。②季节性再贴现信贷。为了解决因季节性的变化而给银行带来的流动性压力。③当商业银行的存款急剧减少，或面临严重的流动性紧缩时，则可向中央银行进行延展性再贴现贷款，期限一般较长。

再贴现机制在很大程度上实际发挥着中央银行最后贷款人的作用，以解决商业银行准备金和流动性不足的问题。此外，作为一项政策工具，它还具有“告示效应”，作为一种信号表明中央银行未来的货币政策意向，从而影响商业银行或社会公众的预期。

再贴现率　rediscount, rate of　中央银行对商业银行进行再贴现时收取的利率。

《在接见首都戒严部队军以上干部时的讲话》 *Address to Officers at the Rank of General and above in Command of the Troops Enforcing Martial Law in Beijing*　邓小平1989年6月9日作。收入《邓小平文选》第3卷。讲话指出：1989年春夏之交的政治风波迟早要来。这是国际的大气候和中国自己的小气候所决定了的，是一定要来的，是不以人们的意志为转移的。讲话强调：第一，党的十一届三中全会制定的路线、方针、政策，包括发展战略的“三部曲”目标没有错。我们做出的不是一个“左”的判断，制定的也不是一个过急的目标。实现这样一个目标，应该是能够做到的。第二，党的十三大概括的“一个中心、两个基本点”没有错。四个坚持本身没有错，如果说有错误的话，就是坚持还不够一贯，没有把它作为基本思想来教育人民，教育学生，教育全体干部和共产党员。改革开放没有错。这十年人民生活水平有较大提高，应该说上了一个台阶，尽管出现了通货膨胀等问题，但十年改革开放的成绩要充分估计够。重要的是，切不要把中国搞成一个关闭性的国家。讲话重申：十一届三中全会以来制定的基本路线、方针、政策，照样干下去，坚定不移地干下去。除了个别语言有的需要变动一下，基本路线和基本方针、政策都不变，要认真总结经验，对的要继续坚持，失误的要纠正，不足的要加点劲。这篇讲话，在当时对于澄清是非、统一党和人民的思想，稳定政治局势起了重要作用。

在线分析　on-line analysis　在化学反应或化工生产过程中直接对目标产物或化学成分的特性量值进行检测的分析方法。又称过程分析化学。包括试样的在线采集、处理及分析检测。在线分析得到的是实时的分析数据，能真实地反映生产过程的变化，通过反馈线路，可立即用于生产过程的控制和最优化。

有4种在线分析方式：①间歇式在线分析。在工艺主流程中引出一个支线，通过自动取样系统，定时将部分样品送入测量系统，直接进行检测。所用仪器有过程气相色谱仪、过程液相色谱仪、流动注射分析仪、顺序注射分析仪等。②连续式在线分析。让样品经过取样专用支线连续通过测量系统连续进行检测。所用仪器大部分是光学式分析仪器，如傅里叶变换红外光谱仪、光电二极管阵列紫外-可见分光光度计等。③直接在线分析。将化学传感器直接安装在主流程中进行实时检测。所用仪器有光导纤维化学传感器、传感器阵列、超微型光度计等。④非接触在线分析。探测器不与样品接触，而是靠敏感元件把被测介质的物理性质与化学性质转换为电信号进行检测。它是一种理想的分析形式，特别适用于远距离连续监测，但可应用的范围较局限。所用仪器有红外发射光谱仪、X射线光谱仪、超声波分析仪器等。

在野党　party out of power　资本主义国家中没有执掌或没有参与执掌国家行政权力的政党。执政党的对称。这些政党由于在议会竞选或在总统竞选中，没有取得议会多数席位（甚至没有取得席位）或总统职位，因而不能组织或参加政府内阁。在野党处于政府内阁之外，对政府所推行的政策不承担任何责任，可以自由地对政府的政策进行指责和抨击，在议会内外牵制和监督执政党的活动，影响政府的政策，要求执政党采取符合他们利益的政策。还可以通过法定程序倒阁，使自己取而代之。在野党的活动，反映了不同政党所代表的不同阶级和集团的不同利益和需要。在多数资本主义国家，在野党就是反对党。但有的国家，如英国，只有议会中最主要的在野党才是法定的反对党。

载沣　Zaifeng（1883～1951-02-03）　中国清末监国摄政王。满族。爱新觉罗氏，字伯涵，号静云。光绪帝胞弟，宣统帝溥仪之父。8岁承袭醇亲王爵位。1908年，任军机大臣。同年，宣统帝继位，载沣以摄政王监国，在皇族成员支持下将袁世凯开缺回籍。代皇帝任全国海陆军大元帅，设立由他亲自统率的禁卫军，并以其弟载涛、载洵及皇族毓朗等分掌军权。1911年5月（宣统三年四月），清政府迫于形势成立责任内阁。新阁多数要职由皇族亲贵充任，称为皇族内阁，遭到全国的反对。武昌起义爆发，载沣无法控制局势，不得已任命袁世凯为内阁总理大臣，并颁布《宪法信条》。在革命力量的打击和袁世凯挟制下，载沣于12月6日辞去监国摄政王，退归藩邸。卒于北京。

载荷　load　作用在物体上的外加力。又称荷载、荷重。在土木建筑中常称荷载。在机械设计中通常指施加于机械或结构上的外力，动力机械中通常指完成工作所需的功率，电机工程中，供电电源的载荷则是指电气装置或元件所消耗的功率。有时也把某种能引起机械结构内力的非力学因素称为载荷，如变温载荷。

可以从不同角度加以分类。按载荷分布情况可分为集中载荷和分布载荷，后者又可分为体载荷、面载荷和线载荷。按载荷对杆件变形的作用可分为轴向拉伸、轴向压缩、弯曲和扭转载荷等。按其大小、方向和作用点是否随时间变化，可分为静载荷和动载荷。静载荷包括恒载（如自重）和准静载。动载荷又可分冲击载荷、周期载荷和随机载荷。

通常，载荷可用计算方法或实测方法求出。对于随机载荷，一般需要根据大量实测记录的载荷谱，用统计分析方法，确定不同工况下的统计规律性。

载人飞船 manned spacecraft 一次性使用的返回式载人**航天器**。又称宇宙飞船。主要任务是运输**航天员**到空间实验室、**空间站**或其他星球执行航天任务并运回航天员到地面。包括卫星式载人飞船和登月载人飞船。载人飞船一般设计成不具备再补给能力和不能重复使用的。1961年苏联发射了第一艘**"东方"号飞船**，后来又发射了"上升"号飞船和**"联盟"号飞船**。同期，美国也相继研制成功"水星"号飞船、"双子星座"号飞船（图1）和**"阿波罗"号飞船**

图1 "双子星座"号飞船

等载人飞船。"阿波罗"号飞船是把人送上月球的登月载人飞船。1999年中国发射了第一艘"神舟"1号试验无人飞船。2003年10月15日，中国成功发射"神舟"5号载人飞船。见**"神舟"号飞船**。

用途 ①进行近地轨道飞行，试验各种载人航天技术，如轨道**交会和对接**及航天员在轨道上出舱，进入太空活动（图2）等。②考察轨道上失重和空间辐射等因素对人体的影响，发展航天医学。③登月飞船进行载人登月飞行。④卫星式飞船为空间站、实验室运送和接回乘员并运送少量物资，还可作为空间站、实验室的救生艇。⑤进行微重力科学和技术试验、空间生物和材料试验。

组成 载人飞船一般由乘员返回座舱、轨道舱、服务舱、对接舱和应急救生装置等组成，登月载人飞船还设有登月舱。返回座舱是飞船上升和返回过程中航天员乘

图2 太空行走

坐的舱段，也是整个飞船的控制中心，不仅和其他舱段一样要承受起飞、上升和轨道运行阶段的各种应力和环境条件，还要经受再入稠密大气层和返回地面阶段的减速过载和气动加热。轨道舱是航天员在轨道上可进入的场所，是与座舱相连的密封舱，里面装有各种实验仪器和设备。服务舱通常安装推进系统、电源和气源等设备，对飞船起服务保障作用。对接舱是用来与航天站或其他航天器对接的舱段，除对接锁紧机构外，一般还设有气闸舱，航天员可由此出舱到舱外活动。应急救生装置保障在应急情况下，使航天员安全返回地面。

特殊问题 与无人航天器相比，载人飞船有一些特殊的问题。①环境控制。乘员生活和进入的舱段内需要采取环境和生命保障控制措施。②应急救生。载人飞船的救生装置有**弹射座椅**、救生塔、分离座舱和载人机动装置等。③人工控制。由人参与操纵和控制飞船，可提高系统的可靠性，处理预料不到的应急情况。④安全返回。载人飞船或返回舱在返回过程中的制动过载和着陆冲击过载，必须限制在人的耐受范围内。⑤高可靠性。载人飞船的各系统和设备均要进行可靠性设计，关键部件采用备份系统（双备份或三备份）。飞船的设计还要保证航天员在必要时能够维修和置换有故障的设备。

载人航天 manned space flight 航天员驾驶和乘坐载人航天器（**载人飞船**、**空间站**、**航天飞机**）往返于地面和空间，在空间或其他天体上（如月球）从事探测、实验、研究、生产和服务的活动。1961年4月12日，苏联航天员Yu.A.**加加林**乘坐"东方"1号飞船绕地球轨道飞行一圈，实现世界首次载人航天。截至2008年9月底，全世界共进行了约300次载人航天飞行，共489人。

实施建设空间站的载人航天计划，一般分3个阶段：①解决航天员进入空间并安全返回，载人运输器与载人航天器空间交会对接实现人与物的交换，以及航天员出舱活动等。②发射试验性空间站（载人空间实验室），建立空间站试验系统，研究和确定空间生产、服务和空间科学实验的可行性及前景。③建立空间站（载人空间基础设施）及系统，进行有人参与的空间科学、技术实验，生产、服务和空间资源的开发。

载瓦语 Zaiwa language 中国自称"载瓦"的景颇族使用的语言。属**汉藏语系**藏缅语族**缅语支**。在中国，主要分布于云南省德宏傣族景颇族自治州的潞西、陇川、瑞丽、盈江等县。在国外，分布于缅甸的掸邦和克钦邦。载瓦语内部比较一致。有28个声母，塞音、塞擦音只有清音，有颚化辅音。有86个韵母，其中单元音韵母10个，复合元音韵母8个，带辅音韵尾的韵母68个。元音分松紧。有3个声调。人称代词有单数、双数和复数，以及主格、宾格和所有格的形态变化。动词使动态的语法形式分屈折式和分析式两种。量词比较丰富。有谓语助词，体现谓语的式、体、数、人称等语法范畴。借词来自**景颇语**、**汉语**、**傣语**、**缅甸语**等。1957年创制的载瓦文，采用26个拉丁字母。

《簪花仕女图》 *Painting of Court Ladies Adorning Their Hair with Flowers* 中国唐代绘画作品，**周昉**代表作之一。绢本长卷设色。

《簪花仕女图》（局部）

描绘春夏之交贵族妇女在宫廷苑囿中悠闲地拈花扑蝶、赏鹤逗犬的生活情景。现藏于辽宁省博物院。

赞比西河 Zambezi River 非洲第四大河。又称里巴河。发源于安哥拉中东部与赞比亚西北部高地。流经安哥拉、赞比亚、纳米比亚、博茨瓦纳、津巴布韦、马拉维和莫桑比克，在莫桑比克中部的欣代附近注入印度洋莫桑比克海峡。全长2 660千米，流域面积133万平方千米，河口年均流量1.6万米^3/秒，在非洲仅次于**刚果河**。

莫西奥图尼亚瀑布以上为上游段，以下至卡布拉巴萨为中游段，卡布拉巴萨以下788千米为下游段。上、中游穿流非洲中南部高原，除卡拉哈迪盆地东北缘一段水流较平稳，两岸多沼泽外，其他大部分河段比降大，多瀑布、急流、峡谷和险滩，水力资源丰富。在赞比亚的卡松古拉（海拔

880米)，河面宽达1 380米，是赞比西河最宽阔的河段，构成世界罕见的莫西奥图尼亚宽幅瀑布。中游段拥有两个大湖，卡里巴水库为赞比亚和津巴布韦共同拥有。在接近莫桑比克边界处，河道进入卡布拉巴萨水库。下游段在太特盆地以下，穿过鲁巴塔峡谷，流入莫桑比克平原，形成5～8千米的宽阔河谷地带。河口处形成面积达7 148平方千米、水网稠密的三角洲。赞比西河流域处于南半球热带地区，大部属热带草原气候，年降水量600～1 500毫米，河水补给较充足。水系较发达，支流众多，重要支流在上游有隆圭本古河和宽多河，中游有卡富埃河和卢安瓜河，下游有希雷河

等。全流域水力蕴藏量约13 700万千瓦，干流的卡里巴峡、卡布拉巴萨峡以及支流的卡富埃峡，已建有大型水电站，莫西奥图尼亚瀑布附近的马兰巴建有小型水电站。赞比西河谷地自古就是从印度洋沿岸进入南部非洲内陆高原的孔道之一。但受河口沙洲以及浅滩、急流、瀑布所阻，只能分段通航。下游卡布拉巴萨峡以下640千米河段可通行浅水轮，是最长的通航河段。流域内赞比亚铜带和中央铁路沿线、津巴布韦高原、马拉维希雷河流域和莫桑比克平原为重要工农业区，人口密集。

赞比亚 Zambia 非洲中南部内陆国家。周围与安哥拉、刚果（金）、坦桑尼亚、马拉维、莫桑比克、津巴布韦、博茨瓦纳和纳米比亚等国相邻。面积752 614平方千米。人口1 327万(2010)。首都卢萨卡。全国有73个部族，除少数桑人（布须曼人）外，大部为班图语系黑人。其中居住在北部的本巴族约占全国人口的8%，居住在中南部的通加族占12%，其他还有洛兹族、恩戈尼族和隆达族等。另有少数欧洲人和亚洲

人。约有30多种部族语言，英语为官方语言。农村居民大多信奉原始宗教，其余多信奉基督教新教和天主教。

地理 国土大部为海拔1 000～1 500米的高原，起伏不大，自东北向西南倾斜。赞比西河水系将高原分割为5种地形：①东北部为刚果河上游盆地，海拔最高，其中穆钦加山脉形成刚果河与赞比西河的分水岭，海拔1 200～1 600米，与坦桑尼亚、马拉维交界处的马芬加山海拔2 164米，是全国的最高点。②东南部为卢安瓜高原谷地，是东非大裂谷的组成部分，卢安瓜断裂河谷长560千米。③北部是加丹加高原的一部分，海拔1 000余米，是赞比亚主要矿区。④中部是卡富埃盆地，平均海拔1 000米，有广阔的泛滥平原。⑤西南部进入卡拉哈迪盆地，平均海拔1 000米以下，地表平坦。

热带草原气候。年平均气温21℃左右，各月平均气温相差很小。年降水量自南向北由650毫米递增至1 500毫米。11月至翌年4月为雨季，5月至10月为旱季。

河湖沼泽众多，水网稠密，分属赞比西河和刚果河两大水系。赞比西河在境内长1 500千米，其中800千米构成南部国界，流域面积约占国土面积的3/4。与津巴布韦交界处的莫西奥图尼亚瀑布举世闻名。境内北部有姆韦鲁湖、班韦乌卢湖和坦噶尼喀湖；南部赞比西河卡里巴水库为人工湖。最大的沼泽是卡富埃河中上游的卢坎加沼泽，次为南部的沼泽。

植被大部分为稀树草原，主要的乔木有波巴布树、木棉树、金合欢树等；卡拉哈迪盆地植被为灌木干草原。全国森林覆盖率为43%。野生动物资源丰富，有象、鬣狗、豹、斑马、长颈鹿、羚羊、狒狒、猴等。卢萨卡以西240千米的卡富埃国家公园是境内最大和最著名的禁猎区。

矿产资源丰富。以铜为主。中部铜带地区长220米，宽65千米，已探明铜储量约占世界的6%。钴是铜的伴生矿，储量约35万吨，居世界第二位。其他矿物资源主要有铅、镉、硒、铁、金、银、锌、锡、铀、绿宝石、水晶、钒、石墨、云母等。

历史 公元5世纪班图语系各族移入境内，从事迁徙种植和游牧业。9世纪起，先后建立卢巴、隆达、卡洛洛和巴罗兹等部族王国。目前国内的本巴族和洛兹人即分别为卢巴人和隆达人的后裔。18世纪末叶

起，葡、英殖民者相继入侵。1911年由英国南非公司管辖，名为北罗得西亚保护地。1924年英国政府接管北罗得西亚，派驻总督进行直接统治，遂成为英国的“保护地”。1953年与南罗得西亚、尼亚萨兰合并组成“中非联邦”。1963年中非联邦解体。1964年1月北罗得西亚实行内部自治，同年10月24日获得独立，改名赞比亚共和国，仍留在英联邦。联合民族独立党为第一届执政党，其主席肯尼思·卡翁达博士为第一任总统。

1973年8月通过第二部宪法，宣布进入第二共和国，实行一党制。1991年通过新宪法，实行多党制。按1991年8月颁布、1996年重新修订的现行宪法规定，总统为国家元首、政府首脑和军队总司令，由选举产生，任期5年，可连任2届。政府实行总统内阁制，增设副总统，内阁部长由总统从议员中任命。在总统负责下实行行政、立法和司法的三权分立。总统有行政权。国民议会为最高立法机构。议会为一院制，任期5年，共有158个席位。其中150个席位由直接选举产生，总统可另选派8位指定议员。司法机构履行司法权，由最高法院、高等法院和地方法院组成。主要政党有多党民主运动，爱国阵线，国家发展联合党，联合民族独立党等31个合法政党。多党民主运动为执政党，允许反对党存在，主要的反对党为国家发展联合党和联合民族独立党。

经济 经济结构单一，以矿业为主。2006年，政府公布第五个国家发展计划，加之国际社会援助增加以及国际市场铜价攀升，经济保持较快增长。2009年人均国内生产总值1 432美元，经济增长率为6.3%。货币名称为克瓦查。

2009年工矿业产值增幅达13.1%。采矿业是国民经济重要支柱，以采铜为主，次为与铜伴生的钴和铅、锌。铜、钴集中产自与刚果（金）沙巴地区毗邻的著名“铜带”，矿体大，品位高，矿层厚，埋藏浅；铅、锌主要产于中部卡布韦。21世纪初铜、钴等生

图1 赞比亚首都卢萨卡

图2 赞比西河中游的莫西奥图尼亚瀑布

产步入恢复阶段。现赞比亚为世界第四大产铜国和第二大产钴国。产品供出口。制造业主要部门有化肥、水泥、铜加工、木材、汽车装配、烟草、纺织、食品和饮料、皮革等。主要原材料和技术靠进口，产品供国内需求。

能源主要来自于电力、石油、木材和煤炭，除石油依赖进口外，其他均能自给。电力生产以水力发电为主，卡里巴水坝、莫西奥图尼亚瀑布以及卡富埃河水利工程为主要水电生产基地。

农业是重要经济部门之一，2004年占国内生产总值的22.6%，占用全部社会劳动力的50%左右。各类农场集中于铁路沿线，产量约占农业产量的45%。自给性传统农业仍占主要地位。全国可耕地约4 320万公顷，其中仅约6%的可耕地已进行开垦。玉米是主要粮食作物，正常年景可自给有余。其他粮食农作物有木薯、粟、豆类和高粱。经济作物产品主要供出口，有棉花、花生、烟草、甘蔗等。20世纪90年代园艺、花卉部门发展较快。畜牧业中养牛最普遍，但商品肉、奶产品不能满足国内需求。森林约占全国总面积的45%，多数林区已成为次生林。

交通运输以铁路为主。铁路总长2 100千米，主要干线是坦赞铁路（境内长886千米，1976年通车）和马兰巴—恩多拉铁路。公路网较稠密，公路总长37 300千米。其中柏油路面干线公路长6 580千米，碎石路约8 592千米。进口物资需经邻国港口转运。铁路或公路通坦桑尼亚、安哥拉、马拉维、莫桑比克和南非等国。有18个机场，卢萨卡、恩多拉、利文斯敦和姆富韦有国际机场。

外贸出口以铜和钴最为重要，是国家外汇收入的主要来源、出口值约占国家出口总值的90%，次为锌、木材、烟草、食糖、咖啡等。进口产品主要有机械设备、石油、化工产品、医药、纺织品等。

文化 实行9年制义务教育。有达累斯萨拉姆大学和索科依内农业大学。

传统艺术主要有木雕、制陶、编篮和壁画。音乐、舞蹈和歌曲深受人们喜爱。利文斯敦有一个国立博物馆，“铜带”也有一个小型博物馆。

主要报刊有《赞比亚每日邮报》、《赞比亚时报》、《Z字杂志》等。赞比亚通讯社为官方通讯社。赞比亚国家广播公司成立于1988年，下设电视台和3个广播电台。赞比亚是泛非新闻社南部非洲地区分社所在地。

旅游业是国民经济重要收入来源之一。景区众多，莫西奥图尼亚瀑布举世闻名，1989年作为自然遗产被列入《世界遗产名录》。卡兰博瀑布为非洲第二大瀑布，位于与坦桑尼亚交界处，在10千米内落差915米，蔚为壮观。卡富埃国家公园等19个国家级野生动物园引人入胜，还辟有32个狩猎管理区。

对外关系 对外奉行不结盟、睦邻友好的政策，强调外交多元化，主张在互相尊重、互不干涉内政、平等互利的基础上同世界各国发展友好合作关系。重视发展同邻国关系，致力于本地区政治、经济一体化与和平解决地区争端。截至2006年底，已与108个国家建立外交关系。与英国保持传统关系。英国是主要援助、投资和贸易国。1964年10月29日同中国建交，两国签有贸易协定、多种经济技术合作协定、科学技术合作和文化协定等。

臧克家 Zang Kejia（1905-10-08～2004-02-05） 中国诗人。山东诸城人。卒于北京。青少年时代生活在农村。1923年入济南山东省立第一师范学校，接触了新文学，开始习作新诗。1927年初，入中央军事政治学校武汉分校。1930～1934年，在国立青岛大学（后改为国立山东大学）读书期间，发愤苦吟，得到闻一多、王统照的鼓励，出版了诗集《烙印》（1933）、《罪恶的黑手》（1934）。大学毕业后，到山东临清中学任教，并继续新诗

创作，写下长诗《自己的写照》(1936) 和短诗集《运河》(1936)。

臧克家的这些诗作，奠定了他在中国现代诗歌史上的重要地位。他的诗提供了一种他称为"坚忍主义"的面对苦难的人生态度。《老马》、《难民》、《歇午工》、《老哥哥》等短诗写出了下层人民忍辱负重的悲苦生活，让人在咀嚼和回味中体会到诗人深沉的感情。

抗日战争爆发后，臧克家奔赴前方，有《从军行》(1938)、《泥淖集》(1939)、《淮上吟》(1940) 等诗集出版，及时报道了他身历目睹的火线战况和将士风采，为抗战文艺增添了不少新鲜生动的内容，但艺术上较前期诗作粗疏。

1942年秋，他到达重庆从事文学创作，并参加中华全国文艺界抗敌协会的活动。有《古树的花朵》(1942)、《泥土的歌》(1943)、《十年诗选》(1944) 等诗集出版。《泥土的歌》将笔锋由战地转向农村，是"一笔自然的风景，一笔农民生活的缩影，有愁苦，有悲愤，有希望，也有新生"(《泥土的歌·序句》)。在艺术上，则摆脱了《烙印》等早期诗作雕琢太甚的痕迹，显得更加活脱自然，灵巧隽永。

中华人民共和国建立前，臧克家还写作了《宝贝儿》(1946)、《生命的零度》(1947) 等政治讽刺诗集，揭露国民党反动统治下的黑暗。还创作有散文集《乱莠集》(1939)、《我的诗生活》(1943)、《磨不掉的印象》(1947) 等，小说集《挂红》(1947)、《拥抱》(1947)。中华人民共和国建立后，他写了脍炙人口的名篇《有的人——纪念鲁迅有感》。他与周振甫合著的《毛主席诗词讲解》(1957年后改名《毛泽东诗词讲解》) 对阐释和普及毛泽东诗词起了重要作用。出版有诗集《一颗新星》(1958)、《春风集》(1959)、《欢呼集》(1959)、《凯旋》(1962) 以及长诗《李大钊》(1959) 等。这些诗篇内容上歌颂新社会，艺术上追求一种明朗、流畅、不事雕琢的风格，但诗的韵味却较前淡薄。此外，他的著作还有《学诗断想》(1962、1979)、《臧克家古典诗文欣赏集》(1990、2001) 等论文、随笔集等。他曾任中国文学艺术界联合会委员、中国作家协会书记处书记、《诗刊》主编等。

山东文艺出版社1985年出版《臧克家文集》第1、2、3卷，1994年出版第4、5、6卷。

臧懋循 *Zang Maoxun* 中国明代文学批评家。见《元曲选》。

脏腑 *zang-fu organs* 中医学对人体内脏的总称。从部位、形态及生理功能上可划分为五脏、六腑和奇恒之腑三类。五脏，即心、肝、脾、肺、肾，有时加上心包，又称六脏。六腑，即胆、胃、大肠、小肠、三焦、膀胱。奇恒之腑，即脑、髓、骨、脉、胆、女子胞。一般而言，五脏是位于胸腹腔内的实质性脏器，主要生理功能是生化和贮藏精、气、血、津液、神；六腑，是位于腹腔内的空腔器官，主要生理功能是受纳和消化饮食，泌别清浊，排泄废物；奇恒之腑的形态类似于腑，但功能却类似于脏。脏腑之间通过经络相互络属，构成密切的表里关系，它们在生理功能上相互依存，密不可分；在病理变化上相互影响。

脏腑辨证 *zang-fu viscera, syndrome differentiation of* 根据脏腑的生理功能和病理特点，辨别脏腑病位及脏腑阴阳、气血、虚实、寒热等变化，为治疗提供依据的中医学辨证方法。临床各科辨证的基础，为辨证体系中的重要组成部分。尤其适用于内伤杂病的辨证。中医学的辨证方法虽然多种多样，各有特点，但最后大都落实在脏腑的病变上，也即证候的定位是辨证内容组成的基本要素之一。例如，八纲辨证是辨证的纲领，但八纲辨证只是分析、归纳各种证候的类别、部位、性质、正邪盛衰等关系的纲领。如果要进一步分析疾病的具体病理变化，就必须落实到脏腑上来，用脏腑辨证的方法才能解决。脏腑辨证的主要内容包括脏病辨证、腑病辨证及脏腑兼病辨证等。

脏腑相关 *interconnections of zang-fu viscera* 中医学研究人体脏与脏、脏与腑、腑与腑之间相互关系的理论。人体是一个统一的有机整体，脏腑虽然有各自的生理功能，但它们不是孤立的，而是彼此密切联系，相互协作、相互配合、相互制约，共同维持生理活动的正常进行。因此，脏腑之间在生理上相互联系、密不可分，在病理上则相互影响。

脏与脏之间的关系如下：①心与肺。心、肺同居上焦。心主血，肺主气、朝百脉。心虽行血，但肺主宗气，贯通心脉，两者配合，才能保证气血的正常运行。②心与脾。心主血而行血，脾生血而统血。心血赖脾所运化的水谷精微以化生。血液的正常运行，除心气的推动外，有赖于脾气的统摄。③心与肝。心主血，肝藏血；心主神志，肝主疏泄，调节精神情志。心肝配合，能维持血液的正常运行和调节，保持精神情志活动正常。④心与肾。心属火，肾属水。在生理状态下，心火下行，肾水上济，两者间维持着动态平衡关系，称为水火既济。⑤肺与脾。肺主气，脾为气血生化之源；肺主行水，脾能运化水湿，肺脾配合，才能保证人体气的生成充足，津液代谢正常。⑥肺与肝。肝主升发，肺主肃降，肝升肺降，才能保持气机调畅，气血运行正常。⑦肺与肾。肺主呼气，肾主纳气；肺主行水而通调水道，肾主水，有气化水液的功能，肺肾相互协调，能保持正常的呼吸，完成水液代谢。⑧肝与脾。肝主疏泄，有助于脾胃对饮食物的消化、吸收。⑨肝与肾。肝藏血，肾藏精，精血互生。肝血依赖肾精的滋养，肾精依赖肝血的补充。⑩脾与肾。脾为后天之本，肾为先天之本，两者相互资助，相互促进。五脏之间这些关系如果失去协调，就会产生各种病理变化。如肺气虚，推动无力，心脉瘀阻，出现胸痛、紫绀。心肾不交，则出现失眠、心烦。肝脾不和，出现腹胀、泄泻。肝肾阴亏，出现头晕、目眩、腰酸、遗精。脾肾阳虚，出现腹泻、水肿等。

腑与腑是六腑之间的关系。在饮食物的消化、吸收及废物的排泄等功能活动中，六腑之间相互联系，密切配合。

脏与腑之间的关系。脏属阴，主里；腑属阳，主表。通过经络相互络属，一脏一腑，一表一里，一阴一阳相互配合，组成脏腑表里关系：①心与小肠。心阳下布小肠，则小肠受盛化物、泌别清浊功能正常，若心经有热，移于小肠，会引起小便发黄，甚则尿热尿痛。小肠有热，也可上炎于心，见心烦，口疮。②肺与大肠。肺气的肃降，有助于大肠保持传导功能，而大肠传导正常，又有利于肺气的肃降，否则可出现胸闷气阻等。③脾与胃。胃主受纳，脾主运化，脾主升清，胃主降浊，二者相辅相成，共同完成饮食物的消化吸收。若脾失健运，可影响胃的受纳和降，出现食少，腹胀，胃失和降，也可影响脾的升清，出现腹泻。④肝与胆。胆汁源于肝之余气，肝的疏泄，有助于胆汁的排泄。在病理上，肝胆常相互影响，同时受病。⑤肾与膀胱。膀胱的贮尿与排尿，依赖肾的气化功能。若肾气不足膀胱开阖失度，出现小便不利、癃闭或失禁、遗尿、尿频等。

葬甲 *Silphidae; carrion beetle* 鞘翅目葬甲科昆虫的统称。又称埋葬虫。世界记载近800种，多数分布于全北区。中国已知50余种。体长1.5～45毫米。体形近长方形，多黑色或褐色，常有黄、橙或红色斑点。头部多为前口式，触角11节，许多种类的端部3～4节扩大呈棒状，复眼大。前胸背板长阔相等。鞘翅盖住腹部，或超出腹端，或腹部后方2～4节露于鞘翅之外，端部近截形或弧形。腹部腹板可见6节。足长大，前足基节圆锥形，跗节5节。多以动物尸体为食，也有捕食蜗牛、蝇蛆、蛾类幼虫或危害植物者。按习性可分为葬甲和尸甲两类。另有一些小型种类生活在真菌或腐烂植物组织中，也有见于蚁巢或小型哺乳动物窝内的种类。在法医学中可用于推断尸体死亡时间。

葬礼 burial rites 安葬人的遗体的仪式，是最后的人生礼仪。一般包括亲友追悼死者、送葬、安葬等活动。

人类最初并不安葬死者。约在十多万年前的旧石器时代中期，依据灵魂不死的观念，如何处理作为灵魂寄所的遗体就成为重要问题，因而产生葬礼。考古资料显示，约10万～4万年前的欧洲尼安德特人已有安葬死者的习俗，并有一定的埋葬方式。约18 000年前的中国山顶洞人也有了丧葬习俗。地理环境、宗教信仰和社会制度的差异形成了形式多样的葬礼。迄今为止，葬礼广泛存在于世界各地区、各民族之中。葬礼安慰死者亲属的悲痛情绪，展示人们的社会关系。

亲友们哀悼了死者之后，集体将遗体安葬。中国多用棺材装殓尸体，抬往墓地，一路抛撒纸钱。印度实行火葬的则直接抬尸体到火葬场。中国汉族、回族的送葬队伍一般穿白色丧服。欧美习俗穿黑色丧服。

安葬方式有土葬、火葬、水葬、天葬、风葬、塔葬等。

现代西方社会的葬礼已相当标准化。尸体安置在棺柩内进行追悼仪式、遗体告别，然后埋葬。中国城市也进行追悼仪式、遗体告别，然后火化。

藏獒 Tibetan mastiff 中国古老的牧羊和守卫犬种。又称四眼狗、四点眼。原产于青藏高原，已有数千年历史。曾对国外犬品种的改良起了重要作用。藏獒属大型犬，体高70～85厘米，体重为25～95千克。头大而方。嘴粗短，嘴角略垂，唇厚舌大。耳呈心形，大小中等，下垂。颈粗，下有垂皮，颈周有鬃毛。尾大而卷，有长饰毛。四肢粗壮端正。全身被毛长而密，身毛长，毛色以黑色居多。四肢下部带黄褐色，有的眉上有黄色或白色圆点毛。仪态伟岸，性情勇猛刚毅，忠于主人，是牧民的忠实伴侣和得力助手。耐严寒怕炎热，抗病力强，偏爱肉食。8月龄性成熟，高寒地区母犬初冬发情，气候温和、管理好的地区则可春秋两次发情。窝产仔4～5只。寿命10～16年。

藏传佛教 Tibetan Buddhism 又称藏语系佛教，俗称喇嘛教。流行于中国西藏、青海、甘肃、云南和四川西部一带藏族居住区，以及内蒙古、蒙古国等地。属于北传佛教的重要一支（另一支是汉地佛教）。

从公元7世纪中叶佛教初传西藏，到9世纪中叶朗达玛禁佛的约200年间的藏传佛教，是佛教传入西藏的开始，史称“前弘期”。7世纪时尼泊尔尺尊公主和唐文成公主先后入藏嫁与松赞干布，她们各自带去佛像、经典、法物和僧人，并在拉萨修建了大昭寺和小昭寺，佛教开始传入西藏。8世纪中，赤松德赞剪除反佛大臣，派人去长安取经又礼请印度佛教名僧寂护和莲花生入藏弘法度僧，创建僧团，建桑耶寺，佛教始盛。9世纪赤祖德赞执政，规定“七户养僧”的制度，命僧师班第钦布掌管军政大权；制订译经标准译名和编制几种经目，译经达700余种，藏传佛教大行。但是赤祖德赞被反佛大臣谋杀，其兄朗达玛即位，宣布禁佛，藏传佛教受到毁灭性打击。

10世纪下半叶，佛教从多康重新传回卫藏地区，后来又从阿里进入卫藏，并在西藏得到迅速发展，这是西藏佛教“后弘期”的开始。在此期间，许多显密兼通的印度高僧来到西藏传法译经，印度密教无上瑜伽部的经典和修持法门被大量传译到西藏，同时，大量的藏族僧人前往印度、尼泊尔学法，返藏后从事经典翻译。这些译籍后来都收入《甘珠尔》和《丹珠尔》中，形成独具特色的藏文大藏经，并被译成蒙古、满等文字。由于传承的不同，藏传佛教内部形成了不同的派别，先后形成宁玛派、噶当派、萨迦派、噶举派、格鲁派等较大的派别，以及希解、觉宇、觉囊、郭扎、夏鲁等较小部派。

藏传佛教强调显密结合，并把密修放到相当高的地位。实行活佛转世制度，格鲁派的达赖喇嘛、班禅额尔德尼、章嘉呼图克图和哲布尊丹巴等是最大的活佛，地位崇高，拥有政治、经济和宗教特权，是政教合一社会的首领，并以此组成一套僧职系统和寺院管理制度。1959年西藏民主改革，废除了政教合一制度，开始实行民主管理。藏传佛教仪轨繁多，除寺僧上殿诵经，讲经说法，举办大型法会等显宗法事与汉地佛教基本相同外，还有藏传佛教所特有的密宗传法灌顶等仪式。藏传佛教艺术很发达，其造像和绘画等达到了相当高的水平。中国信仰藏传佛教的民族主要有藏族、蒙古族、土族、裕固族、珞巴族、门巴族等，佛教在这些民族社会生活中有着重要影响。藏传佛教的主要节日有雪顿节（藏历六月底七月初）和庆祝丰收的望果节（藏历七月间）等，纪念佛诞的节日与汉地佛教相近。

藏传佛教寺院壁画 Tibetan Buddhist temple murals 中国西藏地区佛教寺院及信仰藏传佛教地区的寺院壁画。西藏佛教的历史以公元9世纪朗达玛的禁佛为界，分为前弘期和后弘期。前弘期寺院壁画因禁佛而几乎不存。如今所见主要是后弘期以西藏中部、西藏西部发端，向甘肃、青海等周边地区传播的佛教寺院壁画，主要时间为11世纪至元明清时期。

在西藏西部地区有佛教复兴初期的古格王国首府札布让的佛寺壁画，主要以托林寺和科迦寺为代表；西部石窟寺壁画，以东嘎、帕尔嘎尔布石窟寺壁画为代表；卫藏地区有札唐寺等。元代有后藏日喀则的夏鲁寺、明代的江孜白居寺以及西部古格王国遗址中时间跨度为13～16世纪的佛殿壁画。由于西藏译师仁钦桑波的招请和皇家的赞助，当时有大量外来画家于西藏作画。因此，早期西部地区的壁画具有鲜明的西北印度、克什米尔风格，而卫藏地区则兼有印度波罗艺术和中亚的风格。元代以后，壁画中汉、印影响兼而有之。

藏传佛教寺院壁画中最重要的是古格王国时期所存留的寺院壁画，其中时间最早的是与大译师仁钦桑波有关的托林寺的壁画。托林寺属于11世纪的寺院，印度班智达阿底峡也曾驻锡于此。托林寺殿堂内的壁画，最早属于11世纪，延续至15世纪。其中集会殿存留有古格王会见阿底峡大师的壁画、护法神殿有曼荼罗图和各种护法神像、白殿内有佛传图和庆典图。从风格可见，这些绘画大约为15世纪的作品，但基本保留着早期克什米尔画家的风格样式。除托林寺外，古格遗址内还有其他佛殿存有壁画近900平方米，其中又以白殿为最多最精美，约340平方米。壁画有吐蕃和古格王统图，尤为珍贵的是部分画像有题铭。

20世纪90年代在西藏西部陆续发现的石窟寺，由于地处偏远，总体基本保持着原始面貌。其中存有壁画的窟有东嘎1号、2号、3号窟，皮央79号窟、帕尔嘎尔布石窟、帕尔宗石窟等。东嘎1号窟的绘画题材主要是各种曼荼罗（坛城）及曼荼罗系统中的诸神，少见高僧或教派传承内容。在绘画风格上具有中亚艺术的样式特征，绘画手法多用晕染。

卫藏地区最优秀的初期寺院壁画以札囊的札塘寺为代表。此寺在11世纪由札巴贡协创建，13世纪以后归属萨迦派管理。属于早期的壁画遗存集中于中心佛殿。殿内南、北、西三面共有十铺壁画，原画与塑像在内容上结合一体，但塑像今已不存。

元代藏传佛教艺术在地域范围上更加广阔，绘画风格更加多元化。日喀则地区

图1 托林寺杜康大殿佛传壁画——诞生（约15世纪）

的夏鲁寺是元代壁画的代表，该寺仅存大殿，分为两层，一层壁绘曼荼罗图和五方如来，其中配殿绘有杰·喜饶炯乃像。回廊壁画绘佛本生、佛传及因缘故事。第二层绘佛及十六罗汉，前殿有须摩提女请佛故事画。由于当时吉哉招请了大量汉地画工与当地人合作，因此，夏鲁寺壁画艺术具有浓厚的汉藏融合的特色。

江孜白居寺壁画是明代壁画的代表。白居寺按曼荼罗的格局设计建造，其中的壁画十分精美，既有汉风，又具有波罗风格。壁画内容涉及佛传，佛本生及历史人物等多种。白居寺壁画保存完整，且存有的大量题铭，也包括画家的题名，为藏传佛教图像学和西藏绘画史的研究提供了重要线索。

图2 布达拉宫壁画《五世达赖喇嘛觐见清顺治皇帝》

塔尔寺、年都乎寺则是清代藏传佛教壁画的代表。塔尔寺位于青海湟中，始建于明代，后遭火焚，于1917年重建。塔尔寺的酥油花、壁画和堆绣，世称三绝。寺内多巨幅壁画。同是巨制的《大悲观音》，为吴屯艺人先巴之作，是热贡艺术成熟期的代表作。年都乎寺位于青海热贡地区，寺内壁画为清代康熙年间所绘，属于典型的热贡艺术。其中代表作品有维唐华丹及其弟子才让端智所绘《十六罗汉》等。另外，敦煌莫高窟的第465窟、东千佛洞第2窟，榆林窟第3、第4窟等都是藏传佛教壁画内容的石窟寺。

《藏汉大辞典》 *Tibeto-Chinese Dictionary* 中国第一部兼有藏文字典和藏学百科全书性质的综合性藏汉双解大型工具书。张怡荪主编，1985年北京民族出版社出版。《藏汉大辞典》收词5.3万余条，以一般词语为主，分基本词和合成词两大类。专科术语包括传统的“大五明”(工艺、医药、语言文字、因明、佛学)、“小五明”(韵律、诗学、辞藻、戏曲、星象）和文学、历史、地理等门类。此外，还收有旧时公文、封建法典、藏区习俗、农牧生产、器用服饰、赋税差徭等方面的用语；并收录了一部分方言词汇和新词术语。汉文释文采用现代书面语，佛学和因明术语基本上保留了传统的译法。书后附有《动词变化表》、《干支次序表》、《藏族历史年表》以及反映藏族文化特点的彩色图片百余幅。

藏剧 Tibetan opera 中国戏曲剧种。流行于藏族地区。藏语称“阿吉拉姆”(意为仙女大姐)，简称“拉姆”，亦名“朗达”。8世纪，藏王赤松德赞请印度高僧莲花生（白玛老本）入藏，修建山南桑鸢寺，779年举行落成典礼时，采用藏族原始宗教“苯波”巫师仪式，并与当地土风舞结合，形成哑剧性的跳神仪式，以宣扬佛教哲理，此即藏剧的起源。至15世纪，僧人汤东杰布为募捐造桥，把民间艺术引入跳神仪式，用来表演民间或佛经故事，形成载歌载舞的戏剧形式，被视为藏戏的开端。到17世纪五世达赖罗桑嘉措时，藏剧从寺院宗教仪式中独立出来，发展为以唱为主，唱、韵、舞、技相互结合的戏剧艺术。

藏剧演出一般分三段，开场祭神歌舞，其后为正戏传奇，最后结尾祝福迎祥。一个大戏，可连场演出1～5天，戏中有一剧情讲解人，通过他的韵白讲解，起到衔接故事和向观众交代情节的作用。藏剧唱腔高亢、雄浑，除少数共同的腔调外，基本上是因人定曲，每句唱腔都有人声帮和，以适应广场演出的需要。伴奏乐器只有一鼓一钹，节奏随唱腔、舞蹈、身段动作而变化。演员表演时戴面具，其舞蹈、身段多从民间歌舞、宗教舞蹈吸收而来，舞步起落幅度较大，舞姿节奏鲜明，粗犷健美。藏剧的传统剧目，可分为历史传说剧、民间故事剧、人情世态剧、佛经故事剧等。1960年后，在西藏成立藏剧团。

藏戏故事《如意藤·诺桑明言》壁画

先后整理演出了《朗莎雯波》、《文成公主》、《诺桑王子》等传统戏，并把藏剧从广场搬上舞台，有了化妆、灯光、布景和管、弦乐的伴奏，使古老的藏剧在艺术上得到了新的发展。

藏历 Tibetan calendar 中国藏族传统历法。为阴阳合历，已有1 300余年历史。据藏文文献记载，始创于吐蕃王朝赞普（王）松赞干布，迄今仍通行民间。藏历的年长度为365.270 645太阳日，月长度为29.530 587日，以正月元旦为岁首。其纪年方法是以阴阳、五行、生肖相配合，即以木、火、土、金、水各分阳、阴为十数，与鼠、牛、虎、兔、龙、蛇、马、羊、猴、鸡、狗、猪为十二属相排列，其顺序与汉历十天干、十二地支相配合的60年周期相同，但亦通行省去阴阳径以五行、十二生肖配合纪年，亦可径以十二生肖纪年。每年分春、夏、秋、冬四季，有春分、夏至、秋分、冬至四大节气；每季分孟、仲、季，代表3个月份；12个月中，大建30日，小建29日，每65年中，置闰月24个；每月分上旬、中旬、下旬；每周分日、月、火、水、木、金、土七曜日，以日曜为星期日；每日以生肖十二属记时，其顺序与汉历地支记时排列相同。为配置太阳日与太阴日之日序对应，藏历中安排有“白日”即重一日，“黑日”即缺一日，俗称吉日、凶日。

藏历年 Tibetan New Year 中国藏族传统年节。藏语称“博洛萨”。主要流行于西藏、青海、甘肃、四川、云南等藏族地区。相当于汉族的春节。时间根据藏历确定，各地萨斯不一。城镇一般从藏历正月初一开始过新年，农区则由于要适应农事季节，在藏历十二月初一过年。也有在藏历十月初一过年（如林芝地区）或一年过三次年节的（如阿里地区日土县)。此外，在节日程序的安排及相关礼俗方面，各地也存在明显差异。一般藏历新年的内容大致包括购买年货、“二十九驱鬼”仪式、陈设供品及正式地过年等几道程序。根据自己的经济实力以及喜好，往往提前半个月以上开始购买年华，为新年做各方面的准备。临近过节的二十九那天，上午打扫灶房，并在屋内的墙壁上用糌粑干面粉绘上蝎子、“八吉祥徽”等图案和吉祥祝福的文字。晚上，各家吃完二十九土巴（面疙瘩）后，要举行“驱鬼”活动。初一，启明星从东方升起的时候，每家每户的家庭主妇或家中的一位女子着盛装，到江边或井口去挑新年的“第一道水”。并以煨桑敬水神或在井口献挂哈达，敬第一道青稞酒，向天空撒五谷斗中的供品献给神灵。太阳刚升起时，家门口会来一位说唱吉祥颂词的艺人，主人要对其布施。全家人着盛装到寺院朝佛后，按年龄大小就坐于席位，敬五谷斗、酥油拌人生果、第一青稞酒等。之后，要吃各种食品。另外，进行上述仪式的同时，带着自家的五谷斗、青稞酒、点心等还要到亲朋好友、邻居家去拜年。这些程序全部结束后，自家人在家中过年，无串门习俗。初二开始，人们开始串门，相互请客和敬酒，一直持续到藏历正月十五。此外，初二这一天也有拜祭家神、地方护法神和山神的习俗。十五那天要收拾完神龛前面的所有供品。

藏羚 *Pantholops hodgsoni*; Tibetan antelope 牛科藏羚属的唯一种。又称藏羚羊、西藏黄羊。典型的高原动物，主要分布在青藏高原及其毗邻地区。体长小于100厘米，尾长6～10厘米，体重不超过20千克。雄性具角，向后弯曲呈镰刀状。耳狭而尖短，臀斑甚大，尾短，四肢纤细，蹄狭窄。背为红棕色，臀斑和腹部为白色。栖息在海拔4 000～5 000米间的高寒草甸、高寒草甸草原、高寒草原、高寒荒漠草原及高寒荒漠等环境中，在夏季可偶见于5 200米左右的山地。喜欢在水源充足、坡度不大的宽谷地区活动。过群居游荡的生活，一般2～6头或10余头结成小群，冬季集群数量增加，有时甚至出现百头以上的大群。性机警，听觉和视觉发达，发现敌情，疾驰如飞。食物以禾本科和莎草科植物为主。每年繁殖1次，12月至翌年1月发情交配。孕期6个月左右，每胎1仔，有时产2仔，羚羊仔产后3天就可以随羊群奔跑。被列为濒危物种予以保护。

藏羚羊

藏缅语族 Tibeto-Burman group 汉藏语系的语族之一。中国的藏缅语族语言分布于西南、西北、中南等地区。在国外，主要分布于缅甸、不丹、尼泊尔、印度、泰国、越南等国。语支分类尚未完全取得一致意见。中国的藏缅语族语言初步分为5个语支：①藏语支——藏语、门巴语等。②景颇语支——景颇语、独龙语等。③彝语支——彝语、哈尼语、纳西语、傈僳语、拉祜语、基诺语等。④缅语支——载瓦语、阿昌语等。⑤羌语支——羌语、普米语、嘉戎语、木雅语、尔龚语等。白语、土家语、珞巴语等属何语支，意见还不一致，中国的某些学者认为白语、土家语属彝语支。国外属该语族的语言有缅甸语、克伦语、卢舍依语、列普查语、那嘎语、基兰提语等。已消亡的西夏语也属这一语族的羌语支语言。

语音方面，藏缅语族语言的声调相对比较少，少数语言或方言没有声调，如博嘎尔珞巴语、嘉戎语、尔龚语、藏语安多方言、羌语北部方言等。声调的产生和分化与复辅音的简化和消失、声母清浊的消失、韵尾的变化等有密切关系。有些语言有复辅音声母。二合复辅音由基本辅音加前置辅音或后置辅音构成；三合复辅音往往既带前置辅音，又带后置辅音。有一些语言元音分松紧，元音松紧往往还伴随声调、舌位等方面的一些差别。复合元音韵母不多。彝语支语言多数只有单元音韵母。除彝语支语言外，都有鼻音和塞辅音韵尾。有的语言还有擦音、边音和颤音等韵尾，少数语言有复辅音韵尾。有些语言有弱化音节，出现在多音节词的第一音节。

虚词和词序及附加成分和屈折形态是表达语法意义的主要手段。基本语序是主语－宾语－谓语，间接宾语在直接宾语前；名词、代词作定语时在中心语前；形容词和数量词组作定语时在中心语后；数量词组作状语时在中心语前；部分语言的动词有人称、数、时、体、态、式、趋向等语法范畴，用加附加成分、语音交替、重叠等手段表达。许多语言的人称代词有格的语法范畴，由元音、声调或声母等语音变化表示。量词大多来自名词、动词，有些语言量词比较丰富。数词可直接修饰名词。动量词一般较少。有丰富的结构助词，表示各种语义格的关系。

各语言之间都有一些同源词。构词以单音节词和以单音节词根组成的复合词为主，多音节的单纯词比较少，也有派生词。有丰富的四音联绵词，表示不同的词义和感情色彩，四音联绵词中的二、四音节有双声、叠韵现象。

藏袍 Tibetan robe 中国藏族传统服饰。外形呈直筒形，袍身宽松，斜襟交领，右侧掩襟，缝缀扣襻或襟带。用毛皮、氆氇以及各种呢、绒、绸、缎、锦、麻布、棉布等为衣料，有单、夹、棉、皮之分。男式藏袍宽大，带袖；女式稍窄，分有袖、无袖两种。带袖的藏袍袖长过膝，袍长至足。藏袍穿着时将袍子上部提起顶于头，视长短合适，在腰间束带后，才放下上身，腰带以上的袍内形成宽大的空间，可盛放物品，甚至装下婴儿。平常袒右臂，便于活动；劳动时袒双臂，将两袖系在腰间。晚上睡觉时，将长袍腰带解下系于底襟，再将袍领提至头顶，全身可蜷伏在长袍之中，长袖作枕，宛如睡袋。藏袍具有穿脱自如、增减随意、一衣多用的特点，对高寒地区的游牧民族有很强的实用性和适应性。各地藏袍用料和装饰稍有不同。牧区男女都穿光板羊皮长袍，不挂袍面。农区长袍较为简单，衣料多为棉布、氆氇或绸缎内衬夹里或薄棉。西藏中部农区和东部一些地区的妇女多穿无袖长袍，内着长袖短衫，腰间系一色彩鲜艳的围裙。

藏王陵 Mausoleums of Tibetan Kings 中国古代吐蕃时期的王陵区。位于西藏自治区琼结县木惹山北侧和雅砻河边。年代为7～9世纪。埋葬着包括松赞干布在内的十多位吐蕃赞普。1959年后此处经勘察和多次考察。1961年国务院公布为全国重点文物保护单位。

藏王陵分木惹和顿卡达（今译东嘎沟口）两个陵区。前者在西，现有陵墓13座，自松赞干布时开始营建，吐蕃王朝盛期的赞普多埋葬于此；后者在东，现有陵墓7座，主要埋葬松赞干布以前的吐蕃先君先王，以及意外死亡的赞普、王子等。陵墓多有高大封土堆，平面有方形和梯形两种，以土、石分层夯筑。较大的边长100多米，高出现地面10米以上。陵墓大多早年被盗，地面遗物尚存石狮1对，吐蕃王赤松德赞纪功碑1座。已大致可以确定各陵主人。藏王陵的地形选择，主陵前左右两翼式的布局，墓碑、石狮的形制和纹饰等，都一如唐制，这些是当时汉藏文化交流的见证。

藏文 Tibetan writing 中国藏族使用的拼音文字。主要通行于西藏自治区和青海、甘肃、四川、云南等省的藏族聚居区。此外，在不丹、尼泊尔和印度等国的藏族中也使用。藏文创始于7世纪前后，由30个辅音字母和4个元音符号组成。辅音字母依其在音节中的位置和作用分为“基字”、“上加字”、“下加字”、“前加字”、“后加字”和“再后加字”。前4种字母表示辅音声母，后两种字母表示辅音韵尾。元音符号不单用，必须加在辅音字母的上方或下方。藏文自左向右横行书写，部分复合声母采用字母上下叠写的方法表示。词不分写，音节之

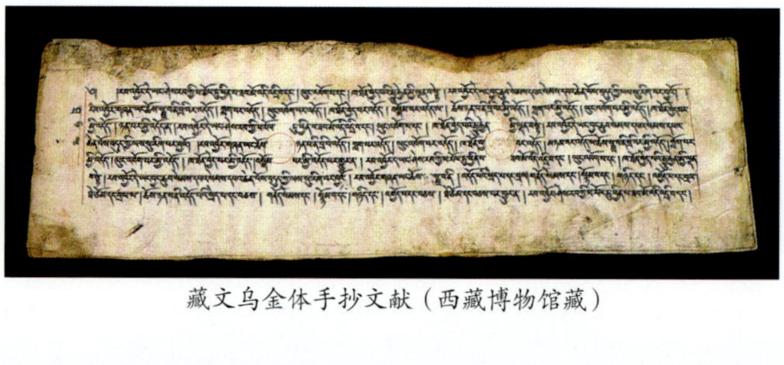

藏文乌金体手抄文献（西藏博物馆藏）

间用一小点隔开。短语和句子结尾用一条垂直线表示，章节段落结尾用双垂直线表示，全文或全书结尾用四条垂直线表示。另有专门符号用于篇章书首。字体分“有头字”和“无头字”两大类。前者主要用于印刷，后者主要用于书写。手写体分“粗通”、“粗仁”、“珠杂”等多种形式。最流行的草书称“秋”，形体与印刷体相差甚大。早期文献多属金石铭刻、木简、手卷一类，内容以会盟祭祀、记功述德、历史文书和佛教经典居多。如《长庆会盟碑》即建于唐长庆三年（823）。此外，还有敦煌石窟的大批藏文手卷以及敦煌、新疆出土的藏文竹木简牍等。

藏文化 Tibetan culture 青藏高原上的、具有高原特色的地域文化。又称青藏文化。分布于今中国西藏、青海、甘肃西南部、四川西部等省区，由居住在这里的藏、羌、门巴、珞巴、汉、回、土、撒拉等民族共同创造，但藏族是这里的主要民族，故称。

上古时期后，这里生存着众多古羌人部落。经过兼并，形成吐蕃、象雄和苏毗三大邦国。隋末唐初，吐蕃灭象雄和苏毗，建立统一的吐蕃王朝。吐蕃赞普松赞干布娶唐朝文成公主为妻，被封为西海郡王。吐蕃向外扩张，征服青海的吐谷浑和云南的南诏诸政权，又兼并西北诸羌和西南诸蛮部，经历200多年后，走向衰亡。吐蕃王朝统治时期，藏民族开始形成，并引进佛教和中原文化，创立藏文、藏历等。宋代以后，藏传佛教统治该地。元朝以萨迦派领袖八思巴为国师并兼宣政院事，管理藏区军政事务。明代宗喀巴创立的格鲁派掌握了全藏的政权，并形成由达赖和班禅额尔德尼“世世转生”为领袖的制度。至清，中央政府的册封和由中央政府驻藏大臣主持灵童转世认定的金瓶掣签，确立达赖和班禅额尔德尼的名位，并建立西藏地方政府噶厦，政教合一制度最后形成。

藏文化地处世界屋脊，是游牧经济与农耕经济相结合的产物，分为牧区文化和农区文化，都富有高原文化特色。牧区放牧高原特有的品种，如誉为“高原之舟”的牦牛和适于高原环境的土种羊、大通马；农区则种植适合高海拔生存的青稞。牧民逐水草而居，住帐篷，主食牛、羊肉；农人则定居耕田，住石块垒筑或泥土夯筑的碉堡式房屋，主食糌粑等。不论牧民与农民都喝酥油茶、奶茶、酸奶、青稞酒等，都不吃偶蹄类以外的动物；多穿光板皮袍和羊毛织物氆氇制成的长袍，头戴呢帽或细皮帽，脚蹬氆氇长靴或牛皮长靴；男子腰间系长腰带，农区的女子多在腰上系一条图案斑斓、俗称“邦单”的围裙。

藏文化为宗教文化。唐代佛教从汉地和尼泊尔传入该地后，逐渐使该地的世俗

以唐卡形式表示的藏医植物标本图

文化变成附庸，并在清代最终形成政教合一制度。当时，佛教的戒律成为法律，僧人拥有崇高的社会地位，哲学、史学和文学都成为佛学的工具。人们生活的方方面面，如雪山映衬下雄伟庄严的寺院建筑布达拉宫，色彩绚丽的唐卡和酥油花艺术，闻名于世的藏文大藏经，充满英雄气概的史诗《格萨尔王传》，神秘的傩面宗教舞蹈、藏剧，富有特色的高原医学——藏医，雄踞山顶的玛尼堆，漫长的朝圣之路，人生最后的布施——天葬，既反映出藏文化的丰富多彩，也反映出浓郁的宗教色彩。藏文化地处几个古代文明中心（如华夏文明、印度文明等）的中间位置，受多种文明的影响。印度文明对藏文化的影响主要在于佛教方面；华夏文明对藏文化的影响是多方面的，如茶马贸易和奶茶、酥油茶等均受汉族茶文化的影响，唐卡的形式受中国画的影响等。藏文化对内蒙古草原文化有着重要的影响。

藏象学说 visceral manifestations, theory of 中医研究人体各脏腑、组织、器官的生理功能、病理变化及其相互联系的学说。藏指藏居于体内的脏腑；象指脏腑的功能活动和病理变化反映于体外的各种征象。

藏象学说以脏腑为基础，按照脏腑的生理功能特点，以五脏为中心，通过经络的沟通，配合六腑，联系皮、肉、筋、骨、脉及目、舌、口、鼻、耳等组织，这样人体内各脏腑、组织、器官便构成一个有机的整体。按照藏象学说的理论，心与小肠相络属，其华在面，其充在血脉，开窍于舌；肺与大肠相络属，其华在毛，其充在皮，开窍于鼻；肝与胆相络属，其华在爪，其充在筋，开窍于目；脾与胃相络属，其华在唇四白，其充在肌，开窍于口；肾与膀胱相络属，其华在发，其充在骨，开窍于耳和二阴。精、气、血、津液是构成人体的基本物质，它们的生成、转化和输布，必须通过不同的脏腑机能活动才能完成；而脏腑组织器官的各种机能活动，又无不以精、气、血、津液作为物质基础。藏象学说认为，人的精神意识思维活动，与五脏的生理活动有着密切关系。精神意识思维活动的正常，有赖于五脏生理功能的平衡协调。

由此看来，藏象学说不仅要研究脏腑的形态、部位、生理功能和病理变化，而且要探究脏与脏、脏与腑、腑与腑的关系，脏腑与组织器官的关系，脏腑与精气血津液的关系，以及脏腑与精神情志的关系等。因此，藏象学说中的心、肺、肝、脾、肾等脏器的名称，虽与现代人体解剖学的脏器名称相同，但在生理、病理的含义中，却不完全相同。中医藏象中的一个脏腑的生理功能，可能包含着现代解剖生理学中几个脏器的生理功能，而现代解剖生理学中的一个脏器的生理功能，则可能分散在中医藏象学说中几个脏腑的生理功能之中。

藏象学说是中医学理论体系的核心，它不仅应用于中医学的生理学、病理学，而且广泛地应用于疾病的诊断、治疗等各个方面，是中医辨证论治的理论依据。藏象学说认为人体是通过经络系统把五脏六腑、四肢百骸、皮肉筋脉、七窍二阴联系成一个有机的整体，内在脏腑的病变，可经五官九窍，皮肉筋脉等反映于外，因而观察疾病的外在表现，可了解病位之所在，分辨病邪之属性，把握脏气之虚实。在此基础上，加以分析归纳，进而作为诊断。如目赤肿痛，多系肝火为患，因为“肝开窍于目”。舌溃烂生疮，多系心火为患，因为“心开窍于舌”。在治疗方面，藏象学说是确立治疗原则、选方用药的理论依据，如目赤肿痛应清泄肝火，舌溃烂生疮应清心降火等。

藏药 Tibetan drug 中国藏族医学中用以治疗疾病的药物。藏医根据药物的自然来源，把药物分为珍宝类、矿物类、植物类、动物类等，是中药中有独特作用的一部分。

藏语 Tibetan language 属汉藏语系藏缅语族藏语支。主要分布于中国西藏自治区和青海、四川、甘肃、云南等省，以及印度、尼泊尔和不丹。分卫藏、康巴和安多三个方言，方言之间差别较大。中国和国外的藏语略有区别。中国境内藏语（以拉萨话为例）有28个声母，17个单元音韵母；有两个复元音韵母，28个带辅音韵尾的韵母；有4个声调。主要以虚词和词序表达句子成分的各种关系，但加虚词后词序比较灵活。动词有时态和式的语法范畴，以屈折变化和虚词表示。句子的语序是主语—宾语—谓语；如果是双宾语，间接宾语又在直接宾语前。形容词、数词、指示代词

作修饰语时在中心词之后。人称代词、名词作修饰语时需加领属助词，在中心词前。动词或形容词的修饰语在中心词前。构词方式主要是复合法。卫藏地区的名词、代词、动词有敬称和非敬称的区别。

藏语支 Tibetan branch 汉藏语系藏缅语族的语支之一。主要分布于中国西藏自治区和青海、四川、甘肃、云南等省，以及喜马拉雅山南麓的印度、尼泊尔、不丹境内。藏语支所包括的语言可分为4类：①中国境内的藏语、门巴语及有关语言。②尼泊尔境内与藏语更为接近的塔克巴、藏拉、木尔米诸语言。③尼泊尔境内的布南、卡瑙里、固戎、巴兴、伐尤诸语言。④北阿萨姆诸语言，如阿博尔语、米里语、达夫拉语、阿嘎语等，其中部分语言与中国境内的语言相似或相同。藏语支语言的主要特点：①有复辅音声母。②有较多的单辅音和复辅音韵尾。③有的语言或方言有声调，有的没有声调，声调与声母的清浊、元音的长短、辅音韵尾的有无等语音要素有密切的关系。④保留较丰富的屈折形态变化。

藏族 Tibetan 中国少数民族。主要分布在西藏自治区及四川、青海、甘肃、云南等省的部分地区。人口5 416 021(2000)。使用藏语，属汉藏语系藏缅语族藏语支通用藏文。发源于西藏境内雅鲁藏布江中游地区。6世纪，西藏山南地区的雅隆部落首领成为当地部落联盟领袖，号“赞普”(王)。7世纪中叶，赞普松赞干布统一青藏高原，藏族逐渐形成。主要从事农业、畜牧业，民族手工业也颇具特色。有悠久灿烂的文化。

藏族男子

7世纪初就有藏文文献传世，最早的有木简木牍、纸卷皮卷、金铭石刻等。藏文大藏经纂成于元代。此外，还有哲学、韵律、文学、医药、历算、史传、小说、诗歌等著述。书法、绘画、雕塑、建筑技艺高超，独具特色。能歌善舞，以踢踏舞驰名。藏剧已成为有名的中国剧种。《格萨尔王传》是世界上最长的英雄史诗。藏医藏药有1 600多年的历史，有些藏药在国内外享有盛誉。藏历是以五行、阴阳与十二生肖相配合的纪年法，有一年的季节划分，更适合高原的气候特点。男女均戴呢帽或细皮帽，内衣袖长襟短，男着裤，女着裙，外着藏袍。女子爱系色彩鲜艳的围裙。主食为糌粑，喜饮酥油茶、青稞酒；牧民以牛羊肉为主食。住房建于向阳高地靠近水源处，高二三层，平顶多窗，有院落。牧民住用帆布或牦牛毛织成的大帐篷。1949年以前，家庭以一夫一妻制为主，实行严格的阶级内婚制。通行天葬（鸟葬），也有行火葬、土葬和水葬的。藏历正月元旦是重要的节日。主要信仰原始宗教(本教)和藏传佛教。1965年成立了西藏自治区，1956～1965年先后在各藏族聚居地成立了自治州和自治县。

藏族舞蹈 Tibetan dance 中国藏族传统民间舞蹈。流传于西藏自治区以及青海、云南、四川、甘肃等省藏族聚居区。藏族舞蹈形式种类繁多，风格多样，按功能可划分为自娱性、娱人性、祭神性三大类。自娱性民间歌舞有果谐、果卓、堆谐、谐（见弦子）、囊玛、卡斯达温、珠再沙等；娱人性歌舞有原为宫廷乐舞的噶尔、谐钦，由流浪艺人表演的热巴舞、卓巴谐玛等；祭神性歌舞有与喇嘛教相关的羌姆、米那羌姆等，与土俗信仰相关的挫渥、池歌卓、拉什则、勒则等。

果谐　民间自娱性歌舞。藏语意为“圆圈歌舞”。流传在西藏阿里、日喀则、山南、江孜及拉萨等地，其中山南果谐最为著名。每逢年节或劳动之余，人们便聚集在村头或打麦场，男女各站一边，手拉手顺时针方向慢步歌唱。歌曲告一段落，领舞者带头发出“休、休”或“曲、曲”的喊声，随即快速歌舞。男方跳后女方跳，形成男女竞赛的场面。舞蹈特点是重拍起步，踏地为节，上身松弛，手臂随踏足自然摆动。无乐器伴奏。

堆谐　民间自娱性歌舞。又称“堆巴谐”。主要流传于拉萨、日喀则、江孜、拉孜等地及四川康定一带藏族聚居区。堆谐舞者多为男子，手持六弦琴，自弹、自唱、自跳。舞时以弱拍起步，灵活敏捷的脚下动作为主要特征。舞蹈分引子、“降谐”(慢板)、间奏、“觉谐”(快板）和结尾5部分。慢板音乐开朗而悦耳，快板紧凑而欢快。舞者作各种表演，并以脚下轻重、长短不同的踢踏声，构成各种节奏类型。伴奏乐器有扬琴、札木聂、笛子、二胡和串铃等。堆谐有3种不同风格：南派朴实、奔放；北派优美、欢快；拉萨、日喀则等地的舞蹈活泼、潇洒。

热巴　民间艺人歌舞。流传于西藏昌都、工布、那曲等地及云南、四川、青海、甘肃的藏族聚居区。这种舞蹈形式自如，内容丰富，是一种由铃鼓舞、杂曲等组成的综合表演艺术形式。其中最有代表性的是铃鼓舞，所以热巴又称铃鼓舞。表演时，男执铜铃，女持带把的扁鼓，边敲边舞，情绪热烈。先由女子集体表演鼓技，然后

藏族舞蹈羌姆

男子个人表演各自不同的技巧动作。伴奏乐器有小鼓、扁铃、小钹等。

噶尔　宫廷乐舞。由乐、歌、舞组成的一种歌舞表演形式。舞蹈由男童表演。舞者身穿彩衣，头戴白布圈帽，靴上系铃，手中拿一柄小斧。表演时唱一句歌词，变换一种舞姿造型，动作刚劲粗犷，动静分明，雕塑感很强。舞蹈内容多是驱邪迎祥、歌颂政教昌隆和达赖喇嘛。主要伴奏乐器有达尔玛（近似新疆的铁鼓)、加林（长唢呐)、根卡等。

羌姆　宗教舞蹈。亦称“跳神”、“跳欠”。流传于西藏、青海、甘肃、云南、四川等地藏传佛教寺院。包括正神舞、鬼怪舞、哑剧舞三部分。正神舞一般手持法器，拂袖而舞，无音乐伴奏，气氛肃穆庄重；鬼怪舞动作多单腿击脚跳跃，奔放灵巧，风格鲜明；哑剧舞生活气息较浓，内容多宣扬好善乐施的佛经故事。各地寺院由于教派不同，表演形式、举办的日期不尽相同。随着喇嘛教的流传，羌姆也传入不同民族和地区，并不断吸收当地的民间舞蹈精华，成为具有民族和地区色彩的舞蹈。有不同名称：蒙古族称作“查玛”(“羌姆”的音译)、裕固族称作“护法”、北京居民称作“跳布扎”(打鬼)。

以藏族传统民间舞蹈为素材创作的作品有：舞蹈《藏民骑兵队》、《草原上的热巴》、《洗衣歌》、《牛背摇篮》，舞剧《卓瓦桑姆》、《热巴情》、《智美更登》等。

藏族医学 traditional Tibetan medicine 中国以藏族为主的少数民族在漫长的医疗实践中创造发展起来的传统医学。简称藏医学或藏医。是中国传统医学的重要组成部分。主要流行于藏族聚居的地区，包括西藏、青海、四川、甘肃、云南、内蒙古等省区；在国外，尤其是南亚地区如印度、尼泊尔等国，也较为流行。自20世纪以来，对西

方国家也有一定的影响。

基本理论

藏医的基本理论包括三因学说，人体类型学说，人体解剖及生理、病因学说，疾病分类等内容。

三因学说 三因指隆、赤巴、培根（音译）。隆意为风，主呼吸。赤巴意为火，主身体之热能。培根意为水和土，主体液。隆、赤巴、培根三者的关系是互相依存、互相制约、互相协调，以维持人体的正常机能，使其成为整体。例如，对食物的正常消化、吸收，分清糟粕和精华，需要有能化培根、能消赤巴和等火隆三者共同完成，如果三者不协调，消化吸收就会受阻，以致引发疾病。

人体类型学说 藏医把人体按隆、赤巴、培根分成三种类型。隆型人体型干瘦、背曲、面色偏青灰、多话、不耐寒、睡眠不踏实、体格矮小、喜唱歌与嬉笑、喜争论、嗜甜酸苦辣味，具有老鹰、乌鸦、狐狸般的性格。赤巴型人体型高、多汗、身有臭味、易渴不耐饥、头发及肤色偏黄，聪明而骄傲；嗜甜苦涩凉味，具有猴子、老虎般的性格。培根型的人较肥胖、肌肉丰满、肤色偏白、体型端直、耐饥渴和烦恼、嗜睡眠、嗜酸涩辣等，其性情善良，具有狮子般的性格。有些人属混合型，有两种类型的混合性格。如隆、赤巴混合型者身体较小，培根、隆混合型者身体中等，培根、赤巴混合型者身体高大，其性格、行为、嗜好等则兼有两者之特点。判定人的类型，与用药治病的关系极为密切。

图1 《四部医典》(8世纪，西藏博物馆藏)

人体解剖及生理 由于民族习惯及民俗关系，藏医对于人体解剖及生理有比较深入的了解。在内脏构造方面，认为人有五脏：肝、心、脾、肺、肾；六腑：胆、小肠、大肠、膀胱、胃和“三木休”(类似中医的“三焦”)。而且对骨骼关节、脑髓神经等，都有一定的认识。对于胚胎学的认识，在世界医学史上占有一定地位。例如藏医典籍中已认识到，人胚是由父精与母血所结合，逐渐发育而成的。胎儿从母体吸收营养，犹如水库通过水渠（脐带）向庄稼（胎儿）灌溉一样。

藏医还认为人体是由7种物质构成的：即精微（来自食物）、血液、肌肉、脂肪、骨骼、骨髓和精液。除这7种物质外，人体还有汗、尿、粪三种排泄物。藏医认为，人体内的三大因素、七种物质、三种排泄物等，在正常情况下都有一定的量，互相之间保持协调，一旦这种协调关系受到破坏，发生偏盛或偏衰，都会导致疾病。

病因学说 藏医认为产生疾病的原因包括内因和外因两种。在内因方面，涉及人的体质类型、年龄、情绪变化等因素。各种过激的情绪，不论喜怒忧思，均可致病。在外因方面，包括气候变化、起居环境、饮食不节等因素，并特别强调起居环境和饮食。凡居住环境过于潮湿寒冷或过热，过食与体质类型不相匹配或相悖的食物，以及偏食嗜味、暴饮暴食、误食毒物、酗酒等均可致病。另外如强忍二便、强忍射精、久卧久坐、房事过度、失血过多，以及外伤、虫豸蜇伤等，都是造成疾病的原因。

疾病分类 藏医把病证分成八科，又称为八支，鬼邪所致病证只是其中的一科。这八科分别是全身病科、小儿病科、妇女病科、创伤科、中毒病科、魔鬼病科、返老还童科（或称老年科）及壮阳补养科，其中魔鬼病科包括了一些精神方面的疾病。八科中以全身病科包罗最广，凡其他各科未能包括者，均列入此科。大致又可分为风病(隆病)、胆病(赤巴病)、痰病(培根病)、痞瘤、不消化、水肿、痼疾、部位病（头部、眼、耳、鼻、口腔、咽喉等)、脏腑病（心、肝、肺、脾、肾、胃、大肠、小肠、膀胱、“三木休”)、发热病等。

医疗实践

诊断方法 包括望诊、问诊和触诊(脉诊)。

望诊 内容较广，如观察病人的神情、气色、动作、喘息等，但其重点主要是舌诊和尿诊。舌诊观察舌质的老嫩肥瘦和色泽，舌苔的有无、厚薄和质地等。尿诊则是具有藏医特色的诊断方法之一，观察内容包括尿量、尿色、尿的沉淀物、气味、泡沫的有无与性质、尿中的漂浮物、蒸气逸出情况。通过尿诊，即能提出疾病的诊断，并判断其预后。

问诊 与一般医学体系的问诊基本一致，包括的内容也较多，如问现在病证的起因经过、发病缓急、病程变化、环境及气候因素、饮食起居、用药及治疗情况、家庭病史等。

脉诊 藏医的脉诊与汉族医学的脉诊相似。切脉的部位在腕部桡动脉，用三个指头按住寸、甘、恰三个部位，分别诊候心脏和小肠、脾和胃、肾和“三木休”(左手)，肺和大肠、肝和胆、肾和膀胱（右手）等脏器的状态。此外，藏医还运用五行生克学说来解释脉象。

治疗 藏医治疗疾病以饮食疗法和药物疗法最为常用。

饮食疗法 对患者应吃哪些食物、忌食哪些食物，都有严格规定。四季饮食也有所不同，例如，患赤巴病，可食野牛肉、鱼、羊肉、蜂蜜；春季宜食苦辛涩三种味的食物，如陈青稞、干燥地区的畜肉、蜂蜜、开水、姜汤等食物。

药物疗法 分内服、外用两种。藏医认为，药物有六味、八性、十七效的区别。六味即甘、酸、苦、辛、咸、涩；八性为轻、重、寒、热、锐、钝、润、燥；十七效为寒、热、温、凉、稳、动、轻、重、润、干、燥、稀、钝、锐、细、腻、软。治病时，须针对疾病的特性采用药效相对的药物，如隆病的特性为粗、轻、硬、动，治疗宜用细、重、软、稳等药效的药物。

除了饮食疗法、药物疗法外，藏医还有许多其他疗法，包括用器械外治、放血疗法、艾灸疗法、拔罐疗法等多种外治疗法。此外，藏医还十分重视起居生活与各种疗法互相配合。

药物方剂 根据药物的自然来源，藏医把药物分成珍宝类、矿物类、植物类、动物类等。每一类又分若干小类，如植物类分树类、湿生草类、旱生草类等，其中树类又分果实、花、树叶、树干、树枝、树皮、树脂等类。动物类更细分成角、眼、舌、齿、喉头、心、肺、肝、胆、脾、肾、胃、肠、生殖器、骨、骨髓、脑、脂、血、肉、皮、毛、翎毛、爪蹄、胃糜、粪、小便、奶、头、蛋等。藏医所用药物中，矿物药和动物药占相当大的比例，这是与藏族的生活习俗和自然环境相适应的。

五行 五行与药味关系密切。藏药的五行是土水火风空，其中土为生长药物之本源，水是供应药物生长汁液的，火提供

图2 《四部医典》总结图谱唐卡（清末，西藏博物馆藏）

药物生长的热能，风或气为药物运行之动力，空提供药物生长的空间。五行必须协调，药物的性质才能正常，如果土水偏盛，则药物味甘；火土偏盛，则药物味酸；水土偏盛，则药物味辛；土风偏盛，则药物味涩。

剂型　包括汤剂、丸剂、膏剂、散剂等，就其作用和给药途径而言，分为清热、解毒、吐剂、泻剂、灌肠、外涂、外敷等。由于自然条件所限，藏医较少用汤剂，多用丸剂。丸剂的种类除水丸、蜜丸外，还有特殊的酥油丸。

藏药中还有不少常用的药物组合，在临证实践中经常同时合用，如三果（诃子、毛诃子、余甘子）、三凉（石膏、红花、丁香）、三热（肉豆蔻、益智仁、草果）、四贤味（草果、肉桂、益智仁、木棉花丝）等。从这些组合中，也可以看出藏医的组方用药原则，如所谓三凉药中，有一味属热性，而所谓三热药中，有一味属凉性。

凿齿　tooth notching　某些民族在原始社会时期产生的一种特殊习俗。又称折齿、拔齿、打牙。有些学者认为源于原始人模仿图腾动物的特征；有人认为与氏族成员获得成丁及成婚资格有关；有人认为与区别族别和身份有关，或为了美容、装饰、服丧及避邪。在中国，此俗最早产生于山东、苏北的大汶口早期文化分布地区，后流行到中国东南部、黄河下游、长江中下游及珠江流域。在越、僰、僚、濮、乌浒等古族中也长期流行。直至20世纪30～40年代，部分仡佬族仍行此俗。有些民族的男女青年普遍凿齿，有的民族只限于男性或女性一方。凿齿者多在青春期。凿齿的方式有敲折、拔除、锯平、毁损等，以对称地拔除门齿（中、侧）和犬齿两类齿组为多，拔下齿的较少。凿齿风曾盛行于东亚、东南亚、南北美洲、大洋洲、太平洋许多岛屿、非洲东部和东南部等地许多居民中。

早产　premature labour　在妊娠28～37周之间终止妊娠的现象。在此期间娩出的胎儿称早产儿，又称未成熟儿。大多数早产儿的体重在1 000～2 500克之间。早产中大约只有1/3病例可以找到原因。常见原因在孕妇方面为合并急、慢性疾病，如严重心脏病、严重贫血、高热等；子宫发育畸形，子宫肌瘤，子宫颈内口松弛；某些职业性原因，如长期站立工作等。胎儿及胎盘方面的原因如胎膜早破（胎膜在临产前破裂）、羊水过多、双胎、胎盘功能不全或胎儿畸形等。早产儿生活力不足，胎龄越小、体重越低则死亡率越高，致死原因主要是肺功能发育不全而致的呼吸窘迫综合征与血管脆性差所致的颅内出血。偶有报告早产儿日后智力发育迟缓者。早产处理原则重在预防，加强孕期检查，指导孕期卫生，对可能引起早产的因素积极防治，出现早产症状时宜卧床休息，可适当采用抑制子宫收缩的药物并及时针对病因进行治疗。

《早春二月》　*Early Spring in February*　中国故事片。北京电影制片厂1963年摄制。谢铁骊根据柔石小说《二月》改编。导演谢铁骊，摄影李文化，主要演员孙道临、谢芳、上官云珠、高博等。影片描写1926年前后，苦闷彷徨的青年知识分子萧涧秋，为了逃避现实，来到浙东偏僻的芙蓉镇教书，但残酷的现实却使他无法安静，最后离去。影片的艺术特色是以景写情，情景交融，具有抒情诗的色彩和情调。

《早春图》　*Painting of Early Spring Scenery*　中国北宋山水画作品。为郭熙的代表作。画于北宋熙宁五年（1072）。绢本淡设色，纵158.3厘米、横108.1厘米，台北“故宫博物院”藏。作品描绘了大自然中的早春

气象，有近景、中景、远景，以中景的表现为重点。画中重岩叠嶂，飞瀑山泉曲折而下，山间雾霭腾升，人物活动描绘细致；山石画得十分厚重，皴法用富于个性风格特征的“鬼面石”、“孔云皴”；树木形状虬曲，体现了郭熙的技法特色。

早稻田大学　Waseda University　日本私立综合性大学，被誉为“私学之雄”。校址在东京。在1882年成立的东京专门学校的基础上发展起来，1902年正式改制为早稻田大学。创始人是明治、大正时期两次出任内阁总理大臣的大隈重信。大隈重信以保全学术之独立、有效地运用学术、造就模范国民为宗旨，主张自由探讨学术，提倡独创的钻研精神，培养具有实际应用知识并在国际事务中具有广泛活动能力的人才。

大学本科设有政治经济学、法学、第一文学、第二文学（夜间部）、教育学、商学、理工、社会科学、人间科学、运动学和国际教养11个学部；研究生院有政治学、经济学、法学、文学、商学、理工学、教育学、人间科学、社会科学和运动学10个研究科，以及亚太研究、国际情报通讯、日本语教育、情报生产与制度研究4个独立研究科和工商管理、公共管理、法务、金融、会计5个专业研究科。另外，大学还设有戏剧博物馆、材料技术研究所、比较法研究所、现代政治经济研究所、教育综合研究所、环境综合研究中心等研究机构。

早期铁器时代　Early Iron Age　以使用铁器为标志的人类物质文化发展阶段的最初时期。在青铜时代之后。考古学研究的铁器时代，主要是使用铁器的最初时期，包括一些民族史前文化中的铁器文化阶段。就世界范围而言，这一时代约开始于公元前1500～前1000年。由于铁比青铜坚硬，铁器的使用增强了人类改造自然的能力。自然界中铁矿分布远比铜矿普遍，铁器发明后较短时期内便得以普及，淘汰掉了青铜器未能淘汰掉的石器。因此进入早期铁器时代后，社会生产获得巨大的发展，人类历史产生了深刻变化。

铁器的发明与传播　还处于铜石并用时代的埃及前王朝时期墓葬和刚刚进入青铜时代的乌尔王陵里出土过铁，不过当时的铁大多是陨铁，所谓人工制品，只是偶然熔化铁矿石而得到。真正的人工铁至前1400年左右才出现，小亚细亚东部山地的赫梯人是冶铁技术的发明者。因赫梯国王严禁冶铁术外传，直到前13世纪赫梯王国灭亡，铁的垄断被打破，人类历史上的铁器时代才真正来临。与赫梯临近的今巴勒斯坦、叙利亚和希腊地区首先学会冶铁，这些地区在前10世纪已普遍用铁。以后，冶铁术经叙利亚传入两河流域、中亚和北非，又经希腊传到东欧和西欧。

西亚和北非　铁器传入西亚、北非原文明古国地区后，在前8世纪和前6世纪，先后促成亚述帝国和波斯帝国兴起。装备着精良铁兵器的亚述军队所向无敌，迅速占领西亚、北非广大地区；大流士王建立了版图空前的波斯帝国，把势力伸展到中亚、欧洲和印度。亚述和波斯的都城建造起宏伟壮丽的宫殿。苏萨的波斯王宫，屋顶以高20米的雄伟石柱支撑，波斯波利斯古城的王宫大会厅可以容纳近万人。在两河流域，短暂崛起的新巴比伦王国还扩建了巴比伦古城，这座著名的古城是当时西亚最繁荣巨大的城市，王宫内的空中花园以世界七大奇观之一而闻名于世。埃及在此时虽然没有建立起强大的国家，但铁器促进了经济繁荣，商品货币代替物物交换，还开凿了尼罗河与红海间的运河。由于这

些地区在青铜时代已有奴隶制的高度发展，进入早期铁器时代后社会和文化状况并未发生根本性的改变。

西亚北非原来落后的地区在铁器传入后，社会有了显著进步。如小亚细亚东部的乌拉尔图人原本处在原始氏族社会，此时建立起奴隶制国家，一度成为西亚强国。今苏丹和埃塞俄比亚地区，从埃及传入铁器后也迅速发展，先后建立起麦罗埃王国和阿克苏姆王国。

欧洲　希腊半岛在迈锡尼文明毁灭后，退回到氏族部落社会。进入早期铁器时代后，氏族部落制度很快解体，到前8世纪，建立起许多奴隶制城邦国家，希腊古典文明逐渐形成。古典时期的希腊，手工业、商业、航海业兴盛，科学文化发达，对日后的欧洲有深远影响。古罗马人创造的早期铁器时代文明晚于古希腊人，但后来建立起地跨欧亚非三大洲的强大罗马帝国，修建了古代世界最大城市之一的罗马古城。

在中欧、西欧广大地区，此时仍处在原始社会阶段。但铁器文化发达，凯尔特人创造了哈尔施塔特文化和拉登文化。凯尔特人的铁器工艺水平很高，各部族建立起以城堡为中心的大居民点。

欧亚大草原和非洲内陆　在欧亚大草原，早期铁器时代的游牧民族创造了富有特色的斯基泰文化和萨尔马泰文化。斯基泰文化以粗犷的斯基泰野兽纹著称。斯基泰人还建立起保留氏族部落组织形式的奴隶制王国。在撒哈拉以南的非洲内陆，有了铁器后，先后出现加纳、马里、刚果等王国。

南亚和东南亚　入迁的雅利安人给南亚次大陆带来了铁器。前6世纪后，恒河流域产生了16个奴隶制国家，进入城市繁荣时期。其后强大的孔雀王朝兴起，统一了印度半岛大部分地区，南亚第一次出现大帝国。早期铁器时代的南亚，已有佛教建筑和艺术，如桑奇大塔和巴尔巴拉石窟。

在东南亚，泰国的班清墓地曾出土前第1千纪的铁器。但一般认为，东南亚是在中国和印度的影响下进入早期铁器时代。前3世纪末，今越南北部传入中国的冶铁技术。公元2世纪，越南中部建立起林邑国，已会制造铁器。此时，今柬埔寨地区出现扶南国，已能制造载百人的铁甲木船，并由海上向外扩张，与中国和印度有了使节交聘和贸易往来。

中国　中国最早的陨铁文物是河北藁城台西遗址出土的商代铁刃铜钺，其刃部为陨铁。河南三门峡虢国墓地的国君墓中出土的铜柄铁剑和铁援铜内戈等数件带铁器物表明，在前8世纪初的西周末期，中原地区已使用铁器。在中国，铸铁和块炼铁技术几乎同时出现，这应与当地具有高度发达的青铜冶炼技术传统有关。这也表明中国古代的冶铁工艺在世界上处于领先地位。在新疆地区，相继发现前第1千纪的铁器，多为小型工具和饰物，其来源有待研究。进入春秋时期，铁器的数量有所增加，多为农业生产工具，主要发现于黄河和长江中游地区。战国时期铁器逐渐普及，并被传播至东北、华南等地。铁器的广泛使用，极大地促进了生产发展和社会进步：耕地和灌溉面积不断扩大，农耕技术不断提高，手工业发达兴盛，金属铸币大量发行，商业明显发展。新建的邯郸、燕下都等列国都城规模宏大，城内修建有规模巨大的夯土高台宫殿建筑（见邯郸赵城、燕下都古城）。经过兼并战争，建立中国历史上空前统一的秦帝国。秦汉时期，铁器及制作技术进一步发展。到东汉，铁器全面取代青铜器。此时的王陵和皇家宫室建筑规模更加巨大，尤以秦咸阳城、秦始皇陵、汉长安城和西汉王陵（见汉陵）的规模最为宏伟。

朝鲜半岛和日本列岛　朝鲜半岛和日本最早的铁器都是从中国春秋战国时期的燕、齐等国传入的。随着汉武帝在朝鲜半岛北部建立乐浪等四郡，冶铁和铁器制造技术相继传播至朝鲜半岛和日本列岛，促进了这些地区铁器的普及以及生产和社会的飞跃式发展。

其他地区　世界上有些地区用铁很晚，美洲的印第安人和澳大利亚的土著居民在西方殖民者到达以前都不知用铁。这些地区没有经历过早期铁器时代。

早期智人　early *homo sapiens*　人类演化史四个阶段中第三个阶段的名称。见人类起源与演化、智人。

早泄　prospermia　中医以性交时间极短即行排精，甚至性交前即泄精为特征的病证。早泄常和遗精、阳痿等病证并见。

早泄多由房事不节或频繁手淫，致肾精耗伤、肾阴不足、相火偏亢而引起；素体虚弱或遗精日久，导致肾阴肾阳俱虚，也可引起早泄。①阴虚火旺型早泄，治宜滋阴降火为主，方用知柏地黄丸、大补阴丸、三才封髓丹等。②阴阳两虚型早泄，治宜阴阳双补，方用金匮肾气丸、济火延髓丹、补火育麟丹等。

枣　*Ziziphus jujube*; Chinese date　鼠李科枣属的一种。落叶乔木。中国最古老的栽培果树之一。由中国传到欧洲、北美、日本及中东。仅中国作为果树栽培，分布在北纬23°～42°之间，以河北、山东、河南、山西、陕西等省最多。枣树根系由行根和定根组成。枝条呈"之"字形弯曲，节部有针刺，分发育枝（枣头）、结果母枝（枣股）和脱落性枝（枣吊）三种类型。叶光滑，呈长圆卵形或卵状披针形。花小，单生或呈聚伞花序，生于叶腋。核果，圆、长圆、卵形、梨形或扁圆形，果皮深红或紫红色。喜光，耐旱、热，也耐寒和抗盐碱。品种丰富，中国约有500种以上。按果形和生长特性分为长枣、铃枣、小枣和葫芦枣等4种；按地理分布又分北枣和南枣。枣树用分株和嫁接繁殖。注意合理整形修剪，及时更新树冠。枣含糖多，并含蛋白质、脂肪、矿物质、维生素等。可鲜食或制红枣、黑枣、蜜枣、酥枣、枣泥、枣酒、枣醋等。干枣为补品，酸枣仁可入药，枣花为蜜源；枣木可供雕刻作家具。

枣阳市　Zaoyang City　中国湖北省辖县级市。位于省境北部，汉江与唐白河汇合处东部。面积3 277平方千米。人口100万（2010），有汉、回、苗、壮等15个民族。秦置蔡阳县。东汉置襄乡县。北朝置广昌县。隋文帝仁寿元年（601）改称枣阳县。1988年撤县设立县级枣阳市。由襄阳市代管。矿产资源以金红石、岩盐、膨润土、大理石等为丰富。工业以卷烟、酿造、轻纺、食品、化工、建材、机电等为主。农业以水稻、棉花、小麦、油菜、芝麻、烟叶、麻类、蔬菜、水果和生猪、牛及水产养殖等为主。名胜古迹有汉光武帝故居、白水寺、赤眉山、雕龙碑聚落遗址、九连墩古墓等。

枣庄市　Zaozhuang City　中国山东省辖地级市。位于省境南部。西临微山湖，南与江苏省相邻。辖市中、峄城、山亭、台儿庄、薛城5区，代管滕州市。面积4 550平方千米。人口373万（2010），有汉、回、满、藏、白、水等民族。春秋属阳国，楚设兰陵邑，唐宋时形成村落，因枣树多而得名。金称峄州，明洪武二年（1369）改峄州为峄县。1960年改为枣庄市。矿产有煤、石膏、石灰岩、铁、铜、铝土、石膏、石英石、稀土、陶土、黏土、蛭石等，其中煤炭储量64.4亿吨。农业主产小麦、大麦、玉米、谷子、高粱、水稻、大豆等。森林覆盖率22.2%，林产有石榴、山楂、苹果、柿子等。盛产鲢鱼、鳙鱼、草鱼、鲤鱼等淡水鱼。工业以煤炭、电力、建材、化工、纺织、机械、电子等为支柱。名胜古迹有北辛文化遗址、庄里西遗址、岗上遗址、荀卿故居、匡衡墓、权妃墓、抱犊崮国家森林公园、峄城石榴园等和纪念地台儿庄战役遗址。

蚤目　Siphonaptera; flea　昆虫纲的一目。有翅昆虫。俗称跳蚤。全世界已知约2 500余种和亚种。中国已知650种和亚种。

成虫一般体小（几毫米，个别可达10余毫米），侧扁，光滑，黄至褐色。体肢着生向后的鬃刺或栉，借以在动物毛羽间向前行进和避免坠落。其针状具刺的口器适于穿刺动物皮肤，以利吸血，甚至起固定于动物皮内的作用。触角1对，位于角窝内，不仅是感觉器官，而且常是雄蚤在交配时竖起和抱握雌体腹部的工具。眼发达或退化，常视宿主习性和栖息环境而不同。完全变态。蚤类产卵于宿主栖息的洞巢内或其活动憩息的场所。幼虫细长，蛆形，淡色、无足、多鬃，具咀嚼式口器。自由生活，以周围环境中的有机屑物为食，其中干血粉屑常是多种幼虫必需的营养物质。成熟幼虫吐丝结茧，茧外黏着土粒尘屑，作为伪装。蛹初呈白色，后变淡黄，属于离蛹。整个生活史从2周、几月至1年左右。成虫的寿命一般雄短雌长，受血源和温、湿度影响很大，约自几周至年余。

蚤类与宿主的关系可分为广宿主、寡宿主和单宿主3型。其地理分布主要取决于宿主的地理分布，地方性种类广见于南、北极，温带地区，青藏高原，阿拉伯沙漠以及热带雨林，其中有些蚤种已随人畜家禽和家栖鼠类的活动而广布于全世界。蚤类经常迁移和转换宿主。是医学、兽医昆虫学中的重要类群之一。医学上的重要性表现在2个方面：①直接的侵袭，蚤类于人畜家禽寄生吸血后，其涎液可导致皮炎、奇痒或变态反应，影响生活甚至生命安全。如寄生于猫狗的栉首蚤，寄生于绵羊、牛类的蠕形蚤和长喙蚤以及寄生于鸡的禽角头蚤。②传播蚤媒病，特别是腺鼠疫。欧洲中世纪曾因鼠疫流行而夺去1/4人口的生命。此外，蚤类，特别是印鼠客蚤，还是地方性斑疹伤寒的主要媒介。

藻类植物 algae 植物体无根、茎、叶分化，具有叶绿素，能进行光合作用，营自养生活的无维管束、无胚的低等植物。藻类植物约有3万余种，过去分为蓝藻门、隐藻门、甲藻门、金藻门、黄藻门、硅藻门、褐藻门、红藻门、裸藻门、绿藻门、轮藻门和原绿藻门共12个门，现不包括蓝藻门和原绿藻门。一般生长在水体中。广布于淡水、海水中，也分布于潮湿的土壤表面、墙壁、树皮和岩面上，有的和真菌共生形成地衣。藻体大小悬殊，最小的直径只有一二微米，肉眼见不到，而最大的长60米以上；形态差别很大，有单细胞、群体和多细胞体。群体由许多单细胞个体群集而成。多细胞体有丝状体、囊状体和皮壳状体等。藻类植物的生殖有营养生殖、无性生殖和有性生殖。根据生态特点，藻类植物一般分为浮游藻类、漂浮藻类和底栖藻类。藻类植物细胞含有光合色素，整个藻体都能进行光合作用。不同门类的藻类所含的光合色素不同，进化的方向不同。藻类的光合色素主要有叶绿素、藻胆蛋白、胡萝卜素和叶黄素。极少数藻类在演化过程中营腐生或寄生生活，逐渐失掉叶绿素，成为没有色素的藻类。

藻类植物具有重要的经济意义。不少种类可食用，如紫菜、海带、裙带菜、发菜等；有些可药用，如鹧鸪菜等；有些种类是提制琼胶、卡拉胶和褐藻胶等藻胶的工业原料。此外，还有大量无所不在的浮游藻类，为水体中其他水生生物如鱼类、虾蟹类、贝类的生存提供了物质基础。它们的光合作用释放出来的氧气不断地更新了地球大气。藻类植物，特别是单细胞藻类，在一定的富营养条件下可以形成水华或赤潮，造成水体缺氧，有的还产生毒素，严重地危害水生生物的生存。

皂苷 saponin 一类较复杂的苷类化合物，与水混合振摇时，可生成持久性的似肥皂泡沫状物。中国从前用皂角洗衣服，就是由于其中含有皂苷类化合物。皂苷在植物界分布很广，许多中药例如人参、绞股蓝、三七、知母、远志、甘草、桔梗、柴胡等都含有皂苷。皂苷由皂苷配基与糖、糖醛酸或其他有机酸组成。皂苷按皂苷配基的结构分为两大类：①甾族皂苷。其皂苷配基是螺甾烷的衍生物（见甾族化合物）。这类皂苷多存在于百合科和薯蓣科植物中。②三萜皂苷。其皂苷配基是三萜（见萜）的衍生物。这类皂苷多存在于五加科和伞形科等植物中。多数皂苷能降低液体（水）的表面张力，具有表面活性剂的作用，能用作清洁剂，还有溶血和毒鱼的作用。有许多含皂苷类成分的中药如远志、桔梗等，内服有祛痰止咳的功效；有些皂苷还具有抗菌的活性或解热、镇静、抗癌等有价值的生物活性。人参皂苷能增进DNA和蛋白质的生物合成，提高机体的免疫能力。甾族皂苷配基，如薯蓣皂苷配基和剑麻皂苷配基等，是制药工业合成甾体激素的原料。

皂化反应 saponification 羧酸酯在碱催化下水解生成羧酸盐和醇的反应。因早先人们用苛性碱处理油脂制造肥皂而得名。羧酸酯在碱催化下的水解反应是可逆反应：

$$R-\overset{\overset{\displaystyle O}{\|}}{C}-OR' \xrightleftharpoons{OH^-} R-\overset{\overset{\displaystyle O}{\|}}{C}-O^- + R'OH$$

当用大量碱处理羧酸酯时，可以使平衡完全移向右方，使皂化反应成为从羧酸酯合成对碱稳定的羧酸的主要方法。当R或R′为吸电子基团时，增强了羰基的亲电性，使皂化反应速度加快。反之，当R或R′为给电子基团时，减弱了羰基的亲电性，使皂化反应受阻而减缓，甚至不能发生。当R或R′为体积庞大的基团时，皂化反应也难以发生，如$(CH_3)_3C-COOR'$和$RCOO-C(CH_3)_3$都是对碱稳定的羧酸酯，很难被碱皂化。

灶君 Kitchen God 中国古代传说中主管饮食之神。又称灶王。晋后尊为天地督察使。灶神的由来，众说不一。或谓炎帝，或称祝融。世传灶君姓名亦不一，或谓姓苏名吉利，妇姓王名博颊；或称姓张名单字子郭，等等。其职权也逐渐扩大，由管一家饮食而变为操一家生死祸福，并随时录人功过，一年一度上天奏知玉皇。《正统道藏》收有《太上洞真安灶经》、《太上灵宝补谢灶王经》。唐宋以后民间形成腊月二十三或二十四日祭灶的习俗。

造父变星 Cepheid variable stars 一类高光度周期性脉动变星。因典型星仙王座δ（中文名造父一）而得名。在可见光波段，光变幅度0.1～2等。光变周期大多在1～50天范围内，也有长达一二百天的。造父变星的光变周期和光度之间有着密切关系，称为周光关系，它被用来建立天体的距离尺度。光谱由极大时的F型变到极小时的G～K型（见恒星光谱），谱线有周期性位移，视向速度曲线的形状大致是光变曲线的镜像反映，这意味着亮度极大出现在星体膨胀通过平衡半径的时刻（膨胀速度最大），而不是按通常想象那样发生在星体收缩到最小，因而有效温度最高的时刻，位相差0.1～0.2个周期。这种极大亮度落后于最小半径的位相滞后矛盾，被解释为星面下薄薄的电离氢区在脉动过程中跟辐射进行的相互作用而引起的现象。造父变星实际上包括两种性质不同的类型：星族Ⅰ造父变星（或称经典造父变星）和星族Ⅱ造父变星（或称室女W型变星）。它们有各自的周光关系和零点，对相同的周期，前者的光度比后者小1.4等左右。

造林 forestation 在无林的宜林地上建立新林的生产过程。常作为人工造林的同义语。造林作业包括林木种子生产、林木育苗、植树造林及幼林抚育等，所形成的森林称人工林（见图）。

人工造林按不同的经营目的和特点，分为用材林、防护林、经济林、薪炭林及特

杉木人工林

种用途林5种。造林技术包括：①林木种子生产和经营。②林木育苗。③植树造林。④幼林抚育。应掌握的技术原则是：适地适树、良种壮苗、细致整地、精心种植、合理密度、抚育保护。

世界各国重视人工造林事业的发展，其发展趋势有三个方面：一是工业用材林发展迅速，采用定向培育、短轮伐期作业，无性系林业技术生产纸浆造纸纤维原料和人造板原料。二是营造防风固沙林、水土保持林、水源涵养林，发挥人工林生态防护效益。三是发展农用林业，营造农田防护林、经济林、竹藤，使造林与当地居民群众利益密切结合。

造山运动 orogeny 形成山脉的一种剧烈的地壳运动。发生在地壳狭长地带（地槽）中，强烈的水平挤压作用使岩石变形而形成褶皱和断层等构造山系。又称造山作用。19世纪中期开始使用的术语，最初是指造成山脉中的岩石变形和山岳地貌的产生的作用。一般而言，由于地壳的水平缩短，造成岩层的褶皱和冲断层作用，使造山带的地壳增厚，从而隆升为山脉。与其相对的是造陆运动，指地壳的大面积的缓慢而平稳的垂直升降运动，形成巨大的隆起和拗陷。但就地貌上的山脉的形成而言，不仅是上述的形成构造变形的造山作用，还涉及地面的外动力作用，如差异风化作用和河流的下切作用等，因此造陆作用形成的高原上一样可以有深切的峡谷和山峰。目前地质上的造山运动是指造成一个地区地壳强烈变形的构造过程，包括形成岩层的褶皱、冲断层和大规模的推覆构造、普遍发育的劈理和片理构造等；区域变质作用和深成岩浆作用，如大量花岗岩的侵入和蛇绿岩的就位；在山前和山间盆地中的反映山脉快速隆升的大量分选差和成熟度差的沉积物，如复成分砾岩和岩屑砂岩等；地层间的显著不整合等。

造像碑 sculpture steles 中国古代在碑形石材上开龛造像的石刻。所刻多为佛教造像，极少数与道教有关。还常附刻造像题记，说明造像缘由和造像者姓名、籍贯、官职等，有时有线刻的供养人像。对研究各时期宗教艺术和宗教史有重要价值。造像碑于十六国时期出现，东魏、北齐和西魏、北周时期最为盛行，至隋代日趋衰落，唐代也有发现；现存实物以北魏时期的最早。

隆绪元年（527）王阿善造像（道教造像，高27.8厘米、宽27.5厘米）

造像碑的形制主要为扁体碑形。主要像龛雕于碑体正面，碑阴及碑侧多刻造像人题名和供养人像等，有的也雕像龛。又有立碑形和卧碑形之分。

佛教造像碑主要发现于陕西、河南、山东、山西、甘肃等地，造像的题材和风格一般近似于同时期的石窟艺术。道教造像碑目前主要见于陕西关中与铜川耀州区，且道教造像常与佛教造像合雕于一碑。

《造像量度经》 *Canon of Iconometry for Buddhist Statues* 中国佛教（尤指藏传佛教）显密造像（绘画和雕塑）的仪轨经典。清乾隆七年（1742），由时任西番学总管的工布查布从藏文转译成汉文。包括序文、经引、附图、经本、经解、续补六部分。经引部分讲叙佛教造像的缘起；经本部分说明如来身量比例等；经解部分附说秘密佛（报身相）之衣冠饰物等量度，以及五如来座相与六拏具之样式；续补部分有菩萨像、护法像、威仪式等九部分内容。

此经宣说佛像的量度，使用相对的长度单位：樑，以佛立像高度的1/10为一樑，也是一个面长；指，即1/12樑为指；麦，即1/8指为麦。

造型艺术 plastic arts 以一定物质材料和手段创作可视的空间形象的艺术。一般包括建筑、雕塑、绘画、工艺美术、设计艺术、书法、篆刻、装置艺术等种类。通称美术，又称空间艺术和视觉艺术。造型即创造空间形象，是美术的主要特征。

“造型艺术”一词源于德语bildende Kunst，德国文艺理论家G.E.莱辛最早使用这一概念。德语的bilden，原是模写或作模拟像的意思。因而，bildende Kunst一词曾经仅指绘画和雕塑等再现客观具体形象的艺术，以致今天有时仍用这种狭义的解释。英语plastic art在狭义上仅指雕塑。中国在晋朝时，对美术的造型特征就有了理论概括，陆机说：“存形莫善于画。”南齐谢赫在《画品》中所说的“应物象形”，就是指绘画的造型。只是从20世纪初才广泛使用造型艺术这一概念，并把书法、篆刻纳入它的外延，与西方不同。

造型艺术的特征在于：以可视的物质材料表现形象；存在于一定的空间中，多以静态的形式反映动态过程，主要诉诸视觉。因此，造型艺术又可称为空间艺术、静态艺术、视觉艺术。

T.利普斯认为，造型艺术又可分为形象艺术、抽象的空间艺术。他也常将后者简称为空间艺术，比空间艺术的普通意义狭窄。形象艺术指再现自然或社会的具体形象和观念形象化的绘画、雕塑，属于所谓再现艺术；抽象的空间艺术指以抽象的空间和体积构成的建筑、工艺美术、设计艺术。

对于再现的造型艺术，德国文艺理论家M.弗尔沃林又区分为再现自然的和再现观念的两种，由此分别称为物体造型和观念造型。根据这种理论，旧石器时代的造型艺术是物体造型；新石器时代以后，随着抽象思维的发展，才形成观念造型。以后，这两种类型在造型艺术发展史中并存。

造纸机械 paper machinery 包括原料准备、制浆、造纸直到制成卷筒或平张纸成品，以及加工整饰纸和纸板所用的机械。按制浆造纸的工艺流程，可以分为备料制浆设备、造纸机、整饰加工机械及废纸处理设备4大类。

备料制浆设备 备料设备是造纸原料在蒸煮或磨浆前，按工艺要求进行处理和加工的设备；制浆设备是将植物原料分离成纤维所用的设备。制浆方法可分为化学法、机械法和化学－机械法，相应制浆设备包括削片机、蒸煮器、磨木机、热磨机、筛浆机、洗浆机、漂浆机、打浆机和废液回收设备等。

造纸机 使纸浆形成纸幅的分部联动的全套设备，包括流浆箱、网部、压榨部、烘干部、压光机、卷纸机以及传动部等主机和汽、水、真空、润滑、热回收等辅助系统。形成湿纸幅的网部是造纸机的核心。

整饰和加工机械 为适应不同的需要，在卷纸机后还设有下列各种机械：超级压光机、复卷机、切纸机、涂布机、湿润机、调态设备、校厚压光机、压纹（花）压光机及分切机。

废纸处理设备 包括高、低浓水力碎浆机，除渣器，复式纤维分离机，浮选脱墨机，浓缩机，立式内外流压力筛及热分散系统等设备。

造纸术 papermaking 中国古代四大发明之一。

噪光 noisy light 环境中超过人体的生理承受范围，对视觉和人体有害的光辐射。见光污染。

噪声 noise 干扰人们休息、学习和工作的声音。振幅和频率杂乱、断续或统计上无规律的声振动，也称为噪音。噪声研究始于17世纪，当时主要研究噪声的产生和传播。20世纪50年代后，噪声被认为是一种严重的公害。它的研究内容已扩展到噪声的测量、评价与控制等方面。幅值和频谱不随时间变化的噪声，称稳态噪声，否则称非稳态噪声。持续时间小于1秒的间断噪声为脉冲噪声。由于物体碰撞或摩擦等所辐射的噪声，称机械噪声。由于流体运动所辐射的噪声，称空气动力噪声或水动力噪声。电路中的干扰声称电噪声。噪声的幅值（能量）随频率而变化的状况称噪声谱。在等带宽的频带中具有相同能量的噪声称为白噪声，如电子设备中的热噪声就是白噪声。而在等比带宽的频带中具有相同能量的噪声称为粉红噪声。当噪声幅值的时间特性满足正态分布时，称为无规噪声。

噪声污染 noise pollution 环境中的噪声干扰人的正常生活和工作的现象。噪声有自然因素引起的，也有人为因素造成的。实际上，凡是不需要的，使人厌烦并干扰人的正常生活、工作和休息的声音统称噪声。噪声不仅取决于声音的物理性质，而且和人的生活状态有关。

噪声的强度可用声级表示，单位为分贝。一般来说，声级在30～40分贝是比较安静的环境；超过50分贝就会影响睡眠和休息；70分贝以上干扰人们的谈话，使人心烦意乱，精力不集中；而长期工作或生活在90分贝以上的噪声环境中，会严重影响听力和导致其他疾病的发生。

噪声污染源主要有4种：工业噪声源、交通噪声源、建筑施工噪声源和社会生活噪声源。

噪声污染的特点是影响范围广和没有后效。噪声源停止活动后，噪声污染立刻消失。

噪声污染的危害有三个方面：①损伤听力，影响人体健康。②影响人的休息和工作，降低劳动生产率。③影响语言的清晰度和通信联络。

燥湿 eliminating dampness by means of bitter rugs with drying effect 中医祛湿法之一。运用苦燥的药物组方以祛除湿邪的治法。主要用于脾胃及肠道的湿盛之证。根据疾病寒热性质的不同，燥湿法可分为苦温燥湿与苦寒燥湿两类。苦温燥湿是用苦温而燥的药物组方以祛除寒湿病邪（或湿邪而不兼有热象）的治法，适用于湿邪或寒湿阻于中焦脾胃的证候。常用苍术、厚朴、陈皮、白豆蔻等药物组成方剂，代表方剂如平胃散等。苦寒燥湿是用苦寒而燥的药物组方以祛除湿热病邪的治法。适用于温热病证。常用黄连、黄芩、龙胆等药物组成方剂，代表方剂如龙胆泻肝汤等。燥湿法常与芳香化湿、健脾化湿等治法配合使用。

燥邪 dryness pathogen 中医病因学概念。燥邪致病有外燥和内燥之分。外燥本指自然界干燥的气候或环境状态，多发生在秋季，属六气之一。但这种气候或环境状态会使正气虚弱或体质阳盛的人发生疾病，对这些人来说，外燥便成为致病的因素，属六淫之一，易伤人津液和侵袭肺脏。内燥则指因各种原因（如高热、吐、泻）导致的人体内津液精血耗伤所形成的病理状态的性质。外燥侵袭日久，伤及津液精血，亦可形成内燥。燥性干涩，最易伤人津液，在病证上常见口鼻干燥、咽干口渴、皮肤干涩甚至皲裂、毛发不荣、小便短少、大便干结等症状。

燥邪致病，与气候和环境有一定的关系。秋季气候干燥，空气中缺乏水分，燥邪易侵犯人体。燥邪又有温燥与凉燥之分，临床中以温燥为常见，凉燥则多发生在深秋气候寒冷之时。外燥一般从口鼻、肌表侵袭人体，肺脏外合皮毛、开窍于鼻，又属娇脏，喜润而恶燥，故燥邪易伤肺。其中温燥犯肺，多致肺津损伤，常见发热、微恶风寒、头痛、少汗、咽干鼻燥、干咳少痰、口渴舌干等症状；凉燥犯肺则可见发热恶寒、头痛、无汗、鼻塞、咽干唇燥、咳嗽痰稀、苔白少津、脉弦等症状。

治疗上总以濡润为主，其中对外燥根据其寒热不同可分别采用温润和凉润治法；对于内燥，因其部位不同可采取生津润燥或滋阴养血。

泽当镇 Zêtang Town 中国西藏自治区山南地区行署和乃东县人民政府驻地、藏南重镇之一。又名泽唐镇。藏语意为“玩要的坝子”。位于雅鲁藏布江中游宽谷南岸，雅砻河入江处的三角洲地带，海拔约3 500米。历史悠久，兴建于唐朝以前，被认为是藏族的发源地。吐蕃王朝最早于此建都。13世纪中叶，设立帕竹万户府。14世纪建立帕竹地方政权。西藏民主改革前夕，一直为乃东宗治所。农业发达，有“西藏粮仓”之称。主要农作物有青稞、小麦、豌豆、油菜、蔬菜等。工业有冶金、汽车和农机修配、水泥及水泥构件、地毯、粮食加工、食品加工等。名胜古迹有昌珠寺（又称文成公主庙）、雍布拉康、邓柯梯寺、傍塘宫、桑耶寺等。

泽登巴尔 Tsedenbal, Umzhagin (1916-09-17～1991-04-20) 蒙古人民革命党中央委员会第一书记（1958～1984），蒙古人民共和国部长会议主席（1952～1974），蒙古人民共和国大呼拉尔主席团主席（1974～1984）。生于蒙古乌布苏省（1958年划归苏联），卒于苏联莫斯科。1939年加入以K.乔巴山为领袖的蒙古人民革命党。同年任财政部长兼国家工商银行行长。1939年哈勒欣河战役中任蒙苏联军的蒙方全权代表并负责后勤给养工作。第二次世界大战期间任蒙古人民革命军副总司令兼政治部主任。

1940年在蒙古人民革命党第十次代表大会上当选为中央委员、中央主席团（1943年起改称政治局）委员和中央总书记。1942年任蒙党乌兰巴托市委第一书记。1945年后，历任国家计委主席、副总理、部长会议主席等职。1958年11月起任党中央第一书记（1981年5月改称总书记）。实行对外政策、经济建设和意识形态与苏联共产党全面协调一致的方针。1974年任蒙古人民共和国人民大呼拉尔主席团主席。1976年晋升为大将。1979年获蒙古人民共和国元帅称号，兼国防委员会主席。1984年8月23日，蒙党中央以身体健康原因，解除了他中央总书记和中央政治局委员的职务。同日，蒙古人民大呼拉尔第十届第五次非常会议，解除了他蒙古人民大呼拉尔主席团主席的职务。1990年3月被开除出党。去世后，1997年2月恢复党籍。著有《泽登巴尔选集》。

泽尔滕 Selten, Reinhard (1930-10-10～) 德国经济学家。生于布雷斯劳（第二次世界大战后划归波兰，改为弗罗茨瓦夫）。1951年就读于德国法兰克福约翰-沃尔夫冈-歌德大学数学系，1957年获得数学硕士学位，1961年获得数学博士学位。1957～1967年在法兰克福大学做助理研究员。1967～1968年，被聘为加利福尼亚大学伯克利分校客座教授，1968年回国后在柏林自由大学任教。1969～1972年任柏林大学经济学教授。1972～1984年任比勒费尔德大学教授。从1984年起任波恩大学经济学教授，致力于实验经济学的研究。与J.F.纳什、J.C.哈萨尼共获1994年诺贝尔经济学奖。

泽尔滕在把博弈论应用于具体经济分析方面作出卓越成就，如对非合作博弈中的联盟形成和议价模型等的深入研究，而在把博弈论应用于实验研究和生物学等方面也有突出贡献。他的主要贡献是他对动态策略交互作用的分析深化了纳什均衡的概念，以及在博弈均衡的选择、进化博弈理论、实验经济学等方面都取得相当大的成就。著有《价格制定厂商的一般均衡》(合著)、《博弈中均衡选择的一般理论》(合著)、《合作与冲突的博弈理论模型》(合著)、《博弈论和经济行为：论文精选》等。

泽泻科 Alismataceae; waterplantain family 单子叶植物纲泽泻亚纲的一科。有11属约100种，广布世界各地。中国有4属20种，南北均产。多年生草本，有根状茎。叶大多数基生，直立或浮水以至沉水，叶随生活习性有变态。花有花梗，生于花茎上成总状花序，或生于花茎的轮状分枝上成圆锥花序，两性或单性，整齐，萼片3，花瓣3，雄蕊6至多数，稀3，心皮分离，6至多数，稀3，子房上位，1室。瘦果，种无胚乳。生于水中或沼泽地。习见的有泽泻属、慈姑属植物。泽泻俗名水药菜，野生及栽培，地下块茎近圆球形，功用利水泄热，叶亦可治乳汁不通。慈姑为多年生水生草本，常栽培，有匍枝，枝端膨大的球茎供食用，也入药，功用益肺化痰，清热解毒。

对泽泻科在系统学上的位置有不同意见，有不少人认为是单子叶植物中最原始科之一。欧洲中部第三纪中新世地层中出现类似泽泻属、慈姑属、泽苔草属的化石。

曾布 Zeng Bu (1036～1107) 中国北宋大臣。字子宣。建昌军南丰（今属江西）人。少年时随其兄曾巩学习，登进士第，历任地方官。熙宁二年（1069），经王安石推荐，受到宋神宗赏识，主管新法的推行工作，与吕惠卿共同制订免役、保甲等法，卓有成效，升任三司使。熙宁七年，守旧派以皇太后及诸王为首，掀起反变法高潮，宋神宗动摇。曾布为迎合宋神宗，捏造理由打击主管市易法的吕嘉问等人，引起新法派内部的分裂，遂出知饶州（今江西鄱阳）。绍圣元年（1094），宋哲宗亲政，经宰相章惇引荐，任同知枢密院事，力赞章惇“绍述”之说，与章惇一起主持对西夏的开边活动。但在开边、恢复新法和打击元祐党人的活动中，他常与章惇、蔡卞等人持有异议，还阻挠吕惠卿回朝任职。在立宋徽宗时，曾布附和向太后，排斥章惇，升任尚书右仆射兼中书侍郎。后因引用亲戚，为蔡京所攻击。罢相后，屡遭贬责，大观元年（1107）卒于润州。

曾呈奎 Zeng Chengkui (1909-06-18～2005-01-20) 中国海洋生物学家。生于福建厦门，卒于青岛。1931年厦门大学植物系毕业。1934年在岭南大学获理学硕士学位。1942年在密歇根大学获理学博士学位。1943～1946年在美国加利福尼亚大学斯克里普斯海洋研究所任副研究员。1946年底回国，任山东大学植物系教授、系主任，代任水产系主任和山东大学海洋研究所副所长。1950年8月起先后任中国科学院水生生物研究所青岛海洋生物研究室、中国科学院海洋生物研究所和中国科学院海洋研究所副室主任、副所长、所长。1980年当选中国科学院学部委员（院士）。1985年当选第三世界科学院院士。1987年获美国俄亥俄州立大学名誉科学博士称号，1991年当选世界水产养殖学会终身荣誉会员。曾任中国海洋湖沼学会、中国藻类学会理事长，国际藻类学会主席，第一届中国海洋研究科学委员会（SCOR）主席，中国环境科学学会、中国水产学会副理事长等。

他是中国海洋科学研究的先驱者、中国海藻科学研究的奠基人。主要研究领域和成果是：①中国底栖海藻分类区系的研究。②搞清了紫菜的生活史，并研究成功紫菜丝状体的大规模培养和半人工及全人工采苗与栽培方法。③海带生物学及人工栽培的研究。④在国际上首先开展马尾藻褐藻胶的提取方法和加工利用的研究，并开展其他藻胶的研究。⑤海藻比较光合作用和光合生物进化的研究。从光合色素的特点，阐明藻类进化的途径，提出藻类等光合生物进化的新理论和新的分类系统。

发表学术论文374篇和专著12部。主要著作有《海带养殖学》、《中国经济海藻志》、《中国常见海藻》(英文版)、《海藻栽培学》、《中国海洋研究及开发》(中、英文版)等。1995年第十八届太平洋科学大会上被授予“畑井新喜志”奖章。1996年获香港求是科技基金会颁发的杰出科技成就集体奖，1997年获何梁何利基金科学与技术进步奖，2001年获美国藻类学会杰出贡献奖。

曾巩 Zeng Gong (1019～1083) 中国北宋散文家，字子固。南丰（今属江西）人。嘉祐二年（1057）进士，召为馆阁校勘，官至中书舍人。唐宋八大家之一，是欧阳修古文运动的支持者和参与者。主张先道而后文。其文自然淳朴，不甚讲究文采。他的文章多为议论文和记叙文。他的散文以议论见长，立论精策。如《上欧阳舍人书》、《上蔡学士书》论历代治乱得失，感慨深切。《赠黎安二生序》、《王平甫文集序》，倾吐怀才不遇的愤懑不平，文风质朴，纵横开阖，有摇曳曲尽之妙。《越州赵公救灾记》将纷繁杂乱的事项写得条理分明，练达晓畅。其记叙文中偶有写景之作，刻画极工。如《道山亭记》述山川之险，精雕细刻。《墨池记》谈古论今，不无卓见。

曾巩也能诗。现存诗400余首，大都写得比较质朴，略似其文。他的各体诗中以七绝成就最高，如《西楼》、《城南》、《咏柳》等，精深工密，形象鲜明，称得上宋代近体诗中写景佳作。就“八大家”而论，其诗不如韩、柳、欧、苏和王安石，但胜过苏洵、苏辙。

著作今存《元丰类稿》50卷，有《四部丛刊》影元本。

曾国藩 Zeng Guofan (1811～1872-03) 中国晚清重臣、湘军创立者和统帅。初名子城，字居武，号涤生。湖南湘乡人。道光十八年（1838）中进士，入翰林院，为军机大臣穆彰阿门生。1843年，以检讨典试四川，旋升侍读。累迁内阁学士，礼部侍郎，署兵、工、刑、吏部侍郎。曾从太常寺卿唐鉴讲求义理之学。与大学士倭仁、徽宁道何桂珍等为密友，以“实学”相砥砺。平时有感于政治废弛，主张以理学经世。

咸丰二年（1852），太平军由广西进军湖南，横扫湘江流域各县境，清廷震恐。适曾国藩丁母忧在籍，奉旨前往长沙，帮同湖南巡抚办理团练。受命后即上奏，力言绿营不堪使用，主张仿照戚继光练兵之法另建新军。遂招募农民为营勇，任用儒生为将佐，朝夕训练，号“湘勇”(通称湘军)。1854年初，湘军练成水陆师17 000多人，会集湘潭；曾国藩发布《讨粤匪檄》，极力攻击太平天国起义，誓师出战。湘军初战，连败于岳州（今湖南岳阳）、靖港，曾国藩为此愤不欲生，投水自杀，被其左右救起。后重整军实，复占岳州。于1854年10月攻陷湖北省城武昌，奉诏署湖北巡抚。旋因朝廷恐其于地方势大，又被解署任，以后长期只以侍郎虚衔领兵。1855年初，进攻江西九江、湖口，被太平军重创，退守南昌。在江西期间，受到地方官借饷掣制，多方掣肘，郁郁不得施展。1857年3月，闻其父病逝，遂返籍治丧，要求在籍守制。时湘军反攻，控制湖北，进围九江，胡林翼请其视师。1858年6月，曾国藩奉诏出办浙江军务。清廷以太平军石达开部的去向，先后命其增援闽、川。但曾国藩坚持去天京（太平天国都城，今江苏南京）外围屏障、断芜湖粮路的战略，分军数路进攻太平天国安徽基地。1860年清军江南大营彻底败溃后，加兵部尚书衔，授两江总督，以钦差大臣督办江南军务。从此，不但拥有兵权，而且掌握地方大权。次年9月，督其弟曾国荃攻陷安庆。11月，加太子少保衔，奉命统辖江苏、安徽、江西、浙江四省军务。

旋向朝廷举荐左宗棠督办浙江军务、李鸿章出任江苏巡抚。1862年，以安庆为大本营，命曾国荃部沿江东下，直逼天京；命左宗棠部自江西进攻浙江；命李鸿章部自上海进攻苏南，对太平天国实行战略包围。10月，湘军与李秀成等部数十万太平军在天京城外激战，持续围困天京。至1864年7月，终于攻破天京，纵兵屠杀奸淫洗劫，完成对太平天国起义的镇压。朝廷褒功，封曾国藩为一等毅勇侯，加太子太傅，赏双眼花翎。

1865年5月，曾国藩奉命督办直隶（约今河北）、山东、河南三省军务，镇压捻军。因师久无功，次年冬清廷改派李鸿章接替，命其回两江总督本任。1867年，调任直隶总督。1870年6月，天津发生教案，奉命前往查办，屈从法国势力，处决、遣戍官民数十人，受到社会舆论谴责。9月，仍还任两江总督。

在镇压农民起义的过程中，曾国藩重视采用外国军火，主张“师夷智以造炮制船”。1861年，设立安庆内军械所，制造“洋枪洋炮”，后又试制小火轮船。1863年，造成“黄鹄”号轮船，并派容闳赴美国购买机器。1865～1866年，与李鸿章在上海创办江南制造总局等军事工业。后为之积极筹措经费，派遣学童赴美留学。曾国藩居官治军尤重整饬吏治、端正人心，曾作文劝诫州县：明刑法以清讼，重农事以厚生，崇节俭以养廉。江南任内，在江西、江苏、安徽等省实行减赋、缓征、免征；从太平天国手中重新占领安庆、芜湖、南京等地后，即筹复书院、课试士子，对缓和社会矛盾、稳定统治秩序起了重要作用。

曾国藩毕生服膺程朱理学，又主张兼取各家之长，认为义理、考据、经济、辞章四者不可缺一，但始终将理学放在首要地位。于古文、诗词也很有造诣，被奉为桐城派后期领袖，湘乡派的创始者。

卒后赠太傅，谥文正。后人辑其所著诗、文、奏章、批牍等为《曾文正公全集》。又有影印《曾文正公手书日记》行世。

曾侯乙墓 Tomb of Marquis Yi of Zeng State 中国战国初期曾国国君乙之墓。位于湖北随州市擂鼓墩。葬于公元前433年或稍后。1978年发掘。墓坑开凿于红砾岩中，为多边形竖穴墓。南北16.5米，东西21米，深约13米。内置木椁，椁外填充木炭及青膏泥，其上为夯土。椁内分作东、中、北、西四室。东室置曾侯乙木棺，双重，外棺有青铜框架，内棺外面彩绘门窗及守卫的神兽武士。中室放置随葬的礼乐器。北室放置兵器及车马器等。东、西两室置殉葬人木棺21具。墓主45岁左右；殉葬者为13～25岁的女性。

墓中共出土随葬品万件以上。其中曾

尊盘

侯乙编钟一套65件，是迄今发现的最完整最大的一套青铜编钟。青铜礼器主要有镬鼎2件、升鼎9件、饲鼎9件、簋8件、簠4件、大尊缶1对、联座壶1对、冰鉴1对、尊盘1套2件及盥缶4件等。其中尊盘系用先进的失蜡法铸造，表现出战国时期青铜冶铸业所达到的高水平。墓中还出土了编磬、鼓、瑟、笙、排箫等大量乐器，为研究中国古代音乐史提供了珍贵的实物资料。出土的一件漆木衣箱盖上，绘有包括青龙、白虎、北斗图形及二十八宿名称的天文图像，说明中国是世界上最早创立二十八宿体系的国家之一。墓中还出土金盏、金杯、金带钩及长达48厘米的十六节龙凤玉挂饰，是曾侯乙生前奢侈生活的具体写照。还出土了字数达6 600字的240多枚竹简，内容主要是丧仪所用车马兵甲的记录。一般认为，曾国应是史籍上的随国；但也有人认为曾、随是两个国家。

曾侯乙墓编钟 Chime-bells from the Tomb of Marquis Yi of Zeng State 中国战国早期曾国君主乙的墓（见曾侯乙墓）中出土的编钟。1978年于湖北随县（今随州）擂鼓墩出土。现藏湖北省博物馆。编钟全套共65件，依大小和音高编成8组，出土时分3层悬于钟笱上。上层钮钟3组19件，中层甬钟3组33件，下层甬钟2组12件。另有楚王酓章（即楚惠王熊章）五十六年（前433）赠与曾侯的镈钟1件，可知编钟的铸造年代亦当近于此时。甬钟中最大的通高153.4厘米、重203.6千克，最小的通高37.3厘米、重2.4

千克。钟笱为木质彩绘，呈曲尺形，全长10米以上，两端有华丽的青铜装饰。青铜钟虡为武士形，立于蟠龙形虡座上。钟虡、笱合成之钟架通高2.73米。编钟的钟体、钟钩上皆刻有铭文，多为错金，共计3 755字，其中钟体铭文计2 800余字。内容以乐律为主，兼及编号、纪事、标音等。钟铭所记律名共28个，阶名66个，其中18个律名为过去在文献中所未见的异名。据铭文及实测，曾侯编钟有七声音阶，音域宽广，并具有旋宫转调的能力，音调颇为优美，是研究中国古代音乐发展史及青铜铸造工艺的重要资料。

曾幾 Zeng Ji (1084～1166) 中国南宋诗人。字吉甫，自号茶山居士。赣州（今属江西）人，徙居河南洛阳。历任江西、浙西提刑、秘书少监、礼部侍郎。曾幾学识渊博，勤于政事。他的学生陆游替他作《墓志铭》，称他“治经学道之余，发于文章，雅正纯粹，而诗尤工”。后人将其列入江西诗派。其诗多属抒情遣兴、唱酬题赠之作，闲雅清淡。五七言律诗讲究对仗自然，气韵疏畅。古体如《赠空上人》，近体诗如《南山除夜》等，均见功力。所著《易释象》及文集已佚。《四库全书》有《茶山集》8卷，辑自《永乐大典》。

曾纪泽 Zeng Jize (1839～1890) 中国清末外交官。湖南湘乡人。字劼刚。曾国藩长子。自幼接受传统家庭教育，成年后又接触西学。光绪三年（1877），以承袭爵位入京。

1878年，派充出使英国、法国大臣，在英办理订造船炮事宜。1880年，兼充出使俄国大臣，赴俄谈判改订崇厚擅订的《里瓦机亚条约》，于次年2月24日签订《中俄改订条约》（即《中俄伊犁条约》），在界务和商务方面争回部分主权。1883～1884年，在巴黎就法国侵略越南问题与法政府谈判，并主张抗法，反对在天津签订的《中法会议简明条款》。1884年4月，被免出使法国大臣兼职。1885年6月，交卸出使英、俄大臣职。离英回国前，在伦敦《亚洲季刊》上发表“*China, the Sleep and the Awakening*”（《中国先睡后醒论》）一文，阐述对中国内政外交和列强对华政策的观点。回国后，先后任兵部右侍郎帮办海军事务、户部右侍郎兼管钱法堂事务、管库大臣、署刑部右侍郎、派管同文馆事务、署吏部左侍郎。卒谥惠敏。有《曾惠敏公全集》、《出使英法俄国日记》。

曾母暗沙 Zengmu Ansha 中国南海南沙群岛的暗沙之一。位于中国领土最南端。曾名曾姆滩，俗称沙排。位于南海东南部，南沙群岛南端。由珊瑚礁组成，形如纺锤，近南北走向，礁面崎岖不平。面积2.12平方千米。最浅处水深17.5米。

曾培炎 Zeng Peiyan (1938-12～) 中国共产党中央政治局委员，国务院副总理。大学学历，研究员级高级工程师。浙江绍兴人。1978年9月加入中国共产党。1962年毕业于清华大学无线电系电子学专业，同年9月参加工作。历任第一机械工业部上海电器科学研究所课题组组长，一机部西安整流器研究所室主任、副总工程师，中国驻美国大使馆商赞处二等秘书、一等秘书，电子工业部办公厅主任、计划司司长、副部长、高级工程师，全国电力学会常务理事，中国电力电子技术标准化委员会副主任，中央财经领导小组副秘书长、办公室主任。1988年任机械电子工业部副部长、党组副书记。1993年1月任国家计划委员会副主任、党组副书记。1995年任国务院学位委员会委员。1996年5月任国务院信息化工作领导小组副组长。1998年起任国家科技教育领导小组成员。1998年3月任国家发展计划委员会主任，5月兼任国务院三峡工程建设委员会副主任。2000年1月起，任国务院西部开发领导小组办公室主任。是中共第十四届中央候补委员、十五届、十六届中央委员。2002年11月当选为中共第十六届中央政治局委员。2003年3月至2008年任国务院副总理。

曾朴 Zeng Pu (1872～1935-06-23) 中国小说家、翻译家、出版家。原名朴华，字太朴；改名朴，字孟朴，又字小木、籀斋，号铭珊，笔名东亚病夫。江苏常熟人。自幼笃好文学。光绪三十年（1904），与徐念慈等在上海创立小说林书社，提倡译著小说，先后出版创作小说及翻译小说多种。同年，开始长篇小说《孽海花》的创作。1907年，又创办《小说林》杂志。《孽海花》的始作者为金天翮，先写了6回，后将原稿寄给曾朴所办小说林书社。曾看后，认为"是一个好题材"，对小说写法提出一些意见。金天翮遂与曾朴共同酌定全书60回的回目，改由曾朴续写。《孽海花》是近代小说中思想和艺术成就都比较高的一部。小说揭露了帝国主义的侵略野心，清政府的无能与腐败，封建士大夫的昏庸与堕落。全书写了200多个人物，反映的社会生活面相当广。在选材、结构、语言方面都独具特色。鲁迅《中国小说史略》称它"结构工巧，文采斐然"，把它列为清末四大谴责小说之一。

曾琦 Zeng Qi (1892-09-25～1951-05-07) 中国青年党主要创始人和首领之一。生于四川隆昌，卒于美国华盛顿。辛亥革命前后，任重庆《民国新报》、《群报》主笔。1914年到上海入震旦大学学习法文。1916年赴日留学。1918年因反对中日军事密约罢学归国，与王光祈、李大钊等发起组织少年中国学会。1919年赴法留学。1923年12月2日与李璜、何鲁之等人在巴黎创立中国青年党。1924年回国，创办《醒狮》周报。1926年，被选为青年党中央执行委员会委员长。1927年8月在上海被捕，出狱后亡命日本，旋至大连、天津、济南、青岛等地，依附当地军阀。七七事变前，参加庐山谈话会。后被聘为国民参政会参政员。抗战胜利后，继续当选为青年党主席。1946年1月，作为青年党代表参加政治协商会议，积极支持蒋介石的反共反人民政策。同年11月参加南京"国大"；1947年4月参加南京国民政府，先后任国民政府委员、国民大会筹委会副主任、总统府资政。1948年秋赴美。

曾庆存 Zeng Qingcun (1935-05-04～) 中国气象学家。生于广东阳江。1956年毕业于北京大学物理系。1961年在苏联科学院应用地球物理研究所获数理科学副博士学位，后任职于中国科学院地球物理研究所。1978年任中国科学院大气物理研究所研究员，1984～1992年任该所所长。1980年当选中国科学院学部委员（院士）。他是第三世界科学院院士、俄罗斯科学院院士、24届中国气象学会理事长、中国科学工作者协会副主席。获国家自然科学奖二等奖两项（1987、2005）。1995年获何梁何利基金科学与技术进步奖。

曾庆存是最早提出可行的大气运动原始方程组求解方法者之一，首创半隐式差分格式；后又构造了完善而灵活的能量守恒格式。系统地研究了大气运动的地转适应过程和演变过程，证明了这两种运动阶段的可分性；建立球面上大气的旋转适应过程理论和能量弥散过程理论；用波包概念和方法研究天气系统，揭示了天气系统演变的基本规律。在《大气红外遥测原理》一书中总结了红外遥感理论，提出了"最佳信息层"概念和通道选择的可靠方法；还在《数值天气预报的数学物理基础》一书中比较系统地阐述了气象问题同数学、物理学和力学的关系。在计算流体力学方面，曾庆存和他指导的研究小组在非线性不稳定问题和构造稳定的计算格式方面，提出一套灵活有效的数值求解方法。主要论著还有《二层模式的完整流体力学热力学方程组在短期天气预报中的应用》、《大气中的适应过程和发展过程》和《三维斜压大气中罗斯比波波包的演变》等百余篇。

曾庆红 Zeng Qinghong (1939-07～) 中国共产党中央政治局常务委员会委员，中华人民共和国副主席。江西吉安人。1960年4月加入中国共产党。1963年7月参加工作。1958～1963年在北京工业学院自动控制系学习。1963～1965年任解放军743部队技术员。1965～1969年任七机部二院二部八室技术员。1969～1970年下放到广州部队赤坎基地、湖南西湖生产基地劳动。1970～1973年任七机部二院二部技术员。1973～1979年任北京市国防工办生产处、科技处技术员。1979～1981年任国家计委办公厅秘书。1981～1982年任国家能源委员会办公厅副处长。1982～1983年在石油部外事局联络部工作。1983～1984年任中国海洋石油总公司联络部副经理，石油部外事局副局长，中共南黄海石油公司委员会书记。1984～1986年任中共上海市委组织部副部长、部长，市委常委、市委秘书长。1986～1989年任中共上海市委副书记。1989～1993年任中共中央办公厅副主任。1993～1997年任中共中央办公厅主任，中央直属机关工委书记。1997～1999年任中共中央政治局候补委员、中央书记处书记，中央办公厅主任，中央直属机关

工委书记。1999～2002年任中共中央政治局候补委员、中央书记处书记，中央组织部部长。2002～2007年任中共中央政治局常委、中央书记处书记，中央党校校长（2002年12月至2007年12月）。2003年3月在十届全国人大一次会议上当选中华人民共和国副主席。是中共第十五至十六届中央委员，第十五届中央政治局候补委员、中央书记处书记，第十六届中央政治局委员、常委、中央书记处书记。

曾三 Zeng San（1906-07-21～1990-11-28） 中国档案学家。中国档案事业的开拓者，中国共产党和中国人民解放军无线电通讯事业的先驱。生于湖南益阳，卒于北京。

1925年参加革命，曾任中共中央办公厅秘书处处长、秘书局局长、中华人民共和国国家档案局第一任局长和中央档案馆馆长、中国档案学会名誉理事长等职。他在担任国家档案局领导工作期间，致力于国家档案事业的开创、建设和发展，主持制定了一系列档案工作规章制度，提出了许多档案业务建设的基本理论和方法，创办档案干部专修班、档案工作刊物和文书立卷归档制度，为建立全国有系统的档案管理和组建档案馆网打下了坚固基础。他还先后担任全国地方志小组组长、中国地方志指导小组组长等职，为组织编纂地方志做了大量开拓性工作。著有《曾三档案工作文集》。

曾世英 Zeng Shiying（1899-06-13～1994-07-11） 中国地图学家、地名学家。生于江苏常熟，卒于北京。1918年苏州工业专门学校毕业，1935年赴美国锡拉丘兹大学研究院学习。曾任天津顺直水利委员会副技师和绘图室主任、中央地质调查所简任技正、美国陆军制图局顾问，新华地图社社长、国家测绘科学研究所研究员兼副所长、中国国家大地图集总编委会副主任、国家测绘局地名研究所名誉所长、中国地名研究会名誉理事长等。第二、三届全国人大代表，全国政协第五、六届委员。是中国现代地图制图学和现代地名学的开拓者。20世纪30年代编制中国最早的现代地图集《中华民国新地图》及其缩编本《中国分省新图》（统称《申报地图》）。主编《中华民国地形挂图》、《中华人民共和国地图集》等。50年代起致力于中国地名学研究，筹建中国第一个地名研究机构——国家测绘科学研究所地名研究室（1992年改为国家测绘局地名研究所）；率先开展中国地名罗马化等实用地名学研究，著《中国地名拼写法研究》。

曾文坝 Zengwen Dam 中国台湾第二座高坝，位于嘉义县境内的曾文溪上。最大坝高133米，坝顶长400米，为粉砂质黏土心墙防渗的碾压式土石坝，坝体总填方为929.6万立方米。心墙下基岩做了防渗帷幕。上游围堰也作为坝体的一部分被保留下来。为保持水库的库容，周围修建了21座防沙坝，有的防沙坝高达5米。

曾文水库是具有灌溉、发电、给水和防洪效益的多目标工程。水电站装机为1台5万千瓦机组。工程于1967年10月开工，1973年10月竣工。水库集水面积481平方千米。总库容7.08亿立方米，有效库容5.81亿立方米。灌溉面积7.6万公顷，为台湾第一大水库。水库周围峰峦叠翠，碧波浩瀚，景致幽丽，为南台湾热门的观光旅游胜地。

曾宪九 Zeng Xianjiu（1914-09-02～1985-05-30） 中国外科专家。生于湖北武昌，卒于北京。1940年毕业于私立北平协和医学院，获美国纽约州立大学医学博士，留校任外科医师。1942～1948年供职于中和医院，后回协和医学院工作。1956年任中国协和医学院外科学系主任，兼任中华外科学会主任委员、《中华外科杂志》总编辑。

20世纪50年代通过动物实验提出防止发生肠侧吻合术后综合征的手术方法。20世纪60年代研究创伤后体液和代谢反应。20世纪70年代末研究创伤及外科感染患者的代谢和营养支持。在他倡导下，协和医院成立“多科系胰腺疾病研究组”。80年代初倡议协和医院筹划、建立中国最早的重症监护病房。撰写中英文学术论文170余篇。

曾宪梓 Tsang Hin-Chi（1934-02-22～ ） 中国香港实业家。大学学历。生于广东梅县。1961年毕业于广州中山大学生物系。曾在中国科学院广州分院从事科研工作。1963年申请到香港，后到泰国。1968年定居香港，创立金狮领带公司。1971年创立金利来（远东）有限公司，并任董事长。在新加坡、泰国、马来西亚、中国台湾等地设立了分公司，任香港金利来集团有限公司董事局主席。是中外闻名的“领带大王”。积极捐资内地，发展祖国和家乡的教育、文化、体育和公益事业。

1985年任香港基本法咨询委员会委员。1992年3月被聘为首批港事顾问。1993年7月任香港特别行政区筹委会预委会委员。1995年12月被任命为香港特别行政区筹委会委员。1997年7月获香港特区大紫荆勋章。是八届、九届全国人大常委会委员，全国工商联副主席。

曾昭抡 Zeng Zhaolun（1899-05-25～1967-12-08） 中国化学家。字隽奇，号叔伟。原籍湖南湘乡。生于长沙，卒于湖北武汉。1920年毕业于清华学校后公费赴美留学，

1923年麻省理工学院化学工程系毕业，转入该院化学系继续深造，1926年获科学博士学位。当年回国，1927年后历任南京中央大学、北京大学、西南联合大学教授。1946～1947年赴欧洲考察，1949年再任北京大学教授。1951年任教育部副部长，直到1957年被错划为右派分子。1956年组建中国科学院化学研究所并任所长。1958年任武汉大学化学系教授。中国化学会的创始人之一，并任该会会长多年。1948年当选中央研究院院士。1955年当选中国科学院学部委员（院士）。早年从事炸药化学、有机化学、国防化学等的教学和研究工作。晚年还提倡并指导元素有机化学研究。专著6部。发表化学研究论文114篇。

增白剂 whitener 用以增加制品的白度和光泽的物质。又称光学增白剂。其作用是把制品吸收的不可见的紫外线转变为紫蓝色的荧光，与织物原有的黄光互为补色而成为白光，以提高制品在日光下的白度。例如用于纺织品、纸张、肥皂等的增白剂R就是利用4,4′－二氨基二苯乙烯二磺酸与异氰酸苯酯缩合制得，易溶于水，具有优良的匀染性和掺杂性；但不能与阳离子表面活性剂合用，遇含硫酸铝一类的防水剂也会发生沉淀。能使食品所含着色物质分解变为无色的物质，也属于增白剂或漂白剂；可分为氧化型，如过氧化氢、过硫酸铵等；还原型，如亚硫酸钠、连二亚硫酸钠（保险粉）等，用于蜜饯、饼干、罐头食品、食糖等。

增城市 Zengcheng City 中国广东省辖县级市。位于省境中部广州市东部。面积1 614平方千米。人口104万（2010）。东汉建安六年（201）析番禺、博罗部分地区置增城县。1993年撤县设市，由广州市代管。

增城千年盘龙古藤

地处南亚热带，北回归线经过北部派潭镇附近。农作物有水稻、甘蔗、蔬菜、荔枝、香蕉等。矿产有煤、铁、锰、锡、钨、铝土、黄铁矿等。工业以机电、建材、塑料、食品、电子、采矿等为主。名胜古迹有何仙姑祠及家庙、凤凰亭、荔城挂绿园、凤台凉月、高滩温泉、百花山庄度假村、宋代摩崖石刻“百花崖影”、千年盘龙古藤等。

增生 hyperplasia 细胞通过分裂繁殖而数目增多的现象。有生理性增生和病理性增生两种。因适应生理需要而发生，且其程度未超过正常限度者，称为生理性增生。人体一部分组织损害后，其余部分的代偿性增生也属生理性增生。由病理原因引起的，超过正常范围的增生称为病理性增生。生理性增生又分为代偿性增生和内分泌性增生。生理性增生的机理目前尚不完全清楚。病理性增生多与激素刺激有关；肿瘤细胞增多所致的肿瘤性增生也属于病理性增生范围。但习惯上狭义的增生多指良性非肿瘤性病变。增生与肥大虽是两个不同的概念，实际上增生的同时常有肥大。为适应生理需要而发生的增生或损伤后的代偿性增生，能够增强或补偿局部代谢、功能上的改变，对身体是有益的。但是病理性增生往往有害于机体。

增长极 growth pole 经济增长过程集中的地点。该地的增长可以带动周围地区的经济增长。原是经济空间概念，指围绕主导工业部门形成的一组具有活力的工业，它不仅本身迅速增长，而且通过乘数效应带动其他经济部门增长。后成为地理概念，即一组工业可能在地理上聚集于一个都市区域。这个概念被广泛应用于区域研究和区域规划及政策中，特别是用于解决欠发达地区发展问题的空间战略。

增长引擎论 growth engine, theory of 比喻对外贸易在经济增长中所发挥作用的理论。最早由英国经济学家D.H.罗伯逊明确提出。美籍爱沙尼亚经济学家R.纳克斯作了补充和发展。

纳克斯在总结发达国家经济增长的历史经验时发现，对外贸易曾是这些国家经济增长的动力。首先，迅速扩张的出口为这些国家提供了一种附加的需求刺激，导致了制造业的大规模建立。其次，出口收益使一些国家能以很低的利率在国际资本市场融资，从而反过来又进一步刺激了生产。第三，对外开放所带来的新观念、新事物，能够促进技术进步，唤起企业家精神。

增长引擎的现代理论把重点转移到了发展中国家，认为贸易起着一种把发达国家的增长动力传送给发展中国家的作用。然而，第二次世界大战后发展中国家与发达国家之间初级产品贸易比重的下降，使得人们对贸易作为增长“引擎”的作用产生了怀疑，人们普遍认为贸易促进发展中国家的经济增长是有条件的，各国必须根据具体情况采取恰当的贸易政策。

增值税 value-added tax 以货物生产、流通和劳务的增值额为对象所课征的一种流转税。由于增值因素在实际经济活动中是一个难以准确计算的数据，实行增值税的国家和地区都采取间接计算法，即以货物销售额为计税依据，允许从销售税金中扣除外购货物的已纳税金，借以实现按增值因素征税的原则。

增值税可分为3种类型：①消费型增值税，允许扣除当期购入全部固定资产支付的增值税。②收入型增值税，只允许扣除与当期购入固定资产年度折旧额相应的增值税。③生产型增值税，不允许扣除任何外购固定资产价款支付的增值税。

增值税的特点是：①对生产、经营和商品流通的各个环节实行道道征税，保留了传统流转税纳税环节均衡的优点。②实行已纳税款扣抵制。③税率体现的是一项货物的整体税负。④增值税负具有向前推移的间接税性质，即后一纳税人始终是前一纳税人缴纳税款的负担者。

实行增值税的意义在于：①可以保证国家及时、稳定、均衡地取得财政收入。②可以消除传统流转税存在的重复征税矛盾。③对出口产品可以做到退税准确、彻底，提高本国产品出口的竞争能力；对进口产品可以做到与本国产品税负一致，有利于发展国际经济合作。④增值税制在标准税率之外，也可以设置高低不同的税率，以贯彻政府调节消费、调节生产的政策要求。

赠与合同 gift, contract of 赠与人把自己的财产无偿地送给受赠人，受赠人同意接受的合同。赠与合同可以发生在个人对国家机关、企事业单位和社会团体以及个人相互之间。赠与的财产不限于所有权的移转，如抵押权、地役权的设定均可作为赠与的标的。

赠与合同一般具有下列性质：①双方行为。赠与合同须当事人双方意思表示一致才能成立，如果赠与人有赠与的表示，但受赠人并没有接受的意思，则合同仍不能成立，故与馈赠这种单方行为不同。②诺成行为。多数国家承袭罗马法的传统，规定赠与合同在当事人双方意思表示一致时即告成立，不必等待交付赠与物，即为诺成行为。但根据中国的司法实践，赠与合同必须交付赠与物后方能成立。仅有将要赠送某项财物的预约，不能认为赠与合同已成立。在交付赠与物前，赠与人有权撤销赠与，即为实践行为。③无偿行为。原则上受赠人并不因赠与合同而承担义务，故为单务合同。

扎德 Zadeh, Lotfi Asker (1921-02-04～) 美国自动控制专家。模糊数学和模糊集理论的创始人。美国工程院院士。生于苏联巴库市。1949年获美国哥伦比亚大学电气工程博士学位。在加利福尼亚大学伯克利分校电气工程与计算机科学系任教授。1949年引入时变变换函数概念，成为控制理论中线性时变系统分析的工具。1950～1952年与他人合作，推广维纳预测理论，在有限存储滤波器和预测器的设计中广泛应用；发展采样控制系统的Z变换逼近，成为采样控制理论中的标准方法。1953年给出设计非线性滤波器的新逼近方法。1963年与C.A.德舍尔合著《线性系统理论：状态空间法》，是线性系统理论领域的经典著作。1965年提出模糊集理论，采用语言变量代替数值变量描述系统行为，为研究复杂系统和处理不确定性提供了新的途径。获美国电气和电子工程师学会（IEEE）的教育勋章。

扎格卢勒 Zaghlūl, Sa ‘d (1857-07～1927-08-23) 埃及王国首任首相（1924），政治活动家。生于加尔比亚省的比阿纳村宣教师家庭，卒于开罗。1906～1914年，先后任教育大臣、司法大臣和立法议会副议长。青年时代曾参加奥拉比帕夏领导的反英战争，后为祖国党的领袖之一。第一次世界大战后，在争取民族独立运动中曾经起领导作用，是华夫脱党的主要创始人之一。1919年3月和1921年12月两次被捕，先后被流放到马耳他岛和塞舌尔群岛等地。1922年2月28日英国宣布承认埃及独立，但保留在埃及的许多特权。1924年初，华夫脱党在大选中获胜，扎格卢勒出任首相。执政期间，对内采取一些改革措施；对外一再试图通过谈判取消英国保留的特权，但毫无结果。同年11月，因拒绝接受英国提出的丧权辱国要求被迫辞职。此后当选为国民议会主席。

扎格罗斯山脉 Zagros Mountains 伊朗西南部的褶皱山脉。自国境西北端起，向东南方向延伸，实际是多条大体平行山脉的总称。长约1 200千米，宽400～600千米，是伊朗高原最重要和最高的组成部分。北有构造盆地（乌鲁米耶湖盆）、深邃的峡谷和众多的火山锥。中段山势高峻，海拔超过4 000米的高峰均在其中。位于伊斯法罕西南的扎尔德山海拔4 548米，是整个山脉的最高峰。南段山势相对低缓。是伊朗除里海沿岸以外降水最丰沛的地区。山脉西（南）坡的河流流入波斯湾；东坡的河溪，除极少数流入里海，悉为内流。地震频繁。山脉的中、南段及其西麓一带，是伊朗最重要的石油产区。许多山间盆地，是伊朗经济活动最活跃的地区。

扎兰屯市 Zalantun City 中国内蒙古自治区辖县级市。位于自治区东北部，大兴安岭东麓。面积16 800平方千米。人口37万（2010），有汉、蒙古、回、满等民族。1903年东清铁路开通后形成小城镇。1929年置雅鲁县。1933年废县置布特哈旗。1984年改为扎兰屯市。由呼伦贝尔市代管。矿产有铜、铁、砂金、硅石、重晶石、石墨、钼、煤等。以农业为主，盛产小麦、大豆、玉米、高粱、水稻、甜菜。工业有食品、纺织、造纸、粮油和饲料加工、化工、医药等。风景名胜有柴音河风景区、秀水风景区、断桥（红光）风景区和吊桥公园等。

扎雷人 Cham-Re 亚洲中南半岛越南社会主义共和国的少数民族之一。又称扎人。系摩伊人的一支。约15万人（2001）。分布在南方广义和平定省北部。属蒙古人种南亚类型。使用扎雷语，属南亚语系孟－高棉语族。无本民族文字。迷信多种鬼神。从事农业，主要种植水稻。家庭婚姻实行从夫居。财产按男系继承。鳏夫可续娶妻妹，但不能续娶妻姐；寡妇可续嫁夫弟，但不能续嫁夫兄。1945年8月革命后，旧有生产关系和风俗习惯已发生变化。

扎陵湖 Gyaring Lake 中国黄河上游大淡水湖。又称查灵海。藏语意为“灰白色长湖”。位于青海省玛多县西部构造凹地内，居鄂陵湖西侧。湖面海拔4 294米，东西

长37.5千米，南北平均宽14千米。面积526平方千米，水深平均8.9米，最深处在湖心偏东北一侧，储水量46.7亿立方米。纳卡日曲与约古宗列渠（藏名玛曲）汇成之黄河自西南一隅流入，由东南一隅流出，湖心偏南为黄河主流线。黄河携带大量泥沙入湖，风浪泛起时湖面呈灰白色，故有“灰白色长湖”之称。湖中多浮游植物，鱼类资源丰富。湖西部距黄河入湖处不远有三个小岛，夏季大群候鸟聚居，也称鸟岛。湖滨多为亚高山草甸，为重要牧场，景色优美。

扎龙自然保护区 Zhalong Nature Reserve 中国珍禽及湿地自然保护区。1976年建

扎龙自然保护区内的丹顶鹤

立。1979年列为国家级自然保护区。1992年列入《国际重要湿地名录》。面积约21万公顷。地处中国东北松嫩平原外围，黑龙江省齐齐哈尔市的杯林草原地区。主要保护对象是丹顶鹤等。鹤类全世界共有15种，中国有9种，其中以丹顶鹤最为名贵。保护区河网密布，其中乌裕尔河和双阳河为无尾河，河流尾部散流形成大面积沼泽、草甸及小湖泡，成为丹顶鹤及其他水禽理想的栖息地。扎龙自然保护区共有200多种水禽。其中的鹤类除丹顶鹤外，还有白鹤、灰鹤、白枕鹤、闺秀鹤和白头鹤5种，大部分为国家重点保护的一类、二类动物。

扎米亚京 Zamyatin, Yevgeny Ivanovich (1884-11-01～1937-03-17) 苏联作家。生于坦波夫列别金，卒于法国巴黎。1908年毕业于圣彼得堡综合技术学院。获工程师称号。留校任教，并开始文学写作。曾因参加战舰起义和学生运动两次被捕。十月革命后任世界文学出版社编委和“谢拉皮翁兄弟”团体的文学老师。中篇小说《省城轶事》（1912）以怪诞手法辛辣讽刺小城里各类人物的众生相。《在遥远的地方》（1914）抨击了沙皇军队中淫乱腐臭的生活。其他主要作品有短篇小说《龙》（1918）、《暴徒》（1921），中篇小说《岛民》（1916），长篇讽刺、幻想小说《我们》（1921）等。因《我们》在国外面世备受国内严厉批评，他在M.高尔基的帮助下于1931年离开苏联，定居法国。

扎日南木错 Zhari Namco 中国西藏自治区第三大咸水湖。又称塔热错。属构造断陷湖。位于藏北高原南部，措勤县境内。东西长53.5千米，南北宽26千米，面积1 023平方千米。湖面海拔4 613米，平均水深3.6米，最大水深5.6米，周长183千米。储水量约60亿立方米。湖水透明度2.45米。pH9.6，矿化度为13.90克/升，属咸水湖。湖泊形态不规则，南北两岸较窄，东西两岸地势开阔。湖区地处藏北高寒草原地带，气候寒冷、干旱，为纯牧区。流域面积1.643万平方千米，湖水主要靠冰雪融水补给。入湖河流主要有措勤藏布、达龙藏布。

扎什伦布寺 Tashilhunpo Temple 中国藏传佛教的格鲁派寺院。位于西藏日喀则的尼色日山下。明正统十二年（1447）宗喀巴弟子根敦珠巴兴建。后四世班禅罗桑确吉坚赞加以扩建。寺中错钦大殿可容2000人诵经，殿中有释迦牟尼像，两边有根敦珠

巴与四世班禅立像。大殿两侧为弥勒殿与度母殿。寺的西侧有大弥勒殿，殿高30米，供奉九世班禅确吉尼玛主持铸造的弥勒坐像，总高26.2米，是世界最大的铜佛坐像。另有历世班禅灵塔殿，藏舍利肉身。寺有四扎仓（经院），教学显密并重。

扎伊尔 Zaire; Zaïre 非洲国家刚果民主共和国的旧称（1971～1997）。见刚果（金）。

查阜西 Zha Fuxi (1898-11-07～1976-08-10) 中国古琴家。名镇湖，又名夷平。江西修水人。生于湖南大庸，卒于北京。早年在苏州、上海创建并主持今虞琴社，编印出版《今虞》琴刊，联络各地琴家，交流琴学琴艺。中华人民共和国建立后，曾任中国民航总局顾问。1953年任中国音乐家协会常务理事、民族音乐研究所通讯研究员。1959年任中央音乐学院民乐系主任，1969年被选为中国音乐家协会副主席。1956年率领由文化部和中国音乐家协会组织的古琴调查组，遍访全国10个城市，搜集、整理了大量琴学史料。后在北京古琴研究会主持下，编印了《琴曲集成》（第1辑，上册，1963）、《存见古琴曲谱辑览》（1958）、《存见古琴指法谱字辑览》（1958），整理了《幽兰实录》（1957）、《历代琴人传》（1961）和《琴论辍新》（1963）等琴学书刊，为研究琴学奠定了基础。此外，查阜西在中国音协工作时，为促进各种古乐的研究，对《九宫大成南北词宫谱》、《智化寺音乐》等音乐的演唱、演奏做了大量工作。

查慎行 Zha Shenxing (1650～1727) 中国清代诗人。初名嗣琏，字夏重；后改名慎行，字悔余，号他山，又号初白。海宁（今属浙江）人。康熙四十二年（1703）进士，特授翰林院编修。雍正四年（1726）因弟查嗣庭讪谤案，以家长失教获罪被逮入京，次年放归。

查慎行受经史于黄宗羲，受诗法于桐城诗人钱澄之；又与朱彝尊为中表兄弟，得其奖誉，声名早著。其诗工于刻画锻炼，又多采用白描手法。他以空灵创新为尚，兼学唐宋，成为清初效法宋诗最有成就的作者。从内容说，查慎行的诗多记游吊古之作，反映民间疾苦的篇章不多。他平生作诗不下万首，后经他删定为4600余篇，编为《敬业堂诗集》48卷，《续集》6卷。

札幌 Sapporo 日本北海道首府和最大城市。位于北海道岛西部石狩川支流丰平川畔。

札幌市俯瞰

面积1 121.12平方千米。人口183.79万（2003），占全道人口的31%。市区东、北部为石狩平原，地势低平开阔，西、南部为山地。丰平川从市区东部流过。气候温凉湿润。1869年设开拓使。1886年设北海道厅时定为道行政中心。1922年设市。第二次世界大战后发展成为综合性城市。为北海道的商业中心，商业批发额占全道的1/2以上。第三产业人口占全市就业人口的79%。工业以食品（乳酪和水产）、出版印刷、金属加工、造纸与家具等为主。城郊农业发达。为北海道的交通枢纽，有多条铁路、公路、航线通往道内各地。西北35千米的小樽为其外港。附近的千岁机场为现代化航空港，有通往首尔、香港等地的定期航班。设有北海道大学（1876）等大专院校21所和科研单位多所，以及博物馆、美术馆等文化设施。冬季设有滑雪场，1972年冬季奥运会在此举行。每年2月举行雪节，在全国享有盛名。1963年定为北海道中央新产业城市，包括以札幌为中心的9市9町，成为开发北海道的核心地带。

札马鲁丁 Jamāl al-Din 中国元初西域天文学家。又名札马剌丁。据《元史·百官志》记载，在元世祖忽必烈尚未登位时，曾招请回回天文学家为他服务。札马鲁丁等人约于13世纪50年代应招而至。累迁集贤殿大学士。据英国李约瑟等的研究，札马鲁丁是波斯马拉盖城的天文学家，受当时统治波斯等地区的旭烈兀汗（忽必烈的弟弟）的派遣而到忽必烈处的。至元四年（1267），札马鲁丁献上他编的《万年历》，这是一种回历。元政府每年编印数千本，颁发给信奉伊斯兰教的各民族。同年，札马鲁丁负责制造了7件阿拉伯天文仪器（《元史·天文志》称为西域仪象）。

至元八年，元政府在上都（今内蒙古正蓝旗东北）建成回回司天台，即以札马鲁丁为“提点”（相当于台长）。回回司天台由西域天文学家用阿拉伯仪器进行观测，负责每年编印回历，供政府颁发。回回司天台还藏有西域文字的天文、数学书籍，其中有托勒玫的《天文学大成》、欧几里得的《几何原本》等。因此，上都回回司天台曾是中国一个研究阿拉伯天文学的中心。札马鲁丁首先把阿拉伯天文学传入中国，对中国天文学的发展起了积极作用。元、明两代，编回历一直是中国天文工作的一个组成部分。郭守敬的简仪的百刻环上把一刻分成三十六等分，就是阿拉伯天文学中360°分划制的反映。

扎木聂 zham nian 拨奏弦鸣乐器。流行于中国西藏、云南、甘肃、青海、四川等藏族地区民间的拨弦乐器。又名六弦琴。琴头弯曲，左右各设三个弦轴，指板不设音品。共鸣箱上小下大呈瓢形，背板用红木制作，正面下半部蒙羊皮或蟒皮，张6根丝弦或尼龙弦，两弦定一音，为a、d^1、g^1。音域a～g^1。扎木聂坐立演奏均可。右手持骨片拨奏。用于歌舞时，系以彩绸挂在肩上，边弹边跳。扎木聂只用第一把位演奏，每根弦只用2～3个音。不换把，常采用低八度音代替高八度音，音色浑厚柔和。近年来，专业音乐工作者将其双弦一音改为一弦一音，用4根丝弦或尼龙弦，其定弦为e、a、d^1、g^1，并吸收汉族三弦换把技巧，使音域从原有1个八度扩展到近3个八度。扎木聂主要用于藏族民间歌舞伴奏、扎木聂弹唱及藏戏乐队。

闸北区 Zhabei District 中国上海市辖区。位于市区北部，南滨吴淞江。面积29平方千米。人口83万（2010）。以区境位于吴淞江原老闸、新闸以北，故名。水陆交通便捷，是上海市的陆上门户。沪宁、沪杭铁路横亘境内，设有铁路上海站、北郊站。有上海长途客运总站、上海长途运输汽车公司北区客运站。吴淞江沿岸有装卸码头数十个，是上海市粮食、建材、土产及城市废物集散地。共和新路为区境南北干道，天目路为东西干道。内环高架路和多条地铁经过区内。不夜城是上海八大商贸商务中心之一，商业繁盛，有上海名品商厦、环龙商场、新新百货公司、太平洋百货等商场。有宋教仁墓、上海工人纠察队总指挥部遗址、五卅运动初期的上海总工会遗址等市级文物保护单位和纪念地。

闸门 sluice-gate 在水工建筑物上用来封闭和开放水道或管道、调节流量、控制上下游水位的控制设施。

闸门主要由三部分组成：①门叶。闸门的活动部分，也是封闭或开放水道的关键构件。②闸门埋设构件。是门叶正常运用的固定部分。③闸门启闭机。操作门叶开启或关闭的设备。

葛洲坝水利枢纽船闸人字闸门（单扇最大尺寸为19.7米×34.5米，属巨型闸门）

闸门分类方法较多，主要有：①按闸门的工作性质可分为工作闸门、检修闸门和事故闸门。②按闸门关闭时门叶所承受挡水位的状况分为露顶式闸门和潜孔式闸门。③按闸门门叶外观形状分为平面闸门、弧形闸门、人字闸门、拱形闸门、球形闸门和圆筒闸门等。④按制造闸门门叶的材料分为钢闸门、铸造（钢、铁）闸门、木闸门、钢筋混凝土闸门和组合材料闸门。⑤按闸门门叶启闭时运动方式分为垂直升降闸门、转动闸门、横拉闸门、滚动闸门和升卧式闸门。⑥按闸门门叶控制方式分为机械操作闸门（手动或电动）和水力自动闸门等。

乍得 Chad 非洲中北部内陆国。全称乍得共和国。邻苏丹、中非、喀麦隆、尼日利亚、尼日尔和利比亚。面积128.4万平方千米。人口1 117万（2009）。首都恩贾梅纳。部族众多，南部和西南部以班图语系的萨拉族、马萨族、科托科族、蒙当族等为主，占全国人口的55%以上；中部为苏丹语系黑人、阿拉伯人后裔和混血人，如图布族、巴吉尔米族、豪萨族等；北部为阿拉伯人和柏柏尔人。居民44%信奉伊斯兰教，33%信奉基督教，其余信原始宗教。南方通用萨拉语，北方通用乍得化的阿拉伯语；官方语言为法语和阿拉伯语。

地理 国土占据乍得盆地东半部。地势北、东、南三面高，西部低。盆地底部平坦，海拔300～500米。西部乍得湖沿岸及其东北的博德莱洼地为盆地最低处，海拔分别为281米和160米。北部是提贝斯提高原，平均海拔2 000米，库西山海拔3 415米，为全国最高峰。东部高地系苏丹达尔富尔高原延伸部分，平均海拔不足1 000米。地处热带内陆，终年高温。除高原、山地外，大部地区年平均气温35℃左右，极端最高气温45℃以上。降水南北差异大，从西南的1 500毫米逐减到北部的不足100毫米。南部属热带草原，向北过渡到热带半荒漠和荒漠。北纬15°以北属撒哈拉沙漠的一部分，盛行干热的哈马丹风，多沙尘暴。河流以汇入乍得湖的内流水系为主，最大的有沙里河、洛贡河，流域内土地肥沃、水源充足，是最重要的农业区。拉伊里河与巴塔河属单独内流水系，多季节性河流。矿产资源主要有钨、铜、铬、镍、锡、钽、天然碱、盐等，大多尚未开发。自1970年在乍得湖东北加涅姆省和南方洛贡省发现油田以来，石油勘探、开发均有长足进展。其中东洛贡省北部的多巴油田，储量估计达1.23亿吨。

历史 境内最早居民有萨拉人、巴吉尔米人等。公元8世纪后，乍得湖地区先后建立起加涅姆和博尔努穆斯林苏丹王国，发展农耕、畜牧，成为中苏丹古文化发祥地，中心在今乍得境内；南部和东部有巴吉尔米和瓦达伊王国与之并存。19世纪80年代法国入侵，1902年沦为其殖民地。1910年并入“法属赤道非洲”。次年转由德国占领。第一次世界大战后重归法国统治。1946年成为法海外领地。1958年成为法兰西共同体内“自治共和国”。1960年8月11日独立。

1996年3月31日举行全民公决通过新宪法。实行两院制，最高立法机构国民议会共155个议席，任期5年。主要合法政党有爱国拯救运动、争取革新与民主同盟、争取发展与革新全国同盟、争取民主进步联盟、争取民主与进步全国联盟VIVA派。根据宪法，总统为国家最高军事统帅。对外坚持维护国家统一、主权和领土完整，注意与西方大国搞好关系；坚持睦邻友好和非洲团结；注意开展全方位外交。1972年11月28日与中国建交。1997年8月12日与台湾当局“复交”，中国政府随即中止同乍得的外交关系。2006年8月6日，两国签署关于恢复外交关系的联合公报。

经济 2009年人均国内生产总值为763美元。货币名称为中非金融合作法郎（简称非洲法郎）。居民40%以农牧业为生，农牧产品出口占出口总额的90%以上。粮食作物以高粱、黍类为主，次有玉米、薯类、小麦。稻谷生产发展较快，主要分布在邦戈尔、拉伊等引水灌溉地区。经济作物以棉花最重要，集中分布在洛贡河、沙里河中游地区；全国约有1/4人口从事棉花种植。此外还有花生、甘蔗、芝麻、烟草。为阿拉伯树胶

主要生产国，中部及东高原半荒漠地区产量居非洲前列。草场辽阔，但多数质量差。多牛、羊和骆驼，是非洲第六大骆驼出产国。活畜和畜产品出口仅次于棉花。工业基础薄弱，主要是石油开采和农畜产品加工业。2006年工业产值占国内生产总值的53.6%，2007年日产原油能力约为15万桶。石油开发前景可观，多巴油田已于2000年由两家美国公司和一家马来西亚公司合作开发，多巴至喀麦隆克里比港输油管全长1 070千米，乍得境内长190千米。传统手工业活跃，以皮革加工和铁器闻名，工匠被称为黑非洲最古老的“铁匠大师”后裔；皮革制品在乍得人的日常生活和旅游商品中占有重要地位。内陆国家，无铁路，主要靠公路运输。公路总长3.34万千米，其中沥青路仅524千米。有4条公路干线与邻国相连，西通尼日利亚，东至阿贝歇出苏丹，南抵中非共和国。西南通喀麦隆加鲁阿至杜阿拉港。后者是最近的出海通道。主要机场有15个，恩贾梅纳机场为国际航空港。

乍得首都恩贾梅纳

文化　2003年全国有中小学约3 800余所。恩贾梅纳大学（原名乍得大学）是全国唯一的综合性大学。此外还有全国行政学校和各类技术专科学校。乍得新闻社为国家通讯社，《乍得新闻稿》法文日刊是官方报刊。国家广播电台以法语、萨拉语、阿拉伯语向全国广播。国家电视台用法语和阿拉伯语播放节目，目前仅覆盖首都恩贾梅纳。主要旅游名胜有提贝斯提高原、扎库马国家公园、阿贝歇阿拉伯城和瓦达伊王国古都遗址。

乍得湖　Chad, Lake　非洲第四大湖。地处乍得盆地中央，跨乍得、尼日尔、尼日利亚、喀麦隆四国。第四纪古乍得海的残余。5 400年前面积曾达30万～40万平方千米，后因气候越来越干旱，蒸发强烈、水源减少，湖面逐渐缩小。湖面海拔281米。水位季节变化大，主要依沙里河水情而异。面积最大曾达2.5万平方千米。平均水深1.5米，最深处12米。湖区大多属热带荒漠气候，平均降水量330毫米，气候年际变化大，尤其20世纪60年代后的多年持续干旱，湖面明显缩小，最小只剩2 600多平方千米。湖底地形多变，巴加北边有一条湖底垅岗横贯东西，把湖泊分为南北两部分，南北湖盆水流循环不畅，南湖稍深于北湖。湖面多纸草和芦苇形成的“漂浮小岛”，对航行构成障碍。乍得湖流域面积约100万平方千米，有沙里河、姆布利河、恩加达河、科马杜古约贝河注入，沙里河约占流量95%。沿湖平原土地肥沃，是重要的灌溉农业区。湖中鳄鱼、河马甚多。水产资源丰富，为非洲重要的淡水鱼产区之一，盛产河豚、鲶、虎形鱼等。雨季可行轮船。湖区人文多样性突出，不仅分属4个不同国家，各种族在宗教、禀赋和风俗方面也各异，卡南布人是牧民，哈达斯人以捕鱼为生。

乍得湖畔

乍得盆地　Chad Basin　非洲中北部内陆盆地。面积约250万平方千米，是非洲及世界第二大盆地。大部分在乍得和尼日尔境内，小部分属尼日利亚、喀麦隆、中非和苏丹等国。由提贝斯提高原、贾多高原、阿伊尔高原、包奇高原、比乌高原、阿达乌瓦高地、阿赞德高原和达尔富达高原环抱而成。盆地边缘高地海拔一般700～1 500米，以北部的提贝斯提高原地势最高，多3 000米以上山峰。盆地底部海拔一般250～300米，以提贝斯提南面的一系列洼地和乍得湖一带地势最低。其中最大的博德累洼地的最低点为155米。矿产资源主要有铀、乌、锡、铜、镍、铬、铁、黄金、钻石、石油、天然气等，其中以铀和石油最引人注目。大致以北纬14°为界，北部气候干旱，属荒漠或半荒漠，为传统的游牧区；南部较湿润，为热带稀树草原，是较好的畜牧区；沙里河与洛贡河流域历来是乍得最重要的农业区，盛产棉花和谷物。乍得湖是非洲重要的内陆渔业基地之一，也盛产天然碱。当地穿越撒哈拉沙漠至几内亚湾的交通要道有拉若—恩贾梅纳、比尔马—迈杜古里，自古是沙漠商队的重要通道；恩贾梅纳、迈杜古里是盆地中重要的商业和交通中心。

乍得语族　Chadic group　阿非罗－亚细亚语系的一个语族。

诈病　malingering　健康人为达到某种目的而伪装疾病。又称伪病。在刑事案件中，多见于为逃避刑事责任而伪装精神病；在民事案件中，多见于为取得赔偿或劳保待遇，而伪装心血管病、出血、肝炎等内科疾病，或头痛、聋哑、瘫痪等运动机能和感觉障碍方面的疾病。由于各种疾病都有一定的病因、发病机制，医生很少诊断伪病，故司法部门委托法医学、司法精神病学专家进行检查，可鉴定真伪。

炸药　explosive　在外界能量的激发下能发生爆炸的物质。爆炸时能够产生快速的化学反应，并放出足够的热量和大量的气体产物，产生巨大的压力而引起一定的机械破坏效应和抛掷效应。

炸药根据其性质和用途，可分为火药、猛炸药、起爆药、烟火药4类。根据其爆炸性质可分为高速炸药和低速炸药，前者为引爆后即以高于声速扩张进行快速化学反应的炸药，如猛炸药和起爆药；后者为引爆后以低于声速扩张进行快速化学反应的炸药，如火药、烟火药。

炸药的生产工艺和设备与一般化学产品的相类似，但因这类物质易燃易爆，生产的安全是首要问题。由于不易大量储存和运输，须随产随用，故生产容量小，起爆药一条生产线的日产量为千克级；火药和猛炸药的日产量为吨级；工业炸药的日产量则可达几十吨。

炸药在军事上用以制造炮弹、导弹、航弹、鱼雷、水雷、地雷等，也广泛用于矿石、煤炭、石油和天然气的开采，以及开山筑路、水利工程、地震勘探、爆炸加工、控制爆炸等。

痄腮　mumps　中医以发热、耳下腮部漫肿疼痛为临床特征的急性传染病。又称时行腮肿、搭腮肿。见流行性腮腺炎。

斋　fasting　古人在祭祀或举行典礼之前，清心洁身，以示诚敬，称为斋或斋戒。在佛教中，佛教徒过午不食称为斋。佛教徒坚持素食也叫斋。如居士按八关斋戒的规定生活，只吃素食，称作吃斋。佛教徒遵守斋法，叫作持斋；布施食物给僧侣，称为斋僧；会僧而施食，称斋会。

斋醮　中国道教祭祷仪式之一。斋，原意指整齐和干净。道教中道士们进行敬神忏谢活动前，要使自己身心清洁、言行整规、精神专注，以表示对神的恭敬之意。道教的斋法一般分为节食斋、设供斋和心斋3种。醮，原意指祭祀、祭神。道士通过设

斋醮仪式

醮祭神活动，祈求上苍神灵禳灾赐福，祛病延年，国泰民安等。斋与醮都属于道教中的敬神活动，但斋以个人忏谢减罪为主，以求神灵的拯救；醮以祈福禳灾为主，多为民众国事而设。唐以后，斋与醮的界限逐渐打破。

斋戒 fasting 为了宗教或者道德上的原因而禁绝饮食等。此俗在世界范围内广泛流行。人类从远古时代就有祭祀前清洁身心的各种行为，以示虔敬。如在举行成年礼或猎人狩猎前、部落首领或国王在举行典礼或举行具有特定目的（如求雨）的宗教仪式前、古代的男女祭司在接近神灵前均要斋戒。佛教流行后又有两个新义：①过午不食为斋；②素食曰斋。如在家信徒（居士）按时持“八戒斋”，只吃素食，称作“吃斋”。基督教有大斋节，教徒一般在节期内于星期五守大斋和小斋。伊斯兰教亦有斋月把斋之功课。后来有为了神秘主义和禁欲主义的修养，或为某种道德追求而进行的斋戒。斋戒或在特定时间，或不定期举行，时间或长或短；内容主要表现在饮食、卫生和性生活等方面，可全部或部分实行。个人或集体都可进行斋戒。某些民族认为，斋戒可以使神灵息怒，使草木神等神灵死而复生。也有一些宗教（如琐罗亚斯德教）禁止斋戒。

斋月 Ramadan 伊斯兰历每年的九月。阿拉伯语音译为“莱麦丹月”或“赖买丹月”。根据伊斯兰教历史记载，斋月制度起于伊斯兰教始祖穆罕默德由麦加迁至麦地那的第二年（公元624年），既有宗教含义外，也有感谢上天协助穆罕默德胜利的意思。履行此项义务是穆斯林的“五功”之一，称为把斋、封斋。是月，凡身体健康的成年男女（男11岁、女9岁以上）穆斯林，于每日黎明前至日落时，严禁饮食、房事或任何嬉戏等非礼行为。病人、长途旅行者、老弱体虚者、孕妇等人暂可不行斋戒，但需补斋或以施舍代替。斋戒一整月，见新月封斋，见新月开斋，以两位有威望的穆斯林（如长老、卡迪、阿訇等）所见为准。斋月在伊斯兰教中被看作最尊贵、最吉祥的月份。阿拉伯、伊斯兰教国家在此月放假。

《宅地法》 *Homestead Act* 1862年美国第16任总统A.林肯颁布的一项旨在无偿分配美国西部国有土地给广大移民的法令。又译《份地法》、《移居法》。林肯政府时，国会于1862年5月6日通过了《宅地法》。5月20日林肯颁布了此项法令。《宅地法》规定：凡一家之长或年满21岁、从未参加叛乱之合众国公民，在宣誓获得土地是为垦殖并缴纳10美元费用后，均可登记领取总数不超过160英亩宅地；登记人在宅地上居住并耕种满5年，就可获得土地执照而成为该项宅地的所有者。《宅地法》还规定一项折偿条款，即如果登记人提出优先购买的申请，可于6个月后，以每英亩1.25美元的价格购买之。《宅地法》生效后，又陆续通过一些带有补充性质的法令。《宅地法》确立了小农土地所有制，为美国农业资本主义的发展创造了有利条件。

宅基地使用权 using curtilage, right of 中国城乡居民依法对批划给自己的土地享有的使用、收益的权利。分为城镇非农业户口居民宅基地使用权、农村居民宅基地使用权。

使用权人的权利 主要有：①为保有住宅而长期使用宅基地的权利。房屋所有权与宅基地使用权紧密关联，不能分离。房屋所有权不发生变动，宅基地使用权也不发生变动。②在宅基地空闲处修建其他建筑物、设施的权利。③在宅基地空闲处从事种植以为收益的权利。④依法转让房屋所有权时一并转让宅基地使用权的权利。转让时，当事人应当办理使用权变更登记。

使用权人的义务 主要有：①按照批准的用途使用宅基地的义务。使用权人必须在批划的宅基地上建造住宅，不得擅自变更用途，更不能买卖、出租或非法转让土地。新批划的宅基地，使用权人必须在规定的期限内建房。违反这一义务的，土地所有人有权收回土地使用权。②按照批准的面积建房造院的义务。多占土地的，按照非法占用土地追究法律责任。③服从国家、集体统一规划的义务。使用权人不得阻挠，但因变更给使用权人造成困难或损失时，应依法予以补偿。④行使宅基地使用权不得妨碍公共利益和邻人合法利益的义务。

翟让 Zhai Rang (?～617) 中国隋末农民起义中瓦岗军前期领袖。东郡韦城县（今河南滑县）人。曾任东郡法曹。大业七年（611），与同郡人徐世勣（即李勣）、单雄信起兵于瓦岗（今河南滑县），所部多齐、济间渔猎手。瓦岗军初期活动于东郡一带，后从徐世勣建议，分兵西上，进入大运河所经的郑、宋界，阻截往来的公私船舶，资给丰足，归附者日众，起义军很快发展到万余人。大业十二年，李密参加瓦岗军。十三年二月，翟让推李密为瓦岗军首领，号魏公。不久，瓦岗军围攻洛阳，大批隋军投降，增强了李密在瓦岗军中的地位，使李密与瓦岗军部分早期将领之间的矛盾越来越尖锐。十一月，翟让被李密用计杀死。

债 obligation 按照合同的约定或依照法律规定，在当事人之间产生的特定的权利和义务关系。民法意义上的债与生活中的债的概念不同，即不仅指借贷关系，而是通过合同、侵权行为等法律事实所产生的人与人之间的权利、义务关系。在债的关系中，享有权利的人称为债权人，承担义务的人称为债务人；在双务契约中，则互为债权债务人。债权人的权利和债务人的债务所指向的对象称为债的标的。债权人所享受的权利称为债权，债务人所承担的义务称为债务。债权和债务是债的关系不可分割的两个方面，是相对应而存在的，不能相互脱离而单独存在。债即债权和债务的总和。因此，债的关系从债权人方面说，也可称为债权关系；从债务人方面说，也可称为债务关系；有时也可以合称债权债务关系。规定债的关系的立法，在各国也分别称为债法、债权法、债务法或债权债务法。

债的关系是特定人之间的关系，亦即权利主体和义务主体均是特定的。债权人只享有要求债务人而不是其他人履行一定义务的权利；同样，债务人也只负有向债权人而不是其他人履行特定行为的义务。

债根据各种法律事实而发生。西方许多国家将债的发生根据分为合同、侵权行为、无因管理、不当得利4种。在社会主义国家中，债的产生根据可分为4类：行政行为；民事法律行为；违法行为；事实行为，如无因管理，不当得利等。

债的关系从它发生的时候起，就具有拘束力，在法律上就有强制力。在规定的期限内债务人不履行债务时，债权人就可以按照法律规定，强制债务人履行其义务。

债务人根据法律或合同，完成债的内容所规定的行为或不行为（如交付物、给付金钱、提供劳务或不进行竞争等）称为债的履行。债务人履行了自己的义务，债的目的就达到了，债的关系也就消灭了。因此，债的履行是债的最正常的消灭方式。债的履行须遵循亲自履行、同时履行、全面履行、实际履行的原则。

债的不履行指债务人没有实施债的内容所规定的行为或不行为，又称债的不给付。在中国，不履行债是不履行民事义务的一种表现，债务人要负民事责任，受到民事制裁，情节严重的，还应负行政责任甚至刑事责任。对于不履行债的民事制裁方法是：追索违约金、赔偿损失、强制履行。债务人如遇不可抗力，即不能预见、不能避免并不能克服的客观情况，如天灾、战祸，可以免除责任，但须负举证责任；对迟延履行后所发生的不可抗力造成的损失仍应负责。

债的转移即不变更债所规定的权利、义务内容，而变更债的主体——债权人或债务人，也就是债所规定的权利、义务在不同主体之间的转移。包括债权转移，债务转移，债权、债务全面转移。

债的消灭指基于一定的法律事实使债所设定的权利和义务归于消灭。根据中国的法律规定和经济生活实践，引起债的消灭的民事法律事实主要有：债的履行、债的抵消、行政命令、双方协议、客观上已不可能履行等。

债权 claim 在债的关系中，一方（债权人）要求他方（债务人）为或不为一定行为的权利。这种权利通常因销售商品、提供劳务和让渡资产使用权等经济业务而形成，以收到现金等货币资金或非现金资产而结清。企业常见的债权有应收票据、应收账款、预付账款等。

债权人 loaner 债的关系中，有权利要求另一方（债务人）为或不为一定行为的当事人。在债的关系中，债权人是特定的，只有该特定的权利主体才有权要求义务主体履行约定的义务。负有履行义务的人如不履行义务，债权人有权请求司法机关强制其履行。如果债权人由于对方不履行义务而受到经济上的损失，则有权要求赔偿。债权人还享有代位权和撤销权。代位权是指债权人以自己的名义代债务人行使其为第三人的权利，其后果由债务人承担的权利；撤销权是指债权人对债务人有碍于债权实现的法律行为享有的请求撤销这一行为的权利。债权人既可以是自然人，也可以是法人，如企业、银行、政府等。

债券 bond 企业或政府机构为筹资而发行的承担到期偿付本息义务的书面凭证。有价证券的一种。对债券持有人来说，它是债权凭证，是债券发行人对持有人作出的在一定期限内偿付本息的承诺。

债券具有4个基本要素：①面值。包括面值币种和面值大小。②还本期限。短期债券的还本期限只有几个月，长期债券的还本期限则可达几十年。③利率。固定利率一经确定，便不再变动，直到还本期满；浮动利率则可在还本期限内定期进行调整，通常是3个月或半年调整一次。④价格。理论上，债券的面值应该是它的价格。实际上，由于各种原因，债券的市场价格常常脱离它的面值，有时高于面值，有时低于面值。

债券可分为政府债券和公司债券、国内债券和国际债券、长期债券和短期债券、公募债券和私募债券。另外，债券的种类还包括：年金债券、无记名债券、抵押债券、附息票债券、公债券、保证债券、企业债券及金融债券等。

债务 debt 在债的关系中，一方（债务人）向他方（债权人）承担的为或不为一定行为的义务。这种义务通常因购买商品、接受劳务、筹集资金等经济业务而形成，以支付现金等货币资金或非现金资产而结清。企业常见的债务有应付票据、应付账款、预收账款、短期借款、长期借款等。

债务人 debtor 债的关系中，依权利一方（债权人）要求为或不为一定行为的当事人。在债的关系中，债务人是特定的，他只负有向享有该项权利的权利主体——债权人履行义务的责任。债务人既可以是自然人，也可以是法人。

债转股 debt to equity 通过一定方式，把对债务人的债权转变为股权的一种债务重组模式。金融资产管理公司将收购国有银行不良贷款取得的债权转为对借款企业的股权。在中国国有企业改革中，指把商业银行对负债国有企业的债权转变为金融资产管理公司的股权。

中国改革开放以后，国有企业的负债率逐渐上升，到20世纪90年代中期，平均达到80%左右。国有企业的高负债增加了生产经营的财务成本，使企业竞争力下降，同时导致银行不良资产的大量增加。为了减轻国有企业的债务负担，1999年开始实施对国有企业的债转股。经国务院批准，先后组建了信达、华融、长城、东方4家金融资产管理公司，依法处置商业银行原有的不良信贷资产，同时作为债转股的投资主体。同年9月，中共十五届四中全会通过的《中共中央关于国有企业改革和发展若干重大问题的决定》中，把债转股作为改善国有企业资产负债结构的重要举措。在债权转股权以后，原来银行与企业的债权债务关系即转变为金融资产管理公司与企业间的持股与被持股或控股与被控股的关系，金融资产管理公司依法行使股东权利，可以派员参加企业董事会、监事会，参与企业重大决策，但不参与企业的日常生产经营活动。

至2002年底，国务院累计批准547户企业实施债转股，由此国有企业三年财务扭亏解困的改革目标基本实现。

占卜 divination 通过自然的、心理的或其他技法获得世间事物的信息以预测未来吉凶祸福的巫术。见于古今中外各地区。在西方，其主要形式为占星术，还有水晶球、纸牌等方式。在中国古代，“占”指观察，“卜”指烧灼龟壳，占卜最初指根据龟甲上经过烧灼出现的裂纹形状来预测吉凶。中国现存可考的最早占卜术为甲骨卜，在新石器时代已普遍使用，至商代臻于极盛。此后还出现过用蓍草占卜的筮占法、在观天象的基础上发展起来的占星术、将阴阳五行理论与天文历法的推究结合起来的式卜术、观察人的形貌以测其命运的相人术、用灵草编结在断竹枝上测定吉凶的筳篿、根据梦中所见兆象预测人事吉凶的梦占、以钱掷地视其正反面的组合成卦的金钱卜、根据星占术或生辰八字推算个人命运的推命术以及签占（俗称求签）等。但影响最大、流传最广的还是以八卦为理论依据的筮占法及由此衍生出的各种方法。占卜术在唐宋时达到鼎盛，明清以后，随西方科学知识的普及而逐渐走向衰落。占卜术的哲学意义反映古人对自然界和人类最基本的认识，表达人们对神的敬畏以及探测神意的希望。

占人 Chams 亚洲中南半岛民族之一。约30万人（2001）。主要分布在柬埔寨和越南，少数分布在老挝和泰国。属蒙古人种南亚类型，与马来人相近。使用占语，属南岛

占人妇女

语系印度尼西亚语族，受孟-高棉语族影响。公元5世纪创有文字。柬埔寨的占人和越南宁顺、平顺地区1/3的占人信奉伊斯兰教；宁顺、平顺地区2/3的占人信奉婆罗门教，同时保持自然崇拜。越南的占人是古代占婆王国幸存居民的直系后裔，分布在中部以南沿海一带，主要从事农业，种植水稻，兼事渔业。柬埔寨的占人则是古代占人与马来人的混血后裔，分布在中南部各省，主要从事畜牧业，兼事山地耕种、伐木和编织。占人还保留母系社会残余，招赘之风盛行，老年妇女当家，子女随母姓。妇女喜欢着绿、蓝两色服装，头披长巾，下着纱笼。自称占白尼人的占人行土葬，自称加非尔人的占人行火葬。

占星术 astrology 通过观测天象来预卜人间事务的一种方术。又称星占术。远古时期，由于知识水平和生产力都很低下，不可避免地产生对超自然力的崇拜，认为上天的意志主宰着人间的吉凶祸福，还认为“天垂象，见吉凶”，上天会显示天象，给人以吉凶的预兆。占星术正是在这样的情况下产生的。

约公元前3世纪源于美索不达米亚，在古希腊、古罗马时代非常盛行。中世纪传入中亚和印度，后流行于西方。17世纪衰落，但至今依然存在。中国至晚在西周已出现占星术，称为星占。主要是用星象来

占卜国家的兴亡、国君的安危、战争的胜负、收成的丰歉等社会重大事件。春秋战国时期，星占家们把地上的州、国与星空区域互相匹配对应，认为当某种特殊天象出现在某个星区时，相应的州、国就会有异常事件发生。这就是所谓的分野，它是中国古代占星术中的一个重要内容。

约南北朝时期，自印度传入西方流传已久的占星术，与中国的“星命术”相结合，认为人的命运与人降生时的星宿位置、运行等情况有关，故以人出生的年月日时配以天干地支为八字，推测人的命运。为唐宋时期“四柱命学”的命运占卜术的重要来源。

在西方，中世纪时期有些国王把占星学家视为高参，也往往请他们根据星象占卜来确定重大政治事件的决策。但后来西方的占星术逐渐发展到对个人进行星占。如根据一个人诞生时日月五星在黄道十二宫中的位置，推算“算命天宫图”，以占卜个人一生的命运。

占星术牵强地把天象与人事联系在一起，是非科学的。但为了进行星占而注意观测天象，中国古代丰富的天象记载大多都是古人为了星占动机记录下来的，它们对解决当代某些重大天文课题具有学术价值。

毡房　yurt　北方游牧民族的传统住房。为木柱结构可移动帐篷。多围以毛毡，故名。御风寒性能好，制作简便，易于搬迁，适于游牧居住。在中国流行于蒙古、哈萨克、塔吉克、藏、羌等民族，多见于内蒙古、青海、甘肃、新疆等地牧区。藏族毡房称“帐房”，帐篷以黑牦牛毛织成，平面方形。蒙古族毡房称蒙古包，外形由下部（圆柱体）和上部（圆锥体）组合而成，在毡房中最为典型。哈萨克、塔吉克等民族游牧时住的毡房也与此相类。它始于上古游牧部落，古称“穹庐”，又名毡帐、帐幕、毡包等。清代始称蒙古包，源于满语，“包”意为家、屋。牧区所建蒙古包，四周侧壁分成数块，皆用条木编成网状，每块高1.3～1.6米，长约2.3米，几块连接，围成圆形，上盖伞骨状圆顶。帐顶和四壁覆盖或围毛毡，用绳索固定。地面铺很厚的毡毯。西南壁留一木框，用以安装门板。帐顶留一圆形天窗，用以采光、通风、排放炊烟，夜间或风雨雪天以毡覆盖。毡包中央设炉灶或火塘，三面设座：正对门处为主人居处，左有佛位，右有箱柜；左面为男位和客位，右面为妇女居处。入口处左侧放鞋靴，右侧为餐具和燃料。蒙古包最小的直径仅3米多，大的可容数百人，蒙古汗国时期，可汗及诸王的帐幕可容2 000人。分可拆卸和不可拆卸两种。半农半牧区所建蒙古包形同房屋，周围砌土壁，上用苇草和泥土搭盖，不可移动，是蒙古包的变异形式。

新疆帕米尔高原塔吉克族的毡房

毡帽　felt hat　用毛毡制成的帽子。多以羊毛为原料擀成蘑菇状帽身，再加以修饰而成，有防寒保暖之用。由于毡帽取材方便，形式多样，可粗可精，曾流行于世界许多地区，为许多阶层所喜爱。如法国的三角毡帽、英国的宽边毡帽、吉尔吉斯斯坦等中亚国家的尖顶软毡帽、美国的牛仔毡帽以及各式女子时装毡帽等，也见于中国汉族及蒙古、满等少数民族地区。历史悠久，在中国最早为西北游牧民族使用。新疆小河墓地出土的尖顶毡帽距今约4 000年。蒙古族、满族及北方汉族的农民多戴褐色罐状带有护耳的毡帽，称“毡帽头”，可防寒。新疆柯尔克孜族和哈萨克族夏秋季戴羊羔毛制作的白毡帽，为四片花瓣形毡拼合而成，翻边和接缝处以黑平绒镶饰，也称四片瓦。藏族男女一年四季都戴高顶喇叭形毡帽，用白毡制成，外罩白布，沿黑边，现在也常戴毡制礼帽。此外，白马藏族的荷叶边白毡帽、裕固族的红缨白毡帽、土族的锦边卷檐毡帽也都各具特色。浙江绍兴有传统的乌毡帽，以皋埠毡帽质地精良，制作最佳。老年人冬天戴的毡帽可折叠三层，严寒时可拉放至颈，帽沿下有开口，正好露出双眼；还有的毡帽帽沿向上作一深沟，可存放香烟、火柴之类小物件。现在除农村老人还戴用外，几已消失。

詹金森　Jenkinson, Hilary（1882-11-02～1961-03-15）　英国档案学家，国际档案活动家。生于伦敦，卒于萨塞克斯郡。毕业于剑桥大学。1905年进入英国公共档案馆工作，历任该馆秘书、第一副馆长和代理馆长。曾任英国档案工作者协会主席、皇家历史手稿委员会高级专员等职。因在档案领域的卓越贡献，被授予爵士称号。还积极投身于国际档案事务，曾任国际联盟档案专家委员会筹委会主席和国际档案理事会第一任副主席。代表作是1922年出版的《档案管理手册》。该书被译成多种文字出版，成为享誉世界的档案名著。学术贡献主要包括三点：①强调证据的“神圣性”。②首创“档案组合”概念作为法语“档案全宗”的英语对应词。③强调档案整理必须确切反映形成者的原始组织结构和文件保管体系，档案人员必须公正无私，担负起保管行政活动中自然产生的可靠性证据的职责。

詹姆斯　James, Henry（1843-04-15～1916-02-28）　美国小说家。生于纽约，卒于英国伦敦。生长在一个富有教养的家庭中。自幼往来于欧美之间，1875年起定居伦敦。1915年因美国一时未参加世界大战，愤而加入英国籍。

1862～1864年在哈佛法学院求学，并开始写作文学评论与短篇小说。主要作品是小说，常写美国人和欧洲人交往之间的问题；成人的罪恶如何影响并摧残了纯洁、聪慧的儿童；物质与精神之间的矛盾；艺术家的孤独，作家和艺术家的生活等。

重要的长篇小说有《一个美国人》（1876～1877）、《一位女士的画像》（1881）、《未成熟的少年时代》（1899）、《鸽翼》（1902）、《专使》（1903）等。《一位女士的画像》写女主人公伊莎贝尔在父亲去世后从美国来到英国，接受欧洲文化熏陶及爱情、婚姻的经历。中短篇小说主要有《黛西·密勒》（1878）、《丛林猛兽》（1903）、《快乐的一角》（1909）等。

詹姆斯还写了许多很有见地的评论文章，涉及英、美、法等国作家。文集有《法国诗人和小说家》（1878）、《观感与评论》（1908）；游记有《大西洋彼岸素描》（1875）、《在意大利的时候》（1909）；自传有《童年及其他》（1913）、《中年》（1917）等。

詹姆斯　James, William（1842-01-11～1910-08-26）　美国哲学家，心理学家，实用主义的主要代表。曾任哈佛大学生理学、哲学和心理学教授。为美国心理学会和宗教心理学的创始人之一。

詹姆斯哲学是实用主义流行和演变的一个重要环节，它不再局限于对观念和命题作意义上的分析，而偏重于人类生活中的价值和效用。詹姆斯思想中引人瞩目的是意识流、彻底经验和关于真理的概念。詹姆斯从科学和实验意义上来重新认识、理解心理学，推崇实用主义思想方法与心理学实验研究的结合，曾对人的意识、意志、本能、情绪、习惯和自我体验等展开深入探讨，其理论对美国机能心理学、科学心理学和行为主义思想体系的发展都产生过直接影响。他支持并直接参与了美国的宗教心理实验研究，成为其经验学派的主要人物之一。他曾从个人信仰经验和宗教意识这一角度来展开对个体宗教经验的研究，其关于宗教经验的著述成为西方宗教心理学的经典著作，并把这一研究领域推向了一个全新的发展阶段。詹姆斯对宗教神秘经验和信仰意志的研究、其关涉潜意识和宗教经验之关系的假设，以及他所采用的医学和药物实验方法等曾为美国宗教心理学体系的创立奠定了重要基础，对整个西方现代心理学的发展亦产生了广远影响。著有《心理学原理》、《宗教经验种种：对人类本性的研究》、《实用主义：古老思想方法的新名称》、《多元的宇宙》和《真理的意义》等。

詹姆斯敦 Jamestown 南大西洋英属圣赫勒拿首府。位于圣赫勒拿岛的西北岸，濒临圣詹姆斯湾。人口约900(2005)。热带海洋性气候。年平均气温21℃，年降水量约200毫米。有锯木、麻类加工厂和屠宰场。为岛上的唯一城镇港口和渔港。岛内无铁路和机场，对外联系主要靠海运。年捕鱼量约850吨。有海底电缆通阿森松岛和开普敦。

詹纳 Jenner, Edward (1749-05-17～1823-02-26) 英国乡村医师。发明牛痘接种法。生于英格兰格洛斯特郡，卒于格洛斯特郡。13岁随邻近的外科医师学徒，后至伦敦。

1773年返回故乡行医。1803年后于伦敦皇家詹纳学会工作。1813年获剑桥大学博士学位。詹纳注意到患过牛痘者不会感染天花。1796年他用牛痘疹的脓浆，当时他称之为“病毒”，首次试验给一名8岁儿童接种，预防天花获得成功。翌年，将结果写成文章送交皇家学会，遭到拒绝。1798年自费出版《种牛痘的原因与效果的探讨》。经过许多周折，牛痘接种法方得到公认。

詹天佑 Zhan Tianyou (1861-04-26～1919-04-24) 中国铁路工程师。号眷诚，字达朝。原籍安徽婺源（今属江西）。生于广东南海（今广州市），卒于湖北汉口。1872年作为第一批幼童赴美国留学；1881年毕业于耶鲁大学土木工程系；1885年任广东省博学馆教习，测绘了广东沿海图。1888年后参加修建或主持修建京奉、京张、张绥、津蒲、川汉、粤汉和汉粤川等铁路，历任工程师、总工程师、督办和交通部技监。其中1904年主持自行勘测设计和施工的北京—张家口铁路，从南口经居庸关、八达岭至岔道城的22千米区段内，工程艰巨，他决定采用33‰坡道和“之”字线的方案，开凿隧道数千米，在当时施工条件下实现颇为不易，因而被视为自力更生、艰苦奋斗的典范。他建议采用标准轨距，主持制定铁路建设技术标准和规范。他为中华工程师会主要创办人之一，并任第一任会长（1915）。

展子虔 Zhan Ziqian 中国隋代画家。渤海（今山东阳信）人。约活动于6世纪后半叶，历经北齐、北周，曾任朝散大夫等职。工于绘画，创作范围较广，善画释道、人物、鞍马等，尤长于山水。与当时另一画家董伯仁齐名，人称“董展”。他画人物，善用紧密的线条和能够晕染出浓淡的色彩，表现对象的性格特征和神态形貌。他画马注重描绘马的动势，虽站立而有走势，卧马则腹有腾骧起踝之势。他影响最大的是山水画，善于表现自然山水深远的空间感，传为他所画的《游春图》是现存古代山水画的重要作品。

《游春图》(故宫博物院藏)

占田课田制 中国西晋时期颁布的土地、赋税制度。战国、秦汉以来名田制度和限田政策的产物。名田，即以名占田，农民向国家登记户口并呈报所占田亩数。晋初社会经济和土地兼并有所发展，为加强对自耕农民的控制，限制土地兼并，保证国家赋税徭役的征发，太康元年（280）灭吴统一全国后，西晋政府颁布占田、课田令。规定：男子一人占田70亩，女子30亩。丁男课田50亩，丁女20亩，次丁男减半，次丁女不课（男女年16～60岁为丁，13～15岁、61～65岁为次丁）。官吏以官品高卑贵贱占田，从第一品占50顷，至第九品占10顷，每品之间递减5顷。此外规定，依官品高低荫亲属，多者九族，少者三世（自祖至孙），荫衣食客，第六品以上3人，第七、八品各2人，第九品1人，荫佃客，第一、二品不得超过50户（疑当作15户），第三品10户，第四品7户，第五品5户，第六品3户，第七品2户，第八、九品各1户。

占田制原则上任何男女都有权按此标准占有土地。但政府没有任何措施保证人民占有足够数量的土地。地主和农民所有的土地仍然得以保留，不足规定限额的还可以依限占垦。课田的意义，一是课税，二是课耕。在占田数内，课田租额每亩八升。政府不管人民是否占足限额土地，一律按照上述标准征收田租。只有边远地区少数民族不课田者，交纳义米。占田、课田制的施行，产生了一定的积极作用。此制颁布后，人民在一定程度上得以安居乐业，从而促进了农业生产的发展。

占有 possession 占有人对物的事实上的管领力。对物实施管领的人为占有人，是占有法律关系的主体；被管领之物称为占有物，为占有法律关系的客体。占有物为物权法上的一项制度，具有以下特征：①占有系以物为客体，所谓物，包括动产和不动产。对于不因物之占有而成立的财产权，如地役权和专利权，仅可成立准占有。②占有对物有事实上的管领力，即对于物得为支配，并排除他人的干涉。③占有为事实，此项事实在民法上有一定的效力，受法律的保护。《德国民法典》、《瑞士民法典》将占有定位为事实，而《日本民法典》则将之规定为权利。中国现行民事立法尚未建立明文的占有制度，占有究竟是权利还是事实，法律的立场并不清楚。但是司法实务和民法理论向来承认占有制度，通说认为是事实而非权利。

占有主要分为：有权占有与无权占有、善意占有与恶意占有、和平占有与强暴占有、公然占有与隐秘占有、无瑕疵占有与有瑕疵占有、自主占有与他主占有、直接占有与间接占有、自己占有与辅助占有、部分占有与整体占有、物的占有与权利的占有、单独占有与共同占有。占有的效力主要有：占有的保护效力，占有的权利推定效力，占有的权利取得效力，占有人对占有物的使用、收益权，占有人的有关费用偿还请求权。

占域行为 territorial behaviour 动物建立领域并加以防卫的行为。动物栖居和进行日常活动的空间范围称为它的巢区，而其中受到该动物积极防卫的区域特称领域。鸟类占域行为最普遍、最发达。如鸣禽筑巢后领主经常巡视所属领域，特别是当发现有入侵迹象时。鸣叫是一种远距离的警戒信号，足以使同类闻之却步。在视力范围内，某种威胁姿态（常包括显示身上某些固有标志，如鲜艳的羽毛）也常可奏效。如果侵入者仍不撤退，则领主即起而追逐啄击。在哺乳动物，气味常常是主要的驱避信号，领主或在木石上涂布分泌物，或以粪尿形式排遗地面。一般情况下，领域纠纷并无生死搏斗，大部分行为只限于威胁性姿态，它在行为学上属于仪式性行为。领域主要是针对同种动物，因此占域行为也可视为一种种群行为，种群内动物以此进行生存空间和资源的分配。因此占域行为具有调节种群密度的功能。但领域有时也可针对异种动物，这通常是当双方利用同类资源而发生竞争时，或侵入者对子代的生命构成威胁时。占域行为与动物的取食和生殖活动有密切关系。

栈道 plank road alongside cliffs 沿悬崖峭壁修建的一种道路。又名阁道、复道。其主要形式有：①在悬崖峭壁上凿孔，支架木排柱来支承的简支梁桥，上覆土石。②在陡壁上凿孔插入木梁，梁的另一端以柱支承或仅为悬臂梁，梁上铺木面或再覆土石。③在石崖上凿成台级，攀缘上下的梯子崖。④在陡岩上凿成半隧道或隧道。此外，还有这些形式组合而成的栈道。

中国在战国时即已修建栈道。中国古代在今川、陕、甘、滇等省内的山岭地区修建的栈道较多，如五尺道、连云栈道。现代虽然公路四通八达，但在一些大山沟渠，交通闭塞的山区，还有一些类似的栈道，供人、畜通行。

中国古代高楼间架空的通道也称为栈道。

战斗机 fighter 以空空导弹、航空机关炮等为基本武器，具有空战能力的作战飞机。狭义指歼击机（旧称驱逐机）。广义还包括截击机、战斗轰炸机和其他战术对地（水）面攻击的飞机。

《战斗里成长》 *Growing Up in the War* 中国话剧作品。1949年胡可根据多幕剧《生铁炼成钢》改编。1950年由中国人民解放军华北军区政治部文工团首演。共4幕。全剧以史诗般的情节结构，描写了农民赵老忠、赵钢、赵石头一家三代人长达13年的悲欢离合的命运。剧本重点围绕赵石头形象的刻画，生动表现了普通农民在人民军队里百炼成钢的主题。此剧的戏剧冲突设置、人物性格的塑造都富有特色，生活气息浓郁，比以前的同类戏剧作品有所突破。

战斗力 combat power 军队履行根本职能的能力。主要指作战能力。由物质因素和精神因素构成。按科学方法编组的、有一定数量和质量的人，能反映时代特定科技水平的、具有一定战术技术性能和数量的武器装备，是战斗力的物质因素。其中人又是首要因素。精神因素主要是指战员的军事、政治、心理素质。

战斗力是诸因素综合形成的整体能力。基础是军队的实力，主要由军队的数量、质量和武器的质量决定。而战略战术、科学技术、体制编制、组织指挥、管理教育、军事训练、战备水平、作风纪律、物资保障等因素，对战斗力的形成和发挥有重要影响。

战犯 war criminal 违反战争法、犯有战争罪行而必须承担刑事责任的人。战争罪犯的简称。在传统国际法上，国家有战争权，因此发动或从事战争并不构成犯罪，战争罪行仅指交战国军队违反战争法规和惯例的行为。第二次世界大战后，纽伦堡审判和东京审判成功地开创了组织国际法庭追究犯有战争罪行的战犯个人国际刑事责任的先例。

触犯下列罪名构成国际法意义上的战争犯罪，行为人应当被作为战犯受到审判：①《关于控诉和惩处欧洲轴心国主要战犯的协定》及其附件《欧洲国际军事法庭宪章》和《盟军最高统帅部特别通告》及其附件《远东国际军事法庭宪章》确定的破坏和平罪、战争罪、违反人道罪。②前南国际刑事法庭《规约》中规定的严重违反1949年日内瓦四公约情事罪、违反战争法规和惯例罪、灭绝种族罪、危害人类罪。③2002年成立的国际刑事法院在《规约》中确定的灭绝种族罪、危害人类罪、战争罪和侵略罪。

日本战犯东条英机被押上审判庭

迄今为止，对战犯加以制裁和惩罚的实例，最主要的是1945年8月8日成立的欧洲国际军事法庭和1946年1月19日成立的远东国际军事法庭分别进行的纽伦堡审判和东京审判。1956年中国最高人民法院特别军事法庭分别在沈阳和太原对侵华战争中的日本战犯进行了审判。1993年、1994年由联合国安理会通过决议设立的前南国际刑事法庭和卢旺达国际刑事法庭，对南斯拉夫境内和卢旺达境内武装冲突中犯有战争罪行的个人进行的审判是国际上惩治战犯的最新实践。

对战犯的国际惩治适用以下原则：战犯应承担个人责任并应受到惩罚；不违反所在国的国内法、担任国家要职及政府或上级的命令不能成为免除国际法责任的理由；战犯有权获得公平审判；对战犯的追诉不适用法定时效；各国不应给予战犯庇护；各国应在引渡问题上进行合作。对战犯的国内惩治适用本国刑法、所加入的有关国际条约及武装冲突法规定的罪名，并应遵循以下原则：罪刑法定，平等与对等，不溯及既往，罪责自负。

战俘 prisoner of war 战争或武装冲突中被交战对方所俘获的合法交战人员。对战俘的法律地位作出明确详细规定的国际公约有：1929年《关于战俘待遇的公约》，1949年《关于战俘待遇的日内瓦公约》，1977年《关于1949年日内瓦四公约附加议定书》等。上述公约中规定合法交战人员包括参战的军人、志愿部队人员、游击队员、民兵及其他因战争原因而遭受拘留的人员。战俘待遇的主要原则有8条：①拘留国应对战俘负责，给予人道待遇和保护；不得虐待和侮辱；不得作为人质，不得损害个人尊严。②不得没收战俘的私人财物。③战俘的住宿、饮食、医疗卫生应得到保障。④不得命令战俘从事危险性和屈辱性的劳动。⑤战俘可以拘禁，但除对违反法令的战俘适用刑事和纪律制裁外，不得监禁。⑥战事停止后，应立即遣返，不得延误。⑦在任何情况下，战俘不得放弃公约所赋予的权利的一部或全部。⑧在一人是否具有战俘地位发生疑问时，未经主管法庭作出判决之前，享受本公约的保护。虽然上述公约规定了对战俘的各种物质和人格尊严的保护，但在实际战争状态中，战俘往往享受不到公约所赋予的权利，交战国双方破坏国际法关于战俘待遇的原则的规定是经常发生的，如在朝鲜战争中，美国对中、朝战俘进行的残酷迫害和屠杀。

“战斧”巡航导弹 Tomahawk Cruise Missile 美国研制的舰（潜）载对舰对地攻击的远程、亚声速巡航导弹。装备在巡洋舰、驱逐舰、战列舰和攻击潜艇上。包括4种型号。①BGM-109A型为对地核攻击战略巡航导弹，主要用于攻击陆上军事基地、指挥中心、交通枢纽及港口、码头等。有效射程2 500千米，最大射程2 775千米。命中精度（圆概率偏差）30～80米，采用质量为122.5千克的W80型核弹头，爆炸威力20万吨梯恩梯当量。②BGM-109B型为反舰巡航导弹，主要用于攻击大中型水面舰艇。射程465～556千米，命中概率为90%～95%。③BGM-109C型为对地常规攻击巡航导弹，主要用于攻击机场、指挥中心、桥梁、隧道、油库等。有效射程舰射型为1 300千米、潜射型为900千米，命中精度为15～18米。④BGM-109D型为布撒器对陆攻击巡航导弹，采用组合型子弹头撒布式战斗部，装有545枚子弹头，主要用于攻击指挥所、防御工事、弹药库、兵力集结地等。有效射程875千米，命中精度为15～18米。

飞行中的美国“战斧”舰载巡航导弹

战国 Warring States 公元前475～前221年秦统一以前的中国历史时期。这一时期各国混战不休，故前人称之为战国。又称为列国、六国，也有把春秋、战国合称东周。战国始于何年，有不同划分法。《史记·六国年表》定在周元王元年（前475）。《资治通鉴》以公元前403年韩、赵、魏三家分晋作为战国的开端。还有鲁哀公十四年（前481），周贞定王元年（前468）之说。

战国和春秋一样，中华大地仍处于分裂割据状态，但趋势是通过兼并战争而逐步走向统一。春秋时的一百多国，经过不断兼并，到战国初年，只剩下十几国。大国有秦、楚、韩、赵、魏、齐、燕七国，即有名的战国七雄。七雄之外，越在战国初也称雄一时，不久即走向衰亡。小国有周、宋、卫、中山、鲁、滕、邹、费等，后来逐个被七国吞并。与七雄相毗邻的还有不少少数民族，北面和西北有林胡、楼烦、东胡、匈奴、义渠，南面有巴蜀和闽越，至秦统一，已多与汉民族融合。

七国的疆域情况是：秦占有今陕西及甘肃之东南部，以后渐进到今四川、山西、河南。都城最初在雍（今陕西凤翔西南），最后迁咸阳。韩的国土是七国中最小者，在今晋东南及豫中和豫西部，都城平阳（今山西临汾），后迁郑（今河南新郑）。赵占有今山西的中部、北部以及河北中部和西北部，后拓地至今内蒙古南部的黄河两岸，都城邯郸。魏占有今晋南及豫北和豫中偏

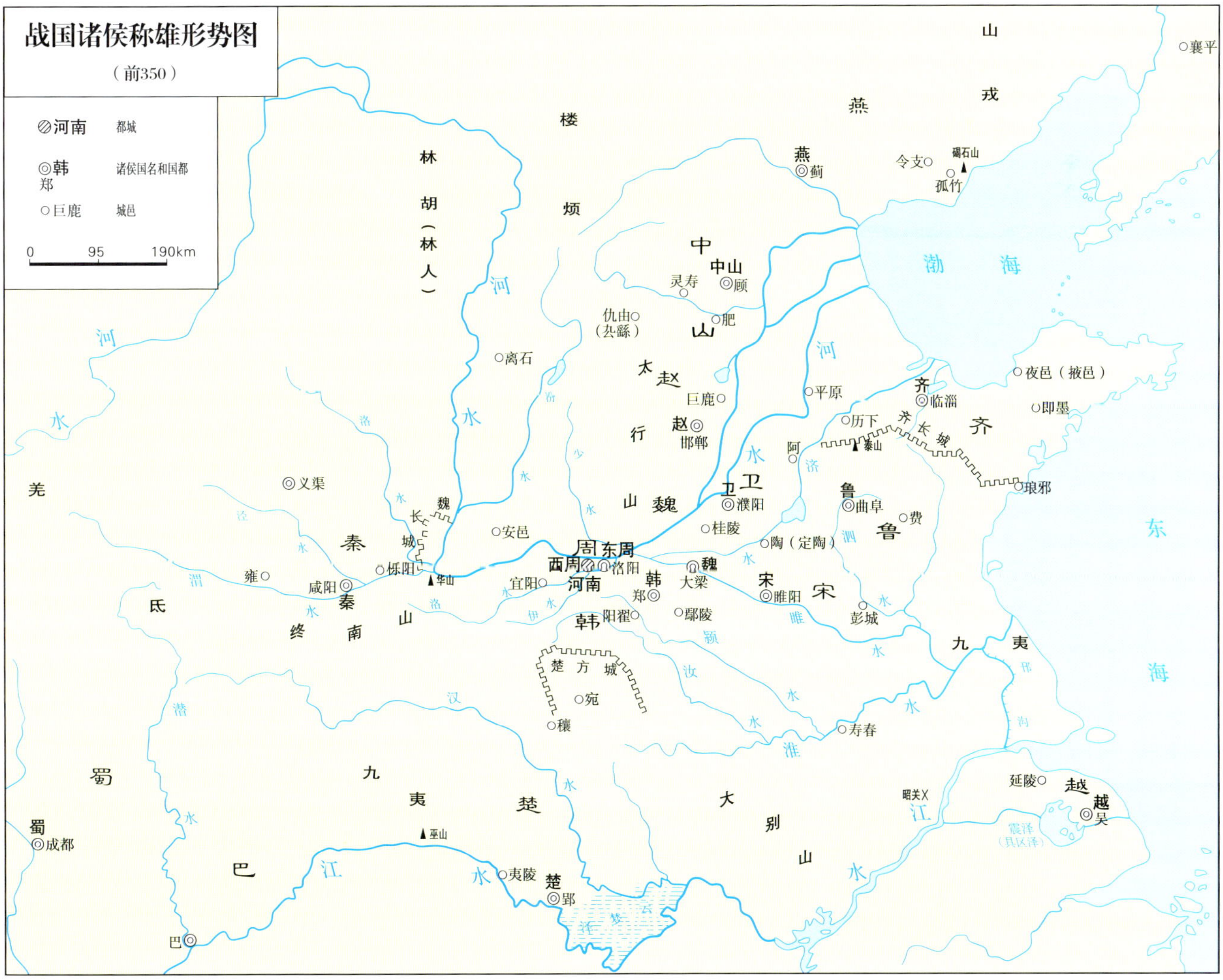

战国诸侯称雄形势图（前350）

东一带，先都安邑（今山西夏县西北），后移大梁（今河南开封）。齐占有胶东半岛、鲁北和河北东南部，都城在临淄。楚占有今湖北、湖南、重庆、四川、安徽、江苏、浙江和山东的一部分，都城在郢（今湖北荆州纪南城），后迁陈（今河南淮阳）、寿春（今安徽寿县）等地。燕占有今河北北部及辽南一带，后又占有今辽东和内蒙古、吉林的一部分，都城在蓟（今北京城区西南），其下都在今河北易县。

社会与经济的巨大变革 从春秋晚期到战国，社会的变化，农业、手工业中个体经营的加强，以及铁器的出现和广泛使用，促使社会生产力迅速提高，经济很快繁荣起来。

农业 铁农具使用的结果，既增强了开荒的能力，使可耕地面积增多，从而提供更多的农产品，又可深耕。《庄子》中说当时有一种名为桔槔的工具，利用杠杆原理以汲水。田间则普遍修建灌溉的沟渠和水闸或堤防，以便蓄水和排水，保证农田不受旱涝之灾。秦昭王时，蜀郡将**李冰修都江堰**，解除了岷江的水害，并使成都大平原获得灌溉和航运之利。战国末年，秦用韩国的水工郑国，在关中开渠以沟通泾、洛二水，即有名的**郑国渠**。这类大规模的工程，改变了某些地区的经济面貌。随着农业经验的丰富，出现了一些有关农学的著作，如《管子·地员》，《吕氏春秋》的《上农》、《任地》、《辨土》、《审时》4篇，是战国末农学著作中具有代表性的作品。农业的发达，使产量有所提高，为社会上提供更多的剩余产品。

手工业 冶铁是一种新兴的金属冶铸业。最初大约始于春秋末，到战国时有了很大的进展。在各地出土的战国铁器中，以农具、手工工具为最多，也有兵器和其他器物。冶铜业仍是重要的手工业。除了铸造礼器、乐器之外，还要铸造钱币、符节、玺印、量器等物，社会对铜的需求量很大，故铜器物制造水平也有提高。丝麻织物的生产也颇为发达。无论是纺织、染色或是提花、手绣，都达到较高的技术水平。战国手工业，一部分为官府经营，一部分属民营。官府手工业，除生产和国计民生关系密切的盐、铁、钱币之外，还旁及于漆器、陶器、纺织和金银玉石等领域。民营手工业约开始于春秋末，进入战国后获得很大发展。盐、铁等重要门类中，有不少民营作坊，其产品主要是供销售，因而民

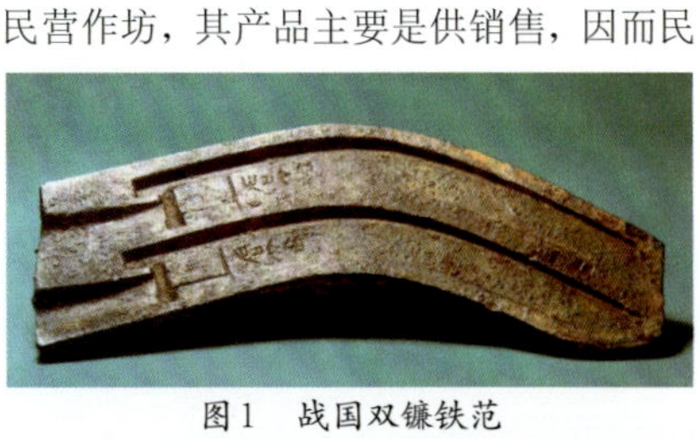

图1 战国双镰铁范

营手工业的发达，可为市场提供更多的商品，对商业交换的兴盛起到重要作用。

商业 农业、手工业分工的加强，促进了产品交换的发达。交换的频繁使许多物品都进入市场而成为可以买卖的商品。为了适应商业交换的需要，金属铸币开始大量使用。大约在春秋末年，晋、周等国已有青铜空首布流通于市场，以后变为小型平首布，三晋和燕都铸造这种小布。而燕、齐两国以铜刀币为主。布和刀的发行量很大，上面一般有铸地的地名，三晋和周还铸造过圆孔圆钱。战国晚期，齐、燕则通行方孔圆钱。楚国的铜币是仿海贝形的铜贝，俗称蚁鼻钱。当时除用铜币外，也以黄金为币，尤以楚为最突出。战国金币在使用时可切割成小块，是与铜币不同的称量货币。

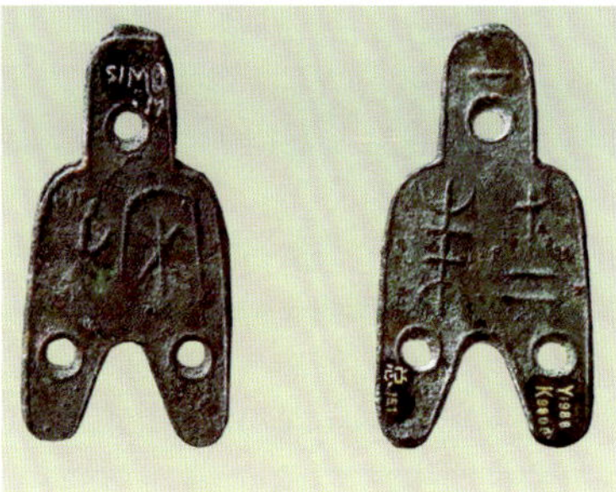

图2 赵国宋子三孔布

随着商业的发达，许多城邑都划出一定的地段、范围作为交易场所的市。市里有国家派去的官吏，负责收税和维持秩序。大城邑中还开设不少的手工作坊。当时不少的城邑成为货物的产销中心。工商业的影响促使城邑发展。人口大量增加，城邑规模扩大。国都的人口更多，如齐的临淄多达30余万。商业的发展，使商人开始具有独立经济地位。商人也经营高利贷，当时称高利贷资本为子贷金钱，又称倍贷。商人靠剥削农民和手工业者而致富，损害了国家或君主的利益，因而不少政论家主张重本抑末，即对手工业、商业要采取压制或打击的策略，但也有人持不同的看法，认为农、工、商、虞，缺一不可，主张在重农的同时要保护手工业和商业，甚至提出了农末俱利才合乎治国之道。

春秋战国之际，社会发生了深刻的变化。各种人的身份、地位也发生了很大的变化。有依靠军事、政治、文化等方面专长而去谋求仕宦出路的游士；农民从井田制的束缚下脱身出来而成为小自耕农；出现了具有独立经济地位的手工业者和商人。这些士、农、工、商，即当时所谓的四民，成为社会上活跃的因素，职业也不再世袭相传。在商品货币关系的影响下，雇佣劳动时有所见，奴隶出现在市场上。奴隶劳动除了用于家务劳动外，还广泛地用于各种生产方面。

变法和新的中央集权制 随着社会经

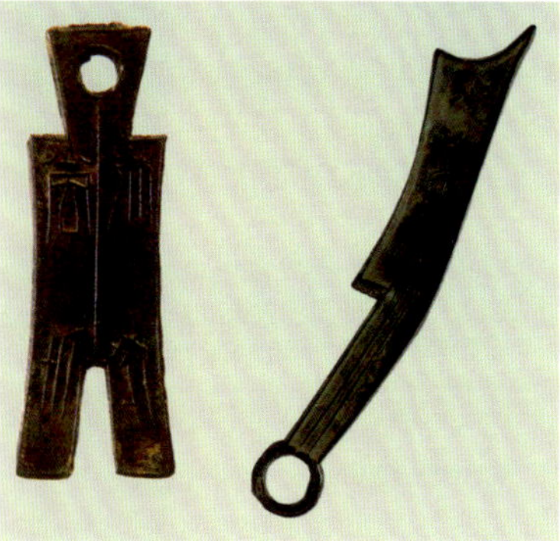

图3 楚国旆钱当釿布（左）和齐国“齐法化”刀币

济的变化，政治上层建筑势必有所调整。从战国初年起，各国的变法运动，正是为顺应经济变化所作出的努力。

魏、楚、齐、韩的政治改革 魏进行变法最早，开始于文侯时。文侯礼贤下士，又任用**李悝**、**吴起**、西门豹等人，使魏国富强。楚在悼王时，魏国的吴起奔楚，悼王用吴起进行变法。楚经过初步的改革，国家收入增多，吴起用来扩充武备，国力开始强盛起来。但进行改革仅一年，悼王死，旧贵族攻杀吴起于悼王之棺旁。吴起改革挫折。齐威王针对卿大夫专权，国力不强之弊，着手整顿吏治。又用邹忌为相，邹忌颇注意谨修法律而督奸吏，故齐国以治，到威王末年，齐最强于诸侯。韩在七雄中疆土小而国弱。昭侯时，申不害学“术”以干昭侯，昭侯用不害为相，史称申不害“修术行道，国内以治”。

秦商鞅变法 战国初年，秦在各国中地位不高，不能参与中原各国的盟会，各国常以夷狄遇之。在内外的压力下，秦孝公迫切地要求变法图强。公元前356年，**商鞅**下变法令。公元前350年，秦从雍（今陕西凤翔）迁都咸阳，商鞅又下第二次变法令。变法后，秦国富强起来，并开始向东发展。公元前338年，秦孝公死，子惠王即位，商鞅被杀。但变法的成果沿袭不变，秦日益强大。当时各国都进行变法，以秦取得的成果为最突出，为秦后来翦灭群雄奠定了基础。

官制、兵制和法律 各国经过变法，建立了新的中央集权制，并有相应的制度。

官制 战国各国陆续建立君主之下将相分职、文武分权的中央官僚体制，以纠过去宗法贵族把持国家大权之失。

相即相邦，为百官之长，治理朝中百事，对大小官吏有赏罚权。各国都置此官，但名称上略有歧异，有的借用太宰、令尹之类的旧名，有的称为宰相。秦有时不置相邦，而设左、右丞相。将即将军，为武官之长。将军加尊则称大将、大将军或上将军。秦的最高武职初为大良造，后来才设将军。楚则以柱国、上柱国为武官之长。战国时中央最高的官吏为相邦。较相邦为低并分掌各种具体职务的官吏，有主管民政、军

事和工程事务的司徒、司马和司空，有管理刑罚和辞讼的司寇或司理等官。地方上一般都分成若干县，以替代过去贵族的封邑，在县以下有乡、里。里之下又分成若干个什、伍，伍是五家，什是十家。县的主管官吏为令。乡、里设三老、里典、伍长等。县置于君主统治之下，君主的政令可通过地方小吏一直贯彻到乡、里，中央集权制比过去大为加强。各国在边境地区或新占领的地方，为了加强地方的军事防御能力，往往设郡以统县。郡的主管官吏为守，除治民外，还掌握兵权。从相邦到地方的守、令，都由国君来任免。战国时任人唯贤比较流行。多数国家都主要从平民中擢用有用人才，甚至像申不害、**范雎**等出身于贫贱者也能被破格任用。秦多用外来的客卿，广揽天下的英才。秦能最强于天下，与此不无关系。官吏人才多通过大臣或名流之推荐和保举。官吏一般都领取实物为俸禄。封爵仍有，但和春秋之制有较大区别，但受封者仅有一定的治民权。这些封君多终身或传数世，很难长期世袭。

图4　蚁鼻钱范（安徽省博物馆藏）

兵制　由于战争频繁，各国都拥有一支强大的武装力量。士兵来源于募兵或征兵。军队的将帅都由君主任命。战国早期，军将常由相邦充任，以后则由其他高官为之。将帅非常设官，战事结束后即罢。在调动军队时，君主用虎符为信物。虎符为铜质、虎形，分左右两半，有子母口可以相合。右符在王所，左符在将领之手。王若派人前往调动军队，就需带上右符，经过合符，军将才能听命而动。

法律　战国时各国都用严刑峻法以治国，为此而制订出一批新的成文法典。魏有**李悝**的《法经》，最为有名。秦律是在《法经》的基础上编订而成。法律对官吏的违法行为颇为重视。官吏在执法时忽于职守者为不胜任，对重罪轻判或轻罪重判为不直，不胜任和不直都构成犯罪，不廉洁的官吏为恶吏，也为法律所不容。战国时刑罚残酷。刑罚有死刑、肉刑、徒刑等类。肉刑分髡、黥、刖、劓等。徒刑是使罪人长期服苦役，三晋称这类罪犯为胥靡，秦称刑徒城旦或鬼薪、隶臣。秦徒刑中以城旦为最重，犯人髡发穿赭衣，颈中戴铁钳，脚上戴铁钛。同时还要处以黥、劓等肉刑。城旦在严密的监督下服长期的苦役，实际上成为罪犯奴隶。较轻的刑罚有迁刑、笞刑和罚金、罚徭。迁刑是把犯人迁徙到边地去服役或戍守。犯人的家属也要承担法律责任，《法经》中的三族刑，即犯人的父、母、妻的亲属也要受株连。

七国的兼并战争和秦的统一　战国时期兼并战争比春秋时更为激烈和频繁，规模也更大。各大国都拥有雄厚的武装力量。战国时，战役短者数月，长者可以旷日持久数岁。各国为了克敌制胜，还竞相改进武器装备。兵器方面的最大变化是铁兵器开始出现。作战用的器械也多种多样，长期以来以车战为主的作战方法，渐退居于不太受地形条件限制的步战之下。在北方民族的影响下，骑兵作为新兵种开始推广。为了加强防御，各国不惜动用大量人力来修建**长城**。

魏的盛衰　魏是战国初年中原的一个强国。文侯、武侯两世，魏因经过政治改革而国力强盛，东面屡败齐人，又灭中山国，西面则派李悝、吴起守西河，一再挫败秦人的进攻。到惠王时，魏更加强大，公元前344年，惠王在逢泽（今河南开封南）开会，率十二诸侯，朝天子于孟津，并于是年开始称王，成为七国君主中最先称王者。惠王称王是魏国强盛的顶峰，但很快就开始走下坡路。公元前341年，魏军在马陵之战中，为齐伏兵所败，实力大为削弱。由于秦的崛起，东向发展，魏首当其冲，成为秦进攻的主要对象。故惠王以后，魏日益削弱。

秦疆土的扩大　秦经过商鞅变法，国势增强，不断攻打韩、魏，以扩大秦的疆域。公元前325年，秦惠文王也开始称王。秦强大之后对三晋的攻伐都取得了胜利。公元前312年，秦、楚大战于丹阳（今河南淅川一带），楚大败。楚怀王又派兵袭秦蓝田，又败于秦。秦从此取得楚汉中地的一部分，置汉中郡，而楚失去西北的门户。秦又不断攻打义渠之戎，西向而拓地。

齐伐燕和燕破齐　魏、齐相王以后，齐成为关东的最强者。公元前314年，齐宣王派田章率兵攻燕，仅50天就灭燕。赵武灵王护送燕公子职回国继位，是为燕昭王，燕国复定。齐湣王时，武力很强，对外发动了一系列的战争。公元前288年，齐和秦曾一度互相称帝，齐湣王为东帝，秦昭王为西帝，齐和秦成为天下的两强。燕昭王即位之后，礼贤下士，乐毅等人都奔赴于燕，经过28年而燕国殷富。公元前284年，燕联合三晋、秦、楚而大举伐齐，齐无力抵御，燕将**乐毅**很快攻下齐都临淄，湣王出走，不久被杀。公元前279年，齐将田单举兵反攻，大破燕兵，收复了所有的失地，迎齐襄王入临淄。

楚的削弱　进入战国后，楚已大不如以前，但因其地广人众，在关东六国中仍是比较强大的一国。怀王时楚又灭越，楚的疆域扩大到今江浙和鲁南一带。自从秦、齐两国强盛起来之后，楚不断和秦、齐进行斗争，但都遭到失败，最后楚怀王被秦诱至秦国而死于秦。到楚顷襄王时，秦军一直打到今洞庭湖边。楚的军队溃散而不战，楚顷襄王逃窜于陈（今河南淮阳）。

赵向北发展和长平之战　赵武灵王实行胡服骑射，增强了军队的战斗力。武灵王乃向北进攻，攘地北至燕、代，西至云中、九原。武灵王晚年，传位于子惠文王，占领今内蒙古南部黄河两岸之地，建立云中、九原两郡，又在阴山下修长城。故在战国晚期赵成为实力仅次于秦、齐的军事强国。秦和赵为争夺上党郡而发生了有名的**长平之战**。赵经过长平之战和邯郸被围，实力大为削弱。

秦灭六国　秦从孝公、惠文王时开始向东进攻，取得不少胜利。到昭王时，灭六国的基础已经奠定。昭王任用足智多谋的魏冉为相，后来又任用**范雎**，使秦更为强大。到昭王末年，属于三晋的上郡、河东、上党、河内、南阳等地都被秦所攻占。秦又南灭巴蜀，建立巫郡、黔中郡和汉中郡。其疆土之大，六国中罕有其匹。特别是天下之枢的韩魏，是当时经济、文化上最先进的地区。而秦占领了不少韩、魏的领土，两国之君甚至入朝于秦，委国听命，秦对中原已起到主宰的作用。到秦庄襄王时，东周、西周都被秦所灭，其势力进一步深入到关东地区。公元前237年，秦王政（见**秦始皇**）亲自执政，以**李斯**为佐，开始大规模对关东用兵，为配合军事上的攻势，秦又用金钱收买六国权臣以分化其内部。公元前230年，秦灭韩。公元前227年攻下邯郸，虏赵王迁。公元前226年，秦破燕，燕王喜逃到辽东。次年，秦决河水灌魏都大梁，魏亡。公元前223年，秦将王翦率60万人攻楚，虏楚王。次年，楚亡。公元前222年，秦攻辽东，虏燕王喜，又攻代而虏代王嘉，燕、赵两国亡。次年，灭齐，中国统一。

图5　三戈铜戟（1978年湖北随县擂鼓墩1号墓出土，该墓主人是战国早期曾国诸侯名乙）

边境内外各族 春秋时期中原的戎、狄，到战国时都已和华夏族融合为一了。但在离中原较远的地区仍有许多其他民族，这些民族居住在燕、赵、秦、楚等国境内或境外。

胡貉和氐羌 胡貉是当时人对北方各族的泛称。分布在今东北或蒙古大草原上者为东胡和匈奴，分布在今内蒙古东部和河北、山西北部者为林胡、楼烦。这些民族主要以畜牧为生，善骑射，是各族中武力最强者，中原各国受其威胁较大。战国后期，燕将秦开袭破东胡，东胡却地千里，燕乘胜而进，在边境上修建长城，又置上谷、渔阳、右北平、辽西、辽东等郡。匈奴长期受东胡的控制，和中原国家的关系较少。

貉人分布于今辽宁境内，他们以渔猎和农耕为业。氐、羌族分布于今西北，和秦邻近者为大荔、义渠，“筑城数十，皆自称王”。秦于战国早期灭大荔，和义渠相周旋时间最长，到公元前272年才灭义渠，并将所得到的土地建立了陇西、北地郡。

巴蜀 战国时蜀人分布在今川北和川西一带。巴人分布在川东的嘉陵江、长江沿岸。蜀人的历史很古老，从出土的铜器来看，它早期受商、周文化影响，到战国时则受秦、楚影响较大。

越 越人分布地区颇广。今浙江、江西和两广、福建等地都是越人居住和生活的地方。战国文献记载中已有百越、扬越、瓯越、闽等名称不同的部族。

诸子的思想与学说 战国时期在文化教育方面也发生了极大的变化，主要是学在官府的传统被打破，少数贵族已不能再继续垄断文化知识。随着私学的出现，“孔墨之弟子徒属，充满天下”。社会上涌现出大量的文学游说之士，为学术文化的繁荣打下了良好的基础。招贤养士之风的盛行，为文学之士提供了活动的环境和条件。他们可以潜心于学术，著书立说，使文化学术获得空前发展。各国君主不仅对各家兼而礼之，不主一家，还鼓励和支持各家之间的相互论战，促进了思想的活跃和学术的繁荣，出现了百家争鸣的局面。当时显学除孔、墨两大家之外，还有道、法、阴阳、名辩诸家，一家之中也不断分化为更小的学派。各家都抱着“以其学易天下”的宗旨，而他们确实皆有所长，时有所用，对当时政治、文化的发展变化都作出一定的贡献。墨子、孟子、老子、庄子、荀子、韩非、邹衍、公孙龙子等是这一时期的著名思想家。诸子学说对中国历史的发展产生过重要影响。

《战国策》 *Strategies of Warring States*

中国战国至秦汉间纵横家说辞和权变故事的汇编。《战国策》中的权变故事，大体可分作两类。一类是早期作品说辞大体符合历史事实，史料价值较高，《战国策》中许多中短篇说辞都属于这一类。另一类是晚出的拟作，拟作者对史事已颇茫然，其中许多都是托喻之言，虚构之事，《战国策》中的许多长篇说辞大都属于这一类。西汉末年，光禄大夫刘向奉诏校书，见到了皇家藏书中有六种记载纵横家说辞的写本，刘向依其国别，略以时间编次，定著为《战国策》33篇。东汉时高诱为此书作注。隋代已残缺不全，今仅存10篇。当时还有不少在民间流传的纵横家说辞。在长沙马王堆三号汉墓出土了一批帛书，其中有一部和《战国策》类似的书，整理者命名为《战国纵横家书》。这部帛书共27章，有11章见收于《战国策》和《史记》，其余16章是佚书。《战国策》为后世治史者提供了不可缺少的资料，而且《战国策》所收多是优秀散文，对后代文学有深远的影响。今天所见的《战国策》，分国编次，共33篇，460章，也有分为497章的。其所记史事，上起公元前490年知伯灭范、中行氏（《赵策一》），下迄公元前221年秦始皇统一中国以后，反映了这270年中重要的政治、军事和外交活动。南宋初年，剡川（今浙江嵊县）姚宏校注此书，忠于原作，今通称姚本。和姚宏同时，缙云（今浙江缙云）鲍彪也为《战国策》作注，改动原文，重新编次。元代吴师道对鲍注订误补缺，释疑解滞，今通称鲍吴本。

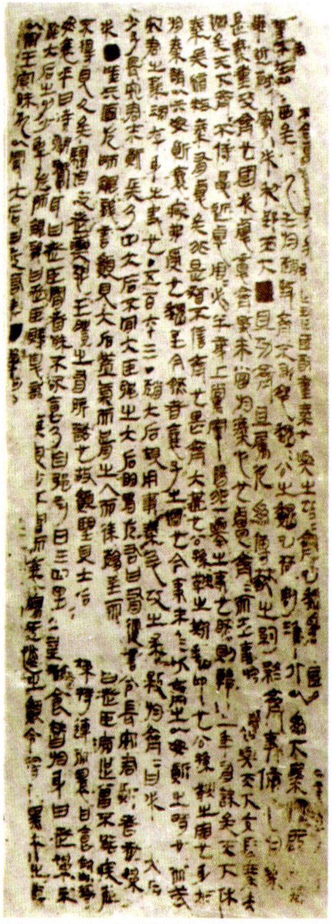
帛书《战国策》(部分，1973年末长沙马王堆出土)

战壕热 trench fever

由五日热立克次氏体引起、经体虱传播的急性传染病。又称五日热。中国尚无报道。潜伏期2～4周，有畏寒、发热、剧烈头痛、肌肉疼痛、眼球痛、脾脏肿大，部分病人可出现充血性斑丘疹。诊断根据当地有本病流行及典型临床表现。确诊须作补体结合反应和分离病原体。四环素治疗有良效。预防采用以灭虱为主的综合措施。

战机 opportunity for fighting

作战的有利时机。通常指适于己方用兵作战的地形、天候、兵力的集中、有利的态势，或敌方指挥失误、疲劳沮丧、兵力分散、态势孤立、队形混乱、协同失调、翼侧暴露、疏于戒备等时机。其形成由作战双方的多种因素决定，通常稍纵即逝。捕捉和创造战机是组织指挥作战的重要环节，直接影响战役战斗的进程和结局。捕捉战机，应基于战场的客观情况，审时度势，趋利避害。当出现战机时，要当机立断，先机制敌。创造战机，应根据地形和作战双方的实际情况，通过指挥员的主观能动性，有计划地造成敌人的错觉，使其主观指导上失误，处于不利地形或态势，加以歼灭。

《战舰波将金号》 *The Battleship Potemkin*

苏联故事片。1925年苏联国立中央照相电影企业公司出品。编导S.M.爱森斯坦，主演亚·安东诺夫。该片是向俄国1905年革命20周年的献礼影片，表现敖德萨海军波将金号战舰起义的历史事件。也是爱森斯坦将自己的电影蒙太奇理论思考引入创作的首次成功实践。他创造性地运用对比、重复、节奏、隐喻等诸种蒙太奇手段，产生了强烈的艺术效果。这部充满革命激情和艺术创新的影片对世界电影艺术的发展具有重大影响，是电影史上里程碑式的作品。

《战舰波将金号》剧照

战局 war situation

敌对双方于一定时间、在战争全局或一定战区内，经过一系列作战行动后所出现的军事形势。也指为达到一定的战略目的，依据统一的战略计划，在一定时间和空间内进行的一系列战役和军事行动。某种战局的出现与战争双方的政治、经济、军事、科技、天时、地利等因素密切相关。战争指导者根据敌对双方力量优劣变化的趋势，全面衡量分析战略形势，趋利避害，制订出符合客观实际的战略计划，实施正确的战争指导，是不断推进和转换战局、创造有利于己不利于敌的形势、争取战争胜利的关键。

战列舰 battleship 装备多座大口径舰炮，具有很强的装甲防护，曾经作为舰队主力在远洋作战的大型水面战斗舰艇。旧称战斗舰。在海战中通常是多艘舰列成单纵队战列线进行炮战，因而得名。主要任务是用威力强大的舰炮攻击大型舰船，袭击敌岸重要目标，支援登陆作战等。

战列舰出现于17世纪中期，开始为风帆战列舰。1849年法国建成了第一艘蒸汽战列舰“拿破仑”号。1906年英国建成“无畏”号战列舰，是近代战列舰的雏形。第二次世界大战期间，由于航空母舰和潜艇的广泛使用，战列舰丧失了主力舰的地位。战后，战列舰先后退役。

战略导弹 strategic missile 用来打击战略目标的导弹。为国家战略核力量的重要组成部分。通常携带核弹头，用于打击敌方的政治和经济中心、工业基地、交通枢纽、指挥中心、军事基地等重要目标，或拦截来袭的战略弹道导弹。

战略导弹有多种分类方法：按发射点与目标位置分为地地战略导弹、潜（舰）地战略导弹、空地战略导弹等；按作战使命分为进攻性战略导弹和防御性战略导弹；按飞行弹道分为战略弹道导弹和战略巡航导弹；按射程分为中程（1 000～3 000千米）、远程（3 000～8 000千米）和洲际（8 000千米以上）战略导弹。不同类型的导弹，组成也不一样。战略弹道导弹一般是多级导弹，主要由弹体、推进系统、制导系统和弹头组成，无弹翼和尾翼，或装有很小的尾翼；推进系统采用液体或固体火箭发动机；制导系统通常采用捷联式或平台式惯性制导、惯性－星光制导等方式；携带单个核弹头或多个核弹头。与战略弹道导弹相比，战略巡航导弹体积小，质量轻，结构简单，弹体上装有较大的平面弹翼；其主发动机即巡航发动机，多采用空气喷气发动机，助推器（即加速器）一般是固体火箭发动机；战斗部安装在导弹的前部或中部。战略巡航导弹一般采用全程制导系统，即以惯性制导为基础，在导弹飞行的中段和末段，加入地形匹配制导、星光制导、导航星全球定位制导、景象匹配制导等方式，构成相应的复合制导系统。战略导弹可采用地下发射井固定发射方式，也可采用机载、潜（舰）载、车载等机动发射方式。

美国“大力神”Ⅱ洲际弹道导弹

战略导弹潜艇 strategic missile submarine 以弹道导弹为主要武器、用于对陆上战略目标实施核突击的潜艇。又称弹道导弹潜艇。可携带12～24枚战略潜地弹道导弹。特点是隐蔽性好，生存力强，突击威力大。为国家战略核打击力量的重要组成部分。见潜艇。

战略核力量 strategic nuclear forces 装备战略核武器、遂行战略作战任务的部队的统称。拥有核武器国家军事实力的重要组成部分，通常包括地地战略导弹部队、战略导弹潜艇部队、战略轰炸航空兵部队。有的国家把反弹道导弹部队等也列入。战略核力量使用权一般由国家最高当局严格掌握。国际社会公认拥有战略核力量的国家有美国、俄罗斯、英国、法国和中国，其中以美、俄两国的战略核力量最为庞大。印度、巴基斯坦等国也发展了导弹核武器，谋求成为战略核力量拥有国。

战略核武器 strategic nuclear weapon 用于打击敌方战略目标或保卫己方战略要地的核武器。战略核武器一般是由威力较高的核弹头和射程较远的投射工具组成的武器系统。通常分为战略进攻性核武器和战略防御性核武器。主要有陆基洲际弹道核导弹、潜地弹道核导弹、战略轰炸机携带的核炸弹和巡航核导弹，以及反弹道导弹核导弹等。战略核武器作用距离可远至上万千米，突击性强，核爆炸威力大多为数十万吨梯恩梯当量，有的高达数百万吨乃至上千万吨梯恩梯当量。

战略突袭 strategic surprise attack 对敌突然实施的战略性攻势行动。多用以发动战争，也用于战争过程中。目的是出其不意地在短时间内瘫痪和破坏敌防御体系及战略目标，削弱其军事实力与战争潜力，摧毁其抵抗意志，夺取战略主动权。对决定战争初期的胜负和改变力量对比有重大影响。

现代条件下的战略突袭，通常是核威慑条件下的战略突袭。具有以下特点：①集中使用高技术兵器，实施诸军种、兵种联合作战。②以信息战、电子战为先导，与机动战、火力战等相结合。③注重整体瘫痪，连续突袭，削弱敌方的战争实力与战争潜力。④运用先进的指挥手段，提高指挥效能。战略突袭通常选择在节假日、夜间、拂晓等对方疏于戒备的时机，目标通常是对方的政治经济中心、军事指挥机构、核导弹基地等重要军事基地、工业基地和交通枢纽，以及战略第一梯队或预备队等战略目标。

战略资源 strategic resources 事关战争全局和国计民生的人力资源和物质资源的统称。人力资源指具有必要劳动能力包括能服兵役的人口等；物质资源是自然资源和物质资料的总称。自然资源分为可再生资源（粮食、森林、橡胶、牲畜以及水资源等）和非再生资源（矿石、石油和煤炭等）；物质资料是自然资源经过人类开发或加工后的物质，包括生产资料和消费资料。战略资源状况是由国家地理位置、面积、人口、地形和地质状况以及能否合理开发、储备、分配、消耗等因素决定的。它是准备和进行战争的物质基础，决定着一个国家支持战争的能力，直接影响战争的进程和结局，是国家制定军事战略的依据之一。

战区 theatre 为实现战略计划、执行战略任务而划分的作战区域。泛指进行战争的区域。根据战略意图和军事、政治、经济、地理等条件在战前或战争爆发后确定，并可在战争中根据情况变化，适时调整或建立新的战区。随着军事技术和海军、空军的发展，作战空间不断扩大，战区范围已由陆地扩大到海、空领域。

战区导弹防御系统 Theatre Missile Defense; TMD 美国用于保护本土以外某一战区免遭近程和中程弹道导弹攻击的防御系统。主要任务是拦截射程在3 500千米以内，或弹头飞行速度不大于5千米/秒的弹道导弹。随着技术的发展，战区导弹防御也将包括防御巡航导弹和空地导弹的攻击。

组成 战区导弹防御系统主要由以下三大系统组成：①预警系统。主要由预警卫星和地基雷达等组成。预警卫星采用红外侦测，对导弹的发射发出预警，提供导弹的发射点、落点及飞行弹道的初步信息，引导地基雷达。地基雷达根据预警信息对目标进行搜索、截获、识别和跟踪，并引导拦截系统实施拦截。②指挥控制系统。整个战区导弹防御系统的神经中枢。作用是适时提供准确的信息，指挥与控制战区导弹防御系统协调一致地完成作战任务。③拦截系统。包括发射架、导弹、制导雷达及各种保障设施。用

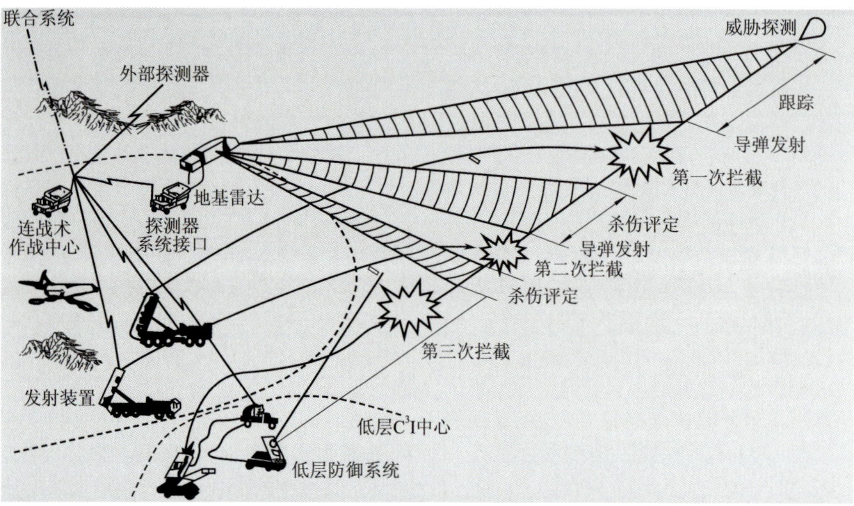

美国陆军战区高空区域防御系统（THAAD）示意图

于拦截飞行中的弹道导弹。拦截系统可分为3种类型：ⓐ低层拦截系统，又称“点防御”系统，在大气层内低层（30千米以下）拦截处于弹道末段飞行中的弹道导弹。ⓑ高层拦截系统，又称区域防御系统，能在数十千米至数百千米之外的较远距离和30千米以上的较高高度拦截摧毁来袭导弹，保护半径在100～200千米的大范围地区。ⓒ主动段拦截系统，能拦截处于主动段飞行中的弹道导弹，以保护导弹所要攻击的区域。拦截系统包括陆基、海基和空基导弹拦截系统。

特点　与国家导弹防御系统相比，战区导弹防御系统的主要特点是：①反应时间短。预警和可拦截时间通常只有1～3分钟，系统反应时间更短。②拦截弹的机动性和制导精度要求高。③能攻击各种类型的目标。要拦截的导弹弹头包含了从常规装药到化学、生物或核装药等多种战斗部。④能对弹道导弹的发射进行探测。战区导弹防御系统在广大区域范围内部署有相当数量的监视卫星、滞空型无人驾驶飞机等远距离探测系统，使其具有广域的、持续不间断的监视能力，能实时对导弹发射进行探测。

战伤　war wound　作战时敌人武器直接或间接所致的损伤以及战争环境所造成的某些损伤。按致伤武器和致伤因素分为冷武器伤、火器伤、其他战伤；按伤道形态分为切线伤、反跳伤、盲管伤、贯通伤；按体表是否完整分为开放性损伤、闭合性损伤；按负伤部位分为头颈、胸部、腹部、骨盆、脊柱、上肢和下肢部位损伤。

对战时伤员的救治必须分级进行：①清创术。用手术方法消除坏死或失去生机的组织、血块和异物，止血，清洁伤口，控制感染。已发生休克者应在伤情稳定后再清创。同时，还应纠正水、电解质和酸碱平衡，做好备皮、消毒、麻醉等工作。②其他救治。做好火线抢救和自救互救，如包扎、止血、固定、防窒息和搬运等；积极防治休克；处理好多发伤，先做紧急手术，再做一般手术；做好分类后送工作，根据伤情确定急救、留治、后送及其次序。

战时共产主义　War Communism　苏俄在1918～1920年国内战争时期采取的经济政策。又称军事共产主义。**苏俄国内战争**爆发后，苏俄的粮食、煤炭、石油和钢铁的主要产地陷入敌手，苏维埃国家处境十分困难。为了把仅有的人力物力集中起来用于战胜敌人，苏维埃政府实行一些临时性政策，这些政策统称为战时共产主义。

战时共产主义政策是逐步推行的。主要措施包括：①1919年1月11日，人民委员会发布法令，实行余粮收集制，涉及各种农产品。粮食人民委员部和工会派出征粮队收集农产品时，付给农民一定数量的货币或少量工业品。由于通货膨胀，农民交出的产品几乎是无偿的。②除大工业外，国家对中小工业也宣布实行国有化。工业实行高度集中管理。但到内战末期仍有相当数量的小企业在私人手里。③在交换方面，政府实行最小限度的商品交易和最大限度的国家分配。1918年11月决定取消私人商业，由国营商业和合作社组织供应。随着产品日渐缺乏和物价不断上涨，政府实行凭证供应。根据阶级和年龄的差别，规定不同口粮标准。后来对儿童和全体工人职员免费供应面包和日用品。货币依然存在，但其作用受到极大限制。④实行普及于一切阶级的成年人劳动义务制，实行“不劳动者不得食”的原则。战时共产主义政策是在战争条件下被迫采取的。1921年，苏俄政府用**新经济政策**取代了战时共产主义政策。

战术　tactics　进行战斗的方法。主要内容包括：基本原则，以及兵力部署、协同动作、战斗指挥、战斗行动的方法和各种保障的措施。按战斗基本类型分为进攻战术和防御战术；按参战军种、兵种分为联合战术、合同战术、兵种战术、专业兵战术；按规模分为兵团战术、部队战术、分队战术等。行军、宿营、输送、变更部署和换班的方法，也属于战术的范畴。

带有共同性、稳定性并在现代条件下仍然运用的基本原则有以下几方面。

目的明确　战斗中须充分发挥各种武器装备的效能，灵活运用各种战法，勇敢顽强、坚决积极，最大限度地歼灭敌有生力量；同时，采取各种有效措施，特别是加强对核、化学、生物武器和精确制导武器的防护，尽可能保存自己的力量。

知彼知己　运用各种侦察手段，不间断地查明敌方情况，掌握己方情况，熟悉战斗环境。在此基础上，对各方面的情况进行综合比较、分析，正确定下决心，确定能扬己之长、击敌之短的战法，制订周详的战斗计划，并在战斗中不断掌握战场情况的发展变化，适时修改计划或定下新的决心。

集中力量　无论进攻或防御，均在主要方向上和重要时机，集中强大的兵力、火力，纵深疏散配置。进攻时，集中火力和电子对抗力量对主要方向之敌全纵深实施打击和压制、干扰；将主要兵力突然迅速地集中于主要突破地段上，以地面攻击与空中突击相结合的方法，突破敌人防御，对敌实施分割包围、立体封锁、全纵深攻击，各个歼灭。防御时，集中主要兵力、火力和器材于主要防御方向，组成全纵深整体防御体系；集中火力突击主要方向上的敌人，以主要兵力坚守主要阵地，适时机动兵力、火力和障碍器材，增强主要方向上的防御，并以积极的反冲击、反击行动挫败敌人的进攻。

第一次世界大战中，英军利用散兵线战术进攻土耳其军队

主动灵活　现代条件下战斗情况复杂，变化急剧，指挥员须在客观物质基础上充分发挥主观能动性，灵活指挥战斗。战斗中，须积极进攻，使己方处于主动地位；当处于防御时，力求以积极的攻势行动，摆脱被动，争取主动；根据战场情势，巧妙部署兵力，灵活运用战法，不失时机地打击敌人；当情况发生重大变化或与上级中断联络时，根据上级总的意图，积极果断行事，灵活主动地完成战斗任务。

出其不意　应周密侦察，发现敌人的弱点，掌握其行动规律；采取有效的伪装和保密措施，实施兵力、火力、电子佯动，欺骗、迷惑敌人，造成敌人的错觉，隐蔽己方企图和行动；在敌意想不到的时间和地点，集中实施兵力、火力突击和电子干扰，乘敌混乱和协调失灵之际，不失时机地歼灭敌人。

密切协同　各军种、兵种和部队在统一计划下，按目的、时间、地点协调一致地行动，充分发挥整体威力，合力打击敌人，是夺取战斗胜利的关键。

全面保障　要求集中主要保障兵力和器材，保障主要方向和执行主要任务的部队的行动，并控制预备兵力和器材；各种保障行动须符合战斗行动的要求；专业分队保障与部队自身保障相结合；使用制式器材保障与使用就便器材保障相结合。战斗中，采取各种战斗保障措施，防止敌人突然侦察、袭击、破坏和干扰；综合运用各种后勤保障手段，适时供应战斗所需的物资、器材，及时救治伤病员；严密组织各种装备保障力量，及时进行武器装备的供应和保养、维修。

战术导弹　tactical missile　用于打击战役战术纵深内的目标的导弹。有的国家称战役战术导弹。包括除战略导弹外的所有导弹。

俄罗斯“伊斯坎杰尔”地地战术导弹

战术导弹种类繁多，用途广泛，有打击地面目标的地地导弹、空地导弹、舰地导弹、潜地导弹、反雷达导弹和反坦克导弹等，有打击水域（水面与水下）目标的岸舰导弹、空舰导弹、舰舰导弹、潜舰导弹和反潜导弹等，有打击空中目标的地空导弹、舰空导弹和空空导弹。战术导弹主要用于打击战役战术纵深内的导弹阵地、炮兵阵地、集结的部队、机场、港口、交通枢纽、指挥机构、坦克、舰艇、飞机、雷达、后勤供应基地等目标，直接支援己方部队作战或独立遂行作战任务。因打击目标不同，制导系统组成特点亦各不相同。地地战术弹道导弹常采用自主式制导系统或全球定位复合制导系统（GPS）等，有的还带有末制导系统。地空导弹、舰空导弹和空空导弹常采用寻的、遥控或复合制导系统。反舰导弹大多采用复合制导系统。战术导弹射程根据作战任务的不同，近者数十米，远者数十千米至数百千米。战术导弹的动力装置有固体火箭发动机、液体火箭发动机、空气喷气发动机和组合发动机等，战斗部有常规、核、化学、生物和复合战斗部等。

战术核武器　tactical nuclear weapon　用于打击敌方战役战术纵深内重要目标的核武器。战术核武器一般是由威力较低的核弹头和射程较短的投射工具组成的武器系统。主要有：战术核导弹、核炸弹、核炮弹、核深水炸弹、核地雷、核水雷和核鱼雷等。其特点是：体积小、重量轻、机动性能好、命中精度高。爆炸威力多数为数千吨至数万吨梯恩梯当量，少数可达数十万吨级梯恩梯当量，也有低至10吨梯恩梯当量（核地雷）。战术核武器少数固定配置在陆地和水域进行固定发射，多数采用车载、机载、舰载进行机动投射。

战役　campaign　军团为达成战争的局部目的或全局目的而进行的作战行动。战役从属于战争，重大战役的成败对战争的胜负起关键作用。战役通常包括若干战斗，并通过战斗达成战役目的，大规模战役还包括若干子战役；战役的胜负，受子战役或战斗特别是关键性子战役或战斗的直接影响。按基本类型分为进攻战役和防御战役；按参战军种、兵种分为联合战役和军种战役；按作战规模分为战区战役、战区方向战役、集团军级战役；按作战形式分为机动战（运动战）战役、阵地战战役和游击战战役；按作战样式分为登陆战役、抗登陆战役、联合火力打击战役、封锁战役、空降战役、反空降战役、空中进攻战役、防空战役、海上战役、核反击战役、常规导弹突击战役等；按地理环境分为城市战役、山地战役、高寒高原地区战役、热带山岳丛林地区战役、荒漠草原地区战役、江河战役等。现代战役，通常是诸军种、兵种共同进行的联合战役。

战争　war　社会集团之间为了一定的政治、经济目的而进行的武装斗争。与和平相对应的社会状态或世界、区域局势。用以解决民族之间、国家之间、政治集团之间以及不同阶级和宗教派别之间矛盾的最高斗争形式。特殊的政治表现形式。

对战争及其产生根源有各种不同观点。自然主义战争论者认为，战争的根源在于自然环境和人类的生物本性，并认为战争是自然的和永恒的现象。宗教战争论者则认为战争是上帝对人的惩罚，并用超自然力量解释战争起因。种族主义者则认为，战争的起因是优劣民族之间差别。近现代地缘政治学者则认为战争是基于地理环境，即为争夺一定的生存空间和自然资源引起的。马尔萨斯主义者则认为，人口过剩和饥饿是战争的真正原因。历史唯物主义认为，战争既非从来就有，也不是永恒的，战争是在私有制产生以后，随着阶级和国家的形成，出现压迫和被压迫时才出现的。历史上的战争包括侵略战争和自卫战争，正义战争和非正义战争，传统战争和现代战争，局部战争和世界战争等多种类型。

战争的根源有政治、经济、社会、文化等多种因素。现代国家主要从法律角度对战争进行描述，认为战争是交战国之间的一种特殊法律关系。这种战争状态通常经过一定的法律程序，并伴随着一系列的法律后果。战争状态是法律状态，它往往是交战双方或一方宣战，但彼此之间并不一定有实际的战争冲突。通常由国家最高权力机关宣布战争状态。交战国家一旦进入战争状态，它们之间就由和平关系转变为战争关系，战争法也同时开始适用。对战争的描述除从法律角度外，还可以从军事角度、政治角度等方面进行论述。

当今人类正处于新的技术革命的时代。科学技术的飞跃发展，全球社会交往的不断加深和扩大，对战争的发生、发展都具有重大影响作用。不仅使战争由传统的冷兵器战争过渡到热兵器战争，也使战争的影响范围由局部扩展到全球。与此相对应，制止战争的和平力量和技术手段也在不断发展，战争也由纯军事性向政治性、经济性、技术性发展。

战争动员　war mobilization　国家或政治集团采取紧急措施，由平时状态转入战时状态，统一调动人力、物力和财力适应战争需求的一系列活动。又称国防动员。包括武装力量动员、国民经济动员、科学技术动员、人民防空动员和政治动员等。按规

图1　第二次世界大战期间苏联号召全民参战的宣传画

模分为总动员和局部动员；按方式分为公开动员和秘密动员；按战争进程分为战争初期动员和持续动员。决定动员实施的权限，属于国家最高权力机关，动员令通常由国家元首或政府首脑发布。

图2　中国抗美援朝战争期间，广大青年踊跃参加中国人民志愿军

战争动员的实施过程：①国家发布动员令，宣布全国或部分地区进入战时状态，实行战时管制，建立健全战时领导指挥机构，实施各项动员计划，落实各项动员措施。②运用广播、电视、报刊、文艺和互联网等宣传工具，对全体军民进行爱国主义教育，动员参军参战，并争取友好国家的同情和支持。③按战时编制将现役部队补充满员，预备役部队转为现役；征召预备役军官和士兵，扩建原有部队，组建新的部队；加强民兵、预备役人员的临战训练，以保证补充扩大军队。④将国民经济相关部门迅速转入战时轨道，调整和优化资源配置，统筹安排军需民用；适时调整经济建设布局和产业、产品结构，扩大军工生产，实施部分工业转产，保障战争需要。⑤将交通运输部门迅速转入战时体制，利用交通运输线、设施和运输工具，保障军队兵员和武器装备、作战物资的运输。⑥统一组织科研部门、科研人员，利用科研设施和科研成果，开拓新的军事科研领域，加速研制新式武器装备。⑦按照预定计划疏散城市居民，健全警报报知系统。

战争犯罪　war crime　在把战争作为主权国家权利的情况下，战争犯罪仅指交战国军队违反战争法规和惯例的行为，包括使用有毒或其他被禁止的武器，杀害或虐待战俘，攻击、掠劫和屠杀平民等。1928年巴黎《非战公约》废弃以战争作为推行国家政策的手段，从而扩大了战争犯罪的范畴。第二次世界大战以后，《欧洲国际军事法庭宪章》和《远东国际军事法庭宪章》规定，战争犯罪包括三类：①危害和平罪。②战争罪。即违反战争法规与惯例的行为。③违反人道罪。即在战争发生前或战争进行中，对任何居民之谋杀、灭绝、奴化、放逐及其他非人道行为。

欧洲和远东国际军事法庭宪章还特别规定：原则上被告的官方地位，不问其为国家元首或政府部门之负责官吏，不应视为使彼等免受或减轻惩罚的理由；政府或上级命令，也不应成为免除被告责任的依据。

《战争论》　*On War*　军事理论著作。作者C.von克劳塞维茨，普鲁士将军、军事理论家和军事历史学家。《战争论》是作者在总结以往战争经验特别是拿破仑战争经验的基础上，用12年时间写成的。全书共8篇124章。8篇依次题为：论战争的性质、论战争理论、战略概论、战斗、军队、防御、进攻（草稿）、战争计划（草稿）。作者运用辩证的方法对战争的定义、目的、手段，军事艺术的划分，战略要素，战争中的攻防和会战的地位、特点等作了系统阐述，提出了许多正确的见解，如“战争是政治通过另一种手段的继续”等，反映了西方资产阶级上升时期军事思想的革新精神，对资产阶级军事思想体系的确立起了极其重要的作用。

战争赔偿　war reparations　战败国为赔偿因战争而给战胜国造成的直接损失，根据和约规定付给战胜国的实物或现金。国家承担因战争而引起的国际责任的习惯规则。

第一次世界大战以前，战败国支付战争赔款的数额往往由战胜国任意决定。一战后签订的《凡尔赛和约》将赔偿范围限定在侵略国直接造成的战争损失之内。

第二次世界大战后，逐步形成了一些新的战争赔偿制度：①追究侵略者的责任。把非法使用武力与酿成的战争后果统一起来。②赔偿限于战争直接造成的损失，其中包括对环境的损害和对自然资源的损害。③根据不同情况，可以削减或免除赔偿的数额。例如1972年中国政府宣布放弃对日本的战争赔偿要求，这是指放弃国家要求日本给予战争损失赔偿，至于民间要求赔偿则不在此列。此外，对于遭受战争损害的中立国及平民，实践中也要求给予赔偿。

结束战争，恢复和平，一般要缔结和平条约。战争赔偿是条约的重要内容之一。它在惩罚侵略者、给战争受害者以合理的补偿方面显示出法的尊严。

战争潜力　war potential　通过动员和开发的可用于战争的潜在力量。包括人力、物力、财力和精神力量等。战争力量的组成部分，决定着战争力量的规模大小和战争持续时间的长短。

人力、物力、财力主要指国家人口的多少，国土的大小，资源的多寡，科学技术的发展能力，电力和交通运输能力，国民收入和军费增长的幅度等，是决定战争潜力大小的重要因素。人口，包括国家的总人口、劳动力和兵役适龄人口的数量和质量，决定着国家常备军的数量和质量，决定着补充军队和组建新的部队的能力。国土，包括陆地国土、海洋国土。国土的大小及一定的地理条件，决定着各种资源的多少、自然条件的优劣，影响着经济的布局和发展，也制约着军队守土作战的回旋余地。资源，包括矿物资源、土地资源、水资源、气候资源和生物资源等，决定着军事工业的发展水平和各种战略物资（钢铁、有色金属、煤、石油、橡胶、粮食等）的生产能力与储备状况。精神力量，如民心士气、勇敢精神、军事学术水平，以及人们在战争中可能发挥出的聪明才智和创造力等，是战争潜力的重要组成部分。

《战争与和平》　*War and Peace*　俄国长篇小说。L.N.托尔斯泰著。作于1863～1869年。

“战争”与“和平”是小说的两大中心：既写1805～1807年和1812年的战争活动，也写战场外的俄国社会生活。小说描写了两种类型的贵族：一类接近宫廷，优雅华贵，但道德败坏，利欲熏心，醉生梦死，崇拜法国文化，漠视祖国的命运；另一类是理想化的宗法制领地贵族，主要以罗斯托夫伯爵和包尔康斯基公爵两家为代表，忠厚慷慨，感情热烈，富于爱国主义精神。

小说所歌颂的真正的爱国英雄是人民，许多下层出身的士兵和军官，以及成千上万的老百姓在战争中同仇敌忾，浴血奋战，赶走了侵略者。意在表明，“优秀”贵族和人民的合作才是俄国的出路。

小说卷帙浩繁，规模宏大，成为一部波澜壮阔的人民战争的史诗，内容纷繁交错，出场人物达600名之多，但情节的发展十分清晰，结构极为完美，既有冷静的叙述、诗意的抒情、激烈的政论，还有细腻的心理描写，更有用以揭示心灵奥秘的“意识流”手法，显示了作者非凡的艺术才华。小说发表百年，苏联著名电影导演S.F.邦达尔丘克将其改编搬上银幕。

湛江市　Zhanjiang City　中国广东省辖地级市，沿海开放港口城市。位于省境西南部，雷州半岛。西北邻广西壮族自治区，西滨北部湾，东邻南海，南滨琼州海峡。辖赤坎、霞山、坡头、麻章4区和遂溪、徐闻2县，代管吴川、廉江、雷州3市。面积12 490平方千米。人口699万（2010）。湛江旧称“广州湾”。1945年置湛江市，得名于湛川。麻斜海、湛江港水域面积862平方千米，海岸线长237千米，港阔水深，是天然良港。属热带季风气候。夏秋多台风、暴雨。热带资源和海洋水产资源丰富，北部湾多油气资源。农作物有水稻、甘蔗、胡椒、香茅、菠萝等。盛产鱼、虾、盐、珍珠。工业有石油天然气开采加工、食品、仪表、制糖、医药、化工、建材等。湛江市内设有热带

湛江汇景湾观海长廊

作物粤西试验站，有湛江师范学院、广东医学院、广东海洋大学等高等院校。名胜古迹有寸金桥公园、上林寺、湖光岩、楞严寺等。

湛然 Zhanran (711～782) 中国唐代僧人。天台宗九祖。俗姓戚，世居常州晋陵荆溪（今江苏宜兴）。20岁时于天台国清寺拜玄朗为师，38岁方于净乐寺出家。以中兴天台为己任，盛弘天台教观，大开讲席，天台宗风，一时大振。主要著作为阐释“天台三大部”的注释书《法华玄义释签》、《法华文句记》和《摩诃止观辅行传弘诀》。此外，还有《始终心要》、《止观大意》、《法华三昧辅助仪》、《观心辅助仪》、《法华五百问论》、《止观义例》等。湛然继承智𫖮的圆顿教旨，批判法相宗，驳难禅宗，也与华严宗展开论战，大大促进了天台宗的兴盛。弟子有元浩（？～817）、行满、道邃等，道邃后来被尊为天台十祖。

张爱玲 Zhang Ailing (1920-09-30～1995-09-08) 中国小说家、散文家。曾用笔名梁京。原籍河北丰润（今唐山）。生于天津，卒于美国洛杉矶。幼年迁居上海。家世显赫，

祖父张佩纶是晚清名臣。张爱玲幼年父母不合，父亲是遗少型人物，母亲远走欧洲，家中亲情匮乏。1931年秋，张爱玲考入上海圣玛利女校，1937年夏毕业。1936年和1937年在中学校刊《国光》发表小说《牛》和《霸王别姬》。1938年考取英国伦敦大学，因战事改入香港大学。大学三年级时太平洋战争爆发，学业中断，1942年回沪，以英文给《泰晤士报》写剧评影评。1943年与胡兰成相识相爱，1944年缔结婚约，后分手断交。

1943年张爱玲在周瘦鹃所办的《紫罗兰》复刊后的第二期上发表小说《沉香屑：第一炉香》，引起文坛关注。而后二三年间陆续在《紫罗兰》、《杂志》、《万象》、《天地》发表小说《沉香屑：第二炉香》、《茉莉香片》、《心经》、《倾城之恋》、《金锁记》、《花凋》、《红玫瑰与白玫瑰》等小说及一些随笔，成为沦陷期上海最著名的女作家。1944年中短篇小说集《传奇》出版。1945年散文集《流言》出版。1946年《传奇》增订本出版。张爱玲在这些作品中，以对人性的深刻洞悉感受生命的虚无，以平凡和世俗解构传奇；同时，她的小说雅俗融合，深度心理开掘与传统叙事套路相交织，具有相当高的艺术成就。代表作《金锁记》以对女性人性的深刻洞悉塑造了一个变态母亲的形象，成为中国现代文学史上的名篇。1950年3月至次年2月，张爱玲在《亦报》上连载长篇小说《十八春》(单行本经删改后易名《半生缘》)，小说时代的亮色最终压倒生命的虚无感，艺术风格有所转变。

1951年，张爱玲由上海抵港，入香港大学继续因战争而中断的学业。当年11月自动离校，供职于香港美国新闻处，并为《今日世界》撰稿，兼从事创作，写了具有明显反共意味的长篇小说《秧歌》(1954)和《赤地》(1954)。1955年赴美国，1956年在纽约与美国作家赖雅结婚。定居美国后，她深居简出，潜心于考据《红楼梦》、《海上花列传》。1967年赖雅去世后，她孤身独处，写成文论集《红楼梦魇》(1977)，并将《海上花列传》译成英文。1995年9月8日张爱玲被人发现已逝于洛杉矶寓中。

1992年，安徽文艺出版社出版了《张爱玲文集》4卷本，2000年又出版了《张爱玲文集》增补本——《红楼梦魇》，2002年中国华侨出版社出版《张爱玲文集·补遗》。2003年，哈尔滨出版社从台北皇冠文化出版公司购得版权，出版了《张爱玲典藏全集》共14卷。

张爱萍 Zhang Aiping (1910-01-09～2003-07-05) 中国无产阶级革命家、军事家，中国国防科技事业领导者，国务院副总理。生于四川达县，卒于北京。1926年加入中

国共产主义青年团，1928年转入中国共产党。1929年参加中国工农红军。历任共青团中央局秘书长、少年先锋队中央总队总队长、第3军团第4师政治部主任。曾被选为中华苏维埃共和国中央候补执行委员。长征中任第3军团第11、第13团政治委员、曾率部参加夺占娄山关、攻克遵义城、坚守老鸦山等战斗，到陕北后任军委骑兵团政治委员。抗日战争时期，历任中共江浙省委军委书记，豫皖苏省委书记，八路军第5纵队第3支队司令员，新四军第3师副师长兼苏北军区副司令员、第4师师长兼淮北军区司令员等职。解放战争时期，历任华中军区副司令员，华东军区海军司令员兼政治委员，第7兵团兼浙江军区司令员，华东军区暨第三野战军参谋长。曾参加渡江战役，参与指挥解放浙江沿海岛屿，在解放一江山岛战斗中组织人民解放军首次陆海空联合登陆作战。1954年后，历任解放军副总参谋长，国防工业办公室副主任，国防科委副主任，主任，国家科委第一副主任，军委科技装备委员会主任。曾领导战略武器和常规武器的研究、试验与生产，组织第一颗原子弹试验。1980年后，历任国务院副总理、中共中央军事委员会副秘书长，国务委员兼国防部部长。1958年补选为中共第八届中央候补委员，是中共第十一、十二届中央委员，第十三届中央顾问委员会常务委员。1955年被授予上将军衔，获一级八一勋章、一级独立自由勋章、一级解放勋章。1988年7月被授予一级红星功勋荣誉章。

张秉贵 Zhang Binggui (1919-12-17～1987-09-18) 中国北京百货大楼售货员，全国劳动模范。生于北京，卒于北京。1936年开始当学徒，1955年到北京市百货

大楼当售货员。1958年加入中国共产党。从事商业服务50多年，退休以后仍到柜台售货。在工作中全神贯注地为顾客服务，像一团火那样去接待各式各样的顾客。在百货大楼30多年中，接待过230多万顾客，没有和顾客发生过一次矛盾。练出“一抓准”、“一口清”绝技，创造整套服务经验和服务艺术，成为全国广大商业服务行业职工的学习榜样。1977年被选为中共十一大代表，1979年获得“全国劳动模范”称号，1987年被中共北京市委授予“优秀共产党员”称号。1988年9月17日，其铜像在北京市百货大楼前落成。

张伯端 Zhang Boduan (987或984～1082) 中国北宋道士。字平叔，号紫阳、紫阳仙人，后改名用成。台州天台（今属浙江，一

说临海）人。自幼涉猎三教经书，以及天文地理、医卜爻卦、吉凶生死之术。中年进士及第，因“火烧文书”罪，谪岭南兵籍。熙宁二年（1069）自桂林返成都，传说遇刘海蟾真人，授以金液还丹诀，遂绝念俗事，潜心修炼，著书扬道。

熙宁八年（1075）著《悟真篇》，书中援儒引佛，运用隐喻，阐述以性命双修为内炼大旨、以道教内丹为中心的“三教一理”思想。他首先提出以自身身体为炉鼎、以自身精气为药物、以自身精神意念控制力（神）为火候的理论，经过内炼，使自身精气凝聚，结成“金丹”。同时，融入吸收了陈抟内丹修炼的系统功法，开创了筑基、炼精化气、炼气化神、炼神还虚及先修命、后修性的内丹法，成为道教南宗紫阳派的创始人。

另著有《金丹四百字》、《禅宗诗偈》等。

张伯苓 Zhang Boling（1876-04-05～1951-02-23） 中国教育家。原名寿春，字伯苓。生于天津。1895年毕业于北洋水师学堂。1904年与前贵州学政严修在天津创办私立中学堂，后改称南开学校。1917年留学美国哥伦比亚大学。1919年创办南开大学，以后又成立南开女中、南开小学以及重庆南开中学，并先后担任校长40余年。抗日战争开始后，任西南联合大学校务常委。1938年7月，当选为国民参政会副议长，同年加入中国国民党。1946年6月美国哥伦比亚大学授予他名誉文学博士学位。1948年任南京国民政府考试院院长，不久辞职。中华人民共和国建立前夕，他拒绝蒋介石多次“催请”，不去台湾。1950年5月，从重庆回到北京，受到周恩来总理欢迎。

张伯苓认为国家的不振和民族灾难之深重，在于愚、弱、贫、散、私“五病”，为痛矫时弊，育才强国，曾为南开制定“允公允能”校训，以培养学生“爱国爱群之公德，与夫服务社会之能力”。他仿学日本和美国的教育制度，并实行教育改革计划。他十分注意学校的用人和效率。聘请教职员均注意严谨选择，无论中学或大学，都有一批国内外知名的教学骨干。

教育论著辑为《张伯苓教育言记选集》。

张伯伦 Chamberlain, (Arthur) Neville（1869-03-18～1940-11-09） 英国首相（1937～1940），20世纪30年代绥靖政策的代表人物。政治家J.张伯伦之子。生于伯明翰，卒于汉普郡涅克菲尔德。1918年被选为下院议员。

先后任邮政大臣、卫生大臣，并两度出任财政大臣（1923～1924，1931～1937）。

1937年5月28日，张伯伦出任保守党政府首相。在远东，他奉行纵容日本侵略中国的政策。1938年9月，积极参加策划出卖捷克斯洛伐克的慕尼黑阴谋（见慕尼黑会议）。9月30日，张伯伦又同A.希特勒签署《英德互不侵犯宣言》。

第二次世界大战爆发后，张伯伦被迫作出强硬姿态，下令加速实行重整军备计划。1940年4月，英军在援助挪威的战役中战败。5月10日德军入侵荷兰、比利时、卢森堡，绥靖政策破产。同日，张伯伦辞去首相职务。后在W.丘吉尔内阁中任枢密院院长。

张伯伦 Chamberlain, Owen（1920-07-10～2006-02-28） 美国实验物理学家。生于旧金山，卒于伯克利。1949年获芝加哥大学哲学博士学位。1942年加入美国研制原子弹的机构曼哈顿工程。1947～1949年到阿贡国家实验室工作。历任加州大学伯克利分校副教授、教授。1960年当选美国国家科学院院士。1948年和老师E.G.塞格雷合作，开始做一系列质子-质子散射实验和极化效应的研究。1955年他们以质子同步稳相加速器发现了反质子，为此同获1959年诺贝尔物理学奖。次年，他们又证实存在反中子。张伯伦还研究了反质子与氢和氘的相互作用、π介子散射等问题。

张昌绍 Zhang Changshao（1906-10-06～1967-12） 中国药理学家。生于江苏嘉定（今属上海嘉定区），卒于上海。1934年毕业于上海医学院后留校任药理学助教。1937年留学英国，1940年获伦敦大学哲学博士学位。1941～1946年任上海医学院药理学副教授兼中央卫生实验院药理研究室主任。1946年后任上海医学院药理科主任教授。1949年后，任上海医学院药理教研室主任教授兼中国科学院药物研究所学术委员、全国血吸虫病研究委员会药物组组长、中国生理科学会理事。著有《现代的中药研究》、《药理学》和《药理学总论》等。

张诚 Gerbillon, Jean François（1654-06-04～1707-03-27） 旅居中国的法国耶稣会传教士。字实斋。生于凡尔登，卒于北京。1670年入耶稣会香槟省修道士传习所。1685年，受法王路易十四派遣，与一批耶稣会士来中国传教。康熙二十六年（1687）到达浙江宁波，次年抵北京，由葡萄牙人徐日昇神甫引荐觐见康熙帝，与白晋同在宫廷供职，同时学习汉、满文字。二十八年，张诚和徐日踌被委任充当中俄尼布楚边界谈判的译员。二十九年入宫为康熙帝讲授欧几里得原理、实用几何学及哲学。三十五年，从康熙帝亲征噶尔丹。张诚曾主管北京法国会院，后来任耶稣会总会长。在罗马教廷与中国所谓礼仪之争中，他主张尊重中国敬孔祭祖的习俗，不赞同罗马教廷禁止中国教徒祭祖拜孔的命令。三十二年，康熙帝患疟疾，张诚和白晋进金鸡纳霜，康熙帝病痊后，赐地西安门内建造救世主堂（北堂）。著有《满文字典》4卷、《几何原理》、《几何学》、《哲学原理》等。张诚的日记，比较详细地记载了中俄《尼布楚条约》的谈判、签订的经过，商务印书馆有中译本《张诚日记》。

张冲 Zhang Chong（1901-01-25～1980-10-30） 中国爱国主义者，全国政协副主席。彝族。生于云南泸西，卒于北京。出身行伍，历任滇军旅长、师长。抗日战争时期，任国民党军第184师师长，参加了台儿庄会战。后任第60军副军长、新3军军长，第1集团军总部第2路军指挥。后因接近中国共产党被撤职。1946年到延安。1947年加入中国共产党，后前往东北战场，任东北民主联军高级参议、松江省人民政府副主席。1949年参加策动滇军起义。中华人民共和国建立后，任云南省人民政府副主席，西南军政委员会委员，西南民族事务委员会副主任兼凉山临时军政委员会主席。1954年后，任云南省副省长，云南省民委主任，国家民委委员，中共云南省委委员，云南省革委会副主任，云南省人大常委会副主任，全国人大民族委员会副主任委员。1978年任全国政协第五届副主席。

张春桥 Zhang Chunqiao (1917-02～2005-04-21) 中国共产党中央政治局常务委员会原委员，国务院原副总理。“文化大革命”时期林彪、江青反革命集团主犯。山东巨野人。卒于北京。1931年入济南正谊中学。1935年到上海，参加左联和社会科学家联盟。1938年到延安，加入中国共产党。1939年到晋察冀根据地，历任华北联大宣传科长、《晋察冀日报》副总编辑。1947年任中共石家庄市委秘书长兼石家庄日报社社长。中华人民共和国建立后，历任华东新闻出版局副局长、解放日报社社长兼总编辑，中共上海市委宣传部副部长、市委文艺工作部部长、市委政治研究室主任、市委宣传部部长、市委书记。1965年与江青共同策划撰写批判《海瑞罢官》文章。1966年5月中共中央政治局扩大会议后任中央文革小组副组长。1967年1月回上海组织打倒上海市委的“一月夺权”活动，任上海市革命委员会主任。“文化大革命”中伙同江青制造了大批打击迫害干部群众的冤假错案。1969年当选为中共第九届中央政治局委员。1973年当选为中共第十届中央政治局常委，与江青、姚文元、王洪文结成“四人帮”。1975年任解放军总政治部主任、国务院副总理。1976年10月6日被华国锋、叶剑英代表中共中央政治局隔离审查。1977年中共十届三中全会宣布开除其党籍，撤销一切职务。1981年1月被最高人民法院特别法庭确认为林彪、江青反革命集团主犯，判处死刑，缓期2年执行，剥夺政治权利终身。1983年改判为无期徒刑。1997年12月减为有期徒刑18年，剥夺政治权利10年。1998年1月保外就医。2005年因患癌症病亡。

张大复 Zhang Dafu 中国清初戏曲作家。字星期、心其、彝宣。江苏吴县（今苏州）人。出身贫苦，曾寄居在苏州阊门外寒山寺，因此自号寒山子。著有传奇29种，今存《如是观》、《醉菩提》、《海潮音》、《钓鱼船》、《快活三》、《金刚凤》、《双福寿》、《读书声》、《吉祥兆》、《紫琼瑶》10种。另外还著有《万寿大庆承应杂剧》等6种。所编订《寒山堂新定九宫十三摄南曲谱》，对研究古典戏曲具有参考价值。所作传奇，具有适合舞台演出的特点。其中现实意义较大的是描写岳飞抗金英雄业绩的《如是观》。是剧表现了中原百姓在战乱中忍受的痛苦，谴责了奸臣秦桧及腐朽无能的文官武将。结局是岳飞大败金兵，迎归徽宗、钦宗二帝，还朝受封，秦桧夫妇被处死。作者认为，忠与奸各有应得的结局，对岳飞的这段历史应该作如是观。

张大千 Zhang Daqian (1899-05-10～1983-04-02) 中国画家。名权，号大千，以号行世。生于四川内江，卒于台北。

生平 9岁习画，12岁能画山水、花鸟和人物。13岁就读于新式学堂，至19岁与仲兄张泽留学日本京都，学习绘画与染织。1919年，返上海，拜曾熙为师，因未婚妻谢舜华去世，痛而在松江禅定寺出家，法号大千。三月后还俗，奉命归川，与曾庆蓉结婚。婚后重返上海，师从李瑞清，在上海得识吴昌硕、黄宾虹等。1924年，在上海首次举行个人画展。1929年筹办全国美展。1931年，与兄张泽一同作为唐宋元明中国画展代表赴日本。次年，全家移居苏州。其时，张大千潜心于历代名家杰作，尤沉酣于石涛，凡能得见，靡不心摹手追。1933年，任中央大学艺术系教授，转年即辞职，专事创作。1936年，上海中华书局出版《张大千画集》，徐悲鸿作序。1938年，经上海、香港返蜀，居青城山上清宫，临摹宋元名迹。1940年，赴敦煌临摹历代壁画，前后凡两年零七个月，共摹276幅，并为莫高窟重新编号。1943年，出版《大风堂临摹敦煌壁画》。抗战胜利后，张大千的作品先后在巴黎、伦敦、日内瓦和国内各地展出，声名大震。1953年移居巴西。1955年，所藏画以《大风堂名迹》4册在日本东京出版。1956年，首次欧洲之行，赴法国与P.毕加索会见。1957年，以写意画《秋海棠》被纽约国际艺术学会选为世界大画家，并荣获金奖。此后，相继在法国、比利时、希腊、西班牙、瑞士、新加坡、泰国、德国、英国、巴西、美国以及中国香港等国家和地区举办画展。1969年，迁居美国旧金山。居美十年，是张大千创作的鼎盛期。1973年，捐赠作品108幅给台北历史博物馆。1978年，移居台北，晚年思乡而不得归，1983年因心脏病逝世。

创作 张大千的绘画艺术可分为三个时期：古典作风期、转变期和高峰期。60岁前，张大千集中精力临摹，由石涛、朱耷追徐渭、陈淳及宋元诸家，直至敦煌壁画。其画风亦由近似石涛、朱耷而变为晋唐宋元风范。60～70岁，张大千历经十年探索，融泼彩于泼墨、勾皴法，终于创造了雄奇壮丽的新风貌。以70岁所作《长江万里图》为标志，迈入了创造性的高峰期，泼彩成为最富个性的画法。作画过程大略是：先以墨笔略勾大形，然后托裱一层纸（或将画裱在板上），再泼墨泼彩。其泼法近似现代西方绘画的自动技法，用手牵动画纸或画板，使墨彩漫然自流，以形成某种偶然效果，再凭感觉注水或加浓颜色，或用笔添补房屋、山脚、枝干或人物，造成半抽象的、墨彩交辉的境界与情调。他以“超以象外，得其环中”，“神光离合，乍阴乍阳”等古人言论解释这些作品，认为它们是符合传统美学原则的。事实上，张大千晚年的这一突变，不仅把他的艺术从古典画风引向了现代画风，也把他推上了中国画革新大家的行列。

张大千毕生的创作，达到了“包众体之长，兼南北二宗之富丽”的境地，熔文人画与作家画、宫廷艺术与民间艺术为一炉。其书法劲拔飘逸，其题画诗工七绝，诗风真率豪放。早年多自刻印，清俊灵秀，与画风相一致。

张大煜 Zhang Dayu (1906-02-15～1989-02-20) 中国物理化学家。字任宇。生于江苏江阴，卒于北京。1929年毕业于清华大学化学系，同年考取公费留德。1933年获德国德累斯顿大学博士学位。回国后历任清华大学、西南联合大学、大连大学教授，中国科学院工业化学研究所、石油研究所、大连化学物理研究所研究员、所长。1955年当选中国科学院学部委员（院士）。专长物理化学。中国催化科学的奠基人之一。早年从事胶体和表面化学的研究。在中国天然石油尚未大力开发的情况下，组织了中国人造石油的研究工作。提出表面键理论的见解，研制成用于合成氨净化流程的三种催化剂，超过国外同类催化剂的水平。发表论文30余篇。

《平羌峡》

张岱 Zhang Dai (1597～约1676) 中国晚明散文家。字宗子，改字石公，号陶庵，又自号蝶庵居士。山阴（今浙江绍兴）人，侨寓杭州。明亡后披发入山，安贫著书。张岱出身于一个仕宦家庭。在文学上沿袭公安派、竟陵派的主张，反对桎梏性灵的复古主义，提倡任情适性的文风。但又不为公安、竟陵所囿，能吸取两家之长，弃两家之短。作品题材范围广阔，于描写山水景物之外涉及社会生活的各个方面。但篇幅均不甚长，以短小精练、抒写自然著称，在晚明小品文中堪称代表。明亡后，他隐迹山居，回首20年前的繁华靡丽生活，写成《陶庵梦忆》和《西湖梦寻》两书，以抒发他对故土的追恋之情。张岱文笔活泼清新，不论写景抒情，叙事论理，俱趣味盎然。如《陶庵梦忆》中《西湖七月半》、《湖心亭看雪》均意境极佳。张岱又是明末史学家，著有《石匮藏书》和《石匮后集》。著作还有《嫏嬛文集》等。

张岱年 Zhang Dainian (1909－05－23～2004－04－24) 中国哲学家、哲学史家。字季同，别署宇同。河北献县人。卒于北京。1933年毕业于北平师范大学，后任教于清华大学，私立中国大学。1952年后任北京大学教授。1980年后任中国哲学史学会会长。他早期欣赏英国分析哲学的方法，后接受辩证唯物主义，所著《中国哲学大纲》是第一部系统的中国哲学问题史。著作还有《中国唯物主义思想简史》、《中国哲学史史料学》、《中国哲学方法论发凡》等。

张德成 Zhang Decheng (1888～1967) 中国川剧演员。工老生。四川自贡人。7岁搭班从宗吉山（白甘蔗）学艺，18岁拜名生黄炳南为师，并受到曹俊臣、彭华廷的提掖。他嗓音清亮，唱腔高亢圆润，吐字行腔极有功力；做功传神，善于表达人物内心的复杂感情。20世纪40年代初，曾修改、演出一批表彰气节、反对投降的传统节目，如《柴市节》、《扬州恨、《孝孺草诏》等。擅演剧目还有《太白醉写》、《蓝关走雪》、《单刀会》、《绨袍记》等。1949年后，在川剧传统剧目的发掘、整理，音乐、帮腔的继承发展以及培养人才等方面，均作出贡献。晚年编著《川剧高腔乐府》3卷，对川剧高腔曲牌的源流、规格、性能等论述详尽。

张德成在川剧《孝孺草诏》中饰方孝儒

张德江 Zhang Dejiang (1946－11～) 中国共产党中央政治局委员，国务院副总理。大学学历。辽宁台安人。1971年1月加入中国共产党。1968年11月参加工作。1975年毕业于延边大学朝鲜语系。1980年毕业于朝鲜金日成综合大学经济专业，同年回国。历任延边大学副校长，中共吉林省延吉市委副书记，中共吉林省延边朝鲜族自治州委副书记。1986年任国家民政部副部长。1991年4月任中共吉林省委副书记兼延边州委书记。1995年任中共吉林省委书记。1998年1月任吉林省人大常委会主任。1998年9月任中共浙江省委书记。2002～2007年任中共广东省委书记。是中共十四届中央候补委员，十五届至十七届中央委员。十六届、十七届中央政治局委员，2008年3月任国务院副总理。

张德培 Zhang, Michael (1972－02－22～) 华裔美国网球运动员。生于霍博肯。12岁获美国网球协会少年硬地网球男子单打比赛冠军。13岁夺得费尔斯塔杯赛16岁以下少年组冠军。1989年在法国网球公开赛中战胜世界头号种子I.伦德尔，成为法国网球公开赛史上最年轻的男子单打冠军和最年轻的大满贯赛事得主。他也是第一位夺取世界职业网球大满贯比赛冠军的华人和亚洲人。1990年代表美国在戴维斯杯网球赛中连胜对手，为美国队夺得戴维斯杯立下汗马功劳。1992年连续在旧金山、印地安威尔斯和佛罗里达网球赛中夺得冠军，成为当年唯一3次获得小满贯赛事冠军的选手。2003年宣布退役。2008年入选国际网球名人堂。

张德庆 Zhang Deqing (1900－08－10～1977－10－21) 中国内燃机工程专家。生于江苏宝山（今属上海），卒于吉林长春。1923年获上海南洋大学（今交通大学）机械工程学士学位。1926年获美国普渡大学机械工程硕士学位。后在美国西屋公司实习，获电气工程师证书。之后在德国西门子公司实习电机电器与电讯工程。1929年回国后曾在兵工厂和电厂工作，后任浙江大学和国立交通大学教授。1936～1942年，多次到国外考察汽车生产工艺。1946年后任中国汽车配件厂总工程师和上海公交公司总工程师兼机务处长等职。1949年，中国面临经济封锁，石油短缺，张德庆在上海倡议采用煤气发生炉，用煤气代替汽油，并亲自领导研制无烟煤发生炉煤气，保证了上海交通的正常运转，后各省市相继使用。为此，他被评为上海公交公司特等功臣、上海市特等劳动模范。1952年任第一机械工业部汽车拖拉机实验室主任与汽车研究所所长和研究员。1955年当选为中国科学院学部委员（院士）。

张德庆在内燃机工程领域作出重要贡献。提出并主持“中国汽车钢系”的研究课题，为汽车材料国产化奠定了基础；开展多种燃料在汽车上应用的研究，在内燃机节能、代用燃料、石油资源的合理利用等方面提出独到见解；开展增压器的研究和青藏高原汽车试验，建立海南岛汽车试验站，研制成功用于汽车和机床的代用润滑油。参与中国科学技术十二年长远发展规划的编制，主持制定中国汽车工业和产品的技术标准。

张仃 Zhang Ding (1917－05－19～2010－02－21) 中国画家、工艺美术家、美术教育家。生于辽宁北镇，卒于北京。1932年在国立北平艺术专科学校学习期间，参加左翼美术家联盟，1934年被捕。抗日战争爆发后，参加抗日漫画宣传队。1938年赴延安，在鲁迅艺术文学院美术系任教。1946年任《东北画报》总编辑。其间发表过大量宣传画、年画、漫画等多种美术作品。中华人民共和国建立后，历任中央美术学院实用美术

《长城万里图》(局部，1983)

系教授，中央工艺美术学院院长、中国美术家协会常务理事、中国工艺美术学会副理事长，参与了国徽、政协会徽的设计以及开国大典的美术设计，主持了首都机场的大型壁画创作工作。重视民族、民间美术，曾在创作中吸收西方现代艺术的元素。晚年专攻焦墨山水，独辟蹊径。主要作品有山水画《长城万里图》、大型壁画《哪吒闹海》、动画片《哪吒闹海》人物造型设计。出版有《张仃水墨山水写生》、《张仃焦墨山水》、《张仃画集》等。

张鼎丞 Zhang Dingcheng (1898－12～1981－12－16) 中国无产阶级革命家，闽西革命根据地的主要创建人和领导者之一，全国人大常委会副委员长，最高人民检察院检察长。

生于福建永定，卒于北京。1927年加入中国共产党。1928年6月领导永定县农民武装暴动，建立苏维埃政府，进行土地革命，并组成一个营的红军部队，任营长。后历任中共闽西特委组织部部长、闽西暴动委员会副总指挥、闽西工农红军第7军第19师第57团团长，中共闽西特委军委书记，第四军第4纵队党代表。参加古田会议后，率部转战赣南、粤东北，反击国民党军“会剿”。1930年后，历任闽西苏维埃政府主席，闽粤赣边红军学校政治委员，中华苏维埃共和国中央执行委员兼土地人民委员，任福建省苏维埃政府主席。1934年秋中央红军主力长征后，留在闽西地区坚持游击战争，任闽西南军政委员会主席。抗日战争时期，任新四军第2支队司令员、中共中央党校第二部主任。解放战争时期，任华中军区司令员，中共中央华东局常委、组织委员会书记等职。中华人民共和国建立后，任中共福建省委书记兼省人民政府主席、省军区政治委员，中共中央华东局第四书记，华东军政委员会主席，中共中央组织部第一副部长，最高人民检察院检察长，第四、五届全国人大常委会副委员长等职。中共第七、八、九、十、十一届中央委员。

张二奎 Zhang Erkui (1814～1864) 中国京剧形成初期演员。工老生。原名士元，号子英。北京人（一说安徽或浙江人）。自幼嗜爱戏曲，24岁以票友身份在和春班客串《捉放曹》等剧，获好评，遂正式搭和春班演戏，曾为和春班班主，后入四喜班。清咸丰年间又与净脚演员大奎官（刘万义）共组双奎班。他嗓音宽亮响堂，行腔平稳质朴，不尚花腔，咬字坚实，以京音为准，唱功自成一格。扮相雍容大方，擅演帝王贵胄一类角色，以“王帽戏”著称，人称“奎派”，又称“京派”。与程长庚、余三胜并称“老生三杰”、“三鼎甲”。三人中他最年轻，却渐有后来居上之势。代表剧目有《打金枝》、《金水桥》、《大登殿》、《五雷阵》、《牧羊圈》、《四郎探母》等。弟子有文武老生杨月楼、武生俞菊笙等。

张方佐 Zhang Fangzuo (1901－03－29～1980－01－31) 中国纺织专家和教育家。浙江鄞县人。卒于北京。1919年入日本东京高等工业学校纺织科，1924年毕业。1925年回国。

先后在无锡振新纱厂、浙江萧山通惠公纱厂、南通大生纱厂、上海申新二厂、上海新裕二厂任工程师、厂长。中华人民共和国建立后，任华东纺织管理局副局长。1956年任纺织工业部纺织科学研究院院长。主持过上海诚孚纺织专科学校和交通大学纺织系，先后兼任华东纺织工学院（今东华大学）和北京化纤学院（今北京服装学院）院长。20世纪30年代组织出版《纺织学刊》，先后担任《纺织建设》、《纺织通报》、《纺织学报》编委会主任。著有《棉纺织工厂设计与管理》，还主持编写《公务辑要》、《纺织染丛书》等。

张飞 Zhang Fei (?～221) 中国东汉末年及三国时期蜀国将领。字益德。涿郡（今河北涿州）人。早年与关羽追随刘备，参与兼并战争，三人情同手足。刘备从曹操破吕布，张飞因功拜中郎将。随刘备依袁绍，绍败又附刘表。建安十三年（208），曹操南攻荆州，刘备败走，飞于当阳长坂（今湖北当阳东北）领骑20余人殿后，曹将无人敢近，与关羽皆被誉为“万人之敌”。赤壁之战后，迁宜都太守、征虏将军。刘备率军入蜀，与刘璋反目后，张飞随诸葛亮由荆州西上支援，俘刘璋将严颜，处理妥当，所过克捷。建安二十年，领巴西太守。曹操派大将张郃进攻巴西，张飞率精卒万余人从他道突袭张郃，大破之。刘备称帝后，张飞累迁车骑将军，领司隶校尉，进封西乡侯。待下粗暴，常鞭挞士兵，章武元年（221），从刘备东向攻吴，临发为部下刺杀，谥桓侯。

张凤翼 Zhang Fengyi (1527～1613) 中国明代戏曲作家。字伯起，号灵墟，别署灵虚先生、冷然居士。长洲（今苏州）人。嘉靖四十三年（1564）中举，其后屡赴会试不中。与其弟献翼、燕翼并有才名，时人称为“三张”。著有《处实堂前集》和后集、《谈辂》、《文选纂注》、《梦占类考》。他善度曲，会演戏，曾与次子演《琵琶记》，观者盈门。所作传奇《红拂记》、《祝发记》、《窃符记》、《虎符记》、《灌园记》、《扊扅记》6种，合称《阳春六集》。前五种存。《扊扅记》在《群音类选》中有九出曲文，是否为张凤翼所作尚存疑问。代表作《红拂记》，取材于唐人传奇小说《虬髯客传》和唐代孟棨《本事诗》。戏曲以李靖和红拂的爱情故事为主，以英雄侠女取代传奇中常见的才子佳人模式，使人耳目一新。剧中又插入唐代孟棨《本事诗》中乐昌公主与故夫徐德言破镜重圆的故事。全剧两个故事的组合形成双重结构，使主题由对照而得到深化。明末冯梦龙曾将此剧改编为《女丈夫》。近代京剧和许多地方剧种均有改编本上演，或名《红拂传》、《风尘三侠》。

张高丽 Zhang Gaoli (1946－11～) 中国共产党中央政治局委员，中国共产党天津市委员会书记。福建晋江人。1973年12月加入中国共产党。1970年8月参加工作。

1965～1970年在厦门大学经济系计划统计专业学习。1970～1977年在石油部广东茂名石油公司当工人，生产指挥部办公室秘书，政治部团总支书记，公司团委副书记。1977～1980年任石油部广东茂名石油公司炼油厂一车间党总支书记、教导员，厂党委副书记、书记。1980～1984年任石油部茂名石油工业公司党委常委、计划处处长，副经理。1984～1985年任中共广东省茂名市委副书记、中国石化总公司茂名石油工业公司经理。1985～1988年任广东省经济委员会主任、党组书记。1988～1992年任广东省副省长（其间：1990年4～7月在中央党校省部级干部进修班学习）。1992～1993年任广东省副省长兼省计划委员会主任、党组书记。1993～1994年任中共广东省委常委、广东省副省长兼省计划委员会主任、党组书记。1994～1997年任中共广东省委常委、广东省副省长。1997～1998年任中共广东省委常委、广东省深圳市委书记。1998～2000年任中共广东省委副书记、广东省深圳市委书记。2000～2001年任中共广东省委副书记、广东省深圳市委书记、深圳市人大常委会主任。2001～2002年任中共山东省委副书记，山东省代省长、省长。2002～2003年任中共山东省委书记、山东省省长。2003～2007年任中共山东省委书记、山东省人大常委会主任。2007年任中共天津市委书记。2007年10月任中共中央政治局委员。是中共第十五届中央候补委员，十六届、十七届中央委员，十七届中央政治局委员。

张格尔叛乱 Zhangge' er Rebellion 中国清代道光年间张格尔在新疆南部发动的叛乱。张格尔，大和卓波罗尼都之孙，是逃居国外的回部封建贵族。自乾隆年间清政府平定南疆**大小和卓之乱**后，波罗尼都之子萨木萨克逃居浩罕（中亚伊斯兰教国家，时称安集延），生三子，张格尔为次子。张格尔素有政治野心，阴谋潜回新疆恢复其祖先和卓时代的统治，从嘉庆二十五年(1820)到道光六年(1826)，在浩罕封建统治者与英国殖民者怂恿、支持下，三次潜入南疆发动叛乱。道光六年是其中规模最大的一次。是年夏，张格尔率浩罕、布鲁特500余人，窜回喀什噶尔（今喀什）附近，以礼拜其祖先麻扎（坟墓）为名，利用南疆各族人民的反清情绪及其宗教影响，煽惑群众，集众万余人发动叛乱。先后攻占喀什噶尔、英吉沙尔、叶尔羌、和田等城，自称赛义德·张格尔苏丹，复辟和卓的封建统治。清政府命伊犁将军长龄调集吉林、黑龙江、陕西、甘肃、四川清军三万余人，会师于阿克苏，组织全面进攻，相继收复喀什噶尔等城。道光八年初，张格尔逃至喀尔铁盖山被清军擒获后，解至北京处死，叛乱平定。

张更 Zhang Geng (1896-12-06～1982-01-14) 中国石油地质学家。号演参。生于浙江瑞安，卒于北京。1928年毕业于国立江苏大学（今南京大学），1934年赴美国哈佛大学学习，1936年回国。1942年任中央大学地质系主任，兼任重庆大学教授。1946年中央大学迁回南京后兼任理学院院长。1949年后，曾任燃料工业部石油管理局陕北勘探大队总地质师、西北石油管理总局副局长。1952年任北京石油学院地质系主任。1978年任石油工业部石油勘探开发科学研究院总地质师。早年对金属、非金属矿床有较深研究，主要著作有《浙江平阳明矾石矿》、《安徽铜陵县铜官山之磁矿床》等。20世纪50年代初期，参与并组织领导了中国西北、西南地区的油气勘探工作。1953年以后将主要精力投入石油地质的教学工作，编著有《石油地质学》、《中外油气田地质学》等教材。

张庚 Zhang Geng (1911-01-22～2003-09-27) 中国戏剧理论家、教育家、戏曲史家。原名姚禹玄。湖南长沙人。卒于北京。1933年参加左翼剧联开始从事戏剧活动。在将近半个世纪的编辑、教学、研究和领导戏剧运动的实践中，撰写了大量有关戏剧艺术和

戏剧运动的评论、讲稿、报告、论文和专著。他与**郭汉城**先后共同主编的《中国戏曲通史》(1981)和《中国戏曲通论》(1989)，从纵横两个方面，探讨戏曲的艺术规律。他的戏曲理论专著《戏曲艺术论》(1980)从戏曲史的角度，从美学上总结了中国戏剧文化的特殊规律。主要著作还有《戏剧概论》、《戏剧艺术引论》、《论新歌剧》、《论戏曲表现现代生活》、《张庚戏剧论文集》等。

张光斗 Zhang Guangdou (1912-05-01～) 中国水利水电工程专家、工程教育家。生于江苏常熟。1934年毕业于上海交通大学。1936年、1937年在美国加州大学和哈佛大学分获硕士学位。

1937年回国后，曾任资源委员会全国水力发电工程总处总工程师等职。1949年后，担任清华大学教授。曾任清华大学水利系主任、副校长、校务委员会副主任。1955年当选为中国科学院学部委员（院士），1994年当选为中国工程院院士。

张光斗长期致力于水利水电建设和高等工程教育事业。从事教育50多年，在中国创建了水工和水电学科。编写《水工结构》、《水工建筑物》和《专门水工建筑物》等专著。1951年他负责设计人民胜利渠渠首闸，首次在黄河下游破堤引水灌溉。1958年，他任**密云水库**设计总工程师。他先后参加官厅水库、荆江分洪闸、三门峡工程、丹江口工程、葛洲坝工程、二滩水电站、小浪底工程、三峡工程等的咨询、审查工作，解决复杂工程问题。1985年获国家科技进步奖二等奖，1988年获葛洲坝科技进步特等奖，1994年获何梁何利基金科技进步奖，1995年获中国工程院科技成就奖，1981年获美国加州大学哈兹国际奖。曾兼任国务院学位委员会副主任、水利水电科学研究院院长。

张广达 Zhang Guangda (1931-05-27～) 中国历史学家。生于河北青县。1953年毕业于北京大学历史系。曾任北京大学历史系教授、北京大学中古史研究中心副主任、中国敦煌吐鲁番学会副秘书长、全国政协第七届委员、联合国教科文组织主持的《中亚文明史》中方编委、法国亚洲学会荣誉会员、法国巴黎法兰西学院国际讲席教授等，曾获法国巴黎高等实验

研究院第四部（历史语言部）荣誉博士学位。致力于唐史、西域史、敦煌吐鲁番出土文书、中外文化交流史的研究。通晓多种语言。治学注意借鉴中外历史学家的经验，重视利用出土文书资料考证中外文献记载。研究重点为西域史地，特别重视研究唐代典章制度和中原文明对西域绿洲地区政权的影响、唐代以来多民族在中国的活动、各种文化在西域会聚和会合的过程。主要论著有《大唐西域记校注》(合著)、《天涯若比邻——中外文化交流史略》(合著)、《西域史地丛考初编》、《于阗史丛考》(合著)等。还发表多种译著和多篇西文论文。

张广泗 Zhang Guangsi (? ～1749-01-30) 中国清代雍正、乾隆时将领。汉军镶红旗人。由监生捐纳入官。康熙六十一年(1722)，选授贵州思州府知府。雍正五年(1727)，升贵州按察使。因镇压苗民有功，擢贵州巡抚。佐**鄂尔泰**推行**改土归流**。雍正十年，准噶尔进扰哈密等地，张广泗为副将军，随宁远大将军**岳钟琪**征讨。岳钟琪被革职后，张广泗任护理大将军，主持西路军务，与准噶尔军相持三年，屡获小胜。十三年，准噶尔求和，师还。授湖广总督。转云贵总督。十二年三月，用兵金川（见**大小金川之战**），授张广泗为川陕总督主持金川军务。六月，小金川土司率众投诚。广泗以土兵为前驱进攻沙罗奔，自己则筑堡固守，坚壁自全，迁延观望，久无进展。乾隆帝复命大学士讷亲为经略前往，又起用**岳钟琪**至军营效力。讷亲、钟琪俱劾张广泗措置乖方，贻误军机，广泗遂被革职解京。乾隆帝亲自在瀛台审讯，拒不服罪，咆哮当堂。以失误军机罪处斩。

张国焘 Zhang Guotao (1897-11-26～1979-12-03) 中国共产党早期领导人，分裂主义分子。又名张特立。生于江西萍乡上栗市，卒于加拿大多伦多。早年就读于北京大学。1919年参加**五四运动**，1920年10月加入北京共产主义小组，参与创建**中国共产党**的活动。1921年7月出席中国共产党第一次全国代表大会，当选为中央局委员，任组织部主任。后兼任中国劳动组合书记部主任。1922年初，代表中共出席在俄国召开的远东各国共产党和民族革命团

体第一次代表大会，会见过列宁。1923年参与领导京汉铁路工人大罢工。1924年1月，在第一次国共合作后举行的中国国民党第一次全国代表大会上当选为国民党中央候补执行委员。同年5月在北京被北洋军阀政府逮捕，变节自首。出狱后，隐瞒了变节行为。1925年1月被选为中共第四届中央执行委员会委员，曾兼任中央军事部部长。1927年5月被选为中共第五届中央政治局常委，任中央组织部部长。同年7月任中共中央常务委员会委员。1928年7月被选为中共第六届中央政治局委员，后在莫斯科参加中共驻共产国际代表团工作。1931年1月在中共六届四中全会上被选为中央政治局常委。不久从苏联回国。同年4月任中共鄂豫皖中央分局书记兼革命军事委员会主席。11月被选为中华苏维埃共和国临时中央政府副主席。由于他的战略指导错误，中国工农红军第四方面军未能打破国民党军的第四次“围剿”，主力于1932年10月被迫离开鄂豫皖苏区。11月任西北革命军事委员会主席，后领导创建川陕苏区。1934年被选为中华苏维埃共和国中央政府副主席。在鄂豫皖和川陕苏区工作期间，推行“左”倾冒险主义，在“肃反”中使大批革命干部被诬陷和杀害。1935年3月，擅自决定放弃川陕苏区。6月红一、红四方面军在四川懋功（今小金）会合后，任中央革命军事委员会副主席、红军总政治委员。与朱德等率左路军抵达阿坝后，拒绝执行中共中央关于北上川陕甘的战略方针，竭力主张西进甘肃和南下川康边。9月电令右路军南下，企图分裂和危害党中央。后率第4、5、30军和第9、31军各1个师南下川康边。同年10月在四川省理番县卓木碉（今马尔康县脚木足）另立“中央”，公开分裂中国共产党和中国工农红军。他在军事上屡遭挫折、部队损失严重的情况下，经中共中央批评和教育，以及朱德、刘伯承、徐向前等人和红四方面军广大指战员的斗争，才被迫同意北上，并于1936年6月宣布取消另立的“中央”。7月所部与红二方面军在甘孜会合，共同北上，同年10月与红一方面军在甘肃会宁等地会师。1937年3月，中共中央政治局举行扩大会议，批判他的反党分裂主义错误，并作出《关于张国焘同志错误的决定》。同年9月任陕甘宁边区政府副主席。

1938年4月乘祭黄帝陵之机，只身逃离陕甘宁边区，在武汉发表反共宣言，充当国民党特务。同年4月18日被中共中央开除党籍。1949年逃往香港。后定居加拿大。著有《我的回忆》(1966)。

张含英 Zhang Hanying (1900-05-10～2002-12-06) 中国水利专家。生于山东菏泽，卒于北京。1918～1921年先后在北洋大学、北京大学求学，后留学美国。1924年获伊利诺伊大学土木工程学士学位。1925年获康奈尔大学硕士学位。1949年前曾担任黄河水利委员会委员、秘书长、总工程师、委员长等职。还被聘为青岛大学教授，北洋大学教授、教务长、校长及中央大学教授。中华人民共和国建立后，历任水利部和水利电力部副部长兼技术委员会主任。1979年起任水利部顾问。

早年从事黄河的治理和理论研究工作。主持黄河水利委员会工作期间，开展了水文测验、地形测量、地质勘测和水土保持调查和试验，并率领黄河治本研究团赴现场考察。他的多篇学术专著概括了20世纪初以来治理黄河的研究成果，提出综合治理开发黄河的方针、政策和规划设想。

张含英担任副部长以后，一方面主持参与全国重大水利水电工程的规划、设计、施工的审查工作，并多次赴各地考察；另一方面仍钻研学术和进行科普宣传。

张翰 Zhang Han (约258～约319) 中国西晋文学家。字季鹰。吴郡吴县（今江苏苏州）人。性格旷达，放纵不拘，时人比之为阮籍，号“江东步兵”。赴洛，齐王司马冏辟为东曹掾。西晋末时局动荡，张翰托言见秋风起而思吴中“莼羹”、鲈鱼，弃官还乡。性至孝，遭母忧，哀毁过礼，卒，年五十七。《隋书·经籍志》称其梁时有集2卷，今存诗6首，文3篇。《文选》录其《杂诗》1首，写归隐的感叹，其中“黄华如散金”一句，尤为后人所称赏。梁代钟嵘《诗品》置张翰于中品，称赞其“黄华之唱”、“虽不具美，而文采高丽，并得虬龙片甲，凤凰一毛”。唐人李白有“张翰黄花句，风流五百年”之语；唐代曾以此五字命题试士。诗文辑入逯钦立《先秦汉魏晋南北朝诗》和《全上古三代秦汉三国六朝文》。

《张好好诗并序》 *Inscription of the Poem Entitled Zhang Haohao and Prologue* 中国唐代杜牧自书诗卷墨迹。诗作于唐文宗大和九年(835)，此卷当写于其后至唐宣宗大中六年(852)杜牧去世之间。黄麻纸本，高28.2厘米，长162厘米，行书48行，每行8字不等，卷前有金书题签“唐杜牧张好好诗”，卷后有吾丘衍等跋记。此卷为杜牧赠歌女张好好的五言长诗一首及序文。墨迹最后两行残损，失去数字。原迹虽未署名款，但自北宋内府收藏著录后，历代流传有绪，公认为杜牧自书真迹。

张和兽 *Zhangheotherium* 哺乳纲对齿兽目鼹兽科张和兽属动物的统称。为全世界第一件保存完整骨架的对齿兽类化石。化石发现于辽宁省北票市上园镇尖山沟。此化石从吻部到臀部的长度为14厘米，估计生活时从头到尾长度接近30厘米。上下牙各有3颗门齿、1颗犬齿、2颗前臼齿，但上臼齿为5颗，而下臼齿为6颗。牙齿特点是：主尖圆锥形，连脊缺失，下臼齿缺失唇侧和舌侧齿带。另外，颊齿上有5个明显的齿尖。因此而得名五尖张和兽。牙齿结构特点显示，张和兽生活时主要以昆虫为食。其头后骨骼及耳区特征显示，它处在从非兽类哺乳动物向兽类哺乳动物进化的过渡阶段，四肢并不像常见的哺乳动物那样直立于身体下方，而是有一定程度的向外伸展。化石产出的地层为义县组第三段的湖相沉积中。采自张和兽化石层之下50厘米处的火山灰样品的同位素年代测定的结果均在1.25亿年左右，显示其时代应为早白垩世。

张和兽生态复原图

《张黑女墓志》 *Tablet Inscription of Zhang Heinü* 中国北魏墓志。刻于北魏普泰元年(531)，原石久佚，仅存一明拓本，现藏上海博物馆。全称《魏故南阳张府君墓志》，又称《张玄墓志》，是北魏墓志中的精品。书体为楷书，但仍留有较多隶书笔意，风格秀逸婀雅，结体疏朗有致，且镌刻亦佳，用笔痕迹十分清楚。后人对此志书法评价极高。

张恨水 Zhang Henshui (1895-05-18～1967-02-15) 中国小说家。原名张心远。原籍安徽潜山，生于江西广信，卒于北京。1913年考入孙中山在苏州创办的“蒙藏垦殖学校”。

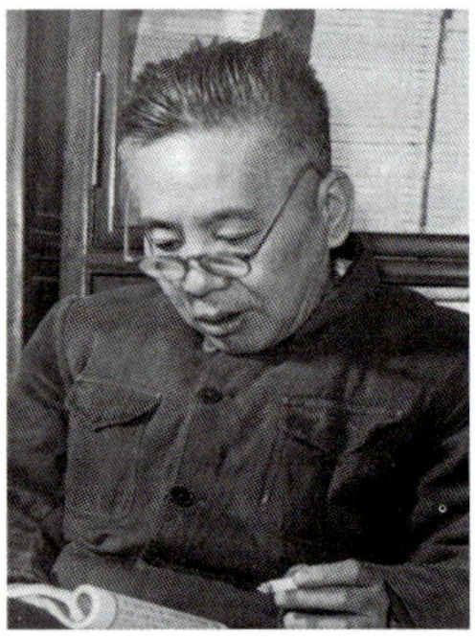

学校解散后失学回乡，完成第一部章回体长篇白话小说《青衫泪》。1914年春只身赴南昌求学，后居汉口为小报写补白，始用“恨水”笔名。1924年创作长篇《春明外史》。作品以主人公杨杏园的恋爱史为贯穿情节，承袭了近代谴责小说的格局，触及了上层社会的黑幕，揭露了官场的弊端和种种社会陋习。

其后的《金粉世家》(1926)是张恨水艺术上比较成功的章回小说。小说描写了北伐前北京金姓内阁总理的繁华绮丽的大家族的兴衰史，暴露了豪门荒淫的寄生生活，剖析了中国传统社会的宗法家族模式所潜在的危机。言情的故事，大家庭内部错综复杂的纷争，使小说通俗而畅销。

他的另一代表作《啼笑因缘》在1929年上海《新闻报》上连载。内容是以主人公樊家树为中心的多角恋爱故事，中间穿插军阀刘国柱仗势霸占民女的情节，以及关寿峰父女锄强扶弱的武侠传奇。作品将反强权的精神、缠绵悱恻的言情故事和惊险紧张的武侠传奇熔于一炉，传统章回小说和西洋小说新技法杂糅一体，发表后曾风行一时，还被改编为戏剧、评弹和摄制成影片。

1931年九一八事变后，张恨水努力从事“国难小说”的创作。这类短篇小说大都收在《弯弓集》(寓有弯弓射日之意)中，虽仍不脱言情特色，但作者主观用意乃在“唤醒国人”，尽一点“鼓舞民气”的责任。

抗日战争爆发后，张恨水经安徽至武汉，再到重庆，加入《新民报》。这个时期的主要作品是社会讽刺小说。《八十一梦》(1939)以梦幻的形式，有时参照《西游记》、《镜花缘》、《儒林外史》及谴责小说的笔法，站在平民的立场，讽刺国民党贪官污吏以及大后方官绅的纸醉金迷的颓败生活。小说揭露和讽喻十分辛辣，是大后方销路最好的一部作品。随后的《五子登科》也是一部抨击国民党达官要员胡作非为的讽刺小说。此外张恨水还写了许多诗文。

抗战期间，张恨水曾被推选为中华文艺界抗敌协会理事。抗日战争结束后，任北平《新民报》总经理兼编副刊《北海》。1949年突患中风。中华人民共和国建立后，张恨水继续文学创作，50年代陆续创作《梁山伯与祝英台》、《白蛇传》、《孔雀东南飞》等13部中长篇小说，发表于香港等地的报刊上。

张衡 Zhang Heng (78～139) 中国东汉科学家、文学家、思想家。字平子。南阳西鄂（今河南省南阳县石桥镇）人。早年在家发奋苦读，17岁去长安和洛阳一带游历，参观太学，求师访友。永元十二年(100)出任南阳太守的主簿。永初五年(111)赴京都任郎中和尚书侍郎，并曾两度担任太史令。晚年曾任河间相、尚书等职。在天文学、地震学、机械制造、数学、文学、绘画等方面均有很高造诣。在天文学方面，代表作是《浑天仪图注》和《灵宪》。主张浑天说，提出天犹如一个鸡蛋，地如鸡蛋中的蛋黄那样居于中心，天地各乘气而立，载水而浮。虽主张天有一个硬壳，却又主张“宇之表无级，宙之端无穷”，认为天外有天，宇宙无限。提出具有朴素辩证法思想的天地起源说，认为天地未分之前，一片混沌，后来元气各自分开，天地生成，万物滋育。正确解释了月食成因，认为月食是由于月球进入地影而产生。提出“近天则迟，远天则速”，用距离的不同来解释五星运动的快慢。他估计中原一带肉眼能看见的星数约为2 500颗，测定了太阳、月亮的视角直径是周天的1/736(约0.49°)，这些都与实际情况十分接近。他设计制造了第一台水运浑象，用水力作为动力通过齿轮系统推动浑象本体一天旋转一周，浑象上所显示的星的出没与实际天象完全相符。在地震学方面，他于永建七年（132）创制了世界上第一架地震仪——候风地动仪。该仪器十分灵敏，有一次远在千里之外的甘肃发生地震，京都洛阳毫无震感，但它却依然测到了。在数学上的代表作是《算罔论》，其中给出圆周率$\pi=\frac{730}{232}\approx 3.1466$和$\pi=\sqrt{10}\approx 3.1623$两个近似值。在思想领域，他坚决反对当时封建统治者所崇尚的谶纬神学，冒着会遭杀身之祸的危险，进谏皇上，“收藏图谶，一禁绝之”。在文学上，所作《东京赋》、《西京赋》、《应闲赋》、《思玄赋》等都是十分有名的著作。他还绘制过一幅地形图，并擅长绘画，被人列为当时六大名画家之一。1956年，河南省南阳县重修了他的坟墓，并在墓前立碑。

张衡地动仪 Zhang Heng's Seismoscope 中国古代测验地震方位的仪器，人类史上第一架验震器。曾称候风地动仪。东汉张衡于公元132年9月创制。失传于3～4世纪的动乱中。

该仪器系青铜铸造，整体造型宛若汉代酒樽，直径八尺（汉建初尺，1尺约相当于0.24米），顶盖穹隆，樽壁附八个口衔铜丸的龙首，下部由八只张口铜蟾蜍承托樽体，与龙首上下对应。仪器表面雕刻四灵纹饰和卦文（乾、坎、艮、震、巽、离、坤、兑），以示八方。早期设想：仪器内部的中央有一根都柱，旁设八条滑道、触发机构和传动杠杆。遇有地震，樽体被摇晃，各部件启动，触动一个龙首的铜丸落入蟾蜍口中，激扬之声报警示人。仪器曾测到顺帝阳嘉三年十一月壬寅（134年12月13日）的陇西（今甘肃天水一带）地震。2004年，中国地震局和国家文物局的专家们开展科学复原，认为地动仪的工作原理是悬垂摆，由地震表面波触发，共振起到放大作用。还确立了地动仪的基本形制。

a 外部造型

b 内部结构

2004年的复原模型

张厚粲 Zhang Houcan (1927-04-10～) 中国心理学家。河北南皮人，生于北京。1948年毕业于北京辅仁大学。任北京师范大学心理学系教授、博士生导师、校务委员会委员，国务院参事，先后两次任中国心理学会副理事长。曾任全国政协第八、九届委员，民盟中央第七届常委等职，以及国际心理科学联合会执委和副主席等职。

2005年获台湾辅仁大学荣誉理学博士学位。

张厚粲主要从事实验心理学、认知心理学和心理与教育测量的研究。1982年首先将认知心理学引入中国，并开始从事汉字词认知与阅读心理的研究；编写了中国第一部《心理与教育统计》教材；率先恢复心理测验，修订和编制了瑞文标准推理测验、韦氏儿童智力量表等心理量表；长期致力于高考测量学的研究并卓有成效；注重各种专业资格考试和人员选拔的心理测评研究；长期积极推动与国际学术界的联系以及跨文化的研究，获中国心理学会的终身成就奖、国家教委的“全国首届教育科学优秀成果”一等奖等奖项。

主要著作有《心理与教育统计学》、《实验心理学》、《行为主义心理学》、《大学心理学》等十余部，发表中英文论文百余篇。

张祜 Zhang Hu (792～854) 中国唐代诗人。字承吉。郡望清河（今属河北）人，一说南阳（今河南邓州）人。早年即寓居姑苏（今江苏苏州），浪迹江湖，狂放不羁。元和十五年（820）秋，令狐楚表荐张祜，令其入朝献诗三百首，然为权臣所抑。长庆三年（823），曾至杭州谒白居易，与徐凝争首荐，不欢而归。曾屡辟使府，转徙于徐、许、池、魏博、宣城等地，因狷介不容物，不久即离去。晚年喜好曲阿（今江苏丹阳）风物，遂移居于此而终。

张祜元和中即以宫词闻名，“故国三千里，深宫二十年。一声河满子，双泪落君前”（《宫词二首》其一），尤传诵人口，宫女多能传唱。又喜游山水名寺，善于题咏，《惠山寺》、《题金山寺》、《孤山寺》等诗可谓绝唱。令狐楚评其诗“研几甚苦，搜象颇深。辈流所推，风格罕及”（《进张祜诗册表》）。其晚年所作《江南杂题三十首》，写村野乡居景色，喜写细微荒僻景物，描摹真切生动，颇有特色。《叙诗》、《读韩文公集十韵》，推崇韩愈，评论诗文，亦颇有见解。

有南宋蜀刻本《张承吉文集》10卷（上海古籍出版社影印）。

张华 Zhang Hua (232～300) 中国西晋文学家。字茂先。范阳方城（今河北固安西南）人。少孤贫，曾以牧羊为生。魏末，被荐为太常博士。晋武帝时，因力主伐吴有功，历任要职。惠帝时，被赵王司马伦和孙秀杀害。张华诗今存32首。其中少数作品写自己的壮志和对贵胄与豪门世族骄奢淫逸生活的不满。如《壮士篇》表现了诗人及时努力、积极进取的精神；《轻薄篇》揭露士族阶级荒淫奢侈的生活，虽多用偶句，铺陈夸张，但不失针砭社会的意义。其他一些诗作，喜用铺排对仗，堆砌典故辞藻，给人以繁缛乏味之感。梁代钟嵘《诗品》所说“其体华艳，兴托不奇。巧用文字，务为妍冶”，正是他诗歌的一般风格。张华博学多闻，曾编撰《博物志》，分类记载异境奇物、古代琐闻杂事及神仙方术等，其中保存了不少古代神话材料。《隋书·经籍志》录《张华集》10卷，已佚。明张溥《汉魏六朝百三家集》辑存《张茂先集》。《博物志》10卷，有今人范宁校本。

张怀西 Zhang Huaixi (1935-02～) 中国人民政治协商会议全国委员会副主席。大学学历。江苏无锡人。1951年入江苏常熟苏南公学银行系六班学习。1952年后任江苏省无锡市人民银行会计员、人事干事、信贷员、监察室干事。1957年入中国人民大学中共党史系学习。1961年后任北京林学院马列主义教研室助教，黑龙江省林业干部学校马列主义教研室教员。

1970年到黑龙江省嫩江地区“五七”干校劳动，在讷河县农村插队。1972年后历任江苏省江阴县文教局教研室教研员、县教师进修学校政治教研组组长，副县长。1987年后任无锡市教育局副局长、市政府副秘书长、副市长，江苏省副省长，民进无锡市委会主委，民进江苏省委会主委，民进中央常委、副主席、常务副主席，中国教育学会副会长，中华职业教育社副理事长。2003年当选全国政协第十届副主席。是全国政协第八届委员、第九届全国人大常委会委员、全国人大教科文卫委员会副主任委员。

张煌言 Zhang Huangyan (1620～1664) 中国南明大臣、文学家。字玄著，号苍水。浙江鄞县（今宁波）人。崇祯十五年（1642）中举人。清顺治二年（1645），奉鲁王至绍兴监国，任翰林院编修、兵科给事中。曾与郑成功联合，数次攻入长江，打击清军。康熙三年（1664），与清军海战惨败，因叛徒出卖而被俘。就义后葬西湖南屏山下。张煌言与清军作战先后达19年之久，他所创作的诗文充分表现了英雄至死不屈的形象，描写了艰苦卓绝的战争生活，堪称明末浙东义军的“诗史”。《复郎廷佐书》、《上延平王书》、《奇零草序》、《答赵安抚书》等文及《述怀二首》、《北还入浙偶成》、《冬怀八首》、《被执过故里》等诗，都是抒情明志之作，表达了刚烈的民族气节和战斗豪情。风格激昂慷慨、沉郁苍凉，蕴涵动人的悲壮之美。尤其是就义前所写的2首《甲辰八月辞故里》和《绝命诗》，全由血泪凝成，是传世之作。所著大半散佚。今有《张苍水集》行世。

张惠言 Zhang Huiyan (1761～1802) 中国清代散文家、词人、经学家。原名一鸣，字皋文。武进（今江苏常州）人。嘉庆四年（1799）进士，改庶吉士，授翰林院编修。张惠言早工骈文辞赋。其文受桐城派刘大櫆弟子王灼、钱伯坰的影响，与同里恽敬共治唐、宋古文，欲合骈、散文之长以自鸣，开创阳湖派。所作如《游黄山赋》、《赁春赋》、《邓石如篆势赋》、《送恽子居序》、《词选序》、《上阮中丞书》等，或恢弘绝丽，或温润朴健，气格颇为笃茂。张惠言又是常州词派的开创者。他强调词作应该重视内容，“意内而言外”，“意在笔先”。其词现存46首，其中多思乡、念别、言情和写景之作，数量不多而颇有佳构。作品语言清丽，韵律和谐，委婉而含蓄，形成了一种沉郁悽怆、深美闳约的风格，堪为一代词宗。但所作题材较窄，某些作品用语晦涩。代表作有〔木兰花慢〕《杨花》等。著有《茗柯文》9卷、《茗柯词》1卷等。经学论著有《周易虞氏义》、《虞氏消息》等20余种。

张慧冲 Zhang Huichong (1896～1962) 中国魔术师、电影事业家。又名张官森。上海人，原籍广东中山。1918年就读于麦伦书院，后转入吴淞商船学校攻习航海专业。

1926年始改行从事自幼钟爱的魔术和电影。20世纪20～50年代几度兴办张慧冲魔术团，经过半个世纪的反复实践，终于成为中国海派魔术的代表，中国现代巨型魔术的开创者。1924年与人合作兴办联合影片公司，创造了独特的魔术、电影合演形式。

1932年，奔赴抗日前线拍摄新闻短片《上海抗日血战史》。1933年又赴热河一带拍摄纪录片，承德失陷，全部摄影设备落入日军之手，慧冲影片公司因此破产，他却以魔术师的智慧保护影片资料，克服种种困难，使《热河血泪史》得以上演。1939年组织魔术团在国内外演出，为抗日战争筹集资金。生平创作、改革、演出的魔术节目有100多个，主要有《水遁》、《分身术》、《绒线球》、《忽隐忽现》、《红黄蓝》、《水晶球读心术》等。著有《魔术》2集，由天下出版社出版。

张即之 Zhang Jizhi (1186～1263) 中国南宋书法家。字温夫，号樗寮。历阳乌江（今安徽和县东北）人。举进士，官至司农寺丞。“以行作楷”为其书法特色。多以长锋硬毫

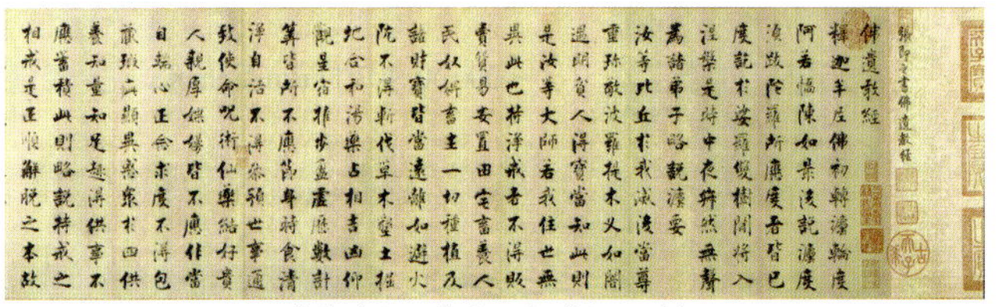

《佛遗教经》（故宫博物院藏）

信手为之，笔法得当，提按分明，点画变化明显。如横细竖粗，细笔好像一掠而过，但不失沉着，反而显得灵动活泼。波磔多以侧锋取势，且时露飞白，有苍劲豪迈的意态。传世的书法作品有《杜诗七律二首》、《汪氏报本庵记》、《佛遗教经》等。

张籍 Zhang Ji（约766～约830） 中国中唐诗人。字文昌。原籍苏州，迁和州乌江（今安徽和县东北）。德宗贞元十三年（797）冬，经孟郊介绍，游汴州识韩愈。十五年中进士。宪宗元和元年（806）调补太常寺太祝，识白居易，切磋诗艺，同倡新乐府。因患眼疾，为太祝十年不迁，人称“穷瞎张太祝”。后历任国子助教、秘书郎。穆宗长庆元年（821），韩愈荐任国子博士，迁水部员外郎，再迁主客郎中，终国子司业。称“张水部”、“张司业”。

张籍早期“学诗为众体”（《祭退之》），“笔力可扛鼎”（《病中赠张十八》）；中期多乐府歌行，成就最高；晚期多近体，为晚唐朱庆馀等人效法。张籍乐府与王建齐名，并称“张王乐府”，“其骨体实出王建上”（《四库提要》）。其诗爱憎分明地反映社会矛盾，如《塞下曲》、《筑城曲》、《吴宫行》、《山农词》等。他的乐府诗成就最高，古淡流荡，清雅平易而不俗。影响晚唐，《唐国史补》下云：元和以后，“歌行则学流荡于张籍”。有《张司业集》8卷，诗480首。

张际亮 Zhang Jiliang (1799～1843) 中国清代诗人。字亨甫，号松寥。福建建宁人。少孤，家境贫寒。清道光四年（1824）拔贡。因讽刺达官，被朝贵看作“狂生”，应举人试屡不中。道光十五年更名亨辅，始中举，后会试仍不第。道光二十三年（1843）为申雪友人姚莹抗英被诬之冤狱，带病入都，逝世于京师。张际亮关心国家命运和社会现实。道光十三年曾上书两广总督卢坤，请严缉鸦片走私。同时，对乾隆、嘉庆以来以论议考订为诗和轻佻浅鄙的诗风深致不满，以力挽颓波、转移诗风为己任，提倡“志士之诗”（《答潘彦辅书》，《张亨甫文集》卷三）。其诗今存3 000余首。鸦片战争前多抒写对政敝民困的忧戚，对朝廷昏庸的愤懑和壮怀不伸的感慨，如《送云麓观察督粮粤东》、《寄光律原廉访保定》、《思归吟》等。有些诗还表现出对外国侵略的敏感和忧虑，如《大庾岭》、《登粤秀山》、《浴日亭》等，“虑逆夷包藏祸心”（《心壶先生招饮》诗自注）。鸦片战争爆发后，他在江浙一带目击战乱惨状，写下《传闻》、《迁延》、《东阳县》、《邹钟泉太守招饮剧谈时事辄赋》、《陈忠愍公死事诗》等一系列爱国诗篇。其诗风格以俊逸豪宕、激切奔放为主，也时有流丽缠绵的一面，如《江山船曲》、《王郎曲》等。诸体中以七古为最出色。他在道光时“负海内重名将三十年”（刘存仁《屺云楼诗话》），咸丰、同治年间还有人向他学步。后来虽有论者说他的诗“颇少佳作”（陈衍《诗话》），“粗浮浅率，毫无真诣”（李慈铭《越缦堂诗话》），却也不能不承认他“极负时名”。他的创作推动和代表了鸦片战争前后诗风的转变。有《张亨甫全集》，包括诗27卷，文6卷，咸丰年间孔庆衢原刻，同治六年（1867）李云浩补刊，但收诗不全。手订诗稿临终时托付姚莹，自定名《思伯子堂诗集》，32卷，后由姚莹子浚昌于同治八年付刻。另有笔记《金台残泪记》、《南浦秋波录》，记优伶而寓不遇之感，为剧坛留下一些资料和掌故。

张季鸾 Zhang Jiluan (1888-03-20～1941-09-06) 中国新闻记者、政论家。名炽章，字季鸾。陕西榆林人。卒于重庆。1903年考入陕西三原宏道高等学校，1905年赴日

留学。课余任《夏声》杂志主编。1908年回国，一度在于右任主办的上海《民立报》任记者。1912年南京临时政府成立，任秘书。1913年与曹成甫在北京合办《民立报》，同年因反袁世凯被捕。出狱后，在上海、北京两地，先后任《大共和日报》编译、《民信日报》总编辑、上海《新闻报》驻北京记者、北京《中华新报》总编辑、上海《中华新报》总编辑等职。1926年与吴鼎昌等合作成立新记公司，接办天津《大公报》。任总编辑兼副总经理，主要负责评论工作，发表过一些支持抗日的爱国言论。两次被遴选为国民参政会参政员。

张继 Zhang Ji 中国唐代诗人。字懿孙。南阳（今属河南）人，一说襄州（今湖北襄阳）人。约生活于756年前后。玄宗天宝十二载（753）进士及第，肃宗至德中与刘长卿同为御史。代宗大历年间以检校祠部员外郎分掌财赋于洪州（今江西南昌）。

张继诗现存约40首，主要是纪行游览、酬赠送别之作，多为五言、七言律诗及七言绝句。七绝《枫桥夜泊》：“月落乌啼霜满天，江枫渔火对愁眠。姑苏城外寒山寺，夜半钟声到客船。”情致清远，历来为人所称道。《送邹判官往陈留》等诗，写北方中原地区因为长期战乱的破坏，农村正常的生活受到严重的影响，表现出对平民生活的关切，现实性较强。中唐时高仲武《中兴间气集》选其诗3首，虽不多，但评价很高，称为“秀发当时，诗体清迥，有道者风”。

《新唐书·艺文志》著录其诗1卷，《全唐诗》也编录其诗为1卷（卷二四二）。

张家港市 Zhangjiagang City 中国江苏省辖县级市。位于省境东南部，长江下游南岸。面积813平方千米。人口125万（2010）。西晋太康二年（281）置暨阳县，1945年置沙洲县，1949年并入常熟、江阴两县，1962年复置沙洲县。1986年撤县设张家港市。由苏州市代管。初夏有梅雨，夏秋有台风雨。农作物以水稻、棉花、麦类、油菜为主。特产鹿苑鸡、鲥鱼、刀鱼、鳗鱼等。工业以纺织、服装、食品、机械、冶金、建材为支柱。位于市境西北的张家港港为国际商港，与140多个国家和地区有货运往来，年吞吐能力逾1.5亿吨。张家港保税区是国内唯一的内河型保税区。风景游览地有香山和凤凰山。古黄泗浦口是唐鉴真和尚第六次东渡日本时起航地。

张家界国家森林公园 Zhangjiajie National Forest Park 中国森林生态系统综合自然保护区。1982年建立，是国家批准建立的中国第一个国家森林公园。位于湖南省张家界市武陵源区。面积4 810公顷。属于森林生态保护类型，主要保护对象是森林生态系统和砂岩峰林地貌。2004年，被联合国教科文组织评为世界地质公园。这一地区地层较古老，分布晚古生代、中晚泥盆世（距今约3.8亿年前）的滨海碎屑堆积，经漫长复杂的成岩过程，形成一套主要由肉红色与灰白色石英岩状砂岩、石英砂岩、夹薄层粉砂岩及砂质页岩组合的岩层，胶结紧固致密，具有脆性块状结构，厚度达500余米，大部裸露地表。境内河溪纵横，瀑布、温泉众多。气候属中亚热

张家界国家森林公园一隅

带山原型季风性湿润气候，动植物种类繁多。主要有珙桐、银杏、银鹊树、香果树等许多古稀珍贵树种，还有天麻、杜仲、黄连、党参、麝香、散血丹、七叶一枝花等名贵中药材。山林间还栖息有猕猴、林麝、岩羊、鼯鼠、灵猫、斑羚、苏门羚、飞虎、翻掌鼠、大鲵、背水鸡、白蛇、玻璃蛇、水獭及红腹角雉、长尾雉、锦鸡等珍禽异兽。属武陵源景区，为湘西游览胜地。

张家界市 Zhangjiajie City 中国湖南省辖地级市。位于省境西北部，澧水中游，北邻湖北省。辖永定、武陵源2区及慈利、桑植2县。面积9 516平方千米。人口148万(2010)，有土家、苗、白、汉等民族，少数民族约占总人口的73%。1913年永定县改名大庸县。1985年改名大庸市。1994年更名张家界市，以名胜张家界得名。属亚热带湿润季风气候。矿产主要有煤、铁、镍、钼等。农作物有水稻、玉米、苎麻、茶叶等。工业有机械、煤炭、电力、建材、食品、木材加工等。张家界武陵源现已成为国内外知名的旅游胜地，1992年作为自然遗产被列入《世界遗产名录》。旅游业已成为张家界发展经济的支柱产业。名胜古迹还有张良墓、马公亭、天子庙、玉皇洞石窟、普光禅寺等，其中武陵源区张家界国家森林公园的珍稀动植物资源丰富、砂岩峰林地貌世界罕见。

张家口市 Zhangjiakou City 中国河北省辖地级市。位于省境西北部。辖桥西、桥东、宣化、下花园4区和宣化、张北、康保、沽源、尚义、蔚县、阳原、怀安、万全、怀来、涿鹿、赤城、崇礼13县。面积36 829平方千米。人口435万(2010)，有汉、回、蒙古、朝鲜等18个民族。战国时属燕国北境，三国魏晋时为乌桓校尉治所。明宣德四年(1429)筑张家口堡，始有张家口之名。1928年建察哈尔省，张家口为省府驻地。1939年设市。1945年为晋察冀边区政府所在地。1952年划归河北省。属寒温带大陆性季风气候。年平均气温7.5℃。平均年降水量400毫米，无霜期短，多风。富煤、铁、金、铜、锰、铅、银等矿藏资源。中国自行设计施工的第一条铁路——京张铁路终点，后铁路延至包头，称京包铁路。公路发达，地势险要，在历史上，张家口作为军事重镇，素有“神京屏翰”之称，历来为兵家必争之地。农业主产玉米、高粱、小麦、莜麦、亚麻等，盛产牛奶、葡萄。工业以采矿、机械、食品、冶金、化工、轻纺、电力为主。皮毛加工业发达，有“皮都”之称。是河北省毛纺、麻纺基地，也是机械工业基地之一。裘、革上衣，羊剪绒和挂毯畅销国际市场。特产口芪、口蘑、宣化葡萄和“口皮”、“口羔”驰名中外。名胜古迹有赐儿山、水母宫、镇朔楼、清远楼、五龙壁和辽墓等。

张家山汉简 Bamboo Slips of Western Han Dynasty from Zhangjiashan 中国湖北江陵张家山西汉早期墓出土的竹简。共两批：已发表的一批为1983、1984年出土，共1 600余枚；一批为1985、1988年出土，约1 130枚，内容尚未公布。简上文字的书体皆为隶书。内容包括法律文献、方技书等。其中的《二年律令》和《汉律十五种》，内容有许多与云梦秦简中的法律文书相同或近似，但有云梦秦律所没有的盗律和贼律，当已包括汉代《九章律》的主体。《脉书》的主要内容与马王堆帛书中的《阴阳十一脉灸经》、《脉法》、《阴阳脉死候》基本相同而保存更完整，可补帛书之不足，还记载了许多古代的病名。《引书》是讲述古代导引术的专门著作。《养生之道》讲食气却谷之法，与马王堆帛书中的《却谷食气》相似。《盖庐》是一部兵阴阳家著作，记载了伍子胥的军事思想。《盗跖》与传世文献《庄子·外篇·盗跖》基本一致。《算数书》是中国迄今所见最早的一部数学著作。张家山汉简的发现，为研究汉初的政治、经济、法律、文化、军事等提供了重要资料。

张柬之 Zhang Jianzhi (625～706) 中国唐朝武则天时期宰相，迫武则天退位的主谋者。字孟将，襄州襄阳人。进士出身，举贤良科。武则天时历任荆州大都督府长史、宰相。长安四年(704)，为夏官(兵部)侍郎、同凤阁鸾台平章事。这时武则天病居，宠臣张昌宗、张易之侍疾在侧。柬之与宰相崔玄暐等人密谋除二张。神龙元年(705)正月，柬之等率羽林兵500余人，迎太子由玄武门入宫，斩易之、昌宗，迫武则天传位太子。二月，恢复唐国号。柬之与崔玄暐、敬晖、桓彦范、袁恕己并为宰相。武则天之侄武三思与韦后说动中宗，封张柬之等五人为王，同时罢相。柬之出为襄州刺史。次年贬新州司马，忧愤病死。

张謇 Zhang Jian (1853-07-01～1926-08-24) 中国清末民初实业家、教育家、立宪派首领。字季直，号啬庵。原籍江苏通州。生于江苏海门，卒于南通。1885年中举人。

1894年中状元。中日甲午战争后，先后在通州(今南通)创办师范、女子师范等学校，开全国风气之先；在通州、崇明创办大生纱厂，在苏北创办通海垦牧公司、在上海创办大达外江轮步及天生港轮步公司，形成原料供应、产品运输齐备的纺织业体系。1904年被清政府聘任为商部头等顾问官。1906年参与组织预备立宪公会。1909年当选为江苏咨议局议长，积极推动国会请愿运动。武昌起义爆发后，转而拥护共和。1912年1月，被孙中山南京临时政府任为实业总长，但未就职。1913年9月出任袁世凯政府农商总长兼全国水利局总裁。1915年见袁称帝势在必行，辞职返乡继续从事教育、实业事业，将医学、纺织、农业3个专科学校合并为南通大学，大生纱厂扩至4个，冶铁、机器、银行、码头、仓库各类企业发展至30多个，总资本达三四千万元。晚年思想矛盾，既反帝爱国，又视民众运动为社会动乱。著有《张季子九录》、《柳西草堂日记》和《啬翁自订年谱》等。

张洁 Zhang Jie (1937-04-27～) 中国作家。北京人。1960年毕业于中国人民大学计划统计系，后在第一机械工业部工作。1980年调北京电影制片厂任编剧。后转为北京市文联专业作家。70年代末开始文学创作，处女作《从森林里来的孩子》获当年全国优秀短篇小说奖。其后，相继发表电影文学剧本，

短、中、长篇小说，散文等众多作品，并多次获奖。其中，描写工业战线改革之艰难的长篇小说《沉重的翅膀》获第二届

茅盾文学奖。其他作品还有《爱，是不能忘记的》、《方舟》、《祖母绿》、《只有一个太阳》等。其作品擅长人物的心理描写，文笔细腻，富于抒情和哲理色彩；80年代后期，部分作品的文风转向辛辣。1989年获意大利“玛拉帕尔帝”国际文学奖。她还被美国文学艺术院授予荣誉院士称号。

张戒 Zhang Jie 中国宋代文学家。著有诗歌理论著作《岁寒堂诗话》。

张劲夫 Zhang Jinfu（1914-06-06～ ）中华人民共和国国务委员。安徽肥东人。1934年加入中共外围组织“新兴教育工作者联盟”。1935年加入中国共产党。历任中共安徽省工委常委、宣传部长，鄂豫皖区委常委、民运部部长，皖东省委书记，新四军第5支队政治部主任，2师政治部副主任，4旅政委，淮南区委宣传部部长。解放战争时期，历任鲁南二军分区政委、地委书记，杭州市委副书记、副市长。中华人民共和国建立后，历任浙江省财经委副主任，华东财经委副主任，国务院地方工业部副部长，中国科学院党组书记、副院长，国家科委副主任、财政部部长，中共安徽省委第一书记、省长，国务委员，国家经委主任。组织中国科学院的科技人员参与“两弹一星”的研制工作。中共第八届中央候补委员，第十一、十二届中央委员，第十三届中顾委常委，全国政协第三、四届常委。

张景惠 Zhang Jinghui（1871-06-21～1959-01-11）中国奉系军阀元老、伪“满洲国”国务总理大臣。字叙五。生于奉天（今辽宁）台安，卒于抚顺。早年投奔绿林首领张作霖。1917年由清末奉天巡防队管带，升至民国陆军旅长。次年2月，率部赴秦皇岛为奉军成功截获北京政府所购日械2.7万余件，因而愈得张作霖的信任。1920年被任为察哈尔都统。1922年第一次直奉战争时，任奉军西路总司令，临阵脱离战线，导致战争失败。其后一度寓居天津。直至1924年第二次直奉战争时，才在张作霖的谅解下回到奉天任督署参议。1927年先后任北京政府陆军总长、实业总长。1928年颇不满于张学良出任东三省最高军政首脑职务。1931年九一八事变后，先自任“黑龙江省长”、“东北行政委员会委员长”，宣言脱离南京国民政府。继而出任伪“满洲国”参议府议长、军政部总长兼讨热军总司令，与日军合力进攻热河。1935年5月起，继任伪“满洲国”国务总理大臣，在职达10年之久。1945年8月日本投降后，被苏联红军逮捕押往西伯利亚。1950年由中华人民共和国引渡回国。1959年病死抚顺狱中。

张景钺 Zhang Jingyue（1895-10-29～1975-04-24）中国植物形态学家。生于湖北光化（今老河口市），卒于北京。1925年获美国芝加哥大学科学博士学位。历任东南大学、北京大学教授、生物系主任。1955年当选为中国科学院学部委员（院士）。

张景钺早期从事蕨根状茎组织起源的研究，后来对于被子植物茎端原生韧皮部的分化、茎叶在不同日光强度下的生长与分化，以及天南星茎的形态与发育等，都进行了探索。同时他还为中国植物学方面培养了很多著名的植物形态学家、古植物学家、植物胚胎学家、植物解剖学家等。他创建的北京大学植物形态学教学和科研基地，为中国植物形态学研究的一个中心，并不断作出贡献。

他结合植物系统学的教学，著有《植物系统学》一书，为许多高等院校植物学专业的重要参考书籍。曾当选为中国植物学会副理事长、理事长和北京植物学会理事长。多年主编《植物学报》。

张九龄 Zhang Jiuling（678～740）中国唐朝玄宗开元时宰相、诗人。韶州曲江（今广东韶关西）人。一名博物，字子寿。弱冠登进士第。曾上书唐玄宗李隆基，主张重视地方官人选，选官应重贤能，不循资历。宰相张说重其文才。开元十一年（723）被任为中书舍人。张说罢相，受累外迁。十九年，玄宗召为秘书少监、集贤院学士，再迁中书侍郎。二十一年，以中书侍郎为相。

时玄宗的宠妃武惠妃，谋废太子李瑛而立己子，遂命宫中官奴游说九龄，九龄叱退使者。玄宗欲以范阳（今北京）节度使张守珪为相，以朔方（今宁夏吴忠北）节度使牛仙客为尚书，九龄都反对，玄宗不悦，李林甫更进谗言，玄宗遂于开元二十四年迁九龄为尚书右丞相，罢知政事。不久又因他荐举的监察御史周子谅弹劾牛仙客，触怒玄宗，贬为荆州长史。二十八年（740）卒。

九龄才思敏捷，文章高雅，诗意超逸，是盛唐前期重要诗人。有《曲江集》20卷传世。

张居正 Zhang Juzheng（1525～1582）中国明朝政治家。字叔大，号太岳。江陵（今属湖北）人。嘉靖二十六年（1547）进士。选为翰林院庶吉士，得徐阶等器重。二十八年改授编修。后因不满严嵩专权而托病家居。严嵩罢、徐阶任首辅后，任吏部左侍郎兼东阁大学士。总裁《世宗实录》，进礼部尚书兼武英殿大学士。次年八月上《陈六事疏》，力主改革。隆庆二年至五年间（1568～1571），他与高拱、王崇古、谭纶、戚继光等一起整顿北边武备，使北方边塞数十年得无事。

明神宗即位后，居正与太监冯保合谋，逐去高拱，自任首辅，掌握明廷大权，开始进行改革。万历元年（1573）六月，他提出以“考成法”整顿官僚机构，加强内阁职权，抑制宦官势力，整饬学政，禁止讲学，查禁私立书院。随后陆续实施清通欠、省驿递、惩贪墨、汰冗官、省支出等项改革措施。改革赋役制度，推行一条鞭法。又在全国清丈田亩；共丈出历年诡寄、隐漏及开垦未报的土地约147万余顷。他还采取厚商措施，整顿钱法，严禁私铸，同时许银钱兼用，许商税纳钱；任用潘季驯治理黄河、淮河，减轻了黄、淮下游的水患，漕运畅通。对周边民族，居正外示羁縻，内修战守，整饬边防，改善了民族关系，边防败坏局面得到扭转。七年，他通过俺答汗同西藏喇嘛教格鲁派首领达赖三世建立了封贡关系。

张居正病卒后，除一条鞭法外，其他改革几乎全行废止。他居相位10余年，多有建树，死后赠上柱国，谥文忠。寻以言官诬劾，家被籍没，诏尽削居正官秩。著有《书经直解》、《帝鉴图说》等。

张珏 Zhang Jue（?～1280）中国南宋末抗元名将。字君玉。凤州（今陕西凤县东北）人。18岁在合州钓鱼城（今重庆合川东）从军。以战功递升中军都统制，人称为“四川虓将”。开庆元年（1259），蒙哥汗率军围攻钓鱼城，张珏协同王坚率领军民屡败蒙古军，蒙哥被击伤致死。景定四年（1263）十月，张珏任兴元府驻扎御前诸军都统制兼知合州。他练士卒，精器械，饬军纪，明赏罚，以兵护耕，垦田积粟，加强城守，屡拒元军招降，固守钓鱼城。还主动出击，收复大良平（今四川广安东北）等城。德祐元年（1275）五月，张珏任四川制置副使兼知重庆府。宋廷曾征其兵入卫，因路阻未行。时元军围重庆，又遣人招降，张珏不从，派兵解重庆围，且与泸州义士里外相应，俘杀叛将梅应春，收复泸州。景炎元年（1276）十二月，张珏到重庆，任四川制置使。时宋二王流亡东南，张珏曾遣兵寻求二王之所在，并屡败元军，一度收复涪州（今重庆涪陵），解大宁城围，支援泸州。次年，元军又围重庆，再次招降，张珏奋力拒战。祥兴元年（1278）二月，部将赵安开城降元，张珏率兵巷战，终于不支，自杀未果，遂乘舟东下，途中两次自杀，均被阻，至涪州被俘，元军执之送京师。至元十七年（1280）二月，张珏自刭于安西（今陕西西安）。

张君劢 Zhang Junmai（1887-01-18～1969-02-23） 中国近现代学者、中国民主社会党主席。名嘉森，号立斋。生于江苏宝山（今属上海），卒于美国旧金山。早年留学日本，加入政闻社，回国后授予翰林院庶吉士。辛亥革命后，在上海参与组织共和建设讨论会等党派。1913年留学德国柏林大学。1915年底回国，先后任浙江交涉署长，《时事新报》总编辑。1923年讲演人生观问题，引起科学与玄学之争。同年出任上海国立自治学院院长。1927年后与中国青年党李璜合办《新路》杂志。1929年赴德国耶拿大学任教。1931年回国，执教于燕京大学。1932年创建国家社会党。七七事变后任国民参政员。1940年在云南大理创办民族文化学院，任院长。次年参加筹组中国民主政团同盟，后改称中国民主同盟，均任常委。1945年出席联合国会议，任宪章大会组委员。1946年1月出席政协商会议。8月将国社党改组为中国民主社会党，任主席。1949年11月到印度、印度尼西亚、澳大利亚等国讲学。1951年移居美国。著有《中西印哲学文集》、《新儒家哲学发展史》等。

张君秋 Zhang Junqiu（1897-10-14～1997-05-27） 中国京剧演员。工青衣。原名滕家鸣。原籍江苏丹徒。生于北京，卒于北京。母张秀琴为河北梆子青衣演员。幼年家贫，常随母至今呼和浩特、张家口等地客串演出。师从李凌枫学京剧青衣。15岁时在北京演出初露头角。继在北京、天津、上海等地先后与雷喜福、王又宸、孟小冬、谭富英、马连良等同台演出，声誉渐起。曾得尚小云、梅兰芳的教益。1942年自组谦和社，又得程砚秋指点，受王瑶卿、程砚秋影响，开始青衣唱腔的创新尝试。

张君秋在京剧《望江亭》中饰谭记儿

张君秋扮相雍容华贵，嗓音宽亮甜润。表演身段端庄含蓄，自然率真。在长期的艺术实践中，成功地塑造了谭记儿、崔莺莺、秦香莲等聪明秀丽、勇于同旧势力抗争的古代妇女形象。他主演的《打渔杀家》、《玉堂春》、《梅龙镇》、《望江亭》、《秦香莲》等剧已先后摄制成舞台艺术影片。著有《张君秋戏剧散论》。

张俊 Zhang Jun（1086～1154） 中国南宋武将。字伯英。成纪（今甘肃天水）人。北宋末为下级武官，金人攻太原，曾随制置副使种师中往援。康王赵构任兵马大元帅，即率部往从。宋高宗即位后，建立御营司，任张俊为前军统制。宋高宗被苗傅、刘正彦所废，和韩世忠等在张浚节制下，平定事变，升为御前右军都统制，拜节度使。绍兴初年，出任江淮招讨使，除两镇节度使。六年阻击伪齐刘豫南侵，加三镇节度使。十年金军南侵，宋诸军迎击，都得胜利。附高宗、秦桧旨意，率先撤兵，不支援岳飞。次年，自请解除兵权，授枢密使。又追随秦桧制造伪证，促成岳飞冤狱。后罢枢密使，进封清河郡王。虽居南渡四大将之列，但力赞和议。贪婪好财，大肆兼并土地，年收租米达60万斛。死后追封循王。

张浚 Zhang Jun（1097～1164） 中国南宋大臣。字德远。汉州绵竹（今属四川）人。宋徽宗时进士及第。宋高宗初立，升为礼部侍郎。建炎三年（1129），宋高宗在临安（今浙江杭州）被将领苗傅、刘正彦所废。张浚约文臣吕颐浩、武将张俊、韩世忠、刘光世等破苗傅、刘正彦，使宋高宗复位，被任知枢密院事。他提出经营川陕的建议，出任川陕宣抚处置使。建炎四年，富平（今属陕西）会战中，宋军溃败，浚推卸败军之责。绍兴四年（1134），被召至临安，后谪居福州。五年，出任宰相，督岳飞镇压杨幺起义。七年，刘光世部将郦琼叛降伪齐，张浚因而罢相。从此谪居20余年，仍上疏反对和议。宋孝宗时封为魏国公。隆兴元年（1163）任枢密使，都督江淮军马渡淮北伐。旋即溃败，再次罢官，不久即死，谥忠献。著有《紫岩易传》等。

张骏祥 Zhang Junxiang（1910-12-27～1996-11-14） 中国电影、话剧导演，剧作家，艺术理论家，电影事业家。江苏镇江人。卒于上海。笔名袁俊。1931年毕业于清华大学西洋文学系，1939年在耶鲁大学获硕士学位。回国后在四川江安国立戏剧专科学校授课，先后导演了《蜕变》、《北京人》、《以身作则》等话剧，创作了《小城故事》、《万世师表》等话剧剧本，翻译了《富贵浮云》、《吾土吾民》等影剧，并撰写了许多导演理论文章。1947年转入电影界，拍摄了《还乡日记》、《乘龙快婿》等影片。1949年后，导演了《翠岗红旗》、《鸡毛信》、《白求恩大夫》、《大泽龙蛇》等影片。其中《翠岗红旗》、《鸡毛信》获文化部1949～1955年优秀故事影片奖，《鸡毛信》还获得第9届爱丁堡国际电影节优胜奖。有论文集《关于电影的特殊表现手段》。

张可久 Zhang Kejiu（约1280～1348后） 中国元代散曲作家。一说名久可，号小山。庆元（今浙江宁波）人。生活年代比马致远晚，不可详考。张可久长期为吏的身世，对他的创作很有影响，生活的坎坷，又不免使他抑郁感伤。他的〔庆东原〕《和马致远先辈韵》9首，抒发了穷通无定、世态炎凉的感慨，只是这种愤世嫉俗的作品为数不多。向往归隐，描写归隐生活的情和景，在张可久的作品中更多一些。他一生奔波于宦海，在悬车之年尚出仕小吏，有不得已的苦衷。因此在以“归兴”、“旅思”、“道中”命名的篇章中，常常表现出悲凉的情绪和对安定的田园生活的渴望。

张可久是元代散曲“清丽派”代表作家，主要艺术特色是：①讲究格律音韵；②着力于炼字炼句，对仗工整，字句和美；③融合运用诗、词作法，讲究蕴藉工丽，而且常常熔铸诗、词名句，借以入于典雅。今所存散曲集有天一阁本《小山乐府》、影元抄本《北曲联乐府》等。其作品据隋树森《全元散曲》所辑，共存小令855首、套曲9首。

张克辉 Zhang Kehui（1928-02～ ） 中国人民政治协商会议全国委员会副主席，台湾民主自治同盟中央委员会主席。台湾彰化人。1942年后入台湾彰化高级商业学校、台湾师范学院学习。1949年厦门大学经济系肄业后，任解放军闽粤赣纵队8支队4团独立连连长、副指导员，福建省安溪县公安队指导员、县公

安局股长。1952年后任中共福建省委统战部组长。“文化大革命”中下放劳动，后任福建省宁化县革委会宣传组副组长、福建省革委会外事组翻译。1978年后任福建省政协副秘书长，省侨务办公室、外事办公室副主任，省台盟主委，省台联副会长。1982年后任中共福建省委常委兼统战部部长，省对台工作办公室主任，省政协副主席，省社会主义学院院长，国务院台湾事务办公室副主任。1991年后任中华全国台湾同胞联谊会会长，海峡两岸关系协会顾问，台盟中央副主席、主席，全国台联名誉会长。1998年后任全国政协第九届、十届副主席，中国和平统一促进会会长，2005年12月被推举为台盟中央名誉主席。是全国政协第五届、七届委员，第八届全国人大常委会委员、内务司法委员会副主任委员。

张琨 Zhang Kun (1917-12-17～) 美籍华人，汉藏语言学家。字次瑶。生于河南开封。1934～1938年在清华大学中文系学习，获文学学士学位。毕业后任教于西南联合大学，并在中央研究院历史语言研究所任助理研究员。1947年留学美国，1949年获耶鲁大学硕士学位，1955年获耶鲁大学语言学博士学位。1951年起在美国西雅图华盛顿大学执教，历任讲师、副教授、教授。1963年转至加州大学伯克利分校任中国语言学、汉藏语教授。1972年起任台湾“中央研究院”院士。40年代期间，他对中国的苗、瑶、藏、纳西、羌诸少数民族语言进行实地调查和研究。1947年发表论文《苗瑶语声调问题》，奠定了苗瑶语声调研究的基础。赴美国后，除继续研究苗瑶语并发表《原始苗瑶语声调的构拟》(1973)、《原始苗语的声母》(1976)等论文外，侧重于藏语和嘉戎语的研究，发表了一系列重要论著，如《拉萨话元音的和谐》(1968)、《嘉戎语的历史音韵研究》(1975)和《藏语在汉藏语比较语言学中的地位》(1978)等。他编写出版的《藏语口语读本》(1964～1981)已成为西方语言学家了解藏语拉萨方言的津梁。此外，与李霖灿合编的《纳西象形文字字典》(1944)一直是纳西语文研究的重要工具书。他在汉语史研究方面，对切韵音系提出了新的见解，认为切韵所反映的音应从时间和空间两方面去考察，即既有齐梁的时代性，又包含南北的方言性。

张澜 Zhang Lan (1872-04-02～1955-02-09) 中华人民共和国中央人民政府副主席，全国人民代表大会常务委员会副委员长，中国人民政治协商会议全国委员会副主席，爱国民主人士。字表方。四川南充人。卒于北京。1903年赴日留学。1911年8月，因参加保路运动，遭四川总督诱捕。1913年当选为国会众议院议员。1917年11月被北京政府任命为四川省省长，但不久即被滇黔川军阀赶下台。五四运动时期支持过新文化运动。1925年12月，任成都大学校长，提倡思想、学术研究自由。抗日战争爆发后，受聘为国民参政会参政员，与黄炎培等在重庆成立统一建国同志会。1941年3月起，先后任中国民主政团同盟、中国民主同盟主席，宣言坚持抗战，反对妥协；坚持团结，反对分裂。抗战胜利后，与中共密切合作，坚持政协决议，抵制蒋介石一手包办的“国民大会”，导致民盟被蒋宣布为“非法团体”。1949年3月，因拒绝为蒋所用，被国民党特务软禁于上海虹桥疗养院，后经中共地下组织营救脱险。9月，出席中国人民政治协商会议，当选为中华人民共和国中央人民政府副主席和中国人民政治协商会议全国委员会常务委员。12月20日，在民盟一届五中全会上，继续当选为主席。1954年在第一届全国人民代表大会上当选为全国人民代表大会常务委员会副委员长。同年还当选为中国人民政治协商会议第二届全国委员会副主席。著有《说仁说义》、《四勉一戒》和《墨子贵义》等。

张乐平 Zhang Leping (1910-11-10～1992-09-27) 中国漫画家。原名张升。生于浙江海盐，卒于上海。早年学画月份牌年画。后以画广告为生，同时从事业余漫画创作。1937年参加抗日漫画宣传队直至抗战结束。1946年秋，参与发起成立上海美术作家协会和上海漫画家协会。1949年后，先后在中国美术家协会上海分会、解放日报社、上海少年儿童出版社任专业画家，从事漫画、年画、宣传画创作。曾任《漫画世界》主编。

1927年开始在报刊上发表漫画，他的漫画在读者中引起广泛影响的是塑造儿童形象的连环漫画《三毛》和长篇连环漫画《三毛流浪记》。通过三毛这一典型形象，有力地揭示了旧中国流浪儿童的苦难生活和不合理的社会制度，并由此推动了社会上各种救济贫苦儿童的福利活动。张乐平在50年的时间以三毛为主人公，还创作了《三毛从军记》、《三毛外传》、《三毛翻身记》、《三毛今昔》、《三毛迎解放》、《三毛爱科学》、《三毛新事》等10余部连环漫画，为画史首创。张乐平还创作了不少政治讽刺漫画等。1949年以后创作的《祖国万岁》等年画也颇受欢迎。出版有《张乐平画集》。

《三毛流浪记》之《不如洋娃》

张乐行 Zhang Lexing (?～1863) 中国捻军前期首领。一作张洛行。安徽亳州雉河集(今涡阳)人。率各路捻军反清达十年之久，并配合太平军作战。1863年作战失败，被叛徒俘送至清营遇害。

张立昌 Zhang Lichang (1939-07～2008-01-10) 中国共产党中央政治局委员。河北南皮人。卒于天津。1958年5月参加工作，后在天津市冶金工业学校学习。1966年2月加入中国共产党。1961年3月后，历任天津市无缝钢管厂副科长、科长、副厂长。“文化大革命”中下放劳动。1968年后历任天津市无缝钢管厂车间主任、基建科长、党委副书记、厂长。1980年起历任天津市冶金局副局长、党委副书记、局长，天津市经委副主任、主任。1985年10月任天津市副市长兼市经委主任。1986年4月任天津市副市长兼中共天津市委工业工委书记。1989年9月任中共天津市委副书记、天津市常务副市长，其间兼任天津市口岸委主任。1993年6月任天津市市长、市政府党组书记。1997年8月任中共天津市委书记。1998年5月起任天津市人大常委会主任。是中共第十二届、十三届中央候补委员，十四届、十五届、十六届中央委员。2002年11月当选为中共十六届中央政治局委员。2007年3月，兼任国务院振兴东北地区等老工业基地领导小组副组长。

张涟 Zhang Lian (1587～约1671) 中国明末清初造园哲匠，尤擅长叠山。字南垣，松江华亭（今上海松江）人，后迁嘉兴，又称嘉兴人。少时学画，善绘人像，兼工山水，以山水画意造园叠山。所造园林中最著名的有松江李逢申横云山庄，嘉兴吴昌时竹亭湖墅、朱茂时鹤洲草堂，太仓王时敏乐郊园、南园和西田、吴伟业梅村、钱增天藻园，常熟钱谦益拂水山庄，吴县（今苏州）席本桢东园，嘉定（今属上海）赵洪范南园，金坛虞大复豫园等。《清史稿》为张涟立有专传。张涟对中国造园叠山艺术的重大贡献是改变了那种矫揉造作的叠山风格，对后世造园艺术产生了深远的影响。

张良 Zhang Liang (? ～前186) 中国西汉初年谋臣。字子房。先世为战国时韩国人。祖父开地，父平，曾五世相韩。秦灭韩时，张良尚有家僮300人。他倾全部家财寻求刺客，企图暗杀秦始皇，为韩报仇。后乘始皇东游之机，与客在博浪沙（今河南原阳东南）狙击未遂。于是变更姓名，亡匿下邳（今江苏睢宁西北），曾从圯上老人学《太公兵法》。陈胜、吴广起义后，张良聚众响应。不久归属刘邦，成为刘邦的重要谋士。他协助刘邦制定作战方略，并在政治上、策略上提出许多重要建议。项羽进入关中后，刘、项之间关系紧张，大有一触即发之势。张良劝刘邦在鸿门宴上卑辞言和，保存实力，并疏通项羽的叔父项伯，使刘邦得以脱身。汉高祖二年（前205），刘邦在彭城一战中遭到惨败，张良又建议刘邦争取英布、彭越和韩信起兵反楚，从而奠定了日后对项羽实行战略包围的基础。刘邦即帝位后，封张良为留侯。他劝说刘邦封旧有怨隙的雍齿，以安抚功臣的不满情绪；力主建都关中，拥立刘盈为太子等。这些建议有助于调整统治阶级内部的关系，稳定封建统治秩序。卒后谥文成侯。

张量 tensor 向量的推广。在一个坐标系下，由若干个数（称为分量）来表示，而在不同坐标系下的分量之间应满足一定的变换规则，如矩阵、多变量线性形式等。一些物理量如弹性体的应力、应变以及运动物体的能量、动量等都需用张量来表示。在微分几何的发展中，C.F.高斯、B.黎曼、E.B.克里斯托费尔等人在19世纪就导入了张量的概念，随后由G.里奇及其学生T.列维齐维塔发展成张量分析，A.爱因斯坦在其广义相对论中广泛地利用了张量。

张陵 Zhang Ling (34～156) 中国东汉五斗米道创立者。后改名张道陵，字辅汉。沛国丰（今江苏丰县）人。少时喜读河洛图纬、天文地理之书。曾入太学，通达五经，又好黄老之学，举荐"贤良方正直言极谏科"。汉明帝时曾任巴郡江州（今重庆）令，后隐居北邙山（今河南洛阳北），修炼长生之道。朝廷久征不就。东汉顺帝时，修道于鹤鸣山。永和六年（141），创立五斗米道。教门中尊老子为师主，以《老子五千言》为经典，自称太上老君，授为"三天法师正一真人"。制作道书24篇，建立24治区，各治立道官祭酒，以统治道民。道民有犯小过者以悔过自新为奉道之主旨，并用符水咒法为道民治病。传有弟子王长、赵升等。子孙世袭天师道号，历代帝君皆加有封号。

张鲁 Zhang Lu (?～216) 中国东汉时五斗米道创立者张陵之孙。字公祺。沛国丰（今江苏丰县）人。东汉初平二年（191）任益州牧督义司马，击杀汉中太守苏固、别部司马张修后，割据汉中、荆州，成为荆州太守。世代信奉五斗米道，遂在这一地区建立了政教合一的地区性统治政权。自称师君，以道官祭酒管理地方政治。各地设立义舍，安置义米、义肉，过路贫乏者随意取食，禁止杀牲、酿酒。有犯者先于净室中悔过，或修路百步。宽宥三次，有复犯者，然后用刑。统治汉中近30年，百姓安居乐业，边陲地带的少数民族多有投奔者。建安二十年（215）曹操攻入汉中，避地巴中（今四川），后降操，魏时封为阆中侯，任镇南将军。后弃官修道。道教徒尊称为系师。元成宗赠号正一系师太清昭化广德真君。

张曼玉 Maggie Cheung (1964-09-20～) 中国香港电影演员。生于香港。8岁时移民英国。16岁成为专职广告模特。18岁时，参加香港小姐选美大赛，获"最上镜小姐"奖和"香港小姐"亚军。进入演艺圈后主演了电视剧《新扎师兄》。1984年转向电影界。1986年后，在《玫瑰的故事》、《旺角卡门》、《人在纽约》等影片中塑造角色。1989年因《不脱袜的女人》荣获第9届香港电影金像奖最佳女主角奖。1990年凭《爱在他乡的季节》得到意大利影评人组成的特别评审团颁发的演技奖。同年，又由于《滚滚红尘》一片，而荣获第27届金马奖最佳女配角奖。1991年因《阮玲玉》登上"金马影后"宝座，并获得第42届柏林国际电影节最佳女演员奖。此后，她又在《新龙门客栈》、《家有喜事》、《东方三侠》中扮演主角。2000年在《花样年华》中的演技已趋化境。此后又有《一见钟情》(2000)、《英雄》(2002)、《2046》(2004)等作品。

张梅颖 Zhang Meiying (1944-01～) 中国人民政治协商会议全国委员会副主席。四川南充人。中国民主同盟成员。1962～1968年在第四军医大学医疗系学习。1968～1971年任解放军第222医院外科医生。1971～1979年任北京市海淀区卫生局医政科干部。1979～1994年任北京肿瘤防治研究所主治医师、副主任医师、主任医师，核医学科副主任、主任。1994～2000年任北京肿瘤防治研究所副所长、北京医科大学临床肿瘤医院副院长、北京肿瘤医院副院长，全国政协第十届常务委员。2000～2003年任民盟中央副主席、全国政协副秘书长、全国妇联执委、北京大学临床肿瘤学院兼职教授。2003年后任民盟中央常务副主席、全国政协副秘书长、全国妇联副主席。2005年3月在全国政协十届三次会议上增选为全国政协十届副主席。2007年12月当选民盟中央第一副主席。2008年任全国政协第十一届副主席。

《张猛龙碑》 中国北魏纪功碑刻。全称《魏鲁郡太守张府君清颂之碑》。北魏正光三年(522)正月立。王盆生撰碑文，正书。碑高清营造尺八尺四寸，广三尺七寸（据王昶《金石萃编》）。碑阳24行，行46字。碑阴12列，有爰考伯等题名，正书。额正书"魏鲁郡太守张府君清颂之碑"12大字。碑存中国山东曲阜孔庙碑廊。

碑主张猛龙，南阳白水人。晋西平公张轨八世孙。猛龙牧鲁郡，知民疾苦，兴立学校，多有政绩，郡人因立碑以颂其德。

此碑为魏碑（或谓"北碑"）中最有代

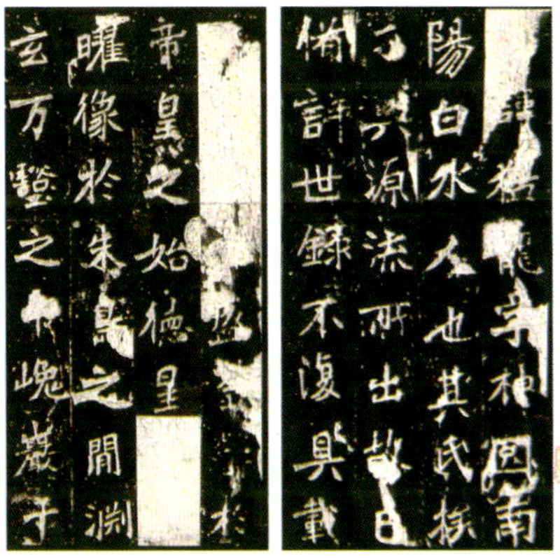

《张猛龙碑》拓片（局部）

表性的碑刻之一，首见于宋赵明诚《金石录》，明清金石家迭经著录。此碑书法，“结构精绝，变化无端”（康有为《广艺舟双楫》）；用笔沉著痛快，点画如斩金截玉，方圆兼备；通体浑穆高古，且饶神骏迭宕之势。明赵崡《石墨镌华》谓其“正书虬健，已开欧、虞之门户。碑首正书大字十二，尤险劲”。杨守敬《激素飞清阁评碑记》则称许其“书法潇洒古淡，奇正相生，六代所以高出唐人者以此”。清中叶以降，碑风兴盛，习书者多奉此碑为圭臬。明拓善本“冬温夏清”（“清”读作“庆”）、“冠盖魏晋”未泐本为佳拓。

张明山 Zhang Mingshan (1826～1906) 中国清代彩绘泥塑艺术家。天津泥人张的开山鼻祖。河北深州人。12岁始作彩塑泥像。一生创作作品数以万计，题材主要有人物塑像、婚丧嫁娶等民俗风情、古典文学和民间传说等。所塑人物形象生动，彩绘简洁明快，线条严谨流畅，技艺精湛娴熟。其代表作品为反映民间风俗的“宾仪式”，场面庞大，人物形象生动。曾创建彩塑作坊塑古斋，培训晚辈，使彩塑得以流传后世。其子孙继承家业，在艺术上取得较大成就，被世代沿称泥人张。

张溥 Zhang Pu (1602～1641) 中国明末文学家。字天如。太仓（今属江苏）人。崇祯四年（1631）进士，后改庶吉士。与同里张采齐名，号称“娄东二张”。曾与郡中名士结为文社，名复社，兴复古学，以文会友，实际是评议时政，是东林党与阉党斗争的继续。张溥在文学方面，推崇前后七子的理论，主张复古，又以“务为有用”相号召。张溥的散文在当时很有名，风格质朴，慷慨激昂，明快爽放，直抒胸臆。代表作有《五人墓碑记》。著有《七录斋集》15卷、《春秋三书》32卷、《历代史论二编》10卷、《诗经注疏大全合纂》34卷等；辑有《汉魏六朝百三家集》。

张其昀 Zhang Qiyun (1901-11-09～1985-08-26) 中国地理学家、历史学家。字晓峰。浙江鄞县人，卒于台北。1923年南京高等师范学校毕业。历任中央大学教授，浙江大学史地学系主任、文学院院长兼史地系主任等职。1949年去台湾后，任国民党中央宣传部长、中央委员会秘书长，台湾国民党政府“教育部长”，台湾“国防研究院”主任。任职期间促成在台湾建立政治大

学、“清华大学”、交通大学等，且于大学广设研究所，创建历史博物馆、科学馆和艺术馆等。1962年创办中国文化学院（1980年改为中国文化大学），1966年创办中华学术院。擅长文史和人文地理，著作甚丰。著有高中教本《本国地理》、《中国民族志》、《中国经济地理》、《中国地理学研究》、《政治地理学》等；主编《中文大辞典》、《中华百科全书》和《中华五千年史》等。

张琪玉 Zhang Qiyu (1930-06-07～) 中国图书馆学家。生于江苏南汇（今属上海）。1954年毕业于北京大学图书馆学系。1977年起在武汉大学图书馆学系从事教学与科研工作，历任讲师、副教授、教授。1987年调任中国人民解放军空军政治学院图书档案系主任。他主要从事情报语言学研究，主张对分类法、主题法和其他信息检索语言以及自然语言在信息检索中的应用问题进行统一研究，以探索它们影响情报检索效率的共同规律和有效的改进途径，对情报语言学的理论建设有一定贡献。著有《情报检索语言》（1983年，后改名《情报语言学基础》），《情报语言学词典》（2000）等。

张岂之 Zhang Qizhi (1927-11～) 中国历史学家、教育家。江苏南通人。1950年毕业于北京大学哲学系。1952年清华大学哲学系研究生肄业。历任西北大学、清华大学教授，西北大学历史系主任、中国思想文化研究所所长、副校长、校长、名誉校长，兼任陕西省社会科学会联合会主席、中国史学会副会长等职。张岂之受汤用彤、贺麟、侯外庐等人的影响，长期从事中国思想史研究。早年协助侯外庐整理《中国思想通史》，参与《中国思想通史》第四卷撰写。后与侯外庐、邱汉生共同主编《宋明理学史》。对中国儒学思想的发展历史作系统探讨，阐明早期儒学作为“人学”的思想特点。对中国近代思想文化作深入研究，揭示中国近代哲学思想、伦理思想和以史学为核心的学术思想的发展历程。出版《中国儒学思想史》、《儒学·理学·实学·新学》、《近代中国伦理思想的转折》、《中国近代史学学术史》等著作。提出中国思想史主要以理论化的社会意识为研究对象，重视阐扬中国思想文化的优秀传统，强调科学性与时代精神的统一，力图对历史文化遗产作出全面探讨和实事求是的评价，从多方面丰富和发展了侯外庐学派的特点。他积极倡导人文教育，将中国思想文化研究成果渗透于大学教育理念，编撰了《中国思想史》、《中国传统文化》、《中国历史》（6卷本）、《中国历史十五讲》等多种教材。

《张迁碑》 *Stele of Zhang Qian* 中国东汉纪功碑刻。立于汉灵帝中平三年（186）二月。原在山东东平，现存山东泰安市岱庙内。碑高270厘米，宽115厘米。碑阳隶书15行，每行42字；碑阴题名三列，上两列每列19行，下列3行。题额篆书《汉故穀城长荡阴令张君表颂》两行12字。碑文记述了张迁的家族世系及其在穀城长任内的德行惠政。碑阴有张迁的门生故吏韦淑珍等题名，分书。此碑书法端正厚实，点画皆平直方折，结体紧凑收敛，堂皇端庄，但刻工粗糙，碑文中多用同音通假字，前人谓其书刻皆非良工。但在后人看来，而具有拙朴天真的意趣，因而被视为汉碑隶书中雄浑粗犷风格的代表。清代以来学习隶书者，多以此碑为范本。传世最早拓本为明拓本。

张骞 Zhang Qian (? ～前114) 中国西汉外交家。汉中成固（今陕西城固）人。汉武帝建元二年（前139），应募出使大月氏，途经匈奴，被俘。在匈奴十年余逃脱，西行至大宛（今费尔干纳盆地），经康居（今哈萨克斯坦南部），于元光六年（前129年）抵达大月氏。大月氏先为匈奴所迫，辗转西迁，这时已定居妫水（即阿姆河）北岸，又统领了大夏（在阿姆河流域），安居乐业，无意报复匈奴。张骞至大夏，停留年余返回。在归途中，张骞又为匈奴所得，又被扣留年余。元朔三年（前126），乘匈奴内乱逃回，向汉武帝详细报告西域诸事，武帝授以太中大夫。元朔六年，张骞以校尉随大将军卫青征匈奴，有功，封博望侯。元狩二年（前121），为卫尉，与李广出右北平（今河北东北部）击匈奴；因迟误军期，当斩，得免为庶人。后复劝武帝联合乌孙（在伊犁河、楚河流域），武帝乃拜骞为中郎将，率300人，牛羊金帛以万数，出使乌孙。张骞到乌孙，分遣副使往大宛、康居、月氏、大夏等旁国。乌孙遣使送张骞归汉，并献马报谢。元鼎二年（前115），张骞还，拜大行。翌年卒。他所遣副使后相继引西域诸国使者来汉；乌孙也终于与汉通婚，共击匈奴。汉能通西域，由张骞创立首功。因张骞在西域有威信，后来汉所遣使者多称博望侯以取信于诸国。张骞对开辟从中国通往西

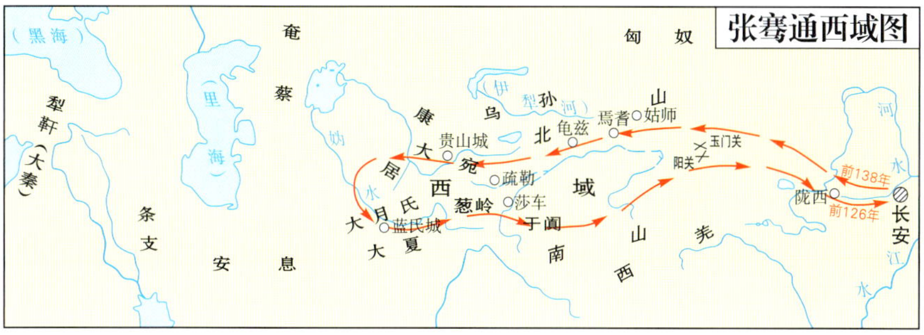

张骞通西域图

域的丝绸之路有卓越贡献。西域诸国当时无史籍记载，张骞所报道，备载于《史记》、《汉书》中，是治中亚史所根据的原始资料。

张青莲 Zhang Qinglian（1908－07－31～2006－12－14） 中国无机化学与同位素化学家。生于江苏常熟，卒于北京。1926～1930年就读于光华大学，1931～1934年就读于清华大学研究生院。1934年赴德国柏林大学物理化学系，进行重水研究，1936年获哲学博士学位。随后又在瑞典皇家科学院物理化学研究所作访问学者。留学西欧的3年中，在重水研究方面发表了10篇论文。1937年回国，任中央研究院上海化学研究所副研究员。1939年任西南联合大学化学系教授。1946年任清华大学化学系教授。1952年起任北京大学化学系教授。曾先后担任《化学学报》主编、国际纯粹与应用化学联合会原子量与同位素丰度委员会（CAWIA）常委、美国《质谱评论》顾问编辑。1955年当选中国科学院学部委员（院士）。长期从事稳定同位素、重水及原子量新值测定的研究。特别是他在83岁高龄亲自主持制订了10项原子量新值测定的计划，于2002年完成。其中9项的原子量新值已被CAWIA正式确认为国际新标准。主编《无机化学丛书》，发表学术论文150篇。

张权 Zhang Quan（1919－04－02～1993－06－16） 中国女高音歌唱家、声乐教育家。生于江苏宜兴一教师家庭。卒于北京。1936年考入国立杭州艺术专科学校，主修钢琴，后改学声乐。1940年转入重庆国立音乐院，师从黄友葵教授。1942年举办第一次个人独唱会，同年秋毕业并留校任教。1946年入伊斯曼音乐学院学习，毕业于1951年，并获音乐硕士学位以及音乐会独唱家、歌剧演员证书。同年，回国在中央实验歌剧院工作。1956年作为新中国上演第一部外国歌剧《茶花女》的主角，受到好评。1963年，在哈尔滨成功地演出了具有浓郁陕北风格的歌剧新作《兰花花》。1977年调任北京歌舞团艺术指导，并先后任北京市音协主席，中国音乐学院教授、副院长。

张全义 Zhang Quanyi（852～926） 中国唐末五代时洛阳地区的长官。原名言（一作居言），唐昭宗赐名全义，朱温又改全义名为宗奭。字国维。濮州临濮（今山东鄄城西南）人。出身农家。唐末参加黄巢起义军。巢败，全义降于河阳（今河南孟县东南）节度使诸葛爽，授泽州（今山西晋城）刺史。光化二年（899）爽卒，全义为河南尹，镇守洛阳。从此经历唐、后梁、后唐，除一个短暂时期外，长期任河南尹。后唐同光四年（926），魏州（今河北大名东北）发生乱事，他保荐李嗣源进讨，嗣源为部下劫持，亦反。全义忧惧不食而卒。张全义初至洛阳，值兵燹之后，居民不满百户，田野无人耕种。他推行屯垦，招集流散人民，奖励生产，知道哪一家蚕麦好，就亲自去慰劳，奖赏酒食布帛。他亲自巡视田亩，发现田中没有草的，必加奖赏，有草的必责罚。这样，几年之后，洛阳一带没有闲田，编户五六万，促进了洛阳地区农业生产的恢复。

张群 Zhang Qun（1889－05－09～1990－12－14） 中华民国时期国民政府行政院长、西南军政长官。字岳军。生于四川华阳，卒于台北。少时入塾馆读经书，后肄业于华阳中学堂。1906年入保定全国陆军速成学堂。1908年赴日留学，入振武学校。在保定和日本均与蒋介石同学。同年加入同盟会。辛亥革命爆发后，与蒋介石一起回国，参加光复上海之役。1913年参加二次革命，讨袁失败后再去日本，入陆军士官学校学习。1917年任广州护法军政府参军。1924年任河南警务处长兼省会警察厅厅长。1926年任国民革命军总司令部总参议。次年10月陪蒋介石访日。1928年6月任国民政府军政部政务次长兼兵工署长。1929年3月当选为中国国民党第三届中央执行委员会委员，4月任上海特别市市长。一·二八事变后与日本帝国主义周旋，压制市民抗日运动。嗣后在蒋介石“围剿”工农红军时，出任豫鄂皖三省“剿匪”总司令部党政委员兼政务指导委员会常务委员。1933年7月调任湖北省政府主席。1935年12月任国民政府外交部长，协助蒋介石与日本直接谈判。1937年2月改任国民党中央政治委员会秘书长兼外交专门委员会主任委员。

抗日战争全面爆发后，任军事委员会秘书长，1938年任行政院副院长，并兼军事委员会委员长重庆行营主任，主持抗战后方基地的筹设。1939年任国防最高委员会秘书长，翌年任成都行辕主任兼四川省政府主席。1945年抗战胜利后，参加国共重庆谈判。次年1月为执行停战协定，代表国民党参加三人军事小组。1947年任行政院长。1948年任总统府资政。1949年2月任重庆绥靖公署主任，嗣后改任西南军政长官，12月去台湾。

张群于1952年在台湾创设“中日文化经济协会”，是台湾当局与日本方面合作的代表人物。1954年起，出任蒋介石“总统府”秘书长。1972年改任国民党中央评议委员会主席团主席。著有《中日关系与美国》、《我与日本七十年》等书。

张榕明 Zhang Rongming（1944－06～　） 中国人民政治协商会议全国委员会副主席。浙江宁波人。1961～1968年在北京工业大学无线电系无线电技术专业学习。1968～1981年任辽宁省辽阳科学实验厂、辽宁精密元件厂、辽宁省辽阳电子仪表厂技术员。1981～1983年任辽宁省辽阳电子仪表厂副厂长、厂长。1983～1984年任辽宁省辽阳市电子工业公司副经理。1984～1985年任辽宁省辽阳市文圣区副区长。1985～1993年任辽宁省辽阳市副市长。1993～2001年任辽宁省副省长。1997～2003年任中国民主建国会中央委员会副主席，是第九届全国人大代表、全国政协第十届常务委员。2003年后任民建中央常务副主席、中华全国总工会副主席。2005年3

月12日在全国政协十届三次会议上增选为全国政协十届副主席。2007年12月当选民建中央第一副主席。2008年任全国政协第十一届副主席。

张融 Zhang Rong (444～497) 中国南朝齐代文学家。字思光。吴郡吴县（今江苏苏州）人。宋孝武帝时，为新安王刘子鸾北中郎参军，出为封溪令，后为仪曹郎。萧道成代宋建齐，累迁至司徒右长史。张融出身于吴郡世族，兼好儒、释、道，言行诡怪狂放，见者惊异。《隋书·经籍志》载，张融有集27卷（梁10卷），又有《玉海集》10卷，《大泽集》10卷，《金波集》60卷，均佚。明人张溥辑有《张长史集》，收在《汉魏六朝百三家集》中。他的文章和为人一样与众不同。《海赋》是他的代表作，意在超越晋人木华的同名作。二赋格调不同，而并为名作。张融此赋能在习用的词语中见出新颖奇特的构思，语言上清新流丽。诗今存5首，以《别诗》最具特色："白云山上尽，清风松下歇。欲识离人悲，孤台见明月。"情在景中，自然流畅。

张柔 Zhang Rou (1190～1268) 蒙古时期中国中原地方武装首领之一。字德刚。易州定兴（今河北定兴）人。1213年蒙古军南下中原，河北大乱。张柔聚集乡邻亲族数千家结寨自保，金当局任为定兴令，官至中都留守兼知大兴府事。1218年与蒙古军战于狼牙岭，兵败被俘，降于蒙古。任行军千户、保州等处都元帅。1232年，奉调伐金，随速不台围汴京（今河南开封）。汴京守将降，张柔独至史馆运走《金实录》和秘府图书；又访耆旧望族，护送北归。1234年，张柔入觐窝阔台汗，升万户，兼管军民，成为独据一方的汉军首领之一。1243年，大帅察罕调张柔镇杞县。1254年，移镇亳州。1259年从忽必烈攻鄂州。忽必烈北还，令张柔领蒙古汉军留驻白鹿矶待命。中统元年（1260），元世祖忽必烈即大汗位，诏班师。二年，张柔献《金实录》于朝廷，以年老致仕，受封为安肃公。至元三年（1266），又起用为判行工部事，营建大都。四年进封蔡国公，五年卒。

张瑞芳 Zhang Ruifang (1918-06-15～) 中国电影、话剧演员。原籍北京。生于河北保定。18岁考入国立北平艺术专科学校西洋画系。一二·九运动时，主演《黎明》和《放下你的鞭子》。抗日战争爆发后，参加北平学生战地移动剧团。1938年到重庆，参加了许多重要演出，与白杨、舒绣文、秦怡并称话剧界"四大名旦"。1947年第一次在影片《松花江上》中扮演主要角色。1951年调入上海电影制片厂，演出了《南征北战》、《家》、《聂耳》、《李双双》等影片。

其中，《李双双》是她的代表作。这一角色使她获得1963年第2届《大众电影》百花奖最佳女演员奖。20世纪80年代前后，有《大河奔流》、《泉水叮咚》等作品。张瑞芳在舞台和银幕上具有朴实、真挚、流畅的表演风格。

张瑞图 Zhang Ruitu (1570～1640?) 中国明代书法家。字长公，号二水。福建晋江人。曾任礼部尚书，为宦官魏忠贤所赏识。崇祯元年（1628）为魏忠贤撰生祠碑文，士林耻之。后入逆案坐徙赎为民。书法的用笔在晋人书法的使转处，变圆转为方折，有时尖锋下笔，稍带挑荡，兼以结体绵密，在当时书法中很有特色，表现出明代末年想突破受晋帖束缚的一种意向。张瑞图书法与邢侗、米万钟、董其昌齐名，时人称为"邢、张、米、董"。

张若虚 Zhang Ruoxu 中国唐代诗人。生卒年不详。扬州（今属江苏）人。曾任兖州兵曹。中宗神龙（705～707）中，与贺知章、贺朝、万齐融、邢巨、包融俱以文辞俊秀驰名于京都，与贺知章、张旭、包融并称"吴中四士"。玄宗时尚在世。

所作诗以《春江花月夜》最为脍炙人口。它沿用陈隋乐府旧题抒写真挚动人的离情别绪及富有哲理意味的人生感慨，语言清新优美，韵律婉转悠扬，一扫宫体诗的浓脂艳粉，给人以澄澈空明、清丽自然的感觉。清末王闿运评此诗说："张若虚《春江花月夜》用《西洲》格调，孤篇横绝，竟为大家。李贺、商隐，挹其鲜润；宋词、元诗，尽其支流。"（陈兆奎辑《王志》卷二《论唐诗诸家源流——答陈完夫问》）较为公允地指出了它的源流、地位和影响。《全唐诗》录存其诗2首。

张三丰 Zhang Sanfeng 中国元、明间道士。名全一，字君宝。号三丰、玄玄子、张邋遢。辽东懿州（今辽宁彰武西南）人。据《明史》记载，他在元时学道于河南鹿邑太清宫，元末居陕西宝鸡金台观。后入蜀抵秦，游襄邓，往来长安，历经陇西、岷山、甘肃。明朝初年入湖北武当山，自结草庐于展旗峰北遇真观。洪武二十三年（1390）离开武当，不知去向。明英宗天顺三年（1459）封"通微显化真人"，成化二十二年（1486），特封"韬光尚志真仙"，嘉靖四十二年（1563）加封"清虚玄妙真君"。张三丰的道教思想认为"牟尼、孔、老皆名曰道"，力主三教同一说。还认为"玄学以功德为体，金丹为用，而后可以成仙"，所以提倡内丹修炼，积善累功。关于张三丰较可信的史料有《明史·张三丰传》、明陆深《玉堂漫笔》、沈德符《万历野获编》等。后人编有《张三丰先生全集》行世。

张僧繇 Zhang Sengyao 中国南朝梁画家。吴中（今江苏苏州）人，一说吴兴（今浙江湖州）人。主要活动于6世纪上半叶。梁武帝天监年间（502～519）曾任武陵王国侍郎，以后又任直秘书阁知画事、右军将军、吴兴太守等职。

张僧繇以善画释道著称，亦善画人物、肖像、花鸟、走兽、山水等。他在江南寺院中绘制了大量壁画，并曾奉命给当时各国诸王绘制肖像，能收到"对之如面"的效果。有关他"画龙点睛"的传说家喻户晓。张僧繇的绘画创作，在技法上曾将晋代女书法家卫铄《笔阵图》中的书法用笔方法融入绘画，使其更富于表现力。他的艺术手法简练，富于变化，思若泉涌，取资天造。"笔才一二，像已应焉"。与唐代的吴道子一同被后世推为疏体的代表，与以顾恺之、陆探微为代表的密体各擅千秋之誉。他同时又善于吸收和消化外来艺术的表现手法，据记载，他曾在建康（今南京）一乘寺用天竺（今印度）传入的晕染法创作壁画，所绘物象，远观具有凹凸的立体感，近视则平，因此一乘寺又被人称为凹凸寺。张僧繇于佛像人物用功最深，形成自己的风格，人称张家样。他画人物，能做到朝衣野服，今古不失，"殊方夷夏、皆参其妙"，能从被画对象的特定身份、时代、民族等方面着眼，成功地画出各自不同的形象特征和风貌。张僧繇的绘画艺术对后世有着极大的影响，后人将他与顾恺之、陆探微并列为六朝三大家。

张石川 Zhang Shichuan (1890-01-01～1954-07-08) 中国电影事业家、导演。浙江宁波人。原名伟通，字蚀川。1913年，与郑正秋合作，为美国商人经营的亚细亚影戏公司拍摄影片《难夫难妻》，任导演。1916年开办幻仙影片公司，拍摄了《黑籍冤魂》。1922年与郑正秋等人组建明星影片公司。1923年导演《孤儿救祖记》。此后导演了《玉梨魂》等20多部影片。1928年导演武侠神怪连续片《火烧红莲寺》。1930年导演中国第一部有声片《歌女

红牡丹》。继后又编导了6集《啼笑因缘》。1932年后，随着中国人民抗日怒潮的高涨，拍摄了《脂粉市场》、《前程》、《压岁钱》等左翼电影。1937年入国华影片公司。1942年入中华联合制片股份有限公司。张石川一生导演长短故事片近150部，影片故事性强，通俗易懂，很受市民阶层欢迎。

张士诚 Zhang Shicheng (1321～1367) 中国元末割据江浙一带的武装首领。泰州白驹场（今江苏大丰西南白驹）人。出身盐户，以操舟运盐为业。至正十三年（1353），在红巾军起义影响下，与其弟士义、士德、士信及李伯升等18人，杀富户，招集盐丁，起兵反元，攻克泰州，连克兴化、高邮，拥众万余。十四年正月，据高邮，称诚王，建国大周，改元天祐。九月，元中书右丞相脱脱统大军攻高邮。由于临阵易将，元军大乱，张士诚乘机出击，大获全胜。高邮战役是元末农民战争的重要转折。后张士诚渡江南下，与朱元璋开战，张士诚败，投降元廷，封为太尉。此后继续与朱元璋争夺地盘。他乘北方红巾军失败、朱元璋与陈友谅大战之机，扩展地盘，势力南抵绍兴，北逾徐州，达于济宁，西达汝、颍、濠、泗，东至海，拥兵数十万。二十三年九月，张士诚自称吴王，以张士信为江浙行省左丞相，不再输粮至大都。二十五年十月，朱元璋灭陈友谅汉政权后，开始全面进攻张士诚。二十七年九月，平江（今江苏苏州）城破，张士诚被俘至应天（今江苏南京），自缢死。

张世卿墓壁画 Mural in Zhang Shiqing's Tomb 中国辽代墓室壁画。位于河北宣化下八里村的1号墓。葬于辽天庆六年（1116），1974年清理。此墓为一双室墓，墓门系彩绘砖砌仿木结构门楼。前室墓门两侧各绘一持杖门吏。西壁的出行画面中有驭者、持伞人、持帽人、持衣人、顶盘人和一匹鞍辔齐备的白马。东壁的《散乐图》由12人组成，乐队前方有一人在舞蹈。后室南壁拱门上部绘二龙戏珠，拱门西侧绘温酒侍吏，东侧绘捧箱、捧钵侍吏。东壁分绘黑衣侍吏、备经图、持扇持巾侍吏、启箱侍女等。西壁分绘妇人启门、烹茶、持盂、持拂尘侍吏和启箱侍女等。北壁画有一彩绘双凤门和两个持杖门吏。此外，影作檐枋和斗栱上方绘成组的缠枝牡丹和莲花，下方绘莲花、牡丹等瓶花。后室墓顶的彩绘星图，以淡蓝色表示天空，中央嵌一面铜镜，镜周绘莲花，其外第一层绘星体，第二层绘二十八宿，最外层绘黄道十二宫。壁画均以写实为主。

《散乐图》

张世文 Zhang Shiwen (1905-12-05～1996-12) 中国社会学家。满族。生于北京，卒于四川成都。1924年就读于燕京大学社会学系，先后获文学士和理学士学位。此后长期致力于社会学、人口学、人口统计学、社会调查学的教学与研究工作。1938年起先后在华西大学、金陵女子文理学院、四川大学任教，曾任华西大学乡村建设学系系主任。1949年后历任华西大学社会学系教授，四川大学经济系教授、印度研究室研究员。1979年后任四川大学人口研究所教授、研究员，中国社会学会顾问，1984年任四川大学哲学系教授。

张世文认为，西方社会学的理论只能作为借鉴，要通过对中国社区史、社区志的研究，探索社会学中国化的道路。20世纪20年代末至30年代初，在河北定县进行了大量的社会调查。著有《定县农村工业调查》、《衡山师古乡社会概况调查》、《生命统计方法》、《农村社会调查方法》、《农村社会学导论》、《社会调查概要》（合著）等。主要译著有《社会学原理》、《生命统计学概论》等。

张栻 Zhang Shi (1133～1180) 中国南宋理学家。字敬夫，号南轩。汉州绵竹（今属四川）人。张栻是胡宏的学生，官至右文殿修撰，与朱熹、吕祖谦齐名，时称“东南三贤”。张栻是胡宏之后湖湘学派的领袖。他既坚持以性为本，又向朱熹的天理本体靠拢，企图把湖湘学与朱熹的闽学融合起来。他就“中和”、察识与存养先后、知行相须互发等问题与朱熹进行了反复的论争。他主张“道与器非异体”和天、性、心范畴的一致，认为认识的目的在“穷理”，而穷理又离不开居敬，二者相须互发。治学立足实用，要求从日常“实践”之中去体验所寓之理。强化义利之辨，提出以无所为而为与有所为而为来辨别天理人欲，著有《论语解》、《孟子说》、《易说》、《太极图说》等。诗文由朱熹编定为《南轩先生文集》44卷。

张寿臣 Zhang Shouchen(1899-01-29～1970-07-09) 中国相声艺人。又名张豫华。原籍河北深州。生于北京，卒于天津。6岁入私塾读书，并随父亲张诚甫学说评书和相声。12岁拜相声名家焦德海门下正式学说相声，15岁出道。20岁后，除与师傅焦德海搭档演出外，还与当时的同行名家万人迷（李德钖）、陶湘如、侯一尘、周德山和于俊波等在京津两地合作演出。他不仅学会和掌握了不少的传统相声段子，而且改编加工或创作演出了《夸讲究》、《老老年》、《对对子》等一系列意在揭露当时社会黑暗和讽刺吏治腐败的优秀节目。20世纪50年代初，他加入天津市曲艺团，专攻单口相声的整理加工和表演，尤以擅演单口相声《小神仙》、《化蜡钎》、《贼说话》等节目著称。1958年后专事相声教学和研究工作，发表了《谈单口相声的表演》和《我对传统相声的看法》等文章。收徒较多，其中以常宝堃（艺名小蘑菇）、刘宝瑞和戴少甫等较为著名。

张寿臣表演单口相声

张曙 Zhang Shu (1909-06-13～1938-12-24) 中国作曲家、歌唱家。生于安徽歙县，卒于桂林。1926年入上海艺术大学音乐系，1929年入上海国立音乐专科学校，主修声乐。1933年参加苏联之友社音乐小组和歌曲研究会等左翼文艺组织，与聂耳、任光等人一起从事革命歌曲和戏剧电影音乐创作。1934年后，在长沙、南京、上海等地参加群众歌咏和进步话剧的配乐及演出等活动。1937年抗日战争全面爆发，到武汉与冼星海等人发起组织中华全国歌咏协会并加入郭沫若领导的军委政治部第三厅，组织抗日歌咏运动并创作抗日歌曲。1938年在桂林遭敌机轰炸牺牲。张曙一生创作200多首歌曲，现见近百首，其中《洪波曲》、《保

卫国土》、《日落西山》、《丈夫去当兵》等最为知名。身后出版有《张曙歌曲集》、《张曙歌曲选》。张曙还是一位优秀的男中音歌唱家。

张舜民 Zhang Shunmin 中国北宋文学家、画家。字芸叟，自号浮休居士，又号矴斋。邠州（今陕西彬县）人。英宗治平二年（1065）进士，历官襄乐令、环庆路机密文字、虢州通判，提点秦凤路刑狱、陕西转运使，知陕、潭、青3州。后入元祐党籍，贬楚州团练副使，商州安置。复集贤殿修撰。舜民慷慨喜论事，善为文，南宋初晁公武谓其“文豪重有理致，而最刻意于诗”（《郡斋读书志》卷十九），晚年不满白居易所作新乐府，而自作《孤愤吟》50篇以压之（《滹南诗话》卷下）。其诗往往表现出对国事民生的关切，如《打麦》诗淋漓尽致地描绘出农民劳作的辛苦。《西征回途中》诗有“白骨似沙沙似雪，将军休上望乡台”句，对朝廷用兵不无指斥，后因此诗而遭贬谪。亦能词，词风与苏轼相近，有的作品被人误为苏词。张舜民生平爱画，能自作山水，又喜搜访题识，东南各处士大夫家所藏名作，全被载录。文集今存《画墁集》8卷，补遗1卷，有《知不足斋丛书》本及《丛书集成》本。

张思卿 Zhang Siqing（1932-08～ ） 中国人民政治协商会议全国委员会副主席。最高人民检察院检察长。河南洛阳人。1952年加入中国共产党。1949年后任河南省新郑县支前司令部工作员、最高人民检察署中南分署收发员、中南土改工作队广西平乐县分队副队长。1952年后任最高人民检察署中南分署科员、东北工作团副组长，长江水上运输检察院检察员，湖北省人民检察院检察员、党组秘书、秘书科长。“文化大革命”中下放“五七”干校劳动。1969年后在湖北省公安机关军管会审批组工作。1973年后任湖北省高级人民法院办公室副主任、省高级人民法院副院长、党组副书记、院长，省公安厅厅长兼武警湖北总队第一政委，中共湖北省委政法委员会书记。1985年后任最高人民检察院副检察长、检察长、党组书记。1998年、2003年当选为全国政协九届、十届副主席。是中共第十三届中央候补委员，十四届、十五届中央委员。

张太雷 Zhang Tailei（1898-06-17～1927-12-12） 中国第二次国内革命战争时期广州起义领导人。字泰来。生于江苏常州，卒于广州。1915年秋考入北京大学，同年冬转入天津北洋大学法科学习。1919年投身五四运动。1920年10月参加北京共产主义小组，后到天津组织社会主义青年团。1921年春赴莫斯科，任共产国际远东书记处中国科书记。6月出席共产国际第三次代表大会后回国。曾任青年团中央总书记。1925年当选为中共第四届中央候补委员。1927年5月被选为中共第五届中央委员，并任中共湖北省委书记。同年7月任中共中央常务委员会委员。后参加中共中央在汉口召开的紧急会议（八七会议），被选为临时中央政治局候补委员。后任中共广东省委书记、中共中央南方局书记。9月到潮（安）汕（头）组织群众接应南昌起义军，向南昌起义领导人传达八七会议精神。11月兼任中共广东省委军委书记。12月11日领导广州起义，建立广州苏维埃政府，任代理主席、人民海陆军委员。12日下午主持庆祝苏维埃政府成立大会后，遭敌袭击时牺牲。主要著作收入《张太雷文集》（1981）。

张汤 Zhang Tang（?～前115） 中国汉武帝时大臣。杜陵（今陕西西安东南）人。早年学习律令，曾任长安吏、内史掾和茂陵尉，后由丞相田蚡推荐，补侍御史。因在审理陈皇后巫蛊狱和淮南王、衡山王、江都王谋反事件中深究党羽，穷治根本，受到武帝赏识，累迁太中大夫、廷尉、御史大夫。

汉武帝为了强化专制主义中央集权，在政治、经济上推行了一系列举措。张汤是制订和实施这些举措的重要人物之一。他曾与赵禹共同编定法律，制定《越宫律》、《朝律》和见知故纵、监临部主之法。张汤用法苛酷，又迎合武帝所好，缘饰以儒术，审理案件完全以皇帝旨意为准绳。他还协助武帝改革币制，实施盐铁官营，算缗告缗，打击富商大贾，诛锄豪强大族。一时间权倾天下。元鼎二年（公元前115）御史中丞李文、赵王刘彭祖以及丞相长史朱买臣等告发张汤与属吏鲁谒居关系暧昧，疑有大奸，又与富商大贾互相勾结等，张汤被迫自杀。他死后，家产不过五百金，皆得自俸禄和赏赐。武帝认为张汤是被陷害而死，又尽诛朱买臣等3名丞相长史，丞相庄青翟也因咎自杀。

张天民 Zhang Tianmin（1933-07-12～2002-03-16） 中国电影剧作家。河北涿县（今涿州）人。卒于北京。中学时代开始从事诗和小说的写作。1952年考入北京电影学院第一期编剧班，比较系统地学习了文艺与电影基础知识，并开始电影文学剧本的写作。1954年毕业后在中央电影局电影剧本创作所工作，1956年调长春电影制片厂，1983年调北京电影制片厂。他创作的电影文学剧本被搬上银幕的有《鸿雁》（1960）、《路考》（1963）、《创业》（1975）、《希望》（1977）、《自豪吧！母亲》（1979）、《但愿人长久》（1980）等。与他人共同创作被搬上银幕的有《木屋》（1982）、《远离人群的地方》（1983）、《开国大典》（1989）。《创业》以洋溢的热情，歌颂了大庆石油工人创业的事迹。影片公映后，获得广大观众的赞赏。影片诞生于“文化大革命”文艺一片空白期间，意义很不寻常。《开国大典》荣获1990年第10届中国电影金鸡奖最佳故事片奖等多项奖励。曾任中国电影文学学会副会长兼秘书长，中国电影家协会理事。

张天师 Celestial Master Zhang 中国汉代五斗米道创立者张陵及其后代世袭嗣教者的通称。汉末张陵创教，自称太上老君降命为天师，故世称张天师，其教又称天师道。置二十四治（后增至二十八治），规定“绍吾之位，非吾家宗亲子孙不传”。陵传子衡，称嗣师；衡传子鲁，称系师。传说第四代孙张盛由汉中（今属陕西），徙居江西龙虎山，世代相传，子孙嗣教者均称天师，而尊张陵为第一代天师。

四代之后史载较著者有：三十一代天师张继先、三十五代天师张大可、三十六代天师张宗演、三十八代天师张与材、四十二代天师张正常。张正常曾撰《汉天师世家》，记述汉天师张陵迄四十一代张正言之谱系，明太史宋濂作序；四十三代天师张宇初删校增次，并作后序。越200余年，五十代天师张国祥又增补从洪武迄嘉靖凡八代事迹，止于四十九代张永绪。明万历三十五年（1607）收入其奉旨校勘之《万历续道藏》。自五十代天师张国祥迄六十一代张仁晸之谱系，记于六十二代天师张元旭所作《补天师世家》，傅勤家《中国道教史》曾予转载。清《续文献通考》又辑录有五十二代至六十二代天师事迹。1950年，第六十三代天师张恩溥逃到台湾，后传其位于其侄张源先，是为六十四代天师。

张天翼 Zhang Tianyi (1906-09-26～1985-04-28) 中国现代小说家、儿童文学作家。原名元定。原籍湖南湘乡。生于南京，卒于北京。1929年在鲁迅主编的《奔流》月刊上发表第一篇新小说《三天半的梦》。1931年加入中国左翼作家联盟，曾任中华全国文艺界抗敌协会理事。1949年后曾任《人民文学》主编、《儿童文学》编委等职。

张天翼小说以讽刺与幽默见长，《包氏父子》为代表作。1938年的《华威先生》，开了20世纪40年代国民党统治区讽刺文学的先河。他的短篇小说集有《从空虚到充实》、《小彼得》、《蜜蜂》、《反攻》、《移行》、《团圆》等，中篇小说有《清明时节》，长篇小说有《鬼土日记》、《一年》、《在城市里》等。著有童话《大林和小林》、《秃秃大王》、《宝葫芦的秘密》，儿童小说《罗文应的故事》等。作者熟悉儿童心理，想象丰富，作品寓教育意义于生动活泼的故事之中，为中国儿童文学的发展作出重要的贡献。

张廷发 Zhang Tingfa (1918-04-09～2010-03-25) 中国无产阶级革命家，中国人民解放军军事领导人。生于福建沙县，卒于北京。1933年参加红军，同年加入共产主义青年团。1936年加入中国共产党。在红军中历任班长、排长、参谋、股长，1934年参加长征。抗日战争时期，任太行军区参谋处长、七分区司令员等职。解放战争时期，任晋冀鲁豫军区6纵队参谋长，野战司令部参谋处长，中原桐柏军区三分区司令员，湖北襄樊地委书记兼军分区司令员、政治委员。中华人民共和国建立后，历任第11军副军长，军委空军司令部副参谋长、参谋长，副司令员兼参谋长，空军党委第三书记，空军政治委员、司令员等职。1955年被授予少将军衔。曾获三级八一勋章、二级独立自由勋章、一级解放勋章。中共第十一届中央委员、第十二届中央政治局委员，在中共第十三次全国代表大会上当选为中央顾问委员会委员。

张廷玉 Zhang Tingyu (1672～1755) 中国清代康熙、雍正、乾隆时大臣。字衡臣，号研斋。安徽桐城人。康熙三十九年（1700）进士。康熙时历官内阁学士、吏部侍郎。世宗继位，擢礼部尚书，入直南书房，任《圣祖实录》副总裁，纂修缮写实录及起居注，深合世宗之意，又任《明史》总裁。办事聪明练达，缜密周详，文思敏捷，才干出众，故为世宗所倚任。军国大事，多与参决，鸿典巨文，也多出其手。雍正四年（1726），晋大学士。七年，参赞军务。时为西北用兵，特设军机处，经制规划，多为其手定。世宗死，与鄂尔泰同受顾命，遗诏命其日后配享太庙。乾隆初为总理大臣辅政，任《世宗实录》总裁官。乾隆三年（1738），罢总理事务之名而以大学士掌机要如故。旋进封三等勤宣伯，与鄂尔泰同为三朝老臣，屡主顺天乡试及会试。姻亲子侄，门生故吏，布列中外，以此受乾隆帝之忌，对其时加裁抑。朝中在事诸臣及言官也屡加参劾，乾隆帝遂对其日渐疏远，兼之年老，乃于乾隆十三年自请致仕，并求按世宗遗诏，死后配享太庙。乾隆帝许之。旋即以其未亲至宫门谢恩，严词诘责，并削伯爵，罢配享之命。复以其姻亲犯法，追缴历来赏赐诸物。卒后谥文和，仍命配享太庙。在清代，汉族大臣配享太庙者只张廷玉一人。著有《澄怀园文存》、《澄怀园主人自订年谱》等。

张万年 Zhang Wannian (1928-08～) 中国共产党中央政治局委员、中央书记处书记，中共中央军委副主席，中华人民共和国中央军事委员会副主席。生于山东龙口。1944年参加八路军，次年加入中国共产党。历任战士、副班长、班长、警卫员。1947年起任东北民主联军副排长、排长、连副指导员。1948年后任东北野战军师参谋、股长，参加了辽沈、平津等战役，在塔山阻击战中荣立大功。中华人民共和国建立后，历任作战股股长、作战参谋、副团长兼参谋长。1958～1961年在解放军南京军事学院预科系、基本系学习。毕业后任陆军第41军副团长、团长，广州军区司令部作战部作战科科长、副部长，第43军师长、副军长、军长。曾入军事学院学习。1979年参加中越边境自卫反击战。1982年后任武汉军区副司令员，广州军区副司令员、司令员，济南军区司令员。1992年起任中共中央军委委员，解放军总参谋长，总参谋部党委书记。1993年晋升上将军衔。1995年任中共中央军委副主席、国家中央军委副主席。中共第十二、十三届中央候补委员，第十四届、十五届中央委员。

张维 Zhang Wei (1913-05-22～2001-10-04) 中国工程力学、结构工程专家。生于北京，卒于北京。1933年毕业于唐山交通大学土木系，曾先后在英国帝国理工学院、德国柏林高等工业学校土木工程系学习、任教，并先后获得英国伦敦帝国理工学院工学硕士学位、德国柏林高等工业学校工学博士学位。1949年后，历任清华大学教授、副校长，深圳大学校长，国务院学位委员会委员及力学评议组组长，中国力学学会、中国土木工程学会副理事长，联合国教科文组织执行局委员，世界工程师组织联合会副主席。1955年当选为中国科学院学部委员（院士），1994年当选为中国工程院院士，1980年当选为瑞典皇家工程科学院外籍院士。中国科协第三届全国委员会副主席。第三届全国人大代表，全国政协第六、七届委员。

长期从事固体力学、壳体理论及其应用的研究，以首创圆壳渐近解的成果享誉国际学术界，发表论文数十篇。致力于工程教育事业，筹建和发展中国工程力学专业和深圳大学。1996年获首届中国工程科技奖。

张文佑 Zhang Wenyou (1909-08-31～1985-02-11) 中国地质学家。生于河北唐山，卒于北京。1934年毕业于北京大学地质学系。曾任中央研究院地质研究所研究员，兼任中央大学教授。1945～1947年赴欧美考察深造。1949年后历任全国地质工作计划指导委员会委员，北京大学、北京地质学院兼职教授，中国科学院地质研究所所长。1955年当选中国科学院学部委员（院士）、地学部常委、中国科学院主席团成员、国务院学位委员会委员。40年代在李四光指导下，编制了《广西地质图（1:20万）》及《广西地层表》。1947年后先后提出断裂体系和断块构造说，丰富了地质构造理论。50年代提出中国油气勘探基地应由西部东移。60年代后提出定洼探边、定洼探隆等勘探方法。因在“大庆油田发现过程中的地球科学工作”获1982年国家自然科学奖一等奖（集体）。主编的《中国大地构造图》和《中国大地构造纲要》，获1982年国家自然科学奖二等奖（集体）。主编的《中国及邻区海陆大地构造图（1:500万）》和《中国及邻区海陆大地构造》，获1987年国家自然科学奖三等奖（集体）。1984年出版的《断块构造导论》，较全面地阐述了他的学术思想和理论。

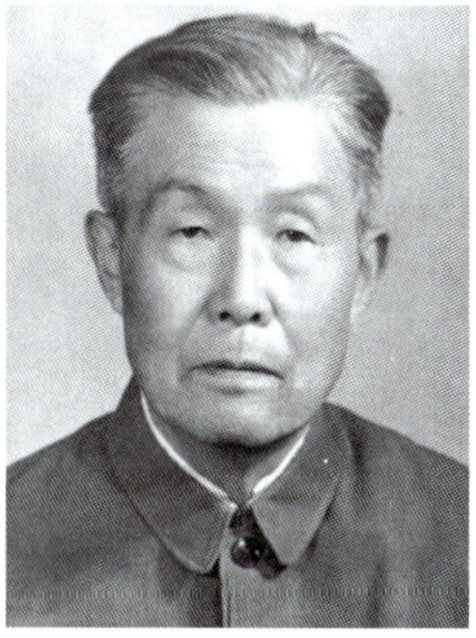

张文裕 Zhang Wenyu (1910-01-09～1992-11-05) 中国物理学家。生于福建惠安，卒于北京。1931年毕业于燕京大学物理学系。1938年获英国剑桥大学博士学位。

同年回国，先后任四川大学、南开大学和西南联合大学物理学教授。1943年赴美，先后任普林斯顿大学帕尔麦实验室研究教授，普渡大学物理学教授。1956年回国，任中国科学院近代物理研究所和原子能研究所研究员兼室主任。1961年任苏联杜布纳联合核子研究所的中国组长。1964年回国，任原子能研究所副所长。1972年组建高能物理研究所，任所长，并兼任高能物理实验中心筹备处主任。1984年任该所名誉所长。1957年当选为中国科学院学部委员（院士）。从事核反应研究，验证了N.玻尔的液滴模型。和合作者建造了α粒子能谱仪，测量了多种放射性元素的α粒子能谱；发现了μ介原子（μ子）。系统研究了大气贯穿簇射和Λ^0奇异粒子。筹建云南高山宇宙线实验室，培养了一批宇宙线研究人才。张文裕重视实验科学和实验基地的建设，为中国高能物理的发展、北京正负电子对撞机的建成奠定了坚实基础，同时培养了大批核科学人才。

张闻天 Zhang Wentian (1900-08-30～1976-07-01) 马克思主义者，中国无产阶级革命家。又名洛甫。生于江苏南汇（今属上海）的农民家庭，卒于江苏无锡。1919年在南京参加五四运动，著文介绍马克思主义。11月加入少年中国学会。1920年起赴日本、美国留学。1924年到中华书局任编辑，发表长篇小说《旅途》等多种著译。11月到重庆任教，主编《南鸿》周刊传播新文化，被军阀驱逐。1925年6月在上海加入中国共产党。10月赴莫斯科中山大学，1927年毕业留校。1928年入红色教授学院历史系深造，并参与共产国际东方部工作。1931年2月回上海，任中共中央宣传部部长，主编《红旗》、《斗争》。9月任临时中央政治局委员、常委，是王明"左"倾冒险主义执行者之一。1933年1月进入中央苏区。1934年1月当选为中共六届中央政治局委员、中央书记处书记。2月当选为中华苏维埃共和国人民委员会主席。10月参加长征。1935年1月在遵义会议上作批判"左"倾军事路线的报告，起草遵义会议决议，被推举在党内负总责，协同毛泽东胜利领导长征。到达陕北后，同毛泽东、周恩来一起制定抗日民族统一战线策略，确定"逼蒋抗日"方针，促成西安事变和平解决和国共第二次合作实现。抗日战争全面爆发后，主持洛川会议，确定全面抗战路线、独立自主原则和敌后山地游击战为主的方针。1938年9月中共六届六中全会后，主要负责理论宣传和干部教育，继续主编《解放》周刊和兼任马列学院院长。1942年1月赴陕北、晋西北作农村调查。1943年3月回延安参加整风，参与起草历史决议。1945年出席中共七大，当选为中央政治局委员。抗战胜利后赴东北，历任中共合江省委书记、东北局常委兼组织部长、辽东省委书记等职。1948年9月起草《关于东北经济构成及经济建设基本方针的提纲》，论述新民主主义社会由五种经济成分构成，提出以国营经济为领导、多种经济成分协调发展的方针。1950年初开始从事外交工作，先后任驻苏联大使、外交部常务副部长。1956年出席中共八大，当选为中央政治局候补委员。1959年7月在庐山会议上发言，批评"大跃进"和人民公社化运动错误，同彭德怀一起受到批判，被撤销外交部副部长职务。1960年11月到经济研究所任"特约研究员"。写出关于社会主义经济问题的大量文稿，向中央建议进一步开放集市贸易，提出生产关系具有两重性的理论创见。"文化大革命"中遭迫害。1969年10月遣送广东肇庆后，写下《无产阶级专政下的政治和经济》、《党内斗争要正确进行》等十多万字文稿，批评"文化大革命"错误，论述社会主义基本理论。1975年8月迁居江苏无锡。1978年中共十一届三中全会为他平反。主要论著收入《张闻天选集》、《张闻天文集》(4卷本)。

张我军 Chang Wo-chiin (1902-10-07～1955-11-03) 中国台湾诗人、作家、翻译家。原名张清荣。原籍福建南靖。生于台湾台北县板桥市，卒于台北。1923年参加台湾留学生反日组织"上海台湾青年会"。1924年在上海"台湾人大会"发言严责日本驻台湾的内田总督之暴政，被推举为执行委员。在国立北京师范大学夜间部补习班学习时，开始在《台湾民报》、《北京晨报副刊》写新诗，后结集为新诗集《乱都之恋》(1925)出版，是台湾新文学史上的第一部新诗集。与此同时，他在《台湾民报》连续发表一系列杂文，抨击台湾旧文学，首次把五四新文学运动的薪火传到台湾，被后人称为"高举五四火炬回台的先觉者"。1925年，他开始担任《台湾民报》编辑，此后连续在此报发表杂文、评论、小说、译文等。1926年8月曾拜访鲁迅，赠鲁迅《台湾民报》，在两岸新文学运动中起到桥梁作用。1937年北平沦陷后，在北京大学等校从事日语教学之余，大量翻译日本文学作品。1946年返回台湾后，因受政治环境影响，基本中断了文学创作活动，只留下一些散文。著作结集有《张我军文集》、《张我军全集》。

张奚若 Zhang Xiruo (1889-10-16～1973-07-18) 中国政治学家。字熙若，自号耘。生于陕西朝邑（今大荔东），卒于北京。青年时代参加中国同盟会，从事推翻清王朝、创建共和的革命活动。1913年赴美国哥伦比亚大学攻读政治学。1919年获硕士学位。1921年去欧洲考察、研究。五四运动中撰文介绍西方民主理论。尔后多次发表文章、讲演，评论时政，主张抗日，支持和参加爱国民主运动，抨击国民党政权的腐败和独裁。中华人民共和国建立后，历任中央人民政府委员、政务院政法委员会副主任、教育部长、对外文化联络委员会主任、外交学会会长等职。第一、二、三届全国人民代表大会代表，中国人民政治协商会议全国委员会的第一、二、三、四届常务委员。主要著作有《社约论考》、《主权论》、《全盘西化与中国本位》等，后人辑有《张奚若文集》。

张锡钧 Zhang Xijun (1899-04-25～1988-03-20) 中国生理学家。生于天津，卒于北京。1920年毕业于清华学堂。1920～1926年留学美国，相继在芝加哥大学及芝加哥大学拉什医学院学习，先后获理学学士、医学博士和哲学博士学位。历任协和医学院生理系助教、教授、主任、教务长，中国医学科学院实验医学研究所教授、副所长，中国医

科大学生理教研室主任教授，中医研究院经络研究所所长，中国医学科学院基础医学研究所教授等职。1955年当选为中国科学院学部委员（院士）。20世纪30年代他创立了定量分析乙酰胆碱生物测定法，即蛙腹直肌法，此法可测出动物各种组织中乙酰胆碱的含量；最早提出中枢神经内化学传递的存在，并证明乙酰胆碱是一种介质；研究了人胎盘中乙酰胆碱与分娩的关系，提出了分娩起因的理论，早产与晚产的机制；创立“迷走神经－垂体后叶反射”理论；对甲状腺生理的研究，提出色亚基酸与甲状腺细胞活动有关，而甲状腺对毛发生长有特殊作用；提出经络皮层内脏相关假说。发表了《组织提取物中的胆碱脂》、《醋酸胆碱在正常分娩中的作用》、《分娩的起因》、《中枢神经化学性之传导——颈动脉窦与迷走神经之传入神经纤维》、《迷走神经与大脑垂体后叶之反射》等论著百余篇。

张先 Zhang Xian (990～1078) 中国北宋词人。字子野。乌程（今浙江湖州市）人。仁宗天圣八年(1030)进士。曾官屯田员外郎、尚书都官郎中等。晚年退居乡间。

张先的词与柳永齐名。善作慢词长调，对词的形式的发展有一定贡献。他的词在内容上多描写士大夫的诗酒生活和男女之情，缺乏铺叙的才力和结构功底，写长调而“多用小令作法”。其小令词，含蓄深婉，清新活泼。如［木兰花］《乙卯吴兴寒食》。善以工巧之笔表现朦胧美，曾因词中善用“影”字（如“云破月来花弄影”），而自称张三影。张先之诗在宋代也享有盛名。苏轼称“子野诗笔老妙，歌词乃其余波耳……而世俗但称其歌词”。叶梦得也说张先“能为诗及乐府，至老不衰”。其诗集已佚。有《张子野词》2卷，《彊村丛书》本。

张贤亮 Zhang Xianliang (1936－12－08～) 中国作家。原名张贤良。生于南京，原籍江苏盱眙。曾在重庆、上海、南京、北京读小学和中学。1955年高中毕业后自愿去西北，到宁夏贺兰县务农。1956年任甘肃省委干部文化学校语文教员。1957年被错划为“右派”，从此被劳改、管制、关押达22年之久。1979年“右派”问题得到改正，调宁夏文学艺术界联合会任编辑、专业作家。其后，曾任宁夏文学艺术界联合会和作家协会主席、中国作家协会主席团委员、全国政协委员等。1992年在宁夏创办影视文化公司，任董事长。

他的短篇小说《灵与肉》、《肖尔布拉克》、《绿化树》曾获全国优秀短、中篇小说奖。其他较有影响的作品还有：短篇小说《邢老汉和狗的故事》、《初吻》；中篇小说《土牢情话》、《龙种》、《河的子孙》、《男人的一半是女人》；长篇小说《男人的风格》、《习惯死亡》、《我的菩提树》等。代表作被译成多种文字在国外出版。他的小说多取材于自身经历过的苦难生活，写在极左思潮泛滥的年代社会对知识分子不公正的待遇和身心摧残，以及他们为生存所作的挣扎以及对自身“罪孽”的省思和自我超越，写淳朴的劳动者（尤其是女性）对落难的知识分子的无私的爱与奉献。作品充满悲剧意识、浪漫情调和思辨色彩，文笔富于诗意。在引起广泛关注的同时，也引起热烈的争论。出版过《张贤亮选集》(4卷)、《感情的历程》(4卷)、《张贤亮作品精粹》(7卷）等多种文集。

张献忠起义 Zhang Xianzhong Uprising 中国明末清初张献忠领导的农民起义。张献忠字秉吾，号敬轩，延安卫柳树涧（今陕西定边东）人。家贫，曾在延安府（今属陕西）充捕快手，继投边营。崇祯三年(1630)，陕北连年旱荒，农民纷起暴动。献忠率米脂18寨农民应之，自号八大王，人称黄虎。九年，闯王高迎祥被俘死，献忠一军转战鄂皖等地。因连遭失利，西走谷城。为保存实力，于十一年五月伪降于明总理六省军务兼兵部尚书熊文灿。

十二年五月，再次起义。威名大震。明兵部尚书杨嗣昌督师10万至襄阳进剿起义军。义军连败，退于兴归山区，转战于湖广、四川、陕西三省交界地带。义军后入川，足迹几遍全蜀。十四年二月，献忠突然率军出川入楚，进入极盛时期，转战河南、湖北及皖中北部各州县。

十六年岁末，张献忠决计入川建立基业，遂率军打进四川。以成都为西京，建立政权，国号大西，改元大顺，以崇祯十七年为大顺元年，并设置内阁和六部，对前明投顺官吏加以任用。分设知府、知州、知县等官。同时统一军制，共编120营，营设总兵。还开科取士，所取进士举人分别选授中央及地方官吏。为吸取外国先进科学技术，聘请意大利传教士利类思、葡萄牙传教士安文思为天学国师，询问西方各国政事、天文、数学等方面的知识。二人曾为献忠制作天球仪、地球仪和日晷等。

张献忠在四川严厉镇压横暴地方的官绅和地主，但措施过激，波及面过宽。起义军内部则严格约束士卒，不许淫掠。

献忠占据四川时期，李自成领导的起义军已在清军进攻下逐渐败亡。清军占领黄河流域各省后，分兵南下。清顺治二年(1645)，派人入川向献忠招降，献忠严加拒绝，并召集诸将计议征伐。三年八月，清兵逾剑阁（即剑门关）入阆中。献忠率军迎击，至西充的凤凰山，清兵猝至，因疏于防备，未及战斗，献忠被清兵射死，起义军大败。余部由孙可望、李定国等率领，南下云贵，联合南明永明王共同抗清，康熙元年(1662)最后失败。

张香桐 Zhang Xiangtong (1907－11－27～2007－11－04) 中国神经生理学家。生于河北正定，卒于上海。1933年毕业于北京大学生理系，1946年获美国耶鲁大学哲学博士学位。历任美国耶鲁大学医学院讲师、助教，美国纽约洛克菲勒医学研究所联系研究员，中国科学院上海生理研究所研究员，中国科学院上海脑研究所研究员、所长，中国科学院神经科学研究所名誉所长，国际脑研究组织中央理事会理事，美国卫生研究院福格提常驻学者，比利时皇家医学科学院外国名誉院士等职。1957年当选为中国科学院学部委员（院士）。张香桐首先提出大脑皮层运动区是代表肌肉的论点；根据视觉皮层诱发电位的分析提出视觉通路中三色传导学说，发现“光强化”现象，世界生理学界把这种现象命名为“张氏效应”；首次发现树突电位；还从事针刺镇痛机制研究，认为针刺镇痛是两种感觉传入在中枢神经系统相互作用的结果。1991年当选为世界镇痛研究协会名誉会员。发表有《猕猴大脑皮层运动区的肌代表性》、《中枢视觉通路的机能组织》、《大脑皮层与丘脑之间循环线路的重复放电》、《大脑皮层神经原的树突》、《针刺镇痛的神经生理学基础》等百余篇论著。

张相 Zhang Xiang (1877～1945－07－20) 中国语言文字学家。原名廷相，字献之。浙江杭州人。卒于上海。早年任杭州各学堂教师，讲授古文与历史。后应上海中华书局聘，任编辑之职。除主编文史课本外，又编有《古今文综》10册。1936年又与舒新城、沈颐、徐元诰等人主编《辞海》。50岁以后，专门研究诗、词、曲中不曾有人解释的语词，写成《诗词曲语辞汇释》一书，对研究古典文学和近代汉语语汇贡献甚大。

张相文 Zhang Xiangwen (1867－02－03～1933－01－16) 中国地理学家、教育家。字蔚西，别号沌谷。生于江苏泗阳，卒于北平（今北京）。1899年以后先后在上海南洋

公学、天津北洋女子高等学校、北京大学从事地理教育。1901年，出版《初等地理教科书》和《中等本国地理教科书》，这是中国地理课本之始。1908年，编著中国自然地理著作《地文学》。1909年，在天津发起成立中国第一个地理学术团体——中国地学会，被选为会长。1910年，领导中国地学会创办中国最早的地理学期刊《地学杂志》。注重实地考察，对治淮、治黄、中国自然区划、西北水土保持等都有见解；对古长城、成吉思汗陵寝、耶律楚材《西游录》等有考释。所著结集为《南园丛稿》。是革新中国地理学的先驱者。

张小轩 Zhang Xiaoxuan (1876～1948) 中国京韵大鼓艺人。又作张筱轩。北京人，原籍河北蓟县。幼时居住北京南郊，早年曾做过清廷户部缮写员，业余喜欢京剧和曲艺。后正式下海从艺，拜朱德庆为师学习说唱木板大鼓，登台后所唱实为木板大鼓蜕变形成的京韵大鼓。辛亥革命后，不仅往来京津两地演出，而且到过沈阳、济南、青岛、烟台、上海、南京等地行艺。他身材魁梧，气大声洪，演唱满声满调，行腔高亢粗犷，世称“张派”。擅演的节目除了《古城会》、《战长沙》、《华容道》等“三国”段子，还有结合时事新闻编演的《天津水灾》、《打杨村》、《劝嫖交友》等时新节目，其中《华容道》曾被灌制成唱片。1946年后赴沈阳演出，后因战乱转往抚顺的矿区演出，终因收入低微，穷困潦倒，病故他乡。弟子有张金环和宋明元等。

张孝骞 Chang Hsia Ch' ien (1897-12-28～1987-08-08) 中国内科学家。生于湖南长沙，卒于北京。1921年毕业于湖南湘雅医学专科学校，获美国康涅狄格大学医学博士学位，1926年到美国约翰斯·霍普金斯大学医学院进修，1927年回国。1932年任北京协和医学院内科副教授，1933年到美国斯坦福大学医学院进修。1946年应美国国务院邀请赴美考察医学教育，1948年回协和医学院任内科学教授、主任。新中国建立后，主编《中华内科杂志》，任中国医科大学副校长、中国医学科学院副院长等职。1955年当选中国科学院学部委员（院士）。著作有《测定循环血容量的一氧化碳法》、《糖尿病酸中毒时的血容量》、《发热和传染病时的胃液分泌》、《胃溃疡恶变的发生率》、《临床医生要讲究思维方法的修养》。

张孝祥 Zhang Xiaoxiang (1132～1169) 中国南宋词人。字安国，号于湖居士。历阳乌江（今安徽和县）人。绍兴二十四年（1154）进士，历官尚书礼部员外郎、建康留守、荆南湖北路安抚使等职。主张抗金。晚年因病退居芜湖。孝祥诗文当时流传甚广。文章对南宋王朝腐败黑暗揭露较深，诗于写景叙事中也流露了对国家命运和人民生活的深切关怀。存词220余首，尤以反映社会现实，表现爱国思想的作品成就最为突出。如〔浣溪沙〕《荆州约马举先登城楼观》，写怀念北方之思；〔水调歌头〕《和庞佑父》，表达了抗敌的热情。代表作〔六州歌头〕“长淮望断”，概述了自绍兴议和、符离兵败后20余年的社会现状，对南宋王朝的不修边备、不用贤才表示了极大的愤慨。清陈廷焯《白雨斋词话》言此词“淋漓痛快，笔饱墨酣，读之令人起舞”。也有清疏淡远，放旷豁达之作，如〔念奴娇〕《过洞庭》等。其词上承苏轼，下启辛弃疾爱国词派，在词史上占有重要地位。今传《于湖居士文集》40卷，《四部丛刊》本。《于湖词》3卷，《宋六十名家词》本。

张效祥 Zhang Xiaoxiang (1918-06-26～) 中国计算机专家。生于浙江海宁。1943年毕业于武汉大学电机系，1956～1958年在苏联科学院精密机械及计算技术研究所进修。历任中国人民解放军总参谋部第56所所长、总工程师，国务院电子振兴领导小组计算机顾问，国家发明奖评审委员会委员，国家“863计划”监督小组成员，国家自然科学基金委员会计算机学科评审组组长，国家信息化领导小组专家委员等。现任中国人民解放军总参谋部计算技术研究所研究员，中国计算机学会名誉理事长，清华大学、武汉大学、华中理工大学兼职教授。1991年当选中国科学院学部委员（院士）。20世纪70年代中期，率先在中国开展多处理器并行计算机系统国家项目的探索和研制工作，1985年完成中国第一台亿次巨型并行机系统。著有《对日、美计算机工业的考察报告》、《论计算机推广应用一定要立足国内》等。

张啸林 Zhang Xiaolin (1877-06-14～1940-08-14) 中国近代上海帮会头目。原名小林。浙江慈溪人。早年入杭州机房学徒。不久，考入浙江武备学堂。未及毕业即浪荡社会，借聚赌诈骗度日。其后移居上海。初以经营斗牛场，开旅馆，设茶会为业。继而加入青帮，广收门徒，与黄金荣、杜月笙结为把兄弟，操纵鸦片运销，牟取暴利。1927年参加组织“中华共进会”，支持蒋介石发动“四一二”反共政变。随后被南京国民政府委任为军事委员会少将参议、行政院参议。曾大力投资银行、工商企业。1932年起任上海华商纱布交易所监事及中汇、交通等银行、公司常务董事或董事。后见杜月笙在蒋介石支持下，权势日隆，渐生妒意，与蒋介石关系也趋疏远。抗日战争全面爆发后，不从蒋介石赴港之命，坚留上海组织“新亚和平促进会”，为日军采办军需物资，趁机大发国难财。1939年底应日军要求，准备赴杭出任伪浙江省长。次年在上海被重庆国民政府特工收买的贴身保镖击毙。

张协 Zhang Xie 中国西晋文学家。字景阳。安平（今属河北）人。约295年前后在世。曾任中书侍郎、河间内史等职。惠帝末见天下已乱，辞官归隐，卒于家。张协与兄载、弟亢合称“三张”，但历来认为他的成就最高，是西晋诗人中杰出代表之一。他的诗以《文选》所录《杂诗》10首及《咏史》为最有名，其中《杂诗》尤多传诵名句。这些诗未必为一时之作，但大都以写景见长，尤善描写秋雨中景色，往往流露出作者在仕途上的失意及忧生之嗟。钟嵘评张协诗“文体华净，少病累，又巧构形似之言”，列为上品，并认为后来的谢灵运、鲍照等皆深受其影响。张协亦善于作赋，其《七命》显然模仿枚乘《七发》及曹植《七启》，辞藻华美。据《晋书》本传说系晋政已乱，作者归隐之后作，可能是故作颂扬语而实寓讥刺。《张协集》本有4卷，今佚，存诗13首，逯钦立辑入《先秦汉魏晋南北朝诗》，文7篇，严可均辑入《全上古三代秦汉三国六朝文》。

张星烺 Zhang Xinglang (1888～1951-07-13) 中国历史学家。字亮尘。江苏泗阳人。卒于北京。禀承丰厚家学，深通国故，史学根底深厚。早年赴美、德留学，精通数国语言。曾任厦门大学、燕京大学、辅仁大学教授，辅仁大学历史系主任。学识渊博，学贯中西，研究领域广泛，尤以中西交通史研究最深，是中国近代中西交通史研究的开拓者和中西交通史学科的主要奠基人。一生勤奋好学，成就卓著。先后在《辅仁学志》、《燕京学报》、《华裔学志》、《清华周刊》、《禹贡》、《中德学志》等刊物上发表论文数十篇，主要著作有6卷本《中西交通史料汇编》和《马可·波罗》、《欧化东渐史》，译著拜内戴托普及版《马可·波罗游记》、《历史的地理基础》等，其中6卷本《中西交通史料汇编》是迄今为止搜集材料最多最具权威性的著作。

张秀寅 Zhang Xiuyin (1914～) 中国木偶戏演员。福建泉州人。外祖林承池，世称泉州嘉礼才子。父炳七、兄秀津，皆为有名的泉州提线木偶戏艺人。秀寅幼年受家庭熏陶，13岁拜谢有土为师，专攻提线木偶表演技艺。秀寅学习刻苦励精，又有父兄悉心指教，小班出师即掌握了线偶的全部操作技术。不久父兄病故，担起家庭重负，但对艺术的追求、探索仍始终不渝。虚心向老一辈艺人求教，撷取众家之长，以补自己不足。年20余岁，就能巧妙刻画生、旦、净、杂各类人物性格。中华人民共和国建立后，担任泉州木偶剧团领导职务，重视培养青年演员，还改编许多传统剧目。由他改编的《水漫金山》，深受国内外广大观众称赞。晚年患偏瘫，通过口述把从艺近70年的经验，整理成《泉州线戏基本线规》，以传后学。

张旭 Zhang Xu 中国唐代书法家。字伯高。吴郡吴(今江苏苏州)人，一作吴兴(今浙江湖州)人。初仕常熟尉，后官至左率府长史，人称张长史。善诗，尤工七绝，

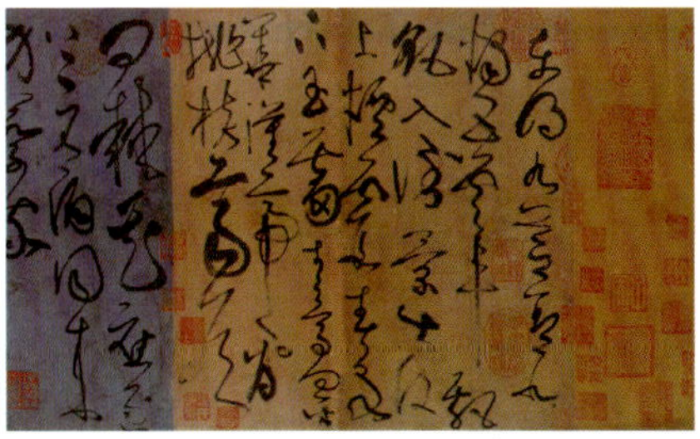

《古诗四帖》(局部，辽宁省博物馆藏)

与贺知章、包融、张若虚齐名，开元中有“吴中四士”之称。张旭性情狂逸旷达，每大醉，则号呼狂走，索笔挥洒，或以发濡墨而书，既醒，不可复得，若有神助，时人呼为“张颠”。精晓楷法。文宗(826～840)时诏以李白歌诗、裴旻舞剑、张旭草书为“三绝”。传世作品有楷书《郎官石柱记序》、草书《古诗四帖》及《肚痛帖》等。

张萱 Zhang Xuan 中国唐代画家。京兆(今陕西西安)人。开元(713～741)年间为史馆画直。善画人物、仕女。画仕女尤喜以朱色晕染耳根。画婴儿既得童稚之形貌，又有活泼之神采。画贵族游乐生活场景，以人物生动和富有韵律的组合见长，注意环境和色彩对画面气氛的烘托和渲染。他

《虢国夫人游春图》(辽宁省博物馆藏)

的人物画线条工细劲健，色彩富丽匀净。妇女形象代表唐代仕女画的典型风貌。作品真迹罕见，现有摹本《捣练图》、《虢国夫人游春图》、《唐后行从图》(传)等作品流传于世。《捣练图》，横卷，绢本，宋徽宗赵佶摹，描绘贵族妇女捣练、熨练、缝制的情景。《虢国夫人游春图》，横卷，绢本，宋徽宗赵佶摹，描绘唐玄宗宠妃杨玉环的二姐虢国夫人及其眷从们骑马郊游的行列。

《张玄墓志》 *Inscription on Zhang Xuan's Tomb* 中国北魏墓志。全称《魏故南阳张府君墓志》，又称《张黑女墓志》，是北魏墓志中的精品。

张学良 Zhang Xueliang (1901-06-03～2001-10-15) 中华民国时期民主爱国将领，西安事变发动者。字汉卿，号毅庵。辽宁海城人。卒于美国夏威夷。1919年东

三省陆军讲武堂毕业后，入奉军助父张作霖争夺北京中央政权。1928年6月，张作霖被炸身亡，继任为东三省保安总司令。12月，宣布服从南京国民政府，改任东北边防司令长官。1930年9月，派兵入关支持蒋介石赢得中原大战胜利。九一八事变时，奉行不抵抗政策，导致东三省迅速失陷于日本。1934年自海外考察回国后，主张拥蒋兴国，先后被派往鄂豫皖、西北等地“剿共”。1936年4月，见国内抗日救亡运动日益高涨，亲与中共代表周恩来达成停战抗日共识。12月12日，迫于蒋对其联共抗日要求坚拒不纳，联合杨虎城发动西安事变，扣押蒋及其军政随员。西安事变和平解决后，亲送蒋回南京，随即被扣押，并处有期徒刑10年。次年1月虽获“特赦”，但仍交军事委员会“严加管束”，先后被软禁于浙江奉化、贵州、重庆、台湾新竹等地50多年，直至1993年才得以移居美国。

张勋复辟 Zhang Xun Restoration 1917年7月张勋拥中国清朝废帝溥仪复辟的事件。1917年5月，黎元洪、段祺瑞“府院之争”趋于激化，黎下令解除段的国务总理职务，段则策动各省北洋督军宣布独立，黎被迫召张勋入京调解。6月14日，张勋率3 000辫子军入京。30日召开“御前会议”，决定发动复辟，恢复清帝国，一面派兵占据火车站、邮局等要地，一面派人要求黎元洪“奉还大政”。7月1日凌晨，张勋穿戴清代朝服，率康有为等拥溥仪登基，发布上谕，改民国六年为宣统九年，易五色旗为龙旗。张勋自为议政大臣、直隶总督兼北洋大臣，掌握军政大权。消息传出，全国舆论一致声讨。孙中山在上海发表讨逆宣言。各大城市群众团体、社会名流，纷纷发表通电，坚决反对复辟。黎元洪也拒绝合作，逃入日本使馆避难。段祺瑞趁机组成“讨逆军”，于7月3日在天津附近的马厂誓师，并迅速攻入北京。12日，张勋仓皇逃入荷兰使馆，溥仪再次宣布退位，段祺瑞重掌北京政权。

张炎 Zhang Yan (1248～1320?) 中国宋元间词人。字叔夏，号玉田，又号乐笑翁。原籍成纪(今甘肃天水)，世居临安(今浙江杭州)。前期所作多雅词，名篇如〔南浦〕《春水》，雅丽深婉，时有“张春水”之称。南宋德祐二年(1276)，元兵攻陷临安，祖父张濡被杀，家被抄没，张炎浪迹江湖，这一时期的代表作有〔解连环〕《咏孤雁》，情转凄清，多身世之感，又有“张孤雁”之称。代表词作有〔甘州〕“记玉关踏雪事清游”、〔高阳台〕《西湖春感》、〔清平乐〕“采芳人杳”，情致哀飒，多故国之思。终老于杭州。

张炎是宋末著名词人，词以写景咏物见长，除上举《春水》、《咏孤雁》之外，如〔满庭芳〕《小春》、〔水龙吟〕《白莲》、〔疏影〕《梅影》、〔湘月〕“行行且止”等，堪称名篇。其词师法周邦彦、姜夔，转益多师，风格多样，清代浙派词人以姜、张并称，甚至“人人以姜、张自命”(江藩《词源跋》)。其词深受周邦彦、姜夔的影响，着重格律音律，字雕句琢，雅丽清苍。

他又是著名的词论家，他的《词源》为重要的词论专著，上卷论词乐，下卷论创作，比其词作的影响还大。所论偏重于艺术形式，主张词要意趣高远，意境清空，雅正合律，某些论述至今仍有借鉴作用。

词集有《山中白云词》8卷，今存清康熙间曹炳刊本，中华书局1983年出版有吴则虞辑校本，上海古籍出版社1989年出版袁真点校本，1994年浙江古籍出版社出版有黄畬校笺本。《词源》有《词话丛编》本、人民文学出版社1963年有夏承焘校注本、浙江古籍出版社1990年有郑孟津笺解本。

张彦远 Zhang Yanyuan 中国唐代画家、书画理论家。字爱宾。蒲州猗氏（今山西临猗）人。出身于富收藏的宰相世家，学问渊博，擅长书画，能文。大中（847～859）初，由左补阙为祠部员外郎，乾符（874～879）初官至大理卿。著有《历代名画记》、《法书要录》、《彩笺诗集》等。

张养浩 Zhang Yanghao（1270～1329） 中国元代散曲作家。字希孟，号云庄（莊）。山东济南人。历官翰林学士、礼部尚书、参议中书省事等职。文宗天历二年（1329），关中大旱，特拜陕西行台中丞，前往救灾，劳瘁去世。张养浩的散曲多是在辞官归里后所写，由于对宦海风波、世态炎凉有切身体察，因此能作比较真切的描写，如〔朱履曲〕《警世》。而当他写到归田之后，则轻松自如的心情跃然纸上，如“中年才过便休官，合共神仙一样看”（〔双调·水仙子〕）等。他的咏吟山水的优秀篇章也不少。张养浩对人民疾苦比较同情，在怀古兴叹之际能联想到百姓的疾苦，比同类题材的散曲作品要高出一筹。最著名的作品是〔山坡羊〕《潼关怀古》。又如小令〔得胜令〕《四月一日喜雨》、套曲〔一枝花〕《咏喜雨》，是他在陕西救灾时所作，比较真实地反映了灾区人民流离失所的悲惨生活。《太和正音谱》评张养浩的散曲如“玉树临风”，格调高远。他的作品文字显白流畅，感情真朴醇厚，无论抒情或是写景，都能出自真情而较少雕镂。有散曲集《云庄休居自适小乐府》传世。据《全元散曲》所辑，今存小令161首、套数2首。

张掖市 Zhangye City 中国甘肃省辖地级市。位于省境西北部，河西走廊中段，南临青海省，北接内蒙古自治区。辖甘州区、民乐县、临泽县、高台县、山丹县和肃南裕固族自治县。面积40 874平方千米，人口120万（2010）。有汉、裕固、藏、蒙古、土等民族。西汉元鼎六年（公元前111）析武威郡置张掖郡。隋初废张掖为甘州。1949年设张掖专区，1970年改称张掖地区。2002年撤销张掖地区和县级张掖市，设地级张掖市。矿产资源主要有煤、铁、金、铬、萤石、白云岩、石灰岩等。工业以采煤、建材、电力、化工、机械和农副产品加工等为主。农业主产小麦、玉米、豆类、蔬菜。所产“乌江大米”以质优著称。特产有苹果梨、临泽红枣、民乐紫皮大蒜等。名胜古迹有民乐东灰山、西灰山和山丹四坝滩文化遗址，张掖黑水国城堡遗址，张掖西夏大佛寺、民乐圆通寺塔等。为国家历史文化名城。

张掖黑水国城堡遗址

张揖 Zhang Yi 中国三国时期文字训诂学家。无传记。唐颜师古《汉书叙例》说：“字稚让，清河人，一云河间人，太和中为博士。”《北史·江式传》载后魏江式进表论书说：“魏初博士清河张揖著《埤仓》、《广雅》、《古今字诂》。究诸《埤》、《广》，缀拾遗漏，增长事类，抑亦于文为益者。然其《字诂》方之许篇，古今体用，或得或失。”张揖精于文字训诂，所作各书只有《广雅》流传至今，《埤仓》和《古今字诂》宋以后已失传，唐人玄应所作《一切经音义》每有引及。清人有辑录，龙璋《小学蒐佚》辑录最为详备。

张仪 Zhang Yi（？～前310） 中国战国时纵横家。魏国人，于魏惠王时入秦。秦惠文王以为客卿。惠文王十年（公元前328），秦使张仪、公子华（一作公子桑）伐魏，魏献上郡15县。至此，魏河西滨洛之地尽纳入秦。是年，张仪为秦相。惠文君于十三年称王，并以次年为更元元年。更元二年，张仪与齐、楚之相在齧桑相会，返回即免相。次年，张仪相魏，目的是令魏与秦连横，助秦兼并。更元八年，魏襄王背纵约而事秦，张仪归，复相秦。十二年，为瓦解齐、楚间的纵约，张仪相于楚，使秦成功兼并楚之汉中，置汉中郡。后又归秦，赐封五邑，号武信君。张仪先后游说各国服从秦国，离散东方各国之间的联盟。惠文王卒，武王立。武王素与张仪有隙，仪于武王元年（魏襄王九年，前310）离秦去魏。据《竹书纪年》，张仪于此年五月卒于魏。

《汉书·艺文志》纵横家类有《张子》10篇，当是张仪作品及相关资料的汇编。此书汉以后亡佚。

张艺谋 Zhang Yimou（1951-11-14～ ） 中国电影导演、摄影师、演员。陕西西安人。中学毕业后在陕西农村插队，后当工人。1982年北京电影学院毕业后分配到广西电影制片厂，担任摄影，拍摄了《黄土地》（1984，获1985年第5届中国电影金鸡奖最佳摄影奖和1985年法国第7届南特三大洲电影节摄影奖）和《大阅兵》（1986）。1986年借调到西安电影制片厂任导演。1987年因主演《老井》获第2届东京国际电影节最佳男演员奖、1988年第8届中国电影金鸡奖和第11届《大众电影》百花奖最佳男演员奖等奖项。他导演的处女作《红高粱》在1988年第38届西柏林国际电影节获金熊奖。1990年执导的《菊豆》获法国第43届戛纳电影节首届L.布努艾尔特别奖等多项国际大奖。1991年执导的《大红灯笼高高挂》获第48届威尼斯电影节银狮奖、1993年美国纽约影评协会最佳外语片奖等多项国际大奖。1992年执导的《秋菊打官司》获第49届威尼斯电影节金狮奖，并与《大红灯笼高高挂》同时获1993年第16届《大众电影》百花奖最佳故事片奖。此后导演的影片有《活着》、《摇啊摇，摇到外婆桥》、《有话好好说》、《一个都不能少》、《我的父亲母亲》、《英雄》、《十面埋伏》、《千里走单骑》、《山楂树之恋》等。曾执导歌剧《图兰多》以及中国申办2008年奥运会的宣传短片，并担任2008年北京第29届夏季奥运会开、闭幕式文艺演出总导演。

张议潮 Zhang Yichao（799～872） 中国唐后期领导沙州等地人民摆脱吐蕃贵族统治的首领。沙州归义军节度使。一作张义潮。沙州敦煌（今甘肃敦煌西）人。自安史之乱后，吐蕃乘虚攻占河西、陇右地区，当地人民长期对吐蕃贵族的奴役进行反抗。大中二年（848），张议潮率领沙州人民起义，驱逐吐蕃守将，自摄州事。此后议潮修治兵甲，且耕且战。五年正月，议潮所遣告捷的使者到达长安，宣宗任命议潮为沙州防御使。同年八月，议潮兄议潭入朝，献上沙、瓜（今甘肃瓜州东南）、伊（今新疆哈密）等11州图籍。宣宗遂于沙州置归义军，领沙、瓜等11州，以议潮为节度使。大中十一年，在议潮的影响下，吐蕃将领尚延心以河、渭二州蕃部归唐，唐以尚延心为河、渭等州都游奕使。懿宗咸通二年（861），议潮收复凉州（今甘肃武威）；七年，

张议潮出巡图（甘肃敦煌莫高窟唐第156窟）

北庭回鹘首领仆固俊战败吐蕃，以西州归议潮。八年，议潮入朝长安，诏授（检校）司徒、右神武大将军（一称统军），并赐庄宅。议潮既留居长安，即以族子淮深守归义军。

张友渔 Zhang Youyu（1899～1992-02-26） 中国法学家、新闻学家、国际问题专家。山西灵石人。卒于北京。1923年毕业于山西省立第一师范学校，继入国立法政大学法律系。1927年加入中国共产党。1930年底赴日本留学。回国后在北平任《世界日报》总主笔，并任燕京大学、中国大学、民国大学、中法大学、北平大学法商学院教授，讲授宪法学、劳动法学、新闻学和日本问题。在此期间，创办《世界论坛》杂志和《时代文化》杂志（后改名《文化动向》）。七七事变后任中共山东联络局书记、中共豫鲁联络局书记。1939年春去重庆，作为中国救国会领导人之一从事民主宪政运动。1941年春去香港，任《华商报》总主笔。1943年在重庆，任中共南方局文委秘书长、《新华日报》代总编辑、生活书店总编辑。抗日战争胜利后，任中共代表团顾问，参加国共谈判。1946年任中共四川省委副书记兼宣传部长、《新华日报》社长。1947年任晋冀鲁豫边区政府副主席兼秘书长。1948年4月任中共中央华北局秘书长。中华人民共和国建立后，历任中共北京市委副书记、书记处书记，北京市人民政府常务副市长，中国科学院哲学社会科学部副主任兼法学研究所所长，中国政治法律学会副会长，中国社会科学院副院长，中国法学会会长，中国政治学会会长，第一、二、三届全国人民代表大会代表兼法案委员会副主任，全国人民代表大会常务委员会法制委员会副主任，第六届全国人民代表大会常务委员会委员兼法律委员会副主任，第一、二、三、四、五届中国人民政治协商会议全国委员会常务委员。1982年任宪法修改委员会副秘书长，参与1982年宪法的起草工作。1978年中共十一届三中全会以来，还参加了中国多项重要法律的制定工作。

他对法学、新闻学、国际问题都有精湛研究，对宪法学造诣尤深，对中国的马克思主义法学理论卓有建树，主张法学研究必须从中国的实际情况出发，批判地继承古今中外法律史遗产中一切有用的东西，为社会主义现代化建设服务。主要著作有：《中国宪政论》、《五五宪草批判》、《中国如何实行宪政》、《关于社会主义法制的若干问题》等。他还担任《中国大百科全书》第一版总编辑委员会副主任和《法学》编辑委员会主任，《辞海》编委会委员、法学分科编委主任。

张钰哲 Zhang Yuzhe（1902-02-16～1986-07-21） 中国天文学家。生于福建闽侯，卒于江苏南京。1919年考入清华学堂。1923年赴美，先后就读于康奈尔大学和芝加哥大学。1928年发现1125号小行星，命名为“中华”。1929年以论文《关于双星轨道极轴指向在空间的分布》获博士学位。1929年秋回国，任中央大学物理系教授。1941年起任中央研究院天文研究所所长。1946～1948年再度赴美进行交食双星光谱研究。中华人民共和国建立后至1984年，任中国科学院紫金山天文台台长。1955年当选为中国科学院学部委员（院士）。连续当选为一至四届中国天文学会理事会理事长。

张钰哲长期致力于小行星和彗星的观测和轨道计算工作。1958年开展用光电测光方法测定小行星光变周期工作。他和他所领导的行星研究室观测到了9 300多次小行星的位置，陆续发现100多颗星历表上没有编号的小行星和以“紫金山”命名的3颗新彗星。为表彰他在天文学上的贡献，1978年8月的《国际小行星通报》公布，新编号的2051号小行星定名为“张”——(2051) Chang。张钰哲的著述主要有《变化小行星的光电测光》、《造父变星仙后座CZ的研究》、《哈雷彗星轨道的演化趋势和它的古代历史》等20多篇。

张元幹 Zhang Yuangan（1091～1161） 中国南宋词人。字仲宗，自号真隐山人，又号芦川居士、芦川老隐。福州永福（今福建永泰）人。

张元幹博览群书，尤喜好杜甫诗、韩愈文，又受苏轼、黄庭坚的影响，“具有苏、黄遗意”（《四库全书总目》卷一九八）。后与江西诗派中人来往，故其诗歌创作受江西诗派影响。他推崇黄庭坚的“点化金丹手段”，注重“活法”。诗歌“文词雅健，气格豪迈，有唐人风”（蔡勘《芦川归来词序》）。

他尤以词著称，早年词的内容多为流连光景、离别相思，风格清丽妩媚，如〔风流子〕“飞观插雕梁”、〔菩萨蛮〕“黄莺啼破纱窗晓”等。北宋灭亡后，词风一变，内容多以慨感国家兴亡，抒发壮志难酬的愤懑为主，风格也激越高昂，豪迈奔放，充满勃郁不平之气。他在两首〔贺新郎〕词《寄李伯纪丞相》和《送胡邦衡待制赴新州》中表达了对中原动荡的悲愤：“怅秋风，连营画角，故宫离黍。底事昆仑倾砥柱，九地黄流乱注”；也有收复故国，重振山河的豪情：“愁生故国，气吞骄虏”，“要斩楼兰三尺剑”；对于朝廷屈膝求和、苟且偷安的行径，也以“天意从来高难问”之句表达出强烈的不满。尽管后来他因这两首词而获罪，但却以刚风劲节而盛传一时，以至“数百年后，尚想其抑塞磊落之气”（《四库全书总目》卷一九八）。这类充满爱国激情的词上承苏轼的豪放风格，下开张孝祥、辛弃疾、陆游等爱国词之先河。此外，他还有一些词清丽婉约，富于诗情画意，呈现出多样化的艺术风格。〔兰陵王〕“卷珠箔”以形象的语言婉转地表达怀念故国的情思，明杨慎推许为张词中最脍炙人口之作（《词品》卷三）。

著有《芦川归来集》15卷（曾噩《芦川归来集序》），久佚。上海古籍出版社1978年出版有标点本《芦川归来集》。

张元济 Zhang Yuanji（1867-10-25～1959-08-14） 中国出版家。字筱斋，号菊生。原籍浙江海盐。生于广东，卒于上海。光绪壬辰年（1892）进士。曾任总理各国事务衙门章京，戊戌变法后被革职。1916年任商务印书馆经理，1920～1926年任监理，1926年任董事长直至逝世。他主持商务印书馆期间，组织了大规模的编译所和涵芬楼藏书，最先在私营出版社设专职专业编辑和图书资料，以保证出版物质量。他参与规划的《最新教科书》获得很大成功。1919～1937年影印出版《四部丛刊》、《续古逸丛书》、百衲本《二十四史》。1949年当选中国人民政治协商会议全国委员会委员。后又当选第一届全国人民代表大会代表。所著《涵芬楼烬余书录》、《宝礼堂宋本书录》、《涉园序跋集录》集近代目录体例之长，又检录綦详，已成为现在古籍鉴定援引例证之一。

张元素 Zhang Yuansu（约1151～1234） 中国金代医学家。字洁古。易州（今河北易县）人。因提出“古方今病不相能也”，揭开了医家学术争鸣的序幕，创立“易水学派”。幼年习儒，进士落第弃儒学医。精于《内经》、《难经》及仲景学说。悬壶后初不知名，值刘河间患伤寒，服他的方药而愈，遂医名大显。

在学术上，张元素是一位革新派，重视《内经》的运气学说，但注意将运气学说与临床密切结合。疗疾主张化裁古方、创用新方。在金元医学家中，张元素所创"易水学派"与刘河间的"河间学派"分庭抗礼，各具特色。现流传于世影响较大的论著有《医学启源》(3卷)、《洁古珍珠囊》、《洁古注叔和脉诀》、《洁古家珍》等。佚失不传的著作则有《药注难经》、《产育保生方》、《医方》、《洁古本草》等。他的《医学启源》一书立论宗《内经》为本，旁参诸家学说，以阐述阴阳、脏腑、脉证、运气、主病、用药等内容。析证简要，方治较有特色。其《洁古珍珠囊》以脏腑经络辨证为基础，将药物归经重予考订，在药学理论结合临床方面有新的突破。子张璧（云岐子）传其业，亦以医显；生徒中则以李东垣、王好古最为知名。

张云逸 Zhang Yunyi (1892-08-10～1974-11-19) 中国无产阶级革命家、军事家。原名张运镒，又名张胜之。广东文昌（今属海南省）人。卒于北京。1908年入广东陆军小学堂，后在广东陆军速成学校毕业。先后加入中国同盟会、中国国民党，曾参加辛亥革命和护国战争，1926年加入中国共产党，参加北伐战争，在国民革命军张发奎部任师参谋长。1929年12月11日，与邓小平等领导百色起义，创建了右江苏区，任中国工农红军第7军军长、参谋长。1931年春任河西总指挥部参谋长。7月与第一方面军主力会合，参加了中央苏区反"围剿"斗争。同年冬调任中央革命军事委员会副参谋长兼作战局局长。1933年任粤赣军区司令员，后任红军总司令部兼第一方面军司令部副参谋长和作战部部长。参加了长征。1936年12月任中央革命军事委员会委员。抗日战争初期，在国民党上层军政人员中做抗日民族统一战线的工作。1938年春任新四军参谋长兼第3支队司令员。翌年5月兼任新四军江北指挥部指挥。皖南事变后，任新四军副军长兼第2师师长。1943年11月陈毅代军长赴延安后，他负责新四军军事工作，同时兼任抗日军政大学第8分校校长。1945年6月被选为中共第七届中央委员。解放战争时期，历任新四军副军长兼山东军区司令员、华东军政大学校长、中共华东后方工作委员会书记等职。中华人民共和国建立后，任人民革命军事委员会委员、中共广西省委书记、广西省人民政府主席、广西军区司令员兼政治委员、中共中央华南分局第二书记、中南行政委员会副主席、中共中央监察委员会副书记。1955年被授予大将军衔和一级八一勋章、一级独立自由勋章、一级解放勋章。中共第八至第十届中央委员。

张载 Zhang Zai 中国西晋文学家。字孟阳。安平（今属河北）人。约289年前后在世。性格娴雅，博学善文。曾任佐著作郎、著作郎、记室督、中书侍郎等职。西晋末年世乱，托病告归。张载与其弟张协、张亢，都以文学著称，时称"三张"。其中，载、协相近，亢则略逊一筹。《文心雕龙》说："孟阳、景阳，才绮而相埒。"太康初，张载至蜀省父，道经剑阁，因著《剑阁铭》。铭文先写剑阁形势的险要，次引古史指出国之存亡在德不在险的道理。晋武帝派人镌之于剑阁山。《隋书·经籍志》著录有集7卷，今存诗10余首。代表作是《文选》所载《七哀诗》2首。其一"北芒何垒垒"有感于汉末大乱，帝王陵寝被毁，发抒沧桑今古之慨。其二承前首而来，由秋景及坟墓触发感慨："哀人易感伤，触物增悲心"，"忧来令发白，谁云悉可任"。寓无限伤痛于景物之中，体格深厚，感人至深。张载集久佚，明人张溥辑录有《张孟阳景阳集》于《汉魏六朝百三家集》中。又诗存《先秦汉魏晋南北朝诗》，文存《全上古三代秦汉三国六朝文》。

张载 Zhang Zai (1020～1077) 中国北宋哲学家。字子厚。陕西凤翔郿县（今陕西眉县）横渠镇人。进士。曾任祁州司法参军、丹州云岩县令、渭州判官公事、崇文院校书。后辞职回乡讲学，当时学者称其横渠先生。张载认为，宇宙的本原是气。他说："太虚无形，气之本体。"气有聚散而无生灭，气聚则有形可见形成万物，气散则无形可见化为太虚。他认为宇宙是一个无始无终的过程，在这个过程中充满浮与沉、升与降、动与静等矛盾的对立运动。他还把事物的矛盾变化概括为"两与一"的关系，说："两不立则一不可见，一不可见则两之用息。"认为两与一互相联系、互相依存，"有两则有一"，"若一则有两"。在认识论方面，他提出"见闻之知"与"德性之知"的区别，见闻之知是由感觉经验得来的，德性之知是由修养获得的精神境界，进入这种境界的人就能"大其心则能体天下之物"。他提出"天地之性"与"气质之性"的人性学说，"天地之性"是太虚之本性在人身上的体现，是纯善的，"气质之性"是人禀受阴阳的特殊本性，是不善的根源。主张通过道德修养和认识能力的扩充去"尽性"。他主张温和的社会变革，实行井田制，实现均平，"富者不失其富"，贫者"不失其贫"。张载的思想对宋明清几代的哲学有重大影响，他"气"的思想以及"心统性情"的观点为朱熹所吸收，成为其哲学体系的一部分。王廷相、王夫之发展了其气一元论的思想。著有《正蒙》、《横渠易说》、《张子语录》等，后世集有《张载集》。

张璪 Zhang Zao 中国唐代画家。一作张藻，字文通。吴郡（今江苏苏州）人。活动于盛唐，曾任检校祠部员外郎等。因安史之乱时任伪职被贬。他善画水墨山水，尤精松石。传说能双手分别执笔于绢上同时画出生枝和枯枝，在同一画幅里显现荣枯不同的形象。他爱用紫毫秃笔，甚至以手蘸墨作画，不求巧饰。画中山水高低秀丽，咫尺重深。张璪曾以"外师造化，中得心源"，对绘画创作中主客观的关系作出深刻的概括，对以后绘画创作及理论影响颇大。著有《绘境》1篇，但已失传。

张择端 Zhang Zeduan (1085～1145) 中国北宋画家。字正道。东武（今山东诸城）人。宋徽宗时为宫廷画家。少年时读书，到京城开封游学，后学习绘画，擅长界画，尤喜画舟车、市桥、郭径，自成一家。存世作品有《清明上河图》。另有传为他画的描绘端午节龙船竞赛场面的《金明池争标图》。

张昭 Zhang Zhao (156～236) 中国三国时期吴国大臣。字子布。彭城（今江苏徐州）人。少习《左传》，博览群书，有声名。察孝廉，举茂才，均不就。汉末大乱，渡江南下。孙策起事江东，任为长史、抚军中郎将，文武之事全委其处理，比为管仲。孙策死，人心浮动，张昭遵策遗嘱率群僚竭诚拥立并辅佐策弟权，绥抚百姓，大局方定。权每出征，留昭镇守，领幕府事，权势甚重。赤壁战前，张昭畏惧曹操力量，主张迎降，遭鲁肃、周瑜反对。孙权因此对昭不满，称帝后，不以其为相，仅拜辅吴将军。昭敢于直言谏诤，辽东势力公孙渊向吴称藩，孙权派使臣去辽东拜渊为燕王，张昭疑渊无诚意，力谏，孙权大怒，按刀斥昭。不久，公孙渊果杀孙吴使臣，孙权悔之无及。以辅吴将军、娄侯终。

张肇骞 Zhang Zhaoqian (1900-12～1972-01-18) 中国植物学家。生于浙江永嘉，卒于广州。毕业于南京东南大学。历任浙江大学、北京大学教授，中国科学院华南植物研究所研究员、副所长。1955年当选为中国科学院学部委员（院士）。1933年被派往英国皇家植物园与爱丁堡植物园，两年期间发表菊科分类学《中国菊科植物之观察》、《中国菊科植物之新种》等5篇论文。

回国前，先后发表《海南菊科志》、《菊科一些新的和未全知种》、《广西罗汉松属新种》及《中国西南部堇菜属之研究》等多篇论文；并参加《中国植物志》、《河北植物志》、《海南植物志》等的编纂工作。他熟知英、德、法、俄、拉丁文，对菊科、堇菜科、毛茛科、罗汉松科等植物分类有较深入的研究。发表著、译作28篇，发现新种75个、新变种7个、新改名植物13种。他对红水河流域植物区系的研究为中国植物地理学的发展作出了贡献。

张之洞 Zhang Zhidong（1837～1909） 中国清末重臣、后期洋务派首领。字孝达，号香涛，又号香严，晚年自号抱冰老人。直隶南皮（今属河北）人。卒于北京。

1863年（同治二年）进士。清流派重要成员。1881年（光绪七年），授山西巡抚，政治态度为之一变，大力从事洋务活动，成为后期洋务派的主要代表人物。1884年，补授两广总督。中法战争爆发后，力主抗法。同时，在广东筹办近代工业，以新式装备和操法练兵，设立水师学堂。1889年，调湖广总督。建立湖北铁路局、湖北枪炮厂、湖北纺织官局。开办大冶铁矿、内河船运和电讯事业。促兴筑芦汉、粤汉、川汉等铁路。后又编练新军。在鄂、苏两地设新式学堂，多次派遣学生赴日、英、法、德等国留学。还大量举借外债，是为中国地方政府直接向外国订约借款之先。戊戌变法时期，起先支持维新活动，多次出资赞助维新派。当维新运动日益发展、新旧斗争渐趋激化后，1894年4月撰《劝学篇》，提出“旧学为体，新学为用”，维护封建纲常，宣传洋务主张，反对变法维新。义和团运动爆发后，主张严加镇压。八国联军进逼京津，与两江总督刘坤一、两广总督李鸿章联络东南各省督抚，同外国驻上海领事订立《东南互保章程》九条，镇压维新派的唐才常、林圭、秦力山等人及长江中下游哥老会发动的自立军。1901年清政府宣布实行“新政”，命张之洞以湖广总督兼参与政务大臣。旋与刘坤一联衔上奏提出兴学育才办法4条，仿照日本学制拟定癸卯学制（即1903年经修改重颁的《奏定学堂章程》），在全国首采近代教育体制。1907年调京，任军机大臣，充体仁阁大学士，兼管学部。次年清政府决定将全国铁路收归国有，任督办粤汉铁路大臣，旋兼督办鄂境川汉铁路大臣。慈禧太后死后，以顾命重臣晋太子太保。1909年（宣统元年）病故，谥文襄。遗著辑为《张文襄公全集》。

张志和 Zhang Zhihe 中国唐代词人。初名龟龄，字子同。婺州（今浙江金华）人。生卒年不详。16岁游太学，擢明经，向肃宗上书陈策，特见赏重，赐名志和。命待诏翰林，授左金吾卫录事参军。后因事获罪贬南浦尉。遇赦还，以亲丧不复仕，隐居江湖间，自号烟波钓徒。又号玄真子。著《玄真子》12卷，3万言；《述太易》15卷，均佚。

张志和能书善画，长于音乐。善画山水，挥笔立就。现存其〔渔歌子〕即〔渔父〕词5首，描绘江南水乡风光、渔父生活。词的基调清新、质朴，并融和着隐者淡泊、澄清的高情远意。张志和是词人，又是画家，所以他对淡泊逸致的抒发，是词画相兼的。

张志民 Zhang Zhimin（1926－05－21～1998－04－03） 中国诗人、作家。生于河北宛平（今北京门头沟区），卒于北京。1938年小学毕业后参加革命，并从军。长期在

部队做教员等工作。1947年参加河北农村土改，发表长篇叙事诗《王九诉苦》和《死不着》。1949年调华北军区文化部创作组。1951年赴朝鲜前线采访。1953～1954年在中央文学研究所学习。后长期坚持深入海防前线、农村和边疆生活。曾任中国作家协会理事、《诗刊》主编。他的诗歌创作汲取民歌和古典诗词的营养，注重民族化和大众化。诗风简洁明快、淳朴自然，富于激情和生活气息。著有诗集《死不着》、《祖国，我对你说》（获首届全国新诗集一等奖）、《今情、往情》（获第二届全国优秀新诗集奖）、《“死不着”的后代们》、《张志民诗选》、《张志民抒情诗选》等20多种。还著有短篇小说集《考验》、《婚事》、《有我无敌》、《赴汤蹈火》，小说特写集《埋在心底的仇恨》，中篇小说集《赵全一案件》、《张志民小说选》，散文集《梅河散记》、《故人入我梦》，通讯报告集《祖国，你的儿子在前线》，剧本《血缘》，诗论《诗说》等。

张治中 Zhang Zhizhong（1890－10－27～1969－04－06） 中国爱国民主将领，全国人大常委会副委员长。原名本尧，字文白。安徽巢县（今巢湖）人。卒于北京。1911年在扬州参加反清起义。1916年毕业于保定陆军军官学校，次年南下广东参加孙中山领导的护法运动。1924年6月任黄埔军校学生代总队长、军官团团长等职。

1926年7月参加北伐战争。随后追随蒋介石讨伐冯玉祥、阎锡山等反蒋军系。1932年2月率部增援淞沪抗战。次年12月入闽讨伐福建人民政府。抗日战争爆发后，先在上海参加“八一三”抗战，继任湖南省政府主席。1940年调任军委会政治部部长，兼三青团中央干事会书记长。皖南事变后上书蒋介石，力陈对中共处理失策，建议以让步求解决。1945年5月，以三青团全体代表名义，向国民党六大提交旨在改造国民党的政治改革方案。抗战胜利后，初任北平军调部三人小组代表，继任西北行营主任兼新疆省政府主席，主张和平解决国内问题。1949年4月，在北平与中共代表议定《国内和平协定》。9月应邀出席中国人民政治协商会议第一届全体会议，并促成新疆和平解放。中华人民共和国建立后，历任第三届全国人大常委会副委员长、国防委员会副主席、民革中央副主席等职。著有《张治中回忆录》等。

张钟俊 Zhang Zhongjun（1913－09－13～1995－12－29） 中国自动化科学家。生于浙江嘉善，卒于上海。1934年在上海交通大学获电气工程学士学位。1935年和1938年

在美国麻省理工学院分别获硕士和科学博士学位。1938年回国后，先后任武汉大学、中央大学、重庆交通大学、上海交通大学教授，从事电力系统、通信网络、自动控制、系统工程等学科的研究和教学。1948年，在上海交通大学最早开设伺服原理课程，并招收首批自动控制研究生。20世纪50年代，主持制订全国电力系统发展规划，参加长江水力发电工程论证。60年代，将卡尔曼滤波应用于航海信号处理。70年代，积极倡导工业大系统、经济控制论的研究，

率先应用系统工程方法研究大规模地区规划，开展对控制理论新方向H_∞控制理论的研究。出版《电信网络》等著作10部。发表论文400多篇，汇编出版《张钟俊论文集》6卷。1980年当选中国科学院学部委员（院士）。

张仲景 Zhang Zhongjing（2～3世纪） 中国东汉末年医学家。即张机。南阳郡涅阳（今河南南阳）人。少时学医于同郡张伯祖。东汉末，疾疫流行，大部分病死者主要病状都是伤寒发热，然后转至危殆，因此他勤求古训，博采众方，撰成《伤寒杂病论》。吸收《内经》、《难经》、《阴阳大论》、《胎胪药录》及《平脉辨证》诸书精义，依据伤寒发热病整个起始发展变化过程以及病邪侵害脏腑经络程度，结合患者内在正气盛衰，总结伤寒发展规律和辨证施治法则，为中国古代医学开创了理论与临床实际相结合的典范。

《伤寒杂病论》包括“伤寒”和“杂病”两部分内容。伤寒部分（《伤寒论》），按该病起始为发热的特征，分成六种证候类型，即三阳（太阳、少阳、阳明）和三阴（太阴、少阴、厥阴），三阳表示热实，三阴表示寒虚。根据病邪侵入肌体程度、病势缓急，用四诊（望、闻、问、切）、八纲（阴、阳、表、里、寒、热、虚、实）辨证施治确定病情。六经病证各有主治方，按汗、吐、下、和、温、清、补、消8种治法，结合《内经》有关正治、反治、异病同治、同病异治各种治则，共包括397法、113方。其中方剂如麻黄汤、桂枝汤、白虎汤、小柴胡汤等，方简意明，具有临床实际效果，便于学者掌握。

杂病部分（《金匮要略》）主要论述伤寒以外的各种内科疾患，如痉、湿、暍、中风、历节、血痹虚劳、肺痿、肺痈、咳嗽、胸痹、心痛、短气、腹满、寒疝、风寒积聚、痰饮、消渴、黄疸、惊悸、吐衄、呕、吐、哕、下利，以及一些外科疮痈、妇女妊娠和各种杂疗急救症治。这部分论述不以六经论治，而是根据病证按脏腑病机辨证治疗。各类杂病，均有主方。同时讲求药物配伍。一些方剂，除汤、散、丸外，还有酒、熏、洗滴等多种疗法。

张仲景还特别提出治疗“未病”的观点，即认为医生治病首先应从预防疾病出发；其次，也要懂得既病之后脏腑传变的关系。

张仲景的著作对后世影响很大，由宋迄今，注释和阐发各书奥义的医家很多。张仲景方被推为“众方之祖”，称为经方。张仲景被尊为“医圣”。

张资平 Zhang Ziping（1893－04－09～1959－12－02） 中国现代小说家。原名张星仪，又名张声。广东梅县人。卒于安徽。辛亥革命后赴日本留学，学习地质学。1920年开始发表小说。1921年参与组织新文学团体创造社。短篇小说《约檀河之水》是他的小说处女作。《冲积期化石》被认为是中国新文学首部长篇小说。他的初期创作整体上格调健康明朗，表现出个性解放思想和人道主义色彩。20年代中后期的作品主要描写男欢女爱，通过多角恋爱展示赤裸裸的情欲。1928年后的四五年内，以年均4部长篇小说的速度出书，多充满肉欲的气息，被鲁迅等冠以“三角多角恋爱小说家”的称号。1933年，长篇小说《时代与爱的歧路》在《申报》连载，因内容俗艳而被停载，他只好搁笔，此后作品数量大为减少。除长篇小说外，他还有中篇小说若干，以及《梅岭之春》等短篇小说集和译著、论文集。抗日战争时期，有长篇小说《新红A字》出版。1948年前后，写作传记文学作品《隔叶黄鹂》、《绕弦风雨》等。

张资平在地质学方面也颇有造诣，这方面的著作主要有《普通地质学》、《自然地理学》、《人文地理学》、《海洋学》等。

张子高 Zhang Zigao（1886－07－14～1976－12－11） 中国化学史学家。名准，字子高。生于湖北枝江，卒于北京。1907年毕业于武昌文普通学堂。1909年考取清华学堂第一届赴美留学生，先入摩欣学院学习，1911年入麻省理工学院专攻化学。1916年回国，历任南京高等师范学校、东南大学、金陵大学、浙江大学、清华大学教授。早年在留美期间曾进行稀土元素分离的研究工作，与人合著《稀有元素定性分析》。回国后致力于教育事业。还从事化学史的教学和研究，是中国化学史研究的开拓者之一。著有《中国化学史稿·古代之部》（1964）。

张子和 Zhang Zihe（约1156～1228） 中国金代医家。金元四大家之一。名从正，号戴人。睢州考城（今河南兰考）人。世业医，学宗刘完素。精医术。主要学说内容为三法六门。强调病因多为外邪伤正，病以热证、实证为多，疾病分风、寒、暑、湿、燥、火六门。主张祛邪以扶正，治病善用汗、吐、下三法，后世称攻下派。但亦注意适时补益。其先攻后补之治法一反滥用温补之时弊。又曾用心理疗法治愈因惊得病的顽症。麻知几等辑其草稿，整理其经验，编成《儒门事亲》15卷。另著有《三复指迷》、《张氏经验方》等。

门人有常德、麻知几、李子范等，后继者有元末王珪、明初王三尊以及日本中神琴溪等。他的治疗方法曾被清代走方医发挥为“禁截顶串”诸法而视为专门绝技，清代赵学敏将其技编为《串雅》而广为流传。但张子和的一些主张过于偏激，《四库总目》说他：“中间负气求胜，不免过激”。

张自忠 Zhang Zizhong（1891－08－11～1940－05－16） 中国抗日名将。字荩忱。山东临清人。1914年在奉天从军，参加过国民军起义及北伐诸战役，由排长升至西北军师长。1933年长城抗战时，任前敌总指挥在喜峰口抗击日军。1935年任察哈尔省（今分属内蒙古自治区和河北省）主席，次年5月任天津市市长。七七事变后，留北平与日军周旋，代理第59军军长。1938年率部参加徐州会战，粉碎板垣、矶谷两师团会师台儿庄的计划，升任第27军团军团长。9月参加武汉保卫战，在潢川阻击日军12天，后任第33集团军总司令，转战豫南鄂北。1940年5月兼任第五战区右翼兵团总司令。日军集重兵由信阳、随县、钟祥三路进攻襄樊（今湖北襄阳），张亲率三个团由宜城渡过襄河（汉水），与日军奋战九昼夜，在追击中陷入重围，身负重伤，仍坚持作战，在湖北宜城南瓜店壮烈殉国后被追晋为陆军上将。

张宗燧 Zhang Zongsui（1915－06－01～1969－06－30） 中国物理学家。生于浙江杭县（今杭州），卒于北京。1934年毕业于清华大学物理系。1938年获英国剑桥大学博士学位并去丹麦、瑞士进行科学研究。1939年回国任重庆中央大学物理系教授。1945～1947年先后赴英国剑桥大学、美国普林斯顿高等学术研究院、费城加尼基工业大学工作和科学研究。1948年回国。历任中央大学、北京大学教授，北京师范大学教授及理论物理教研室主任，中国科学院数学研究所研究员及理论物理研究室主任兼中国科技大学教授等职。1957年当选为中国科学院学部委员（院士）。从事理论物理学研究。在合作现象、特别是固溶体的统计物理理论等方面作出了有价值的贡献。在量子场论的形式体系的建立，特别是高阶微商、高自旋粒子的

量子场论方面取得了国际先进水平的研究成果。有《电动力学和狭义相对论》、《色散关系引论》(上、下) 等专著。

张作霖 Zhang Zuolin (1875-03-19～1928-06-04) 中华民国时期奉系军阀首领。字雨亭。奉天海城（今辽宁海城）人。早年当土匪，1902年被官府收编。武昌起义后，仍效忠清廷，任"奉天国民保安会"军事部副部长，打击革命力量。后被袁世凯任命为第27师师长，镇压反袁的国民党人。袁称帝，被封为子爵、盛武将军，督理奉天军务兼巡按使；袁死后，被北京政府任命为奉天督军兼省长、东三省巡阅使，依靠日本控制了辽吉黑三省，成为奉系首领。此后，张作霖以东北为基地，向关内扩张势力。1920年7月直皖战争爆发前，与直系共同把持了北京政府。直奉战争失败后撤回关外，任东三省保安总司令，宣布东北三省"独立"、"自治"。1924年9月挑起第二次直奉战争，占据山东，一度扩展到苏、皖，直至上海。他联合吴佩孚、阎锡山、张宗昌等，合力对冯玉祥的国民军作战，重占天津、北京。1926年，任安国军总司令，宣言"反共讨赤"，封闭进步报馆，杀害李大钊等共产党人和进步人士。1927年6月在北京成立安国军政府，自称陆海军大元帅，企图以黄河为界南北分治。1928年初，蒋介石统率冯玉祥、阎锡山、李宗仁各路军北上，直逼京、津。张作霖眼看大势已去，于5月30日下总退却令。因慑于东北人民的反日浪潮，对日本的侵略要求未予全部承诺，因而激怒日本军方，6月4日清晨，张乘车由北京回奉天经过沈阳西郊皇姑屯车站附近时，被日本关东军预埋的炸药炸死。

张作梅 Zhang Zuomei (1918-10-04～1998-12-30) 中国金属物理学家和机械工程学家。生于广东兴宁，卒于吉林长春。1941年9月毕业于国立中山大学，1945年赴英国，先在设菲尔德大卫联合工程公司重型机械厂实习，1946年入英国设菲尔德大学机械系学习，1949年获博士学位，并在该校任研究员。1951年回国后，参加创建中国科学院金属研究所，任研究员。后担任该所金属压力加工研究室主任及中国科学院机械电机研究所、机械研究所、长春光学精密机械研究所副所长，中国科学院长春分院副院长等职。1980年当选为中国科学院学部委员(院士)。

长期致力于金属压力加工领域的研究工作。指导开展了金属超塑性和非晶态合金的研究。首次提出变形量的积累作用与奥氏体晶粒度的关系。承担了空间机械和机器人等课题的研究任务。先后3次参加中国科学技术发展规则的制定，是具体制定和组织实施中国机械科学发展规划的负责人之一。

章炳麟 Zhang Binglin (1869-01-12～1936-06-14) 中国近代民主革命思想家、学者。又名绛，字枚叔，号太炎。浙江余杭人，卒于苏州。出身于书香门第。中日甲午战争以后，参加强学会，又到上海任《时务报》撰述。其政治思想倾向虽与康有为、梁启超的改良主义思想相似，但门户之见有如冰炭，不久就分道扬镳。1898年戊戌政变后，遭通缉，避地台湾，任台湾《日日新报》特约撰述。1899年，他把自己此前论学论政的文章辑成《訄书》。同年夏，东渡日本，同孙中山相识。继而返回上海，参与《东亚日报》编务。1900年7月，在上海参加唐才常发起的"张园国会"，因反对既"排满"又"勤王"的宗旨，当场"宣言脱社，割辫与绝"，从此彻底脱离改良派，走上推翻清王朝的革命道路。

1902年再次逃亡日本，与孙中山正式结交。和秦力山等人在东京发起"支那亡国二百四十二年纪念会"，号召留日学生"雪涕来会，以志亡国"。1903年3月，重至上海，任教于蔡元培创办的爱国学社。同年6月在《苏报》上发表《驳康有为论革命书》，从而为资产阶级革命派同改良派的大论战拉开了序幕。

《驳康有为论革命书》和邹容的《革命军》发表后，清朝统治者和上海租界的工部局相勾结，查封《苏报》，逮捕章炳麟。章函告邹容，邹容不愿让章独遭迫害，亲到巡捕房投案，结果邹容被判监禁两年，章炳麟被判监禁三年。1904年章与狱外蔡元培等人联络，在上海发起成立光复会。1906年章刑满出狱，赴日本东京，加入同盟会，并被委为同盟会机关报《民报》主编，积极参加与改良派论战。1908年，《民报》被日本政府查禁，他严词抗议无效，乃专事讲学和著书。随着革命运动的不断发展，和孙中山在思想上的分歧日益明显，很快就和孙中山发生分裂。1910年和陶成章在东京重组光复会，并担任会长，从此在组织上与同盟会脱离关系。

武昌起义爆发后归国，公然鼓吹"革命军起，革命党消"，要求解散同盟会，并组织中华民国联合会，出任会长。1912年3月，中华民国联合会改为统一党，他任理事，表示拥护袁世凯当大总统、建都北京。先后被袁世凯任命为总统府高等顾问、东三省筹边使。袁世凯派人刺杀宋教仁的案件发生后南返，宣布辞职，参与筹划讨袁。从1913年8月起，被袁世凯软禁在北京。1917年7月随孙中山南下护法，任护法军政府秘书长。旋因护法军内部矛盾重重，失去信心，于1918年10月退隐上海，后迁苏州设国学讲习会。此时，章炳麟的思想日趋保守，反对新文化运动，倡导读经习史；反对孙中山"联俄、联共、扶助农工"三大政策，并为一些军阀歌功颂德。章毕竟是个爱国主义者，九一八事变后，他主张坚决抵抗日本侵略，强烈反对蒋介石"攘外必先安内"的政策。一生著述甚丰，被尊为经学大师，著作版本繁多，后辑为《章太炎全集》出版。

章伯钧 Zhang Bojun (1895-11-17～1969-05-17) 中国人民政治协商会议全国委员会副主席。生于安徽桐城，卒于北京。毕业于武昌高等师范学校。1922年留学德国柏林大学攻读哲学。1923年加入中国共产党。1926年回国后任中山大学教授。参加北伐战争，任国民军总政治部秘书长。1927年参加南昌起义，任总指挥部政治部副主任。1927年底脱离中国共产党。1930年与邓演达等创建中国国民党临时行动委员会，任中央干事会干事、中央宣传委员会主席。1933年参加反蒋抗日的福建事变，失败后流亡日本。后返回香港，1935年11月当选为中华民族解放行动委员会中央委员、宣传委员会书记。参加反蒋抗日的两广事变。抗日战争全面爆发后，任国民参政会参政员、中国民主政团同盟中央常委兼组织委员会主任。抗战胜利后，改组成立中国农工民主党，任中央主席。1949年出席全国政协第一届全体会议。中华人民共和国建立后，任中央人民政府委员、交通部长和中国农工民主党中央主席、

中国民主同盟中央副主席、光明日报社社长。1958年被划为右派分子，撤销职务。是全国政协第一至三届常委，第二届副主席，第四届委员。

章惇 Zhang Dun (1035～1105) 中国北宋改革家。字子厚。建州浦城（今属福建）人。举进士第。神宗熙宁初王安石变法，章惇任编修三司条例官。熙宁五年（1072）至七年，为荆湖路察访，籍户搜田，贷给牛种，设立郡县，妥善地调整了宋廷与该地区少数民族的关系。熙宁七年至八年，任三司使，是新法派中的重要人物。哲宗即位，章惇任知枢密院事，时高太后垂帘听政，以司马光为门下侍郎、宰相，全部罢废新法，章惇上疏，驳斥司马光对免役法的攻击，并同司马光在帘前争论。后守旧派利用台谏官对章惇进行攻击，章惇被贬官。绍圣元年（1094）哲宗亲政，章惇以绍述为己任，恢复青苗、免役诸法，并起用新法派的蔡卞、曾布等人，使部分新法得以继续推行。他力主对西夏作战，筑堡开边，取得胜利。任相期间，不肯以官爵私所亲，为世所称。哲宗死后，向太后主张立端王（即徽宗赵佶），章惇认为赵佶轻佻，不可以君天下。赵佶即位后，章惇连遭贬逐，最后死于睦州（今浙江建德东）。

章鸿钊 Zhang Hongzhao (1877-03-11～1951-09-06) 中国地质学家，中国地质科学事业奠基人之一。字演群。生于浙江吴兴（今湖州），卒于江苏南京。1911年获东京帝国大学地质系理学士学位。同年回国，曾任京师大学堂地质学教席、中华民国临时政府实业部矿政司地质科科长、农林部技正、农商部地质研究所所长、农商部地质调查所地质股股长，兼任北京大学、北京高等师范学校教授。1913年与丁文江、翁文灏共同创办并主持北京政府工商（1914年改为农商）部地质研究所。1922年他倡导建立了中国地质学会，当选为首届会长，并创办中国第一份地质学刊物——《中国地质学会志》。他的毕业论文《杭州府及邻区地质》是中国地质学者撰写的第一篇区域地质报告。1921年他的专著《石雅》问世，这是中国第一部对古代岩石、矿物、名物考证的总结性著作。重要著作还有《中国用锌的起源》、《地质学与相对论》、《中国温泉之分布与地质构造之关系》、《古矿录》和《中国温泉辑要》等。

章怀太子墓 Tomb of Crown Prince Zhanghuai 中国唐高宗与武则天次子李贤墓。位于陕西乾县。1971年发掘。睿宗文明元年（684），李贤被武则天流放巴州（今四川巴中）后自杀。中宗复位后，神龙二年（706）以雍王身份陪葬乾陵。睿宗景云二年（711）重开墓室，以章怀太子身份与妃房氏合葬。

章怀太子墓道壁画《马球图》

地上坟丘呈覆斗形，原有围墙。南面残存土阙、石羊各一对。地下部分由墓道、4个过洞、4个天井、6个小龛、前后甬道和前后墓室组成，全长71米。后室有庑殿顶石椁1座，外壁线刻动植物及男女侍从等图像。墓中壁画保存完好，共50多组，富有生活气息。墓道绘狩猎出行、打马球、客使、仪仗、青龙、白虎等内容，第二过洞绘列戟，甬道及墓室壁面绘男女侍从，墓顶绘天象。以墓道中的《马球图》和前室西壁的《观鸟捕蝉图》最有名。唐代的马球运动源于波斯，《马球图》壁画是中国与波斯古代文化交流的实物例证。全墓壁画色彩鲜艳，技法较娴熟，既是珍贵的艺术品，又具有重要的史料价值。墓内出土雍王墓志和章怀太子墓志各一合。残存各类随葬品600多件，绝大部分为陶俑。

章回小说 chapter novel; traditional Chinese fiction 分章回叙事的白话小说，中国古典长篇小说的主要形式。分回标目，段落整齐，首尾完具，是其主要特点。宋元长篇话本已具有章回小说的雏形。长篇话本篇幅较大，为讲述方便，实行分卷分目，每节标明题目、顺序，这是小说最早的分回形式。经长期演变完善，至明末，章回小说的体例正式形成。这个时期创作的小说，用工整的偶句（也有用单句的）作回目，概括这一段落的基本内容。《三国演义》便是典型的章回小说。明清至近代，中国的中长篇小说普遍采用章回体的形式。现当代的一些通俗小说也仍在沿用此种形式。

章嘉呼图克图 Lcang-skya-ho-thog-thu 中国内蒙古地区藏传佛教格鲁派的最大转世活佛。章嘉，又作张家，原为地名；呼图克图，蒙古语意为"圣者"。章嘉呼图克图，为章嘉地方的圣者之义。被视为文殊菩萨化身。原为青海佑宁寺（原称郭隆寺）活佛系统。据传第一代章嘉名扎巴悦色，生于青海省互助县张家，故名张家活佛。后改张家为章嘉。至清朝初年，阿旺罗桑曲丹始确立章嘉呼图克图为内蒙古藏传佛教格鲁派统辖者的地位，故阿旺罗桑曲丹被视为第一世。他生于宗喀，曾入藏学经，23岁从五世达赖受具足戒。康熙三十二年（1693）奉敕住北京法源寺。四十五年授封为灌顶普善广慈大国师。五十二年，康熙授予掌管西藏以东格鲁派之教权。第二世罗赖比多尔吉，生于甘肃凉州，8岁入京，驻北京旃檀寺，后移住嵩祝寺。雍正十二年（1734），受封大国师，精通汉、满、蒙古、藏文字，著作丰富。乾隆元年（1736）高宗授予管理京师寺庙喇嘛札萨克达喇嘛印。乾隆十六年受振兴格鲁派大慈大国师之号。第三世名伊希丹毕札拉参，第四世名冶希但壁尼玛，第五世名罗藏丹森讲索，清朝末年，传到第六世叶锡道尔济，共传六世。

章开沅 Zhang Kaiyuan (1926-07-08～) 中国历史学家。浙江吴兴（今湖州）人。生于芜湖。1946年10月入金陵大学历史系。后于该校肄业。1948年12月赴中原解放区，为中原大学政治研究室研究生。1949年7月随校南下武汉，在教育学院历史系任助教、教员。1951年9月入华中大学（即今华中师范大学），在历史系先后任教员、讲师、副教授、教授等职。1984年3月任该校校长至1990年。

1954年以来，他主要从事辛亥革命研究，兼及中国资产阶级、中国近代文化史研究，后致力于中外近代化比较研究，在研究中注意社会环境的剖析并形成自己的风格。主要著作有《辛亥革命史》（三卷本，与林增平共同主编）、《辛亥革命与近代社会》、《开拓者的足迹——张謇传稿》，并主编《辛亥革命史丛刊》、《中外近代化比较研究丛书》等。在从事科研及著述的同时，他亦致力于教学及各种社会活动。1980年参与创建中南地区辛亥革命研究会，任理事长。1984年任孙中山研究学会理事。1986年任湖北省社会科学联合会主席。

章名涛 Zhang Mingtao (1907-07-31～1985-01-09) 中国电工教育家。浙江鄞县

(今宁波鄞州区)人。生于北京，卒于北京。1924年中学毕业后随叔父赴法，不久入英国纽卡斯尔大学的阿姆斯特朗学院攻读电机工程，1927年获工程科学学士学位。1929年获曼彻斯特大学硕士学位，不久即回国。1930年出任浙江大学工学院电机工程系副教授，次年入上海亚海电气公司任工程师。1932年应顾毓琇之聘，到清华大学工学院电机工程系任教授。1955年当选为中国科学院学部委员（院士）。讲授过电工原理、应用电子学、微分方程、直流电机、交流电机、输配电工程、发电厂、电磁测量、电机设计、电机电磁场等几乎电机系所有的课程，其中主讲的是交流电机。主要著作：《电机学》（上、下册）、《电机电磁场》。

章丘市 Zhangqiu City 中国山东省辖县级市。位于省境中部。面积1 855平方千米。人口106万(2010)，民族有汉、回、满、蒙古等。秦属济北郡，汉景帝四年（前153）置阳丘县，北齐置高唐县。隋开皇十六年(596)改为章丘县，以县北章丘山得名。1992年撤县设市。由济南市代管。矿产有煤、铝土、石灰岩、花岗石等。盛产小麦、玉米、棉花、花生、蔬菜、果品、芦笋等，特产有章丘大葱、明水香稻等。工业有电力、机械、电子、建材、化工、纺织、制药等。历史悠久，是山东龙山文化的发祥地。名胜古迹有百脉泉、城子崖遗址、齐长城遗址、李清照故居、元代兴国寺、赵八洞石刻造像等。

章太炎 Zhang Taiyan (1869-01-12～1936-06-14) 中国民主革命思想家，学者。即章炳麟。又名绛，字枚叔，号太炎。

章学诚 Zhang Xuecheng (1738～1801) 中国清代史学家、文学理论家。浙江会稽（今绍兴）人。字实斋，号少岩。乾隆四十三年(1778)进士，曾任国子监典籍。历主定州定武、保定莲池、归德文正等书院，后入湖广总督毕沅幕府，协修《续资治通鉴》，主编《湖北通志》，倡“六经皆史”之说。阐发史学义例，主张编修通史。重视方志修纂，提出修志理论。先后撰修和州、亳州、永清等志，为后世所推重。在文学理论方面，既反对桐城派之专讲“义法”，也反对袁枚的专讲“灵性”，认为作文应严肃认真，贵有创新，期于用世，反对“不达时世，画蛇添足”、“优伶演剧”、“削足适履”等不良文风，皆为针砭时弊而发。所著除《文史通义》、《校雠通义》外，余多散佚。1922年嘉业堂辑为《章氏遗书》刊行。

章鱼 Octopodidae; octopus 头足纲八腕目蛸科（章鱼科）动物的统称。见蛸。

獐 *Hydropotes inermis*; Chinese river deer 偶蹄目鹿科獐属的一种。又称河麂。小型鹿科动物。有2个亚种：指名亚种和朝鲜亚种。分别分布在中国长江中、下游和朝鲜半岛。体长91～103厘米，尾长6～7厘米；体重14～17千克。两性都无角，雄性上犬齿发达，突出口外呈獠牙状。毛粗硬，体侧和臀部毛长约4厘米；背和体侧毛色沙黄，毛尖黑色，头顶灰褐至红褐色，颏、喉、嘴周围和腹毛白色；幼獐背部有白斑和白纹；无额腺，眶下腺小，雌雄均有腹股沟腺（鼠蹊腺）。栖息于山溪两岸的草丛、农田附近的芦苇塘中。不结大群，最多3～5只在一起。受惊扰时狂奔如兔。以芦苇、杂草等植物性食物为食。每窝产仔4～7只，产于5月间。在中国已被列为保护动物。

彰化县 Zhanghua County 中国台湾省辖县。位于台湾岛西部沿海中部，西濒台湾海峡。辖彰化市1市、7镇、18乡。面积1 074平方千米。人口约131万(2002)。县府驻地彰化市。原称半线社。清初属诸罗县。雍正元年(1723)析设彰化县，意为“显彰皇化”。日本占据时属台中。台湾光复后，1950年设彰化县。县境90%为平原。气候湿热。稻米年产量为台湾各县之首，有“台湾米仓”之称。油菜子、亚麻年产量亦居全省首位，菠萝产量居全省第二位。农产品加工业发达。员林镇为重要食品加工业中心。有制糖、乳品加工、制药以及金属加工业等。雕刻、竹帘、石砚、草席、羽毛制品、饰物、玩具等手工艺品畅销海内外。有高速公路过境。主要风景名胜有八卦山、百果山、田尾公路花园、孔子庙、虎山岩、兴贤书院、宝藏寺、清水岩、鼓山寺、天后宫和鹿港古迹旅游区等。

漳平市 Zhangping City 中国福建省辖县级市。位于省境西南部。面积2 951平方千米。人口24万(2010)，有汉、畲、回、苗、壮、满等民族。明成化六年(1470)置漳平县。1990年撤县建市。由龙岩市代管。境内以低山为主。属亚热带季风气候。境内有珍稀的国家级保护植物桫椤（又称树蕨）、水杉、水松、银杏、观光木、鹅掌楸、建柏、沉水樟、青钩栲、天竺桂、红豆树、巴戟天等。国家重点保护的一级动物有云豹、金钱豹、蟒、白颈长尾雉等。矿产资源有煤、石墨、铁矿石、石灰岩、大理石等。是全国的重点林区，著名花乡；福建省的煤铁之都，电力之城；闽西南的交通重镇，物资集散地。工业有电力、采掘、建材等。名胜古迹有拱桥龙洞、岭兜穿云洞、象湖奇和洞、吾祠朱仙洞等岩洞，以及九鹏溪（双洋溪）、虎符岩、麟山塔、高明寺等。

漳浦县 Zhangpu County 中国福建省漳州市辖县。位于省境东南沿海南端，东临台湾海峡与台湾岛隔海相望。面积2 131平方千米。人口80万(2010)。唐垂拱二年(686)置漳浦县。因地处漳江之浦（水滨）而得名。属南亚热带季风气候。7～9月多台风暴雨。矿产有铝土矿、玄武岩、辉绿岩石、稀土、高岭土等。海域盛产鱼、虾、蟹、贝、藻等。农业有粮、油、蔗、果等，均高产优质。名胜古迹有赵家城、海月岩、乌石天后宫、丹山、沙西宋代瓷窑群遗址等。

漳绒 Zhangzhou velvet 以绒经在表面起绒圈或绒毛的一色丝织物。中国丝绸品种。又称天鹅绒。漳绒是对秦汉绒圈锦与元代剪绒织物“怯绵里”的发展，明清以来成为中国织物的重要品种。因发源于福建漳州地区而得名。在江苏南部织造更盛，南京是最重要的产区。

清代福寿纹漳绒

漳绒或以桑蚕丝为原料，或以桑蚕丝为经、棉纱为纬，以桑蚕丝起绒圈（现当代还以人造丝起绒圈）。产品分素、花两种。素漳绒表面密布柔和的绒圈。花漳绒以素漳绒为坯料，先于其上印、绘图案，再剪断部分绒圈，使之变为更紧簇的绒毛，形成图案与地子的对比效果。花漳绒又称雕花漳绒，剪断图案部位绒圈的为正雕，剪断地子部位绒圈的是反雕。漳绒色彩古雅，坚牢耐磨，是高档的服装和装饰材料。

漳州市 Zhangzhou City 中国福建省辖地级市。位于省境最南部，西与广东省交界，东南与台湾隔海相望。辖芗城、龙文2区，云霄、漳浦、诏安、长泰、东山、南靖、平

漳州滨海火山国家地质公园

和、华安8县，代管龙海市。面积12 888平方千米。人口481万(2010)，有汉、畲、壮、回和高山等民族。南朝梁置龙溪县，明、清为漳州府治，1913年废府留县，1951年置漳州市。地形以平原为主。海域面积略大于陆域面积。南端的东山岛和龙海的浯屿岛是著名的渔岛。海岸曲折，海湾较著名的有诏安湾、东山湾、旧镇湾等。属南亚热带季风气候，夏季台风活动频繁。农业以粮、油、甘蔗、花卉、水果为主。中药材有泽泻、茯苓、巴戟天、三七等。林木有杉、松、樟、楠和橡胶、紫胶、黑荆等。矿产有钨砂、硅砂、石墨、花岗岩、玄武岩、高岭土等。东山县的硅砂，储量大，品位高，名列全国第一。工业有机械、化工、食品、纺织、塑胶、电子、建材、电力等。漳州港为首批对台定点直航港之一，东山港区和招银港区是国家一类开放口岸。名胜古迹有东山岛、三坪寺、漳州滨海火山国家地质公园以及南靖、华安客家土楼等。

樟蚕 *Eriogyna pyretorum*; fish-line silkworm　昆虫纲大蚕蛾科的一种。野生吐丝昆虫。又称枫蚕。因其丝可制蚕肠线（伤口缝线）和优质钓鱼丝，又称渔丝蚕。中国、印度、缅甸和越南等国均有分布。一化性，完全变态。以蛹越冬。幼虫八龄，也有七龄或六龄，全龄约80日。主食樟树和枫树叶，兼食野蔷薇、沙梨和番石榴等叶片。熟蚕吐丝结茧于树干上。取丝时，将熟蚕在水中浸毙，剖腹取出丝腺，在醋酸中浸泡后拉长即成。

樟科 Lauraceae; laurel family　双子叶植物纲木兰亚纲的一科。约45属2 000～2 500种，分布于热带，但有些种类分布到亚热带甚至暖温带。中国约20属（其中鳄梨属和月桂属为引种栽培）420余种，主要分布在云南、四川、广西、广东及台湾等省区。大多为乔木或灌木，仅有无根藤属为缠绕寄生草本；常有含油或黏液的细胞。叶互生、对生、近对生或轮生，革质，有时为膜质或纸质，全缘，极少分裂；无托叶。花组成腋生或近顶生的圆锥花序、总状花序、近伞形花序或团伞花序；花两性或单性，辐射对称，花被呈萼片状，基部合生成筒，裂片6或4，排成两轮，大小相等或外轮的较小，花被筒短或很短，有的花后增大变成杯状或盘状的果托；雄蕊着生在花被筒的喉部，数目一定，稀数目不定，通常排列呈4轮，每轮2～4，花丝基部有2腺体或无，有时部分雄蕊特别是最内轮的雄蕊不发育，成为退化雄蕊，子房上位，1室。果为浆果状核果，有时为宿存的花被或花被筒承托，部分包围或全部封闭；果梗圆柱形，有时肉质。樟科经济植物繁多，用途很广。鳄梨是营养价值很高的一种水果，其果仁富含油脂。月桂的叶是一种很好的调味香料或作罐头的矫味剂。很多种类如玫瑰木、樟树、黄樟等提供轻工和医药工业上用的芳香油。樟树和黄樟还可生产樟脑。樟属、木姜子属、山胡椒属、油果樟属、厚壳桂属、黄肉楠属中不少种类的果实含有丰富的油脂。乌药及桂皮都是有名的中药。

樟柳碱 anisodine　莨菪烷型生物碱，分子式 $C_{17}H_{21}NO_5$。最初从莨菪植物山莨菪中提出。民间称此植物为樟柳参（神），故该碱命名为樟柳碱。

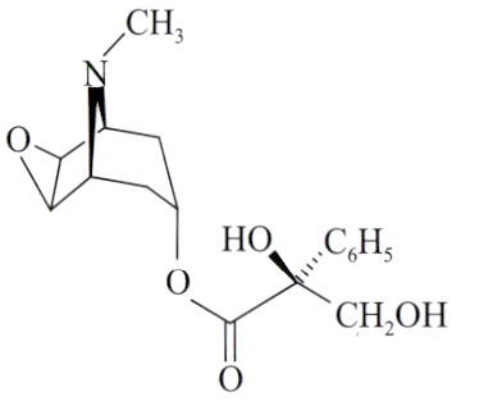

樟柳碱的氢溴酸盐为无色棱柱状结晶；熔点190～192℃（乙醇）、197～200℃（含水乙醇）或126～128℃（丙酮-水）；比旋光度 $[\alpha]_D^{15}$−29.46(水)或−12.26(乙醇)。樟柳碱具有调节微循环作用，可治眼底疾病和脑血管闭塞性疾病，对血管性偏头痛、晕颤、急性有机磷农药中毒等具有一定疗效。

樟脑 camphor　双环单萜，又称2-莰酮。分子式 $C_{10}H_{16}O$。在自然界中有右旋、左旋和消旋樟脑存在。右旋樟脑存在于樟树中，左旋樟脑存在于艾纳香中，消旋樟脑存在于 *Chrysanthemum sinense* var. *japanica* 中。

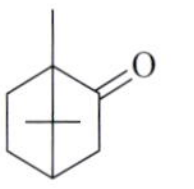

樟脑为有特殊香气、易升华的结晶；右旋体熔点179.8℃，相对密度0.990(25/4℃)，比旋光度 $[\alpha]_D^{20}$+44.26（乙醇）；左旋体熔点178.6℃，密度0.985 3克/厘米³(18℃)，$[\alpha]_D^{16}$−44.2（乙醇）；消旋体熔点178.8℃。樟脑为一种酮，可还原成仲醇和生成肟。用高锰酸钾氧化，生成樟脑酸。工业合成消旋樟脑以α-蒎烯为原料，通过重排反应制备。樟脑在赛璐珞生产中用作增塑剂，还可用于无烟火药、药物、化妆品和防蛀剂等。

樟树 *Cinnamomum camphora*; camphor-tree　樟科樟属的一种。常绿乔木。因其各部位都含有樟脑香味，又称香樟。产于中国南方及西南各省区，越南、日本也有分布。树高可达40米，胸径达3～4米。叶互生，薄革质，卵形或椭圆状卵形。花两性，圆锥花序腋生。浆果球形，果皮呈紫黑色，有光泽。喜光，幼时稍能耐阴。土壤以土层深厚、肥沃、湿润呈中性或酸性的壤土为最适宜。耐湿，短期浸水或地下水位较高处尚能正常生长。根系发达，主根强大。主要用播种育苗，少量繁殖可用分根或分蘖。

樟树可做行道树栽植，绿化美化城市生态环境。含有挥发油和特殊香气，耐湿、抗腐、祛虫、保存期长，是贵重的家具、建筑、雕刻用材。根、干、枝、叶可提制樟脑和樟油，是化工、冶金、医药、香料、食品工业及国防工业等的重要原料。为中国重点保护植物。

樟树市 Zhangshu City　中国江西省辖县级市。位于省境中部，鄱阳湖平原南缘，赣江中下游。面积1 287平方千米。人口56万(2010)。五代南唐昇元二年(938)析高安、新淦2县置清江县。1930年在临江建立清江县苏维埃政权。1949年在樟树镇建立清江县人民政府。1988年撤清江县设樟树市。由宜春市代管。农业主产水稻、大豆、玉米、豌豆、甘薯、小麦、花生、芝麻、棉花、甘蔗、茶叶等。是枳壳、黄栀子、杜仲、银杏等中药材种植基地。矿产有岩盐、煤、铁、瓷土、耐火黏土、石灰岩、花岗石和砂砾石等。名胜有樊城堆等新石器时代遗址，以及炼丹井、洗药池等。

蟑螂 Blattaria; cockroach　蜚蠊目昆虫的俗称。

长老 presbyter　基督教新教某些宗派中教徒领袖的职称。一般由各教堂信徒推选，共同管理教会的工作。在《旧约圣经》中指犹太人的民间领袖，在《新约圣经》中则指早期基督教徒中德高望重的领袖。16世纪宗教改革时期加尔文据此设立长老制。基督教新教某些宗派中有两类长老：一类相当于其他宗派的牧师职务，可主持各种圣礼；另一类长老主持教会的管理工作，由会众所选平信徒担任，长老不作为专职的宗教神职人员，可同时从事世俗职业。长老的设立也出现在一些不属于加尔文宗的教派内。

长孙无忌 Zhangsun Wuji (?～659)　中国唐初宰相。字辅机，河南洛阳人。先祖为鲜卑拓跋部贵族。父晟，隋时名将；妹为唐太宗皇后。无忌好学，善于谋划。唐武德九年(626)，参与策划和组织“玄武门之变”。贞观元年(627)，任吏部尚书、尚书右仆射。十七年，太宗图画功臣像24人于凌烟阁，以无忌为首。其年，太宗废太子承乾，无忌以母舅和元勋的地位支持立晋王为太子。二十三年，太宗病危，他和褚遂良受遗命辅政。高宗李治即位后，他为宰相。永徽六年(655)，他和褚遂良反对立武昭仪(见武则天)为皇后，未果。显庆四年(659)，以谋反罪，被流放到黔州(今重庆彭水)，被迫自缢死。贞观中，他和房玄龄主持修定《唐律》和《律疏》。永徽四年，《律疏》30卷成，即现存的《唐律疏议》，由无忌领衔奏上，为东亚著名的封建法典。

长子继承权 primogeniture 奴隶社会和封建社会的名位和财产由长子继承的制度。中国的长子继承制与宗法制密切相关，确立于西周。在周代的等级制度下，名位和财产由嫡长子继承。长子繁衍的家族称为大宗，长子的兄弟所繁衍的家族称为小宗。周王由嫡长子继承是为大宗，嫡长子的诸弟分封为诸侯国，对周王来说为小宗。诸侯的职位也由其嫡长子继承，在其封国内又为大宗，诸侯嫡长子的诸弟再分封为卿大夫。周代层层分大宗小宗的继承制，是典型的长子继承权。汉、唐以后，封建帝王主要实行长子继承制。中国历史上朝鲜族、苗族、白族和纳西族的大部分地区，流行由长子奉养父母，长子在财产继承上享有优先权的习俗。蒙古族的贵族一般也实行长子继承制。在东南亚，如缅甸的王位由长子继承。到19世纪，新西兰的毛利人仍由长子继承酋长。

涨跌停板 limit up or down 证券市场实施的一种行政管制措施和制度。是“涨停板”和“跌停板”的合称。在证券市场的正常交易日中，由于某种或某些突发因素，造成证券市场价格大幅上涨或下跌到某种特定限度时，即由市场有关机构宣布停止交易。这是为了防止出现大规模的投机行为，避免行情波动更为剧烈以至失控而采取的措施。

涨落 fluctuation 物质系统处于热力学平衡态时，作为统计平均值的宏观物理量如能量、压强、分子数密度在其平均值附近有微小变动的现象。又称起伏。

大气中分子的热运动使宏观小体积内的分子数时多时少，分子数密度的这种涨落引起折射率的偏离，导致日光散射，是使天空呈蓝色的原因之一。布朗运动也是一种涨落现象，在电流计或其他仪器中，用细丝悬挂的反射镜受到周围气体分子的无规则碰撞，撞击的不均衡即力矩的涨落，导致反射镜随机的运动，使仪器的灵敏度受到限制。在电路和电子元件中，由于电子的无规则运动，产生微弱的方向与大小不断变化的涨落电流，引起仪器的噪声，使测量精度受到限制。

涨落是大量微观粒子的一种统计平均行为，是大量微观粒子如分子、原子、电子等无规则热运动的结果。涨落的相对值通常很小，但在有些现象中仍可观察到，并且可能有很重要的影响。

《长物志》 *Treatise on Superfluous Things* 中国明代记载居室及庭园环境布置的著作。作者文震亨，字启美，长洲(今苏州)人。出身于士大夫世家，诗文书画均得其家传，有诗文著作10余种。自营香草垞，中有婵娟堂、绣铗堂、笼鹅阁、斜月廊、众香廊、啸台、玉局斋等建筑。流寓南京，置水嬉堂。致仕归，又在苏州东郊水边林下经营竹篱茅舍。《长物志》一书在前人基础上全面阐述了作者经营环境、赏鉴玩好以及栽花养鱼、熏香品茗的经验和观点，提倡“雅人之致，旷士之怀”。全书分室庐、花木、水石、禽鱼、书画、几榻、器具、衣饰、舟车、位置、蔬果、香茗12卷，总由徐成瑞校订，各卷又分别由王留、潘之恒、沈德符、沈春泽等人参定，沈春泽并为撰序。今人陈植校注。

杖头木偶戏 rod puppet show 中国木偶戏种类。杖头木偶由表演者操纵一根命杆和两根手杆进行表演。手杆放在衣服里的为内操纵式，放在外面的则为外操纵式。在中国分布较为广泛，从江浙到川陕，从海南岛到内蒙古。各地木偶高度差异很大，一般身高0.66～1米。四川南充的大杖头木偶跟真人高度相似，高达1.5米；而河北吴桥扁担戏用的小杖头木偶只高0.3米。传统杖头木偶多为内操纵式，近年创造的外操纵弯把式杖头木偶，扩展了木偶的活动技能，还使胸部扁平的杖头木偶有了胸腔，不仅完善了木偶的体形，还内设机关，让木偶做出更人性化的动作。陕西杖头木偶，演员左手举偶(其他地方多为右手)，右手操纵手杆，用搓、捻、掂、拧、扣等

杖头木偶《小放牛》演出照

手法，让偶人的动作明快洒脱。湖南的杖头木偶流派众多，统称湖南杖头傀儡戏，其独特之处在于具有一套可以自由表达角色喜怒哀乐的身体语汇。流行于广东西南部的粤西杖头木偶多采用有大小之分的长颈木偶，戏班则有俗称鬼仔戏的单人班、俗称鬼仔班的中小型班与大型班。海南的杖头木偶又称临高佛子戏，其木偶24个为一套，演员化装登台，手举木偶，人偶同演一个角色，观众也可和唱，演出气氛非常热烈。

障碍跑 steeplechase 田径运动中以快速跑进并越过按规定设置的一定障碍物的径赛

障碍跑比赛

项目。它是田径运动的正式比赛项目，也是学校体育课教材的内容。作为正式比赛并承认世界纪录的障碍跑项目有男、女3 000米障碍跑。2005年第10届世界田径锦标赛增设女子3 000米障碍跑项目。3 000米障碍跑是从越野跑中越过小树丛和壕沟等天然障碍而引发并搬到田径场上来的径赛项目。1900年第2届奥林匹克运动会将其列为正式比赛项目，分2 500米和4 000米两项。以后该项目的距离和设施又经过多次变化，直至1920年第7届奥运会才把其距离固定为3 000米。3 000米障碍跑全程跑7圈，共跨越35次障碍栏架，其中7次带水池。该障碍跑是田径运动中难度很大和十分艰苦的运动项目。

招标 invitation for bid 不经过一般交易磋商程序，只由一方根据自己的经营方向、规模和动机，按照规定条件，公开征求应征人递盘竞争，最后选定交易对象签约的一种交易活动。招标是一些国家用来采购物资、器材、设备或招商承建某项工程项目的一种常用方法。通过招标活动，招标人可以在众多投标人的激烈竞争中，选择最有利的条件成交。

招标活动一般要经过3个步骤：①招标。招标人或其举办单位，以公告或寄发招标单的形式邀请多家投标人在指定的期

限内递出实盘。招标公告或招标单的主要内容有：拟行购买的**商品**或招商承建的工程项目及其招标条件，规定拟购商品的规格要求、交货期、投标人条件及需要提供的保证，投标有效期等。如系大型工程项目的招标，招标人一般要求准备参加**投标**的厂商提供其资信状况和技术能力的证明材料。②投标。投标人根据招标公告或招标单，提出自己的报价及优惠条件，用密封的投标信直接向招标人指定的联系人发出根盘；投标人也可指定代理人在当地投标，但必须持有正式的授权证明书。③开标。招标单位在规定的时间和地点开启各投标人递交的投标信进行比较，从中择优选定中标人。开标有公开和不公开两种方式。公开开标是指由投标人或其代表参加监视开标。中标者，一般来说是**价格**、条件均为最佳的投标人。不公开开标是指招标人根据各方面的因素进行比较内定中标人。中标者除了投资的价格、条件外，更重要的是取决于投标人与招标人之间的政治、经济关系和其他因素。开标后，中标人与招标人之间要签订合同。如果开标时所有投标人的报价及条件都不能符合招标人的要求，招标人可以全部拒绝，宣布招标失败，另订日期再行招标。

招标时间的长短要视具体情况而定。对于复杂的机器设备或工程项目，选定的时间可以长达几个月，在这一过程中，招标人与投标人之间有时还需进行必要的洽谈。

招差法 higher power finite differences, method of 中国古代数学的一种高次插值计算方法。它的发展与古代天文学的发展紧密相关。**历法**的编制需要预告五星的方位，尤其是日、月食的预告更需要计算日（视运动）、月的准确位置。最初，中国古代天文学家认为**天体**的运动都是匀速的。东汉贾逵发现了月行速度不均匀（公元92）。南北朝时张子信发现日行速度亦不均匀（约6世纪）。这种不均匀是由于天体轨道为椭圆而引起的。介于两次观测之间某一时刻的日月位置，可由招差法计算。设在等间距的时间w、$2w$、$3w$、…内的观测结果分别为$f(w)$、$f(2w)$、$f(3w)$、…，则计算日月在$w+s$时（$0<s<w$）的精确位置可用下列公式（牛顿招差公式，1676～1678）

$$f(w+s)=f(w)+s\Delta+\frac{1}{2!}s(s-1)\Delta^2+\frac{1}{3!}s(s-1)(s-2)\Delta^3+\cdots \quad (*)$$

式中Δ、Δ^2、Δ^3、…的含义是：如设

$$\Delta_1^1=f(2w)-f(w),\ \Delta_2^1=f(3w)-f(2w),$$
$$\Delta_3^1=f(4w)-f(3w),\ \cdots$$
$$\Delta_1^2=\Delta_2^1-\Delta_1^1,\ \Delta_2^2=\Delta_3^1-\Delta_2^1,\ \cdots$$
$$\Delta_1^3=\Delta_2^2-\Delta_1^2,\ \cdots$$
$$\cdots$$

则（*）式中的Δ、Δ^2、Δ^3、…分别等于Δ_1^1、Δ_1^2、Δ_1^3、…，即逐级差分。

隋代刘焯《皇极历》（600）列出的公式，相当于给出了上述（*）式的前三项。这是等间距二次内插法在中国的首次出现。唐代**一行**《大衍历》（727）中，给出了不等间距二次内插法公式。这些二次内插公式，大约是通过几何图形的出入相补相互拼凑的方法得到的。

宋代以后，由于对高阶等差**级数**的研究，招差法有了新的进展。元代**郭守敬**等人在《授时历》（1280）中应用了三次差的招差公式，这相当于（*）式的前四项。

元代数学家**朱世杰**在其所著《四元玉鉴》（1303）中给出了与（*）式大致相同的公式。虽然仍限于是四次招差，但由于朱世杰已经通晓其中各项系数是一系列“三角垛”的积，实际上可以认为他已通晓任意高次的招差法。这比西方要早出四百余年。当然，中国古代没有数学符号，公式都是用语言文字叙述，有很大的局限性。

招幌 signboard 招牌和幌子的复合式通称。中国特有的名称。习惯省称为幌子。作为中国传统商业广告民俗的主要形态，招幌以图形、色彩、文字等视觉标识播布信息，是商贾用以招徕消费者的标识性广告方式。不同商业行业有自己特殊的招幌，形成特定的行业经营和信誉标志。关于古代实物招幌的最早文字描述见于战国时《韩非子》中的寓言“自相矛盾”。酒旗是除实物招幌外最早的传统招徕标识，后世各类招幌多从酒旗发展、衍生而来。酒旗高悬，很远即可望见那是酒家的标识，因而又称望子。宋代以来的一些学者，认为“幌子”一名即由“望子”音讹而来。最原始的幌子是直接展示经营内容的实物招幌，后由其发展而出模型幌、文字幌、图画幌、招牌、门市楹联等。招幌的种类主要有坐商的门市固定招幌和行商的流动招幌。固定招幌以悬挂、镶嵌、砌筑等方式固定于店铺门外，用材有布、木、铜、铁、砖石等。招幌是民俗与艺术有机结合而成的传统广告艺术品。其发生和形成以社会性物资交易和消费的市场需要为前提，通过获得社会的广泛认同而约定俗成。在国外，类似的商业招徕标识也普遍存在。麦当劳快餐店有特定的人物塑像标志和文字招牌，便是典型一例。

江苏周庄酒馆外挂的招幌

招贴画 poster 以宣传鼓动、制造社会舆论和气氛为目的的绘画。又称**宣传画**。

招远市 Zhaoyuan City 中国山东省辖县级市。位于省境东北部，临莱州湾。面积1 433平方千米。人口57万（2010）。古属齐地。唐朝设镇，金天会九年（1131）析掖县、黄县置招远县。1991年撤县设市。由**烟台市**代管。矿产有黄金、白银、石墨、石英、萤石、花岗岩等，有中国最大的黄金矿田和最高的黄金产量，被誉为“中国的金都”、“金城天府”。农业主产小麦、玉米、花生、甘薯、大豆等，盛产苹果、大梨、板栗、山楂、银杏等，是“烟台苹果”主产区之一。有16千米海岸线，产对虾、海参、扇贝、螃蟹等。工业以黄金、化工、机械、纺织、食品、建材、电子等为主体，特产龙口粉丝。名胜有曲城古遗址、班仙洞、温泉风景区等。

昭和天皇 Shōwa Tennō（1901-04-29～1989-01-07） 日本第124代天皇（1926～1989）。名裕仁（Hirohito），幼称迪宫（Michinomiya）。生于东京，卒于东京。大正天皇长子。

从小就接受**武士道**的启蒙教育。1914年进入御学问所学习。1916年立为皇太子，1919年举行皇太子成人式。1921年11月25日摄政。1924年初，与久迩宫良子举行婚礼。1926年12月25日即位，改年号为“昭和”。

1931年**九一八事变**后，昭和天皇在1932年1月8日发布敕语，嘉奖挑起九一八事变的日本侵略军，公开支持日本军国主义势力发动侵略战争。同年11月，天皇批准了日本与德国签订的《反共产国际协定》，从而为发动更大规模的侵华战争做好准备。

1937年9月4日昭和天皇在临时议会开幕式上发布敕语，为日本侵华辩解，褒奖侵华日军，使日军侵略气焰更加嚣张。

1941年6月22日苏德战争爆发后，昭

和天皇在7月2日的御前会议上，同意内阁和大本营确定的与苏、美决战的《帝国国策纲要》，下诏令关东军80万大军集结“苏满边境”，伺机发动对苏战争。同年12月1日的御前会议，决定对美、英、荷等国开战。12月8日，日军偷袭珍珠港美军基地，挑起**太平洋战争**，接着占领东南亚各国。太平洋战争爆发后，昭和天皇不断下达敕语，鼓动军队和国民的战争狂热。在天皇“嘉许”下，日军为“圣战”而疯狂扩大侵略。太平洋战争后期，面临日军失败的命运，昭和天皇频频去伊势神宫祈祷神灵先祖助日本一臂之力，保佑日本获胜。1945年8月9日，昭和天皇在东京皇宫防空洞内召开御前会议，商讨投降事宜。降和两派争执不下。最后天皇作出决定，接受美、英、中三国《波茨坦公告》的内容。14日昭和天皇再次召开御前会议，决定投降。8月15日正午，电台播放已录制好的昭和天皇亲自宣读的投降诏书。

1945年9月27日，昭和天皇会见联合国驻日盟军最高司令官D.**麦克阿瑟**。1946年元旦，昭和天皇发表《人格宣言》诏书，申明天皇是人不是神，否定天皇神格化。

在联合国驻日盟军最高司令部主持下，日本进行了战后民主改革。经过改革，天皇虽然还是国家元首，但只是日本国的象征。皇位由属于皇统的长子、长孙继承。

1987年昭和天皇患胰腺癌，治病期间由皇太子明仁亲王代理政务。死后葬于东京武藏野陵。

昭陵六骏 Six Stone-Relief Steeds of Zhaoling Mausoleum 中国唐太宗李世民墓昭陵前的石刻。位于今陕西省礼泉县九嵕山。贞观十一年（637）李世民下《九嵕山卜陵诏》，正式营建昭陵，并令将他骑乘过的6匹战马刻在昭陵以纪功。由**阎立本**画图起样，良匠用6块石板刻成高浮雕，每块高约2.5米，宽3米，厚0.33米，浮雕的厚度约10厘米。李世民亲为六骏作赞，**欧阳询**书刻上石，陈列在玄武门内东西庑。六骏是飒露紫、拳毛騧、白蹄乌、特勒骠、青骓、什伐赤。白蹄乌、什伐赤、青骓在中箭后仍疾驰腾跃；拳毛騧、特勒骠则犹自从容；飒露紫立定忍痛拔箭，是唯一有人物情节的画面。六骏石刻在20世纪初遭严重破坏。飒露紫、拳毛騧于1914年被盗运出国，现存美国费城宾夕法尼亚大学博物馆。其余4骏现藏西安碑林博物馆。昭陵六骏继承秦汉以来雕刻重神采气势的传统，更以写实手法丰富了它的纪念性和历史感。

飒露紫

拳毛騧

白蹄乌

特勒骠

青骓

什伐赤

昭通市 Zhaotong City 中国云南省辖地级市。云南通往四川、贵州门户。位于省境东北部，乌蒙山区。辖昭阳区和鲁甸、巧家、大关、盐津、绥江、永善、镇雄、彝良、威信、水富10县。面积23 021平方千米。人口521万（2010），有汉、苗、彝、回等民族。秦汉时，昭通一带属夜郎国西部地区，西汉后为犍为郡朱提县。唐南诏政权时为乌蒙部地、乌蒙宣慰司等。元置乌蒙路、东川路、芒部路。明为乌蒙军民府、东川军民府等。清初改乌蒙府为昭通府。2001年撤销昭通地区和县级昭通市，设立地级昭通市和昭阳区。市区处于滇东高原北部的陷落盆地内，底部有丰富的褐煤沉积。属暖温带高原季风气候，多寒潮入侵。矿产资源丰富，储量大，品位高。其中，煤炭储量占云南省总储量的36.3%，居全省首位。昭通盆地褐煤储量达80.7亿吨，为中国南方第二大褐煤田；硫铁矿为中国五大矿区之一；有色金属储量丰富，为云南省三大基地之一。工业有煤炭、毛纺、化肥、卷烟、制革、制药、建筑、建材、化工（以煤、硫为主）、农副产品加工、食品、印刷包装等。市内建有云南省宣威经济技术开发区。境内**金沙江**下游水能资源尤为丰富，国家规划建设溪洛渡、向家坝、白鹤滩3座大型水电站，作为**西电东送**的重点工程。名产有皮大衣、地毯、葡萄酒、昭通酱等。农业主产粮食、烟叶、油菜子、甘蔗、花生、蔬菜等。林特产品有油桐、乌桕、生漆、竹笋、花椒、核桃、苹果、柑橘等。其中以草坝天麻、金江魔芋、昭通苹果等为著名。市境地处滇、川、黔3省接合部，内昆铁路穿过5县区，昆水公路纵贯市域与金沙江航道交接，并有多条公路与川、黔两省公路干线相沟通。民航班机可通昆明。名胜古迹有大关黄连河风景区、天台山溶洞和孟孝琚碑、霍承嗣壁画墓、唐袁滋记摩崖及清官亭、望海楼等。革命纪念地有扎西会议会址等。

昭武九姓 Nine Clan Names of Zhaowu 中国南北朝、隋、唐时期对从中亚粟特地区来到中原的粟特人或其后裔的泛称。汉文史籍称其原住祁连山北昭武城，被**匈奴**击走，西迁中亚河中地区，枝庶分王，有康、安、曹、石、米、史、何、火寻、戊地等九姓，皆氏昭武，故称昭武九姓。

粟特人在历史上素以善于经商著称，长期操纵**丝绸之路**上的转贩贸易。早在东汉时期，洛阳就有粟弋（即粟特）贾胡。敦煌古代烽燧（斯坦因编号之Ⅻa）下曾发现写在纸上的“粟特文古信札”数件，其内容反映了西晋末粟特人的经商组织和活动。南北朝以来，昭武九姓经商范围更加扩大，并不时为一些国家承担外交使命，如545年北周曾派遣酒泉胡安诺槃陀出使突厥。在唐代，经商的昭武九姓胡人常被称为兴生胡或简作兴胡。

早在十六国时期，武威等地就有昭武九姓胡建立的移民聚落。在北朝末、隋、唐时期，碎叶、于阗、龟兹、焉耆、楼兰、

粟特文碑刻

蒲昌海（今新疆罗布泊）、西州、伊州、敦煌、肃州（今甘肃酒泉）、凉州（今甘肃武威）、长安、蓝田、洛阳、关内道北部河曲六胡州等地都有昭武九姓胡的聚落（六胡州，突厥文作altïčub soγdaq。630年，东突厥**颉利可汗**降唐，原突厥中的昭武九姓部落随之入塞，唐为安置这批昭武九姓而置）。据敦煌写卷《沙州伊州地志》残卷，唐代在今罗布泊地区有康国大首领康艳典建立的五六座移民城镇。据敦煌文书，天宝时敦煌郡敦煌县从化乡住着昭武九姓胡三百余户，人口当有一千三四百人。在内地，许多昭武九姓胡散居各地，其聚居者往往自有统领，称作大、小首领；在战乱时期往往自有城主（如伊州）。唐玄宗开元九年至十年（721～722）攻陷六胡州的康待宾、安慕客、何黑奴、石神奴等是昭武九姓胡；**安史之乱**的头目**安禄山**、**史思明**为营州（今辽宁朝阳）杂胡，也是昭武九姓胡后裔。

昭武九姓胡的活动特点使他们在东西方文化交流方面起了重要作用。祆教、**摩尼教**、中亚音乐、舞蹈、历法之传入中原，中国丝绸、造纸技术之传到西方，昭武九姓胡无疑是重要的媒介。他们还在中原四周的游牧汗国的政治、经济、文化生活中起很大作用，特别是把粟特文字带入突厥、**回鹘**汗国。其影响所及，回鹘文、蒙古文、满文均可溯源于粟特字母。

《朝日新闻》 *Asahi Shimbun* 日本综合性报纸。1879年1月25日在大阪创刊。草创时期为插图小报，以“不偏不党”为办报方针。1888年起在东京增印《东京朝日新闻》，1935年起又扩展到北九州、名古屋印行。1940年9月1日，在各地出版的报纸统一名称为《朝日新闻》。拥有独立的采访通讯网，在国外（包括在中国北京和上海）派有常驻记者40名左右。读者主要为知识界人士。日发行量早刊830万份，晚刊400万份（2001），在日本报纸中居第2位。1986年起在伦敦和纽约出国际版。1990年10月起在新加坡出亚洲版。

朝晚霞 twilight colour 日出前和日落后，主要在太阳附近的天空出现色彩缤纷的现象。出现在早晨的，称朝霞；出现在傍晚的，称晚霞。统称朝晚霞。又称曙暮霞。当朝阳初升或日落以前，太阳接近地平时，带着橙黄色甚至红色，从太阳升起或下落的地方顺天空向周围展现扇形的彩带。太阳离地平还远时，颜色很淡，离地平越近，就逐渐加深，扇形也随着缩小。即使是朝阳升上地平之前或夕阳落下地平之后，也有彩霞出现。每当民用曙光（见**曙暮光**）初现，朝霞就开始映射；而当民用暮光终止时，晚霞就随着消失。大气中的水汽和灰尘含量愈多，朝晚霞现象就愈显著，且愈富于红色。朝晚霞是由大气分子、气溶胶粒子和水汽凝成物等对太阳光的散射和衍射造成的。

朝阳产业 sun-rise industry 随着技术进步和社会需求结构的变化而在市场竞争中占据有利地位，**劳动生产率**与利润率相对较高，处于兴盛状态的产业。又称成长产业。夕阳产业的对称。美国未来学家A.托夫勒认为其发展如旭日东升，故得名。通常具有3个显著特征：①技术先进、知识密集，研究与开发费用比率和技术人员数量高于一般产业；②对能源的要求和对环境的破坏程度相对较低，有的直接被称为“**绿色产业**”；③具有很强的连动效应，通常能够促进**产业结构**的调整和升级，推动整个国民经济的发展。

朝阳产业和夕阳产业之间并无十分严格的界限。当某个产业处于知识积累和技术进步前沿时，意味着该产业会快速上升，它即属朝阳产业，反之则为夕阳产业。

爪 claw 指和趾末端的表皮角质层的变形物。分钩爪、蹄和扁爪。狭义的爪仅指钩爪。

爪在两栖类已有初步分化，到爬行类特别发达，鸟类后肢和大多哺乳类均有爪。钩爪由背侧的爪板和腹侧的爪蹠组成。爬行类的爪起陆栖步行或挖掘泥土时保护指（趾）端作用。鸟类后肢和大多哺乳类的钩爪有攻击、防御、保护、摄食和挖掘等作用。有些动物的钩爪特别尖锐锋利，如猛禽和食肉目动物的爪；有些动物的钩爪非常发达而坚固有力，如树獭的爪起吊挂躯干作用，大食蚁兽和**穿山甲**的爪可掘开蚁穴。有些哺乳类的爪形成蹄，爪板卷成圆形，爪蹠变成蹄底，包被于爪板中央，起保护、行走和承受体重作用，如马、牛等。有些哺乳类的爪形成**指甲**，又称扁爪，如猕猴、人等。节肢动物附肢的顶端结构也称为爪，起把握和附着在他物上的作用。

爪哇岛 Java; Pulau Jawa 印度尼西亚最重要的岛屿，国家政治、经济与文化中心地区，也是印尼火山最多、地震频繁的岛屿。位于**苏门答腊岛**与**巴厘岛**之间，北临爪哇海，南滨印度洋。东西长约970千米，南北宽95～160千米，面积12.69万平方千米，占全国陆地面积的6.7%；人口约12 135.26万，占全国人口的60%。主要民族有**爪哇人**、**巽他人**及**马都拉人**。1891年在梭罗河畔的特里尼尔发现直立猿人的头盖骨，1936年在莫佐克托出土的幼儿化石，表明在更新世中期（约100万～50万年前），爪哇已经有原始人类居住，这种原始人被称为“爪哇人”。全岛山脉绵亘，群峰耸峙的火山带横贯岛的中轴，海拔1 800米以上的火山峰有58座，其中3 000米以上有14座，全岛最高峰塞梅鲁火山，海拔3 676米，位于岛的东南部。多山间盆地。许多盆地为印尼古代王国发祥地，现仍为发达的农耕地带及城镇中心。北部沿海为冲积平原，多人工港口。南部沿岸大部分为丘陵，地势陡峭，外临深海，地震、海啸频繁，少海港。河流众多，南北分流入海，北岸入海河流较大，主要有芝塔龙、芝马努、梭罗、布兰塔斯等河，梭罗河最长，其流域也是历史上灿烂文化的摇篮。芝塔龙河的支流贾蒂卢胡河建有全国最大的现代化水利灌溉工程，双季稻田受益面积25万公顷，发电容量12.5万千瓦。岛上气温变化不大，年平均气温26～27℃。西部高温多雨，东部有干季。各地年降水量1 500毫米左右，少数地区不足1 000毫米，山区最多可超过4 000毫米。岛上土壤肥沃，土地垦殖率70%。主产稻米、茶叶、木棉、金鸡纳、椰子、橡胶、咖啡、油棕等。森林覆盖率23%，主要为人工柚木林，小片热带雨林散见于西爪哇南部、中爪哇及东爪哇的零星地区。矿藏种类多，地热能丰富。工业有炼油、飞机、汽车、造船、机械、冶金、橡胶、纺织、食品、化工、造纸、蜡染、银器加工等。拥有全国大部分铁路、公路和主要城市及历史遗址，交通发达。主要城市有雅加达、泗水、

爪哇岛上的稻田

万隆、三宝垄、日惹、苏拉卡尔塔（梭罗）、玛琅，历史名胜有婆罗浮屠、普兰巴、南陵庙等。

爪哇海 Java Sea; Laut Jawa 东南亚浅海，属太平洋。位于苏门答腊、邦加、勿里洞、婆罗洲、苏拉威西、马都拉和爪哇岛之间，为南海、印度洋及澳大利亚之间的重要航道，占巽他大陆架（179万平方千米）南部。东西长约1 450千米，南北宽420千米，总面积43.3万平方千米。盐度32～34。一般水深40～50米，最深82米。9月至次年5月表层海水向西流动，其他月份向东流动。西部、南部及东北部近岛海域有石油和天然气，西部海域还有海底锡砂。南部多珊瑚礁。沿岸港口有雅加达、三宝垄、泗水、望加锡（乌戎潘当）、马辰等。

爪哇孔雀 *Pavo muticus*; green peafowl 鸡形目雉科孔雀属的一种。又称绿孔雀。

爪哇人 Javanese 东南亚印度尼西亚共和国的民族之一。有1.07亿人（2001），约占全国人口的47%，为国内人数最多的民族。主要分布在爪哇岛，以中部人口最密，部分居住在苏门答腊、加里曼丹等岛屿。属蒙古人种马来类型。使用爪哇语，属南岛语系印度尼西亚语族。有文字。现通用印度尼西亚语。原信印度教和佛教，15世纪下半叶后多改信伊斯兰教，属逊尼派。20世纪中叶起部分人信奉基督教。现仍保留万物有灵信仰。其祖先约在公元前5世纪即出现在爪哇岛上。2～3世纪时，形成早期封建制国家。中世纪建满者伯夷王国。历史上受中国和印度文化的影响。2～3世纪传入婆罗门教，7～8世纪传入佛教。主要从事农业，种植水稻、玉米、甘蔗、咖啡和橡胶等；兼事捕鱼，饲养家畜、家禽。爪哇人在国内现代产业工人中约占半数以上。亲属组织为双系制。男女均行割礼，都有继承权。文化艺术比较发达，有古典舞剧、音乐、雕刻、帛画。

爪哇语 Javanese language 印度尼西亚人数最多的民族——爪哇人的语言。属南岛语系印度尼西亚语族。分布于爪哇岛中部、东部以及印度尼西亚西部沿海部分地区。古代爪哇语深受梵语的影响。伊斯兰教传入印度尼西亚之后，使用阿拉伯字母。荷兰人侵占印度尼西亚后，改用拉丁字母。爪哇语有6个元音，20个辅音。重音通常落在单词的倒数第二个音节上。爪哇语是分析型语言，句法关系由功能词和词序表示。句子的基本结构是主-动-宾。定语一般在名词之后，状语在动词之后。有大量的马来语、梵语、阿拉伯语、汉语、葡萄牙语、荷兰语及英语借词。

爪哇猿人 *Homo erectus* from Java 世界上最早发现的直立人化石。又称直立猿人。发现于19世纪末。从1890年起，荷兰解剖学家E.杜布瓦在印度尼西亚中爪哇陆续发现了一批人类化石，其中以1891年发现的一个头骨（见图）和次年发现的一根股骨最

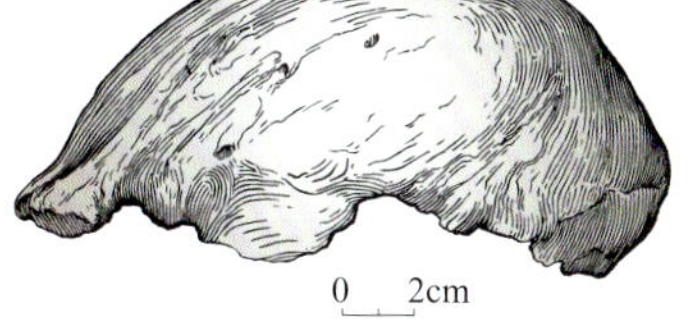

爪哇猿人1号头骨化石

为重要。但因未发现人造的工具（石器），加之由头盖骨推算出来的脑量又比现代人小，直到1931年确定周口店的北京猿人既会制造石器又会用火，形态上与之很相近的爪哇猿人才被公认为属于人类。1936年以后又在爪哇岛的其他地点陆续发现直立人化石。迄今在爪哇发现的直立人化石代表着大约40多个个体，1891年、1892年发现的化石时代为更新世中期，距今80万～70万年。近年新的年代测定显示有的地点年代可能早到距今180万年。爪哇猿人的主要形态特征是颅骨低平，最宽处接近颅底；额骨倾斜，眉脊呈屋檐状；脑量约900毫升。

沼气 marsh gas; biogas 植物残体等有机物经微生物厌氧消化而产生的可燃性气体。由于这种气体首先在沼泽地被发现，故名。也存在于煤矿坑中。沼气是多种气体的混合物，一般含甲烷50%～70%，其余为二氧化碳和少量的氮、氢和硫化氢等。其特性与天然气相似。空气中如含有8.6%～20.8%（按体积计）的沼气时，就会形成爆炸性的混合气体。第二次世界大战后，沼气由试验研究转入实际应用，许多国家开始大规模生产。沼气除直接燃烧用于炊事、烘干农副产品、供暖、照明和气焊外，还可用于发电等。经沼气装置发酵后排出的料液和沉渣，含有较丰富的营养物质，可用作肥料和饲料。

沼泽 mire; marsh; swamp 土壤常为水所饱和，其表层生长着沼生和湿生植物、下层有潜育层或存在着泥炭化和腐殖质化过程的地段。沼泽的形成是各种自然因素综合作用的结果，土壤表层经常过湿是沼泽形成的直接因素，不仅在低洼地区，山坡上甚至在分水岭上也可有沼泽发育。沼泽有两种起源：水体沼泽化，如湖泊、河流、水库沼泽化；陆地沼泽化，如草甸、森林和冻土沼泽化。

沼泽有多种分类。①按泥炭沼泽的发育阶段和植物营养状况分：低位沼泽，又称富营养沼泽；高位沼泽，又称贫营养沼泽；中位沼泽，介于低位与高位沼泽之间，又称中营养沼泽。②按植被类型分：以泥炭藓等藓类植物为主的藓类沼泽，以薹草、芦苇等草本植物为主的草本沼泽，以乔木和灌木木本植物为主组成的木本-藓类沼泽和木本-草本-藓类沼泽。③按地貌条件：首先分为山地沼泽、高原沼泽和平原沼泽，然后再分为分水岭沼泽、阶地沼泽、滩地沼泽、沟谷沼泽、湖滨沼泽和海滨沼泽等。对极地和亚极地还分出冻土沼泽、丘状沼泽和多边形沼泽等。

沼泽，特别是泥炭沼泽是巨大的生物蓄水库。泥炭能保持大量的水分，经常含有89%～94%的水。沼泽水具有过渡水体的特点。当沼泽地地下水位上升时，沼泽水扩大，可向湖泊发育；当地下水位下降时，沼泽水可转化为地下水，沼泽变干可向草甸和森林演化。沼泽土壤含有大量有机物残体，在多水嫌气环境中不易分解，故有机质聚积较多，泥炭土和泥炭沼泽土有机质含量在50%～90%。沼生植物是水生植物和陆生植物间的过渡植物，通气组织较发达、根系浅，多以不定根方式繁殖，一些植物以芽蘖方式密丛生长。沼泽表面具有多种微地貌形态，最常见的是团块状草丘（塔头）、垅块或垅网状草丘等。

沼泽的分布受地域分异规律制约，主要分布在北半球，尤其是气候冷湿和有冻土层存在的欧亚、北美大陆的寒带和温带地区。不同的自然地带沼泽类型也各不相同。世界沼泽总面积约268万平方千米。热带、极地、沿海、内陆、平原和山地都有沼泽发育。在干旱地区，沼泽少、规模小，主要发育在山前地下水溢出带、湖滨和河谷中。在湿润地带，沼泽在负地貌、河间地，甚至分水岭上都有发育。中国的沼泽约11万平方千米（不包括海滨沼泽面积），主要分布在大、小兴安岭，长白山地，阿尔泰山，天山坡麓，川西若尔盖地区，三江平原，一些湖泊（如洞庭湖、兴凯湖、博斯腾湖等）的湖滨和海滨地带。

沼泽地是纤维植物、药用植物、蜜源植物的天然宝库，是鸟类、鱼类等栖息、繁殖和育肥的良好场所。沼泽中的泥炭广泛应用于化工、建材、燃料、肥料、医药卫生和环境保护等。沼泽地中的芦苇是造纸工业的重要原料。沼泽具有湿润气候、净化环境的功能。

沼泽土 bog soil 在地表生长湿生植被，土体长时间处于水分饱和条件下形成的土壤。其上层积聚有大量分解程度低的有机质或泥炭，中下层潴育和潜育特征发育明显，有低价铁锰存在。沼泽土广泛分布于世界各地，以冷湿地区较多。在中国以东北三江平原低地，大、小兴安岭沟谷和青藏高原东部谷地最多。见沼泽。

《召树屯》 *Tsausuthun* 中国傣族民间叙事长诗。作品以口头说唱和手抄本两种形式在傣族地区广为流传。有多种异文。1956年由岩叠、王松等人据西双版纳地区的9部手抄本翻译、整理为汉文本，先后由云南人民出版社、人民出版社和作家出版社出版。长诗讲述的是：古代勐板加王国的王子召树屯遇到了在湖里沐浴的7个孔雀公主。他与最小的喃木诺娜一见钟情，结为夫妇。不久，边境爆发战争。王子率军出征后，宫廷祭司摩古拉诬称喃木诺娜是妖女，引来了战争，欲杀之祭祀神灵。公主死前要求一舞，趁机换上孔雀衣，飞回了孔雀国勐董板。王子凯旋后得知妻子被谗言逼走，历经千难万险寻到孔雀国。经过重重考验，恩爱的夫妻终得以团聚。作品歌颂王子与公主的忠贞爱情，并以男女主人公的悲欢离合为主线，表达古代傣族人民美好的生活理想。长诗具有浓郁的傣族传统文学特质和森林文化情调。这部长诗在东南亚许多国家都有流传，此外在中国西藏也有流传。长诗被翻译成英、俄等多种文字，还先后被移植、改编为壁画、小型傣戏、木偶戏、大型舞剧、电影等，在国内外极富影响。

兆惠 Joohui (1708～1764) 中国清朝将领。字和甫。吴雅氏。满洲正黄旗人。雍正九年(1731)，以笔帖式授军机章京。历任兵部郎中、内阁学士、盛京刑部侍郎、刑部右侍郎、正黄旗满洲副都统、镶红旗护军统领。乾隆十三年(1748)，赴金川军营督办粮运。十五年，入值军机处。十八年，赴藏办理筹防准噶尔事宜。十九年，清廷决定明年两路出兵平定准噶尔时，受命协理北路军务并总理粮饷。二十一年，阿睦尔撒纳败窜哈萨克，清军再进伊犁。授定边右副将军，筹办伊犁善后事宜。率兵平定多路厄鲁特叛乱势力，以功封一等武毅伯。二十二年十二月，授定边将军。二十三年，由伊犁率师往天山南路平大小和卓之乱，连克南疆诸城，叛乱平定。以功晋封一等武毅谋勇公。返京后授御前大臣，协办大学士兼署刑部尚书。

诏令文书 imperial edicts and orders 中国历代帝王向所属臣民发布的各种文书的统称。这类文书当时具有法律效力，与一般只有行政效力的官府下行文书性质不同，在中国古文书中自成一类。战国以前诏令文书使用的各文种还没有专名，都沿用文件载体名称，一般又通称为书。春秋时期有人把古代史官记录的文字汇编起来，称为《书》，后世称为《尚书》。汇编者给每篇文字加上篇名，有的称典，如《尧典》；有的称诰，如《汤诰》、《洛诰》；有的称誓，如《汤誓》、《牧誓》；有的称命，如《说

明成祖袭授挫失吉为乌斯藏卫指挥佥事的诰书（明永乐十一年，西藏博物馆藏）

命》、《顾命》。诰、誓、命等称谓对以后诏令文书文种名称的形成有很大影响。战国时期有的国君发布命令的文书被称为令，或称命书，这是诏令文书按文件性质命名的开始。秦统一六国后，规定皇帝的言词称为制，对臣民有所告诫称为诏，因而形成的文字也称为制和诏。从秦代开始，诏令文书有了法定的文种名称。汉代承袭秦制，诏令文书的文种继续使用制、诏，此外又有策和戒书两种。汉代皇帝对臣僚有所询问也用策，东汉末年开始，把封拜诸侯王、任免三公的策字改写作册，以与对臣僚询问的策相区别。戒书又称戒敕，用于告诫地方文武官员。魏晋南北朝到隋，诏令文书的文种递相承袭，仍用制、诏、册、敕。唐宋时期除沿用制、诏、册、敕外，又增加诰、御札、敕牓等几种。又有赦书、德音两个名称，是按文件内容而加的别称。金元两王朝文种名称和用途基本承袭前制。明清两代有不少文种沿用前代名称，但在用途、用法上有相当大的变化。明清诏令文书使用的文种有制、诏、册、诰、诰命、敕谕、敕书、敕命、圣旨、谕旨等名称，其中沿自前代名称的各文种，除诏、敕外，其余的都是例行文字。诏令文书是家长制封建专制政体的产物，是封建帝王施行统治的重要工具。1911年辛亥革命后，随着帝制的消灭，诏令文书也被废除。

赵 Zhao State 中国战国时期七雄之一。嬴姓，与秦同出蜚廉之后。祖先造父，为周穆王御，有功，封于赵城（今山西洪洞北），因以赵为氏。后代赵夙事晋献公，献公封赵夙于耿（今山西河津南）。赵夙子赵衰（赵成子）事晋文公，徙居原（今河南济源西北）。赵衰的后代赵盾（赵宣子）、赵朔（赵庄子）、赵武（赵文子）、赵鞅（赵简子）皆为晋卿。赵的疆域最初主要在今山西中部。赵简子居晋阳（今山西太原西南）。公元前475年，赵襄子灭代，将领土扩大到今山西东北部及河北蔚县一带。公元前453年，赵襄子与韩康子、魏桓子三分晋国。公元前425年，赵献子即位，徙居中牟（今河南鹤壁西）。公元前403年，赵烈侯与魏文侯、韩景侯被周天子正式策命为诸侯。公元前386年，赵敬侯迁都邯郸（今河北邯郸）。其活动中心逐渐转移到今河北东南和河南北部。

战国初期，赵经常与韩、魏联合进攻别国，并向北方各少数民族地区扩展。它首先灭代，后又助魏进攻中山，取得过一些胜利。战国中期，赵与齐、魏争夺卫，连年大战。公元前354年，魏围赵都邯郸。次年，齐救赵，败魏于桂陵。公元前333年，赵为御北敌修筑长城。其间，中山渐强，曾围攻赵的鄗地。公元前325年，赵武灵王即位，他发奋图强，改革军事，教民胡服骑射，图灭中山，北略胡地。公元前299年，赵武灵王立太子何为王，是为惠文王，令其守国，而自号主父，率军西北攻略胡地。赵惠文王时，赵实力较强。公元前287年，苏秦、李兑合赵、齐、楚、魏、韩五国攻秦，罢于成皋，秦归还部分赵、魏失地求和。公元前260年，秦、赵激战于长平，秦军大破赵军，史载坑降卒40余万，进围赵都邯郸。魏信陵君、楚春申君救赵败秦，解邯郸围。公元前223年，秦将王翦、辛胜破赵，虏赵王迁。赵公子嘉出奔代，自立为代王。公元前222年，秦将王贲攻取代，虏代王嘉，赵国灭亡。

河南林县边墙岭战国时期赵国南长城遗址

赵秉文 Zhao Bingwen (1159～1232) 中国金代文学家。字周臣，号闲闲。磁州滏阳（今河北磁县）人。17岁参加乡试，27岁中进士。累官至翰林侍读学士、礼部尚书。秉文是金代重要的作家，诗、文、书、画皆工，大安三年(1211)党怀英死后，继而为文坛盟主。由于章宗后期沉湎声色，浮艳尖新的文风随之而滋长。秉文不满这种文风，力图以自己的创作实践和政治影响加以挽救，因而被元好问誉为“挺身颓波，为世砥柱”（《闲闲公墓铭》）。秉文诗宗法唐人，七言长篇笔势纵放，律诗壮丽，小诗精致。他没有忘怀世事，“歌管年年乐太平，而今钲鼓替欢声。裴公祠下无穷水，好乞余波为洗兵”（《济源四绝》之一），感慨金代由盛而衰，明白晓畅而余韵不绝；“胡兵数道下山东，旌旗绛天海水红。胡儿归来血饮马，中原无树摇春风”（《从军行送田琢器之》），揭露蒙古军队的暴行，

也颇能激动人心。他的散文往往出于经义名理之学，长于辨析，议论横生。著有《闲闲老人滏水文集》20卷，有《畿辅丛书》本、《四部丛刊》影汲古阁抄本。

赵伯驹 Zhao Boju 中国南宋画家。字千里。宋太祖七世孙，生卒年不详。宋室南渡后流寓钱塘（今浙江杭州）。官至浙东路钤辖。擅青绿山水、花果、翎毛、楼台、界画。其青绿山水改变了唐代浓艳辉煌的装饰性，代之以秀丽和清雅的文人趣味，创造了青绿山水画。其作品传世极少，现存的《阿阁图》、《汉宫图》、《江山秋色图》等传为其作品。《江山秋色图》为绢本，青绿设色。纵55.6厘米，横324厘米。画面山重水复，林竹丛簇，道路盘纡，中间布置楼阁、寺观、屋宇、车马、行人等，精细之极。设色秾丽而典雅。此卷无款印，自明代起定为赵伯驹所作，但亦有人认为是北宋高手所作。

赵伯驹之弟赵伯骕，字希远。曾任和州防御使，并出使金国。绘画上与兄齐名，风格亦相似。《万松金阙图》画春山茂林、苍松白云，云中宫阙微露，烟波浩渺，旭日东升。无款印，卷后赵孟頫题定为赵伯骕所作。

《江山秋色图》(故宫博物院藏)

赵长军 Zhao Changjun (1960-10-25～) 中国武术武英级运动员。回族。祖籍河南开封，生于陕西西安。6岁习武，10岁进入陕西省武术队。1972年开始参加全国武术比赛，1987年退役。其间，在国内外重大武术比赛中共夺得10次个人全能冠军、54枚金牌。刀术、棍术、地趟拳被武术界誉为“赵氏三绝”，尤其地趟拳以高、飘、迅猛和气势连贯著称于国内外。曾多次以运动员、教练员、武术专家身份出访日本、马来西亚、英国等，并多次赴英、意、法、日等国讲学。在《武当》、《神州第一刀》等多部影视剧中担任主角与武术指导。荣立特等功两次、一等功多次。

曾当选为第六、七届全国人大代表。1990年起，先后出任陕西省武术队总教练、中国西安赵长军武术院院长。是陕西省武术协会副主席、中国武术协会常务委员。1995年在中国武术协会等组织的“中华武林百杰”系列活动中，被评为“十大武星”。

赵超构 Zhao Chaogou (1910-05-04～1992-02-12) 中国新闻记者、报刊专栏作家。笔名林放。浙江瑞安人。卒于上海。1934年上海中国公学经济系毕业后即任南京《朝报》编辑。1938年在重庆任《新民报》主笔。1944年参加中外记者团访问延安，发表系列通讯《延安一月》。1946年任上海《新民报》晚刊总主笔，经常撰文抨击时政，并为《人世间》杂志撰写专栏杂文。1948年冬，遭国民党当局迫害，避居香港。1949年3月进入解放区。上海解放后，主持《新民晚报》工作，1953年起任社长。曾任中华全国新闻工作者协会副主席、全国政协常务委员、上海市政协副主席、《联合时报》社长、上海辞书出版社社长。出版文集有《延安一月》、《林放杂文选》等。

赵承嘏 Zhao Chenggu (1885-12-11～1966-08-06) 中国植物化学家和药物化学家。生于江苏江阴，卒于上海。1910年获英国曼彻斯特大学理学士学位。1912年获瑞士工业学院硕士学位，1914年获日内瓦大学理学博士学位，并留校任教。1916年赴法国罗克药厂任技术员和研究部主任。1922年回国，历任南京高等师范学校、东南大学化学系、协和医学院医学系教授。1932年创建北平研究院药物研究所，任研究员兼所长。1950年任中国科学院有机化学研究所研究员。1953年任中国科学院上海药物研究所研究员兼所长。1955年当选中国科学院学部委员（院士）。中国应用科学方法进行中草药研究的先驱者。他提取到许多新的生物碱结晶，并建立了系统研究和整理祖国医药的一套科学方法。中草药活性成分的研究获1982年国家自然科学奖二等奖。发表论文60余篇。

赵丹 Zhao Dan (1915-06-27～1980-10-10) 中国电影演员。原籍山东肥城。卒于北京。原名赵凤翔。中学毕业后入上海美术学校（上海美术专科学校前身），参加美专剧团等演剧团体，参与中国左翼戏剧家联盟的活动，改名赵丹。1932年成为明星公司的演员，先后演出了20多部影片。随后，在《十字街头》、《马路天使》中成功的表演，奠定了他表演艺术风格的基础。1945年演出了《遥远的爱》和《幸福狂想曲》，并导演了影片《衣锦荣归》。1948年以后，演出了《关不住的春光》、《丽人行》、《乌鸦与麻雀》等影片。1949年后先后在《为了和平》、《李时珍》、《林则徐》、《聂耳》、《烈火中永生》等片中扮演了主要角色，并自编自导自演了《青山恋》。他在这些影片中塑造的角色，代表了20世纪50～60年代中国电影表演艺术的水平。有著作《银幕形象的创造》、《地狱之门》及《赵丹书画选》。

赵登禹 Zhao Dengyu (1898-05-16～1937-07-28) 中国国民党抗日将领。生于山东菏泽，卒于北平。字舜诚、舜臣。1914年投第16混成旅冯玉祥部当兵，历任排、连、营、团、旅、师长。1930年蒋冯阎中原大战，任冯军第四路宋哲元部第25师师长。冯玉祥兵败下野，赵登禹率部随宋哲元入晋，被张学良收编，任第29军37师109旅旅长。1933年率部参加长城喜峰口抗战，在潘家口与日军激战4昼夜，毙敌5000余。旋因战功升任第132师师长，率部回驻察哈尔，后移驻河北河间等地。1937年七七事变爆发，任北平南苑前线总指挥。28日晨，日军主力在数十架飞机的支援下向南苑发起猛攻。29军副军长佟麟阁和赵登禹指挥南苑驻军英勇抵抗。赵登禹右臂中弹负伤。佟、赵率部向城南大红门转移时为日军包围，赵登禹被日军伏兵

击中胸部，壮烈殉国。31日，国民政府明令褒扬，追赠为陆军上将。1946年3月，北平市政府和各界人士在八宝山忠烈祠为赵登禹等举行隆重的入祠仪式，并将西城区从崇元观往南至太平桥的一段马路更名为赵登禹路。中华人民共和国建立后，被追认为革命烈士。

赵飞燕 Zhao Feiyan (?～公元1) 中国汉成帝后。以擅舞得宠。原名宜主。姿容美丽，舞艺超群。舞蹈轻盈飘逸，人皆唤之“飞燕”。父死后随养父姓赵。后为阳阿公主家伎。后为汉成帝刘骜召入宫中立为皇后。相传赵飞燕曾在宫中瀛洲高榭上表演《归风》、《送远》之曲，突然大风骤起，飞燕迎风扬袖，似欲飞去。于是，成帝特为之建造“七宝避风台”，令宫人托起特制水晶盘，赵飞燕在上舞蹈。绥和二年（前7），成帝死，哀帝封她为皇太后。元始元年（公元1）平帝即位，废赵为庶人，后又责其自尽。明人艳艳生《昭阳趣史》中有木刻画《赵飞燕掌上舞图》。

赵沨 Zhao Feng (1916-11-29～2001-09-01) 中国音乐教育家、音乐评论家和音乐活动家。曾用名赵天民、吴福田等。原籍河南项城。生于开封，卒于北京。1931年中学毕业后，考入河南建华艺术学校音乐系。后在河南鲁山中学、杞县中学任音乐教师。1934年起任《河南晚报》副刊特约记者。1935年入南京中央电影制片厂演员训练班学习。1938年，先后任教于上海两江女子体育专科学校、重庆精益中学。1939年，与李凌一起主编出版《新音乐》月刊。1941年皖南事变后，转移到缅甸。1942年夏回国后，在云南大学附属中学任教。1946年去香港，与李凌合作创办中华音乐院，任副院长。同年，任广东省立艺术专科学校音乐系教授。1948年创办新加坡中华艺术专科学校，任教授、校长。1949年夏回到北京，在中华全国音乐工作者协会任秘书长。1952年任音乐出版社董事长兼社长。1957～1983年，先后任中央音乐学院副院长、院长。此后历任中国音乐家协会副主席、中央音乐学院名誉院长、国务院学位委员会学科评议委员（艺术学科组长）等职。

赵沨长期致力于音乐教育。他主张：学生在校学习的过程是一个确立正确世界观、人生观、音乐观以及民族音乐观的过程；在技艺并重的同时，应具有广泛的人文科学知识和文学、戏曲、美术、舞蹈等其他艺术门类的知识等。他重视师资的培养与延聘，以及教材的选用与编写。赵沨对音乐理论有一定的研究，发表各种论述数百篇，如1948年出版的《贝多芬和他的九个交响乐》、《诗经的音乐及其他》，60年代发表的《生活、思想、技巧》、《论巴托克的创作》等。

赵高 Zhao Gao (?～公元前207) 中国秦朝宦官、权臣。原为赵国宗族远支。因母在秦国服刑，其兄弟数人皆生隐宫。后在宫内担任杂役，因精明强干，通晓法律，被秦王政提拔为中车府令。他私事公子胡亥，教以法律。后兼行符玺事。始皇三十七年（前210），赵高和胡亥随从秦始皇出游会稽。秦始皇还至沙丘病死。赵高与胡亥、李斯合谋，篡改皇遗诏，立胡亥为太子，诈诏赐始皇长子扶苏和大臣蒙恬死。胡亥立为二世皇帝后，赵高任郎中令，指使胡亥更改法律，诛戮宗室、大臣。又劝二世深居禁中，不见大臣，专擅朝政。秦二世元年（前209）七月陈胜、吴广起义后，秦朝统治集团内部矛盾进一步加剧。右丞相冯去疾、将军冯劫被迫自杀。左丞相李斯则被赵高诬以谋反罪，腰斩于咸阳市。赵高拜为中丞相，事无大小皆取决于其意旨。他故意在二世面前指鹿为马，凡是不随声附和的大臣，就捏造罪名加以迫害。秦二世三年八月刘邦率起义军攻下武关后，赵高恐诛罚及身，与其婿阎乐逼令二世自杀。赵高企图篡位自立，但因左右百官不从，只好立二世兄子子婴为秦王。九月，赵高被子婴用计杀于斋宫，夷三族。

赵恒惕 Zhao Hengti (1880-01-11～1971-11-23) 中国北洋军阀时期湖南军政首领（1920～1926）。字夷午、彝五，号炎午。湖南衡山人。卒于台北。湖北方言学堂毕业后，赴日本陆军士官学校学习。1905年加入中国同盟会。1909年回国，历任广西常务军协统、广西督练公所会办等职。辛亥革命爆发后，率新军拥广西巡抚沈秉堃宣布独立。旋率部北上，驰援武汉。民国成立后任第16旅旅长。二次革命期间，率师攻鄂被俘，押解入京判刑10年。1915年经蔡锷等具保，获释出狱。袁世凯称帝失败后，回湖南。任湘军第1师师长、代督军。1920年11月被广州军政府任命为湘军总司令。后又任省长，倡议联省自治，创制省宪。1921年4月通电反对孙中山任非常大总统，次年春反对北伐军入湘。后因破坏农会，压制民众运动，为湖南各阶层人民所反对，于1926年3月被迫去职，退居上海。1939年8月任湖南省临时参议会议长。抗日战争胜利后为省参议会主席。1951年在台湾任“总统府资政”。

赵宏博 Zhao Hongbo (1973-09-22～) 中国男子花样滑冰运动员。黑龙江哈尔滨人。1992年与申雪合作练习双人滑冰。1998年首次出战第18届冬季奥运会，获花样滑冰双人滑第5名。1999年、2000年在世界花样滑冰锦标赛中获双人滑亚军，2000年在世界花样滑冰大奖赛总决赛中获双人滑冠军。2001年在世界花样滑冰锦标赛和大奖赛总决赛中均获第3名。2002年在第19届冬季奥运会上获双人滑季军，同年在世界花样滑冰锦标赛中获双人滑冠军和大奖赛总决赛亚军。2003年获世界花样滑冰锦标赛冠军。2004年获世界花样滑冰锦标赛亚军和大奖赛总决赛冠军。2005年因跟腱断裂而停赛。2006年获第20届冬季奥运会双人滑铜牌。2007年获世界花样滑冰大奖赛总决赛双人滑冠军。2010年第4次参加冬季奥运会冲击双人滑金牌，终获成功。

赵洪璋 Zhao Hongzhang (1918-06-06～1994-02-07) 中国小麦育种学家。生于河南淇县，卒于陕西杨陵。1940年毕业于西北农学院农艺系。历任西北农学院教授、副院长等职。1955年当选中国科学院学部委员（院士）。长期从事作物育种教学和小麦育种研究。先后育成并得到大面积推广的小麦优良品种有：碧蚂1号、碧蚂4号、西农6028、丰产3号和矮丰3号等。他通过小麦育种实践，形成了独到的学术观点和材料精、面积小、过程短、成效高的育种方法。著作有：主编《作物育种学》，参加编著《陕西小麦》(1948)等。

赵家璧 Zhao Jiabi (1908-10-27～1997-03-12) 中国编辑出版家、作家、翻译家。生于上海，卒于上海。1932年光华大学英文系毕业后，就任良友公司编辑，并任文艺图书出版部主任，主编了以左翼作家和进步作品为主的《良友文学丛书》。1937年任上海英文《大美晚报》社中文《大美画报》主编，并复刊《良友画报》。1943年在桂林重建“良友”。1946年11月创办晨光出版公司，任经理兼总编辑，主编《晨光文学丛书》。1954年调任上海人民美术出版社副总编辑兼摄影编辑室主任。1960～1972年任上海文艺出版社副总编辑。曾任中国出版工作者协会第二届副主席、第三届顾问，中国作家协会会员，中国作协上海分会顾问，上海市政协常委，上海市编辑学会顾问等职。著有《编辑生涯忆鲁迅》、《编辑忆旧》等。

赵景深 Zhao Jingshen (1902-04-25～1985-01-07) 中国戏曲史家、戏曲理论家。原籍四川宜宾。生于浙江丽水，卒于上海。1933年在郑振铎的影响下，专心致力于古代戏曲的研究。主要著作有《宋元戏文本事》、《元人杂剧辑逸》、《小说戏曲新考》、《元人杂剧钩沉》、《明清曲谈》、《元明南戏考略》、《曲论初探》等。赵景深搜集了丰富的戏曲史料，以严谨的治学态度，考证作家生平、作品本事与版本渊源，并有重要发现。此外，他系统研究前人戏曲理论，为戏曲批评史的研究开辟了道路。赵景深除从事戏曲研究外，还致力于古典小说、民间文学、曲艺的研究，青年时代曾创作小说、诗歌等作品。

赵九章 Zhao Jiuzhang (1907-10-15～1968-10-26) 中国气象学家、地球物理学家和空间物理学家。原籍浙江吴兴。生于河南荥阳，卒于北京。1933年毕业于清华大学物理系。1935年赴德国柏林大学学习气象，1938年获博士学位。回国后，历任清华大学、西南联合大学和中央大学等校教授，兼任清华大学航空研究所高空气象台台长、中央研究院气象研究所研究员、清华大学气象系主任。中华人民共和国建立后，历任中国科学院地球物理研究所所长、应用地球物理研究所所长，国家科学技术委员会气象组组长，中国气象学会理事长，中国地球物理学会理事长，中国科学技术大学地球物理系主任等职。1955年当选中国科学院学部委员（院士）。

赵九章是中国动力气象学、地球物理学和空间物理学的奠基人。首先创建中国的动力气象学、大气环流和云雾物理等大气科学分支；进行海浪学的研究，创设中国第一个海浪观测台，促进了海洋物理学在中国的发展；积极组织中国地球物理学各学科的合作。20世纪50年代末期，又开展高空物理学和空间技术方面的研究，积极组织并参加中国在核武器、导弹试验中的大气物理和高空物理的研究工作，为创建中国在空间科学及其探测技术方面的研究作出重要贡献。研究了信风带的动力学和热力学问题，首先提出西风带长波斜压不稳定现象；研究了带电粒子和外层空间磁场的问题。主要论文有《信风带主流间的热力学》等；他主编和撰写的专著《高空大气物理学》，是中国第一部空间物理学方面的系统论著。

赵君玉 Zhao Junyu (1894～1944) 中国京剧演员。工旦，兼工小生。名云麟。原籍安徽。生于上海，卒于云南。武生赵小廉之子。初学花脸，后改习武生、小生。因长期与冯子和配演小生，对冯的唱做有一定的体会，改演旦脚后，崭露头角。后与谭鑫培合演《珠帘寨》、《汾河湾》、《御碑亭》等剧，颇受谭的器重与教益。1914年与梅兰芳合演《五花洞》后，声誉益隆。

赵君玉演出《新茶花》

赵君玉几次赴京献艺，皆载誉而归，遂成为南派旦脚中的突出人物。他的表演，南派戏宗冯子和，北派戏学梅兰芳，特点是朴素大方，细腻而不琐碎；文武兼备，唱做俱佳，善于塑造不同时代、不同身份、不同性格的人物。如饰《龙女牧羊》的洞庭公主，出宫时的雍容华贵，牧羊时的贫而不卑，成婚时的喜而不露。饰《阎瑞生》的王莲英，动作表情富有生活气息。演《佘赛花》一剧，把子利落，身段优美。他还擅演《孟姜女》、《晴雯撕扇》、《嫦娥奔月》等剧。

赵匡胤 Zhao Kuangyin (927～976) 中国宋代开国皇帝。960～976年在位。见宋太祖赵匡胤。

赵令穰 Zhao Lingrang 中国北宋画家。字大年，汴京（今河南开封）人。宋太祖赵匡胤五世孙。生卒年不详，主要活动在北宋后期神宗、哲宗之时（1067～1100）。官至光州防御使、崇信军节度观察留后，追封荣国公。幼时即爱书画，富于文学修养，家藏有晋唐以来法书名画。他与画家文人时相往来。宋徽宗赵佶为端王时亦与他交游，切磋画艺。其画多描绘湖边水滨水鸟凫雁飞集的景色，运思精妙，清丽雅致。

《湖庄清夏图》（局部，美国波士顿美术馆藏）

雪景类王维，又学苏轼作小山丛竹，在士大夫中颇受称誉。但因身处皇族之列，不能远游，故所画不过开封、洛阳间的汀渚之景。现存《湖庄清夏图》描绘清幽的郊野景色，绿树板桥，凫鸟嬉水，湖庄临夏，意境颇为优美。工草书，尝作小草如聚蚊虫，观之使人目力茫然。

赵孟頫 Zhao Mengfu (1254～1322) 中国元代画家、书法家。字子昂，号松雪，又号水晶宫道人。湖州（今属浙江）人。宋宗室，太祖十一世孙，秦王赵德芳后裔。以父荫补官，任真州司户参军。宋亡，家居，勤奋治学，声闻乡里。至元二十三年（1286）被召入都，历任同知济南路总管府事、江浙行省儒学提举、翰林侍读学士。延祐年间（1314～1320），迁集贤学士、翰林学士承旨、荣禄大夫，封魏国公，谥文敏。在元代深受元世祖和元仁宗的宠遇。他博学多才，工古文诗词，通音律，精鉴赏。书画造诣尤深，影响深远，为元代画坛的领袖人物。

赵孟頫擅画山水、人物、鞍马、花鸟、兰竹各科，取材广泛，技巧全面。人物画有历史故事、佛像等；山水画以绘写南方山村水乡为主，着重表现文人隐逸的生活情趣。笔墨技法兼善工笔与写意，呈多种面貌。其绘画渊源，主要取自晋唐和北宋。工笔重彩的人物鞍马画，多保持唐人风范，法度严谨，风格古朴。白描水墨则取法李公麟。山水画出自董源、巨然和李成、郭熙两大体系，而能脱去精勾密皴之习，参以唐人高古之趣，自创新格。他尤其善于把书法用笔融入绘画之中。创用枯笔淡墨、浅绛设色的方法，格调疏淡隽逸，为元代文人水墨山水画的发展开启了先路。他的兰竹画，继承苏轼、文同、赵孟坚的传统，创用飞白书法写竹石，进一步丰富了文人墨戏画的表现技法。在绘画理论上，提倡复古，主张“画贵有古意”，崇法唐人，反对南宋“院体”中柔媚纤巧的画风。他还强调书画同源。他的艺术主张，对以后文人画的发展产生了巨大的影响。

图1 《人骑图》

赵孟頫传世真迹较多，代表作有仿古工笔重彩人物鞍马《人骑图》、《红衣罗汉图》、《秋郊饮马图》，以及白描墨笔的《人马图》。山水画师承董源的有《鹊华秋色图》、《山村图》、《洞庭东山图》等。竹石画有《秀石疏林图》等。

他还以书法著称于世，是元代最负盛名的书法家。其书法上承晋唐传统，兼工篆隶真行草各体，尤以行、楷书最为精熟。

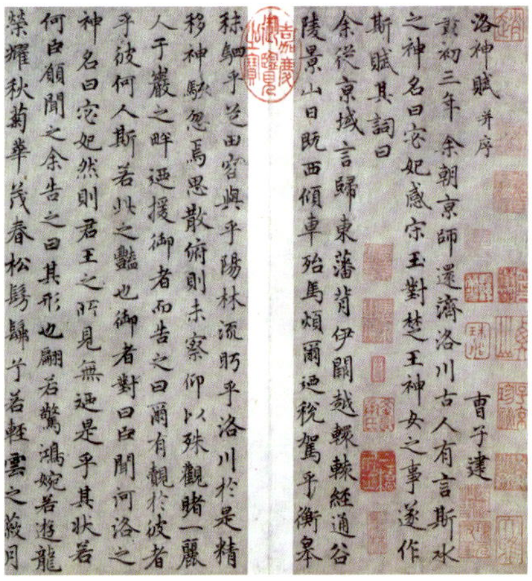

图2 《为盛逸民书洛神赋》

早年曾学宋高宗赵构，中年以后，主要宗法钟繇、王羲之、王献之及智永。晚年师法李邕，又吸取颜真卿、米芾等各家之长，在师法古人的基础上，兼融并包，发展变化。其书法主要特点是结体严整，运笔圆熟姿媚。所作碑版大字，笔画圆转遒丽，气势浑健，形成一家风格，被称为“赵体”，与当时的鲜于枢并称“鲜赵”。传世墨迹，大部分是中晚年作品。最早期的有为其甥张景亮所书行草《千字文》、行草书《题王献之保姆帖》。中年以后所作有行书《归去来辞》。晚年有楷书《福神观记》、草书《嵇叔夜与山巨源绝交书》，碑版大字《胆巴碑》等。

赵明诚 Zhao Mingcheng (1081～1129) 中国宋代金石学家。见《金石录》。

赵明熙 Jo Myung Hee (1892-08-11～1942-05-11) 朝鲜小说家、诗人。号抱石。生于忠清北道镇川，卒于苏联。1919年因参加反日三一运动被拘禁数月，释放后去日本留学。1924年出版的诗集《在春天的草地上》带有悲观感伤色彩和神秘主义倾向。1925年后成为无产阶级文学团体卡普的重要成员。写了一系列反映广大人民苦难生活和不满情绪的短篇小说。《洛东江》以20年代朝鲜人民革命运动和反日斗争为背景，表现了具有社会主义思想萌芽的革命者朴成云战斗的一生，并暗示出革命斗争的胜利。1928年，他流亡苏联从事新闻工作。1936年起参加苏联作家协会远东支部的工作，发表了诗歌《被蹂躏的高丽》、《布尔什维克的春天》及一些小说、散文和评论。

赵南起 Zhao Nanqi (1927-04～) 中国人民政治协商会议全国委员会副主席。朝鲜族。生于吉林永吉。1947年加入中国共产党。1945年入东北军政大学吉林分校学习，毕业后历任吉林省延边地委组织部文书、干事，地委总务科副科长，地委秘书，中共吉林省委政策研究室研究员。1950年参加抗美援朝战争，任志愿军司令部参谋、科长。1955年入解放军后勤学院指挥系学习，毕业后任志愿军后勤部计划科科长，吉林省延边军分区政治部主任、第二政委。“文化大革命”中受到冲击。1973年后任吉林省通化军分区政委、吉林省军区副政委，中共延边朝鲜族自治州委第一书记、州革委会主任、州人大常委会主任，吉林省副省长，中共吉林省委副书记、书记，吉林省军区政委。1985年后历任解放军总后勤部副部长兼副政委，总后勤部部长、党委书记，中央军委委员，军事科学院院长。1988年被授予上将军衔。是中共第十二届至十四届中央委员，第五届全国人大常委会民族委员会副主任委员。1998年当选全国政协第九届副主席。

赵朴初 Zhao Puchu (1907-11-05～2000-05-21) 中国佛教学者，居士。曾任中国佛教协会会长、中国佛学院院长、中国人民政治协商会议全国委员会副主席。安徽太湖人。卒于北京。幼承家学，勤于文史哲的研读，青年时代即研习佛学且生信仰。1936年发起成立中华佛教护国和平会。抗日战争全面爆发后，联合上海宗教团体积极从事社会救济及抗日动员活动。1939年参加宪政促进运动。1945年与马叙伦等发起组织中国民主促进会。1949年9月代表佛教界出席中国人民政治协商会议第一届全体会议。1952年发起并筹备中国佛教协会，先后任该会秘书长、副会长及会长等职。长期致力于推动中国佛教事业的发展，促进国际佛教界的交流，维护世界和平和进步。擅长诗词、书法。著有《片石集》(1961)、《滴水集》(1978)、《佛教常识答问》(1985) 等。

赵普 Zhao Pu (922～992) 中国北宋政治家。字则平。幽州蓟（今属天津）人。后周时期即为赵匡胤亲信幕僚，是帮助赵匡胤策划陈桥兵变的主要人物之一。北宋建国，历任枢密使、门下侍郎、同中书门下平章事。他针对五代军阀割据的情况，建议宋太祖赵匡胤剥夺名位已盛的大将掌握的兵权，被宋太祖采纳。宋太祖在统一战争中所执行的先南后北方略，赵普也曾参与制定。赵普本为村学究，无甚远见卓识，故宋初以防弊之政，作立国之法，与赵普也有密切关系。赵普为相，刚毅果断，然亦颇专权，太祖末，罢相，出镇河阳三城（今河南孟县南）。太平兴国六年 (981)，帮助宋太宗制造所谓“金匮之盟”的伪证，声称杜太后临死前，命宋太祖传位于其弟宋太宗，由赵普起草誓书，藏之金匮。遂得以复相，并参与迫害宋太宗之弟秦王赵廷美，不久出镇邓州（今河南邓州）。后又入相，又出为西京留守。淳化三年 (992) 三月，以太师、魏国公、给宰相俸禄的待遇致仕，不久病逝。

赵青 Zhao Qing (1936-11-16～) 中国舞蹈表演艺术家、编导。山东肥城人，生于上海。历任中央歌舞团、中央实验歌剧舞剧院演员，中央实验歌剧舞剧院总监、艺术指导，中国舞蹈家协会副主席等职。创作表演的代表

作品有主演民族舞剧《宝莲灯》、《小刀会》，舞蹈《鄂尔多斯舞》、《长绸舞》、《梁祝》（合作）、《霸王别姬》、《黛玉焚稿》、《骆驼祥子》、《琵琶行》，舞剧《八女颂》、《刚果河的怒吼》、《剑》。主演电视连续剧《龙的传人》、电影《金色的梦》。出版有《两代丹青》、《我和爹爹赵丹》等著作。

赵尚志 Zhao Shangzhi (1908-10-26～1942-02-12) 中国**东北抗日联军**创建人和领导人。生于辽宁朝阳。1925年加入中国共产党，同年冬入黄埔军校学习。1926年回东北从事革命活动。曾两次被捕入狱，九一八事变后经组织营救出狱。1932年春任中共满洲省委军委书记。1934年6月任东北反日游击队哈东支队司令，与李兆麟、冯仲云等创建了珠河、汤原抗日游击根据地。1935年1月所部改编为东北人民革命军第3军，任军长。1936年1月联合各反日武装，成立北满抗日联军总司令部，任总司令。同年8月任东北抗日联军第3军军长，后被选为中共北满临时省委执委会主席。1940年夏被错误地开除中共党籍，忍辱负重，仍率小分队坚持抗日斗争。后任东北抗日联军第2路军副总指挥。1942年2月12日袭击鹤岗梧桐河伪警察分所时负重伤牺牲。1947年珠河县农工代表大会决定将该县改名为尚志县。1982年6月8日中共黑龙江省委予以平反并恢复其党籍。

赵深 Zhao Shen (1898-08-15～1978-10-16) 中国建筑师。生于江苏无锡，卒于上海。1919年毕业于清华学校。次年赴美国宾夕法尼亚大学读建筑系，1923年获建筑硕士学位。1927年回国后参加上海市中心规划工作，并负责设计上海八仙桥青年会大楼，主持设计南京大戏院（现上海音乐厅）和南京铁道部办公楼。1930～1931年开设赵深建筑师事务所，1932年和建筑师**陈植**、**童寯**共同开设华盖建筑师事务所，至1952年，共设计工程近200项。其中三人合作设计的为南京外交部大楼、大上海大戏院（现大上海电影院）等。赵深设计的主要有无锡茂新面粉厂、无锡申新纺织三厂、南京铁道部购料委员会办公楼、昆明南屏街银行区等。

曾任华东建筑设计公司总工程师、中央建筑工程部设计院总工程师、华东工业建筑设计院及其后身上海工业建筑设计院副院长兼总工程师，历任中国建筑学会第二、三、四届副理事长。

赵师秀 Zhao Shixiu (?～1219) 中国南宋诗人。字紫芝，号灵秀，又号天乐。见**四灵体**。

赵士祯 Zhao Shizhen (1554～约1611) 中国明代火器专家。字常吉，号后湖，浙江乐清人。明万历年间，授鸿胪寺主簿，升中书舍人。少经倭患，决心研制火器。曾从土耳其火器专家朵思麻学习。他博采中外火铳之长，精研火器，于1598年研制出能连续发射弹丸的“掣电铳”、“迅雷铳”等4种火铳，前者聚合西洋铳和佛朗机的长处，后者缀取鸟铳和三眼铳的优点。并绘图撰文对其作详尽说明，呈送朝廷，受到嘉奖。而图样和文字则编辑为专著《神器谱》。之后，又将连发5弹的迅雷铳改造成连发18弹的“战酣连发”，并创制“鹰扬炮”和“火箭溜”。他制火器最注重发射速率和命中率，对子弹运动的基本要点有一定的研究。著作还有《续神器谱》、《神器谱或问》、《备边屯田车铳议》等，其中有火器图式24种。

《赵氏孤儿》 *Orphan of Zhao* 中国元杂剧作品。作者纪君祥，一作纪天祥，生卒年不详，大都（今北京）人，与李寿卿、郑廷玉同时。有《元刊杂剧三十种》本和明人编刊的《元曲选》、《古今名剧合选》本。元刊本4折只载曲词，无科白；明刊本科白俱全，但部分曲词已不同于元刊本，且多出一折。作品取材于《左传》、《国语》、《史记》等史籍，写春秋时晋国上卿赵盾遭大将军屠岸贾诬陷，全家300余口被杀，只有一个不到半岁的婴儿为门客程婴救出，即赵氏孤儿。为了救护孤儿，先后有庄姬公主、韩厥、公孙杵臼等人献出了生命。最后程婴用自己的儿子作替换，保全了赵氏孤儿。20年后，孤儿长大成人，程婴将赵家冤案始末绘成图卷，对他讲述了往事，孤儿遂决意擒杀屠岸贾报仇。元刊本至此结束。明刊本还有晋悼公处死屠岸贾、为赵家雪冤等情节。全剧慷慨悲歌，气氛炽烈，悲壮感人。歌颂了为正义事业前仆后继、自我牺牲的情怀。历代改编演出不衰。1735年被译成法文本，德国诗人歌德改编为《埃尔佩诺》，意大利作家P.梅塔斯塔齐奥改编时题为《中国英雄》。

赵世炎 Zhao Shiyan (1901～1927-07) 中国共产党的创建者和早期领导者之一。四川酉阳人。号国富，笔名施英。1919年参加**五四运动**。同年7月参加**李大钊**等创建的少年中国学会。在北京法文专修馆学习法文时，创办《工读》半月刊、《平民周刊》，主张在中国实行社会主义。1920年5月赴法留学。1921年初受**陈独秀**委托，在巴黎建立共产主义小组，参加领导旅法华工和学生运动。1922年6月，与**周恩来**等创立旅欧青年团组织中国少年共产党，任中央执行委员会书记。同年秋，成立中共旅欧总支部，任总支部书记和法国组负责人。1923～1924年在莫斯科东方大学学习。回国后任中共北京地委书记，中共北方区委宣传部长兼职工运动委员会书记，同时还任北方区委机关刊物《政治生活》周刊主编，协助**李大钊**领导北方地区党的工作和国民党革命运动。1926年5月任中共江浙区委组织部长、第二书记，兼上海总工会党团书记，参加领导**上海工人三次武装起义**，1927年4月，在中共五大上当选为中央委员。6月任中共江苏省委代理书记。因叛徒出卖被捕牺牲。

赵叔孺 Zhao Shuru (1874～1945-03-17) 中国书画家、篆刻家。原名润祥，字献忱，号纫苌，后改号叔孺，晚号二弩老人。鄞县（今浙江宁波）人。家学渊源，庭训甚严。清光绪十一年（1885）画马受到赏识，后成为名士林颖叔之婿。25岁时赴福建居岳父家3年，遍览所藏历代金石书画。1912年举家迁居上海，后加入**吴昌硕**主持的海上题襟馆书画会，专事书画、篆刻，名垂

《秋林散牧图》（1935，天津艺术博物馆藏）

当时。其书法，四体皆擅，尤工篆隶。绘画则以花鸟见长，以没骨法作《秋葵蜻蜓》（中国美术馆藏）。篆刻精谨典雅，且富收藏、精鉴别。著有《二弩精舍印赏》8卷、《二弩精舍印谱》6卷、《奴印分韵补》及《赵叔孺遗墨》、《赵叔孺先生画册》等。

赵树理 Zhao Shuli (1906-09-24～1970-09-23) 中国作家。原名树礼。山西沁水人。卒于山西太原。因家境贫困，少年时即参加农业劳动，深受农民的生活情趣、语言、民间文艺、地方戏曲的熏陶，1925年考入省立长治第四师范学校，接触了五四新文化思潮和新文学，参加过学生运动。1929年被捕，入太原自新院，翌年获释。此后多年流浪于太原、沁水及河南开封等地，当过小学教师、录事、差役、店员。1936年到上党乡村师范任语文教师，并从事抗日救亡宣传工作。

1931年在北平《晨报副刊》上发表旧体诗《打卦歌》，同年发表小说《铁牛的复职》等小说及小品、评论。1943年发表《小二黑结婚》和《李有才板话》等小说。他的作品着力表现发生历史性变革的农村社会中，不同阶层、不同年龄的农民群众的精神风貌，善于提出现实生活中普遍存在的问题，获得群众的喜爱。抗日战争胜利后，写出长篇小说《李家庄的变迁》，通过一个贫苦农民从被压迫到觉醒、参加武装斗争的经历，揭示了中国农民谋求解放的道路。此后的作品，大多是描写建立人民政权后农村中新旧思想观念的冲突及改造旧思想、观念、习俗的斗争，如《福贵》、《小经理》、《田寡妇看瓜》、《邪不压正》、《传家宝》等。

中华人民共和国建立后，为了配合新婚姻法的贯彻，创作了短篇小说《登记》。农业合作化运动开展后，创作了长篇小说《三里湾》，表现了合作化运动过程中各种农民思想波动，歌颂先进的积极的农民。1958年发表短篇小说《“锻炼锻炼”》，以嬉笑的笔墨触及当时农村工作中的弊端，讽刺了落后农民。1960年以后的作品，如《套不住的手》、《实干家潘永福》、《张来兴》等都是有感于农村中的共产风、浮夸风、瞎指挥风的危害而作，以针砭时弊。他曾以所谓提倡写“中间人物”受到错误的批判。

在小说创作同时，赵树理还一直从事戏曲和曲艺的整理、改编和创作。1961年整理改编的《三关排宴》被摄制成戏曲影片。他担任曲艺界的领导工作，发表过改革发展传统曲艺的文章，自己也创作不少曲艺剧目。

工人出版社出版有4卷本《赵树理文集》和《赵树理文集续编》。

赵无极 Zao Wou-ki (1921-02-13～) 法籍华裔画家。生于中国北京。1935年考入杭州艺术专科学校，从林风眠学西洋画，毕业后留校任教。1948年赴巴黎学画。1950年出版8幅石版画集，并参加了五月沙龙，此后每年有作品参加展出。1951～1954年在欧洲各城市观摩博物馆藏画，并举行画展卖画，同时为芭蕾舞剧设计绘制布景，为文学书籍作插图，为现代建筑作壁画。其间的创作以现代绘画的形式结构和西方油画锤炼色彩的技巧表现中国传统哲理。50年代后半期，他抛弃了符号和具象，纯粹用色彩的变幻和笔触的力度以及构图的跌宕起伏和虚实关系来表现空间、光感、韵律和生命的腾跃，从而形成了他的抒情抽象风格。60年代后，他抛弃了作品的标题，只用创作完成的日、月、年来标明。70年代起，他间作中国水墨画。

《30/6/92》

1958年被聘为法兰西画廊终身画家。1980年受聘于巴黎国立装饰艺术高等学校，任壁画教授。几十年来多次在欧美、日本、东南亚各大城市及中国举行个人画展。

赵翼 Zhao Yi (1727～1814) 中国清代诗人、史学家。字云崧，一字耘崧，号瓯北。阳湖（今江苏常州）人。乾隆二十六年（1761）进士，授翰林院编修。曾任镇安、广州知府，官至贵西兵备道。乾隆三十八年辞官家居。赵翼诗与袁枚、蒋士铨齐名，合称乾隆三大家。他论诗也重“性灵”，主创新，与袁枚接近。所著《瓯北诗话》，系统地评论李白、杜甫、韩愈、白居易、苏轼、陆游、元好问、高启、吴伟业、查慎行等10家诗，立论比较全面、允当。赵翼存诗4 800多首，以五言古诗最有特色。除文学方面成就外，赵翼又是清中期的著名学者，他与钱大昕、王鸣盛并称“三大史学家”。治史以严谨著称，长于考据。著有文学著作《瓯北诗集》53卷及《瓯北诗话》12卷，史学著作《廿二史札记》36卷、《陔余丛考》43卷、《檐曝杂记》6卷、《皇朝武功纪盛》4卷等。

赵玉峰 Zhao Yufeng (1894～1971) 中国西河大鼓艺人。艺名赵双合。河北河间人。幼年随母兄流落天津，初学京韵大鼓，后改从其兄赵双印学习说唱西河大鼓，11岁随兄卖艺，青年时即崭露头角。以后几十年间，多在天津、北京、沈阳、抚顺等地演出，颇负盛名。他因一直在华北和东北的大城市行艺，对西河大鼓在这些地方的发展多有贡献。不仅在说唱语言上借助京音京字，以适应那里的听众欣赏，而且说白口风取法评书，层次清晰，细腻生动，同时其辅助说唱的做功表演讲求手眼身法步的协调运用，许多戏曲表演的程式动作被他大量化用到自身的舞台表演，使西河大鼓表演唱、白、做的结合更加紧密和有机，世称“赵派”。他擅演的传统长篇节目有《隋唐》和《包公案》等。中华人民共和国建立后，编演了反映现实生活内容的短篇节目《渔夫恨》和《烈火金钢》等。弟子甚多，比较著名的有田荫亭和赵书棋，专工短篇唱段的北京西河大鼓女演员马增芬也曾受教于他。

赵元任 Zhao Yuanren (1892-11-03～1982-02-25) 中国语言学家，作曲家。江苏常州人。生于天津，卒于美国马萨诸塞州的剑桥。1907年入南京江南高等学堂预科。

赵元任（右）与夫人

1910年考取清华学校庚子赔款官费生留学美国，入康奈尔大学，主修数学。1914年毕业后继续在该校修习哲学。1915年转入哈佛大学，1918年获哲学博士学位。1919年任康奈尔大学物理学讲师。1921～1924年任哈佛大学哲学系讲师、教授。1925～1929年任清华学校研究院导师。1929～1938年任中央研究院历史语言研究所研究员兼语言组主任。1938～1963年先后在夏威夷大学、耶鲁大学、哈佛大学等校任教。1945年当选为美国语言学会会长。1981年北京大学授予他名誉教授称号。

赵元任长期致力于推行国语（推广普通话）的工作。1922年出版《国语留声片课本》，1935年出版《新国语留声片课本》，在推行国语的工作上起了示范的作用。

赵元任从1927年起从事方言研究工作，

调查过吴语（江苏南部和浙江）、粤语、徽州话和江西、湖南、湖北三省的方言，发表过很多调查报告和专题论文，如《现代吴语的研究》、《中国方言中爆发音的种类》、《钟祥方言记》等。其中《现代吴语的研究》是中国第一部用现代语言学方法研究方言的著作。

赵元任在记音方法和记音工具上也有重要的贡献。他的《音位标音法的多能性》一文阐明从语音材料归纳音位系统时可以有多种选择，答案不是唯一的。这篇论文已成为音位理论的经典著作之一。他设计的一套五度制标调字母，为记录和研究汉语（以及其他有字调的语言）的声调提供了准确、方便的工具。

在语法方面，赵元任最重要的著作是《中国话的文法》。这部著作以直接成分分析法作为研究语法的主要方法，根据句法功能区分词类，为每一类词类下了比较严格的定义，这种做法和以前的汉语语法著作有很大的不同。

他的《语言问题》一书讨论一般语言学。对于说汉语的人，这是一本很理想的语言学入门书。

作为作曲家，他1915年即发表了钢琴曲《和平进行曲》。此后他创作了100多首作品。歌曲《卖布谣》、《劳动歌》、《教我如何不想他》、《也是微云》，以及合唱曲《海韵》等都流传至今。

赵云 Zhao Yun（?～229） 中国三国时期蜀汉名将。字子龙。常山真定（今河北正定南）人。卒于汉中。刘备部将。建安十三年（208），刘备兵败长坂（今湖北当阳境），赵云救其妻、子脱险，因功升牙门将军。赤壁之战后，随刘备夺取武陵、长沙等四郡，以偏将军兼桂阳太守。十六年，刘备入益州，赵云与诸葛亮、关羽等仍屯荆州，为留营司马。十八年，奉命随诸葛亮溯江（长江）西上，于次年与刘备会师，攻取成都，升翊军将军。蜀汉建兴元年（223），升中护军、征南将军，后任镇东将军。五年，随诸葛亮进驻汉中。七年，病卒军中。赵云善筹谋，作战勇猛。有远见卓识，力主维护孙、刘联盟；巴蜀初定时，曾劝阻刘备分田赐将，以增强国力。

赵之琛 Zhao Zhichen（1781～1860） 中国清代篆刻家。字次闲，号献父、宝月山人等。钱塘（今浙江杭州）人。西泠八家之一。终生未仕。工隶书、行草书，善画山水、花卉，并自成一家；还精通金石文学。著有《补罗迦室集》，印谱有《补罗迦室印谱》。少年开始就致力于篆刻，早年作品章法方折，用刀挺拔，因强调笔画如锯齿，虽严整而少生趣。中年后精心构制的作品亦时有情趣，以切玉法最有特色，笔画纤细方折而不板滞；边款多为行楷书，生辣细劲，别具风格。晚年作品只注重形式，刀法和章法已趋僵化。

印章

赵忠尧 Zhao Zhongyao（1902-06-27～1998-05-28） 中国物理学家。生于浙江诸暨，卒于北京。1925年东南大学毕业后去清华大学任助教。1927年去美国，在加利福尼亚理工学院从导师R.A.密立根，1930年获哲学博士学位并赴德国哈勒大学研究物理学。1931年回国，历任清华大学、西南联合大学物理系教授。1946年以观察员身份出访美国，参观原子弹爆炸试验。1948年当选中央研究院院士。1950年回国后，历任中国科学院近代物理研究所、原子能研究所、高能物理研究所研究员、副所长。兼任中国科技大学近代物理系主任。1955年当选中国科学院学部委员（院士）。从中国物理学会建立起，长期担任副理事长，中国核学会名誉理事长。主要从事核物理特别是硬γ射线与物质相互作用等方面的研究，他的研究工作是正负电子对产生和湮灭过程的最早的实验证据，是正电子发现的前奏。20世纪40年代曾用云室研究宇宙线。50～60年代，主持建成中国最早的加速器（70万电子伏和250万电子伏质子静电加速器），主持建立中国科技大学近代物理系，主持建立核物理实验室并开展原子核反应的研究。1972年参与筹建高能物理研究所。发表研究论文数十篇，主编《原子能的原理和应用》等书。

赵州桥 Zhaozhou Bridge 中国古石桥。位于河北省赵县，跨越洨水。建于隋开皇十五年至大业元年（595～605），初称赵州石桥，后称安济桥，俗称大石桥。为隋朝匠人李春所建。赵州桥是世界现存最早、跨度最大的空腹式单孔圆弧石拱桥，全部用石灰石建成，全长50.83米，净跨37.02米，矢高7.23米，桥面宽9米。拱由28券（窄拱）并列组成。在大拱圈之上，每侧设两个小拱，以减轻桥的自重并增加泄洪面积。赵州桥结构上开创世界敞肩圆弧拱的先例，建筑造型和装饰技术亦为上乘精品。原桥石工制作精良，拱券龙门石上刻有吸水兽，栏板望柱刻有“蟠绕奴擎踞”的龙形浮雕，若飞若动。1991年被选为“国际历史土木工程里程碑”、“世界著名古石桥”，均于桥头立碑纪念。

赵子岳 Zhao Ziyue（1909-07-31～1997-03-25） 中国电影演员。生于山西古县，卒于北京。毕业于山西省立第一师范学校艺术科。1940年任太行山剧团艺术指导。1950年参加电影工作，在北京电影制片厂第一部故事片《吕梁英雄传》中饰农民康天成。1951年，在《新儿女英雄传》中成功地塑造了游击队长黑老蔡的形象。他一生在《林家铺子》（1959）、《青春之歌》（1959）、《红旗谱》（1960）、《暴风骤雨》（1961）、《小二黑结婚》（1964）等30余部影片中扮演了各种不同类型的重要角色。他的表演具有生动、逼真、朴素、自然的特色，善于表现人物性格特征。曾捐款设立“北京电影制片厂青年演员进步奖”。

赵紫宸 Zhao Zichen（1888～1979-11-21） 中国基督教神学家、教育家、学者。生于浙江德清，卒于北京。1907年受洗入教。早年就读于东吴大学。1914年在美国梵德比尔大学学习。1918年回国后任东吴大学教授，燕京大学宗教学院院长、教授，金陵协和神学院教授。在从公理会转入圣公会后，于1941年任中华圣公会会长圣职。同年被日本宪兵队逮捕入狱。1947年获美国普林斯顿大学荣誉神学博士学位。曾多次出席基督教世界性会议，并积极参加普世教会运动。1948年当选世界基督教教会联合会副主席。1950年因该会支持侵朝战争而辞职。中华人民共和国建立后，成为中国基督教三自爱国运动发起人之一。擅长以中国传统的文化形

式表达基督教神学。致力于探究基督教与中国文化之间的关系。对中国古典文学，特别是诗词、戏曲及书法艺术的造诣尤深，曾获东吴大学文学博士学位。除在狱中所著《系狱记》外，其他著作还有《耶稣传》、《圣保罗传》、《基督教进解》、《神学四讲》等。

赵紫阳 Zhao Ziyang (1919-10-17～2005-01-17) 曾任中国共产党中央委员会总书记，中华人民共和国国务院总理。河南滑县人。卒于北京。1938年加入中国共产党。

1937年参加革命工作。1938～1945年，任中共滑县工委书记、县委书记，中共豫北地委组织部部长、宣传部部长，中共冀鲁豫二、四地委书记。1945～1949年任中共冀鲁豫四地委书记，桐柏区党委副书记，南阳地委书记。1949～1966年任中共南阳地委书记，中共中央华南分局委员、常委、秘书长、农村工作部部长、副书记，中共广东省委书记处书记，中共广东省委第二书记、第一书记，中共中央中南局书记处书记。“文化大革命”中受迫害，到工厂劳动。1971～1980年任中共内蒙古自治区委书记、革委会副主任，中共广东省委书记、第一书记、革委会主任，广州军区政治委员，中共四川省委第一书记、革委会主任，成都军区第一政治委员，政协第五届全国委员会副主席，1980～1989年任国务院副总理、国务院总理，中共中央副主席，国家经济体制改革委员会主任（兼），中共中央代总书记，中共中央总书记，中共中央军委第一副主席，中华人民共和国中央军事委员会副主席。1989年6月中共十三届四中全会决定撤销其中央委员会总书记、中央政治局常委、中央政治局委员、中央委员和中央军委第一副主席等职务。同年7月第七全国人大常委会第八次会议决定撤销其中华人民共和国中央军事委员会副主席职务。是中共第十至十三届中央委员（十三届四中全会撤销），第十一届中央政治局候补委员、委员（十一届四中全会增选），第十二届、十三届中央政治局委员（十三届四中全会撤销），第十一届（十一届五中全会增选）至十三届中央政治局常委（十三届四中全会撤销），第十一届中央委员会副主席（十一届六中全会增选），第十二届中央委员会代总书记（1987年1～11月任职），第十三届中央委员会总书记（十三届四中全会撤销），中共十三届一中全会任中央军委第一副主席（十三届四中全会撤销）。

赵宗燠 Zhao Zongyu (1904-11-28～1989-10-10) 中国燃料化工专家。生于四川荣昌，卒于北京。1929年毕业于南京中央大学理学院化学系。1939年获德国柏林工业大学化学工程博士学位。1939年底回国后任重庆北碚合成汽油厂厂长兼同济大学教授。1945年后任沈阳化工厂厂长兼总工程师，天津化学公司总经理兼总工程师。1949年任东北工业部化工局总工程师兼锦州石油六厂总工程师。60年代起，历任石油工业部生产技术司总工程师、石油化工科学研究院总工程师。1980年当选中国科学院学部委员（院士）。1949年，于恢复建成费托合成法一氧化碳加氢工业生产装置同时，组织催化剂试制，使煤间接液化以生产合成汽油，投入工业化生产。1963年，开发沸腾床燃烧新工艺。60年代末起，致力于对工业“三废”的处理以及工业与民用能源结构改革的调查研究。发表主要论著、科技报告和建议百余篇。

赵祖康 Zhao Zukang (1900-09-01～1998-01-19) 中国市政和道路工程专家。江苏松江（今属上海）人。卒于上海。1922年毕业于交通大学唐山学校。毕业后在武汉国民政府交通部和梧州、蚌埠等市任技佐、技正、工务局长、顾问工程师等职。1930年在美国康奈尔大学研究院进修道路与给排水工程，回国后从1932年起在全国经济委员会、公路交通委员会、交通部等部门任专员、处长、局长、顾问及上海市工务局长等职。1949年5月，上海解放前夕，曾担任7天代理市长，对维持社会治安，保护人民财产作出贡献，被陈毅市长委派担任上海人民政府工务局局长。以后历任上海市建设委员会副主任、规划建筑管理局局长、副市长、上海市人民代表大会常务委员会副主任等职，当选第一届至第六届全国人民代表大会代表。

对中国的公路建设以及上海市的市政工程和城市规划多有建树。早年曾先后主持、督造江苏、浙江、安徽三省和南京、上海两市联络公路，规划全国联络公路网，制定全国公路技术和概算统一标准，组织修建西北主干公路并踏勘甘青（兰州至西宁）公路路线，筹建滇缅、甘新、中越等国际道路，对抗日战争期间的公路建设、抢修以及保证公路交通作出贡献。主编的《英汉道路工程词汇》，被联合国教科文组织列为主要参考文献之一。

照明 lighting 将光施加于物体及其环境使之可以看见的措施。主要指电气照明，包括室内照明和室外照明。

室内照明 建筑物内部的照明。常用的电光源（俗称电灯）有**白炽灯**、**荧光灯**、**高压汞灯**、高压钠灯和金属卤化物灯。近年电光源的光效有很大提高，光色品种丰富，显色性能改善，寿命也大大延长。灯具可分为功能灯具和装饰灯具两种，作用是保护光源，改变灯的光分布使其适合使用要求，同时优美的灯具造型可以美化环境。灯具的光强分布、灯具效率和遮光角是灯具照明特性的重要指标。在现代建筑中也常采用把灯和灯具隐藏在建筑构件或家具内的一体化建筑照明装置。

照明方式有4种方式：①一般照明，是为照亮整个场所而设的均匀照明。②分区一般照明，是对特定区域设计成不同照度的一般照明。③局部照明，指为特定的视觉工作照亮某个局部范围而设的照明。④混合照明，是一般照明与局部照明的组合。根据室内空间的功能要求和尺寸与形状，结合装修艺术元素，选择合适的照明方式，对取得良好照明效果和照明节能有重要影响。

室外照明 主要是城市照明，也包含室外工作场地照明，如施工场地、室外货场等的照明。室外照明灯具常年暴露在大气中，因此对灯具的防尘、防水、防触电及坚固性有严格要求。

城市照明是指城市公共空间的照明，为城市基础设施的一个组成部分，其技术与艺术水准也是城市现代文明程度的标志。城市照明包含3个部分：①道路交通照明，包括车行道、步行道、停车场、桥梁、车站、码头、空港的照明。②景观照明，包括历史建筑、城市标志、重要建筑物、商业中心、风景园林等的照明。③公众活动照明，包括集会广场、休闲场地、户外体育娱乐设施等的照明。现代城市照明大多采用高强度气体放电灯、紧凑型荧光灯、发光二极管等节能光源。

照相机 camera 摄影装置。通过镜头使来自景物的光线会聚于感光材料上，从而获得被摄物的单幅静止的影像。英文“camera”一词还包括可以记录连续动态影像的摄影装置，汉语中相应的装置称为“(电影）摄影机”或“(电视）摄像机”。

构成 一般主要由以下几个基本部分

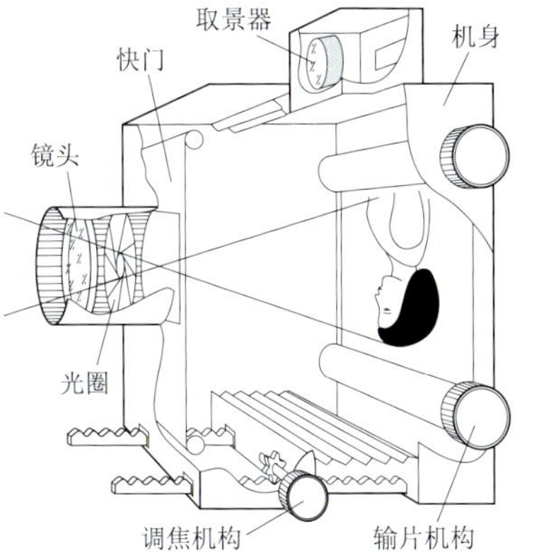

照相机的构成

组成（见图）：①镜头。形成被摄物的影像，镜头内一般还设有光圈，控制镜头通光的能力。②快门机构。控制与调节相机曝光的时间。③调焦机构。根据景物的远近调节所成影像的位置，使得感光材料上能记录到清晰的影像。④取景器。显示被摄景物的范围，以便构图取景。⑤机身。形成一个密不透光的空间，防止感光材料受到无用杂光的干扰。机身在胶片前面常制出一个窗口，称为曝光窗，用以控制胶片曝光的范围（画幅的尺寸）。机身又是相机的骨架，将相机的各机构可靠、精确地连接成一个整体。⑥输片与计数机构。使用胶卷的相机还有输片与计数机构，收存已曝光的胶片，将未曝光的胶片送到曝光窗前。计数机构则显示已拍摄或未拍摄的画幅数量。

多数现代的相机都已采用电子系统控制与协调以上各机构的工作，其中最重要的功能是：自动测、曝光功能（根据景物的亮度测光并控制相机的曝光量），自动调焦功能（自动测量景物的距离并控制镜头的调焦量），信息显示功能（显示相机各机构的工作状态与工作参数）。

现代多数小型相机还设有内藏闪光灯，以提高相机在恶劣照明条件下的适用性。

分类 照相机常用的分类如下：

按使用的感光材料分类 利用感光化学的原理以模拟的方式在感光材料上记录影像的照相机又称为传统照相机。利用光电转换的原理以数字的方式从光电影像传感器上获得影像的照相机称为**数码相机**。

按使用的胶片类型与规格分类 现在仍在市场上流行的相机有：小型相机（碟式相机与110、135、APS等相机）、中画幅120相机（6×4.5、6×6、6×7、6×8、6×9、6×12等相机）、大画幅相机（4×5、5×7、8×10等相机）、一次成像相机等。

按取景器的类型与相机的结构特征分类 ①旁轴（平视）取景照相机。取景器在机身上偏置于镜头一侧，视线以水平方向通过取景器观察景物。由于135旁轴取景相机体积小巧，使用方便，民用相机主要采用这种机型。可换镜头的旁轴取景照相机则供业余爱好者或专业人士用于风光、民俗、纪实或新闻摄影。②双镜头反光照相机。具有两个镜头，一个通过反光镜将影像反射到调焦屏上调焦取景，另一个则直接在胶片上成像。取景器上的影像上下与景物相同，左右与景物相反。取景时视线向下，摄影镜头位于腰部，属于腰平俯视取景器。曾是20世纪中期的主力机种，现已逐步退出市场。③单镜头反光磨砂玻璃取景照相机。用一个镜头代替双镜头反光相机的两个镜头，并将反光镜变为可转动反光镜。反光镜落下，调焦取景；反光镜升起，开启快门曝光。单反相机使用同一个镜头取景曝光，消除了视差，可以任意更换镜头，微距近摄，使用特殊的效果镜，从而显著地提升了相机的功能。单镜头反光的120相机是职业摄影师与高级业余爱好者最常用的中画幅相机。④单镜头反光五棱镜取景照相机。在单镜头反光磨砂玻璃取景相机的调焦屏上增加一个屋脊型五棱镜，可以使左右相反的影像再翻转成正像，取景方向也从俯视变为平视，使构图取景更为便捷。现代的135单反相机全部使用五棱镜取景器，强大的功能、适当的体积与重量、合理的价格与多样的品种，使得135单镜头反光相机成为全世界职业摄影师与广大摄影爱好者首选的机种。⑤机背取景照相机。机背取景相机由轨身与前后板组成，中间用皮腔相连。相机用前板安装镜头，用后板上的磨砂玻璃调焦屏调焦取景，再更换胶片暗盒曝光，因此是古老相机的现代版。机背取景的相机多数使用大画幅的页片，难于调整携带，但是前板与后板可以互相平移与旋转，从而得到各种特殊的效果。主要用于对像质有严格要求的巨幅静态商业摄影。其中的单轨相机适于影室内的广告、人像摄影，可折叠的双轨相机主要用于室外的风光、建筑摄影。

按自动化程度分类 ①用完即弃的一次性相机。②普及型相机。只有1或2挡光圈、1挡快门，固定焦点的简易相机，价格低廉，主要供阳光下拍摄纪念照。③纯机械手动（控制）的照相机。各部分均为机械结构，全部功能均靠使用者手动调控。④部分功能实现自动的半自动照相机。如使用电子快门根据测光结果自动调节曝光量的自动曝光照相机，根据自动测距系统测试结果自动调节镜头焦点的自动调焦照相机，内藏输片电机的自动输片、自动倒片照相机等。⑤全自动照相机。各主要功能同时实现了自动（自动曝光、自动调焦、自动输片、自动倒片、自动闪光等）的照相机。

旁轴取景的135普及型、半自动、全自动相机是家用照相机的典型机种，特别适于一般人士用来拍摄旅游纪念照与生活照。

按用途分类 一般大批量生产的相机都属于通用相机，可以适合多种题材的拍摄。除此之外，还有很多为特定任务小批量生产的专用相机，如航空摄影照相机、水下摄影照相机（见**水下摄影**）、天文摄影照相机、显微摄影照相机、立体照相机；专门拍摄证件照的证件照相机；专门拍摄宽画幅的摇头相机与转机；专门拍摄各种仪器显示器的荧光屏照相机；专门拍摄缩微胶片的缩微摄影照相机；多种医用照相机，如内窥镜照相机、眼底照相机、CT照相机、X射线照相机、γ射线照相机；印刷业使用的制版照相机；体积小巧的特工照相机等。

照相写实主义 photographic realism 20世纪70年代兴起于美国的艺术流派。又称超级写实主义。主要特征是利用摄影成果作客观、逼真的描绘。照相写实主义画家先制作平面的（两度空间的）照片形象，然后再移植到画布上来。作品严峻、冷漠，有自然主义的味道。作品常常把对象放大到5～10倍，改变日常事物的尺寸，造成一种异乎寻常的美学和心理效果。此外，具有严峻和冷漠感的形象，能传达出当代西方社会人与人之间的疏远、冷漠和无人情味，并且为商业广告开辟了新的途径。在美国最有声誉的照相写实主义画家是P.皮尔斯坦、R.戈因斯等。在雕塑家中，J.de安德烈亚和D.汉森最为有名。华裔美国画家姚庆章属于这一派中的年青一代。

肇东市 Zhaodong City 中国黑龙江省辖县级市。位于省境南部，松嫩平原中部，南濒松花江。面积4 330平方千米。人口90万（2010），有汉、满、回、蒙古、达斡尔、朝鲜等15个民族。1912年设肇东设治局。1914年设肇东县，因地处肇州以东而得名。1986年撤县，设立县级肇东市。由**绥化市**代管。矿产主要为石油。工业以食品、石化、机械、纺织、建材、医药、电子、饲料加工等为主。农业主产玉米、水稻、大豆、高粱、甜菜、亚麻、烟叶、蔬菜等。名胜古迹有金代古城遗址等。

《肇论》 *Discourse of Sengzhao* 中国佛教论书。**僧肇**著。1卷。南朝梁陈间汇集的僧肇论文。篇名分别为《宗本义》、《物不迁论》、《不真空论》、《般若无知论》、《涅槃无名论》。首篇就本无、实相等名相义理加以概述。余四篇分别论证“法无去来无动转”；诸法假而不真，故尔是空；真谛无相，故般若无知；涅槃无相，故无可言名。文前尚录有僧肇《奏秦王表》。有疑《涅槃无名论》非僧肇所著者。注疏颇多，其重要者有晋惠达、唐元康、宋遵式等所撰。

肇庆市 Zhaoqing City 中国广东省辖地级市。位于省境中西部，西江流域。辖端州、鼎湖2区和广宁、怀集、封开、德庆4县，

肇庆七星岩

代管高要市、四会市。面积15 056平方千米，人口392万(2010)。1961年置肇庆市（县级）。1988年升省辖地级市。属亚热带季风气候。盛产水稻、甘蔗、茶叶、柑橙、蚕桑、香蕉、淡水鱼、生猪、竹木、中草药等。矿产有金、铁、钨、锡、大理石等。工业有机械、仪表、电子、化学、纺织、塑料、酿酒、制糖等。所产端砚、牙雕等蜚声国内外，花草席、花篮等以技艺精湛、美观大方著称。名胜古迹有星湖、七星岩、鼎湖山、庆云寺、梅庵、德庆学宫、国恩寺等。肇庆是国家历史文化名城。

遮目鱼 *Chanos chanos*; milkfish 鼠鱚目遮目鱼科遮目鱼属的一种。海水优良养殖鱼类。又称虱目鱼。肉味鲜美，主要供食用。广泛分布于印度洋和太平洋。中国主要分布在台湾沿海、南海和东海南部，偶见于黄海。

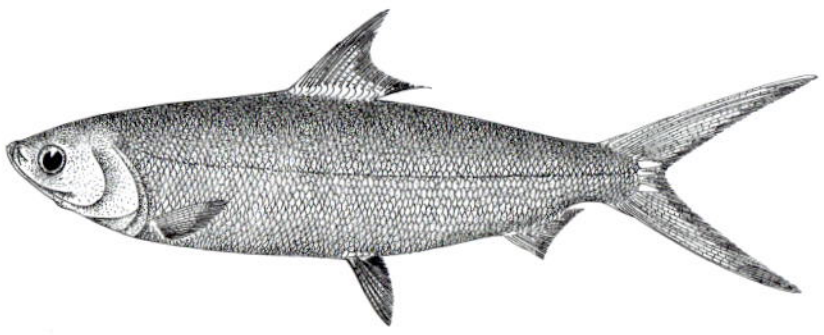

体延长，侧扁。口小，吻钝圆。眼大，脂眼睑厚，遮全眼，故名。两颌均无牙，上下颌凹凸相嵌。鳃盖膜与颊部相连，体被细密小鳞。身体背部青绿色，体侧和腹部银白色。为暖水性集群鱼类。生长适温为24～35℃。适盐范围广，能在近岸半咸水或内陆淡水中生长。喜跳跃，能跃出水面数米高。植食性。生长快。5～6龄性成熟。一般养殖6～9个月，体重达450克时即可上市。

折旧 depreciation 以系统的、合理的方式将固定资产的成本或其他计价基础减去预计净残值后的净额，在估计使用年限内分配至特定对象中去的会计处理方法。固定资产折旧的简称。在会计上，折旧是一个分配过程，而不是一个计价过程。

固定资产折旧是对固定资产由于磨损和损耗而转移到产品成本或构成企业费用的那一部分价值的补偿。从销售收入中补偿折旧费而形成的那部分货币准备金，称折旧基金，以备将来用于固定资产的更新。

影响固定资产折旧的因素包括：①折旧的基数，即固定资产的原始价值或固定资产的账面净值。②固定资产的净残值，即预计的固定资产报废时可以收回的残余价值扣除预计清理费用后的数额。③固定资产的使用年限。

在中国，除下列情况外，企业应对所有固定资产计提折旧：①已提足折旧仍在使用的固定资产。②按规定单独估价作为固定资产入账的土地。折旧方法主要有直线折旧法和加速折旧法。企业不得随意调整折旧方法。

折扣 rebate; discount 卖方给予某特定买方的价格折让（又称价格优惠），即卖方在原价基础上给买方一定的减让。折扣的计算，在进出口业务中通常是：

单位货物折扣额=原价（含折扣价）×折扣率，折实售价=原价-单位货物折扣额=原价（1-折扣率）。

折扣支付的办法一般由买方在支付货款时预先扣除，即由买方按折实售价计付货款给卖方。但有的折扣金额并不直接从货价中扣除，而按暗中达成的协议另行支付给买方，这种做法通常在给“暗扣”或“回扣”时采用。

折射率 refractive index 光学介质的一个基本参量。即光在真空中的速度c与在介质中的相速v之比：

$$n=\frac{c}{v}$$

真空的折射率等于1，两种介质的折射率之比称为相对折射率。例如，第一介质的折射率为n_1，第二介质的折射率为n_2，则$n_{21}=n_2/n_1$称为第二介质对第一介质的相对折射率。某介质的折射率也是该介质对真空的相对折射率。于是折射定律可写成如下形式：

$$n_1\sin\theta_i=n_2\sin\theta_t$$

两种介质进行比较时，折射率较大的称光密介质，折射率较小的称光疏介质。

折射率与介质的电磁性质密切相关。根据电磁理论$n=\sqrt{\varepsilon_r\mu_r}$，$\varepsilon_r$和$\mu_r$分别为介质的相对电容率（介电常数）和相对磁导率。折射率还与波长有关，称色散现象。气体折射率还与温度和压强有关。空气折射率对各种波长的光都非常接近于1，例如空气在20℃，760毫米汞高时的折射率为1.000 27。在工程光学中常把空气折射率当作1，而其他介质的折射率就是对空气的相对折射率。

折衷主义 eclecticism 没有自己独立的见解和固定的立场，只把各种不同的思潮、理论，无原则地、机械地拼凑在一起的思维方式，形而上学思维方式的一种表现形式。古罗马时期折衷主义的典型代表是西塞罗。

折衷主义建筑 eclectic architecture 19世纪上半叶至20世纪初，在欧美一些国家流行的一种建筑风格。折衷主义建筑师任意模仿历史上各个时期的不同建筑风格，自由组合各种建筑形式和细部，不讲求固定的法式，只讲求比例均衡，注重建筑的效果和纯形式美。

罗马的伊曼纽尔二世纪念建筑（1885～1911）

折衷主义建筑在19世纪中叶以法国最为典型，巴黎高等艺术学院是当时传播折衷主义艺术和建筑的中心；而在19世纪末和20世纪初期，则以美国最为突出。折衷主义建筑的代表作有：巴黎歌剧院，法兰西第二帝国的重要纪念物，剧院立面仿意大利晚期巴罗克建筑风格，并掺进了繁琐的雕饰，它对欧洲各国建筑有很大影响；罗马的伊曼纽尔二世纪念建筑，是为纪念意大利重新统一而建造的，它采用了罗马的科林斯柱廊和希腊古典晚期的祭坛形制；巴黎的圣心教堂，它的高耸的穹顶和厚实的墙身呈现拜占廷建筑的风格，兼取罗曼建筑的表现手法；芝加哥的哥伦比亚博览会建筑，则是模仿意大利文艺复兴时期威尼斯建筑的风格。

哲蚌寺 Drepung Monastery 中国藏传佛教格鲁派寺院。与甘丹寺、色拉寺合称拉萨三大寺。位于拉萨西郊更丕乌孜山下。明永乐十四年（1416）宗喀巴弟子绛央却杰兴建。其门下7弟子分别主持寺中7个扎仓（经院）。此寺为历代达赖喇嘛的母寺。寺中的甘丹颇章（宫）为二世达赖根敦嘉措主持修建，第三、四、五世达赖均在此坐床，掌领西藏地方政教大权。

哲布尊丹巴呼图克图 J̌ibJ̌undamba qutur-tu; Rje-btsun-dam-pa Ho-thog-thu 中国清代喀尔喀蒙古地区最大的藏传佛教格鲁派活佛。17世纪初，西藏佛教觉南派僧人多罗那他受请前往喀尔喀部传教近20年，常驻库伦（今蒙古乌兰巴托），深得喀尔喀部统治阶级的信奉和支持，被尊为哲布尊丹巴，意为圣贤尊者。明崇祯七年（1634）多罗那他圆寂。次年，喀尔喀部土谢图汗衮布多尔济生次子札那巴札尔，喀尔喀部遂认定是多罗那他转世，即哲布尊丹巴一世（1635～1723）。清顺治六年（1649）哲布尊丹巴一世进藏学经，达赖五世迫令他改宗格鲁派，授给他“哲布尊丹巴呼图克图”（呼图克图，意为长生不老之人）的尊号。从此哲布尊丹巴活佛系统由觉南派改属格鲁派。康熙二十七年（1688）准噶尔部进攻喀尔喀部，哲布尊丹巴一世劝说喀尔喀部归顺清朝。乾隆以后，其转世须经由清廷主持的金瓶掣签确定。1911年哲布尊丹巴八世在沙俄怂恿下宣布“独立”，成立“外蒙古自治政府”，称“大蒙古皇帝”。1919年11月撤销自治。1921年3月白俄军据库伦，拥哲布尊丹巴八世复辟。7月，蒙古人民革命党于库伦成立革命政府，以哲布尊丹巴八世为立宪君主。1924年3月哲布尊丹巴八世圆寂于库伦。11月蒙古取消君主政体，成立“人民共和国”。

哲赫林耶 al-Jahariyah 中国伊斯兰教门宦之一。哲赫林耶为阿拉伯语音译，意为公开的、响亮的。因主张道乘修持时高声诵念赞词而得名。马明心创立于清乾隆（1736～1795）年间。属奈格什班迪教团分支。马明心清贫虔修，主张诵经不取报酬，简化宗教仪式，反对教权世袭，受到群众欢迎，时称新教。因与花寺门宦发生冲突，引起新老教之争。清代虽经多次起义而遭镇压，但仍是信徒最多、传播范围最广、影响最大的门宦。该门宦在礼仪上遵循哈乃斐教法学派，主张教乘是道乘的基础，先教后道；崇信和神化教主，朝拜已故教主墓庐，宣传各辈教主所创造和显示的奇迹，特别宣扬殉道精神。道乘功修主要是高声赞念，不仅记主，还要赞圣。教权结构是道堂、教区、教坊三级。教主身居道堂行使最高教权，委派代理人管理教区，选任开学阿訇主管教坊。在服饰礼仪上，男子戴黑色六角帽，不留腮须，女子不戴盖头。教徒分布在甘肃、宁夏、青海、陕西、新疆西北、云南、贵州等地，辖有830余教坊。有北山、沙沟、南川、新店子、板桥5个分支门宦。

哲罗鲑属 *Hucho*; huchen 鲑形目鲑亚目鲑科一属。全世界现有5种，分布于亚洲北部和欧洲的多瑙河流域。中国有3种。体形长，稍侧扁，头部平扁。口端位，口裂大，上下颌与舌均有向内倾斜的齿。犁骨柄无齿。犁骨头上的齿纹与腭骨齿接触。鳞小。脂鳍发达。体背部呈苍青色，腹部呈银白色，头部和体侧有多数密集如十字状的暗黑色小斑点；产卵期雌雄体均显示出婚姻色，雄鱼更为明显。

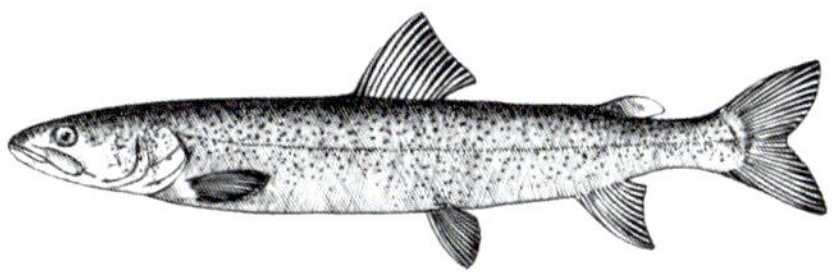

中国产的哲罗鲑

为凶猛的冷水性纯淡水鱼类。食物以鱼类为主，也吃蛇、蛙、啮齿类和野鸭类等。生殖期停止摄食。

产卵期在5月，水温在5～10℃。有埋卵和保护孵化的习性。怀卵量为1万～3万粒，冬龄鱼体长达到400～500毫米性成熟。生长较慢，最长可达2米，重50千克以上。

哲罗姆 Jerome, Saint（约347～419/420） 早期基督教拉丁教父、圣经学者。366年入基督教。一生致力于神学和《圣经》的研究，曾根据希伯来版本，用拉丁文重新翻译圣经，即通俗拉丁文本《圣经》，由于此译本对中世纪神学有很大影响，16世纪中叶被特兰托公会议定为天主教法定版本。

哲马鲁丁·阿富汗尼 Jamāl ad-Dīn al-Afghānī（1838～1897-03-09） 穆斯林思想家、政治家。生于伊朗的哈马丹，卒于伊斯坦布尔。1945年迁葬于阿富汗喀布尔市郊。为赢得逊尼派的支持，后改称阿富汗人。受传统伊斯兰教育，青年时在印度生活数年，开始对传统伊斯兰教深刻地反思，萌生宗教改革思想。一生为实践其改革思想，足迹遍及主要的伊斯兰国家及英、法等西方诸国，试图唤醒穆斯林民众投身宗教、社会改革与政治运动。阿富汗尼的宗教改革思想可概括为：①坚信伊斯兰教作为信仰体系和历史文化传统，是一种具有广泛内涵和凝聚力的生活方式。②注重宗教信仰的社会实践性，宗教改革应与社会改革结合，一个真正的穆斯林必须在历史进程中遵从主命。阿富汗尼的现代主义主要特征为泛伊斯兰主义。主张全世界穆斯林团结一致，回归伊斯兰原旨精神，伊斯兰教改革应与穆斯林摆脱殖民统治的民族主义运动紧密相连。他被认为是伊斯兰社会运动的先驱。著有《驳自然主义者》、《哲马鲁丁对勒南的答复》、《哲学的利益》等。

哲水蚤目 Calanoida 甲壳动物亚门桡足纲一目。下分同哲水蚤族、等哲水蚤族和异哲水蚤族。种类很多，海洋种类即已超过1 700种。有一些淡水种和半盐水种。身体呈圆筒形，明显分为头胸部和腹部。头胸部显著宽大，包括头部（常和第1胸节愈合）和4～5个胸节。常有2个眼点，或全无。第5胸节和第1腹节之间有一活动关节。雌性腹部分4节，雄性腹部分5节。胸足5对，大多营浮游生活，少数营底栖生活。

该类动物是许多经济鱼类和幼鱼的基本饵料。有些种类可作为家畜和人类的食料。此外，有些种既可作为海流或水团的指示种，又可作为实验生态、生理、生化的研究对象。

哲学 philosophy 对宇宙作整体研究或综合研究的学科。哲学一词来源于古希腊哲学，原意为“爱智慧”，即对智慧的研究、追求。随着人类认识、科学的发展，若干专门学科如数学、物理学、经济学、政治学、心理学等逐渐从哲学中分化出去，从而形成了今天对哲学的理解。

研究对象 哲学界对哲学对象的理解意见概括起来有3种：①哲学对象是作为整体的宇宙。②哲学对象是人与宇宙的关系或人对宇宙和人生的态度。③哲学是对任何一个领域的整体研究或综合研究。按第一种理解，哲学是世界观或宇宙观、本体论、形而上学。按第二种理解，哲学是天人观、人生观、价值观。按第三种理解，哲学包括本体论各种部门哲学，如自然哲学、社会历史哲学、人的哲学、经济哲学、政治哲学、文化哲学、教育哲学、实践哲学、精神哲学等。

与其他学科的关系 哲学与其他学科的关系不是整体与部分的关系，而是一般与特殊的关系。哲学（本体论）是最高层次的学科，因而是一切学科的概括，或者说是自然知识和社会知识的概括，是全部知识的概括。它是一般的学科，而其他学科按层次具有高低各异的一般性和特殊性。

哲学是不是科学一直是哲学界争论不休的问题，至今仍无定论。上述关于哲学与各门学科关系的观点无疑会导致承认哲学可以成为科学的观点。但另一种观点则认为哲学与科学是具有不同性质的思想体系，流传较广的一些说法是：科学是实证的，哲学是思辨的；科学追求真理，哲学追求价值（终极关怀）；科学研究可以达成共识，哲学研究张扬个性。

马克思主义哲学明确坚持哲学可以成为科学，认为马克思主义哲学把哲学变为科学，把社会实践看成哲学的基础和源泉。它承认世界观是哲学的核心，辩证唯物主义是马克思主义哲学的核心内容。

马克思主义哲学认为哲学还具有意识形态的性质。辩证唯物主义既具有科学性，也具有意识形态性，它从世界观的高度反映了无产阶级和广大人民群众的根本利益，成为无产阶级政党认识世界和改造世界，进行人民革命和社会主义建设、改革的思想武器。

主要类型　哲学按其历史发展形成了四个主要类型：西方哲学、中国哲学、印度哲学、阿拉伯哲学。这四个类型的哲学可以通过以下方面进行比较：

①发展程度上的差异。西方哲学是目前影响最大的哲学，其他三类哲学至今仍然停留在传统的状态，它们实际上是中国传统哲学、印度传统哲学和阿拉伯传统哲学。以中国来说，今天中国地区的哲学包括三大门派，即中国传统哲学、西方哲学和马克思主义哲学。

②在与宗教、政治、伦理的关系上的差异。哲学与其他意识形态如宗教、政治观点、伦理思想等的关系十分密切，但不同类型哲学之间有不少差异。印度哲学与印度教和其他宗教、阿拉伯哲学与伊斯兰教几乎是一体的；基督教哲学是西方哲学的重要组成部分；中国哲学同伦理思想关系密切，中国哲学几乎成为道德哲学。印度哲学与阿拉伯哲学由于强调宗教的作用，把政治、伦理摆到从属地位。

③与科学技术的关系上的差异。与科学技术关系最密切的是西方哲学，而中国哲学、印度哲学和阿拉伯哲学同科学技术的关系则比较疏远。

④在基本观点上的差异。关于这几种哲学在一些基本哲学问题如思维方式、人与自然关系、人生价值观等问题上的差异，哲学界有许多讨论，分歧也较大。

发展状况　哲学虽然被公认是一门学科，但像上述那样分为几大类型的情况，在其他学科中确实少见。这是因为多数学科在其发展过程中均逐渐形成为科学，一种真正的科学在世界范围内基本上达成了共识，就会是一个而不是多个。马克思主义哲学，曾努力使哲学成为科学。马克思主义哲学产生后的第一个思想体系是唯物史观，其主要特征是唯物主义，即科学性，因而它能成为科学社会主义的哲学基础。20世纪20年代苏联的马克思主义哲学家制定了马克思主义哲学的完整体系——辩证唯物主义和历史唯物主义，这个体系在苏联和后来的社会主义国家中得到哲学界的认可，并被宣称为第一个科学的哲学体系。但在广大非社会主义地区，马克思主义哲学没有得到普遍认同，其他哲学学派品类繁多，千姿百态。所以哲学从学科到科学的转变，只能说是刚刚开始，并没有完成。

《哲学笔记》 *Philosophical Notebooks*　V.I.列宁阅读哲学史和科学史著作、研究马克思主义哲学所写的摘要、札记、批语以及纲要性片断的汇集。写作时间为1895～1916年。列宁一部主要的哲学著作。其中包括1895年对马克思、恩格斯《神圣家族》一书的摘要，1908年对J.狄慈根的《短篇哲学著作集》一书的批注，1909年对L.费尔巴哈的《宗教本质讲演录》一书的摘要等；但篇幅最大也最重要的部分，是列宁于1914年11月至1915年5月所写的8个哲学笔记本的内容，这是列宁在第一次世界大战期间侨居瑞士伯尔尼时潜心研究辩证法和认识论的重大成果。苏联从20世纪20年代开始进行《哲学笔记》的编辑、出版工作，1933年出版《哲学笔记》单行本，接着有1934年、1936年、1938年、1947年、1958年、1963年的多种版本。中国在1956年依据1947年的俄文本出版了《哲学笔记》的第一个中译本；1959年翻译出版了1958年的俄文版本，收入《列宁全集》中文第一版第38卷；1990年又按1963年版的俄文本出版了中文新译本，收入《列宁全集》中文第二版第58卷。

《哲学笔记》的内容涉及哲学的许多方面，中心是对辩证法思想的探讨。列宁在该书中明确阐述了辩证法、认识论、逻辑三者同一的思想。他把辩证法作为一门完整的哲学科学来探讨，尽力揭示和吸取了黑格尔的哲学体系结构中的合理因素，并由此深入发掘了“《资本论》的逻辑”的深刻内蕴，指出，“辩证法也就是（黑格尔和）马克思主义的认识论”，“在《资本论》中，逻辑、辩证法和唯物主义的认识论（不必要三个词：它们是同一个东西）都应用于同一门科学”。在《哲学笔记》中，列宁不但全面阐述了对立统一学说的基本内容，而且明确地确定了对立统一学说是辩证法的核心和实质。对立面的统一和斗争，是事物发展的内在动力和源泉，是理解事物“自己运动”、“飞跃”、旧东西的消灭和新东西的产生的钥匙。

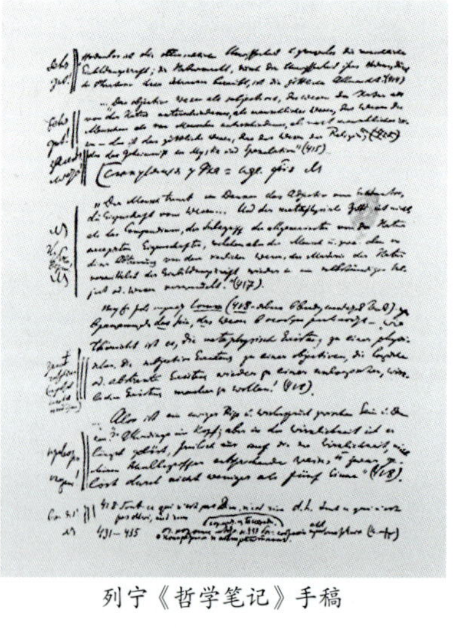

列宁《哲学笔记》手稿

哲学基本问题 fundamental problems of philosophy　思维和存在、意识和物质的关系问题。又称哲学的根本问题、哲学的最高问题。F.恩格斯在1886年写的《路德维希·费尔巴哈和德国古典哲学的终结》一书中第一次对此作出了明确表述。

哲学基本问题有两方面的内容。第一方面是思维和存在、意识和物质何者为本原的问题。对这一方面的问题历来有两种根本不同的回答，由此在哲学上形成了唯心主义和唯物主义两大阵营、两个基本派别、两条对立的路线。凡是认为意识是第一性的，物质是第二性的，即意识先于物质，物质依赖意识而存在，物质是意识的产物的哲学派别属于唯心主义；凡是认为物质是第一性的，意识是第二性的，即物质先于意识，意识是物质的产物的哲学派别属于唯物主义。除了这两种根本对立的回答外，还有一种回答，认为物质和意识是两个独立的、互不依赖的本原。持这种观点的哲学流派称为二元论，它是动摇于唯物主义和唯心主义之间的不彻底的哲学，最终往往倒向唯心主义。

哲学基本问题的另一个方面是思维和存在的同一性问题。对这一方面的问题，绝大多数哲学家，包括唯物主义哲学家和一些唯心主义哲学家都作了肯定的回答。但是，唯物主义和唯心主义对这个问题的解决在原则上是不同的。唯物主义是在承认物质世界及其规律的客观存在，承认思维是存在的客观反映的基础上，承认世界是可以认识的；唯心主义则把客观世界看作思维、精神的产物，认为认识世界就是精神的自我认识。也有一些哲学家如D.休谟和I.康德，否认认识世界的可能性，或者否认彻底认识世界的可能性，他们是哲学史上的不可知论者。

哲学基本问题的两个方面是相互联系、不可分割的。只有从唯物主义观点出发，才可能科学地解决世界的可知性问题，也只有坚持世界的可知性，才可能把唯物主义的基本原理贯彻到底。

哲学基本问题的意义有以下几点：①它是揭示哲学发展规律的指南。哲学基本问题的提出，为区分唯物主义和唯心主义两种对立的哲学体系、哲学派别以及对它们的客观评价提供了正确的标准。②它是揭露唯心主义的锐利思想武器。③它是实事求是路线的哲学基础。以毛泽东为代表的中国共产党人，把马克思主义的普遍原理（包括哲学基本问题原理）同中国革命具体实践结合起来，提出了实事求是的思想路线，对哲学基本问题的原理作了生动的运用和具体的发展。

哲学逻辑 philosophical logic 各种非经典逻辑分支的统称。这些分支一般都以经典的命题逻辑、谓词逻辑为基础（见数理逻辑），与传统哲学中的概念、范畴和问题有直接或间接的联系。

非经典逻辑大体上有两大类。一类是在经典逻辑中增加其他初始概念，成为经典逻辑的扩充系统。另一类主要是对逻辑常项（命题联结词和量词等）的解释不同，而成为与经典逻辑不同的逻辑（有人建议称之为异释逻辑）。

对非经典逻辑历史上很早就有过研究。古希腊的亚里士多德研究过模态逻辑，第欧多鲁·克罗纳（约前4世纪）的著作中包含有时态逻辑的思想。现代的非经典逻辑的研究是从1910年开始的。90多年以来，非经典逻辑涌现过三次高潮。第一次是20世纪20～30年代，C.I.刘易斯建立模态命题逻辑，J.卢卡西维茨和E.L.波斯特建立多值逻辑，A.海丁建立直觉主义逻辑。第二次是50年代，由模态逻辑可能世界语义理论的发展所推动。出现了道义逻辑、知道逻辑、问题逻辑、相干逻辑、自由逻辑、时态逻辑和弗协调逻辑等。代表人物是G.H.von赖特、A.N.普赖尔、W.阿克曼和J.欣提卡等。第三次是80年代，由计算机科学的发展所推动。动态逻辑、模糊逻辑和非单调逻辑在这一时期掀起了高潮，代表人物是计算机科学方面的一些专家。70～80年代是模态逻辑的黄金时代，取得了很大发展，出现了许多系统，弄清了各种语义之间的关系，建立起了三大理论支柱（完全性理论、对应理论和对偶理论）。21世纪初，学者们在研究中较倾向于考察现存系统的子系统，力求以较低的表达能力和有限的演绎手段来做更多的事情。

《哲学全书》 *Encyklopädie der philosophischen Wissenschaften im Grundrisse* G.W.F.黑格尔的主要哲学著作。该书原为黑格尔讲授这门课程时的提纲。1817年出第1版，书名为《哲学全书纲要》；1827年出第2版，较第1版增加了将近一倍的内容，书名改为《哲学全书》；1830年出第3版，内容较第2版又略有增加。

黑格尔认为，绝对精神是宇宙万物的本原与基础，它通过自身的能动性不断运动与发展，《哲学全书》就是对“绝对精神”的自我发展的描述。它从概念、思维开始，然后外化为物质自然界，最后返回到人类精神，与此三个阶段相应，《哲学全书》分三个部分：逻辑学（通称小逻辑）、自然哲学、精神哲学。“逻辑学”包括“存在论”、“本质论”、“概念论”3篇。前面有一章“逻辑学概念的初步规定”。“自然哲学”包括“力学”、“物理学”、“有机物理学”3篇。前面有一章“导言”。“精神哲学”包括“主观精神”、“客观精神”、“绝对精神”3篇。前面也有一章“导言”。一般认为，《哲学全书》基本上代表了黑格尔的哲学体系和成熟观点。

《哲学史讲演录》 *Vorlesungenüber die Geschichte der Philosophie* G.W.F.黑格尔关于精神哲学的著作。在黑格尔逝世之后，由K.L.米希勒根据他的3种讲稿、提纲和3种学生笔记整理而成，并被编入1833年发表的《黑格尔全集》第1版。黑格尔在这部著作中，一方面把哲学史纳入他的客观唯心主义体系的框架中，把哲学史归结为理念回归自身的绝对精神阶段；另一方面把辩证法贯彻于哲学史研究，深刻地揭示了哲学史的发展规律。黑格尔对哲学史观和方法论进行了概述，表现了他用以考察哲学史的唯心而又辩证的观点，表明了他以西方为中心的偏见，也表现了他对东方哲学缺乏研究。黑格尔认为，哲学史的真正发源地是古希腊。他把古希腊哲学分为3个时期：从泰勒斯到亚里士多德；罗马世界中的希腊哲学；新柏拉图学派的哲学。他在具体论述各家的哲学时，抬高唯心主义，贬低唯物主义。对于亚里士多德批判柏拉图时所表现的唯物主义倾向也加以歪曲。但他注重发掘古代的辩证法。对于中世纪哲学，包括阿拉伯哲学、经院哲学和早期文艺复兴的哲学，黑格尔讲得十分简略，并且对三者所持的态度是不同的。黑格尔明确指出，思维与存在的关系是近代哲学所探讨的根本问题。由于解决这个问题的出发点不同，而有实在论（指经验论）与唯心论（指唯理论）之分。黑格尔的整个讲述表明，他崇尚唯心论和辩证法，贬低唯物论，反对形而上学。总之，《哲学史讲演录》表明，黑格尔不是为历史而讲历史，他的重点是更具体地阐述自己的哲学。

《哲学通信》 *Lettres philosophiques* 伏尔泰的哲学和政治思想代表作。伏尔泰于1726～1729年被迫流亡英国。《哲学通信》是他在英国的观感和心得的总结，因此又称《英国通信》，1733年首先在英国出版英文版，法文版于1734年问世。伏尔泰在《哲学通信》中结合向法国读者介绍F.培根、J.洛克和I.牛顿的思想，表述了自己的哲学思想。像洛克一样，他的哲学思想前提是承认物质世界的客观性。书中重点论述认识论问题，认为人的一切观念都来自感官对外界事物的感觉，感觉是感官接受外物刺激引起的。它强调感觉是观念的唯一来源，人的头脑唯一具有的能力是对感觉得来的观念进行组合和整理。书中力图克服洛克关于“反省观念”的不彻底性，把唯物主义的感觉论贯彻到底。从此出发，书中尖锐地批判了R.笛卡尔的天赋观念论，特别强调这种形而上学体系的危害性，认为天赋观念论不仅阻碍人类知识的增长，而且为神学提供根据，代替早已破产的经院哲学而为灵魂不灭等宗教信条作哲学辩护。该书坚持与宗教唯心论斗争，认为宗教和教会统治是人类理性的主要敌人，阻碍文明进步，是最大的社会祸害。他受同时代机械论的影响，缺乏对物质与运动统一性的认识。书中用牛顿力学的原理解释物质和运动，把物质看作消极被动的因素，认为如果没有外力的推动，物质不会自己运动。因此承认“宇宙设计师”和“第一推动者”神的存在，表现出自然神论的思想。

《哲学研究》 *Philosophische Untersuchungen* L.维特根斯坦晚期哲学思想的代表作。他放弃了《逻辑-哲学论》中以逻辑规则为意义标准的思想，转而采用日常语义规则为意义的标准。全书分两部分：第一部分写作于1936～1945年，并在1945年1月写了序言；1946～1949年写作第二部分，但没完成。为进一步反对传统哲学，维特根斯坦放弃了早期的图式说，主张一个词的意义就是它在语言中的用法。他把语言和行动交织在一起的整体叫作“语言游戏”。维特根斯坦认为，在语言的多种用法中，能够发现一些重叠交叉的联系，但是绝找不到大家共同的东西，即所谓本质的东西。这种重叠交叉，他称之为“家族相似”。因为它就像家族成员之间的类似性，其中没有一个特性可称为本质，是毫无例外地大家必须遵守的。因此对之只能举例，不能下定义。一个词、一种语言体系，其用法永远是开放的、变动的。维特根斯坦的这些思想，开创了所谓日常语言哲学。

《哲学原理》 *Principiae Philosophiae* R.笛卡尔的哲学著作。1644年以拉丁文发表。书的正文共4部分。全书的重点是论述物理学。第一部分论人类知识的原理，介绍了形而上学的唯理论和二元论学说；第二部分论物质事物的原理，反映了他的机械唯物主义理论；第三部分论可见的世界，专论各种天体的规律和形成；第四部分论地球，论述地球上各物体的规律。

锗 germanium 化学元素，元素符号Ge，原子序数32，原子量72.64，属周期系ⅣA族。1886年德国C.温克勒第一次从硫银锗矿中分离出锗，为纪念他的祖国命名为

germanium。锗约占地壳重量的$7\times10^{-4}\%$。锗的矿物有硫银锗矿、硫银锗锡矿、锗石等，主要是以分散状态存在于有色金属硫化物矿、硅酸盐矿物中，也存在于煤矿、油页岩和石油中。

锗是银灰色脆性金属。熔点938.25℃，沸点2 833℃，密度5.323 4克/厘米^3，莫氏硬度6～6.5。电导率随纯度而改变，纯度越高，电导率越低，超纯单晶锗是半导体材料。氧化态+2和+4。常温下化学性质稳定，但在加热条件下能和氧、卤素、硫、酸或碱等发生化学反应。过氧化氢、次氯酸钠等氧化剂在碱性介质中，能将锗氧化为锗（Ⅳ）酸盐。重要化合物有二氧化锗、一氧化锗、四氯化锗、氢氧化锗等。

将含锗矿或各种工业废料经化学处理并沉积出锗的富集物，干燥、焙烧、用浓盐酸处理后，蒸馏即可得到纯的$GeCl_4$。将其水解得到GeO_2，然后在540℃用氢还原，得到金属锗粉。通过反复区域熔融能得到高纯锗。

锗主要作为半导体材料，用于制作晶体管等。锗在电子工业中的用途虽已逐渐被硅所取代，但由于锗的电子迁移率和空穴迁移率比硅高，所以适用于超高速转换开关电路。玻璃态的锗能通过2～15微米红外线，可用于制造红外窗口、红外光学透镜。锗及其化合物属低毒性，四氯化锗能刺激皮肤、黏膜和眼睛。

褶皱 fold 层状岩石受力后形成的波状弯曲。又称褶曲。多数层状岩石由沉积物形成，最初为水平岩层。但在很多地方，岩层受挤压而弯曲，形成褶皱。大褶皱的波长可达数十千米，绵延于山脉之中；小者仅几厘米或更小，在手标本中或在显微镜下能见到。褶皱层的凸面向上，两侧岩层相背倾斜，较老的岩层位于核部的褶皱称背斜；褶皱层的凹面向上，两侧岩层相向倾斜，较新岩层位于核部的褶皱称向斜（图1）。

要素 褶皱的基本组成部分。用以描述褶皱的形态和产状（图2）。包括：①核。褶皱的中心部位。②翼。泛指核部两侧比较平直的部分。③枢纽。同一褶皱面上最大弯曲点的连线。④轴面。各相邻褶皱面的枢纽连成的面。可以是平面或曲面。轴面与地面或其他面的交线称轴迹。⑤轴。描绘圆柱状褶皱褶皱面弯曲形态的直线（称褶轴），只表明几何方位意义。非圆柱状褶皱只有枢纽线而没有统一的褶轴。⑥脊线和槽线。在横剖面上褶皱面的最高点称为脊，同一褶皱面上脊的连线称为脊线；褶皱面在剖面上的最低点称槽，同一褶皱面上槽的连线称为槽线。

图1 向斜（宁夏石嘴山）

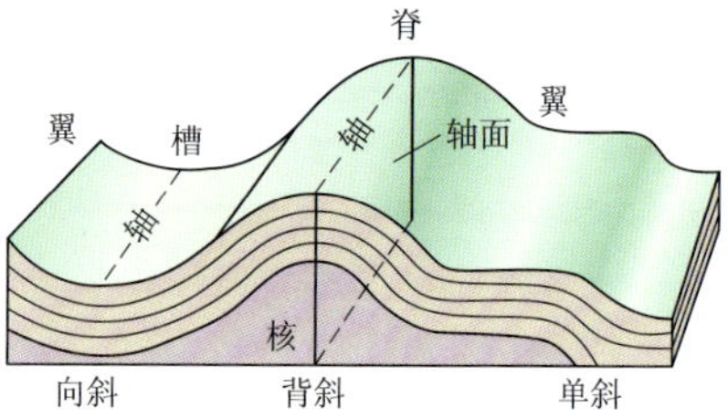

图2 褶皱的基本组成和三种形态

分类 通常按照褶皱轴面的产状及与褶皱走向垂直的剖面的外形进行分类（图3）。轴面直立的称直立褶皱；轴面倾斜的称歪斜褶皱；若歪斜侧的岩层倒转，老的岩层位于新岩层之上，则称倒转褶皱；轴面近于水平的称平卧褶皱。枢纽水平的褶皱称水平褶皱，是受到强烈压缩的造山带中褶皱的主要类型；枢纽倾斜的称倾伏褶皱，在平面图上可以看到岩层的转折；若枢纽向两端都倾伏，在平面图上褶皱的岩层围成长圆形，称短轴褶皱，成近圆形的称等轴褶皱。凸面向上的等轴褶皱称穹隆，其岩层自中心区向外倾斜；构造盆地则是岩层由外向内、凹面向下的这种褶皱。短轴褶皱和等轴褶皱一般发育于构造变形比较微弱的地区，是许多油田的主要构造类型。

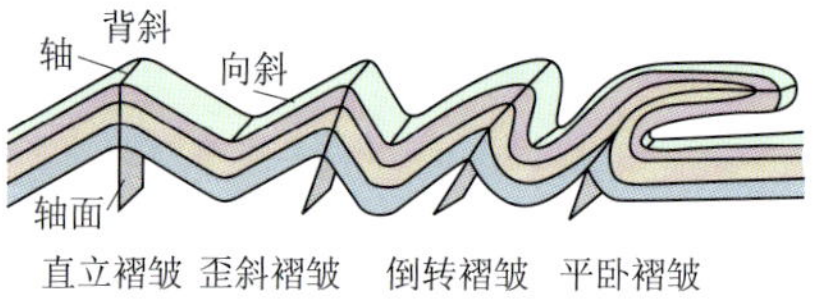

图3 自左至右轴面倾斜逐渐减小的几种褶皱示意

根据组成褶皱的岩层厚度变化或根据组成褶皱的各褶皱面之间的几何关系可分为：①协调褶皱。各褶皱面的弯曲形态一致或作有规律的变化。若各层互相平行，层厚在褶皱的各部位不变，称平行褶皱（图4）；若各层有相似的弯曲，其曲率一致，层厚在转折端强烈加厚，但平行轴面的厚度在褶皱各部位不变，这种褶皱称相似褶皱。平行褶皱通常是变形不太强烈地区的构造，在油田中常见；相似褶皱是地壳深处韧性剪切带中的主要褶皱类型，反映岩石受到强烈的变形。一般变形比较强烈的地区，常发育两者的中间类型，称为压扁的平行褶皱。②不协调褶皱。各褶皱面的弯曲形态彼此有明显的不同，层的厚度变化很不规则。当地层中存在比较厚的软弱层（如泥质岩或膏盐层）作为构造的滑脱层时，其上、下岩层的褶皱形态常明显不协调。

图4 中三叠统砂岩中的平行褶皱（四川木里一碗水）

形成机制 褶皱的形成与岩层受力方式、变形环境及岩层的力学性质相关，大致有以下四种作用：①纵弯褶皱作用。岩层受顺层挤压形成褶皱的作用。是地壳受水平挤压的结果。根据岩层间的力学性质差异可形成等厚褶皱、平行褶皱、相似褶皱或顶厚褶皱。②横弯褶皱作用。岩层受与层面近于垂直的力而发生弯曲的作用。它可形成底辟构造、顶薄褶皱，或在顶部形成地堑。③剪切褶皱作用。又称滑褶皱作用。岩层沿一系列与层面斜交的密集面发生不均匀的剪切而形成褶皱。一般发生于韧性较大的岩系（如含盐层）或较深层次的层状岩系的韧性剪切带中。④流褶皱作用。岩石在较高的温度和压力下成为具高韧性和低黏度的固态物质，呈类似于黏性流体的黏滞性流动而变形，形成形态非常复杂的流褶皱。深变质岩和混合岩化岩石中常可见小型的流褶皱。

柘树 *Cudrania tricuspidata*; tricuspid cudrania 桑科柘属的一种。分布于中国中南、华东、西南至河北省南部。朝鲜、日本也有分布。落叶灌木或小乔木，具乳汁。树皮淡灰褐色，常具枝刺。单叶，互生，纸质，卵形至倒卵形，全缘或先端有2～3裂；具叶柄；花单性，雌雄异株，雌雄花均成球形头状花序；雄花苞片2，花被裂片4，淡黄色，肉质，顶端肥厚，雄蕊4，与花被裂片对生；雌花花被裂片4，顶端肥厚，紧包子房；花期5月。聚花果近球形，肉质，径约2.5厘米，橙黄色至橘红色；小瘦果为宿存的肉质花被和苞片所包；果期8～9月。生长在阳光充足的荒坡、灌木丛中。茎皮是良好的造纸原料；根皮药用，可清热凉血、通络；木材可制黄色染料；叶可饲蚕；果可食和酿酒。

浙菜 Zhe cuisine 中国浙江菜的简称。

浙东学派 Zhedong school 中国南宋学术派别。因该学派以浙东地区为学术活动中心，故名。包括以薛季宣、陈傅良、叶适为代表的永嘉学派，以陈亮为代表的永康学派，以吕祖谦为代表的金华学派（又称婺学、吕学）。

永嘉学派于北宋时已发端，源流较长，至薛季宣始自成一家。永康学派在当时则异军突起，无所师承。永康学派承认客观规律之“实在”，永嘉学派则认为充盈宇宙者是“物”，“物之所在，道则在焉”，都强调“道”存在于实事实物之中；他们提倡功利之学，反对空谈性命。陈傅良把陈亮的思想归结为“功到成处，便是有德，事到济处，便是有理”，视事业的成功为言论的标准。叶適比陈亮“专言事功”更深入一步，用“功利”来衡量义理，认为“无验于事者，其言不合，无考于器者，其道不化”。金华学派有深厚的家学渊源，在学术上兼收并蓄、会众博杂。其学力图调和朱、陆，“欲会归于一”。既以理、天理为最高本体，又强调“心”，以天命与人心相通，得出“心即道”的结论；与永康、永嘉之学亦多有契合之处，提倡经世致用。同时重视历史与文献之学。

浙东学派至清初再度光大。黄宗羲、万斯大（1633～1683）、全祖望、章学诚，邵晋涵（1743～1796）等为清初浙东学派的代表。他们上承金华、永嘉、永康之学，不同意在“人事”之外别求“义理”，并以史学为主，讲经世致用，倡导一种注重研究史料和通经致用的风气。黄宗羲主张治学先穷经而求证于史，章学诚提出“六经皆史”的著名命题，力主把治经从拘泥于考证训诂的考据之学转而为治史的求实之风。

浙赣战役 Zhe-Gan Campaign 1942年5～9月，日军为破坏浙江沿海中国空军基地及打通浙赣线而发动的一次战役。1942年4月18日，美国飞机从航空母舰起飞，首次袭击日本后，在中国浙江省衢州空军机场降落。日本大本营为破坏美军飞机空袭日本，令日本中国派遣军击溃浙江省的中国军队，以摧毁主要空军基地。日军调集第13、第11军9个师团，约14万余人，在中国派遣军总司令畑俊六指挥下由杭州、南昌两个方面，沿浙赣线东西对进。国民政府令顾祝同第三战区、薛岳第九战区集结14个军41个师，约30万兵力抗击日军。5月15日，杭州方面日军分别由奉化、上虞、萧山、富阳等地，沿浙赣线及其两侧向西南进攻。中国军队在桐庐、诸暨、新昌一线进行抵抗后，主力向金华、兰溪一线转移。经激战于28日放弃金华、兰溪阵地；在金兰地区的防守战则使日军遭受严重损失，日军第15师团长酒井直次被地雷炸死。此后，日军再发动攻势，于6月7日攻陷衢州，11日陷玉山，13日占广丰，24日又占丽水；而南昌方面日军于5月底沿浙赣路及其两侧向东进犯，连占临川、鹰潭、贵溪、南城等地。7月1日，日军东西对进之两部于横峰会合，打通了浙赣线。之后，转为对机场、铁路的破坏和对战略物资的掠夺。日军由于战线长兵力分散，处处遭到中国军队的反击，于8月中旬开始在浙赣战线缩短防线。至8月底，浙赣西段之日军全部撤回原防，浙江地区日军撤至新登、兰溪、金华、东阳、奉化之线，战役遂告结束。此役国民政府丢失大片土地，浙赣两省的机场被彻底破坏，20余万居民及士兵惨遭日军杀害；但日军亦遭受严重损失，据日军战史记载，日军死伤官兵共28 955人。

浙赣走廊 Zhejiang-Jiangxi Corridor 中国浙江省与江西省间的主要通道，军事要地。东北起浙江萧山，西南迄江西东乡，长约450千米。由诸暨、义乌、金华、衢州、玉山、上饶、鹰潭等走廊式盆地组成。两端分别与杭嘉湖平原和鄱阳湖平原相连。走廊北依龙门山、千里岗、怀玉山，南靠会稽山、仙霞岭、武夷山，主峰海拔均在千米以上。中段较高，两端渐低，南北两侧岭脊相距60千米左右，底部宽5～30千米。地势从两侧山岭呈阶梯状下降，底部由河谷平原和丘陵岗地组成。平原海拔50米，丘陵岗地海拔200米左右，西端东乡海拔40余米，东端萧山海拔10米以内。走廊内的河流在浙江境内主要有衢江、浦阳江，江西境内为信江，河流两侧地形平坦。从常山经白沙关通鄱阳湖平原，从兰溪沿兰江出建德，从诸暨沿浦阳江可抵杭州，向南经仙霞关、枫岭关、二渡关、分水关、铁牛关可达福建等地。

浙赣铁路和杭州—南昌公路（320国道）贯穿其间。浙赣铁路连接北京—广州、向塘—九江、芜湖—贵溪、鹰潭—厦门、萧山—宁波、金华—温州、杭州—上海等线，信江、衢江、浦阳江等可常年通航100吨以下船只。

走廊战略位置重要，抗日战争期间，中国军队在走廊内利用川谷幽险设置基地，对日军形成严重威胁。1949年渡江战役中，中国人民解放军第二野战军一部从枞阳至望江间渡江后直出走廊，控制义乌至东乡的走廊地段，割断国民党军汤恩伯、白崇禧两集团的联系。

浙江菜 Zhejiang cuisine 中国八大菜系之一。简称浙菜。主要由杭州、宁波和绍兴三种风味的菜肴组成。

浙江地处中国东海之滨，素称鱼米之乡。秦汉直至唐宋，浙江菜以味为本，讲究精巧烹调，注重菜品的典雅精致。南宋时，浙江菜引进中原烹调技艺之精华，南料北烹，创制出一系列名馔佳肴，成为“南食”风味的典型代表。

西湖醋鱼

杭州菜，简称杭菜。制作精细、清鲜爽脆、淡雅细腻，继承了南宋古都“京杭大菜”的传统。名菜有西湖醋鱼、东坡肉、龙井虾仁、叫化童鸡、清蒸鲥鱼等。宁波菜，简称甬菜，包括浙东沿海地区的风味特色菜肴。常以海鲜为原料，以蒸、烤、烧、炖等烹调技法见长，讲究鲜嫩、香糯、软滑。名菜有冰糖甲鱼、苔菜拖黄鱼等。绍兴菜，简称绍菜。以烹制河鲜家禽见长，有浓厚的江南水乡风味。讲究香糯酥绵，鲜咸入味，轻油忌辣，汁浓味重。名菜有清汤越鸡、干菜焖肉、糟熘鱼白等。

此外，温州菜、金华火腿系列菜、湖州鱼菜以及嘉兴等地方的风味菜也为浙江菜增添了特色。

浙江大学 Zhejiang University 中国综合性大学。属教育部。校址在杭州。前身为创办于1897年求是书院。1902年改称浙江大学堂。1912年改为浙江高等学校。1914年停办。1927年重建。1928年定名国立浙江大学。抗日战争期间内迁贵州等地。1946年迁回杭州。1952年院系调整，成为一所多科性工业大学。1978年后增设文、理学科。1998年，浙江大学、杭州大学、浙江农业大学、浙江医科大学4校合并重组，成为一所学科齐全的综合性大学。

设有经济、法学、教育、人文、外国语言文化与国际交流、理学、生命科学、信息科学与工程、传媒与国际文化、建筑工程、生物系统工程与食品科学等20多个学院。有培养学士、硕士和博士的教学体系；有一级学科国家重点学科和国家重点（专业）实验室等。图书馆藏书584万余册。出版物有《浙江大学学报》等。

浙江美术学院 Zhejiang Academy of Fine Arts 中国综合性高等艺术院校。院址浙江杭州。1993年改名为中国美术学院。

浙江省 Zhejiang Province 中国东南沿海省份。简称浙。位于长江三角洲南翼，东濒东海，南邻福建，西接江西、安徽，北连上海、江苏。辖11个地级市，32个市辖区，22个县级市，35个县，1个自治县（见表）。面积约10万平方千米。人口5 443万（2010）。有汉、畲、土家、苗、布依、

图1 中国自行设计建造的秦山核电站

回、壮、侗、彝、满等34个民族，畲族占少数民族人口的43.2%，主要分布在浙南和浙西山区。其他人口在1 000人以上的有回、满等族，大都居住在城市。省会**杭州市**。

建制沿革 早在新石器时代，人类已在此生息繁衍。春秋时分属吴、越，战国时属楚，秦分属会稽、闽中等郡，汉属扬州刺史部，三国时入东吴版图（仍属扬州），南朝分属扬州、东扬州。唐贞观元年（627）属江南道，开元二十一年（733）属江南东道，乾元元年（758）江南东道下分置浙江东道、浙江西道两节度使，浙江作为政区名称始此。北宋属两浙路，南宋分置两浙西路和两浙东路，元属江浙等处行中书省。明洪武九年（1376）改浙江承宣布政使司，辖境自此稳定少变。清初改浙江承宣布政使司为浙江省，省名沿袭至今。

自然条件 地质构造上，从西北向东南沿海分属扬子准地台的浙西台褶带、华南褶皱系的华夏褶皱带和东南沿海褶皱系3单元。地势自西南向东北倾斜。地形以丘陵、山地为主，其面积占全省陆域面积70.4%，平原仅占23.2%，河湖水域占6.4%。

全省除山区外年平均气温为15～17℃。年降水量1 200～1 800毫米。7～9月沿海多台风雨。境内河流主要有**钱塘江**、甬江、瓯江、灵江、苕溪、飞云江、鳌江7大水系，其中以钱塘江最大，流域面积占全省面积的2/5。此外有**京杭运河**、杭甬运河等人工河渠。湖泊主要分布在浙北平原，著名湖泊有**千岛湖**（新安江水库）、杭州西湖、嘉兴南湖、宁波东钱湖等。

土壤以黄壤和红壤为主，占全省面积70%以上，多分布于丘陵山地。平原、盆地和河谷多为水稻土。沿海有盐土和脱盐土分布。自然植被属亚热带常绿阔叶林带。常绿阔叶林、常绿阔叶落叶混交林、亚热带针叶林和亚热带竹林等为主要林型，且多银杏、白豆杉、百山祖冷杉、金钱松、香果树等第三纪的孑遗种。

由于地形复杂和距海远近的不同，全省自然环境呈明显的非地带性差异。①北亚热带长江中下游平原混交林区。省境钱塘江口杭州湾两侧，包括杭嘉湖平原和宁绍平原两部分，属此区的长江三角洲亚区。②中亚热带浙闽沿海山地常绿阔叶林区。省境大部分属此区。③中亚热带长江南岸丘陵盆地常绿阔叶林区。省境西北的浙皖低山、丘陵亚区的一部分属此区。

经济概况 浙江省经济的增长较快，完成了从传统农业为主向第二、三产业为经济重心的转化。工业结构以轻工业为主、轻重工业同时发展。2009年全省生产总值22 832亿元，居全国第4位。

纺织工业是浙江省的主导工业部门之一，已形成棉、毛、丝、麻、化纤、针织、印染、服装、纺织机械等门类齐全、成龙配套的生产体系。丝绸工业具有全国意义，生丝、真丝绸产量居全国首位，绸缎、织锦等产品誉满中外。食品工业门类齐全，其中以粮油加工业居首位，其次是制茶、酿酒、罐头和卷烟工业。机械工业是重工业中发展速度最快的部门。门类较齐全，品种众多，基本属于轻小型结构。特色优势产品有工业汽轮机、制氧机、船用齿轮箱、万向节、电除尘器、余热锅炉、水表、电表、潜水泵、小水电设备等。化学工业主要为化学矿开采、基本化工、石油化工、化肥、农药等。电力工业发展迅速，相继建成黄坛口、新安江、富春江、乌溪江等大中型水电站。**新安江水电站**1960年建成，是中国建设的第一座大型水电站，装机容量为66.25万千瓦。中国第一座自行设计的秦山核电站于1991年在海盐县秦山建成，一期工程30万千瓦。温岭**江厦潮汐电站**装机3 200千瓦，是中国第一、世界第三的潮汐电站。浙江建材资源丰富，水泥、水泥制品产量已居全国第5位。手工产品主要有竹、木、石雕刻，以及竹草编织、花边刺绣、堆塑彩绘、金属工艺等。青田石雕，东阳木雕，嵊州、东阳、安吉的竹编，龙泉青瓷、宝剑，萧山花边，温州瓯塑、瓯绣，杭州织锦、绸伞、剪刀、扇子，宁波草席等传统工艺品均甚著名。

浙江自然条件优越，农副产品种类多，产量高，商品率、集约经营和专业化水平都较高。为中国农业高产地区之一。蚕茧、毛竹、茶叶、柑橘产量居全国前列。①粮食作物是浙江农业最主要的部门，其播种面积占农作物总播种面积的53.2%。稻谷产量占粮食总产量的79.14%，其次为甘薯、豆类、玉米、小麦等。②经济作物主要有棉花、麻类、油菜、桑树、甘蔗、茶树、柑橘等。③森林覆盖率居大陆各省第3位。主要用材林树种有杉、松、竹和杂木等。经济林有香榧、山核桃、油茶、油桐、漆树、乌桕等。④饲养业以养猪为主，其次有牛、羊、兔、家禽等。养蜂业居中国首位。⑤浙江发展水产业的自然条件优越。有中国最大的舟山渔场，海洋环境利于鱼类繁衍和生长。海洋经济水产类有百余种。主要渔港有沈家门、嵊山、石浦等。

已初步形成以铁路和海运为骨干，中心城市和沿海港口为枢纽的综合运输网。①铁路有沪杭（复线）、杭赣（复线）、萧甬、宣杭、金温5条干线，以及金（华）岭（后）支线，宁波镇海港区、北仑港区2条铁路专用线。杭州是浙江铁路枢纽。②公路以杭州、金华、宁波、温州为中心，各中心不仅近邻内河、铁路、海运枢纽，而且凭借国道、省道干线与众多地方支线联系省内外各地。③沿海有大小港口40多个，通过海运同邻省及海外交通方便。主要港口

浙江省行政区划表（2010）

杭州市	桐乡市 嘉善县	绍兴县 新昌县	天台县 仙居县
拱墅区 上城区	海盐县	**衢州市**	玉环县
下城区 江干区	**舟山市**	柯城区 衢江区	**温州市**
西湖区 滨江区	定海区 普陀区	江山市 常山县	鹿城区 龙湾区
余杭区 萧山区	岱山县 嵊泗县	开化县 龙游县	瓯海区 瑞安市
临安市 富阳市	**宁波市**	**金华市**	乐清市 永嘉县
建德市 桐庐县	海曙区 江东区	婺城区 金东区	文成县 平阳县
淳安县	江北区 北仑区	兰溪市 永康市	泰顺县 洞头县
湖州市	镇海区 鄞州区	义乌市 东阳市	苍南县
吴兴区 南浔区	慈溪市 余姚市	武义县 浦江县	**丽水市**
长兴县 德清县	奉化市 宁海县	磐安县	莲都区 龙泉市
安吉县	象山县	**台州市**	缙云县 青田县
嘉兴市	**绍兴市**	椒江区 黄岩区	云和县 遂昌县
南湖区 秀洲区	越城区 诸暨市	路桥区 临海市	松阳县 庆元县
平湖市 海宁市	上虞市 嵊州市	温岭市 三门县	景宁畲族自治县

图2 嵊泗列岛

有宁波、温州、舟山、台州、乍浦等。宁波港是中国巨型深水港，承担浙江和邻省的对外贸易和货物转运任务。④内河航道有干线航道60多条，支线航道1 095条，集中分布在杭嘉湖平原和沿海平原。京杭运河、杭申线、湖申线是通往邻省市主要干线，为长江三角洲水运网的组成部分。杭甬运河横贯宁绍平原中部，经10县市，并沟通钱塘江、浦阳江、曹娥江、甬江，是浙东地区贯通海运的内河水运大动脉。⑤20世纪80年代以后，浙江民航业飞速发展，有杭州、宁波、温州、义乌、黄岩、衢州等民航机场。

文教科技　浙江省高等教育发展迅速。主要高校有**浙江大学**、浙江工业大学、**中国美术学院**、中国计量学院等。浙江是中国戏曲史上著名的南戏发源地，对中国民间戏曲的发展有着深远的影响。民间戏曲主要有越剧、绍剧、婺剧、甬剧、湖剧、瓯剧、姚剧、温州乱弹、新昌高腔，以及流行于杭嘉湖地区的昆剧、评弹等。

名胜古迹　浙江省自然风光秀丽，旅游资源丰富，有杭州西湖、富春江、新安江、普陀山、雁荡山等国家级风景名胜区11处。西湖三面环山，林泉幽秀，有灵隐寺、六和塔等古迹，以及三潭印月、花港观鱼等胜景（见**西湖风景名胜区**）。**普陀山**号称海天佛国，是中国佛教名山。乐清**雁荡山**灵岩奇秀、龙湫飞流，有“东南第一山”之称。富春江畔鹳山、严子陵钓台、瑶琳洞和千岛湖风光迷人。永嘉楠溪江以岩瀑、林泉、古寺见胜。佛教天台宗发源地天台山有保存完好的隋代国清寺。嵊泗列岛为海上避暑胜地。浙江还有莫干山、天目山、江心屿及洞头半屏山等山水胜地和嘉兴南湖的烟雨楼、新昌大佛寺、衢州南孔庙等著名古迹。全省有国家历史文化名城杭州、宁波、绍兴、临海、衢州。

浙派　Zhe school of seal cutting　中国清代篆刻流派。清代雍正、乾隆之际，书画篆刻家**丁敬**在篆刻艺术上开创了一种新的风格面貌，影响了一大批印人。杭州一带涌现出一大批篆刻名家，其中最著名的有蒋仁、黄易、奚冈、陈豫钟、陈鸿寿、**赵之琛**、钱松七人，或得丁敬亲授，或间接私淑追仿，在技巧上都运用丁敬的切刀法，作品风格更是一脉相承，后人将他们的风格称为浙派，又因为丁敬与蒋仁等七人都是杭州人，故将他们合称为“西泠八家”。浙派印风在清代中期影响广泛，杭州在当时成为篆刻艺术中心。从清末至今，浙派印风绵延不绝。

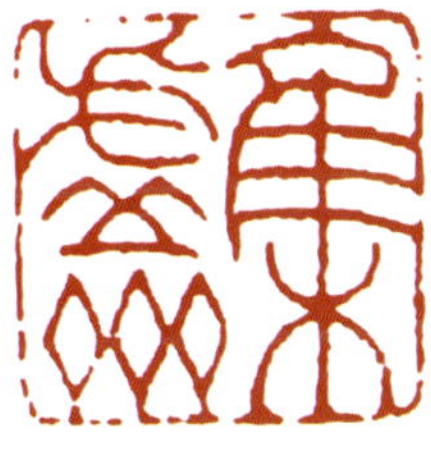

陈豫钟作《文章有神交有道》
钱松作《集虚斋》

浙派词　Zhe school of ci-poetry　中国清康熙、乾隆时期的重要词派。又称浙西派。此派创始人**朱彝尊**为了改变明代以来词风的纤弱之弊，挽救词的哀颓，曾与同乡汪森选录唐、宋、金、元659家词编成《**词综**》一书，以供人们摹习。他论词标举南宋，崇尚醇雅，要求“词以雅为尚”（《乐府雅词跋》）。其主导思想，是想用清空醇雅之辞，以洗明词纤靡淫哇之陋，并纠其粗率叫嚣之律。朱彝尊的理论有某些救弊补偏的作用，但他更多地重视字句声律，将词引向了狭窄的境界。浙派的创作往往以词调圆转浏亮、琢句工致精美取胜，但内容比较贫乏。主要成员除朱彝尊外，尚有其同里友人龚翔麟、李良年、李符、沈皞日、沈岸登。龚翔麟曾将各家词合刻为《浙西六家词》行世，浙派词由是得名。

蔗糖　sucrose　**D-葡萄糖**和**D-果糖**缩合失水通过α,1→2、β,2→1糖苷键连接形成的**双糖**，分子式$C_{12}H_{22}O_{11}$。系统名α-D-葡萄吡喃苷基-β-D-果呋喃糖苷。最普通的

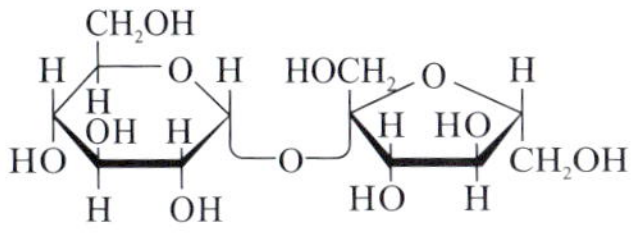

食用糖，大量来自甘蔗和甜菜，甘蔗含蔗糖15%～20%，甜菜含10%～17%，其他各种果实、种子、叶、花、根中也有不同的含量。蔗糖很甜，易结晶，易溶于水，较难溶于乙醇。无水蔗糖熔点186℃。蔗糖没有自由**羰基**，没有还原性，在水溶液中也不产生变旋光作用。具有右旋光性，比旋光度$[\alpha]_D^{20}$+66.5。较其他双糖易水解。在弱酸或蔗糖转化酶催化下产生等摩尔的葡萄糖和果糖混合物（称为转化糖，比蔗糖更甜）。水解产物能还原斐林试剂，并能与苯肼反应，产生单一的糖脎。蔗糖可被细菌发酵，在高浓度时能抑制细菌生长，医药上可用作防腐剂和抗氧剂。

鹧鸪　*Francolinus pintadeanus*; Chinese francolin　**鸡形目**雉科鹧鸪属的一种。分布限于东洋界，中国南方常见。体型大小似石鸡。头顶大都呈黑色，围以棕色环斑；上体呈黑色且有许多卵圆形白斑；肩羽呈栗红色；两翅呈黑色且具白色铁斑；喉呈白色；胸、腹和两胁呈黑褐色且杂以显著白斑，白斑愈向后愈大；下腹呈棕白色；尾下覆羽呈棕色。雌鸟羽色较浅淡。嘴呈黑色（雄），或上嘴黑色下嘴呈肉黄色（雌）；脚呈橙黄至红褐色。

常栖息于山地和丘陵。以蚱蜢、蚂蚁及其他昆虫为食，也吃野果、杂草和嫩芽等。3～4月繁殖。在草丛或灌丛中以干草、落叶等筑巢，内铺残羽。每窝产卵3～5枚，卵呈乳黄至黄褐色，梨形。

鹧鸪菜　*Caloglossa leprieurii*　**红藻门**红叶藻科的一种。分布于中国长江口以南的浙江、福建和广东等省沿岸。藻体暗紫色，干燥后变黑。丛生，高1～4厘米，叶状，扁平而窄细，宽约1毫米，不规则叉状分枝，节间为狭长的椭圆形，节部缢缩。叶片的中央部分有连绵的长轴细胞延伸至顶端，形成明显的中肋，中肋的分枝点常生长出一些次生副枝，有时也长出毛状根。

繁生于温暖地区河口附近的中、高潮带的岩石上、防波堤水桩以及红树树皮的阴面。为中国民间用以驱除蛔虫的药用海藻。

贞德 Jeanne d' Arc, Sainte (1412-01-06～1431-05-30) 英法百年战争时期法国民族女英雄。一译冉·达克。英文拼作Saint Joan of Arc。生于法国东北部香槟和洛林交界处巴尔河畔的栋雷米村，卒于鲁昂。父母务农，笃信天主教。

1415年英军占领法国北部广大地区。法国人民与英军开展游击战争。宗教虔诚和爱国热忱使贞德自幼关心抗英战争的进程。1429年初，贞德求见查理，称上帝派她来拯救法国。1429年4月22日，查理任命贞德为军事行动指挥驰救奥尔良城。5月初，贞德击败英军，解奥尔良之围。人民歌颂贞德的战功，称她为“奥尔良的女儿”。奥尔良战役后，贞德率军东进，直取兰斯城。8月，贞德在巴黎城下受创。1430年春，兰斯西北的军事重镇贡比涅告急，贞德前往救援。5月23日傍晚，贞德被勃艮第军俘虏。勃艮第人以高价把贞德卖给英国人。贞德在关押期间，经受轮番审讯，坚贞不屈，最后被异端裁判所以“女扮男装”、“妖术惑众”等罪名判为女巫，处以火刑。1431年5月30日，贞德在鲁昂广场英勇就义。1456年，罗马教廷撤销对她的判决。1920年被列为圣女。巴黎高等法院规定每年5月的第2个星期日为全国贞德节。

《贞观政要》 *Essentials of Government in Zhenguan Period* 记载中国唐太宗政绩及君臣论政的史书。编纂者吴兢（约669～749），唐汴州浚仪（今河南开封）人。长期在国史馆任职。曾撰《唐书》98卷（一说65卷）、《唐春秋》30卷，均已散佚，唯此书存。

《贞观政要》系“随事载录”而成，凡10卷40篇，约8万字。它以君道、政体、任贤、纳谏、君臣鉴戒等为篇目，分别采摘唐朝贞观年间唐太宗李世民同大臣魏徵、王珪、房玄龄、杜如晦等45人的政论、奏疏。主要内容包括治国方针、选贤任能、精简机构、申明法制、崇尚儒术、评论历史得失等方面，同时强调统治者的自身修养，如敬贤纳谏、谦逊谨慎、防止奢惰等。此书约在9世纪传入朝鲜、日本等国，受到重视，也被列为皇家、幕府的政治教本。

《贞观政要》国内外现存的古写本有20余种，其中日本所存的18种，均属12世纪以前的写本。现存最早的刻本是明洪武三年（1370）王氏勤有堂本，现藏中国国家图书馆。

贞观之治 Prosperity of Zhenguan Era 中国唐朝太宗贞观年间（627～649），生产恢复，社会安定，民族融洽，政治清明，人民安居乐业，国力日益强盛的局面。唐太宗李世民亲历隋末的社会大动荡，以隋炀帝拒谏饰非为鉴，虚怀博纳，从谏如流；魏徵、张玄素等大臣，多能面折廷诤，提出了不少中肯的建议和批评，避免和纠正了很多错误，形成了上下一致、力求致治这样一种古代少有的政治风气。太宗善辨君子、小人，根据举贤任能的原则，用贤良，退奸佞，因而忠贤满朝，人才济济，如房玄龄、杜如晦是贞观朝的著名贤相，虞世南是一人兼数善的名臣。太宗能举贤不避仇，以诚信待下，信赏必罚，调动臣下的积极性，政治生活相当正常。以变重为轻、务行宽简的精神立法，选择执法官吏，尽量避免枉滥；国君率先遵守法制，执法不避亲贵。重视地方政治，抑制旧士族的势力，慎择刺史，吏治比较清明。释放宫女，纵放鹰犬，提倡节俭，避免不必要的战争，实行轻徭薄赋政策，发展生产，出现了连年丰收，谷价低廉，牛马布野，外户不闭，商旅野次，无复盗贼，囹圄常空，社会安定、升平的景象。唐太宗还采取开明的民族政策，平定东突厥后，广设羁縻府州，安置降众，不仅消除了北方的边患，也缓和了民族矛盾，因而被北方各族尊为“天可汗”；遣文成公主和亲吐蕃，为汉藏两族间的友好交往开了先河，唐太宗对中国多民族国家的发展作出了贡献。“贞观之治”是中国历史上可与汉代“文景之治”相媲美的盛世。

针刺补泻 reinforcing and reducing manipulations of acupuncture therapy 中医在针刺获得针刺感应后，根据患者病证虚实的不同情况采用相应的针刺操作，从而达到补虚、泻实目的的针刺手法。通过针刺施行一定的手法，能促使人体内各种机能的恢复和旺盛，此为补法；通过针刺运用一定的手法后，能疏泄病邪，恢复正常生理状态的方法，称为泻法。针刺补泻一般用于毫针针刺过程中。临床上，可分为单式补泻手法和复式补泻手法两类。

应用原则 ①阴阳辨证。阴证一般选用阴经腧穴为主，采用针刺补法；阳证一般选用阳经腧穴为主，采用针刺泻法。②虚实辨证。虚证用针刺补法，实证则用针刺泻法。对于虚实证不明显者，则用平针法或称平补平泻法。病证虚实夹杂时，当采用补泻兼施的针刺手法，如阳中隐阴法、阴中隐阳法等。③寒热辨证。

单式针刺补泻手法 以捻转、提插、进针和退针、调整针尖方向为主，单一地进行不同的操作，以达到补泻目的的针刺手法。主要有：①捻转补泻。行针得气后，捻转补法为左转，捻转泻法为右转。也有以捻转角度小、用力轻、频率慢者为补法，捻转角度大、用力重、频率快者为泻法。②提插补泻。针刺达一定深度得气后，应用上提针和下插针的动作以行补泻的手法。③徐疾补泻。掌握针刺进退快慢以行补泻的手法。④迎随补泻。主要为3种：一是补母泻子法，即五输穴配五行，根据五行生克原理来选穴并进行补泻的方法。二是十二经脉气血流注时刻迎随补泻法，迎随补法在经气已衰之时进行针刺，迎随泻法在经气方盛之时进行针刺。已较少用。三是针向迎随补泻法，又称针向迎随。迎随补法，针尖顺经脉循行方向而刺；迎随泻法，针尖逆经脉循行方向而刺。⑤呼吸补泻。施术时结合患者的呼吸动作以行补泻的手法，一般用于腹部腧穴。呼吸补法，呼气时进针，吸气时出针；呼吸泻法，吸气时进针，呼气时出针。⑥开阖补泻。出针时开大针孔或闭合针孔以行补泻的手法。

复式针刺补泻手法 将各种单式补泻手法加以组合（有时还须配合其他辅助动作），构成较为复杂的针刺操作步骤，以达到补泻目的的针刺手法。复式补泻手法主要包括：①烧山火手法。由徐疾、提插、九六、开阖4种针刺补法组合，可引起针下温热感的复式补法。此法还可配合捻转补法和呼吸补法进行。多用于寒证、虚证。②透天凉手法。由徐疾、提插、九六、开阖4种行刺泻法组合，可引起针下寒凉感的复式针刺泻法。此法还可配合捻转泻法、呼吸泻法进行。用于实证、热证。③阳中隐阴法。由徐疾补法、提插补法和提插泻法组合而成，补泻兼施，先补后泻的复式补泻手法。此法以补阳散寒为主，兼以清热。用于寒多热少、虚多实少之证。④阴中隐阳法。由徐疾泻法、提插泻法、提插补法组合而成，补泻兼施，先泻后补的复式补泻手法。此法以清热为主，兼能补阳。用于热多寒少、实多虚少之证。

除此之外，针刺补泻法可与行气手法结合，可以补虚泻实，并促使针感传导。其中以飞经走气四法为代表，分别为青龙摆尾法、白虎摇头法、苍龟探穴法和赤凤迎源法。

针刺感应 needling sensation 中医针灸过程中，病人被针刺的部位以及医生持针的手上出现某种特殊感应的现象。又称得气、气至、针感。

针刺感应主要反映在两个方面：①病

人感觉到针刺的部位有某种特殊的感觉，如酸、麻、胀、重、凉、热，甚至有触电样感觉；有些感觉还会沿经脉的循行路线扩散、传导，称为循经感传。若针感传导至病变所在，则称为气至病所。②医生持针的手上，也会有一种沉、紧、重、满的感觉，好似针被轻轻吸住。

临床常有酸、麻、胀、重、凉、热、痛、水流感和触电感等。尤以酸胀最为多见，开始多出现在局部，接着可逐渐沿经脉循行路线向远距离传导，甚至传到病变所在处。麻感，呈线状、条状或片状，多可远传。痛感一般不是医生所寻求的针感应予排除，但对于治疗狂躁、昏厥等证而针刺井穴、十宣、劳宫、涌泉、人中等则要求有痛感。沉重感可出现在某些对针刺不敏感的病人，或在酸胀感尚不明显的情况下及滞针过程中出现。凉、热感多出现在施行透天凉、烧山火等手法的过程中。水流感多在四肢重要穴位出现，有沿神经干扩散的放电感。

针刺感应有重要的临床意义，首先，根据针刺感应的情况，可以推测人体正气盛衰、判断疾病的好转或恶化趋向，对病人作出预后诊断。其次，针下得气，能促进经络气血的运行，疏通郁滞，祛除病邪。一般情况下，得气越快，疗效越好。危重病人如不易得气，常表示虚衰，预后较差。

针刺麻醉 acupuncture anesthesia 将针刺入经穴，经过一定的诱导时间，发挥针刺的一系列调整作用，特别是镇痛作用，以适应各种手术的麻醉技术。中国针刺麻醉始于1958年，1971年后传到国外，已有不少国家相继使用，并获得初步成功。

针刺麻醉有以下特点：①不用或少用麻醉药，减少或避免因麻醉药物引起的副作用。②使用安全，适应范围广。③患者始终处于清醒状态。④术中生理干扰少。⑤利于术后康复。⑥常有针刺镇痛不全和内脏牵拉反应。

针刺麻醉主要适应于以下情况：①对麻醉药物过敏者。②肝、肾、肺功能不良，病情危重、休克和年迈体衰不能接受麻醉药物者。③病情诊断明确，无需广泛探查者。④愿意接受针麻，耐痛能力较好而不肥胖者。⑤有接受针刺并能发挥针刺调整作用者，术前要做好针麻效果预测。针刺麻醉的禁忌证包括：①凡针刺治疗中视为禁忌者。②惧怕针刺，术前预测针刺效果欠佳者。③精神系统的某些疾病如痴呆、精神分裂症、躁狂抑郁性精神病以及神经系统损坏性疾病者。④诊断不明，需做术中广泛探查者。⑤病灶局部广泛粘连，手术复杂者。⑥顾虑重重，经反复解释仍不能排除精神紧张者。

临床上经常使用的针刺麻醉有两种类型：①单一针刺麻醉。应用单一的方法刺激经穴，如针刺、电极板、激光、指压、穴位注射等。②针刺复合麻醉。以应用针刺麻醉为主，同时配合另一种药物麻醉方法。也称针刺平衡麻醉。如针刺-硬膜外复合麻醉，针刺-气体吸入麻醉等。麻醉中常规用镇痛、镇静药物相配合，不作针刺复合麻醉论。另外，还可按所取经穴部位不同而分为针刺麻醉、耳针麻醉、头皮针麻醉、唇针麻醉及面针麻醉等。如按穴位刺激方法不同又可分为手法针刺麻醉、电针麻醉、穴位注射麻醉、指压麻醉、激光穴位照射麻醉。

针刺意外 acupuncture accident 中医针刺治疗过程中出现的异常情况。包括晕针、滞针、弯针、折针、血肿及针刺后遗感等。主要由于医者技术不够熟练，针刺深度和方向不当，没有掌握好针刺注意事项，病人体质因素以及体位不适、精神紧张或针具质量不好等原因引起。

晕针　针刺过程中，病人出现头晕、目眩、恶心等，甚而晕厥的现象。处理：立即停止针刺，将已刺入的针全部取出，使患者平卧，松开衣带，安静休息片刻，给饮温开水后，轻者即可恢复。重者在上述处理基础上，可针刺人中、内关、涌泉，温灸百会、气海、关元，一般即可苏醒。必要时，也可配合其他急救措施。预防：对初次接受针刺治疗和精神紧张者，应事先做好解释工作；尽量采取舒适持久的体位如卧位进行针刺；取穴不宜过多，手法不宜过重；饥饿、疲劳者宜先进食、休息后，再行针刺。一旦出现面色苍白、神疲、胸闷、恶心等晕针先兆时，应及早采取处理措施。

滞针　在行针、出针时，感到针体涩滞的现象。处理：可根据具体情况，及时纠正体位，延长留针时间，在局部轻轻按揉或邻近处加刺一针。如因单向捻转使肌纤维缠绕而致者，可向相反方向捻转，并左右轻轻捻转，使之松解。预防：治疗前，对初诊及精神紧张者，应做好解释工作；进针时避开肌腱；行针时捻转幅度不宜过大，避免单向捻转；各种手法不宜用力过猛，以免发生滞针。

弯针　针体在穴内弯曲变形的现象。处理：针体轻度弯曲时，应立即将针缓慢退出，甚至分段退出，切忌急拔猛抽。预防：使患者体位舒适，留针时不要移动，并注意避免外力碰撞压迫针柄。医者手法要熟练，用力轻巧，如有滞针现象发生，要及时处理。

折针　针体在体内折断的现象。处理：保持原有体位，镇定处理折针，以免针体向深处陷入。部分针体露于体外者，可用镊子夹住断端取出。若全部没入皮下者，应手术取出。预防：事先认真检查医针，针刺时，不要将针体全部刺入，应保留一部分在体外。弯针时应立即退针。电针时不宜突然加大电流强度。

血肿　出针后局部青紫肿痛的现象。原因为针刺损伤小血管，尤其针尖弯曲带钩时。一般可自行消退，不必处理。较严重者可予热敷或理疗。医者手法不宜过重，留针不宜过长，出针后可轻轻上下按揉。

此外，针刺也可引起脏器、神经损伤，如气胸、脊髓和神经干损伤等，但只要掌握腧穴的局部解剖结构，注意掌握针刺方向和深度，一般可以避免。

针灸 acupuncture and moxibustion 中医学中用针刺和艾灸进行治病的理论和医疗手段。中国传统医学的重要发明和组成部分。最初只作为一种医疗手段，后来在实践中认识了腧穴和经络，形成一整套诊断治疗的理论，逐渐发展为一门学科。通常所说的“针灸”，既专指针灸疗法，也可以用来表示整个针灸学科。所谓针灸学就是整理研究针灸医疗技术及其临床应用规律和基础理论的科学。

针灸疗法包括针法、灸法和后世发展起来的腧穴特种疗法。在古代，凡是用各种针形工具刺入或按压腧穴和病变部位的医疗保健方法都称为针法；凡是用燃着的艾绒或其他可燃材料烧灼或温烤腧穴和病变部位的医疗保健方法都称为灸法。针法与灸法都依据经络学说选穴施术，在临床上又经常配合使用，所以从古以来就将两者相提并论，合称为“针灸”。随着中国医药学的发展，针灸医疗技术日益丰富，针灸的含义也相应扩大。古代的药物敷贴和拔罐疗法也逐渐发展为选穴施术。现代科学技术的兴起，又使得电、磁、激光、红外线、微波等成为刺激腧穴的手段，形成了一类不同于传统针灸操作的医疗方法，即腧穴特种疗法。在针灸疗法的发展过程中，固有的针法、灸法也有所发展。有的在针刺火灸的基础上又加上其他性质的刺激，如针上加电，名为电针疗法；利用注

汉代针灸陶俑

射针头刺入腧穴，同时注入小剂量药物，名为腧穴药物注射疗法。有的不是选穴施术，而是根据相邻腧穴的共性选区施术，如梅花针疗法和温灸疗法等。因此，就当代的针灸学术而言，凡是以针刺火灸为基本形式的医疗保健方法，不论其是否选穴施术，或者凡是选穴施术的医疗保健方法，不论其是否应用传统的针刺火灸，都属于针灸疗法范畴。

针灸疗法在临床上主要应用于4个方面：①针灸治疗。适用于许多功能性疾病、传染性疾病和某些器质性疾病。各种疼痛、感觉障碍、运动障碍，以及各种功能失调的病证。②针灸保健。作为保健的手段之一，借以增强体质，预防疾病。③**针刺麻醉**。针刺麻醉的优点是比较安全，医生可以随时了解病人的反应，手术过程中对病人的生理干扰少，术后疼痛轻、伤口愈合快。应用效果较好的有甲状腺切除术、颈椎前路手术、肺叶切除术、子宫全切除术、剖腹产、输卵管结扎术和拔牙等。还有些手术宜用针药复合麻醉，以取得更好的麻醉效果。④经络腧穴诊断。检查有关经络腧穴部位的病理反应或者测定腧穴的电位、电阻和导电量的变化，有助于辨别病证、病位及其虚实状态。

针灸配穴 acupuncture prescription 中医在**辨证论治**的原则指导下，选择适当的**腧穴**加以配伍，进行**针灸**治疗的措施。针灸临床处方的基本形式。包括腧穴选取和腧穴配伍两个方面的内容。

针灸配穴的基本规律有：①循经取穴。根据经脉循行、腧穴分布及其主治作用，选取相应腧穴加以组合应用。②经验取穴。根据临床经验，选择专病（症）的有效腧穴加以组合应用。其中包括对某病症有显效的**经穴**、**奇穴**，以及“以痛为腧”的**阿是穴**。③按时取穴。根据针灸的时间，以经脉气血流注为指导原则，选择相应腧穴加以组合应用。其中，子午流注以十二经脉的**五输穴**和**原穴**为取穴范围；灵龟八法和飞腾八法，则以**八脉交经八穴**为取穴范围。

腧穴选取主要是根据经络脏腑辨证和临床实践选用针对病证治疗需要的相应腧穴的具体方法，又称选穴法。包括：①近部取穴。根据病变所在，选择其局部或邻近部位的腧穴进行针灸治疗。②远部取穴。根据经络循行及其同脏腑的络属关系，选用远端腧穴进行针灸，包括本经选穴和异经选择两种。③对症选穴。选取针对主症有效的腧穴进行针灸治疗。

腧穴配伍是将两个或两个以上的腧穴按一定规律和治疗要求进行配伍组合。又称配穴法。腧穴配伍主要有6种方法：①前后配穴法。胸腹（前部）腧穴与背腰（后部）腧穴的配伍的方法。②上下配穴法。人体上部（上肢和腰以上）与下部（下肢和腰以下）的腧穴配伍组合的方法。③左右配穴法。根据经脉循行交叉的特点，将人体左右侧腧穴配伍的方法。④表里配穴法。根据腑与脏存在着表里对应关系，将阴经与阳经的相应腧穴配伍的方法。⑤远近配穴法。根据病变部位与经络相通的特点，将距离病位较近和较远的腧穴配伍组合的方法。⑥子母补泻配穴法。根据五输穴与五行相配的关系，以五行生克理论为原则，在五输穴范围内，将选穴与补泻结合起来的配伍方法。

针鼹 Tachyglossidae; spiny anteater 单孔目针鼹科动物的统称。又称刺食蚁兽。共2属2种，分布于澳大利亚、塔斯马尼亚和新几内亚。背部和体侧覆以硬刺，刺下有毛；腹

面无刺而被毛，中央有一少毛区域，雌兽的育儿袋即在此处形成；靠近尾的基部有单一的泄殖腔孔。针鼹吻细长，鼻孔和口位于吻端；口小，无牙，舌细长；眼小；具外耳壳，部分隐于毛中；四肢短，均为5趾；雄性后肢踝部有毒距；尾短，下面裸露。适应食蚁生活，栖息于多石、多沙和多灌丛区域的岩石缝隙和自掘的洞穴中。黄昏和夜晚出来活动。繁殖习性很特别，雌兽把一枚具有革质壳的卵（长度为1.4～1.7厘米，直径为1.3～1.5厘米）直接由泄殖孔产到育儿袋中，约10天后，发育不全的幼仔破壳而出，体长约12毫米，重不到0.5克。幼仔在袋中靠母乳生活约2个月，长出刺后从袋中第二次出生，但尚不能独立生活。

针叶林 coniferous forest 以针叶树为建群种所组成的各类森林的统称。包括常绿和落叶，耐寒、耐旱和喜温、喜湿等类型的针叶纯林和混交林。主要由**云杉**、**冷杉**、**落叶松**和**松树**等属一些耐寒树种组成。通常称为北方针叶林（见图），又称泰加林。其中由落叶松组成的称明亮针叶林；云杉、冷杉为建群树种的称暗针叶林。横跨欧、亚、北美大陆北部的针叶林属寒带和寒温带地区的地带性森林类型，是世界最大的原始针叶林，也是世界最主要的木材生产基地。

针叶林广泛分布于世界各地，而以北半球为主。北以水平树木线以北的极地冻原为界，南接针阔混交林。主要分布地区包括欧亚大陆、北美大陆及南半球的巴西、智利、阿根廷等。针叶林的树种多，分布广，组成差异大，主要有：①北美针叶林。其中白针叶林云杉、黑云杉是横跨大陆东西的优势种，在西部的北方针叶林以北美云杉、高山冷杉等为主。②北方针叶林西段。主要由欧洲云杉、欧洲冷杉、欧洲赤松、欧洲落叶松等树种组成。③北方针叶林东段。主要由新疆落叶松、兴安落叶松，以及欧洲赤松、新疆冷杉和新疆云杉等树种组成。④中国针叶林。其植被类型既有欧亚大陆北方针叶林共有的成分，又有中国特有的属种，约有30个属、175种和26个变种。主要树种分别属冷杉、云杉、松、落叶松、黄杉、铁杉、油杉、柏木、圆柏、福建柏、杉木、柳杉、水杉、水松、台湾杉、翠柏、扁柏、罗汉松、金钱松、陆均松、三尖杉、红豆杉、榧树等属。其中水杉、水松、金钱松、银杉和白豆杉等为中国特有。按分布环境和区系组成，可分为寒温带、温带、亚热带和热带等针叶林。针叶林的树种从北方到南方、从高海拔到低海拔逐渐增多，结构也渐趋复杂，从纯林转变为混交林，并掺杂阔叶树而为针阔混交林，从单层林转变为复层林，林下植物也逐渐增多，形成下木层、灌木层和草木层。在热带和亚热带地区的针叶林中还有藤本植物和各种层外植物。

针叶树的树干高大通直，材质优良，纤维细长，可作建筑、车辆、船舶、枕木用材，以及造纸和民用工业的原料。针叶林是中国森林资源最主要的组成部分，其木材蓄积量占全国森林总蓄积量的65%，此类树种的主要副产有松脂、冷杉胶、松子、松树花粉、柏树种仁等，是医药、化工、轻工、食品等工业的原料。针叶林中还生长有可供食用和药用的野生植物，以及珍

贵的皮毛兽紫貂等。大多数针叶树能散发芬芳香气，具有杀菌和净化空气的作用。

针织 knitting 利用织针把纱线弯曲成线圈，再经横向联系与纵向串套形成针织物的工艺过程。分手工针织与机器针织两类。手工针织采用棒针。1982年湖北江陵马山战国墓出土的丝针织物，是迄今发现的最早的手工针织品，距今2 200多年。机器针织始于1589年，英国人W.李创制了第一台钩针手摇针织机。现代针织机采用的织针类型有钩针、舌针与复合针（见图）。

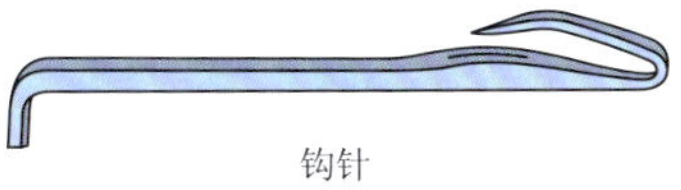
钩针

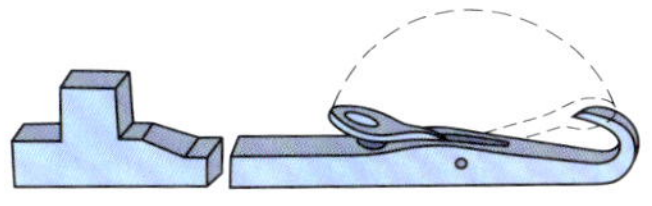
舌针

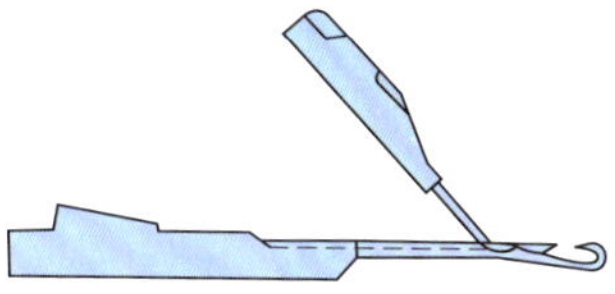
复合针

织针类型

根据工艺特点，针织分纬编和经编两大类。在纬编生产中，有些原料与卷装形式要经过络纱再上机织造，有些则可直接上机织造。每只纱筒的纱线沿纬向垫放在纬编针织机的各支织针上，织针顺序地弯纱成圈以形成纬编针织物。在经编生产中，原料经过整经卷绕成经轴，经轴上平行排列的各根纱线沿纵向输送，各自垫放在经编针织机的一支或至多两支织针上，一排织针同步地弯纱成圈以形成经编针织物。

针织生产除可织制各种结构的坯布，经裁剪、缝制而成各种针织品外，还可在某些针织机上直接编织成形产品，以制成全成形或部分成形产品。

侦查 investigation 侦查机关在办理刑事案件过程中，为了搜集、审查证据，揭发、证实犯罪，查获犯罪人，并查清犯罪的具体情况所进行的强制性的专门活动。主要内容包括依照法律规定进行专门调查活动和采取的强制性措施。其目的在于查明案件全部情况，确定涉嫌人的行为是否构成犯罪，依法应否追究刑事责任，并为提起公诉做好准备，是起诉前的准备程序。中国公诉案件的侦查是从立案开始，至案件作出是否移送审查起诉的决定而告终结。它是整个刑事诉讼程序的基础，直接影响着起诉和审判工作的质量。有些国家的侦查与起诉没有明显的界限，都属于审判前程序。中国公诉案件中的侦查是与提起公诉、审判并列的独立的诉讼阶段。

中国的侦查 《中华人民共和国刑事诉讼法》规定，除自诉案件由人民法院直接受理以外，公诉刑事案件的侦查，由公安机关、国家安全机关和检察机关等专门机关分别负责。公安机关是国家的主要侦查机关，检察机关负责侦查国家工作人员的职务犯罪案件，国家安全机关负责侦查危害国家安全的案件，军队保卫部门负责侦查军队内部发生的刑事案件，监狱负责侦查罪犯在监狱内犯罪的案件。侦查机关与公诉机关互不隶属，实行分工负责、互相配合、互相制约的原则。

侦查行为包括：讯问犯罪嫌疑人，询问证人，询问被害人，勘验、检查，搜查，扣押物证、书证，鉴定，辨认，通缉和侦查终结。

西方国家的侦查 西方国家普遍实行起诉与审判相分离的刑事诉讼制度，不论英美法系或大陆法系国家，都将侦查作为起诉的基础予以高度重视，侦查主要由警察机关和检察机关进行。

侦察机 reconnaissance aircraft 用于遂行空中侦察任务，以获取军事情报信息的飞机。按遂行任务分为战略侦察机和战术侦察机。此外还可分有人驾驶、无人驾驶和小型无人侦察机等类型。战略侦察机的特点是航程远，高空性能好，侦察设备完备，隐蔽性好，能深入敌后方地域，对重要目标实施战略侦察。20世纪50年代以后，战略侦察机多是专门研制的。战术侦察机的特点是具有较好的低空高速性能，机上装有遂行任务所需的侦察设备。它通常由歼击机改型而成。

侦察机装有各种情报信息收集设备，包括航空照相机、前视或侧视雷达、电视和红外侦察设备等，有的还装有实时情报处理和传输装置。侦察机一般都装备有较完备的导航设备和其他航空电子设备，有的还装备有电子侦察和电子干扰设备。侦察机可进行目视侦察、成像侦察和电子侦察，其中成像侦察是主要的侦察方式。成像侦察包括可见光照相、红外照相与成像、雷达成像、微波成像和电视成像等。

美国TR-1侦察机

飞机在军事上的最初应用，就是进行侦察。20世纪50年代，侦察机的飞行性能显著提高，侦察设备功能大为增强。如美国的U-2高空战略侦察机。60年代，出现了3倍声速的侦察机，如美国的SR-71高空高速战略侦察机和苏联的米格25R战略侦察机。SR-71可对飞机一侧数百千米纵深进行侦察，照相侦察1小时的侦察范围可达15万平方千米。80年代，美国研制出TR-1战术侦察机。其实用升限超过2.4万米，续航时间达12小时，机上装有完备的侦察设备。

现代战争中，无人侦察机具有效费比高、使用灵便和无人员伤亡等优点，更加引起军界的广泛关注。

侦察卫星 reconnaissance satellite 用于获取军事情报的人造地球卫星。卫星利用装备的光电遥感器或无线电接收机等设备，从轨道上对目标实施侦察、监视或跟踪，以搜集地面、海洋或空中目标的情报；将搜集到的目标辐射、反射或发射出的电磁波信号，用胶卷、磁带等记录存储于返回舱内，在地面或空中回收；或者用无线电传输方法实时或延时传送到地面接收站。收到的信号经光学、电子设备和计算机等处理后，从中提取有价值的情报。

特点 侦察面积大、范围广、速度快、直观效果好，可定期或连续监视特定地区，不受国界和地理条件限制，生存能力强，能取得其他手段难以获得的情报，对军事、政治、经济和外交等均有重要作用。是现代作战指挥系统和武器系统的重要组成部分，常作为国际军备核查的一种重要手段。

分类 ①成像侦察卫星。用于获取地面目标图像信息。均运行于低地球轨道上。在卫星上加装红外照相机和多光谱照相机，可使卫星具有夜间侦察和识别伪装的能力；若加装成像雷达，则具有全天候、全天时侦察能力。②电子侦察卫星。用于侦收雷达、通信和遥测等系统电磁辐射信号。电子侦察有时可揭示敌方的战略意图，如军队部署、调动、作战方案等。还能用于侦察敌方有关新式武器的试验情况。③海洋监视卫星。用于探测、监视舰船和潜艇活动，侦收、窃听舰载雷达和无线电信号。装有专用于监视海上目标的成像侦察和电子侦察设备。一般由两颗或两颗以上卫星或与成像卫星组网联合工作。④导弹预警卫星。用于探测弹道导弹的发射并跟踪其飞行，预测其落点位置并尽早发出警报。是弹道导弹防御系统的重要组成部分。通常由几颗或多颗卫星组网部署。⑤核爆炸探测卫星。用于发现、探测大气层中和外层空间的核爆炸。

侦探小说 detective story 西方通俗文学的样式，属于惊险神秘小说的范畴。主要写具有惊人的推理、判断能力的人物，根据一系列的线索，解破犯罪疑案的故事。其结构、情节、人物甚至环境都有一定的格局和程式，因此也是一种程式文学。由于传统侦探小说中的破案方式大多是推理，所以又称推理小说。19世纪中叶开始发展，美国E.A.坡被认为是西方侦探小说的鼻祖。早期最有影响的侦探小说是英国A.**柯南道尔**的《福尔摩斯探案集》。它带动侦探小说迅速在西方兴起，并在20世纪上半叶进入黄金时代，代表人物为美国的艾勒里·奎恩和英国的阿加莎·克里斯蒂。20年代末期，美国出现了一种反传统的硬汉派侦探小说，代表人物有达希尔·哈梅特和雷蒙德·钱德勒。第二次世界大战后，侦探小说在各国仍十分流行。

珍宝岛 Zhenbao Island 中国**乌苏里江**江中小岛。位于黑龙江省东北部乌苏里江主航道中国一侧。岛长约2 200米，宽约500米，面积约0.74平方千米。自古为中国领土。原为乌苏里江中国一侧的江岸部分，局部较低洼地段受江水和山洪冲刷，于1915年前后同陆地分开，形成江中岛屿。该岛形似元宝，故称珍宝岛。岛上林木茂密，有柳、榆、杨和山丁及其他杂树，山花野草丛生。

水产资源丰富。岛上现有砖瓦房舍和其他建筑，沿江建有护岸工程，岛内侧岔流上建有潜坝。珍宝岛—五林洞公路为对外联系主要通道。

珍宝岛自卫反击战 Zhenbao Island, Counterattack in Self-Defense of 20世纪60年代末中苏之间发生的边境战斗。**珍宝岛**位于中国黑龙江虎林境内，在乌苏里江主航道中心线中国一侧，向为中国的领土。自20世纪60年代中、苏两国关系恶化后，1967年1月至1969年2月，苏军先后16次入侵该岛，干涉中国居民的正常通行和生产活动，阻止中国边防部队执行正常巡逻勤务，并打伤中国边民和边防战士多人。中国政府曾多次严正要求苏联方面停止武装入侵活动。1969年3月2日，苏联边防军出动70余人分乘4辆军车入侵珍宝岛，对中国边防战士进行突然袭击。中国边防部队被迫进行自卫反击，将入侵苏军击退。15日，苏联先后3次出动50余辆坦克、装甲车和步兵200余人，在直升机和炮火支援下，向中国守岛分队发动猛烈进攻，并炮击中国纵深地区。中国边防部队英勇抗击9个小时，挫败其进攻。17日，苏军又出动步兵70余人在坦克支援下入侵珍宝岛，中国边防部队以炮火将其击退。珍宝岛自卫反击作战的胜利，捍卫了国家领土主权，维护了中华民族的尊严。

珍妃 Zhenfei（1876-02-27～1900-08-14） 中国清代光绪帝妃。满洲镶红旗人。他他拉氏。礼部侍郎长叙之女。光绪十四年（1888）十月选为珍嫔，次年二月入宫，深得光绪帝宠爱。

1894年春因慈禧六旬庆典，晋封珍妃。其兄礼部侍郎志锐在甲午中日战争中主战，旋因慈禧打击主战的帝党，将珍妃和她的姐姐瑾妃均降为贵人，次年恢复两人的位号。1898年变法维新期间，其弟工部笔帖式志锜同维新派关系密切。珍妃自己也支持光绪帝变法，引起慈禧的忌恨。政变发生后，珍妃被囚禁于紫禁城东北部的北三所。1900年**八国联军**进攻北京，慈禧携光绪帝出逃，行前，令太监崔玉贵将珍妃推入乐寿堂后井中溺死。1901年追封为恪顺皇贵妃。后移葬河北易县崇陵妃园寝。

珍稀动物 rare animal 在经济、科学、教育和文化等方面有重要价值而现存数量稀少的野生动物物种。是自然保护的重点对象。

中国1950年发布《关于稀有生物保护办法》。1983年颁布《严格保护珍贵稀有动物的通令》。1988年颁布《中华人民共和国野生动物保护法》和《国家重点保护野生动物名录》。重点保护动物有27类229种，其中一级保护7类89种，二级保护20类140种；包括哺乳纲、鸟纲、爬行纲、两栖纲、珊瑚类、腹足类、瓣鳃类、头足类、昆虫类、肠鳃类动物。1992、1993年又颁布《中华人民共和国陆生野生动物保护实施条例》和《中华人民共和国水生野生动物保护实施条例》。中国珍稀动物有凤蝶、中国鲎等无脊椎动物，中华鲟、象鼻鱼等鱼类动物，大鲵、虎纹蛙等两栖动物，扬子鳄、玳瑁等爬行动物，丹顶鹤、鸳鸯、金雕等鸟类动物，华南虎、亚洲象等哺乳动物。世界珍稀动物有虎甲虫、洞蜘蛛、加利福尼亚淡水虾等节肢动

金雕

物，小杜父鱼、叶唇鱼、红大麻哈鱼等鱼类动物，巴拿马金蛙、旱谷蟾蜍等两栖动物，印度蟒、孟加拉巨蜥、菲律宾鳄、角龟等爬行动物，夏威夷蜜鸟、西非鸵鸟、南美秃鹫等鸟类动物，澳洲野狗、北美黑足雪貂、非洲狮子、长颈鹿等哺乳动物。其中不少是**濒危动物**。

珍稀植物 rare plant 在经济、科学、教育和文化等方面有重要价值而现存数稀少的野生植物物种。是自然保护的重点对象。

中国1950年发布《关于稀有生物保护办法》。1984年公布中国第一批《珍稀濒危保护植物名录》，共354种，其中一级保护8种，二级保护143种，三级保护203种。1987年出版《中国珍稀濒危保护植物名录》，共389种，比1984年名录增35种，包括一级保护8种，二级保护159种，三级保护222种。1996年颁布《中华人民共和国野生植物保护条例》。中国珍稀植物有桫椤、扇

中国珍稀植物紫牡丹

蕨等蕨类植物，红豆杉、翠柏、水杉、银杏等裸子植物，金花茶、野牡丹、珙桐、玫瑰等被子植物。世界珍稀植物有南美的王莲、非洲的百岁兰（又称**百岁叶**）及塞舌尔群岛的海椰子等。其中不少是濒危植物。

珍珠 pearl 由贝类外套膜分泌的物质所形成的固体粒状物。古称真朱、真珠、蚌珠、珠子。主要用以制作项链、手镯、戒指、耳环等工艺品和日用化妆品的原料。珍珠有镇心安神、养阴熄风、清热坠痰、去翳明目、解毒生肌等功用，也是许多特效中药不可缺少的成分。

特性 珍珠含有90%以上的碳酸钙，

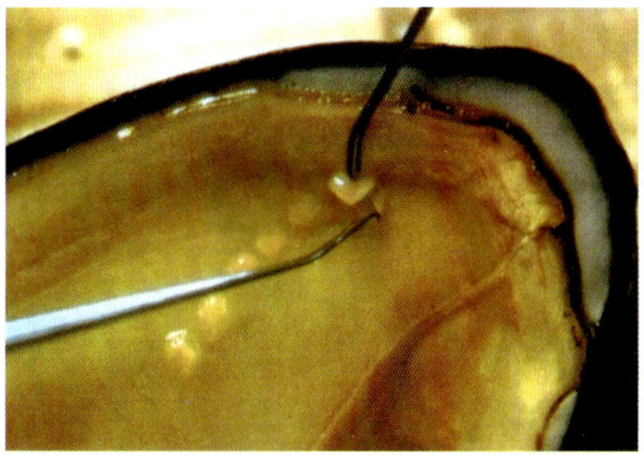
人工插核

镁、锰、磷、铅、铜等10多种元素，以及3%～4%的有机物，主要是壳角蛋白、少量卟啉等色素及荧光物质。珍珠的光泽主要来自薄片状排列的碳酸钙霰石结晶。珍珠有玉白、银白、粉红、金色、奶油色、黄、蓝、紫、红、绿、黑等色，以银白色、粉红色为最多。珍珠遇酸会腐蚀而失去光泽。

成珠原理和产珠贝 在天然水域中，砂粒等异物进入贝的外套膜，刺激其外表皮，并陷进外套膜的结缔组织，形成珍珠囊并分泌珍珠质，逐渐沉积为天然珍珠。凡具有珍珠层的贝类均可生成珍珠，但能生产具有经济价值珍珠的贝类不多。海产的有鲍科、珍珠贝科，淡水产的有珍珠蚌科及蚌科等的一些种。专产海产天然珍珠的贝类有马氏珠母贝、红海珠母贝、波斯珠母贝、顾氏珠母贝、马渣坦珠母贝、桑给巴尔珠母贝、锡兰珍珠贝等。

人工育珠 根据天然珍珠的形成原理，进行人工育珠（见图）。人工培育的珍珠可分有核、无核和像形珍珠三类。①有核珍珠。是在育珠母贝中用手术植入圆形珠核和外套膜小片而形成的珍珠。②无核珍珠。不用人工珠核，只插入细胞小片而得的珍珠。③像形珍珠。又称附壳珍珠。手术方法是将浮雕物放在育珠母蚌的贝壳和外套膜之间，使其附着在贝壳上，外套膜外表皮细胞分泌珠质沉积在浮雕表面，经一两年的培育即成各种形象的附壳珍珠。中国现已能利用蚌类培育出各种大型像形珍珠。

珍珠贝科 Pteriidae 双壳纲珍珠贝目一科。主要分布在热带和亚热带海域。中国东南沿海已发现约20种。经济价值较大的有合浦珠母贝、大珠母贝、珠母贝、企鹅珍珠贝等。

珍珠贝的贝壳较大，壳质坚厚，近圆形或方形。背缘直，壳顶约位于背缘中部，前后有耳状突起。右壳前耳下方具明显的足丝孔。壳表有各种生长鳞片，壳呈灰白色、黄褐色、绿褐色等。贝壳内面珍珠层厚，具美丽的珍珠光泽。肌痕大，马蹄形，极明显。韧带细长，呈褐色，位于背缘。无水管，直肠末端有肛门膜。营附着生活，足退化而足丝发达。栖息于潮间带低潮线附近至潮线下60米以内的浅海底，以足丝附着生活在风浪小而流水通畅的岩石或珊瑚礁上。产

珍珠贝

卵期为5～10月，繁殖力强，生长速度快。珍珠贝肉味鲜美，可食用；所产珍珠的经济价值更高；壳和珠除作为装饰品外，还可入药。中国对珍珠贝的采捕和利用已有2 000多年历史。20世纪70年代以来中国南部沿海对合浦珠母贝和大珠母贝进行大规模人工养殖。

珍珠港 Pearl Harbor 美国在太平洋的主要军港，太平洋舰队总部所在地。位于夏威夷群岛瓦胡岛南岸，东距火奴鲁鲁约10千米。陆地面积40多平方千米。由3个深入陆地的海湾组成，仅一窄口与大洋相通。湾内水深10～20米，通航水域面积26平方千米。港区掩蔽条件好，水域回旋余地大，为世界著名天然良港。因水域内曾盛产珍珠而得名。1887年美国获得在此建立加煤站和修船站的特权。1898年夏威夷归属美国后，开始兴建大型海、空军基地。1941年12月7日日本海军飞机偷袭珍珠港，发动太平洋战争。第二次世界大战后，美国国会通过巨额拨款，进行改建和扩建，基地的装备和设施更加现代化。1962年在当年战列舰“亚利桑那”号沉没处，建起一座白色枕形建筑，纪念珍珠港事件中阵亡将士。

珍珠港事件 Pearl Harbor Incident 第二次世界大战期间，日本海军于1941年12月7日对美国海军基地珍珠港实施的战略突袭。珍珠港位于夏威夷群岛瓦胡岛南端，为美国太平洋舰队主要基地和通往亚洲、大洋洲的交通枢纽。1940年，随着欧洲战局的发展和德、日、意三国同盟的建立，日本加紧“南进”的战争准备，以夺取美、英、荷在东南亚和西南太平洋的殖民地。为消除美太平洋舰队对其“南进”的威胁、夺取开战初期的制海权和制空权，日本海军军令部于1941年10月批准日本联合舰队司令长官山本五十六提出的珍珠港袭击计划。战前，美国对日本突袭珍珠港的可能性估计不足，疏于戒备。

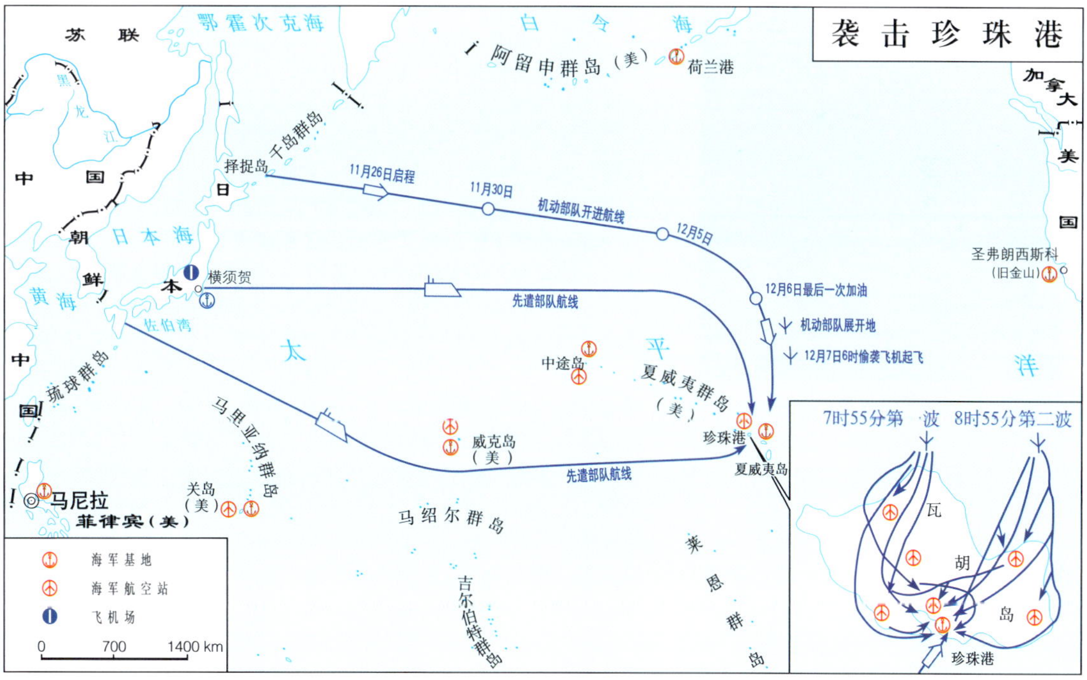

11月26日，以6艘航空母舰（舰载机约400架）为主力编成的机动部队从千岛群岛的择捉岛单冠湾起航，沿北航线驶向瓦胡岛。12月7日（星期日）当地时间6时起，日军出动第一波183架飞机，7时40分从瓦胡岛西部进入，7时55分开始攻击，8时40分结束攻击。与此同时，日军第二波171架飞机抵临，从瓦胡岛东部进入，8时55分开始攻击，持续约1个小时。整个行动，日军仅遇轻微抵抗，以损失29架飞机、1艘潜艇和5艘特种潜艇的微小代价，击沉击伤泊驻在港

内的全部8艘战列舰和十余艘其他主要舰只，击毁美机232架，毙伤美军3 681人。美太平洋舰队的3艘航空母舰因出海执勤而免遭一劫。8日，美国对日宣战。

日本通过袭击珍珠港给美国太平洋舰队以重创，为进攻菲律宾、马来亚和荷属东印度提供了可靠保证。

珍珠梅 *Sorbaria kirilowii*; giant false spiraea 蔷薇科珍珠梅属的一种。又称华北珍珠梅。分布于中国河北、山西、山东、河南、陕西、甘肃、内蒙古等地。落叶灌木，高约3米。奇数羽状复叶，互生，小叶13～21，披针形至矩圆状披针形，长4～7厘米，边缘有尖锐重锯齿；具托叶，常早落。圆锥花序顶生；花两性，辐射对称；花萼5裂；花瓣5，白色；雄蕊20～25，花丝不等长，短于或等长于花瓣，遇花丝更多且远长于花瓣者，则为另种；心皮5，离生，子房上位，1

室；花期5～7月。蓇葖果矩圆形，有反折的宿存萼片；果期8～9月。生长在海拔200～1 300米的山坡阴处或杂木林中。各地常见庭园栽培，供观赏。

《珍珠篇》诗人 *Pearl Poet* 英国数部诗歌作品的作者，姓名已佚。17世纪英国收藏家科顿氏收藏的同一抄本集内，有4部用中古英语西北中部方言写成的双声体诗歌作品。似出自同一作者。其中《珍珠篇》约成于1375年。全诗长1 200行。描写诗人在梦中与两岁夭折的女儿珍珠相见的情景，是一首感情真挚的挽歌。对景物和人物形象的描写极为细致，色彩丰富。《纯洁篇》长1 800行，宣扬只有洁身自好才能接近纯洁的上帝。故事生动。《忍耐篇》长531行，写约拿被抛进大海为大鱼吞食，在鱼腹中埋怨上帝，上帝责备他缺乏忍耐。对话生动。《高文爵士与绿衣骑士》长2 530行，歌颂骑士的勇敢和骑士应有的诚实和荣誉感，重申骑士制度的理想。故事结构完整，对话流畅自然，细节真实，诗韵工整。

珍珠球 pearl ball 中国少数民族满族的传统体育项目。由满族青年在采珍珠劳动之余以绣球往背篓中竞投发展而成，距今已有300多年历史。珍珠球比赛场地长28米、

珍珠球比赛

宽15米，分为两个半场，各半场又分为水区、封锁区和得分区。设备有球、球拍和抄网。球由橡胶制成，周长55厘米。比赛由两队进行对抗，各队上场6人，3人在水区进攻或防守，2人在封锁区持拍防止对方投球，1人在得分区持抄网采球，每抄到一球得1分。在规定时间内，得分多的队为胜队。1991年第4届全国少数民族传统体育运动会始列为正式比赛项目。

真谛 Paramārtha (499～569) 中国南朝僧人，四大译经家之一。音译波罗末陀，意译亲依。西印度优禅尼国人，少时博学。梁中大同元年（546）遇梁武帝使臣，从扶南（今柬埔寨）来至南海（今广州），后至建康（今南京），又游历今苏、浙、赣、闽等地传法译经，最后又到南海，与弟子专事译经，前后共译经论纪传64部278卷。主要有《十七地论》、《金光明经》、《无上依经》、《仁王般若经》、《广义法门经》、《唯识论》、《摄大乘论》、《俱舍论》、《佛性论》等。弟子有慧恺等。

真鲷 *Chrysophrys major*; red sea bream 鲈形目鲷科真鲷属的一种。名贵海产经济鱼类。又称加吉鱼、铜盆鱼、加拉鱼、猎鱼。分布于中国沿海，也见于日本及夏威夷等海区。

体侧扁，背面隆起度大，狭窄，腹部钝圆。头大。眼间隔凸起，稍大于眼径，口较小，体被中等大弱栉鳞。上下颌前端具数枚犬牙，两侧各具两行臼齿。体淡红色，

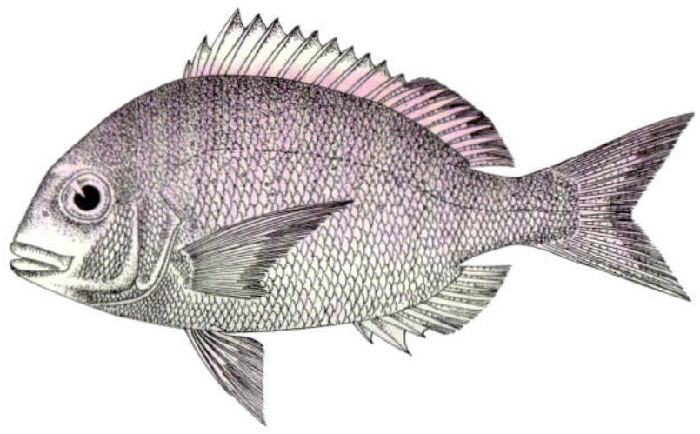

体背侧散布若干蓝色小点，尾鳍后缘黑色。为暖温性近海底层鱼类，喜结群栖息。杂食性，主要摄食底栖甲壳类、软体动物等。有明显的产卵和越冬洄游现象。中国分黄、渤海和福建沿海两个鱼群。

真鲷肉味鲜美，多鲜销，部分制成罐头及熏制品。

《真诰》 *Instructions of Truth* 中国道教经典。梁陶弘景撰。成书于梁武帝天监年间（502～519）。原书10卷，今《道藏》析为20卷。

相传晋哀帝兴宁三年（365）上清祖师魏华存授受杨羲经法、仙真传记、修行秘诀等，杨又传许谧、许翙，其后三人又造作经诰在江东各地广为流传。南朝齐道士顾欢搜集杨、许三君手书，编为《真迹经》。梁陶弘景又在《真迹经》的基础上，补漏纠谬、增删注解，编成《真诰》一书。

全书正文7篇，记述众仙真劝告杨、许三君修道学仙事迹，内容涉及上清教义教理、经文典籍、历史人物、神仙信仰、存神养生的众多法诀。此书为东晋南北朝时期道教上清派集大成之重要著作，对后世道教影响颇深。

真骨鱼类 Teleostei 辐鳍鱼亚纲的一个次纲。此亚纲中最进步的一类，由全骨鱼类进化而来。从侏罗纪到现代，是硬骨鱼纲中最为繁盛的一个类群。现生种类极多，有400多科，近2万种。保存为化石的种类不多，有一部分是早已绝灭的。共计40余目、主要归纳为8个超目。

薄鳞鱼超目 原始的已绝灭的化石鱼类。主要出现于晚侏罗世到晚白垩世。

海鲢超目 较原始的、结构上接近全骨鱼类的海水鱼类。化石最早发现于上侏罗统，大部分化石发现于晚白垩世。

鲱超目 鱼体中等大小、习性不同的海生鱼类。有化石种和现生种。

骨舌鱼超目 结构上接近全骨类、保留颌悬器和肩带上原始特征的鱼类。真骨鱼类的早期分支。包括一些体型大小不同的淡水鱼类。这个超目少数残存现生种类广布南美、非洲、澳大利亚、亚洲。化石发现不多，多发现于淡水沉积中。

原棘鳍超目 身体细长、食肉为主的海水和淡水鱼类。

骨鳔超目 一些结构上进步、习性不同、世界广布的淡水鱼类。所属鲤形目拥

有200多个属2 000多种，是现生淡水鱼类中最大的目。

副棘鳍超目　生活于淡水或海水中的食肉鱼类。重要特征是上、下咽鳃骨上有齿，以适应食肉生活方式。此类化石主要在第三纪。现生种有分布美国、加拿大江河的鲑鲈鱼。

棘鳍超目　一些形状及习性非常不同的鱼类。生活于咸水或近海，少数种类生活于淡水水域内。此类鱼最大特征是，头骨上、鳃盖上或鳍上经常有棘刺，因而得名。

真核生物　eukaryote　由真核细胞构成的生物，包括原生生物界、真菌界、植物界和动物界。

演化　最原始的真核生物的直接祖先很可能是一种异常巨大的原核生物，体内具有由质膜内褶而来的像内质网那样的内膜系统和原始的微纤维系统，能够做变形运动和吞噬。以后内膜系统的一部分包围了染色质，于是就形成了最原始的细胞核。内膜系统的其他部分则分别发展为高尔基体、溶酶体等细胞器。按照美国学者L.马古利斯等重新提出的“内共生说”，线粒体起源于胞内共生的能进行氧化磷酸化的真细菌，而叶绿体则起源于胞内共生的能进行光合作用的蓝细菌。

分类　美国学者R.H.惠特克1969年把真核生物分为4界：原生生物界、真菌界、植物界和动物界。原生生物界包括原生动物、单细胞藻类和单细胞真菌。真菌界营腐生或寄生生活，多数种类细胞有几丁质的壁，菌体多由菌丝组成。植物界有叶绿体，能进行光合作用，细胞有纤维素的壁。动物界营摄食或捕食生活，多数种类能运动，细胞无壁，有复杂的胚胎发育过程。这种分法已经得到较普遍的承认。

真核细胞　eucaryotic cell　具有典型的细胞结构，有明显的细胞核、核膜、核仁和核基质的细胞。真核细胞遗传信息量大，并且有特化的膜相结构。真核细胞的种类繁多，既包括大量的单细胞生物和原生生物（如原生动物和一些藻类）细胞，又包括全部的多细胞生物（一切动植物）的细胞。见细胞。

真菌　fungus; eumycetes　具有真正细胞核、能产生孢子而没有叶绿素、能进行有性或无性繁殖、常具分枝的丝状营养体。属种很多。

结构　真菌是多型性生物，以吸收水分和养料进行营养繁殖，由简单到复杂，可分为原质团、单细胞、假菌丝、两型菌丝和菌丝体。菌丝体是常见的典型营养体，由微小丝状物构成，它在基物上向一个方向分枝、延伸以便获取养料。

常见的细胞器有细胞核、线粒体、微体、核糖体、液泡、溶酶体、泡囊、内质网、微管、鞭毛等，内含物有肝糖、晶体、脂体等。大多数丝状真菌的原生质由横膈膜隔开，在许多真菌中有不同类型的营养结构，如菌索、菌核和子座等。

营养和生长　真菌对营养的需要与动物和细菌相似，不像绿色植物那样能自己合成食物。真菌所需有机物质依赖于自然界其他生物。从死有机体中吸取养料的真菌为腐生菌。可侵害活有机体的真菌称寄生菌。被寄生菌侵害的活有机体称寄主。寄生和腐生并非绝对，一定条件下，一些真菌既能分割活有机体又能生活在死有机体上，这种真菌称兼性寄生菌或兼性腐生菌。许多真菌既从其他活有机体摄取养料，又向同一活有机体提供养料，称为共生真菌。

单细胞真菌菌体的生长，主要经过细胞膨大、细胞核分裂、细胞质合成，最后达到细胞的芽殖或裂殖，进入无性繁殖。丝状真菌的生长以顶端延长的方式进行。

生殖　真菌的繁殖方式分为无性繁殖、有性生殖、准性生殖。

无性繁殖指不经过两性细胞结合产生新个体，有4种方式：①体细胞（菌丝）的断裂。②体细胞分裂成子细胞。③体细胞或孢子的芽殖。④各种无性孢子（如游动孢子、孢囊孢子、分生孢子、厚垣孢子等）的生产，每个孢子可萌生芽管，再形成菌丝体。无性繁殖在真菌的繁衍和传播上起重要作用。

有性生殖指两个可亲和的结合性细胞核，通过游动配子配合、配子囊接触交配、配子囊交配、性孢子配合和体细胞配合实现。典型的有性生殖过程分质配、核配、减数分裂三个阶段。最后形成各种有性孢子，如休眠孢子囊、卵孢子、接合孢子、子囊孢子和担孢子。

准性生殖分三步：①形成异核体。②两个核的融合。③包括二倍体核一系列非典型的、不规则的单倍体化。发生准性生殖的只有曲霉、青霉和镰孢霉属中的少数种。有性生殖和准性生殖并不互相排斥，有的真菌如构巢曲霉，既发生有性生殖也发生准性生殖。

生态　真菌种类很多，对生存条件的要求和反应各异。真菌生活在水域、陆地、热带、寒带各处；有的全年生长，或只在某季节生长；有的寄生于其他生物，有的与其他生物共生，有的只能生长在其他生物的腐败残骸上。每种真菌对养料、温度、湿度、酸碱度、氧、光线等都有特殊要求。

意义　真菌是一类极丰富的自然资源。人和动物每年消耗大量的真菌菌体和子实体；它也是重要的药用资源；其某些代谢产物在工业上用途广泛；某些真菌如毒力虫霉的代谢产物——脂溶性甾醇类化合物具有广谱杀蚜虫作用，对一些鳞翅目害虫均有很强杀灭作用，且不污染环境，对人畜安全。另一方面，某些真菌引发人体足癣、体癣等疾病；烟曲霉、黄曲霉引发曲霉病；念珠菌侵染人体，误食毒菇均可致人命；腐生真菌可使衣物发霉、食物腐败变质等。

真菌学　mycology　研究真菌形态、分类、生理、生态、发育和遗传的科学。微生物学的分支学科。研究内容分为基础研究和应用研究。前者包括真菌分类学、真菌比较形态学、真菌生理学、真菌生态学、真菌地理学、真菌遗传学等；后者包括工业真菌学、工艺真菌学、医学真菌学、兽医真菌学、真菌毒素学、药用真菌学、食用菌学等。传统的真菌概念是多元的，主要包括管毛生物界、异藻界、卵菌、丝壶菌、网黏菌以及被置于原生动物界的集胞菌、网柄菌、根瘤菌和黏菌。现代真菌界研究的对象主要包括壶菌、接合菌、子囊菌和担子菌及其无性阶段。

真可　Zhenke（1543～1603）　中国明末四大高僧之一。字达观，晚号紫柏，世称“紫柏尊者”。俗姓沈，吴江（今属江苏）人。17岁于虎丘云岩寺出家；20岁受具足戒。于修寺、刻经颇有业绩，其中最重要的是创刻“方册藏”。“方册藏”就是被后世称为《径山藏》或《嘉兴藏》的《大藏经》。由于中国古代所刻藏经采用折装形式装帧，不便流通，真可有鉴于此，乃著《刻经缘起》，发动社会集资募刻，共襄把梵夹本改为方册本。从万历十七年（1589）在山西五台山紫霞谷妙德庵正式开刻，经过数代人的努力，至清康熙十五年（1676）才最终雕刻完毕。著作有《紫柏尊者全集》30卷和《紫柏尊者别集》4卷及附录1卷。

真空　vacuum　按其词源本义是虚空，即一无所有的空间；按现代物理的观点，真空不空，其中包含着极为丰富的物理内容。

人类关于真空的认识经历了几次根本的变革和反复。古希腊德谟克利特的原子论认为所有的物质都是由原子组成，原子之外就是虚空。17世纪R.笛卡尔提出以太旋涡说，认为空间充满了以太，并用以说明行星的运动。不久I.牛顿建立以运动三定律和万有引力定律为基石的牛顿力学，成功地解决了行星绕日运动问题，引力被认为是超距作用的，无需以太作为传递媒介，从而否定了以太论。19世纪发现光的波动性，认为波的传播必须依靠介质，特别是后来发现了电磁场的波动性，以太论再度兴起，认为宇宙中不论何时何地，任何物体内无不充满了以太，光和电磁波被解释为以太的机械振动。后来虽然在观念上有所变化，把光和电磁波看成电磁场的振动，但以太仍然保留着某种绝对的性质，它可以看成是描述万物运动的绝对静止的参考系。19世纪末20世纪初各种试图探测地球相对于以太运动速度的实验均告失败，A.爱因斯坦建立狭义相对论，再次否定了这种作为绝对静止以太的存在。稍后，爱因斯坦在用场论观点研究引力现象时，已经认识到空无一物的真空观念是有问题的，他曾提出真空是引力场的某种特殊状态的想法。

首先给予真空崭新物理内容的是P.A.M.狄拉克。狄拉克于1930年为了摆脱狄拉克方程负能解的困境，提出真空是充满了负能态的电子海。当负能态的电子吸收了足够的能量跃迁到正能态成为普通电子时，电子海中才能留下可观测的空穴，即正电子。从体系的能量角度看，这种情况比只有电子海的真空状态要高，因此真空就是能量最低的状态。从现代量子场论的观点看，每一种粒子对应于一种量子场，粒子就是对应的场量子化的场量子。当空间存在某种粒子时，表明那种量子场处于激发态；反之不存在粒子时，就意味着场处于基态。因此，真空是没有任何场量子被激发的状态，或者说真空是量子场系统的基态。

关于真空的近代认识不再是哲学上的思辨，而是可通过实验来检验的。有不少现象都需要用真空的近代观念予以说明。例如氢原子能级的兰姆移位和电子的反常磁矩，实验上已经以非常高的精度证实了真空极化的效应；高能正负电子对撞湮没为高能光子，反之高能光子可使真空激发出大量的粒子，也是很好的明证。对于真空的认识尚属初级探索阶段，物理学家还在探索真空自发破缺和真空相变等问题，必将推动物理学的进一步发展。

真空泵 vacuum pump 利用机械、物理、化学或物理化学方法对容器抽气，以获得真空的装置。

分类 按抽气的工作原理分为：①容积真空泵。利用泵腔工作室的容积变化进行抽气。有往复真空泵（又称活塞真空泵）、旋片真空泵（又称滑片真空泵）、滑阀真空泵、余摆线真空泵、罗茨真空泵、液环真空泵。②动量传输真空泵。利用高速蒸气射流或高速旋转转子抽气。包括油扩散真空泵、水蒸气喷射真空泵、涡轮分子泵、喷射真空泵、扩展喷射真空泵。③捕集真空泵。利用吸附和冷凝作用使气体分子永久或暂时储存在泵内。有分子筛吸附真空泵、钛升华泵、油扩散泵、吸气剂离子真空泵、低温泵（又称冷凝泵）。

按工作介质分，有油蒸气真空泵、蒸气真空泵和水环真空泵等。按在真空系统中作用分，有主抽泵、增压泵、前置泵、粗抽泵和维持泵。按工作压力范围分，有低真空泵、中真空泵、高真空泵和超高真空泵。

性能 真空泵的基本性能参数有抽气速率、极限压力、工作压力范围和何氏系数。何氏系数为中国物理学家何增禄于20世纪30年代初首次提出。

真空系统 由真空容器、真空泵、真空阀、真空测量仪表和连接管路等组成的抽气系统（见图）。在真空系统中，主抽泵用来获取工作真空。真空容器的工作压力一定要在主抽泵最大的抽气速率的压力范围内。

真空电子器件 vacuum electronic device 借助电子在真空或者气体中与电磁场发生相互作用，将一种形式电磁能量转换为另一种形式电磁能量的器件。具有真空密封管壳和若干电极，管内抽成真空，残余气体压力为10^{-4}～10^{-8}帕。有些在抽出管内气体后，再充入所需成分和压强的气体。广泛用于广播、通信、电视、雷达、导航、自动控制、电子对抗、计算机终端显示、医学诊断治疗等领域。真空电子器件按其功能分为：实现直流电能和电磁振荡能量之间转换的静电控制电子管；将直流能量转换成频率为300兆赫～3 000吉赫电磁振荡能量的微波电子管；利用聚焦电子束实现光信号与电信号的转换、存储和显示的电子束管；利用光电子发射现象实现光电转换的光电管；产生X射线的X射线管；管内充有气体并产生气体放电的充气管；以真空和气体中粒子受激辐射为工作机理，将电磁波加以放大的真空量子电子器件等。自20世纪60年代以后，很多真空电子器件已逐步为固态电子器件所取代，但在高频率、大功率领域，真空电子器件仍然具有相当生命力，而电子束管和光电管仍被广泛应用并有所发展。

真空冶金 vacuum metallurgy 在气压低于0.1兆帕条件下进行的冶金过程，包括金属及合金的熔炼、提纯、精炼、成型等。目的是：①尽量减少金属受气相的污染。②降低溶解于金属中的氧、氢、氮等杂质或较易挥发的杂质元素（如铅、锌等）的含量。③促进有气态产物产生的化学反应。④避免由耐火材料容器（坩埚）带来的不良影响。主要有真空还原、真空蒸馏、真空脱气、真空熔炼、真空感应熔炼、真空自耗电极电弧熔炼、真空电子束熔炼、铁合金真空脱碳等。

真腊 Chenla 公元6世纪中叶，古吉蔑人在今柬埔寨建立的国家。又称吉蔑。真腊原是扶南北部的一个属邦，最初发祥地在湄公河中游占巴塞地区，几度迁都定都于吴哥。6世纪中叶，扶南已渐衰落，真腊国王拔婆跋摩及其弟摩诃陀罗跋摩（即质多斯仍）开始兼并扶南。至7世纪，伊奢那跋摩最后征服扶南，把都城迁到森河流域的伊奢那捕罗。

7世纪末，阇耶跋摩死无嗣，王后阇耶德维执政，国内大乱。8世纪初，遂分裂为陆真腊和水真腊两个国家。后来水真腊因宗族互争雄长，分崩离析。8世纪下半叶，又遭到爪哇夏连特拉王国的入侵，遂沦为其附庸。

8世纪末，一个流亡在爪哇的王子回到了真腊本土，驱逐爪哇势力。他以英德拉普拉（今磅湛以东的班选·波雷·那考）为基地，开展复国活动。802年，他把都城迁到洞里萨湖北面今吴哥地区古连山上，宣告建立吴哥王朝，自号阇耶跋摩二世（802～869年在位）。

阇耶跋摩二世以印度教为国教，把自己说成是湿婆天神的化身，被赋予统治人民的权力，建造林伽庙塔山作为人民崇祀的圣地。其后继者们无不仿效，因此吴哥地区庙塔林立，在范围约45千米的地方，有大小圣塔、庙宇600多座，构成一幅壮丽非凡的吴哥艺术，其中，以吴哥窟最为杰出。12世纪下半期开始建造吴哥通王城（又称大吴哥），城墙周长约12千米，有五重石砌城门，城内有王宫、巴扬寺等建筑。

阇耶跋摩五世（1180～1215年在位）之后，吴哥王国开始衰落，1431年，吴哥被暹罗攻陷。1434年被迫迁都百囊奔（金边）。后国势衰微，1594年为暹罗征服。

真腊同中国长期保持友好关系。中国唐代时期，陆真腊王子和副王先后来长安，赠送驯象给中国。宋、元、明各代都与柬埔寨互通贸易。13世纪末，周达观随元使至真腊，所撰《真腊风土记》一书，为研究柬埔寨历史的珍贵史籍。

《真腊风土记》 *The Customs of Chenla* 一部反映柬埔寨吴哥王朝历史文化的汉文史籍。作者周达观，中国浙江温州人，元朝成宗元贞元年（1295）奉命随使赴真腊访问，次年7月至该国，逗留一年许始返。回国后，以其所见所闻，用游记形式，生动、真实地写下了这部《真腊风土记》。全书约8 500字，除卷首“总叙”外，分40则表述。书中描绘国都吴哥城的建筑和雕刻艺术，详细地叙述当地人民的经济活动和生活情况，记载该国的山川、物产、风貌、语言、文化以及“唐人”流寓等事物，还记录了当时的60多个柬埔寨语词，这是现存的同时代人对吴哥社会历史文化的唯一记录，也是研究柬埔寨古代史和中柬交通友好关系的珍贵文献，向来为中外史家所肯定，《四库全书总目提要》称它文义颇为赅赡，本末详具，可补元史佚阙。

该书记载内容翔实可靠，具有重要史料价值，如有关“耕种”条的记载，真实地记录了柬埔寨的气候特点、降雨和耕种等情况。又如“城郭”条对吴哥城的描述，许多学者根据实地勘测的结果，“证实周氏本人曾亲临此地，将目睹者笔之于书，确为信史”。

《真腊风土记》自问世以来，便受到学术界的重视。中国自明代以后都有刊本，迄今已有十余种之多。现代中国学者也十分重视此书的研究。1975年，香港中文大学刊布陈正祥教授的《真腊风土记研究》；1976年，台湾省台北市中华书局发行金荣华教授的《真腊风土记校注》；1981年，北京中华书局出版夏鼐教授的《真腊风土记校注》。以夏鼐校本比较完善，注释也较为丰赡，书后附录三《版本考》，也很有参考价值。

真理 truth 对客观存在的、不依赖于人的主观意识的存在状态、实践活动的正确反映。与谬误相对。

在西方哲学史上，“真理”源自古希腊αληθηб一词，意指公开展现在人的理智之前的东西。古希腊哲学家苏格拉底认为只有抽象的道德概念才是永恒不变的绝对真理；柏拉图坚持，真理不过是对所谓“理念世界”的“回忆”；亚里士多德提出“凡以不是为是、是为不是者，这就是假的，凡以是为是、以不是为不是者，这就是真的”。在欧洲中世纪，真理被用来指宗教教义或神意。托马斯·阿奎那提出宗教真理与哲学真理的区分，认为后者是较高级真理，前者是较低级真理，后者从属于前者。伊本·路世德提出“双重真理说”，即宗教和哲学原则上都能给人们带来真理，它们各自独立，同时并存，各有其运用范围。

近代经验论者认为，经验是人的知识或观念的唯一来源，判定认识的真假须诉诸经验的检验与证实；唯理论者则认为，存在着与生俱来的天赋观念和天赋知识，或存在着虽非生而有之但决不依赖任何经验的先天概念、范畴和先天知识，真理的标准就在理性本身之中。德国古典哲学大大深化了真理学说。I.康德认为理性只能认识事物的现象，而无力认识事物的本质，因此，他对真理的认识总体上持否定态度。G.W.F.黑格尔批判了康德的不可知论，他把辩证法引入认识论，猜测到了客观真理是在观念中对存在本质认识的结果，真理是现象和本质的统一、理论与实践的统一，以及真理是全面的、具体的，是一个永无止境的发展过程等辩证法思想。

在现当代哲学史上，关于真理的探讨空前活跃，提出了一些新的真理学说，包括真理符合说、真理融贯说、真理实效说、语义真理说、真理冗余说等。

马克思主义哲学在吸收前人成果的基础上，以科学的实践观为基础，实现了哲学观的变革，创立了新唯物主义，提出了实践真理观。实践真理观在真理观上的革命变革，在于视真理为一个实践范畴，将过去一直囿于认识论范围内的真理范畴，置于实践论中加以解决。实践作为人的存在方式和实际生活过程，是真理的源泉。真理有一个随着人类实践的不断发展而发展、随着人类的认识不断深化而深化的没有止境的、无限接近或逼近的过程。真理只有在实践中才能证明自己的真理性。

《真理报》 *Truth*; *Pravda* 俄罗斯最有影响的俄文对开日报。原为苏联共产党中央委员会机关报，在莫斯科出版。1912年5月5日在圣彼得堡创刊。V.I.列宁直接参与了创办工作，又是此报的思想领导人和主要的政论撰稿人。许多工人捐款资助并成为积极的撰稿人、记者和推销员。第一次世界大战前夕被沙皇政府查封。1917年3月18日复刊，正式成为俄国社会民主工党（布）中央委员会机关报。1917年7月18日编辑部被贵族士官捣毁，并遭临时政府查禁，改以《〈真理报〉传单》等名义继续出版。十月革命后，于1917年11月9日在彼得格勒复刊，1918年3月16日迁至莫斯科。1952年10月起为苏共中央机关报，由苏共中央任命的编辑委员会领导。为苏联最有权威的报纸。设有22个部和1个新闻处，在国内外有百余名常驻记者。在全国42个城市印刷。国外订户遍布120多个国家。日发行量逾千万份。

1991年底苏联解体后，该报经营困难。1992年与一家希腊公司合作后继续维持。不久报社一分为二，一家仍称《真理报》，由真理报社股份公司出版；另一家称《真理报-5》，由获外国资本支持的真理报国际股份公司出版。

真纳 Jinnah, Mohammed Ali (1876-12-25～1948-09-11) 巴基斯坦的缔造者，第一任总督（1947～1948年在位）。生于卡拉奇，卒于同地。1892年进入伦敦林肯律师学院学习。1896年在孟买执律师业。1913年加入全印穆斯林联盟，但同时忠于国大党。

1916年出任穆斯林联盟主席并再次当选为中央立法议会议员。1917年加入A.白山特夫人的全印自治同盟，当选为该盟孟买支部首任主席。1921年初在非暴力不合作运动纲领问题上同M.K.甘地发生分歧，导致真纳退出国大党。1934年成为穆斯林联盟终身主席。1940年1月真纳指出，印度穆斯林既是一个教派，也是一个民族，应同印度教徒一起共同分享管理国家的权利。1940年3月穆斯林联盟拉合尔会议通过《巴基斯坦决议》后，创办《黎明报》，大力宣传该决议，要求英国移交政权时平等对待印度教徒和印度穆斯林。1946年5月英国内阁使团拒绝了真纳建立巴基斯坦国家的要求，真纳亦拒绝了内阁使团提出的建立印度联邦临时政府的方案，宣布将为建立巴基斯坦而进行直接斗争。

印巴分治后，出任巴基斯坦自治领首任总督。1947年8月11日巴基斯坦制宪议会选举真纳为主席，并授予他卡伊德-伊-阿扎姆（伟大领袖）的称号。巴基斯坦立国后，真纳提出团结、信仰和纪律的口号，并领导建立了国家银行和最高法院。

真如 tathatā 佛教术语。又译为如、如如。意指存在的真实状况，本然之相。从佛教传入中国，对真如的理解就一直随不同宗派在不同场合而被赋予不同称名，如本无、性空、无为、实相、佛性、法身等等。其基本内涵为无变易的绝对的本体。

真鲨目 Carcharhiniformes; requiem sharks 软骨鱼纲一目。全世界共有4亚目7科49属200余种。广泛分布于热带和温带海区。中国有4亚目4科23属60多种，是中国软骨鱼类中属种最多的类群。背鳍2个，无硬

阔口真鲨

棘。具臀鳍。鳃孔5个。颌舌接型。吻软骨3个。眼有瞬褶或瞬膜。椎体具辐射状钙化区域，4个不钙化区域有钙化辐条侵入。肠的螺旋瓣呈螺旋形或画卷形。4个亚目为猫鲨亚目、皱唇鲨亚目、真鲨亚目和双髻鲨亚目。①猫鲨，猫鲨亚目动物的统称。仅有猫鲨科1科。眼呈椭圆形，具瞬褶，能上闭。喷水孔小或中大。鼻孔一般不与口相连。牙细小而多，多齿头型，多行在使用。鳃孔狭小，最后1～2个位于胸鳍基底上方。第一背鳍位于腹鳍上方或后方，第二背鳍起点后于臀鳍起点。尾鳍狭短，尾椎轴低平。大多为近海或深海栖息的小型或中型鲨鱼。分布于各热带、温带海域中，有些生活在浅水的种类，体具美丽的条纹或斑点。全世界有15属近94种，大部分分布于印度洋-西大西洋。中国有7属约20种，除绒毛鲨体长1米外，大多数都是小型鲨鱼，以小鱼与无脊椎动物为食，主要分布于南海。②皱

唇鲨，皱唇鲨亚目动物的统称。眼呈椭圆形，具瞬褶，能上闭。具喷水孔。鼻孔位于口前，一般无鼻口沟。口大，弧形，唇褶或有或无。牙细小而多。多行在使用，多齿头型或平扁亚圆形。鳃孔中大，最后2个位于胸鳍基底上方。背鳍2个，无硬棘；尾鳍宽大，尾椎轴稍上翘。卵胎生或胎生，具有发达的卵黄胎盘。全世界有4科9属约43种。中国有2科4属约8种，见于南海。③真鲨，真鲨亚目动物的统称。只有真鲨科1科，为鲨类中最大的科，约有24属近100种，中国现有11属30余种。眼小，圆形，少数椭圆形，瞬膜发达。喷水孔细小或消失。鼻孔狭小，距口颇远。口宽大，单齿头型，少数三齿头型。背鳍2个，无硬棘。尾鳍上方或上下方具一凹洼；尾椎轴上翘，尾鳍宽大，下叶前部三角形突出。卵胎生或胎生。广泛分布于热带和温带各海区。④双髻鲨亚目。只有双髻鲨科1科、双髻鲨属1属，共约10种，中国有5种。卵胎生或胎生。

真兽类 Eutheria 哺乳动物最大的一个类群。又称有胎盘类。包括除单孔类、有袋类及已绝灭的始兽、多瘤齿兽类、蜀兽类以外的一切有胎盘类哺乳动物，是现代地球上的主宰动物。分为30余目，其中包括人类所属的灵长目及一些完全绝灭的目。这些目之间的关系或超目的划分至今没有统一的意见。

除灵长目这一特殊的类群之外，全部现生与化石有胎盘类中，最基本也是最重要的是食虫目和踝节目。食虫目中可能包括灵长目、食肉目及蝙蝠等小型兽类的祖先。踝节目是一个完全绝灭的目，几乎一切现生及绝灭的有蹄类哺乳动物目可能都是由这一目衍生而来的。鲸等海生兽类可能来自古肉食类的祖先。

约6 500万年前，白垩纪结束，恐龙及许多爬行动物绝灭，有胎盘类或真兽类在以食虫目及踝节目为主的基础上迅速分化发展。在古新世开始时（约距今6 500万年），不仅出现了大量小的食虫、食肉动物，而且出现了好几种大型的有蹄类，它们取代了一些绝灭的中生代爬行类，占据了它们空出来的生境。这是哺乳动物出现后，其历史上第二次、也是最迅速多样的分化。

在新生代哺乳动物的传播与分布上，北美与亚洲间白令海区白令陆桥的形成，印度次大陆陆块在始新世（约5 000万年前）时与古亚洲大陆撞接及古地中海（即特提斯海）的消失或南移等，对新生代哺乳类（主要指真兽类）的分布面貌、各地兽类区系的组成起重要作用。

真武大帝 Great Emperor of Genuine Prowess 中国道教奉祀的镇守北方天界的威武神。又称玄武、玄天上帝、真武真君、真武帝君、荡魔天尊。发源于中国古代的星宿崇拜和动物崇拜。天有二十八宿，北方斗、牛等七宿为玄武，本为四方神中的北方神。旧说，五方五色北方为黑，故曰玄；其神龟蛇，身披鳞甲，故称武。道教原以玄武为护卫神，如《抱朴子》称老君“后有七十二玄武”。晚唐五代时，关于玄武的传言渐兴。

北宋真宗时，玄武在道教神系中的地位始渐突出。又以“玄”字犯宋室圣祖赵玄朗名讳，改称真武，号真武灵应真君。元大德七年（1303）改封为“元圣仁威玄天上帝”。至明代，北方燕王朱棣发动靖难之役，夺取帝位，为自振声威，特尊真武神，在北京、武当山两地大建真武庙。

真武阁 Zhenwu Taoist Temple 中国古代道教建筑。位于广西壮族自治区容县人民公园经略台上。相传台为唐乾元、大历年间（758～779）诗人元结任容管经略使时所建。明万历元年（1573）为奉祀真武帝以镇火灾，创建真武阁和若干附属建筑。现仅存真武阁和门亭。阁为木构建筑，三层三檐，歇山顶，出檐深远。通高13.2米、面宽13.8米、进深11.2米。全阁构件用近3 000条大小不等的格木构成，以杠杆原理，串联成相互制约的整体结构，具有很高的抗震效能。二层楼内有4根内柱，承受上层全部荷载，柱脚却悬而不落，是此阁结构中最奇特、精巧的部分。400多年来，历经风暴和地震而始终巍然屹立。真武阁建筑布局精巧，风格特异，在中国古代建筑史上极为罕见。1982年国务院公布为全国重点文物保护单位。

真耶稣教会 True Jesus Church 中国基督教新教派别。由魏恩波（后改名为魏保罗）于1917年在北京创立。该组织反对三位一体说，强调信仰独一真神，要求教徒说灵语、唱灵歌、跳灵舞，主张凭信心、靠祈祷治病，实行面向下的洗礼。曾传到全国许多省区，并传到国外。1949年后成立三自筹备会，除福建的真耶稣教会仍单独活动外，多数教徒都加入了各地的基督教联合礼拜。1950年时国内外教徒达12万多人。该组织曾分裂出长子会、天母会等派别。

真主 Allāh 伊斯兰教信奉的唯一神。音译安拉。通用汉语的穆斯林称真主。通用波斯语、乌尔都语、突厥语的穆斯林称胡达。本义源自古闪语的通用词根el（神），是阿拉伯人的一个古老神灵。伊斯兰教兴起前，已具至上神的模糊地位。伊斯兰教创立后，独尊真主为天地间唯一的最高主宰。《古兰经》第112章的简明概述是：他是最高的实在，唯一的真宰，万物的创造主；他自有自在，无始永存，超绝时空而又无所不在；他独一无偶，全知全能，普仁特慈，同时又威严无比，善恶必报，清算神速。经文有表达其本体和德性的99种美名，早期经文以至仁主最常用。尊崇真主独一无偶，是伊斯兰教信仰的核心。绝对顺服真主的意志，是伊斯兰教的基本要求。这种朴实的一神信仰，正是伊斯兰教主要的精神力量所在。后在教义学的发展中，正统派坚持真主无始永恒和超绝万物，主张真主独一和众多属性并存，承认知觉、能力、生活、听觉、意志、创造和言语为最基本的属性；《古兰经》作为真主的言语，为非造和无始的属性；强调真主是人类一切行为的创造者，在绝对前定的前提下人有相对的意志自由；对于拟人化表述的经文，采用只接受不深究的无方式信条。苏非派以与真主合一为精神修炼的目的，对真主独一作“除真主外，无物存在”的解释，认为唯有真主是真实存在，世界万物只是真主的自显和外化。伊斯兰现代主义在坚持真主独一的同时，强调其赋予人的能动性和意志自由，鼓励通过探索自然的奥秘去认识真主的万能和完美。

榛 *Carylus hetrophylla*; filbert 桦木科榛属的一种。多年生落叶灌木或乔木。此属植物在全世界共发现有16种，叶互生，花单性，雌雄同株。坚果近球形或卵形，种仁可生食、炒食、榨油或做糕点和糖果的配料。中国有4种，均为野生或半野生即榛、毛榛、华榛、藏榛。在欧洲分布最广的是欧洲榛。果实大、品质好，土耳其、意大利和西班牙等国广为栽培。经长期选择和近半个世纪的杂交育种，已选出许多优良品种。北美原产的角榛和美洲榛抗寒且抗榛疫病，美国和加拿大用以作亲本与欧洲榛杂交，已培育出生长期短、抗寒、果大的新品种。

诊断 diagnosis 医生运用各种器械或非器械手法对人体生理状态作出的分析判断。诊断有正常的，或非正常的。前者如判定妊娠、血缘关系鉴定和正常体型的划分等，后者如一般理解的疾病诊断。

要素　诊断的根本依据是临床资料，赋予它诊断价值的是医生的学识和经验，认识它的本质则要依赖诊断思维。真实而全面的临床资料、丰富的学识和临床经验、科学的逻辑思维是正确诊断的必要条件。

步骤　①收集资料。通过询问就诊者的主观感受症状采集病史资料。另外，体格检查、实验诊断、X射线检查、心电图、脑电图、视网膜电图描记、病理检查、功能检查、试验治疗、手术探查等资料均对诊断有一定作用。②评价和梳理资料。根据循证医学提供的证据或传统医学的统计资料对某项资料在现病诊断中的特异性、灵敏度作出评价后，按系统、时序和诊断价值进行梳理，将纷杂的资料条理化。③联想、分析、推理和判断。首先根据梳理后的资料，运用诊断学知识，联想到一些疾病，然后通过分析、推理进行取舍，最后得出最符合病情的结论，即临床诊断。④验证诊断。临床实践中对诊断的正确性和完整性进行验证，可采取留院观察、门诊随诊、信访或走访等方式。

原则　①对构成就诊原因的临床表现，首先要尝试用一个病来解释。多数情况下，互不相关的几个主病同时发生于一名患者的机遇甚少，但也有临床表现反映的确是相伴发生的不同的疾病实体。②诊断有几种可能时，应首先考虑常见病或多发病。据此原则作诊断时，也要有充分理由排除其他不属常见或多发的疾病。③难以判定是器质性还是功能性疾病时，应先考虑器质性疾病。因为器质性疾病需要针对病因、病变或体液变化及时采取积极措施，而功能性疾病如神经症、癔病等往往只需心理或对症治疗。④传染病和非传染病都有可能时，应先考虑传染病。⑤实事求是，取舍有据。分析临床资料时常遇到按一般规律本应出现于某病的征象而未出现，或本不该出现反而出现的情况。对前者不应轻易否定某病，而应认真深入地分析探究有无合理的解释；对后者也不要轻易地认为添加了另一种病，而应分析该情况是否为某病的不寻常表现。

误诊、漏诊和延误诊断　误诊是由于资料欠缺或有失实之处，或思维方法缺乏逻辑性。漏诊属诊断不完整，后果是该治而未治，而非误诊误治；对主病而言同样会对患者造成不利的影响。延误诊断是因医生的拖拉而致诊断迟延，使患者未得到及时治疗。

诊断性检验　diagnostic testing　检验人体标本以判断人体健康状态的操作。又称化验。因通常取标本在实验室进行，故常称实验室诊断。

目的　①筛查。寻找疾病风险因子以利预防；在无症状人群中发现潜在的疾病状态以冀早期治疗。②检验有症状人群。确立诊断或排除某个诊断。③进一步明确病情。如判断疾病分期和严重程度，估计预后，追随病情发展，观察疗效和药物毒副作用，监测并发症的出现和复发迹象等。旨在及时作出相应处理，包括选择或更改疗法、调整用量等。

参考范围　根据从部分样本（即表观上健康无病且处于正常状态的人）测来的数值，取其平均值±1.96×标准差。此范围大致相当于样本总体的95%（一般近似正态分布）。而另5%的所谓“异常”，并无“疾病”含义，仍是健康无病且处正常状态者。

检验的敏感性和特异性　好的检验值，具有较高的信度（可靠性，即精确度），即对同一个情况反复测定得出同一结果。更要有较高的效度（有效性，即准确度），即能检出真实情况。一般的检验都存在某种程度的误差：一类型误差是真实的病例被误认为非病例而漏检，这称为假阴性（FN），以区别于真阴性（TN）；另一类型是把非病例误当作真病例，这称为假阳性（FP），以区别于真阳性（TP）。假阴性少，则检验的敏感性（灵敏度相当于TP/TP+FN）高；假阳性少，则特异性（即专一性，相当于TN/TN+FP）高。

检验内容　分为两大类：常规检验和专科检验。前者如血常规、尿常规和大便常规等。后者指各专科提供的项目，由相关的基础学科提供检验。各专科有专门的设备、试剂和技术人员。

诊法　diagnostic method　中医诊察疾病的望诊、闻诊、问诊和切诊。见四诊。

振动　vibration　描述系统状态的参量（如位移、电压）在其基准值上下交替变化的过程。狭义的指机械振动，即力学系统中的振动。电磁振动习惯上称为振荡。力学系统能维持振动，必须具有弹性和惯性。由于弹性，系统偏离其平衡位置时，会产生回复力，促使系统返回原来位置；由于惯性，系统在返回平衡位置的过程中积累了动能，从而使系统越过平衡位置向另一侧运动。正是由于弹性和惯性的相互影响，才造成系统的振动。按系统运动自由度分，有单自由度系统振动（如钟摆的振动）和多自由度系统振动。有限多自由度系统与离散系统相对应，其振动由常微分方程描述；无限多自由度系统与连续系统（如杆、梁、板、壳等）相对应，其振动由偏微分方程描述。方程中不显含时间的系统称自治系统；显含时间的称非自治系统。按系统受力情况分，有自由振动、阻尼振动和受迫振动。按弹性力和阻尼力性质分，有线性振动和非线性振动。振动又可分为确定性振动和随机振动，后者无确定性规律，如车辆行进中的颠簸。振动是自然界和工程界常见的现象。振动的消极方面是：影响仪器设备功能，降低机械设备的工作精度，加剧构件磨损，甚至引起结构疲劳破坏。振动的积极方面是：有许多需利用振动的设备和工艺（如振动传输、振动研磨、振动沉桩等）。振动分析的基本任务是讨论系统的激励（即输入，指系统的外来扰动，又称干扰）、响应（即输出，指系统受激励后的反应）和系统动态特性（或物理参数）三者之间的关系。

振动觉　vibration sensation　振动物体接触身体时产生的感觉。通常认为是一种触觉，巴西尼小体是振动感受器。临床发现，脊髓痨患者的振动觉发生障碍后触觉仍然保留，而且变得更敏感，故也有人认为振动觉是不同于触觉的一种独立的感觉。

振动感受性有一定的频率范围，其下限为10～18赫，上限为650～8 000赫。振动觉的强度阈限依赖于振动频率，也随刺激器接触皮肤的面积大小及身体部位的不同而异。这种阈限值以皮肤位移幅度的分贝数来表示，一般以1微米为参照。在10～1 000赫的频率范围内，多数频率的绝对阈限值在5～-20分贝，在上述频率范围内，绝对阈限曲线呈U形：在40～50赫时阈限比较高，然后随频率增高而逐渐降低，到250赫左右到达最低点，此后阈限值又随频率的增高而上升。无毛发皮肤的阈限值均低于有毛发皮肤。

振动感受性具有空间和时间总合的效应。如振动刺激作用于皮肤的面积增大，强度绝对阈限会下降，出现空间总合。同时刺激两个邻近的皮肤点或身体的两个对称部位，也会出现空间总合。在一定范围内，随着振动刺激的作用时间增加，强度绝对阈限下降，出现时间总合。但振动刺激的长期作用可导致振动感受性降低。

震颤　tremor　身体一部分或全部表现的不随意的、但相对有节律性的振动性运动。疲劳后可出现生理性震颤。病理性震颤，分静止性震颤、位置性和活动性震颤、意向性震颤和特发性震颤。①静止性震颤在安静状态下出现，在震颤肌肉进行随意收缩时，震颤转移或消失，在睡眠时亦消失。多发生于肢体远端，其代表疾患为帕金森氏病。②位置性和活动性震颤指身体处于某一位置（如双上臂向前方平举）时出现震颤；或肢体活动时出现震颤，也是以肢体远端为著，其节律为7～11次/秒，见于中脑结合臂病变。在用药（如肾上腺素、苯丙胺等）、甲状腺中毒、焦虑后的震颤也是活动性震颤。③意向性震颤是作有目的的活动时出现的震颤，并且越接近目的地震颤越增强，此为小脑病变的特征性表现，也可见于多发性硬化、肝豆状核变性及苯妥英钠中毒。④特发性震颤即家族性震颤或老年性震颤，是一种单症状疾病。发病年龄晚，有明显的家族性，主要表现在头、手部震颤，面部较少。震颤节律快于静止性震颤。运动时出现，静止时消失。不伴有其他部位系统疾病，极个别患者可能发生帕金森氏病。

震旦大学 Aurora University 天主教耶稣会在中国创办的大学。1903年建校，校址在上海徐家汇。初名震旦学院。始由发起人马相伯主持校务。所定学科为语文、象数、格物、致知四门。学校各部事务，由学生自行管理。1904年耶稣会另派法籍神父南从周为总教习，尽改办学方针，马相伯愤而辞职，学生亦相继离校。震旦于此停办。1905年8月复校，规定为两年制。1908年迁卢家湾吕班路上课，分文、理两个专科。1914年改为六年制，分设法政文学、算术工程、博物医学3个专科。附设有预科及特别班，预科三年，特别班一年。1932年经教育部核准立案，设置法、文、理工、医4个学院。此外，还另设震旦女子文理学院。中华人民共和国建立后，将震旦大学各院系分别归并上海市各有关高等学校。

震旦纪 Sinian Period *元古宙*晚期的一个纪。开始于约6.8亿年前，结束于约5.43亿年前，延续时间约为1.37亿年。在这一时期形成的地层称震旦系。“震旦”源于古印度人称中国为Cinisthana，在佛经中被译为震旦。震旦纪1922年由A.W.*葛利普*命名，现为向国际推荐的一个地质年代单位。分早震旦世和晚震旦世，分界线为6.3亿年前。相应的地层为下震旦统和上震旦统。与震旦纪相当的年代，在国际上称为伊迪卡拉纪。

震旦纪生物界的演化与前期相比要迅速得多，微古植物群中的分子形态多样，属种繁多，其中最重要的有波罗的刺球藻、毛发刺球藻、微刺藻等；宏观藻类文德藻、丘阿尔藻、寿县藻、塔乌藻大量分布。晚期后生动物大量出现和门类多样化。

震旦纪是一些沉积矿产的重要成矿期之一。中国这一时期形成的沉积矿产主要有铁、锰、磷、天然气和盐类。在世界范围内，震旦纪也是磷矿和盐类的重要成矿时期。

震级 earthquake magnitude 根据*地震波*记录测定的一个没有量纲的数值，用来在一定范围内表示*地震*的相对大小（强度）。震级的大小同*震源*辐射的地震波强度有关，与*地震烈度*不同。震级代表地震本身的强弱；烈度表示同一次地震在地震波及的各个地点所造成的影响的程度，它与震源深度、震中距、方位角、地质构造以及土壤性质等因素有关。

震级作为一个观测项目是1935年美国地震学家C.F.里克特首先提出的。最初的原始震级标度只适用于近震和地方震。1945年，B.*古登堡*把震级的应用推广到远震和深源地震，用周期为20秒的面波定义了面波震级M_S：$M_S=\lg a+\alpha\lg\Delta+\beta$，$a$代表20秒左右周期面波的水平地面位移最大振幅，$\Delta$是震中距，$\alpha$和$\beta$是经验性常数。对于面波不发育的深源地震，古登堡和里克特研究了用体波的P波、S波和pP波测定震级的方法，即定义了体波震级m_b：

$$m_b=\lg\left(\frac{a}{T}\right)+Q(\Delta,h)$$

T是所测量体波的周期（秒），a是地动位移振幅，Q是震源深度（h）和震中距（Δ）的经验函数。

1977年美国地震学家金森博雄提出，8级以上巨大地震，如仍用20秒面波去测定震级M_S，会出现震级饱和问题。于是提出改用与震源破裂面积和滑动量有关的地震矩M_0去定义新的震级标度，即矩震级M_w，M_w和M_0之间的经验关系是：$\lg M_0=1.5M_w+16.1$。

震源 earthquake foci *地震波*的发源地。是地球内部介质（岩石）突然发生破坏的地方，也是地震孕育、发生和震后调整的一个空间区域。

震源深度 震源引到地面的垂直距离。其深度从几千米至几百千米。通常根据震源深度将地震分成：浅源地震（震源深度小于60千米）、中源地震（60～300千米）和深源地震（大于300千米）。全球90%的地震均为浅源地震，且尚未发现深度大于720千米的地震。震源浅的地震对地表破坏大，对人类造成巨大威胁。

震源参数 表示地震震源基本性质的参数。这些参数描述了地震发生的位置、时间、强度。地震震源在地球表面的垂直投影称震中。震中位置用地理的经度、纬度表示。地震发生时刻常采用国际标准时间或地方时间表示，中国用北京时间。确定地震位置和时间的过程称地震定位。精确确定震源的深度也是当前地震学研究的一个重点。地震的强弱通常用*震级*表示。用断层模型表示地震震源，常用的主要震源参数如表所示。

常用主要震源参数

震源参数		含义
几何参数	走　向	断层面与水平面交线的方位
	倾　角	断层面与水平面所夹锐角
	尺　度	矩形断层面的长度和宽度或圆形断层面的半径
	初破裂点位置	
运动参数	错位矢量	断层上盘相对于下盘错动的方向和大小
	升起时间	一般为断层位错从零增至最终值的时间
	破裂传播速度	破裂面边缘扩展的速度
复合参数	释放总能量	一次地震后地球介质中弹性应变能的减少值
	地震矩	震源的等效双力偶中一个力偶的力偶矩
	应力降	震前和震后断层面上剪切应力的差值

震灾 earthquake disaster 由*地震*引起的灾害。又称地震灾害。包括直接震灾和间接震灾。直接震灾指由于强烈地面震动及形成的地面断裂和变形，引起建筑物倒塌和损坏，造成人员伤亡及大量社会物质损失。间接震灾指由于地震使山体崩塌形成滑坡、泥石流，水坝、河堤决口或引发海啸而造成*水灾*；由于没有熄灭的火源、燃气管道泄漏或电线短路引起*火灾*；生产、储存设备或输送管道破坏造成有毒气体蔓延；震后瘟疫流行；震后人们为避震造成摔、挤、踩等伤亡，以及由于对地震知识缺乏了解或某些社会政治因素产生地震谣言造成社会心理影响等。

减轻震灾的主要措施有：进行地震区划，划分地震危险区与安全区，城市和工程建设尽量避开地震危险区并根据基本烈度的要求采取防震措施；对老旧房屋和工程的抗震性能进行复查，采取必要的加固和防震措施；加强地震监测和地震预报工作，提高预报水平，根据政府的规定发布预报信息，采取地震对策，注意防止地震谣言的发生；房屋布置时注意增设避震安全角；处于地震危险区的政府部门应制定地震救灾预案，普及地震与减灾知识，学习救灾技术，提高自救与互救能力，有条件的地方可进行防震预演。

震中 epicenter 地震*震源*在地球表面的垂直投影位置。一般来说，此处地面震动强度最强，所受破坏最大。人们通过分析地震仪器记录的地震波，识别出不同震相，测量它们的到达时刻、振幅和周期，就可以利用地震走时表等确定出发震时刻、震中经纬度、震源深度及*震级*等。

镇 garrison 中国宋以前指军事据点，后代有时沿袭，亦具有明显的军事意义；宋以后主要指县城以下乡村以上设有税收等机构的居住区。镇，有凭借威势以慑服之意。用于军事方面，则始于汉魏之际。曹操以诸将军使持节戍守方面，或称“屯”，或称“镇”。而后逐渐将出任都督者一概称之为“镇”或“出镇”。西晋重用宗室诸王，以诸王镇邺（今河北临漳）、许昌、长安等军事要冲，这些要冲又转称为“重镇”。但当时镇尚是泛称，并未成为独立的一级军事据点或行政区划。

北魏都于平城时，为抵御柔然侵扰，在北方沿边地区设置军镇，是为镇成为独立行政区划之始。

唐初，在边地设置镇戍。镇戍兵力少，往往废置无常，不利于防边戍守。于是在镇戍的基础上逐渐出现了屯兵多且又有长期驻地的军镇，如安西四镇、范阳镇、平卢镇等。节度使辖制军镇，或一或二，多者达四镇，故又称“节镇”。

宋太祖赵匡胤建立北宋政局后，有鉴于藩镇之弊，遂去军镇，夺节度使兵权，镇已基本上不具备军事据点的意义，而主要是从事货物贸易的商业居民区。

宋代镇市激增，主要原因在于商品经济、乡村集市贸易的发展。宋代对于一些商业居民点，户口虽不及县，但能够征收商税和酒税，即可置镇。宋代各镇设置监官，谓之“监镇”，虽也掌管“巡逻盗窃及火禁之事”，但征税榷酤则是监镇的主要职责。北宋上升为镇的共106个，绝大多数是来自拥有上千家或几千家的商业繁盛的村市、草市、墟市和在交通要道上的驿传，其中40个又分布在京东东路、京东西路经济发展的地区。镇和市的税收，在全国商税总收入中占不小的比重。它反映了宋代乡村居民同市场的联系较前代已大为加强。

明清时期，沿袭宋制，“设官将防遏者谓之镇”。镇上一般驻有行政官吏，如巡检司、税课局、盐课司等。一些镇仍是以其在军事上的重要性和地主官僚的聚居而著称。随着商品经济的繁荣，镇也进入了大发展的阶段。除宋、元时旧有的镇外，在江南、东南沿海、运河沿岸出现了一批新型的镇。这些镇既有直接设置的，也有从市上升而来的。镇的规模也不断扩大。明末清初，吴江县盛泽镇有五六万户，湖州双林镇有1.6万余户。有几千户的镇更是不计其数。明代中叶以后，镇的发展呈现专业化的倾向。一批以从事丝织业、棉纺织业、缫丝业、榨油业、制陶业、铁器业生产为主的市镇出现了。镇成为地区性的商业、交通运输业和手工业的中心。另一方面，镇的发展并不平衡，直到鸦片战争以前，在全国内地广大地区，镇的发展速度比较缓慢。

镇国寺彩塑 Painted Clay Sculptures of Zhenguo Temple 中国五代彩绘泥塑。镇国寺位于今山西平遥的郝洞村。据寺内清嘉庆二十一年（1816）《重修镇国寺碑》载，镇国寺始建于北汉天会七年（963），现存寺院为清代重修。万佛殿佛坛正中设须弥座，其上为释迦趺坐像，两侧为二弟子、二菩萨、二供养菩萨、二供养童子及二天王。

山西平遥镇国寺万佛殿佛像

本尊背光之后塑有观音一身。除本尊像为后塑外，其余11身皆为五代时原物。塑像面颊丰满圆润，姿态自然，基本保存了五代泥塑佛像的艺术风格。

镇海 Chinhae 韩国东南部军港和游览休养城市。位于镇海湾西北岸。面积110.29平方千米。人口15.01万（2005）。1955年设市。背山临海，海湾水深且宽阔，湾口又有巨济岛和古城半岛为天然屏障，为一天然良港。日俄战争时期，日本海军曾以此为作战基地，此后逐渐发展为军港。韩国海军司令部和海军学院均设于此。气候温暖湿润，平均年降水量1 255毫米。植物尤以供观赏的山樱树为多。海湾内寒暖流交会，为天然渔场，盛产大头鱼、鲅鱼等。20世纪60年代后期设有沿海国家工业园地，以化肥和热塑树脂等化学工业为主。交通便利，镇线（镇海—昌原）铁路的起点，公路可与南海高速公路相连。东距釜山金海国际空港约40千米。每年山樱树开花期举行10天的军港祭，是韩国有名的文化节。主要文化及自然遗产有中丸区珍宝、镇海邮局遗址、洛东江下游候鸟栖息地以及镇海塔、飞峰山城、雄川邑山城等。设有海军博物馆。

镇江市 Zhenjiang City 中国江苏省辖地级市。长江与京杭运河转运口岸和工业、旅游城市。苏南重要港口。位于省境西南部，长江下游南岸。辖京口、润州、丹徒3区，代管丹阳、句容、扬中3市。面积3 799平方千米。人口311万（2010）。秦置丹徒县。春秋时名朱方，属吴国。战国名谷阳，属楚国。东汉建安十三年（208）吴孙权徙吴郡治于此，号京城，又名京口。隋开皇十五年（595）置润州。宋政和三年（1113）为镇江府。1912年称丹徒县。1928年改为镇江县，省政府迁此，改省辖市。1949年设镇江市。矿产有铁、铜、锌、钼、银、金、铝土、石灰岩、白云石、大理石、耐火黏土、石膏等。农作物以水稻、小麦、油菜为主。是全省蚕桑、茶叶重点产地之一。水产资源丰富，刀鱼、鲥鱼、鳗鱼、河豚是名贵鱼类。工业有电力、电子、化工、造纸、建材、冶金、纺织、机械、食品等。沿江有“京口三山”（金山、焦山、北固山）和南郊风景名胜区。丹阳南朝陵墓石刻和焦山碑林为全国重点文物保护单位。纪念地有五卅演讲厅、焦山炮台遗址、韦岗战斗胜利纪念碑和新四军抗日战争历史陈列馆等。镇江是国家历史文化名城。

镇江市景

镇静催眠药 sedative-hypnotic drug 对中枢神经系统有广泛抑制作用的药物。小剂量有镇静作用，用于治疗焦虑、紧张等。中等剂量有催眠作用，可用于失眠。大剂量有麻醉和抗惊厥作用。

适应证和禁忌证 巴比妥类适用于紧张或生活节律改变引起的睡眠障碍，也常用于抗惊厥，为抗痉挛或抗抽搐的首选药物。非巴比妥类主要用于失眠。

高血压浮肿患者不应服用溴化物，癫痫患者不宜应用溴化铵，严重肺功能不全、支气管哮喘及颅脑损伤所致的呼吸中枢抑制的患者应避免使用催眠药。肝、肾功能不全者慎用镇静催眠药。

药物的选择 根据具体情况选用不同的药物。

催眠 应根据药物作用时间的长短来选择，以便获得较好的预期疗效。①对入睡困难者，应选用显效较快的药物，如速可眠、水合氯醛等。②对能入睡而持续时间不长的患者，宜选用中等时间作用的药物，如异戊巴比妥、戊巴比妥等。③对睡眠不深、多梦和易醒患者，应选用作用时间较长的药物，如巴比妥、苯巴比妥等。

抗惊厥　常选用苯巴比妥钠或异戊巴比妥，适用于癫痫大发作、子痫、脑膜炎、破伤风、小儿高热等所致的惊厥。一般采取肌注；对特殊急重患者，可用异戊巴比妥缓慢静注。

常用药物　主要有溴化物、巴比妥类、非巴比妥类。

溴化物　常制成合剂和片剂使用。溴化物用于镇静的历史已超过100年，因其作用较弱且安全范围狭窄，而逐渐被其他药物所替代。

巴比妥类　临床常用苯巴比妥（鲁米那）片剂和针剂。此品起效较慢，作用持久。口服后在小肠上段吸收，分布到全身各器官组织，亦可通过胎盘进入胎儿体内。巴比妥类是典型的肝药酶诱导剂，短期连续用药，即可增加肝药酶的数量及活性，而使其本身及其他药物的代谢加速而作用减弱。

非巴比妥类　水合氯醛（水化氯醛）为三氯乙醛的水合物，口服及灌肠均易被吸收，大部分经肝代谢为三氯乙醇，其脂溶性高，透过血脑屏障进入中枢而发挥催眠作用，然后与葡萄糖醛酸结合后经肾排出。多用于神经性失眠，伴有显著兴奋的精神病及破伤风痉挛等。还可用于小儿高热、破伤风、子痫及中枢兴奋药中毒所致的惊厥。

其他非巴比妥类镇静催眠药有副醛（三聚乙醛），作用较强，生效迅速。可灌肠、肌注或静注。此药对呼吸道有刺激，故有肺部及气管疾患者不宜使用。肝功能不良者慎用。

镇咳药　antitussive drugs　抑制咳嗽的药物。咳嗽虽然是一种保护性反向射性动作，但剧烈而频繁的咳会给患者带来痛苦。剧咳致大咯血的患者也需用镇咳药。

通过抑制咳嗽中枢而发挥镇咳作用的药物为中枢性镇咳药。可待因镇咳作用强而迅速、疗效可靠，是临床常用的标准镇咳药，但反复应用可产生成瘾性，使其应用受到一定限制。右美沙芬亦有较强镇咳作用。它们除可单独使用外更经常与其他药物制成复方制剂发挥作用。此外尚有喷托维林（又称咳必清），依普拉酮（苯丙哌酮）等均有一定镇咳效果，亦无成瘾作用。

抑制咳嗽反射中枢以外的传导神经部分的药物为外周性镇咳药。属于这一类的有苯佐那酯（退咳）、那可丁、苯丙哌林等。有些中药亦有镇咳作用，来源于中草药的黏膜保护性镇咳药如甘草流浸膏。

镇南关大捷　Great Victory at Zhennan Pass　中法战争期间，中国军队在广西镇南关（今友谊关）大败法国侵略军的战役。清光绪十一年（1885）一月，在越南北圻的清军溃退入广西镇南关内。法军一度侵占镇南关，后因兵力不足，暂退至越南文渊（今同登）、谅山。时清军前敌诸将共推老将冯子材为主帅。他选定有利地形，形成了正面有纵深梯次兵力配备，并有两翼策应的部署。法军发起进攻，冯子材一面指挥部下迎战，一面调援军遏止其进攻势头。初八晨，法军再次进攻，年近七旬的冯子材率部与敌白刃格斗，另两路清军抄袭法军后路，越南义军和当地百姓也前来助战，法军死伤数百人，仓皇溃逃。冯子材乘胜反击，于初十收复文渊，十三日袭取谅山，将法军逐至郎甲以南。镇南关大捷扭转了清军在中法战争中节节败退的局面，转守为攻。法军败讯传至巴黎，发动战争的茹费理内阁被迫辞职。

镇痛药　analgesics　主要作用于中枢神经系统、选择性地抑制痛觉的药物。它不同于感冒头痛时服用的解热镇痛药（如阿司匹林），也不同于胃肠痛时服用的解痉药（如阿托品），还不同于手术时用的麻醉药（如普鲁卡因）。这类镇痛药的主要特点是：①选择性地抑制痛觉。在镇痛时，意识清醒，其他感觉如触觉、视觉、听觉、味觉等均不受影响。在解除疼痛的同时，伴随疼痛而产生的不愉快情绪也减轻。②镇痛作用强大。可用于严重创伤、大面积烧伤、晚期癌症等剧烈疼痛的镇痛。但当疾病确诊之前，不应轻率使用镇痛药物，以免掩盖疾病的真相，延误诊治。③反复应用后易产生药物依赖性。主要是产生身体依赖性，俗称成瘾。因此，这类镇痛药又称为成瘾性镇痛药或麻醉镇痛药。

分类　①阿片生物碱类镇痛药，如吗啡、可待因。②人工合成镇痛药，如哌替啶（杜冷丁）、安那度（安侬痛）、芬太尼、美散痛（美沙酮、非那酮）、镇痛新、丁丙诺啡。③中药成分，如颅痛定。

药理作用　对中枢神经系统的作用　①镇痛和镇静作用。主要是镇痛，且可镇静，使人入睡，产生欣快感。其镇痛效力不一。②抑制呼吸。使呼吸频率减慢，潮气量减少，剂量过大时呼吸深度抑制。③抑制咳嗽反射。④催吐作用。吗啡、哌替啶等均有这种副作用，可用吗啡对抗剂纳洛酮、多巴胺阻断剂氟哌啶醇、氯丙嗪以及抗组胺药苯海拉明等对抗之。⑤缩瞳作用。使瞳孔缩小，增强对光反应。中毒时缩瞳作用甚明显，瞳孔呈针尖大小，可用阿托品对抗之。

对心血管系统的作用　吗啡、哌替啶等均可引起体位性低血压，可致晕厥。吩噻嗪类如氯丙嗪等可增强其降压作用。若使用中毒剂量，由于呼吸抑制，引起低氧血症，可进一步使血压急剧下降而导致休克，并可使脑血管扩张而导致颅内压升高。采用人工呼吸或吸氧可使血压回升。

对平滑肌的作用　吗啡有止泻功效，又有便秘作用，主要是抑制胃肠蠕动所致。芬太尼、吗啡和哌替啶均可使胆道括约肌痉挛，导致胆管内压升高。因此可引起上腹不适或胆绞痛，应用阿托品类可对抗之。芬太尼、吗啡等均可引起尿道括约肌痉挛，导致尿潴留。

适应证　①适用于各种剧痛。特别是对战伤、外伤、术后等严重创伤，大面积烧伤及晚期癌症患者有止痛、镇静作用，并可预防休克。②吗啡、哌替啶可用于心病性气喘。③可待因用于镇咳。④吗啡有止泻作用。但一般用其粗制剂阿片酚（或复方樟脑酊）。⑤手术前麻醉的辅助用药。⑥成瘾性低（依赖性弱）的药可用于成瘾者戒毒（替代）。

禁忌证　吗啡、哌替啶、芬太尼等禁用于支气管哮喘、颅脑肿瘤或颅脑外伤引起的昏迷，吗啡和哌替啶还禁用于分娩和授乳妇女及肝功能严重减退者的止痛。哌替啶还禁与单胺氧化酶抑制剂（如优降宁）合用。

注意事项　严格掌握适应证，切忌滥用，以防成瘾。不明原因的剧痛不用。

镇压反革命运动　Campaigns to Suppress Counter-revolutionaries　1950～1953年中国进行的全国镇压反革命运动。简称“镇反”运动。1950年6月朝鲜战争爆发后，中国国内反革命分子活动猖獗，杀人放火、袭击地方政权的事件不断增加。为巩固新生的人民政权，维护国内社会治安的稳定，7月23日，政务院、最高人民法院联合发出《关于镇压反革命活动的指示》，东北、福建、南京等地开始进行镇压反革命活动。10月10日，中共中央发出《关于镇压反革命活动的指示》，公安部召开第二次全国公安会议，决定展开大规模群众性的镇压反革命运动。全国各地纷纷召开控诉会、公审会、座谈会、广播大会，很快掀起揭发、检举和公审反革命分子的高潮。1951年2月21日，中央人民政府公布《中华人民共和国惩治反革命条例》，提出打击对象主要是土匪、恶霸、特务、反动党团骨干和反动会道门头子。根据《条例》第7条第3款，“解放前组织或领导反革命特务组织或间谍组织，及其他罪恶重大，解放后无立功赎罪表现者”，也列入判死刑和有期徒刑范围。运动中一些历史反革命分子也成为打击对象，使运动出现一些偏差。中共中央及时地发现和纠正了这些问题。5月上旬，在北京召开的第三次全国公安会议决定，除特殊情况外，自6月1日至9月30日4个月内，一律停止捕人，捕人批准权一律收回到地委专署一级，杀人权一律收回到省一级。从此，运动转入群众运动与法制相结合的形式，有秩序、有重点地打击混入党政军机关内部的反革命分子、从陆地逃到江湖上的反革命分子及反动会道门头子。1953年4月，中共中央发出《关于处理错捕、错押、错判、错杀问题的指示》，各地有组织地对以往案件进行了多次审查，使偏差减少。6月，镇压反革命运动基本结束。

镇宅石 stele exorcising evil spirits from the house 建房时安放于特殊位置的辟邪神石。民俗认为以此可安家宅，故名。原为中国汉族建房习俗，后羌族等少数民族及日本等国民族受汉族影响也有此俗。在中国主要流行于东北、华北、华东和华南等地。

嵌在外墙上的“泰山石敢当”石碑

通常为矩形石碑状，尺寸大小不一，除刻字外，有的还加刻虎头或八卦之类图案。或埋或立，常设于家宅的大门外墙、屋顶，或街衢巷口，有的置于河岸、桥头和村口。凿刻和安放的时间均有风水讲究。石上多刻“石敢当”、“泰山石敢当”或“泰山在此”等字样，故又名石敢当、泰山石敢当。中国建房压胜辟邪之俗起源于商代建房以人牲奠基。唐以前出现奠基器物，后附会成辟邪神石。唐宋以来镇宅石盛行。宋仁宗庆历四年（1044），福建莆田发现的唐大历五年（770）“石敢当”石碑是迄今所知最早的镇宅石实物。现代仍可见建房时安放镇宅石的习俗。

争国本 Struggle for the Root of the State 中国明代万历年间围绕皇位继承展开的争论。国本即太子。神宗王皇后无嗣，王恭妃于万历十年（1582）八月生子朱常洛，是为皇长子。郑妃于十四年正月生子朱常洵。神宗因宠爱郑妃，进其为皇贵妃，对王恭妃则不加封，且迁延不立常洛为太子，于是朝廷内外纷传神宗将废长而立爱。二月，户科给事中姜应麟首先抗争，主张“册立元嗣为东宫，以定天下之本”。因此被贬官。此后朝臣多次奏请，均被神宗贬斥。二十一年正月，神宗以手诏示大学士王锡爵旨，拟把皇长子常洛、皇三子常洵和皇五子常浩一并封王，日后再择其善者为太子。锡爵遂拟疏请令皇后抚育长子，则长子即为嫡子。神宗只以前谕下礼官，欲行三王并封之礼。朝臣大哗。神宗亦迫于众议而收回前命。此事一直争论不已，前后延续达15年之久。二十九年十月，在孝定李太后的直接干预下，常洛才被立为皇太子。由于争国本的官僚多是后来的**东林党**人，因此它又是东林党议的一项内容。

征辟 中国汉代擢用人才的一种制度。征是指皇帝下诏聘召，有时也称为特诏或特征。辟是指公卿或州郡征调某人为掾属，也称为辟召、辟除。辟召制在东汉尤为盛行，公卿以能招致贤才为高，而俊才名士也以有所依凭为重。皇帝下诏征聘或官府辟召，对被征辟的人并不具有强制力，而是一种礼请，故被征辟者可以应聘，也可托词不就。征辟不就的人，有的是因为不愿出仕，有的是借此博取声誉。征辟制的推行，有利于破格擢用人才，但也产生严重的弊病。特别在东汉时，由于政治腐败，官僚利用辟召以徇私；又因被辟召者对辟主的感戴，形成两者间的隶属关系，助长了官僚中私人权势的增长。魏晋南北朝主要以**九品中正制**取士，但征辟制并未废止，仍是士人特别是士族名士入仕的重要途径。皇帝征聘制不属常制，但辟召制却有进一步发展之势。中央王朝的诸公、位从公及开府仪同三司，地方的都督、开府将军、州郡长官，均可辟召长吏掾属。在长期分裂动荡的形势下，辟召制对统治集团内各政治派系和地方割据势力的形成，起了促进作用。隋统一后，为了强化中央集权，规定凡九品以上官吏皆由吏部任免，征辟作为一种制度自此消失。

征地补偿费 land compensation 国家在征用土地时，付给被征地者补偿其所丧失的土地权利的费用。中国征用耕地的补偿费用包括土地补偿费、安置补助费以及地上附着物和青苗的补偿费。按照《中华人民共和国土地管理法》，征用耕地的土地补偿费，为此耕地被征用前平均年产值的6～10倍。安置补助费，按照被征用耕地数量除以征地前被征用单位平均每人占有耕地的数量计算安置人口，每一个人口的安置补助费标准，为这块耕地被征用前3年平均年产值的4～6倍，每公顷最高不得超过15倍。土地补偿费和安置补助费的总和不得超过土地被征用前3年平均年产值的30倍。征用其他土地的土地补偿费和安置补助费标准，由省、自治区、直辖市参照征用耕地的土地补偿费和安置补助费的标准规定。

征用权 requisition right 通常指土地征用权。在中国，指国家为了公共利益，如进行经济、文化、国防建设以及兴办社会公共事业征用集体所有的土地的权力。国家征用土地时，应严格按照土地征用程序和审批权限办理，建设单位应当按照规定向被征地单位支付土地补偿费和安置补助费，以妥善安排群众的生产和生活。同时，被征地单位对国家土地征用应当支持，不得阻挠。

筝 zheng 中国拨奏弦鸣乐器。春秋战国时期已流行于今陕西省，史称秦筝。筝外形扁长方形，主要取材于梧桐木。琴面张弦，每条弦下设筝柱，可移动以调节音高和转调。最初为5弦，经过9弦的过渡，战国末期发展为12弦。唐以后为13弦，明、清以后15、16弦，20世纪60年代逐渐增至18弦、21弦、25弦，并改传统丝弦为钢丝弦或尼龙缠弦。以后又试制出有变音装置的快速转调筝和以十二平均律定弦的蝶式筝。

战国古筝

传统筝以五声音阶定弦，音域为：13弦筝G～c^2，16弦筝A～a^2，18弦筝A～d^3，21弦筝D～d^3，25弦筝G～e^3。今常用21弦筝。

筝的演奏在流传中，融合地方民间音乐，形成有不同音乐风格和演奏技法的地方流派。近代以河南、山东、潮州、客家、浙江等流派较有名。河南筝曲分小曲和板头曲两部分，代表曲目有《天下大同》、《闺怨》、《新开板》等；山东筝曲源于山东琴曲、山东琴书的唱腔曲牌及民间小调，代表曲目有《汉宫秋月》、《鸿雁传书》、《凤翔歌》等；潮州筝曲分套曲和小曲两大类，代表曲目有《寒鸦戏水》、《粉红莲》、《昭君怨》等；客家筝曲分大调、串调、小调3类，代表曲目有《出水莲》、《崖山哀》、《薰风曲》等；浙江筝曲以民间乐曲和小调为主要内容，代表曲目有《云庆》、《**高山流水**》、《海青拿天鹅》等。

蒸发 evaporation 液体表面的物质转变为气态的汽化过程。温度升高时，液体表面的蒸气压升高。当液体表面的蒸气压超过这种液体的气态分子在空气中的蒸气压时，液体开始蒸发。蒸发的速率与液体的性质、温度、表面面积、表面污染物（如油斑等）和表面上方的气流速度有关。

自然界中蒸发是海洋和陆地水分进入大气的最主要途径（还包括植被的蒸腾过程），是地球水文循环的主要环节之一，是大气中能量转换和输送过程的一种重要方式。在地球科学中，蒸发泛指液态水或固态水转化为气态水的过程。蒸发量即从水（冰）面跃出的水分子通量和进入水（冰）面的水汽分子通量之差值。气象台、站测量的蒸发量主要是水面蒸发量，即用一定面积的蒸发皿（314厘米^{2}和3 000厘米^2）在一定时间间隔（24小时）内，因蒸发失去的水层厚度，以毫米为单位。

工业生产中常见的蒸发是将溶液中挥发性溶剂汽化，以把不挥发溶质从溶液中分离的**单元操作**。早期的蒸发能耗高，设备的生产效率低。目前解决这两个中心问题的方法是：①降低能耗，可采用把所需蒸发热多次利用的多效蒸发操作。溶剂汽化时需要吸收蒸发热，生成的蒸气要冷凝成液态回收并同时释出**汽化热**。这部分汽化热可再加以利用，作为另一部分溶剂蒸发所需的蒸发热。把蒸发热重复利用，使两倍的溶剂蒸发，称为二效蒸发，重复利用多次，便可以使能耗减少多倍。多效蒸发系统可以采用多个蒸发器，它们的操作压力依次降低，前一个蒸发器产生的蒸气冷凝为液体时作为下一个蒸发器的热源。②提高蒸发设备的生产效率，关键是提高设备的传热能力。一方面是增大单位设备体积的传热表面，另一方面是增大总传热系数。蒸发过程中，液体蒸发浓缩后经常会产生固体，形成污垢层，降低传热速率。防止在传热面上结垢，是提高设备利用效率的重要问题。

蒸发器 evaporator 通过加热使介质汽化浓缩或从介质中析出提取物的设备。操作压力一般分常压、加压和减压。按介质蒸发方式可分为循环式和接触式两种。按结构形式可分为列管式、板式、离心式等。

常见的蒸发器类型有：

①强制循环蒸发器。工作介质在泵的作用下强制循环流动，未汽化的介质多次通过加热表面，反复加热提取浓缩液（见图）。②板式蒸发器。具有较大的蒸发空间。结构紧凑，易于拆分或组合，容易清洗和扩容。③升-降膜式蒸发器。预热工作介质经加热管束加热至沸点形成沸腾上升的液膜，再经流体分配由降膜加热室沿管壁向下流动，最后在分离室中与二次蒸汽分离获得浓缩液。④搅拌薄膜式蒸发器。机械搅拌桨将工作介质涂布在加热表面上，在重力和旋转桨叶作用下，溶液在壳体内壁形成旋转下降的薄膜并不断受热蒸发，获得浓缩液。⑤离心薄膜式蒸发器。高速转鼓的离心力使溶液在传热表面形成极薄的、连续的、高速流动的液膜，快速蒸

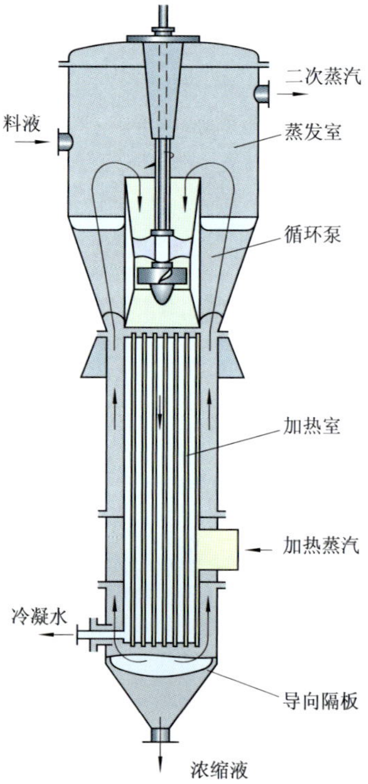

循环泵内置式强制循环蒸发器

发并高效分离二次蒸汽。⑥浸没燃烧式蒸发器。燃料燃烧产生的高温火焰和烟气直接喷入所处理的溶液使之迅速汽化蒸发提取浓缩液。⑦蒸汽再压缩蒸发器。从蒸发室出来的二次蒸汽经压缩机或喷射泵，提高压力及饱和温度后再进入蒸发器的加热室作为一次蒸汽使用，可提高蒸汽的利用。

蒸发岩 evaporites 在封闭、半封闭的环境中，含盐度较高的溶液或卤水由于干旱炎热气候条件下的强烈蒸发作用而形成的化学沉积岩。又称盐岩。蒸发岩中最常见的盐类矿物有**天然碱**、苏打、**芒硝**、无水芒硝、钙芒硝、**石膏**、**硬石膏**、**石盐**、泻利盐、杂卤石、**光卤石**和**钾石盐**，有的盐湖中还有固体**硼砂**矿物或含硼、溴、碘的卤水。蒸发岩一般具有结晶结构，有时可再结晶为数毫米甚至数厘米的巨晶结构。一般呈层状构造，往往也具角砾状、泥砾状的次生构造，并可形成盐溶角砾岩。由于不同地区或不同成岩时代陆地水和海水的化学性质不同（如氯化物型、硫酸盐型和混合型等），产生了含不同盐类矿物组合的现代盐湖和不同盐类组成的古代盐类矿床。中国青海柴达木盆地中的察尔汗盐湖，沉积了光卤石矿层；青海和西藏的一些盐湖中有硼矿沉积；内蒙古、新疆的一些现代盐湖中天然碱相当丰富。加拿大、俄罗斯、白俄罗斯和德国有很大储量的钾石盐矿床，是世界范围内的钾肥矿产供应地。泰国和老挝有古代的固体光卤石矿床。中国盐湖或与固体盐层有关的地下卤水含有多种稀有元素，如硼、溴、碘、铯、锂等，都具有综合利用价值，西藏的盐湖中发现了含锂和铯的沉积矿物。蒸发岩中的石盐、钾盐、石膏、天然碱等都是重要的资源。

蒸馏 distillation 通过加热使液体混合物中沸点较低的组分更多地汽化，形成浓度不同的气、液两相以实现分离。传质分离的**单元操作**。

蒸馏过程是通过加热把液相混合物分为气、液两相的。混合物中沸点较低的组分更易汽化，故气相中低沸点的组分的浓度较高，把气相冷凝后，便得到沸点较低组分浓度较高的液体产品；剩余液中高沸点组分也得到增浓，实现了不同组分的浓缩或分离。这种方法得到的产品的分离精度基本上决定于液相混合物中各组分挥发度的差别。可以调节操作的参数很少，只有温度和压力，能改变产品浓度或分离精度的范围很小。后来认识到只有采取带回流的多次蒸馏或采用加入其他化学物以改变各组分的相对挥发度的方法，才可能提高产品的收率和浓度，故发展了**精馏**以及许多种特殊蒸馏的方法。蒸馏广泛用于化工、炼油、轻工等工业。

蒸馏水 distilled water 用**蒸馏**方法制备的纯水。自然界中的水不纯，常含有**钙**、**铁**、**镁**等**盐**类和有机物、微生物等。用蒸馏的方法可以除去这些杂质。蒸馏时，不挥发的组分残留在容器中，而挥发的组分进入蒸馏水的初始馏分中。通常在制备蒸馏水时只收集中间的60%，排去初始馏分和在蒸馏器中残留部分各20%。但其中仍含有少量杂质。25℃时的电阻率在1×10^5欧·厘米左右。在某些科学实验和生产中，有时需要比一次蒸馏水纯度更高的水，可以在石英容器中经过多次蒸馏得到电阻率达1×10^6欧·厘米纯水，需用石英容器来储存。

蒸汽机 steam engine 将蒸汽的热能转换为机械能的往复式**动力机械**。蒸汽机的出现曾引发18世纪的工业革命。直到20世纪初，仍是世界上最重要的原动机。

简史 1698年，T.萨弗里制成世界上第一台实用的蒸汽驱动装置。1712年，纽科门发明横梁蒸汽机，被称为纽科门大气式蒸汽机。1782年前后，J.**瓦特**取得双向作用发动机专利。在这种蒸汽机中，蒸汽交替在活塞两边推动活塞，在每个冲程中都有一个做功的力，使得蒸汽机输出的功得以加倍。瓦特创造性的工作使蒸汽机迅速发展。瓦特时代以来，蒸汽机的改进主要有：①完善机械装置以减少热损失和机械损失，更充分地利用蒸汽的膨胀力量。②将蒸汽机应用于诸如陆上推进和水上推进等不同需要上。

工作原理 简单的蒸汽机主要由汽缸、

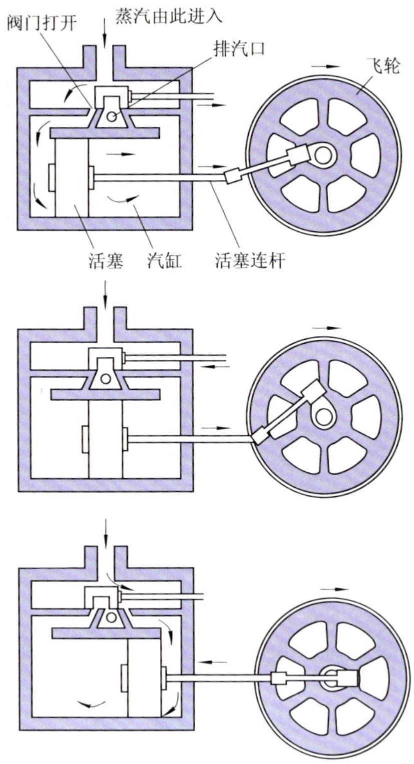

双向作用蒸汽机的工作原理示意图

底座、活塞、曲柄连杆机构、滑阀配汽机构、调速机构及飞轮等部分组成。图为双向作用蒸汽机的工作原理图。活塞开始向右冲程时，滑阀向右运动，高压蒸汽进入汽缸的左端，同时将前一冲程的废汽从排汽口排出（见图上）。由蒸汽压力迫使活塞通过其冲程的第1部分时，阀门进一步向右滑动，然后再向左退回，直至停止蒸汽供应（见图中）。汽缸中的蒸汽膨胀继续使活塞向右。活塞向右冲程结束时，阀门仍向左滑动，关闭右边出口，停止汽缸右端的排汽。之后，滑阀打开左边出口，废汽开始从汽缸左端排出。当汽阀左端全部打开时，阀门允许蒸汽进入汽缸右端，活塞开始向左的冲程（见图下）。活塞的这种往复运动由曲柄连柄机构转变为曲轴的旋转运动，对外输出机械功。滑阀的运动由套在曲轴上的偏心轮经偏心杆带动滑阀杆。

分类　蒸汽机可以按机构分类为单向作用式和双向作用式；按汽缸布置方式，分为立式和卧式；按蒸汽是在一个汽缸中膨胀或依次连续在多个汽缸中膨胀，分为单胀式和多胀式；按蒸汽在汽缸中的流向，分为回流式和单流式；按排汽方式和排汽压力可分为凝汽式、大气式和背压式；按用途分类可分为机车用蒸汽机、船用蒸汽机等。

蒸腾作用　transpiration　陆生植物体内的水分以蒸汽状态向大气散发（蒸发）的过程。它通过植物地上部的表皮，主要是叶片上的气孔进行。组成气孔的保卫细胞响应植物体内外条件变化而运动，使气孔开闭，从而引起水蒸气扩散阻力的变化。因此蒸腾作用实质上是生理调节（气孔运动）下的物理过程（蒸发）。

水分可以从植物体与空气接触的任何表面蒸发。藻类的水分可从整个表面蒸发。蒸腾作用可按其发生的部位分为气孔蒸腾、角质层蒸腾和周皮蒸腾。气孔在叶表皮上所占的相对面积（1%左右）虽然很小，但单位叶面积上数目多、间隔小，所以在气孔开张时扩散阻力不大。气孔内侧的叶肉细胞表面透水性好，海绵组织的细胞排列松散，细胞间空隙多，表面积大，水分扩散的阻力更小，所以气孔蒸腾最为重要。

植物适应于吸收光能和大气中稀薄的CO_2（约为万分之三）的需要，演化出扁而薄的叶片，并有数目众多的气孔，便于CO_2的吸收，但同时也就便于水分的散失。每形成1克干物质所消耗的水的克数称为蒸腾系数，或蒸腾比。其数值一般植物为125～1 000，其中三碳的禾谷类作物多在500～650、豆科植物为700～800；四碳植物、温带落叶树及针叶树为200～350；景天科酸代谢（CAM）植物最低，仅50～100。蒸腾系数的倒数是蒸腾效率，或称水分利用效率，即消耗单位重量的水所能生产的干物质重量的单位数。因其数值常在1%以下，所以有时用每升水所形成的干物质克数（g/L）表示，其数值除CAM植物超过10g/L以外，多在1～8g/L。

蒸腾作用是陆生植物吸收CO_2的同时不可避免地丧失水分的过程。根系对营养元素离子有主动吸收功能，不完全依靠蒸腾流。蒸腾流常带入一些无益的元素，在盐渍土上带入盐量过多，浓缩后造成伤害。蒸腾降低叶温也只是物理作用，不像人体出汗那样是体温调节的一部分；有些植物在炎热的中午和下午，因水分亏缺而气孔关闭，蒸腾降低，叶温反而上升。但它能加速植物根系对矿质营养物质的吸收和向地上部的运输，减轻叶温因受辐射而上升的程度，在某些情况下也起有益作用。

干旱、半干旱地区农业生产中水的供应是影响产量的主要因素。蒸腾速率的估测对了解植物需水量和水的利用效率有很大意义。对自然植被蒸腾特性的测定，为了解植物种的分布和对干旱条件的适应，提供重要的知识。

整除　divisibility　整数除法的基本概念。设d、a是整数，d不等于0。若存在整数q，使得$a=qd$，那么，就说d整除a，记作$d|a$，称d是a的因数（又称约数、除数），及a是d的倍数。当d是素数时，称d是a的素因数。a与$-a$的因数组成的集合相同。d与$-d$的倍数组成的集合亦相同，是$\{qd{:}q$取所有的整数$\}$。一个非零整数a只有有限个因数，$\pm1,\pm a$一定是它的因数，称为a的显然因数，a的其他因数称为非显然因数。整除及与其相关的概念可推广至代数整数环。整除理论是初等数论的主要基础内容之一，它由最大公因数理论和算术基本定理组成。

整地　land preparation　作物播种或移栽前进行的一系列土壤耕作措施的总称。整地是作物栽培的基本环节之一，其目的是创造良好的土壤耕层结构和表面状态，为播种和作物的生长发育、田间管理提供良好条件。在中国，整地的主要作业包括：

浅耕灭茬　用圆盘灭茬耙、旋耕机、灭茬犁等破碎根茬、疏松表土、清除杂草的作业。有提高翻耕与播种质量的作用。通常在作物收获后翻耕前进行。

翻耕　用有壁犁翻转耕层和疏松土壤，同时翻埋肥料和残茬、杂草等的作业。是整地作业的中心环节。由于犁壁形状和对耕层影响的不同，翻耕可分为全翻垡、半翻垡和分层翻耕等方式。

深松耕　用无壁犁或凿或犁疏松耕层，破除犁底层的作业。深松耕的目的在于改善耕层构造，蓄水保墒。适于干旱、半干旱地区采用。

耙地　翻耕后利用各种耙平整土地的作业。耙深为4～10厘米。用圆盘耙、钉齿耙等耙地，有破碎土块、疏松表土、保水、提高地温、平整地面、掩埋肥料和根茬、灭草等作用。稻田翻耕后耙地分干耙和水耙。干耙能碎土；水耙能起泥浆，也有平整田面和使土肥相融的作用。

耢地　中国北方旱区在耙地之后或与耙地结合进行的一项作业。传统方法多用柳条、荆条、木框等制成的耢（耱）拖擦地面，使形成干土覆盖层，以减少土壤表面蒸发；同时也有平地、碎土和轻度镇压的作用。

镇压　在耕翻、耙地之后或苗期利用镇压器的重力作用适当压实土壤表层的作业。

平地　用平土器进行的一种表土耕作作业。作用是整平地面，利于播种和田间管理，对灌溉地区更为重要。平土器可用机引或马拉。

耖田　水田中用耖进行的一种表土耕作作业。目的在于使耕耙后的水稻田地面平整，并进一步破碎土块和拌匀肥料，促使土肥相融。耖田常在播种前或插秧前进行。

起垄　在田间筑成高于地面的狭窄土垄的作业。有加厚耕层、提高地温、改善通气和光照状况、便于排灌等作用。见垄作。

作畦　畦是用土埂、沟或走道分隔成的作物种植小区。作畦有利于灌溉和排水。分为平畦、高畦。用作畦机、犁、锹、铲等进行作畦。

整风运动 Rectification Campaign 中国共产党在全党范围内进行的普遍的马克思列宁主义的教育运动。曾在1942年、1950年、1957年进行过3次，其中以1942年的延安整风运动最有名。故整风运动通常专指延安整风运动。

延安整风运动 因其首先从延安开始，延安地区整风的经验最为丰富而得名。

1935年**遵义会议**以后，在**毛泽东**等人的努力下，中共中央纠正了**王明**“左”倾机会主义的错误，制定了正确的路线。到抗日战争初期，中国共产党已发展成为一个全国性的，思想上、政治上、组织上巩固的马克思主义政党。这时党内的主要问题是历史上“左”倾机会主义长期统治的恶劣影响尚未彻底清算；主观主义、宗派主义、党八股广泛存在；大批新党员又带来了非马克思主义的思想作风。这些问题在全党虽然不占统治地位，但妨碍党的正确路线的贯彻执行，妨碍全党干部和党员政治思想水平的提高。只有解决这些问题，才能夺取革命的胜利。

中共中央为了加强对整风运动的领导，于1942年6月2日成立总学习委员会，毛泽东为主任，在总学习委员会领导下，按系统成立分区学习委员会，各单位、各部门成立学习分会或中心学习组。各基层分别建立甲、乙、丙3种学习组。参加延安地区整风学习的约1万余人。

为了正确地解决党内矛盾，毛泽东制定了“惩前毖后，治病救人”、“既弄清思想，又团结同志”的方针。参加整风的同志首先要学习马克思列宁主义的若干基本文件，然后根据文件精神，检查思想、工作和个人的历史，经过批评和自我批评，最后写出学习和思想总结。

1941年初，中共中央首先组织和领导党的高级干部120余人在延安学习马克思列宁主义的有关著作和党的历史文件。5月，毛泽东在延安干部会上作了《改造我们的学习》的报告，正式提出反对主观主义的任务。9月10日至10月22日，中共中央在延安召开政治局扩大会议，检讨党在第二次国内革命战争时期的政治路线，毛泽东在会上作了反对主观主义和宗派主义的讲话。党内部分高级干部作了初步的自我批评。这次会议使党的高级干部对中国革命的许多重要问题，取得了一致认识。9月26日，中共中央通过《关于高级学习组的决定》，指示在中央和各抗日民主根据地普遍成立高级学习组。1942年2月，毛泽东连续发表《整顿党的作风》、《反对党八股》两篇演说，标志着全党普遍整风的开始。4月3日，中共中央宣传部作出《关于在延安讨论中央决定及毛泽东同志整顿三风报告的决定》，对整风的目的、内容、方针、方法和学习文件作了明确规定。6月8日中央宣传部发出《关于在全党进行整顿三风学习运动的指示》，同时军委总政治部也发出全军进行整风学习的指示，从此整风运动在各抗日民主根据地陆续展开。延安普遍整风至1943年6月基本结束。1943年10月，中共中央决定党的高级干部在全党整风的基础上，进一步学习党的历史和路线问题，延安整风发展到总结党的历史经验阶段。80%以上的党的高级干部参加了学习。为了对党史上的若干重大问题取得一致认识，并作出正式结论，中央政治局和党的高级干部多次讨论党的历史，特别是讨论党在1931年初到1934年底这一段时间的历史。1944年4月和5月，毛泽东代表中央政治局在延安高级干部会议和中央党校第一部的会议上作报告（即收入《毛泽东选集》第3卷中的《学习和时局》一文），就党史学习中提出的几个重要问题，传达政治局的结论。5月21日在延安召开中国共产党第六届中央委员会扩大的第七次全体会议。会议持续进行了11个月之久，深入讨论了党的全部历史。1945年4月20日中国共产党六届七中全会通过《关于若干历史问题的决议》，统一了全党的认识，整风运动至此结束。

延安整风运动使党的领导机关、广大干部和党员进一步掌握了马克思主义的普遍真理和中国革命的具体实践相结合的基本方向，加强了全党在毛泽东思想基础上的团结统一，为抗日战争和全国革命的胜利奠定了思想基础。

1950年整风运动 1950年1月，中华人民共和国建国初，面对错综复杂的形势和任务，中共中央发出《关于在全党全军开展整风运动的指示》，要求各级党组织结合总结工作，开展批评与自我批评，克服党内首先是领导干部中居功自傲情绪，命令主义作风，以及极少数人贪污腐化、政治上堕落颓废、违法乱纪等错误，密切党和人民联系。运动于同年冬结束。

1957年整风运动 1957年4月，在社会主义改造基本完成、社会主义建设即将全面展开的历史转折关头，中共中央发出《关于整风运动的指示》，决定在全党进行一次以正确处理人民内部矛盾问题为主题，以及对官僚主义、宗派主义和主观主义为内容的整风运动。运动进行中由于极少数资产阶级右派的进攻，转为反右派斗争，这次整风没有达到预期的目的。整风的方法逐步从党内运用到社会各方面。

整函数 integral function 在整个复平面**C**中的解析函数。

一个整函数可以在整个复平面上展成幂级数 $f(z)=\sum_{n=0}^{\infty}a_n z^n$。因此，它是多项式之推广。

整函数有许多特有的性质，比如，若一整函数有界则它必为常数（刘维尔定理）；又比如，若一整函数不是常数，则能取遍复平面上的所有值，最多有一值例外（毕卡定理）。

若一整函数 $w=f(z)$ 不是多项式，则称其为超越整函数。当 $|z|\to\infty$ 时，一个超越整函数 $w=f(z)$ 的取值状况，是19世纪末及20世纪初数学家们关心的问题。关于这一问题的研究逐步发展成为整函数的值分布论。

整流电路 rectifying circuit 把交流电能转换为直流电能的电路。其装置称为整流器。在直流电动机的调速、发电机的励磁调节、电解、电镀等领域得到广泛应用。整流电路通常由主电路、滤波器和变压器组成。主电路多用硅整流二极管和晶闸管组成。滤波器接在主电路与负载之间，用于滤除脉动直流电压中的交流成分。变压器的作用是实现交流输入电压与直流输出电压间的匹配以及交流电网与整流电路之间的电隔离（可减小电网与电路间的电干扰和故障影响）。

整流电路按组成器件可分为不控整流电路、半控整流电路和全控整流电路。后两种电路按控制方式又分为相控整流电路和斩控整流电路。相控整流电路采用电网换相方式，不需要专门的换相电路，电路简单、工作可靠，得到广泛应用。在大功率调速传动中，低速运行时，采用斩控整流电路可解决功率因数变坏的问题。

整数分拆 integer number, partition of 堆垒数论中的一个基本问题。把正整数 n 分成若干个正整数之和（不计次序）的一种表示法称为 n 的一种分拆，n 的所有不同的分拆种数，称为分拆函数，记作 $P(n)$。例如，5=1+1+1+1+1=1+1+1+2=1+1+3=1+2+2=1+4=2+3，所以 $P(5)=7$，容易算出 $P(6)=11$，$P(10)=42$，$P(n)$ 的值随 n 的增加而急剧增加，例如 $P(500)=204\,226$，$P(100)=190\,569\,292$。当 $n\to\infty$ 时，$P(n)$ 渐近地等于 $\left(4\sqrt{3}n\right)^{-1}e^{c\sqrt{n}}$，其中 $c=\pi\sqrt{2/3}$。对 $P(n)$ 还有估计式 $An^{-1}e^{2\sqrt{n}}< P(n) <Bn^{-1}e^{2\sqrt{2n}}$，其中 A，B 是两个正常数，整数分拆在组合数学、群论、概率论和数理统计中都有重要应用。

整数规划 integer programming 一类要求问题中的全部或一部分变量为整数的数学规划。一般认为非线性的整数规划可分成线性部分和整数部分，因此常常把整数规划作为**线性规划**的特殊部分。在线性规划问题中，有些最优解可能是分数或小数，但对于某些具体问题，常要求解答必须是整数。例如，所求解是机器的台数，工作的人数或装货的车数等。为了满足整数的要求，初看起来似乎只要把已得的非整数解舍入化整就可以了。实际上化整后的数不见得是可行解和最优解，所以应该有特殊的方法来求解整数规划。在整数规划中，如果所有变量都限制为整数，则称为纯整数规划；如果仅一部分变量限制为整数，则称为混合整数规划。整数规划的一种特殊情形是0－1规划，它的变数仅限于0或1。

整数规划与组合最优化从广泛的意义上说，两者的领域是一致的，都是在有限个可供选择的方案中，寻找满足一定标准的最好方案。有许多典型的问题反映整数规划的广泛背景。例如，背袋（或装载）问题、固定费用问题、和睦探险队问题（组合学的对集问题）、有效探险队问题（组合学的覆盖问题）、送货问题等。因此整数规划的应用范围也是极其广泛的。它不仅在工业和工程设计和科学研究方面有许多应用，而且在计算机设计、系统可靠性、编码和经济分析等方面也有新的应用。

整数规划是从1958年由R.E.戈莫里提出割平面法之后形成独立分支的，50多年来发展出很多方法解决各种问题。解整数规划最典型的做法是逐步生成一个相关的问题，称它是原问题的衍生问题。对每个衍生问题又伴随一个比它更易于求解的松弛问题（衍生问题称为松弛问题的源问题）。通过松弛问题的解来确定它的源问题的归宿，即源问题应被舍弃，还是再生成一个或多个它本身的衍生问题来替代它。随即，再选择一个尚未被舍弃的或替代的原问题的衍生问题，重复以上步骤直至不再剩有未解决的衍生问题为止。目前比较成功又流行的方法是分枝定界法和割平面法，它们都是在上述框架下形成的。

0－1规划在整数规划中占有重要地位，一方面因为许多实际问题，例如指派问题、选地问题、送货问题都可归结为此类规划，另一方面任何有界变量的整数规划都与0－1规划等价，用0－1规划方法还可以把多种非线性规划问题表示成整数规划问题，所以不少人致力于这个方向的研究。求解0－1规划的常用方法是分枝定界法，对各种特殊问题还有一些特殊方法，例如求解指派问题用匈牙利方法就比较方便。

整形外科 plastic surgery 对正常的人体组织、器官或其缺损、畸形，进行修复和再造，以达到形态的改善和美化及功能重建的外科手术或组织移植。治疗的目的是，使因疾病、创伤或先天性畸形造成组织、器官缺损或畸形的患者，达到“伤者不残、残者不废”，使健康人更英俊、更美丽。整形外科又名整形再造外科或整复外科和修复重建外科、整形美容外科。整形外科的医疗范围涉及从头顶到足底，从体表到内脏的某些器官的修复和再造。在治疗方法上有自体组织移植、异体组织移植及组织器官代用品移植等。它与几乎所有外科学科均有联系，是在各外科专科基础上分化和发展起来的一门边缘学科。随着生命科学的发展，细胞生物学、分子生物学、组织工程学、基因工程学，以及克隆技术的应用，将给以组织、器官移植为主要治疗手段的整形外科学带来新的奇迹。

正比计数器 proportional counter 用气体作为工作物质，输出脉冲幅度与初始电离有正比关系的粒子探测器。这种探测器的结构大多采用圆柱形，中心是阳极细丝，圆柱筒外壳是阴极，工作气体一般是惰性气体和少量负电性气体的混合物。入射粒子与筒内气体原子碰撞使原子电离，产生电子和正离子。在电场作用下，电子向中心阳极丝运动，正离子以比电子慢得多的速度向阴极漂移。电子在阳极丝附近受强电场作用加速获得能量可使原子再电离。从阳极丝引出的输出脉冲幅度较大，且与初始电离成正比。正比计数器具有较好的能量分辨率和能量线性响应，探测效率高，寿命长，广泛应用于核物理和粒子物理实验。

正长岩 syenite 中性岩中偏碱性的深成侵入岩。是较常见的种属，SiO_2平均含量为58.5%。岩石多为浅灰红、肉红、黄白等色。多为半自形–他形中细粒、中粒结构。块状构造，也可见条带状构造和斑杂构造。主要矿物为钾长石、中更斜长石、角闪石、辉石和黑云母，也可有少于5%的石英。副矿物主要为磁铁矿、磷灰石、榍石和锆石。暗色矿物和浅色矿物比一般为30:70。根据暗色矿物种属的不同，可再分为角闪正长岩、辉石正长岩、黑云母正长岩。常见的次生变化有绿泥石化、帘石化、泥化、绢云母化、碳酸盐化和硅化等。正长岩一般不形成独立岩体，常与花岗岩、花岗闪长岩及碱性岩共生，成为其他岩体的一部分，如形成独立的正长岩体，一般都是一些小型的岩盆、岩盖或不规则小岩体等。中国河北、山西、河南、湖北等地有正长岩分布。有关的矿产主要是夕卡岩型铁矿。正长岩可做陶瓷原料，富钾正长岩可做钾

肥原料，某些正长岩是良好的建筑石材和装饰石材。

正当防卫 legitimate defense 为了使国家、公共利益和本人或者他人的人身、财产和其他权利免受正在进行的不法侵害，对不法侵害人所实施的制止其不法侵害且没有明显超过必要限度的损害行为。

正当防卫的要件是：①必须有实际的不法侵害存在。如果实际上不存在不法侵害，但行为人自以为存在不法侵害而实施防卫行为的，属于假想防卫。假想防卫侵犯他人利益的，一般应负法律责任；行为人主观上没有罪过的，按意外事件处理。②不法侵害必须正在进行，即不法侵害已经开始且尚未结束。当不法侵害人正在预备实施侵害行为，或者已经实行完毕侵害行为，行为人对不法侵害人实施防卫行为的，属于防卫不适时，不成立正当防卫。③必须是为了使国家、公共利益和本人或者他人的人身和其他权利免受正在进行的不法侵害。④防卫行为必须针对不法侵害者本人实行。⑤防卫不能明显超过必要的限度造成重大的损害。防卫行为明显超过了必要限度，造成了重大的损害，则是防卫过当，应负刑事责任（见自力救济）。《中华人民共和国刑法》第20条规定：“对正在进行行凶、杀人、抢劫、强奸、绑架以及其他严重危及人身安全的暴力犯罪，采取防卫行为，造成不法侵害人伤亡的，不属于防卫过当，不负刑事责任。”

正电子 positron 电子的反粒子。又称阳电子。记为e^+。其质量、自旋与电子相同，带正电。1928年P.A.M.狄拉克理论上预言，1932年C.D.安德森首先从宇宙线实验中证实。高能光子可产生电子－正电子对，反过来，正电子与电子相碰可湮没为光子或其他粒子。电子－正电子对湮没是产生新粒子和研究新粒子性质的重要途径。

正定县 Zhengding County 中国河北省石家庄市辖县。位于省境西南部，太行山东麓。面积568平方千米。人口47万(2010)。战国初期，中山国在此设东垣邑，秦统一中国后改为东垣县，汉初更名真定县。1913年改名正定县。属暖温带半湿润大陆性季风气候。工业有机械、电子、纺织、化工、食品、建材等产业。农作物主要有小麦、玉米、棉花、花生等。地下水资源丰富，水质良好，水利灌溉条件较佳，53万亩耕地均为水浇地，旱涝保收。名胜古迹有千年古刹隆兴寺、开元寺须弥塔、广惠寺华塔、天宁寺凌霄塔等。正定为中国历史文化名城。

正冈子规 Masaoka Shiki (1867-09-17～1902-09-19) 日本俳句、和歌诗人。本名常规，别号獭祭书屋主人、竹之乡下人。

生于爱媛。东京大学国文学科肄业后，入日本新闻社。1891年冬着手《俳句分类全集》的编辑工作。1892年开始在报纸刊载《獭祭屋俳话》，提出俳句革新的主张。1895年参加日清战争（中日甲午战争），因肺病恶化而退伍。后主持出版了俳句同人杂志《杜宇》。正冈子规认为俳谐连歌缺少文学价值，主张发句（起句）独立成诗，定名为俳句。后世沿用，俳谐连歌随之衰落。为日本旧体诗歌革新史上最为重要的人物之一。有四大随笔集《松萝玉液》(1896)、《墨汁一滴》(1901)、《病床六尺》(1902)、《仰卧漫录》(1902)。作品保持了平淡达观的境界。

正骨推拿 massage for bone-setting 用推拿手法治疗骨伤、脱位、伤筋等病症的中医骨伤科主要外治法。又称伤科推拿。

应用范围 ①肌腱损伤。肌肉、肌腱、韧带部分断裂者可使用适当的手法理筋，将断裂的组织抚顺理直，然后加以固定，可减轻疼痛并有利于断端生长吻合。②肌腱滑脱。在疼痛部位能触摸到条索样隆起，关节活动出现严重障碍，及早施用手法使其回纳。③关节内软骨板损伤。多表现为软骨板的破裂或移位，以致关节交锁不能活动，通过适当的手法使移位嵌顿的软骨板回纳，可解除关节的交锁，使疼痛明显减轻。④各种关节的脱位、半脱位。采用各种正骨推拿手法使其复位，然后根据不同情况配合固定、敷药、服药等治疗使之痊愈。⑤新伤骨折。正骨手法是治疗骨折的主要手段之一，手法操作的好坏，是骨折复位成功与否的关键。

手法 正骨推拿根据其作用及适应证的不同，可分为正骨手法和理筋手法两类。

正骨手法 主要用于骨折和脱位，通过手法恢复骨与关节的正常解剖位置。①摸法。用手指指腹在患处周围进行触摸。②接法。将分离错落的断骨接合对位。外伤骨折，有搭叠、分离、骨碎、横断、斜断等类型。③端法。脱位有完全脱位和半脱位之别。医生用两手或一手握住要端的部位，根据伤势轻重而用力。④提法。即牵引法，又称拔伸法。主要是矫正患肢的短缩移位，恢复肢体长度。⑤按摩法。“按”是用手指往下按压，“摩”是用手徐徐揉摩。适用于跌打损伤之后，骨未断折而肿胀不消，韧带肌肉紧张收缩，瘀结肿结在局部不散，软组织变硬，局部麻木。或者因为跌扑闪失，导致骨缝错开，气血郁滞，引起肿痛等。⑥推拿法。“推”是手推动离位的筋骨使其回纳复位。缓缓推动局部肌肉，还可促进血液循环，松弛肌肉。“拿”是用两手或一手捏定患处，根据病情适当用力，慢慢地使离位的筋骨回纳复位，也用于捏动患者肌肉，由浅入深，一捏一松，以通经活络，增强血液循环，起到消肿镇痛的作用。

按、摩、推、拿用于跌打损伤引起的肿胀瘀结，肌肉痉挛，瘀血不散，闪腰，岔气，颈部落枕，局部经络不通以致麻木等症，效果显著。

理筋手法 主要运用于伤筋，即软组织损伤。其作用主要为调和阴阳，补虚泻实；舒筋活络，解除痉挛；活血化瘀，行气止痛；理顺筋络，整复错缝；松解粘连，消肿散结；疏通经络，温经散寒等。理筋手法一般可分为几类：①镇痛手法。如点、按、推、震、散等手法。②舒筋手法。如弹拨、捻、捋、拿、揉、摩等手法。③活节手法。如摇、推搬、旋转、伸屈、牵抖等手法。④归合手法。如顺法、归合法等。

正火 normalizing 将金属加热到适当温度，保温后在静止空气中冷却（冷速为150～250℃/时）的热处理工艺。以获得细小均匀的组织，提高力学性能。主要用途是：①消除铸件中存在的粗晶缺陷组织和锻轧件中各种组织不均匀性。对于大型铸锻件，有时要进行二次甚至多次正火。②用作预备热处理，以提高低碳钢的硬度使之便于机加工；或破碎高碳工具钢中的网状渗碳体，以利于淬火后获得高的强度和韧性。③对于中碳钢，正火可作为最终热处理。④提高铸铁强度性能。正火得到的性能与退火相近，但强度较高，同时由于周期短、效率高、简单、经济，在许多情况下可以作为退火的替代工艺。工件尺寸较大和钢的碳含量较低时，可采用风冷正火、喷雾正火、水冷正火等新工艺。

正剧 serious play 戏剧主要体裁之一。在悲剧与喜剧之后形成的第三种戏剧体裁。从古代希腊到古典主义时期，悲剧与喜剧作为两种戏剧体裁界分严格，不能混淆。但是，在这期间出现的某些戏剧作品，却很难归属于悲剧或喜剧。G.W.F.黑格尔把这种戏剧体裁界定为“把悲剧的掌握方式和喜剧的掌握方式调解成为一个新的整体的较深刻的方式”。在正剧中，生活的肯定方面和否定方面往往同时作为表现的对象，正剧主人公也像悲剧人物那样把历史的必然要求作为自己的目的，具有明确的自觉意识，但都可以通过自己的行动使这种要求有实现的可能性，喜剧人物把失去合理性和意义的要求作为现实的目的去追求，在正剧中，这种要求则要被否定。正因为如此，人物的命运、事件的结局在正剧中则有完满性。正剧主人公的自觉意识不仅表现在为实现目的而付出的行动，也表现在对自身的审视和反思，因而往往经历着内在精神世界的斗争。

正剧的一种类型是传奇剧，它也是正剧的起源。H.易卜生开创的社会问题剧，可以看作是正剧的一个重要类型。取材于政治斗争、民族斗争以表现英雄人物的崇高品质和坚强意志为主旨的正剧作品，可以称之为英雄正剧。

在中国古典戏曲中，众多的公案戏、家庭伦理戏、爱情戏以及表现下层人民与达官贵人、邪恶势力进行斗争的剧目，都可以归于正剧。在中国现代和当代话剧中，正剧是一种重要体裁。

正理派 Nyqya 印度古代哲学派别，婆罗门教六派哲学之一。音译为“尼耶也”。此派名称的原意为“引导”，引申的含义为通过推论引导出正确的理论。

正理派的形成与印度古代围绕早期婆罗门教祭祀规定的辩论与推理有一定关系。此派的创始人相传为约公元1世纪的乔答摩。最早的根本经典是乔答摩的《正理经》。《正理经》之后，正理派的主要典籍是对《正理经》的注与复注等。12世纪前后，新正理派形成。同时，正理派也逐步与胜论派相混合。新正理派的主要代表人物是克伽自在（12世纪），他著有《真理如意珠》。

正理派把“十六谛”作为其学说的基本体系。十六谛是：量（获得正确的方式或方法）、所量（认识对象）、疑（疑惑）、动机（开始行动的目的）、实例（人人都承认的事实或真理）、宗义（立论者的主张）、论式（推论式）、思择（为排除疑惑所作的思虑）、决了（对问题作出决断）、论议（采用正确的方式辩论）、论诤（采用不正确的方式辩论）、坏义（仅为破坏对方立论的议论）、似因（错误的理由）、曲解（在对方的言语中选择非对方所指的含义）、倒难（错误的非难）、堕负（在辩论中失败的相状）。正理派在“十六谛”的理论体系中论及的问题较多，如量论、逻辑推理学说、辩论规则、宗教伦理等。

正理派在逻辑学方面的重要建树是确立了“五支论式”的推论方法，认为正确的推论式应由五部分组成：宗（命题）、因（理由）、喻（实例或例证，分同、异两种）、合（应用）、结（结论）。正理派承认极微的存在，并认为断灭轮回，达到解脱的根本办法是认识“十六谛”和做瑜伽等。

《正蒙》 *Correct Discipline for Beginners* 中国北宋哲学家张载的重要哲学著作。约成书于熙宁九年（1076）。共9卷、17篇，其中较著名的篇目有《太和》、《神化》、《乾称》、《东铭》和《西铭》等。蒙，即蒙昧未明；正，即订正。意即从蒙童起就应进行道德、思想培养，使之从小立志做圣贤。张载著此书的主要目的，是用儒家学说批判佛、道观点。他提出了“太虚即气”和“知太虚即气，则无无”思想，建立了气一元论的哲学体系。还提出了“一物两体”的辩证思维。《正蒙》的思想开辟了中国古代气一元论哲学的新阶段，对后世影响很大。《正蒙》注解较多，以王夫之的《张子正蒙注》最为著名。

正名 call a thing by its right name 中国春秋战国时期关于名分、名实问题的概念和学说。孔子首先提出“正名”思想，认为“名不正则言不顺”，主张“必也正名乎”。名是指周礼所规定的等级名分。孔子所以提出正名，是针对当时已经出现的君不君、臣不臣、父不父、子不子的违礼僭越现象，反对臣杀其君、子杀其父的越礼行为，以维持传统的等级名分。但其中也含有名实必须一致的思想。

孔子的“正名”开启了战国时期的名实之辩。墨子从知识论的角度提出“取实予名”，主张应根据客观事物的实际情况，给以相应的名称。公孙龙认为“夫名，实谓也”，肯定名是实的称谓。后期墨家主张“以名举实”，认为名是实的模拟。荀子则提出“制名以指实”的命题，并阐明了制名的基本原则。正名思想和名实之辩，是中国社会变革在思想领域的表现，对促进中国哲学认知论和逻辑学的发展产生过积极影响。

正史 dynastic histories 泛指中国古代王朝史。至晚在唐初史学家撰写的《隋书·经籍志》史部中，列于首位的“正史”即是历代王朝史及有关注释之书。所谓“依其世代，聚而编之，以备正史”。《隋书·经籍志二》杂史类著录南朝梁人阮孝绪撰《正史削繁》，较早使用“正史”一词。《隋书·经籍志》以后，“正史”成为规范的纪传体王朝史的专称，也是历史文献分类的一个重要部类。唐代史学家刘知幾《史通·古今正史》和《明史·艺文志》史部中的“正史”，则包含了纪传体王朝史和编年体王朝史，乃为例外。《隋书·经籍志》将《史记》、《汉书》等以帝王传记为纲的纪传体史书列为正史，居史部书之首位。《明史·艺文志》又以纪传、编年二体，并称正史。清乾隆年间的《四库全书》，确定《史记》至《明史》的24部正统的纪传体史书为正史（见二十四史），并确定凡不经皇帝批准的不得列入。1921年，北洋军阀政府又增《新元史》，合称二十五史。

《正始石经》 *Stone Classics of Zhengshi Period* 中国三国时期曹魏时官定刊刻的儒家经书碑石。刻制于正始年间（240～248），又称魏石经；因碑文以古文、小篆、隶书三体书刻而又称《三体石经》。与《熹平石经》同立于魏都洛阳南郊太学讲堂西侧。《正始石经》碑石为平顶长方形，所刻经文有《尚书》、《春秋》。刻法为碑面以纵横直线画出界格，每字三体下行，自左向右刻写。根据书者不同，有三体排成一直行的一字式

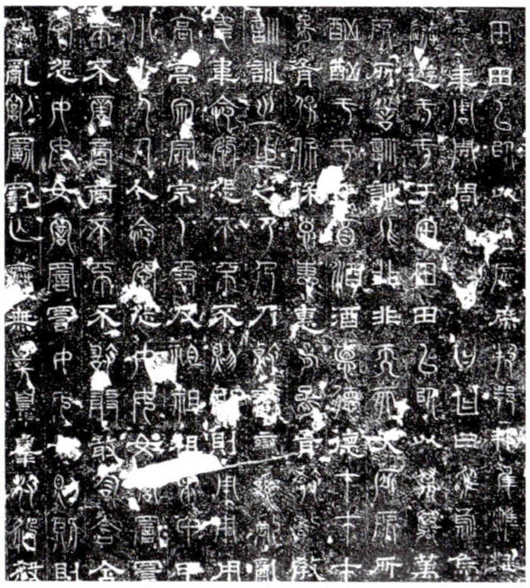

《正始石经》局部拓片

和古文在上、篆文在下右侧、隶书在下左侧的品字式两种格式。关于碑石总数，有25块、28块、35块诸说。今仅存残石。《正始石经》篆文为秦代通行的小篆，古文字形多与战国古文相合，在古文字研究上有很高价值。

正始体 Zhengshi style 中国三国曹魏后期的一种文学风貌。因始于正始年间，故称之为正始体。其主要特征是崇尚老庄。作家主要有两派：一派是以何晏、王弼为代表，以抒发道家志趣为主，脱离现实，以至开两晋“玄言诗”之先河；另一派是以嵇康、阮籍为代表，上承建安风骨，透露着不满现实的锋芒，世称“嵇阮”。王、何一派与建安文学传统已经脱节，开两晋玄虚之风。而嵇、阮一派继承建安文学的遗风，表现了时代的特色。他们的诗歌有比较深厚的内容，艺术技巧比较圆熟，成就大大超过前一派。阮籍的《咏怀诗》82首是最优秀的代表。这两派的综合，就构成正始体的基本面貌。

正税 regular tax 通过法定程序公布开征，具有特定征税对象和独立计税依据，纳入政府财政收入的税收。附加税的对称。依是否具有独立的征税对象和计税依据进行的分类。

正税收入是政府财政收入的主要来源。中国清代甚至只把主要税种，如田赋、丁银称为正税。中华人民共和国建立后开征的税种，除个别税种以外都是正税，如工商业税、货物税、工商统一税、工商税、产品税、增值税、营业税、企业所得税、个人所得税、盐税、关税、农业税及地方各税等。各项正税对于保证国家建设的资金需要，对于实现国家对宏观经济的调控和实现收入公平分配都有重要的意义。

正态分布 normal distribution 概率论中最重要的一种概率分布。若随机变量X取值不超过实数x这一事件的概率为：

$$P(X\leqslant x)=\frac{1}{\sigma\sqrt{2\pi}}\int_{-\infty}^{x}e^{-(t-\mu)^2/2\sigma^2}dt$$

式中μ、σ为实参数，且$\sigma<0$，则X的分布称为（一维）正态分布或高斯分布，记作$N(\mu,\sigma^2)$。它是具有密度函数$\varphi(x;\mu,\sigma)=\frac{1}{\sigma\sqrt{2\pi}}e^{-(x-\mu)^2/2\sigma^2}$的连续型分布，它的期望为$\mu$，方差为$\sigma^2$（见图）。正态分布还有其多维形式。正态分布最早由A.棣莫弗（1730）在求二项分布的渐近公式中得到。C.F.高斯在研究测量误差时从另一个角度导出了它。P.-S.拉普拉斯和高斯研究了它的性质。

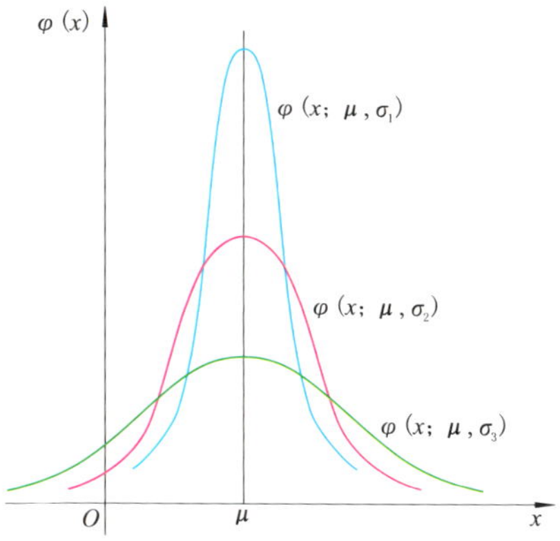

正态分布$N(\mu,\sigma^2)$的密度函数
$\varphi(x;\mu,\sigma)$ $(\sigma_1<\sigma_2<\sigma_3)$

生产与科学实验中很多随机变量的概率分布都可以近似地用正态分布来描述。例如，在生产条件不变的情况下，产品的抗压强度、口径、长度等指标，同一种生物体的身长、体重等指标，测量同一物体的误差，弹着点沿某一方向的偏差，某个地区的年降雨量等。一般来说，如果一个量是由许多微小的独立随机因素影响的结果，那么就可以认为这个量具有正态分布。见中心极限定理。

正形贝目 Orthida 腕足动物门具铰纲一目。一类已绝灭的海生无脊椎动物。最早的代表始于早寒武世初期，至奥陶纪最为繁盛，灭绝于二叠纪之末，延续生存约3亿年。

正形贝类种类繁多，形态多样，数量丰富。典型代表如正形贝、正脊贝（见图）、中国正形贝，广布于中国南方。分成无疹壳质的正形贝族和疹壳质的德姆贝族。①正形贝族。贝体小至中等；侧视多作不等双凸型，铰合缘直，铰合面发育但狭窄，多

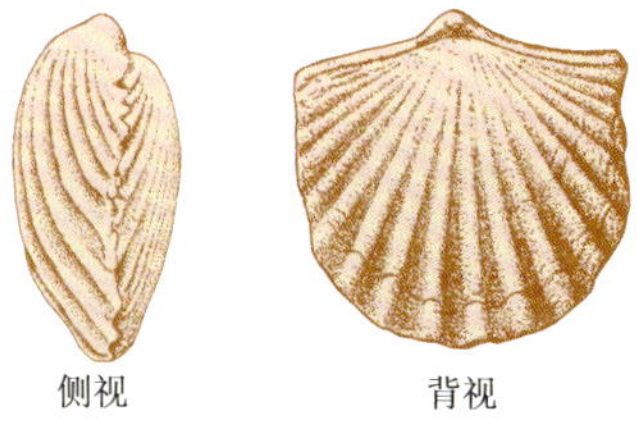

正脊贝

数类群三角孔洞开。壳表常饰以放射线或放射褶，腹壳齿板薄而短，相聚成匙形台；背壳主突起通常单叶型。正形贝族以自三角孔或圆形肉茎孔伸出的肉茎固着于海底栖息。②德姆贝族。外部特征大致与正形贝族的相同，区别在主突起位于背壳内的最后端，分成茎、冠两部，冠部都呈双叶型，少数为单叶或三叶型。上述两族在地史时期是平行发展的两个支系，其间存在着一系列相关类型，探索这些类别间的联系，是值得研究的重要课题。

正压大气 barotropic atmosphere 密度ρ的分布只依赖于压强p的大气，即$\rho=\rho\ (p)$。在这种大气中，等压面、等比容面（或等密度面）和等温面是重合的，因而在等压面上没有等温线，即在等压面上没有水平温度梯度。

在正压大气中，两个等压面之间没有平均温度梯度，因而没有热成风，或地转风的铅直切变为零；两个等压面间的气层厚度处处相等，所有等压面都是平行的。所以在正压大气中，可以用某一个等压面上的运动状态代表整层大气的运动状态，这种模式称为正压模式。正压模式不符合实际大气的状况，但用它来研究大气中的某些物理过程很有用。实践中常近似地把500百帕等压面当作正压场，用它代表整层大气的情况。

在正压大气中，扰动发展的能源主要来自平均动能的转换。

正一道 Zhengyi sect of Taoism 中国道教教派。又称正一教、正一派。以江西龙虎山天师道为首，融合上清、灵宝等符箓道派而形成的一个大道派。相传东汉天师张陵创教之时，太上老君降临蜀郡鹤鸣山，授以“正一盟威之道”，让他伐诛邪伪，教化民众。南北朝时，南方天师道徒造作《正一经》和《正一法文》，后编入《道藏》，列为三洞四辅七部经典之一。隋唐五代，天师道在道教诸派中地位不甚彰显。至北宋真宗朝以后，龙虎山历代天师嗣位，皆受朝廷赐号，赏给钱物，扩建宫观，天师道逐渐上升为江南诸符箓道派之首。南宋理宗嘉熙三年（1239），加封张陵并命三十五代天师张可大提举三山（龙虎山、阁皂山、茅山）符箓，兼御前诸宫观教门公事，正一派从此正式取得了统领符箓诸派的地位。元世祖灭宋之后，赐封三十六代天师张宗演，命其主领江南诸路道教事。此后历代天师皆被元室封为真人，袭掌道教。明朝对正一道的崇奉更甚于宋元，道士赐爵封官者为数甚多。正一天师不仅统领江南诸路道教，而且受命主掌天下道教事，其地位凌驾于全真道之上。清朝正一道政治地位下降，正一真人品秩低于前朝。宋元明清朝正一道各派，皆以符箓斋醮之术著称于世。受时代影响，诸家符箓斋仪中皆吸收内丹和雷法，以内丹修炼为施行符箓咒术之本。正一派组织也不如全真道那样严密，道士可以不出家，允许蓄养妻室，戒律亦不甚严格。

正义 justice 伦理学、政治学的基本范畴之一。在伦理学中，通常指人们按一定道德标准所应当做的事，也指一种道德评价，即公正。“正义”一词，在中国最早见于《荀子》：“不学问，无正义，以富利为隆，是俗人者也。”正义观念萌于原始人的平等观，形成于私有财产出现后的社会。不同的社会或阶级的人们对“正义”有着不同的解释。古希腊哲学家柏拉图认为，人们按自己的等级做应当做的事就是正义；基督教伦理学家则认为，正义在于肉体应当归顺于灵魂，灵魂应当归顺于上帝。在现代西方社会，正义的概念越来越多地被用作评价社会制度的道德标准，甚至成为社会制度的首要价值。马克思主义伦理学认为，正义与否的客观标准主要在于其行为是否符合社会发展的要求与广大群众的利益。

正义理论 justice, theory of 西方政治哲学中关于评价社会政治制度和人的社会行为的基本道德标准的学说。它涉及个人与他人、个人与国家的关系，特别是一种社会制度下公民基本权利义务的分配方式。依其应用的对象，可分为社会正义、政治正义、经济正义、法律正义、道德正义等。

在当代西方政治哲学对正义理论进行的讨论中，实证主义法学派把国家制定的法律作为正义的标准。美国政治哲学家J.B.罗尔斯提出一种“作为公平的正义”理论，认为正义意味着平等。当代另一位美国政治哲学家R.诺齐克提出与罗尔斯对立的正义观，他将个人权利作为首要价值，认为正义与平等无关，不平等不等于不正义，正义在于对个人权利的保障。

正义者同盟 Bund der Gerechten 共产主义者同盟的前身。侨居法国的德国政治流亡者、工人和手工业者于1836年在巴黎建立的国际性的秘密革命组织。同盟参加了布朗基主义组织四季社发动的1839年5月12日巴黎起义。失败后，其领导人K.沙佩尔和H.鲍威尔先后被捕监禁、驱逐出境。他们到伦敦与J.莫尔一起重新恢复同盟组织。同盟在K.马克思、F.恩格斯帮助下逐步接受科学社会主义理论。1847年1月，马克思、恩格斯接受同盟要求，参加同盟。1847年6月2～9日在伦敦举行同盟第一次代表大会，决定改名共产主义者同盟。盟章规定，同盟的目的是推翻资产阶级，建立无产阶级统治，消灭旧的以阶级对立为基础的资产阶级社会，建立没有阶级、没有私有制的新社会。

正则方程 canonical equation 用广义坐标q_i和广义动量p_i（$i=1,\ 2,\ \cdots,\ n$）联合表示受理想约束的完整保守系统的力学方程。又称哈密顿方程。可写为：

$$\frac{\mathrm{d}q_i}{\mathrm{d}t}=\frac{\partial H}{\partial p_i},\quad \frac{\mathrm{d}p_i}{\mathrm{d}t}=-\frac{\partial H}{\partial q_i}$$

式中$H=T_2-T_0+V$为哈密顿函数，T_2和T_0分别为动能T中用广义动量表示的二次齐次式和零次齐次式（即不含p_i，仅含q_i和t之式），V为用广义坐标表示的势函数。对于定常系统（约束方程不包含时间t）$T_0=0$，$T=T_2$，则$H=T+V$，即该系统的哈密顿函数就是这系统用广义动量和广义坐标表示的机械能。已知系统的哈密顿函数，就可由正则方程求出作为时间函数的广义坐标和广义动量，从而确定系统的运动规律。正则方程中，由于$2n$个独立变量p、q彼此完全等价，因而可通过变量变换的方法回避直接积分来求解动力学方程。由此优点，正则方程在统计力学、天体力学及近代物理中得到了应用。

正治 orthodox treatment 中医逆证候性质而治的治病求本的治疗法则。如疾病证候性质属寒，则用热性的方药治疗；疾病证候性质属热，则用寒性的方药治疗；疾病性质属实的，则用泻的方药治疗，疾病性质属虚的，则用补的方药治疗等，都是正治之法。由于所采用的方药性质与疾病的性质相反，故又称逆治。

正治法是临床最常用的治疗法则，主要用于病机与证状一致性的疾患，如寒病见寒象，热病见热象，虚病见虚象，实病见实象等。正治法则的使用关键，在于辨明疾病性质的寒热虚实，然后分别采用“寒者热之”、“热者寒之”、“虚则补之”、“实则泻之”等不同方法进行治疗。所有这些治法，都是针对病变的现象及其本质的。

证 syndrome; pattern 中医临床上对疾病过程中不同阶段和不同类型的病机概括（含病因、病位、病性、病势等）。属诊断范畴。简单的证仅指病情的某一方面，如就病位而言的表证或里证，就病性而言的寒证或热证，就邪正盛衰而言的虚证或实证。

与病、症的关系 证是疾病不同阶段和不同类型的病机概括，在外表现为一定的临床症状，易与“病”、“症”发生混淆。“病”是各种病因作用于人体，出现机能或形态等方面异常变化的全过程。每种具体的病都有具体的病因、病机，因而也有具体的症状和证，以及相应的治则方药，并有一定的预后可测。“症”则只是病人形体上反映出来的病态，是由四诊察知的病变的具体表现。概言之，"病"是机体发生病理变化的全过程；"证"只是对疾病过程中的各个阶段和各种类型的概括；"症"专指病证的临床表现。

病、证、症三者的联系表现为：均统一在人体病机演变的基础上，"病"与"证"都是对疾病本质的认识。区别在于"病"是对疾病全过程的特点与规律所作的概括；"证"是对疾病所处一定阶段，或一定阶段的某种类型的病因、病性、病位等所作的概括；而"症"只是证的外在表现。

与证相关词语的基本含义　与"证"相关的词语有"证候"、"证型"、"证名"、"辨证"、"病证"等。"证候"原来被认为是证的同义语，有学者认为"候"的字义为现象、情况、征兆等，"证候"指证的外在表现，较为贴切。"证型"是经反复临床观察研究，确定下来的各病常见的演变阶段及同一阶段中的常见类型。"证名"是医生辨证结束时，赋予该证的诊断名称，如"脾虚湿困证"。"辨证"是运用中医理论，对望、闻、问、切四诊所得临床资料进行辨别分析，以确定患者当前属于何证的过程。"病证"是对疾病和证的简略合称。

证的临床研究主要集中在辨证标准及病证结合研究两方面：①辨证标准。每证都有一定的证候，辨证标准研究就是归纳分析证候，定出常见证的具体诊断标准，给临床辨证提供依据。②病证结合。重在摸清疾病各阶段必然形成的证，摸清每种病究竟有多少证是由病的特殊本质变化所决定的，分析出证与证之间的联系和界限，弄清病的基本症状见于各证的特点，从每种病各阶段各类型辨证用药的规律发现有效药物。

证据　evidence　以法律规定的形式表现出来的能够证明案件真实情况的一切事实。又指证据事实的表现形式，如证人证言、物证、书证等。它是当事人证明自己的主张和法院认定案件事实的根据。

种类和分类　《中华人民共和国刑事诉讼法》规定的证据种类有：物证、书证；证人证言；被害人陈述；犯罪嫌疑人、被告人供述和辩解；鉴定结论；勘验检查笔录；视听资料。《中华人民共和国民事诉讼法》把证据分为：书证；物证；视听资料；证人证言；当事人的陈述；鉴定结论；勘验笔录。英美法系国家一般将证据分为：口头证据；书面证据；实物证据。大陆法系国家刑事诉讼法通常以证据方法确定证据的种类。

证据的种类主要有：原始证据和传来证据，直接证据和间接证据，有罪证据和无罪证据，本证和反证，言辞证据和实物证据，通常证据和辅助证据，主要证据和补强证据等。

收集　中国刑事诉讼中，收集证据主要由公安机关和人民检察院承担。民事诉讼中，当事人对自己提出的主张，有责任提供证据（见举证责任）。当事人及其诉讼代理人因客观原因不能自行收集的证据，人民法院应当调查收集。收集证据的方法有询问证人、被害人，讯问犯罪嫌疑人、被告人，搜查，扣押，鉴定，勘验、检查等。

审查、判断　《中华人民共和国刑事诉讼法》规定，证据必须经过查证属实，才能作为定案的根据。证人证言必须在法庭上经过询问、质证，听取各方证人的证言并且经过查实以后，才能作为定案的根据。未出庭证人的证言笔录、鉴定人的鉴定结论、勘验笔录和其他作为证据的文书，应当庭宣读，查证属实的，才能作为定案的根据。用作定案根据的物证，应当经过法庭出示和辨认。经审查，对于确实属于采用刑讯逼供或者威胁、引诱、欺骗等非法的方法取得的证人证言、被害人陈述、被告人供述，不能作为定案的根据。《中华人民共和国民事诉讼法》规定，人民法院对有关单位和个人提出的证明文书，应当辨别真伪，审查确定其效力。经过法定程序公证证明的法律行为、法律事实和文书，人民法院应当作为认定事实的根据，但有相反证据足以推翻公证证明的除外。人民法院对视听资料、当事人的陈述，应结合案件的其他证据，审查确定能否作为认定事实的根据。

证据保全　evidence, preservation of　专门机关根据当事人等的申请或者依职权，对于可能灭失或者以后难以取得的证据先行加以固定和保护的诉讼行为。需要进行证据保全的情形主要有：①证据有可能灭失。例如，作为证据的物品将要腐烂、变质，证人即将死亡，当事人有毁灭证据的危险等。②如果不及时采取保全措施，证据将难以取得。例如，证人即将出国，犯罪嫌疑人、被告人可能转移、隐匿证据等。中国刑事诉讼中，保全证据是专门机关的职责。辩护律师对与案件有关的材料，可以申请人民检察院、人民法院收集、调取。在中国民事诉讼中，法院一般是根据当事人提出的申请而采取证据保全，但法院认为确有必要时，也可以依职权采取保全措施。在起诉前申请证据保全的，申请人一般应向证人所在地、物证所在地公证机关提出申请，由公证机关采取保全措施，在例外情况下，也可以向有管辖权的法院申请保全。保全证据可以采用笔录、录音、录像、照相、绘图、复制、查封和收存等方法。

证明论　proof theory　数理逻辑的四大分支之一。又称元数学。证明论把数学本身作为研究对象，研究数学的推理过程，目的是证明数学的协调性，即无矛盾性。

古代哲学家亚里士多德对证明就有过研究。20世纪初，D.希尔伯特正式创立证明论。以前，要证明非欧几何的无矛盾性，人们把非欧几何（见非欧几里得几何学）的无矛盾性划归到欧氏几何的无矛盾性，再把欧氏几何的无矛盾性通过解析几何（见解析几何学）划归到实数论的无矛盾性，又把实数论的无矛盾性划归到自然数论的无矛盾性，最后把自然数论的无矛盾性划归到集合论的无矛盾性。但罗素悖论使集合论出现了矛盾，数学陷入困境。为证明数学的无矛盾性，数学家们展开了激烈的辩论。

在这种情况下，希尔伯特推出他的一整套方案，希望能够从根本上证明数学的无矛盾性。希尔伯特提出要把整个数学当作研究对象，需要一种简单明了可靠的元理论来做工具。他要求元语言必须具有有穷性，只承认无穷集合是不断生成的一个过程，不承认存在已经完成的无穷集合。希尔伯特要求用元语言将数学完全形式化、公理化，使数学的推演变成符号的变换。这样只要能够证明从数学公理出发不能推出$0 \neq 0$来，就可以断定数学没有矛盾了。

希尔伯特计划提出不久，W.阿克曼用这个计划证明，只要对归纳规则加上一点点限制，得到的初等数论就是无矛盾的。这一成果给人们很大希望，沿着希尔伯特指引的方向，希望能够证明不加限制的初等数论无矛盾，再证明数学分析无矛盾，进而证明整个数学无矛盾。

K.哥德尔用这样的思路为初等数论（此处是指被称为皮亚诺算术的一种一阶逻辑系统）的符号编码，使其中每个符号、每个公式和每个公式序列都对应唯一一个编码。每个编码都可以在有限步内找到对应的公式。然而哥德尔却在这样的系统中找到一个命题A，并证明A既不能在系统中被证明，其否定命题（$\neg A$）也不能被证明。这就是著名的哥德尔第一不完全性定理。利用第一不完全性定理，哥德尔进一步证明，一个形式系统如果含有这种初等数论，并且是无矛盾的，则它的无矛盾性不可能在这一系统内部加以证明。这就是哥德尔第二不完全性定理。见不完全性定理。

哥德尔不完全性定理宣告希尔伯特计划的失败。但希尔伯特仍然是元数学理论的开创者。证明论还是在不断地发展。

证券公司　stock firm　专门从事有价证券买卖的法人企业。分为证券经营公司和证券登记公司。狭义的证券公司指证券经营公司，是经主管机关批准并领取营业执照后专门经营证券业务的机构。它具有证券交易所的会员资格，可以承销发行、自营买卖或自营兼代理买卖证券。普通投资人的证券投资需要通过证券商来进行。从证券经营公司的功能看可分为：①证券经纪商。代理买卖证券的证券机构，接受投资人委托，代为买卖证券，并收取一定手续费即佣金。②证券自营商。自行买卖证券的证券机构。拥有雄厚资金，可直接进入交易所自己买卖股票。③证券承销商。以包销或代销形式帮助发行人发售证券的机构。实际上，许多证券公司是兼营这3种业务的。

证券监管法 securities regulation, law of 对证券业实施监督管理的法律规范的总称。

各国对证券业实施监管的模式不尽一致，有的实行国家统一监管模式，即以政府部门统一监管为主，证券业协会等自律性组织协助监管；有的实行自律管理模式，即以证券业协会、证券交易所监管为主导，政府部门适当监管。

中国最初由中国人民银行对证券业进行监督管理。1992年成立国务院证券委员会和中国证券监督委员会，1998年将两个机构合并，改称中国证券监督管理委员会(简称证监会)。根据《中华人民共和国证券法》(1998年通过，2004、2005年两次修订) 的规定，证监会依法对全国证券市场实行集中统一的监督管理，证券业协会实行自律性管理，国家审计机关依法进行审计监督。

证券交易 securities trading 已发行的证券在不同的证券投资者之间再次进行买卖的行为。是实现证券流通转让的重要途径。一般遵循两条原则：①公开、公平、公正原则。②诚实信用原则。

证券交易主要有：①现货交易。证券交易双方在成交后即时清算交割证券和现款的交易方式。其基本特征是现金实物交易。现货交易之证券交割以当日交割为原则，及时清算。现货交易是最常见的证券交易方式。②期货交易。证券交易双方在证券成交后，同意按照成交合同规定的数量和价格，在将来的某一特定日期进行清算与交割的交易方式。证券期货交易的主要特点就是买卖双方成交后不立即进行钱券的清算交割，而是以期货交易合约中确定的日期作为清算交割日。③期权交易。证券交易当事人为保障或获得证券价格波动利益，约定在一定时间内，以特定价格买进或卖出指定证券，或放弃买进或卖出指定证券的交易。又称选择权交易。④信用交易。证券交易双方通过向证券经纪人融资或融券形式进行的交易行为。又称保证金交易或垫头交易。

证券交易所 stock exchange 为有价证券买卖双方提供稳定、公开、高效、集中竞价交易渠道的固定场所。证券交易所并不直接从事证券交易，只为证券交易提供交易场所、交易设备和服务人员，同时对证券交易进行严密的组织和严格的管理；通过及时管理和公布市场交易的数量及价格信息，以保持交易的连续性，保证证券市场信息的真实性、完整性和及时性；及时、正确传递发行人的财务状况、经营业绩等信息；制定证券交易所业务规则；维护交易秩序；对上市公司和会员实行一线监管；设立证券登记结算机构；调节和仲裁交易过程。是证券公开交易的二级市场。从组织形式看，证券交易所有公司制和会员制两种形式。

美国纽约证券交易所

证券交易所的管理职能体现在对证券上市公司的证券注册、数据统计、财务报表申报的管理，对证券交易行为中的欺诈、交易价格垄断和内幕交易的治理，以及对场内交易的证券自营商和经纪商的监管。

证券欺诈 securities fraud 在证券发行和交易过程中，通过不正当手段，损害投资者（客户）及社会公众利益的欺诈行为。广义的证券欺诈行为包括：①内幕交易。内幕人员和以不正当手段获取内部信息的其他人员违反法律规定，泄露内部信息，根据内部信息买卖证券或者向他人提出买卖证券的行为。②操纵市场。以获取利益或者减少损失为目的，利用资金、信息等优势或者滥用职权，影响证券市场价格，制造证券市场假象，诱导投资者在不了解事实真相的情况下作出证券投资决定，扰乱证券市场秩序的行为。③欺诈客户。证券公司及其从业人员违背客户真实意愿，造成客户利益损害的行为。④虚假陈述。信息披露义务人（发起人、发行人、上市公司、证券承销商、证券中介服务机构等）违反法律规定，在证券发行和交易过程中，对重大事件作出违背事实真相的虚假记载、误导性陈述，或者在披露信息时发生重大遗漏以及不正当披露信息的行为。狭义的证券欺诈行为仅指欺诈客户。

《中华人民共和国证券法》规定，证券发行、交易活动必须依法进行，禁止欺诈行为。对证券欺诈行为，可依据不同情况，依法追究民事责任、行政责任乃至刑事责任。

证券市场 security market 各种有价证券发行和流通的场所，包括股票市场和债券市场。就其结构来讲，可分为证券发行市场和证券交易市场。证券发行市场是指证券初次发行的市场，主要是政府或企业通过中介机构（如投资银行）向公众发行新的有价证券所形成的市场，又称证券一级市场、证券初级市场。发行市场不需要固定的集中场所，属于无形市场。证券交易市场是证券买卖、转让的市场，又称证券次级市场、证券二级市场。证券交易分场内交易和场外交易两种。场内交易一般有固定场所，只有证券交易所会员、经纪人、证券商才有资格进入交易大厅进行交易。场外交易是一切不在证券交易所内进行的交易的总称，又称柜台交易。主要交易对象是不在证券交易所上市的证券。

证券投资 portfolio investment 法人或自然人购买债券或股票以获取利息或红利的投资行为。它与将资本用于开办企业或收购企业的直接投资相对，又称间接投资。购买外国证券是国际投资的重要方式之一。

证人 witness 以本人所了解的情况对案件事实作证的人。作为一般原则，任何人都有出庭作证的资格和义务。英美证据法中，关于证人资格，有以下特殊情况：①儿童。如果他能理解宣誓的性质与后果或知道欺骗是危险的和“对神不忠”的行为时，他可以宣誓作证。对不能认识宣誓的性质和后果的儿童，依照普通法不能在诉讼中作证；但英美成文法规定，当儿童具有作证能力以及具有真实陈述义务的意识时，即使他不懂宣誓的意义，也可以作为证人。②精神不健全的人。只要精神不健全的人有感知、记忆、表达能力，了解真实陈述义务，即可作证。③刑事被告人。被告人没有资格为起诉人作证，而提供不利于同案其他被告人的证据。但在扰乱公共秩序案件的审理中，被告人有义务为起诉方作证。④配偶。依照普通法，配偶一般不能在诉讼中作证。但依据英国1898年刑事证据法，在普通刑事案件中，配偶可以充当辩护方的证人。⑤外国元首和其他享有外交特权的人、英国女王没有作证义务。

在中国，《中华人民共和国刑事诉讼法》第48条规定：“凡是知道案件情况的人，都有作证的义务。生理上、精神上有缺陷或者年幼，不能辨别是非、不能正确表达的人，不能作证人。”证人应如实地提供证言，有意作伪证或者隐匿证据要负法律责任。

证人证言 witness' testimony 证人就自己所知道的案件情况向法院或侦查机关所作的陈述。诉讼证据的一种。

中国法律规定，收集证人证言必须依法定程序进行，必须保证一切与案件有关或者了解案件的公民，有客观地、充分地提供证据的条件。应当告知证人如实提供证言，如果有意作伪证或者隐匿证据要负法律责任。询问证人应当个别和口头进行，并如实地对证言进行客观记录，严禁采用刑讯、威胁、利诱、欺骗等非法方法收集证言。对于证人证言，应当审查其来源、形成的条件、证人的身心状况、证人的品质、证人与案件事实或者案件当事人的关系、收集的程序与方法、证人证言的内容是否合乎情理，将证人证言与其他证据及案件事实结合起来对比分析。证人证言必须在法庭上经过询问、质证，听取各方证人的证言并且经过查实以后，才能作为定案的根据。未出庭证人的证言，经当庭宣读，查证属实的，可作为定案的根据。

证伪主义 falsificationism K.R.波普尔提出的用于检验科学理论方法论与区别科学与非科学的原则。主张只有能被证伪的理论才属于科学的，否则即为非科学。所谓"证伪"，就是用猜测与反驳法，即"用任何想象得到的事件来反驳掉"。波普尔认为"证伪"只用于区别科学与非科学，而不是意义标准和真理性标准。

郑 Zheng State 中国先秦姬姓诸侯国。西周末年，周宣王封其弟桓公友于郑（今陕西华县东）。幽王时，桓公为王室司徒，见西周将亡，便东迁至虢、郐之间（今河南荥阳、新郑一带）。西周灭亡，桓公死难，其子武公拥戴平王有功，为王室卿士，遂在虢、郐间建立郑国，都于新郑。郑的势力不断发展，到庄公时（前743～前701），侵陈伐许，破息攻宋，大败北戎，又同周王交换质子，以至抗击周桓王统率的周、陈、蔡、卫诸国联军的进攻，大破王师并射伤桓王，成为春秋之初相当活跃的小霸主。后其内部争权夺位事件不断发生，发展受挫。但因地处中原，交通方便，商业活跃，兵力亦强，终春秋之世一直为大国争夺的中心，在政治上也占有显著地位。春秋晚期，贤臣子产执政，实行改革，受到晋、楚诸国的尊重。进入战国后，郑国内有君臣的权力角逐，外受韩国的不断蚕食，力量日益削弱，到郑康公二十一年（前375），被韩吞灭。

郑白渠 Zheng-Bai Canal 中国古代关中地区的大型引泾灌区。秦代郑国渠和汉代白渠的合称，近代陕西泾惠渠的前身。秦王政元年（前246）韩国水工郑国主持兴建郑国渠，十几年后完工。全长三百余里的引泾灌渠和相应配套工程的竣工，使干旱多碱的渭北大地得到了河水浇灌。为纪念给百姓送来雨露的能工巧匠，故把这条渠称作"郑国渠"。

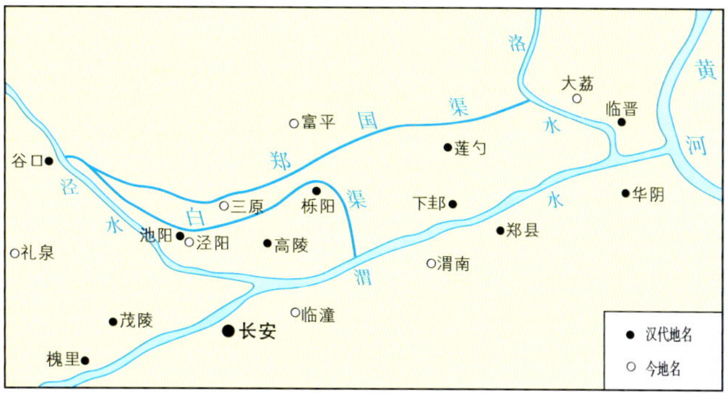

秦代郑国渠和西汉白渠位置图

干渠西起泾阳，引泾水向东，下游入洛水，灌溉面积号称400万亩。郑国渠的建成直接支持了秦国统一六国的战争。西汉太始二年（前95）赵中大夫白公建议增建新渠，引泾水东行，至栎阳（今西安市阎良区东南）注于渭水，名白渠。干渠长200里，灌溉面积45万亩。此后灌区称郑白渠。唐代的郑白渠有三条干渠，即太白渠、中白渠和南白渠，又称三白渠。灌区范围主要分布于今石川河以西。因泾水河床不断下切，后代曾多次将引水渠口上移。由于渠口引水困难，灌溉面积一再缩小。至清乾隆二年（1737）将引泾渠口封闭，专引泉水灌溉，改称龙洞渠。灌溉面积7万多亩，至清末更减少到2万多亩。直到1932年泾惠渠初步建成，引泾灌溉又得到恢复和进一步的发展。

郑板桥 Zheng Banqiao (1693～1765) 中国清代画家。见郑燮。

郑伯奇 Zheng Boqi (1895-06-11～1979-01-25) 中国电影剧作家、小说家、文艺理论家，左翼文学运动开创者之一。陕西省长安县人。生于西安，卒于西安。名隆谨，字伯奇。1917年去日本，先后就学于第一高等学校（东京）留学生预备班、第三高等学校（京都）、京都帝国大学。1921年在日本与郭沫若、成仿吾、张资平、田汉发起成立创造社。1926年回国，到广州中山大学任教，并在黄埔军官学校任政治教官兼入伍生部政治教官。1929年，与夏衍、阿英、沈西苓、冯乃超等发起成立上海艺术剧社。1930年参加左翼戏剧家联盟。1932年，任职于良友图书公司，并与夏衍、阿英一起进明星影片公司，任顾问和编剧，与阿英等合作或改编《盐潮》(1933)、《时代的儿女》(1933)、《到西北去》(1934)等电影剧本。其间，用郑君平、郑平子、席耐芳等笔名发表戏剧、电影批评与理论文章，与黄子布（夏衍）合作翻译苏联V.I.普多夫金的《电影脚本论》和《电影导演论》，单独翻译狄莫辛柯的《电影结构论》等理论著作，主编《电影画报》等刊物。30年代撰写的部分文章，收入《戏剧论文集》(1930)、《两栖集》(1937）中。1937年七七卢沟桥事变后，与夏衍、张庚、孙师毅等人创作整理三幕剧《保卫卢沟桥》，8月7日在上海公演，激起强烈反响。1944年起任教于陕西省师范专科学校，1945年曾主编《秦风日报、工商日报联合版》的副刊《每周文艺》。中华人民共和国建立后，任西北大学教授。1951～1952年创作秦腔剧本《血训图》和《史惠贞劝夫》。他还创作有小说剧本集《抗争》、《轨道》、《哈尔滨的暗影》，短篇小说集《打火机》，散文集《参差集》，回忆录《创造社及其他》等文学作品；主编《中国新文学大系·小说三集》。

郑澈 Jeong Cheol (1536～1593) 朝鲜王朝时期诗人。字季涵，号松江。生于汉城（今首尔）。27岁文科及第，历任全罗道观察使、都承旨、礼曹判书和右议政、左议政，位居宰辅。多次遭降职、罢官、流配。1593年奉王命出使中国。回国后被迫辞官，寓居江华岛，饱受贫病之苦，含恨去世。

郑澈在文学史上的主要贡献为朝鲜国语诗歌的创作。《关东别曲》为长篇写景诗，以细腻的笔触、生动的语言，描绘关东八景和金刚山的绮丽风光。《思美人曲》和《续美人曲》描写女子思念情人，表白对爱情的忠贞，是寄托作者政治失意时怀恋君主之作。他还写过时调74首和汉诗758首，其中一些表现了爱国主义思想。著有国语诗歌集《松江歌辞》1卷和汉文文集《松江集》11卷。

郑成功 Zheng Chenggong (1624-08-27～1662-06-23) 中国明清之际抗清名将，军事家，民族英雄。福建南安人。原名森，字明俨，号大木。22岁任南明隆武帝御营中军都督。清顺治三年（南明隆武二年，1646），募兵抗清。在闽南小盈岭、海澄（今龙海）等地取得3次重大胜利，歼灭驻闽清军主力。后挥师北取浙江舟山，南破广东揭阳，南明永历帝封他为延平王。十二年，清定远大将军济度率兵约3万入闽，会同驻闽清军，进攻郑军。郑成功利用清军不善水战的弱点，诱其出海作战，次年四月将其水师歼灭于厦门围头海域。十五年，他统率水陆军17万北上。次年入长江，克镇江，围南京，后因中清军缓兵之计，损兵折将，败退厦门。十七年，在福建海门港（今龙海东）歼灭清将达素所率水师4万余人，军威复振。十八年初，他决计乘侵台荷兰殖民军兵力薄弱、求援困难之机收复台湾。三月二十三，亲率将士2.5万、战船数百艘，自金门料罗湾出发，经澎湖，出敌不意地在鹿耳门及禾寮港登陆。在台湾民众的支援下，先以优势兵力夺取荷军防守薄弱的赤嵌城（今台南市内），继又对防御坚固的首府台湾城（今台南市安平镇）长期围困。此后击败荷兰援军，迫使殖民总督揆一于同年十二月十三日（1662年2月1日）签字投降，撤离台湾。郑成功废除荷兰在台湾的殖民体制，建立行政机构，为开发台湾作出了重大贡献。次年五月卒。

郑成功收复台湾之战 Zheng Chenggong's Battle to Recover Taiwan 中国清顺治十八年（南明永历十五年，1661），郑成功率军驱逐荷兰殖民者、收复中国领土台湾的大规模渡海登陆作战。

台湾，东汉、三国时称夷洲，隋称流求，历来是中国领土。三国时吴国和隋朝都曾派官员到台湾。南宋时台湾归福建泉州晋江县管辖，元朝设澎湖巡检司统管，明万历年间改称台湾。

明天启四年（1624），荷军指挥官宋克率舰13艘，侵占台湾西南部。后筑台湾城（荷称热兰遮城，今台南市西安平镇）与赤嵌城（荷称普罗文查城，今台南）。崇祯十五年（1642），荷军击败侵占鸡笼（今基隆）、淡水等地的西班牙殖民军，又夺占台湾北部。荷兰殖民者在台湾实行军事镇压、政治分治、经济掠夺，并以台湾为基地在沿海劫商掠货，俘获华人为奴。台湾人民不堪殖民统治，以各种形式进行反抗。

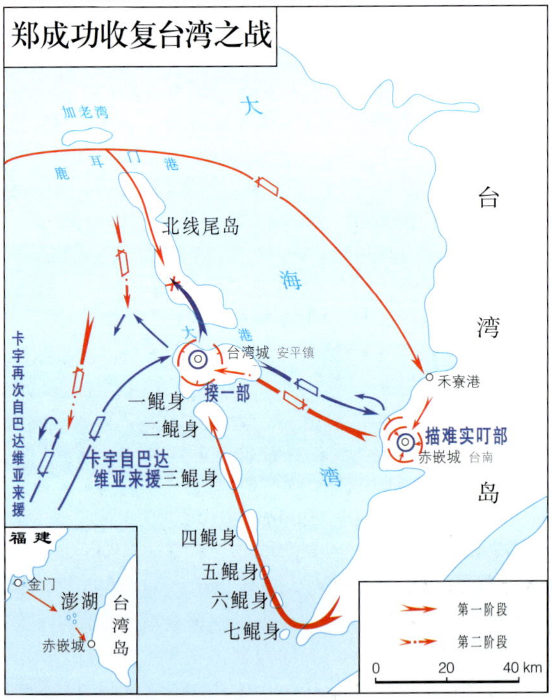

顺治十四年，郑芝龙旧部、充当荷兰翻译的何廷斌（又名何斌）从台湾到厦门，劝郑成功收复台湾。十六年，何廷斌向郑成功献台湾地图。十八年（1661）正月，郑成功在厦门召开军事会议，决计收复台湾，作为抗清基地。郑成功命部将洪旭、黄廷等辅佐长子郑经留守金门、厦门；将渡海登陆官兵集结在船，听令待发。

三月二十三，郑成功乘荷军兵力薄弱（千余人）及其援军受季风影响难以赴台之机，亲率将士2.5万人、战船数百艘为第一批，在何廷斌和熟悉航路的渔民引导下，由金门料罗湾出发，四月初二晨抵荷军疏于防守的鹿耳门港（今台南安平港北）外。郑成功乘中午满潮，率师通过道纡水浅的北航道，驶入鹿耳门港，令水兵4 000人抢占北线尾岛，全歼荷军守兵；自率主力通过大海湾，直插禾寮港，在岛上数千同胞接应下上岸。荷兰殖民总督揆一多次组织反扑。在海上，荷舰4艘攻击北线尾岛外郑军。郑成功遣部将陈广、陈冲等率战船60艘包围荷舰，以炮火击沉荷主舰“赫克托”号，以火船烧毁荷船“格拉斯兰”号。在陆上，揆一遣汤马斯·贝德尔上尉率鸟铳兵240人，袭击登上北线尾岛的郑军。郑军将领陈泽以兵800迂回侧后，重创上岛之荷兵。

四月初三，郑成功乘胜扩大战果，集兵1.2万包围赤嵌城，断城内水源，在城周布设火器，对荷军形成军事威慑，并招降守军。随后，派兵围困荷兰总督及评议会所在地台湾城，郑成功同时分兵收复岛上其他失地。五月，改赤嵌为东都明京，设承天府和天兴、万年两县，改台湾城为安平镇。又下屯垦令解决军需，严肃军纪，到少数民族居住区察访、慰问。在郑成功优俘政策感召下，荷军中黑人士兵亦倒戈降附助战。郑军未到之鸡笼、淡水等地，台湾同胞自动拿起武器驱逐荷军。

台湾城被围困8个月后，第二批郑军登陆。十二月初六，郑成功下令炮轰台湾城外重要据点乌得勒支堡，发射炮弹2 500余发，当晚破城。十二月十三（1662年2月1日），揆一代表荷方在投降书上签字。至此，被荷兰殖民者侵占达38年之久的台湾回归中国。

郑成功收复中国领土台湾，得到台湾同胞的支持；在作战指导上，能正确选择战机和打击方向，利用季风、潮汐出敌不意登陆；同时，以军事打击与政治瓦解相配合，终获全胜。它是中国历史上大规模渡海登陆作战的成功范例。

郑凤荣 Zheng Fengrong（1937－03－02～ ） 中国女子田径运动员。山东济南人。身高1.70米。1953年参加华东区第1届田径运动会，跳高以1.38米获得第2名；跳远以4.76米获冠军，同年被选入国家田径集训队。1954年参加全国田径运动会，以1.45米的成绩打破全国女子跳高纪录。1957年在柏林的一次国际田径比赛中，以1.72米的成绩获得女子跳高第1名，跨入了当年的女子跳高世界先进行列。同年11月17日在北京田径运动比赛中，成功地跳过了1.77米，打破了当年美国田径运动员M.麦克丹尼尔保持的1.76米的世界纪录。是中国第一位打破田径世界纪录的女选手。1987年获国际业余田径联合会75周年纪念章。1995年国际奥林匹克委员会授予奥林匹克勋章。

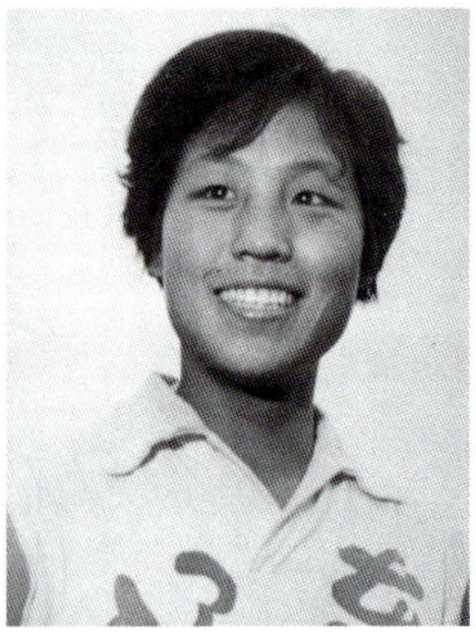

郑复光 Zheng Fuguang（1780～约1854） 中国清中期光学家。字元甫，号浣香，又作澣香、浣芗。安徽歙县人。监生出身。幼年好科学、数学，喜潜思。他制造了伽利略式和开普勒式望远镜，研究了反射式望远镜并绘下正确的光路图；还制造了多种多类眼镜、显微镜、取景镜（照相机）、放字镜（幻灯机）、取火镜（包括阳燧、凸透镜和冰透镜）、地灯镜（探照灯）、诸葛灯镜（无影灯）、三棱镜、多宝镜（多面多棱球面镜）、柱镜、万花筒、视日镜（太阳镜）、测日食镜、测量高远仪镜以及中国传统的透光镜等。他揭示了古代制造点火冰透镜的简易方法，科学地解释了透光镜可以透光的原因。他以传统光学知识为主，结合西方传进的一些光学知识，并根据制镜工人和自己的经验，写下了中国第一部几何光学著作《镜镜诊痴》（1846），还著有光学常识性著作《费隐与知录》（1842）。

郑观应 Zheng Guanying（1842－07－24～1922－05） 中国近代实业家、改良主义思想家。原名官应，字正翔，号陶斋，别号杞忧生、慕雍山人、罗浮侍鹤山人等。广东香山（今中山）人。卒于上海。1858年（咸丰八年）到上海学商。由徐润等介绍，先后在英商宝顺洋行、太古轮船公司任买办。历任上海电报局总办，轮船招商局帮办、总办。在经营工商业的过程中，关心时政，留意西学，1884年中法战争时，曾往暹罗（今泰国）、西贡（今越南胡志明市）、新加坡等地调查了解敌情，逐一绘图贴说。次年初，途经香港，被太古轮船公司借故控追“赔款”而遭拘禁，经年始得解脱。后隐居澳门近6年，

郑观应立像

撰成《盛世危言》一书，从政治、经济、军事、文化等方面论证中国必须大力发展资本主义工商业，实行君主立宪制度，培养具有近代科学技术知识的实学人才。1892年后，与盛宣怀集团关系密切，由盛保举重入轮船招商局任帮办，后改会办。1902年冬，袁世凯接替李鸿章任直隶总督兼北洋大臣，从盛宣怀手中夺去轮船招商局和电报局，郑观应辞去招商局会办。次年，改任粤汉铁路购地局总办。曾支持从美国合兴公司赎回粤汉铁路自办及1905年反美爱国运动。1906年，被举为粤汉铁路商办公司总办。1909年（宣统元年），乘袁世凯被迫返籍"养疴"之机，协助盛宣怀发起组织轮船招商局商办，遂第三次入轮船招商局任会办。晚年拥护"立宪"，反对革命。但又对袁世凯称帝、张勋复辟和军阀混战不满。著有《救时揭要》、《易言》、《盛世危言》、《盛世危言后编》、《罗浮偫鹤山人诗草》等。

郑光祖 Zheng Guangzu 中国元代戏曲作家。字德辉。平阳襄陵（今山西临汾附近）人。生卒年不详。曾任杭州路吏，在钟嗣成《录鬼簿》成书时，已卒于杭州，火葬于西湖灵芝寺。作品数量多，颇有声望。周德清《中原音韵》把他与关汉卿、白朴、马致远并列，后人称为元曲四大家。郑光祖的剧作存目18种，流传至今的有8种，其中《倩女离魂》根据唐陈玄祐的传奇小说《离魂记》改编，是郑光祖的代表作。他的剧作词曲优美，甚得明代一些曲家的赞赏。有时化用诗词名句贴切自然，然而也有过于雕饰的缺点。

郑国渠 Zheng Guo Canal 中国战国末年关中平原上最早兴建成的大型人工灌溉渠道。见郑白渠。

郑海霞 Zheng Haixia (1967-03-11～) 中国女子篮球运动员。身高2.02米。国际级运动健将。河南柘城人。1980年入选武汉部队女子篮球队，1983年进入国家女子篮球队，任中锋。多次与队友代表国家参加国际比赛。1982年和1984年分别获第7届、第8届亚洲青年女篮锦标赛冠军。1983年获第9届世界女篮锦标赛季军。1984年奥林匹克运动会预选赛时被评为最佳青年选手，并获第23届奥运会（洛杉矶）季军。1986、1990、1994年连续三届（第10、11、12届）获亚洲运动会女篮冠军。在1986、1988、1990、1992、1994、1995年的第11～16届亚洲女篮锦标赛中，除第12届获亚军外，其余各届均获冠军。获1992年第25届奥运会女篮比赛、1994年第12届世界女篮锦标赛亚军。1997年曾应邀为美国洛杉矶火花队队员参加美国第1届女子职业篮球联赛，成为涉足该项赛事的第一位华人。1998年底出任八一女子篮球队主教练。

郑韩故城 Capital Site of Zheng and Han States 中国东周时期郑国和韩国都城。遗址位于河南省新郑市市区及外围。西周末郑国以此为都，公元前375年韩灭郑后亦都于此，前230年秦灭韩后城大部废弃。1964年后于此进行勘察发掘。1961年国务院公布为全国重点文物保护单位。城墙依双洎河和黄水河而筑，曲折不齐。城分东、西两部分，中有隔墙。全城东西长约5 000米，南北宽约4 500米。城垣始建于春秋早期，以后直至战国时期续有修补。西城中部和北部为主要宫殿区，其西北有"梳妆台"，是故城地面仅存的夯土台基。东城是郭城，城内也有大型夯土基址群，还有储粮窖穴和铜兵器坑，铸造青铜兵器、钱币和制骨的作坊遗址，以及属于祭祀遗存的春秋时期青铜礼乐器坑和殉马坑。春秋时期的贵族墓地位于西城东南部和东城西南部，1923年曾出土包括莲鹤方壶、王子婴次炉、鼎、簋、钟等在内的104件青铜器，可能是一座大墓的随葬品。东周时期的平民墓地多在城外。故城还出土有陶器、瓦当和花纹砖等。

郑和 Zheng He (1371或1375～1433或1435) 中国明初航海家。本姓马，小字三保（或作三宝），云南昆阳（今晋宁）人。回族。洪武时入宫为太监，又称三宝太监。因从朱棣参与靖难之役有功，赐姓郑，始名郑和。从永乐三年（1405）至宣德八年（1433），奉命率船队七下西洋（见郑和下西洋），访问了亚非沿岸30多个国家和地区，最远到了非洲东海岸之麻林地（今属肯尼亚），为世界航海史上的创举。郑和作为明政府的政治使节和商务代表，每至一地，即向当地酋长、国王赠送礼品，表示通好的诚意。同他们进行互利贸易，并约请其使臣到中国来。因此，郑和的船队在多数国家和地区受到了欢迎。在印尼有三宝垅，泰国有三宝港，马来西亚的马六甲有三宝城，这些名称都是对郑和出使该地的纪念。中国西沙群岛中的永乐群岛，南沙群岛中的郑和群礁，也是为了纪念郑和的航海事业而命名的。宣德八年，他在归途中客死古里（今印度南部西海岸）。

郑和群礁 Zheng He Coral Reef 中国南沙群岛的岛群之一。又称郑和环礁、郑和暗沙、铁沙滩。在南沙群岛中部偏北，为纪念明代航海家郑和七下西洋而得名。为不规则珊瑚环礁，东北—西南走向，长56千米、宽20千米。边缘包括太平岛、鸿庥岛、敦谦沙洲及许多礁滩，以太平岛为最大，富热带植物和水产。

郑和下西洋 Zheng He's Voyages to the Western Seas 郑和奉中国明廷之命率领船队7次出使其他国家和地区的事件。从永乐三年（1405）至宣德八年（1433），郑和从南京下关宝船厂出发，沿江、浙、闽、粤海岸南下复西行，最远到达非洲东岸肯尼亚的蒙巴萨，访问了亚非30多个国家和地区。

经过 明永乐时期，国家强盛统一，政治较为清明。政府致力于恢复和发展中国与海外诸国的友好关系。永乐三年六月，郑和使团第一次下西洋，从江苏太仓刘家港出海，依次访问占城（今越南中南部）、爪哇、旧港（今印度尼西亚巨港）、苏门答剌、南浡里（今苏门答腊岛北部）、锡兰山（今斯里兰卡）、古里等国。并在古里为船队建立了交通、贸易中心转运站。五年九月返回南京。继而二下西洋，统舟师前往爪哇、满剌加（今马六甲）、锡兰山、古里、柯枝（今印度柯钦）、暹罗等国访问。七年七月返国。九月又前往占城、爪哇、满剌加、苏门答剌、阿鲁（今苏门答腊岛日里河流域）、南巫里（南浡里）、锡兰山、小葛兰（今印度柯钦南）、柯枝、甘巴里（今印度泰米尔纳德邦的哥印拜陀）、阿拔巴丹（今印度阿默达巴德附近）、古里等国访问。十年十一月，第四次下西洋，访问占城、爪哇、满剌加、苏门答剌、南浡里、彭亨（今属马来西亚）、急兰丹（今马来西亚的哥打巴鲁）、锡兰山、加异勒（今印度南部的卡异尔）、甘巴里、柯枝、古里沙里湾泥（今地不详）、溜山（今马尔代夫）、忽鲁谟斯（今伊朗阿巴斯附近）、剌撒（今也门木卡拉附近）、木骨都束（今索马里摩加迪沙)、不(卜)剌哇(今索马里的布拉瓦)、麻林地(今肯尼亚的马林迪)、比剌(今非洲爪达富伊角外的阿卜德库里岛)、孙剌(今地不详)等亚非国家。这次出使开通了中非航路。同年十二月,第五次下西洋,于十七年七月回国。十九年正月,第六次下西洋,护送忽鲁谟斯、阿丹、浡里、苏门答剌、阿鲁、满剌加、甘巴里等16国使臣回国,对沿途所经国家和地区又进行了友好访问。郑和使团与海外诸国的贸易往来也有了更深入的发展。宣德五年六月,第七次下西洋。主要访问忽鲁谟斯、锡兰山、古里、满剌加、木骨都束、苏门答剌、阿鲁、阿丹、加异勒等20国及旧港宣慰司。郑和在古里逝世后,船队由王景弘统领,于八年七月返回南京。

影响 郑和历次远航,随员均多达两万七八千人,包括行政官员、军事人员、航海技术人员、船舶修造工匠、一般管理人员和办理杂务的人员,以及通事(翻译)和医务人员。船队主体一般由63艘(一作62艘)大、中号宝船组成。大号宝船长44.4丈,阔18丈;中号宝船长37丈,阔15丈;加上其他类型的船只,如座船、战船、粮船、水船等,每次出使,共乘巨舶百余艘,其中第一次208艘,为七下西洋中动用船只最多的一次。郑和船队在太平洋和印度洋上不仅开辟了横渡印度洋直达非洲,以及通往阿拉伯诸国的新航路,而且向南越过南纬4°以上,在印度洋和南洋的各个海域,分别开辟了多条新航线,对后代的印度洋和南洋航海所采取的航线有很大的影响。《郑和航海图》中所注的过洋牵星数据及所附四幅过洋牵星图,为后世留下了中国最早、最具体完备的关于牵星术的记载。郑和下西洋不仅使亚非各国人民增进了对中国的了解,而且又使中国人民在认识亚非国家方面大大开阔了眼界,丰富了中国人民对海外的地理知识。郑和使团重要成员马欢著《瀛涯胜览》、费信著《星槎胜览》以及巩珍著《西洋番国志》三书中,对郑和下西洋所访问的主要国家的情况,都作了翔实而生动的记述。《郑和航海图》中,对有关太平洋、印度洋地区的地理知识,也有集中的反映。郑和下西洋规模之大,时间之长,范围之广,达到了当时世界航海事业的顶峰,对发展中国与亚非国家间政治、经济和文化上的友好关系,作出了贡献。

郑鹤声 Zheng Hesheng (1901-05-19～1989-04-20) 中国历史学家。浙江诸暨人。卒于济南。1925年毕业于东南大学。历任云南高等师范学校和东陆大学(今云南大学)教师、教育部编审处常任编审、国立编译馆人文组主任、国史馆纂修兼史料处处长、中国科学院南京史料整理处研究员、山东大学教授。他深受其师柳诒徵的影响,早年潜心于中国文献学和中国史学史的研究,大学毕业论文《汉隋间之史学》当时即由中华书局出版。1928年,商务印书馆又专门为他安排"郑氏史学丛书",先后出版《班固年谱》、《袁枢年谱》、《史汉研究》、《中国史部目录学》、《中国文献学概要》、《司马迁年谱》、《杜佑年谱》等。其毕生治学,尤其重视目录学和资料。他曾广泛调查和搜集郑和下西洋的各种资料,先后出版有《郑和》、《郑和遗事汇编》和《郑和下西洋资料汇编》,成为海内外研究郑和的最有成就的专家。他在兼任中央大学教授期间,曾撰写《中国近世史》作为教材,主张以新航路开辟后欧洲人东来作为中国近代史的开端。为了配合这一学术体系,他还编制一部《近世中西史日对照表》。此外,在20世纪40年代初期还出版过《中华民国建国史》,使他成为当时中国近代史学术研究中最有代表性的人物和中国现代史研究的重要开拓者。

郑君里 Zheng Junli (1911-12-06～1969-04-23) 中国电影和话剧演员、导演。又名郑重、千里,进电影界后改名君里。广东省香山县(现中山市人)。生于上海,卒于上海。1928年考入南国艺术学院戏剧科。20世纪30年代参加演出了《大路》、《新女性》、《迷途的羔羊》等20部影片。1935～1936年演出了《钦差大臣》和《大雷雨》等话剧。1940年后拍摄了各民族团结抗战的长纪录片《民族万岁》。1943年与人合译斯坦尼斯拉夫斯基的《演员自我修养》(第一部),并开始编著《角色的诞生》。此书1948年完成,是中国第一部系统论述话剧表演艺术的著作。1947年与蔡楚生合作编导了《一江春水向东流》。1948年导演的《乌鸦与麻雀》获文化部优秀影片一等奖。50年代后又有《宋景诗》、《林则徐》、《枯木逢春》、《聂耳》等作品。《聂耳》获第12届卡罗维发利国际电影节传记片奖。遗作《画外音》1979年由中国电影出版社出版。

郑律成 Zheng Lücheng (1918-08-13～1976-12-07) 中国作曲家。原籍朝鲜。生

郑和下西洋图

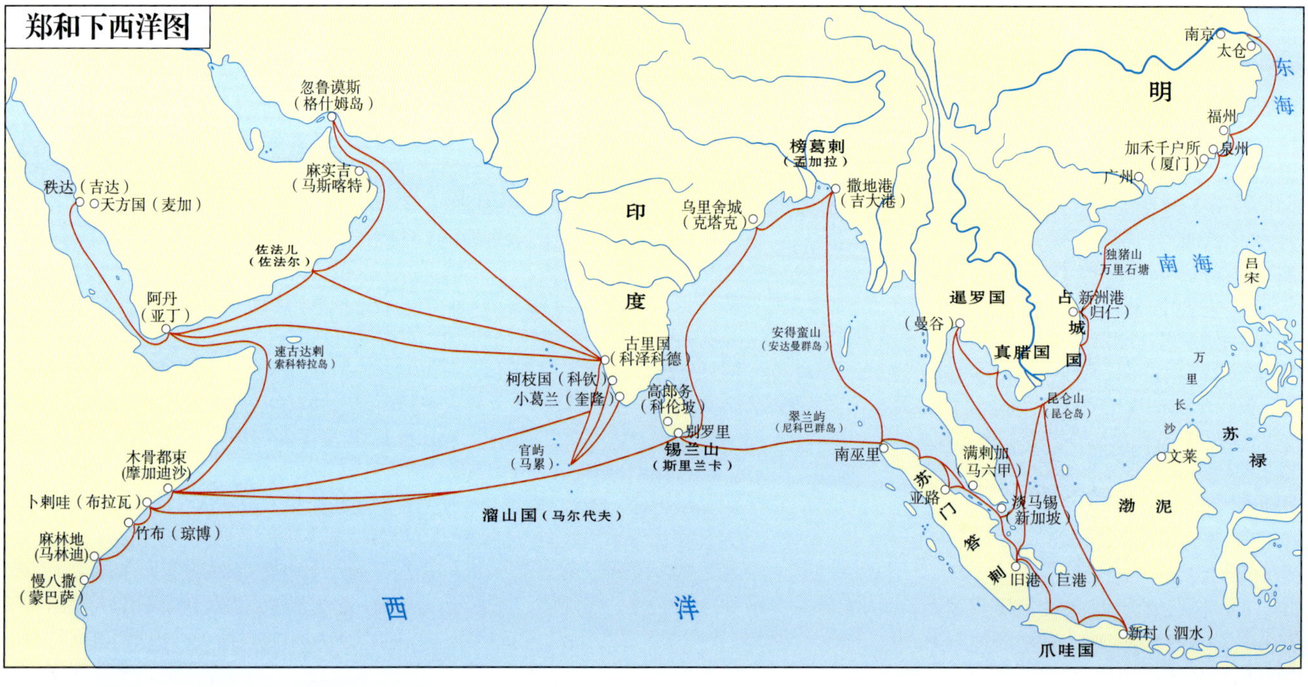

于朝鲜光州杨林町，卒于北京。自幼学习音乐，1933年来中国，在南京、上海等地从事抗日活动，同时从师学习声乐和钢琴、小提琴。1937年到延安，入鲁迅艺术学院音乐系。抗战胜利后回朝鲜任人民军协奏团团长，朝鲜音乐大学作曲部部长。1950年定居北京，并加入中国籍。先后在北京人民艺术剧院、中央歌舞团、**中央乐团**从事音乐创作，主要作品有歌曲《延安颂》、《延水谣》、《八路军军歌》、《八路军进行曲》、《兴安岭组歌》、《中国人民志愿军战歌》，为毛泽东诗词谱曲合唱《十六字令三首》、《娄山关》，歌剧《望夫云》以及少儿歌曲《我们多幸福》等。

郑樵 Zheng Qiao (1104～1162) 中国宋代史学家、语言文字学家。字渔仲，自号溪西逸民。世称夹漈先生。福建莆田人。刻苦治学，广涉礼乐、文字、天文、地理、草木虫鱼之学。史学主张广博会通。平生勤于著述，有《氏族志》、《动植志》等80余种，多亡佚。仅《通志》、《尔雅注》、《夹漈遗稿》传世。《通志》计200卷，分年谱、纪传、二十略，在史学上独具一格。二十略中《七音略》、《六书略》是有关声韵文字的。《七音略》保存了宋代早期流传的四十三转的韵图，对研究《**切韵**》、《**广韵**》的音韵系统有重要的参考价值。《六书略》是用"六书"解说汉字构造的不同。《尔雅注》不依傍旧注，别为新解，不失为一家之言。

郑天挺 Zheng Tianting (1899－08－09～1981－12－20) 中国历史学家。原名庆甡，字毅生。福建长乐人。生于北京，卒于天津。1917年考入北京大学国文系，积极参加**五四运动**及五四后的进步活动。30年代，任北大中文系副教授、教授，兼学校秘书长。撰写《多尔衮称皇父之臆测》、《墨勒根王考》、《多尔衮与九王爷》等著名文章，饮誉史坛。

1938年，任昆明西南联大历史系教授。次年，北大在昆明恢复北京大学文科研究所，任副所长。1940年开始兼任西南联大总务长。在此期间，发表了《发羌之地望与对音》、《隋书西域传附国之地望与对音》、《隋书西域传薄缘夷之地望与对音》、《历史上的入滇通道》等论文。并出版《清史探微》一书，用大量史实证明满族是中华民族大家庭中的一员，驳斥了日本侵略者为侵占中国东三省而制造的"满洲独立论"。抗战胜利后，仍担任北大史学系教授、系主任，并任秘书长，还兼任北大文科研究所明清史料整理室主任，主持校中明清档案的整理工作。1949年后，郑天挺任北大校务委员、史学系主任、秘书长。1952年，奉调南开大学，任历史系教授、系主任，并在1963年任该校副校长。他创建明清史研究室，主持校点《明史》。1961年，与**翦伯赞**共同主编《中国通史参考资料》8册；主编《史学名著选读》6册。1980年出版学术著作《探微集》和《清史简述》。同年，中国史学会恢复活动，担任常务理事、主席团成员、执行主席。晚年还担任《中国历史大辞典》主编、国务院学位委员会历史组负责人、中国档案学会顾问等。1980年参加中国共产党。

郑天翔 Zheng Tianxiang (1914－11－28～) 中华人民共和国最高人民法院院长(1983～1988)。生于内蒙古凉城。早年入中央大学、清华大学学习。参加了**一二·九运动**。1936年加入中国共产党。1937年到延安入陕北公学学习。历任中共晋察冀北岳区委宣传部科长、阜平县委副书记、**聂荣臻**秘书、绥南专署专员、中共中央华北局宣传部科长。

中华人民共和国建立后，历任中共包头市委书记、市长，中共北京市委常委兼秘书长、市委副书记、市委书记。1975年后任北京市建委副主任、中共北京市委书记、国务院第七机械工业部部长。1982年任中共中央顾问委员会委员。1983～1988年任最高人民法院院长。

郑万通 Zheng Wantong (1941－05～) 中国人民政治协商会议全国委员会副主席、党组成员。天津市人。1960年加入中国共产党。大专学历。1959～1961年在天津师范学院中文系学习。1961～1965年任天津市第七十八中学教员、人事秘书。1965～1968年任共青团天津市河北区委学校部部长。1968～1970年在天津市河北区"五七"干校劳动。1970～1978年任天津市河北区委宣传部干部、副部长。1978～1982年任天津市委办公厅干部、市委第一书记秘书。1982～1983年任天津市委办公厅主任。1983～1988年任天津市委秘书长兼市直属机关党委书记。1988～1993年任中华全国总工会副主席、书记处书记、党组成员(1991年9～11月在中共中央党校省部级干部进修班学习)。1993～1998年任中央统战部副部长，八届全国政协副秘书长。1997～1998年任全国工商联党组书记、副主席。1998～2003年任九届全国政协秘书长、机关党组书记(2001年9～11月在中共中央党校省部级干部进修班学习)。2003～2008年任全国政协十届秘书长。2008年任全国政协十一届副主席、党组成员。在中共十五大上当选为中央纪委委员，是第十六届中央委员，全国政协第八届常务委员，全国政协九届、十届秘书长，全国政协十一届副主席。

郑文光 Zheng Wenguang (1929－04－09～2003－06－17) 中国科幻小说家。祖籍广东中山。生于越南海防，卒于北京。1947年回国，考取中山大学天文系。1949年辍学至香港，任《新少年》月刊总编辑，开始发表科学文艺作品。1951年到北京中国科普协会工作。1956年任《科学大众》副主编。1957年从事专业文学创作，并任《文艺报》、《新观察》杂志记者。1964年调辽宁鞍山市文联。后回北京，任中国科学院北京天文台研究员。郑文光在1954年创作的《从地球到火星》是中华人民共和国建立后第一篇科幻小说。50年代出版的科幻小说有《太阳探险记》(1955)、《黑宝石》(1956)等，作品多以星空、天文为题材。20世纪七八十年代在从事天文史研究的同时，出版了《飞向人马座》(1979)、《鲨鱼侦察兵》(1979)、《古庙奇人》(1980)、《大洋深处》(1982)、《神翼》(1984)、《战神的后裔》等多种科幻小说。这一时期的作品注重科幻艺术的审美丰富性，用科幻形式表现社会现实，探讨科技带给人类文明的多重性，对中国当代科幻小说创作有重要影响。

郑小瑛 Zheng Xiaoying (1929－09－27～) 中国指挥家、音乐教育家。福建永定客家人。生于上海。她6岁开始学习钢琴，1947年入南京金陵女子大学学医并兼修钢琴。1952年进入**中央音乐学院**学习作曲，毕业后留校任教。1960年留学苏联，就读于莫

斯科柴科夫斯基音乐学院。1963年回国后仍任教于中央音乐学院指挥系。1965年调入中央实验歌剧院，指挥歌剧《阿依古丽》的首演。1972年在中国京剧院担任京剧现代戏伴奏的管弦乐队指挥，1978年任中央歌剧院首席指挥。其指挥热情奔放，严谨细腻，有强烈的艺术感染力。1981年获文化部直属文艺团体评比演出优秀指挥一等奖。1985年获法国文学艺术荣誉勋章。1991年曾在莫斯科国立音乐剧院指挥公演了歌剧《托斯卡》。1984年任中央音乐学院指挥系主任、教授，并任中国音乐家协会常务理事。1979年起热心于音乐普及工作，举办歌剧讲座，参与创建爱乐女女子室内乐团、首都歌剧培训学校。在全国性报刊学术杂志上发表文章100余篇，并采取各种形式，向群众介绍音乐知识。

郑晓沧 Zheng Xiaocang (1892-09-27～1979-03-12) 中国教育家。又名宗海。浙江海宁人。光绪三十一年(1905)中秀才。1912年毕业于浙江高等学堂(今浙江大学)。1914年清华学校毕业后赴美留学。先后在威斯康星大学哥伦比亚大学师范学院获教育学学士学位、教育学硕士学位。回国后，历任南京高等师范学校教授，杭州女中校长，国立第四中山大学(东南大学)教育学院院长，浙江大学教育系主任、师范学院院长等职。中华人民共和国建立后，历任浙江师范学院教授、浙江教育学会会长、浙江师范学院院长。

郑晓沧主张应善于比较和借鉴他国教育的长处，应本国之需要，建设中国式的教育。他把教育视作是人民最重要的根本权利，并主张推行义务教育。他强调有许多教育目标，不是学校教育所能贯彻，而有赖于社会教育或成人教育，从而提出了终身教育的思想。晚年主要从事外国教育史和浙江地方教育史的研究工作。著有《郑晓沧教育论著选》等。

郑孝胥 Zheng Xiaoxu (1860～1938-03-28) 中国清末官僚，诗人、书法家。字苏戡，

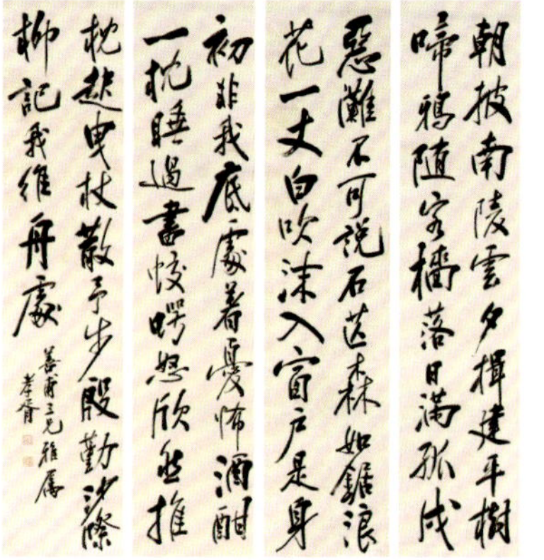

郑孝胥墨迹

一字太夷，号海藏。福建闽侯人。卒于长春。清光绪八年(1882)举人。由内阁中书改官同知。十七年，任驻日本使馆书记官。次年，升日筑领事，调神户、大阪总领事。二十年归国。历官总理各国事务衙门章京、京汉铁路南段总办、督办广西边务等。三十一年(1905)，在上海开办织呢厂，并建楼，题海藏楼。宣统三年(1911)，为湖南布政使。清亡后寓上海，以遗老自居，曾任职于商务印书馆。1923年投奔溥仪，任总理内务府大臣。1932年，任伪满洲国国务总理。

郑孝胥与陈衍都是闽派诗的首领。与陈衍首标同光体之名。陈衍论道光以来诗，区分为"清苍幽峭"、"生涩奥衍"两派，把郑孝胥列在前一派之首。郑诗学古趋向，在于谢灵运、孟郊、柳宗元、王安石、陈与义、姜夔、元好问诸家，特点是意度简穆，韵味淡远，造语生峭，往往清言见骨。名句如"乱峰出没争初日，残雪高低带数州"(《泰安道中》)等。他在戊戌政变前后有一些同情维新志士的诗，但后来未收入诗集。晚年效力伪满，旧时朋辈，如陈衍、冒广生等，都与他绝交，不再为诗坛所齿及。著有《海藏楼诗集》13卷。今有黄坤、杨晓波校点的《海藏楼诗集》(2003)。

郑燮 Zheng Xie (1693～1765) 中国清代书画家、文学家。扬州八怪之一。字克柔，号板桥。江苏兴化人。出身贫寒士子家庭。20余岁童试中秀才，雍正十年(1732)乡试中举人，乾隆元年(1736)中进士。七年出任山东范县知县。一年后调任潍县。十三年，乾隆皇帝封他为书画史。十八年因岁饥为民请赈得罪大吏而罢官。他书画上常用的印章印文为"康熙秀才，雍正举人，乾隆进士"，"乾隆东封书画史"，"七品官耳"等。郑燮为政有干才，痛恨官场腐败作风，同情底层百姓。他性格旷达，不拘小节，喜高谈阔论，臧否人物。当时即被人称为"狂"和"怪"。罢官后居扬州，以卖画为生。

郑燮受儒家"修身齐家治国平天下"思想影响，要求自己"第一要明理作个好人"，出仕作官，要"立功天地，字养生民"。在绘画和书法上，他深感"以区区笔

《兰竹石图》(故宫博物院藏)

墨供人玩好"是可耻的"俗事"，而提出"凡吾画兰、画竹、画石，用以慰天下之劳人，非以供天下之安享人也"。对待传统和前人成法，他主张"学一半，撇一半"，"师其意不在迹象间"，即"不泥古法，不执己见，惟活而已"。重视创造性，"不肯从人俯仰"。他注重对自然的直接观察，以真切的感受来萌发画意，曾说："凡吾画竹，无所师承，多得于纸窗粉壁日光月影中耳。"主张"胸无成竹"的创作方法，指出"眼中之竹"、"胸中之竹"、"手中之竹"的联系和区别，详尽叙述了从观察感受、构思酝酿到落笔定型的创作过程，见解独到，为前人所未道。

郑燮专长于画兰、竹、石、松、菊等，偶亦写梅，笔法直接取法石涛，又多从徐渭、高其佩等画家中得其意。剪裁构图崇尚简洁，笔情纵逸，随意挥洒，苍劲豪迈。其题材虽然局限于传统的文人画"四君子"范围，但通过题诗、题跋寓社会伦理教育于画中，能时出新意。如《墨竹图》题诗云："衙斋卧听萧萧竹，疑是民间疾苦声。些小吾曹州县吏，一枝一叶总关情。"其书法以画法入笔，杂用篆、隶、行、楷，折中行书和隶书之间，自称"六分半书"，纵横错落，整整斜斜，时人称其为"乱石铺街"体，后人多称为板桥体。有《板桥全集》存世。

郑昕 Zheng Xin (1905～1974) 中国研究I.康德哲学的学者。原名秉璧，别名汝珍。安徽庐江人。卒于北京。先后在安庆和天津读中学，1924年入南开大学哲学系，肄业。1926年北伐高潮中去广州。1927年去德国，入柏林大学学习。1929年转入耶拿大学，在新康德主义大师B.鲍赫教授指导下专攻康德哲学。是中国第一位在康德故乡研究康德哲学的学者。1932年起在北京大学哲学系工作，1937年晋升为教授。长期在北

京大学讲授康德的《纯粹理性批判》、《实践理性批判》、《判断力批判》等著作，历时30余年。中华人民共和国建立后，曾任北京大学哲学系主任、中国科学院哲学研究所学术委员、国务院科学规划委员会委员及哲学专业组组长、中国哲学会副主席。著有《真理与实在》(1936)、《康德学述》(商务印书馆，1946、1982)、《康德哲学批判》(1950)、《开放唯心主义》(1956)等著作和论文。

郑玄 Zheng Xuan (127～200) 中国东汉经学家、训诂学家。字康成，北海高密(今山东高密)人，《后汉书》卷三十五有传。世称"后郑"，以别于郑兴、郑众父子。玄少为乡啬夫，掌听讼，收赋税。后入太学受业，通习经传。又西入关从扶风马融问学。游学十余年，40岁后始归乡里。因党锢之祸被禁，潜心往业，杜门不出，从学者多至数百千人。经14年，始蒙赦令。平生著述甚富，长于古文经，有《周易》、《尚书》、《毛诗》、《仪礼》、《礼记》、《论语》等书注，成为汉代经学之集大成者，称"郑学"。为学者所宗仰，传习不废。郑玄注经不专主一家，笺《诗》注《礼》，务求允当。尤精于名物训诂。清人重"汉学"，将许慎与其并称为"许郑"。

郑野夫 Zheng Yefu (1909～1972-08) 中国版画家。浙江乐清人。毕业于上海美术专科学校，热衷于版画创作。在校期间即积极参与一八艺社和野风画会的木刻活动。1936年曾和江丰等人创建铁马版画会，1939年与人合作创办木刻用品供应社，后发展为中国木刻用品合作工厂。除生产木刻刀

版画《搏斗》(中国美术馆藏)

具及其他用品外，还多次举办木刻函授班，推广版画艺术，并编印《木合》、《木刻艺术》等，讲解木刻技艺。1949年后，历任杭州中央美术学院华东分院创作教员、总务长，中国幻灯公司上海制造厂厂长，中国美术馆研究保管部干部等职。著有《点缀集》、《木刻手册》等。

郑奕奏 Zheng Yizou (1903～1993-07-01) 中国闽剧演员。工旦。生于福州，卒于福州。他幼年家贫，11岁入儒林班善传奇学戏，最初从京鼓吹艺人陈幼容学唱段，从平讲班艺人陈金福学表演。13岁时，得善传奇班的教戏师傅、京剧和昆曲演员吴善宝指点，因而基本功扎实。16岁时，主演古装戏《紫玉钗》、《黛玉葬花》、《晴雯补裘》、《杜十娘》、《红娘递柬》、《孟姜女》、《凤阳花鼓》等，并在时装戏《孤儿血》、《新茶花》和《蔡松坡》中扮演女主角。所灌唱片畅销中国台湾和东南亚各地，影响甚广，被誉为"福建梅兰芳"。26岁以后，从善传奇班转到赛天然班演出，以演《百蝶香柴扇》、《安安送米》、《秦香莲》、《硃砂记》等青衣戏最受欢迎。郑奕奏的唱腔细腻柔婉，字正腔圆，清新动人；身段轻盈，表演朴实，艺术上自成一派。1939年改以教戏为生，在培养青年演员和总结闽剧旦脚的表演经验方面作出了重要贡献。

郑奕奏在闽剧时装戏《新茶花》中饰新茶花女

郑哲敏 Zheng Zhemin (1924-10-02～) 中国力学家。祖籍浙江鄞县(今宁波鄞州区)。1947年获清华大学学士学位，1949年、1952年分别获美国加州理工学院硕士、博士学位。1955年回国后在中国科学院力学研究所工作，历任弹性力学组组长、室主任、副所长、所长等职。1980年当选为中国科学院学部委员(院士)。1986年被选为中国力学学会理事长。1993年被选为美国国家工程科学院外籍院士。1994年当选为中国工程院院士。

早期从事热弹性力学、水弹性力学、振动及地震工程力学研究。1960年开始爆炸力学研究。其中"爆炸成形模型律及成形机制"获1964年国家新材料、新产品、新技术、新工艺展览会一等奖；"破甲机理研究"获1978年全国科学大会奖；1965年和解伯民提出流体弹塑性体模型，后获1982年国家自然科学奖二等奖；"连云港爆炸处理水下软基"获1988年中国科学院科技进步奖一等奖、1990年国家科技进步奖二等奖；"金属板爆炸复合与应用"获1989年中国科学院自然科学奖一等奖；"热塑剪切带"获1992年中国科学院自然科学奖一等奖。专著有《高能成形》和《相似理论与模化》。

郑振铎 Zheng Zhenduo (1898-12-19～1958-10-18) 中国作家、文学评论家、文学史家。笔名西谛、C.T.、郭源新等。祖籍福建长乐，生于浙江永嘉(今温州)。1917年到北京求学。1920年末参与发起文学研究会。次年春到上海，先后主编《文学旬刊》、《文学研究会丛刊》、《小说月报》等，并撰写文学评论。四一二政变后，去欧洲避难和游学。1928年回上海。1931年任燕京大学和清华大学中文系教授。1935年任暨南大学文学院院长兼中文系主任，曾主编《世界文库》，参加《中国新文学大系》的编选工作。抗战初参与发起上海文化界救亡协会，创办《救亡日报》等；之后，任文协上海分会负责人。抗战胜利后，主编《民主》周刊、《文艺复兴》月刊。中华人民共和国建立后，历任国家文物局局长、中国科学院考古研究所所长、文学研究所所长、中国科学院学部委员、文化部副部长、中国民间文艺研究会副主席、中国曲艺工作者协会理事等。主编《古本戏曲丛刊》、《中国古代版画丛刊》等。1958年率领中国文化代表团出国访问，因飞机失事殉难。

郑振铎在文学理论和文学研究、文物研究等方面，都多有贡献。他是"为人生的文学"的主要倡导者之一，坚持现实主义文学。较早提倡中外古今文学的综合比较研究，并用新的观点和方法整理、研究中国文学史，特别是一贯重视民间文学和小说、戏曲资料的收集和研究。他著作甚丰，主要有《俄国文学史略》、《泰戈尔传》、《文学大纲》、《民俗学浅说》、《近百年古城

古墓发掘史》、《佝偻集》、《短剑集》、《中国俗文学史》、《插图本中国文学史》、《中国文学论集》、《中国古代版画史略》及《西谛书话》等。还有小说集《家庭的故事》、《取火者的逮捕》、《桂公塘》等。编著有《中国版画史图录》、《玄览堂丛书》、《明季史料丛书》、《中国历史参考图谱》、《域外所藏中国古画集》、《伟大的艺术传统图录》、《中国文学研究》等。

郑正秋 Zheng Zhengqiu (1888-12-24～1935-07-16) 中国电影事业家、电影编剧、导演。生于广东潮州，卒于上海。原名郑芳泽，号伯常，笔名药风。1913年开始从事电影编剧。第一个剧本是《**难夫难妻**》，由他和**张石川**联合导演。这是中国有完整故事情节的**故事片**的开始。1922年与**张石川**共同组织**明星影片公司**。最初为明星公司编了《滑稽大王游沪记》等4部短片，其中《劳工之爱情》系目前中国保存完整的最早的一部故事片。1923年他编剧的《孤儿救祖记》是中国第一部比较成功的长故事片。此后7年，他的电影创作进入鼎盛时期，共计编、导、演53部影片。他最重要的成就是1934年编导的《姊妹花》。

郑州大学 Zhengzhou University 中国综合性大学。属河南省，校址在郑州。2000年7月，原郑州大学（1956）、郑州工业大学（1963）、河南医科大学（1928）合并组成新的郑州大学。专业涵盖理、工、医、文、史、哲、法、经、管、教等学科门类。设有40多个学院（系），还有附属医院。有培养学士、硕士和博士的教学体系；有国家级重点培育学科、国家理科基础科学研究和教学人才培养基地等。

郑州商城 Zhengzhou, Capital of Shang Dynasty 中国商代都城。位于今河南郑州市区内。遗址于1950年发现，1952年开始发掘。据碳-14断代，始建于公元前1508年左右，不足200年即遭废弃。其发现和发掘对研究商代历史和中国古代城市发展史等有重要意义。1961年国务院公布郑州商代遗址为全国重点文物保护单位。

郑州商城包括内城和外城。内城略呈南北纵长方形，城垣周长约7 000米，城垣下部宽约20～25米，今地面残存最高约5米。内城中发现房基和水井等。内城东北部较高的地带为宫城，有众多宫殿建筑基址，其中一座为九开间带回廊的大型基址；还有池苑及祭祀和制骨作坊遗址等。已发现的外城城墙约距内城南墙和西墙600～1 000米。内、外城墙之间有手工业作坊，发现制骨、制陶、铸铜作坊遗址，另有青铜器窖藏和墓地等。郑州商城出土数以万计的陶器、骨角器、蚌器、青铜器、原始瓷器、印纹硬陶器、白陶器、象牙器、金器、卜骨、卜甲和有字刻骨等。其中1974年在杜岭发现的青铜器窖藏，出土了迄今所见商代早期最大的铜器群。关于郑州商城的历史定位主要有两种观点：一说是商代前期商汤所建之亳都，另一说是商代中期商王仲丁所迁之隞都。

郑州市 Zhengzhou City 中国河南省辖市、省会。中国陆路交通枢纽之一。位于省境中部偏北，黄河南岸。辖中原、二七、金水、上街、惠济、管城回族6区和中牟县，代管新郑、登封、新密、巩义、荥阳5市。面积7 507平方千米。人口863万（2010），民族有汉、回、满、蒙古、朝鲜等。西周为管国属地，春秋为郑邑。隋开皇三年（583）置郑州，以地处郑国地得名。1913年改称郑县，1928年设市，1931年撤销，1948年复设市。1954年，河南省人民政府由**开封市**迁至郑州市。

属暖温带大陆性季风气候。年平均气温14.2℃，1月平均气温-0.2℃，7月平均气温27.8℃。平均年降水量640毫米，集中在7～9月。矿产主要有煤炭、铝矾土、水泥灰岩、硫铁矿等。农作物有小麦、水稻、玉米、大豆、棉花、花生、芝麻等。枣仁、柿饼、大枣、西瓜、蜂蜜、黄河鲤鱼以及曾被列为“贡米”的凤凰台大米为传统名产。工业在纺织、机械、建材、耐火材料等方面优势突出。是全国纺织工业基地之一，素有“纺织城”之称。郑州也是全国重要的冶金建材工业基地，氧化铝产量占全国一半左右。郑州交通区位优越，是中国重要的铁路交通枢纽之一，京广、陇海铁路干线在此交会，新亚欧大陆桥（连云港—阿姆斯特丹）上的重要城市。建有大型客运、货运和自动化编组站。北京—深圳、连云港—天水两条干线公路过境，与全省各地都有公路相通。郑州新郑机场是国家一类航空口岸，全国八大区域性枢纽机场之一。郑州是河南的教育中心，高等学校有**郑州大学**、河南农业大学、郑州航空工业管理学院等。名胜古迹有大河村仰韶文化遗址、宋代皇帝陵群、**郑州商城**遗址、**郑韩故城**遗址、新密打虎亭汉墓、登封少林寺、嵩阳书院、道教圣地中岳庙、城隍庙，以及邙山黄河风景区等，革命纪念地有二七纪念塔和纪念堂等。郑州是国家历史文化名城。

二七纪念塔

郑作新 Zheng Zuoxin (1906-11-18～1998-06-27) 中国鸟类学家。生于福建长乐，卒于北京。1926年毕业于福建协和大学生物系。1930年获美国密歇根大学科学博士学位。中国科学院动物研究所研究员，中国动物学会和中国鸟类学会名誉理事长，世界雉类协会会长。1980年当选为中国科学院学部委员（院士）。

郑作新是中国鸟类学奠基人。他对中国鸟类进行系统的考察和研究，撰写专著20多部、专业书籍30多部、研究论文140多篇；《中国鸟类分布名录》和《中国鸟类区系纲要》是现代鸟类学者研究中国鸟类必不可少的参考书，后者获国家自然科学奖二等奖及全国科技图书奖特等奖。1988年美国野生动物联合会授予他“国际动物资源保护”特殊成就奖。提出“低等类型的亚种被排挤到该种分布范围的边缘地区”的观点，可据此估测种的起源地，并对生物进化论的优胜劣汰的核心理论进行补充论证。他是中国动物地理学的开拓者，提出以秦岭为鸟类的两个动物地理界（古北界和东洋界）在中国境内的分界线，并已为国内外学术界所认同。他是自然保护生物学的积极倡导者和参加者，由他建议成立了一级保护动物丹顶鹤的扎龙保护区。

政变 coup d' état 统治集团少数人通过密谋，用政治手段或暴力手段等非正常途径实现国家权力转移的行为。与政治革命不同，政变一般不改变原有的社会制度、政治制度和法律制度以及基本政策，普通国民也极少参与。常见的政变类型有军事政变和非军事政变，流血政变和非流血政变。近现代以来大多数政变是国内不同政治派别的权力争夺，一般表现为政治动乱或内战。政变的性质有的纯粹是统治集团内的争权夺利，有的是革新派与保守派的斗争，有的则是反动势力的复辟。在某种世界格局下，也有国际强权政治势力通过其代理人干涉别国内政、颠覆别国政府。政变一般发生在尚未建立民主政体，或民主政体不够完备，缺乏正常的政府更替机制的国家。

政策性银行 policy-oriented bank 由政府创立或担保，以贯彻国家产业政策和区域发展政策为目的，具有特殊的融资原则，不以营利为目标的银行。中国政策性银行的金融业务受中国银行业监督管理委员会（即银监会）指导和监督。

政策性银行有着作为金融机构应有的共性，即对贷款严格审查，贷款须还本付息、周转使用，但也有其独具的特征：①资本金多由政府财政拨付。②经营时主要考虑国家的整体利益、社会效益，力争保本微利。③资金来源主要依靠发行金融债券或向中央银行举债，一般不面向公众吸收存款。④不与商业银行竞争，有其特定的业务领域。

1994年中国组建3家政策性银行，包括：①国家开发银行。于1994年3月成立，总行设在北京。其主要任务是建立长期稳定的资金来源，向政策性重点建设项目发放贷款，对固定资产投资总量和结构进行控制和调节。②中国进出口银行。于1994年4月成立，总行设在北京。其主要任务是为扩大中国机电产品和成套设备等资本性货物出口提供政策性金融支持。③中国农业发展银行。于1994年4月成立，总行设在北京。其主要任务是以国家信用为基础，筹集农业政策性信贷资金，承担国家规定的农业政策性金融业务，代理财政性支农资金的拨付。

政党 political party 代表一定阶级、阶层或集团的利益，旨在执掌或参与国家政权以实现其政纲的政治组织。

基本特征 政党的基本特征或要素主要是：①有明确、具体的政纲，即政治主张和方针政策。②有定型的从中央到基层的组织系统。③有一定数量的党员和各级领导人。④有约束党员行为规范的纪律。⑤通过党组织和党员的各种活动，广泛争取非党群众的支持，竭力争取执掌或参与国家政权，以实现自己的政纲。

政党的名称未必都带“党”字，也有称“同盟”、“联盟”、“阵线”、“运动”、“组织”、“社”、“会”等。反之，称“党”的未必都是政党，如黑手党、三K党。

分类 政党按照不同的标准有不同的分类方法，按不同的分类方法又可划分出不同的政党类型。

按阶级基础分类 按阶级基础划分政党类型是首要的标准，主要可分为资产阶级政党和无产阶级政党两大类，此外还有地主阶级政党和小资产阶级政党。

按意识形态分类 各个政党都依据自己的意识形态制定自己的政纲，都以自己的意识形态作为全党的指导思想。按意识形态分类主要有资本主义政党、民主社会主义政党、共产主义政党和民族主义政党等。

按政党的政治地位分类 资本主义国家的政党通常分为执政党和在野党（或反对党）两类。此外还有合法党、非法党和地下党。

按政党活动的范围分类 可分为地方党、民族党、国家党。

按政党的组织状况分类 可分为大党、小党，严密型政党、松散型政党。

功能和作用 政党的社会功能是形成政党政治和政党制度，执掌或参与国家政权，治理国家和社会。在具有资本主义民主制的国家，政党的功能是制定、公布并宣传其政纲，争取选民的支持和获得议会的席位，在议会中致力于国家立法和监督政府，争取领导或参加政府，在政府中制定并实施各项决策。社会主义国家无产阶级政党的功能，在夺取政权前主要是制定符合广大人民意愿和利益的革命纲领，通过党员的骨干作用，联系、发动、组织、领导人民群众，开展以武装斗争为主的群众性政治斗争，推翻剥削阶级的国家政权；在夺取政权后，主要是执掌国家政权，对全国全社会实行政治、思想和组织领导，团结和依靠广大人民群众发展社会生产，不断提高人民的生活水平，建设社会主义、共产主义社会。

政党分赃制 spoils system 西方国家执政党领袖把政府官职作为酬劳分配给在竞选中出过力的本党党员和个人亲信的任用制度。又称政党分肥制。

政党分赃制在许多国家采用过，其中美国最为典型。它是随着美国两党政治的出现而逐步形成的。1829年第七任总统A.杰克逊就职后在美国联邦政府实行官职“轮换制”，排斥异己，以党派亲信封官，组成小集团——厨房内阁，使政党分赃制得以确立。杰克逊的拥护者、纽约州参议员W.L.马西认为：“在政治上要像在爱情上、战争上一样公平，战利品属于胜利者所有。”政党分赃制由此得名。

由于政党分赃制用人唯党、任人唯亲、不问其是否胜任，因此造成用人不当、无能之辈占据官位、行政效率低下、政府支出增加、浪费严重、任用私人之风盛行、官吏贪污舞弊、党派倾轧、政争激烈。每一次选举后便发生一次人事大变更，使行政管理混乱、政治不稳定。美国国会1883

美国《哈珀周刊》上讽刺政党分赃制的漫画（1877）

年通过《彭德尔顿法》，实行功绩制。政党分赃制已陆续被各国否定。

政府 government 国家进行阶级统治、政治控制、权力执行和社会管理的机关。广义指国家的立法、行政和司法等机关的总体。狭义指国家的行政机关。

任何国家都具有阶级压迫和社会管理的功能，都具有阶级性和社会性。这就决定了任何国家的政府也具有阶级性和社会性两种属性。政府的阶级性规定了政府必须用暴力镇压和消灭敌对阶级和敌对势力，巩固和保卫国家政权；政府的社会性规定着政府必须保证完成社会公共事务的管理。

政府形式是国家本质的表现。从国家的政体即政权组织形式可以把政府区分为君主政府、贵族政府、共和政府等；从立法和行政机关的关系把政府划分为内阁制政府、总统制政府、半总统制政府、委员会制政府等；从国家结构角度把政府区分为单一制国家的中央政府和地方政府，联邦制国家的联邦政府、邦（州）政府和地方政府等。

政府采购 government procurement 各级政府及其所属机构为了开展日常政务活动或满足社会公共需要，在财政的监督下，以法定的方式、方法、程序，利用财政性资金，以直接向供应商付款的方式在国内外市场上购买货物、工程或服务的行为。又称公共采购。政府采购的作用：①为政府运作提供人力和物力保障。②是政府落实方针政策的关键。在市场经济国家，政府称为公共政府，财政称为公共财政，公共财政为政府履行其职能提供财力保障，因此，政府采购是政府施政行为的体现。③是体现政府责任的方式。采购是政府的重要职责之一。政府采购往往被视为政府受纳税人委托，代表纳税人采购公共产品。

政府重塑 reinventing government 美国在20世纪90年代由学术界与政府共同推动、以企业精神改革公共部门为主要内容的运动。1992年，美国学者D.奥斯本和T.盖布勒发表《改革政府：企业精神如何改革着公共部门》，提出了“重塑政府”的概念。书中总结了发生于美国各级公共部门运用企业管理经验来提高公共行政和公共服务效益的试验，提出了用企业精神改革公共部门的一系列观点和主张。美国于1993年7月宣布改革政府的总计划，同时设立总统管理委员会，负责领导重塑各级政府重点是联邦政府的改革运动。重塑遵循的是奥斯本和盖布勒在书中所提出的著名的10条原则：起催化剂的政府、社区拥有的政府、竞争性的政府、有使命感的政府、讲究效果的政府、顾客导向的政府、有事业心的政府、有预见的政府、分权的政府及以市场为导向的政府。这一运动对许多国家产生了广泛影响。

政府干预 government intervene 政府作为宏观经济的管理者和经济运行的调控者，通过综合运用财政政策、货币政策、产业政策、投资政策、分配政策、社会保障制度等政策措施，对市场运行进行全面调控，弥补市场不足和矫正市场缺陷，以此推动经济的持续发展和社会稳定的行为。

政府干预是现代市场经济运行的必然要求，是资源优化配置的必然结果。虽然市场机制在市场经济运行中处于主体调节地位，在社会资源配置方面具有高效性，但它在许多方面具有无法克服的内在功能性缺陷，即存在市场失灵。在经济运行的调节中，有必要通过政府的“公共决策”弥补私人和企业的“个别决策”，克服和矫正市场本身的不足。

政府干预市场的内容主要分为3个层次：①对市场经济运行的环境进行干预。通过制定和维护市场规则，规范市场行为，保护自由竞争，防止市场垄断。②对市场经济运行的过程进行干预。通过各种政策，对宏观经济变量进行调控，熨平经济运行的波动，从而实现经济均衡增长。③对市场经济运行的结果进行干预。市场运行结果主要产生两个问题：一是收入分配的部分失衡；二是资源配置的部分失衡。政府一般通过制定收入调节政策，缓解由收入分配的贫富过分悬殊引发的矛盾。政府调节资源配置中的失衡，主要是把市场不能办或办不好的，由政府投资，从而达到优化社会资源配置的目的。

政府间贷款 intergovernmental loan 一国政府利用国库资金向另一国政府提供的贷款。这种贷款具有政府援助性质，一般是由经济发达国家向发展中国家提供。经济发达国家政府通常都设有专门机构负责办理提供政府贷款的事宜。政府贷款的条件比较优惠，利率较低或免收利息，期限可长达30年。它一方面提供各种优惠条件，另一方面又有采购限制的附加条件，即借款国必须将贷款的全部或一部分用于向贷款国购买设备或物资，或与某一建设项目相联系。因此，政府间贷款往往促进了贷款国的商品输出。

《政府论》 *Two Treatises of Government* 英国思想家J.洛克的主要政治著作。于1690年出版。全书分上、下两篇。上篇批驳了保皇派思想家宣扬的“君权神授”和“王位世袭”说。下篇阐述了政府的产生、政治权力的起源以及用来安排和明确谁享有这种权力的方法。洛克认为人类天生都是自由、平等和独立的，处于自然状态之中。为了和平地和安全地享受他们的各种财产，自然状态中的人们通过社会契约结成政治社会，置身于政府之下。政府产生的目的在于保障个体的生命、自由和财产。为了达到这一目标，应该实行法治，同时将立法权力、执行权力和对外权力分开。政治权力是为了保障公众福利、为规定和保护私有财产而制定法律，依法可判处死刑和一切较轻处分，以及使用共同体的力量来执行这些法律和保卫国家不受外来侵害；而人民手中始终保留反抗暴政和重建政府的最高权力。

政府支出乘数 government expenditure multiplier 经济学中用来表示政府支出的变动所引起国民收入成倍变动的系数，它等于总收入变动量对政府支出变动量的比率。这里的政府支出主要指政府直接花费在商品和劳务等项目上的开支，或者称为政府购买。

政府支出之所以对收入有倍增作用，其原理与投资乘数是类似的，因为政府支出实际上也可以视为投资。与其他投资一样，政府增加对商品和劳务等的支出对总需求也有放大效应，会引起收入的连锁式增加：初始增加的支出变成其他人的收入，而这些人增加的收入中又会有一部分被用于新的消费支出，并再次变成另一些人的收入，如此等等。

政府支出乘数实际上与投资乘数相等，它们都是(1–边际消费倾向)的倒数。而且，政府支出乘数与投资乘数一样，其作用也是双向的：当政府支出增加时将引起收入的成倍增加，而当政府支出减少时会引起收入的成倍减少。

在凯恩斯主义经济学家看来，政府支出可以作为一种财政政策工具使用；而政府支出乘数则可以用来度量所需的新增政府支出量。

见乘数原理、投资乘数、税收乘数。

政教分离 separation of religion and politics 一种使政权与教会相分离的政治主张。资产阶级革命时期反对封建制度的一个口号。欧洲中世纪时期，盛行政教合一制度，罗马天主教会是西欧封建制度的国际中心，天主教会成为封建势力的精神支柱，在很大程度上影响和操纵着世俗政权。欧洲资产阶级革命时期，一些思想家反对教会统治政权，要求政教分离。随着资产阶级专政的建立和巩固，绝大多数国家在宪法上规定了政教分离的原则，但实际上，教会仍然多方干预国家的政治生活，国家也往往利用教会进行思想统治。与政教合一制度相比，政教分离在历史特定时期起了一定的积极作用。

政教合一制度 caesaropapism 政权和神权合而为一的政治制度。基本特点是：国家元首和宗教领袖同为一人，政权和教权由一人执掌；国家法律以宗教教义为依据，宗教教义是处理一切民间事务的准则，民众受狂热和专一的宗教感情支配。政教合一制度在中世纪拜占廷、英国、俄国、阿拉伯、印度等国家或地区实行过。当时封建统治阶级为了维护和加强自己的政治统治，需要利用宗教；而宗教首领为了扩大影响、争夺权力，也需要与封建统治者联合。掌握神权与掌握政权的两大集团既彼此争夺权势，又相互依赖和利用。欧洲历史上曾出现过宗教控制政权或由封建君主担任教主的局面。如拜占廷皇帝担任教会的保护者和宗教事务的主持者；英王亨利八世1534年制定《至尊法案》，规定英王为英国国教的最高首脑。政教合一制度是宗教和政治结合最密切的形式。近代资产阶级革命以后，多数国家实行政教分离，但至今仍有少数国家实行这一制度。

政事堂 Administration Chamber 中国唐宋时期宰相议事的地方。政事堂会议是常设的协助皇帝统治全国的最高决策机构。唐初设政事堂于门下省。参加政事堂会议的原仅三省长官（中书令、侍中、尚书左右仆射），是当然宰相。其后，皇帝又以他官参加政事堂会议，称为参知政事、同中书门下三品等（以后逐渐统一为同中书门下平章事之名），亦为宰相。唐中宗即位后，移政事堂于中书省。唐玄宗开元十一年(723)，改政事堂名为中书门下。但其后仍有称为中书政事堂或中书都堂。后晋时，又曾改名为政事厅。政事堂后分列吏、枢机、兵、户、刑礼五房，分理众事，供职者称为堂后官，都是吏员，地位极为重要。

北宋前期沿唐制，以政事堂为宰相、

参知政事议事办公处，设于禁中。政事堂囊括门下、中书和尚书三省的大部或主要职权，是最高行政机构。政事堂下设舍人院，有知制诰或直舍人院，负责撰拟诏旨。还设孔目、吏、户、兵礼和刑五房，分曹处理事务。元丰改制，中书所辖职事，分属门下、中书、尚书三省。宰相、执政的议事办公处，仍设在原政事堂正厅，改称三省都堂，通常只称为都堂。此后宰、执的办公处设于尚书省的都堂，有时也称之为中书或政事堂。

元、明、清时，不再设政事堂。中华民国建立后，袁世凯于1914年5月3日改国务院为政事堂，以国务总理为国务卿，从而废除责任内阁制，使政事堂成为总统府的办事机构。1916年5月8日，袁世凯又改政事堂为国务院。

政体 form of government 国家政权的构成形式。统治阶级为了体现其阶级意志，实行其统治和管理，必然选择和采取一定形式构成政权机关。政体由国体决定，并服务于国体，而国体则通过政体来体现。由于各国历史条件和社会传统不同，政体是多种多样的。国体相同的国家政体形式不一定相同。每个国家的统治阶级都力求采取最能维持和巩固其专政的政权组织形式。国体不同的国家也可以采取相同的政体，如奴隶制国家和封建制国家曾采取过君主专制政体，社会主义国家和某些资本主义国家采取民主共和政体，这两种民主共和制的质的区别在于一个是无产阶级民主共和制，一个是资产阶级民主共和制。中华人民共和国的政体是社会主义的民主共和制，具体为人民代表大会制度。

政学系 中华民国时期的政治派系。包括北洋军阀时期的政学系和第一次国内革命战争（见北伐战争）时期的新政学系。1916年袁世凯死后，旧国会恢复。作为旧国会第一大政党的国民党名存实亡，该党议员分化为几个派别。张耀曾、李根源、谷钟秀等联络欧事研究会成员及相同政见者组成政学系。其时，段祺瑞为内阁总理，与总统黎元洪有矛盾。张耀曾为司法总长，谷钟秀为农商总长，均属段内阁成员。在府院之争中，张耀曾等人支持段祺瑞，赞同对德宣战。张勋复辟破产后，段祺瑞重新执政。他以参战为借口，扩充自己的实力，拒绝恢复《临时约法》和国会。1918年段非法解散旧国会，另组新国会（即安福国会）。为了挽救共和制，孙中山在南方发起护法战争，邀请国会议员南下。多数政学系的原国会议员到达广州，进入非常国会。然而在护法军政府内部，西南军阀及投机政客百般排斥孙中山，欲与北洋政府妥协。政学系被他们拉拢，在非常国会中虽居少数，但拥戴岑春煊，反对孙中山，积极主张与北方和谈，成为非常国会中的主和派的政治代表。该派1923年随着旧国会的解散而消逝。在第一次国内革命战争期间及其以后，政学系的一些成员又活跃起来，成为国民党的一个派别，称新政学系。其主要成员有杨永泰、熊式辉、黄郛、张群、吴铁城等。1933～1936年是新政学系活动的鼎盛时期。1933年，杨永泰担任蒋介石南昌行营的秘书长兼行营政治厅长，熊式辉任办公室主任，使南昌行营政治厅成了实际上的行政院。杨、熊及张群被称作新政学系的三巨头。他们为蒋介石统治出谋划策，炮制“三分军事，七分政治”的反共政治纲领，发动第五次“围剿”红军的活动，制订改变行政制度、整饬纪纲、训练民团及实行新生活运动等施政措施，使新政学系身价大增。1936年杨永泰被CC系暗杀，新政学系成员逐渐减少，趋于衰落。

政治 politics 上层建筑领域中各种社会主体维护自身利益的特定行为以及由此结成的特定关系。它是人类历史发展到一定时期产生的一种重要社会现象。政治对社会生活各个方面都有重大影响和作用。这一社会现象很复杂，各时代的政治学家和政治家都从不同角度和不同侧重点对它作过各种论述。

特征 政治作为一种社会现象和社会的上层建筑，出现在产生阶级对立和产生国家的时候，并总是直接或间接地同国家相联系。政治同各种社会主体的利益密切相关。各种社会主体为获取和维护自身利益，必然发生各种不同性质和不同程度的冲突，从而决定了政治斗争总是为某种利益而进行的基本属性。经济、社会生活、文化方面和意识形态方面的利益，权力的追求以及某些心理满足等，对于各种社会主体来说，都是政治运行的基本动力。政治作为权力主体维护自身利益的方式，主要表现为以国家权力为依托的各种支配行为和以对国家的制约性权力为依托的各种反支配行为，如统治行为、管理行为、参与行为、斗争行为、领导行为、反政府行为、权威性影响、权力竞争等。这些行为的共同特点是都以利益为中心，具有不同程度的强制性、支配性和相互斗争性。政治作为社会主体之间的关系，主要表现为上述特定行为的相互作用。如统治与被统治的关系、管理与参与的关系、权威与服从的关系、相互斗争的关系等。这些关系又基本上取决于社会经济关系所具有的必然性。

发展 政治随着社会从低级到高级的进程而发展，社会成员参与政治生活的深度和广度也随之向前发展。历史上，政治一开始就是围绕国家权力展开的，表现为人们攫取、维护、建设、执行、制约国家权力的全部活动。政治现象产生之后，经历了几千年的发展已高度成熟。在现代，政治是牵动社会全体成员的利益并支配其行为的巨大社会力量。政治现象还将在人类社会长期存在，只有当人类的政治生活发展到从根本上改变少数人管理多数人的政治模式、实现社会的自我管理时，原来意义上的政治现象才会转化为一般社会现象而最后消亡。

与其他社会现象的关系 政治与经济、法律、宗教、道德等社会现象有密切联系并且互相影响。①与经济的关系。经济是整个社会的基础，也是政治赖以存在和发展的基础。政治是经济的反映，是经济的集中表现。②与法律的关系。政治和法律的关系主要通过国家权力与法的关系反映出来。政治是根本，是法律产生的前提。法律对于政治也有重大的影响，它体现国家的意志，通过法的准则来巩固国家权力并维持国家权力的正常运行。③与宗教的关系。政治与宗教在一定的历史条件下有密切的联系。在历史上，宗教曾经是政治统治的重要工具。宗教冲突往往是民族斗争、阶级斗争或不同政治集团斗争的表现形式。在现代社会，在国家的政治权力正常发展的情况下，宗教与政治的关系逐步疏远，这已成为政治进步的标志。④与道德的关系。政治与道德也有密切的联系。在阶级社会中，道德受政治制约，为一定阶级的利益服务。政治对道德的形成和发展也有巨大的作用，一种道德风尚的建立和发展往往需要借助于政治力量才能有效实现。

政治暴力 political violence 以阶级统治为本质，以国家为依存实体的政治强制力，是由军队、警察、法庭、监狱等各种强制手段所构成的国家镇压力量。其特点是：①具有严密的组织性。严密的组织不仅为了保证其控制社会冲突、维持社会秩序的能力，而且也是约束政治暴力自身的制度要求。②直接的强制性。在常态社会，政治暴力一般以威慑力发挥作用；在冲突社会，由于政治威慑不足以维持社会秩序，则以直接强制的政治暴力为手段，控制社会冲突。③合法有效性。以维持政治统治和社会制度为目的的政治暴力组织由国家依法建立、垄断行使，这是政治暴力区别于其他暴力形式的特征。

政治避难 political refuge 一国公民因政治原因向他国请求准予入境并居留，或已进入他国者请求准予居留的行为。又称政治庇护。一国接受上述人员的请求，不予引渡，准予居留的权利称庇护权。享受庇护的外

2005年4月，厄瓜多尔前总统L.古铁雷斯抵达巴西寻求政治避难

国人，通称政治避难者，在所在国的保护下，不被引渡或驱逐。政治避难者的居住、迁移和行动方面的管理，原则上按照一般外国侨民待遇，也可以根据具体情况，依其个人地位的不同而区别对待。关于对政治避难者的处置问题，1954年4月22日生效的关于难民地位的公约和1967年10月4日生效的关于难民地位公约的协定书均有详细的规定（见政治难民）。庇护权是1789年法国资产阶级革命时所宣布的资产阶级民主原则之一，后为其他国家所采用。《中华人民共和国宪法》(1982) 第32条规定："中华人民共和国对于因为政治原因要求避难的外国人，可以给予受庇护的权利。"

政治不服从 civil disobedience 一个国家的部分公民在承认国家的法律体系与政治秩序整体的正当与合法性的前提下，以各种非暴力的和平手段，公开地反对政府制定的某项法律或政策的行为。

1913年，M.K.甘地首次将政治不服从作为一种政治策略运用于反对南非当局推行种族歧视政策的群众运动。政治不服从的目的在于唤起公共舆论，使政府当局或立法者认识到某些法律或政策有损于公共目的或公众福利，违反了人类社会生活的某些基本道德准则，背离了正义的要求，从而迫使立法者或行政当局撤销或延迟此项法律、政策的通过与执行，或者阻碍此项法律、政策的实际贯彻实施。近代历史上比较有影响的政治不服从运动有：甘地在印度领导的反对殖民当局统治的非暴力不合作运动，马丁·路德·金领导的美国黑人反对种族歧视、争取平等权利的运动，20世纪60年代末期美国青年反对越南战争的运动，当代西欧及北美的和平主义者的反核运动等。

政治地理学 political geography 研究人类社会政治现象的空间分布与地理环境关系的学科。地理学与政治学之间的边缘学科。人文地理学分支学科。主要研究国家的领土、疆界、首都、行政区划以及飞地等政治现象，国际政治关系的格局及其发展变化，为国家的政治决策、国际事务等提供依据。德国F.拉采尔1897年发表的《政治地理学》，第一次把政治地理学作为地理学的一个分支进行研究；提出国家有机体学说，以及政治地理学的空间和区位分析因素。瑞典R.谢伦发展国家有机说，1917年提出地缘政治学这个名称。英国H.J.麦金德于1904年、1919年提出陆心说。以后美国N.J.斯波克曼提出陆缘说，美国I.鲍曼提出民族自决论。他们的政治地理学论述，在不同时期的国际问题讨论和国际形势决策中，起过相当重要的作用。20世纪20～40年代，德国K.E.豪斯霍弗尔等歪曲拉采尔生存空间的概念，使地缘政治学一度成为纳粹德国对外侵略扩张的工具。1950年，美国R.哈特向提出政治地理学应当研究政治区域内的区域异同，强调向心力和离心力对政治单元结合的作用。法国J.戈特芒提出引起国家不稳定的流通或运动和促进国家稳定的国家意识，是政治地理学研究的两个重要因素。当代研究集中在六个方面：①政治地理学研究方法，从传统静态的空间描述转向对政治行为的区位体系分析。②地缘政治学，研究世界经济、全球化以及战争对地缘政治的影响。③国家的空间特性。④政治和社会过程的地理分析，包括选举地理，政党、社会群体与地理区位关系，全球化与特定国家政治关系等研究。⑤政治认同的地理关联性研究。⑥民族主义和种族冲突的地理分析。

政治革命 political revolution 顺应历史潮流的阶级推翻阻碍社会前进的统治阶级的政治统治，以一种政治制度代替另一种政治制度的激烈变革。政权问题是一切政治革命的根本问题，国家政权从一个阶级手里转到另一个阶级手里，是政治革命胜利的基本标志。在大多数情况下，政治革命都是采取暴力革命的方式，其中比较典型的方式有起义、暴动、战争等。

政治革命的深刻根源是生产力与生产关系的矛盾。政治革命的直接原因是社会的政治制度衰败、政府无能、政治腐败，造成社会矛盾尖锐化。政治革命的直接目的是改变现有的政治秩序，建立一种适应社会发展要求的新秩序。当阶级矛盾和社会矛盾已经激化，统治阶级不能照旧维护自己的统治，被统治阶级不能照旧生活下去，被统治阶级形成革命的意识并建立了自己的革命组织，制定了正确的革命战略和策略，政治革命才能取得最终胜利。

政治革命归根到底是要改变不同阶级间的经济利益关系，首先是要改变旧的生产资料所有制，政治革命与以改变生产关系为基本内容的社会革命有着十分密切的联系，一场政治革命往往同时又是一场社会革命。政治革命通过改变政治关系为社会革命开辟道路，社会革命则以改变生产关系来巩固政治革命的成果。政治革命是政治进步和社会进步的强大动力。

政治共同体 political community 具有共同的政治利益、政治机构制度和特定的政治认同的人们所构成的社会集合体。又称政治社群、政治社区等。西方政治学的重要概念。政治共同体与其他社会共同体的主要区别在于，它以共同体成员的政治利益和认同为基础，并且拥有共同的政治机构制度。不同经济利益的人们也可以组织成政治共同体，如国家间的安全共同体。政治共同体包括国内的政治共同体和国际的政治共同体。国内政治共同体构成了国家政治生活有序性的结构基础。国际上的政治共同体一般是不同的国家出于共同的安全利益而组成的国家集团。这些国家集团往往设有处理有关各成员国的外交和安全利益的政治机构。政治共同体作为社会政治生活有序性的一种结构基础，具有重叠性和不变性两个显著特征。在国家的政治制度、统治当局和执政党发生变更的情况下，它们往往继续存在。

政治家 statesman 代表一定阶级的利益，以政治为职业，具有确定的政治信仰和较强的政治组织和政治活动能力，并对社会政治生活产生重大影响的人物。

政治家具有以下特征：①是一定阶级、国家、政党或集团的代表。②一般是政治组织和国家政权中重要角色，具有较高威望和支配、影响被领导者的能力。③以政治为职业，主要时间和精力用于政治活动，甚至倾毕生之精力为自己的政治理想而奋斗。④一般具有宏大的政治远见和较强的政治素质，能经得起挫折和失败的考验。⑤是政治艺术大师，既是制定政治战略的专家，又是运用政治策略的能手。

政治家是适应历史发展的需要而产生的，对社会政治生活影响作用的大小主要取决于他们认识历史发展趋势和反映人民群众要求的正确程度，他们的才能、知识、经验、意志、性格、品质也会对其所起作用产生一定的影响。

政治经济学 political economy 研究人类社会中支配物质资料生产、分配、交换和消费等领域发展规律的科学。经济科学中的基础理论学科。

产生和发展 政治经济学中的"政治"(political) 一词，源于希腊文的politikos，含有"社会的"、"国家的"、"城市的"等多种意思；政治经济学中的“经济”(economy)一词，来源于希腊文的oikonomia，原意是家庭经济管理。“政治经济学”一词是法国重商主义者A.de蒙克莱田在1615年出版的《献给国王和王太后的政治经济学》一书中首先使用的。1775年，J.-J.卢梭为法国《百科全书》撰写了“政治经济学”条目，把政治经济学和家庭经济区分开来。

当蒙克莱田最先使用政治经济学这一名称时，政治经济学还只限于研究流通领域的个别经济现象，因而还没有形成为独立的真正的经济科学。17世纪中叶以后，首先在英国，然后在法国，资本主义工场手工业逐渐发展成为工业生产的主要形式。资产阶级为了同封建势力作斗争，必然要求从理论上说明资本主义生产、分配的规律，论证资本主义生产的优越性。这就产生了以亚当·斯密和大卫·李嘉图为主要代表的资产阶级古典政治经济学。古典政治经济学的兴起和发展，使政治经济学研究的重点开始转向生产领域和包括流通领域在内的社会再生产过程。政治经济学作为一门独立的科学逐渐形成，并发展成为专门研究经济现象和经济过程规律的理论科学。

18世纪末到19世纪初，资本主义生产逐渐由工场手工业向机器大工业过渡，无产阶级与资产阶级之间的斗争不断发展，直接威胁着资产阶级。1825年经济危机的爆发，使资本主义制度的矛盾日益显露出来。面临这种形势，资产阶级更加需要的是对资本主义制度的辩护。适应这种需要，产生了庸俗政治经济学。庸俗经济学者抛弃了古典政治经济学中的许多科学成分，致力于抹杀阶级利益的对立，用各种各样的辩护理论，维护资产阶级利益。在资产阶级经济学领域中，到19世纪30年代以后，庸俗经济学逐渐取代了古典政治经济学。

19世纪上半叶，在资本主义生产方式形成时期，产生了小资产阶级政治经济学。小资产阶级政治经济学抨击了资本主义制度，揭露了资本主义的矛盾，但是它们不了解资本主义矛盾产生的原因，只是站在维护小私有制的立场来反对资本主义私有制。

在小资产阶级政治经济学产生的同时，也产生了空想社会主义。空想社会主义者在应用政治经济学剖析资本主义方面作了最初的尝试。他们对资本主义制度作了尖锐和无情的批判，否定了资本主义制度的永恒性，论证了社会主义制度代替资本主义制度的必然性。但是，由于他们在理论分析上还不能摆脱资产阶级政治经济学范畴的限制，不了解社会发展的客观规律，因而不可能找到创造新社会的社会力量和正确途径，只能陷于空想。

19世纪40年代初，马克思和恩格斯在批判地继承了资产阶级古典政治经济学的基础上创立了马克思主义政治经济学，实现了政治经济学的伟大革命。恩格斯认为，马克思主义政治经济学作为有关时代的经济学，是理解社会经济现象和经济过程内在的、本质的、必然的趋势的科学，也是理解整个社会发展和变迁的理论科学。马克思主义政治经济学的任务在于：证明现在开始显露出来的社会弊病是现存生产方式的必然结果，同时也是这一生产方式快要瓦解的标志，并且在正在瓦解的经济运动形式内部发现未来的、能够消除这些弊病的、新的生产组织和交换组织的因素。

研究对象　最初出现的资产阶级古典政治经济学，研究的是在资本主义制度下如何使财富增长以及财富的生产和分配的规律。例如，斯密的《国民财富的性质和原因的研究》就是把国民财富的性质及其产生和发展的条件作为研究对象的。小资产阶级政治经济学研究的是人口和财富的比例问题，是人们的物质福利问题。资产阶级政治经济学由于它的阶级和时代的局限性，使得它们总是撇开财富的社会形式去研究财富的生产、分配和交换，研究物与物之间的关系。

马克思和恩格斯科学地确立了政治经济学的研究对象，明确指出政治经济学的研究对象不是物，而是人与人之间的关系，是社会生产关系。社会生产关系的内在结构，即社会生产关系运动中生产和交换、分配、消费之间的关系，不是并列的，也不是互不相关的，而是辩证地运动着的。“生产既支配着与其他要素相对而言的生产自身，也支配着其他要素。”“一定的生产决定一定的消费、分配、交换和这些不同要素相互间的一定关系。”当然，生产就其单方面形式来说也决定于其他要素。但是，政治经济学对社会生产关系的研究，必须从生产力和生产关系、经济基础和上层建筑的矛盾运动中去研究。

影响　经济科学门类众多，除政治经济学外，还存在着经济史、经济思想史、应用经济学、经济数量分析和计量方法科学、边缘经济学等。政治经济学为其他各学科提供了理论基础。政治经济学所揭示的社会生产关系及其发展规律，对经济学科中的其他各学科的研究具有重要的指导作用；政治经济学所阐明的一些基本原理，如商品、价值、货币、工资的运动等基本原理，对经济科学中的其他学科的研究也是有重要的指导作用。其他学科也只有在政治经济学理论的指导下，才能取得应有的研究成果；其他学科的研究成果，也为政治经济学提供了丰富的科学材料，从而对政治经济学的丰富和发展也产生着十分重要的影响。

《政治经济学及赋税原理》 *On the Principles of Political Economy and Taxation* 大卫·李嘉图的政治经济学著作。1817年在伦敦出版，1819年和1821年分别出版了第二版和第三版。

《政治经济学及赋税原理》以J.边沁的功利主义为出发点，把分配问题作为论述的中心，运用了古典政治经济学发展起来的抽象法。李嘉图认为，人类行为的准则是个人利益，是追求个人功利，即寻求快乐和避免痛苦，而个人追求个人利益同整个社会的利益是一致的，符合社会最大多数人的最大幸福。他实际上是站在工业资产阶级立场上，把资本家追求利润的个人利益与生产发展、社会财富增加和社会进步看作是一致的。他的研究方法带有形而上学的片面性，把资本主义生产关系和制度看作是永恒的、不变的。

《政治经济学及赋税原理》全书分为32章，结构比较松散。李嘉图的政治经济学理论主要内容完全包括在前六章中，其他各章则是李嘉图理论原则的运用或是对其原理的解释和补充。

李嘉图在《政治经济学及赋税原理》中批判地继承了亚当·斯密的劳动价值论，并以劳动价值论为基础，论述了工资、利润和地租，说明了工资和利润、利润和地租的对立，从而揭示了无产阶级和资产阶级、资产阶级和地主阶级之间的对立和斗争。他还论述了货币理论、对外贸易中的比较成本学说、赋税的一般原理和原则。该书对政治经济学理论作出了重要发展，使英国古典政治经济学达到了完成阶段。

政治难民 political refugee 基于政治理由逃亡国外的人。由于有充分根据的恐怖，即遭到基于政治理由的迫害，以及符合难民的其他条件的人，均可称为政治难民。政治难民同一般的外国人和移民不同。迫害是比刑事上的起诉更加广泛的概念，政治犯只要符合难民的其他条件，就可以被视为政治难民。另外，在第二次世界大战期间，被纳粹政权从本国掠到国外的所谓难民，如果由于害怕迫害而没有回国的意思，也被看作政治难民。政治难民的概念在实践中有扩大的倾向。见政治避难。

政治权力 political power 政治主体对一定政治客体的制约能力和力量。它体现在政治主体为实现某种利益或原则而形成的实际政治过程之中。

在人类历史发展的各个时期，不同的社会和政治制度产生了多种关于政治权力来源的理论。“神权论”或“君权神授论”认为政治权力来自上帝。在资产阶级革命前夕，资产阶级启蒙学者用契约论解释政治权力的来源。J.-J.卢梭认为国家是人类根据自己的需要，通过契约建立起来的，国家的权力来自人民的权利，而人民的权利则是天赋的。当代资产阶级学者则把政治权力的来源归结为对政治资源的拥有和掌握。马克思主义认为，经济上占统治地位的阶级必然成为政治上的统治阶级。政治权力的直接来源则是阶级斗争中各种政治力量较量的实际结果。

政治权利 political rights 公民参与并影响政治生活的权利。在现代社会，公民的政治权利是由宪法、法律确认并受到宪法、法律的保护。

政治权利包括：①关于选举和罢免国家权力承担者的权利、担任国家公职的权利。②关于法律的政治权利，如制宪权、修宪权、对普通法律的直接创制权、对代议机关立法的否决权。③关于特定事项的政治权利，如直接决定权即特定事项决定权、请愿权，包括以个人行为进行的请愿和以联合行动（游行、示威）进行的请愿。④关于政治信息的权利，如获得政治信息的权利即知政权，发表政治见解的权利。⑤关于政治结社的权利。公民享有政治权利的广度及其程度是衡量一个国家民主化程度的标志。

政治权威 political authority 以政治权力为依托，建立在政治威望、政治认同基础之上的相对稳定的政治影响力。政治威望和政治认同是在政治权力的运行过程中形成和发展起来的维持和巩固政治权威的条件。

政治权威的构建一般要符合特定政治正当性原则的要求。政治认同是社会成员、群体及组织对这种政治正当性认知、承认与赞同。以政治认同为基础的政治权威能够发挥持续、有效和稳定的政治作用。

政治思想 political thought 人们关于社会政治现象和政治问题系统化的理解和说明，是人类思维反映政治实践成果的理论形态。与“政治学说”、“政治理论”的含义比较接近。政治思想不同于一般的政治心理和政治意识，它通常具备一个较为严密的逻辑结构和一套复杂的观点体系，可以被理解为人类政治心理和政治意识等思维成果的系统化和理论化。政治的核心问题是国家政权问题，政治思想的内容集中体现为一定历史阶段上的各个阶级、阶层和社会集团关于国家政权的态度和主张，即关于如何认识国家，组织国家，管理国家的观点、理论和学说。

政治思想的内容决定于人类政治实践的范围和特点。政治思想是政治实践的解释和说明，也是为特定的政治实践服务的。通常来说，当一个社会的政治实践处于冲突和变革时期时，政治思想的内容就主要表现为对旧的政治制度的争议、批判以及对新的政治制度的设想和论证；当一个社会的政治实践处于和平和发展时期时，政治思想的内容则主要表现为对现实政治制度合理性的说明，探讨改善现有制度的方案、调整社会利益关系、扩大政治统治基础等内容。政治思想对政治实践也起着积极的能动作用。一般来说，代表进步阶级或政治力量要求的政治思想往往对社会的发展起着积极的推动作用；而反映落后阶级或政治力量要求的政治思想则对社会的发展起着消极的阻碍作用。

政治体制 political system 以国家政权组织为中心的各种政治组织、政治结构、政治功能与政治行为规范的总和。学术界对政治体制概念有着不同的理解：一种观点认为，政治体制是政治制度的具体表现形式，是政治制度在政治生活中的具体化和外在表现形式，主要包括国家政体形式、结构形式以及与各种政权机构的设置、功能与行为规范相关的制度；另一种观点认为，政治体制与政治制度、政治体系、政治系统的含义相同，它不仅包括与立法、行政、司法等政权组织相关的制度，而且包括政党、利益集团和大众传播媒介等与政治有关的所有组织或结构相关的制度。还有一种观点认为政治体制包括3个层次：①各种阶级及其政治在国家政权中的地位、作用及其相互关系，这决定着国家的性质即国体。②各种政权组织的形式及其相互关系，为一个国家的政体。③政治权力主要是行政权力的运行方式及机制，主要是一个国家的行政管理体制。

政治协商会议 Political Consultative Conference 抗日战争胜利后，中国国民党、中国共产党以及其他党派和社会贤达4方面的代表参加的协商国是的会议。简称旧政协。1946年1月10～31日在重庆召开。出席会议的代表共38人，国民党代表8人，共产党代表7人，民主同盟代表9人，青年党代表5人，无党派人士代表9人，有傅斯年、郭沫若、王云五等。

1946年1月政治协商会议在重庆召开。图为大会会场

关于政府组织问题，经过协商达成协议：规定国府委员会为政府最高国务机关，有对各部、会长官的任免权；国民政府主席对某一决议的否决，必须得到3／5以上国府委员的同意。关于军事问题，达成了折衷的协议：确立军队属于国家、军党分立、军民分治的原则，并由三人小组继续商定整编国民党军队和解放区军队的办法。关于施政纲领问题，会议基本上依据共产党起草的方案，通过了《和平建国纲领》。关于国民大会问题，达成协议：同意保留原有1 200名代表，但要增加台湾、东北等地区代表150名，以及各党各派、社会贤达代表700名，总计2 050名。关于宪法草案问题，经过斗争，通过了《关于宪草问题的协议》，确定了议会制、内阁制、省自治制的政治制度。

政协会议期间，国共两党确认了和平建国的基本方针，因此受到全国人民的欢迎。但会议成果很快遭到国民党的破坏，未能实施。

政治信仰 political belief 人们对某种政治理论、主张、学说、主义、理想的信服、尊崇、敬仰和追求，并以之为行动的准绳。是人的一种高级精神活动。政治信仰决定着一个人思想行为的政治方向，是人们社会行为的强大而又持久的动力。中国共产党人的政治信仰是社会主义和共产主义，即对马克思主义的信服、敬仰和追求，以实现共产主义作为自己的最高理想。毛泽东思想、邓小平理论及“三个代表”重要思想、科学发展观是中国共产党人将马克思主义基本原理与中国具体实际相结合产生的思想理论成果，是对马克思主义理论的创新和发展，是马克思主义的中国化，是中国共产党人在中国特定历史条件下所遵循的马克思主义的政治信仰。学习和实践是获得和确立马克思主义政治信仰的根本途径，只有加强学习和实践，才能认清时局，辨明是非，坚定政治信仰。

政治行为 political behaviour 政治主体在政治生活中发生的各种活动。主要指可见的政治行为，如革命、改革、统治、决策、竞选、抗议、罢工、战争等。具有如下主要特征：①必须是政治主体的行为，即必须是公民、政府机关、政治组织或其他政治角色的行为。②只有在政治生活中发生的行为才是政治行为，例如，学者所从事的学术活动一般地说不属于政治行为的范围，只有当这种学术活动的目标或后果威胁到现存政治体制的生存时，它就可能转化为政治行为。③政治行为是外在的行动，而不是内在的思想。

在当代西方政治科学中，政治行为与**政治制度**、政治理论、行政管理和国际政治等并列为政治研究的五大基本领域（见**行为主义政治学**）。因此，政治行为也常被西方政治学家当作政治行为分析方法的同义语。

政治行为主要有选举行为、立法行为、司法行为、管理行为、革命行为、改良行为、战争行为、阶级行为、政党行为、组织行为、社会行为等。

政治学 political science 研究社会政治现象的科学。狭义的政治学研究国家的活动、形式和关系及其发展规律；广义的政治学研究在一定经济基础之上的社会公共权力的活动、形式和关系及其发展规律。

历史发展 现代西方政治学作为一门学科其发展可分为两个时期：①1880年以前的西方政治学，主要是以一般政治原理和政治体制为研究内容，如国家、政体、主权、公民、制度和统治等，当时政治学术中心在欧洲，政治研究中的法学和社会学观念对后来的政治学影响深远。1880年10月，在美国成立了哥伦比亚大学政治研究院，开始培养政治学博士和进行具有学科意义的政治学研究。一般学者都以此作为现代政治学学科独立的标志。1886年美国《政治学季刊》创刊。1903年，美国政治学会成立，不久《美国政治学评论》创刊。至此，现代意义的政治学大体上形成。第一次世界大战前后，现实主义研究方法向以历史-比较方法为代表的历史主义研究方法挑战，接着，出现了“新政治学运动”，提倡科学主义的政治研究方法，主张采用社会学、心理学和统计学的方法来改革政治研究。同期的欧洲政治研究仍基本上承袭传统的研究方法，在政治理论和政治社会学方面发展较快，但对科学主义的研究方法持不赞成态度，在学科专业设置、研究内容、研究方法上颇为保守。②第二次世界大战后，行为主义政治学迅速崛起，它反对传统的政治研究方法，注重创立经验方法。20世纪70年代以后，行为主义政治学进入了一个相对萧条的时期，它过分强调技术手段，忽视价值因素的倾向受到批判。人们反省行为主义专注纯粹学术却丧失了价值方向的缺点，乃提出“政治学的新革命”，即政治学的再理论化、再意识形态化的主张。在这种情况下，当代政治学进入了后行为主义时期。

西方政治学的发展趋势有三大特点：①理论和体系的多样性。现代政治学由于有充分的知识和其他相关学科研究成果的依托，因此在各方面确立了各自独立的理论和体系。在政治学这个大学科之内，不仅有许多分支学科，而且在各分支学科内还存在许多理论体系和模式。②研究重点从传统的国家、主权、制度、政治观念、政体、法规等转移到政治的社会因素方面、过程方面。如政治行为、政治文化、政治环境、政策等。另外，政治学研究自身的方法论也成为现代西方政治学的研究对象。现代西方政治学的研究重点是以探讨资本主义政治体制内在要素、运转规律和完善途径为转移的。③研究方法的微观化、动态化和纯科学化。现代西方政治学研究方法在历史发展上是沿着历史主义、现实主义、科学主义、行为主义（包括结构-功能理论等）这样一条线索进行的，这使政治学成为一门具有经验性的纯理论。注重材料的搜集整理和定量分析，注重多层次、多角度地观察政治现象。这些使当代西方政治学主要研究投票行为、预算程序以及压力集团等政治的微观领域。同时，反对政治研究中那种一成不变的形式、法则、政体制度和道德观念，提出了传统政治研究中所没有的政治参与、政治沟通、政治社会化、政治发展、政治心理和政策制订等课题。另外，还系统分析研究政治输出、输入和反馈，结构-功能理论研究利益表达、聚合，政策制订、实施与评估等。这一切都表明现代西方政治学竭力追求政治过程的动态研究。最后，科学主义对现代西方政治学的发展一直有着决定性的影响，价值中立、政治学学术化、定量分析以及系统论、信息论和控制论在现代西方政治学的应用，都受到了科学主义的影响；行为主义政治学基本上是用科学主义支撑起来的。

现代政治学在中国可以追溯到辛亥革命前后。以孙中山的民权主义、五权宪法为核心的资产阶级政治学说，成为设计资产阶级共和国方案的理论依据。孙中山的政治学说对辛亥革命后国家的政治建设起了指导作用，对中国政治学说与国家政治建设实践相结合具有重要意义，也是西方政治学说中国化的一次尝试。在政治学研究方面，中国最早开设政治学课程的是北京大学的前身京师大学堂。1932年9月1日，中国政治学会在南京成立，会员80余人。

俄国十月革命以后，马克思主义政治学的观点在中国传播开来，陈独秀、李大钊、瞿秋白、毛泽东、刘少奇、恽代英、张太雷等一批革命家对政治学中诸如阶级和阶级斗争、国家、政权、革命、政党、爱国主义、共产党国家建设，以及国际主义革命的战略策略等一系列基本问题都作了深刻论述和发挥。这些具有中国特色的政治学理论，丰富了马克思主义的理论宝库。

1949年中华人民共和国建立，中国共产党在长期革命斗争中根据马克思主义原理概括出来的政治理论，成为中国政治建设的指导方针，其中一些最突出的思想，如人民民主专政的国家性质，人民代表大会制度，共产党领导的多党合作、民主协商制度，民族区域自治制度等，被吸收进中华人民共和国第一部宪法，成为国家的根本政治制度。建国以后，毛泽东撰写了《关于正确处理人民内部矛盾的问题》、《论十大关系》等重要著作，论证了中国社会主义时期国家任务和阶级关系的变化，推进了马克思主义政治学的中国化。1980年12月成立了全国性的中国政治学会。此后，中国政治学研究开始出现繁荣局面。在理论方面探讨了政治学基本概念，使对这些概念的理解更符合中国国情。在实践方面，政治学界密切配合中国的改革过程，研究了政治体制改革所涉及的广泛问题，如政治体制改革的含义和目标、政府职能的转换、政府工作机构的改革、党政分开、发展和完善人民代表大会制度、社会主义政党体制、干部人事制度的改革、行政决策的科学化和民主化、利益分化和利益协调问题、政治稳定和政治发展问题、社会主义民主政治的发展目标和模式、廉政建设和反腐败问题等。此外，政治学界还开展了“一国两制”政治构想的研究，提出在主权统一的前提下主权与政权可适当分离的观点，为港、澳回归祖国以及台湾与大陆的统一问题提供了理论依据。

研究范围 第二次世界大战前，政治学的研究范围主要包括政治学原理、本国政治、比较政治和国际政治 四个领域，战后则众说纷纭。当代中国学者认为应包括以下方面：①政治理论。包括马克思主义政治学说、中国和外国政治思想史、当代政治学理论和政治哲学、政治学的基本概念和范畴、社会的意识形态体系等。②中国政治。包括中国政治史，社会主义中国的政治结构、政治制度、政府体制、党的领导和建设、干部与人事、地方政府、民族问题、统一战线问题、人民与政治家问题，政治心理、政治参与、政治过程、政治文化、政治发展等。③比较政治。包括各国政治制度的模式、政治形式，一些主要国家的政治制度史和现行政府体制、政党制度、政治过程、政治文化、精英人物，其他一些国家特别是第三世界国家的政治发展、政治稳定、政治变迁及其各种模式的比较研究以及地区研究和国家研究等。④公共政策。包括公共政策理论、决策科学、政策分析、决策的模型研究，以及福利政策、就业政策、教育政策、科学政策、种族政策、都市政策、外交政策、军事政策的研究等。⑤公共行政。包括行政管理、市政学、行政法学、官员体制、比较行政、组织和管理分析、组织理论和行为、人事行政等。⑥国际政治。包括国际政治理论 、国际关系 、国际组织 、国际政治格局、国际法、世界性和地区性冲突与战争研究、国际战略研究等。⑦政治学方法论。包括政治学研究的基本方法和具体方法，如调查研究、定量分析、经验设计、个案研究以及政治系统分析、结构功能分析、政治行为分析、政治沟通分析、政治精英分析、政治团体分析、政治决策分析等。

研究方法　辩证唯物主义和历史唯物主义的世界观和方法论是政治学研究的根本方法。当代西方政治学研究方法有历史－比较研究、制度分析、心理分析、团体理论、要素分析、实证调查、定量分析、政策分析、权力分析、角色理论、精英分析、博弈论、理性选择、行为分析、结构－功能理论、沟通理论等。当代政治学同社会科学的其他许多学科和自然科学学科相交叉，产生了一系列边缘学科，如政治社会学、政治心理学、政治经济学、政治地理学、地缘政治学、生物政治学、政治人类学、计量政治学等。

《政治学》 *Politics*　古希腊思想家亚里士多德最重要的政治学著作。成书于公元前326年。全书以对古希腊100多个城邦政治分析比较为基础，从人在本性上是政治动物这一命题出发，系统论述了什么是最好的城邦政体。全书共8卷103章，内容可分4部分：①第1、3卷，探讨城邦、政体等基本理论。认为城邦是至高而包容至广的一种社会团体，追求最高的善业。人在本性上是政治动物，经家庭、村坊而组成城邦。政体按其宗旨及执掌最高统治权的人数，分为正宗与变态两类。前者为君主、贵族、共和3种，后者为僭主、寡头、平民3种。②第2卷，批驳柏拉图取消私有财产和家庭的主张，评析当时的政制。③第4、5、6卷，论述现实中各种政体的具体形态、变革原因及其防范措施，认为以中产阶级为主体的共和政体是最稳定政体。④第7、8卷，讨论了人口、疆域等理想城邦的各种要素和公民教育等问题。

政治义务　political obligation　根据宪法或法律规定，公民在国家政治生活中必须承担的义务。在专制政治条件下，公民在政治生活中主要具有服从政治权威的义务，而政治权利却得不到保障。在民主政治条件下，公民的政治义务已经不仅仅体现为对政治权威的服从，而是与政治权利相对应，没有无政治权利的政治义务，也没有无政治义务的政治权利。

政治责任　political responsibility　政治官员制定符合民意的公共政策并推动其有效实施的职责（积极意义的政治责任），以及没有履行好这些职责时所应承担的谴责和制裁（消极意义的政治责任）。

基本含义　①政治责任的主体是政治官员，即经选举产生或政治任命而产生并有一定任期的公共权力行使者。②政治责任的评价对象是制定公共政策或推动公共政策实施的情况。政治主体制定的公共政策内容合理、符合民意，则意味着积极意义的政治责任的实现，否则应该承担消极意义的政治责任。

实现原则与机制　权力制约原则是政治责任实现的基本原则，权力制约的过程就是政治责任实现的动态过程。没有权力制约，政治责任主体就可能偏离公共利益和公共意志而不受制裁，政治责任就会沦为空谈。政治责任的实现机制是指政治责任主体在各自权限范围内合理履行职责的方式即积极意义的政治责任的实现方式，以及政治责任的评价者追究政治责任的方式即消极意义的政治责任的实现方式。

政治哲学　political philosophy　关于政治领域的普遍本质和普遍规律的科学，关于人类政治和政治实践活动的最一般规律的根本观点和方法论体系。政治学与哲学的交叉学科。它主要关注政治价值和政治本质，是关于人类生活中根本性政治问题的理论，成为其他政治理论的哲学基础。

政治哲学研究内容大致包括：人的本性与政治；个人与政治社会的关系；政治的起源与本质；政治权力，包括政治权力的实质，政治权力的产生与发展、作用过程，以及与社会政治组织的关系；政治制度；政治思维；政治价值。与政治科学不同的是，政治哲学在研究这些问题时注重的是规范研究，并具有高度的抽象性。

当代西方政治哲学可谓流派纷呈，主要有新自由主义、新保守主义、“新马克思主义”、社群主义、多元主义、精英主义。

政治哲学在政治学学科中具有特别重要的地位，它对政治科学及其理论体系的形成和研究具有方法论的功能，为整个政治学研究奠定哲学基础和指导思想。由于政治哲学在本质上源于政治实践，是从哲学的高度对人类政治实践的概括反映，因而它对政治实践也有评价功能和宏观指导功能。

马克思主义是整个社会科学的世界观和方法论基础，也是中国政治哲学研究的理论指导。中国政治哲学研究及其发展应在马克思主义指导下，注意吸收和运用系统论、控制论、信息论等现代科学方法论，批判地借鉴和吸收西方政治哲学成果，同时重视对中国传统政治哲学资源的开发和应用。

政治正义　political justice　人类对于政治正当性的道德诉求和目的性要求。在群体生活中受到公正的对待则是每一个人内在的道德需求，正义是每一个历史时代的人们共同的追求。

马克思主义认为，政治正义是一个历史的实现过程，所谓符合正义原则的政治，不过是生活在不同历史条件下的人们对于正义原则的不同理解，也就是每一时代的人们所理解到的政治正义。每一历史时代的政治正义观，在根本上是由一定的社会历史环境决定的。在剥削阶级占统治地位的社会里，所谓的政治正义也不过是统治阶级的正义。只有在彻底消灭了阶级的社会里，才有可能实现真正的政治正义。

政治制度　political institution　在特定社会中，统治阶级通过组织政权以实现其政治统治的原则和方式的法定规则总和。包括国家的阶级性质，国家政权的组织形式和管理形式，国家结构形式和公民在国家生活中的地位等等的原则和规则的规定。

奴隶制政治制度是人类历史上最早的政治制度，由氏族社会的管理形式演变而来，在某些形式上带有原始制度的痕迹。神权学说是奴隶制政治制度的理论基础。东方与西方奴隶制国家政治制度的具体形式有所不同。君主制和身份等级制是封建制国家的普遍形式。“王权天赋”说是封建君主专制政治制度的理论基础。

资本主义政治制度的显著特点是代议制、普选权。其种类较多，就主权归属而言，可分为君主制和共和制；就国家元首、立法机关和行政机关的关系而言，可分为总统制和议会内阁制等。

社会主义政治制度是建立在生产资料公有制为主体的所有制基础上的、由工人阶级领导的广大人民掌握政权、对反对社会主义的敌对势力实行专政的政治制度。它与历史上所有剥削阶级类型的政治制度有本质的不同。它是新型的民主，即占人口最大多数的劳动人民享有民主的政治制度。它的领导力量是工人阶级政党，它的理论基础是马克思列宁主义。

中华人民共和国是人民民主专政的社会主义国家。国家的一切权力属于人民。人民代表大会制度是国家的根本政治制度。人民行使权力的机关是全国人民代表大会和地方各级人民代表大会。人民代表由民主选举产生，对人民负责，受人民监督。国家机构实行民主集中制原则。行政机关、审判机关、检察机关都由人民代表大会产生，并对它负责，受它监督。在政党制度方面，中国实行中国共产党领导的多党合作和政治协商制度，各民主党派、各人民团体、社会主义劳动者、拥护社会主义的爱国者和拥护祖国统一的爱国者参加的中国人民政治协商会议是广泛的统一战线组织，它保障发挥各民主党派和各界爱国人士的参政议政和民主监督的作用。同时，民族区域自治制度和基层民主制度也是中国的基本政治制度。

政治秩序 political order 政治系统的主体或公共机构按照某种价值原则对社会关系进行有效协调、整合所形成的一种政治状态。

有效的政治秩序有三个主要特点和表现：①个人利益和公共利益的协调与和谐统一。这是主要的特点和核心内容。②政治的稳定与安全。构建有效政治秩序的最低目标就是实现政治稳定。③政治运行的规范化和程序化。这是有效的政治秩序的主要内容和特点。正式的政治规范包括政治制度规范和政治法律规范等；非正式政治规范包括政治习惯、政治传统、政治道德和意识形态。

政治资源 political resources 政治行为主体可用于影响他人行为的要素。行为主义政治学的术语。在政治生活中，人们通过对政治资源的利用，以获取期望的结果。政治资源包括财富、社会地位、政治地位、声誉、友谊、职业、收入、知识、信息、能力、立法权、投票、对传播媒介的控制力、对警察和军队的支配力、武装威胁、时间等，都具有政治交换价值。以下两种原因使政治资源在使用上存在差异：①因政治行为主体掌握政治技能的天赋、机会等的不同，对政治资源的使用出现技能与效率的差别。②因政治行为主体的天赋和经历等造成政治目的及要求的不同，使同样的政治资源可能被用于不同的方面。美国政治学家R.A.达尔认为，政治资源的分配不平等是绝对的。不平等首先来源于社会和政治的不平等，同时，功能专业化、先天差异、生物学和社会学继承的差异及行为动机和目标的差异也是形成不平等的客观因素。政治资源的不平等分配有两种类型：一种是累积性不平等，一个人拥有的某一种资源越多，他拥有的其他资源也越多；另一种是弥散性不平等，一个人拥有的某一种资源与其他资源之间没有关系，政治资源在社会成员之间呈现无关联的不平等分布。

支秉彝 Zhi Bingyi (1911-11～1993-07-24) 中国自动化仪表和汉字信息处理专家。生于江苏泰州，卒于上海。1934年毕业于浙江大学电机系。后在德国莱比锡大学物理系进修，进行石英钟晶体音叉频率长期稳定性研究，1944年获自然科学博士学位。曾任德国莱比锡大学和马尔堡大学讲师。1946年回国，在中央工业试验所电子室研制高频、中频振荡器，阴极射线示波器，石英标准频率振荡器等仪器。1949年后，任上海电表厂副总工程师，首创中国实际计量标准体系。60年代初，致力于数字仪表研究，研制成功中国第一台五位数直流数字电压表。创造发明了见字识码汉字编码方法，被称为支码，在国际上称为OSCO。1980年当选中国科学院学部委员（院士）。著有《建议一种汉字编码新方法》和《“见字识码”汉字编码方法及其应用中实现》等专著。

支娄迦谶 Lokakṣema (147～？) 中国东汉僧人，佛经译师。简称支谶。原月氏人。东汉桓帝（146～167年在位）末年来到洛阳。他通晓汉语，于灵帝光和、中平年间（178～189）译出佛经多部。

支谶所译佛经据晋道安编纂《众经目录》时所见写本，认为年代可考的只有三种：《道行般若经》10卷、《般舟三昧经》2卷（现存本3卷）、《首楞严三昧经》2卷（已佚）。另外，从译文体裁上看，道安认为疑似支谶所译的还有《阿阇世王经》、《宝积经》、《问署经》、《兜沙经》等9种。他是第一个在中国译传大乘佛教典籍的僧人，所译经典对后来佛教义学影响很大。

支票 cheque 存款人签发的、委托其开户银行在见票时无条件支付一定金额给收款人或持票人的票据。是一种委付证券。有出票人、收款人和付款人3个当事人。支票的付款人只限于金融机构，其他任何单位不得发行支票。《中华人民共和国票据法》将支票分为普通支票（既可支取现金，又可用于转账）、现金支票（只能支取现金）和转账支票（只能用于转账，不可支取现金）。中国一直采用现金支票和转账支票，没有普通支票。支票经过背书可流通转让。支票必须记载的内容有：①表明“支票”字样。②无条件支付的委托。③约定的金额。④付款人名称。⑤出票人名称。⑥出票人签章。另规定支票金额和收款人名称可授权补记，未补记前的支票不得使用、背书转让；支票的出票人所签发的支票金额不得超过其付款时在付款人处实有存款金额，不得签发与预留本名的签名式样或印鉴不符的支票；支票限于见票即付，不得另行记载付款日期。付款人依法支付票款的，对出票人、持票人不再承担受托付款和付款后责任。

支气管扩张 bronchiectasis 肺部较大支气管因先天缺陷或慢性炎症而致管壁结构破坏，管腔扩张，引流不畅，导致反复感染的病理现象。破坏处管壁的黏液、纤毛清除功能丧失，吸气时由于胸腔负压支气管进一步扩张，而呼气时不能回缩，以致分泌物和病理产物大量淤积。临床表现为慢性咳嗽、脓痰、咯血。患者易发生反复继发感染，导致呼吸道症状加重和发热等全身症状。严重者可导致阻塞性肺气肿乃至肺源性心脏病。有的患者是在童年时患过肺炎或百日咳等病，有的是继发于肺结核。体检有时可在局部听到啰音，部分患者有杵状指（趾）。一般胸片可能正常或只见纹理加重。CT可以确诊和明确病变程度。积极防止呼吸道感染是预防支气管扩张及预防发作的主要措施。发作时，应控制感染和体位引流排痰。若发作频繁或出现大咯血，病变较局限，而身体条件许可时，宜考虑手术。

支气管哮喘 bronchial asthma 表现为反复发作性喘息、胸闷、咳嗽以及可逆性气流受限的一种慢性炎症性疾病。发作时双肺可闻及哮鸣音。为过敏性疾病，过敏原有尘螨、花粉、霉菌孢子致敏性气体等。一些非特异性刺激因素（感染、冷空气、剧烈运动、药物、精神因素）亦可诱发。

一般可以根据病史、体征做出初步诊断，有条件者应进一步明确诱发哮喘的原因，如做皮肤试验寻找过敏源；不典型的患者还可借助支气管激发试验或支气管扩张试验与其他疾病相鉴别。

抗哮喘药物大多可控制哮喘症状，有助于提高生活质量。常用的哮喘治疗药物可分为茶碱类和肾上腺皮质激素类。

支数 count 表示纤维或纱线粗细程度的单位。用纤维或纱线在公定回潮率时单位重量所具有的长度表示。因计算单位制不同，通常分为两种。①公制支数。在公定回潮率时1克重的纤维或纱线所具有的长度（米）。纤维或纱线越细，公制支数越高。麻纤维和毛纱、毛型化纤纯纺、混纺纱线，以及绢纺纱线和苎麻纱线的粗细用公制支数表示。股线的公支制数，用组成股线的单纱的公称支数除以股数表示。②英制支数。在公定回潮率时1磅重的纱线所具有的长度绞数（棉纱线每绞长840码，毛纱线每绞长560码）。纱线越细，英制支数越高。这种表示方法因计算不便，使用的国家日趋减少。股线的英制支数表示方法与公制支数相仿。此外，国际上还广泛采用特克斯和旦尼尔两种单位。特克斯简称特，又称号数，用1 000米长的纤维或纱线在公定回潮率时的重量（克）表示。旦尼尔简称旦，用9 000米长的纤维或纱线在公定回潮率时的重量（克）表示。

支提 chaitya 印度佛教建筑的一种形制。特指安置纪念性窣堵波的塔庙、祠堂、佛殿。原始的支提可能是独立式木结构建筑即支提堂，但遗留至今的多系石窟支提即支提窟。一般形制平面呈U形，长方形前殿两

图3　表面的倾斜度

激物，它包含着空间信息。距离并不是观察者和物体之间抽象的空间，它是靠对物理光线分布的直接感知得到的。如图3所示，人们所看到的有纹理的表面的密度直接显示了距离，它的倾斜度规定了表面的倾斜度；图4所示的纹理的间断则规定了表面的边界。如果观察者改变观察位置，就会得到一个新的光流分布。人在运动时光线流动的特点也提供了距离知觉的重要信息。

这一理论完全排除了知觉的主动性及过去经验的作用，而这些因素在知觉过程中所起的作用又是不能否定的。

知觉研究的新进展　20世纪60年代以来，视觉研究由于应用了神经生理学中的单细胞记录技术而获得重要突破。1981年医学或生理学诺贝尔奖获得者D.H.休伯尔、T.N.维厄瑟尔和其他人关于感受野的研究加深了对知觉的了解。他们发现，视网膜的一定区域与视觉系统和大脑皮层的某一特定细胞有固定的联系，这个区域就是与之有关的细胞的感受野。当视觉刺激作用于特定区域时，能引起有关细胞的电活动。大脑皮层的不同细胞能分别感受边界、线条、运动、颜色等外界刺激物，这些细胞又称特征觉察器。但特征觉察器理论还远不能解释更复杂的图形知觉和具体事物的知觉。眼的运动和手的触摸运动在知觉中起着重要作用。人在观察复杂图形时，眼睛的运动能帮助对图形的知觉。人在知觉周围环境时，肢体的主动运动参与能更容易地适应新环境。

图4　表面的边界

随着**认知心理学**的发展，知觉的研究着重于视觉图形的信息加工过程，包括图形知觉的形成和发展、图形后效、图像识别等问题。在图像识别中人们提出了模板匹配、原型匹配理论和“泛魔”识别模型。知觉的认知观点强调知觉中**表征**和概念的作用，认为知觉是人类高级认识活动的一部分。

知情权　right to know　人们获取并了解信息的权利。又称知察权、知晓权、获知权。社会公众具有按照个人所能选择的方式，了解一切与其生活有关或与社会公共事物有关的信息的权利。这是西方新闻界在20世纪20年代提出的一个概念，发端于早期资产阶级革命时期的“人权”与“出版自由”理论。瑞典率先以法律形式——《出版自由法》(1766)保障公民获得行政文书的权利，确认了知情权。第二次世界大战以后，知情权被《联合国宪章》等国际公约确认为人类基本权利之一，并得到绝大多数国家的承认。60年代开始被解释为一种广泛的公民权利，并成为西方重要的新闻理论观点之一。70年代以来，知情权进一步扩展至广泛的传播权，包括交际权、信息权、发展权等。

中国宪法和法律没有明确的知情权的概念，但从公民的表达自由、监督政府等权利可以推导出知情权的存在。

知人论世　中国古代文论中关于分析、理解文学作品的方法论。由**孟子**提出。《孟子·万章下》：“颂其诗，读其书，不知其人，可乎？是以论其世也。是尚友也。”尚友就是上友，以古人为朋友。文学创作有时需要借鉴古人，对古人的作品进行批评和鉴赏，这就需要了解古人，更需要了解他的时代。掌握“知人论世”的原则，有助于理解古代文学作品。孟子强调把作品、作者和时代结合起来进行具体分析理解，这种方法符合求实精神，开创了中国诗歌批评的优良传统。

知识产权　intellectual property right　基于智力的创造性活动所产生的权利。包括：①发明专利、商标以及工业品外观设计等方面组成的工业产权。②自然科学、社会科学以及文学、音乐、戏剧、绘画、雕塑、摄影和电影摄影等方面的作品组成的版权。③禁止不正当竞争的权利。

知识产权具有三个特点：①专有性。除权利人同意或法律规定外，权利人以外的任何人不得享有或使用该项权利。这表明权利人独占或垄断的专有权利受严格保护，不受他人侵犯。只有通过“强制许可”、“征用”等法律程序，才能变更权利人的专有权。②地域性。即除签有国际公约或双边互惠协定外，经一国法律所保护的某项权利只在该国范围内发生法律效力。③时间性。即法律对各项权利的保护，都规定有一定的有效期，各国法律对保护期限的长短可能不完全相同，只有参加国际协定或进行国际申请时，才对某项权利有统一的保护期限。

1893年，据《保护工业产权巴黎公约》成立的国际局与据《保护文学艺术作品伯尔尼公约》成立的国际局联合起来，组成了国际知识产权保护联合局。1967年在斯德哥尔摩成立了世界知识产权组织，1974年成为联合国专门机构之一。它的宗旨是通过国际合作与其他国际组织进行协作，以促进在全世界范围内保护知识产权，以及保证各知识产权同盟间的行政合作。中国已在1980年3月3日参加了世界知识产权组织，同年6月3日成为该组织的正式成员国。

《**中华人民共和国民法通则**》中规定了六种知识产权类型，即**著作权**、**专利权**、**商标权**、**发现权**、**发明权**和其他科技成果权，并规定了知识产权的民法保护制度。此外，《中华人民共和国专利法》、《商标法》、《著作权法》、《发明奖励条例》等单行法和行政法规也都对相关的知识产权作了规定。

知识创新　knowledge innovation　泛指科学、技术、经济、文化、观念等各个方面的创新。即泛指新知识的生成。美国学者D.M.艾米顿于1993年提出，并定义为“为了企业的卓越，国家经济的繁荣昌盛，以及整个社会的进步，创造、发展、交流和应用新的想法，使之转化为市场适销的商品与服务的活动”。艾米顿的“知识创新”，从理论上与早期的“技术创新”概念仍相吻合，强调知识的应用目的，但是已不再局限于技术的创新。中国学者何传启则将艾米顿的“知识创新”含义进一步扩张，形成了一个包括科学发现、技术发明、知识创造、新知识首次应用的“知识创新”，即从技术创新扩展到文化创新、观念创新、科学创新和原始性创新。

知识分子思想改造运动　Ideological Remoulding of the Intellectuals　中华人民共和国建立初期，广大知识分子学习马克思主义、自我改造思想的运动。1950年6月，毛泽东提出了在人民内部开展以批评和自我批评方法进行自我教育和改造的建议，中共七届三中全会提出了团结、教育、改造知识分子的政策，受到广大知识分子的拥护。1951年9月，北京大学12位著名教授发起教师思想改造的学习运动，中共中央和人民政府决定把这一运动在京津地区推广，取得经验后在全国开展。此后，周恩来作了关于知识分子的改造问题报告，中共中央发出了关于文艺界开展整风学习、在高等学校中批判资产阶级思想、培养马列主义师资、试行政治工作制度的文件，全国政协常委会作出开展各界人士思想改造的学习运动的决定，知识分子思想改造运动全面开展。运动分为酝酿准备、学习批评和组织清理阶段。学习阶段主要内容是学习马列主义、毛泽东思想，批判封建的、买办的、法西斯主义的思想影响，批判资产阶级思想，树立为人民服务的人生观，确立工人阶级领导地位的观念。在组织清理阶段进行了自愿交代和严格审查等活动。到1952年秋天，整个运动基本结束。这次运动对于帮助知识分子转变旧观念，树立新思想，提高马列主义理论水平，起到了重要作用。但运动中也存在一些简单粗糙的做法，伤害了一些知识分子的感情。

知识管理 knowledge management 获取、使用、保存、转播、转让和共享知识，使隐性知识显性化，外部知识内部化，个人知识团队化，以保证组织持续健康发展的动态管理。一般包括4个运作过程。①知识的集约过程。对现有内外部知识的收集、整理、分类和管理，如对企业中的专利、商标、版权、经营信息等的分类管理。②知识的应用过程。用集约而成的知识去解决问题的过程，如通过制定知识管理战略，进行知识培训和开发，提高员工的知识能力、创新能力、劳动技巧等，以发挥知识资源的作用。③知识的交流过程。通过正式和非正式的学习会、研讨会、电子邮件、知识库等交流方式进行学习，以合理地开发和使用知识资源，达到知识资源共享。④知识的创新过程。通过知识的集约、应用和交流，使知识进一步集聚、延续和创新，并进而产生新概念、新思想、新体系、新机制，以及与企业发展总战略、人力资源的开发相结合，真正使知识创新转化为企业的竞争优势。由于加强知识管理的需要，国内外有的企业已开始设立“知识主管”、“智力资本主管”等新的管理职位。

知识经济 knowledge economy 建立在知识的生产、分配和应用之上的经济。它是继人类历史上农业经济社会、工业经济社会之后发展起来的，以知识资源为基础、以知识产业（高科技产业）为主导产业的新型经济。随着以信息技术为中心的高新技术蓬勃发展，20世纪90年代，经济合作与发展组织（OECD）在《以知识为基础的经济》的报告中提出了“知识经济”的概念。

20世纪中叶以来，原子能技术、空间技术、微电子与信息技术、生物工程技术、新材料研究等科学技术取得了重大发展，极大地提高了人类对自然和社会的认识能力，推动了生产力的发展。20世纪最后20～30年间，以信息科学和生命科学为代表的现代科技突飞猛进，为世界生产力的发展开辟了新的前景。信息网络化迅速发展，以网络、电子计算机、数码、光纤、多媒体为主要标志的信息产业成为经济部门中最有活力的产业。科技知识空前快速地创新、传播和转化，成为社会经济发展的主要动力。从生产的投入和投资结构来看，知识资源已成为主体性投入要素。智能工具取代了传统机器设备而处于主体地位，知识创新成为生产经营活动的核心。随着知识经济的发展，国际经济和科技竞争也越来越围绕人才和知识展开。

知识密集型产业 knowledge intensive industry 以高新技术为核心而形成的生产体系。见高新技术产业。

知行 knowledge and practice 中国哲学的一对范畴。知指知识、知觉、认识；行指行为、行动。在中国古代，知行关系问题主要涉及道德认识与道德践履，但也有一般认识论的意义。关于知行关系的讨论涉及认识的来源，求知的途径、方法，验证知识的标准等问题。知与行并提始见于《左传》和《尚书》。先秦诸子中孔子认为有“生而知之者”、“学而知之者”和“困而学之者”。他既重见闻，又重思索，并主张知行结合，学以致用、言行一致；墨子把认识的来源归结为“闻之见之”，主张“口言之，身必行之”；孟子主张人有“良知”、“良能”，认为人的道德认识是先天的；老子持“不行而知”的观点，主张“不出户，知天下”；庄子则根本否定人们认识的必要性和可能性，主张“齐是非”，“辩无胜”。荀子明确提出“不闻不若闻知，闻之不若见之，见之不若知之，知之不若行之”。达到了先秦哲学对知行关系认识的最高成就。两汉时，知行关系的讨论以董仲舒和王充为代表，前者主张人“不学而自知”；后者认为“学之乃知，不问不知”。宋元明清时期，知行问题成为思想界争论的一个重点问题。程朱学派主张知先行后，强调知的作用；王守仁提出知行合一，否定了知与行的界限；王夫之认为行先知后，行可兼知，主张行优于知、行高于知。在近代，知行问题的讨论与社会政治思想密切联系，资产阶级改良派主张“贵知不贵行”，以孙中山为代表的资产阶级革命派则主张“知难行易”说，强调以行为知的来源，又“因知以进行”。

知行合一 knowledge and practice, unity of 中国明代哲学家王守仁提出的心学命题。王守仁的知行合一说主要是一种“省察克治”的道德修养学说。“我今说个知行合一，正要人晓得一念发动处便即是行了，发动处有不善，就将这不善的念克倒了，须要彻根彻底，不使那一念不善潜伏在胸中，此是我立言宗旨。”（《传习录》下）他认为知行是“合一并进”的关系：“知是行的主意，行是知的功夫；知是行之始，行是知之成。”（《传习录》上）“知之真切笃实处即是行，行之明觉精察处即是知。”（《答顾东桥书》）王守仁特别强调“真知即所以为行，不行不足谓之知”。他提出这一学说，是为了反对程朱理学“将知行分作两件去做，以为必先知了然后能行”的知先行后说以及离知行为二和重知轻行的学风。

肢端肥大症 acromegaly 垂体前叶细胞慢性过度分泌人生长激素所致的内分泌疾病。患病率占垂体瘤的第2位，以20～50岁发病最多，男女比例大致相等。多数病例是非家族性的。综合临床表现、血中人生长激素水平、抑制试验及影像学检查可诊断此病。采用经蝶途径手术或垂体放射治疗，半数以上患者病情可减轻或治愈。晚期患者因垂体靶腺功能减退、代谢紊乱，合并糖尿病、高血压及心脏并发症等，与正常人相比可过早地死亡。

临床表现 常有以下两类症候群。

人生长激素过度分泌症候群 人生长激素使皮肤及结缔组织增生，间质内含透明质酸的基质堆积，胶原沉积。由于病情进展缓慢，常在晚期方发现容貌改变及鞋帽尺寸增大，患者皮肤增粗变厚，额面多皱纹，头皮呈回状钩，耳鼻增大，唇厚突出，舌肥大及喉骨增厚致仰卧时阻塞气道而有睡眠呼吸暂停，手掌肥厚如铲，足成平底。此外，体毛增多，皮脂腺及汗腺分泌增强而有多汗及体臭，皮肤有无蒂的小纤维瘤或上皮结节。

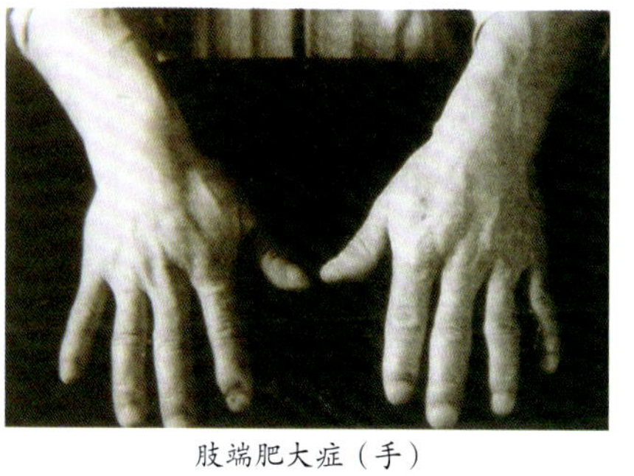

肢端肥大症（手）

垂体前叶继发性功能减退症候群 由于垂体腺瘤压迫正常垂体组织而出现垂体前叶继发性功能减退。一般情况下，首先影响性腺，促性腺激素分泌减少。巨人症患者可有性幼稚症。肢端肥大症患者男性有阳痿；女性有月经紊乱或闭经，很少能完成正常妊娠。甲状腺或肾上腺功能受影响较少。这是由于腺瘤在未长大至能压迫垂体前，已有人生长激素分泌过多的临床表现而被诊断，故继发性甲状腺及肾上腺功能低减较为少见。

诊断 除临床表现外首先应证实有过多人生长激素分泌，用放射免疫分析法及放射受体分析法测定血人生长激素水平及活性。

肢端肥大症患者血清生长介素（SMC）水平升高。患者经治疗后若血空腹人生长激素水平下降，但血清SMC水平仍高，则反映全日人生长激素分泌量仍高于正常。

治疗 目的：①抑制或去除分泌过多人生长激素的垂体或其他异源组织的腺瘤或增生组织，从而改善人生长激素过多对全身脏器和代谢的影响，防止或减轻并发的糖尿病、高血压、心脏病等。②减轻垂体瘤对垂体及其周围组织的压迫，尤其是对视交叉及其供应血管的压迫和侵蚀。治疗方法有手术治疗、垂体放射治疗和药物治疗。

织蛾 Oecophoridae; flattened moth/concealer moth 鳞翅目织蛾科昆虫的统称。原名织叶蛾。世界上已知约4 000种，澳大利亚区较多，约占1/3。中国已知有200余种。中小型的小蛾类昆虫。体经常呈褐色。触角短，仅为前翅的3/5，个别种类长略超过前翅。下唇须尖长上举，超过头顶，第3节与第2节等长。前翅宽条形，翅顶椭圆。

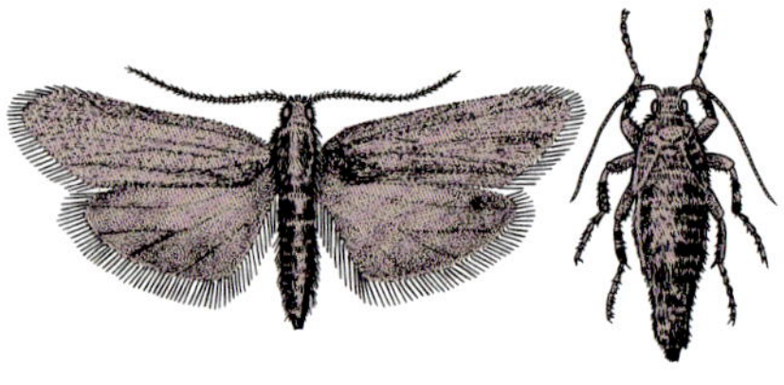

雄　　雌

榆树织蛾

幼虫多缀叶、卷叶或在植物组织中为害。油茶织蛾原名油茶蛀茎虫，是油茶和茶树的大害。榆树织蛾危害榆树，雌蛾前、后翅退化，已不能飞翔。米织蛾幼虫喜蛀食大米并吐丝缀粮食碎屑成巢。

《织工》 *The Weaver* 德国剧作家G.豪普特曼最为成功的一部剧本。1892年完成。剧作取材于1844年德国西里西亚地区纺织工人起义的历史事实。为了使剧情真实感人，豪普特曼除运用接近于自然主义的创作方法之外，最初还以当地的方言来写作，之后才自己将剧本译成标准德语。写老板不顾织工的死活，拼命压低工资。饥贫交迫的工人们揭竿而起，纷纷捣毁机器，砸碎老板住宅，最终遭到政府的镇压。全剧结构不落俗套，打破了传统，注重气氛与环境的描写远远超过了情节与个别人物命运的展现。为德国戏剧发展史上的一座里程碑。

织锦 brocade 以两种以上的彩色丝线显花的多重丝织物。中国发明的传统丝绸品种。明以前是中国丝织物里声誉最隆、等级最高、装饰最有代表性的品种。见锦。

织女一 Vega 天琴座α（αLyr）。中国民间和天文界简称织女星。阿拉伯称为秃鹫星，西方亦称竖琴星。它是北半天球亮度仅次于大角的明星，也是北半天球最亮的早型星，是全天第五颗亮星。它与牛郎星和天鹅座α构成夏季“大三角”。距地球为25.3光年，目视星等为0.03，绝对星等为0.58，色指数为0.0。虽然它从1953年以来一直是光电测光和MK光谱分类的标准星，但多年的测光研究表明，它是一颗变星，蓝、黄光波段变幅达0.08星等，不过它的变星分类和变光规律尚待深入探讨。1984年发现有冷气体盘围绕织女星，2002年用毫米波拍摄了织女星的像，发现一个半径为95AU的原行星盘。

织田信长 Oda Nobunaga（1534～1582-06-02） 日本战国时代至安土桃山时代武将、封建领主。幼名吉法师。生于尾张（今爱知县）的那古野城。其父织田信秀是尾张国（今爱知县）下四郡守护代织田家的家老。1551年继承父业，数年后成为尾张国的大名领主。1562年与三河的德川家康结盟。1567年制“天下布武”印，展示其统一日本的抱负。1568年拥立足利义昭为室町幕府第15代将军，掌握实权。1570年6月平定了近江的浅井长政的叛乱后，率兵入京都，假天皇之威，号令群雄。1573年放逐义昭，并残酷地镇压一向宗暴动，成为中部日本的霸主。1576年迁入新筑成的安土城（在今滋贺县）。1582年，为支援西征毛利辉元的丰臣秀吉，自安土城出发，途次京都本能寺，遭部将明智光秀的突然袭击而自杀（本能寺之变）。

织物 fabric 包含机织物、针织物和编织物。广义而言，包括非织造布、毡和复合布。常专指机织物。见纺织品。

脂肪 fat 甘油的三个羟基与三个脂肪酸分子脱水缩合形成的酯。又称甘油三酯或三脂酰甘油（TG）。室温下呈固态者称为脂，呈液态者称为油。油和脂之间并没有明显的界限，仅是物理状态的差异，因为降温可使油变成固态，而升温也能引起脂的液化。

化学结构 TG按其所含脂肪酸的种类和脂肪酸在甘油分子中占有的位置排列差异，可分为不同类型。3个脂肪酸相同，称为单纯TG；含有2个或3个不同脂肪酸的，称为混合TG。大多数天然油脂是单纯和混合TG的混合物。如果甘油的三个羟基被三种不同的脂肪酸酯化，则甘油分子的中间碳原子将成为不对称碳原子，使TG可能出现L型和D型两个对映体。天然脂肪均属L型。

理化性质 溶解度 TG不溶于水，易溶于有机溶剂。

比重 油脂的比重范围在0.913（菜油）至0.975（日本蜡）之间，大多数油脂的比重为0.915～0.945。

凝固点 液态油（即植物油和海生动物油）含不饱和脂肪酸较多，故凝固点低。固态脂（即植物和动物脂肪）含饱和脂肪酸较多，其凝固点高。天然油脂为TG的混合物，所以凝固点较宽。

稠化 脂肪在无氧条件下加热至200～250℃，无明显变化，但超过此温度，不饱和油会逐渐聚合变稠，称为稠化。脂肪加热超过300℃，将分裂产生丙烯醛，具有刺激恶臭，高温加热也可产生烃。

皂化值 油脂的碱性水解反应称为皂化。1克油脂完全皂化所消耗的KOH毫克数称为皂化值。皂化值越大，表示脂肪酸的平均分子量越小：

$$\text{脂肪酸的平均分子量}=\frac{3\times56\times1\,000}{\text{皂化值}}$$

式中56是KOH的分子量，由于中和1摩尔油脂的脂肪酸需要3摩尔KOH，故乘以3。常用皂化值来检验油脂的纯度。

酸败 油脂在空气中暴露过久会缓慢氧化变质，颜色加深，继而产生一种难闻臭味，称为酸败。此化学过程的本质是：空气中的氧与油脂的不饱和键发生氧化作用，使不饱和脂肪酸变成过氧化物，再分解成低分子量的醛、酮、醇、酯、酸和含羟基化合物。中和1克油脂中游离脂肪酸所需KOH的毫克数，称为油脂的酸值，常用以表示酸败的程度。

加成反应 在高压、高温和金属催化剂作用下，油脂中不饱和脂肪酸的双键与气态氢发生加氢反应，原呈液态的油可变成固态或半固态的脂肪，所以氢化又称为油脂的硬化。在碘化钾存在下，卤素也能与不饱和脂肪酸起加成反应。每百克油脂所吸收碘的克数称为油脂的碘值。

交换酯化 在催化剂存在下，脂肪酸在TG分子中的位置可以随机地重新排列，称为交换酯化。

乙酰化 油脂中含羟基的脂肪酸可与乙酸酐或其他酰化剂作用形成相应的酯。1克乙酰化的油脂释出的乙酸用KOH中和时所需的KOH毫克数，称为乙酰化值。

生理功能 储存能量 在大多数真核细胞中，TG在胞液内形成脂质小滴以提供代谢所需燃料。作为储存燃料，TG有两点较多糖更为优越：脂肪酸的碳原子占体积比糖分子小，TG氧化产生的能量较糖类多两倍。另外，由于TG的憎水性，机体携带未水化的脂肪分子作燃料时没有伴随储存多糖的大量水化分子负担。

保护作用 某些动物在皮下储存的TG可作为抗严寒的隔热绝缘体。动物体内子宫、肠系膜、肾周围等处的脂肪垫具有支撑衬垫和抗震动的功能。植物叶片表面的脂质和蜡也有防护作用。

用途 油脂在医药界用途很广，如鱼肝油是维生素A、D的来源，大风子油曾用于麻风病治疗。猪油、橄榄油和杏仁油可充当制药的赋形剂。在工业上，肥皂、蜡烛、皮革、涂料、油漆、醇酸树脂以及去垢剂等的生产均需投用油脂。

脂肪抽吸术 liposuction 通过皮肤小切口吸取皮下堆积脂肪，以改善体形和医治肥胖所造成的功能障碍的整容技术。简称抽脂。适应于局部脂肪堆积或以局部脂肪堆积为主的轻、中度肥胖。抽吸的部位为腹部、腰部、臀部、大腿内外侧、上臂、乳房、颌颈部、面颊部的脂肪堆积处。

脂肪抽吸术采用局部肿胀麻醉技术，

麻醉效果好，手术出血少、损伤轻，安全可靠。常用的设备为负压脂肪抽吸系统，即利用真空泵负压装置吸脂；超声震荡和高频电场破坏脂肪团，使其乳化后再将其吸出。该两项技术对血管神经的破坏性较小。术后两周内应每天24小时穿戴弹性压力服装，预防血肿、血清肿形成；两周后至三个月，每日至少应穿戴4小时，同时辅以理疗和按摩。

常见并发症包括皮肤瘀斑、皮肤感觉减退、皮肤色素沉着、皮肤皱褶。此外，脂肪栓塞、皮肤坏死是脂肪抽吸术罕见的并发症。

脂肪肝 fatty liver 肝细胞内过多脂肪积聚的病理现象。肥胖引起的脂肪肝是良性的，不是肝硬化的前期，一般预后良好。饮酒引起的脂肪肝，在不戒酒的情况下，可能发生**肝硬化**。妊娠后期的脂肪肝死亡率可高达80%。

发病机理 包括：①脂肪酸的供应增加；②甘油三酯的合成增加；③脂蛋白的合成和释放减少。

病因 包括：①酒精中毒；②摄食过多；③肥胖；④**糖尿病**；⑤营养缺乏。营养不良、蛋白质缺乏也是脂肪肝的重要原因。

临床表现 可能无特殊症状。肝肿大为最常见的表现，其次是肝区疼痛或肝脏触痛。少数患者可发生黄疸、腹水及水肿。部分患者血清胆红素升高，血清氨基转移酶、碱性磷酸酶及谷氨酰转移酶亦有轻度至中度的升高。

诊断 饮酒者若见肝大应疑有脂肪肝。肥胖及糖尿病患者亦应考虑有脂肪肝。B型超声波检查可能发现肝脏结构模糊及声波衰减等提示脂肪肝的表现。**CT成像**有时可发现局灶的脂肪肝，表现为低密度区。确诊仍需根据肝穿刺活体组织检查。血脂检查的结果可供参考。

治疗 戒酒是最重要的治疗措施。脂肪肝恢复较慢，有时要几个月。肥胖患者需控制体重，饮食要限制热量，但要有足够的蛋白质及适当的运动。

脂肪瘤 lipoma 由增生的成熟脂肪组织形成的良性肿瘤。多见于40～50岁的成年人。瘤体质地柔软，圆形或分叶状，位于皮下，可以推动。瘤体大小不等，小的如枣大，用手摸方能触知；大的可隆起皮面，但表面皮肤正常。肿瘤单发或多发，见于体表的任何部位，以肩、背、腹部为多见。多无自觉症状。血管脂肪瘤为一特殊类型的脂肪瘤，以年轻人较为多见，好发于下肢，可自觉疼痛，触之亦有压痛。脂肪瘤极少癌变，一般无须治疗。若瘤体较大，影响活动，或近期内突然增大，或发生破溃，则应手术切除。

脂肪栓塞综合征 fat embolism syndrome 创伤（特别是骨折）后血液中出现游离脂肪滴，阻塞重要器官的微血管而引起的一组症候群。严重骨折、创伤、休克、血液浓缩、酸中毒等患者的并发症之一。该症发生在任何年龄，严重创伤或骨折的患者可有发热。脂肪栓子可造成肺、脑、肾等脏器的栓塞，并出现相应脏器的症状和体征，皮肤也可有瘀点。有外伤病史者，血、尿或痰内查到游离脂肪滴则肯定诊断。治疗则以抗凝为主，用肝素或低分子右旋糖酐静脉点滴。

脂肪酸 fatty acid 含有不同长度烃链的饱和或不饱和单羧酸。与甘油结合生成**脂肪**，故称为脂肪酸或简称脂酸。脂肪酸是动植物和微生物脂质的基本组分。在组织和细胞中，它们绝大多数以结合形式存在。生物体内某些天然的饱和脂肪酸与常见的不饱和脂肪酸分别见表1和表2。

结构特点 高等动植物的脂肪酸均为偶数碳原子，多数链长在C_{14}至C_{20}之间，最常见的是C_{16}和C_{18}酸。其不饱和脂肪酸的双键几乎都呈现顺式构型。

理化性质 熔点 一般随碳链长度的增加而升高，不饱和脂肪酸的熔点低于相同链长的饱和脂肪酸。

溶解性质 C_2～C_8的短链脂肪酸容易与水混合，C_{10}以上的长链脂肪酸不溶于水。均能溶于非极性有机溶剂。

羧基的反应特性 在水中不能完全解离，呈弱酸性。与氢氧化钠反应生成脂肪酸钠盐，即肥皂；与醇类反应生成酯；与氨共热产生酰胺化合物。

烃链的反应特性 可发生加氢反应和酸败作用。见**脂肪**。

代谢 脂肪酸的生物合成 乙酰CoA羧化成丙二酸单酰CoA，后者再同乙酰CoA缩合，直到生成软脂酸。软脂酸碳链的延长在内质网中进行。哺乳动物能在体内进行长链饱和脂肪酸的生物合成，再经去饱和作用生成油酸，但不能合成亚油酸和亚麻酸。

脂肪酸的β-氧化 主要在肝脏进行，

表1 某些天然的饱和脂肪酸

俗名	化学系统名称	化学结构式	来源
酪酸	丁酸	$CH_3(CH_2)_2COOH$	乳脂
羊油酸	己酸	$CH_3(CH_2)_4COOH$	乳脂
羊脂酸	辛酸	$CH_3(CH_2)_6COOH$	乳脂
羊蜡酸	癸酸	$CH_3(CH_2)_8COOH$	椰子油，棕榈油
月桂酸	十二烷酸	$CH_3(CH_2)_{10}COOH$	椰子油，月桂油
肉豆蔻酸	十四烷酸	$CH_3(CH_2)_{12}COOH$	肉豆蔻油
软脂酸	十六烷酸	$CH_3(CH_2)_{14}COOH$	棕榈油，橄榄油，动物脂质
硬脂酸	十八烷酸	$CH_3(CH_2)_{16}COOH$	牛油，可可脂
花生酸	廿烷酸	$CH_3(CH_2)_{18}COOH$	花生油
山嵛酸	廿二烷酸	$CH_3(CH_2)_{20}COOH$	植物种子油，脑脂质
掬焦油酸	廿四烷酸	$CH_3(CH_2)_{22}COOH$	巴西蜡棕树蜡，脑脂旨
蜡酸	廿六烷酸	$CH_3(CH_2)_{24}COOH$	巴西蜡棕树蜡，蜂蜡
褐煤酸	廿八烷酸	$CH_3(CH_2)_{26}COOH$	褐煤蜡
蜂花酸	卅烷酸	$CH_3(CH_2)_{28}COOH$	蜂蜡
紫胶蜡酸	卅二烷酸	$CH_3(CH_2)_{30}COOH$	紫胶虫蜡

表2 常见的不饱和脂肪酸

俗名	化学系统名称	来源
棕榈油酸	顺9-十六碳烯酸	植物种子油、鱼油
油酸	顺9-十八碳烯酸	动、植物脂质
异油酸	顺11-十八碳烯酸	细菌，大肠杆菌
亚油酸	全顺9,12-十八碳二烯酸	大豆油，亚麻子油
α-亚麻酸	全顺9,12,15-十八碳三烯酸	大豆油，亚麻子油
γ-亚麻酸	全顺6,9,12-十八碳三烯酸	植物种子、动物脂质，藻类脂质
α-桐酸	顺9,反11,反13-十八碳三烯酸	桐油
—	顺9-廿碳烯酸	沙丁鱼，鳕鱼油
花生四烯酸	全顺5,8,11,14-廿碳四烯酸	脑脂质（磷脂），苔藓、蕨类
鰶鱼酸	全顺7,10,13,16,19-廿二碳五烯酸	动物磷脂，鱼脂质
—	全顺4,7,10,13,16,19-廿二碳六烯酸	动物磷脂，鱼脂油
顺芥子酸	顺13-廿二碳烯酸	油菜子，芥子
神经酸	顺15-廿四碳烯酸	脑脂质，鱼油

脂肪酸首先被激活生成脂酰CoA，然后进行β-氧化，每一轮反应切下一个乙酰CoA，最后进入三羧酸循环彻底氧化。

脂溢性皮炎 seborrheic dermatitis 发生在皮脂溢出部位的一种慢性皮肤炎症。皮脂溢出（出油多）是发病主要原因，其他如细菌、真菌感染、精神因素、胃肠道功能紊乱等因素也与之有关。损害在头面部、胸部及背部，以头面部最常见。表现为片状红斑、丘疹，红斑上常覆盖有细碎的油腻性鳞屑或黄痂，可有轻重不同的痒感。患者应限制多脂、多糖饮食，少吃刺激性食物，多吃蔬菜和水果，避免过度搔抓。治疗原则为减少皮脂分泌、消炎、止痒。

脂质 lipids 生物体内一大类溶于弱极性和非极性溶剂（如醇、醚、氯仿、苯、丙酮等）而不溶于水的生物分子。又称类脂。其特性是由其长烃链结构决定的。

化学结构 不同脂质的化学组成和结构差异往往很大，有含碳、氢和氧的简单链状分子，也有由多种成分组成的复杂支链结构和环状结构。脂质在体内常与其他化合物结合形成杂合分子，如糖脂和脂多糖；脂蛋白是脂质与蛋白质组成的生物大分子；而生物膜则是脂质、蛋白质和糖类组成的更复杂结构。

分类 按照脂质的化学结构和组成可分为：①简单脂质。脂肪酸与各种醇类（甘油、高级一元醇）生成的酯，包括酰基甘油酯和蜡。②复合脂质。除醇类、脂肪酸外，尚有其他物质，包括磷脂和糖脂。③衍生脂质。从脂质衍生的化合物。如前列腺素和白三烯是甘碳不饱和脂肪酸的衍生物。④结合脂质。脂质与蛋白质或糖类结合，分别产生脂蛋白和脂多糖。

根据脂质能否被碱水解而产生皂（脂肪酸盐）可分为可皂化脂质和不皂化脂质两类。后者包括类固醇和类萜。

生理功能 脂质具有许多重要的生理功能。甘油三酯（TG）是体内能源的主要储存形式，其所含脂肪酸氧化时释出的热量9.3千卡/克或37.6千焦/克，要比糖和蛋白质多两倍。皮下脂肪和某些器官周围的脂肪有保护脏器免受机械损伤、防止散热以保持体温等功能。磷脂、糖脂参与生物膜的结构组成。糖脂作为细胞表面物质，还与细胞识别、种属特异性和免疫应答密切相关。磷脂、胆汁酸和胆固醇（Ch）能促进脂质和脂溶性维生素在肠道内的消化吸收。类固醇可转变成类固醇激素，而类萜具有维生素和辅酶效能。利用高度不饱和脂肪酸可合成前列腺素。

蜘蛛 Araneida/Araneae; spider 节肢动物门蛛形纲蜘蛛目动物的统称。分为中纺亚目和后纺亚目。全世界的蜘蛛已知有35 000种，中国记载约1 000种。体长从0.5毫米到9厘米不

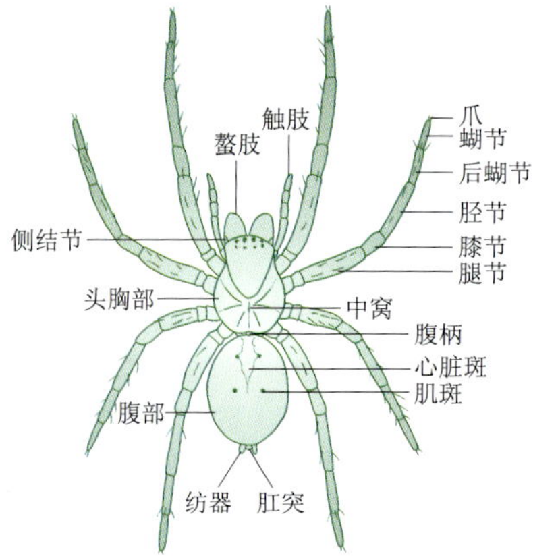

蜘蛛背面模式图（雌性）

等。头胸部背面有背甲，背甲的前端通常有8个单眼，排成2～4行。腹面有一片大的胸板，胸板前方中间有下唇。头胸部有6对附肢。腹部多为圆形或卵圆形，但有的有各种突起，形状奇特。除少数原始种类的腹部背面保留分节的背板外，多数种类已无明显的分节痕迹。腹部腹面前半部有一胃外沟或生殖沟，中央有生殖孔。纺器由附肢演变而来，少数原始的种类有8个，位置稍靠前；大多数种类6个纺器，位于体后端肛门的前方。

蜘蛛的世代可多达1年6代，也有的1年1代，少数种类为数年1代。寿命一般为几个月到1～2年，少数有长达20～30年的。

蛛丝在蜘蛛的生活中起重要作用。蜘蛛用丝在石块下、树皮下、土穴中或卷叶内作巢，以隐蔽或越冬；用丝织卵袋，以保护卵；用丝捆缚食物；用丝飞航；用丝结网，作为捕食或隐蔽的场所。蜘蛛主要捕食小昆虫。也有互相残杀的习性。蜘蛛是许多农业害虫的天敌。蜘蛛可以入药，主治脱肛、疮肿、腋臭等症。少数蜘蛛的毒液对人畜有害。

执金吾 chamberlain for imperial insignia 中国秦汉时率禁兵保卫京城和宫城的官员。本名中尉。其所属兵卒又称北军。汉武帝太初元年（前104）改名执金吾。王莽时改名奋武，东汉时复称执金吾。西汉时执金吾担负京城内的巡察、禁暴、督奸等任务，和守卫于宫禁之内的卫尉相为表里。执金吾秩为中二千石，有两丞及候、司马、千人。属官有中垒、寺互、武库、都船四令、丞。又式道、左右中候及京辅都尉也与执金吾有相属关系。主管武器及典司刑狱也是执金吾的一项职责。东汉时执金吾属官只保留一武库，其余悉被减省，其职务主要是典司禁军和保卫京城、宫城的安全。执金吾每月要绕宫巡察三次，以预防和制止宫外水火之灾和其他非常事故。汉光武帝刘秀每到郡国巡视，便派执金吾留守京城；明帝东巡，还命执金吾守卫南宫。另外，有时皇帝出行，执金吾率领缇骑、步卒组成仪仗和警卫。汉代执金吾有时也被委派为将帅而领兵远征。

执行器 final controlling element 过程控制系统中，接受调节仪表或控制装置的信号，按一定规律调节被控对象输入量的装置。

执行器由执行机构、调节机构和各种不同功能的附件，如阀门定位器、伺服放大器、位置发信器、保位阀、手操机构等组成。按工作能源分为气动、电动、液动、电液动等执行器，按输入信号分为模拟量式和数字量式执行器。执行器是一种工业自动化仪表，如气动调节阀、电动调节阀、电磁阀等均属此类仪表。

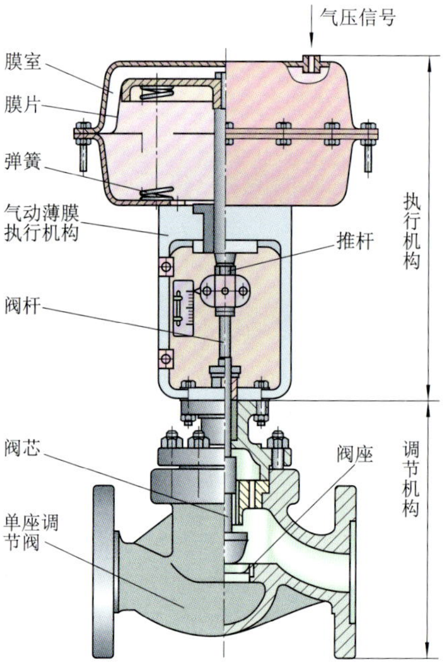

气动单座调节阀

气动执行器 结构简单，维修方便并具有本质安全防爆特点，因此得到最为广泛的使用。气动单座调节阀是一种常见的气动执行器。由气动薄膜执行机构和单座调节阀组成。气压信号进入膜室，在膜片上转换成力并压缩弹簧，推动推杆、阀芯位移，以改变阀门阻力调节通过阀门的流量，实现对被控对象的控制。

电动执行器 具有能源取用方便，信号传送快捷与电动仪表配套方便的优点。如电动V形球阀由电动执行机构和V形球阀组成。电信号经过偏差反馈机构放大后开闭电机，减速后转动阀芯，用以改变阀门阻力实现调节功能。

阀门定位器和伺服放大器是执行器的重要附件。阀门定位器可改善气动调节阀的工作性能，提高控制精度，实现电、气信号的转换，使气动调节阀与电动仪表配套使用，还可通过智能型、数字型的阀门定位器实现气动调节阀的智能化、总线化；伺服放大器是电动执行机构实现比例特性、智能化、总线化的必要部件。

调节机构即阀门，在执行机构的推动下改变阀芯与阀座之间节流面积，从而调节流体流量。阀门结构形式主要有直通单座阀、直通双座阀、套筒阀、三通阀、角形阀、高压阀、偏心旋转阀、蝶阀、V形球阀、O形球阀、隔膜阀和切断阀等。

执行元件 actuating element 根据来自控制器的控制信息完成对受控对象的控制作用的元件。它将电能或流体能量转换成机械能或其他能量形式，按照控制要求改变受控对象的机械运动状态或其他状态（如温度、压力等），直接作用于受控对象。在机械自动化系统中，执行元件根据输入能量的不同分为电动、气动和液压三类。电动执行元件安装灵活，使用方便，在自动控制系统中应用最广。气动执行元件结构简单，重量轻，工作可靠并具有防爆特点，在中、小功率的化工石油设备和机械工业生产自动线上应用较多。液压执行元件功率大，快速性好，运行平稳，广泛用于大功率的控制系统。

执政党 ruling party 代表统治阶级掌握或领导国家政权、负责组织政府的政党。执政党又称在朝党（与**在野党**对称），通常指负责组织政府（内阁）、掌握国家行政权力的政党。在实行议会内阁制的国家，执政党指在议会竞选中获得多数议席、负责组织内阁的政党或党派联盟，又称多数党。实行总统制的资本主义国家，执政党指在总统竞选中取得总统职位的政党。在实行多党制的国家，内阁如果由几个政党联合组成，这几个政党就都是执政党。

执政府 Consulate 1799年11月9日拿破仑·波拿巴发动政变结束督政府统治后建立起来的临时政府。见**法国大革命**。

执政官 archon; consul 古希腊城邦和罗马共和国时代掌管军政大权的高级官员。①在古希腊称“雅康”(archon)，原意为“领导人”、“统治者”。雅典约于公元前682年起即从贵族中选出执政官，开始是终身制，后改为任期10年，最后又改为每年一任。初由3人组成：第一为首席执政官（当年即以其名纪年），第二为王者执行官，第三为军事执行官。约从公元前7世纪中叶起，另增司法执政官6人。约至公元前594年，始从平民中选任。至公元前5世纪上半叶希波战争中，其权力渐为十将军会所取代。②在古罗马称“康梭”(consul)。约公元前510年始设。执政官从百人团大会（即森图里亚大会）中选出2人，1年一任，当年即以这两名执政官的名字纪年。执政官拥有最高的民政权力和军事指挥权，在对外事务中代表国家，是实际上的国家元首。执政官一职最初由贵族独占，公元前366年起始从平民中选任。罗马帝国时代（前27年以后），执政官已成为一种虚设的荣誉职位。现代仍有个别国家设执政官，相当于国家元首。

直布罗陀 Gibraltar 南欧伊比利亚半岛南端港口城市。英国殖民地。位于**直布罗陀海峡**东端北岸的石灰岩高地，隔直布罗陀海峡与摩洛哥相望。面积6.5平方千米。人口2.93万（2008）。居民中2/3为直布罗陀人，余为西班牙人、英国人、阿拉伯人等。大多数居民信奉天主教，少数信奉英国国教和伊斯兰教等。英语为官方语言，通用西班牙语、意大利语、葡萄牙语等。地处大西洋与地中海的交通要道，战略地位十分重要。原属西班牙。1704年被英国占领，建为要塞。1713年西班牙同英国签署和约，将直布罗陀割让给英国。在两次世界大战中是英国的重要海空军基地，但西班牙一直未放弃对直布罗陀的领土主权要求。1964年联合国非殖民化特别委员会要求英西两国会谈，解决争端，但遭英国拒绝。1968年西班牙封锁边界。1969年直布罗陀公布了自治宪法。1985年2月5日西班牙重新开放边界。英西两国已就直布罗陀主权在内的有关问题进行了多次谈判，但至今未有结果。有船舶修理厂、大型船坞、现代化装卸设备等港口设施，还有钟表制造、酿酒等工业部门。自由港。旅游业发达。主要名胜有古炮台和钟乳石洞等奇景。天气晴朗时，自最南端的欧罗巴角灯台可眺望直布罗陀海峡对岸的非洲大陆。

直布罗陀海峡鸟瞰

直布罗陀海峡 Gibraltar, Strait of 沟通地中海与大西洋的水道。位于欧洲伊比利亚半岛南端与非洲大陆西北部之间。为西欧、北欧各国舰船经地中海、苏伊士运河南下印度洋的咽喉要道，也是飞机选择自由过境的常用空中走廊。呈东西走向，东西长约65千米，大部分宽14～43千米。东深西浅，西部水深50～320米；东部有海沟，最深1 700米；航道水深53～1 181米。海峡北岸为西班牙，南岸为摩洛哥。两岸为低山地貌，植物茂密。海岸陡峭，多岬角，北岸有马罗基角、卡尔内罗角、欧罗巴角，南岸有阿尔米纳角、斯帕特尔角等。海峡内岛屿稀少，仅在北侧有塔里法岛，南侧有佩雷希尔岛，面积都很小。轮船可双向通过海峡，每天过往船只约200余艘。直布罗陀位于海峡东北侧欧罗巴角上，被称为“海峡钥匙”。地中海型气候，冬季温湿多西风，夏季干热多东风，春季常有风暴与夹雨的龙卷风。年均气温：冬季12.4℃，夏季22℃。10月至次年4月为雨季，6～8月为旱季。平均年降水量约1 000毫米。全年少雾。海流分两层：上层（160米以上水域）东流地中海，流速约2～4节，盐度36.6，年均水温17℃；下层（160米以下水域）西流大西洋，流速1.5节，盐度37.7，年均水温13.5℃。

海峡自古就是地中海沿岸航海家西出大西洋的交通要道。1939年，德国潜艇经海峡潜入地中海，击沉英国部署在地中海唯一的航空母舰“皇家方舟”号。1975年美国与西班牙在海峡西口西北约60千米处的罗塔建海军基地。北大西洋公约组织在直布罗陀港区要塞设南欧联合海军司令部。1991年海湾战争和2003年伊拉克战争期间，美国及其盟国的大批军舰经海峡调往波斯湾。两岸主要港口和海军基地有直布罗陀、阿尔赫西拉斯、休达、丹吉尔等。

直肠膨出 rectocele 女性生殖系统产伤等原因所致直肠前壁呈一盲袋状向阴道后壁凸出的损伤。主要原因是产伤使阴道直肠筋膜、提肛肌及盆底筋膜过度伸拉撕裂后又未能及时修复。绝经后筋膜、肌肉萎缩松弛，慢性便秘等可加重直肠膨出。轻症者无不适感，重症者有下坠、腰酸及大便困难，有时需用手压迫膨出的阴道后壁才能排便。阴道检查见后壁呈袋状膨出，肛诊时指尖向前可进入膨出的直肠腔内，须与肠膨出及阴道疝相鉴别。轻者不需治疗，重者应行阴道后壁及会阴修补术，同时治疗慢性咳嗽、便秘等。

直翅目 Orthoptera 昆虫纲的一目。中、大型有翅昆虫。包括**蝗虫**、**螽斯**、**蟋蟀**、**蝼蛄**等。广泛分布于世界各地，热带地区种类多。全世界已知1.8万余种。中国已知800余种。

中、大型昆虫。体长2～300毫米。触角长而多节，丝状、槌状或剑状。复眼发达。前胸背板发达，可活动，中、后胸愈合。前翅革质；后翅膜质，臀域较大，呈扇状折叠于前翅之下，翅脉均直。有些种类为短翅或缺翅。前足和中足适于爬行，但蝼蛄科的前足构造特殊，胫节膨大，适于掘土，为典型的开掘足。后足粗壮，适于跳跃。雄虫一般

东亚飞蝗

具发音器，或以左、右翅相摩擦（如螽斯、蟋蟀、蝼蛄等），或以后足擦翅而发音（如蝗虫），主要为了招引雌虫。雌虫不发音。

渐变态。卵的形状与产卵方式因种类而异。多产卵于植物组织或土中。生活史因种类和地区而异。1年一代的种类居多，以卵越冬，次年4～5月孵化，若虫一般5龄，触角的增节多少和翅芽的发育程度是鉴别若虫龄期的依据。也有些种类1年2～3代，以若虫或成虫越冬，或以若虫与成虫同时越冬。陆栖性，一般生活在地面上。多数白天活动，尤其是蝗科，日出以后即活动于杂草之间。生活于地下的种类（如蝼蛄）在夜间到地面上活动。多数种类为植食性或杂食性，其中有很多是农业上的重要害虫。

直道 Straight Road 中国秦始皇三十五年（前212）命大将蒙恬主持所筑的国防干道。《史记·蒙恬列传》："始皇欲游天下，道九原（今内蒙古包头西），直抵甘泉（今陕西淳化西北甘泉山），乃使蒙恬通道，自九原抵甘泉，堑山堙谷，千八百里。"因南北道路大体相直，故名。其道南起甘泉宫，北达九原郡，至今犹有遗迹，清晰可辨。史念海《秦始皇直道遗迹的探索》一文谓：直道由今陕西淳化县北秦林光宫遗址北行，经旬邑县东之石门关及东北的马兰，至子午岭上，循其主脉北行，直到定边县南。再由此东北行，进入内蒙古鄂尔多斯草原，过乌审旗北，经东胜县东南，在昭君坟过黄河，到达九原郡治所。其一半路程修筑在山头岭上，一半路程则修筑在平原草地。先后只用了两年半的时间，即完成此道的修筑，是秦代劳动人民创造的又一奇迹。

秦始皇在统一六国后的次年（前220），即下令在全国修治驰道，其后又命筑直道。虽然二者都是为了巩固中央集权统治，加强军事力量所采取的措施，但驰道修了多条，主要是为了镇压东方六国贵族的复辟活动；而直道只筑此一条，从离都城咸阳不远的地方起往北直达边郡，其主要目的是为了防御、打击北方游牧民族匈奴的南下。当然，直道、驰道的修通，也促进了经济的发展、文化的交流及民族的融合。

直奉战争 Zhi-Feng War 中国直奉两系军阀为争夺北京中央政府控制权而爆发的军事冲突。先后爆发过两次。第一次在1922年。1920年直皖战争后，奉、皖两系重新合作，支持梁士诒任国务总理，直系吴佩孚则联合6省地方军阀表示反对，直、奉矛盾日趋激化。1922年4月10日，奉军大举开入山海关。29日，战争爆发，双方在长辛店、琉璃河、卢沟桥、固安、马厂等地展开激战。5月5日，奉军战败，张作霖下令结束战事，退守关外，完全失去了北京政府的控制权。第二次直奉战争发生在1924年。奉系自被直系逐出北京中枢后，继续整军经武，积极备战，伺机卷土重来。1924年9月4日，张作霖见直系内外交困，以反对直系发动江浙战争为由，决定对直宣战。15日，战争再次爆发。10月9日，奉军占领赤峰，战事重心移向山海关，吴佩孚亲自在此督战。10月23日，直系将领冯玉祥因不满吴佩孚排除异己，趁机星夜回师北京，囚禁曹锟，通电主和。消息传到前线，直军全线崩溃，奉军大举入关。11月3日，吴佩孚率残部南逃，战争结束。25日，张作霖、冯玉祥等拥段祺瑞就任"中华民国临时执政"，北京政权从此实际落入奉系之手。

直观 perceptual intuition 通过对客观事物的直接接触而获得的感性认识。中国按其不同涵义分别译为直观和直觉。"直观"一词在哲学史上有不同的涵义。在I.康德哲学中，直观有两种特殊的涵义。在辩证唯物主义著作中，"直观"一词的涵义通常与感性认识同义，指人们在实践中对客观事物的直接的、生动的反映。但在有些场合，"直观"一词也用来指旧唯物主义的认识论的缺陷。旧唯物主义不了解实践对认识的决定作用，不了解认识的能动性，把人脑对客观事物的反映理解为消极的被动的反映。辩证唯物主义称这种旧唯物主义的反映论为直观的反映论。

直角坐标系 orthogonal coordinate system 平面上的一种特殊的仿射坐标系$\{O;\boldsymbol{e}_1,\boldsymbol{e}_2\}$，要求坐标向量$\boldsymbol{e}_1,\boldsymbol{e}_2$是彼此垂直的单位向量。此时，点$P$的坐标$(x,y)$，分别是点$P$到两根坐标轴（即过$O$点、以$\boldsymbol{e}_2$为方向的直线和过$O$点，以$\boldsymbol{e}_1$为方向的直线）的有向距离。即$\overrightarrow{OP}=x\boldsymbol{e}_1+y\boldsymbol{e}_2$。有时，直角坐标系简记为$Oxy$。

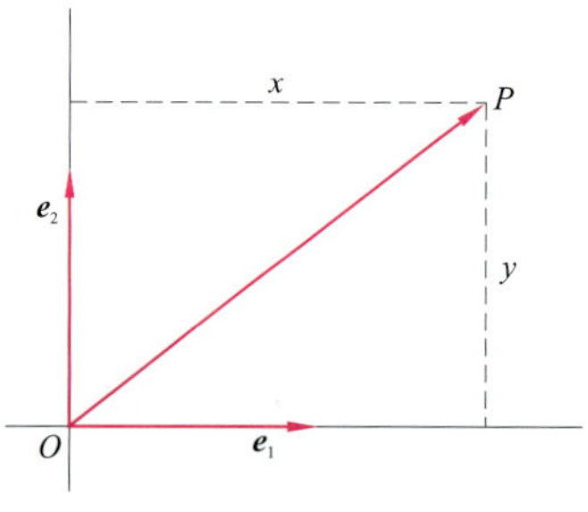

直角坐标系

在直角坐标系$\{O;\boldsymbol{e}_1,\boldsymbol{e}_2\}$下，设点$P_i$的坐标是$(x_i,y_i)$ $(i=1,2)$，则点P_1和点P_2之间的距离是

$$\left|\overrightarrow{P_1P_2}\right|=\sqrt{(x_2-x_1)^2+(y_2-y_1)^2}$$

上述公式是直角坐标系所特有的。

在空间中也可以定义直角坐标系$\{O;\boldsymbol{e}_1,\boldsymbol{e}_2,\boldsymbol{e}_3\}$，此时，$\boldsymbol{e}_1$、$\boldsymbol{e}_2$、$\boldsymbol{e}_3$是两两垂直的单位向量。有时，空间直角坐标系简记为$Oxyz$。

直接金融 direct finance 各部门间通过金融市场直接进行的融资活动。间接金融的对称。其典型形式包括发行股票、债券等。在直接金融中，最终借款者与最终贷款者之间需签订一份独立的借贷合约，最终贷款者要承担最终借款者违约的风险。

在直接金融交易中，一级市场是发行市场，供资金短缺者发行金融工具，筹集资金，从而促使储蓄向投资转化。国债的发行，企业股票和债券的发行都在一级市场上完成。

二级市场是供投资者买卖股票和债券的市场，它的主要作用是提高股票、债券的流动性。同时，股票和债券价格的变化揭示了公司经营情况的一些信息，因此，二级市场为这些工具进行风险定价。此外，二级市场交易提供了一个外部接管的机制。在市场经济发达国家，通过在二级市场上购买股票而完成的公司收购屡见不鲜。

直接选举 direct election 国家权力机关的代表（议员）或其他公职人员由选民直接投票选出。间接选举的对称。西方国家的议会，下院议员一般由选民直接投票选出；上院议员或总统，有的国家采用直接选举，有的国家采用间接选举。中国选举法规定，不设区的市、市辖区、县、自治县、乡、民族乡、镇的人民代表大会的代表，都由选民直接选举产生。

直觉 intuition 不经过分析、推理，直接快速地进行判断的认识能力。比如，观看一部作品可以凭直觉判断它可能产生的社会影响等。格式塔心理学认为直觉是对整体情境的把握。近代认知心理学则把直觉看成一种再认过程，是在过去经验的基础上，从长时记忆中提取具有问题解决意义的答案的过程。直觉能力是人的心理能力高度发展的表现。由于人的知识、经历、性格等各不相同，各人直觉判断的可靠性、准确性也有较大的差别。直觉实际上是一个人的全部心理能力，如观察力、思维力、记忆力，以及已有的知识、经历、环境影响、个性特征等在短时间内的整体显示。

直觉主义 intuitionism 强调直觉或直观在认识中的作用的思潮和学说。认为直觉是比抽象的理性认识更基本、更可靠的认识世界的方式。这种学说或思潮通常带有强烈的反理性主义、反实证主义和反唯物主义倾向。历史上不少哲学家都重视直觉，但到20世纪初才真正形成一种学说或思潮。典型的直觉主义者有H.柏格森、B.克罗齐、E.胡塞尔等人。

直立人 *Homo erectus* 绝灭的早期人类。多数学者认为是智人的直接祖先。兴旺于早更新世至中更新世，考古年代为旧石器时代早期，距今160万～25万年。中国有时称晚期猿人。化石遗存最初发现于19世纪90年代印度尼西亚爪哇岛，20世纪在欧、亚和非洲不少地点相继发现。中国是发现直立人化石最多的国家之一，著名的有北京猿人、元谋猿人、蓝田猿人、和县猿人、南京猿人等。国外著名的有海德堡人等。不同地区直立人的头骨形态各有差异，但具有以下共同特征：眉脊粗厚，颅骨在其后方缩狭，头顶低矮，前额扁塌，脑颅较狭长、最宽处接近颅底，枕部有一条粗的横脊，头骨骨壁很厚，嘴部向前突出、没有下巴颏，脑量750～1 250毫升；牙齿粗大、咬合面有较多细的花纹；肢骨壁较厚。不同地区直立人的身高也有相当大的差异，非洲肯尼亚的纳里奥科托姆直立人（匠人）高达188厘米，北京猿人男性身高约156厘米。亚洲直立人打制石器的技术多停留在第一模式；非洲和欧洲的直立人打制石器技术已发展出第二模式，常用特定的工作方法打制出一种被称作手斧的石器。直立人会用火，能将自然界的火引到住处并保存下来，但还不会造火。已有一定的狩猎能力，能猎取像鹿这样大的动物。

直流电 direct current 大小和方向都不随时间变化的电流。又称恒定电流。所通过的电路称直流电路，是由直流电源和电阻构成的闭合导电回路。在比较简单的直流电路中，电源电动势、电阻、电流以及任意两点电压之间的关系可根据欧姆定律及电动势的定义得出。复杂的直流网络可根据基尔霍夫定律求解。

直流电机 direct current machine; D.C. machine 实现直流电能和机械能互相转换的电机。直流电动机将电能转换为机械能，直流发电机将机械能转换为电能。

直流电机由定子和转子两部分组成，其间有一定的气隙。定子由机座、主磁极、换向磁极、前后端盖和刷架等部件组成，其中主磁极是产生直流电机气隙磁场的主要部件，由永磁体或带有直流励磁绕组的叠片铁芯构成。转子由电枢、换向器（又称整流子）和转轴等部件构成，其中电枢由电枢铁芯和电枢绕组两部分组成。换向器是一种机械整流部件，各换向片间互相绝缘，换向器质量对运行可靠性有很大影响。

当原动机驱动电枢绕组在主磁极N、S之间旋转时，电枢绕组上感生出电动势，经电刷、换向器装置整流为直流后，引向外部负载（或电网），对外供电，此时电机作直流发电机运行。如用外部直流电源，经电刷换向器装置将直流电流引向电枢绕组，此电流与主磁极N、S产生的磁场互相作用，产生转矩，驱动转子与连接于其上的机械负载工作，此时电机作直流电动机运行。

直流输电 D.C. power transmission 以直流电流传输电能。直流输电系统主要由换流站（整流站和逆变站）、直流线路、交流侧和直流侧的电力滤波器、无功补偿装置、换流变压器、直流电抗器以及保护和控制装置等构成。其中换流站是直流输电系统的核心，它完成交流和直流之间的变换。

直流输电有以下优点：①当输送功率相同时，直流线路造价低，架空线路杆塔结构较简单，同绝缘水平的电缆可以运行于较高的电压；②直流输电的功率和能量损耗小；③对通信干扰小；④线路稳态运行时没有电容电流和电抗压降，线路本身无须无功补偿；⑤两端交流系统不需要同步运行，可用以实现不同频率或相同频率交流系统之间的非同步联系；⑥输送距离和功率不受电力系统同步运行稳定性的限制；⑦由直流输电线互相联系的交流系统各自的短路容量不会因互联而显著增大；⑧可实现各种调节、控制。

直流输电主要用于：①远距离大功率输电；②联系不同频率或相同频率而非同步运行的交流系统；③作网络互联和区域系统之间的联络线；④以海底电缆作跨越海峡送电或用地下电缆向用电密度高的大城市供电；⑤采用交、直流输电线的并列运行，利用直流输电线的快速调节，控制、改善电力系统的运行性能。

直升机 helicopter 以动力驱动的旋翼作为主要升力来源，能垂直起落的重于空气的航空器。直升机属于旋翼航空器，旋翼由动力装置驱动，能产生向上的升力。旋翼受自动倾斜器操纵又可产生向前、向后、向左或向右的水平分力。因此，直升机既能垂直上升下降、空中悬停，又能向前后左右任一方向飞行。当发动机在空中停车时，可以利用旋翼自转下滑，安全着陆。1936年，德国人H.福克成功地试飞了第一架载人直升机Fw－61。1942年，I.I.西科尔斯基成批生产了R－4单旋翼带尾桨的直升

机。1946年，美国人L.贝尔制造的贝尔47获得了美国首次颁发的直升机适航证。

直升机按质量分为轻型、中型、重型直升机，按用途分为多用途直升机、起重用直升机、攻击用直升机等。还有超轻型无人驾驶直升机，其中包括遥控直升机和系留直升机。按构造分有单旋翼带尾桨式直升机、双旋翼共轴式直升机、双旋翼纵列式直升机、双旋翼横列式直升机。

直升机在军用方面，可用于通信联络、侦察巡逻、炮兵校射、后勤支援、空降登陆、反潜扫雷、对地攻击、战场救护、空中指挥等；在民用方面可用于短途运输、医护救灾、森林防火、地质勘探、空中摄影、喷洒农药、吊装设备、电缆检修、交通指挥、牧群监视、科学考察、海上打捞等。反坦克的武装直升机和海上油井与基地间的运输直升机已成为发展的重要方向。

与固定翼飞机相比，直升机的弱点是有效载荷小，航程短，飞行品质差，维护检修工作量大，振动和噪声较高等。

直皖战争 Zhi-Wan War 中国直皖两系军阀为争夺北京中央政府控制权而爆发的军事冲突。1916年袁世凯死后，控制北京政府实权的段祺瑞为谋求成为新的北洋派统一领袖，继续推行“武力统一”政策，与直系曹锟、吴佩孚等人的矛盾愈演愈烈。1920年4月8日，曹、吴与奉系张作霖结成8省反段同盟。7月8日，段祺瑞胁迫徐世昌褫夺曹、吴官职。9日，曹锟以吴佩孚为“讨贼军”总司令，在天津举行反段誓师大会。10日，段祺瑞自任“定国军”总司令。13日，发表讨伐曹、吴通电。14日战争正式爆发，双方在涿州、高碑店、琉璃河一带展开拉锯战。在奉军支持下，直军经5日激战，大获全胜。19日，段祺瑞被迫宣布辞职，直奉两系共同控制了北京政权。

直系军阀 Zhixi Warlords 中华民国军阀中以冯国璋为首的北洋军阀派系。因冯为直隶（今河北）人而得名。冯死后，由曹锟、吴佩孚继任首领。主要成员有李纯、王占元、萧耀南、陈光远、蔡成勋、孙传芳等。1916年袁世凯死后，直系为争夺北京中央政权与皖系展开激烈角逐。1920年7月，曹、吴联合奉系张作霖打败皖系，开始与奉系

共掌北京政权。1922年4月，日益尖锐的直奉矛盾，导致首次直奉战争，结果奉系战败，退出关外，北京政府完全为直系所控制。随后，直系在中央采取"恢复法统"办法，先将黎元洪重新扶上总统虚位，继而于1923年10月利用旧国会，贿选曹锟为大总统。在地方则极力发展实力，推行武力统一政策，排斥异己，镇压革命。声势达到极点。但同时也招致全国舆论和各派军阀的反对。1924年9月，奉系趁机联络皖系和南方的孙中山结成反直"三角同盟"，出兵讨伐曹、吴。10月，曹锟被回师北京的直系冯玉祥部囚禁，吴佩孚仓皇南逃。直系从此走上末路。1925年10月，浙江孙传芳虽然取得反奉战争的局部胜利，但次年下半年即与吴佩孚部一起被从广州出发的北伐军消灭。

直系血亲 lineal descent 具有直接血缘关系的亲属。即生育自己和自己所生育的上下各代亲属，不论父系、母系，都是直系血亲。如父母与子女，祖父母与孙子女，外祖父母与外孙子女等。见血亲。

直辖市 municipality under central government 直接隶属于中央政府的建制市，中国现行城市型行政区划系统的一级政区单位。曾称特别市、院辖市。1952年，中央人民政府政务院发布公告，首次正式采用直辖市名称。1954年《中华人民共和国宪法》规定，"全国划分为省、自治区、直辖市"；1978年宪法规定，"直辖市分为区、县"，从而确立了直辖市为辖县的省级政区单位。截至2009年底，全国有4个直辖市：北京市、上海市、天津市、重庆市。直辖市直接由国务院领导。其权力机关是直辖市人民代表大会及其执行机构直辖市人民政府。世界上有些国家也有直辖市这一名称，有的国家则称为都、区等。如俄罗斯的莫斯科市、圣彼得堡市，日本的东京都，法国的大巴黎区等。

直线 straight line 构成几何图形的最基本元素。在D.希尔伯特建立的欧几里得几何的公理体系中，点、直线、平面属于基本概念，由它们之间的关联关系和五组公理来界定。在平面上建立了直角坐标系Oxy之后，直线上点的坐标x,y满足一次方程$Ax+By+C=0$（A,B不全为零），通常称为直线方程的一般式。根据给定直线的条件不同，直线方程可以写成不同的形式，并可以通过恒等变形互相转换。

直线加速器 linear accelerator 应用沿直线轨道分布的高频电场加速电子、质子和重离子的装置。1928年R.维德罗提出加速原理。早期利用频率不太高的交变电场加速带电粒子，1946年后利用射频微波来加速带电粒子。在柱形金属空管（波导）内输入微波，可激励各种模式的电磁波，其中一种模式沿轴线方向的电场有较大分量，可用来加速带电粒子。为了使沿轴线运行的带电粒子始终处于加速状态，要求电磁波在波导中的相速降低到与被加速粒子运动同步，这可以通过在波导中按一定间隔安置带圆孔的膜片或漂移管来实现。电子的质量很小，几兆电子伏的能量时，电子的速度已接近光速，带圆孔的膜片装置适用于加速电子；质子或离子的质量较大，其速度较低，常采用带漂移管的装置。直线加速器束流的注入和引出很方便，束流强、传输效率高、束品质较好，可由前至后分段设计、制造和调试。由于加速器不存在偏转束的同步辐射限制，可将电子束加速到很高能量，是下一代超高能对撞机的唯一候选者。

直线折旧法 straight-line depreciation method 将固定资产的折旧均衡地分摊到各期或按服务单位（工作量）分摊的一种方法。包括年限平均法（或使用年限法）和工作量法。

采用年限平均法计算的每期折旧额均是等额的，其计算公式为：

$$年折旧额=\frac{固定资产原价-预计净残值}{预计使用年限}$$

采用工作量法，折旧费用根据固定资产的实际工作量分摊。其计算公式为：

每一工作量折旧额=（固定资产原值-预计净残值）/预计总工作量

某项固定资产某一期间折旧额=该项固定资产当期工作量×每一工作量折旧额

直言命题 categorical proposition 直接陈述对象有无某种性质的命题。传统逻辑中的一类最简单的命题。逻辑史上最早详细研究这类命题的是亚里士多德，但他并没有使用"直言命题"这个名称，而称之为简单命题。后来I.康德从认识的模态的角度把这类命题叫做实然（原意为断言）命题。传统逻辑学家一般认为，这类命题与选言命题、假言命题不同，它是无条件地、简单地肯定或否定某种事实，因而被汉译为直言命题。

传统逻辑把直言命题分为四种基本类型，即：全称肯定命题、全称否定命题、特称肯定命题和特称否定命题。它们的简称、形式以及形式的简化记法如下：

名 称	简 称	形 式	形式的简化记法
全称肯定命题	A命题	所有S是P	SAP
全称否定命题	E命题	所有S不是P	SEP
特称肯定命题	I命题	有S是P	SIP
特称否定命题	O命题	有S不是P	SOP

在这四种形式中，"所有"和"有"是逻辑常项，由它们决定全称和特称的区别，这叫做直言命题的量的区别。具有逻辑常项系词"是"的命题叫做肯定命题；具有逻辑常项系词"不是"的命题叫做否定命题，这叫做直言命题的质的区别。在直言命题中，系词之前的词项叫做主项，表示命题所反映的对象；系词之后的词项叫做谓项，表示命题所反映的对象是否具有的性质。在直言命题的各形式中，常以变项S代表主项，以变项P代表谓项。形式逻辑中的"有"的含义是"至少有一个"，这与自然语言里的"有些"并不完全相同。因此，"有S是P"并不意味着"有S不是P"，反之亦然。

如果一个直言命题对其主项（或谓项）的全部外延有所反映，那么该主项（或谓项）是周延的；如果一个直言命题没有对其主项（或谓项）的全部外延有所反映，那么该主项（或谓项）是不周延的。根据这一定义，全称命题的主项周延，特称命题的主项不周延。由于"所有S是P"并不意味着所有S是一切P；"有S是P"也不意味着有S是一切P，因之肯定命题的谓项不周延，这是没有例外的。"所有S不是P"，意味着有S不是任何P；"有S不是P"意味着有S不是任何P，因此否定命题的谓项周延。直言命题中一个词项周延与否，仅与命题形式反映什么有关，它不是主谓项所反映的事物之间的事实上的关系，而是直言命题的含义问题。周延理论是传统逻辑论述换位和三段论有效性的基础。

现代逻辑克服了传统逻辑不考虑空类和全类，即在S类和P类都既不空又不全的假设下讨论A、E、I、O这四种直言命题的局限。现代逻辑考虑到词项的外延可以是空类和全类，因而全称命题如"凡未接触过细菌的人都不得细菌性传染病"的形式应该为$\forall x\,(F(x)\rightarrow G(x))$，这可以读作"对论域里的所有个体$x$而言，如果$x$有性质$F$则$x$有性质$G$"；而传统逻辑所谓的特称命题如"有金属是固体"的形式应为$(\exists x\,(F(x))\wedge G(x))$，这可读作"在论域里至少存在一个体$x$，使得$x$有性质$F$并且$x$有性质$G$"。故现代逻辑称这类命题为存在命题。

职工代表大会 enterprise workers representative congress 中国全民所有制企业职工行使民主管理权力的机构。企业民主管理的基本形式。1986年9月颁发的《全民所有制工业企业职工代表大会条例》规定，职工代表大会的职权是：①定期听取厂长的工作报告，审议企业的经营方针、长期和年度计划、重大技术改造和技术引进计划、职工培训计划、财务预决算、自有资金分配和使用方案，提出意见和建议，并就上述方案的实施作出决议。②审议厂长提出的企业经济责任制方案、工资调整计划、奖金分配方案、劳动保护措施方案、奖惩办法及其他重要的规章制度。③审议决定职工福利基金的使用方案、职工住宅分配方案和其他有关职工生活福利的重大事项。④评议、监督企业各级领导干部，并提出奖惩和任免的建议。职工代表由所在单位的职工选举产生。职工代表大会的工作机构是企业工会委员会。

职工互助补充保险 mutual-aid and complementary insurance for workers 企业根据自身的经济实力，在国家规定的实施政策和实施条件下为本企业职工建立的一种辅助性社会保险。主要包括企业年金（在国外又称为职业年金、超级年金、私人养老金计划、公司年金计划、雇主承办计划等）和补充医疗保险两个险种。

企业年金是在政府强制实施的基本养老保险制度之外，企业根据自身的经济实力和经济状况而建立的，旨在为本企业雇员提供一定程度退休收入保障的制度，是对基本养老金的重要补充。补充医疗保险是一些效益好、实力强的企业在参加基本医疗保险统筹后，因不愿降低原有的医疗保险水平或为进一步提高医疗保险水平而采取的一种适应性对策，是一种自愿性的辅助医疗保险。

《职贡图》 *Portraits of Periodical Offering* 中国南朝梁绘画作品。萧绎代表作。现传萧绎绘《职贡图》（中国国家博物馆藏）系北宋熙宁十年（1077）摹本，绢本设色。根据《石渠宝笈初编》著录，此卷原绘有25国使臣像，现已残损，仅存12段，画滑国、波斯国、百济国、龟兹等国使臣立像12人。每人身后皆有简短的文字题记，记叙该国情况及历来交往史实。画中人物造型准确，神态自然，传写出不同地区不同国家使者的外貌和风度。《职贡图》是了解南朝绘画的珍贵资料，对研究中国古代民族关系和中外关系史有重要价值。

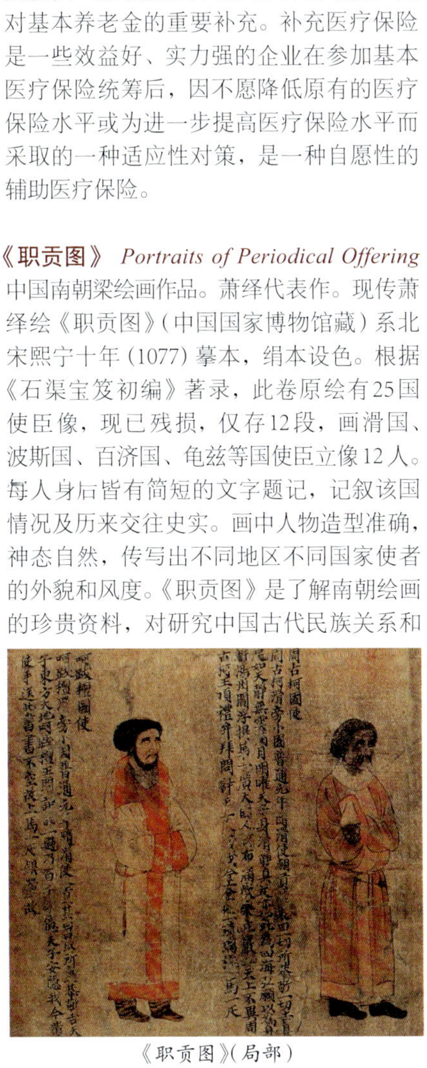

《职贡图》（局部）

萧绎字世诚，小字七符，梁武帝第七子。始封湘东王，后即帝位。庙号世祖，谥元皇帝。工书善画。除《职贡图》外，又有《游春苑白麻纸图》、《鹿图》、《师利图》、《鹣鹤陂泽图》、《芙蓉醮鼎图》，并有题印传于代。

职田 office fields 中国古代按官职品级授予官吏作为俸禄的土地。施行于西晋至明初，其间曾称为菜田、禄田、职公田、职分田等。职田是国家掌握的公田，不属官吏私人所有，只以收获物或部分收获物充作俸禄的一部分，官吏离任时要把职田移交给下一任。这种土地严禁买卖，也不得换易。

东汉献帝时，曾将京畿三辅地区（今陕西中部）的公田按原俸禄等级给予百官，让他们自己收取租税，是职田制的萌芽。两晋时期，职田逐步形成固定的制度。西晋元康元年（291）正式规定中央官吏按一、二、三品授予菜田10、8、6顷。菜田的授受办法是：以每年立夏为断，立夏前到任的官吏，可收取当年的田租为俸禄；立夏后到任的，田租归前任，继任者另外领取一年的食俸。东晋时，始授予外官禄田，其数量约都督20顷，刺史10顷，郡守5顷，县令3顷。南朝刘宋各级官员所得禄田数量比西晋有所增加，禄田的授受也改以芒种为断。齐、梁、陈各代也都有禄田。北魏太和五年（481）对州刺史、郡太守等地方官依官品等差给以公田，是为北朝授职田之始，至太和九年颁布均田令时予以重申。隋给职分田，一品5顷，至五品则为3顷，其下每品以50亩为差，至九品为1顷。唐代武德元年（618）诏令内外官各给职分田，数量亦以秩品高下为差。唐代的职田只授给职事官。

北宋真宗咸平二年（999），沿唐制复置职田，以官庄及远年逃田充，然只授予外任官，中朝官不再享有。仁宗庆历三年（1043）更定守令佐职田顷亩之限：大藩府长吏20顷，通判8顷，判官5顷，余并4顷。防、团、刺史州、小军监及上、中、下县，类此。陆田以三月底、水田以四月底、麦田以上年九月底为限，官员在限前到任者，才能享有当年的职田租入。地租有实物分成租和实物定额租，后者日占优势，以致北宋末年规定，职田租课并折纳现钱。租入全归各外任官分享。贪官污吏往往非法多占职田，侵渔佃户，至有无田而令民纳租者。

金循宋制授予外任官职田，按品秩和职事定其多寡，自正三品30顷或25顷，下至从九品3顷或2顷。品同职异，所授职田有差别。

元制，诸路、府、州、县、录事司官及按察司（肃政廉访司）、转运司官有职田，其余并无。路以下各级地方官职田定于世祖至元三年（1337），按察司官职田定于十四年。自上路达鲁花赤、总管、按察使（约正三品）16顷，以下递减至主簿、县尉（正、从九品）2顷。前后任官交割，北方以施工布种、南方以芒种时节为限，限前归后官，限后归前官；皇庆元年（1312）改为按支俸月份收租入。元职田租为定额租，交纳实物或折钞，由佃户送纳各官衙门。官员多倚势增租，且不论丰歉，多是全收，并加收斗面、鼠耗，索要他物。各地都有勒迫附近民户认种职田，或佃户逃亡则令民户包纳，或未拨到职田而按应得数额摊配民户纳租的现象。

明太祖洪武十年（1377），赐百官公田，以其租入充俸禄。后（年代不明）收职田，改为折俸钞颁给，职田制遂废。

职位评估 job evaluation 全面收集某一职位的有关信息，对该职位的设置目的、工作内容、承担责任、工作环境和条件，以及员工为承担该职位所需具备的资格条件等方面进行系统分析和研究，并制定职位说明书和职位规范的过程。

职位评估的内容：①对职位所承担的工作任务的分析。包括工作任务的内容、形式、操作程序及方法、使用的工具和设备等。②对工作职责的分析。即对该职位权限、责任、重要程度的分析。③对职位关系的分析。指对某职位与相关的上下左右各职位关系的分析。④对任职者应具备的基本知识、技术、能力、经验和身体状况等的分析。⑤对劳动环境和劳动条件的分析。

职位评估的步骤包括：①确定职位评估的目的。②设计评估方案。③职位调查。④分析信息，并向组织报告结果。最后，还要从经济性、可靠性和有效性等方面对职位评估工作进行总结。

职业病 occupational disease 职业劳作中，因接触粉尘、放射性物质和其他有毒、有害物质引起的健康损害或疾病。职业性呼吸系统疾病是以矽肺、煤工尘肺等为代表的一类严重影响呼吸功能的职业病的统称。

法规 不少国家将最常见、最明确的职业危害由政府通过立法措施定出具体范围并列出名单公布。列入此范围的职业危害即为“法定职业病”，或称为“规定的职业病”。此类患者享有一定的劳保待遇。2001年10月27日，中国在世界上首次以国家法律形式颁布《中华人民共和国职业病防治法》（简称《职业病防治法》）。

分类 中国发布的《职业病目录》规定法定职业病共10类、115种：①尘肺13种（如矽肺、煤工尘肺、电焊工尘肺等）；②职业性放射性疾病11种（放射性皮炎、放射性白内障等）；③职业中毒56种（苯中毒、铅中毒、硫化氢中毒、汽油中毒等）；④物理因素所致职业病5种（中暑、减压病等）；⑤职业性传染病3种（炭疽病、布鲁斯氏菌病等）；⑥职业性皮肤病8种（接触性皮炎、痤疮等）；⑦职业性眼病3种〔电光性眼炎、化学性眼部灼伤（见眼外伤）等〕；⑧职业性耳鼻喉口腔疾病3种（噪声聋、铬鼻病等）；⑨职业性肿瘤8种（苯所致白血病等，石棉所致肺癌、间皮瘤）；⑩其他职业病5种（职业性哮喘、棉尘病等）。

防 护　根据《职业病防治法》，用人单位在与劳动者订立劳动合同时，应将工作过程中可能产生的职业病危害及其后果、防护措施和待遇等，如实告知劳动者，并在合同中写明，不得隐瞒或欺骗。用人单位还须为接触职业病害危害的工人提供有效的防护设施及个人防护用品，上岗前、在岗期间及离岗前健康检查，检查结果应及时告知受检者，检查费用由用人单位承担。对在职业健康检查中发现有与所从事的职业相关的健康损害的劳动者，调离原工作岗位，并妥善安置；对未进行离岗前职业健康检查的劳动者，不得解除或终止与其订立的劳动合同。

健康检查及诊断　《职业病防治法》规定，职业健康检查及职业病的诊断应在当地政府卫生行政部门批准的承担职业病诊断任务的医疗卫生机构进行。检查诊断应由3名以上取得职业病诊断资格的执业医师集体诊断，共同签署诊断书，并加盖由当地卫生行政部门核发的职业病诊断专用章方能生效。

患者的权益　除上述规定外，患者的诊疗、康复费用以及伤残、丧失劳动能力的社会保障均享有国家规定的工伤社会保险；依照民事法律，有权向用人单位提出赔偿要求。

职业禁忌　劳动者从事特定职业或接触特定职业病危害因素时，比一般职业人群更易遭受职业病危害和罹患职业病或者可能导致原有自身疾病病情加重，或者在从事作业过程中诱发可能导致对他人生命健康构成危险的疾病的个人特殊生理或者心理状态。

职业病待遇　payment for occupational diseases　为防止和补偿工人生产能力的丧失，对法定职业病患者支付的保险待遇。在绝大多数国家，属于工伤保险待遇范畴。

随着工业化的进展，特别是随着工人运动的蓬勃发展，到19世纪末，法国、德国、英国等国普遍认同了“职业危险”原则：工人从事危险的工作，即使有较高的工资，也不足以补偿其因工伤所受到的损失，资本家必须承担补偿责任。德国率先于1884年颁布了《工伤保险法》，其后，许多国家相继颁行“职业伤害保险法”、“工人赔偿法”等。

世界各国为了加强对职业病的管理和便于解决预防、治疗、补偿及工资待遇等问题，一般都由政府制定职业病的名称范围。《中华人民共和国职业病防治法》中规定，经职业病诊断鉴定委员会确定的职业病患者的诊疗、康复费用，伤残以及丧失劳动能力的职业病病人的社会保障，按照国家有关工伤社会保险的规定执行。他们除依法享有工伤社会保险外，依照有关民事法律，尚有获得赔偿的权利，有权向用人单位提出赔偿要求。此外，用人单位应当按照国家有关规定，安排职业病病人进行治疗、康复和定期检查。对不适宜继续从事原工作的职业病病人，应当调离原岗位，并妥善安置。对从事接触职业病危害的作业的劳动者，应当给予适当的岗位津贴。

职业教育　vocational education　给予学生或在职人员从事某种职业或生产劳动所需要的知识和技能的教育。

近代职业教育产生于18世纪末的欧洲。19世纪中叶，资本主义生产的发展要求劳动者必须具有一定的文化水平，以了解生产过程、工艺原理并不断提高技术熟练程度，于是出现了中等教育阶段的职业学校和职业补习学校。

中国的职业教育体制确立于1902年的《钦定学堂章程》。1917年5月，教育界和实业界在上海创办了中华职业教育社，中国才出现职业教育这一名称。中华人民共和国建立后，中央人民政府明确规定了各类职业技术学校和专科学院在学制中的地位。1996年5月15日，中国通过《中华人民共和国职业教育法》，为职业教育的发展提供了法律依据。

职业体育　professional sports　以体育运动项目作为企业（俱乐部、公司）、运动员、教练员以及相关人员谋生的手段，并围绕它所进行的一系列比赛、表演、推广、经营等商业化活动。主要依靠自身经营来生存和不断发展，并且有其相对独立和完整的商业化经营体系。职业体育的形成与发展推动了体育产业市场的形成与发展，是体育产业市场的重要组成部分。奥林匹克运动会早期曾拒绝职业运动员参加，直到1988年第24届奥运会国际奥林匹克委员会才允许网球和足球的职业运动员参赛，这是奥运会历史上第一次出现职业运动员的身影。中国的职业体育随着国家的改革开放和经济发展应运而生。但由于受体制、观念、经济水平、市场环境等诸多因素的影响，目前在其运作方式等方面尚未构成全部意义上的职业体育模式。

职业兴趣测验　vocational interest test　测量人们对某种职业是否具有比较稳定而持久的心理倾向，即是否具有某种职业兴趣。在择业过程中，职业兴趣一旦产生就成为择业的定向因素之一，因此职业兴趣测验在职业指导中应用颇为广泛。真正意义的职业兴趣测验的诞生，以1927年S.K.斯特朗编制《斯特朗职业兴趣表》(简称SVIB)为标志。后来经修订更名为《斯特朗－坎贝尔兴趣量表》(简称SCII)。从1930年起陆续出现了一系列兴趣量表，如1934年的《库德个人偏好记录表》，1966年又进一步修订为《库德职业兴趣调查表》(简称KOIS)。

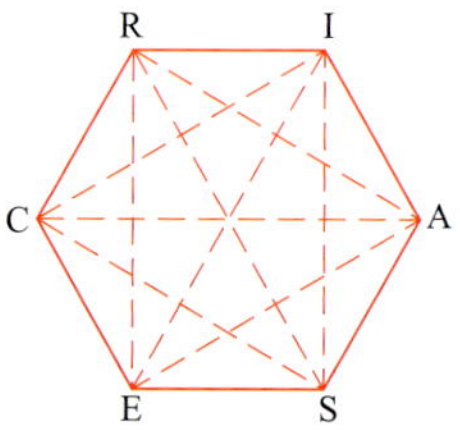

职业兴趣六边形模型

人格－职业匹配理论出现于20世纪50年代。研究者认为，人的人格类型、兴趣与职业密切相关。人格可划分为6种类型：现实型、研究型、艺术型、社会型、企业型和常规型，简称RIASEC。每一个人都可以被划到一种人格类型中，并对应于一种职业兴趣。而每一种职业兴趣都有两种相近的职业兴趣和一种相互排斥的职业兴趣（见图）。基于这种理论，研究者先后编制了《职业偏好量表》(VPI) 和《自我导向探索表》(SDS) 两种职业兴趣量表。其中SDS是非常著名的评估工具，可以告诉被测者的兴趣在于哪些职业。职业兴趣六边形模型提出后，许多测量工具即与这一模型相结合。

职业性皮肤病　occupational skin disease　在工业、农业及其他劳动过程中的职业性有害因素（化学的、物理的和生物的）引起的皮肤及皮肤附属器官的病变。主要表现为皮炎及其他皮肤改变如痤疮、烧伤、黑变病等。应通过调查搞清职业性有害因素，改革生产设备，实现机械化、密闭化，避免接触有害因素；配备防护用具，加强个人卫生。职业性皮肤病应由专业医师确诊。治疗同一般皮肤病。

职业运动员　professional player　受雇于一个俱乐部或一个财团，把参加比赛和运动作为职业，以取得个人收入的运动员。其收入主要由基本工资、出场费、比赛奖金等部分构成。职业运动员可以转会，即由一个俱乐部转到另一个俱乐部（见运动员转会制）。最早从事体育运动的运动员是没有职业和业余之分的。18世纪末，才有人提出所谓“业余原则”。该原则称那些获取过竞赛报酬的运动员为职业运动员，不准其参加不获取报酬的业余比赛。1894年国际奥林匹克委员会成立时也将“业余原则”写入章程。这使不少优秀运动员丧失参加比赛的可能性，遭到不少人反对（见**职业体育**）。近年来由于社会的发展，一些国际体育组织开始放宽对“业余”的限制，使一些职业运动员参加了国际上的重大比赛。

植被 vegetation 地球上任一地区所覆盖**植物群落**的总体。按地域划分，有世界植被、中国植被、河北植被等；按生态环境特征区分，有热带植被、高山植被、水生植被等；按构成植被的优势植物划分，有森林植被、草甸植被、栽培植被等。由于地表生态环境复杂多样，各地植物群落的性质和特征不同，全球可分出不同的**植被带**，首先分出海洋植被和陆地植被两大类型。陆地植被是种子植物占绝对优势。陆地环境差异很大，形成多种多样的植被类型：荒漠植被、冻原植被、针叶林植被、夏绿阔叶林植被、亚热带常绿林植被、热带雨林植被、草原植被等。人类出现后，地球植被经历一个急剧的变化，现在地球上原始的未经人类影响的植被保留很少。人工植被包括农田、果园、人工林、播种草场和城市绿地等，占地面积已接近陆地总面积的1/10。海洋植被是藻类植物占绝对优势，种子植物的种类和个体数量都很少；而且，植物的生产力水平很低。植被在地球的能量转化和物质循环中起着巨大而独特的作用，能为各种生物提供适宜的栖身场所和食物；还具有改善地方气候、防止水土流失、调节河流流量、减轻环境污染等作用。

植被带 vegetational zone 在地球表面呈大幅度带状分布的**植被**。主要由地球表面水热状况差异所形成，以典型的地带性植被为优势组成。地球表面分布的植被带有3种类型：①纬向植被带。沿纬线延伸，作南北向有规律的更替。②经向植被带。大致沿经线或与经向海岸线平行的方向延伸，作东西向有规律的更替。③垂直植被带。又称植被高度带，沿山地等高线分布，按山地等高度发生更替。植被带的形成决定于自然要素的带状区域分异，主要是热量和水分因素以及两者的对比变化。太阳辐射在赤道与两极之间的不均匀分布，是纬向植被带形成的主要原因，由海陆分布和地形因素造成的降水量从沿海往内陆减少，是经向植被带存在的根本原因；而垂直植被带的产生，是海拔高度升高所引起的水热等因素垂直分异和对比关系变化的结果。植被分布的纬向地带性和经向地带性合称植被分布的水平地带性规律，具有以下特点：①高纬度和低纬度区内植被带较为单一，基本上环大陆分布，明显地表现出纬向地带性特点；而中纬度地区内植被带比较复杂，它们在大陆东西岸之间不连续；在气候干旱的大陆内部出现经向地带性的分布。②沿海区域和大陆内部的植被带也不同，即使沿海两侧亦非一致。③南北两半球的植被带不对称。垂直植被带大致与山体等高线平行，并具有一定垂直厚（宽）度。它们的组合排列与更迭顺序形成一定的体系，称为垂直带谱。垂直带谱的数量、分布高度、带幅宽度、优势垂直带、植物种类组成以及基带植被类型等，都因山地的高度、走向和其所在的水平自然地带而异。如中国西南部亚热带山地上存在的森林带上界是世界上森林分布的最高界限；热带北缘**珠穆朗玛峰**地区的植被垂直带谱，是世界上最完整、最复杂的垂直带谱。

植被区划 vegetation regionalization 在一定地区依据植被类型及其地理分布特征划分出彼此有区别，但内部有相对一致性的植被组合的分区。植被区划是综合自然区划、自然生态区划和农业区划的主要依据之一。区域植被资源的开发利用和经营保护，农、林、牧、副业的发展也应在植被分区的基础上进行。对于区域规划，植被分区应是重要的科学依据之一。地带性规律是植被地域分异的自然基础。在进行植被区划时，首先按照反映热量和水分条件的植被水平地带性，划分出高级的区划单位；在各区域内再进一步根据热量或水分的分异所引起的植被差异，划分出地带或亚地带；进而在各地带内根据垂直地带性或其他非地带性因素（如地貌构造）的影响，将植被划分为不同的植被区。在植被地带性的原则下进行植被区划的具体依据或指标，包括该地区的植被类型及其组成成分——植物种类的生态类型、生活型和地理成分。气候、地貌和土壤等也可以作为植被区划的参考依据或辅助指标。1980年出版的《中国植被》的中国植被区划系统具有4级区划单位。全国共为8个植被区域（包括16个亚区域）、24个植被地带（包括8个亚地带）、85个植被区，小区未列出。

植醇 phytol 无环二萜，分子式$C_{20}H_{40}O$。

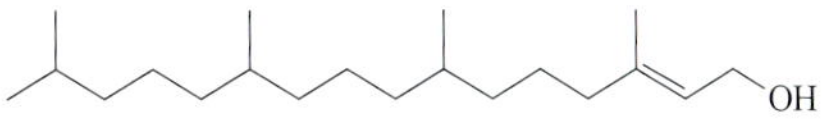

不饱和的一级醇。天然的植醇为油状液体；比旋光度很小；沸点140～141 ℃（0.4帕），相对密度0.849 7（25/4 ℃）；几乎不溶于水，溶于有机溶剂。植醇是合成维生素E和维生素K_1的原料。

植食 herbivory 生物交互作用之一。通常指动物（专食植物的称植食动物，兼食动物的称杂食动物）以植物为食的现象。植物不能借行动躲避动物的取食，但部分植物演化出坚硬的外皮或具尖刺及毒毛抵御动物，大部分高等植物体内含有种种次生代谢物质，使动物因不适口或具毒性而不食。一些植物可因动物食掉其大部或致命部分而死亡；但大多仅被食去非致命部分，其生存不受影响。还有些高等植物演化出“专供食用”的部分以利传种，如花蜜和果肉等。

植树节 Arbor Day 国家或政府以法律形式规定的以宣传森林效益，动员群众参加义务植树造林为活动内容的节日。按时间长短可分为植树日、植树周或植树月，统称植树节。通过这些活动推动全社会的造林绿化，普及林业知识，提高人们对森林功用的认识，树立起爱林、护林的社会风尚。1872年美国内布拉斯加州决定自1885年起，每年4月22日为州植树节，以后美国各州以至世界各国根据其地理位置和气候条件确定各自的植树节。中华人民共和国1979年决定，每年3月12日为植树节。植树节前后，全国各地都广泛开展植树周或植树月的活动。

植物 plant 具有**细胞壁**，能够进行**光合作用**的自养生物。在不同的生物分界系统中，植物的概念及其所包括的类群也不一样，如将生物分为植物和动物两界时，植物界包括藻类、菌类、地衣、苔藓、蕨类和种子植物；在五界系统中，植物界仅包括多细胞的光合自养的类群，而菌类、地衣和单细胞藻类以及原核的蓝藻则不包括在内。

植物界和其他生物类群的主要区别是含有叶绿素，能进行光合作用，为绿色自养生物。此外，它们绝大多数是固定生活在某一环境，不能自由运动（少部分低等藻类例外）。具细胞壁；细胞具全能性等。

植物覆盖着地球陆地表面的绝大部分，并且在海洋、湖泊、河流和池塘中也是如此。它们的大小、寿命差异很大，从微小的肉眼看不见的藻类到海洋中的巨藻和陆地上庞大的、寿命几千年的巨杉都是植物。植物在自然界生物圈中的各种生态系统中几乎都是唯一的初级生产者。植物和人类的关系极为密切，它是人类和其他生物赖以生存的基础。

植物保护 plant protection 控制有害生物在植物生长和产品储藏期间为害的措施。对植物有害的生物种类繁多，主要有害虫和害螨，以及各种病原生物如**细菌**、**真菌**、病毒、类病毒、类菌原体、线虫、原生动物和**杂草**等。此外，还包括其他有害动物如鼠类、害鸟、害兽，软体动物如蜗牛、蛞蝓等。全世界鼠害每年损失可供2亿人的粮食；因草害每年损失粮食价值200亿美元以上 。中国每年草害损失粮食达75万吨。有害生物除在其发生地区为害农业生产外，还常随农产品、包装器材、运输工具等被带到其他国家和地区。当这些有害生物适应了新的环境，又缺乏原发生地的天敌时，就可能迅速传播为害，导致巨大损失。

长期以来，植物保护研究和防治的对象仅包括病虫害，而未包括杂草和鸟、兽害。随着农业生产和植物保护科学技术的发展与进步，研究和防治对象的范畴逐渐扩大到危害农作物、林木、花卉及其产品的各种有害生物。

在生产实践中应用较广的可归纳为下列几大类：①植物检疫。以立法手段防止有害生物随植物及其产品在流通过程中传播的措施，由植物检疫机构根据国家颁布的检疫法规强制性实施。②农业防治。包括利用各种耕作栽培管理措施、选育和利用抗性良种，以抑制有害生物的发生数量。③生物防治。利用有害生物的天敌或某些生物的代谢产物控制有害生物。④化学防治。在适当时期科学地施用各种杀虫剂、杀菌剂、除草剂、杀鼠剂等化学农药，以防治有害生物。⑤物理机械防治。根据有害生物的生物学特性或特殊习性，利用某些器械的物理、机械作用，抑制有害生物的发生与发展。例如利用昆虫的趋光性、趋味性设置器具诱杀害虫，利用温汤浸种、烧土、熏土防治植物病害，等等。此外，还有一些现代的防治措施，如不育防治害虫，利用昆虫激素尤其是性信息激素的作用，以及高频电、微波、超声波、红外线、紫外线处理等。⑥抗性育种。是通过培育抗性品种防治农作物病虫害的技术。随着生物技术的发展与进步，抗性育种尤其是转基因工程育种技术，现发展非常迅猛。⑦综合防治。根据有害生物种群动态和有关环境条件，协调运用各种适当防治技术的植物保护措施。

各类防治措施都有其优点和局限性，需要从农（林）业生态系统的整体出发，根据安全、有效、经济要求和“经济效益、社会效益与生态效益相统一”的原则，优先选用和发展较少副作用和防治成本较低的措施，充分利用有助于控制有害生物的自然因素和能恶化有害生物生活环境的耕作栽培管理措施等。

植物表皮 plant epidermis 植物体最外面的一层细胞，在植物的地上器官（如茎、叶、花、果实和种子）中具有保护功能，在地下器官（根）中具有吸收功能。当根、茎加粗生长时，表皮受到挤压、破坏，由另外的保护组织周皮替代。

具有保护功能的表皮一般由一层细胞组成，细胞排列紧密，没有细胞间隙（气孔的保卫细胞除外）。在有些植物的器官中，其表皮细胞平周分裂（与器官的表面平行分裂），产生几层细胞称为复表皮。表皮除一般表皮细胞外，还有气孔（器）和毛（包括腺毛、非腺毛、鳞片、乳头状突起和根毛）等附属物。有些植物的表皮细胞具有其他各种特殊结构或内含物，如硅质细胞、栓质细胞、泡状细胞、异细胞、石细胞和分泌细胞。

具有吸收功能的根的表皮，细胞的排列也很紧密，其中有些较小的、细胞质浓厚的生毛细胞，将来发育成根毛。

植物地上部分的表皮细胞外壁比较厚，在外壁的表面覆盖着一层脂肪性物质，称角质膜（又称角质层）。它在叶子表面最明显，嫩枝、花和果实的表皮外层及幼根上也常有这种结构。角质膜主要起保护作用，不仅可以限制植物体内的水分丧失，而且可以抵抗微生物的侵袭等各种不良影响。角质膜外常有一层蜡质层。角质膜的厚度受环境影响很大，如在干旱条件下或阳光充足处生长的叶子，角质膜变厚，含蜡也多。

植物病害 plant disease 植物在生物因子（如病原物等）或非生物因子（如不适环境条件、不当的农事活动等）的影响下，生理功能失调、组织结构受到破坏的过程。植物病害的发生和流行，常给人类社会造成严重损失，一些优质的高产品种往往因病害严重而被淘汰，有些还能引起人畜中毒。然而也有极少数植物病害有一定的利用价值，如水生蔬菜茭白就是黑粉病菌侵入其嫩茎后形成的肥厚的肉质茎，郁金香碎色病则可增加这种花卉的观赏价值。

分类 分为侵染性和非侵染性两大类。侵染性病害是由病原物引起的具有传染性的病害。可分为真菌性、细菌性、病毒性和线虫病害等。侵染性病害中病原物从侵染到寄主植物症状出现的过程，简称病程。侵染程序一般分为侵入期、潜育期、发病期3个时期。非侵染性病害是由不适宜的物理、化学等非生物环境因素直接或间接引起的非传染性病害。致病因素有：土壤缺素和元素中毒、水分失调、温度失调、光照失调、药害、环境污染。

侵染循环 植物病害从前一个生长季节始发病到下一个生长季节再度发病的过程。也称病害的年份循环。侵染循环主要包括以下3个方面：①病原物的越冬或越夏。病原物度过冬、夏季寄主植物的休眠期，成为下一个生长季节的侵染来源。②初侵染和再侵染。经过越冬或越夏的病原物，在寄主生长季节中的首次侵染为初侵染，病原物的重复侵染为再侵染。不同病原物在一个生长季节中的侵染次数不相同。有些病原物只有初侵染，没有再侵染。③病原物传播。分主动传播和被动传播。前者如有鞭毛的细菌或真菌的游动孢子在水中游动传播，其传播的距离和范围有限；后者靠自然和人为因素传播，如气流传播、水流传播、生物传播和人为传播。

影响因素 对植物病害影响较大的环境条件主要包括：①气候土壤环境。包括温度、湿度、光照和土壤机械组成、含水量、通气性等。②生物环境。包括昆虫、线虫和微生物。③农业措施。包括耕作制度、种植密度，以及施肥、灌溉、排水、施用农药等措施，可减轻或加重病害。

防治原则 消灭病原物或抑制其发生与蔓延；提高寄主植物的抗病能力；控制或改造环境条件，使之有利于寄主植物而不利于病原物，抑制病害的发生和发展。一般着重于植物群体的预防，根据作物病害的发生、发展规律，因地制宜地采取综合防治措施。每项措施要能充分发挥农业生态系中的有利因素，避免不利因素，避免公害和人畜中毒，使病害所造成的危害降低到最小限度。防治方法有植物检疫、抗病育种、农业防治、化学防治、物理防治、生物防治等。

植物地理学 phytogeography 研究植被与环境相互作用及其空间分布规律的科学。是地理学与植物学之间的边缘学科。地球植被分布于陆地和海洋两个区域，植物地理学主要指陆地植物地理学。海洋植物地理一直研究很少，但已逐渐引起科学家的关注。无论现存的或过去生存过的植物种，都有其独特的地理分布范围。每一个植物种（或其他分类单位，如属或科）都不是在地球表面普遍分布，而只是出现于某种适宜的环境中。植物种在自然界通常是与他种结合形成群落出现的，植物群落也具有独特分布格局。植物种（或其他分类单位）和植物群落的分布格局，是植物地理学所研究的对象。研究内容分为区系植物地理学、生态植物地理学和历史植物地理学3个部分。历史植物地理学研究植被的演化规律，现代植被空间分布规律的解释要借助于历史植物地理学研究的结论。生态植物地理学与植物生理学相互融合，发展成为植物生态学。植物地理研究根据研究对象的层次分为植物种类地理和植物群落地理。植物种类地理主要包括植物生态地理群、植物分布区、植物特有种、植物残遗种、植物替代种、植物区系、地球植物区系分区以及栽培植物起源中心等。植物群落地理主要包括植物群落、植被动态、植被带以及各种植被类型。通过植物地理的研究，可提供植物资源分布和储量的资料，指导防护林的种类组成和群落配置、绿地的布局，为确定自然保护对象，自然保护区设置等提供依据。

植物呼吸 plant respiration 植物在有氧条件下，将有机化合物氧化，产生CO_2和水的过程。此过程中产生的能量可以部分地用于各种生命活动。植物组织中也有不需氧的氧化作用，其中的有机物可以部分分解，产生少量CO_2并释放少量能量，称为发酵作用，又称无氧呼吸。与此相区别，需要氧气的呼吸称为有氧呼吸。

植物中的绿色部分，在光照下以二磷酸核酮糖的氧化产物乙醇酸为底物，继续氧化，产生CO_2，这个过程称为光呼吸。

植物虽靠**光合作用**提供能量形成有机物，但也都是通过呼吸作用，将光合产物中产生的化学能释放出来，以腺苷三磷酸中高能键的形式供各种生理活动之用，其基本反应与动物及微生物的相似，而且电子传递和磷酸化也在线粒体上进行。与高等动物不同之处在于：植物叶片扁而薄、气孔众多，与大气间气体交换方便，除沼泽植物如水稻有通气组织之外，没有肺鳃等呼吸器官。

呼吸速率因植物种类、发育时期和生理状态而异。幼嫩的、旺盛生长着的组织呼吸速率高，长成的和衰老的组织呼吸速率低。影响呼吸速率最显著的环境因素有温度、大气成分、水分和光照等。

呼吸对植物正常生活和产量形成必不可少。特别是低洼渍水地区，土壤中氧气不足使根系呼吸受阻，影响根系生长和对水与无机离子的吸收；种子和果实在贮藏中呼吸旺盛会消耗贮藏物质，影响种子寿命和果实的品质。常用控制含水量的办法降低种子的呼吸速率；对新鲜水果、蔬菜可以用降低O_2浓度（至3%）和提高CO_2浓度（至5%）的气调贮藏法来降低呼吸速率。

植物激素　plant hormone; phytohormone　由植物产生的调节植物生理过程的微量有机物质。它由植物的一部分器官（或组织）合成而转移到另一部分器官（或组织）起作用。植物不像动物那样有产生激素的特殊腺体，其作用部位也不像动物激素那样局限于特殊的靶器官。

生长素、**赤霉素**、**细胞分裂素**、**脱落酸**和**乙烯**是公认的五大类植物激素。其中生长素、赤霉素和细胞分裂素为促进型激素；脱落酸和乙烯为抑制型激素。一些芳香族化合物（如酚类）、含氮化合物（如扁桃苷、生物碱及非蛋白氨基酸等）、类萜化合物（如α-甲叉内酯、甾类、三萜等）、脂质化合物等对植物生长也有调节作用。

植物中有接受激素并能呈现激素效应的靶细胞，其中含有较多的激素受体。激素受体能与激素发生很强的专一结合，并在结合后引起一系列特定的生理生化反应。植物激素有时单独地，有时与其他激素互相协作或互相拮抗，对植物的生长发育起调节控制作用。

植物激素虽可用于调节植物的生长发育，但它们在植物体内容易被酶促分解，因而作用时间短暂。仿照天然植物激素的结构人工合成了一些具有生理活性的结构相似而成本低廉的化合物，还合成并筛选出一些结构与天然激素毫不相似但有生理活性的化合物。这些人工合成的有机化合物统称植物生长调节物质。它们不易被植物的酶分解，因而农业生产上用它们来提高农产品的产量和品质或达到其他目的。

植物检疫　plant quarantine　以立法手段防止在植物及其产品的流通过程中传播有害生物的措施。一般由国家制定法律和设立专门机构，依法对进出口（或过境）以及在国内运输的植物及其产品进行检疫检验，发现带有有害生物时，即采取禁止或限制出入境等安全措施。目的在于防止有害生物传入或传出一个国家或地区，保障一个国家或地区农业生产的安全。

检疫法规　检疫法规以某些有害生物的生物学特性和生态学特点为理论依据，根据这些有害生物的分布地域性、扩大分布为害地区的可能性、传播的主要途径、对寄主植物的选择性和对环境的适应性，以及原产地自然天敌的控制作用和能否随同传播等情况而制定。其内容一般包括检疫对象、检疫程序、技术操作规程、检疫检验和处理的具体措施等，具有法律约束力。国际上通行的植物检疫法规，有综合的和单项的两种形式。

检疫对象　凡属国内未曾发生或仅局部发生，一旦传入对本国的主要寄主植物为害较大而又难于防治的，以及在自然条件下一般不可能传入而只能随同植物及其产品，特别是随同种子、苗木等植物繁殖材料的调运而传播蔓延的有害生物，被确定为检疫对象。如中国进口植物检疫对象，包括菜豆象、松材线虫、梨火疫病、栎枯萎病、可可肿枝病、五角菟丝子等多种害虫、线虫、病原细菌、病原真菌、病毒、杂草等。

检疫检验　按检验的场所和方法可分为：①入境口岸检验。对输入的植物或植物产品，在到达进口港后进行检验。②原产地田间检验。在产地植物生长期间进行预检，比入境时检验更能有效地制止有害生物的传播。③入境后隔离种植检验。主要用于检验进口的植物种质材料。

检疫处理　通过检疫检验发现有害生物后，一般采取以下处理措施：①禁止入境或限制进口。②消毒除害处理。③改变输入植物材料的用途。④铲除受害植物，消灭初发疫源地。

植物抗性　plant resistance to environmental stress　植物对不利于生长或存活环境的抵抗和忍耐能力。抗性也就是植物在逆境下存活的生理反应。包括抗寒性、抗旱性、抗热性、抗涝性、抗盐性、抗病性、抗虫性等。寒冷、干旱、炎热、盐渍、水涝、污染等逆境虽然对植物构成的物理和化学的胁迫因素不同，但作用到植物体时，往往直接或间接对植物产生水分胁迫，使植物失水、细胞体积收缩变形、膜脂双层结构变化和膜系统破损。因此植物抗性的共同基础是渗透调节、膜脂膜蛋白相互作用的变化与修复。

植物在不同环境条件下演化的结果，对环境产生了不同类型和不同程度的适应。例如，高纬度地区生长的水稻品种的抗冷性比低纬度地区生长的强。这些知识对引种时选择品种和育种时选择亲本有指导意义。同一地区不同种或品种之间抗性也有差异，但这种差异一般小于气候带之间的差异。在农业生产中除引种高抗性品种以外，在育种时要选择具有高抗性的亲本。植物的抗性有其限度，因此还要用其他措施避开或减轻逆境的胁迫，如调整作物种类或品种的布局，采用薄膜或其他材料覆盖，以保持适宜的小环境，建设林带或林网以改善小气候等。

植物矿质营养　plant mineral nutrition　植物为维持生长和代谢的需要而吸收、利用矿质营养元素的过程。当植物缺乏矿质元素或其比例失调时，就会影响植物的生长发育，甚至出现病症（缺素症），乃至死亡。

公认的一般植物必需营养元素有16种，除氢是植物从水中吸收的，碳和氧是植物叶片通过光合作用从空气中吸收的外，其余均为矿质元素。其中氮、磷、钾、钙、镁、硫等，植物所需量比较大，称为常量元素；铁、硼、锰、锌、铜、钼、氯等，植物需要量很小，称为微量元素。这些矿质元素的生理功能是：①植物细胞的组成成分。②参与能量代谢。③参与酶、辅酶和一些电子递体的组成。④调节功能。

植物矿质营养的吸收规律是施肥的理论基础。掌握了植物所需矿质营养元素的种类和数量，以及判定出哪些元素是植物生长发育的限制因子，就可以有针对性地选择肥料种类、数量和施肥方法，以增加作物产量和改进作物品质。

植物区系　flora　某一特定区域生长的全部植物种类。如北京地区所包含的全部植物的科、属、种，就是北京植物区系。根据不同的原则或分布区特点，区系成分划分为5种：①地理成分，按照植物种类现代地理分布或分布区类型划定。②发生成分，按照植物起源地划定。③迁移成分，按植物种类迁移到某一植物区系所在地时所循的路线而划定。④历史成分，按植物种类成为某一植物区系组成部分时间早晚而划定。⑤生态成分，按照植物种类所适宜的生境而划定。确定这些成分能了解植物区系的历史，以及它们所反映的气候等环境条件的变化历史。

植物群落 plant community 在一定地段的生态环境条件下，有规律的共同生活的各种植物种类的组合。如一片森林、一片草原等。不同的植物群落具有不同的生活型组成和数量比例。生活型是植物长期综合适应特定环境的产物，表现为各式各样的形态类型。它们的适应方式显示在茎的木质化程度和生长高度，叶的大小、质地、形态和寿命，全植株的外貌和大小等。不同的生活型构成决定群落的外貌，一个群落以高位芽占优势，群落就是高大的森林群落。群落的外貌随着四季更替而发生的相应变化，称为季相。在四季分明的温带地区，群落的季相较多，如在发育良好的草甸草原上一年中群落的季相有10余个。每类植物群落具有一定的垂直空间结构，对于森林群落来说，通常依次有乔木层、灌木层、草本植物层和苔藓地衣层4个基本层次。对于一个草本群落来说，可以根据草的高度划出几个层次。一般来说，在环境条件优越的地方，植物的数量较为丰富，群落的层次结构较为复杂（如热带雨林）；在干旱、严寒、盐碱等恶劣生境条件下，只有少数生活型和少数植物种能够适应，群落结构十分简单。根据群落中各植物种的数量特征，及其在利用空间和资源、创建小生境方面所起作用的大小，可区分出优势种和从属种。植物群落对环境产生反馈作用，能调节近地面气候、改变土壤理化性质、减缓环境污染危害等。有些植物群落对环境的适应性较小，能够指示一定的环境条件，这样的群落称为指示植物群落。

植物人 vegetative being 人的认知能力已完全丧失，没有任何主动活动，只保留了一些本能的神经反射和进行物质及能量代谢能力的一种特殊的状态。因与植物的生存状态相似，故名“植物状态”，也称为不可逆昏迷。

植物状态与脑死亡有所不同。脑死亡指包括脑干在内的全脑死亡，故脑死亡者没有自主的呼吸和心跳；而植物人的脑干还具有功能，只要有充足的营养输入体内，机体就能消化吸收，并利用这些能量来维持身体的代谢，包括呼吸、心跳、血压等，甚至能对外界的刺激产生一些本能性的反射，如咳嗽、喷嚏、打哈欠等，但机体已没有意识、知觉、思维等人类特有的高级神经活动。脑电图在脑死亡时呈一条直线，而植物状态则可出现一些杂散的波形。

植物神经系统疾病 vegetative nervous system, disorders of 发生于植物神经系统的一组病变的统称。植物神经系统是神经系统的组成部分之一，主要支配内脏、血管和腺体，在维持人体的随意和不随意活动中起重要作用，其活动是在无意识下不随意进行的，故又称自主神经系统。有以下几种。

血管迷走性晕厥 为反射性晕厥的一种。多发生于体弱的年轻女性，原因为精神或疼痛刺激。发病前常有头昏、眼花、面色苍白、出汗、恶心、腹部不适等先兆。数秒至数十秒钟后出现眼黑、意识丧失而倒地。此时血压下降、脉微弱、瞳孔散大、光反应减弱、肌张力减低，偶尔遗尿。1～2天后恢复，可反复发作。发作时宜取平卧位，下肢抬高，一般均可苏醒。属于反射性晕厥的还有排尿性晕厥、咳嗽晕厥、吞咽性晕厥、吞咽神经痛性晕厥等。

雷诺氏病 又称肢端动脉痉挛症，支配周围血管的交感神经功能紊乱引起的肢端小动脉痉挛性疾病。常见于青年女性。典型发作可分3期：缺血期，肢端遇冷后皮肤发白、发凉并感麻木、疼痛，持续数分钟至数小时；缺氧期，肢端呈青紫色，压之消退，伴疼痛，持续数小时至数日；充血期，皮温上升，色泽潮红，以后恢复正常。预防为尽量避免肢体受寒，注意保暖，戴手套和穿厚袜，消除情绪因素，避免外伤，忌烟。治疗可用血管扩张药。严重者可作交感神经切除。

红斑性肢痛症 又称肢端红痛症。常见于男性青壮年。发作时肢端尤其是双足剧烈灼痛，皮肤发红伴肿胀，皮温上升。长期站立、行走或将双足置于被内，可使症状加重，如浸入冷水中则症状缓解。治疗可用血管收缩药。有报道用苯噻啶有效。

神经原性直立性低血压 又称体位性低血压。从卧位改变为直立位时，血压迅速下降，引起头晕、视力模糊、全身无力、晕厥等脑缺血症状。

夏伊－德雷格尔二氏综合征 特发性直立性低血压同时伴有其他植物神经紊乱，并有小脑、基底节或脊髓运动神经元变性所引起的神经异常。治疗首先减轻体位性血压下降，其措施包括卧床时头位稍高、穿有弹性裤袜、起床时缓慢站起等。药物用消炎痛、盐酸米多君（管通）。

全植物神经系统功能不全 一种在1～2周内急性起病，侵及交感、副交感神经节后的小直径的有髓鞘及无髓鞘纤维的疾病。表现为一系列的自主神经功能不全的症状：无汗、直立性低血压、瞳孔反射麻痹、泪腺、涎腺分泌不能、阳痿、膀胱直肠功能障碍，常见尿潴留、餐后胀满、肠梗阻或便秘、皮肤立毛及血管运动障碍。

灼性神经痛 常于外伤后发生受伤神经分布区剧烈烧灼样疼痛，伴出汗、皮肤发红、发紫、感觉过敏等。可服卡马西平、苯妥英钠等治疗。

遗尿症 又称溺褥。指睡眠时不能控制的排尿，有别于白天和夜间都流尿的尿失禁。机理不明。或与排尿的神经生理活动障碍、膀胱容量减小或心身等因素有关。除功能性因素外，泌尿生殖系统病变、隐性骶裂等均可引起。

植物生理学 plant physiology 研究植物生命活动规律的生物学分支学科。其任务在于认识植物的物质代谢、能量转化和生长发育等的规律与机理、调节与控制，以及植物体内外环境条件对其生命活动的影响。植物生理学是植物学的一部分，也是普通生理学的一个分支。植物的基本组成物质如蛋白质、碳水化合物、脂肪和核酸及其代谢与其他生物（动物、微生物）大同小异。但是植物有其独特之处：①能利用太阳能，用无机的CO_2和水及矿物质合成有机物，是现代地球上几乎一切有机物的原初生产者。②植物扎根在土中营固定式生活，趋利避害的余地很小，必须适应当地环境条件并演化出对不良环境的耐性与抗性。③植物的生长没有定限，身体大小随条件而伸缩的余地极大。④植物的体细胞具全能性，条件适宜时，从一个体细胞就可长成完整的植株。因此，植物生理学在实践和理论上都有重要意义。

学科内容一般分为以下10个方面。

光合作用 绿色植物的特殊功能。有光合色素，能吸收太阳光。用光能分解水分子，放出氧气；同时还原辅酶Ⅱ，造成质子（氢离子）转移，耦合腺苷三磷酸（ATP）的合成。还原型辅酶Ⅱ与ATP通过一系列酶反应，将空气中的CO_2固定并还原成碳水化合物。

代谢 可以分为两大方面，一方面是合成代谢，即将光合作用产生的较简单的有机物通过一系列酶反应，转化成更复杂的包括高分子的有机物如蛋白质、核酸、酶、纤维素等，构成植物的结构、功能部分和储存物如淀粉、蔗糖、油脂，以供其当代或后代生命活动中所需的能量。另一方面是分解代谢，即把大分子的物质水解（或磷酸解）成为简单的化合物。

呼吸作用 同动物一样，植物也进行呼吸，但没有像鳃、肺那样专门进行气体交换的呼吸器官。分解代谢所形成的还原型辅酶或几种简单的有机酸，经过一系列的电子传递（呼吸链），最后被氧化形成水。电子传递同时偶联着ATP的形成，供应各种生命活动的能量需要。见植物呼吸。

水分生理 植物通过蒸腾作用所损失的水的量远比进入光合产物的量大。陆生植物演化出气孔（器），它在无光或弱光下关闭或收缩，以减少水的浪费；细而长、相对表面积很大的根系从土壤中吸收水分，通过木质部的导管或管胞输送到地上部的叶等器官中。干旱地区的植物还演化出减少蒸腾的特殊构造和代谢方式。

矿质营养 除CO_2和水外，植物还需要多种化学元素。需要量较大的氮（N）、磷（P）、钾（K），是农业中的主要肥料成分。其次为钙（Ca）、硫（S）、镁（Mg）、铁（Fe），它们是构成植物体内生活物质包括某些酶的必要成分。此外还需要一些**微量元素**，如锰（Mn）、锌（Zn）、硼（B）、铜（Cu）、钼（Mo）等。

体内物质运输　植物没有血液循环系统，但制造有机物质的光合器官（叶）位于地上，吸收土壤中无机盐和水分的根系处于地下，两者互相供应对方所需的物质；生殖器官（花、种子、果实）等则需要从前两者获得营养物质。适应地上部与地下部之间和各种器官之间物质运输的需要，植物演化出主要输送水和溶于其中的矿质元素的木质部中的导管，和主要输送有机物的韧皮部中的筛管。

生长与发育　生长主要是通过细胞的分裂和膨大，发育是通过细胞的分化而形成不同的组织和器官。植物的生长发育受内在因素和外界环境的制约，具有一定的阶段性和季节性。寒、暖、雨、旱季变化明显的地区的植物常有休眠期。从营养生长（叶、茎、根的生长）向生殖生长（分化花芽、开花、结实）转化的进程与自然环境的年度变化相耦合，如光周期现象。

植物枝体的许多部分的细胞具有“全能性”，即当离体后在人工培养基中可以脱分化而长成愈伤组织。在适当的情况下，又可以再分化，形成根、茎、叶等器官以至长成完整的植株。

植物激素　植物没有神经系统，各器官间的生理活动，除随营养物的供求关系相互制约外，大都是通过一些特殊的化学物质即植物激素来相互调节和控制的。它们在某些部位形成，转移到另一些部位起作用。如最先发现的**生长素**就是在茎的顶端形成，输送到下面，促进其细胞伸长。后来又相继发现许多其他激素，如**脱落酸**、**赤霉素**、**细胞分裂素**、**乙烯**。除通过化学物质调节控制之外，植物中还有迅速的物理的信息转导，如电位的变化。

抗逆性　不同植物种间或同一物种的不同品种间对不良环境的耐性和抗性的差异很大，有的能在极干旱的条件下生存，有的能耐受低温。在自然界中，不同生境中植物的分布在很大程度上是由它们的抗逆能力决定的。在农业生产中，了解抗逆性的生理机理，有助于设计提高抗逆性的措施和育种指标。

植物运动　生活在水中的低等植物，有些具有特殊器官如鞭毛，可以游泳，进行趋光运动。陆生植物虽然着生位置固定，但可以响应环境条件而朝某个方向生长，称为生长运动。如根有向地（重力）性，叶片有向光性。有些植物能进行机械运动，如睡莲的花昼开夜合、合欢的复叶晚间闭拢，含羞草和食虫植物猪笼草等动作更为迅速。

植物是地球上利用太阳能合成有机物的主要生物。它们的生理活动对人类和整个生物圈极为重要。在农林牧各业中合理利用资源、提高产量和品质以及对自然环境的保护，都需要植物生理学知识的指导。

植物纤维　plant fiber　广泛分布在种子植物中的一种厚壁组织。它的细胞细长、两端尖锐，具有较厚的次生壁，壁上常有单纹孔，成熟时一般没有活的原生质体。植物纤维在植物体中主要起机械支持作用。见**天然纤维**。

植物学　botany　研究植物的形态、结构、生殖、生活史、分类、起源演化及与人类关系的**生物学**分支。所有的动物（包括人类）都不能不靠绿色植物的**光合作用**能力把日光能转化为化学能，释放出氧气来维持其生活。植物是人类食、衣、用、住、行原料的直接或间接来源，是维持生物圈生态平衡的重要环节。早期人类就能分辨出他们所接触到的植物，并加以命名。随着文化发展，人们开始把对植物的知识系统化，并且记录下来成为植物学。以后，进一步注意到植物的结构、化学组成、各部分的功能和繁殖方式。自从人类懂得了栽培植物，研究内容更包括了其营养生长和繁殖，以及选育良种和对病虫害的处理。20世纪植物学研究一方面走向微观，试求把植物的各种活动，物质、能量、信息的转化还原到细胞水平、分子水平，甚至电子水平，并创造了**细胞工程**、**基因工程**等方法以求迅速繁殖和培育植物新品种。另一方面，特别是20世纪70年代以来，又趋向宏观，研究环境保护、**生态工程**等课题，甚至扩大到地球生物圈的组成及其调控的研究等。植物学已发展为包括众多分支的知识体系。70年代以来又常称之为植物生物学。植物学以研究层次和重点不同而划分为5个主要分支。

植物形态学　研究植物的形态和结构（由细胞到器官各个层次），分支学科有植物细胞学、解剖学（专注于内部结构）、组织学（关心特殊种类细胞的性质）、植物胚胎学等。

植物生理学　研究植物各部分或整体的功能和行为，与植物生物化学紧密相联。后者研究植物生命过程中化学组成和变化。植物生物化学还有一个重要分支——植物化学，研究植物次生代谢的化学产物。见**植物生理学**。

植物遗传学　研究植物的种质和遗传、变异等现象，因此和研究植物进化相联系。

植物生态学　研究植物与其环境的关系。与它紧密联系的是：**植物地理学**（包括地植物学），研究植物和地球表面的关系；植物社会学（植物群落学），研究植物群落。

植物分类学　研究植物的分类和命名，它们的系统和演化（包括研究特定区域的全部植物及其种类分布、起源和发展的区系学）。这些区分并不是绝对的。

此外，还有些特别分支，如以研究对象而划分的藻类学、地衣学、苔藓学和蕨类学。与应用密切相关的分支有经济植物学、民俗植物学、古植物学和孢粉学等。

植物营养繁殖　vegetative reproduction　由植物体的根、茎、叶等营养器官产生新植株的生殖方式。**无融合生殖**的一种方式，属于广义的**无性生殖**范畴。营养繁殖实质上是通过母体细胞**有丝分裂**产生子代新个体，后代一般不发生遗传重组，在遗传组成上和亲本是一致的。

自然营养繁殖　不同植物类群，有不同的繁殖方式。低等植物通过孢子（无性孢子）或植物体碎片和裂片形成新个体。种子植物的茎段，是多数植物繁殖的有效器官。许多草本多年生植物可通过变态的茎繁殖，如鳞茎、球茎、块茎和根状茎。根是营养繁殖的另一种重要器官。某些植物的水平根系和块根上可产生不定芽（根出条），并可以陆续发育出新植株。叶和芽也能繁殖。如落地生根的肉质叶缘每一缺刻都能产生“胚”，这种胚发育到一定程度，小苗就可落地生根，并发育为独立的新植株。

人工营养繁殖　为保持母本的优良遗传性状，人为地取下植物体的部分营养器官或组织，在离体条件下培养成新植株。常用的方法有：①扦插。自亲本植物体截取营养器官，在适当条件下插入土中，失去的器官重新产生，并发育成为新植株。②压条。将母株的枝条或茎蔓埋压土中，生根后再与母株刈离成株。③嫁接。把一种植物的枝或芽，

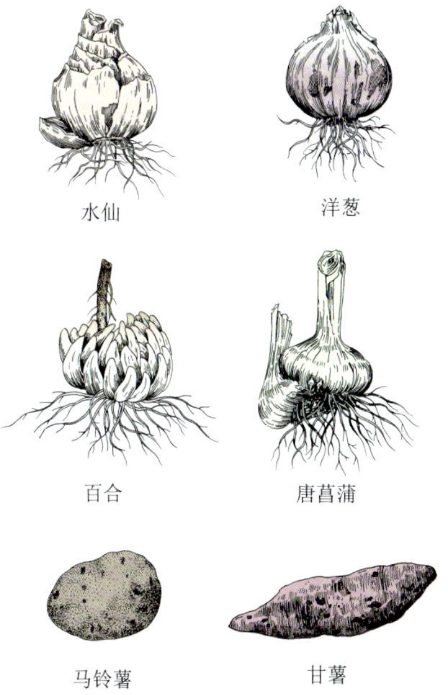

图1　部分靠变态茎、块根营养繁殖的植物

a 叶繁殖
（落地生根的叶）

b 零余子繁殖
（百合的零余子）

图2 叶和芽的营养繁殖

嫁接在另一种植物的茎或根上。前者称为接穗，后者称为砧木或台木。

20世纪70年代以后，植物组织和细胞培养已成为植物营养繁殖的重要手段。主要方法是采用一小块植物体组织，在无菌条件下培养，诱导产生新根或苗端系统，最终形成大量小植株。它的特点是可以很快获得无病毒植株。植物组织培养已走向工厂化，它的产品已纳入商品生产范畴。

植物园 botanical garden 栽培植物，以展示、科学普及和科学研究为目的并对公众开放的园地。按照国际植物园协会（IABG）的定义，植物园的两个基本特征是：向公众开放和植物悬挂标牌（标注俗名和学名）。而植物园保护国际（BGCI）在1999年则将植物园定义为：植物园是拥有经完整记载的活植物，并以科学研究、保护、展示和教育为目的之机构。

植物园的发展与人们栽培和应用植物的历史密切相关，中国西汉的上林苑、宋朝的独乐园都可看作是植物园的雏形。现代植物园的发展始于欧洲，始建于1545年的意大利帕多瓦植物园被公认为世界上第一座植物园。该植物园栽植多种药用植物，供教学和研究用。16～18世纪在欧洲相继建成了包括荷兰莱顿植物园，英国皇家爱丁堡植物园、皇家植物园邱园，法国国家植物园等在内的著名植物园。植物园的建设在20世纪进入新阶段。全世界已有各类植物园1 800座以上，收集保存了80 000多种植物。其中以北美和欧洲的植物园数量为最多。

深圳仙湖植物园

中国有数量众多的各类植物园（含树木园），其中台北植物园、南京中山植物园和庐山植物园是中国兴建较早的植物园。中国比较著名的植物园还包括北京植物园、西双版纳植物园、华南植物园、杭州植物园、上海植物园、深圳仙湖植物园、武汉植物园、昆明植物园等。世界上比较著名的植物园有英国邱园、英国皇家爱丁堡植物园、美国密苏里植物园和纽约植物园、加拿大蒙特利尔植物园、德国柏林大莱植物园、比利时国家植物园、印度尼西亚茂物植物园、新加坡国立植物园、南非国家植物园、巴西里约热内卢植物园等。

植物园可以按照形式和内容划分为经典的植物园、观赏植物园、物种保护植物园、高山或山地植物园、自然或野生植物园、园艺植物园、主题性植物园、社区植物园。树木园是以栽培木本植物为主的植物园。

植物园的功能有多种，如进行科学研究、对公众进行环境科普教育和植物科普教育、为公众提供休闲游憩的旅游服务、野生植物的开发应用、生物多样性保护、珍稀濒危植物的迁地保护、引进并推广应用新的植物资源（包括园林植物、粮食和经济植物）、种质保存等。保护和持续利用生物多样性是世界各国植物园面临的最重要的课题之一。植物园利用自己在植物资源研究和迁地保护、科学普及等方面的优势，可为生物多样性保护作出贡献。

植物园的规划设计有其特殊性，一个好的植物园应该是“科学的内容和艺术的外貌”得到完美结合。即园区布置、植物的收集记载等必须遵循科学的要求，园区的植物和景点布置符合美学的要求，能营造优美的景观。植物园的园区划分一般以专类搜集的方式出现，根据不同的展出和收集需要，布置出各种专类园。植物园的基本设施是植物搜集区，以及与之相配套的植物标本馆、图书馆。对于温带和寒带的植物园，有时为了收集栽培热带、亚热带的植物，还要建设温室，供研究和展示。

植物运动 plant movement 植物的某些器官在内外因素的作用下发生有限的位置变化。植物响应外界刺激而进行的运动，从接受刺激到进行运动，可以分为3个步骤：刺激的感受（由感受器或传感器承担）；感受器所接受的刺激向引起运动器官动作的信号的转换；生效器或效应器即运动器官的动作。

类型 按尺度分，在细胞内有原生质的激流、川流、环流、收缩等；在细胞水平上有膨胀、收缩、纤毛运动、鞭毛运动、滑移运动、蠕动等；在器官水平上有生长运动、睡眠运动等。按其推动力或发生的机理分，则有收缩运动、膨压运动、机械运动等。

植物运动与外界刺激 分3类：①趋性运动。即向刺激来源方向移动。高等植物中只限于能自由移动的生物体（如银杏和苏铁）的雄配子。②向性运动。茎尖或根尖朝向（正）或背向（负）刺激来源的方向生长而发生的运动。它是因茎或根的两侧生长速度不同而造成的，是生长运动。引起向性运动的刺激可以是光、重力或接触，相应的向性分别称为向光性、向重力性（又称向地性）或向触性。向水性与向化性可能只是在水分与养料含量较高处根系分枝与生长较为旺盛，造成根系有方向性的不均匀分布，并不是真正的向性。③感性运动。由外界刺激引起而方向与刺激的方向无关的运动。如睡莲花朵昼开夜合；合欢的复叶晚间闭拢、白天张开；以及叶片上气孔白天张开、晚间关闭等。

生物学意义 陆生植物通过向性生长能够把茎叶和根引导向能源（太阳光）和营养物质（水和无机养料）较充足的方向，在获得能源与营养和与其他植物竞争方面，起关键性的作用。空气干燥、叶片失水剧烈时叶片卷曲或下垂有利于减少受光面积和（或）蒸腾面积；气孔收缩或关闭能增加蒸腾阻力，对减少水分损失、维持水分平衡有利。攀缘植物靠攀缘运动依附于高大的树木，以争夺阳光，节省了支持组织的物质消耗。食虫植物是植物界中的特殊成员，它们可捕捉能移动甚至能飞翔的昆虫，并且以异养的动物为食物，补充自养营养的不足。

植物肿瘤 plant tumor 由于某些内因的作用或外因的刺激，在植物体中所产生的异常突起。植物肿瘤能够自我增生，或只有一些有限的生长，常会产生许多异常的细胞，诸如细胞肿大、细胞数目增多和细胞退化到原始状态。一般不把变态器官包括在植物肿瘤内。

种类 植物肿瘤在高等植物中广泛存在，种类繁多。通常根据产生原因的不同，分为七大类。

①冠瘿瘤。由细菌感染引起的肿瘤。是在组织受伤以后，因冠瘿瘤病菌的侵入而引发。很多木本经济植物以及一些草本植物都可以被细菌感染而发生这种肿瘤。②根瘤。主要在豆科植物根上发生。由于根瘤菌侵入根的皮层和内皮层后刺激根组织而形成。③叶瘤。某些高等植物的叶面上有一种叶片与细菌共生而引起的瘤状隆起。具有叶瘤的植物大都属热带或亚热带地区的茜草科、紫金牛科及其他植物。④病毒瘤。高等植物的组织经病毒刺激而产生的肿瘤。它与一些物理的或化学的因素所引起的肿瘤相似，例如都发生细胞肿

大、细胞增生或减少，以及坏死等现象。⑤线虫瘤。旧称根癌。线虫刺激根部形成的肿瘤。⑥杂交瘤。由植物杂交产生的肿瘤。形成的原因还不清楚。有人认为是由于杂交诱发了体细胞突变，或由某种遗传因素影响植株的发育造成。⑦物理、化学因素引起的肿瘤。电离辐射如X射线与γ射线处理，易引起辐射瘤。很多化学物质如秋水仙碱或666等刺激植物的根部，都可引发鸡爪状的肿瘤。这种肿瘤主要是由于细胞受刺激后，细胞内染色体倍增引起细胞异常增大造成的。

另外，还有很多起因不明的肿瘤，如云杉、洋槐树木上发生的肿瘤。

作用　在种子植物中常可看到各种各样的植物肿瘤。植物长了肿瘤以后，有的植株生长不良，甚至早衰死亡；有的对植物生长有好处，例如豆科植物的根瘤，由于共生的根瘤菌有固氮的作用，可以提供植物体需要的氮素。一般说来，由于寄生生物化学和物理的刺激，特别是病原菌感染引起的植物瘤，大多数对植物体有不同程度的危害性。

殖民地　colony　最初指古代和中世纪时期，一国用强力侵占并将本国居民大批移往居住的地区；资本主义时期，指遭受外来资本主义列强侵略，在政治、经济和文化上完全受资本主义强国的支配和统治，丧失了主权和独立的国家和地区。殖民地始于美洲，在资本原始积累时期，美洲沦为列强的殖民地。殖民地是宗主国倾销商品的市场，是掠夺原料、取得廉价劳动力和输出过剩资本的场所。在帝国主义争霸的战争中，殖民地又往往成为宗主国的军事基地以及兵员、战略物资的重要来源地。俄国十月革命之后，尤其是第二次世界大战以后，殖民地国家纷纷摆脱宗主国在政治上和经济上的统治，成为独立的主权国家。当代帝国主义极力推行新殖民主义，广大发展中国家正在努力为争取本国经济的独立发展、摆脱外来干预而不断斗争。

止痉　relieving convulsion　中医临床治疗肢体拘急、项背强硬、手足或四肢抽搐甚至角弓反张等病证的方法。止痉法能祛除留滞经脉的邪气，使经络的气血畅行无阻，使肢体筋脉得到气血津液的充分濡养，从而缓解肢体拘急。常用的止痉药物有葛根、白芍、桂枝、荆芥、天麻、制南星、全蝎、蜈蚣等。外感风寒湿邪、壅阻经络所致的痉证，临床表现为头痛、项背强硬、恶寒发热、肢体酸重、苔白腻、脉浮紧等。治宜散寒除湿、祛风止痉，常用羌活胜湿汤治疗。若寒邪较甚，证见头痛、项背强硬、无汗、苔薄白、脉浮紧，宜解肌发汗，常用葛根汤治疗；若风邪偏胜，证见项背强硬、发热不恶寒、头痛汗出、苔薄白、脉沉细，宜散风和营养津，常用栝楼桂枝汤治疗。风毒之邪侵入破伤之处，证见牙关紧急、口撮唇紧、身体强直、角弓反张、脉弦紧等症，称破伤风；妇女产后风，也属破伤风。治宜祛风化痰、定抽止痉，常用玉真散治疗。内伤痉证多为阴虚血少，筋脉失养，热盛动风，虚风内动所致。治宜用熄风法（见熄风）。

临床上凡痉病不宜使用发汗、泻下、利水峻猛及过于温燥的药物，以免耗伤津液，加重病情。

止吐药　antiemetic drugs　防止呕吐和恶心的药物。包括：①噻嗪类药物。抑制化学受体激发区，包括吐来抗以及吩噻嗪类抗精神失常药，如氯丙嗪、异丙嗪、奋乃静、三氟拉嗪等。②抗组胺药。降低前庭神经核对前庭神经传入刺激的兴奋性。为组胺H_1受体阻断药。包括敏克静、安其敏、苯海拉明、茶苯海明等。③抗胆碱能药。与抑制大脑皮质或迷路中的椭圆囊斑和球囊斑有关。包括东莨菪碱等。

止泻药　antidiarrheal agents　控制腹泻的药物。治疗腹泻应以针对病因为主，不宜单纯依赖止泻药。止泻药适用于剧烈腹泻或长期慢性腹泻，以防止机体过度脱水、水盐代谢失调、消化及营养障碍。止泻药可分四类：①阿片及其衍生物。如复方樟脑酊、苯乙哌啶、苯丁哌胺和洛哌丁胺等。②吸附剂。如药用炭。③收敛剂。如鞣酸蛋白。④保护剂。如次碳酸铋等。应用止泻药治疗腹泻时，应注意针对病因进行治疗，以免延误。

止血　hemostasis　机体停止出血的过程。由机体自身止血机制或经医疗措施实现。血管壁受损后，血管壁、血小板和血浆凝血因子三者的相互作用称为止血机制，在血管受损后几秒钟内即启动，历时几分钟甚至一小时才能完成。若机体止血机能不完善，如血小板过少、凝血因子异常时，常会导致出血性疾病。

止血过程　可分为三个阶段：①初期止血。受损的血管收缩、内皮下胶原组织暴露，血小板在受损血管表面黏附、聚集和形成初期血栓。②二期止血。在形成初期血栓的部位进一步形成纤维蛋白凝块。③止血第三阶段。血块收缩形成牢固的凝血块，完成止血的过程。

医疗措施　主要包括内科药物和外科操作两方面。①止血药。可加速血液凝固或降低毛细血管通透性，使出血停止。常用维生素K、止血敏等。②外科止血。多用于急性出血。例如出血血管的结扎，外伤伤口缝合；脾破裂出血时的脾切除等。急救止血可使用止血带（肢体出血）、加压包扎以及填塞止血等，常用纱布、明胶海绵或加有药物的止血纱布、止血棉压迫于渗血创面达到止血，置于体腔内的此类物品多是可吸收的。手术中还可用电刀等器具进行电凝、烧灼以及冷冻等止血操作。

止血剂　blood-stanching formula　中医治疗人体内外各种出血证的方剂。以凉血、化瘀、收涩、温经止血等为主要作用。广泛用治血溢脉外而出现的全身不同部位的出血，如吐血、衄血、咳血、便血、尿血、崩漏及外伤出血等各种出血证。代表方剂如十灰散、咳血方、槐花散、小蓟饮子、黄土汤等。

服用止血散剂可装入胶囊吞服，或用藕汁、京墨调服更佳，切勿直接倒入口腔引起呛咳，加重出血。④辨证食疗。血热出血证者，饮食宜清淡流质如藕汁、梨汁、西瓜汁等可助清凉止血之品，忌食辛辣刺激性食物；若属虚寒性出血证，宜食高营养、易消化的食品如大枣粥、山药粥、茯苓粉粥等，以补益气血、理脾和胃，襄助益气摄血之效。

纸　paper　具有书写、印刷、包装、生活等广泛用途的薄页状材料。一般是以植物纤维为主要原料，经过专门设备加工，在成形网上交织、键合、脱水、干燥之后而制成。随着科技发展和社会进步，纸的含义开始扩展。除植物纤维（如木材、草类）外，一些无机纤维、合成纤维、金属纤维等也作为造纸原料。此外，还有直接使用石油裂解的高分子化合物（如聚丙烯、聚乙烯等）加工成的薄膜型合成纸。

纸包括纸张和纸板。有时也把纸张简称为纸。如不特别注明，现在常说的纸均指机制纸。按照国际标准化组织（ISO）的规定，原则上把定量（又称克重）小于225克/米^{2}的纸页称作纸张，定量大于225克/米^{2}的称作纸板。

纸的规格有两种：平板纸（又称单张纸）和卷筒纸（卷成圆筒形）。平板纸的尺寸常用的有四种：787毫米×1 092毫米、850毫米×1 168毫米、880毫米×1 230毫米、889毫米×1 194毫米。卷筒纸的幅宽一般是：1 562毫米、1 400毫米、1 230毫米、900毫米、787毫米。所有印刷用纸的尺寸必须与印刷机的系列相匹配，否则会造成纸的浪费。

纸按用途可分为五大类：①文化（印刷、书写）用纸类，包括新闻纸、胶版纸、铜版纸、书刊胶印纸、轻量涂布纸、书写纸、宣纸、无碳复写纸、干法静电复印纸等。②包装用纸类，包括牛皮纸、鸡皮纸、羊皮纸、玻璃纸、半透明纸、高强瓦楞纸板、牛皮箱纸板、铝箔纸、茶叶袋纸等。③生活用纸类，包括卫生纸、卫生巾、餐巾纸、婴儿纸尿片、干法纸、珠光纸、彩色皱纹纸、蜡光纸等。④技术用纸类，包括卷烟纸、水松纸、钢纸板、制鞋纸板、晒图原纸、照相原纸、砂纸原纸等。⑤特种用纸类，包括热敏纸、合成纸、无尘纸、水溶性纸、防伪纸、滤纸、雷送纸板、绝缘纸板等。

针对不同的纸种，应分别使用专门的仪器测定规定的技术指标，以判断纸的品质是否合格。一般须测定的纸的项目有：①物理性能，如定量、伸缩率等。②化学性能，如施胶度、酸碱性（pH值）等。③机械性能，如裂断长、耐破度等。④光学性能，如白度、不透明度等。⑤表面性能，如平滑度、匀度等。⑥其他性能，如耐久性等。

纸币 paper money 由国家发行并强制流通的用纸印制以代替实在金属货币的、代表一定价值额的货币符号。纸币之所以能够成为通用的货币符号，国家的强制力起着关键的作用。纸币是由**货币**作为流通手段的职能产生的。在商品流通过程中，货币不断地从一个人手中转到另一个人手中，对每个交换者来说，货币执行流通手段的职能只是转瞬即逝的事情。这种情况表明，货币作为流通手段的职能，完全可以由它的符号来代替。纸币也就应运而生了。

纸币作为货币符号，本身没有价值，只能代替金属货币执行流通手段的职能。纸币代替金属货币进行流通，其数量应该等于商品流通中所需要的金属货币量，即纸币的发行量应以流通中需要的金属货币量为限。如果发行的纸币票面价值总额和流通中需要的金属货币量一致，每张纸币就能和它所代替的金属货币具有同等的购买力；如果纸币的发行量超过了流通中所需要的金属货币量，纸币就会贬值，物价就要上涨。

纸草 *Cyperus papyrus*; paper cyperus 莎草科莎草属的一种。又称纸莎草。盛生于尼罗河下游。多年生水生草本，茎高3～4米，直径4～5厘米，叶狭长丛生。古埃及人用以造纸。英语paper（纸），即源于papyrus。纸草质轻，内含空气，有浮力，古埃及人还用来造船。纸草船在尼罗河上用作交通工具，也用作渔船。1970年挪威旅行家杜希尔制造一艘大型纸草船，成功横渡大西洋。

一些世界史著作中，错将纸草译为芦苇，而芦苇属于**禾本科**。

纸草书 documents written on papyrus 地中海沿岸地区发现的以纸草纸为书写材料的古代文献。为研究这一地区历史、文学、宗教等的重要资料。1752年初次发现于意大利，1877年在埃及法尤姆发现大批纸草书，后来形成一门独立的学问——纸草学，其主要任务是整理、翻译保留在纸草上的古文献，已成为古代埃及、希腊、罗马等历史研究的辅助学科之一。

制作用作书写的纸草纸时，先将**纸草**的主茎截成40～50厘米长的小段，去掉韧皮，将木髓部分劈成尽可能宽的长条，把它们横纵相交分两层铺到硬板上，然后挤压和捶打，以少量的水和植物本身的黏浆使两层长条粘在一起。晾干后，用石头或贝壳将表面打磨光滑，再把边缘修剪整齐，即可书写。古埃及用的笔是用草秆削成的。一般的信件、短诗和公文可直接写在单张页片上；篇幅较长的著作，则须将单张的页片粘贴成长幅，写好后卷在木、金属或象牙质圆轴上，轴上附有标签。卷轴一般放在由陶、金属、象牙或皮革制成的圆筒中。

纸草书的起源已不可考。迄今所见最早的纸草书是从约公元前3500年的古埃及木乃伊盒中发现的。前25世纪以后，纸草成为古埃及人的主要书写材料。前10世纪中叶，纸草开始外传，前5世纪传入希腊，后又传入罗马。纸草文献是古埃及和古希腊罗马时代图书馆所藏的主要文献。因埃及禁止纸草外运，到前2世纪左右，欧洲开始以羊皮代替纸草作为书写材料。但直到12世纪，纸草才不再作为书写材料。已发现的纸草文献主要属于公元前4世纪至公元6世纪，即希腊化时代和罗马时代。所用的文字有古埃及象形文字后期的世俗体、科普特文和希腊文、拉丁文等。内容包括公私文书、古典著作及其他著述等。著名的纸草文献有死海古卷、伊浦味箴言（记述了埃及中王国崩溃后的贫民、奴隶大起义，发现于埃及萨卡拉墓地）、哈里斯大纸草（古埃及官方文告抄本，发现于底比斯近郊的古墓）等。

指导性计划 guidance planning 社会主义国家下达给部门、地方和企业参照执行并运用**经济杠杆**来保证实现的计划。

指导性计划不具有强制性和约束力，国家下达后，各部门、地方和企业可以参照执行，也可以根据市场情况和自身条件进行合理的调整和修改；指导性计划是粗线条、有弹性的，它涉及的企业众多，情况各异，需求复杂；指导性计划具有间接性，需要国家运用**税收**、信贷、**利息**等经济杠杆、经济政策和经济法规引导企业去执行和完成。指导性计划的特点是：能自觉地运用**价值规律**，运用经济手段，通过调整各方面的经济利益关系，贯彻和实现计划。实行指导性计划，一方面可以体现国家对经济发展的宏观指导和管理；另一方面也可以给企业留有相当大的机动余地，给企业更多的生产和经营的自主权，使它成为自主经营、自负盈亏、自我约束、自我发展的市场主体。因此，在市场经济条件下，指导性计划具有较为广泛的适用性，是国家宏观调控的一个重要内容。

指腹婚 prenatal betrothal 由家长为胎中子女预订婚约而构成的婚姻。属包办婚性质。又称胎婚。在中国汉、满等族中曾流行。一般情况是两家妇女同时有孕，指腹约定，产后若为一男一女则婚约成立。双方通常交换金钗等信物为凭，也有互割衣襟为凭的。至晚出现于汉代，魏晋南北朝时广泛流行于官宦阶层。宋代继续流行，以后元、明、清各代政府曾明令禁止，但民间相沿不废，直至20世纪40年代仍偶有所见。封建社会中指腹婚对于世家大族门第对等关系的延续以及统治阶层政治关系的维系有特殊意义，在民间则成为家长们维持社会关系、加深情谊的一种手段。非洲坦桑尼亚的马萨伊人中也有这一习俗。

指猴 *Daubentonia madagascariensis*; aye-aye 灵长目原猴亚目指猴科指猴属的唯一种。因指和趾长（中指特长）而得名。分布于马达加斯加东部沿海森林。体型像大老鼠，体长36～44厘米，尾长50～60厘米，

体重2.5～2.8千克；体毛粗长，深褐至黑色；尾比身体长，尾毛蓬松，形似扫帚，毛长达10厘米，黑或灰色；体纤细；头大吻钝；耳朵非常大，膜质；除大拇指和大脚趾是扁甲外，其他指、趾具尖爪；牙齿结构像鼠，只有20枚；四肢短，腿比臂长。栖息于热带雨林的大树枝或树干上，在树洞或树杈上筑球形巢。单独或成对生活，夜间活动。喜食昆虫。由于指猴的体型似大老鼠，跳跃的姿势像袋鼠，取食方式又极特殊，曾被列为松鼠或跳鼠一类，甚至另立一目。数量已极为稀少。

指画 finger-painting 中国画绘制技法。以手指和掌部代毛笔蘸墨与颜料进行书画创作的方法。指画创始于清初画家**高其佩**。而开其先河的是以手指涂抹绢素以丰富笔墨表现效果的唐代画家**张璪**。近现代画家中以擅长指画著称的为**潘天寿**。高其佩以指画作人物、山水、花鸟走兽和临摹古画，创造了独特的

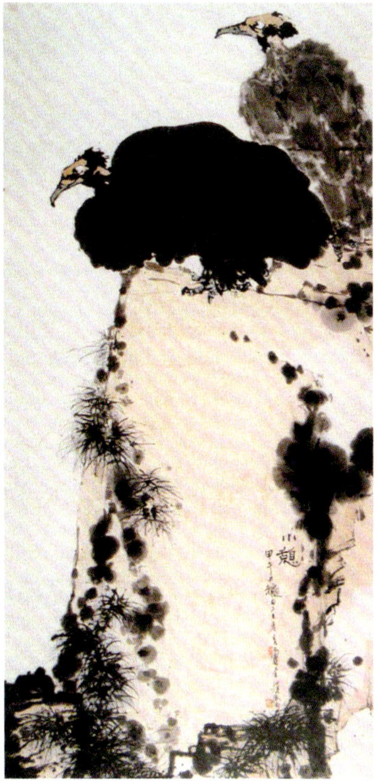

潘天寿作《小憩》(1954)

艺术风格。其从孙高秉著《指头画说》，记高其佩指画技法和创作经验，评高其佩“指画清奇浓淡，无所不有，而其神味尤在指墨之外”。指画创作需要有坚实的毛笔画基础，但意不在于模仿毛笔画效果。

指挥 conductor 演奏、演唱等音乐专业团体的艺术引导者。常见的音乐指挥有交响乐指挥、歌剧指挥、舞剧指挥、合唱指挥、民乐指挥和军乐指挥等。作曲家的作品通过指挥的再创作，集中、统一、完善地表达作曲家的创作意图，从而使作品的演出成为公认的、权威性的解释。

作为一名指挥，应该具备高度的音乐修养和文化修养，要精通音乐的基础理论（和声、复调、配器、音乐史、作品分析等），要有非凡的听觉和记忆力，还要能自如地演奏一种乐器（钢琴或小提琴等），并熟练地阅读总谱。各种不同专业类型的音乐指挥，对自己所指挥的专业团体的艺术规律更需有独到的见解。在排练作品的过程中，他能指明每一个声部所应掌握的节奏、力度、音准和感情，并使各声部的演奏或演唱融为一体。

专业指挥产生于17世纪前后，即欧洲音乐的巴罗克音乐时期（1600～1750）为了解决合奏时的节拍统一，曾经用过多种方式，如用脚击拍、颔首示意、用单手或双手打拍子，或用一卷谱子、手杖打拍子等。1820年，德国作曲家兼指挥家L.施波尔第一个开始使用指挥棍。这种以棍来指挥的方式，从此流行起来。

随着交响乐、歌剧的大发展，具有高度音乐修养和精湛指挥艺术的专业指挥家不断涌现。第一次赢得世界公认的指挥家是德国钢琴家H.von彪罗，继彪罗之后，欧洲各国出现了一大批著名的指挥家，尼基什、W.富特文格勒、A.托斯卡尼尼和H.von卡拉扬等，是现代指挥家中最杰出的代表。

中国指挥界的黎国荃、杨嘉仁、黄贻钧、李德伦、严良堃、韩中杰、马革顺、司徒汉、黄飞立、陈传熙、杨桦等指挥家，为中国指挥艺术事业作出了一定贡献。

指甲 nail 人和猿猴类指（趾）端背腹扁平的甲状结构。为爪的变形，又称扁爪。与爪同源，爪跖退缩，爪板形成长方形薄片，是指（趾）端表皮角质化的产物，起保护指（趾）端作用。人和灵长目猿猴亚目的种类均有指甲。原猴亚目有些种类没有指甲，有些种类仅部分指（趾）端有指甲，如蜂猴（懒猴）第2趾为爪，其余为指甲，而指猴仅第1指（趾）有指甲，其余指（趾）端均为爪。

指令性计划 mandatory planning 社会主义国家各级计划机关从全局利益出发，向国有企业直接下达的具有约束力的计划。指令性计划主要是根据社会需求制定的，纳入指令性计划的产品一般由国家直接调拨分配，纳入指令性计划的经济活动国家可以直接干预。指令性计划一经下达，各级计划执行单位就必须坚决完成。指令性计划通过指令性指标下达，其指标目录由国家计划委员会和各省、自治区、直辖市及国务院有关部门共同研究提出，报国务院批准；各省、自治区、直辖市人民政府也可根据当地实际情况，增减指令性计划指标，但必须报国务院批准。单纯依靠指令性计划指标，难以做到充分发展商品经济，促使企业提高效率，灵活经营，灵敏地适应复杂多变的社会需求。指令性计划的范围过宽，也会使企业失去应有的活力，不利于提高宏观经济效益和微观经济效益。在社会主义市场经济中，必须严格限制指令性计划的范围，把它限制在关系国计民生的、需要由国家调拨和控制的重要产品上，以及关系全局的重大经济活动上。

指南车 compass vehicle 中国古代制作的自动指示方向的一种机械装置。利用传统的独辕双轮车制，装上齿轮传动系统而成。车上装有一个“不朽者”木人指示方向。行进时无论车子怎样转弯，木人总是指向南。据历史考证，指南车为三国时魏明帝青龙三年（235）由马钧创造的。晋代以来，指南车仅用作帝王出行时的仪仗。

最早提到指南车为机械装置的是《宋书·礼制》。据《南齐书·祖冲之列传》记载，祖冲之将指南车改造为铜制机械。《宋史·舆服志》对指南车的机械结构，作了比

燕肃指南车复原模型

较具体的记述。所传宋代造法，有两种方案：一种是天圣五年（1027）燕肃所献传统造法；另一种是大观元年（1107）内侍吴德仁所献大形新车制。前者仅用1个木人指向，后者包括中心木人在内共计7个指向装置。根据复原模型，燕肃式指南车的基本构造是：用两个足轮（车轮）、两个小轮（滑车）、5个大小齿轮组合成齿轮系和离合传动机构。行车前，预先定妥木人所要指的方向，如定在南方。当车身右转1周，附足立子轮转2周，小平轮转4周，大平轮逆转1周（各轮皆转48齿），木人随之逆转1周，故转向不变。当车身向左转1周，木人则右转1周，仍指向已定方位（南方）。吴德仁的设计与燕肃的基本原理相同，主要差别是为了表现7个指向的运转，增加齿轮数和车体的长宽度。

近代对《宋史·舆服志》中指南车的复原研究，最早见于1924年A.C.摩尔发表的《中国指南车》。1937年王振铎发表《指南车记里鼓车之考证及模制》，按燕肃法制成复原模型。指南车的创造标志着中国古代在齿轮传动和离合器的应用上，已经取得很高成就。

指南针 compass 中国古代四大发明之一。利用磁铁在地球磁场中的南北指极性而制成的一种指向仪器，有多种形体。战国时期，已发现磁石吸铁的现象，并用天然磁石制造“司南之勺”，“其柄指南”。此后，经过长时期的实践，发现人工磁化的方法，造成更高一级的磁性指向仪器。宋代科学家沈括首先记载了地磁偏角，说用天然磁石摩擦钢针，使之磁化成为磁针，可以指南，而常微偏东，并介绍了4种支挂磁针的方法：一是浮于水面，二是放在指甲上，三是放在碗沿上，四是线缕悬挂。

宋军中配备指南鱼，是将薄铁叶剪成鱼形而磁化，用于阴天和黑夜判断行军方向。后来又发展成磁针和方位盘联成一体的罗经盘，即罗盘。南宋曾三异在《因话录》中记载当时有“地罗”，这种地罗还是一种水罗盘。当时，阴阳家用地罗看风

水。在清丈田地和判决土地诉讼时，也使用地罗。据史料记载，至晚在北宋后期，指南针已用于航海；南宋时，使用“针盘”导航。这种针盘还使用“浮针”，这对于海上交通的发展，中外经济文化的交流，起了极大作用。

指示电极 indicator electrode 在**电化学分析法**中所用的能反映出某种离子浓度变化的**电极**。其金属部分是惰性的，在使用时与另一对应电极或**参比电极**构成电池。由于功能不同，指示电极分为两类：①电流型指示电极。在使用时施加一定的电压后，能反映出电化学反应的电流，从而获得有关电化学反应或有关离子浓度的信息。属于这类电极的有**极谱法**和**伏安法**中所用的滴汞电极、悬汞电极和各种铂、金、石墨电极等。②电势型指示电极。使用时在不加外电压的情况下能反映出溶液中某一氧化还原对的电势，从而获得溶液中有关离子浓度的信息。电势滴定法中所用的指示电极即属于这种类型。

指示剂 indicator **滴定分析**中能在滴定反应的化学计量点附近产生颜色、沉淀等可察觉变化，从而指示滴定终点的试剂。为分别适应各类（酸碱、氧化还原、配位和沉淀）滴定过程又分类为：①酸碱指示剂。本身为有机弱酸或有机弱碱，其酸型（HIn）和碱型（In）具有不同的颜色。当溶液酸度

百里酚蓝指示剂（酸碱指示剂）

变化时，酸型与碱型的浓度比发生变化，从而呈现不同的颜色。②氧化还原指示剂。本身为氧化剂或还原剂，其氧化型与还原型有不同的颜色，在氧化还原滴定的化学计量点附近，因溶液电位出现突变，被氧化（或被还原）而变色。也可以用与被测物质或滴定剂有特殊反应的试剂作指示剂。例如，碘量法中常用淀粉溶液作指示剂，少量的碘与淀粉生成特征蓝色的化合物，指示滴定终点的到达。③配位滴定指示剂。常称金属指示剂。能与金属离子生成有色配合物，指示配位滴定中金属离子浓度的变化，并指示滴定终点的指示剂。如果能产生荧光，则又称为金属荧光指示剂。④沉淀滴定指示剂。沉淀滴定主要是银离子Ag^+与卤素离子的滴定，常用铬酸钾、铁铵矾或荧光黄作指示剂。例如，用铬酸钾K_2CrO_4作指示剂，以标准硝酸银$AgNO_3$溶液滴定含氯离子Cl^-的溶液时，开始生成白色的氯化银AgCl沉淀，当Cl^-被滴定完全后，稍过量的Ag^+将与指示剂的CrO^{2-}_4生成砖红色的Ag_2CrO_4沉淀，从而终止滴定。从$AgNO_3$溶液的浓度和滴定消耗的体积，即可计算被滴定溶液中Cl^-的含量。

指示生物 bio-marker 对**环境**中某些物质（包括进入环境中的**污染物**）能产生各种反应或信息而被用来监测和评价环境质量的现状和变化的生物物种或生物群落。可分为水污染指示生物和大气污染指示生物等。

1909年德国学者B.科尔克维茨和M.马松调查一些受有机物污染的河流的生物分布情况，发现河流的不同污染带，存在着表示这一污染带特征的生物，进而提出指示生物的概念。如水中存在着襀翅目、蜉蝣目稚虫或毛翅目幼虫时，水质一般比较清洁；而颤蚓类大量存在或食蚜蝇幼虫出现时，水体一般受到严重的有机物污染。许多浮游生物、水生微型动物、大型底栖无脊椎动物、摇蚊幼虫、蚤和藻类对水体受到的有机物污染也具有指示作用。此外，还可利用一些生物的行为、生理生化反应等评价**水污染**。

陆生动植物中也有许多指示生物。一些鸟类对**大气污染**，特别是一氧化碳污染反应敏感。如很早以前就有人用金丝雀监测煤矿坑道中的一氧化碳。许多植物对大气污染也很敏感，如地衣、苔藓植物、紫花苜蓿等对二氧化硫敏感，唐菖蒲等对氟化氰敏感，烟草等对臭氧敏感。很多生长期较长、容易栽培和管理并对大气污染敏感而症状明显的植物，都可作为指示生物。近年来，国内外还利用某些生物类群的分布及其丰盛度作为环境长期监测的指标。如在**环境污染**严重的地区，鸟类的种类和数量均会减少，因而利用鸟类的多样性变化可以监测一些地区环境的质量。

指示种 indicator species 可作为该地点环境条件的指标性生物（通常是微生物或植物）。如肉叶刺茎藜指示盐土，苔藓常指示酸土，颤蚓指示不宜饮用的贫氧死水。在某个地区存在某些植物种可以提供引入其他物种是否能良好生长的信息。见**指示生物**。

《指头画说》 中国画指画技法论著。清代高秉著。此书详记清代指画名家**高其佩**指画创作的运指、用墨、蘸色、渲染等方法，以及用纸、钤印、题款等特点。高秉字青畴，号泽公，汉军镶黄旗人。为高其佩从孙。

指纹鉴定 fingerprints authentication 就现场中指纹的发现、记录、提取、鉴定所作的一系列活动。指纹是人身**同一认定**的可靠依据。利用指纹可对罪犯进行登记，可分析作案人数、年龄特点及其在现场的活动情况，可确定作案人等。此外，指纹还是民事、经济活动中证明个人身份的可靠手段。指纹鉴定应遵守同一认定的步骤和方法。比较检验中发现的现场指印与嫌疑指印间的差异点及符合点，特别是差异点，在得到合理的解释、评断后，才能成为鉴定结论的依据。

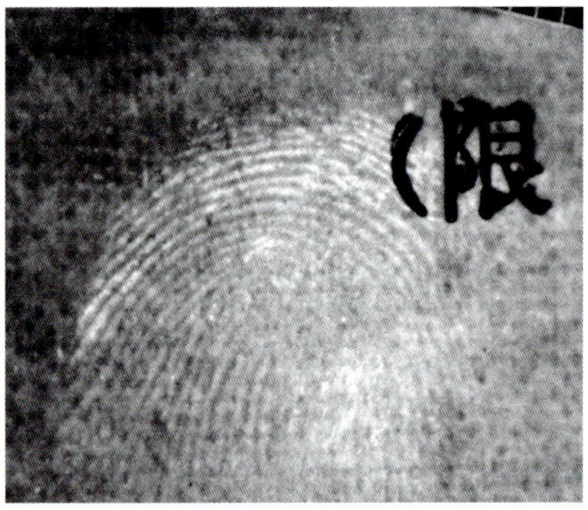

利用激光检查发现伪造介绍信上罪犯的指纹

20世纪60年代起，美国率先将计算机技术用于指纹鉴定。从人工分析、检索、鉴定指纹发展到全自动指纹识别。借助计算机还可将指纹用作个人身份的重要标志，如利用指纹储蓄、在身份证上加附指纹等。中国的指纹自动化识别系统在20世纪末已达到世界先进水平。

掌纹破案技术在21世纪初也已用于帮助案件的侦破。因手掌面积大于手指，罪犯作案时留下掌纹的可能性更大。与建立指纹存储、识别系统一样，警方也可使用计算机建立掌纹数据库，作为新的侦破手段。

酯 ester 由醇（包括酚）与含氧酸（无机酸或羧酸）反应失去水后生成的有机化合物。可分为无机酸酯（如磷酸酯、硫酸二甲酯、三硝酸甘油酯）和有机酸酯（如乙酸乙酯、乙酸乙烯酯、丙二酸二乙酯）。由羧酸衍生的有机酸酯最为常见，通式RCOOR′（R、R′为烃基），本条目主要介绍此类酯。广泛存在于自然界，如乙酸乙酯存在于酒、食醋和某些水果中，乙酸异戊酯存在于香蕉、梨等水果中，苯甲酸甲酯存在于丁香油中；水杨酸甲酯存在于冬青油中。高级和中级脂肪酸的甘油酯是动植物油脂的主要成分；高级脂肪酸和高级醇形成的酯是蜡的主要成分。

根据形成酯的酸和醇（酚）来命名酯，如**乙酸乙酯**$CH_3COOC_2H_5$、乙酸苯酯$CH_3COOC_6H_5$、苯甲酸甲酯$C_6H_5COOCH_3$等。低分子量酯是无色、易挥发的芳香液体，高级饱和脂肪酸单酯常为无色无味的固体，高级脂肪酸与高级脂肪醇形成的酯为蜡状固体。酯的熔点和沸点要比相应的羧酸低。

酯一般不溶于水，能溶于各种有机溶剂。低分子量的酯是许多有机化合物的溶剂，也是清漆的溶剂。酯是中性物质。低级一元酸酯在水中能缓慢水解成羧酸和醇。酯的水解比酰氯、酸酐困难，须用酸或碱催化。许多天然的脂肪、油或蜡经水解可制得相应的羧酸，油脂碱性水解生成的高级脂肪酸钠就是肥皂。酯的醇解反应须在酸或碱催化下进行，此反应常用于从一类酯转变成另一类酯。酯可被催化还原成两分子醇，应用最广的催化剂是铜铬氧化物，反应在高温高压下进行，分子中如含有碳碳双键，可同时被还原。此反应广泛用于油脂氢化。酯与格利雅试剂反应，可合成具有两个相同取代基的三级醇。

酯主要由羧酸与醇直接反应制得。酯化反应是一平衡反应，为了提高酯的产率，常用共沸蒸馏或加脱水剂把反应生成的水去掉，也可在反应时加过量的酸或醇，使反应向产物方向移动。酯还可用酰卤或酸酐与醇反应，或由羧酸盐与卤代烃反应制得。低分子量的酯可用作溶剂，分子量较大的酯是良好的增塑剂。甲基丙烯酸甲酯是制造有机玻璃的单体。聚酯树脂主要用于纤维和油漆业，也可制成压塑粉。许多带有支链的醇形成的酯是优良的润滑油。酯还可用于香料、香精、化妆品、肥皂和药品等工业。

志丹县 Zhidan County　中国陕西延安市辖县。位于省境西北部。面积3 781平方千米。人口14万(2010)。北宋设保安军，元设保安县，1936年为纪念刘志丹而更名志丹县。属典型的黄土高原梁峁丘陵沟壑区，暖温带半干旱气候。矿藏有石油、煤、天然气、白云岩、油页岩、矿泉水等。工业以石油开采、农产品加工为主。农产品主要有糜谷、豆类、薯类、玉米，形成了杏、豆、羊、药4大主导产业，以羊绒、羊毛、杏仁、甘草、荞麦、白瓜子、红小豆为主要出口产品。为陕西省山桃、山杏、菜羊的重要生产基地。名胜古迹有秦长城、烽火台、龙泉寺、千佛寺等，纪念地有中央党校旧址、毛泽东旧居、中国人民抗日红军大学旧址、刘志丹将军烈士陵园等。

志怪小说 fantasy stories　中国古典小说的一种类别。形式上以文言为主，内容主要记述怪异之事。《庄子·逍遥游》记载说，《齐谐记》就是志怪一类的书。晋时祖台之有《志怪》一书，大约是最早以"志怪"命名的小说集。梁元帝萧绎《金楼子》中有《志怪篇》，也是记述鬼神怪异的事情。因此，明代胡应麟《少室山房笔丛》将志怪类列入小说6类中的第一种。这种看法与现代的小说观念比较相近。当然，胡应麟的6种分类还较为庞杂，有些类别如琐闻、杂志、考证等没有故事性，不应包括在"小说"类中。《四库全书总目提要》则简化为3类，即"叙述杂事"类、"记录异闻"类、"缀缉琐语"类，所收仅止于胡应麟所分"杂录"、"志怪"两类。鲁迅在《中国小说史略》中论及汉魏六朝小说时，把古小说分成两大类，一是"六朝之鬼神志怪书"，一是"《世说新语》及其前后"。他在《中国小说的历史的变迁》讲演中索性标举"志怪"与"志人"两大类。从此，志怪小说便成为一种专用名称沿用至今。

志贺直哉 Shiga Naoya (1883-02-20～1971-10-21)　日本作家。生于宫城，卒于东京。1906年入东京大学英文系，两年后转国文学科，中途辍学。1910年与武者小路实笃等共同创办《白桦》刊物，形成白桦派。

《到网走去》(1908)以对现实的精细观察和心理的准确把握，显示了作者出众的才华。重要作品还有中篇小说《和解》(1917)、"心境小说"《在城崎》(1917)等。1921～1937年，创作唯一的长篇小说《暗夜行路》，描写一个孤独的知识分子在不幸的生活与思想苦闷的道路上探索的历程。

志贺的小说大多取材于自我及与自我直接相关的生活素材，开创日本"心境小说"这一文学样式。有全集15卷。主要作品均有中译本。

志留纪 Silurian Period　古生代的第三个纪，在奥陶纪和泥盆纪之间，始于4.38亿年前，结束于4.10亿年前。志留纪时沉积的地层称志留系。1835年，英国R.I.莫企逊在威尔士地区建立了广义的志留系。志留系一名源于英国威尔士地区的一个古老部族Silures，"志留"一词系Silures的日文汉语音译。

志留纪生物群示意图

志留系可分为四个统，其岩性最普遍和具有特征的为黑色页岩、具生物礁的碳酸盐岩、红层和蒸发岩。

志留纪以前的生物群，特别是无脊椎动物，经过奥陶纪末全球生物大灭绝事件后，遭受了重创，但经历灭绝事件后，进入了一个新的复苏和辐射阶段，种类更加繁多。特别是脊椎动物中出现原始无颌类和陆生维管束植物更是志留纪生物革新的重要标志。在志留纪生物类群中，化石数量和类别最多的仍是无脊椎动物。最重要和丰富的有笔石、腕足类、珊瑚、层孔虫，而三叶虫和鹦鹉螺明显衰退，几丁虫和海百合也值得重视。牙形石在志留纪演化快、分布广，是居笔石之后最具重要地层意义的一类化石。已知最早的陆生植物化石就记录在志留纪地层中。中国华南发现的黔羽枝化石，被认为是最早的维管束植物。

志留纪时期全球主要地块包括冈瓦纳古陆、劳伦、波罗的海、西伯利亚、中朝、塔里木、华南、印支、滇缅（甸）马（来西亚）苏（门答腊）、西藏（南、北可能是两块，分属于不同的构造域）等多个大小不等的古板块与一系列岛弧褶皱带（如哈萨克斯坦）。

志留纪时各地块大都处于干热或温暖的气候。志留纪是一个沉积矿产相对贫乏的时期。但是，北美具有重要的铁矿和盐矿，北非有石油，澳大利亚有金矿、锡矿、膏盐矿，西伯利亚也有膏盐矿，中国秦岭有黑色页岩中富集的放射性元素和石煤等。

志愿兵役制 voluntary service system　招收志愿人员参加军队的制度。通常是人民革命战争、民族解放战争和其他正义战争中军队进行兵员补充的主要方式。中国共产党领导的人民军队，在历次革命战争时期，一直实行志愿兵役制。中华人民共和国建立后，继续实行志愿兵役制。1955年7月颁布的《中华人民共和国兵役法》，规定实行义务兵役制。1978年3月7日，第五届全国人民代表大会常务委员会决定，将义务兵役制改为义务兵与志愿兵相结合的兵役制度。志愿兵从超期服役的义务兵中选取，留在部队较长期服役。1984年5月31日，颁布新的《中华人民共和国兵役法》，规定实行以义务兵役制为主体的义务兵与志愿兵相结合、民兵与预备役相结合的兵役制度。

英、美等国把所

实行的募兵制也称志愿兵役制。平时由符合服现役条件的公民与军方签订合同，在军队服役。

志愿者 volunteer 具有志愿精神，不以获得报酬为目标而主动承担社会责任，并且事实上从事了志愿服务的人。又称自愿者或义工。由于文化、政治和社会传统等因素，志愿的内涵有很大差异，志愿者的情形也千差万别。有通过各类机构如宗教机构、社会福利机构、非营利机构有组织地进行的，也有以不明显和非组织化方式灵活进行的。但无论何种情形，志愿者都应并非为可见的直接利益才提供自身各种形式的服务，并且主观和客观上都为一定的公众利益作出了某种贡献。至于具体的动机，可以是出于明确的社会责任意识或利他主义，也可以是为获得个人的尊重和满足。志愿者虽不以物质报酬为首要的和主要的出发点，但不排斥可以有非按市场价值获得的一定量的报酬。

制裁 sanction 针对某一国所采取的强制行动。现代意义上的制裁基本有两种形式：一是个别国家或国家集体实施的强制性措施；二是国际组织（首先是联合国）组织实施的强制性措施。一般采取以下方式：禁运（武器、粮食、技术设备及其他物品）；中断外交关系和人员往来；减少或中止贷款、贸易及援助等。这些方式基本上都是非武力性的，现代国际社会普遍反对采取武力制裁。

制导炸弹 guided bomb 投放后能对其弹道进行控制并导向目标的航空炸弹。又称灵巧炸弹。主要用于直接攻击重要的地面或水面固定点目标。制导方式有激光、电视、红外、无线电制导等。制导炸弹是在普通航空炸弹的基础上增加制导装置而成的。它增大了起稳定作用的尾翼翼面，一般没有推进系统或仅带有小动力推进系统。通常与目标指示器、机载悬挂装置、机载跟踪系统等构成制空炸弹武器系统，装备于轰炸机、歼击轰炸机和强击机上。与空地导弹相比，射程较近，机动能力有限；但结构简单，造价较低。

制电磁权 electromagnetic dominance 交战一方在一定的时空范围内对电磁频谱使用的控制权。可分为战略制电磁权、战役制电磁权、战术制电磁权。夺取制电磁权的目的是为了确保己方能自由使用电磁频谱，不受对方的电磁威胁；剥夺对方自由使用电磁频谱的权利。在高技术战争中，制电磁权是**制信息权**的重要支柱，夺取制电磁权是夺取**制天权**、**制空权**、**制海权**乃至战场主动权的先决条件。

争夺制电磁权作战是高技术战争的先导并贯穿战争始终，空中和外层空间是争夺制电磁权的关键领域，电磁脉冲弹、高能激光和高功率微波等新概念电子攻击武器在争夺制电磁权行动中的作用日趋突出。具体方法：①在电子侦察的支援下，综合运用电子干扰、电子欺骗等软杀伤手段和反辐射摧毁、电子武器攻击等硬杀伤手段，以及其他军种、兵种的火力摧毁、特种破坏等手段，对敌方电子设备和系统实施破坏，削弱或阻止敌方对电磁频谱的使用。②通过对敌方的干扰和摧毁采取防护措施，保护己方电子设备和系统的安全及对电磁频谱的有效使用。

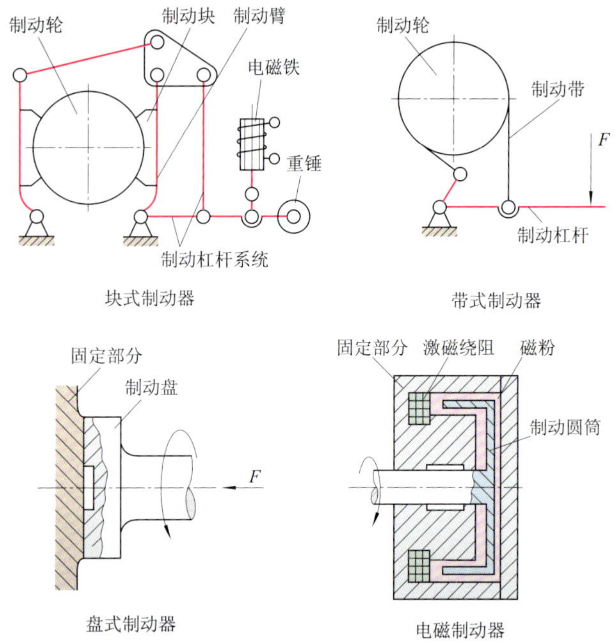

制动器的结构型式

制定法 enacted law 由立法机关或其他有权制定法律、法规、规章的国家机关，对一般情况所作规定，并以精确的成文法形式公布、施行的法律。又称**成文法**。**判例法**的对称。**大陆法系**以制定法为主。制定法包括宪法、法律（法典）、行政法规等。一些基本法律，如民法、刑法、诉讼法等，一般采用法典形式。到20世纪，特别是在第二次世界大战后，多数西方国家已经较少采用法典形式，而代之以议会通过的单行法律，后者的一般性较少，对社会政治、经济的反应较快，也较易改变。随着现代立法的不断增长，第二次世界大战后，多数国家都以不同形式建立了审查一般立法或行政法规是否符合宪法的制度，通常称违宪审查或合宪性审查（见**违宪审查制度**）。与此同时，授权立法或委任立法兴起，议会是唯一立法机关的原则趋于动摇。大陆法系国家以制定法作为主要渊源，除**罗马法**的传统这一原因外，主要是由于民族国家的形式，要求国家是拥有对内对外权力的主体，是产生法律的唯一权威，从而用民族国家制定的法律来代替以往所有法律，包括罗马法、**教会法**、地方习惯法和城市的商法等。在大陆法系中，虽然仍以制定法为主，但判例的作用特别是在行政法的发展中日益增长。

制动器 brake 使机械中的运动件停止或减速的机械装置。俗称刹车或闸。主要由制动架、制动件和操纵装置等组成。

制动器分为摩擦式和非摩擦式两类。摩擦式制动器靠制动件和运动件间的摩擦力制动。按其制动件的结构形式又分为块式制动器、带式制动器和盘式制动器等（见图）。摩擦式制动器按制动件所处工作状态还可分为常闭式制动器和常开式制动器。非摩擦式制动器有电磁制动器和水涡流制动器等。摩擦材料的性能直接影响制动过程，要求有高而稳定的摩擦系数和良好的耐磨性。常用的金属摩擦材料有铸铁、钢、青铜和粉末冶金摩擦材料等。非金属摩擦材料有皮革、橡胶、木材和石棉等。使机械的运转部件停止或减速所必须施加的阻力矩称制动力矩。制动力矩是选用制动器的依据。

制度创新 institutional innovation 制度主体通过建立新制度架构以获得追加利益的变革活动。

制度创新的内容包括：①反映特定组织行为的变化。②反映这一组织与其环境之间相互关系的变化。③反映在一种组织的环境中支配行为与相互关系规则的变化。**新制度经济学**把制度创新的全过程分为5个阶段：①形成潜在利益团体。②提出制度创新方案。③选择最佳方案。④推动制度创新团体形成。⑤潜在利益团体和推动制度创新团体相互支持，努力实现制度创新任务。

制度创新遵循“成本-收益”原则。需要考虑：①个人（企业）成本与收益的关系。②社会（经济行为）成本与收益的关系。③政治（国家）成本与收益的关系。制度创新的动力来自增加利益和减少成本两个方面。而有效性则是制度创新的关键。

制度学派 institutional school 19世纪末20世纪初产生于美国的一个经济学流派。德国历史学派在美国的变种。以研究制度和分析制度在社会经济中的作用而得名。

制度学派并不是一个严格的、内部观点统一的经济学派。制度学派以研究“制度”而得名。根据T.凡勃伦的定义，制度是“广泛存在的社会习惯”，是本身有着进化的过程。制度学派所研究的内容，在经济的市场的因素之外，还包括法律的、社会的、伦理的、历史的各种因素。他们主张国家对经济进行调节，以克服市场经济所造成的弊端和缺陷。凡勃伦是制度学派的重要代表人物之一，他采用历史方法、社会达尔文主义和职能主义心理学，批评传统经济学的方法论，揭露和剖析了资本主义制度的各种弊端和缺陷，形成制度学派的传统。这个时期的代表人物还有J.R.康蒙斯和W.C.米切尔等。

20世纪30～40年代，制度学派有了新的发展。代表人物有G.C.米恩斯、A.伯利、C.E.艾尔斯等人。米恩斯和伯利强调了法律制度和法律形式对企业所有权和经营方式变化的作用，艾尔斯从技术进步和社会评价标准的变化角度分析了工业化以后的演进趋势。

制海权 command of the sea　交战一方在一定时间内对一定海区的控制权。目的是确保己方兵力海上行动的自由，剥夺敌方兵力海上行动的自由；保护己方海上交通运输的安全，阻止敌方的海上交通运输，亦即使该海洋区域为己所用而不为敌所用。根据控制海洋区域的目的、范围和持续时间，分为战略制海权、战役制海权和战术制海权。制海权不是绝对的，在优势一方取得战略制海权的情况下，劣势一方也可能在一定的时间内对局部海区取得制海权。在现代条件下，夺取和保持制海权还包括夺取该海域上空的制空权，并需综合使用海军各种作战兵力兵器和多种作战样式才能达到。

制空权 command of the air　交战一方在一定时间内对一定空域的控制权。可分为：①战略制空权。是在整个战争期间或战争的某个阶段，在一个或数个战区内，较长时间占有的制空权，能对整个战争产生影响。②战役战术制空权。是在重要的战役方向或有限地域内，较短时间占有的局部制空权，能对战役、战斗产生影响。制空权是相对的，即使交战一方夺得了战略制空权，也不能排除对方夺取战役战术制空权的可能性；掌握制空权的一方，也很难保证完全不受对方的空中袭击。

在现代战争中，争夺制空权的斗争日趋激烈，对抗空间扩展到电磁领域，手段由空中力量向以空中力量为主的诸军种、兵种联合力量发展，方法由空袭和空战向远程精确空袭为主发展。随着战争向空天一体化发展，天基信息的支援保障日益重要，制天权与制信息权对制空权的争夺有重要意义。

制冷机 refrigerating machine　将具有较低温度的被冷却物体的热量转移给环境介质从而获得冷量的机器。习惯上，将从较低温度物体转移的热量称为冷量。通常120K（－153℃）以上的温度属于制冷技术范围，120K以下的温度属于深低温技术范围（见深低温设备）。

制冷方法　在制冷技术领域内常用的制冷方法有5种：①高压气体膨胀制冷。②液体蒸发制冷。③气体涡流制冷。④半导体制冷。⑤化学方法制冷。应用最广的

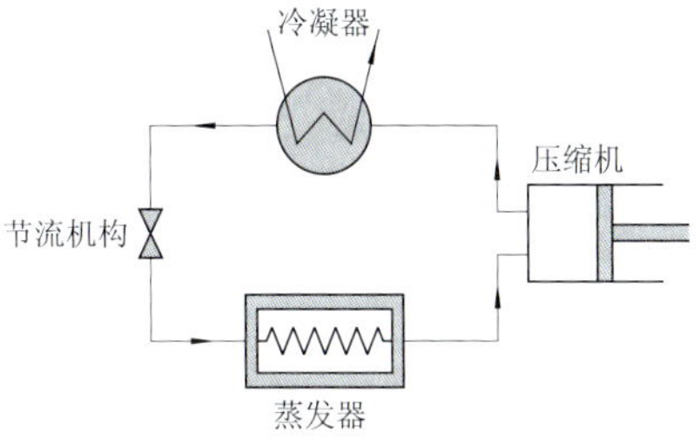

图1　蒸气压缩式制冷装置示意图

是液体蒸发制冷。常见有蒸气压缩式制冷、吸收式制冷、蒸气喷射式制冷和吸附式制冷。蒸气压缩式制冷系统由压缩机、冷凝器、节流机构、蒸发器组成（图1），吸收式制冷则是通过发生器、节流阀机构、吸收器和溶液泵来完成的（图2）。常见有氨吸收

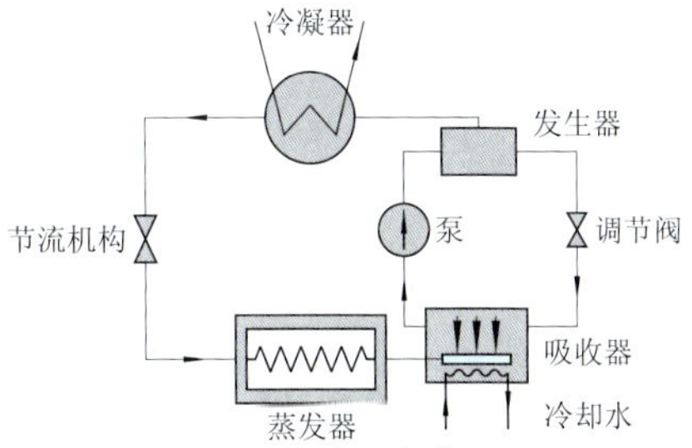

图2　蒸气吸收式制冷装置示意图

式制冷和溴化锂吸收式制冷。

各种制冷机都依靠某种工作介质即制冷剂的状态变化来完成其工作循环。制冷剂在制冷机中循环流动，同时与外界发生能量交换，即不断地从被冷却对象中吸取热量，向环境排放热量。

分类　按工作原理可分为压缩式制冷机、吸收式制冷机和蒸气喷射式制冷机三类。现代制冷机以蒸气压缩式制冷机应用最广。

性能　主要性能指标有制冷量、制冷系数（或能效比）、噪声等。通常以产品标准的形式规定了共同的工作温度（称为制冷机的工况）作为比较的基准。

制冷剂 refrigerant　在制冷操作中用来进行热力循环的工作介质。又称冷冻剂或致冷剂。对于蒸气压缩式制冷，制冷剂一般是低沸点的液体，在低压下蒸发吸热制冷；经压缩放出热量后又形成液体，循环使用。理想的制冷剂具备下列性质：沸点低、汽化潜热大、冷凝压力不过高、在制冷温度下的蒸气压不过低、化学稳定性好、不易燃、不易爆、无毒、腐蚀性小、价格便宜等。工业上常用的制冷剂主要有氨、水、烃类（如乙烷、乙烯）和氟利昂等。氨的优点是价格便宜，单位容积的制冷能力大，但有强烈的刺激气味。氟利昂和其他同类的含氟和氯的烷烃衍生物，可以破坏大气的臭氧层，要求停止使用。选用其他适用的制冷剂，是重要的研究课题。

制钱 copper coins　中国明清两代官炉铸造的铜钱。因其形式、文字、重量、成色均有定制，故称。秦统一中国，推行重十二铢的方孔半两钱，历代钱币都是圆形方孔，

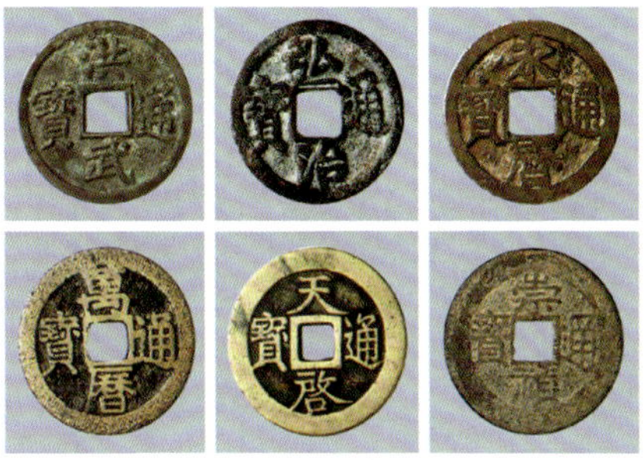

明代钱币

形制不变，明洪武元年（1368）颁布洪武通宝钱制，此后流通的钱币有制钱与旧钱两种。旧钱指前代流传下来的古钱，制钱指本朝依定制铸造的新钱，又称今钱；在和本朝伪钱（私铸）相比时，又称官钱。清沿明制，顺治元年（1644）在京设宝泉、宝源两局，开铸顺治通宝。嘉庆以后，小钱杂出，钱质渐坏。咸丰三年（1853）曾铸当千、当五百、当五十、当二十、当十、当五等大钱和铁钱、铅钱。当五和当二十以上各种大钱旋被废弃，当十钱渐为流通中的主要钱币。制钱计算采十进位制，以文为单位，千文为一串，或称一贯、一吊；后为铜元所替代。

制书 imperial command　中国古代帝王诏令文书的文种名称之一。周代天子和诸侯国君向臣民发布号令称为誓，也写作制。秦统一六国后，规定制字为皇帝发布命令的专用词，同时形成的文字也称为制。两汉至隋用以颁布某些制度和政策的文书称为制书。唐初发布重要政令使用诏书。武后为避讳而废之，重要政令一律改用制书发布。唐中宗恢复使用诏书。唐宋制书的用途不仅用以颁布制度、政策，还常用以颁布重大政令，如任免高级官员官爵等。元代任免高级官员仍用制书。而至明清时期缩小了使用范围，只用于宣布例行的重大礼

节性活动，如祭祀天地、立太子、册立后妃等。在举行仪式时派专人向参与者宣读。有些文种内容用制，但不是单独的文种名称，如取中进士公开张挂的名单，明称黄榜，清称金榜，文字用制；诰命、敕命的文字也用制，开头都作“奉天承运，皇帝制曰”，清代称之为制词。明清制书一词作为法律词汇，内涵比唐宋谨严，专指皇帝发布的文字，包括零散字、词。

制丝工艺 silk making technology 以桑蚕茧或柞蚕茧为原料缫制成生丝或柞蚕丝的工艺过程。包括以下工序：①混茧。对不同地区生产的茧质相近的蚕茧，按缫丝工艺要求的比例均匀混合，以扩大批量，稳定缫丝生产。②剥茧。剥掉茧衣，以利于选茧。③选茧。剔除不能缫丝的下茧或难以缫丝的次茧，余下的茧称上茧。上茧因茧形大小、茧层厚薄等有差异，可按缫丝工艺要求进行分型，以解决立缫中的尴尬纤度。④煮茧。利用水和热的作用，有时也添加化学助剂，使茧丝外围的丝胶适当膨润和溶解，以减弱茧丝相互间的胶着力，有利于缫丝。桑蚕茧煮茧后即可缫丝。柞蚕茧还须经化学药品处理，进行漂茧。⑤缫丝。制丝过程中的主要工序。根据产品规格要求，把若干粒煮熟茧的茧丝离解，合并制成生丝或柞蚕丝。⑥复摇。将缫丝后卷绕在小笼上的生丝重新卷绕成大笼丝片或筒装生丝的过程。又称扬返。⑦整理。复摇后的大笼丝片还需经过平衡、编丝检查、绞丝、称丝、配色、打包和成件等过程。

制天权 command of the space 交战一方在一定时间内对一定范围外层空间的控制权。目的是夺取宇宙空间优势，保证己方拥有空间行动的自由，制约对方空间行动的自由。它对战争全局有重大作用：一方面，未来的太空军事力量“天军”，将是人类高智能、高技术的集合体，在未来武装力量中占据重要地位；另一方面，太空战场极其广阔深远，全面包容、覆盖传统的陆、海、空战场，具有“居高临下”的空间优势，制约着陆、海、空战场的作战行动。制天权将成为夺取制空权、制海权和制电磁权的主导因素，直接影响战争的进程与结局。

制图六体 six principles of cartography 中国西晋时期地图学家裴秀总结的绘制地图的六条原则。载于他所著《禹贡地域图》(十八篇)序言中。文中说：制图之体有六焉，一曰分率，二曰准望，三曰道里，四曰高下，五曰方邪，六曰迂直。文中所说分率，即比例尺，用以区别地域长宽和面积的大小；准望，是确定各地物的方位；道里，即距离，用以确定道路的里程。高下、方邪、迂直，是校正由地面起伏、道路迂回而引起的水平直线距离的误差。这是中国最早制作地图的理论，正确地阐明了地图必备的比例尺、方位、距离三要素及其相互关系，影响西晋以后中国地图制作1 000余年。

制信息权 information dominance 交战一方在一定的时空范围内对战场信息的控制权。目的是为了夺取并保持己方使用信息的自由权和主动权，剥夺对方使用信息的自由权和主动权。制信息权是信息时代的产物。20世纪60年代后逐步上升为决定作战胜负的关键因素之一。主要围绕着制电磁权、制网络权和制心理权展开。争夺制信息权的方法是：通过实施电子干扰夺取制电磁权；进行网络攻击夺取制网络权；使用高能武器和火力摧毁敌方的信息系统；利用心理宣传、心理欺诈、心理威慑等手段进行心理控制；通过严密的信息防御，组织反敌电子侦察、抗敌电子干扰、阻敌计算机病毒和黑客入侵，确保己方信息系统安全稳定运行等。

制造业 manufacturing industry 对采掘工业和农业所提供的原材料进行加工或再加工的工业部门。又称加工工业。其主要特征是以人类过去劳动的生产物作为劳动对象。可分为两类：①直接对采掘产品进行加工；②对经过初步加工的采掘工业产品和农产品进行再加工。一般来说，采掘工业和农业所提供的产品的数量和质量决定制造业的发展速度和规模；制造业能力不足，也会造成原材料积压和浪费，制约经济发展的速度。因此，制造业的发展必须与原材料工业的发展相适应，国民经济才能保持持续快速健康发展，整个社会的资源利用效率才能得到提高。

质 quality 一事物区别于他事物的内在规定性。它由事物内部矛盾的特殊性所决定。事物的质既是统一的整体，又具有许多不同的方面。如人有生理方面的质、社会方面的质。人们可根据实践的需要着重对事物某方面的质进行研究，从不同方面对事物作出不同的定义。质是内在的，但又表现于外。一事物同他事物发生关系时表现出来的质称为属性。人们通过观察事物的属性来认识事物的质。

质变 qualitative change 事物从一种质态向另一种质态的转变。事物运动的基本状态之一。同量变相对。又称飞跃。质变是在量变的基础上发生的，标志着量的渐进过程的中断。事物的质变根源于事物的内部矛盾运动。当事物的内部矛盾斗争激化，双方力量对比的结果使基本矛盾双方主次地位发生根本变化，原来处于被支配地位的非主要矛盾方面上升为决定事物性质的主要方面时，一事物就转化为另一不同质的事物。事物的质变瓦解了事物原有的质量统一体，破坏了事物的相对静止状态，突破了事物原有的度，从而呈现出显著的、迅速的和剧烈的变化。质变在事物发展中具有重要地位。质变是事物发展的决定性环节，也是造成世界上千差万别的事物及其丰富个性的根据。

质点 particle 只考虑物体的质量而不计其大小、形状等因素的一个几何点。经典力学中常用的基本模型之一。作平动的刚体，体内任一点的位移，速度和加速度都相同，可简化为位于其质心的质点的运动。在物体的运动不能视为质点运动时，可把物体无限分割为极小的质元，每个质元都可视为质点，物体的运动就成为无限个质点的运动的总和，即质点系的运动。但从物体受力的角度看，当物体的尺寸远小于它和对它施力的物体间的距离时，仍可将其视为质点。所以世界上一切物体的机械运动均可视为质点或质点系的运动，而质点运动学和质点系动力学也就成了经典力学的基础。

质量 mass 基本物理量之一。按量度的依据不同有两个定义：根据牛顿运动定律，质量是惯性大小的量度，称惯性质量；根据万有引力定律，质量是物体对其他物体的引力大小的量度，称引力质量。地球物理学家L.B.von厄缶于1889年用极为精密的扭秤证明两者的差别不大于10^{-9}，后又有人将精度提高到9×10^{-13}。在经典力学中认为物体的质量是不变的，但狭义相对论认为物体的质量将随其速度和动能而增加，并由实验证实。质量的国际单位制单位为千克。

质量管理 quality management 人类为了控制和提高产品质量而开展的管理工作。中国战国时期就有“命百工审查武库器材质量”的文字记载。在世界史上，公元前429年波斯帝国阿尔塔薛西斯一世时期，就有要求原始工场保证产品质量的记载。工业生产包括手工业生产在内，一般总要经过产品设计（设想）、产品生产、产品检查3个阶段。但是，质量管理形成一门学科，是在20世纪初期。

现代质量管理的发展 经历了质量检验、统计质量控制、全面质量管理3个阶段。

质量检验阶段 这一阶段持续到第二次世界大战之前，主要是通过检验的方式来控制和保证产出或转入下道工序产品的质量。手工业时代，产品大多是以作坊式的方式生产。产品的质量主要取决于工匠个人的经验和技能。进入20世纪以后，随着企业规模的进一步扩大和分工与专业化程度的日益提高，企业中任用了大量检验人员，专职负责产品检验。这种做法只是从成品中挑出废品、次品，实质上是一种“事后把关”。

统计质量控制阶段 1924年，美国贝尔实验室的统计学家W.A.休哈特开始探索将统计方法应用于质量控制，并于1931年出版了《产品制造质量的经济控制》一书。第二次世界大战爆发后，美国政府开始在军工生产中大力提倡和推广统计质量控制方法。1942年，美国国防部召集休哈特等一批专家，制定了3个运用数理统计方法的战时国防标准。这一时期质量管理的重点主要在于确保产品质量符合规格和标准。人们通过对工序进行分析，及时发现生产过程中的异常情况，确定产生缺陷的原因，迅速采取对策加以消除，使工序保持在稳定状态。由于数理统计方法的广泛应用，这一时期的质量管理被称为统计质量控制(SQC)。

全面质量管理阶段 第二次世界大战以后，人们开始认识到，仅仅依靠制造领域中的统计质量控制已经不能满足顾客对质量的要求。这一时期，美国的贝尔实验室开展了名为全面的质量保证计划的活动。在这一活动中，除了重视制造过程的统计质量控制之外，对于从建立质量标准开始一直到产品最终处置为止的其他各种活动的重要性和必要性也予以充分强调。

稍后，美国通用电气公司的A.V.费根堡姆发表了题为《全面质量管理》的论文，首先提出了全面质量管理(TQC)的概念。费根堡姆主张解决质量问题不能局限于制造过程，因为制造过程中出现的质量问题不过是所有质量问题的20%左右，而80%左右的质量问题是在制造过程以外产生的。解决问题的手段仅仅局限于统计方法也是不够的，而必须是多种多样的。这样，质量管理由制造过程中的SQC逐渐发展到为了满足顾客要求所必须关注的各个方面。

日本在20世纪50年代引进了美国的质量管理方法，并有所发展。他们强调从总经理、技术人员、管理人员到工人，全体人员都参与质量管理。企业对全体职工分层次地进行质量管理知识的教育培训，广泛开展群众性质量管理小组活动，并创造了一些通俗易懂、便于群众参与的管理方法，给全面质量管理充实了大量新的内容。质量管理的手段也不再局限于数理统计，而是全面地运用各种管理技术和方法。

经过长期而广泛的实践、积累、总结和升华，全面质量管理已成为全球企业界的共同实践。全面质量管理逐渐由早期的TQC演变为TQM(total quality management)，在一定意义上来讲，它已经不再局限于质量职能领域，而演变成为一套以质量为中心的、综合的、全面的管理方式和管理理念。卓越绩效模式、六西格玛管理是全面质量管理发展的重要成果。

中国现代质量管理 1949年中华人民共和国建立后，企业的质量管理开始进入新的阶段。从1949年到80年代中期，中国的经济处于计划经济时期，中国的质量管理也基本上是在政府主导下推行的，企业基本上处于一种被动和从属的地位。自80年代中、后期以来，随着改革开放的深入，中国逐渐确立了建立社会主义市场经济体制的目标，企业开始成为市场经济的主体。政府的职能也开始发生转变，从对企业的直接管理逐渐转变为间接管理和宏观指导。企业对质量管理从过去的“要我做”变成“我要做”，真正成为企业自身的使命。

1993年全国人大通过了《中华人民共和国产品质量法》，标志着中国质量工作进一步走上了法制化的道路。

学科性质、研究对象和基本原则 根据国际标准的定义，质量是指一组固有特性满足要求的程度。质量的概念最初仅指产品，以后发展到服务、过程、活动、组织、体系和人，或以上几项的组合。质量管理是指在质量方面指挥和控制组织的协调活动。通常包括确定质量方针、质量目标和质量职责，并在质量体系中通过质量策划、质量控制、质量保证和质量改进等活动，实现质量方针和目标。

性质 由于质量管理既涉及社会科学中的经济学、社会学、心理学和管理学，又涉及自然科学中的数学及其分支数理统计学等。因此，它是一门综合性学科，具有多学科交叉和综合的性质。

研究对象 从微观角度看，是质量产生、形成、实现的规律，是稳定、提高质量的概念、理论、方法、工具、技术；从宏观角度看，质量管理主要研究提高质量的方针和政策。

基本原则 ①以顾客为关注焦点。因为组织的生存和发展依存于顾客，所以必须充分理解顾客当前和未来的需要，努力满足顾客的需要并力争超越顾客的期望。②领导作用。领导要负责确定组织的宗旨和方向，并努力营造一种使员工全力以赴实现组织目标的环境。③全员参与。各级成员都是组织中重要的一员，只有全员充分参与才能实现组织的最大利益。④过程方法。将相关资源和活动作为过程的方式进行管理，可以更高效地达到预期的目的。⑤系统管理。针对制定的目标，识别、理解并管理一个由相互联系的过程所组成的体系，有助于提高组织的效果和效率。⑥持续改进。这是组织永恒的目标，是企业立于不败之地的重要手段。⑦以事实为决策依据。有效的决策是建立在对数据和信息进行合乎逻辑的分析和直观判断的基础上。⑧互利的供方关系。通过互利的关系，可增进组织与其他供方创造价值的能力。

质量保证与产品责任 质量保证，是指对某一产品或服务能满足规定质量要求的适当信任所必需的全部有计划、有系统的活动。质量保证强调对顾客负责。仅仅依赖企业自身的质量保证，由于条件不足往往变得不可靠，因此由独立于供需双方且不受双方经济利益支配的第三方介入质量保证，进行质量认证，是非常必要的。

美国1972年制定了《消费者产品安全法》，对危险性大的产品进行限制。不仅设计、制造上的缺陷，连产品包装、标签、使用说明书不完备也将成为诉讼对象，对企业追究产品责任十分苛刻。日本1968年颁布《消费者保护基本法》，1973年公布《消费生活用品安全法》，根据这些法律，设立了产品安全协会，开展产品安全标识、安全管理等业务。中国1993年颁布《产品质量法》，2000年加以修订，规定“生产者、销售者依照本法规定，承担产品质量责任”。

质量互变规律 mutual change of quality and quantity, law of 唯物辩证法的基本规律之一。揭示一切事物、现象发展过程中量变和质变的内在联系及其相互转化。又称量变质变规律。这一规律表明，事物的发展变化存在两种基本形式，即量变和质变，前者表现为事物及其特性在数量上的增加或减少，是一种连续的、不显著的变化，后者是事物根本性质的变化，是渐进过程的中断，是由一种质的形态向另一种质的形态的突变。在事物内部矛盾的作用下，事物的发展从量变开始，当量变达到一定的界限时，量变就转化为质变，事物的性质发生了变化，旧质事物就变成了新质事物。这是量变向质变的转化。在新质的基础上又开始了新的量变。这是质变向量变的转化。量变引起质变，质变又引起新的量变，循环往复以至无穷，构成了事物无限发展的过程。量变和质变，是事物发展变化的两种基本形式，二者既有区别又有联系，在事物发展过程中，它们是相互依存相互渗透的。量变中有阶段性的和局部性的部分质变，质变中有量的扩张。

在古代，一些思想家已经注意到了量变引起质变的现象。《老子》提出“合抱之木，生于毫末；九层之台，起于累土”。《战国策》中说“积羽沉舟，群轻折轴”等，包含着量变引起质变的思想。古希腊哲学提出了某种元素的“凝聚化”和“稀薄化”导致形成不同质的事物的思想，在“谷堆论证”、“秃头论证”中讨论了量变与质变的关系。近代德国哲学家G.W.F.黑格尔第一次以唯心主义的形式系统地阐述了质量互变规律。马克思、恩格斯在概括大量自然科学成果的基础上，批判地继承了黑格尔唯心辩证法中的合理因素，对于质量互变规律进行了科学阐释。

质量互变规律对于人们的认识和实践活动具有重要的指导意义，它要求人们要重视量的积累，注意事物细小的变化，不可揠苗助长急于求成，对于消极因素，要防微杜渐；同时又要根据事物的发展进程，不失时机地促成事物由量变到质变的转化。

质量认证 quality certification 由可信任的第三方依据程序对产品、过程或服务符合规定标准或要求给予证实的全部有关活动。质量认证中的第三方是指独立于供、需双方，不受供、需双方经济利益支配、影响，保证能以公正、科学的方法评价产品、过程或服务的第三方。质量认证中的规定要求是指认证所依据的标准、要求。不同的认证制度有不同的规定要求。各国的产品质量认证多数依据本国的产品标准，质量体系认证制度要求依据ISO 9001标准或各国相应的等同标准。由于认证的对象不同，质量认证分为产品质量认证及质量体系认证。由于认证制度的要求，又分为强制性认证（大多出于安全、健康、环境法规要求或需方的要求）及自愿性认证。

质量守恒定律 law of mass conservation 在任何与周围隔绝的体系中，不论发生何种变化或过程，其总质量始终保持不变。或者说，化学变化只能改变物质的组成，但不能创造物质，也不能消灭物质。又称物质不灭定律。

宇宙间物质的质量是否守恒，自古以来就是哲学家们探讨和争论的重大问题。经过多年精确研究化学反应过程中的质量关系后公认质量守恒定律是精确的科学定律。20世纪人们认识到：化学变化过程实质是物质中原子的重新排列组合，只是核外电子发生了重排，而原子核及其核外电子总数并未发生变化，所以反应前后物质的总质量是不变的。

20世纪以来，随着原子核科学的发展，人们又发现高速运动物体的质量随其速度而变，实物和场可以互相转化，物质的质量和能量是相互联系的。例如每摩尔镭核衰变时，质量减少了0.005 3克，同时放出能量4.8×10^8千焦。这个现象并不意味着物质的消灭，而是物质的部分质量转化成能量形式。质量守恒定律和能量守恒定律联系起来发展为质能守恒定律。

质量数 mass number 原子核内质子数Z和中子数N的总和。质量数A也是同位素质量所接近的整数，如^{14}N的同位素质量为14.003 07、^{15}N为15.000 11，其数值分别接近14和15，故这两种氮同位素的质量数分别为14和15。按照规定，质量数写在元素符号的左上角，核电荷数写在符号的左下角，如$^{14}_{7}$N、$^{15}_{7}$N。

质量作用定律 mass action law 元反应的反应速率与反应物的浓度的幂的乘积成正比。即对元反应：

$$aA+bB \longrightarrow cC+dD$$
$$r=kc_A^a c_B^b$$

式中r为反应速率，c_A、c_B分别为反应物A、B的浓度，k为反应速率常数。也可表述为：一个元反应的级数和该元反应的分子数在数值上是相等的。此定律是1864年挪威化学家P.瓦格和数学家C.M.古尔德贝格总结了大量实验结果而提出的。根据质量作用定律可以写出元反应的速率方程式。

质能关系 mass-energy relation 惯性质量与总能量间的关系。质能关系用公式表述为：$\Delta E=\Delta mc^2$或$E=mc^2$，式中E为物质的能量，m为物质的质量，c为真空中的光速，ΔE为能量的变化量，Δm为质量的变化量。这个关系式是狭义相对论的重要结果之一。对质能关系的检验是通过测量能量（及质量）的转化过程实现的。在转化过程中物体的动能变化量ΔE_k与静止质量的变化量Δm_0在数量上由质能关系和能量守恒定律给出：$\Delta E_k=\Delta m_0c^2$。一般情况下，物体静止质量的改变量Δm_0与它的静止质量m_0相比简直小得无法观测出来，但在原子核反应中，这种改变则明显地表现出来。在核裂变反应和核聚变反应中释放出的巨大能量，精确证明了质能关系的正确性。

质谱法 mass spectrometry; MS 通过对被测样品离子化后的离子质荷比的测定来进行分析的方法。样品首先经离子化，然后利用不同离子在电场或磁场的运动行为的不同，把离子按质荷比分开而得到质谱。通过对所得质谱的解析，可对样品进行定性、定量分析。1913年J.J.汤姆孙和F.W.阿斯顿用磁偏转仪证实氖有两种同位素^{20}Ne和^{22}Ne。阿斯顿于1919年制成一台能分辨1%质量单位的质谱计质谱仪。早期的质谱仪主要用来进行同位素测定和无机元素分析；20世纪40年代以后开始用于有机物分析；60年代出现了气相色谱－质谱联用仪，开始成为有机物分析的重要仪器。

质谱仪 进行质谱法分析的仪器。从应用角度可以分为有机质谱仪、无机质谱仪、同位素分析质谱仪及气体分析质谱仪等。

尽管质谱仪种类很多，工作原理有很大的不同，但是任何质谱仪都包括用于样品离子化的离子源和用于质量分离的质量分析器。

离子源主要有：①电子电离（EI）源。利用一定能量的电子束轰击样品使之电离，主要适用于挥发性样品的分析。②电喷雾电离（ESI）源。主要部件是一个电喷雾喷嘴。喷嘴将来自液相色谱或直接进入的液体样品分散成微滴，在微滴蒸发过程中表面电荷密度逐渐增大，当增大到某个临界值时，离子就可以从表面蒸发出来。电喷雾电离源是一种软电离方式，它适合于分析极性强的大分子有机化合物，如蛋白质、肽、糖等。③激光解吸（LD）源。利用一定波长的脉冲式激光照射置于涂有基质的样品靶上的样品，使样品电离。这种电离源通常称为基质辅助激光解吸电离（MALDI）源，属于软电离技术，比较适合于分析生物大分子，如肽、蛋白质、核酸等。此外，还有用于有机分析的快原子轰击源、化学电离源，用于无机分析的感应耦合等离子体源和用于同位素分析的表面电离源等。

质量分析器常见的有：①磁扇型分析器。不同质荷比的离子在磁场中偏转半径不同而把离子分开。②四极杆分析器。依靠4个棒状电极进行质量分离。在4个电极上设置一定电压，只有一定质荷比的离子可以通过四极场到达检测器。连续改变设置的电压就可使不同质荷比的离子顺序通过四极场，实现质量分离并得到质谱。③飞行时间分析器。主要部件为一个真空漂移管。具有一定能量的离子进入漂移管后，质量小的离子速度快，先到达检测器；质量大的离子速度慢，后到达检测器，从而实现质量分离。此外，还有离子阱分析器和傅里叶变换分析器等。

应用 质谱法可以用于有机物的定性及定量分析、无机物的成分分析和元素的同位素比测定。最大特点是分析灵敏度高，样品用量少。对于有机物，如果样品在大约300℃可以挥发，应首先采用GC－MS进行分析；样品分子量大，极性强，不易气化，则应采用LC－MS进行分析；为了得到结构信息，最好采用LC－MS－MS（或LC－MS^n）；对于蛋白质、糖等生物大分子，一般应采用LC－MS或MALDI－TOFMS进行分析。无机元素的分析应采用ICP－MS，而同位素测定应采用同位素质谱仪。

质权 pledge, right of 当债务人不清偿债权人的债务时，债权人可享有债务人或第三人移转给其占有而供担保的动产或所卖得的价金优先受偿的权利。担保物权的一种。享有质权的债权人称质权人；将财产转移质权人占有而作为债权担保的债务人或第三人称出质人；出质人移转给债权人占有以供债权担保的财产称为质物或质押物。出质人和质权人应以书面形式订立质押合同。质权人享有占有质物的权利，同时也有保管质物的义务。当债务人不履行债务时，质权人有将质物拍卖、变卖，以价款优先获得清偿的权利；当债务人履行债务时，质权人有返还质物的义务。出质人于质权成立时有转移质物的义务；于履行债务时，有请求返还质物的权利。对因质权人保管不善致使质物毁损，出质人有请求其赔偿的权利。

质心 center of mass 物体或质点系的质量中心。质心所在空间点C的位置由下式确定

$$r_C=\frac{\sum m_i \boldsymbol{r}_i}{m}$$

或

$$x_C=\frac{\sum m_i x_i}{m},\ y_C=\frac{\sum m_i y_i}{m},\ z_C=\frac{\sum m_i z_i}{m}$$

式中m_i为物体或质点系所含各质点的质量，$m=\sum m_i$为质点系的质量，$\boldsymbol{r}_i$为确定各质点位置的矢径，$\boldsymbol{r}_C$为质心C的矢径。质心的位置只与质点系质量分布有关。质心在刚体上是一个固定的点；而变形体的质心随变形而变动位置。

质心运动定理 motion of mass center, theorem of 建立质点系质心的运动与质点系受力之间关系的定理。即质心的运动和一个位于质心的质点的运动相同，该质点的质量等于质点系的总质量，而该质点上的作用力则等于作用于质点系上的所有外力平移到这一点后的矢量和。由这个定理可推知：①质点系的内力不能影响质心的运动。例如跳水运动员从跳板上弹跳后，运动员可作各种翻滚转体的花样动作，却改变不了质心的抛物线运动（见图）。②若质点系所受外力的主矢始终为零，则其质心作匀速直线运动或保持静止状态。③若作用于质点系上外力的主矢在某一轴上的投影始终为零，则质心在该轴上的坐标匀速变化或保持不变。质点系的任何运动一般都可分解为质心的平动和相对于质心的运动。质点系相对某一静止坐标系的动能等于质心的动能和质点系相对随质心作平动的参考系运动的动能之和。

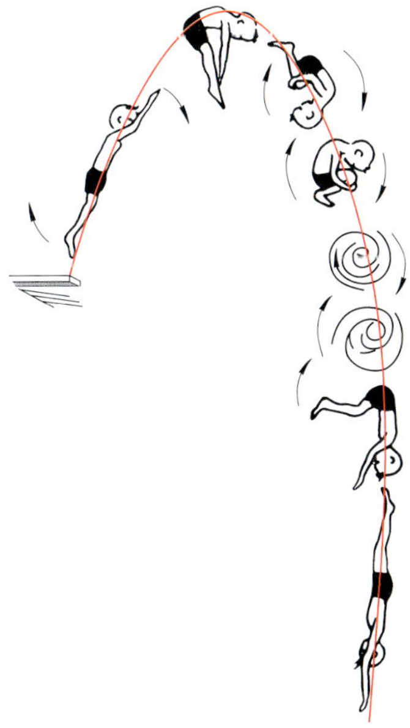

跳水运动员质心的轨迹

质询 interpellation 议员在议会会议期间，就政府的施政方针、行政措施以及其他事项，向政府首脑或高级官员提出质疑或询问，并要求答复的活动。议会监督政府的一种重要方式。18世纪由英国首创并逐渐形成质询制度，以后为其他议会内阁制国家所采用。

质询从性质上可分为询问和质询两种。前者多为议员对个别行政官员所掌管的事项的询问，后者多系议员对内阁施政方针、政府重要政策与措施的质询。它除了质询者和被质询者之间的问答之外，往往构成议会的议题，产生议会辩论，并且可能导致议会对政府提出不信任案，进而产生政府危机，内阁改组。

西方国家对议员的质询有各种限制。法、德两国是具有质询传统的国家。法国以往的党派之争常常利用质询作为倒阁手段，致使政局极不稳定。1958年法国第五共和国宪法颁布之后，质询被废止。德国虽然保持着询问和质询的传统，但根据议会议事规程的规定，质询须有30名议员签署才能提出。英国也有类似规定。

2004年4月8日，美国总统国家安全事务助理C.赖斯在华盛顿接受9·11独立调查委员会的质询

此外，当代西方国家对议员的质询还有一些其他限制。如须有书面文件或有时间的规定等。另外，各国政府官员往往借口质询事项涉及国家机密而拒绝答复，实际上构成质询次数与质询内容的限制。

社会主义国家人民代表机关的代表也有质询权。但除质询者和被质询者的问答外，不构成人民代表机关的辩论，也不进行表决，更不因此产生受质询机关的更替问题。《中华人民共和国宪法》规定，全国人民代表大会代表在全国人民代表大会开会期间，全国人民代表大会常务委员会组成人员在常务委员会开会期间，有权依照法定程序提出对国务院或国务院各部、各委员会的质询案。受质询的机关必须负责答复。

质证 cross-examination 在庭审过程中，当事人对出示的证据的真实性、关联性和合法性提出质疑、说明与辩驳的诉讼过程和诉讼行为。其目的在于使审判人员更能准确地判断证据是否具有证据效力。《中华人民共和国刑事诉讼法》第47条规定：“证人证言必须在法庭上经过公诉人、被害人和被告人、辩护人双方讯问、质证，听取各方证人的证言并且经过查实以后，才能作为定案的根据。”《中华人民共和国民事诉讼法》第66条规定：“证据应当在法庭上出示，并由当事人相互质证。”未经质证的证据，不能作为认定案件事实的依据。如果法院发现所收集的证据有问题，应当自行撤回该证据。

质子 proton 组成原子核的核子之一。质子是1919年E.卢瑟福用α粒子轰击氮反应射出的粒子，并予以命名。质子带正电，量值与电子电荷绝对值相同，为1.602 176 487 (40) × 10^{-19}库，其质量为1.672 621 637 (83) × 10^{-27}千克，自旋为1/2，磁矩为1.410 606 662 (37) × 10^{-26}焦耳/特斯拉。质子是稳定粒子，平均寿命大于10^{32}年。质子是组成原子核构成化学元素的基本成分。氢原子的核是一个质子，其他化学元素的原子序数就是其核内含有的质子数。质子与质子间除了有电磁相互作用之外，还有强得多的强相互作用，这种强相互作用与质子中子间以及中子中子间的强相互作用相同，是构成结合为原子核的核力。这种核力与电荷的无关性说明质子与中子可以看成是同一种粒子的两种不同电荷状态，这一性质导致用同位旋概念来描述：质子和中子的同位旋I=1/2，同位旋第三分量I_3=1/2的状态是质子，I_3=−1/2的状态是中子。

高能电子、μ子或中微子轰击质子的散射实验表明质子的电荷和磁矩有一定的空间分布，因此质子不是点粒子，而是由3个更深层次的粒子——夸克构成的。

质子是核物理和粒子物理实验研究中用以产生反应的很重要的轰击粒子。它也是宇宙射线中的主要成分。

“质子”号运载火箭 Proton launch vehicle 俄罗斯大型运载火箭系列。有三种型号。最大的有4级，长44.3米，底部最大直径7.4米，起飞质量800吨。能将21吨的有效载荷送入近地轨道。1965年7月16日，“质子”

号运载火箭首次发射，将1颗12.2吨的卫星送入预定轨道。1971年4月19日成功发射17.5吨的“礼炮”1号空间站。从1971～1973年共发射了6个火星探测器。1974年发射第一颗地球静止轨道卫星“宇宙”637号。1975～1983年陆续发射了“金星”号探测器，1984年发射2个“维加”号哈雷彗星探测器，1986年又把“和平”号空间站的核心舱送入太空。1998年11月20日发射“国际”空间站第一个组件——“曙光”号核心功能舱，2000年7月12日发射“国际”空间站“恒星”号舱。1996～2007年，执行了40多次商业发射任务。

质子-质子反应 proton-proton reaction 4个氢核聚变为1个氦核的途径之一。C.F.von 魏茨泽克于1937年，H.A.贝特于1938年提出的。这个反应过程是小质量、低光度的主序星的主要能源，如太阳现阶段辐射出去的能量90%以上是质子-质子反应提供的。

治安拘留 public security detention 行政机关限制违法相对人人身自由的处罚行为。见行政拘留。

治安强化运动 Public Security Consolidation Movement 中国抗日战争期间，日本侵略者为巩固和加强在华北的统治，强迫推行的一种屠杀与怀柔（奴化）相结合的政策和措施。1938年7月，日军华北方面军根据日本大本营关于确保华北占领地区安定的命令，制定了《军占据地区治安肃正纲要》。接着于1939年1月至1940年3月，进行了三期肃正作战。1941年，华北方面军又把治安肃正扩大为治安强化运动，并于2月制订了《治安强化运动实施计划》。3月30日，在日军操纵下，伪华北政务委员会开始推行第一次治安强化运动，到1942年年底共进行了5次。

日军把华北划分为“治安区”(敌占区)、“准治安区”(敌我争夺的游击区)、“非治安区”(解放区)，分别采取不同的政策和措施。对“治安区”以“清乡”为主，加强保甲制度，严密施行身份证办法和户口调查，实行连坐法，扩大自卫团、警备队，加强特务活动，以禁绝抗日活动。同时进行各种欺骗宣传，宣扬“王道乐土”，以强化奴化统治。对“准治安区”以“蚕食”为主，恐怖政策与怀柔政策兼施，制造无人区，广修封锁沟、封锁墙和碉堡，以扩大其占领面，封锁抗日根据地。对“非治安区”则以“扫荡”为主，实行杀光、烧光、抢光的“三光”政策。在八路军和华北人民顽强斗争下，治安强化运动最后以失败告终。

日本侵略军在占领区推行“强化治安”和“奴化教育”

治病求本 treatment aiming at its root causes 中医临床治疗法则之一。即寻找疾病的根本原因，针对根本原因进行治疗。异病同治、同病异治、正治、反治都是遵循治病求本这一基本法则的具体治法。在中医学中，本与标是相对的概念。以邪正而言，则正气为本，邪气为标；以病因与症状而言，则病因为本，症状为标；以先病与后病而言，则先病为本，后病为标；以内外而言，则病在内为本，病在外为标。一般情况下，标根于本，病本能除，标也随之而解。辨识本与标，就是找出病变过程中各种矛盾的主次关系，进而选择恰当的治疗方法。

《治河方略》 中国清代治黄水利著作。成书于清康熙二十八年（1689）。原名《治河书》，靳辅著，崔应阶改编时改现名。书中记述黄、淮、运河干支水系概况，黄河演变、治理和历代治黄议论，着重阐述了17世纪苏北地区黄、淮、运河决口泛滥和治理经过。该书还附有靳辅治河的得力助手陈潢的著作《河防述言》(张霭生搜集整理）12篇。

治疗 therapy; treatment 为解除病痛所进行的医学活动。根据其临床选用各种疗法的目的，分三种情况：①消除病因。对因治疗又称特效疗法。治疗目的是消除病因，常可达到根治的目的，被视为较理想的治疗。②对症治疗。治疗的目的不在于消除病因，而在于解除某些症状，或称姑息疗法。虽然有时病因不明或虽已知，但无法消除，或症状本身构成对生命的威胁时，对症治疗就是必要的正确的选择。前者如肿瘤的切除，后者如休克的纠正、器官移植等。③支持治疗。治疗的目的既不是消除病因，也不针对某些症状，而是为了改善患者的一般情况，如营养、精神状态等。有时改善患者的一般情况本身就具有治疗意义，如营养不良患者的一些合并症，在改善营养状况后，往往可以自愈。

这三种治疗往往联合运用。

治外法权 extraterritoriality ①一国国民在外国境内不受所在国管辖。根据国际法和外交惯例，此种特权只有外国国家元首、政府首脑、外交代表等才能享有（见外交特权与豁免）。军舰、军队根据协议通过外国国境时，也可享有此种权利。②一国在他国境内所行使的管辖权。根据近代英、法、美等国强迫亚非一些国家签订的不平等条约规定，缔约一方对处于缔约他方领土内的本国国民适用本国的法律，行使本国司法管辖权，其国民不受所在国法律约束和法院管辖。这种治外法权就是领事裁判权。

治未病 preventive treatment of disease 采取预防或治疗手段，防止疾病发生、发展的方法。中医治则学说的基本法则。治未病包含两种意义：一是防病于未然，强调摄生，预防疾病的发生；二是既病之后防其传变，强调早期诊断和早期治疗，及时控制疾病的发展演变。

治则 treatment, principle of 中医治疗疾病的总则。在治则指导下选定的具体治疗方法称为治法。治则的制定是在整体观念和辨证论治原则指导下，根据从四诊（望、闻、问、切）中获得的客观资料，对疾病综合分析的基础上提出来的对临床立法、处方、用药具有普遍指导意义的法则。基本内容包括：①治未病。即未病先防和既病防变两个方面。②治病求本。辨证论治的一个根本原则。强调寻求疾病原因即本进行治疗，病本能除，则标也随之而解。③扶正祛邪。改变邪正双方的力量对比，使之有利于疾病向痊愈方面转化，是指导临床治疗的重要法则。④调整阴阳。补偏救弊，恢复阴阳的相对平衡，是治疗的根本法则之一。⑤因人因时因地制宜。治疗上重视气候、地理、病人三者与疾病的关系，以及人体在内外因素作用下的个体差异，全面地辨证施治。治法是在对疾病总体规律性认识的基础上，针对具体病证而选定的方法。它从属于一定的治疗法则，是治疗原则的具体体现。

栉口目 Ctenostomata 裸唇纲的一目。因其室口有栉状薄膜掩盖而得名。本目分为两大类：①肉质类苔虫以水平出芽形成群体，通常被覆在基质上，个虫致密连接成胶质叶状或指状或块状群体。②根茎类苔虫以垂直出芽产生群体，群体以匍茎蔓匐在基质上，个虫间距稀疏，由匍茎连成网状、丝状或细枝状群体。

栉口目多态现象简单，自个虫与初虫同形。个虫圆柱形、棒形或扁平形。体壁未钙化，膜质或胶质。育卵结构有胚囊。有时能产生特殊的冬芽。

栉口目对盐度的抗力最大，大多数栖息在潮间带至水深1 200米的海洋中，有些科属营钻孔生活。某些是污损苔虫的成员之一。

挚虞 Zhi Yu (？～311) 中国西晋文学家。见《文章流别论》。

致癌物 carcinogen 能在人类或哺乳动物的机体诱发癌症的物质。确定一种物质是否具有致癌作用，主要通过动物实验和人群流行病学调查。致癌物根据性质可分为化学性致癌物［如苯并（a）芘、2-萘胺等］、物理性致癌物（如X射线、放射性核素氡等）和生物性致癌物（如某些致癌病毒）。据估计，人类的肿瘤80%～85%与化学致癌物有关。化学致癌物按照作用机理可分为能引起正常细胞发生癌变的引发剂和可使已经癌变细胞不断增殖而形成可见瘤块的促长剂。有些化学物质同时具有引发作用和促长作用，称为完全致癌物。致癌作用较强的化学物质大多是完全致癌物。仅具有引发作用而不具有促长作用的引发剂称为不完全致癌物。较为常见的促长剂有巴豆油中的巴豆醇二酯、苯酚、胆汁酸和某些色氨酸代谢物以及糖精等。有些化学物质既非引发剂，也非促长剂，本身并不致癌，但能增强引发剂和促长剂的作用，即能加速致癌作用的过程，称为助致癌物。比较常见的助致癌物有二氧化硫、乙醇、儿茶酚、芘和十二烷等。具有促长作用的巴豆醇二酯同时也是一种助致癌物。有些化学致癌物直接有致癌作用，在机体内不经过生物转化即可致癌，称为直接致癌物。有些化学致癌物本身并不直接致癌，在体内经过生物转化所形成的衍生物具有致癌作用，称为间接致癌物，其转化过程称为致癌物的代谢活化。已知化学致癌物大多是间接致癌物。直接致癌物和间接致癌物形成的具有致癌作用的衍生物统称终致癌物。必须经过代谢活化才具有致癌作用的间接致癌物则称前致癌物。前致癌物代谢活化所形成的一系列中间代谢物中，有的已具有一定的致癌作用，但还不是终致癌物，此种物质称为近致癌物。

致畸作用 teratogenic effect 致畸原通过母体对胚胎正常发育造成干扰，使子代出现先天畸形的作用。引起先天畸形的原因有遗传因素、物理因素（如电离辐射）、化学因素、生物因素（如某些病毒）、母体营养缺乏、营养分泌障碍等。凡在一定剂量下，具有致畸作用的环境因素称致畸原或致畸物。不同的致畸原对于胚胎发育各个时期的效应，往往具有特异性，致畸机制也不完全相同。致畸原生化机制主要有：干扰生殖细胞遗传物质的合成，从而改变核酸在细胞复制中的功能；引起染色体数目缺少或过多；抑制酶的活性；使胎儿失去必需的物质（如维生素），从而干扰向胎儿的能量供给或改变胎盘细胞壁的通透性。有些致畸物同时遵循两种作用机制，即致畸作用和发育毒性作用。致畸作用的剂量-效应关系的曲线斜率较大。最大无作用剂量与100%致畸剂量间距离较小，一般相差1倍。往往100%致畸剂量即可引起胚胎死亡，剂量再增加，将引起母体死亡。一般认为，机体接触低于致畸阈剂量的致畸原时，先天畸形、胚胎致死和生长迟缓发生率的自然本底值并不增高，表明致畸阈剂量即为最大无作用剂量。对致畸作用的全面评定，必须采用两种动物进行试验，还要进行人群调查。

致良知 realization of the innate good 中国明代哲学家王守仁的心学宗旨。"良知"来自《孟子·尽心上》："人之所不学而能者，其良能也；所不虑而知者，其良知也。"《大学》有"致知在格物"语。朱熹解释格物致知为"言欲致吾之知，在即物而穷其理也"，即向外穷理以求得知。王守仁不同意朱熹的解释，他将《大学》的致知与《孟子》的"良知"结合起来，说"致知"是致吾心内在的良知。他的良知，既指个人知善知恶的道德意识，又指人人具有、纯善无恶的道德本体。良知即是天理，是道德的根基。"致良知"就是将良知推广扩充到一切事物，相当于孟子所说的扩充四端、陆九渊所说的发明本心。

致密星 compact star 密度特别高的恒星。在恒星的核能耗尽后，经引力坍缩而形成。致密星的平均密度很高，体积很小，表面引力场很强。致密星有3种类型。①简并矮星，如白矮星。其平均密度约为10^5～10^7克/厘米^3，半径几千至几万千米。这种星依靠简并电子的压力来与引力平衡，简并矮星的最大质量约为1.4太阳质量，称为钱德拉塞卡极限。②中子星。其平均密度约为10^{13}～10^{16}克/厘米^3，半径约20千米。中子星依靠简并中子的压力来与引力平衡。中子星的最大质量约为2太阳质量，称为奥本海默极限。脉冲星就是一种中子星。③黑洞。黑洞的质量没有限制，半径为$2GM/c^2$，其中G为万有引力常数，M为黑洞的质量，c为光速。一个质量如太阳的黑洞，半径只有3千米。致密星是恒星演化的终结阶段。一颗恒星究竟最终演化为哪种致密星，主要取决于它的质量。

致敏 sensitization 机体（或细胞）因接触抗原物质而自动产生，或因接受抗体或具有免疫活性的淋巴细胞而被动产生的免疫反应性增高状态。当它们再次接触到同一抗原时，即可引起免疫反应。狭义的致敏专指变态反应病发生时，机体因首次暴露于抗原物质而导致反应性增强的过程。

致敏条件 ①患者具有发生变态反应病的遗传素质。此素质不可能使用任何方法在后天使其发生根本性的改变；②有特定的环境因素，使机体能与抗原接触。

致敏物 按照其作用途径的不同，分为3类：①吸入性致敏物。即本身具有抗原性（复杂的蛋白质或半抗原），且有足够的传播能力在人体内可通过呼吸气流直达呼吸道深处的直径小于5微米的颗粒。这类致敏物质主要有花粉、真菌、放线菌、螨、尘土、动物皮肤表层脱落物、粮尘等。②食入性致敏物。食物、饮料和药物等能引起致敏现象的物质。③其他致敏物。通过注入、接触等方式可致敏人体。注入物可为药物或昆虫的毒液。这类物质注入人体后被迅速吸收，故临床症状发生较快，也较重。

致敏物可由人体内部产生，称为自身抗原，可引起各种各样的自身免疫病（见自身免疫性疾病）。

痔 hemorrhoid 人体肛门部位血管、肌纤维、皮下组织的扩张、感染、充血、纤维化病变。痔有3种。位于齿状线（直肠黏膜和肛管皮肤交界处由多数肛乳头环形排列的特殊结构）以上者为内痔，以下者为外痔，上下均存在者为混合痔。

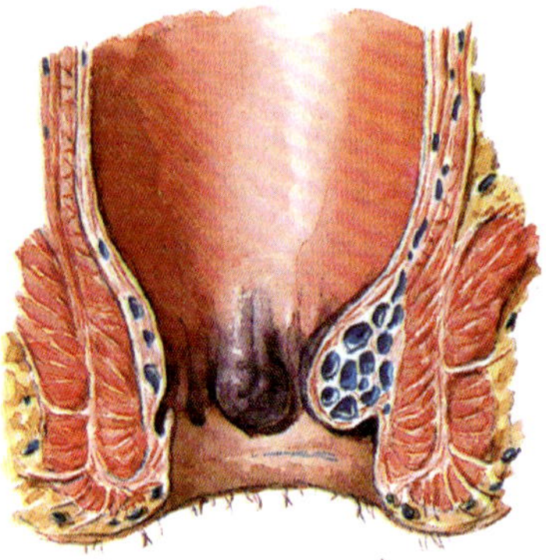

图1 内痔

病因 ①习惯性便秘。②肛管慢性感染。③先天性痔静脉壁薄弱，容易发生扩张。④腹腔肿物、妊娠时子宫增大，使腹内压增高，同时盆腔也充血。⑤久坐、久站的工作方式。这些均促使痔发生或使原有的痔加重。吃辣椒后，痔出血等症状也会加重。

内痔 主要症状是大便带血，在排便时发生，便血量一般不大，但也可呈喷射状，出血在排便后不久即止，这称为Ⅰ度内痔。内痔脱出至肛门外，便后可自行还纳，这称为Ⅱ度内痔。内痔脱出需用手托回，这称为Ⅲ度。若用手托仍不能还纳，则为Ⅳ度。多个混合痔可呈花环状脱出。

肛门镜检查可看到增大的痔核呈淡蓝色半球状隆起。症状不典型时，应结合肛门指诊以及钡灌肠或结肠镜检查，以免漏诊更为严重的疾病，主要是直肠癌。

Ⅰ度和Ⅱ度内痔采用一般治疗即可：保持大便通畅，热水坐浴，使用黏膜保护

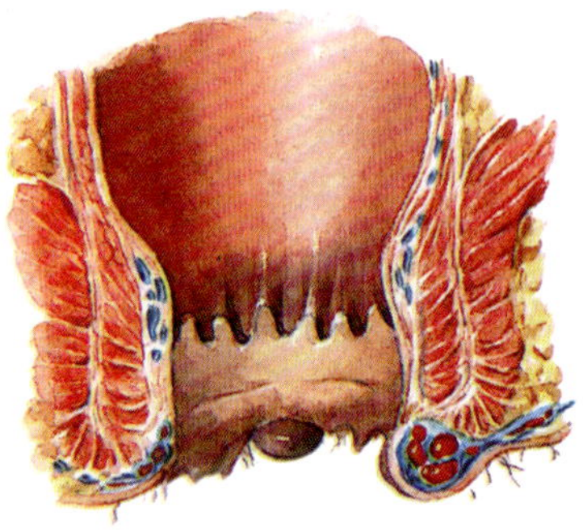

图2　外痔

栓剂。便血较重时可注射硬化剂如5%鱼肝油酸钠，使痔核硬化萎缩。Ⅲ、Ⅳ度内痔及花环痔应手术治疗。目的是消除症状，而无需根治，尽量保留正常组织。

外痔　常无明显症状，有血栓形成或感染时则肿胀疼痛。外痔急性血栓形成，则需立即切开，取出血块，一般外痔多无需特殊治疗。

蛭　*Hirudinea*; leech　环节动物门环带纲蛭亚纲动物的统称。俗称蚂蟥。世界已知4目10科600种，中国约有36属93种。一般背腹平扁，前端较窄，体呈叶片状或蠕虫状。体形可随伸缩的程度或取食的多少而改变。体前端的腹侧有一前吸盘，围绕在口的周围；后端有一后吸盘，多呈杯状，朝向腹面。身体由34个体节组成，最后7节愈合成后吸盘，实际分27节。每个体节的表面又被横沟分成3、5或更多的体环。头部背面有眼，眼的数目、位置和形状是鉴别种类的标志之一。有的从口中伸出一根管状吻。体表有感觉乳突。环带区的腹面中央有雄性和雌性生殖孔各一个。后端有一肛门。少数种类在体侧有呼吸器。体腔受挤缩小，形成一种窦系或腔隙系。消化系由口、口腔、咽、食道、嗉囊、肠、直肠和肛门等部分组成。雌雄同体，雄性先熟，异体受精。

能否取得食物是决定蛭类分布的重要因素之一。温度和湿度对蛭类的活动影响很大。大多数蛭类，包括舌蛭科、鱼蛭科和医蛭科的大部分种类在内，都以吸血或吸体腔液为生，属有害动物。吸血的对象包括多种脊椎动物和无脊椎动物。

蛭类也可被利用。在古代，不少国家曾利用医蛭吸血来给病人放血。蛭入药有破血通经、消积散瘀、消肿解毒的功效。各国还研究利用水蛭作为水域污染的指示种，

利用它辅助天气预报或作为实验动物。此外，在断指再植等整形外科手术后，可利用蛭吸血消除接通后血管的血流堵塞，并从蛭提取蛭素等多种生物活性物质作为药用。

蛭石　vermiculite　硅酸盐矿物，化学组成为$Mg_x\{Mg_{3-x}[AlSi_3O_{10}](OH)_2\}\cdot 4H_2O$，晶体属单斜晶系。因加热时能迅速膨胀、弯曲，形似水蛭（蚂蟥）状，故名。化学成分变化大，有铁、铝、铬、镍、锂替代八面体层内的镁；结构单元层间的阳离子，除镁之外，可以有钙、钾、钠、铷、铯等大阳离子。它的阳离子交换容量、形成有机络合物能力都与*蒙脱石*相似。呈片状、土状、粉末状。一般呈褐色、褐黄色、暗绿色和黑色等。油脂光泽、珍珠光泽或土状光泽。底面解理完全，解理薄片无弹性或微具弹性。莫氏硬度1～1.5。密度2.1～2.7克/厘米^3。除加热能沿c轴膨胀15～40倍外，将蛭石浸泡在过氧化氢、弱酸及其他电解质中也会膨胀。加热后结构层间充满空气，使其密度降到0.6～0.9克/厘米^3，同时具有很高的隔热、吸音、耐冻、抗菌、防火、绝缘等性能。主要用作建筑材料、绝缘材料。在农业上用作土壤调节剂、肥料和农药载体。通常由*云母*经低温热液蚀变或风化而成。世界上一些重要的蛭石产地，多数与超基性岩、基性岩有关。美国和南非是世界蛭石生产大国。中国内蒙古、山西、河南、新疆、四川等地均有产出。

智果　Zhiguo　中国隋代书法家。会稽（今浙江绍兴）人。出家为僧，居永兴寺。爱好文学，擅长书法。其隶、行、草书被唐代张怀瓘所著《*书断*》列入能品。北宋《*淳化阁帖*》有其所书《论书帖》，与传本文字略有不同。智果对后世影响较大的，是其书论《心成颂》。该文不长，是最早具体分析字的结构的文章，开研究书法结构文章的先河，对字之结构的分析简明而颇能抓住要害。

《智慧的痛苦》　*Woe from Wit*; *Gore ot uma*　俄国剧作家A.S.*格里鲍耶陀夫*的4幕诗体喜剧。又译《聪明误》。创作于1824年。为俄国19世纪现实主义戏剧的奠基之作。主人公恰茨基是个具有革命思想倾向的贵族青年，他从国外游学3年回到莫斯科后，已是个与莫斯科上流社会格格不入的人，就连他昔日的恋人索菲娅也离他而去。他的一腔热情，获得的是万般苦恼。在大贵族法穆索夫的家庭晚会上，恰茨基慷慨激昂地与愚顽的贵族们展开辩论，抨击时弊，却被他们看成是个“疯子”。于是恰茨基只好重新逃离莫斯科。《智慧的痛苦》以喜剧的形式揭示了智慧者不被社会所容的社会悲剧。

智力　intelligence　使人顺利从事多种活动所必需的各种认知能力的有机结合，其中以抽象思维能力为核心。长期以来都以*智商*（IQ）来表示智力的高低。然而，关于什么是智力还有几种不同看法：①智力是适应新情境的能力。②智力是一种学习能力。③智力是抽象思维的能力。④智力是从事艰难、复杂、抽象、敏捷和创造性活动，并能集中精力保持情绪稳定的能力。⑤智力是一个人能为着某些目标而行动，能理智地思考和有效地适应环境这三种能力的综合表现。此外，也有人认为，智力就是智力测验所测量的东西，或认为智力即解决某种智力问题的能力。

最初，人们曾把智力视为单一的心理功能，随着用因素分析方法对各种*智力测验*的研究，出现了多种智力结构理论，如将智力分为一般智力和特殊智力的二因素论；包括内容、操作和结果三个维度的智力结构模型；认为应该考虑智力与外在世界、内在世界以及个人经验的关系的三元智力理论；包容了更大范围的各种能力，如空间能力、音乐能力、言语能力、逻辑数学能力、人际能力、内省能力和身体运动等的多元智力理论。

智力测验　intelligence test　有关人的普通心智功能的各种测验的总称。又称普通能力测验。20世纪初法国心理学家A.比内和医生T.西蒙首次提出，并于1905年出版了比内–西蒙智力量表。后由美国斯坦福大学教授L.M.特曼翻译和修订，改名为斯坦福–比内智力量表。

国际上最常用的个人智力测验主要有两种：斯坦福–比内智力量表和*韦克斯勒智力量表*，二者均被公认为最有效的智力测量工具。此外，常用的智力测验还有用于学龄前儿童的格赛尔发展量表、CDCC智能发育量表等。团体智力测验多为纸笔测验，内容包括文字推理、数字运算、普通常识以及非文字推理等项目，可较迅速地获得大量被试的心智功能的客观指标。其典型代表是瑞文推理测验，它的全部题目都使用图形。团体测验的分数一般与个人测验的分数相关很高。

特殊智力测验是为了适应特殊人口的需要而制定的，弱智和文盲的智力测验也属于此类。特殊智力测验通常包括非文字的项目，诸如画小人、图像分类、拼图、搭积木和解谜等。学习能力测验或学业能力测验比普通智力测验范围要窄，只测量那些影响学业成功的基本能力。创造力测验是20世纪60年代以后发展起来的，有人也称之为发散思维测验，通常也归属于智力测验。

传统上测验多用于教育方面，后来，职业咨询家用其预测职业潜能，临床心理

学家用其诊断智力发育迟滞和老年痴呆，临床神经心理学家和司法鉴定专家也用其鉴定脑病损时的脑功能。

智力障碍 intellectual disorder 脑发育过程中智能发展受阻或脑部疾病使智能受损而产生的智力水平明显低下的缺陷。因遗传或发育障碍造成自幼智力低常，称智力落后。后天因多种原因引起的智力障碍常称痴呆。后天继发性智力衰退，又称痴呆综合征，是在智力一度充分发展后由于大脑受病伤造成的智力退化现象。属此类者有：①老年性痴呆。一种始于老年期的进行性和不可逆性的心理衰退。②麻痹性痴呆。一种由于梅毒螺旋体侵入大脑发生的发展缓慢而累及全身的进行性心身衰退，又称全身性痴呆。头颅外伤等削弱机体防御能力的因素也是发病诱因。

由于心理因素的作用或因为患有精神疾病造成的智力衰退，也表现为痴呆症状。常见的有三类：①心因性假性痴呆。是因强烈的精神创伤而引起的一种智力障碍。②童样痴呆。表现为言语、行为等酷似幼童。③精神分裂症患者因疾病不断恶化而出现的一种特殊的痴呆状态。

智利 Chile 拉丁美洲国家。位于南美洲西南部。西濒太平洋，北接秘鲁，东以安第斯山脉为界与玻利维亚、阿根廷相邻。海岸线总长约1万千米。南隔德雷克海峡与南极洲相望。南北长4 352千米，东西最宽处为362.3千米，最窄处为96.8千米，是世界上最狭长的国家。总面积756 626平方千米。人口1 676万（2008）。其中印欧混血种人约占75%，白人占20%，印第安人约占4.6%，其他人种占0.4%。69.9%的居民信奉天主教，部分人信仰基督教新教，少数人信仰犹太教、希腊东正教和伊斯兰教。官方语言为西班牙语，在印第安人聚居区使用马普切语。首都圣地亚哥。

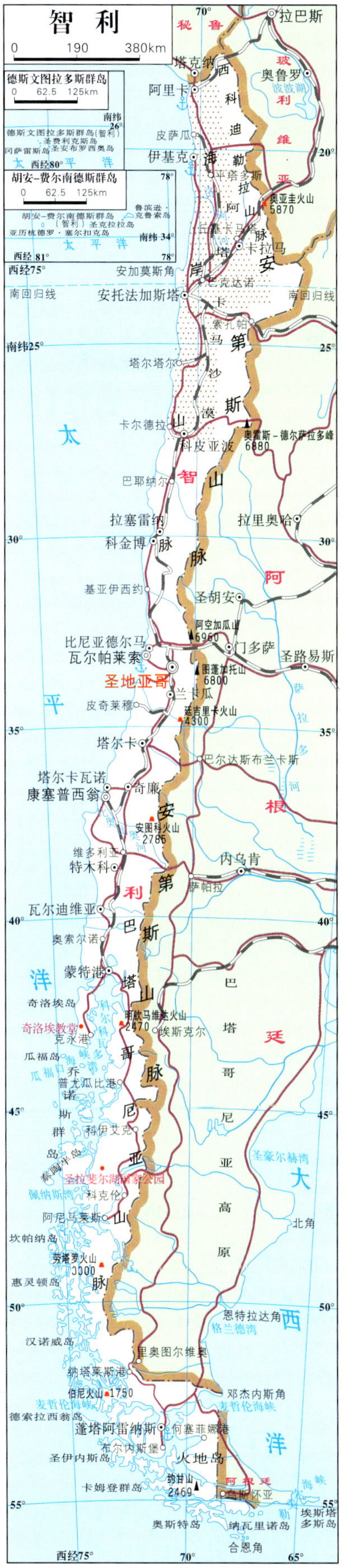

地理 境内多山，山地面积约占总面积的80%。从东向西大体形成3条南北平行的纵列带：东侧是安第斯山脉，西侧是沿海岸伸展的海岸山脉，两山之间为陷落谷地。阿空加瓜山海拔6 960米，为南美洲最高峰；图蓬加托山海拔6 800米，为世界著名火山。境内多火山，属太平洋火山群带。地震频繁。河流多短小，水流急，大多不宜通航。主要河流有洛阿河、比奥比奥河以及迈波河等。

矿产资源丰富，以盛产铜和硝石闻名于世。素称“铜矿之国”。铜的产量和储量均占世界第一。硝石储量丰富，是世界唯一天然硝石出产国，估计储量2亿～3亿吨。其他矿产还有铁、钼、铝、锌、金、银、煤、石油、天然气等。盛产温带林木，木质优良。是拉美第一大林产品出口国。渔业资源丰富。

南北气候差异显著，从北到南可明显地分为3个气候区。北部主要为常年无雨的热带和亚热带沙漠气候；中部为冬季多雨、夏季干燥的亚热带地中海式气候；南部为多雨的温带海洋性气候。

历史 早期居民为印第安人的一支阿劳坎人等。16世纪初以前属印加帝国。1535年，西班牙殖民者从秘鲁侵入智利北部。1541年建立殖民中心圣地亚哥城。1818年2月12日宣布独立，成立智利共和国。1879～1883年为争夺硝石矿区同秘鲁和玻利维亚发生“南美太平洋战争”。

政治 实行总统制。总统是国家元首和政府首脑，武装力量最高统帅，每届任期4年，不得连任。国民议会实行参、众两院制。主要政党有社会党、基督教民主党、争取民主党、社会民主激进党、民族革新党、独立民主联盟、共产党。

经济 属于中等发展水平国家。矿业、林业、渔业和农业资源丰富，是国民经济四大支柱。2009年国内生产总值为1 636.7亿美元。货币名称为比索。矿业是国民经济的命脉。全国主要有4大铜矿：位于北部沙漠地区的丘基卡马塔铜矿（世界上最大的露天铜矿）和萨尔瓦多铜矿，位于中部地区的埃尔特尼恩特铜矿（世界上最大的地下铜矿）和安第纳铜矿。主要制造业部门有钢铁、机器制造、纺织、造纸、木材

圣地亚哥大教堂

加工、石油化工、汽车装配、食品和饮料加工、烟草、陶瓷和制革等。主要农作物有小麦、大麦、燕麦、水稻、玉米、甜菜、豆类和薯类等，粮食不能自给。渔业是发展较快的部门之一，是南美第一、世界第五的渔业大国。

全国公路总长10万千米，泛美公路纵贯智利全境，长3 600千米。铁路总长8 613千米，其中电气化铁路长1 654千米。海上运输具有特别重要的意义，承担着50%进出口商品的运输任务。智利国家航空公司是国内最大的航空公司。全国有大小机场325个，最大的机场是首都的阿图罗·梅里诺·贝尼特斯机场。

对外贸易在经济中具有举足轻重的作用。主要出口铜、硝石、铁矿砂、化工产品、纸浆、水果、渔产品、食品等。进口机器设备、石油和燃料、食品等。主要贸易对象是美国、日本、巴西、中国、阿根廷、韩国等。

政府重视发展旅游业。主要名胜有**复活节岛**，圣地亚哥市著名风景区——圣卢西亚山和圣克里斯托瓦尔山。著名的托洛洛山天文台地处世界少有的天空最明净地区。

文化 南美洲文化教育水平较高的国家。实行12年义务基础教育。著名大学有智利大学、智利天主教大学和圣地亚哥大学。主要报纸有《信使报》、《民族报》、《最新消息报》等。主要电台有国家电台、矿业电台、农业电台、合作电台和智利电台等。主要电视台有国家电视台、智利大学电视台、天主教大学电视台等。

对外关系 奉行独立自主、维护不干涉原则及和平解决国际争端的对外政策。改善了同阿根廷、秘鲁、玻利维亚等邻国的关系。恢复同西欧国家的传统友好关系，改善和加强同美国的关系，深化同其他拉美国家的关系。重视发展同亚太地区国家的关系。1994年加入亚太经济合作组织。已同世界上171个国家建立外交关系。1970年12月15日与中国建交，是第一个同中国建交的南美洲国家。

智利地震海啸 Chile Seismic Sea Wave 1960年发生于南美洲智利康塞普西翁南的巨大地震及其引发的海啸。从5月21日至6月22日，在南纬36°～南纬48°间南北长1 400千米沿海狭长地带内，共连续发生225次地震，10次超过7级，其中3次超过8级。最大的一次发生于5月22日，震级达到8.9级，震中烈度Ⅺ度强。震中区从智利首都圣地亚哥到蒙特港沿岸。震后48小时普惠火山爆发。地震引起巨大的海啸。海浪向西扫过太平洋，相继侵袭新西兰、美国夏威夷、菲律宾和日本等处海岸，其中以日本受灾最严重。海啸造成夏威夷56人死亡，日本138人死亡。地震造成智利境内5 700余人死亡。通过这次地震，求得地震时破裂传播速度可达数千米每秒。这次地震还激起明显的地球自由振荡。

智能材料 intelligent material 模仿生命系统，能感知环境变化并能实时地改变自身的一种或多种性能参数，做出所期望的、能与变化后的环境相适应的**复合材料**。20世纪50年代，人们提出了智能结构，当时把它称为自适应系统。在发展智能结构的过程中，于20世纪80年代中期提出了智能材料的概念，要求材料体系集感知、驱动和信息处理三者于一体，形成类似生物材料那样具有智能属性（如自感知、自诊断、自适应、自修复等）。

智能材料来自功能材料。**功能材料**有两类：①对外界（或内部）的刺激强度如应力、应变、热、光、电、磁、化学和辐射等具有感知的材料，通称敏感材料，可做成各种传感器；②对外界环境条件（或内部状态）发生变化做出响应或驱动的材料，它可以做成各种驱动（或执行）器。具有感知和驱动双重功能的材料称为机敏材料，这种材料缺乏自决策能力，只能简单地对外部刺激作出响应，是智能材料的低级形式。智能材料的高级形式是在上述材料做成传感器和驱动器的基础上，加上现代信息技术，对感知的信息进行处理，并把指令反馈给驱动器，作出灵敏、恰当的反应；外部刺激消除后又能迅速恢复到原始状态。

机敏材料或智能材料并非一定是专门研制的一种新型材料，大多是根据需要选择两种或多种不同的材料按照一定的比例以某种特定的方式复合起来，或是材料集成，即在所使用材料构件中埋入某种功能材料或器件，使这种新组合材料具有某种或多种机敏特性甚至智能化。它已不再是传统的单一均质材料，而是一种复杂的材料体系，故在材料后加上“系统”二字，称为智能材料系统，通常简称为智能材料。

已有不少具有智能性的材料，如变色玻璃、光导纤维、形状记忆合金、压电陶瓷、正温度系数热敏陶瓷、电（磁）流变液、磁致伸缩材料及合成弹性多肽等。随着复合、集成化和微细加工等技术的发展，将会有更多种实用的智能材料问世。

智能地雷 intelligent landmine 能自主探测、识别、跟踪、定位和主动攻击目标的地雷。由目标探测传感器、信号处理与控制装置、随动发射装置和战斗部等组成。按攻击的目标分为智能防坦克地雷和智能防直升机地雷。

智能地雷的工作原理是当探测传感器接收到目标产生的特征信息（如声音、震动、热辐射等）后，输入信号处理与控制装置进行实时信息处理；在判定确系敌方目标且

英国防直升机地雷

当其进入地雷有效攻击范围时，控制系统指令发射战斗部或直接起爆攻击目标。战斗部采用自锻弹丸、预制破片或火箭运载的串联装药等结构。智能地雷可人工布设，也可由火箭、飞机和导弹等携载布撒。

智能交通 intelligent transport 将信息技术、数据通信技术、电子控制技术及计算机处理技术等运用于**交通管理**所构成的现代化交通体系。智能交通所依赖的高新技术组成的系统称智能交通系统，英文缩写ITS。智能交通系统使车辆、道路、使用者密切配合，建立起实时、准确、高效的交通管理系统。

发展简况 随着汽车保有量不断增加，尤其是20世纪80年代以来，交通拥堵日趋严重。交通专家从系统工程学的角度出发，提出了基于现代信息通信技术和计算机技术之上的将“人-车-路”作为三位一体的交通系统，通过人对交通信息的使用，在不增加现有交通供给的条件下，大大提高道路交通的安全性、交通效率、行车舒适性，并减少环境污染。在此基础上逐步形成了智能交通系统的概念。1994年在法国巴黎召开的世界大会上，各国交通专家一致同意将应用信息、通信和控制技术所开发的为交通运营、管理和安全服务的，能带动整个道路交通现代化的系统称之为智能交通系统。

构成 一般认为全球定位系统、地理信息系统、遥感技术、无线电网络系统等是智能交通系统的基础技术平台。智能交通系统由6个子系统构成。①先进的交通信息系统（ATIS）。由信息、通信及其他相关技术组成，向使用者提供必要的信息，使其能够在车内、家里、办公室、车站等地点方便地获得所需要的出行信息。②交通管理系统（ATMS）。智能交通系统的核心与基础。它将相关信息送给驾驶员，实现路、车、人的沟通，以达到交通效率最大化及交通安全等目的。③车辆控制系统（AVCS）。结合传感器、电脑、通信及自动控制技术应用于车辆及道路设施上，包括对驾驶员的警告与帮助，避免与障碍物相撞等自动驾驶技术，以提高行车安全性，增加道路容量，减少交通拥堵。④公共交通系统（APTS）。将ATMS、ATIS与AVCS技术应

用于公共运输，包括向公众发布交通工具的实时运营信息，以改善公共交通服务水平，提高营运效率，提供公共交通的便捷性和准时性，增强公共交通的吸引力。⑤紧急救援管理系统（ATISMS）。当紧急危难发生时，如何求援，救援车如何在最短时间内到达现场，以及如何警示其他驾驶员的系统。使意外事故能在最短时间内获得解除，最大地降低伤害程度。⑥新物流交通系统（AFTS）。在ITS技术条件下，物流业将通过信息共享，整合生产、流通、消费过程，寻求物资流动的优化。

发展趋势　随着科技进步，先进的车辆控制系统将发展到自动驾驶系统即智能道路和智能车辆。人们受铁路运输的启发，设想一种道路，高速运行的汽车车列，能以较小的车头间距连续运行，于是提出智能道路的概念。智能车辆是在汽车上安装电子导航系统、车间通信设备、自动驾驶装置等先进的电子仪器，使之能了解行车路上的交通状况，不断选择最佳路线并且自动驾驶。另外，智能交通系统正从单一运输模式的智能化向多种运输模式的协调配合的智能化方向发展。

智能控制　intelligent control　动态系统的基于智能方法和技术的一类控制。包括模糊控制、神经控制、专家控制、学习控制、分层递阶智能控制等。智能控制常用于难以建立准确和简单数学模型的控制系统，应用领域包括智能机器人系统、计算机集成制造系统、复杂的工业过程控制系统、航天航空控制系统、交通运输系统、环保及能源系统等。

1966年，J.M.门德尔最早主张将人工智能用于飞船控制系统。1971年傅京孙从学习控制角度首先提出智能控制概念，并概括为人作为控制器的控制系统、人机结合型控制器的控制系统、无人参与智能控制系统三类。随后，G.N.萨里迪斯首次提出组织级、协调级、执行级的三层结构递阶智能控制，并引入熵作为智能控制系统的性能的度量。1985年以后，智能控制正式成为一个独立的学术领域。

智能控制系统的主要功能：①学习功能。能对过程或其环境的未知特征所固有的信息进行学习，并将得到的经验用于进一步的估计、分类和决策（或控制），使系统的性能得到改善。②适应功能。智能行为是不依赖模型的一种自适应估计的属性。对输入不是已经学习过的情形，能利用它的插补功能给出合适的输出。当系统中出现故障时，能自动找出故障甚至具备自修复功能。③组织功能。对于复杂的任务和分散的传感信息具有自行组织和协调的功能，在任务要求的范围内自行决策和自主行动，出现多目标冲突时在一定限制下能自行裁决。

智能网　intelligent network　智能网的概念最早出现在20世纪80年代中期，它将业务控制功能与业务交换功能分离，为快速地提供新业务和对原有业务的功能进行改进提供了基础。主要的智能网标准包括国际电信联盟下属的电信标准化部（ITU-T）的CS、欧洲电信标准学会（ETSI）的CAMEL和电信行业协会（TIA）的WIN。

ITU-T的CS标准面向固定电话网，如图所示。所有的业务逻辑都在SCP（业务控制点）中执行，用户数据放在SDP（业务数据点）中。SCP通过SS7（公共信令网络第七）来控制承载网中的SSP（业务交换结点）。SCP和SSP之间的交互基于INAP（智能网应用协议）。SMS（业务管理系统）用于业务的装载、配置和管理，它和SCP之间的交互通过数据网络。SCE用于业务的创建、测试和验证。

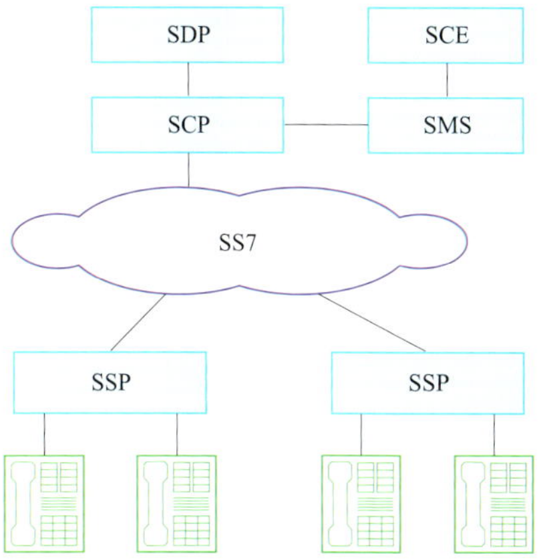

智能网示意图

ETSI的CAMEL标准面向数字蜂窝移动通信系统（GSM）网络，TIA的WIN标准面向码分多址（CDMA）网络。

智能武器　artificial intelligence weapon　具有人工智能，可自动寻找、识别目标，自主执行军事任务的武器装备的统称。通常有：智能导弹、智能无人机、智能坦克、智能鱼雷和智能作战机器人等。智能武器由信息采集与处理分系统、知识库分系统、辅助决策分系统和任务执行分系统等组成。智能武器自20世纪80年代初开始研制，已取得一些实用科研成果，它将对未来战争产生重大影响。

《智取威虎山》　*Taking Tiger Mountain by Strategy*　中国京剧作品。上海京剧院根据小说《林海雪原》集体改编。1958年、1964年两度上演。1965年由章力挥、陶雄、刘梦德、高义龙组成编剧组，对剧本重作修改加工。增加《深山问苦》一场和小常宝一人物，重写唱段。剧本基本定型。1966年正式公演于上海。江青从1964年开始插手此剧，1967年后指令于会泳负责，1969年10月剧本改定，1970年正式演出，

京剧《智取威虎山》剧照（童祥苓饰杨子荣）

北京电影制片厂摄制成彩色戏曲艺术片。故事发生在解放战争时期的东北牡丹江地区。解放军某部团参谋长少剑波率领小分队进入深山，追剿盘踞在威虎山的座山雕匪帮。侦察排长杨子荣假扮土匪胡彪，以献“联络图”为名打入匪窟。除夕夜，乘威虎山举行百鸡宴之机，与滑雪赶来的小分队及民兵里应外合，聚歼群匪，生擒座山雕。“文化大革命”后一度停演。经修改恢复演出，为上海京剧院保留剧目。

智人　*Homo sapiens*　人在生物分类中物种的学名。意思是“智慧的人”。既包括现代人，也包括克罗马农人这类化石智人。现代智人的主要体质特征是：完全直立行走，四肢细而直；有很发达的脑，重量大多在1 100～1 550克之间，平均脑量约1 350毫升；有很强的思维能力和发达的语言器官；头骨的肌脊不明显，额部圆隆，枕骨大孔基本上朝向下方，上颌有犬齿窝，下颌出现颏隆凸；齿弓呈均匀的抛物线状；鼻梁隆起，鼻尖发达，鼻孔朝下；有耳垂；面部表情肌特别发达，而且复杂；身体毛发稀少且短，完全没有触毛（或窦毛）。

20世纪中叶，古人类学流行将人类的进化过程分为猿人、古人、新人三个阶段。新人阶段对应于克罗马农类型的人类，古人阶段包括尼安德特人。20世纪中后期至今，又将在形态上介于直立人与克罗马农人之间，而又与尼安德特人差别明显的化石与尼安德特人合并称为早期智人，而将克罗马农人归入晚期智人。但也有学者仍将尼安德特人当作是与智人不同的另一物种，其余的早期智人则被称作古老型智人。

古老型智人的脑量比尼人小得多，介于直立人和现代人之间。早期智人牙齿的形态与直立人较为接近，而与晚期智人相差较大。早期智人生存的时间从中更新世晚期延续到晚更新世早期，即二三十万年前延续到35 000年前。其中尼安德特人仅限于晚更新世。

晚期智人的形态已与现在的人基本相同，所以又被称为解剖学上现代智人。晚期智人在西欧最早出现于35 000年前，一般认为西亚在大约10万年前就已有晚期智人，但也有人认为那些人类是早期智人与晚期智人之间的过渡类型。其他地区晚期智人出现的时间目前尚难确定。

晚期智人的起源主要分为多地区进化说和非洲起源说两大学说。前者主张亚洲和非洲的晚期智人分别主要来源于当地的早期人群，各地区之间有少量的基因交流；欧洲晚期智人的基因主要来源于亚洲和非洲，只有一部分来自尼安德特人。非洲起源说又称夏娃说，主张全世界的晚期智人和现代人都是大约20万年前出现于非洲的一个小群体的后代，约在13万年前其一部分子孙走出非洲，在欧洲和亚洲扩散分布，完全取代了原来住在那里的古代人群。至于美洲和大洋洲的现代人（土著），两种学说都认为他们不是起源于当地，前者来自亚洲，后者亦可能来自亚洲。

智商　intelligence quotient　个人智力水平的数量化指标。通常以其英文缩写IQ表示。用公式表示为：

$$智商（IQ）=\frac{心理年龄（MA）}{实际年龄（CA）}\times 100$$

若心理年龄与实际年龄相等，智商为100，表示中等智力水平，其值越高表示越聪明。这种用比率方法求得的智商称比率智商，已不多用。

智商分级标准

智商	等级
130以上	非常优秀
120～129	优秀
110～119	中上（聪明）
90～109	中等
80～89	中下（迟钝）
70～79	临界状态
70以下	智力缺陷

20世纪50年代后期使用的离差智商是以一个年龄组或团体的平均智商为100，标准差为15或16（在韦克斯勒量表中为15，斯坦福-比内量表中为16）计算出来的。公式为：$IQ=100+15Z$，其中Z是标准分数，其值等于$(X-\bar{X})/S$（X为测验得分，$\bar{X}$为团体平均分数，S为标准差）。一般采用的智商分级标准见表。

智旭　Zhixu（1599～1655）　中国明末四大高僧之一。俗姓钟，名际明，字素华，晚称藕益，自号八不道人。江苏吴县（今苏州）人。早年崇尚儒学，贬低释老，17岁读袾宏《自知录》及《竹窗随笔》，始悟前非，乃心向佛学。24岁依德清弟子雪岭剃度。当年夏秋，到浙江杭州云栖寺听讲《成唯识论》，后到径山坐禅。次年腊月八日，在袾宏塔前受四分戒。26岁时，又在袾宏塔前受菩萨戒。从27岁起，遍览律藏，因感于当时禅宗戒律松弛，决心弘扬律学，以纠其弊。32岁开始深研天台义理，33岁始入灵峰（今浙江安吉县孝丰镇），两年后，建西湖寺。此后游历江、浙、闽、皖等地，学习、宣讲佛法，并从事著述。清顺治十二年（1655）于灵峰圆寂，立塔于灵峰大殿右侧，世称灵峰藕益大师。主张诸宗融合，力陈佛道儒三教一致。在佛教理论上，提倡性相融合；在宗教实践上，主张禅、教、律三学统一。着重提倡持名念佛。同时主张禅、教、律归于净土。清代以来，净土宗奉他为第九祖。主要著作有《灵峰宗论》、《阿弥陀经要解》、《楞伽经义疏》、《般若心经略解》、《法华经会义》、《梵网经合注》等多种。

智𫖮　Zhiyi（538～597）　中国南朝陈、隋时僧人，天台宗的实际创建者。俗姓陈，字德安。世居颍川（今河南许昌）。18岁投法绪出家，20岁受具足戒，23岁从慧思修行法华三昧。陈光大元年（567）抵金陵，住瓦官寺，讲《大智度论》，演说禅法及《法华经》。太建七年（575）入天台山隐居，修习止观。至德三年（585）应陈后主诏，回金陵讲《仁王般若经》等，次年太子从其受戒。隋开皇十一年（591）应晋王杨广之请到扬州为其授菩萨戒，尊为智者，故称智者大师。智𫖮一生致力创宗立派，造寺院35所，度僧4 000余，传业弟子32人，著名者有灌顶、智越等。著述甚丰，合称天台三大部的《法华玄义》、《摩诃止观》、《法华文句》为天台宗代表作；《观音玄义》、《观音义疏》、《金光明玄义》、《金光明文句》及《观经疏》被称为天台五小部；此外还有《四教义》、《净名义疏》等。

智永　Zhiyong　中国南朝陈至隋初书法家。

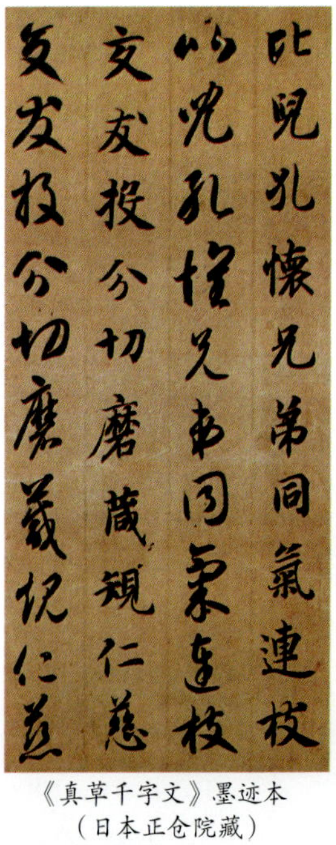

《真草千字文》墨迹本
（日本正仓院藏）

名法极，俗姓王。会稽（今浙江绍兴）人。王羲之七世孙。主要活动于6世纪后期。因出家在永欣寺，人称永禅师。曾临《真草千字文》800余本，分施浙东各寺。智永书法造诣很深，法度谨严，精熟过人。其《真草千字文》真迹，在唐代已经很少，宋代更为难得。现传世的本子主要有三种：一是墨迹本，在唐代已流入日本；二是北宋大观三年（1103）薛嗣昌刻本；三是南宋《群玉堂帖》残本，只存40行，原石早佚。

智育　intellectual education　使受教育者掌握科学文化知识和技能，发展智力的教育。全面发展教育的重要组成部分。

智育随着社会经济、政治和文化科学技术的发展而发展。中国在奴隶制的殷商时期已开始使用文字，科学知识也已萌芽。西周时期已有“六艺”之教。其后，中国在漫长的封建社会中，自汉武帝“独尊儒术”以来，到近代教育兴起，都是以儒家经典为主要教育内容，以明人伦为教育目的。孔子提出“好学近乎智”，并鼓励学生学会“举一隅以三隅反”，“告诸往而知来者”。

在西方，古希腊雅典的教育中，以语法、修辞、逻辑（或辩证法）以及算术、天文、几何、音乐等作为学校的智育内容。欧洲中世纪，智育则服从宗教的需要。到了欧洲文艺复兴时期，实验科学、文学、艺术的发展使学校智育进入了一个新的时期。学校重视扩大知识领域和发展儿童的智力。17世纪以后，英国思想家F.培根、捷克教育家J.A.夸美纽斯提出了传授百科全书式的科学知识的泛智教育。19世纪末期，自然科学在中小学教育中逐渐取得重要地位。

智育的两大任务是知识学习与能力训练，但历史上却存在着形式教育与实质教育两种教育学说之争。形式教育认为智育的主要任务是训练学生的官能。实质教育认为教育应以获得有实用价值的知识为主要任务。

现代社会，学校智育的基本任务是：①引导学生掌握系统的、全面的科学文化基础知识和技能，培养科学态度和方法，为学生奠定比较完全的知识基础。②积极发展学生的智力，尤其是创造性思维能力，培育勇于探索的精神，发展学生多方面的兴趣和才能。

智者　Sophists　公元前5～前4世纪希腊的一批收徒取酬的职业教师的统称。公元前5世纪前，智者泛指聪明并具有某种知识技能的人。后来，自然科学家、诗人、音乐家乃至政治家，也被称为智者。到公元前5世纪，特别是到柏拉图、亚里士多德时代，智者虽有上述涵义，但多指专门以教授青年而获取报酬的职业教师。由于智者能言善辩及晚期智者的末流堕于诡辩，柏拉图和亚里士多德把智者看成是歪曲真理、玩弄似是而非的智慧的人。因而智者在历史上又成为诡辩论者的同义语。智者最早和最主要的代表人物是普罗泰戈拉和高尔吉亚，他们的思想奠定了智者学说的基础。其他代表人物有：普罗狄柯、希庇阿、安提丰、特拉西马库和克里底亚等。智者没有统一的组织，政治态度也不尽相同，不是一个独立的派别，但是在思想学说上，他们的观点和基本倾向却是较为一致的。他们接受了赫拉克利特的万物流变思想，肯定运动变化着的感觉现象的真实性，反对爱利亚学派否定感性认识作用的观点，但又走向相对主义和怀疑论，认为知识就是感觉，无所谓真假是非之分，把个人的感觉作为真理的标准。普罗泰戈拉的著名命题“人是万物的尺度”是这一思想的典型表述。智者还具有朴素辩证法的思想因素，普罗泰戈拉发挥了恩培多克勒关于感性事物是对立性质的混合的思想，进一步提出每一个问题都有互相对立的方面。高尔吉亚通过对“不存在”的3个论证，驳斥了爱利亚学派否认非存在的形而上学观点，揭示了思维与存在的差别，接触到存在与非存在的联系与转化。智者们认为政治法律制度和道德规范，是人类在长期共同生活中形成的，是人们为了避免在互相残杀中归于毁灭而约定俗成的产物。他们为了反对传统思想和宗教神话的束缚，还力图贬低神的权威，否认神的传统形象。晚期智者醉心于玩弄概念和文字游戏，成为诡辩家。智者们反传统的思想成为怀疑主义流派的思想来源。智者思想在哲学史上占有重要地位。它宣告了以宇宙生成为研究对象的古希腊自然哲学的终结，开辟了由自然哲学向苏格拉底、柏拉图和亚里士多德哲学转变的道路，它探索了主体与客体的关系，肯定了认识主体的能动作用，揭示了思维与存在的差异，这一切标志着哲学研究的深化；它冲破了传统宗教神话的桎梏，否定了神对政治法律制度、道德风俗等人类社会生活现象的干预，强调人在自然力面前和在社会生活中的创造作用，具有明显的反神学意义；其约定论思想，是奴隶主民主派的理论基础，它不仅启迪了古代的伊壁鸠鲁和卢克莱修，对近代西方资产阶级的社会契约论也发生了深远影响。

痣 nevus 泛指先天性限局性皮肤异常性改变。多在出生时即已存在，少数在生后出现。多为持久性。以黑色素细胞为主的称色素痣；以血管异常为主的称血管痣（胎记）；以表皮增生为主的称疣状痣等。狭义的痣指由痣细胞构成的痣细胞性痣，因多具有黑色素，故称为色素痣。

色素痣 十分常见，损害主要由多个排列成巢的痣细胞组成。一般认为痣细胞来源于表皮、真皮交界部位的黑色素细胞，多在出生后出现，分交界痣、混合痣及皮内痣3种。除巨大性先天性色痣癌变机会较大，一般主张早期手术切除外，其他色素痣癌变机会很小，一般不必治疗。但若色素痣在短期内增大、隆起、易出血或破溃，或原有色素痣的颜色加深、变黑，或颜色变得深浅不一，则可能是色素痣恶变的征兆，应及时诊治。对发生在掌跖、指（趾）端的色素痣尤应注意。

血管痣 即血管瘤，包括鲜红斑痣（毛细血管扩张痣）、单纯性血管瘤（草莓状痣）及海绵状血管瘤等，皆属常见（见血管瘤）。

疣状痣 为隆起于皮肤表面、呈乳头状增生的疣状损害，正常皮色至棕黑色，无毛。皮损呈线状或带状排列，可见于体表的任何部位，亦可沿一个肢体呈线状分布，无症状的可电灼、手术切除。

皮脂腺痣 以皮脂腺增生为主的痣。常见于头皮或面部，为钱币大或长圆形斑块，色淡黄或略灰，其上无毛发，青春期由于皮脂腺发育增大，表面渐隆起，成为乳头瘤状或疣状，可手术切除。

结缔组织痣 罕见，是真皮内胶原纤维或弹力纤维增生所致，表现为针头大至豆大的丘疹或结节，色淡白到淡褐，成群或呈带状，好发于躯干，一般不需治疗，必要时可切除。

滞育 diapause 动物受环境条件诱导所产生的静止状态的一种类型。常发生于一定的发育阶段，比较稳定，不仅表现为形态发生的停顿和生理活动的降低，而且一经开始必须度过一定阶段或经某种生理变化后才能结束。动物通过滞育及与之相似但较不稳定的休眠现象来调节生长发育和繁殖的时间，以适应所在地区的季节性变化。

昆虫和其他节肢动物在个体发育过程中或繁殖期所出现的静止状态可明确区分为休眠和滞育两大类。休眠直接由低温、干旱等不利环境条件引起，环境恢复正常即可开始活动。滞育则发生于个体发育的一定阶段，是在不利环境到来之前，由某些季节信号，尤其如光周期变化的诱导而引起。如柞蚕四五龄幼虫只要受到每天13小时光照的刺激，蛹期便进入滞育状态，即使有适宜温度仍不发育。滞育持续时间的长短，因昆虫种类而不同，有的数月，有的可达数年之久。在自然情况下，滞育的结束要求一定的时间和条件。滞育受激素的调节和控制。

滞育可以发生于昆虫的不同发育阶段：胚胎发育的早期，如家蚕；胚胎发育已完成的阶段，如舞毒蛾；幼虫的某一龄期，如松毛虫；幼虫晚期阶段，如玉米螟；蛹期，如柞蚕；成虫期，如七星瓢虫。成虫期的滞育主要表现为生殖腺停止发育。

昆虫滞育的发生与它们的化性有关。有些一化性昆虫发育到一定的阶段即进入滞育，称为专性滞育。多化性昆虫发生滞育的世代和个体百分率等可以不同，这种情况称为兼性滞育。

昆虫滞育在生理上的表现是：生长发育停顿，呼吸率降低，虫体含水量下降，脂肪含量增高，某些酶系活性降低，抗寒性和抗药性增加。有些昆虫的幼虫滞育或成虫滞育在行为上呈现不同特点。

滞胀 stagflation 发达资本主义国家里出现的一种经济停滞与通货膨胀并存的经济现象。它包含：①经济停滞，包括危机期间的生产下降和非危机期间的经济增长缓慢与波动。②持久的通货膨胀以及由此引起的物价上涨。这两种现象互相交织并发，贯串于资本主义再生产周期的各个阶段。西方经济学家把停滞和通货膨胀两词合起来，构成停滞膨胀这一新概念。

基本特点 滞胀的实质，是在国家垄断资本主义发展到一定时期以后，特别是20世纪70年代以后，资本主义基本矛盾在经济上的一种新的特殊的表现形式。基本呈现三个特点：①严重的经济停滞与严重的通货膨胀同时并发。这是滞胀严重的形式，对发达资本主义国家的经济危害最大。②滞与胀此起彼伏互为消长，有时是严重的停滞、缓和的膨胀，有时是缓和的停滞、严重的膨胀。这是发达资本主义国家交替实行膨胀政策与紧缩政策的结果。③缓和的停滞与缓和的膨胀同时出现。这是滞胀比较缓和的形式。以上无论哪种形式，只是表明滞胀的严重程度不同，而滞胀却并未消失。

表现形式 停滞膨胀并非直线上升，而是波浪式地发展。受经济、政治形势的变化（包括经济周期的变化）及有关国家在货币金融上和财政上的扩张政策与紧缩政策交替使用的影响，滞胀表现出有起有伏，有弛有张，甚至也不排除有可能出现某些间歇。

第二次世界大战以前，经济停滞（包括生产下降）和大量失业只是发生在经济周期的危机阶段和萧条阶段，与此同时发生的是通货紧缩、物价跌落；而通货膨胀以及由此引起的物价上涨总是发生在高涨阶段，但在这个阶段里却没有经济停滞和大量失业。在当时经济周期的发展中，滞和胀是互相排斥的，二者并没有在周期的某一阶段里同时并存。第二次世界大战以后，情况发生了变化，有些发达的资本主义国家曾先后出现了经济停滞与通货膨胀同时并存的现象。同时可以看出滞胀的发展是波浪式的。从1973～1975年的危机到1980～1982年的危机初期，发达资本主义国家的滞胀趋于严重。1981年，通货膨胀开始减弱，但经济下降仍在继续。1980～1982年的危机以后，经济停滞和通货膨胀都趋于缓和。

产生原因 ①它是在国家垄断资本主义占统治地位的历史时期，资本主义基本矛盾不断积累和不断发展的产物。②它是发达的资本主义国家长期推行国家垄断资本主义反危机政策的结果。这两条是互相结合的，而归根结底，资本主义基本矛盾的发展是产生滞胀的根源。20世纪70年代以后，发达资本主义国家所出现的普遍的停滞膨胀，是资本主义基本矛盾被压抑多年之后出现的一种变异形态，也可以说是被国家垄断资本主义所压抑的经济危机以另一种形式的扩散。

雉鸡 *Phasianus colchicus*; ring-necked pheasant 鸡形目雉科雉属的一种。又称环颈雉。为古北界和东洋界的广布种。中国有19个亚种，除青藏高原的大部分和海南省以外都有分布。

全长900～1 000毫米。雄鸟羽色华丽。在华东所见的雉鸡，头顶呈黄铜色，两侧有白色眉纹。颏、喉、后颈呈黑色，有金属光。颈下有一显著的白圈。背部前呈金黄色，向后渐变为栗红色，再后呈橄榄绿色，均具斑杂。尾羽甚长，呈黄褐色，而横贯以一系列的黑斑。胸部呈金属紫铜红色，羽端具锚状黑斑；下体余部亦多斑杂。脚上有距。雌鸟型小尾短。体羽大都呈砂褐色，背面满杂以栗色和黑色斑点，尾上黑斑缀以栗色。无距。

栖息于有草丛和树木的丘陵，严冬迁至田野间，觅食昆虫、植物种子、浆果和谷物。繁殖时期，在丘陵的草丛间随地营巢，以枯草、落叶等铺在地面凹处为窝。每窝产卵6～14枚，通常1年孵2窝。

中巴公路 China-Pakistan Highway 中国新疆喀什至巴基斯坦塔科特的国际公路。全长1 032千米，又称喀喇昆仑公路。中国段，起自喀什，经疏附、托喀依、布伦口、塔什库尔干至红其拉甫山口，长416千米，是314国道的一部分。1959年便道通车，经过几次改建、整治，1988年全线达到三级路标准，铺有沥青路面。巴基斯坦段，由红其拉甫山口起，经帕苏、罕萨、吉尔吉特、吉拉斯至塔科特，长616千米，由中国援助巴基斯坦修建，为全天候双车道公路，沥青路面。1979年11月竣工。有些路段要翻越高山峻岭，跨过深沟河谷，越过冰川，还有泥石流、滑坡和雪害，工程异常艰巨困难。建成后，对发展两国的贸易、旅游事业和加强两国的联系意义很大。

中波传播 medium wave propagation 波长为1 000～100米或频率300～3 000千赫的无线电波的传播。中波主要用于广播、导航和通信等方面。中波传播既可以沿地表面绕射传播，也可以通过电离层反射以天波方式传播。白天，具有高电子碰撞频率的D层强烈吸收中波，使其不能依靠电离层进行反射传播；日落以后，D层消失，E层的电离度下降，高度上升，对中波的吸收急剧减少；夜间，电离层对中波的反射系数接近于1。因此，白天在较近处可以接收到以地波形式传播的中波，且场强相当稳定。夜间中波以地波和天波的形式传播，天波可以传播到相当远的距离。中波天波的传播常出现衰落现象。中波电离层传播还存在交叉调制效应（电波传播的电离层非线性效应）。

中餐 Chinese meal 中国式饭菜。与西餐相对称。包括中式菜肴和面点等。菜肴的制作工艺称红案，面点的制作工艺称白案。

中式菜肴是中国各地区、各民族各种菜肴的总称。具有历史悠久、技术精湛、品类丰富、流派众多、风格独特的特点，在世界上享有盛誉。

据文献记载，早在5 000多年前，中国已有烤肉、烤鱼等食品。周代出现称为“八珍”的名馔，对后世很有影响。汉魏南北朝时期，中国菜肴迅速发展，名菜大增。汉代娄护发明的“五侯鲭”，即是中国最早的杂烩菜。马王堆一号汉墓出土的竹简上记有菜肴上百款。北魏贾思勰的《齐民要术》中，载有200多种菜肴。由于佛教的传入和流行，加之南朝梁武帝的提倡，佛教斋食逐步在社会上产生影响，使中国早已出现的素菜得到进一步发展。隋唐五代时期，中国的花色菜、食疗菜也有新的发展。宋代，中国菜的发展出现了一个高潮，汴京和临安的市肆中，冷菜、热菜、羹汤和花色菜名目繁多，数以百计。当时市场上已有标明南、北、川味的菜点和素菜，表明中国菜肴的主要风味流派在宋朝时已具雏形。元明清三代，中国菜肴又得到较大的发展，菜肴品种数以千计。这一时期由于信仰伊斯兰教的少数民族迁居各地，清真菜作为一种独特风味在中国菜肴中占有一定的位置，中国菜肴的风味流派已基本形成。晚清至中华民国初期，随着外国人来华，中国菜肴又融合了某些西菜。中华人民共和国建立后，尤其是1979年以来，在菜肴的继承与创新上取得了令人欣喜的成果。各菜肴流派交流频繁，西餐大量引入，中餐也纷纷外出。新工艺、新调料、新菜品层出不穷。中式快餐业也得到了很大的发展。

中式菜肴品种繁多，除按地区和民族分类外，还可按消费对象和加工制作的不同来分类：①消费类别。由于消费对象不同，形成了层次不一的菜品，主要有家常菜、市肆菜、公共食堂菜、寺观菜、官府菜、宫廷菜、药膳菜等。②加工类别。由于中式菜肴加工制作技法多样，菜肴形式及其作用也有一定差别，主要分为冷菜、热菜、大菜、小菜、甜菜、汤菜等。

中国是一个多民族的国家，由于地理、气候、物产、文化、宗教信仰等的差异，菜肴风味差别很大，形成众多流派，有四大菜系、八大菜系之说。由于这些菜系均是自然演变而形成，只能从其菜肴的用料、制作、口味和艺术风格的感受上大致加以区别。此外，中式菜肴还有许多风味流派，各有其浓厚的地方特色。少数民族在长期历史发展中，也形成了各自的饮食文化模式，曾出现不少著名的菜肴风味流派，主要有清真菜、蒙古族菜、满族菜、朝鲜菜等。

中式面点泛指以麦面、米粉（又称粉面、米面）等为主要原料，以手工为主制作的食品，是中餐的重要组成部分。广义的面点指日常饮食中的主食，包括米饭、馒头等米面粮食制品，也包括带馅的点心；狭义的面点，一般则指中餐早饭的面点和正餐以外的小吃以及宴会上的点心。中式面点素以历史悠久、制作精致、品类丰富、风味多样著称。

商代及其以前的面食品比较简单。主要有用熬熟的谷物捣成的粉末状的糗。春秋战国时期已出现了饼的名称。汉代是面点的早期发展阶段。如崔寔的《四民月令》中就记有蒸饼、煮饼、水溲饼、酒溲饼等农家面食。魏晋南北朝时期面点品种日益丰富。如《饼赋》中已提到馒头、汤饼、牢丸等十多个品种。据记载，馄饨、春饼、煎饼等也已出现。隋唐五代时期面点又有所发展，新品种包括包子、饺子等。宋元时期是面点全面发展阶段，尤以市肆面点、少数民族面点、食疗面点为突出。明清时期，中国面点的重要品种大体已经出现，各面点风味流派基本形成，有关面点的著作也愈加丰富。随着中外文化交流，西式面点传入中国，中式面点也大量传到国外。

中式面点大体分为南味和北味两大类，北味多咸，南味多甜。按原料可分为米类制品、麦类制品、杂粮制品和其他原料制品。中餐面点体系有京式、苏式和广式三大流派；小吃有北京、天津、山东、山西、上海、江苏、浙江、福建、安徽、河南、湖北、四川、广东众多分支；点心有北京宫廷御点，山西民间礼馍，苏州市肆粉点、船点，扬州富春茶点，上海南翔花点，广州早茶细点，杭州灵隐斋点，回民开斋节点，满族敬神供点，蒙古毡房奶点，藏胞杯花酥点等著名的系列。

中产阶级 middle class 殖民地半殖民地国家和民族独立国家中的中等资产阶级。

毛泽东在1926年分析中国社会各阶级的状况时，明确地把中国当时的民族资产阶级看作是中产阶级，认为这个阶级代表了中国城乡资本主义的生产关系，这个阶级在中国革命中的态度是矛盾的：他们在受外资打击、军阀压迫感觉痛苦时，需要革命，赞成反帝国主义反军阀的革命运动；但是当革命在国内有本国无产阶级的勇猛参加，在国外有国际无产阶级的积极援助，对于其欲达到大资产阶级地位的阶级的发展感觉到威胁时，他们又怀疑革命。中产阶级的矛盾态度，决定了中产阶级以其阶级为主体的独立革命的思想，只是一个幻想。

西方资本主义国家中从事脑力劳动的雇员也称中产阶级，主要包括管理人员、专业技术人员、办事员和销售员等。这是西方学者在科学技术和管理科学不断发展、管理人员和专业技术人员的数量不断增加的新情况下，说明西方资本主义国家阶级结构发生变化的一种理论观点，其目的在于论证现代资本主义社会已经或正在“中产阶级化”，从而否定阶级和阶级斗争的存在，淡化工人阶级的历史地位和作用。

中长化纤织物 midfiber fabric 用中等长度的化学纤维混纺纱线织制的仿毛织物。中长化纤的长度一般为51～76毫米，粗细度为2.33～3.33分特（2～3旦），介于棉纤维和羊毛纤维之间。织制成坯布经整理加工后具有毛型风格，手感挺、爽、糯，弹性好，并可抗皱、免烫，色泽鲜艳。可用作套装、上衣、裤等。主要有涤/黏和涤/腈两大类。混纺比例常用65/35，也有60/40、55/45等。涤/黏混纺织物较多，手感柔软而有弹性，吸湿性好，但免烫性差。涤/腈混纺织物具有良好的抗皱性和免烫性，但布面较毛糙，染色牢度差。中长化纤织物分平纹呢、隐条呢、哔叽和华达呢等品种。大多利用棉纺织厂的设备进行生产，工艺简单，产量高，成本低。

中长跑 middle and long distance races 田径运动径赛项目中比速度和耐力的运动项目。又称中长距离跑。开展最普遍和最有代表性的中跑项目为男、女800米和1 500米；长跑项目为男、女5 000米和10 000米。在古代奥林匹克运动会上就有中长跑项目的比赛。近代中长跑兴起于英国，19世纪中叶，中长跑已经在世界上很多国家普遍开展起来。1896年第1届奥林匹克运动会被列为正式比赛项目，有男子800米和1 500米比赛。目前，奥运会男、女中长跑比赛的项目为800米、1 500米、5 000米、10 000米4项。中国女运动员王军霞曾在1996年第26届奥运会（亚特兰大）上获得5 000米金牌和10 000米银牌。

中长跑比赛全程由起跑、起跑后加速跑、途中跑、终点冲刺4个紧密相连的部分组成。起跑采用站立式。除800米为部分分道跑外，其余项目都为不分道跑。在中国，中长跑不仅是各级学校体育课教材中的项目，而且是《国家体育锻炼标准》和《全国田径业余锻炼标准》的锻炼和测验项目之一。

中长跑比赛场面

中常侍 palace attendant-in-ordinary 中国西汉时皇帝近臣，给事左右，职掌顾问应对。中常侍是仅有虚衔的加官。西汉前期只有常侍之名，或称常侍郎，为郎官之一，获此号者多为皇帝爱幸之臣，武帝时东方朔曾为常侍郎。中常侍之名出现于西汉晚期。

东汉时中常侍由加官转变为有具体职掌的官职。其秩为千石，后增为比二千石，本无员数，明帝时定为四人。东汉初改变西汉制度，多以宦者担任此职，如章帝、和帝时，郑众、蔡伦都从小黄门迁为中常侍。安帝时，和熹邓皇后临朝，中常侍都任用宦官，并授以重任。此后，居此位的宦官权倾人主，员数也从4人增加到10人，东汉末增加到12人。居此职位的官员对东汉末中央政权走向衰乱产生过较大影响。

中程导弹 medium-range missile 射程为1 000～3 000千米的战略导弹。

《中程导弹条约》 *Treaty for the Elimination of Medium-range Missile* 1987年美苏两国首脑签订的《美苏消除两国中程和中短程导弹条约》。简称《中导条约》。1977年前，美国在西欧中导力量占优势。1977年起，苏联在本国和东欧部署SS-20导弹，以对付美国从潜水艇发射的弹道导弹。起初，苏联拒绝同美国谈判，后做出让步。1981年9月24日美、苏达成举行正式谈判的协议。关于欧洲中导问题的谈判从同年11月30日在日内瓦开始，先后进行6轮谈判，共110次会议。苏联先后提出“冻结现状”、“分阶段裁减华约和北约中导”等方案。美国先后抛出“零点方案”、“临时协议”等方案。双方立场相距甚远，谈判陷入僵局。1987年7月苏联表示愿意接受美国“零点方案”，使中导问题出现了转机。同年11月中旬，美苏两国外长在日内瓦制定中导条约草案。同年12月8日，里根和戈尔巴乔夫在华盛顿签订了中导条约。该条约共17条，规定：双方在条约生效后的3年内，须全部销毁所拥有的中程导弹及其发射装置和辅助设施；在条约生效18个月内全部销毁中短程导弹及其发射装置和辅助设施；条约生效后，任何一方不得再生产和试验中程导弹和中短程导弹。条约还规定：为监督条约的遵守，缔约每一方都拥有就地核查的权利，在条约生效后13年期间内均可进行核查；条约生效后头3年期间每年进行20次核查，其后5年期间每年进行15次核查，最后5年期间每年进行10次核查。

该条约是战后美、苏裁军谈判历史上达成的第一个真正减少核武器数量的条约，是美、苏在内政和外交上各有所需和相互妥协的产物。条约的签订对于东西方关系的缓和具有很大影响。但是，条约所规定销毁的两国中程和中短程导弹的数量，只占它们拥有的全部核武器实力的3%～4%，并未触及根本，亦不能动摇两国的核霸权和核垄断的地位。

中道 madhyamāpratipada 佛教术语，不偏不倚，不堕两边（极端）的主张或实践。中道被认为是佛教学说揭示的终极真理，尽管它在佛教发展各个时期，有不同的内在含义。原始佛教的创立人佛陀仅仅说中道是舍离二边见，既不溺于贪爱，亦不追求苦行。《转法轮经》说：舍此二边有取中道而得明得智得定得慧得正觉。小乘佛教通常以循八正道为中道，即观悟十二因缘之理，弃舍常见（以世界为实有）、无见（以世界为虚无）的修持立场。大乘佛教各宗都主张中道，说法虽有差异，但从方法论立场看是完全一致的。例如：中观派以八不正观（认为宇宙万法“不生亦不灭，不常亦不断，不一亦不异，不来亦不出”。）为中道；瑜伽行派则依三性说中道（遍计所执性情有理无；依他起性理有情无；圆成实性真空妙有）；中国天台宗则以圆融空假中三谛为中道。

中等教育 secondary education 在初等教育基础上继续实施的中等普通教育和专业

教育。这种教育在整个学校教育体系中有承上启下的重要作用，它担负着为高一级学校输送合格新生，以及为国家建设培养劳动后备力量的双重任务。实施中等教育的学校为各类中等学校，包括初级普通中学、高级普通中学、完全普通中学、九年一贯制学校的中等教育部和各种中等职业技术学校等，其中普通中学是其主要部分。

欧洲各国中等学校的渊源较早，欧洲近代中等教育制度则发端于16世纪欧洲文艺复兴时期。至19世纪后，西方各国开始兴办各种公立中学，师范学校和职业学校逐渐得到发展。中国近代中等教育体制的确立，始于1902年清政府颁布的《钦定学堂章程》。

中华人民共和国建立后，1951年中国政务院颁布在《关于改革学制的决定》规定：实施中等教育的机构为普通中学、业余中学和各类中等专业学校。此后中等教育的学制几经改革。1981年颁发《全日制六年制重点中学教学计划（试行草案）》，规定中学学制为六年（三·三分段），并要求五年制中学逐步向六年制过渡。1950年教育部颁发第一个《中学暂行教学计划（草案）》，规定中学设政治、语文、数学、自然（初中）、生物（高中）、化学、物理、历史、地理、外语、体育、音乐、美术、制图（高中）等14门课。此后教学计划、课程设置不断修订调整。1981年教育部颁发新教学计划，除政治、语文、数学、外语等12门基础课程外，增加了生理卫生课和劳动技术课。六年制重点中学在高中二、三年级增设选修课，高中三年级上学期开设人口教育讲座。

中调 长于令，长短适中的曲词。一般以59字至90字的词为中调。中调又称引和近。引是引歌的意思，原是指唐代大曲的先头部分，后作为词调填词。近又称近拍，也是长于令的曲调。中调词一般在词牌上就加有引、近、近拍等字样，如《清波引》、《好事近》、《快活年近拍》等（见词）。

中东 Middle East 地中海东岸及其周边广大地区一种惯用称呼。与近东和远东相对而言。这是16世纪以来西方国家尤其西欧国家以自身的地理位置为立足点，对东方按距离远近进行的划分，但没有明确界线。一般意义上的中东，东起阿富汗，西迄西亚各国和非洲的埃及。按当今的国别有西亚的阿富汗、伊朗、伊拉克、科威特、沙特阿拉伯、巴林、卡塔尔、阿拉伯联合酋长国、也门、阿曼、巴勒斯坦国、以色列、约旦、黎巴嫩、叙利亚、土耳其、塞浦路斯和非洲的埃及，共计18个国家。其中绝大多数是伊斯兰国家，大多数是以阿拉伯民族为主的阿拉伯国家。总面积801多万平方千米，人口约2.76亿。

中东和平进程 Middle East Peace Process 中东国家采取非战争的手段解决争端的发展过程。

中东和平进程始于1977年埃以和谈。第四次中东战争后，在美苏两个超级大国的插手下，中东出现不战不和的僵持局面，对阿拉伯国家和以色列双方均产生不利影响。在此背景下，以色列开始着手与埃及秘密接触，以实现消除西线威胁、避免两线作战的安全战略。埃及在4次中东战争中损失惨重，埃及也迫切需要缓和与以的关系。在美国的积极斡旋下，埃以双方经过艰苦的谈判，于1978年9月18日签订了著名的戴维营协议。戴维营协议签署后，以色列撤出西奈半岛，埃、以实现了和平，并建立了外交关系。戴维营协议的签订结束了埃以之间30年的战争状态，打破了阿拉伯国家和以色列全面对抗的局面，为政治解决冲突开了先河，树立了“土地换和平”的成功范例。

20世纪80年代后，中东形势发生了较大变化。许多阿拉伯国家先后承认以色列，为阿以冲突走向全面政治解决铺平了道路。90年代初，尤其海湾战争后，世界形势的急剧变化为阿以争端的政治解决提供了历史性机遇。1991年10月30日至11月1日，中东和会在西班牙首都马德里举行。和会确定了关于阿以和谈的“马德里框架”。马德里和会使中东和平进程全面展开。1993年9月13日，以色列总理Y.拉宾与巴解执委会主席阿拉法特在华盛顿签署了《临时自治安排原则宣言》（又称《奥斯陆协议》）。其实质是“土地换和平”。随后，巴以、约以之间开始进行谈判。在美国的推动下，约以两国领导人于1994年7月签署了《华盛顿宣言》，宣布结束两国长达46年的交战状态。同年10月，约以正式签署和平条约，两国建立外交关系。但叙以和谈和黎以和谈未取得任何进展。1996年5月至1999年5月期间，新上台的B.内塔尼亚胡政府态度强硬，使阿以之间各个轨道上的双边和谈陷入停滞。1999年5月以E.巴拉克为首的工党政府上台，重开巴以谈判，但进展甚微。

1993年9月13日巴以签署和平协议后Y.拉宾（左）与阿拉法特（右）握手，中为美国总统W.J.克林顿

2000年2月，A.沙龙当选为以色列新总理后，在巴以和谈问题上采取强硬立场，把制止暴力冲突作为恢复和谈的前提。巴以局势再趋紧张，巴以和平谈判再次停止。

2003年4月30日，中东问题四方会议代表分别向巴以双方递交了“路线图”计划文本，并公布了“路线图”计划内容。然而，由于以色列政府坚持强硬政策和巴勒斯坦激进派别不放弃袭击等原因，导致巴以之间以暴易暴的恶性怪圈形成。2003年9月巴以和谈中断，“路线图”计划搁浅。

2004年3月22日，哈马斯的创始人和精神领袖亚辛在加沙地带遭以色列导弹袭击身亡。以色列的暗杀行动使中东和平“路线图”计划岌岌可危。

2005年8月15日，以色列关闭加沙古什·卡提夫犹太定居点，正式开始撤出加沙，结束了以色列38年来对加沙的占领。

2006年1月26日，哈马斯在巴立法委选举中击败法塔赫。巴以和平进程由此再添变数。

中东通讯社 Middle East News Agency; MENA 埃及通讯社。中东和阿拉伯地区最早成立的通讯社。简称中东社。总社在开罗。1956年由埃及两大日报和两大出版社筹资成立，1962年收归国有。1980年由埃及协商委员会遴选该社董事会主席和两名主编。国内有26个分社，国外有15个分社和记者站，大多集中在中东和北非各国。用阿拉伯、英、法3种文字发稿。着重报道埃及、中东、非洲和不结盟国家的事务。设有图片部和电视新闻部，向国内外提供或交换图片和电视片。与14个国家的通讯社签订了交换新闻协定。还为中东和非洲各国通讯社培训人员。

中东战争 Middle East Wars 第二次世界大战后，阿拉伯国家同以色列之间进行的多次战争。又称阿以战争。

巴勒斯坦战争（1948） 又称阿拉伯-以色列战争。此为第一次中东战争。第二次世界大战后，美国支持犹太复国主义者向巴勒斯坦移民，夺取阿拉伯人土地。犹太复国主义者以残暴的手段屠杀和驱赶阿拉伯人，他们的暴行导致以色列宣告建国后的第二天，即1948年5月15日爆发这次战争。埃及、外约旦、叙利亚和黎巴嫩以及伊拉克的军队参加了对以色列的战争。战争初期，阿拉伯军队节节胜利。在联合国干预下，6月11日至7月7日的停火挽救了以色列的败局。在停战期间，阿拉伯军队在帝国主义挑拨下发生内部矛盾，削弱了战斗力。停战期一过，以色列首先发动攻势，阿拉伯军队败退。此后，联合国干预下的几次停火，均被以色列所破坏。1949年，以色列同埃及、黎巴嫩、外约旦和叙利亚分别签订停战协定，划定临时停战线，战争经过近15个月方告结束。这次战争导致巴勒斯坦总面积的80%，即2.07万平方千米被以色列占领，只有加沙地带和约旦河西岸分别由埃及和外约旦军队控制。约96万阿拉伯人成为流离失所的难民。此后，阿拉伯难民问题成为巴勒斯坦的一个尖锐问题。

英法以侵埃战争（1956） 又称苏伊士运河战争。此为第二次中东战争。1956年7月26日，埃及宣布关于苏伊士运河国有化的法令。美、英、法等国在一系列破坏阴谋破产之后，企图以武装入侵剥夺埃及人民的民族权利。从7月末开始，英、法的空军、海军向塞浦路斯、马耳他和亚丁集结，美国第六舰队驶向东地中海。10月29日晚，以色列4.5万军队越过1949年埃、以停战线，大举进攻加沙地带和西奈半岛埃军阵地，向苏伊士运河和沙姆沙伊赫推进。10月31日，英、法出动大批飞机轰炸开罗、亚历山大等埃及城市以及机场和交通线。11月5日，英、法空降部队侵入塞得港和富阿德港。第二天，英、法海军陆战队在塞得港登陆。埃及军队同各阶层人民群众浴血奋战，挫败了英、法、以占领运河、推翻埃及政府的计划。埃及反抗英、法、以三国的战争得到阿拉伯国家和许多亚、非、拉新兴国家包括中国在内的同情和支援。在埃及人民英勇反抗和世界人民的反对下，英、法、以三国遭到失败。英、法、以三国政府被迫于11月7日宣布停火。12月22日，英、法军队撤出埃及领土。以色列拖延到1957年3月8日才撤出西奈半岛，3月17日撤出加沙地带，即撤回到1949年的停战线以外。在这次战争中，苏伊士运河被堵塞，油管被切断，英、法不得不靠美国供应石油和提供贷款，美国趁机取代英、法在中东的地位。

六五战争（1967） 由于阿、以矛盾和美苏对中东的争夺加剧，以色列在美国的支持下，于1967年6月5日对阿拉伯国家突然袭击，偷袭开罗、苏伊士运河区和西奈半岛的埃及十几个机场、导弹基地和雷达站。此为第三次中东战争。6月8日，以色列军队抵苏伊士运河东岸，苏伊士城、塞得港、富阿德港等重要城市和战略要地均遭以色列袭击，破坏严重。6月9日，以军大举侵入叙利亚，占领戈兰高地大片领土和战略要地库奈特拉。6月10日晚，在联合国安排下实现就地停火。以色列拒不撤出非法占领的埃及、叙利亚和巴勒斯坦的领土。这次战争使以色列占领的领土从1949年的2.07万平方千米扩大到10.24万平方千米。战争给阿拉伯各国和巴勒斯坦人民带来巨大灾难。阿拉伯难民多达180万人。

十月战争（1973） 自六五战争以来，以色列坚持占领它所侵占的阿拉伯国家领土，在戈兰高地和西奈半岛大量构筑工事，企图永远占领这些领土。为收复被占领的领土，1973年10月6日下午，埃及军队对盘踞在运河东岸的以色列占领军发起进攻，地面部队渡过苏伊士运河，摧毁了巴列夫防线，收复运河东岸地带，此为第四次中东战争。以军趁机从大苦湖地区渡过苏伊士运河，占领大苦湖和苏伊士湾西岸地带，对埃及军队形成包抄之势，并摧毁埃及设在运河西岸的机场和导弹基地，获得制空权。苏伊士城和运河东岸的埃及第三军被以军围困，蒙受巨大损失。在戈兰高地战场上，叙利亚军队突破以军防线，包围盘踞在库奈特拉的以军。后以军占领通往大马士革的公路线，并空袭叙利亚首都和其他城市。1973年10月22日，安理会通过决议，要求战争双方停火，以军撤回到1967年6月停火线。10月24日，联合国部队进入埃及前沿阵地。1974年5月29日，以色列和叙利亚签订脱离军事接触协议，划定双方在戈兰高地军事控制线，中间设联合国军驻扎的缓冲区。1979年3月26日，埃及总统**萨达特**与以色列总理M.**贝京**在华盛顿签署和平条约，规定双方结束战争状态，以色列分阶段撤出西奈半岛，埃及承认以色列，两国建立外交关系。

1982年中东战争 以色列从西奈半岛撤出后，经过精心策划，于1982年6月6日出动飞机轰炸贝鲁特和黎巴嫩南部**巴勒斯坦解放组织**阵地，并入侵黎巴嫩。此为第五次中东战争。以军遭到巴勒斯坦游击队的顽强阻击，并同驻扎在黎巴嫩的叙利亚军队正面交火。6月14日，在黎巴嫩基督教右翼武装的配合下，以色列地面部队入侵贝鲁特，紧缩对巴勒斯坦人的围攻。6月27日，联合国大会第7次紧急特别会议通过决议，要求以色列无条件停火并从黎巴嫩撤军。9月14日，黎巴嫩新任总统、基督教长枪党领袖贝希尔·杰马耶勒及20多名高级官员在开会时被炸身亡。激起世界公愤。9月24日，联合国又通过决议，要求以色列立即无条件撤出黎巴嫩，并追悼受难者。9月30日，以军撤出贝鲁特。

中都 Central Capital 中国古代都城和政区。①唐蒲州（今山西永济西蒲州）是西都长安（今西安市）与东都洛阳（今洛阳市）间的交通枢纽，皇帝常来往于两都之间，开元九年（721）改蒲州为河中府，建号中都。当时学士韩覃上书反对，指出建中都是劳民伤财。同年即罢中都建制，废府号，仍为蒲州。②859年，南诏王世隆称帝，改国号大礼，国都羊苴咩城（今云南大理市西北大理城）旧称西京，至此改称中都。③金原都上京会宁府（今黑龙江阿城市南白城），天德三年（1151）海陵王遣张浩扩建燕京，贞元元年（1153）正式迁都，改燕京析津府为中都大兴府。城周三十七里余，实测18 690米，近正方形。为今北京正式作为首都之始。贞祐二年（1214）因蒙古军南下，又迁都南京（今开封市）。蒙古取金中都后，初仍称燕京，至元元年（1264）复号中都。四年改筑新城于旧城西北，即今北京城区前身。九年，改称**大都**。④元建行宫于兴和路（今河北张北），为往来大都、上都、和林间的交通枢纽，至大元年（1308）建为中都，四年罢。⑤明洪武二年（1369）朱元璋以建业（今江苏南京）“江南形胜，真足立国”，定为首都，而故乡临濠府（今安徽凤阳）“前江后淮，据险通漕”（《国榷》卷三），依据周、汉两京制度，建为中都，设中都留守卫，并大力营建城郭宫室。四年，又将附近通漕运的九州十八县划入境内，范围相当于今淮河中上游及江苏、安徽境内淤黄河流域。六年，改临濠府为中立府。七年，改为凤阳府。八年，朱元璋亲临中都，以过度劳费，下令停止营建工程，辖境也逐渐缩小。中都停建后，十四年，置中都留守司。中都城由外城、禁垣、皇城三重组成，面积近50平方千米，城内南北中轴线长6.75千米，两侧为官署衙门。现存遗址有皇城午门、西华门及西城垣，其中午门下有长达400米的汉白玉基座浮雕和大殿基础上的蟠龙石础，结构宏伟，雕刻精美，显示了昔日的壮观华丽和耗费的巨大人力、物力。⑥汉置中都县，治今山西平遥西南。汉高祖十一年（前196）汉文帝封为代王，都中都，即此，十七年立为皇帝。北魏移于今榆次东，北齐又移今榆次。隋开皇十年（590）改名榆次。

《中俄改订条约》 *Sino-Russian Rectification Treaty* 1881年沙皇俄国逼迫中国清政府签订的不平等条约。即《圣彼得堡条约》，又称《中俄伊犁条约》。

1876年春至1877年冬，清政府派**左宗棠**率军西征，摧毁了阿古柏的统治，收复新疆大部分地区。1878年6月22日，决定以崇厚为钦差大臣，前往俄国谈判收回伊犁问题。次年10月2日，崇厚在沙俄的威逼愚弄下，于克里木半岛的里瓦机亚擅与沙俄代理外交大臣吉尔斯和俄国驻华公使布策签订《里瓦机亚条约》及《陆路通商章程》。主要内容为：俄国将伊犁九城一带交还中国，中国将霍尔果斯河以西地区、特克斯河流域以及沟通天山南北的穆素尔山口一带割让俄国；将喀什噶尔（今新疆喀什）及塔尔巴哈台（今新疆塔城）两处边界作有利于俄国的修改；俄商可在中国蒙古地方和新疆全境进行免税贸易；增辟至汉口和天津的两条陆路通商新线；中国赔偿俄国“代收代守伊犁”兵费和“补恤”俄民费共500万银卢布（约合280万两白银）；俄国得在嘉峪关、科布多（今蒙古国境内）、乌里雅苏台（今蒙古国境内）、哈密、吐鲁番、乌鲁木齐、古城（今新疆奇台）增设领事。根据此约，伊犁名义上归还了中国，但其西境南境均被沙俄割去，从而处于北、西、南三面被围的境地。

《里瓦机亚条约》签订后，国内舆论哗然，1880年1月，清政府将崇厚革职拿问。2月19日，清政府正式照会俄国，同时任命**曾纪泽**为出使俄国钦差大臣，希望在对俄酌量让步的基础上改订《里瓦机亚条约》，挽回部分主权。经过半年多的反复交涉，中俄双方于1881年2月24日签订《中俄改订条约》及《改定陆路通商章程》。新约章的主要内容为：①根据条约规定的国界，俄国割占霍尔果斯河以西1万多平方千米的中国领土。②中国赔款增至900万银卢布（约合509万两白银）。③俄商在蒙古地区贸易免税，在新疆“暂不纳税”；可前往肃州（今甘肃酒泉）贸易。④俄国在肃州、吐鲁番两处增设领事。⑤伊犁居民愿迁居俄国入俄国籍者，均听其便。该约与《里瓦机亚条约》相比，在界务方面中国收回了特克斯河流域2万多平方千米的土地，但需加付给俄国400万银卢布；该约还保留了原条约其他许多不利于中国的规定，因此仍然是一个不平等的条约。

根据《中俄改订条约》的规定，1882～1884年，沙俄又与清政府签订了5个子约。通过《中俄改订条约》及子约，沙俄共割占了7万多平方千米的中国领土。此外，从1881～1884年，沙俄还掳去中国边民10万多人。

《中俄勘分西北界约记》 *Tacheng Protocol on the Delimitation of Sino-Russian Boundary* 1864年10月7日俄国强迫清政府签订的割占中国西北领土的条约。又称《塔城议定书》。中国的西部疆界原在巴勒喀什池（今哈萨克斯坦巴尔喀什湖）。自18世纪初叶起，俄国不断进窥该地以东以南地区。1860年，它通过《中俄北京条约》，强行规定两国西段边界走向，把清朝设在境内城镇附近的常驻卡伦指为分界标志，把中国的内湖斋桑泊（今哈萨克斯坦斋桑湖）和特穆尔图淖尔（今吉尔吉斯斯坦伊塞克湖）指为界湖。根据此约，1862年8月（同治元年七月），清朝勘界大臣明谊和俄全权代表巴布科夫、扎哈罗夫等，在塔尔巴哈台（今新疆塔城）开始勘界谈判。谈判前，俄方出兵强占中国境内山隘、要津，垒石立界，制造既成事实。谈判中，硬要清政府接受俄国的划界方案，并多次出动军队袭击博罗胡吉尔等卡伦，甚至扬言攻取喀什噶尔（今新疆喀什）和伊犁，致使谈判长期中断。1864年10月，双方在原地重开谈判。在俄方武力威逼下，10月7日明谊代表清政府签订《中俄勘分西北界约记》。此约共10条，具体划定从沙宾达巴哈山口（今俄罗斯境内）起至浩罕边界之葱岭止的中俄西段边界。据此，俄国割占巴勒喀什池以东、以南和斋桑泊南北44万多平方千米的中国领土。

《中俄密约》 *Sino-Russian Secret Treaty* 1896年俄国以“共同防御”日本为名，诱迫中国清政府订立的密约。该约汉文本无名称，按序文称《御敌互相援助条约》，《中俄密约》为通称。光绪二十二年四月二十二日（1896年6月3日）由清政府特使**李鸿章**与俄国外交大臣罗拔诺夫、财政大臣维特在莫斯科签订，共6款，另附规定约文以法文为准的专条。主要内容是：①日本如侵占俄国远东或中国以及朝鲜土地，中俄两国应以全部海、陆军互相援助；②非经两国共商，缔约国一方不得单独与敌方议和；③开战时，中国所有口岸均准俄国兵船驶入；④为使俄国便于运输部队，中国允许黑龙江、吉林地方接造铁路，以达海参崴，该事交由华俄道胜银行承办经理，合同另订；⑤无论战时或平时，俄国都可通过该路运送军队及军需品；⑥此约自铁路合同批准日起，有效期15年。根据“密约”第4条，同年9月8日由中国驻德、俄公使许景澄与华俄道胜银行代表在柏林签订了《中俄合办东省铁路公司合同章程》。合同规定成立中国东省铁路公司，其章程照俄国铁路公司成规办理。1922年1月“华盛顿会议”上，民国政府第一次将“密约”的内容向世界公开；苏联政府于1924年公开发表了“密约”的全文。

中耳炎 otitis media 致病菌侵入中耳引起的炎症。有化脓性和非化脓性之分，两者又各有急、慢性之别。化脓性中耳炎有时可发生危及生命的并发症，应予以重视。

分泌性中耳炎 为非化脓性中耳黏膜炎症。儿童多见。发病与咽鼓管功能障碍，如腺样体增生、下鼻甲后端肥大、鼻咽肿瘤引起的阻塞，中耳清洁、防御功能下降，细菌或病毒感染、免疫功能障碍有关。表现多为传导性听力下降、自听过强、耳胀满感及耳鸣。病程超过8周为慢性。粘连性中耳炎和胆固醇肉芽肿为终末期表现。声导抗图呈C型和B型。应与鼻咽癌、脑脊液耳漏、外淋巴漏等鉴别。解除病因、鼓膜穿刺、切开，鼓膜置管术为主要治疗方法。

急性化脓性中耳炎 主要是鼓室黏膜的化脓性炎症。致病菌为肺炎球菌、乙型溶血性链球菌、绿脓杆菌、变形杆菌等。经咽鼓管感染最常见。表现为发热、剧烈波动性耳痛、耳胀及听力下降。鼓膜充血。鼓膜穿孔后，耳痛消失，血水样或黏液脓性分泌物溢出，及早应用足量广谱抗生素控制感染力求治愈。病情加重且鼓膜未穿孔前应适时行鼓膜切开排脓。鼓膜穿孔后，局部滴用抗生素液。感染控制后，小穿孔多可愈合。不愈合者择期行鼓膜修补术。

慢性化脓性中耳炎 鼓室、鼓窦、乳突黏膜、骨膜及骨质的慢性化脓性炎症。急性化脓性中耳炎病程超过8周即迁延为慢性。长期或间断耳流脓、鼓膜穿孔和听力下降为主要特征。单纯型者鼓膜紧张部穿孔，分泌物无异味，无骨质破坏；骨疡型和胆脂瘤型者鼓膜松弛部穿孔、分泌物恶臭，有骨质破坏。后者可见胆脂瘤白皮。单纯型应保守治疗。感染控制3个月后可行中耳成形术；骨疡型和胆脂瘤型者一经确诊，应及早手术治疗。

《中法新约》 *Sino-French New Treaty* 1885年中法战争后，由李鸿章代表清政府与法国政府代表巴德诺在天津签订的条约，即《中法会订越南条约》。又称《李巴条约》。见**中法战争**。

中法战争 Sino-French War 清光绪九年十一月至十一年二月（1883年12月至1885年4月），由于法国侵略越南并进而侵略中国而引起的一次战争。第一阶段最后战场在越南北部；第二阶段扩大到中国东南沿海。最后双方在军事上胜负相当的情况下停战议和，签订了对中国不平等的条约。

法国侵略越南与觊觎中国 19世纪中

法国画家笔下的黑旗军士兵

叶，英法对华**第二次鸦片战争**期间，法国开始武力侵占越南南部（南圻，西方人称为交趾支那），企图利用红河进入云南。同治十二年十月（1873年11月），法国派安邺率军百余人侵袭并攻陷河内及其附近各地。越南国王阮福时请求当时驻扎在中越边境保胜地方（今老街）的中国人**刘永福**率领的黑旗军协助抵抗法军侵略。同年12月，黑旗军在河内城郊大败法国，击毙安邺，法军被迫退回越南南部。1874年3月15日，越南在法国侵略者的压迫和讹诈下，在西贡签订《越法和平同盟条约》，越南向法国开放红河，并给予法国在越南北部通商等多种权益。清政府没有承认这个条约。

1882年3月，法国政府命交趾支那海军司令李维业率军第二次侵犯越南北部。中国与越南有宗藩关系，越南朝廷一再要求清政府派军应援。清政府为防止法国占领北越，危及中国边境，命令滇桂两省当局督饬边外防军扼要进扎，但强调“不可衅自我开”。5月19日，刘永福率黑旗军在怀德府纸桥进行决战，李维业及其以下官兵多名被击毙。法军被迫退回河内。8月间，法军一面在北越加紧攻击黑旗军，一面以军舰进攻越南中部，直逼越南都城顺化。8月25日，迫使越南签订《顺化条约》，取得了对越南的“保护权”。

中法两国的直接对峙　《顺化条约》签订后，法国立即禁绝了越南与中国的一切关系，并强迫越南撤退包括黑旗军在内的抗法军。于是造成了与中国直接对峙的形势。10月25日，法国东京海域分舰队司令A.-A.-P.孤拔受命为北越法军统帅，法国在越南北部的军事部署逐渐就绪，决定向红河三角洲中国军队防地发动攻击。

战争的爆发　中法战争从1883年12月的山西之战开始。法国的军事行动第一个目标为山西。法军于14日发起攻击，16日占领山西。1884年2月，米乐继孤拔为法军统帅，兵力增至16 000人。3月12日，法军来攻，北镇失守；19日，太原失陷；4月12日，法军进驻兴化。6月，法国利用军事胜利的形势，与越南订立最后的保护条约。

清廷被迫与法国谈判，5月11日李鸿章与法国代表福禄诺在天津签订《中法会议简明条约》（又称《李福天津简明条约》）。主要内容是：中国承认法国对越南的保护权；同意中越边界开放通商。17日，福禄诺交给李鸿章一份节略，通告法国已派巴德诺为全权公使来华会议详细条款，并单方面规定在越南北部全境向中国军队原驻地分期“接防”的日期。李鸿章没有肯定同意这个规定，又没有明确反对，亦未上报清朝中央政府。

6月23日，法军突然到谅山附近的北黎（中国当时称为观音桥）地区“接防”，要清军立即退回中国境内。中国驻军没有接到撤军命令，要求法军稍事等待，法军恃强前进。清军被迫还击。交火中，双方互有伤亡。这次事件史称“北黎冲突”或“观音桥事变”。法国以此为扩大战争的借口，照会清政府要求通饬驻越军队火速撤退，并赔偿军费2.5亿法郎（约合白银3 800万两），并威胁说，法国将占领中国一两个海口当作赔款的抵押。清政府派两江总督曾国荃于7月下旬去上海与巴德诺谈判，以求解决争端。谈判未有结果，法国重新诉诸武力。

法国将战火扩大到中国东南沿海　巴德诺与曾国荃谈判前后，法国进行了新的军事部署：它在中国和越南的舰队合成远东舰队，孤拔为司令；军舰分别开进福州和基隆。8月5日，法舰轰击基隆，强行登陆。中国军队在督办台湾事务大臣**刘铭传**统率下顽强抵抗，法军退回海上。23日，法国以先期驶入福州马江以内的优势兵舰向中国船舰猛烈攻击。中国水师仓促应战，顷刻间，战舰11艘或沉或伤，官兵殉难者近800人。法舰又炮轰马尾船厂（福州船政局），将其击毁，并连日对马尾至海口间的岸防设施大肆破坏后驶出闽江口，集结于马祖澳。

战火延至中国本土，开始了第二阶段的中法战争。8月26日，清廷颁发上谕，谴责法国“先启兵端”，令陆路各军迅速进兵，沿海各地严防法军侵入。这道上谕实际上是对法国侵略者的宣战书。

10月初，法舰分头进犯台湾基隆和淡水，刘铭传鉴于兵力不足，放弃基隆，坚守淡水。法军在基隆登陆后，再犯淡水，一度抵滩上陆，但很快被击退。法军占领基隆一隅，无法深入，转而从10月23日起对台湾实行海上封锁。1885年初，法军接连从基隆向台北进攻；法舰骚扰浙江镇海，截击由上海往援福建的五艘中国军舰，在浙江石浦击沉其中两艘。3月间法舰封锁北海。同月底，法军占领澎湖岛及渔翁岛。镇海之战，法舰遭到扼守招宝山炮台的中国军队奋勇还击，孤拔的座舰也被击中，孤拔身受重伤，6月11日死于澎湖岛。

镇南关大捷　与中国东南沿海的海战相平行，陆上战争也在越南北部展开。1885年2月，法军进攻谅山，广西巡抚潘鼎新不战而退。法军进而侵入镇南关（今友谊关），因兵力不足、补给困难，焚关而去，退至文渊（今越南同登）、谅山。时老将**冯子材**受命帮办广西关外军务，驰赴镇南关整顿部队，在隘口抢筑了一条横跨东西两岭长三里、高七尺、底宽一丈的长墙，墙外深掘堑壕，筑成了较完整的防御阵地。3月23日，盘踞谅山的法军又扑向镇南关，24日越长墙进犯；冯子材率士卒冲出墙外，激励将士猛烈搏斗，法军溃退。清军乘胜追击，连破文渊、谅山等地，又将法军逐至船头、郎甲一带。此役中还重伤东路法军统帅尼格里。法军在越南北部战场大败的消息传至巴黎，导致茹费理内阁倒台。

中法双方议和　镇南关大捷使中国在军事上、外交上都取得有利地位，但清政府决定“乘胜即收”。4月4日，由中国海关驻伦敦办事处税务司英人金登干和法国外交部政务司司长毕乐在巴黎匆促签订停战协定。之后，清政府明令批准《李福天津简明条约》，并下令北越驻军分期撤退回国；法国解除对台湾和北海的封锁。中法战争至此停止。

6月9日，李鸿章与法国政府代表、驻华公使巴德诺在天津签订《**中法新约**》，共十款，主要内容是：①清政府承认法国与越南订立的条约、章程，也就是承认法国对越南的保护权。②中越陆路交界开放贸易，中国边界内开辟两个通商口岸，“一在保胜以上，一在谅山以北”；由北越“所运货物进出云南、广西边界应纳各税，照现在通商税则较减”。③日后中国修筑铁路，“自向法国业此之人商办”。④此约签字后六个月内，中法两国派员到中越边界“会同勘定界限”。⑤法军退出台湾、澎湖。11月28日，此条约在北京交换批准。

经过中法战争和签订《中法新约》，中国与越南间传统的宗藩关系彻底断绝，中国西南地区的“后门”向法国开放。此后两年间，中法又相继签订《越南边界通商章程》、《续议商务条约》、《续议界务专条》等条约，具体确立了法国的侵略权益，中国西南逐渐变成法国的势力范围。

中非　Central Africa　非洲中部内陆国家。邻苏丹、刚果（金）、刚果（布）、喀麦隆、乍得。地处非洲大陆几何中心。面积622 984平方千米。人口430万（2008）。首都**班吉**。全国有大小部族60多个，形成10个较大的部族聚居区，主要有格巴雅、班达、

班图、乌班吉、恩格班迪等；格巴雅族人数最多，班达族分布最广。其次还有桑戈族、萨拉族、曼贾族以及阿拉伯人和尼格罗人的混血种人，在西南热带原始森林中还有少量俾格米人。居民半数以上信奉原始宗教，其余20%信奉天主教，15%信奉基督教新教，5%信伊斯兰教。官方语言为法语和桑戈语。

地理 高原山地横亘东西，占据国土的约4/5，海拔一般500～1 000米，构成乌班吉河水系与乍得湖水系的分水岭。东部为阿赞德高原，地势北高南低，东北部的印戈斯山地地势最高，恩加亚山海拔1 388米，为全国最高峰。西部山地是喀麦隆阿达马瓦高原的延伸，地势西高东低，西北部的卡雷山地，有些山峰1 000米以上。北部为沙里河上游平原，海拔400米。地处北纬2°～11°之间，大部地区属热带草原气候，全年高温，干湿季分明，向南过渡到热带雨林气候，终年湿热。除少数山地外，全国气温差别不大，年平均气温在26℃以上。平均年降水量由北向南从800毫米递增到1 700毫米。水系发育，分属乌班吉河与沙里河；前者是中非与刚果（金）两国的界河，富水力，兼航运、灌溉之利。全国森林面积10.2万平方千米，占国土面积的16%，其中1/3为热带雨林和季雨林，余为多树萨瓦纳及河谷走廊林。木材蓄积量9 000万立方米。热带雨林主要分布在西南部。矿产资源主要是钻石，分布较广，西南地区和东北的恩代莱地区最为集中。此外还有铀矿（储量2万吨）、铁矿以及黄金、铜、镍、锰、铬、锡、汞和石灰石等。北部地区发现有石油。北部和东部多大象、犀牛等野生动物资源。

历史 公元9～16世纪，境内先后出现班加苏、腊法伊和赛米奥三个部落王国，经济自给自足。1891年沦为法国殖民地。1910年被划为“法属赤道非洲”领地，称乌班吉沙里。后一度被“转让”给德国。

干季时的热带草原

第一次世界大战后重归法国。1957年成为“半自治共和国”。1958年为“法兰西共同体”内的自治共和国，称中非共和国。1960年8月13日宣告独立。

政治 2004年12月5日，中非举行全民公决，通过了新宪法。宪法规定，共和国总统为国家元首、军队统帅，总统由直接选举产生，任期5年，可连任一次；实行一院制，国民议会是最高立法机构，议员由直接选举产生，任期5年。全国有合法政党30多个，主要有中非人民解放运动、中非民主联盟、KNK全国联合会等。奉行对外开放，不结盟和国际合作政策，主张维护民族独立和国家主权，强调睦邻友好，重视南南合作。已与85个国家建交。1964年9月29日与中国建交。国家武装力量系独立后由法国帮助创建，包括陆军、空军，总统卫队和宪兵。实行义务兵役制。

经济 2009年人均国内生产总值530美元。货币名称为中非金融合作法郎（简称非洲法郎）。传统农业国，约180万人口以农业为生。国家四大经济支柱中，农林业占三个，即咖啡、棉花、木材。热带经济作物以咖啡为主，包括油棕、可可等，主要集中在南部乌班吉河沿岸、班吉至班加苏的狭长地带；咖啡、可可几乎全部供出口。棉花是第二位的经济作物，主要分布在西北部和中部高地及沙里河上游平原。生产很不稳定，产品除满足内需，尚有大量供出口。其他经济作物还有花生、甘蔗和芝麻。粮食作物主要有木薯、玉米、高粱和稻谷。森林采伐主要在西南部，产乌木、红木、花梨木等名贵木材，是最重要的出口商品之一。工业基础薄弱，采矿业地位重要。主要开采钻石、黄金和铀矿。钻石开采是国家四大经济支柱之一。开采始于1930年前后，钻石质地优良，2009年产量为29.2万克拉，几乎全供出口。黄金是钻石开采的副产品。铀矿开采主要在东部巴库马地区。电力工业发展较快，以班吉西北104千米的博阿利水电站最重要。制造业包括纺织、木材加工、食品、卷烟、肥皂、农产品加工和摩托车装配等。主要分布在首都班吉以及博阿利、班巴里、莫巴伊、布阿尔等地。境内无铁路，无出海口。交通运输主要靠公路和河运。公路总长2.4万多千米，公路网以首都班吉为中心，有6条公路干线。内河航运是外贸主要通道，90%的进出口货物经乌班吉河、刚果河水运，接刚果—大西洋铁路，由黑角港转运。主要通航河道除乌班吉河外，有桑加河及洛巴耶河，乌班吉河自班吉以下全年通航，为重要国际运输线，班吉是最大河港，年吞吐量约30万吨。全国有中型机场12个，班吉姆波科为国际航空港，有定期航班通巴黎并通布拉柴维尔、杜阿拉、恩贾梅纳、洛美、利伯维尔等非洲城市。

文化 重视教育，大、中、小学均实行免费教育。班吉大学是全国唯一综合性大学，创办于1969年。《桑戈阿非利加报》为官方日报，1986年7月1日创刊，原称《团结报》，1994年7月17日改用今名。中非新闻社为官方通讯社，建于1974年5月。中非广播电台建于1958年12月。中非电视台建于1972年。主要旅游名胜有姆巴利河的博阿利瀑布群、巴明吉–班戈兰国家公园、安德烈·菲利克斯国家公园、圣弗洛里斯国家公园及泽蒙戈动物保护区。

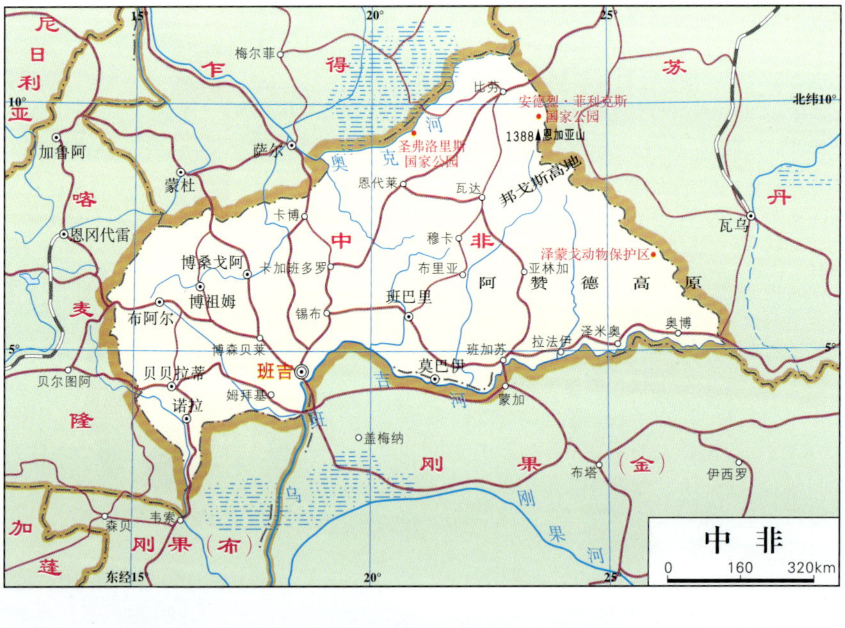

中非 Central Africa 非洲中部地区。西至喀麦隆火山带，东到东非大裂谷，北至提贝斯提高原，南及隆达–加丹加高原。通常指中非共和国、乍得、刚果（布）、刚果（金）、加蓬、喀麦隆、赤道几内亚、圣多美和普林西比8国。面积约536.6万平方千米，占非洲的17.8%，人口8 200多万（2001），约占全非总人口的13%。班图语系黑人占

80%，余为苏丹语系黑人和阿拉伯人。自然地理主要由南北两个世界最大的盆地组成，即刚果盆地和乍得盆地。

中非合作论坛 Forum on China-Africa Cooperation 中国与非洲友好国家间集体对话与合作的新平台，是促进南南合作的有效机制。根据部分非洲国家的建议，中国政府于1999年10月提出召开“中非合作论坛——北京2000年部长级会议”的倡议。这一倡议得到非洲国家的热烈响应与广泛支持。第一届部长级会议于2000年10月在北京召开。来自40多个非洲国家的近80名部长和有关国际和地区组织的代表与会。会议通过了《中非合作论坛北京宣言》和《中非经济和社会发展合作纲领》。会后，中方成立了后续行动委员会，部分国家也建立了相应后续机制。2001年7月，论坛后续行动磋商会在赞比亚首都卢萨卡举行。会议通过了《中非合作论坛后续机制程序（草案）》，决定后续机制建立在3个级别上：①部长级会议每3年举行一届；②高官会议在部长级会议前一年及前数日各举行一次，为部长级会议作准备；③非洲驻华使节与中方后续行动委员会秘书处定期举行会议。部长级会议和高官会议轮流在中国和非洲举行。2002年11月，高官会首届会议在埃塞俄比亚首都亚的斯亚贝巴举行。第二届部长级会议于2003年12月在亚的斯亚贝巴举行，来自中国和44个非洲国家的代表与会。会议通过了《中非合作论坛——亚的斯亚贝巴行动计划（2004～2006年）》，为未来3年的中非合作制定了总体规划。2005年8月，在北京召开的论坛第四届高官会上，根据非洲国家的意愿，中方在会上提议，于2006年秋在北京召开“中非合作论坛北京峰会暨第三届部长级会议”，受到非洲国家的普遍欢迎和积极支持。北京峰会暨第三届部长级会议于2006年11月3～5日在北京召开。中国领导人和48个非洲国家的国家元首、政府首脑或代表出席。北京峰会通过《中非合作论坛北京峰会宣言》和《中非合作论坛——北京行动计划（2007至2009年）》两个成果文件，确立发展中非新型战略伙伴关系，对中非未来3年合作进行全面规划，取得了丰硕成果。

北京峰会增添了中非合作的新动力，开创了南南合作的新思路，坚定了中非世代友好的决心。

中耕 intertillage 作物生育期中在株行间进行的表土耕作。操作工具有手锄、中耕犁、齿耙和各种耕耘器等。中耕可疏松表土、增加土壤通气性、提高地温，促进好气微生物活动和养分有效化、去除杂草、促使根系伸展、调节土壤水分状况。中耕的时间和次数因作物种类、苗情、杂草和土壤状况而异。在作物生育期间，中耕深度应掌握浅-深-浅的原则。即作物苗期宜浅，以免伤根；生育中期应加深，以促进根系发育；生育后期作物封行前则宜浅，以破板结为主。结合中耕向植株基部壅土，或培高成垄的措施，称培土。多用于块根、块茎和高秆谷类作物。以增厚土层，提高地温、覆盖肥料和理压杂草，有促进作物地下部分发达和防止高秆作物倒伏的作用。

中共中央党校 Party School of the CPC Central Committee 中国共产党中央委员会直接领导下的轮训和培训党的高中级领导干部和马克思主义理论骨干的学校。校址在北京西郊。设有哲学教研部、经济学教研部、科学社会主义教研部、政法教研部、中共党史教研部、党的建设教研部、文史教研部和国际战略研究所等。有培养研究生等的教学体系。主要出版物有《理论动态》、《理论前沿》、《中国党政干部论坛》等。

中共中央于1926年作出创办中共中央高级党校的决定，1933年3月在中央革命根据地江西瑞金设立马克思共产主义学校。1935年11月随中国工农红军长征到达陕北后改称中央党校。1937年2月迁入延安，毛泽东兼任中央党校校长，并为党校制定了“实事求是、不尚空谈”的校训。1947年3月从延安撤出后停办。1948年7月，中央决定创办马克思列宁学院，刘少奇兼任院长，校址在河北省平山县。1949年迁到北京。1955年8月，改为中共中央高级党校。“文化大革命”期间停办。1977年3月复校，改称中共中央党校。中共十一届三中全会前后，在邓小平等领导人的大力支持下，在胡耀邦主持下，中央党校进行了以拨乱反正为主要内容的艰巨工作，有力地推动了全党关于实践是检验真理的唯一标准问题的讨论。中共十三届四中全会以来，在以江泽民为核心的第三代中央领导集体和以胡锦涛为总书记的党中央领导下，中央党校在教育干部方面又取得了新的成绩。

中共中央顾问委员会第三次全体会议

位于北京西郊的中共中央党校

中共中央顾问委员会 Central Advisory Committee of the CPC 1982～1992年中国共产党中央委员会设立的顾问咨询机构。简称中顾委。1982年中共十二大通过的党章规定：在中央一级和各省、市、自治区党委一级，设立顾问委员会。这是实现中国共产党领导干部新老交替的一种组织形式。中央顾问委员会委员必须具有40年以上的党龄，对党有过较大贡献，有较丰富的领导工作经验，在党内外有较高声望。中央顾问委员会在中央委员会领导下进行工作，对党的方针、政策的制定和执行提出建议，接受咨询；协助中央委员会调查处理某些重要问题；在党内外宣传党的重大方针、政策；承担中央委员会委托的其他任务。中央顾问委员会每届任期和中央委员会相同。它的常务委员会和主任、副主任，由中央顾问委员会全体会议选举产生，并报中央委员会批准。中央顾问委员会主任必须从中央政治局常务委员会委员中产生。中央顾问委员会委员可以列席中央委员会全体会议；它的副主任可以列席中央政治局全体会议；在中央政治局认为必要的时候，中央顾问委员会的常务委员也可列席中央政治局全体会议。中央顾问委员会是一个过渡性的组织，在完成新老交替任务后，将不再设立。1992年10月，中共十四大通过了关于中央顾问委员会工作报告的决议，同意关于不再设立中央顾问委员会的建议。大会认为，中央顾问委员会成立10年来，协助党中央为维护党的团结和社会稳定，推进改革开放和现代化建设，做了大量卓有成效的工作，在新的历史时期为党、国家和人民建立了历史性功绩。至此，中央顾问委员会完成了它的历史使命。曾担任历届中顾委主任的有邓小平、陈云。

中共中央纪律检查委员会 CPC Central Commission for Discipline Inspection 中国共产党的最高纪律检查机关。简称中纪委。1949年11月，中共中央决定成立中央和各级党的纪律检查委员会，中央纪律检查委员会在中央政治局领导下进行工作。1955年3月中共全国代表会议决定成立中共中央和地方监察委员会，代替中央和地方各级党的纪律检查委员会。1962年中共八届十中全会又决定加强党的监察机关，扩大各级监察委员会委员的名额。“文化大革命”期间，纪律检查机构被取消。1978年12月，中共十一届三中全会决定成立中央纪律检查委员会。中共十二大通过的党章规定，党的中央纪律检查委员会在中央委员会领导下进行工作。地方各级纪律检查委员会在同级党的委员会和上级纪律检查委员会的双重领导下进行工作。党的各级纪律检查委员会的主要任务是：维护党的章程和其他重要党内法规，协助党的委员会加强党风建设，检查党的路线、方针、政策和决议的执行情况。党的各级纪律检查委员会每届任期和同级党的委员会相同。党的中央纪律检查委员会全体会议，选举常务委员会和书记、副书记，并报中央委员会批准。党的地方各级纪律检查委员会全体会议，选举常务委员会和书记、副书记，并由同级党的委员会通过，报上级党的委员会批准。党的中央纪律检查委员会的第一书记必须从中央政治局常委中产生。1978～2007年先后担任中纪委主要负责人的有陈云、乔石、尉健行、吴官正、贺国强。

中关村科技园区 Zhongguancun science park 中国北京中关村地区设立的国家级高新技术产业开发区。

中国改革开放以后，在北京高智力知识密集区中关村逐渐形成以开发、经营电子产品为主的民营科技企业群体——“中关村电子一条街”。1988年5月，国务院批准发布《北京市新技术产业开发试验区暂行条例》，正式建立中国第一个国家级高新技术产业开发区。1999年，国务院批复原则同意中关村科技园区的规划。随后，北京新技术产业开发试验区正式更名为中关村科技园区。

中关村科技园区覆盖北京市科技、智力、人才和信息资源最密集的区域，包括海淀园、丰台园、昌平园、亦庄科技园和电子城科技园。海淀园位于海淀区，建有1.8平方千米的上地信息产业基地和4平方千米的永丰中试基地；丰台园位于南郊的丰台区，昌平园位于北郊的昌平区，作为高科技产业基地，两园面积各占地5平方千米；亦庄科技园位于北京东南郊京津塘高速公路起点处，面积7平方千米；电子城科技园位于首都东北郊酒仙桥，面积10.5平方千

北京中关村一角

米。5个科技园共同构成了沿京城四环路布局的颇具特色和充满活力的高科技产业带。园区的建设和发展以海淀园为核心，以科技创新为基础，将中关村地区密集的智力资源转化为以市场为导向的科技成果，通过孵化创业和规模化生产经营，向全市和全国辐射，促进高新技术产业化。

中观派 Mādhyamika 大乘佛教的两大基本流派之一。又称空宗。其创立人为大乘佛教思想家龙树。龙树哲学的中心论题是“空”。空在原始佛教中就有流露。但龙树赋予它中道的含义。所谓中道介于有与非有的断定之间。龙树并未肯定存在与非存在两极端，而仅仅是承认因果关系又拒绝因或果本身会有自性。龙树提出“八不”命题即以不生不灭、不常不断、不一不异、不来不去来表述作为他以中道和空论为基础的缘起学说。龙树的中道观旨在否定事物本性是有或非有的见地，在坚持佛教作为宗教解脱之道的前提下，龙树宣称涅槃与世间无差异，既体现了菩萨道的理想，又反映了大乘佛教对世俗政治的关心。中观派在龙树之后350年左右分裂为应成中观派与自续中观派。前者主张中观立场应该是以归谬法来显示论敌的错误，后者以清辨（500～550）为代表，声称中观哲学应该构造自己的论题，具有自己的认识方法。龙树之后，中观学说被提婆、寂天、莲花戒等继承和发展。9世纪之后中观学说被密教吸收，教理自身密教化的同时又为密教的神秘象征仪轨提供了哲学说明。

中国 China 世界文明古国之一，当今世界最具影响力的发展中国家。全称中华人民共和国。在几十万年乃至100多万年前，元谋猿人、蓝田猿人、北京猿人等古人类就生活在这块土地上。经过漫长的原始社会，约在公元前21世纪，中国出现第一个王朝——夏。此后，商、周相继建立起多民族的国家。前221年，秦始皇统一中国后开始形成以汉族为主体的、统一的多民族国家。1911年，孙中山领导辛亥革命，结束封建的君主制度，1912年元旦宣告中华民国成立。1921年，中国共产党成立之后，毛泽东领导中国各族人民进行了推翻帝国主义、封建主义和官僚资本主义统治的斗争，取得新民主主义革命的伟大胜利，1949年10月1日建立中华人民共和国，定都北京。

经过半个多世纪特别是改革开放以来的建设和发展，中国工业化、城镇化、市场化、国际化进程明显加快。2010年中国国内生产总值达39.8万亿元（约合5.8万亿美元），超过日本，成为仅次于美国的世界第二大经济体。当今，中国各族人民站在新的历史起点上，走在建设中国特色社会主义道路上，为2020年建成全面小康社会的目标而奋斗。

地理位置 位于北半球，地处欧亚大陆东南部，太平洋西岸。东南面向海洋，是一个海陆兼备的国家。陆域领土面积约960万平方千米，海域面积300多万平方千米。北起漠河以北黑龙江主航道，南至南沙群岛曾母暗沙，南北相距约5 500千米。西起帕米尔高原，东至黑龙江与乌苏里江汇合处，东西相距约5 200千米。陆地边界长约2.28万千米，大陆海岸线长约1.8万千米。陆地毗邻朝鲜、俄罗斯、蒙古、哈萨克斯坦、吉尔吉斯斯坦、塔吉克斯坦、阿富汗、巴基斯坦、印度、尼泊尔、不丹、缅甸、老挝和越南14个国家。东和东南与韩国、日本、菲律宾、文莱、马来西亚、印度尼西亚等国隔海相望。

行政区划　全国分为省、自治区、直辖市和特别行政区；省、自治区分为自治州、县、自治县、市；县、自治县分为乡、民族乡、镇。直辖市和较大的市分为区、县。自治州分为县、自治县、市。自治区、自治州、自治县都是民族区域自治的地方。根据宪法规定，国家必要时可设立特别行政区，1997、1999年香港、澳门回归后分别设立为特别行政区。截至2010年底，全国有4直辖市、23省、5自治区、2特别行政区（表1），333地级行政单位、2 858县级行政单位、40 858乡镇行政单位。

人口和民族　中国是世界上人口最多的国家。据2010年底第六次全国人口普查，全国人口133 972万（不包括香港709.8万人、澳门55.2万人、台湾2 316.2万人，以下数据均不含港澳台）。1953年第一次全国人口普查时，全国人口为59 435万人；2000年第五次全国人口普查时，全国人口126 583万人。与第五次全国人口普查相比，10年增加7 390万人，增长5.84%；年平均增长0.57%，比1991～2000年的年均增长1.07%下降0.5个百分点。数据表明，10年来中国人口增长处于低生育水平阶段。

中国的人口构成，从性别构成来看，2010年男性占总人口的51.27%，女性占总人口的48.73%。与2000年第五次全国人口普查相比，0～14岁人口的比重下降6.29个百分点，60岁及以上人口的比重上升2.93个百分点（其中65岁以上人口比重上升1.91个百分点）。从城乡构成来看，与2000年第五次全国人口普查相比，城镇人口占总人口的比重上升13.46个百分点，而乡村人口占总人口的比重则下降13.46个百分点。

2010年全国人口中，流动人口22 143万人（不含市辖区内人户分离的人口3 996万人），与2000年第五次全国人口普查相比，流动人口增加10 036万人，增长82.89%。这主要是多年来中国农村劳动力加速转移和经济快速发展促进流动人口大增。

按常住人口，中国大陆31个省、市、自治区中，排前5位的是广东省、山东省、河南省、四川省、江苏省。2000年人口普查时排前5位的是河南省、山东省、广东省、四川省、江苏省。

自古以来，中国就是一个统一的、多民族的国家。在其漫长的历史发展过程中，全国各族人民共同缔造了中国悠久的历史和灿烂的文化。中国有56个民族，除汉族外，还有壮、满、回、苗、彝、维吾尔、藏、蒙古、土家、布依、朝鲜、侗、瑶、白、哈尼、哈萨克、黎、傣、傈僳、畲、拉祜、佤、水、东乡、纳西、土、柯尔克孜、羌、达斡尔、景颇、仫佬、锡伯、撒拉、布朗、仡佬、毛南、塔吉克、普米、怒、阿昌、鄂温克、京、德昂、乌孜别克、基诺、裕固、保安、独龙、塔塔尔、鄂伦春、俄罗斯、高山、赫哲、门巴、珞巴55个少数民族。

据2010年第六次全国人口普查，全国汉族人口为122 593万人，占总人口的91.51%，比2000年人口普查的91.59%，下降0.08个百分点。汉族也是世界上人口最多的民族。全国少数民族人口为11 379万人，占总人口的8.49%，比2000年人口普查的8.41%，上升0.08个百分点（表2）。2001～2010年10年间，少数民族人口年均增长0.67%，高于汉族0.11个百分点。少数民族中，壮族人口最多，珞巴族人口最少。汉族主要聚居于长江、黄河、淮河、海河、珠江等几大流域和松辽平原等地，55个少数民族则多分布于高原、山区、林区、牧区及边疆地区。民族分布呈现大杂居、小聚居、犬牙交错的格局。

中国语言文字丰富多样。语言主要分属汉藏语系、阿尔泰语系、印欧语系、南亚语系、南岛语系5大语系，12语族，80余种民族语言。其中，以北京语音为标准音，以北方话为基础方言，以典范的现代白话文著作为语法规范的汉语普通话，是中国的官方语言。汉语也是国际上的通用语言。文字主要有象形文字、汉字及其变体、音节文字、拼音文字4大民族文字类型，共有24种民族文字。其中，汉字是全国通用的文字。在55个少数民族中，有23个民族有自己的文字。

根据人种特征，中国人属黄色人种。

中国现有宗教主要有佛教、道教、伊斯兰教、天主教、新教（窄义的基督教，下同）等。在少数民族中还流行有东巴教、萨满教等宗教。其中，佛教自印度传入中国已约有2 000年的历史。道教在中国也有1 800多年的历史。伊斯兰教从阿拉伯传入中国则有1 300多年的历史。汉族中各有些人分别信仰佛教、道教、天主教和新教。回、维吾尔、哈萨克、柯尔克孜、塔塔尔、乌孜别克、塔吉克、东乡、撒拉、保安等民族信仰伊斯兰教；藏、蒙古、门巴、珞巴、土、裕固等民族信仰藏传佛教；傣、布朗、阿昌、德昂等民族信仰小乘佛教；苗、瑶等民族中相当一部分信仰天主教；鄂伦春、鄂温克、达斡尔等民族多信仰萨满教；个别民族信仰东巴教和本教。

自然条件　中国地域辽阔，地质演化复杂，各时代地层多有分布，矿产丰富。

地质构造　中国大陆是由几个陆核经过漫长地质时期的发展、演化、拼接和改造后完成的。元古代晚期以前主要为陆核和陆块发展阶段；元古代中后期至中生代初期主要为陆缘发展阶段；中生代中后期至新生代为陆内发展阶段，包括印度板块与欧亚板块相撞形成的青藏高原及喜马拉雅山等一系列大的山系。

地层　中国各时代地层多有分布，有些地层发育良好、层序完整、界线清楚、化石丰富，是世界上地层学、古生物学研究的良好地区，出土有著名的澄江动物群、热河生物群、北京猿人、山顶洞人等。最古老的为太古宇地层，主要出露于华北、东北南部、塔里木北部，同位素年龄一般老于25亿年。

矿产资源　全国探明储量的矿产共有156种，其中能源矿产9种，金属矿产54种，非金属矿产90种，其他水气矿产3种，是世界上矿产资源总量丰富、矿种比较齐全的少数几个资源大国和矿业大国之一。其中有20多种重要矿产，如煤、铁、锰、钼、铅、锌、铝土矿、镍、硫铁矿、磷矿石等的保有储量均位列世界前茅。钨、铋和稀土等均约占世界储量的一半或一半以上，

表1　中华人民共和国省级行政区划单位简况（2010年底）

名称	简称	政府驻地	名称	简称	政府驻地
北京市	京	北京	湖南省	湘	长沙
天津市	津	天津	广东省	粤	广州
河北省	冀	石家庄	广西壮族自治区	桂	南宁
山西省	晋	太原	海南省	琼	海口
内蒙古自治区	内蒙古	呼和浩特	重庆市	渝	重庆
辽宁省	辽	沈阳	四川省	川、蜀	成都
吉林省	吉	长春	贵州省	黔、贵	贵阳
黑龙江省	黑	哈尔滨	云南省	滇、云	昆明
上海市	沪	上海	西藏自治区	藏	拉萨
江苏省	苏	南京	陕西省	陕、秦	西安
浙江省	浙	杭州	甘肃省	甘、陇	兰州
安徽省	皖	合肥	青海省	青	西宁
福建省	闽	福州	宁夏回族自治区	宁	银川
江西省	赣	南昌	新疆维吾尔自治区	新	乌鲁木齐
山东省	鲁	济南	香港特别行政区	港	香港
河南省	豫	郑州	澳门特别行政区	澳	澳门
湖北省	鄂	武汉	台湾省	台	台北

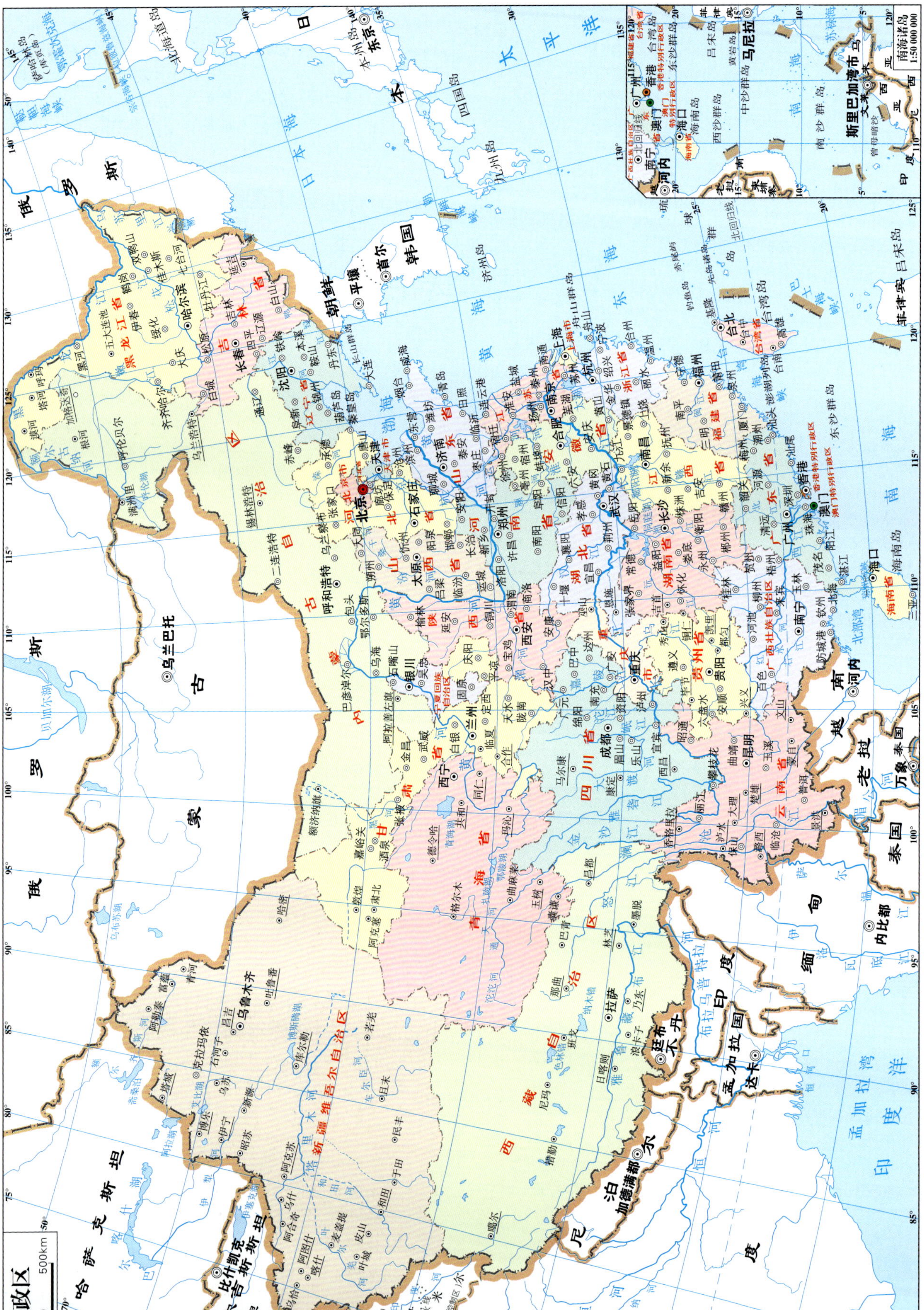
中国政区
0 250 500km
南海诸岛
1:50 000 000
北京
天津
上海
重庆
哈尔滨
长春
沈阳
呼和浩特
石家庄
太原
济南
郑州
南京
合肥
杭州
福州
南昌
武汉
长沙
广州
南宁
海口
成都
贵阳
昆明
拉萨
西安
兰州
西宁
银川
乌鲁木齐
台北
香港
澳门
黑龙江省
吉林省
辽宁省
内蒙古自治区
河北省
山西省
山东省
河南省
江苏省
安徽省
浙江省
福建省
江西省
湖北省
湖南省
广东省
广西壮族自治区
海南省
四川省
贵州省
云南省
西藏自治区
陕西省
甘肃省
青海省
宁夏回族自治区
新疆维吾尔自治区
台湾省
香港特别行政区
澳门特别行政区
俄罗斯
蒙古
乌兰巴托
朝鲜
平壤
韩国
首尔
日本
东京
哈萨克斯坦
吉尔吉斯斯坦
比什凯克
塔吉克斯坦
阿富汗
巴基斯坦
伊斯兰堡
印度
新德里
尼泊尔
加德满都
不丹
廷布
孟加拉国
达卡
缅甸
内比都
老挝
万象
泰国
越南
河内
菲律宾
马尼拉
文莱
斯里巴加湾市
马来西亚
印度尼西亚
太平洋
日本海
黄海
东海
南海
渤海
孟加拉湾
印度洋
北回归线
东沙群岛
西沙群岛
中沙群岛
南沙群岛
钓鱼岛
赤尾屿
澎湖列岛

表2 全国六次人口普查基本情况

指标	1953年	1964年	1982年	1990年	2000年	2010年
总人口（万人）	59 435	69 458	100 818	113 368	126 583	133 972
男	30 799	35 652	51 944	58 495	65 355	68 685
女	28 636	33 806	48 874	54 873	61 228	65 287
性别比（以女性为100）	107.56	105.46	106.30	106.60	106.74	105.20
各年龄组人口（%）						
0～14岁	36.28	40.69	33.59	27.69	22.89	16.60
15～64岁	59.31	55.75	61.50	66.74	70.15	74.53
65岁以上	4.41	3.56	4.91	5.57	6.96	8.87
民族人口						
汉族（万人）	54 728	65 456	94 088	104 248	115 940	122 593
占总人口比重（%）	93.94	94.24	93.32	91.96	91.59	91.51
少数民族（万人）	3 532	4 002	6 730	9 120	10 643	11 379
占总人口比重（%）	6.06	5.76	6.68	8.04	8.41	8.49
城乡人口（万人）						
城镇人口	7 726	12 710	21 082	29 971	45 844	66 557
乡村人口	50 534	56 748	79 736	83 397	80 739	67 415

注：①上述数据不含港、澳、台人口数。
②1953年总人口数中包括间接调查人口，民族人口数、城市人口数中则未包括。

锑矿约占世界储量的1/3，钛、砷、菱镁矿等约占世界储量的1/4，钒约占世界储量的1/5，锌约占世界储量的1/6，汞约占世界储量的1/10。铬铁矿、铂、金刚石比较缺乏。石油、天然气需从国外进口。

地貌 类型多样，山地、高原、盆地、平原、戈壁、沙漠、洞穴等无不典型壮观。地形分布的规律：中国大陆地势西高东低，自西向东，呈三级阶梯，逐级下降。第一级阶梯是青藏高原，海拔在4 000～5 000米左右，素有“世界屋脊”之称。高原面上耸峙着许多海拔超过7 000米，甚至8 000多米的山峰。第二级阶梯介于青藏高原的北缘到大兴安岭、太行山、巫山和雪峰山东缘之间，主要由海拔多为1 000～2 000米的内蒙古高原、黄土高原、云贵高原和塔里木盆地、准噶尔盆地、四川盆地等高原和盆地组成，其间有阿尔泰山脉、阴山山脉、贺兰山、秦岭等山地。第三级阶梯是东部宽广的平原与丘陵，主要有海拔不及200米的东北平原、黄淮海平原、长江中下游平原和珠江三角洲等，以及海拔500～1 500米的长白山、千山山脉、辽东丘陵、山东半岛丘陵、鲁中山地、浙闽沿海丘陵山地。

中国地貌另一个特点是平原少，山地多，陆地高差悬殊。山地、高原、丘陵（习惯上统称为山区），约占全国总面积的2/3；平原、盆地（习惯上统称为平地），约占全国总面积的1/3。山区多集中于西部地区，全国近70%的县区分布于山区。海拔500米以下地区仅占全国总面积的16%；海拔超过千米的地区高达65%。全球高于8 000米的12座山峰中，中国占7座；中国与尼泊尔接界处的珠穆朗玛峰海拔8 844.43米，是世界最高峰。新疆吐鲁番盆地的艾丁湖海拔在－155米以下。中国陆地高低比差达9 000米，为世界最大。

中国地貌的再一个特点是具有一系列的特殊地貌。如黄土地貌、喀斯特地貌、丹霞地貌等。

黄土地貌呈东西向带状分布于中国北方，总面积约60万平方千米。其中，以甘肃中部和东部、陕西北部及山西高原的黄土高原最为著名，面积约39万平方千米，这是世界上最大的黄土分布区。黄土覆盖厚度约100～200米，最大厚度400米左右，构成独特的黄土地貌区。黄土堆积形成地势平坦的黄土塬；黄土塬经流水切割成为黄土梁和黄土峁，地面破碎，沟谷密度大。黄土质地疏松，水土流失极为严重，黄河泥沙90%来自黄土高原地区。

中国是喀斯特类型最齐全、面积最大的国家。常见的有石芽、峰林、漏斗、溶蚀洼地、落水洞、竖井、溶洞等地貌形态，水流潜入成为地下河。在新构造运动升降作用和不同气候条件影响下，喀斯特地貌具有多层性和地带性分布等特点。中国亚热带地区喀斯特地貌最典型，包括桂林山水、路南石林等优美风景区。

中国丹霞地貌分布广泛，南至广东、广西，北达河北承德，东及福建、浙江，西抵四川、青海。其奇峰林立，有石墙状的、石柱状的、宝塔状的、堡垒状的；垂直节理发育，形成红色的“赤壁”、深沟状的巷谷、锈饰般的饰石以及奇特的石窗和石桥，景色瑰丽。包括广东的丹霞山和金鸡岭、福建的武夷山、四川的青城山等都已成为著名的风景区，2010年被列为世界自然遗产。

气候 中国气候有3个特点：①气候类型多样。从南到北兼有热带、亚热带、暖温带、温带、寒温带几个不同的气候带，其中亚热带、暖温带、温带约占70%，并拥有青藏高原这一特殊的高寒区。②季风气候特征明显。中国大部属季风区。冬季，在严寒的亚洲内陆形成高气压，温暖的海洋上形成低气压；夏季，高温的大陆上形成了低气压，凉爽的海洋上形成了高气压。气流不断地从高气压向低气压流动，因而中国冬季盛行偏北风，寒冷干燥；夏季盛行偏南风，湿润温暖。随季风的进退，降水量有明显的季节性的变化：冬季降水少，夏季降水多。③大陆性气候强。表现为冬夏两季的平均气温与同纬度其他地区或国家有较大的差异，冬季气温低于同纬度地区，夏季气温则高于同纬度地区，气温年较差大，冬夏极端气温较差更大。降水的地域分布极不均匀，年降水量自东南向西北递减，越往西北内陆，干旱的程度越严重。高山环抱的准噶尔盆地、塔里木盆地和柴达木盆地，因处于高原季风环流的下沉气流里，降水更为稀少，成为中国干旱的中心，多为荒漠地带。

在冬、夏季风进退的影响下，不同季节中产生各种天气过程，其中以寒潮、梅雨和台风对中国影响最为突出。**寒潮**是极地强冷空气入侵，导致风速骤增，温度急降。**梅雨**是初夏季节经常出现在江淮地区的一种降水天气，梅雨期间湿度大，气温较低，降水多连续性，时有大雨和暴雨出现。台

图1 黄河

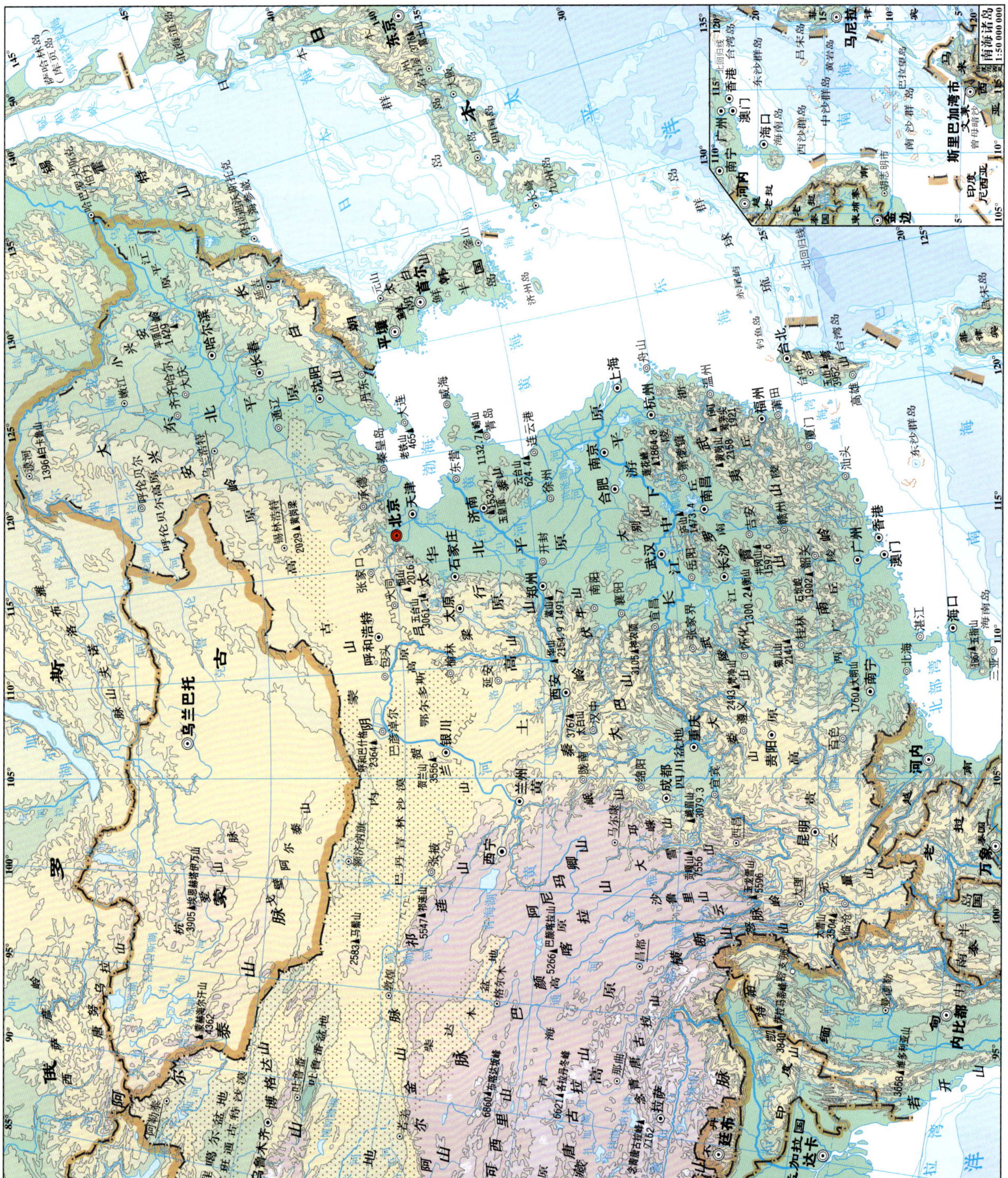
中国地形
0 250 500km
高度表
(m)
5000
3000
2000
1000
500
200
0
200
1000
2000
4000
6000
南海诸岛
1:50 000 000

风是形成于北太平洋西部热带洋面上的一种强大的**热带气旋**，其中心附近最大风速大于或等于12级大风。台风登陆的季节，以7～9月次数最多，带来狂风、暴雨、巨浪、海潮等危害，严重地影响工农业生产、交通运输、渔业捕捞和生命财产的安全。同时台风雨可以解除伏旱，有利于农业生产。

海洋与岛屿　中国近海分为渤海、黄海、东海和南海4个海域。渤海和黄海的分界线是从辽东半岛南端老铁山角经庙岛列岛至山东半岛北端蓬莱角的连线。黄海与东海的分界线是西起长江口北岸启东角，东至朝鲜半岛南侧济州岛西南角之间的连线。东海与南海之间的分界线，由福建东山岛南端沿台湾浅滩南侧至台湾岛南端鹅銮鼻之间的连线。

渤海是中国的内海，面积约8万平方千米，平均水深18米，最深70米。黄海面积约38万平方千米，平均水深44米，最深处在济州岛北约为140米。东海面积约77万平方千米，平均水深349米，最深点2 719米。南海面积约350万平方千米，平均深度1 212米，最深处5 377米。

中国辽阔的海域分布着5 000多个岛屿，总面积约8万平方千米。其中，台湾岛最大，面积约3.57万平方千米；海南岛次之，面积约3.22万平方千米；崇明岛再次之，面积1 083平方千米。

大陆海岸线北起鸭绿江口，南至北仑河口，长约1.8万千米。加上岛屿海岸线，总长约3万千米。沿岸多优良海湾和港口城市，从北向南依次为大连、秦皇岛、天津、烟台、青岛、连云港、南通、上海、宁波、温州、福州、厦门、汕头、广州、湛江、北海等。

河流与湖泊　中国江河众多，流域面积在100平方千米以上的河流有5万多条，面积在1 000平方千米以上的有1 500多条。这些河流大多顺地势向东、向南流入海洋，构成了约占全国总面积64%的广大外流区，其中属太平洋流域的占全国总面积的57%，属于印度洋流域的占6.5%，属于北冰洋流域的占0.5%。中国西部、北部属内流区域，占全国总面积的36%。长江、黄河分别是中国第一、第二大河，京杭大运河则是著名的人工河。

湖泊众多，全国天然湖泊面积在1平方千米以上的有2 800多个，总面积达8万平方千米以上。中国湖泊主要分布在长江中下游平原和青藏高原。西部多咸水湖，西藏的纳木错海拔4 718米，是世界海拔最高的大湖；青海湖是中国面积最大的咸水湖。东部多淡水湖，主要有鄱阳湖、洞庭湖、洪泽湖、太湖、高邮湖等。

生物　中国植物种类丰富，特有成分繁多。共有维管束植物约353科、3 184属、27 150多种，分别占世界科、属、种数的56.9%、24.5%和11.4%（表3）。就种数而论，仅次于世界上植物区系丰富的马来西亚植物区（约4.5万种）和巴西植物区（约4万种），居世界第3位。在世界上现存的裸子植物中，除南洋杉科外，中国都有分布。除了极地苔原和热带荒漠以外，世界上所有主要植被类型在中国几乎都有分布，包括森林、灌丛、草原、荒漠、草甸、沼泽及盐生等植被类型。

表3　中国维管束植物统计及与世界的比较

类别	科数	占世界（%）	属数	占世界（%）	种数	占世界（%）
蕨类	52	80	204	46	2 600	22
裸子植物	10	99.9	34	59.6	193	28.5
被子植物	291	53.5	2 946	23.6	24 357	10.8
合计	353	56.9	3 184	24.5	27 150	11.4

中国具有许多古老植物和特有植物。如古老的松柏类植物现今世上仅存7科，中国有6科，包括罗汉松、白豆杉、紫杉、云杉、冷杉，以及中国特有的银杉、金钱松等。著名的“活化石”银杏、水杉、珙桐等都是中国的特有植物。

中国的脊椎动物有4 400多种，占世界所有种数的1/10左右，其中兽类450种，鸟类1 244种，爬行类320多种，两栖类210多种，鱼类2 200多种。许多动物，像大熊猫、白鱀豚、金丝猴、白唇鹿、羚羊、黄腹角雉、褐马鸡、金鸡、黑颈鹤、画眉、大鲵、扬子鳄等100多种均系中国特有或主要产于中国的珍稀动物。

图3　大熊猫

土壤　中国土壤类型复杂多样，为世界所罕见。主要土壤类型为红壤、棕壤、褐土、黑土、栗钙土、漠土、潮土（包括砂姜黑土）、灌淤土、水稻土、湿土（草甸、沼泽土）、盐碱土、岩性土和高山土等系列，为农业的多样性提供了良好的条件。

历史　中国历史悠久，且是世界上唯一历史没有中断的国家。从代表文明的城市、青铜器、文字的出现，至今至少已有五六千年的历史，途经黄帝、炎帝阶段，尧、舜阶段，至大禹之后，于公元前21世纪建立中国历史上第一个王朝——夏，从此中国历史进入一个新的时期。

夏（前2070～前1600）　中国历史上第一个国家。它的建立标志着中国进入阶级社会。夏朝中心地区在今豫西嵩山附近的颍河上游伊洛河流域和黄河北岸的古济水流域及晋西南。该地域出土有夏宫殿和大量的青铜器。中国的主体民族华夏族由此发展起来。

商（前1600～前1046）　相传商族是东方古老的部落，始祖为契。商汤灭夏后，商王朝为防其他部落侵袭和自然灾害，曾几次迁都，直至盘庚迁都于殷（今河南安阳）才趋于稳定。武丁（第二十三代商王）以后，疆域东临大海，北到辽宁，南达长江，西入陕甘。

西周（前1046～前771）　周武王灭商建立周朝，建都于镐（今陕西西安沣河以东），直至前771年周幽王被杀为止，史称西周。西周时，推行分封制，由初时的71国到多至数百国，疆土大于商朝。

图2　内蒙古草原

图4 安阳殷墟甲骨文

春秋战国时期（前770～前221） 从公元前770年周平王东迁都洛邑（今河南洛阳）到前476年，为春秋时期。从公元前475年至前221年秦统一六国，为战国时期。其中，周朝从公元前770年东迁至前256年为秦所灭，史称东周。春秋时期，先后出现齐桓公、晋文公、秦穆公、楚庄王、吴王阖闾称霸，统称五霸。战国时期，魏、赵、韩、齐、秦、楚、燕七个强国先后称雄，统称七雄。

夏、商、西周和春秋战国时期，统称为先秦时期。这时期，尤其春秋战国时期，是中国文化学术的“原典时代”、“轴心时代”，也是中国古代科学技术奠基时代。在这个时期，先人发明轮作制等，创造专种蔬菜、水果的园圃和养鱼池等，开始形成精耕细作技术，使农业生产出现一个飞跃，并形成一个重要学派——农家；发明砖、瓦和楼房、宫殿，开创冶铁术、炼钢术，青铜器铸造达到鼎盛阶段；发明十进位制，创造当时最先进的计算工具——筹算和稍后的珠算，在分数四则运算、线性方程组解法等一系列算法走在世界前列；发明圭表测影，创造四分历，石申所作《天文》载有世界上最早的星表；中医开始形成理论体系，创造食养、药疗、针灸，创建经络系统等。出现了《诗经》、《楚辞》、《春秋》、《左传》、《老子》、《庄子》、《墨经》、《孙子兵法》、《考工记》、《黄帝内经》（一说成于秦汉之间）等光辉著作，涌现了扁鹊、屈原、老子、孔子、墨翟、孟子、荀子、庄子、韩非等专家学者。

秦（前221～前206） 公元前221年，秦王政统一六国，建立中国历史上第一个统一的中央集权的多民族国家。秦始皇推郡县制，统一法律、货币、度量衡和文字。

汉（前202～220） 公元前206年刘邦（汉高祖）灭秦，后打败项羽，于前202年称帝，国号汉，建都长安（今陕西西安），史称西汉或前汉。汉武帝继位后，拓展疆土，“东抵日本海、黄海、东海暨朝鲜半岛中北部，北逾阴山，西至中亚，西南至高黎贡山、哀牢山，南至越南中部和南海”，成为繁荣富强的多民族国家。

建武元年（公元25）刘秀（汉光武帝）重建汉朝，建都洛阳，史称东汉或后汉。东汉末年军阀混战，至延康元年（220）曹丕称帝，东汉灭亡。

秦汉时期所建立和完善的封建专制主义的中央集权制，在中国沿袭2 000多年。汉武帝实施的“罢黜百家，独尊儒术”政策，确立了儒家思想的正统地位。此时社会经济有较大发展，出现“文景之治”。科学文化也较发达，例如首创汉赋文学和汉乐府诗；发明被誉为中国四大发明之一的造纸术；司马迁著《史记》；张衡发明候风地动仪；班固《汉书·地理志》创立沿革地理和疆域地理体例；张仲景创著《伤寒论》；佛教由印度传入，道教产生；举世闻名的丝绸之路开通。

三国（220～280） 曹魏据黄淮流域，孙吴占长江中下游和珠江流域，蜀汉占今四川和陕西汉中盆地。280年西晋平吴统一中国。

晋（265～420） 265年司马炎（晋武帝）代魏称帝，建立晋朝，都洛阳（今河南洛阳），史称西晋。太康元年（280）灭吴，统一全国。建兴四年（316）西晋灭，北方从此进入十六国时期，南北分裂。建武元年（317）司马睿（晋元帝）在南方重建晋朝，都建康（今江苏南京），史称东晋。晋元熙二年（420）刘裕代晋称帝，自此晋亡。

南北朝（420～589） 南朝从420年刘裕代晋称帝到589年陈亡，先后经历宋、齐、梁、陈四个朝代。北朝从439年北魏统一北方起，至534年分裂为东魏、西魏，后北齐代东魏，北周代西魏，北周又灭北齐。直至隋灭陈，南北朝长期对峙的局面结束。

魏晋南北朝时期“独尊儒术”有所松弛，文化学术都有较大发展。道教、佛教得到很大发展，玄学盛行一时；曹氏父子（曹操及曹丕、曹植）和建安七子（孔融等）创立建安文学；陶渊明的山水诗、刘勰的文学评论《文心雕龙》、王羲之等人的书法、顾恺之等人的绘画、敦煌石窟等石窟艺术均为人类瑰宝；刘徽的《九章算术注》、贾思勰的《齐民要术》、郦道元的《水经注》都是不朽之作，裴秀发明的制图六体指导中国地图制图1 000多年，祖冲之将圆周率准确数值计算到小数以下第七位，领先世界约千年。

隋（581～618） 公元581年杨坚（隋文帝）代北周称帝，国号隋。至开皇九年（589）隋灭陈后，一统南北，结束了中国历史上长达近300年的封建割据局面。隋炀帝开凿广通渠（长安至潼关）、通济渠（洛阳至盱眙，沟通黄河与淮水）、永济渠（涿郡至河阳，连通海河与黄河），形成以洛阳为中心，北达涿郡（今河北涿州）、南至余杭（今浙江杭州）、西通长安（今陕西西安），贯通中国南北的大运河，有力地促进当时社会经济文化的发展，尤其促进了南方经济的发展。

唐（618～907） 隋义宁元年（617）太原留守李渊起兵攻克长安（今西安）。次年隋炀帝亡，天下大乱，李渊自立为帝，国号唐，都长安。唐前期国力强盛，疆域广大，经济繁荣，文化昌盛，“贞观之治”、“开元之治”呈现中国历史从未有过的盛世景象。唐诗辉煌灿烂，涌现李白、杜甫、白居易为代表的一批诗人，柳宗元、韩愈等发起的古文运动把散文推向一个新的阶段；唐律是中国封建法典成熟的标志，三省六部制、科举制、两税法等制度，对后世影响深远；颜真卿等人的书法，阎立本和吴道子等人的绘画，《霓裳羽衣舞》等音乐舞蹈和众多石窟艺术，均光被后世；一行在世界上最早测定子午线长度，所制定的大衍历是中国历法发展的又一个高峰；孙思邈及所著《千金要方》等是中国传统医学的一个发展高峰，他被后世尊称为药王；中国四大发明有两项产生于唐代，唐贞观十年（636）雕版印刷的《女则》是中国和世界雕版印刷之始，唐元和三年（808）之前中国已发明火药，唐天祐元年（904）中国已正式使用火药武器——飞火；唐长安城是当时世界最大城市之一，为当时世界上最繁荣的城市，人口近百万。安史之乱是唐王朝由统一集权走向分裂割据的转折。

五代十国（907～979） 907年朱温篡唐为梁，史称后梁，占有中国北方大部地区。此后，北方先后出现后唐、后晋、后汉、后周，称为五代。与此同时，在中国南方地区相继出现了前蜀、后蜀、吴越、南平（荆南）、南汉、北汉、南唐、闽、楚、吴，史称十国。960年，赵匡胤（宋太祖）在开封东北的陈桥驿发动兵变，代后周立宋（后人称北宋），979年灭北汉，结束五代十国

图5 秦始皇兵马俑一号坑

图6　骑卧驼三彩俑（唐）

分裂局面。

北宋（960～1127）　960年赵匡胤代后周称帝，建立宋王朝。太平兴国四年（979）灭北汉，建成中原地区统一王朝。钦宗靖康元年（1126）金兵攻克开封，1127年北宋亡。

南宋（1127～1279）　1127年赵构（宋高宗）在南京（今河南商丘）称帝。后建都临安（今浙江杭州），史称南宋。1279年被元所灭。

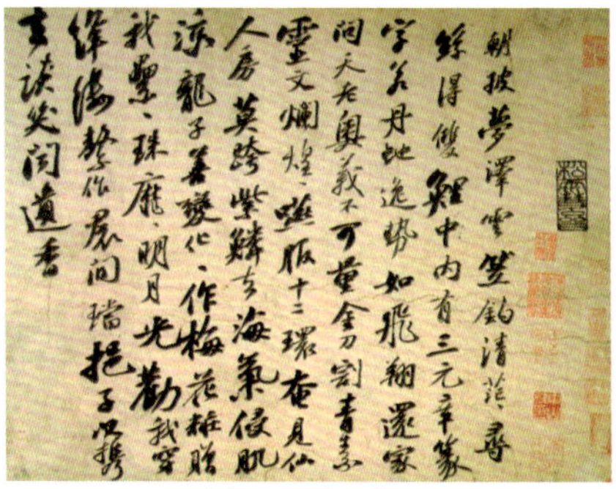

图7　苏轼《李白仙诗卷》（北宋，1093）

辽（947～1125）　916年契丹族领袖耶律阿保机（辽太祖）统一契丹各部，在龙化州（今内蒙古赤峰八仙筒一带）即位，国号契丹。947年改国号为辽，成为与北宋对峙、统治中国北部的一个王朝。1125年为金所灭。

西夏（1038～1227）　宋仁宗宝元元年（1038）党项人李元昊称帝，国号大夏，都兴庆府（治今宁夏银川），史称西夏。与辽、金先后成为与宋鼎峙的政权。1227年为蒙古所灭。

金（1115～1234）　1115年女真族完颜部领袖阿骨打在北方建立政权，定国号为大金，初都会宁（今黑龙江阿城南）。1125年灭辽，1127年灭北宋，1153年迁都中都（今北京），1214年迁都南京开封府（今河南开封），与南宋对峙，成为统治中国北部的一个王朝。1234年为蒙古所灭。

宋辽金时期（947～1279）是中国历史上中原汉族政权与北方少数民族政权同时并存的历史阶段。这一时期，程朱理学盛行，道教、佛教流行；文学上出现欧阳修等散文大家，宋词是此时期文学的高峰，涌现柳永、苏轼、李清照、辛弃疾等大家；宋、金话本和戏曲盛行，出现《清明上河图》等优秀绘画作品。科技成就尤为显著，指南针、印刷术、火药中国的三大发明此时得以实际应用，其中毕昇发明的活字印刷比欧洲早400年；苏颂创制世界第一台天文钟——水运仪象台；沈括的《梦溪笔谈》为世界科技名著。

元（1271～1368）　1206年蒙古族领袖成吉思汗在漠北建立蒙古汗国。此后从成吉思汗到蒙哥汗（宪宗），统一蒙古高原诸部，并先后征服辽、西夏、金、吐蕃、大理。蒙哥汗死后，1260年元世祖忽必烈即大汗位，至元八年（1271）改国号为大元，次年改中都为大都（今北京）。至元十六年灭南宋，统一了全国。当时，中国是世界上最为强盛的国家，英国、法国、意大利等许多国家都派出使节到中国，外国商人、旅行家也纷纷来到中国，如意大利人马可·波罗。中国的指南针、印刷术、火药等科学技术传入欧洲，阿拉伯国家的天文学、医学、算学传入中国，伊斯兰教广为传播。科学文化取得可喜的成就；文学艺术方面以元曲为著，代表人物有关汉卿、王实甫、马致远等，代表作有《窦娥冤》、《西厢记》等。科技方面，宋元数学四大家（秦九韶、李冶、杨辉、朱世杰），元代占三家；宋元农学四大家（陈旉、元司农司、王祯、鲁明善），元代又占三家；医学则有金元四大家之一的朱丹溪；天学方面，郭守敬等编制的《授时历》是中国古代精度最高的历法，其一回归年长度与当今世界通用的公历值完全一致；地学方面，开凿通惠河，建成贯通中国南北的京杭大运河等。疆域东南到海，西抵今新疆，西南至西藏和云南，北面包括西伯利亚大部，东北到鄂霍次克海。1368年朱元璋攻入大都，推翻元朝统治。

明（1368～1644）　元至正二十八年（1368）朱元璋（明太祖）称帝，国号明，定都南京。永乐十九年（1421），成祖迁都北京。明初盛行理学，后又流行王阳明心学。文学艺术方面明以小说著称，代表作有《水浒传》、《三国演义》、《西游记》、《金瓶梅》等；戏曲成果也很突出，如《牡丹亭》等；音乐方面，最突出成果是音乐理论家朱载堉创立新法密律，即十二平均律，彻底解决了千百年来三分损益律与旋宫转调创作之间的矛盾，为中国和世界音乐艺术的发展作出巨大贡献。文献类有《永乐大典》。科学技术方面，则以李时珍的《本草纲目》、徐霞客的《徐霞客游记》、徐光启的《农政全书》、宋应星的《天工开物》四大名著为代表，它们不但代表中国古代科学技术的最高水平，亦代表世界古典时期的科学技术最高水平。明末爆发全国农民起义，1644年李自成攻破北京，明朝被推翻。

清（1644～1911）　1616年，清太祖努尔哈赤建立后金。天命十一年（1626）皇太极即位，天聪十年（1636）改国号为清。顺治元年（1644），清军击败李自成农民军，入据北京城，建立清朝。它是中国历史上最后一个君主专制王朝。前期经历康（熙）雍（正）乾（隆）盛世，疆域西达今巴尔喀什湖、楚河及塔拉斯河流域，帕米尔高原；北至戈尔诺阿尔泰、萨彦岭；东北到外兴安岭、鄂霍次克海；东到海，包括台湾及其附属岛屿；南到南海诸岛；西南到广西、云南、西藏。自嘉（庆）道（光）以后，国力日衰。随着外国势力入侵，1840年英国殖民者发动侵略中国的鸦片战争，迫使清政府签订第一个不平等条约《南京条约》。随后，法、俄、日、美等国先后强迫清政府签订一系列不平等条约，中国逐步沦为半殖民地社会。1851年爆发太平天国农民运动，沉重打击了清王朝。随着西方文化的传入，清政府中开明派办起洋务，史称洋务运动，它在客观上成为中国近代化的先声。19世纪90年代，发生康有为、梁启超为首的戊戌维新运动。几乎同时，形成以孙中山为首的革命运动，并于1911年推翻清朝统治。

清代涌现一大批思想家和学者，代表人物有明末清初的黄宗羲、顾炎武、王夫之，清后期的龚自珍、魏源、康有为、严复、谭嗣同、梁启超、章太炎等。经学研究上形成由戴震为首的皖派经学和惠栋为首的吴派经学组成的乾嘉学派，又称考据学派，对中国古籍尤其是先秦古籍进行校订、注释、考证，是中国古代学术史上考证用力最盛、最多的年代。文学艺术上出现《聊斋志异》、《儒林外史》、《红楼梦》等优秀小说，《长生殿》、《桃花扇》等优秀戏曲，散文、诗歌、绘画等亦有较高成就。科学技术方面成就不大，洋务运动中出现一大批科学技术译著，促进一批近代科学家、技术人才的出现，例如著名数学家李善兰、华衡芳，化学家徐寿，工程师詹天佑等；也促进各地兴办新式学堂，形成中国近代知识分子这个特殊群体。

中华民国（1912～1949）　从清朝灭亡到中华人民共和国建立前夕，是中国历史上大动荡大变革时期。

辛亥革命胜利后，孙中山在南京建立临时政府，就任临时大总统，缔造了中华民国，结束了中国2 000多年的封建帝制。但不久政权被袁世凯等北洋军阀篡夺，建立地主、买办阶级联合专政的北洋政府。

1916年袁世凯阴谋称帝失败后，南北军阀连年混战，使中国陷入极端混乱的局面。陈独秀、李大钊、胡适、鲁迅等发起并领导了新文化运动，1919年爆发反帝爱国的五四运动，中国无产阶级开始登上历史舞台。1921年7月1日，中国共产党在上海成立；以后，提出反帝、反封建的新民主主义革命纲领，推动了孙中山改组国民党，实行“联俄、联共和扶助农工”三大政策，进行了第一次国内革命战争。1926～1927年中国共产党和国民党合作进行了反对帝国主义和北洋军阀的革命战争，1928年北洋政府统治宣告结束。

1927年，蒋介石、汪精卫先后公开叛变革命，发动“四一二政变”和“七一五政变”，蒋汪合流，国民革命失败。当年国民党在南京建立封建地主阶级和大资产阶级联合专政的政权。为反击国民党右派的镇压，中国共产党人周恩来、贺龙、叶挺、朱德等于1927年领导了南昌起义。同年，共产党人又领导了秋收起义、广州起义。中国共产党在建立自己武装以后，领导中国人民先后经历土地革命战争（1927～1937）、全面抗日战争（1937～1945）和解放战争（1946～1949），打败日本侵略者，推翻以蒋介石为首的国民党政府统治，建立中华人民共和国。

在新文化运动推动下，新民主主义革命和抗日战争的激励下，20世纪20～40年代中国的文学艺术出现了新气象。文学实现了根本性变革，从文言文学演变为白话文学，鲁迅、周作人、郭沫若、茅盾、巴金、老舍、沈从文、曹禺等一大批作家的优秀作品，都为新文学的发展作了开拓；《义勇军进行曲》、《保卫黄河》等一批中国新音乐作品问世，涌现萧友梅、黄自、赵元任、刘元华、马思聪、聂耳、冼星海等一批有才华的音乐家；中国画坛新生油画、水彩画、腐蚀版画等画种，出现吴昌硕、齐白石、潘天寿、张大千、徐悲鸿、刘海粟等一批颇有成就的画家。

中华人民共和国（1949年10月1日～ ）从1949年10月1日中华人民共和国正式建立起，中国历史从此进入社会主义革命和社会主义建设新时期。

1949～1956年以毛泽东为首的中国共产党领导中国人民有步骤地实现了从新民主主义到社会主义的转变。1956年在基本完成社会主义改造后，中国开始进入全面建设社会主义时期。1963～1965年，对国民经济进行调整、巩固、充实、提高，战胜了三年自然灾害造成的困难和帝国主义的封锁破坏。1966～1976年进行“文化大革命”。1978年12月中共十一届三中全会以后，逐步确立适合中国国情的、建设有中国特色的社会主义现代化强国的正确道路。1992年1月邓小平发表对中国改革开放和社会主义现代化建设事业具有重大而深远影响的南方谈话后，中国的改革开放进入新的历史阶段，在各领域均取得一系列成就。

政治 中华人民共和国建立前夕，1949年9月，中国人民政治协商会议第一届全体会议通过并颁布的《中国人民政治协商会议共同纲领》，起临时宪法作用。从1954年起，全国人民代表大会先后制定和颁布过4部宪法，即1954、1975、1978、1982年的《中华人民共和国宪法》。1988、1993、1999、2004年4次通过宪法修正案。

中华人民共和国宪法规定：首都为北京。国旗是五星红旗。国徽的图案由国旗、天安门、齿轮和谷穗组成。国歌是创作于1935年的《义勇军进行曲》（田汉词、聂耳曲）。

中国的国体是工人阶级领导的、以工农联盟为基础的人民民主专政的社会主义国家。与国体相适应，中国的政体是按照民主集中制原则组织起来的人民代表大会制度。人民行使国家权力的机关是全国人民代表大会和地方各级人民代表大会，全国人民代表大会是中国人民民主专政的政权组织形式和最高国家权力机关。它的常设机关是全国人民代表大会常务委员会。

中国共产党是中国工人阶级的先锋队，同时又是中国人民和中华民族的先锋队，是中国特色社会主义事业的领导核心。中国共产党领导的多党合作和政治协商制度，是中国的一项基本政党制度。中国共产党同各民主党派和无党派人士长期共存、互相监督、肝胆相照、荣辱与共的合作方针，充分体现和发挥中国社会主义政党制度的特点和优势。目前，中国大陆共有中国国民党革命委员会（简称“民革”）、中国民主同盟（简称“民盟”）、中国民主建国会（简称“民建”）、中国民主促进会（简称“民进”）、中国农工民主党（简称“农工党”）、中国致公党、九三学社、台湾民主自治同盟（简称“台盟”）8个民主党派及中华全国工商业联合会。主要社会团体有中华全国总工会、中国共产主义青年团、中华全国妇女联合会、中华全国台湾同胞联谊会、中国科学技术协会、中国文学艺术界联合会等。

图8 1949年10月1日毛泽东在天安门城楼上宣读中央人民政府公告

按照“一国两制”的构想，1997、1999年香港、澳门顺利回归。10多年来，香港、澳门两个特别行政区充分享有行政管理权、立法权、独立司法权和终审权，实施“港人治港”、“澳人治澳”，取得很大成功。大陆与台湾地区两岸关系得到改善，2010年签署的《海峡两岸经济合作框架协议》（ECFA），建立了具有两岸特色的经济合作机制，明确了两岸经济关系向正常化、制度化、自由化推进的方向，标志两岸经济关系进入互利双赢、合作开发的新阶段。

中国社会主义法制是立国兴邦、长治久安的根基。它从制度上、法律上确保国家的统一、民族的独立、社会的安定、人民的权益，从制度上、法律上保障国家始终坚持改革开放的正确方向，走和平发展的道路，永远沿着中国特色社会主义道路奋勇前进。截至2010年底，中华人民共和国先后制定和颁布4部宪法，对现行的1982年宪法又通过4个宪法修正案；已制定现行有效法律236件、行政法规690多件、地方性法规8 600多件，并全面完成对现行法律和行政法规、地方性法规的集中清理工作。到2010年底，中国涵盖社会关系各个方面的法律部门已经齐全，各法律部门中基本的、主要的法律已经制定，相应的行政法规和地方性法规比较完备，法律体系内部总体做到科学、和谐、统一。一个立足中国实际，以宪法为统帅，宪法相关法、民法、商法等多个法律为主干，由法律、行政法规、地方性法规等多个层次的法律规范构成的中国特色社会主义法律体系已经形成。

根据宪法规定：中华人民共和国设立中央军事委员会（简称中央军委），领导全国武装力量。中央军事委员会主席由全国人民代表大会选举产生。中华人民共和国的武装力量由中国人民解放军、中国人民武装警察部队和民兵组织三大部分组成。①中国人民解放军是中国共产党缔造和领导的人民军队。诞生于1927年8月1日，先后经历中国工农革命军、中国工农红军、八路军和新四军等阶段，于1946年12月改称现名。中华人民共和国建立后，中国人民解放军一直是人民民主专政的坚强柱石，担负着保卫国家的主权和领土完整、防御外来侵略的神圣职责。现在，中国人民解放军已由最初单一的陆军发展成为一支包括陆军、海军、空军、战略导弹部队和其他技术兵种在内，拥有现代化装备和信息化的军队。②中国人民武装警察部队是担负国家安全保卫任务的武装力量之一，属公安部门的一个组成部分。主要由内卫武警、边防武警、特种武警、消防武警等部队组成。1983年4月5日正式成立中国人民武装警察部队总部。各省、市、自治区编有武装警察部队总队，下辖若干支队（团级）、大队（营级）、中队（连级）。③**民兵**是中国武装力量的组成部分，是中国人民解放军的助手和中国国防建设的后备力量，是不脱离生产的群众武装组织。民兵分为基干民兵和普通民兵。

经济 中华人民共和国建立前夕经济基础薄弱，经济发展缓慢，贫穷落后。中华人民共和国建立后，1949～1952年为**国民经济恢复时期**，1953～1957年开始实施第一个五年计划，建立和发展了社会主义经济，逐步建立起比较完整的工业体系和国民经济体系。1958～1962年为国民经济第二个五年计划时期，由于国内政策失误、国际政治变化以及自然灾害，国民经济出现严重的困难局面。针对这种情况，从1961年起终止执行“二五”计划，开始实行“调整、巩固、充实、提高”的八字方针。到1965年，顺利完成国民经济发展调整的任务，使国民经济得到恢复和发展，各项经济指标大多创造历史最好水平。然而，正当第三个五年计划开始实施的时候爆发了“**文化大革命**”，国民经济发展出现更为困难的局面，比例关系严重失调。1978年中共十一届三中全会确定党和政府的工作重点转移到社会主义现代化建设上来，实行**改革开放**的方针以后，中国经济严重恶化的局面得到根本的扭转。从此进入建设具有中国特色的社会主义经济的新时期。

改革开放30多年，中国经济以世界上少有的速度持续快速地向前发展，工业化、城镇化、市场化、国际化进程明显加快。随着**经济体制改革**的不断深化，对外贸易迈上新台阶，国家财政收入大幅度提高，社会生产力、综合国力明显增强，农村贫困人口大为减少，人民生活明显改善，城乡面貌发生了很大的变化，中国经济社会发展取得举世瞩目的成就。

①经济持续快速增长，经济实力显著增强。国内生产总值已由1978年的3 645亿元（当年价），增加到2010年的397 983亿元，增长100多倍。21世纪以来，中国经济10年（2001～2010）国内生产总值翻了两番，连续超越意、英、法、德、日，经济总量从世界第6位升至第2位，占世界总量的比重从3.75%上升至超过9%。人均国内生产总值由1978年的381元，提高到2009年的25 575元，增长67倍多。全国财政收入2010年为83 080亿元，是1978年（1 132亿元）的73倍多。外汇储备2010年为28 473亿美元，是1978年（1.67亿美元）的17 000多倍，外汇储备由2001年世界第7位上升至第1位，占全球2010年外汇储备近三成。

②中国产业结构已逐步摆脱过去那种“农业基础薄弱，工业畸形发展，服务业水平低下”的局面，而变得日趋合理。彻底取消农业税和各种收费，结束农民种田交税的历史，每年减轻农民负担1 335亿元；建立种粮农民补贴制度和主产区利益补偿机制，2010年农民的生产补贴资金达1 226亿元；严格保护耕地，着力推进农业科技进步等，使农业特别是粮食生产出现重要转机，2010年达到54 641万吨，比上年增长2.9%，实现了连续7年增产，连续4年总产量在5亿吨以上。谷物产量、子棉产量和肉类产量等现均居世界第1位。大力推动企业技术改造和兼并重组，淘汰一批落后企业，推进节能减排、生态建设和环境保护，工业特别是装备制造业的总体水平和竞争力显著提高，战略性新兴产业迅速成长，攻克一批产业发展急需的前沿技术、核心技术和关键装备技术，一大批科研成果实现了产业化，加快了产业结构调整和自主创新步伐。中国已成为世界第一大家电生产国，世界第二大制造业生产国，全世界500种工业产品中中国产量占世界第1位的约有220种。中国高技术制造业规模也已居第2位（次于美国）。服务业快速发展，其国内生产总值从2005年底的7.3万亿元到2010年底增为17.1万亿元，增2.3倍多。基础设施建设明显加快，2006～2010年5年间新建铁路1.6万千米（含高速铁路7 500多千米）；新增公路63.9万千米（含高速公路3.3万千米），新建、改扩建机场33个。邮

图9 “神舟”6号在酒泉卫星发射中心点火升空

政体制改革加快，国有商业银行股份制改革顺利完成。中国现正从一个农业大国转变为一个工业大国。

③区域间生产要素流动和产业转移出现了新变化。东部、中部、西部和东北老工业基地各具特色的区域发展格局初步形成，区域竞争力进一步提升，区域间开始走向协调发展、优势互补、良性互动的新阶段。东部地区经济结构不断优化，自主创新能力和竞争力逐步提高；深圳等经济特区，上海浦东新区、天津滨海新区改革开放步伐加快；促进长江三角洲地区发展的规划颁布实施，全国海洋经济发展试点开始启动。促进中部地区崛起规划全面落实，武汉城市圈、长株潭城市群、中原城市群、太原城市圈、鄱阳湖生态经济区、皖江城市带的建立和发展，其辐射带动作用亦已开始显露。东北地区工业结构优化，扶持东北建设农业现代化基地、资源型城市可持续发展政策体系的完善，使东北迅速振兴。西部大开发新十年发展意见出台，新开工的重点工程23项，投资总规模6 822亿元；推进西藏以及四省藏区、新疆民族地区跨越式发展规划的出台；重庆两江新区的建立，都使西部大开发取得明显进展。2006～2010年，中西部和东北地区发展加快，经济增速等主要指标超过全国平均水平。

④对外开放成果丰硕。2001年底中国加入**世界贸易组织**（WTO），**对外开放**进入新阶段，2010年进出口贸易总额为29 727.6亿美元，是1978年（206.4亿美元）的140多倍；进出口贸易总额由2001年的世界第8位上升至2010年的第1位，占世界总量的比重从3.86%升至10%以上；贸易不平衡状况得到改善，贸易顺差连续两年下降，2010年比上年减少6.4%。利用外资水平进一步提高，1979～2010年实际利用外商直接投资累计达12 473.62亿美元。积极实施“走出去”战略，累计对外工程承包和劳务合作营业额为3 352亿美元；2006～2010年对外直接投资（非金融类）流量合计2 166亿美元，全球排名由2005年的第18位升至2010年的第5位。根据世界经济合作组织统计，改革开放后中国接受国外援助总额超过600亿美元，其中日本援助最多，占总额的50%以上。这些援助对中国的基础建设、文教卫生和科技的发展都发挥了重要作用。中国也力所能及地对发展中国家提供援助，包括援建工农业项目近千个，经济基础和公共设施项目1 000多个，医院、学校200多所，培训技术人员10多万名，免除50个国家到期债务250多亿元（人民币）等。

⑤农村贫困人口减少。从1978年到2010年，中国农村尚未解决温饱的绝对贫困人口数量已从2.5亿下降到2 688万，占农村总人口的比重由30.7%下降到2.8%

(2007年统计农村贫困人口为1 479万，贫困标准为年收入不足785元；2010年统计的贫困标准为1 274元)。贫困地区的生产、生活条件显著改善，社会事业发展水平大幅度提高。据统计，1990～2010年中国减少的贫困人口数量占世界减贫人口数量的一半多，成为全球提前实现联合国千年发展目标中贫困人口比例减半目标的国家。

⑥人民生活明显改善。城镇居民人均可支配收入和农村居民人均纯收入2010年分别为19 109和5 919元，分别是1978年(分别为343.4和133.6元)的55倍多、44倍多。2006～2010年5年间城镇新增就业5 771万人，转移农村劳动力4 500万人；住房、通信、汽车和服务消费大幅度增加，科技、教育、文化、卫生、体育等社会事业加快发展。中国人均国内生产总值(GDP)已由2001年的1 000多美元，提高到2010年的4 000多美元。中国已成功地跨入中等收入国家行列，正由总体小康向全面小康迈进。

文教科技 60多年来，中国从一个文盲、半文盲国家发展为文化大国。2010年，出版图书超过30万种、71.7亿册；报纸约2 000种、500多亿份；杂志近万种、35.4亿册；电子音像产品4.43亿件和上千亿元规模的数字出版产品(包括网络产品)。拥有群众艺术馆、文化馆4万多所，公共图书馆近3 000座，档案馆近千座。在文学艺术各方面都取得可喜的成就。

文学 中华人民共和国建立以后的文学是现代文学在当代的延伸，它使新文学的精神得到延展和扩大，同时又表现出社会主义文学特色。主要是紧扣时代脉搏，具有鲜明的人民性、社会主义倾向性和民族独创性；创作体裁、题材和风格更加多样，内容不断深化；创作群体扩大，老一辈作家焕发活力，涌现一批新的富有才华的作家；生产力旺盛，每年小说、诗歌等作品数以千计地增长，其中不乏具有时代气息、历史厚重感的优秀作品；呈现开放态势，不仅引介大量国外的文学理论、作品，而且有越来越多的中国作品走出国门。尤其是少数民族传统文学的整理和研究，以前所未有的规模和深度进行，获丰硕成果。如藏族和蒙古族史诗《格萨尔》、柯尔克孜族史诗《玛纳斯》、蒙古族史诗《江格尔》、彝族叙事诗《阿诗玛》、维吾尔族叙述诗《福乐智慧》、傣族叙事诗《召树屯》、满族传说《尼山萨满》、藏族格言《水树格言》、侗族大歌、彝族古代诗学等中国文学宝库中的璀璨之作。中国当代文学正以空前的繁荣载入史册。

音乐 在广泛汲取和利用世界各国音乐艺术所取得的成果，又保持传统民族特色的基础上得到很大的发展。初期连续创作歌剧《白毛女》、《王贵与李香香》、《刘胡兰》、《草原之歌》、《小二黑结婚》等一批歌剧，此后又创作《洪湖赤卫队》、《江姐》、《刘三姐》等歌剧作品。同时，民族器乐交响音乐创作也得到了长足的发展，产生《春江花月夜》等民族器乐作品和交响诗《嘎达梅林》及小提琴协奏曲《梁山伯与祝英台》、弦乐曲《二泉映月》、琵琶协奏曲《草原小姐妹》以及音乐舞蹈史诗《东方红》等作品。

改革开放以后，各种音乐以前所未有的速度向前发展，原有的大批作曲家、指挥家、演奏家、歌唱家焕发新春，又涌现更多的新秀。如作曲家贺绿汀、王洛宾、时乐濛、施光南、徐沛东等，歌唱家周小燕、王昆、郭兰英、才旦卓玛、宋祖英、戴玉强、廖昌永等，指挥家严良堃、李德伦、郑小瑛、汤沐海、余隆、李心草等，演奏家刘诗昆、殷承宗、郎朗、李云迪、宋飞等。创作了音乐舞蹈史诗《中国革命之歌》、《复兴之路》和《仿唐乐舞》、《编钟乐舞》、《长安乐舞》及歌舞乐诗《九歌》等许多继承发扬中国古代音乐舞蹈艺术传统的新作品。

美术 1949年后尤其是改革开放以来，中国美术事业得到迅速的发展，美术家和美术创作队伍不断壮大，优秀美术作品层出不穷，中国画、年画、版画、油画、雕塑艺术、漫画、连环画、农民画、书法等各种美术门类繁荣起来，人才辈出，迎来一个新的时期。中国画家有齐白石、徐悲鸿、张大千、傅抱石、李可染、关山月、黄胄等，油画家有徐悲鸿、刘海粟、吴作人、常书鸿、吴冠中、靳尚谊等，雕塑家有刘开渠、滑田友、王临乙、曾竹韶等，漫画家有丰子恺、华君武等，木刻家有古元、彦涵、李桦、王琦等，书法家有沈尹默、傅抱石、王学仲、赵朴初、启功、欧阳中石等。

图10 2006年7月1日，青海格尔木至西藏拉萨的首班进藏火车通过青藏铁路昆仑山口

舞蹈 1949年10月以来，中国舞蹈艺术得到发展，民间歌舞、音乐舞蹈、民族舞剧、西方芭蕾舞剧等各种舞蹈艺术大放异彩。20世纪60年代的大型音乐舞蹈史诗《东方红》等，充分显示中国舞蹈在创作表演上的新成就。欧洲芭蕾舞被成功地移植中国：在50年代排演《天鹅湖》等基础上，于1964年创作出中国革命历史题材的芭蕾舞剧《红色娘子军》、《白毛女》等，表明中国芭蕾舞艺术在民族化道路上迈出可喜的一步。

改革开放以后，先后创作上演诸如《仿唐乐舞》、《编钟乐舞》和以中国远古神话为题材的舞剧《奔月》等一批表演形式独特、风格各异、深受国内外观众好评的民族舞剧和仿古乐舞。被称为中国舞剧里程碑的大型民族舞剧《丝路花雨》，开创敦煌舞体系。近年来，创作具有高水准的歌舞剧《云南映象》等舞蹈艺术精品，以及《千手观音》、《俏夕阳》等优秀舞蹈，开创中国舞蹈艺术发展的新局面。

电影 从1905年第一部中国电影《定军山》在北京诞生以来，到2005年由海峡两岸和香港电影人共同完成《中国电影百年图史》，再至2010年100多年中，中国电影经历从无声到有声，从黑白到彩色，从模拟到数字，从传统到现代技术变革的进程，创造许许多多优秀乃至是经典的电影作品，形成具有较高艺术和技术水准的、规模宏大的制作、发行、播映体系，走出了一条具有鲜明中国特色的电影发展道路，成为世界电影的主要生产国和消费国。

2010年底，中国已拥有规模不等的电影制片机构100多家，年产电影故事片526部，还有相当数量的电视电影片，一定数量的科教片、纪录片和动画片。有数十部影片，在40多个国家电影节上获得了诸多奖项，充分显示了中华文化的魅力和中国电影艺术家的实力。

教育 中国教育具有悠久的历史传统。但近代中国教育极端落后，1949年全国仅有高等学校205所，中专1 171所，普通中学4 045所，小学34.7万所，在校学生数仅占全国总人口的4.76%，平均每万人中有中学生23人、小学生150人。全国人口中80%是文盲，国民文化素质很差。

中华人民共和国建立后，大力发展教育，改革开放以后基础教育、初等教育、中等教育和中等职业技术教育，高等教育和成人教育，特殊教育及少数民族教育等得到全面发展。尤其是2006～2008年对全国城乡义务教育阶段学生全部免除学杂费，为数千万贫困家庭学生免费提供教科书，大幅度提高高校、高等和中等职业学校学生资助标准和扩大资助面等，中国在实施教育公平上迈开了一大步。2009年，全国有学前教育学校138 209所，在园幼儿2 657.8万人；普通小学280 184所，在校学生10 071.5万人；普通中学（含职业中学）76 579所，在校学生8 653.6万人；普通高等学校2 305所，在校学生2 147.7万人；研究生1 404 942人；出国留学人员229 300人，学成回国人员108 300人。

据全国第六次人口普查，大陆31个省、市、自治区人口中，具有大学（指大专以上）文化程度人口为11 963万人，具有高中（含中专）文化程度的人口为18 798万人，具有初中文化程度的人口为51 965万人，具有小学文化程度的人口为35 876万人。与2000年第五次全国人口普查相比，每10万人中具有大学文化程度的由3 611人上升为8 930人，具有高中文化程度的由11 146人上升为14 032人，具有初中文化程度的由33 961人上升为38 788人。文盲人口为5 465万人，比2000年第五次人口普查减少3 041万人，文盲率由6.72%降为4.08%，下降2.64%。

科学技术　中华民族为人类科学技术事业的发展作出过伟大的贡献，四大发明——造纸术、印刷术、指南针、火药等一系列古代科技成就，确立了中国在16世纪以前的世界科技领域领先的地位。但19世纪后，中国的科学技术却非常落后。

中华人民共和国建立后，经过几代科技工作者的艰苦奋斗，中国的科技工作取得了举世瞩目的成就。中国在原子能技术、空间技术、高能物理、生物科学、计算机技术、通信技术等尖端科技的一些领域，已经达到或接近国际先进水平。1964年10月16日、1967年6月17日，中国相继成功爆炸第一颗原子弹、氢弹；1966年10月27日中国试验成功导弹核武器，此后相继试验成功中远程和洲际战略导弹。1970年4月24日成功地发射第一颗人造地球卫星，此后又相继发射遥感卫星、空间物理探测卫星、通信卫星、气象卫星等数十颗人造地球卫星，成为世界上少数几个掌握了卫星回收技术、"一箭多星"发射技术、地球静止卫星发射技术的国家之一。1965年9月中国在世界上首次人工合成有生物活力的牛胰岛素，1981年11月最先人工合成醇母丙氨酸转移核糖核酸，1985年完成干扰素基因工程，这些标志中国的生物科学和基因工程技术已居于世界先进行列。杂交水稻的培育成功，是对世界农业的巨大贡献。进入21世纪以来，中国在现代数学、医药卫生、激光、化学、地学、天文学等领域，各取得一批具有世界水平的成就；先后成功发射"神舟"5号（2004）、"神舟"6号（2005）和"神舟"7号（2008）载人航天飞船；在集成电路芯片设计开发、第三代移动通信、深海探矿、智能交通、高性能复合材料及高档数控机床的开发等方面取得重要进展；2007年10月24日发射"嫦娥"1号月球探测卫星，首次探月工程取得成功。2008年9月25日发射的"神舟"7号，首次完成中国宇航员的太空行走。2010年完成的"天河一号"超级计算机，是当年世界上运转速度最快的计算机。

截至2010年底，中国科技人力资源总量、研究与发展人员数跃居世界第一，高技术产业产品出口额跃居世界第一，高技术产业增加值跃居世界第二，国际科技论文数跃居世界第二，本国人发明专利授权量跃居世界第三。中国制定了国家中长期科学和技术发展规划纲要，启动了一批重大项目，正在努力增强自主创新能力，推进建设创新型国家。

卫生　中华人民共和国建立前，医疗卫生机构很少，医疗卫生人员严重不足，卫生设施差，各种疾病和传染病不断发生并大规模流行。1949年，全国卫生机构只有3 670所，卫生技术人员50.5万人，医院病床8万张。

中华人民共和国建立后，尤其是1978年以来中国的医疗卫生事业发展极为迅速并取得巨大成就：在全国基本建成一个遍布城乡、分工协作、相互联系的三级医疗卫生网。截至2009年，全国各地建立了各种医疗卫生机构约25万个，卫生机构人员从1978年的310.6万人增加到778.1万人，其中医生从1978年的103.3万人增加到232.9万人，护师和护士由1978年的40.7万人增加到185.5万人，每千人口医生数由1978年的1.08人增加到1.75人。全国卫生机构床位数由1978年的204.2万张，增加到2009年的441.7万张，每千人口医院、卫生院床位数由1978年的1.93张增加到3.06张。深入开展大规模的疾病防治工作，使各种疾病发病率大幅度下降（包括天花在全国范围内灭绝等），有效地提高了全体国民的体质，中国人均预期寿命已由1949年的35岁增至1978年的68岁，又提高到2010年的73.5岁。还大力加强妇女儿童保健和计划生育工作，为妇女、儿童的健康和保健提供重要保障；全国计划生育工作继续健康发展，全国人口过快增长的势头已得到较好的控制。贯彻执行中医、西医、中西结合三支力量"都要发展、长期共存"的方针，大力发展民族医学，医学科研和治疗均取得一系列重要的突破。

截至2010年底，城镇参加基本医疗保险人数43 206万人；新型农村合作医疗参合人数8.35亿人，参合率96.3%。但是，目前中国医疗卫生资源总体仍感不足，地区分布和发展还不尽平衡，政府投入不足，看病难、看病贵的问题仍未得到根本的解决。

体育　中华人民共和国建立后，体育事业发展取得巨大成就。群众体育蓬勃发展，全国体育锻炼标准达标人数已增至11亿多人；全国县以上体委举办运动会次数已增到4万多次；全国55个少数民族开展经常性的传统体育项目已达百余项；全国已建农民健身工程超过23万个（截至2010年底）；全国经常参加体育锻炼的老年人有1 000多万人；残疾人体育事业发展迅速，已连续多次组团参加残疾人奥运会，并取得较好成绩。

体育运动水平突飞猛进，不少运动项目取得历史性突破。1956年陈镜开打破最轻量级挺举世界纪录，这是中国运动员第1次打破世界纪录；1959年容国团获第25届世界乒乓球锦标赛男子单打世界冠军，这是中国运动员在世界大赛中第一个世界冠军；1984年许海峰在第23届奥运会（美国洛杉矶）上获首枚金牌，实现中国在奥运会上金牌零的突破；2000年在澳大利亚悉尼举办的第27届奥运会上，中国获28枚金牌，仅次于美国和俄罗斯，首次在奥运会上进入世界三强之列；2004年在希腊雅典举办的第28届奥运会上，中国共获得32枚金牌，仅次于美国，列第2位；2008年在北京举办的第29届奥运会上，中国获得51枚金牌、21枚银牌、28枚铜牌，共获100枚奖牌，居金牌榜第1位，超过第2名美国15枚，总奖牌（枚）也只比美国少10枚；截至2010年底，中国运动员共获得世界冠军2 533个，创、超世界纪录1 228次。还成功举办第29届奥运会，第11、16届亚运会等大型的综合性国际赛事。

外交　中华人民共和国始终奉行独立自主的和平外交政策。20世纪50、60年代，中国打破了帝国主义的封锁，争取到愈来愈多朋友。1955年与亚非一些国家，共同发表"和平共处五项原则"。1971年第26届联合国大会上，恢复中国在联合国的合法地位，进一步提高了中国的国际地位。70年代，与美国等西方国家建立外交关系，同日本实现邦交正常化，至1980年有124个国家与中国建立外交关系（1970年为55个国家）。80年代，同世界200多个国家和地区建立经贸、科技、文化的交流和合作关系。90年代，几乎与所有的周边国家实现关系正常化。到2006年8月，全世界已有168个国家与中国建立外交关系。

2001～2010年，是中国、印度、俄罗斯、巴西、南非等金砖国家快速兴起的10年。中国坚持韬光养晦战略，不讲过头话，不做过头的事，先后提出"国际关系民主化"、社会"发展模式多样化"、"合作共赢"、"建设和谐世界"等一系列主张；同时，积极参与国际合作，强调包容性、寻求利益的汇合点、求同化异，为推动逐步有序改变不公平和不合理的国际政治经济秩序。坚持推行睦邻友好与构建和谐周边的大政方针，10年来中俄战略伙伴关系稳固发展，上海合作组织正式成立和壮大，中印关系不断改善，中巴关系加强，中国与东盟互信增加，中国—东盟自由贸易区建立，“10+3”（指东盟10国+中国、日本、韩国）合作机制形成和发展，中日韩三国合作机制逐步建立等，中国与周边国家的关系更好、更紧密了。自2008年全球金融危机以来，出现了以“金砖国家”为代表的新兴经济体领跑世界经济、驱动世界经济恢复增长的态势。金砖国家的合作代表着最广大的发展中国家的利益，将使世界经济发展更加平衡、更多的人提高生活水平，金砖国家领导人3次峰会的召开，标志金砖五国固定对话和合作机制宣告成立，有利于推行建设和谐世界的理念。

随着独立自主的外交政策的贯彻和实施，经济实力的增强，中国的国际地位和国际影响力与日俱增。2010年12月16日国际货币基金组织宣布：中国在该组织的份额将从3.72%升至6.39%，投票权将从3.65%上升为6.07%，超越德、法、英国，排在美国和日本之后。

但是，中国仍然是发展中国家，人均收入低，在世界各国人均收入的排名中处于中等偏下；在世界产业分工中，中国仍处于产业链的低端，低价格、低利润、低附加值的“三低”产业大量存在；经济发展不平衡、城市发展不平衡、区域发展不平衡、人的生存和发展的需求与日益恶化环境之间的不平衡等相当严重。中国需要和平发展，需要和谐秩序，即使中国将来发达了，也不会称霸，而是与世界各国人民共建和谐世界。

中国北极黄河站 China’s Yellow River Station in Arctic 为研究北极环境、气候与全球变化的关系，中国在北极建立的第一个常年科学考察站。简称黄河站。2004年7月28日建成。位于挪威北部海域斯匹次卑尔根岛的新奥尔松（78°55′N，11°56′E）。平均气温2月为-15℃，7月为5℃，极夜和极昼时间分别长达4个月，是目前世界上有人居住的最北地区。站区建有两层500平方米的房屋（包括实验室、厨房、车库、宿舍、阅览室、储藏室等）和1万平方米以上的开阔平坦场地。常年保持4～6名工作人员，最多可供20人工作和居住。站上的基础设施建设和公共后勤服务工作由挪威负责提供。主要考察学科有气象学、高空大气物理学、生物与生态学、环境科学等。第一任站长杨惠根。

中国北极黄河站建筑

中国北极考察 arctic research of China 中国科学家对北极地区进行科学考察的活动。中国位于北半球，北极气候与环境变化对中国的气候、环境和国民的日常生活都有着直接和明显的影响。中国是1920年2月9日《斯匹茨贝尔根条约》的缔约国之一，1996年成为国际北极科学委员会（IASC）的正式成员国。

1993年，中国科学院与挪威北极研究所和斯瓦尔巴德大学合作，进行北极斯瓦尔巴群岛大气物理、冰川等研究；与加拿大合作，开展加拿大北极地区冻土水文和冻土环境变化研究。1994～2000年，中国科学院和美国阿拉斯加北坡自治区合作，进行北极苔原带海陆相互作用、北极露脊鲸和海洋生态系统等研究。1995年，中国以民间组织形式进行首次北极探险考察。1999年，中国首次派出国家北极考察队，进行大规模综合科学考察。2002年，中国民间考察队在斯瓦尔巴群岛进行气象、冰川、生物、环境变化等的考察，并建立小型考察站。2003年、2008年和2010年，中国北极考察队完成了第二次、第三次和第四次北极考察。考察以“雪龙”船为支撑平台，利用直升飞机、卫星跟踪浮标、潜标、潜水器等高技术手段，在北太平洋（白令海）、北冰洋区的楚科奇海、东西伯利亚海、波弗特海、加拿大海盆、北极冰缘区、浮冰区和多年海冰区，开展对海冰大范围、快速消融与大气、海冰、海洋、气候及其与生态环境变化相关联的多学科综合性考察。在白令海、楚科奇海、加拿大海盆开展海洋、冰雪、大气、生物、地质等多学科立体化综合观测，有来自中国10多所研究机构和大学，美国、俄罗斯、韩国、日本、芬兰、加拿大、挪威等国家科学家参与的国际性北极科学考察活动。主要科学目标是：了解北极对全球变化的响应和反馈，了解北极快速变化及其对中国气候环境的影响，了解北冰洋邻近海域生态系统与生物资源对中国渔业发展的影响。现场调查项目有：①北冰洋环流、物质交换及海水扩散和结构。②北极海冰变化过程和海气交换通量。③北冰洋大气边界层和大气环境。④北冰洋上层海洋碳通量和陆源物质通量。⑤北冰洋与白令海的水体交换和输运路径。⑥白令海、北冰洋生物化学过程与古环境。⑦高纬度海洋生物过程。

在北极的中国科学考察队员

2004年1月，中国在北极建立了中国北极黄河站。

中国兵器工业集团公司 China North Industries Group Corporation; CNIGC 在原中国兵器工业总公司所属部分企事业单位基础上组建的特大型国有企业。简称兵器工业集团公司。总部设在北京。是中国最大的武器装备制造集团，中央直接管理的特大型国有重要骨干企业。在机械、工程机械、动力传动、精细化工、工程爆破、光学、电子与光电子、材料等领域具有雄厚的技术实力和开发、制造能力。面向陆、海、空三军及各军兵种研制、发展精确打击、两栖突击、远程压制、防空反导、信息夜视、高效毁伤等高新技术武器装备，集中了中国兵器工业的骨干研制和生产能力，代表着中国兵器工业的发展方向和水平。集团公司始终坚持军民结合的方针，积极致力于军工高技术转民用，充分利用军品技术和资源优势，成功培育开发出一批具有军工高技术背景的支柱民品，为国民经济现代化建设作出重要贡献。至2007年底，集团公司拥有中国兵器科学研究院、内蒙古第一机械制造（集团）公司、中国北方工业公司等全资、控股企业和直属科研、事业单位140多家，并在全球数十个国家和地区建立了近百家海外分支机构。

中国出版集团公司 China Publishing Group Corporation 中国国家级大型出版发行机构。2002年4月9日中国出版集团成立。2004年3月转制为中国出版集团公司，对所属成员单位行使出资人权利。集团公司以出版物生产和销售为主业，是集各种介质出版物的出版和销售、连锁经营、进出口贸易、版权贸易、印刷复制、信息技术服务、科技开发、金融融资于一体的，经营多元化的大型企业集团。

中国出版集团公司所属成员单位有人民文学出版社、商务印书馆、中华书局、中国大百科全书出版社等90多家子公司、控股公司、参股公司。每年出版各类出版物1万多种；每年从事书刊版权贸易1 000多种，版权贸易网络遍及全球130多个国家和地区；每年进出口各类出版物20多万种。

中国出版政府奖 China Publishing Government Prize 中国新闻出版领域的国家最高奖项。2005年设立，由国家新闻出版总署主办。包括图书奖，音像制品、电子出版物、网络出版物奖，印刷复制奖，装帧设计奖，先进出版单位奖，优秀出版人物奖6个子奖项。每三年评选一次。为适应政府职能转变和出版业改革发展的新形势，国家新闻出版总署对诸多出版评奖活动进行了规范，将原有的22个全国性出版评奖活动合并整改为1个奖项。首届中国出版政府奖评选结果于2008年2月21日公布，100种作品、50家单位、50名个人分获各类奖项。

中国传媒大学 Communication University of China 中国信息传播教育的高等学校。属教育部。校址在北京。1954年建校，原名北京广播学院，2004年更名为中国传媒大学。设有电视与新闻、广告、国际传播、媒体管理、影视艺术、播音主持艺术、动画、信息工程、文学、理学、计算机、对外汉语教育，远程与继续教育等学院。有培养学士、硕士和博士的教学体系；有新闻学、广播电视艺术学等国家重点学科。图书馆藏书190万册。校园面积47.3万平方米。出版刊物有《现代传播》等。

中国传统医学 traditional Chinese medicine; TCM 中国各民族传统医学的统称。其中，汉民族在长期的医疗、生活实践中逐渐形成了具有独特理论风格和诊疗特点的医学体系，简称中医学。“中医”、“西医”或“中医学”、“西医学”是在19世纪西方医学传入中国并得到普及以后的称谓。西医学自近代以来，不断吸收先进科学技术和传统医学中的一些知识（也包括中医学）而日益取新，已经被“现代医学”这一名词所代替，但是在习惯上仍称其为西医。中医用望、闻、问、切等方式诊断疾病，用中药组成的复方和针灸等手段进行治疗，其预防治病、养生保健的理论灿然咸备，是东方科学智慧的体现，在世界医林中堪称独特的理论体系，又以丰富的典籍和资源享有医学宝库之誉。其中现存的古代医学著作有一万多部，中医学的悠久历史和连续的传承展示了它的传统特征。崇尚经典、尊重先师、珍视经验，既是传统的品格，又使学术具有稳定持久性和实践性，中医学也以此有一个和谐的整体的发展模式，它植根于社会又服务于社会，是中国文化的组成部分。中国传统医学有鲜明的民族性。生活在中华大地上的各民族，在长期生存和与疾病斗争中形成各自的民族医学，主要包括汉族医学（中医学），藏族医学、蒙古族医学、维吾尔族医学、朝鲜族医学，以及壮族医学、傣族医学、彝族医学、苗族医学等。各民族医药的发展和现状，因历史和文化的不同、文字产生的早晚等原因，又有所差别，总体上呈现多元并立的特点。其中，汉族医学以其厚重博大、影响久远而成为中国传统医学的代表。

中医学的理论和实践经数千年的发展，形成了完整而系统的医学体系。这是中华民族的祖先在对人体、自然、心理等进行长期思索和在防治疾病的实践中创造出来的。其内在特质与中华民族的传统思维和传统文化有机地融汇在一起，这是与西医学的本质区别。中医学具有以下特点。

天人相应的生命观 中医学的生命观是人与天地相应，认为人类的产生、生存、健康和疾病都是由自然法则决定的。中医学着重于从人乃至人和自然的整体性和联系性的角度审视人体生命的特征。认为人体是一个有机的整体，人是自然的一部分，但人体本身又是一个“小宇宙”，有着自然界的信息。基于这种观念，认为人体健康和疾病都与天文因素（如太阳、月亮和星体等）、地理情况（地域、地势等）、季节、气象乃至社会环境都有一定关系，在疾病诊断和治疗时都要有所考虑。天人相应的生命观特别重视生命的时间因素和动态变化，中医学把生命视为时间演进的过程，关注脏腑活动的节律性和周期性，提出了四时气化、脏气法时、病遇节气而发作等理论，同时还提出了“因天时而调血气”等一系列养生和治疗原则。

东方智慧的医学理论 在中医学理论体系中有很多与西方医学相同或相近的知识，这是人类的共同智慧。但是，中医学植根于中国传统文化土壤之中，在因袭中国传统思维方式的医学实践，不仅有诸多的医学发现和医学发明，并巧妙地以非实体范畴的理论模拟研究人体。医学源于实践，在实践中有所发现有所发明，产生了经验，先民对经验加以整理、提高便产生了医学理论。中医学很多重要的医学发现和医学发明，例如在用针灸治病过程中发现人体经络现象；观察人体和生物，发现了生命逆转的规律，即《内经》所说的“神转不回，回则不转”；发现了在人体局部窄小区域内有整体缩影的“应同”现象；还发现了机体代谢的生长化收藏和与自然节律一致的气化规律等；发明了脉诊、舌诊等诊断方法和针灸、运用以药物组成的方剂进行治疗等治疗方法。与西医运用逻辑分析经验不同，中医学用系统来归纳经验。阴阳五行既是中国古代哲学的理念，又是用以概括事物规律的系统。中医学把医学知识和阴阳五行系统相结合，建立了自身理论体系的基本构架，包括五脏六腑的藏象系统、四气五味的药学理论，以及五运六气等学说。与西方的逻辑的概念思维不同的是，中国传统思维方式是“象思维”。这种思维方式具有整体直观、主客一体、非对象性、非实体性的特征。中医学通过解剖，认识和命名了脏腑器官，又以其所认识的功能和意象、法象的综合，把脏腑提升为藏象，建立了藏象学说。藏象（包括经络）是超越解剖的非实体性的理论模型，运用理论模型来探索人体生命的健康与疾病的防治规律，是中医学理论的特色之一。

辨证论治 中医学把握疾病的单元是证，临床的操作体系是辨证论治。中医学既有“病”的概念，又更重视“证”。证又称证候，是疾病发展过程中某一阶段的病象，是偏离正常状态的证据。中医认为疾病对于人体，有时间上的不可重复性和个体差异性。据此，医生把证作为把握疾病的单元施以个体化的治疗。其临床思维过程是在病名引领下，从证入手，即宋代医著《三因方》所说的“因病以辨证，随证以施治”，之后又被精辟地概括为“辨证论治”。辨证论治包括分析、辨别疾病证候和确立治疗原则、治疗方法两个论治程序。它把运用理论、确立方法、选择方剂和审议药物统括起来，理、法、方、药一线贯通。在长期的实践中，历代医学家创造了很多种适用不同病证的辨证方法。例如脏腑辨证、经络辨证、病因辨证、气血湿痰辨证、六经辨证、卫气营血辨证、三焦辨证等。这些辨证方法在临诊时，又要结合因时、因地、因人的“三因制宜”原则灵活运用。证和辨证论治是中国古代“贵时”思想、象思维方式和中医疾病观的体现，其中包含着丰富的辩证法思想，是中国古代科学和哲学在医学中体现的典例。

便捷易用的治疗手段 中医学的治疗方法和它的理论相应，中医学理论、辨证论治和特有的治疗手段构成了中医学理论体系。这些治疗手段包括中药、方剂、针灸、气功、推拿以及临床各种治疗手法等，其中，中药的资源最为丰富。早在汉代成书的《神农本草经》一书就详细论述了365种药物，在1997年出版的《中华本草》中，载药达12 807种之多。中药多以组合复方的形式用于临床，这是中国古代和合思想的体现，药物组成复方不仅增强了疗效、降低了毒副作用，还产生了单味药所不具备的新的药理功效。在制剂方面，除有传统的丸、散、膏、丹、酒、露、茶等传统剂型外，还发展了胶囊剂、口服液、袋泡剂、气雾剂、注射剂、含服剂、药膜、滴丸、栓剂等四十余种剂型。此外，各科还有其特种技法，如骨科应用小夹板治骨折、眼科用银针拨白内障等，这些治疗手段多是便捷易行、经济实用的。

民族医学多元分立　中医学理论体系是中国各民族共同创造的医学体系。除汉族医学外，其他民族的医学也各具特色并自成体系。各民族医学以各自主体理论为核心，不断发展完善。例如藏族医学以《四部医典》为经典，以隆、赤巴、培根三大元素为构成人体的物质基础，认为三者间失去平衡即发生疾病，治疗的目的就是调节三大因素盛衰，重新建立平衡。藏医认为人身有404种病。诊断用问诊、尿诊（望诊）、脉诊三诊法。治疗除用藏药外，还用放血、灸法、催吐法及一些外治法。蒙古族医学也以阴阳五行的整体观为指导思想，以“六基症”理论为论述病因，“六基症”指赫依、希拉、巴达干、血液、黄水、黏虫六种。以“三根七素”间的平衡失调阐述病因，其著名典籍有《方海》、《甘露之泉》、《蒙医正典》等。维吾尔族医学则以四大物质说论述人体，以火（太阳）、气（空气、风）、水、土四种物质的全生、全克、半生、半克规律来解释气质、体液之间的相互滋生、相互制约关系，以“合力提”学说阐述人的血液质、胆液质、黏液质、黑胆质四种体液。其艾扎学说和现代医学的解剖器官基本相同，而诊断则分望、听、问、脉、尿、大便和痰七诊。此外，朝鲜族四象医学、回族医学、壮族医学、傣族医学等，还有道教医学、佛教医学及散布民间的民间医学等，也都以各自的疗法和（或）理论自成一体。可见，在中国传统医学中，各民族医学呈现多元分立的局面，各自在继承中不断发展。

《中国大百科全书》 *Encyclopaedia of China*　中国第一部大型综合性现代百科工具书。由中国大百科全书总编辑委员会和中国大百科全书出版社编纂出版。全书第一版自1980年始按学科或知识门类分卷出版，以条目形式全面、系统、概括地介绍科学知识和基本事实。内容包括哲学、社会科学、文学艺术、文化教育、自然科学、工程技术等66个学科和知识领域，共74卷（含索引卷），1993年出齐。选收条目77 859个，总字数12 568万字，并附有49 765幅随文黑白图、线条图和彩图。适于高中以上、相当于大学文化程度的广大读者使用。中国有近2万名专家、学者和研究人员参加编撰。1999年制作完成了《中国大百科全书》(24CD-ROMS）图文数据光盘。

2009年出版的第二版共32卷，其中正文30卷，索引、附录2卷，每卷180万字，共选收约6万个条目、6 000万字。配图3万幅左右，其中地图千余幅。正文按条目名称的汉语拼音顺序统一编排，不再按学科或知识门类分卷。

《中国大百科全书》第一版

中国大百科全书出版社 Encyclopaedia of China Publishing House　中国以出版百科全书、其他工具书及学术著作为主的综合性出版社。1978年在北京成立。上海分社同时成立，主要承担《中国大百科全书》的印制和发行工作。1995年10月，上海分社更名并重新组建为东方出版中心。

中国大百科全书出版社办公大楼

中国大百科全书出版社下辖知识出版社和中国大百科全书电子音像出版社两个副牌。至2010年先后出版《中国大百科全书》(第一版，74卷)、《中国大百科全书（简明版)》(12卷)、《不列颠百科全书（国际中文版)》(20卷)、《中国百科大辞典》(10卷)、《简明中华百科全书》(3卷)、《中国大百科全书·精粹本》、《中国儿童百科全书》、《中国大百科全书》(第二版，32卷）等大型综合性百科全书，以及各类专业性和地域性百科全书、工具书、普及读物、电子出版物和音像制品。此外还编辑出版《百科知识》、《小百科》、《城市周报》(英文）等期刊。

中国道教协会 Taoist Association of China　中国道教徒的宗教组织。会址设于北京白云观。成立于1957年4月12日。1956年11月，道教界著名人士岳崇岱、陈撄宁、易心莹、乔清心、孟明慧等在北京举行发起人会议，进行协会的筹建工作。次年4月，全国各道派、名山宫观及道教学者等各方代表在北京举行道教界第一次全国代表会议，正式成立中国道教协会，选举岳崇岱为会长。该会的主要宗旨是：团结道教徒，爱国爱教，积极参加社会主义建设，协助政府贯彻宗教信仰自由政策。在1961年第二次全国代表会议上，陈撄宁当选为会长。会议除贯彻协会原定宗旨外，并提出开展道教研究等任务。会后，在陈撄宁主持下，成立了道教研究室，搜集、整理道教文献资料，研究、编写中国道教史；编辑出版会刊；举办专修班培养学术研究和教务人才；举行北京白云观方丈升座典礼；开展宗教活动等。1980年举行第三次全国代表会议，选举黎遇航为会长。1980年起，北京白云观以及各地著名宫观已先后进行修缮并开展宗教活动；研究工作也有新的进展，选辑了有关史料，并对重要经籍进行研究；开办了道教知识专修班，培养教务人员。1990年创办中国道教学院，使培养教务人员正规化。

《中国的红色政权为什么能够存在》 *Why is it that Red Political Power Can Exist in China*　毛泽东关于中国革命发展道路的重要理论著作。毛泽东1928年10月5日为中共湘赣边界第二次代表大会写的决议的一部分。收入《毛泽东选集》第1卷。

文章首先分析了大革命失败后国内的政治状况，指出中国革命的性质依然是资产阶级民主革命，但这个革命必须由无产阶级来领导。文章着重论证了中国红色政权存在和发展的可能性，具体分析了红色政权发生和发展的主客观条件：①中国是一个经济政治发展不平衡的半殖民地半封建大国，地方性的农业经济和帝国主义划分势力范围的分裂剥削政策造成了反动统治的缝隙。②湖南、广东、湖北、江西等省都是大革命时期工农群众得到充分发动的地方，这里的群众有了政治斗争和经济斗争的经验。③小块区域红色政权必将随着全国革命形势的发展而发展。④相当力

1928年10月在江西宁冈（今井冈山）茅坪举行的中共湘赣边界第二次代表大会旧址

量的正式红军的存在。⑤共产党组织的有力量和它的政策的不错误。

文章中提出的关于中国红色政权创建和发展的论点为探索一条具有中国特色的革命道路奠定了坚实的基础。

《中国地方志联合目录》 *Union Catalogue of Chinese Local Chronicles* 中国专科文献目录。中国科学院北京天文台主编。中华书局1985年出版。以朱士嘉编纂的《中国地方志综录》为蓝本，与各单位现实藏书进行核对，补充并参考若干同类目录编成。著录中国各省、市、自治区的公共、科研单位、大专院校图书馆、博物馆、历史馆、档案馆等190个单位所收藏的自南朝宋至1949年的方志8 200余种。收录范围包括通志、府、州、厅、县志、乡土志、里镇志、卫志、所志、关志、岛屿志，以及一些具有志书体例和内容的方志初稿、采访册、调查记等，但山、水、寺庙、名胜等志则除外。《中国地方志联合目录》依全国各省、市、自治区分别著录，各省内以府、州、县、乡为序，乡土志、里镇志随所属县后，同一地区的方志则按编纂年代先后排列。著录项目有书名、卷数、纂修者、版本、藏书单位和备注。凡存佚情况、卷数分合、记事起讫，地名古今变迁、书名异称，内容详略，流落异域孤本的国别与收藏单位等都在备注内说明。书末附书名索引。

中国地质博物馆 Geological Museum of China 中国地质科学专业博物馆，中国人自己创办最早的自然科学博物馆。馆址在北京西四。创建于1916年，馆名几经变更，1986年改为现名。建筑面积1.1万平方米，收藏各类地质标本20余万件，涵盖地学各个领域。典藏珍品有巨型山东龙、东海产

中国地质博物馆地球厅

重达3.5吨的“水晶王”、贵州产重达239克的“辰砂王”、山东产重达28.061克拉的宝石级金刚石、青海产重达3 561.407克的自然金块、湖南产巨型雌黄晶簇和萤石方解石晶簇，云南元谋猿人牙齿化石、北京山顶洞人骨针骨饰和用火遗迹，以及产自辽西的原始鸟类化石——中华龙鸟、中国鸟龙、原始祖鸟、孔子鸟、尾羽鸟、长城鸟等。设有地球厅、矿物岩石厅、宝石厅、史前生物厅、国土资源厅5个基本陈列展厅。

该馆长期开展多种社会教育活动，办有《地球》杂志。

中国地质大学 China University of Geosciences 中国以地质科学与工程为主的多科性高等学校。属教育部。学校前身是1952年由北京大学、清华大学、天津大学和唐山铁道学院等院校的地质系（科）合并组建的北京地质学院。1975年迁至武汉，更名为武汉地质学院。1978年在北京原校址成立武汉地质学院北京研究生部，1985年更名为北京地质教育中心。1987年成立中国地质大学，在京、汉两地办学，总部设在武汉。2000年2月，中国地质大学由国土资源部整体划转教育部管理。2005年3月，大学总部撤销，京、汉两地独立办学。

中国地质大学（北京） 以地质、资源、环境和地学工程技术为主要特色，理、工、文、管、经、法相结合的多科性大学。占地面积39万余平方米，建有设施先进的学术交流中心、中国地质图书馆、国家岩矿化石标本库，博物馆藏有5万余件岩矿化石标本。设有十多个院（系、部），有培养学士、硕士和博士的教学体系以及国家重点学科等。

中国地质大学（武汉） 以地球科学为特色，理、工、文、管、经、法、教、哲协调发展的多科性大学。有培养学士、硕士和博士的教学体系；有国家级重点学科和20多个院（课部）等。

50多年来，中国地质大学为中国的地质找矿事业培养了大批优秀人才，毕业生中有20多人成为中国科学院院士和中国工程院院士，许多优秀毕业生成为科技骨干、教育专家或管理专家。校友温家宝2003年3月、2008年3月出任中华人民共和国第6任、第7任总理。

中国第二历史档案馆 Second Historical Archives of China 中国综合性历史档案馆。集中管理中华民国时期（1912～1949）各个政权的中央机关及其直属机构档案。成立于1951年2月，原名南京史料整理处，隶属中国科学院近代史研究所。1964年改隶国家档案局，并易现名。馆址在南京市中山东路。至2003年底，共收藏档案932个全宗180多万卷，排架长度5万米。其中包括：①南京临时政府、广州大元帅府、广州国民政府和武汉国民政府的档案，共3个全宗，600余卷。②北京民国政府档案（北洋档案），共70余个全宗，15万余卷。③南京国民政府档案，近700个全宗，130万余卷。④日伪政权档案、共102个全宗，12万余卷。⑤名人档案，共46个全宗，6 000余卷。另外，还存有民国时期图书资料25万册和部分报纸。

所藏档案从1980年起对外开放。先后有《中华民国史档案资料汇编》、《中国第二历史档案馆指南》、《中华民国历史图片档案》等20多部编研成果出版。1985创办了国家级期刊《民国档案》(季刊)。

中国第十一个五年规划 Eleventh Five-Year Plan of China 中华人民共和国2006～2010年的国民经济和社会发展规划。简称“十一五”规划。2005年10月11日，中共十六届五中全会通过了《中共中央关于制订国民经济和社会发展第十一个五年规划的建议》(下称《建议》)。2006年3月十届全国人大四次会议审议批准了《建议》。

“十一五”时期经济社会发展的主要目标包括：一是在优化结构、提高效益和降低消耗的基础上，实现2010年人均国内生产总值比2000年翻一番；二是“十一五”期末单位国内生产总值能源消耗比“十五”期末降低20%左右。为此，规划明确了今后5年经济社会发展和改革开放的主要任务：①建设社会主义新农村。推进现代农业建设，全面深化改革，大力发展农村公共事业，增加农民收入。②推进经济结构调整和经济增长方式转变。加快产业结构优化升级，发展规模经济，实现规模效益，加快建设资源节约型、环境友好型社会。③促进区域协调发展。形成东中西互动、优势互补、相互促进、共同发展的格局。④增强自主创新能力和加快科技教育发展。深

入实施科教兴国战略和人才强国战略，加快建立技术创新体系，改善技术创新的市场环境，完善自主创新的激励机制。⑤深化体制改革和提高对外开放水平。⑥建设社会主义和谐社会，特别要突出解决好就业、社会保障、扶贫、教育、医疗、环保和安全等问题。

中国第一个五年计划 First Five-Year Plan of China 中华人民共和国1953～1957年的国民经济发展计划。简称“一五”计划。1951年开始编制，1955年7月一届全国人大二次会议正式通过。

中华人民共和国建立到1952年底，是中国国民经济的恢复时期。这一时期，国家采取了一系列方针、政策和措施，一方面制止了国民党政府遗留下来的恶性通货膨胀，稳定了市场物价，恢复了被战争严重破坏的国民经济；另一方面，基本上完成对封建土地制度的改革，解放农村生产力，发展社会主义国营经济，确立了国营经济对资本主义经济和个体经济的领导地位，为有计划地进行经济建设创造了条件。

“一五”计划的基本任务是：集中主要力量进行工业建设，建立中国社会主义工业化的初步基础；发展部分集体所有制的农业生产合作社，发展手工业生产合作社，建立对农业和手工业的社会主义改造的初步基础；基本上把资本主义工商业分别纳入各种形式的国家资本主义轨道，建立对私营工商业的社会主义改造的基础。并以此为中心，进行财政、信贷、市场三大平衡和安排人民生活。“一五”计划于1956年宣布提前完成。“一五”计划使经济结构发生了很大变化，为中国工业化奠定了初步基础；完成了对农业、手工业和资本主义工商业的社会主义改造，为生产力发展创造了有利的条件。但是，由于某些方面要求过急，农、轻、重比例不协调的苗头已经出现，造成市场供应紧张，在这个时期内实行了对粮、棉、油的统购统销。

中国第一历史档案馆 First Historical Archives of China 中国综合性历史档案馆。负责明清及明清以前历史档案的收集、保管、整理、编目、编译、出版和提供读者利用等工作。馆址在北京故宫西华门内。始建于1925年10月，前身是故宫博物院文献馆，沈兼士任馆长；1951年5月改称故宫博物院档案馆；1955年12月移归国家档案局领导，改称第一历史档案馆；1959年10月并入中央档案馆，称中央档案馆明清档案部；1969年底，明清档案部重新归属故宫博物院。1980年4月，中国第一历史档案馆正式成立，直属中共中央办公厅，1987年后，直属国家档案局。该馆保存的明清两代中央和部分地方档案共74个全宗、

1 000余万件，其中明代档案仅3 000余件，绝大部分是清代档案。内容涉及清代政治、经济、军事、文化、外交、民族、宗教、礼仪、典章制度、天文、地理等诸方面。该馆所存档案现已基本对国内外读者开放利用。该馆自建立以来，先后编辑出版了各种专题史料汇编150余种。主要有《掌故丛编》、《鸦片战争档案史料》、《康熙朝汉文朱批奏折汇编》、《清代档案史料丛编》、《雍正朝满文朱批奏折全译》等。

中国第一汽车集团公司 China Faw Group Corporation 以中国第一汽车制造厂为基础发展起来的特大型国有企业集团。简称第一汽车、一汽。总部设在吉林省长春市。1953年7月15日第一汽车制造厂破土动工。1956年7月15日生产出第一辆国产解放牌卡车；1958年又试制出中国第一辆“东风”牌小轿车和“红旗”牌高级轿车，结束了中国不能生产汽车的历史。素有“中国汽车工业摇篮”之称。

50多年来，第一汽车经历了建厂创业、产品换型和工厂改造、上轻型车和轿车3次大规模发展阶段。1991年，与德国大众汽车公司合资建立15万辆轿车基地；2002年与天津汽车工业（集团）有限公司联合重组，与日本丰田汽车公司实现合作。产品结构已形成以轿车为主的新格局；企业结构从工厂体制转变成集团公司，从单一国家所有制转变为多元化的资本结构，从面向单一的国内市场转变为面向国内、国外两个市场。至2009年底，第一汽车拥有全资子公司16家，控股子公司15家，其中包括一汽解放汽车有限公司、富奥汽车零部件有限公司等全资子公司和一汽轿车股份有限公司、天津一汽夏利股份有限公司等上市公司及一汽-大众汽车有限公司、天津一汽丰田汽车有限公司等中外合资企业。

中国电力投资集团公司 China Power Investment Corporation 在原中国国家电力公司部分企事业单位基础上组建的大型国有企业集团。组建于2003年，注册资本为120亿元人民币。总部设在北京。公司拥有中国电能成套设备有限公司；黄河上游水电开发有限责任公司和湖南五凌水电开发有限责任公司；12个已建成的1 000兆瓦以上的大型电厂；原国家电力公司全部的核电资产。主要经营业务包括：电源的开发、投资、建设、经营和管理，组织电力（热力）生产和销售；电能设备的成套、配套、工程建设与监理、招投标、物资经销、设备检修、科技开发以及房地产开发、物业管理、中介服务等电力相关业务；经有关部门批准的国内外投融资业务，以及自主开展外贸流通经营、国际合作、对外工程承包和对外劳务合作等。

中国电信集团公司 China Telecom 依据中国电信体制改革方案组建的特大型国有通信企业。简称中国电信。前身为中国邮电电信总局，1998年邮政、电信分营，开始专注于电信运营；1999年剥离寻呼、卫星和移动业务；2000年正式组成中国电信集团公司；2001年被再次重组，进行了南北分拆。2002年5月，新的中国电信集团公司重新正式挂牌成立，注册资本为1 580亿元人民币。

中国电信下辖31个省级电信公司，拥有全国长途传输电信网70%多的资产。主要经营国内、国际各类固定电信网络设施，包括本地无线环路；基于电信网络的语音、数据、图像及多媒体通信与信息服务；进行国际电信业务对外结算，开拓海外通讯市场；经营与通讯及信息业务相关的系统集成、技术开发、技术服务、信息咨询、广告、出版、设备生产销售和进出口、设计施工等业务；根据市场发展需要，经营国家批准或允许的其他业务。中国最大的基础网络运营商。

中国电影 Chinese cinema 世界电影诞生于1895年12月28日。翌年，便被当作“新奇玩意”输入中国。1896年8月11日，上海徐园内的又一村放映“西洋影戏”。北京于1902年在前门打磨厂裕寿堂开始放映短片。1905年，北京丰泰照相馆摄制《定军山》。1908年，意大利商人A.雷玛斯在上海建立中国第一座电影院。

中国电影的诞生与起步（1905～1949）

早期中国电影（1905～1930） 1905年，北京丰泰照相馆创办人任景丰用摄影机拍摄了京剧表演艺术家谭鑫培主演的《定军山》，这是中国人自己摄制的第一部影片。1913年由郑正秋编剧并联合张石川导演了中国第一部有故事情节的短片《难夫难妻》。同期其他影片还有黎民伟拍摄的《庄子试妻》（1913），上海商务印书馆制作的《商务

印书馆放工》(1917)、《阎瑞生》(1921)、《红粉骷髅》(1921)，以及但杜宇创办的上海影戏公司摄制的《海誓》(1921)等。

1922年2月，张石川与郑正秋、周剑云、郑鹧鸪等组建**明星影片公司**，于1923年底完成了由郑正秋编剧、张石川导演的长故事片《孤儿救祖记》。随着明星影片公司的兴起，1925～1927年间上海成立的电影公司多达140余家。其中较具规模的制片公司有吴性栽投资经营的大中华百合影片公司、汪煦昌开办的神州影片公司、旅美华侨从纽约迁回上海的长城画片公司、黎民伟的民新影片公司、邵醉翁兄弟创办的天一影片公司等。

1928年，明星影片公司率先开拍长达18集的《火烧红莲寺》，由此形成一股拍摄武侠片的热潮，持续4年之久。罗明佑以长城影片公司名义，与黎民伟的民新公司合作，于1929年开始拍摄现实题材的故事片《故都春梦》，获得成功后成立**联华影业公司**，与“明星”、“天一”鼎足而立。

新兴电影运动(1931～1937) 九一八与一·二八事变后，电影事业跌入低谷。中国共产党领导下的左翼文艺运动开始关注电影，夏衍、阿英、郑伯奇、阳翰笙、沈西苓等一批左翼文化人加入各制片公司，对电影创作产生了深刻影响。

1933年2月，中国电影文化协会的成立，标志着新兴电影运动正式展开。

1933年是中国电影取得辉煌成就的一年，生产了《狂流》(夏衍编剧，程步高导演)、《都会的早晨》(蔡楚生编导)、《春蚕》(夏衍根据茅盾同名小说改编，程步高导演)、《上海二十四小时》(夏衍编剧，沈西苓导演)等影片。1933年底，新兴电影运动因受到政府的严厉审查进入艰难曲折阶段。但1934～1935年仍然生产了《渔光曲》(图1)、《新女性》，以及中国第一部音乐喜剧片《都市风光》等。1936年，电影界展开“国防电影”的讨论，新兴电影运动迎来高涨时期。重要作品有《生死同心》、《十字街头》、《马路天使》等。

图1 《渔光曲》剧照

抗日战争时期(1937～1945) 国民党统治区 1938年1月29日，中华全国电影界抗敌协会在武汉成立。该区域进行电影制作的单位主要是中国电影制片厂和中央电影摄影场。他们拍摄的故事片有《保卫我们的土地》(史东山编导)、《八百壮士》(阳翰笙编剧，应云卫导演)等，纪录片有《抗战特辑》、《克复台儿庄》等。

香港 随着抗日战争的爆发，香港爱国电影工作者曾拍摄了《最后关头》、《焦土抗战》等粤语故事片和《广州抗战记》、《八路军攻平型关》等纪录片。从内地转移过来的蔡楚生、司徒慧敏等人拍摄了《血溅宝山城》、《游击队进行曲》等抗日故事片和《保卫大四邑》等纪录片。

上海“孤岛” 从1937年11月中国军队撤离上海起到1941年12月8日太平洋战争爆发，日本军队入侵上海租界区域止，这4年被称为上海孤岛时期。这个时期，由于《木兰从军》(1939，欧阳予倩编剧，卜万苍导演)上映后的卖座，形成了古装片拍摄浪潮。这一年，万氏兄弟制作了中国第一部较长的动画片《铁扇公主》。

沦陷区 日本帝国主义操纵的伪满洲国在1937年成立满洲映画株式会社。此后，又在北平和上海成立了以电影发行放映为主要业务的“华北电影股份有限公司”和“中华电影股份有限公司”。1943年成立“中华联合股份有限公司”，为日本帝国主义的文化侵略服务。

抗日民主根据地 1938年秋季，袁牧之、吴印咸、徐肖冰等先后来到延安，在八路军总政治部领导下成立延安电影团，拍摄了《延安与八路军》(袁牧之编导)、《生产与战斗结合起来》等反映根据地政治、军事及日常生活的新闻纪录片。新四军淮北根据地也拍摄了《彭雪枫师长追悼会》、《新四军骑兵团》等新闻片。

解放战争时期(1945～1949) 这个时期影片真切地表现时代精神，达到了中国电影艺术诞生以来的高峰。如昆仑公司的《八千里路云和月》(1947，史东山编导)、《一江春水向东流》(1947，蔡楚生、郑君里编导)、《万家灯火》(1948，阳翰笙编剧，沈浮导演)、《三毛流浪记》(1949，阳翰笙编剧，赵明、严恭导演)和《乌鸦与麻雀》(1949，郑君里导演)，东北电影制片厂的《松花江上》(1947，金山编导)，文华影业公司的《夜店》(1947，柯灵编剧，黄佐临导演)，中央电影企业股份有限公司的《还乡日记》(1947，张骏祥编导)、《乘龙快婿》(1948，张骏祥编导)，国泰影业公司的《忆江南》(1947，田汉编剧，应云卫、吴天导演)，大同影业公司的《弱者，你的名字是女人》(1948，欧阳予倩编剧，洪深、郑小秋导演)等。戏曲片方面，华艺公司于1948年完成的、由梅兰芳主演的彩色戏曲片《生死恨》(费穆导演)(图2)是中国摄制彩色影片的第一次尝试。

图2 《生死恨》剧照

中国电影的曲折与发展(1949～1976)

1949年10月1日，中华人民共和国建成，中国电影事业的发展进入非同寻常的时期。新成立的北京电影制片厂、上海电影制片厂，加上1946年建立的东北电影制片厂(1955年改名长春电影制片厂)三家国营电影厂成为电影制作的主要力量。为了培养人才，上海、北京还成立了电影学校，北京的学校后来成为中国唯一的高等电影专业学府——北京电影学院。与此同时，中国电影发行放映公司成立，在全国2 000多个县建立电影发行放映公司。到1965年，放映单位从1949年的400多个发展到20 363个，观众人次从1949年的4 000多万上升到40多亿。

自1949年制作第一部故事片《桥》始，电影工作者又拍摄了《白毛女》、《钢铁战士》等优秀影片。私营厂也拍摄了《我这一辈子》、《关连长》和新闻纪录片《百万雄师过大江》等。

1951年，对《武训传》、《我们夫妇之间》等影片的批判，是行政干预电影的开始。导致电影产量急剧下滑。

1956年6月，毛泽东提出“百花齐放、百家争鸣”的方针，故事片生产得到恢复。1957年文化部举办首届优秀影片评奖，故事片《龙须沟》、《南征北战》、《上甘岭》、《祝福》、《柳堡的故事》等，美术片《乌鸦为什么是黑的》、《神笔》等多部影片获奖。科教片《水土保持》还在国际上获奖。1959

图3 《青春之歌》剧照

年，电影界又为国庆10周年贡献了《林则徐》、《永不消逝的电波》、《青春之歌》(图3)等故事片，以及美术片《猪八戒吃西瓜》，纪录片《百万农奴站起来》、《和平万岁》，科教片《桂林山水》等。

20世纪60年代初期，中国电影再次走上正轨。《甲午风云》、《李双双》、《阿诗玛》、《刘三姐》、《洪湖赤卫队》、《冰山上的来客》等故事片，《杨门女将》、《孙悟空三打白骨精》、《花为媒》等戏曲片和《大闹天宫》、《小蝌蚪找妈妈》等美术片均是这一时期的作品。

1966～1976年的“文化大革命”十年，许多电影艺术家、专业人员遭到残酷迫害，电影界一片凋零，除《创业》、《海霞》、《闪闪的红星》等几部影片外，故事片创作几乎处于停滞状态。

中国电影的探索与前进(1977～　)

全面探索的浪潮(1977～1989)　1976年10月，中国电影开始复苏。1979年生产电影50余部。1984年，故事片产量达140部。这个阶段中国电影发生了巨大的变化：创作人员的艺术人生观转从社会政治叙事向个性生命叙事转化；电影的美学形态从戏剧美学电影向多形态、多风格转化；电影的艺术功能从“政治艺术片”一种模式，向艺术电影、主旋律电影、商业电影、实验性电影以及多元交叉电影转化。

20世纪80年代，老导演们不仅超越了传统，也超越了自身。汤晓丹创作了《南昌起义》(1981)和《廖仲恺》(1983)，成荫导演了《西安事变》(1982)，水华导演了《伤逝》(1981)，王炎完成了《许茂和他的女儿们》，凌子风改编了一系列文学名著：《骆驼祥子》(1982)、《边城》(1984)、《春桃》(1986)、《死水微澜》(1991)。谢飞、谢铁骊、谢添等也参与了改编作品的创作。在老一辈导演中，谢晋的成就最为突出。他摄制了《天云山传奇》、《牧马人》(1982)、《芙蓉镇》(1986)等影片。

中年导演的作品也很引人注目。张暖忻导演了《沙鸥》、《青春祭》和《北京，你早》等作品。吴贻弓的《城南旧事》(1982)追求纪实风格。王启民、孙羽导演的《人到中年》概括了新一代知识分子崇高的精神面貌。丁荫楠摄制的《孙中山》则再现了一代伟人的风采。吴天明拍摄的《没有航标的河流》(1982)、《人生》(1984)、《老井》(1987)在国内外获奖。女导演黄蜀芹导演的《人·鬼·情》把写实与写意、叙事与抒情、传统与现代完美地结合起来。

青年导演则把现代电影语言融汇到作品中，一方面开拓了电影的艺术表现力，一方面对民族文化作了深沉的思考。张军钊的《一个和八个》、陈凯歌的《黄土地》、田壮壮的《猎场札撒》、吴子牛的《喋血黑谷》四部影片在思想、美学上有共同的追求，体现了青年一代导演崭新的电影观念，标志着他们的崛起。陈凯歌导演了《大阅兵》和《孩子王》，田壮壮导演了《盗马贼》和《摇滚青年》，张军钊拍摄了《加油，中国队》和《弧光》，吴子牛导演了《最后一个冬日》和《阴阳界》，黄建新导演了《黑炮事件》，张艺谋导演了《红高粱》。

中国电影各时期的作品具有代际的类似特征，于是“五代导演”的提法就在约定俗成中确定下来。第一代导演指张石川、郑正秋等中国电影的开路先锋。第二代导演指活跃在20世纪30～40年代的蔡楚生、孙瑜、费穆一批人。第三代导演是崛起于新中国影坛的谢晋、水华、凌子风等导演。第四代导演指吴贻弓、吴天明、张暖忻、谢飞等70年代末才获得导演机会的中年人。第五代导演即活跃于80年代影坛的年轻导演，他们大多于1978年考入北京电影学院，毕业不久就有了展露才华的机会。

20世纪80年代的纪录片、美术片、科教片创作，也取得了较大的发展。纪录片《美的旋律》、《老北京的叙说》，美术片《哪吒闹海》、《三个和尚》，科教影片《生命与蛋白质——人工合成胰岛素》、《尼罗罗非鱼》等好评如潮。80年代拍摄娱乐片成为中国电影的潮流。继《神秘的大佛》、《少林寺》等功夫片后，导演们利用王朔畅销小说的名气，在1988年一气改编成4部披着游戏外衣的娱乐电影：《顽主》、《轮回》、《大喘气》、《一半是海水，一半是火焰》。

在低潮中转型（1990~2000）　20世纪90年代美国大片开始进入中国电影市场，对中国民族电影造成一定影响。

20世纪90年代以来内地故事电影从总体上看有三大特点：一是重大革命历史题材电影的辉煌。如《巍巍昆仑》、《彭大将军》、《开国大典》、《百色起义》、《大决战》、《大进军》、《大转折》、《开天辟地》、《长征》等。

二是娱乐化追求。20世纪90年代以来的娱乐片发展最快。幽默样式的有张建亚的《三毛从军记》，张艺谋的《有话好好说》，冯小刚的贺岁片《甲方乙方》、《不见不散》等。

三是多元化的审美形态。比如《生死抉择》是反腐倡廉影片中的佼佼者；《过年》、《秋菊打官司》、《一个都不能少》等则是以平民化视角表现普通人日常生活的影片。《霸王别姬》则深入揭示了历史与命运的交会与对抗。

20世纪90年代新人辈出，一批被称为新生代或“第六代”的年轻人包括张元、管虎、张扬、李欣、姜文等，以自己对电影和人生的独特感悟，导演了一批面目清新的影片，如《阳光灿烂的日子》、《爱情麻辣烫》等。

全球化背景下的产业化时期(2001～　)　进入21世纪，中国电影事业进入电影体制深刻变革，艺术、科技全面创新，市场体系趋于完善，电影产业良性循环的快速发展时期。2002年《英雄》吹响了国产片高票房的号角；其后，《天下无贼》、《满城尽带黄金甲》、《赤壁》、《集结号》、《梅兰芳》等一批影片都赢得了高额票房。

这一时期，中国电影呈现出下列特点：

①电影创作主流化、类型化、多样化取得重要突破。创作骨干如张艺谋、陈凯歌、刘恒、冯小刚、陆川，以及成龙、唐季礼、吴宇森、陈可辛等拍摄出一大批内涵丰富、个性突出、特色鲜明、类型多样的优秀作品。主要有《邓小平》、《可可西里》、《东京审判》、《天狗》、《太行山上》、《建国大业》，少数民族题材影片《花腰新娘》、《诺玛的十七岁》、《静静的嘛呢石》。②加快数字化进程，电影自主创新能力显著提升。2008年总投资近20亿元的“中影国家数字制作基地”正式投入使用。电影数字化放映和数字电影院线建设迈出历史性的步伐。③农村电影放映体系建设实现创新。截至2008年，全国已建成股份制的农村数字电影院线公司139家，数字院线139条，0.8k数字银幕15 000块。④开拓海外市场，电影国际影响力、竞争力持续增强。中国电影企业扩大合资合拍合作领域，加大国产影片向海外规模化推广的力度，逐步扩大了海外市场，销售收入从2000年的不到1亿元，增到2009年的27亿多元。

见香港电影与台湾电影。

中国电影集团公司　China Film Group Corporation　中国以影视产业为依托，多种产业综合发展的大型电影集团。简称“中影集团”。1999年2月12日经国务院批准，由中国电影公司、北京电影制片厂、中国儿童电影制片厂、中国电影合作制片公司、中国电影器材公司、电影卫星频道节目中心、北京电影洗印录像技术厂、华韵影视光盘有限责任公司8家单位联合成立。21世纪初，中影集团通过参股的方式，组建了7条电影院线，签约加盟影院有400多家，票房占全国市场份额的一半左右。2008年建成中影集团数字制作基地（国家电影数字工程）。中影集团拥有影片进口权，与100多个国家和地区的400多家电影机构有密切的业务往来。中影集团还致力于国产影片的对外输出，其每年举办的“北京放映”是国产影片的国际展销市场。中影集团的发展目标是以影视制片、电影数字制作基地、发行放映、院线投资、电影进出口、电影频道等为支柱，全面带动洗印加工、电影器材营销、后电影开发、光盘生产、媒体运营、广告、物业管理和房地产开发等多种产业综合发展。

中国电影资料馆　China Film Archive　兼有国家影片库和电影图书馆性质的中国电

影事业机构。1956年2月开始筹建，1958年10月正式成立，设在北京。1980年该馆被国际电影资料馆联合会接纳为正式会员。1984年与原文学艺术研究院（现为中国艺术研究院）电影研究所合并，成立了中国电影艺术研究中心。因此，它对外一直有两个名称：“中国电影资料馆”和“中国电影艺术研究中心”。其功能也由原来的电影资料的收集、保存扩展为电影资料收藏和学术研究并行，既继续致力于对各个时期的中外影片及各类电影文图档案资料的收集、整理、保管和利用，又广泛开展对中外电影历史、现实、理论、美学和影片保存、修复技术的研究，并出版电影报刊和培养研究生。建立以来，已收藏各个时期的中外影片27 200多部、影片素材18 000余套和大量珍贵的电影海报、文图及录像资料。现有北京电影资料库和西安电影资料库两座大型资料库，拥有各种不同规模和等级的电影放映厅，并设有电影文图资料室和现代化的录像/光盘视听室。20世纪80年代以来，先后在20多个国家和地区举办中国电影回顾展。

中国风景名胜区 scenic resort and historic site in China 中国风景名胜区是中国瑰丽河山和人文融会的缩影，大地景观之精华，是展示国家文明形象的珍贵自然文化遗产。

特点与价值 特点是：具有科学、美学价值，自然与文化融为一体，能满足人对大自然的物质和精神需求。价值主要在于：

国家重点风景名胜区名单（208处）

北京
八达岭－十三陵风景名胜区
石花洞风景名胜区
天津
盘山风景名胜区
河北
承德避暑山庄外八庙风景名胜区
秦皇岛北戴河风景名胜区
野三坡风景名胜区
苍岩山风景名胜区
嶂石岩风景名胜区
西柏坡－天桂山风景名胜区
崆山白云洞风景名胜区
内蒙古
扎兰屯风景名胜区
山西
五台山风景名胜区
恒山风景名胜区
黄河壶口瀑布风景名胜区
北武当山风景名胜区
五老峰风景名胜区
辽宁
千山风景名胜区
鸭绿江风景名胜区
金石滩风景名胜区
兴城海滨风景名胜区
大连海滨－旅顺口风景名胜区
凤凰山风景名胜区
本溪水洞风景名胜区
青山沟风景名胜区
医巫闾山风景名胜区
吉林
“八大部”－净月潭风景名胜区
松花湖风景名胜区
仙景台风景名胜区
防川风景名胜区
黑龙江
镜泊湖风景名胜区
五大连池风景名胜区
太阳岛风景名胜区
江苏
太湖风景名胜区
南京钟山风景名胜区
云台山风景名胜区
蜀岗瘦西湖风景名胜区
三山风景名胜区
浙江
杭州西湖风景名胜区
雁荡山风景名胜区
富春江－新安江风景名胜区
普陀山风景名胜区
天台山风景名胜区
嵊泗列岛风景名胜区
楠溪江风景名胜区
莫干山风景名胜区
雪窦山风景名胜区
双龙风景名胜区
仙都风景名胜区
江郎山风景名胜区
仙居风景名胜区
浣江－五泄风景名胜区
方岩风景名胜区
百丈漈－飞云湖风景名胜区
方山－长屿硐天风景名胜区
天姥山风景名胜区
安徽
黄山风景名胜区
九华山风景名胜区
天柱山风景名胜区
琅琊山风景名胜区
齐云山风景名胜区
采石风景名胜区
巢湖风景名胜区
花山谜窟－渐江风景名胜区
太极洞风景名胜区
花亭湖风景名胜区
福建
武夷山风景名胜区
清源山风景名胜区
鼓浪屿－万石山风景名胜区
太姥山风景名胜区
桃源洞－鳞隐石林风景名胜区
金湖风景名胜区
鸳鸯溪风景名胜区
海坛风景名胜区
冠豸山风景名胜区
鼓山风景名胜区
玉华洞风景名胜区
十八重溪风景名胜区
青云山风景名胜区
佛子山风景名胜区
宝山风景名胜区
福安白云山风景名胜区
江西
庐山风景名胜区
井冈山风景名胜区
三清山风景名胜区
龙虎山风景名胜区
仙女湖风景名胜区
三百山风景名胜区
梅岭－滕王阁风景名胜区
龟峰风景名胜区
高岭－瑶里风景名胜区
武功山风景名胜区
云居山－柘林湖风景名胜区
灵山风景名胜区
山东
泰山风景名胜区
青岛崂山风景名胜区
胶东半岛海滨风景名胜区
博山风景名胜区
青州风景名胜区
河南
鸡公山风景名胜区
洛阳龙门风景名胜区
王屋山－云台山风景名胜区
嵩山风景名胜区
石人山风景名胜区
林虑山风景名胜区
青天河风景名胜区
神农山风景名胜区
桐柏山－淮源风景名胜区
郑州黄河风景名胜区
湖北
武汉东湖风景名胜区
武当山风景名胜区
大洪山风景名胜区
隆中风景名胜区
九宫山风景名胜区
陆水风景名胜区
湖南
衡山风景名胜区
武陵源风景名胜区
岳阳楼洞庭湖风景名胜区
韶山风景名胜区
岳麓山风景名胜区
崀山风景名胜区
猛洞河风景名胜区
桃花源风景名胜区
紫鹊界梯田－梅山龙宫风景名胜区
德夯风景名胜区
苏仙岭－万华岩风景名胜区
南山风景名胜区
万佛山－侗寨风景名胜区
虎形山－花瑶风景名胜区
东江湖风景名胜区
广东
肇庆星湖风景名胜区
西樵山风景名胜区
丹霞山风景名胜区
白云山风景名胜区
惠州西湖风景名胜区
罗浮山风景名胜区
湖光岩风景名胜区
梧桐山风景名胜区
广西
桂林漓江风景名胜区
桂平西山风景名胜区
花山风景名胜区
海南
三亚热带海滨风景名胜区
重庆
长江三峡风景名胜区
缙云山风景名胜区
金佛山风景名胜区
四面山风景名胜区
芙蓉江风景名胜区
天坑地缝风景名胜区
四川
峨眉山风景名胜区
黄龙寺－九寨沟风景名胜区
青城山－都江堰风景名胜区
剑门蜀道风景名胜区
贡嘎山风景名胜区
蜀南竹海风景名胜区
西岭雪山风景名胜区
四姑娘山风景名胜区
石海洞乡风景名胜区
邛海－螺髻山风景名胜区
白龙湖风景名胜区
光雾山－诺水河风景名胜区
天台山风景名胜区
龙门山风景名胜区
贵州
黄果树风景名胜区
织金洞风景名胜区
沅阳河风景名胜区
红枫湖风景名胜区
龙宫风景名胜区
荔波樟江风景名胜区
赤水风景名胜区
马岭河峡谷风景名胜区
都匀斗篷山－剑江风景名胜区
九洞天风景名胜区
九龙洞风景名胜区
黎平侗乡风景名胜区
紫云格凸河穿洞风景名胜区
平塘风景名胜区
榕江苗山侗水风景名胜区
石阡温泉群风景名胜区
沿河乌江山峡风景名胜区
瓮安江界河风景名胜区
云南
路南石林风景名胜区
大理风景名胜区
西双版纳风景名胜区
三江并流风景名胜区
昆明滇池风景名胜区
丽江玉龙雪山风景名胜区
腾冲地热火山风景名胜区
九乡风景名胜区
瑞丽江－大盈江风景名胜区
建水风景名胜区
普者黑风景名胜区
阿庐风景名胜区
陕西
华山风景名胜区
临潼骊山风景名胜区
宝鸡天台山风景名胜区
黄帝陵风景名胜区
合阳洽川风景名胜区
甘肃
麦积山风景名胜区
崆峒山风景名胜区
鸣沙山风景名胜区
宁夏
西夏王陵风景名胜区
新疆
天山天池风景名胜区
库木塔格沙漠风景名胜区
博斯腾湖风景名胜区
赛里木湖风景名胜区
西藏
雅砻河风景名胜区
纳木错－念青唐古拉山风景名胜区
唐古拉山－怒江源风景名胜区
青海
青海湖风景名胜区

①科学价值。风景区的自然景观和地球发展演变过程中形成的遗迹，从地质、地理、生物、生态等科学看，具有突出的普遍价值。如桂林漓江、路南石林风景区，都是闻名世界的喀斯特地貌；峨眉山、三江并流风景区，都是具有世界价值的生物多样性遗产地。②美学价值。风景区是多种景观要素（山石、水体、生物、气候等）构成的丰富多彩的自然美景观。根据中国传统的山水审美观可概括为：雄、奇、险、秀、幽、奥、旷等宏观特征的形象美，如“泰山天下雄”、“黄山天下奇”、“华山天下险”等。③历史文化价值。中国风景名胜区，源于古代的名山大川，融入了丰富的人文景观，积淀了深厚的历史文化信息，具有很高的社会历史与文化艺术价值。④自然与文化融为一体。

历史　据“五岳”、“天下名山大川”、“诸侯祭其疆内名山大川”的记载看，早在先秦时代，中国的名山大川系统已开始形成。魏晋南北朝时期，佛道进山，文人游山览胜，赋诗作画，已成名山主要功能。唐宋最盛，全国性的有“天下名山大川”、佛教名山及道教洞天福地，地区性的有省、州、县级各具特色的“八景”、“十景”，以及各种类型的风水山，遂形成中国农耕文明时代独特的风景名胜区体系。1982年，国务院公布第一批44处国家重点风景名胜区（相当于国外的国家公园）。至2009年，中国已有国家重点风景名胜区208处（见表）、省市级风景名胜区698处，总面积占国土面积的1%以上。

江西上饶三清山花岗岩峰林景观

类型　中国疆域广阔，地形复杂，气候多样，历史悠久，风景资源极为丰富，类型很多，根据其价值、特点和功能，可分为：山岳风景区，如五岳；河湖水系风景区，如西湖；海滨风景区，如三亚；森林草原风景区，如扎兰屯；文化遗产风景区，如八达岭、十三陵；自然遗产风景区，如武陵源；沙漠风景区，如库木塔格；高山高原风景区，如雅砻河等。各类风景区还可分若干亚类。

保护与利用　保护是风景区开发利用的前提。处理好保护与利用的有效措施，就是功能分区，即风景区内主要以发展精神文化活动为主，风景区外主要以发展为游人服务的经济功能为主，如五岳之“山上游，山下住”，保护好风景区的真实性和完整性，使之世代传承，永续利用。

中国佛教协会　Buddhist Association of China　中国各民族佛教徒联合组织。1953年在北京成立，会址设在广济寺。该会的宗旨是：团结全国佛教徒，在政府领导下，参加爱护祖国及保卫世界和平运动；协助政府贯彻宗教信仰自由政策，并联系各地佛教徒，发扬佛教优良传统。成立以后在全国各地维修大批寺院，积极开展佛教教育和学术研究，出版一批佛教典籍，和国外佛教组织进行宗教文化交流与友好往来，成绩斐然。历任会长为圆瑛、喜饶嘉措、赵朴初，现任会长一诚。出版期刊《法音》、《佛教文化》和《佛学研究》。

中国佛学院　Chinese Buddhist Academy　培养中国佛教专门人才的院校。院址在北京西城区法源寺。1955年，中国佛教协会名誉会长虚云在《现代佛学》月刊撰文呼吁早日筹办佛学院。1956年中国佛教协会第一届第三次常务理事扩大会议一致通过《中国佛学院章程草案》，同年9月28日在北京法源寺正式成立。首任院长为喜饶嘉措。佛学院设汉语系学习班、专修班、本科班、研究班。学员100余人。1961年设研究部。1962年开办藏语佛学系。10年间共培养300多人，现大部分在各地寺庙任住持和管理工作，少数从事佛学研究。“文化大革命”开始后停办。1980年12月22日恢复。设二年制专修科一班，1982年设本科两班。中国佛学院隶属于中国佛教协会，由佛学院院务委员会负责教学、行政事宜。学僧来自全国各地寺院。在苏州灵岩山（1980年开办）和南京栖霞山（1984年开办）各设分院一所。汉地佛教在很多地方也办有佛学院或培训班，其中重要的有上海佛学院、四川尼众佛学院、福建佛学院、厦门南普陀佛学院等。藏传佛教方面，中国佛教协会西藏自治区分会于1983创办了西藏佛学院。中国藏传佛教高级佛学院又于1987年在北京开办。南传的巴利语系佛学院也在1992年于云南西双版纳总佛寺开办。

中国服饰　Chinese costume　中国服饰的历史源远流长，以其鲜明特色为世界所瞩目。

原始社会服饰（前21世纪之前）　战国时人撰写的《吕氏春秋》及稍晚的《淮南子》提到，黄帝、胡曹或伯余创造衣裳。从出土文物考察，服饰史的源头，可上溯到原始社会旧石器时代晚期。1933年，在北京周口店山顶洞人（距今1.9万年左右）遗址中，发现1枚骨针和141件钻孔的石、骨、贝、牙装饰品。骨针针孔窄小，针尖尖锐，证实当时已能利用兽皮一类自然材料缝制简单的衣服。中华服饰文化可以看作由此发端。

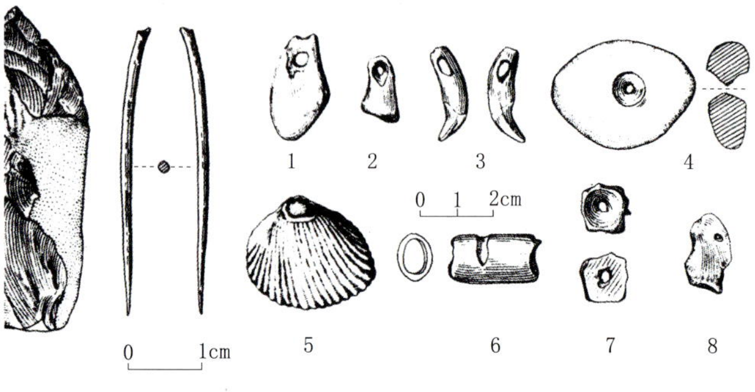

图1　山顶洞人的骨针和装饰品

距今约1万年，进入新石器时代，纺织技术发明，服装材料从此有了人工织造的布帛，服装形式发生变化，功能也得到改善。贯头衣已发展为一种定型服式，在相当长时期、极广阔的地域和较多的民族中普遍应用，基本上替代了旧石器时代的部件衣着，成为人类服装的祖型。新石器时代除有笼统式服装外，还从一些陶塑遗物发现有冠、靴、头饰、佩饰，以及簪发椎髻用的骨、石、玉笄等。

商周服饰（约前17世纪至前771年）　由商代到西周，是区分等级的上衣下裳形制和冠服制度以及服章制度逐步确立的时期。

商代服饰　衣服材料主要是皮、革、丝、麻。丝麻织物已占重要地位。已能织造极薄的绸，提花几何纹锦、绮，罗纱。奴隶主和贵族，平时已穿色彩华美的丝绸衣服。衣料用色厚重，除使用丹砂等矿物颜料外，许多野生植物也已用作染料。奴隶、平民一般穿本色麻、葛布衣或粗毛布衣。

从河南安阳殷墟妇好墓发现的玉石人雕像得知，商代衣着通常为上衣下裳制。商代一般男子头上戴短筒状帽箍；奴隶主贵族戴弯曲高冠，也有用小玉鱼编成一组加在顶发上的。男子发式，通常是编发成辫，自右向左旋盘顶一周。女子则多把长发上拢成髻，或卷发齐肩。

西周服饰　等级制度逐步确立，“非其人不得服其服”成为一种与之适应的冠服制度。王室公卿在不同礼仪场合，顶冠既要冕弁有序，穿衣着裳也须采用不同形式、颜色和图案。最著名的为《尚书·益稷》所载十二章服：“日、月、星辰、山、龙、华虫作绘，宗彝、藻、火、粉米、黼、黻绨绣，以五彩彰施于五色作服。"十二章纹遂成为历代帝王上衣下裳的服章制度，一直沿用到清帝逊位、袁世凯复辟称帝。从周代出土的人形文物看，服饰装饰虽繁简不同，但上衣下裳已分明，奠定了中国服装的基本形制。

春秋战国服饰（前770～前221） 织绣工艺的巨大进步，使服饰材料日益精细，品种名目日见繁多。不仅王侯一身华服，即使从臣客卿也是足饰珠玑、腰金佩玉，衣裘冠履，均求贵重。上层人士不论男女，都须佩带几件或成组列的美丽雕玉。贵族为示勇武兼用自卫，又必佩带一把镶金嵌玉的宝剑。腰间革带还流行各种带钩。男女的帽更引人注目，精致的用薄如蝉翼的轻纱，贵重的用黄金珠玉；形状有的如覆杯上耸。鞋多用小鹿皮制作，或用丝缕、细草编成；南方还有通体涂漆，再用锦、绦饰面，底部有防滑齿结的漆履。

图2 战国中期对凤对龙纹染黄绢锦袍

春秋战国时期的衣着，上层人物的宽博、下层社会的窄小，已趋迥然。深衣是士大夫阶层居家的便服，又是庶人百姓的礼服，男女通用，可能形成于春秋战国之交。公元前307年赵武灵王颁胡服令，推行胡服骑射。胡服的特征是衣长齐膝，腰束郭洛带，用带钩，穿靴，便于骑射活动。春秋战国时期的衣服款式空前丰富多样。乐人有戴风兜帽的，舞人有长及数尺的袖子，猎人衣裤多扎得紧紧的，有人还常戴鹖角或鹖尾冠、穿小袖长裙衣和斜露襞褶的下裳。

秦汉服饰（公元前221～公元220） 衣料较春秋战国时期丰富，深衣也得到新的发展。特别在汉代，随着舆服制度的建立，服饰的官阶等级区别更加严格。秦汉服装面料仍重锦绣。

秦代衣装形制与战国时无大差别，保持深衣的基本形制。

西汉建元三年（前138）、元狩四年（前119），张骞奉命两次出使西域，开辟了中国与西方各国的陆路通道，成千上万匹丝绸源源外运，历魏晋隋唐，迄未中断，史称"丝绸之路"。于是，中华服饰文化传往世界。

西汉男女服装，仍沿袭深衣形式。上衣和下裳分裁合缝连为一体，上下依旧不通缝、不通幅；外衣里面都有中衣及内衣，其领袖缘一并显露在外，成为定型化套装。下着紧口大裤，保持"褒衣大袑"风格。足下为歧头履。腰间束带。

秦代服制，服色尚黑。汉代有舆服制度。服饰上的等级差别已十分明显，主要表现在：冠服在因袭旧制的基础上，发展成为区分等级的基本标识；佩绶制度确立为区分官阶的标识。

魏晋南北朝服饰（220～581） 魏晋时期，等级服饰有所变革；南北朝时期，民族服饰大为交融。

魏晋服饰 汉末以后，以往的冠帽已多用文人沿用的幅巾代替。魏初，文帝曹丕制定九品官位制度，"以紫绯绿三色为九品之别"。这一制度此后历代沿用，直到元明。褒衣博带，成为魏晋世俗之尚。晋代的首服除幅巾为社会沿用外，有官职的男子还戴小冠子，而冠上再加纱帽的称漆纱笼冠，不仅用于男官员，并流传民间，且男女通用。

图3 晋代女子襦裙及发饰陶俑线条图

南北朝服饰 南北朝时，服饰改易发展，主要表现在：①北方民族短衣打扮的袴褶渐成主流，不分贵贱、男女都可穿用。②女子衣着上俭下丰。髦以假发相衬，西晋作十字式大髻；东晋则做成两鬓抱面遮蔽眉额形状，缓鬓倾髻以为盛饰；东晋末至齐、梁间改为束发上耸成双环。衣着为襦裙套装，原始于汉代，晋代时具有了上衣短小、下裙宽大的特色。③足穿笏头履、高齿屐（一种漆画木屐），流行一时。

另一方面，少数民族服饰也受汉朝典章礼仪影响，穿起汉族服装。其中最有代表性的是，鲜卑族北魏朝于太和十八年（494）迁都洛阳后，魏孝文帝推行华化政策，率"群臣皆服汉魏衣冠"。这次改革旧俗，使秦汉以来冠服旧制得以赓续。

隋唐服饰（581～907） 服饰的发展无论衣料还是衣式，都呈现出一派空前灿烂的景象。

隋唐社会中上层和殷实之家做衣服多用丝绸，并经多种工艺处理。相对贫困的平民百姓虽然也可以用普通的素色丝绸，但麻布类织物仍是他们主要的衣服材料。

隋唐时期男子冠服特点主要是上层人物穿长袍，官员戴幞头，百姓着衫。直到五代，变化不大。隋唐朝廷都曾改革舆服制度，规定天子、百官的官服用颜色来区分等级，用花纹表示官阶。隋代朝服尚赤，戎服尚黄，常服杂色。唐代以柘黄色为最高贵，红紫、蓝绿、黑褐等而下之，白色则没有地位。男子官服，一般是头戴乌纱幞头，身穿圆领窄袖袍衫，腰系红鞓带，足登乌皮六合靴。从皇帝到官吏，样式几乎相同，差别只在于材料、颜色和皮带头的装饰。普通百姓只能穿开衩到腰际的齐膝短衫和裤，不许用鲜明色彩。

隋唐时期最时兴的女子衣着是襦裙，即短上衣加长裙，裙腰以绸带高系，几乎及腋下。隋唐女子好打扮。从宫廷传开的"半臂"，有对襟、套头、翻领或无领式样，袖长齐肘，身长及腰，以小带子当胸结住。因领口宽大，穿时袒露上胸。半臂历久不衰，后来男子也有穿着的。当时还流行长巾子，系用银花或金银粉绘花的薄纱罗制作，一端固定在半臂的胸带上，再披搭肩上，旋绕于手臂间，名曰披帛。

唐代妇女的发饰多种多样，各有专名。早期高耸轻俊，后期流行用假发做义髻。女鞋一般是花鞋，有平头、高头之分。唐人善于融合西北少数民族和天竺、波斯等外来文化，唐贞观至开元年间十分流行胡服新装。

图4 唐《簪花仕女图》（周昉作）中的服饰

宋辽夏金元服饰（960～1368） 宋代基本保留汉民族服饰的风格，辽、西夏、金及元代的服饰则分别具有契丹、党项、女真及蒙古民族的特点。由于长期争战，客观上促进了各民族服饰的再度交流与融合。

宋代服饰 宋代"衣服之章，上下混淆"，南宋时已不可遏制。社会上层衣服算是符合常规的，大致有官服、便服、遗老服等三式。官服服色沿袭唐制，三品以上服紫，五品以上服朱，七品以上服绿，九品以上服青。官服服式大致近于晚唐的大袖长袍，但首服（冠帽等）已是平翅乌纱帽，名直脚幞头，君臣通服，成为定制。又沿袭唐代章服的佩鱼制度，有资格穿紫、绯色公服的官员都须在腰间佩挂“鱼袋”，袋内装有金、银、铜制成的鱼，以区别官品。“方心曲领”也是朝服的特征，即朝服项间套上圆下方的饰物。官员的日常便服主要是小袖圆领衫和帽带下垂的软翅幞头，依然唐式，脚下却改着便鞋。遗老的代表性服饰为合领（交领）大袖的宽身袍衫、东坡巾。

民间首服也有种种流行。男子流行幞头、幅巾，女子则流行花冠和盖头。妇女发式和花冠，是当时对美追求的重点。唐及五代的女子花冠已日趋危巧，宋代花冠再加发展变化，通常以花鸟状簪钗梳篦插于发髻之上，无奇不有。

辽、西夏、金服饰　辽、西夏、金分别为中国古代契丹、党项、女真民族建立的政权，其服饰反映在与汉民族进行长期文化交流中，各自发扬民族传统的发展轨迹。

党项族妇女多着翻领胡服，领间刺绣精美。契丹、女真族一般穿窄袖圆领齐膝外衣，足下着长筒靴；妇女穿窄袖交领袍衫，长齐足背，都是左衽，正与汉人相反，所习惯穿用的钓墩传到内地，曾广为流行。

当时北方民族男子发式一般髡发，即剃去顶发，余发散披或结辫下垂耳旁。有身份或缴纳大量驼马财物的，才许可拢发裹巾，巾式类似唐代幞头。

辽金政权考虑到与汉族杂处共存的现实，都曾经设“南官”制度，以汉族治境内汉人，对汉族官员采用唐宋官服旧制。辽代以丝绸官服上山水鸟兽刺绣纹样区分官品。金代则以官服上花朵纹样大小定尊卑。契丹、女真男服因便于行动，也为汉人采用。

元代服饰　元延祐元年（1314）参酌古今蒙汉服制，对上下官民服色等作了统一规定。汉官服式仍多为唐式圆领衣和幞头。蒙古族官员则穿合领衣，戴四方瓦楞帽；中下层最时兴腰间多褶的辫线袄子（圆领紧袖袍，宽下摆、折褶、有辫线围腰），戴笠子帽。

图5　元代刺绣夹衫

发式，汉族男性变化不多，北方的汉族女性较前简化。蒙古族男性则把顶发从额前垂下一小绺或留作桃形，余发编成大环或麻花状，垂在耳边，帝王也不例外；女性多挽发髻，贵族加戴姑姑冠（罟罟冠）。帝王尤喜爱各式帽，俱用精美珍贵材料做成，缀珠玉以示尊贵。

明清服饰（1368～1911）　明代以汉族传统服装为主体，清代则以满族服装为大流。两代上下层社会的服饰均有明显等级。

明代服饰　自唐宋以降，龙袍和黄色就为王室所专用。百官公服自南北朝以来紫色为贵。明代因皇帝姓朱，遂以朱为正色，又因《论语》有“恶紫之夺朱也”，紫色自官服中废除不用；样式近似唐代圆领服而尺寸宽大。最有特色的是用“补子”表示品级。文官的补子用鸟，武官用走兽，各分九等。平常穿的圆领袍衫则凭衣服长短和袖子大小区分身份，长大者为尊。官员的主要首服沿袭宋元幞头而稍有不同。皇帝戴乌纱折上巾，帽翅自后部向上竖起。官员朝服戴展翅漆纱幞头，常服戴乌纱帽。受到诰封的官员妻、母，也有以纹、饰区别等级的红色大袖礼服和各式霞帔。此外，上层妇女中已着用高跟鞋。

普通百姓的服装基本上承袭旧传统，且品种十分丰富。服饰用色方面，平民妻女只能衣紫、绿、桃红等色，以免与官服正色相混；劳动大众只许用褐色。一般人的帽，除唐宋以来旧样依然流行外，朱元璋又亲自制定两种，颁行全国，士庶通用。一种是方桶状黑漆纱帽，称四方平定巾；一种是由六片合成的半球形小帽，称六合一统帽。后者留传下来，俗称瓜皮帽。

清代服饰　清王朝取代朱明，即以暴力手段推行剃发易服，按满族习俗统一男子服饰。顺治九年（1652），钦定《服色肩舆条例》颁行，从此废除浓厚汉民族色彩的冠冕衣裳。男子一律薙发留辫，辫垂脑后，穿瘦削的马蹄袖箭衣、紧袜、深筒靴。但官民服饰依律泾渭分明。

官服主要品种为长袍马褂。马褂为加于袍的外褂，因起源于骑马短衣而得名，特点是前后开衩、当胸钉石青补子一方（亲王、郡王用圆补）。补子的鸟兽纹样和等级顺序与明朝大同小异。官帽与前朝决然不同，凡军士、差役以上军政人员都戴似斗笠而小的纬帽，按冬夏季节有暖帽、凉帽之分，还视品级高低安上不同颜色、质料的“顶子”，帽后拖一束孔雀翎。翎称花翎，高级的翎上有“眼”（羽毛上的圆斑），并有单眼、双眼、三眼之别，眼多者为贵，只有亲王或功勋卓著的大臣才被赏戴。皇帝有时还赏穿黄马褂，以示特别恩宠。影响所及，其他颜色的马褂遂在官员士绅中逐渐流行，成为一般的礼服。四、五品以上官员还项挂朝珠。

一般男子服饰有所谓京样高领长衫，外套短褂、坎肩（背心），头戴瓜皮小帽，手持“京八寸”小烟管，腰带上挂满刺绣精美的荷包、扇袋、香囊等饰物，北京一带尤盛。很多地主、商人如此装束。

清代女装，汉、满族发展情况不一。汉族妇女在康熙、雍正时期还保留明代款式，时兴小袖衣和长裙；乾隆以后，衣服渐肥渐短，袖口日宽，再加云肩，花样翻新无可底止；到晚清时，都市妇女已去裙着裤，衣上镶花边、滚牙子。满族妇女着“旗装”，梳旗髻（俗称两把头），穿“花盆底”旗鞋。至于后世流传的所谓旗袍，长期主要用于宫廷和王室。清后期，也为汉族中的贵妇所仿用。

图6《庄妃朝服像》（清，故宫博物院藏）

近现代服饰（1912年以后）　辛亥革命结束封建君主专制，中华民族的服饰进入新时代。

在此之前，中国留学生已剪去辫子，改穿西装。1912年，民国政府首先颁行《剪辫通令》；20世纪20年代末，政府又颁《服制条例》，主要规定男女礼服和公务人员制服。随着中外交流的加强，传统的袍、衫、袄、裤、裙越来越多地接受西方服饰影响，并被许多新品种新款式取而代之。①男装。民国初年出现西装革履与长袍马褂并行不悖的局面。穿着中西装都戴礼帽。20年代前后出现中山装，逐渐在城市普及。②女装。一身袄裤之外，又多穿用袄裙套装。20年代以来，妇女喜爱旗袍，旗袍逐渐成为时装而不衰。

中华人民共和国建立后，百废待举，服饰崇尚简朴实用。20世纪50～70年代，中山装渐成男子主体服装，此外流行过军便装、人民装；女装受苏联影响，连衣裙风靡城市，此外还流行过列宁装等。但在农村，上衣下裤一直是大多数农民的传统装束。1978年后，中国实行改革开放政策，体现时代精神、具有中华民族特色的服饰如雨后春笋般发展起来，面貌簇新。

中国歌剧舞剧院　China Opera and Dance-Drama Theatre　中国专业艺术表演团体。前身是建立于1953年的中央实验歌剧院的歌剧一团、民族乐团、民族舞剧团等，1964

年始改建为中国歌剧舞剧院，院长马可。“文化大革命”期间一度曾与中央歌剧舞剧院合并，称为中央歌剧团，团长为马可、晏甬等。“文化大革命”结束，两院又分设。历任领导有乔羽、汪曙云、吴雁泽、刘文金等。建院以来，致力于发展民族歌剧和民族舞剧艺术，同时借鉴欧洲歌剧舞剧的艺术经验，先后创作、演出的歌剧主要有《白毛女》、《小二黑结婚》(1953)、《刘胡兰》(1954)、《窦娥冤》(1957)、《伤逝》(1981)等，舞剧主要有《宝莲灯》(1957)、《雷峰塔》(1960)、《文成公主》(1979)、《祝福》(1981)、《晚霞》(1990)等。该院主要从事编创的艺术家有塞克、张定和、梁克祥、舒铁民、周星华、于夫、王雅琪等；主要歌剧演员有刘郁民、郭兰英、李波、李元华、万山红等，主要舞蹈演员有赵青、陈爱莲、孙玳璋等；主要指挥有王方亮、李执恭、王恩悌、陈立新等。

中国歌舞团 Chinese Ensemble of Song and Dance 中国音乐舞蹈表演团体。前身是1952年组建的中央歌舞团。1996年2月，中国轻音乐团并入，更名为中国歌舞团。曾拥有大型交响乐团、民族乐团、舞蹈队、合唱队、民歌演唱队、舞台美术队以及创作研究室等部门。半个世纪以来，以继承和发展中国民间民族音乐、舞蹈为主要方针，创作演出了许多优秀舞台艺术珍品。歌舞团著名指挥、词曲作家有严良堃、秋里、秦鹏章、谷建芬、马骏英、霍希扬、任志萍等；舞蹈编导及表演艺术家有金明、赵宛华、崔美善、资华筠、姚珠珠等；服装设计有夏亚一等。代表作品有大歌舞《人民胜利万岁》、《大红灯笼亮起来》，舞蹈《花鼓灯》、《飞天》、《荷花舞》、《孔雀舞》、《红绸舞》等。2005年与东方歌舞团合并为中国东方歌舞团。2009年转企改制，加入中国东方演艺集团。

《中国歌谣》 *Chinese Ballads* 中国现代歌谣理论专著。作者朱自清。1957年作家出版社出版。此书原为20世纪20年代末30年代初，朱自清在清华大学讲授歌谣课时的讲义，先后有油印、铅印两种版本，题名分别为《歌谣发凡》和《中国歌谣》。作者原计划编写10章，完成6章：①歌谣释名；②歌谣的起源与发展；③歌谣的历史；④歌谣的分类；⑤歌谣的结构；⑥歌谣的修辞。此书“材料通乎古今，也吸取外国学者的理论”(浦江清《跋记》)，对中国歌谣诸多重要问题均有比较系统的分析论述，在中国现代歌谣学的建立上具有开创意义。

中国工程院 Chinese Academy of Engineering 中国工程科技界最高荣誉性、咨询性学术机构。1994年6月成立。院部设在北京。主要职责是对国家重大工程科技问题提供决策咨询，推动工程科技的发展，促进青年人才的成长，开展国际交流与合作。朱光亚、宋健、徐匡迪、周济先后任院长。由院士、外籍院士组成。院士是国家设立的工程科学技术方面的最高学术称号，为终身荣誉。院士由选举产生，每两年选一次。2009年有院士831名、外籍院士42名（均含已故院士）。设有机械与运载工程学部，信息与电子工程学部，化工、冶金与材料工程学部，能源与矿业工程学部，土木、水利与建筑工程学部，农业学部，环境与轻纺工程学部，医药卫生学部和工程管理学部9个学部。院士大会是院的最高权力机构，每两年召开一次。常设领导机构是主席团。

中国工农红军 Chinese Workers' and Peasants' Red Army; CWPRA 土地革命战争时期，中国共产党领导的人民军队。其前身为中国工农革命军。1928年5月25日，中国共产党中央委员会决定，全国各地工农革命

土地革命战争中的中国工农红军一部

军正式定名为红军。1930年后，又逐渐改称中国工农红军。在土地革命战争时期，中国工农红军不断发展壮大，先后组成了第一方面军（曾称中央红军）、第四方面军、第二方面军和西北红军等红军部队，建立了中央革命根据地和湘鄂西、鄂豫皖、琼崖、闽浙赣、湘鄂赣、湘赣、左右江、川陕、陕甘、湘鄂川黔等革命根据地，连续粉碎了国民党军多次“围剿”和“清剿”。全国红军发展到最多时达到约30万人。由于王明“左”倾错误的战略指导，中央红军未能打破国民党军的第五次“围剿”，被迫于1934年10月撤离中央革命根据地，进行长征。在长征中，红军粉碎了国民党军队的围追堵截，战胜了无数的艰难险阻，于1935年9月、10月和1936年10月先后到达陕甘革命根据地和甘肃南部地区会师。抗日战争全面爆发后，根据中共中央同国民党政府达成的协议，主力红军改编为国民革命军第八路军（简称八路军）；在江西、福建、浙江、广东、湖南、湖北、河南、安徽8省13个地区坚持斗争的红军和游击队改编为国民革命军陆军新编第四军（简称新四军）。

中国工农红军长征 Long March of Chinese Workers' and Peasants' Red Army 土地革命战争时期，中国工农红军主力从长江南北各苏区向陕甘苏区的战略转移。

1934年夏，中央苏区红军的第五次反“围剿”作战在王明“左”倾教条主义指导下，屡战失利。8月7日，为了给中共中央机关和中央红军探索战略转移的道路，红军第6军团奉命突围西征，10月下旬到达黔东印江县木黄与红3军（后恢复红军第2军团番号）会师，创建了湘鄂川黔苏区。

10月初，在国民党“围剿”军逼近中央苏区中心区域、红军在苏区内打破“围剿”已无可能的情况下，中共中央、中革军委决定红军主力撤离中央苏区，到湘西与红2、红6军团会合。10日晚，长征开始。红军第24师和地方部队共1.6万余人，在项英、陈毅领导下，留在当地坚持斗争。10月～12月，中央红军先后突破国民党军四道封锁线，进至广西西延地区。

湘江战役后，蒋介石重新调整部署，企图围歼红军于北出湘西的路上。中华苏维埃共和国临时中央政府主席毛泽东力主放弃原定与红2、红6军团会合的计划，改向国民党统治力量薄弱的贵州前进。12月18日，中共中央政治局在黎平举行会议，接受毛泽东的主张，从而使红军避免了覆灭的危险。20日中央红军分两路西进，于1935年1月7日占领遵义城。

1月15～17日，中共中央政治局在遵义举行扩大会议，确立了以毛泽东为代表的中共中央的正确领导。遵义会议是中国共产党和红军历史上的伟大转折点。3月，组成毛泽东、周恩来、王稼祥3人军事指挥小

图1 红军长征翻越大雪山（油画）

组，指挥红军的行动。

1月29日至3月21日，中央红军在毛泽东等人的指挥下，四渡赤水河，机动作战，摆脱了几十万国民党军的围追堵截，取得了战略转移中具有决定意义的胜利。

同年3月28日至4月21日，红军第四方面军取得嘉陵江战役的重大胜利。然而，红四方面军的主要领导人**张国焘**擅自决定放弃川陕苏区，向西转移。5月初，红四方面军和地方武装及苏区机关人员等约10万人开始长征，于中旬占领了以茂县、理番（今理县）为中心的广大地区。

中央红军为执行在川西北创建苏区的计划，于5月15日由会理地区继续北进。其间，经过强渡大渡河、夺占泸定桥、翻越夹金山，6月18日，中央红军和红四方面军会师后，总兵力达十余万人。

早在1934年11月，根据中共中央、中革军委指示，红军第25军2 900余人离开鄂豫皖边地区开始长征。至1935年5月，红25军粉碎国民党军的第一次“围剿”，开辟了鄂豫陕边苏区，7月粉碎国民党军第二次“围剿”。为配合中央红军和红四方面军北上，红25军继续长征，于9月16日在陕甘苏区的永坪镇同红军第26、第27军会师，合编为红军第15军团。

中央红军和红四方面军会合后，中共中央政治局于1935年6月26日在懋功以北的两河口举行会议，决定中央红军和红四方面军共同北上，创建川陕甘苏区。为贯彻中共中央的北上方针，中革军委决定进取甘肃南部的夏河、洮河流域。8月15日，红军总司令**朱德**、总政治委员张国焘率领由第5、第9、第31、第32、第33军组成的左路军，从卓克基地区出发，向阿坝地区开进；21日，前敌总指挥部率领由第1、第3、第4、第30军组成的右路军，从毛儿盖地区出发，向班佑、巴西开进。中共中央、中革军委随右路军行动。通过茫茫草地，左路军主力于8月20日到达阿坝地区，右路军于27日到达班佑、巴西地区。

红军右路军到达班佑、巴西地区后，中共中央致电张国焘，建议左路军迅速向右路军靠拢。但张国焘制造借口，不执行中共中央的指示，并提出“彻底开展党内斗争”，企图危害中共中央。叶剑英识破张国焘的阴谋，机智地报告了毛泽东。在此情况下，中共中央于9月10日率领红一方面军第1、第3军和军委纵队继续北上。12日，决定将这些部队改编为中国工农红军陕甘支队。17日，夺取川甘边界的要隘腊子口，18日占领哈达铺，胜利进入甘南。接着，突破国民党军渭河封锁线，翻越六盘山，于10月19日到达陕甘苏区的吴起镇（今吴起县城），结束了历时1年、纵横11个省、行程二万五千里的长征。11月初，陕甘支队同红15军团会师。会师后，恢复红一方面军番号，彭德怀任司令员，毛泽东任政治委员，辖第1军团（陕甘支队编成）、第15军团。11月21～24日，红一方面军取得直罗镇战役的胜利，彻底粉碎了国民党军对陕甘苏区的第三次“围剿”。

图2 红军长征经过的草地

张国焘拒绝执行中共中央北上方针，于1935年9月命令右路军南下。10月5日，张国焘另立“中央”，公开分裂中国共产党和红军。后南下行动失败，张国焘被迫于6月取消另立的“中央”，接受北上战略方针。

1935年9月，国民党军对湘鄂川黔苏区发动“围剿”。11月19日，红2、红6军团共1.7万余人退出湘鄂川黔苏区，开始长征。1936年3月30日进到贵州西南的盘县、亦资孔地区。这时，红军总司令朱德、总政治委员张国焘电令红2、红6军团北渡金沙江，同红四方面军会师。红2、红6军团遂于31日分两路向西急进，连续翻越了几座大雪山，于7月2日到达甘孜地区，同红四方面军胜利会师。5日，红2、红6军团和红32军奉中革军委电令，组成中国工农红军第二方面军，贺龙任总指挥，任弼时任政治委员。

7月初，红二、红四方面军共同北进，于9月初进入甘南，这时，红一方面军主力由宁夏的豫旺堡地区南下，接应红二、红四方面军北上。10月9日和22日，红四、红二方面军先后在甘肃省会宁县城和静宁县的将台堡（今属宁夏回族自治区）同红一方面军会师。至此，中国工农红军长征全部胜利结束。

中国工农红军长征，是人类历史上的奇迹。在整整两年中，红军转战14个省，冲破了几十万国民党军的围追堵截，经受了艰难险阻的考验，终于胜利地完成了战略转移。红军长征的胜利，为开创中国革命和革命战争的新局面创造了重要条件。

中国工商银行 Industrial and Commercial Bank of China; ICBC 中国主要经营城市工商企业信贷和城镇储蓄业务的**商业银行**。全称中国工商银行股份有限公司。成立于1984年1月。是从**中国人民银行**中分离出来的专业银行。总行设在北京。1993年11月，中共十四届三中全会确立了金融体制改革目标，中国工商银行原则上不再承担政策性金融业务，并于1995年开始遵照《中华人民共和国商业银行法》经营运作。2005年10月28日由国有独资商业银行整体改制为股份有限公司，正式更名为中国工商银行股份有限公司。

中国共产党 Communist Party of China; CPC 20世纪20年代初期创建的新型的中国工人阶级政党。马克思列宁主义同中国工人运动相结合的产物，是在俄国十月革命影响下，在列宁领导的共产国际帮助下诞生的。它领导中国人民打败了日本侵略者，推翻了国民党政府，结束了帝国主义、封建主义和官僚资本主义在中国的统治，建立了中华人民共和国，并成为执政党。

图1 中共一大会址内景

创建和发展 1919年五四运动后，马列主义开始在中国广泛传播，中国工人阶级也开始走上政治舞台。从1920年8月起，陈独秀、李大钊、李达、毛泽东、周恩来等在上海、北京、武汉、长沙、广州、济南等地和在法国、日本的中国留学生及侨民中，先后成立了共产党早期组织，学习宣传马克思主义，进行有关建党问题的讨论，使马列主义同中国工人运动进一步相结合，为中国共产党的成立作了思想上、组织上的准备。1921年7月，各地的党组织选派毛泽东、董必武、陈潭秋等13名代表于23～31日在上海举行第一次全国代表大会，正式宣告中国共产党的诞生。大会制定和通过了中国共产党的纲领、关于中国共产党任务的决议，并选举产生了党的中央局，陈独秀被选为书记。大会确定中国共产党是无产阶级政党，它的最终奋斗目标是消灭阶级，实现共产主义。中国共产党成立后，开始发动反帝反封建的斗争，成为中国人民革命的领导力量。以毛泽东为代表的中国共产党人，经过艰苦的探索，开创了农村包围城市、武装夺取政权、最后夺取全国胜利的独特革命道路，终于推翻了国民党反动政权，于1949年10月1日建立了中华人民共和国。

图2　毛泽东在中共七届二中全会上作报告(1949)

中华人民共和国建立后，中国共产党领导全国人民迅速恢复了国民经济，到1956年基本完成了对农业、手工业和资本主义工商业的社会主义改造，有步骤地实现了从新民主主义向社会主义的过渡。随后领导全国人民转入全面的大规模的社会主义建设，取得了很大成就，积累了丰富经验。但由于指导思想上发生失误，也犯了反右派扩大化、“大跃进”、“反右倾机会主义”等“左”的错误。特别是毛泽东提出了“无产阶级专政下继续革命”的理论，错误地发动了“文化大革命”，被林彪、江青反革命集团利用，使党、国家和人民遭到了严重的挫折和损失。1978年12月，中共十一届三中全会召开，从根本上冲破了长期“左”倾错误的严重束缚，端正了指导思想，重新确立了马克思主义的思想路线、政治路线和组织路线。中共中央开始全面拨乱反正，平反冤假错案，落实各项政策，进行党和国家领导体制的改革；果断地把工作重点转移到现代化建设上来，并在农村实行经济体制改革，使国民经济走上稳步发展的轨道。随后，中国共产党在以邓小平为核心的第二代中央领导集体、以江泽民为核心的第三代中央领导集体和以胡锦涛为总书记的中央领导集体的领导下，经过十二、十三、十四、十五、十六、十七次全国代表大会，率领全国人民开辟了建设有中国特色的社会主义道路，创立了中国特色社会主义理论体系，使改革开放和现代化建设事业取得了辉煌的成就。中国的国际地位明显提高，正在为建设富强、民主、文明的社会主义现代化国家而奋斗。截至2010年底，中国共产党党员总数已经达到8 026.9万人，党的基层组织达到389.2万个，其中基层党委18.7万个。2007年10月22日召开的中共十七届一中全会再次选举胡锦涛为中央委员会总书记。

性质和指导思想　中国共产党是中国工人阶级的先锋队，同时是中国人民和中华民族的先锋队，是中国特色社会主义事业的坚强领导核心，代表中国先进生产力的发展要求，代表中国先进文化的前进方向，代表中国最广大人民的根本利益。它的最高理想和最终奋斗目标是实现共产主义。社会主义是共产主义的初级阶段。中国现处在社会主义初级阶段，中国共产党正在领导和团结全国各族人民，以经济建设为中心，坚持**四项基本原则**，坚持改革开放、自力更生、艰苦创业，为建设富强、民主、文明的社会主义现代化国家而奋斗。中国共产党从诞生的那一天起，就表明党的基本性质和奋斗目标，并陆续发表各个时期的政治主张，用以号召群众、集合队伍、为实现共同目标而奋斗。中国共产党以马克思列宁主义、**毛泽东思想**、**邓小平理论**和“**三个代表”重要思想**作为自己的指导思想和行动指南。马克思列宁主义揭示了人类社会历史发展的规律，它的基本原理是正确的，具有强大的生命力。以毛泽东同志为主要代表的中国共产党人，把马克思列宁主义的基本原理同中国革命的具体实践结合起来，创立了毛泽东思想。毛泽东思想是马克思列宁主义在中国的运用和发展，是被实践证明了的关于中国革命和建设的正确的理论原则和经验总结，是中国共产党集体智慧的结晶。十一届三中全会以来，以邓小平同志为主要代表的中国共产党人，总结建国以来正反两方面的经验，解放思想，实事求是，实现全党工作中心向经济建设的转移，实行改革开放，开辟了社会主义事业发展的新时期，逐步形成了建设中国特色社会主义的路线、方针、政策，阐明了在中国建设社会主义、巩固和发展社会主义的基本问题，创立了邓小平理论。邓小平理论是马克思列宁主义的基本原理同当代中国实践和时代特征相结合的产物，是毛泽东思想在新的历史条件下的继承和发展，是马克思主义在中国发展的新阶段，是当代中国的马克思主义，是中国共产党集体智慧的结晶。十三届四中全会以来，以江泽民同志为主要代表的中国共产党人，在建设中国特色社会主义的实践中，加深了对什么是社会主义、怎样建设社会主义和建设什么样的党、怎样建设党的认识，积累了治党治国新的宝贵经验，形成了“三个代表”重要思想。“三个代表”重要思想是对马克思列宁主义、毛泽东思想、邓小平理论的继承和发展，反映了当代世界和中国的发展变化对党和国家工作的新要求，是加强和改进党的建设、推进中国社会主义自我完善和发展的强大理论武器，是中国共产党集体智慧的结晶，是党必须长期坚持的指导思想。始终做到“三个代表”，是中国共产党的立党之本、执政之基、力量之源。中共十六大以来，党中央根据新的发展要求，集中全党智慧，提出了以人为本、全面协调可持续发展的**科学发展观**。科学发展观是同马克思列宁主义、毛泽东思想、邓小平理论和“三个代表”重要思想既一脉相承又与时俱进的科学理论，是中国经济社会发展的重要指导方针，是发展中国特色社会主义必须坚持和贯彻的重大战略思想。

组织制度　中国共产党的组织制度是以党规党法的形式固定下来的组织原则、组织机构和组织纪律，是中共发挥战斗力和实现任务的组织保证。组织制度是以民主集中制原则为核心内容，按照中国共产党纲领和章程而制定的一系列要求基层组织和党员共同遵守的、按一定程序办事的组织规程。中共的组织制度包括领导机构的选举制度和任期制度，中央领导机构间报告工作制度，党委的集体领导和表决制度，组织生活制度，批评与自我批评制度，干部管理制度，党员管理制度及缴纳党费制度，党内状况调查统计制度，工作检查制度，纪律检查制度，向上级请示报告制度，向党员及代表报告工作制度，表决制度等。

领导机构的选举制度和任期制度　按照民主集中制的组织原则，在条件许可时，各级领导机构都要实行选举制。只有在秘密工作和战争条件下，或其他特殊条件下，领导机构才采取委任制，由上级组织指定人选组成。各级组织在一般条件下都要按党章规定的期限，举行党员代表大会或党员大会，选举领导机构。各级代表大会的代表和委员会的产生，要体现选举人的意志。选举采用无记名投票的方式。候选人名单要由党组织和选举人充分酝酿讨论，采用候选人数多于应选人数的办法进行差额选举。选举人有了解候选人情况、要求改变候选人、不选任何一个候选人和另选他人的权利。任何组织和个人不得以任何方式强迫选举人选举或不选举某个人。领导机构实行任期制。每届领导机构有一定的任期，任期届满，要重新召开党员代表大会或党员大会改选。《中国共产党章程》规定了各级党的委员会任期。

各级委员会的集体领导和表决制度　各级委员会凡属决策重大问题，都要由委员

图3　中共十六大开幕式(2002-11-08)

会民主讨论、作出决定。党组织讨论决定问题，必须执行少数服从多数的原则。决定重要问题，要进行表决。对于少数人的不同意见，应当认真考虑。如对重要问题发生争论，双方人数接近，除在紧急情况下必须按多数意见执行外，应当暂缓作出决定，进一步调查研究，交换意见，下次再表决；在特殊情况下，也可以将争论情况向上级组织报告，请求裁决。

报告工作制度　报告工作制度体现中共决策的民主化和科学化。中共十三大报告指出，要从中央做起，建立中央政治局常委向中央政治局、中央政治局向中央全会定期报告工作的制度，使中央委员会更好地发挥集体决策作用，同时地方各级党组织也相应建立和完善有关议事规则。各级委员会向同级代表大会负责并报告工作，下级组织要向上级组织请示和报告工作。

组织生活制度　中共党章规定，每个党员，不论职位高低，都必须编入一个支部、小组或其他特定组织，参加组织生活，接受党内外群众的监督。领导干部还必须参加党委、党组的民主生活会。不允许有任何不参加党的组织生活、不接受党内外群众监督的特殊党员。

工作检查制度和纪律检查制度　工作检查制度是中共工作中的自动调节系统，它可以保证党的路线、方针、政策按照预想和规定的轨道运行，并获得较好的效果。中国共产党历来重视这一制度，曾经采用过巡视员、调查组等做法。中央、地方和基层组织都必须重视党的建设，经常讨论和检查宣传、教育、组织、纪律检查、群众等工作。纪律检查制度也是中国共产党历来所重视的制度，是其工作的优良传统之一。中共十一届三中全会宣布成立各级党的纪律检查委员会，规定各级纪委接受上级纪委和同级党委的双重领导，把纪律检查工作提到重要的地位和工作日程上来。中共十二大通过的党章对纪律检查问题作出规定，明确纪律检查工作的重要性，加强纪律检查机关的权限，使之制度化、法规化。

干部管理制度　干部管理制度指中共在选拔干部、培养干部、使用干部等方面的一系列规定，如干部选举制度、聘用制度、奖励制度、考核制度、培训制度、交流制度以及任免制度等。

1941年中共中央在《关于中国共产党诞生二十周年、抗战四周年纪念的指示》文件中，以中央的名义规定把7月1日作为中国共产党诞生的纪念日。

中国共产党第八次全国代表大会　Eighth National Congress of CPC　中国共产党1956年9月15～27日在北京举行的全国代表大会。简称中共八大。出席大会的代表共1 026人，代表全国1 073万党员。毛泽东主持大会并致开幕词，刘少奇代表中共中央作《中国共产党中央委员会向第八次全国代表大会的政治报告》，邓小平作《关于修改党的章程》的报告，周恩来作《关于发展国民经济的第二个五年计划的建议》的报告。大会选举中央委员97人，中央候补委员73人，组成新一届中央委员会。选举毛泽东为中央委员会主席，刘少奇、周恩来、朱德、陈云为副主席，邓小平为总书记。大会全面总结了中共七大以来，特别是中华人民共和国建立以来党的历史经验，制定了新时期党的路线，为社会主义事业的发展和党的建设指明了方向；确定了在新的历史时期，党的主要任务是集中力量大力发展生产力；坚持了既反对保守主义又反对冒进即在综合平衡中稳步前进的建设方针，提出了中国社会主义经济体制的重要设想。大会是在中国社会主义建设即将全面开展之际召开的，为新时期社会主义事业的发展和党的建设指明了正确方向。

中国共产党第八次全国代表大会主席台

中国共产党第八届中央委员会第十一次全体会议　Eleventh Plenary Session of Eighth Central Committee of CPC　为全面发动“文化大革命”而进行的一次中共中央全会。1966年8月1～12日在北京举行。毛泽东主持会议。会议前几天，毛泽东批评了中央一线领导派工作组压制“文化大革命”的“错误”。8月1日，刘少奇对此作了检查，毛泽东不断插话严厉批评刘少奇。同日，会议印发了毛泽东给红卫兵的一封信，表示“对反动派造反有理”。8月7日，会议印发了毛泽东的《炮打司令部——我的一张大字报》，严厉指责派工作组以来，中央到地方的某些领导同志“实行资产阶级专政，将无产阶级轰轰烈烈的文化大革命打下去”，并将此“联系到一九六二年的右倾和一九六四年形‘左’而实右的错误倾向”，宣布中央有两个司令部。全会转向了对刘少奇和邓小平的批判。8月8日，全会通过《中共中央关于无产阶级文化大革命的决定》(即“十六条”)，规定这次运动的目的是“斗垮走资本主义道路的当权派，批判资产阶级的反动学术权威，批判资产阶级和一切剥削阶级的意识形态”。8月12日，全会改组中央领导机构，毛泽东、林彪、周恩来、陶铸、陈伯达、邓小平、康生、刘少奇、朱德、李富春、陈云11人被选为中央政治局常委。刘少奇的地位大大下降，实际上已离开了中央领导工作。全会没有重新选举中央副主席，但此后只有林彪被称为中央副主席，刘少奇、周恩来、朱德、陈云的副主席职务都不再被提及。这次全会为“文化大革命”进行了组织准备，标志着“文化大革命”在全国开始了第一次全面发动。

中国共产党第七次全国代表大会　Seventh National Congress of CPC　中国共产党于1945年4月23日至6月11日在延安召开的全国代表大会。简称中共七大。

会议在延安杨家岭中央大礼堂举行。出席大会的正式代表和候补代表共计755人，代表着中共全国121万党员。大会选出毛泽东、朱德、刘少奇、周恩来等12人组成主席团，任弼时为大会秘书长。毛泽东在大会上致开幕词和闭幕词，并作《论联合政府》的政治报告。朱德作《论解放区战场》的军事报告。刘少奇作《关于修改党章的报告》。周恩来作《论统一战线》的发言。大会经讨论，一致通过了关于政治、军事、组织方面的报告，通过了政治决议案、军事决议案，修改了党章。

会议认为在中国面临着两个前途、两种命运的情况下，中国共产党的任务，就是要竭尽全力去争取光明的前途，反对黑暗的前途。会议提出的中共的政治路线是“放手发动群众，壮大人民力量，在我党的领导下，打败日本侵略者，解放全国人民，建立一个新民主主义的中国”。会议确立毛泽东思想为中共的指导思想并写入党章。

6月9日，会议选举产生了新的中央委员会。其中，选举毛泽东、朱德等44人为中央委员，廖承志、王稼祥等33人为候补中央委员。6月11日，会议闭幕。

七大为中共领导人民去争取抗日战争的胜利和新民主主义革命在全国的胜利，奠定了政治上、思想上、组织上的基础。

中国共产党第十六次全国代表大会　Sixteenth National Congress of CPC　中国共产党在21世纪召开的第一次全国代表大会，也是中共在开始实施社会主义现代化建设第三步战略部署时召开的一次十分重要的全国代表大会。简称中共十六大。2002年11月8日，会议在北京人民大会堂开幕。大会的主题是高举邓小平理论伟大旗帜，全面贯彻“三个代表”重要思想，继往开来，与时俱进，全面建设小康社会，加快推进社会主义现代化，为开创中国特色社会主义事业新局面而奋斗。

会上，**江泽民**代表中共第十五届中央委员会作了《全面建设小康社会，开创中国特色社会主义事业新局面》的报告。

11月14日上午，大会以无记名投票方式，选举出由198名中央委员、158名候补中央委员组成的中共第十六届中央委员会，选举出中央纪律检查委员会委员121名。大会通过关于第十五届中央委员会报告、中央纪律检查委员会工作报告、《中国共产党章程（修正案）》等决议。

中国共产党第十七次全国代表大会 Seventeenth National Congress of CPC 中国共产党2007年10月15～21日在北京举行的全国代表大会。简称中共十七大。应出席代表2 213人，特邀代表57人，共2 270人。**胡锦涛**代表第十六届中央委员会向大会作了题为《高举中国特色社会主义伟大旗帜，为夺取全面建设小康社会新胜利而奋斗》的报告。胡锦涛指出，这次大会的主题是：高举中国特色社会主义伟大旗帜，以邓小平理论和**"三个代表"重要思想**为指导，深入贯彻落实科学发展观，继续解放思想，坚持改革开放，推动科学发展，促进社会和谐，为夺取全面建设小康社会新胜利而奋斗。大会通过了关于十六届中央委员会报告的决议。大会批准胡锦涛同志代表十六届中央委员会所作的报告。大会认为，报告科学回答了党在改革发展关键阶段举什么旗、走什么路、以什么样的精神状态、朝着什么样的发展目标继续前进等重大问题，对继续推进改革开放和社会主义现代化建设、实现全面建设小康社会的宏伟目标作出了全面部署，对以改革创新精神全面推进党的建设新的伟大工程提出了明确要求。报告描绘了在新的时代条件下继续全面建设小康社会、加快推进社会主义现代化的宏伟蓝图，为我们继续推动党和国家事业发展指明了前进方向，是全党全国各族人民智慧的结晶，是我们党团结带领全国各族人民坚定不移走中国特色社会主义道路、在新的历史起点上继续发展中国特色社会主义的政治宣言和行动纲领，是马克思主义的纲领性文献。

中国共产党第十七次全国代表大会会场

大会通过了关于中央纪律检查委员会工作报告的决议。大会充分肯定了中央纪律检查委员会的工作。

大会通过了关于《中国共产党章程（修正案）》的决议，决定这一修正案自通过之日起生效。大会认为，**科学发展观**，是对党的三代中央领导集体关于发展的重要思想的继承和发展，是马克思主义关于发展的世界观和方法论的集中体现，是同马克思列宁主义、毛泽东思想、邓小平理论和"三个代表"重要思想既一脉相承又与时俱进的科学理论，是中国经济社会发展的重要指导方针，是发展中国特色社会主义必须坚持和贯彻的重大战略思想。大会一致同意将科学发展观写入党章。

在总监票人和监票人监督下，到会的2 235名代表和特邀代表以无记名投票方式，选举出由204名委员、167名候补委员组成的十七届中央委员会，选举出中央纪律检查委员会委员127名。

中国共产党第十一届中央委员会第三次全体会议 Third Plenary Session of Eleventh Central Committee of CPC 中国共产党1978年12月18～22日在北京召开的中共中央全会。简称十一届三中全会。出席会议的有中央委员169人、候补中央委员112人，列席9人。中共中央主席**华国锋**，副主席**叶剑英**、**邓小平**、**李先念**、**陈云**、汪东兴出席了会议。全会主要任务是把全党工作重点转移到社会主义现代化建设上来。全会所解决的主要问题是：①重新确立马克思主义的思想路线。全会批判了"两个凡是"（即"凡是毛主席作出的决策，我们都坚决拥护，凡是毛主席的指示，我们都始终不渝地遵循"）的错误方针，高度评价关于实践是检验真理的唯一标准问题的讨论，着重指出党在思想理论战线的任务是完整准确地掌握毛泽东思想的科学体系。全会确定解放思想，开动脑筋，实事求是，团结一致向前看的指导方针。②重新确立马克思主义的政治路线。全会决定停止使用"以阶级斗争为纲"和"无产阶级专政下继续革命"的口号，把工作重点转移到社会主义现代化建设上来；全会决定要进一步发展安定团结的政治局面，解决好国民经济中重大比例失调问题，集中主要精力尽快把农业搞上去。③重新确立马克思主义的组织路线。全会决定健全民主集中制。健全党规党法，肃党纪，反对突出宣传个人，加强集体领导作用。全会实事求是地审查了一批重大政治事件和历史问题，决定撤销过去中央发出的有关"反击右倾翻案风"、"天安门事件"的错误文件，纠正对**彭德怀**、**陶铸**、**薄一波**、**杨尚昆**等所作的错误结论，坚决平反一切冤、假、错案。为加强中共中央的领导机构，增选了政治局委员，建立中央纪律检查委员会，选举**陈云**为第一书记。这次全会是中华人民共和国建立以后中国共产党历史上具有深远意义的伟大转折。它从根本上冲破了长期以来"左"倾错误的严重束缚，结束了2年徘徊的局面，端正了中国共产党的指导思想，掌握了拨乱反正的主动权，揭开了历史的新篇章。

中共十一届三中全会会场

中国共产党第一次全国代表大会 First National Congress of CPC 1921年7月23日在上海开幕（后移至浙江嘉兴南湖）的**中国共产党成立大会**。简称中共一大。

五四运动后，上海、北京、武汉、广州、济南、长沙等城市成立了共产主义小组（或称共产党支部、共产党小组），留法勤工俭学学生在法国巴黎成立了旅欧共产党巴黎小组，原属上海共产主义小组的成员也在日本东京成立了共产党组织，并筹备建立全国统一的中国工人阶级政党组织。

1921年3月，各地共产主义组织的代表举行会议，发表了《关于我们的目标和原则》的共同声明，并制定了《临时纲领》。这次会议实际上成为中国共产党成立的一次预备性会议。同时，中国共产党的筹备成立，也得到了共产国际的帮助。

1921年7月23日晚8时，中国各地共产主义组织的代表在上海法租界望志路106－108号（今兴业路76－78号）开始举行中国共产党第一次全国代表大会。参加会议的各地党组织的代表是**李达**、**李汉俊**（上海），**张国焘**、**刘仁静**（北京），**毛泽东**、**何叔衡**（湖南），**董必武**、**陈潭秋**（湖北），**王尽美**、**邓恩铭**（济南），**陈公博**（广东），**周佛海**（日本），代表全国50多名党员。此外，**包惠僧**作为**陈独秀**的代表参加了会议，共产国际代表马林、尼克尔斯基也出席了会议。7月30日晚，在第六次会议进行时，受到法国巡捕房暗探的侵扰，会议被迫中断后，移至浙江嘉兴南湖的一条船上，举行了最后一次会议。

大会确定党的名称为“中国共产党”。大会制定了中共的第一个纲领，规定其任务是“以无产阶级革命军队推翻资产阶级”，“采用无产阶级专政，以达到阶级斗争的目的——消灭阶级”、“废除私有制”。“凡承认本党党纲和政策，并愿成为忠实的党员者，经党员一人介绍，均可接收为党员，但在入党前必须同那些与我党纲领背道而驰的党派和集团断绝一切联系。党处于秘密状态时，对党的重要主张和党员身份都应保守秘密”。

大会通过了《关于当前实际工作的决议》，决定普遍成立产业工会，决定成立“中国劳动组合书记部”，作为中共领导工人运动的公开机关。

大会选举陈独秀、张国焘、李达三人组成中央局，作为中共领导机构，陈独秀为书记，李达、张国焘分别负责宣传和组织工作。一大的召开，标志着中国共产党的正式成立，中国革命也从此进入新的历史时期。

中国共产党领导的多党合作和政治协商制度 system of multi-party co-operation and political consultation under the leadership of Communist Party of China 中国的一项基本政治制度，马克思主义多党合作思想和统一战线学说与中国实际相结合的产物。

这一制度是在长期革命与建设中形成和发展起来的。在民主革命时期，中国共产党同各民主党派在反对蒋介石政府独裁统治、争取新民主主义革命胜利的过程中合作，并逐渐确立了共产党在多党合作中的领导地位。1949年9月21日，中国人民政治协商会议第一届全体会议在北平（今北京）召开，会议制定并通过的《中国人民政治协商会议共同纲领》成为中国共产党领导的多党合作的政治基础。

1987年10月，中共十三大报告明确提出“共产党领导的多党合作和政治协商制度”的概念，标志着中国共产党领导的多党合作开始向制度化方向发展。

1989年12月30日，中共中央制定了《关于坚持和完善中国共产党领导的多党合作和政治协商制度的意见》，第一次以中共中央正式文件的形式规定了中国共产党同各民主党派合作共事的准则，明确了多党合作的性质、内容，从多方面规定了合作与协商的形式和程序。意见的出台标志着多党合作逐步走向规范化、制度化。1993年八届人大一次会议通过的宪法修正案把“中国共产党领导的多党合作和政治协商制度将长期存在和发展”写进宪法。

中国共产党领导的多党合作和政治协商制度的基本内容是：①中国共产党领导的多党合作和政治协商制度是中国的一项基本政治制度，坚持和完善这项制度是建设社会主义民主政治的基本要求之一。②中国共产党是领导社会主义事业的核心力量。没有这个坚强的领导核心，就不可能实现社会主义现代化。③在中国革命和建设中，中国共产党和各民主党派建立了“长期共存、互相监督、肝胆相照、荣辱与共”的亲密关系。各民主党派是参政党，不是在野党，更不是反对党。④中国人民政治协商会议是共产党领导的广泛的爱国统一战线的重要组织形式，应该充分发挥它在中国政治生活中的作用。⑤各民主党派进行多党合作的主要内容是政治协商、民主监督和参政议政。

中国共产党领导的多党合作和政治协商制度是中国政治制度的特点和优点。它是马克思列宁主义同中国革命与建设实际相结合的一个创造。坚持和完善这项制度，对巩固和扩大爱国统一战线，发扬社会主义民主，促进全国各族人民大团结，实现党和国家的总任务具有重要意义。

中国共产主义青年团 Chinese Communist Youth League 中国共产党领导的中国先进青年的群众组织。简称共青团。1922年5月成立，原名中国社会主义青年团。1925年1月，改为现名。1949年元旦，中国共产党为适应新形势和新任务的要求，决定建立中国新民主主义青年团，4月召开了第一次全国代表大会。1957年5月，新民主主义青年团第三次全国代表大会决定改名为中国共产主义青年团，同时决定把中国社会主义青年团、中国共产主义青年团和中国新民主主义青年团的历次全国代表大会衔接起来，定下次大会为中国共产主义青年团第九次全国代表大会。1966年“文化大革命”开始后，共青团被迫停止活动。1978年10月，共青团召开第十次全国代表大会，全面恢复工作。共青团的组织原则是民主集中制，受同级共产党委员会和上级团组织的双重领导，以同级共产党委员会领导为主。共青团的全国领导机关是共青团全国代表大会和由它产生的中央委员会。共青团全国代表大会原则上每5年举行一次。中央委员会全体会议选举常务委员若干人，组成常务委员会，再选举第一书记一人，书记若干人，组成书记处。在中央委员会全体会议闭会期间，常务委员会和书记处行使中央委员会的职权。共青团的机关报是《中国青年报》，机关刊物是《中国青年》。

1949年4月中国新民主主义青年团第一次全国代表大会在北平举行

《中国古代服饰研究》 *Study of Ancient Chinese Costumes* 系统考证中国古代服饰文化的学术专著。沈从文编著，王孖助编。1981年由商务印书馆香港分馆出版。全书共25万字，700幅图，其中彩图100幅。后经王孖增补，1992年由商务印书馆香港分馆出版增补版。

该书按历史朝代顺序编排，以出土和传世文物为依据，对中国古代服饰制度的沿革及其与社会物质生活、意识形态的关系，作了广泛深入的探讨，反映了自殷商至清代3 000多年间中华民族服饰形制的演变。书中在解释和提出问题方面均有独到之处。具有重要的史料价值。

中国古代建筑 ancient Chinese architecture 在世界建筑体系中，中国古代建筑是源远流长的独立发展的体系。该体系至迟在三千多年前的殷商时期就已初步形成，其风格优雅，结构灵巧。中国古代建筑的发展大致经历了原始社会、商周、秦汉、三国两晋南北朝、隋唐五代、宋辽金元、明清7个时期。直至20世纪，始终保持着自己独特的结构和布局原则，而且传播、影响到邻近国家。

特点 现存建筑实例最早不过唐代，唐代以前的建筑，只能从考古发掘出来的建筑遗址，以及各种艺术品（如绘画、雕刻等）所描绘的建筑形象中知其大略。中国建筑不同于西方建筑的独特之处大致可以归纳如下。

构造上的特点 可以归纳为7项：①使用木材作为主要建筑材料，创造出独特的木结构形式。②保持构架制原则。以立柱和纵横梁枋组合成各种形式的梁架，使建筑物上部荷载经由梁架、立柱传递至基础。墙壁只起围护、分隔的作用，不承受荷载。③创造斗栱结构形式。用纵横相叠的短木和斗形方木相叠而成的向外挑悬的斗栱，这是中国古代木结构构造的巧妙形式，建筑学界常用它判断建筑物年代。④实行单体建筑标准化。中国古代的

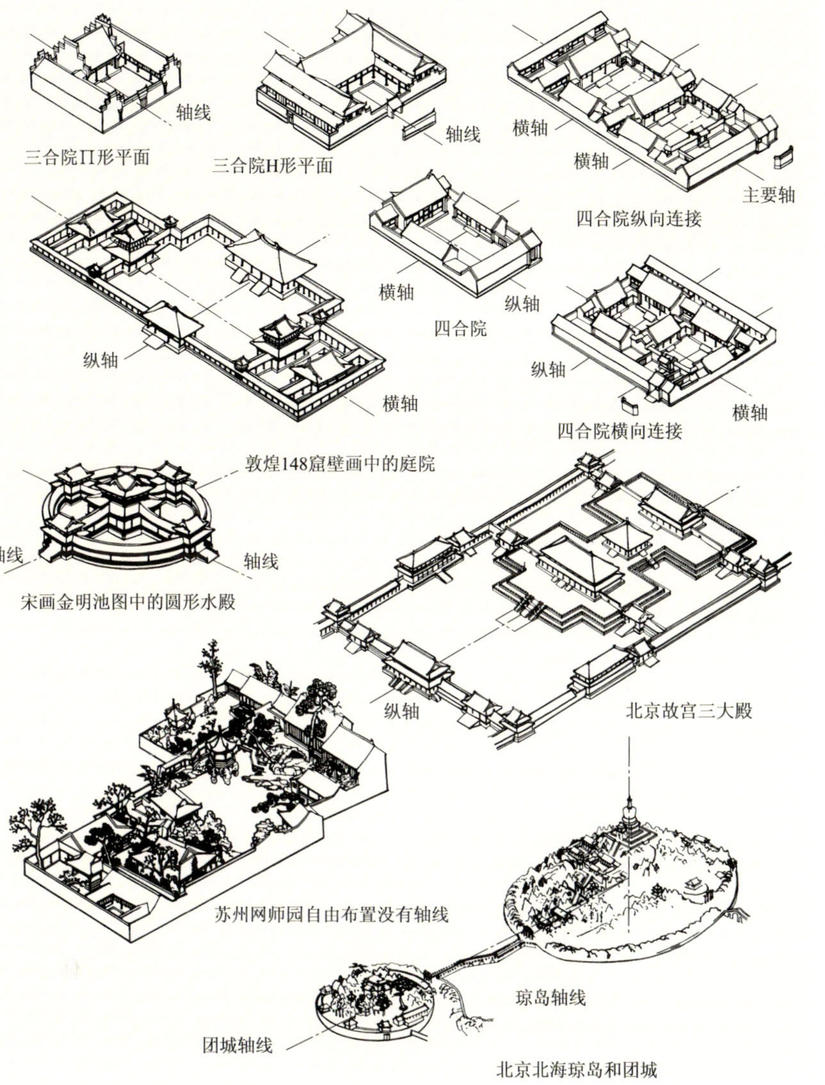

中国古代建筑组群平面布局示例

宫殿、寺庙、住宅等，往往是由若干单体建筑结合配置成组群。⑤重视建筑组群平面布局。其原则是内向含蓄，多层次，力求均衡对称。除特定的建筑物如城楼、钟鼓楼等外，单体建筑很少露出全部轮廓。组合形式均根据中轴线发展（见图），唯有园林的平面布局，采用自由变化的原则。⑥灵活安排空间布局。室内间隔采用槅扇、门、罩、屏等便于安装、拆卸的活动构筑物，能任意划分，随时改变。庭院可栽培树木花卉，可叠山辟池，有的还建有走廊，作为室内和室外空间过渡，以增添生活情趣。⑦运用色彩装饰手段。木结构建筑的梁柱框架，需要在木材表面施加油漆等防腐措施，由此发展成中国特有的建筑油饰、彩画。

传统文化上的特点　可以概括为5个方面：①真正的建筑学理论很少。建筑学作为一个学科出现是近代的事情。指导建筑发展的是抽象的哲学理论、约定俗成的道德规范和具体的政治制度。②儒家传统的礼制思想是指导建筑创作的主要思想，而以玄学、风水堪舆之说作为补充。③充满了中国人现实主义的处世态度。具体表现为不求建筑物长久存在，而以满足现实的功能需求为出发点。建筑形式的标准化、通用化，使用一种结构类型的建筑物可以适应多种使用功能的需求。④标准化的建筑个体要通过建筑空间的组合来表达个性，建筑群体的布置是传统建筑艺术的精髓，处处反映着时间和空间结合的理性思维方式和人与自然的亲和关系。⑤以象征主义手法表现特定的主题。在园林中表现意境，在宗教建筑中表现世界观，在宫殿建筑中表现政治制度。一些装饰构件与小品，甚至单体建筑，都成为一种包含了固定意义的象征符号。

类型　中国古代建筑按功能分为以下七大类。

居住建筑　是人类最早创造的建筑，主要有穴居和干栏两种形式。距今7 400～6 700年前的新石器时代早期遗址，如甘肃秦安县大地湾中的建筑均为半地穴式，即从地面向下挖掘一定深度的竖穴，平面作圆形、椭圆形或方形，面积很小。距今4 900～3 900年前的新石器时代晚期，地面起建的房屋多起来，原始社会的穴居，正逐步朝着宫室式住宅形式演化。宫室式住宅的代表类型是合院。陕西岐山县凤雏村西周建筑遗址是所知最早的完整合院。在北京老城区中轴线东西两侧保留有大量平房，最典型的四合院多集中在这里。干栏式建筑的最早遗迹发现于浙江余姚河姆渡，距今约7 000～5 300年前。楼面离地约和人等高，其下圈养牲畜，楼面上周围有栏杆，围着平台和房屋。现存干栏式建筑比古代大为减小，集中分布在云南、海南的少数民族地区。

城市公共建筑　主要包括城墙、城楼与城门，还有钟楼和鼓楼。城墙起源于新石器时代，材料以夯土为主。三国至南北朝出现在夯土城外包砌砖壁的作法。明代，重要城池大多用砖石包砌。城门是重点防御部位。门道深一般在20米左右，最深达80米。唐代边城中出现瓮城，明代在瓮城上创建箭楼，北京内城正阳门城楼及箭楼、城东南角楼是明代优秀作品。钟、鼓楼是古代城市中专司报时的公共建筑。宋代有专建高楼安置钟、鼓的记载。明代在北京城中轴线北端建鼓楼和钟楼，其下部是砖砌的墩台，上为木构或砖石的层楼。

宫殿建筑　宫殿专指帝王举行仪式、办理政务与居住之所。宫殿建筑集中当时国内的财力和物力，以最高的技术水平建造而成。已知最早的宫殿遗址，发现于河南偃师二里头村，它建于公元前1 500年前的商代。明清北京故宫是中国宫殿建筑最后的、也是最成熟的典型，将各种建筑艺术手法发挥得淋漓尽致。

礼制与祠祀建筑　人们举行祭祀、纪念活动的建筑，凡是由“礼制”要求产生、并被纳入官方祀典的，称为礼制建筑；凡是民间的、主要以人为祭祀对象的，称为祠祀建筑。礼制和祠祀建筑大略分为4类：祭祀天地社稷、日月星辰、名山大川的坛、庙；从君王到士庶崇奉祖先或宗教祖的庙、祠；举办行礼乐、宣教化的特殊政教文化仪式的明堂、辟雍；为统治阶级所推崇、为人民所纪念的名人专庙、专祠。北京天坛是古代坛庙建筑中最重要的遗存，建于明永乐十八年（1420）。

陵墓建筑　是专供安葬并祭祀死者而使用的建筑。由地下和地上两大部分组成。地下部分用以安葬死者及其遗物、代用品、殉葬品。地上部分专供生人举行祭祀和安放死者神主之用。大致说，汉代以后，帝王墓葬称陵，臣庶称墓。陕西临潼秦始皇陵，是中国第一座帝陵。明北京昌平十三陵是一个规划完整、气魄宏大的陵墓群。

佛教建筑　是信徒供奉佛像、佛骨，进行佛事佛学活动并居住的处所，有寺院、塔和石窟三大类型。中国民间建佛寺，始自东汉末。最初的寺院是廊院式布局，其中心建塔，或建佛殿，或塔、殿并建。佛塔按结构材料可分为石塔、砖塔、木塔、铁塔、陶塔等，按结构造型可分为楼阁式塔、密檐塔、单层塔。石窟是在河畔山崖上开凿的佛寺，渊源于印度，约在公元3世纪左右传布到中国，其形制大致有塔庙窟、佛殿窟、僧房窟和大像窟四大类。中国石窟的重要遗存，有甘肃敦煌莫高窟、山西大同云冈石窟、河南洛阳龙门石窟等。

园林和园林建筑　中国传统园林是具有可行、可望、可游、可居功能的人工与自然相结合的形体环境，其构成的主要元素有山、水、花木和建筑。它是多种艺术的综合体，反映着传统哲学、美学、文学、绘画、建筑、园艺等多门类科学艺术和工程技术的成就。按隶属关系，可分为皇家园林、私家园林、寺观园林和风景名胜四大类。其中现存最著名代表性的园林有苏州网师园、拙政园、留园，扬州个园，无锡寄畅园，北京颐和园、圆明园，承德避暑山庄等。

中国传统建筑的功能类型，除上述7类外，还有军事建筑、商业建筑，以及桥梁等公共交通设施，坊表等建筑小品。其中长城经历了两千余年历史，延袤万里，成为中华民族精神的象征。河北赵县赵州桥（安济桥）建于7世纪初的隋代，是世界上第一座敞肩单拱石桥，比西方出现同类结构要早700年左右。所有这些，都反映了中国古代建筑的卓越成就。

中国古代墓葬　tombs in ancient China　古人埋葬死者的遗迹，包括墓穴、葬具、随葬器物和墓地。中国古代墓葬分布很广，考古发掘的大量墓葬及其出土文物，是探讨不同时代、地区和社会阶层之间埋葬习俗以及生活状况的重要实物资料。根据迄今的调查发掘，中国至迟在旧石器时代晚期已有墓葬。此后，经新石器时代至商、周、秦、汉等时代，墓葬制度随着社会生产力、生产关系和上层建筑的发展而不断演变，显示出一定规律性。在阶级社会中，墓葬制度突出地体现了阶级关系。

石器时代　旧石器时代晚期的北京周口店山顶洞遗址已发现埋葬遗迹。新石器时代已有一定葬制。流行墓坑小而浅的单人土坑墓，无葬具；随葬品不多，彼此没有显著差别。仰韶文化早期流行多人二次葬，系母系氏族社会的一种葬俗。新石器时代晚期发现采用木质葬具的大墓，有的随葬上百件陶器或较多玉器，说明墓主生前占有多量财富。如山西陶寺遗址的大型墓葬中，一座墓随葬器物多达200余件，其中有精美的彩绘陶器、木器和鼓、磬等大型乐器。在良渚文化的土墩墓、红山文化的积石冢都发现大量玉器，为目前已知年代最早、有地面标志的史前时代墓葬。

商周时代　这一时期的贵族墓葬墓室宏大，有墓道，使用多层棺椁，有些地面建有用于祭祀的建筑。随葬品十分丰富，普遍使用人殉、人牲，有的还附葬车马坑。殷墟王陵区东南的祭祀坑逾千座，其中均为人牲。殷墟王陵的人殉数量远远超过古代两河流域王陵的奴隶殉葬数目。殷墟侯家庄西北岗与武官村之间是商王朝后期的王陵区，有13座大墓，其中葬制规格最高的8座大墓，墓坑四面均有墓道，墓室最大的达330平方米。商王和各级贵族墓的随葬品极其丰富、精美，包括各种青铜器、玉石器、陶器、漆木器、骨角器等。妇好墓随葬各种青铜器460余件，玉石器750多件，骨角器560余件，另有海贝近7 000枚。而殷墟的一些小型墓葬，墓坑狭小，仅随葬少量陶器，甚至无随葬品，与王陵形成鲜明对比。

西周时代的丰镐遗址井叔家族墓地、北赵晋侯墓地、虢国墓地等，均以大墓为中心，墓地布局主次分明，是考察当时高级贵族葬制的重要资料。春秋战国时代的墓葬主要发现于列国都城和其他城市遗址附近。列国国君陵墓多单独集中在一个墓区，整体布局有一定规划。有的国君墓已有高大的坟丘，墓上建有宏大的“享堂”，墓内随葬有成套的青铜礼器、乐器和车马器等。国君陵墓大多在都城附近，少数在都城之内。周代在棺椁、随葬品等方面有严格的等级差别，“天子棺椁七重，诸侯五重，大夫三重，士再重”。周代的礼制规定，天子用九鼎，诸侯用七鼎，大夫用五鼎，士用三鼎或一鼎。簋与鼎配合使用，九鼎配八簋，七鼎配六簋，五鼎配四簋，三鼎配二簋，也有明确的规定。商代和西周统治阶级的墓葬一般都有腰坑，位置在墓主腰部下方。西周时已有合葬制度，夫妻分别葬在两个互相紧靠的墓坑中，即所谓“异穴合葬”。已发掘的战国重要墓葬有曾侯乙墓、中山王墓等。随葬品中，漆器的比重显著增加，但青铜礼器和乐器仍是最重要的随葬品。渭河流域的秦墓以外的下层贵族和上层庶民，多在墓中用仿青铜礼器的陶礼器随葬。

战国晚期，关中和中原地区的小型墓中出现横穴式土洞墓室，也有用一种体积庞大的空心砖筑椁室以代替木椁的，意味着商周以来的传统墓制发生变化。战国时，人殉现象比商代、西周少见，代用木或陶制的俑。

秦汉时代　墓葬等级严格。帝王陵墓都有金字塔形的高大封土堆，有陵园建筑，周围还有许多陪葬墓。陕西临潼发现的秦兵马俑坑，埋葬数千件真人真马大小的陶俑、陶马和铜车马等，被认为是秦始皇陵的陪葬坑。在秦和西汉前期，贵族仍沿用竖穴土坑木椁墓。在长江流域及南方和北方边远地区，竖穴木椁墓一直延续到西汉后期，甚至东汉前期。在秦和西汉的竖穴木椁墓中，棺椁制度沿袭周代的礼制，等级严格。有些汉诸侯王墓还使用黄肠题凑。从西汉中期的黄河流域开始，各地普遍用横穴式洞穴作墓圹，用砖和石料筑墓室，形制模仿现实生活中的房屋，是中国古代墓制一次划时代的大变化。

在贵族大墓中，河北满城汉墓和山东曲阜九龙山汉墓可作为西汉中期横穴式墓的代表。它们是在山崖中穿凿巨大的洞穴作为墓室，故称崖墓，形制和结构完全模仿房屋。在黄河流域和北方地区，一般的横穴式墓规模较小，构造简单，墓主属于下层统治阶级。这种土洞墓在汉代以后长期流行。西汉，中原地区新出现一种空心砖墓，东汉基本绝迹。约在西汉中晚期，在中原和关中一带开始出现小型砖建筑的墓，一般称为砖室墓。至东汉，砖室墓迅速普及，成为全国各地最常见的一种墓。贵族官僚的砖室墓规模较大，结构复杂，布局模仿其府第，许多墓中还绘有彩色壁画。西汉晚期开始出现的石室墓，到东汉在某些地区盛极一时，墓室中雕刻画像，称为画像石墓。墓室的结构和布局也仿自现实生活中的住宅。有的石室墓也绘有彩色壁画。东汉时期，四川、重庆地区的砖室墓往往在壁上另嵌一种模印着画像的砖，称为画像砖墓（图1）。在四川和重庆地区，东汉及其以后还流行崖墓。西汉前期和中期，夫妻合葬仍采取“异穴合葬”形式。西汉中期以后，除帝陵以外，一般都是夫妇同墓合葬。横穴式墓室便于同墓合葬。

图1　东汉酿酒画像砖（四川新都汉墓出土）

汉墓中的随葬品和战国时代相比，青铜器减少，漆器的比重进一步增加。为储存大量的食物和饮料，墓内常有许多大型陶器。西汉前期和中期，主要随葬生前的实用器。西汉中期以后，增添各种专为随葬而作的陶质明器，包括仓、灶、井、磨、楼阁等模型和猪、狗、鸡等偶像。在西汉中期的贵族墓中，仍然有用车、马殉葬的，但车和马都埋在墓室和墓道内，不另设车马坑。西汉晚期以后，用木制或陶制的车马模型替代真车、真马殉葬（图2）。南方地区，还有用木船或陶船的模型随葬。

汉代禁止以人殉葬，故考古发掘中，已基本不见人殉。地面上，统治阶级的墓

图2 东汉陶车马（四川成都羊子山汉墓出土）

已普遍筑有坟丘。在坟丘之前，往往设祭祀用的祠堂。东汉时盛行在墓前建石阙，并置人物和动物的石雕像；还流行在墓地上立石碑，记述墓主人的死亡日期、家族世系及生平事迹。

魏晋南北朝　墓葬制度大体承袭汉代。但厚葬之风有所改变。已很少见规模宏大、雕刻精致的画像石墓。贵族官僚的墓一般都是砖室墓，有时设石门。和汉墓相比，墓室平面布局简化，面积减小。但细部结构和设施有一些新发展。如河南洛阳西晋墓中有角柱与斗栱，南京东晋墓中有直棂窗。各地都流行在墓室中设棺床。在长江流域的晋墓中，有时还有灯龛和台桌。这些结构和设施均为砖砌，使墓室更像现实生活中的居室。在黄河流域，砖室墓的墓道甚长，其接近墓室的部分是一段甬道，并随年代推移而加长。至北魏，有的墓出于对现实生活中住宅的模仿，在甬道的顶部开天井，直通地面。北朝后期，有些大墓的甬道长达20米，天井有三四个。天井愈多，愈显得门多宅深，院落重重。魏晋之际，辽东、河西等边远地区的豪族大姓沿袭汉代旧制，营建砖石结构大墓，在墓壁和砖面上施彩画，题材多与汉墓壁画相似（图3）。中原一带少有墓内壁画，但到北魏，壁画重又流行。长江流域的东晋和南朝，流行用画像砖装饰墓壁。

图3 牛耕图画像砖（甘肃嘉峪关魏晋墓出土）

这一时期随葬品中，瓷器数量激增，长江流域尤其如此。汉代流行的陶制模型和禽畜偶像继续沿用，但往往形体不大，制作粗简。贵族官僚阶级墓中的主要随葬品是各种陶俑。起初是少数男女侍者和武士，约从五胡十六国时期开始，大量增添骑兵、步卒、文吏、武弁以及吹鼓手之类，除家内奴婢外，大部分为墓主人出行的仪仗队，具有明显的军事性质，反映当时各地统治者拥有私人武装部曲。山西大同北魏前期**司马金龙墓**和洛阳北魏后期元乂墓中的仪仗俑多达数百件。北魏后期，在墓两侧往往有一对形体特别高大的守门卫士俑。南方地区，除陶俑外还有瓷俑，但用俑随葬的风气不如北方盛。从汉末至魏晋，统治阶级常乘牛车，故两晋南北朝时，贵族官僚墓中多用陶制牛车模型随葬。由各种陶俑组成的仪仗行列也以牛车为中心。西晋开始用陶制的镇墓兽随葬。魏晋南北朝时期开始在墓内置**墓志**。这一时期著名的帝陵有山西大同北魏文明太后冯氏的**方山永固陵**及孝文帝的万年堂。

隋唐五代　在以黄河流域为主的北方地区，北魏以来的墓葬制度经隋代至盛唐一脉相承。当时贵族官僚的大墓，都采用斜坡式的墓道，包括一段很长的甬道；甬道顶部开天井，两壁设龛，如**懿德太子墓**、**章怀太子墓**、**永泰公主墓**等。天井和壁龛的多寡基本与墓主人的官品爵位一致。隋代包括高级官僚的大墓在内，流行土洞墓。入唐以后多采用砖室，土洞墓已降为低级官吏或平民所用。一般官僚的墓室都为单室。二品以上的大官，除主室以外，有时还设简单的前室。从初唐到盛唐，贵族、官僚墓中流行壁画。一般在墓道前部两壁各绘青龙、白虎，墓室顶部绘日、月、星辰，其他则有鞍马、明驼、牛车、列戟、步骑仪卫、属吏、男女侍者以及乐舞伎等，各绘在墓内的相应部位，内容和规格视墓主人的身份而有所区别。

随葬品以大量陶俑为主。约从武周时开始，陶俑多施三彩釉。陶俑可分为出行时的仪卫行列和家居时的家臣侍者两大类。前者自隋至初唐多武装俑，以后逐渐减少；武周时出现高大的马俑和驼俑。后者自初唐至盛唐不断增多，乐舞俑和游嬉俑等皆属此类。受佛教影响，镇守墓门的一对武士俑在盛唐时演变为脚踏伏兽或鬼魅的天王俑（图4）。

镇墓兽继承北魏后期以来的形态，武周时则又进一步演变为头生角、肩附翼或手握蛇的怪兽。隋代开始出现的人身禽兽首的十二时辰俑，到开元、天宝之际更为流行。陶俑的数量因墓主人身份而有不同的限额，懿德太子墓的陶俑总数上千。方形有盖石墓志在唐代更为普遍。

图4 彩绘天王俑

安史之乱后，唐代墓葬制度发生显著变化。墓的构造简化，短而狭的竖井式墓道取代斜坡式长墓道，不见天井和壁龛。墓室的规模缩小，壁画亦十分罕见。陶俑的数量减少，制作粗简。天王俑和镇墓兽越来越简化，在有的墓里已不用，只十二时辰俑仍较流行。

长江以南广大地区的唐墓，有竖穴式土坑墓和砖室墓两类，形制简单，规模甚小。砖室墓多为长方形，有的两室并列，夫妻各葬一室。随葬品多为陶瓷器皿，陶俑甚少见。

唐代帝陵除少数“积土为陵”外，大多数“依山为陵”（见**唐陵**）。以唐高宗与武则天合葬的乾陵为典型。

五代前蜀王建的永陵在四川成都，南唐李昪的钦陵和李璟的顺陵在江苏南京，都已发掘（见**王建墓**、**南唐二陵**）。地下的玄宫分前、中、后三室，各室两侧又多设壁龛或耳室，可能是承袭唐陵的制度。

宋至明　中原和北方地区的北宋墓，最富特色的是一种仿木结构建筑的砖室墓。北宋初年，墓室内的仿木结构还很简单。到北宋中期发展成熟，成为一种特殊类型的砖室墓。此后，墓室的平面又从方形或圆形演变为等边多角形，仿木结构则从简单的“一斗三升”托替木或“把头绞项造”演变为五铺作重栱，从版门直棂窗演变为雕花格子门。一般多为单室墓，后期较大的墓则分前后两室。墓内多用壁画或雕砖作装饰，主要表现墓主人的日常生活，特别是墓主夫妻举行“开芳宴”的场面，或有孝子故事图等。在有些北宋末年墓中，还出现杂剧雕砖。墓室的后壁，则往往有“妇女掩门”雕砖。随葬品寥寥无几，可能因各种器具什物已充分绘刻在壁画和雕砖上的缘故。

长江中下游地区的宋墓与当地唐墓相似，除竖穴土坑墓外，主要为长方形砖室墓，后者往往两室并列，夫妻各葬一室。随葬品除陶瓷器外，多有漆器和铜镜，偶尔也有银器。江西、福建境内的宋墓，有的用陶瓷俑随葬，其中包括十二时辰俑和神煞俑。四川境内的宋墓，除砖室墓外，还流行石室墓，后者多有雕刻，其题材为墓主人夫妇开芳宴，有的则为孝子故事。

北宋帝陵在河南巩义，其地点的选定严格按堪舆术的要求（见**北宋皇陵**）。南宋帝陵在浙江绍兴附近。因为是权殡，营造较简，名为“攒宫”。虽大体沿袭北宋陵制，但没有乳台、石象生、陵垣及四门。献殿之后作玄宫，尸体放置在严密坚固的“石藏子”中。

分布在华北、内蒙古和东北各地的辽代墓葬具有契丹族特色。流行方形和圆形墓室。一般为单室墓，但身份较高的贵族墓也有的设前后两室。墓室内时有简单的仿木建筑结构，并施彩画。葬具除木棺外，盛行石棺。有的墓在石棺内绘毡帐住地和放牧情状，反映契丹族的游牧生活。辽代晚期开始出现平面呈八角形或六角形的墓室。这一时期受北宋墓影响较多，特别是汉族墓葬，有的在仿木结构的砖室中饰砖雕的桌椅，有的则在壁画中绘开芳宴和孝悌故事图等，与北宋墓相似（见**宣化辽墓**）。

辽代贵族墓中的随葬品，除金银器、陶瓷器及铁器等各种生活用具外，以大量马具、盔甲、各种武器以及金属面具和铜丝手足套等物为特点（见**陈国公主墓**）。陶瓷器中的鸡冠壶，亦为辽墓中所特有（图5）。

图5　白釉鸡冠壶（辽宁义县辽墓出土）

中期及以后，马具、兵器等典型辽墓的随葬品逐渐减少甚至消失，鸡冠壶的形制也有变化。大约从早期的后半段开始，辽墓中往往有汉文或契丹文石墓志，形状与唐宋墓志相似。**辽陵**共5处陵区，分别在内蒙古巴林左旗、巴林右旗和辽宁北镇（原北镇县）境内。

金代墓葬受辽墓影响之外，更多继承北宋墓制。金代前期的河北高碑店市（原新城县）时立爱墓和兴隆萧仲恭墓，因墓主人爵位高，均系多室砖墓。墓室内有仿木建筑结构，绘壁画。时立爱墓主室为八角形，前室两侧所附耳室为圆形，形制与辽墓有相似之处。萧仲恭墓志则用契丹文书写。分布在华北南部和中原地区的金代后期地主阶级墓，主要为单室砖墓，平面多呈方形或八角形，也有圆形，从墓门到墓室内大量使用仿木建筑结构。有的墓里绘有开芳宴、放牧、捣练等内容的壁画，大多数大量使用雕砖，表现门楼、格子门、棂窗、桌椅、屏风、灯、盆花之类，有的还有“镇宅狮子”，墓室对现实生活中居室的模仿达到了无以复加的程度。雕砖的内容还包括开芳宴中的墓主人夫妇、侍童、厨役、伎乐乃至杂剧角色等人物（见**侯马金墓**）（图6），也有“掩门妇女”。为北宋后期中原和华北南部地区流行的仿木建筑结构砖室墓的进一步发展。

图6　山西侯马金墓南壁砖雕戏台

元代的仿木建筑结构砖室墓主要发现于山西境内。仿木建筑的结构日趋简化，有些已衍变成示意性的。晋中地区墓内装饰以壁画为主，题材仍多为开芳宴，但突出墓主人的形象而省略了伎乐场面。晋南地区墓内多饰雕砖，内容多为孝子故事或花卉之类。南方的元墓沿南宋旧制，多为简单的长方形砖室墓，双室并列，分葬夫妇。许多墓里使用石灰、米汁、木炭等以加固墓室、防护棺椁，并在墓底铺松香之类，以利尸体的保存。至明代，一般官僚地主阶级的砖室墓采取密封棺材，防腐措施又有发展，有的墓不仅尸体完好，而且衣冠服饰以及书籍、字画等易朽物品也保存良好。

明代帝陵以安徽凤阳的皇陵为最早。皇陵的形制承自北宋帝陵，基本仍沿汉唐旧制。泗州的祖陵年代稍晚，其形制已与南京朱元璋的孝陵相近，而**明孝陵**则为明代陵制开创了先例。明代从成祖朱棣起，13个皇帝都葬在北京昌平，集中在一个总的陵园内，称**明十三陵**，其中仅**明定陵**经过发掘。

清代墓葬沿袭明制。帝王陵墓有清昭陵、**清东陵**、**清西陵**。

《中国古代书画图目》 *Illustrated Catalogue of Selected Works of Ancient Chinese Painting and Calligraphy*　中国古代书画真迹佳品汇编。研究中国书画的大型工具书。中国古代书画鉴定组编。1986年10月由文物出版社在北京出版。收录故宫博物院临时代存的私人藏品及中国历史博物馆（今中国国家博物馆）等13家单位的部分书画藏品，计有晋至清代作品共1 020件。不少书画作品附有历代名家题跋和钤印。其编排以文物收藏单位为单元，每单元按历史朝代排列，各朝代又以作者生年为序，并对每件作品的质地、墨色、尺寸、创作年代作了说明。对少数作品的真伪，则标出各自的鉴定意见。该书是研究中国古代书画艺术发展的重要资料，对研究中国古代建筑、园林、服饰、风俗、典章制度等均有参考价值。

中国古代舞蹈　ancient Chinese dance　从原始社会到封建社会时期的中国舞蹈。它经历了漫长的发生、发展和演变过程，成为种类多、功能强、独具特色的东方舞蹈艺术，是中国古代文化的重要组成部分。

中国古代舞蹈主要经历九大阶段，依次为原始社会时期以生存繁衍为目的、以图腾崇拜为代表的实用性舞蹈，夏商宫廷以享乐为主的女乐，西周以治国治民为宗旨的礼乐舞蹈，春秋战国时期的民间乐舞，自汉起立足于娱乐和用作典礼的各种乐舞，魏晋南北朝的清商乐舞、胡乐胡舞，唐的燕乐，宋元的队舞和明清的戏曲舞蹈。

中国古代舞蹈包括民俗舞蹈、雅乐舞蹈、宴乐舞蹈、宗教舞蹈、戏曲舞蹈等。因崇道尚佛而做道场举法事的舞蹈、各种祭祀舞蹈和求雨、除病祈福的巫舞属宗教舞蹈。历代以歌功颂德之舞用于典礼、祭祀的是雅乐舞蹈。历代宫廷在大小宴集、庆典中所用的舞蹈为宴乐舞蹈。日常生活中的丧葬、节庆及迎神赛社活动中的一应舞蹈为民俗舞蹈。元杂剧、明传奇和明清戏曲中的舞蹈以及戏曲表演中的舞姿身段都属于戏曲舞蹈。中国古代舞蹈具有较强的实用性。

从西周始，中国古代舞蹈便形成“文执羽龠”、“武持干戚”两种形态，到春秋战国，细腰长袖的基本舞蹈形态又奠定中国古代舞蹈阴柔之美的基本风格。在此后的发展中，各朝各代形成了与当时文化相一致的舞蹈审美特点。例如，汉代舞蹈张力强，具有凝重的韵律；魏晋清商舞蹈温婉飘逸；北朝舞蹈粗放豪健；唐代舞蹈既雍容妙曼又洒脱健朗；宋代舞蹈典雅规范；明清戏曲舞蹈情韵深长。就总体而言，中国古代舞蹈以“圆”为其运动形态和规律，以“线”强调其运动过程，以袖、腰和多种道具的运用为其风格化技艺，从而形成了中国古代舞蹈独特的品格和风貌。

中国古代舞蹈保存有许多脍炙人口的佳作。如汉代的盘鼓舞，唐代的《破阵乐》、《霓裳羽衣》、《剑舞》，元代的《十六天魔舞》等。一般认为，中国古代舞蹈出现过西周、两汉和唐代的繁盛时期。西周以雅乐舞为代表，两汉以俗乐舞为标志，唐代以宴享乐舞为主流。整个中国古代舞蹈的发展以唐代为辉煌顶峰，宋以后呈衰落趋势。近年来出现不同观点，有专家认为宋代舞蹈并非呈颓势，这个时期完善并发展了唐代舞蹈，明、清时期出现中国古代舞蹈的最后一次转型，其戏曲舞蹈创建了中国舞蹈体系中别具一格的舞蹈形态。

中国古典舞　Chinese classical dance　从中国宫廷舞蹈的形体遗存、戏曲舞蹈的身段、武术动作以及文物上的舞蹈形象中，提取动作元素和舞蹈韵味而形成的民族舞种。中国古典舞概念的提出始于20世纪50年代，至80年代初已有较大发展。中国古典舞是对中国古代舞蹈文化的复兴和继承，元素化、体系化的训练造就了众多优秀演员和一批优秀古典舞剧目。

中国古钱币 ancient Chinese coins　中国古钱币多为金属铸币，有一定的形状、大小、重量、成色，上面多有文字标记。金属铸币出现于春秋末期，之后到清末的2 000多年，经历了不同的发展阶段。春秋战国时期，列国先后铸行铜质货币，有刀币、布币、圆钱、有文铜贝币等。战国晚期方孔圆钱渐成主流。秦统一后即以面文半两的方孔圆钱（见半两钱）作为通行全国的法定货币。此后除王莽钱中有一些复古的刀币、布币外，方孔圆钱成为铸币定制，历朝延续不断，直到民国初年还有铸造。

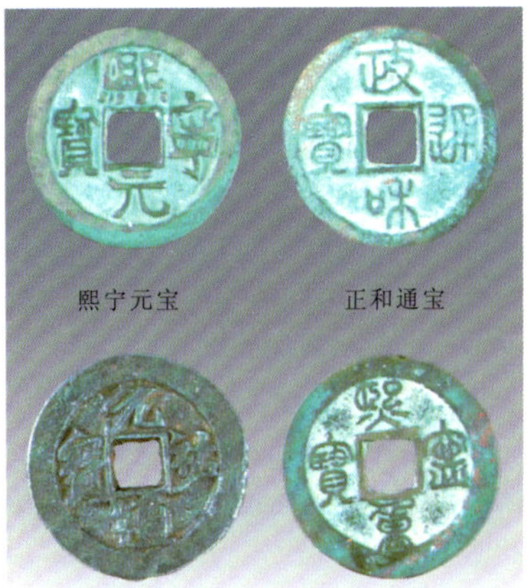
熙宁元宝　正和通宝
元祐通宝　熙宁重宝
北宋铸币

春秋战国时期为纪地钱币时期，钱文一般一二字至六七字，大体以地名为多。秦统一后以半两钱代替其他货币，开始了纪重钱币时期。汉武帝废半两行五铢钱，首次实现纪重标准的真正统一。王莽钱具系列化货币特征，钱文按系列标明币值。十六国时期产生国号钱、年号钱，但直至南北朝，主流一直是五铢钱。唐高祖武德四年（621）废五铢铸行开元通宝（见开元钱），终止了纪重钱币的历史。此后主要是由年号（也有朝代）加各种宝文组成钱文，通称年号钱币时期。最常见的宝文有“通宝”、“元宝”和“重宝”（一般为大钱）。

春秋战国钱文属东周古文，秦汉至隋是小篆，唐钱全用隶书，宋代钱文篆、隶、行、草、楷五体俱备，南宋淳熙以后楷书成为主流。古钱文中不乏书法艺术佳作，至宋而登峰造极，并独创皇帝御书体钱文，如太宗隶、行、草三体淳化元宝，徽宗楷书瘦金体大观通宝等。中国古钱币流通正品上一般不铸图像。从先秦到清，铜钱基本为手工铸造。先秦到隋唐采用范铸法。从唐开始，渐用翻砂法取代范铸法。宋、元、明都用此法。从光绪九年（1883）起，采用外国的机器铸钱法铸造方孔圆钱和铜元。钱的合金成分前后也有变化：从先秦到唐、宋，币材为铅锡青铜，明代则开始掺入锌而成为黄铜。

除铜质货币外，中国历史上还有铁钱、铅钱、金银货币、纸币等。最早的铁钱是西汉前期的铁半两。宋代以铜钱为主，兼行铁钱，铁钱数量和品种之多冠于历代。汉代以来有少量铅钱，但非通货。贵金属金银货币最早见于春秋战国时期，主要是楚国的金版、金饼。西汉的黄金货币除金饼外还有马蹄金和麟趾金。此后直到唐以前，金银一般只限于社会上层的宝藏赏赐、大宗支付和对外贸易等。唐以后白银流通渐强，明中期以后成为主要货币，形成以银为主、铜钱为辅的格局。宋代白银货币的形制主要是银锭。元代银锭上铸“元宝”字样，元宝渐成金银锭的总称，沿用至明清。清代元宝形如马蹄，故也称马蹄银。明末，外国银元开始流入中国并在市面流通。清乾隆时曾自制银币，仅铸行于西藏地区。光绪时由中央政府机铸银元、铜元作为正式流通货币，已属西方货币文化影响下的近代币制范畴。纸币的滥觞是唐中期后出现用作异地汇兑的“飞钱”票券。正式纸币始于北宋的交子，既能流通又能兑现，成为世界上最早的纸币。之后，元、明、清各代都发行纸币，且有实物存世。中国历史上还有仿造流通钱币而作的压胜钱。质地有铜或其他金属。流行于唐宋到明清，在建屋造塔、镇辟水害、殡葬死者等场合均有使用。

中国古钱币在不同发展阶段形成众多品类，并对古代日本、越南、朝鲜半岛等周边国家和地区产生过重大影响，这些国家的古钱币都仿自中国，共同构成与西方图像钱币系统不同的东方文字钱币系统，在世界钱币文化中独具特色。古钱币是研究古代经济发展史的重要资料，在考古学上，对遗迹和遗物的年代断定有重要参考价值。古钱币还包含有关古代历史、地理、政治、文化、艺术、民族、宗教等方面的知识信息。

中国国际广播电台 China Radio International; CRI　中国对世界各地广播的国家广播电台。1941年12月3日，延安新华广播电台开办了日语广播。1947年9月11日陕北新华广播电台（即原延安新华广播电台）开办英语广播。1949年3月，陕北新华广播电台随新华通讯社总社迁至北平（今北京），改呼号为北平新华广播电台。中华人民共和国建立后，改为中央人民广播电台。中央广播事业局成立后，下设国际广播编辑部，负责对外广播的编辑、播音工作。对外广播使用的频率与对内广播分开，呼号也改为北京广播电台。1978年正式定名为中国国际广播电台。至2010年底，中国国际广播电台每天播音时数累计为2 471小时。所使用的语种有英、法、日、俄、世界语等61个语种。其中包括对海外华侨华人广播的汉语普通话和广州话、客家话、闽南话和潮州话4种语言，以及维吾尔语、哈萨克语、柯尔克孜语、藏语、拉萨方言、藏语康巴方言等少数民族语言。

通常有国内、国际新闻，时事，评论，专题报道和音乐。根据各对象国家和地区的具体情况，举办有特点的专题节目。

中国国际广播电台从1980年起先后在世界各大洲建立30个驻外记者站，并在国内的各省、自治区、直辖市和香港、澳门特别行政区设有记者站。从1984年起，中国国际广播电台陆续开办了对国内的外语广播。此外，还与世界许多国家和地区的电台、电视台建立了传送和寄送节目的合作关系。

20世纪90年代，中国国际广播电台开拓了互联网和视频业务，“国际在线”（www.cri.com.cn）网站已发展成为由61种语言组成的中国语种最多的网络平台。

中国国家博物馆 National Museum of China　中国综合性国家博物馆。位于北京天安门广场东侧。2003年2月在中国历史博物馆和中国革命博物馆合并的基础上组建成立，该馆展示历史与艺术并重，集征集、收藏、研究、考古、文化交流于一体。两馆的前身分别为1912年7月9日成立的国立历史博物馆筹备处（1949年10月1日更名为国立北京历史博物馆）和1950年3月成立的中央革命博物馆筹备处。1959年9月，两馆迁入现址。2007~2010年，中国国家博物馆进行扩建工程，馆舍总面积19.19万平方米，展厅49个。

中国国家博物馆拥有藏品100余万件，包括古代文物和近现代文物。在古代文物藏品中有一大批脍炙人口的国之重器，多是中国历史教科书必选例证。如：“北京人”

中国国家博物馆外景

的石器、骨器和使用火的证据，新石器时代仰韶文化的陶枭鼎，商代的司母戊鼎、四羊尊，西周的利簋、盂鼎、虢季子白盘，汉代的错银犀牛尊，隋代赵州桥的石雕栏板，唐代的骆驼载乐俑，元代的复式铜壶滴漏，定陵出土的明神宗万历孝敬皇后凤冠和清代乾隆皇帝锦盔甲等。特别是青铜器与历代中国货币，无论在品位还是数量上均在全国名列前茅。近现代文物藏品中也有许多珍品。如：林则徐等给道光皇帝的关于销毁鸦片经过的奏折，广州三元里人民抗英旗帜、武器及战利品，孙中山就任临时大总统时的手书、誓词，最早出版的《共产党宣言》中译本，中国工农红军的旗帜、布告、武器，1949年9月召开的中国人民政治协商会议的签到簿、投票箱，以及中华人民共和国中央人民政府的铜印，毛泽东主席亲手升起的第一面中华人民共和国国旗等。

中国国家博物馆定期出版学术刊物《中国历史文物》。该馆还具有田野考古、水下考古、遥感与航空摄影考古方面的研究能力。在文物保护科技领域，特别是对金属质地文物的检测、修复和保护，以及古代书画临摹装裱等方面具有较高水平。

中国国家航天局 China National Space Administration; CNSA 中国负责民用航天管理及相关的政府间国际空间合作的政府机构。成立于1993年。职责为：通过宏观调控引导中国航天活动的发展，统筹规划空间技术、空间应用和空间科学技术的发展，推动航天领域中重大技术的研究、开发和系统集成，促进航天科技在经济、科技、文化和国防建设等方面的应用，深化航天科技工业的改革，加强法制建设和政策管理，建立航天法规体系，制定航天产业技术政策，保证航天活动有序、规范地进行，促进航天事业的持续发展；鼓励科研机构、工商业企业和高等院校在国家航天政策引导下，发挥各自优势，积极参与航天活动；支持航天科技创新，构建有中国特色的航天创新体系，提高自主创新能力，积极推进中国航天技术实现产业化，支持公益性航天活动以及具有商业前景的航天研究开发工作，增进和加强航天领域国际合作。

中国国家话剧院 National Theatre Company of China; NTCC 中国话剧团体。2001年12月在原中国青年艺术剧院和中央实验话剧院的基础上成立。

中国青年艺术剧院建于1949年4月（前身为1941年成立的延安青年艺术剧院）。首任院长廖承志。建院以来，演出大型剧目近200个，其中大多是反映现当代生活的作品，如《抓壮丁》、《李双双》、《枫叶红了的时候》、《街上流行红裙子》、《生为男人》，以及《屈原》、《上海屋檐下》、《青春之歌》、《钦差大臣》、《沙恭达罗》、《费加罗的婚姻》等中外名剧，并将中国台湾话剧《红鼻子》搬上了大陆舞台。

中央实验话剧院1956年成立于北京，原隶属中央戏剧学院。欧阳予倩为首任院长。剧院50年来坚持艺术上的实验和探索特色，上演了中外古今不同风格、体裁和形式的大型剧目120多个。其中，中国剧目有《同甘共苦》、《北京人》等。80年代以后，又创作演出了《未来在召唤》、《哥儿们折腾记》、《鉴真东渡》、《一个死者对生者的访问》等30多个剧目，并实验演出微型喜剧、哑剧，还演出了一些风格各异的外国剧目，如《一仆二主》、《大雷雨》、《温莎的风流娘儿们》等，产生很大影响。

中国国家话剧院成立后，集中了原两大剧院一批优秀的话剧舞台艺术和影视艺术人才，成为继承传统、努力进取的艺术精品生产基地和国内演艺阵容最为强大的团体。2002年建院后首期公演了《这里的黎明静悄悄》、《萨勒姆的女巫》、《老妇还乡》等名剧，并组织部分保留剧目赴上海、香港、澳门和日本等地演出，努力展示世界和民族的先进文化成果。

中国国家图书馆 National Library of China 中国国家级综合性研究图书馆，国家总书库。前身是京师图书馆，1912年8月27日开馆接待读者。1951年6月12日更名为北京图书馆，成为中国唯一的国家图书馆。1998年12月12日经国务院批准，北京图书馆更名为国家图书馆，对外称中国国家图书馆。

截至2006年底，馆藏文献已达2 570万册（件），居世界国家图书馆第五位。其藏书可上溯到700多年前的南宋皇家缉熙殿藏书，最早的典藏可以远溯到3 000多年前的殷墟甲骨。

图书馆全面入藏国内正式出版物，是世界典藏中文图书最丰富的图书馆。115种文字的外国文献资料占馆藏的50%，是国内外国文献的最大藏家。此外，还设有名人手稿、革命历史文献等专藏。与世界117个国家和地区的557个机构建立了文献交换关系。随着信息载体的发展变化，还入藏了大量的电子出版物。图书馆在搜集、加工、存储、提供和开发文献等方面，已形成了具有中国特色的藏用并重的格局。

中国国家图书馆外景

主要服务对象为中央和国家领导机关，重点科研、教育、生产单位，同时还面向社会公众开放，开展多渠道、多层次的文献信息服务。

图书馆实行全年365天（其中两天检修）"全年候"开馆。日均接待到馆读者1.2万人次。年均接待445万人次，文献年均流通2 692万册（件）。

该馆为读者提供远程服务。开通了资源门户网站，实现信息检索、服务、推送的一站式服务。此外，还设有全国最大的电子阅览室，拥有涵盖社会科学、自然科学等方面的数据库和电子出版物，是国内最大的电子信息源之一。

履行全国书目中心职责，编辑出版国家书目、联合目录和馆藏目录。主持编制了《中国国家书目》、《民国时期总书目》和《中国古籍善本书目》等30余种书目，建立起全面反映中国国家图书馆馆藏的书本式目录体系。

图书馆拥有国内领先、国际先进的网络条件。建立国际互联网信息服务系统，并开通了国际互联网中国国家图书馆站点，为读者提供网上导航、网上读书和书目检索等内容丰富的电子信息服务。

图书馆总面积25万平方米。2008年完成的图书馆二期工程暨国家数字图书馆工程，建筑面积80 538平方米，建成的数字资源总量已超过200TB。设计藏书量1 200万～1 400万册，设计日均接待读者能力6 000～8 000人次。

中国国民党 Chinese Nationalist Party; Chinese Kuomintang 中国近代民主革命家孙中山创立的资产阶级政党。前身是兴中会、同盟会、国民党和中华革命党。

1905年8月20日，在孙中山的倡议下，兴中会、华兴会和光复会在日本东京联合组成中国同盟会，以"驱除鞑虏，恢复中华，建立民国，平均地权"为宗旨。同年11月，同盟会创办《民报》，孙中山在发刊词中第一次公开提出了三民主义的主张。1911年10月10日同盟会领导了武昌起义，推翻了清王朝，结束了统治中国两千年的封建君主专制制度，建立了南京临时政府。不久，资产阶级同封建势力妥协，政权落入北洋军阀袁世凯手中。1912年8月

1924年1月中国国民党第一次全国代表大会代表合影

25日，同盟会与其他4个小党组成国民党。1913年7月国民党发动了反对袁世凯的“**二次革命**”，失败后，国民党四分五裂。1914年7月，孙中山召集部分国民党党员在日本东京成立中华革命党。坚持革命道路，挽救共和制度。1919年10月10日，孙中山将中华革命党改组为**中国国民党**，公布了《中国国民党规约》，规定“以巩固共和，实行三民主义为宗旨”。

1922年9月，在第三国际和中国共产党的帮助下，孙中山开始改组国民党。1923年10月，孙中山发表了国民党改造宣言和党纲草案。1924年1月20～30日，孙中山在广州主持召开了**中国国民党第一次全国代表大会**，通过了《中国国民党第一次全国代表大会宣言》、《中国国民党章程》和其他决议案，接受中国共产党提出的反对帝国主义、反对封建主义的主张，承认共产党员和社会主义青年团团员以个人身份加入国民党，确立“联俄、联共、扶助农工”的政策。从此，中国国民党与共产党密切合作，创办黄埔军校，建立革命军队。经过平定商团叛乱和两次东征，建立了广东革命根据地，并成立了国民政府。

1925年3月孙中山逝世后，国民党内的右翼势力形成**西山会议派**，反对三大革命政策，进行反共分裂党的活动。1926年1月1～19日，国民党二大在广州召开，重申了孙中山的三大革命政策，处分了西山会议派的主要成员，**蒋介石**成为中央执行委员会常委、国民革命军总监。此后，以蒋介石为首的国民党新右派势力相继制造反对、打击和排挤共产党的“中山舰事件”和“党务整理案”，使共产党员被迫辞去他们担任的国民党中央部长职务。蒋介石则先后攫取了国民党的军事委员会主席、组织部长、军人部长，以及中央常务委员会主席等职，逐渐掌握了国民党的领导大权。由于当时蒋介石的力量还不够强，未敢使国共合作彻底破裂。1926年6月5日，国民党二届中央执行委员会临时会议通过“出师北伐，以扫除军阀，统一全国”的议案。7月，国民革命军出师北伐，并连战连捷。当北伐在共产党的合作下取得重大胜利时，蒋介石在帝国主义和国内大地主、大资产阶级的支持下于1927年4月发动了“四一二”反革命政变，大肆抓捕共产党员，打击国民党左翼，镇压工农进步力量，并在南京另立国民政府。7月15日汪精卫追随蒋介石，在武汉实行“分共”，破坏国共合作的统一战线。中国共产党人与以**宋庆龄**为代表的国民党左翼发表声明，宣布退出国民党中央。由此，国共合作破裂，北伐大革命失败。以蒋介石、汪精卫为首的国民党背叛了孙中山的三大政策，它已不再是工人、农民、小资产阶级、民族资产阶级的革命统一战线组织，而成为大地主、大资产阶级的政党。此后，国民党在全国建立起一党专政的统治。

当日本帝国主义加紧侵略中国的时候，以蒋介石为首的国民党领导集团奉行“攘外必先安内”的政策，集中兵力“围剿”红军。1931年日本发动**九一八事变**，蒋介石命令不抵抗，东北三省沦为日本帝国主义的殖民地。1935年日本帝国主义策动华北五省“联合自治”，民族危机空前严重。1936年12月12日，国民党爱国将领**张学良**和**杨虎城**发动**西安事变**，要求停止内战，一致抗日。经中国共产党调停和各方的努力，西安事变和平解决，蒋介石被迫答应停止“剿共”政策，联合红军共同抗日。1937年2月，国民党召开五届三中全会，确定了和共产党重新合作的方针。在抗日战争初期，国民党先后进行了淞沪、忻口、徐州、武汉等大规模的战役和会战，阻滞了日军的攻势。抗日战争进入战略相持阶段后，在日寇的诱降下，国民党副总裁**汪精卫**公开叛国投敌，1940年3月成立伪国民政府。蒋介石及其领导下的国民党也转向实行消极抗日、积极反共的政策，连续发动了3次反共高潮。在抗日战争即将胜利的时刻，1945年5月5～21日，国民党在重庆召开第六次全国代表大会，制定了坚持独裁、准备内战的路线和政策。1945年8月29日至10月10日国共双方在**重庆谈判**，签订了《国民政府与中共代表会谈纪要》，即《双十协定》。1946年1月**中国人民政治协商会议**在重庆召开，通过了《和平建国纲领》以及政府改组协议。7月国民党当局在美国支持下，悍然撕毁《双十协定》、政协决议和停战协定，发动了反共、反人民的全面内战。1947年3月在国民党六届三中全会上，蒋介石宣布国共关系破裂。7月国民政府颁布“总动员令”，宣布进入“戡乱阶段”，集中力量全面反共。经过3年内战，国民党溃败，南京国民政府覆亡。1949年10月1日，中华人民共和国宣告成立，结束了蒋介石、国民党在中国大陆的统治。12月国民党中央总部迁往台北。

蒋介石到台湾后，重建旨在“坚持反共抗俄”、“反攻大陆”的国民党组织。1952年10月10日在台北召开中国国民党第七次全国代表大会，决定在台湾实行国民党一党专政统治和“戒严”统治体制，并准备“反攻大陆”。1963年11月国民党九大重订《中国国民党政纲》，提出“立足台湾”、“光复大陆”口号。1969年3月国民党十大通过了《政治革新要领》，提出“从根做起、全面革新”，“建设台湾巩固复兴基地，策进光复大陆工作”的口号。

1972年蒋介石主持国民党第二次改组，扩大和强化党组织。1975年4月蒋介石去世。1976年11月国民党十一大召开，提出了“坚守民主阵容”，“建设复兴基地”，“实行三民主义，光复大陆国土”的方针。选举**蒋经国**为国民党主席。

1979年后，中国共产党提出“和平统一、一国两制”的统一祖国方针和实行国共两党第三次合作、振兴中华的主张。对此，国民党当局一方面说“和平、统一确实是我们全中国人民的愿望”，表示应该统一；另一方面又提出同共产党“不接触、不谈判、不妥协”的“三不政策”。1981年4月，国民党十二大提出以“三民主义统一中国”。1986年3月蒋经国主持召开国民党十二届三中全会，强调“中国只有一个”，“中国必将统一”。会后，蒋经国提出了以“变”应“变”的观念和“政治革新”主张，对国民党进行第三次改造，由“一党专制”调整为“一党执政、多党竞争”的政党体制。1987年7月，国民党

国民党历任领导人及在职时间表

序号	历任领导人	在职时间	备注
1	总理孙中山	1919～1925年3月12日	
2	国民党中央职权由政治委员会执掌	1925年3月～1938年3月	
3	总裁蒋介石	1938年4月～1975年4月	
4	主席蒋经国	1975年4月～1988年1月	
5	主席李登辉	1988年2月～2000年3月	
6	主席连战	2000年3月～2005年8月	
7	主席马英九	2005年8月～2007年2月	
8	主席吴伯雄	2007年4月～2009年10月	
9	主席马英九	2009年10月～	

当局解除在台实行38年的“戒严令”。10月14日，蒋经国主持国民党中常会，正式宣布开放台湾民众赴大陆探亲的决定。

1988年1月，蒋经国去世，李登辉任代理党主席。7月，国民党十三大召开，通过了《中国国民党党章修订案》和《中国国民党现阶段大陆政策案》李登辉被选为国民党主席，成为国民党历史上首位台籍领导人。

李登辉在党内不断清除异己、巩固权力，强力推行“本土化”路线的行为也激化了党内矛盾，由此引发了国民党去台后的三次大分裂，严重削弱了国民党的实力，选举得票率每况愈下。2000年3月，国民党在宋楚瑜参选严重分裂下，得票率竟然只有23.1%，失去了长达50余年的执政权。不仅如此，李登辉在推行“本土化”的过程中，将国民党定位为“外来政权”，与民进党“台独”分裂势力内外勾结，推动所谓“宪政改革”，推行“中华民国在台湾”理念，对国民党灌输分裂思想，1999年8月的国民党十五全二次会议将李登辉的“两国论”纳入国民党决议，使国民党传统思想体系发生了蜕变，国民党认同出现了很大混乱，这种消极影响对国民党产生了负面作用。

2000年3月18日，国民党败选后，数万名国民党党员和支持者开始走上街头，要求李登辉下台。3月24日，李登辉不得不辞去党主席职务，连战代理党主席。2000年6月17、18日，国民党十五全临时会议召开，连战当选国民党主席。2001年7月29日，国民党十六大召开，连战当选首任直选党主席。2001年9月，李登辉因主导筹组“台湾团结联盟”，被国民党撤销党籍。2001年底第五届“立委”选举，国民党失去了“立法院”第一大党的地位，但在县市长选举中获得9席，维持住了基本实力。2004年，国民党与亲民党领导人连战与宋楚瑜搭档参选2004年台湾地区领导人，但最终惜败。

2005年4月26日至5月3日，国民党主席连战应邀率团访问大陆，中共中央总书记胡锦涛与连战举行会谈并发表“两岸和平发展共同愿景”，实现了60年来中国共产党和中国国民党领导人的历史性会晤，成为两党关系史上的里程碑，两党关系进入了新阶段。

2005年7月16日，马英九当选中国国民党主席。8月19～20日，国民党十七大召开，将“两岸和平发展共同愿景”列入国民党的政策纲领。2005年底县市长选举，国民党一举赢得23个县市中17个县市的执政权。2008年1月，国民党在“立委”选举中赢得113席中的81席。3月22日，国民党候选人马英九与萧万长以765万余票、得票率58.5%大胜民进党，当选台湾地区新一届领导人。

中国国民党反对“台独”，认同“九二共识”，主张发展两岸关系。党员数量100多万。

中国国民党第一次全国代表大会 First National Congress of Chinese Nationalist Party 1924年1月20～30日在中国广州举行。与会者共156人。共产党员**李大钊**、**毛泽东**、**林伯渠**、**瞿秋白**、**谭平山**等，以及苏联顾问M.M.**鲍罗廷**也参加了大会。**孙中山**以总理身份任大会主席，并指定**胡汉民**、**汪精卫**、**林森**、谢持、**李大钊**五人组成大会主席团。孙中山作《国民党改组问题》的报告，谭平山代表国民党临时中央执行委员会作工作报告，柏文蔚作军事报告，各地代表作党务状况报告。1月23日通过《中国国民党第一次全国代表大会宣言》。宣言接受了中国共产党提出的反帝反封建纲领，正式确定了联俄、联共、扶助农工三大政策，成为国共合作和各革命阶级联合统一战线的政治基础。1月28日，大会通过《中国国民党章程》。大会同意接受共产党员和社会主义青年团员以个人资格加入国民党。大会选出中央执行委员24人，共产党员李大钊、谭平山、于树德当选为中央执行委员，谭平山当选为中央执委常务委员；候补执行委员17人，共产党员毛泽东、林伯渠、瞿秋白、**张国焘**等7人当选为候补执行委员。会后改组了国民党中央党部，谭平山为中央组织部长，林伯渠为中央农民部长。大会标志着以国共合作为基础的统一战线正式形成，国民党由单纯资产阶级性质的政党转变为工人、农民、城市小资产阶级和民族资产阶级的政治联盟。国民党第一次全国代表大会的召开对革命形势的发展起了极大的推动作用，成为第一次国内革命战争的起点。

孙中山与大会代表步出国民党一大会议会场

中国国民党革命委员会 Revolutionary Committee of Chinese Nationalist Party 具有政治联盟性质、致力于建设中国特色社会主义和祖国统一事业的政党。简称民革。**是中国共产党领导的多党合作和政治协商制度**中的一个参政党。

民革在现阶段的政治纲领是高举邓小平理论伟大旗帜，学习实践“**三个代表”重要思想**，切实履行参政党职能，坚持爱国主义和社会主义，遵循社会主义初级阶段的基本路线和基本纲领，发扬孙中山爱国、革命和不断进步的精神，为全面建设小康社会，实现推进现代化建设、完成祖国统一、维护世界和平和促进共同发展的历史任务，为巩固和扩大爱国统一战线，维护安定团结的政治局面，健全社会主义法制，发展社会主义民主，建设社会主义政治文明，把中国建设成为富强、民主、文明的社会主义现代化国家而奋斗。

民革由原中国国民党民主派和其他爱国民主人士所创建，1948年1月1日成立，并发表成立宣言，主张推翻国民党的独裁统治，实现中国的独立、民主与和平。1948年5月，民革领导人和其他民主党派领导人、无党派民主人士通电全国，响应中国共产党发出的关于召开新的政治协商会议、成立民主联合政府的五一号召。1949年9月，民革的代表出席中国人民政治协商会议第一届全体会议，参与制定《**中国人民政治协商会议共同纲领**》、选举中央人民政府。

中共十一届三中全会以来，民革适应社会主义建设新时期的要求，实现了工作中心的转移，为推进改革开放和社会主义现代化建设、促进祖国和平统一作出了新的贡献。半个多世纪以来，民革不忘孙中山统一祖国、振兴中华的遗志，始终发扬孙中山爱国、革命和不断进步的精神。

1989年中共中央发布《关于坚持和完善中国共产党领导的多党合作和政治协商制度的意见》以后，民革进一步明确了参政议政、民主监督的基本职能。十多年来，民革积极履行参政党职能，不断建立和健全参政议政、民主监督的工作机制，加强自身建设，针对国家的改革开放、经济建设和社会发展中的重大问题积极开展调查研究，提出了许多意见和建议，在国家政治生活中发挥着越来越积极的作用。同时，民革还利用自身人才智力优势，开展智力扶贫、医疗服务和办学等多种活动。

民革历任主席为李济深、何香凝、朱蕴山、王昆仑、屈武、朱学范、李沛瑶、**何鲁丽**。2007年12月，周铁农当选十一届中央主席。《团结报》、《团结》杂志分别是民革中央的机关报和机关刊物。

中国国民党陆军军官学校 Military Academy of Chinese Nationalist Party 第一次国共合作时期，孙中山在苏联和中国共产党帮助下创办的培训陆军初级军官的学校。

见黄埔军校。

中国海洋大学 Ocean University of China 中国以海洋与水产学科为特色的综合性大学。属教育部。校址在青岛。1924年建校，名私立青岛大学。后经国立青岛大学、国立山东大学、山东大学等几个时期的变迁，1959年改为山东海洋学院，1988年更名为青岛海洋大学，2002年改现名。设有20多个学部及院（系），有培养学士、硕士和博士的教学体系；有一级国家重点学科和二级国家重点学科等。

中国航空博物馆 China Aviation Museum 中国航空专业博物馆，亚洲最大的航空博物馆。坐落在北京昌平大汤山脚下。始建于1986年10月，1989年11月开放。该馆占地面积70余万平方米，建筑面积近5万平方米，由山洞大展厅、友谊珍品馆展厅和露天展区组成。共收藏飞机119个型号299架，导弹、雷达、高炮等武器装备2 468件。

毛泽东主席座机伊尔-14型运输机

展品有中国第一个飞机设计师冯如设计制造的冯如2号飞机复制品，孙中山先生用宋庆龄上小学时英文名字命名的乐士文1号飞机，培养了第一代人民空军飞行员的日本造99式高级教练机，战斗英雄王海驾驶的击落击伤敌机9架的苏制米格-15比斯飞机，毛泽东、周恩来、朱德在20世纪50、60年代乘坐过的飞机等。另有苏联、美国、法国、日本、加拿大、捷克等国制造的多种型号飞机，具有极高的文物收藏和观赏价值。

中国航天 China spaceflight 中国航天事业创建于20世纪50年代中期，1956年国家

图1 “东方红”1号卫星发射

制订的十二年科学发展计划，把喷气推进和火箭技术列为国家的重点发展项目。同年，建立了中国第一个火箭导弹研究机构——国防部第五研究院。1958年，根据毛泽东主席的提议把发射人造卫星列入科学发展规划。此后，中国科学院成立了星际航行委员会和581组，在上海成立了上海机电设计院，开展了航天技术的规划工作、学术活动、空间物理研究和探空火箭研制，着手建设空间环境模拟试验室和研究人造卫星跟踪测量技术，为发射卫星作准备。1965年，中华人民共和国第七机械工业部成立，统一管理导弹和火箭的研究、设计、试制、试验、生产与基本建设。1968年中国空间技术研究院成立，航天发射场、航天测控中心和观测台站亦陆续建成和完善，形成了配套的航天事业研发和生产系统。截至2008年10月，中国共发射了98颗卫星、4艘无人飞船和3艘载人飞船。

人造地球卫星 1970年4月24日，中国靠自力更生的力量发射了第一颗人造地球卫星——“东方红”1号，成为继苏联、美国、法国和日本之后的第五个航天国。中国已发展了7个人造卫星系列，它们是返回式遥感卫星系列、“东方红”通信卫星系列、“风云”气象卫星系列、“实践”科学探测与技术试验卫星系列、地球资源卫星系列、“北斗”导航卫星系列和海洋卫星系列。中国是世界上第三个掌握卫星和飞船返回技术的国家，返回成功率达到国际先进水平；是世界上第五个独立研制和发射地球静止轨道通信卫星的国家。中国的气象卫星、地球资源卫星、通信卫星和海洋卫星的主要技术指标已达到或接近同期国际水平。随着航天事业的发展，中国的卫星通信、卫星广播、卫星气象观测、卫星资源勘探、卫星海洋监测、卫星测绘、卫星导航定位等有很大的发展，对国家的经济、国防、科教和人民生活等产生了重大影响，产生了很好的社会效益和经济效益。

运载火箭 中国运载火箭是在充分利用中国弹道导弹和探空火箭的研究成果与技术的基础上发展起来的。中国自行研制的“长征”系列运载火箭，适用于发射近地轨道卫星和载人飞船、地球静止轨道卫星、太阳同步轨道卫星等。“长征”系列运载火箭的近地轨道最大运载能力达到9 200千克，地球同步转移轨道最大运载能力达到5 100千克，发射成功率高，自1990年4月起多次承担国际商业发射任务。

载人航天 中国于1992年开始实施载人航天工程。研制载人飞船和高可靠运载火箭，开展航天医学和空间生命科学的工程研究，选拔预备航天员，研制空间遥感和空间

图2 “实践”1号科学试验卫星

科学试验装置。1999年11月20～21日，中国成功地发射并回收了第一艘“神舟”号无人试验飞船，标志着中国已突破了载人飞船的发射和安全返回技术。中国在成功发射4艘“神舟”号无人飞船的基础上，于2003年10月15日，用“长征”2号F运载火箭从酒泉卫星发射中心，将载有首位航天员杨利伟的“神舟”5号飞船送入太空，于10月16日安全返回内蒙古航天回收着陆场。2005年10月12日，“长征”2号F运载火箭将载有两位航天员费俊龙、聂海胜的“神舟”6号飞船送入太空，于10月17日安全着陆。2008年9月25日载有翟志刚、刘伯明、景海鹏的“神舟”7号飞船发射，9月27日翟志刚完成出舱活动，9月28日安全着陆。见中国载人飞船工程。

图3 “神舟”号飞船

航天器发射场 中国已建成酒泉、西昌、太原3个航天器发射中心，完成了各种运载火箭的飞行试验和各类人造卫星、试验飞船的发射任务。中国航天器发射场既可完成国内发射任务，又有完成国际商业发射服务和开展其他国际航天合作的能力。

航天测控 中国已建成完整的航天测控网，由运载火箭测控系统和卫星测控网两大系统组成。包括测控中心、陆地测控站和海上测控船队。中国的航天测控网能承担从近地轨道卫星到地球静止轨道卫星，从卫星到飞船的航天测控任务。具备国际联网共享测控资源的能力，测控技术达到了世界先进水平。

中国航天测控网 Chinese space tracking, telemetering and command net 中国对航天器发射、运行进行跟踪、测量和控制的地面系统。由运载火箭测控系统和航天器测控网组成。运载火箭测控系统主要为3个（酒泉、西昌、太原）卫星发射中心服务，设有发射指挥控制中心和跟踪测量站。指挥控制中心接收测量站送来的数据，完成外测、

跟踪雷达

遥测数据的实时处理，飞行弹道计算、显示、安全判决和安控指令的发送等。跟踪测量站有光电经纬仪站、高精度长基线干涉仪测速固定站、单脉冲跟踪雷达站以及"远望"号海上测量船。航天器测控网分为近地卫星测控网、地球静止轨道卫星及其远轨道的航天器测控网和载人飞船测控网以及定点支持网。主要由西安卫星测控中心、北京航天指挥控制中心、十几个固定站（东风站、长春站、青岛站、闽西站、南宁站、渭南站、大树里站、喀什站、和田站、卡拉站、纳米比亚站等）、机动回收站和4艘"远望"号测量船组成。可为测控国内外卫星、飞船服务，也可支持国外卫星的测控或同外国航天联网。

中国红十字会 Chinese Red Cross Society 中国从事人道主义工作的社会救助团体。成立于1904年5月29日。1912年1月15日，红十字国际委员会通报各国红十字会承认中国红十字会为国际红十字正式成员。2月29日中国红十字会举行第一次会员大会，通过会章，选举产生领导机构，在全国相继开展了救灾和救济活动。红十字会协会成立后，中国红十字会于1919年7月8日加入协会。到1937年，地方分会达469处，医疗机构262处，会员13.8万余人。中华人民共和国建立后，中国红十字总会部分工作人员留在大陆。1950年8月2日在北京召开大会，协商改组中国红十字会。

1952年中国红十字会恢复在红十字会与红新月会国际联合会的合法席位。在协助政府履行日内瓦公约，配合国家的社会主义建设，提高人民健康水平等方面做了大量工作。1978年以来，中国红十字事业进入了持续、快速发展时期。中国红十字会现有31个省级分会和香港、澳门两个特别行政区分会，7万多个基层组织，2 400万会员。1982年以来，中国红十字会协助政府倡导和推进公民无偿献血事业。1985年以来，中国红十字会曾三次担任红十字会与红新月会国际联合会领导委员会成员，并担任副主席。1993年，中华人民共和国第八届全国人民代表大会常务委员会第四次会议通过了《中华人民共和国红十字会法》，使中国红十字会的工作有了法律保障。

《中国红十字》杂志创刊于1913年。1950年9月，中国红十字会改组后在北京复刊，国内外公开发行。中国红十字会总会的机关报《中国红十字报》1986年10月创刊。

中国画 traditional Chinese painting 泛指中国绘画，是近代为区别明末传入的西画而出现的名称。包括卷轴画、**壁画**、**年画**、**版画**等门类。中国画狭义上指以中国独有的笔墨等工具材料按照长期形成的传统而创作的绘画品种。中国画不是符合艺术分类学的科学概念，按工具材料的区别，可称为**水墨画**或彩墨画，与**油画**、**水彩画**、版画、**水粉画**并列；按使用方式的不同，可列入壁画、**连环画**、年画、插图之中；按题材之异可列入**人物画**、**风景画**之内。但是，它毕竟以悠久的历史和自身的特点，代表了中国绘画传统及其在新时代的更新，在世界美术领域中自成体系，是东方画系的重要组成部分。中国画现分为三大画科：人物画、**山水画**、**花鸟画**；有工笔与写意两大种画法；有卷、轴、册、屏等多种装裱形制。

图1 郑燮作《兰竹石图》

历史发展 中国画历史悠久，仅从已知独幅的战国**帛画**算起，已有2 000余年的历史。如果从内蒙古、甘肃、山东、新疆以及东北各地的原始岩画及1986年发现于甘肃秦安大地湾原始地画来看，其历史已不下5 000年。在长期的历史进程中，中国画因功用之别形成宫廷画、民间画与**文人画**三大系统。宫廷画是在皇家或贵族直接掌握下，由宫廷绘画机构或画家奉命创作的绘画，或宣扬统治者的文治武功，或满足皇帝与贵族的审美需要。民间画是活动于民间的画工或低层职业画家的绘画。这两大系统自中国画产生以来即并行于世。文人画则是北宋中期兴起的艺术运动，纵贯宋元明清各代，随封建王朝的结束而告终。它是朝野文人士大夫文化生活的产物，虽不断有所发展变异，但始终代表士大夫阶层在或出仕或归隐不同境况下的艺术目的与审美要求。由于文人是中国封建社会的脑力劳动阶层，他们的艺术目的，对艺术作用的认识虽带有历史的局限，但对艺术规律的研究把握方面较具备条件，对扩展中国画表现力上作出了贡献。

观察认识方法和表现方法 中国画的观察认识方法，主张以大观小、小中见大，往往在流动中从多方面进行观察。对于处在一定时空中的物象，不着眼于特定光源所引起的明暗与色彩的变化，也不认知对象的一切外表特征，而认识其显露于外又深藏于内的神采与本质，即所谓的遗貌取神。中国画的观察方法，还充分体现了中国人民特有的审美习惯，善于缘物寄情，对于山水花鸟等本来无情之物的观察体味带有浓重的感情色彩，努力捕捉对象与人类审美感情及精神生活有联系的特征，通过形象记忆，发挥想象，形成熔铸了作者品格、情操与感情的胸中意象。

中国画的表现方法亦具有多方面的特点：重视立意构思的统帅作用；崇尚实现艺术形象主客观统一的神韵；要求把握物象的骨法结构，形象刻画不止于亦不限于形似，敢于使用程式化、装饰化与夸张变形的手法，为对象传神，为作者达意；构图布局不拘于特定的时空，"计白当黑"，大胆取舍；讲求笔墨特别是笔法既服从于状物传情又自具相对独立的审美价值，使用色彩或以墨为主，以色为辅，或追求对比色的调和；在强调意在画外，画中有诗，书画同法的同时，提倡以画为主，诗书画印有机结合的综合表现手法。"本于立意"是中国画艺术表现的出发点。

中国画的总体特征是重视艺术形象的神韵或气韵。所谓神韵或气韵是艺术形象中客观与主观的统一。为实现这一目的，人物画主张写真、传神，即在真实再现对

图2　徐悲鸿作《双马图》

象表里的同时，突出其精神本质，并给予或崇或贬的审美评价。山水画强调留影与意境。留影即反对“谨毛而失貌”，主张总体把握；意境即把表达来自生活的情思放在主导地位，实现情与景的统一。花鸟画则强调写生与寓兴。写生即表现动植物的生命力与特质；寓兴即像诗人咏物一样地在写生的基础上表达自己的感受与触动。

造型特点和创作方法　主要有：

①重神似，在造型上提倡不拘于形似甚至“妙在似与不似之间”。中国画的形象塑造因服从于为对象传神也为作者抒情达意的要求，所以敢于舍弃对象形态的非本质内容，敢于为强化而进行恰到好处的艺术夸张与艺术幻化，善于抓住与对象本质特征关系最直接的骨法结构，并以写实的或秩序化又灵活组织的程式手段加以表现。

②构图布局不拘于特定的时间与空间。事物的一切表现寄寓于空间，中国画的人物山水花鸟的现实依据也存在于一定的时空中，但中国画对时空的处理是非常灵活的。它表现空间的办法，在山水画中不拘于焦点透视，而是使深远、高远、平远，后来还有洞远法相互结合。在人物花鸟画中，对空间环境的取舍则愈发自由，或按主题需要有弃有取，或完全省略环境描写，大胆利用空白，突出主体。对于时间的处理，一方面注重某些画幅必要的四时朝暮和风雨晦明的表现，另一方面有意超越瞬间，不仅四时花草同现于一图，且在描绘人物故事的长卷画或壁画中把发生在不同时间的内容绘于同一画面，靠画树、石或道具的分隔与联系，成功地实现了内容丰富首尾相接的创作意图。

③讲求笔墨。即重视状物与传情达意的艺术技巧。中国书法笔迹形态及其组织的相对独立的审美价值及其表现能力，造成了中国画把笔墨特别是笔法看成了最重要的艺术技巧。它的作用之一是以不同的笔法墨法描写可视形象，突出其骨法、质地、光暗；作用之二是类似书法的笔法组织传达作者的情意，体现作者的个人风格。基本上不使用墨的没骨法，也仍然是以讲求笔法形态的技巧状物抒情的，因此即使以色代墨，却仍然有笔。中国画虽多水墨画，但并不排斥色彩，并有水墨淡色与重着色的画法。在墨与色的关系上，一种是以墨为主，以色为辅；另一种是墨不碍色，色不碍墨；还有一种以色为主，但不使用一定光源下形成的变化多端的条件色，而是“随类赋彩”，用固有色或经画家归纳夸张了的假定色进行描绘，尤喜在强烈对比中借黑、白、金、银取得对比中的协调。

④以画为主，并实现诗文、书法、绘画以至印章的有机结合。它的形成过程，首先是提倡画中有诗，亦即追求画像诗一样的精练抒情而有韵律，也像诗一样善于创造意境而达到有画外意。后又因工具材料的相同与表现手段的不无相近，提倡书画同法，要求绘画中的笔法不但有效地描绘物象，同时也能以相对独立的笔法组合传达一定的情感，表达作者的个性。再后又把开始仅用以辅助签字落款的用印，在其文字内容与使用部位上加以扩展，成为补充或点醒画意，在构图上把书法绘画有机结合起来，使中国画成为以画为主体并有诗、书、印相辅相成的小型综合艺术。

中国画反映在创作方法上的最主要的特点还有“外师造化，中得心源”，及其对画家画外修养的高度重视。“外师造化，中得心源”，即是从根本上讲绘画要反映自然，反映现实，而非摹写，所以要极大程度地发挥画家的主观能动性在创作中的主导作用。画外修养即是不应满足于仅画所见，而要尽所知、所想。这所知所想，除去“所览众多”之外，还离不开对整个社会意识的融会贯通与个人品格情操的锤炼。

中国话剧　modern Chinese drama　中国20世纪初产生的区别于传统戏曲样式的现代戏剧形式。分为早期话剧和现当代话剧两种不同历史时期的不同形态。早期话剧是在19世纪末20世纪初戏曲改良的基础上，接受了外国戏剧的影响而形成的；现当代话剧则诞生于五四新文化运动之后，是借鉴西方现实主义戏剧并改造早期话剧的成果。

早期话剧的兴衰　1906年，受日本新派剧启示，中国留日学生组织春柳社。1907年在日本东京演出《茶花女》、《黑奴吁天录》。同年，上海的春阳社也演出了《黑奴吁天录》，标志着中国早期话剧的正式形成。这种以对话为主要手段的舞台剧被称为新剧，后又称文明戏。以后10年间，上海、北京、天津、南京、武汉先后出现进化团、南开新剧团、新剧同志会等一批新剧团体，演出《黄金赤血》、《共和万岁》、《社会钟》等剧目，受到民众热烈欢迎。辛亥革命失败后，新剧逐渐衰落。

现代话剧的兴起和成熟　1919年五四运动的重要人物胡适、陈独秀、傅斯年等人对新剧启发民众觉悟的力量给予特别的关注，推崇介绍H.易卜生的社会问题剧。1919年胡适发表的独幕剧《终身大事》是他们主张的代表。同时，陈大悲、欧阳予倩等人提出“爱美剧”即非职业戏剧的口号，先后成立民众戏剧社、辛酉剧社、南国社等戏剧团体；《获虎之夜》、《名优之死》、《三个叛逆的女性》、《一片爱国心》、《一只马蜂》等一批优秀剧目诞生，为中国话剧建立了重要的文学基础。1922年留美专攻戏剧的洪深回国参加上海戏剧协社，针对文明戏的不良习气，从剧本、舞台纪律、导演制建立等方面大胆改革，推行男女合演，从而形成完整的话剧艺术体制。1925年北京艺术专门学校戏剧系成立，为话剧人才的培养提供了一块阵地。田汉主持领导的南国艺术运动，最能体现20世纪20年代新兴话剧的精神。1924～1930年先后上演了不少反帝反封建剧目，培养了一批艺术骨干。1929～1931年欧阳予倩主办广东戏剧研究所，出版《戏剧》刊物，组织演出《怒吼吧，中国》等几十个剧目。1928年洪深创意将英文Drama译为话剧，区别已陈腐的“新剧”，中国话剧从此定名。

在中国共产党领导下，1929年上海艺术剧社成立，提出“无产阶级戏剧”的口号。1930年中国左翼戏剧家联盟成立，从此中国话剧进入以左翼戏剧运动为主的发展阶段。左翼剧联总盟设在上海，领导北平（今北京）、南京、广州、杭州等分盟，建立50多个左翼剧团，演出《乱钟》、《怒吼吧，中国》、《香稻米》、《回春之曲》等大量进步话剧，涌现出夏衍、于伶、陈白尘、宋之的等一批新剧作家以及章泯、金山、赵丹、舒绣文等舞台艺术家。1935年上海业余剧人协会成立，演出《娜拉》、《钦差大臣》、《大雷雨》、《武则天》、《太平天国》，四十年代剧社演出《赛金花》等大型剧目，舞台艺术水平大大提高。1934～1937年青年剧作家曹禺的剧作《雷雨》、《日出》、《原野》问世；1933年中国第一个职业话剧团中国旅

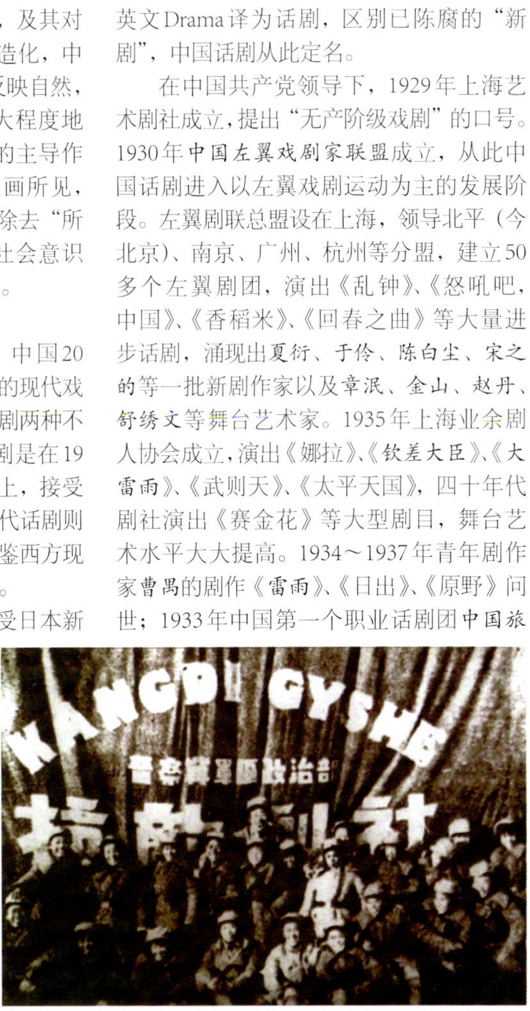

图1　抗敌剧社演职员合影

行剧团诞生并坚持14年之久；1932～1937年河北定县（今定州）农民戏剧实验在做话剧尝试；红色戏剧在江西、湖北、湖南、广东、福建等革命根据地十分活跃，演出《二七惨案》、《八一南昌起义》等几百个剧目，极大地鼓舞了根据地军民的战斗士气。1935年在南京成立国立戏剧专科学校，以后14年中培养学生千余名，演出独幕、多幕剧近180出。

现代话剧的繁荣 抗日战争开启了中国话剧的新时期。1937年七七事变后，上海的戏剧工作者组成13个救亡演剧队奔赴各地宣传抗战。1937年底中华全国戏剧界抗敌协会在武汉成立。1938年夏在国民政府军事委员会政治部第三厅领导下，汇聚武汉的进步戏剧工作者组成10个抗敌演剧队、4个抗敌宣传队、1个孩子剧团，分赴各战区，与各地自发组织的演剧组织及抗日根据地的话剧演出相结合，宣传演出遍及全国城镇乡村。1938年10月第一届戏剧节上演曹禺、宋之的编剧的《全民总动员》，轰动一时。1939年后话剧运动重心开始转入城市，中国万岁剧团、中电剧团、中央青年剧社等有影响的专业剧团在重庆成立。1941年成立的中华剧艺社、1943年成立的中国艺术剧社为重要的民间职业剧团。从1941～1945年重庆各剧团连续演出《屈原》(郭沫若)、《北京人》(曹禺)、《天国春秋》(阳翰笙)、《法西斯细菌》(夏衍）等剧目110余台。1944年2～5月，广西桂林举办了规模宏大的西南第一届戏剧展览会，28个文艺团体演出话剧27台，是一次话剧艺术的大展览大检阅。上海等沦陷区在复杂的环境中上演了《夜上海》(于伶)、《蜕变》(曹禺)等进步作品。在抗日根据地成立了鲁迅艺术学院戏剧系、延安青年艺术剧院、西北战地服务团和大量的文工团、宣传队活跃在农村、部队。解放战争时期，话剧活动处于低潮。《清明前后》(茅盾)、《升官图》(陈白尘)、《丽人行》(田汉）的上演是这时期的重要收获。

当代话剧的曲折发展 1949年7月中国戏剧工作者协会（后改名中国戏剧家协会）在北京成立，中国话剧开始了新的发展阶段。先后成立了中国青年艺术剧院、北京人民艺术剧院、中央戏剧学院、上海戏剧学院、中国人民解放军总政治部话剧团以及各省、自治区、大军区的专业话剧团。《龙须沟》、《茶馆》、《蔡文姬》、《关汉卿》、《万水千山》、《马兰花》等优秀剧目大量涌现；焦菊隐导演的《蔡文姬》、《茶馆》显示了话剧的民族化追求。黄佐临导演的《大胆妈妈和她的孩子们》介绍了B.布莱希特的演剧思想；中国少数民族过去基本上没有话剧，50年代后也出现维吾尔、蒙古、朝鲜、藏语的话剧演出，扩展了话剧艺术领域。1962年后出现了《霓虹灯下的哨兵》(沈西蒙)、《年青的一代》(陈耘）等优秀剧目。“文化大革命”时期是中国话剧艺术实践荒疏的时期。

图2 北京人民艺术剧院赴日本演出《茶馆》海报

当代话剧的改革和创新 中国共产党十一届三中全会后，中国话剧进入发展的新时期。在突破旧舞台局限、革新戏剧观念、丰富话剧艺术表现力方面，进行了广泛而深入的探索。戏剧创作上的无场次结构、意念化形象塑造、时空跳跃情节、模糊主题等尝试，舞台艺术上的运用面具、中性服装、几何图形布景道具，激光灯光以及打破第四堵墙，缩短与观众的距离，四面观众等形式革新，引起戏剧理论界的关注，出现了一场戏剧观念与形式革新的讨论。出现了《于无声处》、《丹心谱》、《红白喜事》、《绝对信号》、《同船过渡》、《狗儿爷涅槃》等优秀作品。一批艺术家如编剧高行健、沙叶新，导演林兆华、胡伟民、徐晓钟等，成为这一时期话剧创作的中坚力量。于1989年举行了全国第一届小剧场戏剧节。北京人民艺术剧院的《茶馆》于1980年开始走出国门并广获赞誉，成为中国话剧走向世界的良好开端。台湾小剧场实验话剧在20世纪80年代进入繁荣期，出现了姚一苇、赖声川、杜国威、杨世彭等新一代话剧作家和艺术家，《红鼻子》、《和氏璧》等话剧名作。

中国话剧经历了一个世纪的极为曲折复杂的过程，积累了丰富的经验，形成了自己的特色。

中国基督教三自爱国运动委员会 Three-self Patriotic Movement Committee of Protestant Churches in China

中国基督教（新教）教徒的爱国组织。成立于1954年8月。其宗旨是：团结、教育全国基督教徒，热爱祖国，遵守国家法令，参加社会主义建设，坚持自治、自养、自传的原则，办好独立自主的中国基督教会。1954年在北京召开第一届中国基督教全国会议，正式成立中国基督教三自爱国运动委员会。1961年1月、1980年10月和1991年12月，先后在上海、南京、北京召开第二届、第三届和第四届中国基督教全国会议。协会最高机构为中国基督教全国会议，全国会议每4年举行一次，由该会与中国基督教协会联合召开，选举该会全国委员会，全国委员会选举产生主席、副主席、秘书长及常务委员。第一届和第二届主席为吴耀宗，第三届和第四届主席为丁光训，第五届和第六届主席为罗冠宗，第七届主席为季剑虹，第八届主席为傅先伟。会址设于上海。

中国基督教协会 China Christian Council

中国基督教（新教）全国性教务机构。成立于1980年10月。会址设于上海。宗旨为团结全国基督教徒，根据自治、自养、自传原则，办好中国基督教会。其主要工作为：为全国各地教会及教徒在教会工作上提供服务，如出版《圣经》、赞美诗、宗教书刊；对中国基督教将来采用的制度、礼仪等进行探讨；教育全国教徒在基督教信仰上互相尊重，加强团结。协会最高机构为中国基督教全国会议，会议代表由各省、市、自治区协会产生，每4年由该会同中国基督教三自爱国运动委员会联合召开。全国会议协商选举中国基督教协会全国委员会，全国委员会选举产生会长、副会长、总干事及常务委员，任期均为5年。第一、二届会长是丁光训，第三、四届会长是韩光藻，第五届会长为曹圣洁，第六届会长为高峰。

中国加入世贸组织 China's Entry into WTO

2001年11月10日，世界贸易组织（WTO）第四次部长级会议作出决定，接纳中国加入WTO。世界贸易组织与世界银行、国际货币基金组织并列，是最具广泛性的三大国际经济组织之一。其主要职能是：制定并监督执行国际经贸规则，组织各成员进行开放市场的谈判，建立成员间的争端解决机制。被喻为“经济联合国”。

世界进入20世纪80年代中期后，是否参加关贸总协定（1995年1月1日被世界贸易组织所替代）为基石的多边贸易体制，成为衡量一国是否负责任地加入国际社会、该国经济是否与世界经济衔接的重要尺度。获得WTO的一个席位，等于拿到了国际市场的多张通行证。中国自改革开放以来，特别是1992年提出建设社会主义市场经济体制以来，经济实力明显增强，在诸多领域已具备了参与国际分工与竞争的能力，但因长期被排斥在世界多边贸易体系之外，不得不主要依靠双边磋商和协议来协调对外经贸关系，使国内企业和产品在进入国际市场时受到了许多歧视性或不公正待遇。加入WTO，中国不仅有分享经济全球化成果的权利，还能够参加制定有关游戏规则，在建立国际经济新秩序中把握主动权，并且可以利用WTO争端解决机制在国际贸易战中占据有利位势。同时，WTO也需要中国。作为世界上最大的发展中国家，中国拥有占世界1/5多的人口，经济总量和进出口总值均列世界前列，吸收外资连续多年居发展中国家之首。其中，与WTO成员间的贸易额占中国外贸总额的90%。显然，没有中国加入，WTO将有失完整，不能真正体现其世界性。

中国入世谈判是多边贸易体制史上艰难的一次较量，在世界谈判史上也罕见，经历了15年三个阶段：第一阶段从20世纪80年代初到1986年7月，主要是酝酿、准备复关事宜；第二阶段从1987年2月到1992年10月，主要是审议中国经贸体制，中方要回答的中心题目是到底要搞市场经济还是计划经济；第三阶段从1992年10月到2001年9月，进入实质性谈判，即双边市场准入谈判和围绕起草中国入世法律文件的多边谈判。15年中，中美谈判进行了25轮，中欧谈判进行了15轮。双边谈判的核心问题是确保中国以发展中国家地位加入，多边谈判的核心问题是确保权利与义务的平衡，具体内容包括关税、非关税措施、农业、知识产权、服务业开放等一系列问题，其中农业和服务业是双方相持不下的难点。经过艰苦谈判，美欧等发达国家同意“以灵活务实的态度解决中国的发展中国家地位问题”，中方最终与所有WTO成员就中国加入WTO后若干年市场开放的领域、时间和程度等达成了协议。中国对入世作出了两项庄严承诺：遵守国际规则办事，逐步开放市场。2001年11月11日，在卡塔尔首都多哈，中国签署加入世界贸易组织的议定书。一个月后，中国正式成为世界贸易组织的成员。

中国建设银行 China Construction Bank 中国专门经营基本建设等固定资产投资方面金融业务的商业银行。成立于1954年10月。原名中国人民建设银行，1996年3月改现名。总行设在北京。1983年，中国建设银行由建立之初的单一管理财政资金、经办国家基本建设拨款并实施监督的机关，调整为以经营现金出纳、居民储蓄、固定资产贷款、国际金融、住房贷款和各种委托代理业务在内的多功能的专业银行。1993年11月，中共十四届三中全会确立了金融体制改革目标，中国建设银行随将代行的财政职能和办理政策性基本建设贷款的业务分别移交财政部和国家开发银行，并于1995年开始遵照《中华人民共和国商业银行法》经营运作。2004年9月，中国建设银行分立为中国建设银行股份有限公司（“本行”）和中国建银投资有限责任公司。

中国建筑工程总公司 China State Construction Engineering Corporation 中国以从事完全竞争性的建筑业和地产业为核心业务的国有重要骨干企业。简称中建总公司。组建于1982年。总部设在北京。经营范围涉及建筑承包、规划设计、地产开发、机械出租、贸易、项目监理、物业承揽等。是中国最大的建筑企业集团和最大的国际承包商，稳居世界住宅工程建造商第一名的位置。以承建“高、大、新、特、重”工程著称，在国内和国际上完成了一大批工期要求紧、质量要求高、难度要求大的大型和特大型工程。“中国建筑”已成为国内外知名的建筑业行业品牌。

中国交响乐团 China National Symphony Orchestra; CNSO 中国专业音乐表演团体。前身是1952年在北京建立的中央歌舞团，1956年，该团一分为二，即以歌舞为主的“中央歌舞团”和以音乐为主的“中央乐团”，后者1996年重组后改现名。中国交响乐团作为直属文化部的音乐表演团体，内设交响乐队、合唱队、独唱独奏小组及创作组。

中国交响乐团拥有大量中国优秀的音乐家，指挥有：李德伦、严良堃、韩中杰、秋里、陈佐煌、汤沐海、李心草等；演奏家有：杨秉荪、司徒志文、盛中国、巫漪丽、刘诗昆、殷承宗、石叔诚、鲍蕙荞等；演唱家有：魏启贤、臧玉琰、张利娟、胡松华、刘秉义等；作曲家有：瞿希贤、罗忠镕、郑律成、吴祖强、施光南等。

曾访问过苏联、波兰、日本、美国等国家并进行了成功的演出，还与著名指挥（如H.von卡拉扬、小泽征尔、C.阿巴多、K.潘德雷茨基等）、著名演奏家（如Y.梅纽因、I.斯特恩、傅聪、马友友等）合作演出。

中国进出口银行 Export-Import Bank of China 中国主要承担机电产品和成套设备等资本性货物进出口金融业务的政策性银行。1994年4月成立。总行设在北京。主要任务是贯彻执行国家产业政策、外经贸政策、金融政策和外交政策，为扩大中国机电产品、成套设备和高新技术产品出口，推动有比较优势的企业开展对外承包工程和境外投资，促进对外关系发展和国际经贸合作，提供政策性金融支持。资金主要靠以市场方式向国内外发行金融债券筹集，业务范围主要是为成套设备、技术服务、船舶、单机、工程承包、其他机电产品和非机电高新技术的出口提供卖方信贷和买方信贷支持。同时，还办理中国政府的援外贷款及外国政府贷款的转贷款业务。

中国京剧院 National Peking Opera Theatre of China; NPOTC 中国京剧演出团体。2007年11月更名为国家京剧院。

中国经济思想史 Chinese economic thoughts, history of 以探讨自先秦以来中国经济思想发生、发展和演变的全部历史过程为主题的专门学科。主要包括先秦、秦汉到鸦片战争前夕和鸦片战争到五四运动前三大历史阶段。

先秦 先秦经济思想可追溯到夏、商及其以前各代。《尚书》和《诗经》中有一些经济观点的记载。到春秋战国时期，发展为百家争鸣的繁荣局面。道、儒、墨、法各家及其他思想家各在不同程度上提出了不少有远见的经济观点。

道家的主要经济观点是“均富”和“知足”。认为自然规律是“损有余而补不足”，“多藏必厚亡”，“祸莫大于不知足”。儒家早期强调伦理规范对经济活动的制约作用，强调“见利思义”。在财政上反对聚敛而要求“薄税敛”。儒家的大同理想直到20世纪仍影响着中国的思想界。墨家宣扬人与人之间的交相利，反对攻战，提倡节用。后期墨家对于交换和价格问题，也有所论述。法家对农业生产极为重视，提出“农本工商末”，成为封建地主经济全期的支配观点。公开肯定贫富差异的合理性。农家主张“贤者与民并耕而食，饔飧而治”，反对商业欺诈。

《管子》是先秦著作中对经济论述最多并具有许多有远见经济观点的古籍。它提出处理商品货币经济活动的基本原则是把重要商品如粮食、布帛、盐、铁等和货币流通置于国家控制之下。主张不把财政收入完全寄托在强制性的赋税征课上，而是把重点放在官家专卖事业的经济收入上。

秦汉至鸦片战争前夕 这一时期长达两千年之久，经济思想吸收融会了先秦各家的经济思想。在许多方面具体化为各种经济措施，产生了一些新的经济范畴和新的经济观点。

汉代思想家提出不少对后世起着深远影响的经济观点。如董仲舒的“限田”思想，汉初晁错阐发的《管子》的货币名目论，桑弘羊的平准、均输、统一货币发行和盐铁专卖等政策。

魏晋南北朝时期社会经济遭到严重破坏，学术思想一般不甚繁荣，但也产生了一些非常可贵的经济思想。如西晋傅玄提出了著名的“至平”、“趣公”和“有常”（《傅子·平赋役篇》）租税三原则；北魏李安世的均田思想。

唐朝为封建地主经济的鼎盛时期。安史之乱使经济遭破坏，许多现实经济问题亟待解决，从而涌现出一些新的经济议论。如刘晏“知所以取，人不怨”和“因民之所急而税”的征税两原则；又如杨炎两税法改革所体现“量出以制入”和以货币税代替实物税的财政观点。

宋代是封建地主经济走向下坡阶段的开始，在经济思想领域产生了两种趋势：一是一些理学家为了维护封建统治，力图使传统的经济教条神圣化；二是一些进步思想家逐渐对某些传统经济教条表示怀疑乃至进行批判。最早批判“讳言财利”观点的是李觏，王安石也认为："政事所以理财，理财乃所谓义也。"对打击富人等观点也表示怀疑或异议。南宋理学家朱熹是将传统经济教条绝对化的首要代表。与朱熹同时的叶適则对传统教条进行批判，大倡"功利"之学。宋代在钞币理论方面有许多贡献，其中最突出的是南宋的"称提之术"，即关于钞币发行和管理的若干原则。元朝更是历史上行用钞币的全盛时期，根据叶李的钞币思想而制定的《钞币条划》是世界上最早出现的国家发行纸币条例。

明清之际反经济教条的趋势日益扩大。泰州学派王艮认为"道"就是"百姓日用之学"，即讲求财利之学。明末东林学派主张贫富两便，减税惠商，直接反映了新兴工商者的愿望。清初的蓝鼎元从互通有无的纯经济角度为开放海外贸易作辩护，这在中国海外贸易思想史上是罕见的。乾嘉年间洪亮吉的人口思想与英国T.R.马尔萨斯于5年后发表的人口论颇为相似。

鸦片战争到五四运动前夕　这一时期经济思想的显著特点是资产阶级经济思想的影响从无到有愈益扩大，最后取代了传统经济教条的支配地位。

魏源首先提出"师夷长技以制夷"的口号，他的经济论述中，运用了贸易差额等国际贸易概念和理论来分析中国的对外贸易问题。1851年爆发的太平天国起义，产生了两个历史性文献——《天朝田亩制度》和洪仁玕的《资政新篇》，后者是为发展资本主义经济而设想的纲领。

太平天国败亡到中日甲午战争这段时期内积极传播西方资本主义经济知识的主要代表人物有王韬、郑观应、马建忠、薛福成等人，涉及的西方经济知识的范围极为广泛，重点多在振兴商务尤其是对外贸易方面，于是"恃商为国本"、"商战"之说风靡一时。这一时期在经济方面所传播的西学的主要内容均系资本主义工商业的经济常识，还没有涉及经济理论领域。而从甲午战争到1900年的6年中，资产阶级改良派的思想影响迅速扩大起来，积极要求由上而下的"变法"，其主要代表人物为康有为、梁启超、谭嗣同、严复。他们宣扬"以工立国"，"振兴实业"，甚至要求"尽变西法"，全面地搬用西方资本主义整套生产生活方式。严复翻译了亚当·斯密的名著《原富》(见《国民财富的性质和原因的研究》)，是中国近代介绍西方古典经济学的开始。戊戌变法(1898)失败后，资产阶级民主革命派迅速壮大，其代表人物孙中山、朱执信等坚决反对帝国主义和清廷的反动统治，提出一是平均地权，二是节制资本的经济观点。到五四运动后，中国的先进分子不再向西方资产阶级寻找理论武器，而是以马克思主义宇宙观和经济理论为指导了。

中国蕨 *Sinopteris grevilleoides*; Chinese fern　蕨类植物门中国蕨科中国蕨属的一种。小型旱生蕨类。仅分布于中国云南西部和四川西南部。叶片五角形，掌状深裂成5枚羽裂的羽片，中央一片较大，基部两侧的较小，下面被白色蜡质粉末，叶轴、羽轴和叶脉全为栗黑色，叶脉粗凸如瓦楞形。孢子囊群仅由1～2(3)个孢子囊组成，孢子囊近圆球形。生于裸露的干旱岩石上。中国蕨的发现，对研究粉背蕨类群之间的关系有一定意义。为中国二级保护植物。

《中国科学》 *Science in China*　中国自然科学综合学术系列刊物。1950年创刊于北京。原由中国科学院主办，2003年起与国家自然科学基金委员会共同主办。历任主编钱学森、吴有训、张文裕、严济慈、叶笃正、严东生、周光召。主要刊载自然科学各学科基础研究和应用研究方面具有创新性、高水平、有重要意义的研究成果，以发表论文为主，辅以评述和快报两个栏目。月刊或双月刊。有中文版和英文版两个系列版本。中文版分为A～E、G，共6辑；英文版分为A～G，共7辑。A辑为数学，B辑为化学，C辑为生命科学，D辑为地球科学，E辑为技术科学，F辑为信息科学，G辑为物理学、力学和天文学。

中国科学技术大学 University of Science and Technology of China　以理工科为主的综合性大学。属中国科学院。校址在合肥市。1958年9月，由中国科学院创办于北京，郭沫若兼任首任校长。1970年初，学校迁至安徽省合肥市。1978年3月，在全国首创少年班，成立全国第一个研究生院。设有十余个学院、20多个系和少年班以及研究生院、网络教育学院等。有数学、物理学、力学3个国家理科基础科学研究与教学人才培养基地和生命科学与技术国家人才培养基地以及一级国家重点学科等。

有培养学士、硕士和博士的教学体系。图书馆藏书183万册。有《中国科学技术大学学报》等。

中国科学技术馆 China Science and Technology Museum　中国大型科学技术展览馆。馆址在北京市北辰东路5号。老馆于1988年9月开放。2009年9月迁至现址，新馆占地4.8万平方米。新馆设有"科学乐园"、"华夏之光"、"探索与发现"、"科技与生活"、"挑战与未来"五大主题展厅，公共空间展示区及球幕影院、巨幕影院、动感影院、4D影院等4个特效影院，其中球幕影院兼具穹幕电影放映和天象演示两种功能。该馆主要功能是寓教育于展览、培训和实验之中。其教育特点是：以科学原理和应用，结合趣味性，鼓励观众触摸展品，参与实践。

中国科学技术馆外景

《中国科学技术史》 *Science and Civilization in China*　英国科学史家李约瑟编撰的多卷册中国科技史巨著。李约瑟从1937年开始了解中国文化，1948年着手研究该书写作计划。计划共有7卷34册。英文原著由剑桥大学出版社出版，1954年出版第1卷，1956年出版第2卷，1959年出版第3卷，1971年出齐第4卷3个分册，第5～7卷各分册一直在陆续出版中。截至2005年底，已出版23卷册。已出版的卷册主要由李约瑟在鲁桂珍、王铃、何丙郁等华人学者协助下完成，一些分册由来自欧洲和北美的学者按计划提纲完成。李约瑟逝世后，这项工程由李约瑟研究所负责和有关基金会资助，继续进行。已出版的卷册，中国海峡两岸已出版简、繁体中译本，日本出有日译本。

该书全面系统地论述了中国古代科学技术的成就及其对世界文明所作的贡献。内容广博，涉及数、理、化、天、地、生，以及机械、土木、水利、航海、军事、印刷、纺织、陶瓷、冶金、采矿、农业、医学等领域。各卷册书末附有详尽的中文古籍目录，中、日文和西文研究文献目录。被学术界公认为世界名著，在东西方两大文明之间架起了一座桥梁。

中国科学技术协会 China Association for Science and Technology; CAST　中国科学技术工作者的群众组织。简称中国科协。由全国性学会、协会、研究会和地方科协组成。每五年举行一次全国代表大会。全国代表大会选举产生全国委员会。全国委员会选举主席一人、副主席和常委若干人组成常委会。

沿革　20世纪初，中国陆续出现了中国药学会(1907)、中国地学会(1909)等一批自然科学学会。到1949年，影响较大的学会已有30多个。1949年5月，中国科学社(1914)、中华自然科学社、中国科学工作者协会和东北自然科学研究会联合倡议召开全国自然科学工作者代表会议。1950年8月，在中华全国自然科学工作者代表会议上，决定成立中华全国自然科学专门学会联合会（全国科联）和中华全国科学技术普及协会（全国科普）。1958年9月，全国科联和全国科普联合召开全国代表大会，正式成立中华人民共和国科学技术协会（1980年改称中国科学技术协会）。历届主席为李四光、周培源、钱学森、朱光亚、周光召、韩启德。1966～1978年科学技术协会停止活动，1978～1981年周培源代主席。

宗旨和任务　宗旨是团结和组织科学技术工作者，以经济建设为中心，促进科学技术的繁荣、发展、普及和推广，促进科学技术人才的成长和提高。维护科学技术工作者的合法权益，为科学技术工作者和科学技术团体服务。任务是团结和组织广大科学技术工作者，广泛开展国内外学术交流、科学技术普及、决策论证、政策建议、咨询服务、教育培训、青少年科技教育、编辑出版科技书报刊、表彰奖励等活动。

全国性学会　中国科协主管的全国性学会（协会、研究会）共198个，其中团体会员有181个，包括理科学会42个、工科学会68个、农科学会15个，医科学会25个，科普与交叉学科学会31个。

中国科学院　Chinese Academy of Sciences; CAS　中国科学技术方面的最高学术机构，自然科学与高技术的综合研究中心。简称中科院。

沿革　1949年11月1日在北京成立。在原中央研究院、北平研究院等基础上组建各研究机构，覆盖自然科学和社会科学的各个主要领域。研究机构初期主要集中在北京、上海和南京。1955年6月成立中国科学院学部，选聘各领域的杰出科学家为学部委员，分设数理化、生物学地学、技术科学、哲学社会科学四个学部，对院属研究所实行学术领导。在“两弹一星”的研制，落实“四大紧急措施”（计算机、半导体、无线电电子学、自动化），部署、组织自然资源综合考察，承担国家经济建设中重大科技攻关任务和基础研究的许多领域（如牛结晶胰岛素的人工合成、哥德巴赫猜想研究等），都取得重要成就。

1977年，划出社会科学各研究所，成立中国社会科学院。1993年改称学部委员为院士。1995年选出首届外籍院士。1998年，实行“知识创新工程”试点计划，对学科方向、组织机构、人才结构和规章制度进行全面改革。历任院长为郭沫若、方毅、卢嘉锡、周光召、路甬祥、白春礼。

现状　中国科学院由学部和研究机构两部分组成。中国科学院学部是国家在科学技术方面的最高咨询机构，下设数学物理学部、化学部、生命科学和医学部、地学部、技术科学部、信息技术科学部六个学部。学部由院士组成。中国科学院院士是国家设立的科学技术方面的最高学术称号，为终身荣誉。每两年增选一次院士。年满80周岁的院士被授予资深院士称号。至2009年底有院士1 141名，外籍院士70名（均含已故院士）。院士大会为中国科学院学部的最高组织形式，每两年召开一次。常设领导机构为学部主席团。

有近百个院直属研究机构。院本部设于北京，在研究所较为集中的地区设分院，现有北京、长春、沈阳、上海、南京、武汉、广州、成都、昆明、西安、兰州、新疆共12个分院。院直属机构还有研究生院、中国科学技术大学等。主办学术刊物《中国科学》、《科学通报》等。

中国梨木虱　*Psylla chinensis*; Chinese pear psyllid　同翅目木虱科的一种。分布于中国辽宁、河北、山东、内蒙古、山西、宁夏、陕西。体长2.5～3毫米，翅展7～8毫米。黄绿色、黄褐色、红褐色或黑褐色。额突白色，复眼黑色。触角褐色，末端2节黑色。胸部有深色纵条。前翅端部圆形，膜区透明，脉纹黄色。足色较深。害虫，常群集危害梨树的嫩芽、新梢和花蕾。

《中国历代服饰》　*Chinese Clothing and Adornment in Various Dynasties*　中国服饰史方面的学术专著。上海市戏曲学校中国服饰史研究组编著。学林出版社1984年出版。全书分前言、上古、秦汉、魏晋南北朝、隋唐、宋、辽金元、明、清、近代共10个部分，16万字，图834幅，其中彩图346幅，并附有《中国服饰沿革简明图表》。该书以文物为依据，结合文献记载，综合比较和介绍中国历代的服饰沿革、服饰特点和服饰制度。它的浓缩本（海外版）《中国服饰五千年》曾获民主德国莱比锡世界最佳书籍1984年铜质奖、《美国传艺杂志》第25届年展CA84优异奖等。

中国粮油食品进出口(集团)有限公司　China National Cereals, Oils & Foodstuffs Imp. & Exp. Corp.; COFCO　中国集贸易、实业、金融、信息、服务和科研为一体的大型企业集团。简称中粮、中粮集团。总部设在北京。成立于1992年。前身是中国粮油食品进出口总公司，长期从事粮油食品进出口贸易，是中国最大的进出口企业之一。1992年以后大力实施实业化、国际化、集团化、多元化经营战略，逐步形成了以粮油食品加工业为主体，兼顾相关行业的发展格局。食用油脂、饮料、酒类、啤酒麦芽、面粉、巧克力、金属包装等业务在国内占有领先地位。1999年以来，集团实施重组、改制、上市的发展战略，组建中粮粮油进出口公司（主营粮油糖政策性贸易业务）、中粮国际（主营粮油食品生产加工业务，香港上市公司）、鹏利国际（主营地产投资和酒店管理，2003年退市）和中粮发展有限公司（主营非上市业务）四大经营中心。2006年初，合并重组中谷粮油集团。

中国林蛙　*Rana chensinensis*; Chinese brown frog　蛙科林蛙属的一种。又称哈士蟆。主要分布于中国以及俄罗斯、朝鲜半岛。体形窄长，雄蛙体长47毫米、雌蛙50毫米左右，最大可达60毫米。头宽略小于或等于头长，吻端钝圆；体背面皮肤光滑，背部和体侧疣少而分散，有的个体在肩上方有“八”字形疣；背侧褶在鼓膜上方呈曲折状；体腹面光滑；后肢长，后肢前伸时胫跗关节达吻鼻之间或超过吻端，足具2/3蹼，指、趾端无沟。体背面颜色有变异，多为棕黄色、土黄色或灰黄色等，在疣上常有黑斑点，颞部黑褐色斑呈三角形；前臂、股、胫、跗部一般有4～6条浅褐色横斑；腹面乳白色或灰白色，雌蛙多为黄绿色或黄白色。

生活在海拔200～2 100米的丘陵及山区水坑、水塘、稻田、山溪缓流地段及其附近林间。昼伏夜出。主要以多种昆虫及其幼虫为食。繁殖期在3月至4月上旬，卵产于静水坑或流溪回水荡内。卵群成团状且附着在水草间，含卵650～2 000粒，约20天孵化成蝌蚪。蝌蚪全长36毫米左右；上唇无乳突，下唇乳突1排完整；头体背面灰棕色，尾部有深色斑点；尾肌弱，尾末端钝圆。蝌蚪在水中生活3个多月即可变成幼蛙，幼蛙营陆栖生活。

中国旅行剧团　China Traveling Drama Troupe　中国职业话剧团体。简称“中旅”。1933年11月成立于上海。创办时主要成员有唐槐秋（团长）、戴涯（副团长）、舒绣文等。1934年3月，第一次公演了4幕话剧《梅萝香》。继而旅行公演近两年，积累了30多部风格不同的剧目。抗日战争爆发后，唐槐秋率领剧团投入抗日救亡运动，演出了《回春之曲》、《夜光杯》、《飞将军》等剧目。后剧团内部发生分裂。重组后于1939年初在香港演出《凤凰城》，年底在上海上演了《洪宣娇》等几部表现爱国主义精神的戏剧。1943年在北平被日本宪兵队以“通共嫌疑”把剧团全部成员逮捕入狱。经营救出狱后，剧团改名为“新中国剧团”。1947年在南京宣告解散。

中国伦理思想 Chinese moral thought 中国历史上各种道德理论的总称。

历史发展 中国伦理思想的历史发展，大体经历了3个时期。

先秦时期（约前21世纪至前221） 中国伦理思想产生和奠基时期。西周初期，为维护宗法等级制度（周礼），周公提出了一套“有孝有德”的伦理思想，标志着中国伦理思想的诞生。春秋战国时代，孔子创立儒家伦理思想，经孟子、荀子等后学的发挥，形成了一个以“仁”为核心的道德规范体系：以善恶论人性，探讨道德的根源；倡导“仁政”德治；以中庸为至德、“忠恕”为行“仁”之方；以“仁智”统一、“内圣外王”为理想人格，强调理性自觉和道德修养。墨家以“兼爱”说为中心，创立墨家伦理思想。主张“爱无差等”，既贵义又尚利，主张“志”、“功”统一，提倡“节俭”，反对奢侈。道家伦理思想以老子、庄子为代表，由“自然无为”之“道”立论，“绝仁弃义”，批判世俗的道德规范和善恶纷争，提倡一种“无知无欲”的“至德”境界，追求个人的精神自由。法家伦理思想以韩非为代表，从人性“自为”（利己）出发，怀疑人可为善，贬低道德的社会作用，主张“不务德而务法”、“唯法为治”。诸子伦理思想为中国古代伦理思想的发展奠定了坚实的基础。

秦汉至鸦片战争爆发（前221～1840） 中国封建地主阶级伦理思想确立、演变、发展、成熟及变革的时期。

秦亡汉兴，以董仲舒为代表的汉儒，以“天人合类”为宇宙论基础，建立了一个以三纲五常为核心的神学伦理思想体系。从此，儒家伦理思想成为中国古代伦理思想的主干。

魏晋时期，形成了以“玄学”宇宙论为基础的伦理思想。同时，道教和佛教逐渐兴起，至隋唐时鼎盛，出现儒、佛、道既相互斗争又相互吸取而渐趋合流的趋势。通过韩愈、李翱对佛、道的批判、吸收，最后产生了宋明理学（道学）的伦理思想。

理学伦理思想把正统儒学伦理思想发展为更加完备的形态。其基本范畴是“天理”，以及理与气、心与理、心与性、理与欲、人心与道心、天地之性与气质之性等。明清之际，发生了理学的变革，先后出现李贽、黄宗羲、顾炎武、王夫之、颜元以及稍后的戴震等一批具有批判精神的进步思想家。他们对理学伦理思想进行了批判和总结，公开肯定自私、肯定功利、肯定人欲，否定君主专制。

近现代时期（1840～ ） 鸦片战争前后，以龚自珍、魏源为代表的早期启蒙思想家，揭露和批判名教纲常和程朱理学。太平天国运动则以革命的实践给封建名教以猛烈的冲击。19世纪末，以康有为、梁启超、严复、谭嗣同等为代表的维新派，学习西方近代资产阶级思想学说，提倡“博爱”、“平等”，冲决封建网罗。以后，以孙中山、章太炎为代表的资产阶级革命派，改造传统道德，主张“天下为公”的道德理想。五四新文化运动把近代伦理变革推向高潮，以陈独秀、李大钊、鲁迅等为代表，以“自由、平等、独立”为价值目标，对封建主义的旧道德进行了革命的批判。运动后期，以李大钊为代表的共产主义先驱，开始用马克思主义分析道德现象。尔后，以毛泽东为代表的中国共产党人和马克思主义者，把马克思主义与中国革命实践相结合，创立了马克思主义的伦理学和无产阶级的道德规范体系。在近代伦理变革进程中，还出现了崇尚西方资产阶级价值观的“全盘西化”论的伦理思想，以及承续儒家“道统”、会通宋明理学与西学的“新儒学”伦理思想（见现代新儒学）。

随着改革开放、建设有中国特色社会主义事业的发展，中国伦理思想正在唯物史观的指导下，汲取古代优秀传统和西方的优秀文化，综合创新，不断发展和完善。

主要论题 中国伦理思想主要是围绕以下几个伦理学理论问题展开的。

道德本原 主要体现在“天人之辨”、人性善恶等问题的讨论中。“天人合一”是中国古代哲学的基本思维模式，反映在伦理思想，就是从“天道”、天命、“天意”、“天理”，直接推出人的道德；或视“天道”为自然法则，认为圣人“见于天地之条理，定之以为天下万世法”（见天道与人道）。中国古代常以人性作为道德的根源：儒家认为人之道德根源就在于先天的人性；法家主张人性“自为”，人不可能自行为善；道家视“无知无欲”的“素朴”状态为人性之本然，以此作为“至德”的根据。

道德准则 这是中国传统伦理思想的中心问题。儒家提出“仁”作为道德规范体系的核心，展开为“五伦”、“十义”，汉儒概括为“三纲五常”，成为中国封建社会占统治地位的道德准则。

义利关系 中国伦理思想史上的基本问题之一。儒家很少申言道德的功利目的，主张“见利思义”、“重义轻利”，甚至提倡“正其谊不谋其利；明其道不计其功”。墨家注重功利，主张道德准则应以“利人”、“兴天下之利”为目的。见义与利。

道德修养和道德教育 主要体现在儒家伦理思想中。主张治国以“教化为大务”，“以修身为本”，并以人性论为理论根据，提出一整套教育方法和修身之道，或主张“养心”、“内求”、“尽心”、“知性”，或主张“强学而求”、“积善成德”，或主张“知先行后”，或主张“知行合一”。

近代的伦理思想中包含着一系列新的思想和理论。如资产阶级思想家提出的“免苦求乐”人性论，“博爱”、“互助”的道德原则和规范，人、己“两利”和“开明自营”的功利主义，“个性解放”、“意志自由”、“革命道德论”，以及“为三民主义而奋斗”的革命人生观等。无产阶级思想家用唯物史观解释道德的本源和变革，提倡“为人民服务”，以及“集体主义”等，都丰富和发展了中国伦理思想。

基本特点 ①宇宙观与道德观、认识论与修养论融为一体，集中地体现为“天人合一”的思维模式。②强调“爱有差等”，在道德规范上具有强烈的宗法性和等级性。③在人性论上，以性善论的德性主义为主流。④道德与政治一体化，主张以道德“纲纪天下”，“德治”思想成为强大的传统。⑤在道德价值观上“重义轻利”，以道义论为主要倾向，推崇“整体主义”、义务至上，抑制个性自由和个人权利。⑥重视道德教化，修养论特别发达。

中国美术 Chinese fine arts 以汉民族为主体的华夏民族所创造的以物质材料为媒介，占据一定立体或平面空间的艺术。在中国，这种古老的艺术形式，大约产生在史前时代。在漫长的历史进程中，不仅演化出建筑、雕刻、绘画、工艺造型等门类，还形成了不同于西方美术的独特传统与体系。

建筑艺术 中国建筑艺术，在世界建筑史上是延续历史最长，分布地域最广，有着特殊风格与体系的造型艺术。中国古代建筑艺术在文化层面上表现出三大特质：注重审美性与政治伦理性的高度统一；具有鲜明的人文主义品格，是中国传统文化精神的集中展现；在多样变化中注重综合性的整体空间意象。其形式特征主要表现为：①多以群体组合的形式构成丰富的空间序列。如以十字轴线展开的坛庙建筑；以纵轴为主横轴为辅的民居和宫殿建筑；以曲折轴线展开的园林建筑。不管哪种展开方式都形成抑扬顿挫，有前序、高潮、尾声的空间序列。②单体建筑造型有一定的规格程式。如殿、亭、廊等形制都由台基、屋身和屋顶组成，同时各部分之间都有一定的比例，尤其是到了清代，这种规格化已达极致。③木结构的梁架组合形式所形成的体量巨大的屋顶，与坡顶、正脊和翘起飞檐的柔美曲线，使屋顶成为中国建筑最突出的形式特色。④室内空间处理灵活多变。常用板壁、槅扇、帐幔、屏风、博古架隔为大小不一，富有变化的空间，产生迂回、含蓄的空间意象。⑤注重建筑构件的色彩和装饰彩绘的表现性。并以此标示等级与功能的差异。

中国建筑艺术按时间序列可分为秦汉、

隋唐、明清、近现代4个阶段。①秦汉阶段。早在商周时期，中国建筑的主要特征如庭院形式、对称布局、木梁架结构、单体造型、大屋顶等已初步形成，不过因诸侯割据而南北各异。秦汉时期随着政治上的集权和一统，建筑风格也趋于统一。其特征是，都城里坊划分有秩，并多封以高墙。宫殿、陵墓多为高大的台榭式群体建筑，其中单体建筑体量巨大，多以十字轴线展开，并装饰有造型夸张、诡谲、色彩浓重的雕刻和彩绘，布局舒展、整齐，具有明确的伦理、等级、秩序等内涵，表现出刚健、质朴的风格特色。②隋唐阶段。汉末到南北朝时期，随着佛教的传入和盛行、南北民族的大融合以及文人士大夫归隐山林的思想情趣和山水诗、画的出现，使南北朝时期的建筑艺术在传统的理性精神中加入了许多浪漫情调。至唐代终于形成了理性与浪漫相交织的盛唐风貌。宏伟、规整的都城，恢弘舒展的宫殿、坛庙，规模巨大，形制多样的寺塔、石窟，造型浑厚，装饰华丽，展示出博大华美的风格特征。③明清阶段。经五代两宋城市经济的发展及各地方文化乃至蒙、藏、阿拉伯文化的进一步交融，至18世纪的清代，中国古代建筑艺术走向最成熟的阶段。城市街巷规格方整，宫殿陵墓建筑定型化，但形制增多，手法多样，造园艺术空前繁荣。其总体风格是雍容、典丽、严谨、清晰。④近现代阶段。随着封建制度的解体和西方文化的东渐、现代社会科学技术的发展以及现代人审美情趣和文化心理的变迁，20世纪的中国建筑产生了较大变异。在传统的园林建筑中，增加了建筑的比重，空间更加曲折多变，装饰更加繁复细丽。出现了大量中西合璧式的公共建筑，更加注重其实用功能与审美功能的统一。80年代以后城市整体布局更加开放，变革更加迅速。风格更加丰富多样，寻找时代风格与民族风格的有机结合将是中国现代建筑的重要课题。

雕塑　中国雕塑在题材内容、形式风格、雕塑技法上都具有鲜明的民族特色。古代雕塑作品主要是陵墓雕塑、宗教雕塑和民俗雕塑。其发展高峰是秦汉至隋唐时期。20世纪以后受西方文化影响出现了大型纪念性雕塑和架上雕塑。

中国原始雕塑主要以人和各种动物形象的陶塑为主，还有石、骨、玉材料的雕刻。人物形象大多是附加在实用器物上的装饰物。多以捏塑、贴塑、锥刺等手法制成，随意性很强，形象粗简、稚拙。但从辽宁牛河梁红山文化遗址发现的头像和残片看，可知5000年前的原始先民们已有了木架支撑、层层敷泥等最初的雕塑方法。商周时期的雕塑作品以青铜器铸造为主。商代青铜礼器造型奇特，多富于神秘、威慑的色彩。西周以后，其风格趋于写实而富于理性。至春秋战国时期则变得繁丽、华美。商、周时期除礼器外，还有一些器物支架、底座等实用青铜器和石、骨、玉雕刻作品，或人物或动物皆造型巧妙，制作精细。另外如四川广汉三星堆出土的一组青铜人像，形制巨大，形象夸张，与中原遗物有着明显差异，可窥见远古巴蜀文化的风貌。秦汉时期的雕塑空前繁盛。最具典型意义的是秦始皇陵兵马俑雕塑群。其塑造方法是模塑与手塑相结合，塑好泥胎后，入窑烧制再加彩绘而成。以体量的巨大、数量的众多、形象的真实产生着震撼人心的艺术魅力。汉代的厚葬风使动物俑和人物俑的雕塑作品众多，造型古朴、神态夸张而强调动势。西汉名将霍去病墓前的大型动物石刻，手法简练概括，于浑厚中显示着雄强的力之美。随着佛教的盛行，佛像雕塑成为魏晋南北朝时期雕塑艺术的主流，著名的云冈、敦煌、龙门、麦积山四大石窟均开凿于这个时代。一般而言，北魏时期的造像在形式风格上受印度或西域式样的影响，庄严、浑朴，于静穆中显示着佛的伟力。南北朝的佛教雕刻融合汉族知识分子的审美时尚，形成了褒衣博带秀骨清象的新风貌，此外，南朝陵墓雕刻群也是这个时期重要的雕刻作品。最出色的是那些镇墓神兽，体量巨大，造型奇伟。隋唐时期是中国古代雕塑的鼎盛期。其成就首先表现在石窟雕塑上，如龙门石窟奉先寺石刻造像。其雕刻手法流畅而娴熟，创造了完全民族化的造型风格，它不仅体现唐帝国博大、雄强的时代精神，同时也显示出唐人丰富的想象力和高超的雕刻技艺。唐代宗教雕塑的另一特点是形象的现实化与个性化。那些佛国的人物都被赋予了世人的性格和神貌。以顺陵石狮、昭陵六骏为代表的陵墓雕刻，单纯而注重动势，体现出雄视一切的恢宏气度。此外，最能代表唐俑艺术水平的是那些真实生动的三彩俑。世俗题材的增多和写实风格的发展是宋、辽、金时期雕塑艺术的主要特点，四川大足石窟、山西晋祠、山东长青灵岩寺、江苏直保圣寺彩塑，都生动传神地表现出了世人情态，有很强的写实性。辽代大同下华严寺的菩萨造像体态优美、神性含蓄、衣饰华美，大有唐塑遗风。此外河南焦作金墓出土的砖雕人物，型制虽小却有浓郁的生活情味。元、明、清时代的雕塑成就主要体现在宫廷、园林中的雕塑作品上，在点缀空间、烘托氛围上起了很重要的作用。此外，清末天津张明山的以民俗生活为题材的小型泥塑，在写实方面达到了相当高的水平。20世纪以后，中国雕塑在题材内容和形式风格上产生了新的变化，出现了一批雕塑家和纪念性的写实雕塑作品。80年代以后，雕塑艺术向着多样化发展，环境雕塑和小型架上雕塑并驾齐驱，并且在艺术观念、创作手法和材质的探索上都有了长足的进展。

图1　河南洛阳龙门石窟奉先寺造像群

绘画　中国的绘画艺术源远流长，在数千年的演化过程中，不仅创造了多种多样的形式，并且在绘画观念及表现方法上自成体系，独具民族特色。传统的中国绘画，主要使用柔软的毛笔、水墨，以黑白线条和装饰性色彩描绘形象，与注重再现客观事物外在形式的西方传统绘画相比，更注重主观情感的表达和意境的创造。20世纪以后，中国绘画从西方获得了许多借鉴，有了更加多样化的发展。

中国绘画的缘起，可追溯到大约1万年以前的新石器时代。那些刻在岩壁和兽骨上的花纹、描绘在陶器上的纹样、画在地面和墙壁上的人和动物形状等，虽然粗犷、稚拙，但已具备了在平面空间展示形象的基本性能，可视为中国最早的绘画艺术。据记载，周代已有历史人物的画像，春秋时期已有大型壁画。从出土的青铜器纹饰、

图2 董其昌的《奇峰白云》轴
（明，台北“故宫博物院”藏）

漆器彩绘和楚墓帛画可看出在春秋战国时期以线造型的特色已初步形成。秦汉时期的绘画艺术已十分发达。既有壁画又有肖像画，既有历史画又有神怪画，题材多样，种类不一，从汉墓出土的大量壁画、画像石、画像砖、帛画、漆画等可睹当时绘画艺术之风貌。其壁画造型生动洗练，用笔质朴简率，在单纯、稚拙的形式中表现出运动、力量和速度感，其画像砖多为各种生活场面，造型夸张简括，注意整体动势的描绘。其帛画多富有浪漫性，如湖南马王堆一号汉墓出土的非衣帛画，制作精细，造型准确，用线流畅而有变化，以石青石绿等矿物颜料着色，至今鲜丽不变。魏晋南北朝时期，佛教壁画空前兴盛。以敦煌莫高窟的壁画数量最多也最精彩。卷轴画和顾恺之、陆探微、张僧繇等士人画家的出现，标志着中国绘画进入了一个新的更加自觉的理性阶段。人物画趋于成熟，准确的人体比例、优美的线描和深入的表情刻画取代了汉代绘画天真、稚拙、以动态传情的特色。与此同时还出现了最早的山水画，并产生了中国最早的独立画论。隋唐绘画仍以宗教题材为大宗。佛教的盛行不仅为画家们提供了施展创造才能的物质条件和观赏群，还能确立画家的社会地位，因之许多画家都从事寺庙壁画创作，大大提高了它们的艺术水平。与此同时表现世人生活的人物画高度繁荣，将人物画从南北朝的“迹简意淡而雅正”推向了“细密精致而臻丽”的境界。山水画迅速发展，花鸟、鬼神、牛马、屋宇等开始独立成科，一时名家辈出，使唐代绘画五彩纷呈，绚丽多姿。五代两宋时期的绘画艺术进一步成熟和完备，登上中国古代绘画的顶峰。寺观壁画衰落，世俗生活和山水、花鸟成为画家们更加喜欢的题材。绘画的教化功能被逐渐减弱，审美、寄情和娱悦功能则被空前看重。文人画家的涌现，使绘画向诗歌汲取营养，更加注重诗情意境的表现。在材料工具和技巧上更趋考究、精妙。水墨画空前成熟，重彩画更加工整细丽。总体看宋代绘画更趋精致、多样化，并富于人情味的抒情性。绘画功能的转变也使其创作与欣赏的结构发生着雅俗分流的变化。元代知识分子的特殊境遇和文人画思潮的扩大，使绘画产生了时代性的转折与变异，元画以卷轴为主，且多用纸。纸能充分发挥渴笔的功能，遂使笔法空前丰富，与宋画相比更能表现物象的多种质感和艺术家细腻的感受。宋人崇尚以诗入画，强调空间与情趣的变化。元人崇尚以书入画，更强调笔墨情趣的形式感，从绘画自身来看，元画向着完满性跨越了一大步。明清两代山水花鸟画更成大宗，宗教画、人物画愈加衰落。明代山水画坛画派林立，进一步发展了中国传统绘画的形式风格。明中叶以后，形成一股雅俗合流的势力。著名画家涉足文学插图、年画、稿本的创作，给绘画艺术带来了新的生机。清初社会矛盾空前尖锐，出现了四画僧、四王、金陵八家等一大批杰出画家。突起了中国绘画史上的又一个高峰。乾隆年间（1736～1796）扬州画派和清末海上画派的出现，使摹古之风甚盛的清代中、晚期画坛又放异彩。雅俗合一之势更加明显。辛亥革命以后，在西方文化的冲击与影响下，中国的绘画在观念与价值取向上都面临着多种选择的可能。但为人生而艺术、把绘画创作与现实功利紧密结合的大趋势成为主要流向，写实主义绘画渐居首位。50年代以后，以徐悲鸿画派与苏联绘画体系相结合为根基，为政治和为人民服务的绘画大发展。80年代以后，中国绘画更向着多层次，多态式发展，出现了空前繁荣的景象。

书法　以毛笔书写汉字，也是中国特有的一种造型式样。讲求用笔的疾徐、顿挫、顺逆、刚柔、墨色的浓淡、干湿创造美的章法及结构形式，借以表达书法家的文化修养、品格情操。

中国书法在数千年的演化过程中，形成了篆、隶、楷、草、行等主要字体形式。篆书是商、周、战国时代通行的字体，大都刻在甲骨、青铜器或简牍、帛、石、陶上。至秦代小篆成为全国推行使用的统一字体。其结体圆长，笔画匀称，藏头护尾，圆润优美。隶书盛行于汉代，字体宽扁，左右舒展，横画如蚕头燕尾，具有浓厚的装饰意趣。楷书经南北朝到唐代发展至顶峰，其字形方正、笔画结构严整。王羲之、欧阳询、褚遂良、颜真卿、柳公权等书法家留下的不同风格的楷书作品，给后人以深刻影响。草书经章草、小草发展为狂草，笔线连绵不断，大起大落如风驰电掣。此书也盛行于唐代，以张旭和怀素最为著名。行书介乎草书与楷书之间，书写简易，流畅。形成于汉，成熟于两晋。历代书法家都以行书字体创造了各自不同的风格。

篆刻　中国篆刻是以书法字体，结合镌刻制作印章的一种艺术。它于方寸之中，红白之间创造各种美的结构和形式。因其字体多为篆书所以称篆刻。

篆刻艺术是由作为权力和凭证的古玺印发展而来的。明中叶以后发展成独立的艺术式样，并形成了各种风格流派。如明代以文彭为代表的吴门派和以何震为代表的徽派；清代以程遂厚重、凝练风格为代表的皖派，以丁敬、邓石如开创，黄易等西泠八家发扬光大的浙派。清末吴昌硕将古印、陶文、石鼓文等熔于刀法之中，以苍劲古朴之风被尊为吴派。

工艺美术　中国的工艺美术历史悠久、种类繁多。它一方面以满足人们的实用要求和审美要求为目的，与社会的物质生活和精神生活紧密相联；另一方面，高超、精湛的制造技艺又闪烁着中国历代劳动者智慧的光芒。所以中国工艺美术又浓缩着民族文化的精华，展示着民族精神发展的历程。

中国工艺美术门类众多，按功能可分为实用工艺美术和陈设工艺美术；按生产方式可分为手工艺美术和工业设计；按生产和消费的社会层次可分为民间工艺美术、宫廷工艺美术和文人工艺美术。按材料和创作工艺可把传统工艺美术归结为雕刻工艺、织绣工艺、编织工艺、金属工艺、陶

图3 青花缠枝莲纹赏瓶（清，乾隆时期）

瓷工艺、漆器工艺六大类别。现代工艺则以产品对象分为室内环境设计、染织设计、日用工业品造型设计、日用陶瓷设计、商业美术设计和书籍装饰设计等。

原始人制造的第一件劳动工具可视为中国工艺美术的远源。从单纯工具发展为新石器时代的石、玉、骨、牙雕刻，缝纫，编织，制陶等工艺，已明显地表现出对美的追求与创造了。最有代表性的是形制多样、纹饰斑斓的陶器。商、周、春秋、战国时期，浑厚、奇丽的青铜礼器和精美的玉器是造型艺术的代表。至汉代青铜造型仍占重要地位，漆器、丝织、釉陶等制作技艺已相当成熟，南北朝时期在青瓷烧制、织锦技术等方面成就最为突出，风格趋于华丽。唐代的织锦、陶瓷、金银器、漆器等工艺获得全面发展，其制作水平和生产规模都是空前的。富丽华贵、舒展丰满是唐代工艺造型的风格特征。宋元两代制瓷工艺蓬勃发展，瓷窑遍布全国各地，以钧、汝、官、哥、定五大名窑的产品最具特色。优雅的造型，晶莹的釉色，精湛的制胎、烧窑技艺，享誉全世界。明代资本主义萌芽的产生，促使其工艺美术跨入一个新阶段，各工艺门类都有了全面发展，其总体风格简约、劲健而端庄。清代工艺美术在品种、形式、手法、技艺等各方面都远远地超越了前代，可以说是中国古代工艺美术的集大成时期。与时代和上层人士的审美趣味相谐，其风格日趋雕琢、精致、繁缛。20世纪以后，在现代工业文明的冲击下，传统工艺美术衰落，具有清新、明快、简洁风格的现代工艺迅速崛起。尤其是80年代以后，中国工艺美术在形式和内涵上都与现代社会文化及人们丰富多变的审美心态息息相关，在品类的繁多、风格的多变、技艺的精良等方面都是前所未有的。它们一方面构建着现代社会的生活环境，另一方面又不断地影响和更新着人们的精神追求和审美观念。

中国美术馆 China Art Gallery 中国近现代国家美术博物馆。馆址北京，1962年主体建筑落成，1963年正式开馆。占地面积3万平方米，展厅面积8 800多平方米，计有21个展厅，整个建筑具有中国民族风格。

中国美术馆以系统地收藏、研究、陈列中国近现代的优秀美术作品为主，兼事中国民间美术的收藏、研究、陈列，并开设有德国路德维希夫妇捐藏作品及刘开渠捐赠作品专厅，承办或主办各种类型的美术作品展览，举办国外来华美术作品展览，同时也组织藏品出国展出，进行学术交流活动。该馆现已成为全国重要美术活动中心之一。

中国美术馆主要设有：①艺术委员会，为馆藏美术作品和审定展览的学术机构；②收藏部，负责藏品征集、保管、鉴定及藏品陈列、出版等有关业务；③研究部，负责学术研究及编辑出版、艺术档案、图书资料等工作；④展览陈列部，负责美术作品展览的策划，编辑、设计展览资料；⑤民间美术部，负责民间美术收藏、研究及陈列。

中国美术馆收藏各类美术作品7万余件。先后编辑出版《中国美术馆通讯》、《中国美术年鉴（1949～1989）》、《中国美术馆年鉴》，并与出版社合作编辑出版了《中国美术馆藏品集》、《20世纪中国美术》等大型画册。

中国美术学院 China Academy of Art 中国综合性高等美术学校。校址在杭州西子湖畔。前身是蔡元培倡议、林风眠等人在1928年于杭州建立的国立艺术院。1929年改为国立杭州艺术专科学校。1937年抗日战争全面爆发后西迁。1938年国民政府教育部令其与南迁的国立北平艺术专科学校在湖南沅陵合并为国立艺术专科学校。1946年，校内原杭州、北平两校师生各回学校原籍。在杭州的学校沿用国立艺术专科学校校名。1950年改名中央美术学院华东分院。1957年院址从孤山迁往南山路。1958年改名浙江美术学院。1961年成为文化部直属重点高等美术学院。1993年改名中国美术学院。1998年归属浙江省教委。2006年拥有杭州南山和象山以及上海张江共3个校区，占地面积60多万平方米。学院共设9个学院，有各类学生9 000余人，教师900余人。学院以美术学、设计艺术学（均已获得国家教育部博士、硕士学位授予权）为核心，辐射建筑学、电影学、教育学领域，创建一个体现民族精神和时代创新理念的特色型人文学科群，其中美术学学科为国家唯一重点学科。中国美术学院是国内造型艺术教学领域中学科完备、规模齐整的综合型美术学院之一。

建院以来，中国美术学院聚集和造就了一大批中外闻名的艺术家和艺术教育家，有林风眠、吴大羽、潘天寿、黄宾虹、刘开渠、江丰、莫朴等。

中国民间文学三套集成 Collection of Three Series of Chinese Folk Literature 《中国民间故事集成》、《中国歌谣集成》、《中国谚语集成》的合称。编纂工作始于1984年，由中国民间文艺家协会会同国家文化部、国家民族事务委员会联合主持在全国开展搜集、整理、编纂、出版工作。总编委会主任由周扬担任，《中国民间故事集成》主编为钟敬文，《中国歌谣集成》主编为贾芝，《中国谚语集成》主编为马学良。三套集成的规模为：每省每套集成各3卷，共100余卷；每卷10万至150万余字；各省卷（或国家卷）自各地市县的资料卷中遴选。初步统计，先后有数十万人次参与普查工作，搜集神话、传说、民间故事、笑话和寓言187万篇，民歌民谣、史诗、叙事诗302万首，谚语748万余条，编印资料3 000余种（本），总字数超过4亿。其间还发现并登记民间歌手、故事家万余人。三套集成的编纂出版历时20余年，不仅收集保存了大量的非物质文化遗产，而且在民间故事（含神话、传说等）、歌谣、谚语的分类方面形成了一套符合中国国情的分类体系，同时在调查、整理、选编过程中建立了一套严格、科学的工作规范。

中国民间宗教 Chinese folk religions 流行于中国社会底层的各种宗教的统称。它代表了千千万万、各朝各代底层民众的信仰，是中国宗教信仰领域的有机组成部分。

民间宗教的思想渊源，可以上溯到氏族社会的原始宗教。进入阶级社会以后，在相当长的时间里，宗教活动如卜筮、占星、祭祀等，都被上层的巫祝所把持，一些散漫的民间信仰，也远未形成定型的宗教。只是到了东汉时期，社会上的黄老道、谶纬、迷信、神仙方术和民间信仰等，互相渗透、融合，才逐渐形成了比较完整的宗教思想体系，产生了最初形态的民间宗教——早期道教。中国封建社会历史上，民间宗教的发展、演变大体可以分为4个阶段。①东汉末至南北朝时期的民间道教。包括张角的太平道、张陵的五斗米道等。从三国到南北朝时期，民间道教主流沿着封建化的轨道不断发展，最后经过葛洪、寇谦之、陆修静和陶弘景等道教上层人物的改造制作，终于转化成为正统宗教。②南北朝至北宋时期民间佛教异端和摩尼教。南北朝时期佛教所描绘的飘渺的理想幻境，与现实的深重苦难恰成尖锐对照，遂使弥勒观念在社会下层广为流布。是为弥勒教之滥觞。后几经统治者迫害仍流传不辍。南宋以降，弥勒观念被白莲教所吸收，将弥勒佛当作最高崇拜的神祇。乃至到了明清时代，民间宗教对弥勒佛的信仰，仍持续不衰。唐初，摩尼教从波斯传入中国，不久即遭禁断。其后，回鹘又借机将已成为国教的摩尼教带入中原，并依恃回鹘之力，在唐广为传布。摩尼师先后在长安、荆州、洪州、越州、扬州、太原府和河南府设寺传教，至唐武宗大举灭佛时，摩尼教也同时遭到镇压。以后，摩尼教不得不转入地下，流入民间，演化为民间宗教。③南宋至明代中叶兴起的白莲教。宋代佛教禅宗与净土宗相结合，佛教信仰进一步向下层群众普及，大量民间念佛团体纷纷兴起。于是，出现了更适应一般平民信仰需要的白莲教。教义源于佛教净土宗。首倡者是南宋高宗时吴郡延祥院沙门茅子元。元代时，白莲教在江南许多省份广为流传，并曾一度为元朝政权所承认，同样享有不纳税，不服差役的特权。但是，为时不久，又遭到了朝廷的禁止。至此，白莲教不得不转入民间，秘密开展宗教活动。元代末叶，社会阶级矛盾和民族矛盾日趋尖锐，农民群众遂以白莲教为组织形式，举行起义。朱元璋取得政权之后，深知农民起义力量的雄大，则对白莲教和其他民间宗教一概采取禁断镇压态度。但是，白莲教起义仍不断发生。④明代中叶至清末的民间宗教。这一阶段，是民间宗教最活跃的历史时期。新兴民间宗教兴盛起来，数以百计的教派宗门蜂起林立，构成封建社会后期下层社会民众运动的中心内容。明清两代主要民间教派除罗教外，尚有黄天教、西大乘教、东大乘教、弘阳教、龙天教、长生教、三一教、鸡足山大乘教、青莲教、八卦教、一炷香教和真空教等等。这些教门在漫长的历史进程中，互相排斥又互相融合，形成了盘根错节的复杂局面。每个教派，为了安身立命，独立兴教，一般都要编撰一种或数种本教的经典，即所谓的宝卷，用来阐述其教义思想。这些宝卷，大都通俗易懂，便于咏唱讽诵，为群众喜闻乐见，对人民群众的文化思想产生过重大影响。中国民间宗教有重大影响，特别是到了明清时代及近代，它和秘密结社一起，对人们思想意识、社会生活，乃至政治制度都起过特殊作用。

中国民权保障同盟 第二次国内革命战争时期的中国爱国民主政治团体。由宋庆龄、蔡元培、杨杏佛等在上海发起组织。1932年12月29日成立，总会设在上海，在北平（今北京）、上海等地设分会，最高执行机构是临时全国执行委员会，宋庆龄、蔡元培分任主席和副主席，杨杏佛为总干事，鲁迅为上海分会执行委员。同盟的任务是反对国民党一党独裁，援救一切爱国的革命的政治犯，争取人民的出版、言论、集会和结社自由。同盟的领导人都是当时社会知名人士，他们公开反对国民党的统治，并营救许多被国民党关押的共产党人和革命者。该同盟成员复杂。1933年6月18日，杨杏佛被国民党特务刺杀后，同盟停止活动。但同盟在全国抗日民主斗争中发挥了积极作用。

中国民主促进会 China Association for Promoting Democracy; CAPD 以从事教育文化出版工作的高级、中级知识分子为主的、具有政治联盟性质的、致力于建设中国特色社会主义事业的政党。简称民进。同中国共产党通力合作的参政党。

民进于1945年12月30日在上海正式宣告成立。民进成立后，发表了《对于时局的宣言》等一系列重要文件，提出了立即结束一党专政、还政于民、立即停止内战、保障人民自由权利等政治主张。为了扩大和平民主力量，民进联络和团结了上海68个主要群众团体组织，组成了上海人民团体联合会。1946年6月23日，民进参与发起并组织了在上海北火车站举行的、有10万群众参加的反内战大会，民进领导人马叙伦、雷洁琼等参加了赴南京请愿的和平代表团，在震惊全国的“南京下关事件”中遭到军政当局组织指使的暴徒的殴打而受伤。“南京下关事件”教育了广大人民群众，推动了国民党统治区爱国民主运动的新高潮。

民进拥护和响应中国共产党在1948年5月1日发出的召开政治协商会议的号召，1949年9月，民进代表出席了中国人民政治协商会议第一届全体会议，参与制定了《中国人民政治协商会议共同纲领》，为新中国的诞生作出了贡献。

中华人民共和国建立后，民进以《共同纲领》、全国政协章程的总纲为纲领，制定了接受中国共产党的领导，为社会主义服务的政治路线，以宪法为准则开展各项工作。民进领导人和一些会员担任了中央和地方人民政府的重要职务。民进各级组织带领全体会员积极参加国家政治生活，在恢复国民经济、巩固人民政权和社会主义建设中继续和中国共产党亲密合作，并发挥了应有的作用。

改革开放以来，民进把工作重点转移到社会主义现代化建设上来，坚持贯彻社会主义初级阶段的基本路线和与中国共产党“长期共存、互相监督、肝胆相照、荣辱与共”的方针，认真履行参政议政、民主监督的职能，积极为促进经济建设和社会进步献计出力；积极参与社会主义民主与法制建设，为《教师法》、《职业技术教育法》、《义务教育法》等的制定和实施提出建议；提倡尊师重教，维护人民教师的合法权益，协助中国共产党和政府贯彻落实知识分子的政策；面向社会开辟为四个现代化服务的新领域，在讲学办学、科技咨询服务、智力扶贫、海外联谊等方面做了大量工作，为社会主义物质文明和精神文明建设作出了新的贡献。民进中央主办的《民主》杂志、开明出版社和开明文教音像出版社，在推动思想建设和繁荣出版事业中发挥了积极作用。

民进在实践中切实加强自身各方面建设，努力提高整体素质和参政议政水平，为充分发挥参政党作用打下了良好的基础。

中国民主促进会历届主席有马叙伦、周建人、叶圣陶、雷洁琼、许嘉璐。名誉主席有谢冰心、赵朴初、雷洁琼。2007年12月严隽琪当选十届中央主席。

中国民主建国会 China Democratic National Construction Association; CDNCA 主要由经济界人士组成的、具有政治联盟特点的、致力于建设中国特色社会主义事业的政党。简称民建。当代中国政治生活中的参政党。

民建中央主席孙起孟主持民建五届一次中央全会（1988-06-27）

民建具有爱国、革命的光荣历史，在长期实践中，形成了坚持爱国主义和社会主义、坚持接受中国共产党的领导和坚持自我教育的优良传统，形成了同经济界密切联系的历史特点。1945年12月16日，民建在重庆成立，成员主要是爱国的民族工商业者和知识分子，发起人有黄炎培、胡厥文、章乃器、施复亮、孙起孟等。民建成立后，积极参加新民主主义革命斗争。1948年，民建响应中国共产党5月1日发出的关于召开政治协商会议、成立民主联合政府的号召，派代表赴解放区参加筹备工作。1949年9月民建代表出席了中国人民政治协商会议第一届全体会议，参与制定《中国人民政治协商会议共同纲领》，选举中央人民政府，为中华人民共和国的建立作出了贡献。

中华人民共和国建立后，民建确定了接受中国共产党领导、为社会主义服务的政治路线，参加人民政权和人民政协工作，为巩固人民民主专政，恢复和发展经济，特别是实现从新民主主义到社会主义的转变，积极配合国家对资本主义工商业的社会主义改造，确立社会主义制度，发挥了重要的作用。

进入改革开放和现代化建设新的时期以来，民建各级组织和广大成员坚定不移地贯彻社会主义初级阶段的基本路线，坚持中国共产党同各民主党派“长期共存、互相监督、肝胆相照、荣辱与共”的方针，积极履行参政和监督职能。在参加国家政权，参与国家大政方针和国家领导人选的协商，参与国家事务的管理，参与国家方针、政策、法律、法规的制定执行过程中，发挥了越来越显著的作用。

民建各级组织充分发挥自身的优势和特点，积极开展咨询服务、中介服务、人才培训等多种形式的服务活动，广泛参与社会主义物质文明和精神文明建设，在发展社会主义市场经济，提高企业的社会经济效益，传播科学技术，倡导职业道德，支援边疆少数民族地区，促进以公有制为主体的多种所有制经济的共同发展等方面作出了积极贡献。民建中央还创办了民主与建设出版社、《经济界》杂志，开通了民建网站。

民建积极开展联谊工作，加强同香港、

澳门、台湾以及海外侨胞中的经济界人士和其他有关人士的联系，发展与外国有关政党、团体的友好往来和合作，增进相互了解，协助政府引进资金、技术和人才，取得了显著成绩，为扩大对外开放，推进“和平统一、一国两制”方针的实施，为促进世界的和平与发展，作出了自己的努力。

民建各时期主要领导人有：黄炎培、胡厥文、孙起孟、成思危。2007年12月陈昌智当选九届中央主席。

中国民主同盟 China Democratic League; CDL 主要由从事文化教育以及科学技术工作的高级和中级知识分子组成的、具有政治联盟特点的、致力于建设中国特色社会主义事业的参政党。简称民盟。

民盟是在中国共产党的抗日民族统一战线政策影响下，在民族危机空前严重时刻，由主张“团结、民主、抗日”的政团于1941年3月19日在重庆组成，初称中国民主政团同盟。1944年改组为中国民主同盟。抗日战争时期和解放战争时期，民盟坚持抗战，争取民主，反对内战，在民主宪政运动、政治协商会议、国共两党和谈、反对国民党当局召开“国民大会”的斗争中，与中国共产党密切配合、共同战斗，锻炼了自己，纯洁了组织。1947年，民盟被国民党当局宣布为“非法团体”，总部被迫解散。1948年1月，在民盟一届三中全会上，制定了和中国共产党携手合作的政治路线，与中国共产党一道为建立和平、民主、统一的新中国而斗争。1949年1月，民盟公开宣告接受中国共产党领导。同年，参加中国人民政治协商会议第一届全体会议。

中华人民共和国建立后，民盟遵循《中国人民政治协商会议共同纲领》，参加政治协商、民主监督，参与国家事务管理；推动盟员和所联系的知识分子学习马克思列宁主义、毛泽东思想；参加各项民主改革，参加社会主义革命。在社会主义建设时期，民盟同中国共产党一道前进，一道经受考验，为社会主义建设作出了积极贡献。在新的历史时期，民盟实现了工作重点转移，积极履行参政党职能，为建设中国特色社会主义经济、政治、文化服务，为维护安定团结的政治局面服务，为实现祖国统一服务，为维护世界和平、促进共同发展做了大量工作。

民盟在自身的各项工作中，贯彻科教兴国战略、可持续发展战略和依法治国方略；在建设社会主义物质文明、政治文明和精神文明的实践中，为发展教育和各项文化事业，提高全民族素质而努力；为促进经济和社会协调发展，推进依法治国而努力；为提高中国的科学技术水平而努力；为繁荣文化事业、促进学术民主而努力；为推进决策科学化、民主化，增强综合国力和实现各族人民共同富裕而努力。民盟反对任何分裂祖国的企图和行为，努力发展海峡两岸关系，促进祖国完全统一。民盟积极推进国际交往，维护世界和平，促进共同发展。

民盟的最高领导机关是全国代表大会和由它选举产生的中央委员会。民盟中央主办有向盟内发行的机关刊物《中央盟讯》和向国内外公开发行的月刊《群言》。民盟历届中央委员会主席为黄炎培、张澜、沈钧儒、杨明轩、史良、胡愈之（代主席）、楚图南、费孝通、丁石孙，2005年12月起蒋树声任主席。

中国民族区域自治 Chinese regional autonomy of minority nationalities 在国家统一领导下，各少数民族聚居的地方实行区域自治，设立自治机关，行使自治权。这是

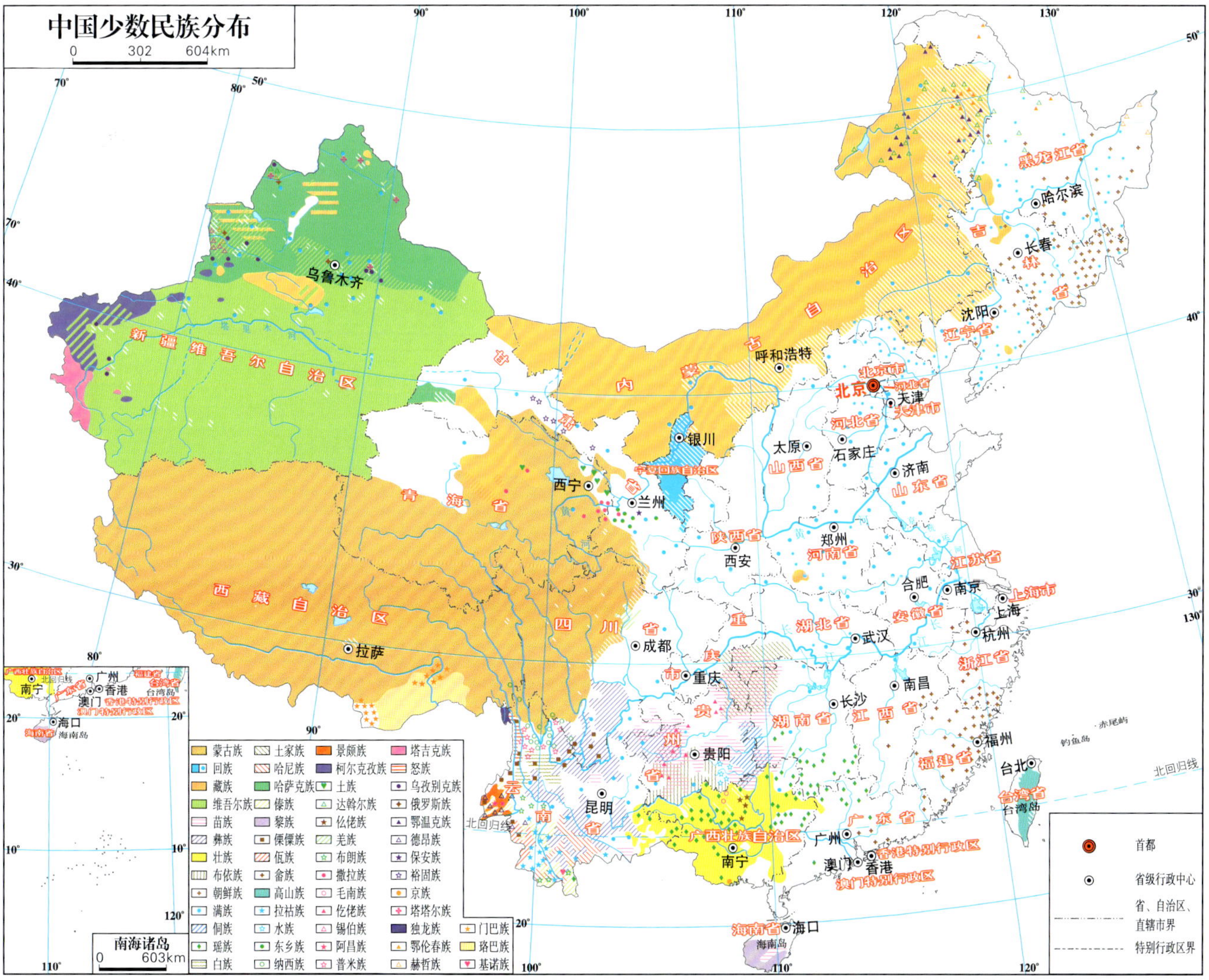

中国共产党和中国政府解决国内民族问题的基本政策和重要政治制度。各民族自治地方都是中华人民共和国不可分离的部分。

民族区域自治的历史与现状　中国共产党对民族区域自治的理论和实践曾进行过长期的探索。1936年，在回族集中的宁夏豫旺（今同心县）和海原等县帮助建立了宁夏豫海县回民自治政府。在1940年到抗日战争胜利前，又在陕甘宁边区建立了一些回族和蒙古族的自治政府。1947年5月1日，建立了内蒙古自治区。这是中国第一个完全意义上的民族自治区。1949年9月，

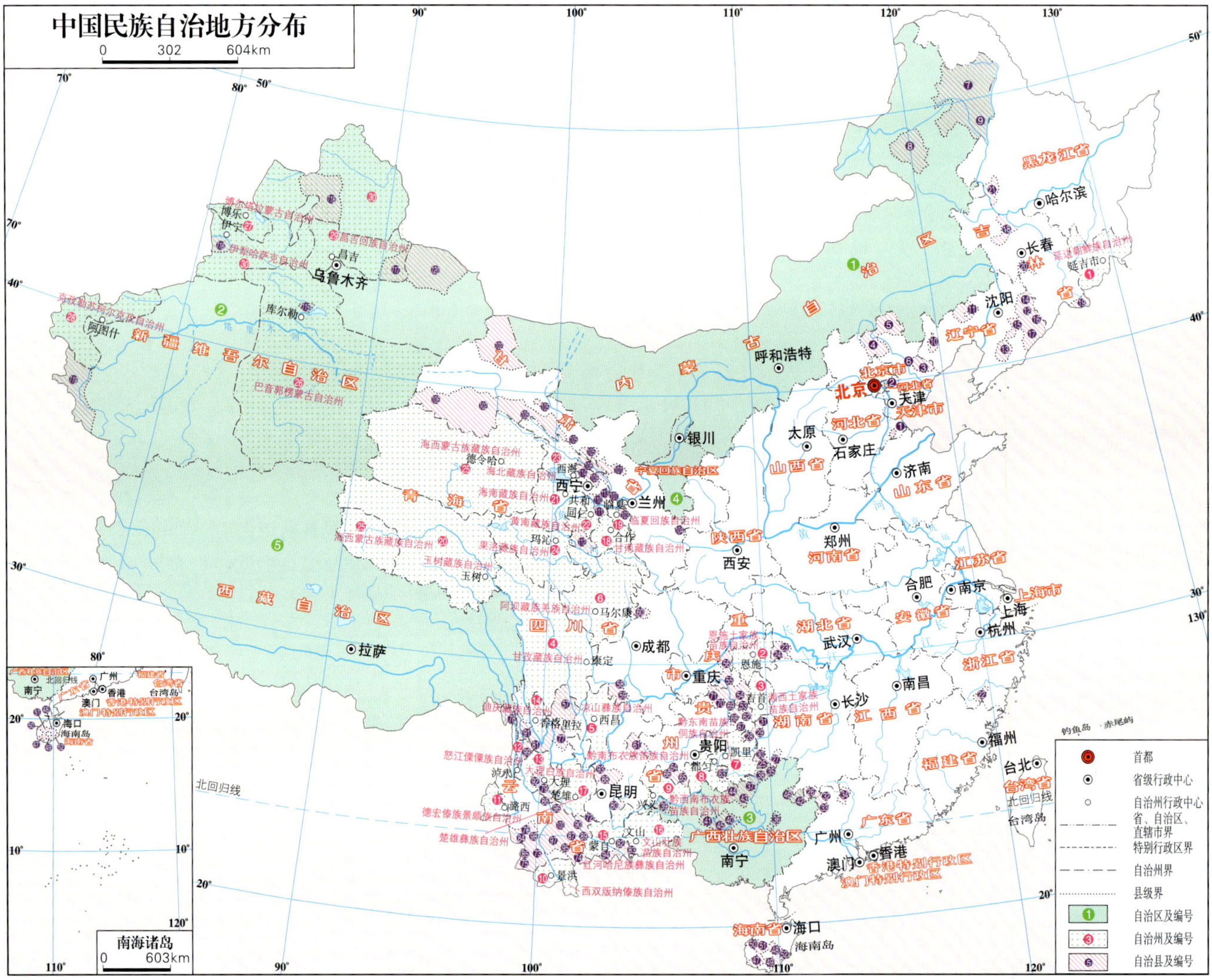

图中编号	自治地方名称	图中编号	自治地方名称	图中编号	自治地方名称	图中编号	自治地方名称	图中编号	自治地方名称	图中编号	自治地方名称
1	内蒙古自治区	22	黄南藏族自治州	18	前郭尔罗斯蒙古族自治县	44	环江毛南族自治县	70	务川仡佬族苗族自治县	96	景东彝族自治县
2	新疆维吾尔自治区	23	海北藏族自治州	19	长白朝鲜族自治县	45	大化瑶族自治县	71	道真仡佬族苗族自治县	97	景谷傣族彝族自治县
3	广西壮族自治区	24	果洛藏族自治州	20	伊通满族自治县	46	恭城瑶族自治县	72	峨山彝族自治县	98	双江拉祜族佤族布朗族傣族自治县
4	宁夏回族自治区	25	海西蒙古族藏族自治州	21	杜尔伯特蒙古族自治县	47	乐东黎族自治县	73	澜沧拉祜族自治县	99	兰坪白族普米族自治县
5	西藏自治区	26	巴音郭楞蒙古自治州	22	景宁畲族自治县	48	琼中黎族苗族自治县	74	江城哈尼族彝族自治县	100	镇沅彝族哈尼族拉祜族自治县
1	延边朝鲜族自治州	27	博尔塔拉蒙古自治州	23	长阳土家族自治县	49	保亭黎族苗族自治县	75	孟连傣族拉祜族佤族自治县	101	天祝藏族自治县
2	恩施土家族苗族自治州	28	克孜勒苏柯尔克孜自治州	24	五峰土家族自治县	50	昌江黎族自治县	76	耿马傣族佤族自治县	102	肃北蒙古族自治县
3	湘西土家族苗族自治州	29	昌吉回族自治州	25	通道侗族自治县	51	白沙黎族自治县	77	宁蒗彝族自治县	103	东乡族自治县
4	甘孜藏族自治州	30	伊犁哈萨克自治州	26	江华瑶族自治县	52	陵水黎族自治县	78	贡山独龙族怒族自治县	104	张家川回族自治县
5	凉山彝族自治州	1	孟村回族自治县	27	城步苗族自治县	53	秀山土家族苗族自治县	79	巍山彝族回族自治县	105	肃南裕固族自治县
6	阿坝藏族羌族自治州	2	大厂回族自治县	28	新晃侗族自治县	54	酉阳土家族苗族自治县	80	石林彝族自治县	106	阿克塞哈萨克族自治县
7	黔东南苗族侗族自治州	3	青龙满族自治县	29	芷江侗族自治县	55	彭水苗族土家族自治县	81	玉龙纳西族自治县	107	积石山保安族东乡族撒拉族自治县
8	黔南布依族苗族自治州	4	丰宁满族自治县	30	靖州苗族侗族自治县	56	石柱土家族自治县	82	屏边苗族自治县	108	门源回族自治县
9	黔西南布依族苗族自治州	5	围场满族蒙古族自治县	31	麻阳苗族自治县	57	木里藏族自治县	83	河口瑶族自治县	109	互助土族自治县
10	西双版纳傣族自治州	6	宽城满族自治县	32	连南瑶族自治县	58	峨边彝族自治县	84	沧源佤族自治县	110	化隆回族自治县
11	德宏傣族景颇族自治州	7	鄂伦春自治旗	33	连山壮族瑶族自治县	59	马边彝族自治县	85	西盟佤族自治县	111	循化撒拉族自治县
12	怒江傈僳族自治州	8	鄂温克族自治旗	34	乳源瑶族自治县	60	北川羌族自治县	86	南涧彝族自治县	112	河南蒙古族自治县
13	大理白族自治州	9	莫力达瓦达斡尔族自治旗	35	龙胜各族自治县	61	威宁彝族回族苗族自治县	87	墨江哈尼族自治县	113	民和回族土族自治县
14	迪庆藏族自治州	10	喀喇沁左翼蒙古族自治县	36	金秀瑶族自治县	62	松桃苗族自治县	88	寻甸回族彝族自治县	114	大通回族土族自治县
15	红河哈尼族彝族自治州	11	阜新蒙古族自治县	37	融水苗族自治县	63	三都水族自治县	89	元江哈尼族彝族傣族自治县	115	焉耆回族自治县
16	文山壮族苗族自治州	12	新宾满族自治县	38	三江侗族自治县	64	镇宁布依族苗族自治县	90	新平彝族傣族自治县	116	察布查尔锡伯自治县
17	楚雄彝族自治州	13	岫岩满族自治县	39	隆林各族自治县	65	紫云苗族布依族自治县	91	维西傈僳族自治县	117	木垒哈萨克自治县
18	甘南藏族自治州	14	清原满族自治县	40	都安瑶族自治县	66	关岭布依族苗族自治县	92	漾濞彝族自治县	118	和布克赛尔蒙古自治县
19	临夏回族自治州	15	本溪满族自治县	41	巴马瑶族自治县	67	玉屏侗族自治县	93	禄劝彝族苗族自治县	119	塔什库尔干塔吉克自治县
20	玉树藏族自治州	16	桓仁满族自治县	42	富川瑶族自治县	68	印江土家族苗族自治县	94	金平苗族瑶族傣族自治县	120	巴里坤哈萨克自治县
21	海南藏族自治州	17	宽甸满族自治县	43	罗城仫佬族自治县	69	沿河土家族自治县	95	普洱哈尼族彝族自治县		

中国人民政治协商会议通过了具有临时宪法性质的《中国人民政治协商会议共同纲领》，确认民族区域自治为解决国内民族问题的基本政策。1952年8月，中央人民政府正式颁布了《中华人民共和国民族区域自治实施纲要》，对民族区域自治政策及其实行作了较为全面的阐述和具体的规定。1954年中华人民共和国第一部宪法和其后历次修改的宪法都确认了这一政策和制度的地位。1984年5月31日，第六届全国人民代表大会第二次会议通过了《中华人民共和国民族区域自治法》。2001年2月28日，第九届全国人大常委会又完成了对该法的修改，在全国予以实施，使民族区域自治的实行有了明确的法律保障。截至2010年，全国共建有民族自治地方155个，其中自治区5个、自治州30个、自治县（旗）120个。实行自治的少数民族45个，自治地方面积610万平方千米，占全国总面积的64%。

民族区域自治的权利　民族自治地方设立自治机关，即自治区、自治州和自治县的人民代表大会和人民政府，分属国家相应级别的地方政权机关，行使相应地方政权机关的职权。自治机关在不违背宪法和法律的原则下，有权根据本民族和当地的具体情况，制定和执行特殊的政策和灵活的措施，以加快本地经济、文化各项事业的发展。主要自治权利有：民族自治地方的人民代表大会有权依照当地的政治、经济和文化特点，制定自治条例和单行条例；上级国家机关的决议、决定、命令和指示，如有不适合民族自治地方实际情况的，自治机关可以报经该上级国家机关批准，变通执行或停止执行；自治机关在执行公务时使用当地通用的语言文字，可以以实行区域自治的民族的语言文字为主；自治机关根据国家的军事制度和当地的实际需要，经批准可以建立维护本地治安的公安部队；自治机关在国家的指导下，可以根据实际需要自主地安排本地的经济建设，调整生产关系，改革经济管理体制，管理隶属于当地的企业和事业；自治机关有管理地方财政的自主权；自治机关根据国家的教育方针和法律规定，可以决定本地方的教育规划、学制、办学形式、教学内容、教学用语和招生办法，自主地发展民族教育；自治机关可以自主地发展具有民族形式和特点的文化艺术、卫生事业、体育事业以及科学技术等。

民族区域自治的类型　按民族聚居的不同情况，民族自治地方有3类：①以一个少数民族聚居区为基础建立的自治地方，如西藏自治区、宁夏回族自治区和甘肃省甘南藏族自治州等。②以一个人数较多的少数民族为基础建立的大自治地方，包括一些人数较少的少数民族建立的小自治地方。如新疆维吾尔自治区主要是维吾尔族聚居区，其中也包括哈萨克、蒙古、回、柯尔克孜、锡伯和塔吉克等少数民族聚居区。这些少数民族也分别以其聚居区为基础，建立了相应行政级别的自治地方。③以两个或多个少数民族聚居区为基础联合建立的自治地方。如贵州黔东南苗族侗族自治州由苗族和侗族聚居区联合建立，云南省双江拉祜族佤族布朗族傣族自治县由拉祜族、佤族、布朗族和傣族4个聚居区联合建立。此外，有多处聚居区的民族，除主要聚居区之外，可以根据聚居的情况建立其他一些自治地方。

实行民族区域自治的历史必然性　首先，中国历史为各民族共同创造，中国自古即为中央集权制的统一国家，尽管有过民族间的战争和政权的分立，但统一和集中是主流。中国只能建立统一的单一制国家。其次，中国民族构成和分布的主要特点是汉族占人口的绝大多数，各民族交错聚居和杂居。汉族与少数民族以及各少数民族之间在地域、经济、文化乃至血缘上都形成了不可分割的联系，近代帝国主义对中国的侵略和中国人民的反帝反封建斗争进一步加深了各族人民之间的政治认同。中国各族人民在政治上宜合不宜分，联邦制等分立性较大的国家结构不适合中国国情。第三，中国各民族都有自身的特点，经济文化发展不够均衡，各民族都有权利根据自身的特点通过恰当的形式自己管理自己。这只有通过符合国情的民族区域自治制度才能得到充分反映。民族区域自治制度的实行有利于维护少数民族的政治权利，发展平等、团结、互助的社会主义民族关系，对国家的统一和稳定，对少数民族和民族地区的发展繁荣，都发挥了巨大的作用。

中国民族识别　identification of nationalities in China　在中国进行的民族成分和民族名称的辨别和确认。这是中华人民共和国建立后为贯彻民族政策和推行民族区域自治制度而进行的一项重要工作。

中国是一个统一的多民族国家。历史上民族成分和民族名称非常复杂。中华人民共和国建立后，为了贯彻民族政策和推行民族区域自治，组织人力进行了大规模的民族考察识别工作。在调查研究的基础上，首先识别某一族体是汉族还是少数民族，其次识别它是单一民族还是某一少数民族的一部分，最后确定这个族体的民族成分和族称。1953年，在国家有关部门的组织下，中央和地方相继建立起了工作机构，民族识别工作正式开始。到1954年第一次全国人民代表大会召开时，除了已经明确的蒙古、满、回、藏、维吾尔、彝、朝鲜和苗族之外，新确认了30个少数民族：僮（后改为壮）、布依、侗、瑶、白、哈尼、傣、黎、傈僳、佤、高山、纳西、拉祜、水、景颇、羌、哈萨克、柯尔克孜、塔吉克、乌孜别克、塔塔尔、俄罗斯、锡伯、裕固、撒拉、保安、东乡、土、鄂伦春、鄂温克族。1954～1964年，民族识别的重点集中到西南和中南地区，主要是对支系繁多的族体进行科学的归并。这一时期又确认了土家、畲、达斡尔、赫哲、仫佬、布朗、仡佬、阿昌、普米、门巴、怒、崩龙（后改为德昂）、独龙、京和毛难（后改为毛南）15个少数民族，同时将数十个族体进行了归并。其后，又于1965年确认了西藏的珞巴族，1979年确认了云南的基诺族。至此，全国55个少数民族都得到了认定，民族识别基本完成。经国务院正式确定公布全国共有56个民族。

中国木偶艺术　Chinese puppet art　中国木偶艺术历史悠久，流传地域广阔、艺术表现丰富。其起源与发展，大体可分9个阶段。

原始巫仪中的萌芽　随着人类灵魂意识的形成，宗教观念的建立，产生了人像雕塑。辽宁后洼遗址出土的雕塑人像带有明显的偶艺特征。该遗址距今6 000年左右，出土29件雕塑人像和动物像。有滑石雕和陶塑两种，都是独立的小型圆雕和圆塑。人像中有人鸟合一与人猴合一的形象，还有几件是底部中间有孔或上下有孔贯通的人像，研究者认为可能是插在木棍上手擎舞弄或穿入线带，在巫仪中作为崇拜的对象，是后世杖头木偶与提线木偶的萌芽。

玉饰舞人和乐舞俑　距今5 000年的红山文化中已有鸟、龙、蝉、鱼等动物玉饰出现。东周至汉代出现的玉佩舞人，多为扁平玉版雕成，高3～6厘米，有双人连体与单身舞人两种，雕镂技艺高超。大量风格造型各异的乐舞俑人也在此期出现。如陕西出土的汉代彩绘女舞俑，面容文静，体态修长，或拂袖，或拱手，舞袖或扬或垂。山东济南出土的汉代乐舞百戏俑群，在长不到一米、宽不足半米的陶盘上有20多个俑人。四川出土的俳优舞俑，神态生动，为汉俑杰作。以上种种为木偶造型奠定艺术基础。

机关偶人与活动大木偶、水转百戏　《史记·孟尝君列传》记载的木偶人与土偶人的对话，反映出当时是以多种材质制造俑人的。机关偶人的最早记载见于《列子·汤问》，说周穆王西巡时，偃师献上能表演的偶人，“穆王惊视之，趋步俯仰，信人也。巧夫，领其颐则歌合律，捧其手则舞应节，千变万化，惟意所适”。南朝梁元帝萧绎撰写的《金楼子》也记载了类似故事。据唐段安节《乐府杂录》（成书于894年）记载，汉高祖刘邦在平城为冒顿所围时，陈平知冒顿妻阏氏妒忌，造极美丽偶人，运机关舞于城墙之上，阏氏望见，以为活人。“虑下其城，冒顿必纳妓女，遂退军”。此类记载机关偶人巧夺天工的种种“不稽之谈”，自汉末至隋唐，代有传闻。

1978年山东莱西汉墓出土活动大木偶(通高193厘米)。有人认为此系提线木偶的肇始。大木偶与真人等高，头颅由整段木块雕成，有耳、目、口、鼻。躯干、四肢，根据骨骼长短、粗细分别雕刻。整体由13段木条组成，全身机动灵活，可坐、可立、可跪。这具木偶的腹、腿等部位钻有许多小孔，旁边还有一根可能是用来调变木偶手脚牵线的银条。这具木偶证明，汉代已经有了可以操纵的、活动的木偶。是表演故事，还是只作为殡葬中的仪式之用尚待进一步研究。

《三国志·魏书·方技传·杜夔》有裴松之注曰：“时有扶风马钧，巧思绝世。……设为女乐舞象，至令木人击鼓吹箫；作山岳，使木人跳丸、掷剑、缘桓、倒立，出入自在。”马钧制作的木偶是以水力发动的，即“水转百戏”。《大业拾遗记》曾描写隋炀帝敕别殿学士杜宝修《水饰图经》十五卷。书成之时，三月上巳日会群臣于曲水，以观种种“水饰”表演。“木人长二尺许，衣以绮罗，装以金碧，及作杂禽兽鱼鸟，皆能运动如生，随曲水而行”。木人还能捧酒钵在船上为众人斟酒，且能自动收杯。

由“丧家之乐”到“宾婚嘉会之娱”的木偶艺术　木偶在其诞生及发展初期主要用于丧葬仪式，这种丧家之乐中的活动俑人被称为傀儡子。直到汉末傀儡子才用于“宾婚嘉会”。唐代杜佑《通典》引东汉末应劭《风俗通》(成书于公元220年前)：“窟礧子，亦云傀礧子，作俑人以戏，善歌舞，本丧家乐也。汉末始用之于嘉会。”刘昭注《续后汉书·五行志》引应劭《风俗通》说：“时京师宾婚嘉会皆作魁礧，酒酣之后，续以挽歌。魁礧，丧家之乐；挽歌，执绋相遇和之者。”由丧家之乐发展为表演性的由人操纵的木偶表演，至北齐(550～577)才正式出现。《旧唐书·音乐志二》载：窟礧子“作偶人以戏，善歌舞。……齐后主高纬尤所好。”宫廷中的木偶表演，随着南北朝时期王朝的频繁交替，渐渐流入民间。

唐代宫廷与民间多姿多彩的木偶艺术　《旧唐书·音乐志二》称：“歌舞戏有大面、拨头、踏摇娘、窟礧子等戏。玄宗以其非正声，置教坊于禁中以处之。”说明宫廷已有正式的木偶戏演出。传为唐玄宗所作的《傀儡吟》：“刻木牵线作老翁，鸡皮鹤发与真同。须臾弄罢寂无事，还似人生一梦中。”由“刻木牵线”一句还可看出其为提线木偶表演。而在敦煌31窟唐代壁画上尚有杖头木偶表演。

唐代木偶艺术的发展多姿多彩。《北梦琐言》载：“唐崔侍中安潜镇西川。频于宅使堂前弄傀儡子。军人百姓，穿宅观看，一无禁止。”这段记载反映官员宅邸中的木偶戏演出。韦绚《刘宾客嘉话录》记载的则是市井的演出：“大司徒杜公在维扬，尝召宾幕闲语：‘我致仕之后，必买一小驷八九千者，饱食讫而跨之。著一粗布烂衫，入市看盘铃傀儡足矣。’……司徒深旨不在傀儡，盖自污耳。”

宋刘松年作《傀儡婴戏图》
（台北“故宫博物院”藏）

作为“丧家之乐”的木偶艺术在唐代也有新发展，即祭盘木偶戏。封演《封氏见闻记》卷六“道祭条”所记太原节度使死后“祭盘木偶戏”演出的情况：“天宝后送葬，祭盘高至八九十尺，用床三四百张，穷极技巧。大历中，太原节度使辛云京丧日，诸道节度使人修祭。范阳祭盘最为高大，刻木为尉迟公突厥斗将之戏，机关动作，不异于生。祭讫，灵车欲过。使者请曰：‘对数未尽。’又停车设项羽与汉高祖会鸿门之象。良久乃毕，缞绖者皆手擘布幕，收哭观戏。事毕，孝子陈语于使人：‘祭盘大好，赏马两匹。’”此时的祭盘已成为一个特殊的木偶舞台，木偶戏也不仅仅是礼仪性程序，而是独立的观赏性节目。

木偶制作和木偶表演在唐代的大发展，为宋元傀儡戏的繁荣打下了基础。

宋元木偶戏的繁荣　宋代东京汴梁和南宋国都临安（杭州）出现了专门表演民间艺术的场所（勾栏瓦舍），民间木偶戏作为独立的表演艺术繁荣起来（见图）。木偶戏时称傀儡戏，以表演形式分有杖头傀儡、悬丝傀儡、药发傀儡、水傀儡、肉傀儡等多种，表演内容则涵盖了宋代蓬勃发展的说唱艺术门类。吴自牧在《梦粱录》卷二十“百戏伎艺”篇中说：“凡傀儡，敷衍烟粉、灵怪、铁骑、公案、史书历代君臣将相故事话本，或讲史，或作杂剧，或如崖词。如悬丝傀儡者，起于陈平奇解围故事也。今有金线卢大夫、陈中喜等，弄得如真无二，兼之走线者尤佳。更有杖头傀儡，最是刘小仆射家数果奇，大抵弄此，多虚少实，如巨灵神、姬大仙等也。其水傀儡者，有姚遇仙、赛宝哥、王吉、金时好等，弄得百怜百悼。兼之水百戏，往来出入之势，规模舞走，鱼龙变化夺真，功艺如神。”

宋元傀儡戏的繁荣在文物考古和当时人的吟咏中也有反映。1977年河南济源出土的两件宋代瓷枕上就有两幅傀儡戏图，一为杖头傀儡，一为悬线傀儡。北宋诗人**黄庭坚**有《傀儡》诗云：“万般尽被鬼神戏，看取人间傀儡棚；烦恼自无安脚处，从他鼓笛弄浮生。”

元代杂剧空前繁荣，人戏的光辉虽盖过木偶戏，但从一些记载中仍可见其当时木偶戏的盛况。元末人杨维桢的《东维子文集》卷十一《朱明优戏序》记载了一位木偶艺人世家出身的艺人朱明的操纵表演艺术：“明手盖机警，而辩舌、歌喉，又悉与手应。一说一笑，真若出于偶人肝肺间，观者惊之若神。松帅韩侯宴余偃武堂。明供群木偶，为《尉迟平寇》、《子卿还朝》，于降臣民辟之际，不无讽谏所系，而诚非为一时耳目之玩者也。”

明代木偶戏的地方特色　木偶戏在传播过程中特别多地与民间艺术结合，因而其地方特色越来越鲜明。如福建的提线木偶戏，就形成闽东、闽南、闽北、闽西、莆仙5种流派。同是提线操纵，技巧唱腔却各有特色。**布袋戏**也如此。福建的布袋戏又称掌中戏，分南北两派，南派属泉州语系，北派属漳州语系，以龙溪布袋木偶最为有名，行当齐全，技巧纯熟。流布全国的杖头木偶更是各有特色，人物造型、操纵技巧和各地方戏曲、民间音乐结合形成鲜明的地方特色。明代的水傀儡也有了新的发展。明人刘若愚的《酌中志》卷十六有详细描述。

清代与地方戏曲结合蓬勃发展的木偶艺术　清代地方戏曲空前发展。木偶艺术从各地的戏曲中吸收滋养，形成各具特色的地方戏剧种或声腔，如线胡腔（合阳线戏）、龙溪布袋戏、广东木偶戏、湖南杖头傀儡戏、泉州傀儡戏、川北大木偶、成都精木偶等各种木偶剧种。在四川，与真人表演的川剧相对而言，民间称木偶戏为小戏，川剧能演的剧目，木偶戏都能演，有的还比人戏更有特色。

清代木偶戏流布全国，远播海外，尤其东南亚、南洋群岛、日本等地。1814年（嘉庆年间），泉州傀儡戏在南洋演出，盛况空前。被称为**扁担戏**的一人表演的流浪木偶班，南北东西各地皆有，亦有人从西伯利亚进入欧洲演出。

现代中国木偶艺术的特色与成就　辛亥革命以后，上海的文化人率先创演“文明新戏”。20世纪30年代，虞哲光等人以现代的声、光、景和新歌剧形式，改革传统戏，创编了《文天祥》、《天鹅》、《长恨歌》等剧目，拓展了木偶艺术的题材和表现空间。40年代，京、津、沪等大城市先后成立新型木偶剧社，奠定了现代木偶艺术发展的基础。广大农村，特别是传统木偶艺术基础雄厚的地方，如福建泉州、陕西合阳等地，则依旧延续着古老的木偶剧目和戏曲型传统。

20世纪50年代，各地木偶班社纷纷改为木偶剧团，中央和地方常办观摩、会演，极大地提高了木偶戏艺人的社会地位和艺术水平。1955年4月首届全国木偶戏、皮影戏观摩演出会在北京举行，12个省、市剧团参演，既有《蒋干盗书》、《大名府》等被赋予新意的传统剧目，又有现实题材的剧目出现，表现形式则推陈出新。同时举行的展览会，是木偶皮影珍品的首次聚展，为研究中华艺术提供了可贵资料。福建泉州的雕偶大师江加走的作品被视为国家文物珍藏。木偶戏成为中外文化交流的使者不断走出国门，并在国际舞台上获奖。

60年代，出现了《大闹天宫》、《小放牛》、《钢铁小英雄》、《海上渔歌》等新作，题材、形式变化多样，探索性增强。中国木偶戏已走出“草台班”的旧套，成为新型的剧场艺术。1978年泉州木偶剧团大型神话剧《火焰山》的创作演出，标志着中国木偶艺术新的成果，该剧用提线、杖头、布袋三种形式表现人物，演员在操纵偶人表演时声形并茂，富有激情，受到海内外观众和有关专家学者的普遍好评。

80年代初，中国木偶皮影艺术学会成立，全国性“演出周”确立。80年代至90年代，中国木偶艺术确定“老少咸宜，儿童为主”的方针，出现了一批新剧目，如《野天鹅》、《哪吒闹海》、《龟兔赛跑》、《神唢呐》、《火云鸟》、《蛤蟆与鹅》，不断有木偶戏作品获文化部设立的表演艺术最高奖——文华奖。进入21世纪，又有不少传统剧目和新剧目获奖。如《少年岳飞》、《神笛与宝马》、《森林里的故事》、《铁牛李逵》、《两个猎人》等。

中国木偶艺术电影早在20世纪40年代已经起步，1947年11月由陈波儿任编导，采用戏曲传统演出形式拍摄的《皇帝梦》是中国的第一部木偶片。1957年，上海美术电影制片厂正式建立，专门设立木偶片组，拍摄了《三毛流浪记》、《半夜鸡叫》等木偶片。70年代末，木偶片组扩大为木偶电影制片部，中国木偶艺术电影进入发展的新时期，先后拍摄了《阿凡提》、《蛐蛐》、《崂山道士》、《擒魔传》、《鱼盘》、《连升三级》、《小天鹅与红房子》等，并与日本木偶艺术家合作拍摄了《不射之射》等结构严谨、气势磅礴的作品。

中国木偶艺术剧团 China Puppet Art Troup 中国国家级木偶艺术表演团体。成立于1955年。20世纪30年代的电影导演吴村为首任团长。成立之初由漫画家余所亚任艺术指导，木刻家蔡万荣负责木偶造型。下辖木偶演出团、中国木偶剧院、北京神奇玩偶制作中心和艺术培训部。表演以杖头木偶为主，辅以民间的扁担戏，挖掘推出宫廷木偶艺术大台宫戏。创作的《大闹天宫》1978年获南斯拉夫第11届国际木偶节最佳艺术奖、儿童评选奖、世界语三等奖；《野天鹅》1981年获全国木偶、皮影戏调演优秀剧演出奖；《龟与鹤》、《猪八戒娶媳妇》等获匈牙利国际木偶节最高荣誉奖；《老鼠嫁女》1992年获全国木偶皮影戏汇报优秀剧目奖；《神唢呐》获1992年第2届文华新剧目奖。摄制《大林和小林》、《野天鹅》等电视木偶剧100多集，《小铃铛》、《中国木偶艺术》等6部电影。剧团与日本木偶艺人共同创作的神话剧《神笔马良》，实现了中国表演方式与日式木偶形象的成功对接。

中国穆斯林经堂教育 Chinese Muslim mosque education 中国穆斯林宗教教育制度。首倡者为明代陕西经师胡登洲。他最初在家收徒讲学，倡导学习经典。从其二传弟子开始，教馆从私家移入清真寺，在寺内招徒授经。课堂一般设在大殿北侧厢房，因讲授经籍为主而称经堂。清真寺延聘阿訇担任经师，称开学阿訇。学生的食宿费用等多由教坊教民供给。这种形式因适合中国穆斯林社团的急切需要，逐渐发展成为具有中国特色的宗教教育制度。

经堂教育的宗旨是为各地清真寺培养经师、阿訇，并对穆斯林传授宗教知识。正式学员称满拉或海里凡，意为学子或阿訇接班人，分初、高两级。初级阶段主要学习阿拉伯语语法、简明教义、《古兰经》和圣训选读等。高级阶段要学习阿拉伯语高级语法、修辞学、波斯语、《古兰经》及注释、圣训、教法学、教义学等，即通称的十三本经。学员完成学业后，须经讲学阿訇鉴定许可、管事乡老同意，才能由教坊教民为他挂帐、穿衣，即有资格到各地清真寺应聘任职或开学授徒。

胡登洲倡兴的宗教教育改变父传子受、师徒单传的传统方式，吸引各地穆斯林“负笈载道，接踵其门而求学”。各地清真寺纷起效法。各地因课程内容和教学特点的不同，形成风格各异的学派。如早期的陕西学派，明末清初的山东学派。清代中叶，云南的经堂教育也有较大发展。此后，还有以通讲整部经典为专长的甘肃河州学派。在新疆地区，经堂教育大多属小型分散的私塾形式。

中国南极长城站 China's Great Wall Station in Antarctica 中国建在南极洲的第一个常年科学考察基地。简称长城站。1985年2月20日建成。位于西南极洲南设得兰群岛的乔治王岛的菲尔德斯半岛(62°12′59″S, 58°57′52″W)。夏季多雨雪天气，年平均气温为－5～6℃，最低气温可达－30℃。年平均风速为7.2米/秒，最大风速可达50米/秒。平均海拔高度10米，距北京17 502千米。乔治王岛位于南极洲板块、南美洲板块和太平洋板块的交会地带，是研究地壳构造、岩浆活动、地震成因、大气环流变化、气候演进规律和南极洲生态系统及生物资源的理想之地。建筑总面积达4 200平方米，可容纳度夏考察人员80名，越冬考察人员40名。具备先进的交通、通信设备和舒适的生活条件，拥有完善的科学考察研究实验室，已发展成为国际开放的南极考察基地。周围分布有智利、阿根廷、俄罗斯、波兰、巴西、乌拉圭等国家的科学考察站，其中距智利的马尔什基地仅2.7千米。

长城站远眺

主要考察学科有气象学、生物生态学、冰川学、海洋学、地质与地球物理学、大地测量学和人类医学等。

第一任站长郭琨。第一任越冬站长颜其德。

中国南极考察 antarctic research of China 中国科学家对南极地区进行科学考察的活动。1980年初董兆乾、张青松首次赴南极大陆考察。1981年5月成立国家南极考察委员会。1983年中国加入《南极条约》。其间中国共派出30多名科学家到澳大利亚、新西兰、阿根廷、智利、日本、联邦德国的南极考察站和船进行合作研究，研究地质、地貌、地球物理、高空大气物理、气象、冰川、生物、海洋、极地工程和后勤保障等。1984年11月至1985年4月，中国首次南极考察队在乔治王岛南端建成第一个中国南极考察站——长城站，完成南大洋10万平方千米的多学科考察。1989年2月，中国第5次南极考察队在东南极大陆沿海的拉斯曼丘陵建成中山站。2009年1月27日在南极内陆腹地建立昆仑站，是人类在南极地区建立的海拔最高的科考站（4 087米）。1984～2011年，中国已完成了27次南极和6次南极内陆考察，成功登顶南极腹地高点冰穹A，在地质、地貌、高空大气物理、地球物理、气象、冰川、海洋生物等方面取得一批重要成果。特别是在“南极内陆冰盖的起源与早期变化研究”、“极地古生态环境学研究”、“极区高空大气物理学研究”等领域，都取得令世人赞誉的科研成果。中国南极考察是在国家南极考察委员会统一领导下进行，并建立中国极地研究所（所址上海）和一系列研究室（分别隶属中国科学院、国家海洋局、北京大学等下属的研究所）。

中国南极中山站 China's Zhongshan Station in Antarctica 中国建在**南极洲**的第二个常年科学考察基地。简称中山站。1989年2月26日建成。位于东南极大陆的拉斯

中国南极中山站

曼丘陵地（69° 22′ 24″ S,76° 22′ 40″ E），地处南极圈内。年平均气温－15～－25℃，最低气温可达－50℃。冬季多暴风雪；夏季盛行南极下降风，最大风速可达70米/秒。有极夜58天，极昼54天。平均海拔高度11米，距北京12 553千米。建筑总面积3 500平方米，每年进站工作的度夏考察人员60名，越冬考察人员25名。具备先进的交通、通信设备和舒适的生活条件，拥有完善的科学考察研究实验室。中山站位于地球磁场的极盖区，是开展日地物理学和极光物理学观测与研究的得天独厚之地，已建立先进的高空大气物理综合观测系统，并卓有成效地开展了国际合作的研究工作。中山站与俄罗斯进步二站为邻，相距约1 000米。

主要考察学科有气象学、冰川学、高空大气物理学、地质与地貌学、陨石学、地磁学、地震学、生物学、环境科学、大地测量学和人类医学等，并计划建立极区高空大气物理学重点实验室，重点开展极区电离层－磁层耦合与极光动力学的对比研究。

第一任站长郭琨。第一任越冬站长高钦泉。

中国农工民主党 Chinese Peasants and Workers Democratic Party; CPWDP 以医药卫生界高级和中级知识分子为主、具有政治联盟特点、致力于建设中国特色社会主义事业的政党。简称农工党。为接受中国共产党领导，同中国共产党通力合作的参政党。

农工党是在1927年大革命失败后逐步形成和发展起来的。1930年8月9日，在上海召开第一次全国干部会议，正式成立中国国民党临时行动委员会，并积极开展反蒋活动。1931年8月领导人邓演达被捕，并于同年11月被蒋介石下令杀害。1933年11月，临时行动委员会参与发动了福建事变。1935年临时行动委员会响应中共的《八一宣言》，召开第二次全国干部会议，改党名为中华民族解放行动委员会，确定了反蒋、联共、抗日的方针。从此，在中共抗日民族统一战线的旗帜下，走上同中国共产党合作抗日的道路。1941年3月，参与发起组织中国民主政团同盟，其主要领导人担任民盟重要领导职务。1947年2月改党名为中国农工民主党。1948年5月发表声明，响应中共发出的关于召开新政协会议、成立民主联合政府的号召。翌年9月，农工党的代表出席了中国人民政治协商会议第一届全体会议，参与制定《**中国人民政治协商会议共同纲领**》、选举中央人民政府。其主要领导人在政府中担任重要领导职务。

中华人民共和国建立后，农工党以政协共同纲领为行动纲领，制定了接受中国共产党领导、为社会主义服务的政治路线。此后，农工党参加国家政权，参与政治协商和国家事务管理，在维护和巩固人民政权、推进社会主义建设的过程中取得了显著的成绩。改革开放以后，农工党把工作重点转移到为社会主义现代化建设服务上来，协助中国共产党和人民政府贯彻落实知识分子政策，对国家经济文化建设和医药卫生事业的改革和振兴建言出力，为贫困地区的经济发展出谋献策，并开展形式多样的咨询服务、办医办学、智力支边等活动。特别是1989年12月《中共中央关于坚持和完善中国共产党领导的多党合作和政治协商制度的意见》颁布以来，农工党认真履行参政党职能，为推动国家的经济文化建设，维护安定团结的政治局面，促进祖国和平统一大业开展了卓有成效的工作。

农工党的最高领导机构是全国代表大会和它产生的中央委员会。全国代表大会每5年举行一次，由中央委员会召集。中央委员会选举产生中央常务委员会。农工党各时期主要领导人有邓演达、黄琪翔、章伯钧、彭泽民、季方、周谷城、卢嘉锡、**蒋正华**等。2007年12月，桑国卫当选十四届中央主席。中央机关刊物《前进论坛》。

中国农业大学 China Agricultural University 中国综合性农业高等学校。属教育部。校址在北京。其历史可追溯到1905年建立的京师大学堂农科。1949年由北京大学、清华大学、华北大学三校的农学院合并建成，初名北京农业大学。1995年与北京农业工程大学合并，更为现名。设有农学与生物技术、生物、动物科技、动物医学、食品科学与营养工程、资源与环境、信息与电气工程、工学、水利与土木工程、理学、经济管理、人文发展、国际等学院及烟台校区。有培养学士、硕士和博士的教学体系。有一级国家级学科和国家重点实验室、国家级研究中心等。

中国农业发展银行 Agricultural Development Bank of China 中国主要承担国家规定的农业政策性金融业务的**政策性银行**。1994年11月成立。总行设在北京。主要任务是筹集农业政策性信贷资金，承担国家规定的农业政策性和经批准开办的涉农商业性金融业务，代理财政性支农资金的拨付，为农业和农村经济发展服务。资金长期主要来源于**中央银行**的再贷款，2005年以后加大市场化筹资的力度。业务范围主要是向承担粮食、棉花、油料收储任务的各种所有制的粮食收储企业提供粮、棉、油收购、储备和调销贷款，办理农业科技贷款、农业基础设施建设贷款、农业综合开发贷款和农业生产资料贷款等。此外，还办理中央和省级政府财政支农资金的代理拨付，为各级政府设立的粮食风险基金开立专户并代理拨付。

中国农业银行 Agricultural Bank of China 中国主要经营农村金融业务的**商业银行**。前身是中国农业合作银行。成立于1955年3月。总行设在北京。主要任务是：制定农村金融工作的方针、政策、制度；制定农村信贷计划，调节和管理农村信贷资金。业务范围是：办理农村的各项存、贷款业务；调节农村货币流通；对农村企事业进行现金管理和转账结算；领导和管理农村信用合作社的业务活动；管理农村金融市场；办理国务院交办的其他各项业务。1993年11月，中共十四届三中全会确立了金融改革目标，中国农业银行遵照《中华人民共和国商业银行法》经营运作，其政策性金融业务划归**中国农业发展银行**。此后，中国农业银行虽然仍以农村金融业务为主，但其业务范围已经扩展到商业银行的各业务领域。

中国女子大学 Chinese Female University 中国共产党为了培养妇女干部和吸收敌占区的爱国女知识青年参加抗日救亡工作所创办的一所学校。简称“女大”。1939年7

月创立，校址在延安北门外一带的土窑洞里。校长原为王明，后由李富春担任。全校1 000多人，来自全国21省（包括台湾）。年龄多在18～22岁。学校按学员文化程度编为普通班、高级班、陕干班和特别班。普通班学员是从敌占区来的高、初中程度的爱国女青年；高级班中，一部分是红军中的妇女领导干部，还有一部分是从敌占区来的女高级知识分子；陕干班是专门培养边区妇女工作干部的；特别班学员则是经过长征，有一定的战斗经验，但文化水平较低的工农干部。

女大贯彻**毛泽东**制定的“以研究中国革命实际问题为中心、以马克思列宁主义基本原则为指导”的教育方针，提倡理论与实际结合的学风。毛泽东、**周恩来**、邓颖超、博古等都曾亲自为女大讲中共党史课。政治课主要有政治经济学、社会发展史、近代史、抗日游击战争及抗日民族统一战线、新民主主义、中国共产党问题、军事教育、妇女运动等。

女大先后向各部队输送1 000多名优秀妇女干部。1941年9月女大与其他学校合并，改为**延安大学**。

中国派遣军 Japan Expeditionary Force to China　1939年9月4日，日本为早日结束中国内地战事而统一组建的侵华陆军部队。9月1日，欧洲大战爆发。4日，日本决定乘英、法、美、苏等国无力东顾之机，撤销南京原华中派遣军司令部，另组中国派遣军总司令部，以促进所谓“新中央政府”的建立。中国派遣军初以西尾寿造为总司令官，板垣征四郎为总参谋长，下辖华北方面军所属各军，华北、华中空军，以及由影佐祯昭、川本芳太郎、和知鹰二、山本募分别任机关长的梅、竹、兰、菊4个政治诱降机关，约85万人。后依次改任畑俊六、**冈村宁次**为总司令官，后宫淳、松井太久郎、小林浅三郎等为总参谋长。1940年3月30日，中国派遣军促成南京汪伪“中央政府”的建立。但企图以“又打又拉”的方式逼迫重庆国民政府接受“全面和平”、结束战事的目的始终未能如愿。10月，中国派遣军决定暂停诱降议和活动，转而全力从事封锁国际援华通道、局部正面进攻和巩固占领区的作战。自1941年起，先后发动了切断香港—韶关公路运输线、东南沿海海上运输线的作战，打击国民党军队的豫南、锦江（鄱阳）、中条山、长沙、浙赣线、鄂西、常德、**豫湘桂战役**，以消灭华中新四军、华北八路军为目的的“清乡运动”与“治安强化运动”。1945年3、4月，太平洋战争逼近日本本土，为牵制盟军攻势，又相继发动了老河口、芷江作战，但均以失败告终。8月15日，日本宣布投降。9月9日，冈村宁次以在南京投降签字仪式上签名盖章的方式，为中国派遣军的侵华历史书写了最后一笔。

中国青年艺术剧院 China Youth Art Theatre　中国话剧团体。1949年4月16日成立于北京。2001年12月成立的**中国国家话剧院**重要组成部分之一。

中国曲艺 Chinese folk art forms　中国各地各民族创造并拥有的各种以口头语言的“说唱”叙述方式进行表演的艺术形式。

艺术起源　上古时期的君王们治理国家，“执艺事以谏”的进言传统中，瞽矇之人的“献曲”与史官的“献书”，是必不可少的定制。由于这些瞽人不仅“通音律”，而且“知天道”，事实上与史官的职能相互交织和补充，同样承担着传载历史文化，并运用历史文化为最高统治者的决策服务的职能。他们在君主面前“献书”与“献曲”，因为是“执艺事以进谏”，所以不仅“寓谏于乐”、令听者耳顺，而且其所“献”即便不为听者所采纳，也还可以作为消遣，供人主一乐。实际上，这种“献书”与“献曲”的方式，已经蕴藏着曲艺表演的“说唱”萌芽。又由于那时的人记载历史，“简策繁重，书削为劳，故复当俭约其文，以省物力”（鲁迅语）。所以，对历史的传延，特别是对以往历史知识的展示，仍然主要是靠历代史官的记诵讲说来实现的。这就与少数民族的史诗“说唱”在最初的功能相一致。所谓“史献书”、“史为书”和“史不失书”之“书”，与“史”事实上是一回事。《尚书》作为史书而称之为“书”，就是这个意思。最早出现“说书”一词的《墨子·耕柱》篇中，所谓“能谈辩者谈辩，能说书者说书”的“说书”，可以认为就是后世“讲史”意义上的“说书”。而有些古代史书，如富有文学色彩的《左传》和《国语》，便是依据这类“说书”的整理与记录，左丘明则是使这类史书得以留存和传播的“最有修养的瞽史”。

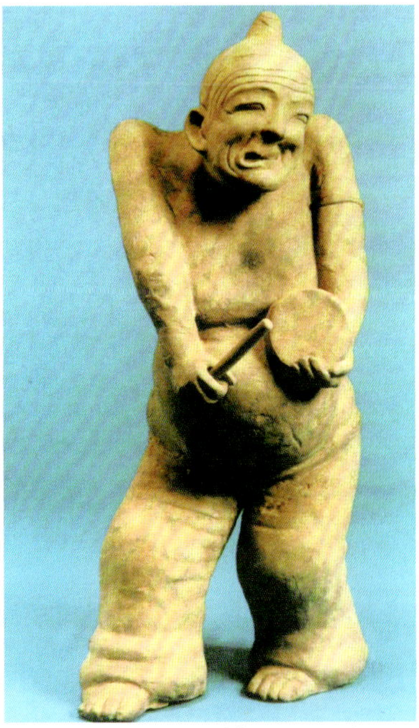

图1　说唱俑（东汉，四川郫县宋家林出土）

与此相类，《诗经》中的许多篇章，也是从民间采集而来，献给最高统治者，以为“观风俗，知得失，自考正”的治国参考，但是，由《诗经》“三百五篇，孔子皆弦歌之”的话，以及《诗经·大雅》中的《生民》、《公刘》、《绵》、《皇矣》、《大明》等叙述周族历史和传说的篇章来看，这些上古时期的诗歌不仅可以拿来弹唱表演，而且内容本身就是有关周族历史与风情的短篇“史诗”。从而使得这些篇章的创作与传承，在形态生成与流传演变的意义上，与少数民族的史诗“说唱”异曲同工、一脉相承，共同构成了曲艺艺术“说唱”表演特别是曲艺“说书”的历史滥觞。

历史发展　中国曲艺的信史，始自隋唐时代。1900年发现的“敦煌遗书”中，“**变文**”、“话本”、“词文”等的写本，证实了唐代的“转变”（又作“啭变”）和“**说话**”等曲艺形式十分发达。藏族曲种“岭仲”即“《格萨尔王传》说唱”，也在吐蕃王朝时期走向独立和成熟。其他如滑稽谐谑风格的“弄参军”、演唱动人魂魄的“陆参军”等曲艺表演，在唐代也很风行。

隋唐时代曲艺的发达不是凭空而来的，之前肯定有一个相当长的酝酿准备与发展过程。《逸周书·太子晋解篇》所载春秋时期，晋国的瞽盲乐师师旷与周灵王（前571～前544年在位）太子晋的对话，以散文叙事并交代情境，用工整对仗的韵文问答，极似说唱相间的说书曲本；战国时代的思想家荀子所作《成相辞》，其内容和形式也被认为绝似一篇曲艺唱词。1957年四川成都天回山出土的一尊东汉时期陶质蹲式击鼓“说唱俑”，1979年江苏扬州邗江出土的两尊西汉时期木质坐式“说唱俑”，1963年四川郫县出土的一尊东汉时期陶质立式击鼓“说唱俑”等，都是汉代有着曲艺表演的文物资料。

中国曲艺发展的第一个高峰是在宋代。从北宋孟元老所著《东京梦华录》、耐得翁所著《都城纪胜》，南宋西湖老人所著《西湖老人繁胜录》、吴自牧所著《梦粱录》、周密所著《武林旧事》，以及罗烨所著《醉翁谈录》等来看，这一时期的曲艺艺术十分繁盛。不仅有**鼓子词**、唱赚词、陶真等比较发达成熟的大曲种，而且有后来在金元时期还继续流行且影响深远的**诸宫调**；其他诸如嘌唱、小唱、叫果子、学像生、学乡谈、说药、说诨话、孟子书、商谜、合笙、杂剧、涯词等“说唱”表演形式，更是不一而足；隋唐以来一直发达的“说话”表演，在南宋时期流派纷呈，出现了

图2　宋代《清明上河图》中的说书场景

所谓的“说话四家”，其所表演的节目内容十分丰富。城市中特别是上述笔记杂录中主要反映的东京与临安两个都城除拥有名目繁多的勾栏瓦舍之外，街巷处处都有撂地“打野呵”的“路歧人”流动作艺。

金元时期的曲艺，从史料留存看，似乎没有宋代繁盛。但这一时期的曲艺发展有着鲜明的特点，即唱曲的发达。董解元所作《西厢记诸宫调》，是金代无名氏作《刘知远诸宫调》残卷之外，唯一保留完整且思想性艺术性均很高的曲本。与诸宫调同样发达的曲艺形式，是同时代表了元代文学创作最高成就的散曲。散曲作为一种曲艺唱曲形式，又称“清唱”，有散套和小令两种演唱方式。而说书在元代的巨大影响，使得人们在听书的同时，阅读话本也成为一种社会时尚。“词话”和“平话”，是当时新见的说书形式。《新编五代史平话》、《新刊大宋宣和遗事》和《全相平话五种》等刊本，是已知元代重要的话本（说书脚本）留存。

明代的曲艺发展具有承前启后的意义。除“讲史”性的平话以及词话上承前代而继续发达，并出现了大说书家柳敬亭外，道情和弹词包括蒙古族的陶力与好来宝等，是当时新崛起的曲艺品种。明末由山东曲阜的文人贾凫西创制的“木皮鼓词”，是词话向后来出现的鼓书形式的一种过渡。同时，由1967年上海嘉定县出土的一批明代成化年间（1465～1487）北京永顺堂刊行的13种“说唱词话”刊本来看，当时的词话，除有“弹唱”的形式，还有“说唱”的形式。前者是后来各种南方弹词的前身，后者则是后来各种北方鼓书的前身。与元代的说书话本被广泛印行一样，明代的话本刊行不仅更为普遍，而且直接影响了当时文人白话小说的创作。时人冯梦龙和凌濛初编订的短篇话本集“三言”和“二拍”，就是对说书话本的整理加工和模仿创作。中国的章回体长篇小说巨著《三国演义》、《水浒传》和《西游记》，以及第一部文人长篇白话小说《金瓶梅》，也是在明代词话话本的基础上，最后经文人的整理和加工创制完成的。

清代是中国曲艺发展繁荣的第二个高峰。其主要标志，一是前代延传下来的许多曲种，在各地的流行过程中，“地方化”为数量更多的曲种。二是不同地域与不同曲种之间的艺术交流及其裂变与整合十分普遍。如清代晚期北方的鼓书进入大城市后，男艺人多放下书鼓和弦子，改为徒口坐场说演评书；女艺人则专门演唱短篇书段。又如北京的满族曲种“八角鼓”，在发展演变中，自身虽然衰落了，却促成了相声和单弦牌子曲等新的曲艺形式。许多曲种还向戏曲化表演转换，孕育出许多地方戏曲剧种。三是节目流派纷呈和名家辈出。扬州评话艺人浦琳和龚午亭说演的《清风闸》、邹必显说演的《飞跎传》，苏州弹词艺人王周士说唱的《白蛇传》、马如飞说唱的《珍珠塔》，子弟书艺人石玉昆编演的《龙图公案》等，代表了当时曲艺创演的最高成就；而当时刊行的俗曲集《霓裳续谱》和《白雪遗音》，以及罗松窗与韩小窗创作的子弟书词，则是当时曲本创作水平的集中体现。

进入20世纪之后，曲艺的发展开始逐步走向自觉与独立。在辛亥革命和五四运动的影响下，曲艺的形式和内容都有所改进和革新。如京韵大鼓艺人刘宝全和河南坠子艺人乔清秀等都在艺术革新方面取得成就并自成流派。鲁迅等一些进步新文化人将曲艺的史论研究正式纳入了学术文化的视野与范畴，在提升曲艺艺术文化品位的同时，促使曲艺向着健康发展与全面自觉的境界迈进。中华人民共和国的建立，为曲艺艺术的正常发展提供了良好的社会政治环境，激发其强劲生命力，有些曲种如相声、评书、山东快书等，甚至发展壮大为全国性曲艺形式。

价值地位　中国曲艺，由其历史渊源和发展演变来看，在中国文艺乃至整个文明史上的价值与地位是非常重要的。

曲艺在历史上曾是中华民族特别是少数民族历史和文化的特殊传承载体。如藏族史诗《格萨尔王传》、蒙古族史诗《江格尔》、柯尔克孜族史诗《玛纳斯》等的口记心录与保存传播，都是在其民族古老历史文化的承载传播者由史官之职向曲艺艺人的蜕变转换之中逐步完成的。曲艺还是中国独有的戏曲艺术不断得以孕育的生成母体。无论是已知最早的戏曲形式如宋元时期的南戏和金元时期的北杂剧，还是20世纪以来相继形成的许多地方戏曲，如河北的评剧、山东的吕剧、云南的彝剧、北京的曲剧、湖南的丝弦戏、安徽的含弓戏等，绝大部分的戏曲剧种在形成过程中，由演出脚本到音乐唱腔均脱胎于曲艺的“说唱”表演。曲艺也是中国章回体长篇白话小说的生成母体。曲艺还在更大的意义上影响着中国文学的发展。彪炳文学史册的许多一流的文学大家，如元明时期的散曲作家和小说家关汉卿、王实甫、马致远、罗贯中、施耐庵、吴承恩等的成功，均受过曲艺艺术的滋养。20世纪的一些伟大作家如鲁迅、老舍、赵树理等人的文学创作和文学观念，也都深深地打有曲艺影响的烙印。

图3　20世纪初叶流浪行艺的曲艺盲艺人

中国人民保险公司　People's Insurance Company of China　中国专门经营保险业务的保险企业。成立于1949年10月。总公司设在北京。2003年7月，中国人民保险公司完成了股份制改造，更名为中国人保控股公司，并发起设立中国人民财产保险股份有限公司（简称中国人保财险）和中国人保资产管理有限公司。中国人保控股公司代表国家投资并持有其上市公司和其他金融机构的股份；经营管理存续资产；办理国家授权或委托的政策性保险业务；经营管理国家法律、法规允许的其他业务。

中国人民大学　Renmin University of China　中国一所以人文、社会科学为主，兼有信息科学、环境科学等理工学科的综合性大学。属教育部。校址在北京。前身是中国共产党于1937年在延安创办的陕北公学以及后来的华北联合大学、北方大学和华北大学。1950年10月3日，中国人民大学正式成立。著名教育家吴玉章首任校长。

设有20多个学院，多个跨院系研究机构，另设有继续教育学院、培训学院及深圳研究院；有培养学士、硕士和博士的教学体系。有教育部人文社会科学重点研究基地、国家文科基础学科人才培养和科学研究基地。

中国人民革命军事博物馆　Military Museum of Chinese People's Revolution　中国大型综合性军事历史博物馆。位于北京市复兴路。1958年10月兴建。1960年8月1日正式开放。馆址占地面积约8万平方米，建筑面积约6万平方米，陈列面积约4万平方米。该馆共收藏中国古代、近代、现代军事历史文物14万余件，其中一级文物1 793件，代表性的文物有春秋时期薛师戟、东汉时期匈奴铁剑、元至正十一年（1351）

火铳、鸦片战争中设于虎门威远炮台的铁炮、黄埔军校第一期同学录、叶挺在北伐战争中使用过的指挥刀、毛泽东和周恩来使用的望远镜、朱德南昌起义时使用的手枪、中国人民解放军的第一面军旗和第一部电台、“中华苏维埃共和国中央执行委员会人民委员会革命军事委员会”印章、泸定桥上的铁索、中华人民共和国开国大典时受检阅的飞机和坦克、中国人民解放军空军最早的教练机、人民解放军的第一辆坦克等。此外，还藏有历史照片10万余张，图书资料14万余件，艺术作品约5 000件。该馆基本陈列有：古代战争馆、近代战争馆、土地革命战争馆、抗日战争馆、全国解放战争馆、抗美援朝战争馆、兵器馆、礼品馆等。

中国人民解放军 Chinese People's Liberation Army; CPLA 中国共产党缔造和领导的人民军队，中华人民共和国的主要武装力量。

中国人民解放军诞生于1927年8月1日。土地革命战争时期称中国工农红军，抗日战争时期称八路军、新四军，解放战争时期以后称中国人民解放军。在中国共产党的领导下，以马克思列宁主义、毛泽东思想、邓小平理论、“三个代表”重要思想和科学发展观为指导，以全心全意为人民服务为宗旨，为夺取新民主主义革命的胜利、保卫和建设社会主义祖国作出了巨大贡献，赢得了中国各族人民的爱戴与拥护。

土地革命战争时期　1927年8月1日，中国共产党领导南昌起义，人民军队由此诞生。8月7日，中共中央在汉口召开紧急会议，正式确定了实行土地革命和武装起义的总方针。9月11日，毛泽东等领导了湘赣边界秋收起义，起义部队番号为工农革命军第1军第1师。进攻长沙受挫后向井冈山转移，途中进行三湾改编，确定把党的支部建在连上，实行民主制度，为建设新型人民军队奠定了基础。至1929年底，中国共产党领导近300次起义，创建了许多支工农武装。

1927年10月毛泽东率部到达井冈山后，开展游击战争，创建农村革命根据地。1928年4月，朱德、陈毅等率南昌起义军余部和湘南农军上井冈山，与毛泽东领导的部队会师，合编为工农革命军第4军。12月，彭德怀等率平江起义部队转移到井冈山。井冈山斗争时期，制定了“三大纪律六项注意”(后发展为“三大纪律八项注意”)，形成了以“敌进我退，敌驻我扰，敌疲我打，敌退我追”为内容的“十六字诀”游击战作战原则。1928年5月后，各地工农武装陆续改称中国工农红军；7月，中共中央设立军事部，杨殷、周恩来等先后担任部长。

1929年12月，在福建上杭古田村召开的中共红军第4军第九次代表大会，确立了党对军队实行绝对领导和政治工作的一系列制度，会议决议是指导人民军队建设的伟大纲领。

1930年上半年，全国红军达7万余人，连同地方武装共有10万余人。同年2月，中共中央军事部改称中共中央军事委员会，周恩来任书记。赣西南、闽西地区的部队编为第1军团，湘鄂西地区的部队编为第2军团，湘鄂赣边界地区的部队编为第3军团。8月，第1、第3军团组成中国工农红军第一方面军，朱德任总司令，毛泽东任总政治委员和总前委书记。

至1931年，主力红军发展到15万人。作战中，形成了积极防御的战略战术原则，主要内容为诱敌深入、慎重初战、集中兵力，打运动战、速决战、歼灭战。1931年11月，中华苏维埃共和国中央革命军事委员会成立，朱德任主席，王稼祥、彭德怀任副主席。红一方面军所属部队由中革军委直接指挥，称中央红军。同月，中国工农红军第四方面军成立，徐向前任总指挥，陈昌浩任政治委员。

图1　第一次全国工农兵代表大会上的红军授旗仪式

1933年5月，中国工农红军总司令部成立，朱德任总司令兼第一方面军司令员，周恩来任总政治委员兼红一方面军政治委员。1934年10月，中共中央和中革军委率中央红军主力8万余人开始长征。

1935年1月，在长征途中，中共中央政治局在遵义召开扩大会议，实际上确立了毛泽东在红军和中共中央的领导地位。中央红军胜利进行了四渡赤水战役，渡过金沙江、大渡河；6月，在四川懋功（今小金）与5月初撤离川陕苏区的第四方面军会师。8月，两个方面军混编为左右两路军，过草地北上，张国焘拒绝执行北上方针，企图分裂和危害中共中央。毛泽东、周恩来等经紧急磋商，于9月10日率右路军中的第1、第3军和军委纵队继续北上，并于12日组成陕甘支队。10月，到达陕甘苏区的吴起镇（今吴起县城），结束长征。在此之前，鄂豫皖苏区的红25军经过长征到达陕甘苏区，与红军第26、第27军合编为第15军团。陕甘支队与红15军团会师后，合编为第一方面军，彭德怀为司令员，毛泽东为政治委员。1935年11月，红军第2、第6军团撤离湘鄂川黔革命根据地开始长征，1936年7月，在四川甘孜地区与红四方面军会师。第2、第6军团和红四方面军第32军组成中国工农红军第二方面军，贺龙任总指挥，任弼时任政治委员。红二、红四方面军北上，10月在甘肃会宁、静宁等地与红一方面军会师。至此，全部主力红军胜利结束长征。红军长征期间，项英、陈毅等领导留在南方的红军和游击队坚持了3年游击战争，从战略上配合了长征，并成为尔后抗日战争在南方的战略支点。

1931年九一八事变后，中共中央先后派杨靖宇、赵尚志、周保中、赵一曼等到东北，领导军民展开了艰苦的抗日斗争。1936年初，组成了东北抗日联军。

抗日战争时期　1937年7月7日，中国全国性的抗日战争爆发。在中国共产党的倡导下，以第二次国共合作为基础的抗日民族统一战线正式形成。8月，中共中央在洛川会议上决定组成中共中央革命军事委员会，毛泽东为主席，朱德、周恩来为副主席。根据国共两党协议，中国工农红军主力改编为国民革命军第八路军（简称“八路军”，9月改称第18集团军），朱德任总指挥，彭德怀任副总指挥，叶剑英任参谋长，左权任副参谋长，任弼时任政治部主任，邓小平任副主任。下辖第115、第120、第129师，林

图2　中国工农红军改编为国民革命军第八路军后，准备开赴抗日前线

图3 皖南泾县云岭新四军军部旧址

彪、贺龙、刘伯承分任师长，全军近4.6万人。10月，南方各省红军和游击队改编为国民革命军陆军新编第四军（简称“新四军”），叶挺任军长，项英任副军长，张云逸任参谋长，周子昆任副参谋长，袁国平任政治部主任，邓子恢任副主任。辖4个支队，共1万余人。

根据中国共产党提出的基本的是游击战但不放弃有利条件下的运动战的人民军队作战指导方针，八路军开赴抗日前线，对日作战。1937年9月，八路军第115师取得了平型关首战胜利。至1938年八路军发展到15.6万人。新四军在长江南北创建了苏南、皖南、皖中和豫东等抗日根据地，部队发展到2.5万人。在东北，东北抗日联军积极展开对日军作战，坚持了抗战阵地。

1938年10月，抗日战争进入战略相持阶段。中国共产党领导的敌后战场成为抗日战争的主战场。在华北，1940年8月至12月，八路军取得百团大战的胜利。在华中，新四军广泛开展游击战争。1941年1月皖南事变发生后，中共中央军委决定重建新四军军部，任命陈毅为代军长，刘少奇为政治委员，全军共9万余人，继续坚持华中抗战。1942年6月，陕甘宁晋绥联防军成立，贺龙任司令员，关向应任政治委员。

1944年，各解放区战场进行局部反攻。1945年8月，中共中央政治局决定组成新的中央军事委员会，毛泽东任主席，朱德、刘少奇、周恩来、彭德怀任副主席。八路军、新四军和华南抗日游击队向日伪军展开猛烈的全面反攻，收复了大片国土。8月15日，日本宣布无条件投降，9月2日，签署投降书。至此，抗日战争胜利结束。八年抗战中，中国共产党领导的抗日武装毙伤俘日伪军171.4万余人，部队发展到约132万人。

解放战争时期　抗日战争胜利后，以蒋介石为首的国民党反动派在美国的支持下，蓄意发动反共反人民的内战。中国共产党在与国民党政府进行重庆谈判、签订《双十协定》、签订《停战协定》、参加了政治协商会议的同时，进行了反对国民党发动全面内战的准备。中共中央制定了“向北发展，向南防御”的战略方针，调整了战略部署，关内各解放区抽调部队11万余人和党政军干部2万余人进入东北。各大战略区的部队进行整编，至1946年6月，全军共编成27个野战纵队、6个野战旅和14个炮兵团，从组织上实现了由抗日游击战到运动战的战略转变。全军野战部队约61万人，地方部队66万人，民兵220余万人。在此期间，先后进行了上党、邯郸、绥远、津浦路战役及四平保卫战等自卫作战，对国民党军的挑衅和进攻进行了坚决的还击。

1946年6月，国民党军以进攻中原解放区为起点，发动了全面内战，全国解放战争全面展开。各解放区部队陆续改称人民解放军。人民解放军贯彻积极防御的战略方针，集中优势兵力，各个歼灭敌人，粉碎了国民党军的全面进攻和重点进攻。一年中，共歼灭国民党军112万人，解放军总兵力增加到195万人。在此前后，人民解放军普遍恢复了各级党委会，加强了党对军队的绝对领导。1947年3月，人民解放军总部的名称正式使用，总司令朱德，副总司令彭德怀，参谋长叶剑英。

图4 人民解放军召开整编大会

1947年7～9月，人民解放军由战略防御转入战略进攻。晋冀鲁豫野战军主力突破国民党军黄河防线，发起鲁西南战役，随后，千里跃进大别山；华东野战军主力进军豫皖苏边区；晋冀鲁豫野战军一部南渡黄河，进军豫西。人民解放军内线各部队也先后展开攻势作战。由此，构成了人民解放军战略进攻的总形势。10月，人民解放军总部颁布《中国人民解放军宣言》。12月，毛泽东提出著名的“十大军事原则”。1948年1月，东北民主联军改称东北人民解放军，转入外线作战的晋冀鲁豫野战军改称中原野战军，晋察冀军区与晋冀鲁豫军区合并为华北军区。11月，中共中央军委对外称中国人民革命军事委员会。

1948年9月，人民解放军举行济南战役，拉开了战略决战的序幕。1948年9月至1949年1月，进行了战略决战的三大战役，即东北野战军进行的辽沈战役，华东野战军和中原野战军进行的淮海战役，东北野战军和华北军区进行的平津战役，共歼灭国民党军154万余人。1948年冬至1949年春，人民解放军进行整编，统一全军编制及部队番号。西北野战军编为第一野战军，彭德怀任司令员兼政治委员，辖第1、第2兵团；中原野战军编为第二野战军，刘伯承任司令员，邓小平任政治委员，辖第3、第4、第5兵团；华东野战军编为第三野战军，陈毅任司令员兼政治委员，辖第7、第8、第9、第10兵团；东北野战军编为第四野战军，林彪任司令员，罗荣桓任政治委员，辖第12、第13、第14、第15兵团；华北军区第1、第2、第3兵团改为第18、第19、第20兵团，直属人民解放军总部。原有的西北、中原、华东、东北、华北5个一级军区，除中原军区于1949年5月与第四野战军合并为华中军区外，其余4个不变。全军总兵力达400万余人。6月15日，中国人民革命军事委员会公布了中国人民解放军军旗、军徽样式。

1949年4月20日，南京国民党政府拒绝在国共双方代表拟就的《国内和平协定》(最后修正案)上签字。毛泽东、朱德发出《向全国进军的命令》，人民解放军第二、第三野战军及第四野战军先遣兵团举行渡江战役。随后，按照中央军委的部署，各野战军分别向东南、中南、西北、西南地区进

图5 毛泽东等党和国家领导人接见参加大比武会议人员

军。1949年10月1日，中华人民共和国建立。到1950年6月，解放了除西藏（1951年和平解放）和台湾、金门、马祖以及南海诸岛等岛屿外的全部国土，解放战争大规模作战行动结束。在解放战争中，共歼灭国民党军807万余人，人民解放军总兵力发展到530余万人。

社会主义革命和建设时期　中华人民共和国建立后，人民解放军肩负着捍卫国家领土主权完整，维护国家统一，保障人民的和平劳动，保卫和参加社会主义革命和建设的任务，同时不断加强自身现代化建设，巩固国防。1949年10月，中央人民政府人民革命军事委员会成立，毛泽东任主席，朱德、刘少奇、周恩来、彭德怀、程潜任副主席，朱德任中国人民解放军总司令。这一时期，全国统一划分为东北、华北、华东、中南、西北、西南6个大军区，各野战军和兵团番号陆续取消，先后建立了空军、海军、防空军、公安军和炮兵、装甲兵、工程兵、铁道兵等军兵种领导机关，开始向诸军兵种合成军队转变；创办了100余所军事院校；颁布了内务、队列和纪律等条令以及政治工作条例。

1950年6月，朝鲜内战爆发。美国侵略朝鲜，同时侵略中国领土台湾，并把战火烧到中朝边境，严重威胁中国的安全。10月，中共中央根据朝鲜民主主义人民共和国的请求和中国人民的意志，决定组成中国人民志愿军，在司令员兼政治委员彭德怀率领下，于10月19日开赴朝鲜，经两年零九个月的作战，歼敌71万余人，迫使美国于1953年7月27日在《朝鲜停战协定》上签字，有力地支援了朝鲜人民的正义斗争，保卫了中国的安全。在国内，人民解放军进行了剿匪作战，巩固了新生的人民政权。

1953年12月至1954年1月，中共中央确定了把人民解放军建设成一支优良的现代化革命军队的军事建设总方针和总任务。1954年9月，重新成立中共中央军事委员会，毛泽东任主席。人民解放军实行八总部体制，设总参谋部、训练总监部、总政治部、总干部部、总后勤部、武装力量监察部、总财务部和总军械部。将原6大军区调整为沈阳、北京、济南、南京、广州、武汉、成都、昆明、兰州、新疆、内蒙古、西藏12个大军区。1956年又增加福州军区。1958年后，恢复设总参谋部、总政治部、总后勤部。1955年开始实行义务兵役制、薪金制和军衔制。朱德、彭德怀、林彪、刘伯承、贺龙、陈毅、罗荣桓、徐向前、聂荣臻、叶剑英被授予元帅军衔。1957～1959年，先后成立了高等军事学院、军事科学院、国防科学技术委员会、国防工业委员会等。武器装备由进口到仿制、到自行研制，国防科技水平日趋提高，逐步建立了独立的比较完整的国防工业体系。

图6　人民解放军进行空地协同演习

1959年9月，中共中央决定组成新的中央军事委员会，毛泽东任主席，林彪、贺龙、聂荣臻任副主席（1966年1月增补陈毅、刘伯承、徐向前、叶剑英为副主席）。

进入20世纪60年代以后，人民解放军的革命化、现代化、正规化建设继续取得进展。1964年，成功爆炸了第一颗原子弹，尔后又成功地进行了发射导弹核武器的试验。1966年，组建了第二炮兵和基建工程兵。1962年10～11月，人民解放军胜利进行了中印边境自卫反击作战。1965年10月至1973年8月，应越南民主共和国的请求，人民解放军奉命派出支援部队，援助越南人民进行抗美救国斗争。1967年，成功地爆炸了第一颗氢弹。随后，发射了第一颗人造地球卫星。1969年3月，在中苏边境进行了珍宝岛自卫反击战。1974年1月，进行西沙自卫反击战。1975年，邓小平担任中央军委副主席。1976年10月，华国锋任中央军委主席。1977年8月中国共产党第十一次全国代表大会后，中央军委主要领导人为：主席华国锋，副主席叶剑英、邓小平、刘伯承、徐向前、聂荣臻。

1978年中共十一届三中全会以后，人民解放军建设进入了一个新阶段。1981年6月，邓小平担任中央军委主席。人民解放军重新确立了“建设强大的现代化、正规化革命军队”的总目标。1982年9月，中共十二届一中全会决定，邓小平为中央军委主席，叶剑英、徐向前、聂荣臻为副主席，杨尚昆为常务副主席。1983年6月，第六届全国人民代表大会第一次会议选举邓小平为中华人民共和国中央军事委员会主席，决定叶剑英、徐向前、聂荣臻、杨尚昆为副主席。1985年5月，中央军委扩大会议决定实行国防和军队建设指导思想上的战略性转变，即由准备早打、大打、打核战争的临战状态转到和平时期建设的轨道上来。人民解放军裁减员额100万人，陆军整编为集团军，11个大军区调整合并为沈阳、北京、兰州、济南、南京、广州和成都7个大军区。1987年11月，中共十三届一中全会决定邓小平任中央军委主席，赵紫阳任第一副主席、杨尚昆任常务副主席。1988年，重新实行军衔制，在部分干部中实行文职干部制度。建立并逐步完善预备役制度，建立快速动员机制。1979年2～3月，人民解放军广西、云南边防部队被迫进行中越边境自卫还击战，以后继续对入侵广西、云南边境地区的越南军队进行自卫还击作战。

1989年11月，中共十三届五中全会决定，江泽民任中共中央军委主席，杨尚昆任第一副主席，刘华清任副主席。人民解放军按照江泽民提出的“政治合格、军事过硬、作风优良、纪律严明、保障有力”的总要求全面建设部队，坚持党对军队的绝对领导，把思想政治建设放在首位，使军队能经得起任何风浪的考验，无论在什么情况下都能完成党交给的任务。1992年10月，中共十四届一中全会决定，江泽民任中央军委主席，刘华清、张震任副主席。1993年1月，中央军委确立了新时期的军事战略方针，即把军事斗争准备的基点放到打赢现代技术特别是高技术条件下的局部战争上。1995年9月，中共十四届五中全会决定增补张万年、迟浩田为中央军委副主席。军队建设实行由数量规模型到质量效能型、从人力密集型到科技密集型的转变。1997年9月，中共十五届一中全会决定，江泽民任军委主席，张万年、迟浩田任副主席。1999年，决定增补胡锦涛为中央军委副主席。从1997年开始，军队又一次裁减员额50万人。调整部队体制编制，组建应急机动作战部队，努力达到“精兵、合成、高效”的目标。1998年4月，组建人民解放军总装备部和各大军区、各军兵种装备部，形成自上而下的武器装备管理体系。逐步实行联勤体制和推进后勤保障社会化。针对“台湾独立”的危险倾向，成功地进行了一系列军事演习，显示了维护祖国统一的严正立场和坚强决心。组建驻港、驻澳部队，于1997年和1999年成功进驻香港、澳门，依法履行防务。积极推进中国特色的军事变革，以信息化建设为重点，努力完成机械化和信息化建设双重历史任务，实行跨越式发展。2002年11月，中共十六届一中全会决定，江泽民任中央军委主席，胡锦涛、郭伯雄、曹刚川任中央军委副主席。2004年9月，中共十六届四中全会决定，胡锦涛任中央军委主席，增补徐才厚为中央军委副主席。从2003年开始，军队再次裁减员额20万人。

中国人民解放军从诞生以来，在中国共产党的绝对领导下，始终保持人民军队的性质，忠实地履行自己的职责，为夺取新民主主义革命的胜利，为巩固国防、抵抗侵略、保卫祖国、保卫人民的和平劳动、参加国家建设事业立下了不朽的功勋。在世界新军事变革的大趋势中，中国人民解放军正紧紧围绕“打得赢”、“不变质”两个历史性课题，积极推进中国特色军事变革，努力完成机械化和信息化建设的双重历史任务，为建设一支强大的现代化、正规化革命军队，为建设中国特色社会主义，完成祖国统一，维护世界和平与促进共同发展而奋斗。

中国人民解放军剿匪作战 Operations of Suppressing Bandits by the Chinese People's Liberation Army 中华人民共和国建立初期，中国人民解放军剿灭国民党残留的土匪特务武装的作战行动。

1949年国民党政府溃败时，有计划地在大陆一些新解放区留置了大批土匪特务，推行所谓“游击计划”，建立“大陆游击根据地”，与人民解放军进行长期对抗，伺机配合台湾国民党军反攻大陆。在美国发动侵朝战争和侵占中国领土台湾后，这些土匪特务武装活动更为猖獗。

1949年10月1日，朱德总司令发布命令，要求人民解放军全体指战员肃清土匪和其他一切反革命匪徒，镇压他们的一切反抗和捣乱行为。中共中央、中央军委规定了“军事打击、政治瓦解、发动群众三者结合”的剿匪方针和“镇压与宽大相结合的政策，即首恶者必办、胁从者不问、立功者受奖的政策”。从1949年5月至1953年年底，人民解放军约150万人的兵力，在华北、华东、中南、西南、西北各新解放地区执行剿匪作战任务。

剿匪作战大体分为三个阶段：第一阶段，集中优势兵力，重点进剿大股土匪。第二阶段，实行分区驻剿，歼灭小股土匪。第三阶段，结合土地改革肃清潜藏散匪。至1953年年底，全国范围的剿匪作战基本完成，共毙伤俘和争取投降自新土匪273万余人。剿匪斗争的胜利，巩固了新生的人民政权，为社会主义革命和建设的顺利进行创造了重要条件。

中国人民解放军军乐团 Military Band of the Chinese People's Liberation Army 中国专业军队音乐表演团体。成立于1952年。同年7月10日，经中央人民政府革命军事委员会批准，在北京通县（今通州区）马驹桥成立了“中国人民解放军军委军乐团”。直接隶属中央军委办公厅，在业务方面则由中国人民解放军总政治部文化部领导。1955年，军乐团改属总参谋部。1959年5月，军乐团又改由北京卫戍区代管。1962年3月，军乐团改属总政治部，更为现名至今。建团以来，该团创编了各类乐曲5 000余首。该团极大地带动了中国军乐的发展，在社会音乐生活中也具有较重要的地位。

中国人民解放军总政治部话剧团 Drama Troupe of General Political Department of the CPLA 中国话剧团体。隶属中国人民解放军总政治部。1953年5月组建于北京。它以擅长表现重大革命历史题材及战争题材的剧作著称，着力反映人民军队的光荣传统和时代风貌，走现实主义的创作道路，形成了战斗化、民族化、群众化的风格。剧团经常深入部队驻地、边防海岛、战地前线巡回演出。50余年中，共演出大小剧目逾200个，主要有《万水千山》、《冲破黎明前的黑暗》、《决战淮海》、《中国1949》、《最危险的时刻》、《老兵骆驼》等。

中国人民抗日军事政治大学 Chinese People's Anti-Japanese Military and Political College 抗日战争时期，中国共产党及其领导下的八路军、新四军培养和训练军事政治干部的高等学府。

1936年6月1日，中国人民抗日红军大学在陕甘革命根据地瓦窑堡成立，简称“红大”。1937年1月19日，“红大”更名为中国人民抗日军事政治大学，简称“抗大”，校址在延安。毛泽东为抗大制定了“坚定正确的政治方向，艰苦奋斗的工作作风，灵活机动的战略战术”的教育方针和“团结、紧张、严肃、活泼”的校风。林彪、徐向前先后任校长和代校长，张际春和李井泉先后任代政治委员和政治委员。从1938年冬至1945年夏，陆续在陕甘宁边、华北、华中抗日根据地建立了14所抗大分校。

毛泽东在抗大给学员作报告

在抗日战争期间，抗大总校连续办了8期，连同各分校共培养和训练了十余万名军事、政治干部，对于取得抗日战争和解放战争的胜利起了重大作用。抗大的教育方针和校风成为中国人民解放军院校建设和部队建设的优良传统。

中国人民银行 People's Bank of China 中国的中央银行，管理全国金融事业的宏观调控部门。1948年12月1日，在合并华北银行、北海银行和西北农民银行的基础上组成。总行设在北京，2005年8月挂牌成立上海总部。在1978年以前，既行使金融行政管理和货币发行的职能，又从事信贷、结算、储蓄、外汇等业务活动。1983年9月，国务院决定中国人民银行专门行使国家中央银行职能。主要职责为：①发布与履行职责有关的命令和规章。②依法制定和执行货币政策。③监督管理银行间同业拆借市场和银行间债券市场、外汇市场、黄金市场。④防范和化解系统性金融风险，维护国家金融稳定。⑤确定人民币汇率政策；维护合理的人民币汇率水平；实施外汇管理；持有、管理和经营国家外汇储备和黄金储备。⑥发行人民币，管理人民币流通。⑦经理国库。⑧会同有关部门制定支付结算规则，维护支付、清算系统的正常运行。⑨制定和组织实施金融业综合统计制度，负责数据汇总和宏观经济分析与预测。⑩组织协调国家反洗钱工作，指导、部署金融业反洗钱工作，承担反洗钱的资金监测职责。⑪管理信贷征信业，推动建立社会信用体系。⑫从事有关国际金融活动。⑬按照有关规定从事金融业务活动。⑭承办国务院交办的其他事项。

中国人民政治协商会议 Chinese People's Political Consultative Conference; CPPCC 中国人民爱国统一战线的组织，中国共产党领导的多党合作和政治协商的重要机构。简称中国人民政协，或人民政协，或政协。由中国共产党和各民主党派、无党派民主人士、各人民团体共同创立。

1949年9月21～30日，中国人民政治协商会议在北平（后改为北京）举行第一届全体会议，会议代行全国人民代表大会的职权，代表全国人民的意志，制定了起临时宪法作用的《中国人民政治协商会议共同纲领》，选举出中央人民政府委员会，毛泽东当选为中央人民政府主席。1954年9月第一届全国人民代表大会第一次会议通过了《中华人民共和国宪法》，代替了《中国人民政治协商会议共同纲领》，政协不再代行全国人民代表大会的职权，作为统一战线组织在国家政治生活、社会生活和对外友好活动中继续作贡献。

政协的任务是：根据中国共产党同各民主党派和无党派人士“长期共存、互相监督、肝胆相照、荣辱与共”的方针，对国家的大政方针和群众生活的重要问题进

1949年9月中国人民政治协商会议第一届全体会议在北平召开

行政治协商，通过建议和批评发挥民主监督作用，组织参加政协的党派、团体和各族各界人士参政议政。

《中国人民政治协商会议共同纲领》 *Common Program of Chinese People's Political Consultative Conference* 简称《共同纲领》，由1949年6月召开的新政治协商会议筹备会委托中国共产党起草的中华人民共和国施政纲领，9月29日经中国人民政治协商会议第一届全体会议讨论通过。在1954年《中华人民共和国宪法》公布和实施之前，是参加中国人民政治协商会议各单位、各级人民政府和全国各族人民共同遵守的根本大法。《共同纲领》包括序言和正文7章60条，主要内容为：①中国人民解放战争和人民革命的伟大胜利，使帝国主义、封建主义和官僚资本主义在中国的统治时代宣告结束。中国人民由被压迫的地位变成为新社会新国家的主人。中华人民共和国是工人阶级、农民阶级、小资产阶级、民族资产阶级和其他爱国民主分子的人民民主统一战线的政权。中国人民政治协商会议是人民民主统一战线的组织形式，代表全国人民的意志。②中华人民共和国实行工人阶级领导的、以工农联盟为基础的、团结各民主阶级和国内各民族的人民民主专政，为中国的独立、民主、和平、统一和富强而奋斗。中华人民共和国取消帝国主义在中国的一切特权，没收官僚资本归国家所有，有步骤地将封建半封建的土地所有制改变为农民的土地所有制，保护国家的公共财产和合作社的财产，保护工人、农民、小资产阶级和民族资产阶级的经济利益及其私有财产，发展新民主主义经济，稳步地变农业国为工业国。③中华人民共和国的国家政权属于人民。人民行使国家政权的机关是各级人民代表大会和各级人民政府。各级人民代表大会用普选的方法产生。各级人民代表大会选举各级人民政府。各级政权机关实行民主集中制。各地方人民政府服从中央人民政府。国家最高政权机关为全国人民代表大会。在全国人民代表大会闭会期间，中央人民政府为行使国家政权的最高机关。在普选的全国人民代表大会召开以前，中国人民政治协商会议全体会议执行全国人民代表大会的职权。④中华人民共和国建立统一的军队，即人民解放军和人民公安部队，受中央人民政府革命军事委员会统率。中华人民共和国要加强现代化的陆军，并建设空军和海军，以巩固国防。军队在和平时期，在不妨碍军事任务的条件下，应有计划地参加工农业生产，帮助国家建设。中华人民共和国实行民兵制度，保卫地方秩序，建立国家动员基础。⑤中华人民共和国经济建设的根本方针，是以公私兼顾、劳资两利、城乡互助、内外交流的政策，达到发展生产、繁荣经济的目的。国家应在经营范围、原料供给、销售市场、劳动条件、技术设备、财政政策、金融政策等方面，调剂国营经济、合作社经济、农民和手工业者的个体经济、私人资本主义经济和国家资本主义经济，使各种社会经济成分在国营经济领导之下，分工合作、各得其所，以促进整个社会经济的发展。其中，国营经济为社会主义性质的经济。凡属有关国家经济命脉和足以操纵国计民生的事业，均由国家统一经营，这是发展生产、繁荣经济的主要物质基础和整个社会经济的领导力量。⑥中华人民共和国的文化教育为新民主主义的，即民族的、科学的、大众的文化教育。人民政府提倡爱祖国、爱人民、爱劳动、爱科学、爱护公共财物为全体国民的公德。提倡发展自然科学，以服务工农业生产和国防建设。提倡用科学的历史观点，研究和解释历史、经济、政治文化及国际事务。提倡文学艺术为人民服务，启发人民的政治觉悟，鼓励人民的劳动热情。要按照理论与实际一致的原则，有计划有步骤地改革旧的教育制度、教育内容和教学法，以适应革命和建设的广泛需要。⑦中华人民共和国境内各民族一律平等，实行团结互助，使国家成为各民族友爱合作的大家庭。反对大民族主义和狭隘民族主义，禁止民族间歧视、压迫和分裂的行为。各少数民族聚居的地区实行民族区域自治，按照民族聚居的人口多少和区域大小，建立各民族自治机关。各少数民族有发展本民族语言文字、保持或改革本民族风俗习惯及宗教信仰的自由。人民政府应帮助各少数民族发展其政治、经济、文化和教育事业。⑧中华人民共和国外交政策的原则为，保障本国独立、自由和领土主权的完整，维护国际的持久和平和各国人民间的友好合作，反对帝国主义的侵略政策和战争政策。对国民党政府与外国政府订立的各项条约和协定，中央人民政府应加以审查，按其内容分别予以承认，或废除，或修改，或重订。凡与国民党反动派断绝关系的外国政府，中央人民政府可在平等、互利及互相尊重领土主权完整的基础上与之谈判，建立外交关系。

中国人民志愿军 Chinese People's Volunteers; CPV 20世纪50年代，在美国军队入侵朝鲜、侵占中国领土台湾、严重威胁中国安全的情况下，中国人民为抗美援朝、保家卫国而组成的志愿赴朝参战的军队。1950年6月25日，朝鲜战争爆发。27日美国总统H.S.杜鲁门宣布派兵入侵朝鲜，并武装侵占中国领土台湾，引起中国人民的极大义愤。28日，中华人民共和国中央人民政府主席毛泽东号召："全国和全世界的人民团结起来，进行充分的准备，打败美帝国主义的任何挑衅。"美国无视中国的严正立场，竟操纵联合国安全理事会通过"决议"，组成以D.麦克阿瑟为总司令的"联合国军"，继续坚持侵朝战争，并轰炸中国东北边境城镇。中国政务院总理兼外交部长周恩来9月30日宣布："中国人民绝不能容忍外国的侵略，也不能听任帝国主义者对自己的邻人肆行侵略而置之不理。"美国对中国政府的警告仍然置若罔闻，指挥"联合国军"和南朝鲜军队继续北犯，越过北纬38°线，侵占朝鲜民主主义人民共和国首都平壤，并向鸭绿江边进犯，严重威胁中国的安全。10月，中共中央和毛泽东主席根据中国人民抗美援朝、保家卫国的愿望和朝鲜民主主义人民共和国的要求，决定组建中国人民志愿军，并任命彭德怀为司令员兼政治委员。10月19日，中国人民志愿军跨过鸭绿江，开赴朝鲜前线。

志愿军出国作战时，邓华任第一副司令员兼第一副政治委员，洪学智、韩先楚任副司令员，解方任参谋长，杜平任政治部主任。在战争期间，陈赓、宋时轮、杨得志曾先后任副司令员，甘泗淇曾任副政

图1 中国人民志愿军跨过鸭绿江，开赴抗美援朝前线

治委员，李志民曾任政治部主任，李达曾任参谋长。朝鲜停战后，邓华曾任司令员兼政治委员，杨得志、杨勇曾先后任司令员，李志民、王平曾先后任政治委员，梁必业曾任副政治委员兼政治部主任，王蕴瑞曾任参谋长。志愿军入朝作战时，共有6个军。兵力最多时为19个军，连同由刘震任司令员的志愿军空军，以及炮兵、装甲兵、工程兵、铁道兵等部队，共134万余人。中国人民志愿军抗美援朝作战经历两个阶段，1950年10月25日～1951年6月10日，为运动战阶段，连续进行5次战役，把敌军打回北纬38°线附近。从1951年6月中旬～1953年7月27日，为阵地战阶段，挫败了敌1951年夏季、秋季攻势和1952年秋的“金化”攻势，以及细菌战。战争期间，志愿军为克服美国空军狂轰滥炸所造成的补给困难，于1951年5月成立后方勤务司令部，由洪学智兼任司令员，周纯全任政治委员，统一组织指挥后方对敌斗争和后勤保障。志愿军后勤部队在空军、高射炮兵、铁道兵、工程兵和警卫部队等的密切协同下，和朝鲜人民军一起在朝鲜人民大力支持下，经过顽强斗争，粉碎了敌人破坏志愿军后方的战略企图，建立起钢铁运输线，使后勤保障逐步适应作战需要。中国人民志愿军继承和发扬中国人民解放军的光荣传统，战胜种种困难，涌现出30.2万余名英雄模范和人民功臣。朝鲜民主主义人民共和国最高人民会议常任委员会授予彭德怀及杨根思、黄继光、孙占元、杨连弟、邱少云、伍先华、胡修道、杨育才、杨春增、李家发、许家朋等朝鲜民主主义人民共和国英雄称号。朝鲜停战后，中方严格遵守和维护停战协定，中国人民志愿军从1958年3月15日开始撤军，10月26日全部撤离朝鲜回国。

图2　朝鲜劳动党和国家领导人金日成（右二）等在平壤火车站欢送中国人民志愿军回国

中国人寿保险(集团)公司　China Life Insurance (Group) Company　中国最大的商业保险集团。总部设在北京。前身为成立于1949年的中国人民保险公司。1996年分设中保人寿保险有限公司。1999年更名为中国人寿保险公司。2003年，公司进行重组改制，变更为中国人寿保险（集团）公司。集团公司下设中国人寿保险股份有限公司、中国人寿资产管理有限公司、中国人寿财产保险股份有限公司、中国人寿养老保险股份有限公司、中国人寿保险（海外）股份有限公司、国寿投资控股有限公司以及保险职业学院等多家公司和机构，业务范围全面涵盖寿险、财产险、养老保险（企业年金）、资产管理、实业投资、海外业务等多个领域。

《中国日报》　*China Daily*　中华人民共和国建立后创办的第一份综合性英文日报。1981年6月1日在北京创刊。对开8版。读者对象主要是外国驻华机构的工作人员及留学生、商人、旅游者，还有想了解中国的海外读者，以及国内的英语读者。创刊时同时出香港版，向港、澳地区及世界各地发行。1983年6月1日起在纽约出北美版；1986年9月1日起在伦敦出西欧版。现已发行到世界150多个国家和地区，成为对外传播中国信息的权威媒体之一。20世纪90年代以来，该报实现了扩版和彩色印刷，并形成拥有《北京周末报》、《中国商业周刊》、《中国专稿》等9种出版物的英文报报系。中国日报社在国内外设有多个办事处和记者站。

中国少年先锋队　Chinese Young Pioneers　中国共产党委托中国共产主义青年团建立和领导的全国统一的少年儿童群众组织。简称少先队。1949年10月13日，团中央决定建立全国统一的中国少年儿童队。1953年8月21日，决定改名为中国少年先锋队。“文化大革命”期间其名称一度取消，改称红小兵。1978年10月共青团十届一中全会通过关于恢复中国少年先锋队名称的决定。少先队吸收7～14岁少年儿童参加。少先队的性质是：中国共产党创立和领导的，并委托共青团直接带领的中国少年儿童的群众组织，是学习共产主义的学校，是建设社会主义和共产主义的预备队。少先队的任务是：团结教育儿童，继承中国共产党的革命传统，立志建设现代化的社会主义强国，勤奋学习，锻炼身体，培养爱祖国、爱人民、爱劳动、爱科学、爱社会主义的好品德，使少年儿童成长为在德育、智育、体育、美育方面得到发展的共产主义接班人。中国少先队有自己的队章、标志、队旗、呼号、队礼。红领巾是该组织的标志之一。代表红旗的一角，象征革命者的鲜血染成。少年队组织结构按队章规定，在学校建立大队或中队，中队下设小队。小队由5～13人组成。中队由两个以上小队组成，大队由两个以上中队组成。少先队队歌最初是《中国少年儿童队队歌》(1953年改名为《中国少年先锋队队歌》)，1978年改为《我们是共产主义接班人》。

《中国社会各阶级的分析》　*Analysis of the Classes in Chinese Society*　毛泽东系统分析中国社会各阶级状况、研究中国革命阵线及其革命对象的重要著作。最早发表在1925年12月1日出版的《革命》半月刊第4期上。收入《毛泽东选集》第1卷。文章首先提出，认清敌友是革命的首要问题。然后在科学分析了中国社会各阶级的经济地位和政治态度的基础上指出：一切勾结帝国主义的军阀、官僚、买办阶级、大地主阶级和附属于他们的一部分反动的知识分子是中国革命的敌人。工业无产阶级是中国新的生产力的代表者，是近代中国最进步的阶级，是革命运动的领导力量。一切半无产阶级、小资产阶级是无产阶级最接近的朋友。农村中数量众多的半自耕农和贫农深受地主的剥削，迫切需要革命。文章还指出，中产阶级（主要是民族资产阶级）对中国革命具有矛盾的态度，这个阶级企图建立民族资产阶级统治的国家是完全行不通的幻想。

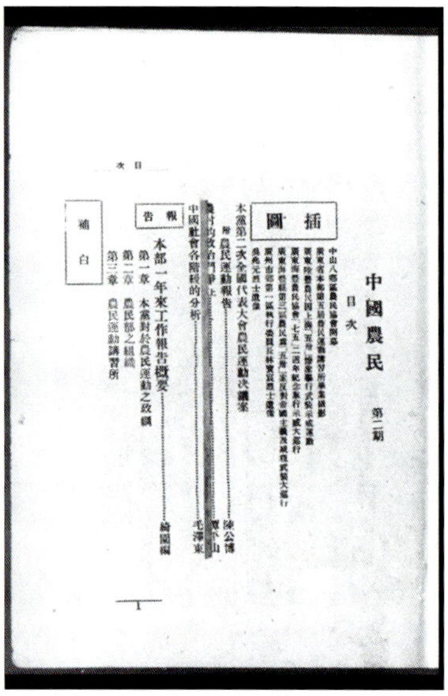
中國農民　第二期
目次
插圖
本黨第二次全國代表大會農民運動決議案……陳公博
農民運動報告
農村的政治鬥爭（上）……譚平山
中國社會各階級的分析……毛澤東
報告
本部一年來工作報告概要……綺園編
第一章　本黨對於農民運動之政綱
第二章　農民部之組織
第三章　農民運動講習所
補白
1

《中国农民》1926年第二期刊载《中国社会各阶级的分析》

《中国社会科学》　*Social Sciences in China*　中国人文社会科学综合性学术刊物。1980年1月在北京创刊。中国社会科学院主办。双月刊。历任编委会主任胡绳、李铁映、陈奎元。历任总编辑黎澍、丁伟志、李学昆、徐宗勉、赵振英、李新达、秦毅、高翔。主要发表中国人文社会科学领域中最重要和最新的学术研究成果。一直保持实事求是、严谨平实的独特风格；倡导学术问题的自由讨论，鼓励学术创新；注重学术规范，依靠严格的审稿制度保证刊物的学术水平。

中国社会科学院 Chinese Academy of Social Sciences 中国哲学社会科学研究的最高学术机构和综合研究中心。简称中国社科院。成立于1977年5月。前身是中国科学院哲学社会科学学部。历任院长胡乔木、马洪、胡绳、李铁映、陈奎元。有30多个研究所。在哲学、经济学、历史学、考古学、文学、民族学、宗教学、语言学、社会学、法学、新闻学、政治学、人口学和国际问题研究等方面，拥有相当的研究实力。在生态经济学、未来学、计算语言学、经济社会发展预测学等交叉学科和新兴学科的研究，取得成果。平均每年出版学术著作300种左右，科学论文数千篇，调查报告、研究报告数百份，翻译著作几十部，翻译论文上百篇，以及相当数量的古典文献（标点、校勘、注释）、工具书和普及读物等。不少成果在国内外学术界产生重要影响。全院现有《中国社会科学》、《经济研究》、《法学研究》、《考古》、《哲学研究》、《文学评论》、《历史研究》、《世界经济》等82种学术刊物。

中国神话 Chinese mythology 中国各民族典籍和口头流传的神话的统称，包括中国古典神话以及当代56个民族中依然流传着的神话。它们叙述的是神灵和传说中英雄们的超自然经历。

中国古代神话历史非常悠久，公元前21世纪的夏代已经广泛传播，但文字记录相对较晚。《诗经》、《尚书》、《易经》、《左传》、《国语》、《庄子》等先秦时代的古籍中都有神话内容，而以《山海经》、《楚辞》以及汉代的《淮南子》中保存神话较多，情节比较完整。

由于各地区的部族不同和文化差异，中国古典神话具有不同的地域系统。其中主要有南方的楚国神话系统、北方的中原神话系统、西方的昆仑神话系统和东方的蓬莱神话系统。它们彼此区别又互相联系，共同丰富了中国古典神话的宝库。

在创世神话方面，来自南方的盘古神话最重要。盘古开天辟地和盘古垂死化身表现了古人对于宇宙起源问题的终极性认识。来自北方的女娲用黄土造人神话解释人类的起源。共工、颛顼争夺天帝地位的神话中，共工“怒而触不周之山，天柱折，地维绝”。于是，天空向西北倾斜，日月星辰总向西北落去；大地向东南倾斜，一切河流都向那里流动。这个神话是古人对于天空和大地基本面貌的观察认识。《山海经》和《淮南子》

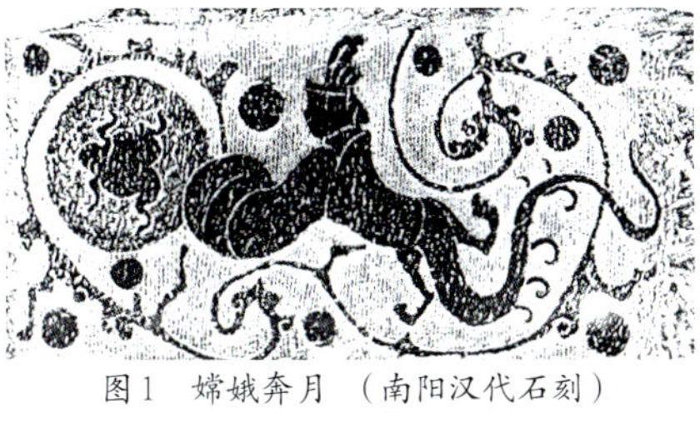

图1 嫦娥奔月（南阳汉代石刻）

描述的是以昆仑山为活动中心的神灵体系，它以黄帝为主神，其下有太皞、炎帝、少昊、颛顼和西王母等，共同统治着宇宙。黄帝与炎帝之战、黄帝与蚩尤之战展示了远古时代华夏族与九黎、三苗等族群之间的战争。鲧、禹父子治水是中国独特的洪水神话。作为文明古国，中国的文化起源神话值得关注。诸如燧人钻木取火、神农创造农业、伏羲画八卦并和女娲一起创立婚姻制度、仓颉造字等，举凡一切重要的文化事项都有神话的解说。春秋战国时代发展起来的蓬莱神话重点描述东方大海中的仙山，主要表现古人对长生不老的追求。

图2 传为伏羲女娲图（新疆维吾尔自治区博物馆藏）

中国神话源远流长，一些古典神话至今依然流传在某些不发达地区。由于历史演变，中国古代神话人物的性质比较复杂。有时候是超自然的神，有时候则显示为人间古帝王。一种观点认为：这些人物原来都是超自然的神灵，随着时间推移被历史化，转变为远古帝王。另一种观点认为：许多神话人物原来就是古代传说人物，逐步被神化，最终成为超自然的神灵。

各民族的古代典籍中的神话，如纳西族《东巴经》、彝族《西南彝志》、蒙古族《蒙古秘史》等典籍中的神话，丰富了中国古代神话。而少数民族的神话史诗，如《苗族古歌》，更是填补了中国在体系性神话方面的欠缺。

神话是古代宗教信仰的组成部分，表现古人对神灵和英雄的崇拜。古代有盘古庙、伏羲庙、伏羲陵、女娲庙、黄帝陵、炎帝陵等，供人们祭祀。神话具有一定的政治意义。周民族来自中国西部，他们崇拜的黄帝就成为正统，反抗者蚩尤则被描写为反面形象。鲧为了治水，未得天帝允许便盗窃息壤，结果遭杀身之祸。中国古代神话中反抗者的结局往往只有失败，最高统治权的获得只有合法继承一条路，其中显示出皇权政治的某些特征。中国神话渗透着强烈的道德意识，具有塑造社会道德的功能。一切有功于人类者都得到崇高的赞美。羿射十日，拯救黎民，成为英雄，他后来的不幸遭遇也得到人们同情。

中国神话以其美丽超凡的艺术想象力滋养了艺术家们的创作灵感。屈原的诗歌创作、汉代画像石艺术、魏晋南北朝时的游仙诗、志怪小说，都从中国神话吸取了大量营养。

《中国神话传说》 *Chinese Mythology and Legend* 中国第一部汉民族古代神话专著。袁珂著。初名《中国古代神话》，于1950年商务印书馆初版，后多次增补修订。有俄、日等文译本。1984年经扩充修订，易为现名。中国的古代神话十分丰富，长期散见于历代经史子集、笔记、类书等古籍中，零碎而庞杂，历史化、藻饰化严重。袁珂对浩瀚的古文献资料，考辨真伪，订正讹误，加以排比综合，把中国汉民族片断的古神话资料熔铸成一个有系统的整体。《中国神话传说》凡7篇：导论篇、开辟篇、黄炎篇、尧舜篇、羿禹篇、夏殷篇、周秦篇。为一部内容丰富、叙述平实、注释详尽、选材精当有据的汉民族古神话总汇。

《中国神话研究ABC》 *The ABC Studies on Chinese Mythology* 中国现代第一部神话研究专著。作者玄珠（沈雁冰，笔名茅盾）。1929年由世界书局刊行。1978年再版时易名为《中国神话研究初探》。

茅盾是中国现代神话学最早的探索者与开拓者之一。《中国神话研究ABC》主要论述：①关于中国神话的性质和范围。②论述中国神话过早消歇的原因。③关于原始人的宇宙观与生活状况和神话形成的关系。④关于原始人宇宙观的变化导致神话演变的问题。⑤神话与历史的关系。体现了作者对中国神话基本问题的认识。茅盾此书一方面借鉴了人类学派神话学的理论，另一方面从中国神话的具体情况出发，得出自己的结论。

中国石油大学 China University of Petroleum 中国以石油化工为特色的多科性高等学校。属教育部。分北京和华东（山东）两部。1953年建校，初名北京石油学院，以原清华大学石油系为基础，并有其他院校石油科技教师参与组建而成。1969年迁山东省东营市，改名华东石油学院。1988年更名为石油大学，形成山东、北京两地办学，校本部设于北京。2005年经教育部批准，学校改称中国石油大学。

中国石油大学（北京）设有十多个院（系、部），有培养学士、硕士和博士的教学体系；有国家重点学科、国家重点实验室和国家工程基础教学基地等。

中国石油大学（华东）现有东营、青岛两个校区。现设有十多个教学学院（部），建有研究生院以及后备军官学院、远程与继续教育学院、培训学院和应用技术学院。有培养学士、硕士和博士的教学体系；有国家重点学科等。

中国石油化工集团公司 China Petrochemical Corporation; SINOPEC 在原中国石油化工总公司基础上重组成立的特大型石油石化企业集团。简称中国石化集团。国家独资设立的国有公司、国家授权投资的机构和国家控股公司。组建于1998年，注册资本为1 049亿元人民币。总部设在北京。主营业务范围包括：实业投资及投资管理；石油、天然气的勘探、开采、储运（含管道运输）、销售和综合利用；石油炼制；汽油、煤油、柴油的批发；石油化工及其他化工产品的生产、销售、储存、运输；石油石化工程的勘探设计、施工、建筑安装；石油石化设备检修维修；机电设备制造；技术及信息、替代能源产品的研究、开发、应用、咨询服务；自营和代理各类商品和技术的进出口（国家限定公司经营或禁止进出口的商品和技术除外）。2010年，中国石油化工集团公司生产原油6 096万吨、天然气125亿立方米，加工原油2.13亿吨，成品油经营量1.49亿吨。

中国石油化工股份有限公司是由中国石油化工集团公司以独家发起方式于2000年2月25日设立的股份制企业，先后于2000年10月和2001年8月在境外、境内发行H股和A股，并分别在中国香港特别行政区、纽约、伦敦和上海上市。

中国石油天然气集团公司 China National Petroleum Corporation；CNPC 在原中国石油天然气总公司基础上组建的特大型石油石化企业集团。简称中国石油集团。组建于1998年，注册总资本1 149亿元人民币。总部设在北京。公司于中国境内东北、华北、西北、西南等广大地区拥有13个大型特大型油气田企业、16个大型特大型炼油化工企业、19个石油销售企业和一大批石油石化科研院所和石油施工作业、技术服务、机械制造企业；于中东、北非、中亚、俄罗斯、南美等地区拥有近30个油气勘探开发和生产建设项目，是中国境内最大的原油、天然气生产、供应商和最大的炼油化工产品生产、供应商。业务涉及石油天然气勘探开发、炼油化工、管道运输、油气炼化产品销售、石油工程技术服务、石油机械加工制造、石油贸易等领域，在中国石油、天然气生产、加工和市场销售中占据主导地位。是一家按照现代企业制度运作，跨地区、跨行业、跨国经营的综合性石油公司。

中国石油天然气股份有限公司是中国石油集团最大的控股子公司，主要经营石油、天然气勘探、开发、生产、炼制、储运、销售等业务。有限公司已于2000年4月在中国香港特别行政区和美国纽约两地成功上市，中国石油集团拥有其90%的股权。

中国式摔跤 Chinese wrestling 中国最古老的体育项目之一。古代称角力、角抵、相扑、争跤等。周代把摔跤、射箭和驾车三者列为军事训练项目。到了汉代，摔跤还作为

表演项目演出。晋代多在元宵节举行摔跤比赛。唐代多在春秋两季举行比赛，也作为宫廷娱乐项目进行表演。五代时期，摔跤技术强调轻便敏捷，名手辈出，出现了中国第一部讲摔跤的书，即调露子的《角力记》。宋代还有女子摔跤。民间有摔跤组织“角抵社”。清代设有“善扑营”，专门训练贵族青年摔跤，为王公贵族表演。其摔跤手和教练员都是终身职业。中华民国时期在北京、天津等地有不少人以表演摔跤为职业。当时的武术组织“中央国术馆”和“精武体育会”也有摔跤科目，曾举行过几次全国性比赛。1936年，还进行过女子摔跤比赛。

1949年后，中国式摔跤有了很大发展，1953年被列入国家体育运动竞赛项目，并举行了全国比赛。1956年，国家体委（今国家体育总局）颁布了“中国式摔跤运动员等级制”，1957年颁布了“中国式摔跤规则”。

摔跤运动员身着软而坚的短上衣（褡裢），系腰带，穿灯笼裤，脚蹬螳螂肚靴子。

比赛时，运动员可以握抱对手的全身，可以抓摔跤衣和腰带，但不许抓裤子。只许站着摔，摔倒后就停止，然后重新开始比赛。在比赛进行中，除两脚外，身体其他部分先着地者失分。按照把对方摔倒的不同程度，分别判得2分、1分或互不得分。

中国各少数民族如蒙古族、朝鲜族、维吾尔族及云南地区的彝、白、傈僳、哈尼、拉祜、纳西等族均有不同的摔跤形式，多在庆丰收等传统的喜庆佳节举行。

中国书店 China Bookstore 中国经营古旧书刊的国有出版发行机构。1952年11月在北京琉璃厂建立。主要业务范围是收售古旧书刊、碑帖拓片，经销新印古籍，复制出版中国古籍文献，并为读者补配残书和单年单卷报刊。至1958年，北京的110家私营古旧书店并入。1988年正式成立中国书店出版社，主要出版古籍。自创立起，中国书店共抢救、保护中华人民共和国建立前出版的中外文古旧书刊600多万册，且多为书品极好、学术研究价值与实用价值均颇高的版本资料。20世纪80年代以后，进入市场的旧刻古籍日益稀少，该店旧书收售重点已转为建国后出版的古籍。

中国特色社会主义 socialism with Chinese characteristics 中国共产党把马克思主义的基本原理同中国的具体实际结合起来，走适合中国国情的社会主义道路，建设和发展社会主义事业的理论与实践。它包括中国特色社会主义道路、中国特色社会主义理论体系和中国特色社会主义制度。

中国特色社会主义的思想认识发端于中国共产党在苏联社会主义建设道路问题上破除迷信和解放思想，开始从各个方面考虑如何按照中国的情况办事，努力进行中国建设社会主义的具体道路的探索。中国共产党第八次全国代表大会的召开和八大路线，是这一探索的初步成果。中国共产党在十一届三中全会上，决定把全党的工作着重点转移到社会主义现代化建设上来。1979年3月30日，邓小平在《坚持四项基本原则》中提出，搞建设要适合中国情况，走出一条中国式的现代化道路。他在1982年9月1日向中国共产党第十二次全国代表大会致开幕词时，正式作出“把马克思主义的普遍真理同我国的具体实际结合起来，走自己的道路，建设有中国特色的社会主义”的论述。2002年11月，中共十六大报告将“有中国特色的社会主义”概括为“中国特色社会主义”，并提出“中国特色社会主义事业”和“中国特色社会主义道路”的概念。2007年10月，中共十七大报告进一步提出了中国特色社会主义道路的内涵，以及“中国特色社会主义理论体系”的概念及其内涵。

中国特色社会主义道路，就是在中国共产党领导下，立足基本国情，以经济建设为中心，坚持四项基本原则，坚持改革开放，解放和发展社会生产力，巩固和完善社会主义制度，建设社会主义市场经济、社会主义民主政治、社会主义先进文化、社会主义和谐社会，建设富强民主文明和谐的社会主义现代化国家。中国特色社会主义道路的正确性在于既坚持了科学社会主义的基本原则，又根据中国实际和时代特征赋予其鲜明的中国特色。

中国特色社会主义理论体系，就是包括邓小平理论、“三个代表”重要思想以及科学发展观等重大战略思想在内的科学理论体系。

中国特色社会主义制度主要是以公有制为主体、多种所有制经济共同发展的基本经济制度；人民代表大会制度、中国共产党领导的多党合作和政治协商制度、民族区域自治制度以及基层群众自治制度；社会主义核心价值体系是社会主义意识形态的本质体现，马克思主义在中国意识形态领域处于指导地位；中国共产党对人民军队的绝对领导的军事制度。

解放思想是发展中国特色社会主义的一

邓小平在中共中央顾问委员会第三次全体会议上重申“建设有中国特色的社会主义”（1984-10-22）

大法宝，改革开放是发展中国特色社会主义的强大动力，科学发展、社会和谐是发展中国特色社会主义的基本要求。

中国特色社会主义理论体系 Socialism with Chinese Characteristics, Theory of 中国共产党包括邓小平理论、“三个代表”重要思想以及科学发展观等重大战略思想在内的科学理论体系。这个理论体系，不断创造性地探索和回答什么是马克思主义、怎样对待马克思主义，什么是社会主义、怎样建设社会主义，建设什么样的党、怎样建设党，实现什么样的发展、怎样发展等重大理论和实际问题，不断推进马克思主义中国化，坚持并丰富党的基本理论、基本路线、基本纲领、基本经验，不断深化和发展对共产党执政规律、社会主义建设规律、人类社会发展规律的认识，反映了中国共产党对在新的历史条件下推进改革开放和社会主义现代化建设、发展中国特色社会主义的重大认识。

中共十一届三中全会以来，以邓小平为核心的中共第二代中央领导集体，总结新中国建立以来正反两方面的经验，解放思想，实事求是，实现全党工作中心向经济建设的转移，实行改革开放，开辟了社会主义事业发展的新时期，逐步形成了建设中国特色社会主义的路线、方针、政策，阐明了在中国建设社会主义、巩固和发展社会主义的基本问题，创立了邓小平理论。邓小平理论是马克思列宁主义的基本原理同当代中国实践和时代特征相结合的产物，是毛泽东思想在新的历史条件下的继承和发展，是马克思主义在中国发展的新阶段。

中共十三届四中全会以来，以江泽民为核心的中共第三代中央领导集体，在建设中国特色社会主义的实践中，加深了对什么是社会主义、怎样建设社会主义和建设什么样的党、怎样建设党的认识，积累了治党治国新的宝贵经验，形成了“三个代表”重要思想。“三个代表”重要思想是对马克思列宁主义、毛泽东思想、邓小平理论的继承和发展，反映了当代世界和中国的发展变化对党和国家工作的新要求，是加强和改进党的建设、推进中国社会主义自我完善和发展的强大理论武器，是党必须长期坚持的指导思想。始终做到“三个代表”，是中国共产党的立党之本、执政之基、力量之源。

中共十六大以来，以胡锦涛为总书记的中共中央坚持以邓小平理论和“三个代表”重要思想为指导，根据新的发展要求，提出了科学发展观。科学发展观，是对中国共产党的三代中央领导集体关于发展的重要思想的继承和发展，是马克思主义关于发展的世界观和方法论的集中体现，是同马克思列宁主义、毛泽东思想、邓小平理论和“三个代表”重要思想既一脉相承又与时俱进的科学理论，是中国经济社会发展的重要指导方针，是发展中国特色社会主义必须坚持和贯彻的重大战略思想。

中国特色社会主义理论体系坚持和发展了马克思列宁主义、毛泽东思想，凝结了几代中国共产党人带领人民不懈探索实践的智慧和心血，是马克思主义中国化最新成果，是中国共产党最可宝贵的政治和精神财富，是全国各族人民团结奋斗的共同思想基础。中国特色社会主义理论体系的形成和中国特色社会主义道路的开辟，是改革开放以来中国取得一切成绩和进步的根本原因。高举中国特色社会主义伟大旗帜，最根本的就是要坚持这条道路和这个理论体系。在当代中国，坚持中国特色社会主义理论体系，就是真正坚持马克思主义。

中国天主教爱国会 Chinese Catholic Patriotic Association 中国天主教徒爱国团体。成立于1957年7月，其宗旨为：团结全国神长教友，发扬爱国主义精神，遵守国家政策法令，积极参加祖国社会主义现代化建设，促进国际天主教人士的友好往来，反对帝国主义、霸权主义，保卫世界和平，并协助政府贯彻宗教信仰自由政策。中华人民共和国建立以后，中国天主教界的爱国人士为纯洁教会，清除长期控制中国天主教会的帝国主义势力，自下而上地发动了中国天主教反帝爱国运动。1950～1956年底，先后建立了200多个地方性爱国组织。1957年在北京召开第一届中国天主教代表会议，成立了中国天主教爱国会。1962年及1980年先后召开第二、第三届中国天主教爱国会代表会议。1983年，中国天主教爱国会第三届委员会和中国天主教教务委员会两会委员（扩大）联席会议通过了《关于中国天主教坚持走独立自主自办教会道路的决议》，重申“坚持走独立自主的道路”、“自力更生，办好教会”和“与普世神昆共融在主爱之内”的行动纲领。该会最高机构为中国天主教爱国会代表会议。全国会议每4年召开一次。该会前两届主席为皮漱石，第三、四届主席为宗怀德，第五、六届主席为傅铁山，第七届主席房兴耀。会址设于北京。

中国铁道建筑总公司 China Railway Construction Corporation 中国具有特级工程总承包资质和对外经营权的大型国有综合性建筑企业集团。简称中国铁建。前身是中国人民解放军铁道兵，组建于1948年7月。1984年1月整建制集体改工，并入中华人民共和国铁道部。2000年9月与铁道部脱钩，交由中央企业工委管理。后改为国务院国有资产监督管理委员会管理。至2006年，总公司下辖中铁十一至二十五局集团有限公司、中国土木工程集团公司、中铁建设集团有限公司、铁道第一勘察设计院、铁道第四勘察设计院、铁道建筑研究设计院、上海铁路城市轨道交通设计研究院等27个控股（全资）企事业单位；有职工22万余人。其中各类专业技术人员7万余人。

中国铁建主要承建国内外铁路、公路、桥梁、隧道与地下工程、地铁与城市轨道交通、市政、环保、水利电力、机场、港口、矿山、工业与民用建筑等工程的设计、施工、设备安装、工程监理、技术咨询与建设管理。同时进行工业生产、机械设备和建安器材的租赁、物资贸易、新线铁路运输、金融投资、房地产等多元经营，并参与国际市场竞争，承包国际工程项目。

中国同盟会 Chinese Revolutionary Alliance 中国清末全国性的民族民主革命政党。简称同盟会。孙中山联合黄兴、宋教仁等人，以兴中会和华兴会为基础，1905年（光绪三十一年）8月20日在日本东京成立。以“驱除鞑虏，恢复中华，创立民国，平均地权”为革命纲领。本部暂设于东京。本部机构在总理之下设执行、评议、司法3部。国内在上海、重庆、汉口、香港、烟台分别设东、西、中、南、北5个支部，国外在新加坡、布鲁塞尔、旧金山、檀香山分别设南洋、欧洲、

1912年5月，旧金山中国同盟会总会颁发的会员证书

美洲、檀岛4个支部，支部之下则为各省区分会。同盟会推举孙中山为总理，黄兴为执行部庶务。在黄兴离开日本期间，曾接任或代理庶务并暂行主持本部工作者，先后有张继、朱炳麟、孙毓筠、宋教仁、刘揆一等。同盟会以《民报》作为机关刊物。张继、章太炎、陶成章、汪精卫等先后任《民报》编辑人。1906年秋冬之间，孙中山与黄兴、章太炎等共同制订《革命方略》，规定了一系列方针、政策、程序、规章、制度和纪律，使各地武装起义有所遵循。同盟会作为全国革命运动的中心，其领导体制渐形完备。在辛亥革命准备时期，同盟会主要做了两方面的工作。一是通过《民报》与《新民丛报》之间的激烈论战，批判和清除保皇派君主立宪主义的影响，向人民广泛宣传民族民主革命思想。二是举行多次武装起义。如1906年的萍浏醴起义，1907年的防城和镇南关起义、惠州七女湖和潮州黄冈起义，1908年的河口起义、钦廉上思起义，1910年（宣统二年）的广州新军起义，1911年4月的广州黄花岗之役。这些起义虽然由于孤立无援和指挥失当而先后失败，但不断扩大了影响。

同盟会作为一个不够成熟的资产阶级政党，其组织比较松懈，内部政见亦多分歧。其本部虽然设立执行、评议、司法3部，但一年以后即形同虚设，使之很难维持会员步调的一致。不过，国内和海外各地的同盟会分支机构和广大会员仍然积极主动地从事革命活动，促进了革命高潮的到来。南京临时政府成立以后，同盟会本部由沪迁宁，并于1912年3月3日召开会员大会。会议通过了新的总章草案，选举产生了新的领导人：总理孙中山，协理黄兴、黎元洪。由于南京临时政府旋即结束，同盟会本部于1912年4月25日迁往北京，同盟会从秘密转为公开以后，成员渐趋复杂，政治素质亦明显下降。辛亥革命因为袁世凯的篡窃政权而宣告夭折，但同盟会的领导人并未立刻完全看清袁的真实面目。1912年8月25日同盟会改组为国民党，成员更加复杂。同盟会固有的革命性质因此消磨殆尽。

中国文学艺术界联合会 China Federation of Literary and Art Circles 中国文学艺术团体的联合组织。由全国性的文学艺术家协会和各省、自治区、直辖市文学艺术界联合会以及全国性的产业文学艺术工作者联合会组成。简称中国文联。成立于1949年7月，是中国人民政治协商会议发起单位之一。原名中华全国文学艺术界联合会，1953年9月改为现名。

中国文联的最高权力机构为中国文学艺术界联合会代表大会和由它选出的全国委员会。全国委员会选举主席一人和副主席若干人组成主席团。主席团下设书记处主持日常工作，并设立必要的工作机构。中国文联实行团体会员制，现有团体会员50多个，主要有：中国作家协会（行政独立单位）、中国戏剧家协会、中国电影家协会、中国美术家协会、中国音乐家协会、中国曲艺家协会、中国舞蹈家协会、中国摄影家协会、中国民间文艺家协会、中国书法家协会、中国杂技家协会、中国电视艺术家协会和各省、直辖市、自治区文联，以及中国煤炭文联、中国铁路文联、中国石油文联等产业文联。中国文联对团体会员的工作有联络、协调、服务的职责，并承办团体会员需要统筹安排的事宜。至2006年11月，中国文联已召开8届全国代表大会。先后任文联主席者有：郭沫若、周扬、曹禺、周巍峙、孙家正。

中国文联的任务是：在中国共产党的领导下，遵循党的基本路线，坚持文艺为人民服务、为社会主义服务的方向和“百花齐放、百家争鸣”的方针，致力于繁荣和发展中国社会主义文学艺术事业。50多年来，在中国文联指导下，各文艺家协会经常开展各种活动。

中国文联及各协会办有30余种全国性的文艺刊物和报纸，有机关报《中国艺术报》和直属出版社——中国文联出版社。各地文联和各协会也编辑出版有地方性的文艺刊物。

中国文字改革委员会 Committee for Language Reform of China 中华人民共和国的国家文字改革机构。1985年12月16日改名为国家语言文字工作委员会。

中国吴桥国际杂技艺术节 China Wuqiao International Circus Festival 以中国杂技之乡吴桥命名的国际性杂技比赛与交流盛会。由文化部、河北省举办。始创于1987年，每两年一届，逢单年举行，举办时间一般为该年度10月的最后一周或11月的第一周。地点是河北省省会石家庄市。至2009年已举办12届，先后有40多个国家和地区的众多杂技节目参加了艺术节的比赛和交流，世界各大杂技赛和世界著名马戏团的负责人及国际马戏界的权威人士对杂技节给予了高度的评价，所产生的金狮奖成为国际杂技界最受瞩目的奖项之一。

中国武术段位制 duan system of Chinese wushu 中国武术管理制度之一。国家体委（今国家体育总局）武术研究院组织专家调研、制订方案并进行试点，经国家体委批准，于1997年下半年开始实行。

武术段位定为九段：一、二、三段为初段位，四、五、六段为中段位，七、八、九段为高段位。凡遵守武德，热爱武术，具有相应的技术和理论水平者，均可申报武术段位。只有国家体育总局武术运动管理中心段位考评委员会及其授权的各级考评委员会才有权组织考核、审批和授予武术段位。考评内容由技术（武术套路或散手）、理论及武德三部分组成。凡获得段位者均授予相应的证书及徽饰。徽饰初段位为鹰，中段位为虎，高段位为龙。获段位者可穿着由国家体育总局武术运动管理中心统一设计的段位服。段位服为黑色，5颗纽扣上镌有“武”字，左胸位置依不同段位绣有龙、虎、鹰的图案，颜色分别为金、银、铜三色。

中国戏曲学院 National Academy of Chinese Theatre Arts 中国高等戏曲艺术院校。校址在北京。1956年经国务院批准，成立由欧阳予倩为主任，晏甬为副主任的中国戏曲学院筹备委员会，筹备建院。1958年，并入中国戏曲研究院，开办了第一届编剧、导演进修班和舞台美术、音乐研究班。1959年10月陆续开办了研究生班。1960年招收第一届本科生。戏曲文学、表演、音乐、舞美4系共录取63名学生。1961年，撤销中国戏曲研究院建制，改在中国戏曲学院内设中国戏曲研究所。国务院正式任命梅兰芳为院长，张庚、罗合如、晏甬为副院长。1963年第一届本科生毕业后，学院因故停办。

1978年10月，经国务院批准，将1950年成立、1954年定名、1966年停课、1977年恢复的中国戏曲学校改为大学建制，更名为中国戏曲学院。首任院长史若虚，副院长任桂林、张君秋、李紫贵、荀令香、张琨，顾问高盛麟、赵荣琛。设有5个系6个专业，即表演系京剧表演专业，导演系戏曲导演专业，戏文系戏曲文学专业，音乐系戏曲作曲专业和京剧器乐演奏专业，舞台美术系戏曲舞台美术设计专业；同时还有一所附属中等戏曲学校。1994年被列为硕士学位授予单位。由文化部主办、中国戏曲学院承办的中国京剧优秀演员研究班于1996年10月开办，学制三年。学报《戏曲艺术》于1979年创刊，在国内外具有一定影响。

中国现代文学馆 National Museum of Modern Chinese Literature 中国现当代文学资料中心和研究中心。由巴金倡议，于1985年1月5日正式成立于北京。巴金、孔罗荪曾任名誉馆长。冰心、阳翰笙、萧乾曾为顾问。隶属于中国作家协会。杨犁、李準、舒乙、陈建功先后任馆长。该馆以收集、整理、保管和研究中国现当代作家的手稿、著作版本、译本、书信、日记、录音、录像、照片、报刊及文物等文学档案资料为主，已建有巴金、冰心、萧三、周扬、丁玲等数十个文库，供国内外作家、学者使用。下属的茅盾故居也于1985年正式对外开放。还与中国现代文学研究会共同编辑出版《中国现代文学研究丛刊》。此外，还举办文学座谈会、文学报告会、学术讨论会、作家图书照片展览及接待中外作家学者参观访问等活动。

中国消费者协会 China Consumers Association; CCA 中国消费者的全国性群众组织。具有法人资格。1984年12月26日在北京成立。由国家工商行政管理局、国家标准局、国家进出口商品检验局发起，国务院批准设立。宗旨是对商品和服务进行社会监督，保护消费者的合法权益；引导广大消费者合理、科学消费，促进社会主义市场经济健康发展。协会履行《消费者权益保护法》赋予的7项职能：①向消费者提供消费信息和咨询服务。②参与有关行政部门对商品和服务的监督检查。③就有关保护消费者合法权益的问题，向有关行政部门反映、查询、提出建议。④受理消费者投诉并对投诉事项进行细查。⑤投诉事项涉及商品和服务质量问题的，可以提请鉴定部门鉴定，鉴定部门应当告知鉴定结论。⑥就损害消费者合法权益的行为，支持受损害的消费者提起诉讼。⑦对损害消费者合法权益的行为，通过大众传播媒体予以揭露、批评。协会的组织机构是理事会，由各人民团体，各政府有关部门，新闻媒体，各省、自治区、直辖市、计划单列市消费者协会以及各方面的消费者代表协商推举产生。1987年9月，协会加入国际消费者联盟组织（CI），成为正式会员。

《中国小说史略》 *A Brief History of Chinese Fiction* 中国古代小说史著作。著者鲁迅。这是作者1920～1924年在北京大学讲授中国小说史课程的讲义。初版本于1923年12月及次年6月分上下两卷由北京大学第一院新潮社发行，由讲义《中国小说史大略》改名《中国小说史略》。1925年9月，作者稍加修改后由北新书局合为一册印行。1930年，又对其中3篇作了修订，再版重印。全书共有28篇，叙述中国古代小说发生、发展、演变过程，始于神话与传说，迄于清末谴责小说，是中国第一部小说专史。另有《中国小说的历史变迁》1篇，是作者1924年7月在西安讲学时的讲稿，可以视为《中国小说史略》的提要，现收入《鲁迅全集》。单行本亦附载此篇。

《中国小说史略》搜罗宏富，采辑审慎。早在1912年，作者就辑录了自汉至隋的古小说36种，经校勘编成《古小说钩沉》。在授课过程中，作者又辑录了《唐宋传奇集》，并且“发意匡正”，逐篇分辨真伪、校订谬误、考证源流，与此同时，作者编成的《小说旧闻钞》，搜集了宋至清末的小说41种的史料，它是对大量笔记、杂集和古书中有关记载加以摘录、考订、编纂而成。

《中国小说史略》描画出了一条脉络清晰的数千年中国小说“进行的线索”，分析历代小说的思想、艺术，言简意赅，评断允当。在当时的历史条件下，《中国小说史略》是一部有代表性的文学史专著。

《中国新文学大系》 *The Catena of Chinese New Literature* 中国最早的大型现代文学选集。赵家璧主编，1935～1936年间由上海良友图书印刷公司出版。全书分为10卷：①《建设理论卷》，胡适编选。②《文学论争集》，郑振铎编选。③《小说一集》，茅盾编选。④《小说二集》，鲁迅编选。⑤《小说三集》，郑伯奇编选。⑥《散文一集》，周作人编选。⑦《散文二集》，郁达夫编选。⑧《诗集》，朱自清编选。⑨《戏剧集》，洪深编选。⑩《史料·索引》，阿英编选。书前由蔡元培撰写总序，各卷编选者还分别就所选内容写了长篇导言（第十卷为《序列》）。《建设理论集》、《文学论争集》和《史料·索引》选辑近200篇理论文章，系统地反映了新文学运动和新文学理论建设从无到有、初步确立的历史过程。编选创作的7卷，共收小说81家的153篇作品，散文33家的202篇作品，新诗59家的441首诗作，话剧18家的18个剧本。其中不少篇什是对新文学的创建起了积极作用和脍炙人口的名作，其他的也大多在思想或艺术上有一定的代表性。总序和各篇导言，对于新文学的发生、发展、理论主张、活动组织、重大事件、各种体裁的创作，或作历史的回顾，或为理论的阐述。在中国现代文学研究中，这些导言的影响比《中国新文学大系》本身更为深远。

1980年起，上海文艺出版社将《中国新文学大系》重新影印出版。1984年至1989年，仿照原来的规格和体例，出版了《中国新文学大系：1927～1937》，即新文学第二个十年的部分。主编丁景唐。第二辑较之《中国新文学大系》原来的分类增加了杂文集、报告文学集和电影集。1990年又出版了《中国新文学大系：1937～1949》（前19卷在当年出版，第20卷《史料·索引》于1994年出版），主编江曾培。选收了新文学第三个十年（实际包括抗日战争、解放战争期间的十年），在国统区、解放区、沦陷区、上海“孤岛”、香港、台湾等地区发表的各类文学作家的作品。至此，自20世纪30年代由编辑家赵家璧发起并组织的、以出版大型选集的形式对五四以来的新文学按历史分期分辑进行整理、编选、评述、总结的工作，经过半个多世纪几代作家、编辑、学者的努力，终告完成。此后，《中国新文学大系》的续编工作扩展到1949年以后。第四辑《中国新文学大系：1949～1976》20卷于1997年出版。选文时限包括新中国成立后“十七年”和“文化大革命”时期两个阶段。第五辑《中国新文学大系：1976～2000》30卷于2009年出版。

中国新闻奖 China Journalism Award 中华全国新闻工作者协会主办的全国优秀新闻作品年度最高奖。经中共中央宣传部批准设立的全国性常设新闻奖，每年评选一次，1990～2010年已经评选了20届，共评出获奖作品3 000余件。中国新闻奖共设20个评选项目。其中，直接参评的项目有：消息、言论（评论）、通讯（专题）、系列报道和连续报道；经过复评参评的项目有：报纸版面、新闻摄影、新闻漫画、报纸副刊、广播新闻节目编排、广播新闻现场直播、电视新闻节目编排、电视新闻现场直播。同时，自1997年起新闻论文评选纳入中国新闻奖，每两年评选一次，是全国综合性优秀新闻论文最高奖。

中国新闻社 China News Service; CNS 中国新闻界和归侨界知名人士主办的，为海外华侨、港澳同胞、台湾同胞和外籍华人服务的综合性通讯社。简称中新社。1952年9月14日在北京成立，10月1日开始发稿。首任社长金仲华。每天以“中国新闻广播电台”呼号，口语播发华语记录新闻，供海外和港澳华文报纸抄收，同时向海外航寄新闻稿，后增加供应文学特稿、图片新闻，并开展摄制电影、制作唱片、出版画报等项业务。中新社的报道方针是：本着爱国主义精神介绍中国政府的方针、政策，报道中国社会主义建设情况和改革开放的进程以及人民生活状况，提供有关中国悠久历史、文化、社会生活方面的知识，帮助海外华人等加深对中国的了解。1975年5月取消口语广播，改用电传播发新闻。中新社已在中国内地及香港、澳门共设有28个分社，在台湾派有驻点记者；在美国、日本、法国等十多个国家设有分社或记者站。已同海外和港澳地区的近500家华文报刊、电台、电视台、网络媒体建立了业务联系。

中国行政区划 administrative division of China 中国实行行政分级管理所实施的区域划分制度。

中国有近3 000年的行政区划历史，经历了萌芽时期（公元前8世纪后期至前221年）、郡县制（前221～187年）、州制（188～732年）、道路制（733～约1300年）、省制（即行省制，约1300～1908年）、省市制（1909年～ ）6个时期。

1982年《中华人民共和国宪法》第30条规定：中华人民共和国的行政区域划分如下：①全国分为省、自治区、直辖市。②省、自治区分为自治州、县、自治县、市。③县、自治县分为乡、民族乡、镇。直辖市和较大的市分为区、县。自治州分为县、自治县、市。国家在必要时得设立特别行政区。截至2008年底，全国有省级单位34个，包括河北、山西、辽宁、吉林、黑龙江、江苏、浙江、安徽、福建、江西、山东、河南、湖北、湖南、广东、海南、四川、贵州、云南、陕西、甘肃、青海、台湾等23个省，内蒙古、广西、西藏、宁夏、新疆等5个自治区，北京、上海、天津、重庆等4个直辖市，香港、澳门两个特别行政区；全国地级行政区划单位有333个，包括283个地级市，17个地区，30个自治州，3个盟；全国县级行政区划单位2 859个，包括1 463个县，368个县级市和856个市辖区，117个自治县，49个旗，3个自治旗，2个特区，1个林区（未计台湾省数）。2008年底，共有651个市，比1979年净增458个市，比1947年则净增近600个市。

中国胭脂鱼 *Myxocyprinus asiaticus*；Chinese sucker 鲤形目胭脂鱼科胭脂鱼属的一种。又称黄排、粉排、火烧鳊。是中国的特有属种。仅分布于长江和闽江水系中。体形与体色随个体大小而变异，幼鱼体高而侧扁，微黑，体侧有3条横条纹；成鱼体延长，红色，体侧有1暗红色纵带。背鳍起点处特别隆起，腹部平直。头短，吻圆钝。口小，下位，呈马蹄型；唇颇厚，富肉质。上下唇上具多数乳头状突起。背鳍基底极长，无硬刺，鳍条50根以上。尾柄短，尾鳍深叉形。

幼鱼经常群集于水流比较静止的乱石之间。亚成体则栖息在长江中下游湖泊、江河中，成鱼多见于上游。以底栖无脊椎动物为食，也摄食高等植物碎片及硅藻等。成熟个体一般体重可达15～20千克。在长江上游是一种重要的经济鱼类。

中国沿海开放城市 Chinese coastal cities opening to the outside world 中国为鼓励对外经济合作和技术交流，适当扩大地方经济自主权，给予投资和提供先进技术的外商以若干优惠待遇的沿海港口城市。开放城市可以根据自己的条件，划定地域界线，兴办经济技术开发区。在那里集中开设中外合资、中外合作和外商独资经营的企业与中外合作的科学研究机构。

1978年，中国实施改革开放政策。1980年，中国在深圳、珠海、汕头和厦门建立四个经济特区，实行许多特殊政策和灵活措施，效果显著。1984年5月，中国决定将大连、秦皇岛、天津、烟台、青岛、连云港、南通、上海、宁波、温州、福州、广州、湛江、北海14个沿海港口城市及海南岛（1988年划为海南经济特区）对外开放。1985年1月又决定将长江三角洲、珠江三角洲和闽南厦漳泉三角地区，继而将辽东半岛、山东半岛开辟为沿海经济开放区。至此，一条沿太平洋西岸的中国沿海开放地带基本形成。中国沿海开放城市实行以下政策和措施：①放宽利用外资建设项目的审批权限。②增加外汇使用额度和外汇贷款，用以引进先进技术、进口必需的关键设备和仪器仪表等。③对利用外资、引进先进技术改造老企业的项目，在结汇、关税、工商统一税、企业所得税等方面予以扶植。④对在沿海开放城市老市区开办的中外合资经营、中外合作经营和外商独资经营的生产性企业，凡属技术密集、知识密集型的项目，或者外商投资额在3 000万美元以上，收回投资时间长的项目，或者属于能源、交通、港口建设的项目，减少税收。

中国伊斯兰教 Islam in China 7世纪中叶伊斯兰教开始由阿拉伯传入中国，经长期发展和演变形成具有中国特色的伊斯兰教。中国先后有回、维吾尔、哈萨克、乌孜别克、柯尔克孜、塔吉克、塔塔尔、东乡、撒拉、保安10个少数民族主体上信仰伊斯兰教。中国穆斯林绝大多数属逊尼派，遵行哈乃斐学派教法；新疆极少数为什叶派的伊斯玛仪派。苏非主义各学派在西北地区有广泛影响。

一般认为，唐永徽二年（651）伊斯兰教传入中国内地。

唐宋时期 从唐永徽二年到南宋末年的600余年间，是伊斯兰教在中国内地早期传播时期。陆上“丝绸之路”和海上“香料之路”两条通道的开通，使大食使节和“贡使”不断前来中国。大批阿拉伯商贾来华后，多居东南沿海及内地长安、开封等地，置田宅，住唐不归。中国人称他们为“蕃客”、“蕃商”和“胡贾”等。宋时，来华的阿拉伯、波斯人剧增。中国地方当局设“蕃坊”于广州、泉州等地，并允许他们和汉人通婚，繁衍后代。史称“土生蕃客”和“五世蕃客”。大食国穆斯林商人在中国寓居或定居，把伊斯兰教传入中国。蕃客“皆以《古兰经》、圣训及伊斯兰教习惯行事”。并先后建起广州怀圣寺、泉州清净寺、扬州仙鹤寺、杭州真教寺等。这时的伊斯兰教还只局限于来华的“侨民”中。

元代至明代前期 伊斯兰教在中国内地广泛传播和全面发展的重要时期。13世纪被蒙古帝国签发东来的波斯人、阿拉伯人与唐宋时期寓居中国的大食、波斯人的后裔都是穆斯林，故被称为“回回”或“木速蛮”，成为元代色目人中的重要成分。东来的回回人入居元朝后，在居住区修建清真寺。元代的诏令、典章等文献中，称礼拜寺为密昔吉或俗称回回寺；称掌教为“答失蛮”或称回回掌教、回回大师；把伊斯兰教法称之为“回回法”、“回回家体例”，等等。从元末明初起，回回穆斯林遍及全国。伊斯兰教被称为“回回教”、“回回教门”，一直沿袭到近现代。另外，还有相当数量的汉、蒙古和维吾尔人改信伊斯兰教，成为回回穆斯林。这一时期，也是各种不同来源的回回人形成一个民族的时期。明代对穆斯林实行怀柔政策，任用穆斯林将领及学者在朝廷担任军政要职，颁布圣旨保护伊斯兰教，敕建各地清真寺。

明代后期至清代前期 明末清初，伊斯兰文化同中国传统文化相结合，从而形成了中国伊斯兰教的特点。明嘉靖年间（1522～1566）陕西著名经师胡登洲创办经堂教育，先后出现以冯养吾、张少山为代表的陕西学派，以常志美为代表的山东学派和以马复初为代表的云南学派等地方学派。继经堂教育后，以南京和云南为中心的汉文译著伊斯兰教经籍的活动相继展开，涌现出王岱舆、刘智、张中、马注、伍遵契、马复初、马联元等“中阿兼通”、“学通四教”的“回儒”。他们的译著形成了中国伊斯兰教的教义学思想体系。这一时期，伊斯兰教苏非派神秘主义在甘肃、宁夏、青海等地区形成具有中国特点的“门宦”制度。在新疆突厥语各民族中形成依禅派。

伊斯兰教约于五代、北宋之际传入天山南北地区。喀喇汗王朝统治者改信伊斯兰教，使西域地区加快了伊斯兰化的步伐。12世纪中叶，喀喇汗王朝统辖的疆域被契丹人所占据。自13世纪起，伊斯兰教逐渐遍布天山南北。15～16世纪，信教人数剧增，区域扩大，成为各突厥民族的主要意识形态。

近代 进入近代后，伊斯兰教在内地和新疆都发生了一些新变化。主要表现在：①为反抗清朝的阶级压迫和民族歧视，中国穆斯林同全国人民一起，进行了多次反压迫起义和斗争。②清末民初，马万福等在西北的甘肃、青海、宁夏地区创立伊赫瓦尼派，后来传至河南、山东、河北和新疆等地区。至1949年，中国伊斯兰教内部分为格底目、苏非主义门宦（包括虎非耶、戛迪林耶、哲赫林耶、库布林耶）、西道堂、伊赫瓦尼、赛莱非耶派以及依禅派。中国穆斯林大都属于逊尼派的哈乃斐教法学派。分布在新疆的塔吉克族穆斯林，在15世纪末至16世纪初，已改宗什叶派伊斯玛仪支派。③清末民初以来，一批穆斯林学者、经师提倡宗教教育改革，实行“经书两通”，创办新式学堂。

现当代 中华人民共和国建立后，中国各民族穆斯林在政治上获得平等权利。穆斯林的宗教信仰、宗教活动和风俗习惯受到法律保护和尊重。1953年成立中国伊斯兰教协会后，创办《中国穆斯林》杂志，印行《古兰经》、圣训、教法等多种伊斯兰教典籍。1955年在北京创办了中国伊斯兰教经学院。20世纪80年代后，相继在新疆、宁夏、昆明、兰州、郑州、青海、沈阳和北京等省（区）市建有地区性经学院8所。据统计，全国有大小清真寺约35 000多座，阿訇、毛拉等教职人员约计4万余人。

中国伊斯兰教经学院 China Islamic Institute 中国伊斯兰教协会创办的全国性伊斯兰教专业院校。1955年成立于北京。至20世纪60年代前期，除先后招收5个班级的130多名学员外，还举办研究班。60年代后期起曾一度停办。1981年举办阿訇进修班，次年10月恢复本科班招生。该院办学的宗旨为：培养热爱社会主义祖国、拥护社会主义制度、具有较高伊斯兰教学识、又有阿拉伯语和汉语文化水平的伊斯兰教专业人才。学制5年。课程设置分伊斯兰教专业课和大学文科基础课两类。专业课设有《古

中国伊斯兰教经学院

兰经》(包括古兰学、经注学和诵经法)、圣训和圣训学、教法（包括教法原理和教法史)、教义学、中外伊斯兰教史、阿拉伯语等。招生对象为具有高中文化程度、已入清真寺学习的男性穆斯林青年。毕业后主要担任各地清真寺阿訇或从事伊斯兰教事务及教学、研究工作。除本科班外，还举办大专班、在职阿訇进修班、研究班和留学生补习班等。曾陆续选派学生到埃及、利比亚、巴基斯坦等国留学深造。

中国伊斯兰教协会 China Islamic Association 中国伊斯兰教全国性的宗教团体。1952年，由各族穆斯林知名人士在北京发起筹备，翌年5月在中国伊斯兰教第一次全国代表会议上正式成立。会址设在北京。协会的宗旨是：协助人民政府贯彻宗教信仰自由政策，发扬中国伊斯兰教优良传统，爱国爱教，团结各族穆斯林积极参加社会主义建设，发展和加强同各国穆斯林的友好联系，维护世界和平。协会成立以来，积极发挥穆斯林群众与政府之间的桥梁作用，协调穆斯林与非穆斯林之间的合作关系，倡导穆斯林发扬爱国爱教的优良传统，奉公守法，加强团结，办好教务，为社会主义建设贡献力量。该会多次印行《古兰经》和其他经籍，开办中国伊斯兰教经学院，搜集整理各类典籍文物，开展伊斯兰教历史和教义的研究，并以汉文和维吾尔文出版《中国穆斯林》季刊。每年组织和帮助有条件的穆斯林赴麦加朝觐。

中国移动通信集团公司 China Mobile Communication Corporation 在中国电信体制改革过程中将原中国电信的移动通信业务剥离出来组建的专门经营移动通信业务的大型国有控股企业。简称中国移动。成立于2000年4月20日，注册资本为518亿元人民币。总部设在北京。主要经营移动话音、数据、IP电话和多媒体业务，并具有计算机互联网国际联网单位经营权和国际出入口局业务经营权。除提供基本话音业务以外，还提供传真、数据、IP电话等多种增值业务，拥有“全球通”、“动感地带”、“神州行”等客户品牌。至2007年9月30日，网络已经100%覆盖全国县（市)，客户总数近3.5亿户，与228个国家和地区的326个运营公司开通了GSM国际及台港澳地区漫游业务，与152个国家和地区的173个运营商开通了GPRS国际漫游，已发展成为全球客户数量和网络规模最大的移动通信运营企业。

中国移动通信集团公司全资拥有中国移动（香港）集团有限公司，由其控股的中国移动（香港）有限公司在内地31个省（自治区、直辖市)和香港特别行政区设立全资子公司，并在香港和纽约上市。

中国艺术研究院 Chinese Academy of Arts 中国艺术学科的国家级综合性艺术科学研究、教育及艺术出版机构，也是全国唯一具有艺术学一级学科学位授予权单位。设有美术学、戏剧戏曲学、音乐学、电影学、舞蹈学5个二级学科博士点、6个硕士点。院址在北京。

中国艺术研究院于1980年10月定名，前身是中华人民共和国建国初期成立的中国戏曲研究院、民族音乐研究所、中国绘画研究所，后扩充舞蹈、电影等学科。该院拥有一批著名专家和百多位学科带头人，历任领导的有袁水拍、贺敬之、张庚、王朝闻、郭汉城、王蒙、李希凡、冯其庸等。设有12个专业研究所、12个研究（培训、创作）中心（或二级院)、图书馆、研究生部、文化艺术出版社和《文艺研究》等11个杂志社，为联合国教科文组织列为保护和研究传统与民间表演艺术的世界性主要机构之一。

中国艺术研究院以承担中国艺术理论重大科研课题为主，在艺术学科规划与科研、收集整理保存各门类艺术资料方面取得了丰硕成果，完成了大批奠基性著作，如《中国戏曲通史》、《中国戏曲通论》、《中国古代音乐史稿》、《中国美术史》、《艺术概论》、《中国民间美术全集》、《中国舞蹈发展史》等。该院在从事传统艺术“史”、“论”研究的同时，对艺术现状研究也给予了极大的投入，有力地促进了中国当代艺术科学的发展。及在挖掘、抢救、保护民族优秀艺术遗产和文化传播方面取得了重要成果。院图书馆具有丰富的资料馆藏，尤其是音乐音响资料收藏，以其丰富性和民族性被联合国教科文组织列入“世界记忆”名录。许多艺术品、资料的收藏为全国仅有，为中国民族民间文化的保护和研究作出贡献。

中国音乐史 history of music in China 中国音乐经历了漫长的发展过程。在原始社会，它伴随人类的生产活动萌生；在奴隶社会，它在奴隶主的祭祀活动中发展；在封建社会，它在宫廷、民间都曾达到极盛。进入20世纪后，它在人民革命斗争中获得新生。

远古时期　当人类开始制造原始的工具和集体进行劳动的时候，音乐就萌发了幼芽。最初的音乐常常是诗歌、音乐、舞蹈的结合体，且都与原始人类的生产活动、他们与自然灾害的斗争直接相关。相传尧舜时代，人们就在土鼓、古磬的伴奏下模仿兽类的形态舞蹈，这是原始人类狩猎生活的反映；而类似于咒语的初期音乐反映了原始人类的图腾崇拜，以及音乐与巫术之间的密切联系。原始时代有记载的古乐有《云门》、《咸池》、《韶》等。远古乐器传说中有鼓、磬、钟、箫、管、篪、笙、琴、瑟等。在一些古文化遗址中遗存较多的古乐器是陶埙。

夏、商、西周至春秋时期　夏代，中国逐渐进入奴隶社会。其音乐多用于祭祀等重大典礼活动，内容多为歌颂统治者列祖列宗的功德。西周的礼乐制度达于完备，对音乐在礼仪中的应用按不同等级作出了严格规定。这些与礼仪结合的音乐被称为雅乐，其基本风格是庄严肃穆。随着奴隶制在春秋时代的式微，礼乐制度和宫廷雅乐处于“礼崩乐坏”的局面中。新兴的民间俗乐“郑卫之音”逐渐进入各诸侯国的宫廷，取代了雅乐的位置。宫廷乐舞演出规模盛大，演出作品内容丰富复杂，演出乐器种类、形制多样化。周代乐器见于记载的近70种，金石（青铜）乐器占突出地位，战国初期的曾侯乙墓编钟显示了其制作技术的高度成就，为了解当时的乐律学体系提供了宝贵的史料。

战国、秦、汉时期　战国时代，旧的雅乐衰败，新的民间俗乐兴起，并纷纷进入宫廷。“百家争鸣”的局面推动了音乐理论的发展。墨子的《非乐》、荀子的《乐论》和《礼记·乐记》等，显示了古代音乐思想的光辉成就。《吕氏春秋·音律》中关于三分损益法的记载是中国乐律学的最早文献。秦代、汉代国家实现了统一，音乐思

图1 乐舞百戏画像石拓片（山东沂南汉墓）

想也由百家争鸣趋于独崇一尊。《礼记·乐记》被作为儒家经典的部分，在两汉居于统治地位。始建于秦代而在汉武帝时得到极大加强的乐府，对当时的音乐文化发展产生了重大影响。1 000多名乐府里的优秀音乐家广泛采集各地、各民族的民间音乐，并在此基础上改编创作，大大丰富了宫廷音乐。当时的演出主要有**鼓吹乐**和**相和歌**。此时期新出现的乐器有笳、角、**笛**（竖吹）、**筝**、**琵琶**、箜篌等。乐律学研究又有进一步发展，出现了**京房**的六十律学说。

三国、两晋、南北朝至隋、唐时期 三国、两晋、南北朝是中国历史上一个大动乱时期。音乐成为人们寄托理想的避难所。风格纤柔绮丽的清商乐兴起并居主导地位，它的作品大多以爱情为题材，较少触及社会现实。琴曲此时获得重大发展，许多琴家以琴寄志，创作了不少具有影响力的琴曲。外国音乐，如天竺（印度）的佛曲，中亚的安国、东邻的高丽音乐也陆续传入，为隋唐燕乐的繁荣作了准备。隋唐时期，国家统一，经济繁荣，国家强盛。各族人民共同创造了光辉灿烂的音乐文化，燕乐成为它的主要标志。隋唐时也曾致力于制订雅乐，这时的雅乐受到燕乐的明显影响。三国、两晋、南北朝至隋唐，是秦汉以后兴起的以歌舞为中心的俗乐进一步发展并达到高峰的阶段。唐朝设立了庞大的音乐机构——大乐署、鼓吹署、教坊和梨园，统领各色音乐，总数达数万人。音乐的繁荣引发了音乐理论的发展，隋初郑译的八十四调理论和后来燕乐二十八调的产生，以及对通向十二平均律的探索，表明这个时期乐律理论上的成就，**嵇康**的《声无哀乐论》则从美学角度对音乐进行了论述探讨。

宋、元时期 宋代，农业和手工业的发展促进了商品流通，城市繁荣，市民阶层扩大，城市游乐场所和专业艺人大量增加。以说唱、戏曲为主的多种民间音乐形式迅速发展，歌舞大曲在音乐中的核心地位逐渐被新兴戏曲所取代。在北方有**杂剧**，在南方有**南戏**。在较晚的元杂剧和南戏中，也存在南北互相交流吸收的情况。隋唐以来的曲子在宋代广为传唱，直接导致了宋词的繁荣。南宋**姜夔**的《白石道人歌曲》是现存最早的宋词歌谱。鼓子词和诸宫调等说唱形式也在宋代形成并发展。胡琴在北宋时出现，到元代已相当流行。丝竹乐器合奏、管乐合奏、弦乐合奏（元代蒙古族传统音乐达达乐）及小乐器、鼓板等在宋元时即已盛行。独奏乐器的演奏与创作也有显著发展，浙派琴家**郭沔**的《潇湘水云》、流传至今的琵琶曲《海青拿天鹅》都是当时出现的重要作品。由于宋元时期理学对意识形态的统治，音乐思想上笼罩着复古主义气氛，音乐理论未能取得明显的突破。但这时出现的陈旸的《乐书》、沈括的《梦溪笔谈》、王灼的《碧鸡漫志》等，在研究音乐史方面具有重要价值。其中《乐书》还是最早出现的一部音乐百科全书。

明、清时期 明代时，杂剧渐趋衰微，南戏转趋兴盛。南戏的四大声腔海盐腔、余姚腔、弋阳腔、昆山腔都获得了发展。其中弋阳腔在明初流传最广；而昆山腔在明代戏曲声腔中成就极高、影响极广，是南北曲的集大成者，但由于在表演上过分追求文雅和雕琢，到明末清初便逐渐衰落。代之而起的是多种地方戏曲声腔的兴起，而以梆子腔和皮黄腔影响最大。18～19世纪，徽班、汉班艺人相继进京，逐渐形成了以皮黄腔为主要声腔的新剧种——京剧。此外，民间小戏、民歌小曲及各种说唱形式在明清时期也有显著发展。这时期的器乐，不同程度地受到戏曲和说唱音乐的影响。随着琵琶、三弦等乐器在戏曲、说唱等音乐形式中的广泛应用，演奏这些乐器的名手越来越多。在琴谱的整理和刊印上，《神奇秘谱》汇集了较多琴曲，是第一部琴谱集。明清时期，少数民族音乐发展较快，如苗、彝等南方少数民族的史诗性歌曲，维吾尔族的**木卡姆**和藏族的囊玛、藏戏等，不少是在明清时期进一步发展或趋于定型的。明清时期音乐科学的重大成就是十二平均律的发明。杰出的音乐理论家朱载堉经10年钻研、实验、计算，创造了新法密律，即十二平均律，彻底解决了千百年来旧的三分损益律和旋宫转调创作要求之间的矛盾，为音乐艺术和音乐科学的发展作出了巨大贡献。明清时期的音乐，承宋元之风，各种民间音乐形式得到普遍发展，形成了数以百计的戏曲剧种、说唱曲种和器乐乐种，积累了丰富的音乐财富，为近现代音乐提供了良好的发展基础。

图2 散乐图（辽代，河北宣化张世卿墓出土）

近现代 19世纪40年代以后的中国音乐，处在中国社会大变革时代，具有与中国古代音乐不同的发展特点。一方面，传统音乐（包括古典的与民间的歌曲、歌舞、说唱、戏曲和器乐等）朝着同新的时代要求和人民生活相结合的方向不断地发展；

图3 1936年上海民众歌咏会

另一方面，随着社会变革和西洋音乐的输入（包括新的音乐教育、音乐理论、音乐创作、音乐表演和相应的音乐活动方式等），音乐在人民生活中占据了越来越重要的位置，并且也朝着同新的人民生活和时代要求，以及与中国固有的音乐传统相结合的方向不断地向前发展。在中国民主革命时期，不仅原有的传统音乐形式有了很大变革和发展，更重要的是产生了在近代西方文化影响下萌发起来的中国新音乐。中国近代新音乐发轫于普通的中小学音乐教育，重点成长于专业的音乐院校，并以群众性的歌咏活动作为广泛普及的主要途径。各类声乐形式的创作和表演是这一时期新音乐发展的主体，其他音乐种类（如各类器乐和歌剧舞剧等）的发展则比较缓慢。这一阶段的代表音乐家有**萧友梅**、**赵元任**、**黎锦晖**、**刘天华**、**黄自**、**马思聪**、**聂耳**、**冼星海**、**吕骥**、**贺绿汀**等。

1949年后，中国进入社会主义建设和发展时期。这时期的音乐文化发展尽管仍然保留着传统音乐与新音乐并存的状况，但两者之间的交融比过去大大加快。中国音乐朝着多品种、多风格的方向全面发展规模较大，速度很快，技术水平（特别是音乐教育和音乐表演）有显著提高，艺术风格走向活跃、开放。在长期音乐实践中，出现了一大批卓有成就的作曲家、指挥家、演奏家和歌唱家，对音乐理论的研究和传统音乐的整理也上了一个新台阶。特别是从20世纪80年代以后，娱乐性的通俗音乐的发展速度和规模及其在群众文化生活中的影响，超出了人们的意料。经过数十年的努力，中国现代音乐的发展（包括台湾和香港地区的音乐在内）同世界现代音乐的发展在逐步接近，中国音乐在世界乐坛的影响也在不断加深。

中国音乐学院 China Conservatory 中国培养音乐人才的高等院校。校址在北京。创立于1964年，由原北京艺术学院和中央音乐学院的民族音乐系科合并，并从全国各地抽调部分民族音乐专家组成。该院现设有音乐学、作曲、声乐歌剧、民族器乐、音乐教育、钢琴、艺术管理、指挥、管弦等教学单位。以及附属中等专科学校、实验乐团等，并办有院刊《中国音乐》。

中国银行 Bank of China 中国主要经营外汇业务的商业银行。全称中国银行股份有限公司。成立于1912年。前身是大清银行。辛亥革命后改组为中国银行，总行设在北京，1927年迁至上海，次年成为国民政府的国际汇兑银行。1949年由中央人民政府接管并迁回北京，改组为公私合营性质的外汇专业银行，在中国人民银行领导下，统一管理和经营外汇业务。1953年，成为国家外汇专业银行。1993年11月，中共十四届三中全会确立了金融体制改革目标，中国银行将其政策性金融业务划归中国进出口银行办理，并于1995年开始遵照《中华人民共和国商业银行法》经营运作。分别于1994、1995年成为香港、澳门发钞银行。2001年，经成功重组香港中银集团，在当地注册成立了“中国银行（香港）有限公司”。2004年8月，中国银行股份有限公司正式成立。

中国营造学社 Chinese Society of Architecture 中国研究古代建筑的专业学术团体。成立于1930年。社长朱启钤。社址在北平（今北京）中山公园内。1937年抗日战争全面爆发，北平沦陷，学社南迁，经长沙至昆明，1940年又迁至四川李庄，1946年迁回北平。学社人员均任职任教于清华大学建筑系及中国建筑研究所，学社仅存其名。中华人民共和国建立以后未予恢复。

学社下设法式和文献两组，法式组主任梁思成，文献组主任刘敦桢。两组分别进行古建筑的实地调查研究和文献资料的收集整理等工作。学社在极其困难的条件下，对全国重点地区的古建筑进行了科学的调查研究，发表了许多具有高度学术价值的调查报告、专著与论文，积累了许多有价值的历史文献资料，并出版了《中国营造学社汇刊》7卷20期及《清式营造则例》(梁思成著)、《明代建筑大事年表》(单士元著)、《中国建筑设计参考图集》10种（刘致平编著)、《全国重要文物建筑简目》等书刊、图录。学社还为省市重点古建筑的维修勘察提供咨询、制作设计，并为清华大学创办了建筑系，与清华大学合办了中国建筑研究所，为中国培养了第一代古建筑调查研究与保护工作人才。

中国影戏 Chinese shadow play 中国传统的戏剧形式之一。因流行地域不同而称呼各异。北京称皮影，河北一带称滦州影，四川、青海称灯影戏、京灯影，山东称驴皮影，山西称纸窗影、纱窗影，陕西、甘肃、湖南等地称影子戏、灯调，东北一带称边外影、照条儿，福建、台湾称皮猴戏、皮戏，广东称纸影戏、盏灯戏，湖北称皮影子戏，云南称灯影子、皮人戏、靠子等。包括手影戏、大影戏、乔影戏、纸影戏、皮影戏等。手影戏为人手辅以简单道具投影表演造型与短剧，是最古老的影戏。大影戏有两说，一是以人体投影的造型艺术，二是以大型影偶做戏。乔影戏是含有滑稽内容的影戏。纸影戏和皮影戏是用纸或兽皮雕镂成人物或动物形象，以灯光映于帷幕表演故事。其中皮影戏发展至现在已成为中国影戏的主要表演形式，因此常以皮影戏统称影戏。

起源　中国影戏历史悠久，但由于素来不被正统学者重视，唐宋以前少有典籍记载。关于中国影戏的起源有周代说、汉代说、唐五代说、宋代说、外来说五种意见：周代说属推测猜想，既无记载，又无考古佐证；汉代说，虽自宋代就有人持此说，但无可靠证据；北宋时影戏已有不同的表演形式以及专业艺人，显然已经成熟，不是源起；唐五代说，较合情理。《隋书·五行志》载隋炀帝大业九年，唐县人宋子贤“善为幻术”，常取光弄影，“变作佛形”，因而“远近惑信”，聚数千百人。此虽非真正的影戏，但为影戏的产生创造了条件。至于外来说，则属不清楚中国影戏传统的少数学者之见。

成熟时期　中国影戏在宋代进入成熟时期。其与说唱艺术结合，能够演出复杂的烟粉、灵怪、传奇和历史故事，如三国纷争之类。据宋高承《事物纪原》卷九“影戏”条记载，宋仁宗朝（1023～1063）就有人以影人表演魏、吴、蜀三分战争之像。宋代影戏已发展为不同的种类。以表演材质分，有手影戏、纸影戏、皮影戏三种。

宋代方镜背面所刻儿童弄影戏图摹本

前者借光以十指弄影，起源古老，至宋代正式成为“瓦舍众伎”之一种。后两者在宋人文献中多有记载，尤详于纸影戏向皮影戏演变的过程。南宋灌园耐得翁《都城纪胜》中“瓦舍众伎”条说：“凡影戏乃京师人初以素纸，后用彩色装皮为之。”以表演形式分，则有大、中、小和乔影戏等。

元明清时代，伴随着戏曲的繁兴，影戏亦得到发展与繁荣。凡有地方戏的地方，几乎都有相应的影戏。人们通常以大戏与小戏区别地方戏与影戏。元末瞿佑（1341～1427）曾作《影戏》诗曰：“灯火光中夜漏迟，风轮旋转竞奔驰。过来有迹人争睹，散去无声鬼不知。”明人徐渭则有灯谜词《做灯影》：“做得好，又要遮得好。一般也号子弟兵，有何面目见江东父老。”由此可见当时影戏在民间的普及。

自20世纪30年代起，中国影戏引起海内外学者的广泛关注。顾颉刚是最早介绍滦州皮影的学者。他在发表于《文史》杂志的《中国影戏略中及其现状》一文中将皮影分为七类：一为陕西，二为川滇，三为河南、山西及河北西部，四为河北东部及东北各地，五为山东，六为江、浙、闽三省皮影，七为广东纸影。常任侠从南影、北影两大支分论之。美籍华人学者秦振安以潮州影、四川影、滦州影三大派论之。江玉祥在经过专题研究和实地调查后，在其1992年出版的《中国影戏》中提出七大影系：秦晋影系、滦州影系、山东影系、杭州影系、川鄂滇影系、湘赣影系、潮州影系，基本涵括了流布于各省的影戏。

独特的艺术效果　各地影偶的操纵方法各不相同。他们各逞奇技，把影偶操纵得如活人一般，纵马扎枪，劈刀舞剑，腾云驾雾，做出许多人戏难能的技巧。唱腔更是异彩纷呈，如四川灯影戏，吸收了川剧昆、高、胡、弹、灯五腔；陕西皮影戏唱腔多达十余种，除老腔、碗碗腔（亦称时腔)、阿宫腔、弦板腔及秦腔等主要声腔外，各地又有特色声腔；滦州影戏，据说明代是手敲木鱼颂唱影经宝卷，后杂收弋阳腔，清代吸收昆曲，道光年间，随乐亭影戏的兴盛，形成独特的滦州调，或称乐亭影唱腔。滦州影伴奏乐器较全，有鼓、锣、大锣、大鼓、大钹、小钹、横笛、手板、唢呐、月琴、四股弦子、南弦子等，唱文格式则有三字经、五字锦、六字头、七字赋、十字句、硬唱、反三七，数板等十几种。乐亭影戏音乐丰富多彩，是民族音乐的一份珍贵宝藏。

20世纪90年代，人民音乐出版社出版研究专著《乐亭影戏音乐概论》。晋中的孝义素有“皮影之乡”的盛誉，当地群众流传着“过节听不上碗碗腔，再好的酒肉也不香”，“开年看几眼纱窗戏，一年和老婆不生气”。精巧的皮影雕刻艺术，是民俗文化的珍贵财富。清末民初创造的大量影卷，估计有数千万字之多，是尚待开发研究的一份民俗文化宝藏。

中国园林 Chinese gardens 中国建筑艺术的一项突出成就，也是世界各系园林中的重要典型。中国园林讲究“巧于因借，精在体宜”，重视成景和得景的精微推求，以组织丰富的观赏画面。同时，还模拟自然山水，创造出叠山理水的特殊技艺，无论土山石山，或山水相连，都能使诗情画意更加深浓，趣味隽永。

古代 从有文字记载的殷周的囿算起，中国园林已有3 000多年的历史。《诗经·灵台》篇中记述的灵囿是在植被茂盛、鸟兽孳繁的地段掘沼筑台（灵沼、灵台），作为狩猎、游憩的境域。秦始皇统一中国后，营造宫室，规模宏伟壮丽。汉代，在囿的基础上发展出新的园林形式——苑，其中分布着宫室建筑。汉武帝刘彻扩建上林苑，建章宫是其中最大宫城。西汉贵族、富豪的私园，规模比宫苑小，内容仍不脱囿和苑的传统，以建筑组群结合自然山水，这种园林形式一直延续到东汉末期。十六国时期，后燕帝慕容熙在平城（今大同）筑龙腾苑，广袤十余里，这时期的筑山以仿真山为主，所以山必求其宏大，峰必求其高峻。西晋时已出现山水诗和游记，用山水形象来谈玄论道。到了东晋，如在陶渊明的笔下，自然景物的描绘已是用来抒发内心的情感和志趣。反映在园林创作上，则追求再现山水，有若自然。南北朝时期园林是山水、植物和建筑相互结合组成山水园。这时期的园林可称作自然（主义）山水园或写实山水园。佛寺建筑宏伟壮丽并附有庭园，很多寺庙建于郊外，或选山水胜地营建。

隋炀帝杨广营建的别苑中以西苑最著名，采取了以湖、渠水系为主体，将宫苑建筑融于山水之中。这是中国园林从建筑宫苑演变到山水建筑宫苑的转折点。唐朝长安城宫苑壮丽，大明宫北有太液池，池中蓬莱山独踞，池周建回廊400多间。兴庆宫以龙池为中心，围有多组院落。大内三苑以西苑为最优美。苑中有假山，有湖池，渠流连环。长安城东南隅有芙蓉园、曲江池。天台山的九成宫，是避暑的夏宫；骊山之麓的华清宫，是避寒的冬宫。

园林方面也开始有体现山水之情的创作。盛唐诗人、画家王维经营了辋川别业，形成既富有自然之趣，又有诗情画意的自然园林。

从中晚唐到宋，士大夫们在宅旁葺园地，在近郊置别业，蔚为风气。唐长安、洛阳和宋开封都建有大量第宅园池。这种根据造园者对山水的艺术认识和生活需求，因地制宜地表现山水真情和诗情画意的园，称为写意山水园。北宋时建筑技术和绘画都有发展，出版了《营造法式》，兴起了界画。宋徽宗赵佶先后修建的诸宫，都有苑囿。政和七年（1117）始筑万岁山，后更名艮岳。这种全景式地表现山水、植物和建筑之胜的园林，称为山水宫苑。

元、明、清三代建都北京，大力营造宫苑，历经营建，完成了西苑三海（北海、中海、南海）、紫禁城御花园、畅春园、圆明园、清漪园（今颐和园）、静宜园（香山）、静明园（玉泉山），及承德避暑山庄（图1）等著名宫苑。这些宫苑或以人工挖湖堆山（如三海、圆明园），或利用自然山水加以改造（如避暑山庄、颐和园）。宫苑中以山水、地形、植物来组景，因势因景点缀园林建筑。这些宫苑中仍可明显地看到“一池三山”传统的影响。清乾隆以后，宫苑中建筑的比重又大为增加。

元建大都后，城内外渐有私园构筑，明清时兴建日盛。明清时期，江浙一带经济繁荣，文化发达，南京、湖州、杭州、扬州、无锡、苏州、太仓、常熟等城市宅园兴筑盛极一时（见扬州名园、苏州名园）。这些园林都是在唐宋写意山水园的基础上发展起来的，重视掇山、叠石、理水等创作技巧；突出山水之美，注重园林的文学趣味。

图1 河北承德避暑山庄“芝径云堤”

图2 上海外滩公园大门

近代 1840年鸦片战争后，长期以私园为主的中国园林进入一个新的阶段，主要标志是公园的出现。伴随着科学与民主思想的逐渐传播，西方造园艺术理论传入中国，把园林作为科学、为公众服务的思想得到了发展。从20世纪20年代中期起，一些大学如苏州工专建筑科、金陵大学园艺科、中央大学建筑工程科、浙江大学园艺科等陆续开设庭园学、庭园设计、造园之类的课程。1928年曾成立中国造园学会。

鸦片战争后，帝国主义国家在中国租界建造了一些公园。比较著名的有上海的外滩公园（图2，1868年后称黄浦公园），虹口公园（1900），法国公园（1908，又名顾家宅公园，现复兴公园）；天津的英国公园（1887，现解放公园），法国公园（1917，现中山公园）等。1926年，迫于五卅运动和北伐战争的压力，上海的公共租界工部局内定将公园对中国人开放，后于1928年付诸实施。中国自建的公园在清朝末年便已出现。第一个真正的公园是时任黑龙江将军的程福全（后来曾任南京临时革命政府内务部长）所建设的齐齐哈尔龙沙公园（1897），其后有无锡商绅集资建设的城中公园（1906）。此外，1906年北京农事试验场（现北京动物园一带）附设公园，1910年成都建立少城公园（现人民公园），1911年上海青浦县（现青浦区）将曲水园改为公园，皆为当地政府所开办。辛亥革命后，北京的皇家园林和庙坛陆续开放作为公园使用。1912年开放城南公园（先农坛），1914年开放中央公园（社稷坛，现中山公园），1924年开放颐和园，1925年开放北海公园。许多城市（主要在沿海和长江流域）也陆续建立公园，如广州的中央公园（1918，现人民公园）和黄花岗公园（1918），重庆的中央公园（现人民公园）等。建于1926～1929年的南京中山陵，园林为章守玉设计，气势恢弘，是近代园林的优秀代表作。到抗日战争前夕，在全国已经建有数百座公园。抗日战争爆发后，各地的园林建设基本上处于停顿状态。

图3　杭州太子湾公园

现代　1949年中华人民共和国建立以后，整理恢复和新建扩建了各类城市公园。有市级公园和区级公园两类；按公园性质来分，有综合公园、专类公园（如动物园、植物园等）、街道公园等。中国现代公园作为城市基础设施之一，在中国城市建设中占有重要地位，成为展示当地自然景观、社会生活与精神文明风貌的橱窗。至2008年末，全国城市公园8 577个，面积218 260公顷，城市人均公园绿地9.71平方米（2009）。许多城市建设了较完善的城市绿地系统，使公园绿地按服务半径有了合理均衡的分布，方便了市民游憩生活。

中国现代公园的发展大致经历了三个阶段：①1949～1952年，国民经济处于恢复时期，全国各城市以恢复整理旧有公园和改造、开放私园为主，很少新建公园。②1953～1978年，全国各城市向苏联学习，结合旧城改造、新城开发和市政工程建设，大量建造新公园。一度强调普遍绿化、重点美化和园林结合生产，出现了公园农场化和林场化的现象。③从1978年特别是1979年开始，全国各城市的公园建设在原有基础上重新起步，建设速度普遍加快，并呈现风格多元化特点。

在园林艺术的理论和实践上，中国现代公园的发展经历了借鉴、探索、创造的过程。20世纪50年代引入的苏联城市文化休息公园规划理论，对中国现代公园建设影响很大。当时规划建设的公园在设计上一般都讲究功能分区，注重安排集体性、政策性的群众活动和文体娱乐内容，如北京的陶然亭公园和哈尔滨的文化公园。1960年后，中国园林学者在总结经验的基础上，开始探索适合中国国情的现代公园规划理论。1980年以来，中国的公园建设从过去仅注意公园内部功能分区的合理性而逐步转向注重发扬中国园林的传统特色，强调公园艺术内容和形式的主体是山水创作、植物造景和园林建筑三者的有机统一。中国的造园家创作出一批有中国特色的优秀作品。

中国现代公园在园景创作手法上，在继承传统的基础上又逐步有所创新。在以下方面努力实现社会主义的现代游憩生活内容与民族化的园林艺术形式相统一。①就山水创作而言，中国自然山水园的艺术传统得到了发扬。绝大多数新建公园都要取自然山水园的形式，构景主体是山水，因山就水布置亭榭堂屋、花草树木，使之相互协调地构成切合自然的游憩生活境域。②就植物造景而言，对植物题材的运用，如同对山水的处理一样，首先通过对植物形态和生态习性的认识所激发的审美情感来表现植物的个性特征，其次是注意种植位置。西方园林中的一些植物造景手法（如缓坡草坪、专类花园、几何图案式植篱等）也得到运用，如杭州花港观鱼公园。③就园林建筑而言，力求把建筑与自然融为一体，注意建筑类型与山水环境之间的有机统一，并主要采取了民族形式的造型。在空间构图、比例尺度和结构工艺上，也引用了现代建筑的艺术手法、材料和施工技术，出现了大批神似传统形式的现代园林建筑，例如杭州曲院风荷公园和桂林芦笛岩公园。④中国园林中注重文学情趣和哲理意义的传统，也在现代公园结合现代社会生活中有所体现。公园中多数景点、景区都根据设计构思和观赏效果的统一来命名，主要园林建筑常配有诗词楹联或题匾，例如芜湖翠明园和广州兰圃。

中国现代公园在长期的发展中逐步形成了一些独特的地方风格，如北京、岭南、川西、安徽、闽南、上海等地。这些风格的形成，既是源于地域性自然条件和社会条件的差异，也是造园家主观创作意识与公园的功能和艺术相互交融的结晶。

中国原始雕塑　primitive sculptures of China
中国原始社会时期雕塑。大体可分为人像雕塑和动物雕塑两大类。

人像雕塑　中国迄今发现最古老的人像雕塑，属新石器时代氏族公社繁盛阶段的遗物。黄河流域和长江流域是历年出土原始社会人像雕塑较多的地区。20世纪80年代之后，安徽含山凌家滩遗址、辽宁西部的**红山文化**遗址也有新发现。作品质料以陶塑所占比重最大，石雕与骨雕人像数量较少。

裴李岗文化灰陶人头　为迄今所知黄河流域年代最早的陶塑老妇形象，1977～1978年在河南密县（今新密）莪沟北岗遗址发现，属7 000多年前的**裴李岗文化**遗物。

仰韶文化陶塑人像　出土于渭河流域及黄河中游地区，数量较多，形式丰富，包括圆雕头像、圆雕人像、浮雕人面，以及装饰着圆雕头像的陶壶、陶瓶等。圆雕头像以西安半坡出土的老妇像年代最早，属

图1　圆雕少女头像（甘肃礼县高寺头出土）

距今约6 800年前的半坡类型遗物。甘肃礼县高寺头出土的圆雕少女头像，是**仰韶文化**陶塑人像的代表性作品。头像残高12.5厘米，用堆塑与锥镂相结合的手法制成，陶色橙黄，颈下部分已缺，原先可能是陶壶器口的装饰。

马家窑文化陶塑人像　发现于黄河上游的甘肃、青海两省，基本都是陶器上的附饰物。马家窑文化前期（包括石岭下类型和马家窑类型）的陶塑人像，多数是女性形象。马家窑文化后期（包括半山类型和马厂类型），伴随父权制的确立，装饰在陶器上的人物几乎都是男子形象。甘肃东乡、宁定等地出土的3件半山类型人头形器盖，青海乐都柳湾马厂类型人头形器口陶壶和裸体人像浮雕陶壶反映当时流行男性崇拜的习俗。

红山文化陶塑妇女像　在内蒙古赤峰西水泉，辽宁喀左东山嘴，辽宁朝阳牛河梁等红山文化遗址有一定数量发现。西水泉和东山嘴出土的陶塑女裸像和牛河梁祭祀遗址出土的泥塑女神头像反映原始地母崇拜的习俗，具有很强的艺术表现力。

长江流域原始社会陶塑人像　浙江、安徽、湖南、湖北等地都有发现。浙江余姚河姆渡遗址出土的陶塑人像和人头像、浙江桐乡马家浜文化遗址出土的陶塑男裸像等，属距今约6 000多年前捏塑烧制的陶像。

青龙泉三期文化陶塑人像　出土于湖北天门邓家湾遗址，为距今约4 000年前的青龙泉三期文化（即湖北龙山文化）遗物。人像共两件，以泥质红陶捏塑而成，皆作跽坐状的男子，造型颇具淳朴之天趣。类似作品，以前在鄂东北圻春易家山遗址亦有出土，唯保存状况稍差。

玉石雕人像　迄今发现不多。在安徽含山凌家滩遗址发现的玉人、玉鹰、玉龙等，距今5 000多年，制作已很精细。辽宁东沟后洼屯遗址出土的滑石圆雕人头和河北滦平金沟屯遗址发现圆雕人像，可能是红山文化晚期的遗存。重庆巫山大溪出土的

墨色火山岩人面，属大溪文化晚期的雕刻。甘肃永昌鸳鸯池出土的白云石人面，属马家窑文化马厂类型的遗物。玉雕人面在陕西神木龙山文化墓葬和山东滕州大汶口文化遗址中也有发现。

动物雕塑 最早出现于新石器时代早期，多属陶塑、石雕，也有少量牙雕和木雕。在河南裴李岗文化遗址出土有距今约7 000多年的陶塑猪、羊头。辽宁东沟后洼遗址出土有很多滑石雕成的虎、猪、狗、鸡、鹅、鹰、蝉、鸟、昆虫、鱼等形象，造型单纯而生动，其中一件屈身、阔口、大眼、有角的龙，为已知最早的石雕龙的形象。浙江余姚河姆渡遗址也出土有陶塑和牙、木雕刻的猪、羊、鱼、鸟、蜥蜴等动物形象，形体不大，已具备圆雕、浮雕、线刻等不同表现形式，能概括地表现动物形态。牙雕“双凤朝阳”，长16.6厘米，在正中部位以阴线刻出一组大小不等的同心圆，外缘有跳动的光芒，两侧对称地雕出回首相顾的双鸟，构成相当完整的图案。

图2 陶水鸟壶（江苏吴江出土）

陕西华县仰韶文化庙底沟类型墓葬中出土的陶鹰鼎、陶猫头鹰器盖，江苏吴江梅埝遗址所出的良渚文化陶水鸟壶，山东大汶口所出的兽形鬶、胶州三里河所出的狗鬶等，器物与造型完美地结合，可能在当时的社会生活中具有宗教或礼仪的意义。

大型动物泥塑的残迹发现于辽宁牛河梁红山文化女神庙遗址之中，有神话动物猪龙和禽鸟。牛河梁遗址中的积石冢中还发现完整的玉石猪龙雕刻。猪龙双耳肥大，圆眼，吻部前凸，有很多道皱折，身体蜷曲，尾端与吻部相接。同形的玉饰在辽宁、内蒙古、河北等地均有发现。内蒙古翁牛特旗三星他拉墨玉龙，身躯呈C形，背部正中有圆孔，可以系绳悬挂，通体光洁润泽，轮廓刚劲而优美，是原始社会玉雕中的杰作。在江苏、浙江、上海等地的良渚文化遗址中发现的玉琮以浮雕与线刻的兽面纹为主要装饰，其中雕琢最为精细的是江苏武进寺墩所出的一件玉琮。这些玉器具有宗教、礼仪的性质。龙的形象和兽面纹浮雕，显示了原始社会艺术与奴隶社会艺术之间的渊源关系。

中国原始绘画 Paintings of China Primitive Society 中国原始社会时期绘画。旧石器时代晚期，中国的原始人已发展为具有较高智力的晚期智人，其生产技能、劳动工具和生活水平都有很大提高，物质生活和精神生活的日渐丰富，为绘画艺术的产生和初步发展提供了必备的条件。在距今3万年左右的山西省朔州市峙峪旧石器时代晚期遗址出现了刻有猎人、羚羊、飞鸟等图像的兽骨片，为已知最早的绘画遗迹。

在新石器时代，原始人已掌握了制陶技术，很快陶器便成为人们的主要生活器皿。出于物质和精神的需要，原始人在陶器上开始绘制各种纹饰。后随着制陶技术的发展和人类思维能力的提高，在陶器上描绘的纹饰图像也日趋丰富。其中，仰韶文化半坡类型的彩陶上出现了以各种富有装饰性的鱼纹、人面鱼纹为主要内容，并杂有人面纹、鹿纹、蛙纹、鸟纹等纹饰。部分器物的纹饰处理上还呈现出鱼和鸟相结合的形象与鱼、鸟、人面复合的图像，如鸟衔鱼纹等。而庙底沟类型则以自然形的鸟纹为主，其代表作如河南临汝出土的一件腹部绘有鸟含鱼图像的彩陶罐，画面上一鹳鸟嘴叼一条大鱼，右方绘一立置的长斧，鱼、斧以黑线钩出，鹳鸟则用类似后来的没骨法画出，比例较准确，形象写实，神态夸张、生动，堪称原始绘画的杰作。石岭下类型的彩陶器上的纹饰图像以鲵鱼为代表，初期形象写实，头部似人面，后则趋于几何形。在同期的大地湾四期遗址中，发现过一件绘有双兽相斗的彩陶罐，通过两组不同的画面，表现两兽相斗的情节，为中国连环画之滥觞。表现原始人舞蹈题材的作品以青海大通出土的一件马家窑类型的舞蹈纹彩陶盆为代表，在盆的内壁上绘有3组手拉手跳舞的人物，是中国绘画史上最早反映现实人物活动的绘画作品之一。

除彩陶器皿上的纹饰图像外，在甘肃秦安大地湾遗址第413号房基的居住地面上，还发现绘着呈横列姿态的两个人物，手持条状物，人物下面有一黑线方框，内绘两个兽类动物，距今约五千年左右。

另外，在中国北方边陲的山区还发现有许多刻于石器时代的岩画，内容多为动物、人物、几何纹饰等图像，形象夸张，风格古朴，为中国原始绘画的重要组成部分。

中国远征军 China Expeditionary Army 第二次世界大战中在缅甸境内及滇西中缅边境地区作战的一支中国抗日部队。日军1941年12月袭击美国海军基地珍珠港，同时攻占东南亚部分地区之后，于1942年1月发动侵缅战争。中国政府根据1941年12月《中英共同防御滇缅路协定》，遂以第5、第6、第66军，共十万余人组成远征军。由远征军第一路司令长官罗卓英和同盟国中国战区参谋长J.W.史迪威指挥，于1942年2月先后入缅作战。

从3月至4月，远征军在同古、仁安羌、腊戍等地与日军激战。其中仁安羌一战救出被围英军7 000余人。远征军给日军以沉重打击，但由于中、英、美战略目标的不一致，使远征军陷于被动态势，至4月底被迫后撤。8月，远征军大部退至怒江东岸，一部西撤印度，人员仅剩4万人左右。退入印度的部队改称中国驻印军，由史迪威任总指挥、罗卓英任副总指挥，统辖郑洞国的新1军。退入滇西的部队连同后续部队，于1943年春重新成立中国远征军司令长官部，由陈诚任司令长官（同年冬由卫立煌接任）、黄琪翔为副司令长官，统辖第11、第20集团军及第8军。

1943年10月，中国驻印军为掩护中印公路贯通，沿路向缅北推进，经十个月的苦战，于1944年8月攻占缅北重镇密支那。1944年5月，滇西中国远征军强渡怒江，沿滇缅路向缅北实施反攻。1945年1月27日，远征军与驻印军会师于缅甸芒友，打通中印公路。至3月，遂将日军全部赶出缅北和滇西。此后，中国远征军返回国内。

中国远征军入缅作战重新打通了中国西南的国际运输线，有力地配合了盟军在太平洋的反攻，为盟军在缅甸的最后胜利作出了贡献。

中国远征军滇缅路作战 Operations of Chinese Expeditionary Army along the Yunnan-Burma Road 1942年3～9月，中国远征军在缅甸支援英国军队抗击日军进攻的作战。

太平洋战争爆发后，日军迅即向东南亚发动进攻。1942年1月，由泰国麦索侵入缅甸，3月8日攻陷仰光后分路向缅北进攻。时中、英、美结盟，成立中国战区，蒋介石任统帅。根据《中英共同防御滇缅路协定》，中国政府以十万余人组成中国远征军第一路。中国战区参谋长J.W.史迪威（美军中将）、第一路司令长官罗卓英先后入缅指挥作战。

3月19日，日军占领彪关。20日，日军向东吁外围阵地发起攻击，守军第5军第200师进行了顽强抗击。经5天激战，日军夺取外围据点、东吁城西北的克永冈机场。26日，日军第55师团向东吁市区发起总攻。守军在师长戴安澜指挥下与日军展开巷战。远征军第一路代司令长官杜聿明鉴于增援东吁的第5军预备队第96师尚在输送途中，不能集中主力与日军决战以解东吁之围，遂命第200师撤出战斗，退往彬文那，以图相机再战。30日，日军进占东吁。随后日军分兵三路：第56师团东向南梅黑克，然后北攻腊戍；第55师团和增调的第18师团北向曼德勒攻击前进；第33师团从左翼沿伊洛瓦底江两岸向仁安羌进攻。新22师在

中国远征军向日军发起攻击

斯瓦地区依托既设阵地，逐次抗击北进日军；第6军暂编第55师在莫契地区阻击东进日军。在西线，英军自退出仰光后，即沿伊洛瓦底江两岸向北撤退。在东线，日军第55师团于4月6日向莫契、垒固至腊戍的公路发起进攻，20日攻占垒固，29日攻占腊戍。5月1日攻占曼德勒。日军主力继续向滇西进犯，5日占领中国云南怒江惠通桥西岸地区。远征军被迫先后回撤，至9月大部退回云南，一部撤至印度。

此役，远征军经一个多月作战，在保卫东吁等战斗中英勇顽强，但由于出国时机过晚，盟军作战缺少协同、多头指挥等原因，远征军始终处于被动态势，未能达成战役企图。

中国月球探测工程 Chinese Lunar Exploration Program 中国以月球为目标的无人月球探测工程，是空间技术与空间科学研究相结合的航天工程。

中国月球探测工程计划分绕月探测、月面软着陆和巡视探测、月面采样返回探测三个阶段实施。2004年1月23日中国月球探测工程一期工程立项。中国的月球探测工程命名为“嫦娥”工程，将第一颗月球探测卫星命名为“嫦娥”1号。

图1 中国首次月球探测工程第一幅月面图像

一期工程 主要任务是研制和发射月球探测卫星并环绕月球飞行；初步掌握绕月探测基本技术，通过遥感探测对月球进行全球性普查；开展月球科学探测，获取月球表面三维影像，分析月球表面元素含量和物质类型的分布特点，探测月壤特性，探测地月空间环境。绕月探测工程由工程总体、卫星系统、运载火箭系统、发射场系统、测控系统和地面应用系统组成。

“嫦娥”1号卫星(CE-1)选用“东方红”3号通信卫星平台，总质量2 350千克。卫星在轨运行寿命1年。卫星上搭载了多种科学探测仪器：用于月球表面三维影像成像的CCD相机和激光高度计，用于月表化学元素与物质探测的干涉成像光谱仪和γ/X射线探测仪，用于月壤厚度探测的微波探测仪，用于地月空间环境探测的太阳高能粒子探测器和太阳风离子探测器。

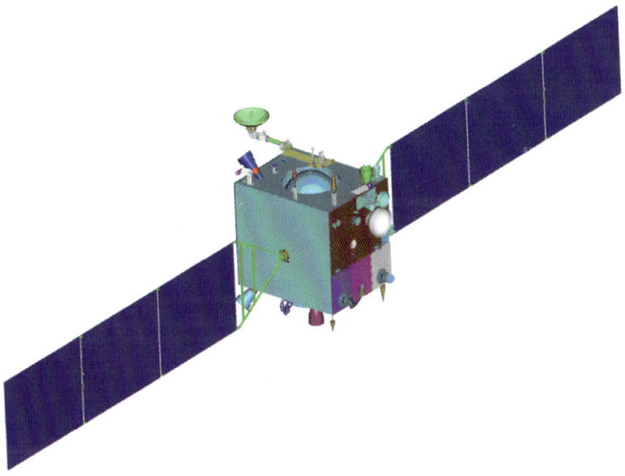
图2 “嫦娥”1号卫星外形结构示意图

2007年10月24日18时05分，“嫦娥”1号卫星由“长征”3号甲运载火箭在西昌卫星发射中心成功发射，进入近地点200千米、远地点51 000千米、轨道倾角31°的超地球同步转移轨道。卫星经过一次远地点变轨和三次近地点变轨，于10月31日进入地月转移轨道段的飞行，11月5日接近月球。经过第一次近月制动成功被月球捕获，成为一颗月球卫星，再经过两次制动，于11月7日成功进入环月工作轨道。11月18日，卫星转入正飞姿态。11月20日，卫星搭载的CCD相机开始对月探测，并同时下传图像数据。经过对卫星传回的图像数据进行处理，得到了第一幅由19轨图像数据制作成的月球局部二维图像，并制成了局部三维立体图像。

中国首次月球探测工程取得圆满成功，标志着中国已经成为世界上具有深空探测能力的国家。2010年1月，绕月探测工程获国家科学技术进步奖特等奖。2010年10月1日，中国“嫦娥”2号探测卫星由“长征”3号丙运载火箭在西昌卫星发射中心发射升空。于10月9日进入高100千米、周期117分钟的极月圆轨道，对月球开展多种科学探测。

二期工程 主要目标是发射月球着陆探测器并携带巡视探测器，实施月面软着陆，释放巡视探测器在着陆区附近范围内开展详细探测。

三期工程 主要目标是发射月球返回探测器，在月面软着陆后，收集并携带月球样品返回地球，对采集的样品在实验室进行精细分析。

中国杂技 Chinese acrobatics 中国传统的综合性表演艺术。广义的中国杂技，包括有杂技（含形体杂技、器械杂技、高空杂技、水上杂技四类）、马戏（含驯动物）、魔术、乔装戏、滑稽五大表演艺术门类。

中国杂技作为一种以娱神为主的祭祀游乐形式，大约在旧石器时代后期就存在了，而真正娱人的杂技表演艺术则是新石器时代末期才出现的。据《史记·五帝本纪》载，在4 000多年前的尧舜时期，已有掌乐官员主持的“击石拊石，百兽率舞”的合乐驯动物。又据汉刘向《列女传》载，至迟在公元前1600年夏王癸（桀）的宫廷中，就有了作为表演艺术的杂技歌舞“奇伟之戏”、“烂漫之乐”。

及至春秋战国，已有杂技角抵、扛鼎、翘关、投壶、兰子跳剑、宜僚弄丸、侏儒扶卢、斗鸡、走狗、人兽相斗等多种项目出现（图1）。秦时，角抵戏成为宫廷演出的重要项目，秦二世即曾在甘泉“作角抵俳优之观”（《史记·李斯列传》）。（图2）汉代更将角抵发展成为包含多种杂技乐舞的综合性演出形式，因而又称百戏。

两汉之后的三百余年间，民族纷争，

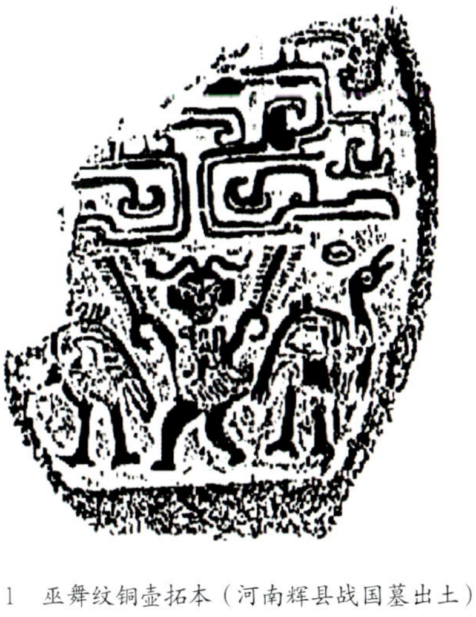
图1 巫舞纹铜壶拓本（河南辉县战国墓出土）

图2 战国角抵纹透雕铜饰（陕西长安客省庄出土）

战乱频繁，但杂技仍以顽强的生命力在城乡生存发展着，并因民族、社会文化的大交融而不断掺进新的内容。隋炀帝大业间，万国来朝，“乃于天津街盛陈百戏，自海内凡有奇伎无不总萃”（《隋书·音乐志》）。盛唐时，宫廷广设教坊，搜罗天下英才，培植精湛技艺。据《旧唐书》等记载，每遇庆贺圣寿节、大酺，动辄上万人参加演出，节目有乔装动物戏《太平乐》五方狮子，《圣寿乐》幻术字舞、更衣舞，马戏《倾杯乐》舞马衔杯和《鸟歌万岁乐》能言鸟，以及戴竿、旋槃、高絙、剑器舞、透飞梯、婆罗门伎、窟礧子、驯犀、驯大象等，还有数百人表演的蹋球舞、斗鸡等。

两宋时期城市经济繁荣，民间百戏空前地兴盛起来。岁时节庆，城乡杂技作场几乎无处不有。仅北宋汴梁、南宋临安两地，就各有勾栏瓦舍数十处。精致新颖、小型多样的民间杂技节目灿若繁星。宫廷庆典承应还须向市井求助。举其大项，有杂手艺、踢弄、蹴鞠、弄丸、藏掖、竿木、走索、相扑、武术、马术、马上技艺、驯禽兽、教鱼虫、幻术、口技、烟火、灯戏、水百戏、乔戏、抬阁、傀儡、影戏、杂剧、装神鬼、散耍等。宋代杂技的缤纷呈现，构成了以民间杂技为特色的高峰期。

元、明、清各代，杂技受到官府压迫趋于沦落。许多艺人转而寻求与蓬勃兴起的戏曲相融合，而那些零散的艺人以跑马卖解、撂地、赶堂会等方式流浪卖艺。降至清末、民国，在近代城市、商埠畸形发展和农村凋敝的背景下，部分农民被迫弃农从艺或半农半艺，出现了北京天桥、天津三不管、南京夫子庙，以及各地庙会等大批聚集低贱劳动者和杂技艺人的游乐市场。中原一带农村同时产生了如河北吴桥、河南巩义、山东聊城等多个历史上有大量贫困农民外出卖艺的“杂技之乡”。自海禁大开，外国现代马戏、魔术团体纷纷来华演出，不少中国杂技艺人也出国求生学艺，并使许多传统技艺流播海外。中国杂技从此步入向现代化过渡的进程。

中华人民共和国建立后，杂技进入一个新的发展时期。各省市、部委、军队系统相继建立国营杂技、马戏团队。杂技由江湖地摊登上了国家的艺术殿堂。杂技艺术以其坚实的基本功，结合现代舞台艺术化妆、服装、道具、灯光、音响、效果等条件的支持，创作演出质量迅速提高，在满足群众文化生活和对外活动中发挥了重要的作用。各大杂技团体经过再创作的一批传统节目如顶碗、蹬技、手技、钻圈、古彩戏法等，以及新创作的节目如芭蕾对手顶、车技、跳板蹬人、腾空飞杠、魔术变脸等，在世界各地的大赛中，获得包括世界青年联欢节奖、蒙特卡洛国际马戏节“金小丑”奖、“明日”马戏节法兰西共和国总统奖在内的金奖、大奖120余项。对中国杂技史和艺术理论的研究工作，也取得了开创性的成果。重要的专著有《当代中国杂技》（夏菊花、王峰、蓝天），《中国杂技史》（傅起凤、傅腾龙），《马戏——没有边疆的世界》（王峰），《中国杂技艺术史》（傅天正、徐庄），《20世纪杂技研究》（徐庄）等。

中国杂技团 China Acrobatic Troupe 杂技演出团体。1950年由中华人民共和国文化部在北京组建。1950年8月27日，文化部着手组建国营杂技团体。由文化部、戏曲改进委员会、对外文化联络委员会负责从上海、天津、北京、武汉、沈阳以及河北省吴桥等杂技基础较深厚的地方，推荐一批知名杂技艺人来北京会试，挑选出一批技艺基础较好的演员和富有民族特色的杂技节目留京集训。关玉和等人的《地圈》，佟树旺的《耍花坛》，金业勤、金淑琴等人的《车技》，杨小亭的《古彩戏法》等13个节目，经整理、革新、编排，使传统杂技以一种崭新的面貌出现在舞台上。1950年10月上旬，毛泽东、周恩来等国家领导人出席观看，认为这台节目既富有浓郁的民族特色，又表现了翻身人民的精神面貌，同意由这批艺人组成一个杂技团。周恩来称这台晚会为“杂技晚会”，将这个演出团命名为中华杂技团（1953年改名为中国杂技团）。

60多年来，该团对传统节目进行全面的改编，同时大力鼓励创新，创作了一大批富有浓郁民族特色又充满时代气息的杂技精品。该团已拥有杂技、魔术、马戏、滑稽等100多个节目，其中有30多个节目在国际、国内重大杂技赛事中获得金奖。20世纪80年代以来陆续推出《唐人百戏——中华魂》、《老北京天桥民俗风情》、《中华神韵》等主题杂技晚会。建团以来，该团足迹已遍及祖国各地和世界80多个国家和地区。

中国载人飞船工程 China Manned Spacecraft Project 中国载人航天工程的第一个工程。1992年9月21日开始实施。从1992年9月至2008年9月共研制和发射4艘无人飞船（“神舟”1～4号）和3艘载人飞船（“神舟”5～7号），选拔和训练了中国航天员，开展初步的空间科学技术实验，建设了研制、生产、试验设施和载人飞船发射场，测控通信网，着陆场和配套的基础设施。

组成 载人飞船工程由载人飞船、飞船应用、运载火箭、航天员、发射场、测控通信和着陆场7个系统组成。

①载人飞船采用轨道舱、返回舱、推进舱三舱结构。轨道舱和推进舱各安装一对太阳电池翼。轨道舱和返回舱为密封舱。轨道舱为航天员生活和工作的场所，载人飞行任务完成后，轨道舱与返回舱分离，继续在轨道上运行约半年。返回舱是发射、轨道机动和返回时航天员的座舱。返回舱再入大气层后，当速度减至声速以下、高度到达十几千米时，启动降落伞回收系统，乘降落伞软着陆。推进舱为飞船在轨飞行、变轨及返回制动提供动力和能源。载人飞船可携带300千克的科学和技术实验的载荷，可进行对地观测、微重力流体物理、空间生命、材料、环境、天文等科学技术实验。

②发射载人飞船的运载火箭为“长征”2号F型。火箭由逃逸塔、整流罩、助推器组成，可将飞船送入近地点200千米、远地点约350千米的近地轨道。

③第一批预备航天员于1996年从空军飞行员中选拔。经过基础理论、专业技术和飞行任务3个阶段，以及体能、心理、航天特因耐力及适应性的训练，2003年6月，14名预备航天员均通过了结业考核，具备执行航天飞行任务的能力。在“神舟”5号飞船飞行前16小时，确定杨利伟执行首次载人飞行任务。

④载人飞船发射场位于酒泉卫星发射中心，主要包括技术区、发射区和航天员区。采用垂直总装、垂直测试、船-箭组合体垂直转运和远距离的测试发射模式。

⑤火箭从发射至入轨的测量控制由东

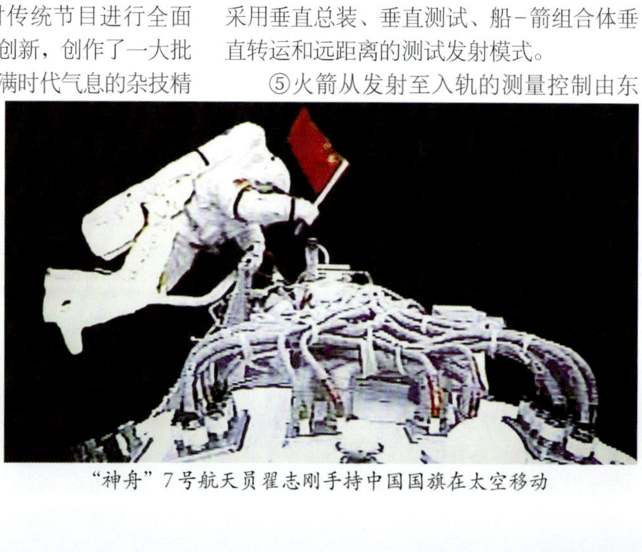

“神舟”7号航天员翟志刚手持中国国旗在太空移动

风发射指挥控制中心实施。飞船的在轨运行和返回测量控制由北京指挥控制中心通过国内外的十几个陆上测控站和"远望"1～4号测量船实施。西安卫星测控中心作为北京指挥控制中心的备份。

⑥飞船主着陆场位于内蒙古自治区苏尼特右旗以西地区，东西长约370千米，南北宽约230千米。副着陆场位于**酒泉卫星发射中心**的东南部，作为主场的备份。返回舱与航天员的搜索、救援和回收，采用直升机为主、地面特种车队为辅的方式实施。

飞船发射与返回　1999年10月至2003年1月进行了4次无人飞行试验，第一次飞行时间1天，飞船为"神舟"1号，这次飞行主要考核运载火箭工作的性能及飞船的控制、运行和返回性能。后3次均按计划飞行7天，全面考核系统的工作性能和协调性。飞船从酒泉卫星发射中心发射，返回主着陆场，轨道舱均留轨进行科学和技术实验。2003年10月15～16日进行了首次载人航天飞行。航天员杨利伟乘坐"神舟"5号飞船于15日9时由"长征"2号F火箭发射升空，587秒后船箭分离，飞船进入近地点200千米、远地点350千米、倾角42.4°的椭圆轨道。运行到第五圈飞船变轨进入343千米的圆轨道。在第十四圈轨道舱分离，返回舱与推进舱制动进入返回轨道。距地面约140千米时，返回舱与推进舱分离，16日06时25分返回舱安全着陆于主着陆场，杨利伟自主出舱。2005年10月12日，"长征"2号F运载火箭将载有2位航天员费俊龙和聂海胜的"神舟"6号飞船送入太空。历时115.32小时，航行325万千米，于10月17日安全着陆，完成中国第二次载人飞行。"神舟"7号于2008年9月25日21时10分发射，9月28日17时37分返回舱成功着陆。9月27日16时41分，中国航天员翟志刚身穿国产"飞天"航天服步出轨道舱，在太空移动，持续约19分钟。载人航天飞行获圆满成功，中国成为世界上第三个掌握载人航天技术的国家。

《中国哲学史大纲》 *Outline History of Chinese Philosophy*　胡适的中国先秦哲学思想史专著。作者留学美国哥伦比亚大学时，于1917年完成了博士论文《中国古代哲学方法之进化史》，回国后，经过一年的增订、修改，于1919年2月由上海商务印书馆正式出版，定名为《中国哲学史大纲》(上卷)。全书共分12篇。第1篇《导言》，第2～11篇以人物为主题，系统地论述从老子到韩非哲学思想的历史演变。第12篇古代哲学之终局，对这一历史时期的哲学作了总结。作者以**实用主义**的观点考察中国古代哲学，基本上摆脱了中国传统的经学形式。《中国哲学史大纲》(上卷)是中国近代第一部系统地应用西方哲学观点和方法写成的中国古代哲学史，在中国哲学史学的发展史上占有重要地位。

中国政法大学 China University of Political Science and Law　以法学为主的多科性大学。属教育部。校址在北京。创办于1952年。前身为北京政法学院，系由北京大学、清华大学、燕京大学、辅仁大学的法学、政治学、社会学学科合并而成。1983年更名为中国政法大学。1997年，中央政法管理干部学院并入。以"厚德、明法、格物、致公"为校训，以"推动中国社会政治进步和法制昌明"、建设"社会主义法治国家"为使命。设有法学院、民商经济法学院、国际法学院、刑事司法学院、政治与公共管理学院、商学院、人文学院、外国语学院、国际教育学院、中美法学院、中德法学院、法律硕士学院、司法考试学院、科学技术教学部、现代教育技术中心等约20个教学院、部，有培养学士、硕士和博士的教学体系。

中国职业篮球联赛 Chinese Basketball Professional League Tournament　由中国国家体育总局篮球运动管理中心举办的男子职业篮球赛事。旨在全面提高中国篮球运动水

CBA篮球联赛场面

平。又称中国男子篮球甲A联赛。简称CBA篮球赛。比赛采用主客场赛制，分预赛、决赛两个阶段。决赛阶段按预赛名次分为上区决1～4名，中区决5～8名，下区决9～12名，列第11、第12名的队降至乙级队。1996—1997赛季，中国篮协将全国男子篮球联赛分为三个等级，即甲A队12支、甲B队10支和乙级队6～8支。其中甲A和甲B联赛的后两名降级，甲B和乙级联赛的前两名升级。之后，几乎每届竞赛规程都有变化。八一队曾连续6届获得第一名，广东队曾连续3届获得第一名。

中国职业足球联赛 Chinese Football Professional League Tournament　中国足球协会主办的国内各职业足球俱乐部间的赛事。职业足球起源于19世纪80年代的英国，到20世纪70年代欧美各国都普遍建立了职业足球俱乐部。中国职业足球联赛从1994年开始起步，主要包括甲A联赛、甲B联赛和女子足球超级联赛。2004年中国足球超级联赛取代了甲A联赛，中国足球甲级联赛取代了甲B联赛。联赛主要采用主客场双循环的赛制。

1993年春，来自甲A的8个新成立的足球俱乐部的球队，在广东珠江三角洲，以某一城市为据点，试行主客场的俱乐部杯赛，为在中国推行职业比赛做了充分准备。1994年4月17日，中国职业足球联赛——万宝路杯全国甲级队A组联赛诞生。首届职业联赛全国12支甲级A组俱乐部和12支甲级B组俱乐部分别进行22轮主客场互访赛。从1995年起中国职业足球联赛实行新的记分方法和升降级制度，即每队胜一场得3分，平一场得1分，负一场得0分。1995年，中国足协在1994年出台的会员制、注册制、合同制的基础上，开始实施**运动员转会制**。1998年首届全国女足超级联赛开赛，标志着女子足球职业化的开始。

中国足球职业化以来，联赛的拼抢对抗程度，技战术水平的提高及比赛可观赏性有了明显进步。

《中国植物志》 *Flora of China*　现知世界上规模最大、种类最丰富的植物志。全面、系统、科学地记载中国**维管植物**(包括蕨类植物、裸子植物、被子植物)301科、3 408属、31 142种，共计80卷126册，5 000多万字，9 000多幅图版。不但记录了3万多科属种植物名称、形态特征、地理分布，而且详细考证了历史文献中的记载，阐明了生态环境、物候期、用途等。1934年提出设想，1956年列入中国《1956～1967年科学技术发展远景规划》，1959年出版第一卷，2004年出齐。先后由146个科学研究机构和高等院校约500名专家参与编研工作。获2009年度国家自然科学奖一等奖。它的出版，为中国植物学科的发展奠定了坚实基础，为合理利用开发植物资源提供了基础信息和科学依据，对陆地生态系统研究起到重大促进作用。

中国致公党 China Zhi Gong Party; CZGP　由归侨、侨眷中的中上层人士和其他有海外关系的代表性人士、专家学者组成，具有政治联盟特点的、致力于中国特色社会主义事业的参政党。简称致公党。

1925年10月，一些华侨社团在美国旧金山举行第一次代表大会，正式宣布成立中国致公党。抗日战争开始后，致公党号召党员抗日，并发动华侨积极支援祖国抗战。1947年5月，致公党发表宣言和告海外侨胞书，提出联合一切民主力量、建立新中国的政治主张，走上了接受中国共产党领导、参加新民主主义革命的道路。1948年

5月，致公党响应中国共产党五一号召，与各民主党派联名通电表示拥护召开新的政治协商会议，并发表宣言，号召广大侨胞积极支援祖国的革命，为即将建立的新中国贡献力量。1949年，应中国共产党的邀请，致公党的代表参加中国人民政治协商会议第一届全体会议，参与制定《中国人民政治协商会议共同纲领》，为中华人民共和国的建立作出了贡献。

中华人民共和国成立后，致公党以《中国人民政治协商会议共同纲领》作为致公党的政治纲领，接受中国共产党的领导，带领党员积极投身社会主义革命和建设。1979年后，致公党确定把工作重点转移到为社会主义现代化建设服务上来。从此，致公党以经济建设为中心，积极履行参政议政、民主监督职能，切实加强自身建设，并积极协助和督促有关部门落实侨务政策，维护归侨、侨眷和海外侨胞的合法权利和正当利益。改革开放以来，致公党在接待侨胞和华人来华探亲、观光、旅游、讲学，协助引进资金、技术、设备和促进对外贸易等方面做了大量工作。致公党与菲律宾、加拿大、美国、澳大利亚等40多个国家和地区的华侨华人社团组织建立了联系，多次出访和邀请来访。致公党加强与出国和归国留学人员联系，为他们促进自身发展和积极回报祖国提供了帮助。积极参与海外华侨华人及其社团反对台湾独立、促进祖国统一的斗争，为促进祖国的社会主义现代化建设、促进国际民间友好往来、推动中国的和平统一作出了贡献。

致公党的最高领导机构是全国代表大会和由它产生的中央委员会。全国代表大会每5年举行一次，必要时可提前或延期。中央委员会选举产生主席、副主席和常务委员，组成常务委员会。由主席、副主席组成主席会议，主持中央日常工作。

1947年5月后，致公党主席先后为陈其尤、黄鼎臣、董寅初、罗豪才。2007年12月，万钢当选十三届中央主席。

中国中化集团公司 Sinochem Corporation 中国以石油、化肥、化工为核心经营领域的综合性国家重要骨干企业。简称中化公司。前身是成立于1950年的中国进出口公司；1961年更名为中国化工进出口总公司；从1987年开始进行国际化经营试点，逐步发展为跨行业、多功能、综合化、国际化经营的跨国公司；2000年正式成为中央直接管理的国有重要骨干企业；2003年11月10日改为现名。主业包括石油、化肥、化工产品贸易、分销及物流，原油、燃料油、天然橡胶期货；境外油气资源勘探开发，石油炼制，化学矿采选，化肥和化工品生产；酒店、房地产开发经营。公司为中国最大的化肥进口商和磷复肥生产商，也是中国重要的化工产品营销服务商。“中化”(SINOCHEM)品牌为中国驰名商标。公司正着力全面加快战略转型，以能源、农业投入品和化工产业为核心，向相关产业的上下游和国内外延伸，以便逐步建成具有较强市场竞争力和影响力的综合性国际企业集团。

中国中铁股份有限公司 China Railway Group Limited 中国集勘察设计、施工安装、房地产开发、工业制造、科研咨询、工程监理、资本经营、金融信托和对外经贸于一体的多功能、特大型国有企业集团。总部设在北京。前身是1950年3月成立的中央人民政府铁道部工程总局和设计总局，后几经变更成为铁道部基本建设总局，主要履行全国铁路基本建设的领导、组织、指挥、协调和管理职能。1989年7月1日，经国务院批准，铁道部撤销基本建设总局，组建中国铁路工程总公司。2000年9月28日，公司与铁道部“脱钩”，整体移交中央管理。2003年5月归属国务院国有资产监督管理委员会监管。2007年9月，整体重组创立中国中铁股份有限公司。

公司先后参加了成渝、天兰、宝成、成昆、大秦、兰新、京九、南昆、西康、内昆、朔黄、秦沈、青藏、京津城际快速轨道、石太客专、武广客专、郑西客专等百余条铁路建设，完成了数千项机场、码头、水利、电力、通信、信号等国内大型工程的设计与施工。公司先后在北美、东欧、西非、东南非、南太平洋、东南亚等60多个国家和地区开展了工程承包、劳务输出、进出口贸易、对外经济技术援助及实业开发业务；公司拥有46家二级公司，主要是中国海外工程公司、中铁一局至十局、大桥局、电气化局及隧道、建工集团16家特大型施工企业，铁道第二勘察设计院和中铁工程设计咨询集团、中铁大桥勘测设计院有限公司等6家大型、特大型勘察设计企业，中铁西北、西南、工程机械科学研究院有限公司3家大型科技研究开发企业，以及多家国际业务、房地产开发、矿产资源开发、投资建设管理、信托投资公司。施工队伍遍布除台湾省外的全国各省、直辖市、自治区和香港、澳门特别行政区的1 000多个县市。

由中国铁路工程总公司承建的中国历史上第一座跨海大桥——杭州湾跨海大桥在建设中

中国中信集团公司 CITIC Group 中国以金融为主业、涉及诸多领域的国有大型跨国企业集团。简称中信公司。前身是中国国际信托投资公司，成立于1979年10月4日，由改革开放的总设计师邓小平倡导和批准、国家副主席荣毅仁创办。总部设在北京，注册资本为12亿元人民币。初期的经营范围包括：办理国内外投资业务，开展多种形式的经济技术合作；从事新技术开发、推广及风险投资；从事国际、国内金融和担保业务；在国内外发行和代理发行各种有价证券；经营国内外租赁业务；承办外商在华投资的各种保险业务；经营对外贸易；开展国际工程承包及劳务输出业务；经营房地产业务；开展旅游服务；为中外客户提供各种信托、咨询服务。2002年实施经营体制重大改革，组建中国中信集团公司，成为具有较大规模的国际化大型跨国企业集团，拥有44家子公司（银行），其中包括设在香港、美国、加拿大、澳大利亚等地的子公司；公司还在东京、纽约、鹿特丹设立了代表处。公司业务主要集中在金融、实业和其他服务业领域。

中国中央电视台 China Central Television; CCTV 中国国家电视台。设在北京。1958年5月1日创办，初名北京电视台。同年9月2日，由试播转为正式播出。1978年5月1日更名为中央电视台，英文简称CCTV。

中央电视台坚持推进“频道专业化、栏目个性化、节目精品化”战略，内容几乎涵盖社会生活的各个领域。开办有16个开路频道、12个数字电视付费频道和28个网络电视频道。固定播出的栏目近400个，拥有新闻联播、焦点访谈、东方时空等一批名牌栏目。中央电视台拥有近40万小时的节目资源，平均日播出量达631小时，其中自制节目量约占总播出量的73.9%。全国人口覆盖率达到95.9%，观众近12亿人。中文国际频道、英语频道信号通过卫星传送覆盖全球。

中央电视台设16个中心（室），职工近万人。直属单位包括中国电视剧制作中心、中央新闻纪录电影制片厂、北京科学教育电影制片厂、中国国际电视总公司等，并开办了“央视国际”网站。办有《中国电视报》等报刊，拥有广播电视音像资料馆，并在江苏无锡、河北涿州等地建有大型的影视制作基地。

中央电视台立足中国，面向世界。同全国各级地方电视台和文化机构建立并保持着良好的合

中央电视台新址

作关系，还与世界134个国家和地区的208个媒介机构建立了业务关系。通过设在全球的14家记者站，以及在世界各主要电视机构建立的新闻传送网络等，及时报道世界各地发生的重大新闻。

中国锥齿兽 *Sinoconodon rigneyi* 中国特有的一种中生代早期哺乳动物。产自云南禄丰盆地下禄丰组深红层。帕特森和奥尔森（1961）最初研究时，根据具三个主要齿尖的颊齿，将它归入三锥齿兽类原始哺乳动物。具有许多原始的特征。颊齿尚未分化为前臼齿和臼齿，上下齿之间也无准确的咬合关系，颌关节仍位于齿系水平线以下。脑颅结构也多有与犬齿兽类爬行动物相似之处。但中国锥齿兽却具有相当发育的哺乳动物型颌关节，爬行动物型颌关节则极度退化。

《中国自然保护纲要》 *Principles of China Nature Conservation* 中国在保护自然资源和自然环境方面第一部较为系统的、具有宏观指导作用的纲领性文件。由国家环境保护局组织13个全国性学会的200多位专家共同编写，于1986年12月23日完成。经国务院环境保护委员会第八次会议讨论通过，下发实施。共分4篇19章。第一篇概论，分为绪论、自然保护在社会主义现代化建设中的作用、自然保护的基本概念及理论基础3章；第二篇主要保护对象，分为土地的保护，森林的保护，草原和荒漠的保护，物种的保护，陆地水资源的保护，河流、湖泊和水库的保护，沼泽和海涂的保护，海洋的保护，矿产资源的保护和大气的保护10章；第三篇区域性的自然保护，分为分区的自然保护、自然保护区2章；第四篇一般性对策，分为自然保护的技术经济对策，自然保护的法律，自然保护的宣传、教育和科学研究，自然保护的国际合作4章。

中国左翼戏剧家联盟 China Left-Wing Drama Writers Alliance 中国共产党领导的进步戏剧家联盟。简称“剧联”。1930年冬成立于上海。刘保罗、赵铭彝、于伶等曾担任党团书记。1936年初自动宣告解散。

1927年大革命失败后，1930年3月，由上海艺术剧社与摩登剧社发起，联合南国社等戏剧团体，正式成立了上海戏剧运动联合会。不久，上海艺术剧社、南国社相继被国民党当局查封。为了加强团结、坚持斗争，决定改组联合会为中国左翼剧团联盟，于1930年8月23日召开成立大会。后改为中国左翼戏剧家联盟。

剧联成立后，起草并通过了《中国左翼戏剧家联盟最近行动纲领》，阐明剧联的主要任务是在白色区域开展工人、学生和农民的演剧运动，同时兼顾中国电影运动及戏剧理论等。组成了50多个左翼剧团，深入到工人、学生、市民中去，演出了大量进步剧作家创作的剧目。还出版了《艺术新闻》、《戏剧新闻》等刊物。

剧联在开展左翼戏剧运动的6年中，有力地配合了中国共产党领导的革命斗争，粉碎了国民党当局对进步文化活动的反革命文化“围剿”，培养出一批优秀的戏剧专门人才。

中国左翼作家联盟 Association of Chinese Left-Wing Writers 中国共产党领导的进步作家联盟。简称“左联”。1929年，中国共产党指示创造社、太阳社联合鲁迅以及其他革命“同路人”，成立统一的革命文学组织，以对抗国民党的文化“围剿”。

1930年3月2日在上海成立。到会的有鲁迅、画室（冯雪峰）等40余人。会上通过了“左联”的理论纲领，宣布以“站在无产阶级的解放斗争的战线上”，“援助而且从事无产阶级艺术的产生”作为“左联”的奋斗目标。选举沈端先（夏衍）、冯乃超、钱杏邨（阿英）、鲁迅、田汉、郑伯奇、洪灵菲7人为常务委员，周全平、蒋光慈2人为候补委员。鲁迅发表了后来题为《对于左翼作家联盟的意见》的演说。最初的盟员有50余人，郭沫若、茅盾、郁达夫等人都参加了左联。

左联成立后，除上海总盟外，还先后建立了北平左联、东京分盟、天津支部，以及保定小组、广州小组、南京小组等地区组织，吸引了大批追求革命的文学青年。左联的领导机构起初是常务委员会，后改称执行委员会（或两者同时并存），设秘书处，有行政书记负责日常工作。担任过左联领导工作的，除成立大会选出的常务委员外，后来还有茅盾、冯雪峰、柔石、丁玲、胡风、以群、任白戈、徐懋庸、何家槐、林淡秋等。左联内有中国共产党的组织“党团”，先后担任党团书记的有冯乃超、冯雪峰、阳翰笙、丁玲、周扬等。

先后出版的刊物有《萌芽月刊》、《拓荒者》、《巴尔底山》、《世界文化》、《文学导报》、《北斗》、《文学》半月刊、《文学周报》等，另外接办和改组了《大众文艺》、《现代小说》、《文艺新闻》等期刊。成立了马克思主义文艺理论研究会，在对马克思主义文艺理论的翻译、介绍和研究工作上，鲁迅、瞿秋白、茅盾、冯雪峰等人都做了很多工作。在他们的努力下，在中国第一次出现了建立在唯物史观基础上的马克思主义文艺批评，对这一时期以及以后的文学创作起了很大的指导作用。其成员曾与新月派、“民族主义文艺运动”、“自由人”、“第三种人”及“论语派”等的文艺观点进行论争与批评。

中国左翼作家联盟在上海的旧址

1930年11月，左联加入了国际革命作家联盟，成为它的一个支部。还以极大的努力输入了苏联及其他国家的文学作品，并同时把一部分中国现代作家的作品翻译介绍到了国外。

鲁迅的《故事新编》以及他和瞿秋白的杂文，茅盾的《子夜》、《林家铺子》、《春蚕》，蒋光慈《咆哮了的土地》，丁玲、张天翼、叶紫等人的小说，田汉、洪琛、夏衍等人的剧作，中国诗歌会诸诗人的诗歌，都以其思想和艺术上新的拓展显示了左翼文艺的实绩，产生了广泛的影响。还培养了沙汀、艾芜、叶紫、艾青等一批文坛新秀，推动了整个30年代进步文艺的发展繁荣。

左联在创作理论和实践上存在着一些弱点，在理论上，左联并未彻底克服无产阶级文学倡导运动中出现的简单机械的观点，还曾接受苏联“拉普”的“唯物辩证法的创作方法”等理论。在初期的左翼创作中，比较明显地存在着公式化、概念化的倾向。

左联为中国新文学的发展建立了重大功勋，有力地粉碎了国民党当局的文化“围剿”，培养了一批革命文艺事业的骨干。1936年春，为了适应抗日救亡运动的新形势，左联自行解散。

中和 mean and harmony 中国古代哲学范畴。指事物诸方面、诸要素恰当配合的法则及由此达到的适度状态，也指人们道德心性修养的方法或达到的境界。语出《中庸》。《中庸》说，喜怒哀乐诸情未发动称为“中”，喜怒哀乐发动外显的诸情能符合于道德规范称为“和”。“中”是天下万物的根本，“和”是天下万物普遍遵循的道。《中庸》认为，达到了中和，天地就会秩序安然，万物就会繁育昌茂。后人多有解释和发挥。唐代经学家孔颖达认为，诸情未发的时候，心无所虑，澹然虚静而契合于理所以称为中；诸情发动，皆能适度而有此限制，性情和谐所以称为和。朱熹以性情和体用来解释中和。认为中是性之德，和是情之德，中为体，和为用，恰似耳目能够视听，视听之由耳目一样。

中和热 neutralization, heat of 溶液中酸碱中和反应产生的热效应。定压下中和反应的热效应称为中和焓。由于酸碱中和反应实质上都是氢离子和氢氧根离子结合成水分子的反应，因此中和热实质上就是下述反应的反应热：

$$H^+ + OH^- \longrightarrow H_2O\ (液)$$

$$\Delta_r H_m^\circ = -55.835\text{kJ/mol} \quad (1)$$

$\Delta_r H_m^\circ$称为标准摩尔中和焓。中和热与酸、碱电解质溶质的性质、温度、浓度、压力因素有关。当有弱酸、弱碱、多元酸碱参与中和反应时，反应热一般低于反应（1）的值，这是因为上述酸碱中和过程还会伴随着弱酸、弱碱或多元酸碱的电离过程。中和热一般随温度升高而降低。中和热可应用混合型量热计准确测定。

中华白海豚 *Sousa chinensis*; Indo-Pacific humpbacked dolphin 鲸目海豚科驼海豚属的一种。分布于中国、印度尼西亚至南非，以及澳大利亚沿岸海域。身体粗壮。喙中等长，下颌前端略超出上颌，上、下颌每侧具29～37枚齿，喙与额隆间没有深的凹痕为界。背鳍较大，略呈三角形，其后缘略凹。背鳍基部增厚形成垫。鳍肢宽，梢端圆。尾叶宽，具圆的梢端。尾柄具发达

的背嵴和腹嵴。幼体时为暗灰色，随年龄增长变浅。亚成体灰色和粉红色相杂，成体纯白色，常由于充血而透出粉红色。有些成体的身体上有暗色斑点。雌性在9～10龄、雄性在12～13龄达性成熟。妊娠期10～12个月，每胎产1仔，初生体长约1米。主要栖息地为红树林水道、海湾、热带河流三角洲或沿岸的咸水中。中国沿岸的中华白海豚有时进入江河中。主要摄食近岸、河口及珊瑚礁的鱼类和头足类。常随拖网渔船活动。中华白海豚易受到沿海地区人类活动的影响，种群数量已显著减少。属国家一级重点保护动物。

中华慈善总会 China Charity Federation 中国由热心慈善事业的公民、法人及其他社会组织志愿参加的全国性非营利性社会团体。总部在北京。1994年4月经中国政府审核批准登记注册成立，具有独立的法人资格。其财产和收益不为任何个人牟取私利。宗旨是发扬人道主义精神，弘扬中华民族扶贫济困的传统美德，帮助社会上不幸的个人和困难群体，开展多种形式的社会救助工作。

《中华大字典》 *Zhonghua Great Dictionary* 中华人民共和国建立前收字最多的汉语字典。陆费逵、欧阳溥存等编。共收4.8万多字，其中包括方言字和因翻译外文而创造的新字，较《康熙字典》多1 000余字。1909年开始编纂，1914年编成，1915年中华书局出版。

这部字典的分部与《康熙字典》相同，仍为214部，唯笔画相同的部首在排列次序上小有变动。每字下的注音都采用《集韵》的反切，并加直音，但又加注《佩文韵府》106韵的韵目，以资参照。书前附《切韵指掌图》，以明反切声韵的类别。其特点是解释简明，并有近代自然科学知识。字下每一义只引证一条，而每一义又都分行排比。其中形体相同而音义并异的都另列一字，义同音异的则只列一字。书末附有笔画检字，以便寻检。其缺点在于释义过求详尽，有时不免重复；引书也有未出篇目的。然而它改正《康熙字典》的错误4 000余条，还有许多地方可补《康熙字典》之不足，仍具有很大的参考价值。

中华鳄 *Alligator sinensis*; Chinese alligator 鳄形目鼍科的一种。又称扬子鳄。

中华法系 Chinese legal genealogy 中华民族特有的法律制度的总称。

唐代不仅是中国的封建盛世，也是封建法制的成熟时期，在世界上独树一帜，其影响也超越国界，为东亚、东南亚地区的一些国家如日本、朝鲜、越南所接受和实际援用。因此，唐代是中华法系的形成时期。直到20世纪初，晚清接受西方法文化的影响，进行大规模的修律，固有的中华法系才开始解体。

中华法系在文化上源于多头，儒、墨、道、法各家都对中华法系的形成与发展产生过不同程度的影响，儒家尤甚，不仅为其他学派所不及，而且具有一贯性。正是由于中华法系在文化上的多源头，才孕育了丰富多彩的法文化，缔造了独具特色的中华法制文明。

中华法系的形成与发展虽以汉民族为主导，但其他少数民族同样也作出了自己的贡献。它是融合了各民族的法律意识与创造力形成的。例如，北朝拓跋族制定的《北齐律》，就是以汉律为宗，综合了拓跋族的法律意识而成的。《北齐律》无论是结构还是基本内容，均为隋唐律奠定了重要基础。

中华法系具有以下主要特点：

①皇权至上。以君命立法，且以君命司法，法律附庸于皇权，是皇帝手中的治世工具。

②维护封建伦理，确认家庭本位。中国古代的社会结构是以家庭为本位，宗法的伦理精神与原则不仅广泛影响着社会，而且渗透到法律之中，使伦理道德与亲情义务法律化。法律通过维护父权、夫权，借以强化专制主义制度，渲染忠孝互用，事君与事父的统一性，因此，凡属违背伦常的犯罪，均加重其刑。不仅如此，国家还确认某些家法族规的法律效力，以维护家内秩序，并使其成为国法的补充。

③引礼入法，法律不断儒家化。礼调整着人与人、个人与社会、个人与国家之间的关系。从汉朝起，通过说经解律、注律和引经断狱等途径，引礼入法，开始了法律儒家化的过程。礼法结合对于维护国家的统治和法制的稳定运行，起着重要作用。

④以刑为主，诸法并存。为了保护公权利益不受侵害，以惩恶为目的的刑法被特别强调，在法律体系中以刑为主，同时，也存在着有关民事、行政、经济、司法等各个部门的法律规范。

中华法系是在中国特定的历史条件下形成的，是中华法文化的特殊性及其世界影响的集中体现，显示了中华民族的伟大创造力和中华法制文明的深厚底蕴。

中华革命党 Revolutionary Party of China 孙中山为推翻袁世凯专制统治而建立的革命政党。二次革命失败后，孙中山深感国民党组织涣散，已不能领导革命，决心另组中华革命党，并亲自拟定入党誓约，规定入党者须在誓约上加按指印，绝对服从其领导。1914年7月8日，中华革命党在日本东京宣告正式成立，选举孙中山为总理，本拟举黄兴为协理，因黄此时对孙的主张多持异义，拒不入党而虚其位。

中华革命党“以实行民权、民生两主义为宗旨”，“以扫除专制政治，建设完全民国为目的”。办有机关刊物《民国》杂志。设本部于东京，计支部57个，党员万余人。自1914年6月起，先后在湖南、江苏、广东、江西、上海等省市发动大小武装起义40多次，暗杀活动4次。护国战争爆发后，在广东、四川、湖南、湖北、江苏、安徽、山东等省积极开展军事讨袁活动，但由于它政治上忽视民族主义，军事上实行冒险主义，终未取得护国战争的领导权。袁世凯死后，中华革命党宣告停止一切党务。1919年10月，改组为中国国民党。

中华龙鸟 *Sinosauropteryx* 中华龙鸟属恐龙的统称。曾被归入鸟纲，现公认属于兽脚类恐龙中的美颌龙科。带原始羽毛的恐龙。发现于中国辽宁省西部早白垩世义县组下部的湖相地层中。中华龙鸟大小与鸡相仿，有一个很大的典型的兽脚类恐龙的头骨，满嘴生有带小锯齿的尖锐牙齿，前肢非常短，尾巴却出奇地长。从形态上看，原始中华龙鸟尚处在向鸟类演化的一个相对原始的进化水平，与鸟类差别很大；从系统学的角度看，从中华龙鸟这一进化水平的兽脚类恐龙到鸟类这一进化水平还需要一个漫长的过程，在它们之间包含许多进化环节，甚至包括身体庞大、极其凶恶的霸王龙。但在中华龙鸟的背部从头到尾具有毛状皮肤结构，代表一种原始的羽毛，这是类似结构在恐龙中的第一次发现。

中华龙鸟复原图

中华猕猴桃 *Actinidia chinensis*; Chinese gooseberry 猕猴桃科猕猴桃属的一种。落叶木质藤本植物。又称阳桃、羊桃，简称猕猴桃。此属全世界约有56种，中国约有52种。其中中华猕猴桃是此属植物中果实最大、经济价值最高的一种。中国大部分地区均有栽培。雌雄异株。羽状复叶，倒卵形，叶缘具细齿，伞状花序或1花单生，乳白色，有香气。浆果，卵圆或椭圆形，黄褐色。幼果被绒毛或刺状硬毛，成熟时大部脱落。性喜温暖潮湿、土层深厚、排水良好的背风阳坡或半阳坡。不耐旱、涝。宜用嫁接或扦插繁殖。抗病虫害能力较强。果实营养丰富，含有维生素C、糖、蛋白质、矿物质等。果实供鲜食，也可制糖水罐头、果酒、果汁、果酱等，并可用于糖果、糕点等食品。根供药用，藤条浸出的水溶性胶液，可作造纸糊料，或作印染的胶料和建筑用的胶合剂。叶含淀粉和维生素C，可作猪、牛、羊的饲料。花可浸提芳香油和配制猕猴桃酒。种子含油约30%，可食用。

中华蜜蜂 *Apis cerana sinensis*; Chinese bee 昆虫纲蜜蜂科蜜蜂属东方蜜蜂的一个亚种。简称中蜂。原产中国，家养历史悠久，分布很广。体躯较小，头胸部黑色，腹部黄黑色，全身被黄褐色绒毛。嗅觉灵敏，善于采集种类多而零星分散的蜜粉源。耐寒性较强。飞行敏捷，善于逃避敌害。适宜于山区、半山区生态环境饲养。工蜂吻短，对大宗蜜源植物的利用能力较差。生产蜂王浆的能力弱，且不产蜂胶。分群性强，蜂群易飞逃，易发生盗蜂行为。抵抗巢虫及囊状幼虫能力弱。饲养管理上通常将原蜂群迁入活框箱，然后按饲养意大利蜂的方法进行饲养管理。

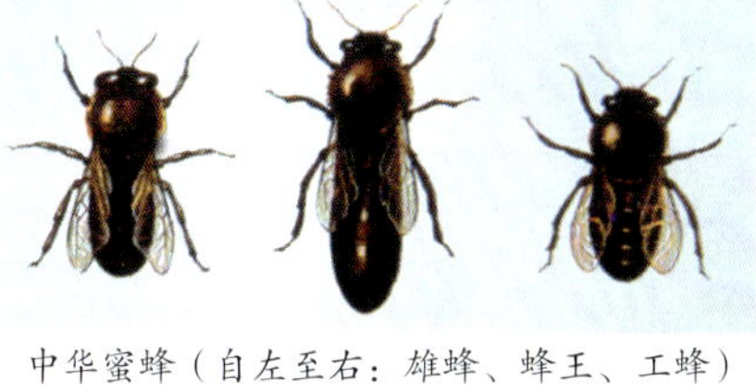

中华蜜蜂（自左至右：雄蜂、蜂王、工蜂）

中华民国 Republic of China 中国从清王朝灭亡至中华人民共和国建立期间的国家名称和年号。简称民国。是中国历史走向近代社会的大动荡大转变时期。

概况 中华民国基本继承和延续了清王朝的领土和疆域，初期面积1 140余万平方千米，后来的变化主要发生在外蒙古和台湾。1911年辛亥革命爆发后，外蒙古在俄国的主使下宣布“独立”，建立“大蒙古国”。1915年6月，中俄蒙三方签订协约，承认中国对外蒙古保有宗主权，同时承认外蒙古自治。1921年，苏俄以清剿退入外蒙古境内的白俄军队为名进入外蒙古，随后双方签订《苏蒙友好条约》，宣布相互承认，外蒙古从此完全脱离了中国政府的掌控。1945年8月，中苏签订《友好同盟条约》，中国政府承认外蒙古可选择独立。台湾自1895年中日《马关条约》签订后即为日本所强占。第二次世界大战期间，1943年中美英开罗会议确认战后日本必须将强占的所有中国领土归还中国。1945年8月日本无条件投降后，台湾重归中国版图。

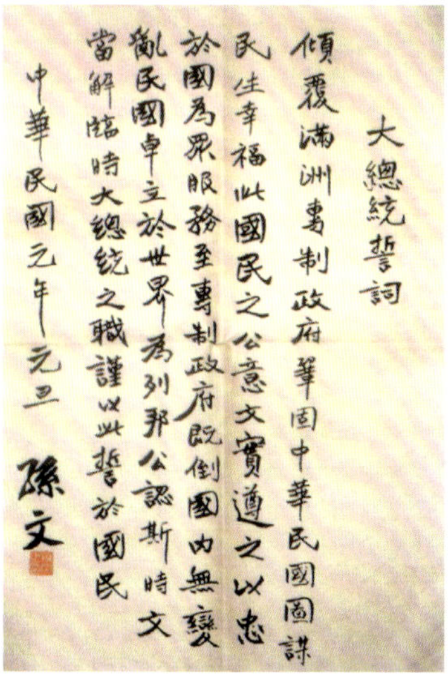

大總統誓詞

傾覆滿洲專制政府鞏固中華民國圖謀民生幸福此國民之公意文實遵之以忠於國為眾服務至專制政府既倒國內無變亂民國卓立於世界為列邦公認斯時文當解臨時大總統之職謹以此誓於國民

中華民國元年元旦

孫文

图1 孙中山就任临时大总统誓词

民国时期，天灾频仍，战乱连年，人口死亡率很高，平均寿命不足50岁。人口出生率虽总体保持在37.0‰左右，略高于约为33.4‰的死亡率，但自然增长率仅为3.6‰左右，增长速度相当缓慢。经过1912～1949年近40年间的发展，全国人口才由4亿左右增至5亿左右。其中农村人口占80%以上，城市人口不到20%。

首都几经变更和迁移。辛亥革命后，首先定都于南京。1912年元旦，以孙中山为临时大总统的中华民国临时政府在南京成立，不久便在新任临时大总统袁世凯的坚持下北迁北京。1927年四一二政变后，蒋介石在南京建立国民政府，再次定都南京。1932年一·二八事变时受侵华日军威胁，曾短暂移驻洛阳，定为行都。1937年11月全面抗日爆发后，国民政府移驻重庆。1940年9月6日，定重庆为陪都。1946年5

月5日，宣布还都南京。南京临时政府和北京政府均以红黄蓝白黑的五色旗为国旗，1927年南京国民政府成立后开始改用青天白日满地红旗为国旗。南京临时政府未及正式颁布国歌。1915年5月，袁世凯批准荫昌填词、昆曲家王露谱曲的《中国雄立宇宙间》为第一首国歌。因其不久便成为洪宪帝制的殉葬品，1920年11月北京政府再次决定以萧友梅谱曲的《尚书大传》虞舜《卿云歌》为国歌。南京国民政府成立后，初以程懋筠为孙中山《陆军军官学校训词》谱曲的中国国民党党歌代国歌，1937年6月3日被国民党中央常委会正式议定为国歌，是为民国时期的第三首国歌。

民国行政区域，北京政府采三级制，以省辖道，以道领县。将全国划分为直隶（今河北）、奉天（今辽宁）、吉林、黑龙江、山东、河南、山西、江苏、安徽、江西、福建、浙江、湖北、湖南、陕西、甘肃、新疆、四川、广东、广西、云南、贵州22个省，热河、察哈尔、绥远、川边4个特别区，京兆地方及蒙古、青海、西藏。南京国民政府成立后，废除道级行政机构，改行省、县两级制，原特别区改建为省，增设青海、西康、热河、察哈尔、绥远、宁夏6省。抗日战争胜利后，台湾收复，设台湾省；东北黑龙江、吉林、辽宁三省一度析置为9省。市是民国时期开始出现的行政区域。1921年，广州军政府设置广州市，成为现代意义上较为完整的市制的开端。1927年南京国民政府成立后，先后置南京、上海、汉口、天津、青岛、北平（今北京）、广州、重庆、西安、大连、沈阳、哈尔滨等为直辖市，由中央政府直接管辖。

民国政治体制不同于历代君主专制王朝，呈现出一定程度的政党政治特色。法定的世袭权力结构被打破，各级政权和整个社会形式上都在国家根本大法——宪法体制内运作。但是，真正的民主政治却远未形成与建立，政权的更替与转换主要还是倚仗军事实力，政府的权力运作也存在浓厚的人治色彩。社会政治、经济结构及人们的思想观念始终处于剧烈的动荡、转变过程中。

政治演变　中华民国是经过资产阶级民主革命建立的共和国家。19世纪末20世纪初，列强侵略日深，清王朝腐朽不堪，民族危机空前严重，进步的中国人纷起寻求救亡图存之道。1894年11月，孙中山在檀香山组成兴中会，提出推翻清王朝，创立合众政府的主张。1905年8月，中国历史上第一个全国性的政党中国同盟会在日本东京成立。

同盟会成立后，革命党人前仆后继，先后发动十余次武装起义，给清王朝以沉重打击。而伴随着全国民众的普遍觉醒，城乡人民自发的反抗斗争此起彼伏，社会各界要求变革的呼声持续不断。清政府内部的种种矛盾和倾轧，又引起立宪派士绅官吏和北洋军将领对满族亲贵集团的强烈不满。革命形势日益成熟。1911年10月10日，武昌新军中的革命党人发动反清起义，各省革命党人、立宪派绅商纷纷响应和转向。12月，革命军攻占南京，孙中山当选为临时大总统。1912年元旦，孙中山在南京宣誓就职，定国号为中华民国，改用阳历纪年，以1912年为民国元年。南京临时政府遵循三权分立原则，由大总统总揽政务，参议院行使立法权。还通过颁布具有宪法效力的《中华民国临时约法》的方式，奠定了共和国方案的法律地位。中华民国的成立，结束了绵延两千多年的君主专制制度，具有划时代的意义。

南京临时政府成立前后，面临内外政治、经济等多方面的压力，革命阵营为换取掌握清政府实权的袁世凯支持共和、推翻清王朝，决定将临时大总统职位让给袁世凯。1912年2月，清帝宣布退位，袁世凯誓言效忠共和，孙中山通电辞职，临时参议院选举袁为临时大总统。随后，临时政府接受袁世凯要求迁往北京。北方各省的前清巡抚、总督一律改称都督。民国政府形式上接收了北方的统治权，完成南北统一。

图2　1925年四川大灾荒难民

临时政府北迁后，依据《临时约法》，由总统制改为责任内阁制。袁世凯虽然凭借北洋军实力掌握中央政权，改变了南京临时政府的施政方针，但同盟会在中央和地方都还有不容忽视的政治、军事力量。1912年8月，同盟会联合其他4个小党派改组为国民党，积极参加国会竞选，与袁世凯展开合法的议会斗争。为清除革命势力，独揽统治权，袁世凯先派人暗杀了竞选获胜的国民党领导人宋教仁，接着镇压孙中山发动的二次革命，迫使孙中山、黄兴逃亡国外。1913年10月，袁世凯动用军警强迫国会选举他为正式大总统，随即下令解散国会。1914年5月，废除《临时约法》，公布《中华民国约法》，改责任内阁制为总统制，集军政大权于一身。1915年12月公然称帝，改称中华帝国，以“洪宪”为年号。袁世凯的倒行逆施激起社会各阶层的愤怒，护国战争应时而起。1916年3月，袁被迫宣布取消帝制，恢复中华民国，6月忧惧而死。

袁死后，由黎元洪继任大总统，段祺瑞任国务总理，执掌政府实权。1917年5月，黎解除段的总理职务，段策动北洋军人宣布独立。驻扎徐州的张勋趁机率兵入京，拥清废帝溥仪复辟。段祺瑞立即在天津马厂组织讨逆军赶走张勋，重掌北京政权，迎冯国璋为代理大总统。段以“再造共和”功臣自居，拒绝恢复《临时约法》和国会。1918年2月，纠集官僚政客组成新国会（安福国会），选举徐世昌为大总统。为恢复《临时约法》及国会，1917年7月，孙中山率海军由上海南下广州，联合两广、云贵地方实力派，召开国会非常会议，组成中华民国军政府，出任海陆军大元帅，发起护法运动。段祺瑞为实现“武力统一”，于10月派兵进入湖南。参加军政府的桂系军阀陆荣廷等与北洋军妥协，迫使孙中山辞去大元帅，离粤赴沪。

这时，北洋军阀集团逐渐形成皖、直、奉三大派系。以段祺瑞为首的皖系把持中央政权，实力较为雄厚，但无力控制整个北洋派。以冯国璋为首的直系主要控制直隶及长江中下游地区。1919年冯国璋病死，曹锟和吴佩孚继承冯的衣钵为直系首领。奉系首领张作霖割据奉天、吉林、黑龙江三省。各派军阀为争夺北京政权或扩大地盘连年混战。1920、1922年爆发直皖、直奉战争，直系两战两胜，1922年后开始独占北京政权。曹、吴先打着“恢复法统”旗号，推黎元洪复任大总统，将徐世昌赶下台。接着，高价收买国会议员，操纵选举，于1923年10月抬出曹锟为“大总统”。国会因此声名狼藉，议员被时人称为“猪仔”。1924年9月，第二次直奉战争爆发。正当直奉两军在山海关激战时，直军将领冯玉祥从热河回师北京，发动政变，软禁曹锟，直系溃败。11月，张作霖、冯玉祥推戴段祺瑞为“中华民国临时执政”。奉系控制了北京政权。

辛亥革命后，中国社会孕育着新的革命因素。1921年7月，中国共产党在上海成立，并在共产国际的推动下，确立了革命统一战线方针，积极推动国共合作。1924年1月，中国国民党在广州召开第一次全国代表大会，决定全面改组国民党，实行

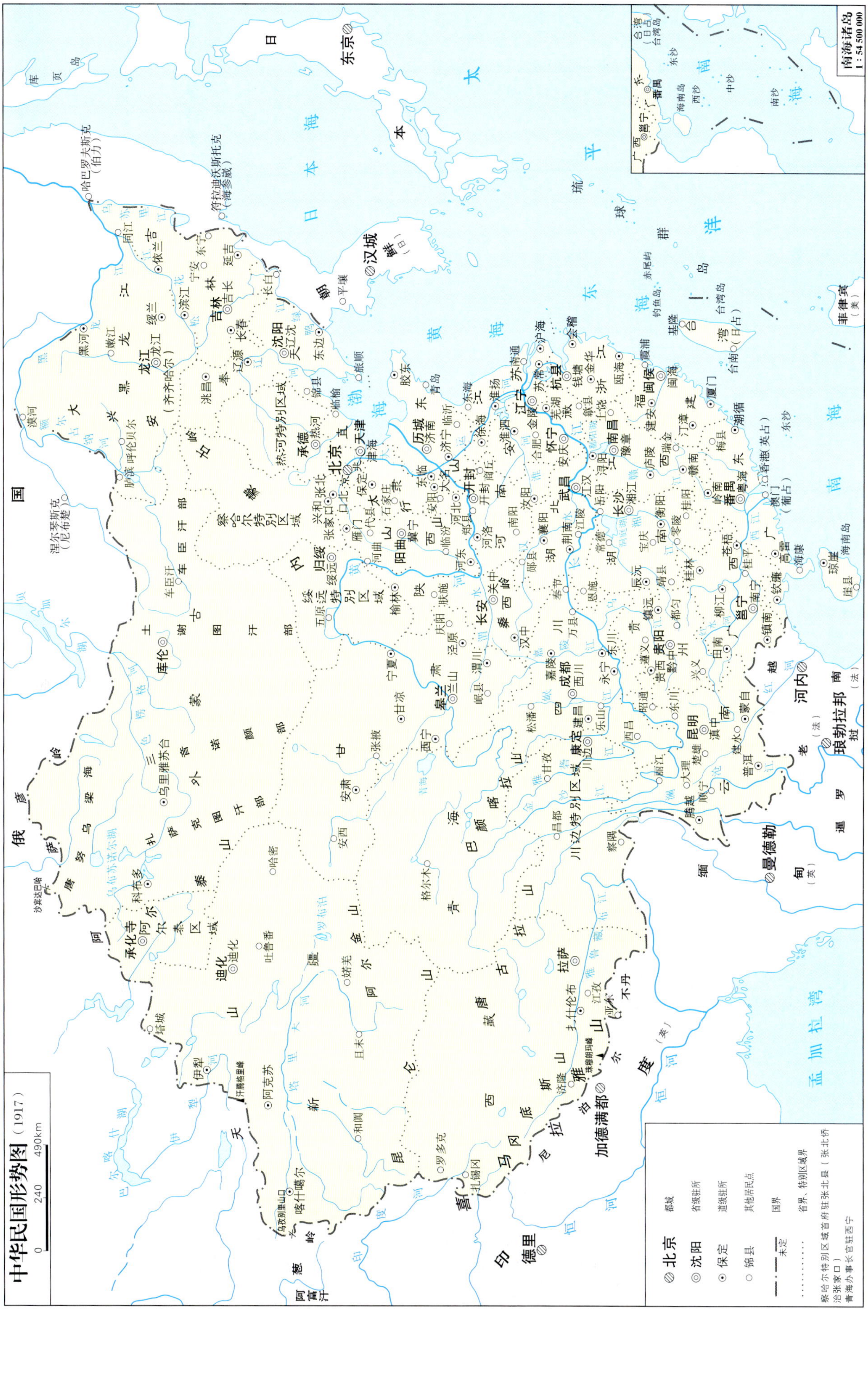
中华民国形势图（1917）
0 240 490km
南海诸岛
1 : 54 500 000
北京 都城
沈阳 省级驻所
保定 道级驻所
锦县 其他居民点
国界
未定
省界、特别区域界
察哈尔特别区域首府驻张北县（张北侨治张家口）
青海办事长官驻西宁

国共合作的国民革命。国民革命运动从此在南方广泛展开，并迅速扩展到北方。冯玉祥通过北京政变结束直系军阀的统治后，将所部改称国民军，电邀孙中山北上共商国是。孙中山北上途中，一再声明北上的目的在于求和平统一，召开由人民团体代表参加的国民会议，并废除不平等条约。1925年3月，孙中山壮志未酬，病逝于北京。

其间，广东政府先后两次举行东征，并统一了两广，进一步巩固了革命根据地。1925年7月，成立以**汪精卫**为主席的中华民国国民政府，改组所属军队为**国民革命军**。1926年1月，召开国民党二大，选举**蒋介石**为中央委员，与汪精卫等人组成新的中央常务委员会，蒋由此成为国民党内的重要人物。随着地位的上升，蒋介石攫取权力的欲望日渐强烈，通过中山舰事件和整理党务案，逼汪精卫出国，削弱共产党人在军队和国民党中央的影响，并自任军事委员会主席等要职，掌握了军政大权。1926年6月，广州国民政府任命蒋介石为国民革命军总司令，7月誓师北伐。北伐军迅速占领湖南、湖北及东南各省，国民政府迁往武汉。1927年4月，蒋介石发动**四一二政变**，在南京另立国民党中央和国民政府，实行"清党"反共。7月中旬，汪精卫也在武汉公开宣布"分共"，解散工农团体，镇压共产党人，国共合作破裂。

1927年8月，南京国民政府内以**李宗仁**为首的桂系联合武汉汪精卫集团，逼迫蒋介石下野。武汉国民政府随后宣布迁都南京。9月，国民党宁、沪、汉三方组成中央特别委员会，改组南京国民政府。但蒋介石依靠军事实力，于1928年1月东山再起，出任中央政治会议主席、军事委员会主席。国民政府主席则由**谭延闿**担任。同时设立广州、武汉、开封、太原政治分会，由**李济深**、**李宗仁**、冯玉祥、**阎锡山**分任主席，以示承认地方实力派的地位。1928年4月，南京国民政府举行"二次北伐"。6月初，沿京汉、津浦路北进的北伐军逼近京津，控制北京政权的张作霖见大势已去，不得不退回关外，北京为北伐军和平接管。张于撤退途中被日军炸死，其子**张学良**继任东三省保安总司令。经过近半年的谈判，张学良于12月29日通电宣布东三省服从南京国民政府，实现了形式上的国家统一。

"二次北伐"后，国民党颁布"训政纲领"，推行"以党治国"，由国民党"领导国民行使政权，国民政府总揽治权"。政府由司法、立法、行政、考试、监察5院组成。蒋介石担任国民政府主席兼陆海空军总司令。但是，蒋的权威仍不断受到内部各军事派系的挑战，先后发生蒋桂、蒋冯、蒋唐（生智）等战争，1930年更发展成蒋阎冯中原大战。蒋依仗政治、经济优势，相继获胜。中原大战后，蒋介石力主召开国民会议，制定"约法"，遭到立法院长**胡汉民**的激烈抨击。1931年2月，蒋扣押胡于南京，并于5月召开"国民会议"，通过《中华民国训政时期约法》。国民党各派反蒋要人随即集中广州召开非常会议，另立国民政府，与南京相对抗。这时，日本在东北发动**九一八事变**，全国各阶层人民纷纷要求抗日，国民党各派系不得不暂停内部争战。12月，蒋介石被迫辞职。南京国民政府改由**林森**任主席，**孙科**任行政院长。次年1月，孙科无力应付日益混乱的局面和财政危机宣布辞职，蒋介石重新上台，出任军事委员会委员长，而行政院长则由汪精卫担任，形成蒋汪合作局面。

与此同时，中共领导的土地革命也在各地农村蓬勃展开，先后开辟了以赣南、闽西为中心的中央革命根据地及鄂豫皖、湘鄂西、陕北等十几个根据地。1931年11月，中共在江西瑞金成立以**毛泽东**为主席的中华苏维埃共和国临时中央政府。工农红军四次打破国民党的军事"围剿"，成为国内一支举足轻重的武装力量。1933年9月，蒋介石向中央根据地发动第五次军事"围剿"。由于"左"倾错误在中共中央占据统治地位，红军未能再次打破"围剿"，被迫实行战略转移。经过一年的艰苦长征，于1935年10月到达陕北。

日本继九一八事变之后，又于1932年发动一·二八事变，悍然进攻上海，驻沪19路军奋起抗战。同年2～3月，日本公然以清废帝**溥仪**为傀儡，于长春建立**伪满洲国**。1933年上半年日军大举进攻热河，驻守长城一线的中国军队奋起抵抗，屡败日军。南京国民政府却与日本签订《塘沽协定》，中国军队被迫从察北和冀东撤退。11月，19路军发动反蒋抗日的"福建事变"，成立"中华共和国人民革命政府"，但不久即遭镇压。1935年11月，南京国民政府屈从日本压力，成立"冀察政务委员会"，陷华北于"特殊化"的危险境地。

面对日益严峻的日本侵华形势，中共根据共产国际建立国际反法西斯统一战线的新方针，于1935年8月宣示《八一宣言》，提出建立抗日民族统一战线的主张。11月，蒋介石代替因主张对日妥协而遇刺受伤的汪精卫出任行政院长，继党权、军权之后又取得行政大权。随即在国民党五大表示坚持不承认"满洲国"，对日态度转趋强硬。国民政府开始在经济、军事、外交等方面加紧抗日准备。为促成全民族抗战，1936年12月12日，张学良、**杨虎城**发动**西安事变**，扣留蒋介石，实行"兵谏"。中共提出和平解决事变方针。经过谈判，蒋介石在答应停止内战、共同抗日后被释放。西安事变的和平解决成为国共两党重新合作和民族和解的起点。

1937年7月7日，日军发动全面侵华战争，中国奋起全民抗战。国民政府召开国防最高会议，决定以军事委员会为抗战最高统帅部，由蒋介石任陆海空军大元帅。另设国防参议会，以各党派的领导人和社会贤达为参议员。1938年春，国民党在武昌召开临时全国代表大会，决议改善军事、政治、经济及文化工作，强化组织，实行总裁制，由蒋介石、汪精卫分任正副总裁。

图3　抗日战争中，中国军队在武汉外围抗击日军

会议还决定组成有各党派和民主人士参加的国民参政会，取代国防参议会。1939年1月国民党五届五中全会决定改国防最高会议为国防最高委员会，组成中央党政军统一指挥机构，委员长由国民党总裁担任，对于党政军一切事务，有不依平时程序，以命令为便宜措施之权。国防最高委员会的设立，标志着以高度集权的党政军一体化领导为特征的国民政府战时体制的基本确立。

抗战开始后，中共领导的工农红军改编为**八路军**和**新四军**，奔赴抗日前线，开展独立自主的游击战争，在敌后建立了大小十余个抗日民主根据地。对中共力量的发展，国民党当局十分恐慌，多次制造反共军事摩擦。1941年1月制造了震惊中外的**皖南事变**。对蒋介石国民党的反共活动，中共作了有力的回击，但为了抗日大局和民族利益，始终坚持有理、有利、有节方针，维护了抗日民族统一战线，并在抗战中不断发展壮大了自身的力量。

从1938年底起，抗日战争进入持久阶段，日本开始大力推行政治诱降，以实现"以华治华、以战养战"的企图。以国民党副总裁汪精卫为首的亲日派屈从日本的压力，于1938年12月从重庆逃往上海敌占区，1940年3月在南京组成汪伪"国民政府"，充当侵华日军的工具。

1941年12月，太平洋战争爆发，中国正式对日宣战，中国战场与世界反法西斯战场联为一体，美英与中国正式结盟，蒋介石出任中国战区最高统帅。1943年中国政府与美英等国签订新约，废除不平等条款，取消领事裁判权。同年，中美英三国

图4　抗日根据地军民进行地道战（1944）

首脑举行开罗会议，商定联合对日作战计划。此后作为世界四大国之一的中国，积极参加组建联合国的活动。

1943年8月，蒋介石接替已逝世的林森出任国民政府主席兼行政院长，借口适应战时需要，强化专制统治。中国民主政团同盟（1944年改为**中国民主同盟**）等党派团体则要求结束一党专政，实行民主政治。中共进一步提出废除国民党一党专政，建立民主联合政府主张。面对各方要求民主改革的压力，1945年5月，国民党在第六次全国代表大会上宣布将召开“国民大会”，制定“宪法”，“实施宪政”，但拒绝成立联合政府。8月15日，日本宣布无条件投降。9月9日，侵华日军在南京正式签署向中国政府投降书，中国取得近代以来第一次反侵略战争的胜利。

随着抗日战争的胜利，国共两党在对日受降及国内政治等重大问题上开始发生严重分歧和冲突，内战危险重又凸现。迫于国内外的反战舆论，蒋介石电邀毛泽东至重庆谈判，讨论政权和军队问题。10月10日，双方发表会谈纪要，确认和平建国的基本方针，同意召开政治协商会议，共商国是，但在中共解放区政权和军队问题上未能达成协议。11月，美国特使G.C.**马歇尔**来华调解国共争端。国共于1946年1月达成停战协议。停战令颁布当天，政治协商会议在重庆开幕，通过《和平建国纲领》等5项协议，强调用政治方法解决国内争端，以保持国家的和平发展。政协会议的决议在国民党内引起强烈反弹。蒋介石借口中共拒绝从苏北、皖北等地撤退，公然于6月大举进攻中原解放区，发动全面内战。战争初期，国民党军队攻占了解放区一些城市，10月占领了联接西北、东北地区的战略重镇张家口。

国民党当局以为攻占张家口，内战胜利在望，公然践踏政协决议，在南京召开“制宪国民大会”，通过《中华民国宪法》，规定“中华民国基于三民主义，为民有、民治、民享之民主共和国”。1948年3月又召开“行宪国民大会”，选举蒋介石为总统、李宗仁为副总统。在民主宪政的幌子下，继续实行一党专政的独裁统治。

全面内战爆发初期，国民党在军事上取得一定进展，但很快就暴露出政治、军事、经济等方面的内伤，对解放区的全面进攻和重点进攻先后失败。1947年6月，人民解放军挺进大别山，揭开战略大反攻的序幕。面对中共的战略进攻，蒋介石由全面防御先后转为分区防御、重点防御，显示其实力的不断下降。中共审时度势，于1948年9月起发起辽沈、淮海、平津三大战役，给国民党军队以毁灭性的打击。1949年1月，蒋介石被迫宣布引退，由李宗仁代行总统职权。李随即派出代表团与中共谈判，要求隔江分治，但遭到中共拒绝，和谈破裂。4月21日，人民解放军强渡长江，23日占领南京。国民党余部退往两广、西南、西北及台湾等地。蒋介石又从幕后走上前台，在广州成立国民党非常委员会，直接掌握军政大权。随后退至四川，企图负隅顽抗，但终究未能阻止人民解放军的前进步伐。1949年10月1日，中华人民共和国在北京宣告成立，蒋介石率余部逃往台湾省，在一个中国原则下，仍以“中华民国总统”自居。

经济兴落　民国时期，中国仍处于落后的农业社会。农具落后，耕作几乎全靠畜力和人力，生产力水平相当低下。由于清末以来内外环境恶化遗遇的财政经济压力及民国初期的政治混乱，国家及各级政权对农村的财政索取明显加大。加上人口增加、外国资本入侵、战乱频繁，造成农村极端贫困，动荡不安。

与农村相比，城市经济较为稳定，民族资本主义经济较前清有所发展。这一方面是因为南京临时政府和北京政府都颁布了一些有利于资本主义发展的法令，资产阶级社会地位有所改善，无须再用金钱去捐官，刺激了他们发展实业的积极性；另一方面西方列强先后卷入第一次世界大战，减少了对中国的经济压迫，给民族资本主义发展造成有利时机。但是民族资本主义经济在整个国民经济中所占的比重还很小，没有形成独立的经济体系，对外有很大的依赖性。与此同时，中国工人阶级迅速成长壮大，1918年在中外企业工作的产业工人已达200余万人。为改善生活和工作条件，自发的罢工斗争此起彼伏，罢工次数逐年增加，参加罢工的人数和规模不断扩大，工人阶级已成为国内一支重要的社会力量。

南京国民政府成立后，为促进经济发展和增加政府收入，采取了一些有利于资本主义经济发展的政策和财政措施。首先是对税制作了较大幅度的变动，建立国、地税分块收取制度，裁撤**厘金**，加大盐税整顿力度，对工业产品实行征收统税制度。同时与列强展开关税自主谈判，收回关税自主权。经过整顿，关税、盐税和统税收入逐年有所增加，1936年的收入是1927年的22倍。其次是积极着手建立现代经济制度，改变经济管理异常薄弱的状况。再次是着手统一度量衡和币制。1929年，工商部宣布采用万国公制，颁布新的度量衡法，促成全国统一度量衡制度的建立。1935年，国民政府宣布废除银本位制度，在全国发行统一的纸币——法币，与英镑发生固定等价联系。最后是成立中央银行作为国家银行，享有经理国库、发行钞票和办理内外债的权限。中央银行体系的建立，为确立现代金融制度迈出了关键的一步。与此同时，国民政府还在工业、交通建设上作了一定努力。1927～1936年10年间，中国工业年均增长率超过8%，全国布机台数增加了76%，煤、铁开采量大幅增加，钢铁、化学等工业出现零的突破，工业近代化程度取得明显进展。交通建设在1927～1937年间也有长足发展，铁路从13 000多千米发展到21 000千米，公路通车里程从18 000千米增加到110 000千米。民航从无到有，开设了10多条航线。但农业仍徘徊不前，农民负担继续加重，正税虽基本保持稳定，各种附加税和摊派却大为增加。

抗日战争时期，工业重心明显自东向

图5　中国人民解放军占领南京“总统府”

西转移。1942年底，大后方工厂总数达到战前的16倍。这些工厂大多集中在四川地区。据统计，仅四川一省的工业资本即占整个大后方工业资本总额的52%，冶金工业甚至占到83%。除四川外，云南、甘肃的工业也获得较大发展，甘肃工厂数从战前的寥寥数家发展到1942年的139家。为适应战时需要，国民政府重点促进重工业的发展。化学取代纺织成为最重要的工业门类，电力、电机、冶金、五金等均获长足发展，石油开采取得突破，甘肃玉门油矿的开发，改变了中国原油完全依赖进口的历史。这时的重工业在整个工业中的比重，已从战前的不足30%到超过了60%。而工业发展又主要体现在国有工业方面，其比重占到全部工业产值的75%～90%，几乎居于垄断地位。国有工业的迅速发展，是战时经济的特殊产物，对保证抗战持久有效地进行发挥了不可或缺的作用，但国家的过分垄断也造成缺乏竞争、效率低下及贪污腐化等一系列问题，给国家工业的持续发展带来了不利影响。

抗战爆发后，国民政府虽然通过工厂内迁等措施保存了一批人力和物力，但随着沿海各省市相继沦入敌手，作为国家财政收入主要来源的关税、盐税、统税开始大幅减少，国民政府的财政金融遭到前所未有的打击。为解决财政困难，国民政府一面大幅度增加税收比率和开征新税品种，一面极力举借内外公债，加强金融控制，几近竭泽而渔。而粮食政策是这一时期较为成功的财政经济政策。其中最为重要的措施是将田赋划归国家财政，并于1941年开始实行田赋征实。这不但节省了政府大笔现金开支，且因政府握有大批粮食，有了更大的控制粮价的回旋余地，使高出平均物价指数的粮价指数得以逐渐回落，有利于控制财政赤字和物价上涨幅度，也使军粮来源有了稳定的保障，不失为战时一种较为有效的应急之策。

通货膨胀是困扰战时国民政府的又一大问题。由于沿海省区沦陷，各出海口被封锁，进出口贸易受阻，市场容量大为缩小，经济资源急剧萎缩，财政金融严重失衡，财政经济难以正常运行。尤其是军费开支急剧增长，1940年度的军费支出接近年度总支出的70%，大多数年份也在40%左右。巨额的财政收支差使通货膨胀难以避免。最初一二年尚在可控制的范围内，随着战争的持久和扩大，财政困境日益严重。持续的巨额赤字迫使财政当局不断增发法币，自食货币贬值苦果。政治腐败及过度的统制经济政策导致的大量权力寻租现象，进一步加剧了通货膨胀。1940年后，物价上涨幅度开始失控。1941年底至1945年6月，大后方物价指数增加了近百倍。物价的飞速上涨，造成人民生活困窘和经济败坏的连锁反应。工业衰退，企业困难，工人增资速度远落后于物价涨幅。农民生活水平由于农产品价格跟不上物价上涨速度而急剧下降，一般职员、军人、知识分子遭受的打击尤为沉重。

抗战胜利后，中国经济面临复兴重建的艰巨任务。由于政策失当及政治不稳定等不利因素的影响，经济恢复成绩不佳。

战后经济整体虽然不振，但国家资本却出现膨胀现象。战时国家资本已有快速发展，加上战后大批接收敌伪产业，国家资本从战前占全国资本总值的32%增加到54%，民营资本则相应由38%减少到33%。国家资本的发展，对于支撑国民党政权有着重要作用，但在政治不善的条件下，也为豪门利用权势谋取私利提供了更多的机会。

在政治遭遇诸多困扰的背景下，战后社会经济迅速酿就严重危机。物价飞涨，财政金融极端混乱，生产下降，是经济危机最突出、最集中的表现。1947年全国零售物价平均总指数比抗战前上涨37 300余倍。与战时相比，一直相对稳定的米价也出现暴涨，1947年1～11月，米价上涨近20倍。米价暴涨，对人民生活影响极大。随着国民党政权军事上的不断失败，经济崩溃局面愈益严重。1948年1～8月，上海米价上涨了43倍多，批发物价上涨了50～100倍。为挽救财政经济的困境，蒋介石于8月颁布《财政经济紧急处分令》，发行**金圆券**，限期收兑法币和人民所有黄金、白银、银币及外国币券，希图以此稳定物价，平衡收支。但仅仅几个星期，平价局面便被打破。货物奇缺，贸易停顿，商人纷纷停业、歇业，囤积商品，隐匿物资，黑市交易猖獗。南京政府行政院被迫于11月起取消“限价”政策。物价从此更如洪水决堤，腾飞猛涨。金圆券贬值到“各地均已拒用”的程度，“事实上已失去了流通之效力”。

在物价飞涨、货币贬值、外币管制等重重打击下，工商业倒闭、歇业、停业者日众。整体经济的严重败坏，昭示国民党统治已走到尽头。

思想发展　民国时期，由于政治及社会的原因，虽然制约社会思想正常发展的各种因素仍然存在，思想自由常常被压制甚至受到严重摧残，但是长期统治、禁锢人民思想的王朝专制毕竟已经打破，由此激发出的思想活力，使民国时期成为中国历史上一个极富思想创造力的时代。在充满机遇和挑战的历史背景下，包括**自由主义**、**保守主义**、**马克思主义**在内的各种思潮纷纷登台，竞逐风流。其中，马克思主义的科学社会主义最终脱颖而出，在中国人民争取民族独立、人民解放的斗争中，发挥了巨大的指导作用。

民国初年，由辛亥革命激发出的民主思潮蓬勃发展。各种报刊、政党、团体纷纷创立，西方民主、自由思想大规模传播，当时全国报刊多达500余种，公开活动的政党、社团超过300个。袁世凯的专制复辟及其后的军阀混战，未能从根本上改变辛亥革命以来思想活跃的趋势，反而使一部分先进的知识分子开始更加深入思考中国传统社会思想的根本改造问题，由“文学革命”入手，发起了对中国社会思想发展具有重要影响的**新文化运动**。

新文化运动以1915年9月**陈独秀**创办《青年》(后改名《**新青年**》)杂志为起点。**胡适**、**鲁迅**、钱玄同、**李大钊**等一批激进的青年知识分子是刊物的中坚力量。在“文学革命”的口号下，他们要求打破旧的文学传统，倡导建设“人的文学”、“平民文学”、“写实文学”，大力提倡白话文，使文学更加通俗易懂，更加普及化。文学的社会影响广泛，又是中国传统思想的重要载体，陈独秀、胡适等倡导“文学革命”，旨在由“文学革命”达到改造中国落后的国民性，革新传统、革新社会的目的。因此，他们在新文化运动中高举“民主”和“科学”大旗，批判中国传统专制思想，要求重新估定一切价值，树立积极进取的科学精神。新文化运动在思想文化领域给长期占统治地位的传统专制思想以沉重的打击，促进了人民大众的觉醒。由于新文化运动的影响，1920年1月，北京政府正式颁布命令，规定小学一二年级国文改用白话文。不久，小学其他年级和大学、中学也逐步改用白话文，白话文取代文言文成为社会交流的主要语言工具。

新文化运动的发起，与**蔡元培**1916年底出任**北京大学**校长也有着不可忽视的关系。蔡元培一改北大此前的官场陋习，大力培养学术、研究空气，推行“思想自由、兼容并包”方针，使北大出现浓厚的百家争鸣、学术民主气氛，新文化运动重要领袖陈独秀、胡适、李大钊等均来到北大。蔡元培的这一方针不仅造就了真正的“研究高深学问”的学府、支持了新文化运动的展开，而且培植了一种良好的学术传统和思想传统，成为民国时代学术思想界在不良政治压力下坚持学术思想自由的重要精神支柱。

新文化运动后，中国社会思想进入了一个空前活跃的时期。在近代中国的凄风苦雨中，人们迫切期盼寻找彻底解决中国问题的救国方案。在这一背景下，既有宏大的现实视野和人文关怀，又有深邃的哲学思维的马克思主义攫住了许多迷茫的心灵。马克思主义关于社会历史的全新描述及由此体现出的对历史、社会的革命性阐释，对正横行世界的资本主义的强烈批判，引起刚刚睁眼看世界的中国人的注意和重视，李大钊率先著文传播马克思主义的革命学说。马克思主义和十月革命的实践相结合，对中国思想界形成强大的吸引力，并使马克思主义成为五四时期最具影响的思想流派之一。

马克思主义作为中国思想界的新鲜血液开始大规模传播后，一度激起胡适等的质疑。胡适与李大钊之间围绕着信仰主义和解决问题展开"问题与主义"的辩论，这是新文化阵营的首次分野，揭开了民国时代改良与革命争论的序幕。虽然马克思主义在当时影响不断扩大，但是不可否认，由清末逐渐发展起来的自由主义和保守主义思想，还占据着当时思想界讨论的中心话题。这一时期关于东西文化的论争（包括其间进行的科学与人生观论争），吸引了陈独秀、胡适、丁文江、梁启超、梁漱溟、张君劢、章士钊、杜亚泉等思想界活跃人士的参与，在社会上产生重要影响。东西文化的争论，虽然以文化问题作为讨论中心，但和当时的社会普遍心态与社会要求相应，其所指向的实际仍是中国走什么路，中国如何在当时时代求得发展这一困扰着中国人的大课题。

1920年前后，孙中山的三民主义思想在各种解决中国问题的方案中仍然是最具影响力的。孙中山的民族、民权、民生思想在民国初期的政治、社会、思想各界都有着难以撼动的地位。1927年国民党取得执政地位后，三民主义在理论上成为执政党的执政思想。但是，以蒋介石为代表的国民党统治集团在对三民主义的阐释中，明显表现出将三民主义儒学化、道统化的企图。蒋介石的重要政治盟友戴季陶利用孙中山的一些有关阐述，片面强调孙中山对传统文化承继的一面，甚至将其完全归结到中国传统思想的所谓"道统"中。这一思路为蒋所采纳，并将其教条化、形式化，以所谓"宗教"式的态度对待三民主义，希望以此作为保持和稳定既成社会秩序的思想依据。抗日战争前后，蒋介石、陈立夫推出唯生论和"力行哲学"，发表《中国之命运》，企望建立起一套指导和整合整个社会思想体系的官方意识形态。

自由主义在新文化运动中得到较多的阐释，但在此后的民国时期一直无法得到伸展，影响也越来越有限。相比之下，保守主义思想虽然在民国初年特别是新文化运动中受到很大冲击，但其保持民族文化的理念和争取民族独立的任务却达成了某种程度的契合，抗战时期，保守主义文化思潮如战国策派的抬头乃至发展出对后世精神传统有相当影响的新儒学思潮，与它的这种思想性格不无关系。不过，无论是自由主义还是保守主义，他们实行社会改良的判断都是一致的，因此，他们共同致力于平民教育和乡村建设，希图以此实现社会的渐进式改造，但最终都无法避免被革命抛弃的命运。

民国时期，时代多艰，许多徘徊歧路的人茫然不知所向。自由主义、保守主义乃至国民党的官方思想都宣称自己的政治-社会秩序设计为中国之必需，并指斥"共产主义不适合中国国情"。但是，正是马克思主义的科学社会主义通过正本清源、创造发展，找到了一条准确认知中国国情的道路。在大规模传播的初期阶段，马克思主义通过不断论战，克服了无政府主义、基尔特社会主义、新村主义等思潮的影响，在与研究系进行的关于社会主义的论战中，明确了中国革命的社会主义方向。这些论战既宣传了马克思主义，也是中国马克思主义者逐渐完成自我认知和对中国社会认知的过程。1930年前后，马克思主义者一方面继续宣传马克思主义理论，展开唯物辩证法的论战，进行中国社会性质问题的大讨论，加深、加强对马克思主义和中国国情的了解；另一方面，毛泽东等中国共产党人开始自觉地在实际革命斗争中深入认识中国农村及社会，将马克思主义与中国实际相结合，创造出一条农村包围城市的中国革命道路。抗日战争时期，以毛泽东为代表的共产党人进一步总结了对中国革命和社会的认识成果，全面、系统论述了中国社会的性质、中国革命的道路和发展前途等关系中国人民命运的重大问题，形成了新民主主义理论的完整体系。这一理论引出并解决了"阶级关系的新调度，农民革命的大发动，反帝国主义和反封建主义的革命彻底性，由民主革命转变到社会主义革命的可能性"等一系列新因素、新问题。正是在新民主主义理论指导下，中国革命和思想启蒙进入了一个新阶段，中国共产党取代中国国民党掌握全国性政权，并由此结束了中华民国的历史。

《中华民国临时约法》 *Provisional Constitution of Republic of China* 中华民国南京临时政府于1912年3月11日颁布的中国近代第一部资产阶级共和国宪法性质的文件。由总纲、人民、参议院、临时大总统、副总统、国务员、法院和附则组成，共7章56条。它以孙中山的民权学说为指导，参照西方资产阶级三权分立的共和制度，确立了南京临时政府的共和体制。

临时约法确立了"主权在民"、"平等、自由"的民主原则，全面树立了民主共和的法制标准，确认了资本主义私有制，对于推动民族资本主义的发展起了积极作用。但是没有规定反帝反封建的纲领，没有规定男女政治权利平等等内容。

《中华民国宪法》 *Constitution of Republic of China* 中华民国时期，先后于1923年10月、1946年12月颁布过两部《中华民国宪法》。

①1923年10月10日，直系军阀曹锟通过贿赂国会议员"当选"大总统后制定并公布实施的宪法。又称"贿选宪法"。

这部宪法共13章141条。国体、主权、国土、国民到政权组织、中央与地方的关系以及法律、会计、宪法的修正解释等内容无所不包。主要有两大突出特点：第一，用漂亮的辞藻和虚伪的民主自由形式掩盖实行军阀专制的本质，使军阀独裁制度的法律化，特别是赋予大总统以极大的权力，具有凌驾于国会之上的地位。第二，为了平衡各派军阀和大小军阀之间的关系，对国家结构形式作了专门规定，即采取赋予地方较大自治权的单一国家制。

从法典的体例和内容来看，这是一部比较完备的资产阶级宪法，其条文数目较多，篇章结构和条文间逻辑严谨，内容基本符合三权分立以及责任内阁制的精神。但是形式上的完备并不能说明它的制宪水平，曹锟制宪的目的在于确定自己的"法统"地位，使贿选合法化，制定程序也是违反民主宪政的基本原则的，这使其进步意义付诸阙如。随着直系军阀北京政权的垮台，它公布不到一年就成为废纸。

②"制宪国民大会"1946年12月25日通过，南京国民政府1947年1月1日公布，同年12月25日实施的宪法。它以1936年《五五宪草》为基础，其基本精神与《中华民国训政时期约法》一脉相传。

这部宪法的主要内容和特点是：第一，宣称以孙中山"遗教"为立国之本，实行"全民政治"和"主权在民"："中华民国基于三民主义，为民有、民治、民享之民主共和国"；"中华民国之主权，属于国民全体"。第二，在"保障民权"的幌子下，限制和剥夺人民的权利和自由。第三，以地方"自治"为名，行中央集权之实。第四，规定国会制、内阁制的某些原则，而实际上实行的却是总统集权制。第五，在"民生主义"的词句下，巩固和发展官僚资本主义。第六，标榜"独立自主之精神，平等互惠之原则"，宣布"尊重条约"，实际上是用根本法的形式确认一切卖国条约，维护帝国主义特别是美帝国主义的侵华权益。

总之，1946年的《中华民国宪法》是大地主、大资产阶级意志的体现，旨在为蒋介石的独裁统治披上合法的外衣，因而又被称为"蒋记宪法"。

《中华民国新地图》 *New Atlas of Republic of China* 中国最早的现代地图集。为纪念《申报》创刊60周年，由丁文江、翁文灏、曾世英编制。开本为24厘米×39厘米，1934年上海申报馆出版。由序图、普通地图和城市图3个系列组成。序图7幅，包括全国政区、地文、交通、气象、重要城市、语言区域、矿产分布和农产分布等专题图表，采用亚尔勃斯等面积投影。普通地图44幅，按经纬线分幅，采用多圆锥投影，人文、地文分幅对照，比例尺东部为1∶200万，西部为1∶500万。城市地图2幅，包括61个城市小图，比例尺统一为1∶10万。末附地名索引36 000余条。其缩编本《中国分省新图》共有地图31幅，于1933～1948年先后出版5版，发行约20万册。

《中华民国新地图》及其缩编本《中国分省新图》，通称为《申报地图》。该图集利用当时中国地质调查所收藏的国内外出版的中国地图7 700余幅，各种实测地图逐一经过鉴别，并搜集经纬度和高程的观测记录1 000多处，据以订正旧地图的方位和海拔。它在中国首次采用分层设色法，第一次科学地反映了中国地势为三个台阶的概貌，破除了传统的“龙脉”表示法，纠正了旧地图上一些不正确的地理概念，被誉为《大清一统舆图》以来的划时代之作，是中国现代地图的先驱，推动中国地理学向现代发展的进程。

中华民族 Chinese Nation 中国各民族的总称。分布在中国大陆、香港、澳门、台湾省。包括56个民族，总人口137 053.7万(2010)，约占世界总人口的五分之一。

“中华”一词古代与中国、中原的地域观念相通，与华夏子民、中原汉人相系。“中华”与“民族”合为一体形成于近代，是1840年以后中国在遭受帝国主义列强侵略、瓜分的危难形势下，中国人认识世界、认识自我、救亡图存的近代民族意识觉醒的产物。

中日甲午战争之后，中国社会面临着更加深刻的危机。一批晚清知识分子为救亡图存，接受西方近代民族主义思想，产生了建立近代民族-国家的政治理念。由于西方社会达尔文主义的思想影响，当时对民族的理解突出了血缘关系的种族意识，并一度突出地表现为以“保种”为主旨的“黄帝纪年”和以“保教”为目标的“孔子纪年”的思想论争，反映了以种族(即汉族)为依托、文化(即儒教)为中心的两种民族主义取向。前者的政治导向是“排满”，后者的政治导向是“五族共和”，即1903年梁启超提出的“合汉、合满、合蒙、合回、合苗、合藏，组成一大民族”，也就是中华民族。

辛亥革命以后，晚清的两种民族主义思潮影响依然很深。包括孙中山在内的资产阶级革命领导人，或强调“家族-宗族-民族(国族)”说，或强调“五族”之别在“宗教信仰和地理分布”而非种族、血缘。因此，历史上“内华夏”、“外四夷”的民族观和“中国”与“外藩”的国家观，在辛亥革命后发展为国家有“中国本部”和“蒙、藏、回疆”之分，民族有“中华民族”与“少数民族”之别。

抗日战争爆发后，中国共产党人在建立全国抗日民族统一战线的进程中，对中国多民族的历史国情和现实国情形成了科学的认识。毛泽东以马克思主义民族观和历史唯物主义的态度提出了“中华各族”的民族一体和共同建立人民共和国的思想。在此基础上，中国共产党人对中华民族的概念作出了科学的表述：“中国是一个多民族的国家，中华民族是代表中国境内各民族之总称，四万万五千万人民是共同祖国的同胞，是生死存亡利害一致的”民族共同体。多民族国家的统一性，中华民族内涵的完整性，使中国共产党作出建立统一的人民共和国并在少数民族聚居地区实行民族区域自治制度的历史性选择。

中华人民共和国建立以后，中华民族成为中国各民族人民的总称。中华民族的构建是建立在国内56个民族根本利益一致基础上的整合过程。无论是历史上各民族之间政治、经济、文化的互动交往，还是现实中各民族之间相互依存、共同发展的密切关系，都为这种构建提供了深厚的历史基础和强劲的现实动力。

中华全国妇女联合会 All-China Women's Federation; ACWF 中国共产党领导的中国各族各界妇女的群众组织。简称“全国妇联”。1949年3月24日至4月3日在北平(今北京)召开的中国妇女第一次全国代表大会，决定成立中华全国民主妇女联合会。大会确定的宗旨是：团结全国各阶层各民族妇女大众，同全国人民一道，为建设统一的人民民主共和国而奋斗，并努力争取废除对妇女的一切封建传统习俗，保护妇女权益和儿童福利，积极组织妇女参加各种建设事业，实现男女平等和妇女解放。1957年9月，中国妇女第三次全国代表大会决定将会名改称中华人民共和国妇女联合会，规定全国妇联工作的根本方针是：勤俭建国，勤俭持家，为建设社会主义而奋斗。1966年“文化大革命”开始后，全国妇联中止工作。1978年9月召开中国妇女第四次全国代表大会，决定全面恢复工作，并改名为中华全国妇女联合会。

1988年9月，中国妇女第六次全国代表大会规定，在改革开放和社会主义现代化建设新时期，全国妇联的基本任务是：团结动员妇女投身改革，参与经济建设，促进社会发展；教育引导广大妇女，增强自尊、自信、自立、自强精神，全面提高素质，促进妇女人才成长；代表妇女参加社会协商对话，参与民主管理和民主监督，参与有关妇女儿童法律、法规、条例的修订，维护妇女儿童合法权益；加强与社会各界联系，推动社会各界为妇女儿童办实事、办好事；巩固和扩大各族各界妇女团结，促进社会主义现代化建设和祖国统一大业。各级妇联接受同级共产党委员会和上级妇联的双重领导，以同级共产党委员会领导为主。最高权力机构是全国妇女代表大会，原则上每5年召开一次代表大会。在大会闭会期间，由全国妇女代表大会选举产生的全国妇联执行委员会讨论并决定妇女工作的重大问题，每年举行一次会议。在全国妇联执行委员会闭会期间，全国妇联执委会常务委员会为领导机构，由主席一人、副主席若干人、委员若干人组成。全国妇联的机关报是《中国妇女报》，机关刊物是《中国妇女》。

中华全国工商业联合会 All-China Federation of Industry and Commerce; ACFIC 中国共产党领导的以非公有制企业和非公有制经济人士为主体的中国工商界组成的人民团体和民间商会。又称中国民间商会。简称全国工商联。中国共产党和人民政府联系非公有制经济人士的桥梁和纽带，是政府管理非公有制经济的助手。

1949年8月，中共中央作出成立工商业联合会的决定。1952年6月20～30日，全国工商业联合会筹备代表会议在北京召开，选举产生了中华全国工商业联合会筹备委员会。大会主席陈叔通向毛泽东主席献旗致敬。

1952年8月16日，周恩来总理签署中央人民政府政务院命令，公布施行《工商业联合会组织通则》。

1953年10月，全国工商联正式成立。当时确认的性质是以私营工商业者为主体，国营企业和合作社、公私合营企业等各类工商业者参加的，中国共产党进行统一战线工作的一个重要的人民团体，主要工作对象是私营工商业者。

全国工商联成立以来，紧跟中国共产党走社会主义道路，坚持社会主义初级阶段的基本路线和纲领，坚持公有制为主体、多种所有制经济共同发展的基本经济制度，坚持以“一国两制”的基本方针为政治方向，坚持“充分尊重、广泛联系、加强团结、热情帮助、积极引导”的方针，引导广大会员爱国、敬业、诚信、守法、贡献，为会员搞好服务，培养一支拥护共产党的领导、走中国特色社会主义道路的积极分子队伍，把促进非公有制经济健康发展作为工作目标，努力为社会主义物质文明、政治文明和精神文明的协调发展、实现中华民族的伟大复兴贡献力量。

全国工商联的主要职责是：参与国家大政方针及政治、经济、社会生活中的重要问题的政治协商，参政议政，民主监督，发挥着非公有制经济人士参与政治和社会事务中的主渠道作用；引导会员积极参加国家经济建设，推动社会主义市场经济体制逐步完善，促进社会全面进步；做工商界代表人士政治安排的推荐工作；在非公有制经济人士中，宣传、贯彻中国共产党和国家的方针政策，加强思想政治工作，推动企业文化建设，引导会员成为中国特色社会主义事业的建设者；代表并维护会员的合法权益，反映会员的意见、要求和建议；帮助会员开拓国内、国际市场；增进与中国香港特别行政区、澳门特别行政区、台湾地区及世界各国工商社团、工商经济界人士的联系和友谊，促进经济、技术和贸易合作。

工商联的最高权力机关是各级会员代表大会或会员大会。下有24个直属商会。工商联依照法律按国家行政区划设置组织机构，全国工商联负责指导地方工商联和民间商会的工作。全国工商联主管主办的新闻出版单位有中华工商时报社、中国工商杂志社和中华工商联合出版社。

全国工商联已同世界上100多个国家和地区的商会建立了广泛联系，并将一如既往地发展同中外各工商团体、企业组织和人士的联络，加强合作，共同发展。

全国工商联历届主要领导人有：陈叔通、胡子昂、荣毅仁、经叔平、黄孟复。

中华全国归国华侨联合会 All-China Federation of Returned Overseas Chinese; ACFROC 中国共产党领导的由全国归侨、侨眷组成的全国性人民团体。简称中国侨联。中国共产党和中国政府联系广大归侨、侨眷和海外侨胞的桥梁和纽带，是全国性的一级人民团体，是全国政协的组成单位。1940年在延安成立的“延安华侨救国联合会”是中国侨联的前身。

中华人民共和国建立后，为了更好地团结联系各阶层的归侨、侨眷和海外侨胞，引导他们积极投身和参与社会主义建设，经中共中央批准于1956年10月12日在北京成立了中华全国归国华侨联合会（当时简称全国侨联，1994年后简称中国侨联）。全国侨联成立以后，广泛团结和联系广大归国华侨、侨眷和海外侨胞，为社会主义制度的建立，为恢复和发展国民经济、加快社会主义建设作出积极的贡献，创造了光辉的业绩。

改革开放以来，中国侨联以邓小平理论和“三个代表”重要思想为指导，贯彻实践科学发展观，贯彻落实中共中央的各项战略部署，依据《中华全国归国华侨联合会章程》，紧密团结广大归侨、侨眷，广泛联系海外侨胞，围绕大局，突出重点，发挥优势，全面履行群众工作、参政议政、维护侨益、海外联谊4项职能，努力为侨服务，凝聚侨心，汇集侨智，发挥侨力，为全面建设小康社会和构建社会主义和谐社会、促进祖国和平统一大业、增进中国人民同世界各国人民的友好交往、实现中华民族的伟大复兴作出了新的贡献。

所有归侨、侨眷、海外侨胞都是侨联的工作对象，是侨联工作的主体，也是侨联存在的基础。全国共成立了14 000多个侨联组织，在参政议政和民主监督中发挥了重要作用。

中国侨联的最高领导机关是全国归侨侨眷代表大会及其选举产生的中国侨联委员会，共有委员344人。中国侨联主办有机关刊物《中国侨联工作》和公开发行的月刊《海内与海外》、季刊《华侨华人历史研究》，主办中国华侨出版社。

中国侨联历届主席为陈嘉庚、庄希泉、张国基、庄炎林、杨泰芳、林兆枢、林军。廖承志、叶飞曾任名誉主席。

中华全国青年联合会 All-China Youth Federation; ACYF 中国共产党领导下的以中国共产主义青年团为核心力量的各青年团体的联合组织。中国各族各界青年广泛的爱国统一战线组织。简称全国青联。1949年5月4日在北平（今北京）成立。

全国青联的基本任务是：高举爱国主义、社会主义的旗帜；鼓励青年学习马列主义、毛泽东思想、邓小平理论和“三个代表”重要思想，学习现代科学技术和文化知识；最广泛地代表和维护各族各界青年的合法权益；引导青年积极健康地参与社会生活，努力为各族各界青年健康成长、奋发成才服务；发展同台湾青年、港澳青年及国外青年侨胞的联系和团结；发展同世界各国青年的联系和友谊；为巩固和发展中国社会安定团结的局面，推进改革开放和社会主义现代化建设，推动社会主义市场经济的发展，健全社会主义民主和法制，促进祖国统一和维护世界和平，把中国建设成为富强、民主、文明的社会主义国家而努力奋斗。

全国青联实行团体会员制，2010年有团体会员55个。全国青联委员是由各会员团体推荐、协商产生的代表和特别邀请的各族各界青年的代表出任。

全国青联的最高权力机关是全国委员会，每届任期5年。全国委员会设主席1人、副主席若干人。全国青联的机关刊物是《中华儿女》，另办有内部工作刊物《全国青联通讯》。

中华全国台湾同胞联谊会 All-China Federation of Taiwan Compatriots 中国台湾各族同胞的爱国民众团体。简称全国台联。1981年12月22日成立于北京。中国共产党和中国政府联系台湾同胞的桥梁和纽带。宗旨是：高举社会主义、爱国主义旗帜，广泛团结联络定居祖国大陆和台湾岛内、港澳及海外的台湾同胞，不断增进两岸同胞情谊和为台湾同胞谋福祉，为推动两岸关系和平发展、促进祖国统一进程、实现中华民族伟大复兴贡献力量。

全国台联密切联络在祖国大陆定居的台湾同胞，帮助他们了解政府的方针政策和台湾局势，鼓励他们充分发挥聪明才智、积极参政议政、为祖国统一和建设社会主义和谐社会多作贡献；全国台联积极了解和反映定居大陆台胞的意见和要求，配合有关部门按照法律和政策妥善处理；还努力协助他们返乡探亲、扫墓、访友、旅游、定居和进行各项交流活动。

全国台联发扬台湾同胞爱国爱乡的光荣传统，在一个中国的原则下，加强与岛内台胞和港澳、海外台胞的沟通与联络。协助他们到祖国大陆经商、投资、建厂、求学、兴办公益事业和进行科技、文化、学术、体育等各项交流。对于前来祖国大陆寻祖、探亲、访友、求医、旅游等活动的台湾同胞，做好接待、服务工作。

祖国大陆除西藏以外的30个省、自治区、直辖市和台胞比较集中的地、市和县都相继建立了地方台联。随着海峡两岸往来的日益增多，作为台胞之家的台联将一如既往热情周到地为台湾同胞服务。

全国台联的最高权力机构是全国台湾同胞代表会议。代表会议每5年召开一次，民主选举产生理事，组成理事会。理事会选举会长一人，副会长、常务理事若干人，组成常务理事会，在理事会闭会期间行使

胡锦涛等党和国家领导人出席第七次全国归国华侨代表大会（2004-07，北京）

理事会的职权。全国台联办有台声杂志社和同源国际旅行社。全国台联历任会长为林丽韫、张克辉、杨国庆、梁国扬。

中华全国文艺界抗敌协会 China Anti-Japanese Association of Writers and Artists 中国抗日战争时期全国文艺界的群众团体。简称“文协”。1938年3月27日在汉口（今武汉）成立。成立大会通过了《中华全国文艺界抗敌协会宣言》、《告全世界的文艺家书》，以及该会的发起旨趣、简章等文件。在简章中确定协会的宗旨是：“联合全国文艺作家共同反对日本帝国主义的侵略，完成中国民族自由解放，建设中国民族革命的文艺，并保障作家的权益。”大会选出郭沫若、茅盾、郑振铎、郁达夫、许地山、朱光潜、老舍、吴组缃、朱自清、巴金、丁玲、冯乃超、夏衍、田汉、楼适夷、胡风、阳翰笙、孔罗荪、冯玉祥、邵力子、张道藩、姚蓬子、胡秋原、王平陵、陈西滢等45人为理事，周扬、曾虚白等15人为候补理事，周恩来、孙科、陈立夫为名誉理事，并推选老舍、华林为总务部正副主任。文协下属分会及通讯处多达数十个，成立分会的有广州、成都、昆明、桂林、香港、襄阳、晋东南、延安、贵阳、曲江、上海等地。

文协发出了“文章下乡，文章入伍”的号召，鼓励作家深入斗争实际。多次组织作家战地服务团、访问团奔赴各战区进行访问、慰劳和抗日宣传工作，提倡文艺为抗日战争服务。组织编写了数十种通俗读物和《抗战小丛书》，举办了多次学术座谈会、讨论会和报告会，就诗歌如何为抗战服务以及有关小说创作的问题进行探讨。组织了有关中外文化名人如鲁迅、M.高尔基、A.S.普希金、罗曼·罗兰等人的纪念活动，产生了良好影响。文协还发起保障作家权益、救济贫病作家、营救被捕进步作家的活动，取得了成效。文协曾出版会刊《抗战文艺》，自1938年5月4日创刊至1946年5月4日停刊，先后正式出版71期，是纵贯抗日战争时期唯一的全国性文艺刊物。抗战胜利后，1945年10月10日，中华全国文艺界抗敌协会更名中华全国文艺界协会。

中华全国学生联合会 All-China Students' Federation 中国共产党领导下的中国高等学校学生会、研究生会和中等学校学生会的联合组织。简称全国学联。是中华全国青年联合会的团体会员。

全国学联是五四运动的直接产物。1919年6月16日，全国学联正式成立。中国共产党成立后，全国学联在党的领导下，团结全国青年学生，为抵御外来侵略、推翻三座大山、夺取新民主主义革命的胜利发挥了历史性的作用。

中华人民共和国建立后，全国学联团结和引导全国广大学生刻苦学习，勇于实践，为祖国的繁荣富强建功立业。改革开放以来，全国学联注重引导和帮助广大学生树立起振兴中华的使命感和只争朝夕的紧迫感，团结一心，发愤学习，奋发成才，勇敢地担负起振兴中华的历史责任。

全国学联的基本任务是：遵循和贯彻党的教育方针，促进学生德、智、体全面发展，团结和引导学生成长为热爱祖国、适应有中国特色社会主义现代化建设事业要求的合格人才；发挥作为中国共产党和政府联系学生的桥梁和纽带作用，在维护国家和全国人民整体利益的同时，表达和维护学生的具体利益；倡导和组织自我服务、自我管理、自我教育，开展健康有益、丰富多彩的课外活动和社会服务，努力为学生服务；增进各民族学生的团结，加强与台湾地区和港、澳特区学生的联系，促进中华民族的团结和祖国的统一；发展同世界各国、各地区的学生和学生组织的友谊与合作，支持世界各国、各地区人民和学生的正义事业。

全国学联实行团体会员制，拥有团体会员十万多个。全国学联的最高权力机关是全国学联代表大会。代表大会每5年召开一次，选举产生全国学联委员会，作为决定全国学联重要工作的权力机关。全国学联选举主席单位和副主席单位，当选主席、副主席的团体会员分别派出1名代表任主席、副主席，组成主席团。中华人民共和国建立后历届学联主席是田德民、胡启立、伍绍祖、林志炎、刘能元、黄维、杨岳、张菁、申跃、刘凯。

中华全国总工会 All-China Federation of Trade Unions; ACFTU 中国共产党领导的中国工人阶级的群众组织。简称“全总”。前身为1921年7月成立的中国劳动组合书记部。1922年5月，中国劳动组合书记部在广州召开第一次全国劳动大会，确定筹备全国性工会组织。1925年5月1日，在广州召开第二次全国劳动大会，正式成立中华全国总工会。1927年4月大革命失败后，工会活动转入地下。抗日战争时期，陕甘宁边区和各抗日根据地分别成立总工会，解放战争时期联合为解放区总工会。1948年8月1日，解放区总工会和国民党统治区工会在哈尔滨联合召开第六次全国劳动大会，决定恢复中华全国总工会，为维护工人阶级利益，争取新民主主义革命胜利而斗争。中华人民共和国建立后，全总团结和带领广大职工，为恢复和发展国民经济，维护职工合法权益，提高职工的思想觉悟和文化技术水平，改善和丰富职工的物质文化生活，推动国家社会主义革命、建设和改革作出巨大贡献。中国工会实行产业和地方相结合的原则，各产业建立全国和地方工会，接受同级共产党委员会和上级工会的双重领导，以同级共产党委员会领导为主。中国工会的最高领导机关是中国工会全国代表大会及其产生的中华全国总工会执行委员会。全国代表大会原则上每5年举行一次。执行委员会选举产生主席团。主席团下设书记处。书记处在主席团的领导下主持全总的日常工作。全总机关报是《工人日报》，机关刊物为《中国工运》。

中华人民共和国 People's Republic of China 工人阶级领导的、以工农联盟为基础的人民民主专政的社会主义国家。1949年10月1日建立。首都北京。简称中国。

《中华人民共和国澳门特别行政区基本法》 *Basic Law of Macao Special Administrative Region of the People's Republic of China* 中华人民共和国全国人民代表大会根据宪法制定的、在澳门特别行政区实施的全国性基本法律，是澳门特别行政区的宪法性法律。1993年3月31日第八届全国人民代表大会第一次会议审议通过。1999年12月20日起实施。

《澳门特别行政区基本法》正文包括序言和9章，共145条，还有3个附件。序言表述了澳门问题的历史背景和最终解决，以及制定澳门基本法的事实依据和宪法依据。第1章总则规定澳门特别行政区是中华人民共和国不可分离的部分，全国人民代表大会授权澳门特别行政区依照基本法的规定实行高度自治，享有行政管理权、立法权、独立的司法权和终审权。澳门特别行政区保持原有的资本主义制度和生活方式，50年不变。第2章规定了中央和澳门特别行政区的关系。第3章规定了澳门特别行政区居民的各项基本权利和义务。第4～7章详细规定了澳门特别行政区的政治体制、经济制度、文化和社会事务及对外事务。第8章规定了澳门特别行政区基本法的解释和修改。第9章附则，规定了澳门法律和有关法律文件以及权利义务的过渡问题。

3个附件分别是：附件1《澳门特别行政区行政长官的产生办法》，附件2《澳门特别行政区立法会的产生办法》，附件3《在澳门特别行政区实施的全国性法律》。

《澳门特别行政区基本法》贯彻了“一个国家，两种制度”的基本方针，体现了“澳人治澳”和“高度自治”的原则精神，是澳门特别行政区居民和政府的基本行为准则，在澳门特别行政区的法律体系中具有最高法律效力，澳门特别行政区立法机关制定的任何法律，均不得同基本法相抵触。

中华人民共和国冬季运动会 National Winter Games of the People's Republic of China 中国全国性冬季综合运动会。简称全国冬运会。1959～2008年共举办了11届，

地点主要在哈尔滨、吉林市、长春和齐齐哈尔。从第4届以后，每4年举行一次。举办时间大多在1、2月份。依据冰雪运动的特点，比赛项目分别在不同时间和地点举行。比赛项目的多少有所不同，第1至4届（第2届因“文化大革命”未举行）只有速度滑冰、花样滑冰、冰球、越野滑雪和高山滑雪5大项，到第11届已增加到跳台滑雪、冬季两项和高山滑雪等11大项。从第6届开始有破纪录的记载。第6届有1人1次超1项世界纪录，20人14次打破7项全国纪录；第7届有1人1次超1项世界纪录，20人14次打破7项全国纪录；第8届有1人1次超1项世界纪录，20人14次打破7项全国纪录；第9届有4人1次超1项世界纪录；第10届无破纪录记载；第11届有5人5次创1项全国纪录。参加人数各届也有不同，第1届只有224人，到第11届增加到1 000余人。

《中华人民共和国国家标准》 *National Standards of the People's Republic of China* 对中国经济技术发展有重大意义，必须在全国范围内统一的标准。主要包括：通用的名词术语、互换配合的基础标准；安全、卫生和环境保护的标准；重要的工农业产品和工程建设标准；基本原料、材料、燃料标准；通用的零部件、元器件、构件和工具、量具标准；通用的试验方法和检验方法标准等。中国国家标准由国务院标准化行政部门编制计划，组织草拟，统一审批、编号、发布。国家标准分为强制性国家标准和推荐性国家标准两类，“GB”表示强制性国家标准，“GB/T”表示推荐性国家标准。国家标准的编号由国家标准的代号、国家标准发布的顺序号和国家标准发布的年号（4位数字）构成。

《中华人民共和国国家经济地图集》 *National Economic Atlas of the People's Republic of China* 中国国家地图集的组成部分。中国科学院地理研究所为主编单位，刘岳主编。1989年开始编制，1993年中国地图出版社出版，同年英国牛津大学出版社出版英文版，1995年高等教育出版社出版电子版。图集包括序图，资源，人口，经济总论，农业，工业，交通运输和邮电通讯，建筑、城市建设和环保，商业、外贸、旅游和金融，教育、科研、文化、卫生和体育，地区综合经济11个图组，共265幅地图和25万字的文字说明。该图集使用了中国工业普查、人口普查与科技普查及1985～1990年30多个部门提供的翔实统计调查资料，较全面系统地反映了中国国民经济体系及各部门结构、规模、水平与发展速度，显示了各经济部门和行业的空间分布格局和地区差异及各省区内部的空间结构模式，表现了制约中国经济与社会发展的资源与人口等因素以及各部门之间和各地区之间的有机联系。图集为中央、省级领导机关和业务主管部门等国情分析、宏观决策、规划编制及政策制定提供了重要科学依据。

《中华人民共和国国家农业地图集》 *National Agricultural Atlas of the People's Republic of China* 中国国家地图集的组成部分。周立三主编。1989年出版。图集包括序图、农业自然条件和资源、农业社会经济条件和农业技术水平、农业各部门分布特征和生产水平、农业土地利用5部分，共300幅地图。图集充分利用了全国农业资源调查和农业区划研究成果、气象与水文长期观测数据和大量农业统计数据，以宏观农业系统思想与综合观点为指导，全面系统地反映了中国农业生产条件、区域特点与农业生产水平，以及中华人民共和国建立40年来所取得的成就。图集的出版为因地制宜开发利用农业自然资源，合理安排农业布局与宏观规划决策提供了重要科学依据。

《中华人民共和国国家普通地图集》 *National General Atlas of the People's Republic of China* 中国国家地图集的组成部分。喻沧主编。1996年出版。图集包括序图、大区图、省区图3个图组及地名索引。其中，序图组共有17幅专题地图和21个图表，具体内容包括政区、交通、地势、水系、土质植被、名胜古迹等。大区图组共有20幅陆地和海洋的跨省区或海区扩大图。省区图组一省一幅编排，并把107个主要城市和8个地区扩大图分别纳入各省区自成体系。省区图组的地貌分层设色采用蓝紫色系并按中国地形三级阶梯的特点设立三个不同的分层设色梯尺，突破全国普通地图集以一个统一的红棕色系高度梯尺的传统惯例。另外，城市地图增加土地利用状况的表示。地名索引约45 000条。该图集是中国第一部最详细的大型普通地图集，把中国普通地图集的编制提高到一个新的水平。

《中华人民共和国国家自然地图集》 *National Physical Atlas of the People's Republic of China* 中国国家地图集的组成部分。中国科学院地理研究所为主编单位，廖克主编。图集包括序图、自然环境、自然资源、自然灾害、自然利用与保护5个部分18个图组，共540幅地图，115个图表与照片，以及近30万字的地图说明。1999年中、英文版同时出版发行。图集系统概括和总结了中国地球科学20世纪，特别是中华人民共和国建立50周年来，中国自然环境与自然资源方面获得的极其丰富的资料和地球科学研究的新进展、新发现。其中70%为首次公开发表的原创性地图。图集还首次实现国家地图集的全数字化计算机设计、编辑与自动分色制版。该图集获国内、国际多项奖励，是中国地图集编制史上具有里程碑意义的作品。同时，在该图集基础上，建成国家自然地图集数据库，作为国家资源与环境数据库的重要组成部分；还完成多媒体电子地图集、互联网地图集及中国自然环境综合系列地图。该图集及其派生成果在国家经济建设与社会发展宏观规划决策中，在资源开发利用、环境治理保护、国土整治、防灾减灾、西部开发以及科研教学与国际学术交流中都具有重要作用。

中华人民共和国国务院 State Council of the People's Republic of China 中华人民共和国中央人民政府，是最高国家权力机关的执行机关，是最高国家行政机关。1954年9月根据《中华人民共和国宪法》建立。其前身为1949年10月1日建立的中华人民共和国中央人民政府政务院。

组成和任期 由总理、副总理若干人、国务委员若干人、各部部长、各委员会主任、审计长、秘书长组成。国务院总理由中华人民共和国主席提名，经全国人民代表大会以全体代表的过半数通过决定后，由中华人民共和国主席任命；国务院的其他组成人员由总理提名，经全国人大以全体代表的过半数通过决定后，由中华人民共和国主席任命。在全国人大闭会期间，国务院总理可以向全国人大常委会提名部长、委员会主任、审计长、秘书长的人选，经常委会全体成员的过半数通过后，由中华人民共和国主席任免。

国务院的每届任期和全国人大的每届任期相同，即5年。总理、副总理、国务委员、秘书长连续任职不得超过2届。

领导体制 国务院实行总理负责制。总理召集和主持国务院常务会议和国务院全体会议。国务院发布的决定、命令和行政法规，向全国人大或其常委会提出的议案，任免人员，均须由总理签署。

国务院对全国人大负责并报告工作；在全国人大闭会期间，对全国人大常委会负责并报告工作。

职权 国务院行使下列职权：①根据宪法和法律，规定行政措施，制定行政法规，发布决定和命令。②向全国人大或者全国人大常委会提出议案。③规定各部和各委员会的任务和职责，统一领导各部、各委员会的工作，并领导不属于各部、各委员会的全国性行政工作。④统一领导地方各级国家行政机关的工作，规定中央和省、自治区、直辖市的国家行政机关职权的具体划分。⑤编制和执行国民经济和社会发展计划与国家预算。⑥领导和管理经济工作与城乡建设、教育、科学、文化、卫生、体育与计划生育、民政、公安、司法行政与监察等工作。⑦管理对外事务，同外国缔结条约和协定。⑧领导和管理国防建设事业。⑨领导和管理民族事务，保障少数民族的平等权利和民族自治地方的自治权利。⑩保护华侨的正当利益，保护归侨和侨眷的合法的权利和利益。⑪改变或者撤销各部、各委员会发布的不适当的命令、指示和规章。⑫改变或者撤销地方各级国家行政机关的不适当的决定和命令。⑬批准省、自治区、直辖市的区域划分，批准自治州、县、自治县、市的建置和区域划分。⑭决定省、自治区、直辖市的范围内部分地区进入紧急状态。⑮审定行政机构的编制，依照法律规定任免、培训、考核和奖惩行政人员。⑯全国人大和全国人大常委会授予的其他职权。

国务院各部、各委员会的设立、撤销或者合并，经总理提出，由全国人大决定；在全国人大闭会期间，由全国人大常委会决定。各部、各委员会实行部长、主任负责制。国务院设办公厅，由秘书长领导；设若干办事机构协助总理工作；设若干直属机构主管各项专门业务。

中华人民共和国海关 Customs of the People's Republic of China 依据《中华人民共和国海关法》和有关法律、行政法规，代表国家对进出关境运输工具、货物、物品等行使监督管理职权的行政执法机关。中华人民共和国的建立标志着独立自主的社会主义性质海关诞生。

性质和职能 1951年4月21日《人民日报》发表社论将海关称为国家的“经济大门”，从而引申出中国海关是“把守国家经济大门的行政机关”。1958年9月海关的职能从对经济方面的监督管理扩大到政治领域。1980年2月，在《国务院关于改革海关管理体制的决定》中提出“海关是代表国家在口岸行使监督管理职权的机关”。1987年7月1日实施的《中华人民共和国海关法》规定，中华人民共和国海关是国家的进出关境监督管理机关。

基本任务 1987年7月1日实施的《中华人民共和国海关法》规定：“海关依照本法和其他有关法律、法规，监管进出境运输工具、货物、行李物品、邮递物品和其他物品，征收关税和其他税费，查缉走私，并编制海关统计和办理其他海关业务”，明确中国海关4项基本任务：监管、征税、查私、统计。

业务改革 20世纪50年代初期至60年代中期，中国海关进行了一系列根本性的业务制度改革。①制定和实施《中华人民共和国暂行海关法》、《中华人民共和国海关进出口税则》等，废除或修改中华人民共和国建立前由外国人制定的海关法规和关税制度。②全国海关开始使用统一的报关单，废除中华人民共和国建立前海关常年保结制度。③在旅客行李、邮递物品监管方面，确立自用、合理数量验放原则，废除对来往国内邮包的监管。④对进口货物以购运国为依据，设立普通税率、最低税率，废除纳税争议案由专门机构负责处理制度。⑤将走私与违规（违章）分别查处。⑥补充、改进了统计指标和商品分类，废除一些与对外贸易实际进出口货物无关的内容，制定和实施海关统计制度。

60年代中期至70年代中期，海关业务制度受到严重破坏。实行改革开放以后，海关业务改革全面展开：①重新恢复各项业务中一系列行之有效的行政法规和规章，制定一批加强海关职能的法律、行政法规。②建立滞报金制度，健全转关运输制度，改革公路通关制度，推行保税制度等。1996年7月，全面推行加工贸易保证金台账制度。1999年4月，对与进出口直接相关的企业、单位和外商投资企业实施分类管理办法和风险管理机制。③参考国际海关做法，实行进出境旅客“红绿通道”（后改成“申报通道”和“无申报通道”）验放制度等。④重新编制《中华人民共和国海关进出口税则》。1997年7月起，逐步实行进口从量税和复合税计征制度。2000年4月，实施进出口商品预归类办法。2002年1月起，全面实施《世界贸易组织海关估价协定》。⑤改革缉私体制，组建海关缉私警察，实行“联合缉私、统一处理、综合治理”和缉私罚没“收支两条线”办法。⑥对外正式公布中国进出口贸易情况时，使用海关统计数字。⑦报关自动化系统、海关EDI（电子数据交换）通关系统和全国海关计算机网络系统陆续投入使用，初步实现“无纸报关”和全国海关计算机联网。⑧规划了海关改革与建设的两步走发展战略。

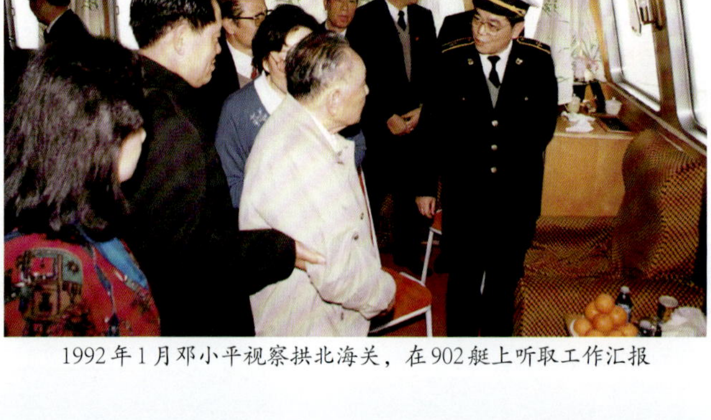

1992年1月邓小平视察拱北海关，在902艇上听取工作汇报

《中华人民共和国民法通则》 *General Principles of Civil Law of the People's Republic of China* 中国专门调整平等主体的公民之间、法人之间、公民和法人之间的财产关系和人身关系的民事基本法。中国最重要的基本法律之一。1986年4月12日第六届全国人民代表大会第四次会议通过，1987年1月1日正式施行。它的制定结束了中华人民共和国建立近40年来没有民事基本法的历史，其作用类似于过渡时期的一部民法典。

《民法通则》是以宪法为根据，既照顾了作为民事基本法的完整性和系统性，又确立了各种民事单行法律和法规的效力，形成了以《民法通则》为基础、各种民事单行法律和法规并行的民事法律体系。由于民法分则的各项规定比较简略，其具体的民事法律制度还要依据各个民事单行法律和法规的规定，如继承制度依据《继承法》，合同制度依据《合同法》。

共9章156条。第1章基本原则，规定了民法诸原则的效力范围。第2章公民（自然人），规定了公民作为民事法律关系主体的资格，未成年人、无民事行为能力或者限制民事行为能力的精神病人的监护，对失踪人的宣告失踪和宣告死亡，个体工商户、农村承包经营户以及个人合伙的有关问题。第3章法人，规定了法人作为民事法律关系主体的资格，法人的成立和终止的一般条件，企业、机关、事业单位和社会团体法人的成立、终止和民事活动范围以及企业之间、企业和事业单位之间的联营等问题。第一次确立了法人制度。第4章民事法律行为和代理，首次区分了民事行为和民事法律行为，规定了民事法律行为的成立、无效和撤销以及代理的种类、代理人和被代理人之间的权利和义务等问题。第5章民事权利，规定了国家、集体和个人的财产所有权及与所有权有关的财产权制度，根据合同产生的债权制度，由著作权、专利权、商标专用权、发现权等构成的知识产权制度，由生命健康权、姓名权、名称权、肖像权、名誉权、荣誉权以及婚姻自主权等构成的人身权制度等问题。第6章民事责任，规定了构成民事责任的要件，免除民事责任的条件以及民事责任、行政责任和刑事责任的关系，违反合同的民事责任，侵权的民事责任和承担民事责任的方式等问题。第7章诉讼时效，规定了一般诉讼时效、特殊诉讼时效、诉讼时效的中止和中断等问题。第8章涉外民事法律关系的法律适用，规定了涉外民事法律关系法律适用的原则，国际条约、国际惯例与国内民事立法的关系，以及各种具体的涉外民事法律关系适用的准据法选择等问题。

第9章附则，主要规定了民族自治地方的人民代表大会对《民法通则》进行变通或补充的原则和程序，《民法通则》生效前法人登记的效力，《民法通则》中某些概念的含义，有关期间的计算方法，以及《民法通则》的生效施行日期等问题。

《中华人民共和国民事诉讼法》 *Civil Procedure Law of the People's Republic of China* 中国规定人民法院审理民事案件的原则、制度、程序以及人民法院和诉讼参与人各自的诉讼权利和诉讼义务的基本法律。人民法院办理民事案件和诉讼参与人进行民事诉讼活动必须遵循的准绳。1991年4月9日第七届全国人民代表大会第四次会议通过、公布，并于公布之日起施行。

《民事诉讼法》共4编29章270条。第1编总则，包括任务、适用范围和基本原则，管辖，审判组织，回避，诉讼参加人，证据，期间、送达，调解，财产保全和先予执行，对妨害民事诉讼的强制措施，诉讼费用；第2编为审判程序，包括第一审普通程序、简易程序、第二审程序、特别程序、审判监督程序、督促程序、公示催告程序、企业法人破产还债程序；第3编执行程序，包括一般规定、执行的申请和移送、执行措施、执行中止和终结；第4编涉外民事诉讼程序的特别规定，包括一般原则，管辖，送达、期间，财产保全，仲裁，司法协助。

《民事诉讼法》的任务是保护当事人行使诉讼权利，保证人民法院查明事实、分清是非、正确适用法律、及时审理民事案件、确认民事权利义务关系、制裁民事违法行为、保护当事人的合法权益、教育公民自觉遵守法律，维护社会秩序、经济秩序，保障社会主义建设事业顺利进行。

《民事诉讼法》规定的基本原则有：民事案件审判权由法院行使原则；法院依法对民事案件独立进行审判原则；以事实为根据，以法律为准绳原则；诉讼当事人诉讼权利平等原则；保障和便利当事人行使诉讼权利原则；同等和对等原则；使用本民族语言文字进行诉讼原则；辩论原则；处分原则；检察监督原则；支持起诉原则；自愿、合法调解原则，人民调解原则；民族自治地方制定变通或者补充规定原则。

中华人民共和国全国人民代表大会 National People's Congress of the People's Republic of China 中华人民共和国的最高国家权力机关，是行使国家立法权的机关。由省、自治区、直辖市、特别行政区和军队选出的代表组成。代表名额以一定的人口比例为基础，由间接方式选举产生。代表选举适当照顾城乡之间、汉族与少数民族之间的差别，使国内各少数民族都有适当名额的代表，人口特少的民族至少应有1名代表。在城乡之间，农村每个代表所代表的人口数4倍于城市每个代表所代表的人口数。全国人民代表大会代表每届任期5年。

全国人民代表大会行使4个方面的职权：①修宪和立法。②选举和决定领导人。全国人大选举全国人大常委会的组成人员；选举中华人民共和国主席、副主席；根据中华人民共和国主席的提名，决定国务院总理的人选；根据国务院总理的提名，决定国务院副总理、国务委员、各部部长、各委员会主任、审计长、秘书长的人选；选举中央军事委员会主席；根据中央军事委员会主席的提名，决定中央军事委员会其他组成人员的人选；选举最高人民法院院长；选举最高人民检察院检察长。全国人大有权罢免上述人员。③决定国家重大事务。全国人大审查和批准国民经济和社会发展计划与计划执行情况的报告；审查和批准国家的预算与预算执行情况的报告；改变或者撤销全国人大常委会不适当的决定；批准省、自治区和直辖市的建置；决定特别行政区的设立及其制度；决定战争与和平的问题。④其他。全国人大行使应当由最高国家权力机关行使的其他职权。

全国人民代表大会每年举行一次会议，由全国人大常委会召集。如果全国人大常委会认为必要，或者有1/5以上的全国人大代表提议，可以召集临时会议。全国人大举行会议的时候，选举主席团主持会议。全国人民代表大会是合议制机关，实行集体领导、集体决议的民主集中制原则。

中华人民共和国人民法院 people's courts of the People's Republic of China 中华人民共和国的审判机关。

组织体系　根据现行宪法、《中华人民共和国人民法院组织法》和其他有关法律的规定，人民法院的组织体系由最高人民法院、地方各级人民法院和专门人民法院构成。地方各级人民法院包括高级人民法院、中级人民法院和基层人民法院。专门人民法院包括军事法院、铁路运输法院和海事法院等。最高人民法院是国家最高审判机关，监督地方各级人民法院和专门人民法院的审判工作；上级人民法院监督下级人民法院的审判工作。最高人民法院对全国人民代表大会及其常务委员会负责并报告工作；地方各级人民法院对本级人民代表大会及其常务委员会负责并报告工作。

任务　人民法院的任务是审判刑事案件、民事案件、行政案件，并且通过审判活动，惩办一切犯罪分子，解决民事纠纷和行政纠纷，以保卫人民民主专政制度，维护社会主义法制和社会秩序，保护社会主义的全民所有的财产、劳动群众集体所有的财产，保护公民私人所有的合法财产，保护公民的人身权利、民主权利和其他权利，保障社会主义建设事业的顺利进行，并通过自己的全部活动，教育公民忠于社会主义祖国，自觉地遵守宪法和法律。

基本原则　人民法院审理案件实行两审终审的审级制度，其行使职权的基本原则是：依照法律规定独立行使审判权，不受行政机关、社会团体和个人的干涉；对于一切公民，不分民族、种族、性别、职业、社会出身、宗教信仰、教育程度、财产状况、居住期限，在适用法律上一律平等，不允许有任何特权；保障各民族公民用本民族语言文字进行诉讼的权利，应当为不通晓当地通用的语言文字的当事人提供翻译，在少数民族聚居或者多民族杂居的地区，应当用当地通用的语言进行审判，用当地通用的文字发布判决书、布告和其他文件；审理案件，除涉及国家机密、个人隐私和未成年人犯罪的案件外，一律公开进行；与公安机关和人民检察院分工负责、互相配合、互相制约办理刑事案件，以保证准确有效地执行法律。

中华人民共和国人民检察院 people's procuratorates of the People's Republic of China 中华人民共和国负责行使检察权的法律监督机关。

组织体系　根据现行宪法、《中华人民共和国人民检察院组织法》和其他有关法律的规定，人民检察院的组织体系由最高人民检察院、地方各级人民检察院和专门人民检察院构成。地方各级人民检察院包括：省、自治区、直辖市人民检察院；省、自治区、直辖市人民检察院分院，自治州、设区的市人民检察院；县、自治县、不设区的市和市辖区人民检察院；省一级人民检察院和县一级人民检察院根据工作需要，可以提请同级人民代表大会常务委员会批准，在工矿区、农垦区、林区等设置人民检察院作为派出机构。专门人民检察院包括军事检察院和铁路运输检察院。最高人民检察院是国家最高检察机关，对全国人民代表大会及其常务委员会负责并报告工作，领导地方各级人民检察院和专门人民检察院的工作；地方各级人民检察院对本级人民代表大会及其常务委员会负责并报告工作，对上级人民检察院负责，上级人民检察院领导下级人民检察院的工作。

任务　人民检察院的任务是：通过行使检察权，镇压一切叛国的、分裂国家的犯罪活动；惩治危害国家安全的犯罪分子和其他犯罪分子，保卫国家的安全；保卫人民民主专政的政权和社会主义制度；维护社会主义法制，维护社会秩序、生产秩序、工作秩序、教学科研秩序和人民群众生活秩序；保护社会主义的全民所有的财产和劳动群众集体所有的财产，保护公民私人所有的合法财产，保护公民的人身权利、民主权利和其他权利；保卫社会主义现代化建设的顺利进行，并通过检察活动，教育公民忠于社会主义祖国，自觉地遵守宪法和法律，积极同违法行为作斗争。

基本原则 人民检察院行使检察权应当遵循以下原则：依照法律规定独立行使检察权，不受行政机关、社会团体和个人的干涉；对于一切公民，不分民族、种族、性别、职业、社会出身、宗教信仰、教育程度、财产状况、居住期限，在适用法律上一律平等，不允许有任何特权；保障各民族公民用本民族语言文字进行诉讼的权利，应当为不通晓当地通用的语言文字的当事人提供翻译，在少数民族聚居或者多民族杂居的地区，应当用当地通用的语言进行讯问，用当地通用的文字制作起诉书、布告和其他文件；与公安机关和人民法院分工负责、互相配合、互相制约办理刑事案件，以保证准确有效地执行法律。

《中华人民共和国宪法》 *Constitution of the People's Republic of China* 中华人民共和国最高国家权力机关制定和颁布的国家根本法。由第一届全国人民代表大会第一次会议于1954年9月20日通过并颁布实施。后来历经修改，发展成为今日的《中华人民共和国宪法》。

产生背景 中华人民共和国在1949年建立之初，因为制宪的条件不成熟，曾以《中国人民政治协商会议共同纲领》作为临时宪法。

1954年9月20日，第一届全国人大第一次会议通过了第1部《中华人民共和国宪法》。简称“1954年宪法”。1954年宪法除序言外，分为4章，共106条。

1975年1月17日，第四届全国人大第一次会议通过了第2部《中华人民共和国宪法》。世称“1975年宪法”。分序言和4章，但只有30条。在历史上只存在3年。

1978年3月5日，第五届全国人大第一次会议通过了第3部《中华人民共和国宪法》，即“1978年宪法”。分序言和4章，共60条。

1978年公布的宪法虽然经过1979年及1980年的两次修正，但仍然不能适应中共十一届三中全会之后客观情况发生的巨大变化。1982年12月4日第五届全国人大第五次会议通过了第4部宪法，这就是现在实施中的《中华人民共和国宪法》。

现行宪法公布以来，经历了4次部分内容的修改。1988年4月12日，七届全国人大一次会议通过了第1～2条宪法修正案。1993年3月29日，八届全国人大一次会议通过了第3～11条宪法修正案。1999年3月15日，九届全国人大二次会议通过了第12～17条宪法修正案。2004年3月14日，十届全国人大二次会议通过了第18～31条宪法修正案。

主要内容 现行《中华人民共和国宪法》包括：序言，第1章总纲，第2章公民的基本权利和义务，第3章国家机构，第4章国旗、国歌、国徽、首都，共138条及17条修正案。

1982年宪法继承和发展了1954年宪法的基本原则，充分总结了中国社会主义发展的丰富经验，也注意吸取国际经验，是一部有中国特色的、适应新的历史时期社会主义现代化建设需要的宪法。

1954年9月15日刘少奇代表宪法起草委员会作《关于中华人民共和国宪法草案的报告》

《中华人民共和国香港特别行政区基本法》 *Basic Law of Hong Kong Special Administrative Region of the People's Republic of China* 中华人民共和国全国人民代表大会根据《中华人民共和国宪法》制定的、在香港特别行政区实施的全国性基本法律，是香港特别行政区的宪法性法律。1990年4月4日第七届全国人民代表大会第三次会议通过。1997年7月1日起施行。

《香港特别行政区基本法》正文包括序言和9章，共160条和3个附件。序言表述了香港问题的历史背景，以及制定基本法的事实依据和宪法依据。第1章总则，规定香港特别行政区是中华人民共和国不可分离的部分，全国人民代表大会授权香港特别行政区依照基本法的规定实行高度自治。香港特别行政区保持原有的资本主义制度和生活方式，50年不变。第2章规定了中央和香港特别行政区的关系。第3章规定了香港特别行政区居民的各项基本权利和义务。第4～7章详细规定了特别行政区的政治体制、经济制度和教育、科学、文化、体育、宗教、劳工和社会服务政策以及处理特别行政区对外事务的原则和方法。第8章规定了香港特别行政区基本法的解释和修改。第9章附则，规定了香港法律和有关法律文件及权利义务的过渡问题。

3个附件分别是：附件1《香港特别行政区行政长官的产生办法》，附件2《香港特别行政区立法会的产生办法和表决程序》，附件3《在香港特别行政区实施的全国性法律》。

《香港特别行政区基本法》贯彻了“一个国家，两种制度”的基本方针，体现了“港人治港”和“高度自治”的原则精神，是香港特别行政区居民和政府的基本行为准则，在香港特别行政区的法律体系中具有最高法律效力，香港特别行政区立法机关制定的任何法律均不得同基本法相抵触。

《中华人民共和国消费者权益保护法》 *Law of the People's Republic of China on Safeguarding the Consumer Rights and Interests* 中国保护消费者合法权益的法律。自1994年1月1日起施行。共8章55条。主要规定消费者的权利、经营者的义务、国家对消费者合法权益的保护、消费者组织及其职能、争议的解决，以及违法行为的法律责任。

消费者的权利共有9项：①安全权。②知情权。③自由选择权。④公平交易权。⑤获得赔偿权。⑥成立组织权。⑦保持尊严权。⑧投诉权。⑨监督权。

经营者在向消费者提供商品或服务时，应当履行以下义务：①履行法定或约定的义务。②接受监督的义务。③保证安全的义务。④提供真实信息的义务。⑤明示销售的义务。⑥出具售货证的义务。⑦保证质量性能的义务。⑧尊重消费者的义务。

经营者在涉及消费者权益保护中有关质量法律责任的追究主要表现在3个方面：①经营者违法经营侵犯消费者权益的，首先承担民事责任。②违法经营除侵犯消费者人身、财产安全外，还扰乱了国家对市场的正常管理秩序，因此除依法承担民事责任外，还必须承担一定的行政责任。③对于严重侵犯消费者权益、扰乱市场经济秩序的责任者，国家将依法追究其相应的刑事责任。

《中华人民共和国刑法》 *Criminal Law of the People's Republic of China* 中国最高权力机关制定的，关于犯罪、刑事责任和刑罚的比较集中和系统的法律文件。

1979年《中华人民共和国刑法》 1954年《中华人民共和国宪法》通过后开始起草《中华人民共和国刑法》，1979年7月1日第五届全国人民代表大会第二次会议通过，7月6日公布，自1980年1月1日起施行。分2编共192条。

《中华人民共和国刑法》自公布施行以后，随着形势发展的需要，国家立法机关通过制定单行刑事法律和设置附属刑法规范等方式，对它又不断进行补充和修改。主要有：①在空间效力上，补充了普遍管辖权原则。②在法律溯及力问题上，有个别刑事法律采取了与刑法典从旧兼从轻原则不同的原则。③在犯罪主体上，增加了某些罪的单位犯罪规定。④在共同犯罪定罪和处罚原则上作了一定的补充，即身份犯与非身份犯共同犯罪时，按身份犯的犯罪性质定罪；在经济性、财产性犯罪中，对犯罪的总数额负责的，不仅是犯罪集团的首要分子，而且还有其他情节严重的主犯。⑤在刑罚种类上，除刑法典规定的9个刑种外，对危害重大的犯罪军人，增加了剥夺勋章、奖章和荣誉称号的规定；对被判处剥夺政治权利或者三年以上有期徒刑的军官，还附加剥夺军衔。⑥在量刑制度上，有个别刑事法律增设了加重处罚的情节。同时，还增加了不少从重处罚的情节，也增加了个别从轻、减轻或者免除处罚的情节。⑦在一罪和数罪问题上，明确规定了某些情况要依照数罪并罚的规定处罚，从而排除了按牵连犯、吸收犯处理的可能；但对有的牵连犯罪情况仍不规定数罪并罚，而坚持按其中重的罪从重处罚。⑧在缓刑制度上，增设了战时缓刑制度。⑨在分则罪名上，1979年刑法典只有130个罪名，经过单行刑事法律和附属刑法规范的不断补充，至1997年修订的刑法典通过之前，已增加到263个罪名。⑩在罪状（即具体犯罪构成）上，对某些罪补充规定了概念、特征，使构成要件更加明确、具体；有的还分别情节、数额档次，使法定刑更加相适应，便于司法掌握。⑪在法定刑上，提高了不少罪的法定刑，其中有的罪增设了死刑。⑫在罚金适用上，对某些罪开始规定罚金的数额幅度。⑬在法条适用上，通过“比照”等的立法方式，扩大了刑法分则某些条文所规定的犯罪的适用范围。

1997年《中华人民共和国刑法》 修订的《中华人民共和国刑法》经第八届全国人民代表大会第五次会议于1997年3月14日通过，同年10月1日起施行。修订的《中华人民共和国刑法》包括总则、分则、附则3编，共15章452条。第1编总则共101条，分5章。第2编分则共350条，分10章。此外，还有附则。

特点 修订的《中华人民共和国刑法》的鲜明特点是：

①基本实现了中国刑法的统一性和完备性。1979年刑法典实施以来，凡是由全国人大常委会作出的有关刑法的修改补充，包括单行刑事法律和附属刑法规范，都纳入了刑法典，改写为修订的刑法典的具体条款。此外，还增设了分则第7章危害国防利益罪。修订的刑法典还大量充实了新的罪种，其中不少是新型犯罪，如证券内幕交易罪、洗钱罪、侵犯商业秘密罪、非法侵入计算机信息系统罪等。修订的刑法典总共有413个罪名，从罪名增设情况来看，中国刑法确已相当完备。

②贯彻刑事法治原则和加强刑法保障功能。修订的刑法典在总则第1章显著位置上规定了罪刑法定原则、适用刑法人人平等原则和罪责刑相适应原则，并废止了1979年刑法典中有悖于罪刑法定原则的类推制度。刑法典还进一步规定对未成年人犯罪从宽处罚的原则，强化对公民正当防卫权利的保护，设置了较为齐全的有关侵犯公民基本权利（包括人身权利、民主权利、劳动权利、财产权利、婚姻家庭权利等）犯罪的刑法规范。这些都是加强刑法保护社会和保障人权功能的表现。

③立足于中国国情和适当借鉴外国先进经验相结合。比如，扩大了中国刑法对中国公民的域外管辖权，设立了中国刑法的普遍管辖权原则。这些规定适应了中国对外开放的新形势，有利于加强国际合作、进一步发挥中国在国际事务中的作用。又如，借鉴国际上刑罚改革的经验，扩大了开放型刑罚——管制和罚金的适用范围。1979年刑法典规定可以适用管制和罚金的罪种均为23个，修订的刑法典将适用管制的罪种扩大到109个，将适用罚金的罪种增至180个。再比如，修订的刑法典将1979年刑法典分则第1章反革命罪更名为危害国家安全罪，按照危害国家安全的性质对此类犯罪作了必要的修改和调整，将该章中实际属于普通刑事犯罪性质的罪种移入其他罪章。这一修改是中国刑法致力于科学化和适合现代刑法通例的重要举措。

修改和补充 修订的刑法典颁布之后，立法机关根据同犯罪作斗争的需要，又对修订的刑法典进行了局部性的修改和补充。主要有：1998年《关于惩治骗购外汇、逃汇和非法买卖外汇犯罪的决定》、1999年《中华人民共和国刑法修正案》、2001年《中华人民共和国刑法修正案（二）》、2001年《中华人民共和国刑法修正案（三）》、2002年《中华人民共和国刑法修正案（四）》、2005年《中华人民共和国刑法修正案（五）》、2006年《中华人民共和国刑法修正案（六）》、2009年《中华人民共和国刑法修正案（七）》和2011年《中华人民共和国刑法修正案（八）》。

《中华人民共和国刑事诉讼法》 *Criminal Procedure Law of the People's Republic of China* 中华人民共和国制定的刑事诉讼法典，重要的基本法律之一。1979年7月1日第五届全国人民代表大会第二次会议通过，1980年1月1日起施行。1996年3月17日第八届全国人民代表大会第四次会议修正，1997年1月1日起施行。它规定了人民法院、人民检察院和公安机关办理刑事案件的原则、程序和证据制度，以及诉讼参与人的权利义务，体现了追究犯罪与保障人权相结合的精神。

共4编17章225条。第1编总则，包括任务和基本原则，管辖，回避，辩护与代理，证据，强制措施，附带民事诉讼，期间、送达，其他规定。第2编立案、侦查和提起公诉。第3编审判，包括审判组织、第一审程序、第二审程序、死刑复核程序和审判监督程序。第4编执行。最后是附则。为了保证新修正的《中华人民共和国刑事诉讼法》的正确实施，1998年1月19日制定了《最高人民法院、最高人民检察院、公安部、国家安全部、司法部、全国人民代表大会常务委员会法制工作委员会关于刑事诉讼法实施中若干问题的规定》，共48条。

《刑事诉讼法》规定的基本原则共有15项：①职权原则。对刑事案件的侦查、拘留、执行逮捕、预审由公安机关负责；检察、批准逮捕、检察机关直接受理的案件的侦查、提起公诉由人民检察院负责；审判由人民法院负责。②严格遵守程序法。③司法独立。人民法院依照法律规定独立行使审判权，人民检察院依照法律规定独立行使检察权，不受行政机关、社会团体和个人的干涉（见审判独立）。④依靠群众。⑤以事实为根据，以法律为准绳。⑥对一切公民在适用法律上一律平等。⑦分工负责、相互配合、相互制约原则。⑧人民检察院依法对刑事诉讼实行法律监督。⑨使用民族语言文字进行诉讼。各族公民都有用本民族语言文字进行诉讼的权利。人民法院、人民检察院和公安机关对于不通晓当地通用的语言文字的诉讼参与人，应当为他们提供翻译。在少数民族聚居或者多民族杂居的地区，应当用当地通用的语言进行审讯，用当地通用的文字发布判决书、布告和其他文件。⑩审判公开。⑪具有法定情形不予追究刑事责任。在刑事诉讼中，具有下列情形之一的，应当不追究刑事责任，已经追究的，应当撤销案件，或者不起诉，或者终止审理，或者宣告无罪：情节显著轻微、危害不大，不认为是犯罪的；犯罪已过追诉时效期限的；经特赦令免除刑罚的；依照刑法告诉才处理的犯罪，没有告诉或者撤回告诉的；犯罪嫌疑人、被告人死亡的；其他法律规定免予追究刑事责任的。⑫犯罪嫌疑人、被告人有权获得辩护。⑬未经人民法院依法判决，对任何人都不得确定有罪。该规定吸收了无罪推定原则的基本精神。⑭保障诉讼参与人的诉讼权利。诉讼参与人对于审判人员、检察人员和侦查人员侵犯公民诉讼权利和人身侮辱的行为有权提出控告。⑮追究外国人刑事责任适用该法。但对于享有外交特权与豁免权的外国人犯罪应当追究刑事责任的，通过外交途径解决。

中华人民共和国行政机构 administrative organs in the People's Republic of China 由中央人民政府国务院、各级地方人民政府和香港、澳门特别行政区政府组成的中国行政组织体系。中华人民共和国政府的重要组成部分。

中央人民政府　中华人民共和国国务院是最高国家行政机关。由总理、副总理、国务委员、各部部长、各委员会主任、审计长、秘书长组成。国务院实行总理负责制。国务院工作中的重大问题，必须经国务院常务会议或国务院全体会议讨论决定。国务院下设各部、委机构，以及直属机构和办事机构。各部、委员会实行部长、主任负责制。部长、委员会主任领导本部门的工作，召集和主持部务会议或委员会会议、委务会议，签署上报国务院的重要报告和下达的命令、指示，各部、委工作中的方针、政策、计划和重大行政措施应向国务院请示报告，由国务院决定。根据法律和国务院的决定，主管部、委可以在本部门的权限内发布命令、指示和规章。国务院可以根据工作需要和精简的原则，设立若干直属机构主管各项专门业务，设立若干办事机构协助总理办理专门事项。

地方各级人民政府　包括省、自治区、直辖市、自治州、设区的市和县、自治县、不设区的市、市辖区、乡、民族乡、镇的人民政府。它们是国务院统一领导下的地方国家行政机关。省、自治区、直辖市、自治州、设区的市的人民政府分别由省长、副省长，自治区主席、副主席，市长、副市长，州长、副州长和秘书长、厅长、局长、委员会主任等组成。县、自治县、不设区的市、市辖区的人民政府分别由县长、副县长，市长、副市长，区长、副区长和局长、科长等组成。乡、民族乡人民政府设乡长、副乡长。民族乡的乡长由建立民族乡的少数民族公民担任。镇人民政府设镇长、副镇长。地方各级人民政府分别实行首长负责制。政府工作中的重大问题，须经各级政府常务会议或者全体会议讨论决定。

中华人民共和国各级国家行政机关受同级人民代表大会的领导，并受人民代表大会监督。中央和地方各级人民政府职权的划分，遵循在中央的统一领导下，充分发挥地方的主动性、积极性的原则。中央与地方行政机构的设置基本一致，上下基本对应，有利于中央政府垂直领导。行政机构实行双层领导体制。地方政府各行政机构既受当地政府直接管理，又受中央及上级政府有关业务部门的领导和指导。

香港、澳门特别行政区政府具有高度自治的职能和权力，但特别行政区防务和有关的外交事务由中央人民政府负责，特别行政区行政长官和政府主要官员由中央人民政府任命。

《中华人民共和国行政诉讼法》 *Administrative Procedure Law of the People's Republic of China*　中国规范人民法院审判行政案件以及当事人和其他诉讼参加人进行**行政诉讼**活动的基本法律。1989年4月4日第七届全国人民代表大会第二次会议通过并公布，1990年10月1日起施行。其制定目的是：保证人民法院正确、及时地审理行政案件，保护公民、法人和其他组织的合法权益，维护和监督行政机关依法行使行政职权。

共11章75条，规定了此法的立法目的和基本原则；哪些行政案件由哪一级法院来管辖；可以告到法院去的行政案件的受案范围；行政诉讼各种参加人及其在诉讼中的法律地位、权利、义务；行政诉讼证据的种类及相关问题；行政案件的起诉程序，受理程序，审理程序，裁判程序和判决、裁定的执行程序；制止妨害行政诉讼行为的必要措施；由国家（政府）名义承担侵权赔偿责任的行政赔偿制度；有关涉外行政诉讼的原则；以及诉讼费用和施行日期等问题。

该法的主要特点是：①规定行政案件是当事人控告政府机关（及其工作人员）的案件。②行政诉讼双方当事人所争议的标的，只能是行政机关的具体行政行为。③行政诉讼不适用调解。

《中华人民共和国行政诉讼法》的制定与实施打破了几千年来的官尊民卑的传统观念，建立起"民可以告官"的行政诉讼制度，是社会主义民主政治建设和社会主义法制建设的一个重要里程碑。

《中华人民共和国药典》 *Pharmacopoeia of the People's Republic of China*　中国具有法律性质的国家药品标准。由国家药典委员会（原卫生部药典委员会）编制，为中国药品的监督管理、生产销售、科学研究和使用是否符合国家的规定提供技术依据。又称《中国药典》。1949年后颁布了9版《中国药典》，即1953、1963、1977、1985、1990、1995、2000、2005和2010年版。自1988年起出版《中华人民共和国药典》英文版，向海外发行。2010年版一部收载中药材及饮片、植物油脂和提取物、成方和单味制剂等2 165种；二部收载化学药品、抗生素、生化药品、放射性药品及药用辅料等2 271种；三部收载生物制品131种，该版药典共收载4 567种。

《中华人民共和国药典》对国家药品标准制定修订工作、促进医药事业的发展、监督管理和检验药品质量、取缔假劣药品、保障用药安全有效等起重要作用。

中华人民共和国运动会 National Games of the People's Republic of China　中国全国最高水平的综合性运动会。简称全运会。

毛泽东、刘少奇、朱德、周恩来在1965年第2届全运会主席台上

1949年中华人民共和国建立以来，党和国家几代领导人十分关心体育事业的发展，支持定期检验竞技运动的发展水平，并亲自出席各届全运会的开幕式、观看比赛。在党中央、国务院的领导下，在全国人民的大力支持下，自1959年举办第1届全运会后，至2009年已举办了11届，充分展现出中国体育事业的蓬勃发展和中国体育运动成绩的长足进步。**国际奥林匹克委员会**也非常关切中国的该项赛事，该会主席J.A.**萨马兰奇**、J.罗格曾几次出席观看全运会的开幕式。

全运会除1959年第1届与1965年第2届相隔6年、第2届与1975年第3届相隔10年以外，其余各届均每4年举办一次。从第7届开始由原来在**奥林匹克运动会**前一年举行，改为在奥运会后一年举行。竞赛项目除奥运会项目外，还有马球、技巧、武术、中国象棋、围棋、摩托车、跳伞、航空模型、航海模型等。速度滑冰等冬季比赛项目从1975年第3届全运会开始设置。各省、自治区、直辖市，解放军及各行业体育协会（火车头、前卫、银鹰等）均组团参加了各届全运会的诸项比赛，香港、澳门两特别行政区成立后也派出各自的代表团参赛。

中华人民共和国中央人民政府 Central People's Government of the People's Republic of China　1949年10月1日中华人民共和国建立到1954年9月15日第一届全国人民代表大会召开前的最高国家政权机关。包括中央人民政府委员会和由它任命并受其领导的政务院、人民革命军事委员会、最高人民法院、最高人民检察署等机构。1952年11月15日增设中央人民政府计划委员会。

中央人民政府委员会是中央人民政府的首脑机构，由中国人民政治协商会议全体会议选举中央人民政府主席1人、副主席6人、委员56人，并由中央人民政府委员会互选秘书长1人组成。对外代表中华人民共和国，对内领导国家政权。中央人民政府委员会的工作由中央人民政府主席领导。中央人民政府委员会会议每2个月举行一次，由中央人民政府主席召集和主持。1949年9月30日，中国人民政治协商会议第一次会议选举毛泽东为中央人民政府主席，朱德、刘少奇、宋庆龄、李济深、张澜、高岗为副主席。

中央人民政府委员会任命总理1人、副总理若干人、秘书长1人、政务委员若干人组成中华人民共和国中央人民政府政务院，作为国家政务的最高执行机关。1949年10月1日，中央人民政府委员会一次会议任命周恩来为中央人民政府政务院总理，同年10月19日，中央人民政府委员会三次会议任命董必武、陈云、郭沫若、黄炎培为副总理。1952年8月，中央人民政府委员会十七次会议又任命邓小平为副总理。政务院对中央人民政府委员会负责并报告工作，在中央人民政府委员会休会期间，对中央人民政府主席负责并报告工作。中央人民政府委员会还组织人民革命军事委员会作为国家军事的最高统辖机关，组织最高人民法院和最高人民检察署作为国家的最高审判机关和检察机关。

中华人民共和国中央人民政府在历史上起过重要的作用。中央人民政府委员会在它存在的5年中，举行过34次会议，通过了一系列法律，决定了国家生活中的许多重大事项。1954年宪法规定，中华人民共和国国务院即中央人民政府。但它同建国初期的中央人民政府在性质、组织、职权、作用和在国家机构体系中的地位等方面有很大的差别。

中华人民共和国主席 president of the People's Republic of China 中华人民共和国国家机构的组成部分，是国家元首。中国现行宪法在第3章国家机构中单列了“中华人民共和国主席”一节。

主席的产生和任期 中华人民共和国主席、副主席由全国人民代表大会选举产生。有选举权和被选举权的年满45周岁的中华人民共和国公民可以被选为中华人民共和国主席、副主席。中华人民共和国主席、副主席每届任期同全国人民代表大会每届任期相同，即5年，连续任职不得超过2届。

主席的职权 有4个方面：①公布法律权。根据全国人大及其常委会的决定，公布法律。法律在制定通过之后，必须由中华人民共和国主席公布，方能实施。②任免权。主席提名国务院总理的人选，根据全国人大的决定，任命国务院总理、副总理、国务委员、各部部长、各委员会主任、审计长、秘书长；在全国人大闭会期间，根据全国人大常委会的决定，任命部长、委员会主任、审计长、秘书长。主席根据全国人大和全国人大常委会的决定，罢免上述人员。③授予荣誉和发布命令权。根据全国人大和全国人大常委会的决定，授予国家的勋章和荣誉称号，发布特赦令，宣布进入紧急状态，宣布战争状态，发布动员令。④外交权。代表中华人民共和国进行国事活动，接受外国使节；根据全国人大常委会的决定，派遣和召回驻外全权代表，批准和废除同外国缔结的条约和重要协定。

中华人民共和国副主席 中华人民共和国副主席协助主席工作，受主席的委托，可以代行主席的部分职权。中华人民共和国主席缺位的时候，由副主席继任主席的职位。中华人民共和国副主席缺位的时候，由全国人民代表大会补选。中华人民共和国主席、副主席都缺位的时候，由全国人民代表大会补选；在补选前，由全国人民代表大会常务委员会委员长暂时代理主席职位。

中华书局 Zhonghua Book Company 中国以整理出版古籍为主的专业出版社。1912年在上海成立，创办人陆费逵。先后创办了《中华教育界》、《中华小说界》等期刊，并出版了《古今图书集成》、《四部备要》等重要古籍和具有百科性质的语文工具书《辞海》，以及周谷城、刘大杰、李四光等人的著作。

1954年，总部从上海迁到北京。1958年，成为国务院古籍整理出版规划小组的办事机构，以整理出版中国古籍为主。历年出版的重要作品包括影印出版了《太平御览》、《永乐大典》、《四库全书总目》等古籍，系统整理出版《二十四史》、《清史稿》、《全唐诗》、《全宋词》、《孙中山全集》等重要书籍。

中华苏维埃共和国临时中央政府 Temporary Central Government of Chinese Soviet Republic 中国共产党为统一全国各革命根据地政权的领导，仿照苏联模式在江西瑞金建立的中央政权机关。1931年11月20日成立。同年9月上旬，红军取得第三次反“围剿”战争的胜利，恢复和发展了全国各革命根据地。11月7～20日，中华工农兵苏维埃第一次全国代表大会在江西瑞金举行，一致通过《中华苏维埃共和国宪法大纲》，选举毛泽东、周恩来、朱德等63人为中央执行委员，宣告中华苏维埃共和国临时中央政府正式成立，定都瑞京（改金字为“京”）。中央执行委员会选举毛泽东为中央执行委员会主席，项英、张国焘为副主席。下设人民委员会、最高法院和审计委员会。全国苏维埃代表大会为最高政权机关。人民委员会为中央执行委员会的行政机关，由人民委员会主席、副主席，外交、劳动、土地、军事、财政、国民经济、粮食、教育、内务、司法人民委员和工农检察委员会主席组成。中华苏维埃共和国为工农民主专政的国家。由于战争频繁，领土和人口变化不定。当时面积约15万平方千米，人口逾1 000万。1934年10月，临时中央政府随中央红军撤离江西苏区。1935年10月，转移至陕甘苏区。抗日战争爆发后，国共再次实现合作，自行宣告结束。

中华苏维埃第一次全国代表大会选举情景

《中华苏维埃共和国宪法大纲》 *Constitutional Outline of Chinese Soviet Republic* 中国工农民主政权的第一个宪法性文件。1931年11月7日在江西瑞金召开的第一次全国苏维埃代表大会通过。1934年1月由第二次全国苏维埃代表大会修改。

该法共17条，主要内容有：规定苏维埃国家的性质“是工人和农民的民主专政国家”。将地主资产阶级拒于政权之外，剥夺其言论、出版、集会、结社等自由，用革命武力和法庭镇压一切反革命复辟活动。规定苏维埃国家的政治制度是工农兵代表大会。保证工农大众参加国家管理，保证工人阶级及其政党的领导，实行民主集中制和议行合一原则。规定苏维埃国家公民的权利义务。工农兵及一切劳苦民众享有政治、经济、文化等方面的民主权利。各级政府采取切实有效措施，提供力所能及的物质保障条件。规定苏维埃国家的外交政策。宣布中华民族完全自由独立，不承认帝国主义在中国的特权及不平等条约。与世界无产阶级和被压迫民

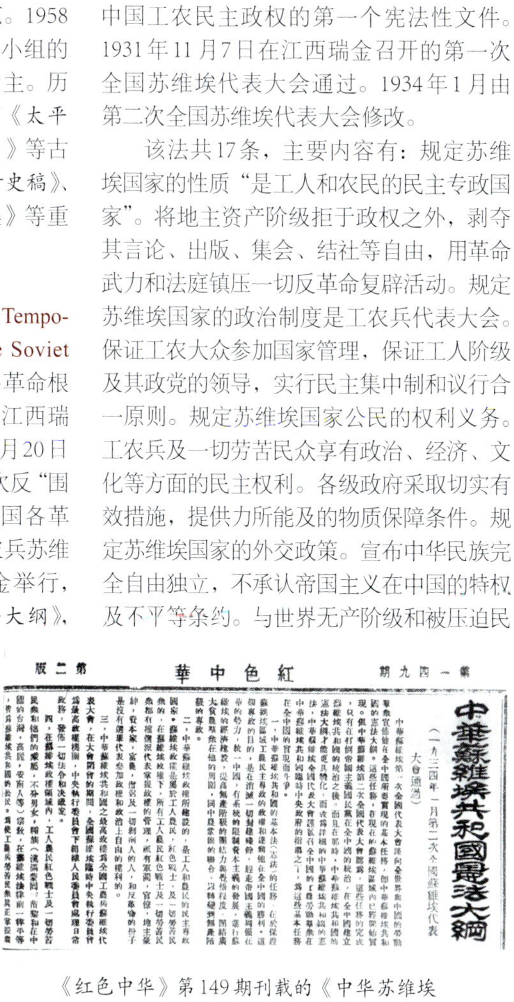

第一四九期 紅色中華 第二版

中華蘇維埃共和國憲法大綱

（一九三四年一月第二次全國蘇維埃代表大會通過）

《红色中华》第149期刊载的《中华苏维埃共和国宪法大纲》(1934)

族站在一起。对居住在苏区从事劳动的外国人给予法定政治权利。该宪法大纲是第一部在中国共产党领导下制定的规定人民民主制度的根本法，是中国人民反帝反封建的工农民主专政的伟大纲领。

中华鲟 *Acipenser sinensis*; Chinese sturgeon　鲟形目鲟科鲟属的一种。又名鲟鲨。中国特有种。分布于太平洋西北及中国海南岛以东到黄渤海等海区和珠江、钱塘江、长江、黄河等淡水河流。一般成鱼体长1.69～3.25米；体重38.5～378千克，最大个体重达500千克以上。体梭形。吻尖长，吻部腹面中央有须2对。尾歪形，上叶特别发达。体具5纵行骨板状大硬鳞。鳃盖膜与峡部相连，左右鳃孔分离。幼鱼皮肤光滑，鳃耙细尖；成鱼皮肤粗糙，鳃耙柱状，13～28枚。头部和体背侧青灰色或褐色，腹部白色，各鳍均为青灰色，侧、腹板间的侧板下方体色有过渡区。

生活于大江和近海中，是*洄游*性的底层鱼类。由海入江，喜聚于河口。成熟群体于10～11月溯江河而上，在江河上游进行生殖。性成熟年龄9～25龄。怀卵量47.5万～144.5万粒。卵沉性，椭圆形，灰绿色，具黏性。以动物性的食物为主，产卵期一般停食。原为大型经济鱼类之一，但由于过度捕捞已成为濒危物种，被列为国家一级保护动物。

中华医学会 Chinese Medical Association; CMA　中国医学科学技术工作者的群众性学术团体。现有83个分会，50万名会员，16个办事机构，1个医学图书馆。

1915年2月在上海成立，颜福庆为第一任会长。11月，中英文并列的《中华医学杂志》创刊，第一卷第一期发表《中华医学会宣言书》，宣布学会的宗旨为“巩固医家友谊、尊重医德医权、普及医学卫生、联络华洋医界”。1916年2月在上海召开第一届会员代表大会，伍连德为会长。1917～1930年先后召开7届会员代表大会。1932年4月与中国博医会（1886年建立，首任会长为嘉约翰）举行联席会议，宣布两会合并，仍称为中华医学会。同年9月召开合并后的第一次代表大会（第九届大会），选举牛惠生为会长。会员已达1 500余人。抗日战争时期，学会迁往重庆，1947年迁回上海。到1949年，共召开会员代表大会15次，成立的专科学会有内、外、妇、儿、医史、卫生等11个，出版了《惠嘉二氏内科要览》、《迈魏二氏外科手术》、《罗氏卫生学》、《高氏医学辞汇》等书籍和《中华医学杂志》、《中华医学杂志外文版》、《中华健康杂志》和《医文摘要》等期刊。1950年召开第十六届会员代表大会，选举傅连暲为理事长，会址迁到北京。1951年1月，加入中华全国自然科学联合会。1958年9月中国科学技术协会成立，中华医学会成为它的组成部分。

中华优秀出版物奖 China Excellent Publication Award　中国出版界奖励优秀出版物的综合性奖项。中国出版工作者协会于2005年起设立，每两年举办一次。设图书奖，音像、电子和游戏出版物奖，全国优秀出版科研论文奖三个子项奖。中华优秀出版物奖，坚持以邓小平理论和“三个代表”重要思想为指导，落实科学发展观，坚持“为人民服务，为社会主义服务”的方向和“百花齐放、百家争鸣”的方针，弘扬主旋律，提倡多样化，传播和积累有益于提高民族素质、有益于经济发展和社会进步的先进文化，满足人民群众日益增长的精神文化需求，扩大中华文化影响，提高国家文化软实力，为全党全国工作大局服务。

中华职业教育社 Chinese Professional Society of Education　中国最早研究和推行职业教育的社会教育团体。1917年5月在上海成立，主要发起人为*黄炎培*。提出职业教育的目的是：“为个人谋生之准备，为个人服务社会之准备，为国家及世界增进生产力之准备。”教育社研究职业教育理论，建立以职业训练、职业补习、职业指导、职业介绍等教育体系。先后创办《生活》和《国讯》刊物，宣传抗日救国。抗日战争爆发后，中华职业教育社西迁重庆。1941年参加发起组织中国民主政团同盟。1945年参加发起组织民主建国会。中华人民共和国建立后，中华职业教育社的事业逐步纳入社会主义教育事业的轨道。1951年创办业余函授师范学校，1962年创办中华函授学校。参加学习的学员约有3万人，遍及28个省、市、自治区。1967～1978年停办。1979年恢复了昆明中华业余学校和上海中华职业补习学校。1983年，中华职业教育社北京总社、上海分社和云南分社也先后恢复和建立。1984年恢复中华函授学校。

中环 Zhonghuan　中国香港特别行政区中西区，是香港的商业、金融和行政中心。

香港公园一角

人口约27万。位于香港岛北部，维多利亚湾以南，湾仔区以西，南区以北。香港特别行政区政府所在地。境内有前港督府、行政事务中心等主要建筑物。有香港各大银行及金融机构的主要基地。中国银行、汇丰银行、渣打银行、香港贸易中心等主要金融机构均在此地。有置地中心、交易广场、金钟廊、花木街等商业区。有全港著名的文华酒店、希尔顿酒店、富丽华大酒店及海港酒店等。有香港文化中心、图书馆、香港大学等文教设施。香港轮船码头、新港澳码头、机场快线站、地铁站（4条地铁在此交会）等沟通港岛内外。中港城码头和港澳码头有客轮往返内地及澳门。名胜古迹有文武庙、香港礼宾府、香港公园等。

中间层 mesosphere　从*平流层*顶至85千米高度的大气层。这一层大气中几乎没有臭氧，而且由于氮、氧等气体所能吸收的波长更短的紫外辐射大部分已被其上层大气吸收，故该层温度的铅直分布类似于*对流层*，随高度增加温度迅速递减。中间层温度降低的另一个原因是二氧化碳在15微米的红外发射。到中间层顶，年平均温度约190K。由于其下层气温比上层高，中间层有相当强烈的铅直对流，故又称为高空对流层。中间层冬季盛行西风，风速随高度增加而减小；夏季则以东风为主，风速随高度增加先减小，而后迅速增加。在夏季夜晚高纬地区偶尔能见出现在中间层顶部薄而发光的夜光云。

中江兆民 Nakae Chōmin（1847-11-01～1901-12-13）　日本自由民权运动理论家，政治家，唯物主义者，无神论者。生于日本高知城下（今高知县）土佐藩的一个下级士族家庭，卒于东京。幼名竹马，继而改名笃介，最后号兆民。自幼学习汉学，特别爱读《*庄子*》和《*史记*》。从17岁起学英、荷、法等国语言，1871年被政府派往法国留学。1874年归国后即投身宦途，始任元老院书记官，继任外国语学校校长；不久辞职，从事教育工作，开办法兰西学塾，讲授法语、政治、哲学等。1881年参加自由党，投身于政治斗争，创办《东洋自由新闻》，开始进行理论活动。1882年出版《政理丛谈》、《自由新闻》，宣传自由民权学说。这时他用汉文译出了J.-J.*卢梭*的《社会契约论》，附以解说，名为《民约译解》。译著发表后给日本社会

以很大的影响，获得“东方卢梭”之称。1901年患咽头癌，在同恶疾苦斗中写出《一年有半》和《续一年有半》(一名《无神无灵魂》)两书。出版后轰动日本思想界。中江的哲学思想的发展经历了一个转变过程。他在1881年还是个唯心主义者，1882年认为唯物主义和唯心主义各有长短，实际上仍然倾向于唯心主义。到1886年，他在《理学钩玄》(意即《哲学概念》)一书中把自由民权学说同进化论结合起来，开始从唯心主义转向唯物主义。在《续一年有半》中，开始真正形成比较系统的唯物主义哲学，并且批判西方的一些唯心主义学说特别是实证主义。断言世界是“唯一的物”，提出了同自然科学的物质观有区别的“纯粹物质”观点，认为空间和时间都是客观存在的，提出精神只是身体的一种作用，从而否定上帝的存在和灵魂不灭，批判有神论，肯定物质对精神的根源性以及精神认识世界的能力，并且由此展开他的认识论，声称观念是物质反映而成的，确立了唯物主义的反映论。

中立 neutrality 传统国际法上的“中立”或“战时中立”是指战争期间非交战国选择的不参与战争、对交战双方不偏不倚的法律地位。

一个国家在其他国家之间发生战争时，除事先负有条约义务外，有是否选择中立地位的自由。如果选择了中立地位，则产生相应的法律权利和义务。选择中立地位的方式可以是发表中立声明，也可以是事实上的中立。“中立主义”指采取这种中立态度的政策或主张。第二次世界大战后出现的一种中立主义政策称为“不结盟运动”，特别是指不参加和不卷入美、苏两个集团之间的纠纷和冲突。这样的平时中立是政治概念，不产生法律后果。永久中立是一个国家根据国际条约宣布为永久中立国，永远不参加任何战争，也不与任何国家结成军事同盟。领土中立化，如挪威的斯瓦尔巴群岛，是根据国际条约使某一部分领土永久非军事化。

第一次世界大战以后禁止非法使用武力，从根本上动摇了以不偏不倚为基础的传统中立。依据《国际联盟盟约》、《废弃战争作为国家政策工具的一般条约》(《非战公约》)和《联合国宪章》，当事国承担了区别对待违约从事战争（或使用武力）的国家与被侵犯的国家的义务，它有义务援助被侵略的国家，不得援助侵略国，并有义务支持有关国际组织采取的执行行动。

中立法 neutrality, law of 调整中立国与交战国之间关系的国际法规范。中立法适用于战争。

根据传统的中立法，中立国的义务有三方面：①不作为的义务。中立国对交战国不应给予援助。②防止的义务。中立国应采取措施，防止交战国为了进行战争而利用其领土或其管辖范围内的区域。③容忍的义务。中立国对于交战国因进行战争而依据战争或武装冲突法所采取的行动使本国国民蒙受不利时，应在一定范围内予以容忍。

战时禁制品制度是中立法的一项重要内容。战时禁制品是指那些一旦由中立国发往或运送给一交战国就必然违背其所承担的中立义务，并因此遭致拿捕和没收的货物。战时禁制品分为绝对禁制品和相对禁制品。不论直接运往敌国还是间接运往敌国，敌性目的地（即最终运往敌国领土或敌占领区）是战时禁制品的要素。

1919年《国际联盟盟约》规定了集体安全制度，使不偏不倚的传统中立制度开始动摇。1945年《联合国宪章》禁止非法使用武力，使传统的中立制度发生了根本性的变化。联合国会员国明确了不在非法使用武力的国家与受害的国家之间采取中立的立场，而且应尽力协助安理会所采取的防止和执行行动，支持受害国。1990年海湾危机爆发后，联合国安理会通过第661号决议，决定对伊拉克实行经济制裁和武器禁运，表明传统战争法中的中立在联合国集体安全体制成功运作的情况下没有存在的余地。

《中论》 *Mādhyamikaśāstra* 佛教论书。全称《中观论》，4卷。龙树著，青目注释。鸠摩罗什译。本论系大乘中观派对小乘部派佛教以及“外道”主张的抨击。主旨在于说明自宗所主的“八不缘起”、“实相涅槃”、“性空幻有”等命题。历来用以概括全论中心的有卷首的“八不偈”(不生亦不灭，不常亦不断，不一亦不异，不来亦不出)；《观四谛品》的“三是偈”(众因缘生法，我说即是无，亦为是假名，亦是中道义)。论中“不依世谛，不得胜义谛”，从而引出“涅槃与世间，无有少分别”的思想。此论与《百论》、《十二门论》并称三论。此论亦为藏传佛教所重视。

中美洲 Central America 墨西哥以南，哥伦比亚以北的美洲大陆中部地区。又称中亚美利加洲。东临加勒比海，西濒太平洋，连接南北美洲的陆路桥梁和沟通太平洋和大西洋的战略要地。包括7个国家。总面积52.3万平方千米。人口3 980.6万(2005)。印欧混血种人占半数以上，其次为印第安人、白人、黑人。除伯利兹外，其他国家通用西班牙语。地形以高原和山地为主，平原狭窄。分布有40多座活火山，地震频繁。地处热带纬度，气温随海拔变化而变化。一般中部高地温度低于沿海地区。山间盆地、谷地气候温和，土壤肥沃，为农业发达、人口稠密地区。河流多而短促，森林广布。矿产资源和能源的蕴藏量有限。古代印第安文明发祥地，最北端的尤卡坦半岛是古玛雅文化中心。16世纪起，先后沦为西班牙殖民地。1821年，危地马拉、萨尔瓦多、洪都拉斯、尼加拉瓜、哥斯达黎加宣告独立。5国曾于1823年组成中美洲联邦，1838年联邦解体。1903年，巴拿马脱离哥伦比亚独立。1981年，此地区唯一的英属殖民地伯利兹宣告独立。20世纪60～80年代，多国陷入内乱。巴拿马经济依靠运河航运、金融服务、自由贸易区，其余6国经济以农业为主，工业基础十分薄弱。以生产、出口香蕉、咖啡为经济支柱，香蕉生产和出口量占世界重要地位。

《中美洲和平协议》 *Peace Agreement of Central America* 中美洲5国签署的实现地区和平的协议。全称《在中美洲建立稳定和持久和平的程序》，又称《危地马拉协定》或《第2次埃斯基普拉斯会议协议》。为解决久拖未决的中美洲危机，实现地区和平，1987年2月，哥斯达黎加总统O.阿里亚斯·桑切斯提出在中美洲建立稳定和持久和平的《十点建议》(又称《阿里亚斯计划》)。同年8月7日第2次中美洲首脑会议，一致通过了以《十点建议》为基础的《中美洲和平协议》，由哥斯达黎加、危地马拉、尼加拉瓜、萨尔瓦多和洪多拉斯5国总统共同签署。协议强调外国应停止对非正规力量或反叛运动的援助，禁止使用本国领土侵犯他国，限制军备，安置难民和流亡者，建立国际核查和监督委员会。协议规定由上述5国外长组成执行委员会，以推动协议执行。

中美洲联邦 Central American Confederation 1823～1838年由危地马拉、萨尔瓦多、洪都拉斯、尼加拉瓜和哥斯达黎加组成的联邦国家。西班牙殖民统治时期，上述地区同属危地马拉都督辖区。1821年宣布独立，次年合并于墨西哥。1823年7月脱离墨西哥，另组中美洲联合省。1824年11月，立宪议会通过宪法，定国名为“中美洲联邦”。危地马拉城为首府。联邦由原殖民地省份建立的5个自由与内政独立邦组成。联邦总统任期4年。

中美洲联邦成立后，代表封建庄园主和天主教会利益的保守派与代表资产阶级和贵族的自由派斗争激烈，中央政府与地方政府间冲突频起。1826、1837年联邦先后两次陷入内战。1838年，尼加拉瓜、洪都拉斯、哥斯达黎加先后退出联邦，联邦陷于解体。1839年4月，R.卡雷拉夺得危地马拉邦统治权，宣布脱离联邦。此后，洪都拉斯、萨尔瓦多、尼加拉瓜等国虽多次试图恢复中美洲联邦，都未成功。

中南半岛 Indo-China Peninsula 亚洲南部三大半岛之一。位于中国和南亚次大陆之间。亦称中印半岛或印度支那半岛。东临南海与泰国湾，西濒孟加拉湾、安达曼海与马六甲海峡。海岸线总长11 700千米，多重要港湾。包括缅甸、泰国、老挝、越南、柬埔寨、马来西亚的西部地区和新加坡。面积206.9万平方千米，占东南亚面积的46%。人口约占东南亚人口的44%。半岛各国皆与中国和印度具有密切的历史与文化的联系。

地势北高南低，山脉由北而南呈扇形展开，大河相间。自西而东主要有那加、若开、登劳、他念他翁、比劳和长山等山脉。山间有许多高原，以掸邦、川圹、会芬、甘蒙、波罗芬与多乐高原最著名。大河有伊洛瓦底江、萨尔温江、湄南河、湄公河与红河等，河谷地区为工农业基地，河口形成肥沃的三角洲。湄公河为半岛最大的国际河流。气候以热带季风型为主，年平均气温20～27℃，干雨季分明；半岛东部有台风影响，北部山区受寒潮侵袭。南端为赤道雨林气候，终年多雨，有季雨林、热带雨林和草场，所产柚木、紫胶与安息香拥有世界地位。矿藏有锡、钨、煤、宝石、岩盐、石油和天然气。盛产稻米、橡胶、棕油、椰油、胡椒与甘蔗，其中橡胶与棕油产量居世界首位。

民族众多，开发历史悠久，为东南亚古代文化的摇篮。重要城市多沿河海分布，主要港口有海防、岘港、芽庄、胡志明市、西哈努克市、梭桃邑、曼谷、宋卡、关丹港、新加坡、巴生港、槟城港、丹老、毛淡棉与仰光等。铁路总长1.2万千米，公路9万余千米，其中亚洲公路为纵贯半岛联系南亚与西亚的主干系统。

中南海 Zhongnanhai 位于中国北京市西长安街北侧，故宫西侧，是中海、南海的统称，与北海合称太液池、金海、西海子。中南海是北京较具历史意义的皇家园林，远在辽、金之时已开始营建。明初大修宫殿，扩展中海，广掘南海，已略具园林规模。清时全园达到完善地步。园内美丽的湖面和殿阁楼台错落其间，在建筑上具有特殊的风格。清康熙时，一些政务在离宫别苑处理，中南海随即成为朝廷的政治中心。中华人民共和国建立后，中南海一直是中共中央和国务院所在地，许多重要的历史性会议在这里召开。毛泽东、周恩来、刘少奇、朱德等老一辈革命家也曾在此居住和办公，成为全国的最高领导中心。

中南海新华门

中脑 mesencephalon; midbrain 介于间脑与脑桥之间的神经中枢。从胚胎早期的中脑泡发展而来。在低等脊椎动物，中脑是视觉、听觉的高级中枢。但在高等动物，许多重要功能都逐渐向大脑皮质集中（称为功能的皮质化），中脑只作为发生视、听反射和运动、姿势等反射的皮质下的中枢。

结构 在功能皮质化过程中，中脑还增添了很多与皮质脊髓间发生联系的神经纤维，但仍保持着神经管的原始形态，只是管壁增厚、管腔缩小。中脑内有中脑水管（旧名大脑导水管）穿过，管周是中央灰质。中脑背面为顶盖，又称四叠体，包括上丘与下丘，从四叠体（主要是上丘）发出下行的顶盖脊髓束与顶盖延髓束。中脑腹面为大脑脚，其内部有一薄层含黑色素的细胞称黑质。黑质的腹侧部分称脚底，它由通过中脑的皮质脑桥和锥体束组成。黑质及其背侧部分称被盖，其中除有大量通过中脑的传入纤维外，主要是红核、黑质、网状结构以及动眼神经核、滑车神经核等。中脑的主要功能都与这些结构有密切关系。

功能 如果在动物中脑与间脑之间对脑组织作一横切，中脑及中脑以下各部就不再受神经系统高级部位的控制，这种动物称中脑动物。它与脊髓动物或延髓动物（延髓、脊髓与高级部位之间无联系）相比，有更复杂的反射，如初级光反射、初级听反射、瞳孔对光反射，还可抑制肌紧张、调节随意运动以及进行翻正反射活动等。正常时中脑的上述活动都从属于中枢神经系统的高级部位，即大脑皮质的冲动可以直接或通过纹状体苍白球体系而入红核、黑质、四叠体等中脑组织，中脑再经延髓、脊髓内的传出神经元而引起各种生理反应。

刺激中脑某些部位可使动物“发怒”，故有人认为中脑与情绪活动有关。此外，中脑顶盖接受多方面的神经纤维，所以它不仅是视、听反射的中枢，还可能是触觉、温度觉、痛觉的整合中枢。

中欧 Central Europe 波罗的海以南、阿尔卑斯山脉以北的欧洲中部地区。包括波兰、捷克、斯洛伐克、匈牙利、德国、奥地利、瑞士和列支敦士登8国。面积101.59万平方千米，占欧洲总面积的10%。人口17 385.5万（2002），占欧洲总人口的25.3%。

中欧裁军谈判 Talks on Disarmament in Central Europe 苏、美两国在“裁军”的名义下，为加强各自在中欧的军事地位，加紧争夺欧洲而举行的谈判。全名为“关于在中欧共同减少部队和军备以及有关措施的谈判”，简称“共同均衡裁军”(MBFR)。

1973年1～6月在维也纳举行中欧裁军谈判筹备会议，确定谈判为大使级，有决定权的国家11个，观察员8个。每年举行全会三次，每次10周左右。1973年10月30日在维也纳开始正式谈判，上述19国的代表或观察员出席了会议。此后在长达15年的谈判中，华约与北约分别提出了多项建议与方案，但均未被对方所接受。谈判到1989年2月2日结束时，共进行了37轮，举行了493次会议，但没有取得具体进展，没有达成任何实质性协议。谈判中，争论的主要问题是裁军原则、裁减对象及步骤、裁减的军种、双方驻中欧部队的实际人数和裁减的监督问题。北约主张应有严格的国际监督，华约则强调利用本国的检查手段进行。经过谈判，双方在下列一些次要问题上作了妥协：①匈牙利不包括在中欧裁军地区范围之内；②双方驻军最高限额定为各90万人，其中地面部队70万，空军20万；③各参加国都进行裁减，第一阶段先由苏、美按一定数额裁减，第二阶段起再裁减其他国家军队。但在驻中欧军队实际人数、军备如何裁减及如何监督协议实施等问题上，双方寸步不让。

中欧平原 Middle European Plain 横贯欧洲中部的平原。西起莱茵河下游，东至尼亚穆纳斯河（涅曼河），北滨北海、波罗的海，南接中欧山地、高原。又称波德平原。面积30万平方千米。海拔50～100米，由南向北缓倾。河网稠密。易北河以东，受第四纪大陆冰川作用，分布冰碛岗丘、底碛平原和冰水平原，多冰川湖，地面波状起伏；易北河以西，以流水地貌为主，地面平坦低下，部分地区在海平面以下。平原南部覆盖黄土层。气候属温带海洋性气候向大陆性气候过渡类型。人口稠密，城镇广布，为欧洲经济发达地区之一。

中跑 middle-distance race 田径运动的径赛项目。又称中距离跑。介于短跑和长跑之间的男、女800米和1 500米项目。1896年第1届奥运会就已列入男子800米和1 500米跑。1928年第9届奥运会列入女子800米，后因故停止，到1960年第17届奥运会才恢复该项目。1972年第20届奥运会列入女子1 500米跑项目。男、女中跑世界纪录分别是，男子：800米成绩1′41″01，由肯尼亚选手D.鲁迪沙于2010年8月29日创造；1 500米成绩3′26″0，由摩洛哥选手奎罗伊于1998年7月14日创造。女子：800米成绩1′53″28，由捷克选手J.克拉托赫维洛娃于1983年7月26是创造；1 500米成绩3′50″46，由中国选手曲云霞于1993年9月11日创造。

中气 middle qi 中医学术语。有多种含义：①泛指脾胃等脏腑对饮食物的消化转输、升清降浊等生理功能。又称“脾胃之气”。临床上常见的中气不足证，即脾胃之气虚弱、运化失常。可见面色黄而少华、唇淡或黯、食欲不振、食后腹胀、眩晕、声低气短、倦怠乏力、便溏、舌嫩苔厚及脉虚等症状。治宜补益脾胃。②特指脾主升清的功能。脾居中焦，其气主升，若饮食劳倦伤脾或久病脾虚，皆可使脾气不足、清气不升，形成虚陷的证候，如久泻、脱肛、子宫脱垂、小儿囟陷等，称为中气下陷。治宜补中益气、升阳举陷。③运气学说用语，指中见之气。标本中气是运气学说的治疗原则之一。风、热、湿、燥、寒、火，天之六气为本气；少阳、太阳、阳明、少阴、太阴、厥阴，三阴三阳为六气之标。本气之下是中见之气，中气之下即为标气。标本中气的治疗原则是：病生于本，就求之于本；病生于标，就求之于标；生于中气，就求之于中气；病既生于本，又生于标，就须标本兼顾。

中气候 mesoclimate 由于局地特殊地理条件（下垫面）所造成的不同于小气候和大气候的气候。又称局地气候或地方气候。如水域气候、山地气候、森林气候、城市气候等。

中气候的水平范围一般为几千米到几十千米，主要决定于局地特殊地理条件（下垫面）的尺度大小。中气候的垂直范围一般从地面以上几米到一二百米。中气候里的温度、湿度、风速等气象要素的水平和垂直梯度，比大气候中相应要大一二个量级。

中秋节 Mid-Autumn Festival 中国传统节日。又称团圆节、八月节。时在农历八月十五日，正值三秋之半，故名中秋。与春节、端午节并称三大传统佳节。两汉时已具雏形，唐出现观月、赏月、饮酒对月等活动。北宋太宗年间，始定八月十五日为中秋节。从时序上看，八月是作物收获季节，庆丰收、贺团圆，“花好月圆人寿”便成了中秋节的主题。是日阖家团圆，月亮升起时，献月饼、瓜果以祭月，古风延续至今。流行于汉、傣、苗、白、哈尼、纳西、蒙古、瑶、布依等民族。韩国、日本、越南等国家也过此节。

《中日会议东三省事宜条约》 *Treaty of Three Eastern Provinces on Sino-Japan Conference* 日本强迫清政府签订的有关东三省的不平等条约。在日俄《朴次茅斯和约》签订后不久，日本于1905年11月派外务大臣小村寿太郎来北京，与清政府全权大臣庆亲王奕劻、外务部尚书瞿鸿禨、北洋大臣兼直隶总督袁世凯交涉“东三省善后事宜”。1905年12月22日（清光绪三十一年十一月二十六），签订了《中日会议东三省事宜条约》，包括《正约》和《附约》。

会议一开始，日本宣称日本与俄国开战是“为了整个东亚的安全”。日本以巨大的牺牲阻止了俄国占有满洲，中国应报答日本，不仅应无条件地同意将俄国在东三省南部的权益让与日本，而且要给日本以《日俄和约》规定之外的其他特权。小村以日本在东北驻有重兵的强权地位施加压力，终于迫使清政府接受日方的要求而签约。

《正约》三款，主要内容为：清政府将俄国政府在旅顺口、大连湾及其附近领土、领水的租借权和长春至旅顺口的铁路以及附属的一切权利财产和煤矿转让给日本政府。《附约》十二款，规定日本政府取得的新特权，主要有：①中国允将东三省16个地方开埠通商：凤凰城（今辽宁凤城）、辽阳、新民屯（今辽宁新民）、铁岭、通江子（今辽宁通江口）、法库门（今辽宁法库）、长春、吉林、哈尔滨、宁古塔（今黑龙江宁安）、珲春、三姓、齐齐哈尔、海拉尔、瑷珲（今黑龙江爱辉）和满洲里。②如俄国允将护路兵撤退，日本才可照办（实际上则长期在沿线驻扎“护路”军队）。③中国允许日本政府继续经营安东（今辽宁丹东）至奉天（今沈阳）铁路，以15年为限。④在营口、安东、奉天划定日本租界。⑤中日合营公司采伐鸭绿江右岸地方森林。同年12月29日双方在北京互换条约批准书。这项不平等条约使日本帝国主义在中国大陆上获得了立脚点。从此，它以依约攫取到的权益为依托向中国东北地区大肆扩张侵略。

中日甲午战争 Sino-Japanese War (1894～1895) 清光绪二十年（1894）至二十一年中国军民抗击日本侵略的战争。光绪二十年干支为甲午，史称甲午战争。

二十年春，朝鲜爆发东学党起义，朝鲜政府于四月三十日请求清政府派兵协助镇压。日本政府对侵略中国和朝鲜蓄谋已久，遂以此为借口调兵抢占仁川至汉城（今首尔）一带战略要地。六月二十一日，日军悍然攻占朝鲜王宫，成立以大院君李昰应为首的傀儡政府。二十三日，日本联合舰队在丰岛附近海面对中国运兵船和护航舰只发动突然袭击。二十六日，日本陆军也向由牙山移驻成欢的清军发动进攻，清军败退平壤。七月初一，清政府被迫对日宣战，日本明治天皇也于同一天发布宣战诏书。

第一阶段 日本挑起此次战争，其目标是在中国的直隶（约今河北）平原与清军主力决战，打败清军，迫使清政府屈服，因此计划先派陆军一部进入朝鲜，牵制清军，海军则寻机与中国海军主力决战，迅速夺取黄海制海权。若海军取胜，陆军便在渤海湾登陆，实施直隶平原决战。当时，清军因政治腐败，战斗力低下，而统治集团内部对和、战意见不一，直到战端已启，才仓促宣战，增调陆军赴朝，准备先在平壤集中，继则南下驱逐日军，海军各舰队分守各自防区海口，北洋舰队集结于黄海北部，扼守渤海海峡，策应在朝清军。

八月十六日，已对平壤形成包围之势的日军发动总攻。清军守将叶志超弃城而逃。九月初全部退至鸭绿江以北中国境内，日军占领朝鲜全境。八月十八日，北洋舰队在为向朝鲜运兵的船只护航时，在大东沟口外受到日本联合舰队攻击，震惊世界的黄海海战随即爆发。此战，北洋舰队沉毁5舰，伤4舰，日本联合舰队伤5舰。

第二阶段 黄海海战后，清廷改而实行全面防御方针，于鸭绿江一线和奉天（今沈阳）附近组织防御。九月二十八日至十月二十五日，日军相继占领九连城、金州、旅顺口。

图1 驻泊威海卫港刘公岛内碇泊场的北洋水师

第三阶段 日军攻占旅顺后，组建“山东作战军”，以联合舰队与之配合作战，同时命令第1集团军在辽东战场佯攻，吸引清军主力。清廷对日军企图判断失误，不断增兵奉天、辽阳及天津至山海关一线，山东半岛则兵力相对空虚，北洋舰队泊于威海基地内并不出击。十二月二十五日，日“山东作战军”在山东半岛荣成龙须岛登陆，南帮炮台、威海卫城先后陷落。日军水陆配合，攻击北洋舰队基地刘公岛和泊于港内的北洋诸舰。北洋舰队提督丁汝昌等先后自杀殉国。二十三日，刘公岛失陷，北洋舰队全军覆没。

在辽东战场上，日军继突破清军鸭绿江防线后，又相继攻占凤凰城（今辽宁凤城）、岫岩、海城等地。次年二月，清军全线溃退。

威海失陷后，清廷派李鸿章为全权大臣，赴日议和。三月二十三日，中、日两国签订《马关条约》，清廷割让台湾，赔偿2.3亿两白银。甲午战争充分暴露了清政府的腐败无能，加剧了帝国主义对中国的争夺，把中国进一步推向半殖民地化的深渊。

图2 进攻威海卫的日军在山东荣城海面换乘登陆

中沙群岛 Zhongsha Archipelago 中国南海诸岛四大群岛中位置居中的群岛。西距西沙群岛的永兴岛约200千米。主要部分由隐没在水中的33座暗沙、滩、礁、岛所组成。长约140千米（不包括黄岩岛），宽约60千米，从东北向西南延伸，略呈椭圆形。包括中沙大环礁、神狐暗沙、一统暗沙、宪法暗沙、中南暗沙、黄岩岛（民主礁）等。中沙大环礁是南海诸岛中最大的环礁，全为海水淹没，水深一般9～26米。黄岩岛是中沙群岛中唯一露出水面的环礁，为海盆中的海山上覆珊瑚礁而成，犹如一珊瑚岩柱，从4 000米深的海盆直插耸立于海面。

中沙群岛虽为隐伏在水中的暗沙群，但距海面较近，面积广大，因此对海面影响甚巨。天气恶劣时，如漫步暗沙、比微暗沙波浪大，滩岸附近海面为其所扰，海水显得高而乱。暗沙所在的海区海水为微绿色，而深海则呈碧蓝色，极易分辨。故早在200余年前，中沙即被利用为航行走“外沟”的标志，由中国广州、香港、上海、台湾及日本等到新加坡的航线均经此而过。

附近海域营养盐分丰富，是南海重要渔场，盛产金带梅鲷、旗鱼、箭鱼、金枪鱼等。珊瑚礁的生物量也较高，形成五光十色的“海底花园”。中沙群岛的主权向属中国，归海南省管辖。

中山 Zhongshan State 春秋时称鲜虞，属白狄，为子姓部族，但也有人以为是姬姓。在《左传》中，关于晋伐鲜虞的记载颇多。中山之名始见于《左传》定公四年。战国时，中山在今滹沱河流域的灵寿、平山、晋县一带。公元前414年中山武公初立，都于顾（今河北晋州）。魏文侯三十八年（前408），魏伐中山，派公子击驻守其地。《史记》说中山后来又复国。前人或认为复国后之中山君为魏人，但据铜器铭文所记，战国晚期之中山君确为武公后裔。战国时，中山和宋都是仅次于七雄的强国。《史记》说中山建造过长城，中山君曾受周王册命为侯，公元前323年，中山与韩、燕等国共称王。因与赵相邻，但结齐以为援，中山成为赵的心腹之患。公元前314年，齐宣王乘燕子之之乱攻燕，中山也出兵相随，乘机攻占大片土地。从公元前307年起，赵武灵王连年向中山进攻，中山由此削弱。公元前301年，中山君受赵威胁而奔齐。赵惠文王四年（前295），赵乘齐南攻楚之机，一举灭掉中山。中山复国后，传五世而亡。中山的史料流传下来甚少，仅见于《战国策》、《吕氏春秋》等书，清代王先谦已将这些史料编成《鲜虞中山国事表》。

中山大学 Sun Yat-sen University 中国综合性大学。属教育部。主校址在广州。原名广东大学。1924年由孙中山先生创办，并题写“博学、审问、慎思、明辨、笃行”校训。1926年为纪念孙中山改现名。1937年发展为文、理、法、工、农、医、师范7个学院和1个研究院。抗日战争期间，自1938年先后迁广东、云南等地。1945年回迁广州。1952年全国高校院系调整，工、农、医、师范4个学院划出独立建校，同时并入岭南大学文理学院及中南地区部分高校相关学科，中山大学成为一所文理科综合性大学。鲁迅、郭沫若、傅斯年、王力、顾颉刚、陈寅恪、姜立夫等著名学者曾在校任教。2000年建立珠海校区。2001年与中山医科大学合并。

设有人文科学学院、岭南学院、外国语学院、法学院、政治与公共事务管理学院、管理学院、教育学院、传播与设计学院、数学与计算科学学院、物理科学与工程技术学院、化学与化学工程学院等近30个学院和地球科学系、资讯管理系等直属系，并有研究生院、高等继续教育学院（网络教育学院）等。有培养学士、硕士和博士的教学体系；还有附属综合性医院和专科医院等。

中山舰 Zhongshan Vessel 中国近现代历史纪念物。原名永丰舰，是清政府于1910年8月向日本订购的炮舰。1912年6月下水，

正在修复中的中山舰

1913年1月编入中国海军。1922年6月，孙中山广州蒙难时登临此舰，指挥平叛长达50余日。1925年3月孙中山去世后改现名。中山舰全长62.48米，最大宽度8.99米，排水量780吨，两台主机（蒸汽机）共1 300马力，时速16海里，配备各种火炮8门。历经“护国运动”、“护法运动”、“孙中山广州蒙难”、“中山舰事件”和“武汉保卫战”五大历史事件，是中国近现代史上重要的历史见证物。1938年10月，在武汉长江金口水域被日本飞机炸沉。1997年1月整体打捞出水，2001年完成舰体修复保护工程。是中国最大的可移动文物。2008年，中山舰移至武汉金口镇中山舰博物馆。

中山陵 Mausoleum of Dr. Sun Yat-sen 中国近代革命家孙中山的陵墓，设计者为吕彦直。位于南京紫金山南麓，1926年兴建，1929年落成。1961年定为全国重点文物保护单位。

中山陵总平面布置由墓道和陵墓主体两部分组成。布局规划注意结合山势，综合运用石牌坊、陵门、碑亭等传统陵墓的组成要素。陵墓建筑群由大片的绿地和平缓的台阶把各个尺度不大的个体建筑组合成为整体，气势雄伟。主体建筑面积6 684平方米，采用木铎形即钟形图案，表示唤起民众之意。祭堂吸取中国古典建筑的手法，应用新材料、新技术，墙身全部用石

中山陵陵园景区

料砌成，运用蓝白两色为主的淳朴色调装饰细部。建筑比例严谨，在体型组合、色彩运用、材料表现和细部处理上表达了肃穆庄严的气度和逝者永垂不朽的精神。

中山市 Zhongshan City 中国广东省辖地级市。位于省境中南部，珠江三角洲南部。面积1 800平方千米。人口312万（2010）。著名侨乡。有海外侨胞和港澳台同胞60多万。南宋绍兴二十二年（1152）置香山县，1925年为纪念孙中山易名中山县。1983年撤县改市（县级），1988年升为地级市。属亚热带季风气候。夏秋多台风暴雨。农业以水稻为主，桑（蔗）基鱼塘也占一定比重。盛产甘蔗、三月红荔枝、茂生香蕉、九州龙眼等，产品多销广州和港澳。矿产有铁、锰、铌、钾长石、石英砂、花岗岩等。工业以高新技术产业为龙头，家电、纺织、化纤、机械、电子、精细化工、包装、印刷、冶金、食品饮料、医药等为支柱。风景名胜有五桂山、翠亨村孙中山故居、中山温泉、长江乐园、石岐、小榄、紫马岭公园、孙文纪念公园、宫果渔农场等。

中山王墓（战国） Royal Tombs of Zhongshan State (Warring States Period) 中国战国晚期中山国王陵。位于河北平山县城北的灵山下。年代为公元前4世纪末。1974～1978年，在此发现中山国晚期都城灵寿古城，发掘了两座王陵。1988年，国务院公布包括王陵在内的中山古城遗址为全国重点文物保护单位。

王陵地面封土上建有享堂，附近有陪葬墓、车马坑等。两墓墓室为中字形，中为长方形石砌椁室，南北有两条墓道。1号墓椁室南北长14.9米，东西宽13.5米，深8.2米；6号墓规模略小。两墓共出土随葬品1.9万余件。其中1号墓出土青铜列鼎9件、编钟14件、编磬13件，还有中国已知最早的建筑规划设计图——《中山王陵兆域图》铜版、大型山字形青铜仪仗用器等。列鼎中最大的中山王兽鼎刻铭469字，记载了中山王世系及公元前316年中山参与伐燕的史实，补充了文献记载的不足。两墓出土的错金银龙凤铜方案、十五连盏铜灯、银首人俑铜灯、错银双翼神兽、虎噬鹿屏风座等，造型生动，工艺精湛。

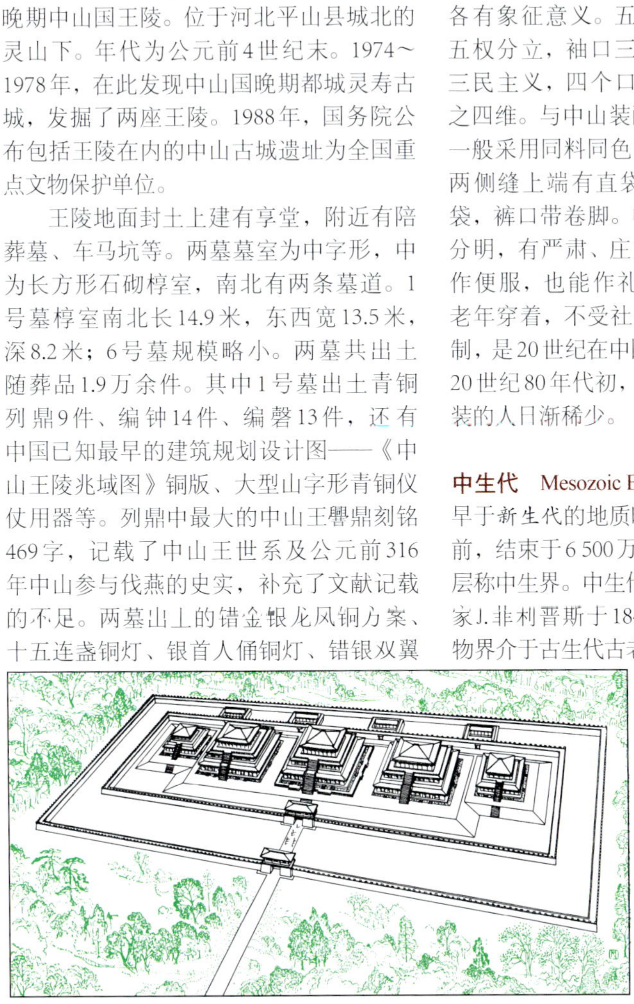
中山王墓建筑示意图（据《中山王陵兆域图》铜版复原）

中山装 zhongshan suit 以中国革命先行者孙中山命名的男用套装。创于1919年，一说由日本陆军士官服改成，吸收了中西服装的优点，显得精练、大方。另一说，根据南洋华侨的“企领文装”设计。由于孙中山的提倡以及受他名望的影响，中山装很快流行。1925年正式命名。最初款式为：上衣为立领、前门襟、九粒扣，四个压爿口袋，背面有后过肩、暗褶式背缝和半腰带；1922年改为立翻领、七粒扣，下口袋为老虎袋；后又改成衣身三开片，五粒扣，有风纪扣，四个贴袋上各有袋盖及一粒明扣，左上袋盖有插笔口，袖口有三粒饰扣。扣子和口袋各有象征意义。五粒扣象征五权分立，袖口三粒扣象征三民主义，四个口袋象征国之四维。与中山装配套的裤，一般采用同料同色的西式裤，两侧缝上端有直袋，并有后袋，裤口带卷脚。中山装轮廓端正，线条分明，有严肃、庄重、朴实的美感，既能作便服，也能作礼服，并能适应青、中、老年穿着，不受社会阶层、等级地位的限制，是20世纪在中国影响较大的男子服装。20世纪80年代初，西装开始流行，穿中山装的人日渐稀少。

孙中山穿过的中山装

中生代 Mesozoic Era 地史中晚于古生代，早于新生代的地质时代。约开始于2.5亿年前，结束于6 500万年前。中生代形成的地层称中生界。中生代名称首先由英国地质学家J.菲利普斯于1841年提出，用以说明生物界介于古生代古老类型和新生代近代类型之间的中间物质。中生代按从老到新次序可分为三叠纪、侏罗纪和白垩纪（见表）。

中生代以陆生裸子植物、爬行类（尤其是恐龙）和海生菊石类的繁盛为特征，故有“裸子植物时代”、“恐龙时代”或“菊石时代”之称。中生代末出现地史中著名的生物群集绝灭事件，尤其是恐龙类绝灭事件，除地球自然地理环境急速变化因素外，有人认为与地外小天体撞击地球的灾变事件有关。

三叠纪时海侵范围较局限，干旱气候带范围广袤，陆相红层和海相地层中膏盐沉积发育，至晚期潮湿带有所扩展。全球范围内，侏罗纪起海侵开始扩大，至白垩纪则再度成为地史中最大海侵期之一。东亚地区三叠纪后广泛发育陆相沉积，海侵限于边缘地带。中生代古气候总体处于温暖状态，通常只存在热带、亚热带和温带的差异，两极未出现冰盖。

三叠纪末的印支运动导致古特提斯洋封闭、新特提斯洋扩张和联合古陆从鼎盛到发生初始破裂。侏罗纪、白垩纪全球范围以联合古陆解体分裂、大西洋和印度洋新海洋出现为特征，其中白垩纪是加速分裂时期。古太平洋海底的可靠地质记录也从晚侏罗世开始。白垩纪中期（距今120百万～80百万年前）全球三大洋洋脊的近同步加速分裂，海洋板块与周围大陆的俯冲、挤压作用导致滨太平洋和特提斯陆缘区发生著名的燕山运动（又称太平洋运动、早阿尔卑斯运动），形成规模宏大的环太平洋岩浆岩带、地体增生带和相关的陆内成山带。

中生代时代划分与生物演化

代	纪	距今年龄值（百万年）	持续时间（百万年）	生物演化		
中生代	白垩纪	137～65	72	爬行类恐龙时代	裸子植物繁盛	被子植物出现 真骨鱼类繁盛
	侏罗纪	205～137	68			鸟类出现 菊石繁盛
	三叠纪	250～205	45			哺乳类出现

环太平洋带和特提斯带的强烈构造-岩浆活动形成了多种内生金属、非金属矿产；与造山带毗邻的前陆盆地或相邻板内盆地中，侏罗纪、白垩纪地层的油气资源在全球已知总储量中占有重要地位。

中生动物门 Mesozoa 动物界一门。可分为2纲：直游虫纲（包括直游虫目）、菱形虫纲（包括二胚虫目和异二胚虫目）。蠕虫状，无器官，外层体细胞多为复纤毛细胞，内层为1至多个轴细胞或生殖细胞。有复杂的生活史，具有性和无性生殖的世代交替。成虫仅长0.5～7毫米。全部海生，营自由生活或寄生，寄主为扁虫、纽虫、多毛、双壳、蛇尾等动物。

中石器时代 Mesolithic Period 旧石器时代和新石器时代之间带有过渡性质的人类物质文化发展阶段。为直接取之于自然的采集性经济发达，并孕育着生产性经济的时期。始于公元前1万多年，在世界各地结束年代不一。

此时最后一次冰期逐渐消退，气候转

暖，趋向好转的自然环境为人类的生存发展提供了有利条件。经济生活以渔猎和采集为主，总体水平远比旧石器时代晚期进步。生产工具以打制石器为主，也有磨制的骨角器和蚌器。细石器（见石器）发达和盛行，出现以细石叶为石刃镶嵌在骨、木柄上的复合工具。弓箭和石矛的普及提高了狩猎能力。有的地方已知定期采收野生谷物。狗已被驯养为最早的家畜。

欧洲中石器时代约始于前第9千纪末或前第8千纪初，结束于前第6千纪至前第4千纪。主要文化有阿齐尔文化、塔德努瓦文化、马格勒莫瑟文化等，盛行几何形细石器。发现大量石镞，有实物出土。渔叉、渔网的使用已相当普遍，发明了木桨和独木舟。已饲养家犬，一些海滨遗址有贝丘。人们既过穴居生活，也住季节性的木构茅棚。阿齐尔文化有彩绘砾石和主要表现狩猎、舞蹈的岩画。

南非地区约于前1万～前8000年进入中石器时代。以威尔顿文化和斯密斯菲尔德文化为代表，居民按季节迁徙，从事采集和渔猎活动。工具有渔叉、罗网和箭头涂毒药的弓箭等。发现大量富于写实性的洞穴壁画和岩雕。

西亚中石器时代的年代约为前1.5万～前8000年。大致以前1万年为界，前期为旧石器时代向中石器时代过渡的阶段，后期为典型的中石器时代阶段。后期的纳吐夫文化是西亚中石器时代最重要的文化，发展水平较高。典型工具为几何形细石器，除充当矛头、箭头外，还用于制作石刃骨柄镰，它可能主要用于收割野生的大麦、小麦，这已是农业起源的前奏。碾磨野生谷物的工具有石磨盘、臼和杵。捕鱼工具有骨渔叉和渔钩。已饲养家犬。人们开始定居，初具村落规模。

中亚中石器时代的年代约为前1万～前第6千纪。细石器包括非几何形和几何形两类。乌兹别克斯坦扎拉乌特卡马尔洞穴有大量岩画，内容为动物和狩猎场面。

中国中石器时代遗存的年代始于前1万多年，基本可分为北方与南方两大区域或系统。北方地区遗址绝大多数处于旷野，流行非几何形细石器，有些还包含制作精细的石片石器和砾石石器，显示出以迁徙性狩猎采集为主的特点。代表性的遗存和地点有陕西大荔沙苑文化、河南许昌灵井、山东临沂凤凰岭、江苏东海大贤庄、内蒙古海拉尔松山等；山西的下川文化可能也延伸至中石器时代。南方地区多洞穴遗址，文化堆积中常含较多介壳，以大中型的打制陡刃砾石石器为主要器种，也有一些具细石器风貌的小石器、局部磨制的石器和磨制骨角蚌器等，反映出采集狩猎捕捞的经济生活特点。主要地点和遗存有广东阳春独石仔、封开黄岩洞、英德牛栏洞二期，广西柳州白莲洞二期，江西万年吊桶环中层等。

中兽医学 Chinese traditional veterinary medicine 研究中国传统兽医学的理论、辨证论治、方剂和药物、针灸技术的综合性学科。又称中国传统兽医学。其基本理论和技术同中医学一脉相承，具有悠久的历史，是历代人民同畜禽疾病作斗争的经验总结。

研究内容 ①中兽医理论。研究家畜生理、病理、诊法及防治法则等，包括阴阳五行、脏腑、经络、病因、病机学说，望、闻、问、切四诊，辨证以及防治疾病的法则和治法等。②兽医中药。研究兽用中药的来源、采制、性能及临证应用。并深入研究其药理作用、药物化学、药物鉴定、药用植物栽培、药物炮制、药物方剂等。③兽医针灸。研究针法和灸法的操作技术与兽医临证应用及其作用原理。针灸是以经络学说、穴位、针灸术、针刺麻醉、临证应用等为主要内容。④家畜病证防治。研究各种家畜病证的病因、病机、症状表现、主症分析及其防治方法。常分为中兽医内科、外科和产科疾病防治。中兽医施针用药主要在于扶正祛邪、通调气血、补虚泻实，使家畜保持或恢复到“阴平阳秘”的健康状态。

学术交流 中兽医技术早在1 000多年前便传入朝鲜和日本。日本古代的《马医醍醐》(1551)、《疗马图学》(1573)和朝鲜古代的《新编集成马医方牛医方》(1399)等书的主要内容均来源于中国兽医古籍。随着现代科学技术的发展，特别是现代医学的发展，促进了中兽医学与现代医学、兽医学的紧密结合，使当代中兽医学向世界传播更为广泛。美国、日本、法国等分别成立了兽医针灸学会、研究会、协会。同时，现代医学技术，如磁疗技术等，也为中兽医提供了新的研究领域。

中书省 Secretariat 中国古代中央最高政府机构之一。汉武帝以主管文书的尚书掌握机密要政。为便于出入后宫，用宦者担任，称为中尚书，简称中书，又因兼谒者之职，故又名中书谒者。其长官有令、仆射。成帝时废除由宦者担任中书之制，此后至东汉末，改以士人为尚书。东汉末，曹操设立秘书令，典尚书奏事。曹丕改秘书为中书，设监、令各一人，监、令之下置中书郎若干人，于是中书省正式成立。此后，诏令文书起草之责由中书省官员担任，故机要之权逐渐移于中书省。西晋以后，历代都沿袭曹魏立中书省。隋代废六官制，置内史省，即中书省。唐初亦名内史省，武德三年（620）始复名中书省。自魏晋以后，中书省是与尚书省、门下省鼎立的三省之一。中书省的组织，历代均有变化，其员额历代不同。中书省最重要的职权是撰作诏令文书。中书令在唐前期与侍中、仆射同为真宰相。政事堂初设于门下省，高宗死后，移至中书省。此后，中书令执政事之笔，有出令之权，遂居宰相之首。由于翰林学士逐渐成为重要诏令的起草者，到了唐代后期，中书省大权旁落。北宋前朝，中书省仅存空名，所掌只是册文、复奏、考帐等例行公事。宰相办公处称中书门下，简称中书（习称政事堂），置于皇城之内，不再设于中书省。南宋时，中书省与门下省合并为中书门下省，右仆射兼中书侍郎改称右丞相，中书侍郎改称参知政事。辽以南面官治汉人，其南面朝官亦沿唐制有三省之名。中书省初称政事省，兴宗时改。金熙宗完颜亶官制改革，掌诏敕者为翰林院，故中书省徒有虚名。后罢废。蒙古中统元年（1260）忽必烈即位后，始采用中原官制，设立中书省以总理全国政务，为最高行政机构，其设官沿袭金尚书省之制，长官中书令由皇太子兼任，未立皇太子时则缺。中书省领六部。在统一全国过程中，各地区相继分立行中书省，总隶于中书省；山东、山西、河北及内蒙古部分地区，则由中书省直辖，称为“腹里”，即内地的意思。明初沿袭元制，置中书省总理全国政务，领辖六部，职权甚重。洪武十三年（1380），朱元璋杀丞相胡惟庸，乘机废中书省，以六部分掌庶政，直接受命于皇帝，中央集权空前加强。

中枢神经系统 central nervous system; CNS 神经系统的核心部分。常位于动物体的中轴，由脑神经节、神经索或脑和脊髓以及它们之间的连接部分组成。原生动物只有原始神经功能，不具备专门的神经细胞；刺胞动物仅有分散型神经网，或称分散型神经系统，它们都没有中枢神经系统。扁形动物开始出现中枢神经系统，其神经索的头端膨大成“脑”。环节动物（如蚯蚓）和节肢动物（如昆虫）的中枢神经系统获进一步发育，有神经索头端膨大形成的脑和腹神经索。无脊椎动物的中枢神经系统主要由神经节、神经索及其相互间的连接部分构成，组成较为简单。脊椎动物的中枢神经系统则由高度分化的脑和一条脊髓及它们之间的连接部分组成，发育极为完善。

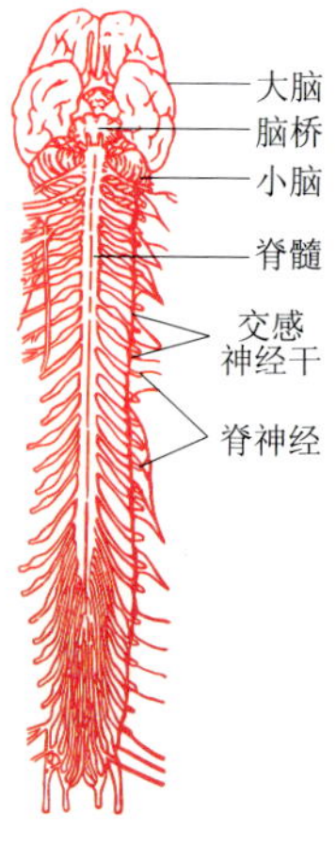

人的中枢神经系统

中枢兴奋药 central nervous system stimulant 增强中枢神经功能的药物。以延髓兴奋药的应用较多，主要是对呼吸中枢起兴奋作用，用于呼吸衰竭的救治。分为4类：①大脑皮质兴奋药，如咖啡因（咖啡碱）、胞二磷胆碱等。②精神兴奋药，如哌醋甲酯（利他林）等。③呼吸兴奋药，如尼可刹米、山梗菜碱（洛贝林）等。④脊髓兴奋药，如士的宁（番木鳖碱）、印防己毒素和一叶萩碱等。此类药物治疗指数低，极易进入中毒量而致惊厥，使用时应严格掌握用量。由于此类药物的安全范围较窄，已逐渐被通气效果较好且安全可靠的人工自动呼吸机所代替，在呼吸衰竭的抢救中退居辅助地位。

中水 intermediate water 城市污水或生活污水经处理后达到规定的水质标准，可在一定范围内重复使用的非饮用水。中水的水质指标低于饮用水水质标准，高于污水允许排入地面水体的排放标准。中水就是再用水，是沿用日本的叫法，通常把自来水称为“上水”，把污水称为“下水”，而中水的水质介于上水与下水之间，故名“中水”。中水虽不能饮用，但可用于冲洗厕所、洗汽车、喷洒道路、绿化等对水质要求不高的场合。

《中苏友好同盟互助条约》 *Sino-Soviet Treaty of Friendship, Alliance and Mutual Assistance* 中华人民共和国与苏联签订的同盟条约，也是中华人民共和国同外国签订的第一个条约。1949年12月，中华人民共和国中央人民政府主席毛泽东访问苏联，与苏联部长会议主席J.斯大林商定起草签订此条约。经过谈判，1950年2月14日由中国政务院总理兼外交部长周恩来与苏联外交部部长A.Y.维辛斯基在莫斯科共同签署。条约包括前言和6个条款。宗旨是加强中苏两国的“友好与合作”。主要内容为：“缔约国双方保证共同尽力采取一切必要的措施，以期制止日本或其他直接间接在侵略行为上与日本相勾结的任何国家之重新侵略与破坏和平。一旦缔约国任何一方受到日本或与日本同盟的国家之侵袭，因而处于战争状态时，缔约国另一方即尽其全力给予军事及其他援助。”“缔约国双方均不缔结反对对方的任何同盟，并不参加反对对方的任何集团及任何行动或措施。”“缔约国双方根据巩固和平与普遍安全的利益，对有关中苏两国共同利益的一切重大国际问题，将进行彼此协商。”“缔约国双方保证以友好合作的精神，并遵照平等、互利、互相尊重国家主权与领土完整及不干涉对方内政的原则，发展和巩固中苏两国之间的经济与文化关系，彼此给予一切可能的经济援助，并进行必要的经济合作。”条约自当年4月11日起生效，有效期为30年。“如在期满前一年未有缔约国任何一方表示愿予废除时，则将延长五年，并依此法顺延之。”1979年4月3日，鉴于国际形势和中苏关系均发生很大变化，中华人民共和国第五届全国人大常委会第七次会议通过决议并宣布，《中苏友好同盟互助条约》于1980年4月11日期满后不再顺延。

中提琴 viola 擦奏弦鸣乐器。提琴家族中的中音乐器，外形及结构与小提琴基本相同，只是形体略大。五度定弦为c、g、d^1、a^1。琴身长度一般为42.5厘米。中提琴的音色比小提琴更厚实、温暖而丰满，指法和运弓与小提琴基本相同。作为独奏乐器，它缺少小提琴的辉煌性和大提琴的浑厚有力的音响。

中提琴（左）与小提琴（右）

从中提琴的演奏艺术发展来说，在室内乐作品中，特别是弦乐四重奏中，才充分发挥了它的艺术表现力。

中体西用 中国近代有关中学和西学关系的一个命题。近代洋务派思想家张之洞在《劝学篇·设学》中首先提出这一命题。他认为：“旧学为体，新学为用，不使偏废。”旧学即中学，指中国传统文化，西学主要指西方近代科学技术。“中学为体”是强调以中国的纲常名教作为国家社会的根本；“西学为用”是主张采用西方的近代科学技术，仿效西方国家的一些具体措施，举办洋务新政，以挽救民族危机。在当时的历史阶段，“中学为体，西学为用”的口号，对于吸收西方新思想起了一定的推动作用。但19世纪末，“中体西用”成为进一步向西方学习的障碍。

中统 Zhongtong; Central Bureau of Investigation and Statistics of the Central Executive Committee 中国国民党统治集团的特务组织，中国国民党中央执行委员会调查统计局的简称。正式成立于1938年8月。其前身为国民党中央组织部调查科、国民党中央组织委员会党务调查处，长期受陈果夫、陈立夫的直接控制，是CC系的重要阵地。中统设分支机构于国民党各省、市、县党部，以维护蒋介石的统治为己任，以党政机关、文化团体及大中学校为活动重点，极力破坏中国共产党和其他革命团体，迫害共产党人和进步人士，同时对国民党内的反蒋派系及不满于蒋介石统治的人士实行秘密调查、监视和迫害。抗日战争时期，中统积极奉行蒋介石溶共、防共、限共方针，破坏国共合作和抗日民族统一战线。抗战胜利后，屡次制造政治事件，破坏、镇压爱国民主运动。10余年中，无数爱国民主人士、进步青年惨死在中统的“反省院”、“感化院”和“调查室”。1947年中统改名为“党员通讯局”，1949年改为“内政部调查局”。

中途岛 Midway Islands 太平洋北部美国属地。地处北纬28° 13′、西经177° 22′，大致处于太平洋东、西两岸的中间地带，属波利尼西亚岛群夏威夷群岛。东南距火奴鲁鲁（檀香山）约1 850千米。为一周长约24千米的珊瑚环礁，礁盘南部有桑德岛和东岛及一些小岛。潟湖的出口在环礁的西北方向，其东侧有一个小沙岛。陆地面积6.2平方千米。无常住居民。属亚热带气候。平均年降水量在1 000毫米以上。

1859年被美国N.C.布鲁克斯发现。1867年美国正式占领该岛。1903年铺设的跨越太平洋的通信电缆从此经过。1935年建成民用航空站，这里成为跨越太平洋飞行的加油站。1940年美国海军在岛上修建了航空和潜艇基地。第二次世界大战期间，美、日两国海军在附近海域进行了著名的中途岛海战，是太平洋战争的转折点。1993年中途岛海军航空站被关闭。美国内政部将环礁建成一个野生动物（鸟类）保护区。

中途岛海战 Midway, Battle of 太平洋战争期间，美国和日本海军在中途岛附近海域进行的大规模海战。

中途岛位于太平洋中部，是北美和亚洲之间的海、空交通要冲，也是美国的重要海军基地和夏威夷群岛的西北屏障。1942年4月18日美军首次空袭东京后，日本决心夺取该岛，迫使美军退守夏威夷和美国西海岸，同时诱歼美国太平洋舰队，以保证其本土和“南进”行动的安全。5月5日，日军大本营下令实施以中途岛为主攻方向的中途岛-阿留申群岛战役，由日本联合舰队司令长官山本五十六海军大将统一指挥。联合舰队兵分5路先后从本土起航。此前，美军破译日军密码，掌握了其作战企图。美军太平洋战区司令C.W.尼米兹调集航空母舰3艘（舰载机230余架）和其他

美军“无畏”式俯冲轰炸机准备攻击日舰

作战舰艇40余艘，编成第16、第17特混舰队，部署在中途岛东北海域待机。

6月4日凌晨，日军第1机动部队（航空母舰4艘、其他作战舰艇17艘、舰载机280余架）进至中途岛西北240海里海域，4时30分派出第一波舰载机飞往中途岛执行轰炸任务。岛上美机升空迎战，并对日军机动部队进行鱼雷攻击。与此同时，美军特混舰队隐蔽接敌，于7时许在150海里距离上开始起飞舰载鱼雷机和俯冲轰炸机。9时20分至10时26分，200余架美机连续猛烈攻击日军航空母舰，使“赤城”、“加贺”和“苍龙”号遭重创后沉没。不久，从“飞龙”号航空母舰上起飞的舰载机击伤美军“约克敦”号航空母舰（后被日军潜艇击沉）。下午，美军发现“飞龙”号航空母舰后，出动轰炸机将其击沉。5日下午，山本下令停止中途岛作战，率舰队撤出战斗。美军乘胜追击，6日又击沉日军“三隈”号重巡洋舰。

此战，日军损失航空母舰4艘、重巡洋舰1艘、飞机285架、人员3 500名；美军损失航空母舰和驱逐舰各1艘、飞机150架、人员307名。美军的胜利改变了双方在太平洋战场航空母舰的实力对比，日本从此开始丧失战略主动权，战局出现有利于盟军的转折。

中外合资经营企业 Chinese-foreign joint venture enterprises 中国的公司、企业或其他经济组织同外国的公司、企业和其他经济组织或个人，按照双方平等互利的原则，经中国政府批准，在中华人民共和国境内共同投资设立的股权式合营企业。

1979年7月颁布和1990年4月修订的《中华人民共和国中外合资经营企业法》和《中华人民共和国中外合资经营企业法实施条例》规定：①中外合资经营企业的设立必须经过中国政府批准。②形式为有限责任公司，外方的投资比例一般不低于25%。③合资经营各方可以现金、实物、工业产权等进行投资。④设立董事会。由合营各方分别委派正、副总经理。⑤依照国家有关税收的法律和行政法规的规定，可以享受减税、免税的优惠待遇。⑥合资经营期限可按不同行业、不同情况作不同的约定。

随着股份制的发展，许多中外合资企业采用了股份有限公司的形式。

中外合作经营企业 Chinese-foreign cooperative enterprises 中国的公司、企业或其他经济组织同外国的公司、企业和其他经济组织或个人，按照双方平等互利的原则，经中国政府批准，依据共同签订的合同所规定的权利和义务，在中华人民共和国境内设立的契约式合营企业。

1988年4月颁布的《中华人民共和国中外合作经营企业法》规定：①中外合作经营企业的设立必须经过中国政府批准。②合作各方在合作经营的合同中约定投资或者合作条件等事项，这是与中外合资经营企业最大的区别。③合作各方的投资或者提供的合作条件可以是现金、实物、土地使用权、工业产权、非专利技术和其他财产权利。④中外合作各方共同设立董事会，任命或者聘请总经理负责合作经营企业的日常经营管理工作。⑤依照国家有关税收的规定可以享受减税、免税的优惠待遇。⑥合作各方在合作经营合同中约定合作期满时合作经营企业的全部固定资产归中方所有。

中微子 neutrino 稳定的中性粒子，自旋量子数为$\hbar/2$，静止质量几乎为零（小于1电子伏），在通常情况下几乎以光速运动。中微子不参与电磁相互作用和强相互作用，但参与弱相互作用和引力相互作用。中微子是与物质相互作用强度最弱的粒子，因此探测中微子极为困难。1930年底，W.泡利为了解释β衰变的能量与动量守恒问题，假设该反应过程的末态可能存在某种未知的电中性粒子。1933年底E.费米基于这一假设建立了描述弱相互作用的低能有效理论，并把该未知粒子命名为中微子。1956年美国物理学家F.莱因斯及C.L.科恩首先探测到反电子中微子的稀有俘获事例。1958年发现反中微子与中微子的不同。1962年实验上正式确定存在两种不同类型的中微子：电子中微子$\nu_e(\bar{\nu}_e)$和μ子中微子$\nu_\mu(\bar{\nu}_\mu)$。2000年在费米实验室又发现了与τ子相对应的中微子$\nu_\tau(\bar{\nu}_\tau)$。和夸克与带电轻子一样，中微子也存在三种不同的类型。中微子具有微小的静止质量而且不同类型的中微子之间可以互相转化。

中微子天文学 neutrino astronomy 研究天体条件下产生的中微子及其反映出的物理规律的学科。主要内容有：探测来自地球大气、太阳、超新星爆发的中微子以及高能中微子源，研究恒星的结构和演化、宇宙中非常高能粒子的起源、宇宙的物质结构，以及由此引起的中微子物理的最基本问题——中微子质量和中微子振荡问题。

中微子不带电，只参与弱相互作用，不受任何磁场和电场的影响，具有极强的穿透物质的能力，所以能反映发生在天体最核心部位的物理过程，也因此造成了探测的极大困难。1987年以小柴昌俊为首的小组在日本神冈的实验中测到了来自超新星1987A的中微子暴，确认了热核反应作为太阳主要能源的理论及太阳中微子的存在。

中卫市 Zhongwei City 中国宁夏回族自治区辖地级市。位于自治区境西部。辖沙坡头区、中宁县、海原县。面积17 442平方千米。人口108万（2010）。战国时为羌戎杂居地，秦属北地郡，唐置雄州，元改应理州，明置宁夏中卫，清置中卫县。2003年撤销中卫县，设立地级中卫市。属中温带大陆性气候，日照充足，温差大，年平均气温8.6℃，平均年降水量229毫米。黄河由西流贯市境，引黄灌区地势平坦，土地肥沃，林茂粮丰，素有“塞上江南”之美称。农业主产小麦、稻谷、玉米，兼产猪、羊、禽、鱼，其中鸽子鱼形美味鲜，历代有名。是国家商品粮基地。中卫山羊和滩羊裘皮闻名中外。矿产有石膏、煤、大理石、油页岩等，其中石膏储量居全国第二位。工业以冶金、轻纺、建材、造纸等为主。名胜古迹有高庙，高庙“地狱”是中国现有四大古地狱之一，以及石空寺石窟、沙坡头等。

中西伯利亚高原 Central Siberian Plateau 俄罗斯西伯利亚中部面积最大的高原。南起东萨彦岭、贝加尔湖沿岸和外贝加尔山地，北至北西伯利亚低平原，西同西西伯利亚平原，东同中雅库特低平原相连。面积约150万平方千米。由一系列宽广的高原和山地组成（如维柳伊高原、勒拿河左岸高原、叶尼塞山脉和安加拉山脉等）。平均海拔500～700米。西北部较高，最高点普托拉纳山海拔1 701米。河流众多。气候寒冷，大陆性显著。除北部为山地苔原带、南部河谷地区为森林草原和草原带外，大部地区覆盖以落叶松为主的森林。水力及矿产资源丰富。主要矿藏有煤、铜、镍、铁、石墨、岩盐及天然气等。

中西医结合 integration of Chinese traditional medicine and western medicine 将传统的中医中药知识和方法与西医西药知识和方法结合起来，在提高临床疗效的基础上，阐明机理进而获得新的医学认识的一种途径。中西医结合是中华人民共和国建立后政府长期实行的方针。中西医结合是中、西医学的交叉领域，也是中国医疗卫生事业的一项工作方针。中西医结合发轫于临床实践，以后逐渐演进为有明确发展目标和独特方法论的学术体系。

发展阶段　中西医结合大体经历了三个阶段：①20世纪50年代的临床实验性描述阶段。主要以西医诊断，中医治疗或联合用药。按西医指标观察疗效。②60～70年代开始的临床研究与实验研究相结合阶段。在临床上主要采用辨证分型的方式分析疾病，并开展实验研究，已经出现一批如针刺麻醉、中西医结合治疗骨折和治疗急腹症等方面的研究成果。③80年代以后的机理探讨和理论创新阶段。初步运用动物模型和实验研究观察手段，把证和经络的研究推到一个更为深入的层次。

方式　中西医结合的方式和途径主要有以下方面：

①在疾病的诊治中进行结合。包括在诊断上的病证结合，在治疗时的综合协调，在理论上的相互为用。病证结合就是运用西医诊断方法确定病名，同时进行中医辨证，作出分型和分期。综合协调是指在治疗的不同环节按中西医各自的理论优选各自的疗法，不是简单的中药加西药，而是有机配合、互相补充，获得更高的疗效。理论上相互为用是根据不同需要，或侧重以中医理论指导治疗，或侧重以西医理论指导治疗，或按中西医结合后形成的新理论指导治疗。

②通过对中西医诊断方法的研究进行结合。主要是用西医学和现代科学方法研究中医四诊，或创造新的诊法。开展最多的是经络诊法和脉诊、舌诊。经络诊法是把中医学关于经络检查所见和西医诊断联系起来，通过相关性研究，创立耳穴诊病法和经络检查法。通过各种脉象仪、舌象仪，把医生诊脉时的指下感觉用图像、曲线、数字等客观指标表示出来，把各种舌诊所见舌苔、舌质的变化通过病理形态学、细胞学、生物化学、血液流变学及光学等方法客观地反映出来；另外对脉象及舌象进行中医相关对照和从病理生理学、生物化学、微生物学、免疫学、血液动力学等多方面进行原因和机理探讨。这项研究有利于中医四诊实现仪器化、客观化和规范化。

③通过对中医治法治则的研究进行结合。主要集中于对活血化瘀、清热解毒、通理攻下、补气养血、扶正固（培）本等治则的研究。

④通过对中医基础理论的研究进行结合。曾开展过对阴阳学说、脏象学说、气血学说及有关“证”的研究等，即先以临床为据确立研究对象的特征，然后通过建立中医理论的动物模型或动物疾病模型以寻找中西医理论上的结合点。

⑤通过对方剂药物的研究进行结合。包括用西医理论和方法，对传统方剂的作用加以说明。特点是医药结合，临床与实验结合，单味药物研究与复方研究相结合。

⑥通过对针灸及经络研究进行结合。大致有5个方面：一是把针灸应用于西医临床各科，所治疾病已达300余种；二是传统针刺技术与西医理论和方法结合，创立头皮针、耳针疗法和电针、激光针疗法、穴位注射方法等；三是用生理学、生理化学、微生物学及免疫学方法研究针灸对人体各系统的作用机制，为针灸提供现代科学依据；四是通过对针刺麻醉的临床应用和对针刺镇痛原理研究进行结合；五是在肯定经络现象、总结循经感传规律的基础上，融汇中西医理论，以现代实验方法与科学抽象方法相结合，探索经络机制。利用现代科学技术和实验方法研究经络及针灸作用原理的一门新学科——实验针灸学，已经在中西医结合的过程中逐步形成。

成就　50年代以后，中西医结合工作不仅在临床医疗和预防保健等方面广泛开展，而且取得一批优秀的研究成果。在临床中，用中西医结合诊治常见病、多发病、难治病已较普遍。大量事实说明，用中西医结合治疗某些疾病有明显的疗效。例如，治疗心脑血管病、再生障碍性贫血、月经不调、病毒性肺炎、肛肠病、骨折、中小面积烧伤、血栓闭塞性脉管炎、硬皮病、红斑狼疮等疗效显著。在治疗某些急腹症时，已经改变传统的治疗原则，成为一种有中国特点的新疗法，不仅提高了治愈率，而且可使一部分病人免除手术治疗，减少了合并症及副作用。治疗内科急症，如呼吸窘迫综合征、急性心肌梗死、休克、急性弥漫性血管内凝血等也有较好的疗效。治疗骨折，形成一种新的复位固定方法，可以缩短骨折固定和功能恢复的时间，保持较好的关节功能。中西医结合还注重运用非创伤性疗法治疗疾病，把西医的某些诊治手段与中医的气功、针灸、按摩相结合，以其无损伤、简便易行、疗效确实而受到广泛的重视。例如气功治疗高血压病，针灸治疗神经功能性疾病和冠心病，正骨手法治疗软组织损伤等。已创立或正在酝酿一些新的学科领域，如中医病理学、实验针灸学和针刺麻醉学等。对中西医结合的认识，除自身的实践外，还依赖于科技水平的进步。80年代以后，中西医结合突破了统一论，把中西医结合作为一种创新，在中西医各自向前发展的前提下，使中西医结合工作获得新的发展。

中心城市　central city　在一个国家的城市体系或城市群中居于重要地位，并起着社会经济中心等作用的城市。又称核心城市。

进入20世纪后，城市的发展使城市经济活动（不仅产业活动，还包括居住活动）扩散到周围的农村中，城市逐渐向外扩大。同时，大城市周围的一些中小城市也加强了与大城市的经济联系，共同构成了超越一个城市范围的城市区域或大城市圈。在城市区域或大城市圈中，作为中心的老城市或大城市称为核心城市或中心城市。一般认为，中心城市主要是指那些在全国或较大区域范围内的经济发展中起举足轻重作用的城市，具有以下特点：①城市规模达到一定水平，一般是大城市或者特大城市。②工业生产、商业活动、交通运输、文化教育、科学技术、公用事业、市政建设等具有较好的基础，拥有较强大的经济实力。③在全国经济生活中，或者在经济活动的某一方面发挥主导的或突出的作用，具有较大的影响。④一般是行政和文化教育中心。

按照性质和功能，中心城市可分为政治中心城市、文化中心城市和经济中心城市等。经济中心城市又可分为综合经济中心城市、外贸中心城市、金融中心城市、商业中心城市、工业中心城市、科技中心城市、旅游中心城市、信息中心城市等。

中心地学说　central place theory　有关城镇区位的一种理论。1933年由德国地理学家W.克里斯塔勒在《南德的中心地》一书中提出。主要论述一定区域（国家）内城镇等级、规模、职能间关系及其空间结构等的规律及形成因素，并采用六边形图式对城镇等级和规模关系加以概括。克里斯塔勒设想中心地所在地区的条件是：①均质平原，其人口分布均匀，收入和对货物的需求、消费方式一致。②交通体系统一，对同一规模城镇的交通条件相同，交通费用与距离成正比。③生产者力求获得尽可能大的市场区，消费者力求到最近处获取货物和服务。④消费者到最近的中心地购买货物和取得服务的实际费用等于销售价格加来往交通费。克里斯塔勒认为距离最近、最便于提供货物和服务的地点，应位于圆形市场区的中心。德国另一位经济学家A.廖什1940年在所著《区位经济学》一书中，利用数学推导和经济学理论得出相同的圆形转换为六边形的市场最优模式，提出生产区位经济景观，通常称为廖什景观，为中心地学说树立了更为牢固的理论基础。

中心法则　central dogma　遗传信息在细胞内生物大分子之间转移的规律。又称分子生物学中心法则或遗传学中心法则。1957年由F.H.C.克里克提出并予阐述。核心内容是，储存在脱氧核糖核酸（DNA）中的遗传信息经过转录传递给信使核糖核酸

(mRNA)，mRNA经过翻译合成具有特异功能的**蛋白质**。在这一过程中，以DNA为模板合成mRNA称为“转录”，按mRNA信息合成蛋白质称为“翻译”。中心法则揭示了遗传信息传递的方向和途径。完整的中心法则应包括DNA分子的半保留复制，

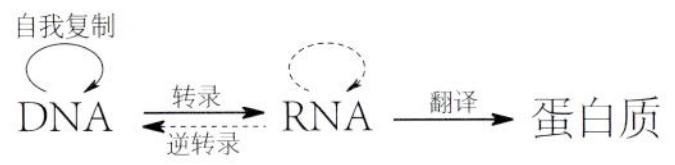

DNA→RNA→蛋白质的遗传信息传递，以RNA为模板合成DNA的逆转录以及以RNA为模板的RNA复制（见图）。

中心极限定理 central limit theorem 讨论**随机变量**序列部分和依分布收敛于正态随机变量的一类定理。它们有着广泛的实际背景，是**概率论**中最重要的一类定理。一般来说，如果一个现象受到许多相互独立的随机因素的影响，而且每个因素所产生的影响都很微小，那么它们的总和可以看作是服从**正态分布**的。A.**棣莫弗**和P.-S.**拉普拉斯**首先证明了n次独立重复试验中事件A出现的次数ν_n服从中心极限定理。A.M.**李雅普诺夫**在对随机变量的$2+\delta(\delta>0)$阶矩附加一定的条件下对一般的独立随机变量序列证明了中心极限定理。利用特征函数这一工具，Y.W.林德伯格和P.莱维证明了独立同分布方差有限的随机变量序列服从中心极限定理。林德伯格和W.费勒（1935）进一步解决了独立随机变量序列中心极限定理的最一般的情形。

中心体 centrosome 动物细胞中具有微管组装功能的微小细胞器。位于间期细胞核附近或有丝分裂细胞的纺锤体的两极。中心体由一对垂直排列的中心粒和无定型的中心体基质又称中心粒周围物质（PCM）组成。中心粒周围物质中有大量γ-管蛋白环状复合体，与微管的负极末端结合，是微管组织中心（MTOC）的主要功能构造。

在每个**细胞周期**的间期，一对中心粒各自复制成为两对。当**有丝分裂**开始时，两对中心粒和各自的周围物质分开、移动，并重新进行微管组装，最终形成细胞进行有丝分裂的纺锤体，此时两个中心体位于纺锤体的两极。

中心体是动物细胞的主要微管组织中心。在具有运动功能的细胞包括一些单细胞生物中，中心体样结构还存在于纤毛和鞭毛的基部，参与纤毛和鞭毛的组装，被称为基体或基粒。

中心粒周围物质通过对微管成核因子、细胞周期调控因子以及信号分子的锚定，以及中心体的自身复制特性，使得中心体不仅作为微管组织中心组装胞质微管和有丝分裂器——纺锤体，而且还作为细胞内重要的整合中心，在细胞周期进程中参与细胞周期检验和调控，以及其他一些信号传导通路，特别是在**细胞分裂**启动和细胞互相转换中具有重要作用。

中新世 Miocene Epoch **新近纪**最老的一个世，约始于2 330万年前，终于530万年前。英国C.**莱伊尔**（1833,1839）提出的中新世和其上的**上新世**成为以后奥地利地质学家M.赫奈斯（1853）提出的新近纪的主要组分，但其新近纪实际上还包括更晚的**更新世**和**全新世**。自从法国地质学家M.-I.-M.吉努（1950,1955）把中新世和上新世作为全部新近纪之后，世界地质界大多依从这一概念至今。中新世时期所形成的地层，称中新统。

海相化石带以浮游**有孔虫**、钙质超微化石、**放射虫**、硅藻、沟鞭藻、硅鞭藻为主，其中前二者是主导门类、分带的基础。浮游有孔虫有N4至N17共14个带，钙质超微化石有NN1至NN11共11个带。

中兴四大家 four great poets of resurgence era 中国南宋前期四大诗人。四大诗人有不同说法，**杨万里**指**范成大**、**尤袤**、萧德藻、**陆游**（《谢张功父送近诗集》）。但萧德藻的诗歌成就略逊于其他三人，故“中兴四大家”多指尤袤、杨万里、范成大、陆游。如**刘克庄**《后村诗话》前集卷二和方回《读张功父南湖集并序》都持此看法。但尤袤不仅现存诗甚少，精品亦少，实不足与其他三家并称。

中性货币 neutral money 货币供应量只对以货币表示的名义经济变量（如绝对价格水平、名义收入、名义利率等）产生影响，而对以实物表示的真实经济变量（如相对价格水平、真实收入、真实利率等）不起作用。经济学中用于描述货币数量对现实经济运行不具有实质性影响的一个概念。

提出和发展 中性货币的思想起源可以追溯到英国经济学家D.**休谟**。在当时，这种思想主要用来抨击那种认为“国家财富由它所拥有的黄金数量来衡量”的重商主义教条。

在早期货币数量论基础上，发展出了近、现代货币数量论。货币数量论的一般思想认为，货币没有内在的价值。货币的价值是在货币流通过程中形成的。货币的购买力直接取决于货币的流通数量。货币对以实物表示的实际经济变量没有任何影响，货币是中性的。

但这个术语本身出现较晚。最早明确提出“中性货币”这一概念的是瑞典经济学家K.维克塞尔。他在1898年出版的《利息与价格》及1906年出版的《政治经济学讲义Ⅱ》等著作中，系统阐述了他的中性货币思想。

经济学家在货币是否中性这一问题上一直存在争论。

法国古典经济学家J.-B.**萨伊**认为，货币中性是无条件的，货币在任何情况下都不会对实际经济产生影响。这是在经济学发展早期比较普遍的一种观点。近、现代经济学理论流派大都放弃了货币无条件中性这一教条。当代大多数经济学家认为，货币至少在短期是非中性的。也就是说，货币供应量的变化起码会在较短时期里对实际的经济运行产生影响。关于货币在长期内是否中性，经济学家之间则存在较大分歧。这方面的争论在当代宏观经济学研究中仍悬而未决。

当货币短期内非中性或者货币中性的条件不满足时，就引出了中性货币的另外一层含义，即一个国家的**中央银行**应该采取使货币保持中性的政策，以避免货币对实际经济产生影响。主张实行中性货币政策的重要代表人物奥地利经济学家F.von**哈耶克**认为，如果膨胀信用、人为地扩大货币供应量，就必然会引起消费品价格的上涨，发生危机。要使货币对经济保持中性、达到经济均衡，就必须使货币数量不变，以使商品的相对价格不发生变动。

现代倡导中性货币政策的经济学流派中，影响最大的是以美国经济学家M.**弗里德曼**为代表的货币主义学派。该学派的观点对英国、美国等主要发达国家的货币政策发挥了重要指导作用。

中亚 Central Asia 亚洲中部地区。中亚细亚的简称。从自然地理范畴划分，一般包括乌兹别克斯坦、吉尔吉斯斯坦、塔吉克斯坦、土库曼斯坦和哈萨克斯坦的南部；从政治、经济范畴划分，则可将整个哈萨克斯坦包括在内。结合自然地理和政治、经济等方面考虑，通常中亚指现今乌、吉、塔、土和哈所辖地区，总面积400.5万平方千米，人口5 590万（2000）。1991年苏联解体后，中亚各国先后宣布独立；接着，又都以创始成员国的身份加入独联体。广义的中亚还包括中国的内蒙古、新疆、青海和西藏高原及蒙古国。

中亚经济共同体 Central Asia Economic Union 1994年由哈萨克斯坦和乌兹别克斯坦两国总统倡议建立的中亚经济合作组织。其前身为哈、乌、吉（吉尔吉斯斯坦）三国组成的中亚联盟。1994年1月，哈、乌两国总统在塔什干签署两国统一经济空间条约，决定自同年2月1日起建立共同市场，彼此消除关税壁垒，实现劳动力、商品和资本的自由流通。4月，吉尔吉斯斯坦宣布加入这一条约。7月，哈、吉、乌三国总统在阿拉木图签署加强三国经济一体化和成立有关协调机构的文件，决定

成立由三国总统和总理组成的政府委员会，下设军事、外交等分委会；同时决定成立中亚合作与开发银行，以便为吸引外资创造条件。1998年3月，塔吉克斯坦获准加入该组织。1999年6月24日，中亚经济共同体四国首脑会议决定吸收塔吉克斯坦为中亚合作与开发银行成员国，还决定吸收乌克兰、格鲁吉亚和土耳其3国以观察员身份参加中亚经济共同体。

中亚细亚–中央区输气管道系统 Natural Gas Pipeline System of Central Asia-Central District 苏联在20世纪60～70年代修建的输量大、距离长、敷设地区自然条件复杂的大型输气管道系统。由4条管道组成：①由乌兹别克气田到莫斯科，长2 750千米，管径1 020毫米。②从土库曼西部的奥卡列姆到莫斯科，长2 694千米，管径1 020毫米。③从土库曼东部的谢斯特里到莫斯科，长2 694千米，管径1 220毫米。④从哈萨克到莫斯科，长3 682千米，管径为1 420和1 220毫米。第一、二两条管道分别于1967年和1971年建成；第三、四两条管道于1975年和1976年建成。整个管道系统长1.1万千米，年输气量650亿立方米。

中央芭蕾舞团 National Ballet of China 中国芭蕾表演团体。对外交流中称中国国家芭蕾舞团。前身为1959年创建的北京舞蹈学校实验芭蕾舞团。1980年改称现名。艺术顾问戴爱莲。芭蕾舞团以古典芭蕾风格闻名于世，一方面排练上演外国优秀芭蕾舞剧，另一方面致力于创作多种题材的中国芭蕾舞作品。先后上演的世界著名古典芭蕾舞剧有：《天鹅湖》、《海侠》、《吉赛尔》、《泪泉》等及各种风格流派的作品。1964年，创作演出了大型中国现代芭蕾舞剧《红色娘子军》，其他主要舞剧还有：《沂蒙颂》、《祝福》、《鱼美人》、《雁南飞》、《大红灯笼高高挂》等。剧团主要编导有李承祥、蒋祖慧、王希贤、王世琦、栗承廉等；主要演员有白淑湘、钟润良、薛菁华、郁蕾娣、武兆宁、唐敏、张卫强、孙正廷、张丹丹、刘庆棠、冯英、王才军、李蕾、蒋梅、王刚等。指挥家卞祖善，作曲家刘廷禹，舞美李克瑜，舞台监督梁红洲等。剧团还拥有一批优秀年轻演员，舞台监督在国际各大赛事中都有获奖。

芭蕾舞剧《大红灯笼高高挂》剧照

中央处理器 central processing unit; CPU 计算机中负责解释指令，执行指令，完成各种算术和逻辑运算的部件。简称处理器。处理器由控制器和运算器组成。

中央处理器经历了电子管、晶体管、中小规模集成电路、大规模集成电路等多次器件换代的变迁。现在，绝大部分中央处理器都集成在单个芯片上，称为CPU芯片。CPU芯片上除运算器、控制器外，还包括存储器的一部分（如存储管理部件及高速缓存等）和总线控制逻辑。

指令执行的速度是衡量中央处理器性能的一个重要指标，一般用每秒百万条指令（MIPS）或每秒十亿条指令（GIPS）来度量。指令执行的速度一方面取决于中央处理器的时钟频率，另一方面取决于执行每条指令平均需要的时钟周期数，后者与中央处理器的组织结构密切相关。

中央大学 Central University 中国南京国民政府建立的高等学校。校址在南京。其前身是1902年两江总督张之洞创办的三江师范学堂。1905年，三江师范学堂改称两江师范学堂，辛亥革命时停办。1914年9月，在两江师范学堂原址成立南京高等师范学校。1923年，南京高等师范学校并入东南大学。1927年，国民政府将东南大学、河海工科大学、江苏法政大学、江苏医科大学、上海商科大学、南京工业专门学校、苏州工业专门学校、南京农业专门学校、上海商业专门学校合并，成立国立第四中山大学。共有9个学院，附设教育行政学院。1928年3月，改名为江苏大学，同年5月定为中央大学。设文、理、法、教育、农、工、商、医8个学院，30多个科系。其中商、医两学院分设于上海。1932年秋，两学院独立为国立上海商学院、国立上海医学院。1935年，中央大学在南京另设医学院和国立牙医专科学校。1937年8月，中央大学西迁重庆。1938年冬，在重庆和成都建新址。1946年返回南京。1947年，有7个学院、42个系科，是当时规模最大、系科门类最多的综合性大学。1949年5月，中央人民政府接管中央大学。8月8日改名为南京大学。

中央档案馆 Central Archives of China 中国中央级综合性档案馆。1959年6月经中共中央和国务院批准成立，同年10月正式开馆。直属中共中央、国务院，负责管理党和国家中央机关的重要档案与资料。馆址在北京西郊。馆藏档案截至2002年底，有260多个全宗，80多万余卷。包括中共中央及其直属机关的档案、中共中央派出机关的档案、中央国家机关的档案，还有中国共产党领导的各个历史时期革命政权机关和群众团体（工会、妇联、青年团等中央机关）的档案。全馆总建筑面积6.42万平方米，其中库房面积3.42万平方米。建馆以来，在保证为中央领导工作服务的同时，逐步开放历史档案资料。馆内设有阅览室。编辑出版了《中共中央文件选集》(1921～1949)、《日本帝国主义侵华档案资料选编》(1931～1945)、《中华人民共和国经济档案资料选编》(1949～1952)等60种档案文献汇编，还与中共中央文献研究室合编了以公布档案资料为主的刊物《党的文献》、与中共中央党史研究室联合主办《中共党史资料》等杂志。

中央歌剧院 Central Opera Theatre 中国专业艺术表演团体。前身是成立于1953年的中央实验歌剧院歌剧二团、管弦乐团。1963年，中央实验歌剧院进行调整，将歌剧二团、管弦乐团与北京舞蹈学校实验芭蕾舞团合并，称为中央歌剧舞剧院（院长赵沨）。办院方针为：以欧洲传统唱法与管弦乐队作为表现手段，演出创作中国歌剧，同时介绍上演一部分外国优秀歌剧。“文化大革命”期间，该院曾一度与中国歌剧舞剧院合并，称为“中央歌剧团”(团长马可)。1978年恢复院名。历任领导为刘莲池、王世光等，历任指挥为郑小瑛、高维春等。

中央歌剧院（包括它的前身）在长期的创作、演出实践中，逐步形成了自己的风格。由该院人员创作、演出的中国歌剧有《王贵与李香香》(1950)、《草原之歌》(1954)、

歌剧《卡门》剧照

《刘胡兰》(1954)、《阿依古丽》(1966)、《马可·波罗》(1991)、《霸王别姬》(2007)等。介绍上演的世界各国著名歌剧有《茶花女》、《蝴蝶夫人》、《青年近卫军》、《卡门》、《费加罗的婚姻》、《托斯卡》、《图兰多》等。曾在该院工作过的著名作曲家有梁寒光、郑律成、王世光等，著名指挥有李德伦、黎国荃、郑小瑛等，主要演员有张权、李光羲、邹德华、罗忻祖、季小琴、幺红等。

中央工艺美术学院 Central Institute of Arts and Crafts 中国现代艺术设计高等学府。1956年，由中央美术学院实用美术系和中央美术学院华东分院图案系合并创立于北京。1999年并入清华大学，更名为清华大学美术学院。初设染织美术、陶瓷美术、装潢设计3个系，成立中央工艺美术研究所。1957年增设室内装饰系。1966年"文化大革命"开始学院全面停课。1977年恢复高考，招收本科生、专科生和研究生。1980年成立中央工艺美术学院设计中心。1984年在全国率先建立工业设计系和服装设计系。并入清华大学后成为国内规模较大、专业设置较齐全、综合性的美术学院。2006年设有9系1部，即艺术史论系、染织服装艺术设计系、陶瓷艺术设计系、工业设计系、环境艺术设计系、装潢设计系、工艺美术系、绘画系、雕塑系和成人教育部。五十多年来学院培养出大批优秀设计师、画家和理论家。院图书馆藏书17万余册。院刊《装饰》是国内著名专业杂志。

中央广播电视大学 Central Radio and TV University 中国运用广播、电视、文字教材、音像教材、计算机软件和网络等多种媒体，面向全国开展远程开放教育的新型高等学校。简称"中央电大"。属教育部。校址在北京。1979年2月正式开学。

中央电大的主要任务是：开展本科、专科高等学历教育，为行业、企业从业人员和部队士官及其他社会成员提供接受高等教育的机会；开展岗位培训及农村实用技术培训等非学历教育，为各类社会成员更新知识和掌握新的技能提供教育服务；统筹利用中央电大教育资源，建设远程教育公共服务体系，为高等学校及其他教育机构开展远程教育提供学习支持服务。

设有文法、财经、理工、师范、外语、农医等教学部和继续教育学院以及八一学院、总参学院、残疾人教育学院、西藏学院，专设中国电视师范学院、中国燎原广播电视学校、中央广播电视中等专业学校。

中央电大面向全国开设理、工、农、医、文、法、经济、管理、教育、历史十大学科统设专业；地方电大根据中央电大统设专业科类教育计划及非学历教育项目，开设本地区统设或派生专业（这些派生专业选用中央电大统设专业中必修课程的学分不低于总学分的60%）。

中央电大是教育部批准的现代远程开放教育试点高校之一。

中央军事委员会 Central Military Commission 中国共产党和中华人民共和国领导全国武装力量的最高军事机构。是中国共产党中央军事委员会和中华人民共和国中央军事委员会的合称。简称中央军委。

中央军委是中国共产党在领导中国人民进行革命斗争的过程中创建和发展起来的。北伐战争时期，为适应全国工农群众革命运动发展的需要，1925年10月，中共第四届中央委员会第一次扩大的执行委员会会议提出建立中央军事运动委员会。12月，中共中央将中央军事运动委员会改为中央军事部。1926年2月中央军事部成立，同年底，改称中央军事委员会（同时仍沿用中央军事部的名称）。土地革命战争时期，为适应独立领导武装斗争的需要，1927年11月，中共中央临时政治局扩大会议决定，设立军事科。1928年7月中共第六次代表大会后，恢复中央军事部，下设军事委员会和参谋、组织、兵士、特务、交通5个科。1930年3月，中共中央决定将中央军事部更名为中央军事委员会，作为中国共产党的最高军事指挥机关。1931年11月，中国共产党领导的中华苏维埃共和国临时中央政府设立了中央革命军事委员会（简称"中革军委"），作为中国工农红军的最高指挥机关，下设总参谋部、总政治部和总经理部等。长征途中，1935年1月，中共中央政治局扩大会议（见遵义会议）以后，中共中央成立了毛泽东、周恩来、王稼祥三人军事指挥小组，负责处理最紧急的军事工作，指挥红军的作战行动。原中革军委不变。1936年12月，为适应第一、二、四方面军会师后的新形势，根据中华苏维埃中央政府的命令，中央革命军事委员会扩大为23人。抗日战争时期，为进一步加强中国共产党对军队的绝对领导，1937年8月，中共中央政治局扩大会议决定成立中共中央革命军事委员会，中央军委又改为仅属于中共中央。1945年中共第七次全国代表大会以后，于8月成立了新的中共中央革命军事委员会。1949年初，改称中国人民革命军事委员会。中央军委长期以来是中国人民革命的最高军事统帅机构，领导军事建设，指挥武装斗争，为夺取各个时期革命战争的胜利，发挥了极其重要的作用。

中华人民共和国建立后，1949年10月，根据《中央人民政府组织法》的规定，成立了中央人民政府人民革命军事委员会，统一管辖和指挥人民解放军及其他武装力量。1954年9月以后，根据第一届全国人民代表大会第一次会议通过的《中华人民共和国宪法》的规定，国家设立国防委员会。同时1954年9月28日，中共中央重新成立了军事委员会，一直领导中国人民解放军和其他武装力量。

1959年10月20日，中共中央军委发出通知，成立军委办公会议。"文化大革命"期间，军委日常工作受到冲击，而国防委员会实际上停止了正常工作。1967年8月，中共中央决定成立军委办事组。"9·13"事件后，军委撤销办事组，重组军委办公会议。1975年2月5日，军委办公会议取消，成立军委常务委员会。

1982年起，党和国家共同设立军事委员会。9月，中共第十二届中央委员会第一次全体会议，选举邓小平为中共中央军委主席。同年12月，第五届全国人民代表大会第五次会议通过的第四部《中华人民共和国宪法》规定，中华人民共和国中央军事委员会领导全国武装力量。中央军事委员会由主席、副主席若干人、委员若干人组成，实行主席负责制。主席由中华人民共和国全国人民代表大会选举或罢免，对全国人民代表大会和全国人民代表大会常务委员会负责。其他组成人员由全国人民代表大会或全国人民代表大会常务委员会，根据中央军事委员会主席的提名决定或罢免。每届任期与全国人民代表大会每届任期相同。这是中央军委历史上第三次成为中共中央和国家政权的共同职能机构。

在国家的军事委员会成立后，党的中央军事委员会的组成人员，经过党中央和各民主党派的协商，可以由全国人民代表大会通过，同时成为国家的中央军事委员会组成人员，领导全国武装力量。设立国家军委，是党在新的历史条件下对国家体制和军队体制的一次重大变革，既能保证党对军队的领导，又能通过国家政权机构加强武装力量建设。党和国家共同设立中央军委，有利于进一步完善党和国家的军事领导体制，有利于运用国家机器，加强国防现代化建设，保障社会主义建设顺利进行。

1987年11月1日，中共十三大通过了党章部分条文修正案，其中规定"党的中央军事委员会组成人员由中央委员会决定"，此条规定一直延续至中共十七大新党章。

中央美术学院 Central Institute of Fine Arts 中国高等美术学校。院址位于北京，1950年4月由国立北平艺术专科学校和华北联合大学文艺学院美术系合并建立。建院初期，设绘画、图案、雕塑、陶瓷4系，学制3年。1953年，将绘画系的油画、彩墨画、版画科扩建为系，将图案、陶瓷科与华东分院的图案系组建为实用美术系（1956年后独立成为中央工艺美术学院），各系学制均为5年。同年又建立了绘画研究所（后改称民族美术研究所，即中国艺术研究院美术研究所）和附属中等美术学校。1956年设美术史系。1966年“文化大革命”期间曾一度划入当时成立的中央五七艺术大学，1977年恢复现名。1978年重新招生，1981年增设连环画、年画系（后改为民间美术系、民间美术研究室）和壁画研究室（后改为壁画系）。1987年，设油画、中国画、版画、雕塑、美术史、民间美术、壁画7个系。2004年设造型学院、人文学院、设计学院和建筑学院。为学士、硕士、博士学位授予单位，并建有博士后流动站。学制本科4年（雕塑系5年）、研究生2～3年，同时还招收一定数量的进修生、专科生。图书馆有各类图书、画册近30万册，还有美术陈列馆。编辑学报《美术研究》、《世界美术》。历任院长有徐悲鸿、江丰、吴作人、古元、靳尚谊、潘公凯。

中央民族大学 Central University for Nationalities 中国以招收少数民族学生为主的综合性大学。校址在北京。1951年建校，原名中央民族学院。1993年改现名。设有民族学与社会学、中国少数民族语言文学、藏学研究院、文学与新闻传播、外国语、法学、经济、管理、信息工程、教育、生命与环境科学、音乐、美术、舞蹈等十几个学院及哲学与宗教学系、历史系、体育系等。有培养学士、硕士和博士的教学体系；有国家重点学科和文科基础研究和教学基地。图书馆藏书近214万册。校园建筑面积55.7万平方米。出版物有《中央民族大学学报》、《民族教育研究》。

中央民族乐团 Central National Music Orchestra 中国专业音乐表演团体。1960年2月成立于北京。包括合唱队（又分民歌合唱队、声乐组等）、民族管弦乐队等。该团的创始人兼首任团长为李焕之，首任指挥为秦鹏章。1983年起，先后由刘文金、赵咏山等任艺术总监，指挥主要为阎惠昌、韦俊等。该团为中国代表性大型综合性民族乐团之一，可以演奏各种代表性民间乐种（如“江南丝竹”、“广东音乐”、“河北吹歌”、“苏南吹打”、“西安鼓乐”及各种地方性锣鼓乐），以及新创的大型民族器乐合奏等。

该团主要演奏家有王铁锤、周耀锟、宋飞等；主要独唱演员有姜家锵、刘燕平、靳玉竹、张秀琴等；主要创作员有李焕之、李群、刘文金、阎惠昌、赵咏山等。

中央人民广播电台 China National Radio; CNR 中华人民共和国国家广播电台。前身是延安新华广播电台。1949年12月5日，正式定名中央人民广播电台。

1949年12月中央人民广播电台只有1套节目，每天广播13个小时；1950年起开办少数民族语言节目；1954年开办对台湾广播节目。经过几十年的发展，共办有新闻性、经济性、教育性、文艺性、服务性等各具特色的13套节目，每天播音260个小时，全部上卫星播出。中央人民广播电台节目在全国拥有7亿多听众，影响极大，已经成为世界上拥有国内听众最多的广播电台。

中央人民广播电台办公大楼

中央人民广播电台拥有国内一流的数字多媒体演播室、录音室和音乐厅，广播节目制作、播出已经初步实现由模拟向数字化的转变。与全球大多数国家和地区的知名传媒机构建立了广泛的业务合作关系。

中央人民广播电台拥有电视节目制作中心（中国广播音像出版社）、《中国广播》杂志（月刊）、《广播歌选》等报刊及音像出版机构。由中央人民广播电台开办的中国广播网（www.CNRadio.com），可以实时收听中央台8套节目，点播收听100多档节目，并自办一套网上新闻节目。

中央人民广播电台隶属国家广播电影电视总局，下设14个中心（室），在全国各省、自治区、直辖市及香港、澳门特别行政区设有40个记者站和办事处，在台湾地区派有驻点记者。

《中央日报》 *Central Daily News* 中国国民党中央机关报。1927年3月在武汉创刊。汪精卫发动七一五反革命政变后不久停刊。1928年1月在上海复刊。同年11月迁往南京。次年2月在南京刊行。抗日战争期间，先后迁至武汉、长沙、重庆。1945年9月迁返南京。1949年3月迁至台北出版。1950年发行香港、纽约航空版。1956年11月起编印海外版，在西方国家发行。1988年1月起由原日出对开12版改日出对开24版。日发行量约50万份。实行股份有限公司制，社长之上设董事会。在美国、日本、西欧、东南亚和香港地区派有特派员或记者。

2006年6月因经营困难，停刊，2006年9月以网络版的形式复刊，不再发行实体报纸。

中央实验话剧院 Central Experimental Drama Theatre 中国话剧团体。1956年成立于北京。2001年12月成立的中国国家话剧院重要组成部分之一。

中央税 central tax 由中央政府征收、管理和支配的税收。又称国家税。是根据税收的征收管理权及收入支配权进行的税收分类。实行分税制的国家通常将一些收入充足和稳定的税种作为中央税。有些国家的中央税收入占全部税收收入的60%以上。美国的中央税包括个人所得税、社会保障税、公司所得税等主要税种；日本中央税包括个人所得税、法人税、消费税等主要税种。有些财权更为集中的国家，中央税收入占全部税收收入的80%左右。

1984年以前，中国除关税明确为中央税外，其他税种多为中央和地方比例分成收入。从1985年起，中国逐步采取按税种划分中央税和地方税。1994年，中国实行分税制，中央税确定由国家税务局系统征收，当期列为中央税的税种有消费税和关税。

中央苏区 Central Soviet Area 土地革命战争时期，中国共产党在江西省南部、福建省西部地区实行工农武装割据时建立苏维埃政权的区域。由赣西南、闽西两苏区发展而成。位于该区中心的瑞金县是中共中央和中华苏维埃共和国临时中央政府所在地。

1929年1月，毛泽东、朱德率红军第4军主力离开井冈山，向赣南挺进。2月取得大柏地战斗胜利后，在吉安的东固地区与李文林、段月泉等领导的江西红军独立第2、第4团会合。3月，红4军东进入闽，全歼国民党军1个旅，乘胜占领长汀县城。红4军前委决定在赣南、闽西20余县范围内开展游击战争，发动群众，建立苏维埃政权，与湘赣边界之割据区域相连接。4月1日，红4军回师赣南，相继攻占雩都（今于都）、兴国、宁都等县城，成立了赣南第一个工农兵政权——兴国革命委员会，并颁布了《兴国土地法》。随后，雩都、宁都等县分别建立了革命委员会和赤卫队，其他一些县的群众斗争也有很大发展，赣南苏区初步形成。5月，红4军再次入闽，先后攻占龙岩、永定县城，在闽西各县分兵发动群众，各县区普遍建立了苏维埃政权和赤卫队。至7月，以龙岩、永定、上杭三县为中心的闽西苏区基本形成。7月20日，中共闽西第一次代表大会召开，选举邓子恢为闽西特委书记、张鼎丞为军委书记。12月底，中共红4军第九次代表大会在上杭县古田村召开，会议通过了在中国共产党和红军建设史上具有重要意义的古田会议决议。

1930年8月，中国工农红军第一方面军成立，朱德任总司令，毛泽东任总政治委员和总前委书记。10月，红一方面军攻克吉安，成立江西省苏维埃政府。此后，赣西南、闽西两苏区统称中央苏区。1931年1月15日，以周恩来为书记的中共苏区中央局在宁都县小布成立。在周恩来未到任前，由项英、毛泽东先后代理。

中央苏区军民1930年11月至1931年9月，先后取得粉碎国民党军第一、第二、第三次大规模“围剿”的胜利，赣西南、闽西两苏区联成一片。中央苏区发展到包括28个县境、拥有15座县城，总面积5万多平方千米，人口达250多万的全国最大的苏区。1931年11月，第一次全国苏维埃代表大会在瑞金举行，宣布成立中华苏维埃共和国，并选出63人组成中央执行委员会，毛泽东任主席，项英、张国焘任副主席。大会制定了《中华苏维埃共和国宪法大纲》。1933年1月，中共临时中央由上海迁入中央苏区。3月，中央苏区军民在周恩来、朱德指挥下，取得第四次反“围剿”的胜利。至8月，临时中央政府在中央苏区内建立了江西、福建、闽赣、粤赣四个省级苏维埃政权。

从1933年9月起，中央苏区红军进行了1年的反对国民党军第五次大规模“围剿”的作战，由于以王明为代表的“左”倾教条主义错误的战略指导，红军未能打破“围剿”。1934年10月，中共中央、中央红军主力被迫退出中央苏区，开始长征。留下一部红军和地方武装由项英、陈毅等领导，继续坚持游击战争。

中央条约组织 Central Treaty Organization; CENTO 20世纪50年代中期，英、美两国为控制中东地区和遏制苏联而筹组的军事集团。前身为巴格达条约组织。成员国包括伊拉克、土耳其、巴基斯坦、英国和伊朗。美国以观察员身份参加。

1955年2月24日，伊拉克和土耳其在巴格达签订《互助合作公约》，即《巴格达条约》。英国、巴基斯坦和伊朗分别于同年4月、9月和10月在该条约上签字。同年11月21日，巴格达条约组织正式成立。该组织在英、美操纵下与北大西洋公约组织、东南亚条约组织一起形成对社会主义国家的包围圈。

1958年7月14日伊拉克爆发革命后，伊拉克革命政府宣布退出《巴格达条约》。同年10月17日，巴格达条约组织总部迁往土耳其安卡拉。1959年3月24日，伊拉克正式宣布退出该组织。8月19日，巴格达条约组织易名为中央条约组织。

1979年3月，伊朗和巴基斯坦宣布，因该组织不再能起到保护成员国安全的作用，决定退出。接着，土耳其也宣布退出。同年4月30日，该组织举行会议，与会的英、美、巴、土四国代表决定，该组织于1979年9月28日不复存在。

中央通讯社 Central News Agency 中国国民党主办的通讯社。简称中央社（CNA）。1924年4月1日创立于广州。1927年迁南京。1932年进行改组。1949年迁至台北。1973年改组为中央通讯社股份有限公司。1996年改制为财团法人体制。

该社在台湾其他地方设立分社和办事处15处，在东京、华盛顿等地设分社和办事处34处。主要业务是通过新闻广播和发行新闻稿，向台湾地区及世界各地的新闻机构提供新闻、专稿、特稿和图片；向台湾各新闻机构及有关部门提供西方主要通讯社的英文电讯；向台湾金融机构和工商企业提供经济新闻及海外商情等。

中央戏剧学院 Central Academy of Drama 中国培养戏剧专门人才的高等艺术院校。1950年4月2日成立于北京。首任院长欧阳予倩。建院初期设有歌剧系、话剧系、舞台美术系，1952年高等院校院系调整时舞蹈、歌剧专业停办，重新设置了表演系、导演系、戏剧文学系、舞台美术系。1977年恢复中断的教育秩序。20世纪90年代起增设了电视艺术系、艺术管理系、成人教育学院和影视艺术职业学院。20世纪末，又开办音乐剧的表演和导演专业，为国家培养了第一批音乐剧专业人才。戏剧艺术研究所是学院的研究机构。实验小剧场是专业教学和创作研究的重要场所。设有“戏剧戏曲学”等硕士、博士学位授权点。有十多个国家的留学生在学院学习，还聘请国外著名专家为名誉教授。建院以来，培养了许多优秀的导演、演员、编剧和舞台设计人员。

中央研究院 Academia Sinica 中华民国最高学术研究机构。前身是中华民国大学院中央研究院。1927年4月18日，中国国民党中央政治会议议决设立中央研究院筹备处，推蔡元培等6人为筹备委员；同年7月决定在中华民国大学院内设立中央研究院。10月，大学院召开中央研究院筹备会议，议决以大学院院长蔡元培兼任中央研究院院长，并推定徐渊摩、王小徐、蔡元培、唐钺、高鲁等40人分别为地质、理化实业、社会科学、心理学研究所和观象台筹备委员。1928年4月，国民政府撤中华民国大学院，改中央研究院为国立中央研究院，蔡元培为院长。6月9日，中央研究院正式成立。

中央研究院直隶国民政府，任务是从事科学研究并指导、联络、奖励学术研究。总办事处设于南京；先后在南京、上海、北平（今北京）等地设立天文、气象、物理、化学、工程、地质、历史语言、社会科学、心理9个研究所和自然历史博物馆（后改为动植物研究所）；设评议会，为最高学术评议机构。1935年6月20日，第1届评议会成立，李书华、庄长恭、周仁、王家楫、谢家声、丁文江、竺可桢、汪敬熙、王世杰、胡适、李济等42人当选为评议员。各研究所设所长1人，由院长在该所专任研究员中聘任。研究人员分为研究员、副研究员、助理研究员和练习生（或研究生），工作需要时，得设编纂、技正、技士若干人。中央研究院的研究工作包括基础科学、应用科学和理论科学3类。

抗日战争全面爆发后，中央研究院先后内迁至四川、广西、云南省。初集中在重庆、桂林、昆明。后在昆明的部分研究所迁至四川南溪，桂林各所再迁重庆，大多集中到四川。当时物质条件虽简陋，但研究工作并未中断。1940年蔡元培病逝后，朱家骅任代理院长，姜立夫等30人当选为第2届评议会评议员；人员增至418人，其中绝大多数为研究人员。抗战胜利后，中央研究院一面接收日本人设在上海和北平的研究机构；一面迁回南京、上海，先后增设数学、动物、植物、医学4个研究所，改社会科学所为社会研究所，此时共13个研究所。1947年10月，中央研究院为指导、联络、奖励学术研究，正式建立院士制度，完成了以院士为主体，由院长主持，评议会负责学术评议，各研究所从事学术研究的体制建设。院士为终身荣誉职。1948年3月，第2届评议会选举姜立夫等28人、王家楫等25人、吴敬恒等28人分别为数理、生物、人文3组院士。中央研究院在当时历史条件下，克服诸多困难，对中国近代科学和文化教育事业的发展作出贡献。

1948年5月，中央研究院改隶总统府。12月，中央研究院数学、历史语言两研究所大部迁往台湾省；在81位院士中，迁去台湾者仅有傅斯年、林可胜等7人。1949年10月，其余留在大陆各所为中华人民共和国中国科学院接管。迁台湾后的“中央研究院”院长先后由朱家骅、胡适、吴大猷、李远哲等人担任。

中央音乐学院 Central Conservatory of Music 中国培养音乐艺术人才的高等学校。1950年6月成立于天津。由原华北大学文艺学院的音乐系、东北鲁迅艺术学院的音乐工作团、南京国立音乐院及设在常州的附属少年班、北平艺术专科学校的音乐系、上海中华音乐学校和燕京大学音乐系等合并而成。1958年秋，学校从天津迁到北京。学院已形成自小学、中学、大学、硕士研究生班至博士研究生班等一整套音乐教学体制。设有作曲、指挥、音乐学、声乐歌剧、钢琴、管弦、民乐等系。学制分别为5年和4年。

中央银行 central bank 作为金融主管当局，代表政府管理和监督金融机构，制定和执行货币政策，控制货币流通与信用活动的金融中心机构。

产生与发展 中央银行产生于17世纪后半期，其雏形是成立于1656年的瑞典的里克斯银行。但最先真正执行中央银行职能的则公认是英格兰银行。1844年，英格兰银行将其内部机构分为发行部和业务部，将钞票的发行与银行业务分离开来，奠定了现代中央银行组织的基本模式。至19世纪后期，英格兰银行成为中央银行的典范，其他国家纷纷效尤。

1914年，美国建立联邦储备制度，将美国分成12个联邦储备区，每个区设有一家联邦储备银行。换言之，美国有12家区域性的中央银行，但由联邦储备委员会制定货币政策，并由其他各区域联邦储备银行执行。

中国的中央银行萌芽于20世纪初。1905年，清政府设立户部银行。1908年改名为大清银行，经理国库、发行纸币。1912年改组为中国银行。1928年，南京国民政府在上海成立中央银行。后中国银行、交通银行、中国农民银行与中央银行一道享有货币发行权。1937年7月成立四行的"四联总处"，统一行使中央银行职能。1942年7月货币发行权收归中央银行，同时集中黄金、外汇储备统一管理，统一经理国库。

1948年12月，中国共产党领导下的华北银行、北海银行、西北农民银行合并组成中国人民银行。中华人民共和国建立后又合并东北银行、内蒙古人民银行等地区性金融机构，成为全国统一的国家银行，行使中央银行与一般银行的职能。中国经济体制改革开始后，随着专业银行的恢复和设立，一般银行业务逐渐从中国人民银行中分离出来。1984年起中国人民银行专门行使中央银行职能。

特殊性及其职能 中央银行的特殊性表现在：①享有货币发行垄断权，是发行的银行。②代表政府管理全国的商业和政策性银行业、经理国库，代表政府参与国际清算银行和国际货币基金组织等国际金融机构组织的会议和活动，故把它称为政府的银行。③作为最后贷款人，在商业银行资金不足时，尤其是当商业银行遇到存款者挤提，有可能陷入严重的流动性困境时，它通常会发挥最后贷款人的作用，向这类商业银行发放贷款，因而又被称为银行的银行。

因此，中央银行不以营利为目的，也不吸收公众存款和向一般工商企业发放贷款。它的主要职责是制定和执行货币政策，进行金融监管，维护金融体系的稳定和进行金融统计。

中央银行对其特定的金融行政管理职责采取通常的行政管理方式，其主要的管理职能则寓于金融业务的经营过程之中。它以自身拥有的经济力量，如货币供给量、利率和贷款量等，对金融领域乃至整个经济领域的活动实施管理、控制和调节。

中央乐团 Central Philharmonic Society 中国专业音乐表演团体。见中国交响乐团。

中央政府债券 national bonds 一国中央政府为满足弥补财政赤字、进行大型工程项目建设等资金需求而公开向社会公众发行的债券。即国家债券。

中药 traditional Chinese drugs; TCD 中医用以预防和治疗疾病的传统药物。主要来源于天然药及其加工品，包括植物药、动物药、矿物药及部分化学、生物制品药。中药的应用在中国已有几千年历史，然而中药一词出现较晚。自西方医学传入中国后，为了区分两种医药学始有中医、中药之称。长期以来习惯将本草作为中药的代名词。"本草"一词始见于《汉书·平帝纪》，历来有"诸药以草为本"的说法。现已逐渐将本草、草药、中草药统称为中药。随着科学技术的发展，传统的本草学已发展成为中医学中的一门分支学科——中药学，包括中药药理学、中成药学、中药栽培学、中药药材学、中药炮制学、中药制剂学、中药化学等分支。中药学主要研究中药的基本理论和各种中药的来源、采制、性能、功效及应用等。

产地与采集 中药资源有得天独厚的丰富蕴藏量，全国已开发的有12 807种，常用品种有600余种，品种之多，数量之大，居世界首位。中药（包括药材及中成药）除满足国内需要外，已出口到80多个国家和地区，在国际上享有很高的声誉。

中药材的生产十分重视产地，中医用药讲究道地药材。唐宋以来，习惯将具有历史悠久、产地适宜、品种优良、产量丰富、炮制考究、疗效突出、带有地域特色的中药材称为道地药材，又称地道药材，是优质纯真药材的专用名词。在常用药物中，如四川的川芎、黄连、附子、贝母，江苏的薄荷、苍术，东北的人参、细辛、五味子，广东的砂仁、陈皮，云南的三七、茯苓，河南的地黄、牛膝、山药，山东的阿胶，浙江的贝母，甘肃的当归，宁夏的枸杞，青海的大黄，内蒙古的黄芪，山西的党参等，自古以来都被称为道地药材，沿用至今，对于保证中药的质量和疗效至关重要。随着医药事业的发展，各种道地药材的生产已远远不能满足需要，在确保原有品种的质量和疗效的前提下进行新品引种或驯养，成为解决供需矛盾的有效途径。国家按国际科学规范管理标准（GAP）建立了新的药材生产基地。

中药的采收是中药材生产加工的重要环节。由于药用植物在其生长发育的不同阶段成分及含量不尽相同，药物的疗效与毒副作用也各异。如人参中的皂甙以8月份含量最高，麻黄中生物碱秋季含量最高，槐花在花蕾时芦丁含量最高。适时采收对保证药效、降低毒副作用非常重要。一般全草类药材多在枝叶茂盛、花朵初开时采集，如益母草、豨莶草、紫苏等；叶类药材通常在花蕾将放或盛开时采收，如荷叶、大青叶、枇杷叶等；花类药材一般在含苞未放时采摘花蕾，如金银花、槐花、厚朴花等；果实、种子类药材大多在成熟时采摘，如栝楼、马兜铃、槟榔及莲子、沙苑子、菟丝子等；根及根茎类药材以秋末或春初，即二、八月采收为佳，如天麻、苍术、玉竹等；树皮类药材多在春夏之间采剥为好，如黄柏、秦皮、杜仲等；根皮类药材以春秋采剥为好，如地骨皮、桑白皮、椿根皮等。动物药根据生长活动季节捕捉采集，如鹿茸应选择3～6岁健壮的梅花鹿，于清明节后45～50天之间锯头茬茸，有两叉者称二杠的鹿茸质量最好；石决明、牡蛎、蛤壳等贝壳类药材多在夏秋季捕采，此时生长旺盛、钙质充足，药效最佳；蟾酥应在春秋两季采收，此时容易捕捉、腺液充足，质量最佳；蝎子、蜈蚣、土鳖虫等虫类药材大多在夏秋季节生长旺盛时捕捉；桑螵蛸、露蜂房多在秋季卵鞘、蜂窠形成后采集；蛇蜕为黑眉锦蛇、锦蛇、乌梢蛇等多种蛇类蜕下的皮膜，因其反复蜕皮，故全年均可采收，唯三四月份最多。矿物类药材全年皆可采收，不拘时间，择优选采即可。

理论和应用 中药具有独特的理论体系及应用形式。它是以中医学理论为基础，以药物作用于人体所产生的治疗效果为依据，在漫长的历史过程中逐步形成的。中药的治疗作用为扶正祛邪，消除病因，恢复脏腑经络的正常生理功能，纠正阴阳气血偏盛偏衰的病理现象。中药之所以能治病，由其自身的特性（药性）所决定。中药的药性主要有四气五味及升降浮沉、归经、毒性等。药性的不同组合是构成药物作用千差万别的主要原因。

为了安全有效地应用中药，还必须掌握中药的配伍、禁忌、剂量、服法以及调剂等基本知识。

中药配伍 TCD, compatibility of 中医将两种或两种以上的药物配合应用的法则。目的是为了增强治疗效果，扩大治疗范围，适应复杂病情，减少毒副作用。

中药配伍的内容主要有：①相须。即性能功效相似的同类药物合用后，可以增强原有药物的疗效。如全蝎、蜈蚣同是平肝熄风药，二药合用，能明显提高止痉定搐的作用。②相使。即两类药同用，以一药为主、另一药为辅，辅药能增强主药的疗效。相互配伍的两药，或性能功效相似，如黄芪配茯苓治脾虚水肿，以益气健脾行水的黄芪为主，配以利水渗湿健脾的茯苓为辅，茯苓能增强黄芪的补气利水作用；或两药性能功效虽不一致，但治疗目的一致，如以清胃泻火的石膏为主药治胃火牙痛，常配活血消肿、引火下行的牛膝，牛膝可增强石膏清火止痛的作用。③相畏。即两种药物合用后，一种药物的毒副作用能被另一种药物减轻或消除。如生半夏的毒性能被生姜减轻或消除，故云半夏畏生姜；甘遂的毒性以及攻伐脾胃的副作用能被大枣抑制，所以甘遂畏大枣（见十九畏）。④相杀。即两种药物合用后，一种药物能减轻或消除另一种药物的毒副作用。如生姜能减轻或消除生半夏的毒性，故云生姜杀半夏。相杀与相畏系属同一种配伍关系的两种不同提法，是分别从两种药物各自的角度而言的。⑤相恶。即两种药物合用后，一种药物能使另一种药物原有的功效降低，甚至丧失。如人参恶莱菔子，因莱菔子能削弱人参的补气作用。⑥相反。即两种药物同用，能增强原有毒副作用或产生新的毒副作用。如甘草反甘遂、乌头反半夏等（见十八反）。

在上述用药规律中相须、相使表示协同增效，临床用药要充分利用；相畏、相杀表示减毒，应用毒烈药时必须考虑选用；相恶表示减效，用药时应加以注意；相反表示增毒，原则上应绝对禁止。

中药用药禁忌 TCD, contraindication of 中医药学中为确保疗效、安全用药而规定在中药用药期间所禁止和需注意的事项。包括配伍禁忌、证候禁忌、妊娠禁忌和饮食禁忌。

配伍禁忌 即在配伍用药时应避免有些药物一起使用，以免降低、破坏药效或产生剧烈的毒副作用。十八反和十九畏所包括的药物即属配伍禁忌的药物。

证候禁忌 指某种药物对某些病证有害而应禁忌。由于药物的药性不同，其作用各有专长并有一定的适应范围。因此，临床用药也就必然有所禁忌。

妊娠禁忌 指妇女妊娠期治疗用药的禁忌。某些药物有损害胎儿以致流产的副作用，所以应列为妊娠禁忌的药物。根据药物对胎儿损害程度的不同，可分为禁用与慎用两类：①禁用药。多属于毒性较强或药性猛烈的药物，一般不能使用。如巴豆、商陆、千金子、芫花、雄黄、砒霜、铅丹、硫磺、硇砂、乌头、附子、关白附、干漆、水蛭、虻虫、麝香等。②慎用药。多属于通经祛瘀、破滞行气、渗泄滑利、辛热燥烈、镇降或涌吐等药物，一般应尽量避免应用，非用不可时须在医生指导下酌情使用。

服药饮食禁忌 指服药期间对某些食物的禁忌。又称食忌、忌口。一般应忌食生冷、油腻、腥膻、有刺激性的食物。根据病情不同，饮食禁忌也有区别。

中医 traditional Chinese medicine 中国传统医学的简称，以区别于西方医学。主要包括汉族医学、藏族医学、蒙古族医学、维吾尔族医学、朝鲜族医学以及其他少数民族的医学和医药。

中医学术流派 TCM, schools of 在中医学中由于学说师承不同所形成的不同群体和派别。这种因学术主旨不同而形成不同的学派，是中医历史发展中极为突出的特点。中医学术流派是在实践中不断创新而产生的，一个学派的形成应具备三项条件：一是有一个或几个有影响、有威望的学术领头人，即宗师，例如伤寒学派的宗师是张仲景、河间学派的宗师是刘河间等；二是有一部或数部反映本派观点的传世之作，并保持该学派的研究方法和学术风格，例如医经学派以《内经》为主导著作，围绕脏腑经络、病因病机、养生、治则等展开研究；三是有一大批跟随宗师（包括私淑）的弟子，他们本身也必须是具有一定学术水平的医学人才，例如易水学派的开山鼻祖是张元素，其弟子有李东垣、王好古等人。

在中医药发展史上，学派的形成有一个过程。春秋战国时代，百家蜂起，形成争鸣之势，形成用针、用药和重切脉的三大派。西汉时代已融合为医经和经方两大派别。其中，针灸和切脉者并为医经一派，重视使用药物方剂者则发展为经方学派。《汉书·艺文志》记载，当时有医经7家、经方11家。东汉末年，医学家张仲景治疗外感热病卓有疗效，以六经辨证在理论上奠定了辨证论治的基石，著成《伤寒论》一书，以后其学术络脉承传，成为一大学派。宋代科技发达，儒学打破了汉代经学定于一尊的局面，始有门户之分，这成为中医学家突破意识的前提，形成了金元时代医学家的争鸣局面。在金元时代有被称为“四子学派”的四大医家，即刘完素（刘河间）、李东垣、张子和、朱丹溪，他们各有所长，刘完素创立火热论；李东垣师承张元素，主补脾，著《脾胃论》；张子和立论邪之法而主攻下；朱丹溪则撰著《阳有余阴不足论》、《相火论》而创立了滋阴学派。此四大家，又据其师传和地域，可概括为以刘完素为代表的河间学派和以张元素、李东垣为代表的易水学派。明清一些医家在治疗外感热病方面有所创新，在病因上从热立论，提出卫气营血辨证及三焦辨证，经叶天士、吴鞠通、王孟英等一批医学家发展成为温病学派。清末民初，西医学传入中国以后，一批中医学家如王宏翰、朱沛文、唐容川、张锡纯等，主张中西医学汇聚而沟通之，衍成中西医汇通派。该派虽然历时较短，但提倡取长补短，在一个时期内办刊兴学，起到传承中医的作用，又成为中西医结合的先导。

中医的学派有明显的继承性，能够千余年一代一代继承发展下去而不衰，甚至传到国外，而且通过学派间的学术争论扩大了认识的广度与深度。此外，中医的学派还具有融合性，各学派不断吸收他派之长，互相渗透交叉，此起彼伏，汇流成干，形成中医学继往开来的“长河”。

中医阴阳学说 TCM, Yin and Yang theory of 中医学的基础理论之一。中医学将对于人体具有推动、温煦、兴奋作用的物质和功能统属于阳，将对于人体具有凝聚、滋润、抑制作用的物质和功能统属于阴。

基本内容 包括4个方面。

阴阳的对立制约 就人体而言，阴阳双方对立制约关系正常，即是生理状态。若因某些因素影响，导致阴阳相互制约失控，动态平衡即被打破，便会出现阴阳某一方面的偏盛偏衰，导致阴阳失调而产生病理状态，发生多种疾病。

阴阳的互根互用 就人体而言，阴阳的互根互用主要表现为三个方面：一是组成人体和维持人体生命活动的最基本物质气和血的关系。气属于阳、血属于阴，气为血之帅、血为气之母，两者互根互用。二是人体生理功能的兴奋和抑制，兴奋属阳、抑制属阴，兴奋与抑制两者之间互根互用。三是机体的形体和组成物质属阴、功能活动属阳，功能活动是物质运动的表现，物质形体则是功能作用的基础和结果，所以两者之间同样存在着互根互用的关系。

阴阳的消长平衡 阴阳两方面处于不断的消长运动之中。在正常情况下，由于阴阳之间存在着相互制约的调控关系，因而其消长运动总是在一定的限度之内，保持着此消彼长、此进彼退的动态平衡状态。

阴阳的相互转化 阴阳对立双方在一定条件下可以各自向其相反的方面转化，即阴可以转化为阳，阳也可以转化为阴，这是阴阳运动的另一种表现形式，是在量变基础上的质变过程。

在医学中的应用 阴阳学说广泛地应用于中医学理论体系的各个方面，指导着中医的临证思维和诊疗实践。

阐释人体的组织结构 中医学认为人

体的一切组织结构既是有机联系的，又都可以根据其部位和功能特点划分为相互对立的阴阳两部分，并进而说明它们之间存在着对立统一的生理联系。

概括人体的生理功能　中医学认为人体生命活动的产生和生理功能的维持，都是阴阳双方保持对立统一、协调平衡的结果。《素问·生气通天论》曰："阴平阳秘，精神乃治；阴阳离决，精气乃绝。"

说明人体的病理变化　中医学认为疾病的发生和发展是正常的阴阳关系失去相对的平衡协调，从而出现阴阳偏盛、偏衰，或互损，或格拒，或亡失等阴阳失调病机所致。

用于疾病的诊察和辨证　中医学主要运用阴阳观点来诊察和判断病变的部位、性质及各种病证的属性，并通过综合分析，辨别和确定疾病的本质。在临床辨证过程中，首先要分清阴阳，方能抓住病变的本质。中医临床常用的辨证方法如脏腑辨证、经络辨证、气血津液辨证、病因辨证、**六经辨证**、**卫气营血辨证**、**三焦辨证**等，均以**八纲辨证**贯穿其中。而辨别阴阳，又是八纲辨证的总纲，凡属表证、热证、实证，概属于阳证；凡属里证、寒证、虚证，概属于阴证。这种以阴阳来归类和辨析临床复杂病证的方法，对于正确地运用临证思维、把握病证的本质，确有纲领性的指导意义。

确定疾病的治则和归纳药物性能　调整阴阳，补其不足，泻其有余，恢复阴阳的相对平衡，是中医临床治疗的基本原则。

用阴阳来概括药物的性味功能，可作为临床用药的依据。药性分阴阳：寒凉药属阴，温热药属阳；五味分阴阳：辛、甘、淡味药属阳，酸、苦、咸味药属阴；**升降浮沉**分阴阳：升浮药属阳，诸如升阳发表、祛风散寒、涌吐、开窍等类药物皆属此范畴；沉降药属阴，诸如泻下、清热、泄浊、重镇安神、潜阳熄风、消积导滞、降逆、收敛等类药物均属此范畴。

此外，调养阴阳，亦是中医学养生防病及康复的重要原则。善于养生者，强调"春夏养阳、秋冬养阴"，以使人体之阴阳与四时之阴阳变化相适应，保持人与自然的协调统一，达到预防疾病和健康长寿之目的。

中印边境自卫反击战　Counterattack in Self-Defense on the Sino-Indian Border

1962年中国人民解放军边防部队在中印边境地区对侵入中国领土的印度军队进行的自卫反击作战。

印度1947年独立后，不仅继承了英国殖民主义者侵占中国西藏的部分领土，还进一步扩大其占领范围，至1951年前后，印度军队先后侵占了中印边界东段传统习惯线以北、非法的"麦克马洪线"以南约9万平方千米的中国领土和中段2 000平方千米以

中国人民解放军边防部队清除印军设在中国境内的侵略据点

及西段的巴里加斯，并企图侵占西段阿克赛钦3.3万平方千米的中国领土。印度政府还私自改画地图，把已占领和企图占领的中印边界东段、中段、西段的中国领土划入印度版图。1959年，印度政府正式向中国提出领土要求，同时不断单方面改变边界现状，肆意蚕食中国领土。从1962年4月起，印军入侵中国领土变本加厉，至战前仅在中印边境西段即建立了43个侵略据点。中国政府曾多次向印度政府提出通过谈判解决边界问题的建议，均遭印度政府拒绝。

10月20日，印军向中国边防部队发起大规模武装进攻，企图以武力改变边界现状。中国边防部队忍无可忍，于当日被迫在东、西两段同时实施自卫反击。在东段，西藏边防部队全歼印军第7旅。接着兵分5路反击，于24日收复达旺地区。东段其他地区的西藏边防部队拔除印军侵略据点十余处，进逼瓦弄。在西段，新疆边防部队收复巴里加斯地区，拔除印军入侵据点37个。

10月24日，中国政府发表声明，提出停止冲突、重开谈判、和平解决边界问题的三项建议，遭印度政府拒绝。至11月中旬，印军在边境的兵力增至3万余人，并于11月14日和16日再次向中国边防部队发起全线进攻。中国边防部队以东段的西山口邦迪拉为主要反击方向，集中主力沿西山口两侧实施迂回攻击。18日晨，歼灭侵入西山口地区印军的大部。先后收复了德让宗、打陇宗、邦迪拉及其以南鹰窠山口等几个山口，逼近中印边界传统习惯线。东段反击作战部队攻占了瓦弄、梅楚卡、塔克辛等地区。西段新疆边防部队同时拔除了印军在班公错地区的6个据点。至此，印军设在中国境内的侵略据点全部被清除，入侵印军遭到彻底惨败。

在打退印军入侵后，中国政府于1962年11月21日发表声明，宣布人民解放军边防部队全线停火，主动后撤。人民解放军西藏、新疆边防部队遂于11月22日零时在中印边境全线主动停火，12月1日开始全线后撤。至1963年3月1日，撤至1959年11月7日中印双方实际控制线中国一侧20千米以内地区。停战后，中国政府主动将缴获的大批武器、车辆和军用物资交还印度，并于1963年5月26日前释放了全部印军被俘人员。

中印边境自卫反击战打退了入侵中国领土的印度军队，保卫了中国领土主权。

《中英藏印条约》及续约　*Sino-British Treaty on Tibet and India* and Supplemental Treaty

英国强迫中国清政府订立的不平等条约。《中英藏印条约》为结束第一次侵藏战争的不平等条约。1888年（光绪十四年）英国发动第一次侵略西藏的战争，清政府屈辱求和。1890年3月17日，清政府驻藏帮办大臣升泰与英国印度总督H.C.K.P.-F.兰斯敦在加尔各答签订，条约共8款。主要内容为：确认哲孟雄（今印度锡金）归英国保护；划定中国和哲孟雄边界；并规定通商、游牧等问题随后另议。《中英藏印续约》又称《藏印议订附约》，或《中英藏印条款》。为英国根据《中英藏印条约》的规定强迫清政府续订的不平等条约。1893年12月5日清政府代表何长荣与英政府代表A.W.保尔在大吉岭签订，共12款。主要内容为：开放亚东为商埠；准许英国在亚东设商务公所一处派员驻扎；藏印来往贸易免税5年；限制中国西藏人民在哲孟雄的传统游牧权利。英国依据《中英藏印条约》及续约侵占了哲孟雄，并在中国西藏地方开始取得开埠通商的特权。

中庸　doctrine of the mean

中国古代哲学的范畴。中，有中正、中和、不偏不倚等意；庸，有平常、常道、用等意。"中庸"一词最先由**孔子**提出："中庸之为德也，其至矣乎！"以中庸为最高的道德。中庸的基本原则是"允执其中"，要求把握适当的限度，以保持事物的平衡，使人的言行合于既定的道德标准。子思及其门人著**《中庸》**一书，认为人们在实行道德之时，往往智者贤者"过之"，愚者"不及"，致使正道不行，主张用中庸纠正极端倾向，以维护正道。到了宋代，理学家们强调"中庸"，把"允执其中"视为"道统"的核心。**程颐**谓"不偏之谓中，不易之谓庸。中者天下之正道，庸者天下之定理"，以不偏不易的"正道"、"定理"为"中庸"。**朱熹**认为中庸指知行"恰到好处，无些过与不及"，凸显了中庸的方法论意义。

《中庸》　*Doctrine of the Mean*

中国儒家经典之一。原为**《礼记》**的一篇，宋代把它和《礼记》中的**《大学》**独立出来，同**《论语》**、**《孟子》**一起称为四书。

司马迁在《史记·孔子世家》中认为，

《中庸》是孔子之孙子思所作，东汉著名经学家郑玄也持此说。南宋的朱熹更明确地认为，《中庸》是子思恐儒学失其真传而于曾子之后述孔子等圣人的思想而作。但有人对此提出质疑。《中庸》现有《礼记》本和《四书章句集注·中庸章句》本。

《中庸》一书总结和发挥了孔子以来的儒学道德哲学和方法论。认为，人的本性是天赋的，遵循天赋本性而行便是人道，研究和学习人道就是教化。它以"诚"为宇宙万物的本原。认为"诚"即是天之道，是万物的自身，不诚则无物。它从"天人合一"的意义上把"至诚"作为一种很高的精神境界。《中庸》阐述了"过犹不及"的"中庸"思想。要求人们努力追求达到"和而不流"、"中立不倚"、"居上不骄"、"为下不倍"。经过长期的道德修养，一切行为若皆能符合中道，即为君子和圣人。它还提出"博学之，审问之，慎思之，明辨之，笃行之"的方法，要求人们在德行修养过程中既尊重固有的德性，又重视学问的积累，既推致广大又极尽精微，既高明张扬又中庸悠雅。

《中原音韵》 *Phonology of the Central Plains* 中国古典戏曲音乐论著。作者周德清，字挺斋，江西高安人。元代音韵学家。此书版本甚多，《中国古典戏曲论著集成》以瞿氏铁琴铜剑楼藏元刻影印本为底本校勘。

《中岳嵩高灵庙碑》 *Stele of Songgaoling Temple in Zhongyue Mountain* 中国北魏纪事碑刻。立于北魏文成帝太安二年（456）十二月。在河南登封嵩山中岳庙。碑高约290厘米，宽约100厘米，题额阳刻篆书"中岳嵩高灵庙之碑"4行8字。碑阳楷书23行，每行50字，碑阴楷书题名7行，旧传为道士寇谦之撰文或书写，但均无依据。碑文所记为寇谦之选定嵩山作为修炼和弘扬道教之处并奏请朝廷建造嵩岳新庙之事，似为寇之弟子为颂扬其功德而立碑，其内容及字体与较早立于陕西华阴西岳庙内的《大代华岳庙碑》基本相同。此碑字体为楷书体势，但仍保有隶书遗意：点画方折凝重，风格面貌朴拙而有古意。自清末以来受到书法界广泛推崇，被誉为"浑金璞玉"。现存以明初拓本为最早。

《中岳嵩高灵庙碑》拓片
（中国国家图书馆藏）

中越边境自卫还击战 Counterattack in Self-Defense on the Sino-Vietnamese Border 1979年2～3月，中国人民解放军边防部队对在中越边境挑衅和入侵的越南军队进行的自卫还击作战。

20世纪70年代中期，越南结束抗美战争、实现国家统一后，把中国视为"最直接、最危险的敌人"，中越关系急剧恶化。越军不断在中越边境地区进行武装挑衅活动，使中国边疆的和平、安全和人民生命财产受到严重威胁。从1979年2月17日起，中国人民解放军边防部队在广西、云南开始对越南进行有限度的自卫还击作战。3月5日，中国政府发表声明，自卫还击作战达到预期目的，自当日起中国边防部队开始回撤。至3月16日，中国边防部队全部撤回中国境内。

中国边防部队阻击越军进攻

中曾根康弘 Nakasone Yasuhiro（1918-05-27～ ） 日本内阁总理大臣（1982～1987）。生于群马县高崎市。1941年毕业于东京帝国大学法学院，第二次世界大战期间任日本海军尉官参加战斗。1947年当选为国会众议员，成为有史以来最年轻的国会议员之一。1982年当选为日本自由民主党总裁，1982年11月出任首相。他在职时通过增加日本对本国防务的经费并减少美国商品进入日本的贸易壁垒，寻求加强日本与美国的关系。在国内事务方面，他支持政府紧缩的计划，以期减少日本的公债。1984年10月留任自民党总裁，连任首相一职。日本经济在他主政下持续增长，至他任首相的第二任任期结束时，日本已成为世界最大的债权国并在世界经济中可与美国相匹敌。1987年10月辞职。后任和平战略研究所总裁。1988年涉嫌里库路特贿赂案受国会传询，引咎退党。1991年复回自民党。曾倡议成立日中友好二十一世纪委员会。

《中州集》 *Anthology of Zhongzhou Poetry* 中国金代诗歌总集。元好问编。10卷，辑录作家251人，作品2 062首。其中除"南冠"类收入忠于宋王朝的留金使节或官吏朱弁、滕茂实等5人的84首作品外，全系金人诗。由于金朝立国后长期据有中原，中州（今河南一带）是金的政治、经济和文化中心，当时人常以中州人物之盛自豪，故此集取名《翰苑英华中州集》，又名《中州鼓吹翰苑英华集》，通称《中州集》。《中州集》不录存世者之作，"帝王"、"诸相"、"状元"、"知己"、"南冠"等以类相从，其余名家基本上以时代先后为序。作者小传内容丰富，除载生平事迹外，还常举名句、名篇为例，以说明各家的特征。在小传中，编者对金代诗坛风尚、诗歌的源流演变以及当时的政治历史事件亦时有介绍。故此书不特为金诗之渊薮，而且也是治金史者所必备。有《元遗山先生全集》本、《四库全书》、《诵芬室丛刊初编》、《四部丛刊》、《金元总集》本，中华书局上海编辑所出有校点本。

中子 neutron 组成原子核的核子之一。是1932年J.查德威克在用α粒子轰击铍的实验中发现，并根据E.卢瑟福的建议命名的。中子电中性，其质量为1.674 927 211(84)$\times10^{-27}$千克，比质子的质量稍大，自旋为1/2，磁矩为$-0.966\ 236\ 41(23)\times10^{-26}$焦耳/特斯拉。自由中子是不稳定的粒子，可通过弱作用衰变为质子，放出一个电子和一个反电子中微子，平均寿命为896秒。中子是费米子，遵从泡利不相容原理。中子和质子是同一种粒子的两种不同电荷状态，其同位旋为1/2，中子的同位旋第三分量$I_3=-1/2$。中子是组成原子核构成化学元素不可缺少的成分，虽然原子的化学性质是由核内的质子数目确定的，但是如果没有中子，由于带正电荷质子间的排斥力，就不可能构成除氢之外的其他元素。在轻核中含有几乎相等数目的中子和质子；在重核中，中子数则大于质子数，例如$^{238}_{92}U$中共有146个中子和92个质子。对于一定质子数的核，中子数可以在一定范围内取几种不同的值，形成一个元素的不同同位素。

中子不带电而具有磁矩。高能电子、μ子或中微子轰击中子的散射实验显示中子内部的电荷和磁矩有一定的分布，说明中子不是点粒子，而具有一定的内部结构。中子是由3个更深层次的粒子——夸克构成的。

中子是研究核反应很好的轰击粒子，由于它不带电，即使能量很低，也能引起核反应（见中子核反应）。中子还在核裂变反应中起重要作用。电中性的中子不能产生直接的电离作用，无法直接探测，只能通过它与核反应的次级效应来探测。

根据微观粒子波粒二象性，中子具有波动性，慢中子的波长约10^{-10}米，与晶体内原子间距相当。中子衍射是研究晶体结构的重要技术。

中子弹 neutron bomb 以高能中子为主要杀伤因素，相对减弱冲击波和光辐射效应的一种特殊性能的小型氢弹。又称增强辐射弹。

具有核辐射效应强、爆炸威力低、放射性沾染轻的特点。它能有效杀伤坦克中的人员，并可大幅度减少对武器装备或建筑物、设施的破坏。但因其当量较小，杀伤半径有限，一般作为战术核武器使用。

20世纪50年代末，美国开始研究减少放射性沉降的核武器，提出中子弹的概念。60年代进行了中子弹试验。1981年，R.W.里根政府下令生产和储备长矛导弹的中子弹头和203毫米榴弹炮的中子炮弹，同时还加紧研制155毫米榴弹炮的中子炮弹。1980年，法国政府宣布进行了中子弹试验。据联合国1980年的资料，苏联也曾试验过中子弹。

中子核反应 neutron induced nuclear reaction 中子同原子核相互作用引起的核反应。中子的重要特征是不带电，不存在库仑势垒的阻挡，这就使得几乎任何能量的中子同任何核素都能发生反应，在实际应用中，低能中子的反应起更重要的作用。

中子核反应主要有：①中子裂变反应。某些重核如^{235}U俘获中子发生裂变，记作(n,f)，同时还放出2～3个瞬发中子，并释放很大的裂变能。这种中子的增殖可使裂变反应持续不断进行，形成裂变链式反应，这是获取核能的重要途径。②中子辐射俘获。中子被核俘获后形成复合核，然后通过放出一个或多个γ光子退激，记作（n,γ）。研究γ射线的能谱可以得到复合核能级结构、辐射过程性质的信息，(n,γ）反应对一切稳定核都是重要的，甚至中子能量很低时也能发生，(n,γ）反应还是生产核燃料、超铀元素等的重要反应。此外，还有中子的弹性散射和非弹性散射；中子被核吸收可放出2个、3个中子的（n,2n)、(n,3n）反应；发射带电粒子的（n,X）反应以及吸收中子不放出中子的中子吸收等。

中子核反应在研究核结构和核反应机制及核能利用中占重要地位。

中子探测器 neutron detector 探测、记录中子的探测器。中子是电中性的，探测中子必须通过其次级效应。中子覆盖很宽的能量范围。能量小于1千电子伏的称慢中子，慢中子又分为冷中子（小于0.002电子伏）、热中子（0.025电子伏）、共振中子（1～1 000电子伏）。能量为1千电子伏至0.5兆电子伏的称中能中子。快中子能量在0.5～100兆电子伏范围。能量为10^2兆电子伏以上的称高能中子。对不同能区的中子，要选用中子与物质的不同相互作用，以使其次级产物易于被探测（如带电粒子等）。利用不同次级效应和一般的探测器（如电离室、正比计数器、闪烁计数器、半导体探测器等）结合构成各种中子探测器。

用于中子探测的基本作用以及相应的探测方法主要有以下几种：①核反应法。常用的有中子轰击硼产生α粒子和轰击氦(^{3}He)产生氢和氚核的反应。它们在慢中子能量的宽范围内有很大的计数效率，并且效率与中子的速度成反比。常用的有涂硼多电极电离室、三氟化硼正比计数管和含硼硫化锌闪烁计数器等。另外，慢中子轰击锂产生氦和氚的核反应也常用于固体探测器，如锂玻璃闪烁计数器。②反冲法。利用中子与氢（质子）或其他轻核（氘核、氦核等）进行弹性散射，记录反冲质子或带电反冲核。适用于快中子测量。典型的探测器如有机闪烁计数器，充含氢的正比计数管和电离室等。③裂变法。慢中子和快中子俘获都能引起重核（如铀等）的核裂变反应，而且带电的裂变碎片的动能大可达100兆电子伏或更高，因此探测器输出的信号很大，如裂变电离室。④激活法（活化法）。利用中子辐照物质产生的核反应产物的放射性（如与铟和金作用产生β射线等），通过记录β衰变的强度随时间的变化可得到中子强度（或中子通量），适合于测量高强度热中子和共振中子。

中子星 neutron star 一类主要由中子组成的恒星。大质量恒星演化到超新星爆发后的产物。质量超过钱德拉塞卡极限（1.44太阳质量）的恒星，核燃料耗尽以后，电子简并压无法跟引力抗衡，不能形成稳定的白矮星。会继续坍缩，密度进一步增加，逆β衰变开始发生，即一个高能电子和一个质子碰撞，形成一个中子，并发射出一个中微子。最终形成主要由中子组成的稳定恒星。由中子简并压力支撑的中子星也有一个质量上限，但由于对极高密度下的物态方程了解不够，关于中子星质量的理论上限不如白矮星那么确定，估计在2～3太阳质量之间。超过这个极限，中子简并压力也不敌巨大的引力，平衡结构不复存在。中子星也有和白矮星类似的质量-半径关系，质量越大，半径越小。由于中子的质量是电子的1 840倍，质量大的粒子必须在更大的密度下才能成为简并的。因此，中子星的平均密度高达10^{13}～10^{15}克/厘米^3，其半径只有10～20千米。

1932年发现中子后不久，L.D.朗道就提出可能有由中子组成的致密星，1934年W.巴德和F.兹威基提出超新星爆发后留下的星核可能就是中子星，1939年J.R.奥本海默等人首先计算了中子星的模型，1967年A.休伊什和S.J.贝尔发现脉冲星，不久就确认它是快速自转的、有强磁场的中子星。

中子源 neutron source 产生中子束流的装置。通常情况下中子被束缚在原子核内，只有通过核反应使原子核的激发能大于中子的结合能才能将中子释放出来，形成中子源。按产生中子的方式，可分为以下三类。①同位素中子源。利用放射性同位素衰变所发射的α粒子或γ射线与靶物质（如铍等）发生核反应，产生中子。如常用的^{210}Po、^{226}Ra、^{238}Pu和^{241}Am发射的α粒子或^{24}Na、^{124}Sb发射的γ射线轰击Be靶通过(α,n)或（γ,n）反应制成中子源。中子源寿命取决于放射性同位素的半衰期。这类中子源结构简单、经济，但强度不高。超铀元素（如^{252}Cf）自发裂变中子源也属此类。②加速器中子源。利用加速器出来的粒子（如质子(p)、氘(d)、氦-4(α)和重离子(HI)）或γ射线轰击适当的靶（如氘、氚、锂等）发生核反应（如(p,n)、(d,n)、(α, n)、(γ,n)等）产生中子的中子源。用强流高能质子轰击重核发生散裂反应，可获得束流极强的中子源。③反应堆中子源。利用反应堆中链式裂变反应获得大量中子，用专门管道引出的中子源。根据需要，分别可提供冷中子、热中子、超热中子。

忠恕 loyalty and forgiveness 儒家伦理思想的重要范畴。“忠”就是竭尽全力为他人着想，“恕”就是“己所不欲，勿施于人”。“忠恕”连用首见于孔子的弟子曾参。他说：“夫子之道，忠恕而已矣。”南宋朱熹在《论语集注》中说：“尽己之谓忠，推己之谓恕。”两者相通，在行为方法上皆有推己及人之意。儒家认为，这是实现“仁”的根本途径。孟子说：“强恕而行，求仁莫近焉。”在他们看来，由人同此心出发，将心比心而推己及人；“己所不欲”，推知人亦不欲，故“勿施于人”；反之，我之所欲，推知亦人所欲，故当尽心为人，“己欲立而立人，己欲达而达人”。忠恕是“仁”的展开，为后儒所继承，成为儒家伦理思想的重要内容。

忠县 Zhongxian County 中国重庆市辖县。位于重庆东部，长江中上游北岸。面积2 184平方千米，人口75万(2010)。唐贞观八年(634)置忠州，1913年改忠州为忠县。矿产资源有天然气、煤、岩盐、石灰岩等。农业以发展水稻、玉米、油菜、烟叶、优质大豆、茶叶、柑橘、桑蚕、生猪、家禽等为主。工业以能源、化工、建材、机械、丝绸、食品加工等为重点。名胜古迹有忠县双阙（丁房双阙）、石宝寨、无铭阙、白公祠、三国崖墓群、临江岩摩崖造像、天池翠屏山、皇华城等。

忠孝节义 loyalty, filiality, chastity and righteousness 中国封建社会的一套道德规范。“忠”主要指臣事君要一心不二；“孝”指子对父要敬而无违；“节”主要指“妇节”，即妻子对丈夫要从一而终；“义”具有道德准则之意，也指道德义务。“忠”、“孝”、“义”自先秦开始就为儒家所倡导、为统治者所推行，“妇节”的提倡稍晚。“忠孝节义”连用而合成一套德目，始于宋代，在明清时期盛行。它渗透到社会生活的各个方面，特别是在戏曲、小说中表现得更为明显，对于强化和普及封建礼教，增强封建道德对人心的约束力，产生了重要的作用。

终南山 Zhongnan Mountain 中国秦岭主峰之一。是狭义的“秦岭”。一名中南山，又称太乙山。位于陕西省西安市西南。是秦岭西自武功县境，东到蓝田县境的总称。包括南五台山、翠华山、圭峰山和骊山等峭壁秀丽的山峰。终南山海拔2 604米。南五台山是终南山中段的主峰，以有大台、文殊、清凉、灵应、舍身5个小台（5座小峰）而得名，是中国佛教圣地之一。以其典型的森林植被、山脊地带峻峭的花岗岩峰岭地貌与丰富的佛教建筑为特征。区内生物多样性丰富，珍稀动植物较多，植被垂直带谱明显，在秦岭北坡具有重要的代表性。佛教建筑有弥陀寺、圆光寺、圣寿寺、西林禅寺等。翠华山又称太乙山，位于太乙谷内。谷口有汉武帝元封二年（公元前109）所建太乙宫遗址。以山崩地貌为特征。因崩积物堵塞而形成的堰塞湖称水湫池，又称天池，湖面积约7公顷，水深5～8米，湖光山色，自然景色十分优美，山崩留下的残岩尖峰、断壁悬崖、锯齿状节理等，景色奇特。主要景点有老君庵、金胜堂等。

陕西终南山国家森林公园——翠华山天池

终南山公路隧道 Zhongnanshan Tunnel 亚洲第一、世界第二的超长山岭公路隧道，西安至柞水高速公路重要组成部分。北起西安市长安区青岔，南抵商洛市柞水县营盘镇，其间穿越秦岭。设计等级为高速公路，上、下行双洞双车道，全长18.02千米（双洞36.04千米）。通行里程仅次于挪威的洛达尔公路隧道（24.51千米），是世界最长双洞公路隧道。2002年3月开工，隧道横断面高5米、宽10.5米，设计行车速度每小时60至80千米。上、下行线两条隧道间每750米设紧急停车带一处，500米设行车横通道一处，250米设人行横通道一处。2004年12月13日全线贯通，2007年1月20日正式通车。隧道工程借鉴国外隧道大火灾经验，设置照明、通风、消防、通信、救援、交通安全控制、供配电、监控等设施，具有国际领先的防灾救援系统、监控管理系统和运营服务系统。

《终身大事》 *The Greatest Event in Life* 中国最早的话剧作品之一。独幕话剧。作者胡适。作者应朋友之约用英文写成，后译成中文。剧本描写一个中产家庭的独生女田亚梅为争取婚姻自主而离家出走的故事。此剧是在五四运动前后的时代背景下产生的，剧情比较简单，但反封建婚姻制度的主题鲜明，对以后的社会问题剧的创作和演出具有推动意义。

终身教育 lifelong education 20世纪最重要的国际教育思潮。又称终生教育，主张教育应贯穿于人的一生，而不是一次就完成。“终身教育”一词始见于1919年的英国。1965年12月，法国成人教育家P.伦格兰德在联合国教科文组织在巴黎召开的“促进成人教育国际委员会”第三次会议上大力提倡，并于1970年出版《终身教育引论》一书。1972年联合国教科文组织教育发展委员会发表报告《学会生存》，从历史和现实两个视角对终身教育进行了全面阐述。这两个文件奠定了终身教育的理论基础。

对终身教育的理解不一，但较为普遍的认识是，终身教育乃是“人们在一生中所受到的各种培养的总和”。它包括了各个年龄阶段的各种方式的教育，既有正规教育也有非正规教育；既有学校教育也有家庭教育、社会教育。对终身教育的理解有一个发展过程，开始把它作为成人教育的同义词，为成年从业人员因生产的不断变革而进行的各种职业培训，后来发展到惠及人的一生的各种教育形式和整个教育过程。

终身教育在20世纪60年代盛行。中国对终身教育的认识较晚，最早把终身教育介绍到中国的是邵瑞珍教授，她于1976年将《学会生存》翻译成中文。1993年，中共中央、国务院颁布的《中国教育改革和发展纲要》，正式提到终身教育的概念。1995年《中华人民共和国教育法》第11条规定，建立和完善终身教育体系，成为法律依据。

钟 bell 击奏体鸣乐器。流行于世界各国。多以铜、铁铸成。大致有乐钟（演奏音乐）和信号钟（报时）两类。

中国钟历史悠久。陕西省长安县客省庄龙山文化遗址出土的陶钟，是新石器时代晚期遗物。商代以后的钟为铜制，多是大小3枚组合起来的编钟，成为有一定音列的旋律乐器。

甬钟（西周晚期，山西洪洞县永凝堡出土）

古老的钟体横截面为合瓦形，纵剖面如梯形，平顶凹。因悬挂部位结构不同，分为甬钟和钮钟。甬钟斜悬，钮钟直悬。直悬增加了钟的稳定性，使演奏音质得以提高。春秋至战国时期编钟数目逐渐增多，多为9枚一组，也有12、13枚一组的。此时编钮钟和形制相似的编镈渐多，而编甬钟渐少。秦、汉以后，钮钟逐渐改用镈的形制，体似堂鼓，平顶平口。西南地区出土的编钟有少数民族风格和地方特色。云南楚雄出土的春秋晚期至战国早期编钟，钟体上小下大，截面为椭圆形，顶部有一对羊角状钮；云南牟定出土的战国时期编钟则上大下小，钮为半环形。

合瓦形的钟体能发出音高不同的双音，即正鼓与侧鼓的发音可相差大、小三度或大二度。秦、汉以后，侧鼓音被弃而不用。

早期编钟的音高多靠钟体大小决定，因此次第排列；后期则多凭钟体的厚薄，因此排列上大小如一。在音列组合上大致有两类：以音阶（或调式）组合，盛行于西周；以十二律组合，萌芽于战国早期。

古代的钟不仅是乐器，也是地位和权力的象征，常与鼎并称为彝器或重器。钟和编钟广泛用于上层阶级的各种仪典和日常宴乐中，并有一套分等级的严格的用乐制度。从湖北随州曾侯乙墓出土的8组65件战国早期编钟推断，墓的主人最低是诸侯级，也可能是王（天子）级。自宋以后，钟专用于雅乐，清亡后几乎绝响。中华人民共和国建立后，编钟成为民族乐队中的打击乐器。

钟 clock 计量和指示时间的仪器。机芯直径大于50毫米，厚度大于12毫米。

按振动原理，可分为四类：①频率较低的机械振动钟。如摆锤式机械钟、摆轮游丝式机械钟等。振动频率通常为数赫，走时日差为10～120秒。高精度天文钟的走时日差为每天千分之几秒。②频率稍高的电磁振动钟。如晶体管钟、音叉钟、交流同步电钟等。振动频率通常在1 000赫以内，走时日差为2～20秒。③频率较高的石英钟。如石英电子钟、电波钟。振动频率通常在5兆赫以内，走时日差一般不超过1秒。④频率更高的原子钟。如铯原子钟。频率为9 192 631 770赫，频率稳定性高达10^{-14}。

按能源和结构，可分为七类：①机械钟（见**机械钟表**）。②电机械钟。用交流电或电池驱动。有晶体管钟、音叉钟、电摆钟等。由于结构复杂，现已很少生产。③交流同步电钟。振动系统实际上是发电厂的发电机，钟的机芯是同步电机。走时精度取决于发电机交流电源频率的稳定性。④石英电子钟（见**石英电子钟表**）。⑤光电钟。以光作为能源，并用硅光电池将光能转换为电能，输入钟内的蓄电池以供应钟的电能。⑥温差钟。以温度变化使膨胀系数特别大的物质如氯乙烷（C_2H_5Cl）发生体积变化所产生的能量来驱动钟的运行。⑦电波钟（见**电波钟表**）。

按主要用途，可分为两类：①生活用钟。如挂钟、座钟、闹钟、塔钟。②专用钟。用于工业、交通、天文、体育、军事等部门。品种繁多。

钟虫科 Vorticellidae 原生动物门寡膜纲一科。统称钟虫。因体形呈钟形得名。中国有111种。钟状身体的底部收缩为帚胚，由此长出可伸缩的、内含肌丝的柄，以固着在各种基质（丝状藻类、水草、浮游动物、底栖动物、石、砂、泥等）上。成体营固着生活，不需在水中游动，体纤毛退化，但表膜上仍可看到微细的横纹。前端口围部分的纤毛十分发达，由3片（内缘的中膜和内膜、外缘的外膜）左旋小膜口围带组成。一般以细菌和碎屑为食，有些摄食小的藻类。除单个生活的钟虫外，还有群体生活的种类，柄分叉呈树枝状，每根枝的末端均挂钟形虫体。无论是单个或是群体的种类，在废水生物处理厂的曝气池和滤池中生长十分丰富，可促进活性污泥的凝絮作用，并能大量捕食游离细菌而使出水澄清，可作为监测废水处理效果的指示生物。

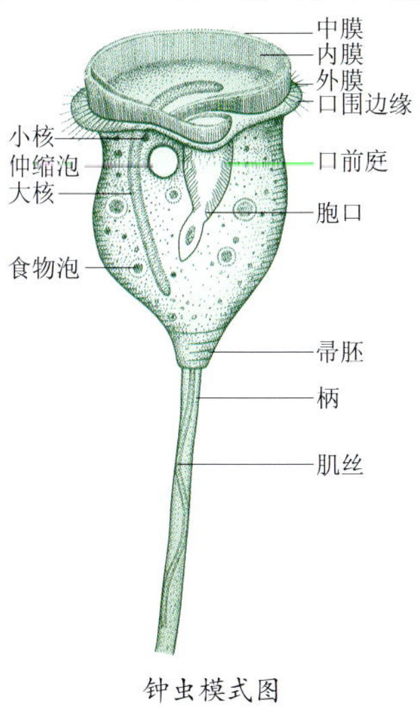

钟虫模式图

钟鼓楼 bell tower and drum tower 中国古代主要用于报时的建筑钟楼和鼓楼的合称。有两种，一种建于宫廷内，一种建于城市中心地带，多为两层建筑。宫廷中的钟鼓楼除报时外，在朝会时也作节制礼仪之用。此外，唐代寺庙内也设钟和鼓，元、明时期发展为钟楼、鼓楼对峙而立，供做佛事之用。

宫廷中的钟鼓楼 南朝梁代建康宫正殿东南角已建有钟楼，但鼓设于殿门内侧，未专建鼓楼。宫廷中钟鼓楼同设始于隋代。隋代洛阳宫乾元殿前东南角有钟楼，西南角有鼓楼，按刻漏敲钟击鼓。唐代长安太极宫太极殿、大明宫含元殿，北宋汴梁大内文德殿，金代南京隆德殿等均在殿庭东南角建鼓楼，西南角建钟楼。元大都大明殿、延春阁东庑建有钟楼，西庑建有鼓楼。到明代，宫殿中就不再建钟鼓楼了。

城市中的钟鼓楼 早期城市无专用报时建筑。古代里坊制城市实行宵禁，早晚击鼓为启闭坊门的信号。唐长安宫城正门承天门和各坊门上层都设鼓。闭门时先由承天门击鼓，由近而远，各坊门依次击鼓，传递信息。州、县则在衙城正门鼓角楼或谯门上设鼓。元大都、明南京城和明清北京城都在城内建造高大的钟楼和鼓楼，作为全城报时中心。各地方城市也出现独立于街头的钟楼和鼓楼，周围逐渐形成繁华的商业区。元代以后，钟鼓楼成为城市的一种公共建筑，对街景和城市立体轮廓起重要作用。

图1 西安钟楼

图2 西安鼓楼

实例 西安的钟楼和鼓楼是现存最古的实例之一（图1、2）。钟楼建于明洪武十七年（1384），明万历十年（1582）重修。鼓楼在钟楼西北侧，跨南北街而建，始建于明洪武十三年（1380），清代两次重修。北京钟鼓楼创建于明永乐十八年（1420），建在北京城中轴线的北端。鼓楼立面矩形，钟楼立面方形，与西安钟楼、鼓楼相同，但鼓楼在前，钟楼在后，前后相重，以巨大的体量，成为北京城中轴线的结尾。

钟会 Zhong Hui（225～264） 中国三国时期魏国谋士、将领。字士季。颍川长社（今河南长葛东北）人。父钟繇位三公。钟会有才干，精通玄学。魏齐王芳时由秘书郎迁中书侍郎。正元二年（255）毌丘俭作乱，钟会从大将军司马师东征，迁黄门侍郎。甘露二年（257）都督扬州诸军事诸葛诞反于寿春，又从大将军**司马昭**讨之，出谋划策居多，时人比为**张良**。迁司隶校尉，仍参与朝廷重大决策。名士**嵇康**被杀，即其主张。景元三年（262）司马昭欲大举伐蜀，朝臣多以为不可，独钟会赞成。被任为镇西将军，都督关中诸军事；四年，统10余万人，与邓艾、诸葛绪分三路进军。蜀将姜维等合兵守剑阁，钟会攻之不克，拟撤军还。赖邓艾取道阴平，先攻下成都，蜀亡，蜀主将姜维归降。钟会进位司徒，忌邓艾功名，密告邓艾有反状。钟会独统大军，威震西土，乃谋反，欲倚姜维割据蜀地，但部将发动兵变，被乱兵所杀。

钟敬文 Zhong Jingwen（1903-03-20～2002-01-10） 中国民间文艺学家、民俗学家、教育家、诗人、散文家。原名钟谭宗，笔名静闻、金粟。广东海丰人。卒于北京。1927年进入中山大学，与顾颉刚等人共同创办中国第一个民俗学会——中山大学民俗学会，并负责编辑《民间文艺》杂志（后改名为《民俗》周刊）。此后，出版了《荔枝小品》、《民间文艺丛话》等作品和专著，在中国现代文学界、学术界崭露头角。

1928年至杭州，任教于浙江大学等校。1930年夏，与江绍原、娄子匡等人发起成立杭州中国民俗学会，编印《民间》月刊、《民俗学集镌》等，致力于民间文学的理论研究和宣传工作。其间发表《〈山海经〉神话研究的讨论及其它》、《中国民间故事型式》、《中国的天鹅处女型故事》等学术论著。

1934～1936年留学日本早稻田大学文学部研究院，攻研民俗学与民间文艺学，并在当地《民俗学研究》、《民俗学》月刊等学术杂志上发表《老獭稚型传说之发生地》、《盘瓠神话考察》等多种关于神话、传说、民间故事的论著。回国后任教于杭州、桂林等地。1941年重回中山大学，1947年赴香港，任教于达德学院。

1949年5月到北京，任北京师范大学教授、中文系主任，直至百岁高龄。1950年，他倡议成立中国民间文艺研究会，并当选为副理事长。1983年，又发起成立了中国民俗学会，并担任第一届理事长。

此外，曾担任中国民间文艺家协会主席、名誉主席，中国文学艺术界联合会荣誉委员，中华诗词学会副会长等职。作为中国民间文艺学、民俗学的重要创建者与组织者，他为中国民间文化研究事业作出了不可替代的卓越贡献。出版有《钟敬文文集》（5卷），分为《民间文艺学卷》、《民俗学卷》、《诗学及文艺论卷》、《诗歌卷》、《散文随笔卷》。

钟馗 Zhongkui 中国民间俗神。专司打鬼驱邪之职。传说为终南山人，生前应武举不中，愤而触阶而死，托梦唐明皇，自谓应武举不中，立志除灭天下妖孽。明皇醒后命画师吴道子为其画像。民间有端午节（或岁末）悬钟馗像以打鬼并驱除邪祟的习俗，亦流传有钟馗嫁妹的故事。

钟理和 Zhong Lihe（1915-12-15～1960-08-04） 中国台湾现代小说家。生于台湾屏东，祖籍广东梅县，世居台湾屏东，后迁居高雄美浓镇。1938年到东北沈阳，在“满洲自动车学校”学习，后服务于“奉天交通株式会社”。因“同姓之婚”遭族人反对，返回台湾带着爱人私奔沈阳，这段刻骨铭心的经历也是钟理和自传体小说的重要题材。1941年夏从沈阳迁居北平，在日本人主办的“华北经济调查所”当译员。现存最早的作品《理发匠的恋爱》（1937）写于台湾。在北平期间开始翻译日本作家的作品，同时从事小说创作，出版了他第一部小说集《夹竹桃》（1945）。1946年携眷返回台湾。他的主要作品均写于20世纪50年代，如系列短篇《故乡》和长篇小说《笠山农场》等。1956年11月，《笠山农场》获台湾“中华文艺奖金委员会”长篇小说奖第二名（第一名缺）。他的短篇名作《原乡人》讲述了作者自己和同时代的台湾人都曾经历过的、充满了屈辱和心灵创伤的“人种学”教育。钟理和一生艰辛，后半生更是贫病交加，写作是他的解脱方式。他在病床上修改中篇小说《雨》时肺病复发，终不能治而辞世。

钟琴 glockenspiel 击奏体鸣乐器。欧洲管弦乐队中的打击乐器。以一系列按音阶定音的钢条组成。按钢琴键顺序两行排列于盒内，置于架上演奏。以2～4支琴槌演奏，槌头为橡皮、玻璃、金属或木质。音色明亮而透彻，延续力强。音域因乐曲长短而异，常见音域为两个半八度，自$g\sim c^3$（实音比记谱高八度）。另一种专为行军时用的钟琴，称利拉式钟琴，是把钢条（现通常用铝合金条）固定在外形似利拉的框架中，钢条由下而上排列，右排为自然音阶，左排为其半音，框架下端装有手柄，便于携带，19世纪下半叶见于德国军乐队，现盛行于美国军乐队。早期的钟琴为一串串小钟，装在利拉形的框架中，后由钢条取代小钟。18世纪末出现键盘式钟琴与槌击式钟琴，前者音响较弱，音域较宽，今已少见；后者发音丰满而明亮，更为常用。

钟嵘 Zhong Rong（约468～约518） 中国南朝梁文学理论批评家。撰诗歌批评专著《诗品》。

钟乳石 stalactite 石钟乳、石笋、石柱的统称。是地球表面长期风化作用的产物，发育于石灰岩溶洞地区。当富含$Ca[HCO_3]_2$的水溶液，从石灰岩洞顶渗出，随着压力降低、水分蒸发，使$Ca[HCO_3]_2$溶液过饱和，方解石不断地在水滴出口处的周围沉积出来。人们将悬挂在洞顶、向下生长的一根根倒锥状碳酸钙质沉积物，称为石钟乳（图1）；从洞顶滴落在洞底的$Ca[HCO_3]_2$水溶液，继续蒸发、沉积出向上生长的锥状碳酸钙质沉积物，外形似竹笋，称为石笋（图2）；当石钟乳与石笋都不断生长、并连接起来，称为石柱。钟乳石内部常具有同心层状、放射状或致密粒状，表现出凝胶再结晶的特征。除作为奇石供观赏外，还是一种中药材。中国广西桂林、南宁，浙江杭州，贵州，北京等地都有分布。

图1 石钟乳（中国云南泸西阿卢姑洞）

图2 石笋（中国贵州织金洞）

钟嗣成 Zhong Sicheng 中国元代文学批评家。见《录鬼簿》。

钟祥市 Zhongxiang City 中国湖北省辖县级市。位于省境中部，汉江中游。面积4 488平方千米。人口102万（2010），有汉、回、土家、蒙古、满、壮等民族。古为楚国陪都。西汉初年置郢县。明嘉靖十年（1531）置钟祥县。因嘉靖皇帝生养发迹于此，取

“祥瑞钟聚”之意，赐名钟祥。1992年撤县，设立县级钟祥市。由荆门市代管。矿产资源以磷矿最为丰富，储量达5亿多吨，居中国第二位，开采量居中国之首。还有硫铁矿、含钾页岩、硅石、煤、大理石、石膏、铁锰矿等。农业以发展优质稻、小麦、玉米、棉花、油菜、蔬菜和生猪、牛、羊、家禽、水产养殖等为主。工业以采矿、磷化工、轻工、纺织、机电、汽车制造、建材、食品、饮料等为支柱。名胜古迹有郢中古城、明显陵、元佑宫、阳春台、白雪楼和大洪山风景旅游区等。钟祥为国家历史文化名城。

钟相、杨么起义 Zhong Xiang and Yang Yao's Uprising 中国南宋初年在洞庭湖地区的农民起义。北宋末，鼎州武陵（今湖南常德）人钟相（？～1130），在家乡利用宗教活动组织群众，凡加入他的组织——乡社的农民，共同攒积钱财，实行互助共济。他代表了农民要求财富上平均、社会地位平等的政治主张，以此深受群众拥护。周围数百里的贫苦农民加入乡社的不计其数。建炎四年（1130）二月，钟相率众起义，建国号楚，年号为天载（一作天战），钟相称楚王，立子钟子昂为太子，设立官属。起义军焚官府、城市、寺观、神庙及豪右之家，杀官吏、儒生、僧道、巫医、卜祝及有仇隙之人，并占据地主的土地，归为己有。凡是参加起义军的，一律免除赋税差科，不受官司法令的束缚。起义军攻占了鼎、澧、荆南（今湖北江陵）、潭、峡（今湖北宜昌附近）、岳（今湖南岳阳）、辰（今湖南沅陵）等州19县。鼎州的地主豪绅勾结孔彦舟军队进驻鼎州，镇压农民起义。孔彦舟派奸细混入起义军作内应，于三月末偷袭攻破钟相营寨，钟相及钟子昂被俘遇害。

钟相牺牲后，部众在杨么等领导下，仍继续坚持斗争。杨么（？～1135），名太，在诸首领中最年轻，楚语称幼为么，故称他为么郎或杨么，逐渐成为起义军共同拥护的领袖。杨么在洞庭周围建水寨，造战船，实行兵农相兼，陆耕水战的战略方针，使起义军得到迅速发展。他们还充分利用河港交错的地形和自己善于操舟的特长，采用水陆两栖的战术与官军周旋。绍兴三年（1133）四月，起义军重建楚政权，立钟子仪为太子，称杨么为大圣天王。这时起义军控制了北达公安，西及鼎、澧，东至岳阳，南抵长沙之界的广大地区。

绍兴五年春，宋高宗调岳飞前往镇压起义军，又派宰相张浚亲临督战，杨么力战不屈，被俘牺牲。杨么死后，余部又坚持了一年多才失败。

钟惺 Zhong Xing（1574～1624） 中国明代文学家。字伯敬，号退谷。湖广竟陵（今湖北天门）人。万历三十八年（1610）进士。曾任工部主事，后官至福建提学佥事。又辞官归家。他与同里谭元春共选《唐诗归》和《古诗归》，名扬一时，形成竟陵派，世称“钟谭”。

钟惺诗文主张有三：其一，反对拟古文风。他对明中叶以后盛行文坛的拟古主张加以批驳，力求改变这种文风。其二，主张诗人应抒写“性灵”（或“灵心”）。要在古人诗词的精神中去寻求性灵。其三，倡导幽深孤峭的风格。钟惺认为公安派末端文风“里俗”、浅率，企图以“幽深孤峭”的风格加以匡救。但他却走入了另一形式主义极端。他的诗由于追求幽情孤行，所以大多情思狭窄、题材局促、缺乏深厚广阔的社会内容。不过他苦心吟事，雕字酌句，不遗余力，有些五古游览诗作写得相当好。钟惺散文也有一些新奇隽永之作。

著有《隐秀轩集》。其他著作有《如面潭》、《诗经图史合考》、《毛诗解》、《钟评左传》、《五经纂注》、《史怀》等。

钟兆琳 Zhong Zhaolin（1901-08-23～1990-04-04） 中国电工教育家。号琅书。生于浙江德清，卒于上海。1923年南洋公学（交通大学前身）毕业，获工学学士学位。1924年赴美，入康奈尔大学电气工程研究生院，1926年获硕士学位，随即任西屋电气公司工程师。1927年回国任上海交通大学教授，30年代兼任浙江大学电机系教授。同时在华生电扇总厂、新中动力机械厂等工厂兼职。领导设计了中国第一个分列心式电流互感器。1933年设计、制造了中国第一台交流发电机。1934年初，在华成电机厂设计制造电动机。还指导华生厂生产他设计的频率表、同步指示器、功率表等。

从20年代从事电工教育开始，除了抗日战争期间汪精卫伪政权接收交通大学时，他辞去教职外，先后执教电工学逾60年，培养了数以万计的科技人才，钱学森、王安、褚应璜、丁舜年、张钟俊、周建南、张煦、吴祖恺等都出自他的门下或受过他的教益。1990年3月重病期间，遗言捐赠工资积蓄2万元建立教育基金，西安交通大学设立“钟兆琳奖学金”以资纪念。

螽斯 Tettigoniidae; ong-horned grasshopper 直翅目螽斯科昆虫的统称。世界已知约6 000多种。中国现仅知200多种，估计约有500种以上，其中纺织娘（促织）和蝈蝈为人所熟知。分布几乎遍及世界各地，但多数种类分布在热带和亚热带地区。体型大小不一，体躯纵扁或近圆柱状。触角丝状，比体长。翅的变异较大，发达、缩短或消失。在有翅种类中，雄性发音器位于左前翅的臀域，右前翅基部为光滑而透明的鼓膜，当二翅相互摩擦时共鸣发音。前足胫节基部两侧具有开口式或闭口式的听器。后足腿节十分发达。产卵器十分发达，呈剑状或镰刀状。多数种类产卵于植物茎干内、裂缝中或茎叶的表面上，亦有少数种类产卵于土中。渐变态。主要栖息于丛林、草间，亦有少数种类栖息于穴内、树洞及石下等环境中。食性复杂，有植食性、肉食性和杂食性等多种类型。植食性种类多对农林牧业造成不同程度的危害；肉食性种类除在柞蚕区内可对养蚕业造成一定的危害外，在其他地区则可作为害虫的天敌加以利用。

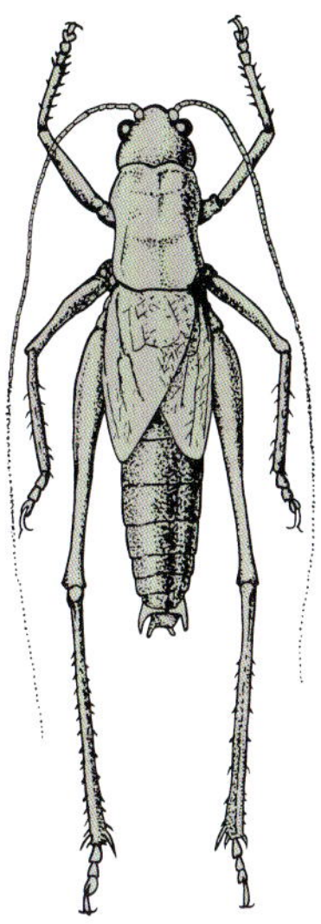
隆脊鸣螽

肿骨鹿 *Megaloceros pachyosteus* 偶蹄目大角鹿属的一种。已绝灭的化石种。在中国长江以北地区如河北、山东、北京、山西、河南、甘肃、陕西、安徽的更新世中期地层中都有发现。北京猿人主要的狩猎对象，在北京猿人洞穴堆积中曾发现过大量肿骨鹿化石，因此随北京猿人而知名于世。个体大小如麋鹿。角相当大而粗壮，眉枝垂直扁平，主枝远端呈掌状分叉。头骨和四肢骨也很粗壮，下颌骨有明显的肿厚现象，因而得名。

肿瘤 cancer 机体在各种致瘤因素作用下，局部组织的细胞异常增生而形成表现为局部肿块的新生物。肿瘤细胞具有异常的形态、代谢和功能。它生长旺盛，常呈持续性生长。

人类发现肿瘤已有3 000年以上历史。直到19世纪应用显微镜后，才建立起肿瘤学的框架。20世纪以来，由于自然科学的发展、基础理论研究与新技术的应用，肿瘤学研究有了长足的进步。尽管恶性肿瘤已成为人类致死的第一或第二位原因，但肿瘤学的进展已使1/3的肿瘤患者有根治希望。

肿瘤可根据其对人体为害的严重程度及其生长特性而分为良性肿瘤和恶性肿瘤两类。良性肿瘤生长缓慢，呈膨胀性生长，表面常有完整包膜，除局部症状外较少全身症状，不向周围组织浸润，也不向全身转移，手术切除后不易复发，对机体为害较小，如脂肪瘤、血管瘤、腺瘤、囊肿等。恶性肿瘤生长迅速，生长时常向周围组织浸润，表面几无包膜，常有全身转移，病理检查可见不典型核分裂，除局部症状外，全身症状明显，晚期患者多出现恶病质，手术切除后复发率高，对机体为害大，如食管癌、肝癌、肺癌、白血病、骨肉瘤等。恶性肿瘤的发病率有逐年升高的趋势，在各种疾病的死亡原因中也占前几位，因此是重点防治的一种疾病。

肿瘤免疫 tumor immunity 机体患肿瘤后产生的对肿瘤的免疫反应。肿瘤细胞是由正常细胞突变而来的，具有相应的正常细胞所没有的某些特征。因此机体的免疫系统也会把它们当作异己成分对待，表现出针对肿瘤的免疫反应。

肿瘤的非特异免疫反应 人的一生中，在体内外各种有害物质影响下，时刻会发生基因突变。免疫监视作用可随时清除刚萌芽的恶性转化细胞。许多致癌物质具有使正常细胞恶变和抑制免疫双重作用，后者可破坏免疫系统的监视职能，为恶变的细胞进一步发展成癌瘤创造有利条件。肿瘤免疫监视理论的确立，是对人类恶性肿瘤进行免疫预防的依据。

肿瘤抗原 已知人类肿瘤抗原有以下几类：①正常静息基因的表达产物。②某些过度表达的分化抗原。③突变的癌基因、抑癌基因编码的蛋白质。④融合基因产物。⑤致瘤病毒抗原。这些抗原大部分存在于肿瘤细胞内。它们可经蛋白酶作用降解成肽片段，并被转运到细胞表面表达。

肿瘤抗原引起的免疫反应属细胞免疫反应，以T淋巴细胞（即T细胞）的激活为中心环节。肿瘤抗原并不能直接激活T细胞，必须依靠递呈抗原作用的细胞（树突状细胞是作用最强的抗原递呈细胞），才能与T细胞受体（TCR）结合。

微生物引起的急性感染性疾病一般是自限性的。当机体的免疫反应将致病微生物清除，患者随即痊愈。肿瘤则不然。机体对肿瘤虽也产生免疫反应，但肿瘤仍能进行性生长。这是因为肿瘤细胞能逃脱、遏制免疫系统对它的攻击。

肿瘤免疫治疗 肿瘤患者已有产生肿瘤免疫反应的基础。加强免疫反应的强度，消除妨碍其发挥作用的因素，是取得疗效的关键。首先必须消除或减少肿瘤负荷，在此基础上施行免疫治疗，消灭残余、散在的肿瘤细胞，以防止肿瘤复发、转移。

肿瘤生物治疗 cancer biotherapy 通过调动宿主的天然防卫机制或给予机体某些物质以取得抗肿瘤效应的治疗方法。

生物反应调节剂 既包括一大类天然产生的生物物质，又包括能改变体内宿主和肿瘤平衡状态的方法和手段。有以下种类：①天然或基因重组细胞因子。包括白细胞介素（白介素）、干扰素、肿瘤坏死因子等。②抗肿瘤的各类体细胞和辅助性的造血干细胞。包括骨髓干细胞、外周血和脐带血干细胞等。③抗体。包括各类抗肿瘤单克隆抗体、抗细胞表面标记抗体等。④基因治疗。⑤肿瘤疫苗。⑥抗血管生成类。⑦细胞分化诱导剂。⑧酶制剂及酶抑制剂。⑨某些菌类及其有效成分。如卡介苗、短小棒状杆菌等。⑩植物药。如中药的有效成分香菇多糖、云芝多糖、黄芪多糖、刺五加多糖、冬虫夏草等。

干扰素α的剂量和有效病种

肿瘤	方案和剂量	有效率（均值）%
血液肿瘤		
毛细胞白血病	3MU/（米^2·天）	70～90(80)
慢性粒细胞白血病	5MU/（米^2·天）	45～85(58)
淋巴细胞性淋巴瘤（低度）	3～50MU/（米^2·天或隔天）	27～85(48)
多发性骨髓瘤	5～12MU/（米^2·天或隔天）	3～18(15)
实体瘤		
恶性黑色素瘤	5～20MU/（米^2·天或隔天）	7～19(18)
肾癌	5～20MU/（米^2·天或隔天）	8～23(15)
卡波济氏肉瘤	3～50MU/（米^2·天或隔天）	3～67(30)
内分泌性胰腺肿瘤	3～5MU/（米^2·天或隔天）	33～77(50)
类癌	12～24MU/（米^2·天或隔天）	20～40(20)

注：MU表示百万单位。

治疗 细胞因子 应用最广泛、疗效最明确的一类生物反应调节剂为干扰素、白介素等。①干扰素的治疗见表。②白细胞介素。有十几种，以白介素－Ⅱ（IL－2）研究得最为深入，应用最为广泛。③造血生长因子。已有25种以上的细胞因子被证明对造血活性有影响。粒细胞生长因子、粒细胞－巨噬细胞生长因子和促红细胞生成素这3种药在大多数国家上市通用。

过继性细胞免疫治疗 20世纪80年代初期以来，对LAK细胞的特征进行了广泛的研究。它是一群不同于自然杀伤细胞（NK细胞）或特异性细胞毒T淋巴细胞（CTL）的溶细胞性群体。LAK细胞是外周血淋巴细胞在患者开始白介素－Ⅱ治疗几天后反跳性增殖时收集的。在体外与白介素－Ⅱ一起培养数天后发展为具高度非特异性细胞毒性细胞后再返输给患者。

肿瘤浸润的T淋巴细胞是直接从肿瘤组织中分离出来的T淋巴细胞，经离体培养，由白介素－Ⅱ诱导而成。具有肿瘤特异性杀伤活性，特别是对黑色素瘤有效。

肿瘤疫苗 受疫苗在感染性疾病治疗中的影响，肿瘤疫苗在20世纪初开始使用于临床。用肿瘤疫苗进行主动免疫治疗的目的是：克服因肿瘤产物造成的免疫抑制状态；刺激特异性免疫来攻击肿瘤细胞；增强肿瘤相关抗原（TAA）的免疫原性。

单克隆抗体 直至1997年底，美国批准了美罗华（Rituxan）用于抗肿瘤的临床治疗。它是一种抗B细胞表面标记CD_{20}的单克隆抗体。对复发性和化疗抗拒性的非霍奇金氏淋巴瘤有48%的有效率。与化疗药合用对中晚期非霍奇金氏淋巴瘤有效率可达98%。

种 species 生物分类最基本的阶元，由具有共同特征、可以相互交配并能产下有繁育能力的后代的有关生物个体组成。又称物种。种的分类依据国际命名系统，该系统给每个新种一个标准的由拉丁文书写的属名和种名两部分构成的学名。一个完整的学名后要有定名人的英文名字。

将一些生物个体列为同种，部分根据是其形态或外形之相似。但在将营有性生殖的生物体进行分类时，更重要的根据是这些生物体成功地交育的能力。同种的个体之间可以交配，并产生有生存能力的后代，但不能与其他种的个体交配并产生有生存能力的后代。

杂交仅发生于种内，这在进化上有重要意义，因为同种的个体共用同一个基因库，不同种的个体则不能。在同一个基因库内，个体之间总存在相当数量的变异，有些个体的基因变异使它们在某具体环境中处于不利地位，它们往往被环境所淘汰，而那些发生了有利变异的个体则取代前者而繁衍生息。这个自然选择过程导致基因库以有利变异变成稳定性状这样一种方式不断进展。一个种进化成另一个种的现象称为物种形成。物种形成分以下几个阶段：①亚种。个体可杂交，但可能产生不育的雄性后代。②端始种（半种）。个体极少杂交，其雄性后代均能育。③两似种（兄弟种）。个体从不杂交，但在形态或外观上几乎难以区别。随后两似种进化为形态上（及分类上）不同的种。

物种形成有多种方式。一个种群可以在地理上与同种的其他种群隔离，而且不可能与它们重新聚合。通过适应辐射这一种群可以独立地进化为一个新种，它们发生了改变以适应新环境中的具体生态位，而无需自然选择来完成与母种的生殖隔离。在新环境中，新种本身又可以辐射形成新种。加拉帕戈斯雀便是适应辐射的一个典型例子。量子物种形成是一个迅速的生殖隔离过程，其原因通常是一个物种的一个种群内发生染色体突变。当突变种群与母种群杂交时，会产生互不适应的杂种后代；结果就如同地理物种形成一样，自然选择完成了这两个类群的隔离。

种群 population 同种生物在一定相似空间范围内同时生活着所有个体的集群。又称居群、群体。它们之间能自由交配、繁殖。种群反映生物个体所不具备的一系列特征：

种群密度，指单位面积或体积中的个体数量；种群组成，涉及种群年龄构成、性别构成，及其出生率和死亡率、迁入率和迁出率等；种群社群结构，包括互利与竞争、相食与寄生，鸟兽中的等级制、首领制，昆虫中的分工合作制等。是分类学、生态学、遗传学研究中的一个基本单位。

种质 germplasm 动植物能稳定传递给其后代的遗传物质的泛称。其中作物、畜禽的原始地方品种及其野生近缘种，是人类从事农业生产赖以选择利用的主要种质资源。这些生物种质是长期自然选择和人工选择的产物，带有高度的遗传多样性、对特定生态环境的适应性，常具有珍贵的特异性状，因而成为近代品种改良的主要种质源泉。近代采用杂交或诱变等方法创造的种质或品种，属于次级种质资源，由于受人工选择的影响，一般具有较明显的遗传一致性和优良的生产性能。

种子 seed 裸子植物和被子植物特有的繁殖体，由胚珠经过受精形成。果实的一部分。

种子的大小、形状、颜色因种类不同而异。椰子的种子很大，油菜、芝麻的种子较小，烟草、马齿苋、兰科植物的种子更小。蚕豆、菜豆为肾形，豌豆、龙眼为圆球状，花生为椭圆形，瓜类的种子多为扁圆形。颜色以褐色和黑色较多，但也有其他颜色，例如豆类种子就有黑、红、绿、黄、白等色。

裸子植物与被子植物种子结构非常相似，都由种皮、胚和胚乳3部分组成。①种皮由珠被发育而来，具有保护胚与胚乳的功能。有些植物具有假种皮。被子植物的种皮结构多种多样，如花生、桃、杏等的种皮结构简单，薄如纸状；小麦、玉米、水稻、莴苣的果皮与种皮愈合；有些豆科植物和棉花的种子具有坚硬的种皮；番茄和石榴种子的种皮，外围组织或表皮组织肉质化；荔枝、龙眼的种子可食部分是由假种皮肉质化而成，假种皮由珠柄组织凸起包围种子而形成。②胚。由受精卵发育形成。发育完全的胚由胚芽、胚轴、子叶和胚根组成。被子植物胚的形状极为多样，椭圆形、长柱形或程度不同的弯曲形、马蹄形、螺旋形等。胚的子叶也多种多样，有细长的、扁平的，有的含大量储藏物质而肥厚呈肉质，如花生、菜豆（图1）；也

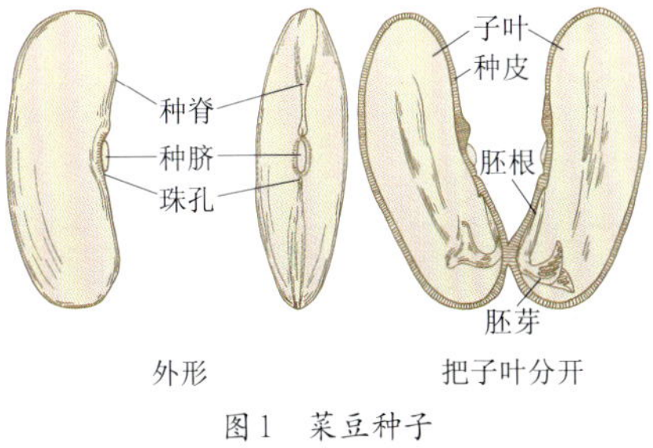

图1 菜豆种子

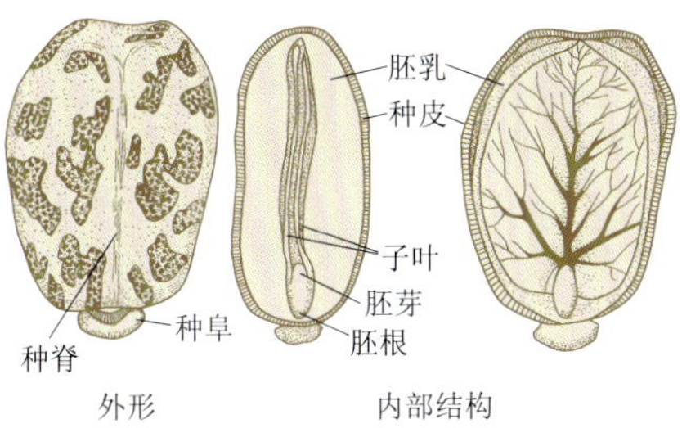

图2 蓖麻种子

有的成薄片状如蓖麻（图2）。有的子叶与真叶相似，具有锯齿状的边缘；也有的在种子内部呈多次折叠，如棉花。禾本科植物的胚与其他单子叶植物一样，只有一个子叶，但胚的结构比较特殊。胚由胚芽、胚芽鞘、胚根、胚根鞘和胚轴组成。在胚轴的一侧生有一片盾形子叶——盾片。③胚乳。裸子植物的胚乳是由单倍体的雌配子体形成的，一般都比较发达，多储藏淀粉或脂肪，也有的含有糊粉粒。被子植物的胚乳是在双受精过程中，一个精子与胚囊中的极核融合发育而成的多倍体结构。绝大多数被子植物的胚乳在发育过程中被胚分解吸收。一般常把成熟的种子分为有胚乳种子和无胚乳种子两大类。

种子成熟离开母体后仍是生活的，但各类植物种子的寿命有很大差异。有些植物种子寿命很短，如巴西橡胶的种子寿命仅一周左右；而莲的种子寿命很长，生活长达数百年以至千年。低温、低湿、黑暗以及降低空气中的含氧量可保持和延长种子的寿命。

种子处理 seed treatment 作物、林木种子于播种前采用物理、化学或生物方法进行处理的措施的统称。主要包括种子精选、晒种、浸种、拌种、催芽等，目的是促使种子发芽迅速整齐、幼苗生长健壮、预防病虫害，以及使某些作物提早成熟。

精选 在种子晒干扬净后，采用粒选、筛选、风选和液选等方法精选种子。种子精选目的是消除秕粒、小粒、破粒、有病虫害的种子和各种杂物。

晒种 利用阳光曝晒种子可促进种子后熟和酶的活动，降低种子内抑制发芽物质的含有量，提高发芽率和发芽势，并有一定的杀菌作用。晒种时要使种子受热、受光均匀。晒种时间长短因种子成熟程度和日光强弱而异。

浸种 作用是促进种子发芽和消灭病原物。方法有清水浸种、温汤浸种、药剂浸种。应按规程掌握药量、药液浓度和浸种时间，以免种子受药害和影响消毒效果。

拌种 将药剂、肥料和种子一起混合搅拌后播种，以防治病虫为害和促进发芽、幼苗健壮。所用药剂和肥料的种类因需要而定。搅拌可在干燥条件下进行，也可加少量水分，以利黏附。

催芽 播前根据种子的发芽特性，在人工控制下给予适当的水分、温度和氧气条件进行催芽，可促使种子发芽迅速、整齐、健壮。多用于水稻、小麦、烟草、花生等作物。方法有地坑催芽、塑料薄膜浅坑催芽、草囤催芽、火炕催芽、蒸汽催芽等。

其他措施 包括种子的硬实处理、层积处理等。硬实处理是用粗砂、玻璃碎屑擦伤一些种皮较厚或坚硬的种子（如草木犀、紫云英、菠菜等的种子），以利于吸水、发芽。果树如苹果、梨等需后熟的种子，在冬季用湿沙和种子相互叠积，放在0～5℃的低温下1～3个月，可促使其通过休眠期，春播后发芽整齐，称为层积处理。

种子蕨 Pteridospermopsida; seed fern 裸子植物门种子蕨纲植物的统称。曾称苏铁羊齿或苏铁蕨。原始的已绝灭的裸子植物。可能起源于前裸子植物，始现于晚泥盆世，石炭纪、二叠纪极盛，中生代逐渐衰退，绝灭于白垩纪。

种子蕨类的植物体一般不大，大多数是倚生或攀缘的藤本型。也有一部分呈直立不分枝的树蕨状，或为直立粗壮的小乔木。绝大多数种子蕨植物具与真蕨植物一样的大型蕨叶（多为羽状复叶）及脉序，不同的是在生殖蕨型叶上长有种子和花粉囊，蕨叶的主叶柄常二歧分叉，叶子表面的角质层厚。茎和根的解剖结构既具真蕨纲性状又具裸子植物性状。有髓的茎中髓常较大，皮部粗厚而次生维管组织较薄，次生木质部疏木型，少数类别密木型。花粉囊和胚珠的形式多样。胚珠具离生珠被。

古代种子蕨植物除少数发现“种子”（多为未受精的胚珠）外，大多数的蕨型叶按照小羽片（小叶）的形状、脉序及叶轴的分枝形式，在各种形态属名下记载，如楔羊齿、脉羊齿、座延羊齿、齿羊齿、畸羊齿、大羽羊齿等。它们在地史时期的分布中有一定规律，可用于划分、对比地层，确定其时代。对种子蕨类的分类有不同意见，可作为一个纲属于裸子植物门，也可独立为一个门。

种族 race 具有共同遗传体质特征的人类群体。见人种。

种族隔离 apartheid 原指南非白人政府为保持其种族主义统治，在白人居民和非白人居民之间采取的一种极端的种族歧视政策，后推广适用于南非以外国家（如美国）曾实行的类似政策。种族主义的基本内容之一。

在现代历史上，南非白人政权曾经在国内实施种族隔离制度，通过制定多项法律，规定南非黑人的土地所有权限制在指定保留地内，仅占全部耕地面积的13%；非白人和白人之间的婚姻和性关系为非法；非白人没有选举权，他们要进入城市或在城市居住必须得到批准。将南非全国居民

20世纪50～60年代美国公共汽车上的有色人种座位

分为白种人、有色人、非洲人三类，规定各类人分区居住。非白种人不得在白人居住区占有土地、房屋等财产。

南非政府的种族隔离法和种族歧视政策，受到世界各国人民的强烈谴责。联合国大会于1963年通过了《联合国消除一切形式种族歧视宣言》。1965年12月21日通过了《消除一切形式种族歧视国际公约》，1969年1月4日生效。1976年7月18日，联合国《禁止并惩治种族隔离罪国际公约》正式生效。

20世纪80年代和90年代初，在南非黑人的斗争与国际社会谴责和制裁的压力下，南非白人政权被迫废除了大部分实行种族隔离制度的法律。1994年4月，在南非首次多种族参加的大选中，南非国民大会党的总统候选人N.曼德拉赢得选举胜利，南非的种族隔离制度被彻底废除。

种族灭绝 genocide 经国际公约确认为严重违反人权和人的基本自由的国际罪行。种族主义的极端发展。又称灭绝人群罪、灭绝种族罪。在现代历史上，纳粹德国在第二次世界大战中对犹太人的大屠杀是灭绝种族罪行的集中表现。纳粹德国对犹太人惨绝人寰的屠杀，使国际社会认识到防止和惩治种族灭绝罪行的必要性。这些事实促使联合国大会于1948年12月9日通过一项《防止及惩治灭绝种族罪公约》。公约将灭种罪定义为蓄意全部或局部消灭某一民族、人种、种族或宗教团体。公约规定，灭绝种族的行为，不论发生在平时或战时，均为国际法上的一种罪行；犯有灭绝种族罪行的人，无论其为依宪法负责的统治者，还是公务员或私人，都要受到惩罚；他们应由行为发生地国家的主管法院或国际刑事法庭进行审判；灭绝种族罪不得视为政治罪行，犯有此等罪行的人应予引渡。公约规定，灭种罪不纯属有关国家国内管辖事项，联合国有权进行干涉。公约于1951年1月12日开始生效。禁止和惩办灭种罪被公认为国际法中强行法的一部分。灭种罪被国际刑事法院规约列为国际严重罪行。

德国法西斯大屠杀的见证——德国布痕瓦尔德集中营犹太人的尸堆

种族歧视 racial discrimination 对不同种族或民族采取敌视、迫害和不平等对待的行为。将个人基于种族上的差别予以歧视的做法，是严重违反人权与基本自由的行为。

1957年美国阿肯色州国民警卫队阻止黑人学生进校

为了贯彻《联合国宪章》，反对种族主义和种族歧视的宗旨，联合国大会于1963年11月20日通过《联合国消除一切形式种族歧视宣言》，进一步申明了反对种族歧视的原则。为了使反对种族歧视的原则和有关规定更具有法律约束力，联合国大会在《宣言》的基础上于1965年12月21日制定了《消除一切形式种族歧视国际公约》，1969年1月4日生效。公约要求缔约国谴责种族歧视并承诺立即以一切适当方法消除一切形式的种族歧视政策，促进所有种族间的谅解。

种族主义 racism 试图根据人类群体的生理特征来判断该群体智力和道德水平的高低，用人的体貌差异解释社会进步和文化发展的反科学理论。种族是生物学和人类学概念，所揭示的只是远古时期分布于世界各地的人类群体在长期适应不同的自然环境中形成的生物性差异，与人的属性、社会发展和智力水平并无直接联系。伴随着近代科学在西方的兴起，欧美社会开始出现了打着科学的旗号，利用生物学和人类学的材料论证殖民主义和社会不平等合理性的思想逆流。1853～1855年，法国人J.A.de戈比诺出版了《论人类种族的不平等》，公开宣扬雅利安人的种族优越性，并宣称他们是一切高等文明的创造者，成为现代种族主义的重要理论来源。20世纪20～30年代，奉行种族主义的极端势力先后在意大利和德国等国建立了法西斯政权，种族主义一度成为这些国家的官方政策和思想。法西斯政权倒台后，南非成为世界上最后一个奉行种族主义信条的国家政权。1993年12月，南非议会通过了非种族主义的临时宪法，标志着种族主义作为国家意识形态正式退出了历史舞台。但是，由于世界各国和民族发展的不平衡，殖民主义的社会影响远未消除，以各种科学面目出现的种族主义仍是引发社会矛盾的潜在因素。

中毒 poisoning 毒物作用于体表或通过种种途径进入机体造成病态或死亡的过程，是毒理学研究的中心问题。中毒过程的后果，即中毒状态，也简称中毒。中毒的研究是临床医学的一个重要内容。职业中毒和环境污染危害范围广，因此中毒也是群体医学的重要课题。

原因 包括误用药物，超量用药，处方错误，污染，职业中毒，食用有毒动物、植物，自杀、他杀等。不良生活习惯（如吸烟、酗酒、滥用药物）可造成慢性中毒。见药物中毒、工业中毒、农业中毒、食物中毒。

过程和作用 毒物可经皮肤伤口进入机体，气态毒物还可经肺泡进入机体，但最常见的途径是毒物口服后经消化道黏膜吸收进入体内。一部分毒物可被胃酸、消化液及肠道菌破坏，完全不溶的毒物甚至可穿肠而过随粪排出。毒物从入口到开始吸收要一段时间，完全吸收更需要时间，这就为治疗提供了时间。

高脂溶性毒物易透过肠道上皮，入血后可与血浆蛋白质紧密结合而不易经肾小球滤出，滤出的部分也易经肾小管上皮返流入血。机体内存在特殊酶系，可将这些毒物转化为水溶性物质，以利于经肾排出。肝和肺、皮肤、肾、肠上皮等处都有这种酶系；肠上皮就是第一个转化站，但肝脏是最主要的转化部位。毒物经肠进入门静脉首先要通过肝脏，在肝细胞中经过转化，其产物一般毒性降低且水溶性大增。大多数毒物经肾排出，故保持尿液畅流是治疗的一个重点。

毒物的作用部位因毒物而异。代谢率高的组织较易受伤，故血细胞、胃肠道上皮、脑、肝、肾等都是毒物的靶组织。毒物受体多是功能性大分子，如血红蛋白与一氧化碳结合，但更常见的毒物受体是酶蛋白，例如有机磷农药即因作用于胆碱酯酶而产生毒性。

发现和处理 急性中毒的及时诊断和处理关乎生命。昏迷、惊厥、急性精神症状、急性肝肾功能衰竭以及骨髓抑制的病例，都应考虑到中毒的可能。一旦想到此可能，就应观察中毒者身旁有无遗留的药物容器，检查现场存在的一切化学制剂，看是否动用过。要取体液标本送检；明确药物性质才有可能使用特效解毒药。慢性中毒不易发觉，但对慢性中毒也有时间可以从容详尽检查。

急慢性中毒的处理原则有相同之处，只是急性病例的治疗更为急迫，支持疗法也更为重要。处理原则包括：①支持措施。②中止毒物的继续吸收。③促进毒物排出。④使用特异解毒药。

预防 在群众中进行防毒教育，防止儿童接触毒物和加强对食品和药物的检验和管理，这些均有助于预防中毒。对于职业中毒和环境污染，改进工艺减少有毒物质的使用和排放是关键。一些国家中广泛设立了毒物中心，负责提供预防和治疗中毒方面的援助，经验证明这种措施很有效。

中毒性肾病 toxic nephrosis 由肾毒物质引起的肾脏损害。常以肾毒物质的名称命名。肾毒物质引起的肾损伤，常表现为急性肾功能衰竭。由中毒性肾病所致的急性肾功能衰竭约占5%～25%。若处理恰当及时，肾功能可恢复正常。延误诊治可致死亡。

病因 ①肾脏血流量大。全身血流量的1/5～1/4流经肾脏，每分钟约1 000～1 200毫升，毒性物质随血流进入肾脏，必导致肾损害。②肾脏的逆流倍增机理使髓质和肾乳头部肾毒物质的浓度升高，故中毒性肾病时髓质及肾乳头部病变显著。③肾毒性物质被肾小管上皮细胞重吸收和排泄，故毒性物质在肾小管腔或小管上皮细胞内浓度增高，可直接损伤肾小管上皮细胞。④肾小球毛细血管内皮的总面积，远远超过体内其他器官，故免疫复合物易沉积于肾小球而引起免疫性肾损害。肾小球系膜吞噬和清除毒物过程中引起系膜增生与免疫物质沉积。

发病机理 ①对肾小管上皮细胞的直接毒性作用。②外源性毒物作为抗原或半抗原进入机体引起免疫性肾损害，原位复合物形成。③肾毒物质引起过敏性休克致使肾小球滤过功能减退。④结晶体堵塞，肾小管引起梗阻性肾病。

临床表现 ①近端及远端肾小管功能障碍症状群（葡萄糖尿、氨基酸尿、磷酸盐尿、低钾血症；烦渴、多尿；肾小管酸中毒），肾性骨病，肾钙化或肾结石。②急性肾功能衰竭综合征（少尿或非少尿型）。③急性过敏性间质性肾炎。④慢性肾功能衰竭综合征。⑤肾炎与肾病综合征。

诊断 根据肾毒物接触史，肾小管和（或）肾小球损害的临床表现，该毒物中毒的临床表现，经普通和（或）特殊检查，临床观察，能排除其他病因引起的肾脏损害。

治疗 治疗原则为停止接触毒物。促进毒物排泄（输液、解毒措施、透析疗法、血浆置换或落流）及针对病因治疗。

中风 apoplexy 中医以半身不遂、口舌歪斜、舌强言蹇或失语、神识昏蒙为主要临床表现的常见急性病。见脑血管疾病。

中暑 heat stroke 在高温作业、强烈辐射环境下人体热平衡和水盐代谢紊乱引起的以中枢神经系统和心血管障碍为主要表现的急性综合病症。一般在高温作业场所劳动一定时间后，会出现头昏、头痛、口渴、多汗、全身疲乏、心悸、注意力不集中、动作不协调等症状，体温正常或略有升高，为中暑先兆。继续发展则症状加重，面色潮红、大量排汗、脉搏快速，体温升高至38.5℃以上，为轻症中暑。重症中暑可分为热射病、热痉挛和热衰竭三型，也可出现混合型。热射病（包括日射病）亦称中暑性高热，其特点是在高温环境中突然发病，体温高达40℃以上，早期大量出汗、继之无汗，可伴有皮肤干热及不同程度的意识障碍。热痉挛主要表现为明显的肌痉挛，伴有疼痛。好发于活动较多的四肢肌肉及腹肌等，尤以腓肠肌为著，常呈对称性。时而发作、时而缓解。患者意识清，体温一般正常。热衰竭起病迅速，表现为头昏、头痛、多汗、口渴、恶心、呕吐，继而皮肤湿冷、血压下降、心律紊乱、轻度脱水，体温稍高或正常。

中暑先兆与轻症中暑的处理比较简单，暂时脱离高温环境，采取一般性降温措施如饮清凉饮料、到通风阴凉处休息后，即可迅速好转。重症中暑则需要迅速予以物理降温和（或）药物降温；纠正水与电解质紊乱。

仲裁 arbitration 双方当事人在争议发生前或者发生后，约定将争议提交由双方选定的仲裁机构处理，由仲裁员审理后作出对双方当事人具有法律约束力的裁决。解决争议的方式之一。

英国于1889年颁布了《仲裁法》。此后，其他一些国家也先后制定了仲裁法规。20世纪以来，各国已普遍把仲裁作为解决国际贸易争议的一种方法。1958年联合国通过了《承认和执行外国仲裁裁决的公约》。1976年联合国国际贸易法委员会制定了《仲裁规则》。1985年该机构主持制定了《国际商事仲裁示范法》，已被澳大利亚、加拿大、中国香港和美国的一些州采纳为本国和本地区的法律。

1949年10月以后，中国建立了国内仲裁制度和涉外仲裁制度。1983年国务院发布《经济合同仲裁条例》，确立了经济合同仲裁制度。80年代中后期，又相继建立了劳动争议仲裁、技术合同仲裁、房地产仲裁、知识产权仲裁、农业承包合同仲裁等仲裁制度。1994年8月31日第八届全国人大常委会第九次会议通过并公布了《中华人民共和国仲裁法》。

中国《仲裁法》规定，平等主体的公民、法人和其他组织之间发生的合同纠纷和其他财产权益纠纷，可以用仲裁方式解决。但婚姻、收养、监护、扶养、继承纠纷和依法应当由行政机关处理的行政争议不能仲裁。实行仲裁应遵循以下基本原则：①当事人意思自治原则，或称当事人自愿原则。②独立公正仲裁原则。③一裁终局原则。中国受理国内民商事纠纷的机构是各级仲裁委员会，受理涉外仲裁案件的机构是中国国际经济贸易仲裁委员会和中国海事仲裁委员会。当事人向仲裁委员会提出仲裁申请时，应提交仲裁协议、仲裁申请书及其副本。仲裁委员会受理后，应组成仲裁庭进行审理。除非当事人另有协议，仲裁应当开庭进行和不公开进行。开庭时，当事人有权提供证据，进行质证和辩论。仲裁庭作出裁决前，可以或应当进行调解，当事人也可以自行和解。争议未能调解或和解解决的，仲裁庭应当及时作出裁决。裁决书自作出之日起发生法律效力。如果一方当事人不履行仲裁裁决，另一方当事人可请求法院执行。

仲长统 Zhong Changtong（180～220） 中国东汉思想家、散文家、政论家。字公理。山阳高平（今山东邹城西南）人。20多岁时外出游学，官至尚书郎。一度入曹操幕参军事。后复为尚书郎。所著《昌言》凡34篇，10万余字。书中批判了天命观和谶纬迷信，提出了“人事为本，天命为末”的论点，指出天下由治而乱，是由于统治阶级“熬天下之脂膏，斲生人之骨髓”的残酷剥削，深刻地揭露了汉末的黑暗现实。在法制问题上认为国家“治”、“乱”不在于“法制”的不同，而在于执法者执行“法制”的好坏。主张因时势决定法律，繁简宽猛相济，德主刑辅；恢复肉刑有利于惩治“中罪”。其文风的特点是任气骋词，铺张扬厉，骈偶排比，形象鲜明，表现出建安时代政论散文“渐尚通脱”、“颇慕纵横”的“骋词之风”（刘师培《中国中古文学史》）。仲长统又存《述志》诗2首，见《后汉书》本传，抒发了对现实的愤慨和对儒家统治思想的不满。

仲夏节 Midsummer Day 芬兰、瑞典传统的时令节日。两国地处北极，冬季漫长，大部分地区从10月到次年4月见不到太阳，人们对阳光有着特殊的感情。因而仲夏节之日，人们通宵达旦欢度这宝贵的时光。也有传说此节是为纪念基督教施洗者约翰的生日。在芬兰，节期在6月22～26日。节日晚上，首都赫尔辛基西部塞乌拉萨里岛点燃篝火的时刻是节庆的高潮。据说，古代北欧人相信火光能驱赶瘟疫，给人以光明和温暖。每年仲夏节，必有一对新婚夫妇到岛上举行婚礼。婚礼之后，船夫把新人送到湖中礁石上，由新娘点燃篝火。人们欢庆到篝火燃尽才尽兴而返。在瑞典，节期在6月24日。当天，城乡所有公园、广场的旗杆都挂满用松枝和花束扎成的花环。人们聚集在鲜花装饰的十字形柱子周围，饮酒、唱歌、跳舞。按照传统，未婚少女要到野外采集7种不同的鲜花，在节前或节日的晚上睡觉前放到枕头下面，以期梦见自己理想的情人。这一节日已成为瑞典规模最大和最有群众基础的民间节日之一。

众议院 house of representatives 实行三权分立制国家两院制议会的下议院的一种名称。见议会。

众赞歌 chorale 德国路德教会的赞美诗。16世纪的宗教改革运动激起了宗教音乐的改革，在马丁·路德等人的倡导下，教会歌曲改变了数世纪以来只许唱诗班唱歌、不许会众唱歌的惯例，恢复了会众同唱赞美诗的制度，经过改革的新教赞美诗称为众赞歌。众赞歌的歌词不再使用拉丁文，而是改用本民族的当代语言；歌词亦由毫无韵味的经文和祷词改为有韵律的诗歌。在音乐方面，也把繁琐的复调体一变而为纯朴的和声体，使歌词和旋律都清晰可闻。

种植业 cropping industry 通过人工栽培农作物取得农产品的产业。指狭义的农业，农林牧副渔中的“农”即专指种植业。主要包括粮食作物、经济作物、饲料作物、园艺作物等的生产。在中国通常是指粮食、油料、棉花、糖料、麻类、蚕桑、烟草、茶叶、果树、蔬菜、花卉、中草药、芳香植物及其他杂类作物的生产，其中粮食作物占主要地位，其产量约占农产品总产量的70%左右。种植业的特点是以土地为基本生产资料，利用农作物的生理生化机能，将太阳能转化为化学能，生产出各种农产品和副产品。

重彩 strong colours 中国画表现技法的一种。又称“工笔重彩”。重彩画以设色浓重为主要特征，设色时可采用三矾九染或烘托等方法。在画法步骤上，一般要求遵循勾（描形）、染（设色）、勒（复勾）等程序，但以没骨法和写意笔法作重彩画，则有不同要求。重彩画多用来描绘人物和花鸟。

顾恺之作《洛神赋图》(局部)

山水画中的青绿山水因设色浓重，一般也可视为重彩画，因多运用石色颜料，画法一般采用勾填晕染，以取得金碧辉煌的效果。重彩画的历史与工笔画的历史同步。长沙马王堆T形帛画的出土，证明重彩画至少在西汉时期已趋成熟。东晋顾恺之、张僧繇等人总结不同的描法样式，以及在设色技法方面对渲染法、没骨法的创造，使重彩画日臻完善。唐代以后，重彩画不仅在人物、花鸟画科进一步发展，而且青绿山水画的创造也使重彩画的领域得以拓展。至此，重彩已在工笔画领域以其技巧的丰富完备和色彩效果的艳丽多姿而成为工笔画最显著的特征。宋元水墨画兴起以后，逐步取代重彩画的主流地位，但仍出现了许多重彩画家，并在技法上取得突破性发展。20世纪90年代以来，西方色彩观念、色调意识的应用，对中国“五色”体系的再认识，岩彩画的提出，均促进了当代工笔重彩画的发展。

重工业 heavy industry 为国民经济各部门提供物质技术基础的工业部门的总称。与轻工业相对应。按其生产的性质和产品的用途进行区分，可分为三类：①采掘工业。主要包括石油开采、煤炭开采、金属矿开采、非金属矿开采和木材采伐等部门。②原材料工业和动力工业。主要包括钢铁工业、有色金属工业、化学工业、建材工业、电力工业等部门。③制造工业。主要包括机械工业、电子工业、汽车工业、船舶工业等部门。

重工业所提供的生产资料是实现社会简单再生产和扩大再生产的物质基础，是国民经济物质技术装备的主要来源，也是衡量一个国家制造能力和水平高低的重要标志。重工业的发展水平直接决定了国民经济现代化建设的进程，还关系到国家的经济与军事安全。

重金属 heavy metal 20世纪70年代起源于英国的一种摇滚乐风格或形式。在英国滚石乐队那种硬摇滚风格基础上发展起来。与以滚石为代表的硬摇滚相比，重金属的音响更为宏大，表达更为简单、直接，运用了更多的重复，其器乐演奏也更具有即兴性。因此，重金属比滚石乐队的硬摇滚风格具有更为强烈的反叛性。有代表性的重金属乐队有以E.克拉普顿为发起人的“盲目乐队”，其专辑有《海洋大道461号》、《EC在这里》。此外还有“杰夫·贝克小组”、以R.斯图尔特为中心的“面孔”乐队等。美国的重金属乐队有来自旧金山的“克里登斯重新使水变清”、“杜比兄弟”、“旅程”以及来自南方的“奥尔曼兄弟”等。见摇滚乐。

重金属 heavy metasl 密度大于6600千克/米^{3}的有色金属。重有色金属的简称。包括铜、镍、钴、铅、锌、锡、锑、汞、铋和镉共10种金属，也有将锰、铬归入其中的。重金属都具有优良的物理化学性质，如铜具有良好的导电和导热性；镍和钴具有优良的铁磁性和机械性能；锌、锡、铅则具有耐腐蚀和耐磨性。在常温和干燥空气中，重金属都不发生化学变化；在湿空气中，镍、锌、铅、镉等都会被氧化，但生成的表面氧化膜具有阻止内部金属继续氧化的保护作用。重有色金属提取冶炼方法分为火法冶金和湿法冶金两大类，并以火法冶金为主。重金属是重要的金属材料，在电气、电子、机械、运输、航空、航海、化工、石油、建筑、医药等国民经济各部门以及国防军工领域均被广泛应用。铅、汞、镉因其毒性危害环境和人类健康，已逐渐被限制使用，如含汞电池、含铅汽油已为无汞电池和无铅汽油所取代。

重晶石 barite 化学组成为Ba[SO$_4$]，晶体属正交（斜方）晶系的硫酸盐矿物。自然界分布最广的含钡矿物。钡可被锶完全类质同象代替，形成天青石；被铅部分替代，形成北投石。晶体常呈厚板状。纯净的重晶石透明无色，一般为白色、浅黄色。玻璃光泽，解理面呈珍珠光泽。具3个方向的完全和中等解理。莫氏硬度3～3.5。密度4.3～4.5克/厘米^3。主要形成于中低温热液

铅重晶石（北投石）

条件下。中国湖南、广西、青海、新疆等地产有巨大的重晶石矿脉。化学沉积矿床和风化成因的残积、坡积矿床在个别国家具有重要意义，如美国密苏里州的残积重晶石砂矿床。重晶石最主要的用途是作石油钻井泥浆的加重剂和制取钡的化学制品以及白色颜料——锌钡白（立德粉）；并用作橡胶、纸张、布匹、油漆、塑料等的填料；可作为放射线防护物的混凝料；用作玻璃生产中的助熔剂，能增加玻璃的光亮度。

重力 gravity 物体在天体表面或其上空所受的该天体的引力。其大小和方向主要由万有引力定律确定。由于地球绕南北极轴自转，为一个非惯性系；对地面的观察者而言，地面上的物体除受地心引力外还应叠加上惯性离心力；因此铅垂线方向不再经过地心。但因为偏角不大，在一般工程技术中均以地垂线方向作为地球上重力的方向，以地心引力和离心力合力的大小作为重力的大小。物体的重力作用线通过物体重心。重力的大小称为重量。在地球物理学中习惯把地球重力加速度称为地球重力，其单位厘米/秒^{2}称伽（Gal，为纪念伽利略而命名）。重力随纬度的增加而增大；随海拔而减小，高度升高1米，重力一般减少 0.0301826伽。重力还要受地形的影响，如处于山谷中因两边高山的引力向上，重力会减少。地球内部密度不匀，如埋有重金属矿或油、水或洞（喀斯特地形），重力大小会表现出异常，是物理探矿的依据。

重力测量 gravimetric survey 测定重力加速度值的工作。作用在地球表面任意质点的重力是引力和惯性离心力的合力（见图）。引力F的方向指向地球质心，惯性离心力P的方向垂直于地球自转轴向外，而重力g的方向则为两者合力的方向，即垂线的方向。重力测量结果广泛地用于测绘、地质

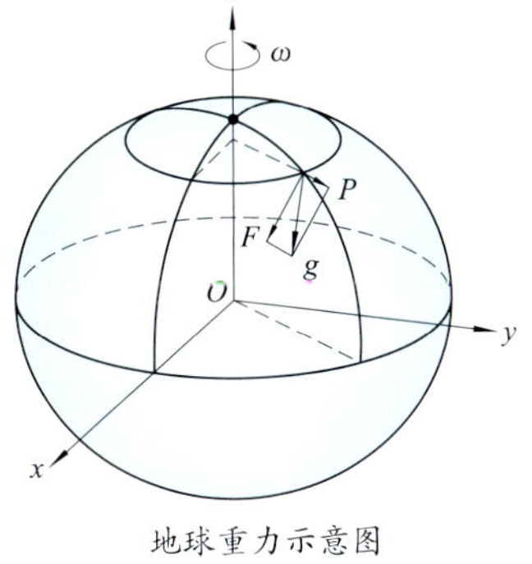

地球重力示意图

勘探、地球物理及空间科学技术等领域。在重力测量中，通常将重力加速度简称为重力，将重力的单位称为伽（Gal）。

地球表面上各点的重力不是一个常数，它的数值由赤道向两极增大，并且重力还随时间变化。重力测量方法按原理分为动力法和静力法。其中动力法是根据物体受力后的运动状态测定重力；静力法是根据物体受力后的平衡状态测定重力。按测量方式分为绝对重力测量和相对重力测量；按工作环境或载体分为陆地重力测量、海洋重力测量和航空重力测量。

绝对重力测量测定重力场中一点的绝对重力值，一般采用动力法。主要利用两种原理：①伽利略在1590年进行世界上第一次重力测量时所提出的自由落体原理。②荷兰物理学家C.惠更斯在1673年提出的摆的原理。

相对重力测量测定两点的重力差值，可采用动力法和静力法。最早的相对重力测量是奥地利测量学家R.V.施特内克于1887年采用动力法的摆仪进行的，摆仪观测既费时又麻烦，且测定精度只能达到毫伽级，所以已很少采用。现在普遍采用静力法的弹簧重力仪测定重力差值，该仪器使用方便，且测定精度可达到几微伽。1968年又研制出对重力变化分辨力更高的超导重力仪。

海洋重力测量通常有两种途径：①将重力仪沉入海底进行遥测。②将摆仪或重力仪安置在潜水艇或海面船上进行观测。与陆地重力测量相比，海洋重力测量受多种外界因素的扰动影响，其测量精度相对较低，只能达到毫伽级精度水平。

航空重力测量是以飞机为载体，利用安置在飞机上的重力仪或重力梯度仪直接测定飞机飞行高度处的重力或重力梯度值，适宜在沙漠、冰川、沼泽等交通不便、人迹难以达到的地区进行重力测量。20世纪50年代以来，随着高精度航空重力仪、雷达测高技术、高稳定度平台等测量仪器和技术的发展，航空重力标量测量已进入实用化阶段。

重力加速度 gravitational acceleration 通常指地面附近的物体受重力作用在真空中自由下落的加速度。在月球或其他天体附近物体自由下落的加速度则分别称月球重力加速度或某天体的重力加速度。伽利略通过研究与实验得出结论：任何时刻在地球表面上任何同一地点所有自由落体的加速度值g都相等。这一论断后被精密的实验证实。由于地球本身的非均匀性和非对称性，及地球绕地轴自转所造成的离心力，地球上不同纬度φ处的重力加速度的数值有所不同。1967年的国际重力公式为

$$g=978.031\,85(1+0.005\,278\,895\sin^2\varphi+0.000\,023\,462\sin^4\varphi)\ \text{厘米/秒}^2$$

赤道上$g=978.032$厘米/秒^2，两极处$g=983.245$厘米/秒^2，一般工程计算中可取$g=981$厘米/秒^2。此外，在地球表面同一地点的g值还和物体离地面的高度h有关，

$$g=G\cdot\frac{m_e}{(R_e+h)^2}$$

式中的G为引力常数，m_e和R_e为地球质量和地球半径。用地面上各点g值的变化，可间接了解地下密度和地质构造以及矿藏分布等情况；g值的测定对地球物理学、重力探矿、空间科学都有重要意义。

重力勘探 gravity exploration 测量与围岩有密度差异的地质体在其周围引起的重力异常，以确定这些地质体存在的空间位置、大小和形状，从而对工作地区的地质构造和矿产分布情况作出判断，并为水文、工程与环境的监测及各种自然灾害的预测和防治服务的一种地球物理勘探方法。重力加速度的测量包括两点间重力加速度之差的（相对）测定和（绝对）重力加速度值的测定。常用的重力勘探仪器有重力仪等。所观测到的重力加速度值不仅反映地球物质密度分布，还与地球的形状、测点高度和地形不规则有关。因此，在作地质解释之前必须对观测的数据进行相应的校正，才能获得所需要的重力异常。重力校正包括空间校正、中间层校正、地形校正和均衡校正。

重力仪 gravimeter 测定重力加速度的仪器。按应用范围，可分为陆地重力仪、海洋重力仪、井中重力仪和航空重力仪；按仪器的测量方式，可分为测定两点的重力加速度差值的相对重力仪和测定任一点重力加速度绝对值的绝对重力仪。广泛应用于地球重力场的测量、固体潮观测、地壳形变观测，以及重力勘探等项工作中。

重力异常 gravity anomaly 由于地球密度分布不均匀造成的重力场中各点的重力矢量和正常重力矢量的数量之差。研究地球形状、地球内部结构和重力勘探，以及修正空间飞行器的轨道的重要数据。可分为：纯重力异常，同一点上地球重力值和正常重力值之差，又称扰动重力；混合重力异常，一个面上某一点的重力值和另一个面上对应点的正常重力值之差。纯重力异常不能直接求得，需要通过扰动位间接推求。混合重力异常可以直接推求。

重量分析 gravimctric analysis 用适当的分离方法使试样中被测组分与其他组分分离，然后将被测组分转化成一定的能进行称量的物质形式，用称量的方式测定该组分含量的一类经典的化学分析方法。又称重量法。兴起于18世纪。根据被测组分的分离方法分为：①沉淀重量法。②气化法，通过加热或其他方法，使待测组分，如水或易挥发组分与其他组分分离，利用试样的失重或一定量吸附剂吸附待测组分后的增重，确定待测组分含量。③电解法，用电解方法使待测金属离子在已经恒重的电极上还原析出，电极的增重即为该金属的含量。

④提取法，原理与气化法类似。其中最重要的是沉淀重量法。例如，为测定试液中Mg^{2+}，可加入$(NH_4)_2HPO_4·6H_2O$（称为沉淀剂）与之反应，生成$MgNH_4PO_4·6H_2O$沉淀（称为沉淀形式），再经过滤、洗涤，并在坩埚中干燥和灼烧（1100℃）成MgP_2O_7（称为称量形式），根据MgP_2O_7的重（质）量，即可计算出试液中镁的含量。由于沉淀重量法涉及溶样、沉淀及分离、烘干（或灼烧）和恒重等一系列操作，比较费时，已逐渐被滴定分析或仪器分析所替代。但重量法不需要基准物质（或标准试样）进行比较，准确度又高，常量（>1%）的硅、硫、磷、镍及某些稀有元素的测定仍常采用沉淀重量法。

重农学派 physiocrats 18世纪50～70年代流行于法国的古典政治经济学学派。又称重农主义。主要代表人物为F.魁奈、A.-R.-J.杜尔哥。这个学派以自然秩序为最高信条，视农业为财富的唯一来源和社会一切收入的基础，认为保障财产权利和个人经济自由是社会繁荣的必要因素。

魁奈是重农学派的创始人和首领。18世纪50～70年代，在魁奈的周围出现了一批门徒和追随者，形成了一个有较完整理论体系的派别。

曾任法国财政部长的杜尔哥是继魁奈之后重农学派最重要的代表人物。他的《关于财富的形成和分配的考察》（1769～1770）是重农主义的重要文献。他发展、修正了魁奈及其门徒的论点，使重农主义作为资产阶级思想体系的特征有更加鲜明的表现。

自然秩序　自然秩序是重农主义体系的哲学基础，是在法国资产阶级大革命前启蒙学派思想影响下形成的。

重农主义者认为，和物质世界一样，人类社会中存在着不以人们意志为转移的客观规律，这就是自然秩序。自然秩序是永恒的、理想的、至善的。如果人们认识自然秩序并按其准则来制订人为秩序，这个社会就处于健康状态；反之，社会就处于疾病状态。他们认为当时的法国社会就由于人为的社会秩序违反了自然的社会秩序而处于疾病状态，而他们的任务就是为医治这种疾病提出处方。

重农主义的自然秩序，实质上是被理想化了的资本主义社会。人身自由和私有财产是自然秩序所规定的人类的基本权利，是天赋人权的主要内容。自然秩序的实质是个人的利益和公众利益的统一，而这种统一又只能在自由体系之下得到实现。于是重农主义者就从自然秩序引申出经济自由主义。

“纯产品”　纯产品学说是重农主义理论的核心。他们的全部体系都围绕着这一学说而展开。在各经济部门中，他们认为只有农业是生产的，因为只有农业既生产物质产品又能在投入和产出的使用价值中，表现为物质财富的量的增加。工业不创造物质而只变更或组合已存在的物质财富的形态，商业也不创造任何物质财富而只变更其市场的时、地，二者都是不生产的。农业中投入和产出的使用价值的差额构成了“纯产品”。

纯产品学说又是重农学派的剩余价值学说。重农学派实际上是以农业资本来概括一般资本，以农业资本主义经营来概括资本主义生产。生产不仅创造使用价值，而且也创造价值，生产的动机为获得“纯产品”即剩余价值，而地租则是其具体的表现形式。

资本的分析和再生产　在分析社会财富、资本的流通和再生产的尝试方面，重农学派作出了重要贡献。他们既分析了资本在劳动过程中借以组成的物质要素，研究了资本在流通中所采取的形式；又在此前提下，把社会总产品的生产，通过货币的中介，在社会三个阶级间的流通过程，表现为社会总资本的再生产过程。同时，在再生产过程中，包括了对各社会阶级收入来源、资本和所得的交换、再生产消费和最终消费的关系、农业和工业两大部门之间的流通等的分析。

重农抑商 emphasizing agriculture and restricting commerce 中国古代政治思想家和理财家提出的关于重视农业、抑制商业的财政经济政策思想。又称“重本抑末”。

农业提供人类最基本的生活资料，在生产力发展水平还比较低的条件下，它是人们维持生存的物质基础，又是统治者剥削剩余产品的主要来源。因此重农或重本，是古代世界各国所普遍遵循的一项经济原则。在中国，重农更作为一种重要的经济思想，贯穿于中国古代经济思想发展的全过程。自春秋以来，儒家、道家、法家各学派在重视农业、轻视工商业方面也往往并无多大分歧。如孟子劝说梁惠王“不违农时”，但却斥商人是“贱丈夫”；韩非则首称农为“本”，工商为“末”，把工商之民视为社会一害，称作“五蠹”之一。重本轻末的思想也由此形成。

在封建社会前期，重农抑商思想对促进封建经济的发展曾起过积极作用。但是，随着生产的发展，封建社会以农业为主体的自然经济逐步被商品经济所取代，到了明清之际，重农抑商思想已经开始被黄宗羲的工商皆本论和郑观应的“以商立国”思想所扬弃。

重商主义 mercantilism 资产阶级最初的经济学说。产生和发展于欧洲资本原始积累时期，反映这个时期商业资本的利益和要求。它对资本主义生产方式进行了最初的理论探讨。

重商主义抛弃了西欧封建社会经院哲学的教义和伦理规范，开始用世俗的眼光，依据商业资本家的经验去观察和说明社会经济现象。重商主义者认为，金银或货币是财富的唯一形态，一切经济活动的目的就是为了获取金银。除了开采金银矿以外，对外贸易是货币财富的真正的来源。国家为了致富，必须发展对外贸易，在对外贸易中遵循多卖少买的原则。国家应积极干预经济，以保证尽量多的货币流向国内。

重商主义的发展经历了早期重商主义和晚期重商主义两个阶段。早期重商主义产生于15、16世纪之交，在对外贸易上主张多卖少买，严禁货币输出国外，力求用行政手段控制货币运动，以贮藏尽量多的货币，因而又被称为货币差额论。晚期重商主义盛行于17世纪上半期，代表人物是托马斯·曼，他的著作《英国得自对外贸易的财富，或我们的对外贸易差额是我们财富的尺度》（1664年作者死后出版）被马克思称为重商主义的《福音书》。他们主张允许货币输出国外，认为只要购买外国商品的货币总额少于出售本国商品所得的货币总额，就可以获得更多的货币。早、晚期重商主义的差别反映了商业资本不同历史阶段的不同要求。重商主义促进了商品货币关系和资本主义工场手工业的发展，为资本主义生产方式的成长与确立创造了必要的条件。

重水 heavy water 氘与氧组成的水。氘的最重要的化合物，化学式D_2O。1931年H.C.尤里等发现氘后，又发现电解槽废液中氘的浓度增加，提出用电解水法浓缩重水的设想。1935年挪威利用廉价的水电能建立了世界第一座重水工厂，生产重水供研究用。20世纪40年代以来，由于核裂变的发现，重水成为核反应堆的重要材料，开始以工业规模生产。

重水的生产方法有：①电解法。电解水时，电解分离系数可达10左右，使重水很快浓集。但耗电能太大，已不单独使用。②精馏法。分水、氨、氢等精馏法，以富集其中的氘，操作虽简单，但分离系数小。③化学交换法。利用化学反应使氘和氢交换而得到富集，是最经济的方法。

重水的分子量为20.027 5，比普通水高出约11%，由于其质量差别不像氘与氢之间那么大，在物理、化学性质上的差别也小些；

重水和普通水性质比较

性质	普通水	重水
密度（25℃，g/cm^3）	0.997 05	1.104 47
密度最大时的温度（℃）	3.984	11.185
熔点（℃）	0.00	3.81
沸点（℃）	100.00	101.42

重水分子比轻水分子有较强的氢键和范德瓦耳斯力，前者的作用比后者更显著，因此，重水有较高的熔点和沸点，较小的蒸气压，较大的熔解热、蒸发热和升华热。其性质之间的差异不像氘、氢之间那样规律。重水和普通水的性质比较见表。

重水的主要用途是在研究用核反应堆中作慢化剂和冷却剂，用量可达百吨。重水分解产生的氘是重要的热核燃料。在化学和生物学中，重水可用作示踪物，进行反应机理等方面的研究。重水对生物有不利的影响。对一般动物的致死浓度约为60%，单细胞生物对重水的适应能力较强。

重水堆 heavy water reactor; HWR 以重水作慢化剂的核反应堆。其冷却剂多数是重水，少数用沸腾轻水或二氧化碳。按堆体结构分为压力管式和压力容器式两种。发展最成熟的是加拿大重水天然铀反应堆——坎杜（CANDU-PHW）堆，它是压力管式的。这种动力堆的优点是不仅可使用天然铀，而且燃料利用率高。燃料内的^{235}U含量可利用至0.13%，低于扩散厂尾料中^{235}U的浓度。此外，堆内中子经济性好，可利用多余中子生产氚和发展成先进的转换堆，实现$^{232}Th-^{233}U$燃料循环。缺点是重水装载量大，600兆瓦的坎杜堆的重水初装量为376吨左右；重水的密封防漏问题较多；氚的危害程度较轻水堆大。

重心 gravity, center of 物体各部分所受重力的合力的作用点。地面附近物体每一微元都受地球引力和因地球自转产生的惯性离心力作用，其合力（即重力）方向大致指向地心。由于物体尺寸远小于地球半径，故可近似把作用于一般物体各微元上的重力视为平行力系，物体的重心就是这平行力系的合力的作用点。这类物体的重心与质心重合。质量分布均匀的物体，其重心与形心重合。体积和形状都不变的物体无论在空间中处于什么方向，其重心相对于物体的位置不变。规则形状的均质物体的重心在对称面、对称轴或对称中心上。重心的位置在工程上有重要意义。例如，为减少高速旋转物体的振动，须使其重心偏离转轴的距离小于规定数值。

重载铁路 heavy haul railway 行驶列车轴重大、载重多且运输效率特别高的铁路。主要用于运输大宗货物。重载列车一般轴重30吨左右，由100～200辆货车组成，长2～3千米，载重1万～3万吨。一条重载铁路年运量在2 000万吨以上，甚至达2亿吨；生产效率比一般铁路高20～30倍，甚至40倍。重载铁路有运输效率高、技术实用可靠、运输成本低三大优势。1978年美国、加拿大、澳大利亚、南非、巴西等国发起成立了国际重载协会（IHHA）。入会铁路的条件是至少满足下列条件中的两条：列车载重5 000吨以上；轴重25吨及以上；线路里程150千米以上且年货运量2 000万吨以上。中国于1982年加入IHHA。

重症肌无力 myasthenia gravis; MG 以骨骼肌神经肌肉接头处传递功能障碍为主的一组病理现象。受累骨骼肌极易疲劳、肌无力。发病诱因多为上呼吸道感染、精神创伤、过度疲劳、月经、分娩、手术等。这些因素也可使病情恶化甚至诱发肌无力危象。

病因 此病是自身免疫病。体内产生了乙酰胆碱受体（AChR）的抗体，破坏了神经肌肉接头处突触后膜上的乙酰胆碱受体，使突触传递发生障碍。

临床表现 本病起病隐袭，约80%病例的首发症状为眼外肌无力，表现为上睑下垂，常由一侧开始，继而发展至对侧。眼球活动受限而出现视物成双，但瞳孔括约肌不受影响。若咀嚼肌和咽喉肌受累，则进食和咽下困难，饮水呛咳，构音困难，带鼻音。表情肌无力。转头和耸肩无力。四肢肌肉受累常以近端较重，可影响日常活动，严重时被迫卧床。上述症状通常于晨起减轻，活动后症状迅速加重，休息后又有程度不同的恢复。

分型 多数应用奥瑟曼氏分型：Ⅰ，眼肌型。ⅡA，轻度全身型。ⅡB，中度全身型。Ⅲ，重症激进型，出现肌无力危象，此型死亡率高。Ⅳ，迟发重症型，2～3年后出现肌无力危象。Ⅴ，肌萎缩型。

诊断 依靠临床特征，进行下列检查以助确诊。

疲劳试验（约利氏试验） 使患者反复运动受累肌肉则症状明显加重。如使患者重复睁、闭眼动作则眼裂越来越小；重复咀嚼运动则最后不能咀嚼等。

抗胆碱酯酶药物试验 用抗胆碱酯酶药物后症状缓解。

肌电图重频刺激检查 在检查前应停用抗胆碱酯酶药物17小时以上，否则阳性率降低。典型改变为用低频重复刺激（1～3赫兹）后肌动作电位波幅递减，这对本病有诊断意义。

AChR抗体滴度测定 对本病的诊断有特征性价值。80%以上的该病患者血清中乙酰胆碱受体抗体滴定明显增高，仅眼肌型滴度较低。

治疗 包括下列几个方面。

药物治疗 一般以抗胆碱酯酶药为首选。①抗胆碱酯酶药。②皮质类固醇及免疫抑制剂。

手术治疗 年轻、病程短、病情进展快而无重要并发症者，宜早期进行胸腺摘除，手术的远期疗效较好。合并胸腺瘤者效果较差，但也应进行手术摘除。

放射治疗 年龄较大，有心肾等并发症不宜手术治疗者可行深部X射线治疗，X射线破坏胸腺组织，也可取得满意疗效。

血浆置换疗法 适用于重症患者或肌无力危象发作时，每次抽取患者血浆1 000～2 000毫升，同时输入等量新鲜血浆或代血浆，每周1～2次，可迅速清除血中的乙酰胆碱受体的抗体，缓解症状。但此法不能作为常规疗法。

重症监护 intensive care 对危重患者采取的生理功能监测和积极的医疗护理措施。20世纪后半叶出现并逐渐完善。各医疗单位纷纷建立重症监护室（ICU）。医护人员的配备主要取决于ICU的性质。基本监测设备包括：多功能监测仪、心排出量监测仪、肺量计、脉搏血氧饱和仪、潮气末二氧化碳测定仪、血气分析仪、呼吸器、氧治疗用具、除颤器、输液泵和各种急救用具等。

ICU主要收治经过严密监测和积极治疗后有可能恢复的各类重危患者，包括：严重创伤、大手术及器官移植术后需要监测器官功能者；各种原因引起的循环功能失代偿，需要以药物或特殊设备来支持其功能者；有可能发生呼吸衰竭，需要严密监测呼吸功能，或需用呼吸器治疗者；严重水电解质紊乱及酸碱平衡失调者；麻醉意外、心搏骤停复苏后治疗等。

ICU的日常工作主要围绕危重患者的监测和治疗进行。监测包括循环、呼吸、肝肾功能、中枢神经系统功能、水电解质酸碱平衡等；治疗涉及呼吸、循环支持、体液平衡维护、营养支持、感染及原发病的处理以及并发症防治等。ICU的监护内容因不同种类患者而异，主要有两方面：①一般监护。每例患者均需要的日常监护，包括用监测仪测定心率、心电、血压及呼吸，并定时记录体温、出入量、尿比重、尿常规及酮体。②特殊监护。因病情而异：ⓐ呼吸功能监测。如呼吸频率、呼吸运动、肺通气功能、弥散功能、血液气体监测等。ⓑ血流动力学监测和调控。如心电图、心率、动脉压、心排血量和心功能的监测，以及中心静脉压（CVP）和肺毛细血管楔压（PCWP）等。ⓒ其他脏器功能的监测和治疗。包括肾功能的监测，急性肾功能衰竭的治疗；肝功能的测定和保肝措施；出凝血功能的监测及相应的调整等。

重质油 heavy oil 一般指沸点在350℃以上的馏分油或渣油。馏分油指原油常压精馏和减压精馏得出的馏分产品，包括重柴油、重瓦斯油、润滑油馏分和裂化原料。渣油指原油常压精馏或减压精馏得出的塔底产品，可作燃料油或焦化原料，或进一步经氧化加工制造沥青。

重子 baryon 自旋为$\hbar$的半奇数倍的强子。统计性质属费米子。在强子结构理论中，现已被发现的重子被认为是由三个夸克组成的状态，如质子p＝(uud)，中子n＝(udd)，Ω^-粒子Ω^-＝(sss)等，其中u、d、s代表三种夸克。

重子数 baryon number 描述粒子内部性质的一种相加性量子数。记为B。重子的B＝+1，反重子的B＝−1，光子、中间玻色子、轻子、介子的B＝0。一个体系的重子数为构成体系的各粒子的重子数之和。重子数在所有相互作用下守恒。重子数守恒是核物质高度稳定性的反映。在大统一理论中认为重子数不严格守恒，因此质子可以衰变，但尚无实验确证。

舟蛾 Notodontidae; notodontid moth/prominent moth 鳞翅目舟蛾科昆虫的统称。旧称天社蛾。已知全世界约有3 000多种，中国有550种以上。成虫体中型，多为褐色或暗灰色，少数洁白或具鲜艳颜色。外表与夜蛾相似。口器不发达，喙柔弱或退化；下唇须中等大，少数较大或微弱；复眼大。雄蛾触角常为双栉形，部分栉齿形或锯齿形具毛簇，少数为线形或毛丛形；雌蛾触角常与雄蛾异形，一般为线形，但也有同形者。胸部披毛和鳞浓厚，有些属背面中央有竖立纵行脊形，或称冠形毛簇；鼓膜位于胸腹面一小凹窝内，膜向下。翅形大都与夜蛾相似，少数像天蛾或钩翅蛾，前翅后缘具齿形或梳形毛簇，静止时两翅后折成屋脊形，毛簇竖起如角。腹部粗壮，常伸过后翅臀角，有些种类基部背面或末端具毛簇。夜间活动，具趋光性。幼虫大多体色鲜艳并具斑纹，体形较特异。静止时常靠腹足固着，头尾翘起；受惊时不断摆动，形如龙舟荡漾，早有舟形虫之称，也是此科中文名的由来。幼虫大多取食阔叶树树叶，常发生在森林、防护林、行道树和苗圃，如杨扇舟蛾、杨二尾舟蛾、榆掌舟蛾等。部分种类为害果树和竹林，如苹掌舟蛾、竹镂舟蛾和竹篦舟蛾等。少数种类为害禾本科农作物，如高粱舟蛾和豹舟蛾等。

舟山岛 Zhoushan Island 中国东海舟山群岛中最大的岛屿。位于浙江省东北部，长江口以南，杭州湾口。属舟山市定海、普陀2区。面积472平方千米，为浙江省第一和中国第四大岛。附近海面盛产大黄鱼、小黄鱼、墨鱼和带鱼，是全国著名渔场之一。定海港有班轮直达上海、宁波、温州及沈家门、岱山、嵊泗等港口。

舟山跨海大桥 Zhoushan Cross-Sea Bridge 中国浙江舟山连岛公路大桥。舟山市大陆连岛工程的组成部分。连岛工程是中国规模最大的岛陆联络工程，使舟山成为大陆伸向海洋的港口城市。由岑港大桥、响礁门大桥、桃天门大桥、西堠门大桥和金塘大桥5座跨海大桥及接线公路组成，起于舟山本岛，途经里钓、富翅、册子、金塘4岛，与宁波沿海北线高速公路相接，跨越5个水道和灰鳖洋，至宁波镇海登陆，全长约50千米。1999年岑港大桥首先开工，至2009年12月25日，实现全线通车。5座大桥按一级公路标准设计，双向四车道，路基宽度22.5米，桥涵同路基同宽。其中，跨越西堠门水道、连接金塘岛和册子岛的西堠门大桥，主桥为两跨连续钢箱梁悬索桥，主跨1 650米，是世界上仅次于日本明石海峡大桥的大跨度悬索桥。金塘大桥全长26.54千米，主通航孔桥为全长1 210米、主跨620米的五跨连续钢箱梁斜拉桥，是外海中已建成的最长斜拉桥，也是继杭州湾跨海大桥、东海大桥后国内第三长的跨海大桥。

西堠门跨海大桥

舟山群岛 Zhoushan Archipelago 中国沿海最大群岛。位于浙江省东北部，长江口以南，杭州湾口，东海中。北起花鸟岛，南至六横岛，由1 339个岛屿组成。主要岛屿自北而南有泗礁山、大衢山、岱山、舟山、金塘、普陀山、朱家尖、桃花和六横等。其中舟山岛最大，面积472平方千米，是中国第四大岛。舟山群岛岛屿面积1 440多平方千米，人口97万(2004)。群岛设舟山市(地级)。有中国沿海最大的渔场——舟山渔场，包括嵊山渔场、中街山渔场、洋鞍渔场等广大海域。水产资源丰富，盛产带鱼、大黄鱼、墨鱼、小黄鱼四大经济鱼类。此外，尚有鲳鱼、鳗鱼、鲨鱼、鳓鱼、海蜇、虾、蟹等水产品。沿海海水养殖主要有海带、紫菜、贻贝、对虾、罗非鱼等。盐业生产条件优越，是浙江省重点产盐区之一，主要渔港有沈家门、嵊山、岱山等。定海港有班轮直达上海、宁波、温州，以及沈家门、岱山、嵊泗等港口。北部绿华岛设有供10万吨级巨轮避风锚地，花鸟岛有巨大的航海灯塔。普陀山是中国佛教四大名山之一，为游览避暑胜地。

舟山群岛（沈家门港）

舟山市 Zhoushan City 中国浙江省辖地级市。在省境东北部，杭州湾外海域舟山群岛上，面积1 440平方千米。人口97万(2008)。辖定海、普陀2区和嵊泗、岱山2县。春秋为越国东境，称甬东。秦、汉为句章、鄮县地。唐开元二十六年(738)置翁山县。明洪武二十年(1387)改舟山县。清康熙二十七年(1688)改定海县。1953年置舟山专区。1987年改设舟山市。市境陆地均为岛屿，较大岛屿有舟山岛、岱山岛、六横岛、金塘岛、桃花岛等。夏秋多台风。工业有水产品加工、食品、机械、拆船、修造船、轻纺、服装、电子仪器、化工、建材等。周围海域为中国最大渔场舟山渔场所在地。水产资源丰富，主要品种有大黄鱼、小黄鱼、带鱼、鲳鱼、墨鱼、马面鱼、石斑鱼、海蜇、梭子蟹等。沈家门渔港为中国最大渔港。全市10米深的海岸线有164千米，15米深的103千米，可建10万～30万吨级码头。舟山港为海运枢纽，海运便利，与宁波、上海、温州等地有班轮直达。旅游资源丰富，有普陀山、嵊泗列岛2个国家级风景名胜区，岱山岛、桃花岛2个省级风景名胜区。普陀山位于舟山群岛的东南部，被誉为“海天佛国”。

州 prefecture 中国地方行政区划。先秦时代有“九州”(见《尚书·禹贡》、《周礼·职方》、《尔雅·释地》)、“十二州”(见《尚书·尧典》)之说，均为传说中的地方行政区划。西汉武帝时为加强对地方官员的监督，于元封五年（公元前106）除近畿七郡外，将全国一百零几个郡国划分为十三部，每部置一刺史，掌察一部官吏、豪右，定为常制。十三部中有十一个部采用了《禹贡》、《周礼·职方》中的州名，均称某州刺史部，而习惯上称一部为一州。东汉改刺史部为州，末年始成为郡以上的一级行政区划。历魏晋南北朝不改。隋初废郡存州，以州领县，形成为地方行政制度上的州县二级制，大业时改州为郡，以郡领县。唐武德初复改郡为州，天宝至乾元间又曾一度改州为郡，然有唐一代以州领县为主。安史之乱后，全国普遍设立节度使，称节镇、藩镇、道，统辖数州，掌一道军、政、财大权，成为地方一级行政区划，而州遂降为二级地方行政区划。宋属路。元属路或属府。明清属府者称散州或属州，属省者为直隶州。1912年后均改为县。东晋南朝时有侨州（见侨州郡县），唐宋时北部、西部、西南部边远少数民族地区置有羁縻州，皆与正州制度有所不同。今在少数民族地区置有自治州。

周邦彦 Zhou Bangyan (1057～1121) 中国北宋词人。字美成，晚号清真居士。钱塘（今浙江杭州）人。历官太学正，国子主簿，徽猷阁待制，提举大晟府（管理音乐的机构）。诗词文赋，无所不擅。但为词名所掩，诗文多零落不传。其中《汴都赋》为成名之作，长7000字，流传至今。古体诗《天赐白》、《过羊角哀左伯桃墓》，风骨凛然，绝无绮罗香泽之气。周邦彦被公认为是“负一代词名”的词人，在宋代影响甚大。邦彦词多写男女恋情，咏物怀古，羁旅行役，内容较窄，境界不高。但在艺术创意上堪称大家，其词善于铺叙，即在写景抒情中渗入述事，造成另一境界，形成曲折回环、开阖动荡、抑扬顿挫之势，发展了柳永、张先的慢词。加之语言工丽，多用典故，形成了浑厚、典雅、缜密的艺术风格。代表作如〔少年游〕“并刀如水”，在寥寥51字中，不但写故事，重现当时的境界，而且写对话，如见词中之人，且闻其语，生动地描摹出人物的性格、心态，在词中实为独创。另一首〔少年游〕“朝云漠漠散轻丝”，写得更妙。一首小令写了两个故事，中间只用“而今丽日明金屋”一句联起来，将上阕的追忆恋爱与下阕的共同生活、金屋藏娇两种境界进行了比较，感受追忆两个故事中的同一种情调：相聚不如相思，意味深长。另如长调〔花犯〕“粉墙低”，跳跃曲折，照应、收放、开合，十分讲究；〔过秦楼〕“水浴清蟾”，将时间、地点、人物、感情变换数次，构成全部事件、人物感情发展的脉络；〔兰陵王〕《柳》，把将离之情，既去之思，居者与行者，旧恨与新愁，人和物，情和境，浑然融为一气。邦彦词音律严整，格调精工，多创新调。因此他被尊为婉约派的集大成者和格律派的创始人，开南宋姜夔、吴文英格律词派先河。今存《片玉词》10卷，《彊村丛书》本；另有《清真集》2卷，集外词1卷，《四印斋所刻词》本。

周必大 Zhou Bida (1126～1204) 中国南宋政治家、文学家。字子充，一字洪道，自号平园老叟。庐陵（今江西吉安）人。绍兴二十一年（1151）进士。二十七年举博学宏词科。官至左丞相，封益国公。与陆游、范成大、杨万里等都有很深的交谊。其诗初学黄庭坚，后由白居易溯源杜甫。善于状物，亦清新淡雅。他是四六文名家，知识渊博，熟悉本朝人物、掌故，执掌内外制时间很长，有不少代言名作，如《岳飞叙复元官制》，词婉义正，是宋代骈文佳作；序文如《皇朝文鉴序》，写得典重雅正；题跋如《题陆务观送其子赴官诗》；游记如《南归录》所写游石湖，颇富情致。在他的散文及《二老堂诗话》中，保存了不少研究宋代文学的资料。他的神道碑、墓志铭一类文字，主次分明，颇有史法，往往为元代修《宋史》者所取材。著有《益国周文忠公全集》200卷，其中包括《省斋文稿》、《平园续稿》、《省斋别稿》、《二老堂诗话》等24种，有清咸丰刊本。

《周髀算经》 *Arithmetical Classic of the Gnomon and the Circular Paths of the Heaven* 中国数学著作。《算经十书》之一。二卷，是一部用数学方法阐明盖天说和四分历的天文学著作。原名《周髀》。在浑天说兴起，盖天说受到冷落后，人们仍重视其数学内容，遂加“算经”二字。陈子说：“古时天子治周，此数望之从周，故曰周髀。髀者，表也。”据赵爽注，《周髀》原文仅限于商高答周公问，阐述了数学方法在测天量地、制定历法中的作用，勾股、圆方的知识，以及用矩之道。可见此书是不断增补编纂而成的，可能成书于汉初。传本《周髀算经》有赵爽注、甄鸾重述、李淳风等注释。

周勃 Zhou Bo (？～前169) 秦二世元年（前209）随刘邦起兵反秦，以军功拜为将军，赐爵武威侯。在随刘邦由汉中进取关中时，击赵贲，败章平，围章邯，屡建战功。楚汉成皋之战中周勃先留镇峣关（今陕西商州西北）重地，后率军投入成皋（今河南荥阳汜水镇）主要战场作战，与项羽正面对峙。先后攻取曲逆（今河北完县东南）等地，占领泗水、东海两郡（今皖北、苏北一带），凡得22县。汉高祖六年（前201），受封绛侯。继因讨平韩信叛乱有功，升为太尉。吕后死后，周勃与陈平等合谋，一举谋灭吕氏诸王，拥立文帝，后官至右丞相。

周忱 Zhou Chen (1381～1453) 中国明代大臣。以善理财知名。字恂如。江西吉水人。永乐二年（1404）进士，补翰林院庶吉士。宣德五年（1430）授工部右侍郎，奉命巡抚江南，总督税粮。有经世才，在巡抚任上，厘奸革弊，抑制豪右，进行了一些有益于社会生产的赋役改革。主要有：创平米法，均平官、民田耗米；请官铸铁斛，统一征粮斗式，防止粮长利用职权，从中牟利；设水次仓，由民径往交纳，官为监收，杜绝粮长贮粮私家，为奸作弊；核减苏州等府税粮，以苏民困；置济农仓，储粮备荒；立兑军解运之制，使不误农时，节省漕费；折征改纳金花银，解京兑俸，民出甚少而官俸常足。正统五年（1440）进工部左侍郎。六年命兼理湖州、嘉兴二府税粮。十四年迁户部尚书，后改工部。景泰二年（1451）致仕。著有《双崖集》。

周成王 King Cheng of Zhou Dynasty 中国西周第二代王。周文王之孙，周武王之子。姬姓，名诵。成王年幼即位，不能执掌政事。其叔父周公旦（武王弟）为避免各诸侯反叛，便自己摄政当国，安定大局。管叔、蔡叔不信任周公，挟殷商后代武庚一起作乱反叛，周公奉成王之命东征讨伐，平定叛乱。成王长大，亲自执掌政权后，大封诸侯，加强宗法统治权力，命召公营建洛邑（今河南洛阳市西），后来成为东周的都城。成王还命令周公制礼作乐，规划各项规章制度，奠定了西周王朝的基础。周公、召公率师征服淮夷及在淮夷之北的奄国，使统治范围进一步扩大。成王时期，社会安定，人民和睦，歌颂太平盛世之声不绝于耳。成王与其子康王统治时期，合称成康之治，是周代的兴盛时期。

周传瑛 Zhou Chuanying (1912～1988-02-16) 中国昆曲演员、昆曲教育家。原名根荣。江苏苏州人。1921年8月，入苏州昆剧传习所，师承全福班台柱沈月泉，擅大、小冠生，巾生，翎子生，鞋皮生。出师后是新乐府、仙霓社全昆班的主要演员之一，兼任昆曲教师。1940年参加国风苏剧团，在异常困苦的情况下，坚持演出昆曲。中华人民共和国建立后，任国风苏昆剧团副团长、团长。1956年，国风苏昆剧团改为浙江昆苏剧团，后又改为浙江昆剧团，他担任团长，并任主要演员和教师。

周传瑛擅昆曲生行，后亦兼演末。所演剧目极多，塑造了一系列生动的艺术形象，主要有《长生殿》中的唐明皇、《牡丹亭》中的柳梦梅、《西厢记》中的张君瑞、《玉簪记》中的潘必正、《西楼记》中的于叔夜、《白罗衫》中的徐继祖、《连环记》中的吕布、《白兔记》中的咬脐郎、《彩楼记》中的吕蒙正、《绣襦记》中的郑元和等。表演生动传神，细致深刻，性格鲜明，功夫扎实。因技艺精湛，有"'三子'(褶子、翎子、扇子)惟传瑛"之说，在江南久享盛名。1956年，周传瑛与王传淞和周传铮、包传铎、朱国梁等演出著名昆剧《十五贯》。参加剧本改

昆剧《十五贯》剧照（周传瑛饰况钟，王传淞饰娄阿鼠）

编和导演，并扮演主角况钟。《十五贯》的演出，使古老的昆曲走向新生，推动了当时的戏曲改革。

周敦颐 Zhou Dunyi (1017～1073) 中国宋代思想家。字茂叔，原名敦实，亦称惇颐、濂溪先生。道州营道（今湖南道县）人。曾任洪州分宁县主簿、南安军司理参军、桂阳和南昌县令、合州判官、虔州通判、广南东路判官等职。他认为"太极"是宇宙的本原，"太极动而生阳，动极而静，静而生阴"。阴阳生五行，五行生万物。他提出"主静"、"无欲"的道德修养论，认为"无欲则静虚动直，静虚则明，明则通。动直则公，公则溥"，对程朱学派"存天理、灭人欲"的思想产生了重要影响。著有《太极图说》、《通书》等。

周恩来 Zhou Enlai (1898-03-05～1976-01-08) 马克思主义者，中国无产阶级革命家、政治家、军事家和外交家，中国共产党和中华人民共和国的主要领导人之一，中国人民解放军的主要创建人之一。

出生在江苏淮安府山阳县（今淮安市楚州区）城内的驸马巷，原籍浙江绍兴，字翔宇，曾用名伍豪等。12岁起离开淮安，跟随伯父周贻赓，先在东北读书3年，后在天津南开学校读书4年。在校期间，喜欢文学、历史，长于数学；喜欢交友，乐群，凡朋友及公益事，无不尽力。

面对帝国主义国家对中国的侵略，忧愤填膺，立志救国。1917年于天津南开学校毕业后，留学日本。俄国十月革命以后，开始在日本接触马克思列宁主义。1919年春回国。五四运动中成为天津学生界的领导人，并与运动中其他活动分子共同组织进步团体觉悟社。9月入南开大学。1920年11月到欧洲勤工俭学，经过实际考察并对各种思潮进行比较，最终确立了共产主义信仰。1921年在巴黎参加共产主义小组，参与发起成立中国共产党的活动，成为中共最早的党员之一。1922年参与发起组织旅欧中国少年共产党（翌年改名为中国社会主义青年团旅欧支部）。1923年任中国社会主义青年团旅欧支部书记，并任国民党驻欧支部特派员和代理执行部长等职。

1924年秋回国，先后任中共广东区委委员长、军事部长，黄埔军校政治部主任，国民革命军第1军政治部主任、副党代表、东征军总政治部主任等职，两次参加讨伐军阀陈炯明的东征，是中国共产党内最早认识武装斗争重要性和最早从事军事工作的领导人之一。

1925年8月，和邓颖超在广州结婚。1926年冬到上海。1927年2月任中共上海区委军委书记，3月领导上海工人第三次武装起义。5月在中共第五次全国代表大会上当选为中央委员，在中共五届一中全会上当选中央政治局委员，后参加主持临时中央常务委员会的工作。8月1日以中共前敌委员会书记身份领导发动南昌起义，打响了武装反抗国民党反动派的第一枪。

1928年夏出席中共第六次全国代表大会，作组织问题报告和军事报告。在中共六届一中全会上当选中央政治局常委。后任中央组织部部长、中央军委书记。此后的相当一段时间内，成为中共中央工作的实际主持者。在极端险恶的情况下机智勇敢地保卫了中共中央的机关，保护了党的大批领导骨干，为发展在国民党统治区的秘密工作，为联系和指导各地的武装斗争，扩大红军和农村革命根据地，作出了重要的贡献。

1931年12月到中央苏区，就任中共苏区中央局书记，后任红军总政委兼第一方面军政委、中央革命军事委员会副主席。1933年春，和朱德指挥中央苏区第四次反"围剿"作战，取得重大胜利。1934年秋，在"左"倾冒险主义的错误指导下，第五次反"围剿"战争失败，中央红军被迫长征。1935年1月在贵州遵义举行的中共中央政治局扩大会议上，支持毛泽东的正确主张，对确立以毛泽东为代表的新的中央的正确领导，为在危难中挽救红军起了重要作用。遵义会议后继续担任军委副主席，参与领导和指挥红军胜利完成二万五千里长征。1936年12月西安事变发生后，任中共全权代表去西安，同爱国将领张学良、杨虎城一起迫使蒋介石接受"停止内战，一致抗日"的主张，促成国共合作、团结抗日的新局面。

抗日战争全面爆发后，先后任中共中央长江局副书记、南方局书记，国民政府军事委员会政治部副部长。参与指导八路军、新四军出师敌后和平型关战斗、台儿庄战役的筹划。指导中国南方的共产党组织的建立和发展。率中共中央代表团长期在国民党统治区工作。1945年4月，在中共七大上作关于统一战线问题的重要发言，总结统一战线工作的经验教训。在中共七届一中全会上当选中央政治局委员、中央书记处书记，和毛泽东、朱德、刘少奇、任弼时组成以毛泽东为首的中共中央书记处。

1945年8月抗战胜利后，和毛泽东等赴重庆同国民党谈判。10月《双十协定》签订后，率中共代表团先后在重庆和南京继续进行谈判。1946年11月返回延安。人民解放战争中，任中央军委副主席兼中国人民解放军代总参谋长。1947年3月起，同毛泽东、任弼时等转战陕北，指挥人民解放军从战略防御转入战略进攻。1948年9月起，在西柏坡协助毛泽东部署和指挥了改变中国历史命运的战略大决战。北平和平解放后，代表中国共产党同各民主党派和爱国民主人士共商建国大计，筹备召开中国人民政治协商会议，主持起草《共同纲领》，全力投入新中国的筹建工作。

中华人民共和国建立后，担任共和国政府总理长达26年，曾兼任外交部长和中央军委副主席；当选为中共第八、九、十届中央政治局常委，第八、十届中央委员会副主席；政协全国委员会第一届副主席，第二、三、四届主席。参与党和国家的政治、经济、军事、文化、教育和外交等重大方针政策的制定和组织实施。

中华人民共和国建国之初，领导政务院机构组织的建立，和陈云一起具体领导繁重的经济恢复工作，参与制定独立自主的和平外交政策，领导清除帝国主义在华的一切特权。和毛泽东一起出访苏联，签订了《中苏友好同盟互助条约》。朝鲜战

争爆发后，协助毛泽东指挥中国人民志愿军抗美援朝作战，担负后勤保障的组织工作，并具体指导朝鲜停战谈判。

1953～1957年，和陈云、李富春一起负责编制和实施发展国民经济的第一个五年计划。几次出访莫斯科，先后达成苏联援助中国156项工程的协议，为中国实现社会主义工业化奠定了初步基础。在国家建设中尊重知识分子和重视科学技术。1956年1月在中共中央召开的知识分子问题会议上，作《关于知识分子问题的报告》。根据毛泽东的意见，和陈毅、李富春、聂荣臻领导制定并组织落实1956～1967年的12年科学技术发展远景规划。1953年底，提出互相尊重领土主权、互不侵犯、互不干涉内政、平等互惠（后改为“平等互利”）、和平共处五项原则。此后又同印度、缅甸总理共同倡议把这五项原则作为处理国与国关系的普遍准则。1954年率团参加日内瓦会议。1955年在万隆召开的亚非会议上主张和平共处，反对殖民主义，提倡求同存异、平等协商。1956年11月至1957年2月，出访亚欧11国。

1958年“大跃进”之后，中国面临严重的经济困难。1960年和李富春提出调整、巩固、充实、提高的八字方针，为中央所采纳。在毛泽东支持下，和刘少奇、陈云、邓小平领导国民经济的调整工作，使国民经济逐步得到恢复和发展。1964年在三届全国人大一次会议上宣布“把我国建设成为一个具有现代农业、现代工业、现代国防和现代科学技术的社会主义强国”的战略目标。特别关注作为农业命脉的水利建设和直接关系国家现代化进程的尖端科学技术的发展。1962年11月，担任中央专门委员会主任，为“两弹一星”的研制与发展作出了重大贡献。贯彻执行中国共产党和各民主党派“长期共存，互相监督”的方针，坚持中国共产党领导的多党合作和政治协商制度。致力于祖国统一大业，为解决香港、澳门和台湾问题，进行了大量基础性、开拓性的工作。1960年4月至6月，访问周边6国。1963年12月至1964年2月，访问亚非欧14国。这次出访是中国同非洲国家发展友好关系的一个重要里程碑。

“文化大革命”中，在极端复杂的特殊条件下，全力维护党和国家正常工作的运转，维护党的团结统一，尽一切可能减少损失，保护了一大批党的领导骨干、民主人士和知识分子。1971年协助毛泽东挫败了林彪反革命集团妄图夺取最高权力的阴谋。之后，主持中央日常工作，提出批判和纠正极左思潮，使各方面的工作有了转机。1971和1972年，同毛泽东一起制定实施新的外交战略，使新中国恢复了在联合国的合法席位，并实现中美关系开始走向正常化和中日邦交正常化。

1972年5月，确诊患膀胱癌。1974年6月住进医院治疗，带病主持四届人大的筹备特别是人事安排工作。根据毛泽东的决策，主持召开中共十届二中全会，选举邓小平为中央副主席。在四届人大上重申实现四个现代化的宏伟目标，全力支持邓小平领导对各方面工作进行整顿。这些不仅深深地影响了当时中国的政局，而且为未来中国的健康发展准备了条件。

1976年在北京逝世，终年78岁。骨灰撒在祖国的江河大地。主要著作编入《周恩来选集》（上、下卷）。

周而复 Zhou Erfu（1914-01-03～2004-01-08） 中国小说家。原名周祖式。原籍安徽旌德，生于南京。学生时代即开始文学习作。1936年出版第一本诗集《夜行集》。

1938年大学毕业后到延安。1944年冬去重庆，参加《群众》（中国共产党主办的刊物）的编务工作。抗战胜利后，作为《新华日报》和新华社特派员，到东北、华北、华中等地采访。1946年去香港，从事文化界统一战线工作，并编辑《北方文丛》，翻印出版解放区的文学作品，同时任《小说》月刊编辑。其间，他创作的长篇小说《白求恩大夫》，曾产生广泛影响。1949年5月由香港返回内地，在统战和文化部门工作，任文化部副部长等职。其作品有小说、诗歌、散文特写、剧本等。1958年和1962年陆续出版描写中华人民共和国建立后民族资产阶级生活变迁史的长篇小说《上海的早晨》第一、二部，1980年出齐全书，共4部。作品刻画了从民族资本家到普通工人的众多人物形象。自1977～1994年陆续出版全景式反映抗日战争壮阔历史的长篇小说《长城万里图》（共计6部），包括《南京的陷落》、《长江还在奔腾》、《逆流与暗流》、《太平洋的拂晓》、《黎明前的夜色》和《雾重庆》。对现代历史题材的小说创作，作了多方面的探索。文化艺术出版社2004年出版了《周而复文集》22卷。

周昉 Zhou Fang 中国唐代画家。字景玄，又字仲朗。京兆（今陕西西安）人。生卒年不详。出身贵族。周昉见于记录的最早活动时间是唐代宗大历年间（766～779）任越州（今浙江绍兴）长史。最后见于记载的活动时间是德宗贞元年间（785～804）奉诏绘章敬寺壁画。官至越州、宣州（今安徽宣城）长史。

《纨扇仕女图》（局部，故宫博物院藏）

是继张萱之后以表现贵族妇女著称的画家。有“画仕女，为古今冠绝”的美誉。笔下的妇女已不同于张萱作品中的欢愉活跃，而仿佛沉湎在百无聊赖的心态中，茫然若失。他还是杰出的肖像画家。在佛像画方面，首创美丽端庄的“水月观音”，把观音菩萨画于清幽澄净之境以示圣洁，成为历代画家沿用的形式，雕塑者亦加仿效，有“周家样”之誉。

周昉的作品现存者有《纨扇仕女图》、《调琴啜茗图》、《簪花仕女图》等。

周佛海 Zhou Fohai（1897-05-29～1948-02-28） 中华民国时期汪伪南京“国民政府”高级军政要员。湖南沅陵人。1917年赴日求学。1921年7月，以留日学生代表身份出席上海中共一大会议。1924年毕业回国后，任职于国民党中央宣传部、广东大学（今广州中山大学）。不久，自请脱离中共。1927年5月逃离武汉国民政府，先后被蒋介石任命为中央陆军军官学校政治总教官、政治部主任，积极助蒋讨伐李宗仁、阎锡山、冯玉祥等反蒋派。1931年当选为国民党四届中央执行委员。随后任军事委员会委员长侍从室组长。抗日战争全面爆发后，大唱“战必大败”的和平低调，转而成为汪精卫的主要追随者。1938年12月，与汪等逃往河内，坚持如期发表汪投敌声明。1940年3月，出任南京伪“国民政府”行政院副院长兼财政、警政部长等要职。但自1942年10月起，又不断向蒋介石暗通款曲，希望宁、渝联合反共。1945年8月12日，被蒋任命为军事委员会上海行动总队总指挥。9月终于被“军统”扣押。后以叛国罪判处死刑。1947年经蒋特赦，改为无期徒刑。1948年心脏病突发死于南京狱中。

周鲠生 Zhou Gengsheng（1889～1971-04-20） 中国当代国际法学家。曾用名周览，湖南长沙人。卒于北京。1906～1911年留学日本，辛亥革命爆发时参加同盟会。自1913年先后留学英国和法国，获法国巴黎大学法学博士学位。1921年底回国后，从事国际法学和外交史的研究以及文化教育工作。1936年任武汉大学教务长。1939年赴美，先后担任出席太平洋学会年会中国代表和圣弗朗西斯科（旧金山）联合国组织会议中国代表团顾问。1945年回国后任武汉大学校长兼政治系教授。中华人民共和国建立后，继续担任武汉大学校长，并任中南军政委员会委员兼文化教育委员会副

主任。1950年起任中华人民共和国外交部顾问，以后兼任中国人民外交学会副会长，并历任第一、二、三届全国人民代表大会代表和第三届全国人民代表大会法案委员会副主任委员，对中国的外交和立法工作作出了贡献。1956年加入中国共产党。晚年抱病写成《国际法》一书，约60万字。其他著作有《国际法大纲》、《近代欧洲外交史》、《不平等条约十讲》等。

周公 Duke of Zhou 中国西周时期政治家、思想家。姓姬名旦，周文王之子、周武王之弟，已见于出土的西周甲骨和青铜器铭文，曾经辅佐武王及其子成王执政。

据《尚书》记载，武王克商后二年，因病去世，如何巩固已经取得的政权，是摆在周人面前的一个大问题。当时成王年幼，内有管叔、蔡叔，怀抱野心；外有武庚、徐、奄，不忘复辟，形势非常严峻，周公说服召公，以冢宰身份摄政，肩负起巩固周王朝的重任。

《尚书大传》说，“周公摄政，一年救乱，二年克殷，三年践奄，四年建侯卫，五年营成周，六年制礼作乐，七年致政成王。”实际上，它包括了两个方面的政绩，一方面“救乱、克殷、践奄”，是周公平叛的三个阶段，先诛管叔、蔡叔，然后东征，最后灭奄，从而稳定周初局势；另一方面，从巩固周朝统治的需要出发，“建侯卫、营成周、制礼作乐”。“建侯卫”即实行分封制，主要是封宋、卫、鲁、齐、燕；“营成周”本是实现武王的遗愿，便于对新拥有的东部广大地区实行有效的统治；“制礼作乐”则是包括畿服、爵谥、田制、法制、嫡长子继承制及乐在内的一系列典章制度。在此基础之上，周公“致政成王”，为周王朝数百年的基业奠定了基础。

周谷城 Zhou Gucheng (1898-09-13～1996-11-10) 中国历史学家、社会活动家，全国人大常委会副委员长。湖南益阳人。卒于上海。1917年就读于北京高等师范英文部。1921年起在湖南第一师范、上海暨南大学附中、中国公学、中山大学、暨南大学执教。1942年起一直为复旦大学教授，曾任历史系主任、校教务长等职。

早年与毛泽东结识，参与湖南农民运动。在复旦大学执教后积极从事民主进步运动，受聘为民主政团同盟顾问。1952年加入中国农工民主党。历任华东军政委员会文教委员会委员、上海市人大常委会副主任、上海市政协副主席、中国农工民主党中央主席和名誉主席、全国人大副委员长兼科教文卫委员会主任委员等职。创建上海历史学会，任会长，曾任中国史学会主席团成员及首任执行主席、中国太平洋历史学会会长、上海市哲学社会科学联合会副主席等职。

周谷城的教学和研究，涉及史学、哲学、美学、逻辑学、政治学、社会学、教育学等学科。中华人民共和国建立后最早开设“世界文化史”课程；著述数百万字，出版专著10余部、发表论文200余篇，部分结集为《周谷城史学论文选集》、《周谷城教育文集》；撰写和出版了富于开创性和独特性的《中国通史》、《世界通史》，强调“历史完形论”，反对“欧洲中心论”，注意宏观与微观结合及中外比较。晚年主编《中国文化史丛书》、《世界文化丛书》、《民国丛书》。

周光关系 period-luminosity relation 造父变星的光变周期和光度之间的关系。20世纪初美国女天文学家H.S.勒维特对小麦哲伦云中的25颗造父变星的研究发现，这些星的视星等几乎线性地随周期的对数的增加而减小。由于它们都在小麦哲伦云中，到太阳的距离近似相等，这实际上反映了绝对星等和周期对数之间的线性关系，后来被称为造父变星的周期光度关系，简称周光关系。由视星等和周期的关系转化为绝对星等和周期的关系，实际上是周光关系的零点问题或定标问题。1915年美国天文学家H.沙普利率先解决了这个问题。几十年来，周光关系的零点不断改进，还发现周光关系也跟造父变星的颜色有关。利用周光关系，可根据造父变星的光变周期求得其绝对星等，通过与它的视星等的比较，可求得该造父变星或它所在的恒星系统的距离。这是测量星团和星系距离的主要方法之一，故造父变星有量天尺之称。

周光召 Zhou Guangzhao (1929-05-15～) 中国物理学家，全国人大常委会副委员长。生于湖南长沙。1951年清华大学物理学系毕业，入北京大学研究生院学习3年，后留校任教。1957年赴十一国联合原子核研究所进行高能物理方面的科学研究。

1960年回国，1961～1980年在北京大学和第二机械工业部进行科学研究。历任中国科学院理论物理研究所所长，中国科学院院长，中国科学院数学物理学部副主任，中国科学院学部主席团执行主席，中国科协副主席、主席、名誉主席，中国物理学会副理事长，中国国际交流协会副会长，太平洋科学协会主席，第三世界科学院、美国科学院、欧洲科学院、苏联科学院外籍院士等职。《中国大百科全书》第二版总编辑委员会主任。1998年任第九届全国人大常委会副委员长。主要从事高能物理、核武器理论等方面的科学研究，在中国的第一颗原子弹、第一颗氢弹和战略核武器的研究设计方面进行了大量工作，为中国物理学研究、国防科技和科学事业的发展作出了突出的贡献。参加并领导了爆轰理论、内爆动力学、辐射流体力学、高温高压物理、计算力学和中子物理等领域与核武器有关的研究工作，取得多项重要成果。1960年简明地推导出赝矢量流部分守恒定理（PCAC），成为国际公认的PCAC奠基者之一，对弱相互作用理论起了重大推进作用，对其后流代数和涉及π介子的理论发展有重要影响，是粒子物理学的基石之一。他首先引入手征振幅并建立了相应的数学方法，成为分析高能散射过程的重要工具。在凝聚态物理研究方面，在闭路格林函数、量子场论的整体拓扑性质等研究中取得一系列重要成果，并将所发展的闭路格林函数方法成功地应用于激光、等离子体、临界力学、随机淬火系统等方面。1999年荣获“两弹一星功勋奖章”。

周广仁 Zhou Guangren (1928-12-17～) 中国钢琴家，音乐教育家。浙江宁波人。生于德国汉诺威。1935年回国。1942年入

私立上海音乐专科学校学钢琴。1949年兼任上海音乐专科学校的钢琴教师。1951年在东柏林举行的第三届世界青年和平与友谊联欢节的钢琴比赛中，获三等奖。

1955年在中央音乐学院从苏联专家塔图良进修。1959年任中央音乐学院钢琴系教研室副主任、副教授。1979年起任该系副主任。1981年任教授。1979年起被选为中国音乐家协会第三届理事、第四届常务理事。1981年被聘为第六届范·克莱本国际钢琴比赛和1982年在智利举行的国际钢琴比赛的评委。她擅长演奏J.S.巴赫、莫扎特、R.舒曼等人的作品，对中国钢琴作品的推荐、扶植，尤为热心。

周惠久 Zhou Huijiu (1909-03-01～1999-02-09) 中国金属材料学家。生于沈阳，卒于西安。1931年毕业于唐山交通大学，在清华大学任助教。1935年公费赴美留学，1936年获美国伊利诺伊大学力学硕士学位，1938年获密歇根大学冶金工程硕士学位。1937年回国。历任西南联大、重庆大学、交通大学教授，无锡开源机器厂厂长兼总工程师。1958年后，任西安交通大学机械系主任、金属材料及强度研究所所长、副校长。1980年当选为中国科学院学部委员（院士）。长期从事金属材料热加工、热处理、材料强度等方面的科技工作和教学。对普通低碳钢淬火强化获得低碳马氏体组织和优越的强韧性的研究，使此类材料的潜力得以充分发挥。提出材料的强度和韧性合理配制、选材和热处理的观点，创立了新的材料强度理论。

周建人 Zhou Jianren (1888-11-12～1984-07-29) 中华人民共和国全国人民代表大会常务委员会副委员长，中国人民政治协商会议全国委员会副主席，中国民主促进中央委员会主席。社会活动家。浙江绍兴人。字松涛，又字乔峰。鲁迅胞弟。生于浙江绍兴，卒于北京。早年辍学，自学成才，曾在绍兴任中小学和女子师范学校教员。1920年入北京大学哲学系学习。1921年到上海商务印书馆任编辑和撰稿人。1923年后在上海大学、神州女学、暨南大学、安徽大学等校任教。1932年参加由宋庆龄、鲁迅等发起成立的中国民权保障同盟。抗日战争时期在上海文化界秘密组织“马列主义读书会”。抗日战争胜利后任生活书店、新知书店编辑。1945年在上海参与发起成立中国民主促进会。1948年加入中国共产党。1949年任华北人民政府教育部教科书编审委员会副主任，出席中国人民政治协商会议第一届全体会议。中华人民共和国建立后，历任中央人民政府出版总署副署长，高等教育部副部长，浙江省人民政府副主席、省长。1950年加入中国民主同盟。1965～1983年任第三、四、五届全国人大常委会副委员长。1978～1984年任全国政协第五、六届副主席。是中共第九、十、十一届中央委员；民进第四、五届中央副主席、代主席，第六、七届中央主席。著有《生物进化浅说》、《科学杂谈》、《进化与退化》、《回忆鲁迅》等；译有《物种起源》、《新哲学手册》等。

周口店遗址 Zhoukoudian Site 中国重要古人类化石遗址。位于北京城西南48千米、太行山脉与华北平原的接壤处。自20世纪20年代以来，在这一地区罕见地先后发现了20余处脊椎动物化石，其中4处含有古人类化石，6处有文化遗物，成为世界著名的史前遗址群。在周口店遗址群中，最重要的是北京猿人遗址（见北京猿人）和山顶洞遗址（见山顶洞人）。其他两处出土人类化石的遗址包括发现一颗距今17万～11万年前臼齿的第4地点和出土人类化石30余件和许多动物化石、距今约4万年的田园洞。此外，第13、15、22地点出土过文化遗物。

周口店遗址群的地质年代纵贯整个更新世。此地区更新世气候比现今温暖湿润；依山傍水，紧邻华北大平原；山上曾经有森林，大平原曾经是草原；动物群组成以草原型和森林型为主。周口店地区的4处人类化石，从50多万年前到1万年前，代表着人类到今天的3个进化阶段——直立人、早期智人和晚期智人。6个地点有旧石器，属于旧石器文化发展的不同时期。有的动物群和化石点成为研究地层和不同时代动物群的样板，例如第1地点被选为华北中更新世洞穴堆积的标准剖面；北京猿人动物群成为中国北方中更新世动物群的典型代表和对比标准；山顶洞动物群及洞穴堆积被认为是地史演化中的一个有代表性的时期，被命名为山顶洞期。

1961年，中华人民共和国国务院把周口店北京猿人遗址列为全国第一批重点文物保护单位；1972年建立北京猿人展览馆（今周口店遗址博物馆）；1987年，周口店北京猿人遗址被列入《世界遗产名录》。

周口市 Zhoukou City 中国河南省辖地级市。位于省境东部。辖川汇区和扶沟、西华、商水、太康、鹿邑、郸城、淮阳、沈丘8县，代管项城市。面积11 968平方千米。人口895万（2010）。民族有汉、回、壮、满、苗、布朗等。原名周家口，明永乐年间始称周口。清乾隆年间置周口镇，与朱仙镇、道口镇、赊旗镇等合称河南四大名镇。1948年设市。2000年设地级周口市。属暖温带大陆性季风气候。春夏之交多干风。农作物有小麦、玉米、棉花、黄红麻、芦笋、大豆、芝麻等。为全国黄槐山羊重要产地之一。工业主要有纺织、印染、板材、家具、酿造、食品、制革等。农副产品加工转化率达55%，以莲花味精著名。名胜古迹有关帝庙、沙河大闸风景区等。

《周礼》 *Rites of Zhou Dynasty* 中国周代后期根据周王朝系统曾有过的官制加工整理的王朝设官分职的书。汉代原称《周官》，又称《周官经》。西汉末刘歆始称《周礼》。全书6篇，分载天、地、春、夏、秋、冬6官：天官冢宰，称为治官，管理朝廷大政及宫中事项，有属官63；地官司徒，称为教官，管理土地方域及王畿内人民教养，有属官78；春官宗伯，称为礼官，管理宗教及文化，有属官70；夏官司马，称为政官，管理军制、步骑、兵甲、交通及各方诸侯有关事项，有属官69；秋官司寇，称为刑官，管理刑狱、司法政务，兼掌礼宾等，有属官66；冬官司空，称为事官，管理工程建设兼及沟洫、土地、水利等，这一部分在汉代发现时已缺，当时取《考工记》抵充，有属官30。旧时常约言共有官360，实为376，每一官职皆有不少属员，合计数万人。《周礼》以官制的职掌联系各种制度，目的在于富国强兵，组织民户，广征贡赋，充实府库，为治理统一的大国提供设计蓝图。这部书原是先秦旧籍。郑玄以为该书“乃周公致太平之迹”，遂被认为是周公的著作大行于世。唐贾公彦撰《周礼义疏》42卷，至宋时与郑注合刻为《周礼注疏》。清孙诒让的《周礼正义》征引繁富，具有很高的学术价值。

周厉王 King Li of Zhou Dynasty (?～前828) 中国西周第十代王。姬姓，名胡。周夷王之子。公元前858至前828年在位。在位期间，横征暴敛，加重了对劳动人民的剥削，同时还剥夺了一些贵族的权力，任用荣夷为卿士，实行“专利”，将社会财富和资源垄断起来。因此招致了贵族和平民的不满。他还不断南征荆楚，西北方面又防御游牧部落，西北戎狄，特别是猃狁，不时入侵。与周边的少数民族也有矛盾。曾臣服于周的东南淮夷不堪承受压榨，奋起反抗。周厉王为压制国人的不满，任用卫巫监视口出怨言的人，发现就立即杀死，这些引得国内各项矛盾愈来愈尖锐。前841年，发生了国人暴动，人民包围了王宫，袭击厉王，他仓皇而逃，后于前828年死于彘（今山西霍县）。他出逃后，召公（召穆公虎）、周公（周定公）管理朝政，号为共和（一说由诸侯共伯和摄行政事）。自共和元年（前841）中国历史有了明确纪年。

周立波 Zhou Libo（1908-08-09～1979-09-25） 中国作家。原名周绍仪。湖南益阳人。上中学时即参加革命活动。1928年初流寓上海，入上海劳动大学经济系就读，坚持自学英语，翻译了一些苏联小说。1932年因参加罢工斗争被捕入狱。1934年参加中国左翼作家联盟。在左联工作期间，编辑过多种刊物并撰写评论。他翻译的《被开垦的处女地》（第一部）和报告文学《秘密的中国》，对于中国长篇小说的创作和报告文学的兴起都产生了相当大的影响。抗日战争爆发后，作为战地记者到华北前线采访，兼做美国女作家史沫特莱的翻译，之后写成报告文学集《晋察冀印象记》、《战地日记》。1939年12月到延安，在鲁迅艺术学院任教。写出富有延安农村生活气息的短篇小说《牛》和以上海狱中生活为题材的一组短篇小说，后结集为《铁门里》。1944年随八路军深入敌后战斗，写出《王震将军记》、《王首道同志和别的几个领导者》、《李先念将军印象记》等报告文学，结集《南下记》。解放战争时期，到东北投入土改运动，1948年完成描写土改斗争、歌颂翻身农民的长篇小说《暴风骤雨》。50年代初，到北京石景山钢铁厂深入生活，创作反映钢铁工人生活的长篇小说《铁水奔流》。1955年回故乡湖南安家落户，创作了多篇充满乡土情调和个人艺术风格的短篇小说，结集为《禾场上》。1959年出版长篇小说《山乡巨变》，次年完成其续篇。作品生动地描写了农村合作化运动中新一代农民的成长、老一代农民的转变及各色人物的微妙变化。1977年发表《湘江一夜》，是其最后一篇作品。曾任湖南省文联主席。

周立三 Zhou Lisan（1910-09-20～1998-05-27） 中国经济地理学家。中国综合农业区划和国情分析研究的开拓者、奠基者之一。生于浙江杭县（今杭州），卒于南京。1933年中山大学地理系毕业。1940年起任中国地理研究所研究员。50年代起历任中国科学院地理研究所研究员、副所长，南京地理研究所研究员、所长、名誉所长。1980年当选中国科学院学部委员（院士）。主要致力于经济地理学特别是农业地理学研究。多年从事新疆考察和自然资源调查。从50年代起开始研究农业区划的理论和方法，主持完成全国综合农业区划。1987年开拓国情分析研究新领域。主要论著有《试论经济地理学的几个基本理论问题》、《试论农业区域的形成演变、内部结构及其区划体系》、《中国农业区划的理论和实践》等，主编《中华人民共和国国家农业地图集》。曾获国家科技进步奖一等奖1项、二等奖1项、三等奖1项，1997年获何梁何利基金科学与技术进步奖。

周密 Zhou Mi（1232～1298） 中国宋元间文学家。字公谨，号草窗，又号蘋洲、四水潜夫等。原籍济南，后为吴兴（今浙江湖州）人。曾任义乌令等职，宋亡不仕。其词讲究格律，文字精美，词风与吴文英（梦窗）齐名，并称“二窗”。为宋末格律词派的代表作家。早期多酬唱之作，如〔木兰花慢〕《西湖十景》，韵美声谐，中期以后转为忧伤凄楚，多抒发思国怀乡之情，如〔拜星月慢〕“腻叶阴清”、〔秋霁〕“重到西泠”、〔玉京秋〕“烟水阔”、〔一萼红〕《登蓬莱阁有感》等。他善自度曲，也有过分追求形式美的倾向。著述颇丰。《齐东野语》可补史传阙文，《武林旧事》掌故见闻广博。另有《癸辛杂识》、《浩然斋雅谈》。词集《蘋洲渔笛谱》，入《彊村丛书》。《草窗词》2卷。又编有南宋词集《绝妙好词》，辑132家作品，有《四部备要》本、中华书局排印本。

周慕莲 Zhou Mulian（1900～1961） 中国川剧演员。工花旦、青衣兼擅鬼狐旦。字瑶卿。四川成都人。13岁拜师陈明生学戏，

周慕莲在川剧《情探》中饰焦桂英

在永遇乐班演出。1920年加入三庆会，复拜康子林为师，并从名旦杨素兰、名丑唐广体、名小生萧楷成、名鼓师唐德彝等精研艺术。他唱腔刚劲醇厚，婉转动听；表情细腻，尤重传神。青年时期就蜚声艺坛，人称“表情种子”。1931年，遍访京、津、沪、宁等地，以艺会友，并在上海跟一位法籍牧师学芭蕾舞，用以丰富川剧的舞蹈。擅演剧目有《情探》、《打神》、《断桥》、《别宫出征》、《评雪辨踪》、《红梅阁》、《荆钗记》、《战洪州》等。著有《周慕莲舞台艺术》。

周培源 Zhou Peiyuan（1902-08-28～1993-11-24） 中国物理学家、力学家，全国政协副主席。江苏宜兴人。卒于北京。1924年毕业于清华学校（清华大学前身）。1926年毕业于美国芝加哥大学，获学士、硕士学位。1928年在美国加利福尼亚理工学院获博士学位。并先后赴德国莱比锡大学、瑞士苏黎世联邦理工学院从事科学研究。1929年回国任清华大学教授。1936～1937年在美国普林斯顿高级研究院参加A.爱因斯坦主持的讨论班，从事相对论、引力论和宇宙论的研究。1938年起在西南联合大学带领林家翘、张守廉、胡宁、郭永怀、黄授书、谢毓章等人从事流体力学的湍流理论研究。中华人民共和国建立后，任清华大学教务长、校务委员会副主任委员，北京大学教授、教务长、副校长、校长，中国物理学会理事长等职。1955年当选中国科学院学部委员（院士）。1978年后任中国科学院副院长、中国科学技术协会主席。曾任全国政协第五届、六届、七届、八届副主席，九三学社中央主席，中国外交学会副会长。任《中国大百科全书》第一版总编辑委员会副主任。

周培源的研究集中在：①广义相对论和宇宙论。早期的研究主要是求爱因斯坦引力场方程的严格解。20世纪80年代又致力于广义相对论的基本问题研究，即经过坐标变换联系起来的引力场方程究竟有几个解。②湍流。30年代初，他参照广义相对论中把质量作为积分常数的处理方法，求出了雷诺应力等所满足的微分方程。后发表了一系列论文。并发展成为湍流的模式理论。他参照量子力学中氢原子角动量守恒求出了作为湍流基元的轴对称涡旋，通过统计平均求物理量，成为别开生面的先求解后平均的湍流理论。

周平王 King Ping of Zhou Dynasty（公元前770～前720年在位） 中国周朝第13位王。姬姓，名宜臼（一作宜咎）。周幽王子，申后所生。幽王为博宠妃褒姒欢心废嫡立庶，申后母子皆被废。申后父申侯联合曾、犬戎攻杀幽王，宜臼为诸侯拥立在申（今河南南阳北）即位。不久迁都洛邑（今河南洛阳），史称东周。从此王室衰微，政权依靠诸侯挟辅立国，中国历史遂转入诸侯争霸的春秋时期。

周期律 periodic law 化学元素的性质随着元素的原子序数的增加呈周期性变化的规律。元素周期律的简称。随着被发现的元素数目增加，化学家不断探索元素性质的规律性。直到1869年D.I.门捷列夫、J.L.迈尔分别独立地发现了元素周期律并给出相应的周期表。在内容和形式上两张周期表是相似的，它们都按元素原子量递增的顺序排列元素，为尚未发现的元素留有空位，并对某些元素当时通用的原子量提出质疑或修改。门捷列夫还预言空位新元素的某些性质。当他所预言的类铝（镓）、类硼（钪）、类硅（锗）元素相继被发现，它们的性质与预言的几乎完全相同后，化学元素周期律获得公认。1894～1899年，先后发现6种稀有气体，门捷列夫和许多科学家认为应在周期表上增添一个“零族”，进一步完善了元素周期表。1913年H.G.J.莫塞莱由X射线实验结果提出原子序数，解决了原来按原子量增大顺序排列出现的元素倒置的困惑。从此元素周期律的叙述改为：元素性质是原子序数的周期函数。20世纪30年代用原子的电子结构来解释周期律，更加丰富了周期律的内涵。

周期律建立的意义在于它把自然界的元素看作是具有内在联系的统一体，表明元素性质的变化是一个由量变到质变的过程，推动了新元素的发现和人工合成。周期律对于20世纪N.玻尔建立原子的壳层结构模型也具有重要的启示作用，并促进了化学和物理学共同深入研究原子、分子的结构和性质。

周玘 Zhou Qi（258～313） 中国西晋末年对南渡之初的司马氏政权起重要作用的江南士族首脑。义兴阳羡（今江苏宜兴）人，字宣佩。太安二年（303）张昌起义军将领石冰攻陷扬州、江州等地。他联络江东士族，共推吴兴太守顾秘为都督扬州九郡诸军事，动员江东大族的武装，配合晋广陵度支陈敏消灭了起义军。永兴二年（305）寒族出身的陈敏乘八王内讧（见八王之乱），自称扬州刺史起兵，企图建立割据政权，陈敏任周玘为安丰太守，加四品将军。玘称疾不行，继而联结顾荣、甘卓与晋军攻杀陈敏。永嘉四年（310）吴兴人钱璯起兵广陵，自称平西大将军、八州都督，并立孙皓之子孙充为吴王，进寇阳羡。西晋政府遣将郭逸、宋典讨之，周玘配合晋军，率领乡里武装讨平钱璯。周玘的“三定江南”，稳定了江东局面，为南北士族支持下的东晋政权的建立铺平了道路。因此司马睿（晋元帝）嘉其硕勋，以为建威将军、吴兴太守、封乌程县侯。并于其乡置义兴郡以旌之。然颇以其宗族强盛，依附者众，内中疑惮之。而周玘也因北人南渡者多掌实权，不免内怀怨望，又受到丞相左长史刁协的轻视，即与戴渊等江东士人密谋诛诸执政，以南人代之。事泄，忧愤而死。

周仁 Zhou Ren（1892-08-05～1973-12-03） 中国冶金学家和陶瓷学家。字子竞。生于江苏江宁，卒于上海。1910年毕业于江南高等学校。1915年获康奈尔大学硕士学位。1919年任四川炼钢厂总工程师。1922年任上海交通大学教授。1927年任中央大学教授兼工学院院长。1929年在上海创建中央研究院工程（工学）研究所，任研究员兼所长。抗日战争期间，在昆明创立中国电力制钢所。1948年当选中央研究院院士。1949年后，历任中国科学院工学实验馆馆长、冶金陶瓷所所长、冶金所所长、硅酸盐化学与工学研究所所长、华东分院院长，上海科学技术大学校长等职。1955年当选中国科学院学部委员（院士）。中国电炉炼钢创始人之一、首先研制成功球墨铸铁的专家之一。多次与人共获国家自然科学奖、重大科技成果奖。著有《氟在包头铁矿高炉冶炼过程中的行为》等论文5篇、《中国古陶瓷研究论文集》（合著）。

周润发 Yun-Fat Chow（1955-05-18～ ） 中国香港影视演员。祖籍广东，生于香港。1973年开始在《狂潮》、《上海滩》等电视剧任主角。1975年开始在《胡越的故事》、《倾城之恋》等影片中出任角色。1985年因主演《等待黎明》获第30届亚太影展亚洲影帝桂冠，同年又因此片获第22届台湾电影金马奖最佳男主角奖。1986年在《英雄本色》中出演小马哥，令他荣获第6届香港电影金像奖最佳男主角奖。之后在《秋天的童话》(又名《流氓大亨》，1987年获第24届中国台湾电影金马奖最佳男主角奖)、《龙虎风云》、(1988年获美国电影协会亚洲杰出演员奖)、《纵横四海》、《英雄本色2》、《喋血双雄》等片中担任主角。1996年后进军好莱坞。1999年主演了《安娜与国王》(2000年获第1届美国亚裔艾美奖最佳男主角奖)。2000年在《卧虎藏龙》(2001年获第2届美国亚裔艾美奖最佳男主角奖）中出演江湖义侠李慕白。此后又主演或参演了《防弹武僧》(2003)、《满城尽带黄金甲》(2006)、《姨妈的后现代生活》(2006)、《加勒比海盗3》(2007)、《龙珠》(2008）等影片。2005年获第14届金鸡百花电影节中国电影百年百位优秀演员称号。

周时经 Zhou Shijing（1876-12-22～1914-07-27） 朝鲜语言学家，现代朝鲜语言学的奠基人。初名相镐。生于朝鲜黄海道凤山郡。幼习汉文，后入汉城培材学堂学习西方传入的新学。19世纪末20世纪初，朝鲜逐步沦为日本的殖民地。痛感维护和推广本民族语文的必要性，在投身爱国政治活动的同时，致力于朝鲜语文的研究和教学，组织、领导了国文启蒙运动。1896年创建国文同式会，曾历任国语研究会委员、国文研究所委员等职。参照前人研究的成果，用现代语言学的方法研究朝鲜语。1908年出版了讲稿《国语文典音学》。1910年发表代表作《国语文法》，这是一部以现代语言学为基础具有完整体系的早期朝鲜语语法著作，对朝鲜语语法研究影响很大。全书包括语音学、品词论、构文论等内容。以句子的分析为中心，用图解法分析句子的结构，比较清楚地显示了朝鲜语句子结构的层次。在品词论里，根据意义划分实词，把表示语法意义的大部分附加成分看作虚词。语音部分描述了朝鲜语语音的特点，揭示了朝鲜语语音变化的规律，确立了以形态学原则为主的拼写法体系，为现行的朝鲜文拼写法奠定了基础。

《周书》 *History of Northern Zhou Dynasty* 叙述中国北朝宇文周历史的纪传体史书。唐令狐德棻等撰。令狐德棻（583～666），宜州华原（今陕西铜川市耀州区）人。唐武德五年（622）任秘书丞时，建议修梁、陈、齐、周、隋五朝史。唐高祖采纳其意见，但数年未能成书。唐太宗复令修撰五朝史，周史由令狐德棻及秘书郎岑文本、殿中侍御史崔仁师等承担。贞观十年（636）成书，有本纪8卷，列传42卷，共50卷。北宋时已残缺不全。今本每卷纪传都有史臣论，而第18、第24、第26、第31、第32共5卷缺，应非原本。其中第31、第32两卷全用《北史》补。第24、第26两卷约用高峻《小史》所补。北周诏令文书多仿先秦文体，《周书》如实照录。但书中叙事纪言往往华而失实，唐人刘知幾曾有批评。

周树人 Zhou Shuren (1881-09-25～1936-10-19) 中国现代文学家、思想家。鲁迅的本名。

周铁农 Zhou Tienong (1938-11～) 中华人民共和国全国人民代表大会常务委员会副委员长，中国人民政治协商会议全国委员会副主席，中国国民党革命委员会中央委员会主席。辽宁沈阳人。大学学历，副教授。1955～1960年在北京大学数学力学系学习。1960～1961年任哈尔滨工业大学动力系见习助教。1961～1983年任东北重型机械学院助教、讲师、教学研究科副科长、副教授。1983～1991年任黑龙江省齐齐哈尔市副市长，黑龙江省力学学会常务理事。1991年任黑龙江省省长助理。1991～1992年任民革黑龙江省副主委。1991～1992年任黑龙江省力学学会副会长。1991～1998年任黑龙江省副省长，民革黑龙江省主委。1992～1998年任民革中央副主席。1998～2008年任全国政协副主席。1998～2007年任民革中央专职副主席、常务副主席。2007年任民革中央主席。2008年任第十一届全国人大常委会副委员长。是第七届全国政协委员，八届全国政协常务委员，九届、十届全国政协副主席；第十一届全国人大常委会副委员长。

周文骏 Zhou Wenjun (1928-01-29～) 中国图书馆学家。生于浙江金华。1953年毕业于北京大学图书馆学专修科。历任北京大学图书馆学系讲师、副教授、教授，图书馆学情报学系主任。是中国图书馆学会第三届常务理事，第二、三、四届编译出版委员会主任。长期从事图书馆学情报学教学和研究工作，主要致力于图书馆学以及情报学的基础理论研究。著有《图书馆工作概要》(1980)、《文献交流引论》(1986)等。

周文王 King Wen of Zhou Dynasty 中国商末西方诸侯之长。姬姓，名昌。古公亶父之孙，季历之子。古公亶父死，季历继位，后又传位于昌。昌即位后，礼贤下士，周国势日强。昌和九侯（或作鬼侯）、鄂侯（或作邘侯）一起，任商代三公。商王纣杀九侯、鄂侯，昌不满，为崇侯虎所谮，被囚于羑里（今河南汤阴北）。得释后，昌向商献洛西之地，请除炮烙酷刑，得任西伯即西方诸侯之长。当时商王朝内部矛盾剧增，政事日非，诸侯逐渐归附于周。西伯昌曾使虞（在今山西平陆北）、芮（在今陕西大荔南）两国争讼和解，提高了威望。在位时曾多次用兵，先伐犬戎获胜，继因密须（在今甘肃灵台西南）侵犯阮（今甘肃泾川东南）、共（今甘肃泾川北）一带，出兵灭密须，使周的西北方得到巩固。随后又向东发展，战胜黎（或作䣝、耆、饥、阢）国，引起商贤臣祖伊的恐慌，告纣，但纣未加警惕。不久，周又伐邘（在今河南沁阳西北），逼近商王畿边境。最后，攻克崇国（在今陕西长安西北），并在其地修建新都丰。西伯昌自岐邑迁都于丰，后卒于程（今陕西咸阳东北），葬在毕（今陕西咸阳东北），相传在位50年。西伯昌晚年，周的势力已非常强盛，所谓“三分天下有其二”，但他终身没有称王。其子武王伐商后，始追称他为文王。古书记载文王在被囚羑里时，因困于忧思，“益《易》之八卦为六十四卦”。

周武帝宇文邕 Emperor Wudi of Northern Zhou Dynasty (543～578) 中国北周皇帝。小字祢罗突，武川（今内蒙古武川西）人。西魏大丞相宇文泰第四子。生于同州（今陕

西大荔）。武成二年(560)，明帝宇文毓被权臣宇文护毒死，大司空、鲁国公宇文邕被立为帝。建德元年(572)，宇文邕诛杀专擅朝权的宇文护，亲理国政。宇文邕生活俭朴，焚毁过于华丽的宫殿，严酷少恩但果断明决。建德二年，宇文邕定三教先后，以儒为先，道次之，佛教最后。次年断禁佛、道二教，沙门、道士并令还俗，是为历史上“三武灭佛”事件之一。因突厥强盛，视北齐、北周为在南两儿，宇文邕不得不娶突厥公主为后。在位期间，继续推行均田制，改进和发展府兵制，充实军事力量。建德四至六年，他与齐王宇文宪力排众议，进攻北齐，终于克平阳、晋阳和邺，灭北齐。宣政元年(578)宇文邕率军分五道伐突厥，未成行而病死。在位19年。两三年后，杨坚灭周。

周武王 King Wu of Zhou Dynasty 中国西周第一代王。姬姓，名发，周文王子。文王长子伯邑考为商王纣杀害，立发为太子。文王死后，太子发继位，将周都从丰迁到镐，即宗周（今陕西西安市长安区西北）。

继承文王事业，用太公、周公、召公、毕公等为大臣。即位第二年，观兵于盟津（今河南孟津东北）。传有八百诸侯不期而会，要求伐纣，但武王认为时机尚未成熟，还师归周。随后，纣继续淫乱。大臣微子劝谏无效，不得已出走；比干强谏，被惨杀；箕子也被囚为奴。商朝统治阶层分崩离析。于是，武王起兵，联合庸、蜀、羌、髳、微、卢、彭、濮等西方及西南方国部落，渡过盟津，与诸侯相会，并作《太誓》，谴责纣的罪恶。甲子日凌晨，周师与诸侯兵陈师于商郊牧野（今河南淇县南），又作《牧誓》，号召决战。这时纣也发兵抵抗，进行鏖战。在太公率先犯敌冲击下，纣军土崩瓦解。纣见大势已去，逃登鹿台（一称南单之台）自焚而死。武王进入商都，商朝灭亡。见牧野之战。

武王灭商后，分其王畿为邶、鄘、卫，设三监（纣子禄父、管叔、蔡叔，一说管叔、蔡叔、霍叔）加以治理。继而派兵征讨商朝各地残余力量，分封了一批宗室功臣，武王在返周后选定伊水、洛水一带夏人的故居地，准备建立新的都邑，但不久病逝。其子成王继位，周公辅佐，终于和召公一起建成了东都成周（今河南洛阳）。

周小燕 Zhou Xiaoyan (1917-08-17～) 中国女高音歌唱家、声乐教育家。湖北武昌人。早年就读于汉口道生小学和圣玛利亚中学。1935年秋，入上海国立音乐专科学校，从外籍教授苏石林学声乐。七七事变后，与夏之秋等组织武汉合唱团，宣传抗日救国。1938年7月赴法国留学，先入巴黎音乐师范学校，后入巴黎的俄罗斯音乐学院，学习近6年。1944～1945年又先后随法国歌唱家佩鲁贾夫人、玛尼夫人钻研法国艺术歌曲和西洋歌剧选曲。1945年在巴黎国立大剧院首次登台，以清唱剧形式演唱了A.N.切列普宁根据中国民间故事所作的歌剧《蚌壳》（后更名为《农夫与仙女》），被誉为“中国之莺”。1947年5月赴捷克斯洛伐克参加第一届布拉格之春音乐节，深得各国听众好评。1947年7月回国。中华人民共和国建立后，历任上海音乐学院声乐系教授、系主任、副院长，中国音乐家协会及上海分会副主席等职。20世纪50～

60年代，曾去印度、缅甸、波兰等国访问演出。1977、1978年，又先后去德国、美国考察访问。擅长演唱法国艺术歌曲和西洋歌剧中的一系列花腔女高音曲目，对中国的创作歌曲、歌剧选曲和民歌的演唱也独具神韵。

60年代起，专事声乐教学。在教学中，努力追求声、情、腔、字的完美统一，要求声乐真正成为一门完整、感人的表演艺术。在约半个世纪的教学中，除培养出不少声乐人才外，还发表了《男高音换声区的训练》、《当代世界声乐发展趋势给我们的启示》等论文。1988年创办“周小燕歌剧中心”并任艺术总监，1989年获声乐艺术教育优秀成果国家特等奖，2001年获法国政府授予的法国国家军官勋章。

周信芳 Zhou Xinfang (1895-01-14～1975-03-08) 中国京剧演员。工老生。字士楚，艺名麒麟童。浙江慈溪人。生于江苏清江浦，卒于上海。6岁随父旅居杭州，从陈长兴练功学戏。7岁登台。在汉口、上海演出。1908年在北京喜连成科班搭班学艺，与**梅兰芳**、林树森、高百岁等同台。继而辗转于烟台、天津、符拉迪沃斯托克（海参崴）等地演出。1912年返沪，在新新舞台等剧场与**谭鑫培**、李吉瑞、金秀山、**冯子和**等同台，演技渐趋成熟。周信芳最擅做功，被称为“做派老生”。他的唱功基本上宗法**孙菊仙**和**汪桂芬**，以苍劲浑厚见长。他的念白韵味醇厚，抑扬顿挫、轻重缓急，有度有节。在表演中，十分注意唱念与动作的有机结合。在打击乐的运用以

周信芳在京剧《战长沙》中饰黄忠

及在服装、化装等方面，都有革新和创造，以其鲜明的特色汇成麒派统一的艺术风格。代表剧目有《四进士》、《徐策跑城》、《萧何月下追韩信》、《清风亭》、《乌龙院》、《打严嵩》、《义责王魁》、《海瑞上疏》等。摄制戏曲影片有《宋士杰》和《周信芳舞台艺术》（包括《徐策跑城》、《下书杀惜》）。论著汇编为《周信芳文集》。常演剧目编为《周信芳演出剧本选集》、《周信芳演出剧本新编》。

周星驰 Stephen Chow (1962-06-22～) 中国香港电影演员，兼导演、编剧、电影监制以及电影制作人。祖籍浙江宁波。中学毕业后于1981年做丽的电视（ATV亚洲电视的前身）特约演员。1987年开始在《生命之旅》、《大都会》等剧集里担任配角。1988年以电影《霹雳先锋》的表演夺得第25届金马奖最佳男配角。创作的著名作品有《赌圣》（1990）、《赌侠》（1990）、《整蛊专家》（1991）、《逃学威龙》（1991）、《审死官》（1992）、《鹿鼎记》（1992）、《唐伯虎点秋香》（1993）、《西游记第壹佰零壹回之月光宝盒》（1995）、《大内密探零零发》（1996）、《食神》（1996）、《喜剧之王》（1999）、《少林足球》（2001）、《功夫》、（2004）、《长江七号》（2007）等。周星驰表演的角色多为市井小民。他善于通过喜剧方式，表达对社会的挖苦与嘲讽。他奠定的无厘头式幽默，笑中带泪的喜剧表演，深获观众喜爱。他在剧中创造了许多经典的对白，长时间为影迷广为传诵。曾多次打破香港票房纪录、拿到年度票房冠军，30多部作品名列年度十大卖座电影。仅《少林足球》一片就获得香港电影金像奖14个提名，最终获得7个奖项，周星驰4次上台领取了最佳电影奖、最佳导演奖、最佳男主角奖和杰出青年导演奖，成为金像奖历史上的一个奇迹。

周宣王 King Xuan of Zhou Dynasty 中国西周第十一代王。姬姓，名静（一作靖），厉王之子。据《史记·周本纪》载，厉王行暴虐成国人起义，大臣召穆公虎将太子静隐藏在自己家中，被国人包围。召公以己子代替太子，使太子得以脱身。共和十四年（公元前828），厉王死于流放地彘（今山西霍州），大臣拥立静为王（见**共和**）。宣王即位后，任用召穆公、周定公、尹吉甫等大臣，整顿朝政，使已衰落的周朝一时复兴。宣王的主要功业，是讨伐侵扰周朝的戎、狄和淮夷。宣王四年（前824），以秦仲为大夫，攻西戎，被杀。宣王又给其子秦庄公兄弟五人兵七千伐西戎，得胜。五年，宣王还曾与尹吉甫（金文作兮伯吉父）一起伐猃狁（即西戎）于彭衙（今陕西澄城西北）。尹吉甫在征猃狁战争中起了重要作用，率师直攻至太原（今甘肃镇原一带）。迫使猃狁向西北退走。对于侵犯江汉地区的淮夷，宣王命召穆公及卿士南仲、大师皇父、大司马程伯休父等率军讨伐，沿淮水东行，使当地大小方国中最强大的徐国服从，向周朝见。十八年，南仲派驹父、高父前往淮夷地域，通过外交手段，使各方国都迎接王命，并进献贡物。这一时期，宣王还曾命方叔率师征伐荆蛮（即楚国）。

为了巩固对南土的统治，宣王将其舅申伯徙封于谢（今河南南阳）。宣王二十二年，还继续西周早年的分封，封其弟友于郑（今陕西华县东）。

宣王中兴，为时短暂。三十一年，伐太原戎，不克。三十六年，伐条戎、奔戎，又归失败。三年后，伐申戎，虽取得胜利，同年却在千亩之战中败于姜氏之戎，丧失了调遣的南国之师。为补充兵力，宣王不得不在太原“料民”，即检数丁壮的数目。同时，周朝的内政也有所松弛。宣王在位共四十六年（前827～前782），子幽王继位，社会矛盾进一步发展，终于导致西周的覆亡。

周璇 Zhou Xuan (1918～1957-09-22) 中国电影演员、歌唱家。江苏常熟人。生于上海，卒于上海。原名小红。自幼被父母遗弃，卖到上海。8岁进一家小歌舞班学艺。

1931年入黎锦晖主办的明月歌舞团。九一八事变后，歌唱《民族之光》受到观众热烈欢迎。随后改名为周璇。1934年，在上海各家广播电台联合举办的歌星比赛中，被称为新发现的小歌星，获“金嗓子”佳誉。1936年，在艺华影业有限公司的影片《花烛之夜》中扮演一个小角色，接着又在多部影片中参加演出。1937年，在《**马路天使**》中扮演女主角小红，成功地塑造了一个在当时社会受尽侮辱和损害，却对前途抱有美好理想的歌女形象，并主唱两首插曲《四季歌》和《天涯歌女》。1939年后两年间拍了《李三娘》、《董小宛》等20部民间故事影片。抗日战争胜利后，拍摄了《长相思》、《歌女之歌》、《莫负青春》等片。1947年有作品《忆江南》和《夜店》。

周学熙 Zhou Xuexi (1866-01-12～1947-09-26) 中国北洋政府财政总长，实业家。字缉之。安徽至德（今东至）人。卒于北平（今北京）。1893年中举人。1898年报捐候补道，派为开平矿务局会办。1901年任山东大学堂总办。次年7月经直隶总督**袁世凯**委派总办银元局。1903年赴日本考察工商业。归国后任直隶工艺总局督办。1906年创办启新洋灰公司、滦州煤矿公司，赢利颇丰。由于振兴工艺之功，官

至按察使。1908年创办京师自来水公司。1912、1915年两任袁世凯政府财政部总长，参加签订善后借款合同。1918年任华新纺织公司总理，先后创办华新所属天津、青岛、唐山、卫辉4家纱厂。1919年创办中国实业银行，任总经理。1922年与比利时商人合办耀华玻璃公司。1924年成立实业总汇处，任理事长，管理所属各企业。在实业界与张謇齐名，有“南张北周”之说。

周亚夫 Zhou Yafu（？～前143） 中国西汉将领。沛（今属江苏沛县）人。周勃之子。少好兵书。初封条侯。汉文帝后元六年（前158），以河内（今河南武陟西南）太守被任为将军，驻守细柳（今陕西咸阳西南），抵御匈奴侵扰。因治军严谨有方，不久迁中尉，掌京城治安，兼领北军。景帝继位后，任车骑将军。景帝三年（前154）吴、楚等七王反叛，以太尉率军平叛。会兵荥阳，固守昌邑，待机以轻骑断绝叛军粮道。最后以精兵出击，不到3个月就平定了叛乱。后以功受任太尉，旋升丞相。后因反对封王信为侯，直言逆上，又因其子盗买御物受牵，被捕下狱，廷尉责其反，遂在狱中绝食而死。

周扬 Zhou Yang（1907-02-07～1989-07-31） 中国文艺理论家、文学翻译家，革命文艺运动和文艺事业的领导人之一。湖南益阳人。卒于北京。原名周起应。在大学

时期，即开始接受马克思主义思想，并发表过介绍外国进步文学的文章。1927年加入中国共产党，1928年上海大夏大学英语系毕业后曾留学日本。1930年回国后，先是参加左翼戏剧家联盟，后转入中国左翼作家联盟。1932年重新入党，担任过中共左翼作家联盟党团书记、中共上海中央局文委书记兼文化总同盟书记、左联机关刊物《文学月报》主编等职。撰写多篇介绍V.G.别林斯基、N.G.车尔尼雪夫斯基著名论著和论述典型、世界观与创作方法的关系等理论问题的文章，翻译L.N.托尔斯泰的《安娜·卡列尼娜》(上部)及苏联、美国的一些进步作品。1935年8月，根据新的形势，与其他同志一起提出“国防文学”的口号，并发表文章，阐述关于“国防文学”的主张，为建立文艺界的抗日民族统一战线作出重要贡献。

1937年底，离开上海赴延安，历任陕甘宁边区教育厅长、文艺界抗敌协会主任、鲁迅文学艺术院院长、中央文委委员、延安大学校长。抗日战争胜利后，又担任过华北联合大学副校长、中共晋察冀中央局宣传部长、华北局宣传部长等职务。在延安期间，他撰写了《一个伟大的民主主义现实主义者的路》和《精神界之战士》等文章，深入分析鲁迅的思想发展，高度评价鲁迅的文学观。他翻译车尔尼雪夫斯基的《论艺术对现实的审美关系》(译名《生活与美学》）一书，并写了介绍作者的序言，是中国比较全面、系统地介绍车尔尼雪夫斯基美学思想的第一人。1949年7月，主持《中国人民文艺丛书》的编选工作，在第一次中华全国文学艺术工作者代表大会上作了题为《新的人民的文艺》的报告，从“五四”以来新文学运动的历史进程说明解放区文艺的成就和意义，并从理论上对其历史经验作出基本总结。

中华人民共和国建立后，历任文化部副部长、中共中央宣传部副部长、全国文联副主席、中国作家协会副主席等职。在中共八大上他被选为中央候补委员；曾当选为第一、二、三届全国人民代表大会代表，第一、二、三、四届中国人民政治协商会议常务委员。作为党在文化方面的重要领导人之一，倡导建立中国化的马克思主义美学体系，努力探索社会主义文艺实践，发表了许多总结性的文章。从1961年开始，直接组织领导编写出版了全国高等院校文科教材（200余种）。在文艺活动及理论探索中，有过一些失误。左联时期，曾片面地强调文学艺术的政治宣传功能，并将文学批评的职责简单地归结为“阶级斗争”；在论述典型问题时，认为典型就是反映革命胜利的本质，表现出“左”倾机械论的倾向。1949年后，进一步强调文艺创作要直接为政策服务等观点，对于文艺创作的发展产生了一些危害。在反右派斗争及历次文艺思想斗争和文艺运动中，执行“左”的方针政策，伤害过许多作家。

“文化大革命”期间，被关进监狱8年。1978年恢复工作后，担任过中国社会科学院副院长、社科院研究生院院长，国务院学位委员会副主委，第五届政协常务委员，中共中央纪律检查委员会常委，中宣部副部长，中国文联主席，中国作家协会副主席等职。在中共第十一届五中全会上，被选为中央委员；在中共第十二次代表大会上，被选为中央顾问委员会委员。曾任《中国大百科全书》第一版总编辑委员会副主任。其理论著述编为5卷本《周扬文集》，由人民文学出版社出版。另有《周扬序跋集》、《周扬近作》文集出版。

周一良 Zhou Yiliang（1913-01-19～2001-10-23） 中国历史学家。字太初。安徽东至人。生于山东青岛，卒于北京。8岁入家塾习经史并先后从日本、英国家庭教师习日文、英文。1930年入燕京大学国文专修科，1932年插入同校历史系二年级，1935年毕业后入同校研究院肄业一年，次年入中央研究院历史语言研究所，

以图书员名义担任助理研究员工作，在陈寅恪先生指导下，专攻魏晋南北朝史。1939年入美国哈佛大学远东语言系，从叶理绥习日本语言文学，并从柯拉克习梵文，同时修习法、德等多种外语。1944年，以《唐代印度来华密宗三僧考》通过答辩获博士学位，同年起任哈佛大学日语教员。1946年秋返国任燕京大学国文系副教授，次年转任清华大学外文系教授，1949年转任清华大学历史系教授并曾兼系主任。1952年院系调整后任北京大学历史系教授，先后兼任中国古代史教研室主任、亚洲史教研室主任、副系主任、系主任。历年在各校所授课程有日文、佛典翻译文学、中国通史、魏晋南北朝史、日本史、亚洲史、历史文选等。自20世纪30年代发表论文，在中国史、日本史、亚洲史、佛学、敦煌学、中外关系及中外文化交流史等领域的大部分论著代表了这一领域的最高水平，有的则开风气之先。

主要著作大多收入1998年辽宁教育出版社出版的五卷本《周一良集》。还著有《郊叟曝言》、《钻石婚杂忆》、《亚洲各国史（上）》等，译作有新井白石《折焚柴记》、霍尔《日本——从史前到现代》；主编《中外文化交流史》，与吴于廑合编《世界通史》(四卷本)；任《中国大百科全书·中国历史》常务副主编；1985年起参加联合国教科文组织《人类科学与文明发展史》第三卷编委会并撰写朝鲜、日本两节。与侯仁之共同担任《燕京学报》主编；与季羡林、饶宗颐共同担任《敦煌吐鲁番研究》主编等。

自20世纪50年代起，曾先后到欧洲、亚洲、非洲等许多国家及美国讲学和进行学术文化交流。1997年2月19日在日本大阪获第15届山片蟠桃日本研究大奖。

周贻白 Zhou Yibai（1900-12～1977-12-03） 中国戏曲史家、戏剧理论家。一作夷白，原名炳垣（一作炳然），曾名一介、慕颐，笔名六郎、剑庐、云谷，一度化名杨其敏。湖南长沙人。青少年时期曾搭班学艺，同时刻苦自学，攻读文史群籍。1927年参加田汉主持的“南国社”。1935年开始致力于戏曲史和戏曲理论的研究。1950年由香港来到北京，执教于中央戏剧学院。其学术研究联系舞台演出实践，重视实际调查，

改变了过去研究方法上只重考据、重文辞的偏颇。他注重戏曲全史的研究，对中国戏曲发展作了通史性的探讨和总结。他首先提出了“中国的戏剧，在声腔上可以分作三大源流，即昆曲、弋阳腔（一名高腔，又作京腔）、梆子腔”的见解。主要专著有《中国戏剧史略》、《中国剧场史》等；论文集有《中国戏剧论丛》、《中国戏曲论集》等；戏曲史籍考证及释义著作有《曲海燃黎》、《戏曲演唱论著辑释》等。

《周易》 *Book of Changes*　中国儒家典籍，六经之一。“周易”一名，最早见载于春秋时期的典籍，《左传》中多次提到“周易”。战国时，以解释《周易》为宗旨的《易传》成书。《周易》、《易传》并称为《易》。西汉尊孔子儒家著作为“经”，《周易》和《易传》被奉为经书之一。自此以后，《周易》、《易经》、《易》混合使用，有称《周易》，有称《易经》，有称《易》，其实含义一致，均指六十四卦及《易传》，一直沿用至今。为方便起见，此处所言《易经》，专指六十四卦及卦象爻辞，以区别于《易传》。

“易”字，一说为“简易”之义；另一说为“变易”之义，意为以揲蓍数目之变，推求问事之变，借以释疑。“易”前“周”字，一说指周代；一说指周遍、普遍，即“易道广大，无所不包”。按《周礼》“三易”之说推之，“易”当为当时特指筮书的专有名词。

《易经》成书于何时，作于何人，迄无定论。《汉书·艺文志》提出“人更三圣”说，认为伏羲氏画八卦；周文王演为六十四卦，作卦辞和爻辞；孔子作传以解经。五四运动以后，史学界对传统说法提出怀疑，认

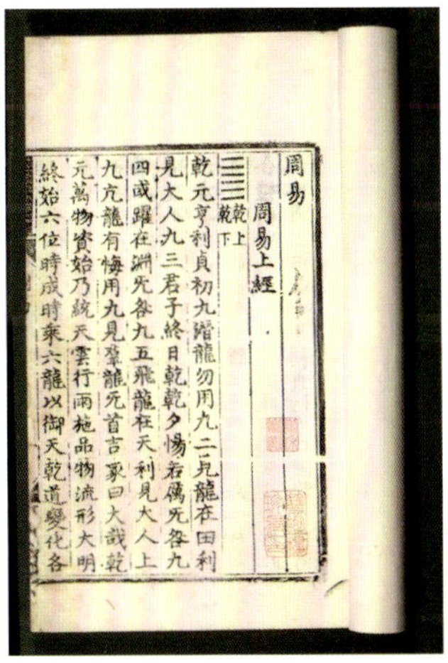
周易
周易上經
乾上 乾下
乾元亨利貞初九潛龍勿用九二見龍在田利
見大人九三君子終日乾乾夕惕若厲无咎九
四或躍在淵无咎九五飛龍在天利見大人上
九亢龍有悔用九見羣龍无首吉彖曰大哉乾
元萬物資始乃統天雲行雨施品物流形大明
終始六位時成時乘六龍以御天乾道變化各

《周易》（明庄降刻本）

为卦和爻辞中讲到周文王以后的历史事件和历史人物，足证《易经》非成书于一时一人之手，因此出现了周初说、春秋中期说和战国说等，所据不一。其中以周初说影响最大。

《易经》六十四卦，分上、下两篇，上经三十卦，下经三十四卦。每卦均由卦象、卦辞和爻辞组成。卦象指卦的图像，由阳爻“—”和阴爻“--”两种爻象按每卦六画排列组合而成，共六十四种卦象。卦中六画的排列从下到上，用初、二、三、四、五、上表示位序，阳爻称九，阴爻称六。解说卦象的辞句称为卦辞，系于卦象之下；解说爻象的辞句称为爻辞，系于爻象之下。《易经》六十四卦，卦辞六十四条，爻辞三百八十四条，加上乾卦“用九”，坤卦“用六”，总称为筮辞，共四百五十条。六十四卦的排列顺序，现传有两种本子：一是通行本，分上、下经，上经始于乾卦，次为坤卦，下经终于未济卦；二是长沙马王堆汉墓出土的帛书本，首卦为乾，次卦为否，终于益卦。卦辞和爻辞的内容大致有三类：一是讲自然现象的变化，用来比拟人事；二是讲人事的得失；三是判断吉凶的辞句。据研究，卦爻辞反映了殷周之际及西周初期的社会生活。

《易经》虽属占书，但在其神秘的形式中蕴含着较深刻的理论思维和辩证观念。如它承认事物存在着对立面，承认对立事物的相互转化。《庄子·天下篇》将其概括为“易以道阴阳”。从《易经》中可以看出中国古代辩证思维的萌芽。

战国时期，对《易经》的研究逐渐成为一种学问，一些儒家学者系统阐释《易经》的文字陆续被收集起来，汇成《易传》。《易传》共有十篇：《彖》上、下，《象》上、下，《系辞》上、下，《文言》，《说卦》，《序卦》，《杂卦》。又称“十翼”，翼有辅助之义。旧说《易传》为孔子所作。近代有些学者认为《十翼》均非孔子所作。但20世纪70年代以来的考古证明，《易传》虽或不是亲出孔子之手，但也并非与孔子全无干系。

《彖传》，彖，即材，通“裁”，有裁断之义。裁断一卦之义的文辞，叫彖辞。彖辞也叫卦辞。对彖辞（卦辞）的解释称为“彖传”。《彖传》共六十四条，专释《周易》卦辞。

《象传》，分为大象和小象两部分。“大象”主要是取八卦所象征的天、地、雷、风、水、火、山、泽等自然现象解释卦象和卦名的含义。“小象”是对各卦爻象和爻辞的解释。

《文言》是对乾坤两卦卦辞和爻辞的解释。其中多处吸取前人及《彖》、《象》解易的言论。

《系辞传》分为上、下两篇。为《周易》经文外解说全书义理的通论，是《易传》思想的代表作，对以后易学的发展产生了很大的影响。

《说卦》说明重卦的由来、八卦的含义、八卦所取的物象和所处的方位。基于天道为阴阳，地道为柔刚，人道为仁义，提出重卦合“性命之理”。对后来易学中象数学的发展产生了很大的影响。

《序卦》是对通行本六十四卦排列顺序所作的说明。

《易经》本为筮占之书，《易传》加以阐释，使其哲理化，这种解易的学风开始于春秋时代，孔子是这种学风的倡导者之一。《易传》在中国哲学史上占有重要地位。《系辞》以“一阴一阳之谓道”说明任何事物都具有两重性，是中国古代哲学中两点论的代表。它提出“刚柔相推而生变化”，“生生之谓易”，以对立面的互相作用和转化说明事物的化生及变化的过程；以“穷则变，变则通，通则久”说明事物必须经过变革才有发展前途。这些都为中国古代辩证思维的发展奠定了理论基础。《系辞》还提出若干哲学范畴，如太极、两仪、道、器、神、几、言、意、象等，对中国哲学的发展具有较深影响。

《周易》经传的版本，流传下来影响大的是王弼注本、唐孔颖达疏，亦称《周易正义》。宋朱熹撰《周易本义》，为宋代以后通行本。1973年湖南长沙马王堆三号汉墓出土的帛书，抄写于汉文帝初年，与传世各家《易》本均不同，是现存《周易》中最早的别本。古今解易者，多达数百家，在儒家经书中为数最多。影响较大和具有特色的注解有：唐李鼎祚《周易集解》、唐孔颖达《周易正义》、宋程颐《程氏易传》、宋朱熹《周易本义》等。

《周易参同契》 *Kinship of the Three*　中国道教经典。简称《参同契》。东汉魏伯阳撰。成书于汉顺帝至桓帝（126～167）之间。全书分上、中、下三篇，以汉代流行的黄老思想、《周易》象数、卦气纳甲、六甲孤虚、十二消息说等论述炉火炼丹、修仙长生之道。因其书参同“黄老”、“大易”、“炉火”三家之理而契合为一，故名《参同契》。

该书是现存最早的论述炼丹原理的著作，对后世影响颇大，被奉为“丹经王”。后世注本繁多，较佳者如五代后蜀时彭晓撰《周易参同契分章通真义》、《周易参同契鼎器歌明镜图》，南宋道士陈显微《周易参同契解》，朱熹《周易参同契考异》，宋末元初俞琰《周易参同契发挥》，元陈致虚《周易参同契分章注》，均为研究者必读之籍。

周永康 Zhou Yongkang（1942-12～　）中国共产党中央政治局常务委员会委员，中央政法委员会书记、中央社会治安综合治理委员会主任。江苏无锡人。1964年11月加入中国共产党。1966年9月参加工作。1961～1966年在北京石油学院勘探系地球物理勘探专业学习。1966～1967年留校待分配。

1967～1970年在大庆油田六七三厂地质队当实习员、技术员。1970～1973年任辽河石油会战指挥部地质团区域室技术员、党支部书记、大队长。1973～1976年任辽河石油勘探局地球物理勘探处处长。1976～1979年任辽河石油勘探局政治部副主任。1979～1983年任辽河石油勘探局副局长兼钻井指挥部党委书记、物探指挥部党委书记兼指挥。1983～1985年任辽河石油勘探局局长、党委副书记，辽宁省盘锦市委副书记、市长。1985～1988年任石油工业部副部长、党组成员。1988～1996年任中国石油天然气总公司副总经理、党组副书记（其间：1989～1990年兼任塔里木石油会战指挥部指挥、临时党委书记；1989～1990年兼任胜利石油管理局党委书记、局长和山东省东营市委书记）。1996～1998年任中国石油天然气总公司总经理、党组书记。1998～1999年任国土资源部部长、党组书记。1999～2002年任中共四川省委书记。2002～2003年任中共中央政治局委员、中央书记处书记，中央政法委员会副书记，公安部部长、党委书记。2003～2007年任中共中央政治局委员、中央书记处书记，国务委员、国务院党组成员，中央政法委员会副书记，公安部部长（2007年10月28日，十届全国人大常委会第三十次会议免去其兼任的公安部部长职务）、党委书记。2007年任中共中央政治局常委，国务委员、国务院党组成员（至2008年3月），中央政法委员会书记，中央社会治安综合治理委员会主任。是中共第十四届中央候补委员，第十五至十七届中央委员，第十六届中央政治局委员、中央书记处书记，第十七届中央政治局委员、常委。

周幽王 King You of Zhou Dynasty 中国西周第十二代王。姬姓，名宫湦（或作生、涅）。宣王之子。公元前781年即位，其时西周国力已经大不如前。重用好利的佞臣虢石父，朝政昏暗，国人怨声载道。此前，镐京（今陕西西安西南）发生大地震，泾水、渭水和洛水等断流，岐山崩塌，天灾频繁，时人以为亡国之兆。幽王六年十月朔日辛卯（前776年9月6日）出现日食。

幽王伐褒（今陕西汉中西北），于是褒国进献褒姒，幽王迷恋其美色，遂废申后及太子宜臼，封褒姒为后，以其子伯服（一作伯盘）为太子，宜臼乃投奔申国（今河南南阳北）。褒姒终日不笑，幽王想见她笑貌，于是和她到骊山大举烽火，诸侯悉至，不知所措。褒姒大笑，数次以后诸侯不再轻信而至，史称“烽火戏诸侯”。

前771年申后之父申侯痛恨幽王所为，联合缯侯、犬戎进攻宗周，诸侯不来救驾。于是镐京残毁，幽王被杀于骊山之下，褒姒被掳而去，伯服亦死，西周灭亡。此前申侯、鲁侯和许文公等已共立宜臼为天子，后迁都洛邑，是为平王。

周瑜 Zhou Yu（175～210） 中国东汉末孙策、孙权的重要将领，军事家。字公瑾。庐江舒县（今安徽庐江西南）人。家世官宦，与孙策同年，少相友善。建安三年（198）隶属袁术为居巢县（今巢湖）长，后投孙策，时年24岁，人称周郎，任建威中郎将。后升中护军，领江夏太守，跟随孙策征讨，助其奠定割据江东基础，深得信任。与孙策分娶乔公二女，策娶大乔，瑜娶小乔。建安五年孙策卒，与长史张昭共掌众事，辅佐孙权。不久，曹操要孙权送子为质，群臣犹豫。唯周瑜坚主勿遣，并建议拥兵观变。建安十三年刘琮以荆州降曹操，操率大军由江陵顺流东下，达于赤壁，群臣多主归降。周瑜力排众议，坚主抵抗，为孙权所采纳。联合刘备，共同抗曹，曹操大败而北归。周瑜被拜为偏将军，领南郡太守。后建议攻取益州刘璋，而后并汉中张鲁，再联合凉州势力，共同讨伐曹操，以统一北方。获采纳，未及行，病卒于巴丘（今湖南岳阳）。周瑜精于音乐，时人谣曰：“曲有误，周郎顾。”

周予同 Zhou Yutong（1898-01～1981-07-15） 中国历史学家、经学史名家。原名蘧。生于浙江瑞安。1921年毕业于北京高等师范学校国文部，任教于厦门大学、温州十中，旋入商务印书馆编译所任《教育杂志》主编达10年。后相继任安徽大学教授、中文系主任兼文学院长，暨南大学历史系教授、系主任兼南洋研究馆主任，开明书店编辑兼襄理，复旦大学史地系教授、系主任。1952年起为复旦大学历史系教授、副教务长，上海历史研究所副所长、上海历史学会副会长等。早年参加五四运动，后长期投身于民主运动。中华人民共和国建立后历任民盟上海市副主委、第三届全国人大代表等。

周予同早年师从钱玄同。起初专注教育改革，著有《中国现代教育史》等书。1926年后因愤于北洋军阀屡主恢复学校“读经”，渐以研究中国经学史为主，并参与创办朴社。至抗战前已发表经学史著作6部，其中《经今古文学》、《群经概论》和《经学历史》注释本等，迄今仍为海内外治经学与经学史的必读书。20世纪60年代主编大学文科教材《中国历史文选》，主撰新编《辞海》经学史类全部条目，都以批判地继承历史文化遗产为宗旨，反对“全盘苏化”遗风，反对全盘否定孔子和儒学历史，并公开反对借批判《海瑞罢官》而否定既往全部中国史学的政治倾向。遗著部分辑校为《周予同经学史论著选集》，后又增入《中国经学史讲义》，刊有该书增订本。

周原遗址 Zhouyuan 中国周文化的重要遗址。位于陕西岐山与扶风两县交界处，北倚岐山，南临渭河。公元前12世纪末或前11世纪初，周人先祖古公亶父由邠迁此建都。前11世纪后半叶，文王迁都于丰后，这里仍是周人的重要政治中心，西周末年因西戎入侵而成废墟。西汉时期，这里已有青铜器出土。相传著名的大豐簋、盂鼎、毛公鼎等重要青铜器均于清末出于岐山。20世纪50年代开始考古发掘。初步确定，遗址分布范围东西长约7.5千米，南北宽约7.5千米。周原遗址包括仰韶文化、龙山文化、商文化、周文化等多个时期的遗存，1982年国务院公布为全国重点文物保护单位。

大型建筑基址分布范围较广，在多处地点有发现。已发掘的典型建筑基址有凤雏甲组西周宫室建筑基址、扶风召陈建筑基址、云塘建筑基址等。这些建筑基址有夯筑高台、柱础、石子拼铺的散水、道路，以及筒瓦、板瓦等遗物。还发现制骨、制陶和铸铜作坊遗址。已清理300余座西周中小型墓葬，探明大型墓葬的分布范围。

据不完全统计，在20世纪约100年间，共发现青铜器窖藏近70处，共出土青铜器600余件。铜器的时代从西周早期到晚期，埋藏年代基本在西周晚期，多位于大型建筑附近。这些铜器制作精美，多有长篇铭文。如史墙盘铭文记录了恭王以前西周列王的主要政治事件和史墙家族7代人的历史，卫鼎、卫盉铭文的内容涉及土地交换、诉讼判决、赏赐制度等，𢦚簋、师同鼎铭文分别记述了周人同淮夷、北方猃狁的战争。

𢦚簋

在凤雏甲组建筑基址西厢2号房间的窖穴中出土一批周人甲骨卜辞，共约17 400余片碎甲骨，其中带字甲骨290多片，字数约有600多个。内容涉及周与商，周与楚、蜀、巢等方国的关系等。

周云瑞 Zhou Yunrui（1921～1970） 中国苏州弹词艺人。上海人。幼年一度随父学唱京剧。18岁师从王似泉学习说唱苏州弹词《三笑》，后又师从沈俭安学习说唱苏州弹词《珍珠塔》。1951年参加上海市人民评弹工作团（今上海评弹团），致力于苏州弹词音乐的改革与创新。表演善用小嗓，清丽优雅，所唱“开篇”如《岳云》、《秋思》等，从唱腔安排到伴奏过门均多有创造。他参加创作并表演的“开篇”《向秀丽》和“中篇评弹”《刘胡兰就义》等节目的唱腔音乐，较好地适应了表现新的题材内容的需要。他与朱介生等对“中篇评弹”《王魁负桂英》中《情探》一回所用曲牌“离魂调”的成功改造运用，为其他节目和艺人经常使用，被称为“新离魂调”。晚年主要从事苏州弹词艺术的教学工作。

周之冕 Zhou Zhimian　中国明代画家。字服卿，号少谷。长洲（今江苏苏州）人。约活动于16世纪。以画花鸟著名。家中饲养有各种禽鸟，经常观察其饮啄飞止的动态，故笔下花鸟逼真生动。画法兼工带写，往往花用勾勒法，叶以墨色点染，被称为勾花点叶体。从存世作品看，沈周、陈淳等人早有此画法，唯他专工此法，故有创勾花点叶派之说，但其实际水平和成就不及陈淳。存世作品有《花鸟图》、《竹鸡图》、《花卉鹌鹑图》、《桂子图》等。

《竹鸡图》（故宫博物院藏）

周至金丝猴自然保护区 Zhouzhi Golden Monkey Nature Reserve　中国野生动物自然保护区。1985年建立。1988年被批准为国家级自然保护区。位于陕西省周至县南部的秦岭北坡。是以保护和驯养金丝猴及保护整个生态环境为主要对象的自然保护区。保护区是国家一级保护动物金丝猴、羚牛、大熊猫的分布区，特别是金丝猴为秦岭分布最为集中的地段。金丝猴主要分布在海拔1 500米以上的落叶阔叶林与针阔叶混交林中，有随季节变化而有上下迁移的活动规律。玉皇庙、王家河和太平河一带，森林茂密，食物资源丰富，再加上人为干扰较小，因而是金丝猴分布密度最大的地区。羚牛主要分布在海拔1 400米以上的地区，随季节变化有垂直迁移的习惯。大熊猫分布在保护区的西部。周至金丝猴自然保护区与老县城自然保护区、太白山自然保护区、佛坪自然保护区连成一片，更有利于秦岭地区生物多样性的保护。

周至自然保护区的金丝猴

周祖谟 Zhou Zumo (1914-11-19～1995-01-14)　中国语言学家。字燕孙。北京人。1932年入北京大学中国语言文学系，1936年毕业后考入中央研究院历史语言研究所任语言组助理员。1938年起在辅仁大学国文系任教，中华人民共和国建立后即任北京大学中国语言文学系教授。音韵、训诂是其学术成果最丰硕的领域。所著《问学集》和《语言文史论集》，包括语言、文学、历史方面的论文90余篇，集中了他关于古汉语声韵部类和《切韵》性质及其音系基础等方面的创见，论述了周秦至陈隋800年间韵部的演变过程，并考订和评述了语言、文学、历史方面的许多著作，创获独多。1984年出版的《唐五代韵书集存》是总集唐五代韵书并考释其源流的一部大书，是作者30余年来搜集、整理、考订的总结性成果，为研究汉语单韵、词汇、训诂提供了重要资料。他长于古籍整理与校勘，著有《广韵校本》、《方言校笺》、《尔雅校笺》、《释名校笺》、《洛阳伽蓝记校释》等，还写了不少有关汉语规范化、普通话语音、辞典编纂等方面的文章。

周作人 Zhou Zuoren (1885-01-16～1967-05-06)　中国作家、翻译家。原名櫆寿，字星杓，自号启明、知堂等。笔名有仲密、药堂、周遐寿等。鲁迅胞弟。浙江绍兴人。1901年秋入南京水师学堂。1906年赴日本留学，与鲁迅一起编译《域外小说集》，后入东京政法大学、立教大学文科学习。1911年回国后，在浙江从事教育工作。1917年春任北京大学文科教授兼国史编纂处纂辑员。是五四新文化运动重要代表人物，参与《新青年》的编撰活动，参加发起文学研究会；提倡“思想革命”，以“人的文学”、“平民文学”的口号，推动新文化运动和文学革命的发展；同时热心译介外国文学，并用自己的散文和新诗创作显示了文学革命的实绩。20年代中期，他主编过《语丝》，写了大量着重于“社会批评”与“文明批评”的杂文随笔，以及一些表现个人情趣的小品散文。1937年抗日战争爆发后，他滞留北平，不久出任伪华北政务委员会常务委员兼教育督办、东亚文化协会会长等职。日本投降后，以叛国罪于1945年12月入狱。1949年1月保释。50年代以后，在北京主要从事日本、希腊文学作品的翻译工作。

周作人一生著述涉及十分广泛的领域。在民俗学研究、儿童文学与民间文学研究，希腊及日本文化研究等方面都作了开拓性的贡献。他的著作有散文集《自己的园地》、《雨天的书》、《泽泻集》、《谈虎集》、《看云集》、《知堂文集》等20余种。论著有《艺术与生活》、《欧洲文学史》、《中国新文学的源流》、《儿童文学小论》等。译著有《现代日本小说集》（与鲁迅合译）、《古事记》、《枕草子》、《日本狂言选》、《希腊拟曲》、《阿里斯托芬喜剧集》（与罗念生合译）等，还有回忆录《鲁迅的故家》、《知堂回想录》等。

洲际导弹 intercontinental missile　射程在8 000千米以上的战略导弹。按飞行弹道分为洲际弹道导弹和洲际巡航导弹；按发射点与目标位置分为地地洲际导弹和潜地洲际导弹。是战略核武器的重要组成部分。通常采用多级液体或固体火箭发动机，采用惯性制导或复合制导，携带核装药单弹头或多弹头（集束式多弹头或分导式多弹头）。具有推力大，飞行速度快，射程远，命中精度高，杀伤破坏威力大等优点。但多数存在体积大、笨重和不便机动等弱点。陆基洲际弹道导弹可固定在地下发射井内发射，也可机动发射，后者又分为铁路机动、公路机动。海基洲际导弹由潜艇发射。中国已拥有自行研制的洲际导弹。

轴 shaft 支承回转零件（如齿轮、涡轮等）的机械零件。轴多为圆柱形金属杆，各段可有不同直径。

按照轴线形状的不同，轴可分为曲轴和直轴两大类。曲轴能使直线往复运动与旋转运动相互转换。例如在往复活塞式发动机中做往复运动的活塞，通过连杆使曲轴作旋转运动以输出动力；在往复式的空气压缩机和水泵等工作机中，动力机的旋转主要轴则通过曲轴和连杆带动活塞做直线往复运动。

直轴按承载状况有3种类型（见图）。

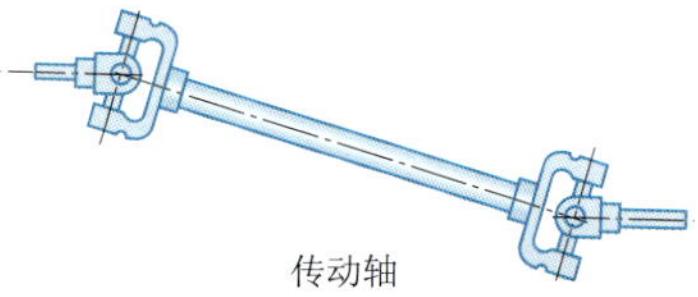

传动轴

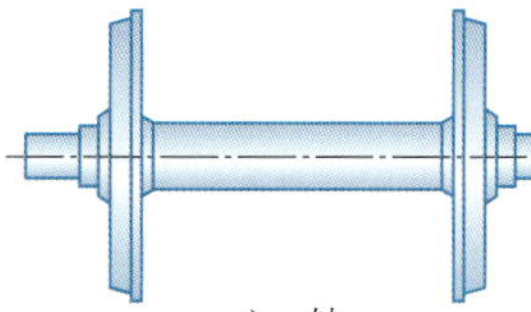

心 轴

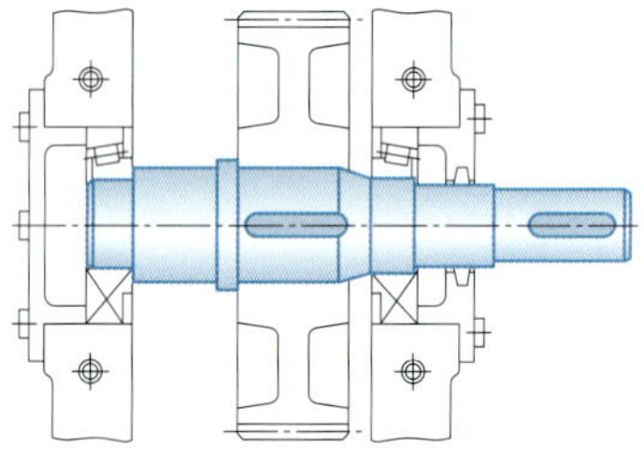

转 轴

直轴的型式

①工作时主要承受扭矩的轴称传动轴，如汽车的驱动轴。②工作时只承受弯矩的轴称心轴，如铁路车辆的车轮轴。③工作时同时承受扭矩和弯矩的轴称转轴，如减速器中的轴。刚度很小可弯曲的轴称挠性轴。

轴的设计包括轴的结构设计和轴的工作能力计算两方面。结构设计要考虑轴上零件的装拆和固定，轴的支承和加工方面的因素；工作能力计算指轴的强度、刚度和振动稳定性计算等。

轴承 bearing 支持轴并约束轴的旋转或摆动的机械零件。轴承和轴构成动联接，借以传递载荷和约束轴的运动。在满足运转条件的前提下，降低轴承的摩擦和磨损是轴承设计的基本问题。在机械设计中还必须考虑轴承与其他机械零件的匹配。

分类 按照工作时的摩擦性质，主要分为滚动轴承和滑动轴承两大类。

滚动轴承 在滚动摩擦下工作的轴承。是标准化程度很高的零件。按承载方向可分为向心轴承、推力轴承和向心推力轴承。向心轴承主要承受径向力，推力轴承只能承受轴向力，向心推力轴承能同时承受径向力和轴向力。按滚动体形状又可分为球

核潜艇用轴承

轴承、滚子轴承和滚针轴承。

滑动轴承 在滑动摩擦条件下工作的一类轴承。按其承受外载荷方向的不同，可分为径向滑动轴承（承受径向载荷）和止推轴承（承受轴向载荷）。

特种轴承 大批量生产机器设备所用的专用轴承和在特殊工况下工作的特种轴承。

液体动压轴承 靠液体润滑剂动压力形成的液膜隔开两摩擦表面并承受载荷的滑动轴承。

液体静压轴承 靠外部供给压力油，在轴承内建立静压承载油膜以实现液体润滑的滑动轴承。

气体轴承 用气体作润滑剂的滑动轴承。气体润滑轴承形成承载气膜的机理与液体润滑轴承相同，故也分为气体动压轴承和气体静压轴承。按承受载荷的方向不同，又可分为气体径向轴承、气体推力轴承和气体径向推力组合轴承。最常用的气体润滑剂为空气，根据需要也可用氮、氩、氢、氦或二氧化碳等。在气体压缩机、膨胀机和循环器中，常以工作气体介质作为润滑剂。

磁流体轴承 用导电流体作润滑剂并有外加磁场的滑动轴承。磁流体轴承是20世纪60年代配合核动力设备而发展起来的新型轴承。

电流体轴承 利用电场力、磁场力使轴悬浮的滑动轴承。用电场力悬浮的为静电轴承，用磁场力悬浮的为磁力轴承，用电场力和磁场力共同悬浮的为组合式轴承。

自润滑轴承 在工作时间内不需要添加润滑剂的滑动轴承。自润滑轴承有4种类型：①用石墨、聚四氟乙烯、尼龙等具有良好自润滑性的材料制造的轴承。②用固体润滑剂润滑的金属轴承。③用含有固体润滑剂的复合材料制造的轴承。④在多孔质金属或多孔质塑料中加入润滑油或润滑脂的轴承。

帚虫 Phoronida; horseshoe worm 帚形动物门动物统称。

帚尾鼠科 Platacanthomyidae; Chinese pygmy dormouse 啮齿目的一科。共2属2种，帚尾鼠和刺毛鼠。帚尾鼠又名猪尾鼠，体长8～9厘米，尾长10厘米以上；外形似鼠，但其尾比较奇特，尾毛稀疏，鳞片裸露，由中段向尖端，暗褐色的尾毛逐渐变长、变密，尾端向四周生出白色长毛，构成帚状毛簇；后脚掌长2～2.3厘米，约为体长的1/4；须长约5厘米；耳大裸露无毛；身体被细密的长毛；整个体背均为褐灰色，腹面浅灰色。帚尾鼠是一种非常稀有的动物，仅发现于中国福建、广西、云南、贵州，以及越南和缅甸等邻近中国的山地森林中。刺毛鼠的体长约为帚尾鼠的2倍，但尾长不超过10厘米。因背毛中混生一些刺毛而得名。产于印度南部。

帚形动物门 Phoronida; horseshoe worm 动物界的一门，体腔动物中最小的门类之一。统称帚形动物，又称帚虫动物，俗称帚虫。全世界只有1科2属10余种。中国已发现4种。

虫体呈蠕虫状，不分节，体长一般在100毫米以下，包括触手冠和体躯两部分。触手冠为体的前端，由一个能伸缩的基盘和许多中空的触手构成。体躯呈圆筒状，后端稍膨大。肛门位于前端触手冠外的乳突上。体腔由体躯腔和触手冠腔组成，体腔内充满无色的体腔液，液内有红细胞，纺锤体、阿米巴状细胞、嗜盐基性颗粒细胞等。帚虫多数种类为雌雄同体，有的种类在体腔内受精，有的种类卵子经肾管逸出在海水中受精。受精卵经一系列胚胎发育过程成为辐轮幼虫，然后经变态再成为幼帚虫。全为海生，营固着生活，每个个体自由栖居于薄的栖管内，潜埋沙泥海底或在石灰石和贝壳中营钻孔生活。多数种类为单体生活。目前对人类无实用价值。

纣 King Zhou of Shang Dynasty 中国商代最后一位君主。中国历史上有名的暴君。即帝辛，名受。对内重刑厚敛，对外黩武好战。沉湎酒色，滥施专制淫威，同时又刚愎自用。所作所为引起百姓的普遍怨恨和不满，导致内外矛盾加剧。为了维护其统治，大动兵戈，又设置种种酷刑镇压奴隶和平民的反抗。例如，立极其残忍的炮烙之法。忠臣比干强谏，他竟命人将比干剖腹，以观其心。统治后期，他又迁都朝歌（今河南淇县），大兴土木，修筑极为华丽的宫室苑囿。周武王崛起之后，乘机起兵讨商。两军大战于牧野（今河南淇县西南），即牧野之战。纣军中有很多临时武装起来的平民和奴隶，他们早已恨透了纣王，于是在阵前倒戈，带领周军反攻，很快就攻进朝歌，纣军彻底崩溃。纣王见大势已去，自焚身亡。商王朝也随之灭亡。

咒语 incantation 在巫术与宗教活动中出现的被认为具有超自然力量的神秘套语。广义的咒语包括巫术与宗教活动中的所有

神秘语言，如祷词、神谕等。此处用的狭义咒语仅指以语言灵力崇拜为主的神秘套语。在民间信仰中，它的神奇效力主要在于依靠语言自身的魔力。咒语产生于史前社会，是巫术仪式的组成部分。咒语具有命令性、实施性、固定性、神秘性等特点。从用途上可分为农事咒语、治病咒语、护身咒语等；从性质上可分为善意的祝词与恶意的诅咒（称为白巫术咒语与黑巫术咒语）；从民众信仰中咒语魔力的构成状况以及与神灵崇拜关系的角度，可将咒语分为原咒、驱鬼咒、请神咒三种基本类型。施咒时，要按规矩准备好相应的器具。仪式进行中，往往有其他配合念咒的动作。有的仪式还将咒语与符箓结合使用。符箓在某种程度上可看作物化的、视觉的咒语，完整的符箓包括神像、文字、符号三部分（神像部分常省略）。无论仪式怎样繁复，咒语一般都是巫术里最重要的成分，也是巫师保密最严的东西。现代社会，咒语仅在一些经济较为落后、原始文化保留较多的地区或社群中不同程度地被运用。

宙斯 Zeus 希腊神话中奥林波斯众神的领袖。克罗诺斯和瑞亚的儿子。宙斯长大后，推翻了克罗诺斯的统治，并镇压了巨神提坦们的叛乱，确立了以他为首的新一代神祇的权力。宙斯和兄弟波塞冬、哈得斯三分天下，波塞冬主管海域，哈得斯主管冥间，宙斯主管天空，并成为奥林波斯众神之首。宙斯掌握风雨等各种天象，霹雳、闪电等是他用来向人类表示自己意志的手段。他掌握人间一切事务，与命运之神混同，但有时又屈从命运。主要圣地在埃利斯的奥林匹亚，那里建有宙斯神庙，每4年举行一次盛大的祭祀性竞技会。现代的奥林匹克运动会即源于此。宙斯同一些女神和凡间女子生过不少子女，他们或为天神，或为半人半神的英雄，因此宙斯又被称为天神和凡人之父。宙斯的形象经常出现于古希腊的史诗、悲剧等文学作品中。在古代罗马，对宙斯的崇拜与对当地的神朱庇特（又译尤皮特）的崇拜相混同。

绉 crepe 起绉的丝织物。外观呈分散而均匀分布的细小颗粒状，形似起绉，故名。质地丰满，光泽优雅，手感柔软而富有弹性，抗皱性能好。真丝绉有悠久的历史，中国古代称绉为縠，在战国时期已有生产。品种有轻薄的乔其绉，中薄型的双绉、花绉、碧绉，中厚型的缎背绉、留香绉，厚型的柞丝绉、黏棉绉等。主要用于服饰。薄型和中厚型的可作衬衫、连衣裙、晚礼服，厚型的可作外衣、睡衣等，还用作围巾、头巾等。绉织物主要用强捻丝线交织产生绉效应，组织一般采用平纹。用斜纹或缎纹组织的称斜纹绉、缎背绉。柞蚕丝、涤纶丝、人造丝或不同原料交织的各种绉织物，除应用加捻丝外还运用绉组织加强绉效应。许多合成纤维丝绉织物利用轧纹整理起绉，或运用原料的不同收缩性能使织物经过后整理而形成绉效果。

皱鳃鲨目 Chlamydoselachiformes 软骨鱼纲的一目。现存只1科1属1种。因鳃间隔延长而褶皱且互相覆盖得名。数量很少，分布于太平洋和大西洋。皱鳃鲨体长1.5米左右，最长雌鱼1.96米、雄鱼1.65米。体鳗形。有6对鳃孔。口近端位。上下颌同形。每牙具3个长齿尖，属枝牙型，有基板似化石异棘类的牙齿。鼻孔在侧腹面。眼无瞬膜，具喷水孔。侧线沟状。脊索未收缩；前10个脊椎有清楚的环状钙化物；在臀鳍以后的脊椎，亦有环状钙化的迹象。臀鳍长；尾鳍中的脊椎稍向上翘，形成不显著的歪型尾。一般生活在450～760米的深海中。卵胎生。雄鱼有极发达的鳍脚。春天受精。卵囊一端突起。发育在母体内进行。孵化期1年以上，翌年夏季，幼鱼才生出。

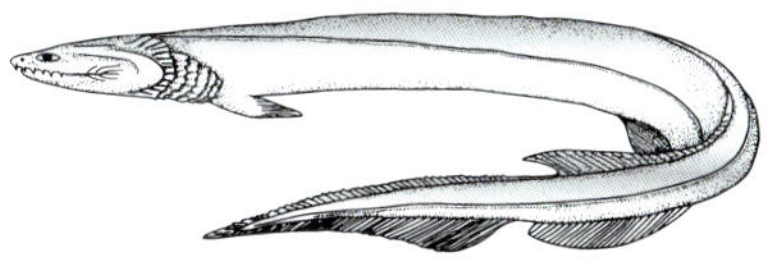

皱鳃鲨

籀文 seal script of calligraphy 中国古代汉字的一种书体。又称史籀大篆，指《史籀篇》所用的字体。《说文解字》收有籀文220多个，并指明其时代是西周宣王（前827～前782）时期。

对于籀文的时代，清末吴大澂和陈介祺提出《说文》所收籀文是东周时代的一种文字。王国维作《史籀篇疏证》和《战国时秦用籀文六国用古文说》。他认为籀文体势与小篆极近，字形也多与已发现的春秋战国时代的“春秋战国之间秦人作之以教学童之书”。唐兰在《中国文字学》里说，籀文“是尽量繁复的一种文字，和西周厉、宣期文字不一样，可是和春秋时到战国初期的铜器文字却很接近”。他认为史籀就是《汉书·古今人表》的史留，“古今人表把史留放在春秋战国之际，正是史籀篇的真确时代”。现在一般认为传统的说法是可信的。

朱巴河 Jubba River; Webi Jubba 东非第二长河。发源于埃塞俄比亚高原东部的松卡鲁山南麓，上游沃伊卜河、格纳莱河和达瓦河三条河流穿行于山区，在沃拉达耶附近汇流后称朱巴河，至索马里基斯马尤附近的琼博处注入印度洋。全长约1 600千米，流域面积约20万千米。最大洪水期多出现在10～11月，枯水期多在2～3月。上流支流较多，流经深窄的峡谷，具有山地急流的特征。下游河系很不发育，干流自上而下流量逐渐减少。在巴尔代雷至贾马梅段的年径流总量约54亿立方米。下游沿岸是索马里重要农牧地带，盛产甘蔗、香蕉等，产品主要供出口。

朱耷 Zhu Da（1626～1705?） 中国清代画家。清初四僧之一。江西南昌人。明宗室后裔，朱元璋十七子宁献王朱权的九世孙。一生字、号、别号甚多，原名统𨨗。清顺治五年（1648）落发为僧，法名传綮，字刃庵；康熙二十三年，始号八大山人。他还有许多奇特的画押，如“三月十九日”、“相如吃”、“涤鸥鹚”、“拾得”、“何园”，都寓有较深的含义。署款“八大”，必连缀成“哭之”、“笑之”字样。

一生经历坎坷，少年时应试得中诸生，19岁时遭国破家亡之痛，遂装哑不语，削发为僧，后返俗，不久又做道士，满怀悲愤之情，誓不与清王朝合作，性格倔犟，行为狂怪，常借诗文书画，发泄其内心积郁。

兼善诗、书、画。诗的格调古怪而幽涩，充满神秘性和讽刺性。书法源于王羲之、王献之、颜真卿、王宠、董其昌等人，而能以秃笔传达出傲岸不驯的情态和流畅秀健的风神。绘画最负盛名，擅长花鸟、山水，其阔笔写意花鸟画，以象征寓意的手法、夸张奇特的形象、简朴豪放的笔墨、孤傲雄奇的风貌，而自创一格。

他的花鸟画，大多缘物抒情，或表现自我，将物象人格化，以寄寓讽喻之意。晚年所作的鱼、鸟多呈“白眼向上”之状，所谓白眼看青天，鲜明地传达出画家傲兀不群、愤世嫉俗的性格。他的花鸟画，对象特征经过极度夸张，呈现出奇特的表情，加以险怪的构图、雄健酣畅的笔墨，形成光怪陆离、出人意表的艺术效果。所作题材比较广泛，有花卉、蔬果、虫鱼、

《杨柳浴禽图》

禽鸟及畜兽等，以册页最为精微。其艺术发展可分为早、中、晚三个时期。50余岁以前属早期，多绘花卉、蔬果、松、梅，承续陈淳、徐渭传统，比较精细工致，劲挺有力。56～65岁为中期，喜绘鱼鸟、草虫等动物题材，形象有所夸张，构图趋于险绝，笔墨变为简劲，好作扁方斫削的笔势。如59岁的《个人杂画》册，白兔之睛呈方形；65岁的《快雪时晴图》，倚树危石上大下小，摇摇欲坠。65岁以后属晚期，艺术更趋成熟，造型极度夸张，物象特点和情感鲜明突出，构图更加简略奇突，用笔凝重清润，墨色淋漓流动，形成朴茂雄奇的格调。

朱耷的山水画私淑董其昌，上窥黄公望、倪瓒，以水墨山水为主，间作设色，笔法多渊于董其昌，却能变温静平和为荒凉寂寞，易矫饰秀雅为质朴雄健，而布局多承倪瓒，能用他人之法抒自身真情。代表作有《兰亭诗画册》、《山水》等。

朱耷在当时即享有盛誉，直接传其法者有牛石慧、万个等人。朱耷对后世画坛影响深远，清代中期的华喦、扬州八怪，晚期的赵之谦、任颐、吴昌硕等，以及近现代的齐白石、张大千、潘天寿、李苦禅等人，都受到其艺术的启迪。

朱丹溪 Zhu Danxi (1282～1358) 中国元代医学家。即朱震亨。字彦修，因居地有水名“丹溪”，人称丹溪先生。婺州义乌(今属浙江）人。金元四大家之一，滋阴学派的创始人。主要著作有《格致余论》(1347)、《局方发挥》(1347)、《本草衍义补遗》、《金匮钩玄》3卷(1358)。其门人整理编纂的《丹溪心法》可以体现他的医疗经验，对后世影响较大。

朱丹溪的学说主要内容有：①阳常有余阴常不足论。主张顺应阴阳之理，提倡男三十、女二十而后嫁娶，用澄心静虑的方法防遏相火妄动。②相火论。相火为肝肾二脏专司，有常有变，常态属生理性相火，是生命活动的动力；如相火越位而妄动，则伤阴耗精，变生多种疾病。针对这种内生火热，主张应用滋阴降火的治疗方法。③对《局方》的批评。指出《局方》忽视辨证，“一切认为寒冷”，滥用温热香燥药物和“一方通治诸病”的危害。主张临病制方，反对不问病由据证验方的医疗风气。④气血痰郁辨证治疗。在杂病治疗中，朱丹溪广泛应用气血痰郁辨证方法，尤其对郁证病机的阐发和痰证证治的论述，均较前人深入。⑤治疗中注意顾护正气，慎用汗、吐、下等攻法。⑥以节欲为中心的养生学思想。主张节饮食、戒色欲，反对服食丹药。

朱丹溪受宋元理学影响较深，常援引理学解说医理，并影响到明代的某些医家(如孙一奎等)。他淡泊名利、医德高尚，培养了很多医学人才，弟子戴原礼、赵良仁、王履等都颇有成就。

朱德 Zhu De (1886-12-01～1976-07-06) 马克思主义者，中国无产阶级革命家、政治家、军事家，中国共产党和中华人民共和国的主要领导人，中国人民解放军的主要创建人和领导人。

出生在四川省仪陇县琳琅寨脚下李家湾的一个佃农家庭，字玉阶。1907年考入四川高等学堂附设体育学堂，1908年毕业后到仪陇县高等小学堂任体育教习兼庶务。1909年11月，改名朱德，考入云南陆军讲武堂，不久，秘密加入中国同盟会。1911年8月提前毕业，被分派到云南新编陆军。1911年10月，参加辛亥革命在云南为响应武昌起义而发动的“重九起义”(农历九月九日)。后投身护国战争和护法战争，曾任旅长。在俄国十月革命和中国五四运动的影响下，认识到必须寻找一条新的救国道路。1922年赴德国留学。11月在德国柏林由张申府、周恩来介绍加入中国共产党。1924年在格丁根入格奥尔格-奥古斯特大学学习。1925年初到柏林担负中国国民党驻德支部组织工作。同年7月到达苏联，在莫斯科东方劳动者共产主义大学学习并接受军事训练，任军事训练班队长。1926年7月回国。8月，为策应国民革命军北伐，赴四川万县做争取川军杨森部的工作，后被任命为国民革命军第20军党代表。

1927年1月到南昌，创办国民革命军第3军军官教育团，任团长。不久兼任南昌市公安局长。8月1日参加领导南昌起义，任第9军军长。起义军南下广东时，被任命为先遣司令。10月，率余部向赣粤湘边境转战，在赣南同陈毅对部队进行思想、组织、纪律整顿，健全党的支部，开展军事训练。同时，跟与蒋介石有矛盾的原滇军范石生部建立了统一战线的关系，得到一些物资和弹药的补充，南昌起义的火种得以保存。1928年1月发动湘南起义。4月，同陈毅率南昌起义军余部和湘南农军万余人上井冈山与毛泽东的秋收起义部队会师，成立工农革命军(后改称中国工农红军)第4军，任军长。他同军党代表毛泽东指挥部队多次挫败国民党军对井冈山革命根据地的“进剿”和“会剿”，并总结出“敌进我退，敌驻我扰，敌疲我打，敌退我追”的十六字诀。1929年初，同毛泽东率红4军主力向赣南、闽西进军，扩大红军力量，开创工农武装割据新局面，为建立中央革命根据地打下基础。1930年6月，任红1军团总指挥。8月，任红一方面军总司令、红军总司令。1930年11月至1931年9月，同毛泽东率红一方面军采取诱敌深入、集中优势兵力、在运动中各个歼灭敌人的战略战术，接连粉碎国民党军对中央革命根据地的第一、二、三次“围剿”。1931年11月，在瑞金召开的中华苏维埃第一次全国代表大会上作《红军问题报告》，当选为中华苏维埃共和国中央执行委员、军事人民委员，任中央革命军事委员会主席。1933年春，同周恩来指挥红一方面军以大兵团伏击战法，于黄陂、草台冈歼敌近3个师，粉碎了国民党军对中央革命根据地的第四次“围剿”。1934年1月，出席中共六届五中全会，当选为中央政治局委员。同月，在中华苏维埃第二次全国代表大会上作关于红军建设的报告，继续当选为中华苏维埃共和国中央执行委员，任中央革命军事委员会主席。1934年10月参加长征。1935年1月，在遵义会议上支持毛泽东的正确主张。会后，同毛泽东、周恩来等指挥中央红军展开高度灵活机动的运动战，突破国民党军的围追堵截，同年6月在四川懋功与红四方面军会师。8月，红一、四方面军混合编组成左、右两路军北上后，率红军总部同张国焘一起随左路军行动。对张国焘分裂党和红军的错误行为进行了坚决斗争，后同任弼时、贺龙等共同促使张国焘率部北上。得到毛泽东的“临大节而不辱”，“度量大如海，意志坚如钢”的高度评价。

1937年全面抗战爆发后，任国民革命军第八路军(简称八路军)总指挥(不久改称第18集团军总司令)，并任中共中央革命军事委员会副主席兼军委前方分会(后改称华北军分会)书记。9月率八路军开赴华北抗日前线，积极配合国民党军在山西战场的作战，取得平型关等战斗的胜利，随后又指挥八路军各师及时实行战略展开，广泛发动群众，开展独立自主的游击战争，开辟敌后战场，创建抗日根据地。1938年至1940年，先后兼任国民党第二战区东路军总指挥和第二战区副司令长官，坚持合作抗日。1940年3月，指挥八路军击退国民党顽固派对太行和冀南抗日根据地的进攻。同年5月回到延安，参与中共中央和中央军委的领导工作，协助毛泽东指挥全国各抗日根据地的斗争。同年冬，首倡“南泥湾政策”，指导开发南泥湾，推动大生产运动，为打破国民党的经济封锁、克服陕甘宁边区的严重经济困难作出重大贡献。从1941年12月起兼任中共中央海外工作委员会主任，从事东方各民族反法西斯统一战线工作。从1942年开始参加延安整风运动，担任整风学习高级军事干部学习组组长，兼任军事教育委员会和军事学院负责人、中央政治工作委员会成员、延安新体育会会长等职。1945年4月，出席中国共产党第七次全国代表大会，作题为《论解放区战场》的军事报告。在中共七届一中全会上当选为中央政治局委员、中央书记处书记。8月，日本政府宣布投降，朱德以延安总部总司令名义向各解放区抗日武装部队发布对日伪军展开全面反攻和接受日伪军缴械投降的七道命令，人民抗日武装迅速解放了华北、华中等广大地区。9月，贯彻中共中央关于“向北发展，向南防御”的战略方针，及时部署力量向东北发展并同国民党反动派展开针锋相对的斗争。

1946年夏解放战争开始后，任中国人民解放军总司令，继续担任中共中央军委副主席，协助毛泽东指挥各解放区军民抗击国民党军的全面进攻。1947年3月，根据中共中央决定，同刘少奇、董必武组成中央工作委员会，前往华北进行中央委托的工作。他指导晋察冀部队组建野战军，树立“打大歼灭战”思想，于10月取得清风店战役的胜利，并指挥晋察冀部队夺取石家庄，开创解放军攻克坚固设防的大城市的成功先例。同年10月，同**彭德怀**联名发表《中国人民解放军宣言》，号召全国人民协同解放军“打倒蒋介石，解放全中国”，宣布中国人民解放军的八项基本政策。1947年底至1948年初，同**刘少奇**主持召开华北各解放区军工会议和交通会议，部署大力发展兵工生产、组织好跨地区交通运输，为转入战略进攻提供军火和后勤保障。1948年5月，代表中共中央和中央军委对华东野战军的工作进行指导，提出用“钓大鱼”的战术歼灭国民党军的主力兵团。从9月起，参与组织和指挥辽沈、淮海、平津三大战役，取得战略决战的伟大胜利。1949年4月，同毛泽东联名发布《向全国进军的命令》，人民解放军经过渡江战役、南下作战和解放西南、西北的战役等，彻底推翻了蒋介石国民党在中国大陆的统治。

1949年10月中华人民共和国建立后，任中央人民政府副主席、人民革命军事委员会副主席、中国人民解放军总司令、中共中央纪律检查委员会书记。1954年9月，在第一届全国人大一次会议上当选为中华人民共和国副主席。1959年4月，在第二届全国人大一次会议上当选为全国人大常委会委员长，并在1964年第三届全国人大一次会议和1975年第四届全国人大一次会议上继续当选全国人大常委会委员长。1955年被授予中华人民共和国元帅军衔，获一级八一勋章、一级独立自由勋章、一级解放勋章。在1956年9月中共八届一中全会上当选为中共中央副主席、中央政治局常委。作为中国共产党和国家的主要领导人，积极参与制定党的路线、方针和政策，为中国社会主义制度的建立和各项建设事业的发展，作出了重要贡献。在1966年开始的**“文化大革命”**中，同**林彪**、**江青**反革命集团进行了斗争。

主要著作编入**《朱德选集》**。

朱德熙 Zhu Dexi (1920-10-24～1992-07-19) 中国语言学家。江苏苏州人。早年研究古文字学，50年代开始从事汉语语法研究。他在语法学方面的著作有《语法修辞讲话》(与吕叔湘合著)、《现代汉语语法研究》(论文集)、《语法讲义》、《语法答问》等。这些著作的特色是严谨、深入而多创见，并且重视语法理论和分析方法的探索；在研究现代汉语的同时，注意同古代汉语和方言的比较。他在古文字研究方面的著作有《寿县出土楚器铭文研究》、《战国记容铜器刻辞考释四篇》、《战国文字研究六种》(与裘锡圭合写)、《信阳楚简考释》、《平山中山王墓铜器铭文初步研究》等。

《朱德选集》 *Selected Works of Zhu De* 朱德的主要著作集。中共中央文献编辑委员会编辑，31万字，人民出版社1983年出版。收入朱德1931～1962年间的主要著作65篇，其中军事著作占将近五分之三。土地革命战争时期的著作收入《怎样创造铁的红军》、《谈几个战术的基本原则》等6篇。抗日战争时期的著作收入《论抗日游击战争》、《把科学与抗战结合起来》、《关于练兵与带兵问题》、《论解放区战场》等17篇。解放战争时期的著作收入《部队工作要走群众路线》、《对冀中经济工作的意见》、《目前形势和军队建设问题》、《国内形势和南下后应注意的几个问题》等16篇。中华人民共和国建立以后的著作收入《加强党的纪律检查工作》、《统　训练计划，加速我军现代化正规化建设》、《把手工业者组织起来，走社会主义道路》、《加强团结，建设社会主义》、《外出视察的报告》、《对农村办公共食堂问题的意见》、《纠正“左”的偏向，恢复和发展生产》等26篇。这部著作集集中反映了朱德运用马克思主义基本原理解决中国的实际问题，对于毛泽东思想特别是毛泽东军事思想的形成和发展作出的贡献。

朱迪·福斯特 Jodie Foster (1962-11-19～) 美国电影演员。生于加利福尼亚州洛杉矶。毕业于耶鲁大学。4岁开始拍广告。8岁时在电影《拿破仑和萨曼莎》中扮演角色。童年时期最成功的表演是《出租汽车司机》中的雏妓，获得**奥斯卡金像奖**最佳女配角提名。1981年一名男子因看了该片而刺杀当时的美国总统，使她一度痛苦迷茫。1988年参演的《被告》(又译《暴劫梨花》)为她赢得首个奥斯卡金像奖最佳女主角奖。1991年扮演《沉默的羔羊》中睿智而坚强的女警官为她赢得第二个奥斯卡金像奖最佳女主角奖。在演出了《似是故人来》(1993)、《赌侠马华力》(1994)、《安娜与国王》(1999)等影片之后，在新世纪她接拍的电影渐渐向惊悚悬疑类风格转变，在《战栗空间》(2002)和《三万尺凶间》(2005)等作品中发挥自己敏感坚硬的个人风格，扮演了一系列外表平凡柔弱、关键时刻却勇毅镇定的角色，获得好评。1991年导演(兼主演)电影处女作《神童泰德》。1994年成立“蛋”制片公司，她导演、主演的电影《大地的女儿》使她再次获得奥斯卡金像奖的提名。

朱棣文 Chu, Steven (1948-02-28～) 美籍华裔物理学家。生于密苏里州的圣路易斯。祖籍中国江苏太仓。1970年在罗切斯特大学获得物理和数学双学士学位，1976年在加州大学伯克利分校获博士学位，并留校做博士后研究。后历任美国电话电报公司技术部成员，贝尔实验室量子电子学研究部主任；斯坦福大学物理学教授、物理系主任。美国国家科学院院士。1985年他和同事用两两相对，沿三个正交方向的六束激光使原子减速(也称冷却)。他们把真空中的一束钠原子先是用迎面而来的激光束阻止了下来，然后把钠原子引进六束激光的交会处。这六束激光都比静止钠原子吸收的特征频率稍微有些红移。其效果就是不管钠原子企图向何方向运动，都会遇上具有恰当能量的光子，并被推回到六束激光交会的区域。在这个小区域里，聚集了大量冷却下来的原子。这样把冷却了的原子悬浮或拘捕在“原子陷阱”里，为研究单个原子及其内部结构提供了可能。因发明激光冷却和捕获原子的方法，朱棣文和C.科昂-塔努吉及W.D.菲利普斯共获1997年诺贝尔物理学奖。朱棣文还致力于运用物理方法研究聚合物和生物学。

朱顶红 *Hippeastrum vittatum*; barbadoslily **石蒜科**孤挺花属的一种。多年生草本植物。

原产秘鲁，世界各地广泛栽培。中国南北各省都有栽培。朱顶红有肥大的球状鳞茎。叶片6～8枚，花后伸长，鲜绿色，阔带状。花总梗中空，高与叶长相近，稍扁。花大，花被裂片6枚，倒卵形，有白、红、黄、紫等色（见图）。喜温暖。喜阳光，但光线不宜过强。喜湿润，但畏涝。要求富含有机质的砂质壤土。常用分球、播种、切鳞茎块和组织培养繁殖。可露地栽培，也可盆栽，或无土栽培。适宜盆栽，作室内几案、窗前装饰品。大型盆栽，可陈列在庭院内的亭阁、廊下。也可配置花坛或作**切花**。

朱东润 Zhu Dongrun（1896-12-06～1988-02-10） 中国古典文学研究家、传记文学作家。原名世溱。江苏泰兴人。1913年留学伦敦西南学院。1916年回国后在梧州广西第二中学、南通师范学校任外语教师12年。1929年起任武汉大学、重庆中央大学、

朱东润（右三）与学生们在一起

江南大学、齐鲁大学、沪江大学等校教授，1952年后任复旦大学教授、中文系主任。在武汉大学执教的课余时间，潜心研治中国古代文学和史籍，讲授中国文学批评史，所著《中国文学批评史大纲》是中国较早的文学批评史专著。朱东润治学严谨，见解卓异。出版的著作还有：《读诗四论》、《中国文学批评论集》、《史记考索》、《张居正大传》、《陆游传》、《陆游研究》、《梅尧臣传》、《杜甫叙论》、《读三百篇探故》、《中国文学论集》、《陈子龙及其时代》等多种。

朱敦儒 Zhu Dunru（1081～1159） 中国宋代词人。字希真，号岩壑，又称伊水老人、洛川先生。河南（今河南洛阳）人。父朱勃，绍圣间任谏官。敦儒早岁以清高自许，虽为布衣，声望甚高。朝廷征召为学官，他坚决推辞。靖康之乱后携家南逃，经江西走两广，居南雄州。高宗累召入朝授官，辞不赴。绍兴五年（1135）因故人敦劝，始赴临安，对策便殿，赐进士出身，为秘书省正字。不久兼兵部郎官，再迁两浙东路提点刑狱。后因有人弹劾他与主战派大臣李光交通，被罢官。十九年，上疏请求退居嘉禾。晚年在秦桧的笼络下出任鸿胪少卿。不久秦桧死，他也被罢官。

朱敦儒工词，其创作可分为三个阶段。早年词多描写自己“玉楼金阙慵归去，且插梅花醉洛阳”（〔鹧鸪天〕）的裘马轻狂生活。南渡之初，他政治上站在主战派一边。所写的词也比较具有现实意义，多忧时伤乱之作，沉痛凄怆，颇能感人。如〔水龙吟〕“放船千里凌波去”中“北客翩然，壮心偏感，年华将暮。……回首妖氛未扫，问人间英雄何处”等。晚年过着闲退生活，又加上失节以事权贵，词中充满了浮生若梦的消极思想与诗酒自放的颓废情调。除了忧时伤乱与闲适生活两类词外，还有宫怨、游仙、征妇叹以及讽刺世情等方面的作品。后期的词，语言清新晓畅，明白自然，并常以寻常口语入词。总的说来，词风格旷达，一扫绮靡柔媚的习气，继承**苏轼**而又有变化，自成一家，在当时词坛上占有独特的地位。

著有《岩壑老人诗文》及《猎较集》，均佚。词集有《樵歌》（一名《太平樵唱》）3卷，有听香仙馆本、四印斋本、《彊村丛书》本；1958年文学古籍刊行社出版有龙元亮校本。

朱工一 Zhu Gongyi（1922～1986-01-08） 中国钢琴教育家、演奏家。生于浙江余姚，卒于北京。6岁开始学习钢琴。1930年参加上海儿童钢琴比赛。14岁起师从意大利钢琴家梅百器学习指挥和钢琴。1946年任北平艺术专科学校音乐系钢琴副教授。1950年起任教于**中央音乐学院**钢琴系，历任该系教员、钢琴主科教研室主任、系副主任及主任等职。钢琴家杨俊、郭志鸿、鲍蕙荞、诸大明、陈敏等均出其门下。

他的音乐才华是多方面的。20世纪50年代，他曾指挥中央音乐学院管弦乐队公演过L.van **贝多芬**《第五交响乐》，还指挥中央音乐学院民族管弦乐队与钢琴家**刘诗昆**合作演出了《青年钢琴协奏曲》。曾创作钢琴独奏曲《北平狂想曲》、三首《序曲》以及70年代与作曲家储望华合作写成的钢琴协奏曲《南海儿女》。他还曾多次应邀担任国际钢琴比赛评委。

朱光潜 Zhu Guangqian（1897-09-19～1986-03-06） 中国美学家、翻译家。安徽桐城人。卒于北京。就学于武昌高等师范学校、香港大学文学院。1925年出国留学，先后就学于英国爱丁堡大学、伦敦大学，法国巴黎大学、斯特拉斯堡大学，获文学硕士、

博士学位。1933年回国，先后任教于北京大学、四川大学、武汉大学。1949年后一直担任北京大学西语系教授。在20世纪30～40年代期间，朱光潜吸收克罗齐的直觉说、T.利普斯的移情说、E.布洛的心理距离说等，建构了一个具有审美现代性特征的美学体系，主张**审美经验**不涉及概念、实用，只是聚精会神地对一个孤立绝缘的意象的观赏。吸收中国古典美学关于“**意象**”的思想，提出“美感的世界纯粹是意象世界”，而意象世界是人的创造。朱光潜一直寻求中西美学的融合，他的《诗论》一书，就是试图用西方的美学来研究中国的古典诗歌，找出其中的规律。主要著作有：《给青年的十二封信》、《文艺心理学》、《悲剧心理学》、《变态心理学》、《谈美》、《诗论》、《谈文学》、《克罗齐哲学述评》、《西方美学史》、《美学批判论文集》、《谈美书简》、《美学拾穗集》等，主要译著有：《歌德谈话录》、《柏拉图文艺对话集》、G.E.**莱辛**的《拉奥孔》、G.W.F.**黑格尔**的《美学》、B.**克罗齐**的《美学原理》、G.维柯的《新科学》，逝世后出版《朱光潜全集》20卷。

朱光亚 Zhu Guangya（1924-12-25～2011-02-26） 中国核物理学家，核武器科学和技术专家，全国政协副主席。生于武汉，卒于北京。1945年毕业于西南联合大学物理系。1950年获美国密歇根大学哲学博士学位，旋即回国。历任北京大学物理系、东北人民大学（今吉林大学）物理系副教授、教授。1956年起，历任第二机械工业部原子能研究所研究员、第二研究室副主任、九院（核武器研究院）副院长，国防科学技术委员会副主任，国防科学工业委员会科技委副主任、主任，中国人民解放军总装备部科学技术委员会主任。1991年当选中国科协第四届主席。1980年当选中国科学院学部委员（院士）。1994年当选中国工程院院士及首任院长。曾任全国政协第八、第九届副主席，中共第九、第十届中央候补委员，第十一届至第十四届中央委员。

早期主要从事核物理、原子能技术

方面的科学研究工作，发表有《符合测量方法：（Ⅰ）β能谱》、《符合测量方法：（Ⅱ）内变换》、《研究性重水反应堆的物理参数的测定》等研究论文。60年代以后，负责并组织领导中国原子弹、氢弹的研究、设计、制造与试验研究，高技术研究发展计划的制订与实施，国防科学技术研究发展以及军备控制问题研究等工作，为中国核科学技术事业的发展作出了重要贡献。1985年获国家科技进步奖特等奖，1999年荣获“两弹一星功勋奖章”。

朱洪元 Zhu Hongyuan（1917-02-08～1992-11-04） 中国物理学家。生于江苏宜兴，卒于北京。1939年毕业于同济大学机械工程系。1948年获英国曼彻斯特大学哲学博士学位。同年任该校物理系帝国化学工业科学基金研究员。1950年回国。历任中国科学院近代物理研究所、原子能研究所和高能物理研究所研究员，原子能研究所理论物理研究室主任，北京大学教授，苏联杜布纳联合核子研究所高级科学家，中国科学院高能物理研究所副所长，中国科学技术大学研究生院物理部主任等职。1980年当选中国科学院学部委员（院士）。从事核物理、高能物理和宇宙线物理研究，是同步辐射实验和理论的最早发现者。对奇异粒子曾作出先导性研究。提出μ^-介子辐射俘获所必须遵从的严格的选择定则。在低能强相互作用研究中利用色散关系，推导出不含发散积分的π-π及π-N低能散射方程。研究包括光子、电子、中子和原子核在内的高温高密度系统的输运过程、反应过程和流体力学过程。建立和发展关于强子结构的“层子模型”理论。对中国高能物理研究事业的发展和理论物理人才的培养，作出重要贡献。

朱化麟 Zhu Hualin（1866～1941） 中国西河大鼓艺人。艺名朱大官。河北雄县小齐观村（今属文安县）人。11岁拜西河大鼓创始人马三疯学艺，学徒期间即已崭露头角。1890年师傅去世后，挑班演出。曾一度辍演西河大鼓，为盟兄河北梆子名家大吉高拉板胡伴奏。后与自己培养的弦师王来子搭档，重新出山后声誉更隆。他说书能根据听众的需要“死书活说”，知识性与趣味性兼备。在马三疯创始的基础上，使西河大鼓的音乐唱腔更为严谨规范，表演和伴奏更趋完美。他台风讲究，以严谨优美的表演和端庄儒雅的风度，在听众中获得了“盖京南”的美誉。擅演的节目有《大衣箱》、《呼延庆打擂》、《少英烈》等中篇，《蓝桥会》、《小姑贤》、《朱买臣休妻》等短篇。

朱鹮 *Nipponia nippon*; Japanese crested ibis 鹳形目鹮科朱鹮属的一种。又称朱鹭、凤头鹮、朱脸鹮、红鹤。东亚地区的特产种。曾分布于中国、日本、朝鲜半岛及俄罗斯远东地区，现仅存于中国陕西省洋县。

体形和大小似白鹭，但嘴下曲，飞行时长颈伸直向前，有别于鹭类。雄性体色白，上下体的羽干以及翅、尾等均泛粉红色，颈部有若干羽毛延伸为矛状，形成羽冠，耸立时色泽鲜艳；头顶、额、眼周和嘴基均裸露且呈朱红色，嘴呈黑色，端部呈朱红色；跗跖和下胫裸露部分呈亮红色。雌鸟在繁殖期背部有鲜蓝色粉状渲染，两翅粉红色较淡，第1～5枚初级飞羽端部灰褐色。

生活在水边。平时栖于高树上，觅食时才落于地面或田中。以小鱼、蛙、蟹和水生昆虫为食。夏季繁殖期间在栎、白杨或松树上营巢，离地5～10米。巢皿状，以枯蔓及树枝筑成。每窝产卵2～4枚。卵呈淡青绿色，上布浓密污褐色斑点。

20世纪80年代经抢救性保护，野生种群已恢复到200余只。人工饲养种群成功。但因分布区狭小，种群数量稀少，仍为世界极危物种。属中国国家一级保护动物。

朱建华 Zhu Jianhua（1963-04-01～ ） 中国田径运动员。上海人。身高1.91米。1974年练习跳高。1980年获国际青年田径运动会跳高冠军（2.25米）。1981年在日本举行的第4届亚洲田径锦标赛上以2.30米的成绩获跳高冠军，打破了中国选手倪志钦保持了11年的2.29米亚洲纪录。1982年在印度举行的第9届亚洲运动会上以2.33米获跳高冠军，此为当年世界最好成绩。1983年获第5届亚洲田径锦标赛跳高冠军和第1届世界田径锦标赛跳高季军，同年在第5届全国运动会田径预、决赛中，先后以2.37和2.38米两破跳高世界纪录。1984年在联邦德国举行的国际跳高比赛中以2.39米再破世界纪录，同年还获第23届奥林匹克运动会（洛杉矶）跳高季军（2.31米）。

朱践耳 Zhu Jian'er（1922-10-18～ ） 中国作曲家。安徽泾县人。生于天津。少年时学习音乐。1945年加入新四军苏中军区前线剧团。1947年担任华东军区文工团乐队队长兼指挥。中华人民共和国成立后在上海、北京等电影制片厂任作曲。1955年赴苏联入莫斯科柴科夫斯基音乐学院学习作曲。1960年毕业回国，在上海实验歌剧院任作曲。1975年调入上海交响乐团从事作曲。1985年被选为中国音乐家协会第四届常务理事。作品有歌曲《打得好》、《唱支山歌给党听》、《接过雷锋的枪》、《清晰的记忆》等，民乐合奏《翻身的日子》，钢琴曲《序曲第一号“告诉你”》、《序曲第二号“流水”》等，管弦乐曲《节日序曲》，交响合唱《英雄的诗篇》，交响幻想曲《纪念为真理而献身的勇士》，交响组曲《黔岭素描》，管弦乐音诗《纳西一奇》、《第一交响曲》、《第二交响曲》等。

朱经武 Chu, Paul Ching-wu（1941-12-02～ ） 美籍华裔物理学家。生于中国湖南长沙。1962年毕业于台湾成功大学。1965、1968年分别获美国福德姆大学、加州大学圣迭哥分校硕士、博士学位。1989年当选美国国家科学院院士、人文科学院院士和英国皇家学会外籍会员。1994年获超导科学卓越成就

奖。现任美国休斯敦大学超导研究中心主任、物理系教授，香港科技大学校长。1996年当选中国科学院外籍院士。高温超导研究的先驱者和液氮温度超导电性发现者之一。1979年帮助中国科学院物理研究所发展盒式高压技术和物理的研究，被聘为该所荣誉研究员；1988、1991年先后被聘为中山大学、南开大学名誉教授，积极协助南开大学开发新能源镍－氢电池技术。

朱骏声 Zhu Junsheng (1788～1858) 中国清代文字训诂学家。字丰芑，号允倩。江苏吴县人。博学无书不读，娴习经史，擅长诗赋词章。著作甚多，刻板的只有《说文通训定声》和《传经堂文集》。《说文通训定声》凡18卷，是一部按古韵部改编《说文解字》的书。全书以谐声声符为纲，按音分别归属古韵十八部。同从一声符孳衍的字都联缀在一起，秩然有序。每字之下，先释《说文》本训，引群书古注为证，即所谓说文；次陈述字的引申义和因文字假借而产生的假借义，即所谓通训；最后举出上古韵文中的用韵来证明古音，凡同韵相押称为古韵，邻韵相押称为转音，阐明字音，即所谓定声。这3部分的主要部分是通训，对研究词义的发展和转变大有帮助。

朱可夫 Zhukov, Georgy Konstantinovich (1896-12-01～1974-06-18) 苏联元帅。生于卡卢加省，卒于莫斯科。1915年加入俄军，参加第一次世界大战。1918年加入红军，翌年加入俄共(布)。内战结束后历任骑兵团长、旅长、师长、军长等职。1939年任驻远东第1集团军群司令，在诺门坎地区指挥反击日军作战并取得胜利。1941年任副国防人民委员兼总参谋长。苏德战争期间，任方面军司令、第一副国防人民委员、最高统帅部副最高统帅，参与制定战略和战役计划，组织协调并参与指挥列宁格勒、莫斯科、斯大林格勒等一系列重要战役。1945年5月8日代表苏军接受德军投降。战后，任苏军驻德军队集群总司令兼苏联军管局总指挥、武装力量部副部长兼陆军总司令。1953～1957年任国防部第一副部长、部长。他作风果断，意志坚强，具有组织指挥大军团作战的卓越才能，善于正确选择主要突击方向并集中使用兵力兵器，擅长以坦克兵团分割、合围和歼灭敌重兵集团。4次荣膺苏联英雄称号，获列宁勋章6枚。著有《回忆与思考》。

朱克曼 Zukerman, Pinchas (1948-07-16～) 以色列小提琴家。生于特拉维夫。8岁入特拉维夫音乐专科学院学习。他的才华得到I.斯特恩和P.卡萨尔斯的赏识，获得美以文化协会的奖学金，1961年去纽约朱利亚学校，从I.加拉米安学习。1967年参加勒文垂特国际小提琴比赛，与郑京和并列第一名。1968～1969年间，代替患病的斯特恩参加一系列重要演出，取得令人瞩目的成功。随后在欧美各地演出，赢得国际声誉。1970年，与钢琴家D.巴伦博伊姆、大提琴家J.迪普雷在贝多芬诞辰200周年纪念音乐会上，出色地演奏了L. van 贝多芬的三重奏乐曲，并录制了唱片。

朱克柔 Zhu Kerou 中国宋代缂丝工艺家。名强，字克柔，以字行。秀州华亭（今上海松江）人。生卒年不详，主要活跃于宋徽宗、高宗时期(1101～1162)。以缂丝女红闻名于世，亦善画。所缂作品，除取材花草、翎毛及其他图案外，亦多仿缂名人书画，且缂工精细，风格高雅，形神生动，成为当时文人显达争相收藏的珍贵工艺品。所作缂丝，运丝如笔，晕色巧妙，古淡清雅，为一时之绝技。使缂丝由纯实用性向装饰性发展，并成为独立的艺术品。传世作品有《莲塘乳鸭图》、《山茶》和《牡丹》等。

《牡丹》(辽宁省博物馆藏)

朱拉隆功改革 Chulalongkorn's Reforms 19世纪末、20世纪初暹罗（今泰国）曼谷王朝国王朱拉隆功（即拉玛五世，1868～1910年在位）领导的改革运动。朱拉隆功为蒙固王（即拉玛四世）之子，生于1853年，自幼受父王的培育和宫廷内英国教师的教育。1868年继位后，出国访问，以考察新政。1873年亲政后，为了强兵富国，抵御西方的侵略威胁和摆脱民族危机，立意革新各种不合时宜的旧制度，实施一系列改革，取得显著成效，因而获得朱拉隆功大帝的称号。

改革从政治、军事领域开始，而后扩展到社会、经济和文化教育领域。主要措施有：①军事改革。改募兵制为征兵制，建立义务兵役制，并按西方建制改编陆军，创建海军。到1910年已建立9个陆军师，海军也初具规模。②行政改革。1874年设立咨议院和枢密院，作为国王处理政务和立法的辅佐咨询机构。1895年成立国务会议，并实施地方行政改革。废除食田制（即萨克迪纳制），代之以薪俸制。③财税改革，整顿财政。实行金汇兑本位制。④分步骤解除人身依附关系，废除奴隶制度。⑤建设铁路、公路，发展交通和邮电事业，兴修水利，促进大米生产和出口。⑥教育改革。将暹罗教育从传统的寺院庙堂逐步解放出来，打开了学习现代科学知识的大门。

朱拉隆功改革是自上而下进行的防御性的现代化改革。它冲击了暹罗古老而僵化的社会结构，经济上为商品经济发展开辟了道路，政治上有利于维护国家的独立。改革并未使暹罗实现工业化和民主化，但却为它走上现代化道路创造了条件。

《朱丽小姐》 *Miss Julie* 瑞典剧作家J.A.斯特林堡的独幕剧。写于1888年。主人公朱丽小姐性格怪僻，未婚夫忍无可忍，婚约告吹。仲夏夜，她找名叫让的男仆跳舞，让出身低贱，对朱丽小姐艳羡已久，便乘机求爱，朱丽小姐大为感动，便顺从地委身于让，并合谋私奔。这时门铃大响，她的父亲、体面的伯爵大人回来了。她不想让自己和父亲身败名裂，求让出主意，让递给她一把剃刀，让她自杀。朱丽镇定下来，持刀开门走了出去。

《朱丽小姐》剧照

《朱丽小姐》是一出典型的自然主义悲剧，揭示了人受制于某些生物特性、听凭命运摆布的生存悲剧。剧中口语化的对白、单纯的人物关系、简洁有力的戏剧冲突与象征性的道具十分契合。被看作小型室内剧的典范，曾4次被拍成电影。

朱利亚学校 Juilliard School 美国培养音乐艺术人才的高等学府。校址在纽约。建于1905年，初名为音乐艺术学院。1924年，商人A.D.朱利亚创立了朱利亚学位学校。1926年，学位学校与音乐艺术学院合并，由校长和管理委员会共同领导，但保留各自的领导和体制。1946年，两校的合并工作得以完成，并形成现在的朱利亚学校。1968年，增设了舞蹈和戏剧两个专业学科。1969年起，该校成为林肯艺术中心的组成部分。该校的音乐部设有管弦乐、键盘乐、钢琴伴奏、声乐、作曲和指挥等课程。该校设有音乐学士、音乐硕士、音乐艺术博士学位。另设有预科班、朱利亚管弦乐队、朱利亚交响乐队、当代重奏乐团、室内乐队、指挥者乐团、朱利亚合唱团、小重奏乐队等。

朱莉亚·罗伯茨 Julia Roberts (1967-10-28～) 美国电影演员。生于佐治亚州的一个演员家庭。不到10岁便在电影里饰演小角色。1989年的《钢木兰》是其成名作，她因此荣获金球奖最佳女配角奖，并获奥斯卡金像奖最佳女配角提名。1990年饰演《漂亮女人》中的妓女维维安一角，受到广泛好评。其后出演的重要影片有《与敌共眠》(1991)、《我最好朋友的婚礼》(1997)、《落跑新娘》(1999)、《蒙娜丽莎的微笑》(2003)、《查理的战争》(2007)等。2001年因《永不妥协》获第73届奥斯卡金像奖最佳女主角奖。

朱琳 Zhu Lin (1923-04-07～) 中国话剧演员。江苏海州（今连云港）人。抗日战争全面爆发后演出过《放下你的鞭子》、《木兰从军》、《大地回春》等抗日救亡剧目。1941年在新中国剧社主演《秋声赋》，后又在《大雷雨》、《日出》、《名优之死》等剧中担任主角。抗战胜利后，主演《孔雀胆》、《丽人行》等剧。后加入上海大同电影公司。1950年到北京中国青年艺术剧院任演员。1953年转入北京人民艺术剧院，先后创造了鲁妈（《雷雨》）、格拉菲拉（《耶戈尔·布雷乔夫等人》）、纳佳（《带枪的人》），武则天（《武则天》）、蔡文姬（郭沫若所著《蔡文姬》）等20多个人物形象。朱琳的表演风格深沉、隽永、细腻、含蓄。把戏曲表演中手眼身法步的技巧、洗练优美的程式，以及戏曲念白的节奏鲜明、韵律和谐的特点，有机地融会于角色的创造之中，为话剧表演艺术的民族化提供了经验。20世纪80年代，她扮演《贵妇还乡》中的克莱尔、《推销员之死》中的林达、《洋麻将》中的芳西雅，体现了在表演艺术上求深求精的探索精神。

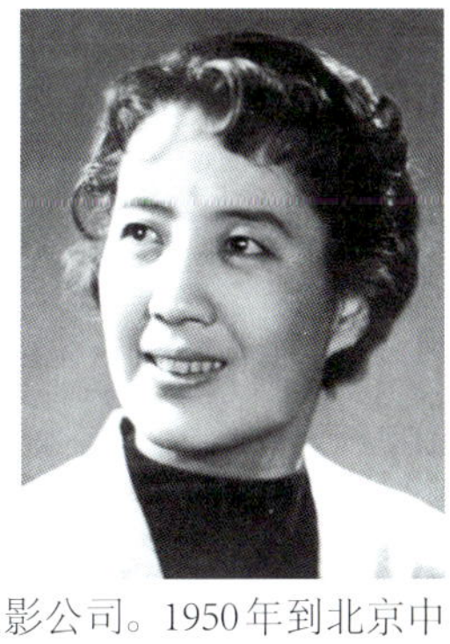

朱穆之 Zhu Muzhi (1916-12-25～) 中国新闻记者。原名朱仲龙。江苏江阴人。1933年入北京大学学习。1935年2月参加中华民族解放先锋队，积极组织和参加一二·九学生运动。1937年9月任南京《金陵日报》编辑。1946～1977年参加新华通讯社工作，历任特派记者、副总编辑、副社长和社长。1977年12月任中共中央宣传部副部长。1982年5月至1986年6月任中华人民共和国文化部部长。其间，还任中华全国新闻工作者协会副主席。著有《论新闻报道》等。

朱启钤 Zhu Qiqian (1872-11-12～1964-02-26) 中国清末及民国初年官员、学者、实业家。字桂辛，晚号蠖公。贵州开州（今开阳）人。生于河南信阳，卒于北京。光绪十九年（1893）捐资入仕，曾任京师大学堂译学馆监督、蒙务局督办、津浦铁路北段总办等职。辛亥革命后，历任北洋政府交通总长、代理国务总理、内务总长兼京都市政督办。1919年任南北议和北方总代表。抗日战争时期留居北平，坚持民族气节，拒绝出任伪职。1950年后，任中央文史馆馆员。任京都市政督办期间，主持改建正阳门、修建环城铁路，并创建北京第一个公园中央公园（今中山公园），是北京近代市政建设和城市规划的开创者。1918年发起成立北戴河海滨公益会，被推为会长，为海滨的开发与建设做了大量工作。他从1917年开始经营实业，经办中兴煤矿，创办中兴轮船公司。1919年主持整理《营造法式》，1930年组建中国营造学社，任社长，致力中国古代建筑研究。1912年前后，他在北京收购一批宋元以来的织绣精品（现藏辽宁省博物馆）。后来，这些珍品图录被辑成《纂组英华》出版。20年代，他写成《存素堂丝绣录》、《清内府刻丝书画考》、《清内府刺绣书画考》、《女红传征略》、《丝绣笔记》等专著。1927年，根据日本的传抄本，重新刊刻在中国久已失传的明代漆器艺术家黄成的专著《髹饰录》。著作还有《蠖园文存》、《芋香录诗》等。

朱权 Zhu Quan 中国明代文学家。见《太和正音谱》。

朱雀 *Carpodacus*; rosefinch 雀形目燕雀科朱雀属鸟类的统称。世界有20种。广布于欧亚地区，仅个别种见于北美和中美。中国有18种。嘴比头短，嘴基粗大；翅较短，与尾端相距超过跗蹠的长度；雄鸟体羽主要呈红色，雌鸟则呈褐或绿色；外侧尾羽污白色。

普通朱雀

夏季成对或成小群，在海拔1 000～3 500米地带活动，常见于草原、山坡的灌丛、高山针叶林边缘的大树上，有时山村屋边树上也可见到。冬季迁至山下，常在开阔林区或耕地旁的矮灌丛中大群活动。主要以种子、浆果和嫩芽为食，兼食昆虫。

朱然墓 Tomb of Zhu Ran 中国三国时吴国右军师、左大司马朱然之墓。位于安徽马鞍山。朱然死于赤乌十二年（249）。墓于1984年发掘。1996年又对朱然家族墓进行清理发掘。2001年国务院公布朱然家族墓地为全国重点文物保护单位。

朱然墓为双室砖墓，全长8.7米。墓砖上模印“富且贵，至万世”等篆书吉语及钱文。该墓虽经盗掘，仍出土随葬品140余件，绝大部分为漆木器。有的漆书“蜀郡作牢”铭文，可知产自蜀郡。案、盘等绘精美彩色漆画，题材有宫廷宴乐、童子舞棍，以及“季札挂剑”、“百里奚会故妻”等历史故事。这些漆画注重写生，人物形态生动传神，是研究三国绘画艺术的珍贵资料。

“季札挂剑”漆盘

2件犀皮漆耳杯是已知年代最早的犀皮漆器，其发现将这一工艺出现的时间提早了600年。还出土朱然的木名刺和谒。

朱镕基 Zhu Rongji (1928－10－23～) 中国共产党中央政治局常务委员会委员，中华人民共和国国务院总理。湖南长沙人。1949年10月加入中国共产党，1948年12月参加革命工作。

1947～1951年在清华大学电机系电机制造专业学习并参加新民主主义青年联盟。1951～1952年任东北工业部计划处生产计划室副主任。1952～1969年任国家计划委员会燃动局、综合局组长，国家计委主任办公室副处长，机械局综合处副处长，国民经济综合局工程师。1970～1975年下放国家计委“五七”干校劳动。1975～1983年任石油工业部管道局电力通讯工程公司办公室副主任、副主任工程师，中国社会科学院工业经济研究所室主任，国家经济委员会燃动局处长、综合局副局长，技改局局长。1983～1987年任国家经济委员会副主任。1987～1991年任中共上海市委副书记、上海市市长，中共上海市委书记。1991～1992年任国务院副总理兼国务院生产办公室主任、党组书记，兼国务院经济贸易办公室主任、党组书记。1992～1998年任中共中央政治局常委，国务院副总理兼国务院经济贸易办公室主任、党组书记，兼中国人民银行行长(1993年6月至1995年6月)。1998～2002年任中共中央政治局常委，国务院总理。2002年11月至2003年3月任国务院总理、党组书记。是中共第十三届中央候补委员，十四、十五届中央委员、中央政治局委员、中央政治局常委。

朱三太子案 Case of the Third Crown Prince Zhu 中国清朝康熙时发生的反清事件。清初，流传明崇祯帝第三子尚在民间，一些人即以“朱三太子”为号召，举兵抗清，清廷大力搜捕，史称“朱三太子案”。康熙十二年冬（1674年1月），北京有杨起隆者，诈称朱三太子，组织旗下奴仆、佃户，密谋起事。因事机漏泄，为清廷镇压，起隆逃走。十九年，在陕西汉中捕获自称朱三太子慈璊的反清者，讯即起隆，然清廷指其假冒，在京磔死。三藩乱时，福建蔡寅亦诈称朱三太子，拥众数万，与台湾郑经勾通反清，被清军击败于天宝山。康熙四十年后，江苏太仓、浙江大岚山等处反清力量均称拥立朱三太子。四十七年正月，捕获在浙江大岚山起兵抗清的张念一（念一和尚），四月，清廷据其口供在山东汶上县捕获张姓父子，指为起义军所拥立之朱三，押解至浙审问。张供认本名朱慈焕，系崇祯帝四子，长期流落河南、浙江等地，先后改姓王、张，以课读糊口，时年已75岁，与江南、浙江等处反清力量并无干系。但清廷指其伪充明裔，以“通贼”罪仍将朱氏父子解京处死。朱三太子一案从此遂寝。

朱绍文 Zhu Shaowen (1829～1904) 中国相声艺人。一作朱少文，艺名穷不怕。北京人，祖籍浙江绍兴。幼年学唱京戏，工丑，曾搭嵩祝成班演出。道光年间改演莲花落的丑脚“架子前脸”，后又改行到天桥撂地说单口相声，兼唱太平歌词。因他演出用的一副伴奏竹板上刻有“满腹文章穷不怕，五车诗书落地贫”诗句，遂有“穷不怕”的艺名。另一副竹板上刻着他自作的诗句“日吃千家饭，夜宿古庙堂；不做犯法事，哪怕见君王”(见图)。相传他说演相声，边用白沙撒字，边用竹板击节演唱太平歌词，通过解说所撒文字或者作对联，引经据典，针砭时弊，成为一绝。后与弟子贫有本搭档合说所作对口相声《字像》讥刺贪官污吏，被认为是对口相声的创始人之一。时人将其列为各自拥有绝活的“天桥八大怪”之首。又与同时代的阿彦涛、沈春和同列相声三大门派之魁首，后世的相声演员一般认为均出自三人门下，而以穷不怕的一支最为兴盛。

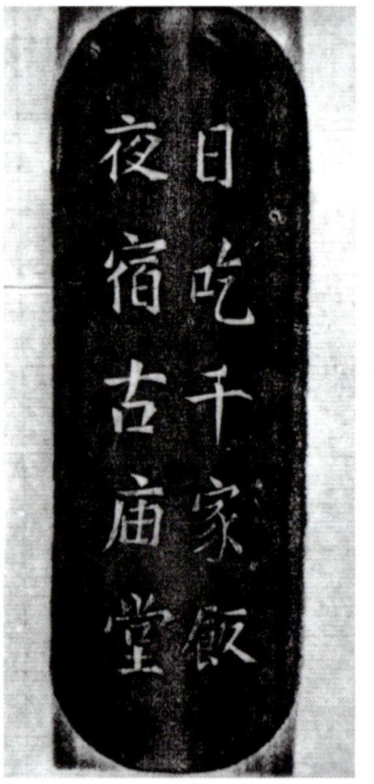

穷不怕所用竹板拓片

朱生豪 Zhu Shenghao (1912－02－02～1944－12－26) 中国翻译家、诗人。原名文森，又名文生，学名森豪，笔名朱生、朱朱等。生于浙江嘉兴一个破落小商人家庭。1929年入杭州之江大学主修中国文学，补修英文。1933年大学毕业后入上海世界书局任英文编辑。1935年与该书局签约译《莎士比亚戏剧全集》，在听说日本人因中国没有莎氏全集译本而讥笑中国是“没有文化的国家”后，更加发奋，翌年即译出《暴风雨》。1937年完成《仲夏夜之梦》等9个剧本的翻译。太平洋战争爆发后，他的资料、译稿、旧体诗词及译诗《古梦集》、新诗《小溪集》、《丁香集》等均毁于战火。后隐居乡间，在贫病交加中，仍保持民族气节，译笔不辍，译完莎剧31部。

1947年世界书局出版了朱生豪翻译的《莎士比亚戏剧全集》，中华人民共和国建立后，作家出版社和人民文学出版社先后于1954和1958年将朱生豪翻译的莎士比亚戏剧作品重编为《莎士比亚戏剧集》出版。朱生豪翻译的莎剧译文流畅、生动，优美传神。

朱石麟 Zhu Shilin (1899－07－27～1967－01－05) 中国电影导演。江苏太仓人。卒于香港。1923年加入华北影业公司。27岁时，因病腿残，以坚强的意志写成了《自杀合同》、《故都春梦》、《恋爱与义务》等电影剧本。

1934年正式任导演。作品有无声片《归来》、《青春》，有声片《联华交响曲》(片断《鬼》)、《艺海风光》(片断《电影城》)。1937年，导演家庭伦理片《慈母曲》，手法细腻生动，是他的代表作之一。之后，导演了《香妃》、《孟丽君》、《肉》、《洞房花烛夜》、《人约黄昏后》等影片。1946年到香港，任大中华影业公司导演，先后导演了《同病不相怜》、《各有千秋》、《春之梦》、《玉人何处》、《第三代》等片。1948年导演历史故事片《清宫秘史》。其后导演了《花姑娘》、《江湖儿女》、《一板之隔》、《水火之间》、《误佳期》等影片。1954年后，导演了20多部影片。其中《一年之计》和《新寡》获1955年文化部颁发的优秀影片特别奖。

朱世杰 Zhu Shijie 中国元代数学家。字汉卿，号松庭。燕（今北京或其附近）人。活动时期大约在至元七年（1270）至延祐七年（1320）。著有《算学启蒙》3卷、《四元玉鉴》3卷。《算学启蒙》是当时一部较有影响的启蒙数学书，曾流传到日本和朝鲜。现存的《算学启蒙》就是根据1660年朝鲜刻本于1839年翻刻的。他在数学上的重大成就有：高次方程组（最多可包括4个未知数）的解法，高阶等差级数求和、招差法等。

朱淑真 Zhu Shuzhen 中国宋代作家。号幽栖居士。钱塘（今浙江杭州）人，一说海宁（今属浙江）人。生卒年及生平事迹均不详。她出身仕宦之家，出嫁后随夫宦游异乡，因婚姻不遂素志，抑郁而终。她通音律，工诗词。诗多写个人寂寞生活，抒发内心的苦闷和孤独，如《愁怀》、《长宵》等；也有记游、赠答、咏史、写景咏物的诗，如《项羽二首》、《喜雨》等。词多幽怨感伤，语淡情浓，形象鲜明，风格丽婉，其影响大于诗，历来受到重视。如〔蝶恋花〕“楼外垂杨千万缕”、〔谒金门〕“春已半”、〔减字木兰花〕“独行独坐”，都是抒情惜春之作；而〔清平乐〕“恼烟撩露”等又表现了对爱情的向往追求。她是宋代仅次于李清照的杰出女词人。有《断肠诗集》、《武林往哲遗著》本。《断肠词》，有四印斋本。今人冀勤有《朱淑真集注》。

朱松邻 Zhu Songlin 中国明代竹刻工艺家，嘉定派竹刻创始人。又名松龄、鹤，字子鸣。江苏嘉定（今属上海）人。生卒年不详，约生活于明正德、嘉靖年间。工韵语，兼雕镂、图画之技。其竹刻与一般工匠不同的是以刀代笔，制度浑茂，深得神似。其作品或竹、草、楷、隶，或人物、山水，并称绝技。所创嘉定派竹刻有着浓郁的诗、书、画气韵和文人高雅的风格，对后世影响深远。

朱橚 Zhu Su (?～1425) 中国明代植物学家。生年不详，卒于明仁宗洪熙元年。明太祖朱元璋第五子，封周王，谥定，故称周定王。领开封府（今豫东平原大部分地区，为历史上河决多发区）。据史载，仅明洪武八年（1375）至二十四年（1391），黄河决口20余处，大多在他的封地内。利用野生可食植物资源成为当时救荒安民的主要途径之一。明成祖永乐元年（1403），朱橚便组织王府人力着手调查，得可食植物400余种，植于王府园中。俟其生长成熟，召画工摹绘为图，记以文字说明，至永乐四年成书，名《救荒本草》。《救荒本草》是中国最早以植物群为基础的河南省植物志。所记植物414种，除以往《本草》所记者外，新增276种。分二卷，每卷之下分草、木、米谷、果、菜5类，详载各种植物之形态、产地、生境、可食部位与制作方法。形态描述多突出植物叶、茎、花、果实的特征，植物形态图描绘之精确远胜于《本草》。对含毒植物在“救饥”条中专述其食用法。

朱纨 Zhu Wan (1494～1549) 中国明朝大臣。字子纯。南直隶长洲（今江苏苏州）人。正德十六年（1521）进士。历官知州、南京刑部员外郎、四川兵备副使、广东左布政使。嘉靖二十五年（1546）擢右副都御史，巡抚南赣（直隶），次年改提督浙、闽海防军务，巡抚浙江，防御倭寇。到任后，采纳佥事项高和当地士民建议，革渡船，严保甲，搜捕通倭奸民，整顿海防，严禁商民下海。二十七年四月，派兵由海门进发攻克倭巢双屿港，活捉日本人稽天与中国海盗许栋等。但此举触犯闽浙豪绅利益，又因处置日本贡使与主客司闽籍官员林懋和发生矛盾。同年七月，吏部奏改朱纨为巡视，削弱其权。朱纨上疏自辩，次年三月，俘海盗李光头等96人，尽诛之。御史陈九德劾其擅杀，朱纨因此革职，愤而自尽。朝野为之叹息。著有《甓余录》12卷。

朱温 Zhu Wen (852～912) 中国唐末黄巢起义军叛将，后梁王朝的开国皇帝。宋州砀山（今属安徽）人。幼时随母在萧县刘崇家当佣工。后参加黄巢领导的农民起义军，随军入长安。唐中和二年（882）正月，黄巢以朱温为同州（今陕西大荔）防御使。同年九月叛变，降于唐河中节度使（今山西永济西）王重荣，僖宗任命朱温为金吾卫大将军，充河中行营副招讨使，赐名全忠。次年，改宣武军节度使（今河南开封），加东北面都招讨使。四年，全忠与李克用等联兵镇压黄巢起义军。以后十余年间，朱全忠凭借汴州（今河南开封）优越的地理条件，逐步吞并割据中原和河北地区的藩镇。天复元年（901）被封为梁王。同年，宰相崔胤召全忠入关，谋诛宦官。宦官劫唐昭宗到凤翔（今属陕西），依靠节度使李茂贞。全忠攻凤翔，茂贞屡败。天复三年，茂贞势蹙，被迫杀死劫迁昭宗的宦官，送昭宗出城。昭宗还长安后，全忠尽诛宦官，废神策军，从此昭宗为全忠控制。天祐元年（904），全忠迫昭宗迁洛阳，随即遣人杀之，立其子李柷（哀帝）。后又贬杀宰相独孤损等朝官30余人。四年，全忠废李柷称帝，改名朱晃，是为后梁太祖。都开封（后曾一度迁都洛阳），国号梁，史称后梁。改元开平。

晚年，因皇位继承人未定，皇室内部矛盾尖锐。乾化二年（912），为次子朱友珪所杀。

朱文鑫 Zhu Wenxin (1883-10-09～1938-04-26) 中国天文学家。字槼亭，号贡三。江苏昆山人。清末附贡生，江苏高等学堂毕业，1910年美国威斯康星大学理学士，曾任留美中国学生会会长。回国后在南洋大学（上海交通大学）和复旦大学任教授。他对法国天文学家C.梅西耶1781年发表的《星团星云表》进行重测，1934年发表《星团星云实测录》一书。他最大的贡献是利用现代天文知识对中国古代天文学所作的研究。在这方面的著作约有15种，已出版的有《天文考古录》(1933)、《史记天官书恒星图考》(1934)、《历代日食考》(1934)、《历法通志》(1934)、《近世宇宙论》(1934)、《天文学小史》(1935)和《十七史天文诸志之研究》(1965) 等。

朱物华 Zhu Wuhua (1902-01-03～1998-03-11) 中国电子学家、电力和电信专家、教育家。生于扬州，卒于上海。1923年毕业于上海交通大学电机系，同年留学美国，1924年获麻省理工学院电机工程硕士学位，1926年获哈佛大学哲学博士学位，1927年回国。历任中山大学物理系教授，唐山交通大学、北京大学物理系教授，西南联合大学物理系教授，上海交通大学电机系教授，兼工学院院长、副院长，哈尔滨工业大学电工系教授、副校长，上海交通大学无线电系教授、副校长、校长、顾问。1955年当选中国科学院学部委员（院士）。早年从事电力和电信的研究，曾提出低通、高通和带通各式滤波器的瞬流特性及其数学解。在电力传输和无线电工程方面任教几十年。是中国物理学会最早会员之一，后任中国电子学会副理事长、上海电子学会名誉理事长。著有《无线电技术基础》。

朱熹 Zhu Xi (1130～1200) 中国南宋思想家。字元晦，号晦庵。徽州婺源（今属江西）人。绍兴十八年（1148）中进士，历仕高宗、孝宗、光宗、宁宗四朝，庆元六年卒。嘉定二年（1209）诏赐遗表恩泽，谥曰文，寻赠中大夫，特赠宝谟阁直学士。理宗宝庆三年（1227），赠太师，追封信国公，改徽国公。

生平 早年出入佛、道。31岁正式拜程颐的三传弟子李侗为师，专心儒学，成为程颢、程颐之后儒学的重要人物。淳熙二年（1175），朱熹与吕祖谦、陆九渊等会于江西上饶铅山鹅湖寺，是为著名的鹅湖之会。在“白鹿国学”的基础上，建立白鹿洞书院，订立《学规》，讲学授徒，宣扬道学。在潭州（今湖南长沙）修复岳麓书院，讲学以穷理致知、反躬践实及居敬为主旨。他继承二程，又独立发挥，形成了自己的体系，后人称为程朱理学。任地方官期间，力主抗金，恤民省赋，节用轻役，限制土地兼并和高利盘剥，并实行某些改革措施，也参加了镇压农民起义的活动。朱熹在从事教育期间，对于经学、史学、文学、佛学、道教以及自然科学，都有所涉及或有著述，著作广博宏富。主要著作有：《四书章句集注》、《周易本义》、《资治通鉴纲目》、《易学启蒙》、《诗集传》、《楚辞集注》、《朱子语类》、《朱文公文集》等。

理气论 继承周敦颐、二程，兼采释、道各家思想，形成了一个庞大的哲学体系。这一体系的核心范畴是“理”，或称“道”、

“太极”。朱熹所谓的理，有几方面互相联系的含义：①理是先于自然现象和社会现象的形而上者。②理是事物的规律。③理是伦理道德的基本准则。朱熹又称理为太极，是天地万物之理的总体，即总万理的那个理一。“太极只是一个理字”。太极既包括万物之理，万物便可分别体现整个太极。这便是人人有一太极，物物有一太极。每一个人和物都以抽象的理作为它存在的根据，每一个人和物都具有完整的理，即理一分殊。气是朱熹哲学体系中仅次于理的第二位的范畴。它是形而下者，是有情、有状、有迹的；它具有凝聚、造作等特性。它是铸成万物的质料。天下万物都是理和质料相统一的产物。朱熹认为理和气的关系有主有次。理生气并寓于气中，理为主，为先，是第一性的，气为客，为后，是第二性。

动静观　主张理依气而生物，并从气展开了一分为二、动静不息的生物运动，这便是一气分做二气，动的是阳，静的是阴，又分做五气（金、木、水、火、土），散为万物。一分为二是从气分化为物过程中的重要运动形态。这里的一，是指统一物，其中包含着对待的两个方面，譬如阴阳两端，这里的二是指对待的两方面，有阴便有阳，有阳便有阴。朱熹认为动静不但相对待、相排斥，并且相互统一。朱熹论述了运动的相对稳定和显著变动这两种形态，他称之为“变”与“化”。他认为渐化中渗透着顿变，顿变中渗透着渐化。渐化积累，达到顿变。

格物致知论　朱熹用《大学》“致知在格物”的命题，探讨认识领域中的理论问题。在认识来源问题上，朱熹既讲人生而有知的先验论，也不否认见闻之知。强调穷理离不得格物，即物才能穷其理。朱熹探讨了知行关系。认为知先行后，行重知轻。从知识来源上说，知在先；从社会效果上看，知轻行重。而且知行互发，“知之愈明，则行之愈笃；行之愈笃，则知之益明”。

心性理欲论　在人性论上，朱熹发挥了张载和程颐的天地之性与气质之性的观点，认为“天地之性”或“天命之性”是专指理言，是至善的、完美无缺的；“气质之性”则以理与气杂而言，有善有不善，两者统一在人身上，缺一则“做人不得”。与“天命之性”和“气质之性”有联系的，还有“道心”、“人心”的理论。朱熹认为，“道心”出于天理或性命之正，本来便禀受得仁义礼智之心，发而为恻隐、羞恶、是非、辞让，则为善。“人心”出于形气之私，是指饥食渴饮之类。如是，虽圣人亦不能无人心。不过圣人不以人心为主，而以道心为主。他认为“道心”与“人心”的关系既矛盾又联结，“道心”需要通过“人心”来安顿，“道心”与“人心”还有主从关系，“人心”须听命于“道心”。朱熹从心性说出发，探讨了天理人欲问题。以为人心有私欲，所以危殆；道心是天理，所以精微。因此提出了“遏人欲而存天理”的主张。朱熹承认人们正当的物质生活的欲望，反对佛教笼统地倡导无欲，他反对超过延续生存条件的物质欲望。

美学思想　在朱熹的哲学体系中包含有对美与艺术的理论。他认为美是给人以美感的形式和道德的善的统一。基于美是外在形式的美和内在道德的善相统一的观点，朱熹探讨了文与质、文与道的问题。认为文与质、文与道和谐统一才是完美的。还多次谈到乐的问题。把乐与礼联系起来，贯穿了他把乐纳入礼以维护统治秩序的理学根本精神。朱熹对“文”、“道”关系的解决，在哲学思辨的深度上超过了前人。他对《诗经》与《楚辞》的研究，也经常表现出敏锐的审美洞察力。

教育思想　一生从事教育活动约50年，创办过很多学校，恢复了白鹿洞书院和岳麓书院。朱熹办学的首要目的，是为了整顿伦理道德。兴学办校，应以五伦为教。“五教谓父子有亲，君臣有义，夫妇有别，长幼有序，朋友有信。”针对不同人的情况，朱熹提出因人施教。“各因其所长而教之”，是朱熹重要的教育思想。朱熹将学校分为小学和大学两类。小学的内容是洒扫、应对、进退之节，爱亲敬长、隆师亲友之道；大学的内容是穷理、修身、齐家、治国、平天下之道。关于教学方法，朱熹主张采取商讨式的方法，强调书要自己去读，理要自己去体。

影响　朱熹是理学的集大成者，中国古代儒家的主要代表人物之一。他的学术思想，在中国元明清三代，一直是官方意识形态。朱熹哲学思想的理论与社会价值在历史上有一个被认识的过程。他在世时，其学术思想曾被视为“伪学”。随着时代变迁，他的思想价值逐渐被认识。元朝皇庆二年（1313）复科举，诏定以朱熹《四书章句集注》试士子，朱学定为科场程式。朱元璋洪武二年（1369）科举以朱熹等“传注为宗”。朱熹的学术思想在世界文化史上，也有重要影响。朝鲜、越南的朱子学曾一度在历史上成为主导的意识形态。

朱洗　Zhu Xi（1900-10-14～1962-07-24）中国生物学家、实验胚胎学家。生于浙江临海，卒于上海。1920年赴法国勤工俭学，1925年考入蒙彼利埃大学。1931年获法国国家博士学位。历任广州中山大学、北平中法大学教授，台湾大学动物系主任，北平研究院动物研究所和上海生物研究所研究员，中国科学院实验生物研究所研究员、室主任、副所长、所长等职。1955年当选为中国科学院学部委员（院士）。

朱洗从事动物早期发育的研究近40年，对两栖类、鱼类、家蚕等动物卵子成熟、受精、人工单性生殖和异种杂交的细胞学等进行了长期、深入的研究，发现卵子成熟程度与胚胎的正常发育有密切关系。他还发现输卵管产生的胶膜对受精有重要作用。他创立的蟾蜍卵巢离体排卵的方法，为探讨卵子成熟、受精和发育等问题开辟了新途径。1961年他首次使人工单性生殖形成的雌蟾与雄蟾交配，繁殖出后代。在家蚕的混精杂交研究中，发现了不同品种的逾数精子能影响子代的遗传性。他参与解决了蓖麻蚕的引种、驯化、越冬品种培育和推广等问题。还应用绒毛膜促性腺激素成功地解决了鲢、鳙等池养家鱼的人工催产和鱼卵孵化等关键问题，促进了中国淡水养殖业的发展。

朱洗发表有代表性的学术论文60余篇，著书20余卷，共450多万字，其中有专著《生物的进化》，译著《脊椎动物发生学》，科普著作《现代生物学丛书》以及遗著《鱼类的生殖子代的发育、生长与变态》等。1958年当选为第二届全国人民代表大会代表。

朱仙镇　Zhuxianzhen　中国古代名镇，即今河南开封市西南朱仙镇。朱仙镇之名，见于宋人朱彧《萍洲可谈》，所记为张昇途经朱仙镇买吃食事。可见该镇北宋前期已经存在，并有市肆店铺。不过尚未正式建镇，可能是一般集市，民间俗称为镇。南宋绍兴十年（1140）岳飞大败金兵于郾城，乘胜进军朱仙镇，又大破之。于是朱仙镇名声大噪。朱仙镇作为商业市镇的兴起始于明代。今流经朱仙镇的贾鲁河，原是明代前期黄河在河南荥泽孙家渡口（今郑州市古荥镇北孙庄）南决夺颍入淮时形成的一条决流，以后黄河改徙，此河遂称小黄河。而元代贾鲁所治黄河，自明初以来也俗称小黄河，两河都经开封府境。明后期元贾鲁所治河道湮废，而贾鲁河名便误植于今贾鲁河。由于贾鲁河的通流，朱仙镇为水陆舟车会集之所，成为豫东地区的物资聚散地，商业十分繁盛。清康熙时达到极盛，其时镇上烟火四万余户，街道布局有序，商店林立，与佛山、汉口都有直接货物往来。故当时与景德、佛山、汉口合称四大名镇。清代还置巡司，又有盐捕同知及千总驻此。嘉庆道光以后，由于黄河多次泛决，河道淤浅，风沙严重，环境恶化。以至商人流散，朱仙镇顿然衰落。咸丰同治年间朱仙镇人口锐减至12 000户，光绪二十二年（1896）

仅3 000余户，到1934年仅1 700余户。昔日繁荣，成为陈迹。

朱湘 Zhu Xiang (1904-10-04～1933-12-05) 中国诗人。字子沅。安徽太湖人，祖籍湖北。生于湖南沅陵。1919年入清华学校。1922年始在《小说月报》发表新诗，并加入文学研究会。1927年赴美留学。其间，因受歧视激发民族自尊心，数次罢课退学。1929年学业未完便回国，应聘为安徽大学英文系主任。1932年夏因与校方不和辞职，辗转漂泊，以写诗卖文为生，生活困窘。1933年12月5日晨，乘船由上海往南京途中投江而死。

初期诗作多收于诗集《夏天》(1925)中，1925年加入闻一多、徐志摩等新月派诗人行列，提倡格律诗运动。诗集《草莽集》(1927)清丽工整，音调和婉，标志其诗作日趋成熟。代表作《葬我》、《摇篮歌》、《采莲曲》等注重融汇古典词曲韵律之长，清缓动听，体现了新诗的音乐美。他还曾致力于长诗创作，名作有《王娇》、《猫诰》等。为探索新诗格律，曾对西方多种诗体进行尝试。《石门集》(1934)收录有70余首十四行体诗。还写过不少散文、诗评，并译介外国诗歌名作。著作还有：诗集《永言集》(1936)，散文和评论《中书集》(1934)、《文学闲谈》(1934)，书信集《海外寄霓君》(1934)、《朱湘书信集》(1936)，译作《番石榴集》(1936)等。

朱学范 Zhu Xuefan (1905-06～1996-01-07) 中国政治活动家，全国人大常委会副委员长，民革中央主席。生于上海，卒于北京。1923年赴美国哈佛大学学习，回国后先后参加了五卅运动和上海市工人第三次武装起义。1928年后任上海市邮务工会执行委员，全国邮务总工会常委，上海市总工会主席。参与发起中国劳动协会，任常务理事。1936～1945年八次代表中国参加国际劳工大会。1938年参与发起组织中国人民抗战总会筹备会。1939年后，任中国劳动协会理事长，国际劳工局理事院理事，国际工会联合会理事，世界工会联合会副主席。1948年参与组织中国国民党革命委员会，任中央常委兼组织委员会主任。同年进入解放区，当选为中华全国总工会副主席。1949年出席中国人民政治协商会议第一次全体会议。中华人民共和国建立后，历任邮电部部长，中华全国总工会第七、八、九届副主席，中国国际交流协会副会长，中国红十字总会名誉会长。1978年起任第五、六、七届全国人大常委会副委员长。是民革第五、六届中央副主席，第七届中央主席，第八届名誉主席。

朱彝尊 Zhu Yizun (1629～1709) 中国清代词人、诗人、学者。字锡鬯，号竹垞，晚号小长芦钓鱼师，又号金风亭长。浙江秀水（今嘉兴）人。康熙十八年(1679)举博学鸿词科，以布衣授翰林院检讨，入直南书房，曾参加纂修《明史》。朱彝尊擅长作文、考据。其诗以才藻魄力胜，初学唐，晚年阑入黄庭坚，当时与王士禛齐名，称"南朱北王"。朱彝尊为浙派诗开山祖师，与查慎行同为浙派初期两大家。同时，他又是浙西词派（也称浙派）的开创者，浙派词人曾与以陈维崧为代表的阳羡派，在词坛并峙称雄。朱彝尊认为词要"醇雅"，不要多"硬语"、"新腔"(《水村琴趣序》)。其词奉姜夔、张炎为正宗，且以小令为长。但因他过分追求技巧，讲究声律，偏重词句琢磨，作品虽多，题材仍不免狭窄。著有《曝书亭集》80卷、《日下旧闻》42卷、《经义考》300卷。另编选了《明诗综》100卷、《词综》36卷（汪森增补）。

朱亦松 Zhu Yisong (1894～1974) 中国社会学家。江苏南京人。1918年毕业于南京金陵大学。1919年留学美国，1921年获硕士学位。回国后先后在暨南学校、河海工程专门学校、江苏政法学校、大同大学、东南大学、中央大学、北京师范大学、北京大学、东北大学、河南大学、中山大学、女子师范学院、社会教育学院任教。中华人民共和国建立后，先后在大同大学、圣约翰大学、上海财经学院任教。

长期从事社会学教学和研究工作，主张社会是受各种因素影响的复杂的整体，社会学应从综合整体的角度，综合地研究社会。著有《社会学原理》、《现代社会主要问题》等。译著有《政治学与其他社会科学》、《社会科学与哲学、自然科学》、《经济学与其他社会科学》。

朱应 Zhu Ying 中国三国时吴国出使南海的官员。生卒年不详。吴多江湖，东南又沿海，造船业较发达，使得海外贸易往来成为可能。黄武五年(226)，交州刺史吕岱派中郎将康泰和宣化从事朱应出使南海诸国，进行外交活动。他们的足迹远至林邑（今越南中南部）、扶南诸国，是中国古代有历史记载的、最早航海到东南亚、南亚的旅行家。据说他们经历和传闻的国家有一百几十个，在扶南遇到中天竺的使臣陈宋，"具问天竺土俗"。回国后，朱应写下《扶南异物志》一卷，记述出使扶南等国的见闻，《隋书·经籍志》和《旧唐书·经籍志》、《新唐书·艺文志》等有著录，今已失传。康泰著《吴时外国传》(一作《吴时外国志》或《扶南记》、《扶南传》)，已亡佚。《水经注》、《艺文类聚》、《梁书》、《通典》、《太平御览》诸书均有所征引，为研究中国和南海诸国早期经济文化交流的重要文献。

朱蕴山 Zhu Yunshan (1887-11-09～1981-04-30) 中国政治活动家，爱国主义者，中国国民党革命委员会的创始人和领导人，全国人大常委会副委员长，全国政协副主席。生于安徽六安，卒于北京。早年加入光复会，进行反清活动。1907年参与刺杀安徽巡抚恩铭，被捕陪斩。后加入中国同盟会，参加辛亥革命、讨袁运动和反对北洋军阀的斗争。1924年加入中国国民党，任安徽省党部常委。1925年加入中国共产党。1927年通电反蒋，被国民党通缉。参加八一南昌起义。1928年脱离中国共产党后，参加邓演达领导的中国国民党临时行动委员会。1935年与李济深等发起组织中华民族革命大同盟，联络冯玉祥等抗日。抗日战争时期，回大别山组织安徽民众总动员委员会，在西南组织革命军人抗日联合会。1943年参加中国民主政团同盟，任中央执委、中央常委、三民主义同志联合会中央干事。1948年在香港参与发起成立中国国民党革命委员会，任中央常委、组织部长。同年进入东北解放区。1949年参加中国人民政治协商会议第一届全体会议。中华人民共和国建立后，任政务院人民监察委员会委员。1978年任全国政协第五届副主席。1979年当选为第五届全国人大常委会副委员长。是民革第五届中央主席。诗文收入《纪念朱蕴山文集》。

朱执信 Zhu Zhixin (1885-10-12～1920-09-21) 中华民国时期民主革命理论家、活动家。原名大符，字执信，号秋谷，笔名蛰伸、去非等。广东番禺人。1904年留学日本。次年加入中国同盟会，任《民报》编辑，经常撰文宣传反清革命，阐述孙中山三民主义理论。1906年回国后，以广东高等学堂等校教员身份为掩护，积极联络新军、会

党，发动广州新军起义和三二九起义。1911年11月，组织民军响应**武昌起义**，促成广东和平光复。1913年7月，因参与**二次革命**，被**袁世凯**通缉。后在日本加入**中华革命党**，任中华革命军广东司令长官，继续从事军事讨袁活动。袁世凯称帝败亡后，初随**孙中山**南下广州参加护法运动，后返上海协助其撰写《**建国方略**》。1919年8月起任《建设》杂志编辑，宣传新文化运动，介绍俄国十月革命。1920年奉孙中山之命，多次前往福建漳州等地策划驱逐桂系军阀，重建广东革命政权。不久，在广东虎门被桂系军阀杀害。

《朱子语类》 *Classified Conversations of Zhu Xi* **朱熹**与其弟子问答的语录汇编。中国宋代景定四年（1263）黎靖德以类编排，于咸淳二年（1270）刊为《朱子语类大全》140卷，即今通行本《朱子语类》。此书编排次第，首论理气、性理、鬼神等世界本原问题，以太极、理为天地之始；次释心性情意、仁义礼智等伦理道德及人物性命之原；再论知行、力行、读书、为学之方等认知方法。又分论《四书》、《五经》，以明此理。继又斥异端。排释老、明道统。《朱子语类》基本代表了朱熹的思想，内容丰富，析理精密。最后是对宋与历代君臣人物以及政治、经济、法制科举等制度的评论。主要版本有宋咸淳二年《朱子语类》书影刊本、明成化九年（1473）陈炜刻本、清吕留良宝诰堂刻本、广州书局本等。中华书局有排印本。

朱自清 Zhu Ziqing（1898-11-22～1948-08-24） 中国散文家，学者。原名自华，号实秋，字佩弦。原籍浙江绍兴，生于江苏东海。1916年入北京大学预科，次年入哲学系，参加过五四运动，是**文学研究会**早期会员，还参与发起新文学史上第一个诗歌团体中国新诗社，开始发表新诗。1920年大学毕业后，在江浙一带多所中学任教，

并撰写小说和散文。1925年起，历任清华大学中文系教授、系主任，其间曾于1931年去英国留学，并漫游欧陆数国。抗日战争爆发后，到昆明西南联大任中文系主任，从事学术研究和杂文写作。抗战胜利后，参与爱国民主运动，在身患重病时，仍签名于《抗议美国扶日政策并拒绝领取美援面粉宣言》；死于贫病交迫之中，被誉为有骨气的爱国文化人。

朱自清最初以诗出名，发表过长诗《毁灭》和一些短诗，收入《雪朝》和《踪迹》。从20世纪20年代中期起，致力于散文创作，著有散文集《背影》、《欧游杂记》、《你我》、《伦敦杂记》和杂文集《标准与尺度》、《论雅俗共赏》等。他的散文，有写景文、旅行记、抒情文和杂文随笔诸类。先以缜密流丽的《桨声灯影里的秦淮河》、《荷塘月色》等写景美文，显示了白话文学的实绩；继以《背影》、《儿女》、《给亡妇》等至情之作，树立了文质并茂、自然亲切的"谈话风"散文的一种典范；最后以淡言微中、理趣盎然的杂感文，实现了诗人、学者、斗士的统一。他对建设平易、抒情、本色的现代语体散文作出了贡献。

作为学者，他在诗歌理论、古典文学、新文学史和语文教育诸方面研究上都有实绩。论著有《新诗杂话》、《诗言志辨》、《经典常谈》、《国文教学》(与叶圣陶合著）和讲义《中国新文学研究纲要》等。著述收入《朱自清全集》(江苏教育出版社)。

侏罗纪 Jurassic Period **中生代**第二个纪。约开始于2.05亿年前，结束于1.37亿年前。在此时期形成的地层称为侏罗系。侏罗纪的名称来源于瑞士、法国交境的汝拉山（又译侏罗山），侏罗为其日文汉语音译。1795年，德国A.von **洪堡**根据该山的白色灰岩首先提出侏罗灰岩名词。1829年，法国A.布龙尼亚尔据此首次提出侏罗地层术语。侏罗纪的生物界最典型地体现了中生代的特征。地形起伏和气候分异相对不显著，但环太平洋带却是地壳运动和岩浆作用强烈活动时期。侏罗纪地层划分为三个统。中国的侏罗系以陆相沉积为主。

侏罗纪时，裸子植物进入极盛期，苏铁、银杏和松柏类都占有重要地位。爬行动物中的恐龙类最繁盛，在陆地上居统治地位，是地史中最巨大的陆生动物。同时，爬行类也成功地生活于海中（鱼龙、蛇颈龙）和飞翔于空中（翼龙）。德国南部弗兰科尼亚晚侏罗世索伦霍芬组潟湖沉积中发现的**始祖鸟**化石，是一种全身披覆羽毛的爬行类，人们一直将其作为介于恐龙与鸟类之间的中间环节，但更倾向认为它是世界上最古老的鸟或鸟类的始祖。2005年中国报道了在河北丰宁桥头组（晚侏罗世）发现与德国始祖鸟十分接近的华美金凤鸟化石，通过支序分析表明，华美金凤鸟处于初鸟类谱系的基部，比始祖鸟略微原始，为姊妹群关系，它对鸟类起源、鸟类飞行起源、恐龙－鸟类的系统关系等方面具有重大的科学意义。海生无脊椎动物有菊石、箭石、有孔虫、放射虫、双壳、六射珊瑚、腹足和腕足类等，陆生无脊椎动物有淡水双壳类、鱼、叶肢介和介形虫等。

侏罗纪地史的基本特点是联合古陆继续分裂，特提斯带洋盆进一步扩张，环太平洋带出现强烈构造－岩浆活动。

侏罗纪的煤炭和**煤成气**资源在陆相地层中占有重要地位，在北美、北欧、东亚、东北亚和南极洲潮湿气候带都有广泛分布。中国北方早中侏罗世是主要的聚煤期，其规模仅次于石炭、二叠纪。干旱气候带中的膏盐沉积见于中国滇西早侏罗世红层中。半干旱气候带中的含铜、含铀砂岩出现于中国川滇盆地中、晚侏罗世地层内。环太平洋带的强烈构造-岩浆活动，为一系列内生金属矿产的形成提供了有利条件。以铜、铁、铅、锌、钼、钨、锡为主的太平洋金属成矿带外带，中、晚侏罗世是重要的成矿期之一。

侏儒 dwarfism 因生长障碍，身高显著低于正常人的现象。病因有：①生长组织的内在缺陷，如骨或软骨发育不良、常染色体或性染色体异常、遗传性中间代谢异常等。②生长组织环境的异常，如胎儿期胎盘异常；出生后营养不良、吸收不良症等。③激素包括生长因子的分泌或作用异常。应查明病因，进行病因或对症治疗。进行对症治疗时应注意所用药物是否促使骨骺闭合而缩短患儿的生长期。

珠蚌 *Unio*; freshwater mussel 双壳纲蚌目蚌科珠蚌属贝类的统称。分布于亚洲、欧洲、北美、北非和东非。中国有4～5种。珠蚌外形多呈长椭圆形。壳厚、坚固、前端圆、后部伸长。壳顶位于贝壳的前端，突出、具有"Z"字形皱褶或结节状花纹。铰合部由拟主齿和侧齿组成，右壳有一个拟主齿和一个侧齿，左壳有两个拟主齿和两个侧齿。有鳃水管。雌雄异体，雌性外鳃叶为育儿囊，成熟卵在此受精发育，受精卵发育为成熟的钩介幼虫排出体外，寄生于鱼体上，当发育成幼蚌时，从鱼体上脱落到水底泥中，营自由生活。

圆顶珠蚌壳面及铰合部外观

珠蚌栖息于湖泊、河流、沟渠和池塘内。肉可食，亦为鱼类的天然饵料和家畜、家禽的饲料。贝壳入中药称为珍珠母。

珠海市 Zhuhai City 中国广东省辖地级市。经济特区，中国沿海对外开放城市。位于省境南部，珠江三角洲西南角，南端

珠海市城市一角鸟瞰

毗邻澳门。辖香洲、斗门及金湾3区。海陆面积7 649平方千米，其中陆地面积1 653平方千米，海域面积6 019平方千米。海岸线长690千米。人口156万（2010）。1953年析中山、宝安、东莞县置珠海县，1979年撤县设市。1980年划出部分地区设经济特区。特区位于珠海市南部环绕澳门的沿海半月形狭长地带。面积121平方千米。市境三面临海，大小岛屿144个，较大的有三灶岛、横琴岛、高栏岛及万山群岛、担杆列岛等，散布在珠江口外广大海域中。港湾众多。属南亚热带气候。夏秋多台风、暴雨。

经济发达。农业以水稻、甘蔗为主。产黄麻、花生、薯类、烟叶、茶叶、香蕉、荔枝、柑橘和蔬菜等。名产菜心、韭黄、蘑菇、禾虫蚩声港澳。水产以海洋捕捞为主。盛产青鳞、鲳鱼、牡蛎、蟹等。香洲、唐家湾、湾仔、东澳、南水、庙湾等是主要渔港或养殖中心。万山渔场是广东省最大渔场。矿产有锡、钨、绿柱石和硅砂等。特区已形成以电子、纺织、食品、医疗、化工、建材等为主的外向型经济。建有珠海（国家级）高新技术开发区、珠海保税区、临港工业区、横琴经济开发区、万山海洋开发实验区等5个经济功能区。珠海是京珠、广深珠高速公路终点。珠海机场同全国20多个城市通航。九洲港通航亚太地区。拱北是外贸口岸。

名胜古迹有林则徐《十无益格言》手书碑文、圆明新园、珍珠乐园、九洲城、白莲洞公园、金沙滩、白藤湖、鳄鱼岛、大镜山水库、唐家公园等。

珠江 Zhujiang River; Pearl River　中国第三大河。位于中国南部。年径流量仅次于**长江**，居全国第二位。原指广州至东江口的河段，因河中有海珠岛而得名，后以之称该水系。习惯所称珠江流域系指西江、北江、东江及**珠江三角洲**广大流域。珠江流域跨越云南、贵州、广东、广西、江西、湖南等省区。由东江、北江、西江汇流而成。流域呈扇状辐合，但各水系则呈树枝状分布。主流长2 214千米，流域面积45.36万平方千米（其中包括越南境内的1万多平方千米）。

珠江流域山地丘陵占总面积94.5%，平原、盆地占5.5%。地势西北高、东南低。西北部为**云贵高原**，多喀斯特地貌，高原边缘峰峭崖陡，多瀑布、急流。云贵高原以东，山势骤降至两广低山丘陵。丘陵以东为三角洲冲积平原，地势低平，河网纵横，仅有少量丘陵、台地散布其间。

干支流概况　主干流西江源于云南沾益县马雄山，全长2 214千米。总落差约2 130米，在三水以上流域面积约35.3万平方千米。西江干流上游南盘江与北盘江汇合后称**红水河**，汇柳江过大藤峡后称黔江，黔江与**郁江**相汇后称浔江，汇桂江后在梧州市以下始称西江。西江经羚羊峡后在思贤滘处与北江沟通，以下便流经珠江三角洲入南海。

北江主源称浈水，源于江西省信丰县西溪湾，干流全长468千米，流域面积4.01万平方千米，绝大部分在广东省境内，总落差约310米，主要支流有武水、滃江、连江和绥江。北江中游切过盲仔峡和飞来峡，经三水后流入三角洲河网区，与西江河道交错，注入南海。

东江源于江西省寻乌县大竹岭，称浔乌水，与定南水相汇后称东江，流经广东东部。干流全长520千米，流域面积2.7万平方千米，总落差约440米，到石龙后分流，形成东江三角洲，后分为北干流和南支流两大河，同注入狮子洋经虎门出海。主要支流有安远水、浰江、新丰江、秋香江、西枝江和增江。

西江、北江在思贤滘沟通后，形成河网交错的西、北江三角洲，分经8个口门出海。东江三角洲则以狮子洋相隔，与之组成复合三角洲，三角洲总面积约1.1万平方千米，占全流域面积2%左右。西、北江三角洲年平均向海外伸延70～100米，淤积成广大滩地。在广西壮族自治区兴安县境内，又有兴安运河（见**灵渠**）沟通**湘江**、**漓江**。

气候与水文　珠江流域属热带、亚热带季风气候，年降水量1 000～2 000毫米，个别地区可达3 000毫米，沿海较多，云贵高原较少。多暴雨，雨量集中在夏秋季，在广西中北部常有持久性大暴雨，导致西江大洪水。流域多年平均年径流量为3 360亿立方米，居全国河流的第二位。其中西江年均径流量2 290亿立方米，约占流域总量的80%，北江为429亿立方米，东江为237亿立方米。珠江流域4～9月为汛期，流量占全年的70%～80%，洪水多出现于夏季，下游及三角洲常有较大秋汛。珠江流域洪水历时最长半月左右，涨落均较迅速。

流域年平均含沙量西江为0.311千克/米^3（梧州），北江为0.129千克/米^3（石角），东江为0.107千克/米^3（博罗），年平均输沙总量约为8 554万吨。其中西江约7 530万吨，占总输沙量90%左右，多来自红水河；北江年平均输沙量约595万吨，占总输沙量5%以上；东江年平均输沙量约429万吨，不及总输沙量的4%。

水力资源　珠江全流域理论水力蕴藏量3 335万千瓦，理论年发电量2 921亿千瓦·时，占全国总量的5.8%。流域水力资源大部分在西江，理论蕴藏量2 943万千瓦，占全流域88%；可开发量2 117万千瓦，占全流域86%。其余各江及三角洲理论蕴藏量仅占12%，可开发量占14%。珠江水力资源特点为高度集中，有利于系统开发。

人文概况　全流域通航里程约1.29万千米，占全国航运里程1/4，5 000吨级海轮可直达黄埔港。北江支流小北江（连

流经广州市区的珠江两岸景观

江）先后建成了9个航运梯级，成为全渠化河道。

珠江流域总人口7 500多万，其中农业人口占5 857万，民族以汉族最多，少数民族则以壮族和苗族较多，此外有瑶、布依、毛南、彝、黎等10个民族。

自然资源　耕地440多万公顷，水田占60%左右，为中国主要农林产区和热带、亚热带作物基地，全国主要商品粮基地。蔗糖产量约占全国1/2，热带作物有橡胶、油棕、咖啡、可可、剑麻和香茅等。珠江流域淡水鱼约有250种，除鲤、鲫、鳊、青、草、鲢、鳙、鳜、花䱵、鲍、鲶、鲩、黄颈等鱼类外，尚有该流域独有的鲮鱼、卷口鱼。流域河道又多洄游鱼类，如鲥鱼、鲚凤、鳡艮鱼、鳗鲡、花鳗、鲈、鲻等。还有重达数百斤的中华鲟。珠江三角洲下游河口区还有丰富的蚬、青蟹、沙虾及人工养殖的牡蛎。珠江流域矿产有煤、锰、硫铁、铁及铝、锰、钨、锡、锌等。

珠江口外群岛　Zhujiangkouwai Archipelago　中国仅次于**舟山群岛**的第二大群岛。位于广东省珠江口外。由150多个大小岛屿组成。较大有**香港岛**、**大濠岛**、横琴岛、高栏岛、荷包岛、大襟岛、上川岛、下川岛。较小群岛有万山群岛、蒲台列岛、担杆列岛等。行政上分属香港、澳门、**珠海市**、**台山市**等管辖。群岛海域为良好渔场，珠江口饵料丰富，为鱼类觅食、产卵场所，渔业发达。岛上建有公路、航标，为广州、香港对外航线导航目标。因地理位置优越，群岛成为外贸交通进出门户。尤其是香港岛为世界航道要冲，香港为东方最大的贸易港。万山群岛正扼珠江口，为广州出海航线所必经。

珠江三角洲　Zhujiang River Delta　中国第二大三角洲。又称珠江平原。是由西江、北江、东江、潭江、绥江、流溪河、增江等在珠江河口湾内堆积而成的复合三角洲，在海侵、海退的多次旋回中发育起来。位于中国南海北岸，广东省中部珠江河口。北回归线恰经其北境。狭义的珠江三角洲北起西、北二江汇合点的旧三水（今河口），东抵东江下游的石龙镇，南达崖门口外。广义的范围西起高要羚羊峡东口及潭江司前；北起北江黄塘、宝月，流溪河广州、石碣，绥江黄冈；东迄东江园洲、增江沙塘。面积8 601.1平方千米。

珠江三角洲内河网发育，西江、北江三角洲主要水道近百条，总长1 600千米；东江三角洲主要水道5条，总长138千米。主要出口有8处，“三江汇合，八口分流”成为三角洲水系的重要特色。属南亚热带的海洋性季风气候。冬季处在大陆冷高压南缘，受大陆季风影响，略带大陆性。夏季则为海上吹来的东南风与西南风所调节，不及华中内地酷热。年平均气温22℃左右。年降水量1 600～2 000毫米。降水集中在夏季，夏秋间台风频繁。

在新石器时代三角洲上已有居民，先秦时期为百粤族所居。北宋已开始修筑堤围，遏制水患。发展出“桑基鱼塘”、“蔗基鱼塘”、“果基鱼塘”等立体农业结构形成，为世界各地所罕见。珠江三角洲是中国重要的粮、糖、鱼、蚕丝及亚热带水果产地。食品、纺织等工业发达。热带、亚热带水果有荔枝、柑橘、香蕉、菠萝、龙眼、杨桃、芒果、柚子、柠檬等数十种。主要城市有广州、深圳、珠海、佛山、江门、中山等。

珠江三角洲经济区　Zhujiang River Delta Economic Zone　中国广东省珠江三角洲地带的经济区域。**珠江三角洲**在历史上是中国近代民族工业的发祥地和**对外贸易**的重要地区之一。1985年珠江三角洲地区成为沿海经济开放区之一，经济获得迅速发展。1994年10月，广东省提出珠江三角洲地区要成为广东首先实现现代化的一个大经济区。经过改革开放以来的发展，珠江三角洲经济区已经成为广东省乃至中国最具有经济活力、人口稠密、经济最发达的经济区域之一。珠江三角洲经济区的范围包括广州、深圳、珠海、佛山、江门、中山、东莞7市和惠州市的惠城区、惠阳区、惠东县、博罗县以及肇庆市的端州区、鼎湖区、高要市、四会市。

珠江三角洲经济区的主要特点是：①为中国经济总量规模较大的经济板块。**国内生产总值**占广东省的80%左右，占全国的10%左右。②开放型经济尤为突出。有深圳、珠海经济特区，还有一批**保税区**、**出口加工区**、**经济技术开发区**和高新技术产业开发区。进出口贸易总额占广东省90%以上，占全国的1/3左右；实际吸引外商直接投资占广东省的85%以上，占全国的1/4左右。③加工贸易尤为发展。广东省加工贸易业务主要集中在珠江三角洲经济区。④形成具有较大规模和经济实力的完整城市群。⑤成为中国高新技术产业发展聚集区。珠江三角洲高新技术产业带是中华人民共和国科学技术部批准的全国3个产业带之一。沿珠江两岸，聚集了大量知名的高新技术企业，初步形成以电子信息、新材料、生物医药和光机电一体化等四大高新技术领域为主的高新技术产业集群。

珠帘秀　Zhulianxiu　中国元初杂剧演员。生卒年、籍贯不详。姓朱，行四。珠帘秀为其艺名。约至元年间（1264～1294）活动于大都、扬州一带。元夏庭芝《青楼集》称其“杂剧为当今独步。驾头、花旦、软末泥等，悉造其妙”。剧作家**关汉卿**以及胡祗遹（紫山）、卢挚（疏斋）、王恽（秋涧）、冯子振（海粟）等名流都与她有交往，赠以词曲。珠帘秀诗作惜已不存。散曲仅存小令《答卢疏斋》及套数〔正宫·醉西施〕。后辈称之为“朱娘娘”。弟子著名的有赛帘秀、燕山秀。

珠穆朗玛峰　Qomolangma Peak　**喜马拉雅山脉**主峰，世界第一高峰。简称珠峰。位于中国西藏自治区与尼泊尔交界处的喜马拉雅山脉中段，北纬27°59′15.85″，东经86°55′39.51″，海拔8 844.43米，享有地球“第三极”之誉。“珠穆朗玛”系佛经中女神名的藏语音译。18世纪初，中国就已测定珠峰的位置，并载入于清康熙五十七年（1718）完成的《皇舆全览图》，称“朱母朗马阿林”。

珠穆朗玛峰是典型的断块上升山峰。始新世中期结束海侵以来，珠峰不断急剧上升，上新世晚期至今约上升了3 000米。由于印度板块和亚洲板块以每年5.08厘米的速度相互挤压，致使整个喜马拉雅山脉仍在不断上升中，珠峰每年也增高约1.27厘米。珠峰山谷冰川发育，山峰周围辐射状展布有许多条规模巨大的山谷冰川，

喜马拉雅山脉主峰珠穆朗玛峰

长度在10千米以上的有18条，末端海拔3 600～5 400米。

珠穆朗玛峰气候具有明显季风特征。冬半年干燥而风大，为干季和风季。夏半年为雨季。4～5月和10月是两个过渡季节，天气晴朗温和，为攀登珠峰的黄金季节。珠峰南北坡气候差异很大，南坡降水丰沛，具有海洋性季风气候特征；北坡降水少，呈大陆性高原气候特征。

自1921年起，不断有人试图征服珠峰，但多遭失败。直至1953年5月29日，英国探险队的两名队员才第一次从尼泊尔境内的南坡登上珠峰顶。1960年5月25日，中国登山队首次从北坡登上珠峰顶。与登山活动相配合，中国科学院多次组织了大规模综合考察，进行了地质、地理、生物和高山生理等多门学科的研究。

珠穆朗玛峰自然保护区 Qomolangma Peak Nature Reserve 中国高山生态环境自然保护区。1988年建立。1993年批准为国家级自然保护区。包括西藏自治区的定日县、聂拉木县、吉隆县、定结县的2镇16个乡。面积3.38万平方千米。自然保护区分为核心保护区、缓冲区和开发区3个类型。自然保护区有高等植物2 348种，尤以长叶云杉和西藏长叶松是中国仅见于此的珍贵树种。随地势和气候变化，植物生长呈垂直带谱分布。保护区内有哺乳动物53种、鸟类206种、两栖动物8种、爬行动物6种、鱼类5种，其中国家级的重点保护动物一级有9种、二级21种。还发现了大量的热带植物化石和三趾马动物群化石，是研究青藏高原隆起，探索自然奥秘的理想所在。全世界超过8 000米的14座山峰中，这里拥有5座。保护区内高山峡谷和冰川雪峰极为壮观。珠穆朗玛峰为世界第一高峰。冰塔林位于珠峰脚下5 300～6 300米的广阔地带，是世界上发育最充分、保存最完好的特有冰川形态。由于海拔高，景色奇，被登山探险者们誉为世界上最大的“高山上的公园”。每年4～6月气候最佳，是登山的黄金时节。

珠算 computation with abacus 中国以算盘为工具进行数字计算的方法。珠算一词，最早见于汉代徐岳撰的《数术记遗》。至明代，在商业发展需要条件下，珠算术普遍得到推广，逐渐取代了筹算。现存最早载有算盘图的书是明洪武四年（1371）的《魁本对相四言杂字》刻本。现存最早的珠算书是闽建（今福建建瓯）徐心鲁订正的《盘珠算法》（万历元年，1573）。流行最广，在历史上起作用最大的珠算书则是明程大位编的《直指算法统宗》。

珠算四则运算，皆用一套口诀指导拨珠完成。加减法，最早见于景泰元年（1450）

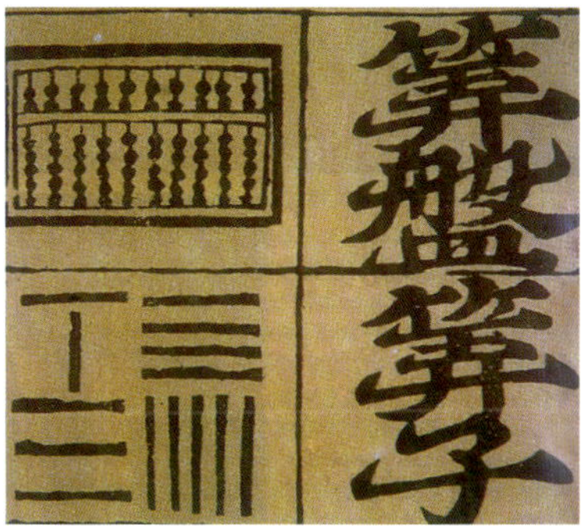

算盘图（选自明初《魁本对相四言杂字》）

吴敬《九章算法比类大全》。乘法所用的“九九”口诀，起源甚早，春秋战国时已在筹算中应用。元代大德三年（1299）朱世杰的《算学启蒙》（卷上）载有九归口诀36句，和现今通行的口诀已大致相同。

中国珠算，从明代以来，极为盛行，先后传到日本、朝鲜、东南亚各国，近年在美洲也渐流行。由于算盘不但是一种极简便的计算工具，而且具有独特的教育职能，所以到现在仍盛行不衰。

株洲市 Zhuzhou City 中国湖南省辖地级市。位于省境东部，湘江下游东岸，东与江西省交界。辖天元、荷塘、芦淞、石峰4区和株洲、攸县、茶陵、炎陵4县，代管醴陵市。面积11 262平方千米。人口386万（2010）。株洲原名槠洲，因地产槠树得名。1951年析湘潭县置株洲市。农作物有水稻、油菜、小麦、豆类和蔬菜等，为湖南省重要的农副产品生产基地。株洲是湖南重要的工业基地，有冶金、机械、化工、建材、制药、食品、电子、纺织、造纸、塑料等工业。株洲是江南最大的交通枢纽，京广、浙赣、湘黔铁路交会于此。株洲火车站是国内五大客、货运综合特等站之一。株洲北站是中国南方最大的货运编组站。市区有中南林业科技大学株洲校区、湖南工业大学等高等院校。名胜古迹有奔龙公园、石峰公园、神农公园、炎帝陵、老莱子墓等。

诸城市 Zhucheng City 中国山东省辖县级市。位于省境东南部。面积2 165平方千米。人口109万（2010），有汉、满、回、蒙古等民族。古称密州。西汉初年置东武县，隋开皇十八年（598）改称诸城县，元属益都路，明、清属青州府。1956年属昌潍专区（1967年改为昌潍地区）。1987年撤县建市。由潍坊市代管。矿产有重晶石、沸石、膨润土、金红石、高岭土、云母等。农业主产小麦、玉米、甘薯、棉花、黄烟、花生、蔬菜、果品等。工业有纺织、机械、食品、电子、化工、建材等。名胜古迹有公冶长墓（祠）、齐长城、卢山等。

诸福棠 Zhu Futang（1899-11-28～1994-04-23） 中国儿科医学家。生于江苏无锡，

卒于北京。1927年毕业于北京协和医学院，同时获美国纽约州立大学医学博士学位。1927～1931年任协和医学院儿科助教及住院医师，1931～1933年在美国哈佛大学医学院进修。1933～1936年任协和医学院讲师，1936～1942年任该院儿科襄教授及儿科主任。1942年创办北平私立儿童医院，任院长。1946～1952年兼任北京医学院儿科教授。1952年将私立儿童医院献给国家，改名北京第二儿童医院，任院长。1955～1981年任北京儿童医院院长。1955年当选为中国科学院学部委员（院士）。1943年编写中国第一部大型儿科教科书《实用儿科学》，该书多次再版，是儿科临床、教学、保健、科研等的重要参考书。1964年主编《儿科学进展》，在中外杂志发表论文60多篇。

诸葛亮 Zhuge Liang（181～234） 中国三国时期蜀国大臣、政治家。字孔明。琅邪阳都（今山东沂南南）人，家世居二千石官职。东汉末混战，随叔父诸葛玄往依荆州刘表。隐居南阳隆中（今湖北襄阳西），躬耕陇亩，自比管仲、乐毅。建安十二年（207）刘备闻其名，三顾草庐。亮拟定东联孙吴，西据荆、益，南和夷、越，北抗曹氏，待机进图中原的隆中对策，为以后的蜀汉制定了总的战略，成为刘备主要辅佐。次年曹操南伐，他和江东周瑜、鲁肃共同努力，并亲至东吴游说，促成孙权、刘备的联合，取得赤壁之战的胜利。随后，辅助刘备取荆州四郡，出任军师中郎将。后从荆州率军入蜀助刘备包围成都，推翻刘璋统治，夺得益州。迁军师将军。刘备出征，常镇守成都，稳定后方，保证供给。刘备称帝，任丞相、录尚书事。章武三年（223）刘备病笃，临终托孤于诸葛亮。刘禅即位，以丞相辅政，又领益州牧，封武乡侯。朝政巨细，皆决于亮。

当政期间，主要依靠从荆州带来的旧属，同时注意笼络原来刘璋部下和益州豪强大族。对出身贫寒而有才干的士人，也大力拔擢。他信奉申、韩法术，法令严明，赏罚必信。不论何人犯法，皆严惩不贷。益州豪强大族自刘璋统治以来，长期专权自恣，蔑视君臣之道，诸葛亮对其不法行为，也毫不容情。这些措施保证了蜀国政治上一定程度的清明和统一。

对西南少数民族采取了恩威并用的政策。建兴三年（225）南中（主要当今云南、贵州地区）大族叛乱，即亲率大军，深入不毛，打击为首分子，同时尽量争取当地

上层大姓，起用为官。从此这些地区的统治得以基本稳固，为蜀国提供了物质财富和兵力。

坚持与孙吴联盟，并多次北伐，虽苦心筹谋，企图消灭曹魏，恢复汉室，但都因实力相差悬殊，屡遭挫败。建兴十二年，最后一次北伐中，病卒于前方，谥忠武侯，被后代封建统治者推为“鞠躬尽瘁，死而后已”的忠君典型。著有《诸葛亮集》24篇，10万余言。

诸宫调 中国北宋兴起的一种曲艺形式。因集合若干套不同宫调的不同曲子轮递演唱，故称诸宫调。据宋人王灼《碧鸡漫志》记载，诸宫调为北宋熙宁至元祐年间（1086～1094）泽州（今山西晋城）人孔三传首创，将唐宋以来的大曲、词调、缠令、缠达、唱赚以及当时北方流行的民间乐曲，按其声律高低归入各个不同的宫调，用以说唱故事。传至南方以后，由于曲调腔谱的变化，产生了南诸宫调。宋末元初还有流动演出的诸宫调班子在活动，元代末年趋于衰落。

诸宫调的表演有说有唱，以唱为主。每段曲词唱完后，有较短的说白，以便另起宫调接唱下曲。曲词可长可短，比较灵活，可用一二百套曲子连续演唱，便于说唱长篇故事。早期用鼓、板、笛等伴奏，后来又有加弦索乐器伴奏的情形。现存的诸宫调作品中，保存完整的为金人董解元的《西厢记诸宫调》，还有残缺不全的金人作品《刘知远诸宫调》和散见于《雍熙乐府》等书中的元人王伯成《天宝遗事诸宫调》的选曲。

诸侯 feudal princes 中国西周、春秋时分封的各国国君。周代初期实行将土地和臣民封给子弟、功臣以建立诸侯国的制度。西周的诸侯有同姓、异姓之别。同姓即姬姓诸侯，在盟会时居于异姓的前面。异姓不少是曾与周王室有婚姻关系的，还包括褒封的前代后裔。在众多封国中，最重要的有卫、鲁、齐、宋、晋、燕等国，其国君地位较高。诸侯受封时要举行册封仪式，谓之锡命。周天子为受封者颁册命，宣布疆土范围、土地数量，以及所封给的属臣、奴隶、礼器和仪仗的数量。受封诸侯必须为周天子承担镇守疆土、出兵勤王、缴纳贡赋、朝觐述职等义务。周初的诸侯由中央统一控制。春秋时，诸侯强大，周王室衰微，诸侯脱离周天子控制并出现割据纷争的局面。

汉以后也称分封的诸王和列侯为诸侯。

诸暨市 Zhuji City 中国浙江省辖县级市。位于省境中部偏北，浦阳江沿岸。面积2 311平方千米。人口116万（2010）。秦置诸暨县。1989年撤县设市。由绍兴市代管。

西施殿

东为会稽山，西为龙门山，中部为诸暨盆地。浦阳江自南向北贯穿全境。矿产有金、银、铜、铅、锌及石煤、石灰岩、大理石、萤石等。其中黄金储量居浙江省第二位。盛产稻谷、茶叶、蚕茧、苎麻。松木、杉木、毛竹为主要林产。枫桥香枫为特产。工业有纺织、服装、食品、制茶、机械、冶金、水泥、采矿等。有五泄风景区、斗岩风景区、小天竺、西施殿、浣纱石、枫桥大庙、边村祠堂等。

诸子散文 proses of various schools in Pre-Qin 中国春秋战国时期以议论、说理为主的散文。见先秦散文。

袾宏 Zhuhong（1535～1615） 中国明末四大高僧之一。字佛慧，自号莲池。俗姓沈。杭州人。31岁时出家，后在杭州昭庆寺受具足戒。晚年居云栖寺。世称莲池大师或云栖大师。出家之后，遍游四方，上五台，进京师，广谒遍融、笑岩等大德。明穆宗隆庆五年（1571），于云栖山结茅安居。后信徒日众，信徒们为他建立庙宇，即云栖寺。他在此弘法四十余年，施衣药，救贫病；终身布素，修持禅、净；披阅三藏，注释经典。主张严持戒律，力倡戒杀放生，不仅制订律制规约，且修订焰口、水陆和课诵等仪，许多课仪流传至今。提倡念佛法门，冬季坐禅，余时兼讲经论，精勤不辍。其教学又兼华严及禅，而以净土为归趣。后世以为莲宗第八祖，华严圭峰下第二十二世。著有《菩萨戒疏发隐》、《弥陀疏钞》、《禅关策进》、《具戒便蒙》、《水陆法会仪轨》、《楞严摸象记》、《竹窗随笔》等30余种，后人编为《云栖法汇》行世。弟子有广应、广心、大真、仲光、广润等。

猪 *Sus*; pig 偶蹄目猪科猪属动物的统称。杂食性动物。野猪和家猪的通称。家猪由野猪驯化而来，具有繁殖力强、生长快、饲料利用率高、食性广、适应性强等特点。猪肉是人类主要肉食品之一。除鲜肉用外，还适于加工成多种肉制品。猪皮、猪鬃和肠衣可做工业原料，是中国重要的出口物资。猪内脏、腺体可以提制生物药品。猪是实验动物，又是人类器官移植的适宜供体。

生物学特征 野猪（见图），又称山猪。体躯健壮，四肢粗短，头较长，耳小并直立，吻部突出似圆锥体，其顶端为裸露的软骨垫（拱鼻）。每脚有4趾，具硬蹄。尾细短。犬齿发达，雄性上犬齿外露，呈獠牙状。耳被刚硬而稀疏的针毛，背脊鬃毛较长而硬；整个体色棕褐或黑色，因地区而略有差异。晨昏和夜晚活动频繁。以各种植物的根茎、枝叶和野果等为食，也吃昆虫，鸟卵和动物尸体，还盗食农作物。冬季发情，妊娠期4个月，立春产仔，每胎5～8头。寿命约10年。野猪是狩猎动物。因拱食庄稼、树苗，对农林有害。

驯化后的家猪皮毛有黑、白、棕、黑白花等颜色。大型猪成年体重约400千克，微型猪40千克左右。猪鼻吻灵活，有用鼻端拱土觅食的本能。成年猪44颗牙齿，听觉和嗅觉敏锐，而视觉和触觉迟钝。杂食性，但对粗纤维的消化能力不及草食动物。皮下脂肪层较厚，汗腺不发达。4～6月龄性成熟，妊娠期114日，常年发情，年产2胎以上，每胎产仔数多。生长迅速，屠宰率最高可达75%以上。繁殖利用年限4～6年，寿命约20年。

家猪类型和品种 通常根据体型结构和经济用途分为三型：①脂肪型猪。体躯短宽、头颈粗重、腹部松弛、背部膘厚和胴体脂肪率高，现已少见。②腌肉型猪。体躯较长，头、颈、肩部较轻，腹部紧凑，背腰和腿臀部发达，背膘薄和胴体瘦肉率高，适于腌制和加工肉制品。③鲜肉型猪，又称肉用型猪。体型介于以上两类型之间，胴体瘦肉率高，适于鲜肉用和冷却肉用。

全世界约有猪品种300多个，中国约占1/3。中国地方猪种素以早熟易肥、产仔多、抗逆性强和肉质优良著称。根据来源、分布、外形和生产性能划分为华北型、华南型、华中型、江海型、西南型、高原型六种类型。

引进的外国猪品种主要有原产于英国的约克夏猪、丹麦的兰德瑞斯猪、美国的杜洛克猪和汉普夏猪，这些猪的共同特点是生长快和胴体瘦肉率高。20世纪90年代又引

野猪

进了比利时的皮特兰猪，该品种是以产肉率高和应激敏感性强闻名于世。

繁殖和饲养管理　主要包括以下环节：①配种。母猪全年发情，发情周期为21日，发情持续期3～5日。配种期对公母猪的饲养原则是质量重于数量，给予全价饲养，以保证公猪精液品质和母猪正常发情与排卵。②妊娠。猪的妊娠期约114日。妊娠全期供给母猪充足营养，不必过度饲养。③哺乳。哺乳期3～5周，要供给母猪充足的能量、蛋白质、矿物质和维生素营养，保证母猪供给仔猪生长所需的乳汁。④哺乳仔猪的饲养。仔猪体内铁储备少，及时补充铁元素是防止仔猪贫血、下痢、生长停滞而夭亡的重要技术措施。缺硒易患白肌病，一般生后3日通过肌肉注射亚硒酸钠溶液补充。哺乳期内仔猪生长迅速，应尽早训练采食补料，最好喂给专门配制的仔猪食料。⑤肥育。是猪的生产过程最后的一个环节。按照市场对胴体品质的要求和猪的品种特性确定适宜的屠宰日龄和体重。

猪巨吻棘头虫病　Macracanthorhynchus infection　由猪巨吻棘头虫引起的人兽共患性寄生虫病。猪及野猪是其主要终宿主，天牛及金龟子是其中间宿主。人们因进食这些昆虫而感染。猪巨吻棘头虫在人体不易成熟，故人排出的粪便中难找到虫卵。成虫以其头部吻突及倒钩侵入回肠壁，直至肌层，局部肠壁有炎症及溃疡，也可引起肠穿孔。患者可有恶心、厌食及腹痛，有时出现肠梗阻或肠穿孔引起的急性腹膜炎。往往在手术时确诊为本病，皮试有助于诊断。阿苯哒唑或甲苯咪唑治疗此症有效，有并发症时宜采取相应措施。

猪笼草科　Nepenthaceae; nepenthes family　双子叶植物纲五桠果亚纲的一科。有2属68种。猪笼草属分布于印度北部、澳大利亚，以马来西亚和中国南部、印度尼西亚为多。

食虫植物。叶特化，形成捕虫器。草本、亚灌木或灌木状，叶互生，由叶柄、叶状部、丝状部、瓶状部组成（也有不具叶柄的）。丝状部或可旋卷如卷须，用于攀缘；瓶即捕虫器，前面有两条相隔不远的纵翅或纵肋，瓶顶有一盖，此盖除幼期外，不覆盖瓶口，盖后有一距，为丝状部的末梢。花单性，雌雄异株，整齐，小形，成总状花序或圆锥花序；萼片3～4，常分离；具蜜腺；雄花有4～24雄蕊，花丝结成柱状单体；雌花有1雌蕊，由3～4心皮结合而成，子房上位，3～4室。果为蒴果，室背裂开。

猪笼草科有许多种或杂交种可作为观赏植物，在温室栽培。中国有猪笼草1种，分布于广东西南部及海南岛的丘陵灌丛中或酸性沼泽边缘。全草入药，有清热利湿、化痰止咳之效，捣烂外敷可治疮痈溃疡红肿、虫咬伤等。

猪囊尾蚴病　cysticercosis cellulosae　由猪带绦虫的幼虫（囊尾蚴）引起的寄生虫病。又称囊虫病。此时，人成为绦虫的中间寄主。临床症状随寄生部位不同而异。

食源性猪囊尾蚴病的传染途径主要为食入污染有猪带绦虫卵的食物或饮水。偶见内源性自身感染（猪带绦虫病患者剧烈恶心、呕吐，肠内的绦虫脱落节片逆行入胃，虫卵逸出）。虫卵入胃后，六钩蚴破膜而出，钻入肠壁，随血液或淋巴液流到寄主身体各部。该病有急性期和慢性期之分。急性期患者有发冷、发热、全身肌肉酸痛、无力、食欲不振，末梢血嗜酸性粒细胞数明显增多，血沉增快，急性期一般持续半月至1月或更长。大多数患者可无急性期而直接进入慢性期，其临床症状因寄生部位而异，主要表现为局部组织受虫体压迫而产生的症状和体征。常见的有皮肤肌肉囊尾蚴病，多无明显症状而往往在体检时被发现。脑囊尾蚴病的症状有头痛、癫痫，精神症状如痴呆、抑郁等及颅压增高征，患者脑脊液压力升高，蛋白量及白细胞数增多。眼囊尾蚴病以视网膜下及玻璃体内为多见，可影响视力。心脏囊尾蚴病可影响房室传导系统。此病诊断依据皮下结节活检或血清及脑脊液免疫学方法检测抗体或抗原，头颅做计算机X射线体层成像（CT）扫描成像或核磁共振成像（MRI）对脑囊尾蚴病确诊有特定意义。超声心动图对心脏囊尾蚴病的诊断具有重要价值。阿苯哒唑或吡喹酮治疗囊尾蚴病具有良好的疗效。

猪瘟　swine fever; hog cholera　猪的一种急性接触性传染病。又称猪霍乱。1885年首先在美国发现，以后传播到各地。中国大部分省都有发生。1903年美国兽医学家E.A.德希尼兹和M.多赛特鉴定该病的病原是披盖病毒科的瘟病毒属中的猪瘟病毒。主要通过直接接触，或接触污染的媒介物而发病。

自然感染的潜伏期常为3～6天，间有延长到24天的。最急性型较少见，病猪体温升高，常无其他症状，一二天内死亡。急性型最常见，体温可上升到41℃以上，食欲消失，鼻腔常流出脓性黏液，间有呕吐，有时排泄物中带血液。初期耳根、腹部、股内侧的皮肤常有许多点状出血或较大红点。病程一般为1～2周，绝大多数死亡。亚急性型常见于该病流行地区，病程可延至二三周；有的转为慢性，常拖延一二个月。表现眼睑有出血点，皮肤紫斑，病猪极度消瘦。死亡以仔猪为多。非典型病猪临床诊断症状不明显，呈慢性。剖检急性型以内脏出血性病变和梗死为主，并以大肠黏膜中的纽扣状溃疡为典型。慢性型主要是纤维性坏死性肠炎。

根据流行病学、临床诊断症状和病理变化可作出初诊。确诊病猪应立即隔离，严格消毒，或就地扑杀、淘汰。对健康猪群定期用疫苗接种。

猪鬃　bristle　猪颈部和背脊部所生长的5厘米以上的刚毛。刚韧富弹性，不变形，耐潮湿，不受冷热影响，是工业和军需用刷的主要原料。中国传统出口物资，出口量占世界第一位。其品质受自然环境和品种的影响很大，如土种猪的鬃粗长而坚韧，优于改良猪的鬃。优质鬃一般色泽一致而富光泽，岔尖不深且富弹性，根条粗而壮实，毛尖没有其他颜色。猪鬃加工应先剔出杂毛，除去皮肉和油脂，蒸汽杀菌和干燥后得半成品。将半成品梳剔、分等、揉整、捆把、搭配、提验和磨根后，即为产品。

蛛网理论　cobweb theorem　研究某些商品均衡价格的动态稳定性的理论。1930年由美国经济学家H.舒尔茨、荷兰经济学家J.丁伯根和意大利经济学家H.里奇各自独立提出。由于在“价格－产量”坐标系中，这一模型所表示的价格和产量相互影响的连续变动图形犹如蜘蛛网，故在1934年英国经济学家N.卡尔多将这一理论模型命名为蛛网模型。

蛛网理论运用动态均衡分析方法。该模型研究的问题是：对于某些生产周期较长且不宜储存的产品，当产品的市场实际价格偏离均衡价格后，在市场机制的作用下，实际价格是否能回到原有的均衡价格水平，即均衡价格是否动态稳定，并考察它所需要具备的条件。

蛛网模型通常用来分析某些生产周期较长的农产品，如马铃薯、小麦、牲畜等，解释这类产品均衡价格的动态稳定性问题。在蛛网模型中，价格和产量波动的原因在于生产者总是以本期的价格来决定未来一期的产量，而不是在本期对未来一期的价格作出预期之后，再决定未来一期的产量。也就是说，该模型隐含的一个前提是生产者没有对产品的价格作出预期。这一点是值得怀疑的，也是蛛网模型的缺陷所在。因为在实际生产活动中，经济主体从自身的经济利益出发，总会利用有关信息对未来价格作出预期，并依此作出最有利于自己的行动决策。如果是这样的话，就可以减小甚至于消除价格和产量的波动。

蛛形纲 Arachnida; arachnid 节肢动物门螯肢动物亚门最大的一纲。分为4亚纲16目，其中现生种类计3亚纲11目。全世界已知约5万多种。包括蜘蛛、蝎和蜱螨等，身体分成前体和后体。前体由6节组成，背面通常包以一块坚硬的背甲，腹面有一块或多块腹板，或被附肢的基节遮住。后体部由12节组成，除蝎类以外，大多数的腹部不再分成明显的两部分，螨类的腹部与前体已合而为一。单眼不超过12个。蜘蛛的后体与前体之间通过腹柄而相连。后体通常无附肢。雌雄异体。绝大多数陆生，仅少数螨类及一种蜘蛛为水栖。大多数蛛形纲的种类为肉食性。用书肺或气管呼吸，有的两者兼备。

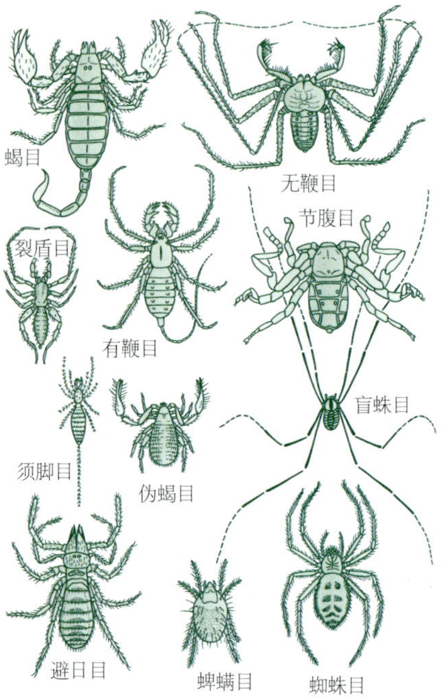

蛛形纲各目代表

蜘蛛中一些种类有飞航的习性。蛛形类的耐饥力很强，不喜酷热，常隐蔽在石块或树叶下，或营穴居生活。蛛形纲中不少种类捕食害虫，在保持生态平衡上有重要的作用。蝎和蜘蛛中的某些种类可作药材。蜱螨是许多动植物的寄生虫；蝎、伪蝎和蜘蛛的毒液可能伤害或致死人、畜。

术赤 J̌oči (?～1227?) 成吉思汗正妻孛儿台所生长子。成吉思汗微时，蔑里乞部人以报仇袭击其家，将孛儿台掳走。后因得王汗的帮助，始得救。在回家的路上生术赤，因此，当时人对术赤的血统有所怀疑。成吉思汗建国后，以蒙古百姓分封子弟，术赤得9 000户。1211年，随成吉思汗伐金，与察合台、窝阔台攻掠云内、东胜、武、朔等州。1213年，再次大举分道伐金，与察合台、窝阔台率右军残破太行山东西两侧诸州郡。1217年，吉利吉思部反抗蒙古征兵，术赤奉命出征，征服了吉利吉思及谦河（今叶尼塞河上游）西至也儿的石河（今额尔齐斯河）的森林中百姓诸部。成吉思汗便以西北诸部赐归他领有。1219年，从父西征，受命与察合台、窝阔台留军围讹答剌，进攻花剌子模，围玉龙杰赤城。因与察合台素不和，城久攻不下。成吉思汗乃命窝阔台总领军事，协调行动，终于取胜。此后，术赤则径返其在也儿的石河旁辎重所在的驻地。1223年，成吉思汗东还时，术赤称病，未入觐。有人告发他正在围猎，成吉思汗怀疑他背叛，准备发兵亲征。此时，传来术赤死讯。次子拔都承袭汗位。

竹 Bambusoideae; bamboo 禾本科竹亚科植物的统称。一般为木本。根据近年的发现，还包括少数草本和近草本的种类，称为草本状竹。

种类及地理分布 全世界木本竹类植物约有60属，900多种（一说80多属，1 200多种），草本竹类植物25属，110多种。中国约有30属300多种，主要竹种有合轴丛生的青皮竹、撑篙竹、慈竹，单轴散生的毛竹和桂竹，复轴混生的茶秆竹等。竹的地理分布遍及赤道两旁至寒温带，从平原丘陵到高山雪线以下都能生长。但多数竹种分布在南北回归线之间，随纬度和海拔的增高而减少。总的地理分布可分三大竹区：亚太竹区、美洲竹区、非洲竹区。

形态特征 竹具有地下茎、竹秆、枝、叶和箨、花和果等器官。是认识和鉴别竹类种属的主要依据。①地下茎。养分和水分输导、储存，生长竹秆和繁殖更新的主要器官。按其形态和生长方式，可分为合轴型、单轴型和复轴型3种。②竹秆。竹的主体。分秆柄、秆基和秆茎3部分。秆柄是竹秆的最下部分，是与地下茎相连的输导枢纽。秆基是竹秆入土生根部分。秆茎是竹秆着生枝叶的地上部分。③竹枝。竹分枝的方式和枝数因竹种而异。按每节分枝的枝数，分为单枝型、双枝型、3枝型和多枝型。④叶和箨。竹叶着生于各级枝条的顶端，每节一叶，交错排列成两行。箨为竹秆所生之叶，也称笋箨，着生于箨环上。对居间分生组织有保护作用。⑤花和果。花序分为一次发生的有限真花序和多次发生的无限假花序。真花序有总梗，花序主轴分枝为圆锥状、总状和近穗状。假花序由无柄的假小穗组成，形成头状、球状簇从小穗有柄或阙如。果实通常为颖果。

生物学特性及栽培 竹为常绿（除少数竹种在旱季落叶外）浅根植物，要求温暖、湿润的气候条件。对土壤水肥条件要求较高。土层深厚、肥沃、湿润，富含有机质、呈酸性反应的土壤最适。竹多数属中等耐阴植物，常侵入阔叶林或针叶林中混交生长。竹笋出土后，初期生长缓慢，中期生长加快，后期又缓慢下来。竹叶更新通常每年1次，也有隔年1次的。竹开花一年四季都可发生，但盛花时期因竹种而异。

竹可在开花结实后天然下种，更新老林；或采集种子育苗造林；也可用埋秆、埋鞭、插秆等无性方法繁殖育苗。

竹的利用 中国竹林面积约450万公顷。竹资源的培育与竹加工已成为一个强大的新兴产业，在建筑、轻工、食品、家具、包装、运输等行业得到广泛的应用。现在除利用竹材及其制品外，竹副产品也得到广泛的利用，如竹笋是中国传统名贵蔬菜。竹沥、竹茹可供药用。竹枝加工可扎成马鞭、大扫帚。泡竹的假鞭可编制渔筛。竹根除去外壳可作刷子。竹蔸可供雕刻和烧制竹炭。竹箨可编绳和造纸。大型竹叶可垫衬船篷、斗笠和包裹食物等。

竹柏 *Podocarpus nagi*; nagi yaccatree 裸子植物门罗汉松科罗汉松属的一种。常绿乔木。分布于中国浙江、福建、江西、湖南、广东、广西、四川，日本也有分布。高达20米，胸径可达50厘米。枝条开展或伸展，树冠广圆锥形。叶对生，革质，长卵形、卵状披针形或披针状椭圆形，长3.5～9厘米，宽1.5～2.5厘米。雄球花穗状圆柱形，腋生，常呈分枝状；雌球花单生叶腋，基部有数枚苞片。种子10月成熟，圆球形，有梗。竹柏的材质优良，纹理直，结构细，硬度适中，易加工，耐久用。种子可榨油，供食用和工业用。

竹节虫目 Phasmida; stick insect 昆虫纲的一目。中至大型有翅昆虫。又称䗛目。俗称竹节虫或叶子虫。因身体修长而得名。全世界已知种类约3 000种。有翅或无翅。体长3～30厘米。头前口式。前胸节短，中胸节和后胸节长，无翅种类尤其如此。有翅种类翅多为两对，前翅革质，多狭长。几乎所有的种类均具极佳的拟态，大部分种类身体细长，模拟植物枝条；少数种类身体宽扁，鲜绿色，模拟植物叶片，翅宽扁。雌虫常可营孤雌生殖，雄虫常较少，未受精卵多发育为雌虫。当受伤害时，稚虫的足可以自行脱落，而且可以再生。高温、低温、暗光可使体色变深；相反，则体色可变浅。白天与黑夜体色不同，呈节奏性体色变化。植食性，可危害植物，尤其在大洋洲有几种竹节虫往往大批发生，食害尤加利树叶。中国亦有危害栎类树木致灾的报道。

竹节石 tentaculitoid 一类已经绝灭的海生无脊椎动物。生活于奥陶纪、志留纪和泥盆纪。现今所见均为化石。

壳体由碳酸钙所组成，多为细长的直锥形壳管，少数呈弯锥形或环形，长度多小于10毫米。壳体分初房、始部和口部。初房位于锥形壳的顶点，呈滴锥状或尖锥状。始部与初房相接，并逐渐扩大。口部位于锥形壳的较宽部分。竹节石的壳壁分为厚壳型和薄壳型两种类型。竹节石壳体表面通常有生长线纹、纵线、纵沟、纵肋、横沟、横环和刺、瘤等装饰，是鉴定竹节石属和种的重要标志。

竹节石纲划分为厚壳型的竹节石目和薄壳型的等环节石目和珠胚节石目。

薄壳型的竹节石，其中的一些种可以将泥盆纪地层划分为20余个竹节石带，每个带可作洲际或大区域的对比，在泥盆纪生物地层学中起着重要的作用。

竹刻 bamboo carving 用竹根雕成人物及动植物形象，或在竹材、竹器上雕刻文字、图画等，通常也指用竹根、竹材、竹器雕刻成的雕塑工艺品。竹材不宜长久保存，现知最早的竹刻是中国长沙马王堆汉墓出土的彩漆龙纹竹勺。竹刻发展成为独立的工艺美术门类是在明中叶。明代竹刻主要产于江苏嘉定（今属上海）。20世纪以来，中国竹刻集中在上海、江苏、浙江、湖南、广东、四川等地，其中广东南雄以竹根雕刻著名，湖南邵阳、浙江黄岩、四川江安以贴黄著名。

中国竹刻分为三类：竹根雕刻是利用竹根的天然形状和节疤等特点，略加雕凿，刻成人物等，或制成器物；留青是保留竹材外表的青色皮层，在皮层上雕刻花纹；贴黄是将竹材内壁约2毫米的黄色表层，经加工后粘贴在器物上，然后进行雕刻。中国竹刻的技法主要有圆雕、透雕、深浮雕、浅浮雕、留青、深刻、浅刻等。品种以日用品为主，如茶叶盒、笔筒、牙签筒、花瓶、烟具等，也有的在竹青上雕刻花鸟、山水、书法，做成对联、四页联，作为室内装饰品。

竹林七贤 Seven Sages of the Bamboo Grove 中国三国魏末7位名士的合称。他们是谯国嵇康、陈留阮籍、河内山涛、河内向秀、沛国刘伶、陈留阮咸、琅邪王戎。由于他们曾集于山阳（今河南焦作东）竹林之下肆意酣畅，故世称竹林七贤。7人的思想倾向略有不同。嵇康、阮籍、刘伶、阮咸始终服膺老庄，越名教而任自然；山涛、王戎好老庄而杂以儒术；向秀则主张名教与自然合一。在政治态度上各有不同。嵇康、阮籍、刘伶等仕魏而对执掌大权、已成取代之势的司马氏集团持不合作态度；向秀在嵇康被害后被迫出仕；阮咸入晋曾为散骑侍郎，但不为司马炎所重；山涛起先“隐身自晦”，但40岁后出仕，历任尚书吏部郎、侍中、司徒等，成为司马氏政权的高官；王戎为人鄙吝，功名心最盛，入晋后长期为侍中、吏部尚书、司徒等，历仕晋武帝、惠帝两朝，至八王乱起，仍优游暇豫，不失其位。7人在文学创作上成就不一。阮籍的五言诗，嵇康的文，在文学史上都占重要地位；向秀的赋，今存唯《思旧赋》一篇，亦称名作；刘伶作品不多，今存文《酒德颂》，风格与阮籍《大人先生传》颇近；阮咸精通音律，在文学方面没有留下作品；山涛、王戎虽擅清言，却不长于文笔，《隋书·经籍志》著录山涛有集5卷，今所见佚文，全部是奏启文字，文学价值不大。王戎的著作则很少。

《竹林七贤与荣启期》砖画 *Seven Sages of the Bamboo Grove and Rong Qiqi, Tomb Brick Reliefs of* 中国南朝陵墓大型模印砖画。由多块模印砖拼镶而成，表现魏晋之际玄学清谈、避世隐逸的竹林七贤嵇康、阮籍、山涛、王戎、向秀、刘伶、阮咸和

荣启期（见图）。荣启期，春秋高士，传说尝行于郕之野，鹿裘带索，鼓琴而歌。同一题材的画像砖墓共发现4座，分别是南京西善桥宫山墓、江苏丹阳鹤仙坳墓、丹阳建山金家村墓和丹阳胡桥吴家村墓。南京西善桥宫山墓是同一题材砖画中保存最完好的。

竹林七贤是东晋南朝士人特别标榜推举的人物，他们的事迹见述于时人传论，他们的形象也成为绘画中的常见题材。

《竹书纪年》 *Bamboo Annals* 中国战国时魏国史书。原无名题，后世以所记史事属于编年体，称为《纪年》，又以原书为竹简，也称为《竹书》，一般称为《竹书纪年》。晋太康二年（281），一说咸宁五年（279）或太康元年，汲县（今河南卫辉市西南）人发现了一批写在竹简上的古书。盗墓者不以为意，往往散乱。后来官府前往，又收书不谨，多毁落残缺。《竹书纪年》是其中较完整的一种。竹简长度为古尺二尺四寸，以墨书写（或作漆书，亦即墨书），每简40字。《竹书纪年》凡13篇，叙述夏、商、西周和春秋、战国的历史，按年编次。周平王东迁后用晋国纪年，三家分晋后用魏国纪年，至今王二十年为止。晋中书监荀勖认为今王是魏襄王，古墓即魏襄王之墓。由于竹简散乱，以及战国文字于时即已不能尽识，《竹书纪年》的整理仍存在争论和问题。晋惠帝时秘书丞卫恒又从事考正。因此，《竹书纪年》当时有初释本和考正本两种，也可称为荀和本和卫束本。一般通行荀和本。《竹书纪年》有不少地方与传统记载大异，比较接近史实，有的还与甲骨文、金文符合。《纪年》对研究先秦史有很高的史料价值，在中国史学史上也是一部重要著作。古墓不在魏都大梁而在汲县，不应是魏襄王或魏安釐王的坟墓，出土古书有《易》、《国语》、《琐语》、《纪年》等，又与近年长沙马王堆汉初古墓所出古书近似，可能是魏国贵族的坟墓。《纪年》作者当是魏襄王时的史官。《竹书纪年》原简可能在永嘉之乱时亡佚，但初释本和考正本仍继续传抄流行。安史之乱到唐末五代，传抄本也逐渐散佚。元末明初和明中期出现的《竹书纪年》刻本，春秋战国部分均以周王纪年记事，一般称为今本。清钱大昕等指其为明人伪书。清代以来，据今本研究《竹书纪年》的人很多。嘉庆间朱右曾《汲冢纪年存真》开始辑录晋以后类书古注所引的佚文，加以考证，称为“古本”。此后，王国维在朱书的基础上辑成《古本竹书纪年辑校》，范祥雍又有《古本竹书纪年辑校订补》。1981年，方诗铭、王修龄重新辑录为《古本竹书纪年辑证》，又有新的考证和补充，并将王国维《今本竹书纪年疏证》收入，是较为完备的版本。

竹炭纤维 bamboo charcoal fiber 由研磨后的竹炭微粒粉与黏胶、聚酯等纤维的纺丝液或纺丝熔体混合经纺丝制成的化学纤维。将竹炭微粒涂覆在不同纤维的表面，也可开发出具有保健功能的竹炭涂层纤维。竹炭纤维有超强的吸湿、抗菌、蓄热、保暖和释放高浓度负离子功能。制成的织物除能直接吸附人体异味、烟油味等，还有自动调湿功能。竹炭纤维非织造布可用作空气、水的过滤材料，家居、汽车等的装饰材料，寝具、床垫、卫生用品等。

竹溪寺 Zhuxi Temple 中国台湾省最早建立的佛教寺院。位于台南市南盐埕溪（现名日新溪）。因寺在竹林溪水之间而得名。17世纪中叶始建，名小西天寺，后改今名。

曾为清代台湾佛教三大名刹之一。清初至民国初年，该寺为台湾佛教徒崇仰的中心，有重要影响。

竹叶青蛇 *Trimeresurus stejnegeri*; bamboo viper 蛇亚目蝰科蝮亚科的一种。又称竹叶青、青竹蛇。主要分布于中国长江以南，在西部向北可达甘肃文县，东北吉林长白山也曾发现。管牙类毒蛇。虹膜红色。通身绿色，体侧常有一条由红白各半或白色的背鳞缀连的纵线。头及躯尾腹面稍浅或呈草黄色；尾背和尾尖焦红色。头较大，呈三角形，颈细。眼与鼻孔之间有颊窝。尾较短，具缠绕性。头背均被小鳞片，鼻鳞与第一上唇鳞以鳞沟完全分开。栖息于

白唇竹叶青蛇

海拔150～200米的丘陵区。常见于草丛中、灌木上、岩壁或石上、竹林中、路边枯木或田埂草丛中。多于阴雨天活动，在傍晚和夜间最为活跃。以**蛙**、**蝌蚪**、**蜥蜴**、**鸟**和小型哺乳动物为食。卵胎生，8～9月产仔4～5条。平均每次排毒液量约30毫克，含出血毒、多种酶类及少量神经毒。人被咬伤后，伤口局部灼痛剧烈，肿胀迅速扩展，早期出现的血性水泡是典型症状特征，一般较少出现全身症状，极少有生命危险。

竺可桢 Zhu Kezhen (1890-03-07～1974-02-07) 中国气象学家、地理学家。中国近代地理学的开创者和现代气象事业的主要奠基人。字藕舫。生于浙江绍兴东关镇（今属上虞），卒于北京。1910年赴美，入伊利诺伊大学农学院学习，1913年毕业，转入哈佛大学研究院地学系研究气象学，1918年获博士学位。同年回国。历任武昌高

等师范学校、东南大学等校教授，中央大学教授兼地学系主任，浙江大学校长，中央研究院评议员、院士、气象研究所所长。1929年起连续当选为中国气象学会会长、理事长、名誉理事长。中华人民共和国建立后，任中国科学院副院长、中华全国科学技术协会副主席、中国科学院生物学地学部主任、中国科学院综合考察委员会主任、自然科学史委员会主任等职。1955年当选中国科学院学部委员（院士）。

在创建气象研究所，推进气象科研，开创气象教育事业，组建早期的中国气象观测网，开展物候观测、高空探候区划、物候学、气候变迁等研究方面都作出了开拓性贡献。研究了台风分类、源地、移动及台风眼结构，指出台风眼中有下沉气流存在，西太平洋台风路径之变化受远东四个大气活动中心所控制。在中国首先提出季风系统这一概念，讨论了季风的成因，比较了中国季风与印度季风的异同。首创区域气候研究，提出划分亚热带的指标，对亚热带北界的确定有决定意义。把农业气候分析、气候区划和自然区划联系起来，确定中国八大气候区，确立了气候区划和自然区划的基本轮廓。他长期收集整理古代有关物候的文献，研究中国近五千年的气候变迁，其成果对气候变化研究有重要贡献。主持并参加中国黄河中游水土保持、治沙，黑龙江流域、新疆、青海西部南水北调，华南热带生物、云南热带资源等自然资源的综合考察。领导并建立一批研究机构和野外观测实验站。著有《中国气候区划》、《东南季风与中国之雨量》、《中国气候概论》、《十年的综合考察》、《论我国气候的几个特点及其与粮食作物生产的关系》、《中国近五千年来气候变迁的初步研究》、《物候学》(与宛敏渭合著）等。

主存储器 main memory 在计算机系统中用来存放指令和数据、能够被**中央处理器**直接随机访问的存储器。又称内存储器，简称主存或内存。大部分计算机系统的主存储器采用动态随机存储器（DRAM）。优点是集成度高、功耗小，容易构成大容量的主存储器。但是，每次读出之后，电容中的电荷将被释放掉，必须重新写入，这个过程称为再生。由于存在漏电阻，存储在电容上的电荷会泄漏，必须每间隔一段时间把所有存储单元重写一遍，称为刷新。

为了减少存储器芯片的引腿数，通常把访问主存储器的地址分两次分别送入行地址锁存器和列地址锁存器，行地址和列地址经过译码后送入存储阵列，只有处于交叉点上的存储单元才被选中，可以进行读写操作。另外，静态随机存储器（SRAM）、只读存储器（ROM）、可编程只读存储器（PROM）等也可作为主存储器或主存储器的一部分。由于主存储器的价格较贵，存储容量较小，通常只存放能够直接被中央处理器随机访问的指令和相关数据，包括操作系统的常驻部分，正在执行和将要执行的用户程序和数据。

主存储器的主要性能指标有速度、容量和价格。提高主存储器速度和容量的方法是采用并行存储器、交叉存储器、多维存储器和无访问冲突存储器等。并行存储器是把存储器的位数加长，每次访问主存储器可以读写多个数据。交叉存储器分为高位交叉和低位交叉两种，高位交叉只能提高主存储器的容量，低位交叉方式不仅能够增加存储容量，还能提高速度。多维存储器和无访问冲突存储器主要用于向量处理机和并行处理机中。

主犯 principal offender 组织、领导犯罪集团进行**犯罪**活动或者在**共同犯罪**中起主要作用的犯罪分子。《**中华人民共和国刑法**》对共同犯罪中的主犯的规定，包括以下两种情况：①组织、领导犯罪集团进行犯罪活动的犯罪分子，即组织犯。②在共同犯罪中起主要作用的犯罪分子。具体包括犯罪集团的骨干分子，在某些聚众犯罪中起组织、策划、指挥作用的犯罪分子以及在其他一般共同犯罪中起主要作用的犯罪分子。主犯的刑事责任，中国《刑法》对犯罪集团的首要分子和其他主犯的处罚原则是分别加以规定的。对组织、领导犯罪集团的首要分子，按照集团所犯的全部罪行处罚。《刑法》第26条还规定，对于犯罪集团首要分子以外的其他主犯，按照其所参与的或者组织、指挥的全部犯罪处罚。

主父偃 Zhufu Yan (?～前126) 中国汉武帝时大臣。临淄（今山东淄博东北）人。出身贫寒，早年学长短纵横之术，后学《易》、《春秋》和百家之言。元光元年（前134），至长安上书武帝，当日即被召见，拜为郎中。不久又迁为谒者、中郎、中大夫，一年中升迁四次，得到武帝的破格任用。

汉武帝为了加强皇帝的专制权力，在以丞相为首的外朝官僚机构之外，另在宫中设立内朝。主父偃在内朝备武帝顾问，对当时的政治颇有影响。几次上疏，皆能切中时弊。他认为，诸侯王连城数十，地方千里，缓则骄奢而为淫乱，急则合纵以反抗朝廷，对加强中央政令的推行不利。因此建议令诸侯得推恩分封子弟为侯（见**推恩令**），这样王国自析，诸侯王的权力也随之削弱。他还提出，徙天下豪杰兼并之家于茂陵（今陕西兴平东北），内实京师，外销奸猾，以达到强干弱枝的目的；以及设置朔方郡，以省内地转输戍漕，加强防御匈奴等建议。这些建议迎合汉武帝强化专制主义中央集权的需要，多被采纳。元朔二年（前127）主父偃被拜为齐相，揭发齐王奸事，齐王畏罪自杀。武帝以为主父偃曾胁迫齐王，加之赵王也使人告发其接受诸侯贿金，遂下令逮捕主父偃。后被族诛。

主干家庭 stem family 父母和一对已婚子女生活在一起的家庭模式。通常包括祖

父母、父母和未婚子女等直系亲属三代人（也有少数上溯四五代人的情况）。

主干家庭是由联合家庭向核心家庭过渡的模式，在今天仍有一定的生命力。它既能简化旧制大家庭的人际关系，减少大家庭的一些弊端，又能在一定程度上培养代际之间的同情心，联络代际之间的感情，便于两代人相互支援，能在赡老抚幼和管理家务上提供一些便利。在主干家庭中有两对夫妻、两个中心，由谁执掌家庭权力问题难以解决，婆媳冲突就是一种表现形式。

主观唯心主义 subjective idealism 唯心主义哲学的基本形式之一，指把世界的本原归结为个人的主观感觉或意识的学说。见唯心主义。

主教 bishop 基督教教职。源于希腊文episcopos，意为"监督者"。《新约圣经》中指对一定区域的教会进行监督管理的人，现通常为一个教区的主管，有祝圣神父或派立牧师之权，系主教制教会中最高级别的神职人员。在天主教会中，主教任命一般需得教皇批准，且不能婚娶。在天主教和东正教中，根据管辖范围的不同而设有大主教、都主教、总主教、宗主教等职位。基督教其他某些派别如路德宗、安立甘宗、卫斯理宗等，亦设立主教职位。路德宗和卫斯理宗的主教，中文译称"会督"。

主教叙任权之争 Investiture Controversy 中世纪教皇同各国世俗君主之间为争夺主教之遴选和任命权而发生的冲突。以11世纪中至12世纪初教皇格列高利七世同德皇亨利四世之间的斗争为典型代表。1075年，格列高利七世以反对教会腐化和世俗化为由，通谕废除世俗君主的教职叙任权。1076年，亨利四世召集德国主教开会反对教皇，随后被教廷开除教籍，其臣民的效忠誓约亦随之解除。亨利四世重组力量于1084年率军攻入罗马，格列高利七世出走后客死他乡。亨利四世死后，后继的德皇与教皇之间继续斗争，直到1122年，双方签订《沃尔姆斯宗教协定》，规定德国主教按教会法选举产生。类似的斗争亦曾在英法等国发生。

主权 sovereignty 一个国家所拥有的独立自主地处理其内外事务的最高权力。

主权是一个国家的固有权力。国家凭借这种权力可以以最高权威和独立自主的方式处理它的一切内部事务和外部事务，不受任何其他国家或实体的干涉和影响。主权的对内属性和对外属性，也称对内主权和对外主权。主权对内最高的属性实质上指国家的政治统治权力，它通过立法、行政、司法、军事、经济、文化等手段来实现，体现在颁布法律、废除法律、决定国家组织原则、决定政权组织原则、决定经济体制、统率军队等权力上。主权对外独立的属性主要指一个国家有权独立地决定自己的外交方针政策，处理国际事务和享有国际权利与国际义务，不允许其他国家或其他实体干涉一个主权国家在这些领域中的自主活动。主权的两重性不可分割，紧密相关。如果国家对外不是独立的，国家就不可能自主地处理其对内事务。国家主权以国家这种政治和地域形式作为活动范围，受到有意识的、有意志的主体的控制和运用，代表和维护着不同的利益。

主体思想 Juche Idea, the 金日成提出的朝鲜劳动党和朝鲜民主主义人民共和国在革命和建设中的指导思想。它阐明人民群众是革命和建设的主人，也是推动革命和建设的力量，主张走以人民大众为主进行自主性斗争的道路。

主体思想渊源于朝鲜人民开始进行抗日武装斗争的20世纪30年代。1955年12月，金日成提出树立主体的方针，朝鲜劳动党在强调思想上确立主体的同时，在政治、经济、文化、军事等各个方面都要求贯彻主体思想。贯彻主体思想的指导原则是坚持自主立场，体现创造性的方法，以抓思想为根本。

自主立场在革命和建设中的体现是思想上树立主体，政治上自主，经济上自立和国防上自卫。创造性方法在革命和建设中的体现是从实际出发和贯彻群众路线。以抓思想为根本即在一切工作中首先必须抓好思想。

主体性 subjectivity 人作为主体在特定的主客体关系中所表现出来的特性。主体性是由一定主体的结构、特性、素质、能力、作用、地位和具体的实践-认识活动所决定的，并随着主体的不同而不同。由于主体是多样化、多层次性的，因而各种形式的主体也都具有各自的主体性。不能把"主体性"当作"人性"的同义语。人性是人区别于物和"神"的本质特性，一切人所共有的特性即人性，是就人类以自然界为对象而言，人性便是主体性；就人以自己、他人或社会为对象而言，人性不仅是主体的特性，也是客体的特性。主观性也不等于主体性，而只是主体性的一个方面、一种具体表现。

主体之为主体，具有不同于客体的特性，这主要包含如下几方面：①主体自身结构的规定性，即人的身心结构的统一，人的自然属性和社会属性的统一，人的社会意识和社会存在的统一。②一切主客体关系都具有对于主体来说的"为我"性质，它以主体的存在和活动为起点，以主体的发展为归宿。③主体在同客体相互作用时，按照自身的内在规定性和本质行事，成为主客体相互关系的首动者。④主体自律和他律的统一。主体自律的能力和方法是人在长期实践中所受他律的经验的积淀。

主体与客体 subject and object 用以说明人的实践活动和认识活动的一对哲学范畴。主体是实践活动和认识活动的承担者；客体是主体实践活动和认识活动指向的对象。主体与客体在认识论上的使用，是从17世纪开始的。德国古典哲学在揭示主体和客体的统一方面作出了重要贡献。马克思主义哲学把主体和客体的相互作用建立在社会实践的基础上，科学地阐明了主体、客体及其相互关系。主体和客体的关系具有不同的侧面，主要是实践关系和认识关系。实践关系是主体改造客体以及客体被改造的关系。在主体和客体的实践关系中，同时发生着认识关系。这是主体在观念上掌握和反映客体以及客体在观念上被掌握、被反映的关系。主体和客体是对立的，又是统一的。主体和客体不仅相互联系、相互制约，而且在一定条件下相互转化。人在改造世界的活动中，把自己的目的、计划、愿望变为同主体相对立的客观实在即客体；同样，在主体反映和改造客体的过程中，客体移入人脑，经过改造成为人的思想、知识，或者在主体反映客体的过程中，使自然物成为人的工具，延长人的器官，直接从属于主体。

主刑 principal punishment 法院对犯罪分子判处刑罚时只能独立适用而不能附加适用的刑罚。与附加刑相对。在中国，主刑包括管制、拘役、有期徒刑、无期徒刑、死刑。

主序星 main sequence star 位于赫罗图主序带上的恒星。银河系中，大多数恒星在赫罗图上密集于由左上方（高温、强光度）至右下方（低温、弱光度），沿稍微弯曲的对角线的狭窄带区内，形成一个明显的序列，这个序列称为主星序。包括观测到的90%恒星。恒星在主序上度过它寿命的90%的时间，直到内部的氢聚变为氦的热核反应停止。主序星因光度比巨星和亚巨星小，所以又叫矮星。在MK二元光谱分类中的光度级符号为罗马字V。主序星的光谱范围很广，从O型到M型。太阳是G2型的主序星。主序星的光度随表面温度的增高而增大。质量从约百分之几到约60倍太阳质量，光度从约10^{-3}到大于10^{5}倍太阳光度，半径从比太阳小一个数量级到太阳的20倍左右。

主战坦克 main battle tank 装甲兵的主要战斗兵器，由传统的中型和重型坦克发展而来。见坦克。

苎麻 *Boehmeria nivea*; ramie 荨麻科苎麻属的一种。多年生宿根性草本。中国苎麻的主产区在湖南、湖北和四川，安徽、江西、广西、贵州、台湾等地次之，其他地区有少量栽培。

品种和形态 中国普遍栽培的为白叶种苎麻。绿叶种苎麻仅在海南和云南等热带地区有少量分布。苎麻品种可分深根丛生型、浅根散生型和中间型3类。

苎麻根系发达，有粗大的储藏根和细根。地下茎（俗称种根）不断分枝。各分枝的顶芽萌发出土，成为地上茎。一般每蔸有效茎为10～30根。通常不分枝。叶心脏形或椭圆形，有尾状尖端。白叶种叶背有银白色交织的茸毛，叶缘有锯齿。花单性，雌雄同株，圆锥状花序腋生，雌花序生在茎上部，红色或黄色，雄花序位于下方，黄绿色。瘦果小。种子纺锤形，褐色。

以地下茎和根系留地越冬，可活数十年。日平均气温上升到9℃左右，地下茎的芽开始出土，生长的最适温度为17～30℃，雨量1 000毫米以上并分布均匀，湿度为80%～85%，土壤pH以6～7为宜。短日照植物。短日照条件下开花提早，雌花多，延长日照则花期延迟且雄花多。

栽培和管理 以营养繁殖为主。常用分蔸法，即在早春出苗前掘出地下茎，切成6～15厘米带芽的小段或小块，直接栽植于大田中。春天头季麻出苗和每次收获后，需追施速效氮肥。种植多年的麻田，应进行疏蔸，增施有机肥。加强病虫防治，防止早衰。严重衰败的麻田，要挖去老蔸，改种其他作物，经几年轮作后，再栽新麻。

苎麻生长基本停止、下部叶片脱落、茎中下部变褐色时，为工艺成熟期。此时收获纤维产量高、品质好。新栽的苎麻当年可收纤维一两次，以后收获次数随纬度、海拔及气象条件而异。

用途 苎麻的单纤维长60～250毫米，是植物纤维中最长的。表面光滑，有纵横条纹，无捻曲。具有吸湿、散湿快以及耐磨、绝缘、热传导快等特点，且脱胶后洁白而有丝光，适于纺制夏令衣料布，如纯麻夏布或麻涤、麻毛、麻丝混纺品。制成的衣服凉爽、易洗、快干。也可用于织制帆布、刺绣抽纱用布、家具装饰织物，以及渔网、水龙带、皮尺和麻线等。苎麻叶和嫩梢含较多蛋白质及钙、磷、维生素A，可作牲畜饲料。根可供药用，有止血、安胎、清热解毒功效。

助产 aids to delivery 为使胎儿从母体产道顺利娩出，于产前和产时采取的一系列辅助性措施。包括照顾好产妇、观察产程并指导产妇正确配合。

接生技术 接生人员应避免将任何病原体带入产道。开始接生前对产妇外阴按规定消毒，全部接生过程都需坚持无菌操作，应戴口罩、帽子和手套；根据母婴全面情况，采用不同的接生技术。

第一产程 又称开口期。指从规律宫缩开始，到宫口开全为止（开全为10厘米）。初产妇需11～12小时，经产妇需7～8小时。医务人员应仔细观察子宫收缩、胎心、宫颈扩张及先露下降的情况，一般临产后若无特殊情况则不作阴道检查，只作肛查。注意血压，鼓励产妇少量多次进食、饮水，定时排尿，可给予温热肥皂水灌肠。

第二产程 自宫口开全到胎儿娩出之间的时间。若宫口开全，而胎膜未破，可行人工破膜。正常头位分娩时，胎儿先露部为头，自然分娩多无困难，关键是保护会阴。宫口开全后，要指导产妇在宫缩时正确运用屏气动作增加腹压，以助胎头下降和娩出，胎头下降至阴道外口时接产者应协助胎头尽量俯屈，即尽量让胎儿低头，使胎头以最小径线，在子宫收缩间歇时缓慢地通过阴道口，胎肩娩出时也要注意保护会阴。会阴指阴道口与肛门之间的软组织，妊娠后变松软，胎儿先露部下降压迫骨盆底时，会阴充分扩张变薄，有利于胎儿通过，但如果保护不当极易出现会阴裂伤。会阴裂伤应及时修补。新生儿降生后，应及时用吸管吸净其口、鼻腔内的黏液，以保持呼吸道通畅。此时新生儿开始啼哭，大声啼哭表示呼吸道畅通。消毒脐带后在距脐根0.5厘米处，用粗丝线结扎，于离脐根1厘米处剪断，消毒后以无菌纱布包盖后用脐带布包扎。第二产程也称胎儿娩出期，初产妇需1～2小时，经产妇约半小时。

第三产程 胎盘娩出期，此时应行胎盘助娩。胎儿娩出后，子宫体变硬呈球状，宫底升高，兼有少量阴道出血，外露的脐带不再回缩，表示胎盘已剥离，助产者可用左手扶宫底，右手轻拉脐带，缓缓助胎盘娩出。娩出后检查胎膜是否完整。助胎盘娩出时切忌用力牵拉，以免胎盘部分早剥或脐带扯断导致产后出血。接生完毕产妇尚需在产房观察1～2小时，子宫收缩良好、阴道出血不多时，接生人员才能离开产妇。

助产手术 若产程开始后进展缓慢，检查发现产道或胎儿有异常情况，如产妇会阴较紧，患心脏病不宜用力，胎位异常等，可采用准备产道的手术（如会阴切开），解决分娩的手术（如胎头吸引、产钳术、臀牵引），改变胎位的手术（如内倒转）等。头位或臀位助产有困难或胎儿有宫内窒息时，应及时行剖宫产。

助剂 auxiliary 在化工生产中，为改善生产过程，提高产品的质量和产量，或为赋予产品某种特有的应用性能所添加的辅助化学品。产品基体的重要组分，对产品形态、结构、性能产生重大影响的大剂量补加物，一般不划入助剂的范畴。一般以用途作为分类依据，如染整助剂、农药助剂、聚合助剂、塑料助剂、橡胶助剂、油田化学品、水处理剂、造纸用化学品、金属表面处理剂等。也可按功能分类：①稳定剂，包括光稳定剂、热稳定剂、抗氧剂、抗臭氧剂等，其基本功能是防止或延缓化合物（包括聚合物）在生产、储存、加工和使用过程中老化变质。②交联剂和交联助剂，如橡胶加工中的硫化剂、硫化促进剂、催干剂等。③加工性能改进剂，如润滑剂、脱模剂、隔离剂、增黏剂等。④物理、力学性能改进剂，如增塑剂、减阻剂、软化剂、发泡剂、填充剂、偶联剂、抗冲击剂、抗静电剂、着色剂等。⑤燃烧性能改进剂，如阻燃剂，可使聚合物具有自熄性，或减缓其燃烧速度。

助听器 hearing aid 一种有助于听力残疾者改善听觉障碍的装置。分为不可编程与可编程两大类，后者的工作状态及参数可用电脑软件调整；按电子元器件分为模拟电路及全数字电路两种；按外观可把助听器分为非定制式与定制式，前者包括盒式、耳背式及通用耳内式等，后者有耳内式、半壳式、耳道式、迷你耳道式及隐形深耳道式；按输出功率分为小功率、中功率、大功率及特大功率。除了常用的气导助听器外，还有骨导助听器、中耳植入式助听器以及移频式助听器等。

种类 有四种类型：①盒式。体积大，使用方便，价格便宜，适用于老人、小儿及重度聋人。②眼镜式。同时满足屈光不正和耳聋患者的需要。③耳背式。形似香蕉曲度，伏于耳后，长4～5厘米。受话器开口与一硬质塑料管制成的导声钩连接，挂在耳廓上缘根部，钩经软塑料管和耳塞放进耳甲腔及耳道口。④耳内式。包括耳道式，最微型的一类，既可按人的外耳道和耳甲腔翻模定制，也可制成几种标准型再连接定做的外耳道耳塞。后三种类型均戴在耳及其外周附近，统称耳级助听器。

选配原则 ①失聪患者经过医治（或手术）无效的，病变已完全稳定。②以气导助听器为宜。但双耳严重的外耳道炎、中耳炎流脓不止、双外耳道完全闭锁者，考虑用骨导式助听器。③选配前应作纯音听力测试。对感音神经性患者，应尽可能测试阈上功能或语言测听，以判定效果。④使用者提供2～3周试用期。使患者在专业人员指导下调试。⑤条件许可时，为听力损失90分贝以下患者先选用耳级助听器，而对90分贝以上的可考虑用盒式助听器。⑥一只耳使用助听器即可解除听话困难，但双耳助听已成发展趋势，为聋儿语言康复应推广双耳助听。

适应证 ①据纯音听力图语言频率平均损失计算，45~90分贝使用助听器效果较好者。②自幼为聋哑人，5、6岁前使用助听器才能取得效果。③若双耳损失一致，动态范围相近，双耳助听效果最好。④双耳听力损失差异大于30分贝，应用一耳助听器，可为语言辨别率高和动态范围大的一侧配戴。⑤一耳听力损失小于40分贝，而另一耳为60～70分贝左右应为后者配用。⑥一耳听力损失60～70分贝，而另一耳听力损失远大于此值，应为前者配用。⑦若双耳听力曲线起伏不一致，应为曲线较平坦的一侧配用。⑧老年聋、噪声聋、药物中毒性聋等重振现象阳性患者，以内耳毛细胞病变损害为主，响度变化的忍耐度减低，宜使用带有AGC（或AVC、ARC）及PC装置的助听器。⑨长期反复发作的功能性聋（癔病聋或神经症耳聋）使用助听器效果较好。⑩双耳全聋者，患儿在1、2岁前使用大功率助听器，采用全面交往法有助于发展语言交际能力。⑪一耳全聋，另一耳正常，可使用对侧信号交联式助听器。⑫双耳听力损失达到70分贝以上时，应当配用双耳耳级助听器。

助学贷款 student loans 中国为帮助家庭经济困难的高等学校学生解决在校学习期间的学费、住宿费和生活费等问题，国家利用金融手段对在校大学生发放的无担保信用贷款。助学贷款主要有3种贷款形式：国家助学贷款；高校利用国家财政资金对学生办理的无息借款；一般性商业助学贷款。其中，国家助学贷款是助学贷款的主要形式。1999年6月，《国务院办公厅转发中国人民银行等部门关于国家助学贷款管理规定（试行）的通知》决定建立国家助学贷款制度，并在北京等8个城市进行试点。2000年8月，《国务院办公厅转发中国人民银行等部门关于助学贷款管理补充意见的通知》，把由国家财政贴息的国家助学贷款，由8个试点城市扩大到全国范围。

凡符合下列条件的学生均可申请国家助学贷款：①全日制普通高等学校中经济困难的本专科生（含高职生）、研究生和第二学士学位学生。②具有中华人民共和国国籍，且持有中华人民共和国居民身份证。③具有完全民事行为能力（未成年人申请国家助学贷款须由其法定监护人书面同意）。④诚实守信，遵纪守法，无违法违纪行为。⑤学习努力，能够正常完成学业。⑥因家庭经济困难，在校期间所能获得的收入不足以支付完成学业所需基本费用（包括学费、住宿费、基本生活费）。国家助学贷款借款学生不需要办理贷款担保或抵押，但需要承诺按期还款，并承担相关法律责任。

助学金 student stipend 政府和私人机构对学生提供经济支持以便使他们能支付学费或生活费的一种方式。在中国，助学金是对高等学校、中等学校、技工学校和普通中学学生生活费和学习费的补助。它由国家预算中教育事业费及其他各部门的事业费拨付。中华人民共和国建立初，各地人民政府相继制订了一些临时性的助学金办法。1952年9月起，政务院规定了全国统一的人民助学金制度。以后又根据不同时期的政治经济情况几经修订。1983年7月，中华人民共和国教育部、财政部会同制定《普通高等学校人民助学金暂行办法》，规定高等学校人民助学金分为职工学生人民助学金和一般学生人民助学金。助学金主要用作伙食补助费，余为学习、生活用品费及假期回家路费的困难补助。1983年，助学金制度进行改革，决定在普通高校设置人民奖学金，其余各类学校仍按原规定继续执行助学金制度，具体办法由地方政府根据本地区情况自行规定。

住持 abbot 佛教僧职。原为久住护持佛法之意，后指掌管一寺之主僧。又作住持职。略称住职。本称维那、寺主。禅宗兴起后寺院主管僧人才称为住持。佛教传入中国后的几百年间只有师徒之间以佛法相授受，并无住持一职，直到唐代百丈禅师时“百丈以禅宗寖盛……非崇其位，则师法不严，始奉其师为住持，而尊之曰长老”。后亦称方丈。后道教亦采用此制，称道观中的负责人为住持。

住房公积金 housing accumulation fund 一种具有强制性的住房储蓄，中国住房制度改革的重要内容。住房公积金是国家机关、事业单位、国有企业、集体企业、外商投资企业以及城镇私营企业等单位，必须按照国家规定的缴交率和单位与职工双方缴存的比例，为职工建立住房专项基金。职工个人缴存的住房公积金，由单位从职工工资中代扣，然后与单位缴存的部分，一起汇集到为职工专门开设的住房公积金账户上，归职工本人所有。公积金从存入账户开始，就按照国家规定的存款利息率计息。住房公积金只能用于职工购房、建房、翻建房屋和修理住房。

住棚节 Sukkot 犹太民族和犹太教的三大朝圣节期之一。又称收藏节。每年从犹太教历提市黎月（公历9～10月间）15日开始，为期7或9天。为纪念以色列人出埃及进入迦南前40年的帐篷生活而设立。每逢节日，政府派人修剪树木，把剪下的枝条送给信徒搭棚。除病弱者以外，所有犹太人都要住进棚中，献上祭品，以感谢上帝的恩赐。住棚节也是农民求神降雨的日子。

住友财团 Sumitomo Business Group 日本最重要的财团之一。其历史可以追溯到300多年以前，江户幕府时代的特权商人住友吉左卫门在大阪，从经营铜制乐器的商号开始，到取得别子铜山的经营权，逐步形成的由住友家族统治的住友财阀。明治维新后，向采矿、冶金、重工、化工、电机、电力等行业发展。第二次世界大战前，形成以住友银行为核心的日本第三大垄断财团。战后，财团虽被迫解散，但所属公司却被保存下来。20世纪50年代中期，原财团系统各公司以住友银行为中心，通过相互持股、人事和金融关系，以企业集团的新形式重建了住友财团。

住友集团的核心是住友银行、住友金属工业、住友化学三家企业，并称“住友三大家”。其中，住友银行的地位最高。2001年，住友银行与三井财团旗下的樱花银行合并，成为日本第三大银行。

住友集团在不断加强内部凝聚力的同时，不断地扩大外延膨胀作战策略。住友水泥、明电舍、日特金属、浦贺重工、河内银行、松下电器、三洋电机、武田药品等企业相继加入住友集团。

住宅建筑 residential building 人工建造的以家庭为单位的居住建筑形式。中国陕西半坡遗址，是迄今发现的最早的住房雏形。古代住宅受材料和技术限制，都是就地取材、手工建造，从而形成了因地而异的构造类型，如在北美洲和中国东北、云南森林资源丰富的地区出现了井幹式住宅；在生产大量皮革的游牧地区出现了以植物枝条和皮革、织物建成的便于拆装的帐篷式住宅；而在黄土高原则利用生土修建了窑洞住宅。此外，气候条件对居住建筑也影响很大，在寒冷或风沙较大的地区，住宅以封闭为主，如古罗马庞贝城和北京的四合院（图1）；而在炎热、潮湿地区，则以通风避潮为主，如东南亚和中国云南、贵州等地区的底层架空的干栏式住宅。取暖和炊事的方式，对居住建筑设计也有很大影响。欧洲一些用火墙取暖的地方，壁炉

图1 北京四合院

图2 城市高层住宅建筑

和火墙成为房屋的核心；中国北方用火炕取暖的住宅形成了“一明两暗”的平面，南向开大窗，其他三面为实墙的形制。各民族的风俗习惯，家庭的结构也是影响居住建筑平面布局的重要因素。

随着城市化的发展，农村人口大量涌入城市，城市用地日益紧张，住宅向高密度演变，促成了并联式、连排式、公寓式住宅和高层住宅的迅速发展。第二次世界大战后，在住宅设计中吸收了现代科技新成果，重视生态环境，发展了健康住宅、绿色住宅以及智能化住宅等新的概念与实践，使居住建筑的设计和建造又进入了一个技术科学化、设备现代化的新阶段。

现代住宅建筑类型多样，“户”或“套”是组成各类住宅的基本单位。住宅建筑按组合方式可分为独户住宅和多户住宅两类。按层数可分为低层、多层、高层住宅（图2）。按居住者类别可分为一般住宅、高级住宅、青年公寓、老人住宅、集体宿舍、伤残人住宅等。根据不同结构、材料、施工方法以及主体结构的不同特征分为砖混住宅、砌块住宅、大板住宅等多种类型。

居住建筑是城市建设中比重最大的建筑类型，住宅经常成片开发建设。除了合理安排住区的群体建筑、公共配套设施、户外环境外，住宅设计一般要考虑以下几点：①保证私密性。保障按户分隔的安全和生活的方便。②保证安全。③处理好空间的分隔与联系。④充分满足用户的基本要求，设施完备。⑤选择良好的朝向。⑥妥善解决浴室厕所排气、厨房排烟、垃圾处理和公用信报箱等问题。

注册会计师 certified public accountant; CPA 经过考试或考核合格，并经国家批准注册登记，承办社会审计业务和管理咨询、会计服务业务的专业人员。世界上包括中国在内的许多国家为了保证审计工作质量，维护注册会计师职业在公众心目中应有的权威性，都制定了较为完善的注册会计师考试和注册制度。自注册会计师诞生以来，提供财务报表审计服务一直是注册会计师的主要业务。从20世纪40年代开始，注册会计师积极开拓管理咨询、会计服务等新业务领域。

根据《中华人民共和国注册会计师法》(1993)的规定，审计属于注册会计师的法定业务，管理咨询和会计服务为非法定业务。在中国，注册会计师不能以个人名义承办业务，而必须由会计师事务所统一接受委托。

注册资产评估师 certified public valuer; CPV 进行资产评估工作的高级专业技术人员。资产评估是对资产的估价，目的是为交易双方和投资人提供被交易资产的市场价格估计，为资产交易提供价格咨询。资产评估常发生在产权交易、融资贷款、财产保险等场合。国家在资产评估行业中实施注册资产评估师执业资格制度。注册资产评估师通过资格考试取得执业资格。取得中华人民共和国注册资产评估师执业资格证书并经注册登记的人员，方可从事资产评估业务。主要业务范围包括：①国家法律、行政法规规定的国有资产评估业务。②接受委托的非国有资产评估业务。③评估咨询和其他评估服务业务。

注入式教学 expository teaching; chalk-and-talk 教师在教学中将现成的知识结论生硬地灌输给学生的一种教学方法。中国俗称填鸭式教学法。与启发式教学相对。注入式教学不考虑学生学习认识过程的客观规律，以及他们的理解能力和知识水平，并主观地决定教学进程，强迫学生呆读死记。它严重阻碍学生智力和独立学习能力的发展。

注入式教学在中国封建社会和西欧中世纪的学校中曾占统治地位。这反映了古人对教学过程缺乏科学认识。在现代教学理论和实践中日益重视发挥学生学习的主体作用，强调培养学生创造性思维能力与实践能力。

注射 injection 借助专用工具（如注射器）将液体或气体注入体内的一种最常用的医疗技术。注射器通常为玻璃制品，也可为一次性塑料制品。按规格分别为1、2、5、10、20、30、50、100毫升和输液器等。注射液体为各种水剂、油剂、乳剂、血液及血液制品等。按注射途径可分为皮内注射、皮下注射、肌肉注射、静脉注射（含静脉输液、输血）等。静脉注射产生效力最快，肌肉及皮下注射次之。

皮内注射 用量小，多为0.01毫升，常用于各种过敏试验、预防接种以及局部麻醉。一般皮内试验选择前臂掌侧，但卡介苗接种于左上臂三角肌中部皮内。

皮下注射 皮下组织疏松，神经、血管、淋巴液丰富，药物易吸收，但注射时有疼痛感。故常用于疫苗和菌苗预防接种、局部麻醉以及某些药物（如肾上腺素）。通常选择上臂外侧三角肌下缘、肩胛下缘或腹部（狂犬病疫苗）、大腿外侧等。

肌肉注射 又称肌内注射。使用广泛，可推入各种药物。肌肉血管丰富，药物注入可迅速吸收，一般用量5～10毫升。注射部位多用三角肌、臀大肌、臀中肌、臀小肌、股外侧肌等。一般进针2.5～3厘米。臀大肌注射使用较多，注射时应注意避免损伤坐骨神经。

静脉注射 用注射器将药液于20～30分钟内缓慢注入静脉。常用于急重病人，以求迅速发挥疗效。要求迅速起作用的药物可作静脉注射，注射部位多为正中静脉（肘部）、大隐静脉、颈静脉及头皮静脉（多用于儿童）等。宜选用较直较粗、不滑动、易固定的静脉，需长期静脉注射者应选用小血管（手背、足背、浅静脉）。又可往静脉内注入造影剂，如泛影葡胺、优维显等以进行胆囊造影、肾盂造影、脊髓静脉造影、脑数字成影等。超声心动图检查中可通过静脉注入声学造影剂（如过氧化氢-碳酸氢钠-醋酸混合液），使血内含微小气泡，以产生对比效果。

静脉滴注 又称静脉点滴，是将大量液体直接滴入静脉。即穿刺静脉后，药液从吊瓶通过墨菲氏滴瓶及橡皮管连续滴入静脉。可输入药物（如抗生素、磺胺、抗癌药）、营养液、血液及其制剂，补充血容量、维持酸碱和水电解质平衡，供给营养和药物，稀释毒素、降低颅压等。

动脉注射 将某种较浓厚的药液和血液快速注入动脉血管，以达到快速补充血容量、抗休克、提高冠状动脉灌流量和抗肿瘤的目的。通常穿刺肢动脉、颈内动脉、锁骨下动脉等。

心内注射 往心室腔内注入药物，使心搏恢复的抢救措施、心脏复苏术之一，常与心脏按摩术同时应用，包括胸外注入

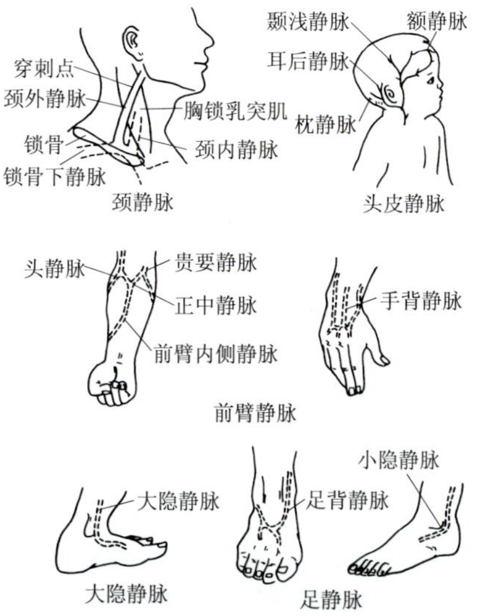

常用静脉注射部位

法（多在心前区第4肋间胸骨左缘或剑突下刺入）及胸腔内注入法（开胸后应用）。常用药物有肾上腺素、普鲁卡因、酰胺、利多卡因、阿托品等。

体腔内注射　用注射器将药物注入各体腔进行治疗。常用的有脑室内注射，鞘内注射，胸膜腔内注射，人工气胸、气腹治疗肺结核，腹腔内注射，关节腔内注射等。

注释　annotation　对书籍或文章的语汇、内容、背景、引文，作介绍、说明、评议的文字。古人对于注释的文字分得较细，并分别称之为“注”、“释”、“传”、“笺”、“疏”、“章句”等。现在一般通称为注释。所包含的内容很广，字词音义、时间地点、人物事迹、典故出处、时代背景都是注释的对象。注释有脚注、篇末注、夹注等几种形式。古籍注释列在正文之中，分双行小字排列，称“双行夹注”，或用括号将注文夹于正文之间。现代书籍注释列于正文当页之下，称“脚注”或“本面注”；列于文章之后或书籍之后称“篇末注”或“尾注”。无论采用何种方式，全书注文的编排一般要求统一，便于读者查考。

注意　attention　心理活动对一定对象的有选择的集中。注意并不是一种独立的心理过程，而是心理过程的一种共同特征。人在注意着什么的时候，总是在感知着、记忆着、思考着、想象着或体验着什么。人在同一时间内不能感知很多对象，只能感知环境中的少数对象。而要获得对事物的清晰、深刻和完整的反映，就需要使心理活动有选择地指向有关的对象。人在清醒的时候，每一瞬间总是注意着某种事物。通常所谓“没有注意”，只不过是对当前所应当指向的事物没有注意，而注意了其他无关的事物。

注意表现为心理活动的一种积极状态，它具有选择的功能，也就是使心理活动具有一定的方向性；注意还具有保持的功能，即感觉记忆的材料必须经过注意才能进入短时记忆，如果不加注意，它就会很快消失。此外，注意还有对活动进行调节和监督的功能。

注意的品质包括：注意的范围，即一瞬间意识能把握的事物的数量；注意的稳定性，即注意能否较长时间地集中于某一事物上，与此相反的是注意分散，又称分心；注意的转移，即注意能否根据需要较快地从一事物转移到另一事物上；注意的分配，即能否同时把注意分配到两种或几种事物上。

注意障碍　attention deficit disorder; ADD　注意在广度、稳定性、紧张性以及分配与转移方面出现的异常表现。临床常见的注意障碍有：①注意减弱，注意的兴奋性减弱，注意容易疲劳，注意力不容易集中，导致记忆力减退。多见于神经衰弱症状群、脑器质性精神障碍及意识障碍。②注意狭窄，注意范围显著缩小，主动注意减弱，当注意集中于某一事物时，不能再注意与之有关的其他事物。③注意涣散，不能较长时间把注意集中于某一事物，主动注意明显减弱，注意力不集中，易分散。④注意转移，表现为被动注意兴奋性的增强，注意易受周围环境的影响但不持久，注意对象不断转换。⑤注意固定，表现为注意稳定性的特别增强。如强迫症患者总是将注意集中于某些强迫观念上，固定而无法转移。

注音字母　sound-notating alphabet　中国第一套法定的汉字形式的拼音字母。又称国音字母。1913年读音统一会制定，1918年北洋政府教育部公布。1919年又公布“注音字母音类次序”，重新排列字母顺序。字母共有39个。1920年审音委员会增加“ㄜ”字母，成为40个。即：ㄅㄆㄇㄈㄪ、ㄉㄊㄋㄌ、ㄍㄎㄫㄏ、ㄐㄑㄬㄒ、ㄓㄔㄕㄖ、ㄗㄘㄙ、ㄧ（直行作一）ㄨㄩ、ㄚㄛㄜㄝ、ㄞㄟㄠㄡ、ㄢㄣㄤㄥ、ㄦ。注音最初以读音统一会所定字音为标准，故有ㄪ、ㄫ、ㄬ三个字母。后来以北京音为标准，ㄪ、ㄫ、ㄬ 3个字母用来标注方音。1922年教育部公布《注音字母书法体式》，改订标调法，废除四角点声法，改用标调符号。注音字母的特点是：字母选自古汉字，音节拼字法采用三拼制，主要用来标注汉字读音。1918～1958年在汉语拼音方案公布前一直通行，对统一汉字读音，推广国语，普及拼音知识有很大贡献。1930年南京国民党政府曾把注音字母改名为注音符号，在台湾通行，改称为国音符号。

驻波　standing wave　局限于某一区域而不向外传播的波动现象。又称立波或定波。由振幅相同、频率相同、振动方向相同、传播速度相同而传播方向相反的两列简谐波叠加而成，是波的干涉的特例。最简单的获得方法：在介质的确定边界上，使入射波反射，并使入射波与反射波叠加。可在张紧且两端固定的弦上，满足弦长等于半波长的整数倍，就能形成驻波。弦上的驻波被分成几段，每段两端的点驻定不动，称为波节，每段中各质点同步地上、下振动，中间点振幅最大，称为波腹。波腹、波节的位置不随时间改变，振动能量也不随时间逐点传播。因为波节和波节（或波腹与波腹）之间的距离是半波长，所以利用形成的驻波可测定波长。

驻马店市　Zhumadian City　中国河南省辖地级市。位于省境中南部，京广铁路两侧。辖驿城区和确山、泌阳、遂平、西平、上蔡、汝南、平舆、新蔡、正阳9县。面积14 974平方千米。人口723万（2010）。民族有汉、回、满等。明代在此建镇取名苎麻，因曾是遂平、明港之间驿马驻所，故名驻马店。1949年设立驻马店市。属暖温带大陆性季风气候。矿产有石灰岩、大理石、石英石、煤、铁、钾长石和花岗岩等。农作物有小麦、玉米、芝麻、油菜、大豆、花生、棉花、麻类、烟草等。其中芝麻以出油率高、油质醇正而著称。工业主要有电力、电器、农机、医药、化工、造纸、服装、针织、食品、建材等部门。名胜古迹有薄山水库、嵖岈山、宿鸭湖、北泉寺、大乐山等。

驻藏大臣　grand minister resident of Tibet　中国清代中央政府派驻西藏地方的行政长官。全称是“钦差驻藏办事大臣”，又称“钦命总理西藏事务大臣”。设正副各一员，副职称“帮办大臣”。雍正五年（1727）至宣统三年（1911）184年间，驻藏大臣共83任，帮办大臣共52任。驻藏大臣代表中央政府会同达赖监理西藏地方事务，诸如任免高级僧俗官员，稽核财政收支，指挥地方军队，处理涉外事务，督察司法、户口、差役等项政务等。此外，乾隆末年以后并专司监督有关达赖喇嘛、班禅及其他大呼图克图（活佛）转世的金瓶掣签、拈定灵童、主持坐床典礼等事宜。

创建之始，驻藏大臣仅统领驻藏官兵，督导藏王颇罗鼐总理西藏事务。乾隆十五年（1750），驻藏大臣傅清、帮办大臣拉布敦被叛酋珠尔墨特那木扎勒属下所害。事平，据策楞等所奏《西藏善后章程》，遂废王爵，设噶厦（地方政府），任命四噶伦（三俗一僧）以分权，在驻藏大臣以及达赖喇嘛统驭下协办藏务。五十八年，在平定廓尔喀入侵后，清廷颁行福康安所奏《藏内善后章程》（即《钦定善后章程》，29条），加强了驻藏大臣的权力和地位，并对其职权作了明确规定。此后遂成定制。

驻藏大臣之设立是自唐宋以来中央政

图1　驻藏大臣衙门

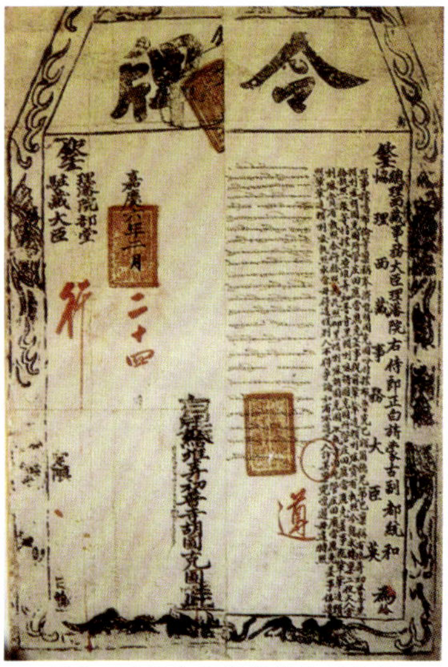
图2 清嘉庆六年驻藏大臣令牌

府对西藏地方管理制度的重大发展。这一制度对于加强祖国统一，巩固边防，促进民族团结均起过积极作用。

柱式 architectural order 欧洲古代石质梁柱结构的几种规范化的艺术形式，产生于古希腊。柱式包括柱身、柱上檐部和柱下基座的艺术形式。成熟的柱式从整体构图到线脚、凹槽、雕饰等细节处理皆基本定型，各部分比例也大致稳定，特点鲜明，决定着建筑物风格。

爱奥尼柱式和多立克柱式是两种最基本的柱式。它们都是从木结构演变而来，公元前5世纪中叶达到成熟程度。爱奥尼柱式的主要特征是柱头的正面和背面各有一对涡卷，有柱础。多立克柱式的柱头是个倒圆锥台，没有柱础。爱奥尼柱式纤秀如女性的柔美，多立克柱式粗壮似男性的刚健。公元前5世纪下半叶，出现了科林斯柱式。它的柱头上雕刻着毛茛叶，很华丽，其余部分则如爱奥尼柱式。

罗马人继承了希腊柱式加以改造和发展。他们完善了科林斯柱式，并且创造了一种在科林斯柱头上加上爱奥尼式涡卷的混合柱式，更加华丽。他们还参照伊特鲁里亚人传统发展出塔斯干柱式。罗马人创造了新的柱式和拱券的组合，最重要的是券柱式。

希腊多立克柱式 塔斯干柱式 罗马多立克柱式 爱奥尼柱式 科林斯柱式 混合柱式

1 檐口 2 檐壁 3 额枋 4 柱头 5 柱身 6 柱础

柱式比较图

柱头虫 Enteropneusta; acorn worm 肠鳃动物门动物的俗称。身体两侧对称，蠕虫状，可分为三个不等的部位：①吻，多呈圆锥形或圆形。②领，圆柱形，长宽近相等。③躯干，占体长的大部分，又可分为鳃区、生殖区、肝区和腹部。消化道直，口位于领的前部腹面，口的背面向吻部伸出一口盲囊；咽部背面两侧各有一列开口，称为鳃孔；生殖腺位于身体前部两侧，有时向两侧扩展，形成生殖翼；食道可延伸至肝区，其后为肠，肛门开口于后端。沉积食性，大多数栖息于沙滩"U"字形管内，头部的一端由于大量吞食沉积物而在沙滩上形成漏斗状凹陷，另一端的尾部由于排出大量不能消化的沉积物，在沙滩上形成盘旋的圆锥状粪丘。当采集时在沙滩上看到这种情况即可判断这里有柱头虫。柱头虫体软，行动迟缓，无保护装置，很容易受到其他动物的攻击，软体动物笋螺是其天敌。由于围海养虾、养蛤和挖砂，栖息环境遭到破坏，数量大大减少，已濒危灭绝。

祝寿河 Zhu Shouhe (1919－02－26～1987－07－26) 中国儿科医师、微循环障碍性疾病研究的奠基人。生于江苏苏州，卒于北京。1946年从上海医学院医疗系毕业后，在北京大学医学院附属医院、协和医院、北京医院工作。1958年后任北京友谊医院儿科主任、院长兼北京市临床医学研究所所长。1974年任中国微循环与莨菪类药研究会会长。1958年创用人工冬眠疗法治疗中毒性痢疾。1964年发现暴发型流行性脑膜炎有主要脏器瘀血等微循环障碍表现。提出中毒性痢疾与暴发型流行性脑膜炎的共同发病机理为微循环障碍。1965年4月首用山莨菪碱注射液代替阿托品。1966年报道"急性感染反应性微循环障碍综合征肺型"，即"成人呼吸窘迫综合征"。提出微循环障碍也是诸多腹部、胸部疾病的主要病理环节之一。促进了对多种疾病发病机理的重新认识及治疗上的重大突破。

祝希娟 Zhu Xijuan (1938－01－17～) 中国电影演员。原籍江西南昌。生于江西赣州。1960年毕业于上海戏剧学院表演系，后任上海戏剧学院实验话剧团、上海青年话剧团演员。1961年在影片《红色娘子军》中饰演女主角琼花，荣获1962年首届《大众电影》百花奖最佳女主角奖。之后又在《燎原》(1961)、《青山恋》(1964)、《无影灯下颂银针》(1974)、《啊，摇篮》(1979)、《模范丈夫》(1981) 等影片中担任角色。1987年因话剧《裂变》获第二届广东艺术节表演一等奖。1991年因电视剧《法人代表》获第五届中南区电视剧金帆奖优秀女演员奖。进入21世纪后，曾在电视剧《暗算》(2005) 中扮演角色。

祝希娟在《红色娘子军》中饰琼花

祝允明 Zhu Yunming (1460～1526) 中国明代文学家、书法家。字希哲，号枝山。长洲（今江苏苏州）人。弘治五年 (1492)

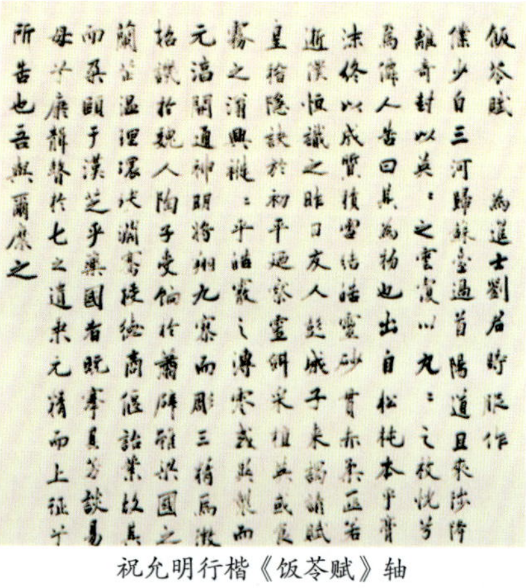
祝允明行楷《饭苓赋》轴

举人，后任广东兴宁知县，迁应天府通判。不久因病辞官。小楷学钟繇、王羲之，狂草学怀素、黄庭坚，并能出入变化，自成面目。为人疏狂放诞，爱作新奇之论。他的诗歌每每发泄仕途不顺遂的愤懑和疏狂玩世的情绪。特点是能直抒胸臆，唯意所之，挥洒淋漓，诗风自然。他的散文和笔记小说，笔调轻俊流畅，爱写委巷之谈、怪诞之事。所著除《怀星堂集》30卷外，尚有《苏材小纂》6卷、《祝子罪知》7卷、《浮物》1卷、《野记》4卷、《前闻记》1卷、《志怪录》5卷、《读书笔记》1卷。

著作权 copyright 作者对其创作的文学、艺术和科学作品依法享有的某些专有权利。又称版权。著作权有时也称文学产权，是知识产权的重要组成部分。

著作权的对象和主体 著作权法律保护的对象是文学、艺术和科学作品。大多数国家的著作权法律规定，凡本国公民创作的作品，不论是否发表，亦不论在何处发表，均受保护；凡在本国首次发表的作品，不论作者是否本国公民，亦受保护。是否保护外国公民在本国境外发表的作品，则视该国是否与外国签订双边著作权协定或是否参加国际著作权公约而定。受著作权法律保护的作品一般包括：文字作品；口述作品；音乐、戏剧、舞蹈、曲艺、杂技艺术作品；美术、摄影、建筑作品；电影、电视等音像作品；工程设计图、产品设计图、地图、示意图等图形作品和模型作品；计算机软件和民间文学艺术作品等。文学、艺术和科学作品的作者，应当是自然人，在特殊情况下创作的作品，法人或者其他组织可以视为作者。作者是著作权的原始主体。民事主体也可以通过继承、转让、赠与等成为著作权的继受主体。

著作权的内容 各国著作权法一般规定作者享有人身和财产两方面的权利。《中华人民共和国著作权法》规定，作者对其作品享有发表、署名、修改、保护作品完整权等人身权利和复制、发行、出租、展览、表演、放映、广播、信息网络传播、摄制、改编、翻译、汇编权等财产权利，以及应当由作者享有的其他权利。

著作权保护期限 中国《著作权法》规定，作者的署名权、修改权、保护作品完整权的保护期不受限制。公民的作品，其著作权的发表权和财产权利的保护期为作者终生及其死亡后50年，截至作者死亡后第50年的12月31日；如果是合作作品，截至最后死亡的作者死亡后第50年的12月31日。法人或者其他组织的作品、职务作品，其发表权、著作财产权利的保护期为50年；电影作品和以类似摄制电影的方法创作的作品、摄影作品，其发表权、著作财产权的保护期为50年。上述作品自创作完成后50年未发表的，不再保护。

侵犯著作权的行为 指在没有法律准许和著作权人授权的情况下，发表他人的作品，或变更他人的作品署名方式或作品内容，或对他人的作品进行复制、传播或派生创作的行为。2001年修订的中国《著作权法》以列举方式规定了侵权行为的各种表现形式，行为人应承担民事责任；损害公共利益的，还要受到行政处罚；构成犯罪的，要依法追究刑事责任。

著作权法 copyright law 调整著作权关系的法律规范的总称。

世界上公认的最早的著作权法是1710年英国的《安妮法令》。中国第一部著作权法是清宣统二年（1910）的《大清著作权律》。

1990年9月7日第七届全国人大常委会第十五次会议通过了《中华人民共和国著作权法》，1991年6月1日施行，2001年10月27日和2010年2月26日进行了两次修订。主要内容有：①作品。《著作权法》对各类作品设有规定，包括对口述作品、民间文学艺术作品的保护。②著作权人及其权利。著作权的主体包括作者，以及其他依法享有著作权的人。著作权的权利内容包括发表权、署名权、修改权和保护作品完整权等著作人身权，以及复制权、发行权、展览权、表演权等十余项财产权。③著作权归属。著作权属于作者，同时，《著作权法》就不同情形而创作的作品，如职务作品、电影作品、受委托创作的作品等，对著作权归属作了规定。④权利的保护期。署名权、修改权、保护作品完整权的保护期不受限制，发表权和著作财产权的保护期限为作者有生之年加死后50年。⑤权利的限制。《著作权法》规定了合理使用、法定许可制度。由于中国已加入了《伯尔尼公约》和《世界版权公约》，因而也适用两公约有关强制许可的制度。⑥著作权的许可使用和转让。⑦图书报刊出版，表演、录音录像、广播电台电视台播放。这是对著作邻接权的规定。⑧法律责任和执法措施。在中国大陆以外的地区，还有其各自的立法。例如，台湾地区的《著作权法》，香港特别行政区的《版权条例》。

著作权法还存在于一些国际公约与多边协定中。例如1886年通过的《保护文学艺术作品伯尔尼公约》，1952年通过的《世界版权公约》。中国于1992年加入了这两个公约。

蛀果蛾 Carposinidae; currant fruit moth/fruit-worm moth 鳞翅目蛀果蛾科昆虫的统称。世界已知约200种，相当一部分种类分布在大洋洲和夏威夷。中国已知18种，主要分布在中国北方和西北。体中、小型。头顶有粗鳞毛，喙发达。雄蛾的下唇须向上举，

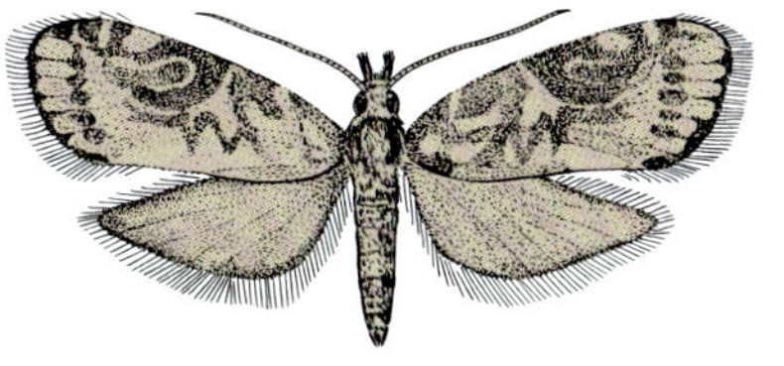

桃蛀果蛾

雌蛾的向前伸。前翅较宽，前缘拱，正面具直立鳞片簇；翅脉发达，彼此分离。

幼虫期危害果实、嫩梢或茎。中国的重要种类有危害苹果、梨、枣、桃的桃蛀果蛾，俗名桃小食心虫。

铸币 coin 具有一定形状、成色、重量和面值的金属货币。系由货币充当流通手段的职能而产生。自然形态的金属货币在流通中需要秤算重量、鉴定成色，很不方便。为了适应交换发展的需要，将金块、银块按照货币计算名称所规定的金银重量，铸造成具有一定成色、花纹和形状的金片和银片，这就形成了铸币。

铸币最初的实际金属含量与名义金属含量是相等的。但是，铸币进入流通过程会受到磨损，它的实际金属含量与名义金属含量会发生分离。这种不足值的铸币依然能够按照原来的面值进行流通，这样，铸币就或多或少地成为其法定金属含量的象征。铸币已经隐藏着用纯粹货币符号代替金属货币来执行流通手段的可能性。

铸钢 cast steel 用以浇注铸件的钢。铸造合金的一种。与变形钢材相比，主要优点：①铸件较少受尺寸、形状和重量的限制，易铸成复杂的形状。②铸件可减少机械加工量，节约金属。③铸件没有轴向和横向性能差别。④高温强度和抗蠕变性较好。缺点：塑性和韧性比锻轧材低，铸件越大，差别越大。

铸钢分为3类：①铸造碳钢。以碳为主要合金元素并含有少量其他元素的铸钢。随着含碳量的增加，强度增大，硬度提高。具有较高的强度、塑性和韧性，成本较低，在重型机械中用于制造承受大负荷的零件，在铁路车辆上用于制造受力大又承受冲击的零件。② 铸造合金钢。含有锰、铬、铜等合金元素的铸钢。合金元素总量小于5%的为低合金钢，大于10%的为高合金钢。铸造低合金钢比碳钢具有较大的冲击韧性，并能通过热处理获得更好的机械性能。铸造高合金钢具有很高的抗冲击磨损性能、耐腐蚀或耐热性能。③铸造特种钢。为适应特殊需要而炼制的合金铸钢，品种繁多，通常含有一种或多种的高量合金元素，以获得某种特殊性能。例如，高锰钢能耐冲击磨损，多用于矿山机械、工程机械的耐磨零件；以铬或铬镍为主要合金元素的各种不锈钢，用于在有腐

蚀或650℃以上高温条件下工作的零件。

最常用的冶炼设备是感应电炉和电弧炉。连铸工艺具有优越性，已广泛地代替一般的钢锭模铸工艺。

铸铁 cast iron 铁基、碳、硅铸造合金，一般含碳2.0%～4.5%、硅0.5%～3.0%，也含少量锰、磷、硫等元素。铸铁的熔炼设备多为冲天炉，生产成本低，耐磨；由于石墨的存在，其耐蚀性比一般碳钢要好，并有高的消震性；但强度低，塑性和韧性差，可焊性很差。中国在汉代已有发达的铸铁技术，制出球状石墨的铸铁件。铸铁一般按石墨析出与否分为灰口铸铁和白口铸铁。灰口铸铁按石墨形态的不同，又可分为普通灰口铸铁（通常简称灰口铸铁）、球墨铸铁、蠕墨铸铁和可锻铸铁。按常规元素以外的合金元素含量，铸铁还可分为普通铸铁和合金铸铁。其牌号一般用字母加数字表示。字母是某种铸铁的汉语拼音第一个字母，数字表示抗拉强工。如HT100，表示灰口铸铁，抗拉强度为100牛/毫米^2。有时也标出延伸率，如球墨铸铁QT400-17；合金铸铁一般标出合金元素及含量，如蠕墨铸铁$RTCr_2$。

铸造 founding 将金属熔炼成符合要求的液体并浇进铸型里，经冷却凝固、清整处理得到有预定形状、尺寸和性能的铸件的工艺。铸造是现代机械制造工业的基础工艺之一。机器制造业中，用铸造方法生产的毛坯零件，在件数和吨位上迄今仍居首位。

简史　铸造是人类掌握比较早的一种金属热加工工艺，已有约6 000年的历史。中国在公元前1700～前1000年已进入青铜铸件的全盛时期。早期的铸件大多是农业生产、宗教、生活等方面的工具或用具，艺术色彩浓厚（图1）。18世纪工业革命以

图1　春秋时期铸铜遗址的陶范（山西侯马出土）

后，铸件进入为大工业服务的新时期，铸造技术有大的发展。20世纪以来，发明了多种新工艺，使铸件的适应性和形状尺寸精度得到很大提高。

分类　一般按造型方法分类。分为普通砂型铸造和特种铸造。普通砂型铸造包括湿砂型、干砂型、化学硬化砂型三类。特种铸造按造型材料的不同，又可分为两

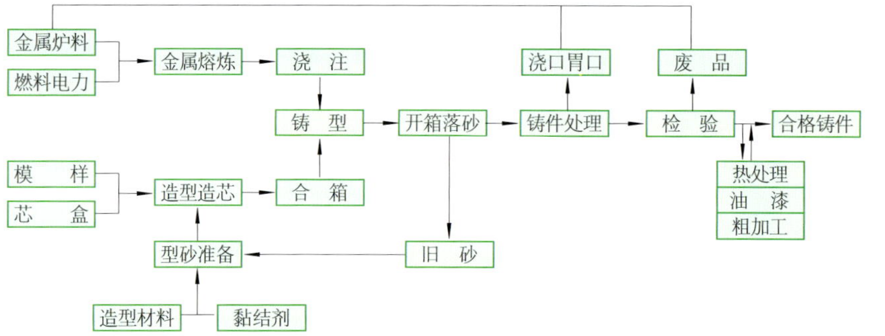

图2　铸造工艺流程简图

大类。一类以天然矿产砂石作为主要造型材料，如熔模铸造、壳型铸造、负压铸造、泥型铸造、实型铸造、陶瓷型铸造等；另一类以金属作为主要铸型材料，如金属型铸造、离心铸造、连续铸造、压力铸造、低压铸造等。

铸造合金　用于铸造生产的合金称为铸造合金，主要有铸铁、铸钢和铸造有色金属合金。铸铁是含碳量在2%以上的铁、碳铸造合金。还含有其他合金元素的铸铁，称为合金铸铁。铸钢分为铸造碳钢、铸造低合金钢和铸造特种钢三类。铸造有色金属合金是指用以浇注铸件的有色金属合金（见**有色金属**），主要有铸造铜合金、铸造铝合金、铸造镁合金和铸造钛合金等。

铸造工艺　铸造工艺可分为三个基本阶段，其工艺流程如图2所示。

①铸造金属准备。金属熔炼提供在温度、化学成分和纯净度方面都符合预期要求的金属熔液。常用的熔炼设备有冲天炉、电弧炉、感应炉、电阻炉、反射炉等。②铸型准备。以砂型铸造为例，包括造型材料准备和造型造芯。③铸件处理。主要去除铸件上的浇注系统、冒口和金属毛刺、披缝及铸件表面和内腔黏附的砂粒。

特点　主要有：①适应性广。铸造是一种比较经济的机械零件毛坯成形方法，对于形状复杂的零件更能显示出其经济性。有些用切削加工难以成形的零件如燃气轮机镍基合金零件，只能用铸造方法成形。②零件尺寸和重量的适应范围很宽，金属种类几乎不受限制。③零件具有良好的力学性能，耐磨、耐腐蚀、吸震，综合性能好。

筑 zhu 中国古代击奏弦鸣乐器。从《战国策·燕策》中记载战国时期高渐离击筑，荆轲和而歌的故事，可推算筑的产生年代应早于此。

魏晋南北朝时，筑曾是相和歌的伴奏乐器。唐朝用于雅乐，以后失传。关于筑的形制，历来文献记载不同。《汉书·高帝纪》应劭注："状似琴而大，头安弦，以竹击之，故名曰筑。"颜师古则说："今筑形似瑟而颈细也。"汉许慎《说文解字》中记载筑为5弦，《隋书·音乐志》中记载筑为12弦，宋陈旸《乐书》载："筑之为器，大抵类筝。其颈细，其肩圆。以竹鼓之，如击琴。然又有形似颂琴，施十三弦。"长沙马王堆3号汉墓出土一件筑的明器模型，长约33厘米，形似四棱长棒，头尾各有5枚小竹钉一字形排列，推想张弦5根。1号汉墓棺头档上有一击筑图像，为左手执筑，右手持细竹击之。

筑（西汉，长沙马王堆3号墓出土）

筑波 Tsukuba 日本科学研究中心城市，科学文化城，东京都市圈的城市。又称筑波科学城。位于东京东北60千米处的筑波山西南麓，属茨城县。面积284.07平方千米。人口18.49万（2003）。自然环境优美。1961年规划面积为27平方千米。1963年开始建设，1972年竣工，耗资50亿美元。1979年底从东京等地迁来2所大学和40多个科研单位，集科研、教育与住宅于一体。1985年曾作为国际科学技术博览会会址。1987年设市。筑波科学城分为生物研究实验区、土木建筑研究区、文教研究区、理工科研究区和公共设施等5个功能区域。科学城内设有宇宙研究中心，拥有最先进的质子加速器；工业试验研究中心；农业科研实验中心；研究人类的灵长类试验站；高空气象台等。有**筑波大学**、图书馆情报大学、筑波高能物理研究所、计量研究所、建筑研究所、国土地理院、筑波农村研究园地及国立公害研究所等160多个单位。它们各自成为一个建筑群。这些建筑物风格迥异，色彩淡雅，疏疏朗朗地坐落于青翠的松林和花圃之中。

筑波大学 University of Tsukuba 日本新型国立大学。成立于1973年10月，校址在东京。前身为东京教育大学。不同于日本传统大学的学部、学科制，筑波大学把教学组织和研究组织分离，将分散、孤立的

学科按类归口为群体，建立了新的教学组织——学群、学类和新的研究组织——学系制。为了培养视野广阔的学生和开展跨学科的学术研究，全校共设有7个学群。基础性学群，下设人文、社会、自然3个学类；初步应用性的文化、生物学群，下设比较文化、日本语言与文化、人类学、生物、农林5个学类；工学性的经营、工学学群，下设社会工学、国际研究、情报、工学系统、基础工学5个学类。每个学群都包括人文、社会和自然三大领域。另外4个学群为医学学群、体育学群、艺术学群和图书馆情报学群，属于专门学群，不设学类，直接设专业，实施一贯性的专业教育。与学群制度相联系，大学开设了许多跨学科的、独具特色的综合性课程。筑波大学撇开过去单一、狭窄的专业划分，以密切相关的专业领域为基础建立了27个新的研究组织——学系，即研究所。大学又在学系之外建立了若干个“特别课题研究组织”，开展“大型研究”、“跨学科研究”或者需要各学科协作的“综合研究”。另外，为了防止研究设施的固定化，大学还建立了18个可供全校乃至全国广泛利用的“共同利用研究中心”。

筑波大学建立了硕、博并行的研究生教育制度。研究生院分别设立二年制的硕士课程和五年制的博士课程。学校还为高、精、尖技术的专业人员建立了特别博士课程。另外，该大学的东京校区还为公众提供夜间研究生课程。

抓周 gift picking at one year old 中国一种在婴儿周岁时预测孩子志趣的仪式。又称试儿、试周、试晬。北齐时已有此俗。孩子一周岁时，家人为他制作新衣，打扫庭院，举行仪式。在他面前摆放象征不同职业和才气的物件，让婴儿自选。男孩用弓箭、算盘、书和笔等，女孩则用刀、尺、针线等。孩子选取的物件，标志他的性情、智力以及未来可能从事的职业。如抓取纸、笔，预示将来喜读书；抓取算盘，预示经商；抓取生产工具，预示耕田劳作等。无论抓到什么，亲友们都会借题发挥，夸奖孩子。抓周还标志着婴儿被社会承认。这一风俗

抓周用的物件，有算盘、称、印章、书、梳子等

一直沿袭至今。现在，这种仪式逐渐变为一种游戏，抓周的内容也有变化。

《抓壮丁》 *Press Gang of Able-Bodied Men* 中国讽刺喜剧作品。吴雪、陈戈等集体创作，吴雪执笔。1938年，四川旅外剧人抗敌演剧队的一批文化青年，采用幕表方式创作演出了《抓壮丁》。1943年，他们在延安对原作加工整理并写成剧本，由青年艺术剧院在边区各地演出近百场。1962年，中国青年艺术剧院与四川人民艺术剧院联合演出此剧，又对剧本作了加工润色，由吴雪、陈戈等主演。全剧3幕。写抗战期间国民党统治的农村“抓壮丁”的丑剧。剧作者抓住国民党统治区兵源靠“抓”和“抓”中又多鬼蜮伎俩的黑暗现象，在貌似荒诞中显现当时政权与社会的腐朽。全剧以四川方言演出，诙谐有趣，生活气息浓厚，人物性格鲜明，语言生动。

专家内阁 expert cabinet 主要成员由不代表任何党派的专家担任的内阁。又称人才内阁。实行内阁制的国家组织政府的一种形式。出现这种情况通常是由于这些国家遇到了政治、经济危机，政党出面组阁发生了困难，此时往往实行“专家政治”、“专家治国”，让一些有政治影响的无党派专家（如法学家、医学家、经济学家、银行家）出任首相或内阁主要成员，有时也吸收一些不以党派关系参加内阁的政党成员，形成形式上的“超阶级”、“超党派”内阁，借此稳定局势，渡过危机。主张专家政治者认为，在日益工业化的社会中，专家政治是唯一合理的管理形式。由于这种形式的政府不是以政党为基础而是以个人才能和政治影响为条件，所以专家内阁只能由国家元首指定的人员组成。

专家系统 expert system 运用知识和推理解决只有专家才能解决的复杂问题的计算机软件系统。专家系统的作用是：提高工作效率，节省资金，提高解决问题的质量，保存老专家的丰富知识和经验，帮助培训年轻人等。在中国，应用较广泛的有中医肝病诊断专家系统、农业专家系统等。

专家系统主要由数据库、知识库和推理机（用来调度和使用知识库中的知识）组成。系统具有向用户解释推理过程和结果的能力，具有修改和增加自己的知识的能力。知识库中组织知识的形式，普遍使用的是“如果（条件）那么（动作）”的规则，条件表示使用此规则必须满足的前提，动作表示使用此规则所得的结论。利用这样的规则，系统可以根据用户已知的一组事实（称为证据）逐步推断出最后的结论，这称为正向推理。也可以先猜测某种结论（称为假设），再去验证该假设，验证过程中将多次向用户提问以获得必要的证据，这称为反向推理。有时需要把两种推理结合起来。

专利 patent 国家主管专利的机关依照专利法，授予发明人在法律规定的期限内享有就该项发明进行制造、使用、销售和出口其产品的专有权。专利的有效期一般自提出申请日起或批准日起10～20年。申请专利的条件是：①新颖性，即发明是世界上或本国内没有过的。②创造性，即发明的技术水平有突出的实质性特点和显著的进步。③实用性，即发明能够制造或使用，并产生积极的效果。专利有发明专利、实用新型专利、外观设计专利三种类型。专利是专利权的简称，它表现为发明人经申请批准获得的财产独占权。取得专利权的人即为专利权人。专利权包括：非经专利权人同意，其他人不得制造和销售专利产品，或使用专利方法；如他人要使用某项专利，就要取得专利占有者的许可并付给一定报酬，承担一定的义务；如他人侵犯，则要受到法律的追究。专利权具有地域性，在一个国家或地区批准的专利，仅在那个国家或地区有效；任何一个国家批准的专利，都只适用自己国家的专利法。

专利法 patent law 调整专利权的产生、行使以及丧失等过程中发生的社会关系的法律规范的总称。主要包括专利权的申请、专利申请的审查与授权、专利权的行使或实施、专利权的保护等方面的法律规范。制定专利法的目的在于激励技术创新，鼓励发明创造，促进技术与经济的发展。

1623年英国国会通过，并于1624年实施的《垄断法》，被认为是世界上第一部现代意义的专利法。1883年，欧洲国家为解决专利、商标等工业产权的国际保护问题达成一致，签订了《保护工业产权巴黎公约》，开创了多边国际保护专利的新格局。1994年又签署了《与贸易有关的知识产权协定》，促进了国际间专利保护的协调。

1944年，中国国民政府颁布了《专利法》。中华人民共和国建立后，于1950年颁布了《保障发明权与专利权暂行条例》，后被1963年颁布的《发明奖励条例》取代。1984年3月12日，第六届全国人大常委会第四次会议通过了《中华人民共和国专利法》，自1985年4月1日起施行。经1992年9月4日、2000年8月25日两次修订，自2001年7月1日起施行的《专利法》共8章69条，包括总则，授予专利权的条件，专利的申请，专利申请的审查和批准，专利权的期限、终止和无效，专利实施的强制许可，专利权的保护，附则。中国的专利法在专利权的内容、效力、保护期以及被授予专利的主题范围等方面，均达到或超

过《保护工业产权巴黎公约》、《与贸易有关的知识产权协定》等国际条约的规定。

专利权 patent right 权利人在一定期限内可以就一项发明创造禁止他人为有关制造、使用、销售、进口等行为的民事权利。《保护工业产权巴黎公约》和《与贸易有关的知识产权协定》所说的专利均指发明，所说的专利权均指发明专利权。《中华人民共和国专利法》中所称的专利权包括发明专利权、实用新型专利权以及外观设计专利权。专利权通常被认为是财产性权利，无人格权的内容。其内容包括实施权、专利产品支配权、处分权和收益权。

德国人C.本茨发明的世界上第一辆三轮汽车获专利权（1886）

专利权的期限 在专利权的期限内，专利权人享有独占权，期限届满，该项发明创造即进入公有领域，任何人都可以自由使用。各国专利法规定的发明专利权的期限各不相同。《与贸易有关的知识产权协定》要求发明专利权的期限应不少于自提交申请之日起20年。中国《专利法》规定，发明专利权的期限为20年，实用新型专利权和外观设计专利权的期限为10年，均自申请日起计算。

专利的申请和审查 各国专利法均要求有关当事人向专利管理机构（通常为专利局）提出申请，经审查，符合专利法要求的发明创造才能被授予专利权。专利审查制度主要有：①形式审查制，指不就实用性、新颖性、创造性等实质条件进行审查，只要形式上符合要求便授予专利权的制度。②实质审查制，即要求审查机构对专利申请是否满足实用性、新颖性和创造性等作出判定后，才能决定是否授予专利权。中国《专利法》规定，对发明专利申请进行实质审查，对实用新型和外观设计专利申请进行形式审查。

专利权的限制 专利权是在一定程度上对市场自由竞争的一种限制。因此，各国专利法中均规定有对专利权权利限制的内容。

专利权受到合理使用和强制许可两方面的限制。合理使用包括：①善意使用，即不知其为专利技术而使用。②依“先用权”使用，即在专利申请日前已经或者已有条件制造与专利产品相同的产品或者使用与专利方法相同的方法制造产品者，在专利权授予后仍可依原有规模继续制造该产品。③在临时过境运输工具上使用。④科研使用。强制许可包括：①一般强制许可，即因应具备实施条件人请求许可不能而实施的政府许可。②非常强制许可，即在紧急状态下为公共利益实施的政府许可。③关联性强制许可，即因应改进型专利实施而不能得到基础型专利许可而实施的政府许可。专利产品售出后，其作为专利权内容的使用权和销售权即行使完毕。

侵犯专利权的行为 通常有以下情形：①为生产经营目的制造、使用、销售、许诺销售、进口专利产品。②为生产经营目的使用专利方法，或者使用、销售、许诺销售、进口用专利方法获得的产品。侵犯他人专利权者除应没收其违法所得、处以罚款外，构成犯罪的，应依法追究其刑事责任。侵犯专利权的诉讼时效为2年，自专利权人或者利害关系人得知或者应当得知侵权行为之日起计算。

专卖 monopoly of sale 国家对某些商品的生产和销售，限定由国家设置的专门机构进行垄断经营与管理的一种制度。

专卖有完全专卖和不完全专卖等形式。完全专卖是对商品的生产、收购、运输、销售的整个过程，都由专卖机构垄断经营。不完全专卖只对产销过程的某个环节垄断经营，其他环节允许别的单位和个人在国家管理下经营。凡属专卖的商品，都由国家进行严格的管理，未经许可而进行专卖商品生产和经营的，以违法犯罪论处。

专卖是一种受国家法律保护的垄断经营形式，列入专卖的商品一般为高利商品、危险品和对国计民生影响较大的紧俏商品。国家对某些商品实行专卖的目的在于控制生产、调节消费、取缔非法经营、保证国家的财政收入。

专卖店 exclusive agency 专门经营或授权经营制造品牌商品，满足消费者对品牌选择需求的零售店。主要集中在城市的繁华商业区、商业街或百货店、购物中心内。其特点：经营特定品牌的商品，经营目的不仅是获取利润，还在于推广商品，树立品牌形象；一般单体规模较小，投资回收期短；经营的商品多以“名牌”为主，具有个性特色的商品管理和经营服务的专有技术，提供个性化、多功能服务。

专门图书馆 special library 收集和组织专门领域（某一领域或数领域）的文献，主要为特定读者服务的图书馆，国外也称为信息资源中心。一般按其从属机构的类别分为机关图书馆、研究机构图书馆、军事单位图书馆等。专门图书馆与资料中心、情报中心性质相近。

基本任务是：作为所服务机构的主要资料来源，收集、组织、保管、利用并传播与该机构业务有关的各种资料，为所需者提供服务。主要特点是：①读者主要为所服务机构的工作人员。②在文献收集方面主要是为配合所服务机构业务的发展，收集该机构的出版物和该机构业务参考所需的最基本的、经常使用的和有潜在使用价值的文献。③在文献整理方面对普通资料实行粗分类和简单编目，对专门资料实行细分和详细著录。④服务针对性强，多提供主动服务，情报服务是其主要方面。⑤因一般设在所属机构的建筑物内，空间有限，需经常进行藏书剔旧，控制藏书增长。⑥图书馆员除具有图书馆专业知识外，还需要具备所属机构的专门业务知识。⑦计算机化和自动化的发展对图书馆特别是专门图书馆产生了很大的影响，许多图书馆都将软件包、机器人、知识工程、专家系统等应用到工作中。

19世纪末在美国最先出现了立法参考方面的专门图书馆，其次是工商财政机构的专门图书馆。1909年美国成立了专门图书馆协会（SLA）。

法国、德国和英国等工业化国家的专门图书馆大多是在20世纪的前几十年建成的，1924年英国专门图书馆和情报机构协会成立。随着各国工业化和科学技术研究的发展以及各国专门图书馆的大量建立，1976年国际图书馆协会联合会将所设专门图书馆组升格为专门图书馆部。

中国在19世纪中叶开始出现教会图书馆，20世纪陆续出现了机关图书馆、社团图书馆、研究机构图书馆等。1949年后专门图书馆是发展最快的图书馆类型，门类多，数量大，分布广，藏书专。较重要的有中国科学院文献情报中心、中国社会科学院图书馆、中国农业科学院图书馆、中国医学科学院图书馆等。

专史 particular history 历史撰述的种类之一。与断代史、通史相对而言，因其所述内容比较单纯、专一，故名。一般指关于某一方面的事物历史著作，如经济史、政治史、文化史、民族史、军事史、法律史、人口史、环境史以及各种制度发展史、各种自然科学史等。梁启超《中国历史研究法补编》提出五种专史的写法，包括人的专史、事的专史、文物的专史、地方的专史、断代的专史，其中对人的专史、文物的专史所论甚详。

专属经济区 exclusive economic zone 根据《联合国海洋法公约》，沿海国家对毗连本国领海一定宽度的海洋资源及其水域享有专属管辖权的法定海区。

中越签署专属经济区大陆架划界协定(2004)

1982年12月，119个国家和组织的代表签署了《联合国海洋法公约》，正式确立了海洋专属经济区制度，其宽度从海岸基线算起不超过200海里。沿海国家在其专属经济区内享有对包括渔业资源在内的一切自然资源的主权。全世界的海洋专属经济区共约1.3亿平方千米，占全球海洋总面积的36%，拥有80%以上的石油储藏量和90%以上海洋渔业产量。

中国于1996年6月批准加入《联合国海洋法公约》，先后与周边的日本、韩国、越南等国签订了渔业协定，划定渔业资源的管辖范围，开展国际渔业合作。

专属渔区 exclusive fishing zone 沿海国国家管辖范围的海域。又称专属捕鱼区、捕鱼专属水域。为沿海国家为保护其近海生物资源和本国经济利益，对其领海线外侧一定宽度范围内所有生物资源和全部水产捕捞活动拥有专属性质管辖权的海域。专属渔区的最大范围是从测算领海宽度的基线量起，不超过200海里。

根据联合国第三次海洋法会议通过的《联合国海洋法公约》的有关规定，沿海国家在其专属渔区拥有调查、开发、保护和管理所有生物资源的主权权利，以及有关进行海洋科学研究、海洋环境的保护和保全的管辖权。但其他国家在该专属渔区范围内的航行、铺设海底电缆和管道的自由不受影响。

沿海国为了确保专属渔区的生物资源免受过度开发的危害，有权采取合理的保护和管理措施。其他国家通过协议进入沿海国专属渔区内从事渔业活动，只能捕捞该沿海国规定的允许渔获量中的剩余部分，并须领取捕鱼许可执照，缴纳一定费用，遵守沿海国对可捕种类与规格、渔获量限额、捕捞区域与时间、渔船与渔具的种类和数量，以及有关的经济技术合作等相关规定。《联合国海洋法公约》通过后，专属渔区概念已为专属经济区所吸收。

专项基金 special fund 企业除生产、经营资金来源以外的，从特定来源形成的并具有专门用途的资金。中国专项基金的来源渠道，根据财会制度可分为：①企业内部形成。一部分是从成本中提取的，包括职工福利基金、大修理基金、更新改造基金；另一部分由企业留利形成的，包括生产发展基金、奖励基金、福利基金、后备基金。②国家拨入。国家拨给企业具有专门用途的专项拨款。包括新产品试制费、中间试验费、主要科学研究费。③专项借款。企业为了完成某项专门工程，在专用资金不足时向银行申请的各项专项借款，包括大修理借款、更新改造借款。④专项应付款。在专项资金使用过程中而临时占用的各种应付款项。

专政 dictatorship 一定阶级的政治统治，即在经济上占统治地位的阶级，运用其掌握的国家权力，对社会实行控制和管理。

国家的产生基于统治阶级而非全体人民的意志；国家政权始终掌握在统治阶级手中；国家权力始终是用来为统治阶级的利益服务。所以，任何国家都是一定阶级对其他阶级的专政。

专政的含义并不等同于独裁或专制。一方面，国家以军队、警察、监狱、法庭等作为主要专政工具，以维护既定的统治关系；同时，它又以一定的政治原则和政权组织设施，组织行政的、经济的、文化的等社会管理机构，实现其社会管理职能。

专制 autocracy 最高统治者独掌国家政权并实行残暴统治的政体形式。又指刚愎自用、独断专行、不听他人意见的态度和作风。当统治形式中出现独裁、暴君政治、寡头政治之后，专制就泛指统治者个人独揽国家大权实行专横统治的政体。其基本特征是统治者个人具有至高无上的权力，不受任何限制约束；统治者以残暴手段镇压被统治者，而后者无权利可言；统治者常常控制社会生活的各个方面，包括人们的思想意识。专制体制为奴隶制和封建制社会普遍采用，现代以德国的纳粹统治、意大利的法西斯统治和日本的军国主义统治为典型。随着政治文明的演进，专制体制逐步为民主制所取代。

砖雕 tile carving 在青砖上雕刻出人物、山水、花卉等图案，用以装饰建筑物的构件和墙面。通常也指用青砖雕刻而成的雕塑工艺品。中国砖雕是由东周瓦当、空心砖和汉代画像砖发展而来的，多作为墓室壁面的装饰品。明清以后，砖雕运用于建筑装饰。不仅南京明孝陵宫城和北京紫禁城宫殿的墙面用砖雕装饰，而且地方的官吏、富豪、地主宅院的厅堂、大门、照壁、祠堂、戏台等也都装饰有雕刻精巧的砖雕。砖雕可以近观远赏，多采用龙凤呈祥、和合二仙、三阳开泰、麒麟送子、狮子滚绣球、松柏、兰花、竹、山茶、菊花、荷花、鲤鱼等寓意吉祥和人们喜闻乐见的题材。雕刻技法主要有阴刻（刻画轮廓）、圆雕（不附着任何背景，适宜于从多角度观赏的完全立体的雕塑技法）、镂雕（又称透雕，是将底板或背后镂空的浮雕）、减地平雕（阴线刻画形象轮廓，并将轮廓以外的空地凿低铲平）等。

青龙砖雕（南朝）

转氨酶 transaminase; aminotransferase 转移酶中的一类。催化氨基酸和α-酮酸或醛酸之间的氨基转移，反应都是可逆的。转氨酶的辅基是磷酸吡哆醛或磷酸吡哆胺（见维生素），两者在转氨基反应中可互相变换。

转氨酶可按底物的不同分成三大类：①L－α-氨基酸：α-酮酸转氨酶。②ω-氨基酸：酮酸转氨酶。③D-氨基酸转氨酶。在高等动物各组织中，活力最高的转氨酶是天冬氨酸：α-酮戊二酸转氨酶（简称天冬氨酸转氨酶，AST）和丙氨酸：α-酮戊二酸转氨酶（简称丙氨酸转氨酶，ALT）。

转氨酶的生理功能是参与氨基酸的分解和合成。生成的酮酸或醛酸可经氧化分解而供能，也可转变成糖类或脂肪酸。相反，酮酸或醛酸也可经转氨酶的作用而生成非必需氨基酸。转氨酶水平是重要的生理、病理指标，例如AST对心肌梗死和肝炎的诊断均很灵敏，而ALT一般用于肝脏疾患的诊断。

转变 中国唐代兴起的曲艺形式。“转”同“啭”，即“说唱”。“变”即“变文”，为具有传奇灵变色彩的故事。“转变”意即说唱表演“变文”故事。一般认为，转变是由寺庙中通俗吟讲经文故事的“俗讲”活动发展演变而来。至迟是到了唐代末期，这种“俗讲”活动已经发展成为比较成熟和流行的民间曲艺形式。所说唱的内容，也由经文故事向历史故事与现实题材的创作拓展。1900年甘肃敦煌莫高窟发现的大批“变文”中，不仅有表现佛经及佛教故事的《维摩诘经变文》、《破魔变》等，也有表现历史传说与现实内容的《伍子胥变文》、《张议潮变文》等。唐人李贺《许公子郑姬歌》、王建《观蛮姬》和吉师老《看蜀女转昭君变》三首诗，对民间女艺人说唱变文即“转变”的表演情况，有不同程度的描述。其在形式上与寺院里的“俗讲”大体一样，有说有唱，也有画图辅助。所使用的唱腔虽无明确记载与称谓，但从变文的唱词为七言上下句体韵文的基本格式和唐代“俗讲”僧人文溆和尚的唱调被以〔文溆子〕的名目广泛流传的情形看，转变应当拥有自己的专门唱腔。到了宋代，真宗（998～1022年在位）曾明令禁止僧人讲唱变文，民间的“转变”表演也未再见有延传的资料。

转调 modulation 调性音乐中，由某一调转到另一调或由某一种调式变换成另一种调式。这种变换包括：①调中心音高的改变（指一个调中心音的高度转移到另一个调中心音高度的变化）。②调式的改变（指调式结构发生的变化）。③调中心音高和调式同时改变。其中同音列各调式的相互转换及同主音各调式的相互转换又称为调式交替。转调使调与调之间形成呼应或对比关系，所以它在旋律发展上、曲式结构上都有重要意义。

调关系 在大小调体系中，一般分为近关系调和远关系调。近关系调是指调号相同或相差一个升降号的各调，如C大调的近关系调为a、G、e、F、d调；c小调的近关系调为$^{\flat}$E、g、$^{\flat}$B、f、$^{\flat}$A调。除近关系调外，其余各调都属于远关系调。

转调种类 根据不同的角度，转调可分为以下几类：①从调关系来说，分近关系转调及远关系转调。②从新调的肯定程度来说，转调是指新调必须得到明确的肯定，即新调具有完满的结束并与乐曲的段落相一致，或转调后新的主题得到明确的呈示。如果新调较为短暂而不肯定，则称离调或暂转调。③从转调手法来说，凡直接转向新调者称直接转调；通过若干中间调而最后达到目的调，称间接转调；大调直接转入小调或小调直接转入属大调称阔步转调；不通过共同中介和弦而直接进入新调者称换调。

中国民族音乐中的转调 由于中国民间音乐主要为单声音乐，所以转调也总是通过旋律的进行显示出来。以五声为骨干的旋律所产生的各种转调和调式交替，概括为两大类：①同宫系统的调式交替，即在保留原五声音列的基础上，作调式和主音的改变，广泛存在于中国民歌中，如河北民歌《十朵鲜花》（徵与宫交替）、江苏民歌《紫竹调》（宫与羽交替）等。②异宫系统的转调，其中又以转向上、下五度宫调系统（即近关系转调）为最常见，因仍在七声自然音列之内，色彩柔和。

转换断层 transform fault 岩石圈板块的守恒型边界。加拿大人J.T.威尔逊1965年创立的一个断层新类型。岩石圈板块沿转换断层相对运动，但板块体积恒定不变。

转换断层在洋底均呈线性分布，长度数百至数千千米，它们不仅使两侧洋底有很大高差，且平移错断了洋底的重力和磁异常条带。大陆区内的转换断层，情况更为复杂。转换断层具平移剪切断层性质，但与平移断层不同。平移断层在全断层线上均有相对运动；但转换断层只在错开的两个洋中脊之间有相对运动，在洋中脊外侧因运动的方向和速度均相同，断层线并无活动特征。由于洋底岩石圈背离洋中脊向两侧推移，转换断层另一端最终与边界或消亡边界相遇而中止。

转换断层的提出为证实板块构造说奠定了重要的理论基础。岩石圈板块在地球表面运动的轨迹就是转换断层，其运动特征符合欧勒定律。岩石圈板块运动的转换断层具共同转动极，证明岩石圈板块运动具球面刚体转动性质。

转换器 convertor 将一种信号转换成另一种信号的装置。在自动化仪表设备和自动控制系统中，常将一种信号转换成另一种与标准量或参考量比较后的信号，以便将两类仪表联接起来。转换器常常是两个仪表（或装置）间的中间环节。例如，电气转换器将直流电流信号转换成气压信号，使电动仪表能与气动仪表联用，构成兼有电动仪表和气动仪表特点的自动控制系统。模数转换器将模拟量信号转换成二进制数字量信号，使各种检测仪表能与计算机相联，构成计算机自动控制系统。转换器的基本作用是将信息转换成便于传输和处理的形式，除了要求高速外还要求转换过程中信息不发生畸变、失真、延迟等，因此对转换器的线性度、输入输出阻抗匹配和隔离等有一定要求。由于半导体技术的发展，元器件集成度越来越高，多种功能都可集中于一块芯片上，这种微型转换器与其他电路制成一体，供设计各种智能化仪表使用。

转基因 transgene 通过物理、化学或生物的方法导入生物体内的外源的或经过修饰的基因。转基因是在现代分子生物学和细胞生物学的基础上发展起来的生物技术，涉及目标基因的克隆、转基因表达载体的构建、合适的转基因受体的选择、转基因细胞系的筛选以及转基因个体的分子检测。

植物转基因一般是利用生物或物理化学等手段，将外源基因导入植物细胞，然后经组织培养获得转基因再生植株。已在植物中成功地建立了多种转化系统，如以PEG介导的原生质体转化法、基因枪法、电击法和农杆菌介导转化法。从第一株转基因烟草培育成功起，已有140多种植物（如烟草、玉米、大豆、油菜、棉花、杨树等）相继被转化，涉及的性状为抗病毒、抗虫、抗除草剂、抗逆、高产、优质、耐贮藏、耐运输、雄性不育、药物生产与环境美化等很多方面。转基因植物对解决人类面临的资源短缺、环境污染与效益减退等问题都有突出的贡献。

动物转基因技术中实现外源基因的导入与整合是转基因能否成功的关键。常用的方法有显微注射法、病毒转染法、生殖细胞介导法和胚胎干细胞转化法等。转基因动物在基因表达与调控的基础理论研究、贵重药物生产、人类疾病模型动物的建立、生产供人类移植用器官、培育家畜新品种等方面均已得到广泛应用，在改良畜禽生产性状，提高畜禽抗病力，发展动物乳腺反应器等领域均有重要意义。目前已对猪、羊、牛和鸡等家禽进行了转基因研究并获得成功。转基因技术具有两面性。许多科学家认为转基因技术将带动一场以“分子耕作”为基础的新型农业革命，为解决全世界的温饱问题带来希望。反对者则提出，转基因动、植物尤其是转基因植物具有潜在的风险。中国在1993年颁布了第一部《基因工程安全管理办法》，1996年又颁布了《农业生物基因工程安全管理实施办法》，明确规定转基因实验研究、中间试验、环境释放和商品化生产都应经过有关部门直至全国基因工程安全委员会批准。

转基因作物 transgenic crop 利用基因工程技术将某些外源基因导入，创造出具有新特征的作物。这为作物新品种选育提供了强有力的手段，突破了传统育种方法面临的种间生殖隔离，并可将微生物、病毒等低等生物的有益基因导入栽培作物。见转基因。

转继承 subsuccession 被继承人死亡后，继承人在尚未实际接受遗产前死亡，该继承人应继承的遗产份额转由其合法继承人继承。又称再继承或二次继承。代继承人实际接受其有权继承的遗产的继承人称为转继承人。转继承的构成要件是：①继承人须在被继承人死亡以后，遗产分割以前死亡。②继承人须没有丧失继承权或放弃继承权。

转继承与代位继承不同：①转继承是继承人后于被继承人死亡，且该继承人不限于被继承人的子女；而代位继承是继承人先于被继承人死亡，且该继承人限于被继承人的子女。②转继承人可以是被继承人的一切法定继承人；而代位继承人只能是被继承人的晚辈**直系血亲**。③转继承人只能对其法定继承人应继承的遗产进行分割；而代位继承人直接参与对被继承人遗产的分割，与其他有继承权的人共同参与继承活动。④转继承既可适用于**法定继承**，也可适用于**遗嘱继承**；而代位继承只能适用于法定继承。

转口贸易 entrepot trade 生产国和消费国通过第三国转手所进行的贸易。又称再输出贸易、中转贸易。通常分为两种：一种是把**商品**从生产国发运到转口国，再由转口国销往消费国；一种是把商品直接从生产国发运到消费国，但其中的交易关系并不是发生在生产国和消费国之间，而是发生在第三国转口商同生产国以及消费国之间。这种贸易在生产国为间接出口，消费国为间接进口，都属于间接贸易，在转手国则为转口贸易。转口贸易的发生，主要是有些国家（或地区）所处的位置适合于作为货物的销售中心，如伦敦、鹿特丹、新加坡、中国香港特别行政区等地。

转世灵童 reincarnated soul boy 中国藏传佛教中**活佛**的转世。源于佛教灵魂转世和轮回受生的思想，认为大乘圣者（如活佛）已经除妄证真，不为业转而能自主生死，自在转生，随缘度众。活佛圆寂后，寺院上层通过占卜、降神等仪式，寻觅活佛圆寂的同时出生的婴童若干名，从中选出一个灵童作为他的转世，继承其地位。这个灵童就称"转世灵童"，是已故活佛的转世。后因人选时被操纵，乾隆五十七年（1792）规定用"**金瓶掣签**"法选定在理藩院注册的大活佛的转世，以防舞弊。

转手贸易 switch trade 一种使用**多边贸易**方法、双边结算的贸易方式。3个或3个以上国家或地区为求相互间对外贸易收支在整体上获得平衡，在多边结算的基础上进行的贸易。又称三角贸易或三边贸易，是多边贸易的一种。进行转手贸易的国家，为便于相互清算和确保贸易平衡，通常签订**贸易协定**或支付协定，具体规定贸易额、清算的范围和办法等。世界各国为了平衡本国的贸易差额，经常使用转手贸易，在3个国家之间进行贸易循环。**补偿贸易**中产品返销时，也有采用转手贸易法，将产品输往第3国，再换成其他商品，达到相互之间的贸易平衡。

转移价格 transfer price 在**跨国公司**内部、母公司与子公司、子公司与子公司或联属企业之间相互进行的出口和采购商品、劳务以及其他经营资源内部转让所规定的**价格**。又称转移定价、划拨价格、内部价格等。可分为三种：①资金融通转移价格。在跨国公司内部交易中，大大提高从母公司或其他子公司进口货物的价格，使**利润**以支付货款的形式汇出；并通过借贷资金利率的高低，影响关联企业的成本及利润水平。②有形资产转移价格。跨国公司内部机器、设备等有形资产的出租和转让时的调拨价格。③无形资产转移价格。跨国公司内部进行提供管理、技术与咨询服务、商标等类无形商品时的价格。转移价格不受公开市场供求法则影响，由公司决策者内定，具有较高的随意性和机密性。实施转移价格的作用主要是：调整子公司利润水平，逃避关税、减轻所得税负担，避开外汇及物价管制以获取竞争优势，减轻配额限制。

转运使 transport commissioner 唐以后各王朝主管运输事务的中央或地方官职。首见于唐，是主管漕运的使职，后与盐铁使合并为盐铁转运使。唐玄宗先天二年（713），以李杰为陕州水陆发运使，负责漕运，此为专门设使之始。开元二十二年，以裴耀卿为江淮转运使，并增置副使。耀卿改进江淮直至长安的全线漕运方法，使漕运量激增，基本解决了关中缺粮问题。自裴耀卿为使后，江淮转运使遂为常设使职。

安史之乱后，朝廷财政几乎全恃江淮赋税盐利来支持，江淮转运更为重要。唐代宗时**刘晏**为盐铁、转运二使，又在裴耀卿任江淮转运使时所采诸法的基础上改进漕运，岁转粟110万石，无升斗沉溺，运输量又大大提高。自刘晏后，盐铁、转运逐渐合为一使，称盐铁转运使。继任者皆循刘晏之法。盐铁转运使常兼宰相衔，或由重臣兼领。本使若在扬州，则以副使留长安，称为上都留后。

宋太宗时，于各路设转运使，其官衙称转运使司，俗称"漕司"。转运使除掌握一路或数路财赋外，还兼领考察地方官吏、维持治安、清点刑狱、举贤荐能等职责。宋真宗景德四年（1007）以前，转运使职掌扩大实际上已成为一路之最高行政长官。

西夏有都转运司，设转运使等官。辽、金两朝于各路设转运司，金中都转运司称都转运司，各以使领之，掌管征解钱谷、仓库出纳、权衡度量等事务。元世祖中统三年（1262），以阿合马领中书左右部兼诸路转运使，专理财赋，改各路监榷课税所为转运司。元在产盐各省区设"都转盐运使司盐运使"，简称"运司"，又称"转盐运使"，专司盐运。明、清亦有转盐运使，是专管盐务的长官。民国时期在产盐区仍设有盐运使。

转动惯量 moment of inertia 刚体绕轴转动惯性的度量，是描述刚体质量分布的物理量，又称惯性矩。其数值为$I=\sum_i \Delta m_i r_i^2$或$I=\int r_i^2 \mathrm{d}m$，式中$r_i$为组成刚体的质量微元$\Delta m_i$（或$\mathrm{d}m$）到转轴的垂直距离，积分对整个刚体。转动惯量只决定于刚体的形状、质量分布和转轴的位置，而同刚体绕轴的转动状态（如角速度的大小）无关。规则形状的均质刚体，其转动惯量可直接计得。不规则刚体或非均质刚体的转动惯量需用实验测定。转动惯量应用于刚体各种运动的动力学计算中。刚体绕互相平行诸转轴的转动惯量之间的关系为：刚体对一轴的转动惯量，等于该刚体对同此轴平行并通过质心之轴的转动惯量加上该刚体的质量同两轴间距离平方的乘积；称为平行轴定理。由该定理可知，刚体绕过质心之轴的转动惯量在绕该束平行轴诸转动惯量中最小。刚体对一轴的转动惯量，可折算成质量等于刚体质量的单个质点对该轴所形成的转动惯量。由此折算所得的质点到转轴的距离称为刚体绕该轴的回转半径R，其公式为$R=\sqrt{I/M}$，式中M为刚体质量，I为转动惯量。转动惯量的量纲为L^2M，在SI单位制中的单位是$\mathrm{kg \cdot m^2}$。

转炉炼钢 converter steelmaking 在可以转动的炉子里向铁水吹入氧化性气体以去除其中杂质元素的炼钢方法的统称。又称吹炼法。特点有：①吹入的氧化性气体带有

氧气顶吹转炉炼钢

极大的动能和动量，气体与铁水、炉渣形成高度弥散的乳化状态，反应速率极高，热效率也高。②原料以铁水为主，废钢仅占0%～30%。③靠铁水物理热和氧化反应化学热可以满足钢水温度要求，属"自热熔炼"类型，不需外来能源。④炼钢生产周期短，效率高，能够和**高炉炼铁**及连续铸钢相互匹配。不同的转炉炼钢法所用的氧化性气体、炉衬性质和造渣方法、气流吹入方式和炉子转动方式有所不同。

篆刻 seal cutting 中国具有艺术价值的印章镌刻。因古代印章多采用篆书入印而得

名。中国印章随着时代的推移和使用者的不同有不同的名称。秦以前印章称为鈢（同玺）。秦始皇统一中国后，规定皇帝用玺，一般人的印章称印。汉代皇帝、皇后、诸王等所用印章称玺，官印、私印又出现章、印章和印信等名称。唐代称宝。宋元以来官印和私印又有记、朱记、关防、押、图章、戳子等名称。

沿革　印章的产生和使用有悠久的历史，但把印章作为一种艺术品来欣赏和创作，是宋元时代才开始的。古代印章分为官印和私印两类，此外，还有殉葬用印、辟邪印、烙马印等。钤盖在用绳捆扎文书的胶泥上，作为信验以防私拆称为封泥（又称泥封）。从现存资料考察，印章用朱色印泥钤盖在纸上，约始于六朝。印章镌刻成凸状的印文，称为阳文或朱文；镌刻成凹状的印文，称为阴文或白文。印背高起有孔可以穿带的地方，称为钮。穿钮的丝织物，称为印绶。古代印绶以颜色来区别等级。印章的材料，古代最多见的为铜质，也有用金、银、铁、铅、玉、水晶、陶泥。官印的材料都有一定制度，不得僭越。明清篆刻家印材多为叶蜡石，其中著名的有青田石中的各种冻石，寿山石中的田黄、田白，昌化石中的鸡血石等。

图1　封泥拓片

起源于阶级社会，开始作为一种凭证的信物，以后又成为权益的证物。春秋战国时期，用途逐渐广泛，有器物记名用印、金币用印、标准器量器用印等。秦汉是印章的繁盛时期，汉代官印已形成一整套的制度，印章的形制也更为多样。印文多采用缪篆。魏晋南北朝基本上依循秦汉印章的传统。唐代官印体积增大，印文采用小篆，镌刻多为朱文。宋元私印范围开始扩大，收藏印、斋馆印、词句印兴起。印章无论在形制、用材、印文的镌刻、章法布局皆有显著变化。特别是文人、书法家、画家参加刻印，镌刻由工匠扩大到文人，这样印章进入篆刻艺术时代。自元代**赵孟頫**大力提倡篆刻后，元末**王冕**以花乳石刻印，使篆刻家有施展才能的天地。明代**文彭**力纠宋元印章的流弊，复兴汉印优秀传统，于是篆刻艺术境界顿开。继起者**何震**、**汪关**等对篆刻艺术作出贡献。清初，**程邃**、巴慰祖、汪肇龙等人的创作开创了**皖派**，大盛于印坛。当皖派盛行时，**丁敬**开创**浙派**以取代皖派，浙派名家有蒋仁、黄易、奚冈、陈豫钟、陈鸿寿、**赵之琛**、钱松和**丁敬**被称为**西泠八家**。继而**邓石如**又承继皖派异军突起，使篆刻艺术再开新局面。清代后期，吴熙载、赵之谦、黄士陵、吴昌硕等篆刻家崛起，将篆刻艺术推向新高峰。

图2　古玺印文

篆法、章法和刀法是构成篆刻艺术的主要条件。

篆法　传统印章文字主要用篆书，故称篆法。实为印章文字的书法。古代印章，古玺用大篆、汉印用缪篆（一种笔画屈曲缠绕的篆书），也有用鸟虫书。宋元以后多用小篆。近代亦有用隶书、草书、楷书入印的。镌刻印章必须识别字体，尤其是篆书，要了解字体的源流、文字的结构规律。其次，镌刻印章，必须有书法艺术的修养。明清著名篆刻家大多是书法家，他们讲求以书入印，要求刀中见笔、笔中有刀、刀笔相生，因而使篆刻融化书法，借以增添无穷的意境和趣味。

图3　秦印印文

章法　印章文字的安排和布局，即所谓分朱布白。印章的布局大致分虚实疏密、欹侧均衡等艺术规律。其运用者往往以增减、屈伸、挪让、呼应等方法来处理。章法除利用文字的安排外，还可利用笔画的粗细肥瘦、边框栏格的安排以及击边的方法使其有残缺趣味，来处理布局的变化。

图4　汉印印文

刀法　篆刻家凑刀于石面，下刀的方法不同产生刀痕的面貌也不相同，所以刀法可以增加篆刻艺术趣味。古人镌刻印章用刀如用笔，以刀代笔，所以刻印刀又称铁笔。由于派别不同，在用刀上也有差异。清代皖派篆刻家善用冲刀，线条挺健，刀笔相融，流畅自然，线条风格流动奔放。浙派篆刻家喜用切刀，刀痕顿挫起伏，线条风格生拙古朴。刀法的讲求，是印章迈进篆刻艺术时代的一大特点。

款识　篆刻艺术的附属部分。刻在印侧的称为边款或旁款，刻在印章顶端的文字称为顶款。隋代官印，有在印背加刻铸造年月日的，世称背款，应是最早的印款。篆刻家在印侧面刻款识文字，始于明代。印款除刻作者姓名和镌刻时间外，还有题识其他词句，很像中国画的题跋。款识的书体有楷、草、隶、篆、行书等，此外还有刻图像的。印款本身也是艺术品，它和印面篆刻可交相辉映，形成相得益彰的艺术趣味。

《篆刻学》 *On Seal Cutting*　中国篆刻专著。**邓散木**著。原为邓散木自书手写课徒稿，分上下两编。此书根据其数十年实践心得，对印章源流、篆刻派别，以及篆刻技法如刀法、章法等剖析翔实，图例丰富、书法劲秀，既是有关篆刻理论和技法的专门论著，又可作为刻印和书法的临摹范本。

《篆刻针度》　中国清代印学论著。陈克恕编著。8卷。陈克恕，字体行，号目耕，别署吟香、健清、妙果山人，浙江海宁人。擅长篆隶书，工于篆刻，一生致力于印学研究，另著有《存几希斋印存》、《篆学示斯》、《篆体经眼》、《印人汇考》等。《篆刻针度》成书于乾隆五十一年（1786），系汇编前人论述之精华综合而成，其中有许多采自明人徐上达所著《印法参同》。全书分为8卷19章：卷一为考篆、审名、辨印、论材；卷二为分式、制度、定见；卷三为参考、摹古、撮要；卷四为章法、字法；卷五为笔法、刀法；卷六为总论、用印法；卷七为杂记、制印色、收藏；卷八为选石。书前有序及自序，书后有跋。此书编订颇具章法，内容实用，因此流传较广，影响较大。有《金石花馆》、《啸园丛书》、《遁庵印学丛书》诸本。

篆书　seal script　古汉字的一种书体。有大篆、小篆之分。大篆本名籀文，起于周末，后行使于秦国。小篆又名秦篆，指秦始皇帝统一文字所用的书体，汉代沿用。后世称篆书，一般皆指小篆。秦代小篆文字资料流传下来的有泰山刻石、琅邪刻石、峄山刻石、会稽刻石等，以及无数秦量、秦权、诏版。文字已规范化，偏旁都有固定的形式和位置，形体竖长方，其空虚不足之处尽量用笔画填满。

庄长恭　Zhuang Changgong（1894-12-25～1962-02-15）　中国有机化学家。字丕可。生于福建泉州，卒于上海。1921年毕业于美国芝加哥大学，1924年获博士学位。回国后任东北大学教授。“九一八”事变后，再度出国，在德国格丁根大学及慕尼黑大学研究有机化学，回国后历任中央大学理学院院长和中央研究院化学研究所所长。1948年当选中央研究院院士，并任台湾大学校长，年底辞去校长职务，返回大

陆。中华人民共和国建立后，任中国科学院有机化学研究所所长。1955年当选中国科学院学部委员（院士）。对甾族化合物的合成作出卓越贡献，在国际有机化学界享有盛誉。设计的合成带有角甲基的双酮α-酮制备方法，被誉为“庄氏方法”。

庄逢甘 Zhuang Fenggan（1925-02-11～2010-11-08） 中国空气动力学家。生于江苏常州，卒于北京。1946年毕业于上海交通大学。1947年赴美国加州理工学院攻读航空工程和数学，获硕士、博士学位并留校工作。1950年回国后，曾任上海交通大学数学系副教授、中国科学院数学研究所副研究员兼北京大学物理系副教授、哈尔滨军事工程学院空军工程系教授。1956年调国防部五院，历任空气动力研究室副主任，空气动力研究所所长，三分院副院长，中国气动力研究和发展中心副主任。后任七机部、航天部总工程师，航空航天部、航天工业总公司科技委副主任。1980年当选中国科学院学部委员（院士）。国际宇航科学院院士。亚洲计算流体力学会主席。全国政协第八届常委。长期从事导弹、火箭再入飞行器空气动力学研究，主持中国空气动力学试验研究基地及风洞实验设备建设，研究烧蚀理论并应用系统工程原理，组织再入飞行器空气动力学和气动热力学的研究试验工作。在激波绕射和高超声速再入体热防护理论研究方面获实际应用。组织并参加运载工具和弹道导弹弹头气动研究和设计，研究发展风洞实验技术特别是非定常实验技术。1985年获国家科学技术进步奖特等奖。

庄河市 Zhuanghe City 中国辽宁省辖县级市。位于省境南部，辽东半岛东侧中部，黄海北岸。面积3 900平方千米。人口92万（2008），有汉、蒙古、回、满、朝鲜等15个民族。战国至魏晋时代属辽东郡。清末置庄河厅。1913年改庄河厅为庄河县，属奉天省岳边道。1954年属辽宁省直辖。1992年撤县设市。由大连市代管。属温带半湿润大陆性季风气候。矿产主要有金、铝、铜、铁、镁、煤、石灰岩、滑石、花岗岩、大理石等。农作物主要有水稻、玉米、大豆、高粱、薯类、烟草、蔬菜等，为国家商品粮基地。苹果、山楂、柞蚕、海产品养殖在农业经济中占较大比重。已形成优质大米、对虾、贝类、水貂皮、苹果、畜禽、食用菌等主要产品的外贸出口基地。滑子蘑出口居全国首位。人工养殖对虾育苗产量也居全国同行业之首，是全国重点渔业市（县）之一。工业以机械、纺织、建材、食品为骨干。交通以公路为主，铁路、海运为辅。名胜古迹有仙人洞庙、千佛洞、芙蓉山下冰峪沟、步云山温泉等。

庄巧生 Zhuang Qiaosheng（1916-08-05～ ） 中国小麦育种学家。生于福建闽侯。1939年在金陵大学农学院毕业后，进中央农业实验所从事小麦育种工作。1945年赴美留学。1946年回国任中央农业实验所北平农事试验场技正。1949年以来历任华北农业科学研究所麦作研究室主任，中国农业科学院作物育种栽培研究所研究员、冬麦育种室主任、副所长，墨西哥国际玉米小麦改良中心理事，中国作物学会副理事长。1991年当选中国科学院学部委员（院士）。他所领导的课题组先后育成并推广了多个冬小麦优良品种。2005年设立“庄巧生小麦奖励基金”。20世纪60年代初，他第一次把遗传力概念及其在育种上的意义介绍到国内，推动了数量遗传学在国内作物育种上的应用。参加主编和翻译的著作有《中国小麦栽培学》（1961）、《植物育种学》、《生统遗传学导论》（1981）、《中国小麦品种及其系谱》（1983）等，发表学术论文多篇。

庄希泉 Zhuang Xiquan（1888-09-09～1988-05-14） 中国侨务工作主要领导人之一，全国政协副主席。福建安溪人。生于福建厦门，卒于北京。早年就读于厦门东亚书院。后到马来西亚，加入同盟会。1912年任中华实业银行南洋总分行协理。1916年在新加坡创立中华国货公司。1917年创办南洋女校。1921年回国创办厦南女子师范。1925年加入中国国民党，任福建临时省党部执行委员。五卅惨案后，在厦门组织外交后援会。30年代初在菲律宾主办《前驱日报》，鼓吹反蒋抗日，1934年回国后遭到国民党拘捕。抗日战争时期，先后主持福建救亡同志会，创办建光学校、立华女中。在桂林、重庆组织闽台协会和闽台建设协进会。掩护中共地下党员，变卖香港家产资助革命。1947年加入中国民主同盟。中华人民共和国建立后，历任中央人民政府华侨事务委员会副主任，全国侨联副主席、代主席、主席，华侨大学董事长，中国华侨历史学会会长。1982年加入中国共产党。是第三至五届全国人大常委，全国政协第五、六届副主席。

庄孝僡 Zhuang Xiaohui（1913-09-23～1995-08-26） 中国实验胚胎学家。生于山东莒县，卒于上海。1935年毕业于山东大学生物系。1939年获德国慕尼黑大学哲学博士学位；1945年获德国弗赖堡大学自然科学博士学位。1946年回国后历任北京大学动物系教授、主任，中国科学院上海细胞生物学研究所（原实验生物研究所）研究员、发生生理研究室主任、副所长、所长、名誉所长，兼任中国科技大学生物系主任，中国科学院发育生物学研究所所长。1980年当选中国科学院学部委员（院士）。

庄孝僡研究成体组织诱导能力的专一性及诱导作用与胚胎区域性的关系，证明成体器官中存在着性质不同的诱导因素。研究有尾两栖类胚胎形体演变等问题。证明神经系统区域分化是由于中胚层诱导物质和神经诱导物质的比值逐步变化所致，并观察到反应外胚层的胚龄、诱导物质作用时间的长短和浓度的不同，都会影响由诱导产生的组织的种类和数量。他和同事们还证明胚胎表皮细胞兴奋性的产生和消失受到中胚层因素的诱导影响，并从超微结构研究表明：表皮的兴奋传导可能与细胞表面间隙连接的结构特征有关。

庄孝僡参与发起创立中国细胞生物学学会，并于1980年成立大会上当选为首届理事长。共发表胚胎学和细胞生物学论文40余篇。是《实验生物学报》的主编，并主持翻译专著多本。

庄园 manor 中国古代包括有住所、园林和农田的建筑组群。因庄园主的地位不同而有不同的名称。属于皇室的为皇庄，有苑、宫庄、王庄等名称；属于贵族、官吏、地主的为私庄，有墅、别墅、别业、别庄等名称；属于寺庙的称常住庄。

庄园主往往占有大片良田沃土和山川名胜，园内一般有住宅、农田、果蔬园、林牧场、鱼塘、农副业作坊以及供游赏的园林等。中国封建社会前期，大面积经营的庄园较为盛行，如南朝谢灵运在会稽的庄园。唐代以后，以园林为重点的别墅有很大发展（如辋川别业），这些园林对造园艺术的发展有深刻影响。

庄则栋 Zhuang Zedong (1941～) 中国乒乓球运动员。北京人。自幼习练乒乓球，1957年入选北京市乒乓球队，并参加全国比赛，获混合双打冠军。1959年入选国家青年乒乓球队，同年参加斯堪的纳维亚国际乒乓球比赛，获得男子单打冠军，并和同伴一起获男子团体、男子双打冠军。1961～1965年成为中国乒乓球队的主力队员。具有较好的身体素质，采用独特的快速抢攻、直拍近台两面攻打法，蝉联第26、27、28届世界乒乓球锦标赛的男子单打冠军，为男子团体冠军的主力队员，并获得第28届男子双打（与徐寅生合作）冠军。国家体委于1961、1963、1965年3次给他记特等功。1964和1975年当选为第三、第四届全国人大代表。

庄子 Zhuangzi (约前369～前286) 中国战国时期哲学家，道家学派的代表人物。名周，宋国蒙（今河南商丘东北）人。《史记》称其与梁惠王、齐宣王同时，曾在家乡做过管理漆园的小官，在职不久即归隐了。庄子一生贫苦，但却不愿意做官，楚威王闻知庄子很有才能，派人请庄子做楚国的宰相，被庄子拒绝。其思想主要保存在《庄子》一书中。

作为道家学派的代表人物，庄子继承了老子天道自然的思想，也认为道是世界的最高本原。道虽然不能为人的感觉所感知，但它确实是“自古以固存”的实在，是产生天地万物的最后本原。老子认为道的本性是自然无为，这一思想也为庄子所继承。从自然的原则出发，庄子反对人的有意作为。他说：“牛马四足，是谓天；落马首，穿牛鼻，是谓人。故曰：无以人灭天，无以故灭命，无以得殉名。”在庄子看来，自由自在是动物的本性，同时也是人的本性。“彼民有常性，织而衣，耕而食，是谓同德。一而不党，命曰天放。”自由自在不仅是人的本性，同时也是人生的理想状态。从自然的原则出发，对儒家所大力提倡的仁义礼乐也提出批评，指出：“意仁义其非人情乎！彼仁人何其多忧也。”圣人制礼作乐，标举仁义，只是激发了人的好知之心，煽动了人的争利的倾向，所以，“礼乐遍行，则天下乱矣。”从自然的原则出发，对人之生死也完全持一种自然的态度，认为“死生为昼夜”，生与死的变更就像昼夜的交替一样，也是一自然现象。从自然的原则出发，认为世间之一切，本无是非、大小的差别，“以道观之，物无贵贱；以物观之，自贵而相贱；以俗观之，贵贱不在己”。庄子哲学的目的在于达到“天地与我并生，而万物与我为一”的境界。

对中国古代哲学的发展有很大影响，魏晋玄学“祖述老庄”，庄子为其思想发源地之一，宋明理学以儒为主，融合道、释，也受庄子思想的影响，庄子所倡导的自然而自由的精神追求，更对阮籍、嵇康、陶渊明、苏轼、李贽等人产生了非常大的影响，中国传统士大夫常出入于儒、道之间，身在庙堂而心在山林，其所追求的山林境界就是庄子哲学所昭示的境界。

《庄子》 *Zhuangzi* 中国战国时期哲学家庄子及其后学的著作。历史上最早提到《庄子》这部著作的人是司马迁。《史记·老子韩非列传》说：“其著书十余万言，大抵率寓言也。作《渔父》、《盗跖》、《胠箧》，以诋訿孔子之徒，以明老子之术。《畏累虚》、《亢桑子》之属，皆空语无事实。”这里并未言及书名和篇章数目，更无内、外、杂篇之分。《汉书·艺文志》著录：“《庄子》五十二篇。”始有《庄子》之名。郭象注《庄子》时，对该书有所删节。他说：“一曲之才，妄窜奇说，若《阏奕》、《意修》之首，《危言》、《游凫》、《子胥》之篇，凡诸巧杂，十分有三。”由此可知，大约有三分之一的篇章被郭象删去。陆德明说：“《汉书·艺文志》，《庄子》五十二篇，即司马彪、孟氏所注是也。言多诡诞，或似《山海经》，或似占梦书，故注者以意去取。其内篇众家所同，其余或有外而无杂。唯子玄所注，特会庄生之旨，故为众所贵。”（《经典释文》）现仅存郭象所注的33篇。

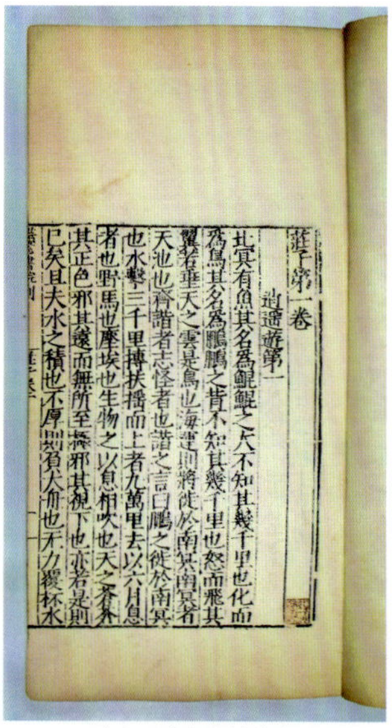
莊子第一卷
逍遥遊第一
北冥有魚其名爲鯤鯤之大不知其幾千里也化而
爲鳥其名爲鵬鵬之背不知其幾千里也怒而飛其
翼若垂天之雲是鳥也海運則將徙於南冥南冥者
天池也齊諧者志怪者也諧之言曰鵬之徙於南冥
也水擊三千里摶扶搖而上者九萬里去以六月息
者也野馬也塵埃也生物之以息相吹也天之蒼蒼
其正色邪其遠而無所至極邪其視下也亦若是則
已矣且夫水之積也不厚則負大舟也無力覆杯水

《庄子》（明刻本）

汉代以前，《庄子》无内、外、杂篇之分，据有人考证，《庄子》内、外、杂篇之分，起于刘向删除重复之时。关于《庄子》内、外、杂篇的异同，各篇的真伪、年代，争论已久。宋代苏轼开始怀疑《盗跖》、《渔父》、《让王》、《说剑》非庄子所作。明代焦竑说“内篇非庄子不能作，外篇杂篇则后人窜入者多”，认为《胠箧》等篇是“秦末汉初之言”。明清之际王夫之认为内篇与外杂篇的思想倾向不一致，因此内篇为庄子所著，外、杂篇出于庄子后学之手。当前学术界普遍的看法是：内篇为庄子所著，外、杂篇的思想与内篇不尽一致，可能掺杂了庄子门人和后学以及道家其他派别的作品，但外、杂篇的某些篇章也反映了庄子的思想。

《庄子》一书在汉代未被重视，到魏晋时期才产生重大影响，它和《周易》、《老子》一起并称为“三玄”。唐天宝元年（742），诏号《庄子》为《南华真经》，《庄子》正式成为道教的经典之一。《庄子》的注释重要的有：晋时郭象的《庄子注》，唐陆德明的《庄子释文》，唐成玄英的《庄子疏》，清末郭庆藩《庄子集释》包括郭象注、成玄英疏、陆德明释文，又吸收了清代学者关于《庄子》的文字考订成果，是当今通行本之一。

装裱 mount 以各种绫锦纸绢对古今纸绢质地的书画作品进行装裱美化或保护修复。在宣纸和绢素上所作的书画，因其墨色的胶质作用，画面多皱折不平，易破裂，不便观赏、流传和收藏。只有经过托裱画心，使之平贴，再依其主题的要求，色彩的浓淡、构图的繁简和画幅的狭阔、长短等情况，配以相应的绫绢，装裱成各种形式的画幅。

沿革　西汉即有装裱的绘画出现。南北朝时出现了一批著名裱工。唐代高手辈出，张彦远在《历代名画记》中设“论装背裱轴”一章专门论述有关装裱事项。宋代因书画繁荣，装裱亦获空前发展，多用绫绢作裱料，装裱样式丰富多彩，以宣和裱最著。此时米芾善装裱，著《论鉴赏装裱古画》一文，颇有建树。元明清以来，随文人画大兴，以素绢或浅色绢作裱料的装裱逐渐增多。

中国的书画装裱技术传至日本、朝鲜，形成各自的独特风格。

工具和材料　装裱书画需要有完备的工具和材料。除工作室外，主要工具包括：案台、大墙或壁、裁刀、裁板、裁尺、棕刷、排笔、竹启子、针锥、砑石及浆油纸、水油纸等。材料主要有：纸、绢、绫、锦、浆糊、颜料、胶矾水、轴头、画杆、绳、带以及化学药品。

工艺　装裱有一套完整工艺过程，操作时须按要求进行。其过程是托绫、绢，托镶料纸、裱背纸，染材料，接着托裱画心，镶覆，砑装。

形式　又称品式。常见的有：①条幅，因是垂直悬挂，又称挂轴，或轴。自上而下包括天杆、天头、惊燕、上隔水、圈档、画心、下隔水、地头、地杆、轴头等，一般为天头大、地头小。②长卷，也称手卷，简称卷。由天头、副隔水、前隔水、绢边、引首、画心、后隔水、题跋纸心、拖尾等组成。③册页，首尾相连、折叠而成，其形式类似画册，册页有多种样式，其中左右翻折，向右开版的称蝴蝶装，上下翻折，向上开版的为推蓬装等。另外，装裱幅式还有屏条、对联、横披等。

《装潢志》 *Records on Painting and Mounting*　中国古代有关书画装裱的专著。明代装裱工艺家周嘉胄著。作者为嘉靖、万历年间人，生卒年及成书年不详。在研究江南地区装裱工艺的基础上著成。认为装裱之优劣关系到"名迹存亡"，提出装裱良工应具备"补天之手，贯虱之睛，灵慧虚和，心细如发"四项标准，并倡导书画鉴赏家和装裱匠师密切配合。论及装裱技法，强调首先要审视古书画迹的"气色"，浣淋令净，并扼要介绍洗、揭、补、衬边、小托、镶、攒、覆、上壁、下壁、安轴、上杆、上贴、贴签、囊、染古绢等装裱工艺的过程、技术、注意事项，以及对材料、工具、形式、规格等的要求和禁忌。

装甲兵　armoured forces　陆军中以坦克、步兵战车及其他装甲车辆为基本装备的战斗兵种。又称坦克兵。通常编为坦克（装甲）师、旅、团等。在编成上，以坦克部队、装甲步兵部队为主体，还有炮兵、反坦克导弹、防空、防化学、工程及其他保障部队、分队。装甲兵具有快速的机动力，强大的火力和较好的防护力，可以减轻常规武器和核武器袭击的损害，并能迅速利用常规火力突击和核突击的效果，是陆军的重要突击力量。在合同作战中，可在其他军种、兵种协同下或独立遂行作战任务，也可配属步兵作战。

装饰艺术　decoration art　依附于某一主体的**造型艺术**。装饰艺术的作用在于使被装饰主体具有合乎其功利目的的美感形式。其外延涵盖建筑、器物、服饰、书籍、商品包装等，它与装潢设计、**平面设计**及建筑装饰、室内设计有重合之处，处于**绘画**、**雕塑**、工艺美术和艺术设计的边缘，具有较大的包容性和灵活性。装饰艺术含有两重性。①装饰性，即对其装饰主体的从属性。装饰须依附主体，并从美感的角度明确揭示或标明主体特征、性质、功能以及价值观的层次。例如古代的皇宫装饰设计在于显示世俗权力的威严和财力富足的奢华，立意于皇族的生活需要。纯装饰艺术一般以非具象的、图案化的形式为主要手段，讲究整齐规则的排列，对称均衡的置陈，并多以单一的式样连续或者反复求其与整体效果的和谐。②它与被装饰主体相并行的独立审美因素。例如某些陶瓷器上纹饰和绘画、古代青铜器上的战争场面和兽形饰物的镂刻。这些装饰既是整个主体的构成部分，而其审美的意味又有超脱主体性能和使用价值观念的倾向，从而含有纯欣赏性的因素，并由装饰艺术中的这种倾向导致绘画与雕塑在艺术上的独立。

在狭义的绘画与雕塑中运用或者吸收装饰性艺术形式特点创作的艺术品，统称为装饰风或装饰风格。形式特点表现在造型上有一定幅度的图案化夸张，在色彩上表现为平面空间的对比关系。

装载机　loader　利用装在机体前部的铲斗对土壤、砂石等散状物料进行铲装、运输、倾卸的自行式铲土运输机械。按行走装置可分为轮胎式装载机（见图）和履带式装载机两大类。轮胎式装载机机动性好，使用比较广泛。按传动装置可分为机械传动、液力机械传动及液压传动三大类。作业时，铲斗置于地面后驶向料堆，并插入料堆，然后将物料装入铲斗。装满后整机后退离开料堆，同时举升铲斗至卸载高度，前倾铲斗卸料。当运距短时，装载机可自装、自运、自卸，运距长时可与自卸汽车配套使用。前端的工作装置可更换，实现扫雪、平地、夹木料和石料等多种用途。

轮胎式装载机

装置艺术　installation　自1970年以来流行的艺术词汇，可以被广泛地用于一个展览中作品的陈列方式，主要是指在展览场地公开陈列、由多种物体组合而成的大型现代艺术作品。如大型的集合艺术或**环境艺术**。1953年，法国前卫艺术家J.杜布菲把日常的废物，表演材料等称作集合艺术。此后，评论家大多沿用它以形容三维空间的、由现成物构成的作品。1961年美国纽约现代艺术博物馆举办的"集合艺术展"正式确立了集合艺术的地位。环境艺术兴起于1960年，艺术家在展览场地的三维空间内利用机械电子等技术手段，有意调动观众的视觉、听觉和触觉等多方面的参与。环境艺术的概念此后被扩展至更广泛的领域，如**大地艺术**利用环境而不是制造环境以吸引更多的观众参与。80年代之后，装置艺术和逐步成熟的录像作品结合，经营大众艺术的策略，在西方的现代艺术展览中愈加流行，成为反对阶级压迫、种族歧视、性别歧视等当代社会问题的主要艺术渠道。70年代的装置艺术通常是暂时性的，以此来反对当时可以收藏的艺术品。然而后来的装置艺术仍得到永久性陈列并成为博物馆藏品，如英国雕塑家R.沃森在1987年的装置"20:50"，在一个房间内注满了废旧机油，这件为伦敦马特画廊所做的作品此后被重新安置在爱丁堡的苏格兰皇家学院，后来被英国当代艺术的著名收藏家C.萨奇收藏。1990年，伦敦的装置艺术馆开幕，1994年，由N.德奥利维拉、N.奥克斯利和M.佩特里共同撰写的《装置艺术》专著出版，宣称"装置艺术是当今最有原创性、活力和影响力的艺术"。

壮傣语支　Zhuang-Dai branch　中国、中南半岛及印度部分地区使用的一个亲属关系较为密切的语群。又称台语支。属**汉藏语系**侗台语族，是该语族中分布最广、人口最多的一个语支。根据语音特点和词汇的同异，壮傣语支可分为3个语组：①西南组，包括**傣语**、**泰语**、**老挝语**、掸语（在缅甸）、坎提语和阿含姆语（在印度阿萨姆邦，阿含姆语已消亡）等。②中部组，包括中国壮语南部方言和越南的侬语、土语、岱语等。③北部组，包括中国的**布依语**和壮语北部方言以及泰国的石话。北部组无送气音；古复辅音声母的音节在中部组变化最复杂；西南组的元音系统较复杂。3个语组在词汇上的区别比较明显。各语组在语法上主要是一些虚词不同，代词及其使用情况也有明显区别。

壮侗语族　Zhuang-Dong group　**汉藏语系**的语族之一。又称侗台语族或黔台语族。包括壮傣、侗水、黎、仡央4个语支。**壮傣语支**在中国，包括**壮语**、**布依语**、**傣语**等，主要分布于中南、西南地区各省；在国外，包括**泰语**、**老挝语**、掸语、侬语、岱语、坎堤语等，分布于泰国、老挝、缅甸、越南和印度。**侗水语支**包括**侗语**、**水语**、**毛南语**、**仫佬语**、**拉珈语**等。主要分布于中国贵州省东南部和广西壮族自治区北部。**黎语支**只包括**黎语**及海南岛西海岸的“村话”，主要分布于中国海南省。侗水语支包括侗佬语、木佬语、拉基、拉哈、普标等语言，主要分布于中国西南和越南北部。壮侗语族语言的主要特点：具有同汉语一样的由声、韵、调构成的音韵单位。声调也分平上去入四个调类，每类又因原来声母的清浊分成两个调，因此现代壮侗语族语言往往有八个调，有时还由于元音的长短、声母送气与否，分化为更多的声调。有一系列带喉塞音的声母。原始浊塞音在现代方言里几乎都变成了清音。壮侗语族语言的语序均主语在前，谓语在后，宾语在动词谓语后，定语一般在中心语后，专名加类名构成的复合名词则专名在类名后。壮侗语族诸语言的语素大部分是单音节，只有少数是多音节。有少数的派生词缀，均由实词虚化而来。合成词主要用复合法。单音词有的可以重叠。国外语言学界对壮侗语的系属问题尚有不同看法。

壮锦 Zhuang brocade 中国广西壮族的传统手工织锦。中国少数民族织锦品种。以细棉纱为经、丝线为纬。幅宽约33厘米，可做花边、腰带、头巾、围巾、台布、提包、被面、床毯以及壁挂、屏风面等。

关于壮锦的起源，或以为始于汉，南北朝时已有相当水平；或以为始于唐宋，是受蜀锦影响，在当地斑布（印染花布）基础上发展起来的。明清时壮锦织造已有较高水平，生产也具相当规模。20世纪40年代初，壮锦渐趋衰落，50年代开始恢复。

现代菱格花卉纹壮锦

壮锦装饰题材有鸟兽鱼虫、云水花草、团龙飞凤、万字双喜、万字菊花、孔雀开屏、鲤鱼跳龙门、山水风景等，纹样有明显的几何化倾向，构图富有韵律感。色彩以红、绿、黑、黄等为主，一般以紫红、水红、金鱼红等红色为地，有些用绿色或黑、黄色线混织加以烘托。制作精细，图案别致，色彩艳丽，富有民族特色。

壮文 Zhuang writing 壮语采用的文字。

壮语 Zhuang language 中国壮族使用的语言。属汉藏语系壮侗语族壮傣语支。主要分布于广西壮族自治区、云南省文山壮族苗族自治州和广东省怀集、连山等地。分南北两个方言（每个方言又各分几个土语）。壮语有单纯声母20个左右，并有腭化、唇化声母；韵母一般有6个元音和9个韵尾。单元音都是长音，带韵尾时有些地方多数元音有长短对立。有6个舒声调和两个促声调。语法无词形变化。词序和虚词是表达语法意义的主要手段。句子的语序是主语－动词－宾语，名词的修饰语一般在名词之后，只有数量词修饰语在被修饰语之前。以动词、形容词为中心的修饰词组和补充词组，修饰成分都在中心词前，补充成分都在中心词后。基本词汇以单音居多。有相当多的汉语借词。壮族过去使用一种类似汉字的方块壮字，用以创作民歌、书写经书、通信和记事等。1955年创制了以北部方言武鸣话为标准音的拉丁字母形式的拼音文字。

壮族 Zhuang 中国少数民族。主要分布在广西、云南、广东等省区。人口16 178 811（2000）。使用壮语，属汉藏语系壮侗语族壮傣语支。历史上曾流传一种用方块汉字构成的土俗字。1955年创制了以拉丁字母为基础的壮文。是世居岭南的民族，源于百越的一支，宋代始称僮人。中华人民共和国建立后统称僮族，1965年改为壮族。经济以农业为主，种植

壮族女子

水稻、玉米、薯类等。果品也很丰富，盛产名贵木材。能歌善唱，每年定期举行唱山歌会，称为歌圩，以农历三月初三最为隆重。被誉为“歌仙”的刘三姐是壮族歌手的典型代表。广西宁明、龙州等地的断崖陡壁上留下了壮族先民绘制的众多崖壁画。铸造和使用铜鼓已有2 000多年历史。壮锦是享有盛名的纺织工艺品。服装大部分与汉族相同，许多地方仍保留着本民族的服饰特点。男子多穿唐装。喜吃腌制的酸食，以生鱼片为佳肴。主食为大米和玉米。妇女有嚼槟榔的习俗。住房多数与当地汉族相同，部分居民住二层干栏。婚姻行一夫一妻制。曾盛行不落夫家或“坐家”习俗，现在有些地方仍有此俗。实行土葬。节日有三月三、中元节等。除祭祀祖先外，还有自然崇拜，相信万物有灵。也有信仰道教、基督教和天主教的。1958年成立了广西壮族自治区，并先后与其他少数民族建立了1个自治州、3个自治县和10个民族乡。

壮族舞蹈 Zhuang dance 中国壮族传统民间舞蹈。流布于广西、云南、广东等地壮族聚居区。壮族舞蹈历史悠久，迄今尚在流传的传统舞蹈有蚂蚜舞、扁担舞、跳岭头等舞蹈。

扁担舞是妇女们在春节至灯节期间跳的自娱性舞蹈。壮语称“打虏列”或“谷榔”。流布于广西都安、马山等地。据调查，过去此舞并不以扁担为道具，而是用杵敲击木臼，所以壮语之称为“谷榔”（舂米之意）。随着历史的发展，舞具逐渐演变成扁担。舞者人数不限，但需偶数。每人持长一米余的竹扁担，相对站在一条长板凳的两边，在锣鼓和竹筒的伴奏下，双手松握扁担中段，用两端击打板凳起舞。或以扁担相互上下敲打。内容表现插秧、收割、打谷、舂米等劳动过程。气氛热烈，场面壮观。

跳岭头为带有祭祀性的活动。当地汉族也举行类似活动，称“跳庙”。流布于广西钦州、灵山等地区。于每年中秋节前后进行。表演时，舞者戴面具，扮演不同神灵，寓意驱邪，驱瘟疫，祈祷五谷丰登、人畜平安。按顺序表演：“三师”、“四师”、“四帅”、“五雷”等跳神段落。各段有舞有唱，先舞后唱，最后又以舞蹈结束。

壮族舞蹈中尚有师公舞、铜鼓舞等。专业舞蹈工作者以传统舞蹈为素材创作的舞蹈作品有歌舞史诗《红日照南疆》，舞剧《红箭》，舞蹈《花山战鼓》、《春插》、《舂糍粑》等。

状态分析 state analysis 对体系中目标成分在不同聚集态中分布的检测。广义上应包括价态分析和形态分析。例如，大气中二氧化硫的污染要求考虑其在气态、雨滴、烟雾和颗粒物等不同聚集态的分布。因为状态不同危害程度不同；在正常近中性的天然水中，铝以聚合的氢氧化铝胶体状态存在，对鱼类无毒，但当湖泊被酸雨酸化时，铝就转化为可溶性的有毒物，可能造成鱼类的大量死亡；中草药的各种有效成分在药渣、煎汁的胶体和水剂中均有分布，如何有效发挥其药效，需要进行状态分析；其他如催化剂的功能研究、电镀光亮剂性能的改善等均涉及有关成分的状态分析。

撞击坑 impact crater 陨石同行星等天体撞击形成的低洼地。又称陨石坑。

追诉时效 prescription of prosecution 追究犯罪人刑事责任的有效期限。超过这一期限未予追诉，追诉权即行消灭，不能再行使求刑权与量刑权，不能再侦查、提起公诉或自诉，不能再进行审判。见刑法时效。

追索权 recourse 在金融活动和票据流通过程中，票据持有人在付款人拒绝付款时，

向票据的背书人和出票人索回票款的权利。在票据流通过程中，持有到期票据者，在向应付款者索要票款、兑现票据时，如果付款人拒绝付款，即可向付款人所在地的法院（或其他法定出证人）申请出具付款人拒绝付款的证书，然后凭证书向票据背书人索要票款，金额为票据金额加利息加拒绝证书费用。被追索人付清款项后可以向他的前手再追索，直至追索到出票人。票据背书人如要避免承担这种责任，可在背书时注明不受追索。

《追忆似水年华》 *A la recherche du temps perdu* 法国作家M.普鲁斯特的长篇小说。出版于1913～1927年。共七卷。第一卷《在斯万家那边》，第二卷《在少女们身旁》，第三卷《盖尔芒特家那边》，第四卷《索多姆和戈摩尔》，第五卷《女囚》，第六卷《女逃亡者》，第七卷《重现的时光》。

小说主线是“我”对自己青春年华的怀念和回忆，穿插许多自成一体的独立故事。背景只限于马塞尔所在的上流社会，描绘的是人们的衣食住行、七情六欲，乡村的自然景象，社会的五光十色，科学的进步与艺术的发展，总之是描绘了一切看似平凡却又永恒的现象，即存在于人们意识中的真正的生活。它的意识流的笔法开创了20世纪现代主义小说的先河。小说中

《追忆似水年华》插图

细腻的心理描写，崭新的时空概念，宏伟的结构和行云流水般的词语，对后来的小说创作，尤其是现代主义小说产生了巨大的影响。

椎管狭窄症 spinal canal stenosis 因脊柱的椎管狭窄造成脊髓、马尾神经及脊神经根部受压所致的疾病。表现为肢体麻痛、行动不便。行走一段路后可出现腿麻痛，蹲下休息片刻后疼痛消失，继续再走，又出现症状，即所谓间歇性跛行，但足背动脉搏动良好。发病部位多为局限性，好发于脊椎腰段，也可在颈胸段，颈段可合并后纵韧带骨化。多见于中老年人，病因有发育因素、退行性病变、椎间盘突出、腰椎滑脱或多种因素同时存在，也可为医源性。X射线平片检查、测量椎管前后径与横径、脊髓造影、CT或磁共振均有助于确诊。早期症状不重时宜卧床休息，采用理疗、按摩、支具固定或牵引等。若非手术治疗不见好转，为解除神经压迫的机械因素，可进行椎板切除减压，但应尽量保留骨和软组织结构，以保持脊柱的稳定性。手术只能减轻神经根嵌压引起的腿痛，但关节突关节病变引起的腰痛则难以缓解。老年退行性腰椎滑脱患者症状常可自行缓解。

椎间盘突出症 protrusion of intervertebral disc 由损伤及退变引起的一种椎间盘病症。当椎间盘的纤维环破裂，中央部的髓核组织经裂隙挤出，连同后纵韧带一并向后侧方或后方突出，压迫邻近的神经根，引起周围组织的无菌性炎症，表现为腰痛及坐骨神经痛。见腰椎间盘突出症。

椎实螺科 Lymnaeidae; pond snail 腹足纲基眼目一科。世界性分布。贝壳薄，稍透明，多为右旋，少数种类左旋，外形呈卵圆形、圆锥形或耳形。螺层少，常具有一个短的螺旋部和一个较大的体螺层。无厣。头部具有短宽的吻部，触角扁平、宽大，呈三角形。眼位于触角基部隆起处。肺孔位于外套膜的右侧。雌雄同体，雌性生殖孔开口于右侧外套膜与颈部相连处附近，雄性生殖孔位于右触角基部。齿舌由一个中央齿，两侧各有大量侧齿及缘齿组成。卵生。卵产出后包在胶质透明的卵袋内，卵袋黏着于水草或其他水中物体上。常大量成群栖息于各种静水、缓流水域内，如池塘、湖泊、水库、小溪、沟渠等，甚至在咸淡水、冷泉、温泉及海拔6 000米以上的水体内。为禽类和鱼类的天然饵料。椎实螺是人类和动物寄生吸虫的中间宿主。

锥虫病 trypanosomiasis 锥虫寄生于人体血液和组织引起的寄生虫病。可分为非洲锥虫病与美洲锥虫病两种。①非洲锥虫病，又称非洲睡眠病、昏睡病，流行于非洲。以发热、淋巴结炎和脑膜脑炎为主要特征。病原体为冈比亚锥虫及罗得西亚锥虫，传播媒介为舌蝇（俗称采采蝇）。②美洲锥虫病，又称沙加什氏病，流行于中美和南美。病原体是克氏锥虫，传播媒介为锥蝽。急性期以发热、全身淋巴结肿大、心脏扩大为主要临床特征。慢性期以心肌炎、心脏扩大、食管或结肠扩张为主要临床特征。在血液、体液、组织或淋巴结穿刺检查时找到虫体即可确诊，血清免疫学检查对诊断也有一定价值。长疗程硝呋噻氧对部分病例有效。

坠胡 zhuihu 中国擦奏弦鸣乐器。又称曲胡、二弦。主要流传于河南、山东一带，是河南曲剧、山东琴书、吕剧的主要伴奏乐器。坠胡的前身是小三弦。在为说唱、戏曲伴奏时，艺人感到弹拨乐器的效果难以与唱腔妥帖配合，遂仿效胡琴，改用马尾弓拉奏，并将琴鼓改为胡琴的琴筒，形成坠胡。坠胡琴筒状似四胡，但短而粗，用铜板或硬木制作，前口蒙蟒皮。琴杆和琴头似三弦。琴杆兼做指板。张两弦。一般定弦为a、d^1，音域a～d^3。除伴奏外，还用于合奏和独奏。

准备金 reserve 商业银行和其他储蓄机构以库存现金和在中央银行的存款形式所持有的款项。又称储备。包括法定准备金和超额准备金。法定准备金是中央银行以法律的形式要求商业银行必须缴存的准备金。而法定准备金占吸收存款的比率为法定准备金率。超额准备金为商业银行和其他储蓄机构超过法定准备金而自愿持有的储备，而超额准备金额与存款总额的比率即超额准备金率。商业银行从中央银行借款或从同业拆借市场拆入资金形成的准备金称为借入准备金。从总准备金中扣除借入准备金后的余额即为自有准备金。

以在中央银行存款和库存现金为存在形式的法定准备金和超额准备金称为一级准备金，它们的流动性最高。此外，商业银行还通常持有政府债券作为二级准备金。二级准备金不仅可以给银行带来一定的收益，而且其流动性极高，可作为一级准备金不足的缓冲。

调整法定准备金率是中央银行间接货币调控的三大传统政策工具之一，其对货币量的影响表现在：①改变银行体系的准备金结构。②影响货币乘数值。但它也存在两个主要的不足：①对货币供应量的冲击可能会很大，无法进行微调。②当中央银行提高法定准备金率时，可能对那些超额准备金很低的银行带来流动性问题。

准噶尔盆地 Junggar Basin 中国大型陷落盆地之一。位于新疆维吾尔自治区北部，阿尔泰山脉与天山之间，西侧为准噶尔西部山地，东至北塔山麓。南北宽380千米，东西长850千米，面积20万平方千米，沙漠占30%。地势向西倾斜，北部略高于南部，北部的乌伦古湖（布伦托海）湖面高程479.1米；中部的玛纳斯湖湖面高程270米；西南部的艾比湖湖面高程189米，是盆地最低点。盆地西侧有几处缺口，如额尔齐斯

河谷、额敏河谷及阿拉山口。西风气流由缺口进入，为盆地及周围山地带来降水。

盆地内平原可分为两区：北起阿尔泰山南麓，南抵沙漠北缘的北部平原，风蚀作用明显，有大片风蚀洼地；南部平原南起天山北麓，北至沙漠北缘，可分两带，北带为沙漠，南带为天山北麓山前平原，是主要农业区。古尔班通古特沙漠是中国第二大沙漠，固定和半固定沙丘占优势。

盆地属中温带气候。盆地北部、西部年平均气温3～5℃，南部5～7.5℃。水分来源与水资源主要来自西风气流。降水西部多于东部，边缘多于中心，迎风坡多于背风坡。盆地冬季有稳定积雪，冬春降水量占年总量30%～45%。盆地的内流河有4个排水区：①乌伦古湖。为乌伦古河尾闾。②艾比湖。汇集博尔塔拉、精河及奎屯等河。③玛纳斯湖。汇集玛纳斯、金沟、巴音、塔西等河。④天山北坡独立水系。包括呼图壁至木垒的所有河流，都消失于灌区中。冻害和大风为主要自然灾害。

准货币 quasi money 流动性低于现金与活期存款，不能直接用作交换媒介而以发挥价值储藏职能为主的资产。包括定期存款、储蓄存款及其他存款等。货币被分为3个层次：M_0、M_1和M_2。

M_0为流通中的现金

M_1＝流通中的现金＋活期存款

M_2=M_1＋定期存款＋储蓄存款＋其他存款

不是所有的资产都可以被划入货币之列。被纳入到货币统计范畴之中的资产都具有很高的流动性。资产的流动性是指将一项资产转换为现金而不受损失的能力。资产的流动性越高，货币性也越强；反之，流动性越低，货币性也就越低。货币性指一项资产执行货币的职能的高低。由于流通中的现金和活期存款的流动性最高，可以直接用现金和活期存款支票购买所需要的商品和服务，所以在统计上它们是货币；而构成M_2的定期存款、储蓄存款和其他存款的流动性较低，只是准货币。

准据法 applicable law 按照国际私法的抵触规则，对一个涉外民事法律关系应当适用的内国或某一外国的实体法。

自然人的权利能力和行为能力 包括以下内容：

一般权利能力 依现代国家的法律，自然人的权利能力始于出生，止于死亡。关于出生，各国规定不同，遇有这种法律抵触，其准据法主要是属人法，即适用当事人的本国法、住所地法或惯常居所地法。

特别权利能力 如享有某种物权的权利能力，享有某种契约债权的权利能力，享有对某项财产的继承权的权利能力等。在国际私法上，关于特别的权利能力的准据法，须视不同的特定权利而决定，例如关于某项物权的权利能力，应以该项物权的准据法为准据法（如物之所在地法）等。

行为能力 在各国法律上，一个人有无行为能力或其行为能力是否受有限制，往往有精神状态、婚姻状态等方面的原因。有些国家还限制已婚妇女的行为能力。解决上述法律抵触问题的准据法多数国家规定为属人法。

法人的权利能力和行为能力 一个组织或实体在什么情况下才可以称为法人，具有法律人格，各国法律规定不同。对于这种法律抵触，历来认为应依法人的属人法解决。但确定法人属人法的标准，在各国理论和实践中有二：一为本座说，即认为法人的属人法为其管理中心地（又称主事务所所在地）；一为成立地说，认为法人的属人法应依它的成立地来决定，其属人法即其据以成立的那个国家（或法域）的法律，亦即它的成立地的法律。不过，一个公司的创办人往往可能为了自身利益，故意规避本国法律的较严规定，而选择在另一国依该国较为宽大的法律成立法人。对于这种法律规避的情况，国际上有一种明显的倾向，即主张以成立地和本座地相结合作为确定法人的属人法和承认法人的法律人格的标准。

承认一个外国法人，并不是把它转变为一个内国法人，而只意味着这个外国法人在内国也被认为有法人资格。一个外国法人在内国被承认为法人后，虽具有法人的一般权利能力，但并不意味着可以自由地在内国享有任何权利或进行任何活动，而不受任何限制。外国法人在内国能享有什么权利和进行什么活动，除应受它的属人法的支配外，还必须同时受内国法的支配。有些国家还严格限制甚至绝对禁止外国法人在内国经营公用事业、金融、保险等企业。一般的原则是外国法人被承认后，可以在其章程的范围内，享有内国的同类法人所能享有的权利，但不能享有较内国的同类法人更多的权利。

法律行为方式 各国对若干法律行为方式的规定不同。长期以来，场所支配行为法则已被广泛采用，即适用该法律行为的行为地法。有的国家对某些法律行为（如遗嘱）规定几种合法方式，由当事人选择。但对票据的行为方式，一般国家都规定只适用行为地法。

物权 物分为动产与不动产。不动产的物权，以物之所在地法为准据法，已成为一条普遍公认的原则。但动产的所在地可以转移，适用哪国法律须依具体情况而定。但关于取得时效的期间，原则上最后一个所在地的法律具有决定性作用。

侵权行为 一般国家历来对侵权行为基本上适用侵权行为地法。但有的国家对侵权行为地法的适用有所限制，例如规定当事人具有共同的属人法时，适用属人法。

契约 国际上通行的做法是，采取所谓“意思自治”说，即允许契约当事人在契约中自己选择决定应适用的准据法。如果当事人没有选择决定，则需按照所谓“最密切联系”的原则来确定有关法律。有些国家还根据“特征性给付”，规定应适用的法律，作为适用“最密切联系”原则的一种具体体现，例如在买卖契约中，以卖方的履行行为为特征性给付，从而规定以卖方营业所在地的法律作为契约的准据法。

结婚、离婚 关于结婚的实质要件（如婚龄），以婚姻举行地法或当事人本国法为准据法；对形式要件多数国家采取双重制度，即在内国举行的婚姻须依内国法规定的方式（如中国公民与外国人结婚须依法进行婚姻登记），在外国举行的婚姻，须依照婚姻举行地法或属人法的方式才能被认为有效。此外，有些国家授权其驻外领事在驻在国不反对的条件下，为本国侨民办理结婚手续。

许多国家规定以夫妻共同的属人法为准据法。如夫妻无共同国籍，适用其共同住所地法。若无共同住所地，则适用法院地法。适用法院地法易造成移居离婚（寻找容易判决离婚的地方提起离婚之诉），因此有的国家规定重叠适用夫的本国法和法院地法。

夫妻财产制 英美法系国家在夫妻财产关系的法律适用上，如果夫妻并未选择应适用的法律，则采取分裂制，不动产适用物之所在地法，动产适用夫的住所地法或婚姻住所地法。大多数国家采取单一制，1905年《婚姻效力涉及夫妻身份关系和财产权利义务法律抵触公约》和1978年《夫妻财产制准据法公约》原则上也都采取单一制，但夫妻对于其全部、一部分或以后所取得的不动产可以约定适用不动产所在地法。

夫妻财产关系采取什么制度、适用哪国法律，可由夫妻协议决定的，称为约定财产制；如夫妻间对于财产关系未作决定，而依各国法律规定的，称为法定财产制。

各国法定夫妻财产制的抵触规则最常用的联结因素是当事人的国籍、当事人的住所或惯常居所。1978年《夫妻财产制准据法公约》规定夫妻双方得在结婚前指定其法定夫妻财产制的准据法。关于夫妻财产制契约，在国际私法上，首先要解决的问题是夫妻财产契约所适用的准据法是否必须和法定财产制的准据法一致，还是可以在法定财产制的准据法以外选择其他法律作为夫妻财产契约的准据法。对此各国立法可以分为三种方式：①夫妻可以自由选择财产契约所适用的准据法，例如英国。

②有限制的自由，例如瑞士。③完全拒绝自由选择，例如德国。但1987年瑞士国际私法虽采取有限制的自由，而可供选择的准据法范围却相当广泛，包括夫妻双方的住所地法或夫妻任何一方的本国法。

亲子关系　亲子关系的成立有婚生子女、非婚生子女的准婚生、收养三种方式。对婚生子女中的遗腹子、妻怀孕又离婚后所生子女在几个月内可以认为是婚生以及否认婚生子女的条件和方式，各国法律规定不同。对婚前所生子女及婚姻关系外所生子女取得婚生子女地位（准婚生）的条件与手续，各国规定也不相同。涉讼时，有的国家规定以子女出生时父的住所地法为准据法；有的国家以父母双方的属人法为准据法，双方不同时，依其中更有利于准婚生的法律；还有的国家以子女的属人法为准据法。收养的准据法，有的国家以法院地法为准据法，有的国家以收养者或被收养者的属人法为准据法。

继承　各国法律规定的抵触规则主要有两种：一种将动产和不动产区别开来，不动产继承适用物之所在地法，动产继承适用被继承人的属人法。另一种则不分不动产和动产，都适用被继承人死亡时的属人法。现在许多国家的准据法都采取后者。在一些国家的法律中，除上述一般规定外，还有尽可能扩大内国法的适用范围以有利于本国公民的规定。在遗嘱继承中，对遗嘱人的行为能力，有的国家依属人法解决，有的国家依继承的准据法解决。

拙政园　Zhuozheng Garden　中国苏州古典园林。明正德八年（1513）前后，王献臣用大宏寺的部分基地造园，用晋代潘岳《闲居赋》中“拙者之为政”句意为园名。现园大体为清末规模，面积约62亩，分为东区（原“归田园居”）、中区（原“拙政园”）、西区（原“补园”）3部分。1961年定为全国重点文物保护单位。1997年作为苏州古典园林的组成部分列入《世界遗产名录》。

中区为全园精华所在，面积约18.5亩，其中水面占1/3。临水建有形体各不相同，位置参差错落的楼台亭榭多处。主厅远香堂四面长窗通透，可环览园中景色；西循曲廊，接小沧浪廊桥和水院；东经圆洞门入枇杷园，园中以轩廊小院数区自成天地。中区北部池中列土石岛山两座。西北有见山楼，四面环水，有桥廊可通，传为太平天国忠王李秀成筹划军机之处。登楼可远眺虎丘，借景于园外。水南置旱船，前悬文徵明题“香洲”匾额。登后楼亦可高瞻远望，水东有梧竹幽居亭。

拙政园梧竹幽居亭

涿鹿县　Zhuolu County　中国河北省张家口市辖县。位于省境西北部，邻接北京市。面积2 799平方千米。人口34万（2008）。秦时为上谷郡地，汉为下落、潘县、涿鹿县地。1913年改保安县，1916年复改为涿鹿县。工业有化工、机械、纺织、食品、酿酒、陶瓷等。农业主产谷子、小麦、玉米、稻谷、蔬菜等，特产有保安大米。矿产有铁、锰、磷、煤等。主要有黄帝战蚩尤古战场、黄帝泉、蚩尤泉、桥山黄帝墓、蚩尤坟、轩辕城（又称黄帝城）等古迹。

涿州市　Zhuozhou City　中国河北省辖县级市。位于省境中部京广铁路沿线，北京南大门，古称“燕京锁匙”。面积742平方千米。人口60万（2010）。春秋时为燕之域，战国时燕置涿（邑）。秦置涿县。历为涿郡、范阳郡、广阳郡、涿州治所。1913年复为涿县。1986年撤县设市。由保定市代管。市境地势平坦，房涿涞灌区历史悠久，是粮食重要产区，尤以涿州稻著名。工业有机械、化肥、造纸、建材、食品加工等。特产金丝挂毯、玉雕工艺。有宋太祖故里清凉寺，以及辽代双塔、永济桥等名胜古迹。

卓别林　Chaplin, Charlie（1889-04-16～1977-12-25）　英国电影演员、导演、制片人，剧作家、作曲家。生于伦敦，卒于瑞士沃韦河畔科西耶。5岁时曾代替父母登台演唱。6岁丧父，一度被送进孤儿院。后来在游艺场和巡回剧团演唱、跳舞和干杂活。1913年末与美国启斯东公司签了1年的合同，从此开始电影生涯。每周拍摄一部只有一本的喜剧片。1914年2月28日，头戴圆顶礼帽、足蹬大皮鞋、手持一条竹手杖、走路像鸭子的小流浪汉夏尔洛的形象首次在《阵雨之间》中问世，成为独树一帜的卓别林喜剧电影的主要形象。从1919年开始独立制片，一生共拍摄了80余部喜剧片，重要的有《淘金记》（1925）、《城市之光》（1931）、《摩登时代》（1936）、《大独裁者》（1940）、《凡尔杜先生》（1947）、《舞台生涯》（1952）等。这些作品达到了

喜剧片的高峰，可以与文学中莫里哀的作品相提并论。1952年以后在麦卡锡主义的迫害下离开美国，此后拍摄的影片很少，主要有《一个国王在纽约》（1957）和《香港女伯爵》（1967）。1972年重返好莱坞，接受美国电影艺术与科学学院授予的艺术成就奖。1975年，英国女王伊丽莎白二世授予他爵士封号。

浊水溪　Zhuoshui River　中国台湾省最长河流。位于台湾岛中西部。自中央山脉西侧流注台湾海峡。长186.4千米，流域面积3 155.2平方千米。主源起自合欢山垭口。浊水溪源高流急，所经地层多属页岩、砂岩，易受侵蚀，故平时含沙量甚大，集集站年平均含沙量12.4千克/米^3。下游经集集以西出山口进入平原。支流漫衍，北至鹿港，南至北港皆为其冲积扇所及，其间滨海滩涂发育。下游段主流（西螺溪）河幅广达2～4千米，自东而西，将台湾岛西部分为南北两半。因含沙量大及旱季缺水，无航运之利。浊水溪下游为台湾岛西部平原重要农业分界线，以南地区，秋冬少雨，嘉南大圳灌溉系统的部分水源有赖浊水溪进水口的供应。

啄木鸟　Picidae; woodpecker　䴕形目啄木鸟科鸟类的统称。世界有217种。除大洋洲和南极洲外，均可见到。中国有27种，各地均有分布。嘴强直如凿；舌长而能伸缩，先端列生短钩；脚稍短，具4趾，2趾向前，2趾向后；尾呈平尾或楔状，羽干坚硬富有弹性，在啄木时支撑身体。啄木鸟除消灭树皮下的害虫如天牛幼虫等以外，其凿木的痕迹可作为森林“卫生采伐”的指示剂，因而被称为“森林医生”，是著名的森林益鸟。该目鸟类在中国属国家保护动物。

象牙嘴啄木鸟

兹马伊 Zmaj, Jovan (1833-12-06～1904-06-14) 塞尔维亚诗人、翻译家。生于诺维萨德。在大学先后修法律和医学。做过教师、医生。创办过多种讽刺报刊，为讽刺文学的奠基人之一。兹马伊活跃在诗坛达50年之久，写了大量诗歌，后结集为16卷出版。其中爱国抒情诗《三个绿林好汉》(1866)、《光辉的坟墓》(1879)等均描绘异族侵略使人民蒙受的苦难；政治讽刺诗《尤图图国之歌》(1865)和《一个最忠顺的公民之歌》(1871)，抨击奥地利统治者的横征暴敛；《巴黎陷落》(1871)和《致仁慈的欧洲》对法国无产阶级表示声援；抒情诗集《玫瑰》(1864)和《凋谢的玫瑰》(1882)抒发了国恨家仇，把塞尔维亚浪漫主义诗歌推向高潮。他的诗歌紧扣民族和社会主题，时代气息浓郁，热情奔放，标志着塞尔维亚浪漫主义文学的结束和现实主义时代的开始。另有儿童文学作品，是塞尔维亚儿童文学的先驱。

兹威基 Zwicky, Fritz (1898-02-14～1974-02-08) 瑞士天文学家。生于保加利亚瓦尔纳，卒于美国加利福尼亚州帕萨迪纳。1920年从瑞士苏黎世联邦理工学院毕业后留校工作。1925年赴美。1942年被聘为加利福尼亚理工学院天体物理学教授，曾在威尔逊山天文台工作，直到1972年退休。

兹威基的主要贡献是对超新星现象的研究。他于1934年和W.巴德一起确认宇宙中存在比新星更激烈、释放能量更多、光变幅更大的灾变天体，并把它们定名为超新星。1936年在他的倡议下，美国帕洛马山天文台建成45/65厘米施密特望远镜，立即将它投入河外星系巡视。这在当时是世界上威力最大的广角天体照相仪。到1941年为止，在兹威基主持下，用它发现18个超新星，而前人总共只是偶然观测到12个。根据巡天观测，推算出平均每一个河外星系，每300年产生一次超新星爆发。这个爆发频率值在以后的40年一直与观测资料相符。从20世纪30年代起，兹威基每当发现一个河外星系超新星，即与人合作周密观测爆发过程中的光度和光谱，积累了大量资料。后来，他提出根据光变曲线、谱线特征、膨胀速度等因素，将超新星分类。从1958年起他主持120/180厘米施密特望远镜的遥远星系团超新星巡天。他一生共发现超新星122个，占当时超新星总数的30%。他认为宇宙物质的演化是沿着从稀到密和从密到稀两个方向进行的，超新星爆发是双向演化的典型：一方面外部物质抛散到空间，另一方面内部物质收缩为致密天体。根据这思想，他预言应有中子星存在，还预言可能有整个星系核的大规模爆发。

兹沃雷金 Zworykin, Vladimir Kosma (1889-07-30～1982-07-29) 美国电子工程师、发明家。生于俄国的米罗姆，卒于美国新泽西普林斯顿。1912年于彼得堡工学院毕业后，到巴黎法兰西学院攻读研究生。1919年到达美国，1924年加入美国籍。1923～1929年任西屋电气公司研究员。1926年获美国匹兹堡大学博士学位，1929年在美国无线电公司任电子学研究室主任，1954年任无线电公司名誉董事长。1954～1962年在纽约洛克菲勒学院医疗电子学中心任主任。1923年取得电视摄像管（光电摄像管）专利，1928年取得全电子彩色电视系统专利。兹沃雷金的研究范围广泛，他发明的电子显像管对红外很敏感，是红外瞄准镜和夜视器的基础。他的次级发射倍增器用于闪烁计数器。他一生共获专利120多项。兹沃雷金是美国国家科学院和工程科学院院士。曾获法拉第奖章、美国总统科学奖章等。著作有《光电管及其应用》、《电视》、《电子光学与电子显微镜》、《光电子学及其应用》和《科学与工业中的电视》。

资本 capital 通过剥削雇佣工人而带来剩余价值的价值。体现资本家剥削雇佣工人的关系。

资本在现象上表现为一定数量的货币和生产资料，但货币和生产资料本身并不是资本，只有在资本主义社会中劳动力成为商品的前提条件下，货币和生产资料被资本家用来作为剥削雇佣工人的手段时，才转化为资本。奴隶社会和封建社会的商人资本和高利贷资本，虽然剥削小生产者的剩余劳动，并从奴隶主和封建主那里瓜分一部分奴隶和农奴的剩余劳动，但由于奴隶社会和封建社会的商人资本和高利贷资本，不是在生产领域中通过剥削雇佣工人获得剩余价值，因而还不是真正意义上的资本。因此，资本不是物，而是通过物体现出来的资本家与雇佣劳动者之间的剥削与被剥削的生产关系，资本是一个历史的范畴。

资本也是一种运动中的价值。资本的运动表现为依次经过购买、生产和售卖3个阶段，依次采取货币资本、生产资本和商品资本3种职能形式。其中，货币资本的职能是为资本主义生产作准备，生产资本的职能是生产剩余价值，而商品资本的职能则是实现剩余价值。资本只有顺利地从一种职能形式转变为另一种职能形式，顺利地通过购买、生产、售卖3个阶段，才能生产并实现剩余价值。资本一旦停止运动，实现价值增殖的目的就会丧失，资本的生命就会停止。

在资本主义社会中，资本具有不同的形式。主要表现在：①按资本在剩余价值生产中所起的作用不同，可分为不变资本和可变资本。不变资本是用于购买生产资料的那部分资本，这部分资本的价值在生产过程中只是改变其物质形态，而不发生量的变化；可变资本是用于购买劳动力的那部分资本，这部分资本在生产过程中的使用，不仅再生产出劳动力的价值，而且还生产出超过劳动力价值的剩余价值，其价值发生了量的变化。②按资本的价值周转方式不同，可分为固定资本和流动资本。固定资本是以厂房、机器、设备等形式存在的那部分资本，其价值按照它在生产过程中的磨损程度一部分一部分地转移到新产品中去，随着产品的出售以货币形式分期收回，用折旧的办法暂时积累起来；流动资本包括以原料、燃料、辅助材料等形式存在的那部分不变资本和用于购买劳动力的那部分可变资本。流动资本中的不变资本部分的价值全部转移到新产品中去，并在产品出售后以货币形式全部回到资本家手中；流动资本中的可变资本部分是在生产过程中由劳动者再生产出来的，并且还创造出了剩余价值。③按资本所处的领域不同，可分为产业资本、商业资本、借贷资本和银行资本等。产业资本是资本家投入物质生产部门的资本，亦即投在工业、矿业、农业、交通运输业和建筑业等的资本；商业资本是在流通领域中独立发挥作用的职能资本，是从产业资本中分离出来的独立的资本形式，是专门从事商品买卖，以攫取商业利润为目的的资本；借贷资本是为了获取利息而暂时贷给职能资本家（产业资本家和商业资本家）使用的货币资本；银行资本是资本家为经营银行业务而拥有的资本，主要由现金和各种有价证券构成。资本的不同形式，形成资产阶级的不同集团，它们同产业资本家一起瓜分剩余价值。在资本主义生产的总过程中，资本采取不同的具体形式，剩余价值也转化为利润、利息、地租等多种具体形式。

资本边际效率 marginal efficiency of capital; MEC 一种关于资本品的预期收益的贴现率，这种贴现率使得一项资本品在使用期内各期的预期收益的现值之和恰好等于这项资本品的现期市场价格。这一概念最早由英国经济学家J.M.凯恩斯提出。具体而言，假设一项资本品的现期市场价格为P，其使用的预期年限为n年，在第t年（$t=1,2,\cdots,n$）该资本品所带来的预期收益为R_t，资本边际效率为r，则这一资本品的资本边际效率r满足下列公式：

$$P=\frac{R_1}{1+r}+\frac{R_2}{(1+r)^2}+\cdots+\frac{R_n}{(1+r)^n}$$

即$P=\sum_{t=1}^{n}\frac{R_t}{(1+r)^t}$。

显然，资本边际效率r是使得一项资本品的未来预期收益的现值恰好等于这项资本品的现期价格的贴现率。资本边际效率r取决于给定的资本品价格P和厂商主观的预期收益R_t。

利用资本边际效率这个概念，凯恩斯说明了厂商对投资品的需求和利率水平之间的关系。因为将财富投资于资本品的机会成本是将财富用于储蓄而得到的利息回报，所以，经济中只有那些资本边际效率高于同期利率水平的项目才值得投资。这就意味着：利率越高，经济中可投资的项目就越少，厂商对资本品的需求也就越小；相反，利率越低，经济中可投资的项目就越多，厂商对资本品的需求也就越大。

资本公积 capital reserve 投资者或者他人投入到企业、所有权归属于投资者并且投入金额超过法定资本部分的资金。性质与实收资本相近，但囿于有关法律或者法规的限制，不能列为企业的实收资本，但与企业的留存利润有根本的区别。

企业资本公积的形成来源主要包括：资本（或股本）溢价、外币资本折算差额、拨款转入、接受现金捐赠、接受非现金资产捐赠准备、股权投资准备以及法定财产重估增值等。

资本公积主要用于转增资本，但准备项目的资本公积不得转增资本。

资本国际化 capital internationalization 资本越出民族国家的界限在世界范围内流动和增殖。包括：①生产资本国际化，主要方式是直接投资；②货币资本国际化，主要方式是国际贷款和国际证券投资。国际贷款包括官方贷款、国际金融组织贷款和银行贷款，证券投资包括国际债务工具投资和国际权益工具投资。

特点 ①从国际资本流动的整体来看，发达国家仍然是主要的输出国和输入国，资本流动的数量占了世界资本流动数量的2/3以上。发展中国家资本流动的数量只占较小的比例，但所占的比例趋于上升。②从国际资本流动的结构来看，银行贷款居于领先的地位，国际债务工具投资和直接投资彼此相当而位于其后，国际权益工具投资所占的比例最小。③在国际证券投资中，商业银行、投资公司、保险公司和养老基金等机构投资者扮演了主要的角色。在这些机构投资者的投资组合中，国际证券所占的比例趋于上升。④伴随着资本国际化而产生的对规避风险、投机和信用创造的需求，跨国金融衍生工具的交易迅速发展。

动因 资本对利润的追逐。资本是带来剩余价值的价值，它的本质决定了它一定要跨越国境向全世界发展，资本国际化是资本扩张的必然趋势。虽然对发展中国家投资的收益较大，但风险也较大，这就是资本在大量流入发展中国家的同时仍然主要在发达国家之间流动的原因。另外，各国对国际资本流动限制的减少、资本项目的开放、金融市场的发展等，都为国际资本的流动创造了条件。

影响 当代经济是信用经济，资本跨国流动必然带动商品、技术、资源的流动，从而对世界经济产生积极的影响：①国际资本流动通过提供出口信贷和经常项目逆差融通资金有力地促进了国际贸易的发展。②国际资本流动带动了生产技术和管理技术的流动，有利于科学技术在世界范围的扩散。③国际资本流动使社会资源在国与国之间更有效的配置，既增加了资本流出国的收益，也促进了资本流入国经济的发展。但是，国际资本流动，特别是短期国际资本流动带来流入流出国金融市场的动荡，对这些国家的经济产生扩张性或收缩性冲击，还有可能导致外国资本对发展中国家经济命脉的控制。

资本积聚 capital, concentration of 资本家把剩余价值的一部分重新变为资本，与原有资本合并，使资本总额不断增大的过程。是资本积累的直接结果。

资本积聚使更多的生产资料和劳动力加入生产，生产规模扩大。在同样技术水平和剩余价值率的条件下，可以因剥削范围的扩大增加剩余价值量。生产规模扩大和技术水平提高，能够增强企业的竞争力。随着资本主义生产的发展，会不时出现一些新的产业，需要资本积聚到足够大的规模，才能进入。

只靠单个资本的积聚来扩大资本总额和生产规模，速度较慢。更快的方法是把几家资本合并到一起，即实行资本集中。

资本积累 capital, accumulation of 剩余价值转化为资本，即剩余价值的资本化。剩余价值只是部分地用于资本家个人消费，其余部分转化为资本，再投入生产，以扩大再生产规模。剩余价值是资本积累的源泉，资本积累是资本主义扩大再生产的重要条件。

资本积累具有客观必然性：一方面，资本家为了获取最大限度的剩余价值，除了加强对雇佣工人的剥削，提高剥削程度，还要通过资本积累来扩大生产规模，扩大剥削范围。对剩余价值的无限贪求，是资本积累的内在动力。另一方面，竞争作为一种外在的强制力量，决定着资本家必须进行资本积累，以便不断改进生产技术，扩大生产规模，提高劳动生产率，以便增强实力，保存和发展自己。

影响资本积累的主要因素有：①剩余价值率即剥削程度越高，剩余价值量也就越大，越可以加速资本积累。②社会劳动生产率提高，可以降低单位商品的价值和劳动力价值，提高剩余价值率使资本积累加速。③预付资本数量越大，资本家剥削的工人人数就越多，剩余价值量也就越多，越有利于资本积累。

《资本论》 *Capital*; *Das Kapital* K.马克思经济学说最主要的著作。这部伟大著作深刻地揭示了资本主义社会的经济运动规律。全称《资本论——政治经济学批判》，共4大卷。第1卷《资本的生产过程》，第2卷《资本的流通过程》，第3卷《资本主义生产的总过程》，第4卷《剩余价值理论》。第1卷～第3卷是理论部分，第4卷是理论史部分。

Das Kapital.

Kritik der politischen Oekonomie.

Karl Marx.

Erster Band.

Hamburg

1867.

图1 《资本论》第1卷德文第1版扉页

创作和出版的经过 马克思从1857年下半年起着手撰写自己的政治经济学巨著《政治经济学批判》，并依次完成了：①《政治经济学批判（1857～1858年手稿）》，被称为《资本论》的第一手稿。②《经济学手稿（1861～1863）》，被称为《资本论》的第二手稿。③《经济学手稿（1863～1865）》，又称《资本论（1863～1865年草稿）》，是马克思经济理论已经成熟的标志。1867年9月《资本论》第1卷德文版出版。1872年9月至1875年11月，经马克思亲自修订，J.鲁瓦译，第1卷法文版出版。1873年4月，德文第2版出版。1894年出版英译本等。《资本论》第2卷、第3卷，是在马克思逝世后由F.恩格斯整理，分别于1885年和1894年用德文出版的。第4卷手稿，经K.J.考茨基整理，于1905～1910年以《剩余价值学说史》书名，用德文出版。

1972～1974年，中共中央马克思列宁斯大林著作编译局将《资本论》1～4卷作为中文版《马克思恩格斯全集》第23、24、25、26卷，由人民出版社出版。

主要内容 第1卷《资本的生产过程》。共7篇25章。研究资本主义生产过程，考察了剩余价值的生产、来源和本质。第1篇《商品和货币》。论述了商品是资本主义经济的细胞。货币是商品生产和商品交换发展的必然产物。第2篇《货币转化为资本》，论述了货币转化为资本以及资本和剩余价值产生的前提和基础。第3篇《绝对剩余价值的生产》，揭示了剩余价值生产是资本主义生产的绝对规律。第4篇《相对剩余价值的生产》，指出了相对剩余价值是通过缩短必要劳动时间，相应地延长剩余劳动时间而产生的剩余价值。第5篇《绝对剩余价值和相对剩余价值的生产》，阐明绝对剩余价值生产只同工作日长度有关，相对剩余价值生产则要使生产的技术过程和社会组织发生根本的革命。第6篇《工资》，阐述了在资本主义经济关系中，劳动力的价值或价格是工资的本质，工资是劳动力价值或价格的转化形式，深刻地揭示了工资形式中所隐藏的资本和雇佣劳动的对立。第7篇《资本的积累过程》，论述了资本怎样从剩余价值产生和资本原始积累的实质，以及资本原始积累趋势。

第2卷《资本的流通过程》。共3篇21章。揭示了在资本的运动过程中，资本的生产过程必须由资本的流通过程来补充。通过资本流通过程的研究，揭示了剩余价值的实现问题。第1篇《资本形态变化及其循环》。第2篇《资本周转》。第3篇《社会总资本的再生产和流通》。

第3卷《资本主义生产的总过程》。共7篇52章。揭示和说明资本运动过程作为总体考察时所产生的各种具体形式。资本的一般形式转化为产业资本、商业资本、借贷资本等具体形式；价值转化为生产价格；剩余价值转化为利润、平均利润，并且进一步转化为产业利润、商业利润、利息以及地租等。从资本总过程的角度研究了剩余价值在资产阶级内部的分配。第1篇《剩余价值转化为利润和剩余价值率转化为利润率》。第2篇《利润转化为平均利润》。第3篇《利润率趋向下降的规律》。第4篇《商品资本和货币资本转化为商品经营资本和货币经营资本（商人资本）》。第5篇《利润分为利息和企业主收入。生息资本》。第6篇《超额利润转化为地租》。第7篇《各种收入及其源泉》。本篇是《资本论》整个3卷的总结。

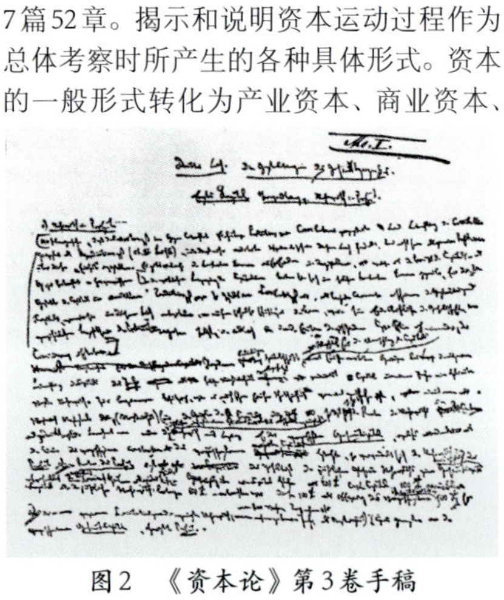

图2 《资本论》第3卷手稿

第4卷《剩余价值理论》。共24章。它系统地研究批判了资产阶级政治经济学发展史；在对资产阶级经济学家的剩余价值理论的分析过程中，建立和发展了马克思主义经济学的平均利润和生产价格理论、绝对地租理论、生产过剩危机理论等。

意义和影响 《资本论》通过对资本的生产过程、流通过程和总过程的层层剖析，揭示了资本主义社会的生产社会化和占有私人性的基本矛盾，揭示了资本主义剥削实质和经济危机的根源，揭示了资本主义社会必然灭亡，社会主义、共产主义社会必然胜利的历史规律性。它把无产阶级的革命性和科学性结合在一起，集中体现了无产阶级的世界观和方法论。

《资本论》的问世，是政治经济学史上的一次巨大的飞跃。首次创立了科学的劳动价值论和剩余价值论。

资本密集型产业 capital intensive industry

一种单位产品成本中物化劳动所占比重较大，或生产过程中资本的有机构成水平较高但活劳动和知识投入相对较少的产业。又称资金密集型产业。特点是技术装备较多，投资量较大，容纳劳动力较少，资金周转和投资回收较慢（如重型机械工业、石油化工工业、有色金属工业、汽车工业等）。通常用资金与劳动力（或资金与产量）的比值来表示。比值高的说明单位劳动占用的资金数量较多，资金的密集程度较高，一般就被称为资金密集型产业。发展此种形式产业，需要投入大量技术设备和资金，建设周期也较长。

资本市场 capital market

从经济学角度而言，资本市场是资金交易与投资形成的市场。包括信贷市场、证券市场、外汇市场以及一年期以下的货币市场等。有时也被用来指整个金融市场。

在金融学中，广义上指一年期以上中长期信贷市场和证券市场（包括股票市场、债券市场、基金市场及其衍生品市场等）。狭义上也可单指证券市场。

资本市场主体在信贷市场中包括中央银行、商业银行、非银行金融机构；而在证券市场中则包括中央和地方政府、各类金融机构、工商企业，以及各类中介机构，如证券交易所、证券公司或投资银行。投资主体包括个人和基金、养老金等机构投资者。

资本市场客体，即信用工具或交易品种，包括政府债券、公司债券、公司股票、可转让大额定期存单、银行承兑汇票、商业票据、国际债券、基金受益凭证、认股权证及其他衍生的期货、期权品种等。

根据不同的融资方法，资本市场的融资方式可分几种类型：①按是否通过金融中介来划分，可分为直接融资和间接融资。②按承担责任的不同，可分为债权式融资和股权式融资。

资本市场的主要功能在于：①决定资本的形成条件，明确产权关系。②引导投资者对全社会资金进行优化配置，提高资源配置效率。③对标准化的金融产品风险进行评估，以确定资本价格。④为投资者的资产提供流动性，降低投资风险。

资本输出 capital, export of

一国政府或个人为了获取高额利润或利息对国外进行的投资和贷款。出现于自由资本主义时期，在帝国主义时期大规模地发展起来。20世纪八九十年代，特别是21世纪初以来，成为世界经济生活中一种普遍现象。

资本输出有两种基本形式：①生产资本输出，又称直接投资。主要是在国外直接投资开办工厂、企业或与当地的私人、政府合营企业。②借贷资本输出。主要是由政府、银行或企业贷款给外国政府或私人企业。

通过资本输出，可以获得超过在国内投资所得的利润和利息，还能带动更多的商品输出。对于输入国来说，由于接受了大量外来资本，可以在某种程度上刺激和带动民族经济的发展。

资本外逃 capital flights

出于安全或保值方面的考虑，资本所有者逃避外汇管制将其资本从一国转移到另一国的行为。

引起资本外逃的具体原因有3种：①一国政局动荡不稳，资本外逃以求安全。②一国国内经济情况日益恶化，国际收支持续逆差，其货币可能发生贬值，资本逃至币值稳定的国家以期保值。③一国加强外汇管制或颁布新税法，使资本使用受到限制或资本成本增大，收益减少，资本外逃以免遭受损失。资本外逃对于一国的经济发展和国际收支有着十分不利的影响。它将降低该国的国内储蓄水平，从而造成投资下降和生产萎缩；加剧国际收支逆差，从而引起外汇储备的减少和国际清偿能力的恶化。资本外逃时，如果一国试图维持一定的生产和消费水平，势必引起外债负担的迅速积累。

资本循环 capital, circuit of 产业资本为使其价值增殖，在生产和流通过程中周而复始依次经过三个阶段，采取三种职能形式的运动。

资本家把资本投入生产和流通就是为了使资本不断地增殖，即带来**剩余价值**。为此，他必须使资本不停地运动，使资本周而复始地依次经过三个阶段：①购买阶段，即购买**生产资料**和**劳动力**。由于所购买的是能够创造价值和剩余价值的劳动力以及为此所需要的生产资料，因而在这里货币起资本的作用，**货币资本**转化为生产资本。②生产阶段，资本家使生产资料与劳动力相结合，生产出准备出售的商品。劳动者不仅把消耗掉的生产资料的价值转移到产品中去，而且创造的新价值中包括超过劳动力价值的价值即剩余价值。生产资本转化成商品资本。③销售阶段，资本家把商品卖出去，以货币的形式收回预付资本的价值而且得到剩余价值。商品资本转化为货币资本，恢复到原来的货币形态。至此，完成了一次资本循环。可以用公式表示为：

$$G—W\begin{cases}A\\Pm\end{cases}\cdots P\cdots W'—G'$$

式中G代表货币，W代表商品，A代表劳动力，Pm代表生产资料，P代表生产过程，虚线表示流通过程的中断，W'代表包含有剩余价值的商品，G'代表包含有剩余价值的货币。

资本循环的第一阶段和第三阶段是流通过程，第二阶段是生产过程。生产过程是决定性的，但流通过程也不可缺少，必须通畅，以保证剩余价值的生产和实现。与资本循环三阶段相适应，资本依次采取货币资本、生产资本、商品资本三种形式，分别执行三种不同职能：货币资本购买生产资料和劳动力，为资本的增殖作准备；生产资本把生产资料和劳动力结合起来，生产出包含着预付资本的价值和剩余价值的商品；商品资本是通过出售商品使资本家收回预付资本并获得剩余价值。

从资本循环的连续进行来看，资本的每一种形式都要不断通过循环的三个阶段，回到它原来的形式。这样就有三种不同形式的循环：货币资本循环、生产资本循环、商品资本循环。

资本有机构成 capital, organic composition of 由资本技术构成所决定并反映技术构成变化的资本价值构成。

从物质形式来看，资本构成表现为生产过程中的生产资料数量和使用这些生产资料的劳动力数量的比例关系，称作资本技术构成。从价值形式来看，资本构成表现为生产资料价值和劳动力的价值即不变资本和可变资本数量的比例关系，称作资本价值构成。资本技术构成和资本价值构成有着密切的联系。资本价值构成是由资本技术构成决定的，其变化，一般地都是资本技术构成变化的反映。马克思把这种由资本技术构成所决定并反映技术构成变化的资本价值构成，称为资本的有机构成。资本的有机构成用公式来表示即$C:V$。

在一个国家的不同发展阶段、不同生产部门、不同企业，或者在不同的国家，生产技术水平跟与之相联系的资本技术构成不同，资本有机构成的高低也各不相同。但是，通常所考察的资本有机构成，一般都是指一个生产部门的资本平均有机构成，或是指一个国家的社会资本平均有机构成。

一个国家或一个生产部门的资本有机构成，呈现出不断提高的趋势。**资本积累**、**资本积聚**和资本集中的发展，为采用先进技术，使用新型的生产设备创造了条件，对资本有机构成的提高也起着促进的作用。

资本原始积累 capital, primitive accumulation of 新兴资产阶级和资产阶级化的封建贵族使用暴力剥夺农民的土地，使他们沦为只有出卖**劳动力**以求生存的无产者，同时把大量货币聚敛到少数人手中变为**资本**，以加速从封建制生产方式向资本主义生产方式转变的历史过程。

资本主义生产方式的确立，必须具备两个基本条件：①大批获得人身自由却失去一切生产资料只有出卖劳动力才能活命的雇佣工人。②一些人握有大量的货币财富，可充作创办企业的资本。封建社会末期，这两个条件已在逐步形成，资本主义生产关系的萌芽开始出现。但是，这种过程比较缓慢，不能适应新的**世界市场**的贸易需求。从15世纪起，欧洲人陆续发现和开辟了通往非洲、美洲、亚洲的新航线。迅速扩大的世界市场刺激新兴资产阶级和封建贵族疯狂追求财富的欲望。于是，他们采取种种暴力手段加速这两个条件的形成和资本主义生产关系的发展。

剥夺农民的土地是资本原始积累的基础，英国的**圈地运动**最有代表性。15世纪末，英国有权势的资本家和贵族纷纷强行圈占土地，把农民耕种的公有地、份地和私有土地以及原属教会的土地变为他们的私产，驱逐农民，拆毁农民的住房，把许多耕地连片变为大牧羊场。失去土地的农民沦为乞丐、盗贼，到处流浪。各国政府又颁布许多惩治流浪汉的法令，逼迫他们到资本家的工厂去做工。

资本原始积累时期，新兴资产阶级聚敛钱财的过程也充满暴力。新兴资产阶级远渡重洋，进行血腥的殖民掠夺。美洲金银矿的发现，土著居民如美洲的印第安人被征服、剿灭，资源被掠夺。为了挖掘金、银矿不顾矿工死活；猎捕非洲黑人，当作奴隶贩卖到美洲；利用垄断地位甚至有时以武力为后盾在殖民贸易中攫取暴利。如向中国输出鸦片等。

资本周转 capital, turnover of 一定量的预付资本经过连续不断的**资本循环**被周期性地收回的过程。从一笔预付资本投入到它带着**剩余价值**被收回这段时间是资本周转一次的时间，这个时间等于资本处于生产领域的生产时间加上资本处于流通领域的流通时间。生产时间中最重要的部分是劳动时间，即劳动者的整个工作日。有的部门和企业的生产时间除此之外，还包括自然力独立作用于劳动对象的时间，如酿造业需要有物料发酵的时间，农业需要有植物自然生长的时间；此外生产时间还包括一定的原料储藏时间。流通时间包括购买生产资料和劳动力的时间和出售产品的时间。

资本周转速度一般可用一年中周转的次数表示，例如，某笔资本周转一次需时4个月，它的周转速度就是每年3次，如周转一次需时3年，周转速度为每年1/3次。

加速资本周转，可以用同量预付资本在一年内更多次地带来剩余价值，增加资本家一年获得剩余价值的总量。所以，资本家要用各种办法尽可能缩短生产时间和流通时间，以谋求加速资本周转。

资本主义社会 capitalist society 继封建社会之后出现的一个少数人剥削多数人的社会制度。在资本主义社会里，资本家占有生产资料，被剥夺了生产资料的工人不得不把自己的劳动力作为商品出卖。

资本主义生产方式首先出现在西欧。14～15世纪，意大利北部的一些城市出现了资本主义生产的最初萌芽。16世纪，美洲的发现和绕过非洲的航行给新兴的资产阶级开辟了新的活动场所，疯狂的殖民扩张和罪恶的奴隶贸易导致了资本原始积累的迅速扩大，荷兰、英国和法国成为西欧资本主义发展的核心地区。

早期资本主义生产的基本形态是工场手工业。但在封建社会里，工场手工业的发展受到严重的束缚，新兴的资产阶级的政治地位得不到社会的承认，经济利益也得不到保障。解除种种封建桎梏，一般是通过资产阶级革命来实现，在某种特定的历史条件下则通过自上而下的改革来完成。1640年开始的英国革命和1789年开始的法国革命是在欧洲历史上有重大影响的革命，反映了历史发展的要求，结束了君主专制的统治，建立了代议制国家，标志着资本主义社会在欧洲开始确立。政治革命的胜利带来了经济领域更深刻的变革。18世纪60年代，欧洲工业革命首先在英国开始。蒸汽机的发明和使用，使机器作业战胜手工劳动，工场手工业过渡到大工业生产。与此同时，新兴资产阶级的政治地位也不断上升，成为资本主义社会的统治阶级。

资本主义社会的兴起是人类历史发展的重大进步。新兴的资产阶级具有时代的进取精神，强调人的价值，提倡资产阶级的自由、平等、博爱，他们把原来属于小农和手工业者所有的分散、简陋的生产资料集中起来，并不断改进和扩大，使之变成日益强大的生产力，促进了民族市场的形成和国家的统一。

资本主义社会制度确立以后，其本身所固有的各种矛盾就暴露出来了。各种矛盾根源于资本主义私有制。一极是财富的积累，另一极是贫困的积累，成了资本主义社会的特点。生产过剩引起经济危机，整个社会陷入混乱。1825年历史上第一次经济危机从英国开始，随后就周期性地每隔10年左右爆发一次，在30年代越出英国范围，到1847年演变成世界规模。

从19世纪30年代起，英法两国无产阶级成为一支强大的政治力量登上历史舞台。1848年6月，巴黎爆发了无产阶级同资产阶级的第一次伟大的国内战争。1871年巴黎公社革命是第一次打碎资产阶级国家机器的革命，是建立第一个无产阶级专政的英勇尝试。

19世纪末20世纪初，资本主义在一些先进国家，首先是德国和美国发展到新的阶段，变成帝国主义。在帝国主义时期，科学技术和经济的迅猛发展，同生产资料私人占有达到了不能相容的地步。经济危机不再是每十年一次，而是越来越频繁地发生，破坏力也越来越大。于是，在资本主义经济结构中出现了垄断组织。这是竞争和经济危机引起生产和资本高度集中的结果。少数最大的银行，把持了全国资本和货币收入很大一部分。它不仅吞并中小企业，还控制垄断组织，把银行资本与工业资本融合成为金融资本。金融资本对其他形式的资本的优势使金融寡头占据统治地位。因此，帝国主义时代又称金融资本时代。

金融资本和垄断组织的出现是在资本主义制度下，通过盲目冲突，实现局部调整资本主义生产关系以适应生产力发展需要的一种手段。但是，以金融资本和垄断组织为标志的私人资本集体化，并没有冲破私有制度的框框，也不能解决资本主义制度的根本矛盾。

俄国在第一次世界大战期间成为帝国主义链条中最薄弱的环节。1917年社会主义革命在那里首先取得胜利。第二次世界大战后，中国、东欧等许多国家也脱离了资本主义体系。世界历史进入了从资本主义向社会主义过渡的时代。

20世纪末21世纪初，资本主义发展出现了新的变化，在一些发达的资本主义国家，国家垄断资本主义有所发展。国家不仅掌握一部分国有企业，而且直接干预经济生活，实行“福利国家”政策，从而在一定时期内、一定程度上使生产关系局部地适应了生产力的发展，缓和了阶级矛盾，某些国家甚至一度出现经济高涨。但是，20世纪70年代以来资本主义世界出现了生产停滞与通货膨胀并发的危机，这说明，无论是以集体资本家代替个体资本家的一般垄断资本主义，还是以国家作为“总资本家”代替集体资本家的国家垄断资本主义，都不可能克服资本主义的基本矛盾，资本主义社会终究要为社会主义社会所取代。

资本主义所有制 capitalist ownership 以资本家凭借占有生产资料而剥削雇佣劳动者为核心的一种生产关系，是资本主义社会制度的基础。又称资本家所有制。

资本主义所有制是人类社会发展史上第三种即最后一种剥削制度。它区别于奴隶主所有制和封建主所有制的特点，在于雇佣劳动者在法律上和形式上有人身自由，不被资本家占有，不依附于任何资本家。

资本主义所有制产生于封建社会末期。主要经过两种途径：①小商品生产者（手工业者和农民）在市场竞争中发生两极分化，一些条件好、发了财、积累了大量货币的人，雇工生产，自己成了资本家；越来越多的竞争失败者破了产，沦为无产者，成了雇佣工人。②一些商人为小商品生产者包销产品和供应原料，逐渐变成包买主，直接支配他们的生产和流通，使他们失去原有的独立性，沦为雇佣工人，商人成了资本家。

欧洲是资本主义所有制的发源地。14世纪和15世纪，地中海沿岸的一些城市已经出现了资本主义所有制的萌芽。后来，资产阶级革命推翻封建统治，建立起资产阶级政权，为资本主义所有制的发展和巩固扫清了道路；经过产业革命，机器大工业取代工场手工业，使资本主义所有制于18世纪和19世纪先后在许多欧洲国家取得统治地位，并逐渐扩展到世界各地。19世纪下半叶，出现了广泛集中社会资本的股份制经营。这种形式特别在需要大量投资的重工业行业中迅速发展起来。同时，在矿山、铁路、港口、邮电等部门出现资本主义的国家所有制。到19世纪末20世纪初，由于生产和资本的集中，自由资本主义发展为垄断资本主义。股份公司逐渐成为资本主义所有制的主要形式，资本主义国家所有制也多采取股份公司的形式。

资不抵债 insolvency 个人或企业的全部债务超过其资产总值以致不足以清偿债权人的财务状况。确定资不抵债主要有两种办法：一种是衡平意义的资不抵债，另一种是根据资产负债表决定是否资不抵债。衡平意义的资不抵债是指在平常的营业过程中债务人无力偿还到期的债务。资产负债表上的资不抵债是指债务人的全部债务超过他的资产总值。资不抵债与破产是有区别的。破产指的是在债务人不能清偿其债务，又不能达成协议结束债务的情况下，经司法机关确定和宣告的一种特殊的法律地位。对于将被宣告破产的一方还必须具备某些附加条件，如要有破产行为等。因此，资不抵债是确定破产的主要因素，但非唯一因素。

资产 assets 财务报表要素中最重要的要素。是过去交易或事项形成并由企业拥有或者控制的能以货币计量的经济资源，包括各种财产、债权和其他权利。

资产的主要特征包括：①资产的实质是未来的经济利益，即它具有直接或间接地为企业在将来带来现金净流量的能力。②必须为特定主体所拥有或控制，具有排他性。③是基于过去的交易或事项的结果。

传统上，资产可以根据流动性，分为流动资产和非流动资产。但在物价变动的环境中，也将资产区分为货币性资产和非货币性资产。即货币本身以及将以固定或可确定金额的货币收取的资产，包括现金、应收账款、应收票据以及可随时变现的有价证券与存货、固定资产、无形资产、不可随时变现的投资等。在资产负债表中，通常按流动性标准列示资产。

资产重组 assets restructuring 对企业的资产进行分拆、整合或组合的经营活动。资产是企业拥有或控制的能用货币计量的各种经济资源，分为固定资产、流动资产、无形资产、递延资产、长期投资和其他资产。企业资产重组一般侧重于固定资产重组、长期投资重组和无形资产重组。主要的形式有：①合并。由两家或两家以上企业合并成一个新的法人企业。②兼并。由一家企业吸收或并入其他企业，被兼并企业则不复存在。③收购。一家企业用现金、债券或股票购买另一家企业的资产而获得对另一家企业的实际控制权。④分立。根据业务和发展的需要，把一个企业分成几个相互独立的企业。⑤出售。因某种需要，企业资本所有者出售所持有的产权而收回资金的一种重组形式。⑥破产。企业经营不善、资不抵债或有债务危机时，通过一定的法律程序宣布破产而对资产的处理。⑦托管。为实现财产经营权和处置权有条件的转移，企业出资者以契约的形式将企业法人财产权部分或全部所作的让渡。⑧租赁。企业以一定的资产数量为基础，以短期经营利润为目标对经营权的让渡。

资产负债表 balance sheet 全面、总括地反映特定会计主体在某一特定日期财务状况的会计报表。是根据"资产＝负债＋所有者权益"这一会计恒等式，按照一定的分类标准和次序，把特定会计主体在一定日期的资产、负债、所有者权益等项目予以适当编排，集中反映在该特定日期会计主体所拥有或控制的经济资源、所承担的经济义务和所有者对净资产的要求权。

资产负债表的结构，包括表首标题、报表主体和注释3部分。表首标题列示资产负债表的名称、编制单位、编制日期、金额单位等；报表主体包括资产、负债和所有者权益各项目的年初数和期末数，是资产负债表的主要部分。报表主体的结构有账户式和报告式两种主要形式。账户式左边列示资产，右边列示负债和净权益；报告式将资产、负债及所有者权益项目按一定的等式依次垂直排列。中国企业一般采用账户式。

资产评估 asset appraisal 对资产某一时点的价值进行的评定估算。资产评估一般包括以下基本要素：①评估主体，即从事资产评估的机构和人员。②评估客体，即待评估的资产，包括各类房地产、机器设备、无形资产等单项资产，以及由各类资产形成的整体资产（如企业等）。③评估依据，即资产评估工作所遵循的法律、法规、经济行为文件、重大合同协议以及收费标准和其他参考依据。④评估目的，即资产发生的经济行为，它决定和制约资产评估价值类型和方法的选择。⑤评估原则，即资产评估的行为规范，是调节评估当事人各方关系、处理评估业务的行为准则。⑥评估程序，即资产评估从开始准备到最后结束的工作顺序。⑦评估价值类型，即对评估价值的质的规定，它对资产评估方法的选择具有约束性。⑧评估方法，即资产评估所运用的特定技术，是评估资产价值的手段和途径。

资华筠 Zi Huayun (1936-03-10～) 中国舞蹈表演艺术家、舞蹈理论家。湖南耒阳人。1952～1987年历任中央歌舞团演员、教员、艺术委员会副主任等职。表演的代表作品有《游春》、《飞天》、《白孔雀》、《长虹颂》、《思乡曲》、《金梭与银梭》等。1987年后从事舞蹈研究，主要著作有《舞蹈生态学导论》、《舞蹈生态学论丛》(合著)、《黛尔勃西拉遐想》、《舞艺舞理》(中、英文版)、《中国舞蹈》等。其中，《中国舞蹈》获中

宣部"五个一工程"奖。为推进中国舞蹈理论的研究与创新作出贡献。曾任中国艺术研究院舞蹈研究所研究员、所长，中国舞蹈家协会副主席，国际全球艺术委员会执行委员等。

资金 funds 社会主义再生产过程中通过不断运动保存并增加其自身价值的价值。是社会主义公有资产的价值形态，是社会主义国家和企业扩大再生产，满足全社会劳动者日益增长的物质和文化需要的手段，体现国家、企业、劳动者个人三者在根本利益一致基础上的关系。

资金的分类方式主要有：①按分配的形式，可分为通过财政收支形式而分配的财政资金和通过银行信贷形式而分配的信贷资金。②按用途可分为用于基本建设的资金和用于生产经营活动的资金。③按在再生产过程中的周转情况，可分为表现为房屋、机器设备等的固定资金和表现为原材料、在制品、制成品、商品、银行存款等的流动资金。无论是哪一种形式的资金，都必须参与社会主义的再生产过程，处在不断的运动之中。资金只有在运动中，才能保存价值并使原有的价值得到增殖。

资水 Zishui River 中国长江洞庭湖水系支流。又称资江。上游赧水至邵阳县双江口与南来的夫夷水汇合，始称资水。干流全长713千米，河源海拔500米以上，至河口的益阳下降为28米，两者相差492米，水力蕴藏量224万千瓦。流域面积2.81万平方千米。小庙头以上为上游，水源流经山区。小庙头—马迹塘为中游，多山岭峡谷，支流中连溪上源为世界锑都——锡矿山所在地。马迹塘以下进入下游，河谷开阔，两岸地貌低缓，河床多沙洲、浅滩，河宽250～400米，在宜阳甘溪港入洞庭湖。干流柘溪水电站是湖南大型水利枢纽，装机容量44.75万千瓦，为湘中北电网的骨干电源，并使河口5万公顷农田减免洪水威胁。流域内为湖南农副产品基地。

资兴市 Zixing City 中国湖南省辖县级市。位于省境东南部，湘江支流耒水上游。面积2716平方千米。人口34万(2010)，有汉、瑶等民族。东汉置汉宁县。三国吴改阳安县。隋改晋兴县。唐置资兴县。1984年撤县设市。由郴州市代管。矿藏有煤、钨、铅、锌、锑、大理石等。农作物有水稻、

东江景色

烟叶、棉花、油料、粟、辣椒等。森林资源丰富，是中国重点林区之一。有水松、红豆杉、银杏、红花木莲等珍贵树种。药材有沙参、黄柏等。有国家重点保护动物大鲵、华南虎、毛冠鹿等。工业有煤炭、化工、建材、森工、食品等。东江水电站是省内大型水电站。风景名胜有兜率灵岩、东江、十龙潭、梵安寺等。

资阳人 *Human remains* from Ziyang 晚期智人化石。1951年在中国四川资阳县（今资阳市）黄鳝溪发现。属于一位老年妇女的头骨化石。头骨的颅顶部分保存完整，颅底大部缺失；另有硬腭一块。形态特征与现代人已基本相似，但还有类似直立人的特征。同出有一根骨锥及许多动植物化石。时代为距今3万年前。

资阳市 Ziyang City 中国四川省辖地级市。位于省境中部，四川盆地中心区域，东接重庆。辖雁江区和安岳、乐至2县，代管简阳市。面积7962平方千米。人口367万(2010)，有汉、回、藏、满、彝等民族。西汉置资中县，后周改资阳县，1993年改资阳市（县级），属内江市，1998年设资阳地区。2000年6月撤销资阳地区，设立地级资阳市，原县级资阳市改为雁江区。矿产资源较少，主要有盐卤、石膏、石料和少量的石油、浅层天然气等。工业以机械、食品、化工、医药、纺织、建材等为主。资阳是中国闻名的农林牧渔全面发展的优质高产农业区，建有国家粮食基地、生猪基地、棉花基地、花生基地和以山羊、香鸭、獭兔为主的畜禽基地；以甲鱼、淡水珍珠为主的特种水产基地；以柠檬、远贤柚、脐橙为主的水果基地。名胜有三岔湖、龙泉湖、花果山和圣德寺白塔、安岳石刻艺术群等。

资源保护 resource protection 保证地球上生物资源的永续和矿藏资源的节约使用。含义为三个方面：①生态伦理学认为，在人与自然的关系中，人与其他物种乃至其

他自然要素是平等的。就像人有价值和权利一样，自然资源和自然环境也有价值和权利，同样应该得到保护。②按照可持续发展原则，自然资源保护是要给后代留下同等的利用机会和条件，在开发利用自然资源的同时强调保护，是为持续地实现资源利用的经济效益、生态效益和社会效益。③从经济和社会角度来看，保护可以定义为资源的长期明智或最佳利用。这是针对社会和私人有关资源分配的决策而言，也是针对提高某种资源未来可用量而采用的政策和行动而言。

资源地理学 resources, geography of 主要研究自然资源和社会经济资源的地域组合特征、分布规律及其评价、利用和保护的学科。人文地理学分支学科。自然资源指人类可以利用的、自然形成的物质和能量，包括矿产资源、土地资源、水资源、气候资源、生物资源、海洋资源、能源资源等；社会经济资源指人类在开发利用自然资源过程中所积累的物质和精神财富的总和，包括自然资源外的所有其他资源。资源地理学是涉及自然基础、社会需求、技术可行性和经济合理性的综合性学科，而且不断拓展研究的范畴，如把人力资源、信息资源等纳入进来。

资源管理 resource management 社会运用行政的、法律的和经济的手段，对自然资源开发、利用的各种人类活动进行管理的一系列行为、制度与方法。

内容 ①对资源物质的管理。侧重于资源对于人类的可利用性、可开发性，以及资源保护。②资源的资产化管理。是遵循资源的自然规律，从资源的开发利用到资源的生产和再生产，按照经济规律进行投入产出管理。目标是建立一种高效、科学的资源运作与配置体制，使得被消耗的自然资源得以再生和重建，存量的资源得以最有效配置，并最大限度调动起各方面对其投入，使得自然资源开发与利用在高水平、高起点上得到和谐统一和相互促进，建立起持续、高产、高效、稳定发展的自然资源产业经营的运作体系。实现这一目标的核心问题是产权市场管理，关键是资源的价值补偿与价值实现。

特征 ①确保所有者权益。《中华人民共和国宪法》明确规定，国有自然资源的所有权为全民所有，即国家所有，任何组织和个人不得以任何手段侵占这种所有权。②自我积累增值性。资源的稀缺导致对资源的垄断占有，垄断可以产生价格。具有价格的资源可以在社会再生产运动过程中自我增值和积累。③产权的可流转性。如在中国，战略性的、重要的、大部分的稀缺自然资源归国家拥有，而一些普通的、其利用不会对环境造成危害或严重危害的资源，允许其他经济主体拥有。各类自然资源的勘探权、开采权、使用权都可以在一定条件下进入市场交换。

中国自然资源资产化管理原则 ①国情原则。不能照搬别国的模式。②区别对待原则。资源性资产是一大类综合性的资产，在管理上应体现不同的要求和特点。③可持续原则。节约消耗，转变增长方式。④市场化原则。要适应市场经济的需要，以市场经济的要求作为改革的基本取向。⑤强化国家产权管理原则。在资产转让和产权变动过程中，要把防止国有资产流失作为重点。⑥效益原则。要有益于最大限度地提高单位资源性资产的利用效益。⑦合理协调原则。有利于合理协调中央和地方、不同所有制企业等利益主体的利益关系，有利于自然资源的优化配置和自然资源的整体开发、合理利用，把自然资源优势真正转化为经济优势，促进国家和地方经济的发展。⑧价值补偿与价值实现原则。应该将财会部门会计核算与资源管理部门数量核算结合起来，综合反映。

资源配置 resource distribution 对资源开发利用的时间结构、空间结构和产业结构等方面的安排。

在市场经济条件下，市场在资源配置中发挥着基础性作用，各产权主体之间的交换是资源配置的主要实现形式。但是，由于资源产生效益的差异，政府也需要加强宏观调控。根据经济、技术等条件，把资源从时间上进行合理分配，从空间上进行合理布局，在产业之间进行合理调整，以充分利用资源，使资源产出的总体效益最大化，这是政府宏观调控的基本目标。

进行资源配置的基本原则有：①边际均等原则。即使资源在可供选择的各项活动中的边际生产率都相等。②经济效益、社会效益和生态效益相结合的原则。③各种不同利益兼顾和协调的原则。在资源配置过程中，要兼顾近期利益与长远利益、局部利益与整体利益、不同地区之间、不同部门之间的利益，以获得最优的整体综合效益。④多层次综合利用的原则。要在自然资源的配置中尽量实现多层次综合利用，提高资源利用率和生产率，防止资源破坏、浪费和环境污染。⑤因地制宜发挥优势的原则。在资源利用和产业布局中必须贯彻因地制宜的原则，发扬各地区的优势，使资源的利用取得最佳的总体综合效益。

资源税 resource tax 中国对自然资源征收的一种税。为了保护和促进自然资源的合理开发与利用，适当调节自然资源级差收入，国务院于1993年12月25日发布《中华人民共和国资源税暂行条例》，自1994年1月1日起施行。资源税的纳税人包括在中国境内开采应税矿产品和生产盐的各类企业、单位、个体经营者和其他个人。资源税设有原油、天然气、煤炭、其他非金属矿原矿、黑色金属矿原矿、有色金属矿原矿和盐等9个税目；以应税产品的销售数量和自用数量为计税依据；根据不同的应税产品及其资源状况实行幅度税额标准，如原油的税额标准为每吨人民币8元至30元，煤炭的税额标准为每吨0.3元至5元。

资源危机 resource crisis 当资源耗竭和破坏作用累积到一定程度时，受损资源系统的部分或整体功能已难以维持人类经济生活的正常进行，甚至可能直接威胁到人类生存的状态。随着社会生产力水平的不断提高，人类对资源的需求量越来越大。据此，以“罗马俱乐部”为代表的一批学者提出了全球性危机将不断加深并最终导致世界末日的观点。这种悲观论用静止的目光看待事物，存在着一定的片面性。资源危机并非一成不变的状态，因为人类不仅是资源的消耗者和破坏者，同时也是资源的建设者和保护者。只要人类摆正本身与自然的关系，采用有效的措施，节约使用非再生性资源，把对再生性资源的开发利用强度控制在其负荷能力以内，积极寻找和使用新的替代资源，保护环境，消除污染，改善资源赋存条件，那么就可能逐步克服甚至防止资源危机，保证社会经济的持续稳定发展。

资源委员会 Resource Committee 1935年4月，中国南京国民政府为调查、开发工矿资源而建立的机构。后逐渐发展为重工业主管部门。其前身为国防设计委员会。1935年4月正式易名为资源委员会。初隶属于军事委员会，一度由蒋介石兼任委员长。以翁文灏、钱昌照为正副秘书长，并负实际责任。其成员多为军政、财经、工商、文教界知名人士。1936年后在湖南、江西等地筹建20余家重工业厂矿。1938年3月，改属重庆国民政府经济部。先后在四川、甘肃、云南等地创办119个电厂、煤矿、油矿和机械、化工、冶炼等厂矿，大力生产后方紧缺商品，同时向美、苏等国输出钨、锑、锡等矿产资源，换回大量军需物资，为坚持长期抗战作出了重要贡献。抗战胜利后，改隶南京国民政府行政院，开始进入全盛时期。至1947年底，已拥有电力、钢铁、机械等11个行业的大中型企业96家，职工26万余人，主要产品产量均在全国总产量中占有重要地位。此后，随着国民党反共内战的失败，大规模发展工矿事业计划宣告落空。1948年底起，其主要负责人及广大职工纷纷策划脱离南京国民政府，积极开展护厂护矿斗争。1949年中华人民共和国建立后，大陆地区各厂矿为中央人民政府所接收。

“资源”1号卫星 China Brazil Earth Resources satellite 1 中国和巴西联合研制的地球资源卫星。又称中巴地球资源卫星。1999年10月14日在太原卫星发射中心用“长征”4号乙运载火箭发射。2000年2月正式交付用户，转入业务运行。“资源”1

号卫星利用先进的空间遥感技术，为调查、开发和利用中国和巴西两国的陆地资源服务。卫星采用太阳同步轨道。轨道高度778千米，倾角98.5°。卫星由支持服务和功能两大系统组成，分别安装于2个舱段。支持服务系统按模块化设计，包括结构、热控、电源、姿态控制、轨道控制、测控及星上数据管理7个分系统。功能系统又称有效载荷，有5谱段推扫式电荷耦合器件（CCD）相机、4谱段红外扫描仪、2谱段宽视场成像仪、磁带机、CCD数据传送、红外数据传送、数据收集转发器、空间环境监测器等。之后，2003年10月21日、2007年9月19日在太原卫星发射中心用“长征”号运载火箭将第二、第三颗“资源”1号卫星送入太空。

《资政新篇》 *A New Treatise to Aid Government* 中国清代太平天国农民革命运动中由洪仁玕撰写、洪秀全批准，于1859年刊布的一个具有发展资本主义要求的纲领性文献。

洪仁玕字益谦，广东花县（今广州花都区）人，洪秀全的族弟，拜上帝会最早的信徒之一。1859年5月被封为开朝精忠军师顶天扶朝纲干王，受命总理太平天国朝政。

《资政新篇》是洪仁玕刚到天京时向洪秀全提出的施政建议。它的基本思想是使太平天国效法西方，从“用人”与“设法”

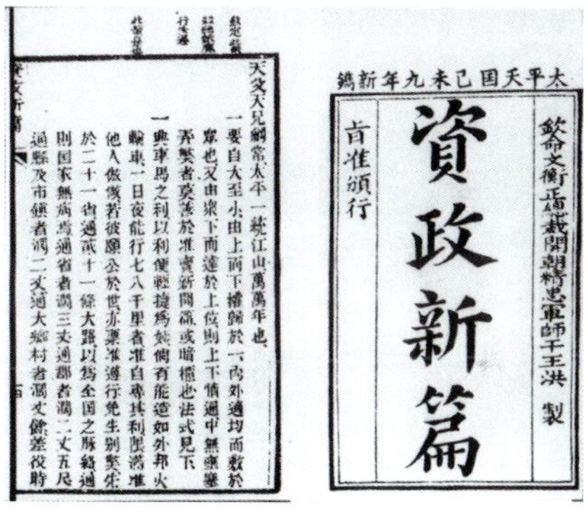

《资政新篇》（1859年颁刻）

两方面，进行政治、经济、文化等改革。

经济方面的兴革在《资政新篇》中占有突出地位，所提主张，实质是试图在中国发展资本主义经济。文中强调治国立政应审时度势，英、美、法等国，“技艺精巧，国法宏深”，富足强盛，可为太平天国“取资”。文中具体规定了太平天国应该兴办的新式生产和流通事业：制造火车，修筑网络全国省、郡、县、乡的道路；制造轮船，疏通黄河及江淮水运；开办工厂，制造“精奇利便”之器具；兴办矿业，开采金、银、铁、煤等矿；创办银行，由银行发行银行券，以及举办邮政、社会保险和社会福利事业等。文中还提出，上述应兴之业，要由私人（“富民”）投资兴办，自行经营。要实行雇佣劳动，禁止使用奴婢。文中还有一些主张，模糊地反映了适应资本主义发展改革财政税收的要求。在中西经济关系上，文中提出了“柔远人之法”和“与番人并雄之法”。基本内容是：反对闭关自守，严禁鸦片贸易，与欧美国家建立正常通商关系。准许传教士及有技术的外国人到中国内地传教，教授技艺。

《资政新篇》是中国近代第一个谋求发展资本主义经济的纲领性文献。它突破了封建地主阶级与农民小生产者经济思想的局限，为中国近代经济的发展指出了符合客观规律的方向。但因太平天国内部缺乏必要的主客观条件，《资政新篇》的进步主张，没有也不可能付诸实现。

《资治通鉴》 *Comprehensive Mirror to Aid in Government* 中国古代第一部编年体通史巨著。北宋司马光撰。全书294卷，另有《目录》30卷，《考异》30卷。《资治通鉴》记载了周威烈王二十三年（前403）到后周世宗显德六年（959）共1362年的历史。

《通鉴》的编写分作三步：第一步把收集的史料，标明事目，按照时间顺序加以排列，力求完备，叫作丛目。第二步把丛目中的史料进行考辨，择其记述详尽者，重新编写，叫作长编。这两步工作都由协修人员担任。协修者有刘恕、刘攽、范祖禹三人。第三步由司马光就长编所载，考其同异，删其繁冗，修改润色，写成定稿。其中是非予夺，一出于光。

《通鉴》征引史料极为丰富，除十七史外，所引杂史、文集、实录、谱牒、家传、行状、小说等各种史料达数百种。书中叙事，往往一事用数种材料写成。歧异之处，均加考订，并注明斟酌取舍的原因，以为《考异》。《通鉴》具有相当高的史料价值，尤以《隋纪》、《唐纪》、《五代纪》史料价值最高。

《通鉴》是一部编年体的通史，按时间先后叙次史事，往往用追叙和终言的手法，说明史事的前因后果，以期使人得到系统而明晰的印象。它的内容以政治、军事的史实为主，借以展示历代君臣治乱、成败、安危之迹，作为历史的借鉴。但书中在叙述历代统治阶级活动的同时，也叙述了各族人民的生活与斗争。《通鉴》文字优美，叙事生动，历来与《史记》并列为中国古代之史家绝笔。

《通鉴》还选录了前人的史论97篇，又以“臣光曰”的形式，撰写了史论118篇，比较集中地反映了作者的政治、历史观点。《通鉴》对历史上有关图谶、占卜、佛道等宗教迷信，采取了批判的态度，是史学思想的重要进步。

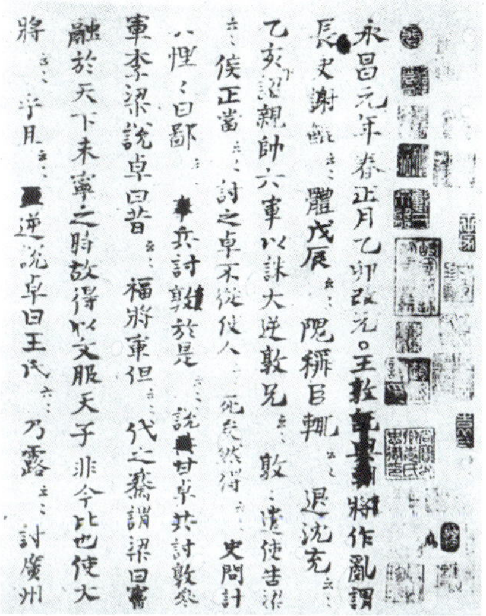

司马光《资治通鉴》手稿

《通鉴》成书后，元丰八年（1085），范祖禹、司马康、黄庭坚、张舜民等奉命重行校订，元祐七年（1092）刊印行世。今元祐本已不可见。南宋高宗绍兴二年（1132）有余姚重刻本，亦多残缺。目前最好的版本是中华书局出版的标点本。注释《通鉴》的有南宋史炤《资治通鉴释文》和王应麟《通鉴地理通释》，而以胡三省《资治通鉴音注》最为详备。明末严衍著《资治通鉴补》，对《通鉴》和胡注都有所订正。

淄博市 Zibo City 中国山东省辖地级市。位于省境中部。辖张店、淄川、博山、临淄、周村5区和桓台、高青、沂源3县。面积5 939平方千米。人口453万（2010），有汉、

蒲松龄故居

回、蒙古、满、苗、朝鲜、彝、藏、维吾尔等民族。与“北京猿人”同期的“沂源猿人”曾在这里繁衍生息。公元前11世纪，周武王封姜太公于营丘，建齐国，后历代没有形成统一的行政建置。“淄博”作为地域名称是随着淄川、博山煤田的开发形成的，1927年，淄川与博山合并而得名“淄博”。1945年成立淄博特区，1954年置省辖淄博市。属暖温带大陆性季风气候，年平均气温12.3～13.1℃，平均年降水量为640.5毫米。矿产有煤、铁、铝矾土、耐火黏土、石灰岩、陶瓷土、重晶石、石油、天然气、铝、铜、钴、金、银等。陶瓷土、铝矾土、煤、铁等储量大，品位高；北部有丰富的石油和天然气资源。农业主产小麦、玉米、高粱、大豆、水果等，是国家黄淮海平原农业试验示范区。淄博是中国重要的工业基地，主要有石油化工、陶瓷、医药、机械、电子、建材、纺织、丝绸等。陶瓷生产已有6 000年的历史，是中国五大陶瓷生产基地之一。原油加工量居全国第二位，是中国重要的石油化工基地。淄博是齐文化的发祥地。名胜古迹有东周殉马坑、孔子闻韶处、齐国古城墙、田齐六陵、三士冢、晏婴墓、管仲墓、桓公墓、蒲松龄故居以及沂源溶洞等。临淄是国家历史文化名城。

滋生人丁永不加赋 newly-born family members should be exempt from poll tax forever 中国清代康熙年间对赋役制度的改革措施。规定以康熙五十年全国的丁数为准，此后达到成丁年龄的，不再承担丁役。五十一年（1712）二月二十九日，康熙帝宣布将丁银税额固定、不再增收的主张，准备命令各省督抚将现行钱粮册内有名丁数永远作为定额，不再增减。对以后新生人丁（即盛世滋生人丁）不征钱粮；而丁银并不按丁计算，丁多人户也只交纳一丁钱粮。五十五年户部在研究编审新增人丁补足旧缺额时，除照地派丁外，仍实行按人派丁，即一户之内，如果减少一丁，又新添一丁，以新添抵补减少；倘若减少的有二三丁，新添的不够抵补，则以亲族中丁多人户抵补；如果还不够，以同甲同图中粮多人户顶补，抵补之后的余丁才归入滋生人丁册内造报。所以滋生人丁永不加赋办法施行后，又出现了新增人丁不征税，旧额人丁不减税的矛盾；而且，新增人丁很多，用谁来补充旧丁缺额，也很难做到苦乐平均。此后不久，雍正年间就在全国各地普遍实行了**摊丁入地**的改革。滋生人丁永不加赋实际上为雍正朝实行摊丁入地奠定了基础，也是中国封建社会中徭役向赋税转化的重要标志。

子产 Zichan（约前580～前522） 中国春秋时期政治家、思想家。姓公孙，名侨，字子产。郑简公十二年（前554）为卿，郑简公二十三年为执政的正卿，在此期间，实施了包括作封洫，制丘赋，立乡校，铸刑鼎等一系列改革措施。他反对当时的灾变迷信活动，认为：“天道远，人道迩，非所及也。”因此，**天道与人道**是不相及的，要关注现实的政务。他十分强调礼的作用，说：“夫礼，天之经也，地之义也，民之行也。”并提出天有阴阳风雨晦晴六气，地有金木水火土五行，为战国阴阳五行思想的重要起源之一。

子长县 Zichang County 中国陕西省延安市辖县。位于省境北部。面积2 405平方千米。人口22万（2010）。境内秦时曾设阳周县，北魏设魏平县，后废。蒙古宪宗二年（1252）以安定堡置安定县。1942年陕甘宁边区政府为纪念革命先烈谢子长，改安定县为子长县。农作物有小麦、玉米、谷子、豆类、马铃薯等，是陕西省重要的秋杂粮生产基地。有丰富的石油、煤炭资源。工业以电力、石油、煤炭为主。名胜古迹及纪念地有毛泽东旧居、瓦窑堡会议旧址、羊马河战役旧址、谢子长烈士纪念馆、宋代钟山石窟等。

子弟书 流行于中国清代的曲艺曲种。因首创于以满族为主体的八旗子弟之间，故名。曾流布于华北、东北等地区。源于清代军中流行的巫歌和俗曲。清代初年，大批旗籍子弟远戍边关，常利用当时流行的俗曲和满族萨满教的巫歌“单鼓词”的曲调，配以八角鼓击节，编词演唱，借以抒发怀乡思归的心情，称“八旗子弟乐”。传入北京后，一些旗籍子弟以此种曲调为基础，参照民间鼓词的形式，创造出一种唱词以七言为主、没有说白、通过叙述故事来抒情的表演形式，演唱时仍以八角鼓击节，称为子弟书。嘉庆年间传入民间，出现了职业艺人。

子弟书的曲调，早期以北京东、西两城地域为区别，分东城调、西城调两种，又称东韵、西韵。清代末年，又出现了南城调、北城调两个支派。嘉庆三年（1798），东韵传入东北。同时，西韵也传入天津，形成“卫（天津卫）子弟书”，后又称“西城板”。至1900年左右，子弟书已见衰歇。但曲本多被北方的各种大鼓书和牌子曲移植演唱。子弟书的曲本在清代主要靠北京百本张书铺以抄本流传。据傅惜华《子弟书总目》著录，公、私收藏的有446种。有影响的作者，早期为**罗松窗**，传世的代表作品有《红拂私奔》、《杜丽娘寻梦》等数种。晚期以**韩小窗**最为著名，有影响的作品有《长坂坡》、《周西坡》等35种。

子宫 uterus 孕育胎儿的肌性器官。

形态与位置 人类女性的子宫是壁厚而腔窄的肌性器官。其形态、结构及位置随年龄、月经周期和妊娠情况而变化。子宫位于小骨盆腔的中央、膀胱和直肠之间，上通输卵管、下接阴道。膀胱和直肠的充盈程度可影响子宫的位置。子宫呈前后略扁、倒置的梨形，长约8厘米，最大宽径约4厘米，壁厚约2厘米。子宫可分为3部：上端在两侧输卵管子宫口以上的圆凸部分称子宫底，子宫底两侧称为子宫角，与输卵管相通；下端细圆的部分称为子宫颈；底与颈之间的部分称为子宫体。子宫颈与子宫体连接的部位，稍狭细，称为子宫峡，在非妊娠期，此部不明显，长约1厘米；在妊娠期，子宫峡逐渐扩张伸长（可达7～11厘米），形成子宫下段，产科常在此段进行剖腹产手术。子宫的内腔较狭窄，可分为上、下两部：上部由底、体围成，称为子宫腔；下部在子宫颈内，称为子宫颈管。子宫腔在额状位呈前后略扁的三角形腔隙，底向上，其两侧有输卵管子宫口；尖向下通子宫颈管。子宫颈管呈梭形，其上口通子宫腔，下口称为子宫口，通阴道。

组织结构 子宫体壁很薄，由内膜层、肌层及浆膜层子宫外膜所组成子。子宫颈亦由内膜层、肌层及浆膜层组成。子宫腔内覆盖有黏膜，称子宫内膜，从青春期到更年期，子宫内膜受卵巢激素的影响，有周期性的变化并产生月经。性交时，子宫为精子到达输卵管的通道。受孕后，子宫为胚胎发育、成长的场所。分娩时，子宫收缩，使胎儿及其附属物娩出。

子宫的生理周期 子宫是女性重要的生殖器官，是产生月经和孕育胎儿的重要场所，这些生理功能主要取决于子宫内膜正常的周期性变化，即每28天出现一次子宫内膜的剥落、出血，称为月经。完成一个周期约28天，也可少几天或多几天。而这种变化受卵巢分泌的雌激素和孕激素控制。

子宫肥大症 uterus, hypertrophy of 表现为子宫平滑肌肥大，结缔组织增生，子宫呈均匀性增大，往往伴有子宫出血的一种常见良性妇科病。易误诊为子宫肌瘤。

病因 ①产后或流产后反复感染，引起子宫复旧不全，或因慢性炎症引起子宫肌层纤维化。②经产妇多次妊娠后子宫壁弹力纤维及结缔组织增加。③卵巢功能失调，雌激素过多，引起子宫肌层肥厚。④慢性盆腔充血，较多见于子宫后位的情况下。

诊断 此病多发生在经产妇，主要表现为月经过多，经期延长，周期缩短，有时可合并贫血，经期时下腹或腰骶部坠胀等。检查子宫多呈均匀性增大，而作诊断性刮宫时，子宫内膜多为正常。根据病史及妇科检查B超可作诊断。

治疗 可用一般止血药或对抗雌激素的药物。药物治疗不见效者可考虑子宫切除。

子宫肌瘤 uterus, myoma of 子宫壁平滑肌与纤维组织混合构成的肿瘤。又称子宫平滑肌瘤。是女性生殖器官中最多见的良性肿瘤。一般认为，长期大量持续的雌激素刺激，是子宫肌瘤的主要病因。

分型 肌瘤可生长在子宫体或子宫颈。前者常见，后者少见。所有肌瘤均原发于子宫肌层，以后体积增大，并向各方向发展，肿瘤与子宫肌层的关系可发生变动，又形成不同的类型。肌壁间肌瘤，生长于子宫肌层中，四周均为子宫平滑肌组织所包围。最多见，占60%～70%。浆膜下肌瘤向子宫浆膜面生长，突出于子宫体表面，仅覆盖子宫浆膜，称为浆膜下子宫肌瘤，约占20%。瘤体继续向浆膜面生长，脱离子宫肌壁而仅以一蒂与之相连者，称有蒂浆膜下肌瘤。蒂长者易发生蒂扭转可引起急腹症。若瘤蒂断裂肌瘤脱落后附着于大网膜等组织上并从中获得血液供应，则成为寄生性肌瘤。黏膜下肌瘤位于子宫内膜层下。若向宫腔方向发展，可成为有蒂黏膜下肌瘤。蒂部较长者可脱出宫颈口外。此类肌瘤较少见，约占10%。生长于子宫颈肌层者称子宫颈肌瘤。

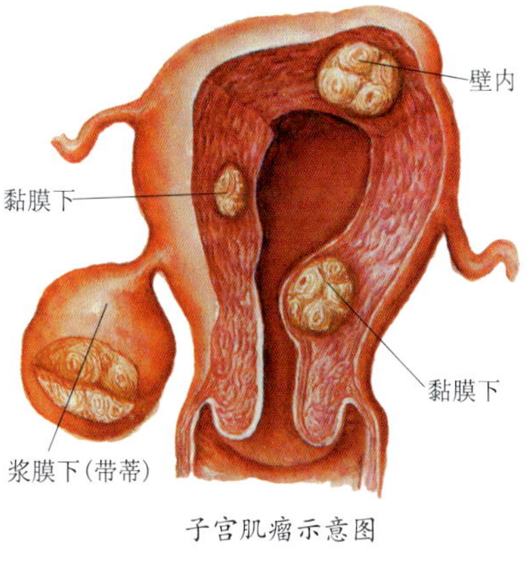

子宫肌瘤示意图

临床表现 临床症状与肌瘤生长部位有关，黏膜下肌瘤和壁间肌瘤可引起月经量多、经期延长及不规则出血，严重时可造成贫血。子宫增大、清晨膀胱充盈时自己可摸到下腹部肿块。肌瘤可压迫膀胱和直肠，引起尿频、便秘及腰骶部疼痛。也有因肌瘤引起不孕者。肌瘤合并妊娠时，易发生红色变性，偶尔也会阻塞产道，影响分娩。

诊断 主要根据症状与体征。可借子宫探针测量宫腔深度以协助诊断。黏膜下子宫肌瘤在诊断性刮宫时可感到子宫腔内有硬物而凸起不平。妇科B超、子宫输卵管碘油造影、宫腔镜检查均可明确诊断。

治疗 应根据患者年龄、生育要求、症状、肌瘤大小及全身状况等情况综合考虑后决定。治疗以手术为主，年轻希望生育者可行肌瘤摘除术；肌瘤较小而且无症状者，可定期复查；若肌瘤增大迅速，或有出血、月经过多、怀疑变性者，可行全子宫切除术。

子宫颈癌 cervix, carcinoma of 发生于子宫颈的恶性肿瘤。又称宫颈癌。一种常见的恶性肿瘤，患者以35～55岁为最多。病因为多种因素，如早婚、早孕、多产、慢性炎症、性生活紊乱、配偶的包皮垢等；人类乳头状瘤病毒16、18及31型，疱疹Ⅱ型病毒以及尖锐湿疣等与该病发生也关系密切。宫颈糜烂者子宫颈癌的发生率较高。

临床表现 临床表现与病理进展关系密切。往往早期即可出现少量阴道出血或少量血性白带或于性交、妇科检查等时有接触性出血，也可能出血淋漓不断，甚至大出血不止。出血的多少主要决定于病变侵袭的深度。若伴有感染，白带可由少变多，甚至呈脓血性，有恶臭。癌晚期侵犯子宫旁组织，可涉及神经或压迫输尿管，甚至可侵犯膀胱直肠，除出现相应压迫症状外，往往因压迫神经而疼痛难忍，泌尿道受压可致排尿困难，乃至出现尿毒症等。

诊断 早期多无症状，必须靠妇科普查并作阴道细胞学刮片来发现。细胞学检查可疑时，阴道镜检查或碘试验有助于找到应作活体组织检查的部位。诊断可疑者或老年患者还应作颈管内诊断性刮宫，最后靠病理检查方能明确诊断。

处理原则 根据临床分期不同决定治疗方案。轻及中度非典型增生，可按炎症处理，选用激光、冷冻、电烙等方法，并定期追踪。重度非典型增生及原位癌可作全子宫切除，也有报道用激光或宫颈锥切治疗原位癌者。

子宫颈炎 cervicitis 子宫颈受各种致病因素侵袭而发生的炎症。又称宫颈炎。病原体包括阴道棒状杆菌、淋球菌、白色念珠菌、衣原体、支原体、单纯疱疹病毒Ⅱ型等。是育龄期妇女的常见病。有急性和慢性两种，以慢性者多见。

病因 多在分娩、流产或手术损伤后，病原体侵入而引起感染。颈管内膜为柱状上皮，有许多皱襞，腺体分枝复杂，感染不易清除，炎症易转成慢性。

临床表现 主要症状都是白带增多，急性子宫颈炎的量更多，可呈乳白色黏液状，或淡黄色、脓性或血性，伴有息肉时易有阴道不规则出血或性交后出血。还可有腰骶部疼痛，盆腔下坠痛及痛经等。

病理 宫颈炎时而见几种变化：子宫颈糜烂、子宫颈息肉、子宫颈肥大、子宫颈腺体囊肿、子宫颈裂伤及外翻、子宫颈管炎等。

诊断 糜烂或息肉须与早期子宫颈癌鉴别。常用方法为宫颈刮片及宫颈管刮片或吸片的细胞学检查；阴道镜检查；必要时取活体组织作病理切片方能明确诊断。

治疗 以局部治疗为主，使糜烂面柱状上皮坏死脱落，为新生的鳞状上皮所覆盖。物理疗法疗效好，疗程短，常用方法有电熨、微波、激光治疗和冷冻疗法。药物治疗适用于面积较小、病变表浅者，常用的腐蚀剂有硝酸银或铬酸等。对宫颈肥大、糜烂面较广，且涉及颈管者可考虑子宫颈锥形切除。

子宫内膜癌 endometrial carcinoma 子宫内膜腺体生长的恶性肿瘤。又称子宫体腺癌。是常见妇科恶性肿瘤之一。此病的发生大都与高雌激素水平有关。好发于更年期与绝经期，多见于未婚，未产，少产，肥胖，伴高血压病、糖尿病的妇女。在欧美某些国家本病的发生率已居妇科恶性肿瘤的第一位，在中国仍居第二位。

类型 ①弥漫型。癌灶累及大片甚至整个子宫内膜，呈息肉或菜花状，质脆，灰白色或淡黄色，易出血、坏死或溃疡形成，较晚才侵犯肌层。②局限型。癌灶呈局限性腺瘤样生长，常位于子宫底部或子宫角部，病灶虽小但较早却已侵犯深部肌层。

显微镜下常见5种类型：①腺癌。占内膜癌的80%以上，内膜腺体癌变，间质正常。②腺角化癌。又称腺棘皮癌，占11%～20%，恶性度低，预后较好。③腺鳞癌。占7%。腺癌和鳞癌同时存在，恶性度较高，较早发生转移。④子宫内膜乳头状浆液性癌。约占Ⅰ期子宫内膜腺癌中的10%。预后不良，复发快，应加辅助治疗。⑤透明细胞癌。占2%，恶性度高，预后差。

临床分期 2009年国际妇产科协会(FIGO)最新修订的分期为：①Ⅰ期。肿瘤局限于子宫体。②Ⅱ期。肿瘤侵犯宫颈间质，但无宫体外蔓延。③Ⅲ期。肿瘤局部和(或)区域扩散。④Ⅳ期。肿瘤侵及膀胱和(或)

直肠黏膜，和（或）远处转移。

症状　主要的临床症状是不规则阴道出血。绝经后出血为本病特征。绝经前表现为月经量多，经期延长，劳累用力后有少量阴道出血。其次为阴道排液量增多，水样或血水样。病程晚期可有贫血、消瘦、下腹及腰骶部疼痛等。

诊断　根据病史、临床检查、辅助检查及病理检查等，可明确诊断。分段诊断性刮宫是主要的刮取子宫内膜作检查的方法。标本分瓶送病理检查。

治疗　以手术为主，辅以放疗、化疗、孕酮类药物、抗雌激素制剂等。

子宫内膜息肉　endometrial polyp　子宫内膜长出并向宫腔内突起呈卵圆形的软性组织块。由子宫内膜腺体及间质组织增生而成。发生机理不明。可发生于任何年龄的妇女，但多见于29～59岁，50岁以后妇女的发生率最高。多为良性，恶性变极少见。息肉表面光滑、粉红色，单个或多个，大小不等，大的常带蒂并可凸出于宫颈口外甚至达阴道口外。一般无症状，或表现为月经淋漓、经量过多、绝经后出血等。子宫大小一般仍正常，息肉较大者也可使子宫稍增大。诊断性刮宫、宫腔镜观察及子宫碘油造影等可协助诊断。但须与功能性子宫出血、黏膜下肌瘤、子宫内膜癌等鉴别。治疗为扩张宫颈后摘除息肉或行刮宫术。

子宫内膜异位症　endometriosis　子宫内膜组织生长在宫腔内膜以外的异常位置而引起的病变。多发生在30～40岁的妇女，常伴有不孕症；是妇科比较常见的疾病。异位的子宫内膜一般在盆腔内，也可异位到盆腔以外的器官。继发性、进行性加重的痛经为其主要特点。异位的子宫内膜亦可出现于子宫肌层内，称为子宫腺肌症，过去曾称为内在性子宫内膜异位症，但其发病机制、临床特点与一般子宫内膜异位症不同，是另一独立的疾病。

病因　病因复杂，比较公认的是经血倒流及内膜种植学说；还有血行及淋巴播散学说、胚胎发育过程中细胞分化学说等。

临床表现　痛经为主要症状，呈继发性，进行性加重。月经初潮头几年无痛经，以后开始出现症状，重者疼痛从经前持续到经后，为下腹或腰骶部痛，常伴有呕吐、虚脱、肛门坠胀、便意、大便困难、腹泻、便血、性交痛或低热等。月经不规则或月经量增多也是其常见症状。约3/4的患者不孕。

诊断　有典型病史和体征者诊断不难，妇科检查常见子宫后倾后屈粘连，在子宫直肠陷凹、宫颈峡部后壁或子宫骶骨韧带等部位可触及大小不等的硬结，并有明显的触痛。有时阴道或宫颈可见蓝色结节。

治疗　对有生育要求的年轻妇女尽量用药物或保守手术治疗。对年龄大且无生育要求者可行全子宫及附件切除。①药物治疗。未婚或新婚妇女症状轻者用一般止痛药、前列腺素酶抑制剂如氟灭酸、布洛芬或避孕药，妊娠后症状可能减轻。②手术治疗。有保守手术和彻底手术两种。前者切除病灶保留生育功能，但易复发。后者适合40岁以上妇女，行全子宫及双附件切除。

子宫脱垂　uterus, prolapse of　子宫从正常位置沿阴道下降至子宫颈外口（达坐骨棘水平以下），甚至子宫全部脱出于阴道口外的一种疾病。主要因支持子宫正常位置的盆底韧带、筋膜、肌肉等发生损伤，或过度松弛引起。产伤是其直接原因，其他原因有老年性生殖器官萎缩，生育过多、过密，体质虚弱，先天发育异常，产后过早参加重体力劳动，慢性咳嗽，便秘等。轻者无明显症状，重者常感有物自外阴口脱出，卧床后可消失，严重者须用手还纳复位。常伴有阴道前后壁膨出，膀胱、直肠膨出，宫颈溃烂感染等。患者常伴发张力性尿失禁、排便排尿困难等症状。开展计划生育及新法接生，产后充分休息，加强体育锻炼，积极防治慢性咳嗽、便秘等均有预防作用。轻症者可用子宫托等支持疗法，重症者根据患者年龄及病情施行不同方式的手术治疗。

子宫移位　uterus, displacement of　子宫过度前倾或后倾的现象。子宫正常位置为前倾前屈，即子宫体轴向前向上，朝向耻骨联合（前倾），在子宫颈内口处向前弯曲朝向阴道，与宫颈形成120°～150°的角度（前屈），简称子宫前倾。子宫位置与上述相反者为后倾后屈，又称子宫后倾（图1）。约80%妇女子宫呈前倾位，20%为后倾位，其中出现症状者不足5%。子宫移位常见者有以下两类：

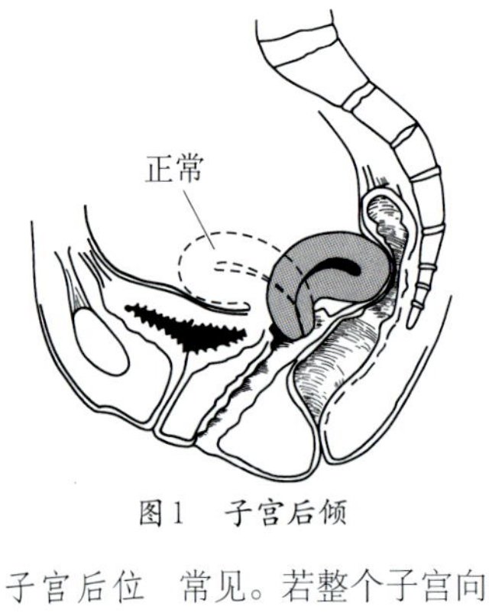

图1　子宫后倾

子宫后位　常见。若整个子宫向骶凹移动，而宫体与宫颈的关系不变，则称为子宫后移；子宫体亦可明显后屈。子宫后位可因后倾程度的不同分为三度：子宫底倾向骶骨岬者为Ⅰ度，倾向骶骨凹者为Ⅱ度，倒在子宫直肠陷凹者为Ⅲ度（图2）。

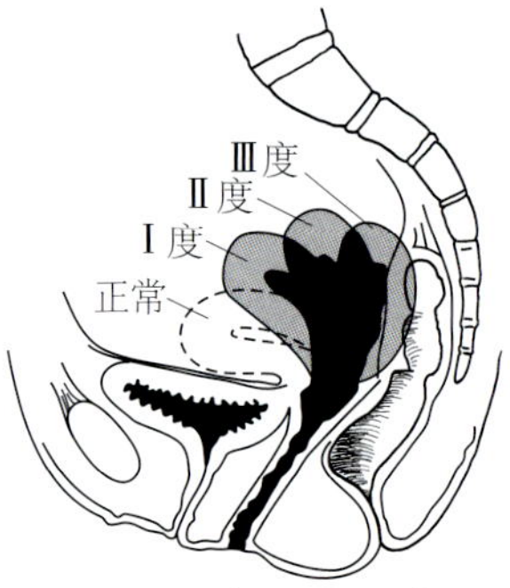

图2　子宫后位的程度

子宫轻度后位而又活动者，多无症状。后位明显者，常伴卵巢下垂，可有腰背酸楚、肛门坠胀感或性交疼痛。后倾后屈子宫可因宫壁肥厚导致月经异常、痛经、白带过多，或由于宫颈外口向上，有碍精子进入宫腔，造成不孕。诊断主要依靠双合诊或三合诊，摸清子宫位置、大小、活动度及有无脱垂的卵巢。无症状而活动的后位子宫无需治疗。有症状者，手法复位后放入子宫托。严重可考虑手术治疗。

子宫过度前位　多为先天性病变。宫体较小而宫颈细长，宫体与宫颈所形成角度小于90°，宫颈外口朝向阴道前壁。一般不影响健康，但可引起痛经或不孕。治疗可用宫颈扩张术扩大颈管和（或）性激素人工周期疗法。

子口税　transit dues　19世纪中叶至20世纪30年代进口洋货运销中国内地及自内地运送土货至通商口岸出口时所纳的抵代通过税的一种税款。这种抵代税相当于进出口税的一半，故又称子口半税。早在鸦片战争期间，英国已有干预中国内地税的动向。

1858年中英《天津条约》第28款规定，英商贩运洋货入内地销售和自内地运土货出口，所经内地各卡，倘愿一次缴纳，以免各卡重征，土货可在首经子口上税，洋货可在海口完纳，所征若干，综算货价为率，每百两征银二两五钱。这就是后来所说的子口税。同年中英《通商章程》第七款又规定：①出口土货的子口税改在出口海关缴纳。②子口税率定为进出口税率之半，称子口半税。1861年10月清政府和各国公使会商以后，颁布了一个《通商各口统共章程》，于是各国商人都得享受英商的同样特权。子口税制有利于西方侵略者推销洋货和搜刮土产，例如1869年（同治八年）福州关领有子口单运经内地的洋标布计2820匹，1871年增至9.7万余匹，又如1866年华商自内地贩运生丝到上海，每包负担内地税30两以上，在三联单掩护下的外商，却只负担5两，两者相差六七倍。因此，子口税制度不但破坏中国主权，而且加深了中国经济的半殖民地化。直到1931年1月1日，南京国民政府明令废除厘金及由厘金变名之各种税捐以及常关税等，子口税制度遂失其存在的根据，被同时废除。

子囊菌 ascomycetes 真菌界中最大的一个类群，泛指子囊菌门的任何成员。与真菌其他3个门的主要区别在于：有性生殖形成子囊孢子而不是其他孢子。子囊菌营腐生、寄生或共生生活。子囊菌与藻类的共生体称地衣。

结构 子囊的壁有3种基本类型：原囊壁、单囊壁和双囊壁。子囊可以是裸露的或形成于子囊果内。子囊果包括闭囊壳、子囊壳、子囊盘、子囊座、假囊壳等。有时具真正壁的子囊壳也可在子座内形成。子囊在子囊果内可以是散生的、成束的或成层的。子囊果内的全部内容，包括子囊和各种间丝如侧丝、类侧丝、假侧丝、缘丝、类缘丝等，称为果心，不同的子囊菌果心的构成不同。

生殖 子囊菌的生活史含无性和有性两阶段。无性繁殖可通过细胞的裂殖、断裂，或形成厚垣孢子或分生孢子来增殖。有性阶段以形成子囊和子囊孢子为特征。

应用 工业上酵母菌对食品发酵工业，如面包和酿酒的重要性人所共知。医药方面，子囊菌可提供多种代谢途径和产物因而被广泛应用，如抗菌素的合成等。还有一些子囊菌，如块菌、羊肚菌，因自身的特殊鲜味直接成为人类的美食。

子午道 Ziwu Road 中国古道路。从汉唐首都长安（今西安）南越秦岭，通向安康、汉中的重要驿道之一。因古代以北方为子，南方为午而得名。北口在今西安市南约30千米的子午镇附近，南口在石泉东南20千米池河（古称直水或迟水）下游池河镇，由此东南循汉江支流月河去安康，西南溯汉江北岸经石泉，由洋县东10千米的龙亭镇入平原达汉中。史载此道长安汉中间谷道660里，全线841里。西汉平帝、新莽和东汉安帝时都曾大规模整修。隋唐时线路已经西移，改经宁陕至西乡子午镇合旧线。唐中期更由子午镇向西南延伸，经西乡进入四川，被称为荔枝路。子午道在汉唐时曾为驿道，但在人员往来、物资转输方面不如军事方面的作用显著，尤以在南北政权夹秦岭而对峙时为然。秦朝灭亡之后，汉王刘邦去南郑（今汉中）“从杜（秦县名，治所在今西安南郊杜城村）南入蚀中（山谷名）”，就是“道由子午”。在北朝魏与南朝宋齐梁、金蒙古与南宋在子午道南段汉中安康间的重要关隘如黄金戍、铁城戍、饶风关、马岭关、直州城、方山关等，也都进行过激烈争战。

现在，子午道的隋唐线和安康汉中段，大致已改修为阳安铁路和108国道、210国道、316国道，而石泉池河镇以北的秦汉线路也基本修筑了县级公路。

“子午仪”号导航卫星 Transit navigation satellite 美国低轨道导航卫星系列，又称海军导航卫星系统。为核潜艇和各类海面舰船等提供高精度断续的二维定位，用于海上石油勘探和海洋调查定位、陆地用户定位和

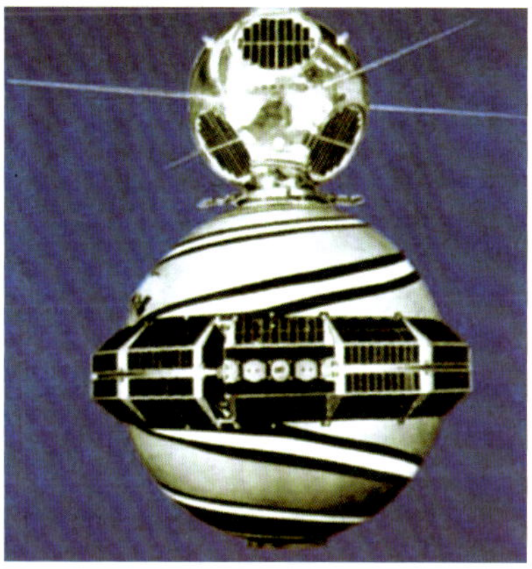

大地测量等。1960年发射第一颗试验卫星“子午仪”1B号，1963年12月发射第一颗实用导航卫星“子午仪”5B－2号，1964年6月发射第一颗定型导航卫星“子午仪”5C－1号，并交付海军使用。1967年7月“子午仪”号导航卫星组网实用并允许民用。1972年开始执行“子午仪”改进计划，共发射3颗卫星，主要试验扰动补偿系统，故称无阻力卫星。1981年5月发射经过改进的实用型“子午仪”号卫星（后改名为“新星”号）。在美国全球定位系统建成之后，“子午仪”号卫星不再发射。

“子午仪”号卫星取高度约1 000千米的近圆极轨道，采用双频多普勒测速导航体制。由轨道面均匀分开的四五颗卫星组成围绕地球的空间导航网，可使全球任何地方的导航用户能在平均每隔1.5小时左右利用卫星定位一次，导航定位精度20～50米。实用型“子午仪”号卫星采用重力梯度稳定，使天线对地定向，定向精度达3°～5°。“新星”号等改进型卫星在俯仰方向上还安装了偏置动量轮进行偏航控制，三轴姿态控制的精度优于3°。

《子夜》 *Midnight* 中国现代长篇小说。作者茅盾。其中的第二章、第四章曾分别以《火山上》与《骚动》为题，在1932年《文学月报》创刊号和第2号刊载。1933年1月上海开明书店初版，书末附跋。1954年经作者修订，人民文学出版社重版，附《后记》。小说写的是1930年5～6月上海经济金融领域里惊心动魄的斗争。主人公吴荪甫是个雄心勃勃的民族资本家，他凭着雄厚的资本、过人的魄力与才干，自己在上海开办丝厂，还要把家乡双桥镇“造成模范镇”，

茅盾小说《子夜》手稿

并寻机吞并了8个小工厂。为扩充实力，破例插手公债投机。然而生不逢时：国际经济形势的大萧条，国内局势的动荡如中原大战、农民暴动、工人罢工，特别是以外国人为后台的金融买办资本家赵伯韬的暗算和挤压、姊夫杜竹斋在关键时刻的倒戈，终于击垮了他，使他几欲自杀。小说塑造了一系列性格鲜明而具有一定典型性的人物形象，开中国现代“社会剖析”小说先河。在作品结构上也有其独到之处，显示了茅盾对长篇小说的美学贡献。小说出版后引起很大社会反响，曾多次再版，并被译成多种外文在国外出版。

子夜歌 Ziye ballad 中国汉代乐府吴声歌曲名。《宋书·乐志》中有：“子夜歌者，有女子名子夜，造此声”句，故以为曲调名。子夜歌包括《子夜四时歌》、《大子夜歌》、《子夜警歌》、《子夜变歌》等，均系子夜歌变化而来。现存晋宋齐三代歌辞124曲。形式为五言四句，多写爱情生活。情调婉转，多使用双关、谐音等修辞手法。

秭归县 Zigui County 中国湖北省宜昌市辖县。位于省境西部山区，长江西陵峡两岸。面积2 427平方千米。人口37万（2010），有汉、土家、回、苗等民族。商为归国所在地。战国后期称归乡。汉置秭归县。北周建德六年（577）改称长宁县。后几经更迭变化，1912年复称秭归县。矿产资源有煤、金、铁、硅石、重晶石、白云石等。农业以发展粮食、油料、蔬菜、柑橘、茶叶、蚕桑、板栗、猕猴桃、中药材等为主。以

秭归县城

脐橙、桃叶橙最为著名，有“中国脐橙之乡”美称。工业发展以能源、建材、化工和食品等为支柱。名胜古迹有西陵峡、香溪风景线、屈原祠、屈原故里牌坊、棺木岩等。

《梓人遗制》 *Time-Honoured Institutions of Carpenters* 中国古代的木制机具专著。它写成于元代中统四年(1263)。著者薛景石，是具有较高技术和文化水平的木工。《梓人遗制》以介绍木器形状、结构特点、制造方法为主。唐朝以后多称木工为“梓人”，故以梓人遗制为书名。由元初文学家段成己作序。机具按使用性能分类叙述，每类先介绍历史，一物一条，共110条。每物又分别按其部件叙述，参考古代器物图和当时制度，绘有总图和分图并注明尺寸，易解易学，比较实用。但当时只有孤本传抄，未能广传。明初收入《永乐大典》。今《永乐大典》残本第18244卷“十八漾”尚保存其中两部分：其一，车制部分；其二，纺织部分。现存这两部分资料仍不失为历史上难得的木制机具专著，对研究宋元纺织技术和制车技术具有重要的参考价值。

紫菜 *Porphyra*; laver 红藻门红毛菜科紫菜属藻类的统称。重要经济海藻。广泛分布于世界各地，但以温带最多，约有70种。中国的紫菜有条斑紫菜、坛紫菜、圆紫菜、长紫菜、皱紫菜、甘紫菜和边紫菜等，已经养殖的主要是前两种。

紫菜叶体由固着器、柄和叶片三部分组成。藻体多呈紫红、棕红等色，以紫色居多。有较大的叶状体（配子体）和微小的丝状体（孢子体）两种形态。叶状体阶段可通过产生单孢子进行无性繁殖，有性生殖则是通过精子与果胞（卵）的结合而进行的。紫菜多生长在营养盐丰富、潮流畅通的潮间带，有的种类喜欢生长在浪大流急的岩石上。

紫菜味鲜美，富含营养物质，还含有多种人体所需的氨基酸。一般制成干品，也可制成小包装方便食品和罐头或其他食品。具有治疗甲状腺肿大和降低胆固醇等的功效。

紫癜 purpura 皮内与皮下出血所致皮肤和黏膜颜色改变的统称。临床表现为大小不一，直径在2毫米以下者称出血点，直径在5毫米以上者称瘀斑，大小在此二者之间的称为紫癜。临床上常将此三者笼统称为紫癜。一般不高出皮面，仅于过敏性紫癜时可稍隆起，开始为紫红色，压不退色，以后逐渐变浅，至两周左右变黄而消退。

病因 可归纳为血管病变和凝血机制障碍两类。血管壁受损或因其脆性、通透性增高所致者有过敏性紫癜、瘙痒性紫癜、淤积性紫癜、老年性紫癜等。凝血机制障碍包括血小板质或量异常、凝血活酶及凝血酶生成障碍、凝血酶原减少、纤维蛋白原疾病及抗凝药物应用过多等。紫癜损害的表现有助于病因的分析。血管性紫癜，尤其是炎症性者，皮肤黏膜的瘀点多由毛细血管病变所致。凝血性疾病通常出现大的瘀斑和外出血，但无瘀点，毛细血管脆性正常。

分类 因标准不同而有几种分类法。以血小板数量分类，有血小板减少性紫癜和非血小板减少性紫癜（血管性紫癜）两种；以病因分类，有特发性紫癜及继发性紫癜（症状性紫癜）；以有无炎症分类，有炎症性紫癜及非炎症性紫癜。也有按皮损分类者。

临床常见类型 ①单纯性紫癜。②老年性紫癜。③过敏性紫癜。

治疗 首先应发现并去除或治疗其致病因素。对症可给抗组胺类药物和钙剂及维生素C口服或静脉注射。严重病例无禁忌时可服用皮质类固醇激素。

紫绀 cyanosis 皮肤黏膜呈紫蓝色的现象。当皮肤或黏膜的微血管内血液中还原血红蛋白超过50克/升时，就会出现紫绀。多见于皮肤较薄、毛细血管较丰富处，如口唇、鼻尖、两颊、指甲等处。紫绀可分为两类：中心性紫绀，多均匀分布于全身皮肤黏膜，皮肤温暖，常见于先天性心脏病有静脉血分流至动脉血的患者；肺部通气功能或换气功能严重障碍的患者等。周围性紫绀，多在指、趾端等周缘部分，皮肤冰冷，可见于休克、心力衰竭等末梢循环不良的患者。健康人在寒冷的环境中，可因皮肤血管收缩，血流缓慢而出现紫绀。异常血红蛋白血症患者亦可有紫绀。单纯口唇发紫，不一定是紫绀，应除外吸烟等的影响。皮肤异常色素沉着所致的假性紫绀，不发生于黏膜，加压不退色。

紫花苜蓿 *Medicago sativa*; alfalfa lucerne 豆科苜蓿属的一种。多年生草本植物。又称紫苜蓿、苜蓿。一种重要的牧草和绿肥兼用作物。原产于小亚细亚、伊朗、外高加索一带。世界各地广为种植。中国主要分布在北方各地。

特性 主根发达，侧根多。茎高30～100厘米，直立或外倾，圆形或棱形。根状茎发达。叶为小三叶，倒卵形，有齿。总状花序腋生。荚果螺旋形，种子肾形。适应性广，但较喜温暖、多晴少雨的干燥气候。耐寒性强，种子在4～6℃即可发芽。生长最适温度为20～25℃，高温会抑制生长。需水较多，但因根系发达，有较强的抗旱能力。

栽培 播种前要进行整地保墒。幼苗生长缓慢，要加强管理，防止杂草为害。刈草后要及时追施肥料，特别是磷、钾肥。使用农药后需间隔一定时间再喂牲畜，以防中毒。

利用 紫花苜蓿富营养，适口性好，易于消化，有“牧草之王”之称。初花到盛花期鲜草含水分76%左右，粗蛋白4.5%～5.9%，粗脂肪约0.8%，粗纤维6.8%～7.8%，无氮浸出物9.3%～9.6%，灰分2.2%～2.3%，并含有多种氨基酸。苜蓿地可以直接放牧，但青茎、叶中含皂素，要防止牲畜采食过多发生膨胀病。苜蓿也可制成青储饲料或干草。

紫花苜蓿根量多，入土深，固氮能力强，2～4年生的植株每公顷每年可固氮150～450千克。根系腐烂后可增加土壤有机质，改善物理性状，提高土壤肥力。枝叶繁茂，覆盖地面能保蓄水分、减少蒸发，减轻地表冲刷，是重要的水土保持作物。

紫胶 lac 紫胶蚧吸取寄主树树液后分泌出的紫色天然树脂。又称虫胶、赤胶、紫草茸等。主要含有紫胶树脂、紫胶蜡和紫胶色素。紫胶树脂黏着力强，光泽好，对紫外线稳定，电绝缘性能良好，兼有热塑性和热固性，对人无毒性等特性。可用作清漆、抛光剂、胶黏剂、绝缘材料和模铸材料等，广泛用于国防、电器、涂料、橡胶、塑料、医药、制革、造纸、印刷、食品等工业部门。印度、泰国、中国是世界紫胶的主产国，其他生产国家有越南、缅甸等。中国的主产区在云南。

从树上采集下的胶块除去树皮等杂质后称紫胶原胶。原胶经粉碎、筛选后，在水中搅拌和漂洗，后期再加入少量助洗剂。洗净后离心脱水用干燥机烘干成为半成品粒胶。粒胶可加工成各种产品，如胶片、紫胶色素、紫胶蜡。

紫胶原胶含树脂(70%～80%)、蜡质(5%～6%)及色素(1%～3%)等。紫胶加工包括将原胶破碎、筛选、漂洗、干燥成粒胶以及将粒胶再进一步加工成片胶、漂白胶等各种产品。片胶的加工方法有热滤法和溶剂法两种。漂白胶是粒胶经碱溶解、过滤、漂白后再在稀酸中把胶析出、洗净、烘干的产品，有很广泛的用途。另外，原胶中的紫胶蜡可通过溶剂萃取、碱水煮提等方法提取，是一种黄色硬质天然蜡。紫胶色素可用原胶洗涤水提取或将胶虫虫尸通过碾碎、沉淀、过滤等步骤取得，是一种鲜红色无毒粉末，可用作良好的食用红色素。

紫金山天文台 Purple Mountain Observatory 中国天文研究机构，1929年始建，1934年建成，位于南京东郊紫金山上(东经118°49′，北纬32°04′，海拔267米)。紫金山天文台为

紫金山天文台鸟瞰

一综合性天文研究机构，它是中国现代天文学的摇篮。21世纪初辖青海毫米波天文观测站、江苏赣榆太阳观测站、江苏盱眙观测基地、青岛观象台、南京天文历史博物馆。主要天文设备有13.7米毫米波射电望远镜、100/120厘米施密特望远镜、26厘米太阳精细结构双筒望远镜、40厘米双筒天体照相仪。主要从事太阳物理、恒星物理、行星物理、高能天体物理、人造卫星轨道理论、太阳系动力学演化、历书编算等领域的研究，还从事小行星、彗星、人造卫星、太阳黑子、太阳耀斑光谱、太阳Hα单色像和太阳射电等常规观测。

紫荆关 Zijing Pass 中国古长城关口。汉时称五阮关，北宋时称金陂关。为华北平原进入太行山的隘口之一。得名于关城所在的河北省易县遍布紫荆树的紫荆岭，其名始于南宋嘉定二年（1209）。今紫荆关关城初建于明正统初年，后嘉靖、万历直至崇祯，不断修筑与完善。紫荆关位于游牧民族与农耕民族的交界带上，同时又处于平原向山地高原的过渡带上，具备大多数军事要塞的一般特征。为全国重点文物保护单位。

紫羚羊 *Taurotragus eurycerus*; bongo 偶蹄目牛科大角斑羚属的唯一种。又称宽角羚。分布于非洲中部肯尼亚至乌干达的广大地区。体型较大，体长1.7～2.5米，肩高1.1～1.25米，尾长45～60厘米；耳特宽大；背部及身体两侧为明亮的棕红色，腹部黑色。毛短而光滑，在头部前额及两侧具有白斑，胸部有一块白色新月形横斑，体侧通常排列有11～12条纵行白色条纹；脊背从头至臀部具有深色的短鬃毛，尾端生有暗栗色至黑色长毛；四肢细长，外侧色暗，内侧白色，膝部及蹄的上前方均为白色；雌雄均具角，角长平均83.5厘米，最长可达1米，沙黄色，并呈螺旋形扭曲。

栖息于海拔2 000～3 000米山麓的潮湿、茂密而近水的森林中，晨昏和白天活动。不结群。听觉灵敏，行动敏捷。主要以草类为食，也吃多种植物的嫩枝、幼芽、蔓条、叶子，并能以角掘食根茎，特别喜吃生长在树干基部的嫩枝。可把前肢搭在树干上，使身体直立以取食高达2.5米的枝叶。喜吃草木灰，从中取得盐分。12月至翌年1月产仔，每产1仔。为很好的观赏动物。

紫罗兰 *Matthiola incana*; common stock/gilliflower 十字花科紫罗兰属的一种，二年生或多年生草本植物。又称草桂花。原产地中海沿岸。同属植物约60种。主产南欧和西亚。高30～60厘米，全株具灰色星状柔毛。叶互生，长圆形至倒披针形，全缘。总状花序，两侧萼片基垂囊状，花瓣4枚，花紫、红、白、黄等色，微香。长角果，种子具翅。花期春季，可因栽培季节不同而有春、夏、秋、冬紫罗兰之分，为观赏植物。喜冬季温暖、夏季凉爽和通风良好的环境。需疏松肥沃、富含腐殖质、土层深厚而排水良好的砂质壤土，忌炎热多湿。播种繁殖。其变种香紫罗兰，一年生草本，花期早，浓香。常见栽培的还有夜香紫罗兰。紫罗兰花期长，具芳香，是布置花坛、花镜或作盆栽、切花的优良材料。

紫罗兰酮 ionone 分子式$C_{13}H_{20}O$，单环单萜。存在于*Boronia megastigma*精油中，为α-和β-紫罗兰酮的混合物，浅黄色黏稠

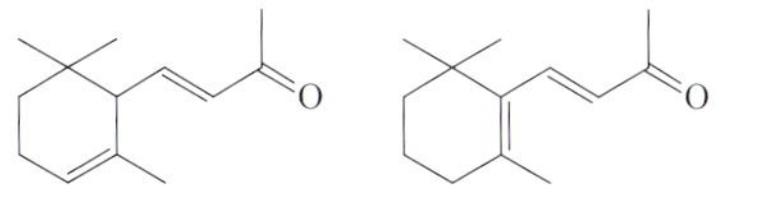

α-紫罗兰酮　　β-紫罗兰酮

液体。α体具有甜花香；沸点146～147℃(28毫米汞柱)，相对密度0.929 8（21℃）。β体类似松木香，稀时类似紫罗兰香；沸点140℃（18毫米汞柱），相对密度0.946 2。α和β体可利用其衍生物的溶解性质不同分离。β-紫罗兰酮的缩氨基脲溶解度极小，可用于分离提纯β体。α-紫罗兰酮肟冷却到低温时析出结晶，而β-紫罗兰酮肟则为油状物，借此得以分离。α和β体也可利用其亚硫酸氢钠加成物的性质不同分开。紫罗兰酮可用柠檬醛与丙酮在碱性条件下缩合，得到假性紫罗兰酮，如用路易斯酸或80%磷酸处理，则主要得到动力学产物α-紫罗兰酮；如用强酸，例如浓硫酸和在较剧烈条件下处理，则得热力学产物β-紫罗兰酮。α-紫罗兰酮用于香料，β-紫罗兰酮用于合成维生素A。

紫茉莉 *Mirabilis jalapa*; marvel of peru 紫茉莉科紫茉莉属的一种。又称胭脂花。原产美洲热带。一年生草本，无毛；茎节膨大；根粗壮，圆锥状，黑色或黑褐色。单叶，对

生，卵形或三角状卵形，纸质，全缘；叶柄长1～4厘米；无托叶。花单生或数朵簇生枝端，两性，辐射对称，傍晚开放；每朵花基部有绿色萼状苞片，5裂；花萼呈花冠状，白、黄、红、粉红各色，萼筒下部膨大成球形，包裹子房，上部扩展呈喇叭状；无花瓣；雄蕊5；雌蕊心皮1，子房上位，1室。瘦果球形，黑色；花果期7～9月。

中国各地普遍栽培，为夏日观赏草花；根和种子除含大量淀粉外，还含有机酸及生物碱，可入药，有祛湿利尿、活血解毒功效。

紫萁 *Osmunda japonica*; Japanese flowering fern 蕨类植物门紫萁科紫萁属的一种。又称高脚贯众、老虎牙、水骨菜。多年生草本，植株高50～80厘米。分布于中国暖温带和亚热带，向北至秦岭南坡。越南、印度和日本也有分布。根状茎斜升，粗壮。叶二型，营养叶（不育叶）三角状阔卵形，长30～50厘米，宽25～40厘米，顶部以下二回羽状，小羽片长圆形或长圆披针形；孢子叶（能育叶）强度收缩，小羽片条形，长1.5～2厘米，沿主脉两侧密生孢子囊群。生于林下或溪边的酸性土壤上，或生于林缘、荒坡草灌丛中。嫩叶可食；根状茎有止血、驱虫、清热解毒功效；孢子可用于冶金工业的脱模剂。

紫杉醇 taxol; Paclitaxel 二萜，分子式

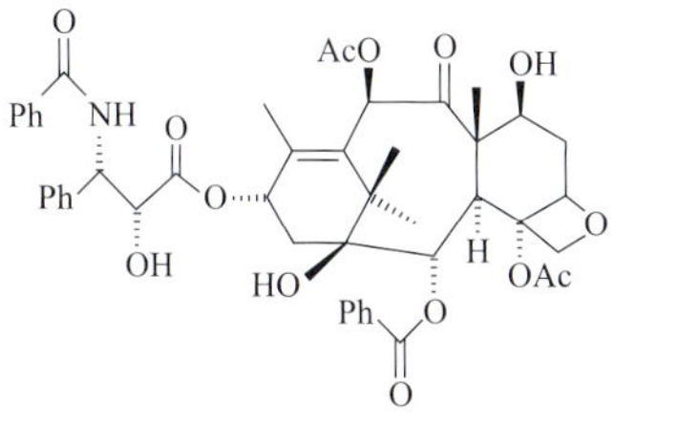

$C_{47}H_{51}NO_{14}$。存在于红豆杉（又称紫杉）的

树皮中。20世纪60年代从红豆杉的树皮中分离，1971年分得纯品，含量仅为0.01%～0.033%。20世纪90年代全合成成功。无色针状结晶，$[\alpha]_D^{20}-49$（甲醇），熔点158～160℃或213～216℃，溶于甲醇，难溶于水。紫杉醇具有极高的抗多种肿瘤的活性，如恶性黑瘤、非微小细胞的肺癌和转移的或早期的乳腺癌。对卵巢癌的治疗则最为有效。制备紫杉醇较为现实的途径是从可以栽培的欧洲红豆杉的针叶中提取已具有紫杉醇母核的白卡亭Ⅲ（baccatin Ⅲ），再由此合成紫杉醇。进一步扩展紫杉醇的来源仍是一个十分重要的研究课题。

紫式部 Murasaki Shikibu (978? ～1016?) 日本平安时代作家、和歌诗人。姓藤原，本名不详，别名藤式部、日本纪局。后来被称为紫式部可能是由于代表作《源氏物语》的女主人公名叫紫姬的缘故；也有因她住在紫野云林院附近，因而采用紫姓的说法。出身于贵族世家，从曾祖到父兄不乏著名歌人，且多精通儒学。她不仅熟读《日本书纪》，而且深谙中国古代典籍，尤其偏爱白居易的诗文。此外，还擅长音律，饱读佛典。19岁时，曾随父前往越前国（今福井县）任所，22岁回京。不久即与藤原宣孝结婚，翌年生下一女。两年后，藤原宣孝病故。紫式部开始创作《源氏物语》，以寄托自己的忧思、感慨。小说尚未完成，已传入上流社会，于是28岁的紫式部以才女身份被召至宫廷，为中宫彰子讲解《日本书纪》和《白氏文集》。这段生涯丰富了她的阅历，增加了《源氏物语》创作的素材，促进了小说的完成。7～8年后，紫式部离宫回家，此后便音迹杳然。留下的作品除长篇写实小说《源氏物语》外，还有《紫式部日记》和散在其他集子中的若干首诗歌。

紫苏 *Perilla frutescens*; common perilla 唇形科紫苏属的一种。紫苏、白苏均因栽培而起源，未见有野生。叶全绿的为白苏，叶两面紫色或面青背紫的为紫苏。一年生草本。茎被长柔毛。叶片宽卵形或圆形，先端短尖或突尖，边缘有粗锯齿，两面紫色或上面青色下面紫色，有毛；轮伞花序2花，组成顶生和腋生、偏向一侧、密被长柔毛的假总状花序；花萼钟状，下部被长柔毛，有黄色腺点，果时增大，基部一边肿胀，檐部二唇形；花冠常粉红至紫红，上唇微缺，下唇3裂，中裂片较大。小坚果近球形，灰褐色，具网纹。紫苏供药用和香料用，叶为发汗、镇咳、芳香性健胃利尿剂，有镇痛、镇静、解毒作用，可治感冒，种子能镇咳、祛痰、平喘、去闷。叶又供食用，和肉类煮熟可增加香味。种子油（白苏尤多）可供食用，又有防腐作用。

紫穗槐 *Amorpha fruticosa*; shrubby false indigo 豆科紫穗槐属的一种。多年生落叶灌木。又称绵槐、穗花槐。嫩枝和叶为优良绿肥。原产北美洲。20世纪20年代引入中国。开始主要用于铁路、公路护坡及庭园绿化，并作为防风林低层树种。50年代始用作绿肥，为盐碱地改良的先锋植物。根系发达，浅层根系密生根瘤。茎丛生，高达4米左右，枝上疏被茸毛。奇数羽状复叶，小叶11～25片，短圆形或椭圆形，先端突起。穗状花序簇生，花蓝紫色。荚果弯月形，有腺点。性耐寒、涝、旱、瘠，抗病虫害，能正常生长于含全盐0.4%～0.5%的土壤。可用种子育苗或枝条扦插繁殖。种子含10%左右的芳香油。鲜茎叶约含氮0.7%左右，磷酸0.2%，氧化钾0.63%。每年可割茎叶2～3次，压青或沤肥，枝条可供编筐编篓等。

紫藤 *Wisteria sinensis*; Chinese wistaria/bean tree 豆科紫藤属的一种。落叶藤本植物。又称藤萝、朱藤。蔓左旋缠绕。原产中国中部和南部。俄罗斯、朝鲜、韩国、日本也有分布。奇数羽状复叶，互生，小叶长圆形至卵状披针形。总状花序下垂，花蝶形，紫色，有芳香。荚果扁平呈刀形，表面密生银灰色短绒毛，含种子1～3粒。较耐寒，性喜光，略耐阴。喜深厚肥沃的砂壤土，有一定耐干旱、瘠薄和水湿的能力。用种子繁殖，也可行分蘖、压条、扦插或嫁接。同属的多花紫藤和日本藤萝在中国也有栽种。

多用以攀附花架、绿廊、枯树或山石等。但不能种在活树旁，以免缠绕活树。也可盆栽重剪做成桩景。紫藤花可制成食品。花、果及茎皮还可入药。茎皮可制人造棉。

紫外–可见分光光度法 ultraviolet-visible spectrophotometry 根据被测量物质分子对紫外–可见波段范围（180～780纳米）单色辐射的吸收或反射强度来进行物质的定量、定性或结构分析的方法。描述物质分子对辐射的吸收程度随波长变化的关系曲线称为吸收光谱或吸收曲线。最大吸收峰处的最大吸收波长表示物质对辐射的特征吸收或选择性吸收，它与分子中外层价电子的结构有关。由此，紫外–可见吸收光谱可以进行定性或结构分析。利用物质对特定波长光吸收所遵循的朗伯–比尔定律，即被测组分对紫外线或可见光可吸收，且吸收程度与组分浓度成正比，可以进行定量分析。

紫外–可见分光光度计由光源（氢灯或氘灯，在185～360纳米的波长范围内使用，可见区的光源为钨灯或卤钨灯）、单色器（棱镜或光栅）、样品池（石英池和玻璃池）、检测器（光电倍增管、二极管阵列检测器等）和数据处理及记录系统组成。有单光束、双光束、双波长等几种类型。数据处理及记录系统一般采用计算机控制，可以方便地进行谱图处理及定量计算。

紫外–可见分光光度法可用于金属、合金、钢铁、化工产品、生物材料、食品、临床和环境样品以及药物中微量无机物和有机物的测定，以及反应动力学、溶液平衡的研究。紫外–可见吸收光谱是化合物结构鉴定的辅助手段之一，并可以用于共轭效应、空间位阻效应、氢键的强度、互变异构、几何异构等化学反应机理研究。具有流通池的紫外检测器还是高效液相色谱法、毛细管电泳等的强有力的检测手段。

紫外天文学 ultraviolet astronomy 通过电磁波的紫外线波段研究天体的学科，研究范围实际上只限于91.2～300纳米。因为通常元素的中性和电离态的共振线在紫外区要比可见光区丰富得多，而共振线对研究天体的物理状态和化学组成是最为敏感的。紫外观测有3个明显优点：①早型星的辐射正位于300纳米的紫外区。②紫外是原子、离子和分子的共振跃迁波段，这是研究天体的物理和化学性质的极好的工具，特别是类太阳活动的独特观测工具。③当移向紫外区时，天空背景辐射明显下降，约暗40倍，这非常有利于观测暗天体和展伸源如遥远星系。

地球大气对紫外线有吸收作用，对于波长为200～300纳米的紫外线，可用高度达50千米的气球进行观测，如要观测整个紫外波段就必须利用探测火箭和卫星。1992年6月7日发射了EUVE（极紫外探测者）卫星。上载3个掠射扫描望远镜和一个谱望远镜（5～74纳米）。发现的天体中55%为晚型星，30%为白矮星，其他为激变变星、早型星和河外天体。正在工作的哈勃空间望远镜的紫外观测仪器，是这一领域中的最大者并获得成果最多。

紫外线 ultraviolet ray 波长介于可见光短波极限与X射线长波端之间的电磁辐射，波长范围约为300～10纳米。紫外线可分近紫外、远紫外和真空紫外3个区，近紫外区与可见光的紫端相接，真空紫外区与X射线相接。空气对波长短于200纳米的紫外线有较强吸收，必须在真空中才能有效地传播，故名真空紫外线。大气层外的臭氧层对紫外线有强烈吸收，可保护地球上的生物免遭太阳辐射中紫外线的伤害。普通玻璃对紫外线有较强吸收，因而在紫外区使用的光学元件必须采用能透过紫外线的材料，如石英等。紫外线能使多种物质激发荧光（见固体发光），常见的荧光灯就是利用荧光粉将放电管产生的紫外线转换成可见光以供照明。紫外线能杀菌，医学上可用来治疗皮肤病。强紫外线对皮肤和眼睛可造成伤害。

人工紫外光源一般是利用气体的弧光放电，如汞弧灯和氙弧灯等；同步辐射源可辐射连续谱紫外线。检测紫外线一般用光电管、半导体光电元件及感光乳胶等。

紫葳科 Bignoniaceae; bignonia family 双子叶植物纲菊亚纲的一科。约120属650种，广布于热带、亚热带地区，少数种产于温带，但欧洲及新西兰不产。中国有12属约35种，多分布于热带雨林地区。乔木、灌木、藤本，稀草本。叶对生，稀互生，单叶或1～3回羽状复叶；花两性，二唇形，总状花序或圆锥花序，子房上位。蒴果常2裂，细长圆柱形或阔椭圆形扁平；种子极多，有膜质翅或丝毛，无胚乳。紫葳科具有很多热带植物的特征，如气生根、老茎生花现象等。主要属有照夜白属、烟筒花属、木蝴蝶属、梓树属、翅叶木属、羽叶楸属、菜豆树属、凌霄花属、角蒿属、猫尾树属、火烧花属等。大多数种类花大而美丽、色彩鲜艳，可栽培供庭园观赏或作行道树；少数种类产优良木材或入药。

紫薇 *Lagerstroemia indica*; common crape myrtle 千屈菜科紫薇属的一种。落叶小乔木。又称百日红、满堂红、痒痒树。原产亚洲南部至大洋洲北部，主要分布中国中部、南部以及印度、马来西亚等地。株高可达9米，树皮片状剥落，树干光滑。小枝四棱状。单叶对生或近对生，椭圆形，全缘。圆锥花序顶生，花径3～4厘米（见图）。有3个变种：①红薇，花桃红色。②银薇，花白色或微带堇色，叶淡绿色。③翠薇，花紫堇色，叶暗绿色。

喜温暖气候和光照，又稍耐阴，耐旱，怕涝。适宜肥沃湿润而排水良好的石灰质

土壤。播种苗当年或次年夏季即可开花，花期长达100多天。能抗烟尘和多种有毒气体。萌蘖性强，生长慢，寿命长。可用分蘖、**扦插**或**播种**繁殖。春季萌芽前重修剪，可促其枝繁花茂。宜对植于庭院、堂前，丛植于草坪、石旁，或盆栽作桩景，也可布置成专类园。也用于工厂绿化。

紫云英 *Astragalus sinicus*; Chinese milk vetch/Chinese clover 豆科黄芪属的一种。一年生或越年生草本植物。又称红花草、翘摇。原产中国，南方各地山野间均有野生种分布。日本和俄罗斯等国也有栽培。

主根肥大，侧根发达。茎直立或匍匐，分枝多、有毛。总状花序近伞形，荚果细长而微弯。喜温暖湿润条件。不宜在盐碱地上种植。花期长，是优良的**蜜源植物**，放蜂有利于提高种子产量。施用硼、镁肥能提高结荚率。养分含量和饲料价值均较高。中国南方用作稻田冬季绿肥栽种，一般在9月上、中旬到10月上旬套播于晚稻田中。翌年盛花初荚期，在水稻插秧前15～20天翻压入田。一般在初花期刈割上部2/3植株用作牲畜饲草或堆、沤肥料，留下下部1/3就地翻压作绿肥。

自卑感 inferiority feeling 软弱、不能自助的复杂情感。有自卑感的人轻视自己，自认不如别人。A.阿德勒把自卑感称为自卑情结，并认为这个词有两种用法：一是指以自己或自己的环境不如别人的自卑观念为核心的潜意识欲望、情感所组成的一种复杂心理；二是指一个人由于不能或不愿进行奋斗而形成的文饰作用。阿德勒认为，一个人在心理功能方面的缺陷可以在其他方面得到补偿。一个人最重要的动机是在集体中得到承认和有适当的地位。自卑情结是由婴幼儿时期的无能状态和对别人的依赖引起的，所以对人有普遍意义。

人常常试图真正地或想象地胜过他人以补偿自己的自卑感。自卑感既是驱使人成为优越的力量，又是反复失败的结果。自卑感可通过调整认识、增强信心和给予支持来消除。

自残 self-mutilation 动物伤害自身的行为。动物的一种不正常行为表现，如撕咬尾巴或者腿，以头碰撞墙壁等。一般多见于圈养大型猫科动物、熊科和灵长类动物。自残行为与其他一些行为，如绕圈、呕吐、食粪、摇头晃脑等统称为呆板行为。圈养动物呆板行为产生的主要原因是脱离野生栖息环境，圈舍的设计不合理，寻偶不能够表达，单调乏味的生活，与游客和其他动物的距离过近，噪声干扰等。其中，脱离野生生存环境是这些动物表现呆板行为的主要原因。

自动扶梯 escalator 倾斜呈梯路状开放式连续输送人员的**输送机**。广泛用于商场、车站、码头、机场和地下铁道等人流集中上下的地方。由一台用于形成梯路的特殊结构的板式输送机和两台用于形成扶手的

特殊结构的带式输送机组合而成。提升高度一般在10米以内，运行速度一般为0.5米/秒，倾角一般为30°，宽度单人的为600～800毫米，双人的为1 000～1 200毫米，输送能力单人4 000～5 000人/时，双人8 000～12 000人/时。1900年巴黎国际博览会展出的一台“阶梯状的动梯”，是现代自动扶梯的雏形。1959年中国制造了第一台用于北京火车站的自动扶梯。

自动化 automation 实现装置的自动控制、过程的自动运行、企业的自动管理的过程和手段。实现操作、运行和管理自动化所需要的技术称为自动化技术。自动化一词首先由美国福特公司机械工程师D.S.哈德在1946年引入，以描述生产过程的自动操作。随着控制技术和计算机技术的发展，自动化技术已是一门融自动控制、信号处理、计算机软硬件和网络技术为一体的综合性技术。自动化能减轻人的体力劳动和脑力劳动，降低原材料和能源消耗，提高产品质量和管理效益。自动化还能完成人类依靠自身的体力和脑力无法直接完成的任务，如航天器在火星准确着陆等。自动化的应用遍及经济、工农业生产、交通管理、航空航天、国防、科学研究、日常生活等几乎一切领域。自动化的采用和普及程度成为一个国家或地区现代化的标志之一。

发展概况 公元前14～前11世纪，在中国、古埃及和古巴比伦已经出现了原始自动计时装置——漏壶。中国的三国时期出现和使用的**指南车**是按照闭环原理构成的最早自动装置。17～18世纪，在欧洲一些国家相继制造出多种自动装置，法国物理学家B.**帕斯卡**在1642年发明能自动进位的加法器，荷兰机械师C.**惠更斯**于1657年发明利用锥形摆作调速器的钟表。1788年，英国机械师J.**瓦特**发明离心式调速器（又称飞球调速器），并把它与蒸汽机的阀门连接起来，构成能自动调节蒸汽机转速的闭

环自动控制系统。这是自动控制装置第一次大规模的应用，对推动英国第一次产业革命起了重要的作用。1868年英国物理学家J.C.麦克斯韦发表《论调速器》的论文，为广泛出现在瓦特调速器中的振荡不稳定现象提供了科学解释和解决途径。1892年俄国数学家和力学家A.M.李雅普诺夫发表《论运动稳定性的一般问题》的论文，对运动稳定性给出了严格的定义，并提出了研究系统稳定性的间接法（又称李雅普诺夫第一方法）和直接法（又称李雅普诺夫第二方法）。李雅普诺夫稳定性理论至今仍是研究系统稳定性的重要方法。

20世纪后，自动调节装置在工业生产中开始广泛应用。1927年，美国工程师H.S.布莱克发明电子管反馈放大器以解决信号放大中的失真问题。1932年美国工程师N.奈奎斯特提出判断反馈系统稳定性的判据。1938年苏联工程师A.V.米哈伊诺夫提出基于系统频率响应判断系统稳定性的判据。1948年美国工程师W.R.埃文斯提出分析和综合自动控制系统的根轨迹法。以这些方法和原理为核心的自动控制理论因而形成，60年代后称为经典控制理论。1948年N.维纳的《控制论》出版，标志着控制论学科的诞生。1954年中国科学家钱学森著作《工程控制论》在美国出版，创立了工程控制论学科。

20世纪50年代，苏联数学家L.S.庞特里亚金提出极大值原理，美国数学家R.贝尔曼创立动态规则，美国数学家R.E.卡尔曼提出可对噪声污染信号实现实时滤波的卡尔曼滤波器和状态空间法及能控性概念，标志着以这些理论和方法为核心的现代控制理论的创立。60年代中期至80年代，一些新的控制方法和结构相继产生和提出，如自适应控制、随机控制、系统辨识、模糊控制、微分对策、分布参数系统、智能机器人和智能控制、自学习控制、专家系统和专家控制、自校正调节、离散事件动态系统、混合动态系统等。

20世纪70年代以后，自动化的应用开始面向大规模复杂系统，如大型电力系统、交通运输系统、钢铁联合企业、离散制造企业、连续过程工业企业、国民经济系统等，推动了大系统理论和复杂系统理论的研究与发展。80年代起，生产过程自动化的集成化成为重要的发展方向，通过计算机网络和企业信息集成，实现控制、计划、调度、管理和决策的集成，即计算机集成制造系统。

研究内容　自动化是一门涉及学科较多、应用广泛的综合性科学技术。它由5个单元组成：①程序单元。决定做什么和如何做。②作用单元。施加能量和定位。③传感单元。检测过程的性能和状态。④制定单元。对传感单元送来的信息进行比较，制定和发出指令信号。⑤控制单元。进行制定并调节作用单元的机构。自动化的研究内容主要有自动控制和信息处理两个方面，包括理论、方法、硬件和软件等，从应用观点来看，研究内容有过程自动化、机械制造自动化、管理自动化、实验室自动化和家庭自动化等。

发展趋势　20世纪90年代以来，自动化技术的发展呈现以下趋势。①装置的小型化。②信号传输的数字化和网络化。③控制的智能化。④功能的集成化和系统的分散化。

自动化仪表　instruments　由若干自动化元件构成的自动化技术工具。自动化仪表本身是一个系统，又是整个自动化系统中的一个子系统。其主要功能是信息形式的转换，将输入信号转换成输出信号。信号可以按时间域或频率域表达，信号的传输则可调制成连续的模拟量或断续的数字量形式。一般同时具有数种功能，如测量、显示、记录或测量、控制、报警等，广泛应用于工业生产中。常用的有自动检测仪表、显示记录仪表、巡回检测装置、模拟调节仪表、单元组合仪表、综合控制装置、防爆仪表等。

自动化元件　components　在自动化系统中完成某种功能的最小单元。它是自动化技术工具中最基本的部分。自动化仪表和自动化设备是由具有各种功能的元件组成的。在元件与仪表之间并没有严格的界限，习惯上把结构紧凑、功能单一的自动化技术工具称为自动化元件。自动化元件可分为获取信息的元件（见传感器），转换信息的元件（见转换器），处理信息的元件，执行信息的元件（见执行元件）等。

自动检测仪表　measuring instrument　利用各种变换原理把被测量自动转换成与其大小有确定关系的、便于读取输出量的自动化仪表。根据自动检测仪表的输出量可以判定被测量的大小。自动检测仪表依据物理、化学的原理，利用电子学、计算机、自动控制技术实现对信号的检出、变换、放大、运算、处理、传输、显示等功能。按照使用要求和条件的不同，输出量可以是指示机构的角（线）位移，数字或图像显示等。有的还具有超限声、光报警和相应的自动控制功能。根据信号的检出、变换、放大、显示所用能源不同分为电动、气动等形式。带有微处理机的自动检测仪表除能完成一般的检测功能外，还具备记忆、复杂运算、自校正、自诊断、自动改变测量范围、数字通信等功能，提高了可靠性、精度和快速性。若只对某个参数进行自动检测的仪表叫做参数变送器。根据自动检测仪表在自动控制系统中发出的信号监视和控制生产设备的运行。

自动控制系统　automatic control systems　无人直接参与下可使生产过程或其他过程按期望规律或预定程序进行的控制系统。广泛应用于人类社会的各个领域。自动控制系统中引入的表征期望规律的变量称为输入变量，可以测量到的描述系统行为的变量称为输出变量，两者构成因果关系。如飞机的驾驶过程中，气流扰动会使飞机的实际航向发生偏离，采用自动驾驶仪后，控制飞机航向的过程不需要驾驶员直接参与而自动进行。

发展状况　1788年英国机械师J.瓦特制造蒸汽离心调速器之后，开始大量采用各种自动调节装置来实现生产和军事中的简单控制。20世纪40～50年代末在工业生产和军事技术需要的推动下，各种类型的自动调节系统和伺服系统相继出现，但只限于单输出和单输入，控制方式比较简单。60～70年代，在航天技术的需要和计算机技术的推动下，控制系统发展成多变量、多回路系统。数字控制系统、最优控制系统、随机控制系统、适应控制系统、非线性控制系统、分布参数系统等控制系统得到很大发展。70年代以来，自动控制系统向多级递阶控制系统、分散控制系统、复杂大系统的控制发展，原理方面向适应性、学习功能和智能化方向发展。此后，由于微电子技术和计算机技术的发展，出现了计算机辅助设计、计算机辅助制造、数字程序控制系统、工业机器人，并发展成柔性制造系统以及自动化程度更高的计算机集成制造系统。

分类　分为开环控制系统和闭环控制系统。在开环控制系统中，系统输出只受输入的控制，控制精度和抑制扰动的特性比较差。按时序进行逻辑控制的开环控制系统称为顺序控制系统。闭环控制系统是建立在反馈原理之上的，利用输出量同期望值的偏差对系统进行控制，可获得比较好的控制性能，如温度控制系统、流量控制系统、压力控制系统、速度控制系统等。

组成　闭环控制系统的基本组成包括被控对象、测量装置和控制器。被控对象是一个装置、一部机器或一个过程。测量装置的功能是检测被控制量并与期望值进行比较。控制器由放大器、校正装置和执行机构组成。放大器用以提高信号的功率，校正装置用以获得所要求的控制特性，执行机构产生为控制系统输出量所要求的动作。开环控制系统的基本组成仅有被控对象和控制器。

自动人行道　moving sidewalk　水平或微倾斜布置、踏面为平面的连续运送人员的输送机。常用于机场、车站、码头、超市

等场所集散点之间输送人员。结构与**自动扶梯**相似，是自动扶梯的一种特殊形式。通常分踏步式（类似板式输送机）、胶带式（类似带式输送机）和双线式（由一条无级链条循环运动牵引的两条相反运行的人行道）。长度可达500米，速度为0.5～0.9米/秒，最大倾角小于12°。20世纪50年代末，美国研制出可应用的结构。60年代末，美、法、德、日等国家开始使用。70年代，中国制造出100米长用于首都机场的首条自动人行道（见图）。

自动生产线 automatic production line 由工件传送系统和控制系统将一组自动机床（或其他工艺设备）和辅助设备，按照工艺顺序连结起来，自动完成产品全部或部分制造过程的生产系统。简称自动线。单台工艺设备的加工循环已自动化，但部分工艺设备的工件装卸搬运等操作仍需人工参加的生产线，称为半自动生产线。大批量生产采用自动线能提高劳动生产率，稳定和提高产品质量，改善劳动条件，缩减生产占地面积，降低生产成本，缩短生产周期，保证生产均衡性和有显著的经济效益。

自动线中设备的连接方式有刚性连接和柔性连接两种。在刚性连接自动线中，工序之间不设储料装置，工件加工和传送过程具有严格的节奏性，对自动线中各种设备的工作可靠性要求高。在柔性连接自动线中，各工序（或工段）之间设有储料装置，各工序节拍不必严格一致。综合自动线、装配自动线和较长的组合机床自动线常采用柔性连接。

切削加工自动线在机械制造业中发展最快、应用最广。其主要类型有：①组合机床自动线。用于加工箱体、壳体、杂类（如连杆、拨叉）等零件。②旋转体加工自动线。用于加工轴类、盘环类等零件。③转子自动线。用于加工工序简单的小型零件。自动线的其他辅助设备根据工艺需要和自动化程度设置，有清洗机、工件自动检验装置、自动换刀装置、自动排屑系统和集中冷却系统等。

自动售货 automation shopping 通过自动售货机进行的售货。自动售货机一般设置在车站、**码头**、**机场**、运动场等人流密集的地方或人流必经的通道以及烟店、糖果店和百货店内。使用自动机售货不受时间限制，可全天候服务，节省人力，方便、卫生。

自动调节系统 automatic regulatory systems 在运行过程中使输出量与期望值保持一致的**反馈控制系统**。早期，反馈控制系统常称为自动调节系统，用于分析和设计这种系统的经典控制理论常称为自动调节原理。自动调节系统广泛用于工业生产和国防技术中，例如温度、频率和压力调节系统等。

自发裂变 spontaneous fission 处于基态或同质异能态的原子核在没有外加粒子或能量的情况下发生的**核裂变**。又称SF衰变。如 $^{238}_{92}U \longrightarrow ^{133}_{50}Sn + ^{103}_{42}Mo + 2n$。

丰田公司新型车间
（900个机械手将各部件焊接成一个整体汽车车体，可做成的类型超过300种）

自贡市 Zigong City 中国四川省辖地级市。位于省境东南部，沱江支流釜溪河畔。辖大安、贡井、自流井、沿滩4区和荣县、富顺县。面积4 373平方千米。人口268万（2010），以汉族为主。在秦代，自贡一带已有卤水溢出，食之有咸味。但凿井取盐始自东汉。1930年将富顺县的自流井和荣县的贡井合并，“自贡”一名由此而来。自贡及其附近尚有天然气资源，很早就有以天然气煮盐的历史。由于资源丰富，自贡的制盐和化工两者产量曾约占全市工业总产值的1/3。20世纪80年代末所产生活等用盐，年产量90多万吨，约占四川省的65%和全国井盐产量的一半，为中国最大的井盐生产基地，素有“千年盐都”之誉。工业以制盐、化工、机械、电子、冶金、建材、煤炭、纺织等为主。名胜古迹有西秦会馆（俗称陕西庙）、荣县大佛。以发现的恐龙化石和恐龙皮肤化石著称于世，建有中国第一个恐龙博物馆，2008年2月，恐龙地质公园入选世界地质公园。此外，建有建筑面积5 892平方米的彩灯博物馆。还有夏洞寺、天池寺、天堂寺、石佛寺、龙居寺、顺天寺和卢德铭故居等名胜古迹。自贡是国家历史文化名城。

西秦会馆

自汗 spontaneous sweating 中医学将白天不因疲劳或无明显诱因而时时汗出、动辄益甚的症状称为自汗。又称自汗出。多因营卫不和、热炽阳明、暑伤气阴、气虚阳虚等引起，可见于外感六淫或内伤杂病，前者多为实证，后者多为虚证。对营卫不和者，用桂枝汤以调和营卫，热炽阳明而高热烦渴，汗出脉洪大，治宜清热泻火，方用白虎汤。暑伤气阴，口渴舌红，脉大无力，治宜清暑益气生津，方用清暑益气汤。气虚自汗，气短懒言，汗多面白，治宜益气固表止汗，方用玉屏风散。阳虚自汗，汗多肢冷，纳呆便溏，治宜温补脾肾，方用金匮肾气丸合补中益气汤加减。

自来水笔 fountain pen 笔杆内有储存墨水装置，书写时能连续自动供墨水的一种笔。

自来水笔根据制作笔尖的原料可分为

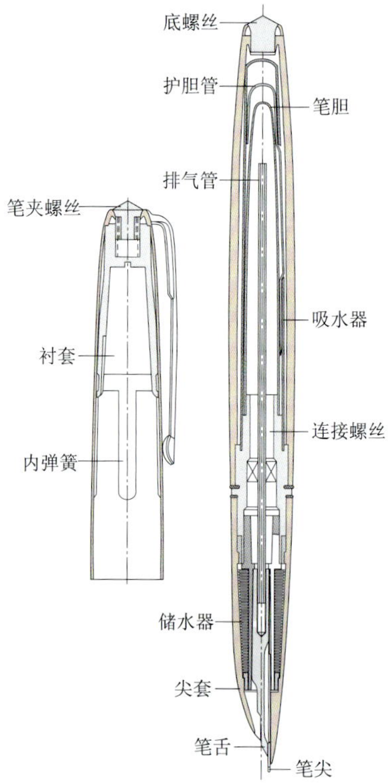

自来水笔结构（暗尖型）示意

三大类：①金笔。以黄金为主的合金制成笔尖，合金的其他成分为银和铜。在笔尖顶端焊接有一粒铂族元素的耐磨金属球珠，通称铱粒。②铱金笔。用耐腐蚀的不锈钢制成笔尖，其顶端焊接有铱粒。③钢笔。笔尖以耐磨蚀的不锈钢制成，顶端不焊接铱粒，不耐磨。按笔尖外露笔尖尖套的多少分为：明尖型，笔尖大部分外露；半明尖型，笔尖部分外露；暗尖型，除笔尖书写顶端外，全部被笔尖尖套包覆。

自来水笔包括三大部件。①书写部件。即笔尖。②吸水、储水和供水部件。由笔胆、排气管（有些产品不用排气管）、吸水器、护胆管或连接螺丝、笔舌、储水器、笔项或尖套等部件组成。③笔杆和笔套（帽）。笔套内部有衬套、内弹簧或夹弹簧等零件，笔套外部有笔夹及笔夹螺丝等零件。

自力救济 self-help 民事主体在法律许可的条件下，凭借自己的力量，为保护自己或他人权益而实施的必要的合法行为。又称自力救助。狭义自力救济仅指自助行为，广义的自力救济还包括正当防卫和紧急避险。《中华人民共和国民法通则》只规定了正当防卫和紧急避险两种自力救济方法。

正当防卫 为了防卫自己或他人的人身和财产权利，针对现时的违法侵害行为所实施的必要的反击行为。因正当防卫造成损害，不构成侵权行为。正当防卫须在一定限度之内，超出一定限度即构成防卫过当。

紧急避险 为了避免在公共利益、自己或他人的人身和财产权利上发生的急迫危险，不得已而为的必要行为。例如为防止火势蔓延而拆除别人即将烧毁的房屋。紧急避险是法律所许可的行为。紧急避险不适用于如警察、消防队员、军人、船长、医生等。

自助行为 指权利人为保全自己的权利，因情况紧迫在请求公力不及或不能时，而以自己的力量对他人的人身自由加以拘束，或对他人的财产施以扣押或毁损的行为。又称自力救助。所谓紧迫情况是，如果不实施自助行为，申请国家机关援助的请求权就难于实行，甚至不能实行。例如，旅店拘束欠付租金而企图逃走的旅客，或者扣押其携带的行李，均属于自助行为。

自留地 private plot 中国农业集体经济组织按政策规定分配给成员长期使用的小块土地。农户经营自留地是一项家庭副业，可以充分利用农业剩余劳动力和劳动时间，生产各种农副产品，满足家庭生活和市场需要，增加收入，活跃农村经济。自留地生产是集体经济的必要补充。自留地的数量决定于人均占有耕地的数量。1955年11月公布的《农业生产合作社示范章程草案》规定：每人自留地最多不得超过当地人均耕地的5%。人民公社化运动中，一些地方将自留地收归集体，1960年以后逐步恢复。1981年3月，中共中央、国务院转发国家农业委员会《关于积极发展农村多种经营的报告》中规定，可因地制宜，适当扩大自留地、饲料地、开荒地的数量，最多不超过当地耕地面积的15%。

自流井 artesian well 当井孔穿过地下水隔水顶板打到承压含水层时，孔中水位在压力作用下上升高出地面，水自行喷涌流出的井。在承压水盆地或自流斜地构造上钻井可得。自流井在开采过程中，由于水头消耗，水位下降到地表面以下时，就需要用水泵抽水。

《自然》 *Nature* 世界性的多学科的学术系列刊物。1869年11月4日在英国伦敦创刊。国际顶尖的科学刊物。直接报道和评论全球科技领域里最重要的突破，并附有大量实验成果的照片和图表。以刊登的论文质量高，论述的成果重大而著称。在美国华盛顿和纽约、加拿大多伦多、德国慕尼黑以及日本东京、澳大利亚墨尔本、中国香港设有办公室，2006年1月将东京、墨尔本、香港办公室合并成为亚洲-太平洋《自然》出版集团，并与中国科学院上海生命科学院合作出版《细胞研究》刊物。1992年出版第一份研究子刊《自然——遗传学》月刊。以后，相继出版《自然——医学》、《自然——生物学》、《自然——物理学》等10种研究性月刊。2000年10月开始，出版包括神经科学、癌症、免疫学等在内的7种《自然——评述》月刊。2004年10月开始，出版包括肠胃病学、肿瘤学、内分泌学等在内的8种系列的临床实践期刊。已出版有30多种科学类和医学类子刊。除英文版外，还有法文、德文、日文、韩文、中文等版。1997年创建《自然》网络版，2006年创办《自然》中国网络。

自然保护 natural conservation 保护自然环境和自然资源。其中心任务是保护、增殖（可更新资源）和合理利用自然资源。有六个方面的内容。

建立自然保护区 自然保护区保护的对象主要是著名的、典型的生态系统及其所含的动植物。该地区内不能有人为的直接干扰，禁止直接利用任何自然资源，禁止一切生产经营性活动；区域内一切自然流程正常进行。

水产资源繁殖保护 对有经济价值的动物和植物的亲体、幼体、卵子、孢子等及其赖以繁殖生长的水域环境的保护。中国将88种名贵的海产和淡水的动植物列入重点保护对象，规定水产动物的可捕标准以达到性成熟为原则；各种经济藻类和水生植物应待其长成后方可采收，并注意留种、留株、合理轮采。严禁炸鱼、毒鱼、滥用电力捕鱼等严重损坏水产资源的行为。严禁向渔业水体排放有害水产资源的污水、油类、油性混合物等污染物质和废弃物。加强渔业管理，实行许可证制度，划定禁止作业期等。

生物资源保护 根据森林的自然生长规律，有计划地合理开发，永续利用，注意防止森林火灾和防治病虫害。根据草原的生产力，合理确定载畜量，防止超载放牧。对已沙化地区，进行封育，并结合人工补种。对大面积天然草场采取围栏、灌溉、施肥、化学除莠、灭鼠、区划轮牧等综合技术措施，提高草原牧草的产量和质量。某些原始性的草原，或有特殊植被类型的草原，以及有珍稀动物栖息的草原，可划为草原自然保护区。在野生动植物资源保护方面，建立自然保护区和禁猎区，规定禁猎期，建立物种库，保存和繁殖物种，并开展人工引种驯化科学研究。

景观保护 主要措施有：①制定区域景观整体保护政策，肯定自然和半自然地区在调节区域生命支持系统和缓冲系统中的生物生态作用，肯定自然和半自然地区社会和文化的功能及其历史意义；②制定濒危性景观的地点名录，并向公众宣传普及；③加强对有关专业人员和决策人员的有关生态系统的多方面教育；④制定多功能的动态保护对策。

水源保护 保护对象通常有饮用水水源地、风景名胜水体、重要渔业水体和其他有特殊经济文化价值的水体，其中最重要的是饮用水水源地的保护。对饮用水水源要实施特殊的保护措施，防止水源污染和破坏。保护措施中最重要的是设置卫生防护带，禁止排入工业废水和生活污水、堆放废渣、设置有害化学品仓库、放牧和从事可能污染保护区水质的各种活动。

水土保持　预防和治理水土流失的措施有：①25°以上的陡坡地禁止开垦和破坏原生植被；②风沙危害严重地区，山崩、滑坡和泥石流地区，高原和黄土沟壑区，以及河流、道路、渠道、水库、自然保护区、风景区、名胜古迹区等禁止开垦；③严禁毁林、烧山、开荒；④严禁滥伐林木、破坏植被；⑤育林育草，保护植被；⑥造林种草，防风固沙；⑦对轮歇坡地增加地面植被，耕地保护等。

自然保护区　natural reserve area　划定用于生物多样性及其他有关自然和文化资源的保护，并通过法律和其他有效手段进行管理的陆地和海域。

分类　按照保护对象可分为五类。

①以保护典型的、有代表性的自然生态系统为主的自然保护区。面积较大，包括所在自然地带的多种多样的自然生态系统，如中国吉林长白山温带森林生态系统自然保护区，四川卧龙和福建武夷山的亚热带森林生态系统自然保护区，海南岛、云南西双版纳的热带森林生态系统自然保护区。

②以保护某类特有生态系统为主的自然保护区。面积不一定很大，主要保护某类生态系统及其中一些珍贵动植物种类，如中国广西花坪的银杉自然保护区、湖南莽山常绿阔叶林自然保护区、四川王朗大熊猫等珍贵动物自然保护区、黑龙江伊春红松母树林自然保护区等。

③以保护某些珍贵稀有动植物资源为主的自然保护区。面积依实际情况而定，如中国陕西佛坪、甘肃白水江等地的大熊猫自然保护区，黑龙江扎龙丹顶鹤水禽自然保护区，以及福建莘口格氏栲、米储林珍贵树种自然保护区等。

④以保护特殊的自然风景为主的自然保护区。多半是与名胜古迹结合在一起，有零散小片天然森林和古树，自然风景奇特而优美，个别地方还具有科研和教学价值，如中国四川九寨沟自然保护区、重庆缙云山自然保护区、广东鼎湖山自然保护区等。

⑤以保护具有特殊意义的自然历史遗迹为主的自然保护区。包括一些特殊的地质剖面、冰川遗迹、化石产地、瀑布、温泉等，如中国黑龙江省五大连池自然保护区、甘肃省玛雅雪山古冰川遗迹和恐龙古化石产地等。

任务　自然保护区以保护自然资源为主，还必须把科研、教学、旅游和生产结合起来，统一经营管理，使之成为以自然保护为主的科学实验、生产示范和旅游的基地。为便于经营管理，保护区可划分为：核心区（绝对保护区），是原始状态保护较好的自然景观地区、开展生态系统研究的基地，需要严加保护，使其不受人为的干扰和破坏；缓冲区（相对保护区），设在核心区周围，是半开发地区，由一些演替植被组成，可结合实际需要在不破坏原有群落环境的前提下，开展一些合理利用和改造的试验；实验区（一般保护区），可根据所在地的特点和需要，利用本地的资源，生产自己特有的产品，为当地或所属自然景观地带的植被恢复和建立新的人工生态系统起示范推广作用。

长白山自然保护区

《自然辩证法》　*Dialektik der Natur*　F.恩格斯阐述自然界和自然科学辩证法的一部未完成著作。19世纪50年代，恩格斯就开始注意对当时的自然科学成果作哲学上的概括。他因写《反杜林论》和整理K.马克思的《资本论》遗稿，中断了这部著作的研究和写作。直到他逝世前不久，才把这部著作的手稿分成了四束，并把其他有关材料归并其中。

恩格斯逝世后，这部著作的手稿由当时德国社会民主党领导人E.伯恩施坦掌握。A.爱因斯坦曾应伯恩施坦之请对此手稿发表意见，认为从现代物理学和物理学史的眼光看，手稿无特殊价值，但值得公布，因为这是了解恩格斯思想的有价值的材料。1925年，手稿以《自然辩证法》为题列入《马克思恩格斯文库》第2卷，在苏联第一次出版。

《自然辩证法》由10篇论文、169段札记、两个计划草案，总共181个部分组成。全书大致包括6方面内容：①关于自然科学史、自然观史、自然史。主要反映在《导言》和有关札记中。②论述了自然科学与哲学的关系。说明了辩证法为自然科学提供了最正确的理论思维方法。③根据当时自然科学的材料论证了辩证法的基本规律和几对重要范畴。④论述了辩证唯物主义关于物质观、运动观的一些基本原理，阐述了物质运动的基本形式及其科学分类。⑤以当时数学和各门自然科学的具体内容论证了唯物辩证法的正确性，提出了一些原则性的科学预见。⑥论述了劳动在人类起源中的决定性作用、劳动是人与动物的本质区别。

《自然辩证法》一书对马克思主义哲学的发展，对自然科学哲学问题的研究，具有重要的意义：①书中第一次系统地阐述了辩证唯物主义自然观，丰富发展了马克思主义哲学的基本原理；②开拓了马克思主义哲学研究的一个新领域；③运用唯物辩证法对当时自然科学发展中的一些重要问题作出了很有见地的分析。

自然铂　native platinum　以铂（Pt）为主的自然元素矿物。金属铂的主要矿物原料。常含铁，达3%～11%时称为粗铂矿，更高时称为铁铂矿，最高可达28%。还常含钯、铱、铑等。自然铂晶体属等轴晶系，具金属光泽，颜色随含铁量的增加由银白至钢灰色，条痕光亮呈钢灰色。莫氏硬度4～4.5，密度15～19克/厘米^3。富含铁时微具磁性。其耐磨蚀性、抗氧化性和热电稳定性都很强，延展性良好，并具有较强的催化活性。以细粒、细片或不规则团块状在基性、超基性岩中产出，常在砂矿中富集。主要产地有南非布什维尔德、俄罗斯乌拉尔、加拿大萨德伯里等。

自然崇拜　nature worship　以人格化的或神圣化的自然物和自然力等为崇拜对象的自然宗教的基本表现形态。崇拜范围包括天、地、日、月、星、山、石、海、湖、河、水、火、风、雨、雷、雪、云、虹等天体万物及自然变迁现象。原始人认为这些自然存在现象表现出生命、意志、情感、灵性和奇特能力，会对人的生存及命运产生各种影响，因此对之敬拜和求告，希望获其消灾降福和佑护。人类原始部落群体因其生活环境不同而具有不同的自然崇拜对象及活动形式，一般都崇拜对本部落及其生存地区的社会生产与生活影响最大或危

中国江苏连云港将军崖岩画图像，表现了新石器时代人类的自然崇拜现象

害最大的自然物和自然力，并且具有近山者拜山、靠水者敬水等地域及气候特色，反映出人们祈求风调雨顺、人畜平安、丰产富足的实际需要。原始自然崇拜，后因对其崇拜对象的神灵化而发展出更为抽象的自然神崇拜，形成天体之神、万物之神、四季之神、气象之神等千姿百态、各种各样的自然神灵观念和与之相关的众多祭拜活动。这种具有原生型特点的宗教崇拜形式自远古社会延续下来，成为流传至今的宗教信仰之一。

自然村 village; hamlet 地理上形成的自然村落。又称孤村。中国有些地方习惯上称为屯或庄，是乡村聚落最基本的组成部分。通常由一个大自然村与几个自然村联合组成一个行政村。自然村的分布、形态、规模和建筑结构受所处地区自然地理条件、经济条件、风俗习惯等因素的影响。经济结构较为单一，一般由从事农业（林业、牧业、副业、渔业）的人口居住。随着社会发展，不少自然村成为经营非农产业的专业村。

自然带 natural belt 主要受地带性分异因素影响，在地表大致沿纬线方向呈带状延伸分布，并具有一定宽度的地带性自然区划单位。广义的自然带是自然带、自然地带、自然亚地带等一系列地带性区划单位的统称，甚至包括垂直带。狭义的自然带仅指最高一级的地带性区划单位。其形成主要与地球表面的太阳辐射能在各纬度分布不均有关。大陆自然带不仅受纬度热力分带的影响，而且受到海陆分布、地势起伏的干扰，所以比大洋自然带复杂得多。就全球范围来说，早期主要是根据不同纬度所获得太阳辐射能的差异，把地球表面划分为5个带：热带、北温带、南温带、北寒带、南寒带。后来根据各地气候、生物等差异进行细分。根据海洋的气候、水文、生物等差异，把大洋表层划分为7个带：赤道带、南热带、北热带、南温带、北温带、南极带、北极带。当今，大陆自然带的划分比大洋细，不同学者的分带也不同：如以气候特点为标志划分，南半球和北半球从赤道向两极分为赤道带、热带、亚热带、暖温带、中温带、寒温带、亚寒带、寒带，全球共15个自然带；以植被类型为标志，则划分为热带雨林带、热带稀树草原带、热带荒漠带、亚热带荒漠草原带、亚热带森林带、温带荒漠带、温带草原带、温带阔叶林带、亚寒带针叶林带、寒带苔原带、极地冰原带。

自然地理学 physical geography 研究自然地理环境（或人类自然环境）的组成、结构、功能、动态及其空间分异规律的学科。地理学的一个重要分支学科。狭义的自然地理学仅指综合自然地理学。

自然地理知识源于远古时代，但自然地理这一术语始用于17世纪中叶，作为一门学科，形成于19世纪。19世纪初期德国A.von洪堡和C.李特尔创建近代地理学。自然地理学开始成为一门独立的分支学科，由单一的、表象的、静态的自然地理成分和现象的研究走向把自然地理环境作为一个整体进行综合的、内在的和动态的研究。

自然地理学的研究对象是自然地理环境，包括人为环境。自然地理环境是指地球表面具有一定厚度的圈层，即岩石圈、水圈、大气圈、生物圈相互作用、相互渗透的区间内的一个特殊圈层，人类生活和生产活动的环境。自然地理学的研究内容包括：①各自然地理成分（地貌、气候、水文、土壤、植被和动物界等）的特征、结构、成因、动态和发展规律。②各自然地理成分之间的相互关系，彼此之间的物质和能量的循环与转化的动态过程。③自然地理环境的地域分异规律，进行部门和综合自然区划以及各种实用区划。④各个区域的部门自然地理和综合自然地理特征，并进行自然条件和自然资源的评价，为区域开发提供科学依据。⑤受人类干扰控制的人为环境的变化特点、发展趋势、存在的问题，寻求合理利用的途径和整治措施。按研究的特点可分为综合性的和部门性的两组分支学科：①综合性的分支学科，有综合自然地理学、区域自然地理学、古地理学和历史自然地理学等。②部门性的分支学科，有地貌学、气候学、水文地理学、土壤地理学、生物地理学（包括植物地理学、动物地理学）、冰川学、冻土学、沙漠学、化学地理学和医学地理学等。另有环境地理学、海洋地理学、河流学、沼泽学等分支学科。

自然环境 natural environment 环绕着人群的空间中可直接、间接影响到人类生活、生产的一切自然形成的物质、能量的总体。构成自然环境的物质种类很多，主要有空气、水、植物、动物、土壤、岩石矿物、太阳辐射等。自然环境中的各个环境要素相互影响、相互制约。

自然环境按生态系统可分为水生环境和陆生环境。水生环境包括海洋、湖泊、河流等水域。水体中的营养物质可直接溶于水，便于生物吸收；水温变化幅度小于气温变化幅度，生物容易适应；水中的氧和氮的比值大于大气中二者的比值。因此，水生环境的变化比陆生环境缓和且简单，水中生物进化也缓慢。水生环境按化学性质分为淡水环境和咸水环境。淡水环境主要是陆地上的河流和湖泊，是受人类影响最大的区域，环境质量的改变相当复杂。咸水环境主要指海洋和咸水湖。海洋又可分为浅海环境和深海环境。前者水中营养较丰富，光线较充足，是海洋中生物最多的部分；后者范围广大，生物资源不如浅海丰富。陆生环境范围小于水生环境，但其内部的差异和变化却比水生环境大得多。这种多样性和多变性的条件，促进了陆生生物的发展，生物种属远多于水生生物，且空间差异很大。如按热量带来分，有热带生物群系、温带生物群系、寒带生物群系；按水分条件来分，有湿润区的生态类型、干燥区的生态类型；按地势来分，有低地区生态类型、高山区生态类型。陆生环境是人类居住地，生活资料和生产资料大多直接取自陆生环境，因此人类对陆生环境的依赖和影响亦大于对水生环境的依赖和影响。

自然环境按人类对它们的影响程度以及它们所保存的结构形态、能量平衡可分为原生环境和次生环境。原生环境受人类影响较少，那里物质的交换、迁移和转化，能量、信息的传递和物种的演化，基本上仍按自然界的规律进行。如某些原始森林地区，人迹罕到的荒漠、冻原地区，大洋中心区等都是原生环境。随着人类活动范围的不断扩大，原生环境日趋缩小。次生环境是指人类活动影响下，其中物质的交换、迁移和转化，能量、信息的传递等都发生了重大变化的环境，如耕地、种植园、城市、工业区等。它们虽然在景观上和功能上发生了改变，但它们的发展和演变的规律，仍然受自然规律的制约，仍属自然循环的范畴。人类改造原生环境，使之符合人类的需要，促进了人类经济文化的发展，但如果在生产过程中不重视环境中物质、能量的平衡，就会使次生环境的质量变劣，给人类带来危害。

自然金 native gold 化学成分为Au，晶体属等轴晶系的一种自然元素矿物。常见的金矿物，也是提炼金的最主要矿物。见金矿。

自然经济 natural economy 为了直接满足生产者个人或经济单位的需要，而不是为了交换而生产的经济形式。又称自给自足经济。与商品经济相对立。自然经济是与生产力水平低下和社会分工不发达相适应的。它的基本特征是：①排斥社会分工，经济活动限制在以家庭为单位的狭小圈子里，每一个生产者或经济单位不仅生产自己需要的农产品，而且生产自己需要的大部分手工业品。男耕女织、自给自足是自然经济的特点。②生产形式相对封闭、墨守成规，排斥技术进步，阻碍社会生产力的发展。③人与人之间的关系简单明了。

在从原始社会到奴隶社会、封建社会这一漫长的历史时期内，自然经济一直占统治地位，商品经济只具有从属性，起着补充的作用。只是到了封建社会末期，社会生产力有了长足的发展，自然经济不再能适应社会生产力的发展时才逐渐趋于瓦解，并为商品经济所取代。

自然景观 natural landscape 天然景观和人为景观的自然方面的总称。天然景观只受到人类间接、轻微或偶尔影响而原有自然面貌未发生明显变化，如极地、高山、荒漠、沼泽、热带雨林等。人为景观受到人类直接影响和长期使用，自然面貌发生明显变化，如乡村、工矿、城镇等。人为景观又称文化景观，是人类作用和影响的产物，但其发展服从于自然规律，故要遵循自然规律办事。自然景观是一种宝贵的资源。

自然科学 natural science 研究各种自然现象及其规律的各门学科的总称。研究对象是整个自然界，即自然界物质的各种类型、形态、属性和运动形式。现代自然科学认识自然客体的特征是：不仅认识各类物质类型及其运动形式，而且认识它们之间的相互关系、相互作用和相互转化；不仅认识物质运动的宏观过程，而且深入到物质客体的微观结构；不仅从发生学的角度揭示自然现象的演化机制，而且注重揭示结构和功能的联系。任务是揭示自然界发生的现象和过程的实质，把握其规律性，并预见新的现象和过程，为科学、合理地利用自然和自然规律开辟各种途径。自然科学分无机自然科学和有机自然科学两大类。无机自然科学包括宏观和微观力学、物理学、化学、天文学、地球科学等，有机自然科学包括生物科学，以及生理学、体质人类学和心理学的一部分。随着科学的发展，这两大类科学的界限被不断突破，产生出愈来愈多的边缘学科；还从基础自然科学中发展出一系列应用科学。现代自然科学是一个十分庞大而复杂的知识体系。

自然硫 sulfur 化学组成为S，晶体属正交（斜方）晶系的天然单质矿物。已知硫具有α-硫、β-硫、γ-硫三种同质多象变体。高温条件下形成的β-硫和γ-硫（均属单斜晶系变体），在温度降低或常温条件下，会转变成α-硫（正交晶系）。因此，在自然界中，只有低温的α-硫最稳定最常见。自然硫化学成分不纯，常有硒、碲类质同象混入物和黏土、沥青、有机物等杂质。晶体

自然硫晶体

呈短柱状、双锥状、板状，通常呈块状、粉末状。带各种色调的黄色。晶面呈金刚光泽，断口为树脂光泽。莫氏硬度1.5～2.5。性脆。密度2.05～2.10克/厘米^3。解理不完全。不导电。自然硫可由硫化物或硫酸盐氧化分解作用、火山喷发硫蒸气的凝华作用和盆地沉积过程生物化学作用形成。风化形成的硫，有工业价值的不多。火山成因的特别是沉积形成的后生硫有重要的工业价值。世界著名产地有意大利西西里岛和罗马附近的波梅齐亚、美国得克萨斯州、墨西哥圣路易斯波托西州、智利的安第斯山区、日本北海道、伊拉克摩苏尔等。中国台湾、西藏、黑龙江、山东、青海、新疆等地都有产出。

自然派 natural school 俄罗斯文学流派。形成于1842～1845年。其重要阵地为《祖国纪事》和《现代人》两杂志，以及丛刊《圣彼得堡风貌素描》(1845)和《圣彼得堡文集》(1846)。自然派以V.G.别林斯基美学思想为指导，以N.V.果戈理创作为方向。抨击农奴制度，同情小人物的不幸遭遇，揭示都市文明的阴暗面，嘲笑官僚，刻画“多余的人”的形象，号召妇女争取解放。代表作品有《猎人笔记》、《谁之罪？》、《穷人》等。19世纪50年代后期，自然派演变成为相互对立的革命民主派和自由派。

自然区 natural region 在一定范围内各自然地理成分（岩石、地貌、气候、水文、土壤、植被和动物群落等）具有相对一致性的区域。自然区既包括综合自然地理学划分的区域，又包括部门自然地理学的各种分区，如地貌区、气候区、水文区、土壤区、植被区、动物区等。通常仅指综合自然区。在综合自然区划中，自然区为最低一级区划单位的名称，是作为区域理解的景观的同义词。例如，在中国典型的自然区有黄河三角洲、永定河冲积扇平原等。广义的自然区也作为综合自然区划的高、中级单位的名称。如《中国综合自然区划（初稿）》(1959)将中国划分为3个自然区，其等级相当于综合自然区划中的高级单位——自然大区；《中国自然区划概要》(1984)将中国划分为44个自然区，其等级相当于中级区划单位。

自然区划 physical regionalization 根据自然地理环境及其组成成分发展的共同性、结构的相似性和自然地理过程的统一性，将地域划分为一定等级系统的研究方法。全称自然地理区划。是在研究地域分异规律的基础上，探讨自然地理环境及其组成成分的特征、变化和分布规律。主要体现温度、水分、土壤、植被等要素的地域差异，提供自然生产潜力的系统资料，是合理利用自然资源、因地制宜进行生产布局和制定各种规划的基础，也是认识区域生态环境的宏观框架，改善生态环境和制定区域可持续发展战略的基础。

按区划的对象可分为综合自然区划和部门自然区划。综合自然区划的对象是自然环境的整体，即不同等级的自然综合体从自然地理环境的综合特征进行的地域划分。部门自然区划按对象分为地貌区划、气候区划、水文区划、土壤区划、植被区划、动物区划等。按目的可分为公路自然区划、建筑自然区划、农业自然区划等实用自然区划。自然区划是一个多级系统。这个系统由地带性区划单位和非地带性区划单位组成，地带性区划单位可分为自然带、自然地带和自然亚地带等，非地带性区划单位可分自然大区、自然区域（也有人不划出自然区域）、自然地区、自然区等。区划的一般等级系统有两种：①单列系统，将地带性区划单位与非地带性区划单位相间排列成一个系统。②双列系统，将两类区划单位按双列系统排列，中间有联系单位。

自然人 natural person 基于出生而依法成为民事法律关系主体的人。民事权利主体之一，法人的对称。《中华人民共和国民法通则》(以下简称《民法通则》)中的“公民”在法律地位上与“自然人”同一。但严格说，自然人比公民的范围广，既包括公民，也包括外国人和无国籍人。各国法律对自然人基本没有条件限制，仅罗马法曾规定作

为权利主体的人必须具有常人的形体，如《十二铜表法》明文规定家长对所出生的异形子孙应即扑杀，勿使传种。

自然人的能力　包括权利能力、行为能力和责任能力。自然人参加民事法律关系的活动，以有权利能力为前提。自然人自己为法律行为时，须具有行为能力。自然人承担民事责任，还须具有责任能力。自然人的能力不得抛弃和转让，非依法也不得剥夺和限制。①权利能力。指在人身和财产方面能够享受权利和负担义务的资格（见民事权利能力）。各国法律一般规定，自然人的权利能力始于出生、止于死亡。出生时即为死胎者不具有权利。在分割遗产时，应保留出生后非死体的胎儿即遗腹子的应继份额。②行为能力。指能够独立有效地实施民事法律行为的地位或资格（见民事行为能力）。③责任能力。指能辨认和控制自己的行为，并对自己行为的后果承担民事责任的资格。一般而言，具有民事行为能力的人，肯定具有民事责任能力；但责任能力的要求有时比行为能力低，所以具有民事责任能力的人，不一定具有相应的民事行为能力。

自然人的分类　各国民法典都根据一个人是否具有正常的认识和判断能力以及丧失这种能力的程度，把自然人分为有行为能力人、无行为能力人和限制行为能力人。①有行为能力人。即在法律上能为完全有效的法律行为的人。通常以精神健全的成年人为有行为能力人。②无行为能力人。即不能为有效法律行为的人。③限制行为能力人。即只有部分行为能力的人。

自然神论　deism　关于上帝创造世界后即任其自然运行而不再加以干预的宗教理论，又称“理神论”。其概念于16世纪由索齐尼派针对无神论而提出，但其理论则由17世纪英国思想家E.赫尔伯特所首创，其思想代表还有J.托兰德等人。18世纪法国启蒙思想家伏尔泰、孟德斯鸠、J.-J.卢梭等人则发展出较为成熟的自然神论。其特点是反对蒙昧主义和神秘主义，否定各种违背理性和自然规律的神迹奇事，把上帝理解为“世界理性”，认为上帝作为“造物主”而创造世界，是世界的“始因”或“第一因”，此后则让世界按其自身规律存在和发展，不再干预世界事务，提倡以“自然宗教”、“理性宗教”来取代“天启宗教”。19世纪中叶后这一理论逐渐衰落。

自然失业率　natural rate of unemployment　当经济实现充分就业时存在的失业率。又称充分就业失业率、均衡失业率。最早由美国经济学家M.弗里德曼提出。以弗里德曼为代表的货币主义学派认为，在市场经济中，工资能够自由伸缩，劳动力也能够自由流动，因而经济总是可以通过自发调整实现充分就业。在这种情况下，现实中存在的失业主要是结构性失业和摩擦性失业。这种隐含在经济体系内部、无法通过扩张总需求予以消除的失业率，就被弗里德曼称为自然失业率。由于它同时也是劳动力市场供求力量处于均衡状态时形成的失业率，故又被称为均衡失业率。

自然失业率被认为是相对稳定的，它在长期中与通货膨胀率不存在交替关系。因此，这个概念往往被当代倡导“经济自由主义”的经济学家用来作为反对政府干预的依据。

自然数　natural number　人类由比较进而计量事物多少的需要而形成的最早的数学概念。现代通用阿拉伯数字（又称印度－阿拉伯数字），记作0，1，2，3…阿拉伯数字始创于中印边界地区（但是没有0），后来传到阿拉伯地区，而得此名。自然数概念初步形成当在史前时期，详情已难于追索。所有具有文字的民族很早都已掌握自然数并建立了计数系统，这表示自然数是人类文明发轫标志之一。某些民族语言中有表示诸如“3个人”、“3只船”的词而无表示抽象的“3”的词，这表明形成自然数概念经历时间应当很长。受惠于先人、从小习惯于计数的今人，实已难于体味其形成过程之漫长、产生意义之重大。

自然数集有加法和乘法运算，两个自然数相加或相乘的结果仍为自然数，也可以作减法或除法，但相减和相除的结果未必都是自然数，所以减法和除法运算在自然数集中并不是总能成立的。自然数是人们所认识的所有数中最基本的一类，为了使数的系统有严密的逻辑基础，19世纪的数学家建立了自然数的两种等价的理论（自然数的序数理论和基数理论），使自然数的概念、运算和有关性质得到严格的论述。

序数理论是意大利数学家G.皮亚诺提出来的。他总结了自然数的性质，用公理法给出自然数的如下定义。

自然数集N是指满足以下条件的集合：①N中有一个元素，记作1。②N中每一个元素都能在N中找到一个元素作为它的后继者。③1不是任何元素的后继者。④不同元素有不同的后继者。⑤（归纳公理）N的任一子集M，如果$1\in M$，并且只要x在M中就能推出x的后继者也在M中，那么$M=N$。

基数理论则把自然数定义为有限集的基数，这种理论是1923年由J.冯·诺伊曼提出的。粗浅地说，以$\varnothing$表示空集，定义$\varnothing$为0，$\{0\}=\{\varnothing\}$为1，$1\cup\{1\}=\{\varnothing,\{\varnothing\}\}$为2，…，一般地说，$n\cup\{n\}$为$n+1$。在此定义下，0是自然数。这就是现在把0归入自然数的一种看法。

自然铜　native copper　以铜（Cu）为主的自然元素矿物。常含有微量的铁、银、金。晶体为等轴晶系，但很少见到完整的晶体。常见片状、块状、板状及树枝状集合体。颜色铜红色，金属光泽，表面易氧化成褐黑色或绿色。莫氏硬度2.5～3，密度8.5～8.9克/厘米^3，断口呈锯齿状。具良好的导电性、导热性和延展性。常产于含铜硫化物矿床氧化带内，与赤铜矿、辉铜矿、孔雀石等共生；原生自然铜常呈浸染状见于一些热液矿床中。在砂砾岩的胶结物及基性熔岩的裂隙和气孔充填物中可形成大型的自然铜矿床。世界著名产地有美国的苏必利尔湖南岸、俄罗斯图林斯克和意大利的蒙特卡蒂尼。中国湖北、云南、甘肃及长江中下游等地的铜矿床氧化带中皆有产出。自然铜大量聚集时可作为铜矿开采。

自然选择　natural selection　在自然界中基于自然的原因而发生的选择过程。又称自然淘汰。现代综合进化论强调表型与基因型的区分，认为选择只作用于与繁殖直接或间接相关的表型变异；而且选择所作用的表型特征必须是能遗传的，否则便不能造成进化的改变（见图）。

达尔文虽借用人工选择中的“选择”这个词，但实际上并没有将任何超自然的“选择者”的“目的”或“意识”引进自然选择过程之中，自然选择只是生物与环境相互作用的结果。科学地分析达尔文的自然选择概念，可以看出两个重要的问题：①从进化的角度来说，只有与繁殖相关联的生存才是有意义的，那些留下最多的后代的个体才是“最适者”。②对于行有性生殖的生物来说，由于存在着基因的分离和

椒花蛾的颜色选择——支持达尔文自然选择学说的重要证据

重组，只有互交繁殖的群体才能保持一个相对恒定的基因库。因此，进化的改变不能体现在个体上，只能体现在群体（或种群）的遗传组成的改变上。现代综合进化论正是在上述两个问题上修正达尔文的自然选择概念，用群体遗传学的观点重新解释了自然选择。

性选择　达尔文很早就注意到动物中的性二型现象，即同种雌雄个体之间显著的形态差异，并用性选择来解释这种性二型现象的起源。他认为某一性别（通常是雄性）为争夺配偶或争夺繁殖机会而斗争（或竞争），优胜者或因体躯强壮或因有有效的争斗器官或因形体及颜色等引诱力强而获得更多的繁殖机会，这种有差异的繁殖力就是性选择。达尔文把性选择看作是自然选择的特殊情形。性选择有利于保存与繁殖、求偶有关的器官结构、生理和行为等方面的有利变异，因而与一般意义上的自然选择有共同的方向和利益。但某些情况下性竞争的利益与生存竞争的利益相悖。例如，雄鸟的鲜艳的羽毛虽有利于求偶，但可能不利于生存（因过于醒目而暴露于天敌）。有些人因此而反对性选择说。性选择应纳入一般自然选择之中，因为任何自然环境下的生物都可能受到不同方向、不同大小的选择压，选择的最终效应是这些不同方向、不同大小的选择压的综合平衡。自然选择可以比喻为对表型的“综合评价”。

自然选择作用于生物个体以下和以上的层次　如果自然选择被定义为“有差异的延续（复制或繁殖）”，那么自然选择就不仅可能作用于个体层次上，而且也可能作用于个体以下和以上的若干层次上。例如在生命起源早期的化学进化过程中，含DNA和RNA等生物大分子系统就可能受到过自然选择的作用。同样，自然选择也可能作用于高等动植物的生殖细胞（配子）。在个体以上的层次如亲族、克隆、孟德尔群体等也可能发生集团选择。同样，自然选择也可能作用于物种。

自然遗迹　natural relic　具有若干特殊的自然或文化特征的自然景色区域。由于它具有稀有性、代表性、美学性等特性或具有显著的文化意义，因此自然遗迹往往具有突出的或独特的价值。管理的目的在于永远保护或保存其精神内涵、自然意义和独特的或有代表性的景色，为研究、教育、展示和公众欣赏提供机会，排除和防止对所划定区域有破坏性的开发或占有。自然遗迹一般是具有突出意义的景色，如壮观的瀑布、洞穴、火山口、陨石坑、化石产地、沙丘和海洋景色，以及与之密切相关的独特的或有代表性的物种等。有关的文化景观可包括诸如洞穴居所、山顶悬崖上的堡垒、考古地点或对本地人民具有遗产意义的自然地段。自然遗迹的面积大小不像严格的保护区和国家公园那样是得以保护的关键因素，但应足以保护该景色的整体，其周围应有一个缓冲区域，以确保自然遗迹的安全和发挥多功能的作用。所有权和管理权应由主管部门授权各级政府、本地社区、非政府组织或法人负责管理。

自然疫源地　natural epidemic focus　自然界某些野生动物中能长期保存某种传染病病原体的地区。这些病原体不需要人类的干预，能够延续世代，造成动物病流行，并在一定条件下传染给人，在人间流行。这类疾病称为自然疫源性疾病，如鼠疫、森林脑炎、恙虫病、钩端螺旋体病等。自然疫源地有显著的地区性特性。不同疾病的自然疫源地有其独特的景观类型，因此地理景观往往是识别和划分自然疫源地的一个重要标志。自然性疾病呈现季节性。植树造林改良生态环境，能有效地控制这类疾病的流行与传播。

自然灾害　natural calamity　自然过程超过人们通常可以适应或接受的强度而造成生命财产和心理损失的现象。有两大特点：一是自然过程和现象超出一定的限度或阈值，二是有一定的生命财产损失。因此是自然过程、人类行为过程和社会经济过程的结合。

灾害损失大小不仅取决于自然过程或现象的强度、持续时间、影响范围（面积），而且也决定于受灾区域的经济发展水平、生产力布局状况、人口密度与分布状况、财产易损性（质量）、防灾与灾害准备状况、人们的灾害经验与灾害意识、救灾组织及其有效性等。

自然灾害可分为原生灾害、次生灾害和衍生灾害。原生灾害又称直接灾害，是致灾因子直接造成某类承灾体的破坏与伤亡，如地震、洪水。次生灾害又称间接灾害，是由原生灾害诱导出来的灾害，如地震导致房屋倒塌，由此引起火灾。衍生灾害是致灾因素破坏社会的结构、功能、物资流和信息流，造成人群和组织的伤亡与瓦解，使社会生产、经济活动停顿而造成损失。如大旱之时，地表与地下浅部淡水极度匮缺，迫使人们饮用深层含氟量较高的地下水，从而导致氟病等。次生灾害与衍生灾害的危害有时比原生灾害还大。

自然哲学　nature, philosophy of　关于自然整体的哲学学说，即自然观。

形态的演化　在各个文明古国，哲学家（当时也多是科学家）凭借对自然界的观察与猜测，建立起朴素的辩证自然观。它认为自然处于普遍联系、永恒运动之中。

中世纪欧洲，基督教神学占统治地位，建立了神学自然观。它认为上帝创造了世界（自然界），世界是有秩序的，但自身不会变化。

16～18世纪的形而上学自然观认为世界万物是由宇宙基石——原子所构成，原子及其构成物在绝对时空中按拉普拉斯决定论方式作机械运动。其最具代表性的是J.O.de拉美特里的“人是机器”的观点。

随着自然科学与社会经济发展，逐渐暴露出形而上学自然观的局限性。I.康德的“星云假说”，C.莱伊尔的“地质渐变论”，J.R.迈尔等关于能量守恒及转化定律的发现，M.J.施莱登与T.A.H.施万的细胞学说，C.R.达尔文的生物进化论等，给静止、孤立、绝对不变的形而上学自然观以致命打击。

20世纪以来的自然科学成就，突破了原子基石论、运动绝对连续论、绝对时空观、拉普拉斯决定论等形而上学自然观在自然科学中的最后堡垒，建立了量子论、相对论、分子生物学、系统科学、非线性科学等，使人类认识从宏观深入到微观及宇观，从追求简单性走向探索复杂性。在此基础上，经过科学家与哲学家的合作，一般的辩证自然观提升成系统的辩证自然观。

与自然科学的关系　自然科学是从自然哲学母体中分离出来的。古代自然科学与自然哲学混杂在一起，自然科学多数以自然哲学形态出现，这种状况一直继续到17世纪、18世纪。I.牛顿著名的物理学著作就称为《自然哲学的数学原理》。16世纪以来，自然科学开始摆脱神学统治走上独立发展道路，各门自然科学逐渐从自然哲学中脱胎出来，形成分门别类的实证科学。17、18世纪，在德国出现过流行一时的“自然哲学”。其代表人物是F.W.J.von谢林和G.W.F.黑格尔。这种“自然哲学”脱离实证的自然科学，单凭哲学思辨与逻辑推理建立，凌驾于自然科学之上。这种“自然哲学”没有被科学界接受。

自然科学与自然哲学从其研究对象与研究方法来说，既有区别又有联系。实证的自然科学从个别的、具体的实验事实出发，建构自己的理论体系。自然哲学则把自然界整体作为研究对象，从各门自然科学所揭示的自然界的结构及规律性出发，进行哲学概括，形成对自然界整体的、系统的认识。自然哲学把价值观念引入对自然界的研究，指出了人类社会发展的正确方向。实证的自然科学就其内容来说是客观地、局部地反映自然界的本来面貌，而自然哲学则要在整体地把握自然界本来面貌的基础上，对人与自然的关系进行哲学反思。

自然主义　Le Naturalisme　一种文艺流派。19世纪下半叶起源于法国，20世纪初传播到欧洲其他国家。它以A.孔德的实证主义哲学和H.泰纳的实证主义美学为理论基础，在É.左拉的一系列论著如《实验小说》(1880)、《戏剧中的自然主义》(1881)、《自然主义小说家》(1881)中得到全面阐述。主要特征：①认为文学应保持绝对中立和客观，应记录生活现象而不探求事物的本质。②要求作家以科学态度，用“实验方法”从事写作。③将生物学的决定论加于人类社会，经常将作品中的主人公置于酒精中毒、精神错乱、色情狂、乱伦等病态之中。④强调“忠实地反映自然”，摒弃一切戏剧性成分和冲突，只描写平凡、偶然、琐碎的事件和细节。

龚古尔兄弟的作品《修女菲洛梅娜》(1861)等标志着自然主义文学的开端。19世纪70年代以左拉为首的一批作家结成“梅塘集团”，于1880年集体发表小说集《梅塘晚会》，被认为是自然主义文学运动的宣言。

德国自然主义以A.霍尔茨和J.施拉夫为先驱，有慕尼黑和柏林两个自然主义文学中心。此外，比利时的C.勒蒙尼耶、俄国的包包雷金等，都受到自然主义的影响。

自然资源 natural resource 自然生成、以自然状态存在、主要受自然规律支配的资源。自然资源均是自然物品，但自然物品不一定是自然资源。首先，自然资源是稀缺的自然物品；其次，是人类在现有科学技术水平条件下可以支配和利用的。凡是不稀缺或人类难以控制和利用的自然物品，只能视为自然条件。随着科技进步、社会发展和观念转变，自然条件不断转化为自然资源。自然资源从其自身的更新速度可分为可更新资源和不可更新资源，又称可再生资源和不可再生资源，或可耗竭资源和不可耗竭资源；从权属性质上可分为专享资源和共享资源；从地理分布角度可分为陆地资源、海洋资源和太空资源；从其位置可移动性角度可分为原位性资源和非原位性资源；从自然形态角度可分为土地与土壤资源、矿产资源、生物资源、水资源、能源资源、环境资源等。

自然资源永久主权 natural resources, permanent sovereignty on 发展中国家提出并经国际法确认的一项重要原则。包括对自然资源的永久所有权、使用权、处置权、自由行使权。1952年联合国决议宣布，发展中国家为实现经济发展计划，可以且应该根据本国利益，自由决定其自然资源的开发利用。1974年联合国大会第六届特别会议通过的《关于建立新的国际经济秩序的宣言》和《行动纲领》明确指出“每个国家对自己的自然资源和一切经济活动拥有充分的永久主权”，各国有权根据本国的利益采取适当措施，对本国自然资源开发、分配、销售等实行有效控制。1974年第29届联大再次确认自然资源永久主权的原则。1975年联合国工业发展组织第二次会议进一步指出，其他国家不得采取任何形式的经济、政治或其他强制性措施，阻碍其对自然资源行使主权。

自然宗教 nature religion 崇拜自然事物和自然力的宗教。这种人类原始社会中的最初宗教形态以自然崇拜为其基本特征。即把日、月、山、河、风、雪、雷、雨等自然物和自然力本身视为与人一样具有生命、意志和巨大威力的神圣存在，因而对其产生敬畏和依赖之感，视其为信仰对象而加以敬拜或祈求，由此构成人类最早的宗教崇拜形式。从比较宽泛意义上所理解的自然宗教，其思想观念和崇拜形式还包括与自然崇拜直接相关的万物有灵论、拜物教、图腾崇拜等。但严格意义上的自然宗教与后来崇拜山神、海神、河神、日神等自然神的宗教亦有区别，因为在作为最初宗教形态的自然崇拜中人们虽已开始对各种自然物和自然力产生出超自然化的神圣感觉及宗教认识，却尚未形成具有掌管这些自然对象的神灵存在之观念，即没有构成以超自然体为形式的抽象神灵观。

《自杀论》 *Le Suicide* 法国社会学家É.涂尔干的著作。1897年在巴黎出版。作者在书中批判了以个体心理学解释自杀现象的传统理论，建立了用社会事实的因果关系分析自杀的理论，阐述了社会与个人的关系，认为当个体同社会团体或整个社会之间的联系发生障碍或产生离异时，便会发生自杀现象。自杀有利己型自杀、利他型自杀、失范型自杀和宿命型自杀4种类型。涂尔干在书中运用了社会统计的方法，特别是以统计交互表格的形式展示了大量的经验资料，用以说明自杀现象受到民族、自然环境、性别、婚姻状况、宗教信仰、社会的稳定和繁荣程度等社会事实的影响，从而建立了社会事实的因果关系。此书出版后成为社会学经验研究的经典著作。涂尔干对自杀类别的区分及解释，为西方社会学的异常行为研究奠定了基础。

自杀预防 suicide prevention 实施预防自杀的各种措施。包括及早识别潜在的自杀者，对其危险程度进行评估，对有自杀倾向的求助者尽快终止他们的自杀倾向和自杀行为，进行有关自杀人群的思维和行为特征知识的宣传教育。

有些研究者总结了评价自杀危险的潜在因素，认为一个人无论何时只要具备下列4～5项危险因素，便可认为此人正处于自杀的高危时期。①有自杀家族史。②有自杀未遂史。③已形成自杀计划。④最近经历了心爱的人去世、离婚或分居事件。⑤家庭因遭受损失、个人受虐待或暴力而失去稳定。⑥陷入特别的创伤损失而难以自拔。⑦精神病患者。⑧有药物和酒精滥用史。⑨最近有躯体和心理创伤。⑩有失败的医疗史。⑪独居并与他人失去联系。⑫有抑郁症，或处于抑郁症的恢复期，或最近因抑郁症而住院。⑬分配个人财产或安排后事。⑭行为习惯或情绪有特殊的改变。⑮有严重的绝望或无助感。⑯陷于以前经历过的躯体、心理或性虐待的情结中不能自拔。⑰具有愤怒、孤独、内疚、敌意、悲伤等个体的特异情感。

自身免疫性疾病 autoimmune diseases 人体的自身免疫反应强度过大，导致组织损伤所致疾病的统称。免疫系统的基本功能是认识自身和识别、排斥异体。血中存在的多种针对自身抗原的适度抗体（生理性抗体），可清除衰老退变的自身组织，且不破坏自身成分，此即自身免疫反应。

发病表现 自身免疫性疾病已知数十种，可涉及一个器官也可涉及全身多种组织和器官，临床表现及预后各异。多表现为结缔组织病。有些严重危害人体健康及生命。免疫抑制药对一些自身免疫性疾病有一定疗效。多见于女性，发病率随年龄而增高。发病可能与遗传因素或外因有关。患者血中有自身抗体或针对自身抗原的致敏淋巴细胞。病变部位决定于相应自身抗体的分布范围。当自身抗原为细胞核成分或线粒体等细胞器时，病变可遍及全身各器官系统（如系统性红斑狼疮）。若自身抗原为某具体器官的成分，则病变局限于该器官（如溃疡性结肠炎）。有些自身免疫性疾病患者的血清中含一种以上的自身抗体。不少自身免疫性疾病病情迁延反复不愈。

诊断 不容易确定。取活组织作病理检查，看到组织学改变，才能考虑自身免疫病。血清中查到自身抗体对诊断自身免疫病有重要参考意义，但必须结合多方面的资料确诊。

防治 及时治疗感染、避免不必要的手术创伤、不适当的药物治疗和放射性照射，可减少疾病发生的机会。

治疗 ①应用细胞毒制剂以破坏迅速增生的细胞系。但它也破坏正常细胞，并且有可能诱发细胞的恶变或突变。②应用皮质类固醇以抑制自身免疫过程产生的病理刺激，早期足量应用可防止重要脏器损伤。③应用药物以对抗自身免疫过程中释放出的药理活性物质的作用和损害。④手术，例如脾切除治疗自身免疫性溶血性贫血和特发性血小板减少性紫癜、胸腺切除治疗重症肌无力、甲状腺切除治疗甲状腺功能亢进等。

自首 voluntary surrender 犯罪事实或犯罪人被发觉前，犯罪人主动向司法机关告知自己犯罪的事实并表达出愿意接受审判的意思表示。中国古代称为自告。

自首必须具备两个条件：①犯罪后自动投案。即犯罪事实未被发觉而自动投案的；犯罪事实已被发觉，但尚未发现犯罪分子而自动投案；犯罪事实和犯罪分子虽被发觉，但犯罪分子尚未受到讯问、未被施以强制措施而自动投案；犯罪后逃跑，在通缉、追捕中，自动投案的；确已准备去投案或在投案途中被捕获，经查属实的；经家长、亲友规劝，陪同投案的，按投案自首对待；被采取强制措施的犯罪嫌疑人、被告人和正在服刑的罪犯，如实供述司法机关还未掌握的本人其他罪行的。②如实交代所犯罪行。即指犯罪分子自动投案后全部交代自己罪行，或者如实交代自己的主要犯罪事实；共同犯罪案件中，犯罪分子除交代自己的罪行外，还交代所知的同案犯；主犯必须揭发同案犯的罪行；只交代次要罪行，或者只交代自己罪行而掩护同案犯，不能认定为自首。

自首与坦白是有区别的。犯罪分子在有关组织或司法机关已发觉其犯罪事实，对其进行询问、传讯或者采取强制措施后，如实交代自己罪行的行为是坦白。自首是法定的从轻、减轻或免除刑罚的情节。坦白是量刑时酌定从宽的情节。

中国刑法规定，犯罪以后自首的，可以从轻或者减轻处罚。其中犯罪较轻的，可以免除处罚。

自诉 private prosecution 被害人或其法定代理人、近亲属为追究被告人的刑事责任，直接向法院提起并由法院直接受理的刑事诉讼。公诉的对称。法律允许个人直接向法院起诉的案件称为自诉案件，提起自诉的当事人是自诉人。

在现代刑事诉讼中是否实行自诉，各国的做法不同。美国、日本等国家没有自诉制度。德国、俄罗斯联邦等国家在实行公诉为主的同时，有少数案件实行自诉。

《中华人民共和国刑事诉讼法》(以下简称《刑事诉讼法》）规定有自诉程序，实行以公诉为主自诉为辅的刑事起诉制度。1996年修正后的《刑事诉讼法》列出三类自诉案件：①告诉才处理的案件。②被害人有证据证明的轻微刑事案件。③被害人有证据证明对被告人侵犯自己人身、财产权利的行为应当依法追究刑事责任，而公安机关或者人民检察院不予追究被告人刑事责任的案件。根据《刑事诉讼法》规定，有权提起自诉的人有被害人、被害人的法定代理人、死亡被害人的近亲属。自诉案件在宣告判决以前，自诉人可以同被告人自行和解或者撤回自诉；被告人可以对自诉人提起反诉；除第三类自诉案件外，人民法院可以进行调解，法院主持达成的调解协议具有法律效力；自诉案件的自诉人负有举证责任。法院对起诉进行审查后，对于有足够证据证明起诉犯罪事实的案件，应当决定开庭审判；缺乏罪证的案件，应当说服自诉人撤回自诉，或者裁定驳回。对于第1类和第2类自诉案件，可以适用简易程序，由审判员一人独任审判；第3类自诉案件不得适用简易程序。

自卫权 self-defense, right of 有广义和狭义之分。广义指国家保卫自己的生存和独立的权利。它包括两方面内容：①指国家有权使用自己的一切力量，进行国防建设，防备可能来自外国的侵犯。②指当国家遭到外国的武力攻击时，有权行使单独或集体的自卫。狭义仅指当国家遭到外来的武力攻击时，有权实施单独的或集体武装自卫，以打击侵略者保卫国家。传统国际法上所理解的“自卫”即狭义上的国家自卫权。

在现代国际法上，“禁止使用武力”已经成为一项强制法规则。《联合国宪章》第51条关于联合国对自卫权的不禁止性规定，是国家自卫权的主要法律依据，从中可以得出这样的结论：①国家自卫权是国家的一项自然权利，一旦形成，不需经任何其他国际法主体的授权。②国家自卫权是国家遭受武力攻击时可以行使的一项权利。国家遭受武力攻击是行使自卫权的前提条件。③国家自卫权的行使受到联合国安理会的制约。自卫权的行使是在受到武力攻击之后和安理会采取必要办法之前，如果安理会已经采取或正在采取必要行动，自卫权的行使不得影响安理会的权责；会员国应将其采取自卫的办法立即向安理会报告。

自慰 masturbation 以手为工具在本人身上取得性兴奋的行为，广义指任何自我发动的在本人身上取得性兴奋的行为。即手淫。由于大多数自慰行为是在一个人的情况下进行，因而被认为纯粹是一种生理回馈反应，是人类天生的本能。在人类文明史上，手淫行为一直被认为是不道德的和对身体有害的，只有以生殖繁衍下一代为目的的性行为才是正常的。20世纪中期，人本主义在西方国家盛行，人们的认识发生改变，手淫一词被中性词自慰取代。大量研究也表明：有节制的自慰不会造成人体的生理损害。不必再为无法克制的自慰冲动怀有负罪感。

自我刺激 self-stimulation 美国心理学家J.奥尔兹和其同事1954年首先采用的一种实验方法。将脑内埋有电极的动物（通常是大鼠）放在斯金纳箱内，动物按压杠杆便接通电源，微弱的电流就会刺激埋有电极附近的脑区。当电极埋在下丘脑和边缘系统时，动物就会连续不停地按压杠杆，以不断获得电刺激。有研究者认为对这类区域的刺激可能引起一种愉快和满足感。大白鼠在12小时内压杠杆的频率可达每小时3 000～7 500次。而以食物为奖励的条件下，大白鼠压杠杆的频率每小时只有25次左右。也有脑区接受自我刺激后，会引起动物的厌恶反应。因此，用这种方法可以确定“愉快中枢”和“痛苦中枢”。但自我刺激通常是指前者，即引起的是积极反应行为。在人类也曾观察到这种自我刺激现象，边缘系统隔区接受电刺激的病人报告有快乐和温暖的感觉。

自我意识 self-consciousness 意识对于意识活动本身的认识。广义指人对自己的属性、状态、行为、意识活动的认识和体验，以及对自身的情感意志活动和行为进行调节、控制的过程。在近代西方哲学界，一些哲学家赋予这一术语以更多不同的涵义。在I.康德哲学中自我意识是先验的“统觉”的同义语，指主体意识对于经验知识的综合统一功能；在G.W.F.黑格尔的哲学体系中，则被视为人类精神在主观精神发展阶段上介乎于意识之后，理性之先的特定的意识形式。

自我知觉 self-perception 人对自己的感知、理解和评价。人们对自己的了解，也像别人了解他一样，都是通过外显行为进行的。因此，人们对别人的了解是有限的，对自己的了解也是有限的。

以保护自己自尊的方式知觉和判断自己的倾向称自我服务偏向。这种倾向是影响正确认识自己的原因之一。人们在解释和判断自己的行为时往往从积极方面考虑，对别人的行为却进行消极的归因。

对动机的自我知觉研究发现，帮助他人而不要求获得报酬的儿童，比获得报酬的儿童表现出更强的道德责任感。

自行 proper motion 恒星一年内沿着垂直于视线方向走过的距离对观测者所张的角度。单位为角秒/年（arcsec/a）。1718年，E.哈雷把他当时观测所得的恒星位置同依巴谷和托勒玫的观测结果作比较，发现恒星的位置有显著的变化，首次指出恒星不动的概念是错误的。实际上恒星在空间是运动的。观测到的恒星运动包括：①恒星的真正的运动，又称为本动。②太阳运动引起的视运动，又称视差动。恒星自行是很小的，一般小于每年0.1″。只有400多颗恒星的自行等于或大于每年1″。蛇夫座的巴纳德星的自行最大，为每年10.31″。

引起恒星位置变化的原因除自行外，还有岁差。这两项加在一起，称为恒星的年变。除去岁差的影响，即可求得绝对自行。

自行车 bicycle 由骑乘人脚踏驱动的两轮车。结构简单、自重轻、易维修、无污染、无噪声、对道路适应性强，广泛用于交通代步、运载货物、娱乐健身和体育竞赛等。

简史 中国《清代述异》第十一卷记载，17世纪中叶，黄履庄“制双轮小车一辆，可坐一人，不需推挽，能自行”。1790年，法国西大拉克伯爵发明用双足蹬踩地面前进的木马轮（图1）。1847年，英国H.J.劳

图1 木马轮

森在自行车上采用链条传动结构，将脚蹬装在前、后轮之间（图2）。1886年，英国J.K.斯塔利在自行车上装置车闸，并用钢管

图2 采用链条传动结构的自行车

制成菱形车架（图3）。1888年，英国J.B.邓洛普将充气橡胶轮胎应用于自行车，使自行车的结构和性能臻于完善。中国从1936年开始生产自行车，自1979年产量超过

图3 菱形车架自行车

1 000万辆以来，年产量始终保持世界首位。

结构组成 自行车主要由车体、传动、走行、制动、照明和反射装置五个部分组成，根据需要还可增加一些附件。①车体部分。由车架、前叉、车把、鞍座和前叉合件等主要部件组成，是自行车的主体。②传动部分。由脚蹬、曲柄链轮、中轴、套筒式滚子链条和飞轮组成。③走行部分。为前后轴、辐条、轮辋（车圈）、轮胎等组合成的车轮。④制动部分。为保证骑行者的安全，自行车均装有制动用车闸。车闸分为轮缘闸和轴闸两大类。⑤照明和反射装置部分。自行车夜间安全行车的装置。

分类和型号编制 中国自行车根据国家行业标准QB1714—93按用途、车轮直径和男车、女车综合法进行分类和编制型号。自行车类别和型号的标志由两个汉语拼音字母和2～3个阿拉伯数字组成。第一个字母代表自行车的类别，第二个字母代表车轮直径的大小和男车、女车（表1和表2），阿拉伯数字表示工厂品种发展序号，由各厂自行编排。

载重自行车是成车重量不超过26千克，额定荷重为170千克的自行车。主要在农村用于代步和载重。采用单级传动，速比较普通自行车小。车轮直径为710毫米（28英寸）和660毫米（26英寸）。轻便自行车是车轮直径不小于610毫米且成车重量不超过19千克，车轮直径不大于560毫米且成车重量不超过17千克，额定荷重为80千克的自行车。主要在城市用作代步交通工具。车轮直径为660毫米（26英寸）、610毫米（24英寸）、560毫米（22英寸）和510毫米（20英寸）。大部分采用单级传动，速比一般为2.3～2.5。

表1 中国自行车分类

类别	型号命名的第一个拼音字母	主要用途	允许载重（含骑车人，kg）	车辆自重（kg）	
				车轮直径在610mm（24″）及以上	车轮直径在560mm（22″）及以下
载重车	Z	农村载重和代步	170	26	—
普通车	P	城市和农村的轻载和代步	120	21	—
轻便车	Q	城市代步	80	19	17
运动车	Y	体育锻炼、旅游	80	17	15
竞赛车	S	体育竞赛用，分场地赛车、公路赛车、山地自行车、越野自行车	80	11	—
特种车	T	满足特种需要用，如杂技车、母子车、电动自行车、残障车等	—	—	—

表2 中国自行车车轮直径规格

车轮直径（mm）/ 型号命名的第二个拼音字母 / 使用对象	710（28″）	685（27″）	660（26″）	610（24″）	560（22″）	510（20″）	455（18″）	405（16″）	355（14″）
男	A	C	E	G	K	M	O	Q	S
女	B	D	F	H	L	N	P	R	T

自行车运动 cycling 以自行车为工具比赛骑行速度的体育运动项目。1790年法国人西大拉克伯爵发明了世界上第一辆自行车。1868年法国首次举行了自行车比赛。1896年第1届**奥林匹克运动会**上，自行车

公路自行车赛场面

被列为正式比赛项目。1900年国际自行车联盟（UCI）成立，总部设在日内瓦。目前自行车比赛有公路赛、场地赛和山地车赛等。国际自联每年的重大比赛有世界锦标赛、世界杯赛、世界青年锦标赛等。目前奥运会自行车比赛设18个项目。中国的自行车运动是1913年前后由欧洲传入的。中华人民共和国建立后，自行车运动得到了全面、迅速的发展。目前，中国自行车运动员在国际或世界比赛中均取得了相当不错的成绩：1994年郭杏红获女子环法赛第10赛段冠军。从1990～1994年，**亚洲运动会**的女子公路个人赛冠军均被中国运动员夺得。姜翠华在2000年在第26届奥运会场地自行车比赛中取得铜牌，实现了中国自行车项目在奥运会上奖牌零的突破。周玲美在1990年第11届亚运会上打破了女子1 000米计时赛的世界纪录。2002年8月江永华打破了女子500米场地计时赛的世界纪录；9月，李娜在丹麦举行的世界锦标赛上取得女子凯林赛的金牌，实现了历史性的突破。

自行火炮 self-propelled gun 同车辆底盘构成一体、靠自身动力运动的**火炮**。进出阵地快，战场生存能力强，适于与机械化部队协同作战。按行动装置的结构形式分为履带式、轮式和半履带式。履带式和部分轮式的自行火炮有装甲防护，按其装甲防护程度分为全装甲式（封闭式）、半装甲

中国1983年式152毫米自行加农榴弹炮

式（半封闭式）和敞开式。全装甲式自行火炮通常是密封的，具有三防能力。此外，还可按炮种分类。

自行火炮由武器系统和底盘组成。武器系统包括火炮、火控系统、供输弹装置和机枪等。炮身上多采用效率较高的炮口制退器，并装有抽气装置；有的利用计算机进行目标信息处理和射击诸元解算；有的装有自动调炮机构和自动或半自动装填机构，并采用自动定位定向和数字通信技术。底盘包括动力装置、传动装置、行动装置、操纵装置、电气设备、通信设备、防护系统等。早期多采用坦克或装甲车辆底盘，后来多采用专用底盘。

自行火炮出现于第一次世界大战期间。现代自行火炮身管长度可达52～60倍口径，射速可达8～12发/分，射程可达20～70千米，行程可达400～600千米，已发展成为炮种齐全、口径系列较多、可发射多种炮弹的火炮新族系，能遂行多种火力支援和火力战任务。新型非装甲轮式自行火炮发展迅速，代表了自行火炮的发展水平。

自旋 spin 微观粒子的一种内禀属性。量纲与角动量相同，但与轨道角动量$\boldsymbol{L}=\boldsymbol{r}\times\boldsymbol{p}$（源于粒子的空间运动）不同。自旋是区别于粒子的空间运动的新的自由度，所以又称内禀角动量。与轨道角动量相同，粒子自旋也是量子化的。但轨道角动量只能是$\hbar$的整倍数，而自旋则既可取$\hbar$的整倍数，也可取$\hbar$的半奇数倍。自旋为零或取$\hbar$整数倍的粒子遵守玻色－爱因斯坦统计，称为玻色子。自旋为半奇数的粒子遵守费米－狄拉克统计，称为费米子。

自由 freedom 在哲学和政治法律领域两种意义上使用的一个概念。在哲学的认识论领域中，是表示主体对于客观世界的认识和客观规律的关系。在政治领域中，首先指国体，掌握国家政权阶级享有自由，与民主类似，是相对于专政而言的；还指政体，民主制，相对于专制而言。在法律领域，是法律规定的公民权利，是公民行为的界限。

自由是对于必然的认识和改造。自由与必然是相互对应的概念。所谓必然就是客观事物的规律性。对于自然界客观规律的认识和改造自然的程度决定了人们在自然界面前自由的限度，对于人类社会规律的认识和对于社会改造的程度，决定了人类整体上社会自由的限度。

社会生产力的发展，技术的进步，使人们认识自然和改造自然的能力逐步得到提高，人们在自然界面前的自由度越来越大了，认识范围的发展从大的宏观、宇观一直到胀观世界，认识深度从小的微观到渺观世界。然而过度强调改造和战胜自然的后果，造成人类生态环境的破坏，遭到自然界的报复，人类自由又受到了限制，导致世界绿色和平组织和环境保护主义组织和运动的出现。这主要是生产的目的偏离了正确轨道，即不是为了人类正当的物质和文化生活的需要而生产，而是片面追求利润，从根本上说是资本主义社会和剥削制度弊端所造成的恶果。

G.W.F.黑格尔是第一个系统地叙述了自由与必然之间关系的思想家。在他看来，自由是对于必然的认识。马克思主义的创始人继承、扬弃和发展了黑格尔的这一思想。自由是历史发展的产物。最初的、从动物界分离出来的人，在一切本质方面是和动物本身一样不自由的，但是文化上的每一个进步，都是迈向自由的一步。资产阶级在革命初期举起自由、平等和人权的旗帜，宣扬自己的自由和人权理论，曾经起过巨大进步和革命作用，但是，当资本主义社会和资产阶级国家政权建立以后，实现和维护的却是资产阶级一个阶级的自由、平等和人权。

马克思主义在人类历史上第一次科学地阐述了自由和必然、自由和法律的正确关系。马克思主义认为，只有借助于社会生产力的发展，才有可能实现这样一种社会形态，在这里不再有任何阶级差别，不再有任何人对个人生活资料的忧虑，并且第一次能够谈到真正的人的自由，谈到那种同已被认识的自然规律和谐一致的生活。由于社会占有生产资料，商品生产被消除，产品对生产者的统治也将随之消除，社会生产内部的无政府状态将为有计划的组织所代替。个体生存斗争停止了。于是，人在一定意义上才最终脱离了动物界，从动物的生存条件进入真正人的生存条件。只有也只是从这时起，人们才完全自觉地自己创造自己的历史；只是从这时起，由人们使之起作用的社会原因才大部分并且越来越多地产生他们所预期的结果。这是人类从必然王国进入自由王国的飞跃。

马克思主义认为，在社会政治法律领域的自由，是社会上层建筑现象，决定于该社会的经济基础；在阶级社会中，任何自由都具有阶级属性，超阶级的自由是不存在的；自由权利都必须通过法律规定，用法律来界定和约束，在社会主义社会，公民享受自由的同时必须承担相应的义务；任何自由都是相对的、具体的、历史的和发展的，任何时代和任何地方都没有绝对的、抽象的、僵化不变的自由。

自由边境区 free perimeter 划在一国国境之内、关境以外的、与邻国接壤的边远省区或边境城市中，专供邻国货物自由出入的地区。对于在区内使用的生产设备、原材料和消费品，只要不逾越关境进入内地，可以免税或减税进口。如从区内转运到其他地区出售，则须照章纳税。邻国货物可以在区内进行存储、展览、混合、包装、加工和制造等业务活动。建立自由边境区的主要目的是开发边区的经济，有些国家对优惠待遇的规定有一定的期限，当这些边区生产能力发展后，某些优惠待遇就逐步取消。

自由度 freedom, degrees of 描述力学体系运动状态必须的独立坐标数。例如描述可在空间任意运动的一个质点的位置需3个独立坐标，则其自由度为3，若限制质点在某曲面或某曲线上运动，则其自由度减为2或1。又如自由运动的刚体有6个自由度，即3个平动自由度和3个转动自由度。刚性双原子分子有3个平动和2个转动自由度；非刚性分子要考虑其振动自由度，亚原子粒子要考虑自旋等自由度。

自由港 free port 由国家设立的船舶运载的进出口货物免征关税和免予检验，并提供装卸、存储、加工和转口运输便利的贸易港口。它是一类特定的以减免关税和自由出入等优惠待遇为手段，以求达到一定经济目的的港口区域。与此相关的还有自由港港区、保税区、出口加工区等。优惠规定适用于一切进出口货物，对一切进出口商品一律给予免税免检，称为完全自由港；只对一般商品可以享受免税待遇，而对某些种类的商品仍按规定征收关税或实施不同程度的贸易限制，称为有限自由港。自由港制度兴起于欧洲中世纪地中海沿岸国家的一些港口。意大利半岛西岸的里窝那港1547年就被宣布为自由港。以后，丹麦哥本哈根，波兰格但斯克，瑞典斯德哥尔摩，新加坡，中国香港，美国纽约、新奥尔良、圣弗朗西斯科、西雅图等，都被宣布为自由港。中国在沿海港口设立的15个保税区带有自由港区的特征。

自由过境区 free transit zone 一国海港、河港或作为交通枢纽的边境城市供过境货物储存的特定地段。沿海国家为了便利邻近内陆国家的进出口货运，对过境货物简化海关手续，免征关税或只征小额过境税。过境货物通常可以在过境区内作短期储存，重新包装，但是不得进行加工。

自由基 free radical 带有未配对电子的化学物种（原子、基团或分子），主要的反应中间体之一。又称游离基。性质一般非常活泼，易与其他物质反应。常见的自由基有碳自由基〔如三苯甲基$(C_6H_5)_3C\cdot$〕、羟基自由基$(OH\cdot)$、氮氧自由基$(NO\cdot)$、氯自由基$(Cl\cdot)$。

产生 有机化合物中双电子共价键的均裂或电子由一个物种转移到另一物种，均可产生自由基。共价键的均裂可通过加热、光照或射线辐射实现。电子转移可通过由给电子物种将电子转移到吸电子物种的氧化还原反应实现。

自由基反应 自由基与众不同的特色是发生链反应，因为它是一个非常活泼的物种，可进攻作用物分子，产生另一个新的作用物自由基；新的自由基又可进攻另一个作用物分子，又产生新的作用物自由基，周而复始。此链式过程，可用破坏自由基的方法，如偶联或歧化而终止。这一链反应可引起燃烧或爆炸，如能控制得当，则非常有用。化学工业中常见的聚烯烃，如聚乙烯、聚丙烯\聚异戊二烯等早期就是通过自由基聚合这一链式过程实现的。

生物体内的自由基 生物体在自氧化过程提供生物体所需的能量的同时也不断地产生一些活泼的活性氧物种，如单线态氧$(^1O_2)$、超氧自由基$(O_2^-$和$HO_2\cdot)$、羟基自由基$(OH\cdot)$、过氧化氢(H_2O_2)和有机过氧自由基$(ROO\cdot)$。某些活性氧物种是生物体的生化、生理过程所必需的，但它们在体内的过量积累（氧化应激）也可以引起生物分子的不可逆破坏，损伤机体，导致疾病和衰老。但由于体内需氧细胞中有超氧化物歧化酶、过氧化氢酶(CAT)和过氧化物酶(POD)，能够不断地清除这些活性氧物种，使它们始终处于生物体必需的、低水平的生理平衡浓度。

自由基聚合 free radical polymerization 用自由基引发，使链增长（链生长）自由基不断增长的聚合。又称游离基聚合。它主要应用于烯类的加成聚合。最常用的产生自由基的方法是引发剂的受热分解或二组分引发剂的氧化还原分解反应，也可以用加热、紫外线辐照、高能辐照、电解和等离子体引发等方法产生自由基。

该聚合反应属链式聚合反应，分为链引发、链增长和链终止3个基元反应。①链引发，又称链的开始，主要反应有两步：形成活性中心——游离基，进而游离基引发单体。主要的副反应是氧和杂质与初级游离基或活性单体相互作用使聚合反应受阻。②链增长，是活性单体反复地和单体分子迅速加成，形成大分子游离基的过程。链增长反应能否顺利进行，主要决定于单体转变成的自由基的结构特性、体系中单体的浓度和与活性链浓度的比例、杂质含量以及反应温度等因素。③链终止，主要由两个自由基的相互作用形成，指活性链活性的消失，即自由基的消失而形成了聚合物的稳定分子。终止的主要方式是两个活性链自由基的结合和歧化反应的双基终止，或二者同时存在。

必须注意聚合反应体系中的杂质，特别是能起抑制聚合的阻聚剂。例如氧、硫、三氯化铁或对苯醌等都能与自由基发生反应，生成稳定的自由基，或发生氧化还原反应，生成非自由基产物。

自由教育 liberal education 西方教育史上的教育观点。又译文雅教育、博雅教育。在不同的时代有不同的具体含义。最早提出这一概念的是古希腊哲学家亚里士多德。他认为自由教育是"自由人"（奴隶主贵族）所应享受的、以自由发展理性为目标的教育。亚里士多德的自由教育有两个突出的互相联系的含义：①以受教育者具有闲暇为前提，又以受教育者充分利用闲暇为手段；②目的在于探索高深的纯理论知识。亚里士多德认为，实施自由教育适合于"自由人的价值"，可以获得智慧、道德和身体的和谐发展；自由教育同职业训练截然不同，前者高尚，后者卑下。

自由教育的内涵在中世纪发生了变化。中世纪虽仍有所谓七种自由艺术，但教会认为，七艺不过是为进一步学习神学作准备的基础学科。中世纪的七艺渗透着神学的内容，且处于神学的从属地位。至文艺复兴时代，人文主义者要求冲破教会的束缚，倡导解放人性，把谋求个人的自由视为教育的要务。18世纪的启蒙运动中，法国启蒙思想家J.-J.卢梭主张实施顺乎天性自由发展的自然教育。自然教育必然是一种自由教育。但卢梭提倡的自由教育不排除职业训练。19世纪后，随着自然科学的发展，并逐渐与人文学科并驾齐驱，自由教育的概念有了新的变化。1868年，英国生物学家和教育家T.H.赫胥黎在其著作《论自由教育》中，把自由教育解释为文、理兼备的普通教育。中国通常把这一时代的"自由教育"意译为"通才教育"，以别于学习各种专门知识的专业教育。到20世纪，美国教育家R.M.赫钦斯又提倡"通才教育"。

自由剧团 Le Théâtre Libre 法国剧团。1887年由戏剧家A.安托万创立于巴黎。为反对19世纪下半叶法国戏剧日趋商业化的堕落现象，安托万与一些志同道合者组成业余剧团，最初以上演根据É.左拉等自然主义作家的小说改编而成的剧作为主，后又扩大到其他流派。在安托万的领导下，自由剧团从创立直到1894年被迫转让，克服了经费、场地、剧目等诸多困难，上演了国内外大量优秀剧目，在表导演艺术上有不少建树，影响遍及整个欧美，开"小剧场运动"之先河，更开创了西方现代戏剧的一个新时代。

自由落体运动 free falling body, motion of 物体在仅受地球重力作用下的无初速地沿铅垂线降落的运动。物体做自由落体运动时，下落的高度为h，下落时间为t，物体所在地的重力加速度为g，下落中的瞬时速度为v；则$v=gt$，$h=\frac{1}{2}gt^2$。在物理学史上，希腊哲学家亚里士多德曾错误地认为，物体越重下落越快。伽利略在1604年否定了上述观点，他通过实验证明：自由落体运动是匀加速度运动；落体速度与时间成正比，下落高度与时间的平方成正比；不同重量的物体从同样的高度自由下落，同时到达地面。

自由贸易区 free trade zone 划在一国关境以外，准许外国商品免税进入的地区。又称自由区。根据世界贸易组织的规定，自由贸易区应理解为由两个或两个以上的关税领土所组成的集团，在这一集团内成员之间相互取消关税或其他贸易限制，各个成员又各自独立地保留自己的对外贸易政策，尤其是关税政策，以便向非自由贸易区的成员经济体维持各自独立的贸易政策、征收自定关税的权利。

世界第二大自由贸易区——巴拿马科隆自由贸易区

自由贸易政策 free trade policy 国家对商品进出口活动一般不进行干预，减免关税，允许商品自由输出输入，在市场上自由竞争的政策。与保护贸易政策构成两种基本的对外贸易政策。以亚当·斯密和大卫·李嘉图为代表的英国古典学派针对主张贸易保护思潮最早创立的自由贸易学说。

自由贸易政策理论最核心的观点是各国应依据其资源禀赋与技术水平所形成的比较利益，从事专业化分工生产，进行自由贸易。自由贸易可以提高国际社会的经济福利水平。但这种政策并不意味着国家放弃对进出口商品的一切控制和征税。

18世纪后半期，英国在产业革命基础上最先倡导实行自由贸易，以便推销工业品和输入原材料。在英国的带动下，19世纪中叶很多国家降低了关税，荷兰、比利时开始执行自由贸易政策，美国在1857年、德国在1860年前后都降低了保护关税，使19世纪70年代成为自由贸易发展的最高峰。19世纪后期，一些后起的资本主义国家为了保护新兴的民族工业，开始实行自由竞争时期的保护贸易政策，到20世纪初，各国纷纷采取保护贸易措施，高筑贸易壁垒。直到第二次世界大战后，为适应美国优势经济力量对外扩张的要求，美国在实行保护政策的同时，又成为战后贸易自由化的积极推行者。70年代以来，保护贸易政策又重新抬头，同样具有阻碍贸易作用的还有进口配额、捐税、对国内工业的补贴等其他手段。

自由民权运动 Freedom and Civil Right, Movement of 日本明治初期发生的以反对专制政治、争取资产阶级民主自由权利为主旨的政治运动。其内容包括要求开设国会、制定宪法、减轻地税、确立地方自治和修改西方列强强加的不平等条约。1874年1月，前政府参议板垣退助和江藤新平、后藤象二郎等人，结成日本最早的政党爱国公党，揭开了自由民权运动的序幕。同年4月，板垣、片冈健吉等人在高知创立立志社。此后，九州、四国等地纷纷建立民权组织。1875年2月上述自由民权派组织以立志社为中心在大阪成立了全国性的结社——爱国社。但早期民权运动显示出士族民权的局限性。1877年6月立志社代表向天皇进呈建议书，系统地提出开设国会、减轻地税、修改不平等条约等3大要求。以此为转机，自由民权运动逐步发展为全国规模的政治运动。1880年3月，爱国社改名为国会期成同盟，向政府递交了《开设国会请愿书》。这一年全国各地要求开设国会的请愿签名人数达24.6万余人，递交的请愿书、建议书达70件。

面对声势浩大的自由民权运动，明治政府十分恐慌，兼施镇压和收买手段，分化、瓦解自由民权运动。不久，运动发生分裂。1884年10月，自由党以失去对运动的控制为由，宣布解散。不久，立宪改进党领导人也宣布退党。自由民权运动走向衰落。1887年10月发生的要求言论集会自由、减轻地税、修改不平等条约的所谓三大事件建议运动，及其前后由后藤象二郎倡导的所谓大同团结运动，均由于明治政府的镇压而失败。历时10余年的自由民权运动彻底瓦解。

自由女神像 Statue of Liberty 耸立在美国纽约市哈得孙河口自由岛上的一座可以作为美国象征的塑像。这座青铜像高46米，像身重达225吨。女神头戴王冠，高举火炬的右臂长13米、直径为4米；左臂抱着一本象征美国《独立宣言》的书版，上面刻着宣言发表的日期——1776年7月4日的字样；女神像脚上残留着被挣断的铁链，气宇轩昂、神态勇毅，被认为是美利坚民族的标志。夜晚火炬发出橙黄色的光芒，加上基座四周探照灯照射，极为壮观。女神像是法国为庆祝美国独立战争期间美法联盟而赠送的礼物。铜像是由A.埃菲尔设计的，他从1874年开始，以其妻的身材、其母的脸形为模特儿历经10年完工，于1885年6月由法国拖轮运至美国纽约，1886年10月由当时的总统克利夫兰主持揭幕。基座由美国建筑师R.M.亨特设计。女神像内共有22层，电梯开到第十层，即抵女神的脚下。从脚部到女神像顶端的皇冠处的12层需登168级螺旋形阶梯。这里四面开有小窗，临窗俯瞰，纽约屹立在水天之间。铜

像下基座内有美国移民博物馆，在基座上刻有美国犹太女诗人E.拉扎勒斯歌颂女神的诗篇。自由女神像已于1984年作为文化遗产被列入《世界遗产名录》。

自由式滑雪 freestyle skiing 体育运动项目之一。由空中技巧、雪上技巧和雪上芭蕾三个小项组成。为美国滑雪运动员在20世纪60年代创造。自由式滑雪技术动作包括空中技巧，以其完成动作的难度系数与质量评定得分，得分高者在前；雪上技巧，以其回转与空中动作的质量以及计时成绩综合评分，得分高者在前；雪上芭蕾，以其技巧与艺术效果评分，得分高者在前。

自由式滑雪的空中技巧

1979年，国际滑雪联合会将自由式滑雪定为正式比赛项目，并于同年举办了首届世界杯比赛。1986年举办了首届自由式滑雪世界锦标赛（两年一届）。1992年第16届冬季奥林匹克运动会上，自由式滑雪雪上技巧成为正式比赛项目。2006年第20届冬奥会上，男选手韩晓鹏在自由式滑雪空中技巧比赛中夺得金牌，使中国雪上项目比赛实现了金牌“零的突破”。

自由泰运动 Free Thai Movement 太平洋战争期间泰国的一个抗日爱国组织。也泛指该组织所领导的抗日爱国运动。又称自由泰人运动。1941年12月8日，日军进占泰国。在日军的威逼利诱下，日泰订立攻守同盟条约，次年1月25日泰国向英美宣战。当时泰国驻美国大使社尼·巴莫在华盛顿宣布建立自由泰运动，许多泰国留学生和泰国大使馆官员纷纷参加这个组织。1942年7月在英国的泰国留学生和泰国驻英使馆官员也建立了自由泰运动，领袖是素巴斯瓦德·斯瓦斯滴瓦德亲王。美国战略服务处和英国136部队帮助英、美自由泰运动进行军训。1943年太平洋战场向有利于盟军方面转变，因此，在美国的自由泰运动部分成员组成远征军，取道印度、中国进入泰国；在英国的自由泰运动部分成员渡海到达印度，在136部队帮助下乘潜艇或空降潜入泰国。与地下反抗运动取得联系，准备同盟军配合，把日军驱逐出泰国领土。

摄政王比里·帕侬荣在国内组织自由泰运动。1943年底他又派乃·星隆抵达美国与社尼·巴莫取得联系。1944年初又同英国的自由泰运动建立联系。至1944年，全国已形成了一个强大的地下抗日活动网。到1945年3月，地下反抗运动有13支游击队受美国军官训练，有11支游击队受英国军官训练，每支部队至少在500人以上。此外还有许多不受美、英军官训练的游击队。这些部队准备在适当时机举行武装起义，歼灭日军和建立自己的政权，起义计划尚未实现日本便宣布投降。

自由体操 floor exercises 男女竞技体操项目之一。比赛时运动员在规定的场地（12

中国运动员邹凯在第29届奥运会上的自由体操动作

米×12米）和时间（男子不超过70秒、女子不超过1分30秒）完成按一定要求编排的成套动作。早在1900年第2届**奥林匹克运动会**（巴黎）上自由体操便作为男子个人赛的项目确定下来。1932年正式列入奥运会比赛项目，1952年第15届奥运会（赫尔辛基）女子项目正式列入比赛。技巧翻转动作是自由体操的主角，腾空的高度、空中的姿势是重要的评分标准。男子技巧动作有空翻三周、直体空翻转体1 440°及各种绕复合轴的旋空翻，此外还有平衡，跳跃及用力动作。体操动作是女子自由体操不可缺少的部分。它包括各种易于选择组合的跳跃、转体、平衡、波浪等，从而大大丰富了自由体操的内容。舞蹈和音乐是女子自由体操所特有的，它的选择必须符合运动员的个性特点，并与动作协调配合。中国运动员**李宁**等曾多次获自由体操世界冠军。在2008年第29届奥运会上，中国选手邹凯获得男子自由体操金牌。

自由泳 freestyle 竞技游泳比赛项目之一。对技术没有规则限制，比赛时，运动员多采用便于加速的爬泳技术，致使人们把爬泳亦称为自由泳。19世纪初，澳大利亚人R.卡维尔用两腿交替打水，取代剪夹水技术取得胜利。1922年美国人韦斯摩洛改进用两臂交替划水和两腿6次交替打水配合，形成现代爬泳模式。1896年第1届奥运会被列为正式比赛项目。自由泳游进时身体俯卧保持良好流线姿势，当速度快时肩背浮出水面，两肩配合划水交替滚动，两腿交替打水。手臂动作是爬泳的主要动力来源，手入水后勾手提肘以高肘姿势在躯干反复转动配合下沿身体下面成S形曲线向后划水，两手相继出水后经空中向前摆臂，形成一个连贯的加速过程。高肘加速划水是现代技术特征之一。换气对高频率快速冲刺阶段有影响，多采用缩小换气动作或减少次数的方法进行。速度快时，多用6次腿、2次臂和1次换气进行完整配合；中等速度时可用4次腿、2次臂、1次换气。转身时可用身体任何部分触壁，为了赢得距离和转速，多采用前滚翻转身技术。自由泳项目在比赛中占比重最大，因而成为实力的标志。

《自由与爱情》 *Szabadság, szerelem!* 匈牙利19世纪著名诗人**裴多菲**的诗篇。

自由振动 free vibration 系统受初扰动后不再受外界激励时所作的**振动**。例如单自由度的弹簧振子除质量块的惯性力和弹簧的弹性恢复力外，再无其他外力作用其上，则作自由振动。自由振动的一般规律可从振子位移：

$$\xi=\xi_a\cos(\omega_0 t-\varphi_0)$$

得到充分了解。ξ_a为ξ的最大值，称为位移振幅；ω_0为振动的圆频率，$\omega_0=\sqrt{K_m/M_m}$，K_m为弹簧的弹性系数，M_m为振子质量；φ_0为振动的初相位。下图给出自由振动位移时间特性曲线。

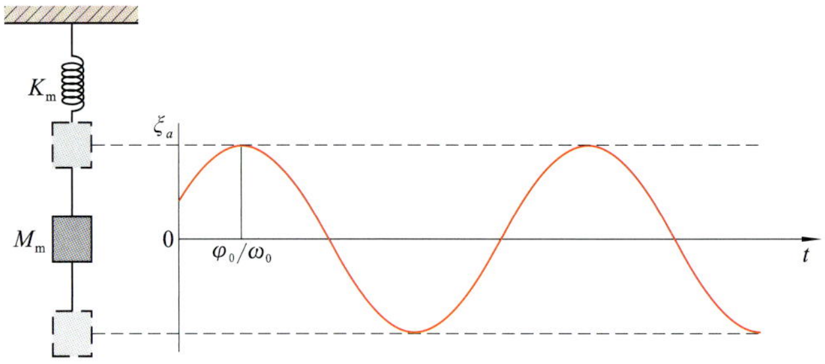

自由振动位移时间特性曲线

振子的自由振动的圆频率ω_0由K_m和M_m决定，而与振子的初始位移或初始速度无关，故ω_0也称为固有频率。

自由主义 liberalism 西方政治思潮或意识形态。形成于17、18世纪，19世纪开始成为主要政治思潮。尽管自由主义的内容经常改变，但是强调以理性为基础的个人自由，主张维护个性发展始终是自由主义的核心。自由主义者主张，国家的政治生活、经济生活和社会生活都应以维护个人自由为目的，反对任何形式的专制，无论是国家的、教会的，还是社会习俗的、舆论的，生命、自由和财产是公民不可剥夺的基本权利，在法律许可的范围内公民享有广泛的自由权，国家应实行代议制民主，国家权力必须受到限制，国家为保护公民权应实行法治与分权。自由主义者既反对保守主义，也反对马克思主义和科学社会主义。

自由主义政治思潮的发展经历了传统自由主义和现代自由主义两个历史时期。传统自由主义时期从17世纪起延续到19世纪末，现代自由主义时期则从19世纪末一直到当代。与传统自由主义的名称相对，现代自由主义也被称为新自由主义。20世纪70年代以后现代自由主义急剧分化。一些自由主义者转向保守主义立场，否定积极自由，反对国家干预，主张恢复传统自由的原则，推行放任主义。

自由主义是西方近代、现代乃至当代重要的政治思潮。它不仅极大地影响了西方社会民主主义、实用主义、新保守主义等政治派别或思潮，而且在相当长的时期内成为英、美等主要西方国家制定政策的理论基础。

自由主义神学 liberal theology 现代基督教**新教**的神学思潮。19世纪末至20世纪30年代盛行于欧洲和北美。思想渊源可追溯至德国浪漫主义神学家F.D.E.**施莱尔马赫**的以感受为出发点和基础的宗教观。主要特征在于从神学中排除形而上学和思辨的影响，注重人的理性、感觉、道德责任和价值观；强调宗教的实践性；侧重于用历史的观点和方法去研究《圣经》，提出了“从信条中的基督，走向历史上的耶稣”；赞同从道德的、社会进步的方面来解释基督教教义，因而主张冲破传统教义的束缚，对《圣经》采取批判的开放态度；注重上帝的内在性和人性一面，等等。德国神学家A.B.利奇尔的思想对自由主义神学有巨大的影响，由于德国主要神学院在19世纪末都由其门生所控制，利奇尔主义遂成为第一个自由主义神学学派。其著名的追随者有W.赫尔曼、J.卡夫坦、A.von**哈那克**等。在美国，自由主义神学的代表有W.饶申布什和H.E.富司迪等人。随着20世纪30年代以后新教的**新正统神学**和存在主义神学地位上升，自由主义神学逐渐丧失了在新教神学界的主导地位。

自由撰稿人 freelancer 不列入报社或杂志社编制及聘用范围之内的、自主给报刊写稿的社外人士。广义上，自由撰稿人泛指编辑、记者外所有给报刊写稿的人；狭义上，专指将为报刊写稿视为职业的社会人士。这些人具有一定的专业水平，在社会上和新闻界有一定的影响力，对某方面问题有一定研究，一般都根据文章的内容和档次自由投稿，有时也承担报纸或杂志的专栏撰写工作。自由撰稿人文责自负，他的观点并不代表报社或杂志社。美国18世纪初就有了自由撰稿人，中国近代报业发展史上也有自由撰稿人，**李大钊**、**鲁迅**等都曾因自由撰稿而名噪一时。进入市场经济的今天，新闻竞争激烈，媒介对自由撰稿人多持鼓励、接纳的态度。网络媒体上，有相当数量的自由撰稿人。但因兴趣写作的人多，而以此为职业的人少。

自治法规 regulations on the exercise of autonomy 自治机关或自治团体依照法定自治权制定的规范性法律文件。一般属于地区性和局部性的法规，其法律效力仅限于自治权管辖的范围，并不得与宪法和全国性法律相抵触。采取地方自治管理制度的国家，其宪法规定自治地方的自治机关有制定自治法规的职权。中国少数民族聚居的地方实行民族区域自治。《中华人民共和国宪法》第116条规定：“民族自治地方的人民代表大会有权依照当地民族的政治、经济和文化的特点，制定自治条例和单行条例。自治区的自治条例和单行条例，报全国人民代表大会常务委员会批准后生效。自治州、自治县的自治条例和单行条例，报省或者自治区的人民代表大会常务委员会批准后生效，并报全国人民代表大会常务委员会备案。”

自治区 autonomous region 中国行政区划单位，为现行民族型行政区划系统的一级政区单位。中国少数民族聚居地方实行民族区域自治的相当于省一级的政区单位。由一个人口较多的少数民族为基础，与居住在本行政区内的其他民族共同组成。1954年以前，凡民族自治的地方统称为自治区。1954年颁布的《中华人民共和国宪法》，将相当于县一级的自治区改称为自治县，相当于专区（或地区）一级的自治区改称为自治州，仅把相当于省一级民族区域自治的地方称为自治区，下辖州（盟）、市、县（旗）。其自治机关是自治区人民代表大会及其执行机构自治区人民政府。中国最早成立的自治区是1947年5月1日成立的内蒙古自治区。截至2010年底，中国有内蒙古自治区、新疆维吾尔自治区、广西壮族自治区、宁夏回族自治区、西藏自治区。

世界上绝大多数国家是多民族的国家，不少设有自治区一类民族区域自治的政区单位。如截至2008年初，俄罗斯地方一级的民族区域自治政区有4个民族自治区、1个自治州、21个民族共和国；意大利、西班牙、印度尼西亚、巴拿马等都设有自治区。

自治州 autonomous prefecture 中国少数民族聚居地方为实行民族区域自治而建立的介于省和县之间的行政区域。有的以一个少数民族聚居区为基础建立，如云南省西双版纳傣族自治州；有的以一个人口较多的少数民族为基础与其他一个或几个民族共同建立，如吉林省延边朝鲜族自治州；有的以两个或几个少数民族聚居区联合建立，如云南德宏傣族景颇族自治州。自治州下辖县、自治县和市。其自治机关是自治州人民代表大会和自治州人民政府。

自主神经系统 autonomic nervous system 由分布到内脏、心血管、平滑肌和腺体的神经纤维组成的神经系统。可分为内脏运动（传出）和内脏感觉（传入）两类。又称

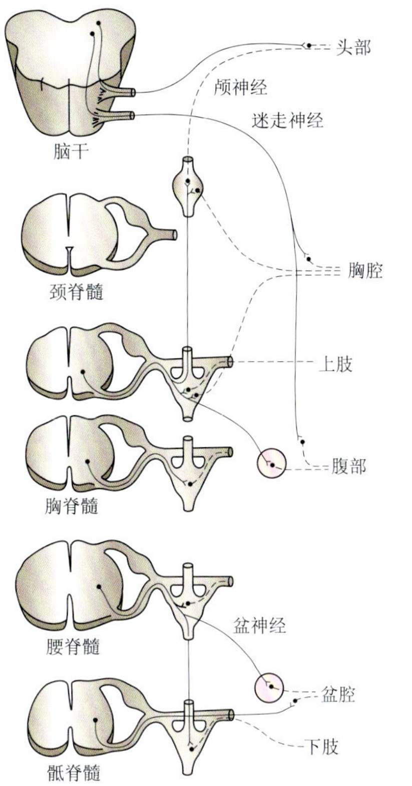

交感及副交感的节前及节后纤维对身体各部的支配

植物神经系统或不随意神经系统。无脊椎动物和低等脊椎动物仅有少量支配内脏的神经，自主神经系统到哺乳纲和鸟纲等高等脊椎动物才高度发展。从硬骨鱼开始有明显分化的交感神经系统，但只有比两栖纲动物更高等的动物才有完整的交感神经系统。自主神经系统可分为交感神经及副交感神经两部分。人们很早就注意到：情绪紧张、疼痛或损伤等情况有特别明显的自主性反应。哺乳纲动物的自主神经系统包括从胸、腰部脊髓侧柱发出的交感神经和从脑干、骶部脊髓发出的副交感神经。自主神经系统的功能为调节内脏和血管平滑肌、心肌和腺体的活动。

自助餐 buffet 一种用餐方式。就餐者自己从放在柜台上或桌上的食品中取食，不是坐在正式布置的餐桌旁点菜就餐。就餐者可根据自己爱好的口味方便地自行选取食品。通常举办于会议、颁奖仪式等场合。一般备有饮料和餐后甜点。自助餐按照不同的标准可分为不同的档次。一般自助餐大多为西餐，包括焖、烩、煮类菜肴，辅之以沙拉、面包、甜点、饮料等。标准较高的自助餐会有厨师在餐厅现场制作一些烤、烧类菜品，客人可现点现食。据考证，自助餐起源于8～11世纪北欧的斯堪的纳维亚半岛。那时海盗头领为庆功而大宴群盗，所采用的就是自己到餐台上选、取食品及饮料的吃法。因此，很多西方专业自助餐厅至今仍常冠以“海盗餐厅”之名。

字 courtesy name 中国古代汉族人姓名体系的组成部分。又称表字。意为字与名互为表里。字是名的引申，对名起补充、解释作用，是名之外的另一个常用称谓。名与字之间一般都有某种意义关联，如诸葛亮字孔明，“亮”与“明”同义。名从小就有，字是成人之后加的。周代已有此俗，一直沿用到20世纪上半叶。《礼记·曲礼》记载：“男子二十冠而字，女子许嫁笄而字。”称字是对成年人身份的承认和尊重，是讳名习俗的体现。但往往只有富贵者、文人等中上层人士才取字，平头百姓以至刀笔小吏等下层民众一般无字，字遂成为一种尊贵的标志，相互称字也是风雅之事。其他民族受汉文化影响，偶有用字的习俗。辛亥革命后，社会上提倡“一名主义”，主张废除取字号的习惯。

字典 dictionary 以字为单位，按某种检索方法编排，每个字均注明音、形、义和用法的工具书。

中国古代字典中对字和词的概念不加区别，这类书一律称为“字书”。直到清代《康熙字典》采用“字典”之名，近代出现了“词典”这一名词，字典和词典才有了相对的界限。现在的字典，有时也兼收语词。在英语词语工具书中，没有类似汉语中的字典。日语工具书中的“字引”，相当于汉语中的字典。

公元2世纪初，中国东汉文字学家许慎依据字的形体结构排列编著的《说文解字》（收字9 000多），是世界上最早的字典之一。以后又有了《玉篇》、《类篇》、《字汇》、《康熙字典》。其中最有代表性的是《康熙字典》，它收字47 000多个，是当时以及以后很长一个时期内中国收字最多的一部字典。近、现代字典具有代表性的有民国时期陆费逵等编的《中华大字典》，收48 000字。1986年开始出版的《汉语大字典》收字56 000个。1994年出版的《中华字海》，是当今世界收汉字最多的字典，共收字85 000多个。中国近、现代编的字典大体分为两类：一类是综合性字典，如《新华字典》，主要是为学习语文、解决阅读中单字方面的困难而编纂的；一类是专门性字典，专供研究字形、字音等而编纂。

根据汉字的特点，常用字典的排列法有三种，即音序、部首、四角号码。有的字典，两或三种排列法兼用。

《字林西报》 *North China Daily News* 英国人在中国创办的历史最久的英文报纸。又称《字林报》。英国商人奚安门1850年8月3日在上海创办《北华捷报》周刊，主要刊载中国沿海城市的商情、一周新闻及司法、领事公报。1856年起，增出《航运日报》和《航运与商业日报》副刊。至1864年，《航

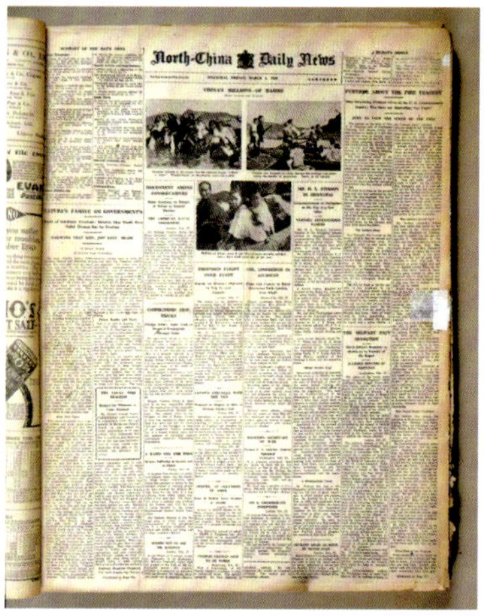
North-China Daily News

《字林西报》1929年3月1日版面

运与商业日报》扩大业务，改名《字林西报》，由字林洋行出版。《北华捷报》作为《字林西报》所属周刊，继续刊行。主要发行对象是外国在中国的外交官员、传教士和商人，也有中国人订户。1951年3月，因报道不实受到上海市军事管制委员会的警告。31日停刊。

字母 汉语音韵学术语。简称母。声母的代表字，相当于现代说的声母。字母一词来自梵文摩多。本义指元音，后来词义扩大，辅音也称摩多。传入中国以后，只代表声母。相传唐末和尚守温创造三十六字母，守温或许是最早记录字母的人，但在他那个时代只有30个字母，后人又增加帮、滂、奉、微、娘、床6个，构成三十六字母。一般认为，三十六字母代表了宋代的声母系统。

字书 book of forms, pronunciations and definitions of characters 中国古代专门收录或解释汉字形体，兼及音义的著作。清修《四库全书总目》将小学类分训诂、字书、韵书3种。字书与训诂书、韵书不同，重在据字形分部，说明字的音义。

字书大体可分为五类：①学童习诵的识字书。如汉代流行的李斯等的《仓颉篇》(已佚)、史游的《急就篇》。②按形体偏旁分部编排的字书。东汉许慎《说文解字》首创此例，后代仿此体例的字书很多，如梁代顾野王的《玉篇》、宋代司马光等的《类篇》、清代官修的《康熙字典》等。③刊正字体的字书。如唐代颜元孙的《干禄字书》、张参的《五经文字》、唐玄度的《九经字样》等。④集录篆、隶、古文字的字书。如宋代郭忠恕的《汗简》、夏竦的《古文四声韵》、娄机的《汉隶字源》，以及近代容庚的《金文编》、孙海波的《甲骨文编》等。⑤用六书分析文字的书。如宋代郑樵的《六书略》、宋末元初戴侗的《六书故》等。

宗白华 Zong Baihua(1897～1986-12-20) 中国美学家。江苏常熟人。卒于北京。1918年毕业于私立同济医工专门学校。1920～1925年留学德国，先后在法兰克福大学、柏林大学学习哲学和美学。回国后任东南大学（后更名为中央大学、南京大学）哲学系教授，1952年后一直担任北京大学哲学系教授。受J.W.von歌德、A.罗丹、H.柏格森的生命哲学和《周易》中的生命精神的影响，宗白华认为宇宙的本体是生生不息的生命律动，在表现宇宙的生命本体上艺术比哲学更有优势。他认为西方艺术以体现空间意识为主，中国艺术以体现时间意识为主，主张中国艺术的最高境界是“舞”的境界，因为“舞”是宇宙生命节奏的最生动的体现。宗白华不追求体系的完整，他将自己的研究方法称为“散步”。主要著作有《美学散步》、《艺境》等，译著有I.康德的《判断力批判》上卷、W.赫斯《欧洲现代画派画论选》等。逝世后出版《宗白华全集》4卷。

宗法 patriarchal clan rules 以血缘关系为基础，标榜尊崇祖先，维系亲情，在宗族内部区分尊卑长幼，并规定继承秩序以及不同地位的宗族成员享有不同的权利和义务的法则。宗法是中国古代社会构成的重要方式。宗法制萌发于商周时期，成熟于西周、春秋时期，在漫长的封建社会中，几经演变，在唐朝末年瓦解。宋代，宗法又以礼教与政权、神权、夫权、族权相结合的形式存在，并一直延伸到封建社会结束。

沿革 宗法制度是由父系氏族社会的家长制演变而来的。商代，宗法制进一步发展，继统法以子继父为主，并由此产生了直系旁系之分、嫡庶之分、大宗小宗之分。宗法中的嫡庶，滥觞于对偶婚。妻分嫡妾，子分嫡庶，才有了一整套的宗法制度。

西周、春秋时期，宗法制度臻于完善，因而最为典型、严密。这一时期，宗法制度的特点是严格区分嫡庶，确立嫡长子的优先继承权。宗族内分大宗、小宗，都以正嫡为宗子，宗子具有特殊的权力，宗族成员必须尊奉宗子。嫡长子继承制是宗法制度的核心。统治者为了保持血亲统治的纯贵族血统，规定先王去世，由嫡长子继位；如果没有嫡长子，则从嫡妻从嫁之女弟所生之子补充（当然也是纯贵族血统）；如果没有这样纯贵族血统的母弟，只好从众妾所生之子中择年长者当选，年龄相同的则选择贤者，贤能相同的就由占卜来决定。嫡长子将土地与官职分封给他的兄弟们。将一个国家变成诸个有血亲关系的兄弟小国。这种兄弟国的分封制始于周武王。周公也曾分封，分封的对象、范围是亲戚，也就是兄弟。血亲统治的最大特点，就是统治权力世代血亲相传。不仅王位如此，诸侯、卿、大夫、士的各级统治地位都是如此。通婚按照严格的等级进行。周代的宗庙制度规定天子七庙、诸侯五庙、公卿三庙、士一庙。又以昭穆的次序排列：自太祖，亦即一族的始祖之后，父庙曰昭，子庙曰穆，孙之庙曰昭，曾孙之庙又曰穆，以此类推。祖先崇拜以严格的制度确定下来加以强制性地奉行。宗子作为本宗始祖的嫡系继承人，是全宗人尊奉的对象，他有着许多特权。宗子有权主持祭祀。宗子有掌管本宗财产的权力。宗子还有权掌管宗族成员的婚丧事务。宗子对宗族成员有管教与惩罚的权力，甚至有生杀大权。大宗与小宗紧密地团结起来，形成一个依靠对封邑、采地、禄田上劳动的农奴剥削而存在的统治集团。这种宗法制度又与等级分封、世卿世禄制度互为表里。

从战国时期开始，宗法制度进入演变期。各国为争雄而变法图强，主张削弱宗族势力，趋向于废除分封制。秦国在法律上明确规定禁止父子兄弟同家共财。

秦汉以后，由宗法引出的血缘纽带，尊卑有序、尊长特权却久盛不衰。秦汉时一些宗族由于政治地位、经济力量以及人丁兴旺等优势，形成强宗大族，他们筑堡坞，置部曲，把持地方，操纵官吏，战乱时建立宗党武装，形成割据势力。

这种强宗大族的进一步发展则是魏晋南北朝时门阀制度的出现。与门阀制度相联系，魏晋南北朝时谱牒之学十分流行。大姓、士族都在修家谱，以明统系，宗族不相混淆。门阀制度已不像西周春秋时的宗法制那样，将宗族内部大宗、小宗按血缘区分，而是偏重于宗族的政治、经济实力。

唐朝兴科举，废除九品中正制，门阀制度衰落。

宋代理学兴盛，理学家们认为门阀制度下的宗法组织，已经失去了先圣立宗法的本意，主张重建古代的宗法组织。

形式 家谱，是使人们知晓统系来处的方法，又可以使家族不散不失传。然而修家谱的目的是治国，将古代宗法尊祖、敬宗、收族的原则，变成了修宗谱、建宗祠、置族田、立族长、订族规为特征的体现封建族权的宗族制度。家谱的雏形，在殷商卜辞中的世系关系中有所反映。隋唐以前，家谱的修撰已相当发达，大量的家谱书籍问世，但大多未留传后世，人们一般认为家谱起于宋代。

宗祠习惯上称祠堂，是供奉祖先神主，

进行祭祀的场所，被视为宗族的象征。宗庙制度产生于周代，《礼记·王制》中已记载了帝王贵族的宗庙制度。即天子七庙太祖、三昭、三穆，诸侯五庙太祖、二昭、二穆，公卿三庙太祖、一昭、一穆。秦代“尊君卑臣，无敢营宗庙者。汉世多建祠堂于墓所”。士大夫不敢建宗庙，从此宗庙成为天子专有。宋代朱熹提倡建立祠堂法：每个家族建立一个奉祀高、曾、祖、祢四世神主的祠堂四龛，而且，初立祠堂时，计现田每龛取1/20以为祭田，亲尽则以为基田。由宗子主之，以给祭用。清代，祠堂已遍及全国城乡各个家族，祠堂是族权与神权交织的中心。祠堂中的主祭——宗子，相当于天子；管理全族事务的宗长，相当于丞相；宗正、宗直，相当于礼部尚书与刑部尚书。祠堂最能体现宋代宗法制家国一体的特征。

族规是家族的法律。族规在唐以前是一家一户家长教养子孙的仪礼与规矩。最早的家规是三国时魏人田畴为其家族制定的。宋代，宗族组织普遍，家规由一家一户的家训，转变成专门约束家庭成员的规章，家法、族规才成为封建国法的重要补充。族规的作用也体现了它的内容：首先是强制性的尊祖；第二是维护等级制度，严格区分嫡庶、房分、辈分、年龄、地位的不同；第三强制实行儒家伦理道德，必须尊礼奉孝。

宋明以后，宗族制得到统治阶级的支持，族权布满农村社会各个角落的众多宗族，成为仅次于政权的权力体系。族权与政权互补互用，是中国的封建社会得以长期延续的重要原因。

宗谷海峡 Soyakaikyo　日本北海道岛与俄罗斯萨哈林岛（库页岛）之间的海峡，沟通日本海与鄂霍次克海的国际水道。名称源于阿伊努语，意为“海上岩石”，因在萨哈林岛一侧的海峡中有一块高6.1米的孤立巨石而得名。1787年法国探险家拉彼鲁兹曾穿越海峡，因此又称拉彼鲁兹海峡。海峡大体呈东西向，长约42千米，最窄处为北海道岛北端的宗谷岬至萨哈林岛南端的克里利昂角之间，宽约43千米，一般水深30～70米，最深处达118米。海水温度和盐度北部低于南部。有暖寒流在北海道东北海域交汇，形成世界著名渔场，盛产鲱鱼和海带等。扼北出日本海通过鄂霍次克海进入太平洋的航线要冲，战略地位重要。除海峡中间的二丈岩外，无危及航行的岩礁和暗礁，利于航行。位于宗谷湾内的稚内港为不冻良港，可容巨轮停泊。北岸的科尔萨科夫，位于萨哈林岛南端阿尼瓦湾内，为俄罗斯远东良港之一。有造纸和水产加工工业。

宗教 religion　一种社会历史文化现象，是人类社会及人的思维能力发展到一定水平时出现的一种社会意识形态和思想文化现象，表现出人的信仰观念和崇拜行为，并有相应的社会活动和组织形态。其特点是相信在人类生存的现实世界之外还存在着超自然、超人间的神秘力量或实体，认为这种神秘存在超越一切又无所不在，拥有至高权威并统摄万物，支配着自然和社会的进程，决定着人世的命运及祸福，由此使其信仰者对这一主宰一切的神秘存在产生敬畏和崇拜的思想感情，并形成与之相关的信仰认知和礼仪活动。

概念与定义　宗教一词在西方语言中源自拉丁文religio。religion作为适用于各种宗教的一般概念，在西方始于近代以来的思想和学术发展。在此之前，人们有着对神敬畏、敬仰、虔诚或与之相关的戒律、禁令和礼仪等多种表述，却无类似“宗教”的固定概念，例如，古希腊人曾有过“对神的敬畏和虔诚”、“敬神的戒律、禁令和礼仪”等术语。新希伯来文的相关表述有“神的律法”。伊斯兰教在穆罕默德时代曾用“仪礼”、“顺服”来表达其信仰。古印度人曾称其信仰核心为“法”，由此引申出佛教的“佛法”、“一切法”、“心法”等。

“宗教”正式作为与religion相关的专门学科术语在中国词汇中出现，源自19世纪末日本人翻译西方著作之举。汉语的“宗”、“教”二字在古代本来分开使用。“宗”字按《说文》的解释指“尊祖庙也”。“教”字本意为教育、教化，指上施下效、从学入道，后来引申为“对神道的信仰”。“宗教”二字的合用最早见于约10世纪时的佛教术语。北宋道原的《景德传灯录》十三有“(佛)灭度后，委付迦叶，展转相承一人者，此亦盖论当代为宗教主，如土无二王，非得度者唯尔数也”之说。佛教文献论及的“宗教”意为崇奉佛陀及其弟子的教诲。只是因为近、现代西方宗教学的发展及其对中国学术界的影响，人们才将“宗教”与西文的religion对应起来，以泛指人类的信仰崇拜现象，从而超越了传统佛教对“宗教”的运用及理解。

关于宗教的定义，人们迄今仍未达成共识。一般而论，可对宗教从三个层面来加以剖析：一为宗教的思想观念和感情体验，此即其教义层面；二为宗教的崇拜行为和礼仪规范，此即其教仪层面；三为宗教的教职制度和社会组织，此即其教团层面。

宗教的思想观念和感情体验指人的神灵观念和对神灵的敬畏心境。这种对神灵的信仰亦表述为对终极者或对神秘的超人间力量的信仰，它是一切宗教的根本和基点，构成了宗教的世界观或宗教意识。宗教思想观念和情感体验虽看似无形，却为整个宗教的内在因素和核心所在。其表现出的人与其信仰对象的关系，显示了人对超人间力量的探求和向往，为人的灵性趋向和精神运动。这一层面的宗教定义或理解是从人的主体和内在来把握其精神世界及精神生活，其神圣观念和神秘体验都关涉到人的“宗教性”问题，反映出宗教的认识根源，说明了人之宗教信仰的心理基础和精神需求。

无形的宗教思想观念和感情体验可以外化为有形的宗教行为规范和组织制度，由此即可构成对宗教的客观定义。它从人的崇拜行为、组织建构及其制度化来界定宗教，注重宗教信仰的社会存在及其实践意义，解说宗教作为社会现象的多种展示及其功能和影响。这种定义侧重于人类社会生活，更多反映出社会科学意义上的界说，认为宗教崇拜行为、礼仪规范及其教职制度和社会体系都是宗教的外在因素和形体构成，它导致了对“他人”即相应社会群体的影响，并在其社会发展和文化传统的构建中实现了宗教思想意识及其实践行为的规范化、程式化、机构化和制度化。这两个层面的定义或解释则突出了宗教社会存在的特征和特性，把宗教视为对人之社会存在的不足、有限和缺陷的补偿及克服，视为人类社会存在所需要的最根本的结合因素，以说明宗教乃是被社会认可的人类行为方式的基础，具有构成社会合理结构形式和标准价值体系的功能。

起源与发展　宗教的发展历史悠久，其最早的宗教观念和信仰活动约产生于公元前3万～前1万年间的旧石器时代中、后期。此时原始人已特别重视与其生活密切相关的出生、死亡和食物这三个因素，萌生出灵魂不死和死后生活的观念，亦出现与原始宗教相关的埋葬死者、敬畏图腾等仪式和习俗，有了最早的宗教崇拜活动。灵魂不死的观念又衍化出物活论、万物有灵论、鬼魂论、祖灵论和神灵论等观念，并由此形成对自然物、自然力、祖先、氏族的各种崇拜活动，发展出自然神、祖先神、氏族神信仰，以及相关的图腾崇拜体制。自然崇拜和祖先崇拜是原始宗教信仰的基本对象，它们构成诸神观念的真正起源。

在原始社会的解体过程中，从氏族部落联盟发展出最早的民族国家，而原来的氏族部落宗教也上升为民族宗教或国家宗教。这种社会重构和氏族融合使原来部落联盟的诸神形成了主神和次神的区别，宗教信仰由普通的多神教向主神崇拜过渡，出现轮换主神教或单一主神教等崇拜形式。宗教崇拜进而发展出高度综合的二元神教和一神教，其神灵观念亦有了单拜一神、至高一神、统一之神和绝对一神的抽象。在世界宗教史上，曾先后出现过许多具有民族宗教性质的古代宗教，如古埃及宗教、古巴比伦宗教、古代印度的吠陀教、婆罗门教及后来的印度教、古波斯宗教和琐罗亚斯德教、犹太教、古代迦南宗教、腓尼基宗教、赫梯宗教、弗里吉亚宗教和古希腊－罗马宗教等。这些宗教大多伴随其古代国家的灭亡而消亡，只有少数宗教如犹太教、印度教等与其民族一道极为顽强地存在与发展，其作为历史宗教虽多有嬗变却延续至今。此外，世界宗教史上还出现了一些与当地民族文化密切关联、其地区性和民族性都较为突出的宗教，如中国的道教，印度的锡克教、耆那教和日本的神道教等。

随着世界各地区文化交往的不断扩大和日趋频繁，人们对自然和人类社会自身的认识逐渐加深，由民族国家宗教的形成而发展出的人文宗教亦在此基础上出现飞跃，其传播和影响已不限于一个国家和地区，有的遂发展为世界宗教，此即超越民族人种局限、突破国家地区界线的世界宗教的诞生。这种世界宗教最为典型的代表为佛教、基督教和伊斯兰教，统称“世界三大宗教”。

佛教约公元前6～前5世纪兴起于古代印度，其创始人释迦牟尼以其对世界及人生的新觉悟提出其“涅槃”、“解脱”之道，成为当时反婆罗门教思潮之一，并得到刹帝利、吠舍种姓的支持。佛教的传播与发展经历了公元前6世纪中叶至前4世纪中叶的原始佛教、前4世纪中叶之后的部派佛教和公元1世纪左右的大乘佛教、小乘佛教等阶段。公元前3世纪摩揭陀国孔雀王朝阿育王奉佛教为国教，佛教开始传入与印度毗邻的国家和地区。公元1世纪以来，佛教传入亚洲各国，形成多元发展。其中传入中国大部地区和朝鲜、日本、越南等国的称北传佛教，以大乘佛教为主；传入中国西藏、内蒙古和蒙古、西伯利亚等地区的称北传佛教中的藏传佛教；而传入中国云南和南亚今斯里兰卡、缅甸、泰国、柬埔寨、老挝等地的则称南传佛教，以上座部佛教为主。这样，佛教被视为东方的世界性宗教。7世纪以来，大乘佛教部分派别与婆罗门教混合而形成佛教密教。8、9世纪之后，佛教在印度本土开始衰败，于13世纪时基本消失，直至19世纪后才出现复兴和重建。19世纪以来，佛教传入欧美各国，真正成为在世界范围传播的宗教。

基督教于公元1世纪产生于罗马帝国时期的巴勒斯坦和小亚细亚地区，随即流传到帝国全境，于4世纪末立为帝国国教，并在古代地中海周边地区传播。罗马帝国衰亡后，基督教发展成为影响整个中世纪欧洲的宗教。11世纪，基督教分裂为东正教和天主教两大教派。16世纪天主教内部出现宗教改革运动，又形成被统称为新教的一些新宗派。近代以来，尤其是随着欧洲资本主义的兴起及其海外殖民扩张活动，基督教三大派系在世界各地广泛传播，成为世界上信教人数最多、影响最大的宗教。

伊斯兰教产生在7世纪初的阿拉伯半岛，其创始人为穆罕默德。到8世纪初，伊斯兰教已发展成为地跨欧、亚、非三洲的世界性宗教。伊斯兰教以阿拉伯世界为中心，其影响后又扩展到波斯、巴基斯坦、印度、中国和其他亚非国家。伊斯兰教在创立后不久因政见分歧和宗教分歧而先后分化出哈瓦利吉派、什叶派和逊尼派等教派，于7世纪末又形成坚持苦行、禁欲、具有神秘主义色彩的苏非派。至9、10世纪，各教派宗教体制大致定型并延续至今。伊斯兰教于中世纪开始影响并传入欧洲，近代以来在欧美各国亦形成一定规模的传播。

自19世纪中叶以来，世界各地先后出现新兴宗教的发展。这些新兴宗教有的与传统宗教的演化嬗变密切相关，有的是几种宗教的混合构成，有的则是在现代社会的全新发展。从其类型来看，新兴宗教一为嬗变于基督教传统的崇拜团体，如摩门教、基督复临派、基督教科学派、耶和华见证人派（拉塞尔派）、五旬节派、上帝之子会、统一教会、人民圣殿教、大卫支派、国际之路会、爱的以色列和阿拉漠基金会等；二为脱胎于伊斯兰教的新宗教，其中影响最大的如巴哈伊教等；三为带有东方沉思默想的特色，与传统印度宗教相关联的神秘主义团体，如讫里什那觉悟国际社、神光会、超越冥想派、拉杰尼希静修会和幸福健康神圣会等；四为从佛教、神道教中分化而兴起于东亚等地的新兴宗教，如创价学会、灵友会、立正佼成会、佛所护念会、本门佛立宗、解脱会、真如苑、孝道教团、念法真教、妙道会教团、思亲会、天理教、PL教团、阿含宗、金光教、大本教、大倧教、圆佛教、高台教、生长之家、善邻教、天照皇大神功教、神灵教、出云大社教、瑞德教、黑住教、神习教、神教修成派、神道天行居、施行教、奥姆真理教等；五为融合东方神秘主义和现代心理学因素、以信仰治疗为主的新兴团体，如科学学教会、埃哈德训练研究会、西维亚思想控制会、再生会等。这些新兴宗教有的从“神秘膜拜”而走向危害社会，堕落为邪教，有的则因与现实社会生活密切结合而在当代社会产生了重要影响并得到广泛传播。

在当今世界60亿人口中，信奉各种宗教的人约有48亿，占世界总人口的80%。其中信奉基督教的人数近20亿，约占世界总人口的30%；信奉伊斯兰教的人数约12亿，约占世界总人口的20%；信奉佛教的人数约3.5亿，占世界总人口的5.8%。此外，传统宗教中信奉人数较多的有，印度教信徒8亿人，犹太教信徒1 700万人，道教信徒约5 000万人，信奉各种新兴宗教的人数约1.3亿人。

在中国，源自远古社会的宗教崇拜活动形成了绵延千年的宗法性传统宗教，发展为以儒教为主体的中国文化传统，它以“敬天祭祖”为特征，反映出中国农业社会结构与传统文化观念的融合、共构。佛教于公元1世纪由印度经西域传入中国，与儒道思想结合而逐渐发展出具有中国特色的佛教宗派，后来对日本、朝鲜等国的佛教发展有着重要影响。道教为中国本土宗教，于2世纪开始形成其宗教组织形态。儒、佛、道在中国历史上曾长期并立共存，号称“三教”，为中国传统的主流宗教。基督教在华历史始自7世纪景教的传入，它有着四入中国的复杂经历，反映出中西文化的冲突与交流。伊斯兰教在唐、宋之际由陆、海两路传入中国，并在回、维吾尔等10个少数民族中扎下根来，形成伊斯兰教文化与这些民族文化有机结合的局面。摩尼教、犹太教、琐罗亚斯德教在历史上亦曾传入过中国。据不完全统计，中国现有各种宗教信徒1亿多人，其中以汉传佛教和道教信徒为主，信众多达数千万人；信仰藏传佛教人数为800万，信仰云南上座部佛教的人数约150万；信仰伊斯兰教的人数约1 700万，信仰基督教（新教）的人数约1 000万，信仰天主教的人数约400万。佛教、道教、伊斯兰教、基督教和天主教统称中国当代“五大宗教”。其宗教活动场所达8.5万余处，宗教教职人员约30万人，宗教团体3 000多个。

本质与特征 对宗教的本质和基本特征，学界有各种不同的看法。哲学意义上的宗教分析大多侧重于人类的宗教精神和思想情趣，其研究往往涉及宗教认知、宗教经验、宗教语言、宗教伦理道德和人对神灵问题的理性探索或神秘把握等方面。神学意义上的宗教解答通常基于信仰立场而认为其所信宗教来自神启和人的天性，其探析特别关注有限与无限、现实与永恒、局部与整体、相对与绝对、此岸与彼岸的比较。社会学意义上的宗教研究则更多强调宗教的群体结构、组织系统及其在社会中的实际功能，从宗教的群体存在和社会作用的视角判断宗教的本质，认为宗教是人类社团以一种信仰和行动的社团体系来解释“神圣”存在并作出一定反应。大体来看，对宗教本质及其特征的分析包括信仰主体的个人体验、宗教信仰客体对象即敬“神”意义和宗教的社会功能这三个方面。

宗教的思想观念和感情体验从严格意义上讲是指宗教信仰主体的体验，有其主体性和内在性，是人的“自我意识和自我感觉”。这种相信神灵存在的思想观念和感情体验为宗教的根本和核心，在“人”对“神”的崇拜中，“神”被视为超越人和自然却又对其控制的外在力量。宗教在此被理解为人对“神性”或“神圣”的认知和体验。为此，历史唯物主义把信仰“支配着人们日常生活的外部力量”作为宗教的独特思想观念。

宗教礼仪规范和宗教教职制度体现为“宗教行为”和“宗教组织”，反映出宗教的社会功能。宗教行为表现在其理论活动和实践活动之中，而宗教教条和礼仪的形成，正是这两种活动的结果。教条的确立反映了宗教理论活动的积淀，礼仪的制定则代表着宗教实践活动的定型。宗教行为发展出宗教传统，由此构成各宗教中相沿成俗、相对固定的具体教义教条、礼仪程式和道德规范。提出和规定教义教条是对宗教经典汇集、编纂和诠释活动的必然结果，而礼仪程式的产生也是为了对巫术、祭祀、禁忌、祈祷、礼拜、朝觐等宗教崇拜行为确定规范标准。宗教教条及礼仪就在其存在的文化氛围中成为一种公认的社会惯例，为其社会存在提供必需的道德伦理规范、价值标准和审美意向，并具体制定出生活方式和宗教实践所必须依据的行动准则和法规。宗教组织则代表着宗教体系的机构化、制度化和社会化，形成整个宗教结构的表层和宗教实体的外壳。这种教职制度最典型地体现出宗教的社会结构，使宗教这种社会共同体或综合体与世俗社会既有联系，又相区别，而且能以其独立形态在社会中求生存、图发展。教职制度的确立使宗教这种社会现象得以物化，构成其外在形体，从而为宗教整体的社会存在起了稳固和维系作用，并确保宗教作为社会结构的有机部分来参与和共构人类社会的存在与发展。

宗教思想、行为和组织一方面受其得以产生的社会历史条件的影响，另一方面也会对这一社会产生反作用，影响到与之相关的社会文化生活、政治经济结构和道德伦理规范。宗教的存在表现为一种活生生的社会综合体系和文化生活方式，宗教精神、宗教情操和宗教境界也是在与人类生存共在、与人类文明共辉中体现出其普遍性和恒久性。因此，宗教是人类历史发展过程中一种强调个人及群体灵性存在、寻觅终极意义、体悟升华意境，以求真为善、虔诚笃信来超越自我，臻于神圣的文化现象。人类借此在认识其有限、相对之际仍以其文明创造来表达其对无限、永恒、绝对的倾慕、向往和敬畏，并由此构成其追求真、善、美、圣的价值观念、致知取向、行为实践和社会联盟。宗教这一本质特征自然影响到其社会存在的性质和对社会发展的作用。

宗教与社会的统一最早体现在原始文化之中，原始文化本质上是一种宗教文化，因为原始社会的一切文化活动同时也就是宗教的活动。在原始社会解体之后的发展演变中，宗教与社会的关联以不同方式在很大程度上得到保存，宗教在许多国家地区和民族群体中迄今仍作为各种民族或社会生活方式及其文化特色而存在。大体来看，宗教与社会政体的关系仍表现为政教合一、政教协约和政教分离这三种模式，由此构成人类社会丰富多样、各自不同的社会结构。政教合一表现为两大形态：一为严格意义上的政教合一，宗教领袖亦为国家元首，掌握着实际权力，作为国教的宗教在其所在国家或影响范围内继续保持着至高无上的权威；二为宗教与国家的统一或认同，即存在国家宗教，但这种“国教”仅在形式上维系住其政教合一的形态，国家最高权威并非宗教领袖，亦非神职人员，有些国王或国家元首虽为宗教领袖，却只有象征性的世俗或宗教权力，并不真正参与国家管理或宗教事务。政教协约是指通过协约、协定、协商来重新确立相关宗教与国家的关系，各自据此放弃一些权力，亦保留一些权力，以达到一种相互谅解、互利互惠的和平共处。政教分离虽导致了宗教与社会政体的分离，却没有消除宗教对社会的影响，在现代世俗化进程中，宗教作为“潜在的精神力量”和厚重的文化积淀仍在社会深层上继续存在并发挥其作用。世俗化虽追求自然世界和人类社会的“非神秘化”，却不可能从根本上取代宗教的存在。

宗教裁判所 inquisition 13～19世纪**天主教会**侦察和审判异端的机构，旨在镇压一切反教会、反封建的异端，以及有异端思想或同情异端的人。也译为异端裁判所、宗教法庭。13世纪上半叶开始建立。教皇**英诺森三世**曾建立教会的侦察和审判机构，是为宗教裁判所的发端。霍诺里乌斯三世继任教皇（1216～1227年在位）后，于1220年通令西欧各国教会建立宗教裁判所。教皇格列高利九世（1227～1241年在位）又重申前令，并任命由其直接控制的托钵僧（见**托钵僧团**）为裁判官，要求各主教予以协助。于是宗教裁判所在西欧天主教国家普遍成立。所谓异端是指不同于罗马正统教派的言行和思想。巫士亦被视为异端。异端罪的侦审秘密进行。控告人与见证人姓名保密。罪犯、恶棍乃至儿童，皆可作见证人。一经被控，绝难幸免。为被告作证、辩护，有被指控为异端的可能，因此无人敢为。被告如认罪并检举同伙，处理从宽。对不认罪、不悔过者刑讯逼供，从严定罪，处以徒刑或死刑。死刑多为火刑，交由世俗当局执行。13世纪法国的宗教裁判所颇为活跃。西班牙统一后，于1480年成立由国王控制的宗教裁判所。西班牙宗教裁判所历时较久，凶残恐怖较著。1483～1820年间，受迫害者达30余万人，其中1/3被判处火刑。16世纪中叶，教皇在罗马建立最高异端裁判所。18、19世纪，西欧各国宗教裁判所先后被撤销。

宗教地理 religion, geography of 研究宗教的地理分布、传播路线和宗教与地理环境的关系以及宗教对地区文化景观影响的领域。地理学与宗教学的交叉领域。宗教是一种社会历史现象，在其自身发生、发展和演变过程中地理环境起着一定作用。每一个宗教都有其分布的地域。世界性的宗教如基督教、伊斯兰教和佛教分布的范围都比较广；地区性的宗教多与民族的分布相关；民间宗教、原始宗教的信仰人数少，分布的地域狭窄而集中，且与特殊的群体有关。宗教地理的研究涉及多个方面，包括国家和民族战争、民族迁徙、文化传播、民俗信仰、经济社会发展等。如历史上的十字军东征反映了基督教与伊斯兰教的矛盾与冲突；在巴勒斯坦地区以色列与巴勒斯坦的冲突，存在着犹太教与伊斯兰教的宗教矛盾；北爱尔兰的爱尔兰人与英裔居民间的不协调，则是基督教内部旧教与新教间的历史裂痕。以上的冲突恰好出现在各种宗教分布的接触线上。又如天主教的哥特式尖顶、飞扶墙，伊斯兰教的穹顶、光塔，佛教的宝塔，都是典型的文化景观，成为标志性建筑。

宗教法系 religious law systems 泛指适用于特定宗教信仰成员的法律。它不同于适用于特定国家公民的一般法律。例如中世纪罗马天主教、东正教的**教会法**，印度等国的印度教法系，伊斯兰教法，以及影响较小的犹太教法。宗教法的特点是宗教、道德和法律三种规范结合在一起，强调义务而忽视权利。这种法律在国家中的地位取决于它与国家政权的关系。在政教合一的国家，宗教法的地位高于世俗法律，甚至取代世俗法律；在政教分开的国家，宗教法的影响仅及于某些领域。

宗教改革 Religious Reformation 16世纪在欧洲出现的以宗教改革为内容的大规模社会政治运动。中世纪后期的欧洲，教廷势力越来越大，教会占有土地，出售赎罪券，与世俗政权联系密切又彼此争斗，教廷和一些教士的腐化极其严重，各阶层民众对之日益不满。1517年10月31日，德国维登堡大学神学教授**马丁·路德**发表《九十五条论纲》，抨击罗马教廷出售赎罪券，矛头直指罗马教皇，拉开了宗教改革的序幕。1520年，路德又发表《关于教会特权制的改革致德意志基督教贵族公开信》，敦促教廷和教会恢复使徒时代的廉洁和简朴。此后宗教改革运动迅速在欧洲展开。在德国，出现了一批支持路德主张的封建主和市民教会；在瑞士，出现了以**J.加尔文**、**U.茨温利**为首的激进改革；在英国，开始了自上而下的宗教改革。宗教改革的主要内容有：反对罗马教会对各国教会的控制；反对教

马丁·路德在莱比锡神学论战中抨击教皇

会占有土地，出售赎罪券；不承认教会有解释《圣经》的绝对权威，不承认教士沟通神人的中介作用，认为《圣经》是信仰的最高原则，因信即可称义，教徒能够与上帝直接相通相遇；要求用民族语言举行宗教仪式，简化形式，主张教士可以婚娶。宗教改革之后，西欧北欧各国的世俗君主摆脱了罗马教廷的控制，并把各国教会制于自己的控制之下，产生了脱离罗马教廷的基督教第三大派别即新教各宗派；在德国和北欧诸国有路德宗，法国、瑞士和苏格兰有加尔文宗，英国有**安立甘宗**等等，各种民族语言的《圣经》也相继出版。

宗教改革沉重打击了封建制度和天主教教会，促进了民族意识的觉醒和民族语言文化的发展，为后来的资产阶级革命扫清了道路，在政治、经济和社会各方面具有深远的影响。

宗教学 religion, science of 以宗教为研究对象的社会科学。19世纪下半叶，西方宗教学者首先建立了这门学科。一般以F.M.**缪勒**1873年发表《宗教学导论》、率先使用“宗教学”一词为其开端。因对宗教学研究对象、主体、目的和方法等的不同看法，西方宗教学有狭义和广义之分。**神学**领域以外的学者一般只承认狭义宗教学，即纯历史性、客观性描述和比较、不带主观价值评断的宗教学，认为它是一门研究感性事实的经验学科、并非论述哲学主张的规范学科，因此既区别于相信神灵存在为前提的神学，也不同于否定神灵存在的**无神论**学说，而是把社会历史中存在的宗教现象作为其研究客体，探讨其起源与发展历史，考察其观念、行动及组织形态，分析其得以生存的社会文化背景与基础，找出其内在性质和规律、社会功能和作用。这些学者因强调对宗教的描述性展示而不同意采用带有规范意义的“宗教学”一词来概括其学科，突出历史性描述的学者称它为宗教史学，并使其成为国际宗教学学科组织和学术协会的正式名称，而突出比较性描述的学者则习惯称它为比较宗教学。但不少宗教学者本身又是哲学家或神学家，他们不同意把宗教学看成纯粹描述或理解的学科，认为不包括价值性判断和规范性研究的宗教学是不完备的，因此坚持一种广义的理解，主张将所有专门研究宗教现象的学科都归入宗教学，强调它应正视宗教的本质及价值取向问题，不能排斥对宗教的规范性、界定性研究。这样，狭义的宗教学包括对宗教发展进行系统研究的宗教史学、对各种不同宗教进行比较研究的比较宗教学、对宗教史实加以现象描述和抽象归类的宗教现象学、探究人类精神心理对宗教的体悟以及信仰者的各种宗教体验的宗教心理学以及宗教社会学、宗教人类学、宗教地理学、宗教生态学等描述性学科，而广义宗教学则增加了从哲学、世界观的角度对宗教本质、宗教意义、宗教概念进行研究和界说的宗教哲学、回顾总结人们从哲学、心理学、社会学等角度对宗教的鉴别与批评的宗教批评学和对各种宗教信仰观念和神学理论进行比较研究的宗教神学等规范性学科。

发展简史 宗教学各学科的形成以人类历史上由来已久的宗教观察及研究为基础。早在古希腊时期，人们就开始观察宗教现象，注意到各民族宗教的不同。公元前6世纪伊奥利亚哲学家克塞诺芬尼就曾指出，不同民族各自按照本民族人物特征来塑造本民族的神灵形象，由此展示的神性自然会直接反映出其民族特性。前3世纪的昔勒尼学派思想家欧黑美鲁也曾在其《圣史》中论及他在印度洋海岛上所发现的古庙金柱之铭文，认为这些铭文所载众神均由古代英雄、国王、部族祖先等神化而来。这些看法已将神灵问题作为其单独分析、探讨的对象，并试图从相关民族的社会文化背景中找到正确答案。古罗马时期的基督教思想家亦注意到其他宗教的神学价值和存在意义等问题，他们曾研究对比不同宗教，尝试着勾勒宗教发展的历史。这种学术传统在整个中世纪得以保存发挥，R.**培根**、**托马斯·阿奎那**和**尼古拉斯（库萨的）**等人都从不同角度深入研究过基督教与其他宗教的关系问题，库萨的尼古拉还曾以“一种宗教的多种崇拜方式”的说法来为各种宗教求同存异。

欧洲文艺复兴以后，人们对宗教的认识有了新的发展和突破，而近代基督教海外传教活动也为之提供了接触其他宗教的众多机会。到17、18世纪时，一些欧洲学者开始对宗教系统研究，出现了一批描述宗教现象和宗教历史的著作，如赫尔伯特的《论异教》、D.**休谟**的《自然宗教史》和布罗塞的《物神崇拜》等。18、19世纪之交，西方学者开始接触并研究古代印度、波斯和埃及的宗教经典。1771年，法国学者杜白隆翻译了波斯古经《阿维斯陀》，此后又用拉丁文译出印度婆罗门教经典**奥义书**。德国学者C.F.格罗德芬于1802年破译楔形文字成功。法国学者J.-F.商博良也因1822年译解古埃及象形文字的成果而奠定了埃及学的基础。许多学者还展开了对古巴比伦宗教文献的整理研究。这样，埃及学、亚述学、伊朗学、印度学、希伯来学等新学科相继奠立，它们为系统研究宗教提供了珍贵的第一手材料和先进的研究手段。这一时期文化人类学的发展也为宗教学的建立创造了条件。西方人类学者对尚处于原始社会氏族部落阶段的美洲、大洋洲和非洲等地土著民族进行调查研究，搜集到有关原始文化及宗教的重要材料，出版了大量学术论著。此外，西方社会学的出现对宗教学的形成亦有直接影响。A.**孔德**和H.**斯宾塞**分别在法国和英国提出了社会演化的学说，创立了现代社会学体系，并对宗教的起源和演变赋予社会学意义上的探究。

19世纪末至20世纪初是宗教学资料积累和各分支学科开创的时期。E.B.**泰勒**于1871年出版其代表作《原始文化》，为原始宗教研究提供了重要思想和素材；缪勒自1875年以来开始主编出版多达51卷的《东方圣书集》；J.G.**弗雷泽**则在1911～1927年汇编出版了12卷本《金枝》；商特皮于1887年出版其《宗教史教科书》，率先提出了对宗教现象学的探究；索德布鲁姆也于1913年发表其《自然神学与普通宗教史学》一书；W.冯特自1900～1920年写成的10卷著作《民族心理学：对语言、神话和习俗发展规律的探讨》，以及W.詹姆斯1902年整理出版的其1899年爱丁堡大学吉福特讲演录《宗教经验种种》等使宗教心理学悄然诞生；而G.范德列欧1925年出版的《宗教现象学》一书则宣告了宗教现象学体系的真正奠立。

研究方法 在方法论上，宗教学吸收了现代自然科学和社会科学的重要成果，把语言学、考古学、心理学、地理学、社会学、民族学、人类学、哲学、历史学等作为自己宗教研究的辅助学科，借鉴并采用了这些学科的一些基本范畴和方法，使彼此有了交叉互渗的关系。宗教学通行的研究方法主要为纵向描述、横向比较以及现象学探究和精神分析方法。纵向描述着眼于时间意义，即对宗教发展的历史作尽量客观的叙述，以编年史的顺序来描写某一宗教或整个人类宗教的发展阶段、演变过程及兴衰史实，勾勒出宗教沉浮、变迁的整体连线。横向比较则立足于空间意义，即注重宗教在空间地域上的不同和形式种类上的多样，通过对不同宗教的比较而找出宗教的共同本质和意义，展示宗教的典型形式和具体特征。一般来看，这种横向比较包括形式上和内容上的比较。前者涉及对宗教发展形式及其结构形式的比较，这种结构大体为宗教的社会结构（如宗教组织、团体和机构），宗教的理论构成（如宗教中的神话、教义、学说），以及宗教的实践模式（如宗教礼拜、祈祷、献祭等仪式）。后者则寻求各种宗教在内容上的一致性，以便从不同宗教中找出共同的、本质的东西，如神灵观念、虔敬心理、信仰行为、神圣结社等。现象学探究方法是一种更为抽象、更具有本质性的比较研究方法，它借助于近现代西方哲学中现象学和诠释学的理论，主张根据宗教的本质结构来洞观宗教，即不依赖于宗教现象在时空中的位置和它对外在文化环境的依属来阐明这些现象，因而称之为中止主观判断的形象直观或本质直观。精神分析方法则从人的意识领域深入到潜意识领域，剖析人的"本能"对其精神生活和宗教行为的影响与支配，这种精神分析从S.弗洛伊德侧重个人宗教心理和信仰精神问题而又发展到C.G.荣格对宗教社会性、集体性潜意识活动的分析研究。

研究范围　宗教学研究的范围包括宗教的本质与要素、宗教的思想与观念、宗教的体验与情感、宗教的行为与活动、宗教的组织与制度、宗教的起源与发展以及宗教与其他社会意识或文化形态的关系等。

学术机构　宗教学领域的学术活动促成了国际性宗教学机构及其会议的诞生。1900年，各国学者在法国巴黎召开第一届国际宗教史大会，1950年，在荷兰阿姆斯特丹召开的第七届大会上其正式机构国际宗教史协会（简称IAHR）宣告成立，当时曾定名为国际宗教史研究协会（简称IASHR），后省略"研究"一词。荷兰学者范德列欧当选为该协会首任主席。协会还自1954年起创刊并发行了《努曼》、《宗教学》等杂志，以反映宗教学最新研究成果及发展动态。中国宗教学会于1979年成立。

宗教哲学　religion, philosophy of　以哲学方法探究宗教基本问题的学科。在理论和方法上形成宗教学与哲学的交叉共构。宗教哲学亦包含两个不同的层面或领域，即研究宗教的哲学（philosophy of religion）和宗教本身的哲学（religious philosophy），二者有时截然不同，前者多为哲学在宗教学上的应用；后者则往往是对宗教信仰自身的哲学表述，如对基督教神学思想或佛教教义作哲学考察和理性解释的基督教哲学、佛教哲学等。宗教本身的哲学指宗教中的思辨性探讨，源自欧洲"形而上学"、"自然神学"和基督教的"护教论"、"哲理神学"等思想传统；这种宗教哲学与哲学神学有着直接关联，它以"论神"为核心，主要涉及神灵概念或神明观、对上帝的理解和证明等问题。而研究宗教的哲学则指对宗教的哲理性研究，它不以自身的宗教信仰立场为其研究的前提、标准和出发点，而力求从比较客观的角度来对宗教的意义和本质加以哲学思考，从理性出发来研究宗教的基本概念、命题、理论、方法和宗教的情感、经历及体验，由此建立起一种独立自存的、不再囿于神学传统和信仰界定的宗教哲学体系。

宗教哲学以一种哲学的标准来衡量、检验各种宗教，探究宗教所追求的意义或意境，分析宗教的演变和异化，探究宗教的本质和定义。其研究领域包括宗教思想和认知体系所涵盖的神性观、世界观、人生观、价值观、宗教观和认识论、本体论、形上论及方法论，涉及对宗教的形式和作用、本质和实在，以及宗教研究所用方法和所达目的的评价。宗教哲学还探讨宗教概念和神圣概念问题，分析思想史上对宗教信仰对象即上帝存在的各种证明。宗教哲学亦是一门揭示宗教与其他领域之间关系的学说，即研究宗教与文化、科学、政治、道德、观念、艺术、历史等的关系问题。此外，宗教哲学作为一门独立学科也会研究自身体系与宗教学、哲学的关系问题。从其研究的具体内容来看，宗教哲学因研究具体宗教的思想体系及其内容构建而有基督教哲学、佛教哲学、道教哲学、伊斯兰教哲学、犹太教哲学和印度教哲学等区分。从其研究宗教的信仰核心和神灵观念入手，宗教哲学会展开对多神论、唯一主神论、二元神论、一神论、自然神论、泛神论、宇宙神论、万有在神论和无神论等范畴的分析、归纳。从研究宗教的历史现象及其本质特征出发，宗教哲学也会对人类古今历史上的各种宗教作出原始宗教与人文宗教、自然宗教与天启宗教、传统宗教与新兴宗教、一般宗教与绝对宗教、通俗宗教与精英宗教、民族宗教与世界宗教、哲理宗教与神秘宗教、律法宗教与伦理宗教等划分。

宗教哲学的思想萌芽可追溯到古希腊－罗马时期。4世纪的克里索斯托和5世纪的奥古斯丁曾用"基督教哲学"来表述基督教及其世界观。中世纪时，哲学曾以"神学的婢女"身份来探索宗教问题，其经院哲学中的怀疑论和"双重真理说"则为近代宗教哲学的独立及学科创立准备了条件。I.康德开始将宗教哲学作为一门独立学问来研究，而G.W.F.黑格尔则以其多卷本《宗教哲学》来构建其宗教哲学大全体系。随着19世纪下半叶西方宗教学的崛起与发展，人们对于宗教哲学与宗教学的关系，以及宗教哲学的归属问题有着百年之久的讨论和争辩。强调纯经验观察意义的宗教学者们不同意将关涉价值评断与本质界说的宗教哲学归入宗教学体系，仍把它仅仅视为哲学的分支学科。但越来越多的学者认为，不包含宗教哲学的宗教学会既有研究内容上的先天性不足，也有研究体系上的巨大缺陷，因此宗教学不应排斥研究宗教根本问题的宗教哲学，而应将其与宗教社会学、宗教心理学等一样并列为宗教学的分支学科。当代宗教哲学的类型包括证明上帝或终极本真存在的宗教哲学、作为对宗教神学进行哲学辩护的宗教哲学、从理性出发对宗教理论加以哲学论证和思辨升华的宗教哲学、对宗教世界观展开各种批评的宗教哲学、从现象学意义及方法上探究宗教的宗教哲学、作为批评性宗教释义学的宗教哲学，以及对宗教语言加以结构分析的语义分析类宗教哲学等。

宗教自由　religion, freedom of　公民依据内心的信念，自愿地信仰宗教的自由。信仰宗教是个人选择的事情。宗教信仰自由作为一种权利体系，主要由信仰的自由、宗教活动自由、宗教仪式自由构成，在一些国家还包括传教自由。

宗教信仰自由包括积极自由和消极自由。前者指信仰宗教，结成宗教团体，举行、参加宗教仪式等方面的自由；后者指不信仰宗教的自由与不参加宗教仪式的自由。积极自由与消极自由具有同等价值。

为了保障公民的宗教自由，实行政教分离的国家在宪法上一般规定：①宗教与国家分离，不规定国教。②宗教与政治法律分离，公民不分宗教而一律平等。③宗教与教育分离。④国家对任何宗教团体一视同仁。

宗教自由是在反对宗教压迫斗争中形成的人的基本权利，反映了人类追求人权价值的目标和过程。资产阶级取得政权后，各国相继宣布保护公民的信教自由。第二次世界大战后，宗教自由体现在联合国的一系列人权文件中。

宗喀巴　Tsong-Kha-pa（1357～1419）　中国藏传佛教格鲁派创始人。本名罗桑扎巴。生于今青海湟中县塔尔寺地方。3岁时跟噶举黑帽系四世活佛受近事戒，7岁从顿珠仁钦出家，学法9年。明洪武六年（1373），赴藏深造，广学佛典，研讨各教派教法。25岁前，已学完了《慈氏五论》、《俱舍论》、《集论》、《入中论》和《戒经》等显宗的重要典籍，并在寺院立宗答辩。洪武十八年（1385），在南杰拉康寺从楚臣仁钦受比丘戒，开始讲经收徒，同时系统学习密宗经

扎什伦布寺内宗喀巴塑像

典及其注疏，如无上瑜伽部的《集密》、《胜乐》、《时轮》以及瑜伽部、行部、事部中的诸种典籍，也学习萨迦派的“道果法”、噶举派的“大手印法”、“那饶六法”，及噶当派教法等。

14世纪末至15世纪初的10年中，宗喀巴针对当时藏传佛教僧纪废弛、寺院生活腐化的状况，倡导宗教改革，提出僧人严格持戒、不事农作、独身不娶，并加强僧院制度管理。所著《菩提道次第广论》和《密宗道次第广论》，分别论述他关于显密两宗的理论体系和践行规范；《菩萨戒品释》、《事师五十颂释》、《密宗十四根本戒释》则阐述了显密僧众理应遵守的戒律和如何遵守的途径；1408年撰的《中论广释》和《辨了不了义论》辨析了中观和唯识两派的优劣，确立了他以中观派后期思想作为哲学基础的根本立场。永乐七年（1409），宗喀巴在帕竹政权首领扎巴坚赞的支持下，在拉萨大昭寺举办了规模巨大的祈愿法会，又称传大招或传招法会。这次法会，使宗喀巴的宗教改革设想得到充分的体现，他本人也成了公认的藏传佛教领袖。法会之后，宗喀巴依靠帕竹及其属下贵族，在拉萨东60里的旺古尔山旁建造了甘丹寺，成为格鲁派的主寺。以后格鲁派又建哲蚌寺、色拉寺、扎什伦布寺诸大寺，势力日渐扩张。著名弟子有贾曹杰、克主杰、绛央却杰、绛钦却杰、根敦珠巴等。

宗密 Zongmi（780～841） 中国唐代僧人，华严宗五祖。俗姓何。果州西充（今四川西充）人。卒于长安（今西安）兴福寺塔院。唐宪宗元和二年（807），从荷泽神会系下的遂州道圆出家，同年从拯律师受具足戒。元和五年游学至襄汉，遇澄观弟子灵峰，得澄观所著《华严经疏》、《随疏演义钞》，昼夜研读，深受启发。不久即赴长安拜谒澄观，亲受其教。元和十一年后，时常往来于终南山与长安之间，后居终南山草堂寺南的圭峰兰若，诵经修禅，世称“圭峰禅师”。武宗会昌元年（841）正月，在兴福寺塔院圆寂。大中元年（847），唐宣宗追谥“定慧禅师”。

宗密的思想特点是盛倡禅教一致，会通儒、释、道三教。著述很多，大致可分三类：一类是弘扬《华严》的，如《华严经行愿品别行疏钞》、《注华严法界观门》、《华严原人论》等；另一类是关于禅的，如《禅源诸诠集都序》、《禅门师资承袭图》等；第三类是发挥《圆觉经》的，如《圆觉经大疏》、《圆觉经大疏释义钞》、《圆觉经略疏》、《圆觉经略疏之钞》等。弟子主要有圭峰温、慈恩寺太恭、兴善寺太锡、万乘寺宗、瑞圣寺觉、化度寺仁瑜等。

宗璞 Zong Pu（1928-07-26～ ） 中国作家。原名冯钟璞。河南唐河人，生于北平（今北京）。1951年清华大学外文系毕业后到政务院宗教事务处工作，1954年调中国文学艺术界联合会研究部。1957～1960年先后到《文艺报》和《世界文学》编辑部任职。1964年《世界文学》归属中国科学院哲学社会科学部外国文学研究所，遂入该所工作，直至退休。1978年后，先后当选为中国作家协会理事、主席团委员、全国委员会名誉委员等。

她1948年开始发表作品。1957年因发表短篇小说《红豆》引起文坛注意，同时受到不公正批评。“文化大革命”结束以来，发表《弦上的梦》、《我是谁》、《三生石》等中短篇小说和长篇小说《南渡记》、《东藏记》(《野葫芦引》第1、2部)。这些小说多写知识分子的命运、追求与情操，或写实或荒诞，风格典雅，语言精致。她亦工散文，有《丁香结》、《铁箫人语》、《风庐缀墨》等多部散文集问世。其散文有丰富的文化意蕴，流露出雅致、幽静的情趣。其中《三生石》获第一届全国优秀中篇小说奖，《弦上的梦》获1978年全国优秀短篇小说奖，《丁香结》获全国优秀散文集奖，童话《总鳍鱼的故事》获首届全国优秀儿童文学奖。部分作品被译成英文在美国、澳大利亚出版。

宗室 imperial clan 初指同一宗族之人，后专指皇族公室。大约在秦朝之前，宗室系指同一宗族之人。秦始皇死后，次子胡亥矫诏即位，又在赵高的唆使下砍杀诸公子，因此秦“宗室振恐”。这里的“宗室”，就是指秦朝皇族公室。自此而后，国君或皇帝的宗族（皇族）专称宗室。到了清代，皇族按血缘的亲近远疏，分为宗室（近支）和觉罗（远支）。并规定，凡显祖塔克世（清太祖努尔哈赤的父亲）的皇族直系子孙方可称为“宗室”。又因皇族直系子孙腰系金黄色的带子，故还俗称“黄带子”，“黄带子”在有清一代成为“宗室”的代名词。

宗泽 Zong Ze（1060～1128） 中国宋代抗金大臣。字汝霖。婺州义乌（今属浙江）人。进士出身，历任县、州文官，颇有政绩。宋金战争爆发后，奉命知磁州（今河北磁县）兼河北义军都总管。靖康元年（1126）闰十一月，金军包围东京（今开封）。宗泽为断其退路，率兵攻黄河渡口李固渡（今河北魏县西以轻兵夜袭，破金营30余座。随即就任兵马副元帅，反对康王赵构东逃，毅然孤军南下救援东京，沿途屡破金军。进至卫南（今河南滑县东），陷入重围，他挥戈直前，率部死战，击退10倍于己的金军。建炎元年（1127）六月，升任东京留守兼开封府尹，任用岳飞等一批将领，联合、招纳河东与河北义军等武装，多次打退金军。宗泽在任东京留守期间曾20多次上书高宗赵构，力主还都东京，并制定了收复中原的方略，均未被采纳。他因壮志难酬，忧愤疾卒。有《宗忠简公集》传世。

宗正 chamberlain for the imperial clan 中国秦至东晋朝廷掌管皇帝亲族和外戚勋贵等有关事务之官。宗正为秦官。汉平帝元始四年（公元4），改名宗伯。新莽时又把它并入秩宗。东汉时复称宗正。具体职务是掌握皇族的名籍簿，分别他们的嫡庶身份或与皇帝在血缘上的亲疏关系，每年排出同姓诸侯王世谱。按汉代八议制的规定，宗室亲贵有罪要先向宗正申述，宗正再上报皇帝，而后便可得到从轻处置。同姓王犯法，宗正也可参与审理。

汉宗正丞印

宗正秩为二千石，有丞。宗正及丞皆由皇族充任。属官有都司空令、丞，内官长、丞。都司空为狱官，还负责关押服苦役的犯人，也常拘系宗族或外戚有罪者。东汉省去都司空官。魏晋设宗正，东晋省并于太常，南朝宋、齐亦不设，明、清改称宗人令或宗令。历代职掌大抵相同。

宗周 Zongzhou, Capital of Western Zhou Dynasty 中国西周时期主要国都，即镐京（见丰镐）。皇甫谧《帝王世纪》曰：“武王自丰居镐，诸侯宗之，是为宗周。今丰水之东、长安之南三十里，去丰二十五里镐池，即其故都也。”（《长安志》卷三引）

周成王时，虽兴建了东都洛邑，即成周（今河南洛阳），而王仍常居宗周。如穆王居郑（今陕西华阳东）、懿王徙犬丘（今陕西兴平东南），都是临时的，直至幽王覆灭，周都仍在宗周，故《诗·节南山之什·正月》云：“赫赫宗周，褒姒灭之。”而陈梦家《西周铜器断代》谓：据西周金文，宗周与丰、镐不同地，而宗周乃宗庙所在之地，故应是岐邑。

周平王东迁后，也有沿袭西周旧称，把洛邑叫宗周的。如《礼记·祭统》：“成公乃命庄叔，随难于汉阳，即宫于宗周。”西晋初年汲冢发现的战国作品《穆天子传》，记穆王事迹，其中所说宗周，实际上也是洛邑。宗，主也。因视其为天下所宗，故称周所都为宗周。此为当时这种观念的反映。

宗主督护 suzerain protector-general 中国北魏前期地方基层组织的一种形式。西晋末年以后，北方长期战乱，十六国时期，诸少数族政权频繁更迭，地方基层行政机构实际已不复存在，各地豪强地主聚族而居，纷纷以宗族乡党的形式，占据有利地势筑坞立壁（见坞壁），割据一方，武装自卫，从事生产，维持生存。这些豪强地主称为“宗主”，坞堡里的农民实际上是坞堡主控制的依附程度不等的农民，向坞堡主缴纳地租，承担劳役和兵役。

魏道武帝拓跋珪建立北魏政权时，拓跋鲜卑，为了取得各地“宗主”的支持，建立联合统治，承认“宗主”在地方上的势力和他们的政治经济权利，利用他们代替北魏政府“督护”地方。宗主为政府收纳地方租税，征发兵役、徭役。这一以宗族主为乡官的制度是北方的社会实际与拓跋统治者的需要相结合的产物。在魏孝文帝改革以前，北魏政府在中原地区一直采用这一制度。在宗主督护制下，各地宗主实际分割了国家大量的劳动力，构成了地方割据势力的基础。孝文帝为了加强中央集权，于太和十年（486）实行三长制，取代了宗主督护制。

综合指数 aggregative index number 通过加权来测定一组项目的综合变动的指数。若所测定的是一组项目的物量变动状况，称为数量指数；若所测定的是一组项目的质量变动状况则称为质量指数。

综合指数由于所用权数的不同，有加权综合指数和加权平均指数等形式。较为常用的加权综合指数是拉氏指数和帕氏指数两种形式。

①拉氏指数是1864年德国经济学家E.拉斯贝尔斯提出的一种指数计算方法。它是在计算一组项目的综合指数时，把作为权数的各变量值固定在基期。拉氏质量指数和拉氏数量指数的一般计算公式为：

$$I_p=\frac{\sum p_1q_0}{\sum p_0q_0}\qquad I_q=\frac{\sum p_0q_1}{\sum p_0q_0}$$

式中I_p为质量指数；I_q为数量指数；p_0和p_1分别为一组项目基期和报告期的质量数值；q_0和q_1分别为一组项目基期和报告期的物量数值。

②帕氏指数是1874年德国经济学家H.帕煦提出的一种指数计算方法，它是在计算一组项目的综合指数时，把作为权数的变量值固定在报告期。帕氏质量指数和数量指数的一般计算公式为：

$$I_p=\frac{\sum p_1q_1}{\sum p_0q_1}\qquad I_q=\frac{\sum p_1q_1}{\sum p_1q_0}$$

加权平均指数是以某一时期的总量为权数对个体指数加权平均计算出来。其中作为权数的总量通常是两个变量的乘积，它可以是价值总量，也可以是其他总量。而其中的个体指数可以是个体质量指数，也可以是个体数量指数。加权平均指数因权数所属时期的不同，有以下计算形式：

①基期总量加权。以基期总量为权数对个体指数加权平均计算出来。由于这一指数在计算形式上采用了算术平均形式，故又称加权算术平均指数。设基期总量权数为p_0q_0，个体质量指数为p_1/p_0，个体数量指数为q_1/q_0，则基期总量加权的质量指数和数量指数的一般公式为：

$$I_p=\frac{\sum\frac{p_1}{p_0}p_0q_0}{\sum p_0q_0}\qquad I_q=\frac{\sum\frac{q_1}{q_0}p_0q_0}{\sum p_0q_0}$$

②报告期总量加权。以报告期总量为权数对个体指数加权平均计算出来。由于这一指数在计算形式上采取了调和平均形式，故又称加权调和平均指数。设报告期总量权数为p_1q_1，个体质量指数为p_1/p_0，个体数量指数为q_1/q_0，则报告期总量加权的质量指数和数量指数的一般公式为：

$$I_p=\frac{\sum p_1q_1}{\sum\frac{1}{p_1/p_0}p_1q_1}\qquad I_q=\frac{\sum p_1q_1}{\sum\frac{1}{q_1/q_0}p_1q_1}$$

棕榈科 Palmae; palm family 单子叶植物纲槟榔亚纲的一科。有210属2 800种。主要分布于亚洲、美洲热带地区。巴西是世界上棕榈植物最丰富的国家。中国有28属100余种，主产云南、广东、海南、广西、台湾、福建，四川、湖南、江西、浙江、贵州、西藏的一些温暖地区也有分布。乔木或灌木，树干不分枝，有些种类攀缘而多刺；茎单生或丛生，地上不分枝（海菲棕属除外）。具大型掌状或羽状叶片，常聚生于树干的顶端。叶螺旋状排列，羽状或掌状分裂；叶鞘常具网状纤维（棕衣），有时具利刺；花序佛焰状，常由大型苞片紧包被，两性或单性；花被具花萼和花冠，3裂瓣；雄蕊通常6；子房上位，1～3室，有时4～7室，心皮3，离生或仅基部合生。核果或浆果，不开裂，肉质，具核，纤维质或坚果状，内果皮坚硬。

棕榈科中很多种类是重要的热带经济树种。如椰子的种子制干或取油，棕枣果是著名甜品。油棕有“世界油王”之称。棕榈、槟榔、椰子等的树干坚韧通直且耐水湿，可作建筑用材。棕竹属植物茎干细直坚韧，可制伞柄、手杖等。有的种类还可提供优质纤维和作为制糖原料。槟榔种子可入药。蒲葵叶可供制扇和编织，黄藤和省藤则是编织藤器的良好材料。除上述经济用途外，棕榈科还多应用于城市绿化观赏。由于具有抗多种污染和滞尘等功能，对环境保护也有重要作用。

棕熊 *Ursus arctos*; brown bear/ gobi bear 食肉目熊科熊属的一种。已知有4个地理亚种：指名亚种（欧洲棕熊）、天山亚种（雪熊）、青藏亚种（藏马熊）、东北亚种（东北棕

熊）。分布于北美的西北，亚洲的北部和中部、南至喜马拉雅，西欧和中东。在中国分布于新疆、青藏高原和东北北山林地区。中到大型，体长150～470厘米，肩高80～150厘米，体重60～780千克。颈短粗，脸宽略呈凹型，耳圆。毛皮颜色变异大，有黑色、黄棕色、红棕色、褐色、灰褐色、米色、奶油色等。一头动物的不同部位颜色也有变化。毛中等长度（在背部长60～140毫米），底绒很密。前足后跟被毛，前爪显著长于后爪。

棕熊主要栖息在山地林区，但在青藏高原海拔4 500～5 000米的高山草甸和荒漠草原也能良好生活。为杂食性动物。一般于夏季发情。怀孕期7～8个月，雌熊在冬眠洞中产仔，每产通常1～2仔；偶有3～4仔。

因长期过量猎捕及栖息环境变化，种群数量已大为减少。中国华北各省区的棕熊已经绝迹。因此，各分布地不同种群被列入《濒危野生动植物物种国际贸易公约》(CITES) 附录Ⅰ或附录Ⅱ。

棕枣 *Phoenix dactylifera*; date palm 棕榈科棕枣属的一种。常绿大乔木。又称椰枣、海枣、伊拉克蜜枣。热带干果。原产西亚和北非。唐代传入中国，现广东、云南等地区有栽培，多作观赏树。

树干高可达20～30米。羽状复叶，长1.5米以上，互生于茎顶部。小叶片有粗壮龙骨，顶端较尖。雌雄异株，花序外肥状佛焰苞，腋生。浆果长椭圆形，似枣子。喜高温低湿，结实温度要求28℃以上。对土壤要求不严，以微碱土、地下水较充分而又不积水的为宜。定植时应配置2%雄株作授粉树。分蘖苗植后5年可结果。大小年现象较普遍。干

果含糖分达60%～70%，蛋白质、脂肪均在2%以上，可鲜食或做蜜饯。

棕种人 brown race 世界四大人种之一。见澳大利亚人种。

腙 hydrazone 醛或酮类化合物与等摩尔的肼反应而生成的化合物：

$$\begin{matrix}R\\R'\end{matrix}\!\!>C{=}O+\underset{\text{肼}}{NH_2NH_2}\longrightarrow\begin{matrix}R\\R'\end{matrix}\!\!>\underset{\text{腙}}{C{=}NNH_2}$$

式中R为烃基，R′为烃基或氢。肼上的一个氢原子为苯基取代的产物称为苯肼。苯肼与醛或酮反应，生成苯腙。苯腙多是熔点明显的晶体，因此常利用苯肼或2，4－二硝基苯肼所生成的腙来鉴定醛和酮。常见醛、酮的2，4－二硝基苯腙的熔点为：

醛或酮	2，4－二硝基苯腙的熔点（℃）
乙醛	164
丙醛	155
正丁醛	122
丙酮	128
甲乙酮	115
环己酮	160

总督 governor general 中国明清地方军政大员。别称总制、制台、制军。始见于明朝宣德时，以巡抚总督税粮，继有总督军务者。正统末至景泰初，地方亦多派总督。然皆因事而设，事毕即撤。自成化五年（1469）两广再设总督后，其职始专，近于定制，但终非地方正式军政长官。在明朝政治中，总督举足轻重，入则为朝廷显官，出则为一方军政之首，巡抚、总兵官俱听节制，故时人称“文帅第一重任”。

清沿明制，顺治元年（1644）始置，辖一省或二三省。其职权为提督军务，总理粮饷，察举官吏，综理地方军政，事权甚重。位在巡抚之上，秩为从一品、正二品。清初总督额数及辖区并不固定，乾隆以后成为定制，全国设有八个总督官缺，计直隶总督、两江总督、陕甘总督、闽浙总督、湖广总督、两广总督、四川总督、云贵总督。总督一般均带兵部侍郎（或尚书）、右都御史衔。另有漕运及东河、南河总督三员，负责漕运及河工事宜。光绪三十二年（1906）东北奉天、吉林、黑龙江建行省，增置东三省总督。

总理各国事务衙门 Foreign Office 中国晚清主管外交事务、派出驻外国使节，并兼管通商、海防、关税、路矿、邮电、军工、同文馆、派遣留学生等事务的中央机构。初称总理各国通商事务衙门，简称总理衙门、总署或译署。咸丰十年（1860）清政府与英、法等国签订《北京条约》后，对外交涉事务增多。次年1月，恭亲王奕訢、大学士桂良、户部左侍郎文祥奏请在京师设立总理各国事务衙门，接管以往礼部和理藩院所执掌的对外事务。经咸丰帝批准，于同治元年二月（1862年3月）成立。

同治初年总理衙门三大臣

总理衙门由王大臣或军机大臣兼领，并仿军机处体例，设大臣、章京两级职官。有总理大臣、总理大臣上行走、总理大臣上学习行走、办事大臣。初设时，奕訢、桂良、文祥3人为大臣，此后人数略有增加，从七八人至十多人不等，其中奕䜣任职时间长达28年之久。大臣下设总办章京（满汉各两人）、帮办章京（满汉各一人）、章京（满汉各10人）、额外章京（满汉各8人）。

总理衙门的编制设置分：英国股（主办与英国、奥地利交涉事务，兼办与各国通商及各关税务等事）、法国股（主办与法国、荷兰、西班牙、巴西交涉事务，兼办管理保护民教及招工等事）、俄国股（主办与俄国、日本交涉事务，兼办陆路通商、边防疆界、外交礼仪、本衙门官员的考试任免、经费开支等事）、美国股（主办与美国、德国、秘鲁、意大利、瑞典、挪威、比利时、丹麦、葡萄牙交涉事务，兼管设埔保工等事）、海防股（主办南北洋海防，包括长江水师、北洋海军、沿海炮台、船厂以及购置轮船、枪械、制造机器和置办电线、铁路、矿务等事务。中日甲午战争后改名日本股）、司务厅（主管收发文件、呈递折件等秘书性质的事务工作）、清档房（主管缮写文件及保管档案等工作）、电报处（主管翻译电报等工作）、银库。此外，直属总理衙门的机构还有同文馆和海关总税务司署。

清政府设立总理衙门时，又在其下设三口通商大臣，驻天津，管理天津、牛庄（后改营口）、登州（后改烟台）三口与外通商事务。1870年改为北洋通商大臣，管理直隶（约今河北）、山东、奉天三省对外通商、交涉事务，兼办海防和其他洋务。另外，道光二十四年（1844）设立的五口通商大臣（曾驻广州、上海，管理广州、厦门、福州、宁波、上海五口对外通商、交涉事务），1861年也列于总理衙门之下，并逐渐扩大职权，增管东南沿海及长江沿岸各口岸，兼办海防和其他洋务，实际成为南洋通商大臣。但是，北洋通商大臣、南洋通商大臣与总理衙门在业务上的关系是平行的，只是在遇到疑难问题时，可与总理衙门咨商，由总理衙门备顾问和代奏朝廷。

光绪二十六年（1900）北京被八国联军攻占，次年清政府与列强签订《辛丑条约》，并依约将总理衙门改为外务部，列为六部之首。

总鳍鱼 crossopterygian 硬骨鱼纲肉鳍鱼类一个重要类群。至少包括扇鳍鱼类和空棘鱼类两种类型。化石记录始于晚志留世，其中扇鳍鱼类于早二叠世绝灭，空棘鱼类亦曾被认为于晚白垩世绝灭，但1938年在南非东海岸印度洋水域发现现生代表，即被誉为“活化石”的拉蒂迈鱼或矛尾鱼（见图）。总鳍鱼类通常具两个背鳍，偶鳍具肉质鳍基及不对称的内支持骨骼，尾鳍歪型或圆型，一般嗅觉较视觉发达。扇鳍鱼类和空棘鱼类有显著差别，如前者具上颌骨及方轭骨，后者不具这些骨片。将二者归于总鳍鱼类的主要根据是脑颅被颅中关节分为前、后两部。曾一度公认所有总鳍鱼类均具有与四足动物内鼻孔同源的构造，

矛尾鱼

然而在拉蒂迈鱼发现以后推翻了空棘鱼类具有内鼻孔的观点，长期被认为是四足动物祖先的扇鳍鱼类是否具有内鼻孔亦成为颇有争议的问题。

总统制 presidential government 由民选的总统担任国家元首和政府首脑，行使国家最高行政权力的政体形式。它是资本主义国家共和制政体的一种类型。与议会制不同，主要特点是：①总统是由全体公民通过直接或间接选举方式产生。总统的权力直接来源于选民，总统只对人民负责，不对议会负责。②总统担任国家元首和政府首脑双重职务，享有广泛的权力。作为国家元首，总统享有立法批准、外交、行政官员任命、统率全国武装力量等权力，成为所谓实位元首。作为政府首脑，总统享有依据议会通过的法律决定和执行国家的内政外交政策、管理国家一切行政事务的权力。③总统有权任命各部部长和其他政府官员，领导政府完成行政职能。政府对

总统负责，内阁只是总统的集体顾问而无最高行政决定权。④采用三权分立、分权制衡的原则，议会和行政机关完全分立、权力相互制约。议员和政府行政官员实行任职不相容原则，即两者不得相互兼任。议会对总统及政府官员具有弹劾权而无倒阁权。作为政府首脑的总统也无权解散议会。美国是实行总统制共和制的典型国家。

纵波 longitudinal wave 振动方向和传播方向一致的波。在介质中传播时，任何时刻各质点的相位不同，从而形成相间的密部和疏部。波的传播因此就像密部和疏部在向前移动，故又称疏密波。两相邻密部或疏部之间的距离为一个波长。纵波可以在气体、液体和固体中传播。

纵贯阿拉斯加原油管道 Trans-Alaska Oil Pipeline 世界上第一条伸入北极圈的输油管道。起自美国阿拉斯加靠近北冰洋岸边的普拉德霍湾油田，终于阿拉斯加海湾威廉王子海峡的瓦尔迪兹港。美国17%的国内生产原油依靠这条管道运输。管道全长1 288千米，管径1 220毫米，最高设计压力8.2兆帕，最大流量33.96万米^3/天，全年输量约1.2亿立方米。工程前期工作时间约6年，建设时间为1974年4月至1977年6月。建设总投资约80亿美元。共有12座站场。全线以微波通信为主，卫星通信备用，控制中心在瓦尔迪兹。

管道翻越最高点海拔1 444米，沿线经过布鲁克斯岭、楚加奇山脉和阿拉斯加山脉。约有75%的长度处于永冻层，其中676千米管道架设在立式支撑架上；605千米采用常规地下埋设；6.5千米特殊地下埋设，通常在保温层内，沿管道有冷冻管，使永冻层不融化。

纵横家 中国战国时专以纵横捭阖之策游说诸侯，从事政治、外交活动的谋士。列为诸子百家之一。主要代表人物是苏秦、张仪等。战国时南与北合为纵，西与东连为横，苏秦力主燕、赵、韩、魏、齐、楚合纵以拒秦，张仪则力破合纵，连横六国分别事秦，纵横家由此得名。他们的活动对于战国时政治、军事格局的变化有重要的影响。《战国策》对其活动有大量记载。据《汉书·艺文志》记载，纵横家曾有著作“十六家百七篇”。

粽子 中国节令传统食品。端午节时食用。流行于全国各地。用箬叶或苇叶包裹糯米做成，外形为三角锥体或其他形状。粽子在魏晋时已多见。一说源于用草叶或竹筒包裹食料烹烤至熟的原始烹饪方式，民间则传说粽子起源于以竹筒贮米投江祭奠屈原，称“筒粽”，后来演变为用叶包。粽子

因以箬叶等包裹，煮熟后，米中吸收了叶子的清香，别有风味又便于携带储存，从而流传至今。现今市场上粽子已常年供应。品种多样：北方以苇叶枣粽为主，多佐白糖吃，清香甜美；江南粽子以嘉兴等地的最为有名，用糯米拌豆类、枣栗、莲茸、火腿、咸鸭蛋黄、鲜肉等，荤素甜咸各有千秋。壮族、布依族等在节日常包大型的“枕头粽”，重达数斤乃至十斤以上。日本、越南、泰国等国也有粽子，形状和风味与中国的有所不同。

邹秉文 Zou Bingwen (1893–12–03～1985–06–11) 中国农学家、教育家。原籍江苏苏州。生于广东广州，卒于北京。1915年毕业于美国康奈尔大学农科。1916年回国，历任金陵大学教授，东南大学农科、中央

大学农学院教授兼院长，财政部贸易委员会常委兼代主委，中华农学会理事长，联合国粮食及农业组织筹委会副主席等职。1956年后，曾任农业部、高等教育部和农牧渔业部顾问。中国近代农业科研、教育和建设事业的创始人之一。早期著有《高等植物学》、《中国农业教育问题》等。并主编英文版《中国农业》等。

邹伯奇 Zou Boqi (1819–08–05～1869–06–16) 中国清代科学家。字一鹗，又字特夫。生于广东南海（今佛山市南海区），卒于广州。精于光学、天文、数学、度量衡和测量等。曾测绘广东省地图，制造过望远镜、显微镜、照相机、浑球仪和七政仪等仪器。现在广州市文物管理处还收藏有他制作的七政仪、地图、

望远镜和手稿。《格术补》(1874) 是邹伯奇在物理学方面的代表著作，用几何光学的方法，透彻地分析了许多光学原理、光学仪器的结构和光学现象。道光二十四年(1844)，他制成“摄影之器”，即取景器。后来又把它装上“收光”(即光圈) 与“弹簧活动”(即快门) 以及自制感光底片，成为照相机。他对感光底片的制作、照片的拍摄、冲洗和印晒等都有介绍。他的著作《格术补》、《补小尔雅释度量衡》等收录在《邹徵君遗书》中。

邹承鲁 Zou Chenglu (1923–05–17～2006–11–23) 中国生物化学家。原籍江苏无锡。生于山东青岛，卒于北京。1945年毕业于西南联合大学化学系。1946年赴英留学。1951年获剑桥大学博士学位后回国，先后在中国科学院生理生化研究所、生物化学研究所、生物物理研究所任副研究员、研究员、酶室室主任，生物物理所副所长、

生物大分子国家重点实验室主任，中国科学院学部主席团委员，生物学部主任等职。多年来，历任一些国内外重要科学期刊编委，包括《中国科学》和《科学通报》副主编等。1980年当选为中国科学院学部委员（院士）。他也是第三世界科学院院士、美国生物化学与分子生物学会荣誉会员、民主德国科学院外籍院士。

邹承鲁留英期间最早观察到分离的与内源的细胞色素c作用效率明显不同。发现肾上腺髓质中有细胞色素氧化酶。20世纪50年代提纯了具有重组呼吸链活性的琥珀酸脱氢酶，同时对呼吸链中的细胞色素c、细胞色素b、细胞色素氧化酶和还原酶等进行了一系列研究。1958年他在人工合成胰岛素课题中，成功地解决了胰岛素硫–硫键的拆开和重新形成有活性胰岛素的问题，并把重组胰岛素的活力提高到50%以上。1962年他广泛地研究了水解酶、转移酶和氧化还原酶，并着重研究了酶的化学修饰和不可逆抑制动力学。他提出的计算蛋白质必需基因的方法，已为国内外所接受。他将不可逆抑制动力学的方法和理论，应用于酶的构象和活性关系以及药理和毒理学研究。80年代以来又发现羧甲基化的甘油醛3–磷酸脱氢酶和辅酶I经光照后形成荧光新物质，细胞色素b还原有三相过程等。

邹承鲁40年来共发表论文200余篇，其自传已在《综合生物化学》中发表。曾任全国政协委员，生物化学与分子生物学会副

理事长、理事长。

邹城市 Zoucheng City 中国山东省辖县级市。位于省境西南部。面积1 619平方千米。人口112万（2010），有汉、回等民族。夏禹时属“徐州之域”，殷商属奄国，周灭奄设邾国，战国初改为邹，秦置邹县，1992年撤县设市。由济宁市代管。矿产有煤、石灰岩、脉石英、黄沙和花岗石等。农业主产小麦、玉米、甘薯、棉花、花生、蔬菜、苹果、大枣、板栗、核桃等。工业以煤炭、电力、酿造、化工、纺织、建材等为主。名胜古迹有孟府、孟庙、孟林、铁山、摩崖石刻、鲁荒王陵等。邹城是国家历史文化名城。

邹家华 Zou Jiahua（1926-10～ ） 中国共产党中央政治局委员，全国人大常委会副委员长，国务院副总理。上海市人。1945年加入中国共产党。1944年在淮南参加新四军，后在华中新四军建设大学学习，任山东省政府实业厅建设科干事。1946年任松江省哈东地委秘书，宾县常安区委副书记、区委书记。1948年在哈尔滨工业大学补习俄文，并赴苏联莫斯科包曼高等工业学院机械制造系学习。1955年回国。历任沈阳第二机床厂（中捷人民友谊厂）工艺科工艺师、副主任工程师、副总工程师、副厂长兼总工程师、代厂长、厂长，一机部机床研究所所长兼党委书记。1972年后任一机部机械研究院党委副书记、革委会副主任，国务院国防工业办公室副主任，国防科学技术工业委员会副主任。1985年后任兵器工业部部长，国家机械工业委员会主任，国务委员兼机械电子工业部部长，国家计划委员会主任，国务院副总理。1998年当选九届全国人大常委会副委员长。是中共十一届中央候补委员，十二届、十三届、十四届中央委员，十四届中央政治局委员。任《中国大百科全书》第二版总编辑委员会副主任。

邹容 Zou Rong（1885～1905-04-03） 中国清末资产阶级革命派的宣传家。原名绍陶，又名威丹、蔚丹。生于四川巴县（今重庆），卒于上海。1898年（光绪二十四年），应巴县童子试，因愤于考题生僻而罢考，从此厌恶科举八股。从父命入重庆经书书院，因蔑视旧学而被开除。后逐渐向往变法维新。1901年，赴成都投考留日官费生，因思想倾向维新，临行时被取消资格，遂决计自费赴日留学。1902年秋，到达东京，入同文书院。始撰《革命军》初稿。1903年3月31日，因愤于清政府留日陆军学生监督姚文甫的丑行，与同学一起强行剪了此人的发辫，揭露其压迫学生的劣迹。他于4月返回上海，住入爱国学社，结识章太炎，约为莫逆之交。这时，恰逢拒俄运动发生。他两次在张园拒俄集会上演讲，签名加入拒俄义勇队。5月，发起组织中国学生同盟会。在此期间，《革命军》由上海大同书局印行，署名革命军中马前卒邹容，请章太炎作序。全书约2万字，颂扬革命，抨击封建专制主义，号召推翻卖国的清王朝，建立中华共和国，被《苏报》刊文誉为“今日国民教育之一教科书”。《苏报》案发生后，邹容闻讯，于7月1日至巡捕房投案，被囚于租界监狱。邹容被租界当局判监禁两年，折磨致病，死于狱中。1912年3月29日，经孙中山批准，南京临时政府追赠邹容为大将军。遗著辑有《邹容文集》。

邹韬奋 Zou Taofen（1895-11-05～1944-07-24） 中国新闻记者、报刊编辑、政论家、出版家。原名恩润，笔名韬奋。原籍江西余江。生于福建永安，卒于上海。1921年在上海圣约翰大学毕业。1922年到中华职业教育社工作。1926年10月任《生活》周刊主编。1932年创办生活书店。1933年7月因受国民党迫害出国流亡。1935年8月回国，11月在上海创办《大众生活》周刊，并参加抗日救亡活动。任上海文化界救国会和全国各界救亡联合会执行委员。1936年11月，与沈钧儒等6位救国会负责人被国民党政府逮捕，时称“七君子事件”。1937年7月获释。1938年被国民党政府聘为国民参政会参政员，并任《全民抗战》杂志主编；10月赴重庆，宣传团结抗战，所办书店和刊物屡遭国民党当局查禁。1941年3月被迫出走香港；5月在香港复刊《大众生活》周刊，并任救国会海外工作委员会常务干事。1942年10月到达苏北抗日民主根据地。病逝后被追认为中国共产党正式党员。著有《萍踪寄语》、《经历》等。《韬奋全集》（14卷，1995）收集了他的主要著作。

邹衍 Zou Yan（约前305～前240） 中国战国时期哲学家，阴阳家的代表人物。齐国人。曾到齐国稷下学宫讲学，知识渊博，号“谈天衍”。他继承了古代阴阳五行说，提出“五行生胜”的理论。木生火、火生土、土生金、金生水、水生木是为“五行相生”；水胜火、火胜金、金胜木、木胜土、土胜水是为“五行相胜”。他用这一理论解释自然和社会的发展变化，并据此提出“五德终始”说，称自黄帝（土德）以来，已经夏（水德）、商（金德）、周（火德）三代，预言“代火者必将水”。又提出“大九州”说，以“先验后推”法推论世界有九大洲，中国所在为其中之一。名赤县神州。《汉书·艺文志》记载，邹衍著有《邹子》49篇、《邹子终始》56篇，均亡佚。

走边 formalized zoubian in Chinese opera 中国戏曲中表现身怀武艺的人物轻装潜行的表演程式。常用于侦察、巡查、夜行、暗袭或赶路等特定情境。一说是从山西梆子《白虎鞭·走边》一折中的舞蹈身段演变而来。有单人走边、双人走边、多人走边等多种形式。走边时大都身着轻便短装，穿薄底靴，空身徒手。根据不同的规定情境，可以运用不同的伴奏方法以烘托戏剧气氛：只用镲锅、小锣，间有曲牌，演员连唱带舞的称“响边”；只用轻轻的堂鼓声，不伴以任何乐器的称“鼓边”，又称“哑边”；表现在水上行舟的，常用小锣突出水声效果。走边的表演要求动作灵敏，节奏明快，于轻巧中见稳重。

走火入魔 中国道教术语。道教把各种妨碍修炼的因素均称为邪魔、魔障。修炼者在练功入静时，如果过于执著、过于专注，或受突发事件的刺激，会导致出现神经错乱、呓语、幻觉、丧失理智、狂奔、裸奔等，这些失常状况统称为入魔，或走火入魔，后果严重。

走私 smuggling 违反一国海关法律、行政法规，以特殊的方式将这个国家禁止、限制或者依法应当缴纳关税的货物、物品进出关境逃避海关监督检查的行为。世界各国大多以立法形式对走私作出禁止性规定。在中国走私行为包括：违反海关法和其他有关法律、行政法规，逃避海关监管，运输、携带和邮寄国家禁止、限制或者依法应当缴纳关税的货物、物品进出境；未经海关许可并补缴关税擅自出售海关监管物品，或者直接向走私人非法收购走私进口货物，以及在内海和领海运输、收购、贩卖国家禁止及限制进出口货物、物品没有合法证明的行为。

走私的成因十分复杂，但都与3个基本因素有关：①走私是寄生于国家（地区）

1995年1月，福州马尾海关查获走私入境象牙72根

间物资交流即对外贸易活动中的违法现象，没有国家（地区）间的物资交流，走私就没有赖以生存的客观条件。②走私是国家对进出口违法活动的一种否定性法律前提，没有走私的法律规定性，就没有走私可言。③走私是受利益驱使并伴随商品经济发展而出现的一种牟利性犯罪。走私的危害性表现为偷逃政府关税，侵害国家主权利益；非法进口货物，冲击国内市场，扰乱市场竞争秩序，危及国内工业生存；破坏国内投资环境和国际贸易环境；妨害国际间科技、文化正常交往；滋生官员腐败，诱发刑事犯罪，毒化社会风气。

走索 ropedancing 平衡类高空杂技项目。俗称踩大绳。古代称为高絙、陵高履索。汉张衡《西京赋》中即有“走索上而相逢”的描述。蔡质《汉官典职》中记载：“以两大丝绳，系两柱间，相距数丈，两倡女对舞，行于绳上，对面道逢，切肩不倾。”山东、河南汉墓汉代画像石中所见的高絙技艺有两种形式：一种长绳呈水平状，另一种呈倾斜状。20世纪下半叶在河南新野县发掘出土的汉墓画像砖中发现有把高竿、走索、戏车、马术集于一堂，形成“双车双橦联索”组合的表演形式。随着时间的推移与科技进步，走索已演变成踩大绳、铜绳技、走钢丝、软钢丝、高低钢丝、十字钢丝、弹簧钢丝、弓弦钢丝、蹦绳、达瓦孜、高空走索、乔狮踩绳等不同类型不同风格的高空平衡类杂技节目。

奏本 memorial to emperor 中国明清时期奏疏文种名称之一。明初规定凡臣民言事于皇帝均用奏本。永乐年间增设题本后规定奏本只用于官员的私事，如官员到任、升转等。奏本不用印。清代沿用明制，但规定奏本只限于各部院衙门的堂官及各地的总督、巡抚、将军、都统等高级官员使用，文字不得超过300字。当时官员对于公私事务不易区分，因而奏本也有用于公务的，致使题、奏使用十分混乱，所以乾隆十三年（1748）便下令废除奏本，但实际上仍有官员使用。现存于世的奏本，明代的寥寥无几，清代的尚有千余件，主要属顺治、康熙、雍正、乾隆朝，少数属嘉庆、道光、咸丰朝。现主要存于中国第一历史档案馆。

奏鸣曲 sonata 多乐章的器乐套曲。又称奏鸣曲套曲。由3、4个相互形成对比的乐章构成，用1件乐器独奏或1件乐器与钢琴合奏。通常第一乐章为快板，用奏鸣曲式；第二乐章为慢板，变奏曲式、复三段式或自由的奏鸣曲式；第三乐章为小步舞曲或谐谑曲，复三段式；第四乐章为快板或急板，奏鸣曲式或回旋曲式。

16世纪初的奏鸣曲泛指与声乐演唱的康塔塔相对的各种器乐曲。17世纪中叶以后，D.斯卡拉蒂、C.P.E.巴赫、J.S.巴赫、W.A.莫扎特等都为古典奏鸣曲式的确立作出了贡献，而L.van贝多芬的奏鸣曲作品则使这种体裁的创作达到了古典奏鸣曲辉煌的顶峰。从C.M.von韦伯、F.舒伯特开始的浪漫主义奏鸣曲，继承古典传统的某些因素，但在风格上有明显的改变。第一次世界大战以后，L.亚纳切克、巴托克、S.S.普罗科菲耶夫等人糅合古典乐派和浪漫乐派传统，融汇民族乐派与近代的种种作曲手法，赋予此类作品以新的个性。

奏疏 memorial 中国古文书之一类。又称奏议。封建社会历代臣僚向帝王进言使用文书的统称。战国以前臣僚向君主进呈文字统称上书，秦统一六国后始称为奏。奏是进上的意思。汉代臣僚上书有时也称上疏。疏是疏通的意思，引申为对问题的分析。同时分析问题的奏章也别称为疏。唐宋以后上奏文书统称奏议，多数称为奏疏。奏疏的文种名称，汉代有章、奏、表、议等，魏晋南北朝时期除沿用章、表、议等外又增加了启文；隋、唐、宋时期一般用表和状两种，宋代增加劄子，是大臣上殿奏事前先期呈递的程式比较简便的文种；元代有奏、启和表章，明、清两代有题本、奏本、表、笺、启以及康熙朝后广泛使用的奏折等。

奏折 palace memorial 中国清代高级官员向皇帝奏事进言的文书。又称折子、奏帖或折奏。奏折之称最早见于顺治十三年（1656）。史学界人认为始于康熙朝。因康熙帝常令其亲信官员及部分督抚大员密奏见闻，以便互相监视和探听民情，遂有密折文书的出现。密折是奏折的一种。清初公事用题本，私事用奏本，而题奏本章都不能直达皇帝，须先送内阁阅览票拟后再进呈皇帝裁夺，既费时又易泄密，不利于皇权的加强，奏折则一扫此弊，具奏人可派遣专人或通过驿站直接送入内宫，由皇帝亲自拆阅并用朱笔批示，然后再交来人或通过驿站发回原奏人遵行，中间不必经过任何机构或个人转手。既速且密，有利于皇帝个人的专制独裁。康熙四十年（1701）以后，奏折的使用就比较广泛。至五十年前后，内而王公大臣，外而督抚提镇均可使用奏折。雍正帝继位以后，规定内外诸臣，对凡属官守机密或应速递上闻的国家庶政，都可以用密折先行奏闻，然后再用题本正式奏请批示遵行。于是，奏折作为机密文书遂被普遍使用，成为定制。

奏折按其内容可分为奏事折、奏安折、谢恩折及贺折4类，其公文程式各有不同。它在康熙时及雍正初年，原无一定规则与程式，也未列入国家的正式官文书之内。京内外官员，不论官职大小，只要得到皇帝的宠信和特许，即使是微末之员，甚至寺庙的住持和尚，也可以上折奏事和谢恩。

到雍正后期，尤其是在乾隆时期，因奏折成了国家的正式官文书，就逐渐形成一套严格的制度。只有高级官员始有资格用奏折奏事。在公文程式、运转关系以及缮写的字体等方面，也都有繁琐的规定，违者就会受到处分。奏折送达皇宫，由皇帝用朱笔批示后，即称为朱批奏折。雍正朝以后，奏折经朱批后，在发还具奏人遵行之前，照例要由军机处抄录一份，以供有关衙门传抄执行和存案备查，称为录副奏折。也有少数奏折（如言官风闻奏事之折）皇帝不加批示，即以原折交军机处存档，不再录副传抄。还有个别事关机密之件，或因具奏人的请求，或皇帝认为不宜公开，即留在宫中，不发交军机处抄录，称作留中。雍正帝继位不久，还下令凡康熙帝的朱批奏折及他本人批过之折，在发还具奏人遵行后，必须于年终汇总缴还皇宫保存，个人不得私自留存和抄录，并且从此成为定制。直至清亡废止。

租赋 中国古代由国家强制征收的财政手段之一。即田租和赋税。田租是封建社会剩余劳动的主要表现形式，赋税是集中化的田租，基本上属于田租范畴之内的剩余劳动。两者在历史发展中既相互区别又相互联系，有一个相互交融的历程。

田租亦可称田赋。历代田赋名称有所不同。春秋中期后，土地渐变为私产，于是产生向臣属征收谷物的土地税。鲁宣公十五年（前594），“初税亩”是征土地税的开始。秦汉魏晋南北朝，田赋都称田租。以后则官田称租，私田称税。唐代有田租和地税，实行两税法后，田租及庸、调并入户税，地税和各种附加合并分为夏季和秋季两次征收。宋将唐户税与斛斗（地税）

都按田亩征收，赋额增加。官田、民田税项均称赋，即官田之赋和民田之赋，这是官私田统称为田赋的开始。元代地丁征米粟，称税粮。明代官田和民田所征田赋，科则重轻不同。明中叶实行**一条鞭法**后，徭役、土贡等逐渐折征银两，并入田赋征收。清初又陆续将各项杂征并入田赋，自雍正年间摊丁入亩后，地丁合一，从此田赋成为主要的财政收入。辛亥革命后，又将漕粮、芦课和各种官田税课统称田赋。历代征收田赋连带各种附加的赋率有所不同，或征实物，或收银钱。

赋税，系强制征课，是古代国家赖以生存的重要经济统治手段。起源于春秋前君主从臣属取得的劳役和实物贡纳。春秋时，周王室和诸侯国君对土地征发的财物称税，向臣属征发的军役和军用品称赋，也称军赋。春秋末年，各国军赋如丘甲、丘赋等也从田地征发，赋税逐渐混合。秦汉时期，军赋按人丁征收，田税按田亩征收。以后各代赋税通常是指按地、丁、户征收的土地税和户口税。明代推行一条鞭法，已将赋、税逐渐合并。清代摊丁入亩，地丁合一，赋税实际上是田赋，是为狭义的赋税。对盐、铁、酒、茶等物，以及交易、牙行、典当、契约等的征课，一般称之为征权、杂税，属广义的赋税。至清末，赋税成为一切税课的总称。赋税的种类极为繁多，有军赋（兵赋）、更赋、九赋、人口赋等多种形式。

租界 concession territories 帝国主义列强根据和清政府缔结的不平等条约，以居住和经商为名，在中国一些通商口岸和城市

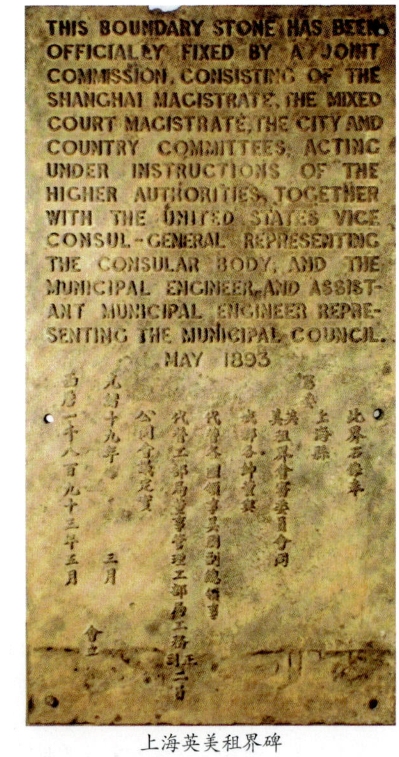

上海英美租界碑

永久或长期占用的地段。它不同于帝国主义列强利用不平等条约勒索的租借地和割让地，其领土主权仍属中国，只是在外国领事或公使和中国地方议订租地或租界章程后，缴纳一定租金，享有永租或以30年为限的租地权。在界内，由于**领事裁判权**规定的不断扩大，因此设立警察、法院、市政管理和税收机关；外国人不仅开设商行，建筑栈房、码头、工厂，走私贩毒等亦时有发生，以至租界成为“国中之国”及帝国主义侵略中国的重要据点。

1842年（道光二十二年）《**南京条约**》签订后，英国领事G.巴富尔借口不平等条约的规定向上海道宫慕久欺骗讹诈，要求一块专供英商占有的居留地，1845年11月29日，上海道划定洋泾浜（今延安东路）以北，李家庄（今北京路）以南之地准租与英国人为建筑房屋及居住之用。次年9月，又议定以边路（今河南路）为西界；这块面积约55.3公顷的地段后来就称做英租界。此为租界之始。1848年10月间，英国领事R.阿礼国又把地界向西伸到城浜（今西藏路），向北开拓到苏州河边，整个租界面积达188公顷。此后，法国于1849年，美国于1863年在上海正式划定了租界。1863年9月21日（八月初九）英美租界又合并为公共租界，即由英美领事为首的几国共同管理的区域。从此，上海租界成为主要商埠设立租界的模式。到清代末年，散布在沿海、沿江16个商埠的租界，共43处，分属于英、美、法、日、德、意、沙俄、比利时和奥匈等国。其中5处为公共租界，38处为专管租界，以英租界为最多，计11处。在一个商埠里尚有设立数处租界的。如天津的八国租界、汉口的五国租界等。帝国主义国家的投资，除路矿和政治借款外，工厂、商行、银行、船坞、码头以及市政水电工程，大都集中在租界区域内。

中国自1919年陆续收回各国租界。第一次世界大战后，中国人民首先于1919年收回天津德、奥租界和汉口德租界。1924年收回苏联政府放弃的一切前俄租界。1927年收回汉口和九江的英租界。1929年收回天津的比租界和镇江的英租界。1930年收回厦门的英租界。第二次世界大战期间，1943年废除天津和广州的英租界及英、美、比3国在上海及厦门公共租界的权利。1945年抗日战争胜利，废除了中国各地的日租界。1946年收回上海、天津、汉口和广州的法租界及法国在上海和厦门公共租界的权利。1947年收回天津意租界和意在上海及厦门公共租界的权利。帝国主义在中国的租界至此全部收回。

租借地 lease territories 分为两类：一类是按照条约的规定，一国政府将一块土地租给另一国政府，供充某种用途。另一类租借是所谓政治性质租借，是一国依据条约将其土地一部分租给另一国，由租界国对租借地行使一定的管辖权。这是不平等条约的产物。又称国际租借。

中国近代历史上的租借地是指清末以后，在帝国主义强占下，由外国实行直接统治的中国沿海几个重要海港地区。

德国首先于1897年（光绪二十三年）11月借口两名德国教士在山东被杀，派军队在胶州湾登陆，加以强占。1898年3月，德国强迫清政府签订《胶澳租界条约》，将胶州湾及湾内各岛总面积550余平方千米土地租与德国，为期99年，限期内归德国管理，德有权制定章程，管理包括中国在内的各国进出口船只。由此开创了以“租借”名义强占中国海港的先例。

俄国在德军强占胶州湾后，伪装支援清政府促使德军撤退，把俄舰驶入旅顺港内，提出租借旅顺、大连的要求。它强迫清政府限期订约，用重金贿赂**李鸿章**等，于1898年3月，签订《中俄旅大租地条约》。两个月后又签《续约》。规定，旅顺、大连及其附近水域租与俄国，为期25年。

俄占旅大后，英国为抵制俄国势力的扩展，提出租借威海卫，以与俄国对抗。当时威海卫在日本占领下，清政府同意对日赔款付清后，将威海卫租与英国。因威海卫位于山东德国势力范围内，英国声明不在山东修筑铁路，不与德国争利，承认德国对山东的权利。1898年5月，清政府付清对日赔款，日军撤出威海卫。7月（五月），中英订立《租借威海卫专条》，规定威海卫及附近海面，包括刘公岛等湾内10英里（1英里=1.6093千米）地方租与英国，期限25年。

1898年4月，法公使向清政府递交最后通牒，总理各国事务衙门被迫，同意将广州湾（雷州半岛）租与法国，为期99年，租借地范围随后划定。

英国针对法国要求，提出扩展香港界址，以抵制法国势力深入广东。1898年6月中英签订《展拓香港界址专条》，规定北九龙半岛（包括大鹏湾、深圳湾）以及香港附近大小岛屿200余个（总称新界）租与英国，期限为99年。新界比英国原已强占的香港岛和南九龙半岛的总面积大11倍。英占新界，法国又要求在广州湾取得同等面积的地域作为租借地。中法双方于1899年11月又正式订立《广州湾租界条约》，规定租期为99年。法国由此在华南取得一个重要基地，与香港遥遥相对。

德、俄、英、法等国在1897～1899年期间，分别强占中国沿海重要港口，设治、驻军，建立独立的管理体系，对当地实行殖民统治，并以此作为向中国扩张势力的基地。例如德国把胶州与德属非洲殖民地同样看待，设立总督府，颁布一系列

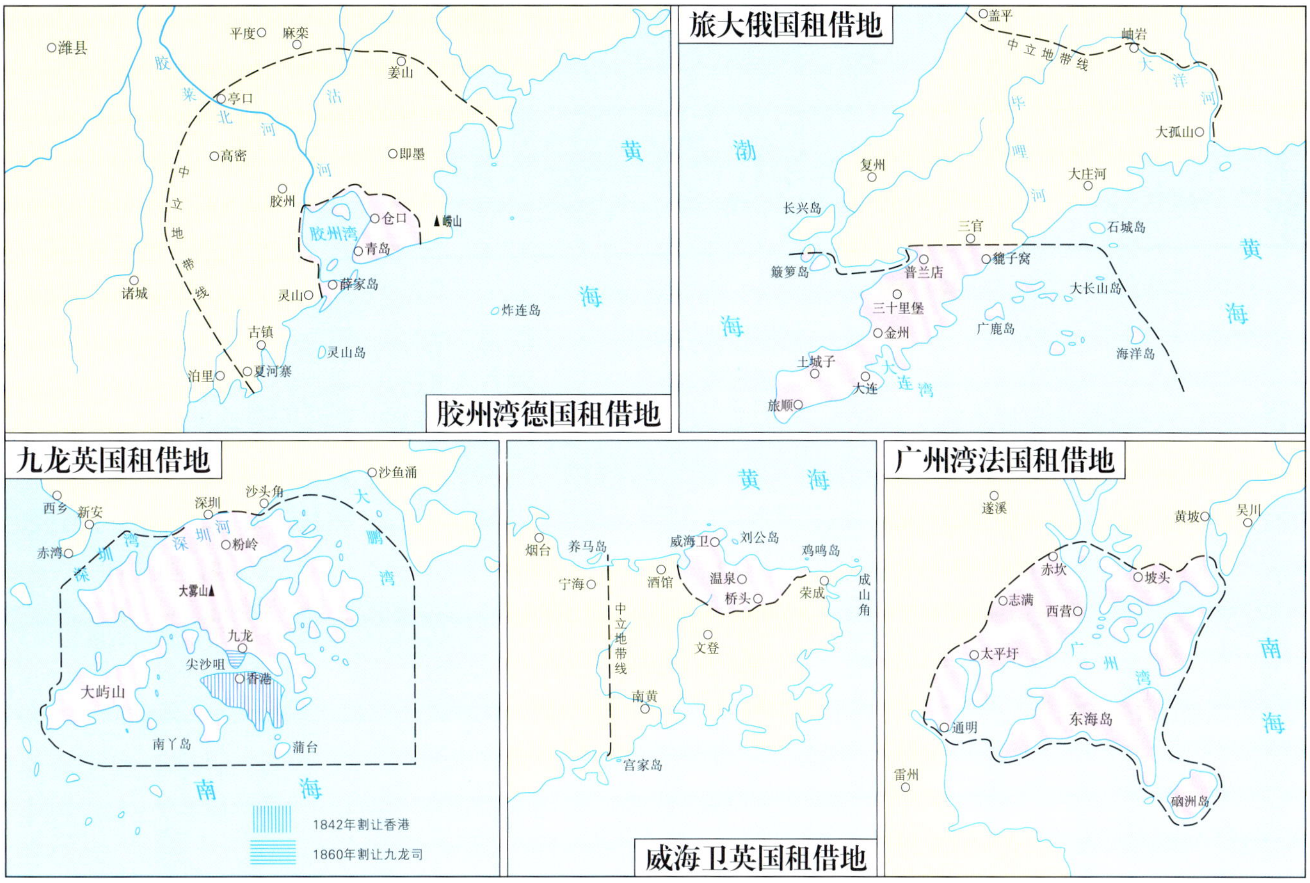

帝国主义国家在华租借地图

的法令。胶州湾还是德国远东舰队的重要基地。日俄战争后，日本自俄国手中夺得旅顺、大连，改为关东州，设置都督府，驻扎重兵，成为日本侵略中国东北、内蒙古和华北的大本营。1945年《中苏友好同盟条约》规定大连成为自由港，苏联取得在该港的“优越权益”，旅顺成为中

德国占领胶州湾刻石

苏共同使用的海军根据地。50年代初期，苏联陆续将旅顺、大连等权益归还给中国。胶州湾于第一次世界大战期间由日本自德国手中攻占，经过中国人民的斗争，1922年收回。威海卫于1923年租借期满，1930年由英国交还中国。广州湾于1945年由法国退还中国。“新界”通过中英双方于1984年达成的协议，1997年同香港其他地区一起归还中国。

租让制 concession system 一国政府将其部分**土地**、资源或权利，按照一定条件定期交付另一国政府、团体或个人，或交其本国团体或个人开发使用的制度。

租让制最初是封建时期欧洲国家国王授予封建领主等人庄园土地和其他权利的一种形式。19世纪后半叶，随着资本主义向帝国主义的过渡，租让制成为**发达国家**对外争夺原料产地和销售市场、进行**资本输出**的重要手段。第二次世界大战后，国际租让制成为**国际投资**的方式之一。

21世纪初，在石油及其他矿产资源的勘探开发中，租让制作为一种特许权经营合同方式得到了普遍的应用。这种方式又被称为许可证协议。在这种合同模式下，资源主权国的收益主要来自外国石油公司缴纳的税款和矿区使用费。经过近百年的发展，租让制已经相当成熟。

租庸调 grain-material-labour tax system 中国唐代前期主要的赋役制度。经过隋末的大动荡，唐初人口锐减，土地大片荒芜，唐王朝为了恢复农业生产，采行前代曾实行过的**均田制**。对每一男丁授田百亩。其中永业田20亩，口分田80亩。在这基础上实施租庸调法，规定：每丁每年向国家输粟2石，为租；输绢2丈、绵3两（或布2丈4尺、麻3斤），为调；服役20日，称正役，不役者每日纳绢3尺（或布3.6尺），为庸。若因事增加派役，则以所增日数抵除租调，“旬有五日免其调，三旬则租调俱免”，并限定所增日数与正役合计不得超过50日。这些规定，承袭了北魏以来对赋役制的改进，租调负担比前代略有减轻，并订有水旱灾减课办法；在服役与纳绢之间有一定的灵活性。

租庸调法既以均田制为存在的依据，而均田制自始既未能保证百亩授田，土地买卖之风又使均田制趋于瓦解，加上**安史之乱**以后的动乱局面，均田制至大历年间已无法继续下去。租庸调法遂于德宗建中元年（780）为**两税法**所代替。

足 foot 人和高等动物腿的下端用以接触地面、支撑身体的器官。在一般动物中称为爪。

骨包括7块跗骨、5块跖骨和14块趾骨。拇指为2节，其余各趾为3节。关节包括距小腿关节（踝关节）、跗骨关节、跗跖关节、跖骨间关节、跖趾关节和趾骨间关节。肌肉可分为足背肌和足底肌。足背肌较薄弱，为伸拇趾的拇短伸肌和伸第2～4趾的趾短伸肌。足底肌分为内侧群，外侧群和中间群，

作用在于维持足弓。

足跟痛 calcanodynia 一组表现为足跟疼痛的疾病。多由足跟的骨质、关节、滑囊、筋膜等处病变引起。最常见的病因为蹠筋膜炎，往往发生在久立或行走工作者，表现为蹠筋膜纤维的断裂及修复过程，在跟骨下方偏内侧的筋膜附着处有骨质增生及压痛，侧位X射线片显示跟骨骨刺。但是有骨刺不一定有足跟痛，蹠筋膜炎也不一定有骨刺。用足跟垫有效。可往压痛点注射醋酸强的松龙，每周一次，往往两三次治愈。久治无效的足跟痛可行跟骨钻孔减压术。跟垫痛常见于老年人，此时跟垫弹力下降，整个足跟下方都有压痛。使用海绵跟垫及封闭疗法有效。跟后滑囊炎常发生在跟腱与皮肤之间，由不合适的高跟鞋摩擦损伤引起，表现为滑囊内积液，肿胀压痛。避免摩擦及囊内注射醋酸强的松龙有效。跟骨骨骺骨软骨病发生于9岁左右的男孩，表现为跟腱用力时疼痛及局部压痛。骨骺愈合后，症状自愈。距骨下关节炎常发生于跟骨骨折后，若保守治疗无效，应行跟距关节融合术。

足迹鉴定 footprints identification 就现场足迹的发现、记录、提取及鉴定所进行的一系列活动。人脚踩踏地面时，留下能反映人脚的痕迹，又称脚印。足迹是刑事**侦查**现场上经常发现的痕迹之一，有赤脚印、袜印和鞋印之分。借助足迹检验，可就足迹在现场的分布状态及方向，分析判断足迹遗留者在现场活动情况；可就足迹的形状、大小、数量及相应特征，分析判断足迹遗留者的身高、体态、性别、年龄、人数及行走习惯特点；还可从足迹表现出的各种特征出发，对遗留足迹的人或鞋子进行**同一认定**。

足迹特征可分为形象特征和步法特征。足迹的形象特征包括足迹的大小、形状，脚掌的乳突花纹特征、病变特征，鞋底或袜底的花纹、印痕、磨损、修补特征等，是进行鞋或人的同一认定、袜的种属认定的重要依据。足迹的步法特征由包括步长、步宽和步角的步幅特征，以及包括起脚、落脚和碾脚特征的步态特征两部分组成，是分析行走时的步行姿势及各种习惯动作特点的主要依据，可以用于分析案情。

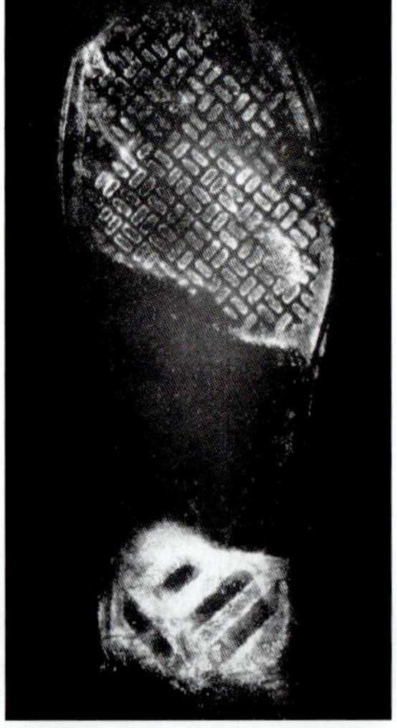

用静电复印方法取得的鞋印

足厥阴肝经 Jueyin Liver Channel of Foot; Jueyin Liver Meridian of Foot 中医学中**十二经脉**之一。简称肝经。循行路线起于足大趾爪甲后丛毛处，沿足背向上至内踝前一寸处（中封穴），向上沿胫骨内缘，在内踝上8寸处交出**足太阴脾经**之后，上行过膝内侧，沿大腿内侧中线进入阴毛中，绕阴器，至小腹，挟胃两旁，属肝，络胆，向上穿过膈肌，分布于胁肋部，沿喉咙的后边，向上进入鼻咽部，上行连接目系出于额，上行与**督脉**会于头顶部。本经脉一分支从目系分出，下行于颊里，环绕在口唇的里边。

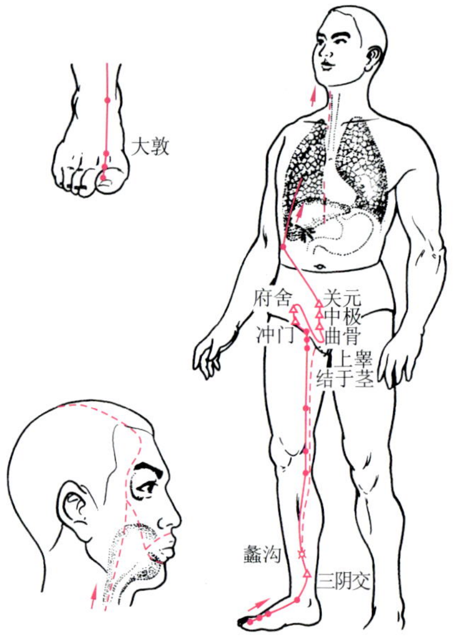

足厥阴肝经循行线路图

又一分支从肝分出，穿过膈肌，向上注入肺，交于**手太阴肺经**（见图）。本经脉**腧穴**有：大敦、行间、太冲、中封、蠡沟、中都、膝关、曲泉、阴包、五里、阴廉、急脉、章门、期门14穴，左右合28穴。

足菌肿 mycetoma 由真菌（或放线菌）感染所致的一组复合病变。表现为无明显自觉症状的慢性局限性皮肤肿胀，累及皮下组织、筋膜和骨骼，有窦道形成，窦道脓液中常见有不同颜色的颗粒，并可造成组织破坏和畸形。病损可发生于身体各部位，但以暴露和易受外伤的部位如手、足多见。损害主要自局部向周围缓慢扩展，少数致病菌种可经血行播散，引起内脏感染。对早期局限性损害，可采用手术切除。较广泛的损害，依据致病菌不同，选择敏感的药物。

足球 football; soccer 球类运动项目之一。以脚支配球为主，两个队在同一场地内进行攻守对抗。它是目前世界上开展得最为广泛、影响最大的体育运动项目，被誉为“世界第一球”。现代足球运动的价值和影响，已经远远超出了足球自身的范围，已经成为一个国家的政治、经济和文化的一种交流工具，对反映一个国家的整体实力具有重要意义。相传古希腊就有人踢球。公元10世纪以后，法国、意大利、英国等一些国家有了足球游戏。到15世纪末人们才称这种游戏为“football”（足球），并逐渐发展成现代足球运动。现代足球运动诞生于英国，1863年，英国人在伦敦成立了世界上最早的足球运动组织——英国足球协会，并统一了足球规则。人们把这一天当作现代足球诞生日。在当时，英国学校习惯称足球运动为soccer，现今国际上亦均如此称之。从1900年开始，足球被列为**奥林匹克运动会**比赛项目。1904年国际足球联合会（FIFA）成立。从此，现代足球日益发展，特别是在欧洲和拉丁美洲，足球已成为人们的最爱。

图1 蹴鞠图（选自《三才图会》）

古代足球运动起源于中国，时间约在公元前4～前3世纪。中国古代用脚踢球称为蹴鞠。《史记·苏秦列传》中叙述了战国时期齐国都城临淄居民开展各种文化活动的情况，其中就曾提到“蹋鞠”，“蹋”亦即踢之意。到了汉代，中国有了专门用于蹴鞠比赛的场地“鞠城”。唐代是蹴鞠活动昌盛时期。宋代又进一步使蹴鞠的规则更加完善。约在19世纪末20世纪初，现代足球从西方传入中国。中华人民共和国建立后，足球运动被列为重点运动项目，得到大力推广。1951年在天津举行了全国足球比赛。1956年开始实行甲乙级足球联赛制。1958年又开始实行联赛甲乙级升降制。1956年开始实行运动员和裁判员等级制。自1957年始中国足球队即参加各届**世界杯足球赛**预选赛，均未能进入决赛圈。1988年打入第24届奥运会足球决赛圈。2002

图2 现代足球比赛场面

年第一次进入世界杯足球赛决赛阶段的比赛。中国女子足球水平在这一阶段得到迅速发展，中国女子足球队在1986年第6届和1989年第7届亚洲杯女子足球锦标赛中两次夺冠。在1996年第26届奥运会女足比赛中获得亚军。1997年中国开始创办女足超级联赛，并实行主客场制。1999年7月，在第3届世界女子足球锦标赛中中国女子足球队负于美国队而屈居亚军。

现代足球规则产生于1863年10月26日，当时规则只有14条，经过一百多年的实践，不断完善，目前已发展到17章。1900年足球被列为第2届奥运会比赛项目，1930年开始举办世界足球锦标赛，每4年举办一届，此为规模最大的世界性比赛，反映足球的最高水平和发展动向。至2008年，奥运会男子足球赛共举行了29届。足球运动的发展主要是足球技术和战术的不断完善的过程。足球技术是在足球比赛中所采用的合理行动和动作的统称。从使用目的分，有进攻技术和防守技术两大类。从表现形式分，则有颠球、传球、射门、接球、运球过人、头顶球、掷界外球、抢截球、守门员技术等。现代足球运动的总体发展是向着强对抗、快速变换比赛节奏、技术合理简洁、战术上严密整体的快速全面和攻守平衡、超强的体能、高水平的心理能力方向发展。

足球战争 Football War 1969年萨尔瓦多与洪都拉斯的武装冲突。起因于移民纠纷。因战争的导火线是足球赛冲突，史称“足球战争”。萨尔瓦多是一个地少而人口众多的国家，不断向地多人少的洪都拉斯移民。到1969年，萨尔瓦多的非法移民超过30万。为了限制移民，洪都拉斯政府颁布法令，驱逐没有合法产权的萨尔瓦多人。到1969年6月，已有1.7万名萨尔瓦多移民被驱逐出境。大量移民回国，引起萨尔瓦多国内局势紧张，两国关系由此恶化。此时，正值参加1969年世界杯足球赛的萨、洪两国足球队开赛。比赛结束后，输了球的洪都拉斯人迁怒于萨尔瓦多移民，驱逐移民的行动变本加厉，致使萨尔瓦多政府宣布与洪都拉斯断交。7月14日，萨尔瓦多出动军队，从陆地和空中两路入侵洪都拉斯，深入洪都拉斯南部领土25英里，并占领了新奥科特佩克城。后经过美洲国家组织的调停，双方不得不于7月19日停火。随后，萨尔瓦多军队撤出洪都拉斯。

足少阳胆经 Shaoyang Gallbladder Channel of Foot; Shaoyang Gallbladder Meridian of Foot 中医学中十二经脉之一。简称胆经。循行部位起于目外眦（瞳子髎穴），上至头角（颔厌穴），下行到耳后（完骨穴），再折回上行，经额部至眉上（阳白穴），又向后折至风池穴，沿颈下行至肩上，左右交会于大椎穴，前行入缺盆。本经脉一分支从耳后进入耳中，出走于耳前，至目外眦后方。另一分支从目外眦分出，下行至大迎穴，同手少阳经分布于面颊部的支脉相合，行至目眶下，向下的经过下颌角部下行至颈部，与前脉会合于缺盆后，穿过膈肌，络肝，属胆，沿胁里浅出气街，绕毛际，横向至环跳穴处。直行向下的经脉从缺盆下行至腋，沿胸侧，过季肋，下行至环跳穴处与前脉会合，再向下沿大腿外侧、膝关节外缘，行于腓骨前面，直下至腓骨下端，浅出外踝之前，沿足背行出于足第四趾外侧端（足窍阴穴）。

本经脉又一分支从足背（临泣穴）分出，前行出足大趾外侧端，折回穿过爪甲，分布于足大趾爪甲后丛毛处，交于足厥阴肝经（见图）。

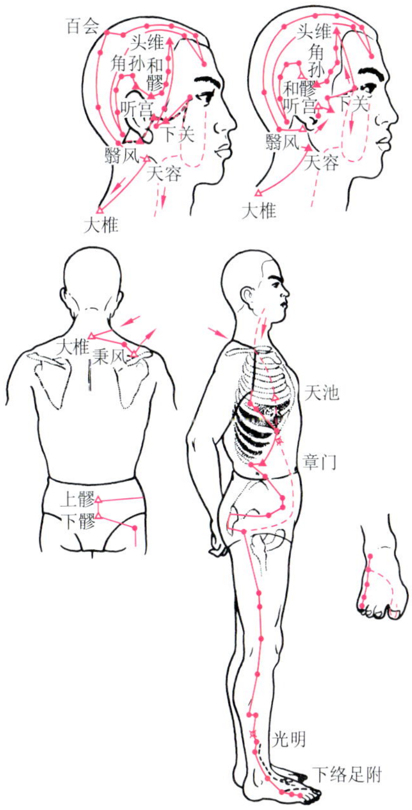

足少阳胆经循行线路图

本经脉腧穴有：瞳子髎、听会、上关、颔厌、悬颅、悬厘、曲鬓、率谷、天冲、浮白、头窍阴、完骨、本神、阳白、头临泣、目窗、正营、承灵、脑空、风池、肩井、渊液、辄筋、日月、京门、带脉、五枢、维道、居髎、环跳、风市、中渎、膝阳关、阳陵泉、阳交、外丘、光明、阳辅、悬钟、丘墟、足临泣、地五会、侠溪、足窍阴，共44穴，左右合88穴。

足少阴肾经 Shaoyin Kidney Channel of Foot; Shaoyin Kidney Meridian of Foot 中医学中十二经脉之一。简称肾经。循行部位起于足小趾下面，斜行于足心（涌泉穴）

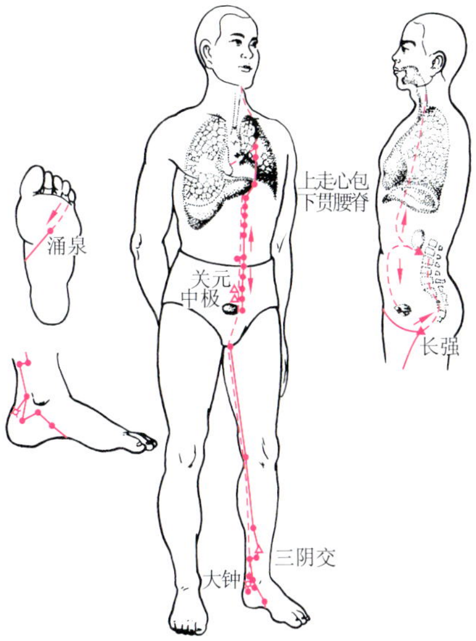

足少阴肾经循行线路图

出行于舟骨粗隆之下，沿内踝后缘，分出进入足跟，向上沿小腿内侧后缘，至腘内侧，上股内侧后缘入脊内（长强穴），穿过脊柱，属肾，络膀胱。本经脉直行于腹腔内，从肾上行，穿过肝和膈肌，进入肺，沿喉咙，到舌根两旁。本经脉一分支从肺中分出，络心，注于胸中，交于手厥阴心包络经（见图）。

本经脉腧穴有：涌泉、然谷、太溪、大钟、水泉、照海、复溜、交信、筑宾、阴谷、横骨、大赫、气穴、四海、中注、肓俞、商曲、石关、阴都、通谷、幽门、步廊、神封、灵墟、神藏、彧中、俞府，共27穴，左右合54穴。

足太阳膀胱经 Taiyang Bladder Channel of Foot; Taiyang Bladder Meridian of Foot 中医学中十二经脉之一。简称膀胱经。循行部位起于目内眦（睛明穴），上达额部，左

右交会于头顶部（百会穴）。本经脉分支从头顶部分出，到耳上角部。直行本脉从头顶部分别向后行至枕骨处，进入颅腔，络脑，回出分别下行到项部（天柱穴），下行交会于大椎穴，再分左右沿肩胛内侧，脊柱两旁（一寸五分），到达腰部（肾俞穴），进入脊柱两旁的肌肉，深入体腔，络肾，属膀胱。本经脉一分支从腰部分出，沿脊柱两旁下行，穿过臀部，从大腿后侧外缘下行至腘窝中（委中穴）。另一分支从项分出下行，经肩胛内侧，从附分穴挟脊（三寸）下行至髀枢，经大腿后侧至腘窝中与前一支脉会合，然后下行穿过腓肠肌，出走于足外踝后，沿足背外侧缘至小趾外侧端（至阴穴），交于足少阴肾经（见图）。

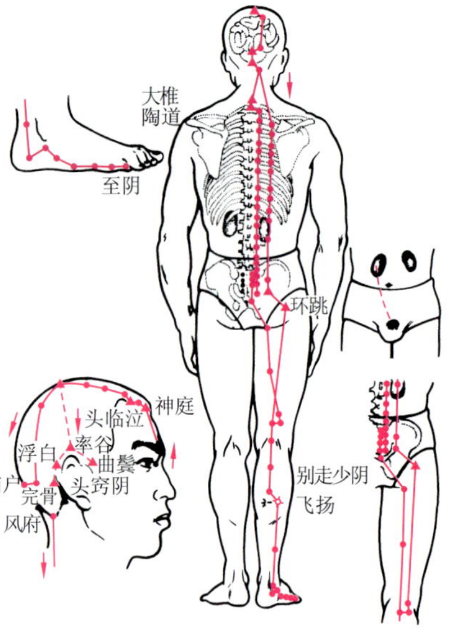

足太阳膀胱经循行线路图

本经脉腧穴有：睛明、攒竹、眉冲、曲差、五处、承光、通天、络郄、玉枕、天柱、大杼、风门、肺俞、厥阴俞、心俞、督俞、膈俞、胆俞、脾俞、胃俞、三焦俞、肾俞、气海俞、大肠俞、关元俞、小肠俞、膀胱俞、中膂俞、白环俞、上髎、次髎、中髎、下髎、会阳、承扶、殷门、浮郄、委阳、委中、附分、魄户、膏肓俞、神堂、谚譆、膈关、魂门、阳纲、意舍、胃仓、肓门、志室、胞肓、秩边、合阳、承筋、承山、飞扬、跗阳、昆仑、仆参、申脉、金门、京骨、束骨、足通谷、至阴，共67穴，左右合134穴。

足太阴脾经 Taiyin Spleen Channel of Foot; Taiyin Spleen Meridian of Foot 中医学中十二经脉之一。简称脾经。循行部位起于足大趾内侧端（隐白穴），沿内侧赤白肉际，上行过内踝的前缘，沿小腿内侧正中线上行，在内踝上8寸处，交出足厥阴肝经之前，上行沿大腿内侧前缘，进入腹部，属脾，络胃，向上穿过膈肌，沿食道两旁，连舌本，散舌下。本经脉分支从胃别出，上行通过膈肌，注入心中，交于手少阴心经（见图）。

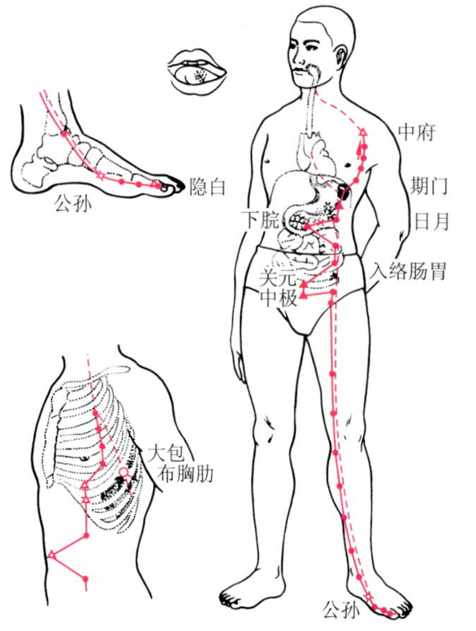

足太阴脾经循行线路图

本经脉腧穴有：隐白、大都、太白、公孙、商丘、三阴交、漏谷、地机、阴陵泉、血海、箕门、冲门、府舍、腹结、大横、腹哀、食窦、天溪、胸乡、周荣、大包，共21穴，左右合42穴。

足阳明胃经 Yangming Stomach Channel of Foot; Yangming Stomach Meridian of Foot 中医学中十二经脉之一。简称胃经。循行部位起于鼻翼旁（迎香穴），挟鼻上行，左右侧交会于鼻根部，旁行入目内眦，与足太阳经相交，向下沿鼻柱外侧，入上齿中，还出，挟口两旁，环绕嘴唇，在颏唇沟承浆穴处左右相交，退回沿下颌骨后下缘到大迎穴处，沿下颌角上行过耳前，经过上关穴（客主人），沿发际，到额前。本经脉分支从大迎穴前方下行到人迎穴，沿喉咙向下后行至大椎，折向前行，入缺盆，下行穿过膈肌，属胃，络脾。直行向下一支

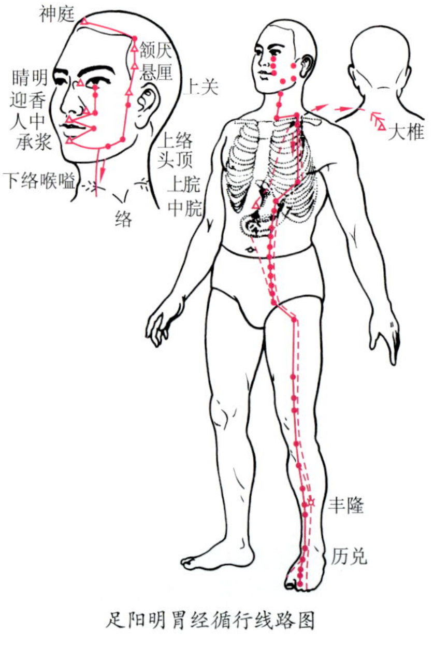

足阳明胃经循行线路图

是从缺盆出体表，沿乳中线下行，挟脐两旁（旁开二寸），下行至腹股沟外的气街穴。本经脉又一分支从胃下口幽门处分出，沿腹腔内下行到气街穴，与直行之脉会合，而后下行大腿前侧，至膝膑沿下肢胫骨前缘下行至足背，入足第二趾外侧端（厉兑穴）。本经脉另一分支从膝下3寸处（足三里穴）分出，下行入中趾外侧端。又一分支从足背上冲阳穴分出，前行入足大趾内侧端（隐白穴），交于足太阴脾经（见图）。

本经脉腧穴有承泣、四白、巨髎、地仓、大迎、颊车、下关、头维、人迎、水突、气舍、缺盆、气户、库房、屋翳、膺窗、乳中、乳根、不容、承满、梁门、关门、太乙、滑肉门、天枢、外陵、大巨、水道、归来、气冲、髀关、伏兔、阴市、梁丘、犊鼻、足三里、上巨虚、条口、下巨虚、丰隆、解溪、冲阳、陷谷、内庭、厉兑，共45穴，左右合90穴。

族诛 execution of the whole clan relatives of a criminal 中国古代因一人犯罪而诛灭其亲族的刑罚制度。又称门诛、屋诛、门房之诛等。根据株连范围的不同，族诛主要有以下几种：①诛二族，即诛杀父子两代之成年者。②夷三族，即诛灭三族。三族之说有二：一是父母、兄弟、妻子；二是父族、母族、妻族。对罪当夷三族的罪本人，一律要具五刑。③诛七族。七族有二说：一指上至曾祖，下至曾孙；二指父之族、姑之子、姊妹之子、女子之子、母之族、从子、妻父母。④诛九族。九族之说亦有二：一为本身及以上的父、祖、曾祖、高祖和以下的子、孙、曾孙、玄孙；二为父族四，母族三，妻族二，合为九族。另有一说还包括学生在内，为十族。

阻尼合金 damping alloy 能迅速将振动能转变成热能而使振动衰减的功能材料。1920年前后，$FeCr_{12}Ni$铁素体不锈钢作为阻尼合金，首次在轮机叶片方面得到应用。按阻尼机理可分为：①变晶型。主要有锰铜合金和镍钛合金，具有良好的耐磨性和耐蚀性，但加工性较差，使用温度一般低于80℃。②铁磁性型。其阻尼效果主要依靠磁畴壁在交变应力作用下的不可逆移动，导致磁－机械滞后而损耗能量。主要有铁基和钴镍基两类型，使用温度分别为300℃和500℃以上。已用于重型机械的支座和齿轮、真空泵的旋转部件及船舶螺旋桨等。③位错型。由于在外力作用下位错的不可逆移动，导致合金高阻尼。主要为镁及其合金。④复相型。含有两相以上的组织。在振动应力作用下，软质第二相与处于弹性行为的基体界面或第二相晶内产生局部塑性变形，导致振动能消耗掉，如铸铁和铝锌合金。⑤复合型。高阻尼的高分子物质与金属板的复合材料。

阻尼振动 damping vibration 实际的振动总是受到影响振动的阻尼力（简称阻力）的作用，即考虑阻尼力的振动。

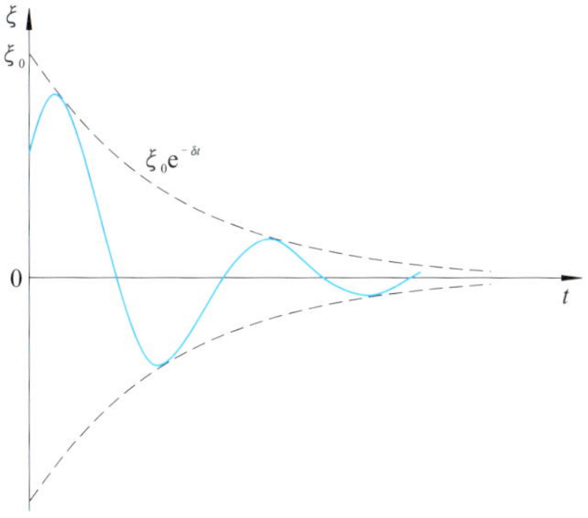

阻尼自由振动位移（ξ）时间（t）曲线

在线性振动的范畴，约定阻力F_R的大小与运动速度呈线性关系，而其方向与运动方向相反：$F_R=-R_m(dx/dt)$。定义阻尼系数为$\delta=R_m/(2M_m)$。式中R_m为振动系统的力阻，M_m为弹簧质量系统质量。按δ的大小，分三种情况考虑阻力的影响：

①小阻尼（$\omega_0>\delta$）时，ω_0为自由振动的固有频率，阻尼振动的振幅按指数规律衰减，δ越大衰减越快；图为阻尼自由振动的位移（ξ）时间（t）特性曲线。

②临界阻尼（$\omega_0=\delta$）时，质量块的位移将视初始条件而衰减，事实上质量块的运动已不再是振动。

③大阻尼（$\omega_0<\delta$）时，系统不再算振动系统。

阻塞高压 blocking high 中纬度和高纬度地区大气对流层中部和上部深厚的暖高压。暖高压迅速向北发展时，暖脊北部受冷空气切断而与南方主体脱离，在暖脊北部形成闭合性暖性高气压，连同其南方暖脊使西风气流受阻塞而分支，故称阻塞高压。它常与**切断低压**同时出现，组成一种环流形势，称阻塞形势，维持数天甚至1～2周。在亚洲地区阻塞高压经常出现在乌拉尔山和鄂霍次克海上空。冬季乌拉尔阻塞高压形成后，冷空气在其东南方积蓄加强，当高压崩溃时，东侧冷空气向东南移动，形成强大的**寒潮**。夏季，鄂霍次克海地区存在阻塞高压，有利于中国北方冷空气活动，加强**梅雨**。

组合电器 composite apparatus 将两种或两种以上的电器按电力系统接线要求组成一个整体，而各电器仍保持原性能的设备。

在低压组合电器中，起动器就是由接触器、热继电器、熔断器、按钮等构成一整体的组合电器，应用广泛，具备远距离控制和保护的功能。

在高压组合电器中，按绝缘结构分为敞开式和全封闭式两种。前者以隔离开关或断路器为主体，将电流互感器、电压互感器、电缆头等元件与之共同组合而成。后者将各组成元件的高压带电部位密封于接地金属外壳内，壳内充以绝缘性能良好的气体介质，各组成元件（一般包括断路器、隔离开关、接地开关、电压互感器、电流互感器、避雷器、母线、电缆终端等）按接线要求，依次连接并组成一个整体，成为气体绝缘金属封闭开关设备（GIS），俗称全封闭组合电器，所用气体介质有六氟化硫（SF_6）、N_2（氮）/SF_6混合气体等。GIS具有体积小、安全性能好、可靠性高、不受大气环境的影响、不检修、使用周期长等优点。

组合化学 combinatorial chemistry 将组合方法和同步合成相结合，同时创造出多种化合物的合成技术。其合成产物不是一两个单一的化合物，而是很多化合物，甚至可以多达上百万个化合物，被称为化合物库。通过组合化学途径获得的化合物，由于使用了同一类型反应，通常具有一定的结构相关性。它已成为新药物、新材料发现和**分子设计**的重要工具。在药物化学合成方面，组合化学方法可以按排序一次制造出上千种带有表现其特性的化学附加物的新物质来，整组化合物可以根据某些生物靶来进行同步筛选，挑出其中的有效化合物加以鉴定。再以这些有效化合物的化学结构作为起点，合成新的相关化合物。在同步制造和筛选后，找到有价值的药物的机会大增，从而加速药物的发现和发展进度。组合合成通常可以归类为两种方法：①合成化合物的数目可由一系列的连接步骤数计算出来，是一个稳定的梯度常数。这种平行合成方式可以用来合成不同系列的单一化合物。②合成的化合物数目随连接步骤数的增加呈指数递增。这样的方法是真正意义上的组合化学。例如对于多肽的合成，由20种**天然氨基酸**为构建单元，利用传统的酰胺键的合成方法，二肽便有400（20^2）种组合，三肽则有8 000（20^3）种组合。以此类推，八肽将达到25 600 000 000（20^8）种组合，如果将它们逐一合成，要进行256亿次单个实验；但是采用组合化学的方法，只要进行9次固定化和混合操作即可完成所有化合物的合成。

组合机床 transfer and unit machine 以通用**部件**为基础，配以少量按工件特定形状和加工工艺设计的专用部件和夹具组成的半自动或自动专用机床。一般采用多轴、多刀、多工序、多面或多工位同时加工的方式，其生产效率比通用机床高几倍至几十倍。组合机床一般用于加工箱体类或特殊形状的零件。由刀具的旋转运动和刀具与工件的相对进给运动实现钻孔、扩孔、锪孔、镗孔、铣削平面、切削内外螺纹以及外圆和端面等加工。

自动更换主轴箱的组合机床

通用部件按功能分为几类：①动力部件。为组合机床提供主运动和进给运动的部件。主要有动力箱、切削头和动力滑台。动力箱将电动机的旋转运动传递给具有几个至几十个主轴的主轴箱。切削头将电动机的旋转运动经减速后传递给主轴，用于单一工序的加工。动力滑台用于安装动力箱或切削头，实现刀具的进给运动。②支承部件。用以安装动力滑台和带有进给机构的切削头或夹具等的部件。③输送部件。用以输送工件或主轴箱至加工工位的部件。④控制部件。用以控制机床的自动工作循环，有液压站、电气柜和操纵台等。⑤辅助部件。有润滑装置、冷却装置和排屑装置等。

组合数学 combinatorial mathematics 一个既古老但又新兴发展的数学分支。又称组合学或组合理论。它研究的是离散的对象，以及人们在处理离散对象的过程中所积累起来的关于“数”（shǔ）的技巧。

从组合数学研究的对象来看，它的产生和发展改变了传统数学中**分析学**和**代数学**占统治地位的局面，现代数学因此可以分为两大类：一类是研究连续对象的，如**分析学**、方程等，另一类就是研究离散对象的，如组合数学。组合数学就其为人类认知客观世界所提供的方法和途径而言，也与其他数学分支有所不同。人类在利用数学探索周围世界的过程中，采用了两种不同的工具：其一是“数”，从远古时代以石子、结绳和刻痕计数开始，随着对数的了解和研究的深入，形成了以研究“数”为目的的**数论**、**代数学**、**函数论**、**泛函分析**等数学分支；其二是“形”，继欧几里得《**几何原本**》的问世，以研究“形”为目的的**几何学**、**拓扑学**和范畴论也相继成为独立的数学学科并得以发展。到了现代，代数拓扑学和代数几何学等新兴学科则将“数”与“形”密切联系在一起，把它们共同作为研究的对象。但组合数学关注的并非“数”和“形”本身，而是由其他数学分支中“数”的多样性或“形”的多样性所引发的对数（shǔ）“数”、数（shǔ）“形”的多样性的研究，即数（shǔ）的技巧。

由此看来，组合数学与其他数学分支既存在明显的差异，也有着必然的密切联系。它的许多研究内容与方法都来自于、也应用于各个数学分支，但其最根本、最独特的研究问题与方法源于人们对客观世界中存在的“数”与“形”及其关系的发现和认识。

人们最初研究的组合问题是“安排”：如何按照某种确定的约束条件，把已给的有限个或可数无限个物体作安排。这其中涉及如下几个问题：①符合要求的安排是否存在。②这些安排有多少种。③怎样作出这些安排。④当有衡量这些安排优劣的标准时，怎样求出最优的安排。（它们可以依次称作存在性问题、计数问题、构造问题和优化问题）。人类对这类问题的认识很早就开始了，并且随着代数学、数论、**概率论**等其他数学分支的发展，这种认识得以逐步提高并相继得到许多有趣且有实际意义的结果：中国古代的《易经》中借助十个天干和十二个地支，以六十为周期来记载年份；洛书中关于幻方（又称纵横图）的记载表明人们很早就能够构造这种特殊的组合结构；11世纪中叶，中国数学家**贾宪**给出了直到六次幂的二项式系数表，至13世纪**杨辉**在《详解九章算法》(1261)加以引用，现被称作“杨辉三角”。1654年，法国数学家B.帕斯卡在《论算术三角形》一文中详细论述了二项系数的性质和应用；与此同时，他和P.de **费马**在对赌博理论的研究中也发现了一些组合数学的结果；1666年，德国数学家G.W.**莱布尼茨**发表了论文《论组合的技巧》，为组合方法的系统发展奠定了基础，其中首次在数学的意义下使用“组合”一词；1713年，瑞士数学家雅各布第一·伯努利出版了概率论的第一部著作《猜度术》》（或称《推测术》），其中提出了一系列组合的概念，也指出了它们在概率演算中的应用。至此，以这些工作为基础，组合数学发展成为独立的数学分支，形成了现在所说的经典组合学。

17世纪以后，经典组合学继续受到娱乐、数论、概率论等学科的推动而迅速发展，得到了一般的存在性定理和计数原理，如**抽屉原理**（又称鸽笼原理）及其推广——拉姆齐定理、生成函数（又称母函数）、递归关系的解法、容斥原理、波利亚计数定理等。还解决了一系列著名的问题，包括更列问题、36军官问题等。18世纪，瑞士数学家L.**欧拉**为组合数学的发展作出了重大的贡献。生成函数方法正是他在关于整数分拆和分解成若干加数的论文中首创的一种计数方法；他在数论中引入的欧拉函数$\varphi(n)$不仅在经典组合学中有着广泛的应用，也为后来编码学的发展奠定了基础。除此之外，就组合数学本身的发展来说，更为重要的是欧拉将人们的认识从数（shǔ）“数”推广到了数（shǔ）“形”，他解决了著名的柯尼斯堡七桥问题，并且加以推广，给出了以某种方式走遍一个给定的图的判定法则；他还发现了凸多面体顶点数v、边数e和面数f之间的巧妙关系：$f-e+v=2$，$f-e+v$被称为欧拉示性数，现已成为拓扑学中的基本概念。欧拉的这些关于图和形的独创性工作，逐步开创和发展了组合数学的一个重要组成部分——**图论**。19世纪，德国数学家C.F.**高斯**提出了在经典组合学中占有重要地位的组合系数（现称高斯系数），他还研究平面上闭曲线的相交问题，由此所引发的高斯猜想不仅有助于拓扑学，而且也有助于组合数学中图论的发展。同在这一时期，由英国数学及逻辑学家G.布尔创立的**布尔代数**也已经发展成为组合数学中序理论的基石。

进入20世纪以后，随着科学技术的发展，组合数学这门古老的学科获得了新的生命力和更大的发展机遇。许多理论学科和应用学科（如物理学、化学、生物学、信息论、计算机科学、**运筹学**、管理科学和概率论等）都向组合数学提出了大量具有理论和实际意义的问题，促使它产生和发展了许多新的理论。例如，1920年英国生物学家R.A.**费希尔**提出实验设计的统计理论，完善了从欧拉的拉丁方设计中发展出来的组合设计；1947年美国运筹学家G.B.丹齐克给出了一般的线性规划模型和理论，创立了单纯形法，阐明了其解集的组合结构。这些工作，加上后来运筹学中以**网络流**为代表的一系列问题的形成与发展，开拓了目前称之为**组合最优化**的一个组合数学的新分支。

20世纪50年代以来，电子技术、计算机科学的迅猛发展对作为信息技术数学基础的组合数学提出了更高的要求：为适应网络算法和算法复杂性分析、信息安全与编码技术、数学机械化和计算机推理以及以大规模和超大规模集成电路设计为中心的计算机辅助设计等的需求，组合数学中产生和发展了组合算法、组合逻辑、区组设计、组合优化等诸多领域。

在与其他的数学分支，甚至其他自然学科以及社会学科的并行发展过程中，组合数学得到了长足的发展，也取得了令人瞩目的成就。近20年来，组合数学中的方法已经帮助解决了一些数学领域极具挑战性的难题，例如：B.L.范·德·瓦尔登于1926年提出的关于双随机矩阵积和式猜想、P.D.希伍德于1890年提出的曲面地图着色猜想、**四色问题**的计算机验证、纽结问题中新组合不变量的发现等。在数学中已经或正在形成着的诸如组合拓扑、组合几何、组合数论、组合矩阵论、组合群论等与组合数学密切相关的交叉学科，也昭示着组合数学对于整个数学领域的贡献和意义。此外，组合数学正渗透到物理学、力学、化学、生物学、遗传学、心理学、经济学、管理学甚至政治学等其他自然科学以及社会科学的各个方面，如实验设计、软件技术、企业管理、交通规划、战争指挥、金融分析、DNA序列结构分析等。

根据组合数学研究与发展的现状，可以将它划分为如下五个部分：经典组合学、组合设计、组合序、图论和组合多面形与最优化。由于组合数学所涉及的范围触及几乎所有数学分支，也许和数学本身一样不大可能建立一种统一的理论。正因如此，如何在上述的五个分支的基础上建立一些统一的理论，或者从其中独立出来形成一些新的数学分支，将是对21世纪数学家们提出的一个新的挑战。

在中国现代数学家中，在组合数学领域作出贡献的主要有柯召、**华罗庚**、**吴文俊**、万哲先、张里千、陆家羲、张福基等。

组合最优化 combinatorial optimization 在给定有限集的所有具备某些条件的子集中，按某种目标找出一个最优子集的一类数学规划。又称组合规划。从最广泛的意义上说，组合规划与整数规划这两者的领域是一致的，都是指在有限个可供选择的方案的组成集合中，选择使目标函数达到极值的最优子集。

组合最优化发展的初期，研究一些比较实用的基本上属于网络极值方面的问题，如广播网的设计、开关电路设计、航船运输路线的计划、工作指派、货物装箱方案等。自从拟阵概念进入图论领域之后，对拟阵中的一些理论问题的研究成为组合规划研究的新课题，并得到应用。现在应用的主要方面仍是网络上的最优化问题，如最短路问题、最大（小）支撑树问题、最优边无关集问题、最小截集问题、推销员问题等。

组曲 suite 几个具有相对独立性的乐章，在统一艺术构思下排列、组合而成的器乐套曲。

组曲名称最早见于1557年，但其结构形式长期变化不定。古典组曲最先大多由多首不同风格的舞曲组成，如德国式的组曲主要为阿勒芒德—库朗特—萨拉班德—吉格的次序排列而成，各乐章均为同一调性，二段式，各反复一次。后来渐渐发展了一种非舞曲性的组曲。如18世纪后半流行的器乐合奏夜曲、小夜曲、嬉游曲等都是组曲性的套曲。19世纪70～80年代，现代组曲兴起。可分5类：①集锦式组曲。由配剧音乐、舞剧、歌剧、电影音乐或配乐朗诵等音乐中选出若干乐曲辑成，如G.比才的《阿莱城姑娘》组曲。②独立的标题性组曲。如N.A.里姆斯基-科萨科夫的交响组曲《舍赫拉查德》(即《天方夜谭》)。③特性曲组曲。由19世纪出现的各种特性曲及标题小曲组成，如R.舒曼的《狂欢节》。④民族风格的组曲。如A.德沃夏克的《捷克组曲》。⑤仿古组曲。如E.H.格里格的钢琴组曲《霍尔堡时代》。中国的近代组曲有马思聪的《绥远组曲》、丁善德的儿童组曲《快乐的节日》、吴祖强与杜鸣心的《鱼美人》组曲、朱践耳的《黔岭素描》等。

组织修复 tissue repair 局部组织、细胞因某种致病因素的作用遭受损伤（或死亡）后，由邻近健康细胞的再生来修补，以恢复组织完整性的过程。修复过程的快慢及完整与否受许多因素影响。这些因素除受损伤的组织类型外，还有致损伤因子、营养、血液供应、感染等。再生是指组织损伤后细胞分裂增生以完成修复的过程。如伤口的修复即通过血管、结缔组织、上皮组织等组织的再生以完成修复的过程。此外还可用人工的结构，如人工肾、人工关节、人工瓣膜等来修补或替换损伤的组织或器官，这是一种人工的修复过程。断肢再植就是充分利用了修复再生的规律。

组织学 histology 研究机体微细结构及其相关功能的科学。又称显微解剖学。组织学以细胞学为基础，以通过显微镜观察分析细胞、组织和器官的结构、功能为主要研究方法。

个体发生起始于两性生殖细胞结合后的受精卵，受精卵经分裂增殖和细胞分化，形成多种不同类型的细胞。高等动物和人体的细胞有几百种类型，各种细胞具有一定的形态结构特点。合成与功能相关的某种或某些蛋白质，表达一定的代谢特点和功能特征，此即为细胞的表现型。

机体的一种或几种细胞聚集形成一定构型的组织，因此组织是有众多细胞和由细胞产生的细胞间质或称细胞外基质所组成。细胞外基质包括纤维、基质和不断流动的体液（组织液、血浆、淋巴液等），它们参与构成细胞的微环境，起支持、联系、营养和保护细胞的作用，并对细胞的增殖、分化、运动、代谢、信息沟通和功能表达有重要影响。组织有多种类型，如上皮、血液、结缔、淋巴、软骨、骨、肌肉、神经等，每种组织具有一定的形态结构特征和相关的功能。多年来传统地将组织分为上皮组织、结缔组织、肌肉组织和神经组织四种，称此为基本组织。几种组织相互结合，组成器官和系统，人体的组成包括神经、内分泌、免疫、循环、运动、皮肤、感官、消化、呼吸、泌尿、生殖等系统。

祖博夫 Zubov, Nikolay Nikolaevich (1885-05-23/11～1960-11-11) 苏联海洋学家、探险家。生于俄国伊兹马伊尔市，卒于莫斯科。1910年毕业于海军学院，1930年起任教授，1937年获地理学博士学位。1932～1941年创立莫斯科水文气象学院海洋学教研室，1944～1948年任海洋研究所所长，1953年创建莫斯科大学地理系海洋学教研室。领导过“H.克涅波维奇”号调查船和“萨得柯”号破冰船的探险和科学考察活动。是最先提出和研究北极海冰冰情预报的学者，研究出处理海洋观测资料的动力学方法和海水混合时增密的计算方法，总结出流冰沿等压线漂移的规律，第一次提出根据海洋学特征划分海峡类型、按地貌特征划分世界大洋和根据运动方程对海流进行分类的建议，还为海水垂直环流和海洋中层冷水发生的学说奠定了基础。主要著作有《处理海洋观测值的动力学方法》、《海水和海冰》、《北极的冰》、《计算海流要素的动力学方法》、《世界海洋潮汐原理》、《海洋常用表》、《海水混合增密的计算》等。

祖冲之 Zu Chongzhi (429～500) 中国南北朝宋、齐科学家。字文远。祖籍范阳郡遒县（今河北涞水），后因战乱迁居江南。

先后在南朝宋、齐任官职。在世界数学史上第一个将圆周率π算到第七位小数的准确度，在3.141 592 6与3.141 592 7之间，并确定两个分数形式的π值：约率22／7（≈3.14），密率355／113（≈3.141 592 9）。在天文方面，创制《大明历》，最早把岁差引进历法，使每一回归年的日数准确到365.242 8日。在机械方面，曾设计制造过水碓磨、指南车、“千里船”、漏壶。还精通音律、擅长文学。著作很多，但都已失传。与其子祖暅之合著的《缀术》是《算经十书》之一，被唐代国子监列为算学课本。

祖鲁人 Zulu 南部非洲民族之一。又称阿马祖鲁人。有911万人(2002)。主要分布在南非纳塔尔省（875万），其余分布在莱索托东部和斯威士兰东南部。属尼格罗人种班图类型。使用祖鲁语。有用拉丁字母拼写的文字。祖鲁人系东南班图恩古尼人北支的后裔。15世纪末，东南班图人分布于奥兰治中部、纳塔尔南部和开普东部地区。其中北恩古尼人基本上已定居下来。

祖鲁妇女在跳舞

18世纪末，开始形成部落联盟，祖鲁部落即是其中之一。1817年，祖鲁酋长恰卡充当联盟首领。通过10多年的征战，恰卡征服了100多个部落，权力遍及20多万平方千米，并在这一地域内形成了祖鲁民族。1838年与布尔人发生战争。1879年后遭受英国殖民统治。新南非诞生前，祖鲁人备受白人种族主义者的奴役和掠夺。从事农牧混合经济，男子放牧，妇女耕种。父权制大家族是社会生活的基本单位。每个家庭居住在一组名为“克拉尔”的茅屋中。现在众多祖鲁人在工矿企业中做工，部分人仍保持着传统的社会经济结构。

祖鲁语 Zulu language 南部非洲祖鲁人使用的语言。属尼日尔-科尔多凡语系尼日尔-刚果语族贝努埃-刚果语支。与斯威士语、科萨语的系属相近，二者可以互通。祖鲁语使用于中学教学、电台广播等。采用拉丁字母为基础的文字。基本语序通常为主-动-宾型。

祖母绿 emerald 与钻石、红宝石、蓝宝石并称为四大珍贵宝石。绿柱石因含微量

图1 祖母绿原石

铬而呈绿色的一个变种。通常含氧化铬0.15%～0.30%，深色者可达0.5%～0.6%。翠绿色（图1），有时可微带蓝或黄色色调。含氧化铁会导致颜色变暗。因颜色柔和鲜艳，如嫩绿色的草坪，被誉为绿色宝石之王。

祖母绿最佳切磨型式为阶梯型，祖母绿型是阶梯型切磨的一种典型琢型（图2）。由于祖母绿晶体属六方晶系，晶形常呈六方柱形，颜色具二色性，垂直六方柱底面（平行柱面）方向呈浓绿色，垂直柱面方向呈黄绿色。切磨时应使台面平行六方柱的底面，以加深宝石颜色的浓艳。此外，祖母绿具脆性，在这种琢型中，四角被截去可以降低因偶然碰撞使晶体受到损伤的可能性，且便于镶嵌时金属爪卡牢宝石。

图2 具典型琢型的祖母绿戒指

天然祖母绿见于云母片岩等变质岩与侵入岩的接触带，或灰岩、页岩中的方解石、钠长石脉中。伟晶岩型矿床中产出者，一般工业价值不大。最大产出国为哥伦比亚，其次有巴西、俄罗斯、津巴布韦、坦桑尼亚、南非、印度、巴基斯坦、澳大利亚等国。中国祖母绿产于云南，但尚未有规模开采。

祖逖 Zu Ti (266～321) 中国东晋初有志于恢复中原而致力北伐的大将。字士稚。范阳遒县（今河北涞水）人。士族出身。少轻财好侠，后折节读书，与刘琨友好。枕戈待旦，闻鸡起舞，慨然有澄清天下之志。永嘉五年（311）匈奴族刘曜率汉军攻陷洛阳，中原大乱，祖逖率亲邻几百家避难南下，甘苦与共，被推为流徒的首领。至泗口（今江苏清江北），镇东大将军司马睿任命他为徐州刺史，不久征为军咨祭酒，移居京口（今江苏镇江）。上书司马睿，力请北伐。建兴元年（313），司马睿以逖为奋威将军、豫州刺史，由其自募战士，自造兵器。他率部北渡长江，中流击楫，誓志收复中原，九年即收复黄河以南的大部土地。祖逖军纪严明，自奉俭约，不蓄资产，劝督农桑，发展生产，深得百姓爱戴。黄河北岸坞壁群众向祖逖密报石勒的活动，迫使不敢南犯。石勒遣书求互市，他虽不答，却任凭通商贸易，收利10倍。正当他积蓄力量，准备向北岸推进时，东晋王朝内部矛盾激化，王敦擅政。大兴四年（321），晋元帝司马睿派遣戴渊为征西将军，以监督祖逖。祖逖忧愤而死。

祖先崇拜 ancestor worship 以祖先亡灵为崇拜对象的宗教形式。在亲缘意识中萌生、衍化出对本族始祖先人的敬拜思想。在母系氏族社会向父系氏族社会的发展过程中，由图腾崇拜过渡而来。最初始于原始人对同族死者的某种追思和怀念。氏族社会的演进确立了父权制，原始家庭制度趋于明朗、稳定和完善，人们逐渐有了其父亲家长或氏族中前辈长者的灵魂可以庇佑本族成员、赐福儿孙后代的观念，举行祭拜其祖宗亡灵等宗教活动，形成严格意义上的祖先崇拜。其崇拜行为的特点是：①将本族的祖先神化并对之祭拜，具有本族认同性和异族排斥性；②相信其祖先神灵具有神奇超凡的威力，会庇佑后代族人并与之沟通互感；③超越了原始图腾崇拜和生殖崇拜的认识局限，不再用动植物等图腾象征或生殖象征作为其氏族部落的标志，而以其氏族祖先的名字取代，使古代宗教从自然崇拜上升为人文崇拜。祖先崇拜在中国封建社会的宗教传统中尤为突出。

祖咏 Zu Yong 中国唐代诗人。洛阳（今属河南）人。生卒年均不详，约741年前后在世。玄宗开元十三年（725）登进士第（一说十二年）。曾在齐州（治所在今山东济南）以东任地方官，不久被贬谪至东南一带。后因仕途失意弃官归汝坟（今河南襄城）别业隐居，以渔樵自终。自幼与王维结交，友谊至深。又与卢象、储光羲、王翰、丘为等为友。

祖咏有诗名，今存诗37首，大多为山水田园、羁旅行役及赠答酬和之作。他的五绝《终南望余雪》一诗，简洁省净、蕴藉有味。七律《望蓟门》是祖咏唯一的一首边塞诗，在对边塞要地紧张而热烈的临战景象的描绘中，凸显诗人的报国胸襟。诗歌调高语壮，是盛唐时代精神的典型反映。殷璠《河岳英灵集》卷下评为："咏诗剪刻省静，用思尤苦，气虽不高，调颇凌俗。"《全唐诗》存其诗1卷。

钻井 drilling 在地质工作中，利用钻探设备向地下钻成的直径较小、深度较大的柱状圆孔。又称钻孔。钻井直径和深度大小，取决于钻井用途及矿产埋藏深度等。钻探石油、天然气以及地下水的钻井直径都较大。主要功用为：①获取地下实物资料，即从钻井中采取岩心、矿心、岩屑、液态样、气态样等。②作为地球物理测井通道，获取岩矿层各种地球物理场的资料。③作为人工通道观测地下水层水文地质动态情况。④用作探、采结合，开发地下水、油气、地热等的钻井。

按用途分为地质普查或勘探钻井、水文地质钻井、水井或工程地质钻井、地热钻井、石油钻井等。

按岩石破碎方式和所用工具类型可分为两种：①顿钻。又称冲击钻。用钢丝绳把顿钻钻头送到井底，由动力驱动游梁机构，使游梁一端上下运动，并带动钢丝绳和钻头产生上下冲击作用，使岩石破碎。可用于一些浅的低压油气井、漏失井等。②旋转钻。利用钻头旋转时产生的切削或研磨作用破碎岩石。是最通用的钻井方法。按动力传递方式又可分为两种：①转盘钻。在钻台的井口处装置转盘，转盘中心部分有方孔，钻柱上端的方钻杆穿过该方孔，方钻杆下接钻柱和钻头，动力驱动转盘时带动钻柱和钻头一起旋转，破碎岩石。②井下动力钻。利用井下动力钻具带动钻头破碎岩石，钻进时钻柱不转动。特别适于打定向井。

钻孔冲洗液 drilling fluid 钻探过程中孔内使用的循环冲洗介质。又称钻井液。其主要功用是冷却钻头、清净孔底、带出岩屑、润滑钻具，停钻时悬浮岩屑保护孔壁防止坍塌，平衡地层压力、压住高压油气水层，以及用于输送岩心，为孔底动力机传递破碎孔底岩石需用的动力等。

钻孔冲洗液按其组成成分分为清水、泥浆、无黏土相冲洗液、乳状液和泡沫以及压缩空气等。

钻圈 wriggling through hoops 腾翻类杂技项目。将数个竹（木）卷成的圆圈，叠摆在地上或桌子上，表演者以多种形体技巧从高低不同的圈环中穿过，以展示身手的灵巧。钻圈源于先民日常生活中的钻、投、穿、越等技能。汉张衡《西京赋》中的"冲铗燕濯，胸突铦锋"即是对此技的描述。上句指表演者犹如燕子掠过水面般地从狭小的竹席卷中快速穿过；下句则指用草结成圈环，并在四周插上利剑，演员裸身从中穿越而过，亦称"透剑门"，是一种军中竞技。

钻圈有桌圈、地圈、钻桶三种类型的节目。桌圈是将2～6个竹木卷成的圆圈叠摆在桌子上表演，亦有将刀圈、火圈、纸圈平行架于桌上表演的，俗称"过刀火门"。

"钻圈"演出照（前进杂技团）

地圈是将圆圈叠摞在地上进行表演。钻桶则有两种表演形式：一是用竹席卷成圆筒置于桌子或架子上，演员快速从中穿过；二是用木料或金属做成中国传统式水桶模样的无底无盖的狭小长筒，演员施展柔术技巧缓慢地把身体装进桶中，或以多种姿态从桶中钻过。

钻机 drill 在地质勘探过程中，带动钻具从地下钻取实物地质资料岩心、矿心、岩屑、液态和气态样品等的主要专用机械设备。利用钻机，自地表按一定角度，沿一定轨迹，钻一定深度和直径的孔，取出地层的有代表性岩心、矿心或岩屑，以达到探明地下地质和矿产资源以及探索地球奥秘的目的。钻机的钻进深度从2米到15 000米，其间分成若干档次。既用于陆地，也用于江、河、湖、海以至月球上取样。

钻机主要由四部分组成：①动力机，为全机的动力源，采用内燃机、电动机或液压马达；②回转器或动力头，回转器由变速箱传动，动力头由液压传动；③孔底加压与给进装置，一般多采用液压控制，通过仪表的数字指示对钻具实现加压或减压；④卷扬机，是起下钻具的设备，有的钻机采用长油缸带动动力头实现起下钻具作业。

由于使用目的、工作能力和施工场所的不同，钻机也不同。按破碎岩石的方式可分为回转式钻机、冲击式钻机和冲击回转式钻机等；按钻探深度可分为地表取样机（2～50米）、浅孔钻机（50～300米）、中深孔钻机（300～600米）、深孔钻机（600～6 000米）、超深孔钻机（6 000～15 000米）；根据用途可分为岩心钻机、水文地质水井钻机、石油钻机等；按施工场地可分为地表钻机、坑道钻机、海底沉没式钻机等。

钻具 drilling tool 钻探施工时，在钻孔内的整根钻探管材柱及其接头的总称（不包括护孔用套管）。主要是在钻探岩层过程中给钻头传递压力和回转扭矩，并向孔底输送钻孔冲洗液，收取岩矿心。

钻具（图1）由主动钻杆、钻杆、岩心管及底端的扩孔器和钻头组成。必要时还在岩心管上部加接沉淀管或钻铤。钻具的各个组成部分都是用优质无缝钢管制成，以承受钻探过程中钻具自身的交变载荷、疲劳和磨损。钻孔越深，对钻具性能要求越高。钻具多用优质合金钢或低合金钢，并经过适当热处理以提高其性能。

钻杆与接头的连接方法有螺纹连接、等离子弧焊接和摩擦焊接。为提高钻具表面抗磨损能力，在钻杆尤其是接头及其螺纹外表采取表面热处理、镀铬以及接头外表面堆焊碳化钨耐磨层等方法，可大幅度延长钻杆使用寿命。为减轻整套钻柱的重量，在石油、天然气和地质岩心钻探中已开发研制用钢接头连接的铝镁锆或铝钛合金钻杆。

钻探过程中钻头逐渐磨钝或磨损就要予以更换。有的钻头可以重复修理使用，有的钻头只能一次性使用。钻头设计是否合理及其制造质量如何，直接关系到钻速、钻探质量与钻探成本的高低。按钻探碎岩方式的不同，钻头可分为回转式钻头、冲击式钻头、冲击回转式钻头和振动式钻头。视用途可分为：不取心钻头，如一字钻头、刮刀钻头、牙轮钻头、螺旋钻头、潜孔锤钻头；取心钻头，如金刚石钻头等（图2）。

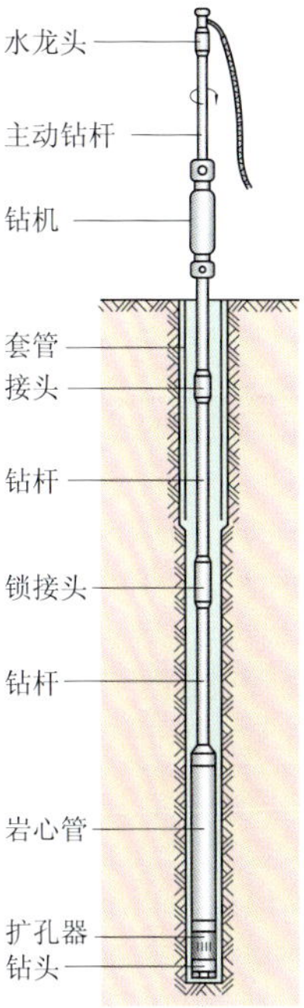

图1 钻具示意

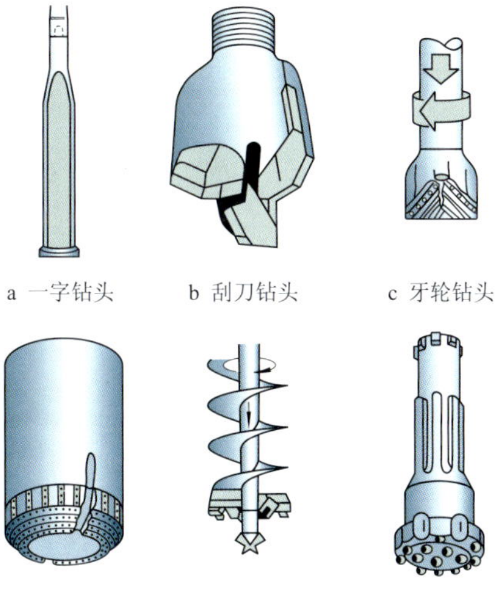

a 一字钻头 b 刮刀钻头 c 牙轮钻头

d 金刚石钻头 e 螺旋钻头 f 潜孔锤钻头

图2 常见各种钻头示意

钻石 diamond 宝石级的**金刚石**。世界公认最珍贵的**宝石**，被誉为“宝石之王”。金刚石和钻石的英文名称统称diamond，源于希腊文adams，意为“无敌”，是迄今人们发现的硬度最大的物质。

物理化学性质 化学成分为碳（C）单质。可以含微量杂质元素，其中最主要的是氮（N）和硼（B），并据此将其划分为Ⅰ型和Ⅱ型。Ⅰ型含氮，天然钻石绝大多数属此型，钻石呈无色至黄色；Ⅱ型基本上不含氮，其中Ⅱa型不含硼，钻石呈无色、棕色、粉红色，Ⅱb型含硼，钻石呈蓝色。天然钻石中属Ⅱ型者甚稀少，但已知有一些名优钻石属此型。在钻石的晶体结构中，碳原子彼此以牢固的共价键相结合，从而决定了它的巨大的硬度（莫氏硬度10）、金刚光泽、透明。钻石具高折射率（2.417）、高色散值（0.044），使显示出色泽缤纷、光彩夺目。

评价 对钻石的评价，一般着眼于颜色（colour）、净度（clarity）、切工（cut）和重量（carat weight）。这四个词的英文字头均为C，称为四C法则。

颜色 成分纯净、结构完美的钻石，应该是无色透明的。但由于杂质的存在或晶体结构缺陷，可导致呈色。钻石按颜色可分为两大系列。①无色-浅黄色系列。包括无色、浅黄、淡褐、微灰等微显淡黄色调的钻石。绝大多数钻石属此系列。②彩色系列。彩色钻石又称花色钻石，颜色有黄、褐、粉红、紫、蓝、绿等。随着黄、褐、灰色调的加重，使钻石的色级降低，但具有纯正彩色的钻石，价值很高。天然彩钻十分稀少，价格昂贵，而人工改色者价格远逊于天然钻，常需以专门方法对二者加以区别。

净度 钻石中瑕疵的多少称为净度。瑕疵是钻石中的缺陷。内部瑕疵包括包体、裂纹、空隙、生长痕迹等，外部瑕疵如加工损伤、生长纹、小晶面等。净度分级以用10倍放大镜观察到的瑕疵为准。

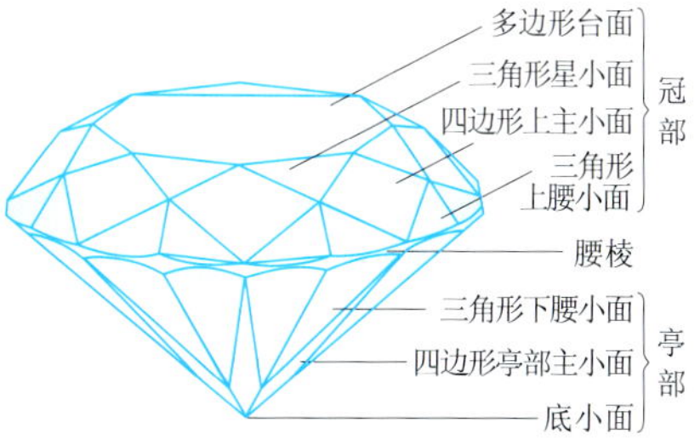

图1 钻石的圆多面形琢型

切工 钻石的切磨加工。不是任意的，应使其成品能充分展示其璀璨夺目的本质，并最大地保留原样品的重量。最基本、也最常见的钻石切磨形式（琢型）为圆多面形琢型（图1、图2）。这种琢型可分为冠部、腰棱和亭部三大部分，共包括57（无底小面）或58（有底小面）个刻面，能产生斑斓光彩的效果。钻石的色散值很高，而这种琢型的互不平行的各种刻面则起到了棱镜的作用，使钻石产生高亮度和火彩。琢型中各刻面间的角度和各部分的比例恰当才能获得最佳反射效果，不正确的切磨会使钻石产生漏光现象。有时由于受原材料形状的限制或某种工艺设计的要求，除上述圆多面形琢型外，还可以做成多种花式琢型（图3）。它们大致可分为两类：一类为

图2 圆形切工钻石

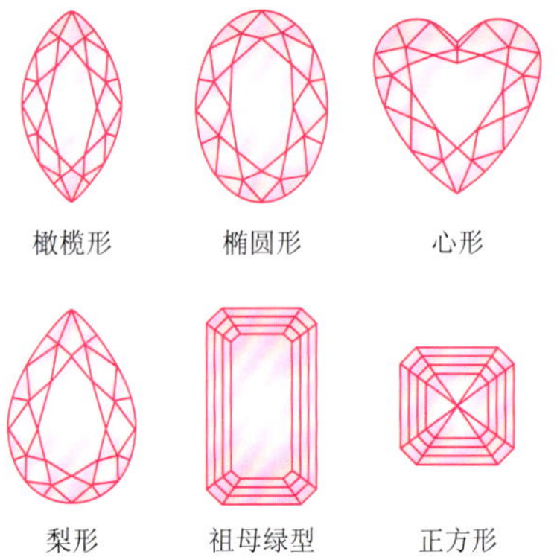

图3 多面形琢型和阶梯状琢型

多面形琢型，如橄榄形、梨形、心形、椭圆形等，可视为圆多面形的变形；另一类为阶梯状琢型，如祖母绿型、正方形及菱形、六边形等多种多边形轮廓的琢型。

重量 国际通用的钻石的重量单位是克拉（carat，记作ct。1克拉＝0.2克，1克拉又可分为100分）。钻石称重使用精确的机械天平或电子秤。某些情况下，如钻石已被镶嵌在首饰上，不能直接称重，则可根据对钻石的直径、长、宽、高等的测量，对重量作大致的估算。对于圆多面形，还可以根据腰圆直径直接估算钻石的重量。在钻石的评价中，重量是首要因素。由于大颗粒钻石十分难得，因此钻石的价格与重量的关系并不是一个简单的直线关系。

产地 钻石形成于高压（4万～6万大气压）、高温（1 100～1 600℃）条件下。有原生矿和砂矿两种矿床类型。原生矿床主要产在金伯利岩和钾镁煌斑岩中，砂矿则是由原生矿经风化、搬运形成的。主要产出国为南非、俄罗斯、澳大利亚、刚果（金）、博茨瓦纳、安哥拉和纳米比亚。

最澄 Saichō（767～822） 日本天台宗创始人。又称叡山大师、根本大师、山家大师、

澄上人等。俗姓三津首。近江（今滋贺县）人。14岁出家，于南都东大寺受具足戒，入比叡山修习，作发愿文。研习佛教各宗经论，尤重一乘思想。804年与空海入唐，从天台九祖湛然门人道邃、行满受天台教义，又在天台山禅林寺受禅宗牛头法融一派禅法，后从顺晓（善无畏的再传弟子）受持灌顶密法。805年归国，创日本天台宗，于高雄寺传密法。倡“圆密一致”、“四宗（圆教、密教、禅、戒）合一”。逝后追谥传教大师。著有《法华秀句》、《守护国界章》、《内证佛法血脉谱》等。

最大公因数 greatest common divisor 设$a_1, a_2, \cdots, a_k$是一组不全为0的整数。若d整除$a_1, a_2, \cdots, a_k$中的每个数，则称d是$a_1, a_2, \cdots, a_k$的公因数（又称公约数），所有公因数中的最大的称为$a_1, a_2, \cdots, a_k$的最大公因数，或最大公约数，记作$\gcd(a_1, a_2, \cdots, a_k)$，或$(a_1, a_2, \cdots, a_k)$。若最大公因数等于1，则称这组数是互素的，又称互质的，或既约的。最大公因数有下列性质：①可用辗转相除法来求两个整数的最大公因数。②$a_1, a_2, \cdots, a_k$的最大公因数一定可表为$c_1a_1 + c_2a_2 + \cdots + c_ka_k$的形式，其中$c_1, c_2, \cdots, c_k$是整数。③一组整数的最大公因数的本质属性是：它是这一组整数的公因数，且这一组整数的任一公因数一定是它的因数。这可以作为最大公因数的定义，并可把最大公因数的概念推广至代数整数环。除性质外，最大公因数理论的主要内容还有：$(a_1, a_2, a_3, \cdots, a_k) = ((a_1, a_2), a_3, \cdots, a_k)$；若$(a, b) = 1$，则$(a, bc) = (a, c)$；以及若$(a, b) = 1$，$a \mid bc$，则$a \mid c$。最大公因数理论是整除理论的组成部分。

最低工资保障制度 minimum-wage guarantee system 国家制定的关于保障劳动者生活，限定用人单位支付劳动者最低限额工资的法律规范的总和。

其他国家的最低工资法 劳动者为了改善自己的生存条件进行了长期的斗争，迫使一些国家陆续颁布最低工资法。新西兰于1898年立法规定法院有权制定最低工资率。1896年澳大利亚维多利亚省制定了《工厂与作坊法》，对几种低工资行业的工人实行了最低工资标准。20世纪20年代，英、美、法、加拿大、挪威、瑞士、阿根廷等国也先后颁布了最低工资法。国际劳工组织先后于1928、1951、1970年以国际劳工立法的形式，分别制定了关于最低工资的26号、99号、131号公约和30号、89号、135号建议书。

中国的最低工资法 1993年11月劳动部颁布了《企业最低工资规定》，规定在企业中实行最低工资制度。1994年7月通过的《中华人民共和国劳动法》第48条规定：“国家实行最低工资保障制度。最低工资的具体标准由省、自治区、直辖市人民政府规定，报国务院备案。用人单位支付劳动者的工资不得低于当地最低工资标准。”一般规定，最低工资标准高于社会救济金和失业保险金标准，低于当地平均工资。

2004年1月20日劳动和社会保障部公布了《最低工资规定》，规定应参考当地就业者及其赡养人口的最低生活费用、城镇居民消费价格指数、职工个人缴纳的社会保险费和住房公积金、职工平均工资、经济发展水平、就业状况等因素，来确定和调整月最低工资标准。

《最后的晚餐》 *The Last Supper* 约1495～1497年意大利画家达·芬奇在米兰的圣马利亚·德烈·格拉契修道院餐厅墙上所作的壁画。取材于圣经《新约全书·马太福音》。

表现在逾越节晚上，耶稣与他的12个门徒共进晚餐，耶稣说“你们中间有一个人将出卖我”时，门徒们大为震惊的情景。门徒们的面部表情、手势和姿态逼真地反映了他们的心理状态，富有戏剧性。出卖耶稣的犹大面部隐藏在暗处，身子向后倾斜，右手握住钱袋，表现了叛徒阴暗、贪婪而恐惧的心理。而中央的耶稣摊开双手，面部表情平静、坦然而无奈。壁画采用正面平行展开的集中透视构图，不仅与餐厅的环境协调，而且把12个门徒分成三人一组的四组群像，彼此呼应，形成统一变化的和谐效果。这幅壁画在意大利文艺复兴时期的同类题材绘画中堪称经典之作，也是达·芬奇最重要的代表作之一。

最后通牒 ultimatum 在有严重争议的谈判双方中，一方要求另一方履行自己所提出的条件而向对方发出的在限定时间内必须接受的最后文书。又音译为“哀的美敦书”。发出最后通牒在国家关系中是带有威胁性的严重行动，其用意在终止关于两国争端的和平谈判，最后一次提出绝对要求。它表示对方如果不在限定时间内接受条件，

谈判将破裂，并暗示发出通牒方将采用武力或某种强制手段，如宣战、断绝外交关系、抵制、封锁、制裁等。限定的时间一般是24小时，也可以是48或者72小时。最后通牒分为单纯的最后通牒和有条件的最后通牒两种情况。前者在通知中不具体说明所要采取的强制手段，而后者则在通知中具体说明要采取的措施。

《最后一个莫希干人》 *The Last of the Mohicans* 美国作家J.F.库珀的长篇小说《皮袜子故事集》中的第二部。1826年出版。故事发生在1757年的北美西部，主人公纳蒂·班波（皮袜子）的挚友泰加茨固和儿子温卡斯是印第安莫希干部落的最后幸存者。在法国军队和部分印第安人围攻英军城堡之际，英军将领的两个女儿克拉和爱丽思由少校海渥德、印第安叛徒马呱陪同，赶往城堡与父亲会合。马呱生性野蛮残忍，屡次加害克拉和爱丽思，但她们每次都被纳蒂·班波和他的莫希干朋友救走。小说在凶险血腥的厮杀中穿插了温卡斯和克拉、海渥德和爱丽思的爱情故事，造成曲折婉转、起伏跌宕的效果。库珀是美国文学中第一个运用边疆题材的作家，也是第一个塑造印第安人正面形象的作家。他的小说描绘了英法殖民主义的争夺斗争和白人殖民者对印第安人的暴行，刻画出泰加茨固和温卡斯性格中纯洁善良、勇敢真诚的一面。小说结尾弥漫着悲伤的气氛，流露出作者对印第安人悲惨遭遇的同情。

最惠国待遇 most-favoured-nation treatment 缔结贸易条约的一项法律原则。缔约国双方在贸易、关税、航海、公民法律地位等方面，将现时或将来给予任何第三国的优惠待遇，同样给予对方。最惠国待遇有两种：①有条件的最惠国待遇。②无条件的最惠国待遇。前者指缔约一方给予第三方的优惠必须由缔约另一方提供补偿才能享有；后者指缔约一方给予第三方的一切优惠应该立即无条件地、无补偿地、自动地适用于缔约另一方。关贸总协定第1条属于无条件的最惠国待遇。最惠国待遇的基本特征是平等、互惠和非歧视性，是世界贸易组织的核心和基本原则。

最小二乘法 least square, method of 测量工作和科学实验中，根据离散的数据结果寻求其近似函数关系式的一种常用的数据处理方法。由A.-M.勒让德和C.F.高斯于19世纪初分别独立提出。

设有m个不同的观测点$x_1<x_2<\cdots<x_m$及其相应的实验观测值$y_1,y_2,\cdots,y_m$，要求在某选定的函数类中找出一个函数$y=f(x)$，使它在各结点（观测点）x_i处所取的值$f(x_i)$与观测值y_i的偏差$r_i=f(x_i)-y_i$的平方和$\sum_{i=1}^{m}r_i^2$达到最小。设已选定函数类的基函数是$\varphi_1(x),\varphi_2(x),\cdots,\varphi_n(x)$，通常$n\ll m$，取待求函数$f(x)$为基函数的线性组合

$$f(x)=\sum_{j=1}^{n}\alpha_j\,\varphi_j(x)$$

当$\varphi_j(x)=x^{j-1}$时，$f(x)$为多项式，要求定出系数$\alpha_1,\alpha_2,\cdots,\alpha_n$使偏差平方和

$$J=\sum_{i=1}^{m}r_i^2=\sum_{i=1}^{m}\left[\sum_{j=1}^{n}\alpha_j\,\varphi_j(x_i)-y_i\right]^2$$

达到最小。由微分学中的极值原理，可得使J达到极小的系数$\alpha_1,\alpha_2,\cdots,\alpha_n$应满足的线性代数方程组，解该方程组求出系数$\alpha_1,\alpha_2,\cdots,\alpha_n$，于是就得待求函数

$$f(x)=\sum_{j=1}^{n}\alpha_j\,\varphi_j(x)$$

称上述确定$f(x)$的方法为最小二乘法。函数$f(x)$是离散数据的近似函数关系式。从几何意义上讲，上述方法等价于确定一给定类型的平面曲线$y=f(x)$，使它尽量逼近于实验数据点，故又称曲线拟合。

最小公倍数 least common multiple 初等数论的概念之一。设$d_1,d_2,\cdots,d_k$是全不为0的整数。若l是$d_1,d_2,\cdots,d_k$中的每个数的倍数，则称l是$d_1,d_2,\cdots,d_k$的公倍数，所有的正的公倍数中的最小的称为$d_1,d_2,\cdots,d_k$的最小公倍数，常记作$\mathrm{lcm}[d_1,d_2,\cdots,d_k]$，或$[d_1,d_2,\cdots,d_k]$等。对两个正整数$d_1$，$d_2$，它们的最小公倍数$[d_1,d_2]$与最大公因数$(d_1,d_2)$的乘积等于$d_1d_2$。一组整数的最小公倍数的本质属性是：它是这一组整数的正的公倍数，且这一组整数的任一公倍数一定是它的倍数。这可以作为最小公倍数的定义，并可把最小公倍数的概念推广至代数整数环。

最优控制方法 optimal control, method of 对一个因果关系链耦合系统的运行过程施加控制以获得最优的运行效果所使用的理论和方法体系。该方法用于解决：连续过程最优控制问题和离散过程的最优控制问题。该方法的实施步骤包括：①确定控制的目标，建立与之相应的优化指标，即使其达到最大值（最小值）的目标函数，它通常是福利函数、损失函数或费用函数等形式。②建立反映一定时期内经济运行过程的经济模型。③建立约束条件。④求解在约束条件下，控制目标达到最优的函数形式。⑤利用所得到的控制函数进行经济分析。

最优控制算法 optimal control, algorithm for 计算最优控制的具体形式的方法。极大值原理和动态规划从理论方面建立了最优控制所应遵循的方程和条件，而最优控制算法则是从计算方面提供用来确定最优控制形式的具体方法和步骤。最优控制算法可分为间接和直接法两大类。如果给定的一类控制问题可由最优控制理论导出用以决定最优控制的条件和方程，再用有关的计算方法求出其解，这类方法称为间接法。对难以定出有关最优控制的条件和方程的一类问题，须用数值方法直接搜索其近似解，这类方法称为直接法。

典型的最优控制算法有求解由极大值原理导出的两点边值问题的各种算法，动态规划中贝尔曼方程的数值求解算法，求解线性二次型最优控制问题的黎卡提方程的算法，处理控制或状态受约束问题的罚函数法，在控制策略的函数空间中利用搜索寻优或梯度寻优技术求解非线性系统最优控制问题的算法等。评价最优控制算法的两个基本指标是算法的收敛性和算法的计算复杂性。

最优增长定理 turnpike theorem 美籍匈牙利数学家J.冯·诺伊曼提出的最优经济增长途径，又称高速公路定理、大道定理。诺伊曼指在较长的时间内，从任何特定的初期资本结构变为未来希望的资本结构时，最优的经济增长途径。诺伊曼的均衡增长模型是一个描述封闭经济循环系统的动态模型。美国经济学家P.A.萨缪尔森改进了诺伊曼模型。不过，诺伊曼模型只涉及生产过程，萨缪尔森模型只着重研究了消费问题，都未能完整地描述社会生产系统，有较大的局限性。

罪刑法定原则 a legally prescribed punishment for a specified crime, principle of 刑法基本原则，即“法无明文规定不为罪，法无明文规定不处罚”。《中华人民共和国刑法》规定了罪刑法定原则：“法律明文规定为犯罪行为的，依照法律定罪处刑；法律没有明文规定为犯罪行为的，不得定罪处刑。”

1810年法国刑法典首次以刑事立法的形式明确规定了罪刑法定原则。之后，这一原则成为不同社会制度的世界各国刑法中最普遍、最重要的一项原则。罪刑法定原则的确立不仅有利于维护正常的社会秩序，而且有利于保障人权。罪刑法定原则的基本要求是：①罪刑法定化。即犯罪和刑罚必须由法律事先加以明文规定，不允许法官擅断。②罪刑实定化。即对构成犯罪的行为和犯罪的具体法律后果，刑法应作出实体性的规定。③罪刑明确化。即刑法的条文必须文字表达确切、意思清楚，不得含糊其辞、模棱两可。

《罪与罚》 *Crime and Punishment* 俄国长篇小说。F.M.陀思妥耶夫斯基著。1866年分期刊载于《俄国导报》。小说以犯罪心理

过程及由此引起的道德后果为主题，描写社会贫困和金钱对各类人物性格的毁灭性影响。中心人物拉斯柯尔尼科夫是个因贫穷而辍学的大学生，经历并目睹了种种不公现实，更加坚信自己那套把人分成为所欲为的超人和平庸保守的凡人的理论。为验证自己属于哪一类人，他杀了放高利贷的老太婆和她无辜的妹妹。行凶以后，他既不想认罪，又受到良心的谴责，内心极为痛苦，精神接近崩溃。后在妓女索尼娅的感召下投案自首，皈依上帝，获得新生。《罪与罚》因对资本主义发展所带来的社会和思想观念的冲击的深度描写，而成为作者最富于社会历史含义的作品。

罪责刑相适应原则 commensuration of crime, criminal responsibility and punishment, principle of 刑法基本原则。即《中华人民共和国刑法》所规定的“刑罚的轻重，应当与犯罪分子所犯罪行和承担的刑事责任相适应”。

罪责刑相适应原则是从传统的罪刑相适应原则发展而来的。罪刑相适应成为刑法的基本原则，则是17世纪、18世纪的资产阶级启蒙思想家和法学家倡导的结果。资产阶级革命胜利后，罪刑相适应原则被写进了法律。在当今世界各国的刑事立法中，罪刑相适应原则的内容已得到修正：既注重刑罚与犯罪行为相适应，又注重刑罚与犯罪人个人情况（主观恶性与人身危险性）相适应，把古典学派所主张的传统的罪刑相适应与新派所主张的刑罚个别化有机地结合起来。罪刑相适应发展为罪责刑相适应。

罪责刑相适应原则的基本要求是：①刑事立法对具体犯罪处罚的原则性规定，对刑罚裁量、刑罚执行制度以及具体犯罪法定刑的设置，不仅要考虑犯罪的社会危害性，而且要考虑行为人的人身危险性。②司法实践中裁量刑罚，不仅要考虑犯罪行为及其危害结果，而且应结合分析整个案件事实包括犯罪事实和犯罪分子各方面因素，力求刑罚个别化。

醉拳 drunken boxing 中国武术象形拳之一。模仿醉汉的醉形、醉态与攻防技法融合而成的一种拳术。这种拳打起来，很像是酒后醉汉跌跌撞撞，摇摇摆摆，且由严格的武术手法、步法、身法等组成的套路。醉拳中有“太白醉酒”、“武松醉跌”、“鲁智深醉打山门”、“醉八仙”等名称。醉拳由于其内容多跌扑滚翻动作，故又被认为是地趟拳的一种。醉拳技法讲究眼、手、身、腿、步的配合。眼法有视、瞧、藐、瞟；手法有点、盖、劈、插、刁、拿、采、扣；身法有挨、撞、挤、靠；腿法有勾、挂、盘、剪、提、蹬、弹、缠；步法有提、落、进、撤、

醉拳动作

碎、击、碾、盖等。练习醉拳要求达到神传意发，手捷眼快，步碎身活，刚柔相济，动迅静定，形神兼备。中华人民共和国建立后，醉拳一直被列为武术表演和比赛项目，武术盛会上这个项目深受人们欢迎。

醉鱼草 *Buddleja lindleyana*; lindley butterflybush 马钱科醉鱼草属的一种。分布于中国华东、华南及湖南、湖北、四川。灌木，枝四棱稍有翅，枝叶及花序有棕黄色星状毛。叶对生，叶片卵形至卵状披针形，长5～10厘米，宽2～4厘米，全缘或有波状牙齿。花序顶生，穗状，长达20厘米，花萼、花冠皆密生小鳞片，花冠紫色，稍弯曲，长达1.5厘米，径2毫米，雄蕊生花冠筒下部。蒴果矩圆形，被鳞片，种子多而小。生于山地、丘陵地带。全草入药，有祛风、杀虫、活血功能，治风湿关节痛。也可栽培作观赏植物。

尊 zun 中国古代盛酒器。包括陶尊和青铜尊两种。陶尊出现于年代相当于夏代的二里头文化时期，形制为大口、深腹、斜壁、凸肩、平底，至商代早期极为流行而形制略有变化。西周早期仍见，以后消失。商

子渔尊（商代晚期，河南安阳殷墟出土）

代还有少量原始青瓷尊和刻纹白陶尊。青铜尊源于陶尊，基本形制为圆腹粗鼓，大侈口，高圈足。分有肩和无肩两类。有肩尊束颈，折肩，又分圆、方二型。折肩圆尊始见于商代早期偏晚，折肩方尊见于商代晚期。无肩尊形体似觚而粗，始见于商代晚期，沿用至西周中期。以后中原和关中地区不见，但春秋时江淮地区仍有。宋以后则有仿古的青铜尊和瓷尊。

青铜尊的尊体往往满饰精美花纹。有些折肩尊的肩、腹部附饰牛、羊、龙、虎等动物形象，以立雕的头部与浮雕或线雕的身躯相配合，形象生动。商周青铜器中有一类整体造型作鸟兽形的盛酒器，今统称为鸟兽形尊，如象尊、牛尊、羊尊、鸱鸮尊等。多铸造精美，有很高的艺术价值。

《尊前集》 中国唐五代词选集。1卷。编者不详，据考为北宋人。南宋后极少流传。至明代万历十年（1582），始有嘉兴顾梧芳刻本。书中选录唐五代36家词289首，以供宴席歌唱，故集名尊前。所录词，时间、地域较《花间集》为广，且无一首与《花间集》重复。书中先列明皇、昭宗、庄宗、李王四家之词，其次为李白以下至李珣之词，先君后臣，编次不紊。今传本最早者为吴讷编《唐宋名贤百家词》中的《尊前集》1卷，有排印本。其次为顾梧芳刻2卷本，有重刻本。

尊王攘夷运动 Sonnō-jōi Movement; Revere the Emperor and Expel the Barbarians 日本江户时代末期以尊王攘夷为口号反对幕府的政治运动。当时，幕藩体制危机严重，又面临外来侵略，要求改革幕政的尊王论和主张排斥外夷的攘夷论相结合，形成尊王攘夷运动。

1858年（安政五年）7月，幕府大老（位居老中之上，辅佐将军政务的最高官职）井伊直弼（1815～1860）迫于外国压力，不待天皇敕许，径自签订《日本国美利坚合众国修好通商条约》。主张攘夷的某些藩主和志士通过与幕府有矛盾的公卿策动天皇下诏，拒不批准签约，鼓吹尊王攘夷。

尊王攘夷运动的中心在长州藩，领袖有吉田松阴及其门生高杉晋作（1839～1867）、久坂玄瑞（1840～1864）等。尊王攘夷派的成员有各地的下级武士、乡士（在乡武士）、豪农豪商、村吏、神官、国学者以及公卿中要求改革幕政或与幕府有矛盾的人物。1862年底至1863年初，尊王攘夷派策动天皇下诏，令幕府定期宣布攘夷（废约、闭港、驱逐外国人）。1863年1月31日，高杉晋作等火烧英国公使馆。6月6日，幕府被迫答应天皇，定于6月25日开始实行攘夷。6月24日幕府通告各国公使将关闭港口。

1863年6月25日及7月8日、11日，长

州藩炮台先后炮击通过下关海峡的美国、法国、荷兰船只（即下关事件）。7月16日、20日美法军舰先后攻打下关，进行报复。此时，高杉晋作组织了称为奇兵队的新式军队，防守下关。8月15日，英国军舰7艘进攻萨摩藩，萨摩藩主屈服。

1864年8月19日，久坂玄瑞等率长州藩兵入京都，与幕府操纵的京都守护军激战（即禁门之变），久坂玄瑞等战败自杀。8月24日，幕府策动天皇下诏，以追究禁门之变为由发动第一次征讨长州藩的战争。英、美、法、荷四国联合舰队也于9月5日再次进攻下关，长州藩在内外夹攻下失败，对幕府屈服，保守势力重新掌握藩政，高杉晋作等被迫逃亡。斗争的失利使尊王攘夷派重新考虑战略。1865年春，高杉晋作再度举兵，主张开港讨幕，不再提攘夷。至此，尊王攘夷运动向武装倒幕转化，并成为日后明治维新的动力。

遵化市 Zunhua City 中国河北省辖县级市。位于省境东北部，邻接天津市。面积1 521平方千米。人口72万（2008），有汉、满、回、朝鲜、蒙古等21个民族。五代后唐置遵化县。清改遵化州，1913年撤州改遵化县。1992年撤县设市，由唐山市代管。矿产有铁、金、银、锰、铬、白云石、石英石、蛇纹岩等。工业有冶金、机械、建筑、轻工、纺织、化工、医药等。盛产玉米等。山地尤适于板栗生长，是"京东板栗"产地之一。境内有清东陵、明长城、禅林寺等古迹。

遵义会议 Zunyi Conference 中国共产党六届中央政治局1935年1月在长征途中于贵州遵义举行的扩大会议。大革命时期，博古领导的中央苏区排斥了毛泽东的正确领导，使1933～1934年中央苏区的第五次反"围剿"在博古、李德的指挥下遭到失败。红军被迫于1934年10月开始长征。长征中中央红军从8万余人锐减至3万余人。广大指战员和中共中央的多数领导人，逐渐觉悟到这是执行错误的军事指导方针所造成，迫切要求改换领导，以挽救红军和革命事业。1935年1月15～17日中央政治局在遵义召开扩大会议。毛泽东在会上着重批评了"左"倾冒险主义在军事指挥上的错误。与会的周恩来、王稼祥、张闻天、朱德、刘少奇等支持毛泽东的主张。会议通过《中央关于反对敌人五次"围剿"的总结决议》，肯定了毛泽东积极防御的战略方针和红军作战的基本原则，推选毛泽东为政治局常委；取消博古、李德的最高军事指挥权。会后由张闻天代替博古负党中央总的责任，由毛泽东、周恩来、王稼祥三人组成军事指挥小组，负责指挥军事。遵义会议确立了毛泽东在中共中央和红军的领导地位，使红军能够战胜优势于己的国民党军队的围剿堵击，并克服党内张国焘的分裂主义，胜利完成长征。这次会议开始克服以王明、博古为代表的"左"倾教条主义、冒险主义的错误领导，成为中共历史上的一个转折点。

遵义市 Zunyi City 中国贵州省辖地级市、第二大城市、新兴工业城市和重要农产品生产基地。黔北政治、经济、文化中心。国家"西电东送"能源基地之一。位于省境北部，北连重庆、川南。辖红花岗区、汇川区和遵义县、桐梓县、绥阳县、正安县、凤冈县、湄潭县、余庆县、习水县及道真仡佬族苗族自治县、务川仡佬族苗族自治县，代管赤水市、仁怀市。面积30 763平方千米，人口613万（2010），有汉、苗、仡佬、回、满、布依等民族。1997年设立地级遵义市。地处大娄山南麓，南临乌江。属中亚热带湿润季风气候。矿产资源有锰、硫铁矿、硅石、石灰岩、大理石和磷、银、煤、稀有金属等。农业主产水稻、玉米、小麦和油菜子、烤烟、蔬菜、水果、茶叶等。山区盛产油桐、生漆、五味子、乌桕、杜仲、楠竹等。工业有能源、冶金、化工、机电、轻型汽车制造、建材、卷烟、酿造、食品、造纸和军工等。名胜古迹有普济桥、赤水桫椤自然保护区、赤水十丈洞瀑布、娄山关、赤水亚热带峡谷风光，纪念地有遵义会议会址、红军四渡赤水遗址等。遵义是中国历史文化名城。

左尔格 Sorge, Friedrich Adolph（1828-11-09～1906-10-26） 美国和国际工人运动活动家，第一国际领导人之一。生于德国东部萨克森的托尔高城，卒于美国霍伯肯。1848年德国革命爆发后，参加巴登起义，失败后被缺席判处死刑。1852年去美国纽约。1857年10月，和J.魏德迈等人建立纽约共产主义俱乐部。1858年4月被选为俱乐部主席。7月，俱乐部加入第一国际。1868年7月4日，K.马克思以第一国际总委员会的名义委托他为第一国际在美国的代表。1869年，加入新改组的德国工人联合总会，被选为主席。1870年1月当选在美国的第一国际德国人支部通讯书记。同年12月1日，任第一国际工人协会北美临时中央委员会通讯书记。积极宣传科学社会主义思想，传播《共产党宣言》，捍卫了第一国际的原则。1872年7月代表北美联合会出席第一国际海牙代表大会，反对M.A.巴枯宁的分裂主义。1872年至1874年，任总委员会委员和总书记。1876年参加美国社会主义工人党的创建工作。列宁称他为"第一国际的老战士"。

左江岩画 Zuojiang Petroglyphs 中国战国至东汉时期的岩画。分布于广西壮族自治区左江流域。因宁明县花山发现最早、图像最多、画幅最大而又称花山岩画。自1956年以来经过多次调查，共发现79个地点，280组画，大多画在临江的悬崖陡壁上。画面以人物为主，兼及动物、器物和几何形符号，规模宏伟壮观。最大的画面高约50米，宽约170米，画像1 300多个。所有的壁画都用赭红色颜料涂绘，单色平涂，不作细部描画，也不画背景。人物均呈舞蹈姿态，双手曲肘上举，两腿跨开半蹲，带有神秘的原始宗教气息。许多学者认为，画面内容主要与祖先崇拜有关，也许就是当时氏族集体举行祭祀活动的场面。作画者是当时的瓯骆人，即现代壮族的先民。

左江岩画人物图像（位于宁明耀达花山）

左郡左县 left prefecture and left county 中国南朝宋、齐二代置于少数族地区的特殊郡县。一说因当时习称蛮民为蛮左，一说因蛮民不愿自称蛮，为照顾其民族心理，以左代蛮（古人以服饰区别华夷，视少数族为"左衽"），故名。当时生活在南朝境内的少数族统称为蛮，他们人口众多，地域分布十分广泛，与汉人多有接触、交往，大姓有部曲、封地，但在不同程度上保存着自己民族的文化习俗。为了加强对这些少数族的控制，宋、齐政权除用武力迫其归降，纳入州郡县系统，以征收赋税外，也采取敕封其首领，建立特殊政区的办法。左郡左县就是在这种历史背景下产生的。大约起于宋初，集中设置在宋元嘉后期、孝建、大明、泰始及齐永明几个年代。范围东起今安徽合肥、庐江一带，西至汉水，北及河南信阳、光山、安徽寿县一线，南抵长江，尤以大别山西南、长江以北、汉水以东、淮河上游以南为多，与蛮人被征服和归附在时间和地域上相吻合。左郡左县的特点：一是太守、令长都由酋长担任，不打乱原有的居住、组织、管理形式和生活方式，政府不干预其内部事务。二是在征收赋税方面享有优待，“蛮无徭役，强者又不供官税”，甚至出现“宋人赋役严苦，贫者不复堪命，多逃亡入蛮”（《通典·边防典·南蛮》）的情况。三是郡县行政规模小，地位不及一般郡县。入梁以后，左郡左县或废或改，不复见于记载。

左拉 Zola, Émile (1840-04-02～1902-09-28) 法国小说家。生于巴黎，卒于巴黎。7岁丧父，他和母亲在外祖父的接济下生活。1857年迁居巴黎，靠助学金读完中学。并开始文学创作。发表了《给妮侬的故事》

(1864)等富有浪漫主义色彩的小说。1865年因第一部长篇小说《克洛德的忏悔》被警方认为“有伤风化”而遭解雇，此后成为职业作家。

左拉深受H.泰纳关于运用自然科学研究文艺问题的理论的影响，在19世纪下半叶科学技术迅速发展的条件下，决心利用生物学、生理学、遗传学等的科学实验方法来指导写作，发表了体现其文学主张的小说《黛莱丝·拉甘》(1867)和《玛德莱纳·菲拉》(1868)。从1868年开始构思系列小说《鲁贡玛卡一家人的自然史和社会史》，为这个家族制订了世系分支图表，在每部小说中出现的这个家族的人物都有亲缘关系和遗传因素的影响。从第一部《鲁贡玛卡家族的命运》(1871)到最后一部《帕斯卡医生》，左拉共花25年时间完成了20部小说，其中最有名的有《小酒店》(1877)、《娜娜》、《萌芽》(1885)、《金钱》(1891)、《崩溃》(1892)等。它们是“第二帝国时代一个家族的自然史和社会史”，从政治、军事、金融、宗教、商业、工人、农民、科学艺术和日常生活等各个角度构成了一幅反映第二帝国时期社会现实的大型历史画卷。左拉的文学成就以及他在《实验小说论》和《自然主义小说家》等文集中阐述的文学理论，使他成为自然主义文学流派公认的领袖。此后，左拉写作了三部曲《三名城》，即《卢尔德》(1894)、《罗马》(1896)和《巴黎》(1898)。四部曲《四福音书》只完成了前三部《繁殖》(1899)、《劳动》(1901)和《真理》(1903)，计划中的第四部《正义》因左拉煤气中毒去世而未及完成。

左联 China League of Left-Wing Writers 中国现代文艺团体。中国左翼作家联盟的简称。

左琴科 Zoshchenko, Mikhail Mikhaylovich (1895-08-10～1958-07-22) 苏联幽默讽刺作家。生于乌克兰波尔塔瓦。曾到圣彼得堡大学学习。从事过鞋匠、会计、电话员等职业。长期伤病缠身。1922年出版第一本幽默作品集《蓝肚皮先生纳扎尔·伊里奇故事集》。1923年开始专业写作，创作了大量幽默讽刺小说和小品文，如短篇小说《贵妇人》(1923)、《澡堂》(1924)、《贫困》(1925)等。此外，还写有系列中篇小说，总称为《感伤故事集》，其中有《山羊》(1923)、《夜莺唱什么歌》(1927)等。小说中的人物大多是知识分子，作者称他们是“多余的人”。其他主要作品还有《一本浅蓝色的书》(1934)、纪实中篇小说《一个人的经历》(1934)、传记《塔拉斯·谢甫琴科》(1939)、儿童读物《廖丽娅与敏卡》(1939～1940)和探索自我治疗的《青春复返》(1933)、《日出之前》(1943)等。

左丘明 Zuoqiu Ming (前556～前451) 中国春秋时史学家。鲁国人。一说左丘为复姓。双目失明。春秋时有称为瞽阇的盲史官，记诵、讲述有关古代历史和传说，口耳相传，以补充和丰富文字的记载，左丘明即为瞽阇之一。相传曾著《左氏春秋》，又称《左传》、《春秋左氏传》、《春秋内传》，与《公羊传》、《穀梁传》同为解释《春秋》的三传之一，具有重要的史料价值。但从内容看，该书应成于战国中期，可能是作者假托左丘明而作。相传《国语》亦出于左氏之手，记录了不少西周、春秋的重要史事，保存了具有很高价值的原始资料。

左权 Zuo Quan (1905-03-15～1942-05-25) 中国无产阶级革命家、军事家，中国工农红军和八路军高级指挥员。原名纪权。湖南醴陵人。1924年3月入孙中山的建国陆海军大元帅府军政部陆军讲习堂，11月转入黄埔军校第1期学习，曾参加两次东征。1925年2月加入中国共产党。1925年底赴苏联学习，先后在莫斯科中山

大学、伏龙芝军事学院学习。1930年回国，赴中央革命根据地，历任中国工农红军军官学校第一分校教育长、红12军军长、红5军团第15军政委、军长兼政委。1933年12月任红1军团参谋长，曾率部参加反“围剿”。1934年参加长征，到达陕北后，任红1军团代理军长，参加西征。1936年11月与聂荣臻指挥山城堡战斗，取得胜利。抗日战争爆发后，任八路军副参谋长，后兼八路军第2纵队司令员。曾参与组织指挥晋东南反“九路围攻”、百团大战、黄崖关保卫战等战役战斗，协助朱德、彭德怀开展游击战争，开辟和扩大抗日根据地。1938年冬在晋东南主持召开参谋长会议，制订司令部工作条例，健全司令部的机构和工作制度。1940年12月主持召开八路军首次后勤工作会议。1942年5月25日在山西辽县（今左权县）率八路军突破日军包围时牺牲。曾与刘伯承合译《苏联工农红军新的步兵战斗条令》，发表过《论坚持华北抗战》、《埋伏战术》、《袭击战术》、《论军事思想的原理》等论文。

左权县 Zuoquan County 中国山西省晋中市辖县。位于省境中东部，邻接河北省。面积2 028平方千米。人口16万(2010)。东汉置轑阿县，北魏改辽阳县。隋改称辽山县。明为辽州，1912年改为辽县。1942年6月为纪念抗日战争中牺牲的左权将军，改为左权县。作物以玉米、谷子为主，其次为小麦、薯类和大豆。盛产柿、红枣、花椒、核桃、板栗、沙棘、辽党参、猪苓、五灵脂、黄芩、黄漳麻、马厩蒜等土特产品。矿产资源有煤、铁、石棉、云母、锰、铝、磷等20多种。煤探明储量23.9亿吨，铁矿探明储量3 000万吨，品位在40%～50%以上。有煤炭、炼焦和化工等工业。名胜有左权将军纪念亭等。

左手定则 left-hand rule 确定载流导线在外磁场中受力方向的定则。又称电动机定则。左手平展，大拇指与其余四指垂直，若磁力线垂直进入手心，四指指向电流方向，则大拇指所指方向为载流导线在外磁场中受力的方向。

左思 Zuo Si (?～约306) 中国西晋文学家。字太冲。临淄（今山东淄博）人。出身寒微，其貌不扬，然而才华出众。晋武帝时，因妹棻被选入宫，举家迁居洛阳，任秘书郎。晋惠帝时，依附权贵贾谧，为文人集团“二十四友”的重要成员。永康元年因贾谧被诛，退居宜春里，专心著述。后移居冀州，不久病逝。

左思是太康年间成就最高的作家。今存者仅赋两篇，诗14首。《三都赋》与《咏史》诗是其代表作。《晋书·左思传》载，他曾以10年时间写出《三都赋》，“豪贵之家，竞相传写，洛阳为之纸贵”。《咏史》诗八首，见于《文选》，虽非一时之所作，但大都错综史实，融会古今，名为咏史，实为咏怀，“咏古人而己之性情俱见”（沈德潜《古诗源》）。其主旨是表达自己建功立业的宏伟抱负，猛烈抨击不合理的门阀制度，表现了对门阀制度的极端蔑视和反抗。如第一首（“弱冠弃柔翰”），借史事来展示自己

的才华，表现了自己“左眄澄江湘，右盼定羌胡”的宏伟抱负和“功成不受爵，长揖归田庐”的高尚情操。第二首（“郁郁涧底松”），以涧底松和山上苗取喻，形象地揭示了“世胄蹑高位，英俊沉下僚”的极不合理现象，鞭挞了腐朽的门阀制度，抒发了自己强烈的愤慨与不平。这8首诗明显地继承了建安风骨，辞采壮丽，情调高亢，充满着一股英豪之气，具有现实主义精神与浪漫主义气息。钟嵘《诗品》称之为“左思风力”。

左思的作品辑入严可均的《全上古三代秦汉三国六朝文》和逯钦立所辑《先秦汉魏晋南北朝诗》。

左翼文学 China left-wing literature 20世纪30年代中国左翼作家联盟领导下的文艺实践。

左翼戏剧运动 China Left-Wing Drama Movement 20世纪30年代中国进步戏剧工作者在中国共产党领导下进行的革命戏剧活动。见中国左翼戏剧家联盟。

《左传》 *Zuo Qiuming's Commentary on Spring and Autumn Annals* 旧说与《公羊传》、《穀梁传》同为解释《春秋》的三传之一，实为记载中国春秋历史的史学名著。又称《左氏春秋》、《春秋左氏传》、《春秋内传》。传为春秋末鲁人左丘明作，实际成书时间当在战国中期。春秋时中国已有专职史官用简练的文字记录重要史事的纲目，《春秋》就是流传下来的一种。约在公元前4世纪中，魏国的孔门后学以《春秋》为纲，依据瞽矇（盲史官）的讲史记录《国语》和当时尚能见到的其他典籍，编成了《左传》这部中国古代编年史。从内容看，应属战国中期作品，不可能成于比孔子尚早的左丘明之手，但其主体可能是左丘明（瞽矇）讲述的史事，因而最后的编订者才以他主名。《左传》是通过叙述春秋时的具体史事来说明《春秋》所记录的纲目的。通过《左传》介绍的史事，能真正理解《春秋》标题目录的全部意义。所以说《左氏传》于《经》，犹衣之表里，相待而成。《左传》不仅记载了春秋时代许多重要史事，还保存了前此的若干传说古史。《左传》在西汉时属古文经，并成为古文经中的主要经典（见经学）。由于汉代经学家的门户之见，它长期不能立于官学，未取得设置博士的合法地位。但由于它本身的学术价值，却能在民间广泛流行，并得到不少著名学者的研习和赞赏。西晋杜预作《春秋经传集解》，始将《春秋》与《左传》合编为一书，博采汉儒解说，考订异同，自成专门之学。其后《左传》的地位逐渐超过《公羊传》和《穀梁传》。唐人孔颖达作疏，一遵杜注。清人洪亮吉作《春秋左传诂》，则对杜注多所指摘。近人杨伯峻作《春秋左传注》，简明适用。

左宗棠 Zuo Zongtang（1812-11-10～1885-09-05） 中国清末重臣，湘军重要统帅，洋务派首领。字季高。湖南湘阴人，卒于福州。道光十二年（1832）举人。长于“义理经世”之学，对兵法和地舆有研究。太平军起义后一度在家乡办团练，1860年由曾国藩保举襄办皖南军务。1862年初任浙江巡抚，率湘军入浙江，进攻和镇压太平军。1864年授闽浙总督，伙同法国人组成中法混合军，称“常捷军”，攻陷杭州。1864年追击太平军余部李世贤、汪海洋部，至1866年2月消灭太平军于广东嘉应州（今梅州）。1866年创办福州船政局，成为洋务派首领之一。1867年任陕甘总督，率湘军镇压西捻军和陕甘回民起义。继在西安、兰州两地创办机器局。1875年任钦差大臣，督办新疆军务。次年率军讨伐俄、英支持的阿古柏侵略军，先后收复除伊犁外的天山南北各地。主张加强边防，开发新疆，力图收复伊犁。1881年升任军机大臣，调两江总督兼南洋通商事务大臣。中法战争中为主战派，督办福建军务。有《左文襄公全集》。

佐林 Zorin, Valentin Sergeyevich（1925-02-09～ ） 苏联广播电视评论员。生于莫斯科。莫斯科国际关系学院毕业。全苏广播电台著名专栏节目“国际问题评论员圆桌座谈”的首任主持人。在苏联中央电视台长期主持电视政论性节目“第9演播室”。摄制过30余部时事纪录片。他还在苏联科学院及美国、加拿大的研究所任研究员。写有20余部关于美国的著作，其中《亿万富翁先生们》一书被评为优秀的国际题材政论著作，获沃罗夫斯基新闻奖。

佐治亚州 Georgia State 美国大西洋沿岸南部区一州。北接田纳西州、北卡罗来纳州，西靠亚拉巴马州，南界佛罗里达州，东邻南卡罗来纳州，东南濒大西洋。面积153 910平方千米，其中陆地面积150 009平方千米。人口968.57万（2008），其中白人占65.1%，黑人占28.7%，是美国黑人比例较高的州之一。州府和最大城市是亚特兰大。

全州地势由西北向东南降低。阿巴拉契亚高地的最南段穿过州西北部，主要属蓝岭和山麓台地（皮德蒙特高原）两个地形单元，后者占全州面积的30%。蓝岭的布拉斯敦峰海拔1 458米，为全州最高点。东南部为宽广的沿海平原，约占全州面积3/5。南部与佛罗里达州交界处是奥克弗诺基沼泽，为美国最大的沼泽地之一。亚热带湿润气候。1月平均气温4～12℃，7月23～27℃；年降水量1 100～1 300毫米，山区可达1 400～2 000毫米。森林覆盖率达66%，以松、栎为主。

最早的居民是印第安人。1540年西班牙探险队首先到此。17世纪英国与西班牙争夺该地。1732年英王特许在此移民，翌年建立第一个白人永久定居地萨凡纳。1754年成为英国直辖殖民地。独立战争后，1788年加入联邦，成为美国第4州。1861年南北战争时退出联邦，1870年重新加入。

长期属以种植棉花为主的农业经济。20世纪50年代起经济趋于多样化，90年代后期制造业和服务业已成为州经济的基础。现为全国最大的花生和山核桃产地，并广种烟草、玉米、大豆、水果、蔬菜等，棉花地位下降。农场收入的2/3以上来自畜牧业，其中肉鸡业又占畜牧业收入的4/5，产量居全国之首。林业发达，为密西西比河以东的重要木材产区，盛产松和硬木等木材。北部的大理石、花岗岩和中部的高岭土，是全国建筑石料和陶瓷原料的重要来源之一。纺织、服装、食品等传统工业部门仍占重要地位，运输设备、纸浆和造纸、木材加工、化工等工业发展较快，多为中小企业。亚特兰大为全州最大的工业中心，其他工业城市还有萨凡纳、哥伦布、梅肯、奥古斯塔等。亚特兰大国际机场是全国最繁忙的机场。萨凡纳是美国东南部重要海港。有佐治亚大学、佐治亚理工学院、佐治亚州立大学、佐治亚医学院等高等院校。

《作为意志和表象的世界》 *Die Welt als Wille und Vorstellung* 德国哲学家A.叔本华的代表作。1819年在柏林出版，1844年、1859年出版增订第2、第3版。此书系统和详细地表述了叔本华唯意志论的哲学观、伦理

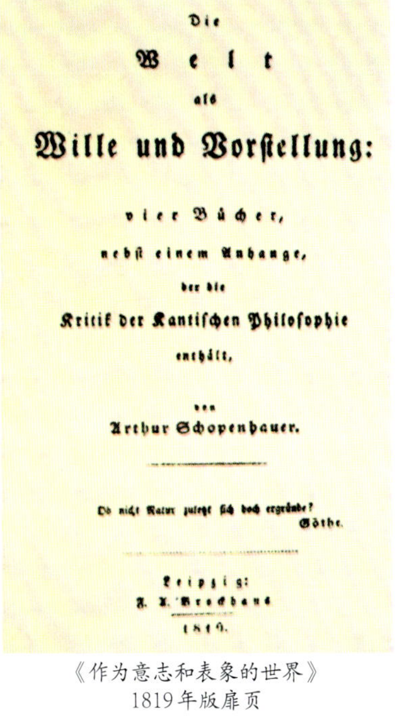
Die
Welt
als
Wille und Vorstellung:
vier Bücher,
nebst einem Anhange,
der die
Kritik der Kantischen Philosophie
enthält,
von
Arthur Schopenhauer.

Ob nicht Natur zuletzt sich doch ergründe?
Göthe.

Leipzig:
F. A. Brockhaus
1819.

《作为意志和表象的世界》
1819年版扉页

观和美学观。全书由四部分组成。第一篇认为世界不是主体，也不是客体，“世界是我的表象”。他以服从充分根据律为理由，对表象世界的事物进行分类。第二篇认为表象只是世界的一方面，世界还有本质的一方面，即意志，“世界的本质是意志”。世界上的一切存在都是意志的客体化，它是由低级到高级的无穷系列，从而形成宇宙事物的不同等级。第三篇论述了独立于充分根据律之外的表象，即艺术的客体。第四篇论述了在完成自我认识时，对生命意志的肯定与否定，进而得出对生命的否定与悲观主义的结论。

作物 crop 直接或间接为人类需要而栽培的植物。俗称“庄稼”。“作物”一词由日语转借而来，在中国古籍中则称“禾稼”或“穀”。

作物有不同的分类方法，按用途兼顾植物学的分类法为农业上所习用。大田作物按用途常可区别为食用、工业原料用和饲用三大类，各类再分若干亚类。但由于同一种作物常有多种用途，一般只按其主要用途来划分。①谷类作物。又称粮食作物。以收获成熟果实为目的，经去壳、碾磨等加工程序而成为人类基本食粮的一类作物。绝大多数属禾本科，如稻、麦类、玉米、高粱、粟类、薏苡等。②豆类作物。属豆科。以收获成熟子粒为目的的一类作物。主要有大豆、花生、蚕豆、豌豆、菜豆等。中国为栽培豆类最丰富的国家之一。③薯类作物。以收获富含淀粉和其他多糖类物质的膨大块根、球茎或块茎为目的的一类作物。有旋花科的甘薯，茄科的马铃薯，大戟科的木薯等。④纤维作物。以收获纤维为主要目的的一类作物。可按形成纤维的组织、器官分为种子纤维、韧皮纤维、叶纤维、木纤维作物。⑤油料作物。以收获含油器官榨油为目的的一类作物。⑥糖料作物。以收获植物体的含糖部位供工业上制糖用的作物。⑦饮料作物。收获物中含有一定量的咖啡因，用作饮料时对人体有兴奋作用的一类作物。茶的嫩叶可制成茶叶，咖啡、可可的子实经加工后可制成饮用品。⑧调料作物。能产生芳香或具辛辣味的挥发性物质的一类作物。多用作食品的辅料，以促进人的食欲。主要的有蘘荷科的姜，百合科的葱、蒜，茄科的辣椒等。⑨染料作物。在合成染料未普遍应用前，染料的来源主要取自植物。蓝色的主要原料为蓼科的蓼蓝叶，豆科的槐蓝叶；紫色主要为紫草科的紫草根等。⑩橡胶作物。此类作物含有白色液体乳胶，名橡浆。已经广为栽培的木本橡胶作物主要有大戟科的橡胶树，桑科的巴拿马橡胶树和印度橡胶树。草本有菊科的橡胶草和橡胶菊等。在美洲热带还有一种糖胶树，所产生的糖橡胶可制口香糖。⑪药用作物。是含有各种生物碱和苷类等有机化合物，可用以治疗人、畜疾病的栽培植物。⑫饲料与绿肥作物。人工栽培以喂养畜禽的称饲料作物。栽培后在生长繁茂时期翻入土壤或割沤，用以增加土壤肥力的为绿肥作物。⑬芳香作物。具有烃类的萜和氧化、硫化油成分，挥发到空气中呈芳香气味的作物。

作揖 bow with a great show of respect 中国传统礼节之一。又称拱手。先秦已有，20世纪30年代尚盛行。中国古代，“拱手而立”，表示对长者的尊敬。行礼时，两手握拳（一般左手在外、右手在内；如遇凶丧，则右外左内）高拱，身体略弯，向人行礼。古代还有时揖、天揖、土揖、特揖、旅揖、还揖、三揖、长揖等类揖礼。如今，作揖一般不分尊卑，拱手齐眉，上下加重摇动几下，重礼可作揖后鞠躬，主要用于佳节团拜活动的相互祝贺等。

作用与反作用定律 action and reaction, law of 牛顿运动定律中的第三定律。表述为：对于每一个作用，总有一个大小相等方向相反的反作用；或者两个物体之间的相互作用总是大小相等方向相反。该定律表明：力都是成对出现的，有作用必有反作用；这对力同时产生、同时消失且为同一性质力；它们同时且分别作用于不同物体或物体的不同部分，而与物体是否处于平衡或加速状态无关。这一定律涉及是研究质点系动力学的基础。在质点系中，质点之间的相互作用力是系统的内力，它们总是成对出现，因而不会影响质点系的动量、动量矩及质心的运动。

在牛顿力学范畴内，牛顿第三定律是正确的，但在物理学的其他领域中却不一定正确。如电磁学中，两个运动着的带电粒子之间的磁力就不满足第三定律。但如果说到电磁场的动量，则系统的总动量仍然守恒。

作战模拟 war game 运用实物、文字和符号等手段，对作战环境和作战过程进行模仿的技术、方法和活动的统称。现代条件下主要指计算机模拟。目的是研究作战规律，启迪作战思想，探讨作战指导原则，为军事决策提供科学依据。在国防系统分析、作战方案评估、战法研究、武器论证、教育训练和后勤保障等方面有广泛应用。

模拟系统 ①参加的人员有对抗人员（局中人）、导演或裁判、军事运筹人员、工程技术人员、辅助人员等，其中对抗人员又按模拟的情况分为红方、蓝方，有时还有绿方（中立方）。②设备包括计算机、计算机网络、投影设备、通信设备等。③模型即数学模型，包括指挥模型、各种作战

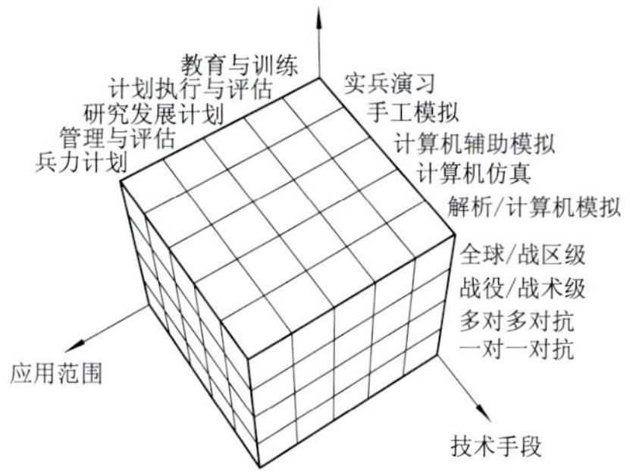

图1 作战模拟分类矩阵示意图

行动模型、行动效果模型等。④数据包括武器装备数据、作战环境数据、作战规则数据、作战想定数据等。

模拟步骤 ①准备阶段。包括确定作战模拟的目的和目标，编写想定、选定或构造模型，准备数据，编组人员，安装和调

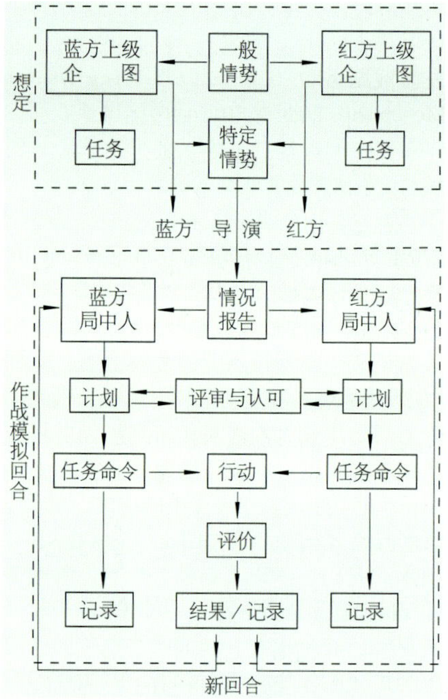

图2 作战模拟的组织流程示意图

试设备等项工作。②模拟阶段。通常表现为一系列的模拟回合，每一回合都由双方指挥员根据其掌握的当前战场态势拟制出作战计划或命令，由导演认可后下达（或输入模型）执行，命令执行的结果由导演裁决或通过模拟产生，并反馈给双方指挥员，然后进行下一回合模拟。如此循环往复直至达到预期的目的为止。③分析阶段。依据作战模拟的目的，对在各模拟回合中所获得的一系列数据进行统计、整理和分析，形成模拟分析报告，以便对方案作出评价或启发新的思想。

坐标系 coordinate system 用以确定数或数组与基本几何对象（常常是点）之间的对应关系的参考系。在解析几何里，首先要建立坐标系，才能用方程描写较复杂的几何对象（如曲线和曲面），从而使得用代数方法研究几何问题成为可能。同时，坐标

法也为研究变量数学创造了条件。

最常见的是仿射坐标系。在平面内取定一点O，以及两个不共线的向量$\boldsymbol{e}_1,\boldsymbol{e}_2$，则$\{O;\boldsymbol{e}_1,\boldsymbol{e}_2\}$称为平面内的仿射坐标系。平面内的任意一点$P$对应于向量$\overrightarrow{OP}$，而$\overrightarrow{OP}$能够唯一地表示成$\boldsymbol{e}_1,\boldsymbol{e}_2$的线性组合，设为$\overrightarrow{OP}=x\boldsymbol{e}_1+y\boldsymbol{e}_2$则点$P$与有序数组$(x,y)$是一一对应的。数组$(x,y)$称为点$P$在仿射坐标系$\{O;\boldsymbol{e}_1,\boldsymbol{e}_2\}$下的仿射坐标（见图）。

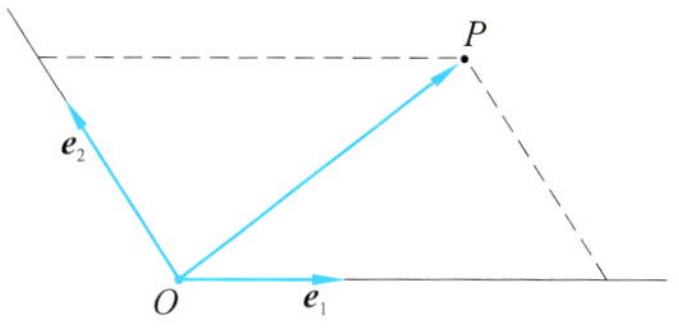

仿射坐标系

若$\boldsymbol{e}_1,\boldsymbol{e}_2$是平面上两个互相垂直的单位向量，则$\{O;\boldsymbol{e}_1,\boldsymbol{e}_2\}$称为平面上的**直角坐标系**。

在平面上常用的还有**极坐标系**。

仿射坐标系、直角坐标系等都有在高维的推广。

需要指出的是，坐标系是表达几何对象的一种手段，它的选取是人为的。通过坐标变换可以使表达某种几何对象的复杂的方程化为较简单的方程。

柞蚕 *Antheraea pernyi*; tussah silkworm 昆虫纲**鳞翅目**大蚕蛾科柞蚕属的一种。古称野蚕或槲蚕。一种吐丝昆虫，因喜食柞树叶得名。茧可缫丝，主要用于织造柞蚕绸。中国柞蚕的主要产区为辽宁、河南、山东等省。

柞蚕属完全变态昆虫，一个世代经卵、幼虫、蛹和成虫四个发育阶段（见图），仅幼虫期取食，以蛹越冬。柞蚕的主要病害有：柞蚕核型多角体病或称柞蚕脓病、柞蚕微粒子病、空胴病等。应通过严格检验，及时淘汰病蚕、病蛹、病蛾。进行卵面和蚕室、蚕具消毒，施用化学药剂和选育抗病品种等方法防治。

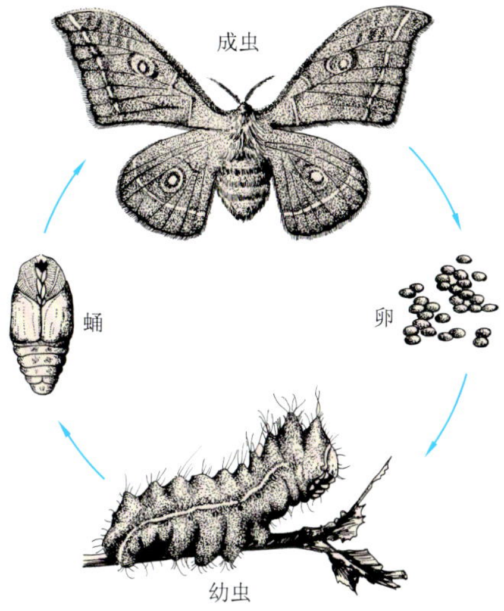

柞蚕生活史

柞蚕蛹期的保护层（内含蛹体）称柞蚕茧，供缫制作柞蚕丝用。柞蚕蛹可供食用。茧呈椭圆形。春茧淡褐色。柞蚕茧主要由茧层、蛹体、蜕皮（蛹的外壳）组成。茧层约占鲜茧重量的8%～12%，因受排出的消化管内容物浸润而变硬，影响茧丝的解舒。一个蚕茧茧丝平均重0.4～0.5克；茧丝一般长700～800米，茧丝纤度平均为5.6旦。

用柞蚕结茧时吐出的丝缕加工成的纤维称柞蚕丝，是织造柞丝绸的原料，在工业和国防上也有重要用途。

柞丝绸 tussah cloth 用**柞蚕丝**织制的丝织物。具有天然柞蚕丝固有的淡黄色泽，光泽柔和，手感柔软，吸湿性、透气性好，耐酸，耐碱，热传导系数小，有良好的电绝缘性能。宜作各种服装面料和装饰用织物。在工业、国防上用于制作耐酸工作服、带电作业服等。品种有精练绸、漂白绸、提花绸、染色绸和印花绸等。由于柞蚕丝受潮后易伸长，在织造前必须进行蒸丝处理，在加工过程中须保持干燥并严格控制张力，以免在绸面上出现亮经、亮纬疵点。缩水率大，经过防缩整理的成品绸缩水率可达2%。

座头鲸 *Megaptera novaeangliae*; humpback whale 鲸目鳁鲸科座头鲸属的一种。广布于全世界海洋。雌性体形大于雄性，雌性16米，雄性15米，体重达40吨。头背面观宽而圆，喷水孔以前的头部平，上布结节。

头部其余各处和下颌亦遍布结节，并具附生的藤壶和“鲸虱”（蚕豆蛤科的甲壳动物）。体色基本上为黑或灰色。在喉和腹具大小不一的白色区域。鳍肢很长（达体长的1/3），其前缘白色或部分白色并具结节。背鳍形状有变异，常为阶梯形或隆突形。尾鳍和鳍肢后缘具扇贝状锯齿。下潜时尾常抬起。幼仔出生时体长4.5～5米。有洄游习性。已被列入《濒危野生动植物物种国际贸易公约》(CITES) 附录 I (1996)，为保护动物。

字母数字

A股 A share 由中国境内注册的股份有限公司发行，供境内机构、组织或个人（不含台、港、澳投资者）以人民币认购和交易的普通股股票。正式名称是人民币普通股票。A股不是实物股票，以无纸化电子记账，实行“T+1”交割制度，有涨跌幅限制（10%）。中国A股市场交易始于1990年，经过十多年快速发展，现已初具规模。

ABS树脂 ABS resin 丙烯腈、丁二烯、苯乙烯三种单体的接枝共聚合产物，取它们英文名的首字母命名。工业生产方法分两大类：①将聚丁二烯或丁苯橡胶与SAN树脂(丙烯腈-苯乙烯共聚物)在辊筒上进行机械共混，或将两种胶乳共混，再共聚。②在聚丁二烯或苯乙烯含量低的丁苯胶乳中加入苯乙烯和丙烯腈单体进行乳液接枝共聚，或再与SAN树脂以不同比例混合使用。可用注塑、挤出、真空、吹塑及辊压等成型法加工，还可用机械、黏合、涂层、真空蒸着等法进行二次加工。其强度高、韧性好、综合性能优良，用途比较广泛，主要用作工程塑料，也可用于家庭生活用具。由于其耐油和耐酸、碱、盐及化学试剂等性能良好，并具有可电镀性，镀上金属层后有光泽好、比重轻、价格低等优点，可用来代替某些金属。还可合成自熄型和耐热型等许多品种。

AH-64“阿帕奇”武装直升机 AH-64 Apache armed helicopter 美国休斯飞机公司研制的双座双发全天候攻击直升机。1975年9月30日首飞，1984年交付使用。主要用于打击地面装甲目标。有A、B、C、D等型别，除装备美国陆军外，还出口到国外。

AH-64直升机采用单旋翼带尾桨常规布局，纵列式双人驾驶舱，后三点为不可收放轮式起落架。全金属半硬壳机

身，重要部位有装甲保护。旋翼直径14.63米，尾桨直径2.79米，机长17.76米，最大允许速度365千米/时，最大巡航速度293千米/时，最大垂直上升率(海平面) 12.7米/秒，实用升限6 400米，有地效悬停高度4 570米，无地效悬停高度3 505米，最大航程(机内油箱) 482千米，转场航程1 899千米，最大续航时间3小时9分。动力装置为2台T700-GE-701C涡轮轴发动机。机上装ML-STD-1553B数据总线、目标截获和标识系统、飞行员头盔夜视瞄准系统、飞行控制系统及自主式导航设备等。主要武器配备为：机身腹部装1门可收放的30毫米航炮(备弹1 200发)，短翼下面4个挂点，可挂16枚激光制导的“海尔法”反坦克导弹，或4具火箭弹发射器，内装4×19枚70毫米火箭弹。1989年12月，在巴拿马首次参战。1991年海湾战争中共有288架参战，并首次用于夜间突击。

AK47自动枪 AK-47 assault rifle 苏联枪械设计师M.T.卡拉什尼科夫设计的一种突击步枪。1947年定型，1951年装备部队。口径7.62毫米，带空弹匣枪重4.3千克。带固定枪托或金属折叠枪托，枪托打开时枪长869毫米，发射1943年式7.62毫米中间型枪弹，弹头初速710米/秒，理论射速600发/分，有效射程300米。AK47自动枪火力猛烈，动作可靠，故障率低，坚固耐用，尤其在风沙、泥水等恶劣环境下仍能正常射击，但连发射击时枪口跳动大，不易控制，射击精度较差。

B股 B share 在中国境内注册的股份有限公司向大陆地区以外投资者募集并在大陆地区上市的股票，即境内上市人民币特种股票。又称境内上市外资股。在上海证券交易所上市的以美元计价结算，在深圳证券交易所上市的以港币计价结算。自2001年6月1日起，开放对大陆地区投资者的买卖。

B型发射星 Be stars 光谱中除普通吸收线外还有发射线的B型主序星。符号为Be。Be星的光谱属于早B型，最常见的发射线是氢线，尤其是H_α和H_β线。

已知最亮的Be星是水委一，即波江座α(α Eri)，目视星等为0.48等。距离为39秒差距。大多数Be星的发射线强度和形状具有缓慢而不规则的变化。这些变化均无明显的周期现象。快速自转是Be星的一个重要物理特征。自转速度平均比相应光谱次型的B型主序星大100千米/秒。

多数Be星有十分之几个星等的光度变化。光变的周期长而不规则，很难得到完整的光变曲线。

B-2“幽灵”轰炸机 B-2 Spirit bomber 美国诺斯罗普·格鲁门公司研制的战略突防隐身轰炸机。主要任务是从高空或低空突破敌方的防空系统，对战略目标实施核打击或常规轰炸。1989年7月17日试飞，1993

年底开始交付美国空军。此机雷达反射截面积约0.1～0.4米^2，仅为B-52“同温层堡垒”轰炸机的1‰，是世界上第一种真正具有隐身性能的轰炸机。

B-2轰炸机采用无尾三角形飞翼式布局，机身与机翼融合在一起。蜂窝式结构，大量使用复合材料，可收放式前三点起落架。机长20.09米，翼展52.12米，动力装置为4台F118-GE-110无加力式涡轮风扇发动机。乘员2人，机身的背上有空中加油受油口。最大平飞速度990千米/时，实用升限15 152米，作战航程11 667千米，续航时间大于36小时。机载设备有AN/APQ-181低截获率攻击雷达、GPS辅助瞄准系统、TCN-250塔康系统、ICS-150X内部通信系统等。机身内2个并排的武器舱，可携带16枚AGM-129巡航导弹，或16颗B61战术/B83战略核炸弹，或36颗CBU-87/89集束炸弹，或12枚CBU-31联合攻击弹药(JDAM)，或80颗MK36水雷。

1999年5月8日，北大西洋公约组织出动B-2轰炸机，使用精确制导弹药，袭击中国驻南斯拉夫联盟共和国大使馆，炸毁馆舍并造成多名人员伤亡。

B-52“同温层堡垒”轰炸机 B-52 Stratofortress bomber 美国波音公司研制的亚声速远程战略轰炸机。可执行空中封锁、攻击空中和海上目标、反舰、布雷等任务。1952年4月首飞，1955年6月开始装备部队。有A、B、C、D、E、F、G、H等型别。

B-52H型轰炸机机长49.05米，翼展56.40米，8台TF33-P-3涡轮风扇发动机。武器舱容积29.53立方米，载弹量27 000千克。最大平飞速度（高度12 200米）1 010千米/时，巡航速度800～900千米/时，实用升限16 765米，最大航程16 093千米。可携带16枚“鱼叉”反舰导弹，或6枚AGM-

142A空地导弹，或12个联合直接攻击弹药(JDAM)。还可携带核弹。尾部装有1门20毫米口径6管航炮。

美军在越南战争溪山战役期间，共出动B-52H型轰炸机2 548架次。在1991年的**海湾战争**中，出动1 741架次。在**阿富汗战争**和**伊拉克战争**中，B-52H型轰炸机发射巡航导弹等进行轰炸。

CI策划 corporate identity planning 全称企业形象识别系统策划。指把企业看成一个有理想、有行为和有感觉的整体系统，通过提炼企业特有的经营理念、识别企业员工特有的行为和统一企业产品品牌、专用字和标准色等，塑造企业全方位的社会形象，从而赢得人们的好感和信任，以达到促销和提高效益的目的。又称CI导入。企业形象识别系统由3部分内容构成：①企业理念识别系统(MI)，指企业在长期生产经营过程中形成的，企业全体成员认同并共同遵守的信念、价值观和行为准则，以及在此基础上确立的企业经营思想、经营宗旨等。②企业行为识别系统(HI)，指在企业经营理念指导下的企业员工对内和对外的各种行为以及企业的各种生产经营行为。③企业视觉识别系统(VI)，是企业理念的视觉化，它通过企业形象广告、标识、品牌、包装、内部环境和厂容厂貌等媒介或形式向大众表现、传播企业理念，加强企业与外界的沟通。

CI策划的早期实践可以追溯到1914年德国AEG电器公司在其系列化产品上采用统一商标的做法。1956年，美国**国际商用机器公司**以公司文化和公司形象为出发点，将公司的全称“International Business Machines”设计为蓝色的富有美感造型的“IBM”，以体现公司的开拓精神和独特文化，这标志着CI策划的正式诞生。20世纪60年代后，欧美国家的企业纷纷导入CI。日本企业从70年代初开始学习欧美企业，创造自己的CI系统。现在，CI策划已风行世界。

CT成像 computed tomography 将X射线扫描投影数据与重建数学及计算机技术结合，获得以层面信息为基础的医学影像的技术。初期称为电子计算机X射线扫描横断轴向体层摄影、计算机辅助轴向体层摄影、计算机化体层摄影等，后统一称为计算机X射线体层成像，即CT。

成像原理 CT设备的X射线被“准直”为规定宽度的线束，该线束宽度即为成像的层厚。每次曝光，X射线束只扫描一个层面，采集到的该层面X射线投影数据重建该层面的影像。最终由预定数目的层面影像来显示整个拟检查部位的信息。

类型 电子束CT 20世纪80年代后期，针对层面采集CT的扫描速度不足以显示动态器官（如心脏）而设计出的一种CT，可把一个层面的采集时间缩短至50毫秒，故又称超快速CT。

螺旋采集方式CT 在CT的扫描架内置一环形滑轨，X射线管可从滑轨上得到电源，在滑轨上连续绕患者旋转和连续发射宽扇形X射线束。

平板探测器CT 把X射线投影信息直接转换为电信号，继而转换为数字信号的装置，具有比以往的CT检测器更多的采集单元、更好的检测敏感性。又被称为容积性CT。

CT设备的图像显示 动态显示 ①动态期相显示。静脉注射对比剂后，选择对比剂在兴趣结构的准确充盈期相，如动脉早期、动脉期、实质期、静脉期、延迟期等，作重复扫描，捕捉兴趣结构在不同期相强化行为的显示方法。②CT透视。利用高级CT设备的快速采集与实时重建能力，在荧光屏上实时显示扫描部位影像的方法。主要用于CT导向的介入处理技术。③CT电影。利用高级CT设备的快速采集能力，对兴趣结构的影像作回顾性连续回放的显示方法，适用于动态器官的形态学与强化行为等信息的显示。

定量显示 ①骨矿盐定量显示。在扫描中，通过在扫描野内放置参照体模，计算出扫描的骨骼中矿盐精确含量的方法，是骨矿盐定量测量的方法之一。②脂肪定量显示。与骨矿盐含量定量显示类似，计算扫描野内规定的兴趣区内脂肪含量的方法。③冠状动脉钙化积分显示。在具有快速采集冠状动脉影像能力的设备上，利用专用软件计算冠状动脉壁内钙沉积量，量化为分值，作为判断冠状动脉硬化程度的指标的方法。

功能性显示 在CT设备上开发较晚，已临床实用的有脑CT灌注成像、肿瘤CT灌注成像等。方法是静脉注射对比剂后行快速采集，量化显示兴趣区内的局部血流量、局部血容量和平均通过时间等参数。主要用于脑缺血性疾病、肿瘤等的诊断。由于心脏是一个动态器官，开发心肌CT灌注成像的难度更大，已有心肌灌注及心肌应力性灌注成像的软件问世。

CT应用的限制 ①不适用于X射线敏感的人群（如孕妇、儿童）和部位的检查。②碘对比剂过敏者会产生各类副反应，严重者可致死。③对软组织的分辨力不如**磁共振成像**(MRI)，因此对部分先天性畸形及软组织异常的显示CT不是首选方法。④非大体形态显示能力不如MRI，如对结合水与游离水的区别、大脑皮质功能活动显示等。

C-130“大力士”运输机 C-130 Hercules transport aircraft 美国洛克希德公司研制的四发中型多用途战术运输机。用于运送人员和物资，亦可作为无人驾驶飞机的母机担负发射与引导任务。1951年开始设计，1956年12月9日首次交付美国空军使用。除在美国空军、海军、海军陆战队和空军国民警卫队服役外，还出口国外。主要型别有A、B、E、H、J等。

C-130J运输机采用铝合金半硬壳式结构，悬臂式平直上单翼。机长29.79米，翼展40.41米，动力装置为4台AE2100D3涡轮螺旋桨发动机。空机质量34 274千克，最大载重18 955千克，最大巡航速度645千米/时，最大载重航程5 250千米。货舱长12.19米，宽3.12米，高2.74米。主舱可容纳92名士兵或64名伞兵，或74名担架伤员和两名医护人员。可装载12 080千克重型装备：1辆加油车、1门155毫米榴弹炮及其牵引车。

C-130运输机先后参加越南战争、**中东**

战争、海湾战争、科索沃战争、阿富汗战争和伊拉克战争中的空运。

DNA deoxyribonucleic acid 由成千上万个脱氧核苷酸通过磷酸二酯键连接而成的一类核酸。脱氧核糖核酸的英文缩写。

DNA指纹 DNA fingerprint 广义的DNA指纹指所有能够进行个体识别的DNA多态性片段的组成。狭义的DNA指纹指建立在限制性酶切和探针杂交基础上的DNA限制图。

从血液或其他组织中提取DNA，用限制性内切酶切割获得一组长短不一的片段。将这些片段通过琼脂糖凝胶电泳按长短分开，然后转移到尼龙杂交膜上。采用放射性或非放射性标记的探针（主要是短串联重复顺序的核心序列）与之杂交，通过X射线图像的放射自显影或染色处理显示探针杂交的位置，它们由一组特征性的DNA条带组成。不同个体由于DNA组成的差异，产生的杂交条带长短不一，如同人的指纹一样互不相同，因而称为DNA指纹，又称遗传指纹。DNA指纹图一般包含15～30条不同的条带。

DNA指纹的应用范围广泛，包括：①法医学，用于司法鉴定、亲子鉴定、亲缘关系判定等。②连锁分析和基因定位。③遗传病的早期诊断。④个性化药物和治疗方法的研究。⑤肿瘤的研究。⑥测定物种间遗传距离，物种分类鉴定等。

DVD digital video disc; digital versatile disc 即数字视盘。又称数字通用光盘。它是VCD的升级换代产品，其原理与VCD相同，也是将活动图像和声音信号，按照国际统一标准，用先进技术制作而成的密纹光盘。不同之处在于它采用MPEG-2进行压缩编码，同时对DVD人为地设置地区号。前者提高DVD的质量，增加储存容量；后者使不同地区号的DVD不能在同一台DVD播放机上播放。

DVD播放机是用来播放DVD的设备。它与VCD、SVCD兼容，即DVD播放机可以播放VCD、SVCD。

DVD编码委员会将全球分为六个区：一区为美国、加拿大；二区为欧洲、日本；三区为中国的香港和台湾及东南亚地区；四区为澳大利亚、新西兰和南美洲；五区为中东地区；六区为中国大陆。

EF-2000"台风"战斗机 EF-2000 Typhoon fighter 英国、德国、意大利和西班牙四国联合研制的双发超声速战斗机。有短距起降能力，用于执行防空和夺取空中优势任务，亦有对地攻击能力。是21世纪初世界最先进的战斗机之一。1994年3月27日第

一架原型机首飞。1998年正式命名为“台风”。有单、双座两种机型。2002年6月交付使用第一架飞机。

“台风”战斗机（单座型）采用远距耦合大三角翼无尾鸭式布局，四余度主动控制数字式电传操纵系统，具有按任务自动配置的能力。腹部进气，机体大量使用碳纤维复合材料。机长15.96米，翼展10.95米，动力装置为2台EJ200型涡轮风扇发动机。最大起飞质量21 000千克，最大机内载油量4 500千克，最大平飞速度马赫数2.0，上升到10 670米高度约需2分30秒，作战半径（对地攻击，低-低-低）601千米。机载设备有ECR90多模式脉冲多普勒雷达（对空探测距离130千米）、前视红外跟踪装置（FILR）、电子告警防御系统、拖靶式有源雷达假目标欺骗装置。武器配备为：1门27毫米口径“毛瑟”航炮；13个外挂架，可选挂AIM-120中距空空导弹、近距格斗空空导弹，对地攻击时还可选挂空地导弹、制导炸弹等武器。

E-2C"鹰眼"预警机 E-2C Hawkeye early warning aircraft 美国诺斯罗普·格鲁门公司研制的舰载预警机。用于舰队防空预警和空战引导指挥，亦可执行有限的陆基飞行任务。1971年1月20日首飞，1973年开始交付使用。至2004年已交付使用170多架。

E-2C预警机采用全金属半硬壳式机身，悬臂式上单翼，悬臂式4垂尾尾翼，机身中部支架上有圆盘式雷达天线罩。机长17.60米，翼展24.56米，动力装置为2台T56-A-427涡轮螺旋桨发动机。最大平飞速度626千米/时，最大巡航速度602千米/时，实用升限11 275米，距母舰320千米值勤续航时间4小时24分。机上空勤人员5～6人。机载设备有AN/APS-145先进雷达处理系统，具有全自主水上和陆上探测能力；AN/APA-171旋转雷达罩和敌我识别天线；AN/ARC-158超高频数据链等。可在9 150米高度全天候执行任务，在556千米的距离上探测各种飞机。能自主和同时对2 000个目标进行跟踪并控制40多个空中截击行动。在中东战争中，E-2C飞机曾为以色列战斗机导航。海湾战争期间，有27架参战，用于空中预警和通信中继。

F/A-22"猛禽"战斗/攻击机 F/A-22 Raptor 美国洛克希德·马丁公司研制的单座双发超声速隐身战斗/攻击机。是21世纪

初美国空军的主力机种。1997年9月7日第一架F-22A首飞。1999年11月小批量生产，2001年11月开始交付使用。2002年9月17日更名为F/A-22。2004年批量生产。

F/A-22战斗/攻击机的气动布局和外形结构均按隐身要求设计，蝶形上单翼加全动式平尾，两片垂直尾翼外斜29°，菱形不可调进气口在机身两侧，二元推力矢量喷口设在机身尾部，机体结构大量采用钛合金。机长18.92米，翼展13.56米，动力装置为2台F119-PW-100小涵道比加力涡轮风扇发动机。最大起飞质量27 216千克，最大机内载油量6 804千克，最大平飞速度（高度9 150米）马赫数1.7，不开加力最大速度（超声速巡航）马赫数1.58，实用升限15 240米。机上装AN/APG-77低截获率有源电子扫描相控阵雷达、综合通信导航目标识别系统、大屏幕显示器等设备。武器配备为：1门20毫米M61A2长管航炮，备弹480发；机身内3个武器舱，可携带3枚AIM-9空空导弹、6枚AIM-120C中距空空导弹，或2枚AIM-120C和2枚GBU-32联合直接攻击弹药。执行非隐身作战任务时，机翼下4个武器挂架，可挂BLU-109B激光制导炸弹、AGM-88“哈姆”反辐射导弹等空地武器。

F-16"战隼"战斗机 F-16 Fighting Falcon 美国研制的单发轻型战斗机。1974年2月2日原型机首飞，1978年交付使用。是美国空军的主力战斗机之一。具有尺寸小，质量轻，机动性能好，外挂武器品种多、数量大，火力强的特点，总体作战效能与法国“幻影”2000和俄罗斯的米格-29相当。F-16战斗机（C型），单人座舱，切三角形中单翼布局。动力装置为1台F110-GE-129涡轮风扇发动机，加力推力为131.6千牛。机上装AN/APG-68脉冲多普勒火控雷达、雷达警戒系统、敌我识别系统、环形激光陀螺惯性导航系统、全球定位系统和中央

美国F–16战斗机

加强点，执行非隐身作战任务时可安装外挂架，增挂对地攻击武器。最大外挂质量6～7吨。翼展10.70米（C型13.10米），陆上最大起飞质量27 200千克，最大机内载油量8 600千克（B型6 500千克）；最大平飞速度（高度9 150米）马赫数1.7，不开加力最大速度（超声速巡航）马赫数1.4，实用升限15 240米，航程4 000千米。

大气数据计算机等设备。主要武器配备为：1门20毫米M61A1六管航炮，备弹511发；9个外挂点，可选挂“麻雀”、“响尾蛇”及先进的超视距空空导弹，“小斗犬”、“白星眼”等空地导弹，“百舌鸟”、“哈姆”等反辐射导弹，“鱼叉”、“企鹅”等反舰导弹，也可挂激光制导炸弹、集束炸弹、反跑道炸弹以及火箭弹等。翼展9.45米，机长15.03米，机高5.09米；最大起飞质量19 187千克，最大机内载油量3 249千克；最大平飞速度（高度12 200米）马赫数2.0，最大使用过载9.0*g*，实用升限15 240米，作战半径1 252～1 604千米。

F–35联合打击战斗机 F-35 joint strike fighter 美国研制的单座单发隐身战斗机。2000年10月24日验证型样机（X–35）首飞。有A（空军常规起落型）、B（海军陆战队短距起飞垂直着陆型）、C（海军舰上弹射起飞拦阻降落型）三种型别。三种机型中62%～81%的部件可通用。

F–35战斗机的气动布局和外形结构基本按隐身要求设计。动力装置为1台F119–PW–611涡轮风扇发动机。B型在前机身加装由发动机带动的升力风扇，起飞或降落时可产生80千牛的升力。机上装低截获率有源电子扫描相控阵雷达、综合通信导航目标识别系统、大屏幕显示器和电传/光传操纵系统等。为满足隐身要求，机上所有武器全部内置于武器舱。武器配备为：4枚空空导弹和2枚精确制导炸弹。机上有4个

美国F–35联合打击战斗机

F–111战斗机 F-111 fighter 美国研制的变后掠翼多用途战术战斗机。主要用于在夜间和不利气象条件下执行常规和核攻击任务。具有航程远、载弹量大、可全天候攻击等特点，机长22.4米、机高5.22米，最大起飞重量45 360千克，飞行速度马赫数2.2，作战半径500～2 100千米，最大航程10 000千米。机载设备有敌我识别红外搜索警戒系统、多普勒雷达、惯性导航系统和通信电子设备等。机载武器有1门20毫米6管航空机关炮，机身内装1颗1 360千克常规航空炸弹或核航空炸弹，机翼下有8个挂弹架，可挂空空导弹、空地导弹和各种航空炸弹，最大载弹量13 610千克。

GDP gross domestic product 国内生产总值的英文缩写形式。为反映一个国家或地区在一定时期内生产活动及其成果而设计的统计指标或经济变量。

GPS Global Positioning System 美国全球定位系统的英文缩写。

GRE考试 Graduated Record Examination; GRE 美国对申请在美国高等教育机构研究生院学习研究生课程的学生实行的一种诊断性考试。由美国研究生入学考试委员会委托教育测验服务中心进行。始于1948年。每年在国内外指定的地点和日期举行5次。分普通考试和学科考试两大类。普通考试旨在考核考生的语言能力、推理能力、分析能力等研究生学习阶段所必需的一般能力，包括语言、数量、分析三部分，考试时间为3小时30分钟，产生3个独立的分数。学科考试分17种（生物、化学、计算机科学、经济学、教育、工程、法语、地质、历史、英语文学、数学、音乐、物理、政治学、心理学、社会学、西班牙语），旨在考核考生对有关专业基本理论、基本知识的掌握程度及理解能力，每种学科考试时间为2小时50分钟，产生一个总分，其中8个学科考试产生了分数。考试内容系学生本科阶段主修领域。一般被认可的研究生院或专业学院要求申请者参加普通考试和一门学科考试，以资相互补充。考试分数用于决定录取或给予资助，但不是录取的唯一因素，而是学生本科阶段学习成绩记录和导师推荐的一种补充。中国由中国国外考试协调处承办这一考试，在全国各大城市设有40多个考点，每年举办3次。

H股 H share 中国境内注册的股份有限公司在香港联合证券交易所上市交易的记名式普通股股票。见外资股。

IP网 IP network 采用IP协议的网络。IP（Internet Protocol）是由IETF（互联网工程任务组）定义的。IP协议实现了网络互联参考模型中网络层的功能，定义了表示网络中设备的地址，并承担信息传输的任务。IP协议负责在网络的第四层协议传输控制协议和用户数据包协议（TCP和UDP），在第二层数据链路层协议间传送信息分组。在被传输的分组头部添加IP包头，包含各种传输时所需的参数和数据发送方与接受方的地址。作为互联网信息传输的最基本协议，IPv4（IP协议的第四版）从20世纪70年代初期以来，已经历了多年成功运行的考验，同时也显现出一些互联网在全球得到大规模扩展后所带来的局限。为解决这一问题，研究并开发出下一代IP协议IPv6（IP协议的第六版）。IPv6的地址空间由IPv4的32位（比特）扩展到128位，使可寻址空间得到了大规模的扩展，并对网络的安全、网络传输的服务质量保证等予以充分的重视。

***IS–LM*模型** *IS-LM* model 凯恩斯主义宏观经济学中分析商品市场和货币市场同时达到均衡时国民收入和利率的决定模型。*IS*曲线和*LM*曲线的合称。这一模型所体现的主要思想由J.M.凯恩斯1936年在《就业、利息和货币通论》一书中提出，后经多位经济学家研究，发展成为*IS–LM*模型形式。

在*IS–LM*模型中，*I*为投资，*S*为储蓄，*L*为货币需求，*M*为货币供给。*IS*曲线表示在一个经济社会中能够使得商品市场达到均衡即实现投资等于储蓄（$I=S$）的所有的国民收入和利率的组合。假定储蓄函数为$S=-\alpha+(1-\beta)y$。式中*S*为储蓄，α为自发消费，β为边际消费倾向，*y*为收入；再假定投资函数为$I=e-dr$，式中*I*为投资，*e*为自发投资，*d*为投资的利率弹性，*r*为利息率，那么由商品市场的均衡条件投资等于储蓄（$I=S$）出发，便可以得到*IS*曲线所

对应的方程为：$r=\frac{\alpha+e}{d}-\frac{1-\beta}{d}y$。由此可知，在以横轴表示国民收入、纵轴表示利率的坐标图中，*IS*曲线是一条斜率为负的线，其斜率为$-\frac{1-\beta}{d}$。显然，影响*IS*曲线的斜率的因素是边际消费倾向β和投资的利率弹性d。

*LM*曲线表示在一个经济社会中能够使得货币市场达到均衡即实现货币需求等于货币供给的所有的国民收入和利率的组合。假定实际的货币供给量为m；再假定由交易动机和谨慎动机所导致的货币需求函数为$l_1=l_1(y)$，由投机动机所导致的货币需求函数为$l_2=l_2(r)$，于是，由货币市场的均衡条件货币供给等于货币需求（$m=l=l_1+l_2$）出发，便可以得到*LM*曲线所对应的方程式，一般写为$m=ky-hr$，或者$r=\frac{ky}{h}-\frac{m}{h}$，其中，$k$为货币需求的收入弹性，$h$为货币需求的利率弹性。由此可知，在以横轴表示国民收入、纵轴表示利率的坐标图中，*LM*曲线是一条斜率为正的曲线，其斜率为$\frac{k}{h}$。显然，影响*LM*曲线的斜率的因素是货币需求的收入弹性k和货币需求的利率弹性h。

*LM*曲线斜率为正的区域通常被称为“中间区域”。除此之外，*LM*曲线还有两个极端的区域：一是*LM*曲线呈水平状态，其斜率为零，表示利率下降到很低水平时货币的投机需求将为无限大，这符合凯恩斯的观点，西方经济学家称水平状态的*LM*曲线为“凯恩斯区域”或“萧条区域”，又称作“凯恩斯陷阱”或“流动性陷阱”。一是*LM*曲线呈垂直状态，其斜率为无穷大，表示利率上升到很高水平时货币的投资需求将等于零，这符合剑桥学派的观点，西方经济学家称垂直状态的*LM*曲线为“古典区域”。完整的*IS-LM*曲线如下图所示。

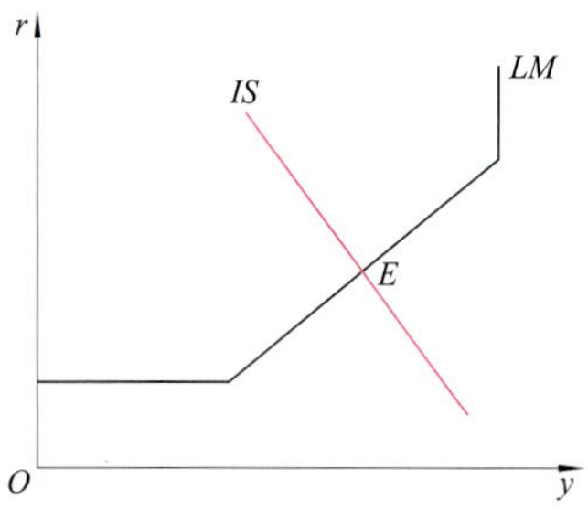

*IS–LM*曲线

当发生投资大于或小于储蓄即商品市场不均衡时，会导致国民收入的变动，并进一步引起利率的变化。当发生货币需求大于或小于货币供给即货币市场不均衡时，会导致利率的变动，并进一步引起国民收入的变动。总之，商品市场和货币市场的不均衡都会引起国民收入和利率的不断调整，最后在均衡点E达到商品市场和货币市场的同时均衡。

1937年，英国经济学家J.R.希克斯在论文《凯恩斯先生和“古典学派”：一种解释》中首次提出*IS–LM*模型分析方法，并运用这一方法来解释凯恩斯的经济思想。1953年，美国经济学家A.H.汉森在《凯恩斯学说指南》一书中将分析表述得更加通俗易懂。故*IS–LM*模型又被称为“希克斯－汉森模型”。21世纪初，在宏观经济分析中，*IS–LM*模型仍不失为一个重要分析工具。

MOS集成电路 metal-oxide-semiconductor integrated circuit; MOSIC 以金属－氧化物－半导体（MOS）场效应晶体管为主要元件构成的集成电路。与双极型集成电路相比，MOSIC具有以下优点：①制造结构简单，隔离方便。②电路尺寸小、功耗低，适于高密度集成。③MOS管为双向器件，设计灵活性高。④具有动态工作独特的能力。⑤温度特性好。其缺点是速度较低、驱动能力较弱。MOS集成电路宜用作数字集成电路。

按晶体管的沟道导电类型，可分为P沟MOSIC、N沟MOSIC以及将P沟和N沟MOS晶体管结合成一个电路单元的互补MOSIC，分别称为PMOS、NMOS和CMOS集成电路。随着工艺技术的发展，CMOS集成电路已成为集成电路的主流。20世纪80年代又出现了集双极型电路和CMOS电路优点的BiCMOS集成电路结构。MOSIC广泛用于计算机、通信、机电仪器、家电自动化、航空航天等领域，可使整机体积缩小、工作速度快、功能复杂、可靠性高、功耗低和成本便宜等。

MX导弹 MX missile 美国研制的地地洲际弹道导弹。见和平卫士导弹。

M1“艾布拉姆斯”主战坦克 M1 Abrams main battle tank 美国研制的主战坦克。简称M1主战坦克。1981年装备部队。战斗全重55.5吨，车长9.76米，乘员4人。炮塔和车体采用焊接结构。外附复合装甲。车内装有三防器材。最大速度72千米/时，最大行程500千米。主要武器为1门105毫米线膛炮，发射全钨弹芯和贫铀弹芯的尾翼稳定脱壳穿甲弹，有效射程30 000米，在1800米距离上能击穿法线角65°的120毫米厚装甲板。辅助武器有7.62毫米并列机枪、12.7和7.62毫米高射机枪各一挺。车内有热成像夜视装置和激光测距仪，测距距离200～7 995米，可测出8 000米距离内的静止和运动目标。

PN结 PN junction 一块单晶半导体中，一部分掺有受主杂质是P型半导体，另一部分掺有施主杂质是N型半导体时，P型半导体和N型半导体的交界面附近的过渡区称PN结。PN结有同质结和异质结两种。用同一种半导体材料制成的PN结叫同质结，由禁带宽度不同的两种半导体材料制成的PN结叫异质结。制造PN结的方法有合金法、扩散法、离子注入法和外延生长法等。制造异质结通常采用外延生长法。

在P型半导体中有许多带正电荷的空穴和带负电荷的电离杂质。在电场的作用下，空穴是可以移动的，而电离杂质（离子）是固定不动的。N型半导体中有许多可动的负电子和固定的正离子。当P型和N型半导体接触时，在界面附近空穴从P型半导体向N型半导体扩散，电子从N型半导体向P型半导体扩散。空穴和电子相遇而复合，载流子消失。因此在界面附近的结区中有一段距离缺少载流子，却有分布在空间的带电的固定离子，称为空间电荷区。P型半导体一边的空间电荷是负离子，N型半导体一边的空间电荷是正离子。正负离子在界面附近产生电场，这电场阻止载流子进一步扩散，达到平衡。

在PN结上外加一电压，如果P型一边接正极，N型一边接负极，电流便从P型一边流向N型一边，空穴和电子都向界面运动，使空间电荷区变窄，甚至消失，电流可以顺利通过。如果N型一边接外加电压的正极，P型一边接负极，则空穴和电子都向远离界面的方向运动，使空间电荷区变宽，电流不能流过。这就是PN结的单向导电性。

PN结加反向电压时，空间电荷区变宽，区中电场增强。反向电压增大到一定程度时，反向电流会突然增大。如果外电路不能限制电流，则电流会大到将PN结烧毁。反向电流突然增大时的电压称击穿电压。基本的击穿机构有两种，即隧道击穿和雪崩击穿。

PN结加反向电压时，空间电荷区中的正负电荷构成一个电容性的器件。它的电容量随外加电压改变。

根据PN结的材料、掺杂分布、几何结构和偏置条件的不同，利用其基本特性可以制造多种功能的晶体二极管。如利用PN结单向导电性可以制作整流二极管、检波二极管和开关二极管，利用击穿特性制作稳压二极管和雪崩二极管；利用高掺杂PN结隧道效应制作隧道二极管；利用结电容随外电压变化效应制作变容二极管。使半导体的光电效应与PN结相结合还可以制作多种光电器件。如利用前向偏置异质结的载流子注入与复合可以制造半导体激光二极管与半导体发光二极管；利用光辐射对PN结反向电流的调制作用可以制成光电探测器；利用光生伏特效应可制成太阳电池。此外，利用两个PN结之间的相互作用可以产生放大，振荡等多种电子功能。PN结是构成双极型晶体管和场效应晶体管的核心，是现代电子技术的基础。

Q热 Q fever 由伯内特氏立克次氏体（伯内特氏考克斯氏体）引起的急性传染病。潜伏期一般为2～4周。症状有畏寒、发热、剧烈头痛、肌肉疼痛，可发生肺炎及胸膜炎，部分患者还可发生肝炎、心内膜炎、心肌炎、血栓性脉管炎、关节炎及震颤性麻痹等。诊断要根据当地流行情况、与家畜密切接触史及典型临床表现。确诊需依靠实验室检查：伯内特氏立克次氏体凝集反应和补体结合试验。四环素和氯霉素治疗有特效。人和家畜可接种疫苗预防。

RNA ribonucleic acid 由至少几十个核糖核苷酸通过磷酸二酯键连接而成的一类核酸。核糖核酸的英文缩写。

SOS儿童村 SOS children's village 一种民间社会福利组织。宗旨是通过为那些失去父母的孤儿提供一个有"妈妈"的家庭式的生活环境，使他们重新获得母爱并享受"家庭"温暖。世界上第一所SOS儿童村由奥地利科学院名誉院士H.格迈纳医生于1949年在奥地利建立。国际SOS儿童村组织总部设在奥地利首都维也纳。

儿童村采用小家庭分养方式，每个家庭有6～8名不同年龄、不同性别的孤儿，他们之间以兄弟姐妹相称，由一位独身妇女充当家庭中妈妈的角色。这位母亲角色的生活态度和行为方式与正常家庭中的母亲一样。每个儿童村有15～20个家庭，每个家庭都有自己独立的住宅。进入就学年龄的孤儿可就近上学。这些孤儿进入青年期后，迁至SOS青年宿舍居住，直到完全独立走向社会。

1984年11月，在中国的天津市和烟台市建立中国SOS儿童村，并于1986年10月开始收养孤儿。

S–37"金雕"战斗机 S-37 Golden Eagle 俄罗斯研制的单座双发全天候战斗机。1987年开始设计，1997年9月25日原型机首飞。至21世纪初仍处于试飞阶段。S–37战斗机的最大特点是气动布局与众不同，采用前掠式上单翼三翼面布局，机翼前掠角约23°，水平尾翼为切尖三角形（后掠角70°），小展弦比梯形鸭翼设在进气道两侧，翼根部有前缘边条，两片垂直尾翼略向外倾。机体大量采用新材料，复合材料占机翼的90%，机翼刚性好。具有"准"隐身能力，平均迎面雷达反射截面积约3平方米。动力装置为2台D–30F6涡轮风扇发动机，加力推力2×151.9千牛，喷口采用推力矢量技术。机上装多功能雷达、"法佐特朗"相控阵雷达和护尾雷达，以及"普里博尔"武器控制系统。机翼下有武器挂架，翼尖有导弹发射导轨。翼展16.70米，机长22.60米，机高6.40米，正常起飞质量25 670千克，最大起飞质量3.4万千克；最大平飞速度（海平面/高空）1 400/2 200千米/时，实用升限1.8万米，最大允许使用过载9.0*g*，航程3 300千米。

俄罗斯S–37战斗机

TCP/IP协议 Transmission Control Protocol/Internet Protocol 在网络中提供可靠数据传输和无连接数据包服务的一组协议。提供可靠数据传输的协议称为传输控制协议（TCP），提供无连接数据包服务的协议称为网际协议（IP）。TCP/IP协议已广泛用于因特网。TCP/IP协议于1983年在阿帕网上运行，并于当年插入UNIX操作系统的内核，成为该操作系统的一部分。此后，随着UNIX操作系统的普及而广泛流行。世界上大部分国家和地区都已通过TCP/IP协议与因特网相连接。使用TCP/IP协议的因特网等网络提供的主要服务有电子邮件、文件传送、远程登录、网络文件系统、电视会议系统和万维网等。

T–90主战坦克 T-90 main battle tank 俄罗斯研制的主战坦克。1995年装备部队。有T–90（基本型）、T–90S（出口型）和T–90SK（指挥型）等型号。基本型战斗全重约46.5吨，乘员3人。主要武器为1门2A46M125毫米滑膛炮，可发射高速尾翼稳定脱壳穿甲弹、尾翼稳定破甲弹、杀伤爆破弹、榴霰弹和AT–11"狙击手"反坦克导弹，弹药基数43发。发射导弹时使用专门的火控系统，导弹为激光驾束制导，有效射程100～5 000米。辅助武器为2挺机枪。采用1A45T指挥仪式火控系统，具有行进间对运动目标射击的能力。坦克上首次装备了"窗帘"–1光电对抗系统，可对敌方带有激光目标指示器或激光测距仪的火控系统实施干扰。动力装置为1台618千瓦的四冲程12缸多种燃料发动机。

俄罗斯T–90主战坦克

最大速度60千米/时，并可潜渡水深5米的江河。车体和炮塔使用复合装甲板和反应式装甲组合体，车上装有扫雷装置和三防装置。

U–2侦察机 U-2 reconnaissance airplane 美国洛克希德公司研制的高空战略侦察机。主要用于高空全天候区域监视。在越南战争、海湾战争、科索沃战争、阿富汗战争和伊拉克战争中，美国多次使用U–2型机执行侦察任务。1955年8月4日首飞，1956年起装备美国空军。有A、B、C、D、R、S等型别。其中R型为U–2的改进型，机体和翼展加长，侦察能力强，1968年装备部队。1998年美国空军将全部R型机改装成S型机，共35架，其中用于执行侦察任务的31架，执行教练任务的4架。U–2的S型机1994年首次飞行，机长19.13米，翼展31.39米，巡航速度692千米/时，实用升限27 430米，最大航程7 240千米，续航时间14小时，乘员1人。机上载有多种高分辨率照相机、高级合成孔径雷达系统、全天候昼夜数字成像系统，能同时携带图像情报和信号情报传感器。2004年，对机上电子侦察设备进行改进，将信号情报设备、合成孔径雷达、多频谱光电传感器和新的超谱系统的数据进行融合达到数据实时传输能力，提高对高敏感目标和隐蔽目标的侦察能力。

美国U–2侦察机

VCD video compact disc 即视光盘。简称视盘。将活动图像（电视、电影、卡拉OK、MTV）和声音（语言、音乐）信号，按照国际统一标准（MPEG–1）处理后用数码形式记录，利用先进技术制作而成的密纹光盘。直径为12厘米，与激光唱片（CD）大小一样。国际上称为影音光碟。

VCD播放机又称VCD影碟机，是用来播放VCD的设备。它向下兼容，即也可播放CD唱片。与LD影碟机相比，VCD直径比LD小（LD直径为30厘米），所以又称作小影碟机，现在基本上都称为VCD播放机。

X射线 X-ray 波长介于紫外线和γ射线间的电磁辐射。由德国物理学家W.K.伦琴于1895年发现，故又称伦琴射线。波长小于0.01纳米的称超硬X射线，在1～10纳米范围内的称硬X射线，10～100纳米范围内的称软X射线。实验室中X射线由X射线管产生。X射线谱由连续谱和标识谱两部分组成。同步辐射源可产生高强度的连续谱X射线，已成为重要的X射线源。X射线具有很强的穿透力，医学上常用作X射线检查，工业中用来探伤。长期受X射线辐射对人体有伤害。X射线可激发荧光、使气体电离、使感光乳胶感光，故X射线可用电离计、闪烁计数器和感光乳胶片等检测。晶体的点阵结构对X射线可产生显著的衍射作用，X射线衍射法已成为研究晶体结构、形貌和缺陷的重要手段。

X射线管 X-ray tube 用高速电子撞击金属靶面产生X射线的真空电子器件。分为热阴极和冷阴极两类管型。1895年，W.K.伦琴在进行冷阴极克鲁克斯管实验时发现了X射线。这种管子功率小、寿命短，已很少应用。1913年，W.D.库利吉发明了真空热阴极X射线管。管子的真空度不低于10^{-4}帕。阴极为直热式螺旋钨丝，工作温度约2 000K，阴极发射出的电子经数万伏至数十万伏高电压加速后撞击阳极靶面。聚焦系统能够使电子聚焦在靶面上的一个狭窄区域内，形成焦斑。阳极为铜块端面镶嵌的金属靶。常用钨作靶材，也用银、钯、铑、钼、铜、镍、钴、铁、铬等作靶材。X射线从焦斑上向各个方向辐射，通过管壁上的窗口输出。20世纪60年代，W.P.戴克等人制成了冷阴极闪光X射线管，最大特点是其发射的电流非常大，一般达几千安到几万安，并且在很短的时间内输出很强的X射线。热阴极X射线管在医学上用于诊断和治疗，在工业技术方面用于材料的无损检测、结构分析、光谱分析和底片曝光等。冷阴极闪光X射线管主要用于研究高速运动过程如爆炸过程、弹道过程及高速冲击过程。X射线对人体有害，使用时必须采取有效防护措施。

X射线检查 X-ray examination 应用X射线的穿透能力、荧光作用和胶片感光功能，显示人体组织（器官）的形态结构、生理功能和病理生理影像，从而进行诊断的医学影像诊断技术。X射线于1895年由W.K.伦琴发现后，首先应用于医学临床检查（旧译伦琴线检查）。X射线检查分为透视、摄影和造影三大类。

透视 应用荧光屏上的荧光物质（如硫化锌镉）吸收X射线能量后能转变成波长较长的可见光（荧光）这个特点，而直接观察人体影像的技术。透视经济简便，主要用于观察心脏搏动、肺呼吸和横膈运动、胃肠蠕动等器官的功能状态，以及骨折、脱臼的复位等。主要缺点为空间分辨率低、X射线量大、不能留下永久记录。摄影能补充透视的不足，影像清晰，在所有影像学方法中空间分辨率最高。胃肠道造影必须在透视下完成。透视检查还能直接转动患者，从不同的角度观察器官形态和运动功能。

摄影 应用X射线对胶片的感光作用在X射线胶片上直接显示影像。摄影已成为X射线检查和诊断的主要方法。加用增感屏使感光作用加强，以减少曝线量和曝线时间，已成为常用的X射线摄影技术。按摄影方法的不同，又可分为常规和特殊摄影。常规摄影又称为平片检查，主要应用于胸肺、骨骼和牙齿、充气的胃肠道（如肠梗阻）和钙化等，具有良好天然对比部位，可直接进行检查；特殊摄影则利用特殊设备和方法补充常规摄影的不足而进行。例如体（断）层摄影用于检测身体某层面的组织结构，记波摄影用于观察心脏大血管的搏动，放大摄影用于显示某局部病灶的细微结构和病变等。由于CT等影像新技术的开发应用，这些特殊摄影多年来早已不用。

造影 腹部（如肝胆胰脾等实质性脏器）和胃肠道、盆腔器官、脑和脊髓、心脏和血管、泌尿生殖系、支气管分支和关节腔等"软组织"系统，因缺乏天然对比，必须注入对比（或称造影）剂（如硫酸钡、气体、碘油或有机碘水剂），以形成人工对比，才能达到诊断目的，称为X射线造影检查。胃肠道钡剂检查，支气管造影，输卵管造影，脑室、脊髓造影，心血管造影等为常用的直接注入法造影，经口服或静脉注射的胆系和泌尿系造影属排泄性造影术。自CT、磁共振成像、超声和核医学影像新技术应用以来，传统的X射线平片和造影检查的诊断效用和适用范围已明显缩小，但对胸肺、骨骼、胃肠道和心血管（尤其是冠状动脉）疾患的诊断而言，X射线平片或造影检查仍具有重要的主导作用。

X射线谱 X-ray spectrum X射线强度随波长变化的分布图。X射线是电磁辐射，波长范围从百分之几纳米到100纳米。在X射线管中阴极发射出的电子经高电压加速轰击阳极靶产生的X射线谱有两种。一种是连续谱，与靶材料无关，是高速电子受到靶的抑制作用，速度骤减，电子动能转化为辐射能，这种过程称为轫致辐射，电子进入靶内的深度不同，电子动能转化为辐射能有各种可能值，因而X射线的波长是连续变化的。另一种是X射线线状标识谱，与加速电压无关，而与靶材料有关。不同靶元素的X射线标识谱具有相似的结构，随着靶原子的原子序数Z的增加，只是单调变化，而不是周期性变化。标识谱的这一特征表明它是原子内层电子跃迁所产生的。当高速电子轰击靶原子，将原子内层电子电离，内层产生一个电子的空位，外层电子跃迁到内层空位所发出的电磁辐射谱线就是标识谱。通常用K、L、M、N…表示主量数n=1、2、3、4…壳层的能级，n=2的电子跃迁到n=1壳层空位的辐射称为K_α系，n=3的电子跃迁到n=1壳层空位称为K_β系，n=3跃迁到n=2称为L_α系，n=4跃迁到n=2称为L_β系，等等。对X射线标识谱结构的研究除确定原子序数外还可确定原子内层电子的能级结构。

X射线荧光分析 X-ray fluorescence analysis 利用初级X射线光子或其他微观粒子激发待测物质中的原子，使之产生荧光（次级X射线）而进行物质成分分析和化学态研究的方法。按激发、色散和探测方法的不同，分为X射线光谱法（波长色散）和X射线能谱法（能量色散）。

当原子受到X射线光子或其他微观粒子的激发使原子内层电子电离而出现空位，原子内层电子重新配位，较外层的电子跃迁到内层电子空位，并同时放射出次级X射线光子，此即X射线荧光。较外层电子跃迁到内层电子空位所释放的能量等于两电子能级的能量差，因此，X射线荧光的波长对不同元素是特征的。

根据色散方式不同，X射线荧光分析仪相应分为X射线荧光光谱仪（波长色散）和X射线荧光能谱仪（能量色散）。

X射线荧光光谱仪主要由激发、色散、探测、记录及数据处理等单元组成。激发单元的作用是产生初级X射线，由高压发生器和X光管组成，后者功率较大，用水和油同时冷却。色散单元的作用是分出想要波长的X射线，由样品室、狭缝、测角仪、分析晶体等部分组成，通过测角器以1:2速度转动分析晶体和探测器，可在不同的布拉格角位置上测得不同波长的X射线而作元素的定性分析。探测器的作用是将X射线光子能量转化为电能，常用的有盖格计数管、正比计数管、闪烁计数管、半导体探测器等。记录单元由放大器、脉冲幅度分析器、显示部分组成，通过定标器的脉冲分析信号可以直接输入计算机，进行联机处理而得到被测元素的含量。

X射线荧光能谱仪没有复杂的分光系统，结构简单。激发源可用X射线发生器，也可用放射性同位素。能量色散用脉冲幅度分析器。探测器和记录等与X射线荧光光谱仪相同。

X射线荧光光谱仪和X射线荧光能谱仪各有优缺点。前者分辨率高，对轻、重元素测定的适应性广，对高低含量的元素测定灵敏度均能满足要求。后者X射线探测的几何效率可提高2～3数量级，灵敏度高，可以对能量范围很宽的X射线同时进行能量分辨（定性分析）和定量测定，对于能量小于2万电子伏特左右的能谱的分辨率差。

X射线荧光分析法用于物质成分分析，检出限一般可达10^{-5}～10^{-6}克/克，对许多元素可测到10^{-7}～10^{-9}克/克，用质子激发时，检出可达10^{-12}克/克；强度测量的再现性好；便于进行无损分析；分析速度快；应用范围广，分析范围包括原子序数$Z \geqslant 3$的所有元素。还可用于原子的基本性质如氧化数、离子电荷、电负性和化学键等的研究。

α粒子　α-particle　由两个质子和两个中子组成的粒子。氦元素同位素^{4}He的*原子核*。质量为3 727.408 41兆电子伏/c^2，即4.001 506原子质量单位，其中c为光速。是最早发现的三种基本放射性粒子（γ、β、α）中的一种。三种放射性粒子中，α粒子在物质中的穿透能力最低。这种放射性对生命体的危害一般很低，除非体内吸入或摄入了α放射性物质，或人体直接接触到α放射性物质。原子核衰变发射的α粒子可分为短程α粒子和长程α粒子。短程α粒子是指从母核的基态衰变到子核的激发态所发射的α粒子，而长程α粒子则是指从母核的激发态衰变到子核基态发射的α粒子，能量比短程α粒子的高。

α粒子散射实验　α particles scattering experiment　揭示原子有核模型的实验。为E.*卢瑟福*等人所做，又称卢瑟福α粒子散射实验。J.J.*汤姆孙*发现电子并揭示原子具有内部结构后，1903年提出原子的葡萄干圆面包模型，认为原子的正电荷和质量联系在一起均匀连续分布于原子范围，电子镶嵌在其中，可以在其平衡位置作微小振动。1909年卢瑟福的助手H.盖革和E.马斯登在卢瑟福建议下做了α粒子散射实验，用准直的α射线轰击厚度为1微米的金箔，发现绝大多数的α粒子都照直穿过薄金箔，偏转很小（图a），但有少数α粒子发生角度比汤姆孙模型所预言的大得多的偏转，大约有1/8 000的α粒子偏转角大于90°，甚至观察到偏转角等于150°的散射，称大角散射（图b），更无法用汤姆孙模型说明。1911年卢瑟福提出原子的有核模型，与正电荷联系的质量集中在中心形成原子核，电子绕着核在核外运动，

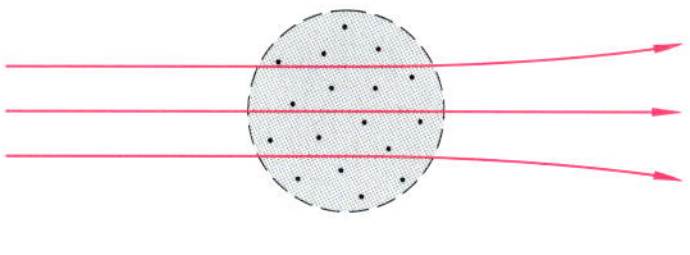

a 汤姆孙模型

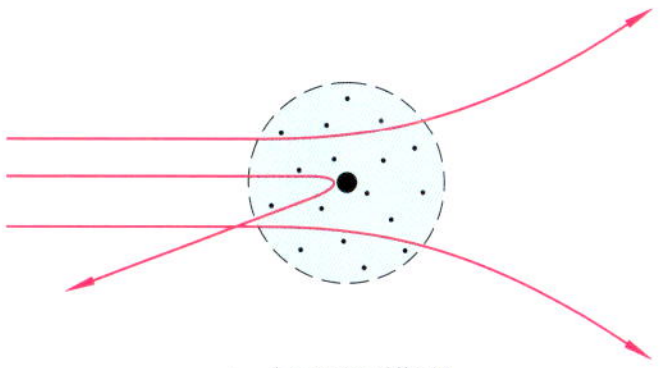

b 卢瑟福模型

α粒子散射示意图

由此导出α粒子散射公式，说明了α粒子的大角散射。卢瑟福的散射公式后来被盖革和马斯登改进了的实验系统地验证。根据大角散射的数据可得出原子核的半径上限为10^{-14}米。此实验开创了原子结构研究的先河。

α衰变　α-decay　*原子核*自发地放射出α粒子的衰变。一般只有重原子核（A大于140）能进行α衰变。α粒子是氦原子核$^4_2$He。

若衰变前的原子核（称母核）为^A_ZX，A为质量数，Z为原子序数，衰变后的剩余核（称子核）为$^{A-4}_{Z-2}$Y，则α衰变可表示为：

$$^A_Z\mathrm{X} \longrightarrow {}^{A-4}_{Z-2}\mathrm{Y} + {}^4_2\mathrm{He}$$

α衰变能Q_α可表示为：

$$Q_\alpha = (m_\mathrm{X} - m_\mathrm{Y} - m_\alpha)c^2$$

式中m_X、m_Y和m_α分别是母核、子核和α粒子的静止质量，c是真空中的光速。

α衰变能Q_α以α粒子的动能E_α和子核的反冲能E_Y的形式表现出来：

$$Q_\alpha = E_\alpha + E_\mathrm{Y}$$

α粒子的动能一般约占衰变能的98%，子核的反冲能约占衰变能的2%。

绝大多数的α放射体放出的α粒子的能量不止一组，而有强度不等的若干组。这是由于α衰变不仅在母核基态至子核基态之间进行，而且可在母核基态至子核激发态之间进行，少数情形可在母核激发态至子核基态之间进行。

不同的α放射性核素具有不同的半衰期，半衰期的长短同α粒子的能量有很强的依赖关系。α粒子动能比库仑势垒高度低得多，按照经典力学，由于库仑势垒的阻挡，α粒子不能跑到核外，根本不可能发生α衰变。根据量子力学的*隧道效应*，α粒子有一定的概率穿透势垒跑出原子核。α粒子的能量E越大，穿透势垒的概率就越大，衰变概率就越大，半衰期就越短。能量因子由于出现在指数上，因而它的微小变化将引起半衰期的巨大变化。

α–松油烯　α-terpinene　单环单萜，分子式$C_{10}H_{16}$。存在于小豆蔻油、牛至油和芫荽油中。α–松油烯常与γ–松油烯作为混合物同时存在，结构式如下：

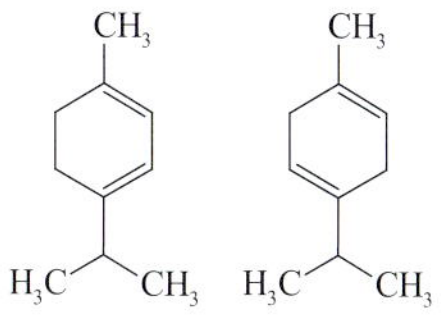

α–松油烯　γ–松油烯

α–松油烯为一无光学活性的、具有柑橘香气的无色流动性液体；相对密度0.850 2（20/4℃），沸点177.2℃。α–松油烯与亚硝酸钠在乙酸中生成亚硝酯肟酸（熔点155℃），此反应可用于本品的检出。α–松油烯一般由合成方法得到：可从α–蒎烯、消旋*柠檬烯*、α–菲兰烯用硫酸异构化制备，或从α–松油醇用草酸脱水，或从α–蒎烯在催化剂二氧化锰存在下加热得到。主要用于制造香精和香料。

β衰变　β-decay　*强子*和*原子核*自发地放射出*电子*或*正电子*或俘获一个轨道电子但同时都伴有一个中微子而发生的衰变。放出电子的衰变过程称为β^-衰变；放出正电子的衰变过程称为β^+衰变。原子核从核外电子壳层中俘获一个轨道电子的衰变过程称为轨道电子俘获，俘获K层电子叫K俘获，俘获L层的叫L俘获，其余类推。通常，K俘获的概率最大。β衰变中原子核的质量数不变，只是电荷数改变了一个单位。β衰变中放出的能量称为β衰变能。它可通过衰变前后体系的静止质量之差计算而得到。

β衰变的半衰期分布在接近10^{-2}秒到10^{18}年的范围内，发射出粒子的能量最大为几兆电子伏。β衰变不仅在重核范围内发生，元素周期表内全部元素都存在β放射性核素。因此，对β衰变的研究比α衰变的研究更重要。

β衰变中，原子核发生下列三种类型的变化：

$$^A_Z\mathrm{X} \longrightarrow {}_{Z+1}^{\ \ A}\mathrm{Y} + e^- + \bar{\nu}\ （\beta^-衰变）$$

$$^A_Z\mathrm{X} \longrightarrow {}_{Z-1}^{\ \ A}\mathrm{Y} + e^+ + \nu\ （\beta^+衰变）$$

$$^A_Z\mathrm{X} + e^- \longrightarrow {}_{Z-1}^{\ \ A}\mathrm{Y} + \nu\ （轨道电子俘获）$$

式中X和Y分别表示母核和子核；A和Z为母核的质量数和质子数；e^-和e^+为电子和正电子；ν和$\bar{\nu}$为中微子和反中微子。

β衰变的电子中微子理论认为：*中子*和*质子*可看作是同一种粒子（核子）的两个不同的量子状态，它们之间的相互转变相当于核子从一个量子态跃迁到另一个量子态，跃迁过程中放出电子和中微子。β粒子是核子不同状态之间跃迁的产物，事先并不存在于核内。所以，引起β衰变的是电子–中微子场同原子核的相互作用，这种作用属于*弱相互作用*。这个理论成功地解释了β谱的形状，给出了β衰变的定量的描述。

1956年*李政道*和*杨振宁*提出了弱相互作用中宇称不守恒。第二年*吴健雄*等人利用极化核^{60}Co的β衰变实验首次证实了宇

称不守恒，这一发现不仅促进了β衰变本身的研究，也促进粒子物理学的发展。

β稳定线 β-stability 在核素图(以核素的中子数N为横轴、质子数Z为纵轴的平面图)上稳定核素排列而成的曲线。稳定线上及其附近的核，相对于β衰变是稳定的。对于质量数$A<40$的原子核，β稳定线基本上是直线，即中子质子比N/Z近似为1。对于$A>40$的原子核，β稳定线的$N/Z>1$。A为中等值时，N/Z约为1.4。对于$A>208$的原子核，N/Z约为1.54。β稳定线可用经验公式：$Z=A/(1.98+0.015\,5A^{2/3})$来表示，式中$A=Z+N$（质子数与中子数之和)。这表明重核中随着核内质子数增多，库仑排斥作用增大，要构成稳定原子核，就需要含有更多的中子以抵消库仑排斥作用，所以随着A的增大，具有β稳定性的核素的N/Z值也逐渐增大。位于β稳定区外的核素属放射性核素，在β稳定线左上部分的称为缺中子核（或丰质子核)。右下部分的称为丰中子核（或缺质子核)。它们可分别通过$β^+$或电子俘获衰变和$β^-$衰变而到达β稳定区，从而成为稳定核。合成和鉴别远离β稳定线的新核素并研究它们的性质是原子核物理的重要研究方向之一。

γ射线 γ-ray 波长短于0.2纳米的电磁波。又称为γ光子或γ粒子。首先由法国科学家P.维拉尔发现，是继α、β射线后发现的第三种原子核射线。γ射线是因核能级间的跃迁而产生，原子核衰变和核反应均可产生γ射线。γ射线具有比X射线还要强的穿透能力。当γ射线通过物质并与原子相互作用时会产生光电效应、康普顿效应和正负电子对三种效应。原子核释放出的γ光子与核外电子相碰时，会把全部能量交给电子，使电子电离成为光电子，此即光电效应。由于核外电子壳层出现空位，将产生内层电子的跃迁并发射X射线标识谱。高能γ光子（>2兆电子伏）的光电效应较弱。γ光子的能量较高时，除上述光电效应外，还可能与核外电子发生弹性碰撞，γ光子的能量和运动方向均有改变，从而产生康普顿效应。当γ光子的能量大于电子静质量的两倍时，由于受原子核的作用而转变成正负电子对，此效应随γ光子能量的增高而增强。γ光子不带电，故不能用磁偏转法测出其能量，通常利用γ光子造成的上述次级效应间接求出，例如通过测量光电子或正负电子对的能量推算出来。此外还可用γ谱仪（利用晶体对γ射线的衍射）直接测量γ光子的能量。由荧光晶体、光电倍增管和电子仪器组成的闪烁计数器是探测γ射线强度的常用仪器。

通过对γ射线谱的研究可了解核的能级结构。γ射线有很强的穿透力，工业中可用来探伤或流水线的自动控制。γ射线对细胞有杀伤力，医疗上用来治疗肿瘤。

γ射线暴 γ-ray bursts 来自宇宙空间的一种短时标和高强度的γ射线爆发现象。1972年美国宣布发现了宇宙γ射线暴。γ射线暴并非稀有的天文现象，在人造卫星上采用适当的探测仪器，平均每天可观察到一两个。γ射线暴具有以下特点：持续时间短，一般只有几秒到几十秒，最短的只有几毫秒，最长的不过千秒；γ射线暴中光子的能谱为幂律谱，典型能量在几十千电子伏到几兆电子伏，高能端未见截断；光子强度随时间变化的波形多种多样，常见具有甚短时标的光变；γ射线暴到达方向的分布高度各向同性；暴源在空间的分布并不均匀，远源（或弱源）偏少。

γ射线暴是宇宙中现今能观察到的最猛烈的爆发现象，强度远超过超新星爆发。γ射线暴的起源仍是一个谜。

γ跃迁 γ transition 原子核通过自发电磁过程从激发态跃迁到较低能态释放其过剩能量的核衰变过程。又称γ衰变。γ跃迁时，核的成分不变，即核的电荷数和质量数不变。γ跃迁的方式分γ发射和内电子转换。

①γ发射。γ跃迁过程中发射γ光子，γ光子的能量等于跃迁前后核能级能量差，在千电子伏特（keV）到兆电子伏特（MeV）之间，相应的波长在X射线之下。γ发射是电磁作用过程，核内电荷分布和电流分布发生变化，电荷分布由电偶极矩、电四极矩等描述，电流分布由磁偶极矩、磁四极矩等描述。γ发射具有多极性，通常用E1、E2、E3表示电多极跃迁，用M1、M2、M3表示磁多极跃迁。γ发射过程遵从能量守恒、角动量守恒、宇称守恒。根据这些守恒定律可得出核能级γ发射的选择定则，从而根据已知跃迁的多极性和始末态中一个能级的自旋和宇称，可推出另一能级的自旋和宇称，这是核谱学的一项重要工作。

②内电子转换。原子核内的非辐射跃迁。不稳定核从高能态跃迁到低能态时不发射γ光子，而是通过原子核的电磁场同内层电子相互作用，直接把跃迁能量交给内层电子，造成内层电子发射。内转换对重核的低能级显得很重要。当核激发能超过一对电子的静能$2m_ec^2$约为1.02MeV时，可内转换放出一对正负电子。

发生γ跃迁的不稳定核常常是α衰变或β衰变的产物，有的是其他核反应过程的产物。γ跃迁的半衰期相对说来比α衰变或β衰变要短得多。

μ子 muon 轻子的一种。1936年C.D.安德森和S.H.尼德迈耶在宇宙线中首先发现。除了质量比电子大约207倍，不稳定〔寿命为$(2.19\,703\pm0.000\,04)\times10^{-6}$秒〕外，μ子与电子十分相似。$μ^-$子可取代氢原子中的电子，与质子形成μ原子，是奇特原子的一种。

τ子 τ-particle 轻子中质量最大的一种。τ子是1975年在斯坦福直线加速器中心（SLAC）的正负电子对撞机上，通过

$$e^++e^-\longrightarrow\tau^++\tau^-$$

过程发现的。τ子的自旋为$\hbar/2$，质量为：

$$m_\tau=\left(1776.99^{+0.29}_{-0.26}\right)\mathrm{MeV}$$

寿命为$(290.6\pm1.1)\times10^{-15}$秒。τ子有$τ^+$和$τ^-$两种带电状态，它们互为反粒子，有相同的质量和寿命。τ子只参与电磁相互作用和弱相互作用，不参与强相互作用，是继电子、μ子之后发现的第三种带电轻子。

5-羟色胺 5-hydroxytryptamine 吲哚型生物碱，分子式$C_{10}H_{21}N_2O$。普遍存在于动植物组织中。最初从牛血清的提取物中分离得到。能与酸作用生成结晶盐，其盐酸盐熔点167～168℃，苦味酸盐熔点185～189℃。5-羟色胺在脑组织中的浓度较高，是调节神经活动的重要物质。有些肌体组织当受到某些药物作用时，可以释放出5-羟色胺，如一个利血平分子可以使受到作用的组织释放出几百个5-羟色胺分子，因而产生利血平的一系列生理作用。

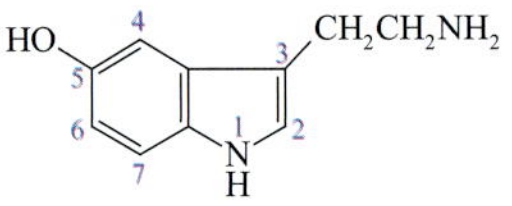

20世纪福克斯电影公司 Twentieth Century Fox Film Corporation 美国电影制片和发行公司。成立于1935年5月，由默片时代的大公司福克斯电影公司和20世纪影片公司合并而成。该公司是20世纪30～40年代垄断好莱坞电影生产、发行和放映的8家大电影公司之一。这一时期，公司生产的影片样式不一，艺术质量也参差不齐，但影片的技术质量都比较高。1940年，J.福特为公司导演的《怒火之花》是艺术与技术质量俱佳的例子。50年代开始，美国电影业进入衰退时期。该公司为了与新兴的电视抗衡，夺回观众，曾致力于研究西尼玛斯柯普式宽银幕在商业上的应用。1953年9月16日根据圣经故事改编拍摄的第一部宽银幕故事片《长袍》在纽约罗克亚影院上映，这不仅是公司成立以来最赢利的影片，也是美国电影从默片进入有声片以来最赢利的影片。60年代，摄制了美国电影史上成本空前的影片《克娄巴特拉》(1963，一译《埃及艳后》)，遭到失败。1972年，又推出《海神号遇险记》，开创了盛行于70年代的灾难片样式。1981年，石油商M.戴维斯买下了这家公司。1985年，以R.默多克

为总裁的澳大利亚新闻联合公司买下20世纪福克斯电影公司，创建了福克斯广播公司。历经3年，占领家庭电视领域。1988年公司票房收入占全美票房的12.3%。21世纪以来制作或发行的重要影片有《红磨坊》(2001)、《麦田守望者》(2002)、《怒海争锋》(2003)、《后天》(2004)、《辛普森一家》(2007)等，以及《星球大战》系列、《X战警》系列、《星战前传》系列、《卧底肥妈》系列、《冰河世纪》系列等。

《21世纪议程》 *Agenda in the 21st Century* 1992年**联合国环境与发展大会**通过的关于全球保护环境和促进经济可持续发展的决议文件。又称《全球行动计划》(下称《议程》)。《议程》着重阐明了人类在**环境保护**与可持续发展之间必须作出的抉择和行动方案，并对全球环境合作及建立新的伙伴关系提出了原则性意见。《议程》共分社会和经济方面、促进发展的资源保护及管理、加强主要团体的作用、实施手段4篇，包括40章118个方案领域，每个方案领域都有行动依据、行动目标、活动计划、实施手段等具体内容。

《议程》首先阐明，要解决全球的环境与可持续发展问题，必须建立一种新的全球伙伴关系，实现一个更有效率的、公平的世界经济新秩序。《议程》在国际经济合作方面强调：①经济增长、社会发展和消除贫困是发展中国家首要的优先事项，这些优先事项本身是实现国家和全球可持续发展目标及能力建设的不可缺少的条件之一，国际社会和发达国家应特别关注和支持、援助发展中国家的发展问题。②通过贸易自由化促进可持续发展。③向发展中国家提供额外的足够的财政资源，并解决发展中国家特别是贫困国家的债务问题，以支持发展中国家实施《议程》，向可持续发展方向转变。④鉴于科学在处理环境与发展问题方面正发挥越来越大的作用，因此有必要增进和加强发展中国家的科学能力和潜在能力建设。⑤加强商业和工业在环境保护方面的作用。

211工程 211 Project 中国政府面向21世纪，重点建设100所左右的高等学校和一批重点学科工程的简称。从1995年起实施。作为国家重点建设项目，被列入国民经济和社会发展中长期规划和第九个五年计划，也是中华人民共和国建立以来直接投资最大的教育项目。国务院成立了211工程部际协调小组，由国务院、国家计委、国家教委和财政部的主管领导组成，协调决定工程建设中的重大方针政策问题。协调小组下设办公室，具体负责211工程建设项目的实施管理和检查评估工作。211工程建设的主要内容有：①学校整体条件建设。②重点学科建设。③高等教育公共服务体系建设。211工程高等学校共107所，见表。

211工程学校名单

北京大学	中国人民大学	清华大学	北京科技大学
北京工业大学	北京航空航天大学	北京理工大学	北京林业大学
北京化工大学	北京邮电大学	中国农业大学	中国传媒大学
北京中医药大学	北京师范大学	北京外国语大学	北京协和医学院
对外经济贸易大学	中央民族大学	中央音乐学院	南开大学
中国政法大学	中央财经大学	华北电力大学	太原理工大学
天津大学	天津医科大学	河北工业大学	东北大学
内蒙古大学	辽宁大学	大连理工大学	东北师范大学
大连海事大学	吉林大学	延边大学	东北林业大学
哈尔滨工业大学	哈尔滨工程大学	东北农业大学	华东理工大学
复旦大学	同济大学	上海交通大学	上海财经大学
东华大学	华东师范大学	上海外国语大学	东南大学
上海大学	南京大学	苏州大学	河海大学
南京航空航天大学	南京理工大学	中国矿业大学	南京师范大学
江南大学	南京农业大学	中国药科大学	中国科学技术大学
浙江大学	安徽大学	合肥工业大学	山东大学
厦门大学	福州大学	南昌大学	武汉大学
中国海洋大学	中国石油大学	郑州大学	华中师范大学
华中科技大学	中国地质大学	武汉理工大学	中南大学
华中农业大学	中南财经政法大学	湖南大学	华南理工大学
湖南师范大学	中山大学	暨南大学	西南大学
华南师范大学	广州中医药大学	广西大学	四川大学
重庆大学	西南交通大学	电子科技大学	四川农业大学
西南财经大学	云南大学	贵州大学	西北大学
西安交通大学	西北工业大学	西北农林科技大学	西安电子科技大学
长安大学	兰州大学	新疆大学	第二军医大学
第四军医大学	国防科学技术大学	北京交通大学	

21世纪初，211工程实施顺利，成果显著，重点建设的学校已成为中国高层次创新人才培养和科学研究的主要基地。

863计划 Hi-Tech Research and Development Program of China 中国发展高技术及其产业的计划。全称国家高技术研究发展计划。因1986年3月**王大珩**、**王淦昌**、**杨嘉墀**、**陈芳允**四位科学家提出这个建议而得名。选择信息、生物与现代农业、新材料、先进制造与自动化、能源、资源环境等若干技术领域作为中国高技术研究发展的重点。总体目标是：在选定的研究领域，显著增强中国高技术创新能力，提高重点产业国际竞争力；培育一批高技术产业生长点，带动中国产业结构的优化升级；造就一批从事高技术研究开发及产业化的创新和创业人才，为20世纪末特别是21世纪初中国经济与社会向更高水平发展和国防安全创造条件。863计划的突出成果有人类和水稻功能基因组研究、生物芯片、超级杂交稻、永中office软件、智能机器人、电动汽车、浅海地区高精度油气勘探技术及装备、水污染控制与治理工程技术、10兆瓦高温气冷核反应堆等。例如曙光计算机系统，2004年研制成曙光4000，为中国首台每秒运算超过10万亿次的超级计算机，运算能力位列当时全球前十，使中国成为继美国、日本之后第三个能研制此类高性能计算机的国家；2008年又研制出曙光5000，为运算能力超百亿次的超级计算机。

9·11事件 September 11 Incident 国际恐怖主义组织策划的、以美国纽约世界贸易中心大厦和华盛顿国防部五角大楼等为主要攻击目标的恐怖袭击活动。2001年9月11日，一架从波士顿起飞的美国联合航空公司波音767客机被恐怖分子劫持，并于美国东部时间8时46分撞击世贸中心北楼且引发大火。9时零3分，另一架被劫持的客机又撞向世贸中心南楼。9时47分，又一架被劫持客机撞击了国防部五角大楼，造成大楼一角坍塌。从10时到10时30分的半小时内，世贸中心两座被撞击的摩天大楼相继倒塌。10时54分，第四架被劫持的联合航空公司93号班机在宾夕法尼亚州的匹兹堡坠毁，事后从机上"黑匣子"分析，机上乘客曾与恐怖分子进行搏斗。这一前所未有的恐怖袭击事件，震惊了美国和整个世界。美国总统G.W.**布什**在事发后24小时内，发表了4次公开讲话，认为这是“战争行为”，发誓要严厉反击恐怖事件的幕后主使人及其支持者。美国政府迅速进行调查工作，并将藏匿在阿富汗的伊斯兰极端恐怖分子本·拉登锁定为头号嫌疑犯。9月14日和15日，美国参众两院相继通过决议，

遭撞击后的纽约世贸中心大厦

授权总统可动用武力反击恐怖主义。世界各国政府和国际组织纷纷谴责9·11事件，并向死难者及其家属表示深切同情和哀悼。9月17日，美国发出最后通牒，限令阿富汗塔利班政权72小时内交出本·拉登。10月7日，布什总统宣布对阿富汗塔利班政权发动军事进攻。2011年5月1日美国总统B.H.奥巴马宣布美军在巴基斯坦伊斯兰堡击毙本·拉登。

9·11事件的影响是巨大而深远的。它对美国一般公民的心理，对美国国内外政策以及国际关系走向的影响，远胜于物质财产损失带来的影响。

973计划 National Basic Research Program of China　中国重点基础研究的发展计划。因制定于1997年3月得名。全称国家重点基础研究发展计划。主要任务是解决中国经济建设、社会可持续发展、国家公共安全和科技发展中的重大关键科学问题。目标是在世界科学发展的主流方向上取得具有重大影响的原始性创新成果，为国民经济和社会可持续发展提供科学基础；为未来高技术形成提供创新源头；培养和锻炼优秀的科技创新队伍，造就具有世界影响力的科学家和研究团队；推动中国重点研究基地建设，提升中国基础研究自主创新能力。该计划1998年启动，10年共立科研项目382项，国家财政投入82亿元。在非线性光学晶体、量子信息、纳米材料和纳米结构、蛋白质结构与功能、脑与认知、创造新物质的分子工程学、古生物学、海洋科学、数学机械化、辛几何算法、重大疾病防治及创新药物发现、矿产资源勘探开发、节能减排、气候变化预报等领域取得创新成果。还在化工、钢铁、铝材、聚合物材料、水泥、油气勘探开发等方面解决了一批关键科学问题，取得显著的经济和社会效益。该计划有力地提高了中国基础研究的整体水平和国际地位。

《1844年经济学哲学手稿》 *Ökonomisch-philosophische Manuskripte aus dem Jahre 1844*　1844年K.马克思第一次试图从唯物主义和共产主义立场出发，通过对资产阶级政治经济学和资本主义制度的批判性考察，论证共产主义历史必然性的著作手稿。约在1844年4～8月写于巴黎，因而也称《巴黎手稿》(下称《手稿》)。《手稿》由三个未完成的部分组成，在马克思生前没有发表。

在《手稿》中，K.马克思在对资产阶级政治经济学的批判性分析的基础上，指出它的主要历史功绩是把劳动提高为“唯一原则”，揭示了劳动是一切财富的源泉，并探讨了私有财产的各种运动规律。但是它把私有财产当作当然的前提，把它的规律想象为永恒的自然规律。这就暴露了资产阶级经济学家为私有制辩护的立场。马克思从无产阶级立场出发，在《手稿》中系统地考察了资本主义社会中工人、资本家和土地所有者三大阶级的经济生存条件以及他们的相互关系。他利用当时德国哲学中广泛使用的异化概念，把它同私有制统治下的社会制度联系起来，提出了异化劳动概念，并试图用异化来揭示私有财产的本质、起源和发展规律，论证资本主义灭亡和共产主义实现的历史必然性。

在《手稿》中，马克思吸取了L.费尔巴哈哲学的积极成果，从唯物主义的观点出发批判了G.W.F.黑格尔的唯心主义，但充分肯定了他的辩证法的巨大意义。马克思在《手稿》中论述的思想，在许多方面已经超过费尔巴哈而接近于历史唯物主义。他把自由自觉的活动即劳动看作人区别于动物的基本特征，从而贯彻了能动原则，克服了费尔巴哈的直观性；他强调人和人的关系上的社会性，初步揭示了资本和劳动的对抗性的社会关系，在一定程度上克服了费尔巴哈的抽象性；他把宗教、国家、法、道德、科学、艺术看作是生产的一些特殊方式，受到生产普遍规律的支配；他把生产劳动理解为“通过实践创造对象世界，即改造无机界”的活动，从而把生产活动作为社会实践的基本内容。这些思想对于唯物史观的创立具有重大意义。

1989年春夏之交的政治风波 Political Turmoil between Spring and Summer of 1989　1989年春夏之交，极少数人利用学潮发动的一场以推翻中国共产党的领导、颠覆社会主义制度为目标的政治动乱。长期以来，一些西方国家的政治势力有计划地通过种种渠道对社会主义国家进行思想、政治渗透，竭力支持和扶植各种反共反社会主义活动。20世纪80年代末，东欧一些社会主义国家开始出现动荡。西方敌对势力加紧推行和平演变战略，通过多种渠道对中国施加影响，使国内搞资产阶级自由化的人受到鼓舞。由于在一段时间里，中国共产党内少数领导同志在推进改革开放，大力发展经济的同时，对坚持四项基本原则缺乏一贯性，忽视党的自身建设和社会主义精神文明建设，思想政治工作受到削弱，少数干部中滋生了相当严重的腐败现象，损害了党在群众中的威信和社会主义在人们心目中的形象。致使一度收敛的资产阶级自由化思潮再度泛滥。1989年春夏，极少数反共反社会主义分子利用党在工作中的失误和人民群众对物价上涨，特别是对一些干部中腐败现象的不满情绪，进行煽动反对共产党的领导、反对社会主义制度的活动。他们借群众悼念胡耀邦逝世这件事，大肆散布谣言，掀起一场有计划、有组织、有预谋的政治动乱，并在北京地区煽动一些不明真相的人占据天安门广场，冲击党政首脑要害部门，制造反革命暴乱。在关系党和国家生死存亡的关键时刻，党中央总书记赵紫阳犯了支持动乱和分裂党的严重错误。中央政治局在邓小平和其他老一辈革命家坚决有力的支持下，依靠人民，旗帜鲜明地反对动乱，并采取果断措施，在6月4日一举平息反革命暴乱，捍卫了社会主义国家政权，维护了人民的根本利益。1990年1月10日，中央宣布解除在北京部分地区实行的戒严，平息1989年春夏之交政治风波的斗争取得胜利。

世界大事年表

距今约140亿年	·大爆炸宇宙学认为，宇宙在此时形成
距今约45亿年	·地球形成
距今40亿～25亿年	·地球太古宙。成岩时期
距今约38亿年	·地球上出现生命
距今33亿～32亿年	·地球上形成细菌、低等蓝藻
距今25亿～5.4亿年	·地球元古宙。大气中氧大量增加
距今7亿～6亿年	·在今澳大利亚等地出现伊迪卡拉动物群，标志着软躯体后生动物出现。末期，大部灭绝
距今5.4亿～2.5亿年	·地球显生宙的古生代，出现大量海生无脊椎动物
距今5.3亿年	·在中国地域内出现澄江动物群等，许多门类动物爆发式产生
距今4亿多年	·蕨类植物出现并繁盛，原始鱼类出现
距今2.5亿～6500万年	·地球中生代，裸子植物和爬行动物（尤其是恐龙）繁盛
距今2.1亿～1.8亿年	·哺乳动物出现
距今约1.9亿年	·太平洋正式形成
距今1.5亿～1.4亿年	·鸟类出现
距今约1.35亿年	·被子植物出现
距今7000万年前后	·大西洋、印度洋、南大洋相继出现，恐龙灭绝
距今约6500万年	·地球新生代开始，被子植物繁盛，哺乳动物迅速发展，出现最早的灵长类动物
距今4000万～3500万年	·原上猿生活在今埃及法尤姆等地区，为迄今所知最早的古猿
距今1200万～700万年	·西瓦古猿、森林古猿、禄丰古猿、乌兰诺古猿等生活在今亚、欧、非洲
距今约600万年	·人类祖先在地球出现，在今非洲形成土根原初人（即千禧人）等
距今420万～140万年	·南方古猿生活在今非洲一带
距今约250万年	·非洲埃塞俄比亚的戈纳出现迄今所知最早的打制石器。遗存有戈纳遗址
距今250万～1.2万或1.0万年	·人类旧石器时代
距今240万～160万年	·非洲的能人已经会制造、使用工具
距今约170万年前	·中国云南生活着元谋猿人（一说60万～50万年前）
距今约140万年	·南非斯瓦特克兰斯洞穴出现人类迄今最早的用火遗迹
距今115万年	·中国陕西蓝田公王岭生活着蓝田猿人，已会制造和使用石器
距今50多万～20多万年	·中国华北地区生活着北京猿人，已会制造较精致的石器，引用自然火烤肉、照明、取暖等
距今4万～1万年	·欧洲出现洞窟壁画，著名的有阿尔塔米拉洞窟壁画、拉斯科洞窟壁画
距今3万～1万年	·原始宗教出现
	·中国周口店山顶洞人已使用多种装饰品、红色颜料和缝制兽皮衣服的骨针
距今1.2万～1万年	·中国湖南道县出现迄今所知世界上最早的栽培稻。遗存有玉蟾岩遗址
距今1.2万或1万～4000年	·人类新石器时代。出现农耕文化、制陶业、石器磨光技术和以建筑技术为基础的定居聚落
距今1.1万～1万年	·西亚两河流域已种植小麦、大麦、豆类和无花果等农作物
距今1万～9000年	·中国河北徐水南庄头出现家畜——狗、猪
距今9000～7800年	·中国河南舞阳贾湖出现迄今所知世界上最早的五至八孔骨笛，能吹出四至七声音阶。遗存有贾湖遗址
距今约8000年	·小亚细亚地区出现亚麻和羊毛织物
距今7000～6000年	·中国浙江河姆渡文化时期，有籼稻和粳稻，出现木桨和迄今所知中国最早的织机部件、生漆制品、带榫卯的建筑木构件，以及采用支护结构且盖井亭的水井
距今6900～4900年	·中国仰韶文化时期，有红陶、灰陶、黑陶、彩陶等陶器，已使用陶轮制陶
	·中国汉字开始萌芽
距今6700～4900年	·中国红山文化时期，出现陶塑妇女像、泥塑女神头像
距今6000～5000年	·古埃及、南欧、中欧和中国等地先后开始用矿石炼铜
公元前3500～前3200年	·古代两河流域乌鲁克文化时期，出现陶轮和塔庙建筑，创造了楔形文字
公元前3500～前3100年	·古埃及出现城市公社性质的小邦（诺姆），出现象形文字
公元前3500～前3000年	·古代两河流域居民开始使用轮式运输工具
	·古埃及人已在农业生产中使用犁、耙和施肥
公元前3300～前2200年	·中国江浙良渚文化时期，遗存王陵、祭坛，以及随葬璧、琮等大量精美玉器
公元前3100年	·古埃及上埃及统治者美尼斯征服下埃及，初步形成统一国家。埃及早王朝时期开始
约公元前3000年	·古埃及出现有桨和帆的船
公元前3000～前2300年	·爱琴海地区早期米诺斯文明时期
约公元前30世纪初～约前21世纪初	·中国传说中的黄帝等五帝时期
约公元前2700年	·中国浙江钱山漾出现绸片、织带和麻布。遗存有钱山漾遗址
公元前2686年	·古埃及古王国建立。国家统一完成，君主专制确立
公元前2650～前1550年	·古埃及大规模兴建金字塔，最大的为胡夫金字塔
约公元前2500年	·古埃及和两河流域制出类似玻璃球类玻璃制品，用失蜡法铸造金属饰物
公元前26世纪	·古埃及狮身人面像落成

公元前2350～前1750年	·印度河文明时期。古印度出现城市、国家，已使用文字，使用陶轮制陶
公元前21世纪初	·中国禹治水成功
公元前2070年	·中国夏朝建立，为中国历史上第一个王朝
公元前2040年	·古埃及中王国建立。国家重新统一，青铜器广泛应用，开发法尤姆绿洲，修建卡纳克神庙
约公元前2000年	·古埃及制木乃伊，出现图书馆
	·两河流域苏美尔地区出现城市国家，巴比伦城形成
公元前1900～前1600年	·克里特岛出现米诺斯文字
	·爱琴海地区迈锡尼文明出现
约公元前1894～前1595年	·古巴比伦第一王朝时期，发展了苏美尔文明
公元前1800～前1500年	·中国河南偃师二里头文化时期。遗存中国最早的宫殿建筑
公元前1792～前1750年	·古巴比伦第六代国王汉穆拉比在位，中央集权奴隶制确立，制定《汉穆拉比法典》
公元前1600年	·中国汤伐桀，夏朝灭亡。商朝建立，始建都于亳
公元前1600～前1100年	·中国黄河流域形成栽桑、养蚕、缫丝、织绸的完整的生产过程，丝织物品种有绸、纱、罗、绮等
	·中国烧制出原始瓷器，为世界上最早的瓷器
约公元前1567年	·古埃及新王国建立
公元前1400年	·古埃及出现水钟
公元前1379～前1362年	·古埃及实施埃赫那吞改革
约公元前1300年	·古埃及和两河流域已有日晷
	·中国商王盘庚把国都自奄（今山东曲阜）迁殷（今河南安阳西北）
	·中国出现甲骨文
公元前1300～前1200年	·中国四川三星堆文化繁盛时期
公元前14世纪	·小亚细亚赫梯帝国颁布以楔形字镌刻的《赫梯法典》
公元前1217年	·中国商代甲骨文上有连续10天的天气记录，为迄今所知最早的多天连续的天气记录
公元前13世纪～前1046年	·中国商代青铜器进入全盛时代。前12世纪晚期铸造的司母戊鼎为现存出土的商代最大青铜器
	·中国出现园艺生产，家畜已舍饲
约公元前1100年	·中国发明手摇辘轳，在约前400年已用作矿井提升工具
公元前1046年	·中国周武王伐纣，商朝灭亡。周朝开始，建都镐京（今陕西西安西南）
公元前11～前9世纪	·古希腊荷马时代，晚期形成《荷马史诗》
公元前1000～前600年	·古印度后吠陀时期，雅利安人国家形成，婆罗门教流传，开始使用铁器
公元前10世纪	·中国《诗经·豳风·七月》记有一年的物候农事，是中国现存最早的物候记录
	·美洲玛雅人在墨西哥、危地马拉等地培育玉米、番茄、甘薯、辣椒、可可等，种植棉花、龙舌兰等，饲养火鸡、狗、蜜蜂等
公元前10世纪～前612年	·古代西亚新亚述帝国时期。铁器出现并广泛应用

公元前10～前5世纪	·古印度最早的哲学著作、婆罗门教经典（森林书、奥义书）形成
公元前841年	·中国周厉王暴虐，国人暴动，厉王逃亡。召穆公、周定公两大臣行政，号“共和”
公元前9世纪末	·古希腊斯巴达国家开始形成
公元前776年	·中国《诗经·小雅》记载了周幽王六年十月辛卯朔日即公元前776年9月6日的日食，为世界上最早有明确日期的日食记录
	·古希腊第一次奥林匹克运动会在奥林匹亚举行
公元前771年	·中国申侯与缯、西夷犬戎攻周，杀周幽王于骊山（今陕西西安临潼），西周灭亡
公元前770年	·中国周平王自镐京东迁洛邑（今河南洛阳），东周始。中国历史进入春秋时期
公元前740～前690年	·中国楚武王在位，灭权国置县，为中国已知设县之始
公元前722年	·中国史籍《春秋》记事始于本年，为中国现存的第一部编年体史书
公元前8世纪	·西亚出现皮质书籍，称“羊皮书卷”
	·中国黄河、长江流域出现铁制农具
	·古罗马王政时代开始
公元前686年	·中国齐公子小白即位，是为齐桓公。他在管仲辅佐下进行改革，使齐国强大，成为春秋时期第一个霸主
公元前626～前539年	·古代两河流域新巴比伦王国时期
公元前613年	·中国《春秋》载鲁文公十四年“秋七月，有星孛入于北斗”，为世界上对哈雷彗星的最早记录
约公元前605～前562年	·古代两河流域新巴比伦国王尼布甲尼撒二世在位，修建空中花园，灭犹太国
约公元前7世纪	·拉丁字母产生
公元前594年	·中国鲁国初税亩，确认私田所有权，公田制开始瓦解
	·古希腊雅典开始梭伦改革
公元前550年	·古代西亚波斯帝国建立，后发展为地跨亚非的大帝国
公元前547年	·古希腊哲学家泰勒斯去世。约生于前624年。创立米利都学派
公元前534年	·忒斯庇斯在雅典的“城市酒神节”上把酒神颂改造为悲剧，被尊为“戏剧之父”。前6世纪末至前5世纪，雅典产生三大悲剧作家：埃斯库罗斯、索福克勒斯、欧里庇得斯
公元前518年	·波斯帝国开始兴建都城波斯波利斯
公元前512年	·中国军事学家孙武以兵法进呈吴王阖闾，《孙子》传世，为中国古代兵学的奠基之作
约公元前509年	·古罗马王政时代结束，共和时代开始
约公元前500年	·中国哲学家老子去世。生年不详。著有《道德经》，开创道家学派
	·中国发明世界上第一种计算工具——算筹
	·古希腊数学家、哲学家毕达哥拉斯去世。约生于前580年。创立毕达哥拉斯学派
	·希波战争爆发，古希腊城邦纷纷反抗波斯帝国侵略。前449年战争以希腊获胜、波斯战败而告结束
公元前6世纪	·古代印度顺世论哲学派别形成
约公元前6世纪	·古希腊寓言家伊索活动时期，后人编有《伊索寓言》传世

	·中国和世界上现存最早的科学技术文献《考工记》成书
公元前6～前5世纪	·古希腊爱利亚学派在南意大利爱利亚城形成，代表人物有克塞诺芬尼、芝诺（爱利亚的）等
公元前486年	·中国吴筑城于邗（今江苏扬州），开邗沟
	·释迦牟尼去世（一说前544或前543年）。约生于前565年（一说前624或前623年）。创立佛教
约公元前480年	·古希腊哲学家赫拉克利特去世。约生于前540年。著有《论自然》
公元前479年	·中国思想家、教育家孔子去世。生于前551年。创立儒家学派，开创私人教育。他的弟子和再传弟子记述他的言行，编成《论语》，为儒家主要经典之一
公元前475年	·中国战国时期开始，兼并战争剧烈。思想上形成百家争鸣局面
公元前451/前450年前后	·古罗马颁布第一部成文法典《十二铜表法》
公元前432年	·雅典建成帕提农神庙
公元前431年	·古希腊伯罗奔尼撒战争爆发，是雅典及其同盟者与以斯巴达为首的伯罗奔尼撒同盟之间的战争。前404年，雅典宣告投降，斯巴达获胜
公元前430年	·古希腊雕塑家菲迪亚斯去世。约生于前490年。代表作品有卫城帕提农神庙的雕塑和奥林匹亚宙斯神庙的宙斯像
约公元前425年	·古希腊历史学家希罗多德去世。约生于公元前484年。著有《历史》
约公元前401年	·古希腊历史学家修昔底德去世。约生于公元前460年。著有《伯罗奔尼撒战争史》
公元前5世纪	·中国第一部诗歌集《诗经》辑成
	·古希腊雅典卫城建成
	·中国医学家扁鹊在世。为中医脉诊的创始人
	·古希腊希波丹姆规划米利都等城，建立城市规划模式
公元前5～前3世纪	·中国托名于管仲的《管子》成书
	·中国中医学奠基之作《内经》成书
公元前399年	·古希腊哲学家苏格拉底被判死刑，饮鸩而死。生于前469年
公元前395年	·中国法家代表李悝去世。生于前455年。主持魏国变法，编中国第一部法典《法经》
公元前376年	·中国思想家墨子去世。约生于前468年。创立墨家学派
公元前370年	·古希腊医学家希波克拉底去世。生于前460年
	·古希腊哲学家德谟克利特去世。约生于前460年。提出原子唯物论
公元前356年	·中国秦国商鞅变法开始
公元前4世纪中期	·中国军事家孙膑著《孙膑兵法》
公元前347年	·古希腊哲学家柏拉图去世。生于前427年。创立学园派，著有《理想国》等
公元前334～前324年	·马其顿国王亚历山大大帝率军东征波斯、中亚和印度，建立横跨欧亚非三洲的亚历山大帝国
公元前322年	·古希腊哲学家亚里士多德去世。生于前384年。创立逍遥学派

公元前319～前300年	·中国齐国建立稷下学宫
公元前300年左右	·古希腊数学家欧几里得在世。著有《几何原本》
约公元前4世纪	·中国《石氏星经》成书，为世界上最早的天文著作
约公元前290年	·古埃及亚历山大港建成法罗斯灯塔
公元前289年	·中国思想家孟子去世。约生于前372年。继承并发展了儒家学说，有《孟子》传世
公元前286年	·中国思想家庄子去世。约生于前369年。有《庄子》传世
公元前278年	·中国楚国诗人屈原去世。生于前340/前339年。开创楚辞，作《离骚》等
公元前270年	·古希腊哲学家伊壁鸠鲁去世。生于前341年。创立伊壁鸠鲁学派
约公元前265～前238年	·古印度孔雀王朝国王阿育王在位
公元前264～前241年	·罗马和迦太基发生第一次布匿战争，罗马获胜
约公元前251年	·中国秦国蜀郡守李冰主持筑成都江堰
约公元前239年	·中国《吕氏春秋》成书
公元前238年	·中国哲学家荀子去世。约生于前325年。有《荀子》传世
公元前233年	·中国法家学派代表韩非去世。约生于前280年。有《韩非子》传世
公元前221年	·中国秦统一六国，战国时期结束。秦王政称始皇帝，建立秦朝，都咸阳（今属陕西），实行郡县制、车同轨、书同文，统一度量衡
公元前219～前214年	·中国史禄开凿灵渠，沟通长江和珠江水系
公元前218～前201年	·第二次布匿战争，罗马取胜，称霸地中海西部
公元前215年	·第一次马其顿战争爆发。经过三次战争，马其顿于前168年被罗马征服
公元前214年	·中国增筑长城，西起临洮（今甘肃岷县），东至辽东（今辽宁辽阳北）
	·中国秦统一岭南，置南海、桂林、象三郡
公元前213～前212年	·中国秦始皇焚书坑儒
公元前212年	·古希腊数学家、物理学家阿基米德去世。约生于前287年
公元前210年	·中国秦在骊山（今属陕西西安临潼）建成秦始皇陵
公元前209年	·中国爆发陈胜、吴广起义
	·匈奴冒顿单于登位，在位至前174年
公元前207年	·中国刘邦攻占咸阳，秦王子婴降，秦亡
公元前202年	·中国刘邦称帝，建立汉朝，都洛阳，前200年迁至长安（今陕西西安）
约公元前200年	·波斯人发明立轴式风车，为世界上最早的风力机
公元前3世纪	·埃及托勒密王朝在亚历山大城建成亚历山大图书馆
约公元前3世纪	·古希腊天文学家、数学家阿利斯塔克在世。首创地球自转并绕太阳公转的“太阳中心说”
约公元前194年	·古希腊天文学家、地理学家埃拉托色尼去世。约生于前276年。首创用几何方法研究地球
公元前180～前141年	·中国汉文帝、汉景帝相继在位，政治稳定，经济生产显著发展，史称文景之治
公元前168年前	·中国长沙马王堆汉墓随葬《西汉初期长沙国深平防区图》是世界上现知最早的实测地图；《驻军图》是世界上现存最早的彩色军事地图

公元前168年	·中国文学家、政论家贾谊去世。生于前201年。著有《过秦论》、《吊屈原赋》等
公元前154年	·中国西汉吴楚七国之乱起，旋平定
公元前149年	·罗马共和时期政治家、农学家大加图去世。所著《农业志》为现存最早的罗马农书
公元前149～前146年	·第三次布匿战争，罗马军队征服迦太基，毁迦太基城
公元前138年	·中国汉武帝遣张骞出使西域，开通陆上丝绸之路
公元前134年	·中国汉武帝采纳董仲舒主张，罢黜百家，独尊儒术
公元前119年	·中国西汉派遣卫青、霍去病各率骑兵5万，另有步兵数十万大举出击匈奴。迫使匈奴远徙
公元前104年	·中国西汉颁行《太初历》，用夏正，以建寅月为岁首，以没有中气的月份为闰月
约公元前104年	·中国西汉史学家、文学家司马迁始著《史记》，为中国第一部纪传体通史
公元前100～100年	·中国现存最早的药物专著《神农本草经》成书
约公元前2世纪	·古希腊雕塑家阿历山德罗斯完成古希腊雕刻代表作《阿佛罗狄忒》(米洛斯的)
	·古印度开凿佛教石窟群阿旃陀石窟
公元前81年	·中国汉朝盐铁之议在长安举行
公元前73～前71年	·古罗马斯巴达克起义
公元前58～前51年	·高卢战争，罗马征服高卢
公元前55年	·古罗马哲学家卢克莱修去世。约生于前98年。发展了古希腊原子唯物论和无神论思想，著有《物性论》
公元前46年	·罗马政治家、军事家凯撒颁行儒略历
公元前44年	·3月15日，凯撒被刺。生于前100年7月。著有《高卢战记》、《内战记》
公元前33年	·匈奴呼韩邪单于朝汉请婚。汉元帝赐宫女王昭君，号宁胡阏氏。汉匈和平相处40余年
公元前27年	·古罗马执政官屋大维（奥古斯都）确立元首政制，罗马帝国开始
约公元前27～前23年	·古罗马维特鲁威著《建筑十书》
公元前19年	·古罗马诗人维吉尔去世。生于前70年。著有史诗《埃涅阿斯纪》
公元前7年	·中国西汉经学家、目录学家刘歆编撰《七略》，为中国第一部目录学著作
约公元前7年	·基督教创始人耶稣诞生（或说公元前7～前4年之间）
公元前1世纪	·中国《周髀算经》成书
公元8年	·中国西汉王莽自立为帝，改国号为“新”
公元10～20年	·古罗马地理学家斯特拉波编写西方最早的区域地理著作《地理学》
公元17年	·古罗马史学家李维去世（一说公元12年）。生于前59年（一说前64年）。著有《罗马史》
	·古罗马诗人奥维德去世。生于前43年3月20日。著有《变形记》等
公元17～18年	·中国发生赤眉、绿林起义。公元27年，起义失败
公元18年	·中国西汉文学家、哲学家扬雄去世。生于前53年。著有《太玄》、《法言》、《甘泉赋》等
公元23年	·中国刘秀等大破王莽军于昆阳。义军攻入长安，王莽被杀，新朝亡

公元25年	·中国刘秀即帝位，重建汉政权。都洛阳，史称东汉
公元25～220年	·中国筑钱塘江海塘，全长200余千米
公元30年左右	·相传耶稣被钉于十字架处死。耶稣门徒开始传布基督教
公元50～100年	·中国《九章算术》成书。标志中国古代数学体系形成
公元68年	·中国汉明帝于洛阳首建佛寺白马寺
公元70～82年	·古罗马建罗马竞技场
公元73年	·中国东汉外交家、军事家班超出使西域，西域与汉绝65年后复通
公元78年	·古印度根据塞种纪元开始记日
公元79年	·8月24日，古罗马普林尼（老）去世。生于公元23年。著有《博物志》
	·中国汉章帝诏诸儒会于洛阳白虎观，辩论五经异同
	·意大利维苏威火山爆发，庞贝、斯塔比亚和赫库兰尼姆三座城市被掩埋
公元89年	·中国东汉窦宪等率军在稽落山大破北匈奴，勒铭燕然山。此后北匈奴被迫从漠北西迁
公元92年	·中国东汉史学家班固去世。生于公元32年。著有《汉书》，为中国第一部纪传体断代史
约公元97年	·中国东汉哲学家王充去世。生于公元27年。著有《论衡》
1～2世纪	·基督教《新约圣经》完成
	·隶农制在罗马帝国逐渐流行
1～6世纪	·中亚贵霜帝国时期，以犍陀罗艺术（壁画、雕塑、石窟建筑）著称
1～8世纪	·墨西哥留存的特奥蒂瓦坎古城，有太阳金字塔和月亮金字塔
100年	·中国东汉文字学家许慎著中国最早的字典《说文解字》
105年	·中国东汉蔡伦发明用麻头、破布、树皮、旧渔网等材料造纸的技术
112～117年	·古罗马建图拉真纪念柱
120～125年	·古罗马重建罗马万神庙，为古代圆顶庙之最
约120年	·古罗马历史学家塔西佗去世。约生于公元56年。著有《历史》等
132年	·中国东汉科学家张衡创制世界上第一架测验地震的仪器候风地动仪
约170年	·古希腊学者托勒玫去世。约生于公元100年。著有《天文学大成》、《地理学指南》，提出地心说体系
184年	·中国发生黄巾起义
199年	·古罗马医学家加伦去世。生于129年。创立西方解剖学
2～3世纪	·中国东汉医学家张仲景在世。撰《伤寒杂病论》。世人奉他为“医圣”
200年	·中国官渡之战，曹操大破袁绍
208年	·中国赤壁之战，孙权、刘备联军在赤壁击败曹操
220年	·中国曹丕称帝，国号魏，建都洛阳。废汉献帝刘协，东汉亡
	·中国三国魏创立九品中正制
221年	·中国刘备在成都称帝，国号汉，世称蜀。以诸葛亮为丞相

222年	·中国古代最早的类书《皇览》编成
224年	·帕提亚帝国瓦解
	·萨珊王朝建立
226年	·中国魏文帝曹丕去世。生于187年。其《典论·论文》为中国最早的文学批评论文
229年	·中国孙权称帝，国号吴，都武昌（今湖北鄂州），后迁都建业（今江苏南京）
232年	·中国三国魏诗人曹植去世。生于192年。著有《曹子建集》
235年	·中国三国魏马钧制成指南车
239年	·日本邪马台国女王卑弥呼遣使到中国
240～316年	·中国魏晋出现哲学思潮玄学。代表人物有何晏、王弼、阮籍、嵇康、向秀、郭象等
263年	·中国魏军攻蜀汉，邓艾军攻至成都，刘禅降，蜀汉亡
	·中国数学家刘徽著《九章算术注》，创割圆术以证明圆面积公式
265年	·中国晋王司马炎建立晋朝（西晋），都洛阳
280年	·中国西晋灭吴，统一全国。三国终
291年	·中国西晋八王之乱起，至306年终
约3～5世纪	·《梵经》成书，标志古印度哲学吠檀多派理论形成
304年	·匈奴贵族刘渊称汉王，国号汉。308年刘渊即帝位，都平阳。中国十六国时期开始
313年	·罗马帝国皇帝君士坦丁一世和李锡尼颁布《米兰敕令》，宣布基督教合法
316年	·中国汉刘曜围攻长安，晋愍帝出降，西晋亡
317年	·中国司马睿在建康（今江苏南京）称王，史称东晋
约320～540年	·古印度第一个封建王朝笈多王朝统一印度，首都华氏城（今巴特那）
325年	·罗马帝国皇帝君士坦丁一世主持召开基督教主教第一次尼西亚会议
330年	·罗马帝国迁都拜占廷，改名君士坦丁堡
343年	·中国晋代医药学家、炼丹家葛洪去世（一说363年）。生于283年。著有《抱朴子》、《肘后方》等
353年	·中国东晋书法家王羲之作行书《兰亭序》。王羲之被后人尊为“书圣”
366年	·中国始凿莫高窟，历北朝、隋、唐至元，凿成敦煌石窟
376～568年	·古罗马民族大迁徙，罗马帝国境外的日耳曼人等“蛮族”大举移居帝国境内，各自建立国家
383年	·中国淝水之战，东晋军队击败前秦近90万军队。战后前秦瓦解
386年	·中国拓跋珪称代王，旋改国号为魏，史称北魏
392年	·罗马帝国皇帝狄奥多西一世宣布基督教为国教
395年	·罗马帝国分裂为东、西两帝国
399年	·中国东晋高僧法显等人西行天竺（印度）求佛法，著有《佛国记》
4世纪末至5世纪初	·中国始凿麦积山石窟
约4～5世纪	·印度古诗人迦梨陀娑在世。著有诗剧《沙恭达罗》、《优哩婆湿》等
401年	·中国后秦姚兴灭后凉，迎名僧鸠摩罗什到长安译佛经
409年	·中国东晋画家顾恺之去世。约生于348年。相传作品有《女史箴图》、《洛神赋图》等
420年	·中国刘裕废晋恭帝称帝，都建康（今江苏南京），国号宋。东晋亡，南朝开始
427年	·中国东晋诗人陶渊明去世。生于365年。著有《归园田居》、《桃花源记》
430年	·8月28日，欧洲基督教哲学家、神学家奥古斯丁去世。生于354年11月13日。著有《忏悔录》等
438年	·东罗马帝国颁布《狄奥多西法典》
439年	·中国北魏灭北凉，统一北方。十六国结束，北朝开始
460年	·中国北魏开凿云冈石窟
462年	·中国南北朝科学家祖冲之编制《大明历》。首次把圆周率准确数值推算到小数点后7位数
476年	·西罗马帝国灭亡
479年	·中国萧道成代宋称帝，国号齐，都建康（今江苏南京）
493年	·中国北魏始凿龙门石窟，历东西魏、北齐、隋、唐凿成
5世纪末	·日耳曼人的一支东哥特人建立东哥特王国，554年被拜占廷所灭
502年	·中国南朝萧衍称帝，国号梁，齐亡
526～531年	·中国现存最早的诗文总集《文选》编成
527年	·中国地理学家郦道元被杀。约生于469年（一说472年）。著有《水经注》
528～533年	·拜占廷帝国第一部法典《查士丁尼民法大全》编成
532～534年	·中国画家谢赫著《画品》，提出六法论
533～544年	·中国农学家贾思勰著《齐民要术》，为中国现存最早的完整的农书
534～535年	·中国北魏分裂为东魏和西魏
535～551年	·中国西魏宇文泰创立府兵制
537年	·东罗马帝国圣索菲亚大教堂建成，始建于532年，为拜占廷建筑的代表
548年	·中国发生侯景之乱，至552年被平定
550年	·中国高洋废东魏孝静帝，称帝，国号齐，都邺（今河北临漳西南）。史称北齐
552年	·佛教传入日本
557年	·中国北朝宇文觉废西魏恭帝自立，国号周，都长安（今陕西西安）。史称北周
	·中国南朝陈霸先代梁称帝，国号陈，都建康（今江苏南京）
574年	·中国北周武帝下诏禁佛、道二教，毁经像，罢沙门、道士
577年	·中国北周武帝灭北齐，统一中国北方
581年	·中国杨坚代周称帝，国号隋
581～618年	·中国隋朝始创科举制
585年	·缅甸始建大型佛塔仰光大金塔
589年	·中国隋军攻克建康，俘陈后主，陈朝亡。南北统一
590～604年	·罗马教皇格列高利一世在位。制定天主教会的祈祷歌曲素歌，史称格列高利圣咏
595～605年	·中国隋朝李春建赵州桥，为世界现存最早、跨径最大的空腹式单孔圆弧石拱桥

605～610年	·中国开通通济渠、永济渠和江南运河，构成隋朝的南北大运河
607年	·日本建成法隆寺，后毁于火，7世纪末重建，为世界现存最古的木构建筑
611年	·中国隋末农民起义爆发
618年	·中国李渊称帝，国号唐。隋亡
622年	·穆罕默德从麦加迁徙至麦地那，此年为伊斯兰教历纪元之始
626年	·中国唐朝发生玄武门之变，李世民即帝位，是为唐太宗
627～649年	·中国唐朝出现贞观之治
629年	·中国唐朝僧人玄奘赴天竺取经，645年回长安，撰《大唐西域记》
	·松赞干布即吐蕃赞普位，征服各部，统一西藏，都城由山南迁至逻些城（今西藏拉萨）
630年	·中国唐朝将军李靖俘颉利可汗，东突厥亡
635年	·基督教聂斯脱利派教士阿罗本由波斯来华入长安。638年建景教波斯寺，后改称大秦寺
641年	·中国唐朝宗室女文成公主入藏，与吐蕃赞普松赞干布结为夫妇。汉文化随之传入
	·阿拉伯人征服埃及
645年	·日本行大化改新
653年	·阿拉伯哈里发奥斯曼·伊本·阿凡组织编订《古兰经》
659年	·中国唐朝颁行世界第一部官修药典《新修本草》
661年	·阿拉伯帝国倭马亚王朝建立
668年	·新罗灭高句丽，统一朝鲜半岛大部
687年	·意大利威尼斯共和国建立
690年	·中国武则天称帝，改国号为周，史称武周。705年初武则天退位，复唐国号
7世纪	·阿富汗凿成巴米扬石窟
702年	·日本颁布《大宝律令》，实施以中国唐朝为模式的中央集权制
710年	·日本建成新都平城京（今奈良），布局仿照唐长安
711年	·阿拉伯倭马亚王朝军队占领西班牙
712年	·日本最古老的史书《古事纪》编定
713年	·中国唐朝始凿乐山大佛
	·中国禅宗六祖慧能去世。生于636年。大倡顿悟法门，其思想汇集于《六祖坛经》
713～741年	·中国唐朝开元之治
724年	·中国唐朝僧人一行、南宫说首次实测子午线一度的长度
738年	·中国皮逻阁统一六诏，建南诏地方政权。902年亡
742～754年	·中国唐朝僧人鉴真六次东渡，于754年1月23日抵达日本。759年在奈良建唐招提寺
750年	·阿拉伯帝国倭马亚王朝灭亡，阿拔斯王朝建立
751年	·法兰克王国宫相矮子丕平废墨洛温王朝国王自立，建加洛林王朝
	·中国唐将高仙芝率军与黑衣大食（阿拉伯阿拔斯王朝）、石国（今乌兹别克斯坦塔什干一带）联军战于中亚怛罗斯城（今哈萨克斯坦塔拉兹城附近），败绩。被俘唐军中有造纸工匠，造纸术遂传入撒马尔罕，再传入阿拉伯和欧洲
755～763年	·中国唐朝发生安史之乱。此后，唐朝由盛转衰
756年	·法兰克国王丕平将罗马城及周围地区赠与教皇，史称“丕平献土”
约760年	·中国唐朝画家吴道子去世。约生于686年。代表作有《送子天王图》、《金桥图》等
约761～768年	·中国唐朝诗人、画家王维去世。约生于701年，有《王右丞集》传世，画作有《辋川图》等
762年	·中国唐朝诗人李白去世（一说763或764年）。生于701年。有《李太白集》传世
770年	·中国唐朝诗人杜甫去世。生于712年。有《杜工部集》传世
782年	·中国五台山重建南禅寺大殿，为中国现存最早的木构建筑
785年	·中国唐朝书法家颜真卿被叛军杀害。生于709年。有《多宝塔碑》、《颜勤礼碑》、《祭侄季明文稿》等传世
787年	·丹麦人入侵英格兰
800年	·法兰克国王查理加冕为皇帝，建立控制西欧大部分地区的查理曼帝国
801年	·杜佑撰成中国第一部典章制度通史《通典》
819年	·中国唐朝文学家、哲学家柳宗元去世。生于773年。著有《河东先生集》
824年	·中国唐朝文学家、哲学家韩愈去世。生于768年。著有《昌黎先生集》
827年	·埃格伯特统一英格兰，结束七国时代
831年	·中国唐朝文学家元稹去世。生于779年。著有《元氏长庆集》、《莺莺传》
835年	·中国唐朝发生甘露之变
842年	·中国唐朝文学家、哲学家刘禹锡去世。生于772年。著有《刘禹锡集》
843年	·《凡尔登条约》签订，查理曼帝国一分为三
845年	·中国唐武宗下令禁毁佛教、祆教、景教、摩尼教祠寺，史称“会昌废佛”
846年	·中国唐朝诗人白居易去世。生于772年。有《白氏文集》传世
847年	·中国唐朝张彦远著《历代名画记》，为中国第一部绘画史专著
852年	·中国唐朝诗人杜牧去世。生于803年。著有《樊川文集》、《樊川诗集》
约859年	·中国唐朝诗人李商隐去世。约生于811年。著有《玉谿生诗集》、《樊南文集》
868年	·中国唐朝王阶刻印《金刚经》，为世界现存最早的有明确纪年的雕版印刷品
约870年	·印度出现包括零的十进制数字，后传入阿拉伯演变为现今的印度-阿拉伯数字
875年	·中国唐末农民战争爆发
882年至13世纪初	·基辅罗斯时期
890年	·柬埔寨吴哥王朝开始兴建吴哥王城，吴哥王城和12世纪建成的吴哥寺为柬埔寨艺术瑰宝
9世纪	·印度哲学家商羯罗改革印度教
约9世纪末	·西方最早的复调音乐“奥加农”出现，标志欧洲多声部音乐萌芽
907年	·中国朱温逼唐哀帝禅位，自行称帝，国号梁，都开封。史称后梁。唐亡。五代十国时期开始

916年	·中国耶律阿保机称帝，建契丹国。947年更国号为辽
918年	·王氏高丽建国。高丽灭新罗、百济，于936年统一朝鲜半岛
923年	·中国晋王李存勖称帝，国号唐。同年攻下开封，后梁亡。建都洛阳。史称后唐
939年	·越南独立建国
945年	·伊朗攻入巴格达，布韦希王朝建立
951年	·中国郭威称帝于开封，国号周。史称后周
955年	·中国后周世宗柴荣下诏废非敕建寺院，禁私度僧尼，废寺院3 336所
960年	·中国赵匡胤发动陈桥兵变，称帝，国号宋。后周亡
962年	·德意志国王奥托一世在罗马加冕称帝，建立神圣罗马帝国
970年	·伊斯兰教世界第一所大学——爱资哈尔大学在开罗创立
973年	·中国宋太祖下诏科举考试增设殿试，从当年开始施行
979年	·中国宋灭北汉，结束五代十国的割据局面
988年	·基辅大公弗拉基米尔一世受洗，基督教传入俄罗斯
1004年	·中国契丹大举攻宋，双方订澶渊之盟
1007～1008年	·世界最早的长篇小说之一，日本的《源氏物语》成书
1008年	·中国第一部官修韵书《广韵》问世
1018年	·拜占廷征服保加利亚
1020年	·波斯诗人菲尔多西去世。生于940年。著有史诗《王书》
1025年	·南印度的朱罗在与室利佛逝争夺印度洋霸权的战争中取得胜利，室利佛逝从此衰落
1038年	·中国党项首领李元昊称帝，建都兴庆府（今宁夏银川），国号大夏。史称西夏
1040～1044年	·中国北宋《武经总要》编成。书中记录了世界上最早的3个火药配方。但中国火药的发明比这一记录还要早200年
1041～1048年	·中国北宋刻版印刷工匠毕昇发明活字版印刷
1054年	·基督教分裂为东部“正教”（东正教）和西部“公教”（天主教）
1069年	·中国北宋开始实行王安石变法
1071年	·中国北宋改革科举制，罢唐以来所设明经、明算、明法、明书诸科，专以进士一科取士
1072年	·中国北宋文学家欧阳修去世。生于1007年。著有《欧阳文忠公集》、《六一词》等
1084年	·中国北宋史学家司马光撰成《资治通鉴》，为中国第一部编年体通史
1085年	·中国北宋哲学家、理学奠基者之一程颢去世。生于1032年。著有《识仁篇》、《定性书》等
1088年	·意大利博洛尼亚大学创立，为欧洲最早建立的大学
1095年	·中国北宋科学家沈括去世。生于1031年。有《梦溪笔谈》传世
1096～1291年	·西欧教俗封建主发动对地中海东岸国家的侵略战争，史称十字军东征。先后共八次东征
11世纪	·中国藏族史诗《格萨尔王传》产生（一说13世纪，一说15世纪），经过几个世纪的传唱加工，形成世界最长史诗
	·经院哲学在欧洲基督教会经院中流行，至14世纪衰落
1100年	·中国李诫编成《营造法式》，为世界现存最早的建筑手册
1101年	·中国北宋文学家、书画家苏轼去世。生于1036年。有《东坡集》、《东坡乐府》等传世
1105年	·中国北宋诗人、书法家黄庭坚去世。生于1045年。江西诗派开山之祖
1107年	·中国北宋哲学家、理学创立者之一程颐去世。生于1033年。著作收入《二程全书》
1115年	·中国女真首领完颜阿骨打（即金太祖完颜旻）在会宁（今黑龙江阿城）称帝，国号金
1121年	·中国北宋词人周邦彦去世。生于1057年。著有《片玉词》传世
1125年	·中国金军于应州俘辽天祚帝，辽亡
1127年	·中国金军攻陷东京（今河南开封），俘徽、钦二帝，北宋灭亡
	·中国宋康王赵构（宋高宗赵构）在南京（今河南商丘）即位，南宋开始
	·中国北宋末年，爆炸火药广泛用于军事，出现了“霹雳炮”、“震天雷”、地雷等爆炸性武器
1132年	·中国宋将陈规守德安（今湖北安陆）时使用了竹火枪
1136年	·中国刻成《华夷图》、《禹迹图》刻石，为世界最古老的地图印版
1150年	·法国巴黎大学创立
1151年	·中国在泉州建成安平桥（五里桥），现长2 070米，为中国现存最长石桥
1152年	·中国金迁都燕京（今北京）
约1155年	·中国宋朝女词人李清照去世。生于1084年。有《漱玉词》传世
1161年	·中国金海陵王完颜亮大举侵宋，虞允文指挥宋军在采石大败金军，史称采石之战
1168年	·英国牛津大学创立
1185～1187年	·俄国古代英雄史诗《伊戈尔远征记》成书
1192年	·中国卢沟桥建成，为中国现存最早的联拱式石桥
	·源赖朝建立镰仓幕府，日本进入幕府统治时期
1199年	·中国南宋杨忠辅创《统天历》，定回归年为365.242 5日，与当代公历平均历年长度相等
12～13世纪	·“香槟集市”在法国出现，为当时欧洲规模最大的国际性贸易市场，开始使用期票、汇票等信用凭证和复式簿记
1200年	·中国南宋哲学家、教育家朱熹去世。生于1130年。有《朱子语类》、《朱文公文集》等传世
1204年	·西欧十字军建立拉丁帝国。1261年帝国灭亡
1206年	·铁木真建蒙古国，称成吉思汗
1207年	·中国南宋词人辛弃疾去世。生于1140年。著有《稼轩词》
1209年	·英国剑桥大学创立
1210年	·中国南宋诗人陆游去世。生于1125年。著有《剑南诗稿》、《渭南文集》

1215年	·英王约翰（无地王）签署《大宪章》
1223年	·蒙古西征军入侵俄罗斯
1225～1248年	·中国的火药及配方由商人传入印度，再经阿拉伯人、西班牙人传入欧洲
1227年	·蒙古灭西夏
1229年	·天主教会设立宗教裁判所
1233年	·宋应约出兵与蒙古联合攻金，次年金亡
约1234年	·高丽高宗时，崔怡用铜铸字印成《详定礼文》28本，为世界最早的金属活字印本
1235年	·西非马里帝国建立
1238年	·第一个泰王国在素可泰建立
1247年	·吐蕃萨迦第四代座主萨班·贡噶坚赞奉召到凉州与蒙古宗王阔端议妥吐蕃归顺蒙古，为元世祖时对西藏实行行政管辖奠定了基础
1248年	·德国始建哥特式科隆大教堂，至19世纪方全部建成
1257年	·中国金朝诗人元好问去世。生于1190年。著有《元遗山先生全集》，编有《中州集》
1258年	·蒙古入侵巴格达，结束阿拔斯哈里发统治
1259年	·中国宋寿春府制成突火枪，为人类最早用火药发射子弹的管状火器
1265年	·英国首次国会召开
1267年	·中国刘秉忠开始主持营建大都（当时称中都），至1285年完工
1271年	·忽必烈定国号大元，中国元朝开始。次年，改中都（今北京）为大都
1273年	·哈布斯堡家族的鲁道夫一世被选为神圣罗马帝国皇帝，哈布斯堡王朝开始
1274年	·3月7日，中世纪经院哲学集大成者、意大利神学家托马斯·阿奎那去世。约生于1225年。著有《论存在与本质》、《神学大全》
1275年	·意大利旅行家马可·波罗到中国，留居17年后返威尼斯，撰《马可·波罗游记》
1276年	·中国元朝科学家郭守敬首次采用海平面高程作为基准高程进行测量。1281年制定《授时历》，由朝廷颁行
1279年	·中国元军破崖山，陆秀夫负幼帝蹈海卒。南宋亡
1283年	·莫斯科大公国建立
1296～1462年	·意大利建佛罗伦萨大教堂，成为文艺复兴建筑的开端
1299年	·奥斯曼一世创建奥斯曼帝国
13世纪下半叶至14世纪初	·中国元杂剧创作出现高峰。名家有关汉卿、白朴、马致远、王实甫、郑光祖，名作有《窦娥冤》、《墙头马上》、《汉宫秋》、《西厢记》等
13世纪末	·意大利形成佛罗伦萨画派
1321年	·9月14日，中世纪文艺复兴运动先驱但丁去世。生于1265年5月。代表作《神曲》
1322年	·中国元朝画家、书法家赵孟頫去世。生于1254年
1337年	·1月8日，意大利美术家乔托去世。生于1266年（一说1276年）。代表作《最后审判》等
	·英法百年战争爆发。1453年，战争以法国胜利结束
1348～1353年	·意大利作家G.薄伽丘创作《十日谈》，为欧洲文学史上第一部现实主义作品
1351年	·中国元末农民起义爆发
1356年	·北德意志各城市间建立汉萨同盟
1360年	·英法两国签订布莱特尼条约
1368年	·中国朱元璋在应天府（治所在今南京）称帝，国号明，建都南京。明军入大都（今北京），元亡
1370年	·中国明廷诏定科举制，规定八股格式
1373年	·荷兰在梅尔韦德运河上建船闸，为欧美第一座船闸
1374年	·7月19日，意大利诗人、人文主义学者F.彼特拉克去世。生于1304年7月20日。著有《歌集》等
1378年	·罗马天主教会大分裂开始
1381年	·英国颁布最早的航海条例
1384年	·中国明朝规定科举考试每三年一试，形成定制
1392年	·日本分为南朝、北朝
	·李氏朝鲜建立
1398年	·帖木儿帝国攻入印度，焚掠德里
1399年	·中国明朝燕王朱棣起兵北平（今北京），靖难之役起。1402年登帝位
14世纪初至1521年	·印第安人阿兹特克文明存在
14世纪上半期	·中国已大量制造铜火铳，称“铜将军”。1332年制造的青铜铸炮是迄今发现的世界上最古老的火炮
14世纪中期	·中国元末明初小说家施耐庵著《水浒传》
14世纪中期至后期	·中国元末明初小说家罗贯中著《三国演义》
14世纪末期	·德意志纽伦堡出现雕版印刷的宗教版画，为欧洲最早的雕版印刷物
14世纪	·黑死病（鼠疫）流行欧洲，死亡约2 500万人
14～15世纪	·意大利佛罗伦萨毛织业中出现资本主义手工工场
14～16世纪	·欧洲文艺复兴时期
1402年	·帖木儿帝国在安卡拉战役中击败奥斯曼帝国，俘苏丹巴耶塞特一世
1405～1433年	·中国明朝郑和等七次出使西洋，历30余国
1408年	·中国明朝《永乐大典》成书
1409年	·中国明成祖朱棣在北京北郊建陵墓，明十三陵始建
	·中国藏传佛教格鲁派创始人宗喀巴在拉萨发起大祈愿法会，显示其在藏传佛教中的权威地位。格鲁派崛起
1410～1422年	·中国明成祖朱棣因使者被杀，丘福全军覆没，鞑靼、瓦剌叛服无常，连续五次率军大举出击蒙古
1411年	·中国明朝发30万民工疏浚改建会通河，通漕运，罢海漕
1420年	·中国明朝建成世界最大宫殿建筑群——北京紫禁城宫殿
	·中国明朝始建天坛，为中国现存最大坛庙建筑
1421年	·中国明朝迁都北京，以北京为京师，以南京为留都
1429年	·法国民族英雄圣女贞德击败英军，解除奥尔良之围
1436年	·朝鲜以铅活字排印《通鉴纲目》，为世界最早的铅活字印刷书籍

1441年	·葡萄牙殖民者劫掠10名非洲黑人带回里斯本出售，非洲奴隶贸易开始
1449年	·中国明英宗亲征入侵的瓦剌军队，在怀来土木堡被俘，50万明军溃灭。史称土木之变
1452年	·德意志J.谷登堡在西方率先使用铅活字排版的活版印刷术
1453年	·奥斯曼土耳其军队攻占君士坦丁堡，拜占廷帝国灭亡
1457年	·中国明朝发生夺门之变
1462年	·德意志美因河畔法兰克福出现一年一度的定期书市，成为当时欧洲书籍交易中心
1472年	·4月25日，意大利建筑师L.B.阿尔贝蒂去世。著有《论建筑》
1488年	·葡萄牙航海家B.迪亚士抵好望角
1489年	·意大利舞蹈家B.波塔编导的意大利第一部宴会芭蕾上演
1492年	·意大利航海家C.哥伦布首次横渡大西洋，发现美洲大陆，开辟从欧洲横渡大西洋到美洲的新航线
1494年	·西班牙、葡萄牙签订《托德西利亚斯条约》，划分两国殖民势力范围
1498年	·葡萄牙航海家达·伽马绕行好望角抵印度，开辟欧洲到印度的航路
15世纪初	·尼德兰画家凡·爱克兄弟完善油画技术，油画遂成为世界重要画种
	·中国蒙古族史诗《江格尔》基本定型（一说定型于13～17世纪）
15世纪后期	·意大利形成威尼斯画派
	·日本绘画史上最大画派狩野派形成，代表人物是狩野正信、狩野元信、狩野永德等
15世纪末	·英国开始剥夺农民土地的圈地运动，形成农业资本家
15世纪末或16世纪初	·8、9世纪之交开始流传的阿拉伯著名民间故事集《一千零一夜》基本定型
1500年	·葡萄牙殖民者抵达巴西
1502年	·意大利A.韦斯普奇航行到达南美洲，并向世界发布发现“新大陆”消息
1506年	·罗马圣彼得大教堂动工修建，1626年建成，为世界最大的天主教堂
1516年	·英国早期空想社会主义者T.莫尔的《乌托邦》出版，为欧洲第一部空想社会主义著作
1517年	·德意志宗教改革家马丁·路德公布《九十五条论纲》，引发宗教改革
	·奥斯曼帝国征服埃及
1518年	·佛郎机（葡萄牙）使者至中国
1519年	·5月2日，意大利艺术家达·芬奇去世。生于1452年。代表作有《最后的晚餐》、《蒙娜丽莎》等
1519～1521年	·葡萄牙人F.de麦哲伦所率船队进行人类第一次环球航行
1520年	·4月6日，意大利画家拉斐尔去世。生于1483年4月6日。代表作有《西斯廷圣母》、《雅典学派》等
	·英国亨利八世和法国法兰西斯一世会晤，结束英法敌对关系
1524年	·5月，发生德意志农民战争。1526年7月战争失败
1527年	·6月22日，意大利政治思想家N.马基雅维利去世。生于1469年5月3日。作《君主论》，提出马基雅维利主义
1529年	·中国明朝哲学家、心学集大成者王守仁去世。生于1472年。著有《大学问》、《传习录》
1532年	·葡萄牙在巴西建立殖民地
	·西班牙殖民者F.皮萨罗入侵印加帝国
约1541年	·中国明朝罗洪先绘成中国现存最早的全国性综合地图集《广舆图》
1543年	·波兰天文学家N.哥白尼的《天体运行论》出版，建立日心体系说
	·比利时医生A.维萨里的《人体构造论》出版，创立近代人体解剖学
1550年	·西方第一部美学史著作《艺苑名人传》由意大利画家、美术史家G.瓦萨里完成
1556年	·德国G.阿格里科拉出版《论冶金》，为欧洲最早全面论述矿冶技术的著作
1557年	·葡萄牙占驻澳门
1563年	·中国明朝将领戚继光、俞大猷、刘显大破倭寇，浙、闽倭寇渐平
1564年	·2月18日，意大利雕刻家、画家、建筑师米开朗琪罗去世。生于1475年3月6日。代表作有雕塑《大卫》、《摩西》，壁画《创世纪》和《最后审判》等
1566～1609年	·尼德兰资产阶级革命
1567～1619年	·中国明朝隆庆、万历年间署名兰陵笑笑生的《金瓶梅》成书，为中国第一部文人独立创作的长篇小说
1569年	·G.墨卡托发明正轴等角圆柱投影（即墨卡托投影），绘制世界航海图
1569～1571年	·中国明朝蓟州镇总兵戚继光率官兵完成蓟、昌两镇1 200多里长城加固改造工程，加筑1 489座空心敌台，边备整饬一新
1578年	·中国明朝医药学家李时珍的《本草纲目》成书
16世纪70年代	·中国明朝小说家吴承恩著《西游记》
1580年	·意大利威尼斯建立世界最早的银行
1580～1640年	·葡萄牙被西班牙统治
1581年	·中国明朝张居正改革赋役制度，推行一条鞭法
	·中国明朝乐律学家朱载堉提出“新法密率”，在世界音乐史上最早完成十二平均律理论的计算
1582年	·教皇格列高利十三世颁行格雷果里历，即现行公历
	·意大利传教士利玛窦到中国，开创“科学传教”
1583年	·意大利植物学家A.切萨皮诺完成巨著《植物十六卷》，提出以果实为基础的植物分类系统
1587年	·中国明朝封西藏格鲁派领袖索朗嘉措为“朵只儿唱达赖喇嘛”
1588年	·英国打败西班牙无敌舰队
1589年	·法国波旁王朝开始
1590年	·丰臣秀吉统一日本
1592年	·日本丰臣秀吉派军入侵朝鲜，明廷命李如松援朝，次年大败日军。1598年日军退出朝鲜。史称壬辰卫国战争

1596年	·6月，法国政治思想家J.博丹去世。生于1530年。最早提出货币数量论。著有《国家论》
1598年	·中国明朝戏曲作家汤显祖著成传奇剧本《牡丹亭》
16世纪	·早期世界市场开始出现
1600年	·2月17日，意大利思想家G.布鲁诺被宗教裁判所判为“异端”并烧死。生于1548年。著《论无限宇宙和世界》，发展哥白尼的日心体系和宇宙无限性观念
	·英国东印度公司成立
	·英国科学家W.吉伯发现地球是个大磁体并发表《论磁》，标志着磁学的诞生
1602年	·荷兰联合东印度公司成立
	·意大利耶稣会来华传教士利玛窦的《坤舆万国全图》在中国刊行。此为在中国用西法绘制的现存最早的世界地图
1609年	·德国天文学家J.开普勒出版《新天文学》，创立行星运动第一、第二定律，1619年又出版《宇宙谐和论》，提出行星运动第三定律，总称开普勒定律
	·意大利伽利略制成第一架天文望远镜，第一次用望远镜观察星空
1611～1632年	·瑞典国王古斯塔夫二世·阿道夫实行军事改革，建立常备军，为步兵团配属野战炮兵队，在欧洲最先采用线式作战队形
1613年	·俄国罗曼诺夫王朝建立
1615年	·中国女真部首领努尔哈赤正式建立军事行政生产合一的八旗制度
1616年	·4月23日，西班牙作家M.de塞万提斯去世。生于1547年9月。著有《堂吉诃德》等
	·4月23日，英国诗人、戏剧家W.莎士比亚去世。生于1564年4月23日。代表作有《哈姆雷特》、《罗密欧与朱丽叶》等
	·中国努尔哈赤称汗，都赫图阿拉（今辽宁新宾），国号金。史称后金
1618年	·5月23日，欧洲三十年战争发生，1648年10月战争结束
1619年	·中国明朝援辽军出抚顺关与后金军决战，大败于抚顺关外萨尔浒等地
1622年	·荷兰殖民者入侵中国台湾
1626年	·4月9日，英国哲学家F.培根去世。生于1561年1月22日。著有《新工具论》等
1628年	·中国明末农民战争爆发
	·英国医师、生理学家W.哈维完成《心脏运动论》，建立血液循环理论
1630年	·英国托马斯·曼的《英国得自对外贸易的财富》写成，系统阐述重商主义经济思想
1630～1653年	·印度莫卧儿王朝皇帝沙·贾汗建造泰姬陵
1633～1639年	·日本先后5次颁布锁国令
	·中国明朝科学家徐光启去世。生于1562年。编著《农政全书》，翻译《几何原本》
1636年	·5月，中国后金汗皇太极在盛京（今沈阳）即帝位，改国号为大清
	·美国建剑桥学院，1639年改名哈佛学院（今哈佛大学）
1640年	·11月，英国资产阶级革命开始
1641年	·3月8日，中国明朝科学家徐霞客去世。生于1587年1月5日。著有《徐霞客游记》
	·荷兰从葡萄牙手中夺走马六甲
1642年	·法国B.帕斯卡发明利用齿轮转动进行加减法运算的计算机器
1644年	·4月，中国李自成率大顺军攻占北京，崇祯帝自缢，明亡
	·5月，清军、吴三桂军队与大顺军进行山海关之战，大顺军败，清军入关
	·6月，中国明福王朱由崧在南京即帝位，建立南明弘光政权
1645年	·6月，中国清军占南京，南明弘光政权亡
	·8月28日，荷兰法学家、自然法学派创始人、近代国际法奠基者H.格劳秀斯去世。生于1583年。著有《海上自由论》、《战争与和平法》等
1647年	·波兰天文学家J.赫维留发表第一幅较详细的月面图
1649年	·1月30日，英王查理一世被处决，英国成为共和国（至1660年）
1650年	·2月11日，法国哲学家、科学家R.笛卡尔去世。生于1596年。建立二元论哲学体系，创立解析几何学
1651年	·英国哲学家T.霍布斯代表作《利维坦》发表
1652年	·五世达赖喇嘛阿旺罗桑嘉措至北京朝见清顺治皇帝，清廷册封他为“西天大善自在佛所领天下释教普通瓦赤喇怛喇达赖喇嘛”，赐金册金印，确立达赖喇嘛在西藏佛教的领袖地位
1656年	·中国清廷下禁海令，1661年又下迁海令，勒令东南沿海居民内迁，至1683年解除
1660年	·5月，英国斯图亚特王朝复辟
	·英国皇家学会成立
1661年	·法国始建凡尔赛宫，至18世纪路易十五时期工程大体完成，为欧洲最大宫殿
1662年	·2月，中国郑成功收复台湾
	·英国经济学家威廉·配第发表《赋税论》，提出劳动生产率与商品价值大小成反比
1665年	·英国物理学家R.胡克在显微镜下发现细胞
1666年	·法国科学院成立
约1666年	·中国明朝科学家宋应星去世。生于1587年。著有《天工开物》
1669年	·10月4日，荷兰画家伦勃朗去世。生于1606年7月15日。代表作有《夜巡》等
1673年	·2月17日，法国喜剧家、戏剧活动家莫里哀去世。生于1622年1月15日。代表作有《伪君子》、《吝啬鬼》等
1675年	·英国建立格林尼治皇家天文台
1675～1710年	·英国在伦敦建圣保罗大教堂（伦敦）
1676年	·丹麦天文学家O.罗默推算出光的速度
1677年	·2月20日，荷兰哲学家B.斯宾诺莎去世。生于1632年11月24日。著有《理智改进论》、《伦理学》等
1682年	·中国学者、思想家顾炎武去世。生于1613年。开朴学之先，著有《日知录》、《天下郡国利病书》等

1683年	·7月，郑克塽降清，8月，中国康熙帝统一台湾
1684年	·德国数学家、哲学家G.W.莱布尼茨发表第一篇微分学论文，两年后又发表第一篇积分学论文，创立微积分学
1687年	·英国物理学家、数学家I.牛顿发表《自然哲学的数学原理》，提出力学三大定律和万有引力定律
1688年	·中国戏曲作家洪昇写成传奇《长生殿》
1688～1689年	·英国光荣革命，詹姆斯二世被废黜，威廉三世即位
1689年	·9月7日，中俄《尼布楚条约》签订，正式划分中俄东段边界
1690年	·中国清军在乌兰布通大败南下的准噶尔部叛军，噶尔丹仅带数千人逃走
1692年	·中国学者顾祖禹完成《读史方舆纪要》，为中国沿革地理的集大成巨著
	·中国思想家王夫之去世。生于1619年，有《船山遗书》传世
1695年	·中国思想家、史学家黄宗羲去世。生于1610年。有《明儒学案》、《明夷待访录》等传世
1698年	·俄国沙皇彼得一世开始经济改革，大力发展工业，整顿财政税务制度
	·英国工程师T.萨弗里制成第一台实用于矿井抽水的蒸汽机，首次将蒸汽用作工业动力
1699年	·中国清代戏曲作家孔尚任撰成传奇史剧《桃花扇》
	·奥地利从奥斯曼帝国手中取得匈牙利
17世纪中叶至18世纪下半叶	·贩卖奴隶成为非洲、欧洲和美洲之间的重要贸易活动
17世纪	·欧洲近代货币（纸币）在英国产生
	·五线谱在欧洲逐步完善，至18世纪定型，成为世界通用的记谱法
	·芭蕾在法国宫廷形成
	·日本开始流行浮世绘
1702年	·首份英文时报《库朗日报》问世
1703年	·中国清廷始建热河行宫——承德避暑山庄
1704年	·10月28日，英国哲学家J.洛克去世。生于1632年8月29日。著有《人类理智论》、《政府论》、《教育漫话》等
1705年	·12月9日，英国科学家F.豪克斯比制成第一台大功率静电起电机，并进行辉光放电实验
	·英国天文学家、数学家E.哈雷发现一颗周期彗星，后人称之为哈雷彗星
	·英国R.胡克在《论地震》中提出用生物化石记述地球历史
1706年	·中国《全唐诗》编成，次年出版
1707年	·英格兰与苏格兰合并
1709年	·中国清廷在北京始建圆明园
	·英国A.达比用焦炭代替木炭炼铁成功
1710年	·英国议会通过世界上第一部版权法《安妮女王法令》
1713年	·中国清廷正式册封班禅五世罗桑意希以“额尔德尼”名号，从此全称“班禅额尔德尼”，予以金册金印，委以后藏部分地区政教权力
1715年	·中国清代小说家蒲松龄去世。生于1640年。著有《聊斋志异》
1716年	·11月14日，G.W.莱布尼茨去世。生于1646年7月1日。著有《单子论》、《人类理智新论》等
	·中国《康熙字典》成书
1717年	·中国首次在实测基础上采用经纬网绘成《皇舆全览图》
1724年	·2月8日，俄国科学院成立
1726年	·中国官修类书《古今图书集成》刊行
1727年	·3月31日，I.牛顿去世。生于1643年1月4日。著有《自然哲学的数学原理》、《光学》等
1730年	·英国机械师西森发明经纬仪
1735年	·瑞典博物学家C.von林奈发表《自然系统》，首次统一植物与动物分类体系（纲、目、属、种）
1744年	·中国《大清一统志》成书
1750年	·7月28日，德国作曲家J.S.巴赫去世。生于1685年3月21日。作《赋格的艺术》、《马太受难曲》等
	·中国清廷在北京始建清漪园（重建后改名颐和园）
1751年	·中国清廷正式授予达赖喇嘛·格桑嘉措（七世达赖）管理西藏行政事务的权力，从而建立了政教合一的西藏噶厦地方政府
1751～1772年	·法国D.狄德罗主编的《百科全书》编纂出版，开创现代百科全书时代
1755年	·2月10日，法国启蒙思想家C.-L.de S.孟德斯鸠去世。生于1689年1月18日。提出“三权分立”学说，著有《论法的精神》
	·11月1日，里斯本发生里氏8.8级地震，为欧洲历史上最大的一次地震
1756～1763年	·欧洲国家在欧洲、美洲、印度等地和海域发生争夺殖民地和领土的七年战争
1757～1849年	·英国逐步征服印度各个土邦，确立殖民统治
1759年	·英军在魁北克大败法军，法国在北美洲势力自此走向消亡
1762年	·中国清朝在西域设伊犁将军，驻惠远城，总统天山南北两路事务
1763年	·2月12日，中国清代小说家曹雪芹去世。生于1715年。著有《红楼梦》
1764年	·英国织工J.哈格里夫斯发明珍妮纺纱机，标志英国工业革命开始
1768年	·《不列颠百科全书》在苏格兰开始编纂，1771年出版
1769年	·英国发明家J.瓦特开始改进蒸汽机，1782年发明并试制成功双动式蒸汽机，出现以蒸汽机的完善和应用为标志的技术革命
18世纪60年代至19世纪末	·欧洲工业革命基本完成
1770年	·维也纳古典乐派兴起，代表人物J.海顿、W.A.莫扎特、L.van贝多芬
1772年	·波兰第一次被瓜分，1793年、1795年又被瓜分两次，国家灭亡，直至1918年复国
1773年	·中国清朝开始编纂《四库全书》，1782年完成
1773～1774年	·俄国发生历史上规模最大的农民起义——普加乔夫起义
1774年	·9月5日至10月22日，北美第一届大陆会议召开

1775年	·4月，北美独立战争爆发，1783年9月，美、英签订《巴黎条约》，战争结束
1776年	·7月4日，北美第二届大陆会议通过了《独立宣言》，美利坚合众国（美国）诞生
	·英国经济学家亚当·斯密发表《国富论》，创立古典政治经济学理论体系
1777年	·中国清朝经学家、思想家戴震去世。生于1723年。著有《孟子字义疏证》、《原善》等
1778年	·2月6日，《法美同盟条约》签订
	·5月30日，法国启蒙思想家伏尔泰去世。生于1694年11月21日。著有《哲学通信》等
	·7月2日，法国启蒙思想家J.-J.卢梭去世。生于1712年6月28日。著有《社会契约论》等
1780年	·中国西藏班禅额尔德尼·班丹益希（六世班禅）到承德避暑山庄觐见乾隆皇帝，参加乾隆帝70岁寿辰庆典。乾隆帝在山庄北宫墙外建须弥福寿之庙供其驻锡、诵经
1781年	·2月15日，德国民族文学奠基人、剧作家文艺理论家G.E.莱辛去世。生于1729年1月22日。著有《爱米丽雅·迦洛蒂》、《汉堡剧评》等
	·英国天文学家F.W.赫歇耳发现天王星
1783年	·9月19日，法国蒙哥尔费兄弟制成世界第一个热空气气球并升空，11月21日载人升空，为人类首次升空航行
1788年	·4月16日，法国博物学家G.-L.L.de布丰去世。生于1707年9月7日。著有《自然史》
1789年	·7月14日，法国大革命爆发
	·8月26日，法国制宪议会通过《人权宣言》
	·德国化学家M.H.克拉普罗特发现元素铀
1789～1797年	·G.华盛顿就任美国首届总统
1791年	·12月5日，奥地利作曲家W.A.莫扎特去世。生于1756年1月27日。作有歌剧《费加罗的婚姻》、《魔笛》等
1792年	·9月22日，法兰西第一共和国建立
	·中国乾隆帝定金瓶掣签制度，由清朝驻藏大臣或理藩院尚书监临掣定，以决定蒙、藏大活佛转世灵童人选
1793年	·1月21日，法国国王路易十六被处死
	·6月2日，法国雅各宾派推翻吉伦特派统治，取得政权
	·中国清廷颁布《钦定西藏章程》，实现了对西藏完全而有效的管理
1794年	·7月，法国发生热月政变，雅各宾派领导人M.-F.-M.-I.de罗伯斯比尔等被处决
1796年	·中国爆发川楚白莲教起义，历时9年失败
	·英国医生E.詹纳发明牛痘接种法，预防天花
	·法国数学家、天文学家P.-S.拉普拉斯发表《宇宙体系论》，提出太阳系起源的星云假说
1798年	·英国经济学家T.R.马尔萨斯匿名发表《人口原理》，其观点被称为马尔萨斯人口论
1798～1799年	·法军统帅拿破仑·波拿巴远征埃及
1799年	·11月9日，法国发生雾月政变，拿破仑上台执政
	·欧洲爆发拿破仑战争
1801年	·德国数学家C.F.高斯的《算术研究》出版，为近代数论研究的起点
	·意大利天文学家G.皮亚齐发现第一颗小行星谷神星
1804年	·2月12日，德国古典哲学奠基者I.康德去世。生于1724年4月22日。著有《纯粹理性批判》等
	·法兰西共和国改为法兰西帝国，拿破仑·波拿巴称帝，为拿破仑一世
	·《法国民法典》(《拿破仑法典》) 颁布
	·奥地利帝国建立，1867年6月成立奥匈帝国，奥地利帝国不复存在
1805年	·5月9日，德国诗人、剧作家J.C.F.von席勒去世。生于1759年11月10日。著有《阴谋与爱情》、《华伦斯坦》、《欢乐颂》等
1806年	·7月，莱茵同盟建立，拿破仑势力深入德意志，导致同年9月第四次反法联盟建立
1807年	·法国与俄国、普鲁士签订《提尔西特和约》，第四次反法联盟瓦解
1809年	·5月31日，奥地利作曲家J.海顿去世。生于1732年3月31日。被后世称为“交响乐之父”，作有100余首交响曲
1812年	·6月24日，法军侵入俄国，俄国1812年卫国战争爆发。12月底，拿破仑一世逃回巴黎
	·法国G.居维叶发表《四足动物骨骼化石研究》，提出“灾变”理论
1814年	·1月27日，德国哲学家J.G.费希特去世。生于1762年5月19日。著有《全部知识学基础》、《论学者的使命》等
1814～1815年	·维也纳会议召开，签订《最后议定书》
1815年	·6月18日，拿破仑一世在滑铁卢之战中败北，“百日王朝”覆灭
	·11月，英、俄、普、奥四国同盟形成
	·11月，中国学者段玉裁去世。生于1735年。著有《六书音均表》、《说文解字注》等
1817年	·英国经济学家大卫·李嘉图发表《政治经济学及赋税原理》，建立起以劳动价值论为基础、以分配论为中心的经济理论体系
1820年	·法国G.居维叶与E.G.伊莱尔展开有关物种进化的大辩论
1822年	·7月8日，英国诗人P.B.雪莱去世。生于1792年8月4日。著有《解放了的普罗米修斯》、《诗之辩护》等
	·9月7日，巴西独立，12月1日，建立立宪帝国
	·法国学者J.-F.商博良释读出埃及罗塞塔石碑上的象形文字，为埃及学奠定了基础
1823年	·美国政府提出门罗主义
1824年	·4月19日，英国诗人G.G.拜伦去世。生于1788年1月22日。著有《唐璜》、《恰尔德·哈罗尔德游记》等
1825年	·5月19日，法国空想社会主义者C.-H.de圣西门去世。生于1760年10月17日。著有《新基督教》、《论实业制度》等
	·9月27日，英国G.斯蒂芬森主持建成的世界第一条铁路通车，并开始运行由他设计的“动力”1号蒸汽机车
	·12月26日，俄国十二月党人起义

	·12月29日，法国画家J.-L.大卫去世。生于1748年8月30日。代表作《荷拉斯兄弟之誓》、《马拉之死》等
	·资本主义世界第一次经济危机在英国爆发
1826年	·德国物理学家G.S.欧姆发现欧姆定律
1827年	·3月26日，德国作曲家L.van贝多芬去世。生于1770年12月16日。作有《命运》交响曲、《合唱》交响曲、《热情》奏鸣曲等
1828年	·11月19日，奥地利作曲家F.舒伯特去世。生于1797年1月31日。作有数量巨大的艺术歌曲、声乐套曲及交响曲等
1830年	·法国七月革命爆发，推翻第二次复辟的波旁王朝，建立奥尔良王朝
1831年	·11月14日，德国哲学家G.W.F.黑格尔去世。生于1770年8月27日。著有《精神现象学》、《逻辑学》、《哲学全书》等
	·英国物理学家、化学家M.法拉第发现电磁感应现象，随后几年建立了电磁感应定律
1832年	·3月22日，德国诗人J.W.von歌德去世。生于1749年8月28日。著有《浮士德》、《少年维特之烦恼》等
	·瑞典建成连接北海和波罗的海的耶塔运河
	·普鲁士军事理论家C.von克劳塞维茨的遗作《战争论》出版，奠定现代军事学基础
1833年	·8月1日，《东西洋考每月统记传》在中国广州创刊，为中国境内出版的第一份中文期刊
	·俄国物理学家H.F.E.楞次提出楞次定律，于1834年发表
1835年	·美国发明家S.F.B.莫尔斯创造电报通信用的莫尔斯电码，1837年制成电磁式电报机
1836年	·丹麦考古学家C.J.汤姆森提出以石器时代、青铜时代、铁器时代为史前时代三阶段之说，奠定史前考古学研究基础
1837年	·2月10日，俄国诗人、俄罗斯近代文学奠基人A.S.普希金去世。生于1799年6月6日。著有《叶甫盖尼·奥涅金》、《上尉的女儿》等
1838～1839年	·德国植物学家M.J.施莱登和动物学家T.A.H.施万共同创立细胞学说
1839年	·6月3日，中国林则徐在虎门海滩销毁收缴的鸦片
	·8月19日，法国科学院公布L.-J.-M.达盖尔创造的“银版摄影法”，摄影术诞生
1840年	·5月，英国发行世界第一枚邮票——黑便士邮票，实行均一邮资制
	·6月，英国对中国发动鸦片战争
1841年	·9月26日，中国文学家、思想家龚自珍去世。生于1792年8月22日。著有《定盦文集》
1842年	·3月23日，法国小说家斯丹达尔去世。生于1783年1月23日。著有《红与黑》
	·8月，中国清朝政府被迫签订中英《南京条约》，割让香港，开放广州等五口对外通商
	·中国思想家魏源完成《海国图志》50卷（1852年增至100卷）
	·德国H.施瓦贝发现约为10年的太阳黑子周期（后人确定为11年）
1845年	·11月，《上海租地章程》订立，外国在中国设租界肇始
1845～1846年	·德国K.马克思发表《关于费尔巴哈的提纲》及与F.恩格斯合著的《德意志意识形态》，标志着马克思主义哲学的形成
1845～1862年	·德国自然科学家A.von洪堡的《宇宙》（5卷）陆续出版
1846年	·5月，英国废除谷物法，标志着英国自由贸易政策的确立；三年后废除航海条例，自由贸易替代保护贸易
	·9月23日，德国天文学家J.G.伽勒根据英国天文学家J.C.亚当斯、法国天文学家U.-J.-J.勒威耶各自独立计算的轨道根数观测，发现海王星
1847年	·6月，欧洲共产主义者同盟建立，为第一个以科学社会主义为指导思想的国际无产阶级政党
	·7月23日，德国物理学家H.von亥姆霍兹发表论文《论力的守恒》，后发展成热力学第一定律
1848年	·2月，K.马克思和F.恩格斯合著的《共产党宣言》发表，标志马克思主义诞生
	·英国G.埃佛勒斯率印度测量队在喜马拉雅山地区进行测量。1852年计算出珠穆朗玛峰高8 839.8米，为世界第一高峰，比中国2005年10月公布的数字仅低4.63米
	·欧洲1848年革命爆发。法国奥尔良王朝被推翻，法兰西第二共和国建立
1849年	·2月，罗马共和国成立，5个月后被颠覆
	·7月31日，匈牙利诗人裴多菲去世。生于1823年1月1日。著有《自由与爱情》等
	·10月17日，波兰作曲家F.F.肖邦去世。生于1810年3月1日。作有前奏曲、夜曲、叙事曲、练习曲、马祖卡、波洛奈兹舞曲等
1849～1851年	·英国考古学家A.H.莱亚德在伊拉克摩苏尔发掘古代新亚述帝国都城尼尼微古城时，发现大批艺术珍品和楔形文字泥板
19世纪40年代	·英国完成工业革命
1850年	·8月18日，法国小说家H.de巴尔扎克去世。生于1799年5月20日。著有总题目为《人间喜剧》的近百部长篇小说
1851年	·1月，中国洪秀全领导拜上帝会在广西桂平金田村起义，建号太平天国
	·12月2日，法国总统路易·拿破仑·波拿巴发动政变。翌年12月称皇帝（拿破仑三世），建立法兰西第二帝国
	·法国实验物理学家J.-B.-L.傅科用摆的实验证明地球自转
	·英国哲学家、社会学家H.斯宾塞发表《进化的假说》，提出社会进化论思想
1852年	·3月4日，俄国作家N.V.果戈理去世。生于1809年4月1日。著有《钦差大臣》、《死魂灵》等
	·克里木战争爆发。1856年俄国战败，被迫签订《巴黎和约》(1856)，战争结束

1854年	·英、美、法在中国上海成立江海关关税管理委员会，出现第一个洋关，从此中国海关在外国总税务司控制下，直至1949年10月收回海关主权
1855年	·美国海洋学家M.F.莫里发表第一部海洋学著作《海洋自然地理学》
1856年	·2月17日，德国诗人H.海涅去世。生于1797年12月13日。著有《德国，一个冬天的童话》等
	·9月，中国太平天国天王洪秀全、北王韦昌辉杀东王杨秀清，又滥杀东王部下二万多名将士，天国实力大损
	·10月，英国借口亚罗号事件，舰队攻入中国广东珠江口，一度攻入广州外城，发动第二次鸦片战争
1857年	·5月，印度民族大起义爆发，1859年4月失败
	·12月，英法联军攻占广州。次年1月成立联军委员会，统治广州三年
	·英国爆发经济危机，波及美、法、德等国，形成第一次世界性经济危机
1858年	·5月，中国清朝政府被迫签订中俄《瑷珲条约》，割让黑龙江以北、外兴安岭以南60多万平方千米的中国领土给俄国
	·6月，俄、美、英、法逼迫中国清朝政府相继签订《天津条约》
1859年	·K.马克思《政治经济学批判》第一分册出版，系统论述劳动价值论和商品货币理论
	·英国生物学家C.R.达尔文的《物种起源》出版，提出生物进化论
1860年	·8～10月，英法联军占领中国天津，攻陷北京，劫掠、焚毁圆明园等五所皇家园林
	·10月，中国清朝政府被迫签订中英、中法《北京条约》，割让九龙司给英国，赔偿英国800万两白银、法国800万两白银
	·11月，中国清朝政府被迫签订《中俄北京条约》，将乌苏里江以东约40万平方千米的中国领土划归俄国
	·法国E.拉尔太发表《关于西欧地质时代的人类》，为古人类学奠基作之一
1861年	·1月，中国咸丰帝批准设立总理各国事务衙门，1862年3月机构成立
	·3月4日，A.林肯就任美国第16任总统，1865年4月14日遇刺身亡
	·4月，美国南北战争发生
	·8月，中国咸丰帝卒。子载淳即位，以明年为祺祥元年。11月，慈禧太后发动辛酉政变，改年号同治，两太后垂帘听政
	·12月，中国清朝大臣曾国藩创办安庆内军械所，洋务运动开始
	·12月，墨西哥反英法西战争发生，1867年7月，墨西哥取得胜利
	·意大利王国成立，1870年意大利完成统一
	·俄国1861年改革开始，沙皇签署废除农奴制法令，自上而下解放农奴
1862年	·9月22日，美国内阁会议公布预告性《解放宣言》(草案)，1863年元旦正式颁布生效
	·9月，O.von俾斯麦就任普鲁士王国首相。1871年德意志统一时兼任德意志帝国宰相
	·瑞典化学家A.B.诺贝尔完成硝化甘油爆炸实验，1867年发明达纳炸药
1863年	·3月，美国国家科学院（NAS）成立
	·英国伦敦建成世界第一条地下铁道
	·英国人类学家T.H.赫胥黎发表《人类在自然界的位置》，首次提出人猿同祖
1864年	·7月，天京失陷，中国太平天国中央政权覆亡
	·9月，国际工人协会（即第一国际）在伦敦成立
	·10月，《中俄勘分西北界约记》签订，中国清朝被迫把巴尔喀什湖以东、以南和斋桑泊南北44万多平方千米的中国领土割给俄国
	·英国物理学家J.C.麦克斯韦提出电磁场的基本方程组，预言电磁波的存在
1865年	·中国清朝大臣曾国藩、李鸿章在上海建立江南机器制造总局，为19世纪后期中国最大的兵工企业
	·中亚浩罕汗国军事头目阿古柏侵入中国新疆，1870年占领乌鲁木齐
	·奥地利遗传学家G.孟德尔宣读并于次年发表论文《植物杂交试验》，提出两个遗传定律，后称“孟德尔定律”
1866年	·6月，普奥战争发生
	·8月，中国清朝大臣左宗棠在福州马尾设立福州船政局
	·第一次“人类学和史前考古学国际会议”在瑞士召开，标志着近代考古学形成
1867年	·6月，奥匈帝国建立
	·9月，K.马克思《资本论》第一卷出版，标志着马克思主义经济学说形成
1868年	·日本实行明治维新
1869年	·11月，连接地中海和红海的苏伊士运河凿成通航
	·俄国科学家D.I.门捷列夫和德国J.L.迈尔各自独立发现了元素周期律，并给出了相应的周期表
19世纪60年代	·美国完成工业革命
19世纪60年代末	·法国完成工业革命
1870年	·6月9日，英国小说家C.狄更斯去世。生于1812年2月7日。著有《大卫·科波菲尔》、《艰难时世》和《双城记》等
	·7月，普法战争爆发。9月，法兰西第二帝国被推翻。翌年5月，战争结束，法国战败
	·9月4日，法兰西第三共和国建立
	·12月5日，法国作家大仲马去世。生于1802年7月24日。著有《三个火枪手》、《基督山伯爵》等
1871年	·1月18日，德意志帝国建立
	·3月18日，巴黎无产阶级起义，26日成立巴黎公社，5月28日巴黎失陷，公社失败
1872年	·4月13日，德国哲学家L.费尔巴哈去世。生于1804年7月28日。著有《黑格尔哲学批判》、《宗教的本质》等

年代	大事
	·美国怀俄明州在黄石建立国家公园，是世界上第一个自然保护区
1872～1876年	·英国“挑战者”号考察船进行世界首次环球海洋考察，为近代海洋科学的开端
1873年	·德、俄、奥结成三皇同盟
	·德国、美国爆发经济危机，接着冲击英国和法国，经济危机持续约5年
1874年	·印象主义美术思潮出现于法国，代表人物有C.莫奈、P.-A.雷诺阿、P.塞尚等
	·美国铺设世界上第一条输油管线
1874～1876年	·德国考古学家H.谢里曼发掘一系列希腊古城，发现迈锡尼文明，揭示了希腊青铜时代的文明
1875年	·8月，中国清朝派郭嵩焘为出使英国大臣，为中国第一次正式派遣驻外使节
	·K.马克思写作《哥达纲领批判》(1891年发表)，第一次提出共产主义社会分为初级阶段和高级阶段理论
	·比利时企业家Z.T.格拉姆在法国巴黎建成世界第一座火电厂
1876年	·3月，美籍苏格兰人A.G.贝尔发明电话
	·7月，中国第一条铁路淞沪铁路通车
	·中国清朝钦差大臣左宗棠率军收复乌鲁木齐，1877年收复南疆
1877年	·5月，罗马尼亚独立
	·美国人类学家L.H.摩尔根的《古代社会》出版，首次将人类社会划分为“蒙昧”、“野蛮”、“文明”三大时代
1878年	·中国第一枚正式邮票大龙邮票发行
	·法国建成世界第一座水力发电站
1879年	·5月，德国在柏林建成世界上第一条电气化铁路
	·10月7日，德奥同盟形成
	·10月，美国发明家T.A.爱迪生发明有实用价值的炭丝白炽灯，开创人类电气照明时代
	·德国心理学家W.冯特在莱比锡大学建立世界上第一个心理学实验室，标志现代心理学诞生
19世纪70年代	·德国完成工业革命
1882年	·4月19日，C.R.达尔文去世。生于1809年2月12日。著有《物种起源》
	·5月，德奥意三国同盟形成
1883年	·3月14日，K.马克思去世。生于1818年5月5日。创立马克思主义
	·8月，喀拉喀托火山（在今印度尼西亚）爆发，引起剧烈海啸和地震
	·9月3日，俄国作家I.S.屠格涅夫去世。生于1818年11月9日。著有《猎人笔记》、《父与子》等
	·12月，侵越法军进攻中国军队，中法战争爆发。1885年4月，中法双方在巴黎签订停战协定，战争结束
1884年	·11月15日，英、法、德等15个国家召开瓜分非洲的柏林会议，1885年2月26日会议结束
	·越南沦为法国殖民地
1885年	·5月22日，法国诗人、小说家V.雨果去世。生于1802年2月26日。著有《巴黎圣母院》、《悲惨世界》、《九三年》等
	·6月，中国清朝在天津签订《中法新约》
1886年	·7月31日，匈牙利作曲家、钢琴家、指挥家F.李斯特去世。生于1811年10月22日。作有《匈牙利狂想曲》和交响曲《浮士德》等
	·9月9日，《保护文学艺术作品伯尔尼公约》在瑞士伯尔尼签署，为世界第一个国际版权公约
	·象征主义文学流派在法国出现，代表人物有C.波德莱尔、A.兰波、P.克洛代尔等
1887年	·英国、意大利和奥匈帝国两次签订《地中海协定》
	·德国物理学家H.R.赫兹发现光电效应
	·俄国天文学家L.O.斯特鲁维提出银河系自转学说
	·波兰医生、语文学家L.L.柴门霍夫创立世界语
1888年	·6月，法国作曲家P.狄盖特为《国际歌》谱曲
	·12月17日，中国北洋水师建军
1889年	·7月14日，第二国际成立大会在巴黎举行，通过5月1日为国际劳动节的决议
	·10月29日，俄国作家N.G.车尔尼雪夫斯基去世。生于1828年7月24日。著有《艺术对现实的审美关系》、《怎么办？》等
	·11月，巴西推翻皇帝佩德罗二世，建立共和国
	·法国建成埃菲尔铁塔
19世纪80～90年代	·法国出现后印象主义美术，代表人物有P.塞尚、V.凡高、P.高更
1890年	·4月14日，美洲国家组织成立
	·7月29日，荷兰画家V.凡高去世。生于1853年3月30日。代表作有《向日葵》等
	·英国经济学家A.马歇尔《经济学原理》出版，标志着新古典经济学体系建立
1890～1935年	·瑞典探险家斯文·海定多次来华，考察罗布泊、青藏高原等地，发现楼兰古迹，著《中亚考察报告》等
1891年	·9月，荷兰解剖学家E.杜布瓦在爪哇岛（今属印度尼西亚）上第一次发现猿人化石
	·俄国兴建世界上最长的铁路西伯利亚铁路，1916年全线通车
	·法国纤维工艺学家H.B.夏尔多内在贝桑松建成世界第一座硝酸纤维素人造丝厂，开始生产化学纤维
1892年	·8月，法、俄签订军事协定，法俄同盟形成
1893年	·7月6日，法国作家G.de莫泊桑去世。生于1850年8月5日。著有《羊脂球》、《项链》、《俊友》等
	·11月6日，俄国作曲家P.I.柴科夫斯基去世。生于1840年5月7日。作有歌剧《叶甫盖尼·奥涅金》和舞剧音乐《天鹅湖》、《睡美人》、《胡桃夹子》，交响曲《悲怆》等
1894年	·6月16～24日，在法国巴黎召开国际体育运动代表大会，通过1896年在希腊恢复举行奥林匹克运动会的决定，并成立国际奥林匹克委员会
	·7月，日本海军袭击中国北洋水师舰船和运兵轮，中日甲午战争爆发

	·9月，中日两国海军在鸭绿江口外进行黄海海战，是世界海战史上首次装甲舰队间的决战
	·11月，中国民主革命家、思想家孙中山在檀香山建立中国最早的民主革命团体兴中会
	·英国物理学家瑞利和化学家W.拉姆齐合作发现稀有元素氩，1898年拉姆齐又发现氪、氖、氙等元素
1895年	·4月，中国清朝被迫签订中日《马关条约》，割让台湾给日本，并赔款2.3亿两白银
	·5月，中国近代政治家、思想家康有为等联合18省在京应试举人1 300多人上书清廷，请求变法，史称“公车上书”
	·8月5日，F.恩格斯去世。生于1820年11月28日。与K.马克思创立马克思主义
	·9月28日，法国科学家L.巴斯德去世。生于1822年12月27日。开创微生物生理学
	·10月2日，中国第一所大学——北洋大学堂在天津成立
	·10月26日，孙中山领导的广州起义失败。这是中国民主革命团体发动的第一次武装起义
	·12月28日，法国发明家L.卢米埃尔在巴黎首次放映《火车到站》等影片，标志电影时代开始
	·荷兰物理学家H.A.洛伦兹创立经典电子论
	·德国物理学家W.K.伦琴发现X射线
	·意大利物理学家G.马可尼、俄国物理学家A.S.波波夫分别成功地进行无线电通信试验
	·德国建成沟通北海和波罗的海的基尔运河
1896年	·4月，第一届现代奥林匹克运动会在希腊雅典举行
	·德国制定《德国民法典》
	·法国物理学家H.贝可勒尔发现铀的放射性，标志原子核物理学诞生
1897年	·德国出兵武装占领中国胶州湾
	·俄国出兵武装占领中国旅顺、大连
	·英国物理学家J.J.汤姆孙提出阴极射线是由带负电荷的粒子（即电子）组成，导致电子的发现
	·德国工程师R.狄塞尔创制柴油机
	·第一次希土战争，希腊战败。1919～1922年发生第二次希土战争，希腊再次战败
1898年	·3月，俄国社会民主工党（苏联共产党的前身）成立
	·4月，美西战争爆发。8月12日两国签订停火协议。战争以美国胜利而告终
	·6月12日，《菲律宾独立宣言》宣告菲律宾独立
	·6月，中国清朝被迫签订《展拓香港界址专条》，将新界“租借”给英国，租期99年
	·6月，中国光绪帝颁布《明定国是诏》，戊戌变法开始
	·9月，中国慈禧太后发动政变，幽禁光绪帝于南海瀛台，重新“临朝训政”；谭嗣同等戊戌六君子遇害；百日维新失败
	·中国学者严复译《天演论》刊行，介绍“物竞天择，适者生存”的进化思想
	·中国京师大学堂（北京大学前身）创立
	·法国化学家、物理学家M.居里和P.居里发现元素钋、镭，创建放射化学
1899年	·1月，菲律宾第一共和国成立
	·2月，菲美战争爆发。1901年4月菲律宾失败，共和国瓦解
	·3月，中国义和团运动兴起
	·5月18日至7月29日，第一次海牙和平会议召开。1907年召开第二次会议，通过了海牙公约
	·9月，美国国务卿照会英、法、俄、德、日、意六国，提出在中国实行“门户开放”政策
	·10月11日，英布战争爆发，1902年5月31日布尔人被迫签订《弗里尼欣条约》，英国确立了在南部非洲的霸权地位
	·中国河南安阳小屯村出土殷墟甲骨
19世纪末至20世纪初	·以美国经济学家T.凡勃伦、J.R.康蒙斯等为代表的制度学派出现，指出美国资本主义的唯一出路在于社会改良，提出重组美国经济的设想
	·西方国家出现以新式炼钢法和电力使用为中心的技术革命，引发工业垄断组织出现，并与银行垄断资本结合组成垄断资本主义，资本主义世界经济体系形成
1900年	·8月25日，德国哲学家F.尼采去世。生于1844年10月15日。著有《悲剧的诞生》、《权力意志》等
	·8月，八国联军侵入中国北京，慈禧太后挟光绪帝出逃
	·中国在敦煌石窟发现藏经洞
	·沙俄制造海兰泡与江东六十四屯惨案，武力强占中国瑷珲
	·瑞典国王和议会根据化学家A.B.诺贝尔遗嘱成立诺贝尔基金会，设立诺贝尔奖
	·德国物理学家M.普朗克发表《关于正常光谱的能量分布规律》，提出量子论学说
	·荷兰D.弗里斯、德国C.E.利伦斯和奥地利E.玛·切尔马克在各自的实验中，重新发现遗传学孟德尔定律
	·美籍奥地利裔免疫学家K.兰德施泰纳发现人类主要的血型系统
1901年	·9月，中国清朝被迫与英、美、俄、德、日、奥、法、意、西、荷、比11国公使签订《辛丑条约》，中国赔款4.5亿两白银，并丧失多项主权
1902年	·4月8日，中、俄签订《交收东三省条约》（《俄国撤兵条约》）
	·5月20日，古巴共和国成立
	·7月4日，印度哲学家辨喜去世。生于1863年1月12日。著有《吠檀多哲学》等
	·9月28日，法国小说家É.左拉去世。生于1840年4月2日。著有《小酒店》、《萌芽》、《娜娜》等
	·德国化学家E.费歇尔、F.霍夫迈斯特分别提出蛋白质分子结构肽键理论
	·俄国生理学家I.P.巴甫洛夫首次提出“条件反射”学说

	·美国生物学家W.S.萨顿首次提出染色体是遗传物质基础的理论
1903年	·12月，美国莱特兄弟研制的第一架飞机“飞行者”1号试飞成功
	·美国H.福特在底特律创建福特汽车公司。1913年建成世界上第一条流水作业生产线
	·中国学者刘鹗《铁云藏龟》出版，为第一部著录甲骨文字著作
	·俄国社会民主工党第二次代表大会召开，党内形成布尔什维克和孟什维克两个派别
	·德国胶体化学家R.A.席格蒙迪与H.F.W.西登托夫成功研制出超显微镜
1904年	·1月，中国近代第一个新式学制癸卯学制公布施行
	·2月15日，中国民主革命家黄兴、宋教仁等在长沙组织华兴会
	·2月，日本海军偷袭中国旅顺口的俄国军舰，日俄战争爆发，次年俄国战败
	·7月15日，俄国作家A.P.契诃夫去世。生于1860年1月29日。代表作有《变色龙》、《套中人》、《樱桃园》等
	·中国湖南、湖北、广东三省人民要求从美商手中收回投资兴建粤汉铁路的权益，开近代中国利权收回运动之先河
	·英国地理学家H.J.麦金德发表《历史的地理枢纽》演讲，提出“陆心说”
	·英国物理学家J.A.弗莱明制成最早的真空电子管——检波二极管
1905年	·1月，俄国1905年革命发生，1907年6月结束
	·8月，中国同盟会在日本东京成立，孙中山为总理，提出三民主义
	·9月，中国清朝政府废除科举考试制度
	·9月，中国铁路工程师詹天佑主持的中国第一条自行设计施工的京张铁路开工，1909年8月建成
	·中国清朝创立户部银行，为中国最早的国家银行
	·德国（后入美籍）物理学家A.爱因斯坦提出光量子理论和狭义相对论
	·美国生物学家E.B.威尔逊、N.M.史蒂文斯各自独立地确定染色体与性别的关系，指出XX为雌性，XY或XO为雄性
1906年	·4月18日，美国发生里氏8.3级的旧金山地震
	·5月23日，挪威戏剧家、诗人H.易卜生去世。生于1828年3月20日。代表作有四大社会问题剧：《社会支柱》、《玩偶之家》、《群鬼》和《人民公敌》
	·德国化学家、物理学家W.H.能斯特提出热力学第三定律
	·瑞士在阿尔卑斯山脉建成铁路隧道——辛普朗隧道。其中I号隧道长19 803米，为当时世界上最长的铁路隧道
1907年	·8月，英俄协定缔结，英法俄三国协约完成
	·匈牙利数学家F.里斯发表里斯表现定理，为泛函分析发展史上的里程碑
1908年	·7月3日，土耳其革命发生，1909年4月结束
	·德国数学家E.F.F.策梅洛发表《集合论基础研究Ⅰ》，开创公理集合论
	·奥匈帝国吞并波斯尼亚和黑塞哥维那，引起波斯尼亚危机
1909年	·3月1日，美国极地探险家R.E.彼利从哥伦比亚角出发，4月6日到达北极
	·10月，克罗地亚地球物理学家A.莫霍洛维奇通过地震波研究发现地幔与地壳的分界面，即莫霍界面
	·在加拿大发现代表“寒武纪大爆发”的最古老的动物群布尔吉斯页岩动物群
1910年	·4月21日，美国小说家马克·吐温去世。生于1835年11月31日。著有《竞选州长》、《汤姆·索亚历险记》等
	·8月，日本以武力逼迫朝鲜签订《日韩合并条约》，正式吞并朝鲜
	·10月，墨西哥资产阶级民主革命发生，1917年结束
	·11月20日，俄国作家L.N.托尔斯泰去世。生于1828年9月9日。著有《战争与和平》、《安娜·卡列尼娜》、《复活》等
	·中国第一个飞机设计师冯如在美国研制成双翼飞机，飞行表演获得成功
1911年	·10月10日，中国武昌新军起义，占领武昌、汉口、汉阳。11日，成立中华民国军政府，各省响应，形成全国规模的辛亥革命
	·12月14日，挪威探险家R.阿蒙森第一个到达南极
	·中国清华学堂（清华大学前身）创办
	·英国物理学家E.卢瑟福提出原子的核模型
	·国际时间局成立
	·荷兰物理学家H.开默林·昂内斯提出超导电性
1912年	·1月1日，中华民国成立，孙中山就任临时大总统，组织南京临时政府，改用公历
	·2月12日，中国清帝溥仪颁布退位诏书，授权袁世凯组织临时政府。清亡
	·3月10日，中国袁世凯在北京就任临时大总统。3月11日，孙中山在南京颁布《中华民国临时约法》
	·4月14日，泰坦尼克号事件发生
	·8月，中国同盟会联合一些党派改组为国民党
	·9月，巴尔干同盟形成。10月，对土耳其发动战争
	·奥地利物理学家V.F.赫斯发现宇宙线
	·德国地球物理学家A.L.魏格纳提出大陆漂移说
	·德国物理学家M.von劳厄提出X射线在晶体中的衍射理论，标志现代固体物理学的建立
1913年	·3月20日，中国民主革命家宋教仁被刺，22日去世。生于1882年4月5日
	·7月，讨袁二次革命爆发
	·10月，中国国会在袁世凯胁迫下选举他为正式大总统
	·英国地质学家A.霍姆斯提出第一个同位素地质年代表
	·丹麦物理学家N.玻尔提出原子结构的玻尔模型

	·英国化学家F.索迪提出同位素概念，并与德国K.法扬斯分别提出放射性位移定律
1913～1927年	·法国作家M.普鲁斯特的长篇小说《追忆似水年华》出版，运用意识流手法，开现代派小说先河
1914年	·3月，英国代表同中国西藏地方政府设计非法的中印边界线麦克马洪线
	·5月1日，中国袁世凯废除《中华民国临时约法》，公布《中华民国约法》
	·6月28日，奥匈皇储在萨拉热窝遇刺身亡，引发第一次世界大战（1914～1918）
	·7月，孙中山改组国民党为中华革命党
	·8月，沟通太平洋和大西洋的美洲巴拿马运河竣工
	·9月2日，日本借口对德宣战，强占中国山东半岛
	·中国科学社在美国成立，1918年迁至中国
	·德国地球物理学家B.古登堡发现地幔与地核的分界面，即古登堡界面
	·英法联军与德军展开第一次马恩河会战，1918年展开第二次会战，协约国从此完全掌握战略主动权
1915年	·1月，在中国最早倡导民主和科学的《科学》杂志创刊
	·6月，中、俄、蒙签订《恰克图协约》，外蒙古承认中国宗主权，中、俄承认外蒙古自治，为中国领土的一部分
	·12月12日，袁世凯复辟帝制，改“中华民国”为“中华帝国”。12月25日，蔡锷等宣告云南独立，组织护国军讨袁；护国战争爆发
	·中国大型辞书《辞源》出版
	·德国物理学家A.爱因斯坦提出引力场方程，完成广义相对论
1916年	·2月，法、德凡尔登战役开始，12月结束
	·3月22日，袁世凯被迫宣布取消帝制，恢复“中华民国”
	·4月，爱尔兰都柏林爆发抗英的复活节起义
	·5月，英、德日德兰海战
	·12月9日，日本作家夏目漱石去世。生于1867年1月5日。著有《我是猫》等
	·英、法对德军索姆河战役
	·瑞士语言学家F.de索绪尔《普通语言学教程》出版，为现代语言学奠基著作
1917年	·3月，俄国二月革命，罗曼诺夫王朝被推翻，俄国临时政府成立
	·4月，美国对德宣战
	·7月，中国张勋、康有为拥清废帝溥仪复辟，旋即失败
	·8月，中国北京政府对德、奥两国宣战，参加第一次世界大战
	·11月7日，俄国十月社会主义革命爆发，第一个无产阶级专政国家建立
	·12月6日，芬兰独立
	·奥地利精神病学家S.弗洛伊德发表《精神分析引论》，创立精神分析学说
	·中国《新青年》发表胡适的《文学改良刍议》、陈独秀的《文学革命论》等，倡导文学革命
	·中国化工实业家范旭东在塘沽创办永利制碱公司（1934年改称永利化学工业公司），为近代中国最大的私营化工企业
1918年	·1月，《新青年》改用白话文出版。5月，发表文学家鲁迅的《狂人日记》，为中国现代文学史上第一篇白话小说
	·3月，苏维埃俄国与德国等国签订《布列斯特－立陶夫斯克和约》，俄退出第一次世界大战
	·7月，苏俄颁布《俄罗斯苏维埃联邦社会主义共和国宪法（根本法）》，为世界第一部社会主义类型的宪法
	·10月，匈牙利秋玫瑰革命发生，11月16日匈牙利共和国成立
	·11月9日，德国十一月革命爆发，德意志帝国被推翻
	·11月11日，德国投降，同盟国战败，第一次世界大战结束
	·11月12日，奥地利共和国成立
	·12月，罗马尼亚统一完成
	·苏俄国内战争发生，1920年结束
1918～1923年	·中国植物学家钟观光采集中国11个省植物标本16 000余种，是中国首先用科学方法广泛研究植物分类学的学者
1919年	·1月，巴黎和会召开
	·3月21日，匈牙利苏维埃共和国成立
	·3月，第三国际在莫斯科成立
	·5月4日，北京爆发五四运动
	·6月28日，正式结束第一次世界大战的《凡尔赛和约》签订。1920年1月10日生效
	·8月11日，德国魏玛共和国建立
	·10月，中华革命党改组为中国国民党，孙中山被推举为总理
	·英国物理学家E.卢瑟福首次实现人工核反应
	·土耳其凯末尔革命发生，1923年取得成功
1920年	·1月，国际联盟（简称国联）在瑞士日内瓦成立
	·7月，中国爆发直皖战争，段祺瑞战败辞总理职，直奉两系控制北京政权
	·9月，印度开始M.K.甘地领导的非暴力不合作运动，1922年2月结束
	·9月，德意志民族社会主义工人党（纳粹党）成立
	·11月29日，孙中山在广州重建军政府
	·德国药理学家O.勒维首次证明存在传递神经冲动的化学物质
1921年	·5月，孙中山在广州就任中华民国非常大总统
	·7月23日，中国共产党第一次全国代表大会在上海召开，中国共产党成立
	·11月，意大利国家法西斯党成立
	·瑞典地质学家、考古学家J.G.安特生在中国河南渑池发现新石器时代的仰韶文化遗址
	·加拿大生理学家F.G.班廷与C.H.贝斯特首先发现并提取胰岛素。1922年成功进行第一例临床试验
1922年	·2月，埃及独立

	·4～6月，中国爆发第一次直奉战争，北京中央政权由直系军阀控制。1924年爆发第二次直奉战争，北京中央政权落入奉系之手
	·10月18日，英国广播公司（BBC）建立
	·10月，意大利B.墨索里尼上台，实行法西斯独裁统治
	·11月4日，英国考古学家H.卡特发现古埃及法老图坦哈蒙墓
	·12月30日，苏维埃社会主义共和国联盟（苏联）成立。1991年解体
	·英国考古学家L.吴雷指导联合考古队开始在伊拉克发掘苏美尔时代乌尔古城，1934年发掘结束
1923年	·2月4日，中国京汉铁路工人大罢工；7日，遭吴佩孚、曹锟等镇压，发生二七惨案
	·9月1日，日本发生里氏8.2级的关东地震
	·10月，土耳其共和国建立
	·11月，德国A.希特勒在慕尼黑发动啤酒店暴动
	·美籍俄裔电子工程师、发明家V.K.兹沃雷金研制成功光电摄像管（电视摄像管）
	·西班牙J.de la切尔瓦发明旋翼机，并在马德里试飞成功
	·奥地利作曲家A.勋伯格创造十二音技法，建立新维也纳乐派
1924年	·1月20～30日，中国国民党第一次全国代表大会在广州举行。大会决定采取联俄、容共、扶助农工三大政策
	·1月21日，俄共和苏联主要创建者V.I.列宁逝世。生于1870年4月22日。他发展了马克思主义，创立了列宁主义
	·6月16日，中国黄埔军校正式开学，蒋介石任校长
	·10月，中国冯玉祥发动北京政变。推翻曹锟政权，邀孙中山北上主持国家大计
	·英国大气物理学家E.V.阿普顿证实大气中存在电离层
1925年	·3月12日，中国民主革命的先行者孙中山在北京去世。生于1866年11月12日。
	·4月，德国纳粹党组织党卫军成立
	·5月，中国上海发生"五卅惨案"，引发五卅运动
	·6月，中国省港大罢工爆发，23日发生"沙基惨案"
	·7月，中华民国国民政府在广州成立
	·8月，中国国民革命军成立
	·德国物理学家W.K.海森伯提出矩阵力学，这是第一个完整的量子力学理论体系
	·奥地利物理学家W.泡利提出不相容原理（泡利不相容原理），为原子物理学建立提供理论基础
	·美国C.F.詹金斯研制成最早的电视
	·美国G.布赖特和M.A.杜福发明用脉冲波测量电离层高度
1926年	·12月5日，法国画家、印象主义的代表C.莫奈去世。生于1840年11月14日。代表作有《日出·印象》、《鲁昂教堂》、《睡莲》等
	·中国考古学家李济等在山西汾河流域发掘夏县西阴村遗址，为第一次由中国学者自行主持的考古发掘
	·奥地利物理学家E.薛定谔陆续发表四篇论文，提出薛定谔方程，创立波动力学
	·美国遗传学家T.H.摩尔根的《基因论》出版，系统阐述遗传学在细胞水平上的基因理论
1927年	·3月31日，中国思想家、政治家康有为去世。生于1858年3月19日。倡导变法。著有《康有为全集》
	·4月12日，中国蒋介石在上海发动四一二政变
	·5月16日，第一届奥斯卡金像奖颁奖典礼在美国洛杉矶举行
	·5月20～21日，美国飞行员C.A.林白单独驾机不着陆飞越大西洋
	·6月2日，中国史学家、语言文字学家王国维去世。生于1877年12月3日。著有《海宁王静安先生遗书》
	·8月，中国共产党举行南昌起义
	·9月，中国毛泽东领导湘赣边界秋收起义。10月起义部队进入井冈山，建立革命根据地
	·加拿大解剖学家步达生在中国北京周口店发掘出古人类牙齿，定名为北京中国猿人
	·德国哲学家M.海德格尔发表《存在与时间》
	·苏联生理学家I.P.巴甫洛夫提出高级神经活动类型学说和两种信号系统学说
	·荷兰天文学家J.H.奥尔特证实银河系自转假说
1928年	·4月，中国毛泽东、朱德领导的两支起义部队在井冈山会师
	·6月4日，日本关东军在中国沈阳制造皇姑屯事件，张作霖被炸死
	·6月9日，中国中央研究院成立
	·8月27日，美、英等15国在法国巴黎签订《白里安-凯洛格公约》（《非战公约》），于1929年生效
	·12月，中国张学良宣布东北易帜，实现了国家统一
	·中国天文学家张钰哲发现1125号小行星，命名为"中华"
	·苏联戏剧理论家K.S.斯坦尼斯拉夫斯基确立斯坦尼斯拉夫斯基演剧体系，为世界现实主义戏剧体系奠定基础
	·美国化学家、物理学家R.S.马利肯创立化学结构的分子轨道理论
	·英国地质学家A.霍姆斯提出地幔对流说，解释大陆漂移说
1929年	·1月19日，中国思想家梁启超去世。生于1873年2月23日。著有《饮冰室合集》
	·7月，第一部"百分之百的有声电影"《纽约之光》在美国问世
	·12月，中国古生物学家裴文中在北平（今北京）周口店遗址发现第一个完整北京猿人头盖骨化石
	·美国天文学家E.P.哈勃发现哈勃定律，即红移-距离关系

	·英国理论物理学家P.A.M.狄拉克提出空穴假说，预言正电子存在
	·德国化学家H.施陶丁格建立高分子黏度公式，开创高分子科学
	·美国实验物理学家E.O.劳伦斯研制第一台回旋加速器成功
	·资本主义世界经济危机开始，至1933年结束
20世纪20年代	·英国考古学家J.H.马歇尔发现南亚哈拉帕和摩亨佐达罗为印度河文明的两个中心
1930年	·4～11月，中国蒋介石与阎锡山、冯玉祥等地方实力派展开中原大战
	·12月，中国国民党军对中国工农红军发动第一次军事“围剿”
1931年	·9月18日，日本关东军在中国沈阳制造九一八事变
	·11月，中国中华苏维埃共和国临时中央政府在江西瑞金成立
	·12月，英国议会通过《威斯敏斯特法》，确认自治领与英国的平等地位，澳大利亚、加拿大独立
	·美国纽约建成帝国大厦，高381米、102层，为20世纪30～70年代世界最高建筑
	·国际科学理事会（ICSU）在比利时布鲁塞尔建立
	·美籍奥地利裔数理逻辑学家K.哥德尔的《〈数学原理〉及有关系统中的形式不可判定命题》发表，证明不完全性定理，成为数学基础研究的里程碑
	·美国化学家L.鲍林提出化学键的共价键理论
	·美国化学家H.C.尤里发现氘（重氢）
	·奥地利物理学家W.泡利提出可能存在中微子的设想
	·美国实验物理学家J.D.考克饶夫和爱尔兰实验物理学家E.T.S.瓦尔顿首次用加速器实现人工核蜕变
1931～1932年	·美国无线电工程师K.G.央斯基发现宇宙无线电波，开创了射电天文学
1932年	·1月28日，日军进攻上海，中国军队奋起抗击，史称一·二八抗战
	·3月1日，日本关东军策划操纵在中国东北地区成立伪满洲国
	·8月，世界上第一个国际电影节威尼斯电影节在意大利创办
	·美籍匈牙利裔数学家J.冯·诺伊曼发表《量子力学的数学基础》，为量子力学奠定数学基础，次年发展了希尔伯特空间的算子理论
	·英国实验物理学家J.查德威克发现中子
1933年	·1月，德国A.希特勒被任命为总理，利用国会纵火案开始法西斯独裁统治
	·3月4日，F.D.罗斯福就任美国第32任总统，推行新政。至1945年连任4届
	·9月，中国国民党军对中国工农红军发动第五次军事“围剿”
	·德国修建世界上第一条高速公路——汉堡至柏林高速公路
	·A.希特勒统治下的德国第三帝国建立，仅存在12年
	·日本和德国先后退出国际联盟
	·意大利物理学家E.费米提出原子核β衰变理论
1934年	·9月，苏联加入国际联盟
	·10月，中国工农红军开始长征
	·法国化学家、物理学家约里奥-居里夫妇发现人工放射性核素
	·E.费米用中子轰击原子核，发现了60多种新的人工放射性核素
	·英国历史学家、社会活动家A.J.汤因比的12卷本巨著《历史研究》开始出版，至1961年出齐
1935年	·1月15～17日，中共中央政治局在遵义召开扩大会议，确立毛泽东的领导地位。史称遵义会议
	·10月19日，中国工农红军第一方面军胜利到达陕北保安吴起镇，完成长征
	·田汉作词、聂耳谱曲的《义勇军进行曲》问世。1949年被确定为中华人民共和国代国歌，1982年被确定为国歌
	·彩色胶片发明，美国拍摄了世界第一部彩色故事片《浮华世界》
	·英国考古学家L.S.B.利基在东非发现距今170万年的南方古猿的化石
1936年	·3月，德国军队开进莱茵非军事区，从此走上武力扩张道路
	·6月18日，苏联作家、苏联社会主义文学奠基人M.高尔基去世。生于1868年3月16日。著有《母亲》和自传体三部曲（《童年》、《在人间》、《我的大学》）等
	·7月，西班牙内战发生，1939年4月结束
	·8月，德国、意大利武装干涉西班牙内战
	·10月19日，中国文学家鲁迅在上海去世。生于1881年9月25日。有《鲁迅全集》传世
	·10月，中国工农红军三大主力（第一、二、四方面军）在甘肃会宁会师
	·11月，日本、德国签订《反共产国际协定》
	·12月12日，中国爱国将领张学良、杨虎城发动西安事变，经中国共产党和各方努力，事变和平解决，为停止内战，开展国共第二次合作奠定基础
	·中国大型综合性辞书《辞海》出版
	·英国经济学家J.M.凯恩斯的《就业、利息和货币通论》出版，书中强调应加强国家干预经济的力度，实现充分就业，被称为“凯恩斯革命”
	·英国在本土部署由物理学家、雷达技术专家R.A.沃森-瓦特首先研制出的名为“本土链”的对空警戒雷达
1937年	·7月7日，日军炮击中国北平宛平城，卢沟桥事变发生，抗日战争全面爆发，史称七七事变
	·8月13日，日军大举进攻上海，淞沪会战开始，11月12日上海陷落
	·8月22日，中共中央通过《抗日救国十大纲领》；25日中国工农红军改编为八路军。10月12日留在南方的红军和游击队改编为新四军

	·9月25日，中国八路军第115师主力在平型关战斗中歼灭日军1 000多人
	·12月13日，南京陷落，日军屠杀中国军民30多万人，史称南京大屠杀
	·爱尔兰独立
1938年	·3月，德国吞并奥地利
	·4月，台儿庄战役结束，中国军队大败日军
	·6月，中国国民政府军队为阻日军西进，在郑州花园口掘开黄河南堤，使黄河改道入淮，日军退出黄泛区，人民亦大量死亡、流离
	·6～10月，中国军队进行武汉保卫战。日军以伤亡12万人的代价占领武汉
	·7月，中国毛泽东发表《论持久战》
	·9月，英国、法国向德国、意大利妥协，牺牲、出卖弱小国家的慕尼黑会议召开
	·德国放射化学家、物理学家O.哈恩发现核裂变反应，使人类利用核能成为可能
1939年	·8月，苏联、德国签订《苏德互不侵犯条约》
	·9月1日，德国入侵波兰，3日英国、法国对德宣战，第二次世界大战爆发
	·中国地质学家李四光出版《中国地质学》，创立构造体系理论
	·德国海因克尔公司制成第一种喷气式飞机He－178
1940年	·1月，中国毛泽东发表《新民主主义论》
	·4～5月，德国军队入侵丹麦、挪威、比利时、荷兰、卢森堡和法国
	·6月4日，历时9昼夜的敦刻尔克撤退结束，33万多英、法官兵经英吉利海峡撤到英国
	·8月，中国八路军在华北发起百团大战
	·8～10月，德国、英国空军进行不列颠之战
	·9月，《德意日三国同盟条约》签订，德国、意大利、日本三国轴心军事同盟正式形成
	·美国物理学家E.M.麦克米伦通过核反应，制得第一个超铀元素——镎
1941年	·1月，中国国民党顽固派制造皖南事变
	·4月，《苏日中立条约》签订
	·6月22日，德国入侵苏联，苏德战争开始
	·8月7日，印度诗人、作家R.泰戈尔去世。生于1861年5月7日。著有诗集《吉檀迦利》、小说《戈拉》等
	·9月至1942年4月，苏德两军进行莫斯科会战
	·12月7日，日军偷袭珍珠港的美国军舰和机场，太平洋战争爆发。8日，英国、美国对日本宣战。9日，中国对轴心国家宣战。11日，美国对德国、意大利宣战
1941～1945年	·中国四川万县（今万州市）、石柱县和湖北利川县先后发现活化石水杉。1946年胡先骕、郑万钧共同作出准确鉴定
1942年	·1月，美国、英国、苏联、中国等26国在华盛顿签署《联合国家宣言》，世界反法西斯联盟形成
	·2～4月，中国远征军进入缅甸协助英军对日作战，救出被围英军7 000人
	·5月，中国毛泽东发表《在延安文艺座谈会上的讲话》
	·6月，日本、美国海军进行中途岛海战，日本4艘航空母舰被击沉，从此，日美攻守易位
	·7月，苏德两军开始斯大林格勒会战，1943年2月结束，德国失败，转入战略守势
	·10月，德国V－2导弹试射成功，为世界第一枚弹道导弹
	·E.费米等在美国建成世界第一座裂变反应堆，标志人类进入核时代
1943年	·6月，第三国际宣布解散
	·7～8月，苏德库尔斯克会战
	·9月，盟军在意大利南部登陆，意大利投降
	·11～12月，开罗会议和德黑兰会议相继举行。中国、美国、英国发表《开罗宣言》，明确规定：日本投降后，满洲、台湾、澎湖列岛归还中国
	·美国生物化学家C.F.科里夫妇在试管里合成糖原，提出“科里氏循环”
1944年	·4～12月，日军发起打通中国大陆南北交通线的“豫湘桂战役”，国民党军兵溃千里
	·6月，盟军进行诺曼底登陆战役，欧洲第二战场正式开辟
	·6月，冰岛共和国成立
	·7月，波兰人民共和国成立
	·8月，美国数学家H.H.艾肯研制成功世界第一台通用自动计算机——自动程控计算机
	·12月30日，法国作家、社会活动家罗曼·罗兰去世。生于1866年1月29日。著有《约翰·克利斯朵夫》、《欣悦的灵魂》等
	·12月，西线德军发起“阿登进攻战役”，耗尽最后的后备力量
	·苏军连续发起十次对德军大规模进攻战役，攻入东欧、南欧
	·美籍乌克兰裔生物化学家S.A.瓦克斯曼提取出第一种抗结核杆菌的抗生素——链霉素
1945年	·2月，苏、美、英三国首脑举行雅尔塔会议，签署《雅尔塔协定》
	·4月23日至6月11日，中国共产党第七次全国代表大会在延安举行，大会通过的党章中规定以毛泽东思想为党的一切工作的指南
	·4月27日，奥地利独立
	·4～5月，苏军发起柏林战役，4月30日，希特勒自杀
	·4～6月，联合国国际组织会议召开，签署《联合国宪章》
	·5月2日，苏军攻克柏林，5月8日，德国无条件投降
	·7月16日，美国成功试爆世界第一颗原子弹
	·8月6日、9日，美军先后向日本广岛、长崎投掷原子弹
	·8月8日，苏联对日宣战，发起远东进攻战役，迅速歼灭日本关东军和日本驻守库页岛南部、千岛群岛的部队
	·8月15日，日本投降。9月2日，日本在投降书上签字，第二次世界大战结束
	·8月28日，中国毛泽东抵重庆，与蒋介石会谈

	·9月，越南民主共和国成立
	·10月12日，老挝独立
	·10月24日，联合国正式成立
	·11月29日，南斯拉夫联邦人民共和国成立
	·12月，联合国国际货币基金组织和国际复兴开发银行（世界银行）正式成立
	·美籍匈牙利裔数学家J.冯·诺伊曼提出存储程序通用电子计算机方案，宣告电子计算机时代开始
	·美籍俄裔物理学家G.伽莫夫提出大爆炸宇宙学假说
1946年	·1月，远东国际军事法庭成立，审判日本战犯
	·2月1日，挪威T.赖伊当选为联合国第一任秘书长，1952年11月辞职
	·2月，美国J.W.莫克利和J.P.埃克特主持制成世界上第一台电子计算机ENIAC
	·3月，英国首相W.丘吉尔在美国发表富尔顿演说，揭开战后40多年冷战序幕
	·3月，约旦独立
	·4月，叙利亚获得完全独立
	·5月3日，东京审判开始，至1948年11月12日结束。被告28人，其中判处东条英机、广田弘毅等甲级战犯7人绞刑
	·6月，蒋介石撕毁《双十协定》，中国爆发全面内战
	·7月4日，菲律宾独立
	·7月，巴黎和会召开
	·9月，保加利亚人民共和国成立
	·9月，法国创办戛纳电影节
	·10月，国际标准化组织（ISO）在英国伦敦成立
	·10月，法兰西第四共和国成立，至1958年为法兰西第五共和国所取代
	·美籍瑞士裔物理学家F.布洛赫和美国物理学家E.M.珀塞耳同时发明核磁共振技术
1947年	·2月，中国台湾发生二二八起义
	·3月，美国提出杜鲁门主义，第一次公开宣布将冷战作为国策
	·5月1日，中国内蒙古自治区成立
	·6月，美国国务卿G.C.马歇尔提出援助欧洲经济复兴方案，通称马歇尔计划
	·8月，印度、巴基斯坦独立
	·10月10日，中共中央颁行《中国土地法大纲》，解放区全面开展土地改革运动
	·10月30日，美国、英国、法国等23国在日内瓦签订关税及贸易总协定
	·10月，第一次印巴战争发生，1949年1月停火
	·10月，美国贝尔公司研制的X-1型火箭动力超声速研究机实现人类首次超声速飞行
	·12月，罗马尼亚人民共和国成立
	·苏联拍摄世界上第一部彩色立体故事片《鲁滨逊漂流记》
	·美国放射化学家W.F.利比发明放射性碳定年法，为史前考古学一次革命
1948年	·1月，缅甸独立
	·2月，锡兰（今斯里兰卡）独立
	·4月，世界卫生组织（WHO）成立
	·5月14日，以色列国成立；15日，第一次中东战争（巴勒斯坦战争）爆发
	·8月，大韩民国成立
	·8月，布鲁塞尔条约组织成立
	·9月9日，朝鲜民主主义人民共和国成立
	·9月，中国人民解放军东北野战军和东北军区部队发起对国民党军的辽沈战役
	·11月，中国人民解放军先后发起淮海战役、平津战役，国民党军队大部分被歼灭
	·12月，联合国通过《世界人权宣言》
	·美国物理学家J.巴丁、W.H.布拉坦和W.B.肖克莱发明晶体管
1948～1950年	·美国海洋地质学家F.P.谢波德、苏联M.V.克列诺娃和荷兰海洋地质学家P.H.奎年的海洋地质学著作陆续出版，标志海洋地质学形成
1949年	·1月，中国北平（今北京）和平解放，平津战役结束
	·3月，中国共产党在河北平山县西柏坡举行中共七届二中全会
	·4月21日，中国人民解放军强渡长江；23日占领南京
	·4月，美国等12个国家在华盛顿签订军事同盟条约《北大西洋公约》；8月，成立北大西洋公约组织，总部设在比利时首都布鲁塞尔
	·5月23日，德意志联邦共和国成立
	·7月，中华全国文学艺术工作者代表大会在北平召开，决定成立中华全国文学艺术界联合会。1953年9月改名为中国文学艺术界联合会，简称中国文联
	·8月，日内瓦公约签订，1950年10月生效
	·9月21～30日，中国人民政治协商会议在北平举行第一届全体会议，会议代行全国人民代表大会的职权
	·10月1日，中华人民共和国开国大典
	·10月3日，中国与苏联建交。年内，与保加利亚、罗马尼亚、匈牙利、捷克斯洛伐克、朝鲜、波兰、蒙古、民主德国、阿尔巴尼亚先后建交
	·10月7日，德意志民主共和国成立
	·10月9日，中国全国政协一届一次会议在北京举行，选举毛泽东为全国政协主席
	·11月，中国科学院在北京成立
	·11月，巴黎统筹委员会（COCOM，全名输出管制统筹委员会）在巴黎成立，1994年4月解散
1950年	·1月18日，中国与越南建交
	·2月，中苏两国政府缔结《中苏友好同盟互助条约》
	·4月1日，中国与印度建交
	·5月9、11日，中国分别与瑞典、丹麦建交
	·5月，南非政府颁布《种族分区隔离法》
	·6月30日，《中华人民共和国土地改革法》颁布施行

·6月，朝鲜战争爆发，美国等组成“联合国军”介入，美国第七舰队驶入台湾海峡。中国政府发表声明谴责美国侵略中国领土台湾

·7月23日，中共中央发出《关于镇压反革命活动的指示》，镇压反革命运动开始，1953年6月基本结束

·10月，中国人民志愿军组成并赴朝鲜进行抗美援朝战争

·美国气象学家J.G.查尼首次作出数值天气预报图

1951年

·5月21日，中国与巴基斯坦建交

·5月23日，中国《中央人民政府和西藏地方政府关于和平解放西藏办法的协议》在北京正式签订，西藏和平解放

·6月，社会党国际成立，总部设在伦敦

·9月，《旧金山对日和约》和《日美安全保障条约》签订

·12月，中共中央发出反贪污、反浪费、反官僚主义的指示，次年1月开展“五反”斗争

·12月，利比亚独立

·中国神经生理学家张香桐发现大脑皮层神经原树突电位，并首次阐述其重要作用

·美国斯坦福大学创建斯坦福工业园，为世界科技园区之始。1971年更名硅谷

·柏林国际电影节创办

1952年

·4月，玻利维亚革命发生

·7月，埃及七月革命发生，次年建立埃及共和国

·9月，《世界版权公约》在日内瓦签署，1955年9月生效

·11月，美国进行世界上首次氢弹试验

1953年

·1月，中国发展国民经济的第一个五年计划开始实行

·3月5日，苏联领导人J.斯大林去世。生于1879年12月21日。领导苏联卫国战争取得胜利

·4月10日，瑞典D.哈马舍尔德就任联合国第二任秘书长，1957年连任

·6月，中国提出过渡时期总路线

·7月27日，《朝鲜停战协定》签订，朝鲜战争结束

·9月26日，中国画家、美术教育家徐悲鸿去世。生于1895年7月19日。代表作有《田横五百士》、《徯我后》、《愚公移山》、《奔马》等

·11月，柬埔寨独立

·美国开始试播彩色电视节目

·丹麦物理学家A.N.玻尔和B.R.莫特尔松发现原子核中集体运动与粒子运动之间联系，提出核结构模型

·美国分子生物学家J.D.沃森和英国分子生物学家F.H.C.克里克提出DNA双螺旋结构的分子模型

·D.D.艾森豪威尔任美国第34任总统。1957年连任至1961年

1954年

·1月21日，美国建成世界上第一艘核潜艇“鹦鹉螺”号

·3月13日，越南抗法战争中的奠边府战役开始，同年5月7日结束

·6月27日，苏联建成世界上第一座核电站——奥布宁斯克核电站

·7月，《关于恢复印度支那和平的日内瓦协议》签署，第一次印度支那战争结束

·9月15～28日，中国一届全国人大一次会议在北京举行，制定和颁布了第一部《中华人民共和国宪法》；选举毛泽东为国家主席、刘少奇为全国人大常委会委员长；决定周恩来为国务院总理

·12月21～25日，中国全国政协二届一次会议在北京举行，选举毛泽东为全国政协名誉主席，周恩来为全国政协主席

·美国发明家G.C.德沃研制出第一台工业机器人样机

1954～1962年

·阿尔及利亚战争

1955年

·1月，中国与南斯拉夫建交

·4月，亚非万隆会议召开，确认和平共处五项原则

·5月14日，《华沙条约》签订，6月，华沙条约组织成立，总部设在莫斯科

·5月，布鲁塞尔条约组织改组为西欧联盟

·8月，中国与美国大使级会谈开始

·10月1日，中国新疆维吾尔自治区成立

·美国籍意大利物理学家E.G.塞格雷和美国实验物理学家O.张伯伦发现反质子

1956年

·1月，苏丹独立

·2月，苏共第二十次代表大会召开，N.S.赫鲁晓夫作秘密报告，开始“非斯大林化”

·3月，摩洛哥独立

·3月，突尼斯独立

·6月，波兰发生波兹南事件

·7月，埃及宣布对苏伊士运河实行国有化

·10月，匈牙利事件发生

1956～1957年

·第二次中东战争（苏伊士运河战争）

1957年

·3月，加纳独立

·6月8日，中共中央发出《组织力量反击右派分子的猖狂进攻》的指示，全国展开反右派斗争

·7月，中国马寅初发表《新人口论》

·8月21日，苏联成功发射世界第一枚洲际弹道导弹

·8月，马来亚（今西马来西亚）独立

·9月16日，中国画家、篆刻家齐白石去世。生于1864年1月1日。代表作有《借山图册》、《石门二十四景图》、《和平颂》、《山溪群虾》等

·10月4日，苏联成功发射世界第一颗人造地球卫星，人类进入空间科学的新时代

·11月，社会主义国家共产党、工人党代表在莫斯科举行会议，发表《莫斯科宣言》

·英国在焦德雷尔班克建成经典射电望远镜，为世界上最大的可跟踪的巨型经典射电望远镜

1958年

·1月，欧洲经济共同体成立

年份	大事
	·2月，埃及和叙利亚联合成立阿拉伯联合共和国（阿联）
	·3月5日，中国广西壮族自治区成立
	·7月，伊拉克革命成功，建立伊拉克共和国
	·9月，几内亚独立
	·9月，法国通过新宪法草案，成立法兰西第五共和国
	·10月25日，中国宁夏回族自治区成立
	·12月8～13日，第一届全非人民大会召开
	·12月21日，C.戴高乐当选法国总统，任期至1969年
	·12月，美国发射世界第一颗实验通信卫星
	·德国物理学家R.L.穆斯堡尔提出穆斯堡尔效应，成功验证广义相对论和红移效应
	·美国实验物理学家J.S.基尔比研制成功世界第一块半导体集成电路
1959年	·1月，古巴革命胜利
	·1月，苏联发射第一个月球探测器——“月球”1号，9月，苏联“月球”2号探测器在月球表面硬着陆
	·3月，中国西藏上层集团撕毁与中央政府达成的《十七条协议》，在拉萨、山南等地发动武装叛乱，被人民解放军驻藏部队迅速平定。此后，西藏开始民主改革
	·4月17～29日，中国全国政协三届一次会议在北京举行，选举毛泽东为全国政协名誉主席，周恩来为全国政协主席
	·4月18～28日，中国二届全国人大一次会议在北京举行，选举刘少奇为国家主席、朱德为全国人大常委会委员长；决定周恩来为国务院总理
	·7月2日至8月16日，中共召开庐山会议，会议由纠“左”转变为反右倾，彭德怀等人受到错误批判。会后，全国开展反右倾运动
	·8月16日，塞浦路斯独立
	·9月，美苏两国首脑举行戴维营会谈
	·10月7日，中国人民解放军防空军部队用地空导弹击落美制国民党军RB-57D高空侦察机一架，创地空导弹击落飞机的首次纪录
	·中国发现大庆油田
1960年	·4月，韩国人民起义，李承晚下台
	·5月，欧洲自由贸易联盟成立
	·9月，石油输出国组织成立
	·11月，《各国共产党和工人党代表会议声明》发表
	·非洲喀麦隆、多哥、马尔加什（今马达加斯加）、刚果（利）〔今刚果（金）〕、索马里、达荷美（今贝宁）、尼日尔、上沃尔特（今布基纳法索）、象牙海岸（今科特迪瓦）、乍得、中非、刚果（布）、加蓬、塞内加尔、马里、尼日利亚、毛里塔尼亚17国先后独立，史称非洲独立年
1961年	·2月，苏联发射人类第一个行星探测器“金星”1号
	·3月4日，中国国务院颁布《文物保护管理暂行条例》，同时公布第一批全国重点文物保护单位名单
	·4月12日，苏联发射第一艘载人飞船“东方”1号，航天员Yu.A.加加林完成人类首次太空飞行
	·4月25日，中国与老挝建交
	·4月27日，塞拉利昂独立
	·5月，韩国朴正熙发动军事政变，夺取政权
	·5月，第二次印度支那战争发生，1975年4月结束
	·6月，科威特独立
	·8月8日，中国京剧演员梅兰芳去世。生于1894年10月22日。发展并提高了京剧旦角的演唱和表演艺术，创立“梅派”，其代表剧目有《宇宙锋》、《贵妃醉酒》、《穆桂英挂帅》等
	·8月，民主德国修建柏林墙
	·9月1～6日，第一次不结盟国家会议在贝尔格莱德举行
	·9月30日，经济合作与发展组织成立
	·11月3日，缅甸吴丹出任联合国代理秘书长。1962年11月30日当选为联合国第三任秘书长，1966年连任
	·12月，坦噶尼喀（今坦桑尼亚大陆部分）独立
1962年	·2月24日，中国哲学家、思想家、文史学家胡适去世。生于1891年12月17日。有《胡适文存》传世
	·7月，卢旺达、阿尔及利亚独立
	·8月，牙买加独立
	·8月，特立尼达和多巴哥独立
	·10月，印度军队在中印边境东、西段发动大规模进攻，被中国边防部队击退
	·10月，乌干达独立
	·10～12月，苏联、美国制造加勒比危机。又称古巴导弹危机
	·伊斯兰世界联盟在麦加成立
	·美国生物化学家M.W.尼伦伯格等合成聚苯丙氨酸，并确定其密码为UUU，这是第一个被破译的遗传密码
	·美国海洋生物学家R.卡森发表《寂静的春天》，提出滥用农药和化学物造成全球性污染问题
	·英国理论物理学家B.D.约瑟夫森发现超导的约瑟夫森效应，为超导电子学奠定基础
	·美国发射横跨大西洋的人造卫星，开始发展卫星电视广播
1963年	·3月5日，中国发表毛泽东题词：“向雷锋同志学习”，全国开展学习雷锋活动
	·5月，非洲统一组织成立
	·8月5日，美、苏、英三国在莫斯科签订《部分禁止核试验条约》
	·11月22日，美国总统J.F.肯尼迪在达拉斯遇刺身亡。生于1917年5月29日
	·11月，南越发生军事政变，“越南共和国”总统吴庭艳被击毙

	·12月，肯尼亚独立
1964年	·1月，中国与法国建立外交关系
	·4月，坦噶尼喀和桑给巴尔联合共和国成立，同年10月更名为坦桑尼亚联合共和国
	·5月，巴勒斯坦解放组织成立
	·6月，七十七国集团形成
	·8月，美国在越南制造北部湾事件，以此为借口大举轰炸越南北方，越南战争局部战争阶段开始
	·9月，马耳他独立
	·10月1日，日本建成东京至大阪的东海道新干线，为世界第一条高速铁路
	·10月16日，中国第一颗原子弹爆炸成功
	·10月24日，赞比亚独立
	·10月，苏联N.S.赫鲁晓夫下台，L.I.勃列日涅夫任苏共中央总书记
	·12月20日至1965年1月5日，中国全国政协四届一次会议在北京举行，选举毛泽东为全国政协名誉主席，周恩来为全国政协主席
	·12月21日至1965年1月4日，中国三届全国人大一次会议在北京举行。周恩来总理在会上宣布，要把中国建设成为一个具有现代农业、现代工业、现代国防和现代科学技术的社会主义强国。会议选举刘少奇为国家主席、朱德为全国人大常委会委员长；决定周恩来为国务院总理
	·中国蓝田猿人化石在陕西发现
	·美国IBM公司生产集成电路构成的计算机，为第三代电子计算机
1965年	·2月，冈比亚独立
	·3月18日，苏联"上升"2号宇宙飞船航天员出舱活动24分钟，实现人类第一次太空行走
	·5月1日，中国元谋猿人化石在云南发现
	·7月，马尔代夫独立
	·8月，新加坡独立，李光耀任首任总理
	·9月1日，中国西藏自治区成立
	·9月17日，中国合成结晶牛胰岛素，为世界首次人工合成蛋白质
	·9月，第二次印巴战争发生
	·9月，印度尼西亚发生"九三〇"事件
	·11月，中国《文汇报》发表《评新编历史剧〈海瑞罢官〉》，揭开"文化大革命"序幕
1966年	·2月，苏联"月球"9号探测器在月球表面软着陆
	·5月16日，中共中央政治局扩大会议通过《五一六通知》。"文化大革命"开始
	·5月，圭亚那独立
	·8月18日，中国毛泽东在天安门接见来自全国各地的群众和红卫兵。红卫兵开始"破四旧"和"大串联"
	·8月24日，中国现代小说家、剧作家老舍去世。生于1899年2月3日。著有《骆驼祥子》、《四世同堂》、《茶馆》等
	·9月，博茨瓦纳独立
	·10月27日，中国第一枚导弹核武器试验成功
	·10月，莱索托独立
	·11月，巴巴多斯独立
	·中国数学家陈景润证明了哥德巴赫猜想之(1+2)命题，称为"陈氏定理"
1967年	·6月17日，中国第一颗氢弹爆炸成功
	·6月，第三次中东战争（六五战争）发生
	·7月，世界知识产权组织在瑞典斯德哥尔摩成立
	·8月，东南亚国家联盟成立
	·11月，南也门民主共和国成立，1970年改称也门民主共和国
	·12月，东非共同体成立
	·12月，美国无线电有限公司制成第一台大规模集成电路计算机，为第四代电子计算机
1967～1968年	·美国地球物理学家W.J.摩根、D.P.麦肯齐、R.L.帕克和法国X.勒皮雄提出板块构造说
1968年	·1月，阿拉伯石油输出国组织成立
	·1月，瑙鲁独立
	·3月，毛里求斯独立
	·4月4日，美国黑人民权运动领袖马丁·路德·金(M.L.金）遇刺。生于1929年1月15日
	·6月，中国王仲殊、卢兆荫等主持发掘河北满城西汉中山靖王墓，第一次出土完整的金缕玉衣
	·6月，联合国大会通过《不扩散核武器条约》
	·8月，苏联出兵捷克斯洛伐克，"布拉格之春"改革运动失败
	·9月，斯威士兰独立
	·10月，赤道几内亚独立
	·美国高能物理学家J.I.弗里德曼、H.W.肯德尔和加拿大R.E.泰勒用实验证实夸克的存在
1969年	·3月，苏联边防军连续入侵中国珍宝岛，中国边防部队击退入侵者
	·4月，中共第九次全国代表大会在北京举行，中共九届一中全会选举毛泽东为中央委员会主席，林彪为副主席
	·7月20日，美国发射"阿波罗"11号飞船，人类首次登上月球
	·7月，美国提出尼克松主义
	·9月23日，中国首次地下核试验成功
	·10月1日，北京建成中国第一条地下铁道
	·10月，安第斯条约组织建立，1996年3月改名为安第斯共同体
	·11月12日，中华人民共和国原国家主席刘少奇去世。生于1898年11月24日
	·11月，苏（俄）美限制战略武器会谈开始
1970年	·2月2日，英国哲学家、分析哲学创始人B.A.W.罗素去世。生于1872年5月18日。著有《数学原则》、《哲学问题》等
	·3月，柬埔寨发生军事政变，国家元首诺罗敦·西哈努克亲王被推翻
	·4月，中国成功发射第一颗人造地球卫星——"东方红"1号卫星
	·6月，汤加独立
	·10月，中国与加拿大建交
	·10月，斐济独立

·11月，中国与意大利建交
·12月26日，中国第一艘核潜艇下水
·埃及阿斯旺高坝建成，坝高111米，库容1 689亿立方米

1971年
·3月，东巴基斯坦独立
·4月，苏联“礼炮”1号空间站发射进入太空，为人类第一个空间站
·5月，伊斯兰会议组织成立
·8月，巴林独立
·9月13日，中国林彪专机坠毁蒙古温都尔汗，史称九一三事件
·9月，卡塔尔独立
·10月25日，第二十六届联合国大会决议恢复中华人民共和国在联合国的合法席位和权利，同时取消台湾当局的席位
·11～12月，第三次印巴战争发生，巴基斯坦被武力肢解
·12月，阿拉伯联合酋长国独立

1972年
·1月1日，奥地利K.瓦尔德海姆就任联合国第四任秘书长，1977年连任
·1月，成立孟加拉人民共和国
·2月21日，美国总统R.M.尼克松访问中国。28日在上海签署《中美联合公报》，标志中美关系走向正常化
·2月，中国与墨西哥、阿根廷分别建交
·3月，中国与英国正式建交
·5月26日，美苏两国首脑在莫斯科签署《美苏关于限制反弹道导弹系统条约》、《关于限制进攻型战略武器的某些措施的临时协定》和一个补充议定书。于10月3日开始生效
·6月，美国发生水门事件。最终导致尼克松总统于1974年8月辞职
·9月25～29日，日本首相田中角荣访问中国，中日签署联合声明。29日中国与日本建立外交关系
·10月，中国与德意志联邦共和国建交
·11月，联合国教科文组织在巴黎通过《保护世界文化和自然遗产公约》
·12月，中国与澳大利亚建交
·中国湖南省博物馆与中国科学院考古所开始发掘长沙马王堆汉墓，出土保存完好的女尸及大量珍贵文物。1974年发掘结束

1973年
·1月，越美签订《关于越南问题的巴黎协定》，美国地面部队随后撤出越南
·1月，联合国环境规划署建立
·3月，中国与西班牙建交
·4月8日，西班牙画家P.毕加索去世。生于1881年10月25日。作有《格尔尼卡》等
·6月，美苏签订《关于防止核战争协定》
·7月，欧洲安全与合作会议在赫尔辛基举行
·7月，巴哈马独立
·9月，几内亚比绍独立
·10月，第四次中东战争（十月战争）发生
·中国科学家袁隆平等成功培育世界上第一批具有强优势的籼型杂交稻

1974年
·1月19日，中国海军击沉击伤侵入西沙群岛的南越军舰4艘，收复甘泉等3岛
·2月，格林纳达独立
·6月，中国与委内瑞拉建交
·7月，中国秦始皇陵兵马俑在陕西临潼出土
·8月，中国与巴西建交
·美国第一架隐形轰炸机试飞成功
·德国科学家G.科勒和阿根廷科学家C.米尔斯坦研制出单克隆抗体

1975年
·1月13～17日，中国四届全国人大一次会议在北京举行，通过中华人民共和国第二部宪法；选举朱德为全国人大常委会委员长；决定周恩来为国务院总理
·2月，欧洲共同体与非洲、加勒比、太平洋地区46国签订《洛美协定》
·4月5日，中国国民党总裁蒋介石去世。生于1887年10月31日
·4月30日，越南共产党的武装力量攻克西贡（今胡志明市）。越南战争结束
·6月5日，埃及重新开放苏伊士运河
·6月，莫桑比克独立
·7月，佛得角独立
·7月，科摩罗独立
·7月，圣多美和普林西比独立
·9月，巴布亚新几内亚独立
·11月29日，中国发射第一颗返回式遥感卫星，成为第三个掌握卫星返回技术的国家
·11月，安哥拉独立
·11月，苏里南独立
·11月，东帝汶独立
·12月，老挝人民民主共和国成立

1976年
·1月8日，中国国务院总理周恩来去世。生于1898年3月5日
·3月下旬至4月5日，中国上百万群众在天安门广场悼念周恩来，声讨“四人帮”，史称四五运动
·6月26日，加拿大多伦多电视塔对外开放，高553米，为世界高度第二的电视塔
·6月，塞舌尔独立
·7月6日，中国全国人大常委会委员长朱德去世。生于1886年12月1日
·7月28日，中国发生里氏7.8级的唐山地震
·7月，越南民主共和国与越南南方共和国宣告统一
·9月9日，中国共产党中央委员会主席、中央军委主席毛泽东去世。生于1893年12月26日
·10月，中国江青反革命集团被中共中央一举粉碎。“文化大革命”结束

1977年
·5月，中国社会科学院成立
·6月，吉布提独立
·8月12～18日，中国共产党第十一次全国代表大会在北京举行
·12月25日，英国电影演员、导演C.卓别林去世。生于1889年4月16日。代表作有《淘金记》、《摩登时代》、《大独裁者》等

	·美国首次成功进行光纤通信试验
1978年	·2月24日至3月8日，中国全国政协五届一次会议在北京举行，选举邓小平为全国政协主席
	·2月26日至3月5日，中国五届全国人大一次会议在北京举行，通过中华人民共和国第三部宪法；选举叶剑英为全国人大常委会委员长；决定华国锋为国务院总理
	·3月，中国全国科学大会召开，邓小平在会上指出科学技术是生产力
	·5月11日，中国《光明日报》刊登《实践是检验真理的唯一标准》一文，在全国展开"真理标准问题"的讨论
	·6月12日，中国史学家、文学家郭沫若去世。生于1892年11月16日。著有诗集《女神》，历史剧《屈原》，以及《中国古代社会研究》、《甲骨文字研究》、《十批判书》等
	·7月25日，世界上第一例试管婴儿诞生
	·7月，所罗门群岛独立
	·9月，美国、埃及、以色列达成关于中东问题的戴维营协议，1979年3月埃以签署和平条约
	·10月，图瓦卢独立
	·11月，多米尼克独立
	·12月16日，中美两国发表建交公报，自1979年1月1日起建立外交关系
	·12月18～22日，中国共产党第十一届中央委员会第三次全体会议决定，把工作重心转移到经济建设上来，实行改革开放政策
	·12月，越南入侵柬埔寨
1979年	·1月1日，中国全国人大常委会发表《告台湾同胞书》，提出和平统一祖国的方针
	·2月17日，中国边防部队进行中越边境自卫还击战，重创屡犯边境的越军，3月16日结束作战
	·2月，伊朗伊斯兰革命发生，巴列维王朝被推翻，成立伊斯兰共和国
	·2月，圣卢西亚独立
	·7月15日，中共中央、国务院决定在深圳、珠海、汕头、厦门试办经济特区
	·7月，吉尔伯特群岛独立，改称基里巴斯
	·7月，尼加拉瓜革命胜利
	·10月，圣文森特和格林纳丁斯独立
	·12月，苏联入侵阿富汗战争爆发
	·12月，欧洲空间局研制的"阿丽亚娜"号运载火箭发射人造卫星成功
1980年	·2月23～29日，中共十一届五中全会通过《关于为刘少奇同志平反的决议》
	·4月15日，法国哲学家J.-P.萨特去世。生于1905年6月21日。著有《存在与虚无》、《辩证理性批判》和戏剧《死无葬身之地》等
	·4月，津巴布韦共和国成立
	·5月8日，中国第一枚洲际导弹发射成功
	·7月，瓦努阿图独立
	·9月，两伊战争爆发
	·11月20日，中国最高人民法院特别法庭开庭审判林彪、江青两个反革命集团案主犯，翌年1月25日对江青等10名主犯进行判决
1980～1983年	·中国在四川广汉县（今广汉市）大规模发掘三星堆遗址
1981年	·1月20日，R.W.里根就任美国第40任总统
	·3月27日，中国作家茅盾去世。生于1896年7月4日。著有小说《子夜》、《林家铺子》等
	·3月，拉丁美洲一体化协会成立
	·6月27～29日，中共十一届六中全会通过《关于建国以来党的若干历史问题的决议》；同意华国锋辞去中央委员会主席、中央军委主席职务；选举胡耀邦为中央委员会主席，邓小平为中央军委主席
	·6月，美国报告世界上第一例艾滋病病例
	·9月21日，伯利兹独立
	·10月6日，埃及总统萨达特在开罗阅兵遇刺身亡。生于1918年12月25日。13日，穆巴拉克继任埃及总统
	·11月1日，安提瓜和巴布达独立
	·11月，美国"哥伦比亚"号航天飞机实现首次太空飞行
	·中国在世界上首次人工合成人胰岛素原C肽，并建立放射免疫分析技术
	·美国国际商用机器公司（IBM）推出第一代个人计算机（PC）
1982年	·1月1日，秘鲁J.德奎利亚尔就任联合国第五任秘书长。1986年10月连任
	·6月，英国与阿根廷爆发马尔维纳斯群岛战争，首次规模使用制导武器
	·9月1～11日，中共十二次全国代表大会在北京举行。邓小平在会上提出"建设有中国特色的社会主义"的思想
	·9月24日，中国领导人邓小平会见英国首相撒切尔夫人时第一次明确提出"一国两制"的构想
	·10月16日，中国潜艇水下发射运载火箭成功
	·11月10日，苏联党和国家领导人L.I.勃列日涅夫去世。生于1906年12月19日
	·11月，Yu.V.安德罗波夫出任苏共领导人
	·12月2日，世界上第一例人工心脏移植手术在美国获得成功
1983年	·6月4～22日，中国全国政协六届一次会议在北京举行，选举邓颖超为全国政协主席
	·6月6～21日，中国六届全国人大一次会议在北京举行，选举李先念为国家主席，彭真为全国人大常委会委员长；决定赵紫阳为国务院总理
	·6月13日，美国"先驱者"10号探测器经11年飞行越过海王星轨道，成为飞离太阳系的第一个人造天体
	·9月，圣基茨和尼维斯独立
	·10月，美国入侵格林纳达
	·11月，中国研制成功每秒运算速度为1亿次的"银河"Ⅰ巨型计算机
	·法国科学家发现艾滋病病毒
1984年	·1月1日，文莱独立

	·2月7日，美国航天员B.麦坎德利斯和R.斯图尔特第一次不系安全带进入太空，成为第一批“人体地球卫星”
	·2月9日，苏联领导人Yu.V.安德罗波夫去世。生于1914年6月15日
	·2月，K.U.契尔年科任苏共中央总书记
	·4月，中国成功发射第一颗地球静止轨道同步试验通信卫星
	·10月31日，印度总理I.甘地遇刺身亡。生于1917年11月19日。其子R.甘地继任国大党主席、印度总理
	·11月20日，中国第一支南极考察队成立并从上海起程。翌年2月20日，在南极洲建中国第一个南极科学考察实验基地——长城站
	·12月3日，印度博帕尔碳化物工厂毒气渗漏事件发生，近2万人死亡，5万人失明
	·12月19日，中英正式签署《中华人民共和国政府和大不列颠及北爱尔兰联合王国政府关于香港问题的联合声明》。中国政府将在1997年7月1日对香港恢复行使主权
	·澳大利亚墨尔本的维多利亚女王医院诞生世界上第一例由冷冻受精卵育成的女婴
	·苏联3名航天员在“礼炮”7号空间站，创造在地球外层空间滞留237天的纪录
1985年	·3月10日，苏联领导人K.U.契尔年科去世。生于1911年9月24日
	·3月11日，M.S.戈尔巴乔夫出任苏共中央总书记
	·3月22日，联合国环境规划署通过《保护臭氧层维也纳公约》
	·6月4日，中国政府宣布决定裁军100万
	·11月，西欧18国通过尤里卡计划
1986年	·1月28日，美国航天飞机“挑战者”号升空时爆炸，7名机组人员全部遇难
	·2月25日，阿基诺夫人（科拉松·阿基诺）当选为菲律宾总统
	·2月28日，瑞典首相O.帕尔梅遇刺身亡。生于1927年1月30日
	·4月15日，美国空军跨洲飞行对利比亚的黎波里、班加西两大城市作外科手术式精确打击
	·4月26日，苏联切尔诺贝利（在今乌克兰）原子能发电站发生严重的核燃料泄漏事故
	·10月，英国首次发现疯牛病
	·11月18日，中国政府批准实施863计划
	·英国天文学家发现宇宙中已知最远的类星体，距地球有200亿光年
1987年	·4月13日，中葡签署《中华人民共和国政府和葡萄牙共和国政府关于澳门问题的联合声明》，中国政府将在1999年12月20日对澳门恢复行使主权
	·9月11日，这一天被定为“世界50亿人口日”
	·10月19日，美国纽约华尔街股市“黑色星期一”，引发世界金融市场剧烈震动
	·10月25日至11月1日，中共十三次全国代表大会在北京举行，会议提出社会主义初级阶段理论
	·12月，苏美两国首脑签署《中程导弹条约》
	·中国物理学家赵忠贤、美国物理学家朱经武、日本物理学家田中昭二各自独立研制出高温超导体，临界温度分别为100K、98K、93K
	·日本广播公司（NHK）研制成第三代电视——高清晰度电视（前两代为黑白电视、彩色电视）
1988年	·3月13日，日本连接本州与北海道的青函海底隧道建成通车。隧道全长53.85千米，为世界上最长的海底隧道
	·3月24日至4月10日，中国全国政协七届一次会议在北京举行，选举李先念为全国政协主席
	·3月25日至4月13日，中国七届全国人大一次会议在北京举行，决定设立海南省，建立海南经济特区；选举杨尚昆为国家主席，万里为全国人大常委会委员长；决定李鹏为国务院总理
	·4月14日，阿富汗、巴基斯坦、苏联和美国签署关于政治解决阿富汗问题的《日内瓦协议》，规定苏联在9个月内完成撤军
	·8月17日，巴基斯坦总统齐亚·哈克因座机爆炸遇难。生于1924年8月12日
	·8月，伊朗、伊拉克停火，持续近8年的两伊战争结束
	·10月16日，中国第一台高能加速器——北京正负电子对撞机对撞成功
	·11月，巴勒斯坦国宣告成立，12月宣布承认以色列国
	·苏联为N.I.布哈林、L.B.加米涅夫、G.Ye.季诺维也夫、A.I.李可夫等人平反
	·美国电话电报公司和英国电信公司、法国电信公司合作铺设的第一条跨越大西洋海底电缆工程竣工
	·中国长江第一座大型水利枢纽——葛洲坝水利枢纽工程竣工。1970年开工
1989年	·1月7～11日，149个国家参加的禁止化学武器国际大会在巴黎举行
	·2月26日，中国南极中山站建成
	·6月3日，伊朗伊斯兰教什叶派最高领袖霍梅尼去世。生于1900年。总统哈梅内伊继任最高领袖
	·6月4日，中国发生政治风波
	·6月23～24日，中共十三届四中全会在北京举行，选举江泽民为中共中央总书记
	·7月17日，美国研制的B-2战略隐形轰炸机试飞
	·10月21日，匈牙利国会通过宪法修正案，将匈牙利人民共和国改名为匈牙利共和国，确定国家实行议会民主
	·11月，亚太经济合作组织成立
	·12月22日，罗马尼亚救国阵线委员会成立，宣布解散原有一切权力机构。25日，特别军事法庭判处N.齐奥塞斯库夫妇死刑并立即执行。28日改国名罗马尼亚社会主义共和国为罗马尼亚

·12月22日，爱尔兰戏剧家、小说家S.贝克特去世。生于1906年4月13日。被公认为法国荒诞派戏剧的主要代表人物，代表作有两幕剧《等待戈多》等
·12月，德意志民主共和国拆除柏林墙

1990年
·2月2日，南非总统F.W.德克勒克宣布解除对南非非洲人国民大会长达30年的禁令。11日，释放被监禁27年的南非黑人领袖N.曼德拉
·3月11日，立陶宛独立
·3月21日，非洲大陆最后一块殖民地纳米比亚独立
·3月29日，捷议会把“捷克斯洛伐克社会主义共和国”改名为捷克斯洛伐克联邦共和国
·4月，美国发射哈勃空间望远镜
·5月22日，阿拉伯也门和民主也门统一，国名为也门共和国
·6月21日，伊朗吉兰、赞詹发生里氏7.3～7.7级强烈地震，5万人死亡，20万人受伤
·7月21日，中国与沙特阿拉伯建交
·8月31日，民主德国与联邦德国签署统一条约，规定首都为柏林
·10月3日，中国与新加坡建交
·11月26日，中国哲学家冯友兰去世。生于1895年12月4日。创立新理学体系，著有《中国哲学史》等

1991年
·1月17日，海湾战争爆发。美、英、法、沙特、科威特等多国部队发起“沙漠风暴”行动，战争以大规模巡航导弹攻击伊拉克军队重要目标和其指挥中枢巴格达开始，4月11日结束，伊拉克军队被赶出科威特
·4月9日，格鲁吉亚独立
·5月6日，巴西和巴拉圭共建的伊泰普水电站建成
·5月21日，印度前总理、国大党主席R.甘地遇刺身亡。生于1944年8月20日
·6月25日，克罗地亚、斯洛文尼亚脱离南斯拉夫联邦独立
·7月1日，华沙条约组织六国领导人在布拉格签署议定书，宣告华沙条约组织结束
·8月19日，苏联八一九事件发生，24日M.S.戈尔巴乔夫辞去苏共总书记职务
·8月20日，爱沙尼亚独立
·8月22日，拉脱维亚独立
·8月24日，乌克兰独立
·8月25日，白俄罗斯独立
·8月27日，摩尔多瓦独立
·8月31日，吉尔吉斯斯坦独立，乌兹别克斯坦独立
·9月9日，塔吉克斯坦独立
·9月21日，亚美尼亚独立
·10月15日，波斯尼亚－黑塞哥维那（简称波黑）脱离南斯拉夫联邦独立
·10月18日，阿塞拜疆独立
·10月27日，土库曼斯坦独立
·11月9日，联合欧洲核聚变实验室首次成功地实现受控核聚变反应
·11月20日，马其顿脱离南斯拉夫联邦独立
·12月15日，中国大陆第一座核电站——秦山核电站并网发电
·12月16日，哈萨克斯坦共和国独立
·12月21日，独立国家联合体宣告成立
·12月25日，M.S.戈尔巴乔夫辞去苏联总统职务。26日苏联解体，俄罗斯联邦成为完全独立国家，B.N.叶利钦为首任总统。27日俄罗斯在联合国正式取代苏联席位

1992年
·1月1日，埃及B.加利就任联合国第六任秘书长
·1月19～29日，邓小平在中国南方视察，发表中国进行市场经济建设的纲领性谈话
·1月24日，中国与以色列建交
·1月，中国与乌克兰、白俄罗斯等国建交
·4月27日，南斯拉夫国名改为南斯拉夫联盟共和国，由塞尔维亚共和国和黑山共和国联合组成
·6月3日，联合国环境与发展大会在巴西里约热内卢举行。187个国家的代表与会，其中118个国家的国家元首或政府首脑参加。会议通过《里约热内卢宣言》和《21世纪行动议程》
·8月24日，中国与韩国建交
·10月12～18日，中国共产党第十四次全国代表大会在北京举行，提出中国经济体制改革的目标是建立社会主义市场经济体制；确立邓小平建设有中国特色社会主义理论在全党的指导地位；选举江泽民为中央委员会总书记、中央军委主席
·11月，美国民主党人W.J.克林顿当选为美国第42任总统

1993年
·1月1日，欧洲统一大市场正式开放。欧共体12个成员国之间取消内部边界，商品、资本和劳务开始自由流通
·1月1日，捷克斯洛伐克解体为捷克、斯洛伐克两个国家
·1月3日，美、俄在莫斯科签署了《第二阶段削减战略武器条约》
·1月13～15日，《禁止化学武器公约》签约大会在巴黎举行，130个国家签约
·3月14～27日，中国全国政协八届一次会议在北京举行，选举李瑞环为全国政协主席
·3月15～31日，中国八届全国人大一次会议在北京举行，选举江泽民为中华人民共和国主席、乔石为全国人大常委会委员长；决定李鹏任国务院总理
·4月27～29日，中国海协会会长汪道涵与台湾海基会董事长辜振甫在新加坡举行会谈，签署《汪辜会谈共同协议》
·5月1日，斯里兰卡总统R.普雷马达萨在参加首都“五一”游行时遇刺身亡
·6月10日，柬埔寨大选，拉那烈领导的奉辛比克党获胜。7月1日组成临时民族政府，拉那烈和洪森出任政府联合主席

	·9月7～23日，南非多党谈判委员会协议通过成立过渡行政委员会，白人独家执政的历史结束
	·9月13日，巴勒斯坦解放组织和以色列在华盛顿签署巴勒斯坦人首先在加沙和杰里科实行自治的宣言，即巴以和平协议。中东和平进程获重大突破
	·11月1日，欧共体一体化的《马斯特里赫特条约》生效，欧洲联盟正式诞生
	·12月10日，连接英法两国的英吉利海峡隧道建成，次年5月通车
	·美国使用全球卫星导航定位系统导航民用飞机试验成功，标志民用导航进入一个新的技术时代
1994年	·1月1日，欧洲共同体12国和欧洲自由贸易联盟5国正式组成欧洲经济区，成为世界最大经济圈
	·4月6日，卢旺达总统J.哈比亚利马纳和布隆迪总统C.恩塔里亚米拉乘坐飞机在卢旺达首都基加利遭导弹攻击坠毁遇难。随后，卢旺达爆发大规模内战和部族仇杀
	·4月26～28日，南非首次举行多种族参加的自由大选。5月6日，N.曼德拉当选为南非历史上第一位黑人总统，标志近350年白人统治的结束和种族隔离制度的灭亡
	·4月，中国科学家宣布确认雅鲁藏布大峡谷为世界第一大峡谷，深达5 382米
	·5月初，也门爆发大规模内战，政府军与南方军队展开激战。7月7日，政府军攻占南方首府亚丁，南北战争结束
	·7月8日，朝鲜劳动党中央委员会总书记、朝鲜民主主义人民共和国主席金日成去世。生于1912年4月15日
	·9月2日，爱沙尼亚的巨型渡轮"爱沙尼亚"号在波罗的海沉没，912人死亡，为第二次世界大战以来欧洲最惨重的海难事件
	·9月19日，美国军队进入海地。10月15日，海地总统J.-B.阿里斯蒂德回国执政，海地危机结束
	·9月，日本、美国联合考古队宣布在埃塞俄比亚发现约440万年前的人类化石
	·10月1日，帕劳独立
	·10月26日，约旦和以色列正式签署两国和平条约，标志两国长达46年的战争状态结束。11月27日两国建交
1995年	·1月1日，世界贸易组织成立，取代运行46年的关税及贸易总协定组织
	·1月17日，日本阪神地区发生里氏7.2级强烈地震
	·3月20日，日本东京地铁发生奥姆真理教制造的恶性投毒事件，12人死亡，5 000多人中毒
	·5月11日，联合国决定《不扩散核武器条约》永久有效
	·6月29日，美国"亚特兰蒂斯"号航天飞机和俄罗斯"和平"号空间站实现对接。11月15日，再次对接，美、俄、加、德4国航天员在航天器中聚会
	·10月6日，瑞士天文学家宣布发现太阳系以外的第一颗行星
	·11月4日，以色列总理Y.拉宾遇刺身亡。生于1922年3月1日。22日S.佩雷斯就任以色列总理
	·11月16日至12月3日，韩国前总统卢泰愚和全斗焕分别被以政治资金案、收受贿赂和"叛乱主谋"罪名逮捕受审。次年8月26日，汉城地方法院判处全斗焕死刑、卢泰愚22年徒刑
	·美国物理学家E.A.科纳尔、C.E.威曼和德国旅美物理学家W.克特莱实验证明玻色－爱因斯坦凝聚的存在
	·美籍华裔医生何大一发明有效治疗艾滋病的"鸡尾酒疗法"
1996年	·1月4日，欧洲核子研究中心宣布合成反氢原子
	·3月20日，英国宣布发现人疯牛病
	·7月5日，英国爱丁堡罗斯林研究所培育成功无性繁殖的绵羊"多莉"，为生物工程史上的里程碑
	·9月10日，联合国大会通过《全面禁止核试验条约》，24日中、美、俄等130多个国家在条约上签字
	·9月27日，阿富汗伊斯兰学生武装塔利班攻占首都喀布尔
	·11月12日，沙特阿拉伯一架波音747班机和哈萨克斯坦一架伊尔76飞机在印度上空相撞，349人死亡，为有史以来最严重的飞机空中相撞事件
	·12月4日，美国成功发射"火星探路者"号飞船。次年7月4日，飞船及其释放的"旅居者"火星车在火星登陆，发回极有价值的照片和数据
	·12月13日，中国剧作家、戏剧教育家曹禺去世。生于1910年9月24日。著有《雷雨》、《日出》、《原野》、《北京人》等
1997年	·1月1日，加纳K.安南就任联合国第七任秘书长
	·2月19日，中国领导人邓小平去世。生于1904年8月22日
	·4～11月，印度尼西亚发生森林大火，烧毁近百万公顷热带森林，直接经济损失达30多亿美元，并造成有史以来最严重的烟雾灾难
	·7月1日，中英两国政府香港政权交接仪式在香港举行。中国于1997年7月1日零时对香港恢复行使主权，中华人民共和国香港特别行政区成立，董建华出任第一任行政长官
	·7月8日，北大西洋公约组织首脑会议在马德里举行，决定吸收捷克、匈牙利、波兰三国为成员国，把军事前沿推至俄罗斯边界
	·9月12～18日，中国共产党第十五次全国代表大会在北京举行，大会通过决议，把邓小平理论确立为中国共产党的指导思想并写入党章。9月19日，中共十五届一中全会选举江泽民为中央委员会总书记、中央军委主席

	·亚洲金融危机爆发。最初发生于泰国，后波及东南亚及世界金融市场。1998年结束
1998年	·1月1日，中国与南非建交
	·3月3～14日，中国全国政协九届一次会议在北京举行，选举李瑞环为全国政协主席
	·3月3～19日，中国九届全国人大一次会议在北京举行，选举江泽民为国家主席、中央军委主席，李鹏为全国人大常委会委员长；决定朱镕基为国务院总理
	·5月3日，由比利时、法国、德国、西班牙、荷兰、卢森堡、意大利、爱尔兰、奥地利、葡萄牙和芬兰11个欧盟成员国组成的欧元区宣告成立
	·5月11、13日，印度进行两轮5次地下核试验
	·5月28、30日，巴基斯坦进行6次地下核试验
	·6月，日本科学家宣称发现中微子振荡现象，证明中微子可能具有静止质量
	·8月7日，美国驻肯尼亚和坦桑尼亚大使馆遭汽车炸弹袭击，造成257人死亡，约5 000人受伤
	·12月17日，美、英未经联合国安理会批准，对伊拉克发动代号为“沙漠之狐”的空中打击行动
	·英、美、日相继进行数字化电视节目播放，标志着地面电视广播进入数字时代
1999年	·1月1日，欧洲单一货币欧元正式启动
	·3月24日至6月10日，以美国为首的北约军队对南斯拉夫联盟进行长达78天的大规模空袭
	·5月8日，美国空军以导弹攻击中国驻南斯拉夫联盟使馆，造成中方人员伤亡和使馆馆舍严重毁坏
	·8月17日和11月12日，土耳其西部和西北部地区相继发生里氏7.4级和7.2级的强烈地震，造成1.8万人丧生，4.5万人受伤，60万人无家可归
	·8月30日，东帝汶全民公决选择独立。10月30日最后一批印度尼西亚军警回国，印度尼西亚对东帝汶24年统治结束
	·9月21日，中国台湾花莲西南发生里氏7.6级强烈地震
	·10月13日，美国参议院否决了批准《全面禁止核试验条约》(CTBT) 的决议案，国际核裁军进程遭受重大挫折
	·11月5日，中、美经13年谈判，就中国加入世界贸易组织（WTO）达成协议
	·11月20～21日，中国的第一艘无人载人航天试验飞船“神舟”1号成功升空，并安全着陆
	·12月14日，巴拿马收回巴拿马运河主权，美国在巴长达88年的军事存在结束
	·12月20日，中葡两国政府在澳门文化中心花园馆顺利完成澳门政权交接仪式。中国政府恢复对澳门行使主权，中华人民共和国澳门特别行政区正式成立，何厚铧出任第一任行政长官
2000年	·1月18日，俄罗斯军队攻入车臣首府格罗兹尼市中心。2月底，俄军宣布在车臣的大规模军事行动结束
	·3月26日，在提前举行的俄罗斯总统选举中，代总统V.V.普京当选为第二任总统，连任至2008年5月
	·6月13～15日，韩国总统金大中访问平壤，与朝鲜国防委员会委员长金正日举行会谈。这是朝鲜半岛分裂55年后的首次北南首脑会晤。双方签署《共同宣言》
	·6月26日，由美国、英国、日本、德国、法国和中国科学家参与的人类基因组草图绘制工作历时10年告成
	·6月29日，美国国际商用机器公司（IBM）宣布研制成功运算速度达12.3万亿次每秒的超级计算机，在计算机发展史上首次突破10万亿次每秒大关
	·8月12日，俄罗斯海军“库尔斯克”号核动力导弹潜艇在巴伦支海参加演习时失事，艇上118名官兵全部遇难
	·8月，美国国际商用机器公司（IBM）等研制出当时最先进的量子计算机
	·9月6～8日，联合国千年首脑会议在纽约联合国总部举行，150多位国家元首或政府首脑与会。会议通过《联合国千年宣言》，重申对《联合国宪章》宗旨和原则的承诺
	·9月28日，以色列利库德集团领导人A.沙龙强行参观耶路撒冷老城内的阿克萨清真寺，导致巴以之间爆发持续性大规模流血冲突，中东和平进程再次受阻
	·11月，建设中的“国际”空间站与俄罗斯“联盟”TM号宇宙飞船成功对接，一名美国航天员和两名俄罗斯航天员进驻国际空间站，成为这个太空城的第一批长住居民
	·11月，G.W.布什当选美国第54届总统
	·中国夏商周断代工程正式公布《夏商周年表》，推定夏、商、周三代纪年
	·美国科学家在新墨西哥州地下600米处的晶体中发现当时已知最古老的生物——存活2.5亿年的细菌
2001年	·1月，美国科学家宣布培育出世界上首只转基因猴，为世界上首次培育成功转基因灵长类动物
	·1月18日，刚果（金）总统L.-D.卡比拉遭其保镖枪击重伤，后不治身亡。26日其子J.卡比拉就任总统
	·1月20日，菲律宾总统J.埃斯特拉达涉嫌侵吞国家财产、营私舞弊和非法聚敛财富，被迫辞职
	·2月6日，以色列举行总理选举，利库德集团A.沙龙战胜工党E.巴拉克，当选为总理
	·2月，中、美、日、法、德、英6国科学家和美国塞莱拉公司联合公布人类基因组图谱及初步分析结果
	·2月，中国首次颁发最高科学技术奖，吴文俊和袁隆平获2000年度国家最高科学技术奖

	·3月14日，中国十届全国人大二次会议通过第四个宪法修正案，确立“三个代表”重要思想在国家政治和社会生活中的指导地位，增加尊重和保障人权、保护公民合法的私有财产等内容
	·3月，阿富汗佛教石窟群巴米扬石窟被塔利班炸毁
	·3月，俄罗斯“和平”号空间站结束15年的太空飞行，安全坠落
	·3月，中国公布第五次全国人口普查结果，总人口为12.95亿
	·6月1日，尼泊尔国王比兰德拉和王后艾什瓦尔雅以及10多名王室成员被王储迪彭德拉开枪打死。4日，摄政王贾南德拉继任国王
	·9月11日，美国纽约、华盛顿发生恐怖袭击9·11事件
	·10月8日，美国和英国开始对阿富汗进行军事打击，阿富汗战争开始
	·11月，以色列魏茨曼研究所研制出首台可自动运行的DNA计算机
	·12月11日，中国加入世界贸易组织（WTO）
	·12月22日，阿富汗临时政府成立，卡尔扎伊担任主席
	·法国、加拿大科学家在非洲乍得北部地区发现距今700万～600万年的撒海尔人化石
2002年	·1月1日零时，欧元正式流通，标志着欧洲部分国家致力30年的单一货币体系进程最终完成
	·4月，中国贵州北盘江大桥合拢，是当时世界铁路中跨度最大（主跨236米）、桥面距水面距离最大（280米）的铁路拱桥
	·5月1日，P.穆沙拉夫当选巴基斯坦总统
	·5月5日，J.希拉克连任法国总统
	·5月20日，东帝汶民主共和国宣告成立
	·5月，中国学者在辽宁义县首次发现并命名“中华神州鸟”化石，为鸟类的恐龙起源说提供关键性证据
	·6月13日，美国政府宣布废止《美苏关于限制反弹道导弹系统条约》，俄罗斯次日即宣布退出《第二阶段削减战略武器条约》，从而导致这一条约未能正式生效
	·7月9日，非洲联盟成立，取代非洲统一组织
	·7月18日，印度“导弹之父”卡拉姆当选总统
	·8月，中国联想集团研制出中国首台具有自主知识产权核心技术的超级计算机，运算速度达1.027万亿次每秒
	·9月22日，德国总理G.施罗德领导的社会民主党-绿党红绿联盟在大选中获胜
	·9月，欧洲核子中心在世界各地9个研究所合作下，成功制造出约5万个反氢原子，为人类首次在受控条件下大批量制造反物质
	·10月，印度尼西亚巴厘岛系列爆炸事件、俄罗斯车臣人质事件相继发生，反恐怖活动成为世界共识
	·11月8～14日，中国共产党第十六次全国代表大会在北京举行，大会通过关于《中国共产党章程（修正案）》的决议，把“三个代表”重要思想同马克思列宁主义、毛泽东思想、邓小平理论一道确立为党必须长期坚持的指导思想。11月15日中共十六届一中全会选举胡锦涛为中央委员会总书记、江泽民为中央军委主席
	·11月18日，欧洲联盟15国外长会议决定邀请塞浦路斯、匈牙利、捷克、爱沙尼亚、拉脱维亚、立陶宛、马耳他、波兰、斯洛伐克和斯洛文尼亚10个国家入盟，2004年5月1日成为正式成员
	·11月，中国国家基因研究中心绘成水稻染色体精确测序图。这是世界上第一张农作物基因组精细图谱
	·11月，传染性非典型肺炎疫情（即非典）在亚洲出现并迅速蔓延至32个国家和地区。2003年3月12日，世界卫生组织发布传染性非典型肺炎全球警报。6月底，全球“非典”疫情基本控制
	·继2001年安然公司假账案后，美国安达信、美林、世通、施乐等大公司假账和贪污腐败丑闻不断，导致股指降至4年来最低点，美联邦基金利率创41年来最低
2003年	·1月26日，台湾包机在上海浦东机场降落，这是自1949年来首架降落在中国大陆的台湾民航班机
	·2月1日，人类1981年开始使用的第一架航天飞机美国“哥伦比亚”号航天飞机着陆前在得克萨斯州上空解体，机上7名机组人员全部遇难
	·3月3～15日，中国全国政协十届一次会议在北京举行，选举贾庆林为全国政协主席
	·3月5～18日，中国十届全国人大一次会议在北京举行。会议选举胡锦涛为中华人民共和国主席、江泽民为中央军事委员会主席，吴邦国为全国人大常委会委员长；决定温家宝为国务院总理
	·3月，伊拉克战争爆发，美英联军未经联合国安理会授权发起军事行动。之后，美军占领伊拉克首都巴格达，萨达姆政权被推翻
	·5月23日，世界第一座针对“非典”建立的基因工程抗体库在中国上海落成
	·5月，《欧洲宪章》公布
	·6月，欧洲空间局第一个火星探测器“火星快车”成功升空
	·6月，美国、巴勒斯坦、以色列三方首脑启动中东和平“路线图”计划
	·8月，朝鲜半岛核问题第一轮六方会谈在中国北京举行，为和平解决朝鲜半岛核危机奠定良好基础
	·10月11～14日，中共十六届三中全会在北京举行，审议通过了《中共中央关于完善社会主义市场经济体制若干问题的决定》

	·10月22日，印度提出推动印、巴民间交往的十二点和平倡议。11月23日，巴基斯坦单方面在克什米尔地区停火。25日午夜起，停火协议正式生效。印、巴在改善关系方面迈出重要一步
	·10月，中国载人宇宙飞船“神舟”5号发射成功，首位航天员杨利伟。中国成为世界第三个独立进行载人航天的国家
	·12月，日本磁悬浮列车创581千米每小时世界最高列车速度纪录
	·德国、美国、奥地利等国组成的科研小组创造世界最低温度纪录，比绝对零度仅高0.5纳开尔文
2004年	·1月，美国“勇气”号、“机遇”号火星探测器先后在火星表面着陆，并找到火星曾经有水的确凿证据
	·3月，美国X-43A极速飞机成功试飞
	·4月28日，美国哥伦比亚广播公司首次曝光驻伊美军虐待战俘照片，随后大量美军虐囚丑闻被揭露
	·5月1日，马耳他等十国加入欧盟，欧盟实现历史上规模最大的扩盟行动
	·6月1日，伊拉克临时政府成立。6月28日美国向伊临时政府移交权力
	·6月，中国研制的超级计算机曙光4000A正式启动，运算速度为10万亿次每秒，在全球超级计算机中名列第十位
	·7月28日，中国北极黄河站建成，是中国在北极建立的第一个常年科学考察站
	·7月，英、美科学家揭开太阳表面针状体（1877年发现）形成原理
	·8月，日本科学家宣布发现比普通原子核密度大10倍的新原子核，打破了物理学中原子核密度不变的定律
	·10月9日，阿富汗举行自塔利班倒台后首次总统直接选举。11月3日，卡尔扎伊当选阿富汗总统
	·10月29日，欧盟25国签署《欧盟宪法条约》。次年5月和6月，法国和荷兰先后举行全民公决，否决了《欧盟宪法条约》，使欧洲一体化进程受到沉重打击
	·10月，澳大利亚和印度尼西亚科学家在印度尼西亚弗洛勒斯岛发现最矮的人种弗洛勒斯人
	·11月11日，巴勒斯坦民族权力机构主席Y.阿拉法特去世。生于1929年8月24日。曾任巴勒斯坦总统，领导巴勒斯坦民族解放运动
	·11月，美国G.W.布什再次当选总统
	·12月初，中国联想集团宣布收购美国国际商用机器公司（IBM）的全球个人电脑业务，联想成为仅次于戴尔、惠普的全球第三大电脑公司
	·12月26日，印度尼西亚苏门答腊岛海域发生里氏8.9级地震，并引发印度洋海啸，死亡约30万人
	·12月，中国外贸进出口总额首次突破1万亿美元，进入世界贸易前三强（次于美国、日本）
	·越南、泰国、中国、韩国等国局部地区爆发高致病性禽流感疫情。亚洲各国开展广泛合作，遏止了疫情
2005年	·1月，欧洲空间局宣布，“惠更斯”号探测器登陆土卫六，创造人类探测器登陆其他天体飞行最远距离的纪录
	·3月4日，中共中央总书记胡锦涛提出新形势下发展两岸关系的四点意见
	·3月14日，中国十届全国人大三次会议通过《反分裂国家法》，并于同日颁布实施
	·4～7月，中共中央总书记胡锦涛先后会见应邀访问祖国大陆并与中国共产党进行党际交流的台湾中国国民党、亲民党、新党领导人
	·7月，美国“深度撞击”号航天器撞击彗星，是人造航天器与彗星的第一次碰撞
	·7月，中国开始实行以市场供求为基础、参考一篮子货币进行调节、有管理的浮动汇率制度
	·9月，以色列军队完成从加沙地带的撤离，宣告对加沙地带38年的占领结束
	·10月17日，中国作家巴金去世。生于1904年11月25日。著有《家》、《春》、《秋》和《随想录》等
	·10月，中国公布珠穆朗玛峰海拔8 844.43米。1975年公布的珠峰高程数据停止使用
	·11月，德国历史上第一位女总理A.默克尔宣誓就职
	·12月，中国发布第一次全国经济普查数据：2004年中国GDP总量为159 878亿元，经济总量居世界第六位
2006年	·1月1日起，中国废除农业税
	·1月，玻利维亚历史上首位印第安人总统埃沃·莫拉莱斯宣誓就职
	·4月14～15日，中国两岸经贸论坛在北京举行。中共中央台办受权通报促进两岸交流、惠及台湾同胞的15项政策措施
	·5月，英、美科学家公布人类第一号染色体基因测序图，为美、英、日、法、德、中六国科学家共同参与的人类基因组计划16年工作画上句号
	·5月，中国长江三峡大坝建成，全长2 309米，最大坝高181米，是世界上最大的水利枢纽工程
	·5月，美国、欧洲和喀麦隆科学家组成的研究小组指出人类艾滋病病毒HIV-1源于非洲野生黑猩猩
	·6月3日，黑山独立
	·7月，中国青藏铁路全线正式通车。这是世界上海拔最高、线路最长的高原铁路
	·8月，第26届国际天文学联合会（IAU）大会决定冥王星不再属于太阳系行星。太阳系九大行星改称八大行星

	·9月26日，安倍晋三当选日本首相。10月初访华，打破中日关系持续5年的僵局
	·9月，联合国通过《全球反恐战略》，这是联合国192个成员国第一次就打击恐怖主义的全球战略达成一致意见
	·10月8～11日，中共十六届六中全会在北京举行，审议通过了《中共中央关于构建社会主义和谐社会若干重大问题的决定》
	·10月，中国历时14年完成“塔里木沙漠公路防护林生态工程建设研究”，在塔里木沙漠建成世界上第一条穿越流动沙漠的绿色长廊（长436千米）
	·10月，朝鲜宣布首次地下核试验。联合国安理会通过谴责、制裁决议
	·10月，美俄科学家合作成功合成118号超重元素
	·11月3～5日，中非合作论坛北京峰会举行，中国和48个非洲国家元首、政府首脑或代表一致同意建立中非新型战略伙伴关系，通过《北京峰会宣言》、《北京行动计划》
	·11月15日，二十国集团领导人金融市场和世界经济峰会在美国华盛顿举行，中国国家主席胡锦涛出席会议并发言
	·11月21日，国际热核聚变实验反应堆计划（ITER）的参加者欧盟、中国、美国、日本、韩国、俄罗斯、印度七方代表签署协定，标志此项开发人类新能源的国际性大项目正式启动
	·英国科学家首次利用人造精子培育出老鼠，首创哺乳动物无需父亲亦可生育的方法
	·澳大利亚科学家发现控制乳腺生成的干细胞，首次成功利用单个干细胞在实验鼠体中新长出乳腺
2007年	·1月1日，韩国潘基文就任联合国第八任秘书长
	·1月1日，罗马尼亚、保加利亚正式加入欧盟
	·3月5～16日，中国十届全国人大五次会议在北京举行，审议通过《中华人民共和国物权法》，10月1日起施行
	·5月，法国新总统N.萨科齐就职
	·10月15～21日，中国共产党第十七次全国代表大会在北京举行，中共中央总书记胡锦涛对科学发展观的科学内涵、精神实质和根本要求等作了进一步全面系统深刻的阐述。10月22日，中共十七届一中全会选举胡锦涛为中央委员会总书记、中央军委主席
	·10月24日，中国成功发射首颗月球探测卫星“嫦娥”1号
	·10月，美国科学家合成人类历史上第一个人造染色体
	·12月27日，巴基斯坦总理、人民党领导人贝·布托遇袭身亡。生于1953年6月21日
	·12月，联合国通过“巴厘岛路线图”，是人类应对气候变化历史中的里程碑
	·美国次贷危机引发全球金融市场动荡
2008年	·2月，欧洲议会批准旨在取代《欧盟宪法条约》的《里斯本条约》
	·3月3～14日，中国全国政协十一届一次会议在北京举行，选举贾庆林为全国政协主席
	·3月5～18日，中国十一届全国人大一次会议在北京举行。会议选举胡锦涛为中华人民共和国主席、中央军委主席，吴邦国为全国人大常委会委员长；决定温家宝为国务院总理
	·3月，D.A.梅德韦杰夫当选俄罗斯总统
	·3月，美国第五大投资银行贝尔斯登因濒临破产被摩根大通收购。9月，美国第三大投资银行美林公司被美国银行收购
	·5月1日，中国杭州湾跨海大桥建成通车，全长36千米
	·5月12日，中国四川汶川发生里氏8.0级地震
	·6月，中国百万亿次超级计算机曙光5000研制成功
	·8月1日，中国第一条具有自主知识产权的高速城际铁路——京津城际铁路正式开通运营
	·8月8～24日，第29届奥林匹克运动会在中国北京举行。第13届残疾人奥林匹克运动会9月6～17日在北京举行
	·8月26日，俄罗斯承认格鲁吉亚南奥塞梯自治州和阿布哈兹自治共和国独立
	·9月15日，美国第四大投资银行雷曼兄弟公司宣告破产，标志着美国次贷危机最终演变成全面金融危机，并迅速蔓延到全球
	·9月25日，中国“神舟”7号载人飞船发射成功。27日中国航天员翟志刚首次完成空间出舱活动，28日飞船返回地面
	·11月4日，美国民主党总统候选人B.奥巴马当选第56届美国总统，成为美国历史上首位非洲裔总统，2009年1月20日就任
	·12月26日，中国海军舰艇编队赴亚丁湾、索马里海域执行护航任务
	·12月31日，中共中央总书记胡锦涛在纪念《告台湾同胞书》发表30周年座谈会上发表重要讲话，提出推动两岸关系和平发展的六点意见
	·12月，中国大陆和台湾基本实现海峡两岸直接“三通”
2009年	·1月19日，中国西藏自治区决定把每年3月28日设立为“西藏百万农奴解放纪念日”
	·1月27日，中国南极昆仑站建成，成为继美、俄、日、法、意、德之后，在南极内陆建站的第7个国家
	·1月30日，朝鲜宣布废除朝韩间停止政治、军事对抗协议，进入“全面对抗”状态
	·2月10日，美国铱星公司的一颗商用通信卫星与一颗已经报废的俄罗斯军用通信卫星在西伯利亚北部上空相撞，这是人类太空史上首次发生两颗大型卫星相撞事件
	·3月1日，中国嫦娥一号卫星成功撞月
	·10月9日，美国半人马座火箭、月球坑观测和传感卫星对月球南极地区先后实施了两次撞击，在月表之下寻找月球水冰存在的线索

2010年	·1月12日，海地发生里氏7.3级强烈地震
	·2月27日，智利首都圣地亚哥西南320千米的马乌莱附近海域发生里氏8.8级地震
	·4月10日，波兰总统L.卡钦斯基专机在俄罗斯斯摩棱斯克坠毁，共有96人遇难
	·4月14日，中国青海玉树藏族自治州玉树县发生里氏7.1级地震
	·4月21日，国际奥委会主席、国际奥委会终身名誉主席J.A.**萨马兰奇**去世。生于1920年7月17日。曾担任国际奥委会主席21年
	·5月1日，中国2010年上海世界博览会开幕。10月31日闭幕。
	·5月11日，英国保守党领袖D.卡梅伦接任首相职务
	·5月25日，朝鲜宣布与韩国当局断绝所有关系
	·5月26日，中共中央总书记胡锦涛同中国国民党主席吴伯雄在北京举行会谈，胡锦涛就新的起点上进一步推动两岸关系发展发表了六点意见
	·8月8日，中国甘肃省舟曲县强降雨引发特大泥石流
2011年	·1月17日，突尼斯民族团结政府正式成立
	·1月25日，埃及发生反政府抗议活动。2月11日，埃及总统穆巴拉克辞去总统职务，并将权力移交给军方
	·2月5日，美、俄新的核裁军条约《削减和限制进攻性战略武器条约》正式生效
	·3月11日，日本东北部海域发生里氏9.0级大地震并引发海啸和核泄漏灾害
	·4月，中国公布第六次全国人口普查结果，总人口为13.7亿
	·5月1日，美国总统B.奥巴马宣布，“基地”组织头号领导人**本·拉登**在巴基斯坦境内被美军击毙。本·拉登生于1957年。美国认定，本·拉登是9·11恐怖袭击事件元凶
	·6月21日，潘基文连任联合国秘书长
	·6月30日，中国京沪高速铁路全线建成通车，全长1 318千米；中国青岛胶州湾跨海大桥建成通车，全长36.48千米，为世界上最长的跨海大桥
	·7月8日，美国“阿特兰蒂”号航天飞机从佛罗里达州肯尼迪航天中心升空，执行美国航天飞机项目第135次也是最后一次飞行
	·7月9日，苏丹南部地区根据2月7日宣布的公投结果，正式宣告成立“南苏丹共和国”，14日成为联合国第193个会员国

世界地形

0 1050 2030km

高度表
（m）

5000	3000	2000	1000	200	0	200	2000	3000	5000	7000

北极
斯瓦尔巴群岛
法兰士约瑟夫地群岛
北地群岛
新地岛
诺尔辰角
泰梅尔半岛
东西伯利亚海
上扬斯克山脉
雅库茨克
中西伯利亚高原
斯堪的纳维亚半岛
1895▲纳罗达峰
圣彼得堡
东欧平原
莫斯科
西西伯利亚平原
欧
洲
巴黎
阿尔卑斯山脉
伊比利亚半岛
巴尔干半岛
小亚细亚半岛
本赛卡角
阿特拉斯山脉
的黎波里
加那利群岛
北回归线
阿哈加尔高原
利比亚沙漠
撒哈拉沙漠
阿拉伯半岛
伊朗高原
卡拉奇
伊斯兰堡
兴都库什山脉
天山山脉
昆仑山脉
青藏高原
珠穆朗玛峰
8844
喜马拉雅山脉
阿尔泰山脉
蒙古高原
东萨彦岭
大兴安岭
东北平原
北京
华北平原
亚
洲
台湾岛
河内
印度半岛
德干高原
中南半岛
斯里兰卡岛
南海诸岛
马来半岛
苏门答腊岛
加里曼丹岛
大巽他群岛
苏拉威西岛
新几内亚岛
马里亚纳群岛
密克罗尼西亚
加罗林群岛
美拉尼西亚
日本
千岛群岛
科纳克里
恩贾梅纳
非
洲
埃塞俄比亚高原
亚的斯亚贝巴
索马里半岛
瓜达富伊角
阿明迪维群岛
马尔代夫群岛
喀麦隆火山 4070
阿赞德高原
东非高原
刚果盆地
布拉柴维尔
5895▲乞力马扎罗山
塞舌尔群岛
查戈斯群岛
科科斯群岛
圣诞岛
爪哇岛
阿森松岛
加丹加高原
比耶高原
萨皮图瓦山▲3000
马达加斯加岛
马斯克林群岛
中印度洋海盆
沃顿海盆
印度洋
圣赫勒拿岛
卡拉哈迪盆地
比勒陀利亚
开普敦
好望角
南回归线
大西洋
阿姆斯特丹岛
圣保罗岛
克罗泽群岛
凯尔盖朗岛
赫德岛
爱德华王子群岛
戈夫岛
布韦岛
南印度洋海盆
大西洋—印度洋海盆
大沙沙漠
澳大利亚大盆地
（大自流盆地）
斯蒂普角
纳拉伯平原
大分水岭
大洋洲
科西阿斯科山
2228
塔斯马尼亚岛
东南角
南磁极
（2000年）
威尔克斯地
毛德皇后地
南极洲
南极圈
南极

世界政区

0 1000 2000km

①爱沙尼亚 ②拉脱维亚 ③立陶宛 ④白俄罗斯 ⑤荷兰 ⑥比利时 ⑦卢森堡 ⑧瑞士 ⑨奥地利 ⑩捷克 ⑪匈牙利 ⑫斯洛文尼亚 ⑬摩纳哥 ⑭安道尔 ⑮克罗地亚
㉘黎巴嫩 ㉙阿拉伯区 ㉚以色列 ㉛卡塔尔 ㉜阿拉伯联合酋长国 ㉝厄立特里亚 ㉞克什米尔 ㉟塔吉克斯坦 ㊱不丹 ㊲孟加拉国 ㊳荷属安的列斯 ㊴圣文森特和格林纳丁斯
㊸布基纳法索 ㊹科特迪瓦 ㊺加纳 ㊻贝宁 ㊼多哥 ㊽吉布提 ㊾丹麦 ㊿突尼斯 (61)卢旺达 (62)布隆迪 (63)巴林 (64)马耳他 (65)伯利兹 (66)多米尼加 (67)列支敦士登

⑯波斯尼亚和黑塞哥维那 ⑰圣马力诺 ⑱梵蒂冈 ⑲阿尔巴尼亚 ⑳塞尔维亚 ㉑马其顿 ㉒保加利亚 ㉓摩尔多瓦 ㉔格鲁吉亚 ㉕亚美尼亚 ㉖阿塞拜疆 ㉗塞浦路斯

㊵圣卢西亚 ㊶蒙特塞拉特（英） ㊷圣基茨和尼维斯 ㊸安圭拉（英） ㊹巴勒斯坦 ㊺约旦 ㊻俄罗斯 ㊼赤道几内亚 ㊽斯洛伐克 ㊾佛得角 ㊿冈比亚 ⑤①几内亚比绍 ⑤②塞拉利昂

⑥⑧黑山